中国公路学会桥梁和结构工程分会

2013年 全国桥梁学术会议论文集

主办单位：中国公路学会桥梁和结构工程分会
辽宁省公路学会
中朝鸭绿江界河公路大桥项目指挥部

协办单位：中交公路规划设计院有限公司
辽宁省交通规划设计院
中交第一公路工程局有限公司
中交第二航务工程局有限公司
中铁山桥集团有限公司
江苏法尔胜新日制铁缆索有限公司

人民交通出版社
China Communications Press

图书在版编目(CIP)数据

中国公路学会桥梁和结构工程分会2013年全国桥梁学术会议论文集/中国公路学会桥梁和结构工程学会编.
——北京:人民交通出版社,2013.8

ISBN 978-7-114-10809-9

Ⅰ.①中… Ⅱ.①中… Ⅲ.①桥梁工程—学术会议—文集 Ⅳ.①U44-53

中国版本图书馆CIP数据核字(2013)第175360号

书　　名:中国公路学会桥梁和结构工程分会2013年全国桥梁学术会议论文集
著 作 者:中国公路学会桥梁和结构工程分会
责任编辑:张征宇
出版发行:人民交通出版社
地　　址:(100011)北京市朝阳区安定门外外馆斜街3号
网　　址:http://www.ccpress.com.cn
销售电话:(010)59757973
总 经 销:人民交通出版社发行部
经　　销:各地新华书店
印　　刷:北京市密东印刷有限公司
开　　本:880×1230　1/16
印　　张:64.75
字　　数:1909千
版　　次:2013年8月　第1版
印　　次:2013年8月　第1次印刷
书　　号:ISBN 978-7-114-10809-9
定　　价:180.00元

中国公路学会桥梁和结构工程分会

2013年全国桥梁学术会议论文集

编 委 会

目　录

I　规划与设计

II 施工与控制

III　结构分析与试验研究

IV　检测与加固

I　规划与设计

1. 中朝鸭绿江界河公路大桥总体设计

王吉英 席广恒 闫大伟

(辽宁省交通规划设计院)

摘 要 中朝鸭绿江界河公路大桥是我国连接朝鲜的重要通道,经过对大桥桥位选择和桥跨布置论证,并综合考虑桥型方案在施工质量控制、工期、抗震性能、养护难易和造价等方面比选情况,最终确定了主桥采用 86m + 229m + 636m + 229m + 86m 的双塔双索面钢箱梁斜拉桥方案。

关键词 鸭绿江 界河公路大桥 钢箱梁 斜拉桥 总体设计

一、工 程 概 况

中朝鸭绿江界河公路大桥及接线是我国连接朝鲜的重要通道,项目起于丹大高速公路丹东西互通立交,经集贤工业园区,跨 G201 及地方铁路,由丹东市兴丹大街进入中方侧口岸,在兴丹大街北侧跨越鸭绿江,终点位于朝鲜三桥川北侧的长西,全长 12.71km,其中界河公路大桥长 3026m,主桥采用主跨 636m 的钢箱梁斜拉桥(图 1)。

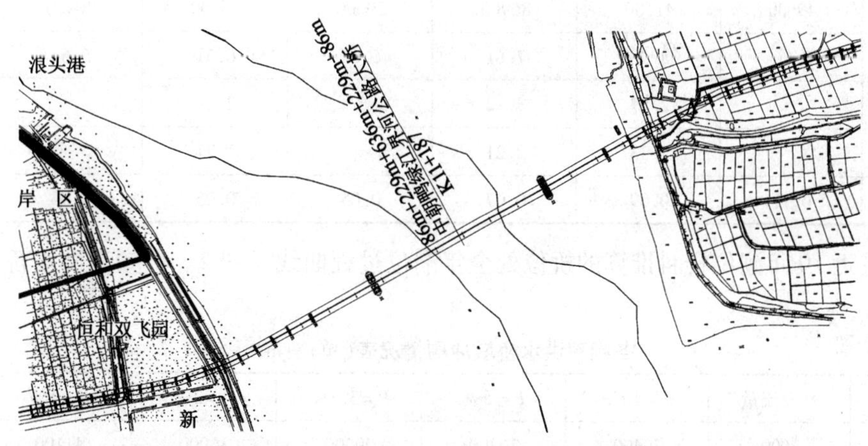

图 1 界河大桥平面布置图

二、主要技术标准

项目主要技术标准如下:

(1)公路等级:K0 + 000 ~ K7 + 560 为高速公路;K7 + 560 ~ 终点为一级公路。

(2)设计速度:K0 + 000 ~ K7 + 560 为 100km/h;K7 + 560 ~ 终点为 80km/h。

(3)行车道数:双向四车道。

(4)行车道宽度:接线 2 × 2 × 3.75m;大桥 2 × 2 × 3.75m,两外侧各设 2.0m 人行道。

(5)桥梁宽度:全宽为 28.5m(主桥不含布索区)。

(6)桥梁设计荷载:公路 - Ⅰ级。

(7)地震基本烈度:Ⅶ度。

(8)设计洪水频率:1/300。

(9)桥位处设计风速:32.6m/s。

(10)通航净空:单孔双向通航净宽 398m,净高为 30.5m。

三、建 设 条 件

1. 气象

(1)气温:年平均气温8.5℃;年平均最高气温13.6℃;年平均最低气温4.3℃;年极端最高气温34.3℃(1956年8月2日);年极端最低气温-28.0℃(1952年2月3日)。

(2)降水:年平均雨量为881.3~1087.5mm。

(3)风速:年平均风速3.2m/s,丹东市区10min最大风速为19.0m/s。

(4)湿度:年平均相对湿度为71%。

(5)流冰:根据桥位附近浪头港水文资料推算的桥位处百年一遇的最高流冰水位5.15m;最低流冰水位为-2.40m。

(6)冻土:桥位区域标准冻深1.0m。

2. 水文

大桥桥位位于浪头港区下游,上距中朝鸭绿江友谊桥约10km,下距江海分界线约25km。该河段水道弯曲分叉,滩槽多变,属于鸭绿江河口感潮河段,河道宽约1.5km,沿岸地貌为地势低平的河岸滩涂围垦平原。桥位水文设计如表1所示。

桥位水文设计成果表(水位为黄海基面)　　表1

频率	$P=0.33\%$	$P=1\%$	$P=2\%$	$P=3.3\%$	$P=5\%$	$P=10\%$	平滩
流量(m^3/s)	49600	41100	36900	29600	26200	20400	7000
水位(m)	8.96	8.38	7.61	6.65	6.51	5.63	2.75
最大流速(m/s)		2.87	3.32		2.86		
堤脚流速(m/s)		2.33	2.21		1.71		
壅水高度(m/s)	0.11	0.09	0.07	0.05	0.05	0.04	0.02

根据浪头港近10年潮位资料推算的桥位处全年潮位过程曲线见图2。各频率洪水桥墩冲刷情况见表2。

各频率洪水桥墩冲刷情况表(单位:m)　　表2

频率	平滩流量	$P=10\%$	$P=5\%$	$P=3.3\%$	$P=2\%$	$P=1\%$	$P=0.33\%$
流量(m^3/s)	7000	20400	26200	29600	36900	41100	49600
一般冲刷	0.05	0.73	0.99	1.27	1.54	1.59	2.02
局部冲刷	0.58	1.26	1.53	1.66	1.98	2.21	2.55
最大冲刷	0.63	1.99	2.52	2.93	3.52	3.8	4.57

根据桥位处河流的稳定分析,本段河道属于纵断面基本稳定,横向欠稳定河道。总体上说,虽然桥区水道河床复杂,分汊弯道、浅滩并存,但由于多年来人工护岸、顺坝、丁坝和锁坝的修建,以及日龙山矶头控制,桥区水道河床多年来基本稳定,主槽水深变化不大,但桥区主槽和浅滩并不稳定,主槽位置有较大摆动,造成本桥桥位通航水流条件非常复杂。

3. 工程地质

桥位附近地貌以浅切割剥蚀浑圆状微丘台地和剥蚀平原地貌为主。中方连接线附近地形高程一般在5~20m之间,最大高程为52m。坡度平缓,丘形浑圆,在微丘间为平原或河谷地貌。朝方连接线沿线基本上为鸭绿江冲积平原,地势平缓,地表高程一般为4~8m。桥位处鸭绿江河床较窄,两侧基本无滩涂,沿河发育多为一级阶地。

通过对桥位区地质勘察,该桥揭露的地层主要为第四系冲洪积素填土(种植土)、粉质黏土、粉砂、细砂、中砂、卵石，(J_{3X})安山质角砾凝灰岩、砂岩等。

经砂土液化计算可知，桥位区砂土液化现象主要存在于细砂、中砂层，液化深度0.3～17.2m，土层液化指数为7.06～54.88，液化程度中等—严重。

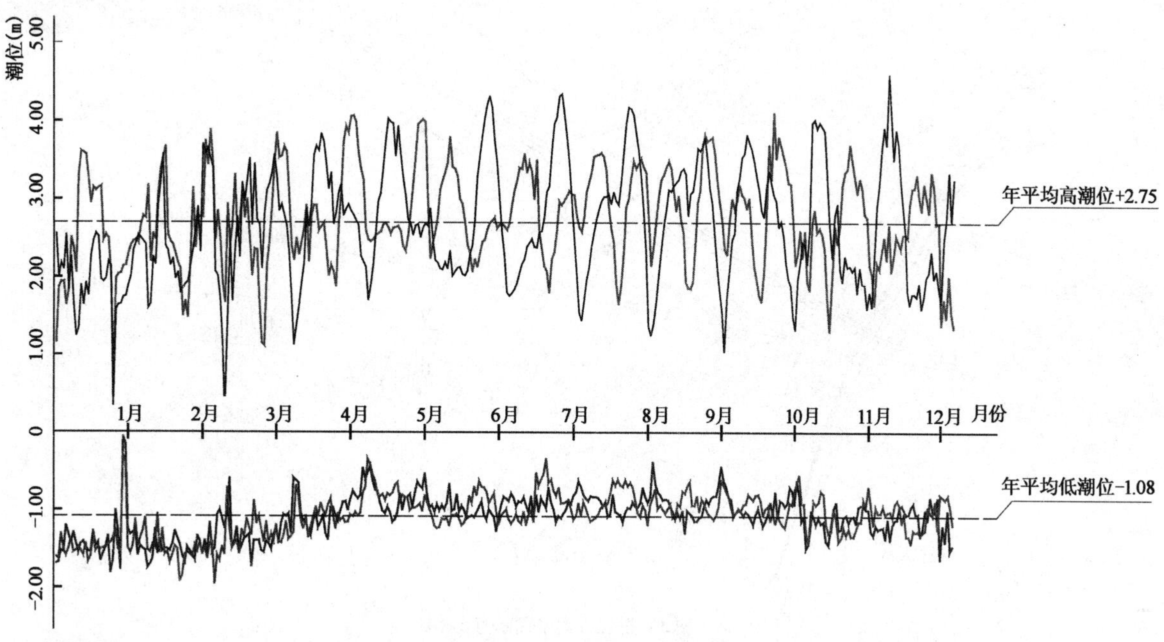

图2 桥位高潮位及低潮位过程线(黄海高程系统，单位：m)

4. 地震

桥位区位于中朝准地台上，经历了多次构造运动，地质构造变形强烈，但地壳整体基本稳定，桥位区地震基本烈度为Ⅶ度，地震动反应谱特征周期为0.35s，地震动峰值加速度为0.15g。场址5%阻尼比、100年超越概率63%、10%和4%的地表水平向峰值加速度分别为78cm/s^2、234cm/s^2、336cm/s^2，对应反应谱特征周期分别是0.44s、0.50s和0.59s。

5. 通航

本项目主通航孔为单孔双向通航净宽398m，净高为30.5m，最高通航水位为5.837m，最低通航水位为-1.573m。

桥区通航船型选取2000t杂货海轮作为桥梁通航净宽计算代表船型，桥梁通航净高按3000t海轮控制。依据有关标准规范，2000t杂货船主尺度和3000t海轮空载水线以上至最高固定点高度见表3。

通航代表船型主尺度

表3

船 型	载重吨(t)	主 尺 度			空载水线以上至最高固定点高度(m)
		总长(m)	型宽(m)	吃水(m)	
杂货船	2000	87.0	13.7	4.9	25.06
海轮	3000	108.0	16.0	6.0	28.0

四、大桥总体设计

1. 桥位确定

中朝两国关于鸭绿江大桥建设的第二轮磋商，明确了大桥桥位位于浪头港下游，柳草岛末端至三桥川支流之间范围内。该范围河段弯曲，河道主槽变化频繁，通航水流条件非常复杂。

设计过程中拟定了如图3所示的4个桥位方案，并经过通航、河势等方面的综合比选，推荐了桥位5。该桥位也得到了朝方的确认。水中各墩与实测河床地形图的立面关系如图4所示。

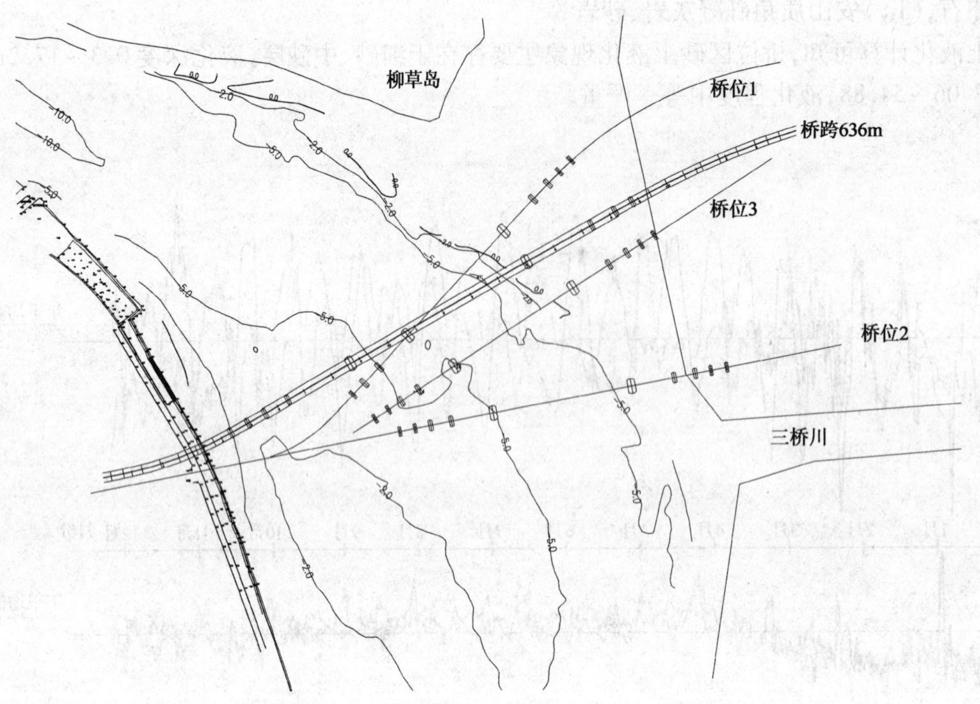

图3　桥位方案平面示意图

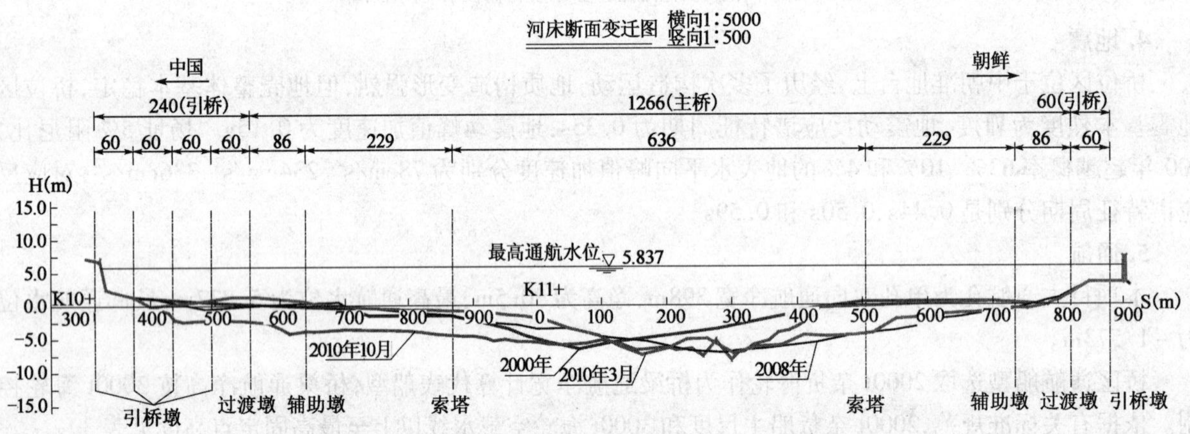

图4　水中各墩与实测河床地形图的立面关系(尺寸单位:m)

2. 平、纵、横断面设计

(1)平面设计

由于大桥中方侧位于丹东口岸区,朝方侧(终点)位于朝鲜新义州市长西,大桥的起终点位置是明确的。为了景观效果及有利于河势稳定,河面宽度范围内桥轴线应尽量为直线,同时平曲线半径不宜过小,经综合考虑,确定的鸭绿江大桥桥轴线的平曲线半径分别采用1000m及2600m。

(2)纵断面设计

①最大纵坡:3.0%;

②最小坡长:545m;

③竖曲线占路线总长43.36%;

④变坡点共4个;

⑤竖曲线最小半径:凸形12000m,凹形7000m。

(3)横断面设计

大桥按照一级公路设计,设计时速为80km/h,引桥与主桥左右侧各设置2.0m观光人行道,主桥及引桥宽度均为28.5m(主桥不含布索区及风嘴)。主桥、引桥横断面布置如图5、图6所示。

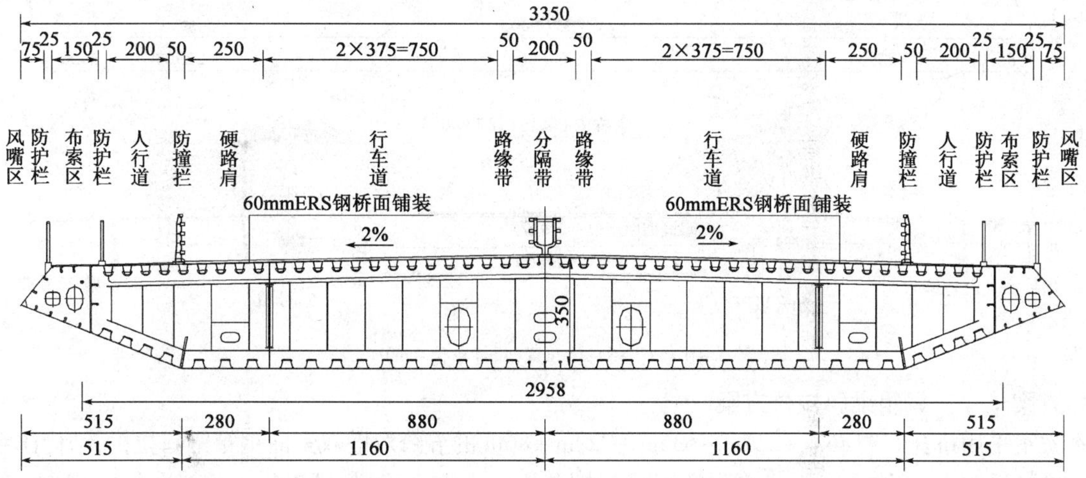

图5 主桥标准横断面布置(尺寸单位:cm)

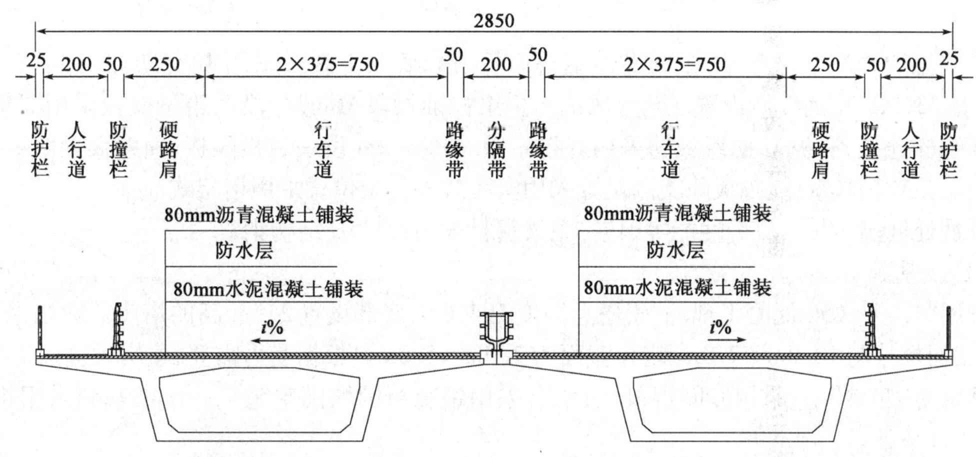

图6 引桥标准横断面布置(尺寸单位:cm)

3.桥型选择及桥跨布置

通航孔主桥是整个项目中工程量最大、最具代表性的部分,是控制工程投资和工期的关键,主跨径在考虑通航要求、主河槽变迁、船舶通航安全及对结构的撞击影响等因素后,最终确定主跨跨径为636m。

悬索桥方案需要在水中设置大型锚碇,工程规模巨大,对河势有较大影响;桥位处覆盖层较厚,锚碇基础施工难度较大,工期较长;悬索桥整体刚度小,抗风性能不及斜拉桥;另外对600多米的跨径而言,悬索桥经济性较差,因此大桥桥型方案设计未考虑悬索桥方案。

斜拉桥跨越能力大、梁高小、自重轻、下部结构及基础工程规模小;主塔挺拔、高耸。桥型协调、美观,富有现代气息;跨径的适用范围广,为100~1000m,几乎适应一般范围的所有跨径;选择不同的结构外形可以组合成各种新颖别致的桥型。本项目桥型方案采用双塔双索面斜拉桥桥型,就不同索塔造型、不同主梁结构形式进行比选。

另外,还考虑到:

(1)本桥工程场地地震动参数较大,经过总体计算分析,边中跨比值确定为0.495,即边跨跨径为315m,这样桥梁边跨压重较小,有利于减小辅助墩及过渡墩的地震内力。

(2)本桥桥位处弯曲河段,防船舶撞击要求较高,适当增大边跨跨径,使辅助墩及过渡墩距离航道较远,有利于保证航行安全。

(3)为了增加桥梁总体刚度,本桥设置辅助墩,以减少塔底弯矩和中跨跨中挠度。

最终经计算分析比较,确定主桥跨径组合为86m+229m+636m+229m+86m(图7)。设计中拟定了钢箱梁斜拉桥和钢混凝土结合梁斜拉桥进行比选。

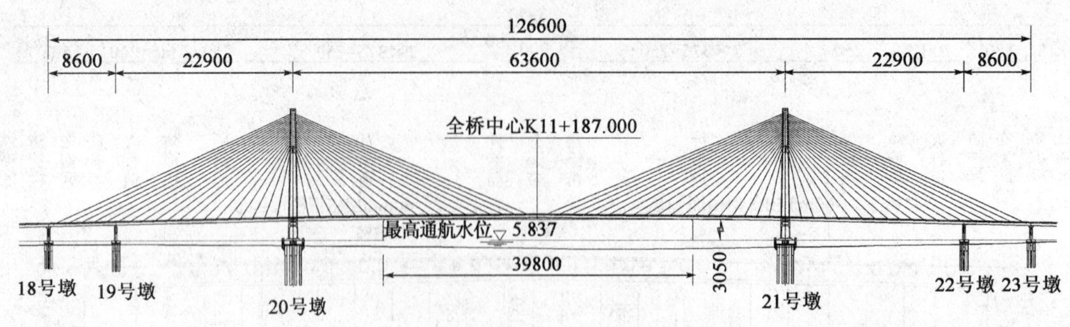

图7　主桥总体布置(尺寸单位:cm)

4.方案一——钢箱梁斜拉桥方案

本方案采用桥孔布置86m+229m+636m+229m+86m的五跨双塔双索面钢箱梁斜拉桥,结构体系为五跨连续半漂浮体系,桥梁支座均采用耐蚀型球型钢支座。主梁在索塔、辅助墩、过渡墩均采用竖向双向支座,在索塔、过渡墩设置横桥向侧向限位支座;每个索塔处设置额定阻尼力2820kN的抗震纵向阻尼器4套。

(1)主梁

主梁采用流线型扁平钢箱梁,正交异性钢桥面板,顶、底及下腹板采用U型肋加劲,中心线处梁高3.5m,梁全宽33.5m,梁的外侧设置三角形风嘴。主梁标准梁段16m,梁段间箱梁壁板采用焊接,顶板U肋采用高强螺栓连接,底板U肋或板肋采用焊接。箱梁每3.2m设一道横隔板,横向设置两道边腹板及两道纵隔板。为减轻自重,纵隔板除支点位置采用实腹式外其余位置采用桁架式。

考虑桥址处低温、焊接、疲劳性能等因素,主梁钢材采用Q345E结构钢。

(2)索塔及基础

索塔采用"H"型,C50混凝土现浇,索塔总高度194.6m,底部设置2.5m高的塔座。索塔采用箱形变截面,塔底截面尺寸为10.0m×7.0m,塔顶截面为7.0m×5.0m。根据受力需要,索塔设置两道横梁。

索塔承台为"哑铃"形,采用C40混凝土,承台采用钢套箱围堰围水施工。索塔基础采用40根直径2.5m的钻孔桩基础。

(3)斜拉索

斜拉索采用平行钢丝斜拉索,斜拉索锚具采用冷铸镦头锚,斜拉索总成全部在工厂制作成成品。

拉索采用扇形布置,斜拉索在主梁上的标准索距为16.0m,全桥共4×19对斜拉索,分别为PES7-121~PES7-253等5种类型。为了抑制斜拉索风雨振,考虑在斜拉索外表面设置气动措施(如缠绕螺旋线等),同时在斜拉索与主梁锚固端设置斜拉索阻尼器。

斜拉索在索塔锚固区采用钢锚梁形式,在主梁上采用钢锚箱形式。

(4)辅助墩、过渡墩及基础

辅助墩及过渡墩均采用箱形墩,承台平面均为六角圆端形,厚3.0m,采用C40混凝土。承台底面设置10根直径2.5m的钻孔桩。

5.方案二——钢混凝土结合梁斜拉桥方案

本方案采用桥孔布置87m+228m+636m+228m+87m的五跨双塔双索面钢—混凝土结合梁斜拉桥,结构体系为五跨连续半漂浮体系,桥梁支座均采用耐蚀型球形钢支座。主梁在索塔、辅助墩、过渡墩均采用竖向双向支座,在索塔、过渡墩设置横桥向侧向限位支座;每个索塔处设置额定阻尼力3000kN的抗震纵向阻尼器4套。

(1)主梁

主梁采用流线型钢—混凝土结合箱梁,桥面板采用25cm厚预制拼装混凝土板,采用钢箱梁横隔板及纵隔板顶的剪力钉与混凝土湿接缝联结成结合梁。钢主梁的底板及下腹板采用U型肋加劲，中心线处全梁高3.5m，梁全宽35.0m，梁的外侧设置三角形风嘴(图8)。主梁标准梁段14m，梁段间箱梁壁板采用焊接，底板U肋或板肋采用焊接。箱梁每3.5m设一道横隔板，横向设置两道边腹板及两道纵隔板，为减轻自重，纵隔板除支点位置采用实腹式外其余位置采用桁架式。

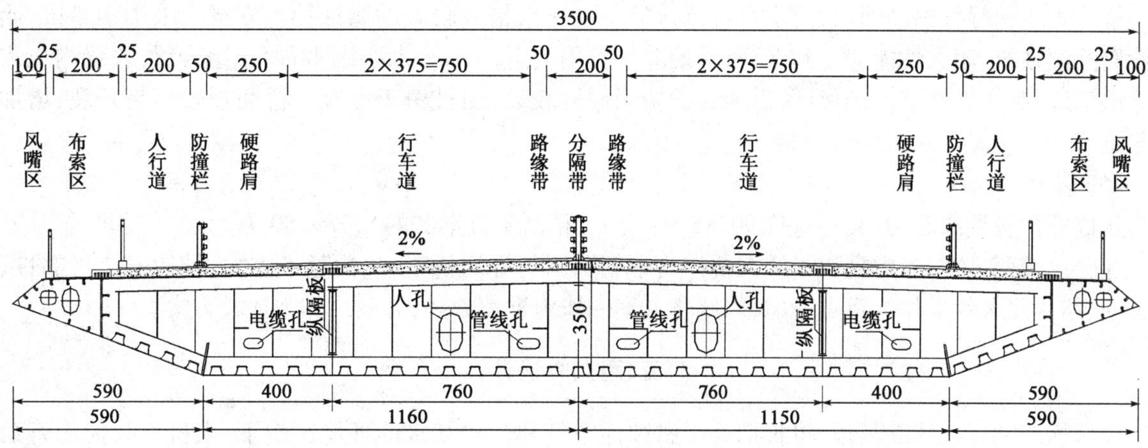

图8 钢混凝土结合梁斜拉桥方案主梁典型横断面图(尺寸单位:cm)

综合考虑桥址处低温、焊接、疲劳性能等因素，主梁钢材采用Q345E桥梁用结构钢，桥面板采用C50混凝土预制构件。为了减少混凝土收缩对主梁的不利影响，要求桥面板安装时的混凝土龄期不得小于6个月。

(2)索塔及基础

本方案采用"H"型索塔，C50混凝土现浇，索塔总高度194.6m，底部设置2.5m高的塔座。索塔采用箱形变截面，塔底截面尺寸为11.0m×8.0m，塔顶截面为7.0m×5.0m。根据受力需要，索塔设置两道横梁。

索塔承台为六角圆端形，厚6.0m，采用C40混凝土，承台采用钢套箱围堰围水施工。基础采用44根直径2.5m的钻孔桩基础。

(3)斜拉索

斜拉索采用平行钢丝斜拉索，斜拉索锚具采用冷铸镦头锚，斜拉索总成全部在工厂制作成成品。

拉索采用扇形布置，梁上拉索锚固点横向间距29.87m，斜拉索在主梁上的标准索距为14.0m，全桥共4×22对斜拉索，分别为PES7-151～PES7-313等6种类型。为了抑制斜拉索风雨振，考虑在斜拉索外表面设置气动措施(如缠绕螺旋线等)，同时在斜拉索与主梁锚固端设置斜拉索阻尼器。

斜拉索在索塔锚固区采用钢锚梁形式，在主梁上采用钢锚箱形式。

(4)辅助墩、过渡墩及基础

辅助墩及过渡墩均采用箱形墩，过渡墩顶采用曲线形过渡加大截面以适应主桥及引桥支座间较大的间距。

辅助墩及过渡墩承台平面均为六角圆端形，厚3.0m，采用C40混凝土。承台底面设置10根直径2.5m的钻孔桩。

6. 方案比选

(1)施工质量控制难易程度

方案一采用钢箱梁，由工厂制作，现场焊接拼接，由大型钢结构制造企业操作，施工质量容易控制；而方案二采用钢混凝土结合梁，除钢梁节段外，还需预制并现场拼装桥面板的工序，工序较多，增加了施工质量控制的难度。

(2)施工工期

方案一的钢箱梁架设周期短，而方案二的结合梁由于钢主梁架设完成后，需要安装预制桥面板并现浇湿接缝,湿接缝达到设计强度后方可进行下阶段施工,因此工期较长。

(3)抗震性能

由于方案一的钢箱梁自重较结合梁轻很多,因此抗震性能更优。

(4)结构耐久性及养护难易度

桥位处于鸭绿江感潮河段,河水及含氯盐的空气对结构有较大的腐蚀性。方案一采用钢箱梁,箱梁内设置除湿系统,耐久性能够得到保证,后期养护费用较高。方案二采用钢混凝土组合梁,箱梁内也需设置除湿系统,耐久性能够得到保证,后期养护费用同样较高,而且由于混凝土桥面板较容易开裂,增加了管养难度。

(5)造价

从概算比较结果看,方案一造价90385.94万元,稍高于方案二的87789.80万元。

综合比较两方案,考虑到鸭绿江大桥作为中朝两国的界河桥梁,政治意义重大,结构安全可靠性、施工工期、结构耐久性应作为重点考虑,因此将方案一作为推荐方案,方案二作为比较方案。

五、耐久性设计

大桥横跨鸭绿江感潮河段,将长期处于腐蚀性空气和含盐江水的环境影响下,大桥设计使用寿命为100年。为确保大桥结构耐久性,达到100年的设计使用寿命,分别对钢箱梁、斜拉索、混凝土结构进行了耐久性设计。

大桥钢结构涂装面积大、维修工作量大且工作条件恶劣、养护成本非常高,宜首选耐腐蚀寿命长的方案,以降低维护费用。本桥钢结构外表面及非封闭环境内表面涂装方案按大气区腐蚀种类为C5-M级别,选用热喷铝金属涂层+环氧云铁中间漆+氟碳面漆的长效型涂层配套体系。

本桥斜拉索采用锌铝合金镀层,该涂层具有比纯锌镀层更高的耐腐蚀性能。

大桥混凝土结构耐久性的总体设计思路为:

(1)基本措施:采用海工耐久性混凝土,主要以氯离子扩散系数为控制参数,在原材料选择方面,主要考虑使混凝土具备高抗氯离子扩散能力、高抗裂性能及高工作性能。

(2)附加措施:通过表面防腐涂装、外加电流阴极保护等附加防腐措施增强结构防腐性能。

六、结　　语

中朝鸭绿江界河公路大桥位于辽宁丹东,属东北严寒地区,建成后将成为我国最大跨径的界河桥梁。大桥桥位受中朝双方建桥协议的限制,桥位处河道弯曲、通航水流条件复杂、规划制约因素多,项目总体设计综合考虑了与工程有关的气象、地质、地震、水文、通航、地方规划及有关部门的意见,拟定了候选桥型方案,并在施工质量控制、工期、抗震性能、养护难易和造价等方面对两个主桥方案进行了充分比选论证,最终确定了主桥86m+229m+636m+229m+86m的双塔双索面钢箱梁斜拉桥方案。大桥的建设对我国严寒地区大跨径桥梁的设计与施工都具有非常现实的借鉴意义。

2. 中朝鸭绿江界河公路大桥桥轴线可行性分析

高跃茹[1]　刘　伟[1]　孙东波[2]

(1.辽宁省公路管理局;2.辽河大桥管理处)

摘　要　由于中朝双方协定桥位已不能更改,因此需要对桥梁所在位置及桥轴线布置进行科学分析和技术论证,对自然条件、地理位置、气象水文等进行分析,经过桥梁河工模型试验确定桥梁轴线布置的可行性。

关键词　桥梁　轴线　布置　可行性　分析

一、项 目 背 景

为加强欧亚经济交流,形成统一的欧亚陆路通道,1992 年在第十届国际科学统一会议上提出了从东京出发,经过汉城、平壤、北京直到莫斯科和伦敦的国际高速公路的设想。中朝鸭绿江界河公路大桥(以下简称大桥)项目是欧亚陆路通道和亚洲公路网中控制性工程,对促进欧亚经济合作具有重要意义,同时也是中朝两国长期友好的历史见证。本项目起于丹东至大连高速公路丹东西出口,经集贤工业园区,利用丹东市兴丹大街进入中方侧口岸,之后跨越鸭绿江到达朝鲜民主主义人民共和国侧,终点位于朝鲜三桥川北侧的长西附近,在南新义州光城南侧接新义州至平壤公路。

经中朝两国签署的《关于共同建设、管理和维护鸭绿江界河公路大桥的协定》,明确了大桥桥位位于丹东市新城区浪头港下游,柳草岛末端至三桥川支流之间的范围内。为此,就大桥桥轴线展开可行性分析(桥位地形图见图 1)。

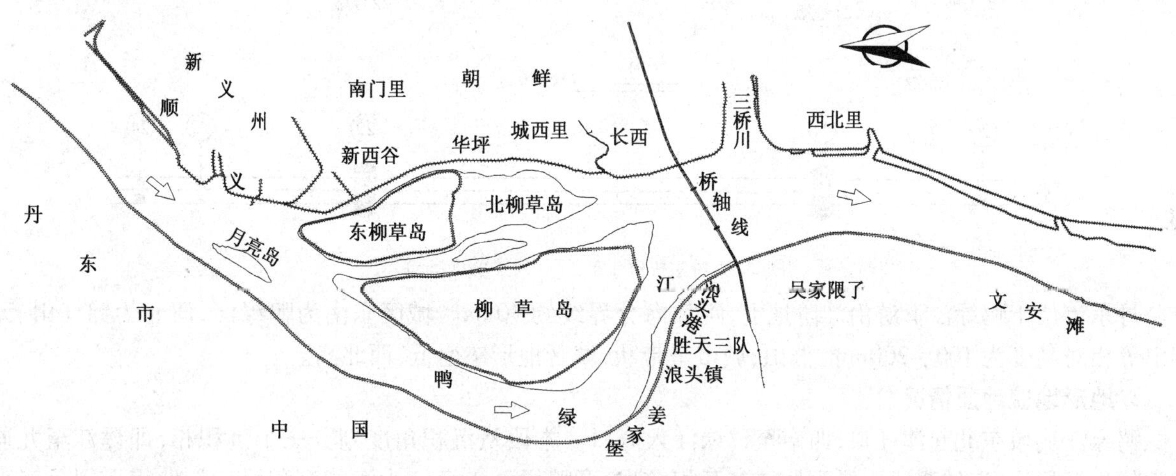

图 1　中朝鸭绿江界河公路大桥桥位地形图

二、工 程 概 况

项目全长 12.71km,其中:大桥长 3030m,中方侧桥长 1408m,朝方侧桥长 1622m;中方侧引线长 9.672km。主桥为双塔双索面钢箱梁斜拉桥(主跨 636m),全长 1266m,中方侧 526m,朝方侧 740m;桥孔布置 86m + 229m + 636m + 229m + 86m;结构体系为五跨连续半漂浮体系;主梁为流线型扁平钢箱梁,正交异性钢桥面板,采用悬臂拼装施工;索塔为"H"型,索塔高度 194.6m,采用爬模浇筑施工;索塔基础采用 40 根 2.8m 直径的钻孔灌注桩基础;斜拉索在索塔锚固区采用钢锚梁形式,在主桥上采用钢锚箱形式;为抑制斜拉索风雨振,在斜拉索外表面设置气动措施,并在斜拉索与主梁锚固端设置磁流变阻尼器。辅助墩及过渡墩均采用箱形墩结构,基础采用 2.5m 直径的钻孔灌注桩。主桥桥孔布置图见图 2。

三、桥轴线分析

1. 鸭绿江流域概况

鸭绿江流域发源于长白山天池胭脂峰南麓,由东北流向西南,跨越吉林、辽宁两省,是中朝两国的界河。流经吉林省的长白县、临江区和集安市,与浑江汇合后,经辽宁省宽甸县、丹东市及东港市,于大东沟注入黄海。

鸭绿江干流自源头到浑江市临江镇为上游段,长 339km,属高山区,河谷切割较深,山势陡峻,河道比降平均为 4.3‰。临江镇至水丰坝为中游段,长 322km,自然江段长 72km,主要在临江镇至大栗子镇和云峰坝下至集安市两段,江两岸不对称地分布有狭长的一级台地,上层为砂壤土,下部为砂砾石。水丰坝下至江海分界线为下游段，平均比降1‰；其中，虎山以下至江海分界线为河口段，长62km，属平原区，平均比降为0.13‰，江中岛屿较多，两岸均为起伏平地，洪水易受潮汐影响。

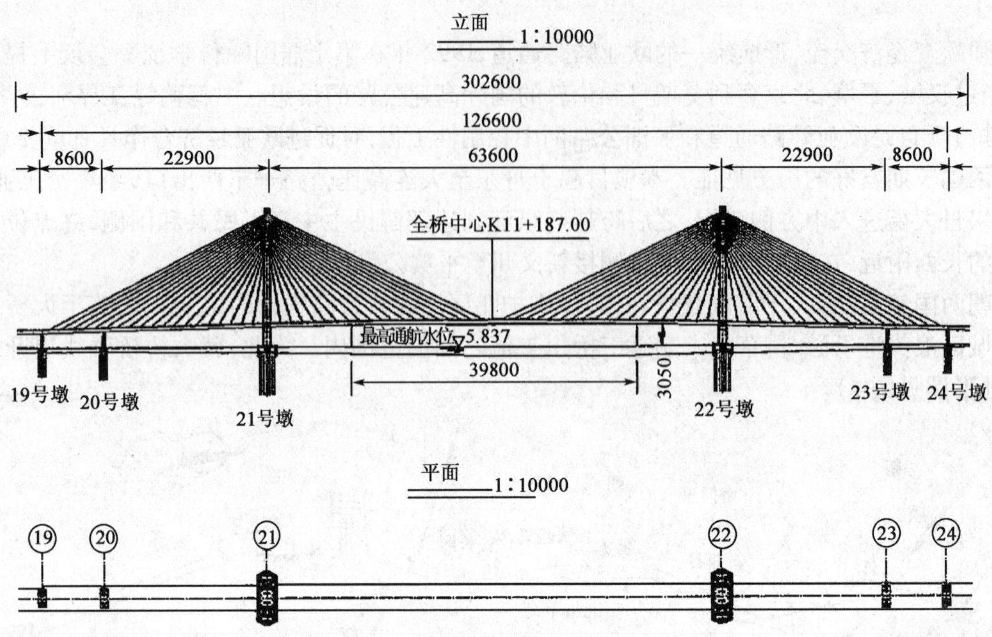

图2 大桥主桥桥孔布置图(尺寸单位:cm)

丹东市位于鸭绿江下游沿江阶地上，距江海分界线约40km。城区东南为鸭绿江，西北为锦江山、元宝山等相对高度为100～200m的群山，城市呈带状，城区地形东南低，西北高。

2. 地形地貌地质情况

鸭绿江流域东北起浑江口，西南至鸭绿江入海口。本段从沉积角度划分三个沉积相，即浑江至九连城为陆相沉积，九连城至浪头段为海陆交互相，浪头至鸭绿江入海口为海相沉积段。从地貌上划分三个单元，即浑江至九连城为河谷地貌，江边地势较高，多为台地、丘陵及低山；九连城至浪头段为鸭绿江一级和二级阶地，地形较平坦；浪头至鸭绿江入海口为滨海沉积平原，江边多沼泽地，地形平坦。

拟建大桥处属上覆第四纪中全新统冲海积地层，主要为灰绿色或青灰色淤泥质粉质土和淤泥、淤泥质粉细砂、卵石，下伏基岩以凝灰岩、黑云母片岩、混合岩为主。

该区的地震主要受鸭绿江断裂影响。鸭绿江断裂带由东南向西北45°～55°东方向舒缓波状延伸，历史上发生震级最大的地震位于鸭绿江入海1∶3处，震级为6.75级，其他地区未发生大的地震。鸭绿江入海口处为海城—丹东—平壤地震带(北西向)与北东向鸭绿江地震带交汇部位，该处地震频度较高，因此受其影响的东港地区地震动峰值加速度为0.2g(相当于地震基本烈度Ⅷ度)，浪头至九连城段受鸭绿江地震带的影响，该地段地震动峰值加速度为0.15～0.1g(相当于地震基本烈度Ⅶ度)，大桥位于二者之间(既地震基本烈度Ⅶ度到Ⅷ度间)。

3. 河道特征

连接线所经地区以浅切割剥蚀浑圆状微丘台地和剥蚀平原地貌为主。中方连接线附近地形高程一般为5～20m，最高高程为27m。坡度平缓，丘形浑圆，在微丘间为平原或河谷地貌。朝方连接线沿线基本上为鸭绿江冲积平原，地势平缓，地表高程一般在4～8m。桥位处鸭绿江河床较窄，两侧基本无滩涂，沿河发育多为一级阶地。

4. 水文、气象

1)气象特性

鸭绿江流域上游段属中温带湿润气候区，夏季炎热多雨，冬季干燥寒冷。鸭绿江中下游段属温暖季风型大陆性气候，冬暖夏凉，气候湿润，冬半年盛行北风，夏半年盛行南风，强风向为北风，最大风速

20m/s,全年不小于6级风的天数为39.7天。多年平均气温由上游的2℃逐渐递增到下游的8℃。多年平均降水量上游为600~800mm、中游为800~1000mm、下游为1000~1200mm。鸭绿江中下游年平均湿度65%~70%。降水量年内分配很不均匀,降水量集中于汛期,6—9月降水量占全年的70%以上,7—8月降水约占年降水量的一半,其中,靠近下游地带的暴雨甚为强烈。

2)水文

沿线水文观测情况:

(1)位于辽宁省宽甸县古楼子乡水文站观测情况:断面距入海口65km,控制流域面积5.54万km^2,所观测的水位、流量过程为经过上游水库群调节后的变化过程。

(2)位于辽宁省丹东市楼房梨树沟水文站观测情况:距入鸭绿江河口27km,断面设在叆河上,是叆河下游总控制站,集水面积0.56万km^2。

(3)位于丹东的水文站观测情况:距河口39km,控制流域面积6.20万km^2,冻结基面为大连基面。

(4)位于大东港区3号码头后方栈桥处水文站观测情况:采用人工水尺观测,水尺零点在黄海基面下3.55m。

3)洪水特性

鸭绿江流域暴雨发生在6—9月份,大暴雨多在7—8月份,造成鸭绿江流域暴雨的天气系统有台风、气旋(江滩、华北、黄海气旋)、副热带高压边缘的辐合扰动和高空槽等。特大暴雨往往由两种以上天气过程遭遇而成。

鸭绿江流域的暴雨主要有两大类型:一类是暴雨中心在干流下游的丹东、宽甸一带,雨轴是西南东北向及东西向,雨量自下游向上游递减,上游集安、临江以上地区的雨量远较下游为小,此类暴雨最多、雨量最大、笼罩范围最广,鸭绿江干流中下游大洪水即由此种暴雨造成。另一种类型是台风北上直接造成的暴雨,暴雨中心随台风路径的不同而异,常出现在中下游地区,雨轴呈南北走向,雨区呈条带状。与下游大暴雨相比,此类暴雨的量级和高值雨区笼罩的面积均相对较小,不易形成全流域型大洪水。

鸭绿江流域的洪水由暴雨造成,同暴雨相应,也是发生在6—9月份,尤以7—8月份最多。鸭绿江为山区河流,强烈而集中的暴雨形成陡涨陡落的洪水过程。由于一次天气过程的暴雨历时仅1~3天,且大暴雨有70%的雨量集中于一天时间内,致使大洪水多呈单峰型,涨洪时间较短,从起涨到峰顶一般两天左右,退水时间较长,一般9天左右,一场洪水历时11天左右,其水量主要集中于3天时间内。

目前在鸭绿江流域水资源被大规模开发利用的条件下,河流的洪水特性较之自然状态下已大大改变。特别是下游区,由于水库群的调节,洪峰流量及洪量集中程度大大减少,洪水过程趋于平缓,量级较小的洪水已基本失去天然特性。

在水丰坝下至江海分界线河段内,受洪水和潮水的共同影响,洪水特性较为复杂。水丰坝址至丹东段,洪水由两部分组成,一是水丰水库调节后的出流,另一部分是支流洪水,一般情况下,是水丰下泄洪峰与支流洪水的退水段相遭遇。个别年份干支流洪峰也可相遇,例如1985年,水丰泄流时间长,且流量大,其洪峰与叆河洪峰相遇,造成下游大洪水。丹东市区河段为感潮河段,洪水位既受洪水影响,也受潮水顶托影响。丹东市区以下,河道更加宽阔,潮水的影响渐渐增加,至沙子沟潮位站,水位随潮水位的变化而变化。

5.分析结论

由于桥轴线所处位置的自然条件及环境比较复杂,经中朝两国商榷桥位不可变动,为此,需要对复杂的自然环境下的桥位、桥轴线进行桥梁河工模型模拟试验。图3为模拟大桥原地貌河段河工模型试验照片。由河道演变、试验研究及模型建立,到定床试验、动床试验,展开对桥轴线的可行性分析,得到结论及建议是:

图3　河工模型试验河段照片

(1)大桥建成后,当发生大桥设计标准300年一遇洪水时,桥位上游50m断面对应水位为8.90m,壅水高度为0.06m,最大回水长度为7164m;当发生规划堤防洪标准100年一遇洪水时，桥位上游50m断面对应水位为8.30m，壅水高度为0.05m，最大回水长度为5794m。工程建设对该河段行洪影响不大。

(2)大桥修建后，河道内流态分布基本同现河道一致，当发生50年一遇洪水($Q = 36900m^3/s$)时，在桥位断面最大流速为3.81m/s，较现河道最大流速增加0.12m/s，堤脚处流速最大为3.56m/s。在100年一遇洪水($Q = 41100m^3/s$)下，拟建桥位处最大流速为3.91m/s，较现河道流速增加0.08m/s，堤脚处最大流速为3.78m/s。由于堤防迎水面均修建了混凝土板护坡，因此大桥的修建引起的流速增加不会对现有堤防产生影响。

(3)施放洪水系列年的冲淤过程表明，鸭绿江大桥建桥前后河道的冲淤规律没有明显变化，大桥对河势没有明显的影响。

(4)施放1989年~2005年水沙系列，大桥局部冲刷以16~19号墩较深，最大冲刷深度为5.3m，多为2.0~4.6m。当发生100年一遇洪水时，桥墩最大冲刷深度为6.7m，当发生300年一遇洪水时，桥墩最大冲刷深度为7.0m。大桥桥墩桩基深度在40~48m，桥墩冲刷不会影响大桥安全。

(5)从河道演变分析结果，现桥位处河道主槽左右摆动较大，由于中朝两国共同协议所限，设计推荐的鸭绿江大桥的桥位无法改动；基于桥位河床冲淤变化特性，建议大桥应采用主跨636m的设计方案。

四、小　结

由于中朝鸭绿江界河公路大桥是建设在中朝两国界河之上，在两国签署建桥协议时已确定桥位，不可变动(因为确定的桥位处的地域环境、自然条件比较复杂)。为此，为保证大桥工程建设的稳定可靠性，有必要对大桥桥位及桥轴线进行稳定性分析。根据大桥所处的地貌地域环境、地理位置、自然条件等情况，通过大桥河工模型试验，最后结论是大桥桥位可行，但大桥主跨要求保持在636m。

3. 中朝鸭绿江界河公路大桥主桥钢结构设计

马　森[1]　王吉英[1]　李正向[2]
(1.辽宁省交通规划设计院；2.丹东市公路规划设计院)

摘　要　中朝鸭绿江界河公路大桥主桥是一座双塔双索面钢箱梁斜拉桥，跨径布置为86m+229m+636m+229m+86m。该桥位于中朝边境，跨越鸭绿江，建成后将成为我国跨径最大的界河桥梁。本文主要介绍主桥钢结构的设计要点。

关键词　斜拉桥　扁平钢箱梁　帽孔　钢锚梁　钢牛腿

一、桥梁概况

中朝鸭绿江界河公路大桥及接线工程起点位于丹东至大连高速公路丹东西互通立交，终点位于朝鲜三桥川北侧的长西，全长12.71km，其中鸭绿江界河公路大桥主桥为主跨636m的双塔双索面钢箱梁斜拉桥。

大桥主桥孔跨布置为86m+229m+636m+229m+86m，主梁采用扁平钢箱梁，主梁全宽33.5m；索塔采用H型混凝土索塔，塔高194.6m。

主桥采用半漂浮体系，即在过渡墩以及辅助墩设置竖向拉压支座，在索塔与主梁间设置竖向拉压支座和横向抗风支座，同时在索塔横梁处设置纵向黏滞阻尼器。在靠近过渡墩处的钢箱梁内部设置铸铁压重块。

全桥钢结构主要应用在主梁以及拉索锚固系统中，即主梁采用扁平钢箱梁、正交异性钢桥面板；拉索在梁端采用钢锚箱结构，在塔端采用钢锚梁与钢牛腿配合的锚固体系。下面着重介绍这两部分钢结构的设计特点。

二、钢 箱 梁

扁平钢箱梁中心梁高3.5m,含风嘴全宽33.5m,不含风嘴顶板宽29.0m,底板宽23.2m。桥面设置双向2.0%横坡。

根据结构受力性能以及桥梁所处地区的温度条件,考虑桥址处低温、焊接、疲劳性能等因素,主梁钢材采用Q345E低合金高强度结构钢。

1.钢桥面板

近年来,随着越来越多的钢箱梁斜拉桥的建成通车,正交异性钢桥面铺装病害也越来越多。经研究分析,造成钢桥面病害的原因除构造不当以外,主要由于焊接缺陷引起,对此,部分国外规范对钢桥面板的构造以及焊接工艺提出了针对性的要求,并根据实际的实施结果进行不断地优化。其中欧洲的钢结构桥梁设计规范BS EN 1993对于钢桥面板的有关规定最为详细,不仅给出了桥面加劲肋的最小刚度、桥面钢板的最小厚度等构造细节的建议,还包含了桥面板抗疲劳验算的相关内容,另外对U肋与桥面钢板的组装间隙、焊喉深度、坡口角度以及钝边尺寸等焊接工艺以及焊缝检测均提出了细致的要求。

我国现行钢结构桥梁设计规范的编制年代较早,没有针对正交异性钢桥面板的相关规定,设计时只能参考国外规范或借鉴已经建成的同类桥梁。鸭绿江界河公路大桥设计过程中,我们主要参考欧洲规范进行构造设计;在焊接工艺以及制造标准等施工制造方面,除满足国家规范要求外,还在国内领先的专业钢结构桥梁生产企业进行了大量的咨询和调研工作。在此基础上进行鸭绿江大桥钢桥面的构造细节设计,并对焊接工艺以及制造标准提出了要求。

1)主要尺寸

根据结构受力需要,顶板选用16mm和20mm两种厚度的钢板,采用横桥向变厚度、顺桥向等厚度的布置方式,即靠近外腹板2000mm范围内采用20mm厚钢板,其余采用16mm厚钢板,以利于斜拉索索力扩散。

顶板采用U形加劲肋,上口宽300mm,下口宽170mm,高度300mm,标准间距600mm。U形加劲肋厚度为8mm。

2)U肋连接方式

为了减少焊接缺陷、增强桥面板的抗疲劳性能,除中跨合龙段以外,其余各梁段间顶板U肋均采用高强度螺栓连接。

3)U肋与桥面板焊接要求

根据欧洲规范以及国内先进施工企业的施工经验,对U肋与桥面板的焊接提出具体要求。

为了保证焊接质量、提高结构耐久性能,我们将组装间隙由欧洲规范规定的2mm提高到1mm;即使是全自动焊接,也同样要求采用单边V形坡口焊接(图1)。

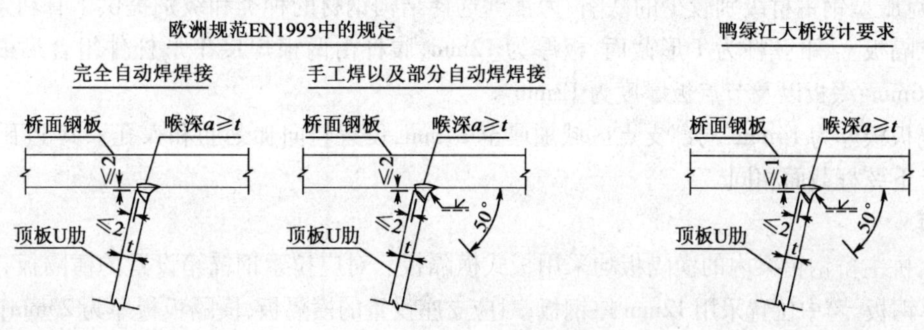

图1 U肋与桥面板焊接要求对比

4)螺栓孔处理

由于运输以及吊装需要,每个钢箱梁梁段的顶板均设置了较多的螺栓孔,为保证钢箱梁的密闭性能

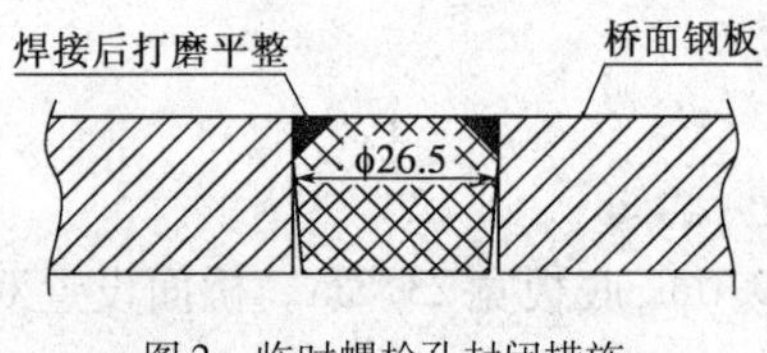

图2 临时螺栓孔封闭措施

以及防水性能，梁段安装就位后，位于桥面钢板上的临时螺栓孔必须采取封闭措施。为了保证钢桥面板顶面的平整度，为了不影响钢桥面铺装的施工，鸭绿江大桥桥面临时螺栓孔采用鼓型钢圆柱体填塞。圆柱体直径最大处比螺栓孔直径大0.5mm，安装时需要利用手锤敲击就位，焊接后要求顶面打磨平整（图2）。

2. 底板

底板包括水平底板和斜底板两部分。根据受力需要，水平底板及斜底板在顺桥向不同区段采用了12mm、14mm两种不同厚度的钢板，索塔、过渡墩和辅助墩附近底板采用较厚钢板。

底板采用U形加劲肋加劲，上口宽250mm，下口宽400mm，高度260mm，标准间距800mm。底板U形加劲肋厚度为6mm。

在以往的设计中，平底板与斜底板间采用对接焊焊接，焊缝位于底板折角处。由于横隔板的支撑作用，在焊缝与横隔板相交处的应力集中现象比较明显，为减小应力集中，通常需要在此处设置角点加劲肋。本桥在设计中取消了平底板与斜底板相交接处的对接焊缝，将底板纵向拼接焊缝设置在与之相邻的U肋之间，平底板与斜底板之间采用冷弯方式形成折角。这种构造措施可以避免将对接焊缝设置在应力集中的位置，较大程度地改善了钢箱梁的受力。另外在角点加劲钢板与底板相交处的外侧设置导圆过渡，减小底板应力集中（图3）。

3. 纵隔板

钢箱梁内横向设置两道纵隔板，除支撑区附近采用板式纵隔板外，其余位置均设置桁架式纵隔板。

以往一些钢箱梁的桁架式纵隔板的腹杆采用钢管结构，但在钢管与节点板相接处，由于加工困难，在钢管切口根部易产生加工缺陷，从而可能导致钢管开裂。为避免同类病害的发生，本桥采用焊接T形杆件代替钢管，在节点板处用两根焊接T形杆件夹住节点板并与之焊接，同时在构件端部设置倒角，通过改进构造细节的方式，减少了施工制造难度，提高了工程质量（图4）。

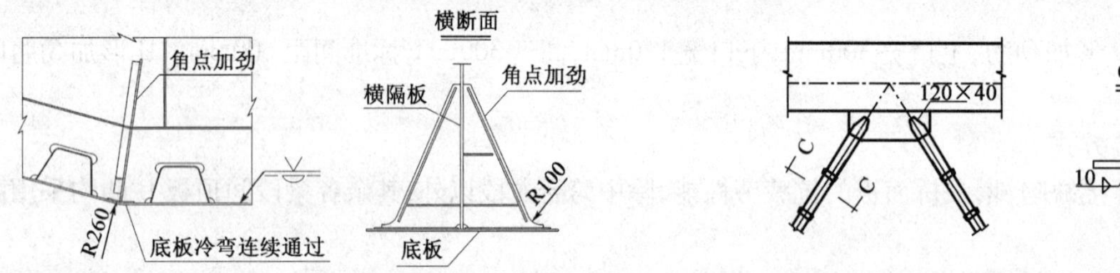

图3 底板角点构造细节　　图4 桁架式纵隔板焊接T形腹杆

另外，我国目前钢结构的加工和制造体系还不是十分完善，型钢的材质比较单一，比较常见的仅有A级和B级钢材，而C级以上材质的型钢比较少见，只有用量比较大时才能单独生产。而采用焊接T形杆件后，还可以克服型钢钢材级别较少的缺陷，为正确选择结构钢材的种类和级别提供了有利条件。

桁架式纵隔板上、下弦杆为T形截面，板厚为12mm；腹杆由两根焊接T形杆件组合形成，焊接T形杆件厚度为16mm、缀板以及节点板厚度为12mm。

板式纵隔板板厚为14mm，局部支点区域加厚至24mm，设有竖向加劲肋和人孔。其上下翼板与桁架式纵隔板的上下弦杆截面相同。

4. 横隔板

鸭绿江大桥主桥钢箱梁内的横隔板均采用板式横隔板。对应拉索钢锚箱设置的横隔板，在拉索附近采用16mm厚钢板，跨中位置采用12mm厚钢板；对应支座设置的横隔板，横隔板板厚为20mm；其余位置的横隔板，钢板厚度为10mm。为提高桥面板刚度，改善桥面铺装受力状态，将横隔板标准间距设置为3.2m。

1）U肋帽孔构造

在正交异性钢桥面体系中，U肋与横隔板相交接处出现的病害也比较多，主要是由于疲劳荷载作用所引起的。即在车辆荷载作用下,横隔板两侧的U肋将产生相互交替的向上或向下的位移,横隔板帽孔处的U肋产生转角,从而带动帽孔周围的横隔板发生往复的面外变形,U肋帽孔周围的应力分布也比较复杂。当车辆荷载使U肋产生的转角相同时,U肋的帽孔尺寸越大,帽孔边缘越靠近U肋旋转轴,帽孔附近的横隔板的面外变形也就越小,也就是说,从理论上讲,适当增加U肋帽孔的开口尺寸是可以减小由于面外变形所产生的应力的。但随着帽孔尺寸的增加,U肋与横隔板的连接焊缝的剪应力也会随之增大,因此帽孔尺寸也不能随意增加,必须满足抗剪要求。

综合考虑上述因素,鸭绿江大桥设计过程中提出了三种U肋帽孔方案,并进行了专门的对比分析(图5)。

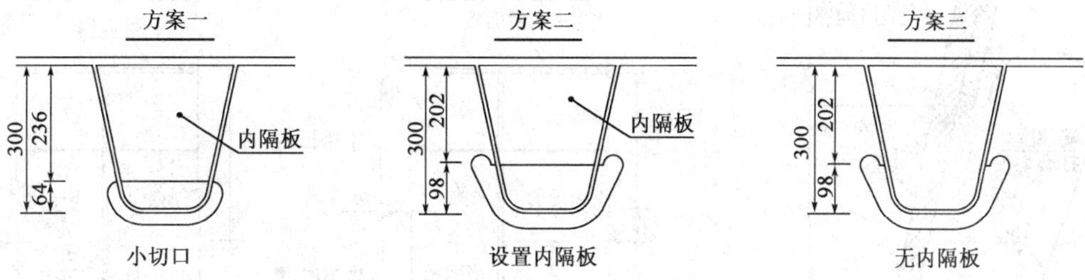

图5 帽孔方案对比(尺寸单位:mm)

在这三种方案中,U肋高度均为300mm,其中方案一是参照BS EN 1993中的公路桥推荐尺寸确定的,这种帽孔形式在国内钢箱梁斜拉桥中比较常用;方案三是参照BS EN 1993中的铁路桥推荐尺寸确定的,这种构造不仅加大了帽孔尺寸,还在与U肋相交处增加了弧形过渡;方案二是在方案三的基础上在U肋内部对应横隔板的位置增加了一道内隔板,该内隔板不仅使在U肋通过处的横隔板连续通过,还使桥面钢板在横隔板处获得横桥向的连续支撑,避免了U肋边缘的桥面板产生应力突变。

经计算分析,在车轮荷载作用下,方案一、方案二、方案三的主拉应力分别为73.3MPa、46.7MPa、53.1MPa;有效应力分别为71.9MPa、87.0MPa、105.1MPa,由此可以看出采用方案二的帽孔构造形式的模型虽然主压应力比方案一增加21%,但主拉应力可减少36%;与方案三相比,方案二的主拉应力减少了12%,有效应力减少了17%,对于主要承受疲劳荷载的构件,减小主拉应力可显著增加使用寿命,因此方案二的受力状态明显优于其他两个方案(图6)。

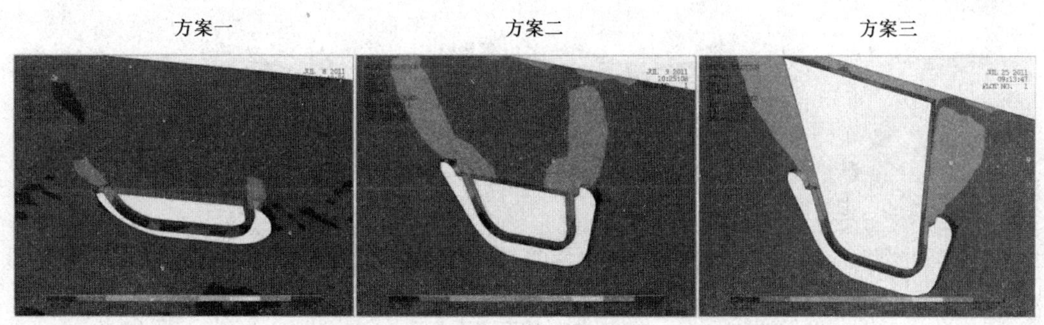

图6 各U肋帽孔方案计算结果对比(仅显示横隔板单元)(单位:MPa)

方案二所示的帽孔形式已经应用在滨海公路辽河大桥的钢箱梁中,该桥已经于2010年建成通车,目前正交异性钢桥面板以及钢桥面铺装运行状态良好。

2)U肋帽孔加工要求

大量试验表明,钢板边缘的加工质量对抗疲劳性能影响较大,因此帽孔切割表面的平整度对于横隔板的抗疲劳性能起着重要作用。本桥在设计时综合考虑了国内现有的钢结构桥梁加工制造水平,结合国内与国际规范提出了加工后的U肋帽孔表面加工质量的要求。设计文件中明确要求横隔板的U肋帽孔要求采用精密焰切加工,切口表面垂直度偏差小于0.4mm,表面粗糙度*Ra*上限值25μm。根据《色漆和清漆—防护漆体系对钢结构的防腐蚀保护》ISO 12944-3的要求,切口处棱角要求打磨,打磨后棱角$R\geqslant$

2mm。另外,还要求U肋与横隔板间角焊缝端部围焊,并且要求打磨,具体见图7所示。

3)横隔板上下部连接方式

根据扁平钢箱梁制造工艺要求,在制作过程中横隔板从上到下一般分为两到三块板单元,其顶部分块后与顶板及U肋焊接成桥面板单元,这部分横隔板一般称为上接板。为保证横隔板具有较好的受力性能,当横隔板厚度大于10mm时,上接板与横隔板间采用对接连接方式,当横隔板厚度为10mm时,上接板与横隔板之间采用搭接方式,即在上部水平加劲肋处将横隔板水平分块,加劲肋穿过横隔板,而上接板、横隔板均与水平加劲肋焊接。这种构造既保证了结构受力,又简化了施工工艺(图8)。

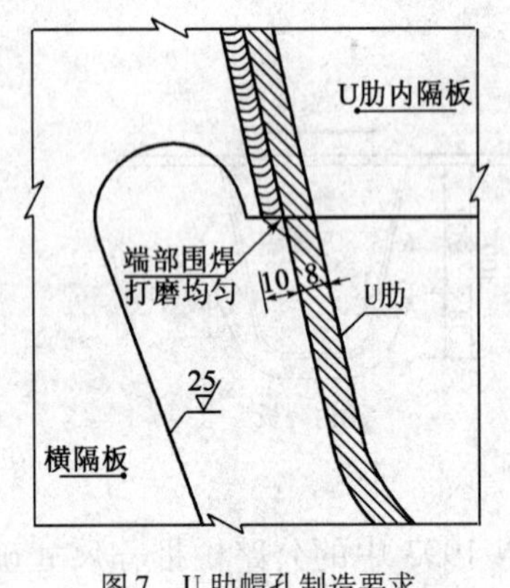

图7 U肋帽孔制造要求

图8 横隔板上下部连接方式

三、拉索锚固系统

1. 梁端钢锚箱

斜拉索通过钢锚箱与主梁连接,钢锚箱设置在外腹板外侧,与外腹板焊接。钢锚箱承压板为四边支撑结构,锚固板厚度为40mm,主梁腹板内侧设置纵向以及斜向加劲肋。根据索力大小不同承压板和锚垫板采用不同厚度。

2. 塔端钢锚梁及钢牛腿

为明确结构受力,对应每对斜拉索在索塔内部均设置一道钢锚梁,作为斜拉索的塔端锚固构造(图9)。

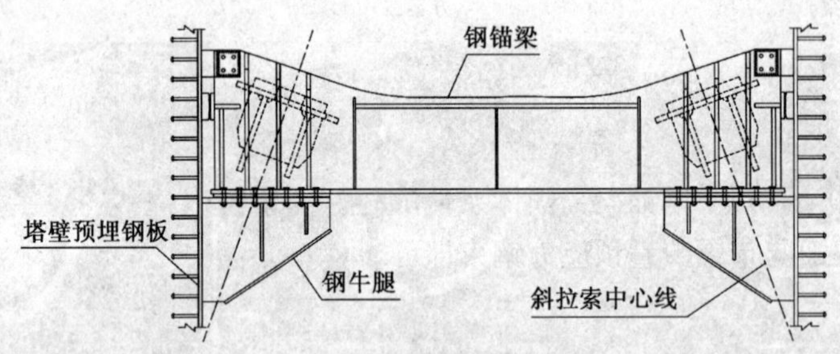

图9 塔端锚固系统布置图

钢锚梁与钢牛腿的接触面之间采用不锈钢和四氟板构成滑动摩擦副,用以消除钢牛腿接触面之间的摩阻力对塔的影响,确保平衡水平分力全部由钢锚梁承受的受力模式。

钢锚梁受拉锚板采用30mm厚钢板,腹板中心高度采用700mm,底板中心宽度采用750mm。

钢牛腿是钢锚梁的支撑结构,由底板、托架、塔壁预埋钢板、剪力钉和与劲性骨架相连的连接钢板组成。钢牛腿底板和托架厚度40mm,塔壁预埋钢板采用30mm厚的抗层状撕裂钢板,剪力钉采用圆柱头焊钉,直径22mm。塔壁预埋钢板后面对应钢牛腿处预埋抗拉型钢,抵抗钢牛腿底板产生的集中力。

理论上讲,在这种锚固体系中,每对斜拉索面内的平衡水平分力由钢锚梁承受,极少部分不平衡水平分力通过梁端顶座传递到塔壁预埋钢板,由索塔承受[1];拉索竖向分力通过钢牛腿传到塔身后,全部由索塔承受。这种受力模式充分发挥了钢材抗拉、混凝土抗压的材料性能。计算机有限元程序仿真分析的结果表明,在计算荷载下,钢锚梁以及钢牛腿均满足受力要求,仅局部边角存在应力集中现象,其中钢锚梁中应力最大为160~180MPa、钢牛腿中应力最大约100MPa。塔壁预埋钢板上的剪力钉承受的剪力分布均匀,剪力较小;剪力钉承受的拉拔力分布不均,且个别剪力钉承受的拉拔力较大[2],具体计算结果见图10~图12。

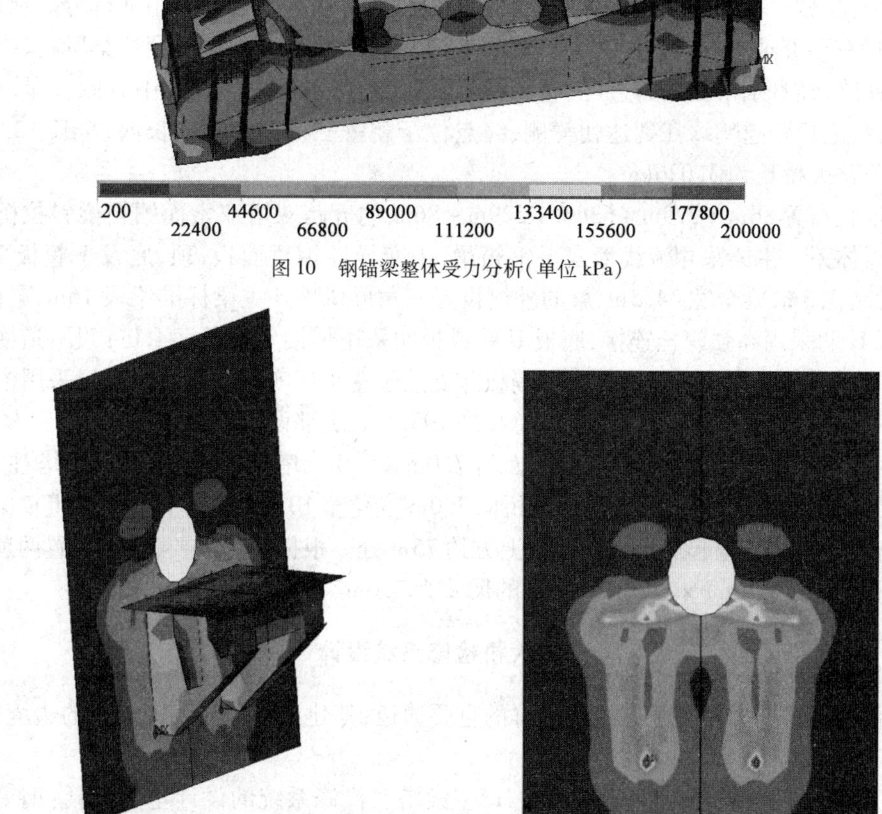

图10 钢锚梁整体受力分析(单位kPa)

图11 钢牛腿及塔壁预埋钢板(单位kPa)

图12 塔壁预埋钢板(单位kPa)

根据计算机仿真分析的结论,钢锚梁锚固体系能够较好的承担斜拉索的水平分力,避免了索塔锚固区的塔壁受拉,仅按断索工况布置少量预应力钢束即可。

参考文献

[1] 刘士林,王似舜.斜拉桥设计.北京:人民交通出版社,2006.

[2] 同济大学桥梁工程系.《中朝鸭绿江公路大桥索塔钢锚梁仿真分析与静力模型实验研究报告》.

4.中朝鸭绿江界河公路大桥检修系统设计

沈光玉

(辽宁省交通规划设计院)

摘 要 桥梁的检修养护是桥梁在运营阶段的重要活动之一,同时,也是保持桥梁良好使用状态和延长桥梁寿命的重要手段。随着我国桥梁建设的蓬勃发展,越来越多的桥梁建成投入营运使用,因此,桥梁的检修养护就尤为重要了。文中详细介绍了中朝鸭绿江界河公路大桥的检修系统的设计。

关键词 中朝鸭绿江界河公路大桥 斜拉桥 钢箱梁 检修 设计

一、概 述

中朝鸭绿江界河公路大桥及接线是我国连接朝鲜民主主义人民共和国(以下简称朝鲜)的重要通道,是构建东京—汉城—平壤—北京—莫斯科—伦敦欧亚国际大通道的重要组成部分。项目起于丹东至大连高速公路丹东西互通立交,经集贤工业园区,在姜家堡东北侧跨G201,穿过集贤村、中和村,于中和村北侧跨地方铁路,经丹东市振兴铸造厂、康齿灵牙膏厂,利用兴丹大街进入中方侧口岸,在兴丹大街北侧跨鸭绿江大道,之后跨越鸭绿江到达朝鲜侧,终点位于朝鲜三桥川北侧的长西,全长12.71km,其中中朝鸭绿江界河公路大桥长约3.026km。

主桥采用桥孔布置86m+229m+636m+229m+86m的五跨双塔双索面钢箱梁斜拉桥,结构体系为五跨连续半漂浮体系。主梁采用流线型扁平钢箱梁,正交异性钢桥面板,顶、底及下腹板采用U型肋加劲,中心线处梁高3.5m,梁全宽34.5m,梁的外侧设置三角形风嘴。主梁标准梁段16m,梁段间箱梁壁板采用焊接,顶板U肋采用高强螺栓连接,底板U肋或板肋采用焊接。箱梁每4.0m设一道横隔板,横向设置两道边腹板及两道纵隔板,为减轻自重,纵隔板除支点位置采用实腹式外其余位置采用桁架式。

"H"型索塔,采用C50混凝土现浇,索塔总高度193.5m,底部设置2.5m高的塔座。索塔采用箱形变截面,塔底截面尺寸为10.0m×7.0m,塔顶截面为7.0m×5.0m,塔壁的厚度为下、中塔柱1.0m,上塔柱出索端1.2m,另一端1.0m。索塔外形尺寸纵桥向7.0m变化至10.0m的变宽起点为上横梁底面处,横桥向5.0m变化至7.0m的变宽起点为承台顶面上方约75m处。根据受力需要,索塔设置两道横梁,下横梁截面尺寸为(9.364~9.525m)×7.0m,上横梁的尺寸为7.0m×6.0m。

二、大桥检修系统设计

中朝鸭绿江界河公路大桥是我国连接朝鲜的重要通道,其建成将成为我国最大的边境桥梁。大桥运营阶段由中方和朝方共同管理和维修养护。

大桥主桥采用主跨636m的钢箱斜拉桥,"H"型索塔。检修系统的设计主要包括:钢箱梁检修系统;索塔检修系统;拉索检修车系统。

1. 钢箱梁检修系统设计

1)钢箱梁梁底检修车

大桥主桥分中跨(636m)、次边跨(229m)、边跨(86m)共五部分,考虑到运营阶段中方和朝方独自养护,中跨设置两台梁底检查车,全桥共设置六台梁底检查车,即主跨设置两台、每个边跨各设置一台。

梁底检查车走道钢轨采用工28(b)型工字钢,钢轨固定于钢箱梁底部,轨道间距27.5m,全桥共长2457m。

在钢箱梁两侧的检测车端部位置均设置液压升降平台,以便从检测车直接到达桥面。

为减轻自重,除检测车轨道、车轮组及龙门架采用钢结构外,其余部位材质均采用航空用铝合金型材。

每台检测车自重约10t,安全荷载为10kN(约6人携带简单工具),最大集中荷载为2kN。

检查车的最大行驶速度不超过8m/min(图1)。

2)钢箱梁内部检修车

主桥钢箱梁全长1266m,在钢箱梁内部徒步从一端走到另一端也要1小时,设置电动检修车是非常必要的。

在主梁的中方侧和朝方侧各设置一台梁内检修车,全桥共设两台。箱内检查车走道钢轨采用12.6号槽钢,轨道间距0.4m,全桥共长2520m。

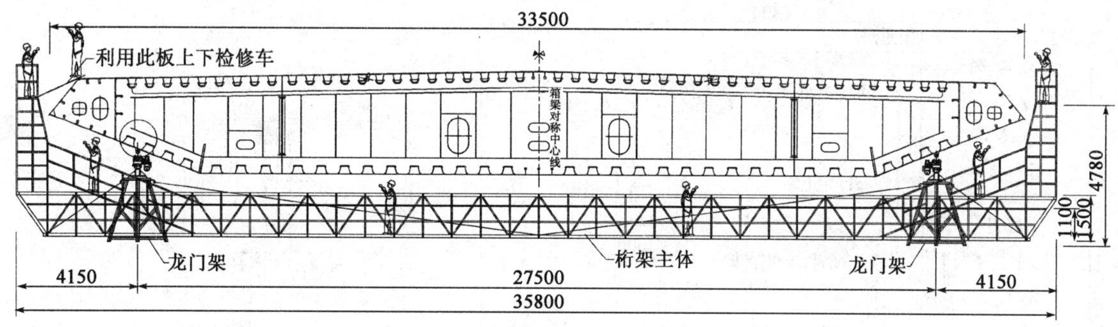

图1 梁底检修车示意图(尺寸单位:mm)

箱内检测车轨道、车轮组采用钢结构,工作座椅采用航空用铝合金型材。每台检测车自重约400kg,安全荷载为2kN(约2人携带简单工具)。箱内检查车的行驶速度为10m/min(图2)。

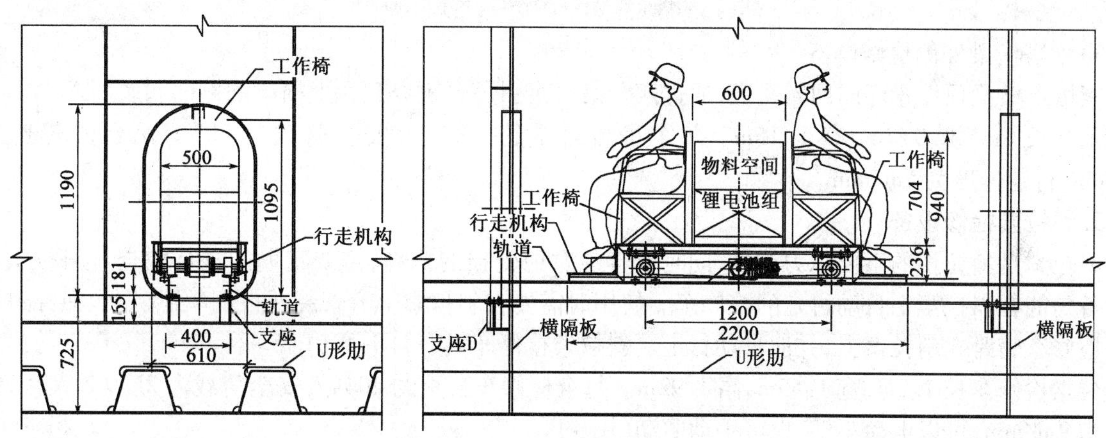

图2 箱内检修车示意图(尺寸单位:mm)

2. 索塔检修系统设计

索塔为"H"型索塔,索塔总高度193.5m,分上塔柱、中塔柱、下塔柱、上横梁、下横梁五部分。索塔塔柱、横梁均采用箱形截面。

1)索塔塔柱内部检修人梯及升降滑车

在索塔的上塔柱、中塔柱的直线段部分设置升降滑车,在索塔的下塔柱及连接横梁部分设置型钢人梯。

全桥索塔设置电动升降滑车8台。滑车钢轨采用100mm×100mm×10mm方钢管,轨道间距0.7m,全桥共长1110m。

每台升降滑车自重约300kg,安全荷载为2kN。升降滑车的行驶速度为6~12m/min。

检修人梯采用L80×80×6mm角钢,3~5m设置一个平台,平台上铺设3mm钢板。普通人梯宽0.8m,通过人洞处的减为0.6m。人梯外侧设置0.8m高的扶手栏杆。

索塔横梁有人洞与索塔相通,检修人员可以通过索塔进入横梁内。索塔上横梁顶面设置了天窗,可以到达上横梁顶面。

2)索塔塔柱外侧检修设备

为方便索塔外表面的养护和维修,索塔顶部设置检修吊台,从而使养护人员安全、便捷地到达索塔外表面任意点。吊台机身安装在塔顶的支架上,可外伸4m的悬臂,机身自身能360旋转,吊台自身也能进行±85°旋转。

吊台长2m,宽0.6m,高1.15m。每个吊台自重约5000kg,安全荷载为2kN。吊台升降速度为8m/min。工作行程160m,可以到达索塔底部(图3)。

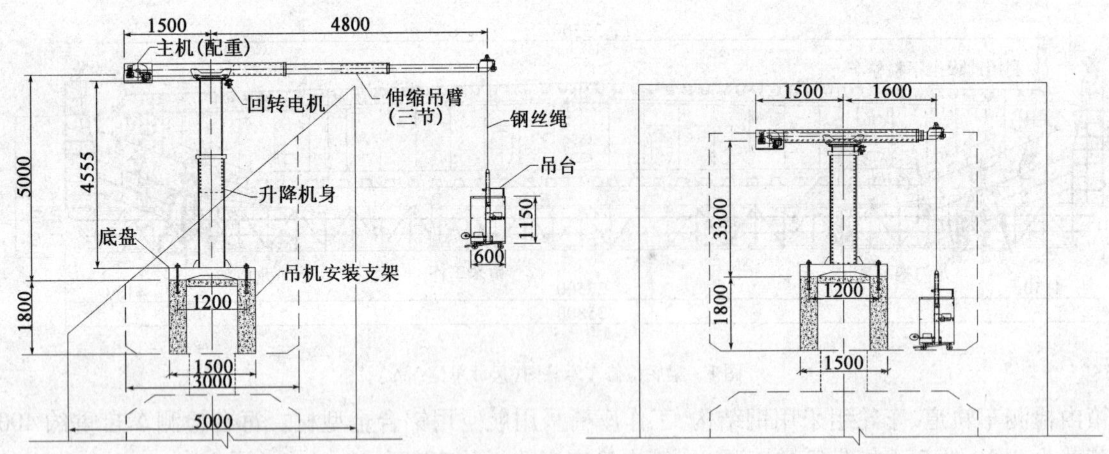

图3　索塔检修吊台示意图(尺寸单位:mm)

3)索塔横梁外侧检修设备

索塔上横梁顶设置环向回转轨道,通过四台吊机牵引吊台可以到达上横梁的侧面和底面。

吊台长8m,宽0.7m,高1.15m。每个吊台自重约3000kg,安全荷载为2kN。吊台升降速度为8m/min,行走速度为5m/min。

3. 斜拉索检修设备

斜拉索是斜拉桥的重要承力构件,同时也容易腐蚀受损的构件,需要定期的进行检查。斜拉索的检修设备是能在斜拉索上自动行走的检修车。使用时需要在斜拉索上方安装两根钢丝绳,钢丝绳穿过检修车使检修车骑跨在斜拉索上,并能自动行走。斜拉索检修车具有自平衡功能。

拉索检修车长1.2m,宽1.55m,高1.92m。每个检修车自重约400kg,安全荷载为2kN(2人)。行走速度为9m/min,可以电动驱动,也可手动驱动(图4)。

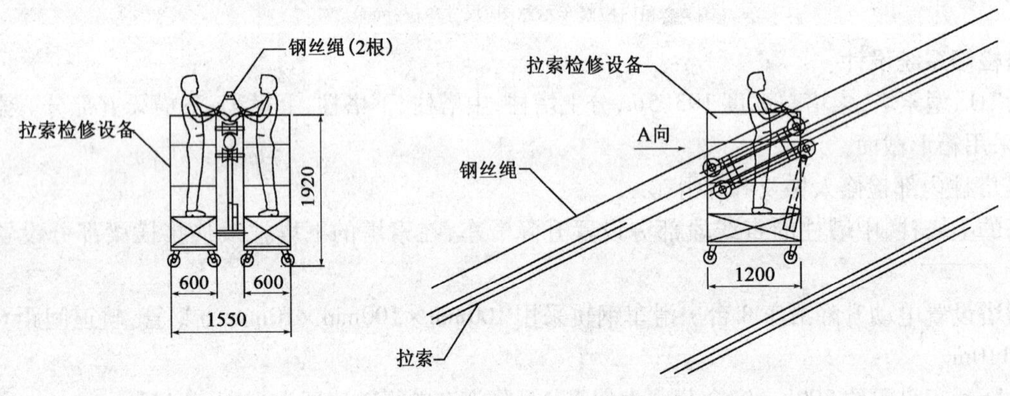

图4　斜拉索检修车示意图

三、总　　结

本文介绍了中朝鸭绿江界河公路大桥的检修系统的设计,主要包括钢箱梁外部检修车、钢箱梁内部检修车、索塔内部检修梯道、索塔外检修吊台、索塔横梁检修吊台、斜拉索检修车等。

一座桥梁为了达到在使用寿命全周期里能安全服役,需要进行定期的养护和维修。保证桥梁在运营过程中能对各个部位进行必要养护、维修和构件的更换是桥梁设计中必须考虑的,为养护维修人员提供足够的方便是一个桥梁设计者的责任。

参考文献

[1] 中朝鸭绿江界河公路大桥施工图设计[Z].2011.

[2] 刘亢. 重庆菜园坝长江大桥钢轨道梁检修走道设计[J]. 中国水运,2006.6.
[3] 林元培. 斜拉桥[M]. 北京:人民交通出版社,1994.
[4] 检修系统资料手册[Z]. 上海通筑机电设备有限公司 2012.

5. 中朝鸭绿江界河公路大桥景观设计的构想

高跃茹[1] 张 勇[2] 王吉英[3] 孙东波[4]
(1. 辽宁省公路管理局;2. 厦门中易城市景观设计有限公司;
3. 辽宁省交通规划设计院;4. 辽河大桥管理处)

摘 要 中朝鸭绿江界河公路大桥是我国连接朝鲜民主主义人民共和国的重要通道,位于界河之上,是构建东京—汉城—平壤—北京—莫斯科—伦敦欧亚国际大通道的重要组成部分,这也意味对大桥的建设品位及景观提出了很高的要求。为此,文章阐述关于大桥在景观设计中的几点构想,对工程总体方案及分项工程方案进行前期景观研究,使大桥桥型更具艺术性,并与周边环境相协调,实现经济效益和社会效益的最大发挥。

关键词 桥梁 景观 设计 构想

一、工 程 概 述

中朝鸭绿江界河公路大桥(以下简称大桥)全长3030m,中方侧1408m,朝方侧1622m,桥宽28.5m,两侧各2m观光、检查和维修人行道。大桥主桥长1266m,桥型为H型双塔双索面钢箱梁斜拉桥,主塔高度194.6m,主桥跨径布置为86m+229m+636m+229m+86m(图1)。整座大桥体现了桥型的现代之美、主塔的挺拔之美和拉索的力度之美。

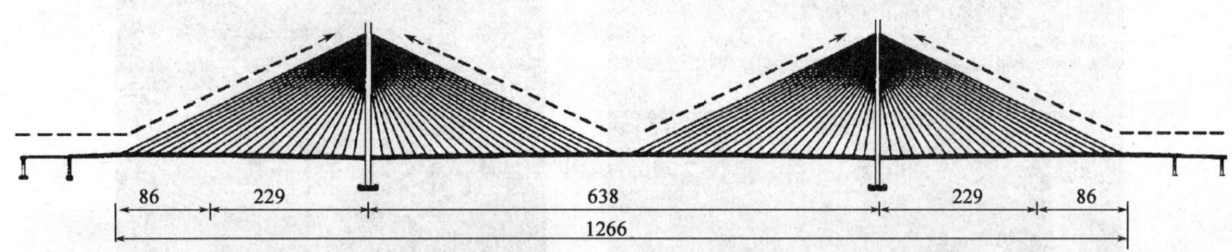

图1 主桥跨径布置图(尺寸单位:m)

鸭绿江界河公路大桥是一项巨大的交通建设工程,也是一项百年大计的宏伟工程,它的建设将构成鸭绿江畔新的环境格局和环境空间,因此必须对大桥的建筑造型、大桥与环境的关系、大桥的夜景、色彩、大桥与旅游等各种景观因素展开研究、构想。

二、构 思 依 据

大桥景观是一项新的设计工作,目前国内尚无完整的规范。在鸭绿江大桥工程可行性阶段,景观专题研究报告编制参照交通部、建设部的有关建设项目可行性研究报告的编制办法及规定编制,主要依据及参考资料:

(1)丹东经济、旅游、交通、历史文化资料。

(2)朝鲜经济、旅游、交通、历史文化资料。

(3)大桥主体设计图纸。

(4)大桥建设背景资料及可行性研究报告。

(5)《城市规划法》。

(6)《环境保护有关法律法规》。

(7)其他相关法律法规。

三、环 境 调 查

丹东:丹东是一个以工业、商贸、物流、旅游为主体的沿江沿海沿边城市,是一个国家级边境经济合作区,是中国最大最美的边境城市。是亚洲唯一一个同时拥有边境口岸、机场、高铁、港口和高速公路等的城市。

朝鲜:朝鲜民主主义人民共和国位于亚洲东部朝鲜半岛北端,与中国接壤,素有"三千里锦绣河山"的美誉,拥有丰富的自然资源(图2)。

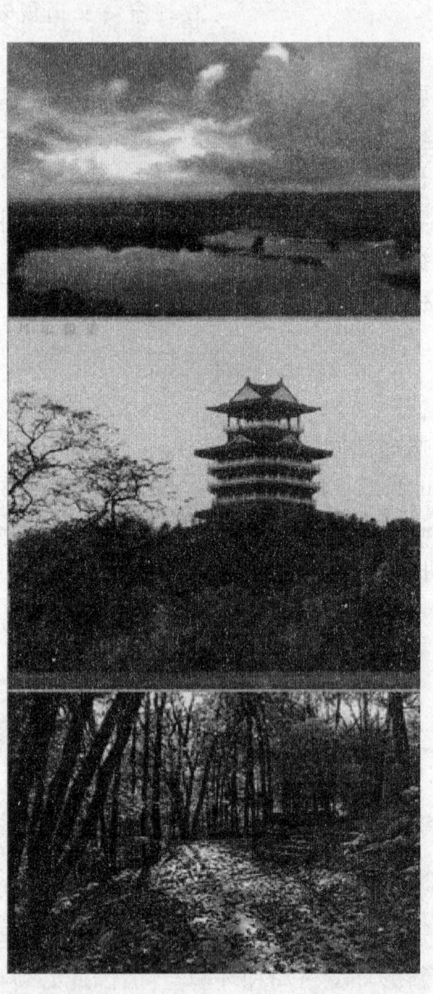

图2　中朝风光

目前丹东市鸭绿江面上的两座大桥,一座在抗美援朝时被炸毁,不能继续使用,只作为观光遗址使用。而连接朝鲜和中国的中朝友谊桥(鸭绿江铁桥)由于年代久远,承重有限,成为制约朝中两国人员往来及物流的瓶颈(图3)。

所以,中朝鸭绿江界河公路大桥的修建,传承了旧桥的历史意义,延续并扩大了中朝贸易,成为两国友谊的重要纽带。

四、景观视点分析

通过对大桥所在区域的环境进行深入的调查,把握大桥景观的重点和整体布局,综合分析得出以下四个视点的景观价值。

图3 鸭绿江现存桥梁

(1)中国视点:在此处观桥,朝鲜侧保留较好的自然环境,不但可以看朝鲜之美景,也可以领略大桥的纵深度之美。

(2)朝鲜视点:在这里周边美丽的田园风光、绿色生态的自然风光和大桥的优美桥姿交相辉映。从朝鲜侧观桥以丹东现代化城市为背景,大桥飞跨其中。

(3)江面视点:斜拉桥主塔形成显著的景观视觉中心,近处尽揽大桥整体之优雅,远处视野开阔无比,是最佳的景观视点位置。

(4)桥面视点:无论是驱车或是徒步过桥,都能近距离接触主塔的雄伟和拉索的刚劲,观赏江面景色,并能一览两国城市风光。

经过对大桥的周边环境分析及中朝两国的历史文化背景调查分析,针对大桥的周边环境特点结合以上视点分析意见,提出大桥总体景观设计的基本方针:

(1)体现建设鸭绿江界河公路大桥的政治意义。

(2)充分体现斜拉桥特色,提升桥梁审美效应。

(3)体现丹东边境城市的发展特色,象征着城市发展的展望,成为丹东的城市名片。

五、设想主题“界桥雄风 国门华光”

设想理念:中朝鸭绿江界河公路大桥以其雄伟的形态、新颖独特的造型、突出的景观效果呈现在鸭绿江上。

白天,如坚硬的钢铁屹立于鸭绿江界河之上,雄伟壮观,双塔犹如国门般守护着两国的边境。夜晚,整座桥以无比绚丽的色彩和动感十足的灯光舞动在两国之间,光彩华丽,夜色迷人。

景观定位:“一桥飞起立界河 两岸融通铸国门”

六、设 想 构 思

按照构想,拓展大桥景观思路从桥梁色彩、桥梁夜景及桥铭牌三个方面展开。

1. 大桥的色彩涂装

涂装范围主要是桥梁主体结构涂装,包括主塔、箱梁、桥墩、拉索、护栏。

结合大桥自身结构特点及所处的地域背景,对所处区域环境的自然地貌和人工构造物的色彩进行分析。鸭绿江水域桥位日照时间长,阳光灿烂,大气质量良好,空气透明度高,天空以浅蓝色为主,且亮度大,江水较深,以水绿色为主,提出不同的色彩涂装方案。

1)银白色

主题为:和平颂歌。理念:白色代表着宁静与安详,寓意和平与稳定。在环境中,白色是天际白云的色彩,也是江水浪花的提取色,以白色涂装大桥,能很好地融入周边环境,使大桥显得干净、明亮,给人以视觉上的冲击(图4)。

2)天蓝色

主题为:江山恋歌。理念:鸭绿江两岸风景秀美,如诗如画。采用天蓝色作为涂装的颜色,使得整座桥与周围环境相协调,江、桥、天浑然一色,画面显得更加唯美(图5)。

图4 银白色 图5 天蓝色

3)银灰色

主题为:时代凯歌。理念:以银灰色作为桥梁的主涂装,凸显丹东工业特征的同时又能体现现代城市的时代特征。同时,银灰色的涂装又能与旧鸭绿江大桥一致,表现出传承性(图6)。

4)中国红

主题为:友谊赞歌。理念:浩浩鸭绿江水见证了中朝两国用鲜血凝成的战斗友谊,红色,是两国政体的代表色,又是两国传统吉祥的色彩。以红色作为涂装的颜色,能使整座桥梁在周边环境中突显出来,成为地标性的建筑(图7)。

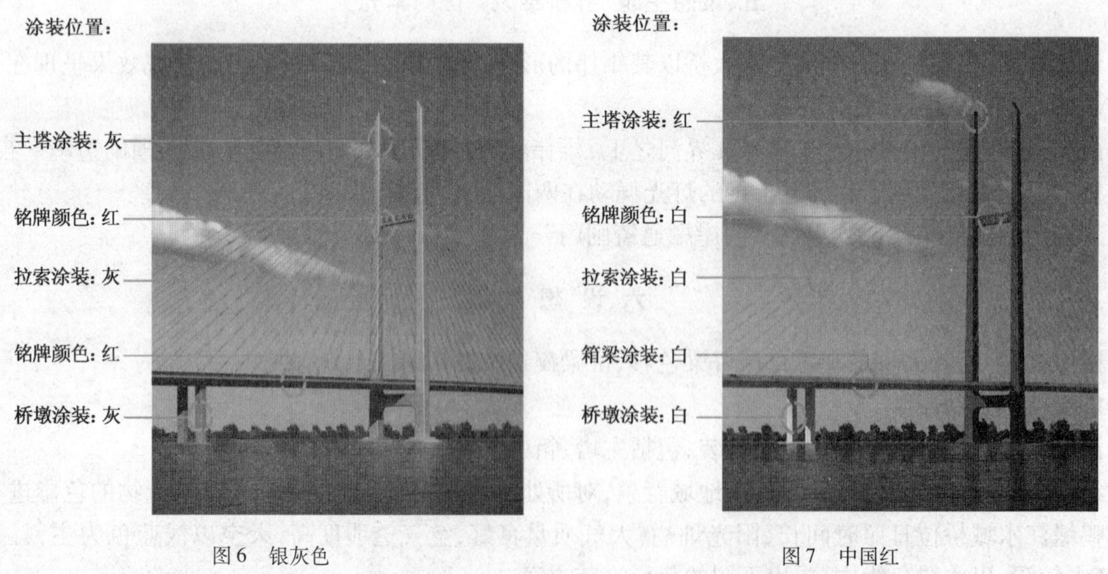

图6 银灰色 图7 中国红

2. 桥梁夜景

夜景是用照明手段对桥梁造型和景观的再创造,融入丰富的文化内涵,展现不同层次、不同角度、多彩鲜明的艺术特色。

构思原则:夜景照明应体现照明技术与建筑物的特点、当地文化艺术的完美结合。夜景照明不仅要具有很美的观赏性,更重要的是体现建筑物的特色,具有深刻的文化内涵和鲜明的艺术特色。结合大桥所处地域的经济、历史文化背景以及鸭绿江大桥的桥型特点,结合交通照明功能的需要,确定鸭绿江大桥夜景照明的构思原则。

构思定位:“友谊之光　绿江之舞”

构思解读:在功能照明上采用护栏灯的照明方式。通过黄色洗墙灯打亮桥腹,展现了大桥整体的稳重感。塔身处那几束强劲的射灯,犹如竞舞般闪耀着光芒,给人以无限遐想(图8)。

图8　桥梁夜景

3. 桥梁铭牌

1)桥上铭牌

以最简洁直观的形式,在大桥桥塔上安放铭牌文字同时构成桥塔的装饰(图9)。

2)引桥铭牌

铭牌一:用石柱的元素突显大桥恢宏磅礴的气势,而和平鸽纹样和钢结构的弧线造型,更表达了对中朝友谊长存的美好期许,两岸桥铭牌相互呼应的弧线形钢结构搭在一起形成一道美丽的彩虹,形象生动地展示了友谊之桥的魅力(图10)。

图9　桥上铭牌

图10　引桥铭牌(一)

铭牌二:以传统的造型做变化,用曲线作为点睛之笔,让整体造型突破了传统的古板,使得造型具有现代感,用和平鸽作为点缀,整体造型富有灵动感(图11)。

铭牌三:用浪花的元素与石材相结合,浪花镶嵌在石材中,柔化了石材带来的生硬感。同时以镂空雕花的手法,使得整个铭牌显得活泼、有内涵(图12)。

七、小　结

由于大桥的特殊地域环境、地理位置,结合大桥的结构、建设环境特点,构想了几种桥梁景观设计方案的思路和理念,敬请业内有识之士给予点评指导,使大桥更加完美、协调。

图11　引桥铭牌(二)

图12　引桥铭牌(三)

6. 大桥的守望者

——中朝鸭绿江界河公路大桥养护管理大楼设计中的建筑意象性手法运用

张　成

(辽宁省交通规划设计院)

摘　要　建筑意象,主要基于两个角度阐述建筑。一个是基于城市区域性的图底关系,另一个是基于建筑本身的象征艺术。

首先通过图底关系将本建筑作为“图”从整个区域中凸显出来,然后通过象征的手法,增强建筑的表现力和艺术效果。

关键词　建筑意象　图底关系　象征

一、建筑意象的概念

建筑意象,主要基于两个角度阐述建筑。一个是基于城市区域性的图底关系,另一个是基于建筑本身的象征艺术。

首先通过图底关系将本建筑作为“图”从整个区域中凸显出来,然后通过象征的手法,增强建筑的表现力和艺术效果(图1)。

1. 图底关系

图底关系理论是在1915年由丹麦心理学家Robin引入心理学,之后被格式塔心理学用来研究空间组织方式。图底关系理论是以凸显原则为基础的认知理论,该理论认为人们在观察场景的时候总是倾向于将其分为图形、背景两部分,其中图形是相对较为凸显的部分。

图1　建筑效果图

此后,图底关系理论从格式塔心理学引入到建筑领域,将研究邢台视觉结构的“图形”与“背景”理论应用于城市设计领域,研究城市的空间与实体之间存在的规律。

2. 象征艺术

象征,艺术创作的基本手法之一,是指运用具体事物来表达某种抽象概念或思想感情,例如红玫瑰象征爱情、鸽子象征和平等。合理运用象征艺术手法,可使抽象的概念具体化、形象化,还可以延伸内涵,创造艺术意境,以引起人们的联想,增强作品的表现力和艺术效果。

建筑象征,通过特定的空间形式或外部形象来表达一定的思想涵义,传达某种情感,达到建筑师与使用者和欣赏者之间的情感上的交流。古埃及人建造金字塔,在形象处理上赋予其自然神力的象征,竭力增大建筑的体量,表明法老的至高无上;在古希腊和古罗马,陶立克和爱奥尼柱式分别吸收男性和女性体态的特征以象征刚健的男性美和柔美的女性美;而在现当代建筑中,象征更是成为建筑师表现个人感情的常用途径,如勒·柯布西耶设计的朗香教堂给人以无限的遐想,通过象征的手法把宗教建筑的神妙莫测凸显出来,贝聿铭设计的香港中银大厦借助节节高升的挺拔建筑形象隐喻竹子,象征事业的兴旺发达,具有强烈的感染力和表现力。

二、建筑意象在本项目中的运用

中朝鸭绿江界河公路大桥养护管理大楼位于辽宁省丹东市口岸区,建成后将作为中朝鸭绿江界河公路大桥养护管理机构的办公场所,为中朝鸭绿江界河公路大桥提供养护、管理、监控等服务,并将作为整个中朝鸭绿江界河公路大桥及其连接线沿线区域的标志性建筑。整个建筑地上10层,地下1层,建筑高度49.5m。

1.图底关系的运用

现在,我们将图底关系的理论引入到中朝鸭绿江界河公路大桥管理养护大楼作为区域性标志性建筑的设计研究中,在城市区域环境中,高层建筑由于突出的特质性,通常成为人们知觉的对象,居于“图”的位置,而背景中的空间和建筑由于具有均质性的特质则成为“底”。

作为建筑师努力使其成为图形的建筑,在创作之前根据建筑的面积和层数要求,需要对建筑的高度和体量进行一定的预判。预判结果按高度和背景中的建筑物(或构筑物)进行比较的方法分类,大致可以分为三种情况:①高度占据绝对优势;②高度相当;③高度不占优势。

如目前世界上最高的建筑——阿联酋迪拜塔,就是以828m的建筑高度成为绝对的地标。CCTV大楼就是在建筑高度不占优势的情况下以建筑独特的造型来突显建筑的标志性。

本项目主要控制性的“底”的要素有两点,一个是位于建筑南侧的中朝鸭绿江界河公路大桥,临近本场区的桥面高度约16m,低于本建筑。另一个是位于建筑西侧的口岸区综合服务大楼,25层高,建筑高度超过本建筑。本项目作为“图”,在建筑高度上对中朝鸭绿江界河公路大桥占据绝对优势,对口岸区综合服务大楼不占优势(图2、图3)。

图2 1-本案;2-口岸服务大楼;3-中朝鸭绿江界河公路大桥

图3 本案效果图

首先,进一步强调建筑对于中朝鸭绿江界河公路大桥的高度优势。建筑采用挺拔的造型,通过竖向的线条和虚实的对比,强化建筑的高度感。

其次,突出造型的特质性。中朝鸭绿江界河公路大桥养护管理大楼建筑通过建筑体量的切割和穿插,强化建筑的雕塑感,同时,玻璃幕墙和石材幕墙的虚实对比,使整个建筑的轮廓更为清晰。

最后,通过建筑表皮形式的独特性,强调建筑的标志性。建筑的表皮形式是人类视觉和知觉优先选择的另一个重要元素,当建筑高度不占优势,可以考虑以表皮形式的独特性作为突出高层建筑“图形”性质的着手点。口岸区及其邻近区域的建筑,其表皮的处理方式均以点式窗户为主,弱化建筑的水平和竖向线条,强调的是建筑的整体感。本项目的建筑表皮以全幕墙的形式出现,无论是玻璃幕墙还是石材幕墙均以竖向线条延伸的形式出现，强化建筑的高度感，与背景中的建筑形态形成鲜明对比，从而突出了大楼。

总之，通过对建筑体量和表皮的处理，强化中朝鸭绿江界河公路大桥养护管理大楼对中朝鸭绿江界河公路大桥的高度优势，强化对包含口岸区综合服务大楼在内的整个临近区域的特质性，使中朝鸭绿江界河公路大桥养护管理大楼充满个性和标志性，从周边区域脱颖而出。

2. 象征艺术的运用

1）象征构思的来源

在建筑象征构思阶段，首先要寻找出能够表现象征意义的建筑意象。获取建筑意向的过程是一个模糊和无序的阶段。

（1）来源一：建筑功能的暗示

建筑的使用功能本身往往就能给予设计者一定的形象暗示，据此用象征的手法赋予其外部形象。

（2）来源二：现实形象的触发

现实世界中万事万物的丰富形象，通过直觉的触发，往往给建筑师带来启迪。例如上海世博园中国馆的斗拱造型，可以说直接来源于现实形象。建筑来自生活，生活启示建筑，现实世界中各种各样、丰富多彩的形象，是建筑师取之不尽、用之不竭的创作源泉。

（3）来源三：地域特征的映射

建筑设计不仅涉及建筑本身的研究，还涉及对环境的分析。环境主要是指与创作对象有关的自然环境、人工环境和文脉环境。建筑师常常能从对环境的感应中得到良好的构思。例如约恩·伍重在悉尼歌剧院的设计中，有感于悉尼港湾中白帆片片的美感，用简单而舒适的线条勾勒出“归港的船帆”这一浪漫的建筑意向。历史上许多带有高度艺术相的建筑作品，不少都是在环境的感应中得到启示的。

2）象征构思的诠释

（1）立意

方案设计的最初灵感源自于使用功能的暗示。由大桥养护管理大楼的使用功能联想到学子对实验田的守望（图4）。大桥养护管理大楼的使用功能与学子对实验田的功能相当，均是一种守候、看护与相望。设计构思有感于此，通过对此种功能关系的不断探讨，发掘出本方案独特的功能性质和建筑“立意”。

准确的建筑“立意”是建筑象征构思的前提，为进一步摸索和深化方案提供了可能。

图4 学子对实验田的守望

（2）发散和提炼

建筑创作的构思并不是灵感的火花已经闪现就立刻终止的过程。建筑师所获得的灵感或建筑意向往往是模糊的，需要进一步的调整和完善，是一个循序渐进的过程，并进一步通过显示想象的出发，确定其最终建筑形象。

通过“守望”关系的立意，发散性的拓展“守望”的领域。丹东市作为边境临江城市这一重要的地域特征，提炼出母子对大海的守望这一特定的守望关系。大海既能体现丹东的特点，又寓意博大宽广的情怀，同时大海本身是生命的起源。而母与子的双重守望，既是人类对大海的守望，又是母亲对子女的守望（图5）。

(3)抽象和建筑化

选择了“母子对大海的守望”作为建筑象征的载体后,还需要依据各种要素对载体进行抽象化和建筑化,通过建筑的语言对载体进行加工、改造,在建筑中注入情感。

通过建筑的定位,确定出作为“守望”对象的大桥与本建筑的关系,即本建筑的主要景观朝向均对向大桥。同时,通过建筑体量的切割和穿插,塑造出母与子的抽象的建筑形象,配合以虚实的对比,竖向线条结合水平开窗,强化建筑的形象(图6)。

图5　母子对大海的守望

图6　抽象和建筑化

三、结　　语

近年来,在全球化浪潮的冲击以及现代主义建筑运动的影响下,建筑领域出现了特色危机、个性危机,引发了建筑师对建筑创作的多元化思考。而建筑创作中的建筑意象正是这些多元化思考中的一元。它同时兼顾地域特色、功能本质和形象化的特点,为建筑创作带来许多启示。

中朝鸭绿江界河公路大桥养护管理大楼,正是这一思考创作而来,从城市的图底关系中脱颖而出,通过“守望者”的象征手法使建筑赋予形象化,是一次有益的尝试。

参考文献

[1] 郑时玲.建筑象征的符号学意义.同济大学学报(人文.社会科学版),1992(3):1-5.

[2] [美]凯文.林奇.城市意象.林庆怡,等,译.北京:华夏出版社,2001.

[3] 羊恂.象征与建筑创作.重庆大学(硕士学位论文),2003.

[4] 姜利勇.高层建筑文化特质及设计创意研究.重庆:重庆大学,2009.

7. 创新、经济、美观“三赢”桥梁示例

王伯惠
(辽宁交通科学研究院)

笔者在拙文“桥梁美观浅议”[1]中提出一个优秀的有水平的桥梁设计者的追求目标应当是“少花钱,修既好又美的桥。”这种技术上良好(主要在创新)、外形又美观、造价又经济的“三赢”桥梁是否要求过高、使人可望而不可即、只是一个理想的虚拟的目标?我们的答复是:事实上国内外不少优秀的桥梁设计已经达到了“三赢”的水平和境界。前不久国际上评出了十座最美观的桥梁中多座皆达到了这种水平,拙文“桥梁美观和结构创新刍议”[2]中也提到了国内外多座实例。对于优秀的实例多加宣传和赏析当有助于我们开阔设计眼界,诱导设计思路、启发设计灵感,这里不嫌重复,选介国内外实例数座如下,以供学习参考。

首先应当指出,1955年德国工程师Dischinger设计建成的瑞典stomsund现代斜拉桥就是一个无与伦

比的"三赢"桥梁,在结构上它实现一种崭新的桥型,足以与传统的梁桥、拱桥、悬索桥三大桥型并驾齐驱,形成第四种基本桥型;在经济上,以斜拉索作为主梁的弹性支承代替昂贵的水中墩台,并使主梁梁高大大减薄,节省了大、中跨桥梁大量的资金;在美观上以其高耸的索塔和张紧的多根斜拉索形成挺拔有力的新颖雄姿,彰显现代科技的新成就。借这些基本功能再加许多技术上的优越性,这种桥型一出现就得到世界桥梁界的重视而迅速推广,而今已风靡全世界。当然这样重大突出的创新"三赢"桥梁结构不是轻易能够做到的,用中国的古话来说,是数百年(甚至千年)才能一遇,我们不可能期望其他桥梁设计都能达到这个高度。但桥梁结构的领域是十分宽广的,设计者大有施展才华的用武之地。就斜拉桥范围而言,在 stomsund 桥建成之后的迅猛发展期间就有许多改进的斜拉桥"三赢"桥出现。下面简介几例:

首先拟介绍的是瑞士 Christian Menn 于1980年设计建成的 Canter 桥,是7跨8塔,主跨174m,全长678m,最高墩达150m的高架桥。该桥在技术上一次就开创了两种斜拉桥的新结构形式:矮塔斜拉桥和板拉桥,两者皆在世界各地广泛推广。尤其矮塔斜拉桥,适应性强,经济效益高,各地修建甚多。该桥又是弯桥,而且有较好的经济效益,同时刚劲简洁的外形有如一座雕塑作品,与周边的山谷环境配合十分协调壮丽,在多方案参选中竞争胜利,见图1。

其次也是瑞士 Menn 于1998年设计建造的 Suniberg 桥,5孔4塔,主跨140m,处于半径500m的曲线上,见图2。除为矮塔外,技术上又有3项创新:①塔是墩的向上延伸,塔墩合一;②塔采用空间四柱向外微弯曲张开的花萼形,将主梁夹在其中,构思巧妙,塔身只高出主梁14m,只为跨径的1/10,采用极小的拉索倾斜度1:5。③主梁用两边仅厚0.8m的混凝土梁,中为厚0.32m的混凝土薄板(塔处增厚至0.40m),十分轻型纤秀。此桥造型新颖,坐落在山谷中与周围农村田园风光相融合,给人以协调的美感和现代技术的成就感,在几个竞标方案中脱颖而出,建成后成为该处的旅游度假胜地的一个显著标志。近年,我国建成的重庆嘉悦大桥可认为是本桥型的推广,德国—丹麦间费曼因(Fehmarn)桥则是其发展。

图1 瑞士 Ganter 桥

图2 瑞士 Suniberg 桥

2009年国际桥梁和结构协会给 C. Menn 教授颁发了最高荣誉的结构工程功勋奖,以"确认他作为一位结构工程师、教师和研究者特别在混凝土桥梁的构思设计、美学和技术效益领域所作出的杰出贡献"。协会介绍:他1950年毕业于瑞士苏黎世理工学院土木系,1956年获博士学位。1971—1992年在理工学院任结构工程教授,同时为私营公司顾问工程师,他对桥梁工程技艺通过大量的改进诸如一般概念设计,尤其混凝土结构设计的各个方面都做出了突出的贡献。他经常强调要简化设计模式(减到极数),近年尤其强调对于一个结构工程师从技术、美学、经济观点方面创新的重要性。他在世界各地设计建造了100多座桥梁,指导原则是"形式服从功能",尤其在桥梁与其周围环境的比例和协调方面。他设计建造的大量桥梁结构,包括上面介绍的两桥,都以其美观、经济、技术创新而国际知名。他是混凝土桥梁最重要的建筑工程师之一,属于有威望的优秀结构工程师名单之列。

第三个应当是提到的是日本 Miho 桥,由贝聿铭和 Leslie R. R obentson 事务所设计。该桥左邻新建美术展览馆,右接隧道出口,特别强调美学要求,见图3。在技术上有如下创新:

(1)索塔邻近隧道洞口,采用椭圆形,向跨中倾斜,背索大部锚固在马蹄形洞口上,通过转向装置接连到洞口8m长段的预应力索将斜拉索力传到隧道底板上。44根背索形成一个放射状筒形,使桥梁似乎成为隧道的继续,美观别致,构思巧妙。

(2)主梁总长114m,斜拉段只有54m,无索段长达60m,比斜拉段还要长,采用三角形的反斜拉式梁极好地解决了问题。反斜拉索和跨中那根正斜拉索倾斜度基本一致,看起来有如一根通长的直索,十分壮丽。

图3 日本Miho桥

(3)主梁车行道宽7.5m,加两侧人行道总宽11.25m,中间主车道采用厚壁高强(KHP—60)钢管(φ267.4)空间三角形断面,高2.0m。桁架上弦焊钢管向两侧悬出1.875m以支承人行道,拉索锚固在悬臂两端部,并由斜索杆连接到梁底三角桁架的顶点,以传达索力。这个钢管和索杆组成的桁架十分轻型而又强劲,表面厚涂银色金属涂料以突显全桥的金属材质感。这座桥的细节详见资料[3]。

贝聿铭是全球闻名的美籍华人建筑师,其多项建筑都获得了世界的声誉和奖项,却不料其对桥梁结构也如此的娴熟精明。这座桥的设计真可说是根据当地具体条件,巧妙运用现代桥梁多种技术,如利用隧道洞孔锚固斜拉索,索塔采用与洞口相适应而稍高的立椭圆形以形成出隧道后渐行渐亮又渐行渐广阔的场景。由于索塔不能高出洞口过多,斜拉索倾斜度限制主跨斜拉桥段不能做得过长,只能有54m,剩下长达60m的无索段巧妙地用反斜拉式轻型结构梁来连接,真可说是"随手拈来,皆成妙着"。据介绍,设计时忽来灵感,想到桃花源记"山有小口…初极狭…复行数十步,豁然开朗…阡陌交通…",把中华文化的优美理想纳入桥梁设计之中,"运用之妙,存乎一心",真可谓达到出神入化的境界了。

图4 厦门大学后门弯坡斜拉人行天桥

在我国,从改革开放以来已修建二百余座斜拉桥,是世界上修建斜拉桥最多的国家,并已建成世界最大跨径1088m的江苏苏通桥。在结构创新方面,斜拉——撑架协作桥(湖南大学)、斜拉桁架桥(同济大学)、斜拉—悬索协作桥——贵州乌江大桥(重庆交通学院)、钢管混凝土斜拉桥——广东南海紫洞桥(四川交通科研所),和玻璃钢人行斜拉桥(重庆交通学院)等,从技术和美观两方面皆各有特色和贡献,详见资料[3]。这里主要介绍另一座结构和美观皆臻上乘的厦门大学后门人行天桥,建于2002年。该桥跨越厦门环岛路海军码头~白城段,紧接白城沙滩和湖黑山炮台旅游区,采用一根椭圆形变截面钢斜塔,单索面吊支弯坡形斜拉桥,两侧桥台直线跨径72.2m,曲线梁长约136m,桥宽3.75m,两侧有各宽0.5m的推自行车道。钢塔向后倾角1∶10,正高35.046m,主梁为不对称钢箱梁,高1.0m,桥面铺装1.5cm厚的聚氨酯橡胶,拉索采用可调节索长的构造体系,可在营运后期调节索长(图4)。桥下净空≥5.0m,桥面两侧因纵坡较大,设置了人行踏步。该桥构思巧妙新颖,技术精尖,结构合理,造型优美、简洁,不需建一般过街天桥两侧的高桥台和上下步行梯,节省资金,造价低廉,是一座典型的"三赢"桥梁,足与前述国外著名桥媲美。遗憾的是,国内对该桥甚少报导。该桥由中交公路规划设计院周山水、杨晓滨设计[2]。

另一个应提到的是沈阳乌岛浑河桥,建于2006年,双A形外倾塔,侧视为V形,跨径200m,桥宽7m,塔高46.87m,塔柱皆直线形,挺拔清秀,受力明确,混凝土即可解决问题,无需用昂贵的钢箱,造价大大降低,由大连理工大学设计。这种塔形可适用于大跨斜拉桥,曾见于1993年丹麦—瑞典间厄勒海峡大桥双层桥面的一个比较方案,主跨500m,但未实现(图5)。

a)

b)

图5　双A形外倾塔

限于篇幅,这里不能作更多的介绍,读者如想知道更多的信息,请参见资料[3]。所有上述各结构、经济、美观皆优的"三赢"桥梁,都是设计者运用高超的结构知识,掌握扎实的美学概念,深怀对社会服务的责任感,劳心费神、深思熟虑,作出的杰出成果。其共同特点是根据当地条件采取相适应的结构方案,需椭圆就椭圆,该直立就直立,顺应自然,照顾经济,这与那些矫揉造作,随心所欲,本应直立而作成歪斜,本应对称而作成扭曲,本应直线而作成曲弧,本应直桥而作成弯桥等,违背结构原则,罔顾经济造价,一味追求奇特怪异以吸引人们眼球的所谓"美观"的桥梁设计相比,其优劣可谓泾渭分明,是不言而喻的。

"世上无难事,只怕有心人",结构、经济、美观"三赢"的桥梁设计国内外实例很多,让我们大家都来努力促其更多地出现吧!

后　话

故意制造奇特怪异、自命创新和美观,不但桥梁界有,建筑界更为泛滥。笔者原先对此甚少关注,2012年,沈阳时代商报发起网上评选沈阳十大最美和最丑建筑,才引起了我的注意。同时报纸上还介绍了国内最"雷人"的八大建筑,中央电视台新建的"大裤衩"楼,苏州在建的301m高的"东方之门",网友称其为"秋裤"楼等皆在其中。笔者印象最深者则为图6所示三座。a)为笔者所在的沈阳市的方圆大厦,坐落在繁华的沈阳火车北站附近,楼层地上22层,地下2层,总高99.75m,每日数以万计的来往旅客皆可睹其尊容。笔者早期看见这个建筑的造型就感觉有些"另类",这次才知今年初美国一家网站选出了全球十大最丑建筑,此楼赫然名列其中,这应当不是沈阳的光荣吧!这次评选沈阳市十大最丑建筑,此楼"荣登"榜首,它"把设计者对孔方兄的专崇热爱表现得淋漓尽致"。b)为北京燕郊开发区天子庄园度假村内的天子大酒店,共10层,高41.6m,门面以与楼同高的庞大的福、禄、寿三星彩塑"把民间对金钱、权势的迷恋夸张地表现出来"。c)为安徽合肥新建的美术馆,外面是一座用771根长47～74m的金属杆

a)

b)

c)

图6　国内八大"雷人"建筑选载

形成的乱向自由分布的交叉杆棚罩,投资1.88亿元,“外观上看像是一只不会搭巢的鸟乱垒起来的窝,又像是一堆等待燃烧的木材,极为怪异”,“看来纯粹是哗众取宠……大量资金构成了又一个建筑垃圾”。中山大学陈原教授认为,不是这些设计者“只会设计丑陋建筑,而是他们做得丑都不知是丑却反为美的举动,如同东施的行为一样”。文艺报2012年8月13日一篇讨论本题的文章即以“警惕公共建筑以丑为美的倾向”命名。介绍建筑方面的实例,就是希望桥梁界引以为鉴,不要去作“以丑为美”的傻事。目前我国桥梁建筑是否达到需要大家都在网上来“选丑”的程度,由于笔者所知不多,未敢持议,但却看见有的专家还在散发“桥梁不是技术,而是艺术”的唯美主义错误的有害论调,确实需要警惕。

参考资料

[1] 王伯惠.桥梁美观浅议[J].桥梁杂志,2012,5.

[2] 王伯惠.桥梁美观和结构创新刍议[C].中国公路学会桥梁和结构工程分会2011年全国桥梁学术会议论文集.北京:人民交通出版社,2011.

[3] 王伯惠.斜拉桥结构发展和中国经验[M].北京:人民交通出版社,2003.

8. 桥梁美观浅议

王伯惠

(辽宁交通科学研究院)

《桥梁》杂志2012年2月号刊登了以邓文中院士“美观何价”[1]为主题的多篇讨论文章,是一个很好的开端。桥梁创新和桥梁美观是中国桥梁发展面临的两大主要课题,这两大主题不是我们一两代人就能完满的答复和解决的,必须随着形势的发展持续地探讨下去。文[1]谈及了若干牵涉到美观理论的深层次问题,笔者对此没有研究,只凭自己的粗浅认识,提出一些感想。

一、设计工程师的责任和权利

新中国成立之初,各个涉及工程技术的政府部门从中央到地方都有各自的设计单位。例如以道桥而言,公路、铁路、市政各系统皆各有自己的专业设计所、院,所有设计人员都领国家工资,都是国家工作人员,他们自己也都自觉认识到自己是在为国家工作,社会也认知他们的设计是代表国家的设计。改革开放以来,从计划经济逐步转变为社会主义市场经济,同时社会上也引入了纳税人的概念,所有设计所、院都改成企业单位——公司,社会上还出现了许多私人组建的设计公司。他们都是自己挣设计费养活自己,但他们不同于市场上叫卖的商贩,他们承担的道、桥工程是政府(国家)投资的公益项目,花的是纳税人(社会)的钱,他们的工作既要对政府负责,也要对纳税人负责。现在许多设计公司包括私人公司的设计工程师绝大多数都是在这样干的,在履行这种职责。即使在发达的资本主义国家,企业也是崇尚诚信的,从事道桥设计的公司尤其那些国际闻名的公司我想也会是这样干的,而不是单纯以盈利为目的、唯利是图的。

桥梁设计者的责任是向业主提出技术上安全适用耐久、外形上适度美观而造价上又经济合理的方案来,“少花钱、修既好又美的桥”应是一个优秀的有水平的设计者追求的目标。

桥梁方案如果尚有可以优化之处,包括造价尚有可以节约之处,设计工程师有责任更有权向业主实事求是地提出意见。不能只是夸耀自己的设计如何优越美妙而闭口不提可能存在的技术、经济上的不足之处。

国家规定:重大项目必须公开招标,如果是公开招标,工程标底是必须严格保密的,如果泄密,必须追究刑事责任。众所周知,我国由于在体制上缺乏对公权力的有效约束和对各级政府预算的严格监督,一些地方官员独断专行,决策缺乏民主科学作风,或者由于急功近利追求政绩,以利升迁,往往不惜大把花钱,建造一些大特、怪异的建筑包括桥梁,借以宣传,以增声望。更有甚者,则是贪赃受贿,损公肥私,这也是报章上常有揭露的事情,因此就不得不要求我们必须提高警惕了。

顺便提到:国内曾多次出现一些地方政府年终突击花钱而受到上级政府严厉批评制止的情况。这种"花光主义"是不应当受到鼓励、支持甚至编造理论让它合法化的。

二、桥梁工程师设计的对象

设计桥梁其主要目的就是为了"人"乘车(或步行)顺畅通行(交通),这里本来就已隐含了"人"的内容,只因这本来是个常识,故省而未说(当今有些工程要为野生动物留出通道,那才要专门说明)。一般说来,从原始人类开始人类的劳动生产目的都是为了人类自己的,否则劳动生产何用?农夫种田为了收获粮食供(人)吃饭,工人纺织为了收获布帛供(人)穿衣,画家作画为了(人)视觉欣赏,歌唱家唱歌为了(人)听觉愉悦,等等,没有哪个不是为了满足人类物质和精神生活需要的。如果说"农夫种田为了粮食、工人纺织为了布帛"不对,要笼笼统统全都说成"为了人"才对,这反而未说出农民、工人劳动的功能和目的,流于空洞而无意义。即使不提"人"也丝毫无碍于我们主张桥梁需要适度的美观,桥梁应当满足安全、适用、耐久、经济、美观的要求早已是人们的共识,而且是写进桥梁规范里的,这些要求的先后顺序不是随意定的,而是按重要性排列的,这是桥梁工作者的基本知识,无须多作阐述和解释。我们支持赞成追求美观,但反对把美观的重要性拔高到不适当的地位上去。

三、对于美的一些基本认识

笔者粗浅的认为:一、美是有功能的,它的功能就是能提供给人们视觉感官上愉悦的享受,促进人类精神文明的发展提高。二、爱美是人的天性,原始人类就知道以磨制的兽骨、贝壳等来装饰自己。三、对美的追求是受社会经济发展的条件约束的,现代的富的人们就不是用兽骨、贝壳而是用珠宝、钻石等了,但不是太富的人们则还是得选一些比较价廉的装饰品。四、桥梁是供社会大众长期使用的公益建筑,适度的美观是完全必要的、应当的,当然也应控制在当时当地的社会经济发展条件允许之内。古代赵州桥、卢沟桥雕刻的石栏板、石狮子,以及中国南方许多古桥上面建造的木亭台廊道都能增加美的享受(后者还有别的功能),这是至今国人都一直称道并引以为自豪的。五、我们赞赏拥护赵州桥的美并不意味着就必得赞同其他某个桥也是美的。用赵州桥是美的可取、适度的,来证明另一座桥也是美得可取、适度的是不可能的。同样,我们批评某一座桥那样不适当的美并不就是反对桥梁应当追求美,事物的美是必须个别鉴别的事情,不能模糊、混淆彼和此、个别和全体的概念。

提到巴黎的埃菲尔塔、悉尼的歌剧院,使我想起了北京的颐和园,它幸存到今天可算是世界上最豪华壮丽的园林,远远超过巴黎的卢浮宫、伦敦的白金汉宫,成为中国人的骄傲,吸引了世界无数旅游者前来参观,啧啧称羡。至于慈禧太后当年动用海军经费40万两去修建的事,大概没有人会再去追究了。

四、美的相对性

美和丑是相对而言的,这里不存在非此即彼、非美即丑的二分法。我们说这个东西比那个美,并不是说那个东西就丑,甚至是"丑八怪",而应是说:那个也美,但这个更美一些,或者是说:那个某一点美,而这个是另一点美。美是多种多样的,不同事物之间的美是无法比较的,即使同一事物之间也很难比较。例如对于桥梁来说,传统的四大类型梁、拱、悬索、斜拉桥中,就造型而言,一般公认后三类较美,但哪一类比较最美是无法判别的。我们无法说悬索桥比拱更美,斜拉桥比悬索桥更美,同时,梁桥也不就是丑,甚至是"丑八怪"。在许多方案竞标中,梁桥以其造型和造价的综合优势取得胜利。

当前中国还是一个发展中国家,我们不同意那种故意偏离结构力学原则过远、花费大量投资去创造一些造型奇特怪异以吸引人们眼球的所谓"美观"的桥梁,而提倡那种造型不过度偏离结构力学原则却同样可以做到很美观的桥梁,这就需要我们的设计工程师们付出更多的努力,发挥自己的才华,去做出更多更好的创新了。后面那种桥梁在拙文[2]中曾给出多座中、外实例,可供参考。

五、美 的 代 价

前面已提到:美是建筑在一定的经济基础之上的,为了美,势必花费一定的代价。为了便于分析这个代价,我们把一个物体的美大体分为两类:一是内在美,即是物体本身的素质美;二是外在美,主要是装饰美。对于人来说,素质美包括体型、脸型、面容诸方面。由于人还是万物之灵的智慧生物,在当今文明社会,素质美还包括气质、风度、谈吐、举止等方面。装饰美则包括脂粉、头饰、服装等方面。服装等当然首先是要满足保护身体的功能,把它美化同时也就达到了美化自己的目的。对于桥梁来说,素质美包括桥型、比例等方面,装饰美则包括外涂色彩、栏杆加设雕刻或图案,桥两端建桥头堡,桥上建廊亭等方面,后几项也是另有其本身的功能。在两类美中,内在的素质美是基本的、首要的,外加的装饰美是从属的、次要的。一个爱美的女士首先要整容,然后再加修饰,当会愈加靓丽。一座桥梁首先要造型良好,然后再加美化,就能更为美观。

外加装饰自然要多花一些钱,本身造型是否也要多花钱?研究发现:近年大量所谓美观的桥梁都主要是将桥梁结构的基本造型从反方向加以改变而得,这在拙文《桥梁美观和结构创新》[2]中称之为"反其道而行之",这同时还会收到结构创新之效。文[2]中有很多实例,这里不再重复。一般说来,基本造型都是符合结构受力要求最好的或较好的形式,改变以后首先给人以新奇之感,但是否就更美则须视具体情况而定。改变之后,必然要扰乱结构的受力情况,这就必须采取技术措施来弥补,此外还会引起其他方面例如施工方面的附加困难和问题,这些都必须多花一些钱。当然在某些方面也可能会引起一些节省。这样我们就可把追求美观的费用表示为:

美观费用 = 外加装饰费用 + 改变造型费用 + 附加费用 − 节省费用

因此,追求美观最终还是一个经济问题。在拙文[2]中把这概括为"花钱买美观",话虽不是那样文雅含蓄,但事实确实如此,只不过是"实话实说"而已。

下面试举一例。拱桥立面除上承式板拱外一般都是两片正立的拱肋,顶部加设横向连接系形成的。现在为了美观和创新,把两片正立拱肋改为向内倾斜,形成大家熟知的提篮拱(德国人 1963 年首先提出),这从技术上说,拱圈倾斜面内受力变为面外受力,有所失,但横向稳定性却大大增加,拱顶横系梁也可减少甚至取消,又有所得。从美观上说,确实给人以新颖、漂亮而且安全的感觉,因此这应是一个成功的实例,这也是这个桥型在世界各地能普遍推广的原因。另外一种作法则是把两片正立拱肋改为向外倾斜,而且取消顶部的横向连结系,首创于英国的蝴蝶桥。这种作法可说是"屋漏又逢连夜雨"。拱肋倾斜,受力不利,而又两肋各自兀立,肋的横向稳定性变得十分严重,为此必须采取措施来挽救和弥补。倾斜拱肋也增加了施工困难,这些都增加了"美"的费用。显然偏离常规状态越大,即倾斜度越大,桥梁增加的造价就越多。

既然要花钱,当然就会问:须花多少钱?腰包里有没有那些钱?花得值不值?买主(业主)除非是亿万富豪、纨绔阔少,一般总是希望价廉物美,以最少的花费取得技术、经济、美观都最好的效益。为了做到这一点,为美而增加造价就应当有个适当的"度",这一点目前国内几已形成了共识。这个"度"是须根据当时当地社会经济发展的水平来定的,同时也应视桥本身的规模大小而有所不同,城市小桥即使偏离较大,但造价增加的绝对值不太多,可以适当放宽。关于这个"度"的具体数值和范围,则是需要大家在今后继续研究探索的。

六、几 点 结 论

(1)桥梁设计者的责任是向业主提出技术上安全、适用、耐久、外形上适度美观而造价上又经济合理的方案来,其中安全、适用是首位,美观不能超越其上。

(2)桥梁方案如果尚有可以优化之处,包括造价尚有可以节约之处,设计工程师有责任更有权向业主实事求是地提出意见。

(3)美是有功能的,其功能就是能给予观者视觉愉悦的感觉,丰富社会精神文明和文化的内涵。

(4)当前桥梁美大多以改变原有造型和外加装饰形成,这都必须增加造价。造价增加应当有个"度",既避免浪费,同时也要避免奇特怪异的桥型出现。这个"度"是今后桥梁工作者们都应探索研究的课题。

(5)我们同意桥梁应当尽量做得美些,但反对那种故意追求新奇怪异、偏离结构力学原理过远,浪费纳税人大量资财的不良设计。

(6)偏离结构原则越远就越要多花钱,但那绝不就是越美。因此要注意不能造成"美就要多花钱"、"越美就越要多花钱"的错误倾向。"少花钱,修既好又美的桥"应是一个优秀的有水平的桥梁设计者追求的目标。

参考文献

[1] 邓文中.美观何价.桥梁杂志,2012年,3.

[2] 王伯惠.桥梁美观和结构创新[G]//中国公路学会桥梁和结构工程学会.中国公路学会桥梁和结构工程分会2010年全国桥梁学术会议论文集.北京:人民交通出版社,2010.

9.港珠澳大桥120年使用寿命混凝土结构耐久性对策研究

苏权科[1]　王胜年[2]　柴　瑞[1]　范志宏[2]

(1.港珠澳大桥管理局;2.中交四航工程研究院有限公司)

摘　要　跨越伶仃洋海域的港珠澳大桥提出了120年使用寿命的建设目标,如何提高外海、高温、高湿环境下大型集群工程的混凝土结构耐久性是工程建设面临的重大挑战之一。本文针对工程特点,介绍了开展混凝土结构耐久性预评估、基于长期性能的耐久性和防腐蚀措施设计、耐久性施工质量控制以及后期耐久性维护等方面的研究思路,为制定港珠澳大桥主体工程混凝土耐久性策略提供支撑。

关键词　混凝土　耐久性　评估　设计　港珠澳大桥

一、概　述

港珠澳大桥跨越珠江口伶仃洋海域,是连接香港、珠海、澳门的大型跨海通道工程,其主体工程由水下沉管隧道、海中人工岛、海中桥梁等三种主要结构组成,工程设计使用年限120年,是中国交通建设史上技术最复杂、环保要求最高、建设要求最高的工程之一。

由于港珠澳大桥工程所处的伶仃洋海域,具有气温高、湿度大、海水含盐度高的特点,受海水、海风、盐雾、潮汐、干湿循环等众多因素影响,混凝土结构的腐蚀环境严酷,耐久性问题突出。处于如此严酷的环境条件下,同时又具有多种结构形式和严格的耐久性要求的跨海集群工程混凝土结构,在国际上也是罕见的,相应的耐久性设计、施工控制方面的经验与成果较少,因此针对港珠澳大桥的具体耐久性要求,开展混凝土结构的耐久性研究,形成满足120年使用寿命的保障技术体系,是工程建设过程中需要解决的关键技术问题之一。

从结构全寿命周期考虑,结构将经历设计、建造、运营维护和修复等过程,而耐久性保障措施贯穿于结构全寿命周期,是一个复杂的系统工程。因此围绕港珠澳大桥120年设计使用年限的耐久性要求,首先需要根据具体环境条件开展耐久性预评估工作,进而开展耐久性设计,提出设计阶段的混凝土耐久性指标和防护措施。在前期耐久性设计的基础上,结合实际工程施工质量控制,开展耐久性维护技术研究,最终目标是建立贯穿工程全寿命周期的耐久性保障体系,实现120年设计使用年限的目标。

二、港珠澳大桥混凝土结构耐久性预评估

处于高温高湿且高氯盐环境下，兼有人工岛、沉管隧道和海中桥梁等多种结构形式的港珠澳大桥能否达到120年的设计使用年限要求，是工程论证阶段的焦点问题之一。

1. 工程区域的腐蚀环境分析

根据环境勘察资料，港珠澳大桥所处环境温湿度条件和侵蚀环境条件见表1。由表1可知，港珠澳大桥混凝土结构处于高温高湿高盐的环境中下，腐蚀环境严酷。

港珠澳大桥区域的环境条件　　表1

温度(℃)			相对湿度(%)			氯离子浓度(g/l)		硫酸根浓度(mg/l)	
年平均	最热月	最冷月	平均	最高	最低	海水	地下水	海水	地下水
22.3～23.1	28.4～28.8	14.8～15.9	77～80	100	10	10.8～15.9	13.2～17.0	1.3～2.3	1.1～1.8

根据GB/T 50476—2008《混凝土结构耐久性设计规范》，港珠澳大桥主要构件处于海洋氯离子侵蚀的Ⅲ-C到Ⅲ-F的环境作用区间，箱梁和沉管内壁属于Ⅰ-B的碳化环境，部分泥下构件处于V-D的化学腐蚀环境。

由于港珠澳大桥结构形式多样，对于不同混凝土构件的腐蚀环境划分，可分别按照港工设计水位与天文潮算法进行划分，以更准确反应不同结构构件混凝土的环境条件：按照港工设计水位方法计算波峰面高度η_0来划分区域可以反映人工岛结构构件(沉箱与上部附属构件)对波浪的阻挡效果，但若用于计算港珠澳大桥构件(桥墩与承台)对波浪的阻挡效果，会使结果偏大，实际情况下桥墩与承台对波浪的阻挡效果要比沉箱与上部附属构件小得多。因此，对于人工岛、隧道，按照无掩护条件下的港工设计水位算法划分；对于桥梁等结构，按照无掩护条件下的天文潮划分(表2)。

港珠澳大桥海洋腐蚀环境划分　　表2

区　域	无掩护条件(按港工设计水位)		无掩护条件(按天文潮位)	
	计算方法	高程(100年重现)	计算方法	高程(100年重现)
大气区	高于设计高水位加(η_0+1.0m)	>+9.30m	最高天文潮位加0.7$H_{1/3}$以上	>+6.26m
浪溅区	大气区下界至设计高水位减η_0	+9.30～-1.36m	大气区下界至最高天文潮位减$H_{1/3}$	+6.26～-0.40m
水位变动区	浪溅区下界至设计低水位减1.0m	-1.36～-2.51m	浪溅区下界至最低天文潮位减0.2$H_{1/3}$	-0.40～-2.10m
水下区	水位变动区以下	<-2.51m	水位变动区以下	<-2.10m

2. 设计使用年限的分析

长期暴露实验证实[2]，掺粉煤灰、矿渣粉等活性矿物掺和料的混凝土，其抗氯离子渗透性比不使用掺和料的水泥混凝土提高数倍以上。随着大掺量矿物掺和料和低水胶比的海工高性能混凝土技术的发展，采用海工高性能混凝土成为建设海洋环境工程的首选。根据华南地区的工程原型检测结果和暴露试验数据，测算出在按照规范合理设计保护层厚度的前提下，使用高性能混凝土可保证混凝土结构达到50年以上，而高性能混凝土配合附加防腐蚀措施形成的综合防护技术体系，则为混凝土结构耐久性寿命达到100年以上提供了支撑。

国内已经建设了东海大桥、杭州湾大桥和青岛海湾大桥等多座跨海桥梁工程，上述工程的设计使用年限为100年，从工程设计建设经验看，都是通过采用海工高性能混凝土、规定最小保护层厚度、采取附加防腐蚀措施和严格施工管控的技术思路来实现工程耐久性目标[3-5]。

从国外的厄勒海峡大桥、香港的昂船洲大桥等具有120年设计使用年限的工程建设经验看，采取合理设计指标、严格控制施工质量、明确规定后期维护等措施是工程耐久性保障的基本思路。

因此，港珠澳大桥通过科学设计、严格施工和加强后期维护等方面的系统研究，提出设计、施工、运营阶段的耐久性保障技术体系，可以满足工程120年使用寿命的要求。

三、混凝土结构耐久性设计

混凝土结构耐久性设计的基本思想是:在材料和设计施工水平能够达到的前提下,从材料性能和构件构造上最大限度地提高结构的耐久性水平,同时对腐蚀风险较高的重要构件关键部位应采取合适的附加防腐措施。

1. 基于实际环境和长期性能的混凝土结构耐久性设计

国内外大多数工程还是依据规范规定的材料组成如水胶比、胶凝材料用量、保护层厚度等来确定耐久性控制指标,即所谓"凭经验设计",这些耐久性控制指标与设计年限之间只是假定的符合关系,不是直接的对应关系。

港珠澳大桥混凝土结构的耐久性设计,以钢筋表面氯离子浓度累积达到锈蚀临界值为耐久性极限状态,近似采用菲克第二定律的扩散模型来表征氯离子的侵蚀过程:

$$C_{cr} = C_0 + (C_s - C_0)\left[1 - \mathrm{erf}\frac{x}{2 \cdot \sqrt{D \cdot t}}\right] \tag{1}$$

港珠澳大桥耐久性设计的基本思路是以华南地区长达20多年的海洋暴露试验和海港实体工程调查分析为基础,将暴露试验和工程调查样本数据进行统计分析,解析上述模型中关键参数的统计分布特征,建立基于可靠度理论的耐久性设计方法,确定与设计使用年限相对应的耐久性设计指标。

由于港珠澳大桥与设于湛江港的华南暴露试验站环境基本相同,与华南海港工程环境相似,因此,应用上述暴露试验和实体工程耐久性样本数据进行耐久性设计是可靠的(表3)。

华南暴露试验站与港珠澳大桥环境条件对比 表3

环境条件	港珠澳大桥	华南暴露试验站	环境条件	港珠澳大桥	华南暴露试验站
年平均气温	22.3~23.1℃	23.5℃	年平均相对湿度(%)	77~80	85
最热月7月平均气温	28.4~28.8℃	28.9℃	海水中Cl^-含量(g/L)	10.76~17.0	15.05
最冷月1月平均气温	14.8~15.9℃	15.5℃	海水pH值	7.50~8.63	7.84~8.18

1)表面氯离子浓度

在海洋环境中,海水中的氯离子通过不同机理在混凝土表面沉积,表面氯离子浓度不仅与具体暴露部位有关,而且和混凝土本身的特性以及暴露时间有关。

对于表面氯离子浓度的统计规律分析采用了331个暴露试验样本数据,得出表面浓度服从对数正态分布。综合考虑现有的统计模型,混凝土表面氯离子浓度概率模型表示为:

$$C_s(t) = A\left(\frac{w}{b}\right)\frac{bt}{1 + bt} \tag{2}$$

式中:w/b——混凝土的水胶比;

A——表面浓度回归系数;

b——时间参数。

2)临界氯离子浓度

钢筋在混凝土中锈蚀的临界氯离子浓度与混凝土的保护层厚度、胶凝材料品种、水胶比和环境的通氧条件及相对湿度等因素有关。参考大量的实测数据(暴露试验数据样本80个,工程调查数据样本58个),针对港珠澳大桥混凝土配合比具体情况(双掺粉煤灰、磨细矿渣粉),对不同海洋环境暴露区域,分别研究了临界氯离子浓度的概率统计模型。得出大气区的临界氯离子浓度为对数正态分布,均值为0.85%,标准差为0.13%;浪溅区、水变区和水下区临界氯离子浓度为Beta分布。

3)氯离子扩散系数

混凝土的氯离子扩散系数与混凝土水胶比、胶凝材料的品种以及环境条件等有关。研究表明,氯离子扩散系数的表观回归值随混凝土暴露时间的增长而降低，符合指数衰减规律：

$$D(t) = D_{\mathrm{i}}\left(\frac{t_{\mathrm{i}}}{t}\right)^{n} \tag{3}$$

式中：D_{i}——经历环境作用时间 t_{i} 后测得的氯离子扩散系数；

n——衰减系数。

港珠澳大桥混凝土结构耐久性设计用的氯离子扩散系数的衰减规律（由衰减系数 n 来表征）根据长期暴露试验的数据回归（95 个数据样本）得到。华南长期暴露试验数据分析证明，混掺粉煤灰、粒化高炉矿渣粉的混凝土具有最优的抗氯离子渗透性能。针对此配合比特点，对于氯离子扩散系数及衰减指数进行概率统计分析，衰减指数 n 为正态分布，浪溅区均值为 0.47，标准差为 0.0286。

4）耐久性设计结果

在上述关键参数的概率统计规律确定的前提下，使用近似概率方法进行了主要耐久性控制参数的设计，确定了针对具体可靠指标水平（$\beta = 1.3$）和构件具体暴露部位的分项安全系数，从而建立了耐久性设计的近似概率（分项系数方法）设计方法。定量计算了“使用年限—保护层厚度—氯离子扩散系数”的三元关系，确定了设计使用年限为 120 年的混凝土构件保护层厚度和氯离子扩散系数对应关系（图 1）。

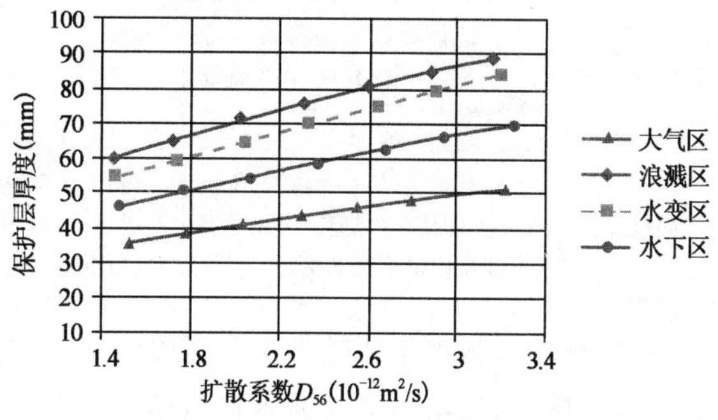

图 1 120 年使用年限保护层厚度和理论氯离子扩散系数关系

2. 基于综合防护技术的混凝土结构附加防腐蚀措施设计

理论上采用海工高性能混凝土与足够的混凝土保护层厚度，混凝土结构可以达到 120 年使用寿命。但是考虑实际上设计施工的偏差、材料性能的波动、环境和荷载的影响等不利因素，尚需要按照构件的重要程度、维护的难易程度、所处的环境部位，采用一些有效的防腐蚀措施，使其具有一定的耐久性安全储备。

何种构件、什么部位采用何种外加防腐措施，需要根据不同腐蚀环境混凝土构件腐蚀风险、不同外加防腐蚀措施的适用条件和全寿命周期成本综合考虑。

1）港珠澳大桥主体混凝土结构腐蚀风险评估

通过定量分析港珠澳大桥不同腐蚀区域的环境指数（S_{p}）和混凝土结构的耐久指数（T_{p}），比较环境指数和耐久性指数之间的关系来评价港珠澳大桥主体混凝土结构的腐蚀风险。当 $T_{\mathrm{p}} \geqslant S_{\mathrm{p}}$ 时，港珠澳大桥混凝土结构在 120 年免维修期内因钢筋腐蚀引起耐久性下降的风险很小，T_{p}-S_{p} 的差值越正，腐蚀风险越小，耐久性安全储备越大。

耐久指数（T_{p}）是通过综合考虑分析影响港珠澳大桥混凝土结构耐久性多方面因素，通过计算后获得的。环境指数（S_{p}）用于评定港珠澳大桥各部位的环境条件，由结构所处的环境条件及所要求的免维修期而定。

根据腐蚀风险计算结果，只要满足设计要求，可保证港珠澳大桥混凝土结构 120 年设计使用寿命，但是分析结果也表明，除水下区的混凝土构件的 T_{p}-S_{p} 较大外，大气区、浪溅区和水变区的 T_{p}-S_{p} 值较小，一旦混凝土原材料或施工质量控制出现偏差，就会导致 T_{p}-S_{p} 的值小于零，不能满足工程耐久性目标，因此还需采取必要的外加防腐措施以降低腐蚀风险，提高耐久性安全储备。

2）海工混凝土防腐蚀技术

混凝土外加防腐措施可分为二大类。一类通过阻止或延缓氯离子渗透进钢筋表面达到保护钢筋的目的，例如硅烷浸渍、混凝土涂层等；另一类通过提高钢筋的抗腐蚀性能延缓钢筋开始腐蚀时间或者降低钢筋腐蚀速率，如不锈钢钢筋、阴极保护以及环氧涂层钢筋等（表 4）。

海洋环境混凝土结构可采取的外加防腐蚀措施　表4

防腐措施	防腐原理	适用条件	保护效果及优点	缺　点
涂层	混凝土表层形成隔绝层，使氯离子难以侵入	可用于海洋环境大气区、浪溅区和水位变动区	保护年限10～20年，施工简便	改变混凝土外观，涂层易受外界作用而损坏
硅烷浸渍	渗入混凝土毛细孔中，使毛细孔壁憎水，使水分和所携带的氯化物难以渗入	可用于海洋环境大气区和浪溅区	保护年限20年，施工简便，不影响混凝土外观，重涂容易	不适合水位变动区、水下区等混凝土表面潮湿部位
阻锈剂	在钢筋表面形成一层保护膜，抑制、阻止、延缓钢筋腐蚀的电化学过程	混凝土内掺或者外涂，可用于各种混凝土部位	适用于氯离子不可避免存在或进入混凝土内的结构	防护效果和保护年限难确定，易对混凝土其他性能产生不良影响
环氧涂层钢筋	钢筋外表面包裹环氧涂层，隔绝侵蚀介质，避免钢筋锈蚀	可用于各种混凝土构件	保护年限25年以上	减小钢筋握裹力，涂层易损，施工质量控制要求高
阴极保护	外加电场，使钢筋电位极化，即使存在氯离子，钢筋腐蚀反应也不能发生	可用于各种混凝土构件，一般施工期预设钢筋电连接，后期通电保护	对重要构件可实施长效保护，保护年限可达50年以上	成本较高，施工技术及后期维护要求高

不同环境区域所采用的外加防腐蚀措施不同，这是由区域对结构物侵蚀的程度和不同外加防腐蚀措施的特点共同决定的。港珠澳大桥混凝土结构不同部位具体采用何种措施，还需结合各部位的工况条件，考虑外加防腐蚀措施的效果、施工可行性以及全寿命周期成本。

3）防腐蚀措施全寿命成本分析

由于不同的防腐技术有不同的技术特点和适用性，选择经济适宜的防腐蚀方法对整个工程的使用状态和寿命至关重要。为选择经济适宜的防腐蚀方法，基于全寿命经济分析的概念建立了防腐蚀工程经济评价体系。

全寿命计算周期和折现率是全寿命成本分析中至关重要的两个参数，港珠澳大桥的设计使用寿命为120年，所以项目的计算周期为120年，折现率根据我国目前海港工程的折现率并结合现行的银行贷款利率取7%。采用现值法对不同外加防腐蚀措施的全寿命成本进行比较计算，从经济角度筛选出适用于港珠澳大桥的最佳防腐蚀措施。

港珠澳大桥混凝土结构物处于恶劣环境下，初期施加外加防腐蚀措施可以对混凝土结构起到安全预防的作用，进一步增加结构的耐久性安全。通过对不同外加防腐措施的技术特点、经济效益和混凝土构件腐蚀风险三者之间综合分析，提出港珠澳大桥主题混凝土结构附加防腐蚀措施为：桥梁大气区混凝土结构采用硅烷浸渍防腐蚀措施；桥梁浪溅区和水位变动区混凝土结构采用外层不锈钢钢筋或环氧涂层钢筋加硅烷浸渍联合的外加防腐蚀措施，不锈钢和环氧涂层钢筋视构件采取预制和现浇不同工艺区别对待；对于处于深水环境下的沉管侧面和顶面外壁，以混凝土自防水为主，浅埋和敞开段采取硅烷浸渍防腐；浪溅区、水位变动区和大气区构件选择有代表性部位埋设营运期耐久性监测传感器，并实施钢筋电连接，预设后期阴极保护。

四、混凝土结构耐久性施工质量控制

由于存在许多不确定因素，研究适合本工程特点的混凝土的耐久性施工质量控制措施，将结构出现初始缺陷的可能性降到可控范围之内，确保耐久性设计目标在实施中得以实现，是实现工程寿命目标的重要环节之一。

1. 混凝土质量控制技术

从施工角度考虑，混凝土耐久性施工质量控制包括原材料控制、耐久性混凝土配合比设计与调整、混凝土生产、浇注和养护过程控制等多方面的内容。国内外根据大量工程经验与研究成果的总结，提出了一系列耐久性施工控制措施,也制定了相应的标准规范,对于提高混凝土结构的耐久性质量发挥了重要作用。但是现有的规范条文多数针对普通环境下的混凝土结构,或者设计使用年限较短的建筑物,具有120年设计使用年限的、包含沉管隧道、人工岛与桥梁等不同结构形式的跨海集群工程,对耐久性施工及质量控制提出了更高的要求,尚需结合具体结构开展深化研究,以指导不同结构形式的跨海集群工程的耐久性施工和质量控制。

根据港珠澳大桥施工特点,研究了施工阶段混凝土耐久性质量控制技术,按照耐久性设计指标要求,研究满足120年设计使用寿命要求的混凝土性能试验及检验、生产施工质量控制措施、耐久性质量检验与验收标准等系统技术,结合大掺量掺和料混凝土成熟度对性能影响、沉管混凝土容重控制、保护层厚度控制、现场水胶比控制及耐久性质量检验等工程应用技术研究,形成用于指导港珠澳大桥混凝土施工的《港珠澳大桥耐久性质量控制技术规程》。

2. 特殊构件混凝土裂缝控制技术

港珠澳大桥沉管结构受大截面、大体量、结构形式及施工工艺复杂等因素影响,容易因温度、收缩以及约束等原因而在施工阶段就出现危害性裂缝。危害性裂缝的出现不仅会影响结构的外观,还会大大促进有害物质侵蚀混凝土的速度的程度,从而更快地导致混凝土结构破坏,削弱沉管混凝土结构整体的耐久性。沉管是造价高、腐蚀环境恶劣且无法更换的主要构件,为确保港珠澳大桥主体的使用寿命,在沉管预制施工过程中必须采取合理有效的措施防止有害裂缝的产生。虽然国内外在大体积混凝土裂缝控制以及沉管管段混凝土的裂缝控制方面做了大量富有成效的研究,但具体到不同的工程时,由于工程结构种类的多样性及结构耐久性要求的复杂性,导致已有的成功经验并不完全适用,还需要根据工程的具体要求,通过系统的研究提出有针对性的控裂措施。

针对港珠澳大桥全断面浇筑沉管管段大体积混凝土的控裂难题,研究工厂化预制工艺下,各施工阶段可能影响沉管混凝土质量、控裂的因素,结合数学仿真分析,提出有针对性的管节预制工艺、温控及监测措施;并且利用现场小尺寸模型试验、足尺模型试验全面检验原材料、配合比、混凝土施工工艺等的可靠性,对仿真分析、施工工艺、控裂措施进行再优化设计,最终形成沉管节段裂缝控制的施工技术规程。

3. 施工期混凝土结构耐久性动态评估和控制

耐久性设计中规定的指标需要通过施工过程来实现。一方面对施工期耐久性测试数据和相关工程试验、检验数据进行概率统计分析,研究实体工程耐久性相关的各参数概率分布,对照耐久性设计指标,评估耐久性设计目标在实体工程中的实现程度。结合工程实施具体情况,统计分析实际施工因素(工程用原材料、混凝土材料、施工养护等)的质量水平和实际环境因素(具体暴露条件和局部环境条件等);针对材料和施工因素对耐久性设计目标的影响,进一步修正和完善耐久性施工质量控制措施,指导后续生产。另一方面,基于对实体构件和同条件暴露试件的跟踪测试,评估实际构件在服役环境下的耐久性寿命,初步掌握即将交付使用的结构或构件能否满足设计目标,对于有明显缺陷,耐久性评估不能满足设计目标的构件,研究采取合适的耐久性补救措施。

五、混凝土结构营运期耐久性维护

影响工程耐久性的不确定因素很多,尽管施工已建造出满足设计初期目标的建筑物,但是由于材料、环境、荷载、气候等因素的影响,都会对工程结构耐久性产生影响。所以,应研究制定科学的耐久性维护策略,保证港珠澳大桥在120年设计使用寿命周期内正常运行。

1. 制定营运期耐久性维护制度

港珠澳大桥构件种类多,环境不同的构件耐久性劣化时变过程也不同,因此,应针对不同的构件,制定贯穿于整个服役周期的检查、监测和检测等维护管理制度,制定定期检测、常规检测、特殊检测以及终期检测的检测项目、频次以及相应的档案管理制度,以适时发现和掌握结构物的耐久性状态和变化情况。

2. 耐久性监测和定期评估

对于主塔、桥墩及海底沉管等不可更换的主体混凝土结构构件，在施工期埋入耐久性监测传感器，以便及时掌握营运期氯离子侵蚀和钢筋混凝土的耐久性状况。同时在大桥西人工岛建立本工程暴露试验站，有选择地对主体混凝土结构进行同条件暴露试验，在服役期内定期取样检测分析，一方面可以及时掌握氯离子腐蚀的实际情况和防腐蚀措施的保护效果，同时暴露试验数据可用于修正耐久性设计时的寿命模型，并对结构耐久性和使用寿命进行预测评估。

3. 耐久性再设计

制定不同构件的耐久性再设计预案，通过定期耐久性检测、监测和评估，掌握不同结构构件的耐久性状态。如果结构的耐久性状态出现明显劣化，相应指标超出了预案的范围，则需要进行运营状态的耐久性再设计，通过启动预案的耐久性防护措施（如局部采取防腐蚀措施、提早更换涂层、启动阴极保护等），来实现对明显劣化的构件实施耐久性补强，确保在正常使用情况下的预定服役寿命周期内不发生危及安全的耐久性损伤。

六、结　语

港珠澳跨海集群工程结构形式复杂，工程建设难度大，腐蚀环境严酷，120年设计使用寿命的实现是一项贯穿于设计、施工和维护等各阶段的系统问题，通过基于实际环境和长期性能的混凝土结构耐久性设计、不同结构形式的混凝土结构施工质量控制和实体结构耐久性评估及再设计等方面的系统研究，成果对港珠澳大桥工程耐久性设计施工和维护具有重要的支撑作用，相信只要设计可靠、施工质量保证和实行科学的维护，就能保证港珠澳大桥实现120年的设计使用寿命目标。

参考文献

[1] 中华人民共和国国家标准. GB/T 50476—2008　混凝土结构耐久性设计规范[S]. 北京：中国建筑工业出版社，2002.
[2] 中交四航工程研究院有限公司. 长期海洋环境条件下混凝土暴露试验研究报告. 2010.
[3] 张宝胜，干伟忠，陈涛. 杭州湾跨海大桥混凝土结构耐久性解决方案. 土木工程学报，2006，6：72-77.
[4] 黄毅，孙建渊，黄士柏. 跨海大桥全寿命耐久性设计与施工技术. 华东交通大学学报，2007，4：21-24.
[5] 周长严，董锋，张修亭. 青岛海湾大桥桥梁混凝土耐久性设计方案研究. 海岸工程，2007，12：68-71.

10. 甘肃河口大桥与西固大桥的技术创新

韩友续　武维宏　舒春生
（甘肃省交通规划勘察设计院有限责任公司）

摘　要　我院设计的西固大桥和河口大桥是我省真正意义的大跨径斜拉桥。河口大桥采用主跨360m的结合梁斜拉桥，西固大桥原推荐采用主跨480m的结合梁斜拉桥，为我省最大跨径的两座斜拉桥。液压黏滞阻尼器、桥梁健康监测系统、组合式钢锚梁、气动翼板等均在我省桥梁建设上首次采用，本文重点介绍以上两座斜拉桥的技术创新之处。

关键词　大跨径斜拉桥　结合梁　液压黏滞阻尼器　桥梁健康监测系统　组合式钢锚梁

一、甘肃省斜拉桥发展现状

过去，由于我省经济条件相对落后，大跨径桥梁的发展一直空白，但近年来随着我省经济发展和交通运输的需求，为我省修建大跨径桥梁提供了契机。表1列出了我省已建和在建的大跨径桥梁。刘家峡大桥（主跨536m悬索桥）的开工建设标志着我省正式迈入大跨径悬索桥建设的行列。

我省已建和在建大跨度桥梁 表1

桥　　型	桥　　名	主　　跨(m)	建 成 年 份
连续梁桥	三滩黄河大桥	140	2000
连续刚构桥	芦家沟大桥	115	2004
刚构-连续组合梁桥	靖远黄河大桥	90	2011
拱桥	雁盐黄河大桥	127	2003
	祁家黄河大桥	180	2007
	中心滩大桥	138	在建
	深安黄河大桥	150	在建
	元森黄河大桥	150	在建
斜拉桥	银滩黄河大桥	133	2001
	小西湖黄河大桥	136	2004
	河口大桥	360	在建
	西固大桥	480	即将建设
悬索桥	刘家峡大桥	536	在建

目前我省已建的斜拉桥共2座,即银滩黄河大桥和小西湖黄河大桥。银滩黄河大桥是主跨133m的独塔双跨斜拉桥,小西湖黄河大桥是主跨136m的部分预应力混凝土斜拉桥,这两座斜拉桥都属于小跨径斜拉桥。

河口大桥采用主跨360m的结合梁斜拉桥,桥塔高99m,采用钢筋混凝土A形塔;西固大桥推荐采用主跨360m的结合梁斜拉桥(原推荐480m斜拉桥),桥塔高度166m,采用菱形塔。河口大桥与西固大桥的开工建设标志着我省真正迈入大跨径斜拉桥建设的行列。河口大桥于2012年5月已开工建设,西固大桥正处于施工图设计阶段。本文重点介绍我院设计的河口大桥与西固大桥的技术创新之处。

二、两座大桥简介

1. 河口大桥简介

河口大桥是兰州(新城)至永靖沿黄河快速通道的重点桥梁工程,为跨越黄河河口水库而设。兰州(新城)至永靖沿黄河快速通道是甘南州、临夏州与青海、河西走廊及新疆之间交通往来的重要通道,是兰州一小时都市经济圈内的交通要道,也是临夏州各县区与外界联系的主要通道(图1)。

河口大桥桥梁全长978.5m,主桥采用77m+100m+360m+100m+77m结合梁斜拉桥,桥塔采用钢筋混凝土A型塔,塔身采用外侧圆弧凸起的箱形截面,截面横向宽度450cm、纵向宽度700cm。主梁采用工字钢—混凝土结合梁,结合梁梁高2.83m(钢主梁中心处)、3.06m(桥梁中心处)。跨中及边跨梁端部分钢主梁采用2500×1000×36(60)×20mm工字型截面,其余部分采用2500×1000×36(80)×28mm工字型截面,钢横梁采用2280×700×20(28)×16mm工字型截面。斜拉索采用直径7mm镀锌低松弛平行钢丝束,最大索长185.571m,(最大索重17t),边索与水平面最小夹角为22.971°。斜拉索标准间距12.0m,采用5种形式。

图1 河口大桥

2. 西固大桥简介

西固大桥属于连霍国道主干线兰州南绕城高速公路重点工程,跨越黄河、兰新铁路和西新路,穿越兰州二级水源保护区。兰州南绕城高速公路起点位于兰州市榆中县定远镇,终点位于黄羊头(大滩),东接连霍国家高速公路巉口至柳沟河段,西接京藏国家高速公路忠和至海石湾(甘青界)段,并连接兰海国家高速公路兰州至临洮段、G309线、G312线、兰州市南山路、西新一级公路等国省干线公路。

西固大桥位于柴家峡水电站附近,距兰州市公路里程约30km,桥位从黄河"月亮岛"上缘处通过,对

图2 西固大桥

岸是柴家台1365年古城堡，桥址规划为“黄河水上娱乐中心”及“黄河风情线旅游景区”，桥型的选择除满足公路交通功能外，还应新颖、具有标志性，且与城市文化和周围环境相协调。桥塔是突出显示斜拉桥景观效果的主体，对斜拉桥的整体美学效果具有至关重要的影响。西固大桥加劲梁采用“I”字形双主梁的结合梁，因其自身抗扭刚度较低，必须采用空间索面布置，较适宜A形、倒Y形和钻石形桥塔，这些桥塔横向刚度大，可使梁体获得较高的扭转自振频率以提高其临界颤振风速，有利于抗风、抗震（图2）。

西固大桥原推荐采用主跨480m的结合梁斜拉桥，由于地形不对称，主桥采用边跨不对称布置，全桥跨径组合为40m＋122m＋480m＋132m＋70m斜拉桥＋(4×40)m先简后连组合箱梁。从提高抗震性能考虑，本桥应采用钢箱梁加劲梁，但受施工条件限制，西固黄河大桥主梁采用结合梁。斜拉索采用空间扇形索面布置；桥塔采用“宝瓶”形钢筋混凝土结构，塔高173m，根据其形态和位置，分为上塔柱、下塔柱和塔墩。上塔柱高39m（含3m装饰段），下塔柱高68m，塔墩高66m。

三、两座桥梁的技术创新

西固大桥和河口大桥均位于Ⅷ度地震区，两座桥跨度接近、设防烈度相同，斜拉索布置形式相近，因此两座桥主梁、斜拉索锚固系统的研究成果可相互借鉴，但两座斜拉桥的桥塔高度差别较大，桥塔景观效果及抗震性能各有特点，两座桥梁的主要技术创新汇总如下：

（1）首次在我省大跨径桥梁上采用桥梁健康监测系统。

（2）重视景观设计理念，在传统桥塔造型的基础上大胆创新，两座大桥所设计的桥塔造型独一无二。

（3）在国内首次提出组合焊接式钢锚梁锚固系统，并首次将其应用在斜拉桥索塔锚固系统中。

（4）在国内首次将钢—混组合梁应用在高震区大跨径斜拉桥中。

（5）首次在我省大跨径斜拉桥上采用“中跨气动翼板”抗风气动措施。

（6）两座桥是位于Ⅷ度及以上地震区最大跨径的斜拉桥，在国内采用了最大吨位的液压黏滞阻尼器，其中西固大桥采用了我国最大型号的液压黏滞阻尼器。

本文重点介绍以上六点创新。

四、创新点一：首次在省内大跨径桥梁中采用健康监测系统

河口大桥与西固大桥首次在我省大跨度桥梁上采用桥梁健康监测系统，为了保障大桥施工过程中的安全、运营阶段大桥状态的可知性、可测性，及时了解、掌握大桥的安全状态，对其建立一个科学、合理、经济的施工监控和运营安全监测综合系统显得非常重要（图3、图4）。

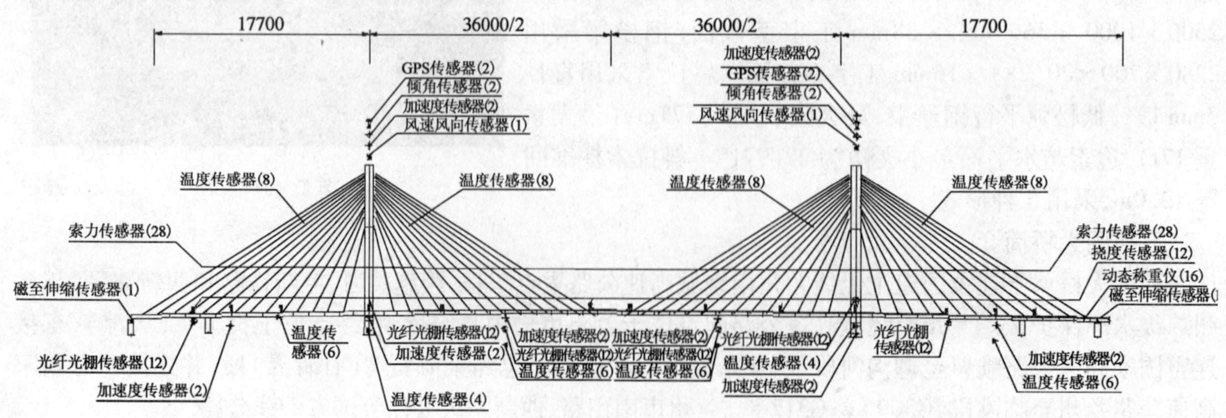

图3 河口大桥健康监测系统（尺寸单位：cm）

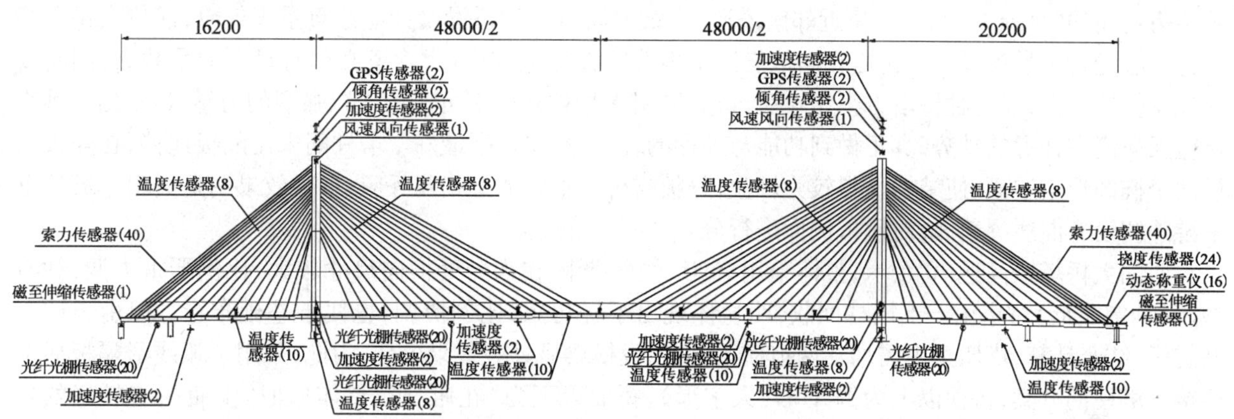

图4 西固大桥健康监测系统(尺寸单位:cm)

通过及时掌控桥梁的施工和运营状态,可及时养护,延长大桥的服务年限,保证生命线的安全施工、安全运营及交通大动脉的安全畅通。随着高速公路交通量的大幅度增加,超载成为桥梁损伤的主要原因之一,通过在桥面布设称重系统,可随时观察桥梁车辆运营情况,控制超载运输对桥梁结构造成的不利影响。

五、创新点二:重视景观设计理念,所设计的桥塔造型独一无二

桥塔是斜拉桥景观设计的中心,我国已建的斜拉桥绝大部分采用了传统的桥塔造型,图5给出了国内著名桥梁的桥塔造型。河口大桥与西固大桥在桥塔设计中注重景观效果,在传统桥塔造型的基础上大胆创新,两座大桥所设计的桥塔造型独一无二,如图6、图7所示。

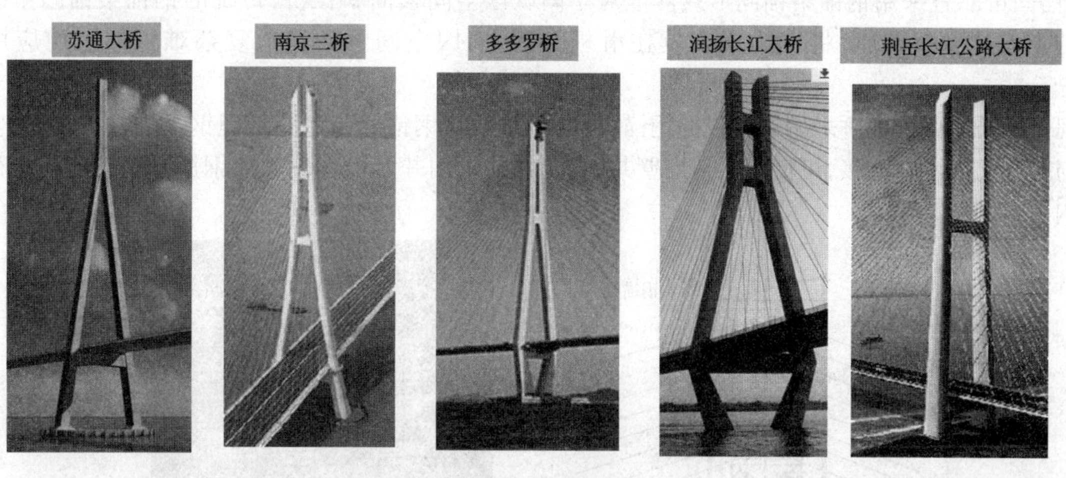

图5 国内已建斜拉桥桥塔造型

图6 河口大桥桥塔造型

图7 西固大桥桥塔造型

河口大桥位于兰州市新城镇境内。兰州是甘肃省会城市,是一个东西向延伸的狭长型城市,夹于南北两山之间,沿黄河南岸,开通了一条东西50多公里的滨河路,并打造了全国唯一的城市内黄河风情线,

被称为兰州的“外滩”。河口大桥近邻南滨河路“黄河风情线”，桥梁设计应注重景观效果，河口大桥以桥塔为中心进行了景观设计。桥塔在高地震区承担着巨大的地震作用，索塔必须有足够的承载力，同时要保证总体稳定性，经多种桥塔方案比较后，认为采用A形柱式桥塔可以给人以强烈的力感，显示出一种直指蓝天向高空伸展的动势，真正做到功能与外形的统一，景观效果最好。塔柱间采用隔板连接，在隔板内设两个椭圆形空透面，使结构显得较为轻盈，隔板与桥塔整体造型相互呼应，景观效果明显突出。塔柱上下游外侧设有曲线突起面，对桥塔侧面进行分割，突出立体感。

西固大桥塔墩高达70余米，整体采用A形、倒Y形因在承台处横向尺寸较大，比例严重失调，钻石型（又称宝瓶形）桥塔由于下塔柱回收，明显体现出了轻巧感，比例协调，也便于基础布置。但由于位于高震区，结合计算，塔墩至少需增加两道横梁，但增设横梁后景观效果欠佳，为此，采用了弧线形隔板局部连接下塔柱的方案，桥面以上为倒Y形（人字形），桥面以下为“花瓶”形，整体形似“宝瓶”，有较好的景观效果，较好协调了结构受力与景观需求的矛盾，也易给人以稳定、安全的感觉。

六、创新点三：在国内首次将组合焊接式钢锚梁系统应用在高震区斜拉桥中

索塔锚固区是斜拉桥中的关键部位，由于索塔锚固区的形状与构造不规则，斜拉索的锚下集中力往往很大，使得索塔锚固区的设计十分棘手。以往桥塔斜拉索锚固多采用环向预应力锚固形式，但预应力锚固系统为满足锚下局部受力要求需要增大塔壁尺寸，不利于在高震区使用；且近几年预应力索塔锚固在运营过程中易出现开裂、耐久性较差等病害。为使锚固更加可靠，近年来在较大跨径斜拉桥上采用了钢锚箱锚固系统，但该系统需较大的吊装设备安装，施工费用较高，不适宜中等跨径斜拉桥。对于高震区中等跨度斜拉桥受地震作用控制，桥塔尺寸相对较大，锚固空间足够，且地震荷载作用下斜拉索拉力较大，为锚固可靠宜采用钢锚梁锚固形式。但对于高震区空间索面斜拉桥，传统的钢锚梁锚固系统在塔壁牛腿上安放滑板支座，将钢锚梁安放在滑板支座上，因空间索面构造复杂难于加工而应用相对较少。

河口大桥与西固大桥采用了改进的钢锚梁锚固形式，将钢锚梁与牛腿预埋钢板焊接在一起，实现钢锚梁与牛腿之间刚性连接，可使锚梁与塔壁共同受力，并采用井字形精轧螺纹钢筋平衡拉索力产生于塔壁的内力，如图8所示。

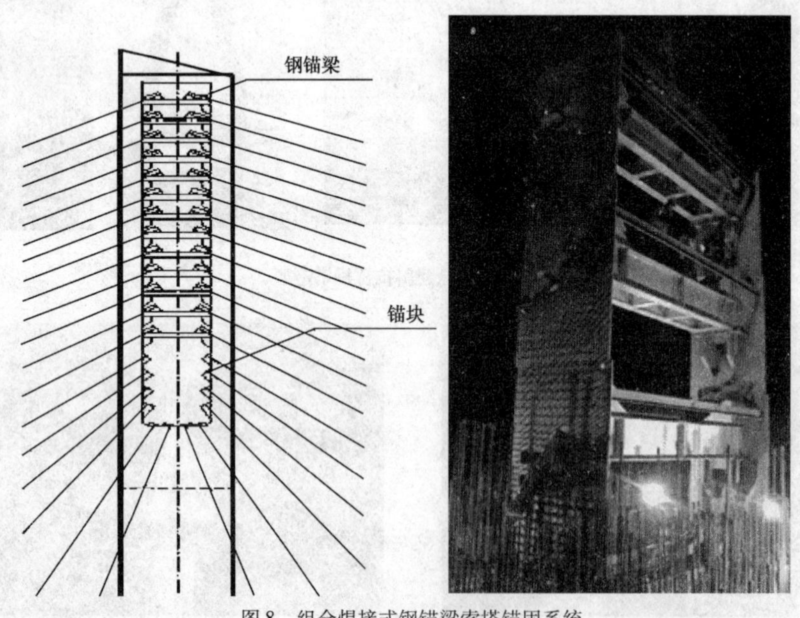

图8 组合焊接式钢锚梁索塔锚固系统

采用MIDAS空间分析软件，索塔取3m高，牛腿和塔壁采用实体单元模拟，钢锚梁采用板单元模拟，井字形预应力钢筋采用桁架单元模拟。图9为锚固区有限元分析模型，图10～图13给出了有限元分析成果。

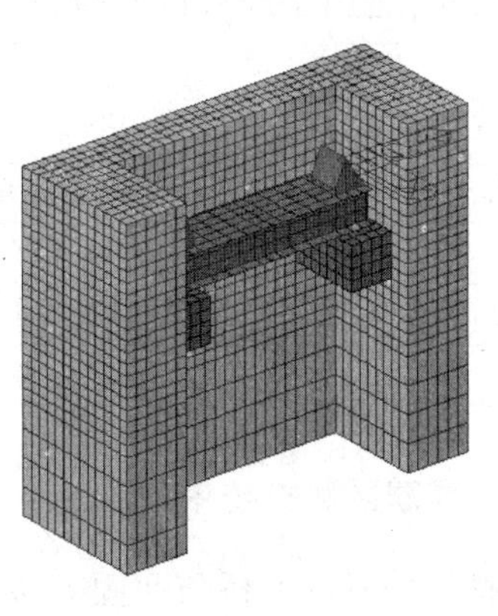

图 9　锚固区有限元模型

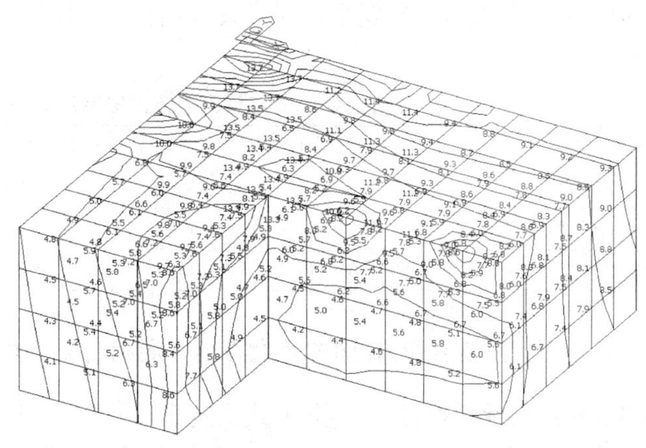

图 10　塔壁等效应力分布(MPa)

176.3　98.6　176.3　　　　98.6　176.3　76.3

109.4	98.1	96.0	96.0	84.8	70.3	70.6	70.6	70.6	70.6	70.3	84.8	96.0	96.0	98.1	109.4
165.6	98.1	65.5	65.5	42.6	42.6	37.6	37.4	37.4	37.6	42.6	42.6	65.5	65.5	98.1	165.6
200.5	64.5	58.4	58.4	29.5	29.5	26.9	26.9	26.9	26.9	29.5	29.5	58.4	58.4	64.5	200.5

图 11　钢锚梁腹板等效应力分布(MPa)

86.7	79.2	89.3	98.5	98.5	81.9	81.9	81.5	81.5	81.9	81.9	98.5	98.5	89.3	79.2	86.7
86.7	79.2	89.3	98.5	98.5	80.6	80.7	80.7	80.7	80.7	80.6	98.5	98.5	89.3	79.2	86.7
30.2	36.9	55.6	74.4	80.2	80.6	80.7	80.7	80.7	80.7	80.6	80.2	74.4	55.6	36.9	30.2
85.8	79.5	80.8	96.1	96.1	79.9	80.0	80.0	80.0	80.0	79.9	96.1	96.1	80.8	79.5	85.8
85.8	79.5	80.8	96.1	96.1	79.2	79.2	78.8	78.8	79.2	79.2	96.1	96.1	80.8	79.5	85.8

图 12　钢锚梁顶板等效应力分布(MPa)

46.0	63.1	63.1	29.7	28.4	25.6	25.2	25.2	25.6	28.4	29.7	63.1	63.1	46.0
46.0	63.1	63.1	28.4	28.4	28.0	27.7	27.7	28.0	28.4	28.4	63.1	63.1	46.0
20.8	23.8	27.9	28.1	29.0	29.0	28.7	28.7	29.0	29.0	28.1	27.9	23.8	20.8
46.0	76.4	76.4	33.3	32.3	29.0	28.7	28.7	29.0	32.3	33.3	76.4	76.4	46.0
46.0	76.4	76.4	42.0	32.3	31.6	31.0	31.0	31.6	32.3	42.0	76.4	76.4	46.0

图 13　钢锚梁底板等效应力分布(MPa)

若取消钢锚梁采用预应力锚固体系,需将斜拉索通过齿块锚固在塔壁上,并在塔壁内布置井字型钢束,若采用本文提出的钢锚梁锚固形式,需将塔壁牛腿预埋钢板与钢锚梁焊接连成整体,表 2 给出了两种锚固形式的应力计算结果,表中计算结果不计井字型预应力效应。

由表 2 可见,与预应力锚固方式相比,采用本文提出的钢锚梁锚固形式,最大主拉应力、最大主压应力和最大剪应力均明显减小,最大主拉应力降低 61.1%,最大主压应力降低 58.7%,最大剪应力降低

69.7%。由此可见,采用改进的钢锚梁锚固形式,可有效减小桥塔尺寸,适用于高震区斜拉桥,且适宜空间索面斜拉桥。

改进的钢锚梁与预应力锚固塔壁应力对比(MPa) 表2

比较项目	最大主拉应力	最大主压应力	最大剪应力
预应力锚固形式	12.6	-4.65	13.12
钢锚梁锚固形式	4.89	-1.92	3.95
降低比例	61.1%	58.7%	69.7%

七、创新点四:在国内首次将钢—混组合梁应用在高震区斜拉桥中

主梁是斜拉桥主要承重构件之一,其形式决定索、塔刚度及形式。与河口大桥与西固大桥同规模的桥梁在国内修建较多,基于不同方面的考虑,各种加劲梁形式均有应用,但河口大桥与西固大桥处在Ⅷ度地震区,如何降低加劲梁自重,减少桥塔地震荷载是高震区大跨径斜拉桥提高抗震安全性的关键。通过对国内外相近规模桥梁的调研和初步计算,拟定出混凝土边主梁、钢箱梁、结合梁标准梁段断面如图14~图16所示。混凝土主梁标准段总重57.6t/m;钢箱梁标准段总重18.5t/m;结合梁标准段总重36t/m。

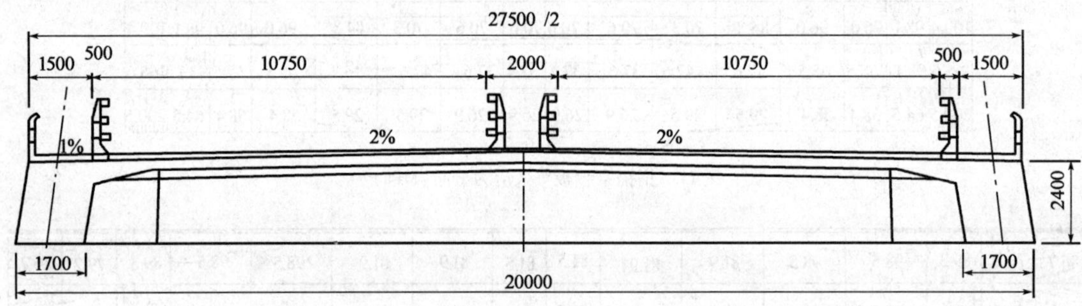

图14 混凝土主梁标准断面(尺寸单位:mm)

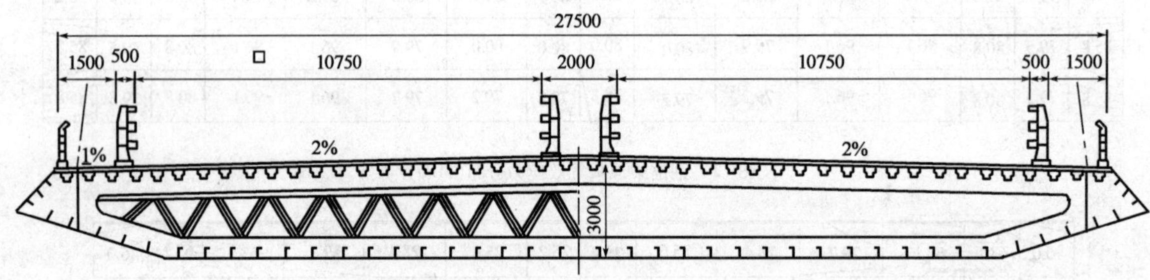

图15 钢箱梁主梁标准断面(尺寸单位:mm)

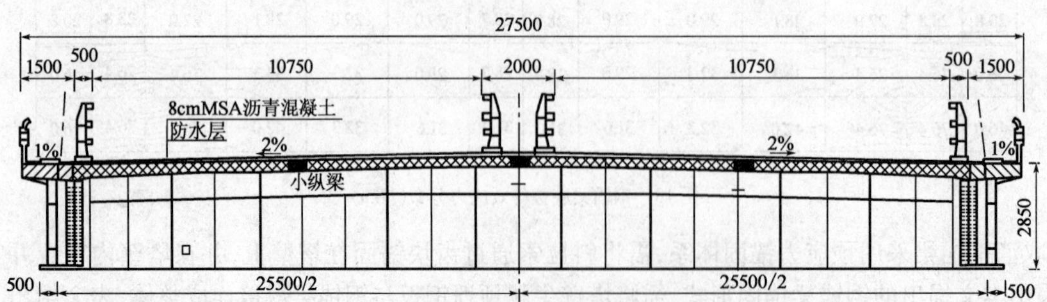

图16 结合梁主梁标准断面(尺寸单位:mm)

按照上述拟定的尺寸进行了初步地震分析,在桥塔刚度不变的情况下,桥塔地震效应增量基本与梁体重量增量成线性增加,桥塔自震产生的地震效应占总效应约30%。降低主梁重量,继而相应降低桥塔

尺寸,可有效降低桥塔地震效应。但受稳定控制,采用钢箱梁主梁时,桥塔节省量与其减少的地震荷载效应不成线性关系,桥塔节省量相对较少,拉索、桥塔、桥塔基础的节省工程费还不能完全抵消钢主梁增加的量,但经济性与非高震区桥梁相比,已得到很大改善。从结构抗震性能考虑,钢主梁应作为高震区桥梁的首选,但两座桥梁存在运输和安装困难,钢箱梁方案基本不可行。

混凝土主梁在我国曾占主导作用,最大跨径也达500m,主梁自身造价较低,施工也不受运输条件限制,适宜修建在山区和非通航河道上。但因其自重(含二期)达钢梁的3倍多,地震荷载效应巨大,桥塔难以设计,不仅工程量较大,由于桥塔自震所占比例也很高,还存在地震效应增加与承载力增加难以协调的矛盾。主梁低廉形成的造价差无法抵消其自重大引起的拉索和主塔、基础费用的增加值,且明显为抗震不利结构,不宜用在高震区。

结合梁主梁自重介于钢主梁和混凝土主梁之间,其抗震性能虽不及钢梁,但可很好解决运输和安装问题,经济性也最优,如果采用轻集料混凝土,自重还可降低10% ~15%,抗震性能还可进一步得到改善。

八、创新点五:首次在我省斜拉桥上采用"气动翼板"抗风措施

河口大桥与西固大桥桥塔较高,桥位两边为高山,存在"峡谷风效应",为确保主塔施工阶段的抗风安全,需进行主塔气动弹性模型风洞试验,对桥塔自立状态可能发生的涡激振动、驰振和抖振进行研究,提出合理措施限制风致振动中的响应幅值,并提高发振速度。

根据河口大桥涡振试验结果,在1.06%阻尼比下,主梁在+3°、0°、-3°三个攻角下均发生了明显的竖向涡激振动,且最大振幅大于中国《公路桥梁抗风设计规范》所规定的容许值。为了保证大桥的正常运营以及使用者的舒适性,需要通过气动外形优化,减小或控制涡激振动。在主纵梁工字钢上翼缘增设与水平夹角25°的1m宽导流板,同时在主纵梁工字钢底部设置导流板,设置此导流板后,在-3°、0°、+3°风攻角下均未发现明显的竖向涡振现象,各攻角下也未发现扭转涡振现象(图17)。

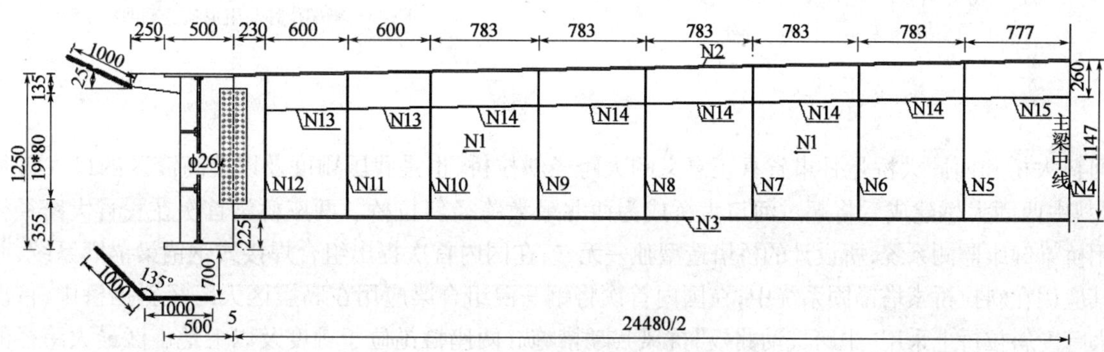

图17 河口大桥气动翼板(尺寸单位:mm)

九、创新点六:采用了国内最大吨位的液压黏滞阻尼器

对于半漂浮体系斜拉桥,设置阻尼器是减隔振的有效措施。当结构受到地震力作用产生过大的动力反应时,调整结构阻尼是使结构达到理想动力性能状态的重要手段,改善阻尼最好的办法是在塔梁之间设置阻尼器,阻尼装置的阻尼比可达到20% ~50%(图18)。

以西固大桥为例,研究阻尼器减隔振效果。根据有限元计算结果,不同阻尼比条件下上塔柱底弯矩与阻尼比关系曲线如图19所示,下塔柱底弯矩与阻尼比关系曲线如图20所示,塔顶位移与阻尼比关系曲线如图21所示,梁端位移与阻尼比关系曲线如图22所示。根据图19~图22,阻尼系数取10000,阻尼比取0.3较为合理。

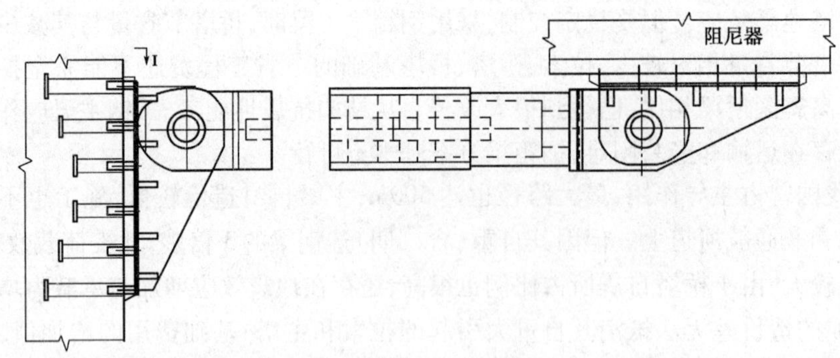

图18　大吨位液压黏滞阻尼器

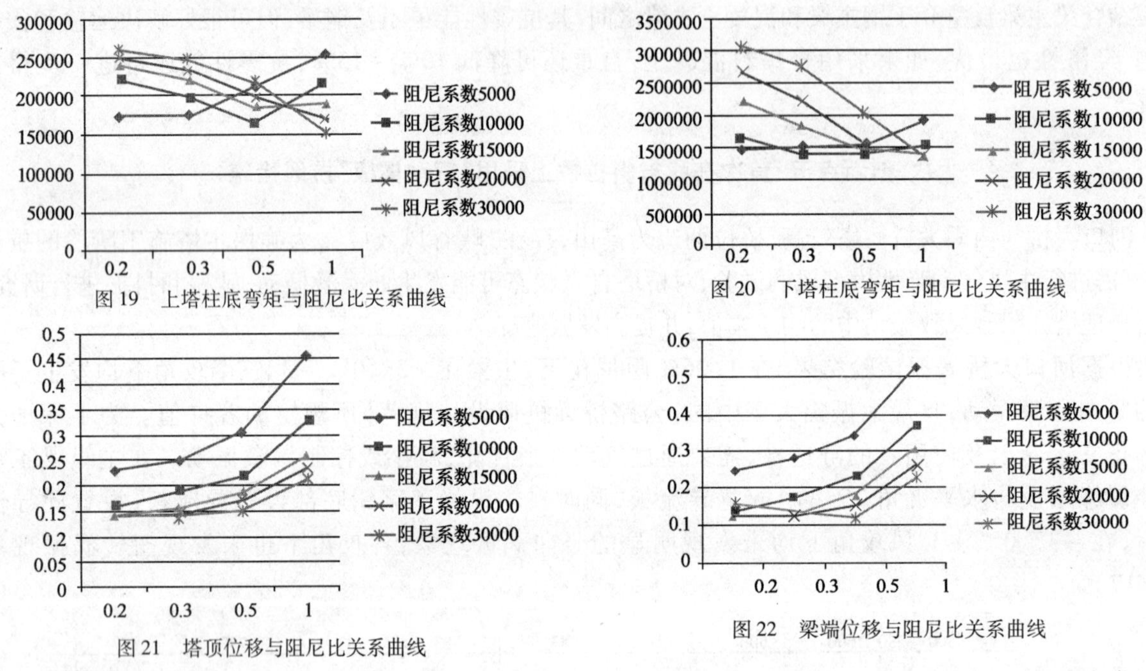

图19　上塔柱底弯矩与阻尼比关系曲线

图20　下塔柱底弯矩与阻尼比关系曲线

图21　塔顶位移与阻尼比关系曲线

图22　梁端位移与阻尼比关系曲线

十、结　　论

河口大桥和西固大桥是甘肃省真正意义的大跨径斜拉桥，也是我国Ⅷ度及以上高震区的最大跨径斜拉桥，其中西固大桥建成后将超过河口大桥成为西北最大跨径斜拉桥。两座桥梁首次在我省大跨径桥梁上采用桥梁健康监测系统，所设计的桥塔造型独一无二；在国内首次提出组合焊接式钢锚梁锚固系统，并首次将其应用在斜拉桥索塔锚固系统中；在国内首次将钢—混组合梁应用在高震区大跨径斜拉桥中，首次在我省大跨度斜拉桥上采用"中跨气动翼板"抗风气动措施。两座桥是位于Ⅷ度及以上地震区最大跨径的斜拉桥，在国内采用了最大吨位的液压黏滞阻尼器，其中西固大桥采用了我国最大型号的液压黏滞阻尼器。

参考文献

[1] 苗家武，胡世德，范立础. 大型桥梁多点激励效应的研究现状与发展[J]. 上海：同济大学学报，1999，27(2)：189-193.

[2] 范立础，袁万城，胡世德. 上海南浦大桥纵向地震反应分析[J]. 北京：土木工程学报，1992，25(3)：2-8.

[3] Nazmy A S, Abdel-Ghaffar A M. Effects of ground motion spatial variability on the response of cable-stayed bridges[J]. Earthquake Engineering and Structural Dynamics, 1992, 21(1): 1-20.

[4] Allam S M, Datta T K. Analysis of cable-stayed bridges under multi-component random ground motion by response spectrum method[J]. Engineering Structures, 2000, 22(10): 1367-1377.

[5] 李正农，楼梦麟. 大跨度桥梁结构地震动输入问题的研究现状[J]. 上海：同济大学学报，1999，27

(5):592-597.

[6] 程庆国,潘家英,高路彬,等.关于大跨度斜拉桥几何非线性问题[J].全国桥梁结构学术大会会议论文[C],武汉,1992.

[7] 陈星烨.大跨斜拉桥地震动线性与非线性响应分析[J].湖南大学学报,2002,29(2):106-110.

[8] 邹立华.单索面斜拉桥考虑几何非线性地震响应分析[J].甘肃工业大学学报,1997,23(4):83-87.

[9] 钟万怒,林家浩,等.大跨度桥梁分析方法的一些进展.大连理工大学学报2000,Vol.40(2):127-135.

[10] 狄谨,周绪红,等.钢箱梁斜拉桥索塔锚固区的受力性能.中国公路学报,2007(4).

[11] 冯凌云,苏庆田,吴冲.大跨度斜拉桥混凝土索塔钢锚箱的计算模型研究.现代交通技术,2005(4).

[12] 严少波,裴丙志.斜拉桥索塔拉索锚固区空间应力分析模型,国外公路,2000(3).

[13] 刘钊,孟少平,刘智,等.润扬大桥北汊斜拉桥索塔节段足尺模型试验研究.土木工程学报.2004,37(6):35-40.

[14] 东南大学华东预应力技术联合开发中心.五河口斜拉桥索塔锚固区足尺模型试验研究报告.南京二东南大学华东预应力技术联合开发中心.2004.

[15] 单炜等.异形截面斜拉桥索塔锚固区节段足尺模型试验研究.中国公路学报.2005(7).

[16] 李立峰,邵旭东,曾田胜.斜拉桥小尺寸预应力索塔的布束设计及试验研究.公路.2000(10).

[17] Zhang Xin jun,Sun Bingnan,Xiang Haifan,Nonl iear Aerostatic and Aerodynamic Analysis of Long-span Sunpension Bridges Considering Wind-structure interactions[J],Journal of Wind Engineering and industrial Aerodynamics,2002,90(9):1065-1080.

[18] 陈艾荣,宋锦忠,镇江扬州长江大桥抗风性能研究报告[R],同济大学土木工程防灾国家重点实验室,2000.

[19] 李国豪,桥梁结构稳定与振动[M].北京:中国铁道出版社,2003.

[20] Van der Put Rigidity of Structures against Aerodynamic Forces. iABSE,1976.

[21] 华旭刚,陈政清.一种基于ANSYS的颤振频域分析方法[C].第12届全国结构风工程会议.西安:长安大学,2005:517-525.

[22] Agar T J A. Aerodynamic flutter analysis of suspension bridges by a modal technique[J]. Engineering Structure,1989,11(2):75-82.

[23] 祝志文,汪志昊,陈政清.三汊矶大桥颤振稳定性的风洞试验与研究[J].中南公路工程,2006,31(4):19-23.

[24] Agar T J A. Aerodynamic flutter analysis of suspension bridges by a modal technique[J]. Engineering Structure,1989,11(2):75-82.

[25] Hiroshi Tanaka,et al. Design of super-long-span suspension bridge on aerodynamics,Bridges into 21th century,1995,729-737.

[26] Makot o Kitagawa. Technology of the Akashi Kaikyo Bridge[J]. Structural Control and Heal th Monitoring,2004,(11):75-90.

11. 钱江通道南接线段高架桥总体设计

雷 波 赵长军 孙章校

(浙江省交通规划设计研究院)

摘 要 钱江通道南接线段,高架高速公路兼有城市高架的特点,桥梁总长27.2km。其与钱江通道过江隧道段、北接线段共同组成杭州湾第三通道，工程总投资达150亿元。本文重点介绍南接线段高架桥的项目概况、主要技术标准、总体设计、结构设计、工程质量控制措施等。

关键词　钱江通道　南接线段　高速公路　高架桥　总体设计　杭州

一、工 程 概 况

1. 项目地理位置及主要功能

钱江通道南接线段（又称钱江大道）位于浙江省杭州市萧山区，自北向南横穿萧山区，起点接钱江通道过江隧道段钱塘江南岸出口，终点近期与绍兴齐贤镇境内杭甬高速连接，远期与绍兴诸暨高速相接。钱江通道南接线段与过江隧道段、北接线段为《浙江省公路水运交通建设规划》（2003—2020年）“两纵、两横、十八连、三绕、三通道”中的第三通道，是杭州、萧山、绍兴地区接轨上海市，促进杭州和苏锡常地区之间联系的最快捷通道。

钱江通道南接线段，同时也是杭州绕城东复线的主体工程，未来“杭州二绕”的重要组成部分，杭州规划大江东新城南、北向城市走廊。该工程对缓解杭州绕城高速交通压力具有重要意义。

2. 工程背景简述

钱江通道及接线工程围绕着过江段位置的选择、桥与隧方案选取，从规划到实施建设，历时近10余年。为有利于工程项目实施，充分发挥项目投资人积极性，本工程划分为北接线段（K0 ~ K11 + 400）、过江隧道段（K11 + 400 ~ K15 + 850）、南接线段（K15 + 850 ~ K43 + 560），由三家不同项目投资公司负责承建。

2009年初，杭州市制定了大江东新城战略性规划，钱江通道南接线段被定位为大江东新城南、北向城市走廊。为充分发挥公路用地商业价值，提升沿线土地商业空间，最低可能降低高速公路对城市土地的割离，南接线段自K16 + 383.5起，之后路段全部为高架桥，高架桥里程达27.2km。上层高架高速公路，下层为规划地面城市道路。沿线累计设置互通5处，解决当地与主线高架的快速交通转换。

本工程已与2010年7月正式开工建设，预计在2013年底与钱江通道过江隧道段、北接线段（杭浦高速以南段）同时建成投入使用。

二、主要技术标准

（1）公路等级：全封闭双向六车道高速公路。

（2）计算行车速度：100km/h。

（3）桥梁结构设计基准期：100年。

（4）桥面标准宽度：33m（考虑路幅两侧各内缩0.25m）。

（5）纵坡：平坡 ~2.1%。

（6）横坡：2%。

（7）抗震设防标准：桥位区地震基本烈度为Ⅵ度。

三、自 然 条 件

1. 地形、地貌

项目区内地貌类型单一，为冲海积平原。地势平坦且较开阔，平原区地面高程一般4.0 ~ 6.4m，现多被开垦为鱼塘、农田等。

2. 气候特征

该区属亚热带季风性湿润气候，受西北高压和东南暖湿气流共同影响，冬季持续偏暖，春季气温起伏大，汛期暴雨频繁，夏季高温酷暑。多年平均气温在16℃左右，极端最高气温为39.3℃，极端最低气温为 −12.4℃。

3. 工程地质

地表浅层多为粉土或粉砂,层厚 2 ~ 10m 不等,其下为层厚 11.6 ~ 39.5m 厚淤泥质黏土,再往下多为圆卵砾石,100m 深度范围内基本不见岩层。

不良地质主要体现在三个方面:

砂土液化:浅层粉土或粉砂受施工扰动易出现液化。

软土发育:淤泥质黏土埋藏浅且层厚,对高架桥支架施工影响较大。

浅层沼气:多呈蜂窝状分布,空间分布不均匀,且储量差异较大。详勘及施工期间均有浅层沼气喷出地表,要求"有控制的放气",禁止点燃。

四、项目特点及难点

本工程高架桥工程规模浩大,陆地高架全长达 27.2km。项目特点及难点主要表现:

(1)沿线不良地质较发育,建设条件较为复杂。

(2)现浇箱梁宽跨比大,设计施工技术难度较大。

(3)单次浇筑混凝土方量大,除施工机具及设备外,强调加强养护的同时,需要合理设置施工断缝,并采取有效措施预防大体积混凝土水化热问题。

(4)桥面沥青层渗水需及时排出,桥面平整度控制要求高。

(5)桥型方案选择历经设计、高等院校、美院等多家单位联合参与,《杭州日报》刊登桥型方案市民投票民选。从方案设计开始,本工程社会关注度极高,沿线政策处理难度有增加。

(6)项目设计时,大江东新城规划尚处于初级阶段,沿线路网、地面道路给排水等均处于方案设计阶段,协调工作任务繁重。

五、总体设计思路

(1)在借鉴国内外特大型桥梁工程,特别是城市高架桥的建桥实践及成功经验的基础上,通过认真分析和深入研究,全面贯彻"技术先进、安全可靠、适用耐久、经济合理"的原则和现代桥梁简洁、舒适、协调的设计理念,充分吸取国内外桥梁设计和建设的新材料、新工艺和先进经验。

(2)充分重视景观设计,高架桥型满足城市规划定位,力求使大桥整体和谐且与周围环境协调,造型美观且具有时代气息。

(3)桥跨布设充分考虑城市高架桥的特点,桥下规划地面道路与沿线交叉路网的交通组织要求,对跨路、跨河桥梁采用大跨径单孔跨越,满足功能要求。

(4)注意桥梁的配跨与墩身高度相适应,注重墩柱造型与上部结构的协调。

(5)结构计算分析考虑能满足多个作业面施工,确保施工周期。

(6)做好大桥其他关键技术的专题研究(如:典型地质工程试桩、典型桥跨施工监控、大桥健康监测、预应力宽箱梁空间效应分析、在建混凝土桥梁工程有效预应力检测技术应用研究等),为大桥的设计与施工提供技术支撑,并为今后大桥的运营维护创造条件。

六、总 体 设 计

1. 道路平、纵线形

平面线形受起点过江隧道段钱塘江南岸出口位置、规划大江东新城南北向城市走廊以及终点杭甬高速交叉位置控制,在保持线形平顺的同时,尽量少占用耕地或者厂区、民居等。

高架桥纵断面设计,考虑如下因素:

(1)桥下地面道路通行净空及采光的要求。

(2)综合考虑纵坡的起伏连续性,保持行车舒适性。

(3)为减少互通占用土地,互通区范围相关匝道均按照下穿主线高架考虑。

(4)满足桥下交通标志牌、主要交叉口横向人行天桥等净空要求。

图1 桥下行车乘客视角研究

(5)桥下规划地面道路结构物施工操作空间。

高架桥排水需要，主线纵坡基本控制在0.3%以上，最大纵坡2.1%。桥下地面道路行驶的车辆，坐在车内的乘客，按照常规习惯，看远景头部仰角30°以内、看近景头部仰角45°以内视角比较舒服(图1)。桥下净高为桥宽的1/3左右时，桥下视觉效果较好。综合考虑行车安全、乘客感受，结合路幅布设、墩柱顶敞口等特点，换算后桥下适合净空为10m左右，桥下规划地面道路填高按1m计，高架桥下净高按照11m控制。

2.桥型方案比选

根据杭州市政府以及投资人的意见，按照规模适当超前但宜节省的原则，位于规划大江东新城城区路段(K16+385.5~K32+733.5)采用整幅现浇连续箱梁，余下路段(K32+733.5~终点)采用预制组合小箱梁(图2、图3)。

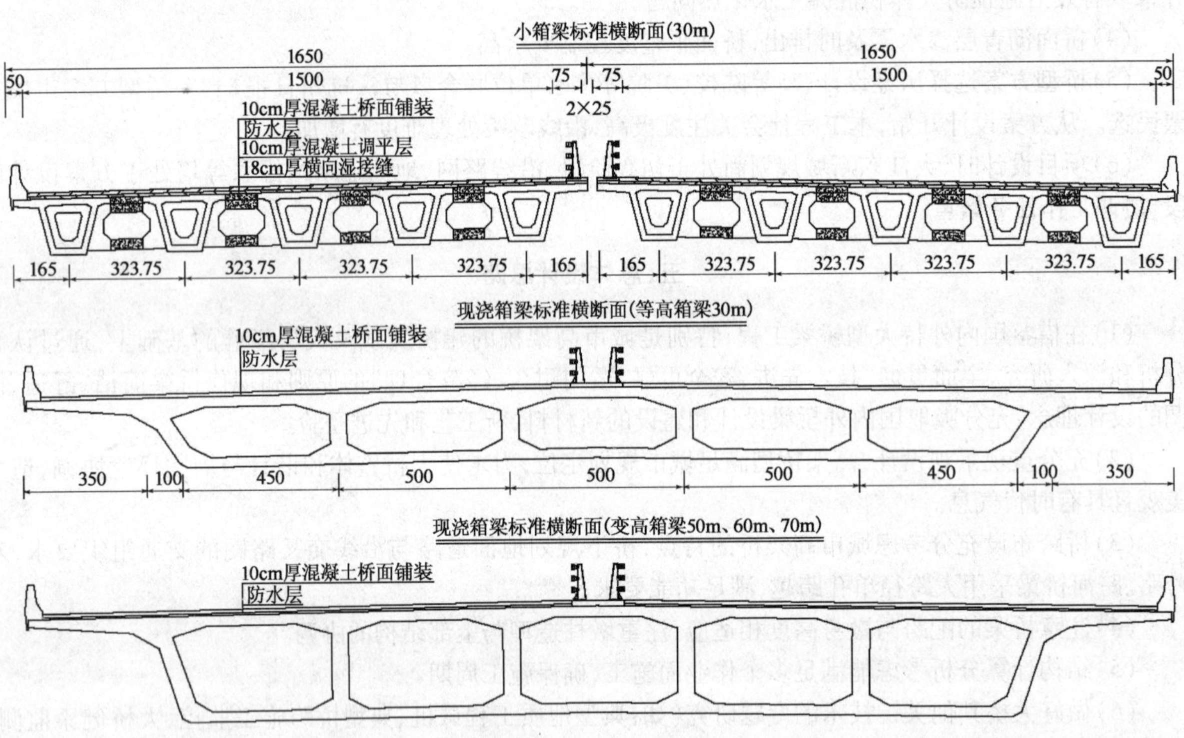

图2 典型标准横断面示意

图3 典型结构景观效果图

3. 整幅与分幅断面布设比选

根据工程项目的特点及功能定位要求,初步设计阶段,设计对采用预制组合小箱梁或现浇连续箱梁,分幅或整幅断面布设做了详细的比选(图4)。

图4 不同结构、不同断面布设景观效果图

组合小箱梁自重轻,梁高矮,施工设备要求低,造价省。扁平现浇连续箱梁,轮廓平滑,造型舒展,景观大气,但造价较高。

整幅布设,桥墩集中布设于桥下地面道路中央分隔带,布局简洁大气,交通组织方便,但桥墩桩基群桩效应明显,受上部车辆荷载偏压等作用,单桩轴向受压承载力要求高。

分幅布设,对两侧可开发用地影响越大,沿线互通区匝道及交叉地面道路交通组织复杂。

整幅断面布设较分幅断面,因为沿线工程地质条件较差,基础群桩效应、地面道路产生的桩基负摩阻效应以及设置大挑臂盖梁或箱体横梁,单位面积建安费约增加10%左右。现浇连续箱梁与预制组合小箱梁相比,单位面积建安费约增加50%左右。

经综合比选,地面道路采用分布于高架桥墩两侧,上层高架桥墩集中布设于地面道路中央分隔带。

4. 现浇混凝土箱梁断面形式比选

现浇混凝土箱梁,常见断面形式有:展翼式、鱼腹式、大挑臂折线倒角、大挑臂圆弧倒角等四种(图5)。考虑到本项目互通较多,从断面形式的匹配、经济指标、模板制作的方便以及美观等,推荐大挑臂圆弧倒角形式。

5. 高架桥墩造型方案比选

基于大挑臂圆弧倒角箱梁,较适用的桥墩造型有(图6)。

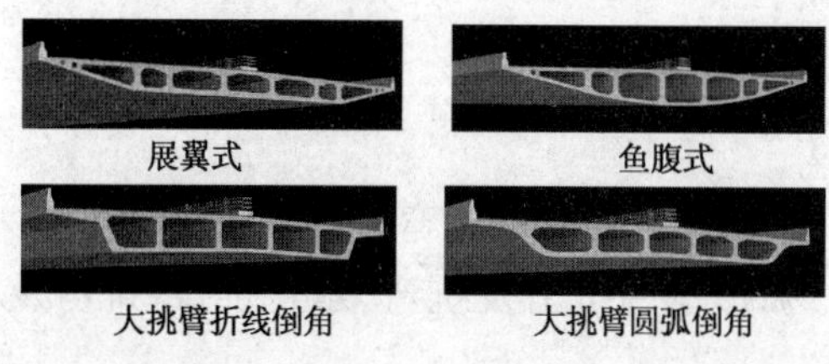

图5 现浇混凝土箱梁断面形式

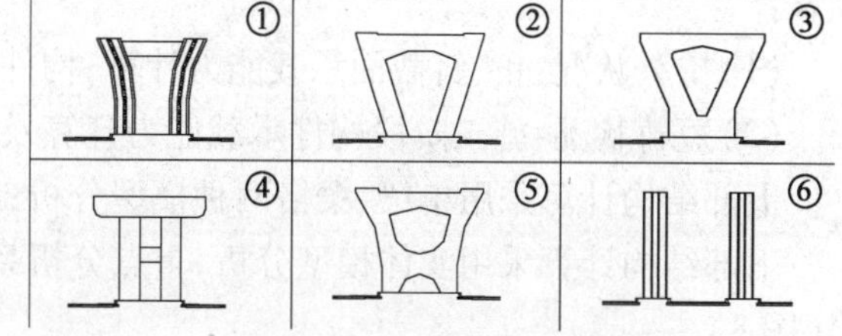

图6 不同桥墩造型立面示意

方案①桥墩以古代“鼎”为设计元素,敞口H型,立柱造型简洁且充满力度。方案②采用扇形桥墩,立柱底部内缩,整体简洁、轻盈。方案③以传统杯形瓷器为造型,顶部展开的碗口与底座顺畅过渡、上下呼应。方案④采用"门"形桥墩，该方案基础占地最少，但盖梁因受力需要体量大，影响美观。方案⑤增加了艺术创造以笑脸为设计元素，曲面增加可丰富司乘人员的视觉，但会带来施工难度。方案⑥采用双立柱，立柱布设于地面道路中央分隔带，为保证上部结构整体稳定，该方案基础占地最大；如果立柱布设于翼缘下方，立柱对桥下行车有一定的压抑感。

综合比选（图7），方案①墩柱曲线较柔和，同时立柱根部的竖直段对桥下行车干扰最小，上部结构稳定有保证，现浇箱梁下部结构推荐采用方案①。

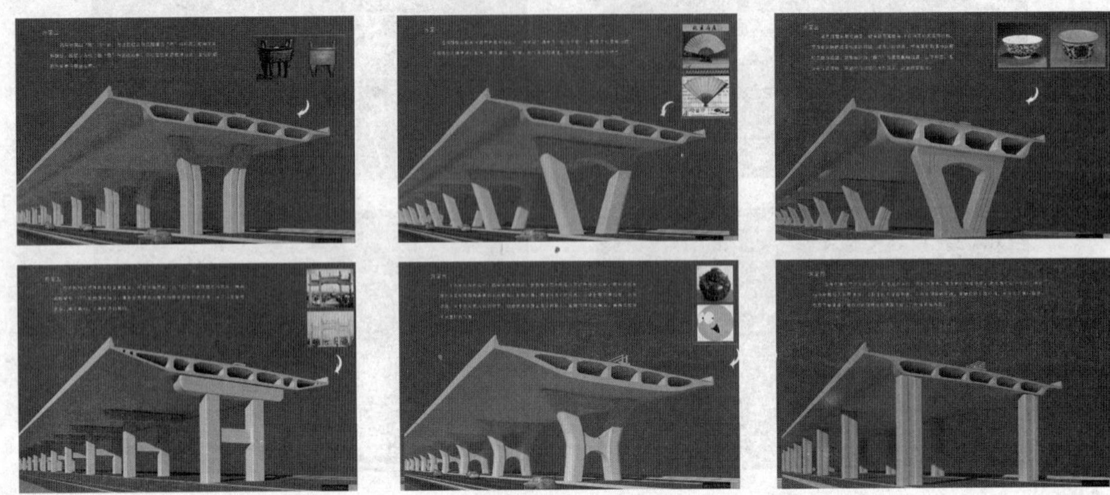

图7　不同桥墩造型景观效果图

相应的，对主线预制组合小箱梁路段，桥墩采用敞口H型接大挑臂盖梁方案。

6. 桥梁跨径比选

本工程对5×25m、4×30m、4×35m现浇箱梁做了经济技术比较。跨径越小，现浇箱梁宽跨比越大，结构剪力滞效应越明显。随着跨径的增大，因为箱梁断面尺寸增加、桩基直径或长度增加，承台占用地面土地增加，同时结构单位面积建安费同步增加。从结构受力、上部结构稳定、互通区变宽箱梁设计施工难易、工程经济指标等方面，一般路段推荐采用30m跨径。对跨越规划道路、河流等桥跨，采用30m+50m+30m、40m+60m+40m、45m+75m+45m变截面连续箱梁，主跨单孔跨越。

为了景观协调，预制组合小箱梁路段，主线高架推荐跨径为30m。

主线高架桥，等高现浇箱梁主推4跨一联，预制组合小箱梁主推5跨一联。全路段高架桥，现浇连续箱梁129联，其中主跨≥50m桥梁25联。预制组合小箱梁61联。

七、结 构 设 计

1. 计算工况及控制原则

结构分析根据不同种类作用对桥涵的影响，考虑如下两种设计状况，并对其进行相应的极限状态计算：

（1）持久状况：正、斜截面承载能力计算；构件抗裂、变形、应力验算。

（2）短暂状况：施工阶段构件承载能力计算及应力验算。

上部结构计算采用单梁、梁格两种模型分析；细部构件重点分析横梁的抗弯、抗剪及裂缝控制。

下部结构计算采用实体模型分析，重点分析系梁抗裂，弧形墩柱抗剪及抗弯，承台抗拉、抗剪及冲切等（图8）。

控制原则：承载能力满足规范要求。预应力混凝土现浇箱梁，纵桥向按照全预应力构件设计，横桥向按A类构件设计。预制组合小箱梁，纵桥向按照A类构件设计。钢筋混凝土构件：考虑到既有工程结构病害往往较多，本工程裂缝宽度按照0.15mm控制。

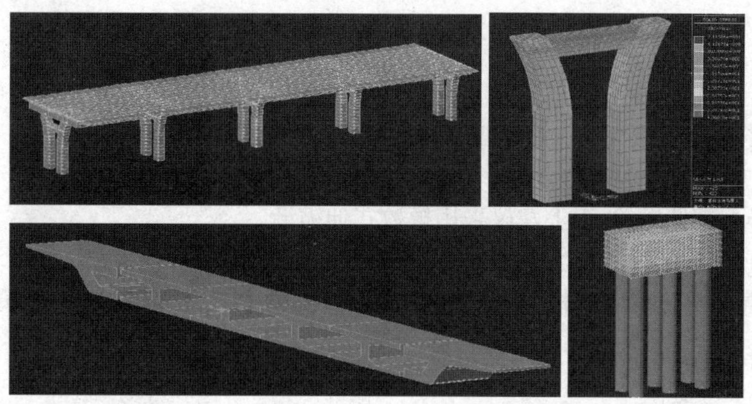

图8 结构计算模型示意

2. 主要结构构造

(1)等高现浇箱梁:以30m跨为主,上部结构斜腹板单箱五室箱梁,梁高2m,箱梁顶、底板平行,设置2%横坡。箱梁顶宽33m,底宽24m。顶板厚0.3m,底板厚0.28m,腹板厚0.5m。挑臂长3.5m,根部50cm,端部20cm。纵桥向配置有腹板束、顶板束及底板束,横桥向配置有桥面板钢束、横梁钢束。下部结构H型敞口桥墩+承台+钻孔桩基础,顶系梁为预应力混凝土结构,其他为钢筋混凝土结构。立柱尺寸为2.5m×2m,桩基为6根ϕ1.6m钻孔灌注桩,承台厚度3m。对于立柱高度≥15m,设置有中系梁。

(2)变高度现浇箱梁:上部结构斜腹板单箱五室箱梁,箱梁顶宽33m,底宽24m,挑臂长3.5m,1.8次抛物线设置。跨中段顶板厚0.3m,底板厚0.3m。箱梁根部顶板局部加厚,底板自跨中起采用1.8次抛物线厚度渐变。纵、横、竖三向预应力体系。下部结构H型敞口桥墩+承台+钻孔桩基础,设置有中系梁、顶系梁,顶系梁为预应力混凝土结构,其他为钢筋混凝土结构。根据受力需要,下部结构断面尺寸较30m跨径均有加强。桥跨≥50m现浇连续箱梁高跨比见表1。

桥跨≥50m现浇连续箱梁高跨比汇总表 表1

跨径布置(m)	梁高			
	根部(m)	高跨比	跨中(m)	高跨比
30+50+30	3.2	1/15.6	2	1/25
40+60+40	3.8	1/15.8		1/30
45+75+45	5	1/15		1/37.5

(3)预制组合小箱梁:以30m跨为主,上部结构单跨布设10榀,梁高1.6m,腹板、底板厚0.25m,顶板厚0.18m,预制板顶宽2.40m,底宽1.0m,湿接缝宽0.84m。与部颁标准图略有差别,跨中设置与加厚中横梁一道;为提高小箱梁整体性,箱室顶预埋有U型钢筋,与桥面铺装钢筋混凝土调平层形成整体受力。下部结构为大挑臂盖梁+H型敞口桥墩+承台+钻孔桩基础。盖梁为预应力混凝土结构,其他为钢筋混凝土结构。立柱尺寸为2.2m×2m,桩基为6根ϕ1.5m钻孔灌注桩,承台厚度2.5m。对于立柱高度≥15m,设置有中系梁。

3. 主要施工技术方案

(1)30m跨径等高现浇箱梁:逐联满堂支架施工,纵桥向分段浇筑,接缝设置在连续墩横梁附近,钢束平直段位置。由跨中向桥墩、下坡端往上坡端浇筑。

(2)跨径≥50m变截面连续箱梁:对称分节段浇筑,先边跨、后中跨合龙施工。0号块、边跨现浇段采用支架浇筑,其他节段当场地具备支架搭设条件时,考虑桥面平整度控制难度,建议采用支架分节段对称浇筑,吊架合龙。否则,采用挂篮对称悬臂施工,吊架合龙。挂篮总重量不得大于0.4倍最大悬浇节段重量,最大允许变形控制在10mm以内,桥面板横桥向高程最大差值控制在10mm以内。

(3)30m跨径预制组合小箱梁:采用场地集中预制,架桥机吊装架设安装,先简支后结构连续。

八、附属结构

1. 支座

现浇连续箱梁,采用球型钢支座。预制组合小箱梁,采用板式橡胶支座。

2. 伸缩缝

80型以下采用异型钢伸缩缝,以上建议采用模数式伸缩缝。

3. 桥面防撞护栏

桥梁外侧,采用混凝土防撞墙护栏,防撞等级SS级。桥梁中央分隔带,采用金属钢护栏,防撞等级SBm级。

4. 桥面铺装

现浇箱梁不设置混凝土调平层,预制组合小箱梁设置10cm厚钢筋混凝土调平层,调平层通过预埋在小箱梁顶板的U形钢筋与结构形成整体。桥面铺装采用10cm厚沥青混凝土设置,上面层为4cmSMA-13沥青玛蹄脂碎石混合料,底层为6cmAC-20C型中粒式改性沥青混凝土。

5. 高架桥排水

桥面竖向排水,跨内均匀排水设计,翼缘板设置有泄水孔。翼缘下方设置有纵向PVC管截水管,与桥墩落水管连接并落地。沥青铺装层在混凝土防撞墙护栏内边缘设置有纵向排水盲沟,保证桥面渗水能够及时排出。

九、工程质量控制措施

1. 断面尺寸研究

大挑臂现浇箱梁,横梁抗剪控制建筑高度。箱梁顶板布设有纵向钢束、桥面板横向钢束,底板设置有纵向钢束。考虑浇筑、振捣以及钢束与混凝土间的握裹力,纵横向形成网格状钢束及普通钢筋保护层厚度需要,高架桥顶板厚取30cm,底板厚取28cm,避免因钢束保护层过薄而发生沿钢束径向开裂。

单箱多室大挑臂斜腹板现浇箱梁,根据受力特点,最外侧箱室腹板间距拟定时小于中间箱室腹板间距。

2. 结构计算

对多车道横向折减系数,当车道数≥5时,横向折减系数按照≥0.6控制,高于规范要求。

根据空间计算可知,多箱室宽桥荷载效应,尤其是活载效应的横向分布呈现两侧大、中部小的趋势。钢束布设时,注重发挥箱梁腹板纵向加劲肋作用,腹板钢束双排布置,以提高钢束到中性轴偏心距。边腹板纵向预应力束布设时设计有加强。纵桥向顶板、底板钢束根据受力需要布设,尽量避免顶板、底板纵向通长水平布束,预压力出现相互抵消现象。

大挑臂预应力横梁为结构重要受力构件。横梁在支撑位置控制结构受力,但横梁预压力对箱室底板邻近区域有不利影响。设计采用劲性钢筋骨架与预应力钢束布设结合方案,锚具布设于钢筋骨架的外侧,避免截断主钢筋。

3. 预应力钢束施工工艺要求

混凝土达到设计要求强度及刚度的90%,方可进行预应力张拉。对等高现浇箱梁,张拉次序按照横向与纵向钢束结合交错进行张拉。先张拉一半横梁钢束→张拉纵向腹板束→张拉剩余横梁钢束→横向间隔张拉部分桥面板钢束→张拉纵桥向顶、底板钢束→张拉余下横向桥面板钢束。按先长束后短束、左右平衡对称张拉的原则进行。

预应力管道按50cm设置定位钢筋一道,弯曲部位加密至每25cm一道,定位钢筋与相邻箱梁钢筋连成整体,力争钢束布设精度符合设计要求。

预应力束张拉控制,其施工质量的好坏,会直接影响结构的耐久性和受力安全。传统张拉施工,纯靠施工人员凭经验手动操作,误差率较高,无法保证预应力施工质量。本工程对条件具备处,均要求采用智能张拉，利用计算机智能控制技术，通过仪器自动操作，完成钢绞线的张拉施工。

4.施工技术要求

(1)支架施工预压：满堂支架浇筑箱梁，不计入施工荷载，支架按成桥110%堆载预压，全联一次性加载，待连续3天24小时内累计沉降不超过1.5mm，方可立模浇筑箱梁混凝土。支架立模高程应计入预拱度和落地支架弹性、非弹性变形等影响，预拱度设置应考虑施工周期，使梁体的外形尺寸和高程符合设计要求。

(2)桥面平整度控制：为保证箱梁顶板、底板混凝土的平整以及顶板横坡，要求施工中采用粗平、精品两道工序来严格控制，粗平通过振动梁来控制，精平则通过刮尺来控制。

(3)轮廓尺寸控制：外膜要求采用大块钢模板，内膜要求采用竹胶板，箱室内加撑，确保施工用模板不变形。为方便箱梁顶、底板厚度等检测，要求在箱室顶板、底板、腹板合理预埋直径10cmPVC管(单跨顶板、底板各不少于10个，每箱室不少于2个，边腹板单侧不少于5个)，预埋管周边涂抹黄油，此孔不与顶板、底板通风孔、泄水孔兼用。

5.管理措施

为确保工程质量安全，打造精品工程，建设单位在管理措施方面做了如下创新：

(1)工程试桩：为了验证桩基设计承载力，测定桩基沉降和变形，研究成孔工艺等，选取了典型地质2组6根桩基试桩，包含破坏性试验、工程桩静载试验等。

(2)桩基检测：本工程特殊结构居多、桩基直径大且桩基长等特点，本项目桥梁桩基100%设置声测管。由第三方独立判定桩身完整性程度，确保成桩质量安全。

(3)施工监控及健康监测：全线累计有45联包含跨径≥50m、桥墩高度≥20m、现浇箱梁顶板宽≥45m等特殊结构，由具有专项检测资质的第三方现场监控。同时，为充分了解大桥运营期间结构真实受力，对其中的10联典型结构，建立健康监测系统。

(4)关键技术研究：为有效评价在建预应力桥梁预应力筋有效预应力，与长安大学联合，以本工程为依托，开展混凝土桥梁有效预应力检测技术应用研究，对施工阶段钢束永存预应力做检测监控。

为避免预应力施工时，实际施工与设计给定的预应力损失估算存在较大偏差，同时为了检验设计参数，在施工现场各标段进行预应力摩阻损失测试。

为有效克服宽桥空间效应，由设计、咨询、施工监控等多家单位，采用不同的软件，联合开展预应力宽箱梁空间效应分析研究，结合现场施工收集数据，综合分析宽桥空间受力特点。

十、结　语

钱江通道南接线段主线高架桥，工程地质复杂、结构技术难度大、设计工作涉及方面多、协调任务重、设计周期短、任务艰巨。该工程从桥型方案比选、结构设计及分析、施工期间管理等，自始至终均受到社会各界高度的关注。从2009年1月组建设计项目组，历时20个月历经方案设计、初步设计、施工图设计三个阶段，各个完成的设计成果审查阶段均受到业主和业内专家的好评。该工程项目预计2013年底建成通车，从施工过程中质量反馈，高校科研单位计算分析、施工监控单位实测数据等揭示，本项目设计阶段的工作取得了全面的成功。

12.湖北郧十高速汉江大桥方案比选

袁任重　干学军　张明金　江建斌
(湖北省交通规划设计院)

摘　要　湖北郧十汉江大桥是郧县至十堰高速公路上的一座特大桥，大桥跨越汉江，属于郧县至十堰高速公路工程建设的关键工程，同时大桥桥位地处南水北调中线工程的取水口——丹江口水库库区，环保要求高,且丹江口水库蓄水后通航等级要求较高,制约该桥方案选定的因素较多。本文将重点介绍郧十汉江大桥的方案比选过程,通过比选最后得出:在该种高墩大跨的地形条件下,矮塔斜拉桥是比较经济合适的桥型。

关键词 矮塔斜拉桥 连续刚构 斜拉桥 方案比选

郧十汉江大桥桥位上距郧县城区约13.3km,下距丹江口大坝约93.7km,它是郧县至十堰高速公路上的一座特大桥,跨越汉江,属于郧县至十堰高速公路工程建设的关键工程。同时大桥桥位地处南水北调中线工程的取水口——丹江口水库库区,环保要求高,应尽量减少水中基础。该桥梁通航孔径要求单孔双向不小于157m,单孔单向不小于82m;公路等级为双向四车道高速公路;设计行车速度为80km/h;设计洪水频率为1/300;设计基准风速为24.3m/s;地震烈度:基本烈度为Ⅵ度,按Ⅶ度设防[1]。

一、工程建设条件

1. 地质条件的影响

汉江大桥桥址区基岩广泛出露,岩性、岩相变化较大,南北两岸地层有明显差异:北岸以重结晶的可溶碳酸盐岩为主,夹变碎屑岩,属寒武系下统灯影组的白云岩,白云质大理岩夹千枚岩、片岩;南岸以变质碎屑岩为主,夹重结晶的可溶碳酸盐岩。桥位区覆盖层呈较为明显的区段分布特点:江汉河道、漫滩覆盖第四系全新统冲积的砂、卵砾石,三级阶地上覆盖第四系更新统冲积的黏性土、砾砂,夷平面及斜坡地段主要分布基岩残破积黏性土。钻探过程中除发现少量溶隙外,未发现其他较大规模影响桥位方案的岩溶不良地质现象,也未发现其他大型构造发育。总体而言,地质情况较好,适宜桥梁建设。

2. 河势、航道条件的影响

桥位上距郧县城区约13.3km,下距丹江口大坝约93.7km。桥位所处篓子滩河段地处郧县急弯狭窄段与琵琶滩峡谷之间的开阔段,属于现状条件下回水变动区下段的最下端,紧接水磨滩河段。该河段建库前为两个浅滩,建库后目前是两滩相连,以浅滩为主,本河段为沙质河床。

丹江口水库加高工程(二期工程)于2005年开始建设,预计2014年建成蓄水,汉江大桥计划于2010年底开工,库区一旦建成蓄水,桥区河段水流条件将发生较大改变,航道也将随之进行调整。丹江口水库大坝近期不能通航,远期规划通航等级为Ⅳ(2)级。表1为丹江口水库蓄水情况。桥梁方案的选择,必须满足丹江口水库二期工程及其规划通航的要求。

丹江口水库蓄水情况一览表(吴淞高程) 表1

项 目	单 位	初期工程	加高工程	项 目	单 位	初期工程	加高工程
坝顶高程	m	162	176.6	校核洪水位	m	164.09	174.35
正常蓄水位	m	157	170	死水位	m	140	150
正常蓄水库容	亿 m^3	174.5	290.5	夏秋季防汛限制水位	m	149～152.5	160～163.5

3. 防洪的影响

汉江大桥位于丹江口水库回水区,桥址处河段将进一步淤积,河道向宽浅无槽型发展,桥梁建设不会明显改变河道断面的流速、流向,对河道的演变趋势不会产生明显的影响。在20年一遇来流条件下,桥梁阻水面积为1199.3m^2,桥梁建设前后水位没有明显的壅高,不会对河道行洪能力产生明显的不利影响。汉江桥跨越处两岸均为山体,无人工堤防,桥梁建设不会对堤防安全产生影响,两岸无专门的防汛抢险通道,桥梁建设不会对堤防的防汛抢险造成不利影响。

4. 施工及技术难度及经济性

由于受地理位置、地质条件、河道及航运条件、就近制作等方面的限制,大型钢结构运输和安装变得困难,其成本费用将会很高,因此,无论从建设难度和经济性角度看,采用钢结构的大型桥梁(如大跨度的钢结构斜拉桥、悬索桥等)在本工程中是不合适的。

根据目前国内桥梁建设水平,后述各桥型方案在设计、施工等方面均是可行的,都有较成熟的技术和经验可以借鉴和参考[2-4]。

5. 管理与养护

建桥的同时，必须建设相应的航道维护措施，以确保大桥航道安全畅通。同时，航行船舶存在对桥墩的撞击几率，对航道和桥梁存在相关维护成本问题。矮塔斜拉桥及斜拉桥方案存在着斜拉索防腐以及若干年后的换索问题。但矮塔斜拉桥与斜拉桥的跨越能力较连续刚构桥大，施工期对水源影响较小，运营期通航条件较好，在航道维护和港航监督上的工作相对较小。

二、汉江大桥桥型方案构思

根据项目建设条件及总体设计基本原则的要求，考虑上述影响因素，应重点考虑以下几点因素确定桥型方案。

(1)由汉江大桥通航论证报告可知，丹江口二期工程建成后，规划为Ⅳ(2)级航道，单孔双向通航净宽要求≥157m。另外桥址处航道会产生变化，因此为了避免桥墩成为调标的障碍，或威胁船队通航安全，同时考虑桥墩尺寸的影响，并适当留有富余。

(2)丹江口水库是南水北调中线工程的水源地，为Ⅰ级水源保护地，环保要求很高。尽量减少水中基础。

(3)为了增加建筑的审美亮点和景观效果，避免人们审美疲劳，矮塔斜拉桥的桥型更有亮点；从控制工程造价和便于施工和营运期维护等方面考虑，较大跨径的连续刚构桥方案不失为有价值的方案。

(4)总体桥跨布置应重视对该河段防洪安全、河岸稳定等方面的影响，尽量减小桥墩的阻水面积。

为了兼顾增加审美亮点和加强景观效果、降低技术难度和建设成本等要求，需要选择适当的通航主跨和合理可行的结构形式，故决定主桥采用较大跨度连续刚构、矮塔斜拉的桥梁方案，最终确定的桥梁方案有：

方案一 主跨 3×168m 预应力混凝土连续刚构方案。

方案二 主跨 238m 矮塔斜拉桥方案。

方案三 主跨 480m 混凝土斜拉桥方案。

三、主桥方案比选

1. 主跨 3×168m 预应力混凝土连续箱梁方案

该方案跨径组合为：87m+3×168m+87m 预应力混凝土连续刚构，全桥长 678.0m。

本方案桥面总宽 24.5m，中间设置 50cm 的空隙，设计为分离式双幅桥。桥型布置如图 1 所示。

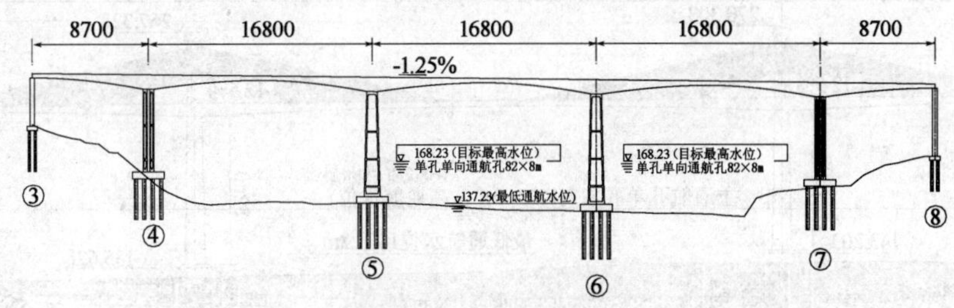

图 1 桥型布置图(尺寸单位：cm)

主桥上构采用预应力混凝土(C55)变截面连续刚构，为三向预应力结构，纵向按全预应力体系控制[5-6]。箱梁为分离的单箱单室截面，每幅顶宽 12.0m，底宽 6.5m，两侧翼缘宽均为 2.75m。每幅桥面设单向 2% 的横坡。

连续刚构中跨墩顶支点处梁高 10.50m，跨中最小梁高为 3.20m，跨中梁高与跨径之比为 1/52.5，支点处梁高与跨径之比为 1/16.0，跨中梁高与支点处梁高之比为 1/3.28。底板采用变厚度布置，由支点向跨中逐渐减少，支点处厚度为 100cm，跨中厚度为 32cm。梁底板下缘为 1.8 次抛物线变化。顶板厚度为

30cm;腹板厚度由支点向跨中由70~40cm渐次变化。在主墩支点和边墩支点上布置横隔板,主墩支点处横隔板厚度为100cm,边墩支点处横隔板厚度为180cm,为增加主梁的横向刚度,在每个主跨跨中增设一道横隔板,板厚50cm。墩顶0号梁段长10m,箱梁在根部8m范围内等梁高,均为10.5m。"T构"的悬臂各分为21对梁段,其梁段数及梁段长度从根部至跨中各为:5m、6×3m、15×4.0m,累计悬臂总长79.0m。全桥共有三个2m长的主跨跨中合龙梁段和两个2m长的边跨合龙梁段。左边跨2.0m及右边跨2.0m直线段均为支架现浇梁段,梁高相同,均为3.2m。典型断面如图2所示。

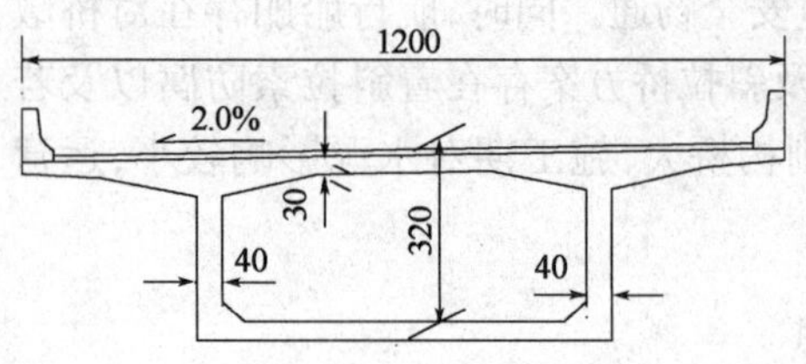

图2 典型箱梁断面图(尺寸单位:cm)

主桥5号、6号桥墩采用独柱变截面矩形空心薄壁墩,壁厚1.0m,172m水位(170m+2m吴淞高程)及152.00(150+2m吴淞高程)处各设置一道1.0m厚的横隔板,172m水位及墩顶之间设置一道0.8m横隔板,墩底至172m水位之间四周设置1.0m厚2m高的加劲肋。承台厚5m,采用C30混凝土。基础采用ϕ2.5m钻孔灌注桩,C30水下混凝土。主桥4号、7号墩,适应主梁变形协调需要,刚度不能太大,经比较论证,采用双肢变截面矩形空心薄壁墩,壁厚0.7m。172m水位(170m+2m吴淞高程)处设置一道1.0m厚的横隔板,172m水位及墩顶之间设置一道0.8m横隔板。承台厚5m,采用C30混凝土。基础采用ϕ2.5m钻孔灌注桩,采用C30水下混凝土。主桥3号、8号墩交界墩采用双肢等截面矩形空心薄壁墩,壁厚0.55/0.6m。承台厚3m,采用C30混凝土。基础采用ϕ1.8m钻孔灌注桩,采用C30混凝土。

本方案有2个主墩基础处于河槽中,在常水位时5号墩有7.7m左右的水深,6号墩有14.5m左右的水深,主墩需采用钢围堰完成承台的施工,以度过洪水期,保证施工进度。桥墩采用滑模或爬模施工,每节段长度为3~5m。连续梁施工是先由两个托架浇筑墩顶0号梁段;再在四个主墩上按"T构"用挂篮分段对称悬臂浇筑梁段;最后在交界墩托架上现浇边跨梁段及在合龙吊架上浇筑跨中合龙段,形成连续梁体系。

2. 主跨238m矮塔斜拉桥方案

主跨238m矮塔斜拉桥方案基于不增加水中墩施工的基础,优化桥型布置,减小主桥的长度,由于主跨增大,增加了通航净宽,减小航道的维护。

矮塔斜拉桥桥跨布置为133m+238m+133m,主桥长504m,系双塔单索面预应力混凝土部分斜拉桥[7]。主桥采用塔墩梁固接体系,主桥和引桥交接墩位置设竖向支座。主桥桥型布置图和主梁标准横断面图如图3、图4所示。

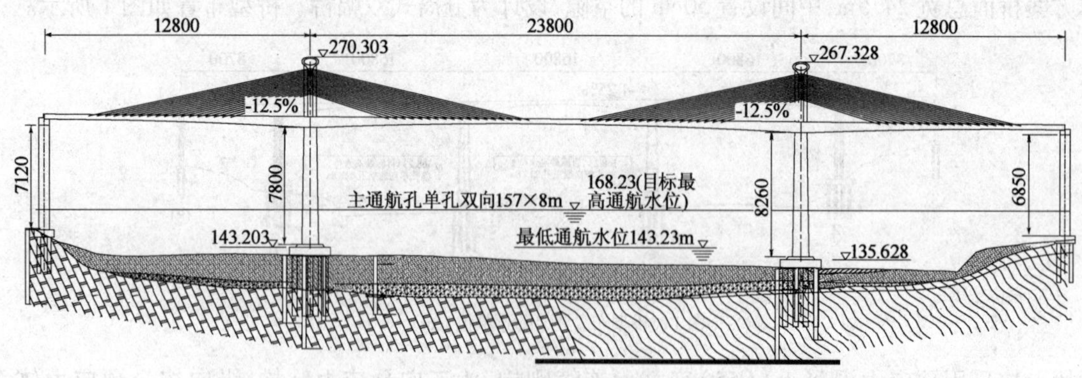

图3 主桥桥型布置图(尺寸单位:cm)

主梁采用单箱三室大悬臂变截面PC连续箱梁,支点梁高6.8m,跨中梁高3.2m,边跨从支点起80.0m范围内梁高按1.8次抛物线变化,中跨从支点起80.0m范围内梁高按1.8次抛物线变化,跨中等高梁段长72m,边跨等高梁段长50.0m;箱梁顶宽26.7m,悬臂板长4.9m,箱梁底宽16.9m;两外腹板为直腹板,厚60cm;两中间腹板为直腹板,厚45cm;顶板厚度不变,边室30cm,中室60cm;底板厚28~100cm;

边室净宽6.5m，中室净宽1.8m，斜拉索锚固点布置在箱梁中室内。主梁除支点处设横隔板外，每根斜拉索锚固点处均设横隔板，间距4m，边室横隔板厚度为30cm，中室横隔板厚度为50cm。

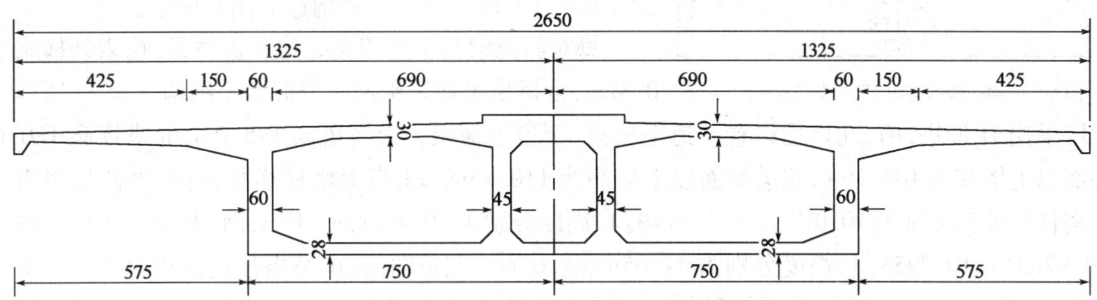

图4 主梁等高段标准横断面图(尺寸单位:cm)

主梁采用三向预应力结构，纵向预应力采用15-9、15-14、15-19钢绞线，横向预应力采用15-4、15-5钢绞线，分别布置在顶板和横隔板内，竖向预应力采用直径32mm高强精轧螺纹粗钢筋，布置在腹板内。主梁0号块节段长6m，在墩顶上立模现浇，边跨支架现浇梁段长13.0m，边中跨合龙段长2m，1～4、30号梁段长3m，其余梁段长度均为4m，采用挂篮悬臂浇筑法施工。

主塔高36.5m，采用钢筋混凝土独柱实心矩形截面，顺桥向长6m，横桥向宽2.7m，布置在中央分隔带上，并与主梁固接。索塔横桥向外侧设置防撞护墙，以便保护索塔。

主6、主7号桥墩为独柱式主塔墩，每个塔墩基础由16根ϕ2.5m的钻孔桩组成群桩基础，桩基均为嵌岩桩。主塔承台厚5.5m，承台平面尺寸23.75m×23.75m。主5、主8号桥墩采用柱式墩。承台厚度3.0m，下设8根ϕ1.8m的钻孔灌注桩基础。

斜拉索为单索面，双排布置在中央分隔带上，每个塔上设有18对36根斜拉索，全桥共72根。斜拉索在主梁上纵向标准间距4m，双排横向布置，间距1m，塔上竖向间距1.0m。斜拉索采用多重防腐措施，单根环氧钢绞线，外包单层PE，钢绞线索外包HDPE套管。

3. 主跨480m混凝土斜拉桥方案

丹江口水库是南水北调中线工程的水源地，为Ⅰ级水源保护地，环保要求很高。南北两侧索塔均布置在岸坡上，没有水中基础，施工期不影响丹江口水源。因此设置跨径组合为：200m+480m+200m预应力混凝土双塔斜拉桥，主桥全长880m。

斜拉桥边、中跨之比为0.416，桥塔呈H形索塔。桥梁全宽28.5m，其中两侧锚索区各1.25m。每个塔柱均布置29对斜拉索。全桥结构采用半漂浮体系，交界墩、辅助墩位置设置竖向支座，索塔下横梁设竖向及横向抗风支座。主桥桥型布置如图5所示。

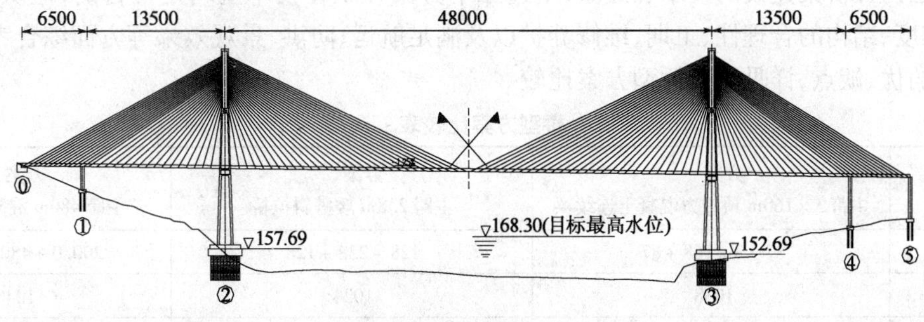

图5 主桥桥型布置图(尺寸单位:cm)

主梁采用预应力混凝土肋板式断面，连续长度为880m，双主肋高2.4m，标准梁段肋宽为1.9m，梁顶宽28.0m，梁底宽28.5m，桥面板厚32cm，桥面设2%的双向横坡。全桥共划分了121个梁段，采用挂篮对称悬浇施工。为了消除交界墩支座的负反力并增加结构刚度，两梁端各13个节段采用加大主肋宽度的方法施加压重。由于塔下主梁承受巨大的轴向压力，塔下8个节段肋宽增加至2.4m；为减少两边跨辅

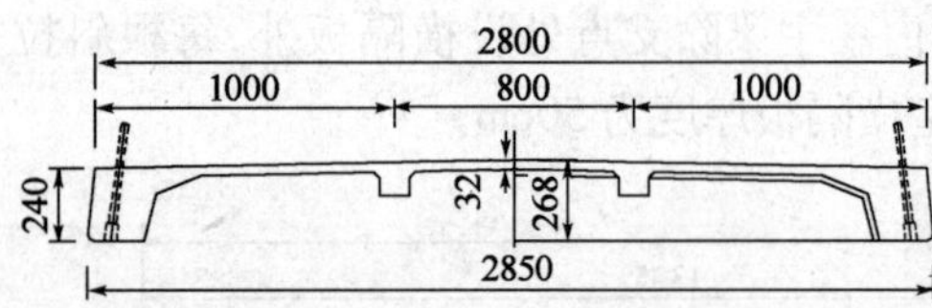

图6　主梁一般构造图(尺寸单位:cm)

助墩处3个8m长节段截面下缘的压应力,该类节段肋宽亦增加至2.4m。除上述节段外其余节段均为标准节段。中跨设2.0m合龙段。主梁一般构造如图6所示。

每对斜拉索与主梁相交处均设置横梁,拉索处横梁厚度0.32m,全桥横梁均采用预应力混凝土结构。

索塔采用H形塔,南、北塔均设置一道下横梁、一道上横梁。南塔塔高175.0m,北塔塔高180.0m。南塔桥面以上塔高为104.15m,北塔桥面以上塔高为110.15m。索塔上塔柱横桥向内、外侧均竖直;南、北塔中塔柱的坡率分别为10.0775∶1、11.2779∶1,高度分别为50.45m、56.45m;南、北塔下塔柱的坡率分别为10.9705∶1、10.7953∶1,高度分别为62.05m、61.05m。顺桥向南、南塔塔顶宽度均为7.0m,塔底宽度分别为15.5m、16.0m。塔柱采用箱形断面,上、中塔柱横桥向侧壁厚均为0.8m,顺桥向侧壁厚均为1.2m;下塔柱横桥向侧壁厚均为1.2m,顺桥向侧壁厚均为2.0m。索塔一般构造见图7。

索塔基础采用群桩基础,每塔布置22根ϕ250cm的钻孔灌注桩,长度均为70m。上、下承台厚分别为3.5m、6.0m,平面为圆形,直径分别为ϕ15m、ϕ16.5m。

斜拉索采用高强度低松弛平行镀锌钢丝索,抗拉强度≥1770MPa,采用塔端张拉,梁端锚固。塔上斜拉索的最大间距为3.0m,标准间距为1.35m,梁上斜拉索的最小间距为5.0m,标准间距为8.0m。全桥共设4×29×2=232根斜拉索,根据各拉索索力的不同并兼顾考虑全桥的整体刚度,全桥采用PES7-139、PES7-199、PES7-223、PES7-253、PES7-265等5种规格的斜拉索。

过渡墩采用花瓶墩形式,设计为分离式独柱式结构,壁厚2.5m;承台尺寸为8.1m(长)×7m(宽)×2.5m(高);基础采用钻孔灌注桩基础,桩径为1.5m。

索塔主要施工方案为:利用劲性骨架,采用爬模技术分段浇筑,泵送混凝土施工;索塔下横梁采用支架支撑模板施工。主梁采用挂篮对称悬臂施工,边跨不设支架现浇段,直接由挂篮施工至交界墩。中跨设2.0m合龙段,采用临时刚性联接,水箱压重并与合龙段施工过程同步卸载的方法施工。

图7　索塔一般构造图(尺寸单位:cm)

4. 桥型方案比较

根据目前国内外桥梁建设的技术和经验,上述三个方案在工程技术上均是可行的,但从各方案在投资规模、施工难度、结构的合理性、工期、维修养护以及满足航运、防洪、景观效果等方面综合考虑,各桥型方案均有各自的优、缺点,详见表2桥型方案比较。

桥型方案比较表　　表2

方案 / 项目	方案一 主跨3×160m预应力混凝土连续梁	方案二 主跨238m矮塔斜拉桥	方案三 主跨480m混凝土斜拉桥
主桥桥跨布置(m)	87+3×168+87	128+238+128	200.0+480+200.0
桥梁总长(m)	1038	1024	1040
技术难度及可行性	国内有同类桥的成功经验,设计施工技术比较成熟。主梁采用预应力混凝土箱形截面,挂篮悬臂浇筑,工序相对较简单	国内有同类桥的成功经验,设计施工技术相对成熟;主梁采用整体式混凝土箱形断面,箱梁较宽,设计施工有一定难度;主塔为实体单柱矩形截面,主墩为单柱式矩形空心截面,上构挂篮悬臂浇筑,工序相对较复杂	国内有同类桥的成功经验,设计施工技术相对成熟;主梁采用整体式混凝土边主梁断面,断面较宽,设计施工有一定难度;主塔为双柱式圆端型截面,上构挂篮悬臂浇筑,工序相对较复杂

续上表

项目＼方案	方案一 主跨3×160m预应力混凝土连续梁	方案二 主跨238m矮塔斜拉桥	方案三 主跨480m混凝土斜拉桥
施工设备	相对较简单	相对较复杂	相对较复杂
施工控制	施工控制较容易	施工控制相对较难	施工控制相对较难
对通航影响	3孔主跨168m,采用单孔双向通航,对通航基本无影响	主跨238m,采用单孔双向通航,通航条件较好	主跨480m,采用单孔双向通航,通航条件最好
防洪影响性	桥梁下构所占面积与河槽面积的比例最小,不会对河段防洪安全产生不利的影响	桥梁下构所占面积与河槽面积的比例较小,不会对河段防洪安全产生明显不利的影响	桥梁下构所占面积与河槽面积的比例较小,不会对河段防洪安全产生明显不利的影响。对河势变化适应能力较好
抗风能力	强	较强	较强
后期维修工作量	维修养护简单,工作量小	后期需进行换索等工作,维修养护工作量较小	后期需进行换索等工作,维修养护工作量较小
景观	连续梁桥型较普遍,具有一定的景观效果	桥型新颖,结构轻巧,景观效果较好	与自然景观融为一体,景观效果较好
施工工期(月)	32	36	42
建安费(万元)	22659.4	19780.4	25385.2

四、结　　论

综上所述,由方案比较可知,部分斜拉桥方案较连续刚构桥方案造价略低,且后期养护费用较低,部分斜拉桥方案具有较高的性价比,因此,推荐具有成功设计和施工经验,结构新颖、景观效果好、工程造价较低、施工期间抗风安全性好、施工简便可靠、施工工期有可靠保证的部分斜拉桥方案为主桥实施方案。整个桥型新颖美观、受力合理,造价比同等跨径的预应力混凝土梁桥要低,是一种在200m左右跨径内非常有竞争力的桥型。

参考文献

[1] 袁任重.郧县至十堰高速公路施工图设计[Z].武汉:湖北省交通规划设计院,2011.

[2] 邵旭东.桥梁设计百问[M].北京:人民交通出版社,2005.

[3] 李乔.桥梁工程概论[M].成都:西南交通大学出版社,2008.

[4] 彭卫国,崔铁万,朱孟君.荷麻溪大桥部分斜拉桥设计[J].公路,2007.

[5] 中华人民共和国行业标准.JTG D62—2004　公路钢筋混凝土及预应力混凝土桥涵设计规范[S].北京:人民交通出版社,2004.

[6] 中华人民共和国行业标准.JTG D60—2004　公路桥涵设计通用规范[S].北京:人民交通出版社,2004.

[7] 中华人民共和国行业标准.JTG D65-01—2007　公路斜拉桥设计细则[S].北京:人民交通出版社,2007.

13.天津海河吉兆桥总体设计要点

韩振勇[1]　王　楠[2]

(1.天津城建集团有限公司;2.天津城建设计院有限公司)

摘　要　天津海河吉兆桥位于天津市规划的天钢柳林地区城市副中心,地理位置极为重要。吉兆桥设计为三跨变截面钢—混凝土组合桁架梁桥,其桥梁整体造型为欧式风格,与周边建筑风格匹配。本文主要介绍吉兆桥总体情况、桥梁景观装饰以及桥梁结构特点。

关键词 欧式 组合桁架梁桥 双重组合 减震 防落梁

一、工 程 概 况

天津海河吉兆桥是天津中心城区东部雪莲南路—吉兆路通道跨越海河的重要连接节点,地处规划中的天钢柳林地区城市副中心,经济地位和社会地位十分重要。天钢柳林地区城市副中心由综合会展区、商业商务区等组成,并且根据规划,提出沿海河拓展策略,进一步加强海河两岸综合开发改造,把海河两岸打造成特色鲜明、独具魅力的现代服务业聚集区,这是继海河上游综合改造开发后,海河中游后五公里海河提升改造的第一座过河桥梁。延续海河已建成桥梁定位"一桥一景"的基本原则,对于海河中游后五公里桥梁需满足具有独特景观效果的要求,并且结合周边建筑,主要考虑临近的会展中心的建筑风格,吉兆桥整体风格定义为欧式桥梁,在此基础上,对桥梁整体造型进行设计构思。

二、设 计 构 思

吉兆桥连接了海河以北智慧城地区与海河以南柳林风景区。智慧城是未来概念建筑的展示区,旨在推广国际最新、最先进的建筑技术、建筑材料,使天津成为服务全国的现代建筑产业基地。柳林风景区是中心城区内海河沿岸最大的公共绿地,也是天津市中心城区的九个楔形绿地之一,承担着为城市居民提供休闲、娱乐、享受自然环境的城市功能。"新万国建筑博览会"由文化、商业、公建、居住、园林五大功能构成,以欧式风貌建筑为主题,体现文化包容的天津精神,展现天津市"大气、洋气"的城市风貌。

因此,桥梁的设计应别具一格,不但要技术独特,而且美观悦目,并与周边建筑物风格有机结合,与天津市作为金融中心和国际大都市相适应。与此同时,能使天津市市民及游客挹注观赏,使该桥成为天津市壮丽瞩目的新标志。

吉兆桥的主导设计思想是结合周边建筑风格和整体规划情况,以简洁的欧式风格突出该地域内较为浓郁的欧式气息:桥梁整体造型主要考虑在桥面以上不做耸立的结构物,保证这一区域内的天际线不被破坏。从这两个角度出发,对桥梁方案造型有了初步的定义:欧式、桥面为平桥。

基于此,吉兆桥方案就此形成。桥梁主体结构仍然采用三跨变截面钢—混凝土组合桁架梁桥,主体结构由横向多榀钢桁架及混凝土桥面板组成,其中上下桁架之间采用斜腹杆连接。

桥梁结构主体颜色为象牙白色,体现桥梁结构的柔和、轻盈,给人以舒缓的感受。通过栏杆、悬挑下装饰构件、檐口、桥梁中墩处钢桁架侧面以及斜腹杆线条的处理,赋予其典型但又不繁复的欧式风格特点,从点、线、面各个角度的细节入手,形成了独特的桥梁整体景观效果(图1)。

a) 吉兆桥总体效果图

b) 吉兆桥局部效果图

图1 吉北桥景观效果图

三、桥梁结构特点

1. 桥梁总体概况

桥位处海河通航的主航道宽30m,通航高度5.5m,现状河道中心线为主航道中心线。吉兆桥主桥结构形式为三跨变截面钢—混凝土组合桁架梁桥,全长200m,跨越海河,跨径布置为55m+90m+55m;桥宽40m,双向6车道,两侧分别设非机动车道与人行道,纵坡为2.49%,并以桥中心处对称,路面横坡双向1.5%,人行道反向横坡1.0%(图2、图3)。

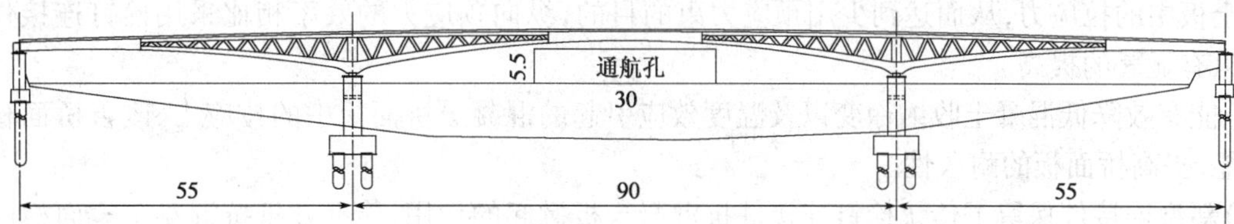

图2 主桥立面布置图(尺寸单位:m)

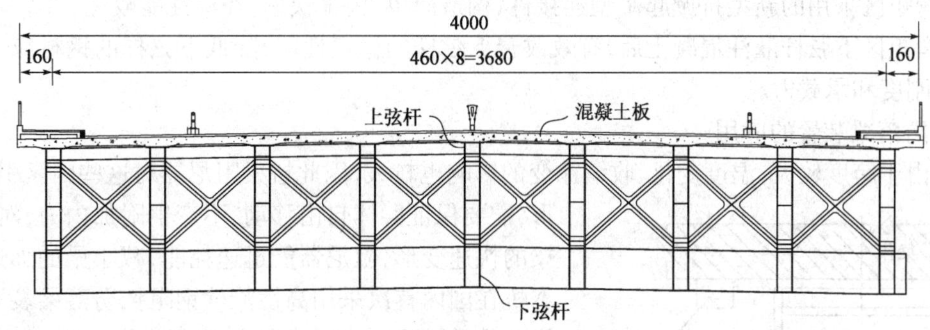

图3 主桥横断面图(尺寸单位:cm)

主桥有横向共9榀桁架组成,桁架横向中心间距为4.6m,一榀桁架由上弦杆、下弦杆和斜杆组成,上弦杆线形同道路纵断线形,下桁架线形为部分圆弧形,在边跨边以及中跨跨中段,上、下弦杆合并为钢箱。斜杆节点之间标准间距为4m,每榀桁架顺桥向为直线,且外形一致。两榀桁架之间采用横向构件连接。在下弦杆内,主桥中墩两侧各12.5m范围浇筑微膨胀混凝土。桥面板为28cm混凝土桥面板,局部加腋厚度为35cm。

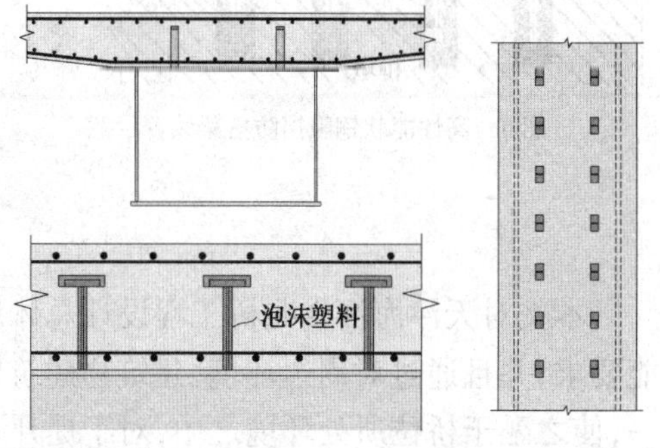

图4 应用于组合桥面系负弯矩区纵向可滑动的钢—混凝土抗掀起连接件

2. 桥梁技术特点

1)双重组合技术的应用

天津海河吉兆桥采用双重组合新技术,具体做法为:①负弯矩区的混凝土板和上弦杆钢梁不组合,钢梁与混凝土之间设置较稀疏的纵向可滑动的钢—混凝土抗掀起连接件(图4),以防止桥面板翘起,这样混凝土板和上弦杆能自由变形,从而有效释放混凝土板中因收缩徐变、温度效应以及汽车荷载引起的拉应力,并提高负弯矩区桥面板纵向预应力的施加效率,改善桥面系的抗裂性能、长期性能以及耐久性能;②负弯矩区下弦杆内灌注混凝土,形成钢管混凝土截面,充分发挥混凝土材料抗压性能好的优点,显著改善下弦杆钢梁受压稳定性能,经济地实现增大负弯矩区截面刚度和承载力的目的。这样,在连续梁桥的负弯矩区形成了一个倒置的组合截面,这样的组合桁梁桥就称为"双重组合作用的连续组合桁梁桥"(图5)。

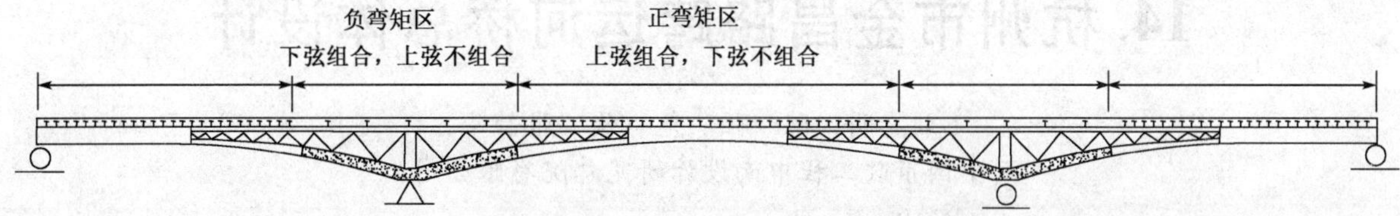

图5 双重组合作用的连续组合桁梁桥

天津海河吉兆桥采用双重组合作用新技术后,综合效益突出,相比传统的钢—混凝土组合桁梁桥方案,具有如下优势:

(1)由于混凝土桥面板和钢梁之间纵向能发生自由滑动,能有效释放钢—混凝土连续组合梁负弯矩区混凝土板中的拉应力,从而达到少用预应力束的目的,纵向预应力的效率相比采用栓钉连接件的组合梁来说也有显著的提高。

(2)能有效降低混凝土收缩徐变以及温度效应引起的混凝土桥面板中的拉应力,改善桥面板的长期受力性能,提高桥面板的耐久性。

(3)新型连接件保留了传统栓钉连接件抗混凝土板掀起的作用,能有效抵抗混凝土桥面板因整体纵向弯曲以及局部横向弯曲导致的竖向分离和掀起。

(4)负弯矩区采用的新型抗掀起T型连接件,构造简单,施工快速,经济性能较优。

(5)负弯矩区下弦杆灌注混凝土后,有效改善下弦杆的稳定性能,降低下弦杆的钢材应力,提高负弯矩区截面的刚度和承载力。

2)减震防落梁装置的应用

吉兆桥由于跨度较大,温度变化、收缩徐变的影响也较大,因此桥梁阻尼器对这些因素引起的慢速变形,需要保证梁体自由移动,不产生附加内力,对地震产生的梁的快速变形,阻尼器能迅速耗能,减小梁的加速度和位移。本桥在国内首次采用高性能软钢阻挡防落梁装置,该装置与铅芯橡胶隔震支座形成混合型减隔震系统,减少了以往黏滞流体阻尼器对速度的要求,增加了结构阻尼性能。在以往的设计中,多数采用混凝土挡块进行防落梁硬性阻挡,一旦混凝土挡块破坏,容易发生落梁现象。本桥采用高性能软钢阻挡防落梁装置,对大位移变形采取柔性阻挡,并且耗散地震冲击力,有效地达到了防落梁效果,保证桥梁的正常使用(图6)。

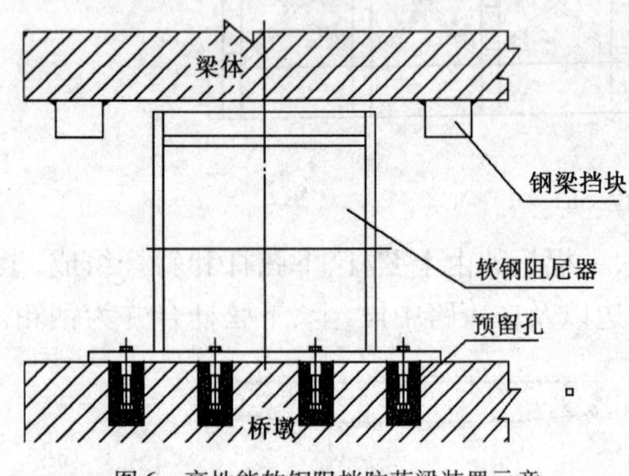

图6　高性能软钢阻挡防落梁装置示意

四、结　　语

本文对天津海河吉兆桥工程设计总体思路及技术要点做了简要介绍。吉兆桥总体设计满足使用功能要求,并且通过对周边环境、建筑物建筑风格的分析,对桥梁景观设计充分考虑与周围整体氛围协调统一,使之融于桥位所处环境之中,对于提升海河后五公里城市副中心沿河景观效果起到了显著的作用。吉兆桥主体结构采用三跨变截面钢—混凝土组合桁架梁桥,针对此结构的受力特点,提出综合采用双重组合技术来改善负弯矩区的受力性能,并且本桥采用了高性能软钢阻挡防落梁装置与铅芯橡胶隔震支座形成混合型减隔震系统,增强了桥梁结构抗震性能。目前,吉兆桥主体结构施工已完成,预计年内通车投入使用。

参考文献

[1] 范立础,王志强.桥梁减隔震设计.北京:人民交通出版社,2001.

14.杭州市金昌路跨运河桥总体设计

刘志明　陈　强　范　俊　张静华
(中国市政工程中南设计研究总院有限公司)

摘　要　杭州市金昌路跨运河桥为单跨130m中承式钢箱拱桥,横向设4片拱肋,桥面为纵横梁体系、桥面板为正交异性板,总体施工方案为缆索吊装分节段施工。主要介绍了上部结构设计要点、动静力计算分析结果、拱脚背侧地基加固处理等相关内容。

关键词　中承式钢箱拱桥　地基加固　计算分析

一、工 程 概 述

杭州市金昌路跨京杭运河桥位于杭州市城北运河新城,金昌路为运河新城东西向主干道。道路宽度42m,京杭大运河南北流向,桥位处河宽约120m,道路与京杭运河正交。桥位处为冲海积沉积平原区地貌,地势平坦,自然地面高程为2.50~3.00m,村庄和道路经后期人工活动后高程在3.50~4.00m。不利地质条件为现状地面下8.0m左右有约5.0m厚度淤泥质黏土层。

跨运河主桥采用单跨130m中承式钢箱拱桥,两端由预应力混凝土现浇箱梁引桥相接。

二、设 计 要 点

1. 总体布置

上部结构体系为中承式130m钢箱无绞拱,拱脚与基础固结。主拱肋计算跨度为130m,计算矢高32.5m,计算矢跨比为1/4。桥型立面布置见图1。

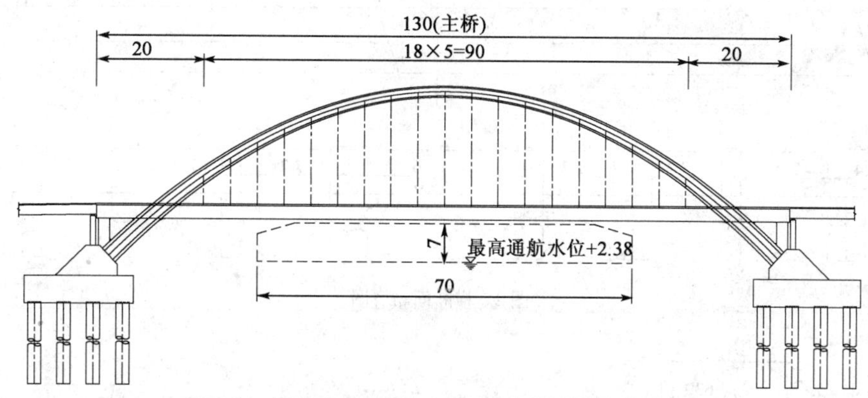

图1 桥型立面布置图(尺寸单位:m)

横桥向共设4片拱肋,其中主拱肋2片,为铅直布置,拱肋横向间距34m;副拱肋2片,内倾17.5°。主、副拱肋拱顶横向间距3.0m,拱脚横向间距13.247m,间距在竖直面内线性加宽。

桥面采用双向六车道,桥面宽度46.5~52.4m,曲线变宽(图2)。横断面布置为:2×[(7.5~10.45)m(人行非机动车道)+3.5m(分隔带)+12.0m(机动车道)+0.25m(分隔带)]。

拱座为分离式实心混凝土结构,高度5.5m,拱顶平面尺寸2.5m×23.075m,拱底平面尺寸11.575m×26.80m,分离式拱座横向净间距5.0m。承台采用整体式,平面尺寸20.5m×59.6m,厚度5.0m。

2. 结构设计

1)拱肋

主副拱肋均采用矩形焊接钢箱截面,截面高度沿拱轴线变化,宽度不变。主拱肋 b = 2200mm, h = 2000~3500mm;副拱肋 b = 1200mm, h = 1200~2000mm。加劲肋采用“I”形板肋。主副拱肋间横撑截面为矩形800mm×800mm单箱单室截面(图3)主拱肋、副拱肋断面图见图4。

2)纵、横梁

纵梁横桥向对应主拱肋位置布置2道,采用焊接钢箱截面。b = 2200mm, h = 2400mm,与主拱肋同宽。每道纵梁根据设计需要及制造、运输条件;纵梁“I”形加劲板肋,间距为400mm、440mm(图5)。

横梁共设标准横梁、端横梁、拱肋横梁三种类型。横梁为三跨连续梁结构,布置间距为2.5m。

机动车道标准主横梁为焊接工字形截面,横梁总长度24.48m,梁高1752~1943mm,梁顶设1.5%横坡。横梁上翼缘板宽300mm,下翼缘板宽500mm。端横梁与标准横梁构造相近。

机动车道拱肋处横梁为焊接槽形截面。横梁底板全宽5500mm,设三道腹板,腹板顶设翼缘板,板宽700mm;底板与腹板上设置水平加劲肋、竖向隔板。水平加劲肋采用“Ⅰ”形板肋,间距400mm、440mm布置;竖向隔板布置间距1200~1900mm(图6)。

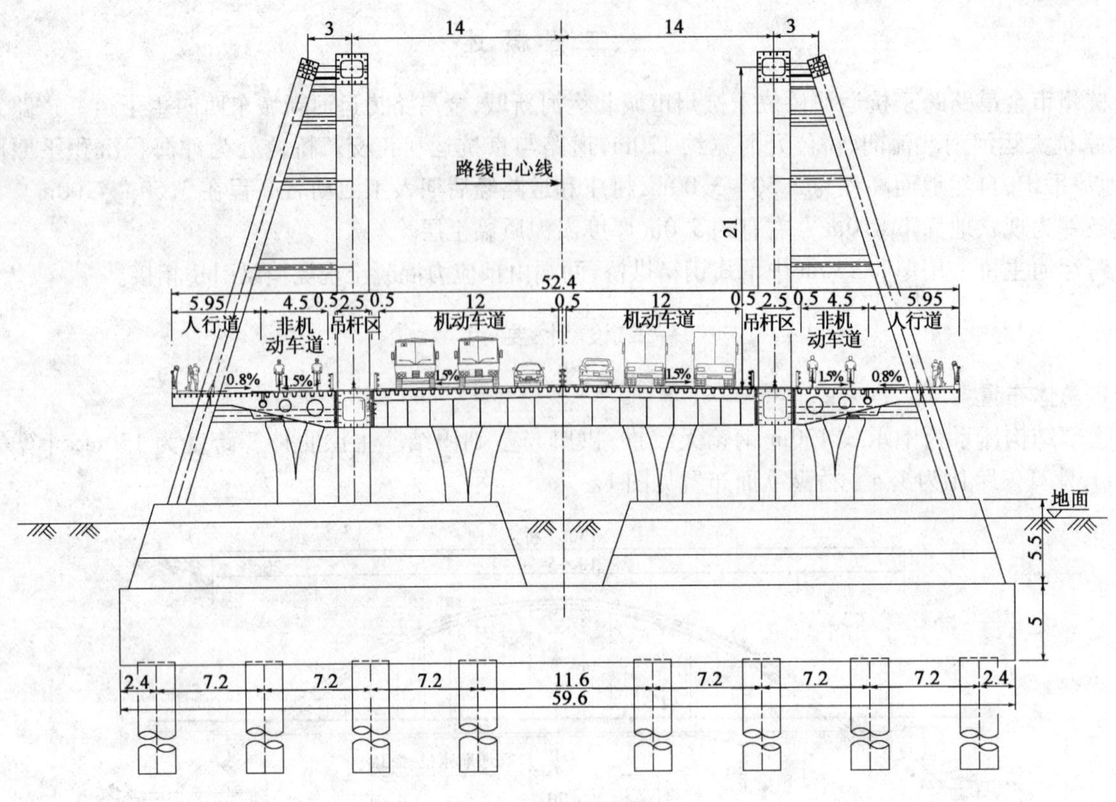

图2　横断面布置图

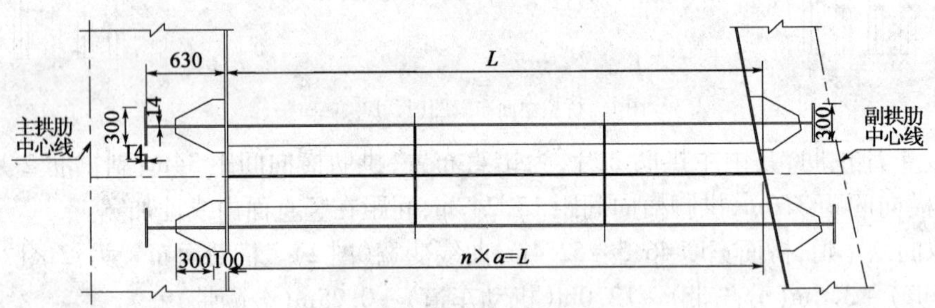

图3　主拱肋、副拱肋间横撑布置图

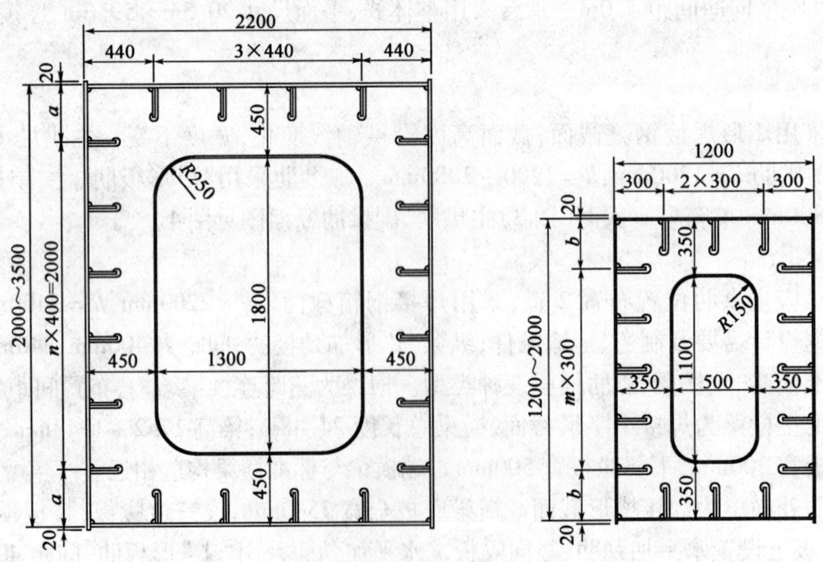

图4　主拱肋、副拱肋断面图(尺寸单位:mm)

悬臂托架横梁为焊接倒 T 形板梁，横梁长度与桥面外轮廓尺寸相适应，由主桥跨中的 11075mm 渐变至梁端的 8125mm。托架腹板变高度，由 772mm 渐变至 2370mm，底板宽度 330nm。横梁与纵梁的连接采用腹板拴接，顶底板焊接。为了避免焊接应力集中，横梁翼缘板与纵梁的相交焊缝错开布置（图 7）。

3）吊杆

主拱及副拱均布置单吊索，以减少对桥面视线的阻挡。主吊索采用 121ϕ5mm 高强度镀锌平行钢丝，副吊索采用 31ϕ5mm 高强度镀锌平行钢丝，极限强度为 1670MPa，安全系数不低于 2.5。吊索外包双层 PE 进行防护。

4）桥面系

桥面板为正交异性板构造，配合桥面系的制造划分为车行道板和托架处面板。桥面板厚 14mm，车行道和非机动车道桥面板采用 U 形加劲肋，加劲肋厚度 8mm，高度 280mm，间距不大于 600mm；人行道桥面板下设置 I 形板肋，布置间距 330mm（图 8）。

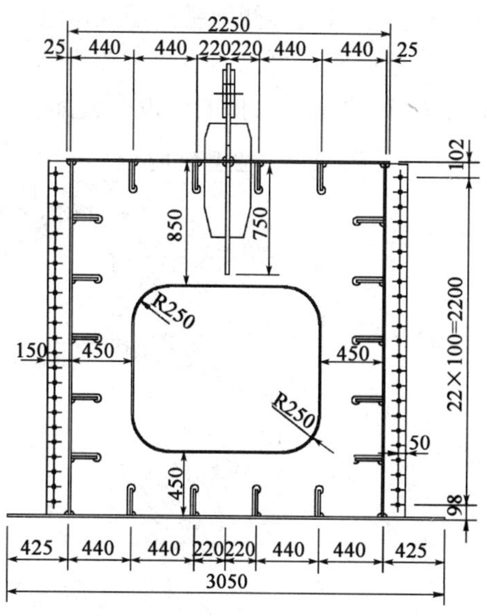

图 5　纵梁构造图（尺寸单位：mm）

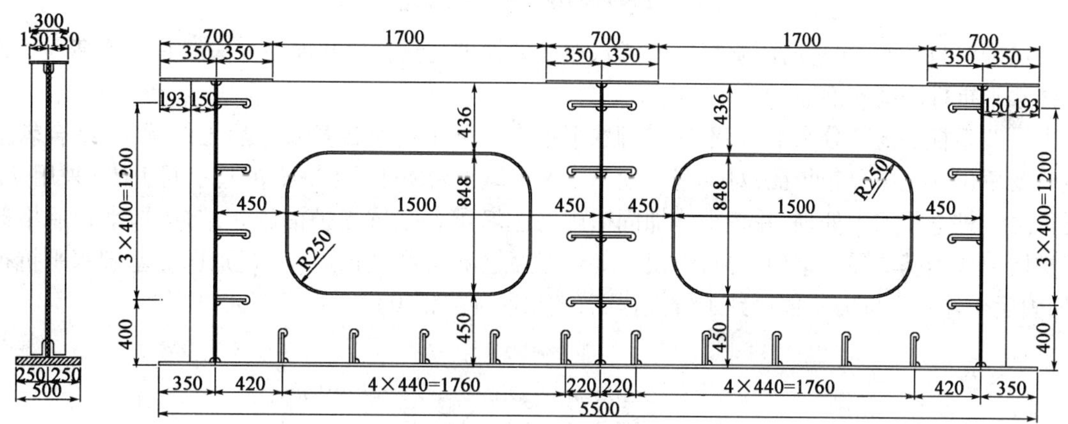

图 6　标准横梁、拱肋处横梁构造图（尺寸单位：mm）

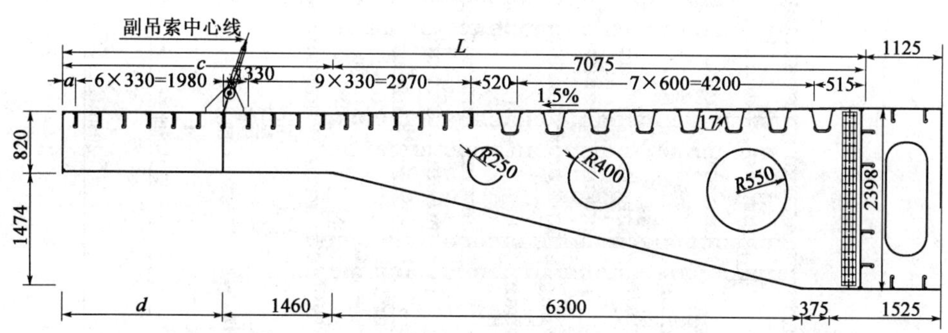

图 7　悬挂托梁构造图（尺寸单位：mm）

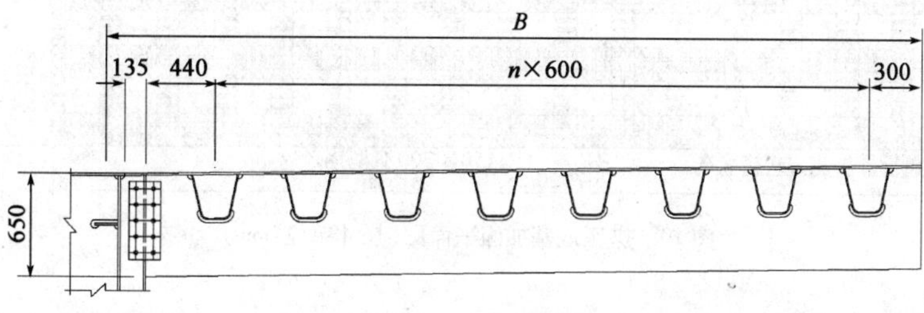

图 8　桥面板构造图（尺寸单位：mm）

3. 主桥拱座背侧地基加固处理设计

从地质资料可以看出存在较深的淤泥质黏土层，即所谓的软土。由于软土层难以承受拱脚巨大的水平推力，软土地区拱桥的建设一直都是工程界探讨的难题之一。拱座背侧地基加固立面图见图9。

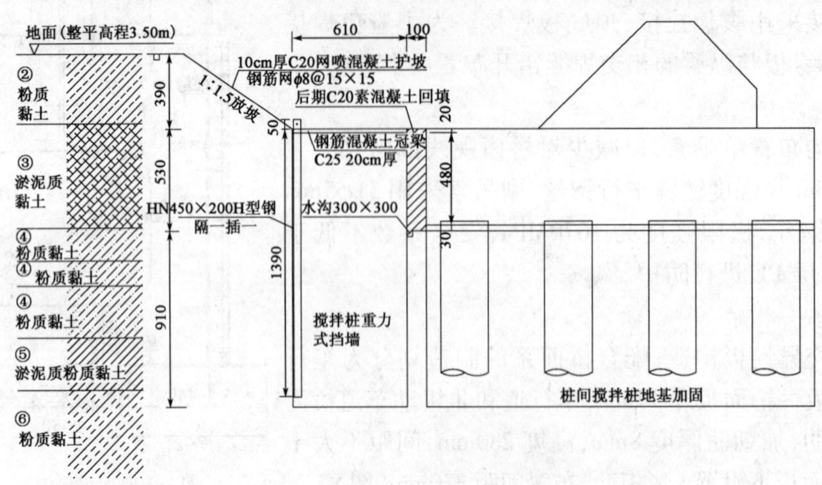

图9 拱座背侧地基加固立面图

已有试验资料表明，通过高压旋喷桩或者水泥土搅拌桩类复合地基加固方法能有效提高土体弹性模量及土体水平抗推刚度 m 值。

因未设置系杆平衡部分水平力，本桥拱脚水平推力全部由拱座自身及台后土体承担，结合软土地基处理经验及桥位处土层分布特征，对拱座后地基土及主墩承台下土体（桥梁桩基中间土体）采用 ϕ500 双向水泥土搅拌桩进行加固处理，并将土体加固措施与主墩承台基坑支护措施相结合，即承台后格栅水泥土搅拌桩墙兼作为基坑围护结构。搅拌桩长12m，即穿过淤泥质黏土层。通过加固后基础水平抗推试验表明，加固后土体水平抗力系数得到了较大提高，效果明显（图10）。

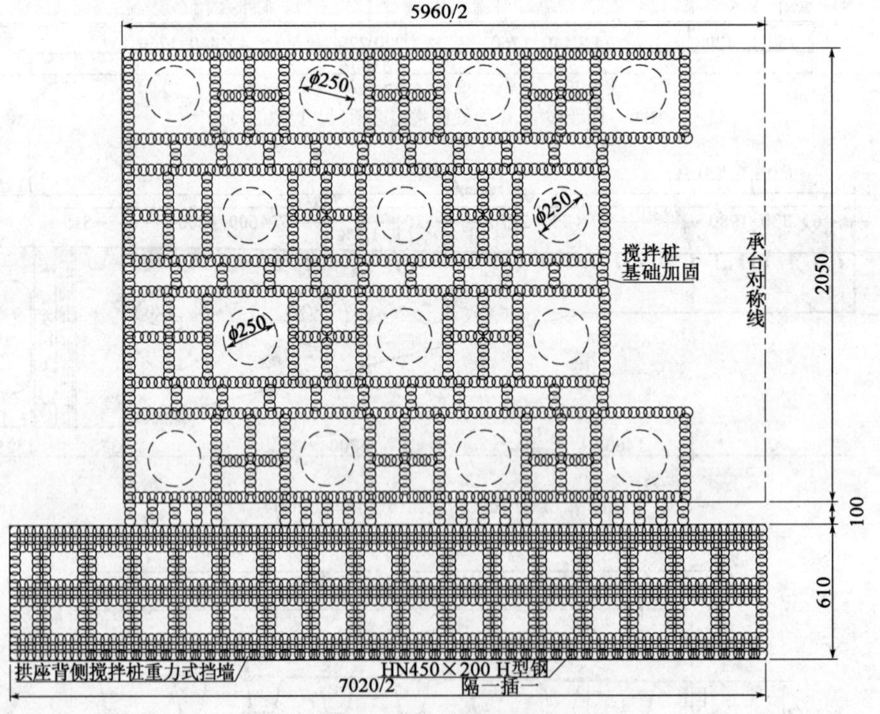

图10 拱座地基加固平面图（尺寸单位：mm）

4. 施工方案设计

拱肋施工采用缆索吊机施工。缆索塔架支撑于主桥基础承台上，缆索锚固系统利用相邻三孔引桥基础承台。钢结构拱肋、横梁及桥面系单元件工厂分节段制造,利用缆索吊机进行吊装、安装扣索,精确定位后焊接拱肋节段。拱肋合龙后吊装纵梁,安装吊索、横梁,并初张拉吊索。最后安装桥面正交异性板,施工桥面附属结构,调整吊索内力使钢梁整体线形符合设计要求。

三、计 算 分 析

结构整体计算采用 MIDAS/Civil 按空间模型进行分析,承台、拱座采用实体单元模拟,拱肋、钢箱梁采用空间变截面梁单元模拟,桩基、风撑采用空间梁单元模拟,吊杆采用桁架单元模拟。桥面板与相接横梁采用板壳单元模拟,板与横梁节点耦合。承台下桩基按实际长度模拟,桩基底部固结,桩身采用文克尔弹簧模型模拟,通过 m 法计算出的水平刚度作为土弹簧作用于桩基上(图 11)。

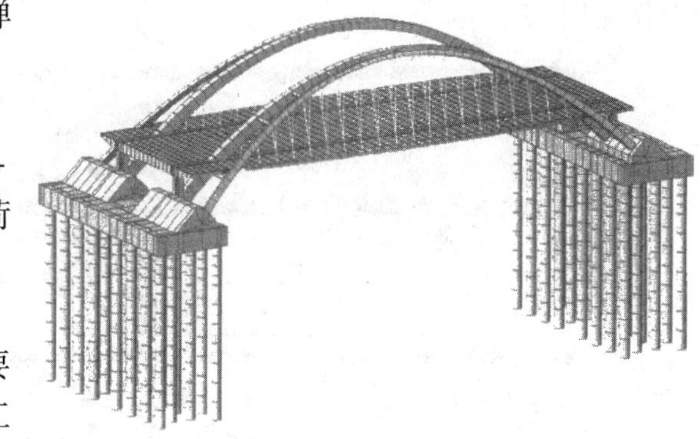

图 11　主桥结构模型图

1. 主桥空间静力分析

主副拱肋、纵横梁荷载工况标准组合为:恒载 + 沉降 + 汽车活载 + 非机动车活载 + 人群活载 + 风荷载 + 温度力。

1)拱肋内力及应力验算

计算结果表明,主拱肋及副拱肋承载力满足要求,拱身及拱脚最大应力均在 150MPa 以内,考虑施工及材料的偏差,安全储备较大(图 12、图 13)。

2)其他构件验算

计算结果表明,纵梁最大应力小于 130MPa,考虑施工及材料的偏差,安全储备较大。运营状态下吊杆安全系数均大于 3。纵横梁刚度及拱肋变形均在规范容许范围以内(图 14 ~ 图 16)。

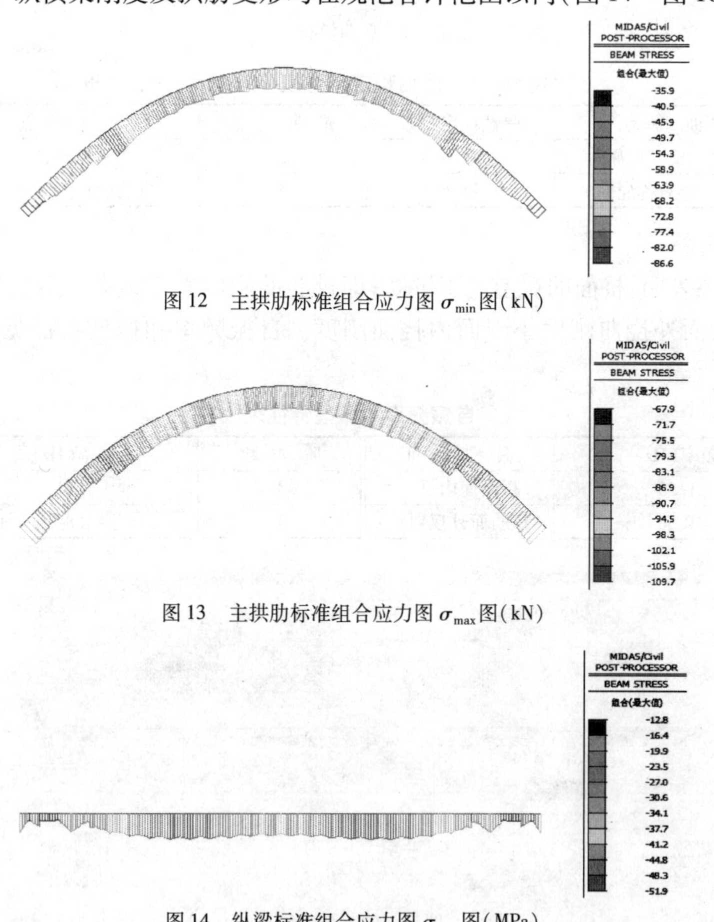

图 12　主拱肋标准组合应力图 σ_{min} 图(kN)

图 13　主拱肋标准组合应力图 σ_{max} 图(kN)

图 14　纵梁标准组合应力图 σ_{max} 图(MPa)

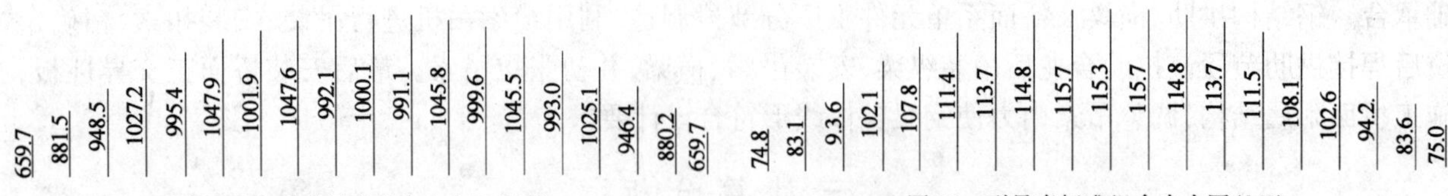

图15 主吊索标准组合内力图(kN)　　图16 副吊索标准组合内力图(kN)

2. 主桥整体屈曲稳定分析

总体稳定计算中考虑包含加劲板在内全断面的刚度作用,稳定特征值系数采用恒载为被增量,计算得到的前四阶屈曲稳定系数见表1,屈曲稳定系数远大于一般要求系数4.0,本桥整体稳定性良好。屈曲模态图见图17。

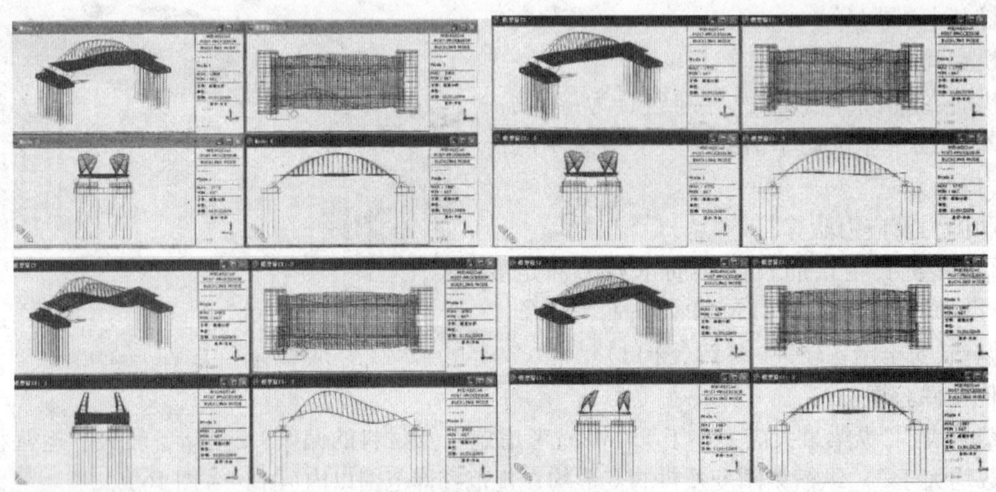

图17 屈曲模态图

屈曲稳定系数表　　表1

屈曲模态	屈曲特点	弹性稳定系数	屈曲模态	屈曲特点	弹性稳定系数
1	拱肋面外反对称屈曲	31.5	3	主梁竖向屈曲	33.8
2	拱肋面外对称屈曲	31.6	4	拱肋面外侧倾屈曲	34.4

3. 主桥动力特性分析

主桥动力计算结果表明:桥面的振型先于拱肋,即拱肋的刚度大于纵梁;第二、第三振型均为拱肋面外挠曲振动,及拱肋的面外挠曲刚度小于面内挠曲刚度。自振频率和振型特征见表2。自振模态图见图18。

自振频率和振型特征表　　表2

阶数	频率(Hz)	振型特征	阶数	频率(Hz)	振型特征
1	1.35	桥面面内反对	3	1.61	拱肋面外对称
2	1.56	拱肋面外反对称	4	1.84	桥面扭曲

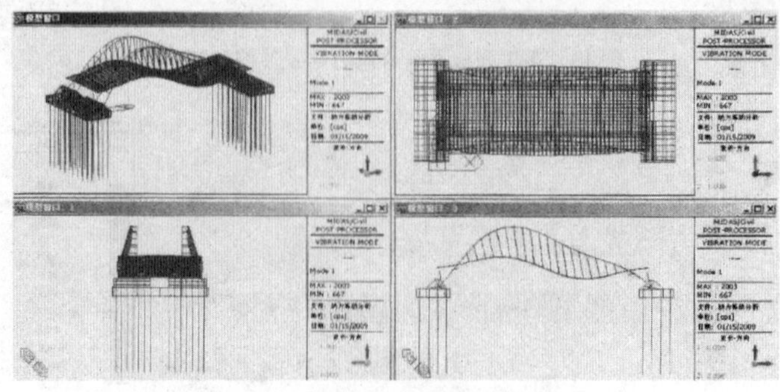

图18 自振模态图

四、小　结

从景观和功能的角度来看,本桥桥型可为类似跨径桥梁提供一定的参考。此类跨径钢箱拱桥,由于面内刚度较大,整体失稳一般以面外失稳为主。

软土地区拱桥的设计重点在于处理好拱座后软弱地基土,应因地制宜,结合桥位处地质特点和同类土体加固处理经验,选择经济合理的地基处理方法,减小拱座水平位移对桥梁的不利影响。

参考文献

[1] 中国市政工程中南设计研究总院有限公司.杭州金昌路跨运河桥施工图[M].2008.

[2] 李国豪.桥梁结构稳定与振动[M].北京:中国铁道出版社,1996.

[3] 钱莲萍,项海帆.空间拱桥结构侧倾稳定性的实用计算[J].同济大学学报,1989,17(2).

[4] 刘钊,吕志涛.有横撑系杆拱桥的侧向稳定承载力[J].工程力学,2004,21(4).

15.不对称钢管混凝土独塔斜拉桥设计与分析

贾存芳[1]　孙蕊鑫[2]　高　山[2]

(1.吉林省交通规划设计院;2.中交第一公路勘察设计研究院有限公司)

摘　要　本文以某工程实例桥为背景,介绍了不对称钢管混凝土独塔斜拉桥的受力特性,分析了该桥在各荷载工况下主梁、索塔以及拉索的应力、强度、挠度的情况,同时进行了结构的整体稳定分析,并给出了结论与建议。

关键词　斜拉桥　独塔　钢管混凝土　结构设计　空间分析

一、概　述

钢管混凝土是一种承载力高、延性好、抗震性能优越的结构构件。在钢管混凝土柱中,钢管对于其内部混凝土的约束作用,使混凝土处于三向受压状态,显著提高了混凝土的抗压强度,同时由于钢管和混凝土间的相互作用,钢管内部混凝土的破坏方式由脆性破坏转变为塑性破坏,构件的延性得到了明显的改善。此外,钢管混凝土结构在施工时,钢管可作为劲性骨架承担施工荷载及结构自重的作用,且钢管可作为混凝土施工的模板,既节省了支模、拆模的材料和人工费用,同时节省了时间,因此,钢管混凝土结构已被广泛应用于各类拱桥的设计中并取得了显著的经济效益。

斜拉桥的索塔作为斜拉桥的主要传力构件,起到将拉索索力传递到下部结构的作用,由于斜拉桥索力较大,故索塔亦将承受巨大的压力。鉴于钢管混凝土结构具有良好的抗压强度,若采用钢管混凝土结构索塔代替传统的混凝土索塔,则可大大减小索塔的截面尺寸,使斜拉桥整体更为美观,同时,由于钢管混凝土具有良好的延性,采用钢管混凝土索塔的斜拉桥具有更好的抗震性能。

某桥起点桩号为K0+100.900,终点桩号为K0+514.100,桥梁全长413.2m。其中主桥长195m。主桥采用(110+85)m的钢管混凝土独塔双索面预应力混凝土斜拉桥,全桥纵坡均为0.3%,竖弯半径为$R=3000$m,$T=33.975$m,$E=0.192$。主桥采用独塔双索面PC梁斜拉桥,边跨与主跨跨径比为0.7727,结构采用塔—墩—梁固结体系。为了改善斜拉桥施工阶段及成桥后的受力特性,边跨侧进行了压重。桥型图如图1所示。

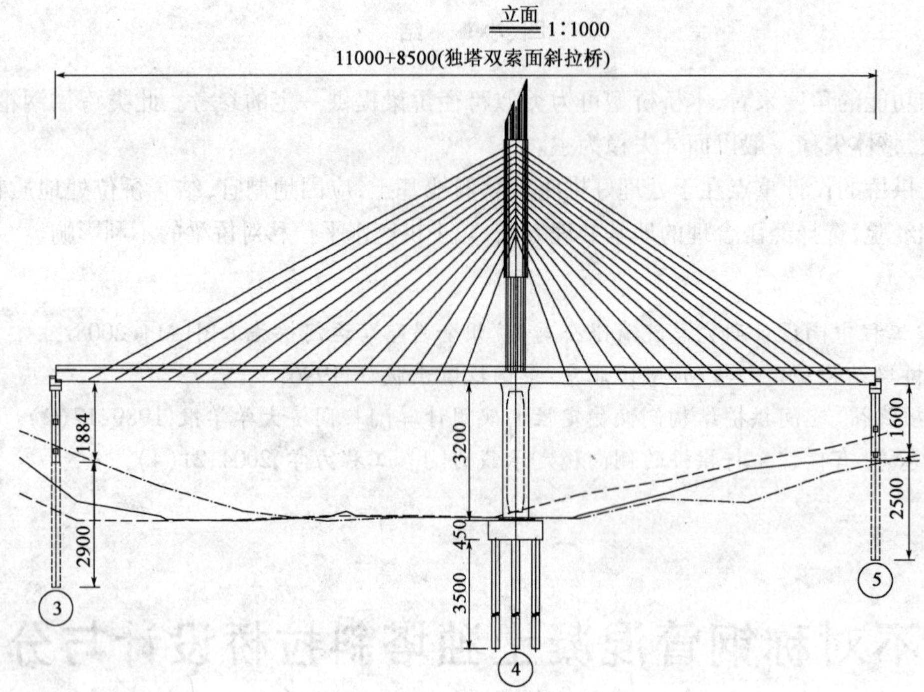

图1 主桥桥型布置图(尺寸单位:cm)

二、结构设计

1. 主梁结构

主梁标准截面采用双主肋断面,全宽40m,宽跨比为1/2.75,主梁中心高2.5m,高跨比为1/44,顶板宽40m,行车道板厚0.30m,桥面板设1.5%的双向横坡,肋间设置3道小纵梁。标准段梁肋外侧高2.2m,单肋宽2.0m。主墩顶处主梁肋宽由2.0m变化到4.0m。斜拉索采用密索体系布置,主桥标准索距为6.4m,在边跨现浇段索距为4.75m、4.6m和4m。边跨侧由双主肋断面改为单箱四室截面。根据地形条件,主梁采用挂篮悬臂浇筑施工和支架现浇施工。

标准段每对斜拉索与主梁相交处均设0.40m厚的横梁,在桥梁中心线处横梁高2.5m。在索塔处设置一道3m厚的横梁,在过渡墩处设置一道2.9m厚的横梁。边跨双主肋断面改为箱形断面处设置一道1.8m厚的横梁。所有横梁均采用预应力混凝土结构。

标准段悬臂每隔3.2m设置一道0.4m厚的翼缘横梁,边跨现浇段每隔4m设置一道0.5m后的翼缘横梁。

主梁主跨标准段均采用挂篮悬臂施工,单节悬浇长度为6.4m,共15段。边跨标准端采用挂篮悬臂施工,单节悬浇长度为6.4m,共6段。主跨现浇段采用满堂支架或托架现浇,边跨现浇段采用满堂支架现浇,主跨现浇段长度为4.4m,边跨现浇段长度为37m。索塔处设15m长的0号块,在支架或托架上浇注。中跨合龙段长2m,边跨合龙段长2m,采用劲性合龙骨架合龙。

2. 索塔及基础

主塔是斜拉桥的主构要素,在力学上起着重要的作用,其高耸的形象引人注目,起着象征、标志的作用,是桥梁景观中最重要的因素。本桥索塔采用“H”型索塔,钢混组合结构,造型新颖。

主桥索塔顺桥向采用独塔,横向设置两个塔柱,塔顶设置索塔横联,塔柱横向中心距为25.5m。横向单个索塔采用柱式索塔,钢管混凝土组合结构。索塔总高为64m,下塔柱为分离式双圆柱塔柱,高22m,上塔柱为整体式椭圆形塔柱,高32m,塔柱顶设装饰柱,高10m。其中,下塔柱截面采用分离式双圆柱截面,直径2.1m,两圆柱间距1.5m,上塔柱采用外壳及横向联系将两分离式圆柱联成整体,截面外轮廓顺桥向 6.2m，横桥向 3.02m；拉索在桥塔上的理论锚固间距为 1.5m。

塔柱外壁厚 35mm，外壁内环形与竖向加劲肋厚 10mm，塔根部设有横桥向及顺桥向加劲板，索塔节段间拼接通过螺栓连接定位，节段间采用全熔透焊接方式对焊，上塔柱通过外壳与内部构造联接为整体，外壳设有环形及纵向加劲肋。在上塔柱锚索区，塔柱内壁锚固区设有加劲钢板。拉索锚固区工组平台同时起到横向联系的作用，厚度为 40mm。下塔柱竖向布置直径为 36mm 的钢筋。

塔柱顶设置横向桁架，主桁采用直径 150mm，壁厚 6mm 的圆形钢管。辅桁采用直径 80mm，壁厚 4mm 的圆形钢管。

上塔柱的顶部设有装饰塔冠，断面的外轮廓尺寸与下塔柱相同。

主墩横向设置两个薄壁空心墩，墩高 32m。单个墩身顺桥向宽 6m，壁厚 1m，横桥向宽 4m，壁厚 0.8m。承台高 4.5m，长宽均为 13.7m，承台下设置 9 根桩径 2m 的群桩基础，桩距 5.2m。

3. 斜拉索体系

斜拉索采用防腐效果较好的平行钢丝索，斜拉索由多层 $\phi7$ 镀锌钢丝成螺旋形集束而成，采用双层 PE 防护，钢丝无接头。

斜拉索在主梁上的标准索距为 6.4m，在边跨现浇段索距为 4.75m、4.6m 和 4m，锚固在梁体外；斜拉索在索塔上的理论索距为 1.5m。

本桥采用 3 种类型的斜拉索，即 PES7-109、PES7-151，PES7-187。

三、结 构 分 析

1. 计算模型及图式

本文采用 Midas Civil 2010 程序对该桥进行了计算，计算内容包括成桥状态下恒载、车道荷载、预应力、混凝土收缩徐变、支座强迫位移、均匀温度作用、竖向梯度温度等荷载作用在内的计算。按有关规范规定对各种作用进行不同的组合，对结构的持久状况承载能力极限状态、持久状况正常使用极限状态、持久状况和短暂状况构件的应力等分别进行计算。全桥整体模型如图 2 所示。

2. 结构受力分析

本文按照施工顺序和工艺并结合斜拉桥结构特点，计算施工阶段、运营阶段各荷载工况下各构件的受力情况。

下面给出结构各个施工阶段及运营阶段在恒载、预应力、汽车荷载、温度荷载、混凝土收缩徐变（按 3000 天完成）、墩台不均匀沉降（2cm）等荷载作用下的计算结果。

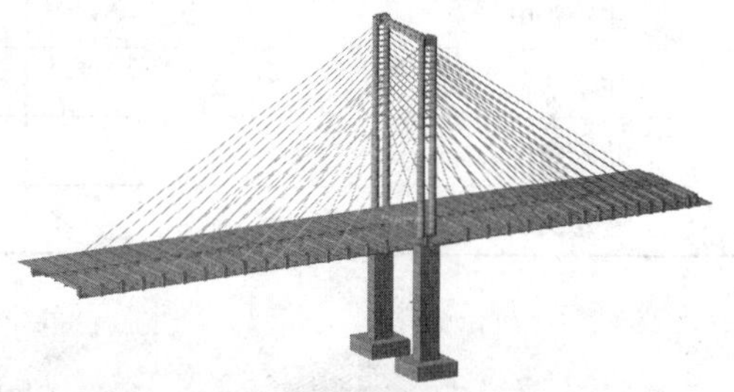

图 2 结构离散模型

1）主梁计算

由于本桥主梁上缘纵向钢筋采用 394 根 $\phi28$ 号钢筋，主梁上缘受拉区纵向钢筋配筋率为 0.94%，则在施工阶段中，上缘最大拉应力 2.14MPa，小于容许最大拉应力 $1.15f_{tk}=1.15\times2.74=3.151$MPa，下缘最大拉应力 0.39MPa，小于容许最大拉应力 $0.7f_{tk}=0.7\times2.74=1.918$MPa，满足《公路钢筋混凝土及预应力混凝土桥涵设计规范》（JTG D62—2004）关于短暂状况最大拉应力要求（表 1）。

施工阶段主梁应力计算包络值 表 1

位置	累计最大压应力（MPa）	容许应力（MPa）	是否满足	累计最大拉应力（MPa）	容许应力（MPa）	是否满足
主梁上缘	8.97	$0.7f_{ck}=24.85$	√	2.14	$0.7(1.15)f_{tk}$ =1.918(3.151)	√
主梁下缘	19.84		√	0.39		√

由表 2 可知，正常使用极限状态组合下主梁上缘最大压应力 11.7MPa，最小压应力 0.23MPa，全截面未出现拉应力；主梁下缘最大压应力 16.59MPa，最小压应力 0.58MPa，全截面未出现拉应力；主梁上下缘均满足《公路钢筋混凝土及预应力混凝土桥涵设计规范》（JTG D62—2004）中全预应力构件抗裂验算

$\sigma_{st} - 0.8\sigma_{pc} \leqslant 0$ 的要求。

正常使用极限状态主梁应力计算结果(MPa)　　表2

上缘最大	下缘最大	上缘最小	下缘最小
-0.23	-0.58	-11.7	-16.59

由表3可知,标准值组合上缘最大压应力为12.38MPa;下缘最大压应力为16.85MPa,均小于C55混凝土在持久状况下的容许应力 $0.5f_{ck} = 0.5 \times 35.5 = 17.75$MPa,主梁满足《公路钢筋混凝土及预应力混凝土桥涵设计规范》(JTG D62—2004)关于持久状况全预应力构件最大压应力要求。

持久状况主梁应力计算结果　　表3

位　置	最大压应力(MPa)	容许应力(MPa)	是否满足
主梁上缘	12.38	$0.5f_{ck} = 17.75$	√
主梁下缘	16.85		√

由表4可知,主梁承载能力验算结果最小安全系数1.68,说明该桥具有足够的安全富余度。结构挠度如图3所示。

持久状况主梁承载能力计算结果　　表4

位　置	最大最小	承载力设计值(kN)	结构抗力(kN)	安全系数
主跨支点	最大	79442	323439	4.07
主跨跨中	最大	92073	294194	3.20
主墩墩顶	最大	111259	402277	3.62
边跨跨中	最大	82570	227948	2.76
边跨支点	最大	103260	517458	5.01
主跨支点	最小	81846	254841	3.11
主跨跨中	最小	105319	256628	2.44
主墩墩顶	最小	134164	243293	1.81
边跨跨中	最小	103915	174953	1.68
边跨支点	最小	104375	494368	4.74

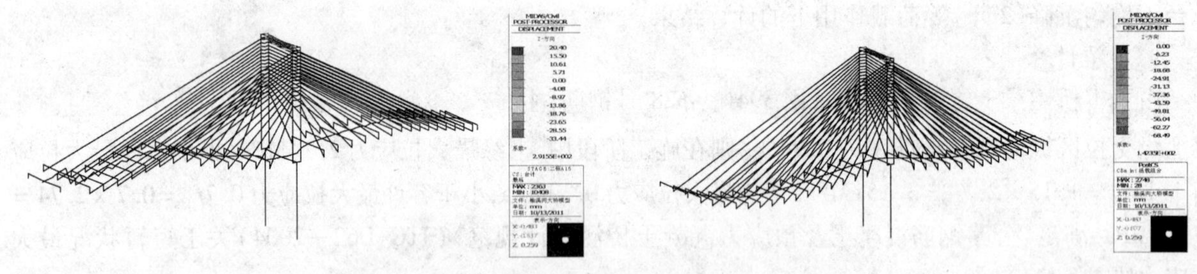

图3　结构挠度图(左图为成桥阶段挠度,右图为活载挠度)

由表5可知,在汽车荷载作用下跨中最大竖向位移为69mm,本桥采用C55混凝土,对应挠度长期增长系数为1.4125,根据规范JTG D62—2004第6.5.3,其消除结构自重产生的最大长期挠度为131mm,挠跨比为1/840,小于1/600,结构竖向刚度满足规范要求,同时也满足《公路斜拉桥设计细则》(JTG D65—2007)4.4.2条混凝土车道板竖向挠度的要求。

主梁挠度计算值　　表5

恒载	活载(最大)	活载(最小)	沉降(最大)	沉降(最小)	梯度升温	梯度降温	整体升温	整体降温
-16	30	-69	4	-21	14	-7	12	-18

2)索塔计算

本桥索塔为钢管混凝土组合索塔,按照换算截面法对该索塔应力及强度进行计算,结果如表6所示。

索塔应力 表6

截面计算点位置	最大应力(MPa)	最小应力(MPa)	截面计算点位置	最大应力(MPa)	最小应力(MPa)
前进侧顶点	114	-118	前进向右侧顶点	4	-110
后退侧顶点	112	-117	前进向左侧顶点	6	-111

由表6可知,索塔最大拉应力114MPa,最大压应力118MPa,均小于规范要求的容许应力210MPa。由表7可知,索塔强度满足相关规范要求。

索塔最不利截面强度验算 表7

钢管混凝土轴心受压构件承载力 N_u(kN)	66464	钢板厚 d_s(m)	0.035
偏心折减系数 ϕ_e	0.650	钢管混凝土轴心受压短柱承载力 N_0(kN)	178424
长细比折减系数 ϕ_l	0.573	核心混凝土面积 A_c(m^2)	2.632
计算偏心距 e_0	0.252	核心混凝土抗压强度设计值 f_c(kN/m^2)	22400
核心混凝土截面半径 r_c(m)	0.865	套箍指标 θ	1.018
计算弯矩 M_2(kN·m)	8600	钢管面积 A_s(m^2)	0.203
计算轴力 N(kN)	34150	钢管强度设计值 f_s(kN/m^2)	295000
钢管外径 D(m)	1.80	钢管混凝土构件轴心压力设计值(kN)	55000
受压构件等效计算长度 l_e(m)	32	是否通过	是

3)拉索计算(表8)

由表8可知,标准值组合下,拉索索力安全系数最小值2.96,大于《公路斜拉桥设计细则》(JTG D65—2007)规定的2.5,最大应力幅81MPa,满足相关规范要求。

拉索强度计算 表8

索号	拉索型号	标准强度(MPa)	理论破断荷载(kN)	成桥阶段		标准值组合				
				轴力(kN)	安全系数	最小轴力(kN)	安全系数	最大轴力(kN)	安全系数	应力幅(MPa)
A1	PES7-109	1860	7005	2045	3.43	2045	3.43	2368	2.96	77
A2	PES7-109	1860	7005	1822	3.84	1813	3.86	1951	3.59	33
A3	PES7-109	1860	7005	1908	3.67	1896	3.69	2060	3.4	39
A4	PES7-151	1860	9705	1965	4.94	1949	4.98	2187	4.44	41
A5	PES7-151	1860	9705	2114	4.59	2100	4.62	2323	4.18	38
A6	PES7-151	1860	9705	2304	4.21	2283	4.25	2478	3.92	34
A7	PES7-151	1860	9705	2533	3.83	2500	3.88	2673	3.63	30
A8	PES7-151	1860	9705	2795	3.47	2739	3.54	2905	3.34	29
A9	PES7-187	1860	12018	3027	3.97	2930	4.1	3132	3.84	28
A10	PES7-187	1860	12018	3270	3.68	3139	3.83	3360	3.58	31
A11	PES7-187	1860	12018	3456	3.48	3286	3.66	3533	3.4	34
A12	PES7-187	1860	12018	3582	3.36	3361	3.58	3653	3.29	41
A13	PES7-187	1860	12018	3645	3.3	3364	3.57	3718	3.23	49
A14	PES7-187	1860	12018	3625	3.32	3278	3.67	3705	3.24	59
A15	PES7-187	1860	12018	3567	3.37	3156	3.81	3659	3.28	70
J1	PES7-109	1860	7005	1952	3.59	1929	3.63	2268	3.09	81

续上表

索号	拉索型号	标准强度（MPa）	理论破断荷载（kN）	成桥阶段		标准值组合				
				轴力（kN）	安全系数	最小轴力（kN）	安全系数	最大轴力（kN）	安全系数	应力幅（MPa）
J2	PES7-109	1860	7005	1783	3.93	1766	3.97	1905	3.68	33
J3	PES7-109	1860	7005	1874	3.74	1874	3.74	2023	3.46	36
J4	PES7-151	1860	9705	1920	5.05	1931	5.03	2156	4.5	39
J5	PES7-151	1860	9705	2264	4.29	2272	4.27	2519	3.85	43
J6	PES7-151	1860	9705	2421	4.01	2420	4.01	2680	3.62	45
J7	PES7-151	1860	9705	2595	3.74	2580	3.76	2843	3.41	45
J8	PES7-151	1860	9705	2840	3.42	2809	3.45	3062	3.17	44
J9	PES7-187	1860	12018	2932	4.1	2870	4.19	3164	3.8	41
J10	PES7-187	1860	12018	3112	3.86	3014	3.99	3296	3.65	39
J11	PES7-187	1860	12018	3291	3.65	3152	3.81	3415	3.52	37
J12	PES7-187	1860	12018	3359	3.58	3169	3.79	3412	3.52	34
J13	PES7-187	1860	12018	3300	3.64	3046	3.95	3281	3.66	33
J14	PES7-187	1860	12018	3402	3.53	3064	3.92	3327	3.61	37
J15	PES7-187	1860	12018	3366	3.57	2917	4.12	3287	3.66	51

4）整体稳定分析

根据《公路斜拉桥设计细则》（JTG D65—2007）6.2.9条规定，对本桥进行整体稳定分析。在考虑恒载、活载、风荷载等荷载作用下，桥梁稳定分析结果如图4所示。

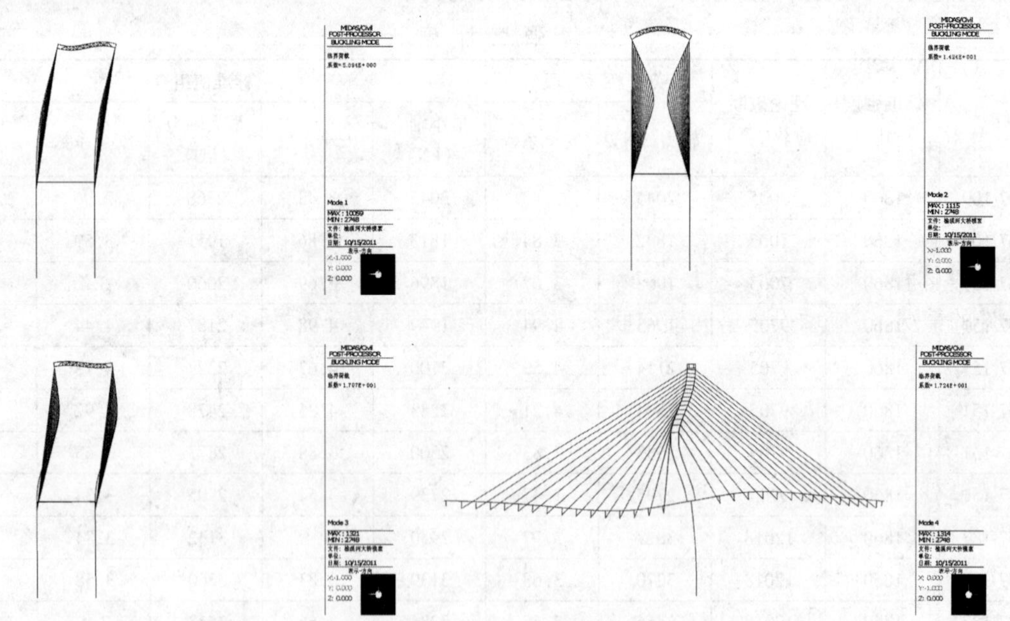

图4　整体失稳图（左上为1阶失稳、右上为2阶失稳、左下为3阶失稳、右下为4阶失稳）

由表9可知，本桥1阶失稳临界荷载特征值为5.09，满足《公路斜拉桥设计细则》（JTG D65—2007）相关规定要求。本桥前三阶失稳皆为面外失稳，说明本桥面内稳定性远大于面外稳定性，这主要是由于本桥索塔采用钢管混凝土组合索塔，索塔横桥向截面尺寸较小所致，故对于此类桥梁，宜对结构的整体稳定性加以充分研究。

整体失稳特征值 表9

阶 次	失稳模式	临界荷载特征值	阶 次	失稳模式	临界荷载特征值
1	索塔面外单向失稳	5.09	6	索塔面外反对称失稳	27.14
2	索塔面外对称失稳	14.24	7	索塔面内反对称失稳	32.36
3	索塔面外单向失稳	17.07	8	索塔面外反对称失稳	36.02
4	索塔面内反对称失稳	17.24	9	索塔面外单向失稳	36.77
5	索塔面内对称失稳	19.88	10	索塔局部反对称失稳	42.05

四、结 论

本文以某工程实例桥为背景，介绍了钢管混凝土索塔不对称独塔双索面斜拉桥的受力特点，由该桥结构计算分析可知：

(1)该桥箱梁梁高与跨径比值较小(约1/44)，且主梁采用双主肋断面，减轻了结构自重与材料用量，具有较好的经济性。

(2)主梁在施工过程中，上缘出现较大拉应力，下缘出现较大压应力，位于主跨最大悬臂处附近，这主要是由于混凝土主梁自重较大，在施工过程中，主跨最大悬臂处附近将产生较大负弯矩，故此类桥梁应保证主梁纵向钢筋配筋率，以避免在施工过程中由于应力过大而导致的裂缝宽度超限及混凝土压溃等问题的发生。

(3)主梁在持久状况下，混凝土的拉应力及压应力均满足规范要求，说明本桥的索力及预应力钢束布置较为合理，但主梁采取双主肋断面设计时，应选取合理的主肋尺寸，以保证既满足结构的刚度需求，亦优化结构自重，同时满足预应力钢束布置空间的要求。

(4)主梁的承载力最小安全系数1.68，位于边跨截面突变处，说明由双主肋截面过渡到现浇箱梁截面对于截面突变处附近的承载力较为不利，应注意选取合适的过渡截面，本桥在两道主肋中设置了三道小纵梁，分别与现浇箱梁三道中腹板位置对应，对于应力在两种截面形式间的传递有益。

(5)本桥在活载作用下，主梁产生的挠度为69mm，本桥采用C55混凝土，对应挠度长期增长系数为1.4125，根据规范JTG D62—2004第6.5.3，其消除结构自重产生的最大长期挠度为131mm，挠跨比为1/840，小于1/600，结构竖向刚度满足规范要求。

(6)本桥钢管混凝土索塔应力及强度均满足要求，强度安全系数1.2，这是由于受限于本桥具体布置，索塔截面尺寸较小，对于此类桥梁，在条件允许的情况下，宜选择合适的截面尺寸，以提高结构的承载能力富余度。

(7)本桥斜拉索安全系数较高，应力幅较小，斜拉索型号选择合理。

(8)本桥整体稳定分析前三阶失稳均为面外失稳，说明此类结构面外稳定性是结构失稳的控制因素，在有条件的情况下，应增设索塔间横向联系，以提高结构面外稳定性。

五、展 望

目前，国内外采用钢管混凝土作为索塔的独塔双索面斜拉桥工程设计实例较少，故本桥设计较为新颖，但由于规范对于此类桥梁设计相关条款较少，结构具体受力特点仍存在研究不透彻的方面，宜针对以下问题开展深入具体的研究工作：

(1)塔—墩—梁固结体系中钢管混凝土索塔的收缩徐变影响。

(2)塔锚区索塔的局部稳定性及施工阶段整体稳定性分析。

(3)钢管混凝土受拉区混凝土开裂对于索塔强度的影响。

参考文献

[1] 中华人民共和国行业标准.JTG D62—2004 公路钢筋混凝土及预应力混凝土桥涵设计规范[S].北京：人民交通出版社，2004.

[2] 中华人民共和国行业标准.JTG D65—2007 公路斜拉桥设计细则[S].北京：人民交通出版社，2007.

[3] 刘士林,王似舜.斜拉桥设计[M].北京:人民交通出版社,2006.
[4] 黄侨.桥梁钢—混凝土组合结构设计原理[M].北京:人民交通出版社,2003.
[5] 蔡绍怀.现代钢管混凝土结构[M].北京:人民交通出版社,2007.

16. 张家港市沙洲湖景观斜拉桥的动态设计

王卫国　胡海波
(苏州市交通设计研究院有限责任公司)

摘　要　本文结合张家港沙洲湖景观斜拉桥的设计过程,分析了桥型选择、跨径布置、塔形比选等方面问题,阐述了设计人员如何在满足景观要求的基础上,通过多方面比选,尽量控制造价,设计出性价比较高的作品。

关键词　景观斜拉桥　动态设计

一、概　述

张家港市沙洲湖位于张家港城北新区,这是继暨阳湖生态园、梁丰生态园后,张家港打造的又一城市新亮点、新地标。沙洲湖由一干河拓宽与两侧滨河绿地组成,沙洲湖工程建成后,将成为重要的应急水源地之一,为张家港市提供稳固的水源安全保障,同时将建成一个绿色生态、功能完备的城市休闲公园。该桥位处,根据规划,水面宽度为260多米(图1)。

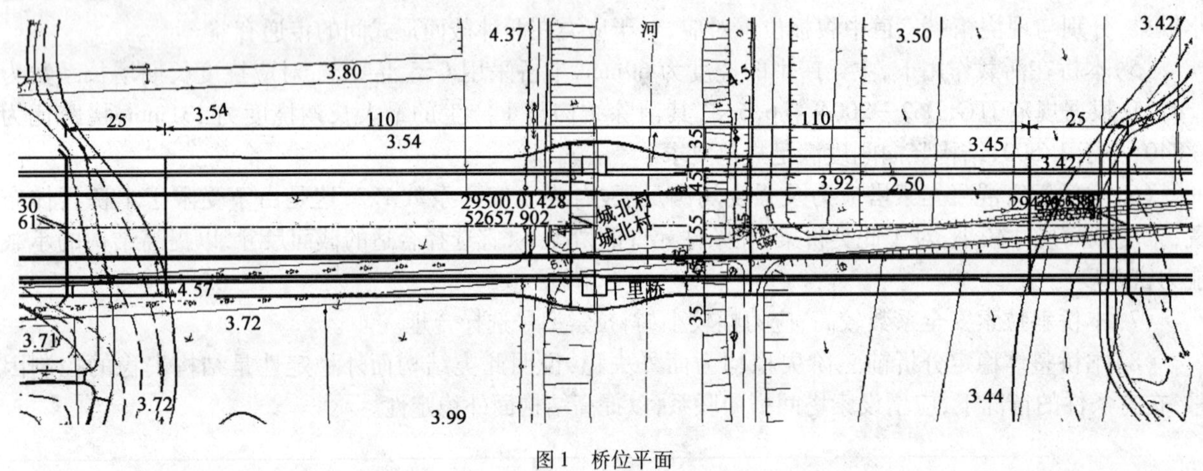

图1　桥位平面

二、桥型方案比选

该桥所处的道路为城市主干道,设计车速:60km/h。桥梁宽度为39.5m。采用双向4车道,中间设50cm双黄线,两侧各设1.5m分隔带、4m的非机动车道,考虑到绿化带处的自行车专用道并入,外侧采用6m的人行道和非机动车混合道。横向布置为6m+4m+1.5m+16.5m+1.5m+4m+6m=39.5m。横断面见图2。

张家港位于六度区,设计基本地震加速度为0.05g。

建设方基于新建地标的考虑,要求桥型采用斜拉桥,以适应空旷水面的情况。项目组结合桥位平面,提出了三个方案进行比选。

方案一:人字形桥塔斜拉桥,主桥桥跨布置为140m+140m=280m,主桥采用混凝土结构,人字形桥塔的设计形式比较新颖,象征着以人为本的执政理念,个性鲜明,景观效果独特(图3)。

方案二:混凝土矮塔斜拉桥,主桥桥跨布置为65m+100m+65m=230m。引桥采用25m的简支箱梁,桥梁全长280m。本方案采用部分斜拉桥,塔外形为略带弧形的花瓶形式,外侧边为蓝色,内为白色,颜色对比强烈,性价比较高(图4)。

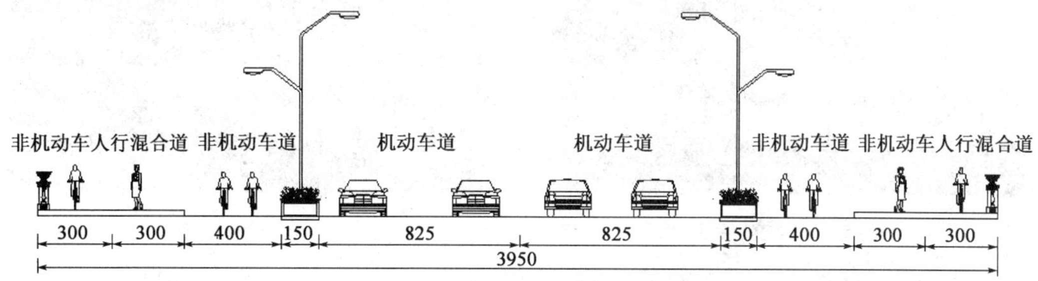

图2 桥梁横断面布置(尺寸单位:cm)

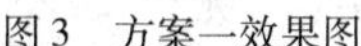

图3 方案一效果图

图4 方案二效果图

方案三:混凝土拱门形斜拉桥,主桥桥跨布置为65m+100m=165m,全桥的总长为280m。本方案利用内套的拱塔各向一侧斜拉,环环相扣,动态十足。两个背靠的弧形拱塔,相反相承,侧面看犹如振翅待飞的蝴蝶,姿态优美,在桥面上行驶,如穿越时空,时代感强烈(图5)。

通过景观造价等因素的综合对比,建设方确定采用人字形塔的斜拉桥方案,根据跨径和景观考虑,塔高建议采用68m左右。

根据这一前提,我们细化了方案设计(表1)。

方 案 设 计 表1

桥梁方案	桥 梁 结 构	跨径组合(m)	优 点	缺 点	建安费(亿元)
方案A	混凝土梁部分斜拉桥	55+85+85+55	桥型优美,混凝土结构造价小	主跨跨径小,梁塔组合不太协调	1.1
方案B	钢结构斜拉桥	140+140	桥梁梁体轻盈,梁塔组合最为协调	造价高	1.5
方案C	钢混混合梁斜拉桥	160+120	不对称结构,采用部分混凝土梁,较钢桥造价小	造价较高,钢梁和混凝土梁结合部位较为复杂	1.3

方案A:混凝土梁部分斜拉桥。跨径布置:55m+85m+85m+55m,为单箱多室预应力混凝土结构,梁高2.5m,塔高68m,本结构既合理利用了塔和索的支撑结构,主梁又采用了混凝土材料,节约了造价。

方案B:钢结构斜拉桥。跨径布置:140m+140m,主梁为钢结构,梁高2.5m,塔高68m,本结构为常规斜拉桥结构,施工及设计经验丰富,但全部采用钢结构,造价较高。

方案C:钢混混合梁斜拉桥。跨径布置:160m+120m,主跨主梁为钢结构,边跨为单箱多室预应力混凝土结构,梁高2.5m,塔高68m,本结构造价居中。

经过综合比选,在方案阶段确定采用方案一。

在初步设计阶段,经过细化的结构计算表明,由于塔高68m,相对较高,塔梁的受力分配比已超出了部分斜拉桥的经济范围,在河道中设置多个桥墩,而桥面上满布斜拉索,给人以装饰桥的错觉,故决定采用2孔独塔的混凝土斜拉桥方案。

考虑到混凝土梁、塔的受力,从经济性角度考虑,主跨采用110m,引桥采用25m简支箱梁,塔高采用

68m。经综合比较,将索距确定为6.0m,经过结构和景观分析,效果较好(图6)。

图5 方案三效果图

图6 桥梁效果图

三、设 计 要 点

1. 主桥上部结构体系

主桥上构主梁采用刚构体系,墩塔梁固结。

2. 桥塔及桥塔基础

主塔的形状在上一阶段,已经基本确定。设计方需要研究的是在此前提下的细节处理和技术经济比较。我们主要分析了人字形塔的斜腿在桥面以下顺延或内收的两种情况。顺延的话,是整体人字形,内收的话,是钻石型。

两种塔形各有利弊,但是就本桥而言,钻石型塔具有更好的技术经济优势。主要影响在于钻石型塔,不需要在承台内设置预应力,抵抗横向水平分力的钢束都在横梁内张拉;另外,由于塔的下部内收,承台的尺寸较小,大大减少了基坑开挖等工程量。

而人字形塔的承台受较大的拉力,为平衡这一效应,需在承台内张拉预应力钢束,为满足抗震的需要,墩身需有一定的高度,这样承台常年埋在水下,对承台内的预应力耐久性提出很高的要求。

经过综合比选,我们采用了钻石型的桥塔,既保证了效果,又取得了较高的性价比。主墩示意图见图7。

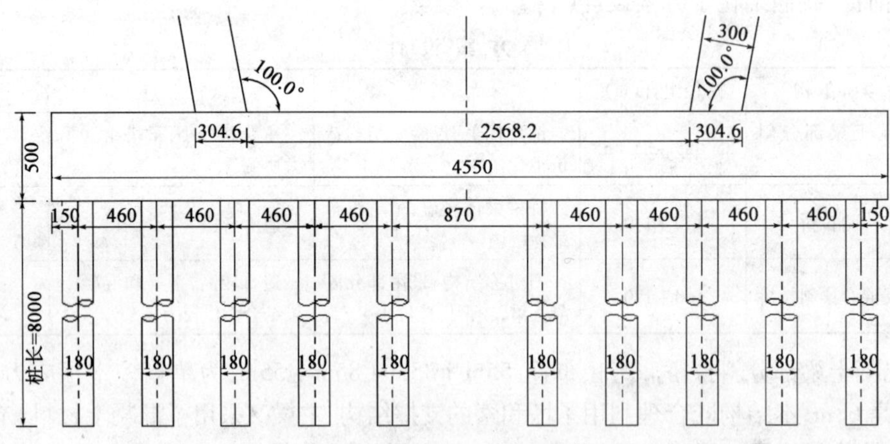

图7 主墩示意图(尺寸单位:cm)

另外,对于塔顶部采用分叉还是合并,我们也进行了研究。分开的话,两个分离的塔间采用钢拉杆连接,有一定的新颖性,但是连接效果不明,动力效应太大,疲劳性能要求高,需要采用钢锚箱等措施。如采用顶上形成整体,下面采用圆弧,并采用凹槽的方式,则既保证了整体的景观效果,又确保了结构的安全,这也体现了安全与景观的动态平衡。

本桥为独塔、双索面、墩塔梁固结、混凝土斜拉桥。拉索布置形式为扇形,拉索为空间索(图8)。塔截面为空心截面,塔截面顺桥向总长6m,横桥向顶宽5m,在分叉处横桥向宽度约为10.9m,分叉后塔柱横桥向宽度为3m。锚固区挖空尺寸为4m×1.1m,其余断面挖空尺寸为4m×1m。为抵抗拉索水平分力,塔内设井字型预应力筋。塔内部有足够空间,以方便施工和日常维护保养。

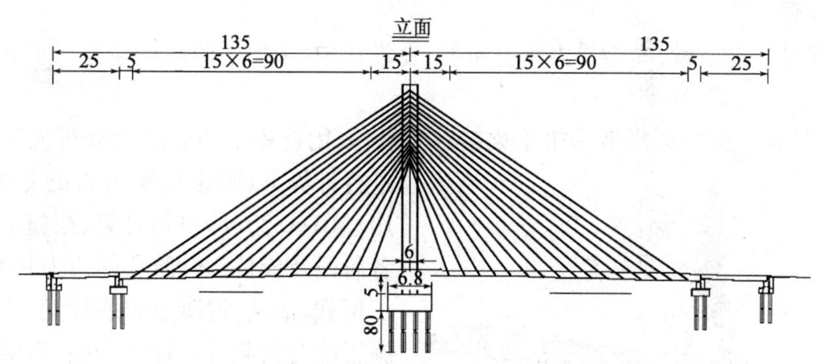

图8 桥型图(尺寸单位:m)

梁采用边组梁断面形式,桥梁中心建筑高度为2.5m,标准段全宽34.5m(在塔根部局部变宽)。主梁为双箱单室截面,边腹板采用直腹板,两箱梁通过横梁及桥面板连接,箱梁横坡通过箱梁腹板高度调节。横隔板纵向标准间距为6m,支撑计算跨度27.9m,横隔板宽0.5m,桥面板厚28cm。塔、墩、梁固结处主梁顶面全宽41.5m。翼缘长度2.45m,悬臂板端部厚0.2m,根部厚0.45m;腹板厚0.5~0.7m,底板厚0.25~0.45m(图9)。

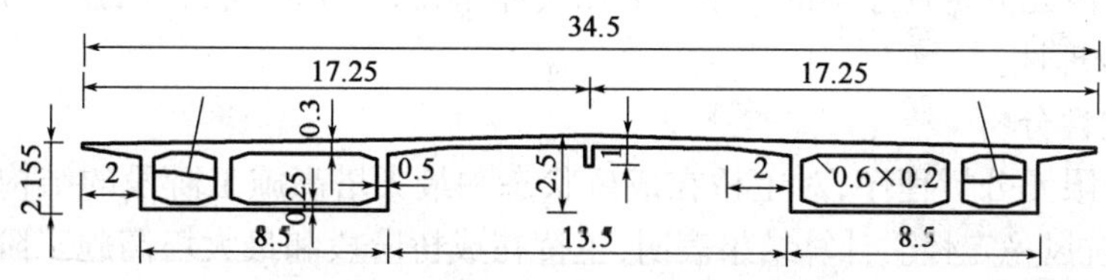

图9 主梁断面布置(尺寸单位:m)

主肋靠近塔根部时,边腹板逐渐变宽至5.16m。由于本项目跨越待建的沙洲湖,桥梁施工完成后,实施沙洲湖工程,为降低施工成本,同时考虑到施工条件,本项目主梁采用满堂支架现浇施工。

端锚索与主梁夹角为33.45度,在梁上的束距为6m,每索面拉索共16对。拉索张拉端位置设在边腹板下缘,张拉端位置设置张拉槽。拉索固定端设在塔内。

斜拉索采用扇形索面布置,采用双层热挤PE护套半平行钢丝拉索体系。拉索张拉端梁上水平间距为600cm,S1~S9拉索锚固点塔上竖向间距为180cm,S10~S16塔上竖向间距为150cm。

斜拉索采用定型产品,全桥共64根拉索。规格分别为:PES7-199(S1~S2)、PES7-187(S3~S8)、PES7-139(S9~S16)。锚具采用相应规格的PESM型冷铸锚。

斜拉索采用ϕ7mm高强镀锌平行钢丝($f_{pk}=1670$MPa)。

3. 计算要点

1)主桥纵向体系静力计算

按平面杆系有限元原理,采用《MIDAS2011》,建立空间梁格模型进行计算,按施工工序分析了施工各阶段及成桥运营阶段的应力及变形,计算中考虑了恒载、活载、混凝土收缩徐变、预应力、温度变化、风荷载、支座沉降、施工临时荷载等,同时考虑了斜拉索的非线性效应。

计算结果表明,主梁混凝土的最大压应力为15.7MPa,最小压应力为0.5MPa,无拉应力。其余各构件的应力均满足规范要求,竖向刚度满足规范要求。

2)主塔横向计算

按施工工序分析了施工各阶段及成桥运营阶段的应力及变形,计算中考虑了恒载、活载、混凝土收缩徐变、预应力、温度变化、风荷载、施工临时荷载等。

计算结果表明,横桥向主塔混凝土的最大压应力为16.0MPa,最小压应力为0.9MPa,无拉应力。纵横向角点应力叠加最大压应力均满足规范要求。

3)主梁横梁计算

由于本桥属宽混凝土桥梁,横梁受力十分重要,在设计中,采用了两套程序进行了相互校核计算(图10)。

(1)空间梁元计算。将主梁离散为格子梁结构体系,采用通用空间有限元分析程序中的三维梁单元进行计算,以确定横梁内力的分配系数。然后,采用《MIDAS2011》进行计算,按施工工序分析了施工各阶段及成桥运营阶段的应力及变形,计算中考虑了恒载、活载、混凝土收缩徐变、预应力、温度变化、施工临时荷载等。计算表明,横梁下缘最大压应力为11.6MPa;最大拉应力为0.3MPa,均满足规范要求。

图10　计算模型

(2)空间块元计算。采用空间分析程序的三维八节点实体单元,对标准横梁进行了应力分析,分析中考虑了预应力效应、斜拉索的弹性支承,横梁各部位的应力与第一种方法基本相符,应力满足规范要求。

4)主塔锚固区局部应力分析

采用通用空间有限元分析程序中的三维8节点实体单元,对主塔锚固区的局部应力进行了分析,确认了布置U型束的合理性。

5)主桥抗风稳定性分析

采用通用空间有限元分析程序,对主桥在成桥状态和最大塔高施工阶段的结构动力特性进行了计算,并分析了主桥的抗风稳定性。计算结果表明,主桥在成桥阶段和最大塔高施工阶段抗风稳定性是安全的。

6)主桥地震响应分析

采用反应谱理论,对主桥进行了地震响应分析。计算表明,地震荷载不控制设计。

四、实施阶段的新技术、新工艺

1.自平衡桩基测试的应用

自平衡法是基桩静载试验的一种新方法。该法是把一种特制的加载装置——荷载箱和钢筋笼焊接在一起埋入桩内,将荷载箱的高压油管引到地面,然后浇注成桩。由高压油泵在地面向荷载箱充油加载,荷载箱将力传递到桩身,其上部桩身的摩擦力与下部桩的摩擦力及端阻力相平衡—自平衡来维持加载。根据向上向下 Q-s 曲线、s-lg$T$ 曲线、s-lg$Q$ 曲线以及等效转换曲线确定基桩承载力,如图11所示。

本工程在主墩中选择了两根桩基进行无损、原位试桩,经过测试,得到了桩基的极限承载力,明确了各土层的实际摩阻力,为优化其他桩基的设计和施工工艺提供了依据。

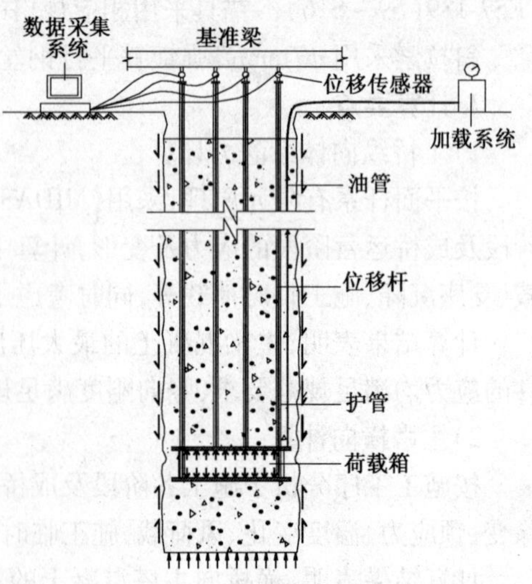

图11　自平衡测试示意图

2.爬模工艺在曲线塔浇筑中的应用

由于本桥的主塔是曲线塔,主塔的立模对施工的质量和工期影响较大。本工程在施工阶段采用了较先进的爬模工艺。

爬模由爬升模板、爬架和爬升设备三部分组成。由于具备自爬的能力,因此不需起重机械的吊运,这减少了施工中运输机械的吊运工作量。在自爬的模板上悬挂脚手架可省去施工过程中的外脚手架。所以爬升模板能减少起重机械数量,加快施工速度,经济效益较好。

3. 优化施工次序

在施工阶段，在保证支架刚度的前提下，优化了施工次序，变先塔后梁的工艺为塔梁基本同步施工，梁分段浇筑，采用湿接头连接。相应的，设计进行了优化调整，节约了数月的工期。

4. 配合施工监控，提出设置临时支撑措施

针对该塔的特点，在浇筑主塔的过程中，会产生水平力。为此，在施工方案审查会上，提出塔间设置3道横向支撑的措施，以克服水平力，并在施工期间，监控单位对临时支撑的变形进行了有效的监控。

五、结　语

该景观斜拉桥，采用了空间索面，曲线塔，建成后，将成为张家港的一个地标，受力上也有一定的特点。

通过这座桥的设计工作，以及对全过程参与和配合，有不少的感悟。觉得一个优秀的设计者，不仅要有扎实的专业知识，还要有良好的沟通能力，能在满足建设方期望和规范的前提下，通过因势利导，拿出相对最优的设计成果来。另外，施工期间，结合施工实际，及时优化、调整设计方案，推广新技术、新工艺，对于社会的整体进步无疑是很有裨益的。

参考文献

[1] 中华人民共和国行业标准. JGJ/T D65-01—2007 公路斜拉桥设计细则[S]. 北京:人民交通出版社,2007.

[2] 项海帆,等. 桥梁概念设计[M]. 北京:人民交通出版社,2011.

[3] 林元培. 斜拉桥[M]. 北京:人民交通出版社,2004.

17. 跨高速公路桥梁桥型适应性研究

周　青　戴　捷　华　新　韩大章
（江苏省交通规划设计院股份有限公司）

摘　要　本文以无锡高浪路跨沪宁高速公路桥梁为背景，进行了跨高速公路桥梁桥型方案适应性研究。在常见装配式混凝土组合箱梁、挂篮悬浇混凝土箱梁的基础上，又研究了顶推钢箱梁、混凝土转体桥梁等桥型方案。针对具体无锡高浪路桥梁项目，创新性的提出了混凝土T型刚构分幅转体桥型方案，很好地解决了跨繁忙交通沪宁高速的桥型选择问题。

关键词　跨高速公路　桥型方案　转体施工

一、概　述

无锡市位于长江三角洲地带，是全国重要的区域经济中心，著名的风景旅游城市，也是华东地区主要的交通枢纽。根据无锡区域路网布局规划，未来城市快速路网将由内环、外环和八条连接线组成“两环八射”的骨架系统。高浪路是两环中城市外环的东南段，交通功能十分重要。高浪路高架主线桥跨越沪宁高速公路，与沪宁高速的交叉角度81°，沪宁高速为双向八车道，路基宽42m，中分带宽3m。

桥型方案研究阶段，综合交通影响、工程方案实施风险、工程造价、后期养护、桥梁景观，进行了全面仔细的桥型方案适应性研究，创新性地选择了分幅错孔同步转体预应力混凝土T型刚构桥。桥梁跨径为2×68m，双向八车道，设左右两幅，桥面净宽2×19.5m。单T转体箱梁悬臂长度为2×60m，单T转体重量为8000t。本桥为江苏境内首次采用T型刚构转体施工的桥梁，转体吨位省内最大，在国内同类型桥梁中亦位于前列。

二、主要技术标准

(1)道路等级:城市快速路。

(2)设计速度:80km/h。

(3)荷载标准:汽车,城—A级;人群荷载,3.0kN/m^2。

(4)桥面宽度:2×19.5m。

(5)安全等级:一级。

(6)桥下净空:5.2m。

(7)抗震设防标准:地震动峰值加速度0.05g,地震设防烈度为6度。

三、桥型方案适应性研究控制因素

高浪路跨越沪宁高速的桥梁方案须重点考虑以下三个因素:

(1)沪宁高速作为重要的交通动脉,桥梁施工应尽量不干扰其正常通行,无锡段沪宁高速交通非常繁忙,施工过程中必须有可靠的安全保障。

(2)在沪宁高速中分带内设立永久墩利弊兼有,需进行综合权衡。

(3)桥梁形式的选择在满足功能要求的同时还应顾及经济性。

四、沪宁高速相关路段服务水平分析

项目研究时,沪宁高速公路无锡东互通~硕放枢纽段日平均断面交通量为96050pcu/日,对沪宁高速公路该段通行能力和现状服务水平加以分析,见表1。

项目路通行能力和服务水平分析(标准八车道)　　表1

路　段	交通量(pcu/日)	通行能力(pcu/日)	V/C	服务水平	备　注
无锡东互通~硕放枢纽段	96050	136727	0.70	二级	V/C在0.34至0.74之间为二级服务水平

无锡高浪路为城市快速路,规划在沪宁高速无锡东互通~硕放枢纽段上跨沪宁高速公路,如高浪路跨沪宁高速桥梁在中分带设墩,施工期间需封闭中分带两边各一个车道。若仅采用六车道断面通行,对沪宁高速公路该段通行能力和现状服务水平加以分析,见表2。

项目路通行能力和服务水平分析(六车道)　　表2

路　段	交通量(pcu/日)	通行能力(pcu/日)	V/C	服务水平	备　注
无锡东互通~硕放枢纽段	96050	102545	0.93	四级	V/C大于0.88为四级服务水平

从表中分析得知,仅采用六车道断面通行,服务水平为四级,服务水平受到很大的影响。

五、常见桥型方案适应性研究

常见的跨高速公路桥梁主要有架桥机架设装配式预应力混凝土组合箱梁,挂篮悬浇变截面预应力混凝土箱梁,均是最经济便捷的桥型方案,在跨高速公路桥梁中广泛运用。

1.装配式混凝土组合箱梁

跨径布置4×35m,桥宽39.5m,梁高1.8m。为减小对沪宁高速的影响,不采用现浇横向湿接缝的形式,代之以预制板,整体现浇桥面(图1)。

施工过程中有三个节点需对沪宁高速进行交通组织:①在中分带内施工桩基、墩柱与盖梁,封闭左、右幅超车道40天,征用紧急停车带,保证八车道通行;②防护梁基础、立柱设置期间,以及穿巷吊机过路及架梁期间,封闭左、右幅超车道7天,征用紧急停车带,保证八车道通行;③防落梁拖拉过路后,拆除超车道的立柱与基础，封闭左、右幅超车道1天，征用紧急停车带，保证八车道通行。

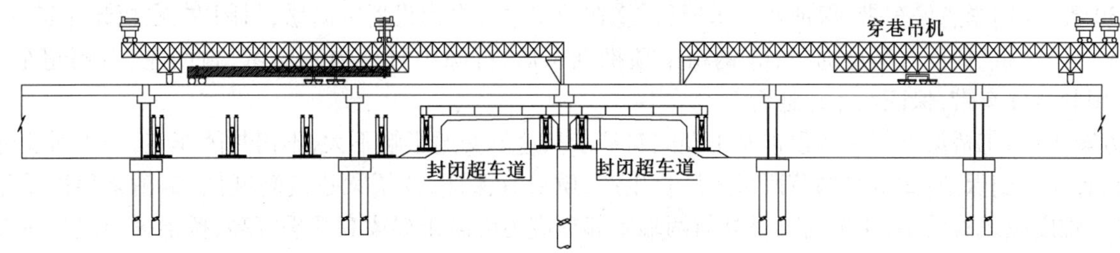

图1 装配式混凝土组合箱梁方案

本方案桥梁造价最低，经济性最佳，但缺点明显，对交通组织影响很大，尽管采用了防护梁设计，但箱梁架设时的安全隐患很大，除非封闭半幅路面，另半幅路面实行临时双向通行。因此对于交通繁忙的无锡段沪宁高速而言，混凝土组合箱梁是不合适的；在交通流较小的高速公路路段，可临时实行半幅路面双向通行时，组合箱梁具有较好的适应性。

2. 挂篮悬浇混凝土连续箱梁

跨径40m + 70m + 40m，桥宽2×19.5m，左、右分幅，墩顶梁高4.1m，跨中梁高2.1m。单幅为单箱三室截面，桥面板不设横向预应力，两幅分别悬臂浇筑（图2）。

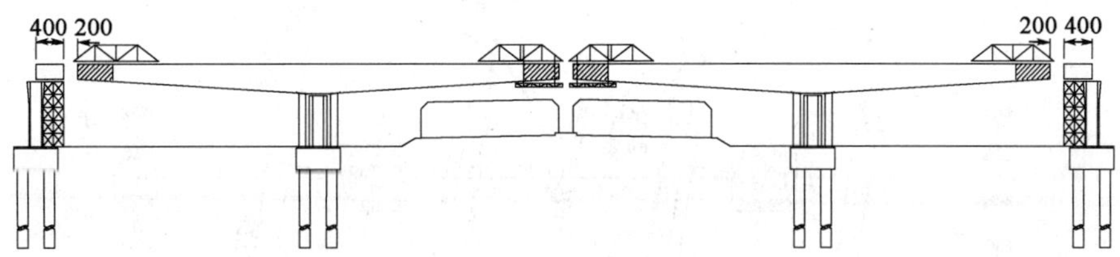

图2 挂篮悬浇混凝土连续箱梁方案（尺寸单位：cm）

施工过程中，在拆除中跨合龙段挂篮期间，为确保安全，选择于夜间交通量较小时段封闭左、右幅超车道5小时，征用紧急停车带，保证八车道通行。施工阶段累计影响沪宁交通6小时。悬臂浇筑期间在挂篮底部设防护棚或防落网。

本方案造价较低，仅次于组合箱梁，工程技术成熟；但防护棚或防落网对交通安全的保证性低，对于车速慢或车流较小的地方道路，挂篮悬浇混凝土箱梁具有较好的适应性。

六、桥型方案优选

由上述可知，常见的组合箱梁及挂篮悬浇连续箱梁不适用于繁忙交通的高速公路路段，均需临时较大侵占道路通行建筑限界，对车速、通行能力影响很大；桥型方案选择时，需要考虑施工过程中对交通组织影响更小、对交通安全更有保障的桥型方案，目前顶推、转体桥梁在跨越繁忙交通节点中发挥着越来越重要的作用。

1. 分幅顶推钢箱梁

跨径33m + 37m，桥宽2×19.5m，左、右分幅，等截面钢箱梁，中心梁高1.9m（图3）。钢箱梁总重量约1365t，单幅顶推重量约685t。

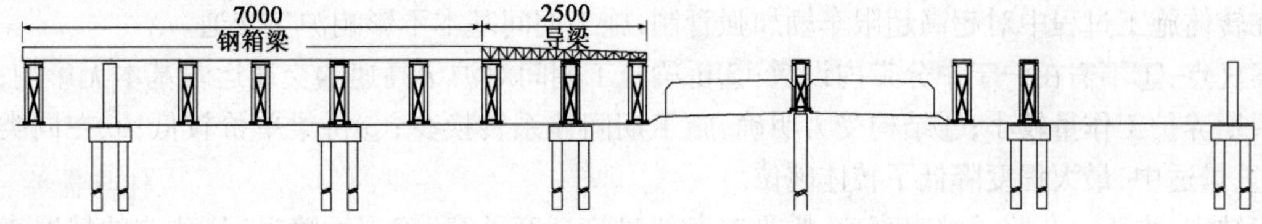

图3 顶推钢箱梁方案（尺寸单位：mm）

施工过程中有两个节点需对沪宁高速进行交通组织：①在中分带内施工桩基与墩柱，封闭左、右幅超车道30天，征用紧急停车带，保证八车道通行；②在沪宁中分带内设置临时墩，封闭左、右幅超车道3天，征用紧急停车带，保证八车道通行；③钢箱梁顶推到位后，拆除中分带内临时墩，封闭左、右幅超车道2天，征用紧急停车带，保证八车道通行。

方案优点：①桥梁上部结构顶推施工期间对沪宁高速的交通影响不大，不需封闭车道，施工时交通安全性较容易得到保证；②钢结构节段可工厂化生产，质量有保证；③桥梁建筑高度低，钢箱梁顶推重量较轻，施工难度及风险较小；④钢箱梁梁高与两端紧邻预应力混凝土梁梁高几乎等高，桥梁纵向线形过渡自然，景观效果较好。

方案缺点：①中分带设墩期间需短期封闭超车道，影响沪宁交通时间较长，如不设墩加大顶推跨径，则增加了工程造价；②钢箱梁运营期间需定期检修（一年一次）、涂装（十年一次），涂装期间须短期封闭相关车道；③桥梁单价偏高。

2. 整幅混凝土连续箱梁转体

跨径54m+90m+54m，整幅桥宽39.5m，预应力混凝土变截面连续梁，采用单箱三室斜腹板截面，中支点中心梁高5.3m，跨中中心梁高2.5m；单T转体悬臂长为42.75m+42.75m=85.5m；中跨跨中合龙段长4.5m。单T转体总重量约11000吨（图4）。

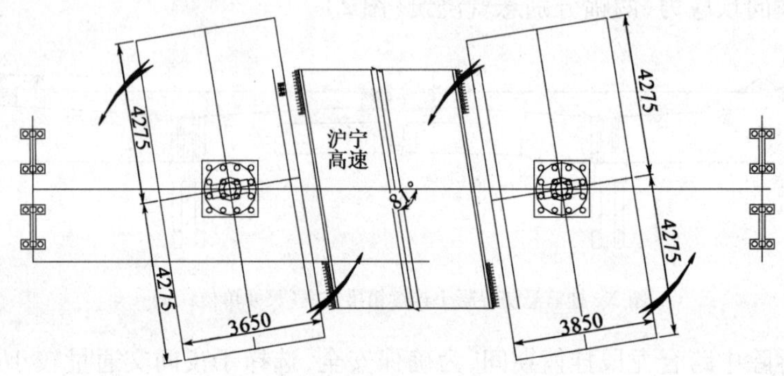

图4　整幅混凝土连续箱梁转体方案

施工过程中，在拆除中跨合龙段挂篮期间，为确保安全，选择于夜间交通量较小时段封闭左、右幅各两个车道5小时，征用紧急停车带，保证六车道通行。

方案优点：①不需在沪宁中分带内设墩；②桥梁施工期间对沪宁高速的交通运营影响较小；③混凝土结构后期养护工作量较小；④桥梁单价较低。

方案缺点：①单幅桥宽39.5m，主桥的设计难度很大；②因桥梁较宽，转体总重量很大，转体施工难度以及卡壳的风险较大；③由于一孔跨越沪宁高速，桥梁建筑高度较高，美观性略差。

由于本项目桥宽、转体吨位大，设计、施工风险均较大，因而整幅转体桥梁需进行方案优化和创新，尽量降低桥梁宽度和转体吨位。

3. 混凝土T型刚构分幅转体

跨径68m+68m，桥宽2×19.5m，左、右分幅，预应力混凝土变截面T构，采用单箱双室斜腹板截面，中支点中心梁高5.6m，边支点中心梁高2.8m；单T转体悬臂总长为60m+60m=120m。单T转体总重量约8000吨。混凝土T型刚构分幅转体方案及施工示意图见图5、图6。

仅在转体施工过程中对超高超限车辆加强管制，施工期间基本不影响沪宁交通。

方案优点：①不需在沪宁中分带内设墩；②桥梁施工期间对沪宁高速的交通运营基本无影响；③混凝土结构后期养护工作量较小；④结构受力明确，施工期间体系转换少；⑤桥梁单价较低；⑥在同类型桥梁中，转体重量适中，最大程度降低了转体吨位。

方案缺点：由于一孔跨越沪宁高速，桥梁支点处建筑高度稍高，美观性略逊，从建成的情况来看在可接受范围内。

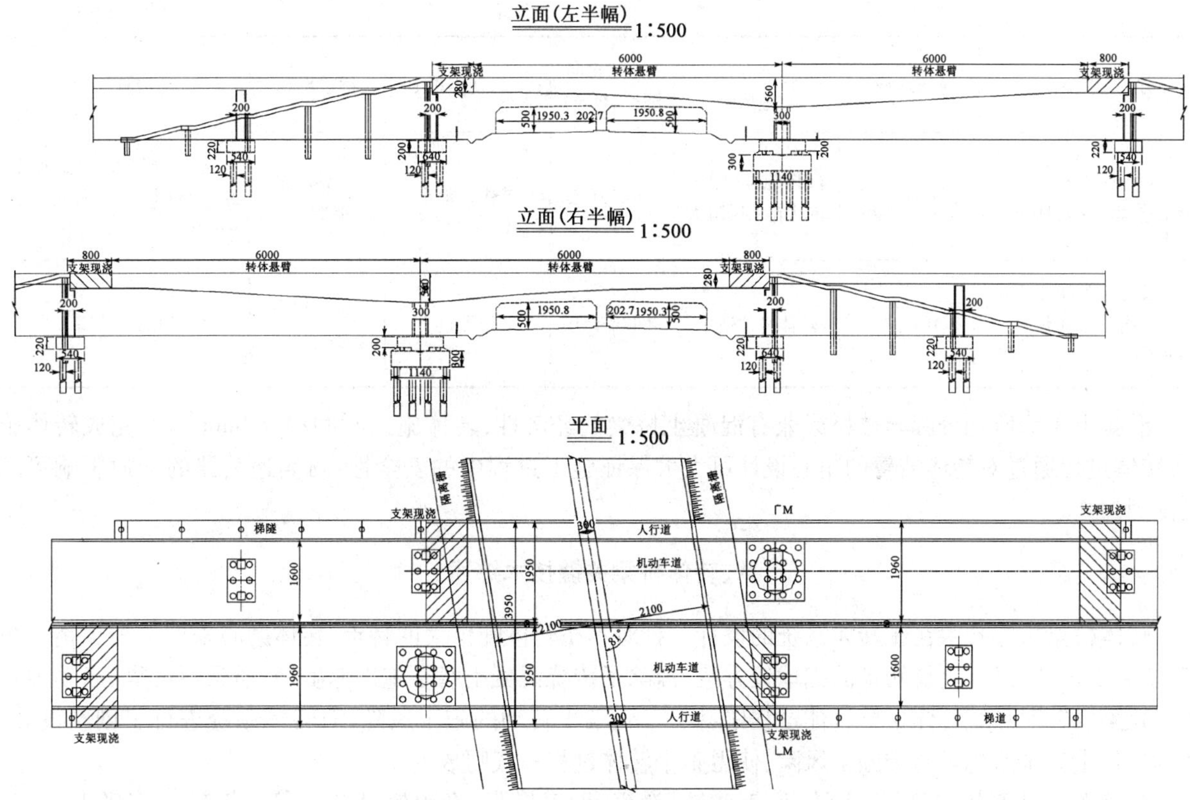

图5　混凝土T型刚构分幅转体方案

七、桥型方案综合比选

由表3可知,混凝土组合箱梁、挂篮悬浇混凝土连续箱梁适用于交通量小,可以临时封闭半幅道路交通或者车速限速较低的道路。对于跨繁忙高速公路桥梁,顶推钢箱梁和混凝土桥梁转体是最合适的方案。顶推钢箱梁单价较高,后期维护养护成本高,如需降低对交通的影响,可考虑中分带不设临时墩、大跨顶推方案,但较大增加了工程的造价。

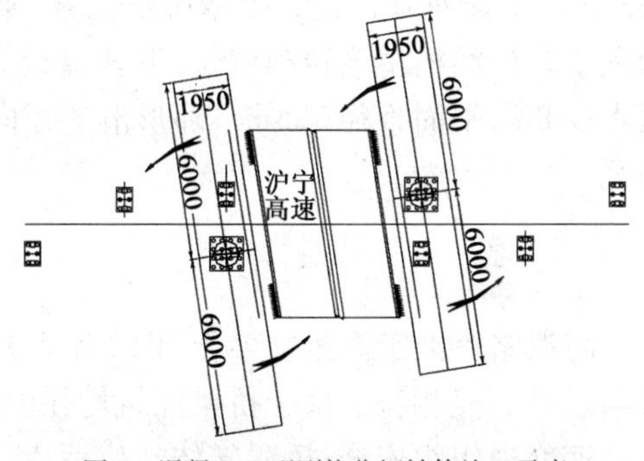

图6　混凝土T型刚构分幅转体施工示意

桥 型 方 案 比 选　　表3

方　案	交 通 影 响	工程方案实施风险	造价(相同桥长198m)	后期养护	桥梁景观	适应性评价
方案一:装配式混凝土组合箱梁	48天,交通安全无可靠保障,需临时封闭半幅路面	成熟、风险小	3500万元	检修、涂装需短期封闭相关车道	梁高小,与引桥较协调	交通流小、允许封闭半幅交通的高速公路
方案二:挂篮悬浇混凝土连续箱梁	5小时,交通安全可靠保障性低	成熟、风险小	4700万元	工作量很小	梁体较高,能接受	车速慢、车流小的地方道路
方案三:分幅顶推钢箱梁施工	35天	成熟、风险小	5600万元	检修、涂装需短期封闭相关车道	梁高小,与引桥较协调	交通较繁忙的高速公路、允许临时封闭左右各一个车道

续上表

方　案	交通影响	工程方案实施风险	造价(相同桥长198m)	后期养护	桥梁景观	适应性评价
方案四:整幅混凝土连续箱梁转体	5小时	转体吨位很大,转动施工风险大	5500万元	工作量很小	梁体较高,能接受	交通较繁忙的高速公路、允许临时封闭左右各一个车道
方案五:混凝土T型刚构分幅转体(推荐)	0	转体吨位适中	4800万元	工作量很小	梁体较高,能接受	繁忙的高速公路

混凝土T型刚构分幅转体桥梁兼有混凝土桥梁的经济性,转体施工时间段,80min即可完成转体施工,转体过程通过对转体装置的精心设计可大大保证施工过程中的安全性,对高速公路的交通影响可真正做到为0。

八、转体桥梁关键技术综述

转体桥梁核心技术在于转体系统的设计。针对本桥转体吨位大的特点,转体磨心采用了加工精度更高、安装更快捷方便、更易转动的钢球铰方案,消除了传统混凝土磨心施工速度慢、质量不可靠、启动力过大的缺陷。针对传统转体桥梁转体过程中易于卡壳难于转动的施工风险,对转体系统进行了创新设计,在本项目中完全避免了此类施工风险,使得整个转体过程一气呵成。

高浪路转体系统包括:上下转盘、钢球铰、滑道、滑道撑脚、牵引制动装置等。上转盘直径11.5m,高度为2.5m。上转盘下侧共设6对撑脚,撑脚底离下转盘滑道顶6mm。下转盘采用矩形结构,厚度为3.5m。下转盘顶面设2个牵引反力座,兼作转体启动千斤顶反力座,用于转体结构的启动及转动。为利于转体结构精确转动就位,下转盘设2个止动挡块。上、下转盘之间设置大吨位钢球铰,球铰球面半径8m,平面直径3.5m。环形滑道径向宽1.1m,滑道中心直径9.5m,顶面由工厂刨平,镀铬后再抛光。

九、结　　语

高浪路跨沪宁高速桥梁于2010年5月进行转体施工,转体历时80min顺利成功就位,各项转体参数与设计完美相符。由于桥梁浇筑均在沪宁路两侧进行,对沪宁交通的影响基本为零,极大保证了沪宁高速交通组织安全;桥梁转体吨位适中,施工风险可控;采用混凝土桥梁结构造价合理且后期养护工作量小,整个桥梁施工对沪宁高速的交通影响为0。采用钢球铰并配合预埋的牵引索,可实现连续、不间断牵引转体就位,使整个转体施工更加快速、简便、安全、易控,充分体现转体在跨线施工中的优越和先进性。转体桥梁在跨高速公路、铁路、航道等繁忙交通节点项目中,具有较强的适用性及推广价值。

参考文献

[1] 江苏省交通规划设计院股份有限公司.无锡市高浪路快速化改造工程高架主线桥第二十八联箱梁(转体跨沪宁)施工图设计[Z].2009.

[2] 无锡路桥集团有限公司.无锡市高浪路快速化改造工程高架主线桥第二十八联箱梁(转体跨沪宁)施工方案[R].2009.

[3] 中华人民共和国行业标准.JTG D60—2004　公路桥涵设计通用规范[S].北京:人民交通出版社,2004.

[4] 中华人民共和国行业标准.JTG D62—2004　公路钢筋混凝土及预应力混凝土桥涵设计规范[S].北京:人民交通出版社,2004.

18. 钢波纹板拱桥在公路跨越灌溉渠中的应用

梁养辉[1] 付玲玲[2] 李祝龙[1] 郭力源[1,3]
(1. 中交第一公路勘察设计研究院有限公司;2. 西安市地下铁道有限责任公司;
3. 重庆交通大学)

摘 要 钢波纹板拱桥以其性能稳定、安装方便、节省工期、有利环保、造价低等优点在公路施工中可代替钢筋混凝土或圬工砌体桥涵,而且钢波纹板拱桥已经在国内外诸多项目上成功应用,其发展前景非常广阔。本文介绍的3孔单跨径4m钢波纹135°圆弧拱桥已在安徽某地区灌溉渠中成功应用,以下将从经济性、施工便利性、结构安全等方面简要介绍该结构的可行性。

关键词 钢波纹板拱桥 灌溉渠 有限元方法 结构稳定

一、引 言

灌渠是引水灌溉田地的较大的人工水道,断面结构形式主要以梯形为主。本文根据泗许高速公路建设过程中,路线经过地区的农田灌溉渠的断面形式(图1),探讨一种新型桥梁形式用以公路跨越农田灌溉区域灌溉渠。

位于淮北地区的泗许高速段地处平原地势区,路基高度低,建筑高度限制了工程的规模和造价,应用钢筋混凝土结构作为桥涵、通道,存在自身沉重、壁厚等弊病,容易造成工后沉降、刚性构造物与柔性路基的桥头跳车等问题,应用柔性的钢波纹板结构则可以减轻或避免这些难题,根据钢波纹管涵洞近年在公路桥涵工程上的推广应用,泗许高速针对农田灌溉区域灌溉渠的断面形式创造性地采用了一道3孔单跨径4m钢波纹135°圆弧拱桥(如图2所示)。

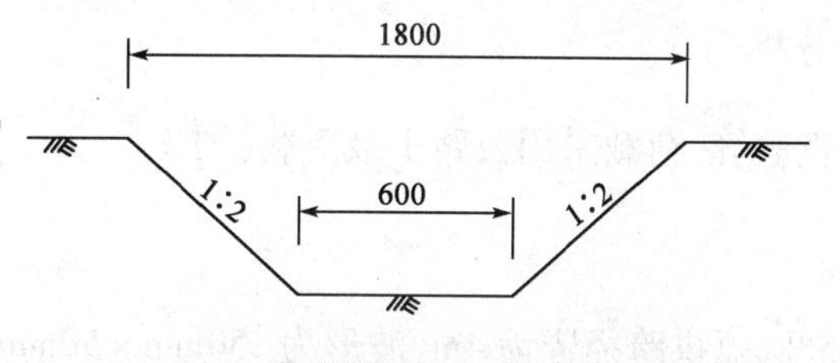

图1 灌溉渠断面(尺寸单位:cm)

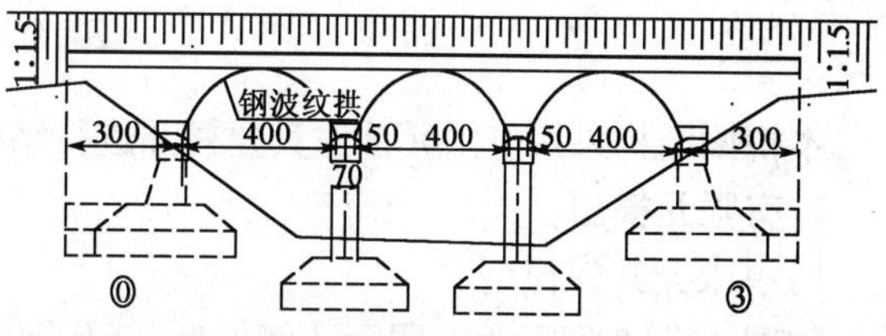

图2 跨越灌溉渠(尺寸单位:cm)

二、钢波纹板拱桥简介

钢波纹板拱桥是采用波纹状弧形板通过组合拼装形成的桥涵形式,管节之间通过螺栓加固连接。该项目位于泗许高速公路安徽淮北段的百善互通连接线上,所采用的结构形式为3孔单跨径4m,半径$R=2.1648$m,中心角135°的圆弧拱。波纹钢板由厂家按照设计图纸定做,并负责现场拼装。下部墩台均采用现浇钢筋混凝土结构,墩、台帽石为C30钢筋混凝土,墩身、台身、侧墙为C25混凝土,钢波纹拱与墩帽、台帽均采用栓接。

三、钢波纹板拱桥优势

1. 变形适应性强

采用钢波纹板拱桥作为桥涵、灌渠,不仅可以有效解决因多雨等气候环境影响工程质量和施工进度的技术难题,而且可以更好地适应地基变形,减少不均匀沉降,缓冲地震带来的破坏。钢波纹板拱桥因轴向波纹的存在使其更具有优良的受力特征,轴向和径向能够同时分布因荷载引起的应力应变,可以更大程度上分散荷载的应力集中,更好地发挥钢结构的优势。

在多年冻土、膨胀土、软土、湿陷性黄土等不良地基中,由于加载在地基上的荷载不同,以及地基土层的不均匀性,还有各种外界因素的影响,构造物的地基会发生不均匀的沉降,将引起构造物变形和结构内力的产生。对于刚性混凝土结构而言,这种不均匀变形如果过大,内力超过结构内力限值,将引起混凝土结构的裂缝、破坏,从而导致影响结构物的适用功能及寿命。但是对于钢波纹板拱桥,由于其是柔性结构,且钢材的抗拉强度很大,结构物不会产生开裂破坏,保证了结构物的安全,波纹状结构不仅能够适用一定程度的变形,也不会引起结构物的破坏,从而有效地保证了结构物的使用功能及寿命。

2. 便于质量控制、施工便捷

钢波纹拱桥(板)采用工厂标准化生产,按照《公路涵洞、通道用钢波纹拱桥(板)》行业标准进行质量控制,避免了因材料差异、施工差异、人为因素等引起的质量问题;另外集中简约化生产有利于降低成本、保证质量。

3. 工期节省、工程造价低

根据灌溉渠断面尺寸,本桥如果采用空心板桥,最小需要采用13m跨径的空心板,根据已建工程,在15m路基宽度基础上对两种结构跨越灌溉渠造价及使用功能等进行对比分析(表1)。

不同结构灌渠的工期及造价对比 表1

桥梁形式	造价(万元)	工期(天)	使用功能	桥梁形式	造价(万元)	工期(天)	使用功能
1×13m空心板	55.5	120	满足	3×4m钢波纹板拱桥	38.5	80	满足

从表1中分析得知,采用钢波纹板拱桥的工程造价和施工工期均比混凝土圬工造价减少约30%左右,且施工完毕后无需养生,总体经济效益显著。另从圬工结构物及钢波纹板拱桥的设计对比可知,由于钢波纹板拱桥属柔性结构、自重轻,对于桥头及地基的要求也比圬工结构物要低,这样又可省去很多费用。

4. 利于环保

钢波纹板拱桥主要材料为钢材,并且采用工厂标准化生产,其结构对水泥、砂、石等材料用量较少,少用水泥、块片石或碎石、砂等,有利于环境保护,促进公路建设的可持续发展。

四、结构安全分析

本桥梁结构采用有限元法对其建模并进行结构稳定性验算,荷载采用公路Ⅰ级荷载(图3)。

1. 有限元模型

1)有限元几何模型

如图4、图5所示为有限元几何模型,三孔钢波纹135°圆弧拱跨径皆为4m,波形为150mm×50mm×28mm,壁厚为5mm,沿钢波纹拱轴线方向取10个完整波形,管顶覆土高度为1.2m,管侧各取4.1m土体。土体轮廓尺寸为高2.536m、长21.4m、宽1.5m。

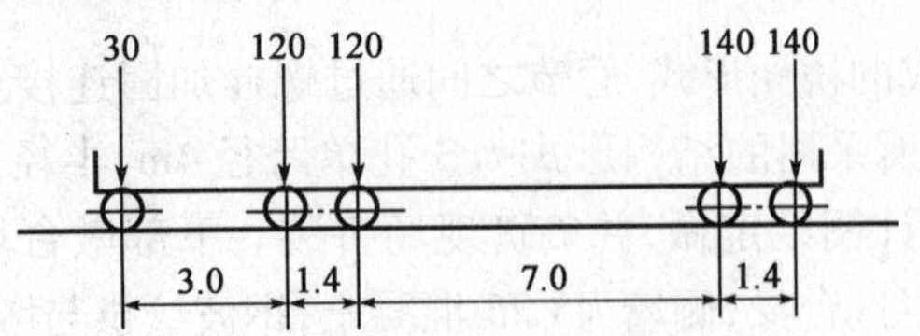

图3 公路Ⅰ级车辆荷载立面示意图
(轴重力单位:kN;尺寸单位:m)

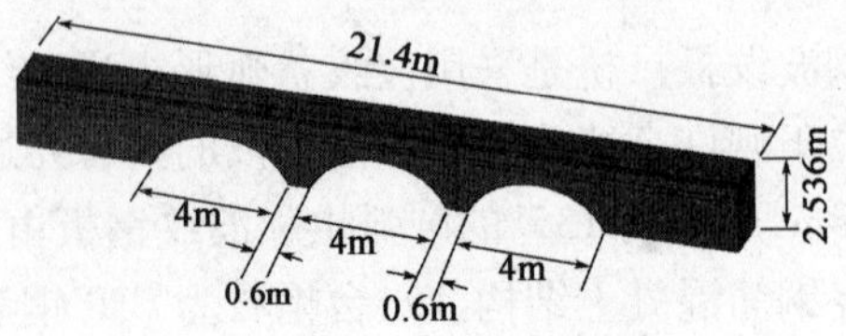

图4 有限元几何模型示意图

图5 钢波纹135°圆弧拱尺寸图及局部几何模型

图6 有限元网格模型

2)有限元网格模型

钢波纹135°圆弧三孔拱壳体(shell)采用四边形网格划分,土体及其路面层采用六面体(solid)网格划分。图6为划分的有限元网格模型,共划分单元205174个,节点198186个。

3)有限元计算参数

钢波纹135°圆弧拱:$E=210\text{GPa},\rho=7850\text{kg/m}^3,\mu=0.3$

土体:$E=0.04\text{GPa},\rho=1850\text{kg/m}^3,\mu=0.35$

AC-13:$h=4\text{cm},E=2.0\text{GPa},\rho=2000\text{kg/m}^3,\mu=0.25$

AC-20:$h=6\text{cm},E=1.8\text{GPa},\rho=2100\text{kg/m}^3,\mu=0.25$

AC-25:$h=8\text{cm},E=1.2\text{GPa},\rho=2300\text{kg/m}^3,\mu=0.25$

CR:$h=36\text{cm},E=1.4\text{GPa},\rho=2100\text{kg/m}^3,\mu=0.25$

LS:$h=20\text{cm},E=1.2\text{GPa},\rho=2300\text{kg/m}^3,\mu=0.25$

4)有限元计算荷载

依据《公路工程技术标准》(GB B01—2003),取公路—Ⅰ级荷载为验算荷载,其荷载分布立面示意图见图3。

2. 有限元计算工况

考虑到模型尺寸情况及计算机的实际运算能力,取中、后轴荷载施加在有限元模型上,轮胎着地尺寸依照规范取为0.6m×0.2m,并依中、后轴轮胎在有限元模型中的施加位置的不同分为2个荷载工况(取无车载、仅自重,即恒载为工况1,取施加车载、含自重最不利工况为工况2)。荷载工况示意图见图7、图8所示。

图7 工况1示意图(无车载,仅自重,即恒载)

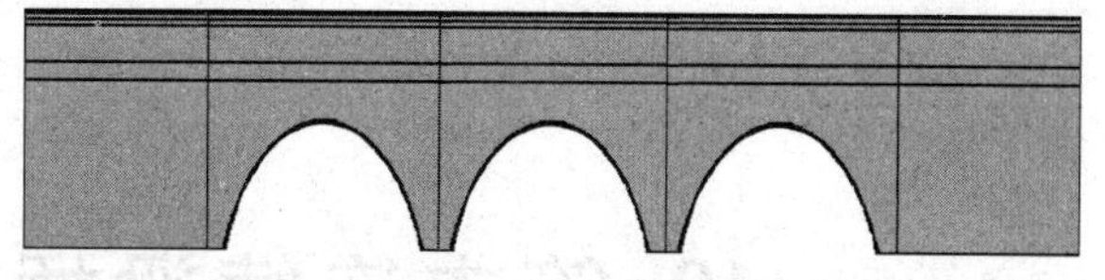

图8 工况2示意图(施加车载,含自重)

3. 计算结论

通过有限元计算,可得出以下结论:

恒载引起的路面变形为0.972mm;活载引起的路面竖向变形为0.306mm。

恒载引起的钢波纹135°圆弧三孔拱拱顶竖向变形为0.301mm;活载引起的钢波纹135°圆弧三孔拱拱顶变形为0.479mm。

恒载引起的钢波纹135°圆弧三孔拱水平最大位移为-0.085mm、+0.0852mm;活载引起的钢波纹135°圆弧三孔拱水平最大位移为-0.3309mm、+0.1238mm。

恒载引起的钢波纹135°圆弧三孔拱最大等效应变为86$\mu\varepsilon$;活载引起的钢波纹135°圆弧三孔拱最大等效应变为115$\mu\varepsilon$。

恒载引起的钢波纹135°圆弧三孔拱最大等效应力为18.1MPa;活载引起的钢波纹135°圆弧三孔拱最大等效应力为24.1MPa。活载+恒载引起的钢波纹135°圆弧三孔拱最大等效应力为42.2MPa。

综上所述,在各工况下,钢波纹135°圆弧三孔拱之变形与应力均小于Q235钢材料的许用值,该结构的刚度与强度均满足要求。

五、耐久性分析

对金属钢波纹拱桥,其外侧主要为土壤腐蚀,内侧主要为水腐蚀和大气腐蚀。

国外钢波纹拱桥涵的寿命一般在50年以上,也存在一些使用70年以上的,个别预估寿命100年。我国钢波纹拱桥涵研究刚刚起步,尚未有其他学者深入研究其腐蚀及防腐蚀技术。一般地区的钢波纹拱桥涵镀锌层的寿命应达到30~50年以上。如果考虑钢波纹拱桥涵防腐的非金属涂层、养护(大修、二次防腐)、设计厚度腐蚀富裕量等,钢波纹拱桥涵的耐腐蚀寿命达到50年以上。土壤腐蚀弱的地区,寿命可能也达100年。

本项目考虑到公路等级、使用环境等因素,最终确定钢波形板内外表面热镀锌总量为1200g/m²,并且喷涂200μm厚耐磨环氧树脂以防腐(根据相关资料介绍在热镀锌基础上覆盖耐磨环氧树脂后寿命增加30年以上)。根据泗洪至许昌高速公路淮北段土壤类型以及各种土壤pH值,初步预估该波纹板桥使用寿命在70年以上。

六、结　　语

本文通过钢波纹板拱桥在安徽淮北平原地区中的应用,介绍了3孔单跨径4m钢波纹135°圆弧拱桥的新型桥梁形式的适用性及优势。该形式具有施工期短、施工便利、有利环保、结构稳固等众多优点,必将有很大的发展前景,期待钢波纹板拱桥能够得到进一步的推广和使用。

参考文献

[1] 陈昌伟.波形钢板结构及其在公路工程中的应用[J].公路,2000(7):48-54.

[2] 李祝龙.公路钢波纹拱桥涵洞设计与施工技术[M].北京:人民交通出版社,2007.

[3] 冯芝茂.覆土波纹钢板桥涵土与结构相互作用分析及设计方法[D].北京:北京交通大学学位论文,2009.

[4] 李祝龙,刘百来,李自武.钢波纹拱桥涵洞力学性能现场试验研究[J].公路交通科技,2006,23(3):79-82.

[5] 刘百来,李祝龙,汪双杰.钢波纹拱桥涵洞力学性能的有限元分析[J].西安工业学院学报,2006,26(1):83-86.

19. 简支连续梁桥建设中的几个问题

向中富

(重庆交通大学)

摘　要　简支连续梁桥虽已成为中小跨径桥梁的主要形式,但在设计、施工中还存在诸多问题。本文从简支连续梁桥的特点出发,对涉及施工质量、结构耐久性且带有普遍性的问题成因进行分析、讨论,并结合已有研究与工程实践,提出了保证施工质量与结构耐久性的设计、施工措施建议。

关键词　简支连续梁桥　设计　施工　建议

一、引　　言

由于结构简洁,受力简单,施工方便,梁式桥已成为桥梁的主要形式。在梁式桥中,中小跨径桥梁占80%以上,其中又以50m跨径以下的预应力混凝土梁桥为主体。过去,混凝土梁式桥研究的重点主要在于大跨径桥梁,对量大面广的中小跨径梁桥关注不够,导致一些带有普遍性的问题出现,影响到桥梁的正常运营与安全耐久,必须引起高度重视。

早期的中小跨径混凝土梁桥均采用简支体系,由于其伸缩装置多,对行车,特别是高速行车不利,养护维修难度大,费用高。目前,简支梁桥已逐渐由简支连续梁桥取代。

简支连续梁桥是指在常规的简支梁桥基础上,采取必要的构造措施实现行车道连续的桥梁,包括简支桥面连续梁桥、先简支后结构连续梁桥以及先简支后刚构梁桥,三者统称为简支连续梁桥。简支桥面连续梁桥(图1)仅在墩顶处将相邻跨预制梁(板)截面上缘局部构造连续,以实现桥面铺装在一联内连续,受力上仍属简支体系。由于简支桥面连续构造特殊、受力复杂,其使用寿命有限,仍不能完全满足行车舒适、安全需要,更多的用于20米及以下混凝土梁桥。为满足高速行车需要,目前主要采用先简支后结构连续梁桥以及先简支后刚构梁桥形式(图2),即在简支结构基础上,将相邻跨梁(板)全截面在纵向连接成整体,成为最终的连续梁,或进一步将梁与墩(墩柱盖梁)固接成整体,成为最终的连续刚构桥。以重庆高速公路为例,20~50m跨径的中小跨径桥梁几乎全部采用先简支后结构连续或刚构体系。

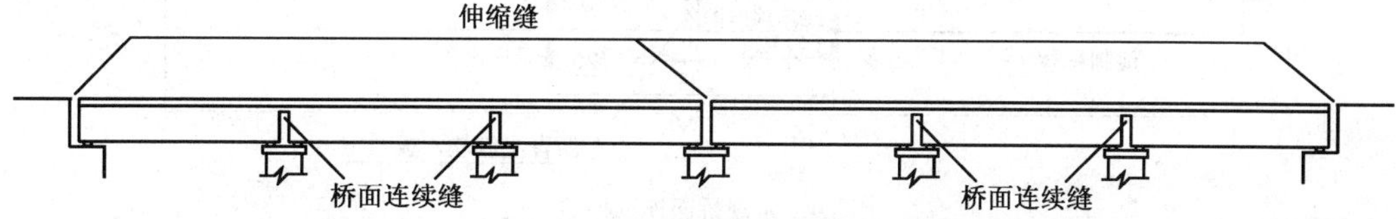

图1 简支桥面连续梁桥示意

从受力为简支体系的简支桥面连续梁桥到先简支后结构连续或刚构梁桥,虽然均是通过先架设简支梁的方式形成,但其最终桥梁结构受力存在本质上的差异。采用建造常规简支梁桥的思路建造简支连续梁桥,特别是先简支后结构连续或刚构梁桥是难以保证桥梁长期安全使用要求的,需要对相关设计、施工关键技术问题予以重视。重庆高速集团与重庆交通大学依托交通运输部行业联合攻关项目,对简支连续梁桥进行了长期研究,形成了初步的简支连续梁桥设计施工技术指南以及施工质量验评标准。本文就几个主要问题进行讨论并提出建议。

图2 先简支后结构连续或刚构梁桥

二、简支桥面连续构造改进

过去,从施工方便,减少工程造价,提高行车的时效性、安全性、舒适性出发,建成了许多桥面连续简支梁桥。由于桥面连续构造位于主梁变形(梁端转动和梁体伸缩)最剧烈的部位,加之相邻桥孔可能出现的因橡胶支座弹性压缩不同步引起的错动变形影响,致使桥面连续构造受力非常复杂(图3),连续构造边缘混凝土容易产生不规则裂缝,并逐渐发展成碎裂、坑洞以及桥面铺装破坏等病害,加大了行车对桥梁的冲击,周而复始,病害扩大,危及行车安全与使用性能。

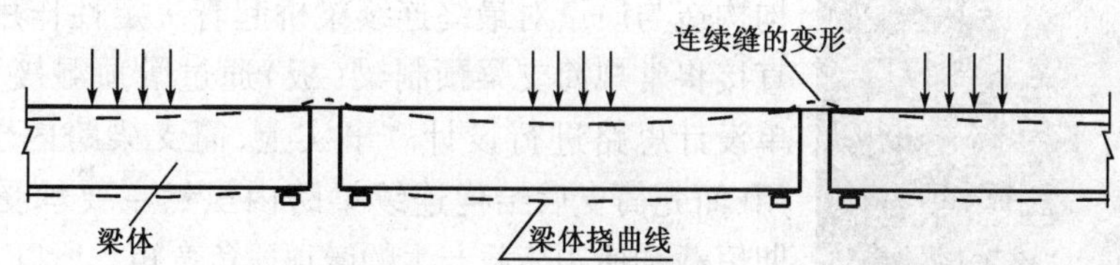

图3 简支桥面连续梁桥在荷载作用下的变形示意

根据调查分析,桥面连续构造破坏的原因主要在于特殊的桥面连续构造与不利受力环境以及设计和施工缺陷。

在设计与施工方面,首先是对桥面连续构造的受力认识不够充分,结构厚度及配筋随意性大,为结构的早期破坏埋下了隐患。图4所示为桥面连续常见构造,连续缝钢筋布置紧密,层数多,致使混凝土难以振实,存在先天性缺陷。其次是连续缝处钢筋没有形成钢筋骨架,特别是竖向钢筋没有固定,施工时钢筋极易移位、下沉,形成局部素混凝土,其抗拉、抗压和抗弯强度大幅度下降,容易出现裂缝及碎裂等病害。

在构造与不利受力环境方面,桥面连续构造是整联桥梁中最薄弱的部位,为普通钢筋混凝土构造。构造厚度取值受到诸多限制,厚度增大会影响桥梁的"简支体系"本质,厚度过小则构造处理及施工困难,容易破损,通常为8~10cm。连续构造受力环境十分复杂,承受主梁挠曲导致梁端转动(弯曲)作用、主梁伸缩引起的偏心拉伸或压缩作用以及相邻支座压缩变形差引起的剪切作用等，加之无预压应力储备，所以，桥面连续构造带裂缝工作是必然的。

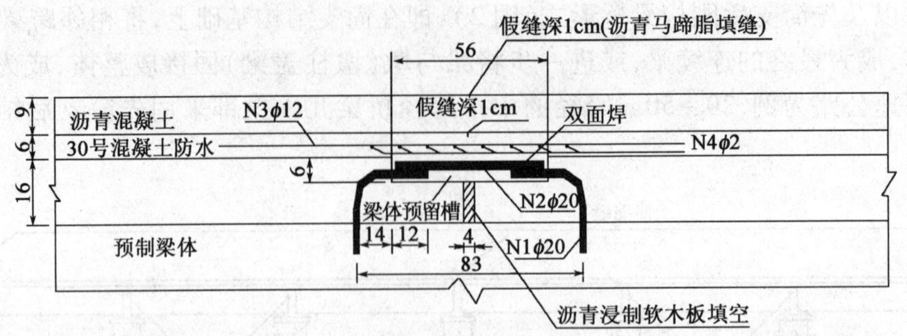

图4　常规桥面连续构造

处于开裂状态的桥面连续构造在持续车辆、温度等荷载作用下，裂缝会不断发展，不但导致连续构造混凝土破损，而且裂缝将向桥面铺装反射，引起铺装开裂甚至破损，严重影响行车安全。因此，应严格限制简支桥面连续桥梁的使用条件，一般用于跨径不超过25m的桥梁。同时，为延长桥面连续构造使用寿命，除了应采取精细化施工工艺外，还可对其构造进行改进。

针对常规的桥面连续构造(图4)存在的不足，从"主动"适应桥面连续构造受力出发，曾对四种改进构造进行了研究，包括：①采用柔性纤维混凝土跨缝构造，以期增强抗裂、抗冲击、抗收缩性能，延长使用寿命；②采用低弹模的改性环氧混凝土跨缝构，以适应桥面连续构造大变形需要；③在桥面连续构造混凝土顶面粘贴纤维布，以期限制、分散连续构造混凝土裂缝的开展，避免裂缝向沥青混凝土铺装层反射；④加强跨缝构造钢筋。通过理论分析与疲劳试验研究表明，在铺设沥青混凝土铺装前，在桥面连续构造混凝土顶面(即负弯矩区)粘贴玻璃纤维布，可有效限制、分散连续构造混凝土裂缝的开展，以及限制裂缝向沥青混凝土铺装层反射，其使用寿命相对于常规连续构造延长3倍以上。

三、先简支后结构连续梁桥体系与构造设计

(1)先简支后结构连续梁桥是在简支梁桥基础上，在墩顶处将相邻跨梁板连为一体，最终形成供车辆通行的连续梁桥。因此，在其结构体系与构造设计中需将落脚点放在连续梁桥上。先简支后结构连续梁桥适用于20～50m多跨梁(板)桥，以5跨一联为宜，适用于各种坡度桥梁以及弯曲半径较大的桥梁(图5)。

图5　处于弯道上的简支连续梁桥

(2)预制梁(板)是先简支后结构连续梁桥的基本构件，其结构构造与质量对最终连续梁桥起着决定性作用。实践中，往往以直接将常规简支梁预制梁(板)通过墩顶湿接头形成连续梁的简单设计思路进行设计。事实上，简支梁跨内全部承受正弯矩作用，而先简支后结构连续梁跨内虽然主要承受正弯矩，也存在二期恒载和使用荷载产生的墩顶段负弯矩。所以，应对常规简支梁预制梁(板)靠近墩顶负弯矩段的构造进行必要改进，以适应正、负弯矩的作用。以单支座先简支后结构连续梁桥为例，构造改进包括：

①在简支T梁基础上，将中墩处端横隔板底缘改为与T梁底缘齐平，以便于墩顶钢筋混凝土横梁浇筑和有利于其对T梁的嵌固作用。

②将T梁梁肋在横隔板外的伸出长度最少增至25cm，以便于墩顶钢筋混凝土横梁对T梁起嵌固作用。

③在端横隔板靠墩侧伸出钢筋，并在伸出横隔板的T梁梁肋内预埋向两侧伸出的钢筋，使其与墩顶钢筋混凝土横梁的其他钢筋连接，增强T梁与墩顶钢筋混凝土横梁的整体性。

④二次预应力如果未锚于T梁中横隔板处，应在锚固处增设部分横隔板(即矮横隔板)，以便改善锚固区域结构受力。

⑤将负弯矩区段的普通 T 梁翼板增厚 3～5cm，以便于预应力管道设置和改善该区域结构受力，有利于预应力体系的耐久性。

⑥T 梁翼板、梁肋端面伸出足够的连接钢筋。

墩顶湿接头是将简支梁（板）变为连续梁（板）的关键构造。以往不太注重其构造处理，导致“连续”可靠性及耐久性差。以先简支后结构连续 T 梁桥为例，墩顶湿接头不应仅仅关注对应两跨 T 梁的纵向连接，而是应将其作为对两跨 T 梁起连接与嵌固作用的横梁来设计，并设置相应的纵向联系和“墩顶横梁”钢筋。

（3）先简支后结构连续梁桥在墩顶负弯矩区段施加预应力（二次预应力）是保证结构在使用中不出现墩顶开裂的必要措施。过去，为了施工操作方便，多将二次预应力束锚固于预制梁（板）顶面（图 6）。实践证明，由于预制梁（板）细部构造尺寸很小，无论是设置齿板，还是预留锚固用槽口（图 7），均对预制梁（板）结构产生“伤害”，局部应力水平高，严重影响结构长期耐久性能。因此，对于 T 梁，应将二次预应力束一律锚固于翼缘板下面专设的锚固齿板上（图 7）。当锚固齿板不在 T 梁横隔板处时，需要对相应翼缘板局部加强。

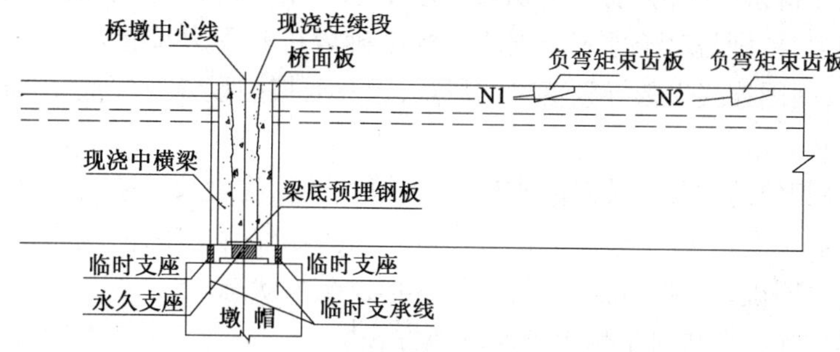

图 6 T 梁二次预应力在梁顶锚固示意

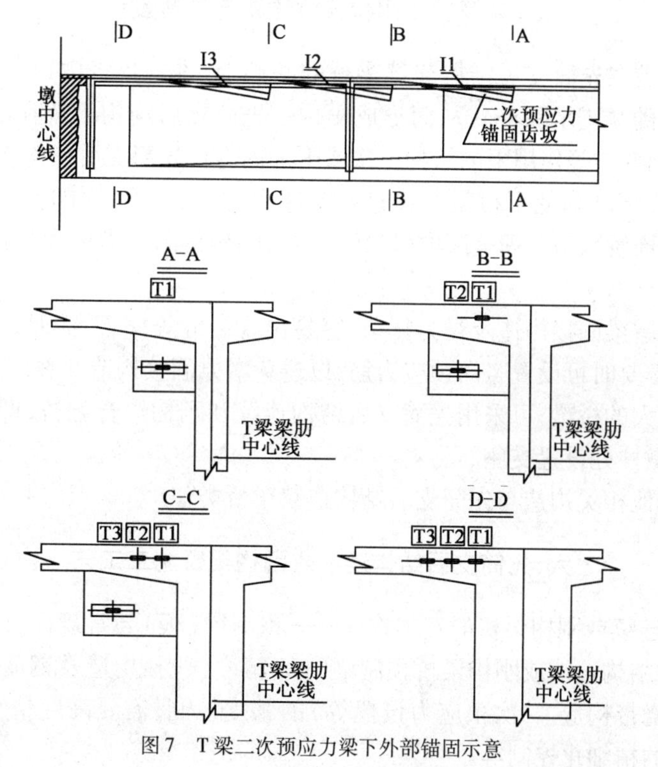

图 7 T 梁二次预应力梁下外部锚固示意

四、先简支后结构连续梁桥支承方式

根据已有先简支后结构连续梁桥建设情况，支座在墩顶的设置方式有两种：一是设置单支座（图 8），即在横桥向沿桥墩布置一排支座；二是设置双支座（图 9），即在横桥向沿桥墩布置两排支座。

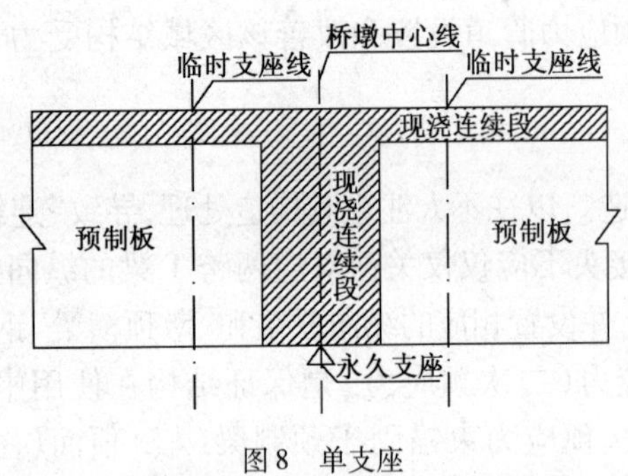

图8　单支座

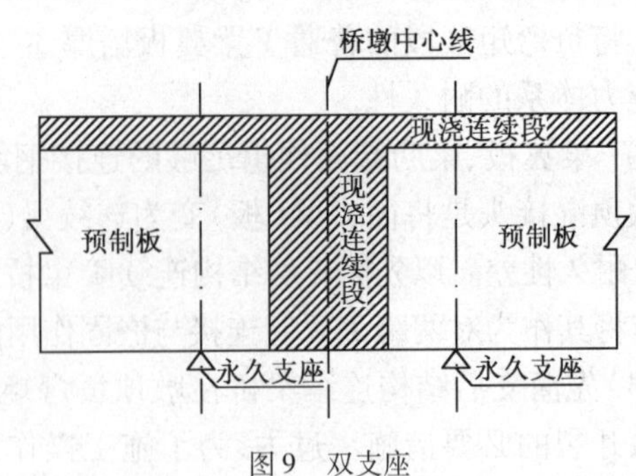

图9　双支座

双支座是指将墩顶相邻跨主梁安装时的支座作为永久支座，在墩顶湿接头浇筑完成后不再进行体系转换，施工非常方便。然而，双支座使连续梁纵向在墩顶支承于两点，相当于在墩顶增加了一微小跨，以五跨一联的连续梁来讲，当设置双支座时，就相当于九跨连续梁。双支座虽然可以削减墩顶负弯矩峰值，减小跨中正弯矩，但也使得桥梁结构（特别是橡胶支座支承体系结构）受力不太明确，容易出现一侧支座脱空，一侧支座压力增大，特别是对于橡胶双支座很难准确分析其受力状态。一般认为双支座方式可规避因预制梁端与湿接头间因连接失效导致落梁的风险，但只要按照设计及规范要求进行湿接头精细化施工，其风险本身并不存在。

单支座是指将墩顶相邻跨主梁安装时的支座作为临时支座，在墩顶湿接头浇筑前先在横桥向沿桥墩布置一排永久支座，在墩顶湿接头浇筑完成并形成强度后，拆除临时支座，实现体系转换。双支座施工过程相对复杂，但结构受力明确，有利于准确把握结构变形及受力状态。

总之，先简支后结构连续梁桥宜采用单支座支承方式。

五、先简支后刚构梁桥体系与构造设计

先简支后刚构梁桥是在先简支后结构连续梁桥的基础上，进一步将墩顶湿接头与墩柱盖梁成为一体，形成墩梁固接（一联的端支承除外），从而形成刚构。先简支后刚构梁桥在混凝土收缩徐变、温度变化、二次预应力以及基础变位等作用下的结构二次或附加内力比先简支后结构连续梁桥更大。采用墩梁固接可避免支座设置，大幅度降低了桥梁服役过程支座的维护、更换工作量及费用，所以，在坡度超过2.5%，且桥墩高度在刚构桥墩高合理范围内（墩柱过矮的刚构桥附加力更大）的桥梁均以采用先简支后刚构梁桥为宜。

先简支后刚构梁桥墩梁固接构造及受力复杂，容易出现裂缝等病害，需要加强在盖梁内的钢筋预埋及与其他钢筋的联系，必要时可设置竖向预应力筋，以避免墩梁固接构造开裂。

对墩柱高度变化较大的桥梁，可采用先简支后结构连续和刚构组合梁桥，即高度较大的墩柱处采用墩梁固接，高度较小的墩柱处设置支座。

桥跨总体布置及其他相关构造与先简支后结构连续梁桥类似。

六、先简支后结构连续或刚构梁桥施工工艺

（1）先简支后结构连续或刚构梁桥的基本构件——预制梁（板）与常规简支梁桥梁（板）预制工艺基本相同。由于先简支后结构连续或刚构梁桥预制梁（板）精度（包括构造及钢筋布置）决定后续工况（如墩顶湿接头、翼缘板现浇带构造，二次预应力设置等）的精度控制，需要高度精细化，例如二次预应力孔道、锚固齿板空间状态的精细化控制等。

（2）对于曲线上的先简支后结构连续或刚构梁桥，其预制梁（板）顶面横坡度应与桥面横坡一致。从实践来看，由于在预制时未根据曲线桥梁桥面横坡的变化情况调整预制梁顶面横坡，导致安装到位的T梁翼缘板间或空心板间存在过大的相对错台（严重者达到20cm以上），致使桥面铺装（包括垫层）厚度极不均匀，局部甚至高出垫层顶面，严重影响结构安全与耐久性。因此，除需加强施工精细化管理外，还必

须采取可调的预制模板等技术措施。

(3)桥梁支座过早超限剪切变形、超限偏压或脱空已成为桥梁主要病害之一,特别是处于较大坡度上的先简支后结构连续支座超限剪切变形、偏压或脱空问题越来越严重,甚至还因支座病害引起墩柱偏位,危及结构及交通安全,已引起业界的高度重视。支座病害成因很多,如支座本身质量差等,其中,支座安装已成为主要原因之一。正常的支座应处于水平状态的上、下垫板之间,安装时的温度应在设计温度范围内。但从实际情况来看,支座上垫板不水平(向纵桥向倾斜)的现象十分普遍。当主梁支反力作用于倾斜状的支座上垫板时,支座除受到偏压外,还受到向高程更高方向的水平分力,导致支座超限剪切变形、偏压、脱空,严重者出现墩柱偏位。支座上垫板不水平的主要原因是梁(板)预制时未针对不同的坡度对上垫板预埋实施有效控制,甚至是根本未加控制,致使上垫板与梁(板)底面平行,最终导致主梁安装后的上垫板向纵桥向倾斜,需要引起高度重视。

(4)先简支后结构连续或刚构梁桥属于拼装桥梁。为了降低因为混凝土收缩徐变产生的不利影响,需要将预制梁(板)存放一定时间(浇筑完成至拼装前的时间),当然,预制梁(板)存放时间过长则将导致其与桥面现浇混凝土层之间的龄期差增大,因“基岩效应”引起混凝土层裂缝,一般控制在60~90天。

(5)先简支后结构连续或刚构梁桥形成过程就是一个集零成整的过程,其中,墩顶湿接头施工也是一个体系转换的过程。分析表明,在不考虑局部温差影响以及预应力分批张拉影响时,湿接头浇注、二次预应力张拉顺序以及二次预应力在横向整体化前、后施加对负弯矩区段结构压应力影响甚微,但根据实践来看,安装仍应按一定程序进行,其中,墩顶湿接头宜在各墩间间隔浇筑,并在一天中气温较低的时段进行,以避免混凝土内部出现微裂缝。T梁翼板现浇带混凝土宜在二次预应力施加之前在横向各梁间间隔浇筑。在已形成整体的连续梁上施加二次预应力,纵向在各墩间间隔进行,横向在各梁(板)间间隔张拉。

(6)简支连续梁桥湿接头(带)混凝土施工包括简支桥面连续构造、简支结构连续梁桥墩顶连续段、简支刚构连续梁桥墩梁固结、T梁横隔板连接、T梁翼板现浇带、空心板间企口等混凝土浇筑,均属于“缝隙”混凝土施工。“缝隙”混凝土容易出现新老混凝土结合不紧密、因收缩过大导致混凝土开裂、混凝土均匀性和密实度不够等缺陷,从而影响结构耐久性。尤其是单支座简支连续梁桥,其新老混凝土结合面也正是梁跨剪力最大的部位,对墩顶湿接头混凝土质量的要求更高。因此,湿接头(带)混凝土应采用专门配合比,应具有良好的填充性能和高强度、低收缩、高韧性。除加强所有界面凿毛、洁净外,还应有足够时间的润湿,必要时可涂刷专用界面剂,以保证新老混凝土结合强度。

(7)先简支后结构连续或刚构梁桥桥面现浇钢筋混凝土铺装垫层(有的考虑参与结构受力)对加强桥梁整体化、改善结构受力以及增强结构耐久性十分重要。为保证与预制梁(板)之间的结合,设计中通常在预制梁(板)设置了剪力筋,并将其与钢筋网形成骨架。但从实践来看,剪力筋漏设、长度不够等问题较为普遍,达不到设计要求。究其原因,除缺乏认识以外,剪力筋固定以及在混凝土浇筑过程与铺装垫层浇筑的保护不到位是主要原因。剪力筋与梁(板)翼板(顶板)内钢筋应点焊或绑轧可靠,不得采取在现浇混凝土层中后插入形成,应在预制时设置专门的人行通道,以有效保护已安装的剪力筋。桥面现浇混凝土铺装垫层重量较大,浇筑时机及顺序对墩顶二次预应力效果存在影响,应严格按要求执行。通常,对于二次预应力筋布设区段,桥面现浇混凝土铺装垫层在二次预应力张拉之前在各墩间间隔浇筑,其余部分在二次预应力张拉之后在各跨间间隔浇筑。

七、结　语

简支结构连续梁桥发展历史不长,但应用广,数量大。在发展初期,人们对其认识仍是不足,加之设计、施工精细化不够,在质量上存在诸多缺陷,其影响已逐渐显现,需要对简支结构连续梁桥设计、施工进行全面回顾与审视,总结经验教训,以便在新的简支结构连续梁桥建设中改进不足,提高质量,促进其健康发展。为此,需特别注意以下几点:

(1)以常规简支梁桥为基础,针对先简支后桥面连续梁桥的桥面连续构造特殊、受力环境复杂,带裂缝工作以及容易损坏等特点,加强桥面连续构造研究、改进,精细化设计,精细化施工,尽可能延长其使用寿命。

(2)进一步明确先简支后结构连续(或刚构)梁桥设计思路,立足连续梁桥建设,综合考虑结构构造需要、施工可行、质量可控以及全寿命成本最低要求,进行精细化设计。对于先简支后结构连续梁桥,以常规简支梁桥为基础,考虑连续梁桥墩顶区段承受负弯矩的特点,对常规简支梁体构造进行相应改进,通过墩顶现浇梁湿接头以及在负弯矩区段顶部施加预应力,将简支梁桥安装时的支座作为临时支座或墩顶连续实现后拆除临时支座,将支反力转换至永久支座,形成单支座简支连续梁桥。对于先简支后刚构梁桥,以常规简支梁桥为基础,考虑连续刚构桥墩顶区段承受负弯矩的特点,对常规简支梁体构造进行相应改进,通过墩梁固结以及在负弯矩区段顶部施加预应力,形成连续刚构桥。从结构体系与构造上保证其施工质量可控与结构耐久性。

(3)针对简支连续梁桥形成过程各工况对预制梁(板)的要求,实施精细化施工。严格控制制梁(板)混凝土质量以及一期预应力体系建立质量,精确控制二次预应力预留孔道;根据桥梁所处纵坡以及其他因素,对预制梁(板),特别是用于双支座的先简支后结构连续梁桥以及先简支后刚构梁桥边跨的预制梁(板)端部下缘预埋的支座上垫板与预制梁(板)下缘之间的夹角进行预控,确保成桥时支座上、下垫板水平;严格控制墩顶湿接头或墩梁固结构造钢筋安装及混凝土质量,按程序进行体系转换;严格控制桥面现浇层(铺装垫层或结构层)钢筋安装及混凝土质量。从施工工艺上保证其施工质量可控与结构耐久性。

(4)进一步规范简支连续梁桥的设计与施工,明确简支连续梁桥施工质量验收与评定标准,从标准上保证其施工质量与结构耐久性。

参考文献

[1] 重庆高速公路集团有限公司,重庆交通大学.简支连续梁桥设计、施工成套技术研究报告.2010.

20.箱梁翼缘板的合理设计分析

杨立坤 赵传亮

(天津市市政工程设计研究院滨海分院)

摘 要 箱梁悬臂板的设计通常只参照规范计算,但当翼缘板的根部与端部的厚度比较大且荷载作用于翼缘板端部的时候,规范的计算可能偏于危险。而且要考虑到在箱梁端部附近翼缘板的半无限效应,以免箱梁端部附近翼缘横向板配筋不足,从而造成危险。本文通过全箱梁模型和悬臂板模型进行分析,得出了当荷载作用在箱梁自由端附近时翼缘板的根部弯矩,以及翼缘板根部弯矩集中的范围。对箱梁的设计配筋具有指导作用。

关键词 箱梁 悬臂板 半无限

一、前 言

随着我国桥梁建设事业的快速发展,大跨度箱梁的应用越来越多,悬臂长度超过3m的大悬臂混凝土箱梁也在大跨度连续梁、连续刚构桥中广泛应用。但一直以来,箱梁悬臂板的计算都很少有人重视,通常我们都参照《公路钢筋混凝土及预应力混凝土桥涵设计规范》(JTG D62—2004)(下称《规范》)中的规定,进行分析计算,但《规范》中对于翼缘板的假设过于简单,在某些情况下会偏于危险,而且没有考虑到当车辆荷载作用到箱梁端部悬臂上悬臂板的半无限效应。为了安全合理的设计桥梁,悬臂板的计算也应该给予足够的重视。

二、理论分析

对于无限宽等厚悬臂板,在自由端作用一集中荷载时,通过理论分析可以得到:

$$m(x,0) = -1.465P$$

$$M_0 = -Pl_0$$

$$a = \frac{M_0}{m(x,0)} = \frac{-Pl_0}{-0.465P} = 2.15l_0 \approx 2l_0$$

式中:$m(x,0)$——无限宽度悬臂板,根部单位宽度上的弯矩;

M_0——断臂根部总弯矩;

l_0——悬臂板跨径;

a——荷载有效分布宽度。

上面就是《规范》中悬臂板计算公式的由来。可见规范中悬臂板的计算是基于无限宽等厚悬臂板,在悬臂端部作用一个集中荷载的情况推导出来的。从结构计算方法来看,有效分布宽度的概念是将板简化成梁来计算,优点是较为简单实用,缺点是掩盖了板的双向受力的特性。1971 年,英国利物浦大学沙柯(SankoF.)等人研究并与众多学者的研究分析比较之后提出了如下的实用计算公式:

$$m(x,y) = \frac{-P}{\pi}\frac{A_1}{ch[A_1x/(c-y)]}$$

式中:$m(x,y)$——板内(x,y)点的弯矩;

c——荷载作用点离根部距离;

A_1——与计算点、板厚比等有关的参数。

对于半无限板的情况,加拿大的 Bakht. B 给出了当集中荷载位于悬臂行车道板横向自由边缘附近时的悬臂根部弯矩[1]。悬臂板根部弯矩对于跨中和梁端的差异,国内也做过类似的分析和实验。2003 年王健等人选取了两根 20m 长,悬臂长度分别为 1.2m 和 2.0m 的 T 形边梁进行了现场荷载实验。实验结果表明,梁端弯矩是跨中弯矩的 1.6 倍左右[2]。1988 年同济大学研究生蒋志刚也进行了有机玻璃箱梁模型验证,并指出当荷载作用于距箱梁端部 3 倍的悬臂板跨径范围内时,应该按半无限悬臂板计算[3]。

三、力学分析

本文使用有限元软件 ANSYS 进行建模分析,首先对不同悬臂长度、不同集中荷载作用位置、不同板根与板端厚度比,通过根部固结的悬臂板模型进行分析,并与规范和 Sanko 公式对比,结果见表 1。

集中荷载计算结果 表 1

悬臂长度(m)	悬臂端板厚(m)	悬臂根部板厚(m)	荷载位置 e	Ansys 结果	规范结果	Sanko 公式
6	1	1	1	-33.83	-35	-31.86
6	0.2	0.2	1	-33.08	-35	-31.86
2	0.2	0.2	1	-33.9	-35	-31.86
6	0.5	1	1	-43.33	-35	-40.55
6	0.2	0.4	1	-43.86	-35	-40.55
2	0.2	0.4	1	-43.09	-35	-40.55
6	1	1	0.5	-23.74	-35	-24.29
6	0.2	0.2	0.5	-24.87	-35	-24.29
2	0.2	0.2	0.5	-24.38	-35	-24.29
6	0.5	1	0.5	-29.55	-35	-31.08
6	0.2	0.4	0.5	-30.68	-35	-31.08
2	0.2	0.4	0.5	-29.11	-35	-31.08

表1中数据为单个车轮荷载(70kN)作用下，悬臂根部的最大弯矩(kN·m/m)，可以看出，Ansys计算结果和Sanko公式计算的结果一致性比较好，从结果可以看到板的根部与端部的厚度比越大，荷载越靠近悬臂端部，悬臂根部弯矩就越大，而《规范》的公式却没有体现出这种规律。由表1可以看到，当板根部与端部的厚度比为2，荷载作用于悬臂端部的时候，按《规范》计算的结果就偏于不安全了。

表1的计算是基于集中荷载，且有荷载作用于板悬臂端，而实际中，车轮都是具有一定面积的分布荷载，且与悬臂端部有一定距离。因此选取了某悬臂长4.5m的箱梁桥进行计算，悬臂端部板厚0.2m，悬臂根部0.8m。桥面铺装0.2m，车轮荷载按45度角扩散到桥面板上，车轮荷载中心距离悬臂端1m。纵向自梁端开始以1m步长向跨中移动。并与同尺寸悬臂板计算及Sanko公式计算结果对比，结果见表2。

单车轮计算结果　　表2

工况号	荷载位置	全箱梁模型		悬臂板模型	
		最大弯矩	最大弯矩位置	最大弯矩	最大弯矩位置
1	0	92.97	0.2	97.88	0
2	0.4	84.12	0.2	85.59	0
3	0.8	75.39	0.2	73.52	0
4	1.4	62.83	0.2	58.19	1.2
5	2.2	47.99	0.2	49.47	2.2
6	3	36.18	0	45.05	3
7	6	30.90	6.2	41.57	6.2
8	9	30.78	9.4	41.46	9.2
9	12	30.84	12.4	41.46	12.2
10	16	30.88	16.4	41.46	16.2
11	20	30.94	20.4	41.46	20.4
规范方法				28.33	
Sanko公式				42.36	

从表2结果可以明显看到，当车轮作用在远离梁端时，即满足无限长悬臂板的假设时，悬臂根部固结模型与以根部固结假设为基础的Sanko公式的结果分别为41.46和42.36，比较接近，而全箱梁模型的计算结果为30.9左右，要小25%左右，这是因为全箱梁模型中箱梁会由于车轮荷载产生变形，使箱梁翼缘板的根部弯矩分布更加均匀。这也与蒋志刚的研究结论相近[4]。《规范》计算结果为28.33，比有根部固结模型的有限元结果偏小32%，与考虑了箱体变形对悬臂根部弯矩释放的全箱梁模型相比，也偏小8.3%，这在设计中是不安全的。而且箱体变形对翼缘板根部弯矩释放作用的大小不经过详细的计算很难确定。蒋志刚同志在其硕士论文中提出了近似的计算方法[3]。

全箱梁模型单车轮计算结果见图1。悬臂板模型单车轮计算结果见图2。

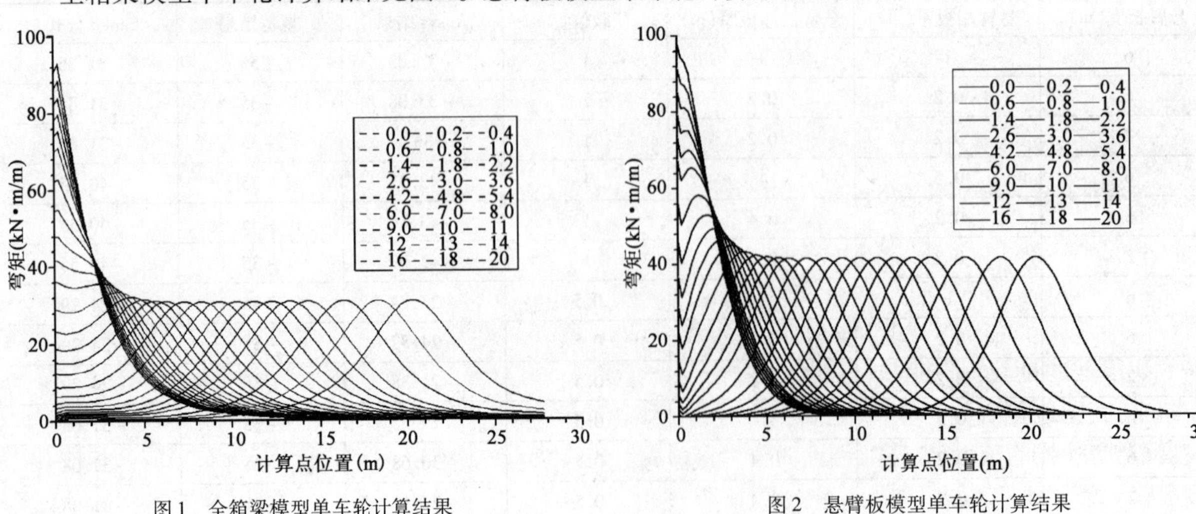

图1　全箱梁模型单车轮计算结果　　图2　悬臂板模型单车轮计算结果

从上面的计算中同样可以看到,当车轮荷载作用于箱梁端部附近的翼缘板上时,翼缘板的半无限板效应明显。在全箱梁模型中,近自由端的悬臂根部弯矩是跨中悬臂根部弯矩的3倍;在悬臂板模型中,近自由端的悬臂根部弯矩是跨中悬臂根部弯矩的2.36倍,所以实际设计中应该对此加以注意。但这种效应也是有一定范围的,当荷载作用在距自由端1倍悬臂长度以外时,翼缘板的根部弯矩就十分接近于荷载作用于跨中了。

四、结　论

本文针对不同的荷载状态,对全箱梁模型和悬臂板模型的翼缘板根部弯矩进行分析得出:

(1)对于翼缘板根部与端部的厚度比较大且荷载作用于翼缘板跨径端部的时候,《规范》对于悬臂板根部弯矩的计算可能偏于危险,要加以注意。

(2)荷载位置靠近箱梁端部时,翼缘板根部弯矩的集中效应明显,对于全箱梁模型,箱梁端部翼缘板根部弯矩可达跨中的3倍以上。对于悬臂板模型,箱梁端部翼缘板根部弯矩也有跨中的2.4倍左右。翼缘板根部弯矩在箱梁端部附近的集中现象在距离箱梁端部1倍悬臂长度范围内比较明显,此范围以外就已经和跨中的翼缘板根部弯矩相差无几了。

当翼缘板根部与端部的厚度比较大且荷载作用于翼缘板跨径端部的时候,悬臂板配筋要详细分析计算,当荷载的作用点离自由端一定距离时,在作用点位置处也会产生正弯矩,因此要求在板的下缘配置足够数量的钢筋。由于翼缘板根部弯矩在箱梁端部附近的集中现象,在实际设计中应该把距离箱梁自由端1倍悬臂长度范围内的荷载放大或者把这部分的钢筋进行加强。如缺乏详细计算结果,不妨参考日本或者加拿大安大略规范。

参考文献

[1] 张士铎.悬臂行车道板计算理论综述[J].重庆交通学院学报,1992,11(2):23-34.

[2] 王健,刘庆仁,等.桥梁悬臂板结构受力分析和探讨[J].公路,2003,(4):21-24.

[3] 蒋志刚.单箱脊骨梁桥悬臂行车道板理论与试验研究[D].上海:同济大学硕士研究生论文,1988.

[4] 蒋志刚.大伸臂箱梁桥横向弯矩研究[J].华东公路,1994(6).

21.塘汉快速路永定新河特大桥抗震设计概述

张振学　王秀艳

(天津城建设计院有限公司)

摘　要　天津塘汉快速路永定新河特大桥主桥为三跨连续四索面矮塔斜拉桥,南、北两侧引桥为预制预应力小箱梁,桥梁位于高烈度地震区。本文针对永定新河特大桥结构特点,论述了其抗震设计思路、减隔震设计方法以及主要技术内容。减隔震设计后的永定新河特大桥,不仅使得结构抗震性能得到大幅提升,同时降低了工程费用。

关键词　永定新河特大桥　矮塔斜拉桥　减隔震设计　铅芯橡胶隔震支座　黏滞流体阻尼器

一、引　言

我国是世界上多地震国家之一,从历次发生的较大地震来看,具有强度大、频率高、震源浅的特点。近年来,我国地震活动较为频繁,从地震构造上看,均为断裂活动剧烈的地区。随着城市化及经济的高速发展,对交通线的依赖越来越强,重要桥梁作为震时生命线工程的重要组成部分,其抗震性能的保障和提高显得尤为重要。

传统桥梁结构主要依靠增强自身的强度和变形能力来抵御地震作用，但1994年美国北岭地震、1995年日本阪神大地震和2008年我国5.12汶川地震中，大量结构倒塌，说明以“抗”为主要途径的传统方法存在问题，研究者开始在结构上布置减隔震装置，研究通过“隔”、“减”的方法来抵御地震灾害。

目前，欧、美和日本等国家投入了大量的人力和物力，研制性能卓越的减隔震装置，来降低高烈度地震区的桥梁地震效应，保证地震区桥梁结构的安全。在我国，对桥梁减隔震技术也已开展了研究，但尚未形成完整的生产、设计、检验与标准系统；在公路桥梁减隔震设计方面，我国在汶川地震后制定出“公路桥梁抗震设计细则”，首次提出了减隔震技术在桥梁中的应用。

二、工 程 背 景

天津永定新河特大桥是塘汉快速路重要组成节点的桥梁工程，同时也是塘汉快速路工程中规模最大的一座重点桥梁工程，由南北两侧引桥及主桥三部分组成，总长1132.86m，桥梁工程总面积为42705m²。主桥为矮塔斜拉桥，引桥为预制预应力小箱梁，主、引桥均为混凝土结构。场地地震基本烈度为8度、设计基本地震加速度峰值为0.2g，为高烈度地震区，普通的盆式橡胶支座和板式橡胶支座已不能胜任，解决思路由传统“硬抗”的方法向减隔震方向转变。也即依靠减隔震装置，延长桥梁自振周期、增加桥梁结构附加阻尼，从而降低地震反应。

三、主桥减隔震设计

塘汉快速路永定新河特大桥主桥为三跨连续四索面矮塔斜拉桥，为塔梁固结体系，跨径布置为85m+145m+85m，全长315m，全宽43.0m。主梁采用变截面预应力混凝土箱梁，上下行分幅设置，标准梁高3.0m，在中墩支点处梁高由5.0m按直线渐变至3.0m，主塔高20m，全桥共设斜拉索112根。墩柱高约13m，为门形混凝土框架形式，主塔墩及边墩位置均设支座，将上部结构重量传递至门形框架墩横梁，下部结构采用矩形承台及钻孔灌注桩基础，桥型布置如图1所示。

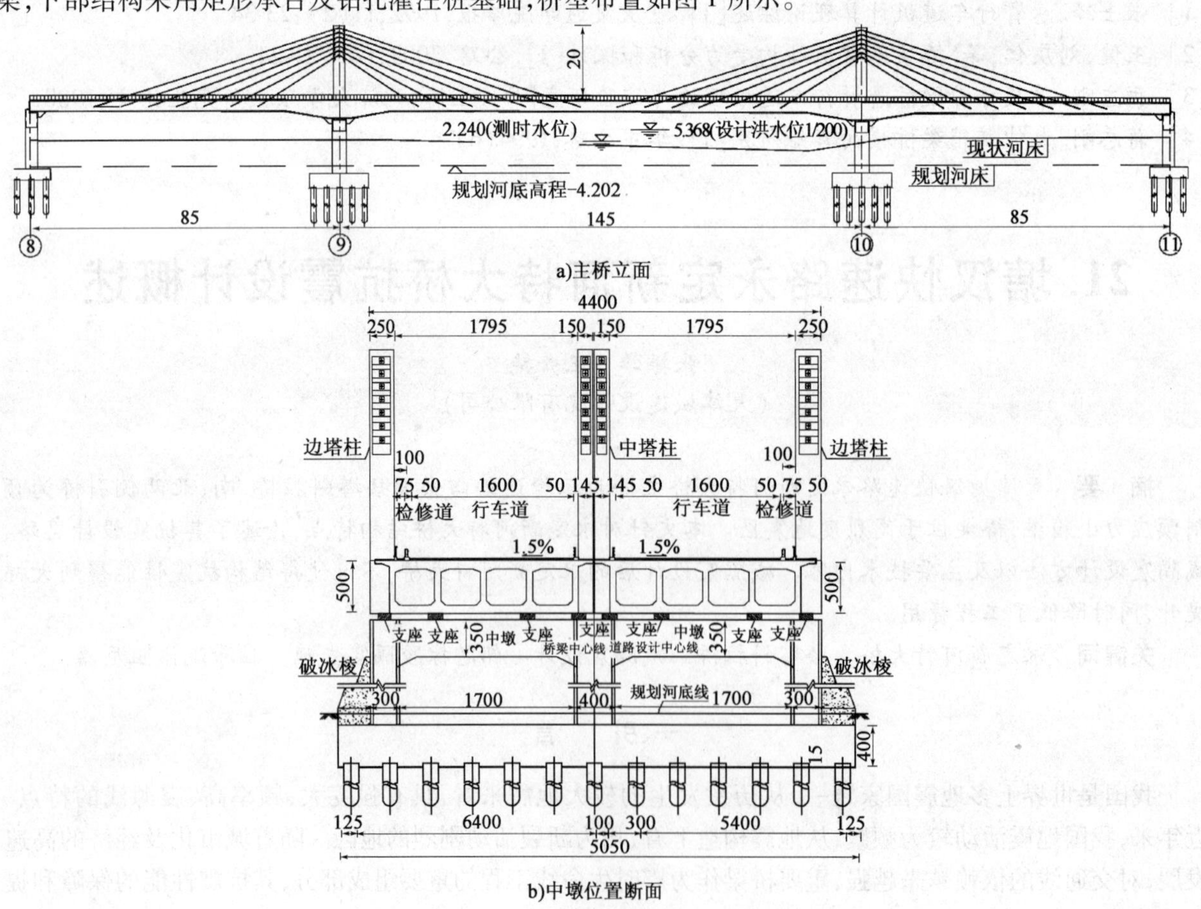

图1 桥型布置图

E2 地震作用下,主桥固定墩处支座剪坏。减隔震设计时,考虑主桥结构重量大,黏滞流体阻尼器相对铅芯橡胶支座,可提供足够的纵、横向刚度,有效减小由支座剪坏所导致的梁墩相对位移过大问题,同时,进一步耗散地震能量,降低结构反应,其减隔震原理如图 2 所示。经分析计算,在主桥设置纵向 16 个(型号 ZNQ100×300)、横向 10 个(型号 ZNQ1000×150)黏滞流体阻尼器,来实现主桥减隔震设计。相比传统抗震设计方法,黏滞流体阻尼器的设置使得 E2 地震作用下,主桥墩底的剪力和弯矩均减小 60% 以上,从而大大减少了主桥下部结构工程量,经济效益显著。

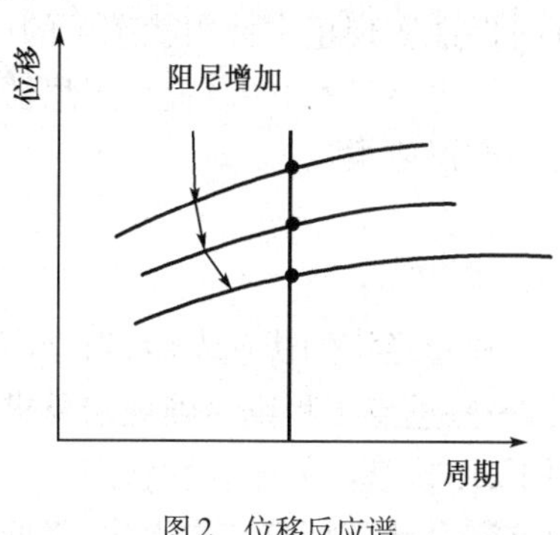

图 2 位移反应谱

四、引桥减隔震设计

引桥由南、北两侧引桥两部分组成,为预制预应力小箱梁结构,上下行分幅设置,单幅桥宽 18.0m,其中,南侧引桥跨径布置为 4×30m+4×40m,共计 2 联 8 孔桥,全长 280m。北侧引桥跨径布置为 3×40m+(2×40m+30m)+3×30m+4×30m+3×30m,共计 5 联 16 孔桥,全长 530m。30m、40m 预制预应力小箱梁梁高分别为 1.6m、2.2m,下部结构中墩及边墩均采用桩接承台、墩柱、盖梁的形式,边桥台采用桩柱接盖梁形式。

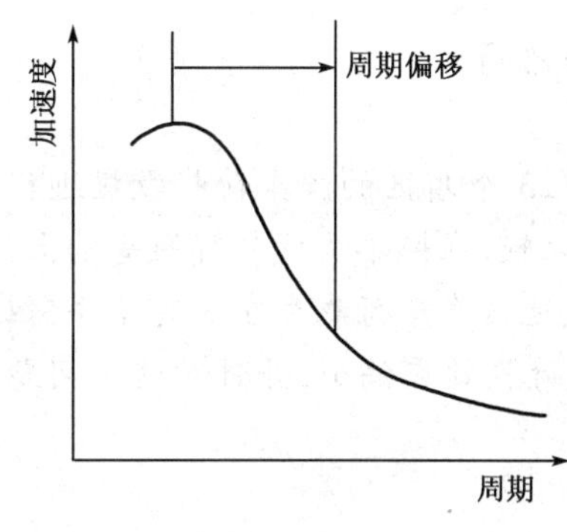

图 3 加速度反应谱

本桥处于高烈度地震区,若采用传统抗震设计方法,即通过"硬抗"的方式,经计算,工程量巨大。因而,引桥选用造价相对较低的铅芯橡胶支座,也即通过采用隔震支座(型号 J4Q420×420×134G1、J4Q420×420×179G1)代替传统橡胶支座的方式,延长桥梁自振周期,达到隔震的目的。隔震原理如图 3 所示。从图 3 可以看出,随着结构自振周期的延长,结构地震加速度反应明显减小。

通过计算分析可知,相比传统抗震设计方法,铅芯橡胶隔震支座的设置使得 E2 地震下,引桥墩底的剪力和弯矩均减少 52% 以上(以南侧引桥 4×40m 预制预应力小箱梁 7 号墩(中墩)横向抗震计算为例,如表 1 所示),地震效应得到了大幅降低。

铅芯橡胶支座减隔震效果示例 表 1

计算位置		项目	横桥向		
			非隔震	隔震	减震系数
7 号墩	中间支座	M(kN·m)	10016	3504	65%
		F_Q(kN)	3004	804	73%

五、减隔震设计内容

减隔震设计包括地震效应理论计算、地震效应试验验证、抗震构造设计等方面内容,具体如下:

(1)为更好地量化结构抗震性能,提出了减隔震桥梁的多目标性能设计方法及其简化计算模式。

(2)采用 Ansys 软件进行减隔震效果的理论计算,同时,为验证理论计算的准确性,采用基于速度控制型的实时子结构实验系统,通过试验对其进行验证。

(3)抗震措施设计

①主桥由一排中墩作为制动墩、支座滑移方向与其匹配,支座规格主要由竖向力控制并提供正常使用阶段水平抗力。

②在主、引桥墩柱或墩柱附近的梁体下,设置与墩柱间留有一定间距(与阻尼器或铅芯橡胶支座容许位移相匹配)的顺、横桥向混凝土抗震牛腿或挡块,防止落梁,必要时将水平地震力分散传递至多个墩位,

同时保证实现正常使用状态下的梁体位移。

③主、引桥两端设置与阻尼器或铅芯橡胶支座、抗震挡块相匹配的伸缩缝,确保桥梁正常使用及地震时的变形要求。

六、结　　语

随着经济的快速发展,对于高烈度地震区的大型重要桥梁,减隔震设计逐渐成为抗震设计的必要手段,一些重点工程则明确规定要求开展桥梁减隔震设计。减隔震设计后的永定新河特大桥,在E2地震作用下,结构基本处于弹性状态,大大提高了其抗震性能,保证了震时生命线工程的畅通。同时,通过合理的抗震设计及相应结构优化,降低了工程总费用。

参考文献

[1] 范立础,王志强.桥梁减隔震设计.北京:人民交通出版社,2001.

22. 中国公路桥梁汽车荷载标准适应性研究

李文杰[1]　穆少华[2]　赵君黎[1]　冯　苠[1]

(1.中交公路规划设计院有限公司;2.内蒙古公路局)

摘　要　为了解我国近年公路桥梁汽车荷载的情况,本文利用全国23个省区的汽车荷载数据进行了公路桥梁汽车效应的计算,并与现行规范汽车荷载标准值效应进行了比较,在概率统计分析的基础上,分析了我国公路桥梁汽车荷载标准的适应性。分析表明,我国不同路段、地区汽车荷载存在一定差异,但现行规范汽车荷载标准与实际运营汽车荷载总体适应,小跨径桥梁汽车荷载效应偏小,并针对这一问题提出了规范修订建议。

关键词　公路桥梁　汽车荷载标准　适应性

一、引　　言

汽车荷载作为一种社会性荷载,其大小与社会经济发展程度以及汽车工业等因素密切相关,并且在其各个阶段均受国家宏观运输政策的影响。随着我国现代化建设加速,逐步进入工业化、城市化的峰值期,受区域产业结构重型化且结构趋同的影响,大量低端能源和重工业产品都通过公路运输,在煤炭、矿产等重载运输需求不断增长、重载车辆日益增多等多重压力下,近年来,车辆超载问题日益突出,车辆超载运输导致桥梁结构损伤加剧,降低了使用寿命。尤其对于中小跨径桥梁,由于其活载效应在总荷载效应中占的比重较大,重载车辆往往会对其产生严重的损害,甚至垮塌。我国近年来因严重超载车导致的典型安全事故也不断增多,这也引起了社会各界的广泛关注,现行公路桥梁荷载标准的适应性成为社会各界普遍关注的问题。

二、汽车荷载调研

由于车辆运营管控政策执行力度的差异,导致实际汽车荷载在不同路段和不同时段存在较大差异,汽车荷载研究需要大量的实际数据,基础数据的数量和质量决定了研究结论的代表性。我国幅员辽阔,东西南北地域差异大,因此,对数据的要求除了要有数量的保证外,还应兼顾我国大部分省区,基于全国范围汽车荷载数据的研究才能得出适用于全国的结论。为此,汽车荷载研究开展了全国范围内的全面调研,先后到内蒙、山西、河南、广东、新疆、云南、北京、上海、辽宁、浙江、天津、江苏、河北和四川14个省市的运煤通道、过境通道、进京通道、过江通道、东部沿海地区、西部地区以及港区集装箱运输通道等代表性路段进行实地调研,获取了大量的基础数据。

此外,考虑到目前我国大部分省区已开展计重收费,各路段已有大量计重收费数据,选取全国典型路段进行计重收费数据收集,一方面可充分反映全国情况,另一方面,在计重收费政策全面实施的背景下,获取数据更能反映现状及未来情况。计重收费数据收集点的选取应兼顾全国大部分省区,以国高网主干线通道为主。在路线空间方位的选取上,要考虑我国东西南北的差异。因此,调研方案重点选取东中西、北中南共六条国道主干线,这样既可以反映出我国车辆荷载的地域差异,又能涵盖我国大多数省区,具有较好的代表性。此外,为了解诸如山西、内蒙等能源输出典型省区的汽车荷载情况,还选取了相应辖区内更具代表性路段,完善了车辆荷载收集点的涵盖面。

按照上述原则,纵向通道选取了 G15(沈阳至海口)、G4(北京至港澳)、G75(兰州至海口)三条主干线,在此基础上,添加了 G1(北京至哈尔滨)东北段,使纵向干线的涵盖地域范围更广;横向通道则选取了 G20(青岛至银川)、G30(连云港至霍尔果斯)、G76(厦门至成都)三条主干线,具体路线布局如图 1 所示。为重点关注内蒙、山西等煤炭输出省区的车辆荷载情况,补充了 G65(包头至茂名)内蒙段的九原黄河桥及 G55(二连浩特至广州)的内蒙段和山西段。这样,选取的路线共涵盖了全国 27 个省区,并能对车辆荷载特点鲜明的省区有所侧重,可较为全面地反映我国当前的车辆荷载状况。

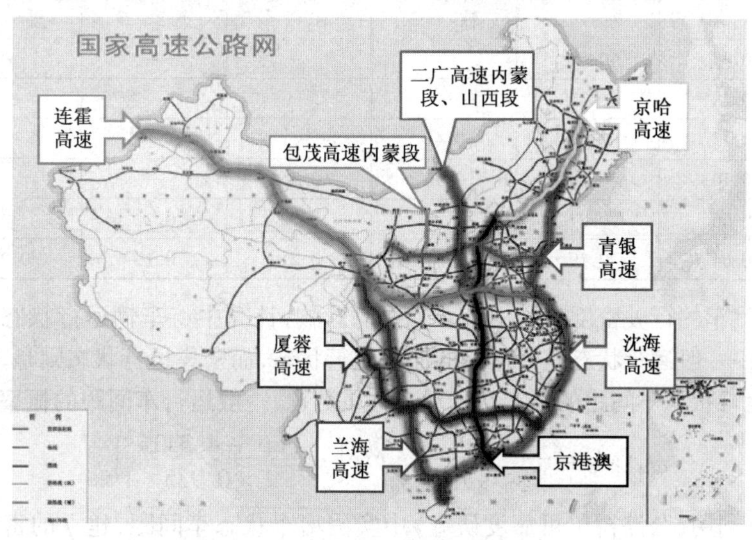

图 1 全国计重收费数据收集路线

综合现场调研与计重收费数据收集,共获取了全国 58 个路段、2007 年至 2011 年共计 72 个时段的数据,包括动态称重数据、计重收费数据及治超数据。数据共计 4277.6 万组,所得数据的数量和地域、路段代表性较好,通过数据的研究可明确我国当前实际运营汽车荷载与汽车荷载标准的适应程度。

三、汽车荷载适应性研究

汽车荷载标准适应程度主要体现在实际运营汽车荷载效应与规范汽车荷载效应之间的关系,即实际运营汽车荷载效应超过规范汽车荷载效应的比例。从理论上讲,汽车荷载效应应从真实结构构件截面所产生的实际内力的观测值进行统计分析。但是在现阶段,由于测定内力的测试技术以及收集这些统计数据的实际困难,直接进行荷载效应的统计分析是不现实的。因此,汽车荷载效应的统计分析主要基于汽车荷载数据的计算结果。

1. 汽车荷载效应计算

汽车荷载效应计算所用的数据中,计重收费数据仅包含车辆轴数、总重和轴组重,缺少部分汽车荷载效应计算的必需数据,因此,在该类数据汽车荷载效应分析之前,对各种代表车型的轴距、总重与轴重的分配关系进行了研究。

代表车型轴距的确定中,首先分析了汽车销售市场上 79 款小客车和 10 大品牌共计 541 种货车的轴距信息，并利用动态称重数据中实测的20多万辆车的信息进行综合分析，确定了各车型的代表性轴距，如表1所示。

标准车轴距参数表　　表1

车　型	轴　距(mm)				
	轴1	轴2	轴3	轴4	轴5
小客车	3000	—	—	—	—
二轴货车	5000	—	—	—	—
三轴货车	5000	1300	—	—	—
四轴货车	2500	6000	1300	—	—
五轴货车	3400	7400	1300	1300	—
六轴货车	3200	1500	7000	1300	1300

根据上述确定的代表车型，利用动态称重数据对上述6种车型总重与轴重的关系进行回归分析，结果如表2所示，以此确定各车型的轴重信息。

各车型各轴占总重的比例　　表2

车　型	轴　1	轴　2	轴　3	轴　4	轴　5	轴　6	样本数
小客车	0.45	0.55	—	—	—	—	292028
二轴	0.28	0.72	—	—	—	—	84500
三轴	0.15	0.44	0.41	—	—	—	5089
四轴	0.10	0.19	0.36	0.35	—	—	8246
五轴	0.06	0.27	0.24	0.22	0.22	—	10492
六轴	0.04	0.19	0.17	0.21	0.19	0.21	9231

除上述因素外，汽车的行驶密度对结构有着重要的影响，计算中将车辆运行状态分为一般运行状态和密集运行状态，其中一般运行状态是指道路的通常运行状态，而密集运行状态则是车流量大，道路出现拥堵的状态。一般运行状态车间距的确定基于动态称重数据，一般运行车间距的概率模型为：

$$f_X(x)=\frac{1}{\sqrt{2\pi}\times 0.935x}\exp\left[-\frac{(\ln x-4.343)^2}{2\times 0.935^2}\right] \tag{1}$$

密集运行状态则利用《公路桥梁可靠度研究》中实测堵车状态车间距，建立的密集运行状态车间距分布为：

$$f(x)=\frac{1}{\sqrt{2\pi}\times 0.279707x}\exp\left[-\frac{(\ln x-1.561165)^2}{2\times 0.299707^2}\right] \tag{2}$$

确定了上述车间距模型后，利用蒙特卡洛模拟生成一般运行状态和密集运行状态车间距，在对车队进行随机排序后，组成一般运行和密集运行状态车队，将车队按照1m的间距通过各种结构形式、各种跨径的桥梁，并记录每次移动所产生的控制截面的效应，如图2所示。

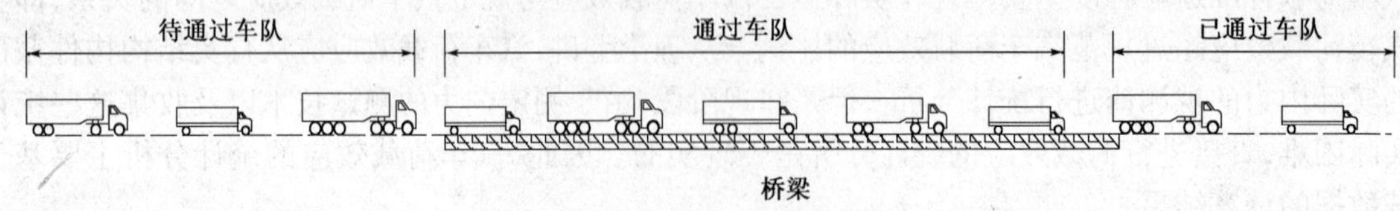

图2　效应计算的仿真车队

2. 汽车荷载效应统计结果

效应的统计分析中，为了便于与现行规范汽车荷载效应进行比较，将计算结果与公路Ⅰ级标准值效应之比作为统计分析的对象，即取无量纲参数 $K=S/S_K$ 作为车辆荷载效应的基本统计对象，其中 S 为根据实测的车队计算的效应值，S_K 为根据现行规范公路Ⅰ级的汽车荷载标准值计算的效应值。

对各测点汽车荷载效应的统计分析显示,我国现阶段汽车荷载效应呈现多峰的概率分布形式,所以用多个单峰概率密度函数的加权和描述车辆荷载效应的概率密度函数,即:

$$f_x(x) = \sum_{i=1}^{n} p_i f_{x_i}(x) \tag{3}$$

式中:$f_{x_i}(x)$——第 i 个随机变量的概率密度函数;

p_i——第 i 个随机变量概率密度函数的权重,满足 $\sum_{i=1}^{n} p_i = 1$。

荷载效应的概率分布函数为:

$$F_x(x) = \sum_{i=1}^{n} p_i F_{x_i}(x) \tag{4}$$

式(3)中不同总体车辆荷载的概率密度函数 $f_i(x)$ 可以不同,一般情况下,将 $f_{x_1}(x)$ 取为正态概率密度函数,则可很好地模拟汽车荷载效应分布,汽车荷载效应的概率密度函数为

$$f_x(x) = \sum_{i=1}^{n} p_i \frac{1}{\sigma_i} \varphi\left(\frac{x-\mu_i}{\sigma_i}\right) \left(\sum_{i=1}^{n} p_i = 1\right) \tag{5}$$

式中:$\varphi(\cdot)$——标准正态分布概率密度函数;

μ_i——第 i 个随机变量的平均值;

σ_i——第 i 个随机变量的标准差。

概率分布函数为:

$$F_x(x) = \sum_{i=1}^{n} p_i \varphi\left(\frac{x-\mu_i}{\sigma_i}\right) \left(\sum_{i=1}^{n} p_i = 1\right) \tag{6}$$

利用各测点的实测数据,采用最大似然法对式(6)中未知参数进行估计,得到其概率密度函数和概率分布函数。图 3 为部分测点的实测数据与概率拟合对比情况。

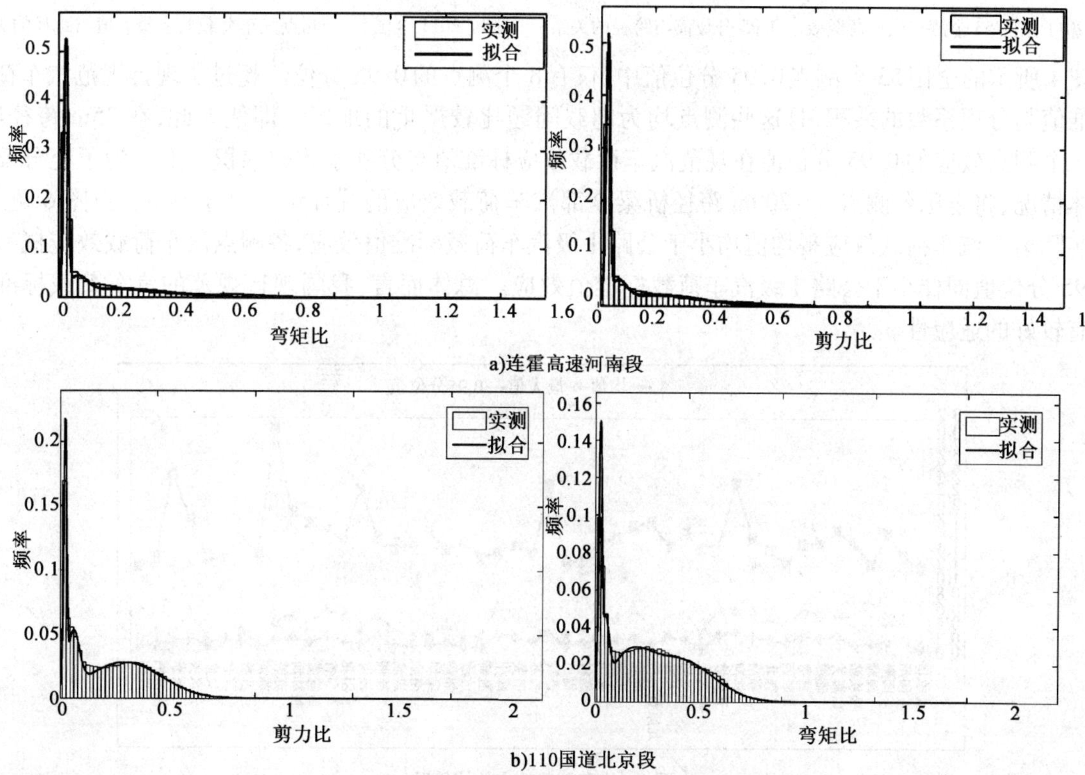

图 3 汽车荷载效应概率分布

由图 3 可见,采用多个概率分布加权和可以较好地描述现状汽车荷载效应的概率特性,各测点的分析结果显示,汽车荷载效应概率分布的右尾部较长,反映了目前我国汽车荷载中重车荷载的影响。

3. 汽车荷载适应性分析

鉴于汽车荷载与交通运输管控政策的高度相关性，结合我国大多数省区都已开展计重收费的实际情况，当前实际运营汽车荷载与汽车荷载标准的适应性分析以2011年计重收费数据为主，这样更能充分反映当前实际状况。选取这部分数据除了政策和时效性的考虑外，还考虑到这部分数据基本上涵盖了全国大多数省区，具有广泛的代表性。

研究所设定的两种运行状态中，作为公路车辆行驶的常态化现象，一般运行状态是实际状况的直观反映，其计算结果也大体上反映了我国现状实际运营汽车荷载的总体水平，也是适应性分析重点关注的内容。密集运行状态作为一种假定状态，在实际中出现概率较小，并且本次汽车荷载调研也未实测到密集运行的实际车队，因此，在适应性的分析中主要考虑一般运行状态。

效应的计算是分跨径进行的，为了解实际汽车荷载效应与桥梁跨径的关系，将2011年全国各测点效应的0.95分位值与跨径的关系和最大值与跨径的关系列于图4与图5中。由图中各测点相应代表值与跨径的关系可见，实际汽车荷载效应随跨径的增大而减小。此外，从测点之间汽车荷载效应的比较情况可见，我国当前各地汽车荷载水平差异较大。

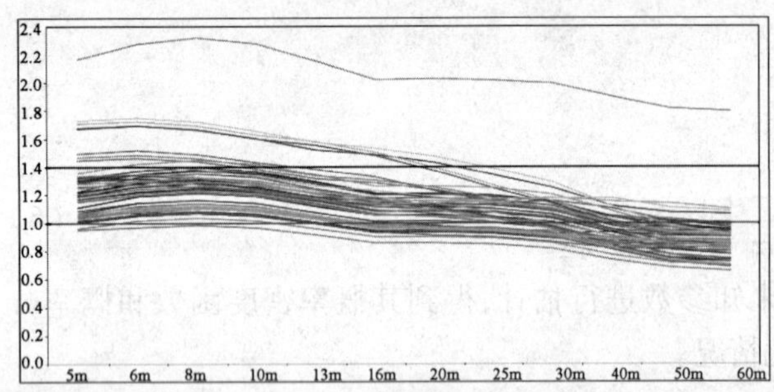

图4　2011全国53个测点汽车荷载效应0.95分位值与跨径的关系

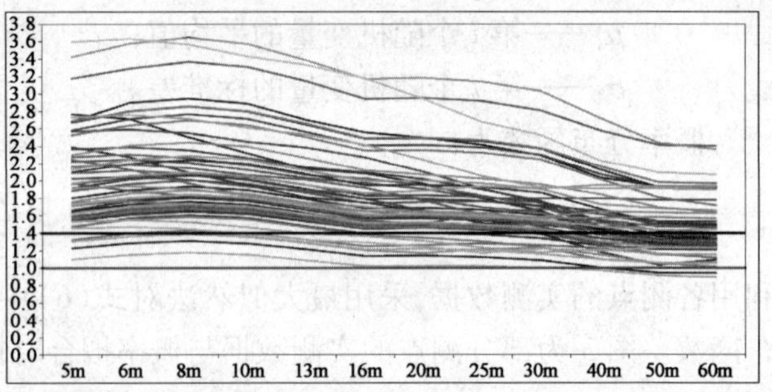

图5　2011全国53个测点汽车荷载效应最大值与跨径的关系

图4所示的全国53个测点0.95分位值中，仅有8个测点的0.95分位值超过了现行规范汽车荷载效应标准值与分项系数的乘积，且这些测点均为超载问题比较严重的地区。即便如此，在25m跨径以上，只有一个测点效应的0.95分位值在规范汽车荷载效应标准值与分项系数的乘积之上。为了充分反映全国总体情况，将全国各测点5～200m跨径桥梁全部汽车荷载效应的统计结果列于图6。由图6可见，各测点实际运营汽车荷载效应平均值均小于公路Ⅰ级汽车荷载标准值效应，各测点汽车荷载效应概率分布的0.95分位值同样小于公路Ⅰ级汽车荷载标准值效应。总体而言，我国现行规范的汽车荷载标准总体上具有较好的适应性。

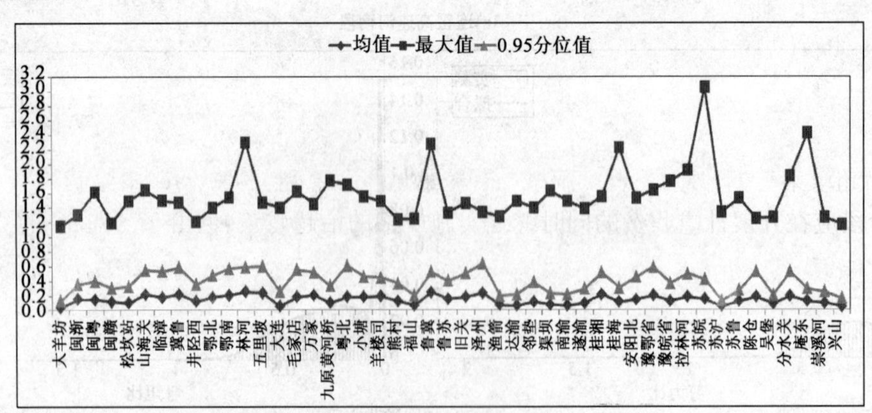

图6　汽车荷载效应总体情况

但实际统计数据显示，计重收费政策下，全国各测点均存在一定数量的超载车辆，并且部分路段超载现象比较严重，超载车比例最高的测点其超载车比例高达88%以上，因此，图5与图6中各测点汽车荷载效应的最大值基本上都超过了规范汽车荷载效应设计值，这对桥梁结构的安全造成了一定的影响。由此可见,在当前实施计重收费政策的同时应继续加强车辆超载管控。

2011 年全国汽车荷载调研数据分析表明,部分路段执行比较严格的治超政策,车辆超载现象极少,治超效果良好,其汽车荷载特点可反映在实施计重收费的同时采取严格治超时,实际运营汽车荷载与标准之间的适应程度,这几个测点 60m 跨径以下汽车荷载效应统计结果与规范的比较情况如图 7 与图 8 所示。

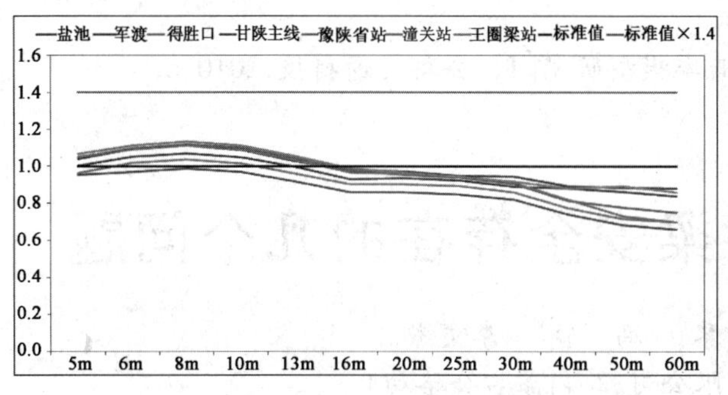

图 7　0.95 分位值与规范汽车荷载效应的关系

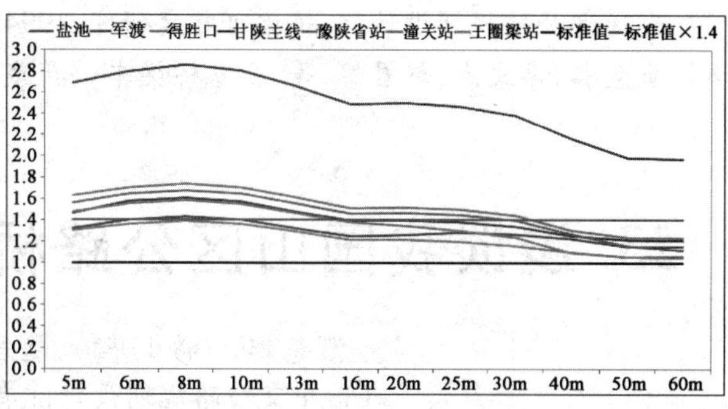

图 8　最大值与规范汽车荷载效应的关系

上述分析显示,该类地区 60m 跨径以下,实际运营汽车荷载效应与规范标准值效应基本适应,仅 16m 跨径以下出现了实际运营汽车荷载效应超过规范标准值效应的情况,但也小于标准值效应与分项系数的乘积。与图 4 比较显示,严格治超政策下,实际运营汽车荷载与规范的适应程度好于仅执行计重收费政策的地区。

此外,反映极端情况的最大值中,60m 跨径以下,各测点的最大值均超过了规范的标准值效应,部分测点则超过了规范汽车荷载效应标准值与分项系数的乘积。而进一步分析可知。这些测点最大值均由超载车辆产生。由此可见,现阶段即便执行严格治超,也不能完全消除超载车辆,但由于小跨径桥梁汽车荷载效应通常由单辆重车产生,超载车辆对小跨径桥梁的安全性影响较大。因此,当前在超载问题无法回避的前提下,可以考虑适当提高小跨径桥梁的安全储备,以提高此类桥梁抵御超载的能力。

四、结　　论

本文利用全国 23 个省区的汽车荷载数据进行了汽车效应的计算,并与现行规范汽车荷载标准进行了比较,分析了我国公路桥梁汽车荷载标准的适应性,得出了如下结论:

(1)现阶段由于我国各地资源配置不均,经济发展水平不同,全国不同路段、地区实际运营汽车荷载存在一定差异。

(2)汽车荷载效应概率分析显示,现状汽车荷载效应服从多峰分布,可采用多个正态分布加权和的形式予以描述。

(3)计重收费政策下,实际运营汽车荷载与规范汽车荷载标准总体适应,但由于实际中存在部分超载车辆,对小跨径桥梁的安全性影响较大。

(4)严格治超政策下,实际运营汽车荷载与规范的适应程度好于仅执行计重收费政策的地区。

因此,现阶段应在开展计重收费的同时继续实施严格的治超政策,但由于当前超载是一个无法回避的问题,而小跨径桥梁汽车荷载效应通常由单辆重车产生,超载车辆对小跨径桥梁的安全性影响较大,因此,相关规范修订时,可以考虑适当提高小跨径桥梁的安全储备,以提高此类桥梁抵御超载的能力。

参考文献

[1] 贡金鑫. 工程结构可靠度计算方法[M]. 大连:大连理工大学出版社,2003.

[2] 李扬海,鲍卫刚,等. 公路桥梁机构可靠度与概率极限状态设计[M]. 北京:人民交通出版社,1997.

[3] 中华人民共和国行业标准. JTG D60—2004　公路桥涵设计通用规范[S]. 北京:人民交通出版社,2004.

[4] 中华人民共和国建设部. GB/T 50283—1999　公路工程结构可靠度设计统一标准[S]. 北京:中国计

划出版社,1999.

[5] 中华人民共和国国家标准. GB 50153—92 工程结构可靠度设计统一标准[S]. 北京:中国计划出版社,1992.

[6] 滕素珍,冯敬海. 数理统计学[M]. 大连:大连理工大学出版社,2000.

[7] 交通部公路规划设计院. 桥梁可靠度研究. 1994.

[8] 贡金鑫,李文杰,赵君黎,等. 公路桥梁车辆荷载概率模型研究[J]. 公路交通科技,2010,6.

23. 浅谈我国山区公路桥梁安全存在的几个问题

翟慧娜[1] 穆少华[2] 赵君黎[1] 冯 苠[1] 李文杰[1]

(1. 中交公路规划设计院有限公司;2. 内蒙古公路局)

摘 要 本文基于实际车辆荷载数据,分析了我国山区公路运营车辆荷载特点;结合山区公路货车总重55t以上车辆很少、中小型货车总重和轴重超载比较严重的现状,阐述了超载对公路桥梁结构安全和交通安全的影响;根据对我国山区公路桥梁交通安全设施的调研情况,分析了我国低等级公路及等外公路桥梁护栏存在的安全问题,包括护栏缺失、损坏后未及时更换、防护能力不足等;同时,通过对我国山区公路桥梁安全存在的问题的分析,提出了建议措施。

关键词 山区 桥梁 安全 问题

一、前 言

2012年8月24日,哈尔滨阳明滩大桥引桥被四辆重载货车压塌,造成3人死亡,5人受伤。2013年3月12日,一辆双层卧铺车途经湖北荆州长江大桥南段时,因爆胎冲破桥梁护栏掉落江滩,造成14人死亡,9人受伤。2013年3月19日,印度一辆从果阿前往孟买的公交车失控,在孟买以南350km处冲出桥梁,坠落在干枯的河床上,造成32人死亡,13人受伤。不断发生的桥梁和交通安全事故,为我们敲响了警钟。

随着我国社会经济的发展和西部大开发战略的实施,我国山区的交通基础设施得到迅速发展,山区公路里程不断增加,山区公路交通也日趋繁忙。山区地形和地质条件比较复杂,一方面,桥梁在路线中所占的比例较大;另一方面,山区桥梁一旦发生问题,事故救援、结构维修等均比其他地区桥梁困难。因此,山区公路桥梁的安全问题更应引起我们的密切关注。

二、公路运营车辆荷载特点及对桥梁安全的影响

1. 公路运营车辆荷载特点

山区地形山崖陡峭、坡大沟深,高低起伏变化很大。受此影响,山区公路路线平面、纵断面转折频繁,长、大纵坡路段较多。由于行车条件的限制,山区公路运营车辆车型组成及车重、轴重情况呈现着与其他地区明显不同的特点。下面以贵州省某高速公路为例,选取其某一收费站2011年连续两周的计重收费数据进行分析。

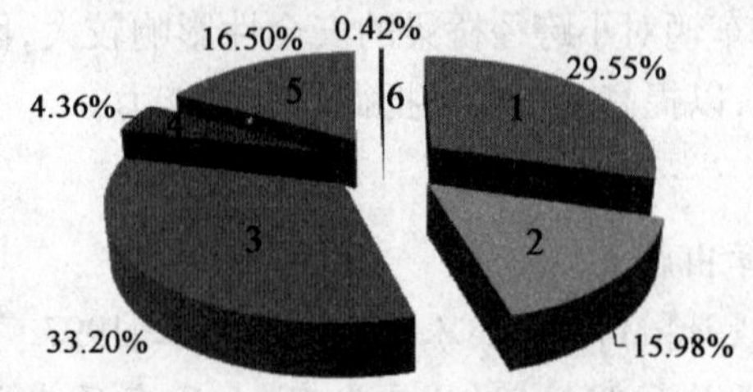

图1 货车车型比例

1-二轴货车;2-三轴货车;3-四轴货车;4-五轴货车;5-六轴货车;6-六轴以上货车

1)货运车辆以中小型货车为主

该路段客车所占比例为53%,货车所占比例为47%。货车车型组成见图1。由图可见,货车以二轴、三轴、四轴车为主,分别占货车总数的29.55%、15.98%和33.20%;五轴及五轴以上货车仅占21.28%,反映了山区公路货运以中小型货车为主的特点。

2)总重55t以上车辆很少,但中小型货车超载比较严重

我国目前对超限超载车辆的认定标准[1]是:2轴20t、3轴30t、4轴40t、5轴50t、6轴55t。该路段车辆总重累积频率图见图2,各车型车辆超载情况见表1。由图表可见,该路段车辆总重基本在55t以内,但三轴、四轴货车超载比例较高,分别占15.54%和37.02%;二轴、三轴、四轴车总重最大分别达37t、44t、60.9t,超载情况比较严重。

超载车数字特征

表1

车 型	超载车比例(%)	总重最大值(t)	最大超载率(%)	总重平均值
二轴	5.83	37.0	85.00	23.85
三轴	15.54	44.0	46.67	32.62
四轴	37.02	60.9	52.25	44.74
五轴	7.13	70.4	40.80	52.51
六轴	4.54	90.7	64.91	57.07

3)轴重超载严重

根据国家标准《道路车辆外廓尺寸、轴荷及质量限值》(GB 1589—2004)[2]的规定,对于最大轴荷限值,单轴每侧单胎为10t,单轴每侧双胎为11.5t,普通并装双轴为18t,并装三轴为24t。该路段车辆单轴、双轴组、三轴组轴重累积频率图分别见图3~图5。由于车辆的前轴通常较其他轴轻很多,对单轴轴重分析时筛除了前轴。根据分析结果,单轴轴重超过10t的比例为26%左右,最大单轴重为33.88t;双轴组超过18t的比例为68.31%,最大双轴组重为44.22t;三轴组超过24t的比例为65.37%,最大三轴组重为43.34t。由图可以看出,该路段轴重超载情况严重。

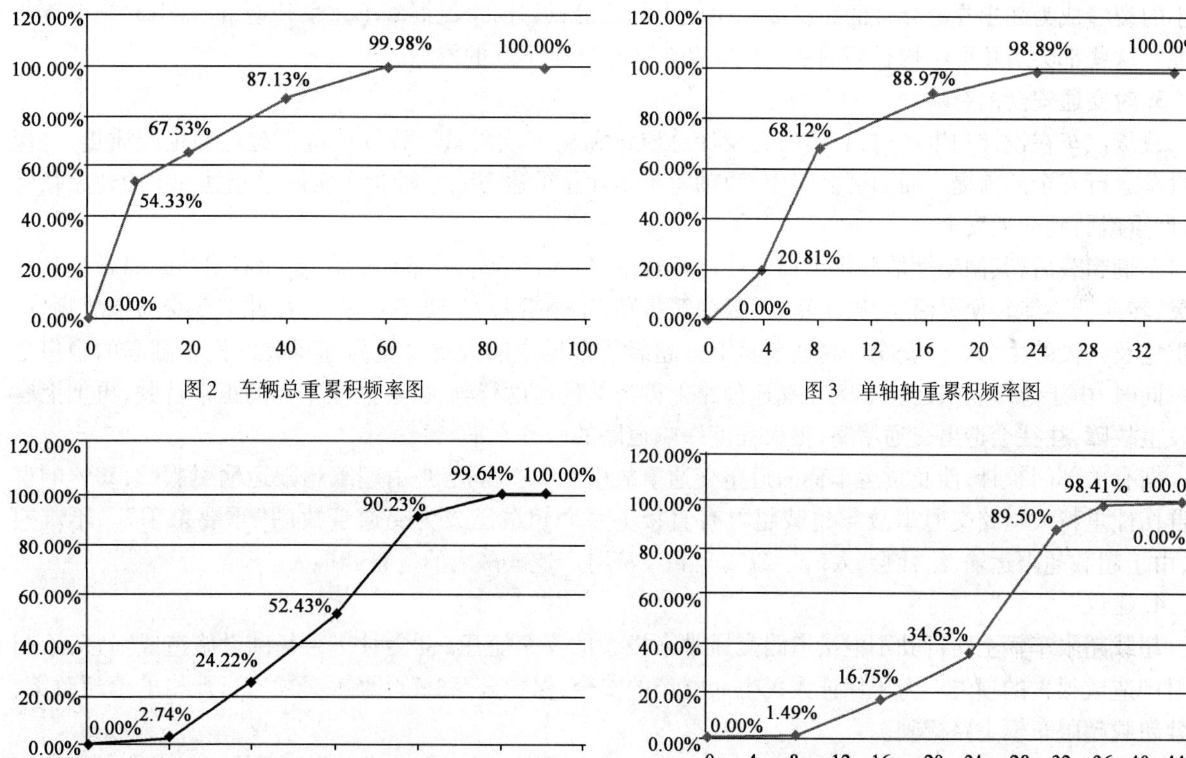

图2 车辆总重累积频率图

图3 单轴轴重累积频率图

图4 双轴组轴重累积频率图

图5 三轴组轴重累积频率图

2.对桥梁结构安全的影响

由上述分析可知,山区公路上通行的重载货车总重普遍在55t以内,总重超过100t的车辆几乎没有。因此,重载、超载货车压垮桥梁的事故主要发生在平原地区的公路桥梁上,山区公路桥梁则很少发生类似事故。然而,山区公路中,车辆轴重的超载仍然会严重危及到桥梁安全,主要表现在以下几个方面。

1）严重损坏路面结构

超载超限运输车辆对桥梁路面结构的损坏是成几何级数增长的。理论上，超限100%的车辆通过沥青路面一次，相当于正常运输车辆通过16次；相当于正常运输车辆通过水泥路面65536次。

超载超限车辆对路面结构的严重破坏，直接缩短路面结构的使用寿命。根据有关调查表明：车辆长期严重超限会使沥青路面的使用年限缩短20%～30%左右，水泥路面的使用年限缩短40%左右。按照设计交通量，车辆平均超载1倍，路面结构的使用年限将缩短90%。

2）严重损毁桥面结构，影响桥梁结构正常使用的适用性和耐久性

桥面系中桥面铺装和伸缩缝是车辆直接作用的部分，直接承受车轮荷载的压力、冲击、剪切与磨耗，并要求与主要承重结构共同受力、协调变形。超限车辆行驶使上述作用力大大增加，同时以往桥面铺装设计没有特别的计算，只是配置少量构造钢筋，因此，桥面铺装和伸缩缝病害十分普遍。致使桥梁建成不久，桥面铺装即产生裂缝，有不规则的网状裂缝，较规则的纵向、横向裂缝及较严重的碎裂等，使行车颠簸不适。病害进一步发展，可影响主体承重结构，使主体承重结构受损，如空心板顶板混凝土被压碎、T梁翼板混凝土边缘被压碎，以致在桥面上形成窟窿，严重影响行车安全。

3）对桥梁结构造成损伤，影响其耐久性，降低使用寿命

超载超限车辆在桥梁上通行，一方面可能引发疲劳问题。超载会使桥梁疲劳应力幅度加大、损伤加剧，甚至会出现一些超载引发的结构破坏事故。另一方面，由于超载造成的桥梁内部损伤不能恢复，将使得桥梁在正常荷载下的工作状态发生变化，从而可能危害桥梁的安全性和耐久性。例如，混凝土桥梁在汽车超载作用下，可能发生开裂；裂缝即使在荷载卸除后能够闭合，但由于混凝土结构内部已经受到损伤，构件的开裂弯矩降低、刚度下降；于是在正常使用荷载作用下，本来不该开裂的结构产生裂缝或本来较小的裂缝成为超出规范允许的裂缝或产生较大的变形；另外，水泥混凝土过早开裂，也将引起钢筋逐步锈蚀。这些都会对桥梁结构长期的使用性能和耐久性产生不利的影响。

3. 对交通安全的影响

载货汽车在设计和生产时，有其最大设计总质量和额定载质量。载货重量不超过额定载质量，是保证汽车运行安全的前提。而山区公路中，两轴货车实际总重达30t、三轴货车实际总重达40t的现象很常见，严重威胁到交通安全。

车辆超载后，其制动性能和操纵稳定性能迅速下降，表现为轮胎变形爆胎、制动器制动距离延长甚至失灵、转向器不能轻便灵活、驾驶不稳、钢板弹簧折断、半轴折断、车架变形等[3]，由此造成交通事故频发，严重危及人民的生命财产安全。高速公路上被超载货车压成的大坑又是高速行驶的汽车翻车的隐患之一。同时，由于超载超限运输车辆在高速公路上以极低的速度行驶，影响其他车辆的正常行驶，再加上容易发生故障，往往会造出交通堵塞，很大程度影响道路的服务水平。

据有关部门统计，涉及货运车辆的道路交通事故中有80%以上是由超载超限运输引起的，50%的群死群伤性重特大道路交通事故与超载超限有直接关系。超载已成为交通事故的“重要杀手”。不难想象，由于超载超限运输，给社会、人们生命安全和经济财产造成多大的危害和损失。

4. 建议

超载超限车辆上路行驶不但给道路交通带来极大的安全隐患，也会对交通基础设施造成损害，给国家财产造成很大的损失。为了保证人民生命财产的安全，保护公路基础设施，必须实行严格的治超政策，严禁超载超限车辆上路行驶。

鉴于山区公路运营车辆荷载特点，在实施治超时，应根据车型不同，执行严格的治超标准，不能55t一刀切。

三、低等级公路及等外公路桥梁护栏安全问题

山区公路桥梁多跨越深山峡谷、江河急流，路侧危险性很高，路侧防护设施——桥梁护栏就更为重要。根据对山区公路桥梁护栏情况的调研，目前我国高等级公路新建桥梁护栏情况总体较好，而占全国

公路里程85%以上的三、四级公路和等外公路的桥梁护栏则存在着不少问题。

1. 护栏缺失

目前，我国农村和偏远地区低等级公路和等外公路上，有一些早期建成的老旧桥梁，由于当时的安全意识不足，没有设置护栏或栏杆。也有一些桥梁在建造时设置了护栏，但由于年久失修，缺乏维护，在车辆多次碰撞后已荡然无存。这些桥梁一般多为行人或非机动车通行，机动车较少，但仍然存在着很大的安全隐患，车辆行人坠落事故时有发生。图6为浙江省某县一座通行客车的公路桥梁，由于建成时间较早，没有设置护栏，工作人员正在进行测量，拟增加护栏。

2. 护栏损坏后未及时更换

车辆发生事故撞坏护栏后，应及时维修更换。据相关交通管理人员介绍，目前我国安保工程的维修养护没有专项经费，故安保工程的状况一般不太好。事故发生后，护栏维修费用一般由事故车辆司机承担；若司机逃逸，由于经费困难，很难做到及时更换。图7所示为重庆市某路段被撞坏的护栏，该处护栏基本完全缺失，汽车仍旧照常通行。若该处再次发生事故，车辆很可能直接冲出路外，造成严重的人员和财产损失。

图6 浙江省某县一座未设护栏的公路桥梁

图7 重庆市某路段被车辆撞坏的护栏

3. 护栏防护能力不足

桥梁护栏应具有足够的防撞能力，能够有效阻止失控车辆冲出桥梁，保护司乘人员的安全。我国低等级公路上部分桥梁的护栏存在如下一些问题：

（1）护栏高度不够。桥梁护栏除满足车辆碰撞的强度要求外，还应给公路使用者以心理安全感，一般护栏高度以不低于110cm为宜。《公路交通安全设施设计细则》（JTG/T D81—2006）[4]5.4.1条也规定，B级桥梁护栏高度不应小于90cm，其他等级桥梁护栏的要求更高。根据我们对云、贵、川、渝等地公路桥梁的调研发现，部分桥梁护栏的高度严重不足，图8所示为重庆市某桥的护栏情况，其高度仅为50cm左右。

（2）采用简易栏杆或景观栏杆，仅能起到警示作用，防撞能力不足。这种栏杆可以保护行人安全，但对失控车辆无法发挥应有的防护作用。图9所示为重庆市某桥采用的混凝土栏杆。

（3）护栏与桥面板连接强度不够，部分桥梁的护栏根部仅在桥面浅部用水泥固定，未与桥梁主体结构可靠连接。

图8 重庆市某桥护栏高度严重不足

图9 重庆市某桥混凝土栏杆

4. 建议

与其他各种因素相比，人的生命总是放在第一位的。公路交通安全设施应坚持“以人为本、安全至上”的原则，融入宽容容错安全理念。目前我国低等级公路和等外公路桥梁护栏存在的问题较多，建议对此展开有针对性的普查，对不符合要求的桥梁护栏进行加固、更换，从而降低桥梁上的事故发生率，减少事故损失。

四、结　语

作为服务于人民群众的交通基础设施，首先应当保证安全性。本文基于我国山区公路桥梁的特点，从如下两方面分析了山区公路桥梁存在的问题，并提出了建议措施。

(1)我国山区公路中小型货车总重、轴重超载比较严重，实施治超时应根据车型不同，执行严格的治超标准。

(2)我国低等级公路和等外公路桥梁中，存在的护栏缺失、防护能力不足等问题较多，应进行专项治理。

参考文献

[1] 中华人民共和国交通部，公安部，等. 关于在全国开展车辆超限超载治理工作的实施方案农村公路建设指导意见[S]. 2004.

[2] 中华人民共和国国家质量检验检疫总局. GB 1589—2004　道路车辆外廓尺寸、轴荷及质量限值[S]. 北京：中国标准出版社，2004.

[3] 张红卫，王文龙. 车辆超限、超载与公路运输安全性分析[J]. 公路交通科技，2004，21(3)：132-136.

[4] 中华人民共和国交通部. JTG/T D81—2006　公路交通安全设施设计细则[S]. 北京：人民交通出版社，2006.

24. 公路桥梁行车安全风险控制设计框架研究

林　辉[1]　余　江[2]

(1. 中铁工程设计咨询集团有限公司；2. 交通运输部公路科学研究院)

摘　要　公路桥梁行车安全问题日益突出，公路桥梁行车安全风险控制设计已成为桥梁工程设计研究中的新课题。风险控制领域的最新进展大多集中在试验和分析计算上，文章阐述了公路桥梁行车安全风险控制设计的基本思想与基本内容，提出了一种包括四大阶段、五大过程的公路桥梁行车安全风险控制设计框架及系统构成。

关键词　公路桥梁　行车安全　风险控制　设计框架

一、引　言

钢材因强度高，重量轻，架设方便，节省工期而在大型桥梁工程中被大量采用。但是，钢材却并不耐火，温度400℃时，钢材的屈服强度将降至室温下强度的一半，温度达到600℃时，钢材基本丧失全部强度和刚度。随着世界范围内交通运输量的爆炸式增长，交通运输基础设施——桥梁工程的行车安全问题也日益突出。据统计，经过主要交通干线桥梁的重型卡车中2%是装有易燃液体的卡车，1%是装载液化石油气的卡车[1]。一旦其在桥梁上发生行车安全事故，极有可能引起火灾，对桥梁局部、甚至整座桥梁安全造成极大威胁。因此，如何有效对大型公路桥梁行车安全风险进行控制，逐渐成为桥梁界应用和研究的一个热点方向[2]。

二、常用风险评估方法

风险评估是一个考虑结构损伤和运营状态，并以整个结构体系为对象，对结构的可靠性进行分析评价并作出决策的过程。目前，风险评估方法大致可分为：可靠度理论方法、层次分析法、遗传算法、人工神经网络以及多学科交叉的综合评估方法等。

1. 可靠度理论方法

结构可靠性理论采用失效概率 P_F 或可靠指标 β 来衡量结构的安全水平。由于以概率统计为基础，该理论可以处理荷载和抗力的不确定性，尤其是可以处理这些不确定性变化对结构可靠度的影响。Tichy[3]提出一种一阶三参数的可靠性方法，但该方法依赖于设计验算点的准确性。Hong[4]提出了基于参数的点估计可靠性分析方法，这种方法需要求解非线性方程。在此基础上，Zhao 等[5]研究了基于参数的系统可靠性评估，该方法不需要求解非线性方程和寻找设计验算点，但关键是需要寻找系统失效概率与中心参数之间的关系。

2. 层次分析法

层次分析法（Analytic Hierarchy Process）是美国运筹学家 SattyAL 在 20 世纪 70 年代提出的。层次分析法是多指标综合评价的一种定量方法，它通过确定同一层次中各评估指标的初始权重，将定性因素定量化，在一定程度上减少了主观的影响，使评价更趋于科学化。层次分析法发展比较成熟，将定性的判断与定量的分析相结合，将系统各影响因素进行分解，构成一条清晰的网络图，符合人类对事物作评估决策时的思维特性。

3. 遗传算法

遗传算法（Genetic Algorithms）[6]最早于 20 世纪 70 年代由美国密执安大学的 John Holland 提出，它是基于自然遗传和自然选择的思想，以类似于达尔文适者生存理论方式的寻优方法。它主要是通过编码、进化、选择、交叉和变异等 5 种操作来实现。遗传算法的强大寻优功能可以较好地适应可靠性计算与分析的要求。根据文献[7]对 Brotonne 斜拉桥的计算结果，由遗传算法计算的可靠指标与验算点法及 Monte Carlo 法得出的可靠性指标非常接近，而且遗传算法的误差要小于验算点法，但在计算中，收敛速度较慢。

4. 人工神经网络

人工神经网络（Artificial Neural Network）具有较强的模式识别能力，其在重构功能函数方面具有突出的优势，适合于工程中的损伤检测。根据文献[7]采用人工神经网络对 Brotonne 斜拉桥的计算结果，基于人工神经网络的失效概率计算结果与基于原功能函数的失效概率计算结果非常接近。这说明即使在功能函数具有强非线性的情况下，人工神经网络也能很精确地逼近该功能函数。但人工神经网络与其他网络形式相比，收敛速度较慢，网络容易陷入局部最小值，另外网络结构的布置任意性较大，给隐层数、节点数的确定带来困难。

5. 综合评估方法

季征宇等[8]将模糊数学、层次分析法与专家系统有机地结合在一起，开发了智能专家评估系统，对桥梁的损伤状况进行评估。文献[9-10]基于模糊理论和可靠度理论开发的专家系统来评估桥梁损伤状况。张建仁等[7]将遗传算法和人工神经网络两者结合起来的改进响应面法应用到大跨度斜拉桥，即先利用遗传算法寻找设计点，然后利用人工神经网络在设计点附近重构功能函数，最后采用重要抽样法来计算各失效模式的失效概率。这一方法既避免了一次二阶矩法的局限性，又具有 Monte Carlo 法高精度的优点，而且可以显著提高计算效率和精度。Zhao 等[11]基于概率神经网络，通过具有无参估计量的已知数据集的概率密度函数来实现贝叶斯决策，并将其放在神经网络的框架中，接着判断未知数据最大可能属于哪个已知数据集；由于输入数据存在误差，采用修正 Mountain Clustering 方法来减少这方面的误差，利用模糊理论来处理不确定性和不正确的因素，对桥梁进行破损诊断，并得出与专家观点一致的结论。任宝双等[12]在遵循有关规范的基础上，引用层次分析法和关联度，研究了既有 RC 简支梁桥综合评估方法，开发了评估软件并对一实际结构进行了评估。王有志等[13]将RC梁式桥按其传力途径分为上部结构、传力结构和下部结构，建立了基于可靠度的多层次评估模型。

综上所述，目前公路桥梁行车安全风险控制设计研究仍是一个崭新的课题，国内外研究涉及较少，很有必要开展这方面的研究工作。

三、桥梁行车安全风险评估

结合目前我国桥梁实际状况和技术水平，把桥梁行车安全危险性等级按交通量和桥梁长度（或单孔跨径）从高到低划分为Ⅰ（高）、Ⅱ（中高）、Ⅲ（中低）和Ⅳ（低）共4个等级，如图1所示。

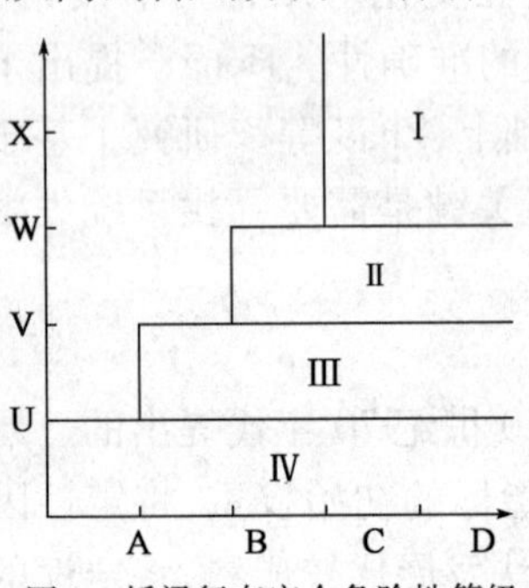

图1　桥梁行车安全危险性等级

注：横坐标A、B、C、D分别表示桥梁全长500m（或单孔跨径40m）、1000m（或单孔跨径100m）、2000m（或单孔跨径200m）、5000m（或单孔跨径500m）；纵坐标U、V、W、X分别表示交通量为5000veh/d、20000veh/d、35000veh/d、50000veh/d。

用车流量来区分桥梁损失严重性。桥梁损失严重性等级，见表1。

桥梁损失严重性等级　　表1

损失严重性	桥梁破坏情况
完全破坏	桥梁遭到完全破坏，需要重建
严重损坏	桥梁遭到严重损坏，24小时内车流量可恢复至灾前25%以上
中等损坏	桥梁主要结构部件受到轻微损坏，24小时内车流量可恢复至灾前50%以上
轻微损坏	桥梁主要结构部件基本未受损坏，8小时内车流量可恢复至灾前75%以上
基本未损坏	桥上交通未受到大的影响，8小时内车流量可恢复至灾前99%以上

评估风险的常用方法是风险平面法。风险平面上任何一点的坐标值表示该事件的风险值R，它是概率P与严重性S的乘积。其数学表达式为：

$$R = P \cdot S \tag{1}$$

式中：P——某一事件发生的概率；

S——该事件后果的严重性。

由式(1)，桥梁行车安全风险等级矩阵，见表2。

桥梁行车安全风险等级矩阵　　表2

损失严重性	危险性			
	Ⅰ（高）	Ⅱ（中高）	Ⅲ（中低）	Ⅳ（低）
完全破坏	MM	ML	LL	LL
严重损坏	MH	MM	ML	LL
中等损坏	MH	MH	MM	ML
轻微损坏	HH	MH	MH	MM
基本未损坏	HH	HH	MH	MH

注：HH、MH、MM、ML、LL分别表示桥梁行车安全风险等级为高风险、中高风险、中等风险、中低风险、低风险。

四、算　例

某大桥深水区非通航孔桥采用110m跨钢箱连续梁；浅水区非通航孔桥采用85m跨组合连续梁；航道桥为双塔钢箱梁斜拉桥。

根据相关经济、社会统计数据，该桥行车安全风险等级为HH（高）。文中列出了桥梁行车安全风险控制设计框架，见表3。

桥梁行车安全风险控制设计框架 表3

阶 段	类 型	目 标
工程可行性研究阶段	使用寿命设计	确定桥梁行车安全风险控制设施使用寿命
	使用性能设计	确定桥梁行车安全风险控制设施性能要求
	养护维修设计	确定桥梁行车安全风险控制设施养护维修要求
	行车安全设计	桥梁场地行车安全性评估
	成本分析	进行桥梁行车安全风险控制设施投资规划,确定经济目标
	多指标优化决策	得到工程可行性研究阶段的桥梁行车安全风险控制设施可行方案
初步设计阶段	使用寿命设计	初步确定具体桥梁行车安全风险控制设施使用寿命
	使用性能设计	初步确定桥梁行车安全风险控制设施性能要求
	养护维修设计	确定桥梁行车安全风险控制设施养护维修策略及方法
	行车安全设计	选择桥梁行车安全风险控制下可接受的行车安全风险
	成本分析	确定桥梁行车安全风险控制设施初步设计方案的财务和行车安全成本
	多指标优化决策	得到最终的桥梁行车安全风险控制设施初步设计方案
施工图设计阶段	使用寿命设计	最终确定具体桥梁行车安全风险控制设施使用寿命
	养护维修设计	确定桥梁行车安全风险控制设施养护维修方案及措施
	行车安全设计	选择可行的桥梁行车安全风险控制设施、方案
	成本分析	确定桥梁行车安全风险控制设施施工图设计方案,得到最终的桥梁行车安全风险控制设施施工图设计
	多指标优化决策	得到最终的桥梁行车安全风险控制设施施工图设计
运营维护阶段	使用寿命测量	实测桥梁行车安全风险控制设施使用寿命
	养护维修方案	桥梁行车安全风险控制设施养护维修方案实施
	行车安全措施	桥梁行车安全风险控制措施使用效果比较
	成本分析比较	桥梁行车安全风险控制措施成本比较
	多指标优化决策	桥梁行车安全风险控制措施再优化

根据桥位处环境特点分析结果,桥梁应安装桥梁气象检测器,以便及时为即将驶入车辆提供安全预警,以及为上级交通管理部门交通决策提供数据支持。桥梁气象检测器安装如图2所示。

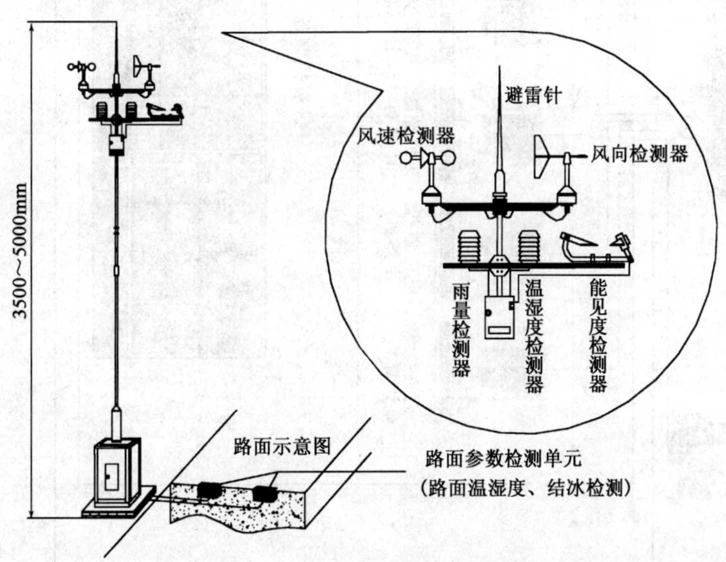

图2 桥梁气象检测器安装示意图

CCTV系统是桥梁管理人员监控桥梁行车安全最直观、有效的设备之一,在桥梁行车安全风险控制中CCTV系统必不可少。桥梁行车安全监控系统构成如图3所示,桥梁行车安全CCTV系统安装如图4所示。

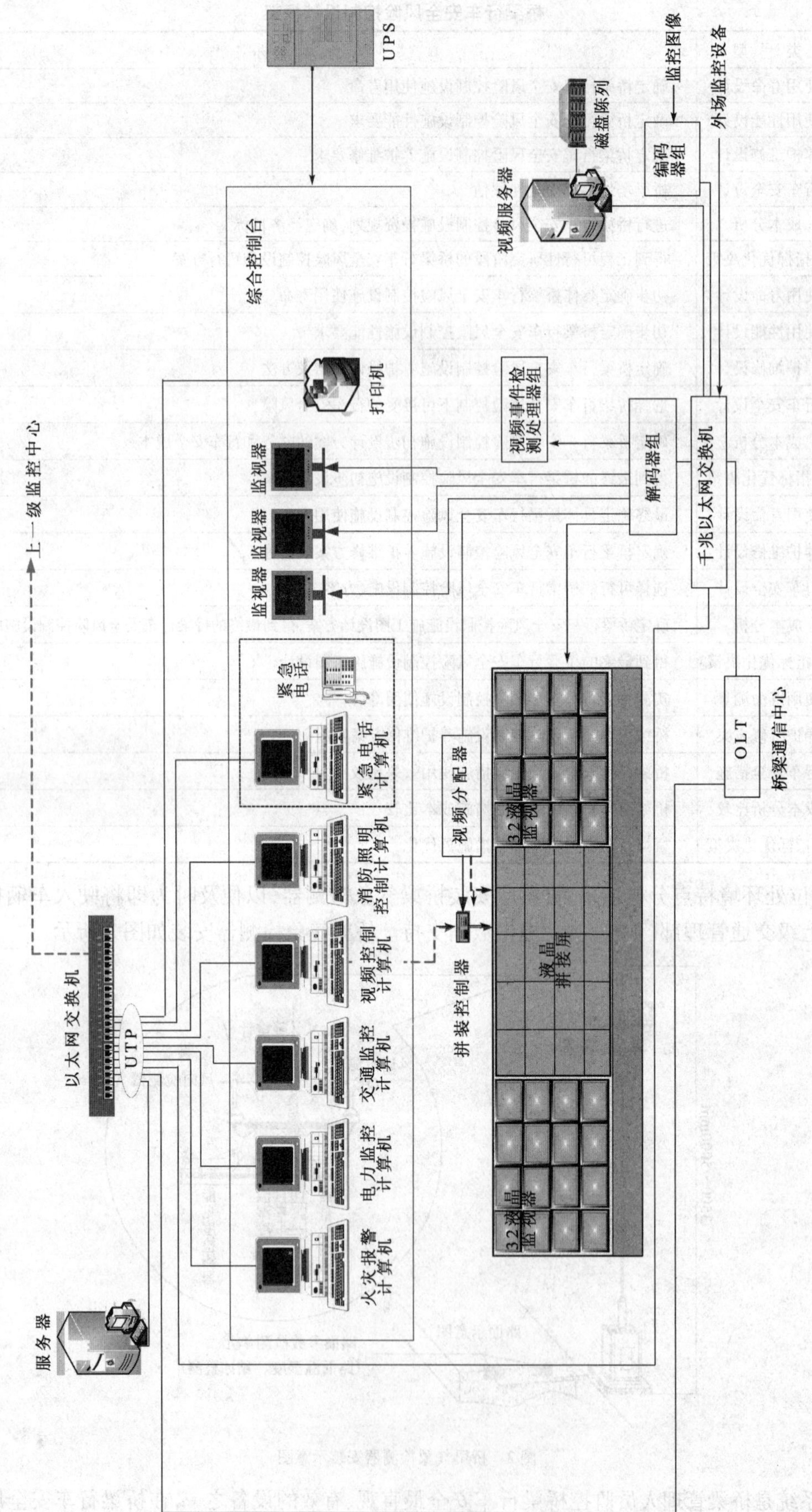

图3 桥梁行车安全监控系统构成

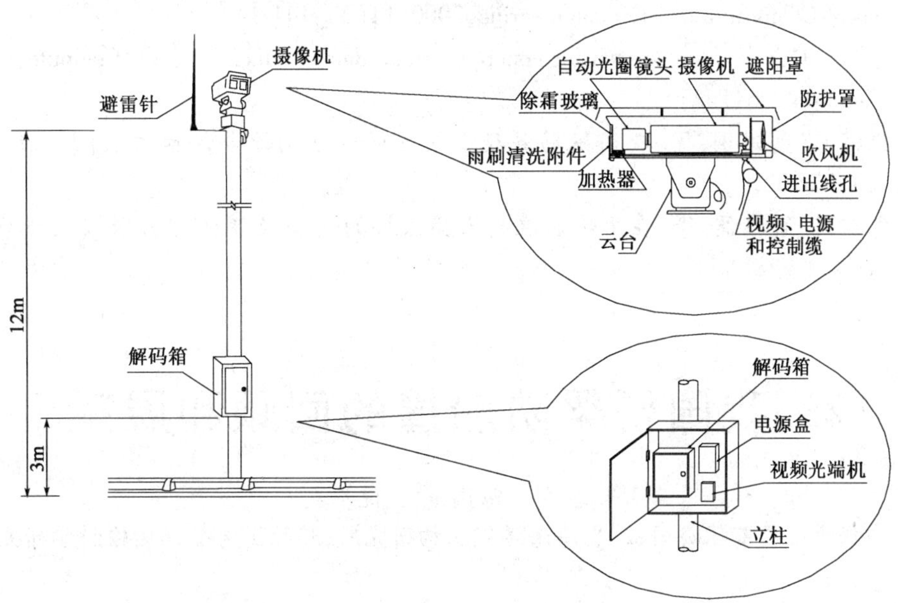

图4 桥梁行车安全 CCTV 系统安装示意图

五、结 语

公路桥梁行车安全风险控制设计应处理好如下关系:桥梁行车安全风险等级与桥梁规模之间的关系,桥梁行车安全风险等级与桥梁交通运输量之间的关系和桥梁行车安全风险等级与当前及将来社会经济发展需求之间的关系。论文提出的桥梁行车安全风险控制设计框架,桥梁行车安全监控系统构成,有助于类似桥梁科学合理地进行行车安全风险控制设计。

由于桥梁行车安全风险控制设计对桥梁工程师、对规范等各方面都提出了新的要求,有的观点还在讨论和研究中,但它所包含的四阶段行车安全风险控制的设计理念是值得重视的,也是可以实现的。桥梁行车安全风险控制设计的成功与否在很大程度上还依赖于桥梁运营阶段基础数据的准确性。因此,建议桥梁相关部门加强基础数据库的收集和共享工作。

参考文献

[1] Bennetts i, Moinuddin K. Evaluation of the impact of potential fire scenarios on structural elements of acable-stayed bridge[J]. Journal of Fire Protection Engineering, 2009, 19(2): 85-106.

[2] 林辉. 风险事件下桥梁结构设计的一般方法及过程[D]. 上海:同济大学桥梁工程系,2011.

[3] Tichy M. First-order third-moment reliability method[J]. Structural Safety, 1994, 16(3): 189-200.

[4] Hong H P. Point-estimate moment-based reliability analysis[J]. Civil Engineering Systems, 1996, 27(13): 102-113.

[5] Zhao Y G, Alfredo H S, Hon A. System reliability assessment by method of moments[J]. Journal of Structure, 2003, 129(10): 1341-1349.

[6] 刘勇,康立山,陈毓屏. 遗传算法[M]. 北京:科学出版社,1997.

[7] 张建仁,刘扬,许福友. 结构可靠度理论及其在桥梁工程中的应用[M]. 北京:人民交通出版社,2003.

[8] 季征宇,林少培. 基于模糊层次分析法的结构破损评估专家系统[J]. 计算结构力学及应用,1994, 11(3): 232-237.

[9] Lee J, Liu K F R, Chiang W A. A fuzzy petri net-based expert system and its application to damage of bridge[J]. iEEE Transactions on Systems, 1999, 29(3): 207-216.

[10] Weiling C, Kevin F R, Jonathan L. Bridge damage assessment through fuzzy petri net based expert system

[J]. Journal of Computing in Civil Engineering, 2000, 14(2): 141-149.
[11] Zhao Z Y, Chen C Y. A fuzzy system for concrete bridge damage diagnosis[J]. Computers & Structures, 2002, 80(7-8): 629-641.
[12] 任宝双,钱稼茹,聂建国,等.在用钢筋混凝土简支梁桥结构综合评估方法[J].土木工程学报,2002,35(2):97-102.
[13] 王有志,张宏同,徐鸿儒,等.在用钢筋混凝土梁式桥的安全性评估[J].长安大学学报,2002,22(5):39-41.

25.我国桥梁防船撞的回顾和展望

朱海涛[1]　陈国虞[2]　倪步友[3]
(1.原中铁大桥局有限公司;2.上海海洋钢结构研究所;3.原上海船舶运输科学研究所)

摘　要　我国桥梁防撞自古有之,1994年交通部下达任务对黄石长江大桥双薄壁墩进行防船撞设施的研究设计建造,乃开始了新一轮防御较大的机动船撞击桥梁的设计研究。该桥的"压毁耗能式钢格子防撞装置",虽然在20年服役期内曾将船撞沉,但它能够保护该桥梁,达到了最基本的目的。由于不满足于这种方法,此后我国多座桥梁因地制宜地设置过多种桥梁防船撞的设施,但仍然不免各有局限性。直到2006年,在湛江海湾大桥建成高耗能的柔性防撞装置,除了保护桥之外,还能保护船和环境,而且防撞装置不需要在每次被撞后进行修理。实现了"三不坏"的理想。该方法在对防撞元件进行了各个阶段的实验室试验测定的基础上,到海港进行了实船撞墩试验,并与数值计算结果进行比对。成为我国新一代桥梁防船撞设施。本文提出:除了在建桥时注意减少船撞桥的几率外,还需对新老桥梁的位于航道及其附近的桥墩装设柔性防撞装置,便可以杜绝船桥之间的灾难性事故。

关键词　桥梁防船撞　防撞装置　柔性　实船试验　灾难性事故

一、桥梁防船撞设施的必要性

1.我国桥梁防船撞设施古已有之

我国桥梁防船撞设施古已有之:利用尖桥墩减小船桥相撞时船对桥墩的力,并力求拨开船头,减轻损失。泉州万安桥(1053年建)、镇远祝圣桥(1628年建)都是典型;襄汾通惠桥(1492年建)桥墩建分水尖,上下游尖端通高有铁柱防撞。桥墩周围木桩防撞和墩外导向尖墩防撞,两种方法一直使用到现在,水网地区常见。

2.桥梁防船撞设施的必要性

我国已建大小桥梁达60万座,专业人员估计,跨过航道的约10%。而通过桥下的船舶越来越多、越来越大和越来越快,因此桥被船撞的机会上升。桥塌、船沉、人亡的灾害性事故时有发生:

2007年6月15日,运砂船"南桂机35号",装砂1560m^3,撞上广东穗湛线九江(公路)大桥(邻近主桥的)水中引桥第一墩,船沉墩边深水中,至今未能打捞上来。10名船员全部落水,获救。桥塌4跨,死9人(一年后,塌下的4跨改建小斜拉桥,取消两个桥墩)[1]。

广东九江大桥撞塌后至今5年间,发生桥塌、船沉或航道严重阻塞的船撞桥事故有21起[2]。

2013年5月12日,一艘"鑫川8号"万吨船碰擦南京长江大桥六孔与七孔之间的桥墩后漂流了3.5公里,在桥的下游八卦洲水域沉没,所幸的是船上18名船员全部获救,桥能够继续通车,水体监测目前没有超标[3-4]。

武汉长江大桥,自1957年建成后至2007年的50年间,被船撞达76次[5]。

为了杜绝桥塌、船沉、人亡的灾害性事故，除了在建桥时给予足够的考虑，减少撞上的几率外，还必须对已建和新建桥梁邻近航道的桥墩，设置柔性防撞装置，以便在万一撞上时不致酿成灾害性损失[6]。

二、我国已有防船撞设施的回顾

1. 主动型桥梁防船撞设施

首先是在桥梁设计中主动采取桥梁防船撞设施与措施，例如合理勘定桥位，正确选择桥型，配合原来的航道布置桥墩[7]，正确设计桥墩强度外形与设计防撞装置等。必须遵守不在弯道架桥和桥的轴线与主流垂直等国标规定[8]。

其次在桥梁附近水域设置船舶航行服务系统（VTS）一类的设施。如上海港建立的导航塔、湛江海湾大桥建立的雷达靶、平潭大桥建立的航区外声光报警系统、广州珠江西桥（公铁两用）的48盏雾天黄灯，以及按照交通部标，桥梁通航孔红白斜线标志、下弦净高标尺等[10]。

除了主动型桥梁防船撞设施之外，当船桥非常接近时起作用的、以减轻损失为目标的是被动型桥梁防船撞设施[9]。

2. 被动型桥梁防船撞设施

被动型桥梁防船撞设施分为间接构造和直接构造两种。

1）被动型桥梁防船撞设施中的间接构造

间接构造常指：墩外防撞墩、充砂石围堰、人工岛、墩外桩群和漂浮拦网等。它们的优点可称为“御敌于国门之外”，即船撞力不传到桥墩。

例如虎门大桥辅航道桥[11]主通航孔两桥墩上下游共设置4个墩外防撞墩（图1）。此墩直径25m（比桥墩宽7m）。工程量较大。墩外墩也有失败的例子，2002年05月26日，美国阿肯色河40号桥被撞塌（图2），死14人，此桥是装有墩外防撞墩的[12]。

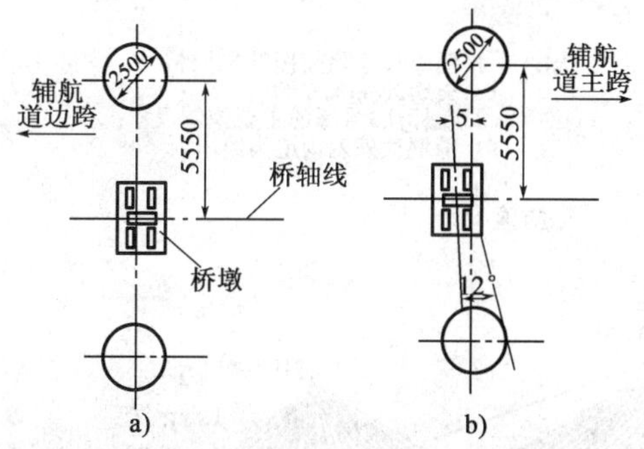

图1 虎门大桥辅航道桥的4个墩外防撞墩

图2 从防撞墩的边上撞塌阿肯色河桥

南京长江大桥1号墩[13]和广东洛溪大桥用的都是充砂[14]石的钢围堰（图3、图4）；香港汀九大桥利用天然礁滩作出人工岛[15]，船到岛坡前，头部被上抬搁浅，碰不到桥墩（图5）。

杭州湾跨海大桥的非通航孔、苏州河河口[16]和平潭海峡大桥的边墩，采用了漂浮链网拦阻方法（图6、图7）。

2）被动型桥梁防船撞设施中的直接构造

直接构造是指木护舷、重力摆、橡塑碰垫、气液防撞囊、弹塑性钢围（压毁耗能式钢格子防撞装置）[17]、黏滞性耗能防撞圈系统等紧靠桥墩的防船撞设施。它们的特点是：增加的装置与桥墩共同抵御来撞船舶，充分利用了桥墩本身具有的水平抗力，船撞力是传到桥墩的。因而其优点是造价较低，可称为“共同防御”式的。它用的原理是防撞装置与承台、桩基、基层土砂石等组成的系统，具有低的波阻抗，因此降低了撞击系统相互作用的撞击力。计算时只要防撞装置传到桥墩的力，达到小于桥墩设

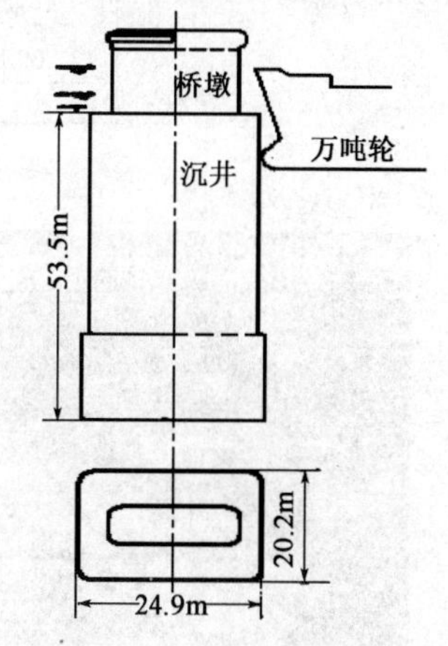

图3 南京长江大桥1号墩用围堰防撞

计水平抗力即为成功。

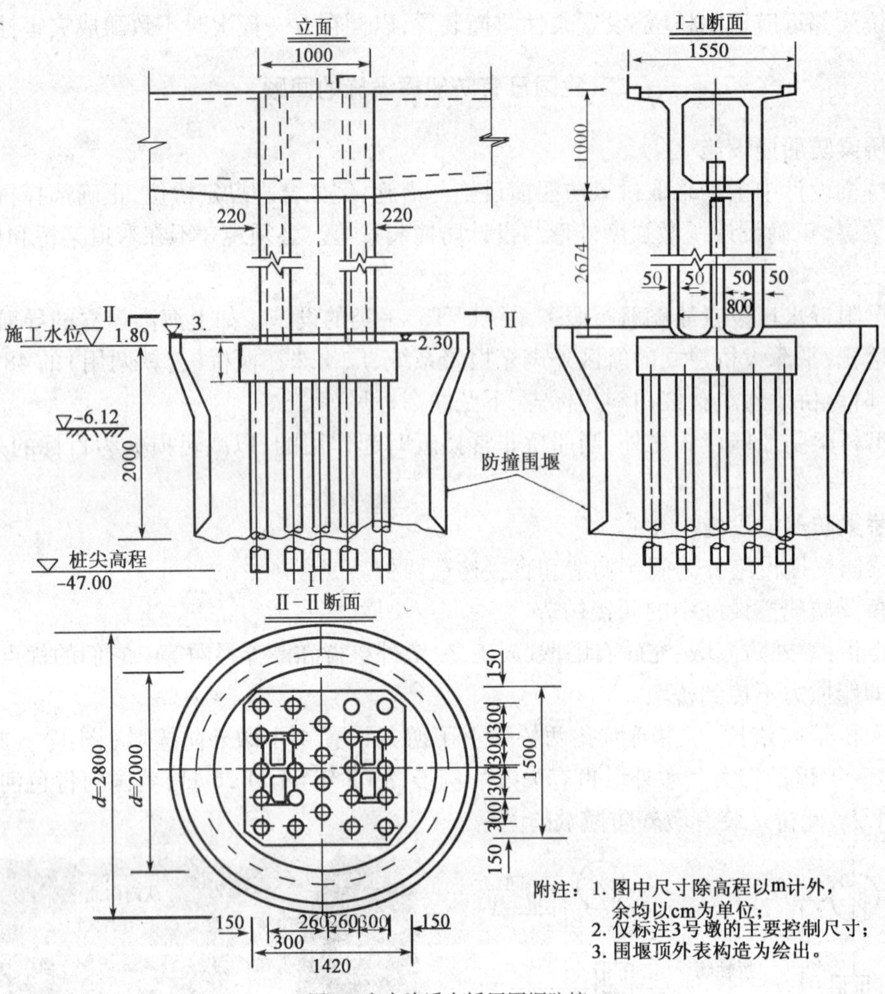

图4　广东洛溪大桥用围堰防撞

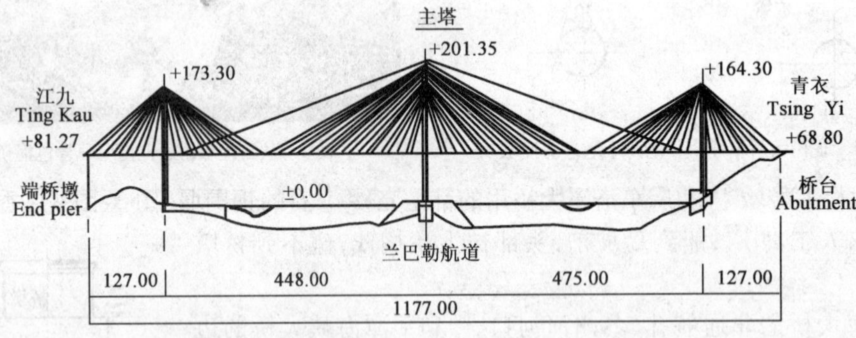

图5　香港汀九大桥中塔因地制宜地采用人工岛

图6　苏州河口钢丝绳变形耗能拦船网

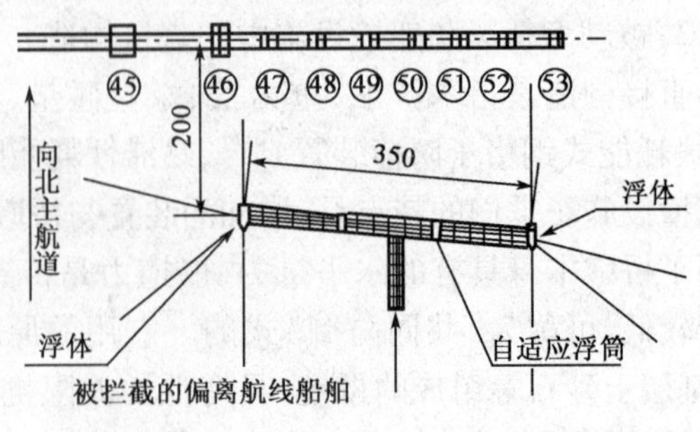

图7　潭海峡大桥的边墩采用了漂浮网拦阻

1994 年为黄石长江大桥双薄壁墩装设的“压毁耗能式钢格子防撞装置”，虽然在 20 年服役期内曾将船撞沉[17]，但它能够保护该桥梁，达到了最基本的目的(图 8)。

a)在船厂制造安装　b)划分500单元计算　c)下水后拖向塔墩　d)安装完毕

图 8　黄石长江公路大桥压毁耗能式钢格子防撞装置

此装置计算时以钢结构的压毁变形所消耗的功(从船桥撞上到船舶停止)与船的动能相抵。所以装置的个头较大，用钢量较多。黄石大桥能抵御 5000t 船 6m/s 的速度相遇时所具有的 145MJ 能量，是日本名古屋港口桥所设计的同类防撞装置的几十倍。

2006 年 6 月在湛江海湾大桥建成黏滞性耗能式防撞装置。

其后研制出来的“黏滞性耗能式防撞装置”在前面几种防撞装置的基础上有所继承，也有所发展。获得了：复合消能防撞圈 ZL200520042237. 2[14] 和长圈型防撞钢围 ZL200520042238. 7[15] 两项国家专利授权。

继承方面：首先采用较小的迎撞角，我们吸收了泉州、浙江古桥的特点，将本装置的迎撞角设计为 75°，光这一点就可使墩受到的船撞力减少至 7 成，其次因地制宜采用浮式装置，防撞装置吃水线与来撞船舶的吃水线永远一致，这对防撞装置的工程量带来很大节省。此防撞装置适当地照顾到船头的斜度，有利于相撞时防撞装置较平行地后退，使各个防撞元件功能得以正常发挥[18]。

发展方面：首先采用黏滞性防撞元件，建造缓冲层[19]，降低了撞击系统的波阻抗减低船撞力，传到桥墩时只有撞到防撞装置外表的力的 50% ~40%，这一点，在实船试验中用前后两组“力传感器”测定证明；其次黏滞性防撞元件采用圈形结构，在获得大的初变形时反力很小，缓缓地推开船头；第三，将来撞船的动能耗掉 10% ~20% 耗掉成为热能，并不反馈给船，因此船头变形不大。这样，船舶按原来的航线继续前进(读者可向作者要一张船撞黏滞性防撞装置实船试验视频的光盘)；第四，黏滞性防撞装置数值模拟计算借助商用动态程序，并经试验验证。

湛江海湾大桥防御 50000dwt 船撞击桥墩的装置建成之后，经鉴定委员会鉴定，评为世界首创[20](图 9)。

在一些水位变化比较小的场合(例如经过填海围垦的海口，潮差较小)，也可以选择固定式(非浮式)防撞装置，其构造原理与浮式相同，但船头吃水线在防撞装置很大一个高程范围内变化，防撞装置做得很高，构造成本会比浮式的增加[9]。

a)湛江南湾大桥主墩的对50000dwt船防撞装置

b)黏滞性防撞装置局部图

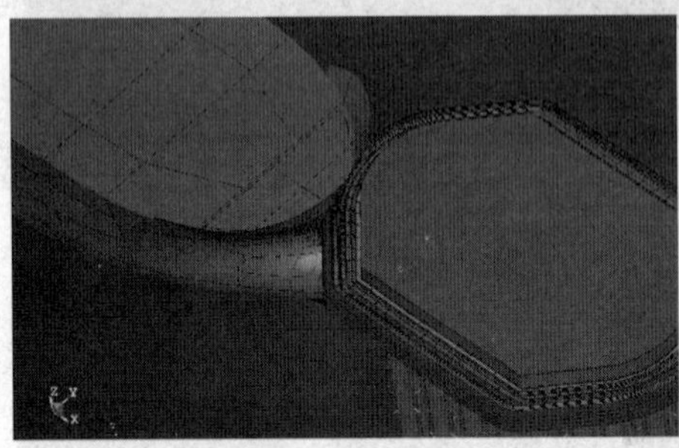

c)船桥相撞关系模拟图

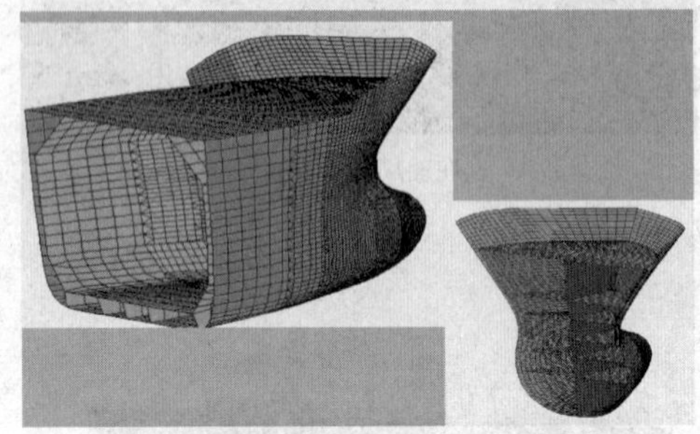

d)模拟计算(13万单元)的船头部分

图9 湛江海湾大桥浮式黏滞性防撞装置

三、柔性防撞设施是新一代的桥梁防船撞设施

黏滞性高耗能柔性防船撞设施是新一代的防船撞设施,它具有以下几个特点:

(1)大幅度地降低船撞后传到桥墩的力。现将装设了黏滞性防撞装置和没有装设防撞装置两种情况的计算结果放在一张图上(图10),图中A曲线是没有防撞装置的。从图中可以看出:

第一,装设了黏滞性防撞装置后,曲线的前半段形状为凹曲线,变形大、力上升慢;

第二,力的峰值小了,峰值到来的时间也晚了;

第三,整个撞击过程的时间短了。

(2)与压毁耗能式钢格子防撞装置相比较,柔性防撞装置滑开船头的设计,使船桥之间只交换船舶动能的10% ~20%。图11所示为两条典型的时程曲线。从图a)看出钢格子结构变形吸收能与剩余的动能加起来是100%,变形能吸收掉全部的动能,船就停下来了;从图b)可以看出,C曲线代表的船舶动能,在相撞后成为A曲线,80%以上的动能仍然保留在船上,船舶继续前进[18]。

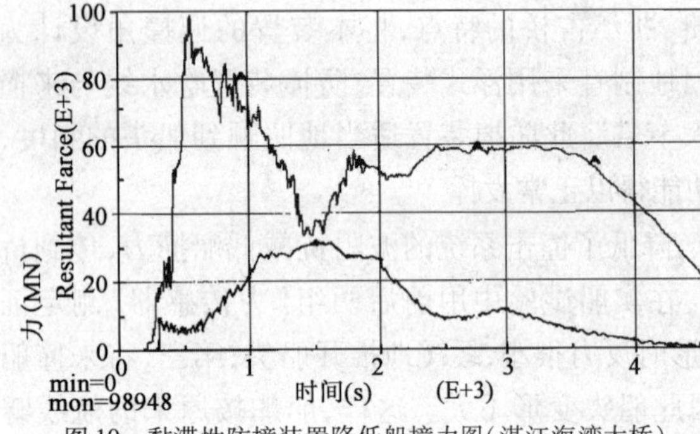

图10 黏滞性防撞装置降低船撞力图(湛江海湾大桥)

因此就能够做到既保护桥又保护船,拨正航向后船继续前进[21],见图12。

这样就实现了"三不坏"。试验现场共用不同速度、不同角度撞了12次。船员和墩上站立人员感觉良好,仅比靠码头的震动稍微重一点点。

四、我国桥梁防船撞设施的展望

要做到杜绝船桥之间的灾难性事故,要求是比较高的,必须做好两部分工作:

第一是建议在桥梁设计规范中加入桥梁防撞设计一节,需要大幅度地降低船撞上桥的概率,必须从桥梁设计开始时做起。该节内容包括:把尽量多的水面留给船舶;桥梁法线应顺着主流方向;在航线及其附近的桥墩其平面形状应该设计成流线形;在船桥相遇处桥梁应该设计足够地强,并且在可能遭受大型船舶撞击作用的桥墩应作桥墩防撞设施设计。在考虑防撞装置时,应在考虑保护桥的同时,也保护船和

环境;作为优化设计的措施,跨航道桥梁尽量不采用双柱墩和排架墩;在自然条件和经济条件比较合适时,可以选择“一跨过江,江中无墩。”这几条内容有的已经写入公路桥梁设计规范中,有的需要补充。现在情况是,已经写入公路桥梁设计规范的内容,有些桥梁设计也未予执行。

第二是万一船桥相撞时,仍要确保桥、船和环境的安全,这就是:“可能遭受大型船舶撞击作用的桥墩应作桥墩防撞设施设计”。这条规定本来已经列入公路桥梁设计规范中,但在柔性防撞装置经受过实船检验的今天,才更具有可操作性和说服力。它能确保在万一船撞上桥时,仍然做到三不坏。

只要做好这两部分工作,杜绝船桥之间的灾难性事故是完全可能的、现实的。

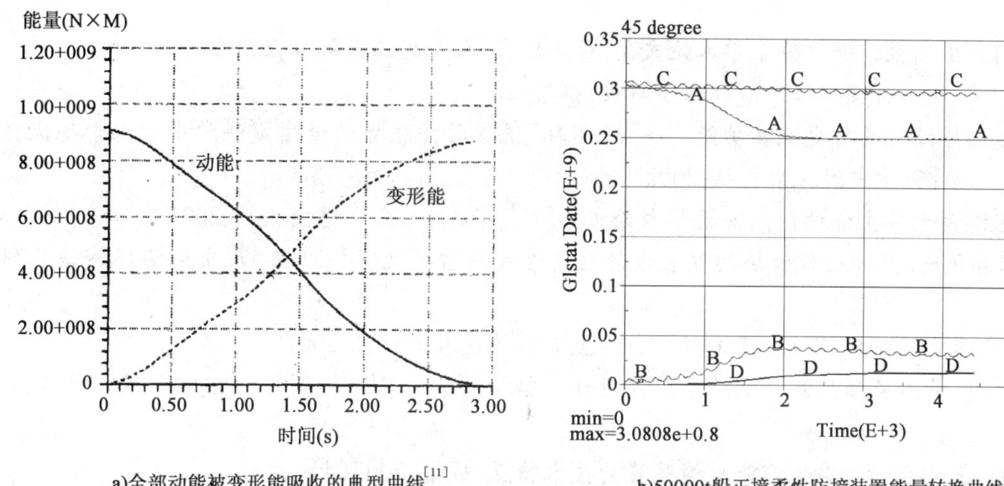

a)全部动能被变形能吸收的典型曲线[11]　　b)50000t船正撞柔性防撞装置能量转换曲线[11]

图 11　两种防撞装置能量交换的时程曲线对比

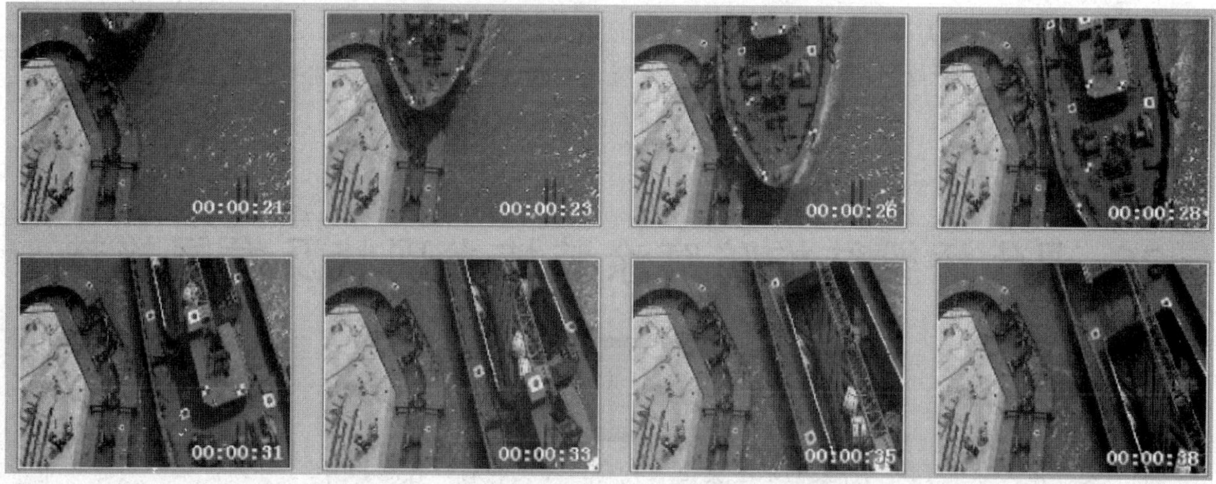

图 12　“四两拨千斤”式防撞过程(按图上时间显示从碰撞开始到拨正船头回到航道)

参考文献

[1] 陈国虞. 从广东九江大桥被撞塌谈桥梁防撞问题. 上海市老科学技术工作者协会 2007 年科技节报告会. 上海. 2007.

[2] 陈国虞,倪步友. 答“桥梁工程与技术”读者问——船撞桥事故现状及柔性防撞. 桥梁工程与技术. 直投媒体 2013(1).

[3] 梅建明. 万吨货轮碰擦长江大桥桥墩. 扬子晚报,2013-05-13.

[4] 姚雪青. 水质未污染、担忧已消除. 人民日报,2012-05-14.

[5] 朱海涛. 对武汉长江大桥被船撞 76 次事故的反思//中国土木工程学会桥梁及结构工程分会. 第 20 届全国桥梁学术会议论文集. 北京:人民交通出版社,2011.

[6] 朱海涛.新、老桥梁通航孔及其邻孔水中墩设置缓冲安全装置必要性的建议.住房和城乡建设部桥梁养护检测与维修加固创新技术研讨会论文集[C].2009.

[7] 陈明栋,黄世连,巴添,等.航区通航条件与桥梁防船撞(桥位选择\通航净空和相撞速度).桥梁工程与技术.2012(6)1-34.

[8] 中华人民共和国交通部.JTJ 311—97　通航海轮桥梁通航标准.北京:人民交通出版社,1998.

[9] 陈国虞.因地制宜选用桥梁防撞设施.桥梁工程与技术,2011(6):24-39.

[10] 中华人民共和国交通部标准.JT 376—1998 《内河通航水域桥梁警示标志》.北京:人民交通出版社,1998.

[11] 杨高中.虎门大桥辅航道桥//桥梁学术论文集[C].北京:人民交通出版社,2001.

[12] 邵旭东,占雪芳.现有桥梁船撞风险评估与对策.桥梁,2007(5).

[13] 陈国虞.桥墩防撞设施的历史及其功能——"三不坏"桥墩防撞装置的诞生//科学中国人十年优秀论文选[C].北京:科学中国人杂志社,2002.

[14] 杨高中.广东洛溪大桥主桥设计//桥梁学术论文集[C].北京:人民交通出版社,2001..

[15] {丹}A.G弗赖德逊.几座当代大桥的发展设计理念//船撞桥论文集[C]42-57.上海海洋钢结构研究所,2000.

[16] 徐左正,等.上海市苏州河河口水闸工程.上海:上海科学技术出版社,2007.

[17] 史元熹,金允龙.黄石长江大桥主墩防撞设施设计//船撞桥论文集[C]75-81.上海海洋钢结构研究所.2000.

[18] 陈国虞,张澄,王礼立,等.柔性消能防撞装置的技术特点.桥梁,2007(4).

[19] 曹映泓.柔性消能防撞不再是梦想——湛江海湾大桥主墩柔性消能防撞设施研究实践.桥梁,2007(2).

[20] 卓朝兴.湛江海湾大桥柔性吸能设施世界首创.湛江晚报,2007-12-21.

[21] 董新龙,周风华,郑维钰,等.桥墩柔性防撞装置实船撞击过程的实验研究——装置及撞击力的测量与分析.

26.现代桥梁结构防腐涂装技术现状及发展趋势

杨振波　师　华　黄玖梅

(中航百慕新材料技术工程股份有限公司)

摘　要　该文分析了现代桥梁的基本类型及其腐蚀环境和腐蚀特点,介绍了部分桥梁防腐涂装常用技术,并通过对典型桥梁工程案例防腐涂装技术的应用,以及国内外现行的桥梁防腐涂装标准,总结了通用的钢结构和混凝土桥梁防腐涂装的配套方法,并对桥梁防腐涂装技术的未来发展趋势进行了探讨。

关键词　桥梁　防腐　涂装

一、引　言

桥梁是人类最杰出的建筑之一,每座桥梁都是一件珍贵的空间艺术品,成为陆地、江河、海洋和天空的景观,成为城市的标志性建筑。

近年来,我国各类桥梁建造技术水平日新月异,如千里黄河上已建成各类桥梁60余座;万里长江上更是有上百座结构各异的大桥横跨在滔滔江水之上;一些跨越海湾连接大陆与海岛的跨海大桥也已建成或进入规划与施工阶段,这些实践使我国桥梁的设计、制造、施工技术和桥梁结构理论、材料科学研究均达到国际先进水平。但在桥梁的防护保养技术领域,我国的实践时间还很短,还有很多问题急待解决。

二、桥梁的基本类型

在我国,桥梁可以分为铁路桥、公路桥、公铁两用桥、立交桥等。在桥面结构上,铁路桥以桁架梁为主,公路桥目前的发展以箱形梁为主。而从桥的整体结构而言,现代化的桥梁建设,主要有斜拉桥、悬索桥、拱桥、PC 连续刚构桥等建造形式(图 1)。

a)斜拉桥(苏通长江大桥)

b)悬索桥(舟山西堠门跨海大桥)

c)拱桥(重庆朝天门长江大桥)

d)PC连续刚构桥(宜万铁路宜昌长江大桥)

图 1 桥梁的基本类型

1)斜拉桥(Cable Stayed Bridge)

斜拉桥由加劲梁桥面体系与索塔支承体系共同组成。斜拉桥是大跨度桥梁的最主要桥型,在跨径 200 ~ 800m 的范围内占据着一定优势,在主跨 200 ~ 500m 范围内,斜拉桥造价比拱桥要高些,在主跨 500 ~ 1000m 范围内,斜拉桥比悬索桥经济。我国 2010 年建成的苏通大桥是目前世界上规模最大、技术难度最高的斜拉桥。大桥主跨径达 1088m,比目前世界上最大跨径的日本多多罗大桥和法国诺曼底大桥长 200m 左右,比香港的昂船州大桥长 70m。

2)悬索桥(Suspension Bridge)

悬索桥是制造方面技术最为复杂,桥型最为靓丽的桥梁,一般经济跨径在 500m 以上,理论上最大跨径可达 4000m,可以说是跨千米以上桥梁的最优选桥型。

我国 2009 年建成的主跨达 1650m 的西堠门跨海大桥,是目前世界上最大跨度的钢箱梁悬索桥,全长在悬索桥中居世界第二、国内第一,但钢箱梁悬索长度为世界第一,并首次实现大跨径悬索桥主缆钢丝的国产化。

3)拱桥(Arch Bridge)

我国早在一千多年前便建造了世界闻名的石拱桥——赵州桥。

拱桥其经济跨度在 500m 以内,比梁桥具有更大的跨越能力,具有外形美观,富有民族建筑风格,与自然景观协调好等特点,因此在我国得到广泛应用。经受了四川汶川大地震的世界上跨度最大的拱桥——重庆朝天门长江大桥,于 2008 年 5 月 18 日安全顺利地实现了合龙,该桥主桥长 932m,最大跨度 552m,刷新世界拱桥建设史的跨度纪录。

4)刚构桥(Frame Bridge)

PC连续刚构桥是人们在生活最常见的桥型,许多公交桥梁也都采用了类似设计。2010年底全线通车的宜万铁路上,东起点跨越长江的咽喉工程宜万铁路宜昌长江大桥,其主梁连续刚构跨径达275m,在同类型铁路桥中位居全国第一。

由于PC刚构桥完全用钢筋混凝土建成,所以我国以往都不用防腐涂装进行保护,近年来发现隐患极大。2002年开始,虎门大桥西引桥进行了大规模的防腐涂装保护,拉开了我国桥梁混凝土防腐涂装的序幕。

三、桥梁的腐蚀环境

桥梁横跨各类大江、大河、山川、海湾,连接陆地和岛屿,地理位置千差万别,其所处腐蚀环境十分复杂,包括了大气腐蚀、水介质腐蚀和土壤腐蚀三种主要的腐蚀环境,即便是同一座桥梁,其不同的部位所处的腐蚀环境也会相差很大。

1.大气腐蚀

金属腐蚀发生的两个基本条件是水与氧气,当空气中相对湿度达到100%时,大气中的水汽就在金属表面形成水膜;即使相对湿度小于100%,由于毛细管凝聚作用,吸附凝聚或化学凝聚作用,水汽也可以在金属表面凝聚成肉眼不可见的水膜。正是由于这层水膜的存在,它能溶解空气中的氧、盐分、污染气体等,构成腐蚀电池存在于金属表面,使金属具备了电化学腐蚀或化学腐蚀条件,促使金属以不同腐蚀速率遭受腐蚀。

现代桥梁防腐蚀设计,无论是铁路桥梁还是公路桥梁,或者是公铁合一桥梁,参考的都是环境腐蚀特征,大气腐蚀相关的环境标准有国际标准ISO 12944—2《色漆和清漆防护漆体系对钢结构的腐蚀防护_第2部分_环境分类》和GB/T 15957—1995《大气环境腐蚀性分类》。根据大气腐蚀环境中污染物质,大气环境的类型大致可以分为农村大气、城市大气、工业大气、海洋大气和海洋工业大气(C1 ~ C5-Ⅰ\C5-M),腐蚀强度也依次增强。

2.水介质腐蚀

桥梁横跨江河湖海,其墩梁等结构不可避免地会处于水的腐蚀环境之中。

1)淡水腐蚀(Im1)

淡水含盐量少,一般呈中性,如江河湖泊的水等。一般情况下,淡水的腐蚀性较弱。在淡水中的腐蚀是氧去极化腐蚀,即吸氧腐蚀。但是随着工业排放物对淡水的污染,Cl^-、SO_4^{2-},NO_3^-、ClO^-都会加剧腐蚀的进行,这些因素对淡水腐蚀的影响不可忽视。

2)海水腐蚀(Im2)

海水是一种含有多种盐类的电解质溶液,以3% ~3.5%的氯化钠为主盐,pH值为8左右,并溶有一定量的氧气。大部分金属材料在海水中都属于氧去极化腐蚀。其主要特点是海水中氯离子含量很大,因此大多数金属在海水中阳极极化阻滞很小,腐蚀速度相当高;海浪、飞溅,流速等这些利于供氧的环境条件,都会促进氧的阴极去极化反应,促进金属的腐蚀。海水导电率很大,所以不仅腐蚀微电池活性大,宏电池活性也很大。海水中不同金属相接触时,很容易发生电偶腐蚀。即使两种金属相距数十米,只要存在电位差,并实现电联结,就可能发生电偶腐蚀。

对于处于海水环境中的桥梁结构来说,除了大气部位受海洋性大气腐蚀影响之外,可以把桥梁如同海洋工程一样分为飞溅区、潮差区、全浸区和海泥区,而飞溅区、潮差区为腐蚀最为严重的部位。

3.土壤腐蚀(Im3)

大桥的支撑梁柱必然要立足于土壤之中,土壤对钢铁或混凝土的腐蚀直接影响着大桥的安全。土壤是由气相、液相和固相所构成的一个复杂系统,电化学腐蚀的基本理论对土壤腐蚀是适用的,同时还伴有微生物腐蚀。土壤的组成与性质是复杂多变的,不同土壤腐蚀性相差很大,如某一地段桥梁钢构在1 ~2年的锈蚀已十分严重,但另一地段土壤中金属结构存放二三十年也没有多少锈蚀。因此,研究土壤对金属及非金属涂层腐蚀机理、腐蚀现象及影响因素，对永久性建筑的安全意义也十分重大。

四、桥梁防腐蚀涂装技术

桥梁的防护技术手段众多，如选择高性能的钢材与混凝土主材、通过添加剂改善材料的性能、表面处理技术、阴极保护技术等等，而防腐涂装技术是目前桥梁防护应用最为广泛，也是较为简便的技术手段。从世界最早的跨海大桥美国金门大桥涂装“朱砂红”开始，近百年桥梁发展史，也是防护涂料的发展历史。为了满足不同用途，现代涂料已发展到上千种，不仅有机涂料得到很大发展，而且还研究出多种无机涂料以及水性涂料，并且针对不同腐蚀环境，开发与之相匹配的涂装体系，这对桥梁防护水平得到了进一步的提升。

1. 防腐机理

(1)屏蔽作用：使基体与外部环境隔离，以免受到腐蚀。根据电化学腐蚀原理，涂层下金属发生腐蚀需有水、氧、离子存在，以及离子流通的途径。阻挡水、氧和离子的透入，就可防止金属腐蚀。

(2)缓蚀作用：涂层中含有的化学防锈颜料，在有水存在时，从颜料中离解出缓蚀离子，从而引起阳极极化，或阴极极化，或阴阳极同时极化，抑制腐蚀进行。缓蚀剂可弥补屏蔽作用的不足，屏蔽作用又能防止缓蚀离子流失，两者相得益彰。

(3)电化学作用：涂料中加入对基体金属能成为牺牲阳极的金属粉，金属粉之间和金属粉与基体之间能达到电接触程度，从而保护基体免受腐蚀。如富锌底漆对钢铁的保护。

2. 桥梁常用防腐涂料

(1)车间底漆：车间底漆发展至今，主要有聚乙烯醇缩丁醛车间底漆(PVB)、环氧富锌车间底漆、环氧铁红车间底漆和无机硅酸锌车间底漆等四种类型。也有一些其他类型的车间底漆，如丙烯酸铁红车间底漆等，使用并不多。其中无机硅酸锌车间底漆，由于其良好的耐热性、突出的防锈性，以及与其他涂层很好的相容性能等已经成为了目前的主流产品。环氧富锌和环氧铁红车间底漆也仍有一定的市场。

(2)防锈底漆：红丹防锈漆与锌黄防锈漆是较早使用的防锈底漆，大量的钢结构桥梁和其他钢质建筑物，使用了这两种底漆为主的涂装体系。但由于环保原因，国外已禁止了这两种材料的使用。而我国仍未限制其应用，因为它们的防锈性能的确很好，价格也不高。我国铁道行业标准 TB/T 1527—2004《铁路钢桥保护装》中，还规定了使用红丹漆作为钢箱梁防锈底漆，并且规定了无论是醇酸还酚醛树脂涂料，红丹的含量不得低于不挥发份的65%(重量比)。

铁红防锈漆以氧化铁红为主要防锈颜料，其性质稳定，遮盖力强，颗粒细微，耐热、耐光性好，对大气，碱类和稀酸的作用非常稳定，能在漆膜中起到很好的封闭作用。常和铝粉等片状颜料，磷酸锌等缓蚀型颜料一起使用，以增强防锈作用。

磷酸盐防锈漆中最主要的防锈颜料是磷酸锌，它能与涂料中的羟基、羧基等进行化合结合，也能在金属表面生成 $Fe[Zn_3(PO_4)]$，这样形成的颜料—漆料—底材的高分子络合物，阻止锈的形成和发展。三聚磷酸铝是近年新发展的新型防锈颜料，呈白色，微溶于水，在涂层下溶解时电离，在阳极部位与金属离子结合成不溶的钝化膜，该膜硬度高，附着牢固。三聚离子如果水解成二聚或磷酸根离子，因为仍然含有反应性基团，所以还可以形成类似的钝化膜。三聚磷酸铝可用于水性和溶剂型涂料体系中。

锌粉具有阴极保护作用，所以被用来制成富锌底漆(Zinc Rich Primer)，成为重防腐蚀涂装体系中的首选底漆。富锌底漆主要有有机富锌漆和无机富锌漆两种，无机富锌漆分为水性和溶剂型。锌粉含量大于80%时，性能最好。有机富锌是锌粉混合于环氧或聚氨酯等黏结剂中。这些涂料中的高锌粉含量可以使其产生阴极保护作用。在 NACE 的研究中，相同条件下，富锌底漆与其他底漆的对比，性能最好。测试结果和户外经验说明，使用富锌底漆在桥梁上，特别是在海洋盐雾环境下，在新建时能获得最长效的保护。

玻璃鳞片防锈漆中，玻璃鳞片的厚度在 $2\sim5\mu m$，这样能保证在涂料中有数十层的鳞片排列，形成涂层内复杂曲折的渗透扩散路径，其原理与铝粉及云铁在涂层中一样，使得腐蚀介质的扩散渗透路线变得相当曲折弯曲,很难渗透到基材。玻璃鳞片片径纵横越大,涂层的抗渗透性能越强。玻璃鳞片的结合使用一道或两道施工涂层可以达到500~1000μm。日本的很多桥梁,对于那些不易进行涂层维修的地方,通常使用环氧玻璃鳞片涂料。英国的千禧桥也是使用了环氧玻璃鳞片涂料,以装饰性强,保色保光性能优秀的丙烯酸聚氨酯面漆罩面。

(3)其他底涂层:环氧封闭漆:常用于混凝土结构或热喷锌铝涂层作封闭底漆,是保证中间涂层与混凝土结合力的基础,在混凝土结构的渗透深度达到2~3mm,对整个防护涂层体系起到了封闭、锚定作用(图2)。

金属热喷涂层:金属热喷涂主要有喷锌、喷铝、热喷锌铝合金三种(图3),作为钢结构的底层,有着最好的耐蚀性能,使用寿命在20~30年以上。钢铁表面的处理要求喷砂要求达到Sa3级,粗糙度Rz40~100μm。

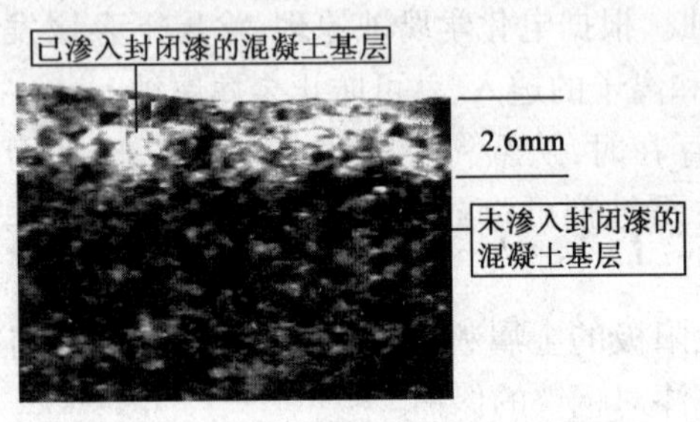

图2　混凝土用封闭底漆

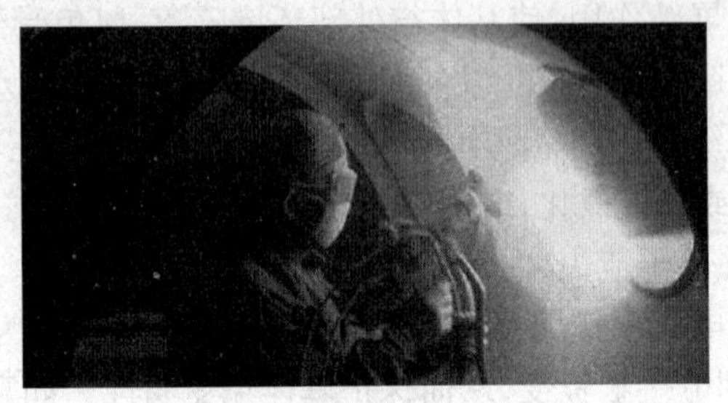

图3　热喷锌铝

(4)中间漆:环氧云铁中间漆(含厚浆及混铝粉)。云铁作为重要的防锈颜料,被广泛应用于醇酸、酚醛和氯化橡胶涂料中,但是在现代重防腐涂料中,最为重要的是环氧云铁中间漆。因为云铁对太阳的紫外线具有反射作用,加上云铁会在涂料表面形成一定的粗糙面,所以它具有长期重涂性,而不像其他环氧涂料一样对于重涂间隔有着严格的限制,这样环氧云铁就提高了整个涂料配套方案的长期重涂性。

(5)面漆:醇酸面漆的光泽好,耐候性较强,20世纪六七十年代被广泛应用于桥梁用面漆,我国最早应用于南京长江大桥、武汉长江大桥。铁路钢桥用醇酸面漆最新的品种是灰色铝粉石墨醇酸面漆,在广西柳江大桥、湖北枝城长江大桥、芜湖长江大桥上使用。目前的发展趋势是树脂改性,特别是有机硅和丙烯酸改性的醇酸面漆,耐候性突出,实际应用表明,超过了丙烯酸面漆的性能。

环氧面漆与环氧底漆配套使用,漆膜坚韧耐磨,寿命较长,耐水、耐油、耐化学品等各项性能突出。环氧面漆户外耐候性差,会粉化失光影响装饰性,所以建议在结构件内部或室内环境中使用,因为这些地方不会受到太阳紫外线的照射,所以无须担心漆膜会粉化。

脂肪族丙烯酸聚氨酯面漆是目前桥梁领域应用最为广泛的面漆,一般是由异氰酸酯预聚物和含羟基树脂两部分组成,通常称为固化剂组分和主剂组分。一般都具有良好的机械性能、较高的固体含量与耐候性能。与环氧面漆相比,漆膜同样坚硬耐磨,耐化学品和耐溶剂性能优良,而且可低温施工,漆膜不易泛黄,耐候性相当好。

FEVE氟树脂面漆,以氟烯烃—乙烯基醚共聚物(FEVE)树脂为基,该树脂在氟烯烃的基础上引进了溶解性官能团、附着性官能团、交联固化性官能团、促进流变性官能团,不仅秉承了氟树脂的高耐候性优良品质,而且还具有在常温下溶解于芳烃、脂类、酮类等常规溶剂、常温下交联固化等性能。FEVE氟树脂面漆的耐候性能非常好,超过了丙烯酸聚氨酯面漆,近年来在我国发展十分迅速。

工程聚硅氧烷涂料,由聚硅氧烷进行有机改性后形成的无机—有机聚合物,有环氧聚硅烷涂料与丙烯酸聚硅氧烷涂料之分,双组分涂料通常采用氨基硅烷作为固化剂,而单组分涂料靠吸收空气中的水分固化,具有良好的耐候性能。

3.桥梁钢结构与混凝土结构主流防护涂层体系

不同种类的涂料具有各自的强项与弱点,而涂层配套体系是发挥涂料防腐作用的最佳方式。图4与图5是世界目前主流的钢结构与混凝土防护涂层体系的配套设计(参见ISO 12944、JT/T 722、JT/T 695、

TB/T 1527),曾用于日本明石海峡大桥、苏通大桥、杭州湾跨海大桥等国内外重点桥梁工程,其防护寿命都在20年以上。

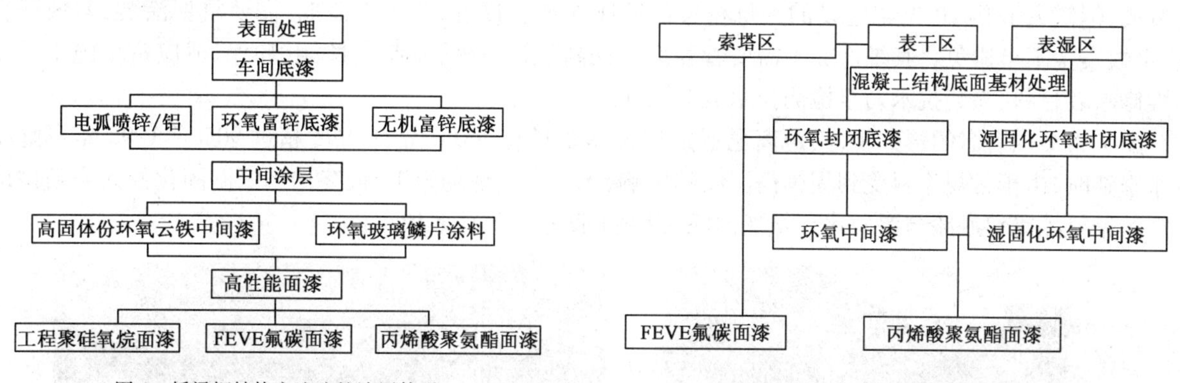

图4 桥梁钢结构主流防护涂层体系

图5 桥梁混凝土结构主流防护涂层体系

五、桥梁防腐涂装技术未来发展趋势

根据ISO12944—1998等国内外标准,桥梁防腐涂装的寿命为一般最高为15~25年,但随着材料技术的日新月异,研制性能更为优越、防腐寿命更长的高性能涂装材料已经成为可能,同时桥梁防腐涂装技术也遵从无污染、无公害、节省能源、经济高效的"4E"原则。

1)聚脲技术(SPUA)

第一代芳香族SPUA技术已在我国铁路桥梁及隧道的防水工程中大量应用,但用于大型桥梁的防腐涂装还未见报道;SPUA有许多优异性能和特点,干燥速度快,施工后几秒钟就会硬化;对湿气不敏感,施工环境适应性强;立面厚膜施工不流挂;具有非常优异的力学性能、耐介质腐蚀性能与耐候性能;但其也存在着固化速度太快,渗透性不好,直接喷涂与基材附着力不理想的问题。而耐候性更佳、固化速率可调的聚天门冬氨酸酯聚脲材料具有更好的应用前景,但该材料的价格过高也是其硬伤。

2)混凝土结构用柔性涂料技术

日本道路协会制订的《道路桥梁氯离子对策指南・解释》根据桥梁混凝土材料的种类和使用条件分为A、B、C三种体系。其中,B涂装体系:柔韧型涂层适用于桥梁钢筋混凝土材料发生显著裂缝的情况下,要求涂膜具有柔韧性。涂装体系为:环氧树脂或聚氨酯底涂+环氧树脂腻子+柔韧型环氧树脂或柔韧型聚氨酯中涂+柔韧型聚氨酯面涂/柔韧性氟碳面涂。

而铁科院国家重点科研项目"青藏铁路混凝土结构耐久性研究"研究结果表明:青藏铁路数十座桥梁的混凝土结构由于受到高辐射及冻融作用,表面出现了微裂纹,需要采用高耐候性柔性氟碳涂层体系进行涂装保护。

JT/T 821.3—2011《混凝土桥梁结构表面用防腐涂料 第3部分:柔性涂料》已经颁布,其为桥梁混凝土结构防腐涂装的设计提供了可靠的依据。

3)新型氟碳涂料技术

自分层氟碳涂料:氟碳涂料的性能优异,但由于其表面能低,其与底涂层易发生剥落。而自分层氟碳涂料由氟碳树脂与两个或多个不相容的树脂组成,将其施工在底材上,成膜过程中发生相分离或组分迁移,成为涂膜组成逐渐变化的梯度涂层。这样一次施工固化分层后,既能获得氟碳树脂优异的表面性能,又能获得复配树脂对底材的优良的附着力和强度,同时过渡区域将层与层扣在一起,不存在层间附着力问题,且施工简便。

4)水性清水混凝土透明氟碳涂料

桥梁防腐施工的环境较为苛刻,经常在高湿度及低温下施工,这就为水性涂料及无溶剂涂料在桥梁防腐领域的应用造成了障碍。目前,国内桥梁防腐领域使用较多的环保型涂料为水性清水混凝土透明氟碳涂料(图6),种类包含水性PVDF,水性FEVE氟碳涂料。

5）桥梁维修涂装技术

近年来，我国桥梁塌陷事故频发，虽然大部分由于施工主体质量问题、违法超限超载、船只碰撞等原因造成，但随着我国20世纪建设的大批桥梁的防腐涂装已接近25年寿命期，需要重新涂装，若放任自流，事故发生不可避免。其维修除了需要管养部门提高认识以外，研制高性能、环保、适应苛刻施工环境的维修涂装材料、涂装技术乃至检测技术成为当前之急。

图7为美国著名的彩虹桥，其距离尼亚加拉大瀑布只有700m，常年湿度超过90%。1998年彩虹桥覆涂修新时，由于常规涂料受到周围高湿度的影响，无法完成现场施工，最终选用了湿固化并无需喷砂前处理的聚氨酯富锌底漆与湿固化聚氨酯面漆，得到了良好的防护效果。

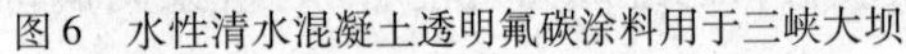

图6 水性清水混凝土透明氟碳涂料用于三峡大坝

图7 湿固化聚氨酯技术用于美国彩虹桥维修

同新建桥梁相比，桥梁维修的施工难度大，材料的适应性要求高，特别是钢结构桥梁需要喷砂除锈，而在旧桥现场不可避免会带来环境问题、交通问题、甚至工装安全问题，而研制高性能、高环保性、低表面处理涂料技术是未来发展的必然趋势。

六、结　论

（1）桥梁防腐涂装技术的未来发展趋势也将遵从高性能、更长寿命、绿色环保的原则。

（2）同时涂料技术向多元化方向发展以适应不同腐蚀环境、不同防腐部位，特别是要考虑施工乃至维修的材料成本控制和人文景观的要求。

参考文献

[1] 庞启财．桥梁防腐蚀涂装和维修保养．北京：化学工业出版社，2003．

[2] 任必年．公路钢桥腐蚀与防护．北京：人民交通出版社，2002．

27．金沙江、长江上的大桥

楼庄鸿[1]　庞志华[1]　张建桥[2]

（1．交通运输部公路科学研究院；2．云南升盟公路工程监理有限公司）

摘　要　本文统计了我国金沙江上大桥51座，长江上大桥94座，列出了各桥跨径及桥型。

关键词　长江金沙江　悬索桥　斜拉桥　箱形拱　连续刚构

长江是中国第一大河，发源于青海。现习惯上将四川宜宾岷江口以下，直至入海的部分，称为长江，长2884km；而将其上游从巴塘河口至岷江口部分，称为金沙江，长2308km。再上游约1171km，人烟稀少，称为沱河和通天河。

作者于2008年，曾对整个长江上的大桥做过一次统计整理。随着建设有中国特色社会主义的需要和发展，金沙江上大桥数量有所发展，现为51座，平均每45.3km就有一座；而长江上大桥发展更快，由上次整理的72座[1]，增至现在的94座，平均每30.7km即有一座。

现将金沙江、长江上的大桥跨径和桥型列出，供读者参考。

一、金沙江上的大桥

共51座。见表1～表3。

按使用功能分类：道路46座，铁路4座，公铁两用1座。

按结构类型分类：梁桥10座，拱桥21座，斜拉桥6座，悬索桥和索道桥10座，结构形式不详者4座。

金沙江上的公路大桥（顺流而下） 表1

序号	桥　名	建成年	全长(m)	跨　径	车道数(桥宽/m)	备　注
1	四川因都坝金沙江大桥	2005	105	90m混凝土箱形拱	2(6.5)	
2	四川318国道巴塘金沙江大桥	1964	282.48	10×25m简支梁	2(7)	
3	四川维格岗托吊桥	1956	137.87	92m斜缆式吊桥	1(4.5)	
4	四川德格岗托金沙江大桥	1974	159	2×70m双曲拱	2(7)	
5	四川邓玛奴桑巴桥(洛须金沙江大桥)	1988	150	铁索桥		
6	云南金江金沙江大桥	1962	222.2	136m悬索桥	1(4)	
7	云南金江金沙江大桥	1998		106m斜拉桥		
8	云南金安金沙江大桥	1982	186	110m混凝土箱形拱	2(8.5)	
9	云南梓里江金沙江大桥	1934	131.6	92m铁链桥	1	行人和非机动车
10	云南树底金沙江桥	1960	125.8	悬索桥	1(4)	限载4t
11	云南继红桥(鲁南金沙江桥)	1971	232.23	2×75m双曲拱	2(8.5)	
12	云南中甸松园金沙江大桥	1996	264.8	170m混凝土箱形拱	2(10)	
13	云南大具金沙江大桥					
14	云南其宗金沙江大桥	1990		47m+94m+47m斜拉桥	2(10)	
15	云南中甸伏龙桥	1959	113.4	108m悬索桥	1(5)	
16	云南伏龙桥	1992		110m箱形拱		
17	四川红果金沙江大桥	1982	152		1(4)	
18	西攀高速金沙江大桥	2007	1390.5	324m混凝土斜拉桥	4(22.5)	
19	四川倮果大桥	1995	208	160m中承箱形拱	2(15)	
20	攀枝花密地大桥(03号桥)	1969	298.88	180m钢桁拱	2(12)	
21	攀枝花新密地大桥	2011 2013	296	182m上承箱形拱	4(30)	两尾矿管，将来6车道，31段悬浇
22	攀枝花炳草岗金沙江大桥	2002	516.3	149m+200m+51m混凝土斜拉桥	4(23.9)	
23	四川新渡口大桥(02号桥)	2005	385.88	170m箱形拱	4(26.5)	原渡口大桥180m肋拱已拆，原桥位上建新桥
24	四川渡口吊桥	1965	180	悬索桥	-3.8	现供过江煤气管道用
25	攀枝花荷花池金沙江大桥(05号桥)	1976	252.5	110m箱形拱	2(15.5)	
26	攀枝花新庄金沙江大桥(06号桥)	1972	323.7	146m箱形拱	2(12)	
27	503电厂输煤桥					
28	攀枝花宝鼎金沙江大桥(07号桥)	1982	391.98	170m箱形拱	2(12)	

续上表

序号	桥　　名	建成年	全长(m)	跨　　径	车道数(桥宽/m)	备　注
29	攀枝花河门口大桥(04号桥)	1968	212	180m悬索桥	1(5)	已不能通车
30	攀枝花法拉金沙江大桥	2005	233.74	190m中承钢管混凝土拱	4(20)	
31	云南禄劝皎平渡金沙江大桥	1991	295	72m+144m+72m斜拉桥	2(10)	悬拼
32	云南巧家葫芦口金沙江大桥	1998		160m箱形拱		
33	白鹤滩水电站葫芦口金沙江大桥		957	158m+656m+145m悬索桥	2(13.5)	挂—300
34	云南茂租金沙江大桥					
35	通阳金沙江大桥	2006	349.5	160m箱形拱		
36	溪洛渡大桥	2004	358	索道桥		溪洛渡160m索道桥已拆
37	溪洛渡金沙江大桥	2005	375	连续刚构	3(12.5)	载重400t
38	桧溪金沙江大桥	2005		72m+128m+72m 混凝土连续刚构	2	
39	213国道云南绥江金沙江大桥	2001	310	150m箱形拱	2(9.5)	
40	四川宜宾戎州金沙江大桥	2004	505	260m中承式钢管混凝土拱	4(22.5)	
41	四川宜宾小南门金沙江大桥	1990	384	240m中承式箱形拱	3(19.5)	劲性骨架
42	四川宜宾马鸣溪大桥	1979	245.02	150m+65m箱形拱	2(10)	
43	四川宜宾中坝金沙江大桥	2003	965	2×35m+105m+252m 独搭混凝土斜拉桥	4(30)	环氧钢绞线
44	宜水高速金沙江大桥	2005	1712.5	140m+240m+140m 连续刚构	4(24.5)	
45	四川宜宾向家坝金沙江大桥		443.2	170m连续刚构	4(15)	
46	马东德水电站河口金沙江大桥	2014	535	连续刚构		位置不详

注:46座桥中,梁桥6座,拱桥20座,斜拉桥6座,悬索及索道桥10座,结构形式不详者4座。

金沙江上的铁路大桥(顺流而下) 表2

序　号	桥　　名	建成年	全长(m)	跨　　径	线路数	备　注
1	四川三堆子铁路大桥	1969	390.4	192m铆接钢桁桥	单线	成昆铁路
2	四川攀枝花荷花池铁路大桥	1995		100m+168m+100m 混凝土连续刚构	单线	攀钢专用线
3	宜宾金沙江铁路大桥	1968	1053.5	112m+176m+112m连续刚构	单线	宜珙铁路支线
4	宜宾安边金沙江铁路大桥	1960		128m钢桁梁	单线	内昆铁路

注:4座均为梁桥,其中3座钢桁梁桥,1座混凝土梁桥

金沙江上的公、铁两用桥 表3

桥　　名	建成年	全长(m)	跨　　径	线路车道(宽度)	备注
宜宾金沙江公铁两用桥		主桥808	116m+120m+336m+120m+116m钢箱拱	4线6车道(36.5)	

二、长江上的大桥

共94座,见表4~表6。

按使用功能分类:道路78座,铁路7座,公铁两用9座。

按结构类型分类:梁桥16座,拱桥10座,斜拉桥44座,悬索桥20座,结构不详者2座。

长江上的公路大桥(从四川宜宾,顺流而下) 表4

序号	桥　　名	建成年	全长(m)	主　　桥(m)	车道数(桥宽/m)	备　　注
1	四川宜宾长江大桥	2008	941.4	63.5+120.5+460+120.5+63.5 混凝土斜拉桥	4(22.5)	
2	四川南溪长江大桥	212	1424	193+820+202 钢悬索桥		
3	四川宜宾江安长江大桥		1104	146+252+146 预应力混凝土连续刚构	3(15)	
4	四川泸州长江大桥	1982	1252.5	105+3×170+105 混凝土T构	3(16)	
5	四川泸州长江二桥	2001	1408	145+252+49.5 混凝土连续刚构	6(25)	
6	四川泸州泰安长江大桥	2008	1573	208+270+35+30 独搭混凝土梁斜拉桥	6(27.5)	
7	四川泸州茜草长江大桥		1189	128+248+128 矮塔斜拉桥	6(34)	
8	四川合江长江大桥	2013		500m 钢管混凝土拱		
9	四川合江长江二桥	2013	1695	210+420+210 混凝土梁斜拉桥	6(30)	
10	重庆江津长江大桥	1997	1360.1	140+240+140 混凝土连续刚构	4(21.5)	
11	重庆江津观音岩长江大桥	2008	1172	186+436+186 组合梁斜拉桥	6(34.5)	
12	重庆江津地维长江大桥	2004	737	141+345+141 混凝土梁斜拉桥	4(15)	
13	重庆江津迎宾长江大桥	2013	2037.5	216.5+464+216.5 钢梁斜拉桥		公轨两用,双层
14	重庆江津几江长江大桥			155+600+140 单跨悬索桥	(41)	
15	重庆马桑溪长江大桥	2001	1104.7	179+360+179 混凝土梁斜拉桥	4(28.6)	
16	重庆永州-江津高速长江大桥		1598	608 斜拉桥		
17	重庆鱼洞长江大桥	2008	1549.3	145+2×260+145 混凝土连续刚构	6车道+轻轨(33)	
18	重庆白居寿长江大桥		3380		6	
19	重庆李家沱长江大桥	1996	1350.1	53+169+444+169+53 混凝土梁斜拉桥	4(24)	
20	重庆鹅公岩长江大桥	2000	1419	210+600+210 三跨钢悬索桥	6车道+2轻轨(32.5)	
21	重庆菜园坝长江大桥	2007	3300	88+102+420+102+88 刚构、钢桁系杆组合拱	6车道+2轻轨(27.5)	双层
22	重庆石板坡长江大桥	1980	1121	86.5+4×138+156+174+104.5 混凝土T构	4(21)	
23	重庆石板坡长江复线桥	2006	1137.2	86.5+4×138+330+132.5 混合梁刚构、连续梁组合	4(19)	世界最大跨混合梁刚构,连续梁组合
24	重庆东水门长江大桥	2013	962	222.5+445+222.5 钢桁斜拉桥(单索面)	4(24)	公轨两用,双层
25	重庆郭家沱长江大桥		1138.1	钢斜拉桥		
26	重庆朝天门长江大桥	2008	1741	190+552+190 钢桁连续系杆拱	上层6车道(36.5) 下层2轻轨+2备用车道	世界最大跨拱桥
27	重庆寸滩长江大桥		1600	250+880+250 钢悬索桥	8(41)	
28	重庆大佛寺长江大桥	2001	1146	198+450+198 混凝土梁斜拉桥	6(30)	
29	重庆鱼咀长江大桥	2009	1440	180+616+205 钢悬索桥	6(36.8)	
30	重庆长寿长江大桥	2007	1160	49+176+460+176+49 混凝土斜拉桥	4(20.5)	

续上表

序号	桥 名	建成年	全长(m)	主 桥(m)	车道数(桥宽/m)	备 注
31	重庆长寿长江二桥			739单跨悬索桥		
32	重庆涪陵石板沟长江大桥	2009		200+450+200混凝土梁斜拉桥	4(22)	
33	重庆涪陵长江大桥	1997	631	52+98.5+330+98.5+52混凝土梁斜拉桥	4(18)	
34	重庆涪陵李渡长江大桥	2007	887.55	170+398+170混凝土梁斜拉桥	4(22.5)	
35	重庆涪陵青草背长江大桥	2013		18.867+245+788+245+17.831悬索桥		
36	重庆丰都长江二桥		2146.1	70.5+245.5+680+245.5+70.5钢梁斜拉桥	4(26.5)	
37	重庆丰都长江大桥	1997	620	164.5+450+130单跨钢桁悬索桥	2(15)	
38	石忠高速忠县长江大桥	2008	左2146 右2174	205+460+205混凝土梁斜拉桥	6(24.5)	
39	重庆忠县长江大桥	2001	1199.7	147+560+212单跨钢管桁架悬索桥	4(18)	
40	重庆万县长江大桥	1997	856.12	420m混凝土箱形拱	4(24)	世界最大混凝土拱桥
41	重庆万州长江二桥	2004	1154	220+580+240单跨钢桁悬索桥	4(21.5)	
42	重庆云阳长江大桥	2005	1278.6	132+318+136.4+50.6混凝土梁斜拉桥	4(25)	高低塔
43	重庆奉节长江大桥	2005	930	30.4+202.6+460+174.7+25.3混凝土梁斜拉桥	4(20.5)	
44	重庆巫山长江大桥	2005	612.2	460m钢管混凝土中承拱	4(19)	世界最大钢管混凝土拱
45	湖北巴东长江大桥	2005	900.5	40+130+388+130+40混凝土梁斜拉桥	4(22)	
46	湖北西陵长江大桥	1996	1118.7	255+900+255单跨钢悬索桥	4(18.5)	
47	湖北宜昌夷陵长江大桥	2001	3246	3×40+2×348+3×40三塔混凝土梁斜拉桥	4(23)	
48	湖北葛洲坝三江大桥	1981	763	94+158+94混凝土T构	3(15)	接葛洲坝
49	湖北宜昌庙嘴长江大桥	2015	3229.7	250+838+215单跨钢混凝组合梁悬索桥	-33.5	
50	湖北宜昌长江大桥	2001	1187.5	246.3+960+246.3单跨钢悬索桥	4(29.2)	
51	湖北棋盘洲长江大桥	2012				
52	湖北白洋长江大桥	2014				
53	湖北嘉鱼长江大桥	2012				
54	湖北荆州长江大桥	2002	4177.6	200+500+200混凝土梁斜拉桥,160+300+97高低,塔混凝土梁斜拉桥	4(24.5)	
55	湖北荆岳长江大桥	2010	4302.5	100+298+816+80+2×75混合梁斜拉桥	6(33.5)	单侧边跨用混凝土梁
56	武汉军山长江大桥	2002	4881.2	48+204+460+204+48钢梁斜拉桥	6(33.5)	
57	武汉白沙洲长江大桥	2000	3586.4	50+180+618+180+50混合梁斜拉桥	6(26.5)	
58	武汉鹦鹉洲长江大桥	2014	3420	200+850+850+200三塔组合梁斜拉桥	6(36)	
59	武汉二七路长江大桥	2011	2922	90+160+2×616+160+90主组合混合梁斜拉桥	6(29.5)	

续上表

序号	桥　名	建成年	全长(m)	主　桥(m)	车道数(桥宽/m)	备　注
60	武汉长江二桥	1995	3239.4	180+400+180 混凝土梁斜拉桥	6(26.5)	
61	武汉阳逻长江大桥	2007	2725	250+1280+440 单跨钢悬索桥	6(33)	
62	湖北鄂黄长江大桥	2003	3250	55+200+480+200+55 混凝土斜拉桥	4(24.5)	
63	湖北鄂东长江大桥	2010	5762	3×67.5+72.5+926+72.5+3×67.5 混合梁斜拉桥	6(36)	
64	湖北黄石长江大桥	1995	2580	162.5+3×245+162.5 混凝土连续刚构	4(20)	
65	江西九江长江公路大桥	2013	8462	70+75+84+818+233.5+124.5 混合梁斜拉桥	6(38.9)	
66	安徽望东长江公路大桥	2014	3305	78+228+638+228+78 组合梁斜拉桥	6(35.2)	
67	安徽安庆长江大桥	2005	5986	50+215+510+215+50 钢梁斜拉桥	4(26)	
68	安徽铜陵长江大桥	1995	2592	80+90+190+432+190+90+80 混凝土梁斜拉桥	4(23.4)	
69	安徽马鞍山长江大桥	2013		360+2×1080+360 三塔两跨钢悬索桥	6(23)	
70	南京长江三桥	2005	4744	63+257+648+257+63 钢梁斜拉桥	6(32)	钢塔
71	南京长江二桥	2001	6920	58.5+246.5+628+246.5+58.5 钢梁斜拉桥,90+3×165+90 混凝土连续梁	6(32)	
72	南京长江四桥	2012	5448	576.2+1418+481.8 钢悬索桥	8(38.8)	
73	江苏润扬长江大桥	2005	7317	470+1490+470 单跨钢悬索桥,176+406+176 钢梁斜拉桥	6(32.5)	
74	江苏泰州长江大桥	2012	6729.3	390+2×1080+390 三塔两跨悬索桥	6(34.8)	世界最大三塔连续悬索桥
75	江苏江阴长江大桥	1999	3177	336+1385+309 单跨钢悬索桥	6(32.5)	
76	苏通大桥	2008	8146	2×100+300+1088+300+2×100 钢梁斜拉桥,140+268+140 混凝土连续刚构	6(34)	
77	上海长江大桥	2009	9500	92+258+730+258+92 钢梁斜拉桥	6(35.5)	为上海长江桥隧的组成部分
78	崇启大桥	2011		102+4×185+102 连续钢箱梁	6(33.2)	

注:78 座桥中,10 座梁桥,6 座拱桥,38 座斜拉桥,20 座悬索桥,另 4 座不详。

长江上的铁路大桥(从四川宜宾,顺流而下) 表 5

序号	桥　名	建成年	全长(m)	主　桥(m)	线路数	备　注
1	泸州长江铁路大桥	2004	1476.3	84.5+3×144+84.5 预应力混凝土连续刚构	单线	四川地方铁路隆叙线
2	重庆白沙沱长江铁路大桥	1959	820	4×80 连续钢桁梁	双线	川黔铁路
3	重庆长寿长江铁路大桥	2003	898.36	144+2×192+144 连续钢桁梁	双线	渝怀铁路
4	重庆万州长江铁路大桥	2006	1106.3	168+360+168 连续钢桁系杆拱,其中 360m 为刚拱柔梁	单线	宜万铁路
5	湖北宜昌长江铁路大桥		2526.7	130+2×275+130 预应力混凝土连续刚构柔性拱	双线	宜万铁路,拱用竖转施工
6	安庆长江铁路大桥	2012	2996.8	101.5+188.5+580+217.5+159.5+116 钢桁斜拉桥	4 线	三索面
7	南京大胜关长江大桥	2009	9273.2	4×84 连续钢桁+(108+192+2×236+192+108)连续钢桁拱梁	4 线+双线地铁	京沪高速铁路

注:7 座桥中,1 座混凝土梁桥,2 座钢梁,3 座拱桥,1 座斜拉桥。

长江上的公铁两用大桥(从四川宜宾,顺流而下) 表6

序号	桥名	建成年份	全长(m)	主桥(m)	线路、车道数(桥宽m)	备注
1	湖北枝城长江大桥	1971	铁路1742.3 公路1744.8	5×128+4×160铆接钢桁梁	双线+2车道(6.45)	铁路、公路在同一平面上
2	武汉长江大桥	1957	铁路1315 公路1670.4	9×128钢桁梁	双线+6车道(22.5)	双层
3	武汉天兴洲长江大桥	2008	4657.1	98+196+504+196+98三索面钢桁斜拉桥	4线+6车道(27)	双层
4	黄冈公铁两用长江大桥	2014	4008.2	81+243+567+243+81钢桁斜拉桥	双线+4车道	双层
5	湖北公安公铁两用长江大桥		6713.8	99+182+518+182+99钢桁斜拉桥	双线+4车道(25.2)	双层
6	九江长江大桥	1994	铁7675.09 公4460.122	6×162钢桁+(180+216+180)钢桁梁柔拱+2×126钢桁	双线+4车道(18)	双层
7	铜陵公铁两用长江大桥	2014	6032	90+240+630+240+90钢桁斜拉桥	4线+6车道(35)	双层
8	芜湖长江大桥	2000	铁路10520.966 公路4460.122	120+8×144连续钢桁梁+(180+312+180)矮塔斜拉桥+2×120连续钢桁梁	双线+4车道(21)	双层
9	南京长江大桥	1968	铁路6772 公路4589	128+9×160连续钢桁梁	双线+4车道(19.5)	双层

注:9座桥中,3座梁桥,1座拱桥,5座斜拉桥。

此外,武汉沌口长江大桥、武汉青山长江大桥、安徽池州长江大桥、安徽芜湖长江二桥也即将开工修建。

28. 目前国外索支承桥梁发展的一些动态

楼庄鸿[1] 张建桥[2] 庞志华[1]

(1. 交通运输部公路科学研究院;2. 云南升盟公路工程监理有限公司)

摘 要 从国外杂志中看到俄罗斯、韩国、挪威、土耳其以及一些其他国家的索支承桥梁,主要是悬索桥和斜拉桥的一些点滴资料,因此,把它汇集起来,文中简介了10座悬索桥及15座斜拉桥的情况,列出其主要特点,以示读者。

关键词 悬索桥 斜拉桥 组合梁 混合梁 连线工程

一、悬 索 桥

1. 首先要介绍韩国

韩国在2000年建成著名的永宗大桥(自锚式悬索桥,主跨300m,双层公铁两用)后,悬索桥的发展趋势很猛。根据报道,已建成的特大跨径悬索桥,有光阳大桥(主跨1545m)、积金大桥(主跨850m)、木浦大桥(主跨840m),正在修建中的有蔚山大桥(主跨1150m)、新世纪大桥(两个650m主跨)以及Dandeung桥(独塔,主跨400m)等。永宗大桥见图1。

1)光阳大桥

图1　韩国永宗大桥

光阳大桥是一座三跨悬索桥,跨径357.5m+1545m+357.5m,是世界第四大悬索桥,是韩国悬索桥建设的一个里程碑。其主缆是世界上第一次采用1860MPa的高强钢丝,为减少主缆自重,选用1/9的垂跨比。对钢束选用矩形布置,可减少所需的钢束数,能使索鞍和锚碇减少,并增快空中编缆(AS法)的速度。其加劲梁采用双箱梁,以提高空气动力稳定,并减少钢的用量。混凝土塔高270m。该桥已于2012年通车(图2)。

图2　韩国光阳大桥

2)蔚山大桥

跨径303m+1150m+355m,其特点是主缆采用1960MPa、直径5.35mm的高强钢丝、垂跨比1/9。用AS法施工。加劲梁为高3.5m、宽25.6m的流线型钢箱梁。混凝土塔高203m。该桥将于2014年通车。

3)新世纪大桥

是韩国最大的一座三塔悬索桥,跨径225m+650m+650m+225m,宽16.5m。用钢箱加劲梁,重力式锚碇,边塔高150m,中塔比边塔高13m,达到163m。该桥将于2018年通车(图3)。

4)Dandeung大桥

是一座独塔悬索桥,跨径400m,重力式锚碇。塔高105m,是A型+D型呈现帆的外形,虽多了一个杆件,但减小了塔的截面,并使活载的竖直变位减小13%。主缆首次采用1960MPa的钢丝,束股按矩形布置,使空中编缆法(AS法)的束股数减少,由14股减为12股,主缆直径38cm,减小了索鞍和锚碇,加快了施工进度。加劲梁为两边箱,分11个节段,最长48m,重480t。该桥将于2013年建成(图4)。

图3　韩国新世纪大桥

图4　韩国Dandeung桥

2.土耳其

将修建两座大悬索桥。一座是izmit海湾桥,该桥很早听说要建,主跨1668m,这次发包,主跨约1700m,是世界第二大悬索桥,于2011年开工,将争取2014年建成。

另一座是Bosporus海峡三桥,是欧亚主要公路工程项目的一部分,也是座悬索桥,主跨1275m,全长1875m。它的主跨比前两座桥大些,Bosporus一桥和二桥也是悬索桥,主跨分别是1074m和1090m。

3.挪威

Hardanger桥,是主跨1310m的悬索桥。采用高3m、宽17m的钢箱加劲梁(图5)。这座桥的最大特点是两端没有巨大的锚碇,而是将主缆端部锁定在山中来支承。在锚固位置每侧开挖岩洞,上岩洞有两个,供散索用,每个为深20m、高10m的倾斜洞穴;下岩洞仅有一个,供锚固用,尺寸为深15m、长40m。主

图5　挪威 Hardanger 桥

缆钢丝在上室散开，每束绕在两锚固钢筋上，锚固钢筋通过27m岩体到下锚固室，共19束，锁定在巨大的混凝土锚板中。室的开挖，用钻孔及爆炸来进行。

另一座大悬索桥 Halogaland 正在设计中，初步定的主跨1345m，主缆横向间距约15m，桥非常细长。但也可能减小主跨，以改变线形来减小引道隧道长度，以节省资金。主跨可能减小到1120m。

4. 其他一些还在设计中的桥

1）意大利 Messina 桥

跨径3300m，有四个车道及两条重轨线，主缆垂跨比1:11，主缆要用强度1860MPa以上的钢丝，用两对主缆，间距1.75m，每缆直径1.20m。为减小桥面板恒载，靠近塔和横梁采用强度更高的钢种，桥面则采用厚仅12mm、很薄的聚合物树脂类桥面，重量仅0.35kN/m^2，仅为传统厚60mm的玛蹄脂沥青桥面的23%，其塔高364m，也采用高强钢。首创三箱桥面，道路和轨道交通在同一高度，空气动力特性良好（图6）。

图6　意大利 Messina 桥

2）吉布堤红海桥

沟通也门与吉布堤，跨越红海，全长29km。主桥四主跨，每跨2700m，超过明石海峡大桥的1991m，垂跨比1/8.5，用1860MPa钢丝，双主缆，直径1.17m，也采用三箱截面加劲梁。

二、斜　拉　桥

1. 俄罗斯 Russky 桥

这是为今年亚太经济合作高峰会议而建的世界最大跨径斜拉桥，已于2012年7月3日通车。跨径为60m+72m+3×84m+1104m+3×84m+72m+60m，是一座主跨采用钢梁，边跨用混凝土梁的混合梁斜拉桥，索塔为A型，高320.9m，为目前世界最高者（图7）。基础承台面积3200m^2，高13m，主跨用钢箱梁，长1244m，每侧伸入边跨70m，梁宽28m。斜拉索用压密的PSS体系，同一直径时比一般的拉索可增多约20%的钢束。共168根拉索，最长者279.8m，居世界首位。拉索用高密度聚乙烯防护，设计具有三种颜色，最短的斜拉索部分用红色，中等长度的用兰色，最长的用白色，形成了俄罗斯国旗的颜色。每斜拉索都设阻尼器，长索是外置式，用磁流变阻尼器；短索则安置在内部，分别是拉索的2/3和1/3。索的保护层外侧设螺旋线，防止风雨振。

与此同时，在 VladⅣostok（海参威）市心脏部位，还修建一座 GoldenHorn 大桥，也为斜拉桥，总长1389m，主跨737m，也已于2012年通车。

2. 韩国斜拉桥

（1）韩国在2000年建成著名的西海（Seohae）大桥（主跨470m的组合梁斜拉桥见图8）后，斜拉桥的发展也很快,最著名的是仁川(incheon)大桥(图9),跨径80m+260m+800m+260m+80m,半漂浮体系,宽33.40m。塔为钻石形,高225.5m。梁用流线型扁平钢箱,高3m,全宽36.1m。为防止船只碰撞主桥墩身,修建了护墩围堰,包括156根钢板桩,构成直径25m围堰,内填碎石,顶上用混凝土盖板,钢板桩用阴极防护。船撞时允许桩破坏。

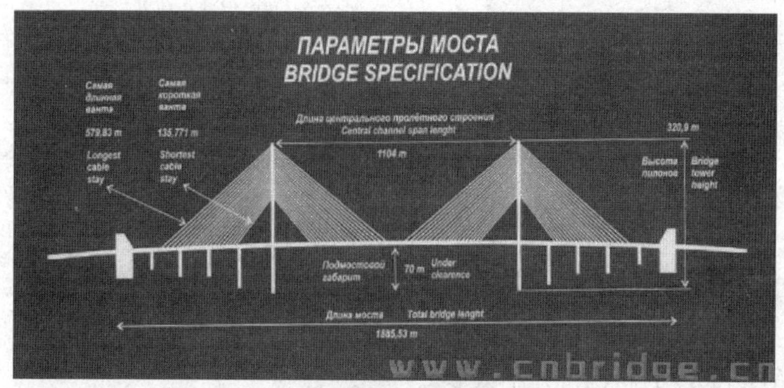

图7 俄Russky桥

图8 韩国西海大桥

图9 韩国仁川大桥

该桥已于2009年建成。

(2)釜山至巨济岛连线工程

全长8.2km,四车道,其中3.7km是海底沉管隧道。有两座斜拉桥。一座是双塔斜拉桥,主跨475m,塔高158m;另一座为三塔斜拉桥,两主跨均为230m,塔高104m。两座桥均为漂浮体系,塔为钻石形,其主梁为钢—混组合梁,由外侧高2m的钢板梁及中距为4m的横梁,其上设厚26cm的混凝土板而成。

该工程已于2010年建成。

3.近期建成或正建的一些大斜拉桥(不包括以上已叙述的斜拉桥)

一些桥的跨径、特点如表1及图10~图14所示。

国外一些大跨径斜拉桥 表1

国家	桥 名	跨径(m)	结 构	年份	特 点
西班牙	Cadiz海湾桥	120+200+540+200+120	双塔组合桥	2012	塔高185m,塔采用c60~80MPa混凝土
墨西哥	Baluarte桥	290+520+290	双塔主组合边混凝土混合梁	2011	拉丁美洲最大斜拉桥,扩大基础
美国	John James Audubon桥	49+189+482+189+49	双塔组合桥	2011	北美最大斜拉桥,梁采用耐侯钢,拱形塔,扭曲索面
塞尔维亚	Save河桥	376+200	独塔混合桥	2011	塔高200m,圆锥体,6车道+2轻轨,在一个平面上。钢中箱高4.75m,宽14.5m,大悬臂15.7m,梁由中国制造
美国	Margaret Hunt Hill桥	366	独塔混合桥	2011	塔钢拱形,高122m

续上表

国家	桥 名	跨径(m)	结 构	年份	特 点
印度	Basohli 桥	121 + 350 + 121	双塔组合桥	2013	主跨用钢边梁的组合梁,桥面22.5cm混凝土板,边跨用混凝土梁,桥面40cm混凝土板,边跨有3个辅助墩,墩不承受永久荷载,但减小荷载挠度
西班牙	Tajo 河桥	318	单跨独塔混凝土梁	2011	背索连接在两混凝土锚块上,桥面梁用c80MPa混凝土
摩洛哥	布里格里格河谷大桥	183 + 376 + 183	双塔组合桥	2013	由中国大桥局作施工图设计;1.塔梁固结体系,塔固结在扩大基础上;2.主梁采用混凝土边梁与钢弓字形横梁,上铺混凝土板,宽29.82m;3.塔用4肢曲线空间梭形塔,高185~197m,浓郁伊斯兰风格;4.平行钢绞线斜拉索,梁上索距8m

由表1可见:

(1)双塔、跨径超过400m的斜拉桥并不太多。

(2)独塔跨径超过300m的斜拉桥,有增多的趋势。

(3)组合梁似有增多运用的趋势。

(4)C80混凝土在西班牙的斜拉桥已实际应用。

图10 西班牙 Cadiz 海湾桥

图11 墨西哥 Baluarte 桥

图12 美国 John James Audubon 桥

图13 美国 Margaret Hunt Hill 桥

4. 正在设计或研究的斜拉桥

1)跨径可进一步增大

俄罗斯 Russky 桥的主跨已达到1104m,超过我国苏通长江大桥16m。现在韩国又计划在东南部的马山市和巨济岛的连岛工程中采用主跨1200m的斜拉桥,其跨径布置为520m+1200m+520m,可见斜拉桥的适用范围能进一步增大,挤压了悬索桥。

不少学者认为,斜拉桥跨径极限约为1400m,甚至到1600m(部分地锚),因此在不远的将来,还可能会出现更大跨径的实例。

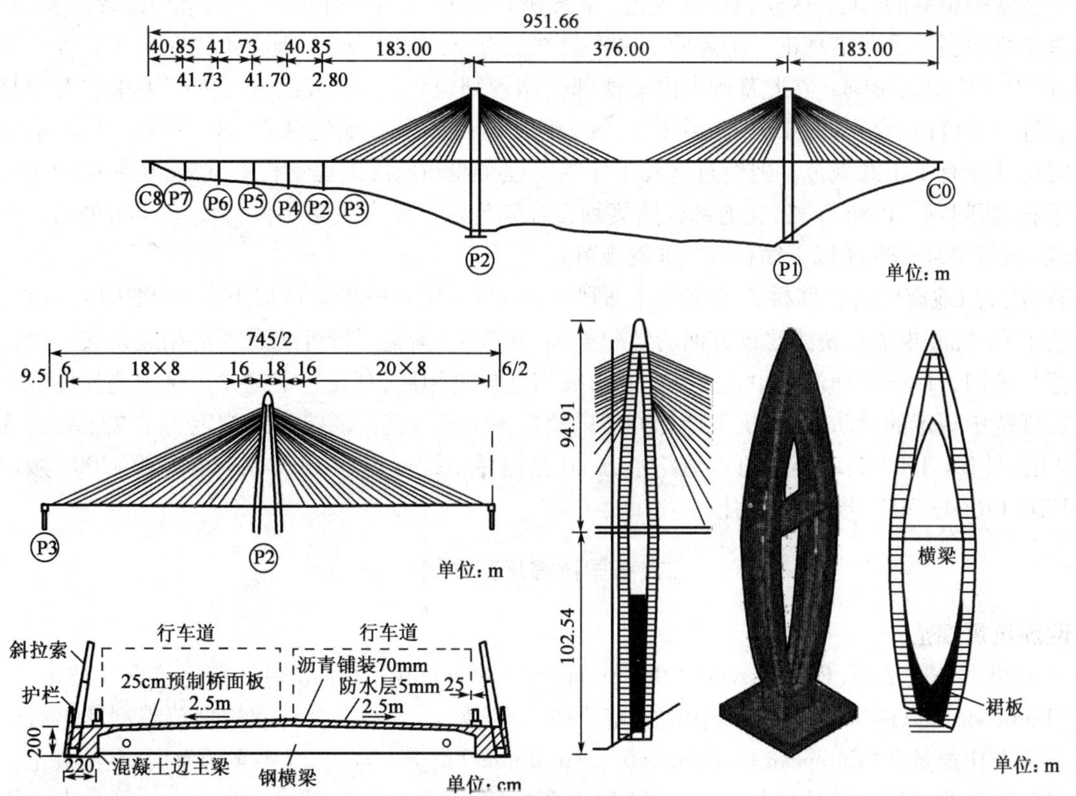

图14 摩洛哥拉巴特绕城路布里格里格河谷大桥

2)多孔斜拉桥将得到更多的运用

英国Forth Ⅱ桥采用的方案是103m+222m+2×650m+222m+103m的三塔斜拉桥，而沟通丹麦与德国的Fehmarn海峡桥，拟采用两主跨为780m的三塔斜拉桥，这些都说明分跨通航的多塔斜拉桥，比单跨通航的悬索桥更为经济，而被采用。

29. 国际公路桥梁抗震规范的差异

种 健

（中交第一公路勘察设计研究院有限公司）

摘 要 通过对我国、美国、日本、欧洲等抗震规范的比较，说明了对于不同抗震等级的桥梁，各国抗震在抗震目标、抗震计算及抗震设计上是不同的。并借此以期阐明各国规范在抗震体系分析方法上的差别，并为我国未来抗震规范的修订提供参考。

关键词 桥梁 抗震 规范 差异

一、引 言

我国位于太平洋地震带与欧亚地震带的中间地带，是地震频发的国家。历史上，曾发生过多次强烈地震。随着我国经济的发展，城市化进程的加快，兴建了大量公路桥梁，这类结构的控制荷载往往是地震作用(或风荷载)组合，因此制订一部抗震规范是极为必要的。其合理与否直接关系到人民生命财产的安全，关系到国家的可持续发展。我国公路工程抗震设计的有关规定，始于1959年国务院科学技术委员会建筑组领导下编制的“地震区建筑规范草案”，它以静力理论为计算依据。1964年由中国科学院工程力学研究所主持编制的“地震区建筑设计规范(草案稿)”吸取了国内外的科研成果和设计经验,在公路工程抗震验算中引入反应谱理论。上述两个文本虽然没有正式颁布执行,但在不同时期还是发挥了积极的作用,产生了广泛的影响。在此基础上由交通部公路规划设计院主持,组织国内有关单位对原规范中有关内容进行了修改、充实,并于1977年颁布了《公路工程抗震设计规范》(TJ 24—77)。从此,我国公路工程抗震设计便有了正式规范。但经过这几十年的工程实践和地震工程学科的发展,在使用中又发现了一些新矛盾、新问题。1986年始,交通部公路规划设计院重新组织有关单位修订规范,即《公路工程抗震设计规范》(JTJ 004—89)(以下简称《89抗震规范》)。

2008年汶川地震后,《公路桥梁抗震设计细则》(JTG/T B02-1—2008)(以下简称《细则》)问世,在编制中总结了89抗震规范在桥梁建设方面的经验教训,并参考、借鉴了国外抗震规范相关条文。国内相关抗震规范与美国、日本、欧洲规范中抗震条文及抗震措施规定相比,存在一定差异。这种差异体现在各国桥梁抗震规范中规定的设防目标、抗震计算方法以及各国抗震规范抗震措施的规定。本文主要讨论我国“细则”与欧洲EN 1998-2:2005、《日本道路示方书(公路桥梁设计规范)—V耐震设计篇》2002版以及美国AASHTO LRFD—2007规范的差别。

二、各国抗震规范介绍

1. 欧洲抗震规范

1975年欧共体委员会(Commission of the European Community)开始编制一套建筑设计技术规范/欧洲规范(Eurocode),以逐步取代各成员国的规范。1989年,欧共体委员会将欧洲规范编制和出版工作转交给欧洲标准化委员会(European Committee Standardization)负责。经过20多年的发展,欧洲规范已逐步成为欧盟各国普遍采用的设计规范。目前,欧洲规范包括十部分内容,其中,Eurocode8是关于结构抗震的规范。其中EN 1998-2:2005对应的是系列欧洲结构规范抗震设计中的桥梁部分,对于抗震设计中的一些相关规定(如反应谱)需要采用欧洲规范EN 1998-1:2004,地基和土的相关规定则需要采用欧洲规范EN 1998-5:2004。

2. 日本抗震规范

日本是一个地震多发的国家,目前在公路桥梁设计建造方面已建立了一整套较为完备的抗震理论和方法。日本第一本综合性的《公路桥梁抗震设计指导规范》于1971年颁布。1980年,将1971年的“下部结构指导规范”和“抗震设计规范”修订为《公路桥梁设计规范》的“第Ⅳ部分——下部结构”和“第V部分——抗震设计”。在1995年的阪神地震后,又对桥梁设计规范进行了大规模修订,主要包括性能目标、设计力、钢筋混凝土柱和基础的设计、液化处理及液化引起的地面移动等。2002年又颁布的新的桥梁设计规范,即《道路示方书(公路桥梁设计规范)—V耐震设计篇》。

3. 美国抗震规范(AASHTO)

1975年,AASHTO根据加州运输部编制的桥梁抗震设计标准制定了一个暂行规范,它适用于全美各州。经过近30年的发展,并积累了相当多的设计经验,这些直接影响了抗震规范的修订编制。基于对历次灾难性地震的总结和抗震技术研究,设计方法已经逐步改进并体现在最近的抗震设计规范中:AASHTOLRFD—2007。

三、抗震规范比较研究

1. 抗震设计目标

桥梁的抗震设计是要承受地震引起变形,并要求所有结构部件提供足够的强度和延性及合理的安全储备。确保在设计地震发生时不会发生坍塌。这是通常各国规范所接受的基于抗震性能的设计。

而在进行抗震设计之前,首先要进行桥梁和地震的分类,以确定桥梁在设计地震中的状态和目标。

例如,欧洲抗震规范规定桥梁应根据失效后对人类生命的后果,震后维持交通的重要性以及倒塌的经济后果进行重要等级分类,并将桥梁分为三类。采用两水准抗震设防目标:

(1)水准1:(重现期95年),设计地震发生后,设计用来消耗地震能量的结构部位只发生轻微破坏,不会导致交通量减小,无需立即修复。

(2)水准2:(重现期475年),设计地震发生后,尽管结构的某些部分遭到较大程度的破坏,但结构仍能保持其整体性并有足够的残余承载力。

同样日本抗震规范(日本道路桥示方书V耐震设计篇)中将桥梁根据重要性分为两类,而地震则分为两个类型,即A型使用期间发生概率较高的地震;B型使用期间发生概率低但破坏力较大的地震,分为板内地震Ⅰ型和陆内地震Ⅱ型。其设防水准是:

(1)水准1:属高发生概率地震,不论重要桥梁还是标准桥梁均要求做到避免破坏。

(2)水准2:对于B型地震,避免明显的破坏或能够恢复功能,经修复可迅速恢复使用。

这里我们着重比较美国南加州交通运输部针对AASHTO LRFD—2007的补充规范SCDOT的公路桥梁抗震设计规范。

首先该规范对桥梁根据其重要性、在路网中的地位对其进行运营分类OC(Operational Classification)。共分三类:Ⅰ、Ⅱ、Ⅲ型。其次,对设计地震根据发生的概率也进行了分类:功能评价型地震(FEE)和安全评价型地震(SEE)。FEE对应75年内15%重现率,相当于50年内10%;SEE对应75年内3%,相当于50年内2%。规定Ⅰ、Ⅱ类桥须进行FEE和SEE的抗震分析,而Ⅲ只需进行SEE分析。

接下来规范给出了抗震性能的三个服务水平和三个破坏等级。三个服务水平是:直接使用、短暂维护使用、经修复使用;三个破坏等级是:轻微损伤、可修复损伤、严重损伤(有最低的倒塌风险)。规范给出了以上各类桥梁乃至各部分在设计地震作用下的抗震目标。

这样以后所有的抗震设计都有了明确的方向和目标,有利于合理使用防护措施,保障震后交通的顺畅。

我国08抗震规范采用将桥梁分为四类A、B、C、D。A类是单孔跨径超过10m的特大桥;B类是单孔不超过150m的高速公路、一级公路上的桥梁或二级以上的特大、大桥;C类二级公路上的中小桥及三四级公路上的特大、大桥;D类是三四级路上的中小桥。

设计地震类别有两类,E1地震区重现期较短的地震;E2地震重现期较长的地震。在我国规范08抗震细则中,尽管采用E1和E2两个水准进行抗震设计,但对于不同的桥梁类别,两个水准的地震强度是不同的。对于A类桥梁,E1地震作用的重现期为475a(中震不坏),E2地震作用的重现期为2000a(大震不倒);对于B和C类桥梁,E1地震作用的重现期为50~100a(小震不坏),中震可修(重现期475a),E2地震作用的重现期为2000a(大震不倒);对D类桥梁,E1地震作用,重现期25a(小震不坏)。

这里需要指出的是体现桥梁类别和重要性的重要性系数的含义在各国规范中是不同的。

各国有关抗震目标的对比如表1。

不同规范的设防目标

表1

设防地震(概率)及目标	中国规范("抗震细则")	SCDOT(08版)	欧洲规范EN 1998-1:2004	日本桥梁规范JRA2002
桥梁分类	共分4类	按运营类型分3类	按重要性分3类	2类
重要性系数震	用于修正地震强度、体现弹塑性影响	没有具体的系数	仅反映重要性不反映弹塑性影响	没有具体的系数
地震类型	E1、E2	SEE、FEE	水准1和水准2	分为水准1型水准2型地震,水准2型又分Ⅰ、Ⅱ两型地震
设防目标	确保小震不坏;中震可修;大震不倒	对不同设计地震都有详细的设防目标	水准1时轻微破坏;水准2时保持整体性,有足够残余承载力	对高发地震要求避免破坏;低发地震要求避免明显破坏或破坏有限,修复可用

从表1可以看出,国外规范与我国抗震细则在抗震设防目标和设防水准在其设防地震要求上与我国规范基本相同。但我国规范对桥梁、地震类型的划分及防震达到的目的上,与国外规范存在较大差距。例如后面说到的延性设计在美国SCDOT规范中对其达到的抗震效果和目标都详细规定。这是我们在以

后的规范修订中应当着重注意的。

2. 场地分类

由于土的分类在几种规范中的划分方法有所不同，为了便于对比，根据土层的剪切波速法，对这几种规范中土的类型进行转换。其剪切波速对比情况如表2所示，按照上述类比方法，中国Ⅰ类土对应美国B类、欧洲A类；中国Ⅳ类土对应美国E类、欧洲D类。

各国规范中各土类的剪切波速(m/s) 表2

土层剪切波速	A	B	C	D	E
美 SCDOT	>1500	760~1500	370~760	180~370	<180
欧洲 EU8	>800	360~800	180~360	<180	
中国08抗震细则		>500(Ⅰ)	250~500(Ⅱ)	140~250(Ⅲ)	<140(Ⅳ)

3. 抗震计算的比较

1)抗震计算理论

桥梁地震作用的计算方法有反应谱法、动力时程法和拟静力法。这三种方法中，反应谱法计算相对简单，是目前应用最广泛的方法；动力时程法针对性强，精确度高，但过程复杂，花费时间长，通常用于比较复杂和重要桥梁的抗震验算；弹性静力(static method)法不考虑桥梁的动力学特性，将地震作用简化为一个惯性力系附加在研究对象上。近年针对结构弹塑性又提出非线性拟静力法(push-over 法)。日本桥梁规范 JRA 2002、欧洲规范 EN 1998-2:2005 均有关于用拟静力法进行分析的规定。

目前世界各国的抗震规范一般计算思路是设计反应谱，即根据各地区的地震构造、场地特性和地震活动性，在给定设防水准下确定地震动加速度峰值和反应谱，并通过地震力调整系数来得到设计地震动参数。

由于各个国家的实际情况如震源特性、场地类别、地层特性不同，其反映到抗震设计上各种地震参数的取值也是不一样的。但总体上讲，各国规范的反应谱形状是基本一致的。笔者认为，在比较各国地震计算方法过程中，比较其结果的大小是没有意义的，重要的是各国规范中对各种因素的考虑才是值得关注的。对我国而言，与日本和欧洲的实际情况相差较大，在这里选用为补充美国 AASHTO 标准规范适用于南加州地区的《公路桥梁抗震设计规范》(SCDOT—2008)所用反应谱与我国08抗震细则作比较。

(1)中国公路桥梁抗震设计细则

08抗震细则以地水平加速度S的形式给出设计谱，由水平向设计基本动地震加速度、场地系数、抗震重要性系数以及阻尼调整系数确定。设计反应谱曲线包括3段：直线上升段、平台段、曲线下降段。特征周期 T_g 根据场地类别和地震分区确定。阻尼调整系数与阻尼比 ξ 有关，ξ 一般取0.05。

上升段： $S = S_{max}(5.5T + 0.45)$ $T < 0.1s$

水平段： $S = S_{max}$ $0.1s \leqslant T \leqslant T_g$

曲线下降段： $S = S_{max}(T_g/T)$ $T \geqslant T_g$

与上一版抗震设计规范89规范相比，反应谱周期范围由5s扩展到了10s，特征周期，特征周期根据场地类型在表3中查取。

中国规范特征周期表 表3

区划图中的特征周期	场地类型			
	Ⅰ	Ⅱ	Ⅲ	Ⅳ
0.35	0.25	0.35	0.45	0.65
0.40	0.30	0.40	0.55	0.75
0.45	0.35	0.45	0.65	0.9

(2)南加州交通运输部针对 AASHTO LRFD—2007 的补充规范 SCDOT

规范仍以地水平加速度S的形式给出设计谱，但考虑的因素较多，主要有场地系数(F_a、F_v、F_{PGA})地面水平加速度(PGA)以及加州本地工程地质设计组(GDS)提供的相应地区地震的动参数,如 S_s、S_i。这里系数 F_a、F_v、F_{PGA} 是由土类别及 S_s、S_i 共同决定的,数相当于场地放大系数。

通过这些基本数据计算设计短周期反应谱加速度系数 S_{DS} 和设计 1 秒周期加速度反应谱系数 S_{Di}。这样第一段反应谱周期 $T_0=0.2\frac{S_{Di}}{S_{DS}}$;第二段反应谱周期 $T_s=\frac{S_{Di}}{S_{DS}}$。

$$S_a = PGA + (S_{DS} - PGA)T/T_0 \qquad T < T_0$$

$$S_a = F_a S_i \qquad T_0 \leqslant T \leqslant T_S$$

$$S_a = S_{Di}/T \qquad T \geqslant T_S$$

(3)两个规范的比较

平台段:在中国 89 抗震细则中,S_{max} 由设防地震动强度决定,场地条件的影响未得到体现。而在美国的 SCDOT 规范中,通过 3 个场地影响系数 F_a、F_v、F_{PGA} 来调整不同场地的谱形,平台段值 S_{DS} 包含了与场地相关的调整系数 F_a,而 F_a 随着设防地震动参数 S_s 的增大而减小。

特征周期:在中国的 89 抗震细则中,平台段起始周期取为定值 0.1s,特征周期则根据设计地震分组与场地类别由表3 确定。在美国的 SCDOT 规范中,平台段起始周期 T_0 和平台段终止周期 T_S 都随着场地影响系数 F_a、F_v 和地震动参数取值 S_s、S_i 变化。

衰减指数:衰减指数是对长周期部分影响最为显著的因素。两国规范的衰减指数都是 1。我国与美国 SCDOT 规范的反应谱如图 1 所示。

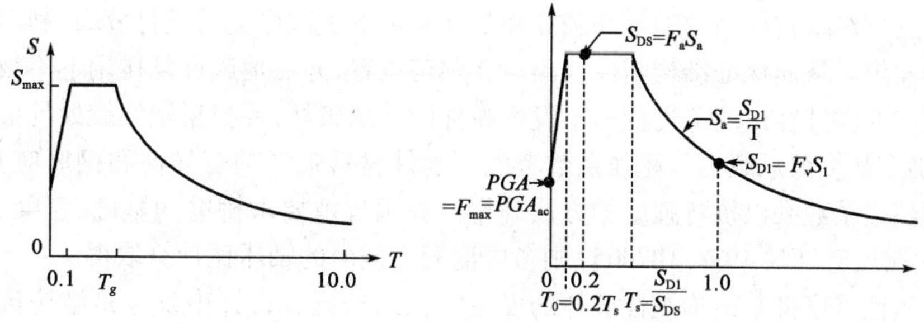

图1 我国与美国 SCDOT 规范的反应谱

以上比较可见,两国规范都注重场地条件的影响,但美国 SCDOT 规范针对性更强。美国的规范还考虑了地震动强度对特征周期的影响,而中国和欧洲的规范则未体现。

2)作用范围

当桥址距离震源较近时(10~15km),地震地面运动通常含有一个中到长周期(0.15~5s)地面运动的高能脉冲,这种高能脉冲沿断裂带向场地方向延伸,垂直于走向断裂的分量大于平行于走向断裂的分量。

近场地震的危险性已在世界范围内得到公认,所以各国规范都有相应的规定。我国规范 JTJ/T B02-01—2008 规定,桥址距有发生 6 级以上地震潜在危险的地震活断层 30km 以内时,A 类桥梁工程场地地震安全性评价应考虑近断裂效应,包括上盘效应、破裂的方向性效应;B 类桥梁工程场地地震安全性评价中,要选定适当的设定地震,考虑近断裂效应。

美国规范 SCDOT 规定对于靠近活动断层和处于长周期场地的桥梁的地面加速度应进行专门的研究。

欧洲桥梁规范 EN 1998-2 规定当场地距已知活动断层 10km 的范围内时,应采用考虑近场效应的特定场地反应谱进行设计。

日本桥梁规范 JRA2002 中Ⅱ型地面运动的反应谱即为考虑近场效应的反应谱。

在所有考虑近场效应的桥梁抗震设计中,只有日本桥梁规范是提供了便于设计人员设计的方法。各国规范关于地震力计算的比较见表 4。

各国规范关于地震力计算的比较　表4

条目		中国规范（“抗震细则”）	SCDOT08 修订版	欧洲规范 EN 1998-1:2004	日本桥梁规范 JRA2002 考虑了场地
地震力计算	计算方法	反应谱，时程反应分析	反应谱，时程反应分析	反应谱，时程反应分析，拟静力法(pushover)	反应谱，时程反应分析，拟静力法(pushover)
	反应谱形状	分3段，平台段高度与基本地面加速度峰值、场地系数、抗震重要性系数有关	分3段，平台段高度考虑场地类别基本地面加速度峰值、场地系数	分4段，平台段高度与场地类别、震级有关与场地类别、震级和结构阻尼有关	有两个反应谱，分别对应不同设计状态。反应谱分3段，平台高度与场地类别、震级有关
	结构弹塑性	与桥梁重要性一同考虑	在剪力计算中考虑	在反应谱中考虑	在剪力计算中考虑
作用范围		在地震安全性评价考虑近断裂效应，包括上盘效应、破裂的方向性效应	对桥址区地面加速度应进行专门的研究	考虑桥址区的特定场地反应谱	规定专门的反应谱来考虑近场效应的反应谱

从表4可以看出，我国原89规范与国外的规范相比，桥梁抗震设计标准偏低，抗震设计方法也不够完善。新颁布的桥梁抗震设计细则已经有了很大的改进。此外，各国规范采用的加速度反应谱形式比较接近，具体含义有所不同。

4. 抗震结构设计

1）能力设计

能力设计是通过对结构体系中的延性破坏和脆性破坏发生次序先后进行分级，利用结构的延性抑制结构脆性破坏的发生。从而保证结构塑性铰出现在预定位置，并在地震反复作用下不被破坏。

为确保桥梁主要构件在出现塑性铰前不发生脆性的剪切破坏，要根据塑性铰处的抗弯强度确定超强抗弯强度，继而确定其抗剪承载力。超强系数考虑了构件材料强度的变异性和钢筋应变硬化等因素，各国规范均采用的超强系数乘以抗弯强度的方法确定。我国规范要求桥梁的基础、盖梁、梁体及墩柱的超强系数取1.2，欧洲规范（EN 1998-2B2005）则考虑混凝土截面的轴压比计算取得。

利用结构的延性可以抑制结构脆性破坏的发生。在结构抗震设计中延性是结构抗震的一个重要手段。受1995年阪神地震的影响，日本在2002年版的规范中，将由地震效应起控制作用的结构构件修改为“延性设计方法”。其中位移延性系数考虑了桥梁的重要性和地面运动类型等因素。我国及美国、欧洲的规范中也都明确强调了延性设计在抗震结构中的作用，只不过方法略有不同。

2）强度变形设计

强度是保证桥梁结构具有抗震承载力的一个方面，而延性则可消耗地震作用力，使结构具有地震适应性，是保护桥梁不发生灾难性倒塌的另一个方面。两者具有同等的重要性。在地震作用下，弯、压、剪、扭及其组合是桥梁破坏的主要形式，其中扭转多发生于斜交桥或曲线桥梁。因此在强烈地震区，一般限制使用斜度较大的斜交桥。

剪切破坏是常见的脆性破坏，容易导致桥梁倒塌。所以各国规范都要求对桥柱或桥墩的抗剪能力进行验算。我国《89抗震规范》中并没有关于地震作用下构件抗剪计算的专门方法。根据2008年汶川地震的教训，《细则》（JTG/T B02-01—2008）则提供了抗剪计算的公式。

在各国规范的抗剪计算公式中，日本规范的公式考虑的因素较为全面，包括荷载循环次数、构件有效高度、延性要求、轴力，而且建立了构件发生弯曲破坏、剪切破坏和弯曲后剪切破坏的条件。欧洲规范计算方法与一般情况下的抗剪承载力计算一致，但具有更高安全度。我国规范利用了美国抗震规范Caltrans的抗剪公式，忽略了配箍率、箍筋屈服强度、构件位移延性和轴力的影响，比较保守。

变形验算是指在小地震作用下，要求结构不损坏，属于使用性要求，此时结构或构件处于弹性状态；在强烈地震下，结构处于非线性状态，结构应满足要求的变形能力而不倒塌。我国《细则》（JTG/T B02-01—2008）没有对E1地震下桥梁的弹性计算提出要求，仅要求验算E2地震下B类和C类桥梁墩柱塑性铰的转动能力和支座的变形。欧洲规范 EN 1998-2:2004 要求进行极限状态下延性结构塑性铰转动能力的验算和结构位移的验算。日本规范则对震后墩的残余变形提出要求。

3)钢筋要求

纵向钢筋是主要受力钢筋,其用量除影响构件的承载力外,还影响构件的延性和能力设计。所以各国规范中对纵向钢筋的最小和最大用量都有具体规定,如表 5 所示。除此之外,纵向钢筋的锚固长度也非常重要。

各国规范抗震构造设计比较 表 5

规　范	纵 向 钢 筋			横 向 钢 筋	
	配筋率最小值	配筋率最大值	其他	箍筋间距	加密范围
我国规范 JTJ 004-89		0.004		8 度和 8 度以上地区间距小于 100mm,直径不小于 8mm	扩大基础的柱式桥墩最大截面尺寸或 1/6 柱高且不小于 500mm
我国规范 JTG/TB 02-01—2008	0.006	0.04	柱纵向钢筋之间的距离不应超过 20cm,至少每隔一根宜用箍筋或拉筋固定	min(b/4,6d_s,100mm),直径不小于 10mm	不小于墩柱弯曲方向截面宽度或墩柱上弯矩超过最大弯矩 80% 的范围;墩的高度与截面高度之比小于 2.5 时取全高
美国规范 AASHTO	0.01	0.08		min(b_i/4,100mm)	不小于柱最大截面尺寸、柱净高的 1/6 和 450mm
欧洲规范 EN 1998-2			塑性铰区内纵向钢筋不允许通过搭接或者拼接焊接	min(6d_s,b_i/5)	轴压比≤0.13 时,取弯曲平面内桥墩截面高度和最大弯矩截面到弯矩小于 80% 最大弯矩截面距离的大者;0.13 < 轴压比≤0.16时,较上面取值增大 50%
日本规范 JRA2002				间距不大于 150mm,直径不小于 13mm	

注:b 为墩柱弯曲方向截面宽度;d_s 为纵向钢筋直径;b_i 为构件最小边长度。

横向钢筋除可承担构件的剪力和扭矩外,还可防止纵向受压钢筋压屈和约束桥墩核心混凝土,特别是塑性铰区,横向钢筋需要加密。横向钢筋包括环形箍筋、螺旋箍筋和拉结筋等。

4)其他措施

在其他抗震措施的运用上,各国规范均对支座、抗震连接、最小支撑长度及撞击传递根据本国及地区的实际情况和抗震经验作了具体规定。这里就不一一列举。

四、结论和建议

1. 结论

与国外的规范相比,我国 89 规范桥梁抗震设计标准、抗震目标有些偏低,抗震设计方法也不够完善。新颁布的《桥梁抗震设计细则》已经有了很大的改进。在抗震计算方面,各国规范采用计算方法比较接近,具体含义有所不同。这主要体现在细节处理上,国外规范(特别是美国、日本规范)一般较为严密,有一整套针对性很强的设计要求和方法,而我国规范在此方面应进一步提高。

另外,我国规范适用范围太大,而且各地区地质地理条件千差万别,一本规范显然难以应对。与我国国土面积相当的美国在抗震方面的规范多达四五种,且仅针对本地区。这样规范就更能体现地区特点,抗震分析就更为准确合理。

2. 建议

汶川地震对陕西省关中地区(距离震中约 700km)影响较大,并造成了不同程度的破坏,如西安南二环上的一座高架桥桥台伸缩装置被拉开 50cm 多,造成损坏,阻断交通。这是与关中地区特殊地质结构密切相关的。关中盆地主要位于渭河断陷构造带上,历史地震强度几乎都发生在断陷盆地内,具有强震孕震的构造背景。从汶川特大地震说明应进一步研究考虑周边距离远、强度大的地震的破坏效应。据此进行抗震设计与加固,提高桥梁整体抗震能力。而各国规范对于相关地震所造成的异常破坏研究不足,因此在今后规范的修编过程中应对远震影响进行分析考虑。

参考文献

[1] 贡金鑫,张勤,王雪婷.从汶川地震中桥梁震害看现行国内外桥梁抗震设计方法(一)[J].公路交通科技,2010.9 44-54.

[2] 贡金鑫,张勤,王雪婷.从汶川地震中桥梁震害看现行国内外桥梁抗震设计方法(二)[J].公路交通科技,2010.10 35-46.

[3] 于湛,石树中,沈建文,等.从中国、美国、欧洲抗震设计规范谱的比较探讨我国的抗震设计反应谱[J].震灾防御技术,2006.6 136-144.

[4] 张宇翔,袁志祥.汶川810级地震陕西灾区震害特征分析[J].地震研究,2010.7 329-334.

30.浅谈城市立交中预应力混凝土盖梁的设计

赵和平　白　冰

(郑州市交通规划勘察设计研究院)

摘　要　本文以某城市立交主线高架桥的盖梁设计为实例,介绍了城市道路中立交桥、高架桥经常采用的长挑臂、大柱间距桥墩盖梁的设计方法。在对预应力混凝土倒T形盖梁的受力特征分析基础上,结合通用桥梁分析软件《Dr. Bridge3.2》的应用,详细介绍了该型盖梁的单元划分、钢束布置、活载模拟等计算方法,并对预应力混凝土倒T形盖梁设计中的若干问题进行了探讨。

关键词　城市立交　预应力混凝土盖梁　设计

一、概　　述

随着城市的发展、交通量的快速增长,城市立体交叉和高架桥梁也越来越多,由于跨路桥梁受到周围地形和空间的限制,桥梁的跨径和桥墩的形式呈现出多样性和复杂性。为了减小对桥下道路的行车影响,满足道路的净空要求,桥墩盖梁的悬臂和立柱间距一般做得较大,盖梁的受力钢筋由预应力钢筋替代了传统的普通钢筋。此类盖梁的受力一般由悬臂的长度控制,为了满足上部结构不同跨径的受力需要,降低桥梁建筑高度,充分利用钢束应力,满足钢束布置和锚固截面的要求,预应力混凝土盖梁断面常作成倒T形,倒T形断面具有截面小、刚度大、轻盈美观的优点,应用较为广泛。

二、工 程 实 例

某城市立交主线高架桥上部结构为跨径16m、20m预应力混凝土简支空心板和跨径25~35m预应力混凝土简支T梁;下部结构为双柱式墩、PHC群桩基础。盖梁均为大挑臂、柱间距较大的构造形式,断面为倒T形,混凝土标号为C40,采用满足《预应力混凝土用钢绞线》(GB/T 5224—2003)标准的低松弛钢绞线,预埋金属波纹管成孔,OVM夹片式群锚,盖梁施工采用满布支架整体现浇。

三、预应力混凝土倒T形盖梁的受力特征

对于此类盖梁,计算模型可简化为"π"形框架结构,通过对该立交主线高架桥不同类型的倒T形盖梁的计算结果进行对比,挑臂的长度是盖梁的控制因素,根据挑臂部分作用的恒、活载大小来计算、配置

预应力钢束的数量；而柱间距的大小只是来确定钢束在柱间部分的竖弯形式和位置，竖弯形状与弯矩包络图相吻合。通过计算验证，此类盖梁的截面形式最不利截面为倒T的肋部。因此，在进行截面配筋计算时，受力主筋（钢绞线）均布置在此范围内，并通过调整钢束的布置形式和位置，使得截面和钢绞线都能得到充分的利用；在满足布束和使用功能的前提下，最大限度地减小截面尺寸，使得盖梁更加轻巧、美观（图1）。

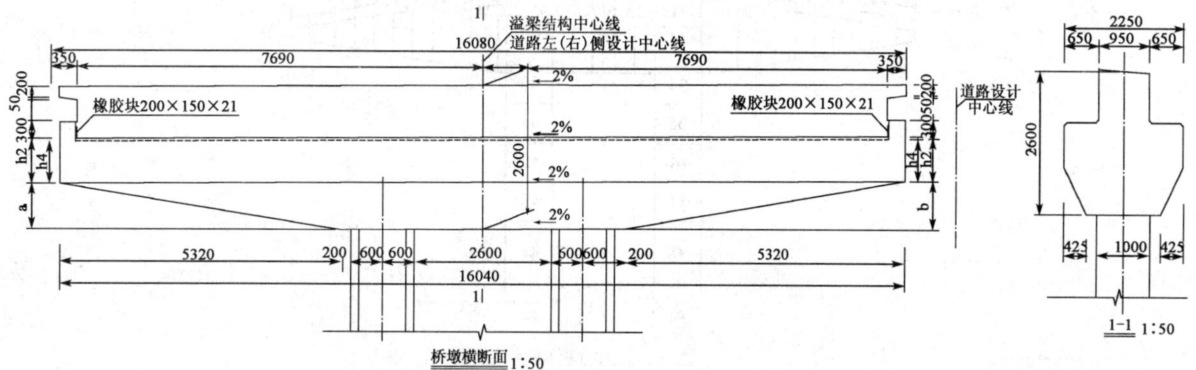

图1 大挑臂桥墩盖梁构造示意图（单位：mm）

四、预应力混凝土倒T形盖梁的计算方法

对于此类构件，采用平面杆系有限元程序可以较好地模拟施工过程和受力模式。以通用桥梁分析软件《Dr. Bridge3.2》为计算平台，采用平面梁单元进行受力模拟。整个结构视为均质弹性体。划分单元时，在截面变化处、立柱柱顶两侧以及盖梁跨中处均划分单元节点，并将立柱作为竖向构件与盖梁整体模拟，立柱与盖梁结合处作为刚性连接考虑，柱底处模拟为固接支撑。运用《Dr. Bridge3.2》的截面拟合功能将盖梁单元各个截面沿盖梁长度方向以参数的形式定义，能够准确地拟合为实际的盖梁模型（图2）。

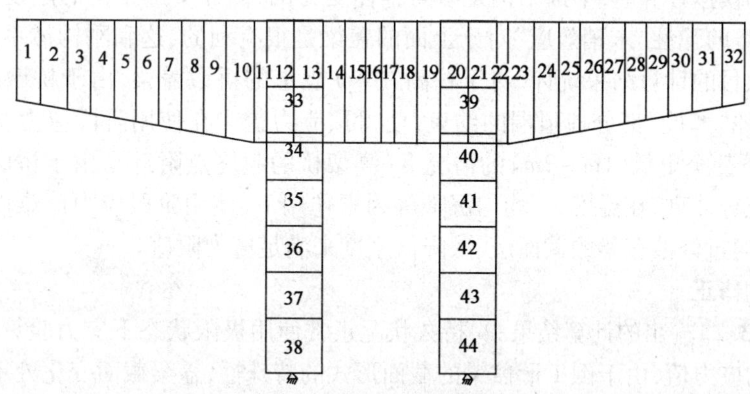

图2 单元划分模型

在进行恒载分析时，梁板及二期恒载重量以纵向线性荷载作用于盖梁上，考虑到梁板支座布置较为均匀，恒载重量模拟计算时作为均布力作用于盖梁；对于主线与匝道分叉处的盖梁，简支梁部分的恒载作为均布力作用于盖梁，连续梁部分的恒载（活载）通过计算的支反力作为集中力通过杆间荷载作用于盖梁。模拟汽车荷载时，桥墩两侧各跨的车道荷载和车辆荷载通过影响线加载计算总值，计入冲击系数后填入横向分布调整系数栏中，车道折减的影响在程序中自动考虑。受力分析模型见图3。

根据项目所在地区的气象资料，系统整体温度按升、降温30℃考虑；桥面板局部升降温：按《公路桥涵设计通用规范》（JTG D6—2004）第4.3.10条梯度温度效应计算。升温：$T_1=14$℃，$T_2=5.5$℃，降温：$T_1=7$℃，$T_2=2.75$℃。施工阶段划分及周期：

第一施工阶段：张拉灌浆第一批预应力钢束，本阶段施工周期1天。

第二施工阶段：架梁，本阶段施工周期7天。

第三施工阶段:张拉灌浆第二批预应力钢束,本阶段施工周期1天。

第四施工阶段:二期恒载,本阶段施工周期20天。

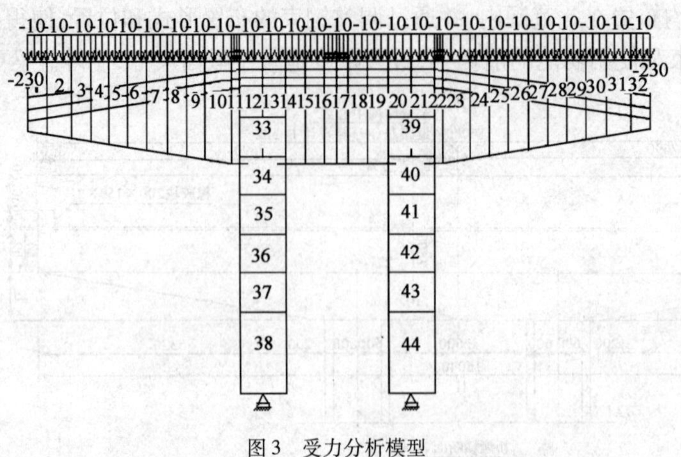

图3 受力分析模型

五、预应力混凝土倒T形盖梁的设计探讨

1. 温度对预应力盖梁应力的影响

系统的整体升降温产生的结构应力一般在±0.2MPa(压、拉)左右,对盖梁的应力影响较小;相比较而言,梯度温度产生的影响较大:梯度升温最小正应力约-0.5MPa,梯度降温最小正应力约-1.9MPa,基本上是梯度升温的4倍。因此,在温度影响下,梯度降温是控制因素,在设计时不容忽视,并且要充分考虑其在各种效应组合中所占的比例,保证盖梁在温度作用下的使用安全。

2. 刚度对预应力盖梁的影响

在利用框架结构模拟计算时,下部结构是参与整体受力的,因而下部结构的刚度影响在设计中也应考虑,较柔的墩柱产生的弹性"末梢效应"对于上面的盖梁是很有利的,这和刚构体系的情况是基本一致的。根据该立交桥项目的计算结果统计,对于柱高在4m以上的桥墩盖梁,由于桥墩刚度相对于盖梁的刚度较柔,可以有效地"释放"部分柱顶端的约束,使得预应力盖梁在使用阶段应力验算时较容易通过;但是,柱高在4m以下甚至更低(1m~2m)的情况下(高架桥的起终点附近),由于桥墩的刚度较大,桥墩与盖梁的刚接效应充分体现,在温度、不均匀沉降等因素作用下,使用阶段应力值难以控制,此时在保证布束和构造要求下,通过修改盖梁的截面尺寸、降低刚度来满足应力限值。

3. 主拉应力值的修正

软件《Dr. Bridge3.2》输出的计算结果中,持久状况正常使用极限状态下应力验算的主拉应力是沿盖梁高度上5个截面的应力值,由于倒T形盖梁的截面形式的特殊性,盖梁截面变化处不一定都包括在这5个截面中,从而使得程序计算结果中的主拉应力值也不一定是最值,特别是不等跨桥墩盖梁的情况。因而,需要设计者对数值进行校核和修正,得到最终准确的主拉应力最值,并以此来进行持久状况正常使用极限状态下的应力验算。

六、结　　语

对于预应力混凝土倒T形盖梁的设计还有诸如不均匀沉降、钢束张拉顺序、施工过程等很多因素的影响需要去进一步研究,以上仅为本人在设计过程中学习和总结出的几点体会,仅供设计同行参考,不对之处,恳请指正。

参考文献

[1] 叶见曙.结构设计原理.北京:人民交通出版社,2005.12.

[2] 姚玲森.桥梁工程.北京:人民交通出版社,2008.07.

31. 部分苜蓿叶形立交在海南高速中的应用探讨

刘　俊　刘润有　代茂华
(天津市市政工程设计研究院道桥三院)

摘　要　近几十年来,我国高速由于考虑收费要求,喇叭形立交成为高速立交的最主要形式,占绝大多数。本文着眼于海南“不收费”高速公路立交选型,对比单喇叭、菱形立交,最后结合部分苜蓿叶形立交在海南文昌至琼海高速公路中的实际应用,对部分苜蓿叶形立交进行分析与总结,以期与相关道路工作者共勉。

关键词　喇叭形　菱形　部分苜蓿叶形　立交选型　高速公路　海南

一、引　言

1925 年,德国修建了世界上最早的苜蓿叶形立交。美国于 1928 年在新泽西州修建了第一座全苜蓿叶形立交。其后,1935 年瑞典在斯德哥尔摩修建了带有 3 个小环道的部分苜蓿叶形立交。1935 年,德国设计了一种称为部分苜蓿叶形的立体交叉型(图 1)。该立交在匝道与主线的出入口处设有三角形的导流岛,并在主线两侧设置宽 3.5m 的长形路侧分车带,以减少进出车辆对主线的干扰。此后,加拿大于 1937 年,前苏联于 1957 年分别修建了苜蓿叶形立交。而我国最初的道路立体交叉是随着修建城市道路跨河桥而产生的。1956 年湖北省武汉市修建江汉一桥时,利用桥头边孔供滨河路通过,建成我国第一座部分苜蓿叶形立交(图 2);1965 年北京市修建京密引水渠时,在 3 条主干道与滨河路相交处,建成 3 座与上相同的部分苜蓿叶形立交;1973 年北京市在北二环的复兴门建成了我国第一座长条苜蓿叶形立交。可见,(部分)苜蓿叶形立交在立交发展史上占有非常重要的地位。

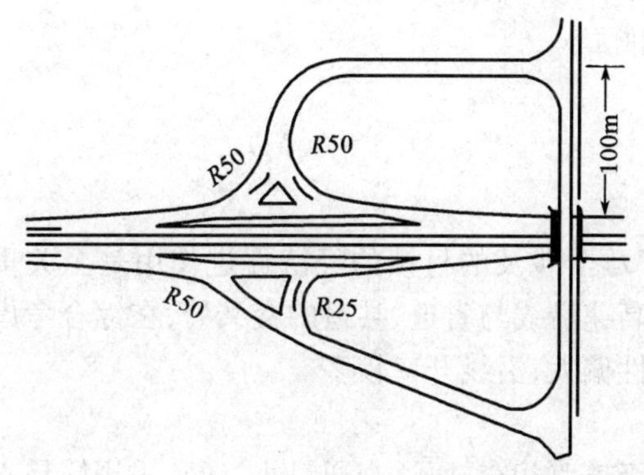

图 1　德国早期的部分苜蓿叶形立交

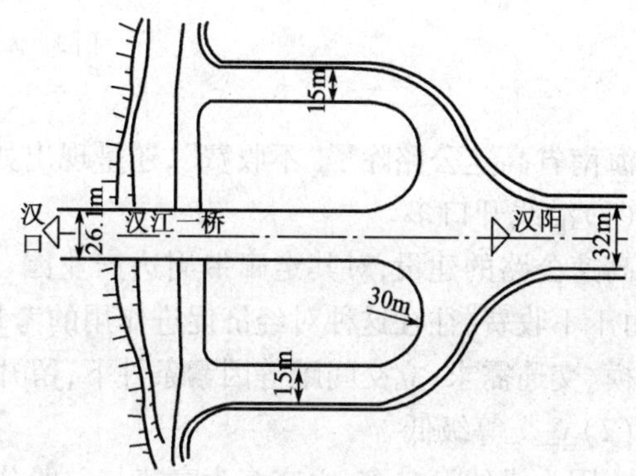

图 2　我国第一座车行立交

目前,全球收费公路总长约为 14 万 km,其中约 10 万 km 在中国,占 70%。因此在我国已建的高速公路上,设计人员主要从收费的角度来进行立交选型设计,互通式立交的形式以喇叭为主。如在沪宁 248km 高速公路修建互通式立交 15 座,其中喇叭形立交有 12 座,在沪蓉 109km 长的高速公路上的七座互通式立交均为喇叭形等。喇叭形立交的一个显著优势是只需集中设一座收费站,管理方便,所以特别适用于收费公路。然而试想一下:如果高速公路不再有收费要求,或者不再单线收费、路段收费而裁撤收费站进行联网收费等,那么以往着眼于收费的设计思路是否应该有所调整,以喇叭形为主的高速公路立交形式是否有更佳的选择。本文正是以“不收费”的海南高速公路立交为研究范围,以部分苜蓿叶形立交为研究对象,对部分苜蓿叶形立交在海南高速中的应用展开深入的分析与研究。

二、海南高速公路特点

海南高速作为本次应用研究的载体,有着自身的特殊性。在全国众多省份中,海南是全国唯一没有公路收费站卡的省份。自1994年1月1日起,海南省将公路养路费、公路运输管理费、过路费、过桥费"四费合一",统一征收机动车燃油附加费,并取消了所有公路收费站。2008年,海南省再次进行机动车辆通行附加费改革,巩固海南燃油附加费改革成果,确保全省道路畅通无阻。燃油附加费改革15年来,通过对"油"征费,体现了"多用油者多负担"的原则,实现了"一脚油门踩到底",海南也因此成为全国唯一高速公路"不收费"的省份。海南目前已建高速660km,在建高速72km,拟建高速498km,合计1230km。海南省规划"田"字形高速公路网主要包括已建的东线高速公路、西线高速公路以及在建的中线高速公路(海口—屯昌—乐东)、横线高速公路(万宁—儋州—洋浦),详见图3。

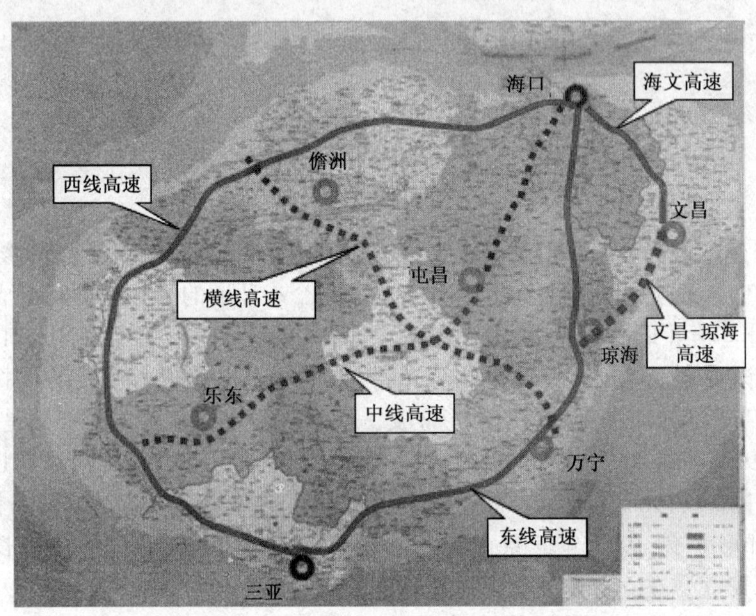

图3 海南省高速公路网示意

海南省高速公路除了"不收费",还呈现出如下特点:

(1)沿线开口多

高速公路的建设,对其走廊带周边产业园、物流园区,乃至涉及的村镇的经济促进作用是至关重要的,由于不收费,往往这种对经济促进作用的考量会放大,高速沿线与省道、县道的交叉处,在综合考虑投资规模、交通需求、立交间距等因素条件下,留开口的倾向性偏大,沿线开口较多。

(2)立交等级低

正因为沿线开口多,立交多为高速与一般公路或低等级道路相交,匝道交通量小,通常采用简易立交或一般互通式立交,以服务型立交为主,投资规模小,节约建设成本。

综上所述,海南高速公路立交选型需要把握以下几点:①不收费,无需考虑设置收费站;②立交服务于沿线经济,便于城镇、片区以及村落之间的沟通;③交通量小、各流向交通量很不平衡,主、次流向明确;④立交等级低,侧重于节约占地、减少投资。

三、部分苜蓿叶形立交形式分析与设计要点

1. 部分苜蓿叶形立交形式分析

在《公路工程名词术语》(JTJ 002—87)中,部分苜蓿叶形立体交叉的定义为:"只设部分环形匝道,呈不完全苜蓿叶形的互通式立体交叉。"事实上,我们见到的部分苜蓿叶形立交并非完全设有环形

匝道,而是采用非环形的左转弯匝道。本文提及的部分苜蓿叶形,主要指限于2个象限的部分苜蓿叶形。

部分苜蓿叶形立交:按匝道布置方式可分为三类,即主要公路的出口在跨线构造物之前的A型(图4a))和出口在跨线构造物后的B型(图4b)),以及以主要公路为对称轴布置匝道的A-B型(图4c))。它们适用于出入交通量较小的一般互通式立体交叉。A、B两种形式的选择主要取决于转弯交通的特点和用地条件。转弯交通量不平衡时,应以平面交叉中的冲突最少作为匝道布设象限选择的原则。A-B型只适用于被交路傍依铁路或密集建筑群,或滨河的情况,武汉市江汉一桥立交、连霍国道巩义东立交就是这种形式的典型实例。部分苜蓿叶形立交中,在不设环形匝道的象限内增加右转弯匝道(图4d)),适用于不设收费站的一般互通式立体交叉。

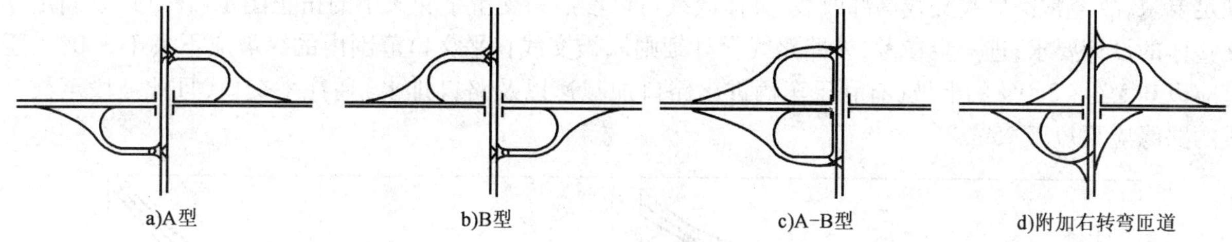

图4 部分苜蓿叶形立交示意图

以海南省环岛西线高速公路为例,西线高速公路互通式立体交叉的形式,除T形交叉采用喇叭形外,十字形交叉优先推荐采用菱形,其次为部分苜蓿叶形。全线设互通式立体交叉21处,其中菱形立交12处,部分苜蓿叶形立交6处,喇叭形立交3处。故此将部分苜蓿叶形与单喇叭、菱形作对比分析:

(1)相比喇叭形或菱形立交,在局部象限内地形地物受限的情况下,选择部分苜蓿叶形最能有效地避开不利的地形地物(如铁路、河流等),减少桥跨结构物、减少拆迁(尤其密集建筑群或村落集中在某一两个象限内),从而大大降低施工难度和工程成本。

(2)单喇叭形立交一般交叉口总通行能力可达8000~11000辆/h,菱形与部分苜蓿叶形立交一般交叉口总通行能力为5000~7000pcu/h。且参考《新理念公路设计指南》(2005版):当高峰小时流入交通量小于1500pcu/h时,菱形是较为实用的,在这种情况下,可以不设置信号,而且在无信号交叉系统中其延误也是较低的;当设计流入交通量在1500~2500pcu/h时,部分苜蓿叶形比菱形有更高的通行能力,且其延误比菱形少,服务水平高。

(3)当高速公路与二、三级公路呈十字交叉时,单喇叭形设置2座跨线桥、1处平交口,部分苜蓿叶形和菱形立交均需设置1座跨线桥、2处平交口。首先,部分苜蓿叶形相比单喇叭由于少1座跨线桥,且占地稍小,造价明显要低。其次,分析三者平交口的交织和冲突现象:a)单喇叭形在布置上很灵活,但平交口中交织和冲突点较为集中,且不论布置在哪个象限,冲突情况是一样的,总存在主流向交通流与被交路直行车辆发生冲突,虽然当被交路直行车辆较少时情况要好一些,但不利于被交路交通量的增长;b)部分苜蓿叶形能将交织和冲突分散到两处平交口,特别是当主、次流向交通量相差较大时,通过将匝道布置在合适的象限,就能使其平交口的冲突比单喇叭大为减少,主流向交通流在两处平交口都是右行的,因而与被交路直行车辆不发生冲突;c)菱形同样在被交路上形成两个平交口,其所有的左转都需通过两平交口来实现,产生两段交织和大量冲突点(6个相交点、8个分流点、8个合流点),交通易混乱、不利于行车安全。

(4)在高速公路改扩建越来越多的今天,相比喇叭形或菱形立交,部分苜蓿叶形可以作为全苜蓿叶形的近期方案,为远期预留发展空间,减少工程浪费,符合“可持续发展”战略。

综上分析可知:相比单喇叭和菱形立交,部分苜蓿叶形立交有着自身的独特优势。在海南高速公路立交选型中,部分苜蓿叶形立交在以下几点条件下应优先作为方案考虑:①高速主线与一般公路或低等级道路十字交叉时;②局部象限内地形地物受限(滨河、傍依铁路或密集建筑群等)时;③若与菱形做方案比较,设计流入交通量在1500~2500pcu/h,且主、次流向交通量相差较大时;④近远期结合、分期实施,或者为远期预留发展空间时。

2. 部分苜蓿叶形立交设计要点

在确定立交形式后，由于部分苜蓿叶形立交属于平交型立交，在被交道路上出现两个平面交叉，存在冲突点，对行车安全、通行效率不利。所以其匝道端部平交口的设计与渠化应作为部分苜蓿叶形立交的设计重点。根据《公路路线设计规范》(JTG D20—2006)，设计中应把握以下几点：

(1)平面交叉的交角宜为直角。斜交时，其锐角应不小于70°；受地形条件或其他特殊情况限制时，应不小于60°。

(2)平交交叉范围内，匝道与被交线的平面线形宜为直线或大半径圆曲线，不宜采用需设超高的圆曲线，且两者的纵面宜平缓，纵面线形应满足停车视距的要求；但通常被交路等级低，平、纵线形指标不能满足要求，故经常需要被交线局部改线，具体改线可以参照斜交十字交叉中的扭正图示(图5)，以满足立交整体的设计要求；进一步参考《公路路线设计细则》，被交线在平交口范围内的纵坡应不大于3.0%，匝道应以0.5%~2.0%的上坡(有利于车辆进出路口加减速以及路口排水)通往平交口，且此坡段至被交线的路缘应不短于25m。

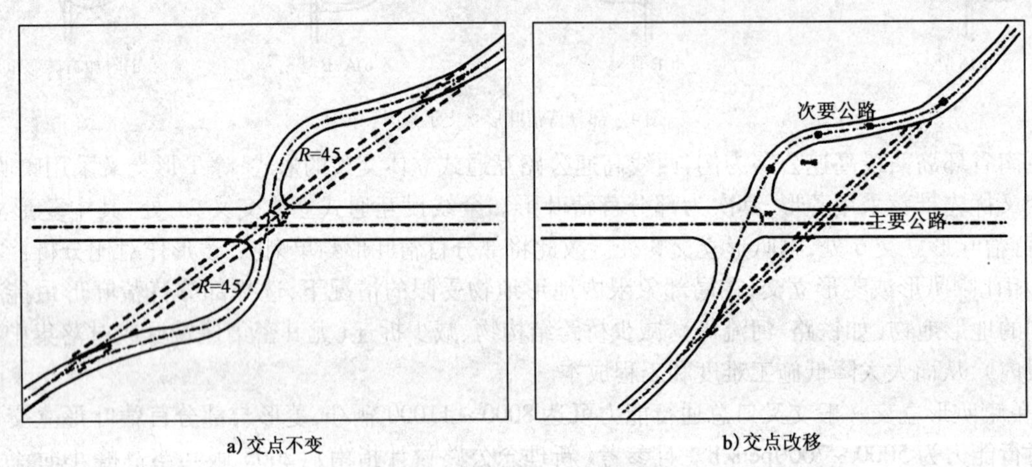

图5 斜交十字交叉的扭正图示

(3)部分苜蓿叶形互通式立交匝道端部的两个平交口宜相互通视，其间有凸形竖曲线时，该竖曲线的半径应足够大，至少在竖曲线顶点前30m处能使驾驶者看到前方的平交口，并保证停车视距。

(4)B型部分苜蓿叶形互通式立交中，匝道端部的两个平交口间，应有容纳两个左转弯车道的距离。

(5)匝道端部平交口应作渠化设计，提高其通行能力和交通安全，渠化方式参见图6。

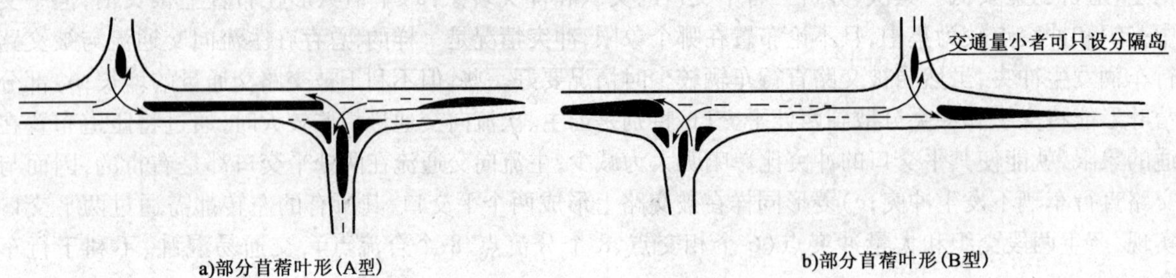

图6 匝道端部平交口的渠化设计

此外具体设计时，基于以上第三点，部分苜蓿叶形状与主线上跨、下穿还呈现出以下关系：①当主线上跨被交线时，应尽量将两处平交口靠近主线布置，将主线上的两对出入口拉开些，这样对主线上车辆出入视线有利，如图7a)所示；②当主线下穿被交线时，由于被交线跨线部分纵坡较陡(通常大于3%)，两处平交口通视受限，车辆过桥后由于驾驶员无充分的心理准备，往往难以减速或停车等待，容易与平交口左转弯车辆发生碰撞，此时应尽量将被交线上两平交口拉开些，如图7b)所示，京津塘高速公路马驹桥立交曾事故频发,就是这种情况的典型例子。但按照图7b)所示部分苜蓿叶形,匝道与被交线出现斜交,平交口设计除了应该注意以上所述几点之外,还应注意:一般可保持钝角右转车道的基本线形,并通过合理布置交通岛来保证其他转弯车道所需的线形;但当斜交过大(交角小于70°)时,钝角右转弯应改为S形曲线,以避免出现过大的导流岛(图8)。

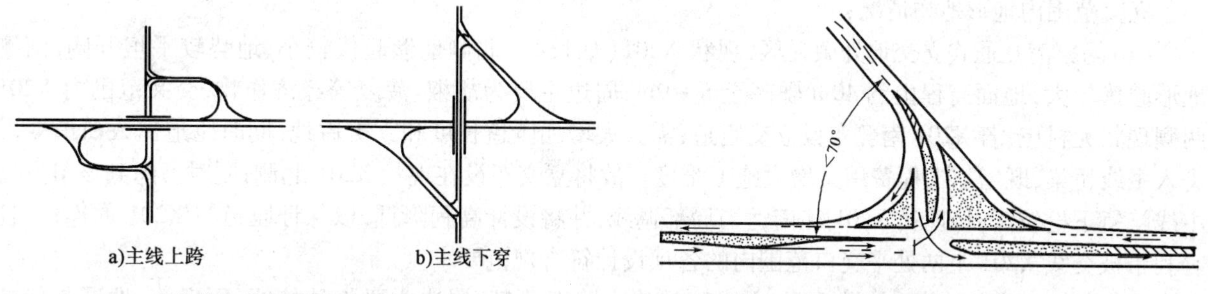

a)主线上跨　　b)主线下穿

图7　部分苜蓿叶形状与主线上跨、下穿的关系　　图8　匝道与被交线斜交时的渠化设计

四、部分苜蓿叶形立交在海南高速中的应用实例

本文以由我院承担设计的海南省文昌至琼海高速公路工程为例,对部分苜蓿叶形立交在海南高速中的应用展开进一步分析与总结。海南省文昌至琼海高速公路(位置示意见图3)北顺接海文高速,南与东线高速公路琼海段相接,全长约66km,全线共设置互通式立交10座,其中冯家湾、琼海与万泉河互通式立交均采用部分苜蓿叶形式(见图9)。

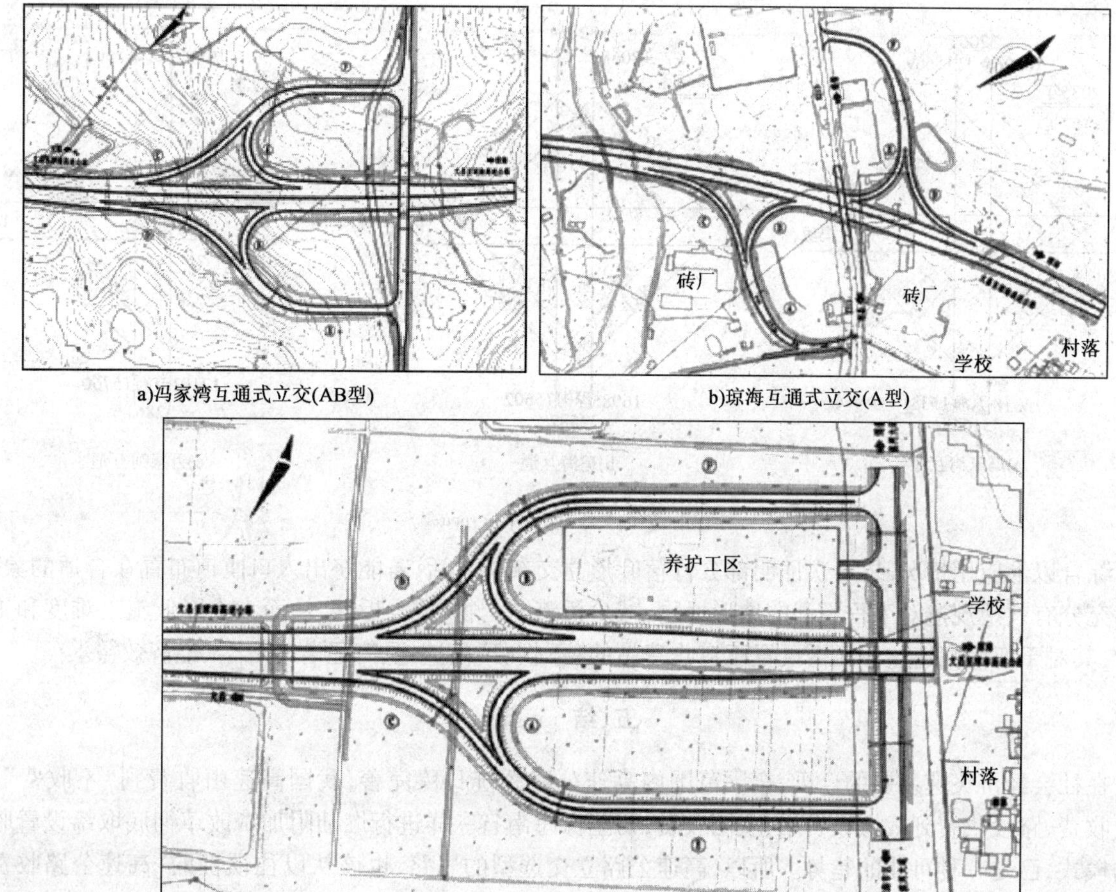

a)冯家湾互通式立交(AB型)　　b)琼海互通式立交(A型)

c)万泉河互通式立交(AB型)

图9　部分苜蓿叶形立交在海南高速中的应用示意图

首先来看高速主线与被交线的相交情况：①冯家湾互通式立交，被交线X201（烟长线），现状三级公路，设计车速40km/h，远期规划为二级公路；②琼海互通式立交，被交线S213，现状二级公路，设计车速60km/h；③万泉河互通式立交，被交线为滨河路，规划城市主干道，设计车速60km/h，三者都是高速主线与一般公路或低等级道路十字交叉。

立交范围内地形地物情况：

（1）冯家湾互通式立交地处微丘区，现状X201（烟长线）北侧地形起伏较小、地势较平坦开阔，南侧地形起伏较大，地面高程由约40m骤降至8～9m，周边主要为胡椒、菠萝等经济作物，交叉范围内X201两侧现状无村庄；若X201南侧布设立交匝道，需大大增加匝道长度和立交占地，同时匝道出入口渐变段进入主线桥梁，既增加工程费用又增大施工难度。故将立交布设在现状X201北侧；同时考虑到该节点处主线路堑下挖较深，将现状X201往南适当局部调线，并将设计高程降低，以保证匝道与X201的连接，且有利于被交线X201上两处平交口范围内的各项设计符合规范要求。

（2）琼海互通式立交地处微丘区，主线穿越处为路堑路基，周边主要为种植园、厂房等，地形起伏较大；在交叉处西南侧为南阳村，在现状S213（嘉博路）两侧多为商铺和工厂，在交叉处西北侧为砖厂，立交布设时应考虑避免拆迁。主线采用路堑式路基下穿S213，故采用图5b）形式。

（3）万泉河互通式立交地处琼海市嘉积镇境内万泉河北岸，地表多为旱地，地势较为平坦，沟渠较多，规划滨河路南侧为现状的棉寨村、棉寨小学，棉寨村南侧为现状万泉河，典型的滨河、密集建筑群或村落集中在一、四象限内，立交布设时应考虑避免拆迁以及占用万泉河河道空间。

最后来看交通量情况：三座互通转向交通量都较小（详见图10），事实上单从交通量看应优先考虑菱形方案（占地小、投资少），但因局部象限内地形地物受限，综合比较，部分苜蓿叶形更为合适。

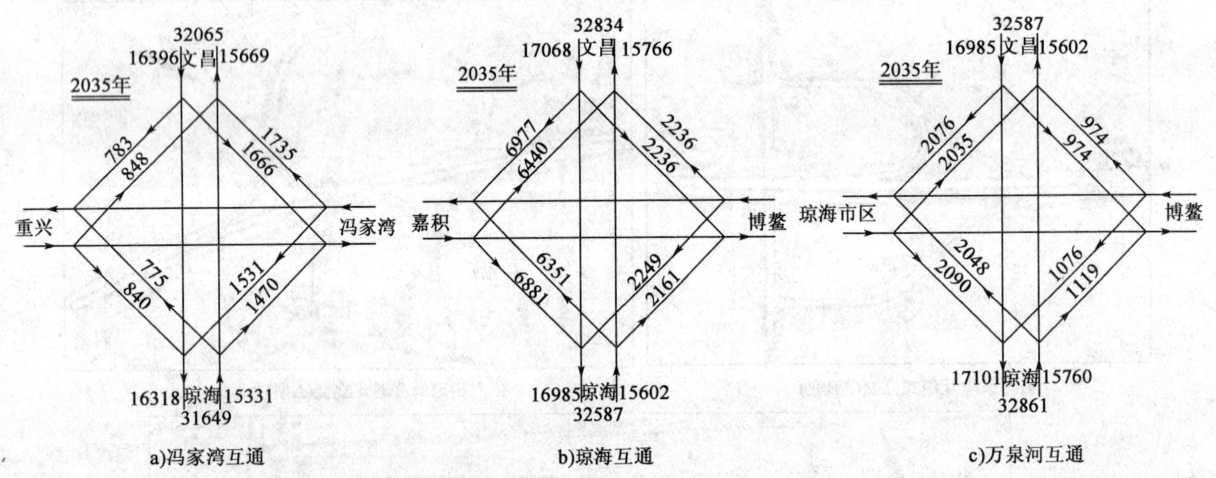

图10 转向交通量图（单位：pcu/d）

综合以上应用情况，再一次证明部分苜蓿叶形立交布置灵活，若能将出入口匝道布置在合适的象限，能够充分有效地规避对工程不利的地形地物，减少桥跨结构物、减少拆迁，从而大大降低施工难度和工程造价，其对于海南高速这样无需设置匝道收费站的“不收费”高速，具有显著的社会、经济效益。

五、结　　语

在社会经济飞速发展的今天，全国范围内高速公路系统日臻完善，我国高速由收费到“不收费”，由单线收费、路段收费到裁撤收费站、联网收费，乃至像海南省一样进行燃油附加费改革彻底取缔设置收费站的模式，已是一种可能的趋势。所以，高速公路立交选型的思路，也该从以往惯性的“高速公路收费与否，决定着立交的形式”、惯性的喇叭形立交，回到“综合考虑行车舒适性、安全性、交通需求、交通量增长等，在节约投资、减少用地的基础之上提高服务水平”上来。事实上，从交通量、占地、造价等方面考虑，许多服务型立交均可采用部分苜蓿叶形。此外，随着我国高速公路的不断发展，立交的改扩建工程也将越来越多,部分苜蓿叶形可以作为全苜蓿叶形的前期方案,可为远期预留发展空间,无疑是道路交叉中造成浪费最少的形式。部分苜蓿叶形立交在高速公路中的应用尚有着更多的可能和更大的空间,其应用技术值得我们道路工作者进一步深入研究与总结。

参考文献

[1] 云天炼,容国开,施耀忠.海南环岛西线高速公路互通式立交设计.中国公路学会桥梁与结构工程学会2002年全国桥梁学术会议论文集.2002.

[2] 李铁强.高速公路网立交系统规划研究.[长安大学硕士学位论文].长安大学.2005.

[3] 张建立.高速公路互通立交设计方案优化研究.[河北工业大学硕士学位论文].天津.河北工业大学.2007.

[4] 朱宗余.半苜蓿叶形互通式立交的应用探讨.公路,2007.11.

[5] 孙家驷.道路立交规划与设计.北京:人民交通出版社,2009.

[6] 周蔚吾.公路平面交叉设计和实施技术手册.北京:知识产权出版社,2008.

[7] 交通部公路司.新理念公路设计指南[M].北京:人民交通出版社,2005.

[8] 中交第一公路勘察设计研究院.JTG D20—2006 公路路线设计规范.北京:人民交通出版社,2006.

[9] 中华人民共和国交通运输部.JTG/T D20—200X 公路路线设计细则(总校稿),2008.

32.广东江顺大桥总体设计

梁立农 孙向东 万志勇 陈枝洪

(广东省公路勘察规划设计院股份有限公司)

摘 要 广东江顺大桥为主跨700m双塔双索面混合梁斜拉桥,本文包括工程概述、初步设计方案比选、主桥结构设计简介等内容。

关键词 混合梁斜拉桥 大跨径 方案比选 结构设计

一、概 述

江顺大桥为广佛江快速通道上连接江门市蓬江区和佛山市顺德区的交通枢纽,主线按六车道一级公路设计,设计行车速度为80km/h。主桥为(60+176+700+176+60)m双塔双索面混合梁斜拉桥,全长1172m,目前为广东第一大跨斜拉桥(图1)。

图1 江顺大桥效果图

其主要技术标准如下:

(1)设计荷载:公路—Ⅰ级;

(2)设计速度: 主线80km/h;

(3)设计车道数:双向六车道;

(4)最大纵坡:2.8%;桥面横坡:双向2%;

(5)通航净空:$B \times H = 650 \times 22$m

(6)设计风速:$V_{10} = 32.4$m/s;

(7)地震动峰值加速度: 0.089g(50年10%);

(8)船撞力:主墩:横桥向26160kN,纵桥向船撞力取横桥向50%。

二、初步设计方案比选

1.主要控制因素

1)两岸控制点

经工可阶段对桥位的论证比选，已明确建桥的具体位置，初步设计阶段控制桥梁设计的主要因素有（图2）：

江门岸：A——滨江大道、BV江堤、C——河床江门侧陡坡

顺德岸：D——江堤　航道：E——主航道区域

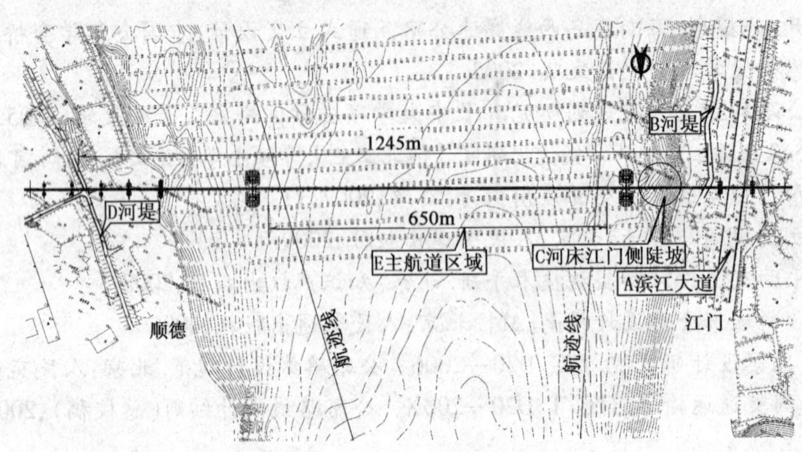

图2　江顺大桥主要控制点

桥位两侧河岸稳定，水面宽约1000m。桥位处河床断面呈不对称分布，主航道偏向江门岸，江门岸河槽近岸侧有约70m陡坡区，桥跨布置时，应避免在此区域设墩。

2）通航净空要求

西江主航道为I级航道，通行3000t级江海轮；桥位处于航道分岔口，根据通航论证结论及航道部门审批意见，主桥须采取一孔双向通航布设桥孔，通航净空 $B \times H = 650 \times 22$m。

2. 方案拟定

考虑到主墩基础尺寸和防撞设施的需要，主跨跨度应不小于700m。不适合选用梁式或拱式结构桥，首选桥型为斜拉桥和悬索桥。

综合桥位区的地形、地质、河势、水文、通航、防洪、造价等方面的要求，分别对斜拉桥和悬索桥两类桥型方案进行桥跨布置比选。

方案一：(60 + 176 + 700 + 176 + 60)m 混合梁斜拉桥

该方案主桥总长为1172m，为避开江门岸陡坡区及顺德岸浅水区，降低船撞风险与高支架风险，同时减少造价，边跨仅设一个辅助墩。钢混结合点设在辅助墩往中跨侧18m处，钢箱梁总长1016m（图3）。

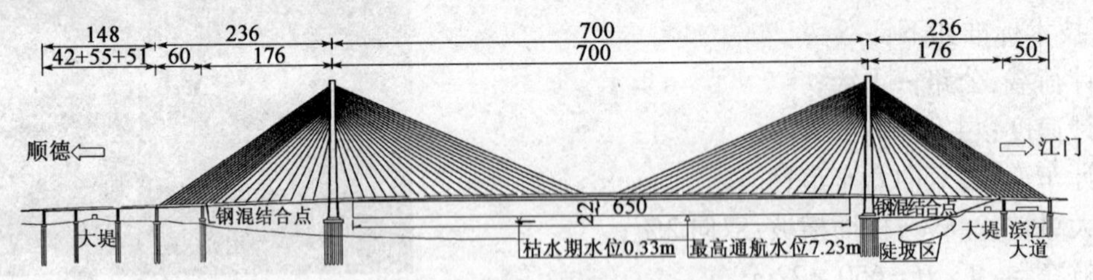

图3　700m主跨混合梁斜拉桥立面图

方案二：(4 × 58 + 870 + 236)m 双跨吊钢箱梁悬索桥

该方案主桥总长为1106m，顺德岸锚碇位置由离开大堤的安全距离控制，江门岸锚碇位置由滨江大道控制，江门岸主塔位置由航迹线控制，顺德岸主塔按边中跨对称原则布设，中跨为870m，采用双跨吊，钢箱梁总长1016m（图4）。

方案三：(236 + 700 + 236)m 三跨吊钢箱梁悬索桥

该方案锚碇位置同870m方案，主塔位置同700m斜拉桥方案，两边跨按不对称布置。该方案水中只有

两个主塔，对通航及行洪均有利，主跨和桥长与700m斜拉桥方案规模相同，经济上有一定的可比性（图5）。

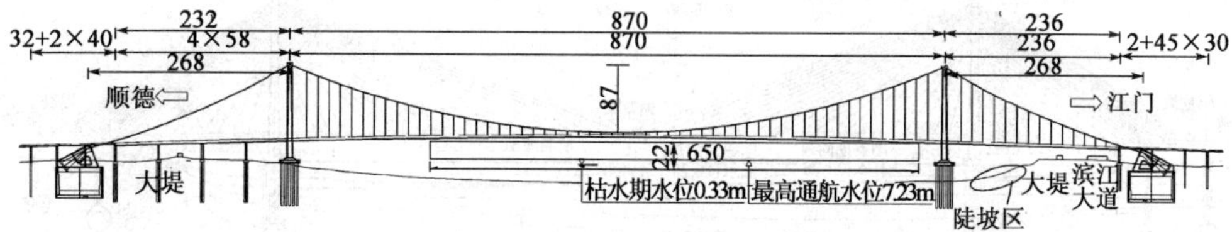

图4 870m主跨双跨吊悬索桥立面图

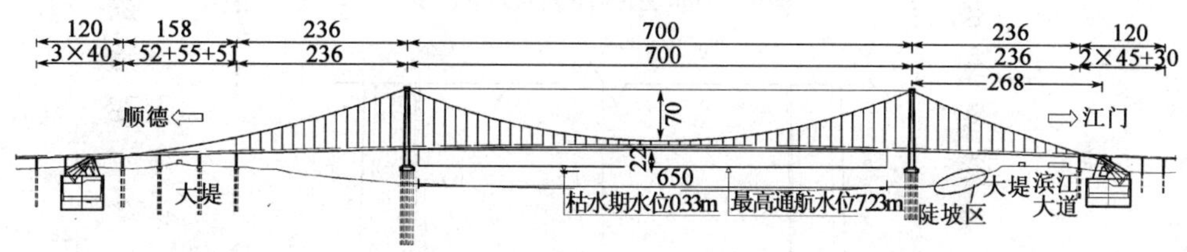

图5 700m主跨三跨吊悬索桥立面图

3. 桥型方案综合比选（表1）

表1

方　案	700mH形塔、斜拉桥方案	870m双跨吊、门式塔、悬索桥方案	700m三跨吊、门式塔、悬索桥方案
主桥长度	1172m	1106m（主桥较其他两方案短66m）	1172m
建筑景观	塔形简洁、索面通透；整体风格清爽、力量感强	整体造型通透、清爽	整体造型通透、清爽
通航条件	主跨满足通航要求、边跨仅顺德岸辅墩高水位时存在船撞可能性，通航条件好	主跨较大，通航净宽富余较大，通航条件最好	主跨满足通航要求，顺德岸边跨较700m斜拉桥方案少了一个水中防撞墩，通航条件比其稍好
施工难度	技术成熟	技术成熟；锚碇离江堤近，施工时应注意风险	技术成熟；锚碇离江堤近，施工时应注意风险
维修养护	拉索、钢箱需定期维护，必要时需换索，后期养护成本一般	主缆、吊杆、钢箱、鞍室、锚室需定期维护，后期养护成本相对较高	主缆、吊杆、钢箱、鞍室、锚室需定期维护，后期养护成本相对较高
建安费	10.1亿元	12.9亿元（按同等长度即包含引桥为12.99亿元）	11.9亿元
综合	通航条件较好、造价最低	通航条件最好、但造价最高	通航条件好、造价高
	推荐	比较	比较

三、主桥结构设计

根据初步设计审查意见桥型方案确定为主跨700m的双塔双索面混合梁斜拉桥。桥跨布置为（60m＋176m）＋700m＋（176m＋60m）＝1172m，钢混凝土结合点设在边跨离主塔158m处。主梁采用流线型扁平箱梁，钢箱梁长1016m，边跨混凝土梁长2×78m。索塔采用H形桥塔，塔柱为钢筋混凝土构件，上、下横梁为预应力混凝土构件，塔柱断面形状考虑了结构抗风性能和建筑景观效果的要求。斜拉索采用平面扇形布置，双索面。结构采用半漂浮体系。

桥型方案立面布置如图6所示。

1. 基础

主塔墩基础采用钻孔灌注桩，每个塔柱下设28根ϕ3.0m的钻孔灌注桩，桩尖进入中风化或微风化岩，承台采用圆端哑铃型。平面总尺寸为73.052m（横桥向）×24.5m（顺桥向），承台厚6.5m。承台顶设3.0m的塔座，承台底设2.5m封底混凝土。塔座为一个棱型柱，底面为23.2m（横桥向）×20m（顺桥向），顶面为17.2m（横桥向）×14m（顺桥向），厚度为3m，塔座底标高为4.8m，顶标高为7.8m（图7）。

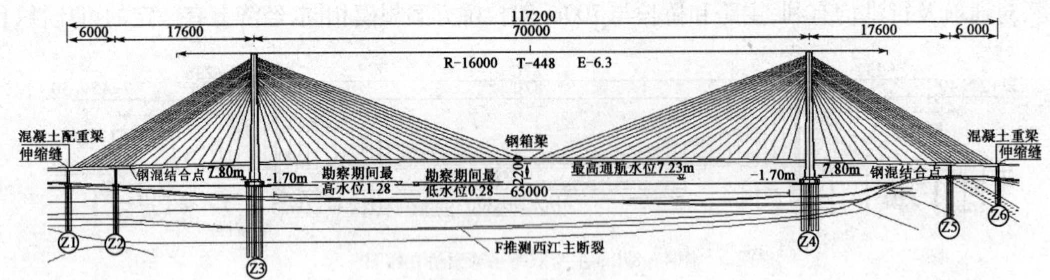

图6　700m主跨斜拉桥桥跨立面图

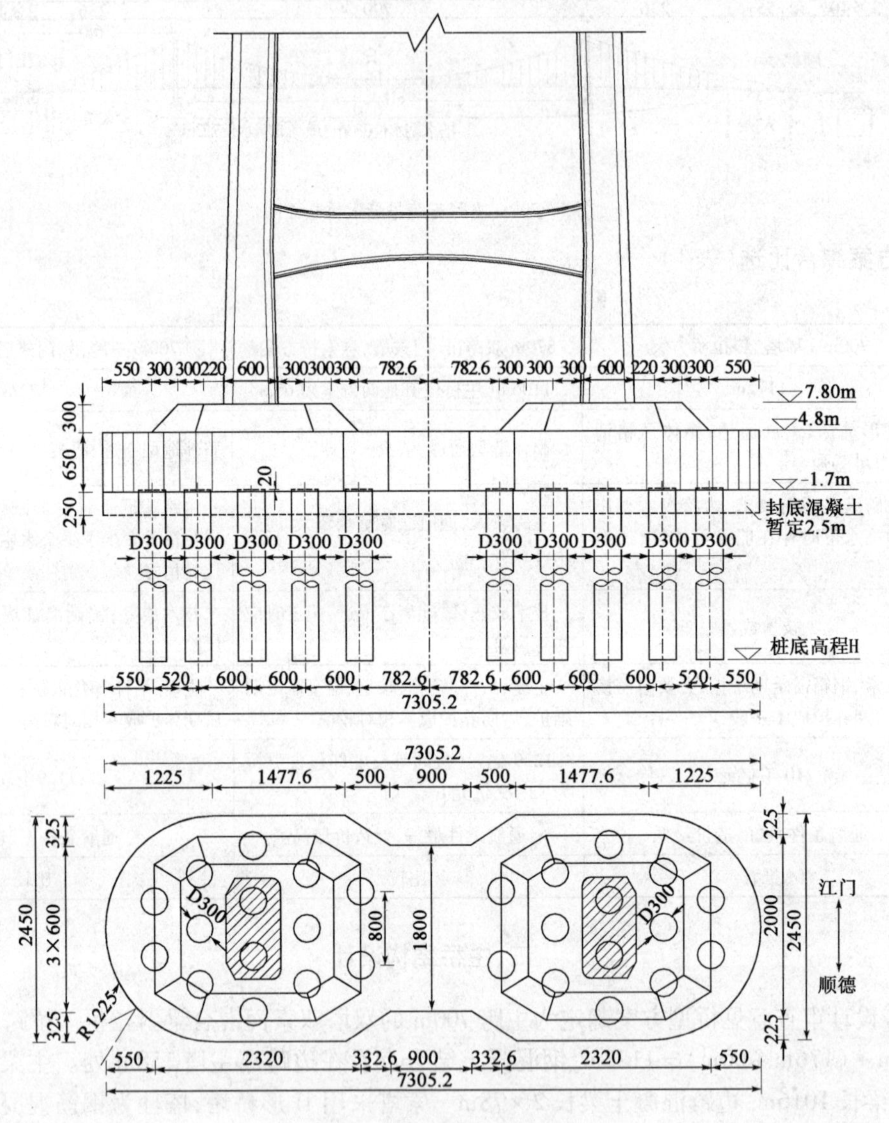

图7　索塔基础一般构造图(尺寸单位:cm)

2. 主塔

索塔是由塔柱、横梁组成的H形框架结构。塔柱为普通钢筋混凝土结构,横梁为预应力混凝土结构。主要承受由斜拉索传下来的竖向荷载及由斜拉索、活载、风载、温度差、基础沉降、地震等所产生的顺桥向和横桥向水平荷载(图8)。

3. 主梁

主桥箱梁桥面全宽39.0m,横向布置为:1.25m风嘴+1.25m检修道(人行道)+1.25m拉索区+0.5m边护栏+14.5m行车道+1.5m中央分隔带+14.5m行车道+0.5m边护栏+1.25m拉索区+1.25m检修道(人行道)+1.25m 风嘴。

主梁箱梁段采用整体式扁平流线型断面,其钢箱梁标准断面布置如图 9 所示。

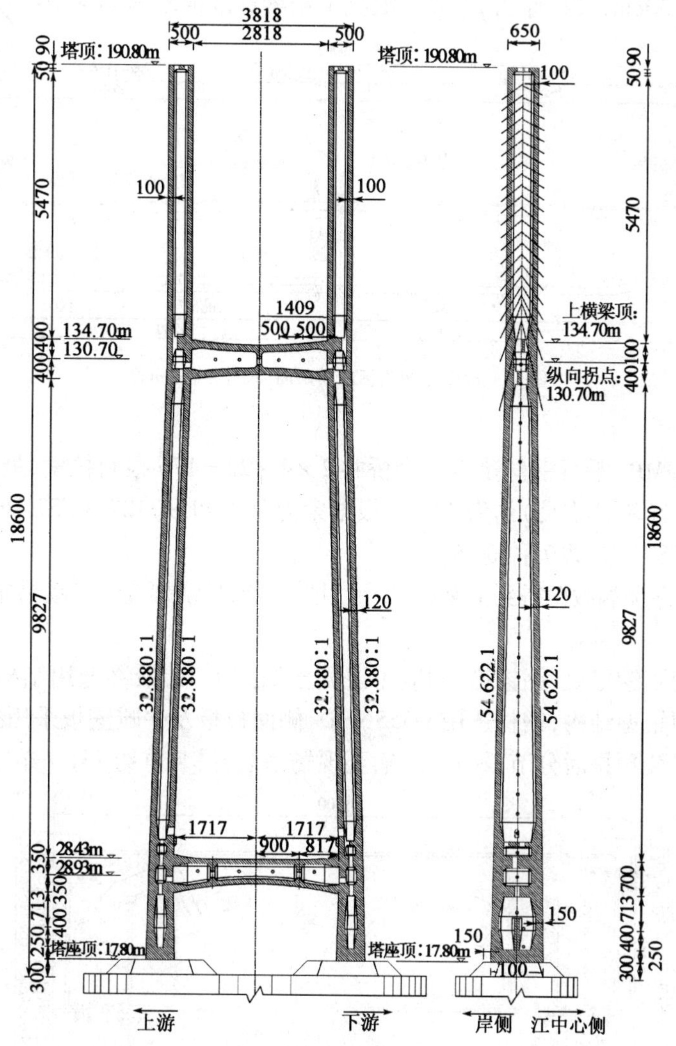

图 8 主塔构造图(尺寸单位:cm)

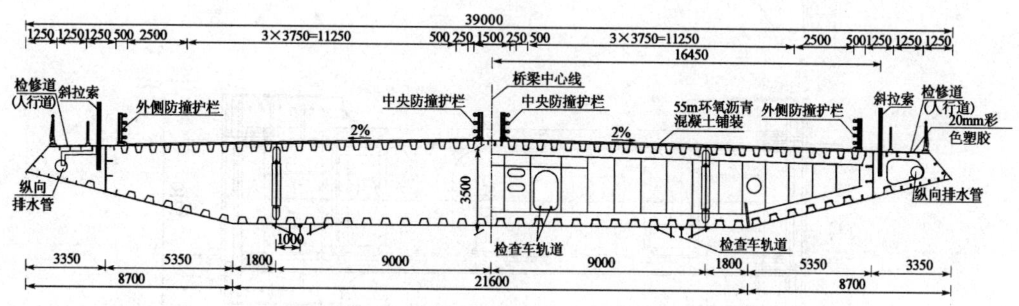

图 9 主桥钢箱梁标准横断面(尺寸单位:mm)

全桥钢箱梁划分为 $A\sim H$ 共 8 种类型,73 个梁段。其中 A、B 为索塔附近无索区梁段,在支架上安装,最大起吊重量约 270t;C、D、F 为标准梁段,长度为 15m,采用桥面吊机吊装,最大起吊重量约为 346t;E 梁段为主跨跨中合龙段,长度为 10.8m,采用桥面吊机吊装,起吊重量约为 220t;G 梁段为边跨合龙段,长度为 4.8m,采用桥面吊机吊装,起吊重量约为 111t;H 梁段为钢混结合梁段,长度为 5.6m,采用桥面吊机吊装,起吊重量约为 187t。

为了协调美观,混凝土梁外形同钢箱梁外形保持一致,采用单箱五室截面,由于钢箱梁与混凝土箱梁铺装层高度不同,为保证结构整体外观高度相同,混凝土箱梁梁高采用3.467m(沿中心线处)。混凝土箱梁断面全宽39m,顶面宽37m,底面宽21.6m,横隔板间距6m。考虑边跨压重需要,混凝土梁段顶板厚度采用32cm,底板厚度为30cm,腹板厚为50cm。混凝土箱梁标准横断面如图10所示。

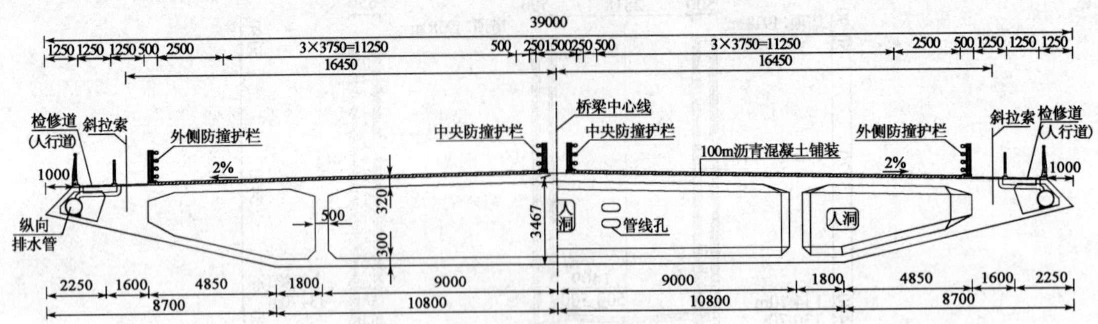

图10　混凝土箱梁标准横断面(尺寸单位:mm)

4.斜拉索

采用标准强度1770MPa平行钢丝拉索。全桥共2×4×22=176根斜拉索,最长约371m,最大规格为PES7-313,单根最大重量(不计锚具)约为37.3t,根据索力分为PES7-127、PES7-163、PES7-199、PES7-223、PES7-253、PES7-283、PES7-313共7种规格。

为使拉索的风雨激振和涡激振得到抑制,本桥采用阻尼器、外绕螺旋线气动措施并用的综合减振方案。

5.索塔锚固

索塔锚固综合比较了钢锚梁、钢锚箱、预应力混凝土锚固方案,最终选用结构受力明确,利于结构耐久的钢锚梁。锚梁采用箱型结构,钢材选用Q355NHD,侧面拉板及牛腿壁板采用抗层状撕裂Z向性能钢板。在厂内完成制造组装预拼后分节段整体运输至现场吊装,吊装重约13t。详见图11。

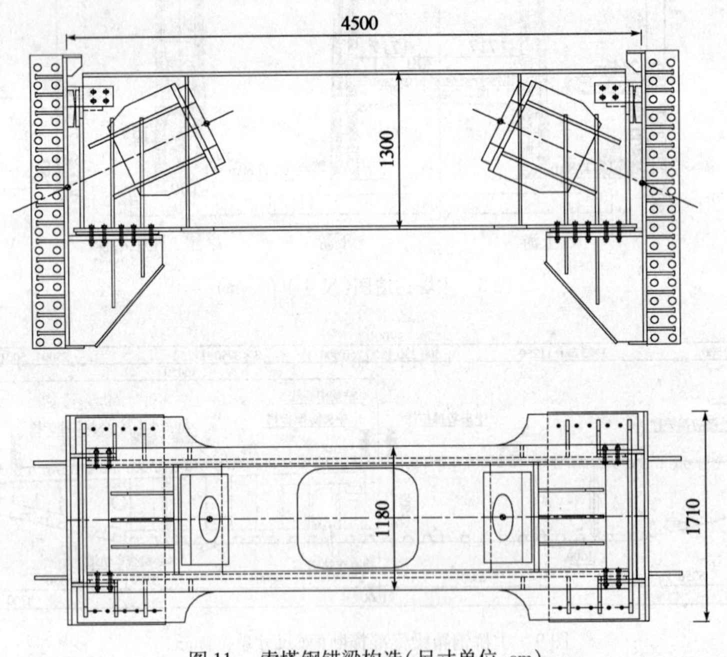

图11　索塔钢锚梁构造(尺寸单位:cm)

四、结　语

江顺大桥的桥位及桥型历时多年比选,结合具体建设条件及各方意见,最终选用了主跨700m混合梁斜拉桥。主桥结构设计融合了力学与美学的基本要素,吸收了类似桥梁的建设经验,并开展了一系列的专题研究。大桥各设计阶段得到了广东省交通厅、江门市交通局和国内专家的大力支持和帮助,在此一并表示诚挚的感谢。目前江顺大桥的施工正稳步推进,广东最大跨径的斜拉桥即将矗立在美丽的西江之上。

II　施工与控制

33.鸭绿江界河公路大桥测量控制网的布设与应用

周 辉 赵 静 石 玉 胡文柱

(鸭绿江界河公路大桥 TJSG-3 合同段)

摘 要 结合中朝鸭绿江界河公路大桥测量控制网,介绍了平面控制网、高程控制网以及跨江高程测量的布设与应用,施测实践表明,控制网能够满足斜拉桥的设计和施工要求。

关键词 平面 高程 控制网 布设 应用

一、工 程 概 述

中朝鸭绿江界河公路大桥位于丹东市东南部,朝鲜新义州西南部,为连接中朝两国的重要桥梁,是丹东与朝鲜之间新的交通要道,也是未来鸭绿江江面之上的一大景观点。大桥全长3030m。全桥跨径组合为(13×40+6×60)m+(86+229+636+229+86)m+(6×60+13×40)m。其中主桥采用五跨双塔双索面钢箱梁斜拉桥;引桥采用逐孔现浇连续箱梁。主桥索塔采用"H"型。索塔总高度197.1m。主桥梁全宽33.5m。引桥宽28.5m。双向四车道。该斜拉桥属于特大型桥梁,是目前辽宁省内跨度最大的斜拉桥。

二、GPS 平面控制网测量

1.网形设计

大桥主桥工程平面控制网的网形以桥轴线为公共边组成大地四边形,两岸分别布设5点(中方3点,朝方2点),边长控制在1~3km。两岸保证有两个或两个以上点通视,便于施工放样使用。引桥控制点边长1~2km,沿路线布设三角形网形。施测等级不低于GPSC级网点或国家二等三角点联测。

2.平面控制网点埋设

平面控制网点建造采用钢筋混凝土观测墩。建造前进行基础处理,两岸分别大开挖至微风化或坚硬层,表层松软覆盖层较厚时,采用布设A400钢管桩以增加观测墩的稳定性。观测墩采取强制性对中基座,在钢筋混凝土灌注前埋设,埋设时严格使基座处于水平状态。

3.使用仪器

仪器测量采用华测双频GPS接收机M500(3台套),仪器精度为:±(5+1×10-6×D)mm。仪器在使用前进行常规检测。对中、整平、量测天线高,测出信号、测段数以及天线高的输入等均严格按规范进行。

4.外业观测

(1)GPS网布设原则:

①根据控制点的分布情况,参照原网并结合检测时的环境条件,采用边连接形式构网,由多个多边形、同步大地四边形或单三角形组成。

②GPS网必须由非同步独立观测边构成闭合环或附和路线(按长边和短边分别连接),每个闭合环或附和路线中的边数应符合下表(2.5《GPS测量的主要技术要求》)的规定。

(2)观测前编制出GPS卫星可见性预报表,其内容应包括可见卫星号、卫星高度角和方位角、最佳观测卫星组的最佳观测时间、点位几何图形强度因子(GDOP)等。

(3)GPS控制网观测应符合下列要求:

①天线应整平、对中,对中误差不应大于1mm。

②每时段观测前、后各量取天线高一次，两次互差小于3mm时，应取两次平均值作为最后结果。

③应按《公路勘测规范》(JTG C10—2007)附录规定逐项填写外业观测手簿。

④每一时段观测结束后，应及时将存储介质上的数据进行拷贝。每日观测结束后，应及时进行数据处理。

⑤作业前应编制作业计划表。

5. GPS测量的主要技术要求(见表1)

表1

项　目	要　求	项　目	要　求
接收机类型	双频或单频	有效观测卫星数(颗)	≥4
观测量	载波相位	重复设站数	≥2
接收机标称精度	±(5+1×10−6×D)mm	观测时段长度(min)	≥60
卫星高度角(°)	≥15	数据采样间隔(s)	≤10
同步观测接收机台数	≥3	点位几何图形强度因子(PDOP)	≤6

6. 预处理

观测结束，将采集数据输入计算机中进行基线解算。基线向量采用华测Compass静态处理软件解算。基线解算后，网平差前，应按规范对同步环、异步环闭合差和复测边的相对闭合差、相对较差进行检算，合格后方可选取独立边参与平差计算。否则应分析原因，采取人工干预方法重新进行基线解算或重测。

7. GPS控制网外业观测的数据检核应满足下列要求：

(1)同步环各坐标分量及全长闭合差应满足下列各式要求：

$$W_x \leqslant 1/5 \times \sigma\sqrt{N}$$

$$W_y \leqslant 1/5 \times \sigma\sqrt{N}$$

$$W_z \leqslant 1/5 \times \sigma\sqrt{N}$$

$$W = \sqrt{(W_x^2 + W_y^2 + W_z^2)}$$

$$W \leqslant 1/5 \times \sigma\sqrt{3N}$$

$$\sigma = \sqrt{(a^2 + b^2 d^2)}$$

式中：　N——同步环中基线边的个数；

W、W_x、W_y、W_z——环闭合差；

σ——标准差，即基线向量的弦长中误差(mm)；

a——固定误差(mm)；

b——比例误差系数(1×10^{-6})；

d——GPS控制网中相邻点的平均距离(km)。

(2)独立基线构成的独立环各坐标分量及全长闭合差应满足下列各式要求：

$$W_x \leqslant 2\sigma\sqrt{n}$$

$$W_y \leqslant 2\sigma\sqrt{n}$$

$$W_z \leqslant 2\sigma\sqrt{n}$$

$$W \leqslant 2\sigma\sqrt{3n}$$

式中：n——独立环中基线边的个数。

(3)复测基线的长度较差应满足下式的要求：

$$ds \leqslant 2\sigma\sqrt{n}$$

式中：n——同一边复测的次数，通常等于2。

8. GPS 控制网数据处理及平差计算

（1）应将全部独立基线构成闭合图形，以三维基线向量及其相应方差协方差阵作为观测信息，以一个点的 WGS-84 系的三维坐标作为起算数据，在 WGS-84 坐标系中进行三维无约束平差，并提供 WGS-84 的三维坐标、坐标差观测值的总改正数、基线边长及点位和边长的精度信息。基线向量改正数的绝对值应满足下列各式的要求：

$$V\Delta_x \leqslant 3\sigma$$
$$V\Delta_y \leqslant 3\sigma$$
$$V\Delta_z \leqslant 3\sigma$$

（2）约束平差及精度评定，并应输出相应坐标系中的坐标、基线向量改正数、基线边长和方位角、边长和方位的精度信息、转换参数及其精度信息等。基线向量的改正数与同名基线无约束平差相应改正数的较差应满足下列各式要求：

$$dV\Delta_x \leqslant 2\sigma$$
$$dV\Delta_y \leqslant 2\sigma$$
$$dV\Delta_z \leqslant 2\sigma$$

三、高程控制网测量

为满足大桥施工测量、竣工测量的高程控制，保证大桥两侧施工顺利衔接，特在大桥周边区域范围布设专用高控制网，高程控制网中采用二等水准测量的等级和精度施测，跨江联测部分采用三角高程法按二等跨江高程传递测量的方法进行。

1. 网形设计

高程控制网沿大桥线路走向布设。所有平面控制点处均设水准点，同时在大桥两岸各布设一个深层（基岩）水准点。大桥两岸各设 2 个过江水准点，同岸两过江点距离在 40～50m。

2. 点位埋设

根据野外实际情况选定点位确定点的类型后，根据《国家一、二等水准测量规范》（GB/T 12897—2006）中的有关规定要求进行埋设。点位埋设后，绘制点之记和高程控制网布设图。

3. 使用仪器

仪器采用天宝 DiNi03 电子水准仪（0.3mm/km），跨江测量采用 LeicaTCA2003 全站仪 ±（1 + 1ppm · D）mm。

4. 外业观测

高程控制网采用二等水准测量的等级和精度施测。施测时严格按照《国家一、二等水准测量规范》（GB/T 12897—2006）中的基本技术要求参数如下。

测站视线长度（仪器至标尺距离）、前后视距差、视线高度、数字水准仪重复测量次数按下表 2 规定执行。

单位：m　　表 2

等级	仪器类别	视线长度		前后视距差		任一测站上前后视距累积		视线高度		数字水准仪重复测量次数
		光学	数字	光学	数字	光学	数字	光学（下丝读数）	数字	
二等	DSZ1、DS1	≤50	≥3 且≤50	≤1.0	≤1.5	≤3.0	≤6.0	≥0.3	≤2.80 且≥0.55	≥2 次

注：下丝为近地面的视距丝。几何法数字水准仪视线高度的高端限差一、二等允许到 2.85m，相位法数字水准仪重复测量次数可以为表 2 中数字减少一次。所有数字水准仪，在地面震动较大时，应随时增加重复测量次数。

测站观测限差按表 3 规定执行。

单位:mm 表3

等级	上下丝读数平均值与中丝读数的差		基辅分划读数的差	基辅分划所测高差的差	检测间歇点高差的差
	0.5cm 刻画标尺	1cm 刻画标尺			
二等	1.5	3.0	0.4	0.6	1.0

往返测高差不符值、环闭合差、检测高差之差的限差按表4规定执行。

单位:mm 表4

等级	测段、区段、路线往返测高差不符值	附和路线闭合差	环闭合差	检测已测量段高差之差
二等	$4\sqrt{k}$	$4\sqrt{L}$	$4\sqrt{F}$	$6\sqrt{R}$

注:k——测段、区段或路线长度,km;当测段长度小于0.1km时,按0.1km计;

L——附和路线长度,km;

F——环线长度,km;

R——检测测段长度,km。

精度要求按表5规定执行。

单位:mm 表5

测量等级	二等	测量等级	二等
每千米水准测量偶然中误差(M^{Δ})	1.0	每千米水准测量全中误差(M^{V})	2.0

四、跨江高程传递测量

在跨江特大型桥梁中,运用大跨度高程传递技术提供精确的高程基准,是工程建设顺利进行的重要保证。

大跨度高程传递技术在实施过程中,影响其精度的因素众多,为保证成果准确可靠,必须依据测区的自然环境和地质条件、现有仪器和人员的特点制定切实可行的实测方案和技术设计书。

1. 跨江场地的选择

(1)应选用测线附近利于布设工作场地。

(2)跨江视线不得通过草丛、干丘、沙滩的上方。

(3)当跨江视线长度小于300m时,视线高度应不低于2m;大于500m时,应不低于$4\times\sqrt{S_m}$(S为跨江视线长度千米数。水位受潮汐影响时,按最高潮位计算),当视线长度不能满足要求时,应埋设牢固的标尺桩,并建造稳固的观测台或标架。

(4)过河视线方向宜避免正对日照方向,困难时可适当增大视线长度,或采用标灯测光。

(5)布设跨江水准测量场地,应使仪器与标尺构成平行四边形或大地四边形。见图1。

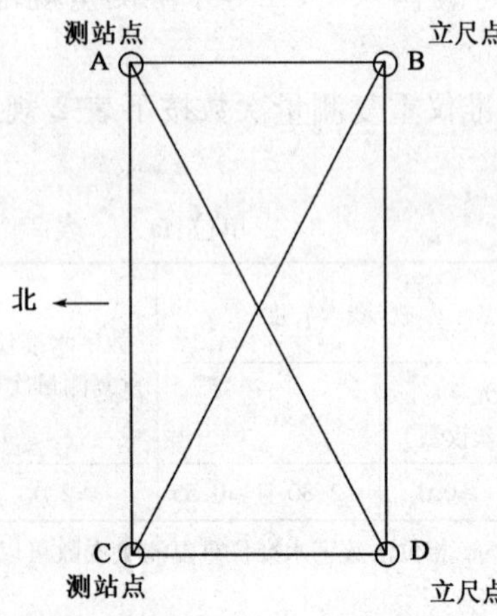

图1 跨江高程传递施测网形示意图

2. 跨江水准观测要求

(1)跨江水准观测宜在风力微和、气温变化较小的阴天进行,当雨后初晴和大气折射变化较大时,均不宜观测。

(2)观测前30min,先将仪器至于露天阴影下,使仪器与外界气温趋于一致。观测时应避免阳光。

(3)晴天观测上午在日出后1h起至太阳中天前2h止;下午自中天后2h起至日落前1h止。但可根据地区、季节、气候等情况适当变通。阴天只要呈像清晰、稳定即可观测。有条件也可在夜间观测,日落后1h起至日出前1h止。时间段以地方时零点分界,零点前为初夜,零点后为深夜。

(4)水准标尺用尺架撑稳,并经常注意使圆气泡居中。

(5)一测回的观测中,采取谨慎措施,确保上下两个半测回对远尺观测的视轴不变。

(6)仪器调岸时,标尺应随同调岸。当一对标尺的零点差不大时,亦可待全部测回完成一半时调岸。

(7)一条测线的观测完成后应间歇 15 ~20min,再开始下一条测线的观测。

(8)两台仪器对向观测时,使用通信设备或约定旗语,使两岸同一测回的观测,能做到同时开始与结束。

(9)跨江水准测量取用的全部测回数,上、下午各占一半。如有夜间观测,白天与夜间测回数之比接近1.3∶1。

(10)跨江观测开始时,对两岸的普通水准标石(或固定点)与标尺点间,进行一次往返测,作为检测标尺点有无变动的基准。每日工作开始前,均应单程检测一次,并应符合相应的规定。如认为标尺点变动,应加固标尺点,重新进行跨江水准观测。

3. 测回数及限差

以跨江视线长度确定观测的时间段数、测回数与限差。

(1)观测的时间段数、测回数,按表6规定执行。

表6

跨江视线长度(m)	二　等	
	最少时间段数	每光段测回数
100 ~300	2	14
301 ~500	2	14
501 ~1000	4	14
1001 ~1500	6	16
1501 ~2000	8	16
2000 以上	4×s	18

注:表中 s 为跨江视线长度千米数,尾数凑到0.5。

(2)各光段的高差中数与本测线的高差中数互差限差 $dH_{限}$,按式计算:

$$dH_{限} = 4 \times M^{1} \times \sqrt{N \times S}$$

式中:M^{1}——每千米水准测量的偶然中误差限值,mm;

N——每光段的测回数;

S——跨江视线长度,km。

4. 垂直角测量

使用两台 LeicaTCA2003 全站仪(测角精度均为0.5″),严格执行同时间的对向观测,最大限度抵消大气垂直折光的影响。仪器与觇标架安装在同一标石上,同一觇标架上安装上下两个照准标志,盘左照准上下标志读数、盘右照准下上标志读数,分为日间、夜间两个时间段施测。施测光段数达到1/2时,两岸观测设备、人员对调。继续下半测程观测。在垂直角观测中执行的主要限差如下:

(1)观测近标尺:首先在仪器盘左的位置,照准近标尺的基本分画线,读取最后水平视线的标尺厘米分划数 a,再使水平丝分别照准分画线的上、下边缘;再纵转望远镜以盘右的位置,分别照准该分画线的上、下边缘,完成一组观测(近标尺只测一组)。

(2)观测远标尺:在盘左位置用望远镜中丝精确照准远标尺上觇板标志或标灯读数一次,纵转望远镜,在盘右位置按盘左操作方法同样进行照准和读数。以上观测为一测回垂直角观测。依同法进行其余各测回的观测。

当采用上、下觇板观测时,盘左依次照准上觇板标志、下觇板标志,盘右按相反次序照准下、上觇板标志。照准和读数方法与单觇板观测相同。上、下标志垂直角分别计算高差。各测回垂直角观测的限差按表7规定执行。

表7

指标差互差	同一标志垂直角互差
≤8″	≤4″

(3)每一条边的垂直角测定后，立即按观测程序依次进行其余三条边的垂直角观测。

(4)每光段观测前，重新将觇板指标中心精确对准标尺分画线中央。每条边观测前，

仔细检查觇板的指标线是否滑动，并认真读取指标线或标灯在标尺的读数。于现场记录在垂直角观测记录手簿上。

(5)每一个仪器位置的观测完成后，观测员、仪器、标尺相互调岸，按相同的观测程序进行第二个仪器位置的观测。也可在测完半数测回后相互调岸，在第二个仪器位置上完成其余测回的观测。

5. 跨河测站间的距离测量

跨河距离 S_{AC}、S_{AD}、S_{BC}、S_{BD}、采用TCA2003(或同等精度)全站仪测定，测距气象、加乘数、乘常数修正值的计算等按相应的规定执行，距离采用斜距。边长测量同时观测垂直角4测回，垂直角的观测值仅供边长归算使用(用于往返测或光段见限差校核使用)，边长测量的归算以一次测量为基准，归算公式如下：

实测的斜距改化到观测垂直角时的视线长度(往返测、光段差归算使用)：

$$D = \frac{D'}{\cos\alpha} + 2d \times \sin\alpha$$

上式中：$d = [(V_2 - V_1) - i_1']$，其中 i_1' 为测距仪高，V_1，V_2 为觇标高，D' 为实测的斜距，D 为垂直角观测时的视线长度，α 为观测的垂直角。

距离测量的技术要求和观测限差按表8执行。

表8

跨河水准等级	测距仪精度等级	观测时间段		一个时间段内测回数	一测回读数较差(mm)	测回中数间较差(mm)	往返(或时间段)测距中数的较差(mm)
		往	返				
二	Ⅱ	1	1	6	≤10	≤15	$\leq 2(a + b \times D \times 10^{-6})$

注：a、b 为测距仪标称参数值，D 为所测距离的千米数。

每照准一次，读4次数为一测回。当进行对向观测却有困难时，可以单向观测，但总的观测时间段不能减少。仪器高度和后视高度量至mm，两次量测之差不大于3mm。

6. 高差、环闭合差计算

(1)高差计算

单向高差计算：

$$h = D \times \sin\alpha + i - v + \frac{D^2 \times \cos^2\alpha}{2R}$$

式中：h——测站点至觇标点的高差；

D——测站点至觇标点的斜距；

α——观测的垂直角；

i——仪器高；

v——觇高程；

R——参考椭球平均曲率半径。

(2)环闭合差

由大地四边形组成的三个独立闭合环，用各条边高差中数计算闭合差。各环线的闭合差 W 不大于下式计算的限值：

$$W = 6 \times M_W \times \sqrt{S}$$

式中：S——跨江视线长度。

7. 数据处理

平差采用 Excel 平差软件,满足精度要求后将平差后高程纳入整个高程控制网进行平差处理。

精度分析与成果输出内容为:水准测量的每千米偶然中误差、每千米全中误差。平差后输出成果表及各点高程中误差。

34. JJC-1D 型成桩检测系统鸭绿江界河大桥应用

胡文柱　赵　静　石　玉　白向龙

(鸭绿江界河大桥 TJSG-3 合同段)

摘　要　介绍 JJC-1D 型成桩检测系统结构和检测原理,提供鸭绿江界河大桥两个桩基检测实例。

关键词　检测系统　检测原理　实例

一、概　　要

钻孔灌注桩是目前基础工程中重要的一种形式。在工程施工中,随着大桩径、深孔的方向不断发展,成桩检测技术和设备的发展也显得尤为重要。成桩检测常见的检测指标为孔径、孔深、垂直度、孔底沉淀层厚度、泥浆指标等项目,前四项指标常用的检测方法:钢筋探笼器(孔规)配合测绳量测。泥浆指标则由泥浆比重计、泥浆黏度计、含砂率仪等检测。JJC-1D 型成桩检测系统对于孔径、孔深、垂直度、沉淀厚可以快速、直观、准确检测完成。

目前,钻孔灌注桩成孔后的质量检测方法不完全相同,这是由于现行的施工技术规范和质量评定标准对此都没有明确要求。JJC-1D 型灌注桩检测系统就是为此专门开发的专业检测设备系统。包括:笔记本电脑(便携式打印机)、JJC-1D 微机监测仪(地面仪器)、JJY-2 型井径仪、JC-1B 型电动绞车和井口滑轮、沉渣测定仪井下仪器(JNC-1)、高精度测斜仪井下仪(JJM-1)。该系统轻便实用,在保证精密度的同时还有良好的配套性和可控性。

二、检测系统介绍

成桩检测系统分为孔径检测系统、倾斜度检测系统、沉渣检测系统几个部分,见图 1。其中孔径、孔深检测是同时进行的。检测原理为:井径传感器(沉渣传感器)经由多路开关、直流放大、滤波电路、电压跟随器、A/D 转换到达微处理器,同时光电编码器经由分频器到达微处理器,而测斜传感器有转换电路到达微处理器,微处理器将信号传入上位机即笔记本电脑进行数据的处理并作出判断,最后在电脑检测系统中把结果显示出来。整套装置外形见图 1;JJC-1D 型成桩检测系统检测实照见图 2。

图 1　JJC-1D 型成桩检测系统装置外型图

图 2　JJC-1D 型成桩检测系统检测实照

1. 孔径检测系统

井径检测,将上位机与下位机、各检测系统连接好。井径仪的两个正交方向的测量腿与四个传感器相连,井径仪下放到孔底时即电缆稍松时,快速向上提拉电缆,观察电脑界面上孔径观察窗口显示值是否大于设计孔径值。收紧电缆,确定起测深度,并确保起测深度不小于桩的设计深度,进而在上测过程中可以将设计深度内的孔径完全反映出来。孔径、孔深测量示意见图3。

孔径计算公式如下:

$$D = D_0 + K_0 V_m / i$$

式中:D——所测孔径;

i——供给的恒定电流(10mA);

D_0——设计孔径,常数;

V_m——电荷集中产生的微电压。

2. 倾斜度检测系统

在测完井径后,更换测斜仪的探头进行测量。垂直度测量示意图见图4。

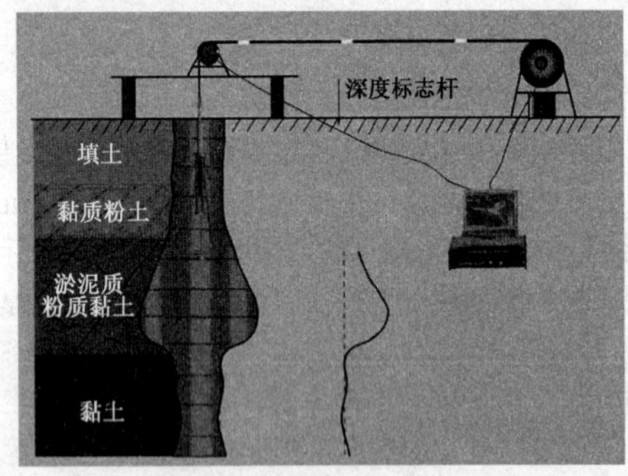

图3　孔径、孔深测量示意图

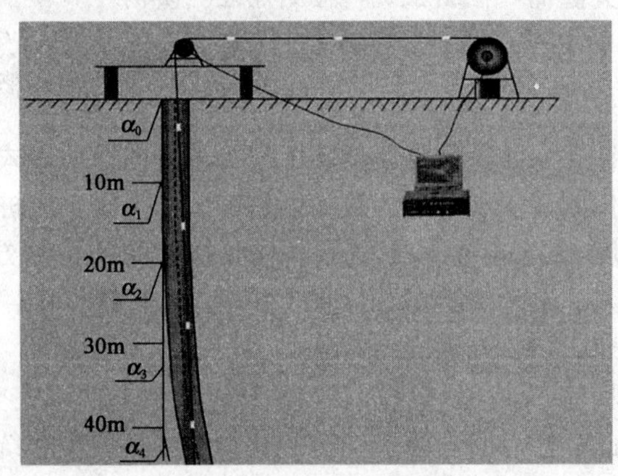

图4　垂直度测量示意图

实际测量倾斜度时,我们采用四次测量法,如图4。仪器下放过程需保证测斜仪自身的平衡,在测量顶角值时一定要稍等片刻,等到测斜仪在泥浆中保持静止状态。这两点对保证桩孔的倾斜度检测精确度十分重要。虽然在下测过程中,仪器处于不可见状态,这就可能导致测量的误差比较大。对此,我们根据现场地质情况进行7~10次均匀深度测量,进而减小误差,使检测的精度提高。

测斜仪的顶角测量采用一种线性角度传感器(液体摆),其输出值大小与传感器倾斜的角度呈线性关系。测斜仪内装有2只正交传感器,计算公式如下:

$$K = \left(\frac{E}{L}\right)100\%$$

$$\alpha = \tan^{-1}\sqrt{\tan^2\frac{(X - X_0)}{100} + \tan^2\frac{(Y - Y_0)}{100}}$$

$$E = \frac{d}{2} - \frac{\varphi}{2} + \sum h_i \times \sin\left[\left(\frac{\alpha_i + \alpha_{i-1}}{2}\right)\right]$$

式中:α——顶角值;

E——桩孔偏心距,m;

X、Y——两只传感器信号;

α_i、α_{i-1}——第i、$i-1$测点实测顶角,°;

X_0、Y_0——仪器常数(该常数是在测斜仪校正台上标定后确定的,当仪器维修后或受撞击误差大于0.1°时均需重新标定);

L——实测桩孔深度,m;

d——孔径或钻具内径,m;

φ——测斜探头或扶正器外径，m；

h_i——第 i 段测点距，m。

3. 沉渣检测系统

在检测完倾斜度后，更换沉渣检测仪。成渣测量示意图见图5。

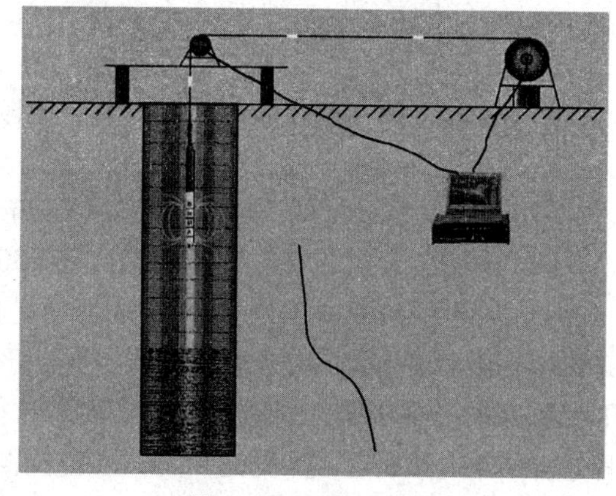

图5 沉渣测量示意图

钻孔灌注桩泥浆的黏度和含砂量决定于土层的性质及破碎程度，循环处理的工艺，这些都会造成桩孔中泥浆的不均匀，尤其是桩孔底部未被完全破碎的土块，含砂量大、胶体率差的泥浆被大量沉淀下来，孔底比重较大的泥浆与上部颗粒悬浮较好的泥浆存在着较明显的电性差异。由此根据沉渣曲线的电阻率数据特征，可判断桩孔的沉渣厚度。在均匀泥浆电阻率为近似为一条直线，在沉渣界面上电场会畸变，电阻率会发生变化，利用曲线的拐点可以确定沉渣的厚度。

三、工 程 实 例

TJSG-3 合同段，主墩索塔基础为 40 根 2.5m 钻孔桩基础，桩长 39m（桩顶以下 10m 直径为 2.8m），引桥基础直径 1.8m 的 180 根，直径 1.2m 的 12 根。设计采用嵌岩桩，嵌岩深度 7.0m，基岩为中风化岩层。孔径检测情况。

1. 22 号主墩 27 号桩基成孔检测

（1）设计孔深 44.999m，实测孔深 45.30m。

（2）孔径最大值 2748mm，孔径最小值 2524mm，孔径平均值 2616.8mm。

（3）从孔径曲线图6分析，孔径的曲线波动较大，由于 27 号孔由 YCJF-10 型钻机钻孔，该钻机的钻头是由双绳控制，在钻进的过程中，钻头会左右轻微的摇摆，这就造成了孔径的变化波动偏大，同时，YCJF-10型钻机钻孔钻头为尖螺旋式，检测结果桩低中心较桩边深 30cm，孔径检测数据现行分析结果与实际工况（机具）相符，验证检测系统检测准确性。主墩 27 号桩基孔径实测曲线图见图6。

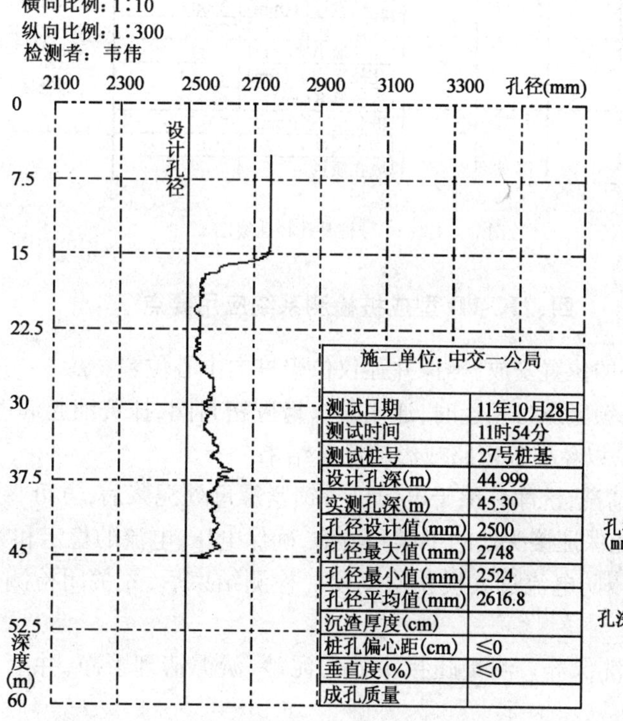

图6 主墩 27 号桩基孔径曲线图

(4)倾斜度检测,主要是在下放探头过程中,保证仪器的稳定和平衡。倾斜度4次测量结果为0.143%、0.253%、0%、0.211%,小于规范要求的1%。

(5)沉渣测量,通过电阻率数据特征,判断出沉渣厚度为4.4cm,小于5cm,满足设计及规范要求。

2.22号主墩14号桩基成孔检测

(1)设计孔深44.805m,实测孔深44.86m。

(2)孔径最大值2569mm,孔径最小值2509mm,孔径平均值2530.4mm。

(3)从孔径曲线图7分析,孔径的波动是比较小的,近乎一条直线,该孔是由JK-10型钻机钻进,该钻机的钻头由单绳控制,在钻进过程中始终近乎垂直的钻进,而且此机型钻头底部近乎平整,最后成孔时,孔底是近乎一个平面。经过检孔系统检测数据曲线分析,则实测孔深与设计孔深相差微小,孔径检测数据分析结果与实际工况(机具)相符,验证检测系统检测准确。主墩14号桩基孔径实测曲线图见图7。

(4)倾斜度检测结果均小于规范要求的1%。

(5)沉渣层厚度为7.2cm,JK-10型钻进成孔需二次清孔。

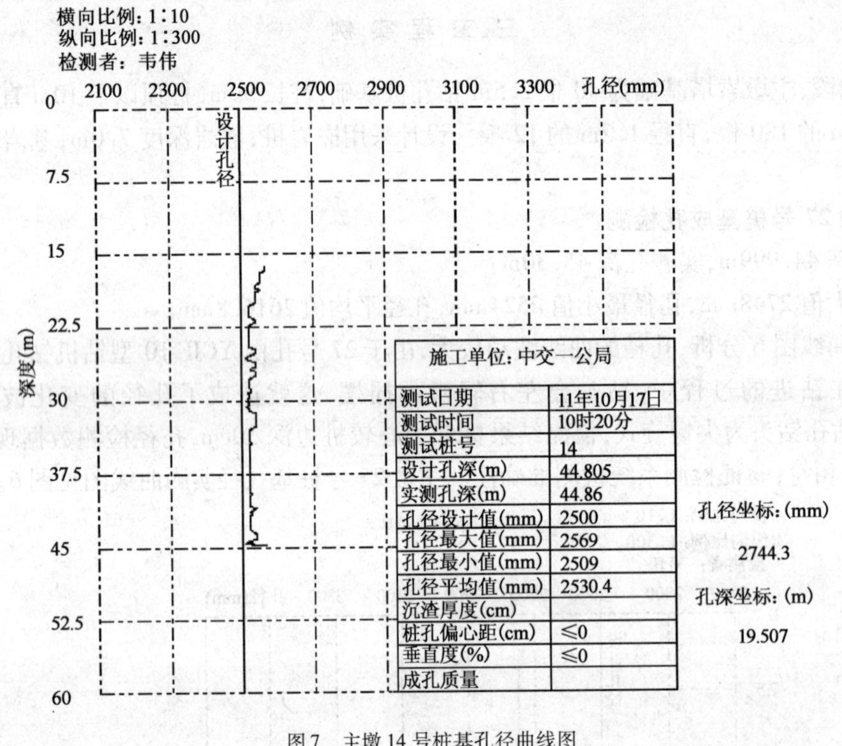

图7 主墩14号桩基孔径曲线图

四、JJC-1D型成桩检测系统应用要点

(1)井口架根据护筒及桩的位置安放,确保井径仪位于桩的中心位置。

(2)通用接头与电缆接头锁紧螺母相连时,通用接头橡胶密封圈,抹黄油起润滑作用,即保护密封圈不受损,又预防水渗进接头中,以免引起短路或影响测量结果。

(3)测完毕后,仪器及时清洗,洗净并擦干电缆接头锁紧螺母处泥浆后,方可将通用接头从井径仪传感器金属接头拔出。这样才能保证接头处的干燥和清洁,确保电压、电流的稳定和数据传输信号的强度。

(4)检测过程地线接地,以防电流过大损伤检测仪。检测结束后,先关闭检测仪电源后再拔出各连接接头。

(5)检测结束,仪器要清洗保养。测量腿接头处的泥沙、淤泥清理干净,并上机油润滑。用干抹布擦净。

(6)每隔一段时间或者发现检测数据偏差较大时,对仪器进行重新标定。

孔径检测仪运用电脑控制技术,通过与井下仪器串行通信,实现数据的实时性,实现灌注桩的成孔检测的数字化,且操作简单,资料储存和处理方便,快捷,有效地提高了工作效率和质量。其检测结果能够用数据、图标直观地反映出成孔质量,有助于及时发现问题并解决问题。

参考文献

[1] 中华人民共和国行业标准. JTJ/T F50—2011 公路桥涵施工技术规范. 北京:人民交通出版社,2011.

[2] 吴晓根. JJC-1D 孔径检测仪[R]. 上海昌吉地址仪器有限公司,2005.

35. 北方强潮汐地区有底钢吊箱施工技术

黄 勇 曾 炜 刘 勇 傅 燕

(中交二航局第二工程有限公司)

摘 要 中朝鸭绿江界河公路大桥主塔21号墩采用有底、双壁钢吊箱作为承台施工的挡水结构以及混凝土浇筑模板结构。本文主要介绍了有底双壁钢吊箱现场拼装、下放、封底施工技术,为后期同类工程的设计、施工提供参考借鉴。

关键词 有底 双壁钢吊箱 拼装 下放 封底 施工技术

一、工 程 概 况

中朝鸭绿江界河公路大桥主桥为主跨636m的双塔双索面钢箱梁斜拉桥,"H"形索塔,钻孔群桩基础,承台为六角圆端形,平面尺寸69.481m×23.4m,顶高程+6.4m,底高程+0.4m,厚度6m,承台示意图见图1。

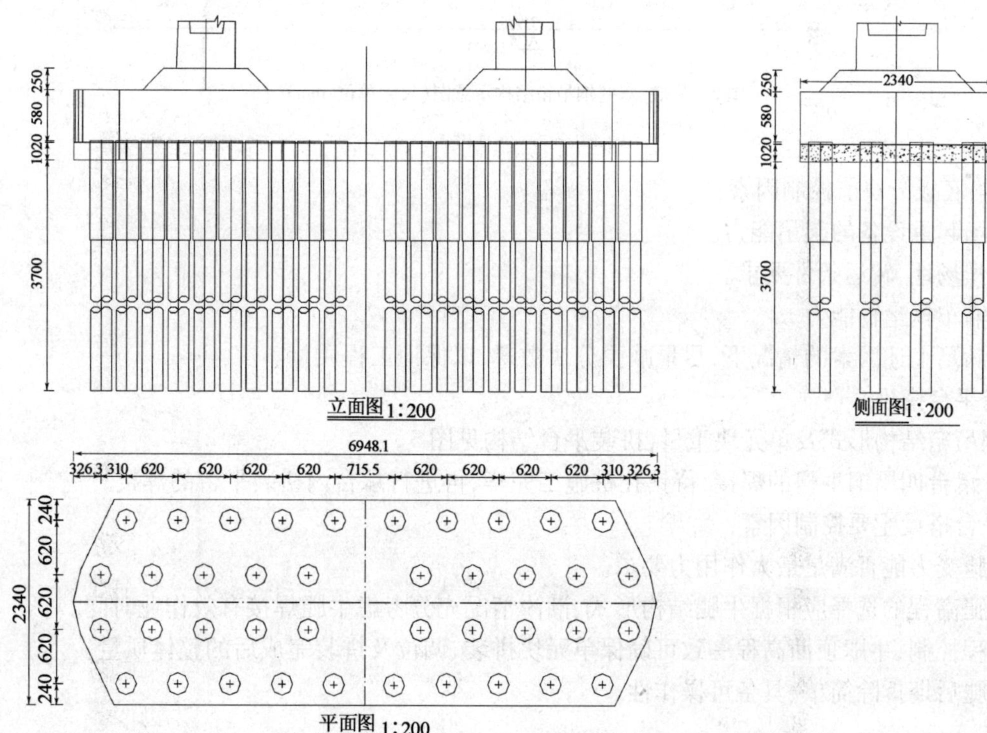

图1 主墩索塔基础构造图(尺寸单位:cm)

承台采用有底、双壁钢吊箱作为其施工的挡水结构及混凝土浇筑模板结构，施工结束后作为索塔基础防船舶撞击设施。

二、钢吊箱拼装

1. 结构形式

钢吊箱采用有底、双壁结构，内轮廓尺寸69.481m×23.4m，外轮廓尺寸71.995m×25.877m，壁体厚度1.2m。壁体外壁板总高度9.9m，内壁板7.8m。具体结构见图2。

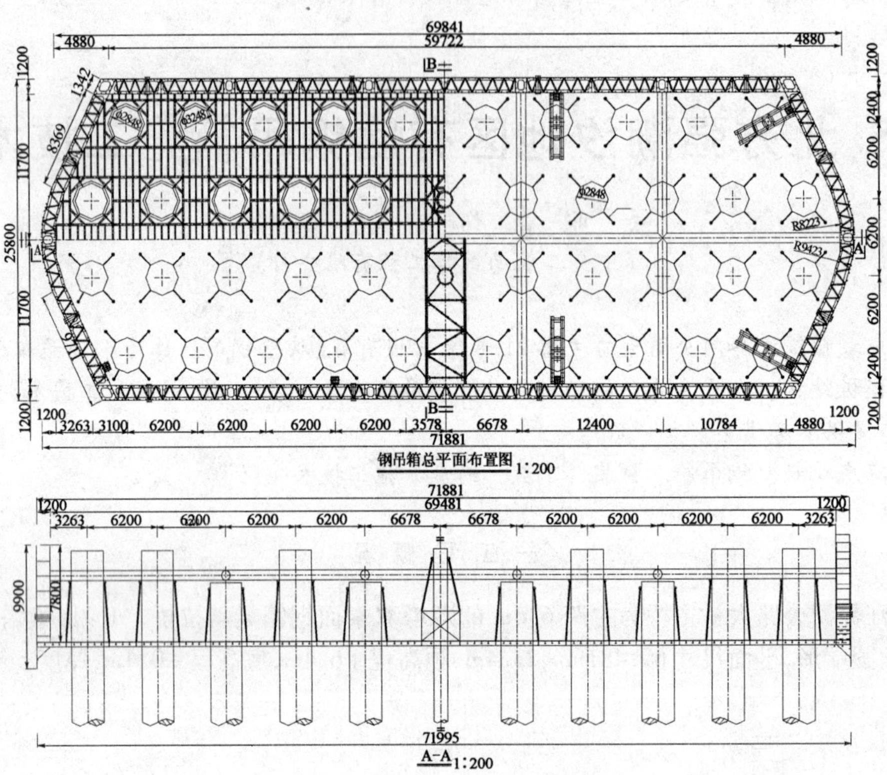

图2　有底、双壁钢吊箱结构示意图（尺寸单位：mm）

2. 分块

在壁体、底板分块前控制因素：

(1)现场起重设备的起吊能力。

(2)制作场地、转运条件要求。

(3)运输车辆运输能力。

(4)在满足上述因素的情况下，尽量减少分块数量，以保证工程质量。

3. 拼装平台搭设

根据钢吊箱结构形式及单元块重量，拼装平台结构见图3。

先进行承台四周钢牛腿的焊接，待钻孔桩施工完毕，再进行承台内拼装平台的焊接。

拼装平台搭设主要控制因素：

(1)牛腿受力能否满足最大作用力要求。

(2)牛腿高程的选择应根据牛腿结构形式、潮汐情况充分考虑牛腿焊接有效作业时间。

(3)高程控制，牛腿顶面高程一致可确保单元块拼装、调位及拼装完成后的整体质量。

(4)牛腿后期拆除简单、具备可操作性。

4. 拼装

根据钢吊箱结构形式，底板拼装完毕后，利用2台70t桅杆吊对称起吊拼装，参照壁体分块图，具体分为10步完成壁体单元块拼装。底板、壁体拼装见图4。

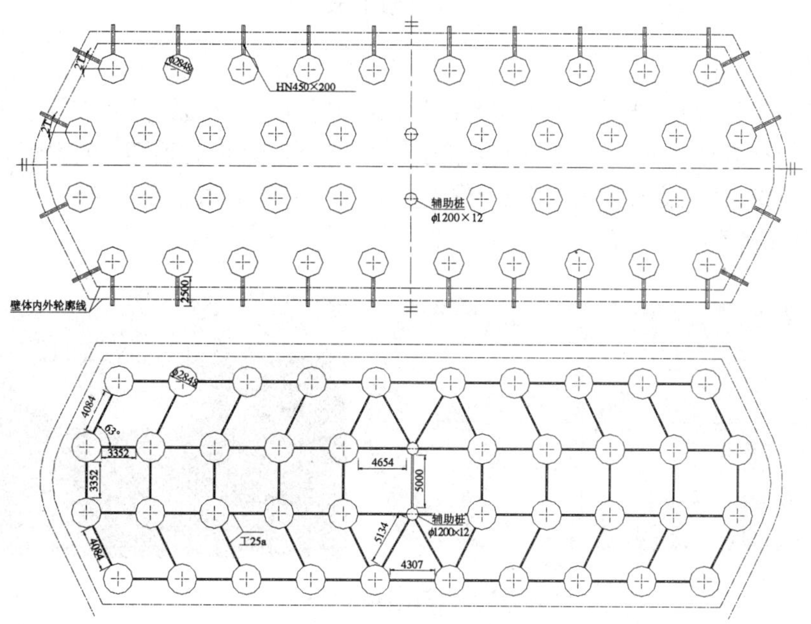

图3 拼装平台结构示意图(尺寸单位:cm)

图4 底板、壁体单元块拼装示意图

5. 定位

1)底板定位

底板安装完毕后,在底板上四周标注8个定位点,由测量算出设计坐标,现场测出定位点实际坐标,根据设计坐标与实际坐标差值利用手拉葫芦进行定位,定位完毕后再与放出的底板轮廓线进行校对,以保证底板定位的准确性,底板定位示意图见图5。

图5 底板定位示意图

定位完毕后进行底板次梁、加强次梁、拼缝区钢面板以及梁体的对接焊接。

2)壁板定位

在底板上根据设计图纸及壁体单元分块线放样出壁体拼装内轮廓线及每相邻块件间的拼装接线,并在内侧轮廓边线上焊制定位码板,以此控制钢吊箱下口的平面位置。下口定位完毕后,测量采用象限法观测垂直度,并利用5t手拉葫芦协助调节壁体垂直度。待垂直度满足要求后,采用型钢焊接临时固定壁体。

三、钢吊箱下放

1. 下放结构安装

挂腿及承重架制作、安装。挂腿及承重架是作为钢吊箱下放系统的锚固及支撑装置，挂腿按照设计图纸提前焊接在吊箱相应位置上，承重架在现场焊接固定在下放钢护筒顶部，与挂腿竖向同心。为保证下放钢绞线的顺利通过，在挂腿及承重架中心开孔，孔洞大小需考虑吊箱在下放过程中摆动对钢绞线刮擦的影响，具体结构见图6。

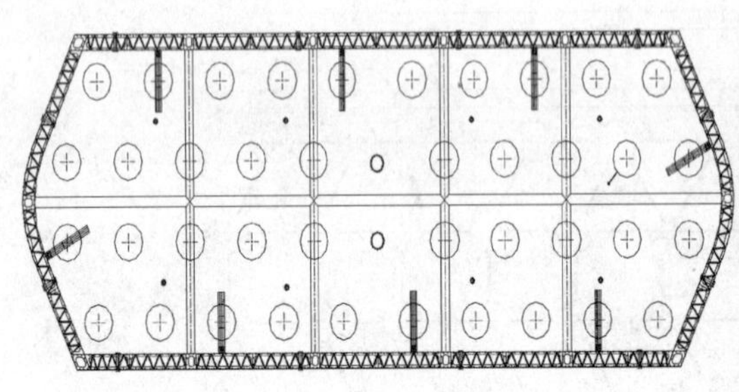

图6 承重梁具体结构示意图

2. 下放设备安装

钢吊箱下放系统主要由千斤顶、下放系统控制泵站、ϕ15.24 高强钢绞线、锚具、夹片组成。为保证钢绞线的合理受力，在安装千斤顶和锚固端时务必使千斤顶上、下夹持器和吊箱上的锚固端在同一竖直线上。

下放设备安装步骤见图7。

a)带位移传感器的千斤顶安装

b)钢绞线安装

c)锚具安装

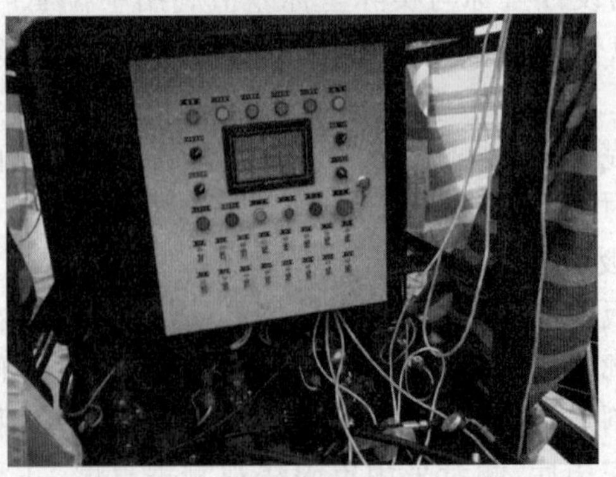

d)控制泵站安装

图7 下放设备安装步骤示意图

3. 下放

1）下放工艺

在钢吊箱下放前，需注意以下事项：

（1）对提升系统进行调试，以确定每台千斤顶的工作状态处于良好状态，检测伸缩行程是否一致。

（2）根据各千斤顶在吊箱平衡下放时的荷载进行逐一预拉，下放荷载取100t/个。

（3）完成预拉后，锁紧下夹持器，将主顶活塞向下缩回到统一的高度位置，作为整个系统的下放起点。

（4）将吊箱提起3～5cm检查吊箱上的锚固点及千斤顶夹持器的锚固和吊箱结构是否正常。检查无误后割除牛腿正式开始下放。

穿心千斤顶提升（下放）利用上、下夹持器进行松、紧锚作业。首先千斤顶空载上升16cm，上夹持器夹住钢绞线，下夹持器打开，继续上升3cm，钢吊箱自重力转移至千斤顶上夹持器；然后千斤顶回油下落16cm，锁紧下夹持器，继续下落3cm，钢吊箱自重力转移至下夹持器，这样钢吊箱就下放16cm，重复以上两步工作，完成钢吊箱下放。为保证下放施工安全进行，在下放过程中当系统出现故障时实施人工锚固，以便于更换设备或排除故障。

大型构件下放的安全性至关重要，下放过程必须保持钢吊箱的平衡，以保证各吊点受力均匀，确保钢绞线的受力和理论计算基本一致。因此，控制千斤顶动作的液压泵站性能至关重要。下放时液压泵站是千斤顶的动力源，由于每台油泵供给各个千斤顶的油量相等，且在千斤顶上装有位移传感器，液压泵站通过计算机采集位移传感器的信号控制各千斤顶同步动作，保证各点卜放时位移偏差在20mm以内，因而各千斤顶具有良好的同步性能。此外，及时观察吊箱下放的同步性，当发现某点的高程超过最大允许偏差时即对系统进行调整以保证吊箱的平衡下放。千斤顶行程控制见图8。

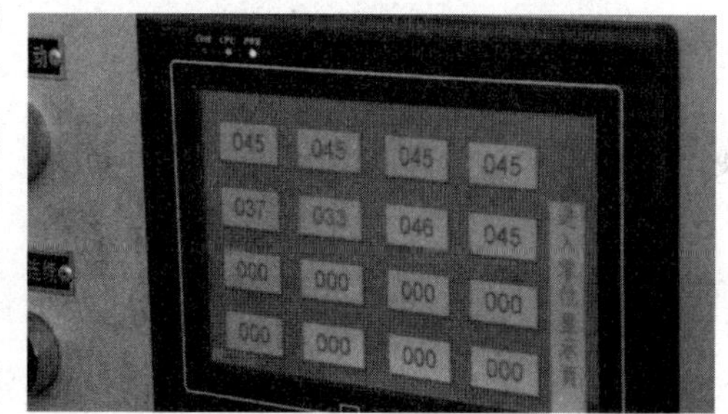

图8 千斤顶行程控制示意图

2）下放步骤

（1）下放前对每个千斤顶进行预张拉，检查锚具、夹片、钢绞线以及承重系统是否受损，无误后开始提升钢吊箱。

（2）割除钢牛腿，检查是否有其他阻碍物影响钢吊箱整体下放，检查无误后开始整体下放。

（3）下放就位后，关闭液压泵站，锁死千斤顶。

4. 定位

1）导向装置安装

为避免钢吊箱整体入水后，水流冲击力的影响，导致钢吊箱发生偏位，故在下放前在钢护筒上焊接导向装置。

根据计算所得，导向装置采取双拼工25a，导向装置在与吊箱接触部位焊接弧形板，以减小摩擦力。导向装置均匀布置在吊箱四周，具体见图9。

2）拉压杆安装

钢吊箱下放就位，平面位置调整完毕后，为保证潮汐作用下，吊箱底板的受力合理性，在低潮位时先安装局部24根拉压杆，再进行其他拉压杆的安装，具体见图10。

3）吊箱反压牛腿安装

拉压杆安装完毕后，下放千斤顶至拉压杆全部受力，由于钢吊箱与护筒之间为全销接结构，为避免在千斤顶拆除后，对拉压杆受力产生不利影响，造成吊箱底板局部变形，故在千斤顶拆除前焊接吊箱反压牛腿，其布置示意图见图11。

待吊箱牛腿安装完毕后，拆除千斤顶及下放系统，完成钢吊箱的拼装下放。

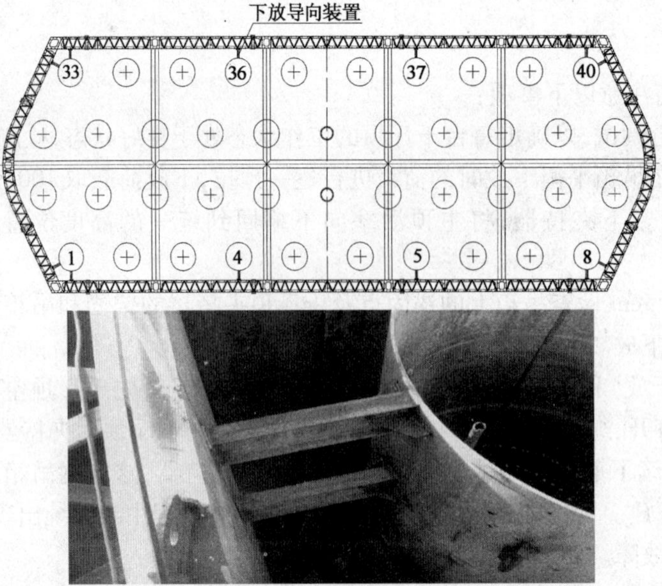

图9 导向装置安装示意图

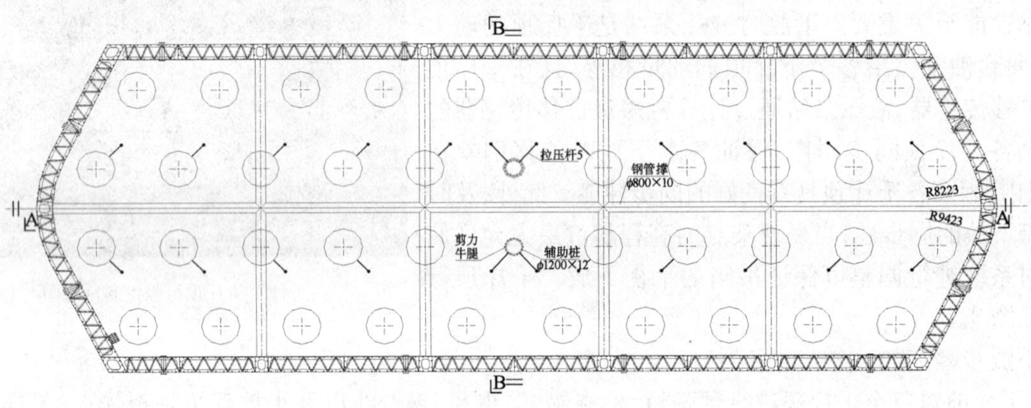

图10 局部拉压杆安装位置示意图

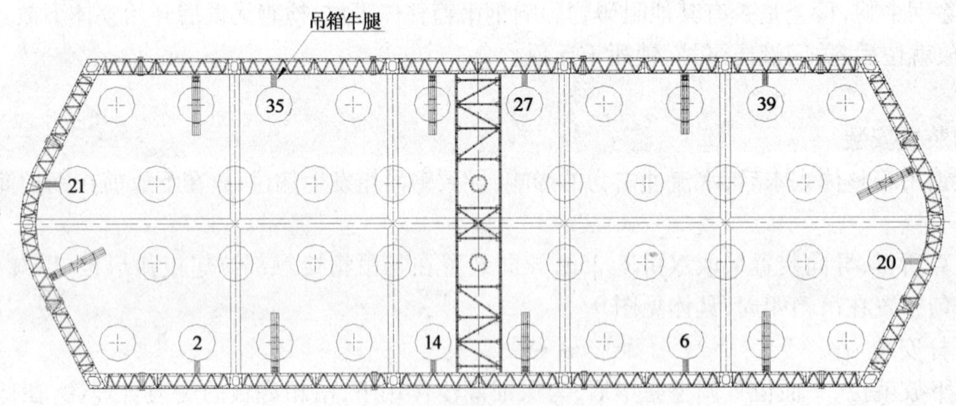

图11 吊箱牛腿安装示意图

四、钢吊箱封底

1. 施工概述

21号墩承台封底混凝土施工处于强潮汐区域，封底施工难度较大，施工质量难以保证，经多方考虑、取证、计算后确定在减小潮汐影响的情况下，确保封底混凝土握裹力及施工质量，将原设计封底高程

$-1.6\sim+0.4$m 改为 $-0.6\sim0.4$m，C25 素混凝土改为钢筋混凝土结构，采用斜面浇筑，逐层推进法上、下游同时对称浇筑。

2. 结构计算

根据《港口工程混凝土结构设计规范》JTJ 267—98 附录 F，素混凝土结构构件计算，对素混凝土受弯构件的正截面承载力按下式计算：

$$M_u = \frac{1}{6\gamma_d}\gamma_m f_t b h^2$$

式中：M_u——构件受弯承载力设计值；

γ_d——素混凝土结构系数，对受弯计算，取 2.0；

γ_m——截面抵抗矩的塑性影响系数，取 1.55；

f_t——混凝土抗拉强度设计值，对水下混凝土，取混凝土轴心抗拉强度；按 C25 混凝土计算，f_{t_1} = 1.27MPa；

b——混凝土单位宽度，b = 1000mm。

计算结果显示其余区域板弯矩都小于素混凝土的抗弯容许值，并且浇筑第一层承台时，吊箱底板对封底混凝土也有一定的约束作用，故只需在吊箱中部和两端区域内进行封底混凝土的配筋即可。

封底混凝土强度达到设计要求，抽出吊箱内养护水准备进行承台施工时荷载最大，故采取在封底混凝土配筋区内布置 ϕ20@200 钢筋，双层双向。

3. 浇注准备

1）吊箱清理

钢吊箱施工时间较长，在钢护筒外壁及吊箱内会有油污、淤泥等杂物，为确保混凝土质量以及混凝土与钢护筒之间的握裹力，故在吊箱下沉、定位完毕后，低平潮时需采用高压水枪对钢吊箱壁体以及底板进行清洗。

2）环板焊接

为实现封底混凝土干施工环境，在钢护筒与吊箱底板连接处焊接环形钢板，环形钢板焊接完毕后，观察焊缝位置是否有漏水情况，并对漏水位置进行补焊，环形钢板布置见图 12。

3）钢筋绑扎

环形钢板焊接完毕后，进行封底混凝土钢筋绑扎，封底混凝土上面设置两层 ϕ20mm 网片钢筋，上层网片筋与护筒上层环板焊接，下层网片筋与护筒焊接端加工成 7 字形后与护筒焊接，同时在上层环板未设置 ϕ20mm 网片钢筋位置设置 ϕ8mm 网片钢筋。封底混凝土钢筋绑扎见图 13。

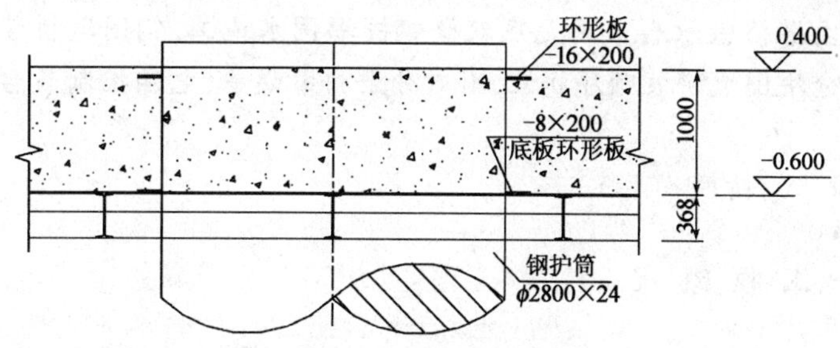

图 12 环形钢板布置示意图

图 13 封底混凝土钢筋绑扎

4）封底平台搭设

封底混凝土钢筋绑扎完毕后，在架立筋上搭设脚手板作为封底混凝土浇筑施工平台。

4. 封底混凝土浇筑

（1）混凝土的浇筑按混凝土自然流淌坡度、斜面分层、连续逐层推移、一次到顶的方法进行。混凝土浇筑过程中，每层混凝土初凝前都确保被上层混凝土覆盖，保证上下层浇筑间隔不超过混凝土初凝时间，避免冷缝出现。

(2)混凝土振捣时分三层，共6台振捣器同向同步推进，确保振捣覆盖整个断面。振捣完成后，混凝土表面要用刮杠刮平，再撒5～25mm碎石，用木板拍实抹平。

(3)混凝土在浇筑、振捣过程中，泌水和浮浆顺混凝土坡面下流，当混凝土大坡面的坡角接近封底混凝土顶高程时，改变混凝土浇筑方向，形成集水坑，及时用水泵将泌水排除，以提高混凝土质量，减少表面裂缝。

(4)表面处理。由于泵送混凝土表面水泥浆较厚，在浇筑后2～8h，初步按高程用长刮尺刮平，然后用木板反复压数遍，使其表面密实，再用铁面板收面。

(5)严格控制混凝土质量，减小离差系数，以防止裂缝产生。

五、结　语

本文介绍了有底、双壁钢吊箱的拼装、下放、封底施工技术，其中为降低潮汐影响，有力保证封底施工质量，将原设计的2m厚素封底混凝土改为1m厚的钢筋混凝土结构，开创了同类工程施工的先河，同时改原设计的水下封底施工为干施工，降低了施工难度，保证了施工质量的同时，也大大节约了施工工期。对以后的工程设计、施工提供了极为重要的借鉴意义。

参考文献

[1] 中华人民共和国行业标准.GB 50017—2003　钢结构设计规范[S].北京:人民交通出版社,2003.
[2] 中华人民共和国行业标准.JTS 144-1—2010　港口工程荷载规范[S].北京:人民交通出版社,2010.
[3] 中华人民共和国行业标准.JTJ 267—98　港口工程混凝土结构设计规范[S].北京:人民交通出版社,1998.
[4] 中华人民共和国行业标准.JTG/T F50—2011　公路桥涵施工技术规范[S].北京:人民交通出版社,2011.

36.中朝鸭绿江界河公路大桥22号主塔桥墩钢围堰施工技术

吴承凌[1]　刘　伟[2]　郝丕林[2]
(1.中交集团第一公路工程局有限公司;2.辽宁省公路管理局)

摘　要　中朝鸭绿江界河公路大桥22号主塔桥墩承台采用无底双壁钢围堰围水施工，钢围堰拼装及下沉精度的控制至关重要;施工采用严格按分块围堰拼装顺序拼装，有效分解拼装误差;电脑控制多台千斤顶实现围堰整体同步高精度下沉。

关键词　钢围堰　分块制作　拼装　同步　高精度　下沉

一、工 程 概 况

1.简述工程结构

中朝鸭绿江界河公路大桥(以下简称大桥)主桥全长1266m，采用五跨双塔双索面钢箱梁斜拉桥，主跨636m。大桥21号、22号主塔桥墩承台为六角圆端形，平面尺寸69.481m×23.4m，厚6m，基础采用40根直径2.5m钻孔桩。22号主塔桥墩承台采用C40混凝土钢套箱围堰围水施工，封底混凝土为C25厚2m。

2.桥位处水文特性

鸭绿江口内的潮汐为不规则半日潮，桥位处为感潮段内，在汛期常受洪水影响，形成潮洪混杂的特定状态，枯水期近乎纯潮。桥位处设计流量、水位、流速及壅水高度见表1。

桥位处设计流量、水位、流速及壅水高度 表1

频率	$P=0.33\%$	$P=1\%$	$P=2\%$	$P=3.3\%$	$P=5\%$	$P=10\%$	平滩
流量(m^3/s)	49600	41100	36900	29600	26200	20400	7000
水位(m)	+8.96	+8.38	+7.61	+6.65	+6.51	+5.63	+2.75
最大流速(m/s)		2.87	3.32		2.86		
堤脚流速(m/s)		2.33	2.21		1.71		
壅水高度(m/s)	0.11	0.09	0.07	0.05	0.05	0.04	0.02

二、钢围堰概述

1. 钢围堰基本构造

22号主塔桥墩承台采用无底双壁钢围堰围水施工，围堰壁厚1.2m，设计顶高程+7.2m，底高程-4.0m，总高度11.2m。钢围堰分为上下两节，每节16块，底节壁体高6.0m，顶节壁体高5.2m。钢围堰在后场加工预拼后运到现场，分块、分层安装。由电脑控制8台千斤顶整体同步下放钢围堰，总重量635t(见表2)。

22号墩双壁钢围堰设计参数表 表2

围堰顶高程	▽+7.2	0.8	0.8		大风波浪雍高	0.3	m
承台顶高程	▽+6.4	1.9	6		施工最高水位	▽3.5	m
第一道钢管撑	▽+4.5				施工最高泥面	▽3.0	m
第二道钢管撑	▽+1.5	3.0			施工最大流速	2.87	(m/s)
桩基顶高程	▽+0.6	0.9		11.2	施工最大潮差	3.7	m
承台底高程	▽+0.4	0.2			施工最低泥面	▽0.2	m
水封混凝土底高程	▽-1.6	2	4.4		施工最低水位	▽0.1	m
碎石垫层底高程	▽-1.9	0.3			是否有流冰	有	
围堰底高程(刃脚)	▽-4.0	2.1			围堰总重量	635	t

控制难点在于钢围堰分块构件加工和拼装精度，主要承重构件吊点、牛腿等焊接质量。围堰壁体上设置12个连通器以方便各个阶段的施工需求；每块钢围堰设8个吊点以方便移动和下放。在桩基钢护筒上设有10个导向支架，防止钢围堰错位和倾斜；设置8个承重支架，利用8台穿心千斤顶下放围堰(见图1~图3)。

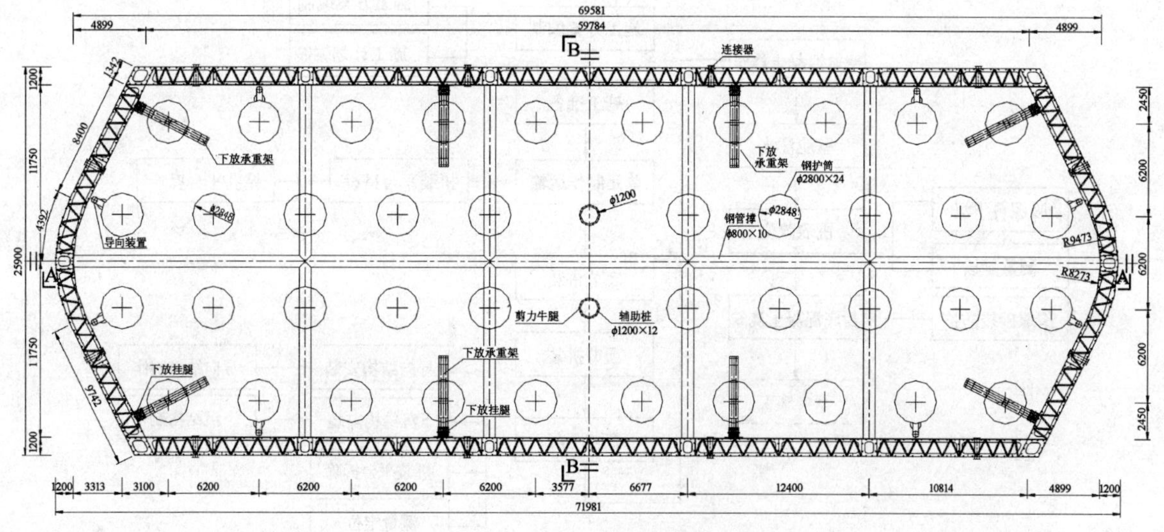

图1 钢围堰平面构造图(尺寸单位:mm)

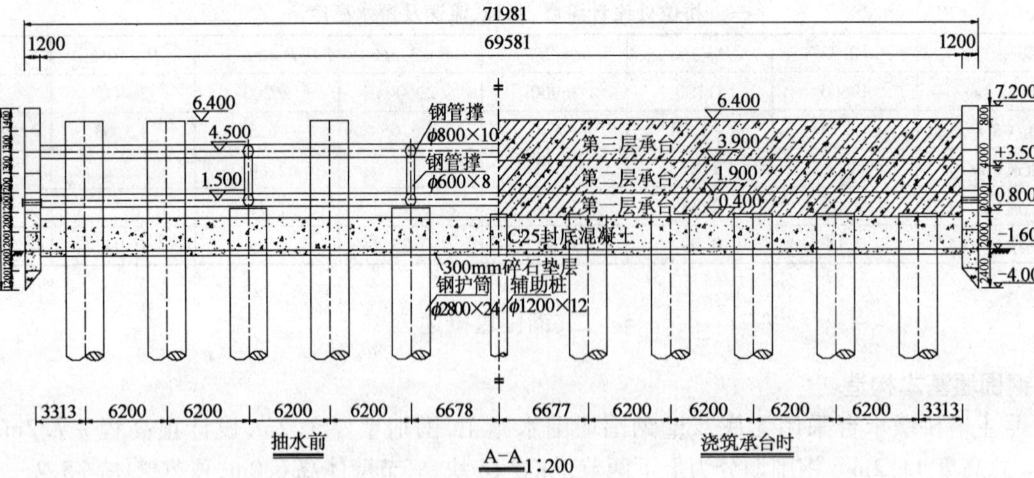

图2　钢围堰剖面图（尺寸单位：mm）

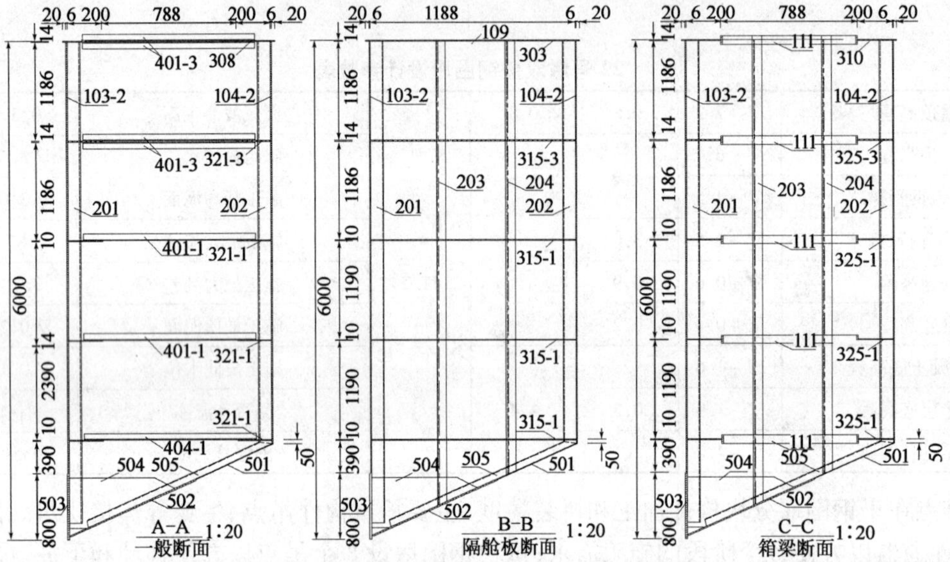

图3　钢围堰底节壁体结构断面图（尺寸单位：mm）

2. 施工流程（见图4）

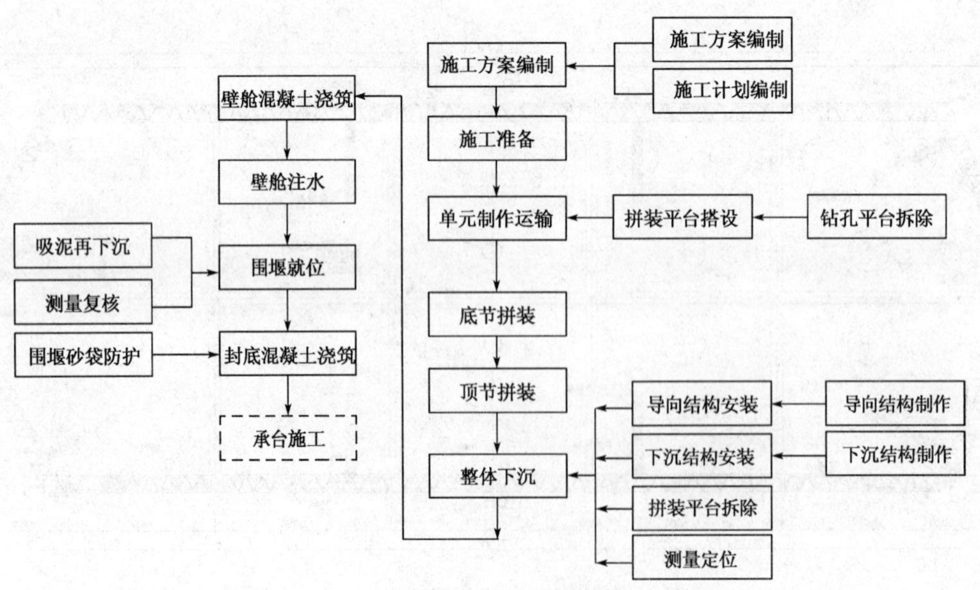

图4　施工工艺流程图

三、钢围堰施工过程控制

1. 拼装顺序

分块围堰拼装时，严格按照以下图示顺序进行拼装（见图5）。

在围堰分块制作时编号写在围堰上，按拼装顺序的编号运输分块围堰。围堰拼装从中间开始，以有效分解误差。

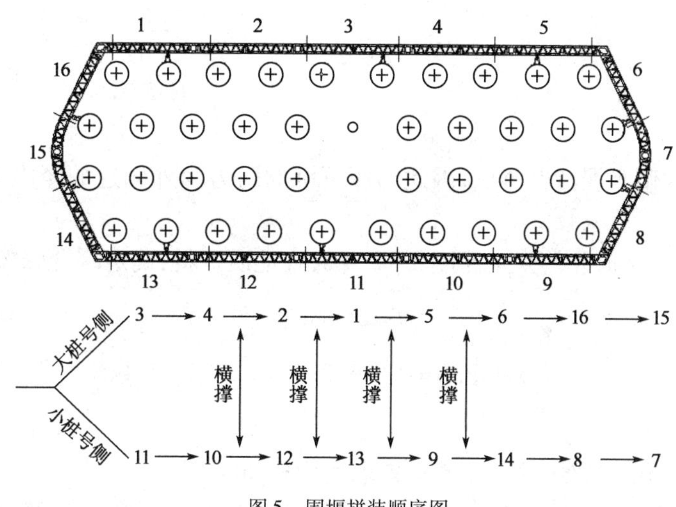

图5 围堰拼装顺序图

2. 拼接过程

第3和第11块定位精度要求高，放出安装线，复核无误后，按样焊接（外轮廓线限位）控制拼装精度。靠轮廓限位吊装，经纬仪观测垂直度，定位并固定好。拼装第4、第10块之后安装顺桥向钢管撑钢管撑设在高程 +1.5m 和 +4.5m 处，顺桥向每层四道。依次按顺序图拼装（见图6）。

3. 分块焊缝

两块围堰拼装，需先焊接水平环板，要保证等强对接；其次是补加水平支撑；最后焊接壁板（先点焊，形成整体后再采取满焊焊接）。焊接完毕，焊缝涂装处理。

4. 临时固定措施

围堰定位后，可利用[25a 工字钢将围堰和周围钢护筒及钢管桩连接固定；对于两围堰块之间，在不影响后续施工的前提下采取合适的连接措施，保证钢围堰内外及壁体轮廓方向的稳定。

5. 下放锚点安装

下放锚点根据现场钢护筒位置精确度组焊吊点边缘，确保吊点边缘与钢护筒净距 20cm，以保证下放过程中吊点与护筒不冲突。由于在壁体内相应的位置已经做了加强，可直接在内壁板上按图纸要求组焊。组焊完成后，需进行焊缝超声波探伤检测（焊缝质量等级应达到一级标准）（见图7）。

图6 分块围堰现场拼

图7 已焊接好的下放锚点

6. 水密性检查

钢围堰接拼焊接完成后下水前，需进行一次水密性试验，保证其密封性以防止渗水。

水密性试验(煤油渗透试验)。其具体步骤是:先将调制好的石灰浆刷在内、外壁板外侧或隔舱板一侧的焊缝处;待干燥后,在内、外壁壁板的内侧或隔舱板另一侧焊缝处涂上煤油,十分钟后检查涂刷的石灰浆处是否有油渍,油渍处即为漏点,用气刨清除后补焊,补焊处应重新做水密性试验。

7.钢围堰下放

1)拼装平台拆除

整体拼装完毕后,利用8台千斤顶吊起双壁钢围堰15cm,拆除HN450型钢和壁体刃脚处的支撑工字钢。

2)下放

(1)围堰下沉条件

①下沉阻力计算

围堰下沉采用围堰内侧吸泥清空方法,因此围堰下沉的阻力为外侧边的摩阻力,内侧边摩阻力忽略不计。

围堰外侧边周长 $L=179$m,外侧入土深度 $h=2.4$m,查地质资料,确定综合摩擦系数

$$f=25\text{kPa}$$

摩擦力 $F_1=L\times h\times f=179\times 2.4\times 2.5=1074\text{kN}$

②水浮力计算

施工期最高潮位+3.5m,泥面高程-1.6m,围堰底面积208.54m^2

浮力最大值:$F_2=\rho Vg=1.0\times 10^3\times 208.54\times(3.5+1.6)\times 9.8=1042.3\text{t}=10423\text{kN}$

③钢围堰自重 $G=635$t,设置下沉系数为1.2。

$F_1+F_2>G$,因此围堰靠自重无法下沉,采取围堰壁体内填充混凝土或水配重。

围堰底面是刃脚,刃脚处填充1.2m高C25混凝土,重量 $P_1=208.54\times 1.2\div 2\times 2.3=287.8$t。其上灌注水,全部灌满重量 $P_2=208.54\times(11.2-1.2)\times 1=2085.4$t。

围堰壁体内的水平支撑、水平环板、舱室等占据一定的空间,实际水和混凝土的重量比计算的小。为保证顺利下放,可再注入1m高的强度等级低的混凝土(增加重量)。

(2)下放

下放前打开连通器,让外界水流入围堰内平衡内外水压。钢围堰体积庞大,经计算当下放到围堰底高程为-0.6m时,浮力等于围堰自重,此时灌注C25夹壁混凝土,增强刃脚处强度。混凝土对称浇筑,每次浇筑厚度40~50cm,浇筑总厚度为2m。

穿心千斤顶利用上下夹持器进行松紧锚作业。千斤顶先空载上升10cm,上夹持器打开,继续上升5cm,围堰自重转移至上夹持器,千斤顶回油下落10cm,继续下落5cm,围堰自重力转移至下夹持器,这样钢围堰就下放10cm,重复以上步骤进行钢围堰下放。

继续进行松紧锚作业,刃脚入泥后,用高压空气吸泥机吸出围堰内侧泥以助沉(见图8、图9)。进入泥面后,围堰需要克服摩阻力,水泵壁体内注水增重,直至刃脚达到设计高程(-4.0m)位置。

四、措施保证

(1)钢围堰每拼装一块均需与拼装平台上的大样对比、复核,如不符合,查明原因后,及时调整平面位置及其垂直度,不得将误差积累到最后。

(2)两块围堰拼装焊接时,在壁体内部焊接可以保证水平环板、水平支撑的焊缝质量,内外壁板裸露在外边,用彩钢板做竖向围挡(2m×1m),底面封底。以防止大风天气影响,还可提高焊接温度和焊接质量。

(3)围堰应选择江面流速小、波浪小的较好天气下放。

(4)吸泥助沉是围堰下沉有效辅助措施。

(5)围堰下放到设计高程后,外侧回填砂袋反压,高度 1.2m,可有效防止河水冲刷,促进提高封底混凝土质量。

图8 吸泥助沉现场实照

图9 22 号主墩承台钢围堰施工现场

五、结 语

中朝鸭绿江界河公路大桥是长江以北地区跨径最大的斜拉桥,同时也是我国第一座界河大桥。大桥 22 号主墩承台采用无底双壁钢套箱围堰围水施工,钢围堰拼装及下沉精度的控制至关重要。严格按分块围堰拼装顺序拼装能有效分解拼装误差;采用电脑控制多台千斤顶辅以吸泥助沉措施实现围堰整体同步高精度下沉。作为北方地区大型桥梁钢围堰深水下沉施工的经验总结,可为日后类似工程实施提供参考。

参考文献

[1] 交通部第一公路总公司. 公路施工手册:桥涵(M). 北京:人民交通出版社,2000.

37. 鸭绿江大桥 22 号主塔下横梁施工技术

徐学西

(中交一公局中朝鸭绿江界河公路大桥项目)

摘 要 中朝鸭绿江界河公路大桥 22 号主塔下横梁采用钢管支架进行现浇施工,在施工中采用塔、梁异步施工和智能张拉压浆等新工艺、新技术,优质、高效地完成下横梁施工。

关键词 鸭绿江大桥 下横梁 塔梁异步施工 智能张拉压浆

一、工 程 概 况

中朝鸭绿江界河公路大桥为 86 +229 +636 +229 +86 =1266m 五跨连续半漂浮体系双塔双索面钢箱梁斜拉桥。索塔下横梁设在主梁下方,顶高程 +34.8m;下横梁为单箱单室预应力钢筋混凝土结构,截面尺寸为 31m(长) ×(9.561 ~9.399)m(宽) ×7.0m(高),顶板、底板及腹板厚度均为 0.9m,内部设有两道 0.8m 厚的横隔墙。横梁结构布置如图 1 所示。

下横梁施工属于高空大体积混凝土施工,规模大,工程量多(钢筋 215t,混凝土 990m^3),工期紧,施工质量要求高,支架搭设及混凝土施工难度大,如图 2 所示。

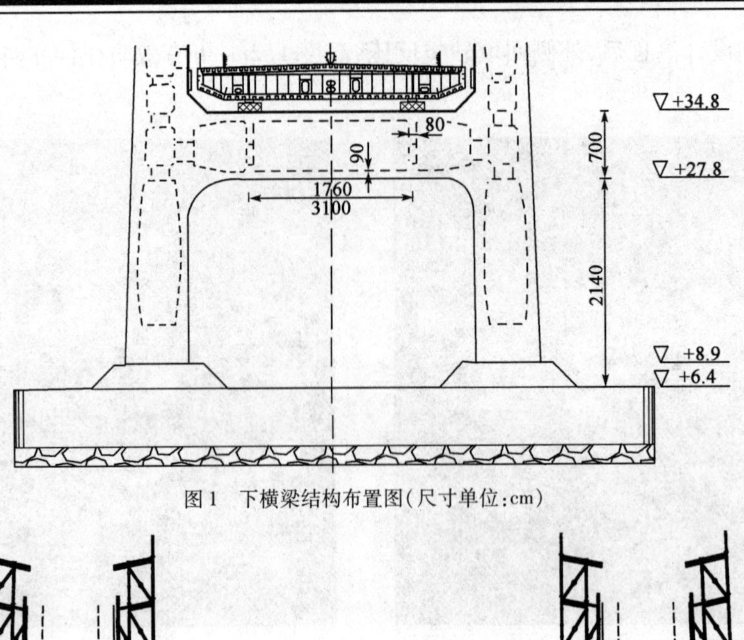

图1　下横梁结构布置图(尺寸单位:cm)

图2　下横梁与塔肢异步施工示意图(尺寸单位:cm)

二、下横梁施工

1. 施工方案选择

塔梁施工有塔梁同步施工和塔梁异步施工两种方案,根据鸭绿江大桥的施工特点和以往的施工经验,对两种方案进行比选,比选结果如表1所示。

方案比选　表1

施工方案	优点	缺点	采用方案
塔梁同步施工	塔梁接触部位的钢筋及预应力波纹管施工简单	1. 塔肢施工受到横梁施工的限制,影响工期; 2. 塔肢内侧爬架、模板需反复安拆	
塔梁异步施工	1. 横梁施工的同时,塔肢也在施工,节约工期; 2. 避免塔肢内侧爬架、模板的反复安拆	塔梁接触部位的钢筋及预应力波纹管预埋精度要求高	★

通过综合比选,最终选定下横梁与塔肢采用异步施工的方法。横梁分三次浇筑、预应力一次张拉的总体施工工艺。第一次浇筑底板、腹板和隔墙,高度为3.75m;第二次浇筑顶板和剩余腹板、隔墙,高度为3.25m;待混凝土达到设计强度后进行顶推、安装合龙段钢筋,浇筑第三次混凝土。当混凝土强度达到100%且弹性模量达到85%以上及龄期不小于10天方可张拉预应力束,所有钢束均采用两端张拉,锚下张拉力和引伸量双控。

2. 支架设计与施工

下横梁施工支架由钢管立柱、柱间水平横撑、扶墙撑杆、支撑牛腿、卸荷块、型钢分配梁、贝雷片及圆弧段桁架组成。设计采用直径 820mm、壁厚 10mm 和直径 600mm、壁厚 8mm 的钢管做为立柱，立柱之间横向采用直径 600mm、壁厚 8mm 的钢管连接。每个塔肢设 4 个牛腿，采用 3I56 工字钢形成的箱型梁做分配梁，贝雷片和圆弧段桁架搁置在 3I56 工字钢上。贝雷片上设置[12.6 工字钢作为分配梁，落架采用卸荷块。其支架布置如图 3 所示。

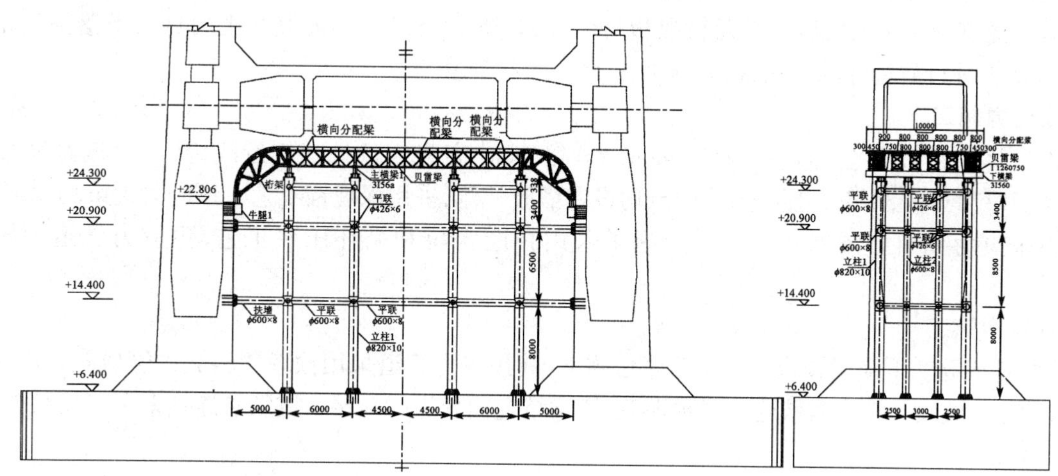

图 3　下横梁施工支架布置图(尺寸单位:)

(1)设计荷载：施工荷载、模板荷载、下横梁浇筑荷载、风荷载、水平抗力。

设计工况：

工况一　支架搭设完成，未浇筑

自重 + 模板 + 水平抗力 + 施工荷载 + 风荷载(最大风速)

工况二　支架浇筑过程中

自重 + 模板 + 施工荷载 + 水平抗力 + 混凝土浇筑荷载 + 风荷载(工作风速)

(2)支架施工

为施工方便，钢管支架分为两段接高，柱接头采用哈佛接头。水平横撑与立柱，扶墙横撑与立柱均采用焊接。施工时所有钢管用 80t 履带吊吊装施工，立柱接长及平联焊接时采用悬挂吊篮作为作业平台。钢管支架安装完成后，测量复核每根钢管顶高程并用卸荷块高度调平。

综合考虑支架弹性变形与非弹性变形的影响，通过调整卸荷块高度在支架上设置预拱度。经过模拟计算，预拱度设计值为 20mm。在施工中，经过现场实际测控，测得的相应点的变形量为 18mm。预拱度设置合理，达到预期效果。

3. 模板施工

下横梁模板主要包括底板底模、腹板侧模、腹板内模、隔墙模板、顶板底模、压脚模及人洞处模板。底板底模和腹板侧模采用大面积钢模，可与 23 号、24 号墩柱周转使用；腹板内模、隔墙模板和顶板底模采用组合钢模，方便施工结束模板倒出；压脚模、圆弧段外模为异形模板，特制钢模；人洞处采用自制木模。

底板底模放在支架顶的分配梁上，肋板与分配梁接触部位焊接；腹板侧模与腹板内模采用对拉螺杆固定，采用直径 20mm 钢筋，间距为 150cm；顶板底模利用在横梁内腔搭设脚手架支撑，间距为 60cm × 60cm，脚手架需进行横向和纵向连接，保证稳定性。

4. 钢筋施工

根据塔梁异步施工工艺要求，在塔肢施工时需在塔柱内预埋钢筋，在横梁与塔柱的结合面通过墩粗直螺纹接头连接。先绑扎第一、二次浇筑混凝土处钢筋，钢筋交错伸出合龙段 50cm 和 25cm 并将钢筋按顺序编号，当顶推、固结后，实际测量同编号间的距离再进行下料，绑扎。所有钢筋均在后场下料加工成半成品，按钢筋编号成捆运至施工现场。

5. 混凝土施工

下横梁采用等级为C50高流态耐海水侵蚀的抗冻高性能混凝土。横梁浇筑方量大，浇筑时间长，混凝土配制时需满足缓凝时间≥12h，保证混凝土的耐久性、和易性和泵送要求等施工性能。

下横梁浇筑可采用地泵或汽车泵，经过比选最终采用汽车泵浇筑。下横梁距离承台28.4m，汽车泵在施工栈桥上可以满足施工要求。利用汽车泵浇筑，减少铺设泵管和串筒的时间且施工灵活、方便。

下横梁浇筑顺序先底板后侧板及横隔板，保证均匀性、对称性，保证混凝土的自由下落高度不超过2m。对振捣工进行质量标准交底，精心施工。

6. 预应力施工

下横梁共布置52束公称直径 $\phi15.2\text{mm}$，$A=140\text{mm}^2$ 高强度低松弛钢绞线，其中顶板对称布置20束，底、腹板对称布置32束。预应力锚固点均设在塔肢外侧，采用深埋锚工艺。预应力钢束均两端张拉，采用锚下张拉力和引伸量双控。预应力施工采用智能张拉和循环压浆工艺，预应力管道为塑料波纹管。

1）预应力施工

（1）管道成孔。下横梁预应力采用后张法施工，其预应力管道采用预埋塑料波纹管成孔。由于采用塔梁异步施工，波纹管需在塔肢施工时预埋，在塔梁结合面处进行连接。波纹管连接采用专用接头，固定采用定型骨架。

（2）钢绞线下料、人工穿束。穿束前用空气压缩机清除管道并将钢绞线分组，横梁采用先穿法施工。钢绞线下料长度＝理论长度＋千斤顶工作长度＋预留长度。

（3）张拉。横梁预应力张拉采用智能张拉控制系统，系统可以自动读取梁板参数，智能计算张拉过程的压力值，无线控制油泵的进退油，实时无线采集油压与位移信息，自动生成预应力张拉记录等功能。全程无需人工干预，且具有错误纠正、数据同步、张拉审核等张拉过程控制，完全改变了传统的通过人工来操纵油泵进行张拉操作，真正地实现了张拉的同步性控制。

2）压浆

横梁采用循环压浆工艺，循环压浆系统如图4。

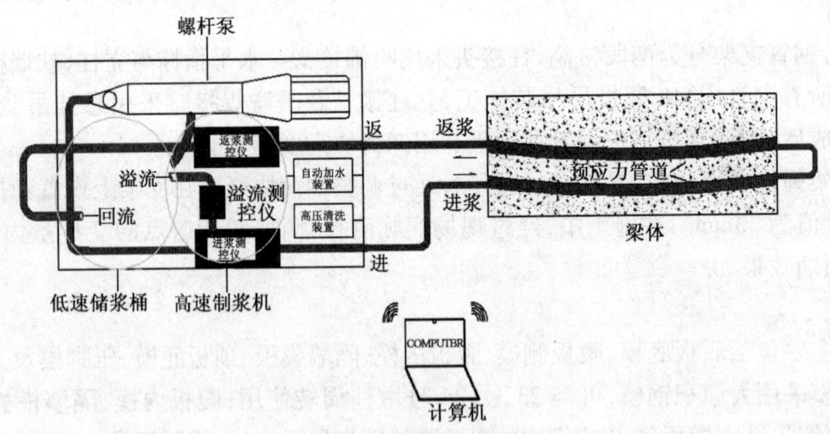

图4　循环压浆结构图

（1）浆液满管路持续循环排除管道内空气管道内浆液从出浆口导流至储浆桶，再从进浆口泵入管道，形成大循环回路。浆液在管道内持续循环，通过调整压力和流量，将管道内空气通过出浆口和钢绞线丝间空隙完全排出，还可带出孔道内残留杂质。

（2）准确控制压力，调节流量。精确调节和保持灌浆压力，自动实测管道压力损失，以出浆口满足规范最低压力值来设置灌浆压力值，保证沿途压力损失后管道内仍满足规范要求的最低压力值。当进、出浆口压力差保持稳定后，可判定管道充盈。通过进出口调节阀对流量和压力大小进行调整。

三、结　语

鸭绿江大桥22号主塔下横梁施工中,针对横梁的结构设计特点和现场的实际情况,制定了合理的塔梁异步施工方案,在确保施工质量的前提下加快了主塔的施工进度;预应力施工运用智能张拉压浆施工工艺,全程无需人工干预,且具有错误纠正、数据同步、张拉审核等张拉过程控制,完全改变了传统的通过人工来操纵油泵进行张拉操作,真正地实现了张拉的同步性控制。为今后类似工程施工积累经验,提供参考。

参考文献

[1] 中华人民共和国行业标准. JTG/T F50—2011 公路桥涵施工技术规范. 北京:人民交通出版社,2011.

[2] 南京长江第三大桥建设指挥部. 南京长江第三大桥主桥技术总结. 北京:人民交通出版社,2005.

[3] 中华人民共和国国家标准. GB 50017—2003 钢结构设计规范.

38. 中朝鸭绿江界河公路大桥主塔混凝土表面干缩裂缝防治办法

王　爽

(中交第一公路工程局有限公司)

摘　要　混凝土表面裂缝几乎无处不在,或呈线形分布或成网状分布,或者有规律分布,或者无规则分布。从混凝土浇筑成型至构件的使用期,混凝土的裂缝几乎伴随其终生。本文从温度和湿度变化引起的混凝土干缩裂缝结合鸭绿江大桥22号主塔混凝土施工对裂缝的控制进行分析探讨。

关键词　干缩裂缝　温度与湿度　控制措施

一、工程概况

鸭绿江大桥22号墩主塔为"H"形钢筋混凝土塔,塔柱全高197.1m,两塔柱间在塔顶的横向中心间距为36.0m。索塔采用箱形变截面,塔底截面尺寸为10.0m×7.0m,塔顶截面为7.0m×5.0m。塔壁的厚度横桥向均为1.0m,顺桥向下塔柱1.0m、中塔柱0.9m、上塔柱1.2m。混凝土设计强度等级为C50,属于高性能混凝土。主塔采用液压爬模施工。

二、干缩裂缝产生的原因

混凝土初期硬化期间水泥放出大量的水化热,内部温度不断上升,在混凝土表面形成拉应力,后期降温过程中,由于受到其他条件的约束,又会在混凝土内部出现拉应力。同时,气温(或者混凝土表面温度)变化也会在混凝土表面引起很大的拉应力。当这些拉应力超出混凝土的抗裂能力时,便会出现裂缝。

绝大多数混凝土内部湿度变化很小,同时变化也很慢,但表面湿度变化较大而剧烈。这主要是因为在混凝土有效养护期内养护不到位、时干时湿,表面干缩变形受到内部混凝土的约束,使表面混凝土受到拉力,导致表面出现裂缝。

众所周知,混凝土是一种脆性的不均匀性的材料,抗拉强度只有抗压强度的1/10左右。加之,原材料的不均匀性、集料级配的不合理性、水灰比的不稳定性以及运输和浇筑过程的离析现象、振捣过程中出现漏振或者过振的现象等,在同一个混凝土构件中,其抗拉强度也不均匀,存在很多抗拉能力很低、易于出现裂缝的薄弱部位。在钢筋混凝土中,拉应力主要由钢筋承担,混凝土只承受压应力;如果在其边缘部位出现拉应力,那么只能依靠混凝土自身来承担。一旦产生的拉应力大于混凝土的抗拉强度,便形成了裂缝。

鸭绿江大桥22号墩主塔施工属高空作业,且处于鸭绿江流域中,周围无遮挡物,风力较大(高空中),能使混凝土表面水分流失加剧、温度下降明显、混凝土内外温差拉大,表面易出现干缩裂缝。

三、通过温度的控制减少裂缝产生的措施

根据前面的分析,混凝土表面的裂缝是因温度变化形成的拉应力引起的。那么就从控制温度和改善约束条件两方面着手解决。而温度的控制我们又从减少混凝土内部的水化温度和外环境的气温剧变两方面考虑。具体办法有:

1. 改善配合比及原材料

(1)合理选择水泥品种。一般来说,水泥的需水量越大,混凝土的干燥收缩越大,不同水泥混凝土的干燥收缩按其大小顺序排列为:矿渣硅酸盐水泥、普通硅酸盐水泥、中低热水泥和粉煤灰水泥。所以,从减少收缩的角度出发,宜采用中低热水泥和粉煤灰水泥。

(2)控制水泥用量。混凝土干燥收缩随着水泥用量的增加而增大,但是增加量不显著。在有可能减少水泥用量时,还是尽可能降低水泥用量,因为泵送混凝土的水泥用量偏高,C20 ~ C60 混凝土的水泥用量一般为 250 ~500kg/m^3。

(3)用水量的把握。混凝土的干燥收缩受用水量的影响最大,在同一水泥用量条件下,混凝土的干燥收缩和用水量成正比、为直线关系;当水泥用量较高的条件下,混凝土的干燥收缩随着用水量的增加而急剧增大。综合水泥用量和用水量来说,水灰比越大,干燥收缩越大。

(4)最佳砂率的确定。混凝土的干燥收缩随着砂率的增大而增大,但增加的数值不大。泵送混凝土宜加大砂率,但不是笼统的和无限的,也应在最佳砂率范围内,可以通过理论计算和工程实践确定。

(5)化学外加剂的选用。掺加减水剂、泵送剂,特别是同时掺加粉煤灰的双掺技术不会增大干燥收缩,但是对于某些减水剂、泵送剂,尤其是具有引气作用时,有增大混凝土干燥收缩的趋势。因此在选用外加剂时,必须选用干燥收缩小的减水剂或泵送剂。

2. 施工及养护处理

首先,应避开高温浇筑混凝土,如果气温高于30℃尽量不要浇筑混凝土。如果工期压力大,可采用对模板降温、给碎石降温,减少混凝土浇筑层等办法。在施工过程中混凝土力求浇筑均匀并要加强对它的振捣,因为混凝土抗拉伸性的波动性远大于混凝土抗压缩性的波动性,而混凝土裂缝又总是发生于抗拉伸的薄弱环节。混凝土浇筑质量的好坏对其的抗裂性有重要影响,因此,需要精心施工提高混凝土的浇筑质量。

当混凝土强度达到要求后,首先要将模板的对拉螺栓松开,这样模板与混凝土之间就会存在一定的缝隙(让混凝土透气、散发内在水化热,逐渐减少混凝土内外温差)。每隔2小时对这个缝隙进行浇水处理,浇水时要确保整块模板内的混凝土表面处于湿润状态,这样就减少了由于风大导致的水分流失。并且利用混凝土自身的水化热结合浇入的水分,使模板内的混凝土表面处于高温度和高湿度环境中快速增长强度提高抗裂能力,减小了裂缝出现的几率。待爬模退模后,混凝土表面立即喷洒养生剂进行养护,防止表面干缩出现裂缝。特别是混凝土早期的前7天,水化热大,混凝土强度及弹性模量急剧变化,内部产生残余应力,与温度应力形成叠加,而混凝土本身抗拉抗裂性就差,这个时期则更低。因此养护不好更容易出现裂缝。

四、结　　语

干缩裂缝在工程施工中发生的比例较大,实际工程中收缩裂缝发生的形态也多种多样,收缩裂缝往往对承载力影响不大,但会影响结构中内力的分布、表观质量及其自身的耐久性。但只要在混凝土配合

比设计、施工及养护中采取有效的应对措施就可以有效地控制收缩裂缝的产生。

参考文献

[1] 王铁梦. 工程结构裂缝控制[M]. 北京：中国建筑工业出版社，1997.

[2] 富文权，韩素芳. 混凝土工程裂缝分析与控制[M]. 北京：中国铁道工业出版社. 2002.

39. 中朝鸭绿江界河公路大桥主桥钢箱梁吊装控制要点

王艺桥

（辽宁省公路管理局）

摘　要　本文就主桥钢箱梁吊装施工中的诸多控制要点进行了阐述，希望可以为工程质量的保证提供有力支持。

关键词　主桥　钢箱梁　吊装　控制要点

一、概　　述

1. 工程概述

中朝鸭绿江界河公路大桥主桥为(86 + 229 + 636 + 229 + 86)m 双塔双索面钢箱梁斜拉桥，主跨636m，边跨设置辅助墩、过渡墩；大桥结构采用半漂浮体系。拉索采用扇形布置，全桥共 4 × 19 对斜拉索。主塔采用“H”形，主塔总高度 197.1m（含 2.5m 塔座）。主塔采用箱型变截面，塔底截面尺寸为 10m × 7m，塔顶截面为 7m × 5m，塔壁的厚度横桥向为 1.0m，顺桥向下、中塔柱为 1.0m，上塔柱出索端 1.2m。

2. 主桥钢箱梁概述

主桥钢箱梁为扁平流线型封闭钢箱梁，其桥面板为正交异性板结构。全桥钢箱梁分为 11 种类型，87 个节段，其中 A、B、C 为索塔区梁段，D、H、G 为标准梁段，F、J 梁段为边墩墩顶梁段，E1、E2、E3 为合龙段。钢箱梁含风嘴全宽 33.5m，不含风嘴顶板宽 29m，中心线处高 3.5m，详见图 1 所示。

主桥标准横断面 1：200

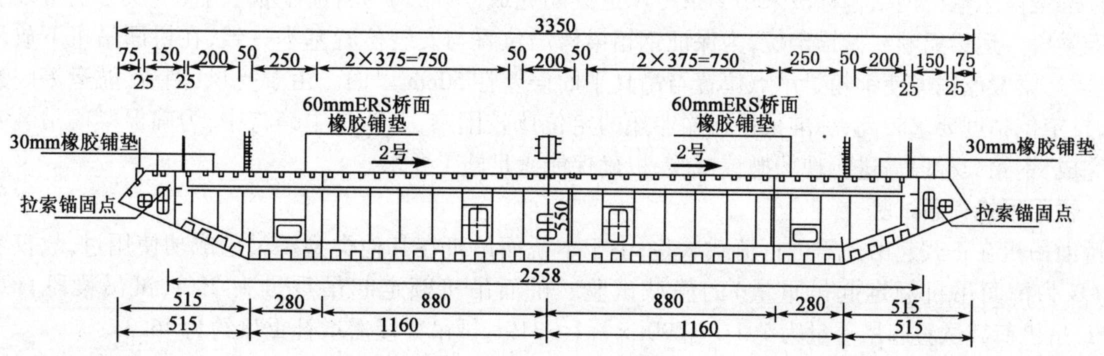

图 1　钢箱梁标准断面图

标准梁段分为双悬臂对称吊装梁段、单悬臂吊装梁段以及整体吊装梁段。以一侧主塔为例，吊装段共计 43 片，其中双悬臂吊装施工 28 片，单悬臂吊装施工 4 片，整体吊装施工 9 片，合龙段吊装 2 片，其吊装分布见图2所示。

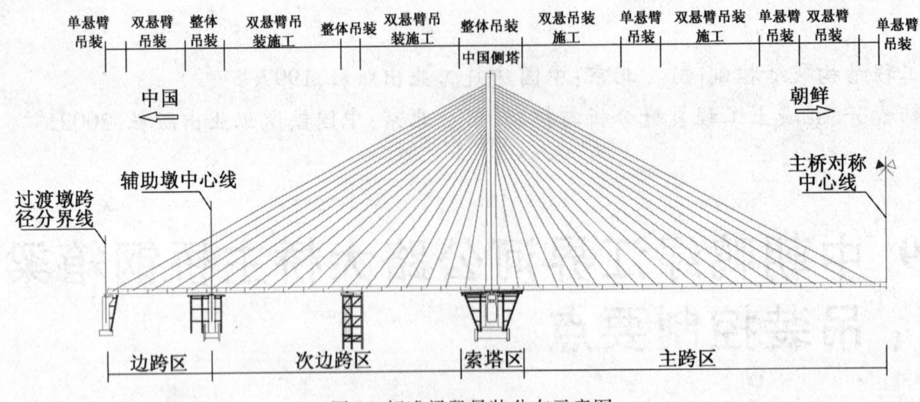

图2　标准梁段吊装分布示意图

二、对整体方案的控制

标准段钢箱梁在加工厂完成加工、防腐涂装及预拼装后，由运梁驳船运至现场后采用桥面吊机安装。具体安装施工工艺如下：

(1)2号~6号钢箱梁，采用桥面吊机双悬臂吊装。

(2)岸侧7号钢箱梁按设计要求需提前搁置在临时墩墩顶，由浮吊提前将其吊装至临时墩墩顶存放。江侧7号梁段采用桥面吊机单悬臂吊装。

(3)8号~13号钢箱梁采用桥面吊机进行双悬臂吊装。

(4)岸侧14号、15号、ZAL1梁段已提前吊装辅助墩墩旁支架上存放，当桥面吊机完成13号梁段吊装时，开始准备进行边跨合龙段ZAL1梁段合龙施工，期间按照监控要求相应进行江侧14号、15号梁段单悬臂吊装。

(5)桥面吊机继续进行16号~18号梁段双悬臂吊装。

(6)根据施工工艺要求，当桥面吊机完成18号梁段吊装后，开始进行过渡墩墩顶梁段19号梁段吊装。首先岸侧19号梁段由桥面吊机起吊至桥面高度，然后安装滑移轨道，桥面吊机落梁至滑移轨道后，19号梁段再通过牵引滑移至安装位置。最后，拆除滑移轨道，进行边跨合龙段ZAL2梁段合龙施工，期间根据监控要求相应进行江侧19号梁段悬臂吊装。至此，钢箱梁全部吊装完成。

三、对标准梁段吊装的控制

1. 标准梁段的运输与定位

标准梁段运输由钢结构标段采用2条专用运梁船完成，两船均为自航平板驳船，一次分别可装载一个标准梁段。运梁船顺江抛锚定位，为保证钢箱梁停泊位置与安装位置基本一致，在桥面吊机下放吊具后，收放运梁驳船锚绳使钢箱梁吊点位置与吊具平面误差在50cm以内。由于受风、潮流、航运等因素的影响，且定位精度要求较高，标准梁段运输船舶的定位比较困难，尤其是主跨跨中，为确保梁段吊装安全顺利完成，钢箱梁标段需进行现场抛锚试验，以确保能满足施工要求。

2. 桥面吊机荷载试验

桥面吊机在正式起吊前需进行荷载试验，由于本桥面吊机在其他类型桥梁已成功使用过，故仅考虑1.1G(G为桥面吊机额定起吊重量)的静载试验。桥面吊机额定起吊重量为290t，试吊梁段自重约272.7t，吊机荷载试验起吊重量为1.1G＝290t×1.1＝319t，试吊梁段需增补重量约为46.3t。

根据增补重量，采取水箱加水压载的方法。经计算，采用4个3m高$\phi 2100\times 16$的钢护筒作水箱，加水至2.41m高即可满足重量要求，水箱底部设置阀门，以便及时将水排出。压载水箱布置在横隔板加劲范围内，具体见图3所示。

待运梁船定好位后，在边跨ZA2和中跨ZJ2梁段上，分别将4个压载水箱吊至图示位置，然后向水箱里面加水至预定深度，准备静载试验，首先通过联动控制箱，桥面吊机逐级加压，每次加压检查吊机、吊耳情况。待梁段脱离运梁船10～20cm，停悬10min以上，检验吊机、吊点及后锚应力与变形，满足要求后，将水箱水排出，静载试验结束。

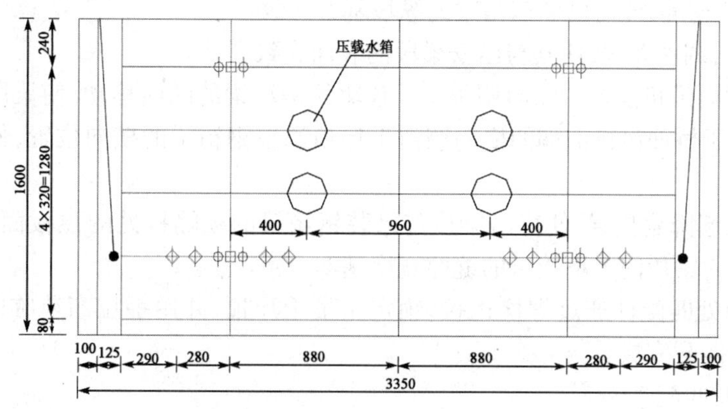

图3　压载水箱布置图(尺寸单位:mm)

3.标准梁段起吊

桥面吊机静载试验完成后，即可开始正式起吊。其主要吊梁工艺为：

(1)下放扁担梁至待吊梁段上，连接梁段吊耳和扁担梁，通过扁担梁上的千斤顶调整吊点位置，确保钢箱梁能水平起吊。

(2)缓慢收紧起吊钢丝绳，通过主吊油泵油压表读数，控制每个吊点的受力均衡，起吊梁段重量30%后，停止起吊，检查确认吊机系统及吊耳情况良好。

(3)通过联动控制箱，按每500kN为一级逐级加压，每次加压应检查吊机、吊耳情况。

(4)当加压接近梁段起吊重量时，拆除梁段的临时固定装置，最后作全面检查。

(5)当检查确认无任何影响起吊的障碍和确保安全后，两边同时连续起吊，一次性将梁段吊离运输驳船，此时，移走运输驳船。

(6)桥面吊机继续提升，提升过程中，观察梁体上下游方向的平衡情况，若不水平，则通过单独控制一侧的千斤顶进行及时调整。

(7)当梁段到达桥面附近(具体位置视纵向坡度而定)时停止，开始调梁。

4.标准梁段调位及匹配

由于桥面设有纵向坡度，且桥面吊机所在的已装钢箱梁在前支点反力和斜拉索拉力的作用下，钢箱梁出现中间下挠，两边上翘的临时状态，而此时吊装的钢箱梁在桥面吊机的提吊和自重作用下出现的变形状态正好相反(见图4)，这些因素均给待吊梁段的调位及临时匹配件的连接带来了困难，因此，施工时拟采取必要的操作程序和控制措施。

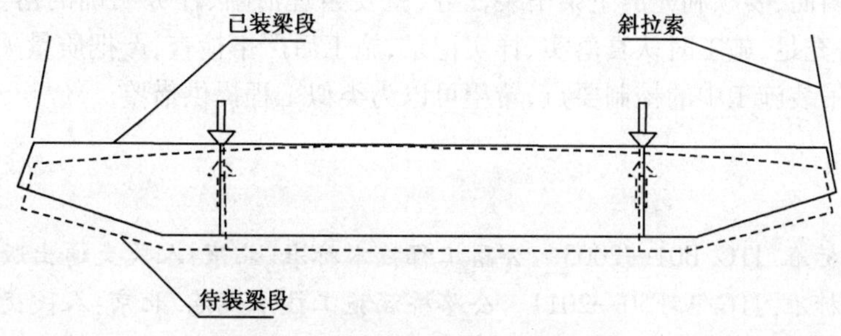

图4　已装梁段与待装梁段变形比较图

梁段调位分为初调和精调，初调在梁段吊至桥面时即可进行，一般在白天完成；精调则选择在日落2小时后且顶、底板温差小于2℃时进行。

1)梁段初步调位及临时匹配

梁段初步调位及临时匹配操作的主要程序为:

(1)利用装置于扁担梁上的水平千斤顶调整待吊钢箱梁的纵向坡度,使其与已装梁段对应位置处上下接口的缝隙宽度大致相等,即与已装钢箱梁的纵坡基本一致。

(2)继续提升梁段,调整高程,使其与已安梁段的表面大致齐平。

(3)利用装置于桥面吊机前端的纵向调位千斤顶驱使钢箱梁的纵向移动,使梁段向已装钢箱梁缓慢靠拢。其间,利用装置于桥面吊机前端的横向调位千斤顶调整钢箱梁的横向位置,使待吊梁段与已装钢箱梁的轴线对齐。

(4)根据需要微微起降扁担梁,使待吊梁段与已装钢箱梁的纵隔板处的顶板面对齐,同时微微调整扁担梁上水平千斤顶,使梁段间上下接口的缝隙宽度基本一致。

(5)将梁段纵隔板处匹配件通过螺栓连接,锁定主吊千斤顶,并用手拉葫芦临时固定,具体见图5。至此,梁段初步调位及匹配完成。

2)梁段精确调位及匹配

根据监控要求,对待安装梁段进行局部测量(相邻梁段对应测点的平面位置及高程),并测试相关索的索力,若不满足要求,则进行调整,调整由桥面吊机、斜拉索完成,对出现在两梁段间两侧锚腹板处的高差则通过千斤顶进行调平(见图6),对不影响匹配件连接的出现在局部板间的错台,可由施焊单位通过打码进行调平。

当梁段调位验收合格后,及时交付施焊单位及时焊接。

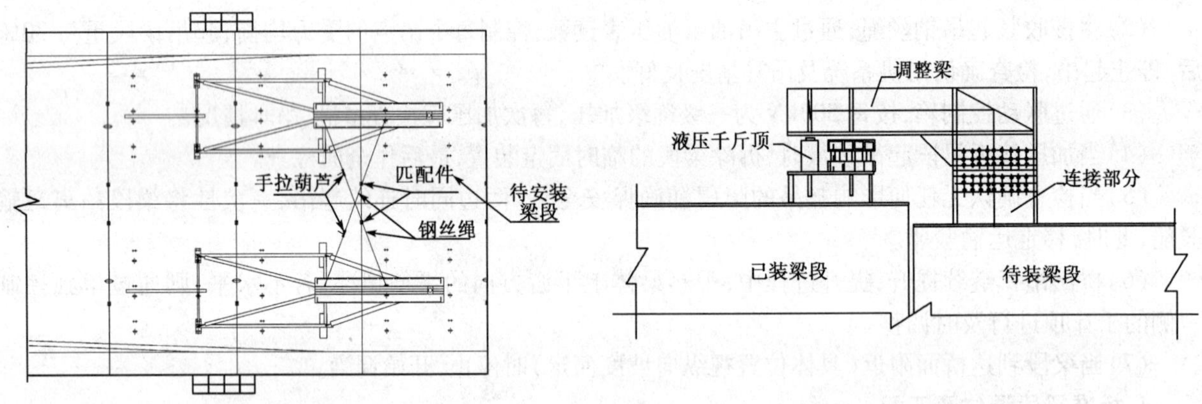

图5　标准梁段初步调整及匹配示意图　　　　图6　相邻梁段间锚腹板相对高差调整示意图

四、小　结

清晰的理解和准确的把握主梁吊装和调整施工控制要点的每一个细节,是保证工期不停滞、质量达到优良品级的关键。因而,要顺利完成主梁吊装任务,就要条理清晰、任务明确的落实每一个环节,做到环环相扣,施工前准备充足,施工时认真落实、详实记录,施工后严格检查,严把质量关。本文旨在从管理的角度总结对于主梁吊装施工中的控制要点,希望可以为类似工程提供借鉴。

参考文献

[1] 中华人民共和国标准. JTG B01—2003　公路工程技术标准. 北京:人民交通出版社,2003.

[2] 中华人民共和国标准. JTG/T F50—2011　公路桥涵施工技术规范. 北京:人民交通出版社,2011.

[3] 中华人民共和国行业标准. JTJ F80/1—2004　公路工程质量检验评定标准. 北京:人民交通出版社,2004.

[4] 中华人民共和国国家标准. GB 50017—2003　钢结构设计规范. 北京:中国建筑工业出版社,2003.

[5] 中华人民共和国行业标准. GB 50205—2001　钢结构工程施工质量验收规范. 北京:人民交通出版

社,2001.

[6] 中华人民共和国国家标准. GB 50026—2007 工程测量规范. 北京:中国建筑工业出版社,2007.

40. 中朝鸭绿江界河公路大桥的钢箱梁无应力制造线形

李 鸥[1] 杨宏健[2] 于传君[3] 郝丕林[2]

(1. 中铁大桥局集团武汉桥梁科学研究院有限公司;2. 辽宁省公路管理局;
3. 辽宁省交通规划设计院)

摘 要 为了准确实现大跨度钢箱梁斜拉桥的成桥目标状态,以中朝鸭绿江界河公路大桥工程为研究背景,对大桥钢箱梁悬臂拼装施工过程进行详细计算分析,通过无应力状态法确定大桥的钢箱梁的制造线形。计算结果表明,对于施工过程复杂的大跨度斜拉桥结构,无应力状态法较好联系其施工过程状态和最终成桥目标状态,从而直观高效地求解主梁制造线形。

关键词 斜拉桥 钢箱梁 无应力状态法 制造线形

一、引 言

大跨度钢箱梁斜拉桥一般采用悬臂拼装施工,钢箱梁的制造线形对成桥目标状态影响较大。悬臂施工的钢箱梁不能像混凝土梁段那样,在节段连接处转角和悬臂端高程的实现较大幅度调整,钢箱梁的制造线形一旦确定,在拼装过程中,受到焊缝宽度和匹配等条件限制,梁端高程及倾角允许调整的幅度较小[1-3]。如果完全依靠索力来控制主梁线形,会引起内力误差,误差累积后导致线形和内力逐渐偏离预期理想状态。因此,如何根据成桥目标状态确定合理的钢箱梁制造线形,是大跨度斜拉桥施工控制能否成功的关键。

二、桥 梁 概 况

中朝鸭绿江界河公路大桥为主跨 636m 的双塔双索面钢箱梁斜拉桥,其跨径布置为(86 + 229 + 636 + 229 + 86)m = 1266m(主桥总体布置见图 1)。主梁为扁平流线型钢箱梁,全宽为 33.5m,钢材为 Q345E。斜拉索采用平行钢丝拉索。索塔采用"H"型,C50 混凝土现浇,索塔总高度 194.6m。结构体系为五跨连续半漂浮体系。

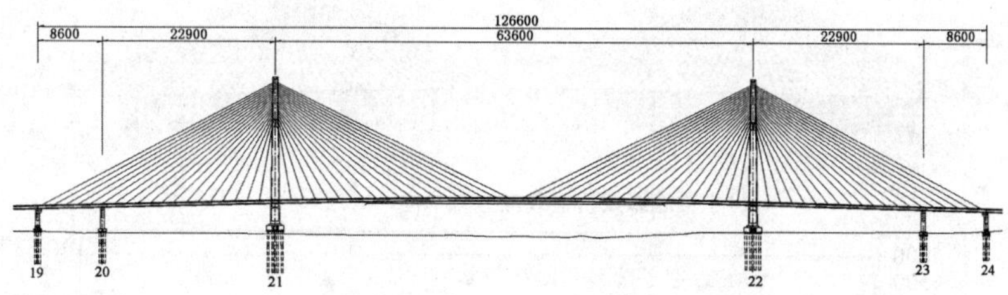

图 1 中朝鸭绿江界河公路大桥立面布置(尺寸单位:cm)

钢箱梁划分为 87 个梁段(如图 2 所示),标准段长度为 16.0m。标准梁段采用桥面吊机施工,最大起吊重量为 306t。

三、合理成桥状态的确定

成桥状态是大跨度斜拉桥施工控制的目标和首要工作,然后以成桥目标状态为基础,进行施工过程计算,确定施工目标状态和钢箱梁制造线形。

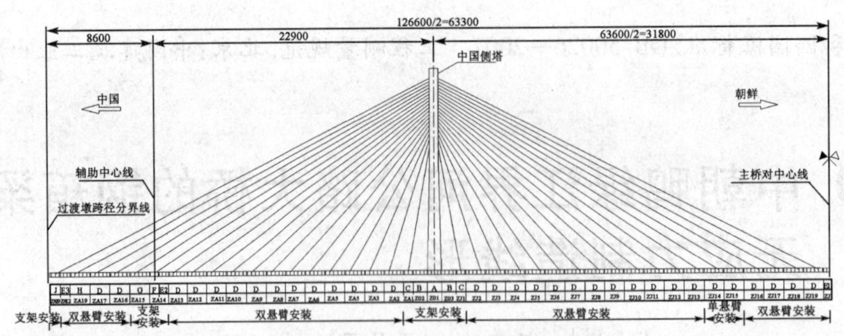

图2 21号墩索塔钢箱梁节段划分(尺寸单位:cm)

斜拉桥合理成桥状态的求解具体目标主要是确定斜拉索的成桥恒载索力和主梁的恒载线形。在确定成桥索力时,应从以下几个方面进行考虑[4]:

(1)恒载索力分布要尽量均匀。

(2)在恒载作用下,主梁和主塔的弯矩较小,并适当考虑活载的影响。

(3)主梁支座反力在恒载作用下有足够的压力储备,在活载及成桥阶段其他荷载作用下不出现负反力。

(4)成桥状态桥面线形平顺,且满足设计要求。

根据上述原则和设计要求(图3为鸭绿江界河公路大桥的成桥状态计算结果),从计算结果可以看出:恒载状态下,主梁正负弯矩极值大致相等,主梁截面基本处于受压状态,应力分布均匀,截面上下缘的最大压应力分别为-63MPa、-58MPa。斜拉索索力分布也较为均匀。

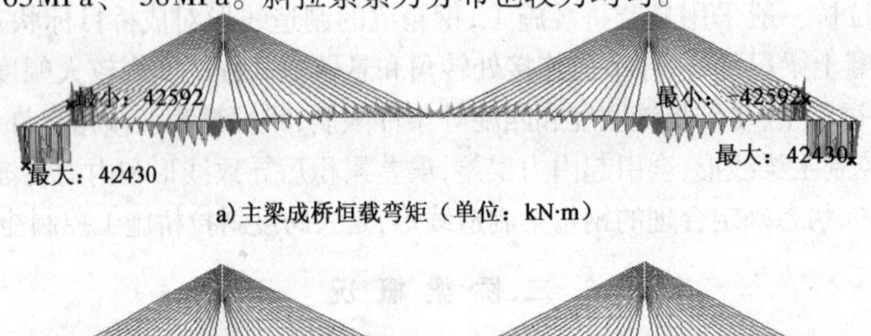

a)主梁成桥恒载弯矩(单位:kN·m)

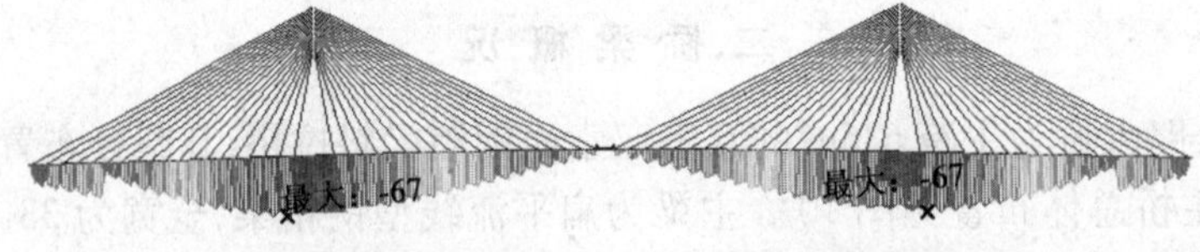

b)主梁顶缘成桥恒载应力(单位:MPa)

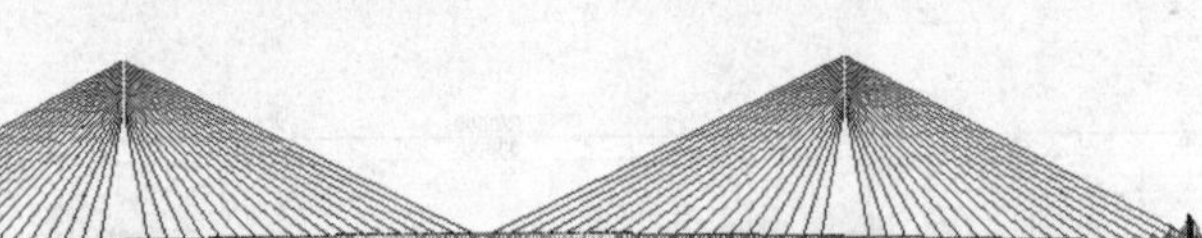
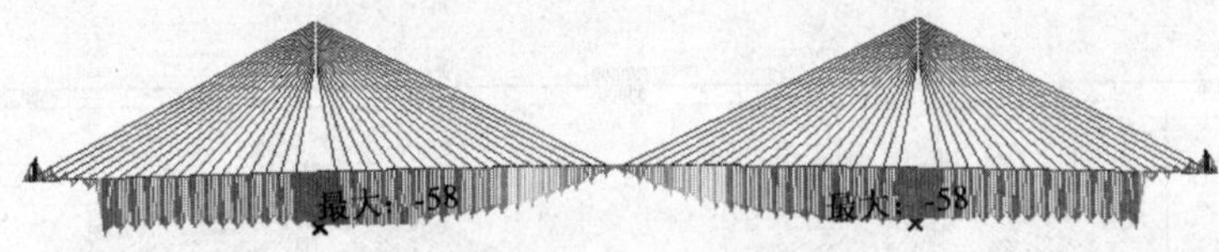

c)主梁底缘成桥恒载应力(单位:MPa)

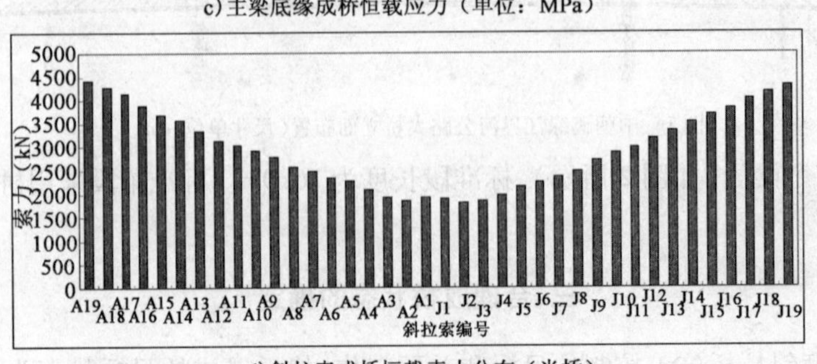

d)斜拉索成桥恒载索力分布(半桥)

图3 鸭绿江界河公路大桥成桥状态计算结果

四、施工过程计算

按照施工工序,对钢箱梁悬臂施工过程进行模拟分析,通过确定各施工阶段的控制参数,最终实现预期的成桥目标状态。鸭绿江界河公路大桥钢箱梁标准梁段的施工工序为:“起吊→精匹配→梁段固定焊接→斜拉索一张→桥面吊机前移→斜拉索二张”。

在施工过程模拟计算时,对新安装的钢箱梁段,拼装时考虑初始切向位移;对于主梁悬臂的整体线形,以高程控制为主。在正装计算过程中,通过索力和线形适当调整,尽量减小主梁无应力线形曲率的安装误差,尤其是在边跨和中跨合龙时,保持主梁整体线形光滑平顺,从而使成桥后的结构内力和线形与预期的合理成桥目标状态相闭合。

鸭绿江界河公路大桥钢箱梁的施工过程结算结果(见图4)。施工过程中,主梁的应力在57 ~ -83MPa,索塔塔顶偏位在±25cm以内,斜拉索安全系数均满足规范要求。

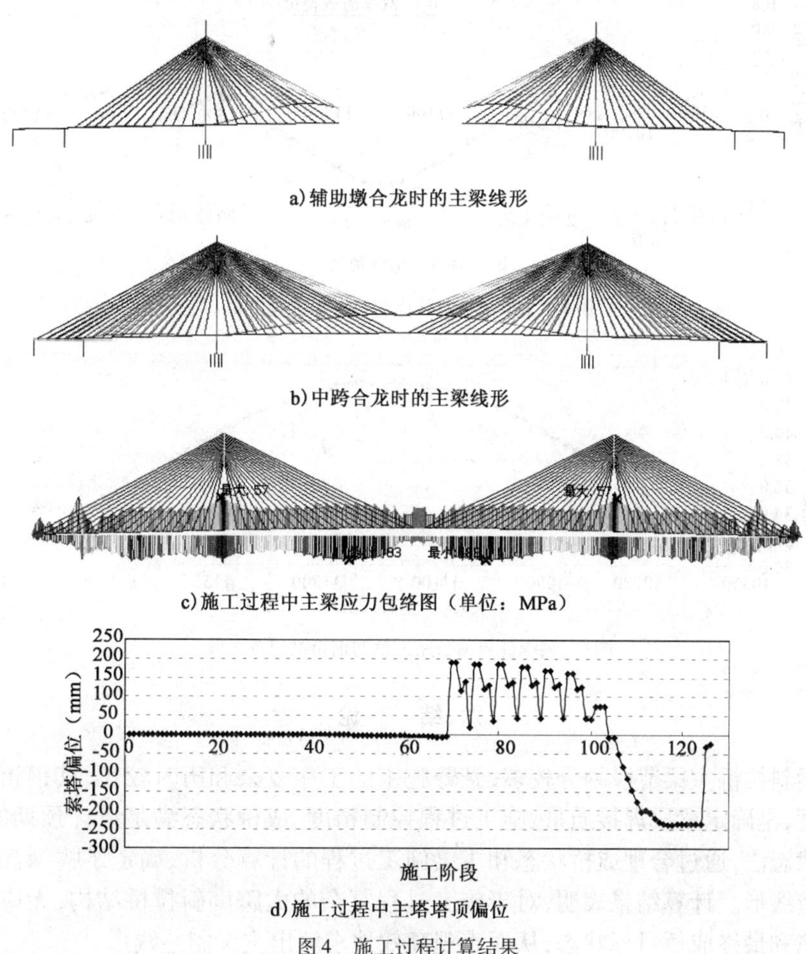

a)辅助墩合龙时的主梁线形

b)中跨合龙时的主梁线形

c)施工过程中主梁应力包络图(单位:MPa)

d)施工过程中主塔塔顶偏位

图4 施工过程计算结果

五、钢箱梁无应力制造线形

按照无应力状态法的基本原理,对于外荷载、结构体系、支承边界条件和单元的无应力长度和无应力曲率均确定的结构,对应一个唯一的结构内力和位移状态[5-7]。因此,将最终成桥阶段的钢箱梁所受的恒载内力释放后,即可得到该钢箱梁无应力线形,然后将该线形作为计算模型的初始状态,进行下一轮次循环计算,直至与目标线形的误差满足指定精度,即可作为最终的无应力线形。在实际施工过程中,只要不改变其无应力曲率和无应力长度,并确保斜拉索最终张拉长度,竣工后主梁线形即可达到预期的目标线形。

根据施工过程计算结果,鸭绿江界河公路大桥主梁的成桥恒载挠度和活载挠度计算结果(见图5)。

按照“恒载挠度+1/2汽车荷载挠度”的反拱值进行设置钢箱梁制造线形。鸭绿江界河公路大桥的钢箱梁制造线形(见图6)。

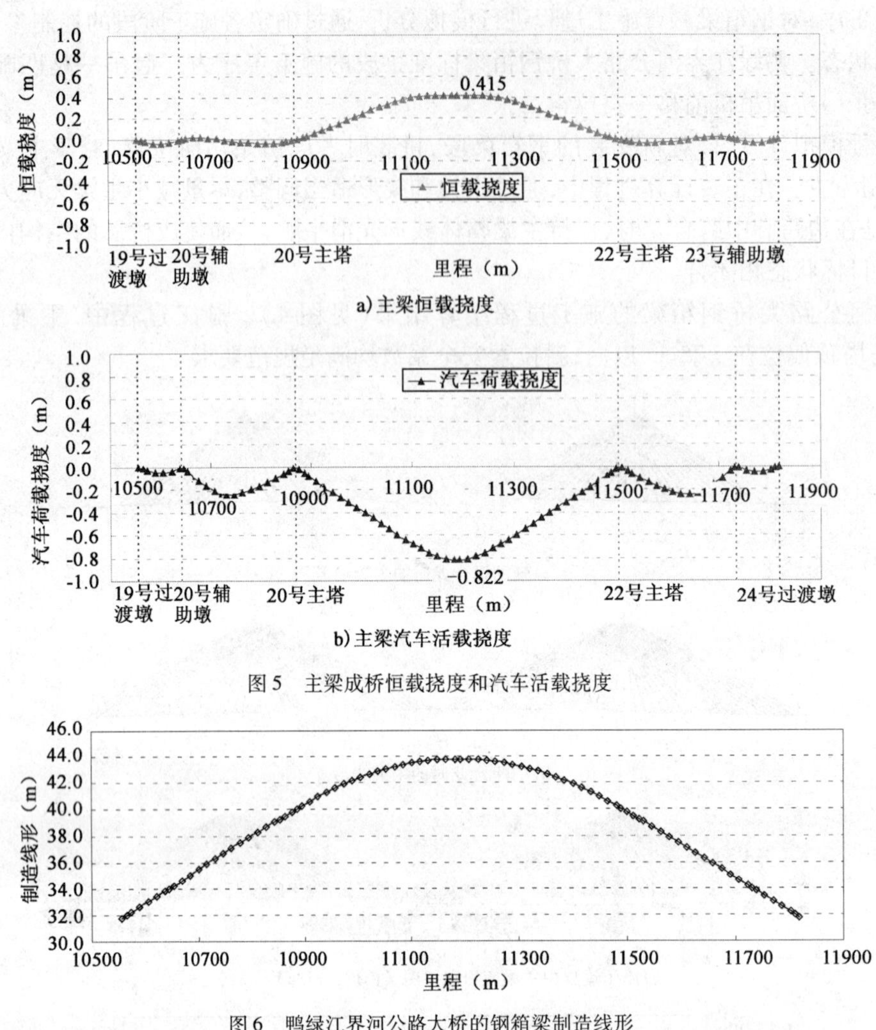

a)主梁恒载挠度

b)主梁汽车活载挠度

图5　主梁成桥恒载挠度和汽车活载挠度

图6　鸭绿江界河公路大桥的钢箱梁制造线形

六、结　　论

大跨度钢箱梁斜拉桥主梁节段划分较多,悬臂施工的工序复杂和历时较长,其钢箱梁无应力制造线形计算的精确程度,是确定梁段焊接质量、施工过程控制精度、成桥状态满足设计预期的重要前提条件。本文运用无应力状态法,通过合理成桥状态和主梁施工过程的计算分析,确定了鸭绿江界河公路大桥的钢箱梁无应力制造线形。计算结果表明,对于施工过程复杂的大跨度斜拉桥结构,无应力状态法较好联系其施工过程状态和最终成桥目标状态,从而直观高效地求解出主梁制造线形。

参考文献

[1] 李乔,唐亮.悬臂拼装桥梁制造与安装线形的确定[C].中国土木学会桥梁分会2004年桥梁年会论文集,北京:人民交通出版社,2004.

[2] 白玲,史志强,史永吉,等.大型钢箱梁焊接收缩变形及其控制[J].钢结构,2001(3):7-11.

[3] 陈应高.几何控制法在大跨度钢箱梁斜拉桥施工控制中的应用[D].西南交通大学,2009.

[4] 周孟波.斜拉桥手册[M].北京:人民交通出版社,2004.

[5] 秦顺全.桥梁施工控制—无应力状态法理论与实践[M].北京:人民交通出版社,2007.

[6] 秦顺全.无应力状态控制法斜拉桥安装计算的应用[J].桥梁建设,2008(2):13-16+30.

[7] 余昆.基于无应力状态法的悬臂拼装斜拉桥的线形控制[J].桥梁建设,2012(3):44-49.

[8] 中华人民共和国行业标准.JTG/T D65-01—2007 公路斜拉桥设计细则.北京:人民交通出版社,2007.

41.钢箱梁预拼装制作精度控制研究与分析

邓红华 赵宏博 赵浩然
(中铁山桥集团有限公司)

摘 要 介绍中朝鸭绿江界河公路大桥钢箱梁线形,如何精度控制钢箱梁制造线形,确保钢结构施工质量。

关键词 鸭绿江大桥 斜拉桥 钢箱梁 线形 温度修正 轴向压缩量 精度 焊接间隙

一、工 程 概 况

中朝鸭绿江界河公路大桥主跨处于 $R = 12000$m 的圆弧竖曲线上,主跨为(86 + 229 + 636 + 229 + 86)m 的五跨连续钢斜拉桥。主梁为单箱多室扁平流线型封闭钢箱梁,斜拉索在钢箱梁梁端采用钢锚箱锚固,在索塔端采用钢锚梁锚固。梁段间工地连接除顶板 U 形加劲肋采用高强度螺栓连接外,其他部分均为焊接,大桥主桥全长 1266m。(图 1)。

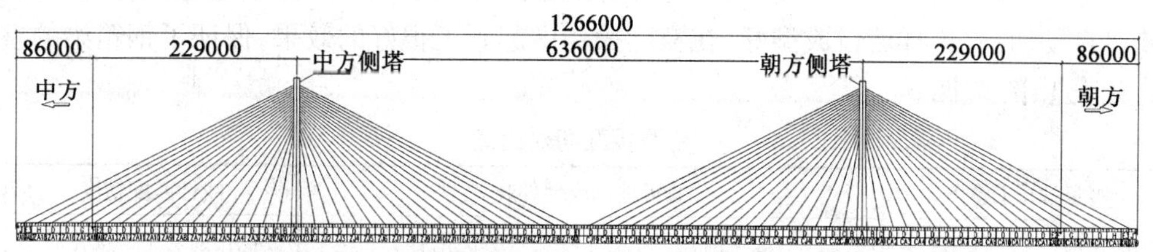

图 1 中朝鸭绿江界河公路大桥桥型布置图(尺寸单位:mm)

钢箱梁主要尺寸为钢箱梁高 3.5m,含风嘴全宽 33.5m,不含风嘴顶板宽 29.0m,底板宽 23.2m(所有尺寸均为钢箱梁内轮廓线处尺寸),全桥钢箱梁总重约 2.3 万吨,桥面板双向横坡 2.0%。大桥钢箱梁主体采用材质为 Q345E 钢板。

全桥共分 87 个梁段,单节钢箱梁标准节段长 16m,重约为 275t,最重梁段约 306t,全桥钢箱梁分为 A ~ J共 11 种类型 87 个梁段,其中 A、B、C 为主塔区梁段,共 10 个;D、H、G 为标准梁段,共 68 个;F、J 为边跨支架施工梁段,共 4 个,最大起吊重量为 306t;E3 为边跨合龙段,E2 为次边跨合龙段,E1 为中跨合龙段,共 5 个。

二、钢结构生产流程

钢箱梁制造与安装划分为三个阶段:即板单元制造,梁段预拼装,桥位连接。板单元在公司主厂区车间加工;梁段预拼装在丹东市的拼装场地完成;桥位连接在架设现场梁段吊装就位后完成。本桥钢箱梁制造与安装采用“板单元制造→板单元运输→板块拼接→多梁段连续匹配组焊及预拼装→表面涂装→梁段运输→桥位连接→最终涂装”的程序。

三、钢结构线形影响因素

钢结构线形影响因素主要由以下几个方面予以考虑:

1. 总拼胎架平台精度控制

总拼胎架作为预拼装一个基础平台,其稳定性和精确性直接影响到钢箱梁线形的吻合度,首先胎架基础要求坚实牢靠,胎架承重横梁应具有足够的刚度,确保在使用过程中不发生变形。如下几点可有效提高胎架线形精度：

(1)为在胎架四周设置测量网,以便随时对胎架进行检测。

(2)每轮次梁段下胎后,重新对胎架进行检测,做好检测记录,确认合格后再进行下一轮次的组拼。

(3)为避免受横隔板处焊接及重量的影响产生永久变形,整体胎架对应横隔板处要求有横梁支撑,在横隔板与板单元端头距离超过1500mm的端口处还要设置支撑横梁。

(4)钢箱梁纵向制作线形通过调整胎架牙板高差来实现。牙板高度调整时,宜采用两块牙板上下搭接的构造形式,即有基础牙板与对线牙板连接的结构形式,避免用手工切割来调整牙板的高度。基础牙板的宽度不得小于300mm(特殊位置除外),对线牙板的宽度一般不得小于250mm。牙板上平面要求用半自动切割机切割,直线度偏差不得超过0.5mm,并打磨光滑,不得有任何凸起、毛刺等影响牙板上平面质量的因素。为便于钢箱梁底板纵向焊缝单面焊双面成形时陶质衬垫的粘贴以及满足焊缝修补的需要,牙板顶边距胎架横梁平面不得小于100mm。

2. 环口匹配精度控制

在斜拉桥钢箱梁的制作与安装之中,梁段之间的匹配精度控制是钢箱梁拼装的一个重点与难点,对大桥整体线形起着至关重要的作用,主要通过控制顶、底板单元的匹配精度与锚腹板单元的匹配精度,以提高整体梁段匹配精度与质量。鸭绿江大桥钢箱梁环口匹配采用锚腹板提前配切与顶、底板单元两头留配切量提高匹配精度,经过实际采纳,其效果明显,达到了理想状态,具体如下：

(1)以往常规锚腹板端头在梁段成型以后进行整体配切,因锚腹板为立位配切,其配切难度大,坡口成型不够理想,为了保证其坡口精确度,利用计算好的锚腹板长度加上焊接收缩量值,提前在胎架下的平台上进行坡口自动切割,这样坡口成型好,在实际操作中起到了很好的效果,保证了钢箱梁的整体质量。

具体的见表1、图2、图3。

锚腹板配切对比值 表1

测点	腹板端口平整度		腹板坡口成型外观		线性匹配精度		备注
	优化前	优化后	优化前	优化后	优化前	优化后	
1	+2	+0.5	符合《埋弧焊焊缝坡口的基本形式与尺寸》(GB/T 986—1988)	符合《埋弧焊焊缝坡口的基本形式与尺寸》(GB/T 986—1988)	+2	-1	
2	+1.5	+0.5			+2	-1	
3	-2	+1			-1	+1	
4	-1	+1.5			-2	+0.5	
5	-1	-1			-2	+0.5	
6	+2	-0.5			+1.5	-0.5	
7	+1	-1			+1.5	-1	
8	+1.5	-0.5			-2	+1	

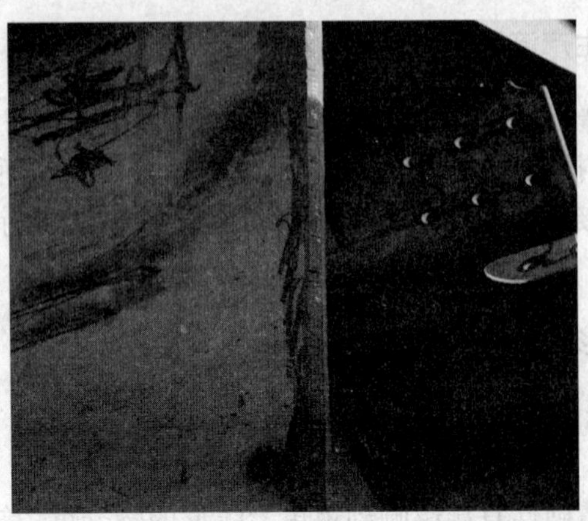

图2 优化前腹板坡口

图3 优化后腹板坡口

(2)在板单元的制作中一般在车间进行一头切割,另一头预留二次切头量(25mm),至预拼装线形成型以后进行相应配切。切好的一头如果在总拼时控制不好容易出现错位等现象,为了梁段端口尺寸精度更加高标准,特采用板单元两头都预留二次配切量:板单元一头留25mm,一头留5mm,在梁段成型以后统一划线自动切割。这样制作出来的梁段端口坡口及尺寸更为标准、优良,同时匹配效果更加理想。

3. 测量精度控制

钢箱梁测量控制贯穿于整个钢箱梁生产与制作过程,从胎架平台基础牙板线形测量到钢箱梁预拼装质量控制以及下胎后胎架沉降复测等,整个测量作业都会实时记录和修正,主要考虑因素如下:

总拼胎架:胎架制作精度直接影响梁段的外形尺寸、桥梁线形和全桥长度。总拼胎架纵向线形根据架设单位提供的制造线形制作。钢箱梁横、纵向线形均通过胎架横梁上牙板的高程值实现,每轮次组装前,都要按照相应轮次的纵向和横向拱度值调整牙板高度,保证钢箱梁制造线形的精度。总拼胎架另须布设水准控制网,用来控制钢箱梁制造过程中所有测量点的高程,保证钢箱梁的线形。水准控制点要求布设在胎架外不受其他因素影响、基础坚实可靠的地方。进行控制测量时,要求测得的控制网闭合差不大于2mm(控制网的水准测量要偶数测站,应该对控制网进行多次测量,直至能给出准确数据为止)。

板单元组焊定位:板单元组焊定位主要次序:中心底板单元定位(也叫首板定位)、边底板单元定位、横纵隔板单元定位、锚腹板单元第一次定位、中心顶板单元定位、其余顶板单元定位、锚腹板单元第二次定位、边侧顶板单元定位、风嘴块体定位。以中心板单元定位为例,见图4。

首先,在中心线处底板单元纵基线位置处涂好"◁▶"形标记,作为定位基准线。然后以U肋组装基线为基准,向坡口端返组装检查线,距离U肋组装基线150mm,作为板单元纵向定位时经纬仪的测量检查线,并用画针画线做好标记,此测量检查线也可以作为顶板定位时,端口垂直度检查线。最后,在与定位中心底板相邻的板块上架设并调整激光经纬仪,使之与中央标志塔上标志线共线。调整中心线处底板,使底板单元两端"◁▶"形标记与经纬仪所在直线重合,对线偏差为±0.5mm。按梁段间底板纵向定位间距,以及横向定位基准线,依次完成中心线上全部底板单元的定位。整个轮次所有梁段中心线处底板定位完成后要重新核对桥中线,并做好标记,作为其他底板单元横向拉钢尺定位的基准线。

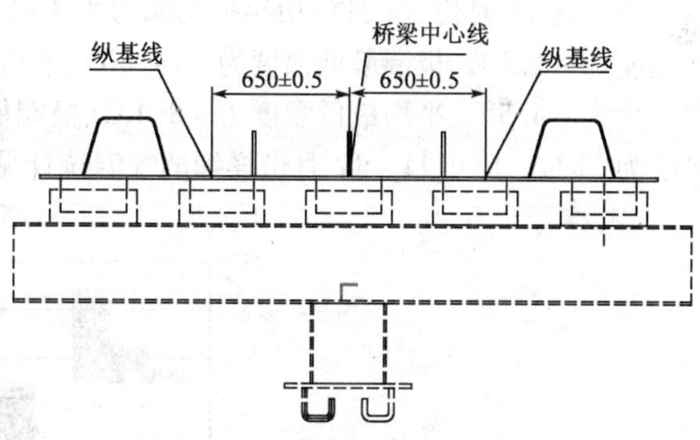

图4 中心底板单元横向定位图

四、结 语

本文通过对钢箱梁制作精度控制因素进行了简要阐述,提出了环口匹配精度控制优化方式,进而提高整个钢箱梁制作质量,对桥梁事业发展起到了借鉴作用。随着我国大型桥梁尤其是钢结构制作工艺日益成熟,部分工艺方案可以通过经验与总结加以优化和改进,进一步提高我国的造桥水平。

42. 现浇箱梁冬季混凝土保温施工措施

刘诗杰 周明生 魏春来
(中交二航局第二工程有限公司)

摘 要 介绍中朝鸭绿江界河公路大桥引桥现浇连续箱梁混凝土冬季施工中采用的保温措施:混凝土原材料的控制、施工过程中各环节的保温措施等,保证了在严寒地区进行现浇连续箱梁的工程质量。

关键词　现浇箱梁　冬季施工　保温　混凝土

一、概　　述

中朝鸭绿江界河公路大桥引桥采用60m跨和40m跨预应力混凝土连续箱梁桥方案，引桥长880m，桥孔布置为(6×60)m+(6×40)m+(7×40)m。60m跨径现浇箱梁，梁高3.5m，单幅箱梁顶宽13.85m，底宽5.824m。采用斜腹板单箱单室的断面形式，翼缘板悬臂长度3.25m，跨中断面箱梁顶板厚度28cm，底板厚度26cm，腹板厚度50cm。纵向设预应力筋束，采用C50混凝土，每跨混凝土总量为703m^3。箱梁断面尺寸如图1所示。

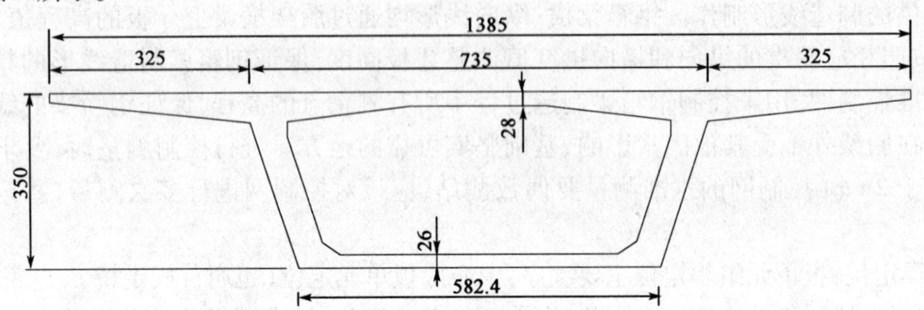

图1　60m跨径跨中箱梁断面尺寸(尺寸单位:cm)

桥位区11月份、12月份历年平均风力为4级、极端风力为8级。11月份平均温度为2.7℃、平均最低温度为-1.2℃、极端最低温度为-14.8℃、平均最高温度为7.7℃、极端最高温度为19.5℃；12月份平均温度为-4.5℃、平均最低温度为-8.4℃、极端最低温度为-21.3℃、平均最高温度为0.1℃、极端最高温度为11℃。历年11~12月份详细的气温统计见图2。

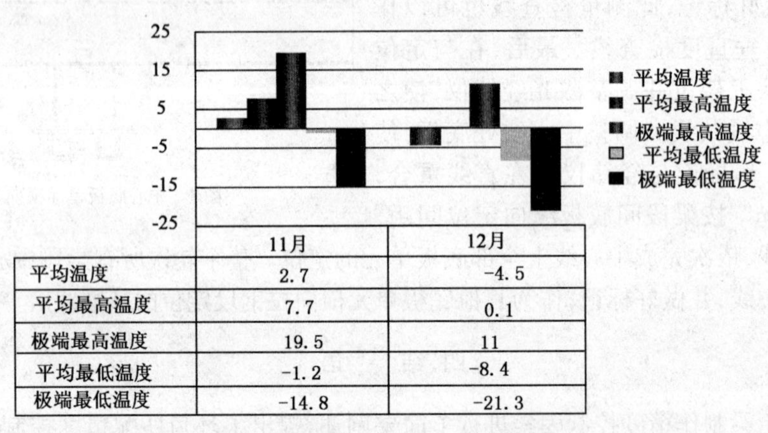

	11月	12月
平均温度	2.7	-4.5
平均最高温度	7.7	0.1
极端最高温度	19.5	11
平均最低温度	-1.2	-8.4
极端最低温度	-14.8	-21.3

图2　历年11~12月天气统计

由于该60m跨径现浇箱梁施工时已进入冬季，因此采取了一些保温措施以确保箱梁混凝土的施工质量。在箱梁混凝土浇筑前对施工现场采取保温措施，并对所有的浇筑设备进行一次全面的检查维修，配备相应的备用设备，确保在混凝土浇筑过程中不发生故障，并且做好施工组织设计，保证各项施工措施能顺利进行。

二、现浇箱梁混凝土冬季保温措施

1.原材料的存放

将混凝土原材料置于砂石料仓内，料仓大门采用可移动伸缩棉门帘，并且在仓内设置碘钨灯、暖风炮等取暖保温设施，保证砂石原材料温度不低于0℃。安排人员测量并记录仓内材料的表面及表面以下各部位的温度,每1米深测量1处。料仓保温措施如图3所示。

热水采用DZC1-0.7-AII型蒸汽锅炉加热,每小时产生1吨蒸汽,产生的热量能将13吨0℃的水在1小时内加热到46℃以上,可以满足混凝土拌和施工中每小时9.3t、合计92t的热水需求量,蒸汽锅炉布置见图4。热水存放于蒸汽锅炉旁的水池中,水池用木板覆盖保温,外壁用棉被包裹密实以减少热量损失。

图3 砂石料仓保温措施

图4 DZC1-0.7-AII型蒸汽锅炉

2. 搅拌站设备的保温

混凝土搅拌在暖棚内进行,棚内设置相应的取暖设施,保持棚内温度不低于10℃。输水管、送料带、运输罐车采取遮蔽、包裹等保温措施,通过减少中间倒运环节缩短运输时间,减少混凝土施工过程中的热量散失。对搅拌站主机采取挡风和保温措施,采用棉被土工布等对机械设备进行覆盖。搅拌站内部在不同位置设置5个温度计,并由专职人员在施工期间每小时对站内温度、水温度、砂石料及混凝土拌和物温度测量1次,以确保设备的正常使用和保证混凝土的出料温度。搅拌站暖棚如图5所示。

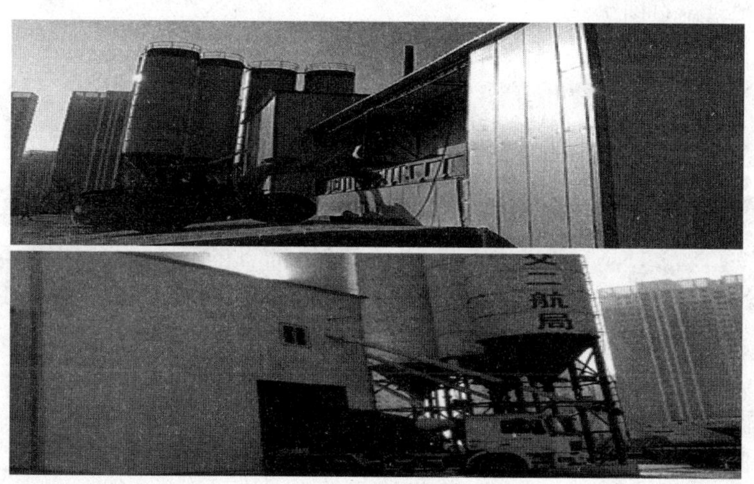

图5 搅拌站暖棚

3. 混凝土运输过程的保温

引桥箱梁混凝土浇筑采用混凝土搅拌罐车运输、混凝土泵车直接泵送入仓,罐车和泵车均做好保温措施。

施工现场距搅拌站距离为300m,为保证运输过程中尽可能减小混凝土热量的损失,对罐车的罐体覆盖保温罩,并加强施工现场的调度协调,避免了罐车在现场的长时间等待。混凝土罐车保温措施如图6所示。

在泵车的进料斗处搭设临时挡风棚,并在棚内架设碘钨灯,减少拌和物进入料斗前的热量损失。合理布置泵车的位置,方便罐车放料,不得影响其他施工现场其他车辆的正常通行。

图6　混凝土罐车的罐体保温

4. 混凝土施工的现场保温

在进行箱梁混凝土浇筑施工前，将整个箱梁模板及钢管支架用篷布、彩钢瓦整体包裹起来，形成保温棚。在保温棚内箱梁底板每隔5m设置一排火炉，一排有3个，分别挂设于两侧翼缘模板和底模板上，共30个火炉。箱梁腔室采用暖风炮及小太阳进行加热升温并且覆盖严实。经加热观测24小时后量测箱梁模板周围的环境温度，始终保证保温棚内温度不低于10℃方可进行混凝土浇筑。若无法达到温度要求则需加大火炉布置密度及暖风炮数量，再进行观测，直至满足温度要求。浇筑混凝土前用温度不低于10℃的砂浆润湿泵车送混凝土管道，清理模板内杂物，并使用温水清洗预热钢筋模板，确保其表面温度在5℃以上。

5. 梁体保温措施

1）箱梁顶面保温

箱梁顶面四周搭设约1.7m高的彩钢瓦，作为顶面防风措施，以降低混凝土的热量损失。混凝土浇筑由一端向另一端推进，浇筑完成一小段后覆盖塑料薄膜，然后铺上草垫及彩条布并压实。箱梁顶面混凝土浇筑前，现场保温措施见图7。

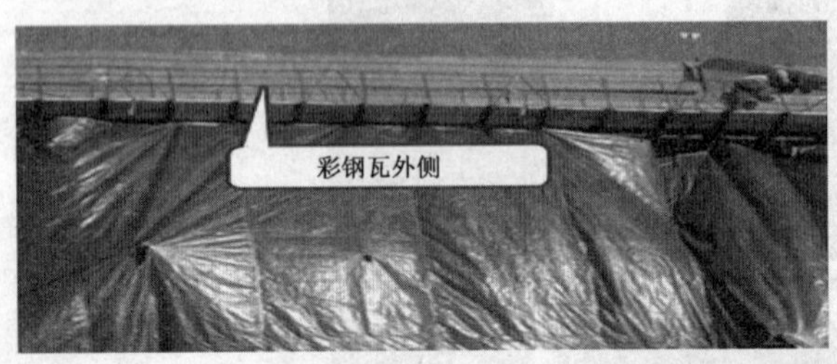

图7　箱梁顶面现场保温

2）箱梁腔室保温

箱梁腔室内，每隔2～3m布设两台小太阳分居两侧，端头架设暖风炮并使用土工布覆盖腔室出入口，确保热量不散失。小太阳及暖风炮的布设见图8。

3）箱梁底板及翼缘板保温

由于本跨60m箱梁为跨路段施工，故使用了钢管和满堂脚手管2种支架形式，箱梁底板及翼缘板保温措施如下：

钢管支架部分：由箱梁一端的翼缘板固定住篷布的一端，然后继续向下将篷布从贝雷梁底部通过，由另一侧箱梁侧面回到箱梁顶面。箱梁底部篷布在承重梁位置断开，但需与承重梁连接紧密，避免漏风。钢管支架部分的具体包裹措施见图9。

满堂脚手管支架部分：箱梁因脚手管的影响，其底部无法包裹篷布，因此在脚手管支架侧面安装彩钢瓦，其上部在箱梁两侧翼缘板位置分别下挂篷布，并将篷布与彩钢瓦连接紧密，包裹方法与钢管支架部分箱梁类似。满堂脚手管支架部分的包裹措施见图10。箱梁保温棚全图见图11。

图8 箱梁腔室内暖风炮、小太阳的布置

图9 钢管支架部分的包裹措施

图10 满堂脚手管支架部分的包裹措施

图11 箱梁保温棚全图

在保温棚内箱梁底板每隔5m设置一排火炉，一排有3个，分别挂设于两侧翼缘模板和底模板上，共30个火炉。箱梁端头处还布设一排暖风炮。火炉及暖风炮的布置见图12。

4)保温棚内温度计的布置

在保温棚内布置温度计，以便于在混凝土浇筑前、浇筑中以及浇筑后养护期间，对温度进行观测。箱梁腔室内以5m为间隔布置温度计，翼缘板和底板温度计沿纵桥向布置在相邻两个火炉之间。温度计的布置见图13。

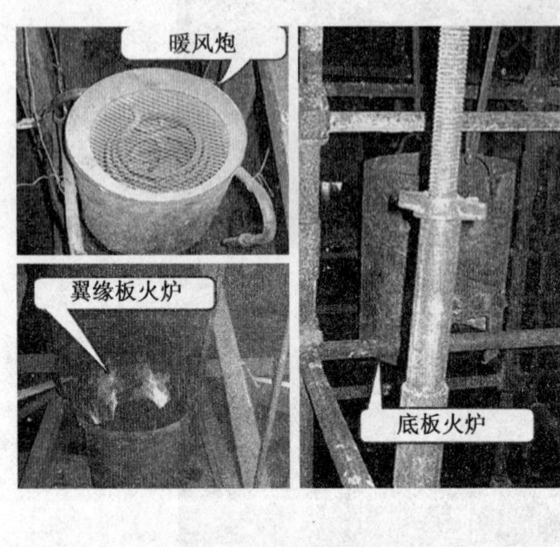

图12　火炉及暖风炮的布置

图13　温度计的布置

6. 混凝土施工各阶段的温度观测

1)混凝土浇筑前

为了解采取搭设保温棚措施的效果，在保温棚搭设完毕之后混凝土浇筑之前，安排相关技术人员对其内部及外部环境的温度进行观测记录。观测结果见表1。

保温棚内温度观测记录表　表1

测温日期	测温时间	外界环境温度(℃)	棚内各观测点平均温度(℃)
2012年12月07日	8:00	-9	-6
	12:00	-7	-3
	16:00	-10	-4
	20:00	-15	-5
2012年12月08日	0:00	-17	-5
	4:00	-16	-4
	8:00	-10	-1
	12:00	-7	2
	16:00	-6	4
	20:00	-11	2
2012年12月09日	0:00	-13	1
	4:00	-12	2
	8:00	-7	5
	12:00	-3	9

续上表

测温日期	测温时间	外界环境温度(℃)	棚内各观测点平均温度(℃)
2012年12月09日	16:00	-6	8
	20:00	-9	7
2012年12月10日	0:00	-11	6
	4:00	-12	6
	8:00	-8	8
	12:00	-4	10

经过76个小时、4天3夜的温度观测,根据所记录的数据绘制出温度与时间的关系曲线图,见图14。保温棚于12月7日搭建完毕,由于之前已经将火炉燃起,故前期棚内温度要略高于环境温度,但仍为负温。经过24小时的封闭加热升温,棚内温度接近正温,并且温度呈逐渐上升的趋势。12月9日中午12点,棚内温度基本达到混凝土施工要求的10℃。测试结果表明保温棚达到预期效果,温度满足混凝土浇筑施工的规范要求。

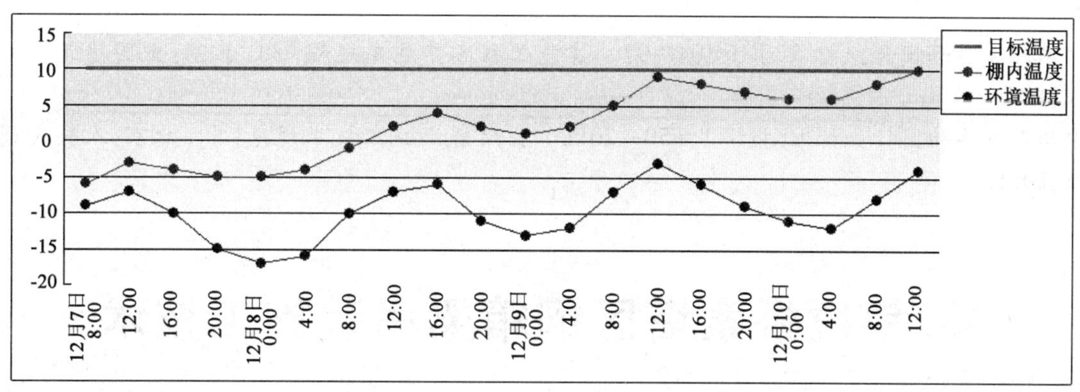

图14 保温棚内温度观测记录曲线图

2)混凝土浇筑期间

在浇筑混凝土过程中,加强测温管理,按规定要求及时准确地测温,随时掌握温度变化情况,及时采取保温补救措施,使保温棚温度控制在所设的养护温度以内。

混凝土施工及养护期间的温度情况如下:浇筑时混凝土的出机、入模温度最高和最低温度分别达到了14℃/10℃和12℃/7℃;保温棚内最高温度达到了13℃以上。各项温度指标均满足施工规范要求,如图15所示。

3)混凝土养护期

混凝土浇筑完成后保持暖风炮及火炉一直对箱梁所处空间进行加热保温,箱梁顶面覆盖严密,如图16所示。实时观测箱梁所处密闭空间的温度,保证箱梁混凝土的养护温度要求。养护期间安排专职人员对保温棚内的环境温度、模板温度以及箱室内温度进行监测,每4个小时观测记录一次。内外温差不宜过大,控制在15℃以内,且保温棚内环境温度不宜低于10℃。根据混凝土表面实时温度记录情况,关闭部分小太阳或熄灭部分火炉,以避免混凝土表面温度与棚内环境温度温差过大。

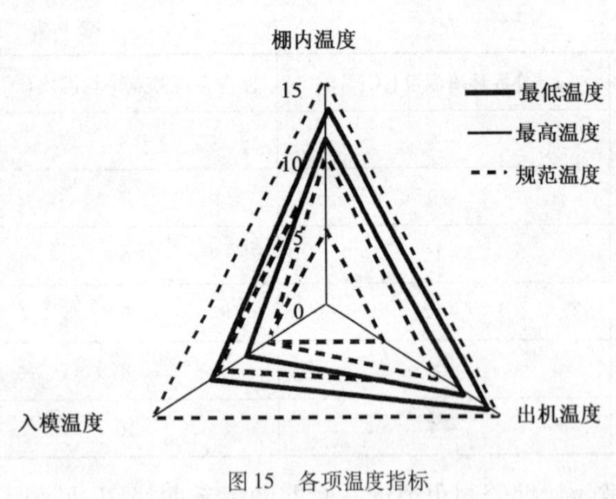

图15　各项温度指标

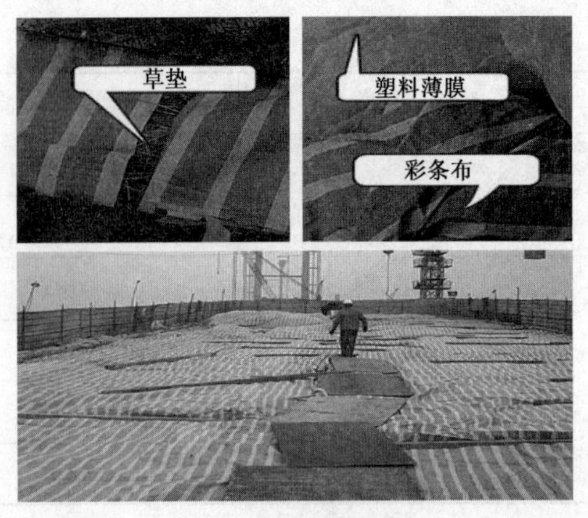

图16　箱梁顶面的覆盖

三、结　语

通过该冬季混凝土施工保温措施的实施，总结出了一套在气温较低、结构表面积较大的情况下，采取暖棚加热的方法。箱梁混凝土的工程质量得到了控制，达到了预期的效果，对类似条件的桥梁施工具有一定的借鉴意义，也为北方冬季混凝土施工提供了宝贵的经验。

参考文献

[1] 中华人民共和国行业标准. JGJ 104—97　建筑工程冬季施工规程[S]. 北京：中国建筑工业出版社，1997.

[2] 中华人民共和国行业标准. JTG/T F50—2011　公路桥涵施工技术规范[S]. 北京：人民交通出版社，2011.

43. 斜拉桥索塔区钢箱梁吊装施工技术

曾　炜
（中交二航局二公司）

摘　要　中朝鸭绿江界河公路大桥主桥为半漂浮体系双塔双索面钢箱梁斜拉桥，标准梁段采用桥面吊机起吊前，需先安装索塔区非标准梁段，由于梁段自重在200t以上，加之岸侧有施工平台占用起吊水域，起重设备无法在岸侧就位起吊。浮吊抛锚定位、梁段吊装施工水域维护要求高，通过选择合理的吊装施工工艺，成功完成了索塔区A、B、C梁段的吊装，定位平面轴线偏差均满足设计及监控要求。

关键词　斜拉桥　索塔区　钢箱梁　吊装　定位

一、工程概况

中朝鸭绿江界河公路大桥项目全长12.71km，其中中朝鸭绿江界河公路大桥长3026m，引线长9.68km。主桥为主跨636m的半漂浮体系双塔双索面钢箱梁斜拉桥（见图1），其桥面按双向四车道布置，桥面最大纵坡为2.5%，双向横坡为2%，两外侧各设2m人行道。

主桥钢箱梁为扁平流线型封闭钢箱梁，其桥面板为正交异性板结构。钢箱梁标准梁段长度为16m，含风嘴全宽33.5m，不含风嘴顶板宽29m，中心线处高3.5m，钢箱梁标准横断面图见图2。

索塔区钢箱梁段分为A、B、C三类，共计5块梁段，总安装长度为50m，梁段长度分别为11.6m、11.2m、8m，索塔区梁段最大重量约262t。在标准梁段采用桥面吊机起吊前，需先安装索塔区梁段，以便

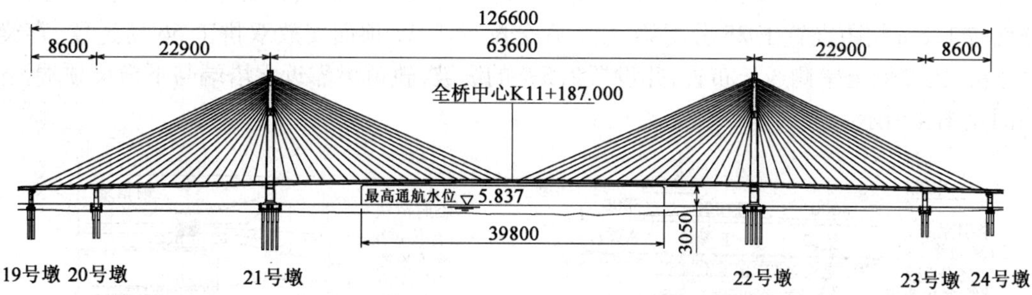

图1 中朝鸭绿江界河公路大桥主桥立面(尺寸单位:cm)

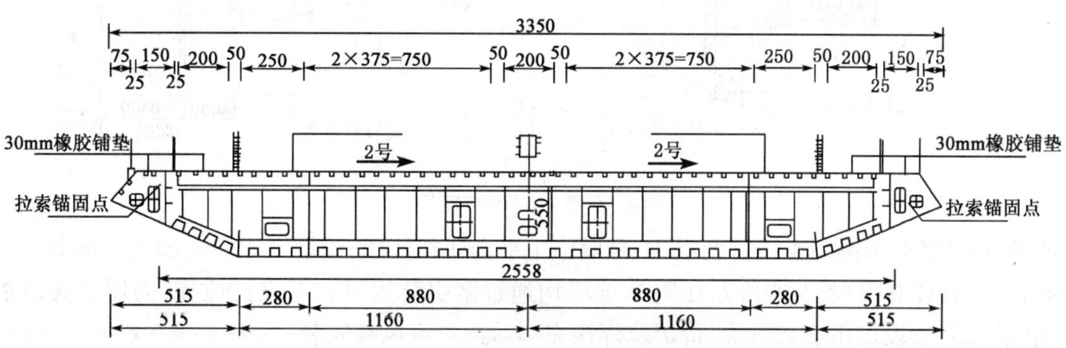

图2 主桥钢箱梁标准断面图(尺寸单位:cm)

桥面吊机在索塔区就位安装。索塔区钢箱梁采用搭设存梁支架,利用大型浮吊在江侧依次起吊钢箱梁至存梁支架上,通过牵引滑移就位,再进行匹配焊接成整体,最后进行塔梁临时固结。

索塔区钢箱梁与索塔位置关系见图3所示。

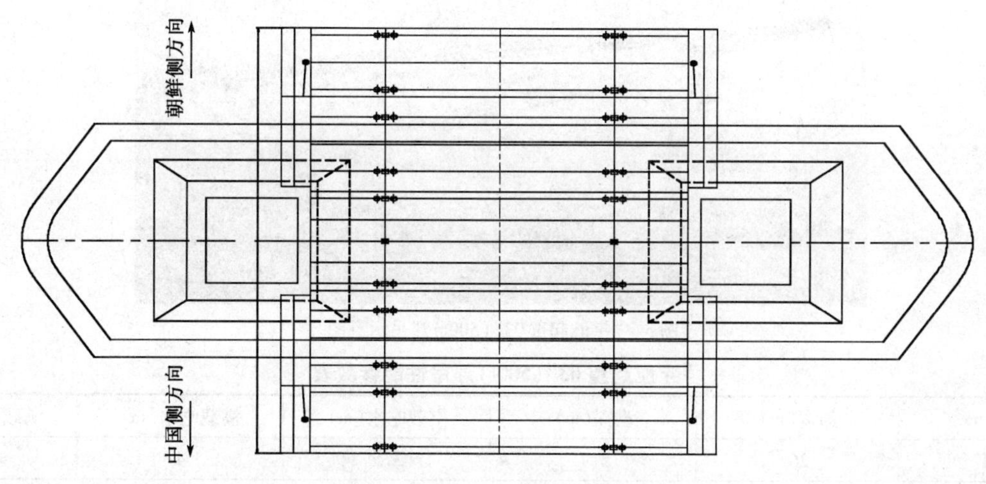

图3 索塔区钢箱梁与索塔位置关系图

二、存梁支架设计

由于索塔区钢箱梁离塔肢较近,存梁支架利用主墩承台作为基础,同时与塔肢下横梁通过附墙、平联连成整体,存梁支架按考虑钢箱梁自重及4台桥面吊机重量进行设计。

存梁支架为落地式钢管支架,顺桥向布置4排,中间2排为直立柱,边上2排为斜立柱,每排4根钢管立柱。立柱顶部布置3组合HN700×300型钢承重横梁,承重横梁顶布置单层8组合贝雷梁主纵梁,贝雷梁顶面按1.5m间距设置工25分配梁,最后在分配梁工25顶面安放双拼工56轨道梁,存梁支架布置2条轨道梁,由江侧至岸侧通长布置,并设置2.5%的纵坡,轨道梁靠近索塔端与下横梁顶端锚固,存梁支架结构图见图4所示。

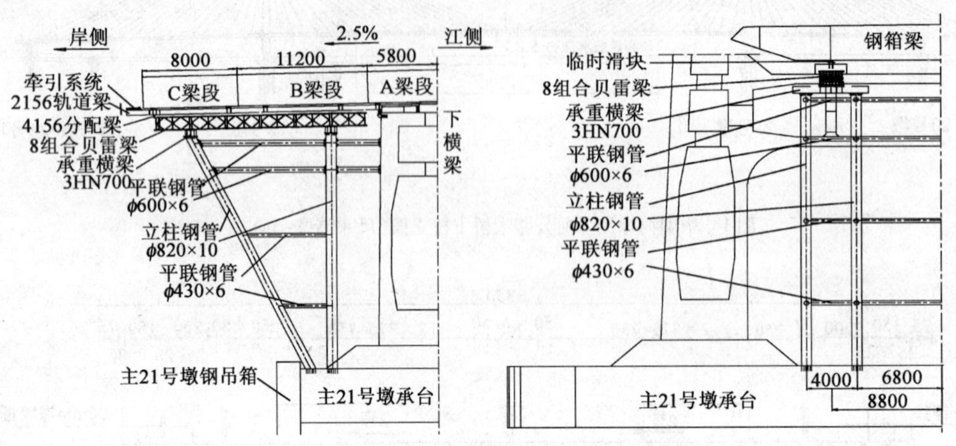

图4　存梁支架结构布置图

钢箱梁吊装期间,岸侧施工栈桥及主21号墩施工平台还在使用,索塔区梁段全部从江侧起吊放置于临时滑块上,岸侧C、B梁段,A梁段及江侧B梁段均通过牵引装置滑移至设计位置,为便于梁段滑移通过塔柱,岸侧C、B梁段均不安装风嘴,待定位焊接完毕后再进行风嘴安装。

三、钢箱梁吊装过程控制

1. 吊装设备选型

根据梁段起吊的重量、吊幅及吊高等要求,拟采用"宇航起重03"实施钢箱梁吊装作业,最大起重量为500t。"宇航起重03"示意图见图5,性能参数见表1。

图5　"宇航起重03"(500t)浮吊示意图

"宇航起重03"(500t)浮吊性能参数表　　表1

总长(m)	船宽(m)	型深(m)	空载吃水(m)	满载吃水(m)	满载排水(t)
74.4	26	5.1	3.5	4	4372

起吊性能

主钩	臂角(°)	75	65	60	55	50	45	40	35	30
	作业半径(m)	21.5	31.3	36	40.4	44.6	48.4	52	55.1	58
	允许负荷(t)	500	440	380	320	270	230	180	120	80
	吊高(m)	70	66.4	64	61.1	58	54.4	50.6	46.4	42

2. 起吊系统设计、安装

1)吊点布置及吊耳结构

每个单元梁段设置 4 个吊点,8 个吊耳,各单元梁段吊点示意图见图 6。

2)吊具及吊索

索塔区梁段采用 4 点吊具吊装,吊点平面位置采用 2 种:17.6m×6.4m、17.6m×10m 两种间距。

吊具采用装配式结构,由主吊索、纵桥向连接杆、横桥向连接杆、连接梁和分配梁等构成,与吊索通过销轴与吊耳连成整体,共同受力。吊具通过拆、装纵向连接杆可以进行多种组合,以满足不同长度索塔区梁段的吊装要求。

吊索采用钢丝绳,钢丝绳直接悬挂在浮吊吊钩上,两头与吊架上吊耳采用销轴连接,吊架结构见图 6 所示。

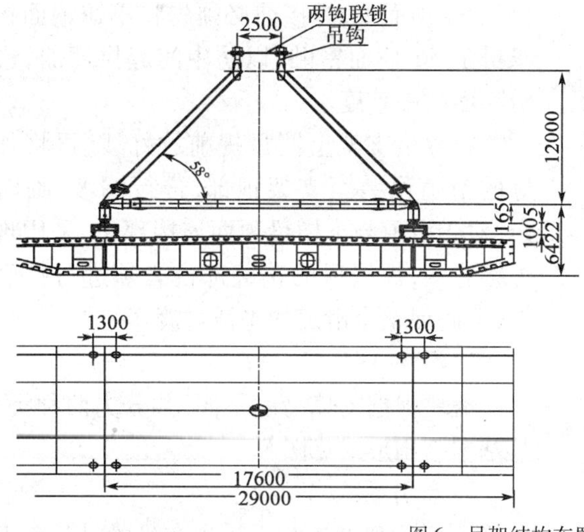

图 6　吊架结构布置图(尺寸单位:mm)

3. 施工水域

1)浮吊及运梁船抛锚定位

梁段吊装期间正值该流域枯水期,根据计算浮吊定位需抛设 4 个 4t 的大力抓锚即可,参见图 7,浮吊的抛锚采用自备抛锚艇。

浮吊不作业时顺江停靠在主 21 号墩钢吊箱边,作业时绞锚顺江吊装钢箱梁。运梁船抛设江侧两个边锚,作业时靠近浮吊,将岸侧锚缆系到浮吊上,依靠浮吊进行定位。

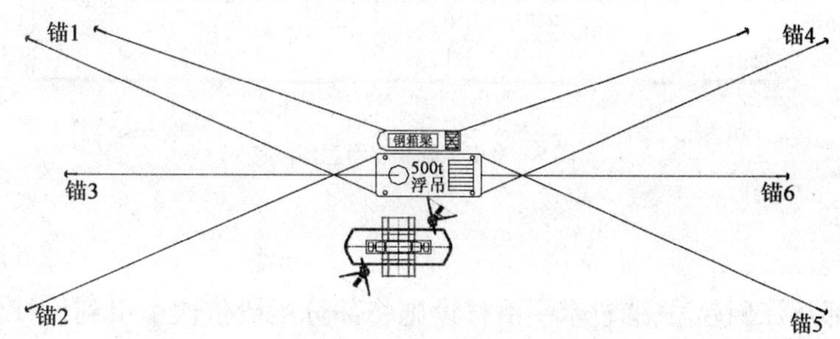

图 7　浮吊及运梁船抛锚定位示意图

2)吊高及吊幅核算

(1)吊高核算

A 梁段吊装时,浮吊起重量最大,主吊索与水平面夹角及吊高相对较大,是控制吊装高度工况。索塔区梁段预计在 10 月底吊装,该时段常水位为 +1.5m,取一定的富余系数取吊装时水位为 +1.0m 分析。起重船主吊钩在吊臂倾角为 60o 时,吊高为 64m,吊幅为 36m;存梁支架顶(高程为 36.637m)距水面高度为 35.637m,钢箱梁、吊具及吊索总高度为 3.5m(钢箱梁)+2.7m(吊具)+12.0m(钢丝绳)=18.2m。经核算,富余高度为 10.16m,起重臂不碰钢箱梁,且各向距离均能满足要求。

(2)吊幅核算

A梁段顺江抛锚定位,其顺桥向定位中心距江侧存梁支架顶部为25m,起重船主吊钩在吊臂倾角为60°时,吊高为64m,吊幅为36m,A梁段长为11.6m,经核算,吊幅富余量为5.2m,且各项距离均能满足吊装要求。

4. 牵引滑移系统设计及安装

牵引滑移系统主要由滑道、滑块及牵引系统构成。

1)滑道

滑道采用双拼工56顶面镶不锈钢面板组成。为保证滑道的顺直平整,在加工场先将双拼工56进行调平、调直,打磨顶面焊缝及残留焊渣,确保顶面平整后,再镶嵌3mm厚不锈钢面板。采用不锈钢焊条每隔10cm一个焊点将不锈钢面板焊接固定在双拼工56顶面上,焊接前必须先将不锈钢面板与双拼工56顶面密贴,以防中间起拱翘曲,影响滑移面的平整度。

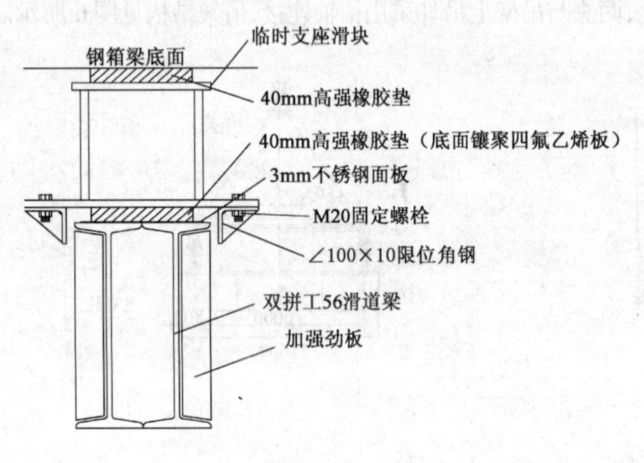

图8 滑块结构示意图

在存梁支架上测量提前放好线,再将加工好的滑道吊装至支架顶部,进行调坡、临时固定,对于滑道与下横梁顶面连接部位,采用现场焊接连接,焊接后的接缝部位必须进行打磨光滑,以确保整个滑道的平滑过渡。

2)滑块

滑块根据支撑高度不同,共分为两种类型,其基本结构形式见图8。

3)牵引系统

牵引系统包括牵引反力座、60t连续千斤顶以及钢绞线,牵引反力座及连续千斤顶在梁段吊装前安装在双拼工56滑道梁尾部,滑道梁尾部需预留足够长度以安装牵引系统。为防止单块梁段在开始牵引时由于受力不均导致纵向相邻临时滑块发生相对位移,可采取在单块梁纵向相邻滑块间进行连接,连接方法可采用角钢或者钢筋与相邻两滑块焊接。牵引装置布置示意见图9所示。

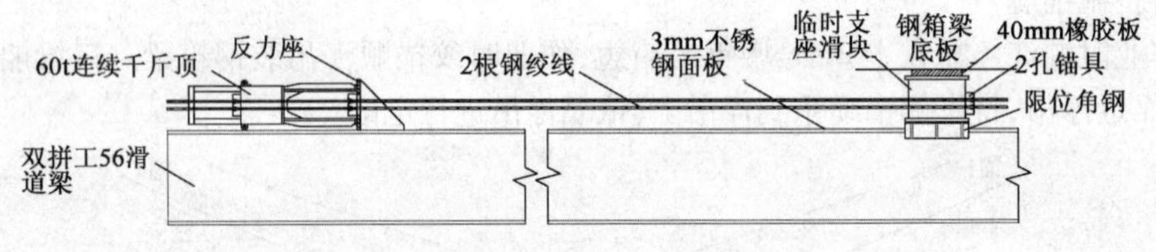

图9 牵引系统布置示意图

5. 梁段吊装及定位

1)索塔区梁段吊装

索塔区钢箱梁全部从江侧起吊,通过牵引滑移设施将部分梁段依次牵引到设计位置,梁段起吊顺序按照从岸侧至江侧依次起吊,除江侧C梁段外,其余梁段均需通过牵引滑移就位。

以岸侧C梁段为例,单元梁段吊装步骤如下:

(1)在临时支架顶部测放出C梁段的安装位置,并设立标志(为方便后续调梁,C梁段向岸侧预偏约10cm)。

(2)安装牵引滑移系统,在滑道面上涂刷润滑剂,然后摆放临时滑块。

(3)500t浮吊在江心抛锚定位。

(4)运梁船进档,靠泊于浮吊江侧面,在钢箱梁底板临时支点位置用记号笔做好标记,标记需鲜明突出。

(5)浮吊落钩,将其主钩上的专用吊具与钢箱梁节段的临时吊耳连接,并挂设风缆,拆除梁段上的临时拉缆,起吊 C 梁段离开船上的支墩约 10m 后停钩,试吊约 10cm。

(6)继续起升 C 梁段直至超出临时支架顶约 2m,停钩,收紧风缆,将梁段调正并使其保持稳定,运梁船准备起锚移出吊装区域。

(7)通过浮吊上的移船绞车将浮吊移向安装位置,为了防止梁段摆动,安装牵引调整设施,梁段对正临时支架上的滑块后,浮吊缓慢落钩,使梁段平稳地落于滑块上,卸除吊具与临时吊耳连接,浮吊后退,等待下一梁段吊装。

2)梁段定位

(1)梁段初定位

为减小单元梁段精确定位工作量,吊装期间对单元梁段通过手拉葫芦挂钢丝绳对单元梁段实施初定位。具体步骤如下:

①浮吊起吊钢箱梁至滑块顶板约 1.5m 位置时,安装粗调位手拉葫芦;

②钢箱梁在手拉葫芦引导下,浮吊起吊钢箱梁缓慢落在临时滑块位置;

③检查临时支点以及钢箱梁,浮吊按照 20%、50%、80%、100% 的荷载进行卸载;

④再次检查支点、滑道梁、支架变形情况及钢箱梁平面位置;

⑤上述检查无误后,撤除吊具,然后上、下游同步启动千斤顶,使梁段平稳地向安装位置移动,其间,应同步收放保险绳。当梁段到达安装位置后(向岸侧预偏约 10cm),将梁段临时限位固定,至此,完成梁段初定位。

(2)梁段精确定位

作为全桥的基准梁段,A 梁段的精确定位至关重要,因此,先对 A 梁段实施调位。

A 梁段调位时,先用千斤顶将其顶起,在测量的控制下,依次调整其高程及平面位置,由于箱梁高、安装纵坡较大且定位精度要求高,箱梁的平面位置调整与高程调整总是相互影响,须反复多次才能使其里程、轴向位置及高程、高差满足要求。当大桥两塔区的 A 梁段各自定位后,还须对其进行联测,检查两梁中心测点之间的间距大小及其连线与桥轴线的偏差情况。当所有的检测项目均符合设计及监控要求后,将 A 梁段固定在临时钢垫墩上并与索塔临时固结。

当 A 梁段完成调位并临时固定后,即可进行 B、C 梁段的精确调位,B、C 梁段调位方法基本同 A 梁段。当 B、C 梁段的平面位置、高程及拼缝宽度符合设计及监控要求后,用匹配件将其与 A 梁段临时连接,并及时交付施焊梁段拼缝。

3)塔梁临时固结

(1)塔梁横向固结

索塔施工期间,在塔柱内侧面埋设塔梁临时固结预埋件,A 梁段精确调位后,采用双拼槽 40 型钢将钢箱梁与塔肢内侧面预埋件进行焊接固结,以约束钢箱梁横向移动,横向锚固示意见图 10 所示。

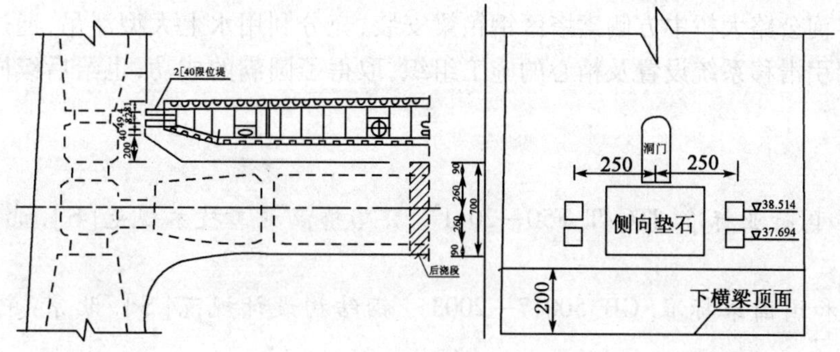

图 10 塔梁横向固结示意图

(2)塔梁纵向固结

根据设计图纸要求,塔梁纵向限位是通过在A梁段腹板两端焊接钢牛腿,钢牛腿伸出端反压在索塔横桥向两个面上,以限制A梁段的纵向位移,其纵向锚固示意图见图11所示。

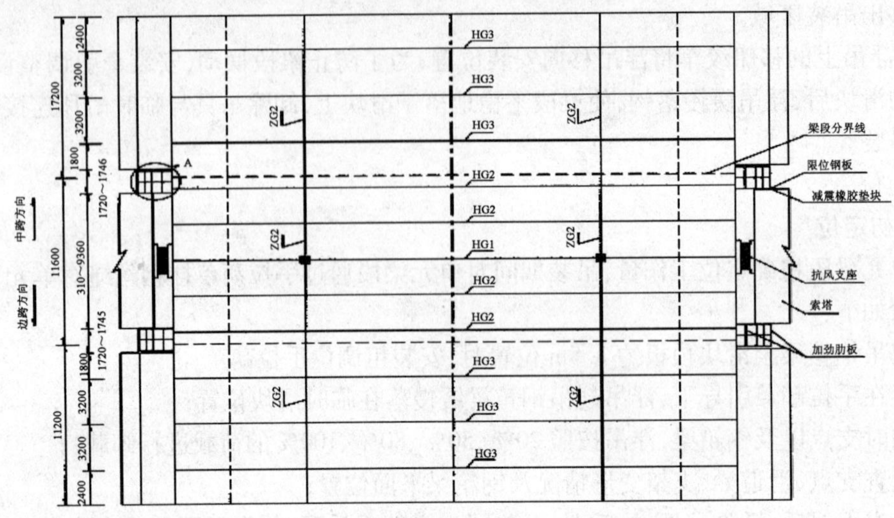

图11　塔梁纵向限位示意图

(3)塔梁竖向固结

塔梁临时竖向锚固采用设置竖向销接的形式,即在下横梁四个阻尼器垫石顶面中心位置设置锚固底座耳板,在钢箱梁底板对应位置设置顶座耳板,顶座耳板与底座耳板采用销轴进行销接,以约束塔梁竖向位移。临时固结设施考虑对纵向、竖向抗拔进行约束,竖向抗压允许有20mm位移,以保证竖向拉压支座承受压力。具体布置见图12所示。

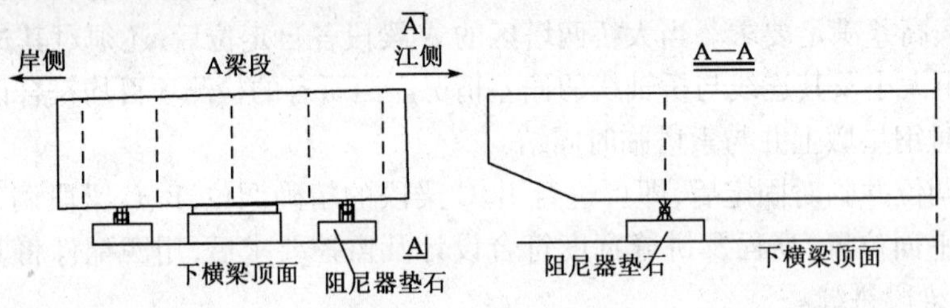

图12　塔梁竖向固结示意图

四、结　　语

2012年10月底,成功将索塔区A、B、C共计5块梁段吊装、牵引滑移、临时固定于存梁支架上。钢箱梁定位偏差均控制在设计及监控要求范围内。

中朝鸭绿江界河公路大桥中方侧索塔区钢箱梁安装,充分利用水上大型浮吊,通过科学合理的支架设计、吊具设计、牵引滑移系统设置及精心的施工组织,取得了圆满的成功,也给后续同类型桥面施工提供了借鉴。

参考文献

[1] 中华人民共和国行业标准. JTG/T F50—2011　公路桥涵施工技术规范[S]. 北京:人民交通出版社,2011.

[2] 中华人民共和国国家标准. GB 50017—2003　钢结构设计规范[S]. 北京:中国建筑工业出版社,2003.

[3] 艾占祥. 大跨度斜拉桥上部结构总体施工方案研究及应用[J]. 世界桥梁,2008,(S1):1-4.

44. 鸭绿江界河公路大桥临时墩设计研究

吴宏业
(辽宁省交通规划设计院)

摘 要 本文分析了大跨度斜拉桥临时墩的设置目的,调研国内主要大跨度斜拉桥临时墩的设置情况,介绍了中朝鸭绿江界河公路大桥主桥结构特点,讨论了大桥临时墩的设计原则,并进行了有限元模拟分析,确定了临时墩需承受的拉压荷载,指导了本桥的监控与施工。

关键词 斜拉桥 临时墩 施工方法

一、工 程 概 况

中朝鸭绿江界河公路大桥及接线是我国连接朝鲜的重要通道,项目起于丹大高速公路丹东西互通立交,经集贤工业园区,跨G201及地方铁路,利用丹东市兴丹大街进入中方侧口岸,在兴丹大街北侧跨越鸭绿江,终点位于朝鲜三桥川北侧的长西,全长12.71km,其中界河公路大桥长3026m,主桥采用主跨636m的钢箱梁斜拉桥。

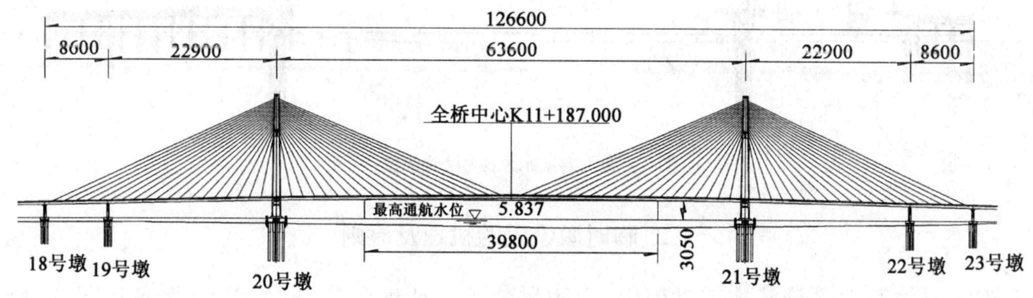

图1 主桥总体布置(尺寸单位:cm)

本桥采用桥孔布置(86+229+636+229+86)m的五跨双塔双索面钢箱梁斜拉桥,结构体系为五跨连续半漂浮体系。主梁在索塔、辅助墩、过渡墩均采用竖向双向支座,在索塔、过渡墩设置横桥向侧向限位支座。

1. 主梁

主梁采用流线型扁平钢箱梁,正交异性钢桥面板,顶、底及下腹板采用U型肋加劲,中心线处梁高3.5m,梁全宽33.5m。主梁标准梁段16m。

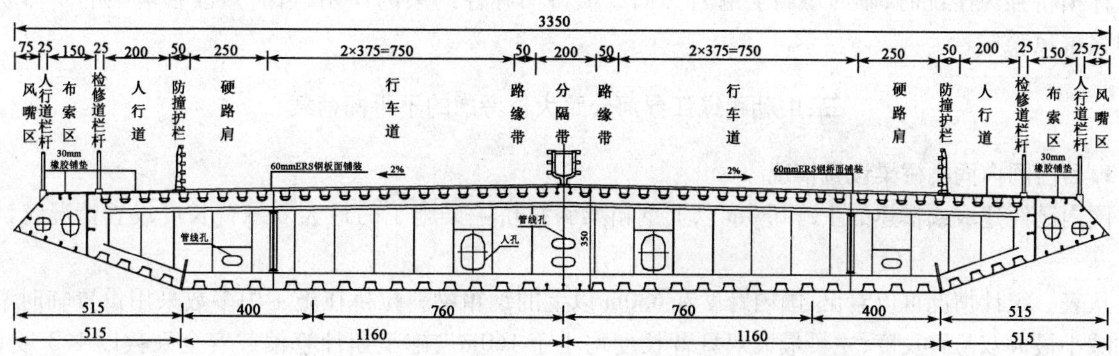

图2 主梁横断面布置(尺寸单位:cm)

2. 索塔及基础

索塔采用"H"形,C50混凝土现浇,索塔总高度194.6m,底部设置2.5m高的塔座。索塔采用箱形变截面,塔底截面尺寸为10.0m×7.0m,塔顶截面为7.0m×5.0m。索塔承台为"哑铃"形,采用C40混凝土。索塔基础采用40根直径2.5m的钻孔桩基础。

3. 斜拉索

斜拉索采用平行钢丝斜拉索。拉索采用扇形布置,斜拉索在主梁上的标准索距为16.0m,全桥共4×19对斜拉索,分别为PES7-121~PES7-253等5种类型。为了抑制斜拉索风雨振,考虑在斜拉索外表面设置气动措施(如缠绕螺旋线等),同时在斜拉索与主梁锚固端设置斜拉索阻尼器。

4. 辅助墩、过渡墩及基础

辅助墩及过渡墩均采用箱型墩,承台平面均为六角圆端形,厚3.0m,采用C40混凝土浇筑。承台底面设置10根直径2.5m的钻孔桩。

根据河槽情况,地质情况等现场条件,主桥设计推荐的施工方案为:

中方侧:梁段采用桥面吊机架设,对称悬臂拼装。朝方侧:河侧梁段采用桥面吊机架设,岸侧采用支架施工。

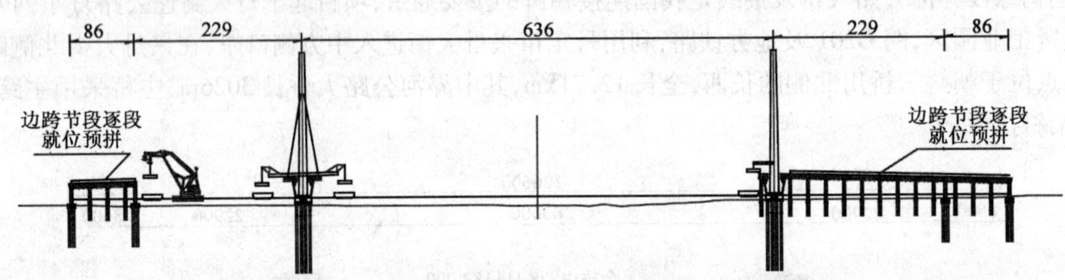

图3 施工方案示意图(尺寸单位:m)

二、临时墩设置的机理及原则

在大跨径斜拉桥主梁悬臂施工过程中,由于吊装不可能做到完全同步,因此双悬臂的两侧梁段势必会存在一定的吊装时间差,临时的不平衡施工荷载将会产生一定的不平衡弯矩,这种不对称荷载一般可以由塔梁临时锚固措施来抵抗,进而传递给塔柱及基础。值得注意的是,当双悬臂状态达到一定长度(通常指悬臂长度达150m以上时),这种不平衡施工荷载将对塔产生巨大的倾覆力矩,更危险的是如果出现意外落梁情况及不对称横桥向强风等非正常荷载时,就可能会导致塔梁受损甚至出现重大安全事故。因此双悬臂较大或施工环境恶劣时,在施工过程中可在边跨不影响通航范围内的适当位置设置安全措施——临时墩,当主梁架设到此位置时,将主梁与临时墩进行仅竖向或竖向和横向共同的锚固,纵向容许梁体发生一定的位移以让梁体适应温度变化及顺桥向作用力,当出现意外落梁或不对称横桥强风工况时,临时墩将会起着竖向或横桥向弹性约束的作用,可有效改善塔梁的受力状况和增强抗风稳定性。

三、中朝鸭绿江界河公路大桥考虑的不平衡荷载

1. 目前国内同类桥梁设置情况

国内已经建成或在建的主跨630m以上钢箱梁斜拉桥主梁施工的最大双悬臂长度设置情况统计见表1。

从表一统计情况可以看出,国内跨度在630m以上的钢箱梁斜拉桥在施工中多数采用设置临时墩的方式减小最大双悬臂长度,主梁最大双悬臂长度均小于160m。施工期计算偏载安全系数以1.3或2.0为主。

国内主跨630m以上钢箱梁斜拉桥的主梁最大双悬臂长度统计 表1

序号	桥　名	跨径布置(m)	主梁形式	最大双悬臂长度(m)	施工期计算偏载安全系数
1	苏通大桥	100+100+300+1088+300+100+100	钢箱梁	156.8	—
2	荆岳长江公路大桥	100+298+816+80+2×75	钢箱梁 混合梁	150	1.3
3	厦漳跨海大桥北汊主桥	95+230+780+230+95	钢箱梁	127.5	1.3
4	上海长江大桥	92+258+730+258+92	公轨两用分离式钢箱梁	156.75	2.0
5	福州琅岐闽江大桥	60+90+150+680+150+90+60	钢箱梁	150	2.0
6	南京长江三桥	63+257+648+257+63	钢箱梁	107	1.3

2. 本桥已采用的临时锚固措施

目前本桥设计共采用了两种塔梁临时固定措施，第一种为纵向临时拉索，设置位置与阻尼器相同，主要目的是为了抵抗不平衡弯矩及水平荷载；第二种为纵向限位器，焊接在钢箱梁腹板外侧，靠近索塔塔柱设置，主要目的是为了抵抗不平衡水平扭矩。

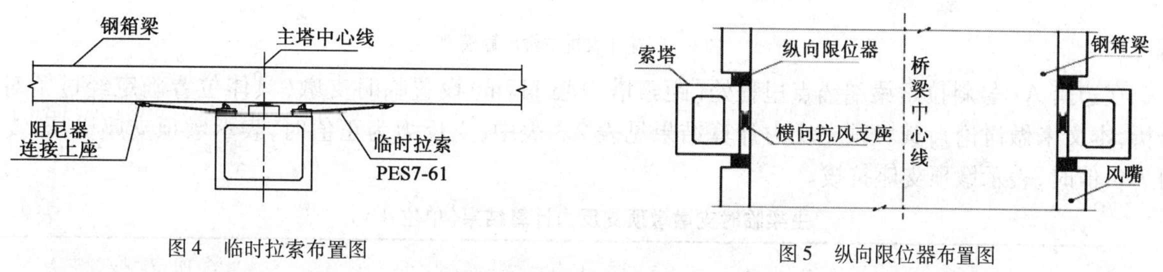

图4　临时拉索布置图　　图5　纵向限位器布置图

3. 本桥采用的施工期计算偏载安全系数及荷载工况计算

主要计算以下竖向不平衡力荷载：（最双大悬臂的竖向不平衡力按照“落梁冲击力＋横向风荷载引起的竖向升举力”考虑。）

1）落梁冲击力

当钢箱梁A12/J12梁段安装完毕，悬臂端单独起吊A13/J13梁段。按照《公路斜拉桥设计细则》（JTG/T D65－01－2007），并未对落梁的冲击系数提出具体要求，而《公路斜拉桥设计规范（试行）》（JTJ027－96），对于悬臂拼装的结构，要乘以落梁冲击系数2.0，但此设计规范已随着设计细则的实施而作废。因而经综合比较，在鸭绿江界河公路大桥设计中，设计考虑的钢箱梁悬臂拼装施工阶段不平衡荷载工况为：一个拼装梁段重量的1.3倍＋横向风的升举力。

2）横向风荷载产生的竖向升举力

依《公路斜拉桥设计规范（试行）》（JTJ 027—96），横向风荷载对主梁产生的竖向升举力P参照以下公式进行计算：

$$P = C_L S^2 V^2 b / 1.6 \tag{1}$$

式中：C_L——升举系数，由规范图表按主梁宽/高比查取，本桥取0.35；

V——设计风速，按10年一遇地面10m高处风速换算至主桥高度（按40m计）为32.5m/s。施工阶段风速重现期按20年考虑，风速重现期系数$\eta=0.88$。

S——阵风系数，查表可得，岸侧$S=1.61$；

b——钢箱梁宽度，33.5m。

根据上式计算结果，岸侧升举力$P_1=15.5$kN/m，江测升举力为$P_2=0.5P_1=7.75$kN/m。

四、理论仿真计算

采用桥梁结构分析软件 Midas/Civil 建立大桥主桥空间杆系有限元模型，如图6所示。全桥离散为510个梁单元，152个只受拉索单元，913个节点。其中主梁用单梁模拟，斜拉索塔端和梁端锚点按设计坐标建立，分别与主梁和主塔在锚点对应的节点处刚性连接。

施工过程中钢箱梁的边界条件为：

(1)在索塔底部固结。钢箱梁与下横梁约束竖向位移，与塔柱约束横向和转动位移。

(2)在辅助墩处约束竖向位移。

(3)在过渡墩处约束竖向和横向位移。

(4)在临时墩处约束竖向位移(由于本桥塔梁临时固结较为强大，固临时墩未做水平约束，不限制梁体的水平扭转)。

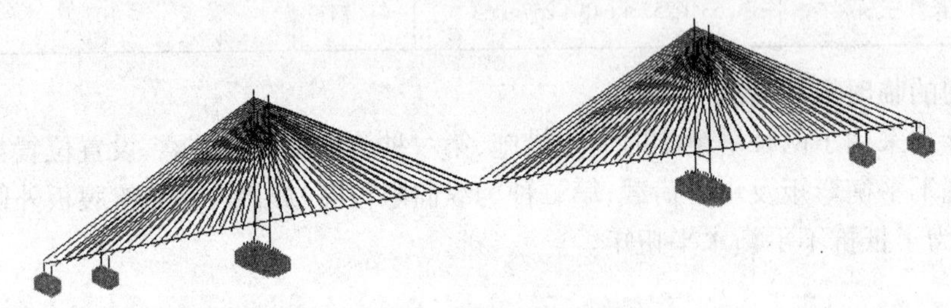

图6　鸭绿江大桥主桥计算模型

在边跨A7号斜拉索梁端锚点里程处(距索塔中心117m)设置临时支墩(具体位置确定经过了对比分析，本文未做讨论)，其墩顶支反力计算结果见表2。表中，支反力为正值时，表示墩顶支座受压；支反力为负值时，表示墩顶支座抗拔。

主梁临时支墩墩顶支反力计算结果(单位:kN)　　表2

序　号	工　况		竖向力 F_Z	
			最大正反力↑	最大负反力↓
1	特殊工况	辅助墩合龙前	4800	-3050
2		最大单悬臂	0	-1670

在主梁最大双悬臂(辅助墩合龙前)和最大单悬臂(中跨合龙前)等特殊工况下，临时支墩的最大正反力为4800kN(受压，↑)，最大负反力为-3050kN(抗拔，↓)。

五、鸭绿江界河公路大桥临时墩结构布置形式

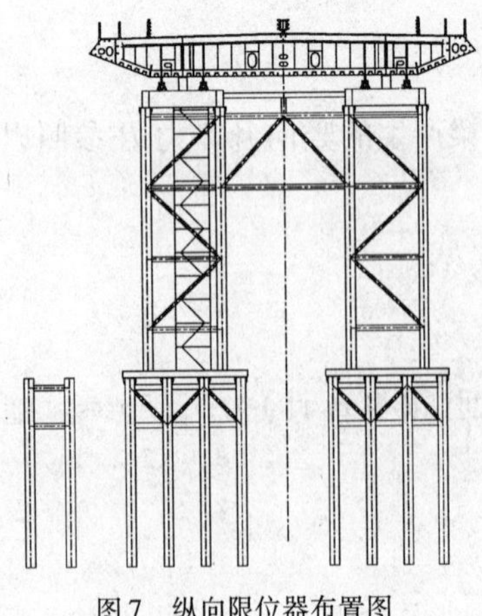

图7　纵向限位器布置图

根据计算结果，本桥临时墩施工过程中主要承受塔梁不平衡拉、压荷载。安装过程中临时墩需要独立承受单节段钢箱梁的自重荷载，待桥面吊机安装好该梁段后，将钢箱梁与临时墩进行竖向锚固。

鉴于临时墩是临时工程，为确保施工安全并使之最经济，临时墩刚度的设定以在最大竖向荷载作用下塔柱不开裂、最大水平荷载作用下0号块塔梁锚固点不破坏及自身结构不破坏、便于搭设和拆除为原则。采用打入钢管桩基础，在最低水位以上焊接钢管平联形成框架墩，再将框架墩垂直向上延伸，形成临时墩结构。

临时墩由钢管桩、钢立柱、上下层平联、斜撑、支撑梁、锚固梁等组成。锚固梁上端设置吊耳与桥面钢箱梁连接。

临时墩下部结构为 $\phi820\times10$ 的钢管桩，桩间采用 $\phi426\times8$ 的钢管作平联，2［25a 的型钢作斜撑，上设 5［56a 支撑梁。上部结构为 $\phi820\times10$ 的钢立柱，$\phi426\times8$ 的钢管作平联，2［25a 作为斜撑。顶部为 1400×800 的焊接钢箱梁作锚固梁。

六、结　　论

通过对鸭绿江界河公路大桥临时墩设计的讨论可以得出以下结论：

（1）主梁临时支墩拟设在边跨 A7 斜拉索梁端锚点的钢箱梁横隔板处（距离索塔中心 117m）。

（2）在主梁原最大双悬臂（辅助墩合龙前）和最大单悬臂（中跨合龙前）等特殊工况下，临时支墩墩顶的最大正反力为 4800kN（受压，↑），最大负反力为 -3050kN（抗拔，↓）。

（3）在正常施工过程中，可要求岸侧（边跨侧）的梁段首先起吊，待稳定后方进行江侧（中跨侧）梁段的起吊，可有效避免临时墩承受过大的拉力荷载，方便临时墩的设计。

（4）在主梁悬臂架设过程中，辅助墩和过渡墩支座未出现负反力。过渡墩支座在个别工况下正反力较小，为了防止支座出现负反力，在过渡墩合龙后，将解除临时墩约束。

参考文献

［1］ 刘士林，王似舜．斜拉桥设计［M］．北京：人民交通出版社，2006.

［2］ 上海长江隧桥 B5 标中交二航局项目经理部及成都合众桥梁科技有限公司．上海长江大桥临时结构反力计算［R］．2006.

［3］ 上海长江隧桥 B5 标中交二航局项目经理部．上海长江大桥钢箱梁安装方案［R］．2007.

［4］ 李宗平．上海长江大桥主桥临时墩设计及施工技术研究［J］．桥梁建设，2008.

45. 高塔下横梁智能张拉施工技术

袁锡权[1]　李　鸽[1]　金正川[1]　王艺桥[2]

（1. 中交二航局第二工程有限公司；2. 辽宁省公路管理局）

摘　要　中朝鸭绿江界河公路大桥下横梁采用智能张拉技术，通过系统预设程序实时调整油泵车电机工作参数，实现张拉力、加载、卸载速度、持荷点、持荷时间的实时精确控制，为下横梁预应力张拉质量提供了良好的技术保障。

关键词　中朝鸭绿江　界河　公路大桥　下横梁　智能张拉

一、工 程 概 况

中朝鸭绿江界河公路大桥主桥采用 86m + 229m + 636m 双塔双索面钢箱梁斜拉桥，H 型索塔，索塔采用 C50 混凝土。索塔包括下塔柱、下横梁、中塔柱、上横梁、上塔柱。下横梁采用空心薄壁断面，截面尺寸为（9.561 ~ 9.399）m × 7m，横桥向长度为 31m，底板、顶板及腹板墙体厚度为 0.9m，横隔板将其划分为边仓和中间大仓。下横梁预应力筋共计 52 束，钢束型号为 $\Phi^s15.2-22$，在截面内呈左右对称分布。预应力采用后张法施工，预留管道采用波纹管，张拉方式为两端同时张拉，张拉顺序为先顶底板中部向左右对称张拉钢束，再张拉其余底板钢束，后张拉腹板不对称钢束下横梁。预应力结构布置如图 1。

为了实现高精度实时调控油泵电机的转速，实现张拉力、加载速度及钢绞线的实时精确控制，从根本上控制张拉过程的规范化、合理化，确保张拉质量。本工程中预应力采用智能张拉技术。

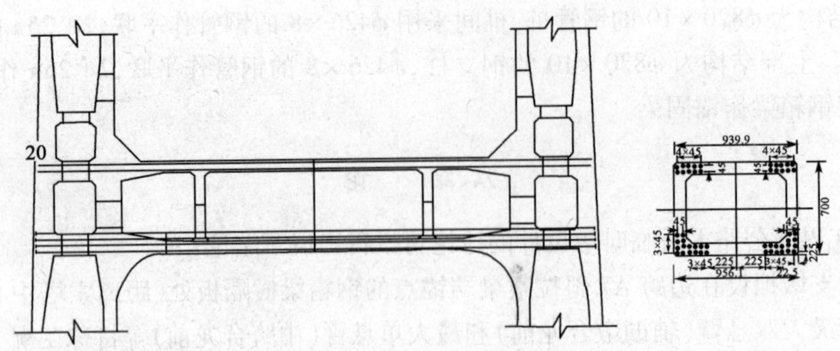

图1　下横梁预应力结构布置图

二、施工工艺流程

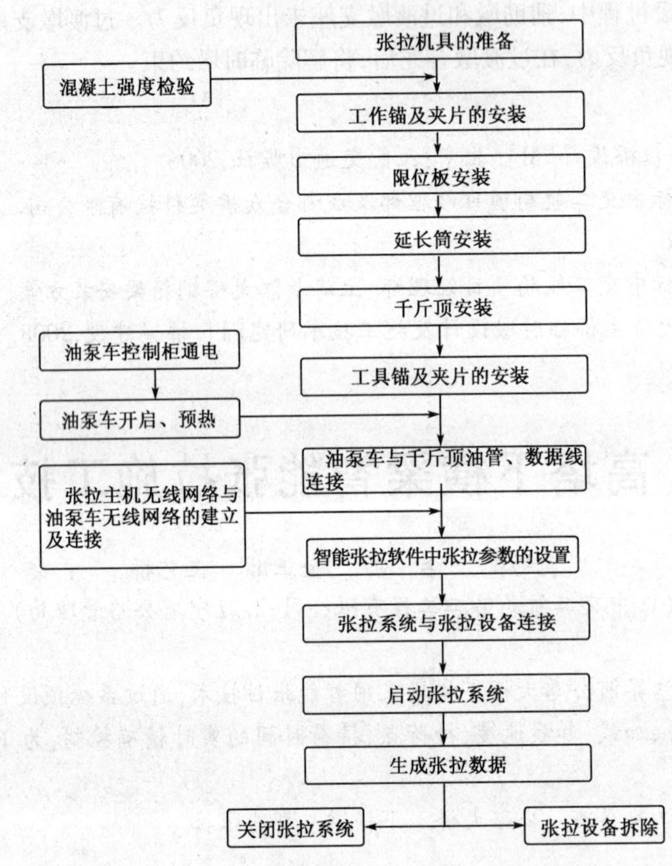

图2　智能张拉系统施工流程图

三、智能张拉机具

1. 工作锚板及夹片

工作锚板夹片是预应力锚固的工具，作为永久性锚固工具，使用在锚垫板上。

2. 限位板

限位板在张拉过程中对工作锚夹片起限位、固定的作用，且适当的限位距离可以减少钢绞线的回缩值。

3. 延长筒

本工程中为了减少切断竖向主筋，采用深埋锚工艺，故在锚具外设置预埋套筒。由于预埋套筒的设置，导致千斤顶不能像其他传统的张拉工艺一样进行张拉，需要在限位板与千斤顶之间安装一个延长筒，以便将千斤顶的工作压力传递给限位板上，从而完成预应力的锚固。延长筒实物如图3。

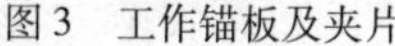

图3　工作锚板及夹片

图4　延长筒

4. 预应力智能张拉系统

智能张拉系统由计算机、油泵车、千斤顶三大部分组成。预应力智能张拉系统以应力为控制指标，伸长量误差作为校对指标。系统通过传感技术采集每台千斤顶的工作压力和钢绞线的伸长量等数据，并实时将数据传输给系统进行分析判断，同时将指令通过无线网络传递给油泵车，实时调整变频电机工作参数，从而实现高精度实时调控油泵电机的转速，实现张拉力及加载速度的实时精确控制。系统还根据预设的程序，由主机发出指令，同步控制每台设备的每一个机械动作，自动完成整个张拉过程。

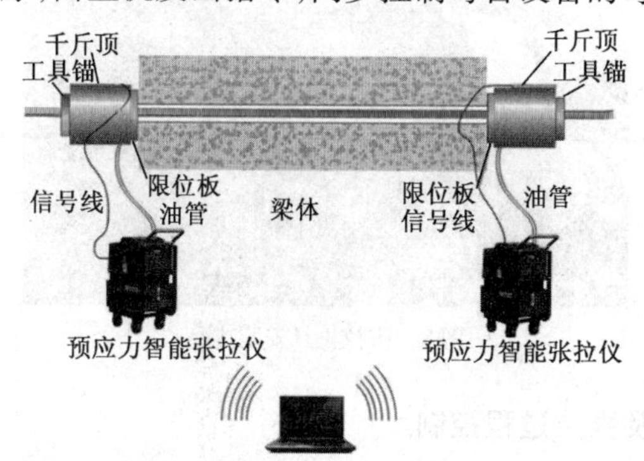

图5　预应力智能张拉系统结构图

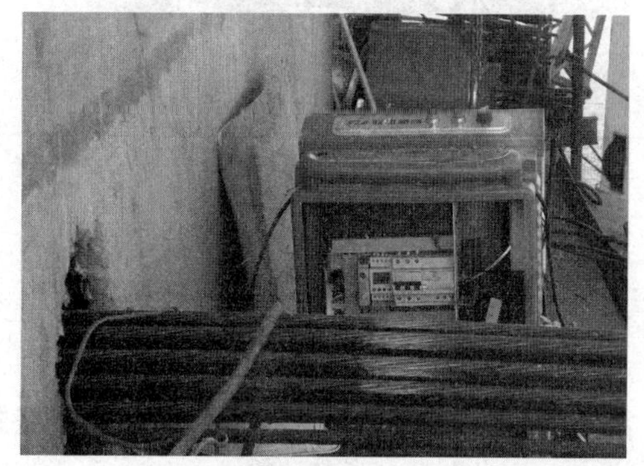

图6　预应力智能张拉系统

5. 工具锚板及夹片

工具锚板及夹片是张拉锚固工具，作为临时锚固工具，可重复使用。

6. 张拉机具清单

本工程中钢绞线共计52束，单束钢绞线22根，张拉方式采用两端同时张拉，张拉顺序为先顶底板中部向左右对称张拉钢束，再张拉其余底板钢束，后张拉腹板不对称钢束。张拉机具清单如表1所示。

张拉机具清单　表1

张拉机具名称	工作锚板	工作夹片	限位板	延长筒	智能张拉设备	工具锚板	工具夹片
张拉机具数量(套)	104	2288	4	4	2	4	88

四、智能张拉前的准备工作

张拉前，进行张拉机具的安装及连接工作，从锚垫板往外进行安装，顺序如下：工作锚板→工作夹片→限位板→延长筒→千斤顶→工具锚板→工具夹片→油泵车和千斤顶之间的连接→张拉系统的设置及连接。

张拉前的准备工作是能够顺利、有效完成张拉施工的前提条件，能够有效避免构件机具的损坏、钢绞线滑丝、断丝等现象的发生。故张拉前从以下几个方面进行控制：

(1)混凝土强度达到90%且弹性模量达到85%以上及龄期不小于7天才可进行预应力钢束的张拉。

(2)确定智能张拉所需的张拉机具准备齐全,且完好无损。

(3)张拉前完成对智能张拉设备的标定。

(4)施工人员具备相关的预应力施工知识且具有相应的操作技能。

(5)工作锚与锚垫板的中心对齐,工作锚放置在锚垫板的凹槽内,两侧的间隙大小应一致;工作锚板夹片与工具锚夹片不能混用,工作锚具不能重复使用。

(6)工具锚安装之前应检查其变形状况,对不满足要求的,立即更换。工具锚与工作锚对正,工具锚和工作锚之间的各根预应力筋不得错位、扭绞;工具夹片应均匀打紧,张拉之前调整千斤顶的上下左右位置,与锚垫板垂直,防止个别夹片松动,不能均匀共同受力。

(7)工具锚具和夹片安装之前确保已擦拭干净,安装工具夹片时,在其上均匀涂一层润滑剂,便于张拉完成之后顺利退锚。

(8)张拉之前,提前将智能张拉油泵车开启,以对油泵车进行预热。

(9)启动智能张拉系统之前,检查锚具、夹片、千斤顶安装是否到位,系统中的各项技术参数是否准确。对不满足要求的,及时处理,满足要求之后再启动张拉系统。

图7　张拉机具的安装

图8　张拉机具安装成品

五、张拉技术参数及张拉过程控制

1. 张拉技术参数的确定

本项目采用的智能张拉系统,只需在系统中输入张拉控制应力,张拉控制程序,理论伸长量等技术参数,系统会自动根据以上的数据对整个张拉过程进行控制,张拉完成之后,系统自动生成张拉数据。

(1)张拉控制力的确定

$$P=\sigma_{con}A_s$$

式中:P——预应力筋张拉力(N);

σ_{con}——张拉控制应力(MPa);

A_s——整束预应力筋的截面面积(mm^2)。

(2)张拉控制程序的确定

《公路桥涵施工技术规范》中规定,预应力张拉时,先调整到初始应力σ_0,该初应力宜为张拉控制应力σ_{con}的10%~25%。采用后张拉施工工艺时,对于夹片式具有自锚性锚具、低松弛预应力钢筋应0→初应力→σ_{con}(持荷5min锚固)。故本工程采用0→10%→20%→100%(持荷5min锚固)的张拉程序。

(3)理论伸长量的确定

《公路桥涵施工技术规范》中规定,预应力的理论伸长量ΔL(mm)按下式计算:

$$\Delta L_L=\frac{P_P L}{A_P E_P}$$

式中:P_P——预应力筋的平均张拉力(N),直线筋取张拉端的拉力;

L——预应力筋的长度(mm);

A_P——预应力筋的截面面积(mm^2);

E_P——预应力筋的弹性模量(N/mm^2)。

当确认张拉前准备工作满足要求之后,就可以打开张拉系统界面,根据设计及系统提示进行参数的输入。参数输入的步骤如下:打开智能张拉系统→阅读张拉设备使用说明及注意事项→选择张拉构件结构形式→填写施工单位、监理单位名称→根据千斤顶标定书,填写张拉数据参数方程→选择构件信息输入→填写张拉构件名称及张拉地点→选择张拉方式→填写张拉控制应力、理论伸长量→填写张拉程序→张拉参数保存。

张拉参数输入完成之后,再次确认张拉机具的安装是否满足要求,满足要求之后即可启动张拉设备,张拉系统会根据录入的张拉参数自动完成整个张拉过程。

2. 张拉过程控制

张拉过程的控制主要是通过智能张拉系统进行控制,智能张拉系统根据张拉程序进行张拉稳压点及稳压时间的控制、根据千斤顶标定参数方程进行张拉力的控制、根据位移传感器进行实际位移和理论位移的控制且能自动计算出位移误差百分比便于实际的校核。

张拉系统开启之后,通过系统自动弹出的张拉系统控制界面进行张拉过程的控制。张拉系统控制界面主要包括当前千斤顶力值及位移值、本行程力值及位移设计值、千斤顶工作状态、时间－压力曲线、时间－位移曲线、理论伸长量、实际伸长量及误差值、持荷时间等。

虽然张拉系统会根据张拉参数自动进行张拉过程的控制,但张拉过程中操作人员也从以下几个方面对其进行了控制:

(1)当千斤顶开始受力时,确认千斤顶高度及位置满足要求,使千斤顶中心与钢绞线中心重合,保证每根钢绞线受力均匀。

(2)张拉时,安排专人在张拉两端对千斤顶传感器进行观测,当发现位移传感器和油缸伸长量不一致时,及时报告,及时处理。

(3)张拉过程中,通过张拉系统控制界面实时对钢绞线张拉力、伸长量进行监控,当发现其相应误差大于6%时,立即暂停张拉,待查明原因并采取相应措施调整之后再继续张拉。

(4)张拉时,千斤顶正后方严禁站人,不准踩踏高压油管,操作人员站在千斤顶侧面45°的安全范围内操作,防止钢绞线断裂飞出或夹片伤人。

(5)张拉时,当发现张拉设备声音异常,立即停机检查维修。

(6)千斤顶回油时,必须保证油缸完全缩回,以免在千斤顶卸除和安装时对油缸产生损坏。当计算机系统不能控制千斤顶正常回油时,可通过油泵车中的控制柜对其进行手动回油。

(7)千斤顶卸载之后,对锚具变形、预应力筋的内缩量、预应力断丝、滑丝等进行检查,对不满足要求的查明原因并及时处理。

(8)预应力张拉、锚固过程中及锚固完成之后,均不得大力敲击或锤动锚具。

图9 张拉过程远程控制图

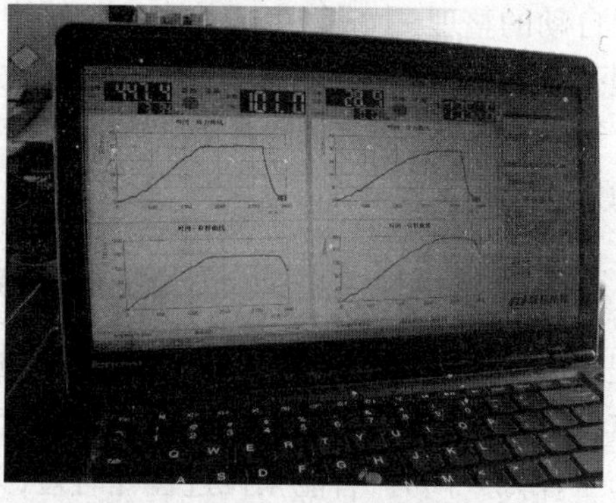
图10 张拉过程远程控制界面图

六、智能张拉技术分析

1. 智能张拉系统的连接

千斤顶中内置张拉力、油缸伸长量传感系统将张拉力、油缸伸长量利用数据线将信息传递给油泵车,油泵车将千斤顶传送来的信息转换为无线信号通过安装在油泵车上的路由器利用无线网络或有线局域网传输给主机,达到张拉信息的传递,从而将智能张拉系统连接为一个整体的系统。通过这种连接方式实现张拉过程中信息的实时、精确传送,为张拉质量的控制及实现智能张拉远程控制提供了前提条件。

2. 张拉力及伸长量的控制

智能张拉系统采用控制张拉力施加为主,以钢绞线伸长量作为校核的双重控制模式。智能张拉系统通过在主机张拉软件中输入张拉参数,系统软件根据目标张拉值、张拉程序控制张拉行程保证张拉力加载速率、张拉持荷点、张拉持荷时间、卸载速率满足设计及规范要求,根据采集的张拉构件两端千斤顶工作压力实时调整张拉力值以保证钢绞线两端受力一致、均匀。千斤顶上安装的位移传感器通过与千斤顶油缸同步调伸长,实时采集钢绞线的伸长数据,反馈到主机,系统自动计算伸长量及当前误差并在张拉界面上进行显示,操作人员可实时对其进行校核。通过以上控制模式真正意义上实现了张拉力、伸长量双重控制的目标。

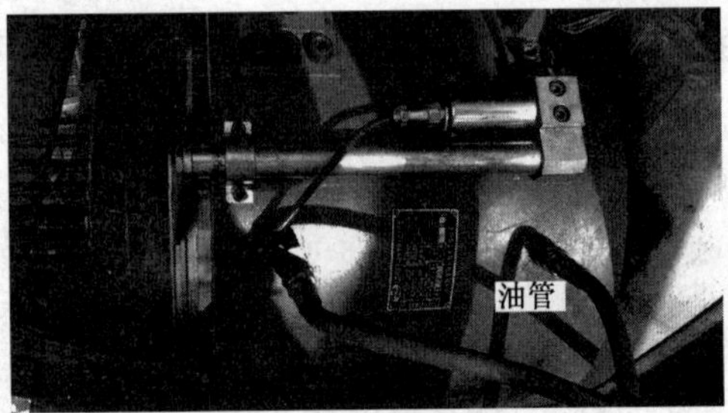

图11　千斤顶传感系统

图12　张拉数据采集图

3. 张拉过程的控制

智能张拉系统根据在软件中输入的目标张拉值、张拉程序自动控制各个张拉行程,减少人为操作油泵车时油泵车电机转速不稳定、不均匀的发生,实现油泵车给油、回油平稳、均匀,千斤顶升降速率一致。张拉系统启动之后,只需在主机控制界面上就能对整个张拉过程进行监控,避免操作人员之间沟通不及时、不到位等情况的发生。张拉完成之后,可通过"张拉过程回放"对整个张拉过程进行回放,实现张拉过程的全过程真实回顾,便于张拉过程的检测。

4. 张拉数据的生成

智能张拉系统根据主机中内置的张拉数据程序,可在张拉完成之后自动根据张拉过程中所反映的张拉数据进行自动的整理、生成。生成的张拉数据中主要包括张拉构件、张拉时间、张拉时混凝土强度、张拉各个行程张拉力值、伸长量及其误差。这种张拉数据处理的方式节省了计算张拉数据的时间、保证了张拉数据计算的准确性,提高了工作效率,且由于系统自动生成的数据不能人为修改,避免张拉质量弄虚作假现象的发生。

七、总　　结

本工程中运用智能张拉施工技术,实现了张拉力和钢绞线伸长量的双重控制,满足了张拉过程实时、准确性的监控,保证了张拉数据的真实、有效性,杜绝了人为因素的影响,为预应力质量的控制提供了良好的技术施工保障。同时,智能张拉过程耗时短,人员配置数量少,能确保张拉安全、高效完成,将在我们以后的施工生产中发挥更加巨大的作用。

46. 循环压浆技术在预制箱梁施工中的应用

金正川 汪洪荣 张治伟
（中交二航局第二工程有限公司）

摘 要 本文结合中朝鸭绿江界河公路大桥1标预制箱梁预应力管道压浆的工程实况，详细介绍了循环压浆设备及工艺的特点，以供后续相似工程借鉴参考。

关键词 循环压浆 设备 工艺 特点

一、工 程 概 况

中朝鸭绿江界河公路大桥TJSG-1标工程项目设计起点为丹东至大连高速公路丹东西互通立交，里程桩号为K0+000，设计终点为主线收费站终点，里程桩号为K6+700，线路全长6.7公里。本项目30m预制箱梁共计208片，25m预制箱梁8片。为保证预应力管道压浆施工质量，我标段采用循环压浆工艺。

二、循环压浆工艺要点

1. 循环压浆系统介绍

预应力循环压浆系统主要由预应力循环压浆台车（含制浆—储浆系统、螺杆泵、自动加水装置、高压清洗装置、进浆测控仪、返浆测控仪、溢流测控仪）、高压胶管、自带无线网卡的笔记本电脑等组成，循环压浆系统组成情况如图1所示。

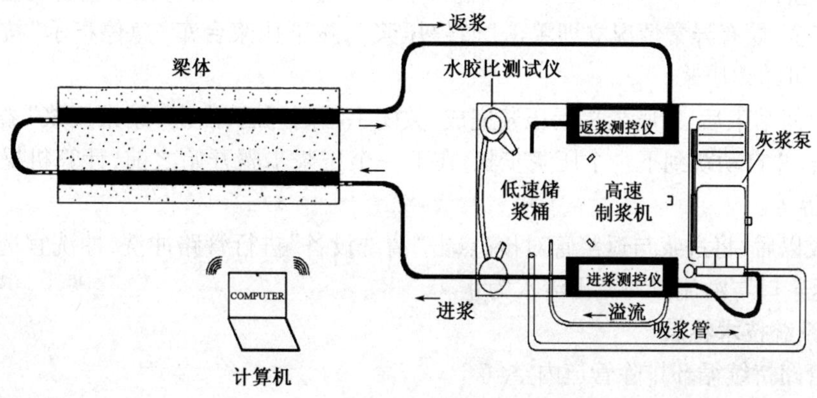

图1 循环压浆系统示意图

2. 循环压浆机理及流程

循环压浆技术的机理就是让水泥浆在预应力管道内循环，并将管道内的压力增至0.5~0.7MPa，在水泥浆的循环过程中将管道内的空气排净，管道内充满浆液后关闭出浆及进浆阀，以完成压浆。预应力管道加压、浆液循环、浆液循环时间均采用电脑控制，整个压浆施工流程如下：

(1)将进浆管、出浆管与梁体连接好，接好压浆机电源，采用无线路由将笔记本和压浆机连接，确认无误后可采用清水试压，查看设备连接及梁体内管道是否通畅。

(2)输入工程项目信息，包括项目名称、施工单位名称、监理单位名称、工程部位、时间等信息，如图2；输入压浆构件信息，包括梁板编号、水泥和压浆剂名称、施工配合比等信息如图3；输入完成后直接启动压浆程序。

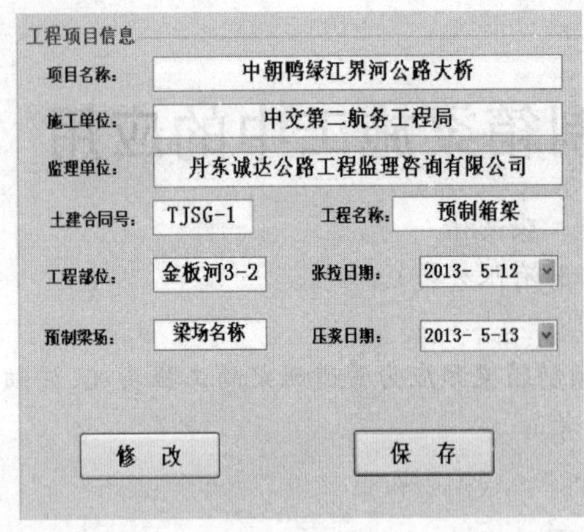

图2 项目信息示意图

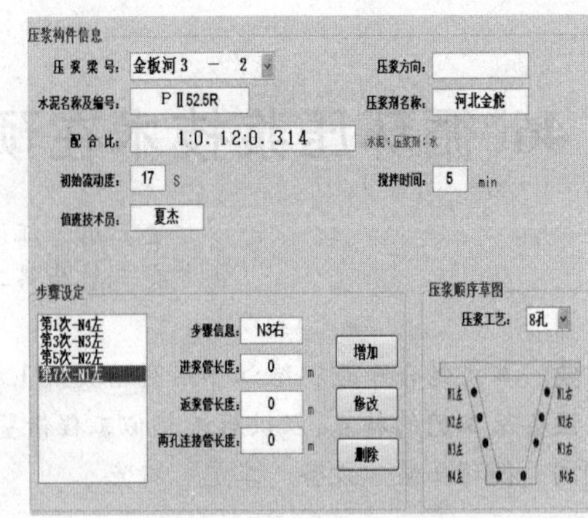

图3 压浆构件信息示意图

(3)按施工配合比在高速制浆机里制浆,其转速为1420r/min,叶片线速度14.86m/s,满足规范要求的搅拌机转速不小于1000r/min,叶片线速度介于10~20m/s。

(4)浆液在高速桶内制好以后导流至低速搅拌桶内以储存浆液,以保持流动度和不发热改变性能(浆液一直处于高速搅拌状态则易发热改变性能),其转速为70r/min;其间试验人员可在监理见证下取样试验,测试浆液黏度是否满足规范要求。

(5)检查梁板各管线连接无误并且阀门均打开并通知梁体两边工作人员注意安全后在电脑操作界面上点击梁空挤水,浆液从低速搅拌桶内流出,通过进浆管道进入梁体在梁体循环一周后通过反浆管流出,待反浆管内流出浓浆时,证明梁体内空气、杂质等已排除干净。

(6)排除杂质、空气后水泥浆液继续在梁体内循环,在电脑操作界面上点击开始压浆,系统自动将进浆管、返浆管压力差提升至0.5MPa±0.05MPa稳压循环5分钟,在压浆过程中应密切注意循环压浆设备工作情况,注意安全,如有异常情况立即单击"暂停压浆",按下压浆台车"急停指示"按钮,停止压浆,排除异常情况后,方可继续压浆。

(7)待稳压时间结束后,蜂鸣器提示压浆完成,关闭手动阀门后,点击"结束压浆"溢流阀打开设备自动溢流,保存数据,并自动跳到下一个压浆步骤,在下一个压浆步骤开始之前,计算机操作人员应再次检查仪器是否正确等等。

(8)压浆完成以后,将进浆与返浆管对接,点击"清洗设备"进行管路冲洗,冲洗宜选择高流量低压力档进行,并直至返浆口与溢流口均流出清水为止。

3.循环压浆系统技术特点

(1)浆液满管路持续循环排除管道内空气

管道内浆液从出浆口导流至储浆桶,再从进浆口泵入管道,形成大循环回路。浆液在管道内持续循环,通过调整压力和流量,将管道内空气通过出浆口和钢绞线丝间空隙完全排出,还可带出孔道内残留杂质。

(2)准确控制压力,调节流量

①精确调节和保持灌浆压力。自动实测管道压力损失,以出浆口满足规范最低压力值来设置灌浆压力值,保证沿途压力损失后管道内仍满足规范要求的最低压力值。关闭出浆口后长时间内保持不低于0.5MPa的压力。

②当进、出浆口压力差保持稳定后,可判定管道充盈。

③通过进出口调节阀对流量和压力大小进行调整。

(3)准确控制水胶比

按施工配合比数量自动加水,准确控制加水量,从而保证水胶比符合要求(2011版桥涵施工技术规范7.9.3条规定“浆液水胶比宜为0.26～0.28”)。

(4)一次压注双孔,提高工效

对于跨径50m内的预制梁,单孔长度小于70m的预应力管道均可双孔同时压浆,如图1管道连接方式,从位置较低的一孔压入,从位置较高的一孔压出回流至储浆桶,节约劳动力,提高工效。

(5)实现高速制浆,提高浆液质量

系统采用高速制浆机,将水泥、压浆剂和水进行高速搅拌,其转速为1420r/min,叶片线速度>10m/s,能完全满足规范要求。

(6)规范压浆过程,实现远程监控

灌浆过程由计算机程序控制,不受人为因素影响,准确计量加水量,实时监测灌浆压力、稳压时间、浆液温度、环境温度各个指标,自动记录,并打印报表。无线传输将数据实时反馈至相关部门,实现预应力管道压浆的远程监控。

(7)系统集成度高,简单适用

循环系统将高速制浆机、储浆桶、进浆测控仪、返浆测控仪、压浆泵集成于一体,现场使用只需将进浆管、返浆管与预应力管道对接,即可进行压浆施工。操作十分简单,适用于各种结构的管道压浆。

4. 循环压浆远程监控系统

(1)将施工参与各方连成有机整体,实现在线信息交流。

(2)对施工质量进行远程跟踪、预警,及时发现、纠正和解决质量问题。

(3)实现远程解决技术问题。

(4)施工参与各方可将施工进度、工程质量进行统计分析,尽在掌握中。

(5)改变质量管理模式,提高了管理效率,实现信息化施工。

三、与传统压浆作业对比分析

循环压浆技术与传统压浆作业对比分析见表1。

循环压浆与传统压浆对比分析表 表1

项　目	传统压浆技术	循环压浆技术
排净管道空气	普通压浆靠浆液自流排气,真空辅助压浆因封锚问题难以达到真正负压	循环回路让浆液在管道内持续循环以排净管道内空气
压力大小及稳压时间控制	较随意,往往导致出浆口没压力,致压浆不密实	自动调整压力大小,以保证全管路按规范要求的大小和时间持压、稳压
水胶比控制	现场材料比控制不严,往往通过加水改善流动性	实时监测水胶比,超限报警,切实控制浆液性能
测试管道实际压力损失	无此功能	实时测试得到管道压力损失便于调整灌浆压力
流量控制	无此功能	实时监控流量,以发现管道是否畅通,复核压浆量

四、常见故障及排除方法

循环压浆系统常见故障及排除方法见表2。

循环压浆系统常见故障及排除方法表 表2

故　障	主 要 原 因	排 除 方 法
螺杆泵不工作或不能排送浆液等	(1)缸内水泥及其他杂质沉淀凝固; (2)缸内有空气气泡不能排除; (3)由于无水无浆工作导致转子磨损	(1)打开进梁口盖板,清除管道内水泥及杂质; (2)打开缸盖,排除空气及气泡等; (3)更换转子
溢流阀、返浆阀不受控制或无反馈信号	(1)AC220V电源输入不准确; (2)4~20mA电流无输入; (3)接线端子松动	1)检查进电输出; 2)检测电流,检查PLC输入,检查24V电源输入; 3)检查,松动重接
管道冲洗时压力波动大	管道中有堵塞	清除杂质,继续压浆
无法调压至设定值	(1)锚头或设备连接处泄漏过多导致压力损失过大; (2)调压精度过高,导致调压压力不稳定	(1)检查管道设备接头及封锚罩并处理; (2)在系统设置中将精度调至0.05或0.10MPa
循环过程中进、出口压力明显过大	管道冲洗不干净,水泥浆沉淀凝固阻碍浆流动	检查管道并排查调压阀、液动截止阀是否堵塞

五、结　语

通过在中朝鸭绿江界河公路大桥1标预制小箱梁预应力管道压浆中实施循环压浆技术,取得了应用该技术的宝贵的施工经验,在后续施工实践中,我们将通过埋设观察管、开孔实测以及超声波探测等方式方法进一步验证循环压浆技术在提升预应力孔道压浆方面的先进性和优越性。预应力孔道压浆采用循环压浆工艺,也有利于推进工程建设项目的标准化、精细化施工,在现行技术条件下能够保证桥梁结构预应力施工质量,保证桥梁结构的安全和耐久性。

47.智能张拉技术在预制箱梁施工中的应用

汪洪荣　金正川　张治伟

(中交二航局第二工程有限公司)

摘　要　本文结合中朝鸭绿江界河公路大桥1标的工程实际,介绍了预应力智能张拉设备及工艺的特点,总结了智能张拉技术在预制小箱梁施工中的应用情况,为后续相似工程提供借鉴参考。

关键词　智能张拉　设备　工艺　应用

一、引　言

中朝鸭绿江界河公路大桥及接线工程是我国连接朝鲜的重要通道,是构建东京—汉城—平壤—北京—莫斯科—伦敦欧亚国际大通道的重要组成部分;该项目由中朝两国领导人协商确定,对中朝两国的经济发展和合作具有重要意义。

本项目位于东北严寒地区,是我国长江以北单孔跨径最大的斜拉桥,也是世界上跨径最大的界河公路大桥,建设质量标准高,建设环境和施工条件复杂。

为把本项目建设成为高标准高质量的跨国界河公路大桥,项目指挥部进行了大量卓有成效的工作,特别针对国内外预应力混凝土结构耐久性普遍偏低、预应力施工过程受人为因素影响大而导致施工工况与设计工况偏差大的现状，项目指挥部经考察、研究，最后确定在鸭绿江大桥项目的土建标段中推广应用预应力智能张拉系统，以规范本项目预应力张拉施工工艺。

中朝鸭绿江界河公路大桥 TJSG－1 标段起止里程桩号为 K0＋000～K6＋700，线路全长 6.7km。本标段共有 6 座桥梁其上部结构采用预制小箱梁先简支后结构连续施工工艺，其中 30m 跨径预制小箱梁 208 片，25m 跨径预制小箱梁 8 片，施工图设计要求预制小箱梁均采用后张法施工。

二、智能张拉技术介绍

1. 智能张拉系统介绍

预应力智能张拉系统主要由千斤顶、高压油管、预应力智能张拉仪、自带无线网卡的强固笔记本电脑组成，预应力智能张拉系统见图 1。

2. 智能张拉系统技术特点

1）精确施加预应力

智能张拉系统能精确控制施加的预应力力值，将误差范围由传统张拉的 ±10% 缩小到 ±1%。

2）及时校核伸长量，实现张拉力与伸长量的实时“双控”

实时自动计算伸长量，及时校核实际伸长量与理论伸长量之间的偏差值是否在 ±6% 范围内，实现张拉力与钢绞线伸长量同步“双控”。

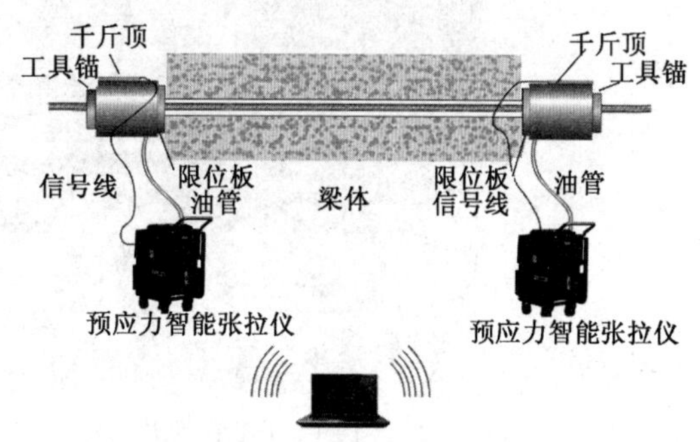

图 1 预应力智能张拉系统示意图

3）对称同步张拉

一台计算机控制两台或多台千斤顶同时、同步对称张拉，实现“多顶同步张拉”工艺，保证箱梁预应力施加顺序符合施工图设计要求。

4）张拉记录自动生成，张拉过程可追溯

张拉过程实时显示，张拉力加载过程、加载速率、停顿点、持荷时间、卸载速率、实测伸长量等张拉要素按设定的表格格式真实记录，一览无余，永久追溯。

5）智能控制张拉过程，减少预应力损失

张拉程序智能控制，不受人为、环境因素影响。停顿点、加载速率、持荷时间、卸载速率等张拉过程要素完全符合桥梁设计和施工技术规范要求，避免或减少了传统张拉作业过程中不规范操作造成的预应力损失。

6）具备联网监控功能

预应力智能张拉系统通过有线或无线连接方式，将本系统内的各个组成部分有机连接成整体，实现实时控制；同时该系统的软硬件配置具备通过有线或无线连接方式，将本系统与外部系统连接，使本系统成为联网监控系统的一部分，实现与联网各方实时在线信息交流，实现对施工质量进行远程跟踪、预警，及时发现、纠正和解决质量问题和安全隐患。

三、智能张拉技术应用情况

目前，我部已预制 30m 跨小箱梁 21 片，达到张拉条件的箱梁为 15 片，全部采用智能张拉技术进行后张法预应力张拉施工作业。

1. 智能张拉系统作业流程介绍

现以金板河大桥左幅第 5 孔第 4 片箱梁 N1 钢束张拉为例，对预应力智能张拉系统作业流程予以简单介绍。

(1)预制小箱梁混凝土抗压强度、龄期(或弹性模量)等满足相关要求,即达到张拉条件。

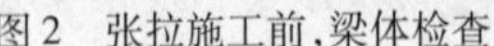
图2 张拉施工前,梁体检查

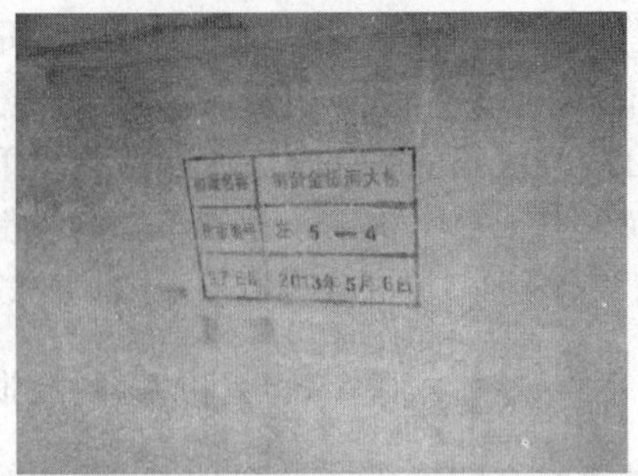

图3 梁体编号

(2)工作锚具、夹片安装,限位板安装,千斤顶安装,工具锚和工具夹片安装。

图4 工作锚、夹片安装

图5 千斤顶安装

(3)智能张拉仪安装,高压油管连接。

(4)笔记本电脑启动,信号检查,相关参数设置:主要包括箱梁编号、钢束编号、钢束数、张拉力、理论伸长值等。

(5)启动电脑中的智能张拉程序开始张拉,在张拉过程中自动增加张拉力,当张拉力达到设定张拉力之后,运行的智能张拉程序自动校核实际伸长值偏差,满足要求后按规范要求进行持荷稳压,然后智能张拉仪自动回油锚固,张拉完成后将张拉记录等资料打印归档。图10~图17为N1钢束自参数设置至张拉完成全过程截屏图片。

图6 每台千斤顶由一台智能张拉仪控制

图7 高压油管连接智能张拉仪与千斤顶

图8 笔记本电脑启动与信号检查

图9 智能张拉软件程序启动

图10 工程项目参数设置

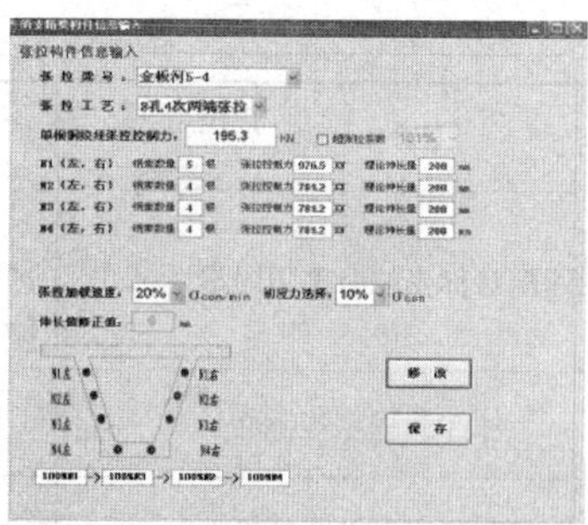
图11 结构件参数设置

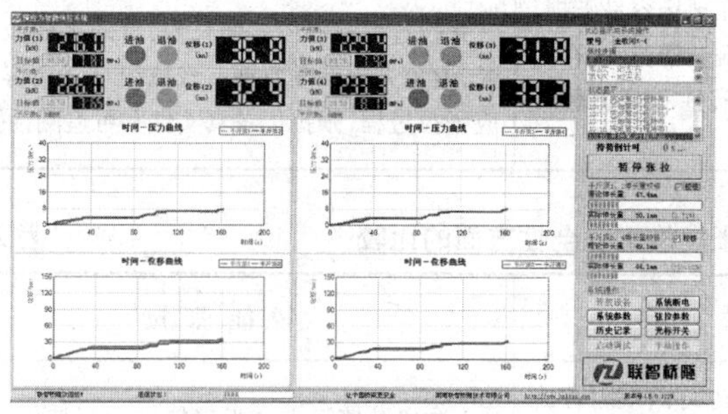
图12 10%时时间压力曲线和时间位移曲线图

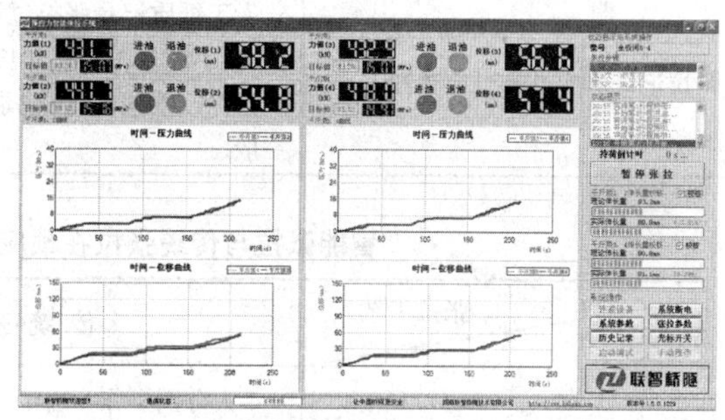
图13 20%时时间压力曲线和时间位移曲线图

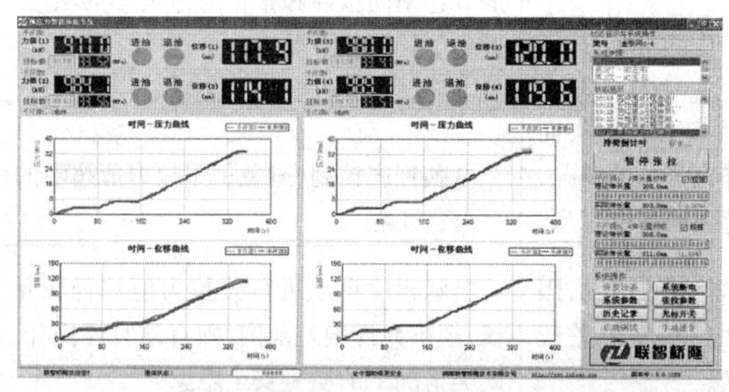
图14 100%时时间压力曲线和时间位移曲线图

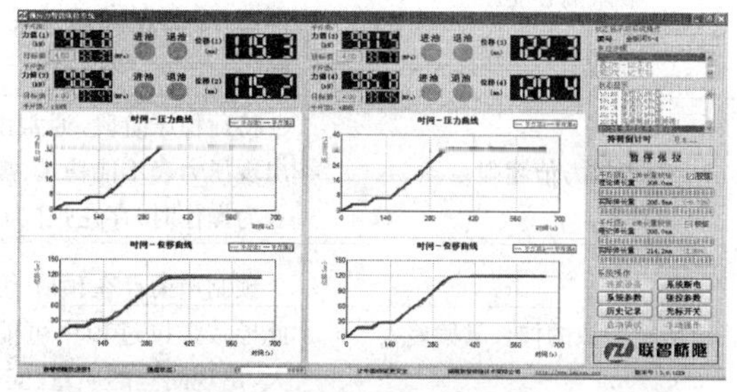
图15 持荷稳压时时间压力曲线和时间位移曲线图

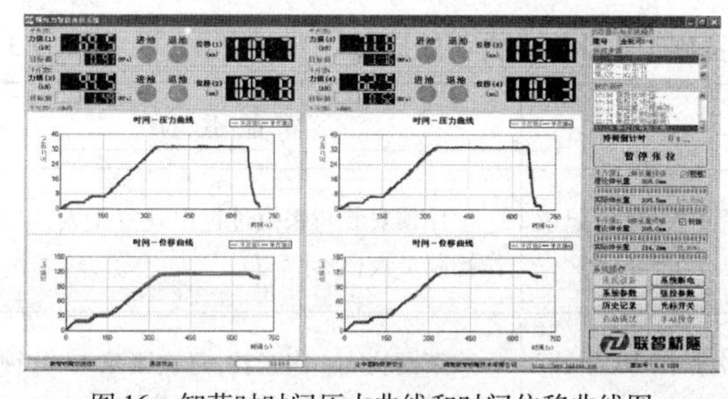
图16 卸荷时时间压力曲线和时间位移曲线图

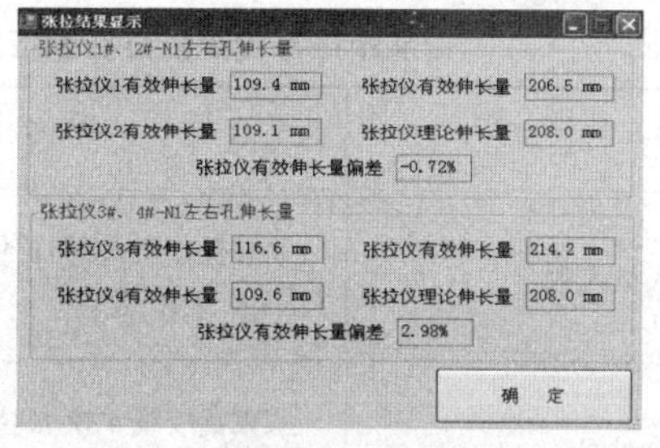

图17 钢绞线伸长量校核情况

2. 与传统张拉作业的对比分析

根据近期部分预制小箱梁采用智能张拉系统进行预应力张拉施工作业的情况分析，该项技术与传统的预应力张拉施工作业相比，在预应力张拉施工质量、施工作业安全性以及施工作业工效等方面均有较大改善和提高。

智能张拉与传统张拉在预应力张拉施工质量方面的比较 表1

指标 \ 张拉工艺	传统张拉	智能张拉
张拉力值大小	人工读取压力表以控制油泵车进油回油从而控制张拉力值的大小，控制精度0.2MPa	电脑程序精确控制油泵车进回油从而控制张拉力值的大小，控制精度0.01MPa
张拉力加卸载速率	人工操作油泵车，张拉力加卸载速率随意性较大	电脑程序参数设置时设定，张拉过程中电脑控制准确

续上表

指标＼张拉工艺	传统张拉	智能张拉
两端对称张拉时多顶同步性	4人分别操作4台油泵车控制4台千斤顶进行张拉作业,通过对讲机相互协调进油进度,同步性差	1台笔记本电脑通过有线或无线方式,同时控制4台张拉仪的进油进度,可保证4台千斤顶精确同步(±2%)
加卸载程序规范性	加卸载过程由人工操作,随意性大	电脑严格按技术规范和施工图要求执行加卸载程序
持荷稳压及补张精确性	人工操作,往往不能保证持荷稳压时间及稳压阶段可能存在的补充张拉的精度	电脑程序控制,确保持荷稳压时间及补充张拉时的张拉力精度(±1%)
张拉记录真实性和可追溯性	人工纸质记录张拉过程,在现场容易破损、丢失,不能及时校核伸长量偏差情况,且存在人为涂改数据,张拉记录真实性和可追溯性一般	张拉过程自动校核伸长量,自动生成张拉记录,避免人为涂改数据。张拉记录真实客观反应张拉过程,张拉记录真实性和可追溯性强

智能张拉与传统张拉在预应力张拉施工安全性方面的比较　　表2

安全隐患＼张拉工艺	传统张拉	智能张拉
梁体偏心受压	4人分别操作4台油泵车进行两端对称张拉作业,其加载速率不同步、张拉力值大小有偏差,可能存在造成梁体偏心受压的安全隐患	1台电脑控制4台张拉仪进行张拉作业,其加载速率同步性和张拉力值大小的精度较高,避免了梁体偏心受压的可能
张拉力值超限	持荷稳压阶段,通常由于预应力有损失而出现压力表不能稳压,需要补充张拉的情况,人为操作时,存在张拉力值超限的安全隐患	电脑程序控制,避免了张拉力值超限的可能
管道堵塞导致的伸长量偏差大	预制箱梁存在预应力管道堵塞的情况,因此导致张拉过程中可能出现伸长量偏差较大,出现断丝的质量、安全隐患	电脑程序自动进行张拉力值和伸长量的校核,超出允许偏差范围,则自动暂停操作,避免此类情况下的质量安全隐患

智能张拉与传统张拉在预应力张拉施工作业工效方面的比较　　表3

项目＼张拉工艺	传统张拉	智能张拉
作业人员人数	油泵操作4人,伸长量测量4人,张拉记录2人,总计10人	千斤顶安装与张拉过程中观察4人,电脑操作控制1人,总计5人
张拉时间	八束钢绞线4次张拉,每次张拉10分钟,安装千斤顶10分钟,总计80分钟	八束钢绞线4次张拉,每次张拉15分钟,安装千斤顶15分钟,总计120分钟

3. 智能张拉系统使用中的注意事项

(1)张拉作业前人工拉动钢绞线,确保钢绞线未被混凝土堵塞。

(2)参数设置时要仔细核对施工图,避免出现错误导致质量、安全事故。

(3)由于限位板未与千斤顶配套加工,张拉时应仔细观察并及时予以调整,防止偏心。后续施工中,采用2cm钢板在车床上精加工一限位圆环,使限位板中心与千斤顶中心始终同心。

(4)张拉时操作人员应加强观察,尤其注意千斤顶进油过程中,油缸是否受周围钢筋、手拉葫芦链绳的影响。

(5)智能张拉仪未设置专门的吊环或吊点,每张拉一片箱梁都需要至少调动一次,如此频繁而不规范的调动很容易造成智能张拉仪、数据线及高压油管等损坏,因此最好加工制作一个专门的吊笼,将智能张拉仪固定放置在吊笼内,由龙门吊直接吊着吊笼进行智能张拉仪的调动移位。

四、结　语

预应力智能张拉技术作为近年来在提高桥梁预应力施工质量和结构耐久性研究方面的一项成果，在鸭绿江大桥1标预制小箱梁施工中得到了较好的应用。通过已完成的部分预制箱梁预应力张拉施工过程和施工效果分析，该项技术确实能很大程度上规范预应力张拉施工工艺，避免传统张拉作业过程中人为因素对施工质量的重大影响，这对推进工程建设项目标准化、精细化施工，在现行技术条件下进一步提高预应力张拉施工质量，使实际施工工况更大程度的满足施工图设计要求以保证桥梁结构的设计预应力度从而保证桥梁结构的安全性和耐久性具有重大现实意义。

参考文献

[1] 钱厚亮，贾艳敏，林锦国，等.新型智能预应力张拉设备的研制[J].自动化仪表，2009，30(12).

48. 中朝鸭绿江界河公路大桥主塔塔柱混凝土冬季施工保温措施

——电伴热

吴承凌

（中交集团第一公路工程局有限公司）

摘　要　中朝鸭绿江界河公路大桥22号墩柱混凝土采用电伴热进行冬季施工，成功解决了东北地区冬季高空混凝土工程的保温措施问题。

关键词　混凝土塔柱　电伴热　冬季施工

一、工 程 概 况

1. 工程简介

中朝鸭绿江界河公路大桥为五跨双塔双索面钢箱梁斜拉桥，主桥全长1266m，主跨636m。索塔采用“H”型，索塔总高度194.6m，底部设置2.5m高的塔座。索塔采用箱型变截面，塔底截面尺寸10m×7m，塔顶截面7m×5m，塔壁厚度横桥向为1.0m，顺桥向下塔柱为1.0m、中塔柱为0.9m、上塔柱出索端为1.2m。索塔设置两道横梁，下横梁截面尺寸为(9.56~9.399)m×7m，上横梁的尺寸为7m×6m。塔座、横梁、塔柱均采用C50混凝土浇筑。

2. 气象条件

本工程所在丹东地区处于亚欧大陆东岸中纬度地带，属暖温带亚湿润季风型气候。年平均气温8.5℃，一月平均最低气温-11.5℃，八月平均最高气温27.8℃；常风集中在东北、西北向，强风向为西北，全年≥6级风日数11.8天，基本风速在23.9m/s、30.0m/s、32.6m/s不等；降雪主要在11月中旬至3月中，冻土深1.0m；年平均雨量在800~1200mm，降水2/3集中于夏季；年平均雾日数34.5天，多集中于夏季，一天中雾多出现在后半夜至上午10时之间。

二、塔 柱 施 工

为确保2013年10月底前实现主桥合龙的关键节点目标，大桥22号主塔混凝土液压爬模施工要经过一个冬季。

丹东地区历年1月、2月、9~12月份温度统计见表1。

丹东地区历年温度统计表　　表1

项目名称	9月份	10月份	11月份	12月份	1月份	2月份
平均最高温度(℃)	24	17	8	0	-2.4	1.1
平均最低温度(℃)	14	6	-1	-9	-11.5	-8.6
极端最高温度(℃)	32	28	20	13	7.3	15.2
极端最低温度(℃)	3	-6	-15	-24	-25.8	-28

1.方案选择

借鉴房建地热及石油输送管道保温办法,对主塔液压爬模混凝土冬季施工用低温自限温电热带进行保温伴热(简称电伴热)。爬模模板的电伴热主要是补充由于模板外环境内外温差引起的热散失,混凝土浇筑后在模板外侧进行加温保暖,防止冬季低温塔柱混凝土受冻,又保证整体混凝土强度快速达到爬模爬升所要求强度(20MPa以上)。22号主塔混凝土液压爬模选用低温自限温电热带进行保温伴热,自调控电热带模板保温系统就是提供给模板损失的热量,维持其温度基本不变。配电箱采用壁挂式结构,根据现场分布情况均匀安装在施工区域,内装有主断路器,分路漏电保护断路器,旋钮温控器,当模板外电伴热带温度低于20℃时伴热系统工作,高于40℃时停止。

1)爬模电热带安装

在液压爬模模板外两背楞方木之间平行敷设电热带,间距5cm,每平方米敷设12m左右电热带,稳态时输出功率约为300W/m^2,电热带根据模板的大小每块做3~4个回路,电热带的最大使用长度为100m。

现场模板外表面较为光滑且易于粘贴,可以直接用铝箔胶带将电热带固定在模板表面。采用ZR25DWK2-PF(见注1)自调控发热电缆,功率为25W/m,发热电缆以直线方式铺设(见图1~图3)。一套液压爬模外侧模板(边长5m和7m,高4.5m)电伴热总装功率为:$2\times[(5+7)\text{m}\times4.5\text{m}\times12\text{m/m}^2\times25\text{w/m}]=32400\text{W}=32.4\text{kW}$(材料及安装费5万元人民币)。

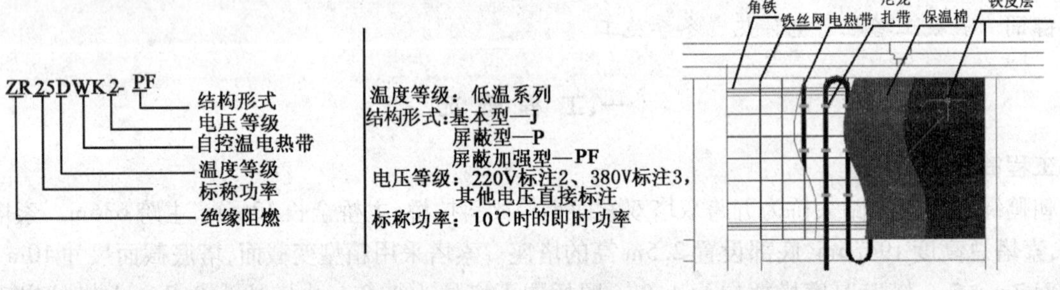

图1　电热带结构图

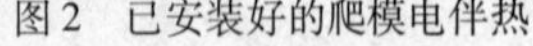

图2　已安装好的爬模电伴热　　图3　工作中的爬模电伴热

采用橡塑海绵在模板上布好的电热带外设防火保温层厚度5cm。浇筑混凝土塔柱时,电伴热模板可以保证侧面对柱体的伴热和加热,安全地保证塔柱混凝土强度增长。

2)主塔内模及混凝土顶面保温施工

利用内模底层平台及混凝土顶面施工平台铺设厚的彩条布,使新浇筑塔柱内模形成封闭空间。在内模底施工平台上安放大功率暖风炮，保证混凝土的温度。

混凝土顶面采用棉被覆盖，覆盖厚度要求达到10cm。在棉被上铺设彩钢板进行防火处理。见图4。

图4　混凝土顶面棉被覆盖保温

3）电热带安装

一个完整的电伴热系统包括：电源配电箱、漏电保护器、电源接线盒、电伴热带、温度传感器及固定用的尼龙扎带、铝箔胶带等附件，温控器可安装在配电箱中（见图5～图7）。

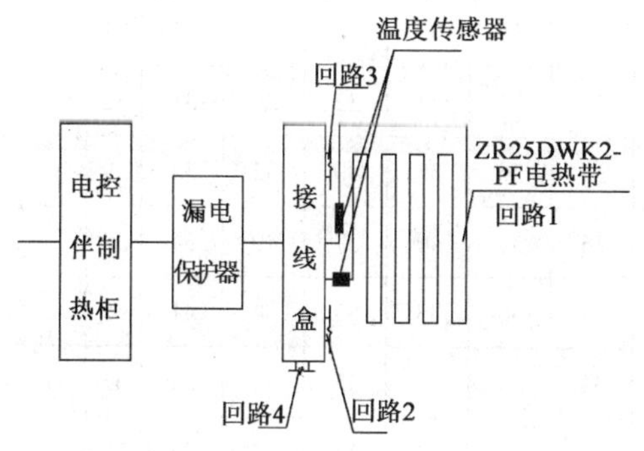

图5　电伴热带安装示意图

图6　温控器

图8为使用电伴热爬模外侧与大气温度实测照片。（左温度计+20℃为爬模外保温层内温度，右温度计-11℃为大气温度）。

图7　混凝土泵送管道电伴热保温

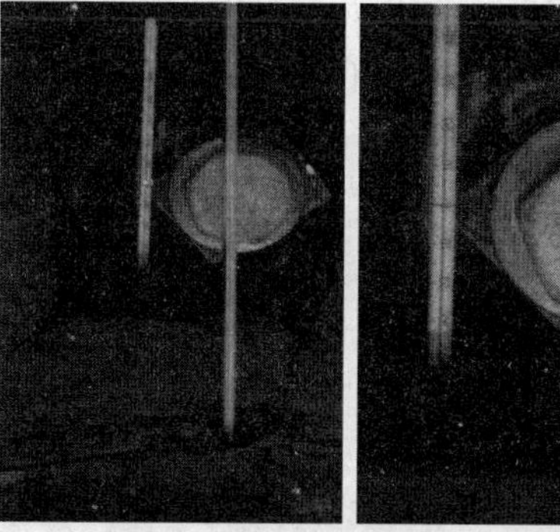

图8　温度对比

2. 现场实际应用情况和记录

经过半个月时间的安装调试，2012年11月初22号主塔液压爬模使用电伴热混凝土施工，电伴热温度自动调控范围为（+20～+40℃）。使用电伴热后塔柱混凝土强度增长情况，见表2、表3。

上游第 28 节　　2012.11.18 浇筑　　2012.11.21 回弹　　表 2

部位	回弹值(MPa)																备注
中右	36	32	40	36	35	34	33	33	34	34	36	33	34	35	35	36	中左　中右 左中　右中 左朝　右朝 朝左　朝右
中左	34	34	33	35	34	34	33	34	35	32	35	34	35	35	34	36	
右中	36	35	36	37	34	35	35	39	34	36	34	35	34	33	36	33	
左中	36	34	36	36	33	34	33	35	33	32	33	32	33	32	34	37	
右朝	32	33	32	33	34	37	37	34	35	36	35	33	34	36	35	35	
左朝	33	34	34	34	36	35	35	34	34	34	34	36	36	35	34	38	
朝右	34	35	36	36	35	36	36	35	33	33	34	38	35	36	33	39	
朝左	42	37	37	33	34	34	35	33	38	32	39	36	35	37	36	37	

下游第 29 节　　2012.12.01 浇筑　　2012.12.03 回弹　　表 3

部位	回弹值(MPa)																备注
中右	32	38	37	35	35	34	36	34	34	33	35	33	34	33	33	31	中左　中右 左中　右中 左朝　右朝 朝左　朝右
中左	33	33	42	35	34	34	33	32	35	33	35	33	32	34	31	32	
右中	33	36	33	34	34	35	34	34	34	34	36	35	40	32	33	39	
左中	36	37	40	39	33	34	33	40	33	36	33	40	37	40	34	39	
右朝	40	35	33	35	34	37	35	36	35	33	36	33	33	34	41	35	
左朝	42	33	36	32	36	35	33	33	34	34	34	32	32	31	34	31	
朝右	34	33	32	34	35	36	34	35	33	37	33	34	33	32	34	36	
朝左	38	36	35	38	34	34	35	34	38	36	39	34	35	34	37	33	

为准确监测塔柱混凝土的温度变化情况，11 月下旬在下游塔柱第 29 节段的竖向主钢筋上安装了 7 个测温元件。①、②、③、④、⑤、⑥、⑦号元件位置分别为：从待浇筑的第 29 节段混凝土顶面起，由上向下分别为 -30cm、-35cm、-40cm、-50cm、-60cm、-80cm、-280cm。11 月 29 日从混凝土浇筑开始进行温度监测，详见表 4。采用 JXC 54 系列巡回测温仪和 WEC 010 铜热电阻为测温元件。

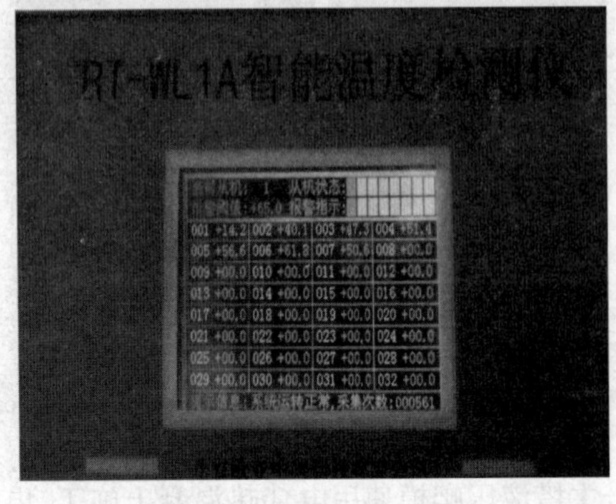

图 9　混凝土内部温度监测

图 10　使用电伴热塔柱混凝土外观效果

22 号墩下游第 29 节混凝土浇筑测点温度实测记录表 表 4

日期	时间	测点位置							大气温度	备注
		1	2	3	4	5	6	7		
12 月 1 日	11:00									启动电伴热系统
	11:30									电伴热达到 30 度,混凝土开浇筑
	12:30	-3.3	-3.6	-3.9	-3.7	-3.5	-3.6	-3.6	-3.6	
	14:00	-3.4	-3.5	-4.0	-3.6	-3.4	-3.3	12.2	-3.7	
	15:00	8.7	8.8	9.8	9.2	8.3	11.8	14.3	-8.0	
	15:35	7.6	10.0	11.3	10.8	11.2	12.7	14.8	-11.0	
	16:40	7.1	10.7	11.5	11.5	11.5	12.7	14.8	-11.0	
	17:00	6.8	10.9	11.6	11.6	11.8	12.6	14.9	-11.0	混凝土浇筑完成
	19:00	5.3	10.8	11.9	12.0	12.9	13.7	15.8	-11.0	
12 月 2 日	7:45	7.6	31.3	38.0	42.0	48.1	54.5	45.1	-13.0	
	8:00	7.5	31.7	38.6	42.5	48.5	55.1	45.7	-13.0	
	8:35	8.4	34.6	41.5	45.8	51.9	57.7	47.6	-13.0	
	20:31	28.2	47.1	52.8	55.5	60.0	64.7	59.3	-12.5	
12 月 3 日	7:53	20.3	39.0	44.0	47.4	51.8	58.0	57.0	-13.0	
	8:56	19.7	37.9	43.3	46.3	50.8	57.1	56.8	-11.2	
	10:13	18.8	41.8	45.0	49.4	55.8	56.3	57.0	-9.5	关闭电伴热系统
	11:00	18.6	36.3	41.8	44.9	49.3	55.9	56.3	-7.5	
	12:48	18.4	35.2	40.0	43.3	47.5	54.5	55.8	-5.0	
	14:54	17.2	33.5	38.8	41.7	45.8	52.8	55.3	-4.0	
	16:13	16.5	32.8	37.6	40.9	45.1	52.3	54.8	-7.0	
	17:30	16.3	32.2	37.5	40.5	44.8	52.0	54.6	-9.3	
12 月 4 日	2:40	11.5	24.5	29.5	32.1	36.3	43.6	49.3	-14.0	
	14:25	9.1	21.6	26.2	28.6	32.3	40.0	46.6	-4.0	
	15:55	8.8	21.3	25.6	28.1	32.1	39.3	45.9	-6.0	
	16:21	8.3	20.8	25.0	27.3	31.5	38.4	44.8	-7.0	
	17:30	8.1	20.5	24.6	27.1	30.9	37.8	43.2	-8.5	
12 月 5 日	7:50	7.5	19.0	24.3	25.7	29.1	35.6	39.8	-15.5	
	11:20	7.3	19.2	23.5	25.5	27.7	35.1	39.8	-11.0	
	14:40	7.0	18.9	23.0	25.1	26.8	33.7	39.2	-12.5	
	16:50	7.1	17.5	23.1	24.5	26.7	32.3	38.6	-13.0	
12 月 6 日	7:40	6.3	15.2	22.4	21.7	25.2	29.8	36.7	-16.0	
	12:10	6.0	14.5	21.3	20.5	23.1	27.6	34.1	-11.4	
	15:40	2.8	13.5	21.4	20.5	22.4	25.1	30.4	-12.6	

三、结　语

中朝鸭绿江界河公路大桥是长江以北地区跨径最大的斜拉桥,同时也是我国第一座界河大桥。在主塔液压爬模混凝土冬季施工中尝试采用电伴热,结果表明电伴热作为高空低温环境条件下混凝土冬季施工措施科学、安全、有效,为在低温环境条件下结构物混凝土的冬季施工提供成功的典型案例。

49. 中朝鸭绿江界河公路大桥工程试验检测工作管理概述

朱劲秋　门广鑫　徐　磊
（辽宁省交通科学研究院）

摘　要　本文根据工程实践，对作为业主委托的第三方试验检测机构——中心试验室开展大桥工程试验检测管理工作的要点进行了总结，提出了熟悉国家有关法规和国家、行业有关规范标准、协调各方关系、分析试验检测数据变化趋势、及时提出纠偏措施、实行事前管理的观点，并列举了工程试验检测管理事例。

关键词　大桥　试验检测　管理

一、概　　述

1. 工程简介

中朝鸭绿江界河公路大桥工程分为中朝鸭绿江界河公路大桥与接线两部分。中朝鸭绿江界河公路大桥及接线是我国连接朝鲜的重要通道，起点位于丹大高速公路丹东西互通立交，终点位于朝鲜的侧，全长12.3km。以横跨鸭绿江的中朝鸭绿江界河公路大桥（以下称鸭绿江大桥）的立面中心线为界，中方侧长10.7km，朝方侧长1.6km。

鸭绿江大桥为我国北方地区跨径最大的斜拉桥，长3026m。其中主桥长1266m，中方侧与朝方侧引桥各长880m。中方侧引线为一级公路2174m。连接线为高速公路，长6700m。

鸭绿江大桥主桥为双塔双索面钢箱梁斜拉桥，桥面全宽33.5m，H型钢锚梁混凝土索塔，跨径布置(86+229+636+229+86)m，钻孔群桩基础。

鸭绿江大桥引桥为双幅分离式预应力混凝土连续箱梁，桥面全宽28.5m，中方侧跨径布置(7×40+6×40+6×60)m，与朝方侧引桥对称布置。

鸭绿江大桥设计标准为一级公路，双向四车道，计算行车速度80km/h，桥梁结构设计基准期100年，汽车荷载等级公路－Ⅰ级。大桥行车道宽度2×2×3.75m，大桥两外侧各设2.0m人行道。抗风设计标准使用阶段设计重现期100年，设计洪水频率1/300，主桥下通航净高30.5m。主桥抗震标准按100年10%和100年4%两种超越概率地震动进行设防。

鸭绿江大桥桥址处位冰冻寒冷地区和地震带上。大桥工程规模大，结构复杂，涉及专业门类多，材料繁杂，施工环境条件比较恶劣。这些都对工程试验检测管理提出了更高的要求。

2. 主要合同段划分

施工合同段：高速公路连接线为第一合同段，中方侧大桥及引线为第二合同段，朝方侧大桥为第三合同段，主桥钢箱梁制造为第四合同段。另外，还有路面及黑色桥面铺装、阴极保护、斜拉索制造等施工合同段。

监理合同段：总监办、第一监理驻地办、第二监理驻地办、中心试验室。第一驻地办负责高速公路监理。第二监理驻地办负责除高速公路以外的工程监理工作。中心试验室负责全线工程的试验检测工作。

除钢结构合同段外，各施工单位和两个驻地办分别有一个工地试验室，加上中心试验室，大桥共有6个工地试验室。钢结构施工单位在工地设有测量组和无损检测组。总监办不设置工地试验室。

3. 中心试验室的职责

中心试验室是由业主委托的具有独立法人资格的第三方试验检测机构，从事和管理大桥工程的试验检测工作，承担业主和由业主委托的监理单位的试验检测工作，并服从业主的统一管理。

中心试验室主要职责有：

(1)负责全线的试验检测管理工作。对施工单位和监理单位的工地试验室的质量保证体系(人员、设备、试验内业资料、环境等)进行检查，审查施工单位工地试验室的试验报告。负责对试验检测规范、数据的确定和统一。统一规范试验检测报告和记录格式。定期向指挥部和总监办书面报告大桥工程试验检测工作。

(2)负责对施工单位进场原材料的独立取样抽检工作，抽检频率20%。负责施工现场质量的试验检测，检测频率10%。

(3)负责对施工单位进场材料和产品的准入审查、施工单位对材料和产品生产厂家发出的招标方案的审查。

(4)负责对施工单位的混凝土配合比设计和标准试验进行验证试验工作。

(5)参与和组织分项工程的验收与评定，参加工程质量事故的调查、处理和定论。参与交工验收、竣工验收准备工作，以及参与验收报告的编制工作。

(6)完成指挥部进行现场检查抽检的试验检测工作，配合总监办完成试验检测工作，配合政府监督部门的督查完成试验检测工作。

二、试验检测工作管理

在大桥建设之初业主就定下了建设高品质大桥的质量目标，作为业主招标的第三方试验检测机构的中心试验室，要做好大桥工程的试验检测工作的管理，任务是很艰巨的。

大桥工程涉及桥梁混凝土结构、钢结构、斜拉索、路基、路面、涂装、交通安全设施、阴极保护等专项工程。要保证大桥工程质量，其中一个重要方面就是要做好试验检测工作。

试验检测按施工过程区分，分为原材料进场试验检测、施工过程试验检测、交工验收试验检测；按实施方区分，有施工单位自检、监理单位抽检、中心试验室抽检、指挥部抽检等。

大桥工程试验检测工作管理的实质就是将各单位工地试验室的效能充分发挥出来。中心试验室工作要做到“公正化、科学化、规范化、精细化”。中心试验室在指挥部的领导下，配合总监办开展试验检测工作，对做好大桥试验检测工作管理进行了探索。

1.对工地试验室管理

各施工单位和监理单位的工地试验室是大桥工程质量保证体系网中重要的节点，在不同层次上为工程施工和质量监管提供数据支持。建设合格、规范的工地试验室，是中心试验室的首要任务。

中心试验室首先要求各工地试验室按照《检测和校准实验室能力的通用要求》(GB/T 27025—2008)进行管理，建立《质量管理手册》和《程序文件》等质量保证体系文件，在人、机、料、法、环等各个环节严格要求，使各工地试验室建立起比较完善的质量保证体系，保证正常开展工程试验检测的需要。

中心试验室每月都要对各工地试验室和钢结构检测组进行一次定期检查。检查内容包括人员、仪器设备、试验材料和标准物质、操作方法、试验资料、环境、安全等方面。检查结果写成书面材料报给指挥部。同时，中心试验室还经常不定期地对各工地试验室进行检查。中心试验室通过定期和不定期的检查，及时发现工地试验室存在的问题，及时沟通和解决问题。

指挥部每月都要对各合同段进行检查，其中包括工地试验室人员、设备等各方面情况。这极大地支持了中心试验室管理各工地试验室的工作。

1)工地试验室资质管理

工地试验室入场后必须及时向省质安局递交申请材料，获得公路临时乙级资质后方能开展工作。在工地试验室获得资质前，施工或监理单位只能外委有资质的试验检测机构进行试验检测。通过资质管理，使得试验室在人员、仪器设备、环境、资料档案、质量保证体系等方面达到规定的相应要求。

2)工地试验室人员管理

试验检测人员的资质和数量必须符合招标文件的要求。

试验检测人员必须持证上岗，上岗证只能担负对应的职能，即必须保证试验室有足够的试验检测工程师承担技术负责和复核的职责。

在施工过程中，如果有试验人员调换，必须上报监理和中心试验室、指挥部和省质安局审批。新进试验检测人员必须满足人员资质要求。

3）工地试验室仪器设备管理

工地试验室仪器设备必须经过国家计量部门的检定或校准。由于大桥工期三年，所以，要注意试验仪器设备的计量检定或校准周期，在仪器设备原有检定/校准证书失效之前及时进行新的检定或校准。

工地试验室要经常检查试验仪器设备的完好性。如发现仪器设备精度超差，要及时贴上停用标志，待维修正常后，经过计量部门检定，再贴上可以使用标志投入使用。

4）工地试验室环境管理

工地试验室必须具有足够的开展工地试验检测的环境条件，如房屋、水、电等。水泥试验室必须具有满足规范要求的室内温、湿度条件。工地试验室环境，如用水、用电等，必须满足安全条件。

5）工地试验室资料档案、试验样品管理

经常检查工地试验室的试验报告和试验记录，看其是否符合规范要求。检查试验室的质量保证手册是否满足要求，试验室管理制度是否健全。检查试验样品的采样规格和数量是否符合标准。要求试验前、后的试验样品的摆放位置有明显标志，防止混淆。

2. 严格执行材料准入审批制度

大桥工程材料供应实行甲控。根据指挥部发出的用于大桥工程的材料必须实行准入审批制度，防止不符合工程使用要求的材料进入大桥工程的文件精神，中心试验室制订了大桥工程材料准入程序，发给驻地办和施工单位执行。施工单位将拟采购某种材料的生产厂家的资质证明资料和产品质量证明资料上报驻地办、中心试验室、总监办、指挥部，经资料审查合格后，某些产品还要做验证试验合格后，该生产厂家的该产品才被准许采购用于大桥工程。未被准许进入的材料严禁用于大桥工程。

施工单位必须将原材料送到有资质的试验检测机构进行检测，合格后才有资格条件上报材料准入审批手续。

3. 对工地试验检测工作管理

工地试验检测工作的管理要点主要是把握住试验检测工作量的总量控制；把住原材料进场质量关；根据试验检测数据分析随时掌握工程质量走向，做到事前控制。

1）对试验检测工作进行数量控制

中心试验室要求施工单位工地试验室根据设计图纸和工程量清单列出试验检测工作量一览表，作为施工单位自检和监理抽检的依据。试验检测工作量一览表列出各个构造物及与之对应的试验检测项目和抽样数量。中心试验室根据这张表对试验检测工作进行管理，做到心中有数。

中心试验室每月经常检查施工单位的材料进场台账，据此计算施工单位自检数量和监理抽检数量是否满足要求。

2）把住原材料进场检验关

原材料质量是工程质量的源头，必须严格控制。所以，把住原材料进场检验关是试验检测工作管理的重要一环。

原材料进场时，立即由施工单位自检，监理旁站或抽检，检验合格后插上检验合格标志方可使用。如检验不合格，插上不合格标志立即清场。

在原材料使用过程中，如对质量有疑问，中心试验室随机抽样进行检验。

在原材料场地插有标志牌，上面写明材料的名称、规格、进场日期、是否检验合格等信息。

3）做好施工现场检测工作

现场检测主要是对钢筋安装、混凝土施工、混凝土回弹强度、涂层厚度、孔道压浆浆液、路基等进行检测。中心试验室通过对钢筋加工场、构造物进行的现场检测，掌握工程施工质量第一手资料，一旦发现问题或者有出现问题的苗头，及时上报指挥部，通知监理和施工单位，对指导施工意义重大。

对施工单位现场自检体系进行管理。施工单位在施工中实行本人自检、工人互检、质量管理人员专检的“三检”方法，实行质量责任制和奖罚制度，对保证工程质量取得比较好的效果。

中心试验室要求施工单位将重要的施工工艺、质量要求、检查方法写在大幅宣传板上，让施工人员在现场随时可见，按其操作执行。要求监理旁站人员携带必要的检测仪器，随时对施工质量进行控制。

4）随时掌握工程质量走向，做到事前管理

由于大桥工程工期紧张，所以要尽力保证质量，以免出现返工。为此，中心试验室要做好“事前管理”工作，即在质量问题发生之前就要把调整控制工作做到位，这样才能避免“事后管理”情况的出现。在工程质量合格范围内，随时注意工程质量的走向，及时采取调控措施。这要求试验检测管理人员必须具有较高的专业技术水平和较强的责任心，要能够通过试验检测数据分析随时掌握工程质量和原材料质量的变化趋势，用以指导施工和原材料的质量控制，做到事前管理，避免工期、人力、物力、财力的无谓损耗。

三、试验检测工作管理实例

在大桥工程建设实践中，我们感到，事前管理是非常重要的。如果等出现质量问题再去处理，那是不得已而为之的办法。从经济效益和社会影响上看，事前管理要远远优于事后管理。

要做到事前控制，就要及时对试验检测数据进行统计和分析，找出数据变化的趋势和原因，一旦数据接近规范或设计的临界值，就要采取纠偏措施，使数据回到中值范围。下面例举3个试验检测事前控制的事例。

1. 水泥质量控制

在一次水泥试验过程中，中心试验室发现水泥强度虽然合格，但水泥强度的富余系数较低，如不控制，有可能发生水泥强度不合格的问题。于是，中心试验室收集其他工地试验室的水泥试验情况，整理后向指挥部汇报。指挥部召集各参建单位的总工、试验室主任等有关人员，以及水泥生产厂家和供应商，召开水泥质量专题会，从生产、运输、质保书送达等各个环节提出质量改进和保证措施。水泥生产厂家和供应商也表示要全力配合工作，使水泥质量符合规范要求，并在运输过程中采取有效的密封措施，保证将合格水泥送到施工单位。经过这次专题会，水泥强度值一直保持在较高的范围，强度富余系数也满足要求。

2. 墩身混凝土质量控制

在检测一个龄期12d的矩形墩身混凝土强度时，发现混凝土回弹强度各处不均匀，墩身长边的混凝土强度要高于短边的混凝土强度。经过分析，认为是混凝土浇筑撒布不均匀产生的问题。在混凝土浇筑时，混凝土出料导管较长时间在墩身中间一处撒布混凝土，使得距导管较近的墩身长边处粗集料较多，而距导管较远的墩身短边处流淌的稀浆较多，产生一定程度上的灰浆离析，造成墩身长、短边处的混凝土强度相差较大。中心试验室通知监理和施工单位后，改进施工工艺，解决了这个问题。

在龄期28d后检测这个墩身混凝土回弹强度，长、短边强度有差别，但都合格。这个事例表明，混凝土导管撒布混凝土的间距不宜过大，避免产生混凝土级配离析的现象。

3. 钢筋机械连接质量控制

钢筋机械连接具有施工快捷简便的优点，但由于施工人员对机械连接的具体要求不清楚，往往在拧紧力矩上达不到规范要求。为此，指挥部和中心试验室联合编写了钢筋机械连接施工工艺手册，发给施工和监理单位，并要求施工和监理单位配备扭力扳手，提高了钢筋机械连接的施工质量。

四、结　　语

至2013年4月20日，施工单位自检8059组试验，焊缝探伤检测80190.80m，检测合格率100%；监理抽检2424组试验，中心试验室抽检1838组试验，焊缝探伤检测16670.42m，检测合格率100%。中心试验室对大桥工程试验检测工作的管理，为工程质量提供了必要的保障。

鸭绿江大桥工程的特点要求试验检测工作管理者熟悉国家计量法和实验室认证管理办法，熟悉国家和行业有关试验检测、设计、施工的规范标准；责任心强，把住原材料进场关，管理好工地试验室和监理试验室；要勤跑工地现场，做到腿勤、手勤、眼到、心到，及时收集试验检测数据；能够运用专业知识对试验检测数据进行分析，树立事前控制的意识，针对工程质量的变化趋势及时采取控制措施；要有一定的协调指挥部、设计、监理、施工、质量监督部门等各单位的能力。

参考文献

[1] 中华人民共和国行业标准. JGJ 55—2011 普通混凝土配合比设计规程[S]. 北京：中国建筑工业出版社,2011.

[2] 中华人民共和国行业标准. JGJ 107—2010 钢筋机械连接技术规程[S]. 北京：中国建筑工业出版社,2010.

50. 钢板桩围堰设计与施工技术

李 文 汪洪荣

（中交第二航务工程局有限公司）

摘 要 本文结合中朝鸭绿江界河公路大桥的工程实况，对引桥施工段水上承台钢板桩围堰的设计与施工进行了分析研究，详细介绍了钢板桩围堰的计算和施工过程中的施工要点及一些相关的措施，以供后续相似工程借鉴参考。

关键词 钢板桩围堰 设计 施工 计算 施工要点 相关措施

一、工 程 概 况

中朝鸭绿江界河公路大桥 TJSG－2 标段引桥 16～18 号桥墩位于鸭绿江中方侧浅滩区。引桥为左右幅分离式，带圆端矩形实体承台，承台底部为 1.5m 厚封底混凝土，承台侧面和顶面采用 30cm 厚花岗岩镶面，承台底高程 －2.7m。此类承台共有 6 个。

16～18 号桥墩位于鸭绿江浅滩区，以浅切割剥蚀浑圆状微丘台地和剥蚀平原地貌为主。沿河发育多为一级阶地，地勘资料显示，引桥水上承台均位于细砂地层中。但是由于钢栈桥的搭设以及主墩承台的施工，对河道的变迁影响较大，且鸭绿江潮口内的潮汐属于不规则半日潮，潮差较大，会增加钢板桩围堰施工的难度。

二、钢板桩围堰设计

1. 钢板桩围堰选型

1）钢板桩选型

考虑施工成本以及方便、安全且高效施工，结合现场施工环境，采用带锁口 SP U600×210 钢板桩，有较好的防水能力，单根桩长 15m，桩入土深度 7～8m，钢板桩参数见表 1。

钢板桩技术参数表 表1

型号	有效	有效	腹板	单 根				每 米 板 面			
宽×高（mm）	宽度（mm）	高度（mm）	厚度（mm）	截面积（m^2）	理论质量（kg/m）	惯性矩 I_x（cm^4）	截面模量 W_x（cm^3）	截面积（cm^2）	理论重量（kg/m）	惯性矩 I_x（cm^4）	截面模量 W_x（cm^3）
600×210	600	210	18	135.3	106.2	8630	539	225.5	177	56700	2700

2）围堰尺寸

围堰的尺寸受承台大小、承台钢筋绑扎及模板的安装与拆除时的作业面的控制，考虑到左右幅承台间距离较小,则左右幅承台施工共用一个钢板桩围堰,其内轮廓尺寸为31.2m×10.8m。

3)围檩、内支撑

考虑结构安全,钢板桩围堰内设置三道围檩,高程分别为-2.2m,-0.20m,+3.0m。第一道围檩采用2HN700(2HN600),第二道围檩采用2Ⅰ40,第三道围檩采用2Ⅰ25。内支撑采用ϕ430mm×6mm钢管,材料技术参数见表2;具体布置图见图1、图2。

围檩支撑材料技术参数表 表2

材料规格	Q235				
	截面积 (cm^2)	单位重量 (kg/m)	惯性距 (cm^4)	截面模数 (cm^3)	回转半径 (cm)
HN700×300×13/24	228.8	179.6	194607	5560	29.2
HN600×200×11/17	135.2	106.1	78200	2607	24.1
ϕ430×6 钢管	79.92	62.7	17964	1671	15.0
Ⅰ40	86.10	67.6	21700	1085	15.8
Ⅰ25	48.5	38.1	5020	402	10.18

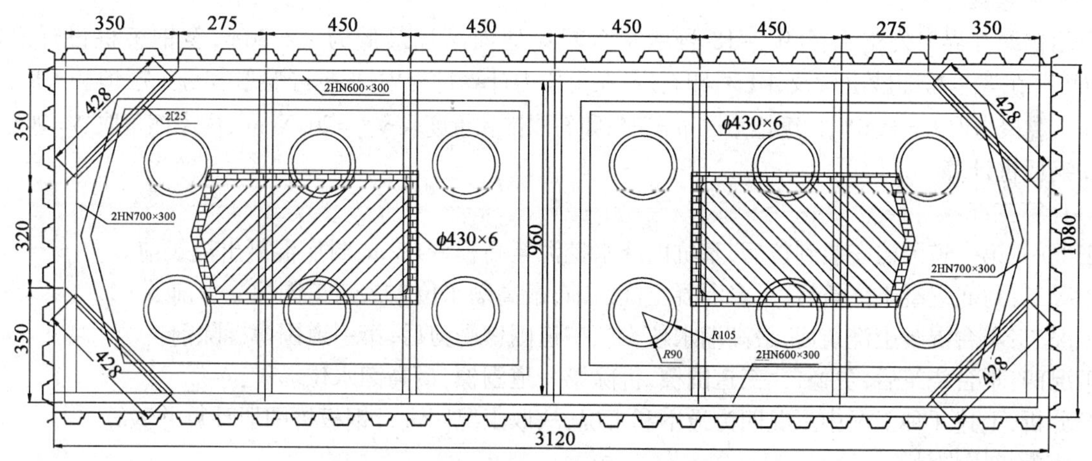

图1 钢板桩围堰平面布置图(尺寸单位:cm)

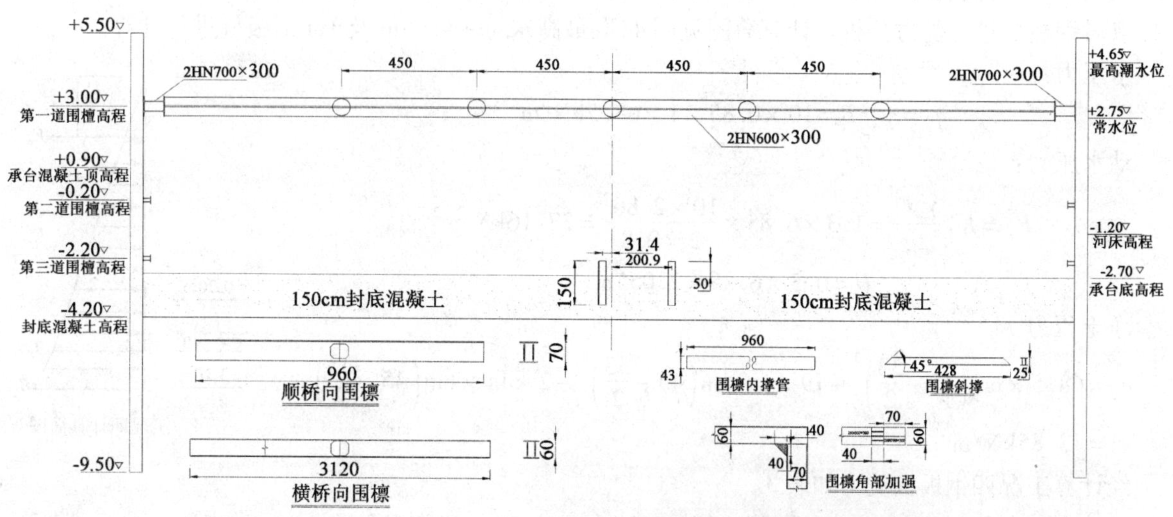

图2 钢板桩围堰竖向布置图

2. 钢板桩围堰结构计算

1）基本资料

16～18 号引桥桥墩钢板桩围堰水文资料及设计参数如下：

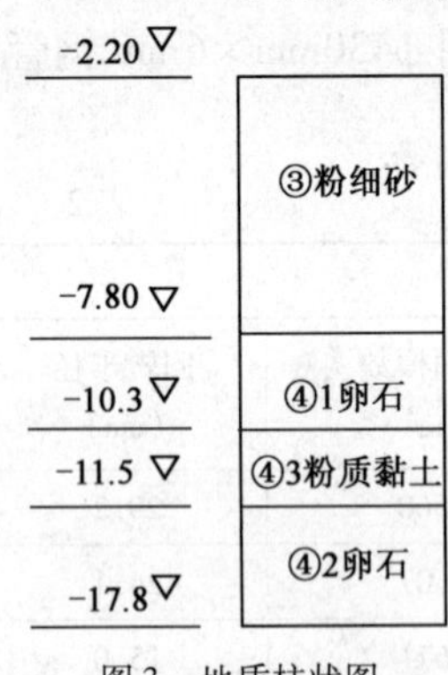

图3 地质柱状图

(1)钢板桩顶高程： +5.00m

(2)钢板桩底高程： -10.0m

(3)承台顶高程： +0.90m

(4)承台底高程： -2.70m

(5)承台总高度： 3.60m

(6)设计流速： 2.86m/s

(7)河床高程： -2.20m

(8)历年最高高水位： +4.65m

(9)历年最低低水位： -3.73m

(10)常水位： +2.75m

(11)地质资料参照 K10 +434.00m 处地质柱状图(图3)。

2）土体参数

中朝鸭绿江界河公路大桥 16～18 号墩承台对应地面高程最低为 -2.20m，至钢板桩设计底高程 -10m间存在③号粉细砂土层及④1 号卵石层，在土压力计算过程中，根据经验取③号土层饱和重度 $\gamma_{sat}=19\text{kN/m}^3$，黏聚力取 $C=11\text{kPa}$，内摩擦角取 $\phi=33°$；卵石取饱和重度取 $\gamma_{sat}=20\text{kN/m}^3$，内摩擦角取 $\phi=20°$。

3. 钢板桩计算

1）计算工况

工况一：第一道围檩安装到位后，基坑内降水挖泥至高程 -4.2m，封底混凝土浇筑前。

工况二：封底混凝土浇筑后，承台混凝土浇筑前，最高潮水位，二、三道围檩受力前。

工况三：承台混凝土浇筑后，最高潮水位，二、三道围檩受力后，第一道围檩拆除前。

工况四：承台浇筑后，更换二、三道围檩，拆除第一道围檩，最高潮水位。

经分析，上述 4 种工况中工况四为最不利工况，故取工况四进行钢板桩围堰计算并验算。

2）钢板桩围堰计算

工况四：承台浇筑后，更换二、三道围檩，拆除第一道围檩，以混凝土浇筑顶面以下 50cm(-3.2m)为支撑点对钢板桩进行受力分析。计算简图见图 4，取最高水位 +4.65m 及 1m 钢板桩进行计算。

水压力：

$$q_1=\gamma_w hB=10\times6.85\times1=68.5\text{kN/m}$$

动水压力：

$$F_w=KA\frac{\gamma_w v^2}{2g}=1.3\times6.85\times\frac{10\times2.86^2}{2\times9.8}=37.16\text{kN/m}^2$$

$$H=0.3\times6.85=2.055\text{m}$$

净土压力：

$$q_2=68.5\times\tan\left(45-\frac{33}{2}\right)^2+19\times1\times\tan\left(45-\frac{33}{2}\right)^2-2\times11\times\tan\left(45-\frac{33}{2}\right)$$

$$=13.85\text{kN/m}$$

图4 工况四计算简图

经计算工况四钢板桩受力如表 3。

表3

	弯矩(kN·m)	上支点反力(kN)	中支点反力(kN)	下支点反力(kN)	变形(mm)
钢板桩	294.00	336.93	—	—	22.03

同理可求得工况一、工况二、工况三的钢板桩的受力,计算结果如表4。

表4

工 况	弯矩(kN·m)	上支点反力(kN)	中支点反力(kN)		下支点反力(kN)	变形(mm)
工况一	223.28	92.94	—		119.78	10.2
工况二	228.36	163.03	—		149.92	7.75
工况三	38.12	79.96	144.63	81.12	7.23	0.357

钢板桩应力:

$$\sigma = \frac{M_{max}}{W} = \frac{294.00 \times 10^6}{2700 \times 1000} = 108.89\text{MPa}$$

钢板桩材质为Q295,取荷载分项系数为1.35,则允许弯应力为:

$$[\sigma] = \frac{295}{1.35} = 218.52\text{MPa}$$

$$\sigma < [\sigma]$$

所以钢板桩强度满足设计及规范要求。

4. 钢板桩围檩验算

1)围檩及支撑强度验算

第一道(+3.0m)围檩受力控制工况为第二工况,根据内支撑系统的平面布置,围檩可以简化为平面框架结构。由钢板桩的计算知,围檩最大受力为163.03kN/m,围檩为2HN700(2HN600),内撑为ϕ430mm×6mm及2Ⅰ25,将内撑看作杆单元,其余为梁单元,具体截面参数见前文,其计算简图如图5。

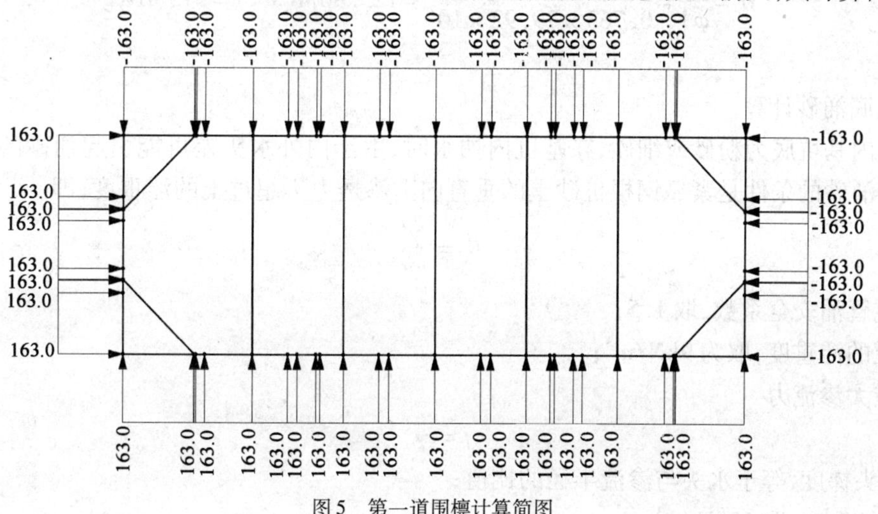

图5 第一道围檩计算简图

经计算得第一道(+3.0m)围檩所受最大弯矩为296.53kN·m,内撑最大轴力为767.11kN,见表5

表5

杆 件	弯矩(kN·m)	轴力(kN)	剪力(kN)	组合应力(MPa)
围檩2HN700	296.53	830.19	399.41	148.87
内撑ϕ430×6	—	767.11	—	105.71
内撑2Ⅰ25	—	755.09	—	88.61

同理可得第二道、第三道围檩在上述4个工况中的支撑受力情况,见表6。

围檩及支撑受力汇总表　　表6

工　况	围檩及内撑	围檩及支撑	弯矩(kN·m)	轴力(kN)	剪力(kN)	组合应力(MPa)
第二道	工况三	围檩2 I 40	79.79	310.67	181.07	129.13
		内撑2 I 25	—	322.89	—	125.23
	工况四	围檩2 I 40	83.82	467.52	277.27	142.74
		内撑2 I 25	—	471.23	—	149.07
		内撑 $\phi430\times6$	—	210.95	—	26.39
第三道	工况三	围檩2 I 25	39.16	177.84	97.97	134.31
		内撑 I 25	—	183.79	—	121.42

综上,围檩及内撑的最大组合应力为148.87MPa,围檩及内撑均为Q235,荷载分项系数取1.35,则允许应力为:

$$[\sigma]=\frac{235}{1.35}=174.07\text{MPa}$$

$$\sigma<[\sigma]$$

所以围檩及内撑强度均满足设计及规范要求。

2)支撑稳定性验算

根据《钢结构设计规范》(GB 50017—2003)第5.1条对支撑进行稳定性验算。

第一道(+3.0m)围檩内撑($\phi430\times6$):杆件轴力767.11kN,属b类截面。

长细比:$\lambda_X=\frac{l_{0X}}{i_{0x}}=\frac{1020}{15.0}=68$,查附录表C-2,$\varphi=0.763$

$$\sigma=\frac{N}{\varphi A}=\frac{767.11\times10^3}{0.763\times79.92\times10^2}=125.80\text{MPa}<f=215\text{MPa}$$

满足要求。

3)围堰坑底涌砂计算

如钢板桩内基坑底为粉砂或细砂,在基坑内抽水时,由于内外水头差可能引起涌砂的危险。而避免引起基底坑底涌砂的条件是紧靠钢板桩砂土的垂直向上渗透力不超过土的浮重度,即

$$K=\frac{\gamma'}{j}$$

式中:K——抗管涌安全系数,取1.5;

γ'——土的浮重度,取为9kN/m^3;

j——最大渗流力

$$j=i\gamma_w$$

其中:i——水头梯度,等于水头与渗流半径的比值;

γ_w——水的重度,取10kN/m^3。

工况一、钢板桩围堰底高程为-9.5m,顶高程+5.5m;承台底高程为-2.7m;河床高程为-2.20m,当基坑开挖至-4.2m时,抢潮封底前,在常水位(+2.75m)作用下,其涌砂验算如下:

$$j=i\gamma_w=\frac{(2.75+4.2)}{(9.5-2.20+9.5-4.2)}\times10=5.516$$

$$K=\frac{\gamma'}{j}=\frac{9}{5.516}=1.63>1.5$$

工况二、封底混凝土浇筑后,在最高潮水位(+4.65m)作用下,其涌砂验算如下:

$$j=i\gamma_w=\frac{(4.65+2.7)}{(9.5-2.20+9.5-2.7)}\times10=5.213$$

$$K = \frac{\gamma'}{j} = \frac{9}{5.213} = 1.726 > 1.5$$

所以基坑坑底抗管涌安全系数满足要求。

4)钢围堰最小入土深度验算

河床高程为 -2.20m,采用盾恩近似计算法对工况一及工况二分别进行最小入土深度验算。钢板桩的土压力分布图见图6。

工况一:钢板桩的土压力分布图见图6。

其中 q_1 为水压力,q_2 为③土层主动土压力,q_3 为③土层的被动土压力,取1m宽钢板桩,设钢板桩深度为基坑 -4.2m 以下 X 米。

$$q_1 = \gamma_w hB = 10 \times 4.95 \times 1 = 49.5\text{kN/m}$$

$$q_2 = q_1 \tan(45 - \frac{\varphi}{2})^2 + \gamma_{sat}(X+2.0)\tan(45-\frac{\varphi}{2})^2 B - 2c\tan(45-\frac{\varphi}{2})B$$

$$= 49.5 \times \tan(45-\frac{30}{2})^2 + 19 \times (X+2.0) \times \tan(45-\frac{30}{2})^2 \times$$

$$1 - 2 \times 11 \times \tan(45-\frac{30}{2}) \times 1$$

$$= 16.46 + 6.33X(\text{kN/m})$$

$$q_3 = \gamma_{sat} X\tan(45+\frac{\varphi}{2})^2 B + 2c\tan(45+\frac{\varphi}{2})B$$

$$= 19X\tan(45+\frac{30}{2})^2 \times 1 + 2 \times 11 \times \tan(45+\frac{30}{2}) \times 1$$

$$= 38.11 + 57X(\text{kN/m})$$

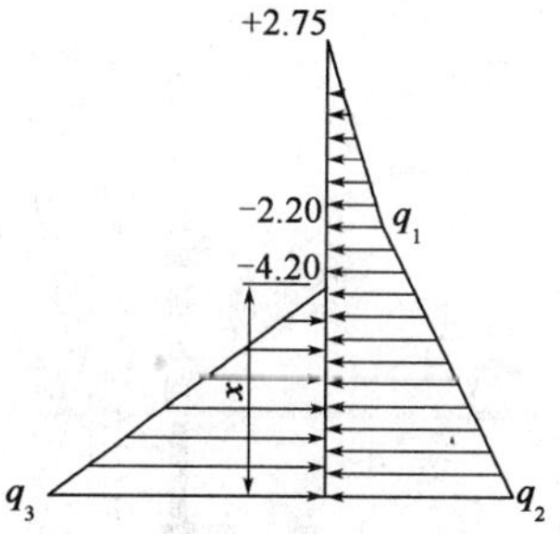

图6 钢板桩土压力分布图

由盾恩近似法有:

$$\frac{1}{2} \times (38.11 + 57X)X = \frac{1}{2} \times$$

$$[49.5 \times (2+X) + \frac{1}{2} \times 49.5 \times 4.95 + \frac{1}{2} \times (16.46 + 6.33X - 49.5) \times (X+2)]$$

求得:$X = 2.00\text{m}$,即在 -6.20m 处。

所以入土深度满足要求。

同理可求得工况二下求得 $X = 2.15\text{m}$,即在4.85m处,入土深度满足要求。

三、钢板桩围堰施工

1. 总体施工部署

根据地质水文条件及墩位位置,引桥水上承台采取左右幅整体插打钢板桩形成围堰,内设集水坑排水,清淤、凿除桩头后浇筑封底混凝土,然后进行承台干施工。承台采用大块钢模板,共配置一套模板即可满足施工进度要求。根据钻孔桩施工顺序,结合上部现浇箱梁施工的总体安排,承台施工自16号桥墩开始向桩号增大方向逐墩推进施工,单排桥墩的承台先施工左幅,最后施工右幅。

2. 工艺流程

(1)在钢护筒上按设计图焊接牛腿,安装第一道围檩。

(2)插打钢板桩并合龙,安装第一道围檩内撑和斜撑。

(3)水下挖泥,割除钢护筒,凿除桩头混凝土,桩基检测。

(4)通过抢潮干浇封底混凝土至承台底面高程 -2.70m。

(5)安装第二、三道围檩,左幅承台钢筋绑扎、模板安装。

(6)安装第二、三道围檩内撑,安装左幅模板斜撑,左幅承台混凝土施工。

(7)拆除左幅承台模板,右幅承台施工。

(8)拆除承台模板,更换第二、三道围檩内撑,拆除第一道围檩内撑。

(9)首节墩柱施工。

(10)拆除第二、三道围檩内撑,拆除围檩,拆除钢板桩围堰。

3. 施工要点

1)钢板桩定位及插打顺序

钢板桩采用在钻孔桩钢护筒上焊接牛腿进行定位。

根据钢板桩围堰设计图,在钢护筒外侧面放样出围堰第一道围檩安装牛腿的顶高程进行I25牛腿焊接施工,要求牛腿顶面保持严格水平;在牛腿上安装第一道围檩型钢,并加固焊接形成整体式框架;钢板桩紧靠第一道围檩外侧面进行插打定位。

钢板桩围堰的整体插打顺序为:自朝鲜侧(江侧)的中点开始,分别向上、下游逐块插打推进,再依次插打完成上、下游侧的钢板桩,然后自下游向上游方向逐块插打中国侧(岸侧)钢板桩,最后在中国侧上游角点附近位置进行围堰合龙。钢板桩插打顺序见图7。

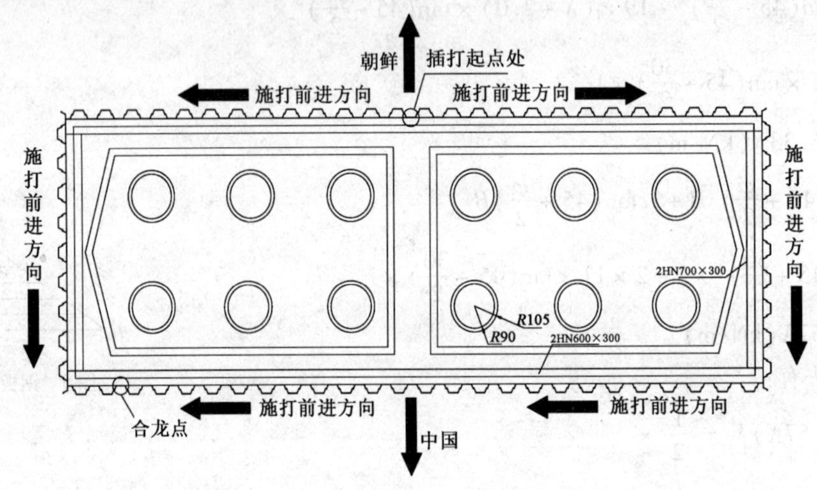

图7　钢板桩插打施工顺序图

2)钢板桩的合龙

由于前面钢板桩的插打一定会存在误差,到最后累计的误差会导致钢板桩不能正常的合龙。为了钢板桩顺利合龙,下面是一些纠偏或是在插打过程中采取的减小误差的措施。

(1)第一片钢板桩插打位置精确是整个钢板桩围堰定位准确的关键,因而要从两个相互垂直的方向同时控制,确保其垂直度。然后以第一片钢板桩为基准,再向两边对称插打。

(2)钢板桩插打过程中应该密切注意钢板桩的垂直度,每打完3片桩要用垂球吊线检查其垂直度,确保钢板桩垂直度控制在0.5%以内。超过此限度值时应采取措施予以纠偏。

(3)当钢板桩偏移太多,应采取多次纠偏的方法逐步减少偏移量。每次插打完5片钢板桩并纠偏后,将钢板桩点焊固定于围檩型钢上,减少累计偏移量,利于钢板桩围堰顺利合龙。

(4)钢板桩插打时,坚持"插桩正直、分散纠偏、有偏即纠、调整合龙"原则。

3)钢板桩抽水堵漏

钢板桩的堵漏,一般的做法就是在钢板桩插打时,用黄油、棉絮等将锁口处的缝隙填满。初期在插打过程中采用的是黄油,但是止水效果不太理想。后期采用的泡沫胶堵漏,止水效果要比单一的黄油效果要好。对较大的缝隙则是用布条、棉絮、黄油填堵,效果显著。

4)封底混凝土施工

引桥水上承台封底混凝土设计强度等级为C20,厚度为1.5m,封底混凝土底高程为-4.2m,顶高程为-2.7m,设计方量为510m^3左右。根据现场情况,在坑底下游设置集水井将渗水排出基坑,采用边排水边浇注封底混凝土的方式施工。下面是施工时的几点控制措施：

(1)鸭绿江潮口内为不规则半日潮，潮差大，高潮位时容易出现围堰内涌水或者涌砂现象，为防止涌水或涌砂现象的发生，现场拟将围堰范围内用封底混凝土全部浇满。

(2)为减少涨落潮对封底混凝土的冲蚀，减小高潮位时封底混凝土下水压力，在围堰内四个角点及围堰长边方向的中点位置共布置6根减压连通管，连通管采用ϕ10cmPVC管，底口用彩条布包裹封闭，减压连通管底高程为－4.5m，顶高程为＋3.5m。

(3)为减小封底混凝土对钢板桩的握裹力，防止钢板桩拆除时无法拔除，需在钢板桩内侧面－4.3～－2.5m范围内粘贴彩条布或油毛毡进行遮挡。

(4)封底混凝土浇筑时间选择在退潮时进行，采用泵车或拖泵进行布料，浇筑前抽干坑内积水。

(5)封底混凝土浇筑采取自上游向下游方向全断面斜向推进浇筑工艺。混凝土布料时，为防止混凝土跌落高度过大而造成其离析，采用加设串筒的方式，以保证混凝土自由下落的高度不大于2m。

四、施工过程中出现的主要问题及处理措施

由于钢板桩插打施工中的垂直度保持不够，两侧钢板桩的锁口不能完全平行，导致钢板桩无法正常合龙。一般采取以下处理措施：

(1)预定的合龙点两侧各10片钢板桩采取先插合龙再逐根施打到位的方式，以减小钢板桩插打过程中偏移量的累积误差。

(2)当钢板桩上口朝合龙口方向倾斜导致钢板桩上口距离偏小时，可在钢板桩顶端使用千斤顶互顶或用滑车组向外侧拉，调整钢板桩，见图8。

(3)当钢板桩上口朝向外侧倾斜导致钢板桩上口距离偏大时，可在钢板桩顶端使用手拉胡芦对向牵引调整钢板桩垂直度，见图9。或者在钢板桩合龙前需要调整时，将钢板桩施打一半后，在钢板桩地面部分用千斤顶或滑车组调整，分散偏差，便于合龙时调整。

此次施工时，合龙口两侧的钢板桩完全不平行，出现了图9所示的情况，采取了上面的措施进行处理，但是效果都不太理想。最后为保证钢板桩能够顺利合龙，前场施工队伍采取了下面的措施进行处理：将两块钢板桩用割刀不对称割开，然后进行焊接组合，最后组合成图10所示的平面呈梯形的两块钢板桩，进行插打施工，最后顺利完成钢板桩的合龙。

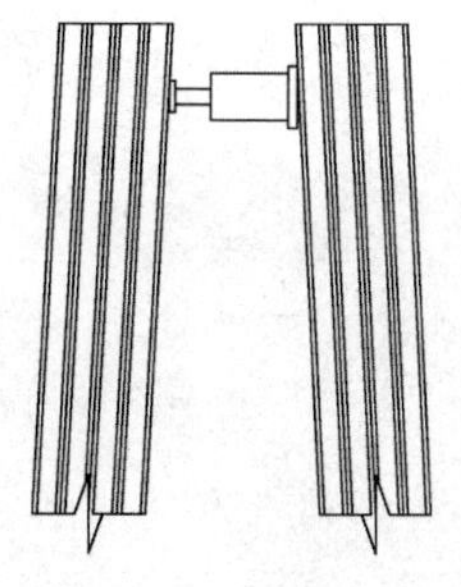

图8　合龙口距离偏小时调整方式图

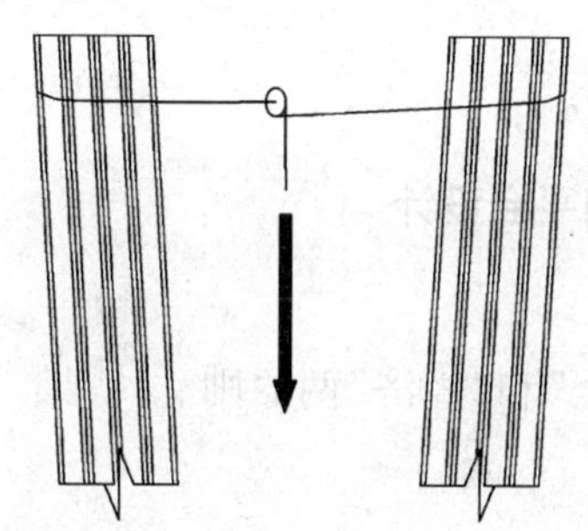

图9　合龙口距离偏大时调整方式图

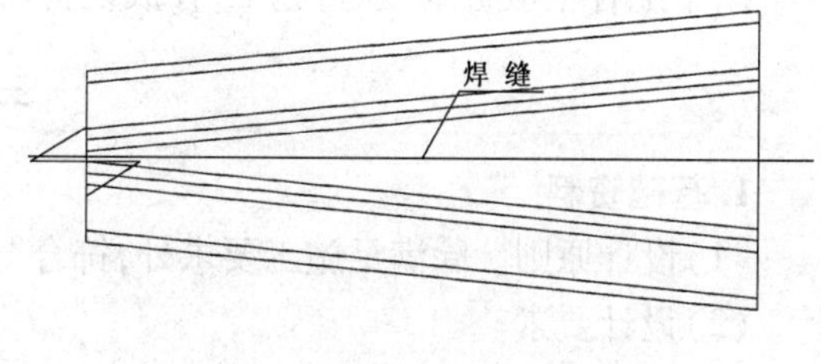

图10　组合焊接后钢板桩形状示意图

五、结　　语

经过上面钢板桩围堰的计算可以知道，潮水位的变化对于钢板桩围堰的受力情况有很大的影响，所以施工中要密切注意潮水位的变化。钢板桩的插打施工是一个重要的施工环节，其中最应注意的就是要保证钢板桩入土时的垂直度，若是垂直度不够最后会影响钢板桩围堰的合龙。最后，在围堰混凝土封底时，为防止出现基坑涌砂现象的发生，混凝土的浇筑应尽量安排在最低潮水位时进行，坑底要在围堰内下游部位开挖集水坑，安排专人进行围堰内的止水排水施工。

参考文献

[1] 中华人民共和国行业标准. JTGD—60 2004　公路桥涵设计通用规范[S]. 北京:人民交通出版社,2004.

[2] 谢向前,邹晖,刘景红. 浅海滩地区钢板桩围堰设计与施工. 中交二航局科技论文集,2011.

[3] 黄德明,熊挺. 钢板桩围堰设计与施工. 城市建设理论研究,2012年第18期.

51. 中朝鸭绿江界河公路大桥22号主塔桥墩钢平台设计施工

李学智[1]　王　爽[1]　李正向[2]

(1. 中交一公局海威工程建设有限公司;2. 丹东市公路规划设计院)

摘　要　介绍鸭绿江大桥22号墩钢平台设计施工要点。

关键词　深水基础　钢平台　设计　施工

一、工 程 概 况

鸭绿江界河公路大桥主桥为跨径636m的双塔双索面钢箱梁斜拉桥。22号主索塔形式为H形,索塔总高度194.6m,底部设置2.5m塔座。索塔承台为六角圆端形,尺寸69.481m×23.4m,厚6.0m,索塔基础为40根直径2.5m钻孔桩,桩长39m。设计承台外设置宽1.2m的钢围堰,作为永久结构。钢围堰起挡水、防撞的作用,兼做承台施工外模板。

二、平台形式及其功能

22号主索塔承台位置水深3~7m,属深水基础,冬季江面会出现大块冰凌,现场施工条件复杂,受环境影响大,由此对钢平台结构稳定性提出了较高的要求,经研究确定采用抗风、抗流力、抗波浪力、抗冰凌、抗扭矩强的钢制平台。

用于配合主墩桩基、承台施工,存放设备、材料。

三、钢平台设计

1. 基础资料

(1)设计原则。除满足施工要求外,符合"安全"和"经济"两原则。

(2)设计要素。

①与甲方提供的既有施工栈桥相匹配。

②满足钻孔桩及承台施工工期要求。

③施工期最高潮水位+4.75m,现有栈桥高程+6.6m。

④平台上的集中荷载包括:履带吊1台,重800kN;12m^3 混凝土运输车重500kN(施工时仅允许单辆车进入主平台);4台反循环钻机,每台重270kN;8台冲击钻,每台重240kN;其余荷载按8kN/m^2 均布。

2. 钢平台设计

1)钢平台组成

钢平台布置平面图见图1。

钢平台由主平台和辅助平台(图1中的A、B、C、D)组成,辅助平台A用于连接既有钢栈桥和主平台,与主平台和既有栈桥之间无间隙;B、C作为主平台施工的设备、材料进出通道;D作为人行通道和材料堆放场地。既有栈桥外边缘距离承台外边缘横桥向 11.6m,顺桥向 11.2m(该距离不包括钢套箱宽度),考虑到桩基和钢套箱施工需要,将平台尺寸设计为 90.0m×48.2m。

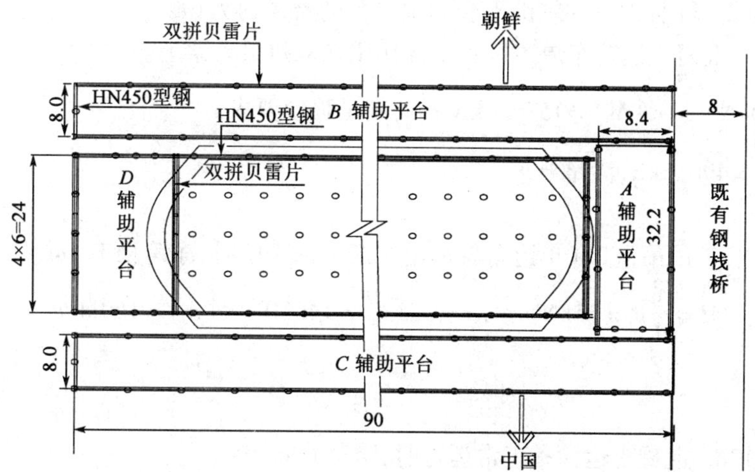

图1 钢平台布置平面图(尺寸单位:m)

2)钢管桩设计

(1)地质资料显示河床下 0~4m 为粉砂层、4~13m 为卵石层,主、辅平台均采用插打钢管桩,利用钢管桩与砂层、卵石层之间的摩阻力支撑上部荷载。

(2)承载力及稳定性验算。按最极限的情况,当 80t 履带吊刚好行走在钢管桩的中心线、吊装 25t 重物且其所有荷载由 1 根钢管桩承担时为最不利状况,合计 1150kN,根据《房屋建筑与地基设计规范》中钢管桩承载力计算公式:

承载力 = Σ(钢管桩周长×钢管桩在该地层中的长度×该地层的摩阻力系数)

代入相关数据可得钢管桩计算可得钢管桩长度 15m。

该钢管桩入泥长度 11m,外露长度 4m,运用欧拉公式计算可得稳定性满足要求。

3)钢平台结构

图 2 为钢平台立面图。主平台钢管桩布置在钻孔灌注桩空隙当中,以方便横、纵向分配梁布设。平台从下往上结构设计为:钢管桩基础 +2HN450 型钢 + 双拼 321 贝雷梁 +Ⅰ22a 工字钢 +2cm 厚钢板。

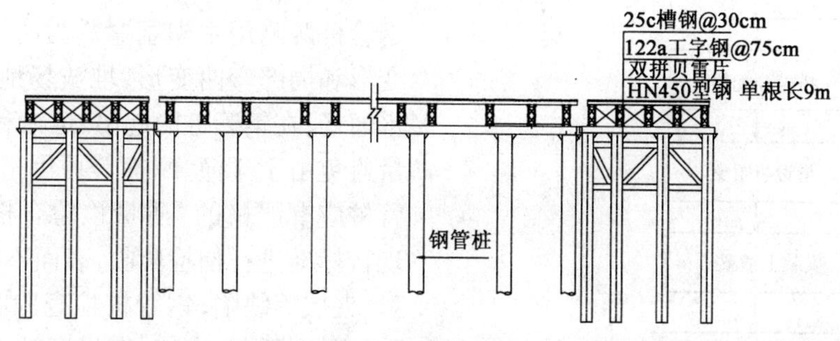

图2 钢平台立面图

辅助区钢平台从下往上结构设计为:钢管桩基础 +2HN450 型钢 + 双拼 321 贝雷梁 +Ⅰ22a 的工字钢 +Ⅰ25c 槽钢。

4)钢平台结构受力验收

HN450 型钢下分配梁和Ⅰ22a 工字钢上分配梁均为连续梁受力状态,以下计算均简化为简支梁,安全系数偏高。

(1)HN450 型钢

最不利工况:80t 履带吊吊重 25t 作用在辅助平台的跨中,跨径 6m。

$M=\frac{1}{4}p_1=215.625\text{kN}\cdot\text{m}\quad \sigma=1.3\frac{M}{W}=93.44\text{MPa}<[\sigma]=160\text{MPa}$，满足强度要求。

(2)"321"双拼贝雷梁(贝雷梁在辅助平台和主平台的跨径均为6m)

最不利工况：12m^3 混凝土运输车单边后轮全部作用在双拼贝雷梁上。

$M_{\max}=\frac{1}{4}p_1=300\text{kN}\cdot m<[\text{M}]=1576.4\text{kN}\cdot\text{m}$，满足强度要求；

$V_{\max}=100<[V]=490.5\text{kN}$，满足要求。

(3)[22a 工字钢

最不利工况：80t 履带吊吊重 25t 单边车轮作用在工字钢跨中时，净跨径 1.4m，分配梁的弯矩最大。

$$M=\frac{1}{4}p_1=35\text{kN}\cdot\text{m};\sigma=1.3\frac{M}{W}=146\text{MPa}<[\sigma]=160\text{MPa}$$

满足强度要求。

(4)[25c 槽钢

最不利工况：当 12m^3 混凝土运输车正常运行时，跨径 60cm。

$q=1.3\times100/2/0.6=108.3\text{kN/m}$(其中 1.3 为安全系数)；

$\sigma=\frac{M}{W}=158.9\text{MPa}<f=160\text{MPa}$

满足强度要求。

四、施　工

1. 施工工艺流程图

图3 为钢平台施工工艺流程图。

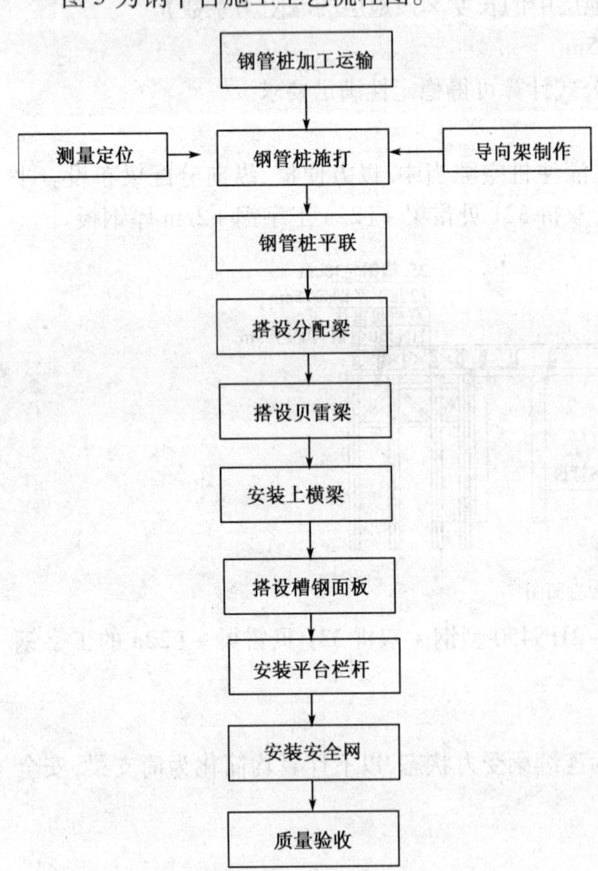

图3　钢平台施工工艺流程图

2. 钢管桩施工

1)钢管桩加工

平台钢管桩在专业加工厂加工，按照15m 的桩长进料，无需在现场进行二次接桩；钢管桩构件按15m 运输，利用挂车运至施工现场；钢管桩应分类堆放，堆放层数和高度应该安全可靠，为防止滑动，钢管桩两侧用木楔塞紧。为防止钢管桩发生纵向变形和局部弯曲变形，堆放场地应平整，坚实且排水通畅；在钢管桩的起吊、运输和堆存过程中，应尽量避免由于碰撞、摩擦等原因造成的桩身变形；钢管桩应有严格的"质量检验合格书"，进场后应按现行标准进行抽检验收，表面不得有裂纹、气泡、起鳞、夹层等缺陷；钢管桩检查验收时表面不得有气孔、裂纹、弧坑、夹渣，有焊瘤时应用砂轮打磨干净，并进行补焊，补焊也需要用砂轮打磨。焊缝允许超高不超过3mm。

2)钢管桩的定位、施沉

施工前用全站仪根据坐标法放出4 个方向桩，然后用同一排桩挂通线，进行剩余钢管桩的施工，每排钢管桩在同一条直线上；每根钢管桩的竖直度要求控制在1%之内，位置偏差在30mm 之内。测量组确定桩的中心位置和竖直度满足规范要求，开始打桩锤施打,在沉入过程中要不断检测桩的竖直度和中心位置,发现偏差要及时纠正。每根桩的下沉要一气呵成,中途不可有较长时间的停顿,以免液化的桩周土稳定造成沉桩困难。

3)钢管桩平联施工

钢管桩沉放完成后,进行平联施工。平台采用 ϕ400mm×8mm 钢管做平联。平联施工应选在低潮时进行,平联露出水面,便于吊装焊接作业。

钢管桩施沉完两根后就可以安装平联,安装时用卷尺拉量出钢管桩间实际间距。根据钢管桩间实际长度加工平联,平联钢管在后场下料加工制作,并将平联的一端按钢管桩的弧度要求下好料,同时按照钢管桩的弧度准备好哈佛接头。在前场施工中,首先将下好料的一端与钢管桩按设计位置对好位并调平平联焊接,然后用哈佛板将另一端与钢管桩焊接。

首先在已沉设好的钢管桩上用油漆做出平联位置标记,在平联顶口上方 1.5m 处焊两个临时吊耳,在其上挂手拉葫芦。当吊机吊运的平联钢管到预定位置时,用手拉葫芦配合将其安装就位,并焊接牢固。平联与钢管桩焊接形成全周连接角焊缝,焊角高度为 8mm。焊缝质量满足设计要求,特别应注意平联两侧及下部与钢管桩的焊接质量。

3. 型钢、贝雷梁、工字钢、槽钢施工

图 4 为型钢、贝雷梁施工图,图 5 为钢平台整体形象图。

钢管桩施沉至设计高程后在其顶部平行于下横梁方向焊接牛腿,牛腿与钢管桩之间采用连续角焊缝,再铺设 HN450 型钢作纵向分配梁。分配梁与牛腿间采用焊接固定,型钢间距同钢管桩排距。纵梁上面安装单层双排贝雷片做横梁,贝雷片与型钢分配梁之间通过 U 形卡固定。贝雷片上再安装[22a工字钢做上分梁,上分配梁与贝雷片之间同样用 U 形卡固定。考虑贝雷片的节点间距为 75cm,所以[22a 工字钢的间距按 75cm 布置。上横梁上安装[25c 槽钢作分配梁,间距 30cm。[25c 槽钢与[22a工字钢之间以焊接方式固定。待钻孔平台施工完成后焊接防滑钢筋、护栏立杆、护栏扶手以及涂刷防锈油漆。

图4 型钢、贝雷梁施工图

图5 钢平台整体形象图

五、小 结

(1)钢平台施工工期:2011 年 8 月 1 日 ~9 月 14 日,共 45 天。

(2)成本分析(表 1 为钢平台施工主要机具、材料费用投入表)。

表 1

设备/材料名称	履带吊	浮吊	发电机	钢材
数量	2 台	1 艘	1 台	1870t
单价(包括耗油)	15 万元/月	125 万元/月	6 万元/月	8000 元/t
租期(月)	1.5	1.5	1.5	
费用(万元)	45	187.5	9	448.8(考虑 30% 损耗)
合计(万元)	690.3			

(3)钢平台应用情况。2011 年 10 月 25 日 ~2012 年 1 月 5 日,顺利完成了主墩 40 根桩基的混凝土灌注(单根桩基混凝土 $204m^3$),截止到 2012 年 3 月 10 日,完成了主墩钢套箱的拼装和下放。使用过程中钢平台无任何破损和变形情况,总体质量良好,安全有效地保证了我合同段的施工进度。

52. 中朝鸭绿江界河公路大桥 21 号主塔桥墩钢吊箱及承台封底混凝土施工控制要点

施　磊
(辽宁省交通厅公路管理局)

摘　要　钢吊箱及承台封底混凝土施工是大桥基础施工的关键环节,本文对二者施工过程中的控制要点进行了阐述,总结一点不成熟的施工经验,特别是将承台封底混凝土施工环境由干湿交替状态变为无水状态较为少见,可作为同类工程施工参考案例。

关键词　钢吊箱　施工　控制　要点

一、工 程 概 述

中朝鸭绿江界河公路大桥主桥 21 号墩基础为群桩基础,按嵌岩桩设计。采用 40 根直径 2.5m 的钻孔灌注桩,平均桩长 39.2m,桩间距 6.2m。承台为六角圆端形,平面尺寸 69.481m×23.4m,台顶高程 +6.4m,台底高程 +0.4m,厚度 6m,采用 C40 混凝土。

钢吊箱的作用是:①承台施工时的挡水构造物;②承台混凝土施工时的模板;③承台施工结束后作为索塔基础防船舶撞击的防撞设施。钢吊箱采用有底、双壁结构,吊箱内轮廓尺寸为 69.481m×23.4m,外轮廓尺寸 71.995m×25.877m,壁体厚度 1.2m,壁体外壁板总高度 9.9m(底高程 -2.7m,顶高程 +7.2m)。钢吊箱总重以及辅助施工材料合计 956.45t。承台采用 1m 厚封底混凝土 C25,合计 $1300m^3$。

二、钢吊箱施工阶段工况分析

1)工况一

钢吊箱起吊、下放。

钢吊箱总重力 7000kN。承重架由承重梁、支撑肋板、桩顶内部支撑等部分组成,共计 8 套。考虑最不利情况,仅由 6 个承重架承力,则单个承重架承载 1200kN,通过千斤顶传递给承重梁上的联系梁。

2)工况二

钢吊箱下放就位。

下放过程中夹壁内水位跟外部水位保持一致,不会出现上浮,可以直接下放到设计高程。下放到位后,安装全部 168 根拉压杆,千斤顶下放钢吊箱至拉压杆受力,然后在外围的一圈 8 个钢护筒上焊接壁体挂腿(2HN450×200),再拆除千斤顶等下放系统。本工况考虑水位在吊箱底部时,底板受向上的波浪力作用,拉压杆受压时的不利工况情况下,钢吊箱各构件的受力、变形满足要求。

3)工况三

封底混凝土浇筑(1m)。

钢吊箱内抽水完毕后，选择气象较好的条件，浇筑 1m 厚封底混凝土。

约束条件：拉压杆上支座铰接，挂腿固接，底板开孔位置与钢护筒辅助桩接触的点铰接。考虑封底全部浇筑完、混凝土凝固之前遇低水位时的不利工况。

4）工况四

浇筑第一层承台（1m）。

浇筑完封底混凝土后，割除挂腿、封底混凝土上部的钢护筒、底板桁架上弦杆和拉杆，绑扎承台钢筋。

约束条件：封底混凝土与钢护筒接触面上的所有点固结，形成握裹力。

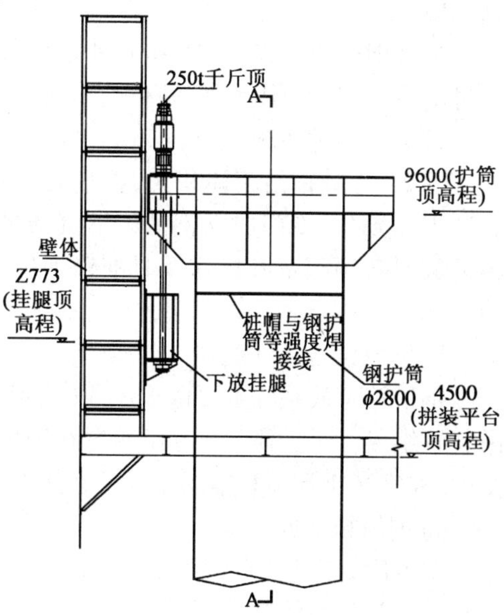

图1 工况一示意图

三、钢吊箱施工过程控制

钢吊箱底板、壁体在后场分块制作、涂装，运输至现场按序对称起吊拼装成整体。千斤顶提升钢吊箱，割除拼装牛腿，整体下放，精确定位临时固定，焊接拉压杆，底板封堵，绑扎封底混凝土钢筋，浇筑封底混凝土。

1. 辅助钢管桩施沉

考虑钢吊箱跨度较大，故在钻孔平台拆除后，利用 70t 桅杆吊在钢吊箱中间位置施沉两根 ϕ1200mm × 12mm 的钢管桩作为钢吊箱辅助钢管桩，并进行辅助钢管桩剪力牛腿安装制作，剪力牛腿顶高程为 -0.1m，较钢吊箱底板高程 0.5m。

2. 壁体、底板加工制作与拼装

1）壁体、底板加工制作

钢吊箱制作总体工艺采取先进行散件下料加工，壁体以及底板均在后场按照设计要求分块制作成块件，待前场墩位处符合拼装条件情况下，利用起吊设备以及平板车将分块单元分批转运至前场焊接、拼装。

2）壁体、底板拼装

（1）拼装平台

①壁体拼装钢牛腿。在钻孔平台未完全拆除前焊接承台周边 28 个牛腿，考虑钢牛腿焊接的可操作性，牛腿顶高程设置于 +4.5m。牛腿采用 HN450 × 200 以及[25a 组成。由于牛腿焊接于钢护筒上，钢护筒外壁为弧形结构，在后场牛腿加工过程中，根据牛腿翼缘宽度提前放样，割除型钢多余部分，以加快前场牛腿的焊接速度。

②底板拼装牛腿。为保证钢吊箱底板的顺利拼装，除焊接壁体拼装钢牛腿外还增设底板拼装牛腿，作为钢吊箱底板拼装施工平台。采用单支[25a 作为底板拼装牛腿。底板拼装牛腿顶高程与壁体拼装牛腿顶高程相同。

（2）底板拼装。底板块件单元在后场制作完毕后利用平板车转运至现场墩位处，利用 2 台 70t 桅杆吊对称安装钢吊箱底板。定位完毕后进行底板次梁、加强次梁、拼缝区钢面板以及梁体的对接焊接。

（3）壁体拼装。底板拼装完毕后，进行吊箱壁体拼装。钢吊箱壁体由主墩上下游两台 70t 桅杆吊，以 4 根长 6m 的 ϕ28 钢丝绳以及 4 个 25t 卡环作为起吊的工索具，对称起吊拼装。将壁体分成 10 个单元完成钢吊箱壁体拼装、焊接施工。

3. 钢吊箱下放

钢吊箱拼装、制作完成经渗水试验检验合格后，钢吊箱采用 8 台 250t 穿心千斤顶进行整体下放。

1)下放结构

主墩钢吊箱下放结构焊接在8个接长护筒上,焊接护筒需接长至高程+9.4m。采用钢管桩内撑安装时割除的钢护筒作为接长材料,下放结构采用后场存放材料加工制作。

2)下放指挥系统

因21号墩钢吊箱体积大、重量大,系超重超大构件,所处位置水文气象情况恶劣,为确保其准确、顺利下放到位,专门成立钢吊箱下沉指挥机构,并使用计算机采集传感器信号控制下放,确保在钢吊箱下放时各项指令及操作及时准确到位。钢吊箱下放速率为1.0m/h,下放总行程5.468m,所需时间约5.5h。

3)下放设备及其安装

钢吊箱下放系统主要由千斤顶(位置安装)、下放系统控制泵站、ϕ15.24高强钢绞线、锚具、夹片及起吊装置组成。千斤顶共分两组布置在钢吊箱壁体内侧根部,每组配置4台千斤顶。为保证钢绞线的合理受力,在安装千斤顶和锚固端时务必使千斤顶上、下夹持器和吊箱上的锚固端在同一直线上。

4)钢吊箱下放

(1)下放工艺。在钢吊箱下放前,做好4项工作:

①对提升系统进行调试,以确定每台千斤顶处于良好工作状态,检测伸缩行程是否一致。

②根据各千斤顶在吊箱平衡下放时的荷载进行逐一预拉,下放荷载取1000kN/个。

③完成预拉后,锁紧下夹持器,将主顶活塞向下缩回到统一的高度位置,作为整个系统的下放起点。

④将吊箱提起3~5cm,检查吊箱上的锚固点及千斤顶夹持器的锚固和吊箱结构是否正常。检查无误后除去吊箱的支撑点,正式开始下放。

(2)下放步骤

①下放前准备:逐个千斤顶按整体下放时单个千斤顶受力进行预张拉,检查锚具、夹片、钢绞线以及承重系统是否受损,无误后提升钢吊箱。

②割除钢牛腿。

③检查钢牛腿是否完全割除,或其他阻碍钢吊箱整体下放的障碍物,检查无误后开始钢吊箱整体下放。

④下放就位后,关闭液压泵站,锁死千斤顶。

4.钢吊箱定位

1)钢吊箱平面位置调整

(1)粗控。钢吊箱平面位置粗控通过在钢吊箱壁体内壁板与最外围钢护筒上设置12个导向装置来调解。

(2)精控。根据水流对壁体的最大冲击力,可采用8个5t手拉葫芦对钢吊箱平面位置进行调节。在钢吊箱完成拼装未下放前,在钢护筒顶口搭设辅助平台作为钢吊箱平面位置调整操作平台。

2)拉压杆安装

钢吊箱下放就位,平面位置调整完毕后,在潮水位低于-0.6m时先安装局部24根拉压杆,再进行其他拉压杆的安装。

3)牛腿焊接

拉压杆安装完毕后,下放千斤顶至拉压杆全部受力,由于钢吊箱与护筒之间为全销接结构,为避免千斤顶拆除后对拉压杆受力产生不利影响,故在千斤顶拆除前焊接吊箱牛腿。牛腿采用双拼HN450×200型钢,共设置8个。型钢长度以及加劲板尺寸根据钢吊箱下放就位后内壁板与护筒实际距离而定。

待吊箱牛腿安装完毕后,拆除千斤顶及下放系统,完成钢吊箱的安装下放。

四、封底混凝土施工过程控制

封底混凝土浇筑是关系到钢吊箱围堰施工成败的关键之一。封底混凝土的作用一是作为平衡重的主体,二是防水渗漏,三是抵抗水浮力在吊箱底部形成的弯曲应力,四是作为承台的底模。由于桥址处潮汐变换频繁,封底混凝土浇筑面积大、方量多,施工措施方法的选择对封底成功起决定性作用。针对这些问题,施工中采取了以下措施:

(1)变干湿交替施工为干处施工。中朝鸭绿江界河公路大桥桥位位于丹东市浪头港下游1.5km处,该处河道弯曲,航槽多变,是鸭绿江感潮河段,潮差大,河段潮汐具有一日两涨两落的半日潮特征,施工期高潮位为+3.5m,低潮位为-1.7m。钢吊箱底板高程-0.6m,远高于低潮水位,钢吊箱内每日水位涨落频繁,处于干湿交替环境当中,无法正常进行水下混凝土封底施工。因此,需在低潮时段焊接底板堵漏环形钢板,将干湿交替状态变为无水状态。

根据施工需要,利用潮水位低于-0.6m时段焊接底板堵漏环形钢板,待堵漏钢板焊接完成后,关闭连通器,观察是否有渗水情况,若有则对渗水位置进行标记并补焊至不再渗水,再进行上层环形钢板焊接。环板布置示意图见图2。

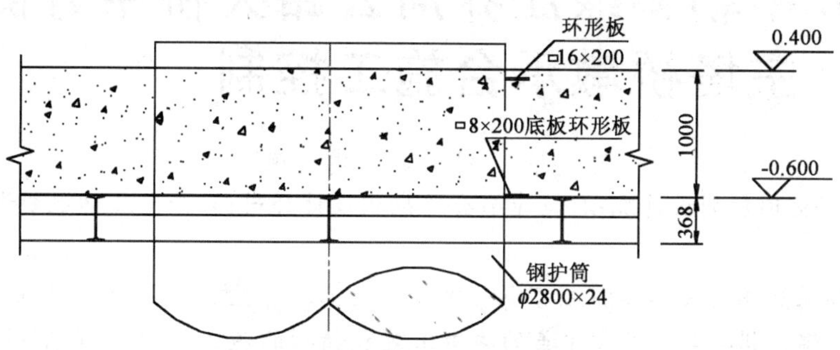

图2 环形钢板布置示意图

钢吊箱底板焊接堵漏受潮水涨落限制,需赶潮施工。经过观察测量,绘制水位变换曲线,见图3水位变化示意图。钢吊箱堵漏环形钢板焊接应在水位-0.6m以下进行,每天工作约3小时。

(2)为提高混凝土流动性和延长混凝土的初凝时间,混凝土中掺缓凝减水剂和粉煤灰。按C25配制封底混凝土,坍落度控制在180~220mm,初凝时间不少于18小时,混凝土要求和易性好,满足泵送和流动半径2.5~3.0m的要求。混凝土生产采用后场2个混凝土搅拌站,设计拌和能力为120m³/h,6辆混凝土运输罐车运至前场,运输距离约800m,2台拖泵采用斜面浇筑,逐层推进法进行对称浇筑。浇筑方量约1300m³,浇筑时间约18h。

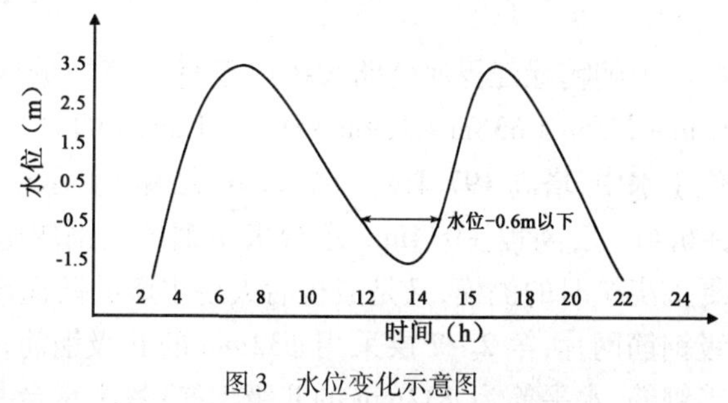

图3 水位变化示意图

(3)封底混凝土系大方量混凝土,根据本工程所处地区的气候条件以及工程特点,2月底的时候气温平均在零上,但较正常混凝土浇筑适宜温度偏低,故在混凝土的生产以及运输过程中,均需要采取适当的防寒保温措施。

当封底混凝土达到设计强度后,割除挂腿、封底混凝土上部的钢护筒、底板桁架上弦杆和拉杆,完成受力转换。将封底混凝土表面找平,使封底混凝土层的总厚度为1m,顶面平整,高程为0.4m,开始承台施工。至此钢吊箱施工顺利完毕。

五、结　语

根据大桥的地理位置、地域环境的特点,通过对钢吊箱及承台封底混凝土施工过程中的技术要点进行控制,取得了良好的效果,保证了大桥关键部位的工程质量,可为类似工程施工提供可参考、借鉴的办法和措施。

参考文献

[1] 中华人民共和国行业标准. JTG/T F50—2011 公路桥涵施工技术规范. 北京:人民交通出版社,2011.

[2] 中华人民共和国行业标准. JTJ 076—95 公路工程施工安全技术规程. 北京:人民交通出版社,1995.

[3] 中华人民共和国行业标准. GB 50017—2003 钢结构设计规范. 北京:人民交通出版社,2003.

[4] 中华人民共和国行业标准. JTJ 254—1998 港口工程荷载规范. 北京:人民交通出版社,1998.

[5] 中华人民共和国行业标准. GB 50026—2007 工程测量规范. 北京:人民交通出版社,2007.

53. 中朝鸭绿江界河公路大桥中方侧主塔桥墩承台施工控制

陈 宇[1] 刘 莉[2] 傅 燕[3]

(1. 辽宁省交通规划设计院;2. 辽宁省公路勘测设计公司;3. 丹东公路规划设计院)

摘 要 中朝鸭绿江界河公路大桥主塔桥墩承台的施工工艺,主要包括施工前的准备、钢筋的制作和安装、混凝土浇筑、温控措施等。依靠完善的施工工艺和精心的施工组织,采取有效的温控措施,保证了大桥主墩承台的施工质量和进度。

关键词 斜拉桥 承台施工 分层浇筑 温控措施

一、工 程 概 况

中朝鸭绿江界河公路大桥位于丹东市新城区国门湾,大桥全长3030.4m,全宽28.5m;其中主桥为86m+229m+636m+229m+86m=1266m的H形双塔双索面钢箱梁斜拉桥。大桥中方侧21号主塔桥墩位于水中,塔高197.1m(包括2.5m塔座)。承台为六角圆端形,尺寸为69.481m×23.4m×6m,顶高程+6.4m,底高程+0.4m。承台采用钢吊箱围堰施工。钢吊箱既是承台干施工的临时挡水结构及承台混凝土浇筑时的侧模,又是成桥后大桥主墩的防撞设施。承台底板共采用7层钢筋,底层采用ϕ12mm的Ⅱ级钢筋网片,第2~7层采用ϕ32mm的Ⅱ级钢筋;侧壁采用ϕ25mm的Ⅱ级钢筋;架立筋采用ϕ32mm的Ⅱ级钢筋,水平筋为ϕ32mm的Ⅱ级钢筋;整个承台共用钢筋约1760t。桥跨总体布置图见图1,承台尺寸见图2。

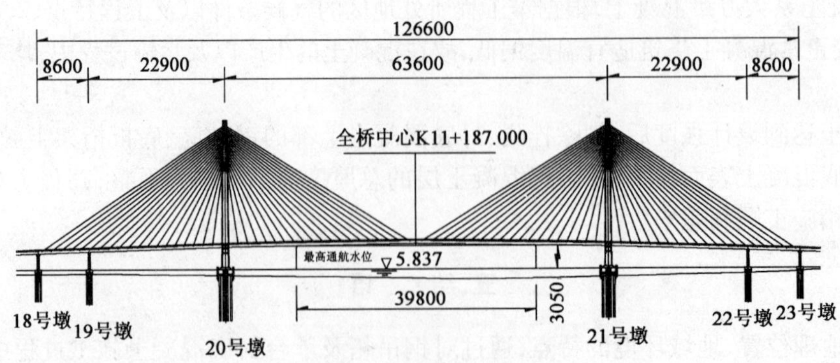

图1 桥跨总体布置图(尺寸单位:cm)

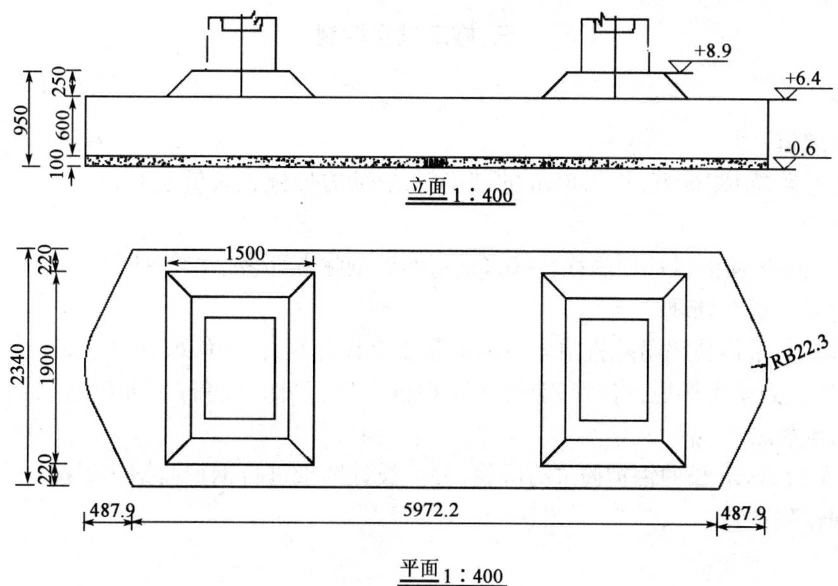

图2 承台结构图(尺寸单位:cm)

二、总体施工工艺

主墩采用大型双壁钢吊箱围堰作为挡水结构和模板进行承台施工,其总体施工工艺流程见图3。

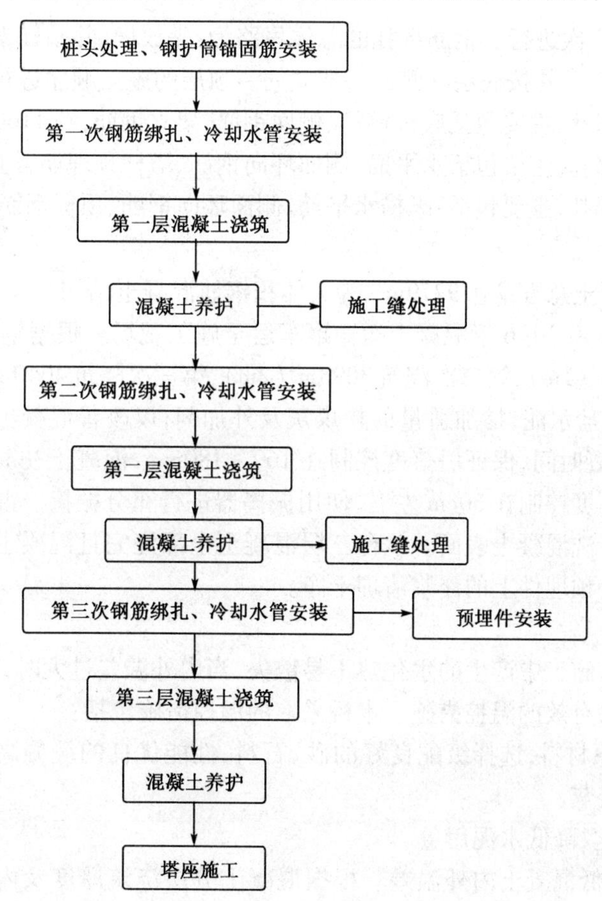

图3 承台施工工艺流程图

三、施工过程控制

1. 施工准备

1)设置人行通道

在钢吊箱壁上设置1.2m宽,长7.85m的踏步斜楼梯,方便施工人员上下。

2)钢护筒割除

测量放出桩顶钢护筒的设计顶高程(+0.6m),然后割除上部多余的钢护筒。

3)桩头及封底混凝土处理

(1)护筒割除后,采用风镐凿除桩顶多余的混凝土至设计高程(+0.6m)。

(2)桩头混凝土处理完毕后,将封底混凝土顶面的杂物清除,并将桩顶伸出钢筋调直、理顺,然后绑扎喇叭口钢筋的箍筋。

(3)对伸入承台20cm长的钢护筒进行除锈,并按设计图纸进行钢护筒钢筋焊接。

2. 钢筋的制作和安装

1)钢筋加工

后场采用一台20t龙门吊和一台50t履带吊作为起重设备。按照设计图纸,钢筋在加工场内用加工机械加工成型。承台钢筋采用等强度镦粗直螺纹接头连接。等强度镦粗直螺纹接头连接技术是用镦粗机对钢筋端头先行镦粗,再用套丝机对钢筋端头进行套丝,最后用螺纹套筒将连接钢筋接长。钢筋的镦粗、套丝及螺纹套筒的一端套接均在后场完成,螺纹套筒的另一端套接则利用管子钳在安装现场完成。

2)钢筋安装

承台钢筋安装共分为3次进行。钢筋绑扎的总体思路为:先放样,并画好钢筋绑扎的标志线,再按设计图纸要求进行绑扎。钢筋绑扎按底层→侧面→架立筋→顶层的施工顺序进行施工。

(1)承台第一次钢筋绑扎,主要包括底板钢筋、侧面钢筋、架立钢筋,约1160t。

(2)承台第二次钢筋绑扎,主要包括水平筋、侧面环向钢筋、塔柱预埋筋,约201t。

(3)承台第三次钢筋绑扎,主要包括:纵横水平筋、侧面环向钢筋、顶板钢筋、塔座预埋筋,共553t。

3. 混凝土浇筑施工

主桥21号墩承台混凝土总方量达9279m^3,为大体积钢筋混凝土结构。承台混凝土由2个拌和站生产,搅拌站生产能力为75m^3/h,由6辆混凝土运输罐车运至施工现场。根据钢吊箱设计及温控要求分3次浇筑,第一次浇筑1546m^3(1m),第二次浇筑3093m^3(2m),第三次浇筑4640m^3(3m)。承台混凝土强度等级为C40,采用普通硅酸盐水泥,掺加适量的粉煤灰及外加剂,以改善混凝土的和易性、流动性。严格控制混凝土的坍落度和初凝时间,保证坍落度控制在160~180mm、混凝土初凝时间不小于60小时。混凝土采用分层浇筑,每层厚度控制在30cm左右,使用振捣器进行充分振捣。混凝土浇筑完毕并初凝后,采用人工凿毛,高压水枪清洗混凝土表面。承台三层混凝土全部浇完且混凝土初凝后,将塔座位置的混凝土采用人工凿毛,将承台预埋件上的浮浆清理干净。

4. 温度控制措施

承台属大体积混凝土,施工中产生的水化热不易散失,当内外温差过大时,就会产生较大的温度应力而导致裂缝,所以必须采取有效的温控措施。本桥采取的温控措施包括:

(1)合理选择混凝土原材料,选择级配良好的砂、石料、性能优良的缓凝高效减水剂;选用低水化热的水泥,掺加高品质的粉煤灰。

(2)优化混凝土配合比,降低水泥用量。

(3)使用冷却水管,降低混凝土内外温差。根据混凝土分层浇筑厚度及内部温度分布特征,在承台混凝土内布设5层冷却水管。

(4)采取混凝土保温措施,在混凝土顶面覆盖一层塑料薄膜及两层麻袋进行保温养护,控制混凝土的内表温差不大于15℃。

5. 阴极保护系统

本工程采用混凝土外加电流阴极防护用于保护承台侧面、上表面,防护面积共 1986m^2。设计保护电流密度为钢筋表面 100mA/m^2。每个阳极区将配备 2 个阳极接入点,以确保系统正常运行。所有的阳极和钢筋连接装置将在场外预制并用环氧全包裹,以确保 100 年的寿命。本工程阳极材料选用合金属氧化物(OMM)钛网阳极,规格为 20mm ×0.9mm,阳极钛网的设计间距为 200 ~300mm。外加电流阴极防护系统安装包含两个部分,一是阳极及钢筋接头安装,二是参比电极安装。

6. 预埋件及防雷接地系统施工

承台顶面预埋件主要包括塔吊基础预埋件、电梯预埋件、下横梁支架预埋件、钢箱梁 0 号块支架预埋件、塔座施工预埋件等。

防雷接地系统以钻孔灌注桩内主筋作为接地装置,利用承台内接地主筋作接地引线。防雷接地部分与桩基、承台钢筋采用搭接双面连续焊,焊接长度不小于 100mm,并刷油漆与其他钢筋以示区别。

四、结　语

中朝鸭绿江界河公路大桥中方侧主墩承台采用钢吊箱围堰,历时两个多月,顺利完成了主墩承台的施工。依靠完善的施工工艺和精心的施工组织,主墩承台的施工质量优异,经检测,钢筋保护层厚度、混凝土强度均满足规范要求。采取的温控措施合理有效,混凝土外观质量良好,未发现任何裂缝。

参考文献

[1] 中华人民共和国行业标准. JTJ 041—2000 公路桥梁施工技术规范[S]. 北京:人民交通出版社,2000

[2] 交通部第一公路总公司. 公路施工手册 · 桥涵[M]. 北京:人民交通出版社,2000.

54. 中朝鸭绿江界河公路大桥下横梁施工控制技术

曾炜　熊凯　刘勇
(中交二航局第二工程有限公司)

摘　要　本文主要介绍中朝鸭绿江界河公路大桥下横梁异步施工技术。下横梁跨中设置了 2m 的现浇合龙段,在下横梁两端施工完成后顶推横梁两端、安装劲性骨架再进行现浇段施工,有效地保证了塔肢根部混凝土拉应力不超过最大允许拉应力,提高了混凝土结构的耐久性及安全性。

关键词　下横梁　异步施工　现浇合龙　顶推　耐久性

一、概　述

中朝鸭绿江界河公路大桥及接线是我国连接朝鲜民主主义人民共和国的重要通道,是构建东京—汉城—平壤—北京—莫斯科—伦敦欧亚国际大通道的重要组成部分。

中朝鸭绿江大桥主桥采用主跨 636m,桥孔布置为 86m +229m +636m +229m +86m =1266m 的 5 跨双塔双索面钢箱梁斜拉桥方案,H 形钢筋混凝土索塔,扁平流线型钢箱梁,钻孔灌注桩基础。

21 号主塔墩下横梁为单箱单室预应力钢筋混凝土结构,两塔肢内侧间距为 31m,下横梁截面尺寸为(9.561 ~9.399)m(宽)×7.0m(高度),顶、底板及腹板厚度均为 0.9m,内部设有两道 0.8m 厚的横隔板,下横梁两端底部设置半径为 4m 的圆弧倒角,顶部设置 2m ×2m 三角形倒角。

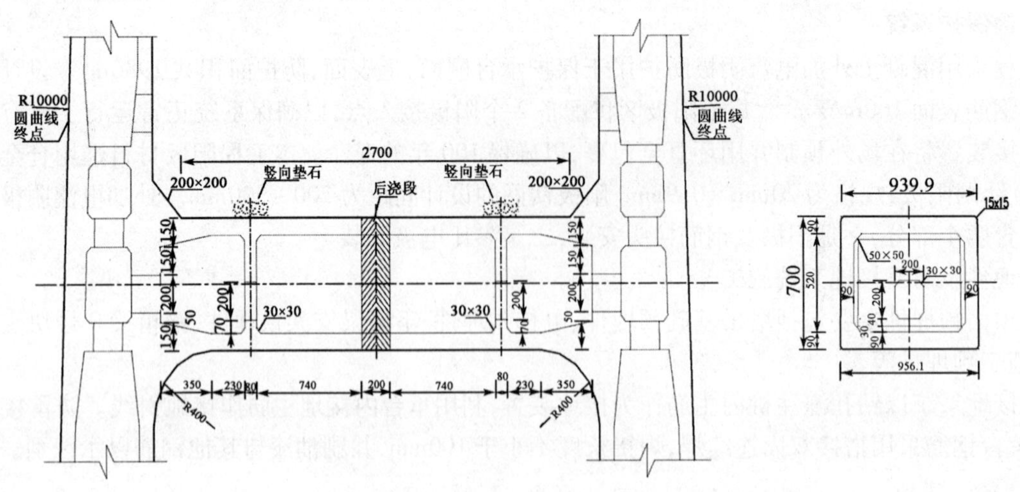

图1　下横梁一般构造图(尺寸单位:cm)

二、主要施工难点

(1)下横梁与索塔采用异步施工,下横梁的钢筋及预应力管道需预先埋设在索塔内,待施工下横梁时再行接长、定位。而下横梁区段的索塔内腔为截面变化段,钢筋数量多而密,对下横梁预埋进索塔的钢筋及预应力管道的定位影响较大。

(2)下横梁底部两端设置了半径为4m的圆弧形倒角,混凝土浇筑过程中在此处产生的水平荷载较大,支架设计时必须考虑此水平荷载的平衡,保证支架结构安全。

(3)下横梁中间设置2m的现浇段,采用千斤顶向塔外侧顶推横梁,顶推力为14000kN,顶推合龙段两端面相对位移为9mm,然后安装劲性骨架浇筑跨中合龙段后张拉下横梁钢束,按此施工控制难度大,安全风险高。

三、主要施工方法

1. 下横梁支架

1)支架结构

下横梁采用落地式钢管支架,分下部支撑系统及上部梁系两大部分。下部支撑系统主要由三排六列18根ϕ820mm×10mm及ϕ820mm×8mm根钢管立柱,ϕ430mm×6mm平联,双拼槽钢25a斜撑,附墙横撑及支撑牛腿组成。钢管立柱支撑于承台顶面及塔座顶面,底高程分别为+6.4m及+8.9m,顶高程分别为+25.42m及+22.645m。钢管立柱长度分为19.02m及13.75m两种,后场统一接长,转运至前场安装,柱间平联与立柱采用哈佛接头连接。上部梁系主要由3拼I56a及双拼I56a主横梁、多组合321贝雷梁、I25a小横梁及弧形拱架组成。

2)支架施工

下横梁支架采用现场两台70t桅杆吊并配以两台2500kN·m塔吊辅助进行吊装施工,在承台顶层钢筋及塔座顶层钢筋施工完成后,由测量进行放点标出支架钢管桩的平面位置,然后埋设锚筋并固定牢固,浇筑承台及塔座混凝土,完成预埋件的埋设工作。下横梁支架的钢管桩、平联、上部承重梁、贝雷梁、分配梁及弧形拱架均在后场加工制作或部分组拼,然后运输至前场进行安装。支架施工时首先安装钢管桩底部的钢板,钢板与承台或塔座上的锚筋相连,锚板上架立钢管桩,由测量控制钢管桩的垂直度。根据钢管桩架立的情况适时安装平联及附墙,确保钢管桩的稳定性。支架下部支撑系统施工完成后进行上部梁系安装,按照承重梁、贝雷梁、分配梁的顺序依次进行,并可同时安装两端头的弧形拱架,最后铺上组合钢模并在两端圆弧倒角铺上8mm钢板,即完成支架系统的安装。为了平衡混凝土浇筑过程中弧形拱架的水平荷载,采用精轧螺纹钢穿过索塔塔壁将弧形拱架的拱趾锚固在索塔内腔。

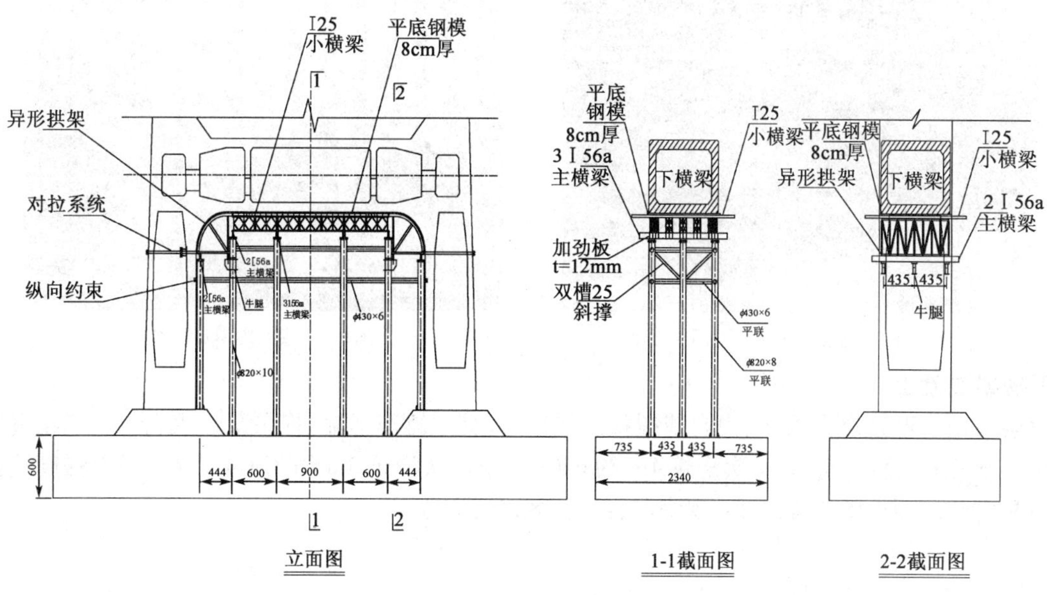

图2 下横梁支架结构图(尺寸单位:cm)

2. 下横梁钢筋

下横梁钢筋分三大部分安装,主要包括索塔内预埋钢筋、下横梁先浇段钢筋及2m现浇段钢筋。预埋钢筋在索塔内侧塔壁端采用套筒连接,施工时预先将套筒套在钢筋上,然后在套筒的空隙部分填塞土工布并用黏胶带密封端头,在索塔施工相应节段时根据图纸预埋并初定位,待索塔模板调校完成后再进行牢固定位,浇筑索塔混凝土。施工横梁时在相应位置凿毛,清理干净套筒内的填充物进行钢筋的接长(图3、图4)。

图3 下横梁钢筋预埋示意图

图4 下横梁钢筋预埋效果图

下横梁钢筋根据混凝土浇筑的顺序分批次安装,在合龙段位置设置开孔的端头模板,主钢筋由端头模板上的预留孔伸出,合龙段顶推完成后再进行此处两端钢筋的焊接。钢筋施工时注意控制整体线形,必须保证钢筋间距及数量符合设计要求,钢筋绑扎牢固减少人员走动时造成的变形,钢筋接头按照《钢筋机械连接技术规程》(JGJ 107—2010)的相关条款要求。

3. 下横梁模板

下横梁模板主要分为底模、侧模及内模三大部分,底模及侧模采用组合钢模,其组成为5mm钢面板、槽8型钢及双拼槽钢14a背带,其中底模不设背带,模板间采用ϕ16mm4.8级螺栓连接。底模圆弧形倒角部分采用8mm钢板现场铺装。内模采用15mm竹胶板、10cm×10cm木方及双拼I14背带,竹胶板与木方在后场加工组拼,背带现场安装,内外模板之间采用ϕ20mm钢筋作为对拉杆,拉杆端头焊接30cm长的ϕ22mm全丝螺杆并采用螺帽调节拉杆的松紧,控制模板的线形(图5、图6)。

图5　下横梁外模示意图

图6　下横梁内模安装图

4. 下横梁混凝土

下横梁采用C50现浇混凝土，由自建搅拌站供应、混凝土罐车运输、拖泵泵送入仓。下横梁混凝土共约1089m^3，分三次浇筑完成，第一次浇筑4m约620m^3，第二次浇筑3m约391m^3，待混凝土强度达到设计要求后向两塔肢侧顶推横梁浇筑2m现浇段，约为78m^3（图7）。

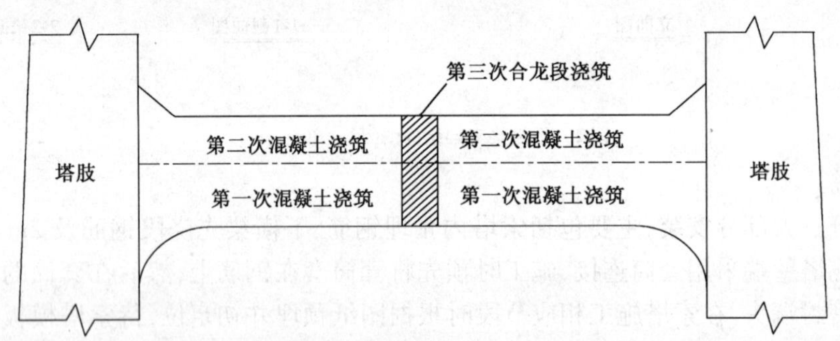

图7　下横梁混凝土浇筑顺序图

5. 下横梁预应力

下横梁共设置52束预应力钢绞线，顶板对称布置20束，底、腹板对称布置32束，每束由22根ϕs15.2的高强度低松弛钢绞线组成，钢绞线锚下张拉控制应力采用$0.75R_{by}=1395$MPa，实际张拉控制力为4296.6kN。索塔部分预应力管道在施工塔肢时根据图纸预埋，并做好预应力锚头及预留接长端的密封，确保塔肢混凝土施工时水泥浆不漏进预应力管道，方便后期预应力施工。下横梁预应力采用先穿法施工，即在施工下横梁钢筋的同时进行预应力管道的安装定位，并在混凝土浇筑前完成钢绞线的穿束工作，待下横梁混凝土全部浇筑完成并达到设计要求强度后进行预应力的张拉、压浆及封锚施工。

6. 下横梁顶推合龙

下横梁跨中预留2m合龙段，待合龙口两侧混凝土强度达到设计要求后，采用千斤顶向塔外侧顶推横梁，顶推力设计为14000kN，根据施工监控需要，需超顶5%，总顶推力达14700kN。采用4台5000kN千斤顶同时顶推，顶推后合龙口两端面相对位移约9mm，采用顶推力及顶推位移双控，且以顶推力为主。待顶推完成后，立即安装焊接劲性骨架然后绑扎钢筋、安装模板浇筑合龙段混凝土。

1）顶推点处理

（1）顶推点布置。为保证下横梁顶推是受力均匀，合龙断面位移一致，顶推点采取对称布置的原则。根据结构特点一共设置四个顶推点，分布在下横梁的顶底板及腹板上，具体布置见图8。

（2）顶推点预埋件。顶推点预埋件采用12mm钢板及ϕ32螺纹钢筋组成（图9）。预埋件加工完成后对表面不平整的部位进行处理，安装时需确保钢板竖直，预埋件后面根据受力需要设置ϕ16螺纹钢筋，防止顶推时混凝土出现开裂现象。预埋件埋设时应保证端面处于竖直状态，且两对应预埋件中心重合，防裂钢筋安装完成后将预埋件固定牢固，避免混凝土浇筑过程中发生移位。

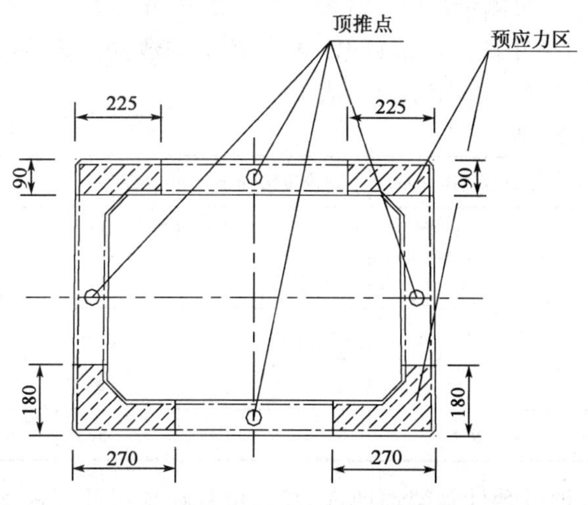

图 8 下横梁顶推点布置图(尺寸单位:cm)

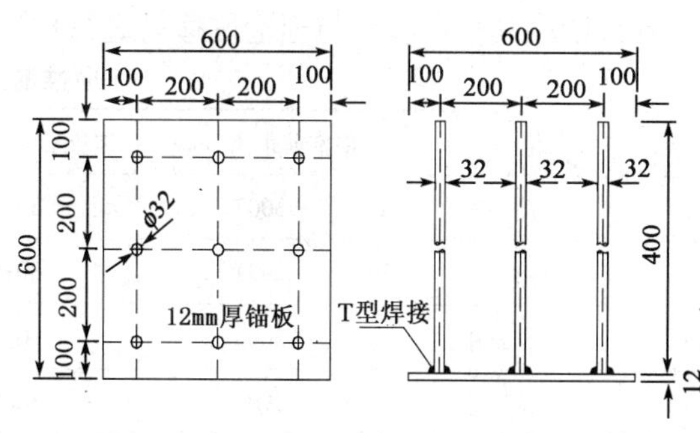

图 9 下横梁顶推预埋件结构图(尺寸单位:cm)

(3)顶推测量控制。下横梁合龙段采用千斤顶向塔外侧顶推,顶推力为 14000kN,顶推合龙段两端面相对位移为 9mm,为了便于监控横梁顶推位移,在横梁顶面合龙段位置布置四个测量观测点,具体布置位置见图 10。

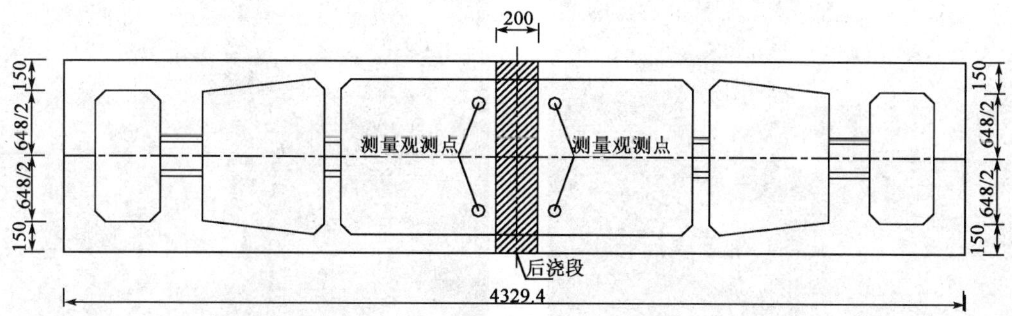

图 10 下横梁顶推测量观测点布置图(尺寸单位:cm)

合龙顶推前对 4 个观测点的平面坐标进行测量,并用钢尺测量 4 个点的相对距离,在顶推完成后再对观测点进行测量,计算横梁两部分的相对位移,在符合要求后方可进行下一步的施工。

2)顶推施工

(1)千斤顶安装。下横梁中间合龙段宽度为 2m,千斤顶油缸未顶升前高度约为 45cm,油缸行程仅 20cm,因此需在两对应顶推点处设置垫梁,千斤顶一端与预埋件钢板接触,另一端与垫梁顶紧。千斤顶安装应平行于下横梁中轴线,保证顶推力垂直作用于下横梁端面,梁体变形均匀不引起偏心荷载(图 11)。

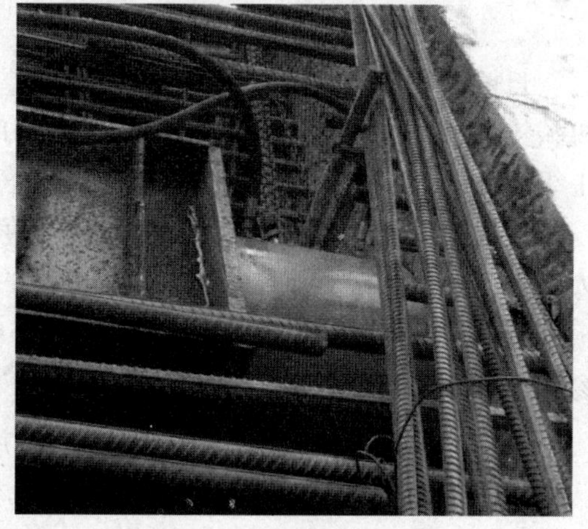

图 11 千斤顶安装示意图

(2)顶升系统安装。千斤顶安装完成后,根据现场实际情况摆放油泵车,连接油管及电线,根据油表及千斤顶对应原则将油表安装在油泵车上,然后在油泵车里加入液压油,开启油泵车进行试运行,检查相关部位是否正常运行,做好顶推前的准备工作。

(3)顶升操作。准备工作完成后即可进行下横梁的顶推施工,4 台油泵车同时开启,并安排专人对每台千斤顶伸长量进行适时量测,根据量测结果反馈油泵车操作人员,调整进油量大小,控制 4 台千斤顶尽量同步,均匀加载。总顶推力 14000kN 平均分配到 4 台千斤顶,每台顶推力为 3500kN。

当油表读数达到3500kN的对应读数时，停止进油并用钢卷尺测量每两个观测点间的距离，记录数据。然后再按超5%的顶推力进行加荷，加荷完成后进行持荷量测距离并记录数据。根据测量的数据计算顶推的位移量，计算其平均值并与理论位移量进行比较，误差在6%以内（图12、表1）。

顶推前后位移统计表　　表1

序　号	组　别	顶推前距离（mm）	顶推后距离（mm）	顶退后位移（mm）	理论位移（mm）	实测误差（%）
1	第一组	3007	3017	10	9	11.1
2	第二组	2997	3015	8	9	-11.1
3	第三组	3003	3012	9	9	0
4	第四组	2994	3005	11	9	22.2
5	平均值	—	—	9.5	9	5.55

（4）劲性骨架施工。合龙段两端的混凝土施工前需埋设劲性骨架预埋件，埋设位置在顶板及底板顶面，一共布置6组，每组两块。千斤顶顶推到位后焊接型钢将两对应的预埋件连接起来以承受千斤顶的顶推力。劲性骨架焊接时应保证焊缝质量并按要求设置加劲板及连接板，避免型钢发生较大的变形减小顶推力。劲性骨架焊接完成后即可拆除千斤顶进行合龙段的钢筋施工（图13）。

图12　顶推施工油泵车操作示意图

图13　劲性骨架焊接示意图

（5）合龙段混凝土施工。将两端横梁预留的钢筋焊接，并按图纸要求绑扎箍筋及拉钩筋，安装模板。合龙段外模采用下横梁其余部分施工拆除的钢模板，内模采用木模，最后接长泵管，浇筑合龙段混凝土。待合龙段混凝土强度达到设计要求后，割除劲性骨架并对预埋件进行修饰，即完成合龙段的施工。

四、结　语

目前塔梁异步施工广泛应用于类似索塔结构中，在施工过程中因塔梁结合部位采用的是全断面钢筋机械接头，根据《钢筋机械连接技术规程》（JGJ 107—2010）的相关要求，此种情况下钢筋接头必须达到Ⅰ级接头标准，对钢筋丝头的加工质量、钢筋的预埋精度及接头的保护标准要求较高，必须加强控制。

下横梁施工时跨中预留2m的现浇合龙段，并在合龙段施工前对两端的横梁施加14000kN的顶推力。在具体施工过程中需注意控制顶推力的均匀施加并通过对实际顶推位移的量测校核顶推力的施加情况，保证顶推力施加的大小满足设计的要求。

参考文献

[1]　中华人民共和国行业标准. JTG/T F50—2011　公路桥涵施工技术规范[S]. 北京：人民交通出版社，2011.

[2]　中华人民共和国行业标准. GB 50017—2003　钢结构设计规范[S]. 北京：人民交通出版社，2003.

[3]　刘士林，王似舜. 斜拉桥设计[M]. 北京：人民交通出版社，2006.

55. 鸭绿江界河公路大桥上横梁施工工艺

徐学西[1] 于传君[2] 吴承凌[1]

(1. 中交第一公路工程局有限公司;2. 辽宁省交通规划设计院)

摘　要　本文结合鸭绿江界河公路大桥22号主索塔上横梁施工介绍了采用钢管和贝雷梁通过牛腿作用于塔柱上的超高空、大跨度上横梁支架结构形式,以及上横梁混凝土分两次浇筑、预应力两次张拉的施工工艺,为以后同类型工程施工提供参考。

关键词　鸭绿江大桥　上横梁　支架　两次张拉　施工

一、工 程 概 况

鸭绿江界河公路大桥为86m+229m+636m+229m+86m=1266m五跨连续半飘浮体系双塔双索面钢箱梁斜拉桥。22号主索塔为H形钢筋混凝土塔,索塔全高194.6m。索塔分为上、中、下塔柱,并设置上、下两道横梁。索塔上横梁为单箱单室预应力钢筋混凝土结构,截面尺寸为31.0m(长)×7.0m(宽)×6.0m(高),顶板、底板及腹板厚度均为0.9m(见图1)。上横梁底高程为+138.2m,距离承台131.8m,距离下横梁顶103.4m。上横梁采用C50高流态耐海水侵蚀的抗冻高性能混凝土,混凝土方量720m^3。

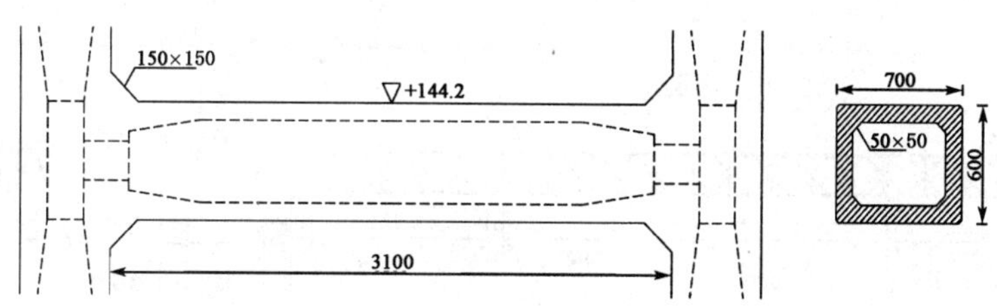

图1　上横梁结构图(尺寸单位:cm)

二、施工方案比选

上横梁属于高空、大体积混凝土施工,支架搭设及混凝土施工难度大。

1. 支架方案选择

对两种类型支架进行了建模计算,均考虑支架与塔柱整体的受力。结合22号墩现场的实际情况,最终选择钢管牛腿—贝雷片支架法(表1)。

表1

支架类型	优　点	缺　点	采用方案
落地钢管支架施工	受力明确、工艺简单	垂直度较难保证、稳定性差、耗费大量钢材、施工难度大	
钢管牛腿—贝雷梁支架施工	钢材用量少、施工简单、节约工期	受力复杂,需考虑塔柱的影响	★

2. 浇筑、张拉方案选择

上横梁与上塔柱采用塔、梁异步施工方案,当液压爬模爬过上横梁位置后,上塔柱继续向上施工,同时上横梁进行施工。上横梁若一次浇筑,绑扎钢筋、支立模板等工序所需时间较长,塔柱悬臂高度太长,增加了不确定安全因素。上横梁若二次浇筑,施工工艺简单,二次钢筋绑扎等工序可穿插进行,大大节约工期,减少塔柱的自由悬臂高度。

第二次混凝土浇筑前,第一次混凝土已达到张拉的设计要求,根据横梁结构和底层混凝土拉应力的计算,先张拉底板底层8束钢绞线可有效抑制上横梁底面裂缝的产生。第一层混凝土结构的刚度远大于支架的刚度,第二次浇筑的上横梁结构主体及施工荷载主要由已浇筑完的第一次混凝土和已张拉的预应力束来承受,提高了支架的安全性。

上横梁最终选用混凝土两次浇筑(第一浇筑高度为4m,第二次浇筑高度为2m)、预应力两次张拉(第一张拉底板底层8根钢束,第二次张拉顶板、腹板和底板剩余的共计40根钢束)的施工方法。

三、上横梁施工

1.上横梁支架施工

上横梁采用钢管牛腿—贝雷梁支架施工。横桥向设置2排 ϕ1000mm×10mm 斜钢管,钢管顶间距15m,顺桥向为3排,间距2.85m。钢管下端均支撑在中塔柱牛腿上,桩顶和中间位置设置 ϕ426mm×6mm 钢管和2HM588×300 型钢平联,将所有钢管桩和中塔柱连成整体。钢管桩顶设置顺桥向3HM588×300和2HM588×300型钢做主横梁,贝雷梁作为纵向分配梁,两边倒角位置采用桁架。贝雷梁与贝雷梁、桁架与桁架间设置型钢斜撑,确保其横向稳定。贝雷梁上设置[25a 工字钢横向分配梁,间距150cm,见图2。

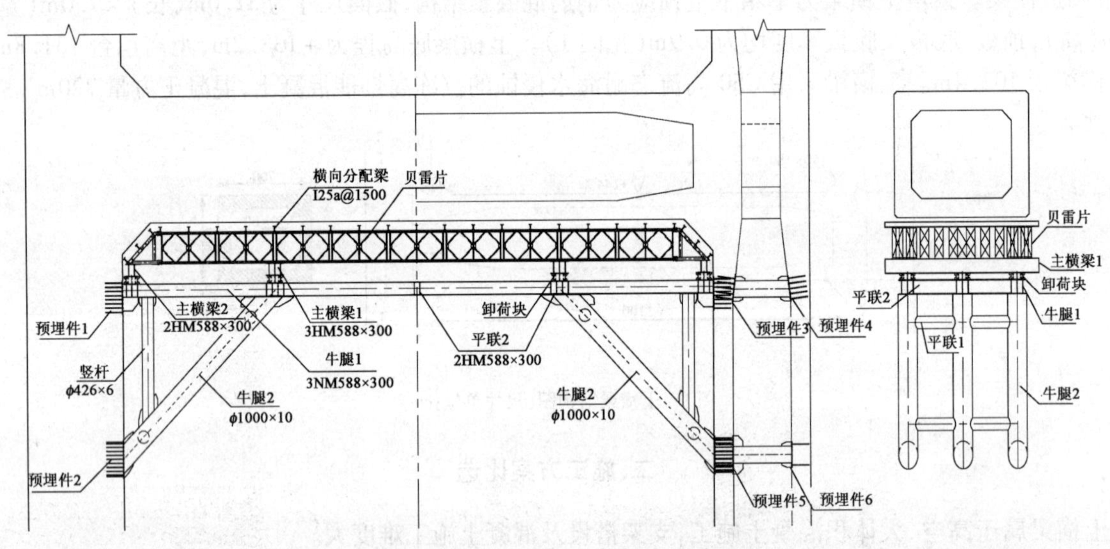

图2　上横梁支架图

由于中塔柱横桥向壁厚1.0m,上横梁施工时塔柱悬臂较长,摆动幅度较大,采用在塔柱内腔加连接件,将每侧塔柱的左右两个壁体连为一起。支架系统斜钢管水平力对中塔柱产生的弯矩被顶端横梁产生的弯矩抵消,仅在斜管牛腿以上中塔柱范围内存在弯矩,对整个中塔柱没有产生水平力矩。

支架采用后场分块加工,现场整体拼装焊接。支架直接安装在索塔中塔柱上,避免地基沉降带来的挠度变形和超长钢管的变形。经过模拟计算,中间位置预拱度设计值为25mm,两侧位置预拱度设计值为15mm。在施工中,经过现场实际测控,测得的相应点的变形量为23mm和16mm,预拱度设置合理,说明达到了预期效果。

2.模板施工

上横梁模板包括底板底模、腹板侧模、腹板内模、顶板底模、压脚模及人洞处模板。底板底模和腹板侧模采用大面积钢模,利用下横梁施工的模板;腹板内模和顶板底模采用组合钢模;人洞处采用木模。

底板底模放在支架顶的分配梁上,肋板与分配梁接触部位焊接;腹板侧模与腹板内模采用对拉螺杆固定(直径20mm钢筋,间距为150cm);顶板底模利用在横梁内腔搭设脚手架支撑,间距为60cm×60cm。

脚手架需进行横向和纵向连接,保证稳定性。

3. 钢筋施工

在施工塔柱与横梁结合部位处预埋横梁钢筋,钢筋接头采用镦粗直螺纹机械连接,施工时接头用胶带包裹,防止混凝土浇筑时进入接头里面。

4. 混凝土施工

上横梁混凝土采用后场搅拌,输送车运至塔柱下方,泵送至上横梁的施工方法施工。第一次浇筑高度为4m,第二次浇筑高度为2m。

5. 预应力施工

上横梁共布置48束公称直径15.2mm,公称面积140mm^2 的高强度低松弛钢绞线,预应力锚固点均设在塔柱外侧,采用深埋锚工艺(见图3)。预应力钢束均两端张拉,采用锚下张拉力和引伸量双控。

上横梁预应力采用两次张拉施工工艺,第一次混凝土达到张拉要求后,张拉底板底层8束钢绞线,第二次张拉剩余40束钢绞线。预应力施工采用智能张拉、循环压浆施工工艺。

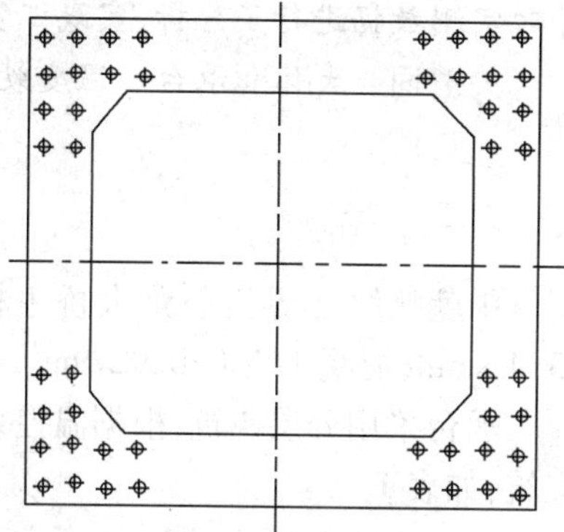

图3 上横梁预应力布置图

1)预应力施工

(1)管道成孔。上横梁预应力采用后张法施工,其预应力管道采用预埋塑料波纹管成孔。塔柱施工时,预埋塔柱部分塑料波纹管并附内衬管,与横梁部分波纹管在塔梁结合面处采用专用接头连接。波纹管采用定型骨架固定,保证定位准确、连接牢靠。

(2)钢绞线、人工穿束。下横梁采用先穿法施工,穿束前用空气压缩机清除管道并将钢绞线分组。钢绞线下料长度 = 理论长度 + 千斤顶工作长度 + 预留长度。

(3)张拉。横梁预应力张拉采用智能张拉控制系统。系统可以自动读取梁板参数,智能计算张拉过程的压力值,无线控制油泵的进退油,实时无线采集油压与位移信息,自动生成预应力张拉记录表等。全程无需人工干预,且具有错误纠正、数据同步、张拉审核等张拉过程控制,完全改变了传统的通过人工来操纵油泵进行张拉操作,真正实现了张拉的同步性控制。

2)压浆

上横梁采用智能循环压浆工艺,浆液满管路持续循环排除管道内空气管道内浆液从出浆口导流至储浆桶,再从进浆口泵入管道,形成大循环回路。浆液在管道内持续循环,通过调整压力和流量,将管道内空气通过出浆口和钢绞线丝间空隙完全排出,还可带出孔道内残留杂质;准确控制压力,调节流量;精确调节和保持灌浆压力,自动实测管道压力损失;以出浆口满足规范最低压力值来设置灌浆压力值,保证沿途压力损失后管道内仍满足规范要求的最低压力值。当进、出浆口压力差保持稳定后,可判定管道充盈。通过进出口调节阀对流量和压力大小进行调整。

三、结 语

鸭绿江大桥22号主索塔上横梁施工,结合结构设计特点和现场的实际情况,采用塔梁异步施工及混凝土两次浇筑、预应力两次张拉的工艺,方便了现场的施工操作,加快了施工进度。钢管牛腿—贝雷梁支架比钢管落地支架结构更加安全可靠,减少了施工钢材用量,降低了劳动强度。

参考文献

[1] 中华人民共和国行业标准. JTG/T F50—2011 公路桥涵施工技术规范. 北京:人民交通出版社,2011.

[2] 中华人民共和国国家标准. GB 50017—2003 钢构设计规范. 北京:建筑工业出版社,2013.

[3] 南京长江第三大桥建设指挥部. 南京长江第三大桥主桥技术总结. 北京:人民交通出版社,2005.
[4] 2012年全国桥梁学术会议论文集. 北京:人民交通出版社,2012.

56. 大体积混凝土承台温度裂缝施工控制

胡文柱 张 烨 马 潇 苏 毅
(中交一公局海威工程建设有限公司)

摘 要 主要介绍了鸭绿江界河公路大桥22号主墩大体积承台混凝土施工采取的温度控制措施,并对实测数据进行了分析,实践证明施工中采取的措施是有效的。

关键词 大体积承台 温度裂缝 施工控制

一、工 程 概 况

中朝鸭绿江界河公路大桥主桥采用H形索塔,索塔基础承台为六角圆端形,尺寸为69.481m×23.4×6m,混凝土为C40,9279m^3,为大体积混凝土。

承台采用分层浇筑,根据温控设计和浇筑能力以及塔身钢筋的预埋,承台高6m沿高度方向分三次浇筑,如表1。

承台分层浇筑统计表 表1

承台分层	高度(m)	理论混凝土方量(m^3)	钢筋层数	钢筋种类	冷却管层数
第三次	2.5	3866.25	5	B32、B25	2
第二次	2.5	3866.25	3	B32、B25	2
第一次	1.0	1546.5	6	B32、B25、B12	1

二、大体积混凝土温度裂缝理论分析及温控标准

1. 温度裂缝理论分析

由于水泥的水化热作用,混凝土浇筑后要经历升温期、降温期和温度稳定期三个阶段。升温阶段,水泥产生的水化热大量聚集在混凝土内部不易散发,内外温差使混凝土内部产生压应力,外部产生拉应力,若大于相应龄期的容许拉应力时就有可能产生裂缝;降温阶段,新浇混凝土受内部钢筋、封底混凝土及桩头约束而不能自由收缩,此时弹性模量相对较低,若降温梯度过大就容易产生较大的温度拉应力,当该拉应力大于相应龄期的混凝土容许拉应力时,也容易出现温度裂缝,因此控制温差尽量降低温度梯度是保证不产生裂缝的根本。

2. 混凝土内部最高温度计算

一般可采取下式近似计算大体积混凝土内部最高温度:

$$T_{\max} = T_0 + \frac{W\theta_0}{c\rho}\xi$$

式中:T_0——混凝土入模温度,以混凝土浇筑时实际测量数据为准;

W——每m^{3}混凝土中水泥用量;

θ_0——水泥28d水化热,本工程选用山水工源P.042.5水泥,由试验测得其28d水泥水化热为350J/g;

c——混凝土比热,取0.98kJ/(kg·℃);

ρ——混凝土的密度(由配合比确定);

ξ——不同厚度的浇筑块散热系数,可参考相关资料取值。

三、大体积混凝土温度控制措施

由于承台分三次浇筑,我们采取第二次混凝土浇筑(高2.5m)进行分析研究。

通过对大体积混凝土产生裂缝的机理分析,我们主要从降低水泥水化热、降低混凝土入模温度、通水散热、混凝土养护等几方面做好混凝土温度控制工作,力争控制混凝土内外温差在15℃以内,尽量降低混凝土内部温度的升降速率。

1. 混凝土的配合比设计

1)混凝土原材料的选择

(1)水泥选择。水泥选用低水化热水泥,山水工源P.042.5水泥发热量小、强度高、能够满足本桥大体积混凝土施工的技术要求。具体试验结果如表2、表3。

水泥水化热数据 表2

样品名称	1天放热量(cal/g)	3天放热量(cal/g)	7天放热量(cal/g)	最大升温(℃)
山水工源P.042.5	33.15	54.44	67.83	14.5

注:cal=4.184J。

水泥强度数据 表3

样品名称	抗折强度(MPa)		抗压强度(MPa)	
	3d	28d	3d	28d
山水工源P.042.5	4.5	8.8	18.1	50.7

(2)粉煤灰选择。在保证混凝土强度的情况下,大体积混凝土中掺入一定量的粉煤灰可以降低混凝土的早期水化热。我们选取了华能I级粉煤灰进行了试验,试验结果表明,该粉煤灰的各项性能指标均符合要求,可以在本工程中使用。试验结果如表4。

粉煤灰性能指标 表4

样品名称	性能指标			
	细度(%)	需水量比(%)	含水率(%)	三氧化硫(%)
华能I级粉煤灰	3.5	94.8	0.2	0.06

(3)外加剂选择。大体积混凝土中掺入一定量的缓凝剂,可以降低混凝土早期的水化放热速率、降低水泥水化过程中的放热峰值,从而达到降低混凝土内部温升的目的。我们选取了江苏博特PAC外加剂进行了试验,试验结果表明,掺入PAC外加剂具有特别好的流化效果和较小的坍落度损失。

(4)集料选择。碎石来自南坑道碎石厂,级配良好,质地坚硬,颗粒洁净。

砂子来自大洋河采砂厂,其细集料细度模数在2.5~3.0之间,试验测得为2.76,含泥量为0.4%,泥块含量为0.1%,表观密度2.656g/cm^3。

2)混凝土配合比设计

大体积混凝土配合比应满足设计强度、泵送工艺性、低水化热、缓凝等要求。根据大体积混凝土施工的实际情况,最后确定出施工配合比。

经过多次试验,混凝土配合比优选见表5。

表5

设计强度等级C40	水泥(kg)	粉煤灰(kg)	砂子(kg)	碎石(kg)	水(kg)	外加剂(kg)
1m^{3}用量	156	701	701	1145	139	4.6

混凝土主要性能指标见表6。

表6

设计坍落度(cm)	初凝时间(h)	终凝时间(h)	抗压强度(MPa)	
			7d	28d
18~20	9	16	42.5	52.4

2.合理的布置散热及测温系统

1)冷却水管布置

22号主墩承台共设置5层冷却水管,采用ϕ42mm钢管、壁厚3.5mm,按蛇形布置,每层各有13个进出水口。冷却水管距承台混凝土顶和底边缘50cm,距承台混凝土侧边1.0m。冷却水管进、出水口集中布置,以便于统一管理。出水口有调节流量的水阀。冷却水管平面布置图如图1、图2。

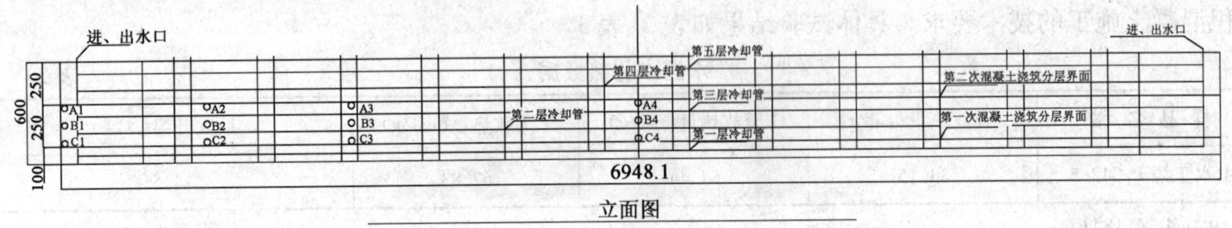

图1 冷却水管布置立面图(尺寸单位:cm)

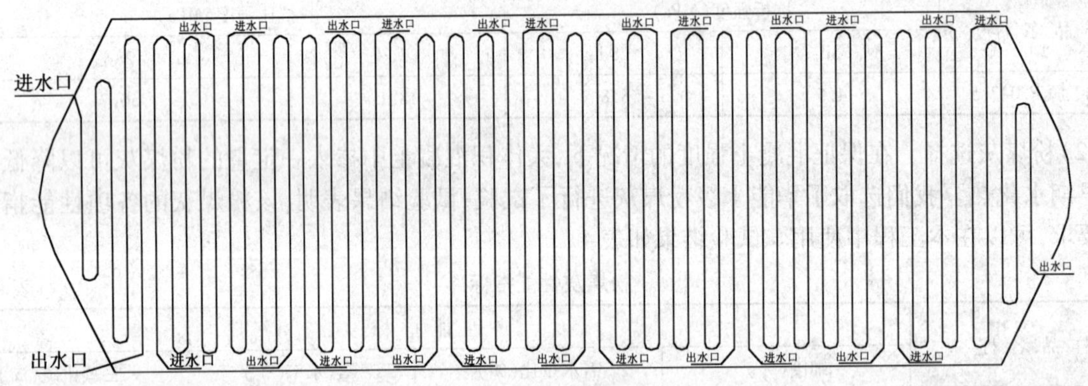

图2 冷却水管平面布置

冷却管开始通水后,冷却水管的进口水温以8℃~12℃为宜。进出水口温差超过10℃时应增加水的流量(冷却管进出水口应高出承台高程)。

2)温控设备

经多个工程应用效果证实,测温仪器选择电阻温度计效果很好。采用JXC-54系列巡回测温仪和WEC-010铜热电阻为测温元件。

测点布置应具有代表性:承台分3次施工,取每层混凝土沿竖向各布置3层(图3)。顶层布置于承台分层顶面以下0.2m处,底层布置于承台分层底面以上0.2m处,另在承台分层中间布置一层测温元件。顶、底层每层布置5个测点,分别位于承台纵横2个方向的1/4、1/2及承台侧边缘内0.2m处;中间层每层设7个测点,分别位于承台纵横两个方向的1/8、1/4、1/2及承台侧边缘内0.2m处;另在大气中及混凝土表面各布置两个测点。

加强混凝土的测温工作,混凝土浇筑完毕12小时后开始测温,1~3天内每2小时测温一次,3~7天内每4小时测温一次,7天后每4~6小时测温一次,直至承台内部与承台表面的温差不大于15℃,承台表面与大气环境的温差不大15℃,冷却管进出口水流温差不大于10℃。混凝土表面洒水养护不得形成干湿循环。

为提供可靠地数据控制混凝土内外温差,考虑承台平面对称性,在承台平面1/4布置电阻温度计,用温度显示仪测试温度。测点布置与编号见图4。

图5,为第二次混凝土浇筑时测温元件布置图采集的数据主要包括不同施工时段的入模温度、每个电阻温度计处不同龄期温度、外界气温、散热管进出水温度。

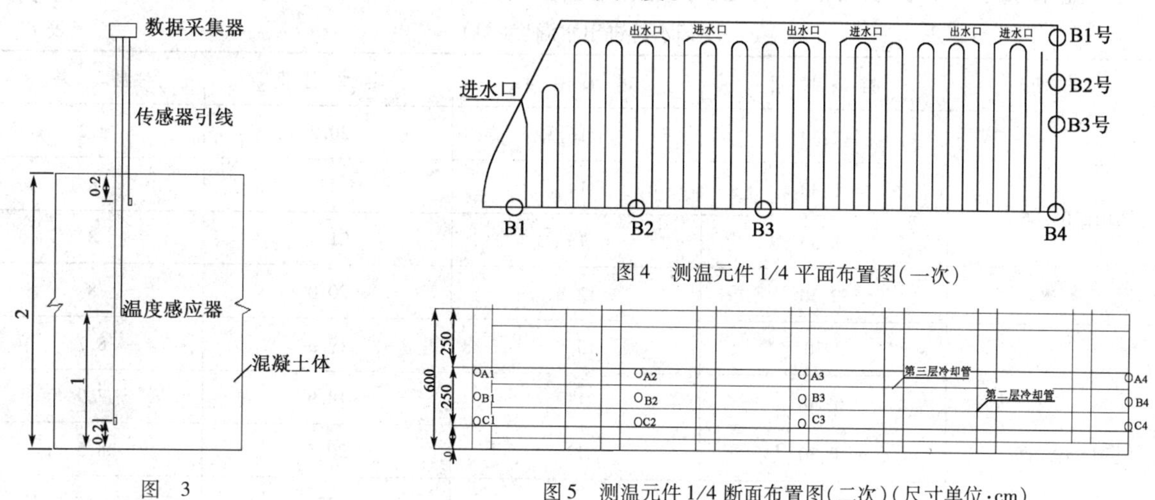

图 3

图4 测温元件1/4平面布置图(一次)

图5 测温元件1/4断面布置图(二次)(尺寸单位:cm)

3)通水散热

冷却水拟采用江水,用水泵将水抽至蓄水池(现场实际用钢护筒加工成,如图6)中,蓄水池底高于围堰顶2m以上。考虑退潮因素取水点利用射水泵靠蓄水池的位能将水送至冷却水管中,直接排放至江中。在冷却管通水后,应确保通水期间的水源和流量,中途不得发生停水事故。当混凝土浇筑至该层散热管高层时,即通水散热,单根散热管流量不小于$1.5m^3/h$,通水时间≥12d。

四、温控结果分析

根据测量收集的数据对混凝土总体温度变化过程进行分析:每个电阻温度计处混凝土不同龄期温度、内外表面温差、外界气温、冷却水管进出水温度等数据。

1. 混凝土内部不同龄期温度的分析

混凝土入模12h内升温迅速,升温接近25℃;3天后内部温度高达56℃,随后温度开始下降,下降梯度为2℃ / d;10d后,温度梯度趋于平缓。自浇筑开始,共通水14天。浇筑第三层混凝土前外界气温18℃,承台中心处最高温度为37.4℃,距离承台外边缘0.2m处测点的平均温度为28.9℃,满足内外温差小于15℃的要求(图7)。

图 6

(℃) 65 60 55 50 45 40 35 30 25 20

05~04 05~06 05~08 05~10 05~12 05~14 05~16

承台表面0.2m 承台表面下2.3m 承台表面下1.25m

图7 承台同一竖直面不同高度温度值

2. 冷却水管降温效果

降低混凝土内部温度,采用预埋冷却水管降温法,具有适应性和灵活性。冷却水管布置的目的主要是为了降低混凝土的中心温度,以防止混凝土中心温度过高,与表面混凝土的温度相差过大,而造成温度裂缝(表7)。

由表7可知,进出水温差平均值在7.3℃,取得了良好的降温效果。

3.“外保”效果分析

在混凝土表面铺盖毛毡和麻袋,且定期在麻袋上洒水,保证混凝土面始终处于湿润状态,使大体积混凝土内外温差保持在较小的范围内,避免在大体积混凝土内部因过高的温度应力而产生温度裂缝。

冷却水管进出水温度(℃)　　表7

日　期	测试时间	进水温度	出水温度	温　差
2012.05.06	12:30	16	20.2	4.2
	16:30	14	22	8
	18:30	13	21	8
	22:30	12.8	20.8	8
2012.05.07	2:30	10.8	19.5	8.7
	6:30	11	18.9	7.9
	10:30	12	20.5	8.5
	19:00	14	22	8
	23:00	12.5	21.3	8.8
2012.05.08	3:00	11.8	21	9.2
	7:00	12	19	7
	11:00	12.5	19	6.5

从测得的麻袋内外温度分析,保温取得了良好的效果,温差控制在10℃以内,减小了内外温差(表8)。

麻袋内外实测温度值(℃)　　表8

日　期	测量时间	麻袋内空气温度	麻袋外空气温度	温　差
2012.05.05	21:40	23.4	15	8.4
2012.5.06	8:00	24	16.5	7.5
2012.05.08	12:00	26.4	18.9	7.5
2012.05.09	19:40	29.9	21.8	8.1
2012.05.12	3:00	28.5	19.5	9

五、结　　语

鸭绿江大桥主桥22号墩大体积承台混凝土第二次浇筑历时68小时,浇筑混凝土3856m^3,通水散热14天,表面平整、光洁、没有发现温度裂缝,证明采取的温控措施是有效的。结合整个施工过程,得出以下几点结论供同类基础施工借鉴:

(1)大体积混凝土施工必须从原材料、混凝土的配合比开始控制,实践证明,采用粉煤灰代替一定量的水泥掺加一定量的高效缓凝减水剂,可以明显降低水化热和延迟温度峰值出现的时间,但并不影响混凝土的强度及和易性。

(2)合理设置降温系统,严格的施工过程控制和周密的养护措施是大体积混凝土成功的关键。

(3)有效养护期内,混凝土外面布置保温措施,控制混凝土内外温度差,能有效防止出现温度裂缝。

57. 中朝鸭绿江界河公路大桥主塔冬季施工控制要点

王艺桥
（辽宁省公路管理局）

摘 要 中朝鸭绿江界河公路大桥是我国连接朝鲜民主主义人民共和国的重要通道，具有重要的政治意义和长远的战略意义。大桥在冬季施工又是北方地区建桥的一大特点，由于施工计划安排，大桥主塔施工要经过一个冬季，为此，清晰地理解主塔冬季施工技术控制要点，可以为工程质量的保证提供有力支持。

关键词 主塔 混凝土 冬季施工 控制要点 电伴热带

一、概 述

1. 工程概述

中朝鸭绿江界河公路大桥起点位于丹东至大连高速公路丹东西互通立交，终点位于朝鲜三桥川北侧的长西，全长12.71km。主桥为主跨636m的双塔双索面钢箱梁斜拉桥，边跨设置辅助墩、过渡墩，其跨径布置为：86m+229m+636m+229m+86m。桥体结构采用半飘浮体系。拉索采用扇形布置，全桥共4×19对斜拉索。

主塔采用H形，总高度194.6m，底部设置2.5m高的塔座。主塔采用箱形变截面，塔底截面尺寸为10m×7m，塔顶截面为7m×5m，塔壁的厚度横桥向为1.0m，顺桥向下、中塔柱为1.0m，上塔柱出索端1.2m。索塔设置两道横梁，下横梁截面尺寸长从9.56m变化至9.399m，宽为7m，上横梁的尺寸为7m×6m。塔座、横梁、塔柱采用C50混凝土浇筑。

2. 冬季施工概述

冬季施工定义：如果连续五天的日平均气温稳定在5℃以下，则此5d的第一天为进入冬季施工的初日，当气温转暖时，最后一个5d的日平均气温稳定在5℃以上，则此5d的最后一天为冬季施工的终日（日平均气温是1d内2、8、14和20时等4次室外气温观测结果的平均值）。进入冬季施工后，根据气温条件各分项工程施工，分别制定不同的保护措施，以保证施工尤其是混凝土施工质量。根据具体情况，结合以往冬季施工经验确定本项目冬季施工防护措施。

二、冬季施工基本控制要点

1. 对混凝土原材料的控制

水泥优先选用低碱普通硅酸盐水泥。所用集料必须清洁，不得含有冰雪等冻结物及易冻裂的矿物质。粗细集料存放于加热仓内，拌和站料仓为全封闭砂石料存放区，集料加热为地暖供热（具体温度根据热工计算确定）。

拌和站储水桶内的水不要加满，留约1m高的空间，在拌制混凝土前开始通过蒸汽加热，水温达到要求后再开始拌制混凝土。水需加热的温度根据热工计算确定。锅炉的容量和加热能力满足最大用水量要求，防止拌和后期水温达不到要求。

配合比中的用水量尽量降低至最低限度，办法是控制坍落度、加入减水剂、优先选用高效减水剂。外加剂储存罐表面用棉被进行覆盖，未入罐的外加剂放置在有暖气的屋内保温。

外加剂的选择需考虑：改善混凝土或砂浆的和易性，减少用水量，提高拌和物的品质，提高混凝土的早期强度；降低拌和物的冻结冰点，促使水泥在低温或负温下加速水化；促进早中期强度的增长，减少干缩性，提高抗冻融性；在保证质量的情况下，缩短工期，降低成本；选择外加剂时要注意其对混凝土后期强度的影响、对钢筋的锈蚀作用及对环境的影响等。

2. 对拌和站供暖的控制

拌和站需要安装4t的高压蒸汽锅炉，以保证15t水从0℃升高到20℃，满足拌和站每小时生产混凝土能力的要求。拌和站地面需布设蒸汽管道，为拌和站、全封闭砂石料存放区供暖。要对原材料、拌和用水进行加温处理，同时让料仓内环境温度保持在5℃以上。拌和站、砂石料存放区的地面供暖系统平面示意图见图1。

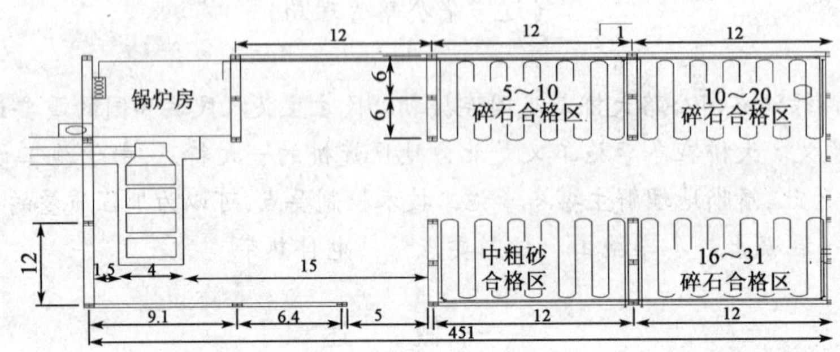

图1　拌和站、砂石料存放区的地面供暖系统平面示意（尺寸单位：m）

砂石料存放区底部用混凝土做好15cm调平层，调平层上部填10cm细砂，并于其中铺设ϕ65mm的暖气管，细砂层上再浇筑20cm钢筋混凝土，钢筋采用ϕ16螺纹钢筋。每个料仓单独布置供暖回路，供暖管道间距1m，保证上部材料受热均匀。料仓底部的立面图见图2。

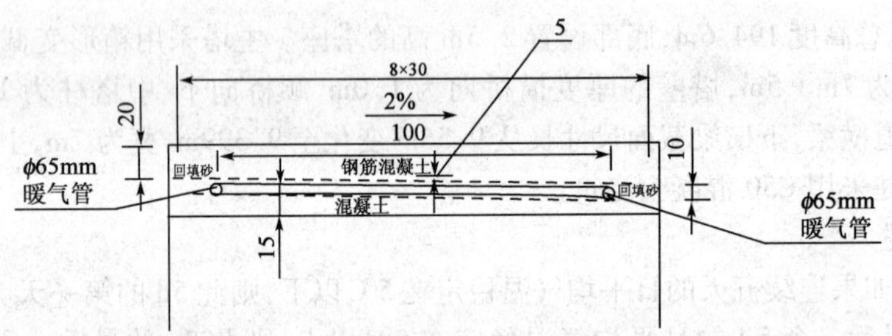

图2　砂石料存放区蒸汽管道布设立面图（尺寸单位：cm）

砂石料场采用彩钢板大棚进行遮盖封闭，前端门做成对滑动拉门形式，砂石料车和装载机进出大门时可以拉开，不用时应及时关闭，以保证棚内温度在5℃以上。拌和用水蓄水池位于拌和楼下部，外加剂储存罐摆放在水池上方，整个蓄水池区域全部用彩钢板进行封闭围挡。在采用蒸汽加热拌和用水的时候，将封闭围挡内环境温度提高到5℃。

3. 混凝土生产过程的控制

混凝土搅拌站严格按照试验室出具的配合比通知单进行生产，不得擅自修改配合比。搅拌前先用热水冲洗搅拌机10min。搅拌时投料顺序为集料→水→水泥和掺和料→外加剂。避免胶凝材料直接与热水接触发生假凝现象。冬季施工时混凝土搅拌时间一般较常温施工时延长50%左右，控制在150s左右。生产期间，派专职人员负责集料仓的下料，检查是否存在砂石冻块，随时测量拌和用水的温度，水温控制在50℃±10℃，砂子温度控制在10～20℃，保证水泥不与温度大于或等于80℃的水直接接触。保证混凝土的坍落度不超过200mm。停止搅拌后，应用热水冲洗搅拌机滚筒。

各种原材料的加热优先考虑水的加热，混凝土搅拌用水采用蒸汽锅炉蒸汽加热。拌制混凝土前应提前3h通知搅拌站做好相应准备工作，保证混凝土出机温度不低于10℃。

4. 混凝土运输过程的控制

混凝土搅拌好后，应及时运到浇筑地点，保证混凝土入模温度不低于5℃。运输混凝土罐车必须加装保温性能好的保温套(见图3),确保混凝土在运输过程中最大限度地减少热量损失,不得有表层冻结、混凝土离析、水泥砂浆流失、坍落度损失等现象。混凝土运输过程中降温速度不超过5℃/h;采用卧地泵泵送混凝土时需对泵管进行包裹保温。

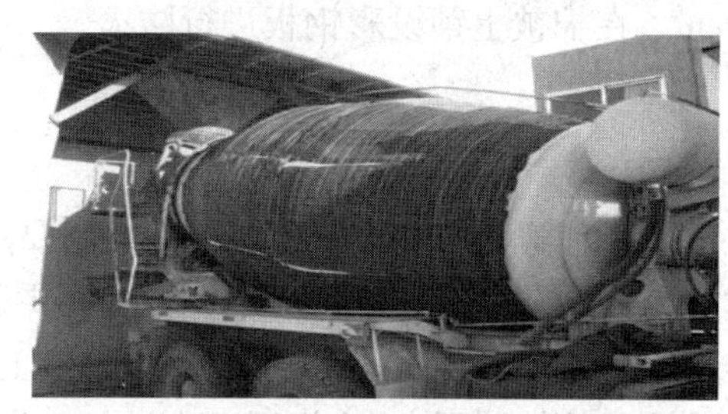

图3 混凝土罐车包裹照片

5. 钢筋施工的控制

钢筋应该底部垫高存放及进行严密覆盖,防止雨雪锈蚀钢筋。选择低温韧性良好的焊条,各种焊接材料分类存放和妥善管理,防止腐蚀、受潮变质。

钢筋焊接应在保温棚内进行(焊接钢筋棚必须封闭,棚内采用电暖器取暖),保证最低温度不低于-5℃,减少焊件温度差,焊接后的接头严禁立刻接触冰雪。

钢筋镦粗机在使用前需进行预热,液压油需更换为低温条件下使用的HM牌号。

三、主塔冬季施工保温控制要点

1. 外模温度的控制

主塔外模温度控制是采用覆盖于爬模模板表面的电伴热系统,该系统用于防止混凝土浇筑后在负温环境下受冻,并持续补充由于模板内外温差引起的热散失。电伴热带保温系统可智能化补充模板损失的热量,维持其温度基本不变。电伴热带采用壁挂式配电箱结构,均匀安装在施工区域,内装有主断路器、分路漏电保护断路器、旋钮温控器,当模板外电伴热带温度低于20℃时伴热系统工作,高于40℃时停止。

在液压爬模模板外两方木之间平行布设两条电伴热带,间距5cm,每方平米敷设12m左右电热带,稳态时输出功率约为300W/m²。电伴热带的最大使用长度为100m,根据模板的大小每块做一个回路。现场模板外表面较为光滑且易于粘贴,可以直接用铝箔胶带将电伴热带固定在模板表面。浇筑混凝土时,电伴热模板可以保证对柱体的伴热和加热,保证塔柱混凝土强度增长。电伴热带的剖面示意图见图4。

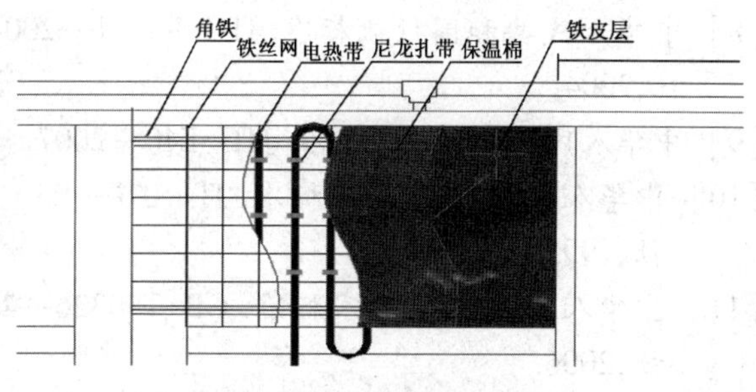

图4 电伴热带剖面示意图

电伴热系统的温控器可安装在墙壁或配电箱中。一个完整的电伴热系统应包括:电源配电箱、电源接线盒、电伴热带、二通、三通、尾端及固定用的尼龙扎带、铝箔胶带等附件,如图5所示。

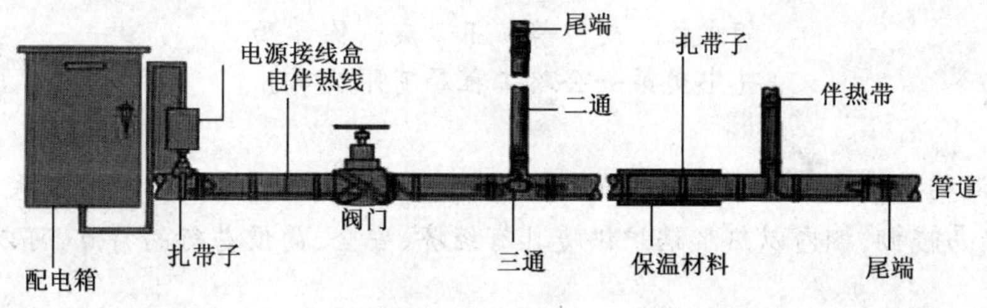

图5 完整电伴热系统示意图

2. 内模和混凝土顶面温度的控制

利用内模底层平台及混凝土顶面施工平台铺设厚的彩条布,使新浇筑塔柱内模形成封闭空间。在内模底施工平台上安放大功率暖风炮,保证混凝土的温度。混凝土顶面采用棉被覆盖,覆盖厚度要求达到

10cm。在棉被上铺设彩钢板进行防火。

四、小　结

清晰理解和准确把握冬季施工控制要点的每一个环节,是保证工期不停滞、质量达到优良品级的关键。因而,要顺利完成冬季施工任务,就要条理清晰、任务明确地落实每一个环节,做到环环相扣,施工前准备充足,施工时认真落实、详实记录,施工后严格检查,严把质量关。本文旨在从管理的角度总结对于冬季施工的控制要点,希望可以为类似工程提供借鉴。

参考文献

[1] 中华人民共和国行业标准. JTG B01—2003　公路工程技术标准. 北京,人民交通出版社,2003.

[2] 中华人民共和国行业标准. JTG D60—2004　公路桥涵设计通用规范. 北京:人民交通出版,2004.

[3] 中华人民共和国行业标准. JTG D63—2007　公路桥涵地基与基础设计规范. 北京:人民交通出版,2007.

[4] 中华人民共和国行业标准. JTG D62—2004　公路钢筋混凝土及预应力混凝土桥涵设计规范. 北京:人民交通出版社,2004.

[5] 中华人民共和国行业标准. JTJ 025—86　公路桥涵钢结构及木结构设计规范. 北京:人民交通出版社,1988.

[6] 中华人民共和国行业标准. JTG/T D65-01—2007　公路斜拉桥设计细则. 北京:人民交通出版社,2007.

[7] 中华人民共和国行业标准. JTG/T F50—2011　公路桥涵施工技术规范. 北京:人民交通出版社,2011.

[8] 中华人民共和国行业标准. JTG F80/1—2004　公路工程质量检验评定标准. 北京:人民交通出版社,2004.

[9] 中华人民共和国行业标准. JTG E40—2007　公路土工试验规程. 北京:人民交通出版社,2007.

[10] 中华人民共和国行业标准. JTJ 076—95　公路工程施工安全技术规范. 北京:人民交通出版社,1995.

[11] 中华人民共和国国家标准. GB T50326—2006　建设工程项目管理规范. 北京:建筑工业出版社,2006.

58. 冬季混凝土施工暖棚保温措施技术

胡文柱　赵　静　王　爽　徐学西

(中交第一公路工程局有限公司)

摘　要　桥梁混凝土冬季浇筑施工关键是料仓和拌和站的采暖。本文以鸭绿江大桥2011年冬季施工为例,通过搭设简易暖棚,棚内以热水锅炉供暖具有经济、安全、简便易行的特点,可以满足冬季混凝土的施工。

关键词　冬季　暖棚　保温采暖　措施

一、工 程 概 况

中朝鸭绿江界河公路大桥及接线是我国连接朝鲜民主主义人民共和国的重要通道,本项目起点位于丹东至大连高速公路丹东西互通立交,终点位于朝鲜三桥川北侧的长西,全长12.71km。本合同段为

TJSG－3合同段，桩号范围为K11＋187～K12＋710，全长1.523km，包括主桥（$\frac{1}{2}\times1266$m）、引桥（880m），施工内容均位于朝方侧。本工程主体工程工期26个月，即：2011年7月16日～2013年9月15日。工程量包含：主桥主墩水中桩基础施工平台、主墩桩基及承台，下塔柱、下横梁、中塔柱、上塔柱及上横梁；辅助墩、过渡墩桩基及承台，辅助墩、过渡墩墩身；钢箱梁安装、斜拉索对称张拉、中跨合龙并调索等工序施工。该工程有时间短、任务重、难度大和投资极难控制等特点。

由于项目工期紧、任务重，我合同段需进行冬季施工，以保证项目整体进度按期完成。由于丹东11至3月份的极端最低温度是－28℃，平均最低温度为－10℃左右（表1），为更好地完成冬季施工任务，我合同段采用在料仓和拌和站搭设保温暖棚，并采用锅炉供热的方式，保证冬季的混凝土施工。

丹东往年11～3月份温度统计表 表1

项目名称	10月份	11月份	12月份	1月份	2月份	3月份
平均最高温度（℃）	17	8	0	－2.4	1.1	9
平均最低温度（℃）	6	－1	－9	－11.5	－8.6	0
极端最高温度（℃）	28	20	13	7.3	15.2	25
极端最低温度（℃）	－6	－15	－24	－25.8	－28	－12

二、暖棚结构及采暖方式

1.散热分析

暖棚内所提供的热量主要是补充两部分的热量损失：一是暖棚本身的散热损失，二是加热进入暖棚的砂石料的热量损失。

1）暖棚的散热

暖棚的散热有三种途径：

（1）围护结构的热传导。主要影响因素是围护结构的厚度和热传导系数。作为一种临时设施，围护结构的厚度不可能做得很厚，也不宜采用造价高昂的保温材料，只能综合考虑性价比，选用一种较为经济并具有一定保温能力的材料。

（2）孔洞和缝隙漏风。暖棚内外气温相差大，室外风大，这一项热损失占暖棚散热量的绝大部分。所以要尽可能做到围护结构的严密无缝，减少漏风量。

（3）热辐射。因暖棚内温度较低，此项温度损失较低可以忽略不计。

2）砂石料

水的比热是相当高的，所以控制砂石料的含水率是减少这部分热量损失的关键因素。一般石子含水率低，也不易结冻，但砂子的含水率较高，所以要在上冻前准备好足够的砂子，使其自然风干，减小含水率。

2.暖棚结构形式

1）蒸汽供应计划

拌和站安装4t高压蒸汽锅炉（根据能量守恒定律，可以让15t水从0℃升高到20℃，满足HZ120拌和站每小时生产混凝土能力的需要），布设蒸汽管道，冬季施工中可以为拌和站、全封闭砂石料存放区供暖。封闭料仓备料能力为石料800m^3，中粗砂250m^3，能拌和C30水下混凝土500m^3，满足每天灌注2根桩的能力。混凝土浇筑前可对原材料、拌和用水进行加温处理，同时让料仓内环境温度保持在5℃以上。

2）全封闭砂石料存放区锅炉及蒸汽管道布设方法

供热锅炉选用热水常压式炉，采用上供下回式供热，安装运行都比较简便、安全。为充分利用热量，将锅炉安装在暖棚内部。锅炉上的水位计、安全阀压力表等附件一定要配置齐全，保证安全。司炉工要经培训持证上岗，24小时值班。

砂石料存放区底部用混凝土做好15cm调平层，调平层上部填10cm细砂，并于其中铺设ϕ65mm的暖气管,细砂层上再浇筑20cm钢筋混凝土,钢筋采用ϕ16螺纹钢筋,组成钢筋网片,间距20cm。每个料仓单独布置供暖回路,供暖管道间距1m,保证上部材料受热均匀。在管道末端安装蒸汽疏水阀,以保证地暖管道的热量(图1、图2)。

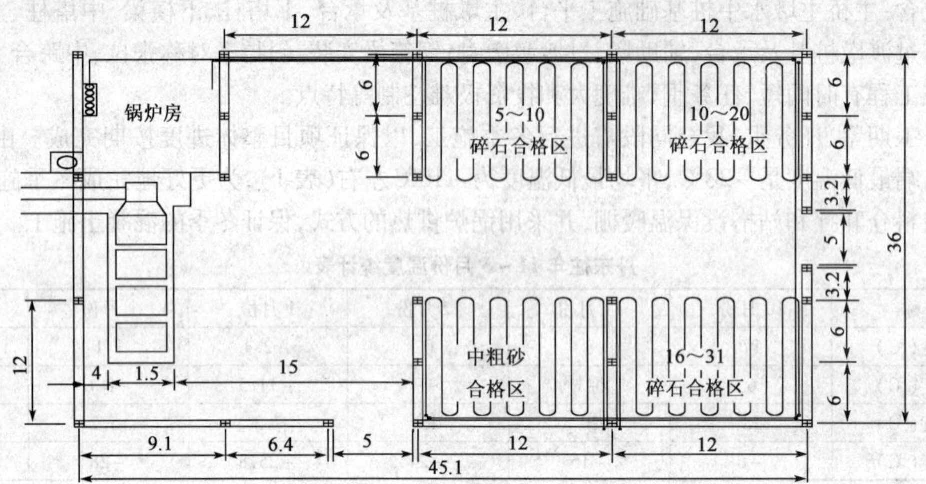

图1　暖棚地暖管道分布图

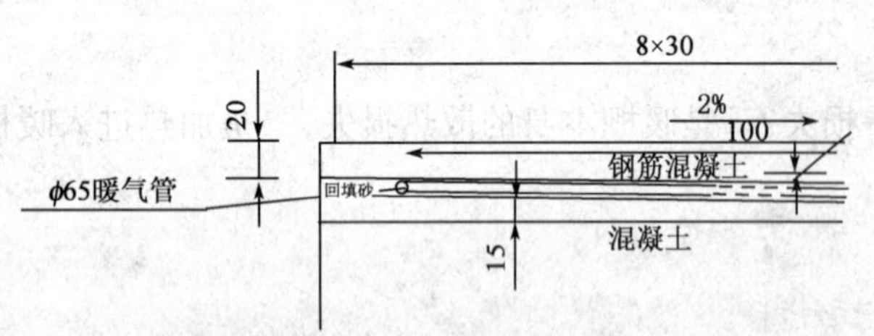

图2　暖棚地暖管道断面图(尺寸单位:cm)

锅炉分流阀的另两条管道由传送带下部通过输送带一直下上联通。一根直接通到水池中,对拌和用水进行加热;另一根经操作室到达外加剂储藏室,完成对操作室设备和外加剂的保温。

3)保温大棚结构形式及保温措施

彩钢复合板大棚是以工字钢和槽钢为骨架,以彩钢复合板为面板的简易大棚,其简便快捷的安装方法、保暖抗风的性能和低廉的成本都保证了其对砂石料堆场遮盖封闭的严密性和可用性。前端门作成对滑动拉门形式,砂石料车和装载机进出大门时可以拉开,不用时及时关闭,以保证棚内温度在8℃以上。为防止棚顶积雪融化的水渗入棚内,其顶棚骨架采用跨径36m的单拱形式方便排水。其棚顶采用彩钢板与阳光板交叉的形式铺设,可以在室外温度较高的情况下利用阳光板采暖,减少锅炉的能耗。料仓底面设置2%的横坡,使砂石料中的水可以流出暖棚。将送料输送带同样进行包裹围护,直至拌和站操作室,以保证设备的正常运行。拌和用水蓄水池位于拌和楼下部,外加剂储存罐摆放在水池上方,整个蓄水池区域全部用彩钢复合板进行封闭围挡,采用蒸汽加热拌和用水的时候,将封闭围挡内环境温度提高到5℃。暖棚具体形式详见图3～图6。

如果地暖不能满足加热要求或气温过低时,可以采用暖风机补充采暖。

根据实际测量温度,对混凝土出厂温度进行计算。

混凝土拌和物的温度:

$$T_0=[0.9(W_cT_c+W_sT_s+W_gT_g)+4.2T_w(W_w-P_s\cdot W_s-P_g\cdot W_g)+C_1(P_s\cdot W_s\cdot T_s+P_g\cdot W_g\cdot T_g)-C_2(P_s\cdot W_s+P_g\cdot W_s)]\div[4.2W_w+0.9(W_c+W_s+W_g)] \tag{1}$$

式中:W_w、W_c、W_s、W_g——水、水泥、砂、石的用量(kg),我项目部根据混凝土配合比和现场情况取W_w=153kg、W_c=285kg、W_s=770kg、W_g=1068kg;

T_w、T_c、T_s、T_g——水、水泥、砂、石的温度(℃),根据现场情况,取T_w=60℃,T_c=0℃、T_s=10℃、T_g=-5℃(材料温度);

P_s、P_g——砂、石含水率(%),取P_s=5.5%、P_g=0;

C_1、C_2——水的比热容(kJ/kg. K)及溶解热(kJ/kg)。

图3 暖棚内部图

图4 暖棚建成投入使用

图5 暖棚内部图

图6 暖棚使用的锅炉

当集料温度 >0℃时，$C_1=4.2$，$C_2=0$；

当集料温度≤0℃时，$C_1=2.1$，$C_2=335$。

将数据带入式(1)计算得：

$$T_0=13.1℃$$

混凝土拌和物在搅拌过程中的热损失：

$$T_m=0.16(T_0-T_b)=0.5℃$$

$$T_b=10℃(罩棚温度)$$

混凝土出机温度：

$$T_1=T_o-T_m=13.1-0.5=12.6℃$$

三、效 果 分 析

1. 采暖效果

根据实际记录，冬季室外最低温度为 -19℃，12 月份平均最低气温 -13℃，暖棚内温度可控制在 9℃以上，进入棚内砂子 12h 以内可以正常使用，达到 0℃以上。每盘出厂混凝土温度均达到 10℃以上，确保了冬季混凝土施工得顺利进行。

2. 工期效果

搭建暖棚后，冬季混凝土施工没有间断，主塔柱桩基按照原定计划顺利完成，为下一步工程的进展奠定了良好的基础。

3. 经济效果

暖棚仅每班设一人值守即可，热水采暖稳定，效果较高，相对于烧水和炒砂石料的方式，运行的费用比较低廉。暖棚材料使用购置的彩钢复合板，造价低，施工简单。最重要的加快了工程进度，减少了赶工投入。

四、结　　语

通过一个冬季的运行效果来看，在冬季气温较低的地区，本暖棚的采暖措施是切实可行的。如果工期较紧要求冬季施工时，本暖棚具有经济、简便、安全，运行可靠的特点。

59. 中朝鸭绿江界河公路大桥钢锚梁和钢牛腿焊接工艺研究

赵爱华 贝玉成 徐向军
(中铁山桥集团有限公司)

摘 要 本文介绍了中朝鸭绿江界河公路大桥钢锚梁和钢牛腿焊接工艺,通过研究确定了焊接方法、焊接材料和焊接顺序,通过科学组织、严格管理、精心施工,保证了钢锚梁和钢牛腿的制造质量。

关键词 鸭绿江大桥 钢锚梁 钢牛腿 焊接工艺

一、工程简介

中朝鸭绿江界河公路大桥为目前我国北方高寒地区最大的公路钢桥,主桥分为86m+229m+636m+229m+86m的五跨连续钢箱梁斜拉桥,斜拉索在钢箱梁两侧采用钢锚箱锚固,在索塔上采用钢锚梁锚固。每个索塔内设置17对钢锚梁和钢牛腿,每个钢锚梁长4.6m,宽1.08m。钢锚梁承受斜拉索的平衡水平分力,部分不平衡水平分力通过钢牛腿传递到塔身。钢锚梁由底板、腹板、顶板、承压板、锚固板、锚座板、隔板等组成,每个钢锚梁重量约6.5t;钢牛腿由塔壁预埋板、托架腹板、座板、圆柱头焊钉等组成,每个钢牛腿重量约2.5t。钢锚梁和钢牛腿构造见图1。

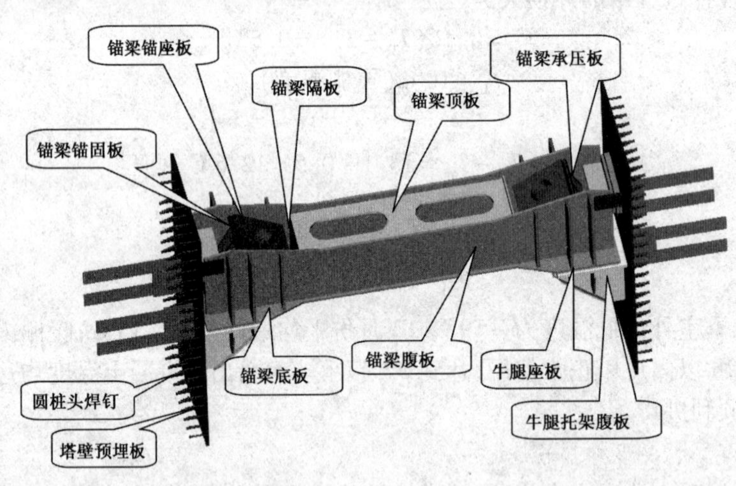

图1 鸭绿江大桥钢锚梁和钢牛腿构造图

二、钢锚梁和钢牛腿焊接工艺方案

1. 钢锚梁组焊顺序

索塔钢锚梁主要由箱体和锚箱两部分构成。锚梁由板厚24mm、30mm、40mm和80mm的钢板制造,钢板厚度较大,箱形截面内宽590mm,高620mm,截面尺寸小,内部施焊空间小,确定合理的组焊顺序和控制焊接变形是保证钢锚梁制造的关键。根据钢锚梁的结构特点确定了组焊顺序,见表1。

钢锚梁组焊顺序 表1

序 号	说 明	简 图
1	承压板 N6、N7 与锚固板 N5 组成"Π"形,焊接相互间的主角焊缝,承压板之间加工艺隔板定位	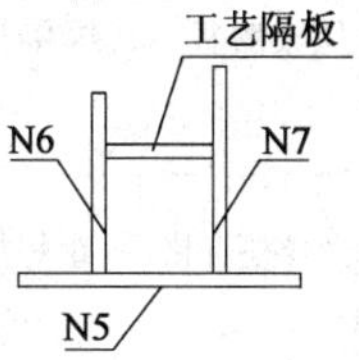 工艺隔板 N6 N7 N5
2	将顺序"1"组焊探伤合格后的两个"Π"形锚箱、隔板 N10 与一块腹板 N1 组装	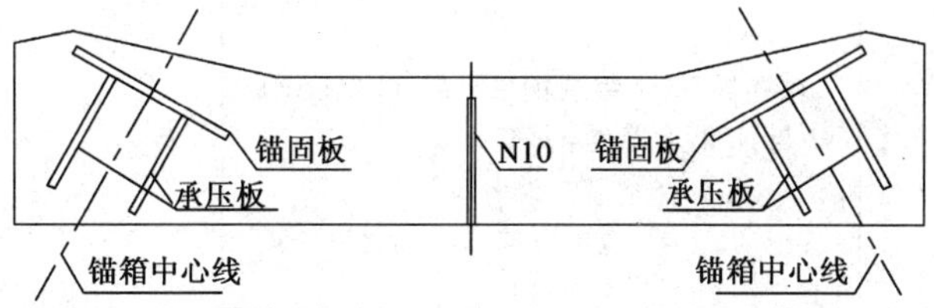 锚固板 N10 锚固板 承压板 承压板 锚箱中心线 锚箱中心线
3	组装另一块腹板 N1,焊接隔板角焊缝,焊接锚箱熔透焊缝。焊接过程中注意焊接变形,一侧熔透角焊缝不得一次焊完,中间增加翻身,两侧交替焊接,减小焊接变形	
4	锚箱熔透角焊缝探伤合格后,组焊锚垫板 N4,组焊锚箱隔板 N8 及加劲肋板 N9,焊接其角焊缝	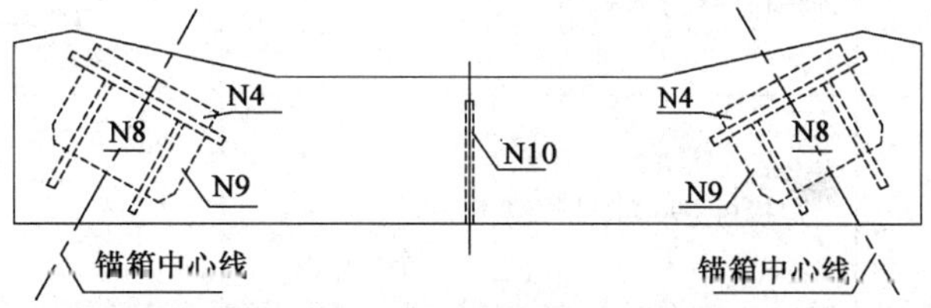 N4 N8 N9 N10 N4 N8 N9 锚箱中心线 锚箱中心线
5	组装钢锚梁箱形杆件的底板 N2 及两侧端隔板 N11,焊接端隔板角焊缝	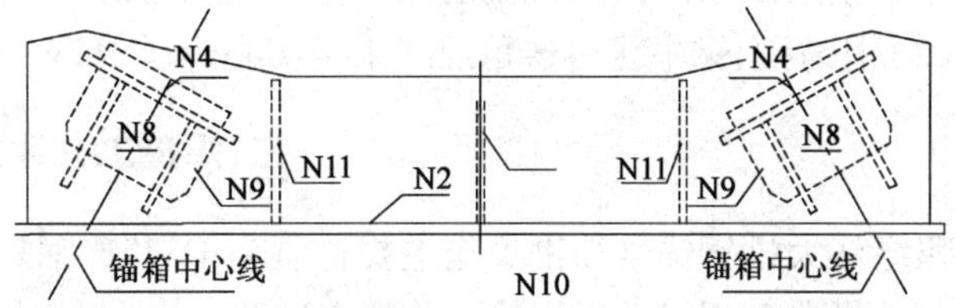 N4 N8 N9 N11 N2 N11 N9 N4 N8 锚箱中心线 N10 锚箱中心线
6	组装顶板 N3,对称焊接四条主角焊缝。注意底板 N2 的焊接变形,焊接过程中配合火焰修整	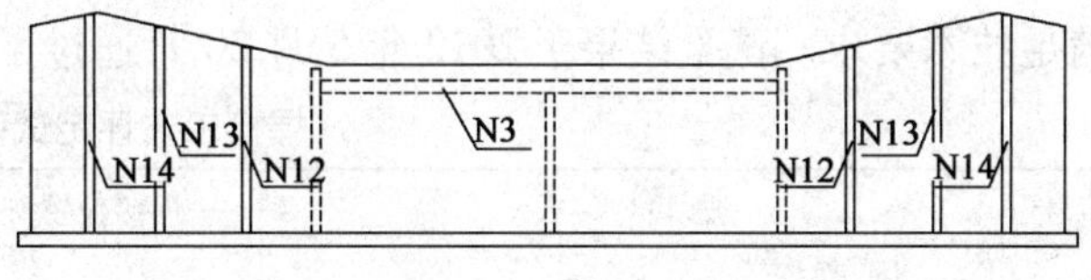 N3 N13 N14 N12 N12 N13 N14
7	主角焊缝探伤合格后,组装腹板上加劲肋板 N12、N13、N14,并焊接其主角焊缝焊接其他焊缝	

2. 钢牛腿组焊顺序

索塔钢牛腿主要由壁板、托架和座板构成。牛腿由板厚 20mm、30mm 和 40mm 的钢板制造,钢板厚度大,两托架与座板间的施焊空间小,确定合理的组焊顺序和控制焊接变形是保证钢牛腿制造的关键。根据钢牛腿的结构特点确定了组焊顺序,见表 2。

3. 焊接方法的确定

鸭绿江大桥钢锚梁、钢牛腿承受斜拉索的拉力,受力大且受力复杂,安装精度高,主要焊缝多为熔透或深坡口角焊缝,焊接量大,结构复杂,保证焊接质量、控制焊接变形是钢锚梁和钢牛腿焊接的关键。根据钢锚梁和钢牛腿的结构和焊缝特点,不便于采用埋弧焊这种大热输入的焊接方法,确定主要采用焊接变形小、热量集中、焊接效率高的 CO_2 气体保护焊方法。具体焊接方法和焊接材料如下:

钢牛腿组焊顺序　表2

序号	说明	简图
1	组焊座板N1与托架腹板N2,焊接其熔透角焊缝	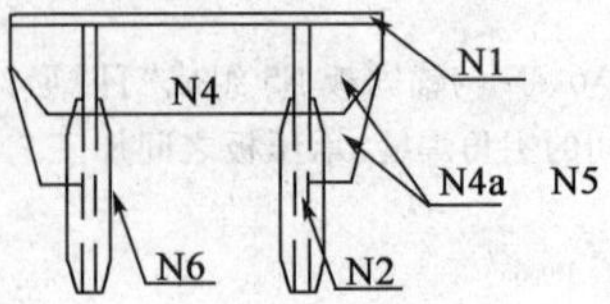 N1 N4 N4a N5 N6 N2
2	熔透角焊缝探伤、修整合格后,组焊加劲板N4~N6,焊接其角焊缝	
3	在壁板N3上组装钢牛腿部件,焊接N1、N2与N3板间熔透角焊缝	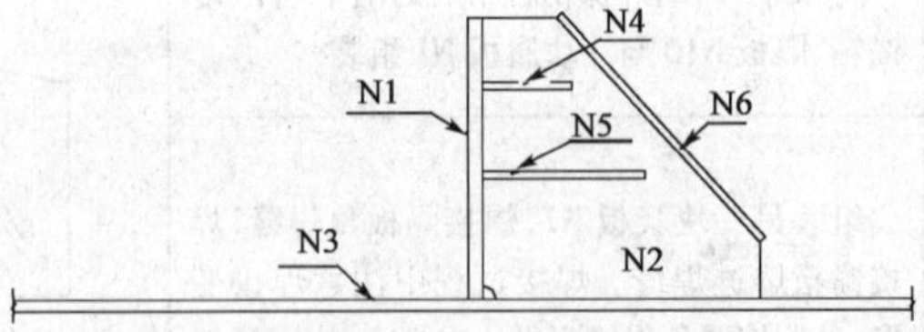 N4 N1 N5 N6 N3 N2
4	熔透角焊缝探伤、修整合格后,在N3板背面焊接圆柱头焊钉	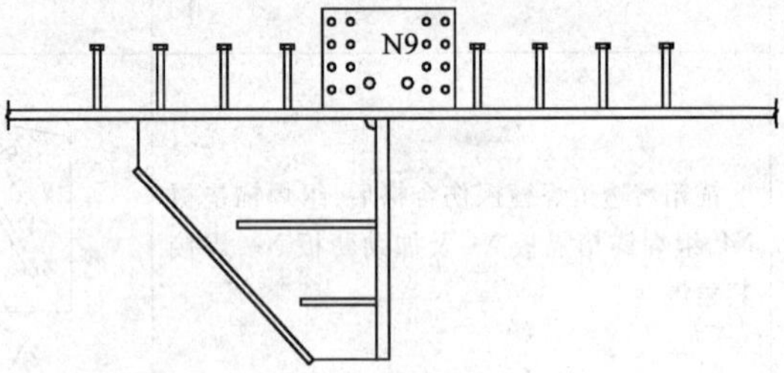 N9
5	焊接板N9等其他焊缝	

(1)钢锚梁主角焊缝、加劲肋角焊缝采用实心焊丝ER50-6(ϕ1.2mm)焊接。

(2)钢锚梁、钢牛腿熔透角焊缝采用实心焊丝HTW-58(ϕ1.2mm)焊接。

三、焊接工艺评定试验

鸭绿江大桥钢锚梁和钢牛腿主要材质为Q345E钢板。为了保证钢锚梁和钢牛腿的焊接质量,正式生产前选择典型焊缝进行焊接工艺评定试验,其中包括熔透角接和坡口角接,焊接工艺评定试验项目见表3。焊接工艺评定试验依据《中朝鸭绿江界河公路大桥制造验收规则》(GZ/YLJQ—2012)进行。接头力学性能见表4,典型接头断面照片见图2。接头熔合良好,接头力学性能均不低于母材Q345E钢板标准值,满足技术要求。试验结果于2012年5月20日通过了鸭绿江大桥项目指挥部组织的专家评审。

焊接工艺评定试验项目　表3

编号	坡口形式	焊接位置	焊接方法及焊材	代表焊缝
R1	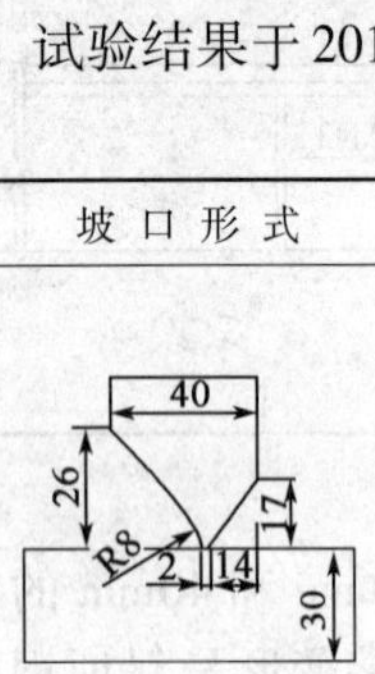 40 26 R8 2 14 17 30	平位	实心焊丝气保护半自动焊 HTW-58(ϕ1.2mm)	锚固板与腹板间熔透角焊缝;钢牛腿与塔壁预埋钢板间熔透角焊缝等
R2	30 50° 2 40	平位	实心焊丝气保护半自动焊 HTW-58(ϕ1.2mm)	锚固板与锚垫板间熔透角焊缝,锚固板上加劲肋熔透角焊缝等

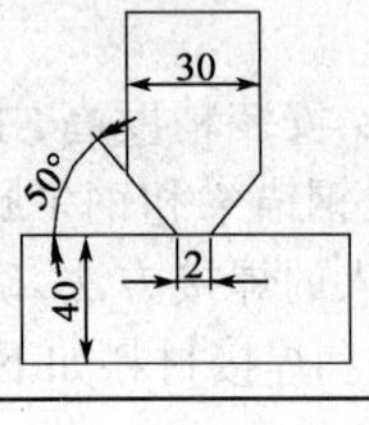

续上表

编 号	坡 口 形 式	焊接位置	焊接方法及焊材	代 表 焊 缝
P3	20 10 10 4 30	平位	实心焊丝气保护半自动焊 ER50-6(ϕ1.2mm)	加劲肋板坡口角焊缝
P10	30 20 20 2 K=8	平位	实心焊丝气保护半自动焊 ER50-6(ϕ1.2mm)	外侧加劲肋角焊缝

焊接接头力学性能试验结果 表4

编号	板 厚 组 合	焊缝金属拉伸			$-40℃KV_2$(J)		最高硬度 HV_{10}
		R_{eL}(MPa)	R_m(MPa)	A(%)	焊缝金属	热影响区	
R1	40+30	595	670	30.0	40,66,48(51)	220,177,193(197)	346
R2	30+40	515	595	30.0	82,90,75(82)	190,162,198(183)	341
P3	20+30	405	535	24.5	—	—	243
P10	20+30	450	560	33.5	—	—	219
标准值		≥345	≥470	≥21	≥34	≥34	≤350

注:焊缝编号和形式见图2。

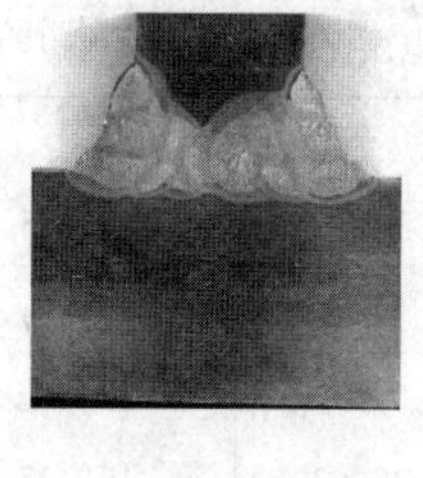

R_1

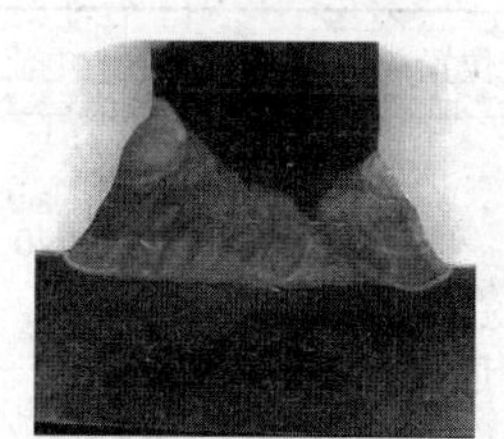

R_2

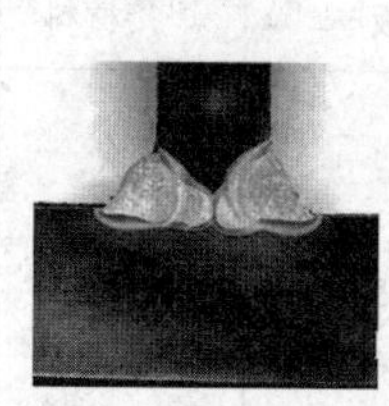

P_3

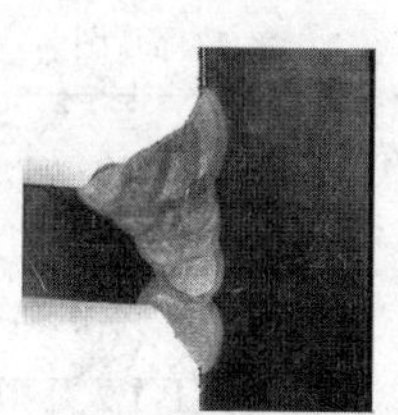

P_{10}

图2 典型接头断面照片

四、焊接工艺参数

通过焊接工艺评定试验确定了锚梁和钢牛腿的焊缝坡口形式、焊接方法、焊接材料和焊接工艺参数,Q345E钢板焊前预热和道间温度要求见表5,钢锚梁锚板熔透角焊缝、钢锚梁箱型主角、钢牛腿熔透角焊缝的焊接工艺参数分别见表6~表8。

Q345E 钢板焊前预热和道间温度　表5

材　质	焊 接 方 法	板厚(mm)	预热温度(℃)	道间温度(℃)
Q345E	焊条电弧焊、CO_2 气体保护焊(包括定位焊)	≤28	不预热	5~200
		>28~<40	60~100	60~200
		≥40	80~120	80~200
注	1. 上述预热板厚以板厚组合中厚板为准。 2. 预热方法:采用火焰预热。 3. 加热范围为焊缝及两侧100mm以上。测温点距离焊缝中心50~80mm			

钢锚梁锚板熔透角焊缝焊接规范参数　表6

熔 敷 简 图	板厚	焊接材料	焊接位置	焊道	电流(A)	电压(V)	CO_2 流量(L/min)
填充 盖面 1~4 5	40	HTW-58 (ϕ1.2mm)	平位	1	240±20	30±3	15~25
				2~4	240±20	30±3	15~25
				5以上	260±20	30±3	15~25

备注:背面焊接前清根。

钢锚梁箱型主角焊缝焊接规范参数　表7

熔 敷 简 图	板厚	焊接材料	焊接位置	焊道	电流(A)	电压(V)	CO_2 流量(L/min)
盖面 填充 1	30	ER50-6 (ϕ1.2mm)	平位	1	240±20	30±3	15~25
				2以上	260±20	30±3	15~25

钢牛腿熔透角焊缝焊接规范参数　表8

熔 敷 简 图	板厚	焊接材料	焊接位置	焊道	电流(A)	电压(V)	CO_2 流量(L/min)
其他　其他 2' 1' 1 2	30 40	HTW-58 (ϕ1.2mm)	平位	1,1'	240±20	30±3	15~25
				其他	260±20	30±3	15~25

注:背面焊接前清根。

五、制造质量控制

1. 大生产前技术培训和交底

在生产准备阶段,除大力宣传鸭绿江大桥建造的重要意义也重点强调焊接质量要求,也加大了岗前培训的力度,不仅对一线生产工人进行技术培训,而且对凡是涉及到焊接生产的所有管理人员、辅助工人都进行技术交底和技术培训。对参加熔透角焊缝焊接的电焊工还进行了选拔考试,考试合格者发给上岗证。当技术文件下达到车间后,技术部项目负责人进行现场技术服务,讲解工艺重点,帮助工人掌握技术要领。

2. 焊接变形控制

针对钢锚梁和钢牛腿安装精度要求高、钢板厚度大、焊接量大的特点,采取了以下措施,对其焊接变形进行严格控制。钢锚梁和钢牛腿制作照片见图3。

(1)控制锚箱和托架部件制造精度和焊接变形。

在锚箱和托架部件制造过程中精确下料、准确组对,采用合理的焊接方法和焊接顺序,减小焊接变形。焊后对锚箱和托架部件进行火焰矫正和座板机加工,保证平面度。

(2)在平台上组对和对称焊接。

在钢锚梁和钢牛腿制造过程中,坚持在平台上组对,以平台为基准,采用画盘、经纬仪测量画线,确保板件组装精确。焊接时,要求将构件在平台上放平稳,采用对称施焊的原则,防止杆件产生扭曲变形。

(3)提高焊缝一次探伤合格率。

由于钢板厚度大,焊接质量要求高,对焊缝多次返修焊会产生更大的焊接应力,并造成构件应力不均匀,产生较大的焊接变形,所以对钢锚梁和钢牛腿主角焊缝的焊接要求优秀的焊工施焊,提高焊缝一次探伤合格率,确保焊接质量。焊接前对焊接区认真清理,预热温度和道间温度满足工艺规定,对道间飞溅、药皮彻底清理,焊后对应力大的焊缝采用超声锤击消除焊接应力。

3. 试拼装

为了检验钢锚梁和钢牛腿的制造精度,确保桥位索塔上顺利安装,在钢锚梁和钢牛腿发往工地前进行立体试拼装。通过试拼装,证明钢锚梁和钢牛腿的制造精度完全满足设计要求,试拼装照片见图4。

a) b) c)

图3 钢锚梁和钢牛腿制造照片

图4 试拼装照片

六、结 语

(1)通过对鸭绿江大桥钢锚梁和钢牛腿的结构进行分析,确定了组焊工艺方案。

(2)对钢锚梁和钢牛腿的焊缝进行焊接工艺评定试验,焊接工艺评定试验结果完全满足《中朝鸭绿江界河公路大桥制造验收规则》(GZ/YLJQ—2012)的规定。

(3)根据焊接工艺评定试验结果编制了钢锚梁和钢牛腿的焊接工艺,保证了钢锚梁和钢牛腿的焊接质量。

(4)通过科学组织、严格管理、精心施工,保证了鸭绿江大桥钢锚梁和钢牛腿的制造质量。

60. 钢箱梁总拼场地规划研究与分析

盛善杰　邓红华　郭　永
（中铁山桥集团有限公司）

摘　要　介绍中朝鸭绿江界河公路大桥钢箱梁拼装场地特点，结合生产实际情况确定拼装场地布局方案，优化生产流程，确保钢结构施工的高效、科学。

关键词　鸭绿江大桥　斜拉桥　钢箱梁　拼装场地布局　环境因素

一、工 程 概 况

中朝鸭绿江界河公路大桥主跨处于 $R = 12000\text{m}$ 的圆弧竖曲线上，主跨为 86m + 229m + 636m + 229m + 86m 的五跨连续钢斜拉桥。主梁为单箱多室扁平流线型封闭钢箱梁，斜拉索在钢箱梁梁端采用钢锚箱锚固，在索塔端采用钢锚梁锚固。梁段间工地连接除顶板U形加劲肋采用高强度螺栓连接外，其他部分均为焊接，大桥主桥全长1266m（图1）。

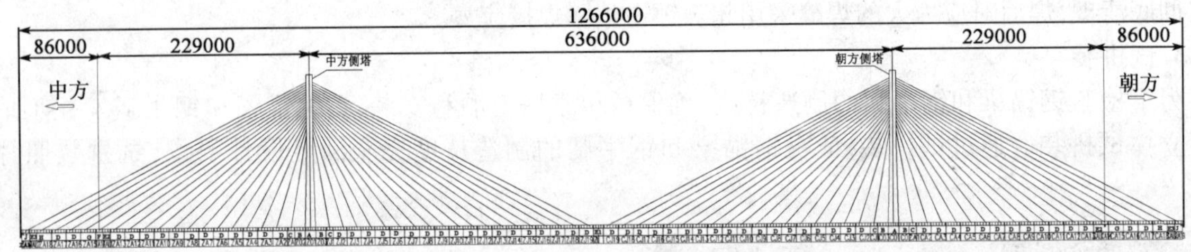

图1　中朝鸭绿江界河公路大桥型布置图（尺寸单位：mm）

钢箱梁主要尺寸为钢箱梁高3.5m，含风嘴全宽33.5m，不含风嘴顶板宽29.0m，底板宽23.2m（所有尺寸均为钢箱梁内轮廓线处尺寸），全桥钢箱梁总重约2.3万吨，桥面板双向横坡2.0%。大桥钢箱梁主体采用材质为Q345E钢板。

全桥共分87个梁段，单节钢箱梁标准节段长16m，重约为275t，最重梁段约306t，全桥钢箱梁分为A～J共11种类型87个梁段，其中A、B、C为主塔区梁段，共10个；D、H、G为标准梁段，共68个；F、J为边跨支架施工梁段，共4个，最大起吊重量为306t；E3为边跨合龙段，E2为次边跨合龙段，E1为中跨合龙段，共5个。

二、钢结构生产流程

钢箱梁制造与安装划分为三个阶段：即板单元制造，梁段预拼装，桥位连接。板单元在公司主厂区车间加工；梁段预拼装在丹东市的拼装场地完成；桥位连接在架设现场梁段吊装就位后完成。本桥钢箱梁制造与安装采用“板单元制造→板单元运输→板块拼接→多梁段连续匹配组焊及预拼装→表面涂装→梁段运输→桥位连接→最终涂装”的程序。

三、钢结构拼装场地选择

根据钢结构的生产流程，拼装场地的位置选择需考虑多方面因素，以下将介绍场地选择的因素，综合考虑得出最佳的场地选择方案。

1. 场地地理位置选定

拼装场地地理位置首先考虑的是离桥位吊装的距离，一般来说，场地离桥址越近，其运输、吊装越便利，同时要兼顾其他单位的施工范围、道路交通与土地租用情况。

2. 航道运输的可行性影响场地选择

因钢箱梁制造完毕后需通过船舶将节段运输至桥址，故拼装场地必须选择在离水域或海域较近的陆地区域，便于液压平车能最高效地运输钢箱梁至临时码头。码头的位置选择需考虑航道运输可行性，一般在进行航道安全专项运输评估通过以后方能确定码头位置。

四、钢结构拼装场地布局

场地布局的合理性、科学性直接影响生产效率与经济效益，如何进行拼装场地的整体布局需要深入的研究和探讨。结合场地实际形状，可规划出相对科学的方案，主要通过以下几个方面进行规划。

1. 钢箱梁制作轮次的影响因素

钢箱梁的制作轮次决定着胎架的长度。总拼胎架、二拼一胎架与存板单元区域一般在同一条生产线上，便于龙门吊的吊装与倒运，提高生产效率。例鸭绿江大桥，其钢箱梁制作共分 7 个轮次进行，平均每个轮次长约 200m，最长的轮次 210m，则总拼胎架可设为 210m 长即可。其胎架高度根据线形高度与运梁平车升降高度而定，鸭绿江大桥线形最高处 +100mm；液压运梁平车升降高度为 1.15m ±0.3m；基础压板与线形压板总高为 200mm +（100 ~ 150mm）；胎架横梁高度 350mm；综合考虑，经计算得出胎架立柱高度为 0.85m。

另钢箱梁标准梁段长 16m，二拼一胎架设置为 32m 长即可，可同时满足 12 对二拼一板单元进行拼装。板单元存放区域设置 40m ×38m 即可保证板单元的有效存放。

2. 打砂涂装房选择

由于打砂涂装作业为特种作业，其化学污染与传播危害大，故必须保证打砂涂装作业在室内封闭进行，并且人员居住需离打砂涂装房越远越有利，尤其是打砂作业一般在夜间进行，噪声污染是一个必须考虑的因素。一般场地布局为人员生活区在胎架的一端头方位，而打砂涂装房在胎架的另一端位置，同时也是梁段下胎的位置，便于梁段下胎就近进入打砂涂装房，提高倒运的运输效率。另打砂涂装房面积应根据钢箱梁尺寸大小而定，如鸭绿江大桥钢箱梁外形尺寸为 16m（宽）×3.5m（高）×33.5m（长），则设置打砂涂装房为 20m ×8.5m ×40m 即可，既能保证梁段的封闭式放置，也能兼顾房檐坡度排水防雪的安全要求。

3. 存梁场地选择

梁段制造成成品后，根据实际吊梁要求进行供梁，而且还需预留部分母梁进行匹配，须提前制作出部分梁段。存放场地大小根据工程实际需要综合考虑，受施工计划、架设计划、拼装轮次时间等因素影响，例如鸭绿江大桥钢箱梁制造，其供梁计划为集中供应，经过推算，在钢箱梁制作至第五轮次时，存放压力最大，需满足存放 35 个节段才能保证梁段的正常生产与运输。故按标准梁段 16m ×33.5m 规格计算，除去梁段之间的有效间距与倒运空间后，场地所需占地面积计算公式如下：

单个梁段所占面积：$16m \times 33.5m = 536m^2$；

单个梁段所需间隙面积：$2m \times 33.5m + 16m \times 2m = 99m^2$；

倒运空间面积：平车转弯半径 26m × 场地长度 220m = $5720m^2$；

场地总面积：$536m^2 \times 35$ 个 $+ 99m^2 \times 35$ 个 $+ 5720m^2 = 27945m^2$。

计算所得存梁场地面积应至少 $28000m^2$，方可保证钢箱梁生产正常运转。

4. 场地硬化方式

根据不同位置和用途，不同的功能区需采用不同的硬化方式，既节省成本，又能保证场地的功能性，达到效率最优化。一般采取如下方式达到有效节约成本的目的：

胎架区、二拼一区：因为胎架与二拼一工艺要求精度高、平台稳定，故胎架基础采用钢筋混凝土结构，基础坚固牢实，同时设置 20 ×600mm ×600mm 的预埋件，保证与上部结构胎架立柱的连接。

倒运区、打砂涂装房：因为区域利用率极大，则采用水泥硬化，保证梁段倒运的行车安全和路面的耐久性。

存梁场地:因采用的是水泥支墩,安全性能大大高于钢支墩,故存梁场地采用一般性硬化,再铺设200mm 原细砂石即可。

五、结　语

通过总拼场地布局的分析与研究,合理的场地各功能区分布和规划,可有效提高企业生产效益,也为今后中国桥梁事业钢结构制造与拼装起到借鉴和推进的作用。

61. 中朝鸭绿江界河公路大桥钢箱梁制造预拱度的确定

吴宏业
(辽宁省交通规划设计院)

摘　要　本文以中朝鸭绿江界河公路大桥为具体工程实例,结合该桥的结构特点,建立了桥梁有限元计算模型,对该桥进行了悬臂拼装施工过程的正装模拟计算。根据悬臂施工的特点,把预拱度分施工预拱度和制造预拱度,探讨了大跨度钢箱梁斜拉桥悬臂拼装的制作预拱度及施工预拱度的计算问题。

关键词　鸭绿江界河公路大桥　斜拉桥　制造预拱度　施工预拱度

桥梁结构特别是大跨度桥梁结构的施工,都要经历较为复杂的施工过程,其中会涉及结构体系转换过程甚至多次的体系转换。而在整个施工过程中,将受到各种确定或不确定因素的影响,因此为了确保整个桥梁施工过程能顺利合龙,必须对桥梁进行施工过程控制。施工控制是桥梁建设过程中的一个关键环节。

在大跨径桥梁线形的控制方面,对于悬浇混凝土结构桥梁来讲最重要的是如何设置正确的施工预拱度,而对于悬拼钢梁结构来讲,最为重要的是设置正确的制造预拱度。所谓制造预拱度就是给钢结构制造厂家下达的线形加工指令,也就是钢箱梁的无应力制造线形。如若钢梁制造预拱度计算有误,将会导致钢箱梁斜拉桥施工过程中梁段安装时前后梁段间转角与制造线形不一致,将不得不利用改变顶底板焊缝宽度来进行调整,从而引起焊缝收缩误差,给结构体系带来较大的附加内力,不但影响线形美观,行车舒适性,更影响结构受力,甚至影响结构使用安全,这与悬浇结构的制造及安装有较大的差异[1-2]。

以往较多资料讨论的悬臂浇筑混凝土结构的预拱度设置及计算问题,对于悬臂拼装的钢箱梁结构则鲜有讨论,为此本文以中朝鸭绿江界河公路大桥为具体工程实例,分别运用 Midas 软件和桥梁博士软件对依托工程建立了有限元杆系模型,细分了施工阶段,获取桥梁节点理论挠度变化数据,进行了验证分析,并探讨了大跨度钢箱梁斜拉桥悬臂拼装的制作预拱度及施工预拱度的计算问题。

一、计 算 原 理

在施工过程中,当沿着前一阶段施工的桥梁节段的切线方向安装新的桥梁节段时,对后续的节点会产生假想位移(也称虚位移)。所谓的假想位移指的是当前桥梁节段沿上一桥梁节段的切线方向与上一桥梁节段连接时产生的位移(而并非是由施工当前桥梁节段时荷载产生的位移)。结构实际的位移(也称为总位移)是由荷载作用产生的纯位移和假想位移(虚位移)构成的。

对于混凝土结构设置施工预拱度主要是为消除施工过程中各种荷载对线形的影响并预留成桥预拱度。成桥预拱度主要是为了消除后期运营过程中的收缩徐变、后期预应力的损失、活载变形等而设置预拱度。即施工预拱度设置合理的标准为:成桥线形 = 设计线形 + 使用预拱度(即成桥预拱度,一般由设计确定)。那么施工预拱度便是施工过程中各施工阶段的纯位移的反值。

对于钢梁结构设置制造预拱度主要是为对钢梁制造厂下制造线形指令,之后主梁节段按切线方向逐段拼装施工,成桥后即达到了成桥线形指定高程。那么制作预拱度便是施工过程中各施工阶段的总位移的反值。本文重点讨论制造预拱度的计算[3-6]。

以3个节段的简单悬臂梁施工为例,为了形象直观令梁段在变形后仍为直线节段,在施工第1个桥梁节段后,节点1的位移量为δ_{11};在施工第2个桥梁节段后,节点1和节点2的位移量(不包含施工桥梁节段1时的位移量)分别为δ_{12}和δ_{22},在节点3产生假想位移δ_{32}(不包含施工桥梁节段1时的假想位移量);在施工第3个桥梁节段后,节点1和节点2的位移量(不包含施工桥梁节段1和工桥梁节段2时的位移量)分别为δ_{13}和δ_{23},在节点3产生位移量为δ_{33}。各节点位移量如图1。

(1)在施工完第3桥梁节段后各点的总位移如下:

①节点1的总位移 = $\delta_{11} + \delta_{12} + \delta_{13}$

②节点2的总位移 = $\delta_{21} + \delta_{22} + \delta_{23}$

③节点3的总位移 = $\delta_{31} + \delta_{32} + \delta_{33}$

其中,节点1由于为最先节段的节点,不存在虚位移,$\delta_{11} + \delta_{12} + \delta_{13}$为节点1的纯位移,同时为节点1的总位移;$\delta_{21}$为节点2的虚位移,$\delta_{22} + \delta_{23}$为节点2的纯位移;$\delta_{31} + \delta_{32}$为节点3的虚位移,$\delta_{33}$为节点3的纯位移。

(2)各节点的纯位移如下:

①节点1的纯位移 = $\delta_{11} + \delta_{12} + \delta_{13}$

②节点2的纯位移 = $\delta_{22} + \delta_{23}$

③节点1的纯位移 = δ_{33}

由图2可知,制造预拱度是一条连续线形,中间不存在突变;而施工预拱度由于新安装的节段在不断变化,因此线形上的各个点并不同时存在,也就是说施工预拱度是存在突变点的。并且,如果严格按施工预拱度进行施工,施工时预制的桥梁节段只需沿着制作预拱度角度与已施工的桥梁节段连接,那么在最后阶段结构将获得预期的成桥线形(为了简化表达,在此令其为水平)。

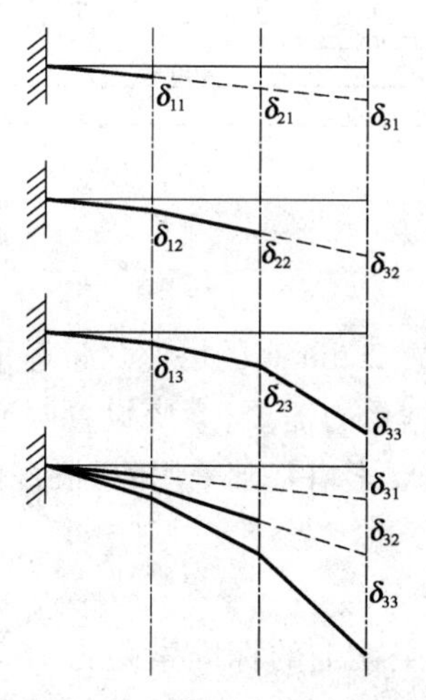

图1 施工各桥梁节段时的位移量

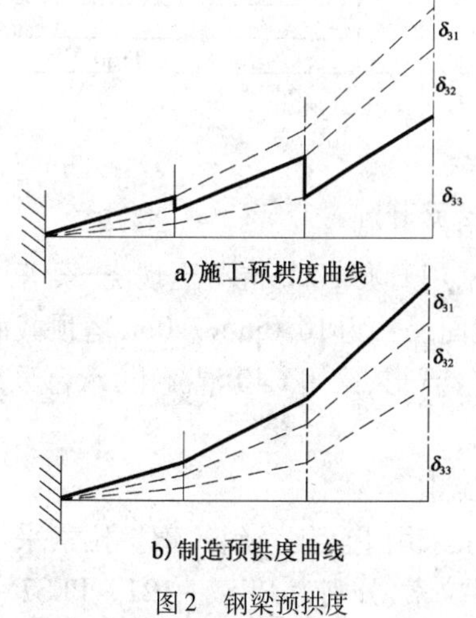

图2 钢梁预拱度

二、工程背景

中朝鸭绿江界河公路大桥及接线是我国连接朝鲜的重要通道,项目起于丹大高速公路丹东西互通立交,经集贤工业园区,跨G201及地方铁路,利用丹东市兴丹大街进入中方侧口岸,在兴丹大街北侧跨越鸭绿江,终点位于朝鲜三桥川北侧的长西,全长12.71km,其中界河公路大桥长3026m,主桥采用主跨636m

的钢箱梁斜拉桥(图3)。

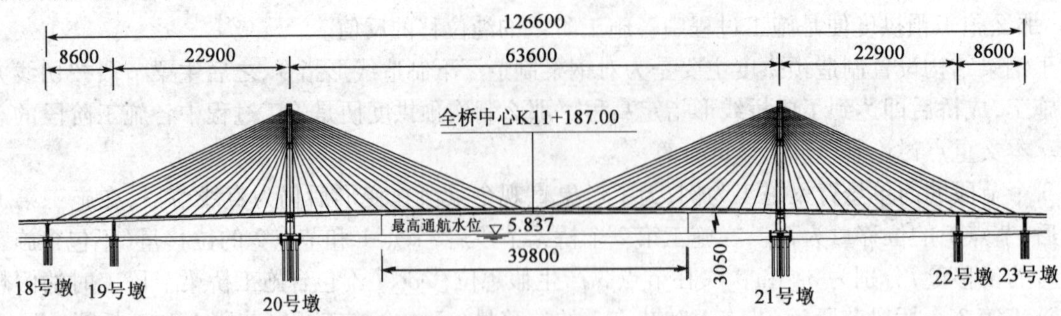

图3　主桥总体布置(尺寸单位:cm)

本方案采用桥孔布置86m+229m+636m+229m+86m的五跨双塔双索面钢箱梁斜拉桥,结构体系为五跨连续半飘浮体系。主梁在索塔、辅助墩、过渡墩均采用竖向双向支座,在索塔、过渡墩设置横桥向侧向限位支座。

1)主梁

主梁采用流线型扁平钢箱梁,正交异性钢桥面板,顶、底及下腹板采用U形肋加劲,中心线处梁高3.5m,梁全宽33.5m,梁的外侧设置三角形风嘴。主梁标准梁段16m,梁段间箱梁壁板采用焊接,顶板U肋采用高强螺栓连接,底板U肋或板肋采用焊接。箱梁每3.2m设一道横隔板,横向设置两道边腹板及两道纵隔板(图4)。

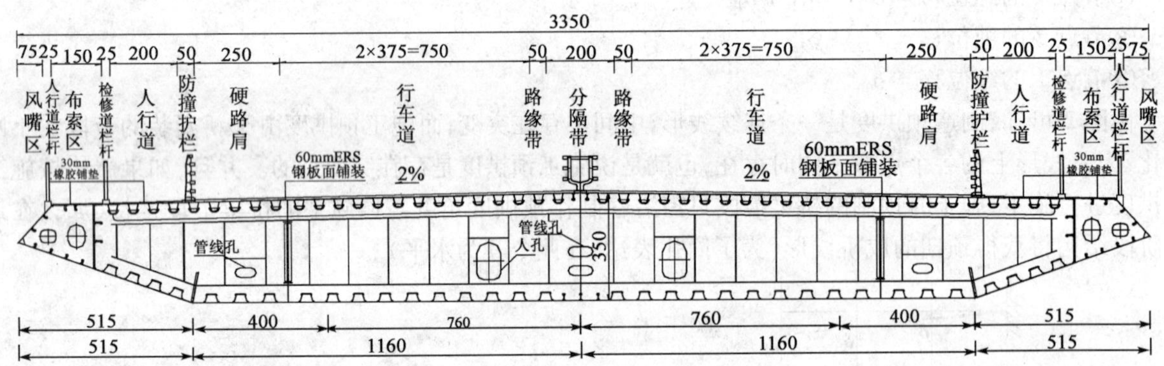

图4　主梁横断面布置(尺寸单位:cm)

2)索塔及基础

索塔采用H形,C50混凝土现浇,索塔总高度194.6m,底部设置2.5m高的塔座。索塔采用箱形变截面,塔底截面尺寸为10.0m×7.0m,塔顶截面为7.0m×5.0m。根据受力需要,索塔设置两道横梁。索塔承台为“哑铃”形,采用C40混凝土,承台采用钢套箱围堰围水施工。索塔基础采用40根直径2.5m的钻孔桩基础。

3)斜拉索

斜拉索采用平行钢丝斜拉索。拉索采用扇形布置,斜拉索在主梁上的标准索距为16.0m。全桥共4×19对斜拉索,分别为PES7-121~PES7-253等5种类型。为了抑制斜拉索风雨振,考虑在斜拉索外表面设置气动措施(如缠绕螺旋线等),同时在斜拉索与主梁锚固端设置斜拉索阻尼器。斜拉索在索塔锚固区采用钢锚梁形式,在主梁上采用钢锚箱形式。

4)辅助墩、过渡墩及基础

辅助墩及过渡墩均采用箱形墩,承台平面均为六角圆端形,厚3.0m,采用C40混凝土浇筑。承台底面设置10根直径2.5m的钻孔桩。

三、制 造 线 形

本桥分别采用 Midas 软件和桥梁博士软件进行建模计算，分别讨论了两种软件对制造预拱度与施工预拱度的实现方法。

1. 模型建立

(1)采用 Midas 建立鸭绿江界河大桥主桥空间杆系有限元模型。全桥离散为510 个梁单元，152 个桁架单元(斜拉索的垂度效应通过弹性模量的恩斯特修正考虑)，913 个节点。其中主梁用单梁模拟，斜拉索塔端和梁端锚固点分别与主梁和主塔在锚固点对应的节点处刚性连接(图5)。

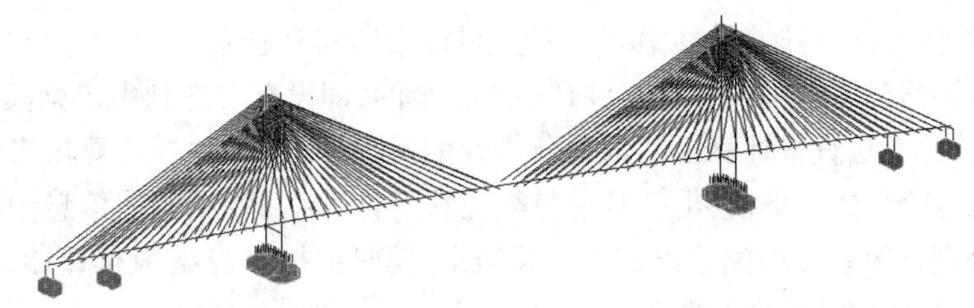

图5 Midas 计算模型图

钢箱梁边界条件模拟为：在主塔下横梁处设竖向支座和横向抗风支座，在辅助墩顶设置竖向拉压支座；在过渡墩墩顶处设置竖向拉压支座和横向抗风支座。主塔桩基础底面固结，过渡墩和辅助墩墩底固结。

(2)采用桥梁博士建立鸭绿江界河大桥主桥平面杆系有限元模型，按整体成型对成桥阶段及运营阶段进行整体受力分析计算。全桥共划分为281 个节点，350 个单元。计算共分86 个施工阶段(图6)。

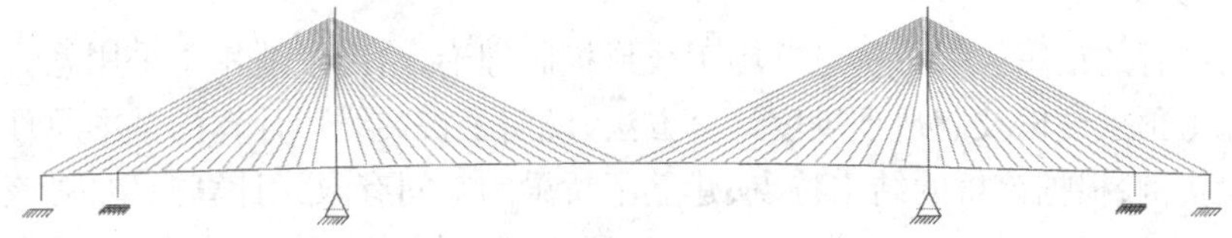

图6 桥梁博士计算模型图

钢箱梁边界条件模拟为：塔底弹性模拟，根据地质情况计算出刚度矩阵；主塔横梁处塔梁竖向耦合约束；主梁过渡墩顶、辅助墩顶竖向支撑约束。

2. 施工阶段划分

施工阶段划分见表1。

施 工 阶 段 划 分 表1

施工阶段	阶段描述	施工阶段	阶段描述
1	桩基，承台，及过渡墩，辅助墩施工	13	辅助墩合龙 AL1 节段
2	索塔施工，0 号块支架施工	14	边跨压重(一半荷载集度)
3	安装节段 A，B，C(J1/A1)	15	重复以上步骤安装 14 ~ 19 节段
4	A1/J1 节段斜拉索一张	16	边跨支架拆除
5	拆除塔下托架	17	合龙段—起吊，焊接，安装
6	桥面吊机 A1/J1 节段	18	中跨合龙
7	A1/J1 节段斜拉索二张	19	拆除临时固结
8	A2/J2 节段—起吊，焊接，安装	20	拆除吊机 J19 节段
9	A2/J2 斜拉索一张	21	边跨压重(一半荷载集度)
10	吊机前移 A2/J2 节段	22	19 ~ 1 号索调索
11	A2/J2 斜拉索二张	23	桥面铺装施工
12	重复以上步骤安装 3 ~ 13 节段	24	运营 10 年

3. 软件计算特点及对比

利用Midas软件计算预拱度数值时,需要在施工阶段分析控制对话框中选择施工阶段初始切线位移选项。此时,当添加新节段时,新节段是沿已施工的构件的切线方向,在后处理分析时,可以在分析结果中分别输出纯位移和总位移。

利用桥梁博士软件计算预拱度数值时,桥梁博士的特点在于特有的挂篮模拟,其优点在于对挂篮作用力修改很方便,只要修改挂篮单元的前后支点作用力就可以了,不用每个阶段去修改。而且从模拟施工工况来说,挂篮加载就是模拟新拼装节段的自重力。自重力以分布力形式作用在挂篮单元上,再通过支点传递到主梁上,这样的模拟与实际情况比较符合。在桥梁博士中可以用以下几个步骤模拟钢箱梁斜拉桥悬臂拼装过程;挂篮加载→挂篮转移锚固→张拉斜拉索→移动挂篮。但是对于桥梁博士软件来讲,有一个问题就是挂篮转移锚固的时候安装杆件是平直安装的,即没有考虑到由于梁段自重引起的梁段前端下挠。也就是说,软件无法直接计算出结构逐渐累计的虚位移,所以这样计算出来的最后施工阶段的变形值只是到最后施工阶段的变形值,也就是说是纯位移的计算结果(在总体信息中将累计阶段位移勾掉),需要我们自行处理计算。可根据输出偏角计算结果,同时根据自身结构布置计算出虚位移结果,从而整理出结构的总位移,反向计算出制造预拱度。

4. 计算结果

经计算,利用两个软件分别得出各个施工阶段每一梁段的挠度、合龙时的挠度及活载作用下的挠度。按上述方法可分别计算得到鸭绿江界河公路大桥的制造预拱度及施工预拱度数值,二者可以互相认证校核(由于节段数值较多,此处未列出)。

四、结　语

本文结合目前已有的钢箱梁斜拉桥悬臂施工线形控制理论,给出了适用于采用悬臂拼装施工的钢箱梁斜拉桥主梁的施工预拱度以及制造预拱度计算方法,说明了拼装线形计算的基本原理。并以鸭绿江界河公路大桥为工程实例,根据该桥的结构特点,建立了桥梁的空间有限元计算模型,对该桥进行了施工过程的正装模拟计算,通过对该桥梁施工过程的各个梁段进行预拱度及挠度计算,在线弹性范围内获得了悬臂拼装桥梁悬拼部分的制造线形与安装线形。

参考文献

[1] 徐君兰. 大跨度桥梁施工控制[M]. 北京:人民交通出版社,2000.
[2] 葛耀君. 分段施工桥梁分析与控制[M]. 北京:人民交通出版社,2003.
[3] 王艳. 大跨度连续箱梁悬臂拼装施工线形控制[D]. 郑州:郑州大学,2005.
[4] 李乔,唐亮. 悬臂拼装桥梁制造与安装线形的确定[M]. 北京:人民交通出版社,2004.
[5] 何畏,唐亮,强士中,等. 大跨度焊接钢箱梁斜拉桥施工控制技术研究及应用. 桥梁建设,2002.
[6] 李乔. 斜拉桥悬臂施工时安装高程的计算方法. 四川省公路学会桥梁学术会议论文集,2001.

62. 大型桥梁钢箱梁制作变形控制要点

王　娟[1]　邓红华[1]　杨宏健[2]　于传君[3]
(1. 中铁山桥集团有限公司;2. 辽宁省公路管理局;3. 辽宁省交通规划设计院)

摘　要　介绍中朝鸭绿江界河公路大桥钢箱梁变形控制,影响因素,施工顺序对焊接变形的影响。

关键词　鸭绿江大桥　斜拉桥　钢箱梁　变形　因素　精度　焊接预留值

一、工 程 概 况

中朝鸭绿江界河公路大桥为 86m + 229m + 636m + 229m + 86m 的五跨连续双塔钢斜拉桥，主梁为扁平流线型封闭钢箱梁。梁高 3.5m，含风嘴全宽 33.5m，划分为 A – J 共 11 种类型，共计 87 个梁段，标准梁段长度为 16m，最大起吊重量为 306t，全桥约 2.3 万吨。

二、板单元制作变形控制

板单位为组成梁段的基本单元，包括顶板单元、底板单元（包括斜底板单元）、横隔板单元、纵隔板单元、腹板单元、风嘴单元等。

顶（底）板单元是全桥最多最主要的板单元，其制造精度直接影响到全桥的质量，主要工艺流程如下：

（1）下料。板单元采用多嘴精切（含坡口），一般情况下在背塔端留配切量。横隔板接板数控精切下料，U 肋下料后经过矫正、机加工、压制成型。

（2）矫正。顶板精切下料后用赶板机赶平，严格控制平面度。

（3）组装 U 肋。采用磁力吊吊钢板，以防产生永久变形。用板单元组装胎组装，组装胎设有钢板、U 肋栓孔的定位装置。组装时将纵、横基线返到顶板上，并打上样冲眼。

（4）焊接。采用反变形胎，用 CO_2 自动焊机施焊，焊后控制松卡温度，并进行适当修整。

（5）修整。焊后上平台进行修整检验，以保证顶板平面度。

（6）画线。将顶板单元的纵、横基线返到无 U 肋面，打样冲眼，以备梁段组装用。

三、总拼箱体时焊接变形控制

1. 确立符合设计的坡口形式和焊接方法

不同部位要求的坡口尺寸及焊接方式依据设计而定，采取合适的坡口形式与焊接方法可以有效减少钢构件的变形。例鸭绿江大桥大桥顶、板单元对接焊缝，经过试板试验检测对比及焊接专家评审认可后，主要坡口尺寸与焊接方法如表 1 所示。

焊 接 方 法 表 1

熔 敷 简 图	焊 接 方 法	焊道	电流（A）	电压（V）	焊速（m/h）
其余 2 1	药芯 CO_2 焊 GFL-71Ni（ϕ1.2mm）	1	220 ± 20	30 ± 2	—
		2	260 ± 20	30 ± 2	—
	埋弧焊 CJQ – 1（ϕ4）+ SJ103M	盖面	560 ± 30	30 ± 2	24 ± 2

注：①如果不能采用埋弧自动焊，可以全部采用 CO_2 焊。

②CO_2 气体流量 15 ~ 25L/min。

③多层多道焊，减少每一道的填充厚度。

④严格控制道间温度。

综合多方面因素考虑（钢材材质、化学性能、焊材选用、电流电压大小、焊速、焊道数量等），形成此焊接工艺可有效减少焊后变形，达到理想焊接质量效果。

2. 有效控制箱体焊接变形

1）钢箱梁预拼装焊接顺序

整体焊接顺序及焊接方向应遵循顶板、底板纵向焊缝同向焊接；同类焊缝对称焊接；箱体先内后外、先下后上、由中心向两边施焊的原则，见钢箱梁整体焊接顺序图（图 1）。焊接工程师可根据现场施焊情况适当调整焊接顺序。钢箱梁预拼装具体组装顺序如下：

(1)板单元上组焊横隔板接板。

(2)板单元上焊接横隔板接板。平底板、斜底板、顶板板单元二接一,焊接纵向对接焊缝①。焊接两拼接板嵌补段对接焊缝。

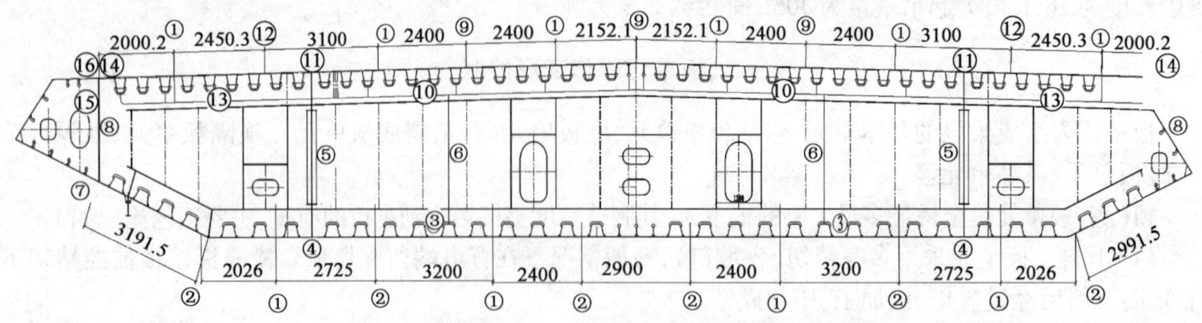

图1 钢箱梁横断面焊接顺序分布图(尺寸单位:mm)

(3)在总拼胎架上组装平底板单元、斜底板单元,焊接平、斜底板单元纵向对接焊缝②。

(4)组装横隔板、纵隔板单元,对称焊接横隔板与底板间角焊缝③,对称焊接纵隔板与底板间角焊缝④,对称焊接纵隔板与横隔板间角焊缝⑤。

为避免受横隔板处焊接及重量的影响产生永久变形,整体胎架对应横隔板处设立横梁支撑,在横隔板与板单元端头距离超过1500mm的端口处还要设置支撑横梁。

(5)对称焊接横隔板立位对接焊缝⑥。

(6)焊接角点加劲构件。

(7)组装两侧锚腹板单元,对称焊接锚腹板与底板间角焊缝⑦。

(8)对称焊接隔板与锚腹板间角焊缝⑧。

(9)依次组装顶板两拼板块。

①由顶板中间依次组装两拼单元,对称焊接顶板纵向对接焊缝⑨。

②对称焊接隔板接板横位对接焊缝⑩,对称焊接接板间立位对接焊缝。对称焊接纵隔板与顶板角焊缝⑪。

③组装编顶板单元,对称焊接顶板纵向对接焊缝⑫。对称焊接隔板接板横位对接焊缝⑬,对称焊接接板间立位对接焊缝。

④对称焊接外腹板与顶板间熔透角焊缝⑭。

在板单元参与梁段组装前首先在两拼胎架上或平台上按二拼一拼焊成一个吊装板块(组装时控制两侧相邻U肋中心距)。两拼胎架要有足够的支撑刚度,不得有局部沉降。为减少焊接变形和火焰修整量,保证钢板的平面度,在板单元拼接焊缝处向上预留15~20mm焊接反变形量(根据实际情况可进行调整),以保证板单元的平面度。反变形预设应在组装时完成,不得在焊缝打底完成后再起顶反变形。

(10)风嘴单元组焊

①组装风嘴单元,对称焊接风嘴隔板与腹板间角焊缝⑮。

②对称焊接风嘴顶板与板间角焊缝⑯。

(11)焊接其他焊缝。

2)钢箱梁桥位环口焊接顺序

钢箱梁桥上焊接时应遵循对称施焊的原则,根据现场施焊情况,主管工程师可对焊接顺序进行适当调整。

(1)钢箱梁桥上组对,顶板U肋栓接好后,对称焊接腹板、顶板、底板对接焊缝,顶板、底板从中间向两端对称施焊。

(2)对称焊接底板上U肋、板肋嵌补段对接焊缝和角焊缝。

(3)焊接腹板上肋板嵌补段对接焊缝和角焊缝。

(4)焊接其余焊缝。

四、焊接工艺、焊接方式控制钢箱梁变形

1. 预留焊接收缩量的考虑[1]

公路钢箱梁多为正交异性板的焊接构造,焊接收缩和焊接变形对钢箱梁整体的尺寸影响很大,尤其是对接全熔透焊缝,当钢板厚度在20mm以下时,焊缝的收缩量平均约为2.5mm,在组定位过程中必须考虑,要预留焊接收缩量。但对于全熔透角焊缝,因在施焊过程中往往采用背面碳弧气刨清根的处理工艺,其焊接收缩量按普通对接焊缝收缩量的数值再乘以系数1.4~2.0,同时考虑焊缝返修引起的收缩。用尺寸定位时,在考虑上述收缩量的基础上,还可以按照允许的正公差进行定位。

2. 焊接顺序与焊接方法的选定

合理的焊接顺序也是决定钢箱梁制造线形和几何尺寸的重要因素,基本按照由中间向两边,由下而上的原则,尽量使焊接在无约束应力的情况下完成,使板单元可以自由收缩,减小因焊接收缩量的累加对总体尺寸的影响。公路钢箱梁的横断面尺寸一般在20m以上,当焊接完成后经常出现外侧锚箱位置上翘的现象。主要原因有以下两种:①横隔板立位对接焊缝收缩的影响;②顶板单元纵向对接焊缝收缩的影响。在实际施工中,可以采取以下措施进行控制:

1)横隔板的立位对接

对上下采用搭接构造的横隔板,完成板单元定位后,要首先进行立位对接的焊接,这时横隔板与底板的接板只能用活马板支撑,让横隔板在焊接过程中可以实现横向自由收缩;如果横隔板是整体构造,完成横隔板定位后,焊接立位对接焊缝时,要采用刚度较大的加长马板强制约束以控制焊接收缩,同时要先对横隔板靠近上部的1/3部位进行焊接,然后再焊接其下相邻的1/3部分,最后焊余下部分,采取这样的退焊方法,还可以减小焊接收缩量。退焊分段越多,焊接收缩量越小。

2)顶板单元的纵向对接

为了减小焊缝收缩对梁段横向尺寸和高程的影响,先将相邻的两块板单元进行预拼装,完成焊接后再吊放到梁段上组装。对于横隔板为搭接构造的钢箱梁,顶板单元完成定位后,纵向对接焊缝预留适量焊接收缩量后首先进行焊接,接板与横隔板也只能用活马板支撑,不许进行焊接甚至点焊;对于整体横隔板结构,因为受到横隔板上U形肋槽口的限制,顶板单元不能向外移动,无法预留焊接收缩量,因此先将顶板单元吊装到横隔板上,确保与横隔板密贴,再在待焊接的焊缝两侧画检查线,将板单元顶起,使U形肋两侧与横隔板有不小于3mm的间隙,将板单元推开,在两条检测线间增加预留的焊缝收缩量,然后进行焊缝的马板定位和焊接。完成纵向对接焊缝的焊接后,再将板单元放到位,完成与横隔板的焊接。这个过程预留的焊接收缩量要准确,偏差不得超过1mm。

五、结　　语

通过以上钢箱梁制造焊接变形控制措施,经过现场生产的检验以及桥址架设效果,中朝鸭绿江界河公路大桥钢箱梁焊接变形控制达到了理想状态,结构尺寸、无损检测等质量指标都符合设计与规范要求,很好地控制了钢箱梁结构线形,为保质保量完成钢箱梁生产打下了坚实基础。

参考文献

[1] 胡广瑞. 大型公路钢箱梁整体拼装制造线形和尺寸的控制. 钢结构,2006第5期21卷.

63. 现浇预应力混凝土连续箱梁施工监理控制要点

赵进华
（武汉大通公路桥梁工程咨询监理有限责任公司）

摘　要　随着公路建设的发展，桥梁形式也在不断地发展和更新，目前在桥梁施工中比较常见的是预制梁和现浇预应力混凝土连续箱梁。本文结合中朝鸭绿江界河公路大桥现浇预应力混凝土连续箱梁施工实例，介绍了连续箱梁从施工准备到施工阶段监理控制要点。

关键词　施工准备　现浇连续箱梁施工　张拉　压浆控制

一、工 程 概 况

中朝鸭绿江界河公路大桥位于丹东新城区国门湾，起点位于丹大高速公路汤池互通立交处，终点位于朝方南新义州西南角；桥址由丹东新城区兴丹大街北侧跨江入朝，路线全长12.71km，其中中方侧11.072km，朝方侧1.638km。中朝鸭绿江界河公路大桥为双塔斜拉桥，长3030.4m，桥跨布置为7×40m+6×40m+6×60m+(86+229+636+229+86)m+6×60m+6×40m+7×40m，主桥长1266m，最大主跨636m，宽为28.5m(不含布索区)。

中朝两侧引桥各设3联现浇预应力混凝土连续箱梁，第1联为6×60m，第2联为6×40m，第3联为7×40m，最大横坡为2%，最大纵坡为2.5%。引桥箱梁分为左右幅，均采用单箱单室截面。箱梁跨中断面图见图1。

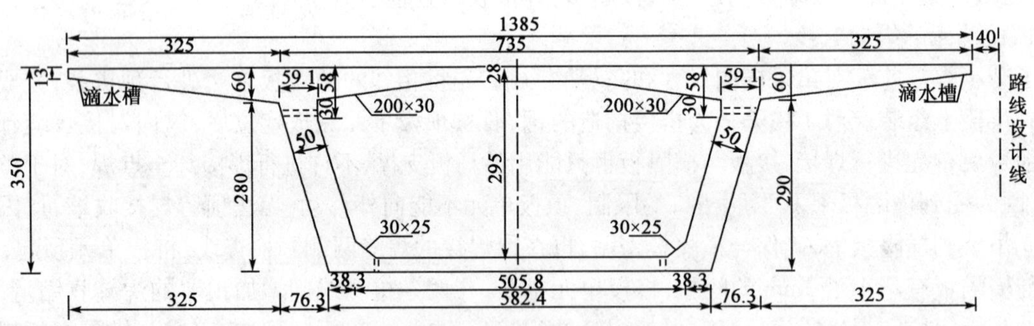

图1　箱梁跨中断面图(尺寸单位:cm)

在我们的监理工作中，主要从如下几方面对施工进行监理、质量控制。

二、施工方案的审查

对于现浇箱梁的施工控制，监理工程师首先从施工方案开始进行质量预控，要求承包人上报详细的施工技术方案。施工单位编制施工方案的过程，是对图纸熟悉的一个过程，是对桥梁施工重点工序、环节施工进行详细施工设计的一个过程，也是人员、机械优化组合的一个过程。作为施工单位一定要把施工方案作为一个重要工作。施工工期安排必须针对每一个工序进行，安全文明生产、环保措施、紧急事故处理预案等也应成为方案的一部分。施工单位在方案的编制过程中,对图纸的审查尽量做精做细,对图纸中存在的问题和建议在编制方案的同步上报业主和设计单位进行确认或变更,尽量在施工过程中不要出现因设计的原因而造成的停工。监理工程师首先判断施工单位上报施工方案的可行性,主要是施工方式的选择,即采用满堂支架施工,还是采用移动模架施工或采用管桩平台施工;其次审查各施工工序设计的合理性、安全性、针对性等。对于方案中的支架、预应力张拉量的核算,一定要给予特别的重视。一旦施工方案确定下来,承包人一定要按照方案施工,如中途有所变化,必须上报正式的书面材料待监理工程师审查同意之后方可实施,让整个施工在各方的控制之下,切忌工程在失控状态下施工。

三、支架的搭设和预压

1. 地基处理

现浇箱梁施工最常用的施工方式是满堂支架施工。在中朝鸭绿江界河公路大桥的中方引桥段就是采用的满堂支架施工。满堂支架施工对支架基础要求较高,地势平坦或高差不大的台阶式地势尤为适应。首先要施工单位按照方案中要求对支架基础进行处理。地基处理的控制要点:承载力是否满足满堂支架施工对承载力的要求。根据本工程施工场地实际情况,地基处理分下列4种情形分别处理。

(1)主线桥有完好路面结构层:在路面结构层上浇筑C20素混凝土10cm厚,承载力可满足满堂支架施工对承载力的要求,见图2。

(2)承台基坑回填区:承台施工完毕并经监理工程师对承台混凝土成品和回填部位基坑基底验收合格后,采用3∶7灰土分层回填夯实,每层夯实厚度不大于20cm,至每跨周边平均地面高程下50cm位置,回填厚度为40cm厚3∶7灰土,压实度不小于95%;然后浇筑10cm厚C20素混凝土垫层。

(3)施工用泥浆池区域:如满堂支架搭设区域内有施工过程中开挖使用的泥浆池,必须将泥浆池内淤泥挖除清理干净,基底夯实,然后分层回填夯实,每层夯实厚度不大于20cm,至每跨周边平均地面高程下50cm位置,回填厚度为40cm厚3∶7灰土压实度不小于95%;然后浇筑10cm厚C20素混凝土垫层。

(4)一般区域:清除表土至坚实地基土后整平压实,压实度不小于95%;至每跨周边平均地面高程下50cm位置,回填厚度为40cm厚3∶7灰土压实度不小于95%;然后浇筑10cm厚C20素混凝土垫层,见图3。

图2 有完好路面结构层

图3 一般区域处理

支架搭设区域地基及垫层施工完毕后,在支架搭设垫层边缘设路面排水沟,避免支架搭设区域及其周边积水浸泡支架搭设区域的地基,威胁满堂支架施工安全。地基处理区域必须通过测量组放线确定,宽度以箱梁平面投影加两侧各1m。垫层混凝土施工前,必须经试验人员检测灰土压实度达到要求后,才能浇筑10cm混凝土。

2. 支架搭设

支架搭设的控制要点:搭设材料是否合格;是否按设计方案搭设。强化材料进场控制,确保支架脚手架搭设拆除方案有效实施。认真吸取相关事故教训,严把模板、支架脚手架等管材质量关。模板、支架脚手架搭设用的钢材、钢管与扣件等周转性材料进场前施工单位应逐批进行检测,监理单位应进行30%抽检。对扣件螺栓滑丝、裂缝的、钢管严重弯曲变形和锈蚀的，施工单位必须全部清退；钢管壁厚不足的，施工单位应按实际检测结果，重新设计搭设方案。

(1)立杆和横杆的布置。横杆层间距设置为 120cm；竖杆顺桥向间距设置为 60cm；竖杆横向间距设置：腹板下为 60cm，底板和翼缘板下为 90cm；竖杆横桥向间距设置：腹板下为 60cm，底板和翼缘板下为 90cm；当立杆间距小于或等于 1.5m 时，模板支撑架四周从底到顶连续设置竖向剪刀撑；中间纵、横向由底到顶连续设置竖向剪刀撑，其间距应小于或等于 4.5m；剪刀撑的斜杆与地面夹角应在 45°～60°之间，斜杆应每步与立杆扣接；当模板支撑架高度大于 4.8m 时，顶端和底部必须设置水平剪刀撑，中间水平剪刀撑设置间距应小于或等于 4.8m。

图 4　支架的搭设

(2)支架搭设。按设计尺寸间距安放支架可调底座，并按各跨不同的计算高度调整好底座上的可调螺帽的顶面高度，使其在同一水平面上，支架的上下托设计伸出量不超过 30cm；拼装时，立杆必须保证垂直，必须在第一层所有立杆与横杆拼装调整完成无误后方可继续向上拼装，否则会引起以后各层拼装困难；拼装到顶层立杆后，装上顶层可调托撑，并依据设计高程调整，在其上顺桥向安放承载主梁方木，在承载主梁方木顶面铺调横桥向方木，方木间距 30cm，然后在方木顶直接铺设底模；支架搭设完成后，按规范构造要求用十字扣件和钢管加设纵向、横向、水平剪力撑，见图 4。

3. 支架的预压

支架搭设完成之后必须进行支架预压，以验证整个支架系统的安全性，另外也可以消除支架的非弹性变形，观测出支架的弹性变形，为箱梁施工设置预拱度提供参考数据。支架采用沙袋预压。预压的荷载一般要求为整个梁整体自重力的 1.2 倍。加载、卸载一般要求分级进行，本工程按照制订的预压方案，按全部荷载的 50%、80%、100%、110% 分级进行加载预压。观测变形情况一般每 2 小时观测一次，加载到 110% 后必须连续观测 48 小时以上，确保支架高程不再有变形或变形微小时，可进行分级卸载，然后根据分级卸载、加载时测量结果计算出非弹性变形和弹性变形量与荷载等级的线性关系。非弹性变形在预压时基本上消除了，根据弹性变形量与荷载之间的线性关系和设计提供的预拱度设置施工预拱度。

预压的控制要点：查看记录是否完整准确；荷载分布是否和压载方案一致；根据沉降量进行高程调整。

四、模 板 控 制

现浇箱梁对底模及侧模的要求较高，模板必须保证尺寸精确、板面平整、转角光滑、接缝严密顺直且不漏浆。中朝鸭绿江界河公路大桥的引桥段采用了大块钢模板。内模可以采用竹胶板或组合钢模板，端头模板采用整块或多块钢板根据主筋间距切割成锯齿形而形成卡模，拆模后调校平整后可重复使用。要求所有模板接缝严密，不漏浆；两块模板之间的高差必须控制在规范允许值之内。在模板的周转使用过程中，应保持模板表面洁净，及时把模板表面的混凝土清除，然后再涂脱模剂。

五、钢筋、波纹管、钢绞线安装控制

所有进场的钢筋原材料在试验监理工程师抽检合格之后，才允许进行钢筋加工、安装。在钢筋加工之前，要求施工单位先对图纸的钢筋型号、尺寸进行详细的复核，对于和实际有出入的，与设计人员取得联系进行确认或调整，确保无误之后，方可进行钢筋的加工及安装，这样可以减少没有必要的材料浪费或误工。钢筋安装首先进行横隔梁和底板钢筋绑扎，其次进行腹板钢筋绑扎，在底板钢筋绑扎时，为保证人洞质量，可把人洞模板先就位，然后再绑扎钢筋，最后进行顶板钢筋绑扎。在各部位钢筋绑扎时，先用少量的钢筋形成骨架,而后把其余钢筋就位绑牢。对于腹板和底板以及顶板根据设计特点穿插进行预应力管道安装定位(图5)。钢筋安装完毕后,应检查以下方面:

(1)根据设计图纸检查钢筋的直径、根数、间距位置是否正确。

(2)检查钢筋接头的位置及搭接长度是否符合规范要求。

(3)检查混凝土保护层是否符合要求。

(4)检查钢筋绑扎是否牢固,有无松动、变形情况。

(5)钢筋表面不允许有油渍或片状铁锈。

塑料波纹管必须按规范频率要求进行原材料抽检,主要检测环刚度、局部横向荷载、柔韧性三项指标,检验合格后才用于工程。波纹管必须逐根进行外观检验,表面不得有砂眼,咬口必须牢固,不得有松散现象。

预应力筋预留孔道的尺寸和位置偏差应符合设计、规范要求,施工中如普通钢筋与预应力波纹管在空间发生干扰时,移动普通钢筋以保证预应力管道位置准确。波纹管要平直、圆顺畅通,无折起;一般梁长方向允许偏差3cm,梁高方向允许偏差1cm,见图6。

图5 钢筋安装

图6 波纹管安装

波纹管安装位置要准确,用井字形钢筋固定波纹管,在直线段每0.8~1m一道,在曲线段每隔0.5m一道。波纹管安装应牢固,接头密合。波纹管接头采用套管法,且在套管内要对口、居中,两端的环向缝隙用胶带封闭严密不得漏浆。灌浆孔和排气孔应符合设计及规范要求的位置,保证混凝土浇筑时不发生移位、变形、漏浆。安装螺旋筋和锚垫板时,要求锚垫板面与孔道轴线垂直,圆心与孔道心重合,位置准确。预埋孔道端部的锚垫板平面应垂直于孔道轴线,锚垫板孔中心要对准塑料波纹管中心,安装应牢固,预埋的螺旋加劲钢筋应尽量紧靠锚垫板,以更好地分散此处应力。锚垫板上的灌浆孔应布置在下方。

在中朝鸭绿江界河公路大桥的引桥段现浇箱梁桥预应力采用的是$\phi^s15.2$高强度低松弛钢绞线,标准强度$f_{pk}=1860\text{MPa}$,弹性模量$E=1.95\times10^5\text{MPa}$,张拉控制应力$\sigma_{com}=0.75f_{pk}$。

在施工中为了保证预应力筋的下料和穿束及锚垫板安装的质量的合格,采取以下措施:

(1)预应力筋的存放应有防雨措施,不能直接放在泥地上或露天堆放,以防生锈。

(2)预应力筋按设计图纸下料,下料长度误差:钢绞线控制在±10mm内。

(3)钢绞线下料采用砂轮锯切割,在切口的两侧5cm处预先用扎丝绑牢,防止切割后切口松散。下好料的钢绞线下面必须垫木板或方木,防止泥土弄脏。

(4)钢绞线编束时,钢束要顺直,不得扭结,其头部要适当后错位,形成一圆顺的尖端,用塑料胶布缠裹严密、结实,每隔2m绑一道扎丝。

(5)穿束前要对孔道进行清孔,可用空压机向孔道内吹气,将杂物吹出。

(6)浇筑混凝土前要对波纹管进行严格检查,包括坐标位置、线形、弯起半径和密封性。在混凝土浇筑过程中,要注意保护波纹管,施工人员不得随意踩踏,不能用振捣棒碰波纹管,防止管道移位或管道漏浆。

(7)两端安装锚垫板及加强螺旋筋,并按每种锚具的规格将其固定。锚垫板要牢固地安装在端头模板上，定位螺栓要拧紧，垫板要与孔道严格对中，并与孔道端部垂直，不能错位。

六、混凝土浇筑

箱梁施工时应该严格按照监理单位批复的经验证合格的配合比施工，所有原材料如沙、石子、水泥、外加剂等经检验合格之后才可进行混凝土施工。在混凝土浇筑过程中，随时检测原材料的含水率，根据各原材料的含水率确定施工配合比。在混凝土浇筑之前，要求施工单位在箱梁1/2跨径处和施工缝处设置高程观测钢筋头，在混凝土浇筑过程中观测支架和模板的沉降情况，在混凝土浇筑完成后、张拉完成后各测一次高程，以确定各施工环节高程的变化，为下一步施工提供数据指导。在混凝土浇筑过程中，要有专人负责支架的观测，确保混凝土浇筑施工安全，见图7。

图7　混凝土浇筑

(1)混凝土浇筑前检查。在混凝土浇筑前，监理工程师应对模板、钢筋、预应力管道、预埋件、支座钢板及通气孔等按设计要求和施工规范进行检查验收后，方可开盘浇筑。具体检查项目有：模板内的杂物和钢筋上的油污清除干净；波纹管的定位筋是否与其他结构钢筋焊牢，以防止波纹管在混凝土的浇筑过程中上浮；波纹管有无破损，如有，应及时修补，防止漏浆；接头是否密封不漏浆。

(2)混凝土浇筑过程控制。混凝土浇筑顺序为先底板、再腹板和横隔板，最后顶板。采用分层浇筑，每层浇筑厚度不大于30cm。为了防止混凝土产生离析和减少对模板的冲击，出料口下接一1.5m长的软布料料管。底板处混凝土浇筑时，严禁以腹板作溜槽灌注混凝土。浇筑腹板时，要等底板混凝土有一定的硬度，防止混凝土产生翻浆现象。腹板同样要进行分层浇筑，层厚控制在30cm左右，并及时进行振捣。上层混凝土振捣时插入下层混凝土内5~10cm，使两层混凝土结合良好，避免冷缝的产生。混凝土的现场振捣严格按照规范进行。混凝土的振捣采用插入式振捣器进行，振捣器的移动间距不能超过其作用半径的1.5倍，并插入下层混凝土5~10cm。操作时要讲究"快插慢拔"，前者为了防止先将表面混凝土捣实而下面混凝土发生分层离析现象，后者为了使混凝土能填满振动棒抽出时所造成的空洞。振动时间不宜过长，过长可能引起离析，一般每点为15~30s。对每一振动部位，必须振动到该部位混凝土密实为止，但也不得过振。密实的标志是混凝土停止下沉，不再冒出气泡，表面呈现平坦、泛浆。应选择有经验的混凝土工进行精细振捣，振捣应恰到好处，防止漏捣、欠捣、过捣等现象。混凝土振捣时，要避免振捣棒碰撞模板、钢筋，尤其是预应力管道。不得利用振捣器运送混凝土。对于锚下混凝土及预应力管道下的混凝土振捣要特别仔细，确保混凝土密实。由于该处钢筋密、空隙小，宜采用小直径的振捣棒。

(3)混凝土浇筑过程中应注意以下事项：浇筑腹板时，经振捣混凝土易冒出底板，此时应停止腹板的振捣，防止大量混凝土涌出，超出底板。其超出的混凝土，不亦过早铲除，待腹板混凝土较稳定时再处理，以防止腹板混凝土翻出。振捣时施工方应分工明确，定岗定职，统一指挥。浇筑混凝土期间，应设有专人检查支架、模板、钢筋、预应力管道和预埋件等稳固情况，如发现有松动、变形或移位现象，应及时处理。

(4)混凝土的养生。混凝土浇筑完成后，应及时进行养护，表面覆盖土工布，并洒水养护七天或更长时间。在养护期间，一直要使混凝土表面处于湿润状态，防止混凝土在强度增长时造成温度裂缝。

七、预应力筋张拉控制

在预应力筋张拉前，检查梁体混凝土是否已达到设计允许的张拉强度、梁体有无缺陷；检查预应力钢绞线和锚具资料是否齐全，锚具、夹片进场时应分批进行外观观察，不得有裂纹、伤痕，锈蚀，尺寸不得超过允许偏差，孔道是否经过通孔及清理处理，要求无残渣及积水；检查锚垫板表面是否清洁，是否与孔道垂直。

在中朝鸭绿江界河公路大桥的引桥段预应力混凝土施工中严格按张拉方案施工，以达到保证施工质量、控制张拉过程的目的。具体施工控制如下：

（1）中朝鸭绿江界河公路大桥采用了智能张拉、压浆设备，见图8。

（2）锚具尺寸应正确，保证加工精度；锚环不得有内部缺陷。

（3）预应力筋使用前按规定检查，清除钢丝表面油污，使钢丝正常楔紧和正常张拉。

（4）锚具安装位置要准确。锚具安装顺序为：工作锚板→夹片→限位板→千斤顶→工具锚板→夹片。工具锚板及夹片使用注意如下事项：将锚板外壁擦干净，在锥孔内壁涂上防锈油。工具锚夹片应在无污、无锈、无渣粘附的情况下使用。安装锚具一定要清除锚垫板上灰浆，以保证锚具与支承板密贴。预应力锚具应采用厂家成套产品。

图8 智能张拉设备

（5）张拉操作按规范进行，防止钢丝受力超限发生拉断事故。

中朝鸭绿江界河公路大桥的引桥段预应力筋张拉程序按设计要求进行，采用自锚式千斤顶及低松弛钢绞线，其张拉程序为：$0 \rightarrow 0.10\sigma_{con} \rightarrow 0.20\sigma_{con} \rightarrow \sigma_{con}$（持荷5min）$\rightarrow \sigma_{con}$（锚固）。

在张拉过程中要采用"三同心"、"两同步"控制。

三同心：预应力管道与锚垫板的锚口同心、锚垫板锚口与锚环同心、锚环与千斤顶同心。初张拉时先对千斤顶主缸充油，使钢绞束略为拉紧，调整锚圈及千斤顶位置，使孔道、锚具和千斤顶三者一线，注意使每股钢绞线受力均匀。

两同步：张拉时两端或两边必须同步、对称张拉，同时达到同一荷载值，不同步率不得大于10%。张拉采用逐级加压方法。当达初应力$10\%\sigma_{con}$时作伸长量标记，以观察有无滑丝情况发生。当张拉到设计控制应力（$100\%\sigma_{con}$）时，继续供油维持张拉力不变，持荷5min，同时在两端分别测量实际伸长量，并与计算值相比较，误差应在±6%以内。张拉过程中如有滑丝、断丝、伸长量不够的情况发生，则需分析原因并处理后重新张拉。

张拉质量标准：张拉采用双控，以张拉力为主，伸长值为辅，实际伸长量与理论伸长量误差控制在±6%；同一断面断丝之和不超过总数的1%且每束只允许断丝一根；钢绞线回缩量≤6mm。当实际伸长量与理论伸长量差值超出规范要求时，应查找原因，并按下列步骤进行：校验张拉设备→测定钢绞线弹性模量→松张后再进行张拉。

八、压 浆 控 制

压浆施工要严格按照监理单位批复的配合比进行，在压浆现场要有水泥、外加剂、压浆用水的专门计量器具。压浆前认真对排气孔、注浆孔等进行全面检查，并对压浆设备进行安装检查，再进行压浆作业。压浆采用从低端往高端进行，压浆时压力控制在0.5～0.7MPa。排气孔应设在最高点。

压浆应从下至上，每一个孔道应达到另一端饱满和出浆，并应达到排气孔排出与规定稠度相同的水泥浆为止。为保证管道中充满灰浆，将出浆口塞住，应保持不小于0.5MPa的压力持压2min。水泥浆水胶比宜为0.26～0.28，水泥浆稠度宜控制在10～17s之间，见图9，天气温度高时取上限，反之取下限。为保证压浆质量，严格执行压浆的要求：

（1）用高速搅拌机，使水泥浆能充分拌和，以保证浆体质量。

（2）水泥浆自拌和至压入管道的延续时间，视气温情况而定，一般控制在30～45min，浆体在使用前和压注过程中须连续搅拌。

（3）压浆管选用高强橡胶管，抗压能力≥2MPa，要求压浆时不易破裂，连接牢固，不得脱管。

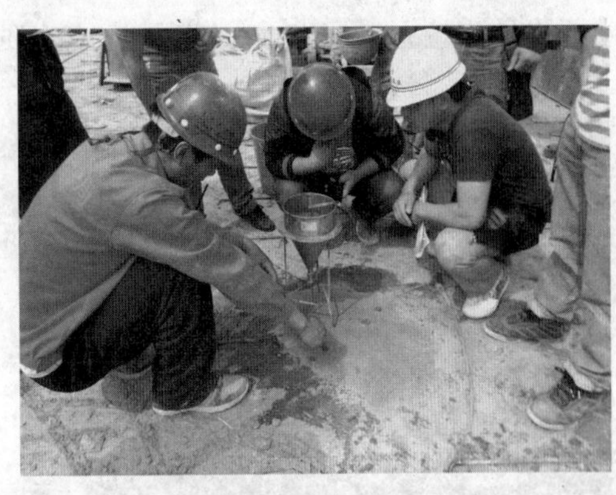

图9　水泥浆稠度试验

(4)水泥浆由最低处压入孔道,按照水泥浆的行程封堵排气口,排气口全部封堵完后,持压时间不少于2min。

(5)压浆过程应连续一次性完成,中途不得停止。为防止压浆中途断电,应提前准备好发电机,并且储浆筒中的浆体要不停地搅动。

(6)若遇孔道堵塞时,应立即用高压水将孔道冲洗干净,重新压浆,以保证压浆饱满密实。

(7)压浆顺序:先下后上。较集中和邻近的孔道,宜尽量先连续压浆完成,不能连续压浆时,后压浆的孔道应在压浆前用压力水冲洗通畅。

(8)水泥浆搅拌及压浆时浆体温度应小于35℃;当气温或梁温度低于5℃时,不得压浆,压浆后48h内,保持结构物温度在5℃以上。

(9)压浆是否密实,除了以上要求外,还要从压浆数量上来保证其质量。水泥浆的净用量=(孔道截面面积-钢绞线截面面积)×孔道长度。

(10)压浆孔数和位置必须作好记录,以防漏灌。孔道压浆应填写施工记录。

(11)压浆后应及时封锚。先将锚头周围冲洗干净并将梁端混凝土凿毛,然后设置钢筋网浇筑封锚混凝土。封锚混凝土的强度应符合设计规定。浇筑时要加强振捣,要求混凝土密实,无蜂窝麻面,与梁端面平齐。

九、结　　语

在现浇预应力混凝土连续箱梁施工中,要善于总结以往经验教训,结合相关设计、施工技术规范,做好施工准备阶段的审查工作。在施工阶段中要加强现浇预应力混凝土连续箱梁的每道工序、每个环节施工质量的监理控制,注重事前、事中监理控制,确保工程质量和经济效益。

64.外加电流阴极保护技术在中朝鸭绿江界河公路大桥混凝土结构中的应用

于　欣　王以泉　李伟祥　李　超
(东方建设(天津)防腐工程有限公司)

摘　要　钢筋混凝土结构中钢筋的腐蚀导致结构破坏是桥梁工程建设中的一个重要问题。为了延长使用寿命,对中朝鸭绿江界河公路大桥采用外加电流阴极保护系统来控制混凝土结构中钢筋的腐蚀,同时采用远程测控系统对阴极保护系统进行实时监测。本文分析了外加电流阴极保护原理,阐述了混凝土结构外加电流阴极保护系统设计及调试运行过程。

关键词　钢筋混凝土结构　腐蚀　外加电流阴极保护

一、工 程 概 况

中朝鸭绿江界河公路大桥及接线是我国连接朝鲜民主主义人民共和国(以下简称朝鲜)的重要通道,是构建东京—汉城—平壤—北京—莫斯科—伦敦欧亚国际大通道的重要组成部分。中朝鸭绿江界河公路大桥长3026m。大桥位于丹东市浪头港下游1.5km处,该处河道弯曲,航槽多变,潮差大,是鸭绿江感潮河段。

钢筋混凝土结构受到海水影响,海水促成水泥水化产物的化学作用、干湿交替作用、混凝土空隙内盐类的结晶压力、钢筋锈蚀等共同造成结构的腐蚀破坏[1];冬季撒盐化冰引起大量钢筋混凝土桥梁的结构腐蚀破坏[2];自然环境下二氧化碳、雨水等长期腐蚀作用造成钢筋混凝土结构腐蚀破坏[3]。诸多破坏形式使钢筋混凝土结构在使用不久便开始出现钢筋腐蚀引起的结构破坏,在远未达到设计使用年限时提前退役,一些腐蚀严重的构件甚至会在服役期间突然的脆性破坏引发工程事故,给国家带来人、财、物三方面的巨大损失[4]。因此钢筋混凝土结构亟须进行防腐蚀保护。

外加电流阴极保护是一种有效的防腐蚀手段,目前已广泛应用于工程领域中,在钢筋混凝土结构中也得到成功应用,如廊涿高速永定河特大桥桥面混凝土阴极保护工程、青岛海湾大桥通航孔桥混凝土阴极保护工程、辽河大桥混凝土结构阴极保护工程等等。

阴极保护的原理是将金属上局部阳极点和局部阴极点之间的电位差降低到零,使流过阳极点和阴极点的腐蚀电流为零,从而使金属腐蚀停止。外加电流阴极保护是通过外加电流的方法使电流从一个外部的阴极保护系统阳极经过电解质施加到金属上,降低阴极点与阳极点之间的电位差,从而抑制金属腐蚀。

钢筋混凝土结构中外加电流阴极保护系统的工作原理如图1所示,钢筋与外加电源负极相连,强制形成阴极区,使氯离子向与电源正极相连的阳极移动,钢筋电位降到腐蚀电位以下,腐蚀停止,从而保护混凝土内的钢筋避免腐蚀。

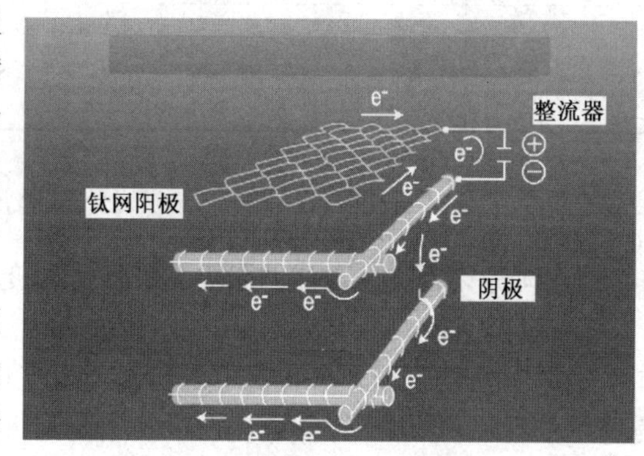

图1 外加电流阴极保护工作原理

二、外加电流阴极保护系统设计

1. 设计概况

本项目为鸭绿江大桥主桥主塔墩承台、墩座,以及辅助墩承台混凝土结构内钢筋外加电流阴极保护工程,总保护面积共计6274.2m^2。

2. 设计依据

(1)《中朝鸭绿江界河公路大桥混凝土结构阴极保护采购与安装招标文件》。

(2)《中朝鸭绿江界河公路大桥混凝土结构阴极保护采购与安装招标图纸》。

(3)《中朝鸭绿江界河公路大桥混凝土结构阴极保护采购与安装招标补充图纸》。

(4)《混凝土中钢筋的阴极保护》(EN 12696—2000)。

(5)《公路工程混凝土结构防腐蚀技术规范》(JTG/T B07 01—2006)。

(6)《大气环境中钢筋混凝土阴极保护埋置阳极的测试》(NACE TM0294—94)。

3. 设计原则

阴极保护系统严格遵照相关标准及设计规范,并遵循ISO 9001标准。以下为主要设计原则:

(1)设计保护电流密度为钢筋表面10mA/m^2。

(2)每个阳极区将配备不少于2个阳极接入点,以确保系统正常运行。所有的阳极和钢筋连接装置都将在场外预制并用环氧全包裹,以确保100年的寿命。

(3)安装将采用两种型号的参比电极:设计寿命20年的Ag/AgCl参比电极和设计寿命为100年的钛参比电极。联合使用Ag/AgCl参比电极和钛参比电极来进行系统的调节和长期监测。

(4)阳极材料将在选择的运行电流密度条件下,最少具有100年使用寿命。

(5)阴极保护系统考虑索塔、辅助墩不同部分的各种暴露环境划分区域。索塔、辅助墩的阴极保护系统包含的分区如表1所示。

(6)每个分区的所有正极接头、负极接头、参比电极以及参比回路电缆都接入位于承台上方安装在塔柱上的接线箱内,接线箱中的电缆接入位于桥面上的控制柜内。

(7)设计要求采用合格的远程监控系统给整个阴极保护系统进行供电及运行状态的检测监控,供电单元需给系统提供连续、可靠而稳定的直流电源输出。

索塔、辅助墩防护系统分区 表1

序　号	描　述		分 区 号
1	索塔	承台侧面	1
		承台顶面	2
		墩座侧面和顶面	3
2	辅助墩	承台侧面	1
		承台顶面	2

三、外加电流阴极保护系统组成

阴极保护系统包括:辅助阳极、参比电极、变压整流器、远程控制系统和电缆五部分。

1. 辅助阳极

辅助阳极的作用是将直流电源输出的直流电流由介质传递到被保护的金属结构上。辅助阳极材料应选用消耗率低、表面工作电流密度使用范围大、极化性能好、对环境介质的适应性广、来源丰富、制作方便并应经济合理。辅助阳极包括 MMO 钛网与钛导电条两部分,如图2所示。

图2　网状钛基 MMO 辅助阳极(左图)和钛导电条(右图)

1)网状钛基 MMO 辅助阳极

本工程采用活性 MMO 钛网阳极即混合金属氧化物(MMO)涂敷的网状钛基阳极,其性能符合《混凝土中钢筋的阴极保护》(EN 12696)的规定,规格为20mm×0.9mm。该阳极最大运行电流密度为110mA/m^2,阳极输出电流为5.28mA。在正常运行电流密度下,设计寿命至少为100年。

混合金属氧化物(MMO)阳极是在钛基材上覆盖一层具有电催化活性的金属氧化物而构成,氧化物涂层极化小并且消耗率极低,通过调整氧化物层的成分,可以使其适于不同的环境,如海水、淡水、土壤介质中。由于混合金属氧化物阳极具有其他阳极所不具备的优点,它已成为目前最为理想和最有前途的辅助阳极材料。

2)钛导电条

钛导电条用来给阳极供电。钛条采用一级钛金属材料,满足标准 ASTMB265。钛导电条主要作用是将各阳极网带连接成导电整体,使电流分布更加均匀。本工程使用的钛导电条尺寸为15mm×1mm。钛导电条与网状钛基 MMO 辅助阳极使用点焊机进行焊接连接,保证每个连接处至少有3个有效焊接点。

2. 参比电极

参比电极的作用有两个:一方面用于测量被保护结构物的电位,监测保护效果;另一方面,为自动控制的恒电位仪提供控制信号,以调节输出电流,使结构物总处于良好的保护状态。

本阴极保护系统选用混凝土专用永久性银/氯化银参比电极作为检测、监控用参比电极之一,实际工作寿命能达到 20 年。同时，本阴极保护系统还将采用长寿命 MMO 钛参比电极，其尺寸为宽 25mm、长 100mm，由特殊的钛棒、碳化铁体产品、PVC、不锈钢连接物构成，自带 2.5mm^2 YJV 尾线，工作寿命为 100 年。

参比电极应安装在结构中具有代表性的位置，在其 50cm 距离内安装一个参比电极负极回路接头。参比电极回路连接头应该焊接到钢筋上，接头内与电缆相连的所有五金件全部在场外预制，并用环氧树脂封装，以确保其满足 100 年的设计寿命。

参比电极安装前后需进行校准和测试，确保参比电极正常工作。

3. 变压整流器

变压整流器为阴极保护系统提供外加电流，将交流供电转化为直流供电，为阴极保护系统提供稳定、连续的电流。

整流器的布置应根据电源的台数、大桥的结构形式、平面布置条件、维护管理和经济因素综合确定。本阴极保护系统选取变压整流器控制柜共 2 台，为阴极保护系统提供连续、可靠而稳定的直流电源输出。整流器纹波系数小于 5%，并且须配有过温保护和短路保护装置。整流器的交流他输入端应安装外部切断开关，其金属外壳应妥善接地，接地电阻应小于 4Ω。本工程直流电源设置有防腐蚀、防雨水的外壳。其施工应满足《电器装置安装工程　低压电器施工及验收规范》(GB 50254—96)的有关规定。

4. 远程控制系统

远程控制单元通过安装于变压整流器中的信号采集单元收集钢筋保护电位数据以及变压整流器的工作参数，由控制电缆将收集到的数据传输到集中发射装置，通过终端计算机接收模块收集数据并处理，控制人员可以通过监控软件实时监测系统工作情况，并根据需要进行调控。远程测控系统示意图如图 3 所示。

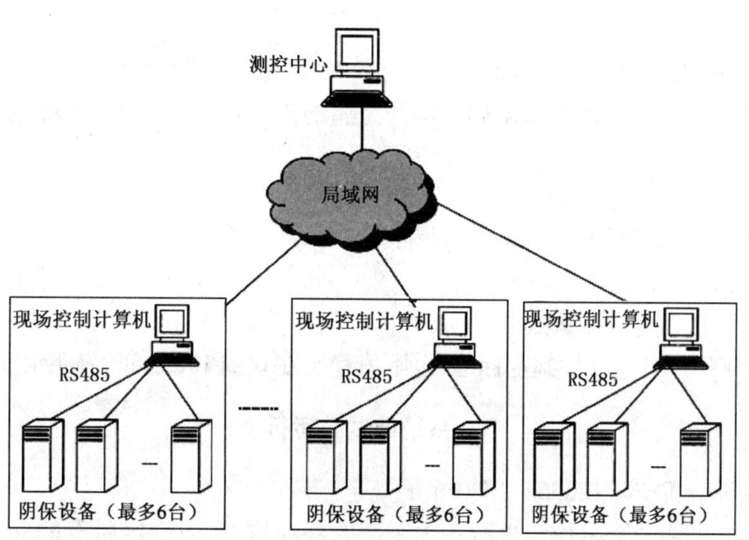

图 3　远程测控系统示意图

外加电流阴极保护系统的监控设备安装于变压整流器中，其防护条件与变压整流器相同，无需增加特殊防护措施。集中发射装置安装于变压整流器防护外壳之上，并进行一定的防腐处理。

本工程监控设备应具有如下功能：

(1)打开或关闭整个系统；

(2)分别打开或关闭指定回路；

(3)调节输出电流；

(4)进行去极化测试；

(5)进行 IR 降(瞬间断电)测试；

(6)自诊断、报警；

(7)查看和打印去极化测试结果；

(8)设定数据存储间隔；

(9)自动备份和恢复系统运行参数和配置信息。

5. 电缆

阴极保护系统电缆包括供电电缆、阳极电缆、阴极电缆和参比电极电缆。所有电缆应该用符合 EN 12696 中条款 6.6 和 IEC 60502 要求的颜色区分。所有电缆应用 PVC 绝缘,至少 7 线一股包裹于 PVC 中。所有电缆应在接线箱中做标签。

结构中的所有电缆应穿过混凝土元件,然后用 PVC 导管连接到接线箱。连接箱和控制柜之间的所有电缆应使用 PVC 导管或电缆槽。

(1)供电电缆。为阴极保护系统供电,由主体结构设计方提供供电回路接口及电源电缆型号。

(2)阳极电缆和阴极电缆。采用铜芯电缆,电缆护套应具有良好的绝缘、抗老化、耐腐蚀性能。

(3)参比电极电缆应选用耐腐蚀和耐老化的屏蔽电缆,参比电极电缆应尽量远离动力电缆,其屏蔽层必须接地。

经过综合考虑,本阴极保护系统选用的电缆分为阳极主电缆、阳极分电缆、阴极电缆、参比电极测量电缆、参比电极接地电缆五种。

四、钢筋电性连接测量

当考虑对钢筋混凝土结构应用阴极防护时,必须确保每一个区内的钢筋是电连续的。不连续的埋入钢筋将不会受到阴极防护,并且可能遭受相反的影响。若钢筋的电性连接测量结果不符合规范规定,应该对不合格点所处位置进行补焊或增加绑扎点数。若是因为钢筋锈蚀造成,应进行除锈处理。具体测试方法如下：

(1)设备:数字直流欧姆表(精度 ±0.5%,2 位有效数字)或高内阻数字万用表(>1 千万欧姆)。

(2)程序:应该通过直流电阻的测试来确定埋入金属的连续性。此电阻应该在阴极保护工程师的指导下测量。

①确定位置以测试钢筋的电连续性。

②用锉刀锉或打磨钢筋至露出光亮无锈的表面。

③用万用表测量钢筋之间的电阻。

④重复上述步骤测量所有的测试点。

根据 EN12696:2000 中电连续性判定标准,电阻值稳定在 0 到 1Ω 之间,表明钢筋是电连续的。

五、系统调试与运行

系统调试依照欧洲标准 EN 12696—2000 中的规定。

阴极保护系统和它的组成部分应当进行一次完全的外观检查,以确定所有的部件和电缆安装适当,标签标注清楚。

阴极保护系统应使用低电流进行初始通电。初期调试时,一般施加一个相对较低的电流,使系统慢慢极化,记录下有关数据：

(1)永久性参比电极和便携式参比电极测出的钢筋电位。

(2)变压整流器的输出电压和输出电流。

经过 7~28d 的低电流密度初期极化后,进行全极化。

在初始极化周期后,应进行性能评估。评估应包括如下测量内容：

(1)输出电压、输出电流以及回路电阻。

(2)运用永久性参比电极和便携式参比电极测出的钢筋/混凝土电位。

(3)参比电极瞬断电位,以及 24 小时后或更长时间的电位衰减值。

系统测试应满足欧洲标准 EN 12696—2000 中的规定，调试完毕，即可运行。

外加电流阴极保护系统运行过程中，根据远程测控系统中读出的钢筋/混凝土电位判断系统运行情况，对输出电流进行远程调节，保证系统正常运行。

六、结　　语

外加电流阴极保护系统作为防腐蚀的有效手段，已经成功应用于钢筋混凝土结构中。中朝鸭绿江界河公路大桥外加电流阴极保护系统调试正常，整体运行良好，系统运行稳定，参比电极电位均处于规范规定的保护电位范围内，混凝土结构中的钢筋得到有效的保护，腐蚀得到抑制，从而保证混凝土结构的耐久性。

参考文献

[1] 杨广云. 钢筋腐蚀与混凝土结构的耐久性[J]. 山西建筑，2007，33(16)：75-76.

[2] Chun Qingli. Initiation of chloride-induced reinforcement corrosion in concrete structural member-experimentation [J]. ACI Structural Journal, 2001, 98(4)：502-510.

[3] Chun Qingli. Corrosion initiation of reinforcing steel in concrete under natural salt spray and service loading-esults and analysis [J]. ACI Materials Journal, 2000, 97(6)：690-697.

[4] 吴瑾. 钢筋混凝土结构锈蚀损伤检测与评估[M]. 北京：科学出版社，2005：37.

65. 智能张拉及循环灌浆施工技术的应用

闫大伟[1]　高跃茹[1]　施　磊[1]　马建军[1]　刘德坤[2]

(1. 辽宁省公路管理局；2. 湖南联智公司)

摘　要　智能张拉及循环压浆施工技术是传统张拉、压浆施工技术的革命，利用传感技术和计算机控制技术，实现数据实时采集，自动进行调整，不受人为因素干扰，施工精度和质量满足施工规范要求，是提升预应力施工质量的一套全新技术。这项新技术在中朝鸭绿江界河公路大桥预应力施工过程中得到了全面的应用，取得良好的施工效率和效果。

关键词　智能张拉　循环压浆　新技术　应用

一、预应力智能张拉与循环智能压浆成套技术工作原理

1. 预应力智能张拉技术工作原理

预应力智能张拉技术是指采用计算机技术对预应力整个张拉过程进行控制，不受人为因素干扰，不需要进行人工开泵，不需要人工测量伸长值的预应力张拉技术(图1)。

智能张拉系统由系统控制中心、油泵、千斤顶三大部分组成。预应力智能张拉系统以应力为控制指标，以伸长量误差为校对指标。系统通过传感技术实时采集每台设备(千斤顶)的工作压力和钢绞线的伸长值(含回缩值)等数据，并实时将数据传输给系统控制中心进行分析判断，同时张拉设备(泵站)实时接收工作指令不断调整工作参数，从而实现张拉力和张拉速率的精确控制。系统根据预设的张拉程序完成整个张拉过程。在张拉过程中，压力传感器负责实时采集千斤顶油缸的压力值，主机依据标定参数转化成拉力值后作为控制的依据；位移传感器负责采集钢绞线的伸长值，系统主机计算出它与理论伸长值的误差作为校对指标(图2)。

特点：精确施加应力，及时校核伸长量，实现“双控”；智能控制张拉过程，减少预应力损失。张拉结束自动形成人工无法修改的张拉施工记录表。

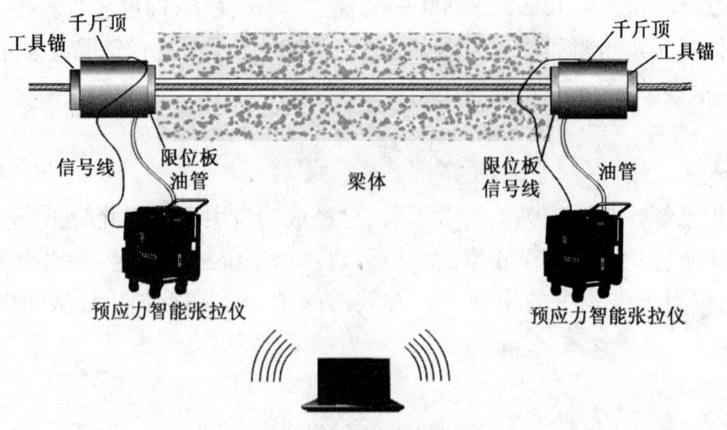

图1 张拉控制系统结构图

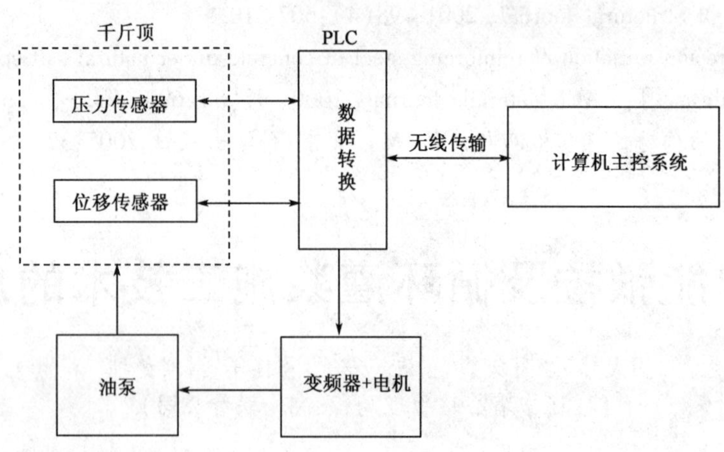

图2 系统控制原理图

2. 循环智能压浆技术工作原理

循环智能压浆技术是指采用浆液循环方式带出管道内空气和杂质,利用计算机技术对压浆过程中材料水胶比、灌浆压力和持压时间等进行控制的预应力孔道压浆技术。

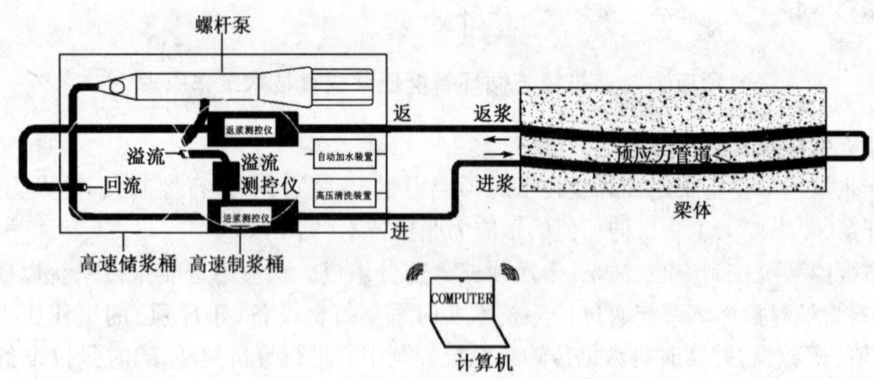

图3 循环智能压浆系统技术结构图

循环智能压浆系统由制浆系统、压浆系统、测控系统和循环回路系统组成。浆液在由预应力筋管道、制浆机、测控系统和压浆泵组成的循环回路中持续循环以排除孔道内的空气和杂质,消除致压浆不密实的主要因素。系统通过自动加水控制浆液制备过程中的加水量,保证压浆材料的水胶比;在管道的进、出口分别设置精密传感器实时进行压力监测,并实时反馈给主机进行判断,测控系统根据主机的指令进行压力的调整,保证预应力孔道在规范要求的浆液质量、压力大小、稳压时间等重要指标约束下完成压浆过程,确保压浆饱满和密实(图4)。

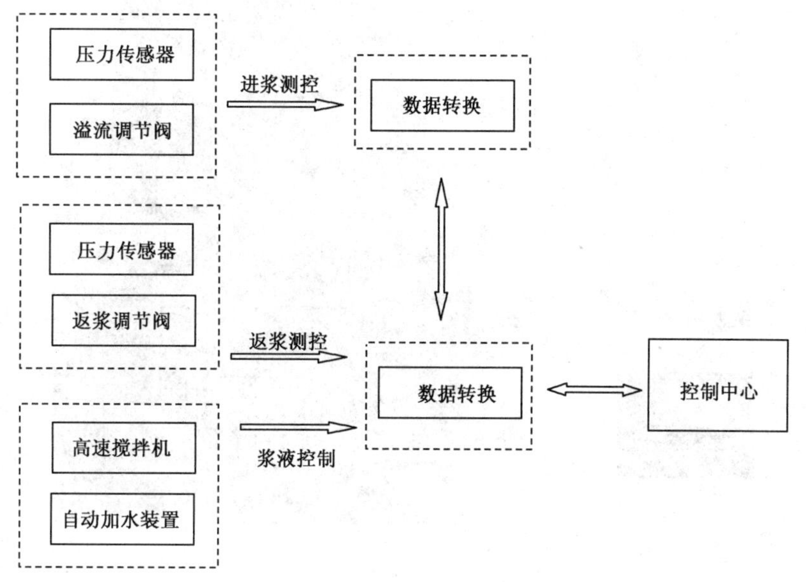

图4 循环智能压浆工作原理图

特点:预应力管道在施工技术规范要求的浆液质量、压力大小、稳压时间等指标的约束下完成压浆过程,保证压浆饱满和密实。最后自动生成无法修改的施工记录表。

二、工 程 概 要

中朝鸭绿江界河公路大桥(以下简称大桥)项目全长12.71km,其中:大桥全长3030m,中方侧桥长1408m,朝方侧桥长1622m;中方侧引线长9.68km。主桥结构为双塔双索面钢箱梁斜拉桥,全长1266m(其桥孔布置86m+229m+636m+229m+86m)、主跨636m;引桥全长1760m(桥孔布置朝方侧6×60m+6×40m+7×40m,长880m;中方侧7×40m+6×40m+6×60m,长880m),引桥采用预应力钢筋混凝土箱梁结构。

索塔采用H形,塔总高197.1m(含塔座高2.5m);索塔采用箱形变截面,塔底截面尺寸10m×7m,塔顶截面7m×5m,塔壁厚度横桥向为1.0m,顺桥向下塔柱为1.0m、中塔柱为0.9m、上塔柱出索端为1.2m;索塔设置两道横梁,下横梁截面尺寸为(9.56~9.399)m×7m,上横梁的尺寸为7m×6m。上、下横梁均采用后张法预应力混凝土结构,上塔柱采用环向预应力混凝土结构。

引线中的大、中桥主梁均采用预应力钢筋混凝土结构。

三、预应力智能张拉与循环智能压浆成套技术的应用

1.成套技术在主塔上的应用

主塔上下横梁为预应力孔道,采用的是两端两侧对称张拉工艺。主塔上塔柱为了平衡索力对塔壁形成的内力,采用交替单端环向预应力筋张拉方式。图5为主塔下横梁施工图片,图6为张拉工序自动形成的原始记录表,图7为施工过程张拉应力、位移显示图。

对已张拉、压浆490孔,采用统计的方式对主塔张拉、压浆的情况进行了统计分析,统计结果见表1和图8。

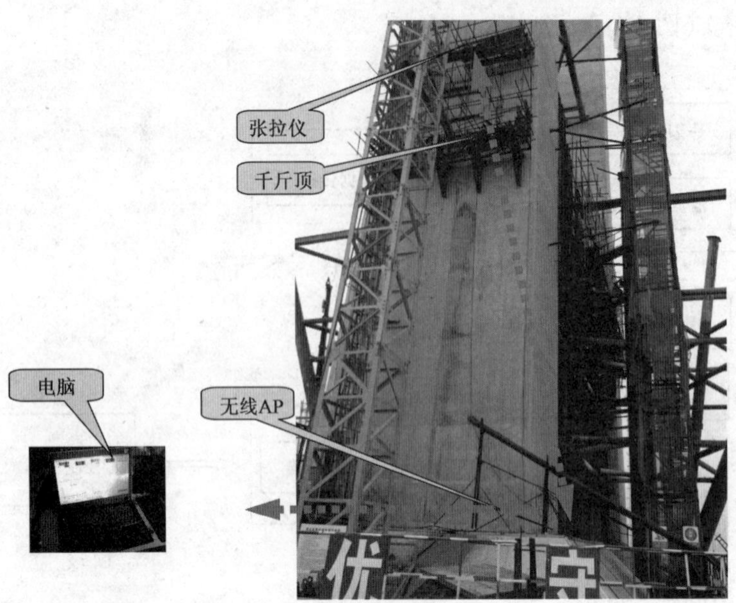

图5　主塔下横梁施工过程控制图片

中朝鸭绿江界河公路大桥

预张拉力张拉记录表

承包单位：中交一公局　　监理单位：武汉大通公路桥梁监理咨询有限责　土建合同号：TJSG-03

工程名称		中朝鸭绿江界河公路大桥				预制梁场	现浇梁场				张拉顺序
构件编号		N1j2				张拉时间	2012年11月10日14时6分				
混凝土设计强度		55 MPa	混凝土试块强度	MPa		弹性模量	MPa		控制张拉力	1395 MPa	
张拉仪1编号		D1012003				标定日期	2012				
张拉仪2编号		D1012004				标定日期	2012				
钢束编号	张拉断面	记录项目	初始行程10%	第一行程20%	第二行程50%	第三行程50%	第四行程100%	设计张拉控制力(kN)	总伸长量(mm)	理论伸长量(mm)	延伸量误差(%)
N1J2	张拉仪1	张拉力(kN)	380.30	851.30			4298.70	4296.60	311.30	304.00	2.40
		伸长量(mm)	26.40	39.40			155.90				
	张拉仪2	张拉力(kN)	371.10	826.30			4296.10	4296.60			
		伸长量(mm)	26.20	47.50			185.70				

图6　自动形成主塔下横梁施工原始记录

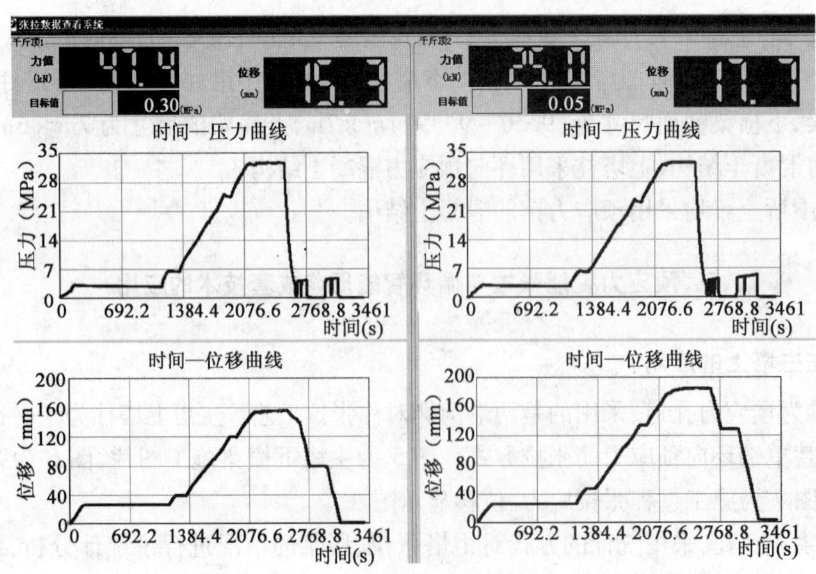

图7　主塔下横梁施工过程显示

中朝鸭绿江界河公路大桥主塔张拉压浆质量统计表 表1

项目 工程量	已完工程量	合 格 孔 数	合 格 率(%)
张拉力	490	490	100.0
伸长值	490	385	78.6
持荷时间	490	465	94.9
水胶比	490	467	95.3
压浆压力	490	471	96.1
持压时间	490	463	94.5

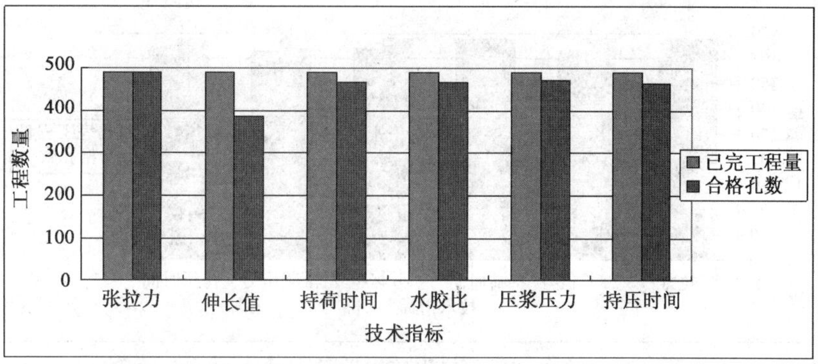

图8 主桥塔张拉压浆技术指标统计

(1)预应力张拉质量分析。张拉控制应力精度100%合格;伸长量的合格率为78.6%,不合格孔数105孔,由于环向预应力的张拉是单端张拉,其理论伸长值为80mm左右,当实际伸长量超过1mm,其比例为1.25%,当理论伸长值与实际伸长值的差值超过6mm时,误差就会超过6%。笔者认为对于这种短束伸长值相对误差应放宽至10%,因为理论伸长值本身较小,1mm所带来的误差很大,而土木工程具有较大的离散性,实际伸长值容易出现3~5mm的偏差;持荷时间合格率达到94.9%,有25孔不合格,主要是设备刚在主塔上使用的时候,特别是在靠近朝方侧,由于存在信号干扰,同时由于塔柱具有屏蔽作用,信号在持荷阶段容易掉线,持荷过程没有充分完成和记录,经过对技术进行了改造,目前信号已稳定,持荷时间得到了100%的保证。

(2)压浆质量控制分析。水胶比合格率为95.3%,有23孔没有记录,因冬季施工,环境温度过低,设备自动加水的水泵缺少保暖而冻坏,加水为人工称量加水,在后压浆完成后将抽水泵中水全部放出或者盖棉被在设备的加水装置上得以解决;压浆压力合格率为96.1%,有19孔不合格,主要因为设备清洗不到位,管路堵塞致使检测的压力不准所致;持压时间合格率为94.5%,共27孔,其中19孔是因为系统未给出准确的压力值所致,余下8孔是在压浆过程中出现断电、漏浆所致。

桥塔的张拉压浆质量也得到了有效的控制,预应力筋张拉符合张拉力控制为主(合格率100%),伸长量校核为辅;预应力孔道压浆的材料水胶比、压浆压力和持压时间合格率均在90%以上。

2. 成套技术在引桥上的应用

引桥为单跨40~60m的现浇箱梁,腹板钢绞线根数为19根,底板束为15根,顶板束为12根,张拉、压浆工作量较大,该成套技术是基于预制梁场的应用研制,因此,对已张拉、压浆完成的440孔现浇梁预应力筋进行质量统计分析。张拉控制力是否合格,按记录的实际张拉力与张拉目标值进行比较,误差在±1.5%以内为合格;伸长值是否合格按实际张拉伸长值与理论计算值进行比较,误差在±6%以内为合格;持荷时间统计时达到规范要求的持荷时间为合格;水胶比在0.26~0.28之间为合格;压浆压力在0.3~0.7MPa为合格;持压时间3~5min为合格,统计情况见表2和图9。

引桥张拉压浆质量数据表　　表2

统计数 \ 项目	已完工程量(孔)	合 格 孔 数	合格率(%)
张拉力	440	440	100
伸长值	440	417	94.8
持荷时间	440	438	99.5
水胶比	440	420	95.5
压浆压力	440	416	94.5
持压时间	440	408	92.7

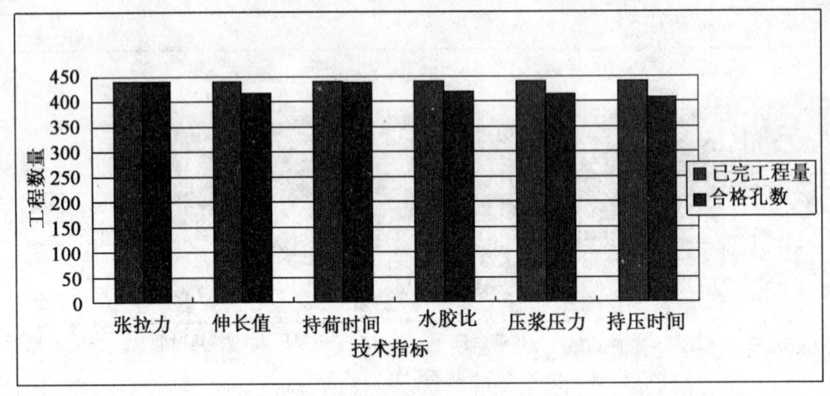

图9　引桥张拉、压浆技术指标统计图

由统计表2可见,预应力筋张拉控制方面,张拉控制应力精度100%合格;伸长量的合格率为94.8%,不合格孔数23孔,主要出现在刚开始应用阶段,经过技术改进和处理问题得到解决;持荷时间合格率达到99.5%,有两孔不合格,在持荷时候出现断电现象,故持荷时间没有得以保证。

压浆质量控制方面,水胶比合格率为95.5%,有20孔没有记录,因为是在冬季施工,施工前准备的不充分,而环境温度过低,将设备自动加水的水泵冻坏,故有20孔压浆时,加水为人工称量加水;压浆压力合格率为94.5%,有24孔不合格,其中5孔是因为孔道漏浆未进行调压,11孔是因为设备的压力传感器损坏未准确监测到压浆压力,8孔是因为设备清洗不到位,管路堵塞致使检测的压力不准所致;持压时间合格率为92.7%,共32孔,其中24孔是因为系统未给出准确的压力值所致,余下8孔是在压浆过程中出现断电、漏浆所致。

引桥张拉压浆质量得到了很好的控制,预应力筋张拉符合张拉力控制为主(合格率100%),伸长量校核为辅;预应力孔道压浆的材料水胶比、压浆压力和持压时间合格率均在90%以上,随着气温的上升,操作工人的熟练及设备的不断技术更新,后期所进行压浆质量合格率为100%。

四、结　　语

预应力智能张拉及循环压浆成套施工技术在预制梁场的应用是很成熟的技术;但是,当用于特种结构的张拉、压浆时还需要进一步的不断改进、完善,以便给预应力施工技术带来真正意义上的“革命”。在中朝鸭绿江界河公路大桥上的应用,虽然出现了不适应的地方,如:引桥箱梁预应力的单端张拉、高空预应力施工(塔柱的横梁及上塔柱的唤醒预应力)、特殊结构的预应力筋张拉(环向预应力)等或多或少存在一些小的问题,给这套新技术带来了新的挑战,但是,经过不断改进和技术上的完善,最终在大桥的预应力筋张拉与压浆的施工过程中,质量得到了很好的控制,施工技术也得到了不断地完善和提升。

参考文献

[1] 中华人民共和国行业标准. JTG TF50—2011　公路桥涵施工技术规范. 北京:人民交通出版社,2011.

[2] 梁晓东,刘德坤,徐有为.大循环智能压浆工艺在后张预应力管道压浆中的应用研究.城市道桥与防洪,2012,7.

66.鸭绿江界河公路大桥ERS钢桥面铺装受力分析

吴 冲[1] 王吉英[2] 刘泽洲[1]

(1.同济大学桥梁工程系;2.辽宁省交通规划设计院)

摘 要 本文以在建中的鸭绿江界河公路大桥为工程背景,采用实体单元与板壳单元结合的有限元方法,分析了车辆荷载、铺装层弹性模量以及车辆制动力对ERS钢桥面铺装各结构层以及界面层的受力影响,供钢桥面铺装设计参考。

关键词 ERS铺装 钢桥面 鸭绿江公路大桥 有限元

一、引 言

鸭绿江公路大桥主桥为双塔双索面钢箱梁斜拉桥,跨径布置为82.7m + 229m + 636m + 229m + 82.7m。主梁采用扁平钢箱梁的形式,断面形式如图1所示,梁高3.5m(中心线处),含风嘴全宽33.5m,底板宽度23.2m,桥面板双向横坡2.0%。

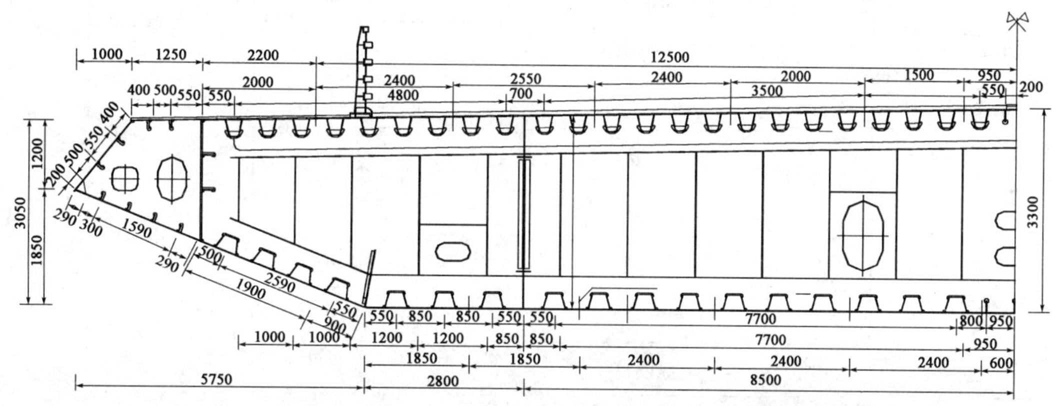

图1 鸭绿江界河公路大桥主桥钢箱梁跨中断面图(尺寸单位:mm)

ERS钢桥面铺装典型体系如图2所示[1],由EBCL + RA05 + SMA三层结构组成,SMA与RA05间采用热喷聚合物改性沥青作为界面黏结层,其中EBCL为防水防腐抗滑黏结层,RA05为铺装主要承重结构层,SMA为铺装表面功能层。

本文以鸭绿江界河公路大桥为工程背景,采用有限元方法分析车辆荷载、铺装层弹性模量以及车辆制动力对ERS钢桥面铺装各结构层以及界面层的受力影响,供钢桥面铺装设计参考。

二、计 算 方 法

有限元计算模型如图3所示,采用节段钢箱梁模型,节段长度16m,结构参数如表1所示。参考已有工程实例,ERS铺装结构的SMA10层厚度为40mm,RA05层厚度为20mm。铺装层SMA10以及RA05都采用Solid单元,钢箱梁采用Shell单元。模型的边界条件为斜拉索处简支,并假定如下:

(1)沥青铺装材料是完全弹性、均匀、连续的且各向同性的线弹性材料。

(2)所有铺装层层间界面层完全连续。

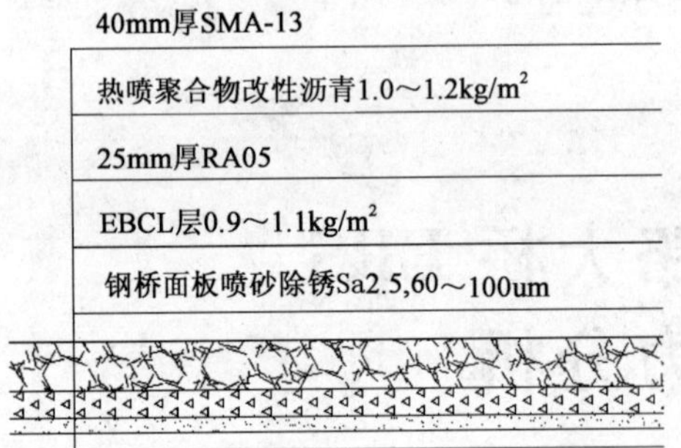

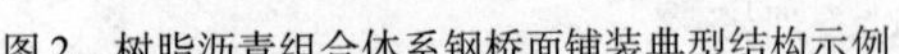

图2　树脂沥青组合体系钢桥面铺装典型结构示例

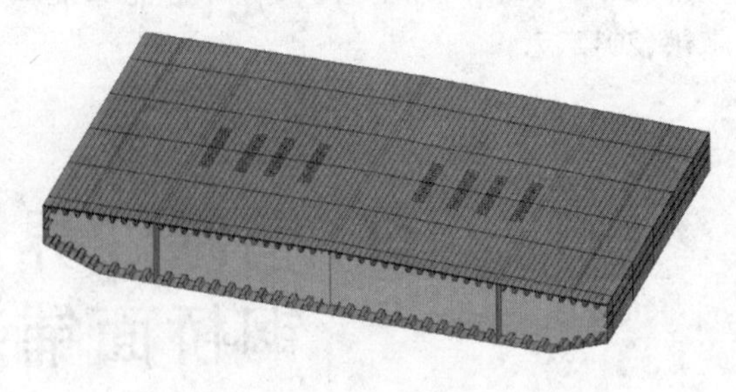

图3　有限元模型

(3)桥面铺装层层间以及铺装层与钢箱梁钢顶板之间黏结可靠,两者间不会脱空。

(4)各层材料不考虑自重力的影响。

(5)桥面铺装层相对较薄,不考虑铺装层内的温度差。

(6)不计黏结层、EBCL层和喷砂除锈层的厚度。

有限元模型计算参数　　表1

构件名称		厚度(mm)	弹性模量(MPa)	泊松比
钢箱梁	靠近外腹板侧顶板	20	2.1×10^5	0.30
	靠近外腹板侧顶板U形加劲肋	10		
	远离外腹板侧顶板	16		
	远离外腹板侧顶板U形加劲肋	8		
	顶板开口加劲肋	16		
	平底板及斜底板	12		
	平底板及斜底板U形加劲肋	6		
	平底板开口加劲肋	16		
	外腹板	30		
	外腹板开口加劲肋	20		
	纵隔板	12		
铺装层	SMA10	40	1500	0.35
	RA05	20	3000	0.35

计算荷载采用公路Ⅰ级车辆荷载140kN(轴重)计算,车轮着地宽度和长度为0.6m×0.2m。横桥向车轮加载的最不利位置如图4中所示[2]。

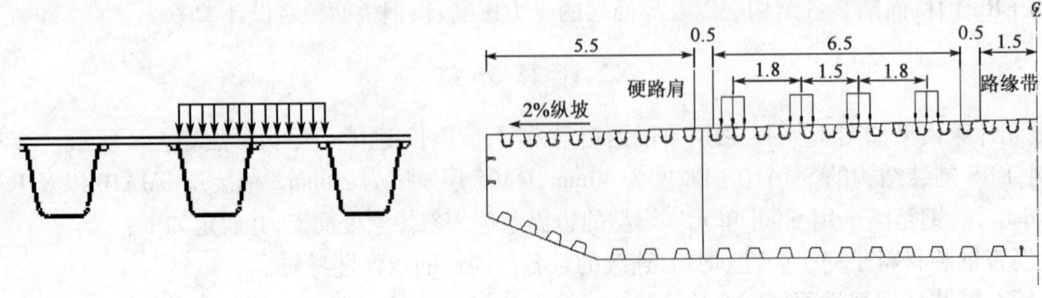

图4　车辆荷载横桥向加载方式(尺寸单位:m)

纵桥向采用移动荷载，在中间横隔板前后1700mm范围内分布加载，加载步长200mm，共计17个工况。

三、ERS钢桥面铺装受力

1. SMA10铺装层拉应力

钢桥面铺装层开裂破坏是较为常见的一种破坏形式，当SMA10层上表面拉应力或拉应变大于其极限抗拉强度或极限应变时，产生开裂破坏。SMA10层上表面的横桥向和纵桥向最大拉应力如图5所示，SMA10层的横桥向最不利工况是车辆荷载作用于相邻两块横隔板中间，最大拉应力为0.273MPa；SMA10层的纵桥向最不利工况是车辆荷载作用于横隔板附近，最大拉应力为0.210MPa。

2. RA05铺装层拉应力

当RA05层下表面拉应力或拉应变大于其极限抗拉强度或极限应变时，也会产生开裂破坏。RA05层下表面的横桥向和纵桥向最大拉应力分别如图6所示，RA05层的横桥向最不利工况是车辆荷载作用于相邻两块横隔板中间，最大拉应力为0.557MPa；RA05层的纵桥向最不利工况是车辆荷载作用于横隔板附近，纵桥向的最大拉应力为0.201MPa。

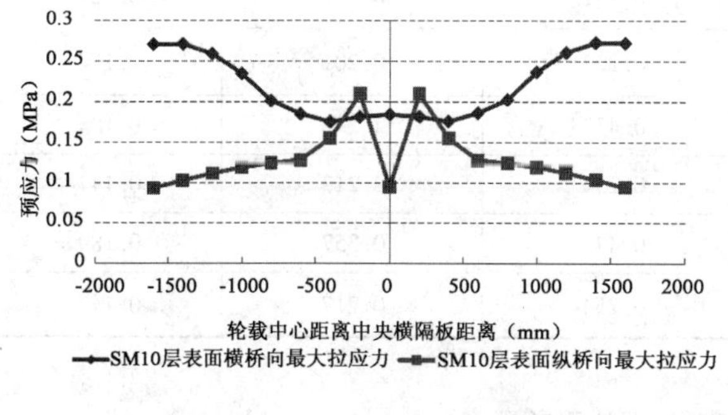

图5 SMA10层上表面拉应力分布

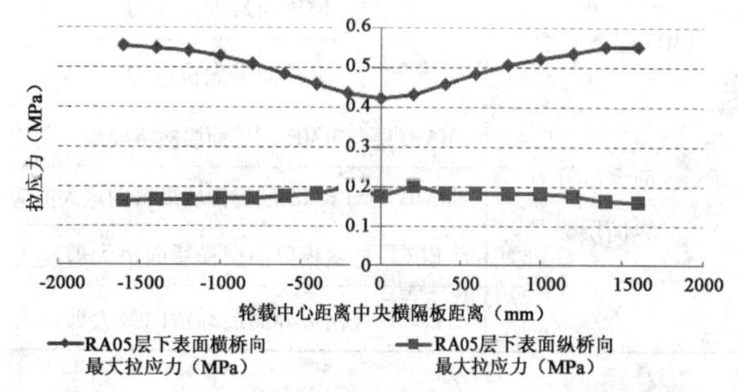

图6 RA05层下表面拉应力分布

3. 界面层受力

钢桥面铺装在各结构层的界面层间易产生相对滑移，层间剪应力是截面层间产生相对滑移的主要影响因素。

1）SMA10与RA05界面层剪应力

铺装层层间黏结力的失效直接影响钢桥面板的使用寿命，其控制指标为层间剪应力。SMA10与RA05界面层剪应力分布如图7所示，横桥向是车辆荷载作用在横隔板附近时最为不利，最大剪应力为0.350MPa；纵桥向剪应力变化不大，最大剪应力为0.217MPa。

2）EBCL与钢板界面层剪应力

铺装层与钢板之间的黏结破坏亦是较为常见的铺装层破坏形式，而它们之间的剪应力是控制黏结破坏的最为主要控制指标。EBCL与钢板界面层剪应力分布如图8所示，横桥向是车辆荷载作用在横隔板附近时最为不利，最大剪应力为0.357MPa；纵桥向剪应力变化不大，最大剪应力为0.217MPa。

四、铺装层弹性模量对ERS铺装影响

铺装层弹性模量对铺装受力影响较大。参考温度为-15℃、-10℃以及15℃时的铺装层弹性模量研究成果[3]，计算铺装层弹性模量对ERS铺装的影响，结果如表2所示。可见，随着铺装层材料弹性模量的减小，各项应力指标随之减小。以SMA10层上表面为例，横桥向拉应力从0.389MPa减小到0.094MPa，减小幅度75.8%，纵桥向拉应力从0.311MPa减小到0.068MPa，减小幅度78.2%。

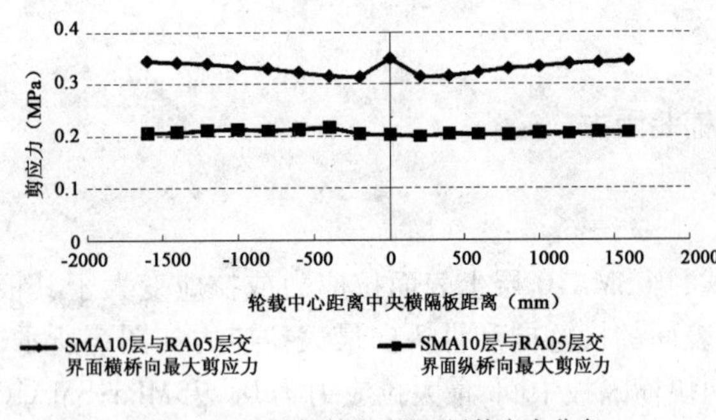

图7 SMA10与RA05界面层剪应力分布

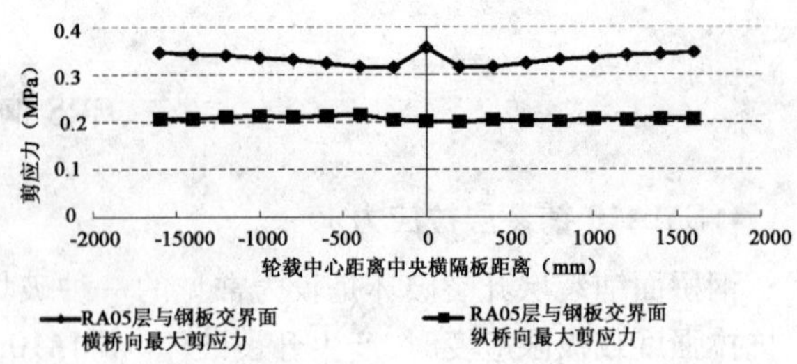

图8 RA05铺装层与钢板界面层剪应力分布

铺装层弹性模量对ERS钢桥面铺装受力影响(MPa) 表2

SMA10铺装层弹性模量		2500	1500	300
RA05铺装层弹性模量		4000	3000	1900
SMA10层上表面	横桥向最大拉应力	0.389	0.273	0.094
	纵桥向最大拉应力	0.311	0.210	0.068
RA05层下表面	横桥向最大拉应力	0.631	0.557	0.461
	纵桥向最大拉应力	0.222	0.201	0.174
界面层	SMA10层与RA05层界面层横桥向最大剪应力	0.433	0.35	0.185
	SMA10层与RA05层界面层纵桥向最大剪应力	0.254	0.217	0.147
	EBCL与钢板界面层横桥向最大剪应力	0.443	0.357	0.189
	EBCL与钢板界面层纵桥向最大剪应力	0.254	0.217	0.147

五、车辆制动力对ERS铺装影响

钢桥面铺装在受到较大的车轮水平荷载特别是车辆制动力作用时,铺装层表面经常会出现搓板和拥包破坏。造成这两种破坏的原因是车辆荷载引起的垂直力和水平力的综合作用,以下分别取滑动摩擦系数为0、0.3与0.5进行探讨。计算结果如表3所示,可见制动力对于纵桥向的影响远远大于横桥向的,并且影响随铺装的深度增加而减小。同样以SMA10层上表面为例,横桥向拉应力从0.273MPa增大到0.444MPa,增长幅度62.7%,纵桥向拉应力从0.210MPa增大到1.172MPa,增长幅度458.2%。

滑动摩擦系数对ERS铺装应力影响分析(单位:MPa) 表3

滑动摩擦系数		0	0.3	0.5
SMA10层上表面	横桥向最大拉应力	0.273	0.327	0.444
	纵桥向最大拉应力	0.210	0.717	1.172
RA05层下表面	横桥向最大拉应力	0.557	0.628	0.679
	纵桥向最大拉应力	0.201	0.220	0.243
界面层	SMA10层与RA05层界面层横桥向最大剪应力	0.350	0.377	0.416
	SMA10层与RA05层界面层纵桥向最大剪应力	0.217	0.542	0.773
	EBCL与钢板界面层横桥向最大剪应力	0.357	0.378	0.419
	EBCL与钢板界面层纵桥向最大剪应力	0.217	0.542	0.785

六、小 结

SMA10、RA05 层横桥向最大的拉应力发生在车辆荷载作用于相邻横隔板中间,纵桥向最大的拉应力发生在车辆荷载作用于横隔板附近;SMA10 与 RA05 界面层,以及 RA05 铺装层与钢板界面层层间横桥向与纵桥向最大剪应力发生在车辆荷载作用于横隔板附近。

铺装层弹性模量减小引起铺装层各项指标相应的减小;车辆制动力对于纵桥向的影响远远大于横桥向,并且影响随铺装的深度增加而减小。

参考文献

[1] 刘海燕. 树脂沥青组合体系钢桥面铺装受力分析[D]. 上海:同济大学,2012.
[2] 孙旭霞. 钢箱梁正交异性桥面板的构造对铺装的影响研究[D]. 上海:同济大学,2006.
[3] 杨昊. 严寒地区钢桥面铺装技术研究[D]. 哈尔滨:哈尔滨工业大学,2011.

67. 季冻区 ERS 钢桥面铺装技术的应用研究

王国军[1] 王吉英[1] 李正向[2]
(1. 辽宁省交通规划设计院;2. 丹东公路规划设计院)

摘 要 ERS 钢桥面铺装技术是我国自主开发的新型钢桥面铺装技术,具有界面抗剪性能好、施工方便、防水防腐性能可靠、后期维护简单易行、造价经济等优点。文章介绍了 ERS 钢桥面铺装技术在东北地区大跨径斜拉桥——滨海公路辽河特大桥上应用过程中研究的情况。

关键词 季冻区 ERS 钢桥面铺装 滨海公路辽河特大桥

一、引 言

滨海公路辽河特大桥建在辽宁省南部大辽河入海口处,全长 3326m,主桥为主跨 436m 的双塔双索面钢箱梁斜拉桥(图 1),采用 6 车道一级公路标准,设计时速为 80km/h。大桥跨越大辽河,连接营口、盘锦两市,目前为中国东北地区跨度最大的双塔双索面斜拉桥。为了解决辽河大桥设计中面临的技术难题,我们开展了一系列专题研究工作,季冻区 ERS 钢桥面铺装技术的应用研究是其中最重要的内容。

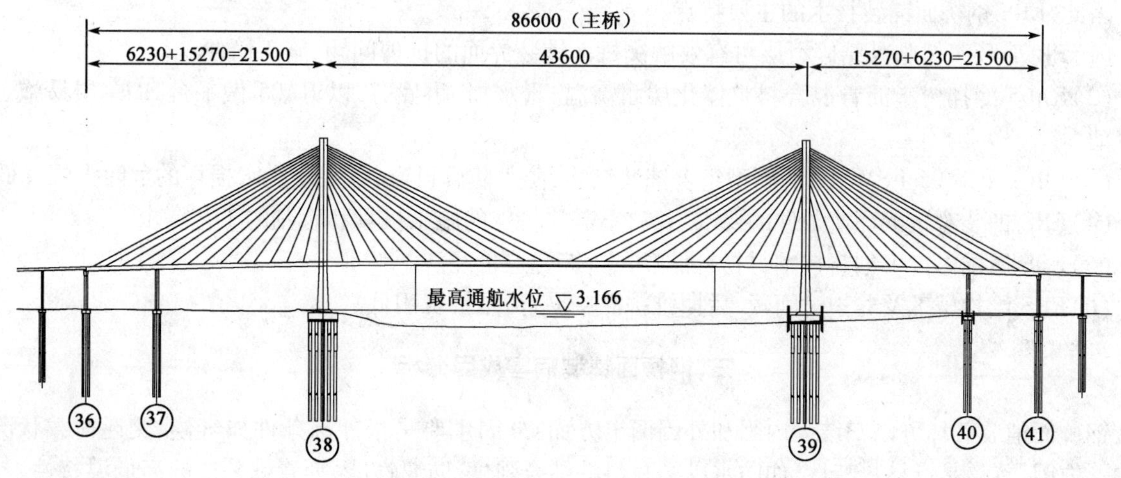

图 1 辽河特大桥主桥总体布置图(尺寸单位:cm)

辽河特大桥作为目前我国东北地区的第一座大跨径桥梁,具有一系列的特殊性:

(1)地处东北地区,常年气温较低,与德国等北欧国家气候条件接近,其先进、成熟的技术值得借鉴。

(2)年平均温度为9.8℃,极端最低气温-31℃,极端最高气温36.9℃,这是与国内已有桥梁应用条件的最大区别。

(3)交通量大,存在重载车辆,会对桥面铺装产生结构性破坏,影响其耐久性(使用寿命)。

(4)主跨处于圆弧竖曲线之上,车辆快速行驶容易侧滑。

(5)桥面系结构决定桥面铺装沿行车方向两侧厚(6.4cm)、中间薄(6.0cm),对沥青铺装层的结构选择提出特殊要求。

二、ERS钢桥面铺装技术概述

目前,国外桥面铺装方案从选用的材料和施工方法角度出发,主要有以下三大类:

(1)以德国、日本为代表的高温拌和浇筑式沥青混合料(Gussasphalt)方案;以英国为代表的沥青玛蹄脂混合料(Mastic asphalt)方案,也可以归于高温拌和型沥青混凝土。

(2)以美国为代表的环氧树脂沥青(Epoxy asphalt)铺装方案。

(3)德国、日本等国近期采用的改性沥青SMA方案(Stone Mastic Asphalt)。

近十年来,我国钢桥面铺装技术在借鉴国外经验的基础上,结合我国特殊的国情,取得了很大的进步。桥面铺装使用寿命从原来的2~3年延长到超过5年,路面行驶性能也有很大的改善。ERS就是近些年来国内自主创新的一种钢桥面铺装新技术。

ERS钢桥面铺装技术的基本原理是:

(1)EBCL界面是指在钢板喷砂除锈完成后即涂布一层0.9~1.1kg/m^{2}的改性环氧树脂,然后立即撒布一层3~5mm的单粒径碎石于环氧树脂表面,使之与环氧树脂一起固化,最终形成碎石与环氧树脂、环氧树脂与钢板黏结牢固的粗糙的抗滑、防水表面,从而实现钢桥铺装界面的防水和防剪切滑移。利用改性环氧树脂耐高温、高强度和可追随变形的众多优点,在光滑的钢板上形成一层防水防腐的EBCL抗滑层,约束铺装层不产生水平滑动位移。

(2)利用冷拌环氧树脂沥青混凝土技术,在EBCL层面上冷做施工成型一层高强度小孔隙率且耐高温和抗损坏的树脂沥青混凝土(RA05)整体化层,旨在保护EBCL层免受SMA施工损伤,有效分散集中的车轮荷载以及增强整体的防水效果。

(3)利用高黏度的复合改性沥青生产的高性能SMA混合料作为行车功能层,为桥面铺装提供优良的行车安全舒适性和外观,而且降低整个铺装的造价。该种钢桥面铺装结构具有长寿命路面的设计理念。即一定使用年限后,铣刨去除已损坏的SMA上面层,在很短的时间内即可使桥面铺装恢复如新。

因此,ERS钢桥面铺装技术的主要特点:

(1)EBCL环氧树脂黏结碎石层可有效解决桥面铺装界面的抗剪问题,施工简便。

(2)RA05冷拌树脂沥青混合料整体化层耐高温、耐水损、耐疲劳,以RA05做平台SMA层易施工且不滑动。

(3)EBCL+RA05+SMA10的新型组合铺装结构,防水防腐可靠,铺装层受水损坏的危险大幅降低。

(4)ERS铺装对施工环境条件的要求不高,不需要特殊的施工机具和苛刻的工艺要求。

(5)ERS属国内自主创新技术,材料供应可靠,综合造价经济。

(6)ERS结构施工及养护时间短,后期维护简单易行,维护费用低。

三、钢桥面铺装病害成因分析

钢桥面铺装破坏可以归结为内因和外因两个方面:外因主要是指外部条件如气候、交通荷载状况等影响。内因,首先是指材料特性,如防水黏结材料的结合强度、防腐性能、沥青铺装层的高低温特性、与钢板随从性能等。

对于外因,已成为已定的条件,无法改变,主要通过分析内因存在的问题,以解决钢桥面铺装中的问题。即通过铺装结构和材料性能的研究,提高铺装材料的性能,弥补自身条件的不足,以满足钢桥面铺装的设计和使用要求。

四、ERS 钢桥面铺装体系室内试验研究

ERS 钢桥面铺装方案涉及的材料明显有别于一般的沥青混凝土材料,应采用合理的试验方法评价、检验这些材料以及相应的铺装组合结构的性能。辽河大桥推荐的 ERS 钢桥面铺装结构如图 2 所示。

辽河大桥 ERS 钢桥面铺装关键材料室内试验研究主要包含了以下三方面内容:

(1)EBCL 层的试验研究,包含 EBCL 的施工性能试验、强度试验、变形性能试验和老化后性能试验。

(2)RA05 层的试验研究,包含 RA05 胶料的性能试验和 RA05 树脂沥青混凝土的性能试验,其中包含了一种专为低温地区开发的新型 RA05 胶料。

(3)表面功能层 SMA10 层的性能试验,包含了用于 SMA10 的高黏沥青的性能和 SMA10 混合料的路用性能。

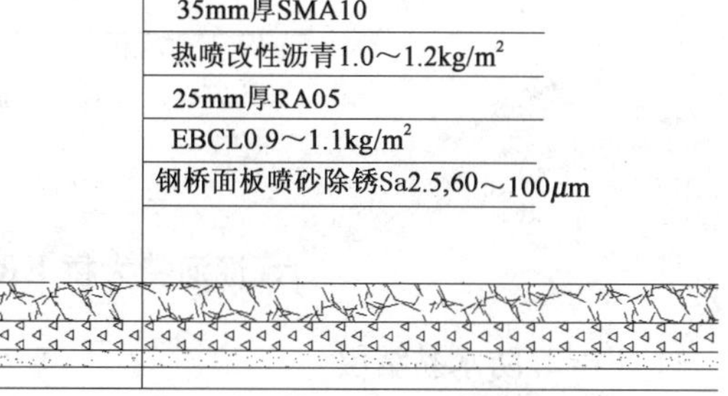

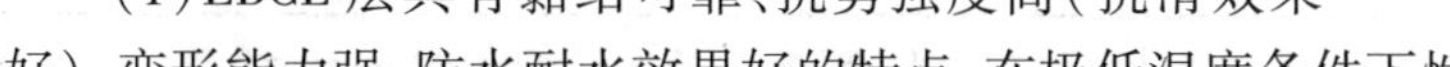
图 2 辽河大桥 ERS 钢桥面铺装典型结构

试验研究的主要结论如下:

(1)EBCL 层具有黏结可靠、抗剪强度高(抗滑效果好)、变形能力强、防水耐水效果好的特点,在极低温度条件下性能未见衰减或者快速劣化。

(2)RA05 混合料马歇尔稳定度超过 20kN,针对辽河大桥而开发的 3 号胶,马歇尔稳定度超过 40kN,RA05 混合料具有优良的高低温性能和水稳定性。

(3)采用高黏沥青生产的 SMA10 沥青混合料,水稳定性和高低温性能优良,满足 ERS 钢桥面铺装的技术要求。

五、钢桥面铺装的加速加载试验

钢桥面铺装加速加载试验采用南非进口 MLS66 加速加载试验设备,通过在相同的荷载和环境影响因素条件下,对如下两种桥面铺装结构进行加载:

(1)环氧碎石黏结层 EBCL +2.5cm 树脂沥青混凝土 RA05 +3.5cmSMA(即 ERS 铺装技术)。

(2)英国 ELIMINATOR 防水系统 +2.5cm 浇筑式沥青混凝土 GA05 +3.5cmSMA(即浇筑式沥青铺装技术)。

通过比较两种桥面铺装结构的技术性能,研究在不同加载阶段、轴载大小等因素的作用下桥面铺装强度衰减和疲劳破坏,研究两种铺装结构的高温性能和抗水害性能,同时采集钢桥面内部应力和应变响应数据,最终为确定辽河特大桥钢桥面铺装方案决策提供依据。

于 2010 年 3 月 1 日正式对试验梁开始进行加载,于 2010 年 6 月 1 日结束加载试验。截至试验结束共对试验桥进行了 290 万次加载。在加载过程中,根据试验进展情况和桥面表观状态的变化,对原加载方案进行过三次调整:

(1)加载第一阶段,加载 60 万次按照试验计划实施。

(2)加载第二阶段,当完成第一循环时,发现铺装面在 55℃条件下变形发展迅速,为保证后续加载方案的顺利实施,取消 55℃条件下的加载。

(3)加载第三阶段,首先在常温状态下加载 20 万次,然后在 40℃条件下加载 10 万次,随后始终以 55℃条件下对桥面加载 40 万次。

根据加速加载的试验结果,可以得出如下结论:

(1)在高温稳定性方面,树脂沥青混凝土铺装体系明显好于浇筑式沥青混凝土铺装体系,尤其在 55℃条件下进行加载时,二者的差别较为明显。

(2)由于加载次数有限,两种钢桥面铺装的疲劳裂缝并未出现。

(3)由于加载开始时,环境温度较高,并且在温度低于 -10℃的条件下,加速加载设备不能正常运行,因此低温条件下钢桥面铺装的使用性能未能通过加速加载试验得到验证(图3)。

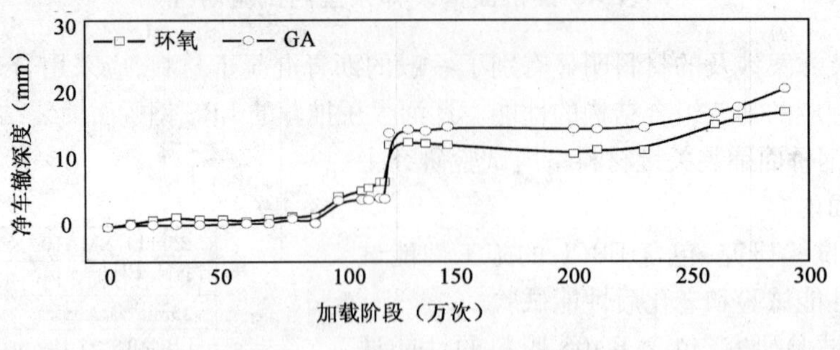

图3　车辙深度变化对比

六、辽河特大桥 ERS 钢桥面铺装施工工程检测结果

1)EBCL 防水黏结层

EBCL 防水黏结层的胶料检测结果见表1。

表1

试验项目	单位	技术要求	检测结果
拉拔强度(70℃)	MPa	≥3	4.43
拉拔强度(25℃)	MPa	≥8	17.85
拉剪强度(70℃)	MPa	≥1	4.83
拉剪强度(25℃)	MPa	≥3	10.1
断裂伸长率(25℃)	%	≥5	28.75
指干时间25℃	h	10≥T≥1	7.4
固化时间25℃	h	≤72	29.6

2)RA05 树脂沥青混合料

RA05 树脂沥青混凝土性能指标检测结果见表2。

表2

试验项目	技术要求	检测结果
3天马歇尔稳定度(70℃)(kN)	≥20	39.19
流值(0.1mm)	20~50	31.2
击实孔隙率(%)	1~3	1.3
车辙动稳定度(70℃)(次/mm)	≥8000	14508
水稳定性:残留马歇尔稳定度(%)	≥85	99.32
冻融劈裂试验残留强度比(%)	≥80	89.67
构造深度(mm)	≥0.5	—
-10℃低温弯曲极限应变($\times10^{-6}$)	≥2800	7537.1

3)防水黏结层

防水黏结层用沥青检测结果见表3。

表3

试验项目	单位	技术要求	检测结果
针入度25℃,100g,5s	0.1mm	≤45	37
延度15℃,5cm/min	cm	≥20	42
软化点(环球法)	℃	≥85	90
闪点	℃	≥260	—

4)SMA10 沥青混合料

SMA10 沥青混合料用高黏度改性沥青检测结果见表4。

表4

试验项目		技术要求	检测结果
针入度(25℃,100g,5s)(0.1mm)		30~60	57
软化点(环球法)(℃)		≥85	92.5
延度(5℃,5cm/min)(cm)		≥30	45
弹性恢复(25℃)(%)		≥90	95.1
黏度60℃(Pa·s)		≥10000	13000
闪点(℃)		≥230	>230
RTFOT163℃,5h	质量损失	≤1.0	0.06%
	针入度比	≥65	83
	弹性恢复	≥85	92.9
	延度(5℃,5cm/min)cm	≥10	19

SMA10 沥青混凝土材料目标配合比见表5。

表5

材料名称	碎石		细集料		填料	沥青
集料规格(mm)	8~11.4	5.6~8	1.18~2.36	0.075~1.18	矿粉	油石比
配合比用量(%)	70	8	5	7	10	6.4

SMA10 生产配合比性能指标结果见表6。

表6

试验项目		单位	技术要求	检测结果
孔隙率		%	3~4	3.6
粗集料骨架间隙率 VCAmix		%	≤VCA_{DRC}	38.466
矿料间隙率 VMA		%	≥17.0	18.2
稳定度		kN	≥6.0	7.07
流值		0.1mm	20~50	22.6
饱和度		%	75~85	79.8
谢伦堡沥青析漏试验的结合料损失		%	≤0.1	0.03
肯塔堡飞散试验的混合料损失(20℃)		%	≤15	4.0
车辙试验动稳定度(60℃)		次/mm	≥5500	9977
水稳定性	马歇尔残留稳定度	%	≥85	90.6
	冻融劈裂残留强度	%	≥80	85.3
-10℃低温弯曲极限应变		με	≥2800	3123.3

七、结　　语

本项目研究通过国内外考察、室内试验及铺装结构的加速加载试验，证明ERS钢桥面铺装体系具有良好的高温抗车辙性能，能很好地适用于北方严寒地区的钢桥面。同时针对辽河大桥开发了3号胶，使ERS钢桥面铺装更加适合与北方低温的施工环境。经过两年多运营，目前辽河大桥的钢桥面铺装使用情况良好。相信通过本项目的研究将大大促进钢桥面铺装新技术在季冻地区的应用。

68. 关于ERS钢桥面铺装在北方地区应用的关键技术指标研究

王国军[1]　刘　宁[1]　张志宏[2]　傅　燕[3]

（1. 辽宁省交通规划设计院；2. 宁波天意钢桥面铺装技术有限公司；3. 丹东公路规划设计院）

摘　要　ERS钢桥面铺装技术在国内已有很多成功的应用，但在北方严寒地区ERS铺装应用的实例还不多，ERS铺装在北方地区还没有制定符合实际的关键技术指标。本文通过调整树脂沥青材料的配比对ERS关键材料的低温性能进行研究探讨，为ERS铺装技术在严寒地区应用制定技术指标做好技术储备。

关键词　树脂沥青胶结料　EBCL界面　RA05

一、问题的提出

当可以在常温条件下进行施工的树脂沥青关键材料成功研发之后，解决钢桥面铺装的技术难题就有了新的思路和技术保障手段。利用树脂沥青黏结碎石形成的EBCL界面和树脂沥青混凝土RA05作为钢桥面铺装的下承层可有效地解决钢桥面铺装的防水和抗剪防滑问题，利用SMA混合料作为表面功能层有利于降低工程造价和后期的维护，这样一种铺装结构形式即是所谓ERS钢桥面组合铺装技术（EBCL + RA05 + SMA）。ERS铺装技术经多年的铺装实践逐步修改完善，已初步形成了自己的一套技术体系。但目前该体系下的主要技术指标多是针对中国南方炎热的气候条件和重载车辆制定的，在北方严寒地区采用ERS技术这些关键指标应如何修订？我们还缺少系统的研究。因此，针对北方严寒地区使用的树脂沥青材料关键性能的甄别和评判我们还缺少相应的试验依据。本文试图在这方面进行有益的探讨。

二、解决问题的思路和办法

树脂沥青通常分为A和B两个组分。A组分主要由环氧树脂和稀释沥青混合构成，B组分主要是稀释沥青和固化剂组成的混合物。在施工现场将A和B两组分混合后，树脂沥青中的环氧树脂与固化剂连同沥青中的多环混合芳烃等物质一起发生复杂的交联固化反应，生成既有一定强度也有一定变形能力的树脂沥青胶结料。树脂沥青中的长链大分子由稳定的化学键连接，因此大大提高了沥青材料的黏结能力和自身强度。树脂沥青因为有沥青柔性材料的加入而具有一定的可变形特性。因这种化学反应的不可逆性，故固化反应后的树脂沥青材料具有耐油耐水等耐候特性。所谓EBCL界面实际上是一层涂布于钢板表面的树脂沥青胶结料的防水防腐结构，因其表面黏结有小碎石所以有抗滑的作用。所谓“树脂沥青混凝土路面”（Resin Asphalt Pavement）是利用树脂沥青胶结料配合一定级配的矿料形成的一种路面实体。树脂沥青混合料从可流动态固化到固体状态需要一定的时间，在这一段时间内树脂沥青混合料可以像普通沥青混合料一样进行路面施工，即树脂沥青混合料具有常温条件下的可施工特性。

通过调整树脂沥青胶结料中环氧树脂、固化剂和沥青等柔性材料的掺配比例，可在一定范围内调整树脂沥青的强度、变形率、固化时间和黏度等关键技术指标。2010 年，北方辽河大桥采用 ERS 铺装技术进行钢桥面铺装，目前该钢桥面铺装运行已超过两年，使用情况良好，未见开裂或推移等任何不良病害发生。这为我们研究北方地区应用 ERS 铺装技术指标提供了很好的参考样本。因此，本研究解决问题的思路是调整树脂沥青胶结料的配伍，以期获得更为柔韧的适合于北方地区使用的树脂沥青胶结材料。通过与现有的南方型胶结料和北方辽河大桥成功实施的胶结料进行关键性能的对比，验证这种北方型树脂沥青胶结料既有别于现有的南方型胶结料，又能在力学性能方面满足钢桥面铺装的使用需要，进而形成北方严寒地区 ERS 铺装的关键技术指标。

三、树脂沥青胶结料的调整及试验结果分析

研究发现，环氧树脂在树脂沥青中的掺加量是决定胶结料强度的主要因素，柔韧性固化剂的选用和沥青材料的添加是决定树脂沥青材料延展性的主要因素。适当减少树脂沥青胶结料中的环氧树脂掺量，增加柔韧材料的添加量，树脂沥青胶结料的强度会趋于降低，低温延韧性会相应增加。于是，研究问题的关键演变成这种强度减小、延韧性增加的胶结料在力学性能上是否还能满足钢桥面铺装的受力需要。

经多次的试配和调整，本文初步选定了一种北方型的 EBCL 和 RA 树脂沥青胶结料。通过对新的北方型胶结料进行系统的试验检测我们可以得到改进后北方型胶结料的各项关键性能，将这些关键性能与先前的胶结料性能进行对比，我们可以发现配伍调整产生的效果。试验及对比结果见表 1 ~ 表 3。

界面材料 EBCL 各项性能对比 表 1

试验检测项目	单位和试验条件	北方型胶结料	南方型胶结料	原辽河桥胶结料
拉拔强度	MPa(25℃)	13.4	18.1	>20
拉拔强度	MPa(70℃)	2.35	4.78	10.1
拉剪强度	MPa(25℃)	10.4	22.01	11.6
拉剪强度	MPa(70℃)	2.06	2.73	10.5
胶膜断裂强度	MPa(25℃)	8.91	15.93	23.6
断裂伸长率	%(25℃)	62	40.71	13.1
断裂伸长率	%(-20℃)	12	7.1	>1
表干固化时间	h(25℃)	15.3	7.5	4.1
固化时间	h(25℃)	51	28.5	14.5
胶结料黏度	Pa.s(25℃)	6 ~ 8	6 ~ 10	3 ~ 4

RA05 混合料拌和用胶结料各项性能对比 表 2

试验检测项目	单位和试验条件	北方型胶结料	南方型胶结料	原辽河桥胶结料
胶膜断裂强度	MPa(25℃)	2.4	6.4	—
断裂伸长率	%(25℃)	101	88	49
表干固化时间	h(25℃)	21	17.5	5.7
固化时间	h(25℃)	64	58.5	23
胶结料黏度	Pa·s(25℃)	0.5 ~ 2	1 ~ 2.5	2 ~ 3

1. EBCL 界面树脂沥青胶结料

由上述的试验对比结果我们可以看出，柔化后的 EBCL 胶结料的各项强度指标有所降低，但最小的拉拔强度仍然大于 2.0MPa，相应的断裂伸长率增加了约 4 倍，特别是低温条件下的伸长率增加显著，反

映出北方型EBCL界面材料在低温条件下的脆性得到有效的改善。虽然目前还没有进行长期疲劳性能定量的试验对比,但对比辽河桥使用的EBCL胶结料这种改进十分明显。因此可以定性地说,界面胶结料的低温疲劳性能必定也会相应得到改善。另外,胶结料的固化速率比原来稍慢一些,但对于夏季高温时节现场的施工作业几乎不构成任何影响。

RA05混合料各项性能对比　　表3

试验检测项目	单位和试验条件	北方型胶结料	南方型胶结料	原辽河桥胶结料
油石比	%	8.5~9.0	8.5~9.5	8.5
马歇尔稳定度	kN(70℃)	57	78	37
流值	mm(70℃)	36	34	22
孔隙率	%	0~1	1.2	1.7
车辙动稳定度	次/mm(70℃)	>50000	>50000	>50000
冻融劈裂	%	89	91.1	91.7
浸水马歇尔残留	%	90.2	93.3	87.2
小梁低温弯曲	$\times 10^{-6}$(-10℃)	5200	4100	3600

注:南方型胶结料以浙江象山港大桥和嘉绍大桥的树脂沥青胶结料为对照样本。

2. RA胶结料及混合料RA05

表2和表3的试验数据表明,RA胶结料的断裂强度有所下降,但伸长率明显增加。固化期的延长对现场施工作业更加有利,施工条件更加宽容。由树脂沥青胶结料拌制的混合料RA05的马歇尔高温稳定度有所降低,但相比普通的改性沥青混合料和辽河大桥当年的RA05混合料仍有大幅的提高。值得注意的是,改进后混合料流值提高明显,小梁低温弯曲的性能进一步改善,表明RA05混合料的低温特性得到有效改善,而在低温特性改善的同时,RA05混合料的高温抗车辙能力并没有明显降低。

四、关于技术指标的讨论和确定

树脂沥青胶结料参照北方严寒低温使用条件进行柔化改进后,我们还需要讨论ERS铺装在北方应用的主要技术指标,以便确保改进后的胶结料可以满足钢桥面铺装的使用要求。

1. EBCL胶结料的强度和可变形率

胶结料的强度和变形率指标不应以材料自身的特性来确定,而是应以桥面铺装结构的使用需求来确定。我们需要回答,北方地区使用的EBCL结构需要怎样的强度和变形才能满足铺装的使用要求。

1)强度问题

关于桥面铺装的界面剪力问题,我国的科研院校采用有限元条分法和叠层梁等方法已做过大量的力学分析,虽然计算方法和力学分析模型有所不同,但界面剪力的分析结果大同小异,即钢桥面铺装在不利受力状态下其界面处的最大剪应力一般只有0.5MPa左右。交通运输部现行规范规定,桥面铺装的界面剪应力要求一般不小于0.4MPa,反映的即是这方面的综合研究成果。

北方地区的桥面铺装虽然要经历冬季的低温严寒,但夏季的高温季节的重载车仍然是对钢桥面铺装构成破坏的主要因素。参照上述界面剪力的力学分析以及先前ERS成功的铺装经验,ERS建议,EBCL胶结料的主要技术指标拉拔强度在25℃时应不小于5MPa,即使在70℃的条件下,其拉拔强度也不应低于2.0MPa。

参考对比目前国内其他的钢桥面铺装界面材料的技术要求,有助于我们定量的理解这个指标是否安全。

美国双层环氧沥青铺装结构中的界面材料采用环氧沥青,因美国环氧沥青洒布后不等其固化即开始混合料的摊铺,界面材料需要热拌环氧沥青混合料的温度帮助其与混合料一起固化。因此,美国双层环氧技术中没有界面材料拉拔或剪切的强度检测指标。它对防水黏结层的技术要求仅仅是固化后的环氧沥青胶膜试件在23℃时其断裂强度要求≥6.9MPa。

英国的浇筑式的界面材料原本采用橡胶沥青黏结层,并未对材料的黏结力提出具体要求,现场实测的黏结力为常温下约1.5MPa。但英国浇筑式在国内的使用效果并不好。改进后的浇筑式界面采用 Eliminator(甲基聚丙烯酸树脂类材料)防水黏结体系,其对钢板的黏结强度要求为25℃时≥5.0MPa。改进后的浇筑式界面剪切推移破坏现象比最初的技术引进状态有了大幅改善。

日本的浇筑式铺装界面材料采用的是高黏沥青,其黏结强度要求为常温下≥1.4MPa。也未对界面材料在高温状态下提出强度要求。

对比国外的技术规定可以看出,本文提出的北方型 EBCL 胶结料在70℃时≥2.0MPa 的拉拔强度要求仍然是最苛刻的。之所以不能过分强调胶结料的强度是因为胶结材料的强度和可变形性是一对矛盾,过分强调强度,特别是强调高温强度,牺牲的则是胶结料的可变形能力,而胶料的可变形能力又与铺装层的抗疲劳和耐久性有密切关系。

2)变形能力问题

钢桥面铺装若要成功,其界面与钢板必定紧密黏结,没有错位和相对位移发生。保证没有相对位移发生恰恰是界面胶结材料应该具有的品性。因此我们假定,铺装界面位置的变形必须是连续的,即 EBCL 胶膜的变形与钢板的变形应当是相当接近的。铺装层力学分析的研究指明,钢桥面铺装在正常使用情况下,钢板表面(即铺装层底部)的计算变形值一般只有大约300~400$\mu\varepsilon$。即使按 Q345 型钢材的极限应力计,其最大应变值也只有约1650$\mu\varepsilon$。超过这个应变值,钢材的应力值将达到屈服状态,此时的钢箱梁结构已经不安全了,桥面铺装也就失去了存在的意义。因此,依据界面处变形连续的假定,理论上说,界面胶结材料的变形只要大于1650$\mu\varepsilon$ 即可满足变形要求,即变形率应大于0.165%。然而,桥面铺装是在千百万次的车轮荷载的往复冲击作用下工作的,桥面铺装材料在长期使用情况下会出现材料老化和性能衰退,因此,钢桥面铺装界面胶结材料的可变形率应尽可能提高一些。

采用 MTS 小型疲劳试验机对钢板+EBCL+RA05 的组合试件进行疲劳试验的研究表明,当 EBCL 胶结料常温下的断裂伸长率处于10~20%时,在300~400$\mu\varepsilon$ 的试验条件下,钢板+EBCL+RA05 的组合试件的疲劳次数超过1200万次仍未见疲劳开裂和脱层现象,这个数值并不弱于成功铺装的热拌双层环氧沥青结构。由此得出,当 EBCL 胶结料在常温状态下的断裂伸长率要求提高到大于30%时,组合试件的抗疲劳性能会进一步改善。这个伸长率要求与极限变形值0.165%相比放大了接近200倍,对比桥面正常运行下的300~400$\mu\varepsilon$,这个技术要求应该是安全的。

2. RA05 混合料的技术指标

因为在北方严寒地区应用的沥青路面并未因变形能力不足导致失败,故拟在北方地区使用的树脂沥青混合料 RA05 在变形方面的要求应有类似于改性沥青混合料在低温时的变形特性,由此构成闭合的逻辑推理关系。以沥青路面同样的马歇尔流值和小梁低温弯曲试验指标要求树脂沥青混合料 RA05 即可以保证其混合料所需的变形能力,见表6。

RA05 混合料的强度至少应不小于辽河大桥成功应用的树脂沥青混合料。浙江嘉绍大桥和象山港大桥提出,RA05 混合料在70℃的试验温度条件下,其混合料的马歇尔稳定度要求不小于40kN。在缺少精确力学分析的情况下,建议采用同样的技术要求,暂不宜降低。

RA 胶结料的关键技术指标应从属于 RA05 混合料的特性。目前,按照上述 RA05 混合料性能要求研发的 RA 胶结料实测指标如表2,其相应的技术要求如表5。

在相关的试验研究还不能稳定地表述 RA 树脂沥青胶结料的性能与 RA05 混合料性能指标的相关关系时,ERS 建议暂不修改。

五、研 究 结 论

归纳上述分析,北方地区 ERS 钢桥面铺装关键技术指标按表4~表6的规定应是安全合理的。

EBCL 树脂沥青胶结料性能要求　表4

试验检测项目	单位和试验条件	技术指标要求	试验方法
拉拔强度	MPa(25℃)	≥5.0MPa	ASTM D 638
拉拔强度	MPa(60℃)	≥3.0MPa	ASTM D 638
拉剪强度	MPa(25℃)	≥3.0MPa	拉剪试验
胶膜断裂强度	MPa(25℃)	≥5.0MPa	胶膜拉伸试验
胶膜断裂伸长率	%(25℃)	≥30	胶膜拉伸试验
表干固化时间	h(25℃)	$24 \geq t \geq 1$	指干法
固化时间	h(25℃)	≤72	
胶结料黏度	Pa·s(25℃)	6~10	布氏黏度仪法

RA 树脂沥青胶结料性能要求　表5

试验检测项目	单位和试验条件	技术指标要求	试验方法
胶膜断裂强度	MPa(25℃)	≥1.0	
胶膜断裂伸长率	%(25℃)	≥70	
表干固化时间	h(25℃)	≥10	
固化时间	h(25℃)	≤72	
胶结料黏度	Pa·s(25℃)	0.5~3.0	

树脂沥青混合料 RA05 性能要求　表6

试验检测项目	单位和试验条件	技术指标要求	试验方法
马歇尔稳定度	kN(70℃)	≥40	
流值	0.1mm(70℃)	20~40	
设计孔隙率	%	0~2	
车辙动稳定度	次/mm(70℃)	≥20000	
残留马歇尔稳定度	%	≥85	
冻融劈裂残留强度比	%	≥85	
小梁低温弯曲	$\times 10^{-6}$(-10℃)	≥2800	

69. 施工监理中的测量控制

王　翔　李　锋

（武汉大通公路桥梁工程咨询监理有限责任公司）

摘　要　工程中的建筑物的平面位置、几何尺寸及高程都应通过测量的手段来实施，本文介绍了中朝鸭绿江界河公路大桥测量准备、实施、检查的技术要点。

关键词　复测基准点线　测量控制　过程控制

一、工 程 概 况

中朝鸭绿江界河公路大桥及接线是我国连接朝鲜民主主义人民共和国（以下简称朝鲜）的重要通道，是构建东京—汉城—平壤—北京—莫斯科—伦敦欧亚国际大通道的重要组成部分。

中朝鸭绿江界河公路大桥项目位于丹东新城区国门湾，起点位于丹大高速公路汤池互通立交处，终点于朝方南新义州西南角。桥址由丹东新城区兴丹大街北侧跨江入朝，路线全长12.7km，其中中方侧11.072km，朝方侧1.638km。本项目K0+000～K7+500段采用4车道高速公路标准，设计速度为100km/h，路基宽26.0m；K7+500～K12+710采用4车道一级公路标准，设计速度80km/h，路基宽24.5m。其中中朝鸭绿江界河公路大桥（K9+671.8～K12+704）为双塔斜拉桥，长3032.2m，桥跨布置为7×40m+6×40m+6×60m+(86+229+636+229+86)m+6×60m+6×40m+7×40m，主桥长1266m，最大主跨636m，宽为28.5m（不含布索区），引桥长2×880m，宽为2×13.75m。该项目由本公司负责监理第TJSG-2合同段、第TJSG-3合同段、GJG合同段。本文根据项目开工至今的监理实施情况，探讨施工监理中的测量控制。

二、测 量 监 理

施工阶段监理的中心工作是进行工程项目的目标控制，即对工程项目的投资、进度、质量目标实施控制。测量监理是为目标控制服务的，测量监理的成效直接影响到目标控制的质量，因此在监理工作中应重视测量的作用。

1. 编制施工测量监理细则

施工测量监理细则是在实施施工测量之前编制的，它是监理工程师对施工测量控制的依据。工程项目的测量工作都必须按细则的要求实施，因此施工测量监理细则的编制应符合工程的特点，内容应全面、深度应适当、重点应突出。如中朝鸭绿江界河公路大桥项目测量控制的重点是钢箱梁定位，因而在编制细则时应对钢箱梁的测量方法及应采取的措施都应有详细的规定，确保钢箱梁能够顺利对接。施工测量细则的编制使测量监理工作规范化、制度化。

2. 审核施工单位现场测量人员及仪器设备

影响工程程质量因素主要有“人、材料、机械、方法和环境”，因此事前对测量人员及仪器设备严格予以控制，是保证测量成果质量的关键。对测量人员的审核主要是理论技术水平及实践经验是否满足工程测量的要求；对用于本工程的仪器设备的审核主要是仪器精度指标是否满足具体工程施工放样的要求，同时仪器设备必须有鉴定资格的单位的鉴定证明，合格后才能使用。

3. 审核施工测量实施方案

施工测量实施方案是施工单位对工程某一部位测量所采取的技术措施，即采用的测量方法、仪器设备及测量人员配备情况等。施工测量实施方案必须报送驻地办审核确认后才能实施，同时测量监理工程师应对方案的实施过程实行跟踪检查。审核的主要内容是所采用的测量方法是否满足工程设计、规范的要求；对所采用的仪器设备的精度是否符合等级控制网的测量要求；测量人员的配备是否适当等。

4. 测量控制

工程施工测量放样是建设产品由设计转化为实物的第一步，施工测量质量的好坏，直接影响到工程的综合质量，并且制约着施工过程中有关工序的质量。例如测量控制基准点或高程有误，会导致建筑物或结构位置或高程出现误差，从而影响工程质量；又如钢箱梁的定位及安装时，若钢箱梁的中心线测量失准，发生较大的偏差，则会造成不能准确对接的质量问题；永久设备的基础预埋件定位测量失准，则会造成设备难以正确安装的质量问题等。因此工程测量控制可以说是施工之前质量控制中的一项基础工作，是施工准备阶段的一项重要内容，监理工程师应将其作为保证工程质量的一种重要监控手段。在质量监

理中,应由测量专业监理工程师对施工测量进行把关。对中朝鸭绿江界河公路大桥项目施工监理而言,其控制要点如下:

1)复测基准点线

基准点线的复测是测量控制的关键步骤,只有通过复核才能确保测量基准点线的准确性。若基准点失误,将对工程质量造成很大的影响或者是不可挽回的损失,因此测量监理工程师应要求施工单位对给定的原始基准点、基准线等测量控制点进行复核(或组织联合测量),并把复测结果报监理工程师复测审核批准后,施工单位始能据以进行准确的测量放样,并应对其正确性负责。

2)审核施工测量控制网

中朝鸭绿江界河公路大桥项目由多个单位参建,各个施工单位间应该相互联系,不能各自独立布设施工控制网,根据这一特点,本项目施工控制网由设计单位负责布设,并按二等精度施测,然后各个施工单位根据所在工程部位的特点布设加密施工控制网。加密施工控制网的成果资料(包括记录、计算过程、测量成果)都必须经监理工程师审批后才能使用,若监理对成果有疑问时应组织复测。每6个月应当对加密施工控制网进行复测,并将测量成果资料上报监理工程师审核。

3)过程控制

过程是将输入转化为输出的一组彼此相关的资源和活动。所有工作都是通过过程来完成的,要保证测量成果的质量就必须对测量成果的测量过程进行控制,使影响测量成果质量的因素处于受控状态。为此应对测量过程的质量控制作出系统安排,明确关键过程,找出薄弱环节,确定质量控制点,实施重点控制。

在过程控制中测量监理人员应经常到现场旁站或巡视,必要时应采用测量的手段进行检测,如对于工程重要部位、关键工序、隐蔽部位和薄弱环节都应采用测量手段进行控制。

三、结　语

(1)测量监理工作是工程建设监理的重要组成部分。工程中的建筑物的平面位置、几何尺寸及高程都应通过测量的手段来实施,因而要求监理单位必须配备足够的测量监理人员及先进的仪器设备,以及不断提高测量监理人员的素质,才能做好监理工作。

(2)测量控制在工程建设过程中处于重要地位,但在实际工作中,有些施工单位对测量工作不够重视.特别是小型工程,主要表现在测量专业人员配备不齐、仪器设备比较落后。

(3)测量基准点必须经过复测合格后才能使用,测量监理人员应经常到工地现场旁站或巡视。定期或不定期用测量手段进行检测,确保工程质量。

70. 双体船拼接施工及应用

陈一兵　徐学西
(鸭绿江界河公路大桥项目)

摘　要　介绍一种不进船坞,将两艘混装船拼接成双体船的方法。

关键词　双体船　拼接　施工

一、工 程 概 况

中朝鸭绿江界河公路大桥TJSG-3合同段的全部工程内容都在朝鲜境内,缺乏陆运条件,建设所需的材料、设备以及生活物资经由中方运输过江;鸭绿江每日潮起潮落两次,桥址处低潮时两岸滩涂暴露长达三百多米，高潮时堤岸处水深也不足0.2m。

建设方已提前做好浮式码头，即在桥址附近的两岸向江心方向各搭设长约300m的钢栈桥，栈桥的前端连接跨径48m的活动钢引桥，栈桥端固定铰接，另一端搁置于800t趸船的甲板面上，随趸船的上下浮动而前后滑动，从而保证趸船与钢引桥的连续性。趸船长40m宽16m，作为浮式码头供施工方的运输船舶停靠(图1)。

浮式码头虽解决了该水域岸滩过长船舶无法靠近问题，却难找与之配套的运输船型做搭档，这正是施工方在进场初期大费周折的原因，曾试用多种办法却收效甚微。

(1)汽渡船方案。鸭绿江流域根本没有大型汽车渡，从内河经海路拖来的载重250t汽渡船却无法与浮式码头实行常规停靠模式——丁字靠(图2)。

图1 钢引桥与趸船码头实景图

图2 汽渡船常规停靠模式——丁字靠

因潮水每日两次涨落的原因，水流产生上下游两个不同方向的变化，特别靠近江中心水流湍急，水流冲击力使汽渡船无法与趸船形成和保持可靠的"丁字靠"对接(图3)。

即使汽渡船与浮式码头能够"丁字靠"，可两艘船的干舷高度相差70cm，汽渡船低，而浮式码头高，除非浮式码头上有斜坡提供汽渡船的搭板前半部分搭放。搭板前端不能与趸船点接触，让搭板作简支梁受力检算无法通过，实施起来真是困难重重(图4)。

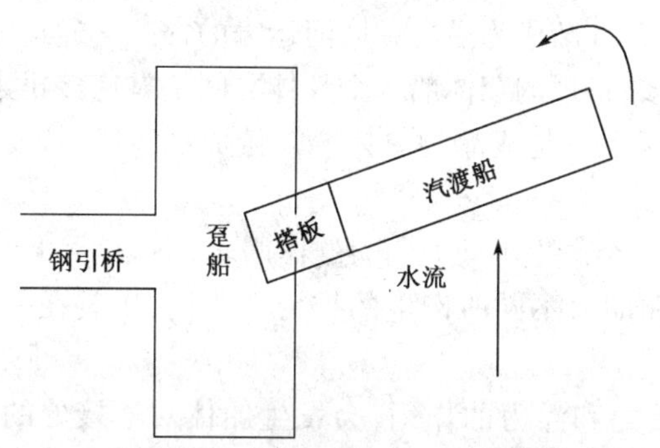

图3 汽渡船与趸船因水流冲击难以实现"丁字靠"示意图

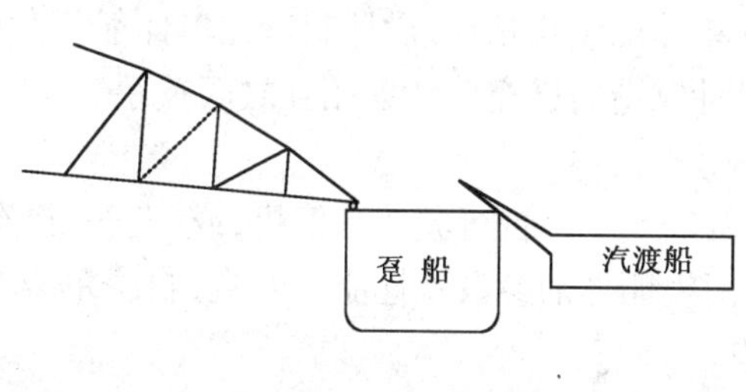

图4 汽渡船难与趸船无法对接示意图

(2)混装船方案。单体混装船横向只有10.5m宽，与浮式码头靠拢上下车时，车长在10m以下的大车只能正上倒下，车辆在浮式码头上下混装船的瞬间，重力转换在两艘船的一侧边缘，重力和浮力反向作用造成混装船瞬间横向倾斜变大，船体来回摇晃恢复平稳时间长，趸船与混装船也因作用力和反作用力方向不同，造成两者之间瞬间高差变化巨大，难以控制，这些都是因为单体混装船水线面积的横向惯性矩小的原因(图5)。

(3)槽船方案。使用槽船运输，只能靠两岸码头吊车装卸货物，无法直接上下货车，既增加了设备及装卸费用，又浪费时间，影响工期。

(4)再找与趸船相似的驳船(两个型式相近、干舷高度接近)，虽两船甲板容易对接，但驳船无自带动力，必须依靠拖轮，费用高且不易找到。使用单个拖轮操纵时灵活性差，靠近码头时很难操控，对码头安全产生威胁。

(5)再修建能让汽渡船停靠的码头，费用高且时间长，更不切合实际。

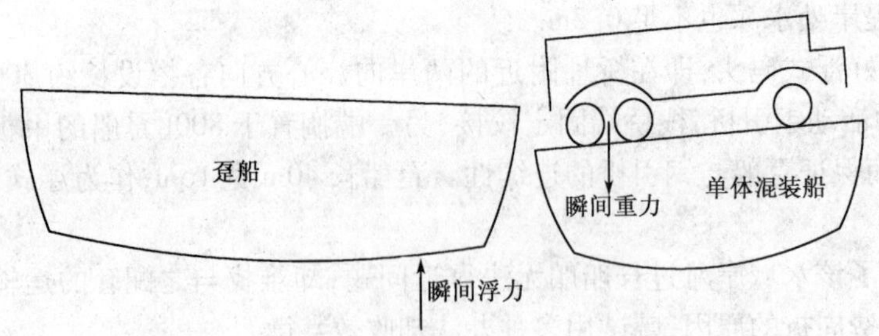

图5　重车由浮式码头上混装船时重力转换示意图

特别是车长在12m以上的散装水泥罐车、运送钢材的挂车更无法过江，可这些都是工程建设不可短缺的建材。工程开工了数月，运输难题亟待解决。经过对现场条件的反复调查，多方位思考，终于想出将两艘混装船拼接在一起的办法。

二、方案构思

可否将正在使用的两艘混装船连接在一起，合并后的船甲板在宽度方向可以增大，就有可能解决船体不够宽不能上长大车的问题。经查阅相关资料，结合常规双体船的理论以及优势分析，认为该方法值得一试（表1）。

已有的两艘混装船的技术参数　　表1

编号	船　名	船长(m)	船宽(m)	型深(m)	空载吃水线(m)	满载吃水线(m)	满载排水量(t)	空载排水量(t)	载重(t)
1	金城2	45	10.5	2.1	0.436	1.436	707.45	262.795	445
2	苏响水机2988	40	10.5	2.1	0.5	1.5	500	145	355

双体船近年来在国内发展迅猛，数量也日益增多，已逐渐成为沿海和内河运输的常态交通运输工具。双体船与单体船结构相比，设计制造比单体船复杂得多，正规的双体船两个片体之间是靠连接桥来实现，它们在设计制造时已充分考虑相互之间关系，而要将两个已是成品的单体船连接成双体船，就要面临以下问题：

（1）两船发生一台行驶一台停机，或一正一倒车时，会产生不同方向力的作用。

（2）两艘船体的参数及性能不一致，自身的浮力和动力不同所产生的推力也不同，拼装在一起会不会有影响。

（3）两艘船体成为一体后，上重车加载时，受到重力和浮力的作用，会发生船体对连接处的反作用力，比如重车由船的一个边上船时，船的外侧边受重力向下，而在两船连接的中间部位产生向上的作用力，会使连接处向上拱。当重车行驶到中间部位时，中间的连接处会下沉，而两船的外侧上拱；当船在上车的过程当中，数量控制不对等以及泊车位置的不均衡，都会使自制双体船的连接发生复杂的应力变化。

（4）混装船体甲板只有6mm厚，龙骨也是6mm铁皮折制而成的类似角钢形状，如何让连接桥与船体能够可靠连接。

较为直观的拼接方法就是将两船拖进船坞，将船的顶、底连接成为整体，连接件受力状况清晰明了，焊缝也可控，可是工期和费用都不允许这么做；若在现场实施难度却很大，因船体漂浮在水上，经常会有大浪袭来，而且船体的底部根本无法去焊接，就是能够焊接也会因底部钢板太薄，焊缝无法满足受力的要求。

能不能在两个船体之间，前后端焊接竖向连接钢板或者穿拉杆等连接方式，也存在焊缝无法满足的原因。穿拉杆会破坏船体密水性能，假如两个船体之间稍有错位，会使船板、拉杆均处于极不利状况；或者用钢丝绳兜底抗拉来抵抗两个船体之间弯折，可钢丝绳只能抵抗一个方向的力，而且时间长钢丝绳会松弛等等。

最终还是选定采用刚性连接桥的拼接方案。

三、拼 接 方 法

连接形式:连接桥→过渡连接钢板→两船体,即连接桥通过过渡连接钢板与两船连接。

1)船舱龙骨的加固

找到的两艘混装船曾装载过片石类重物,甲板被砸得坑洼不平,甲板面及龙骨都已严重损坏,必须进行加固(图6)。

图6 船舱内龙骨遭破坏严重变形的照片

2)设计安装连接桥

最初设计的连接桥方案,采用的是三组双拼 I56 工字钢组,分别安放在两艘平板驳船的中间和前后两端,这样虽然对船体来说受力更为合理,但会无形中将整个甲板分成前后两个舱,而浮式码头只有一个进出口,结果就会造成一舱上下完毕,挪位才能让另一舱上下船。为克服频繁操作带来的不便,优化设计后改为三拼两组,只安放在船头和船尾处,出口设在双体船中间部位,避免出现上下不便现象(图7)。

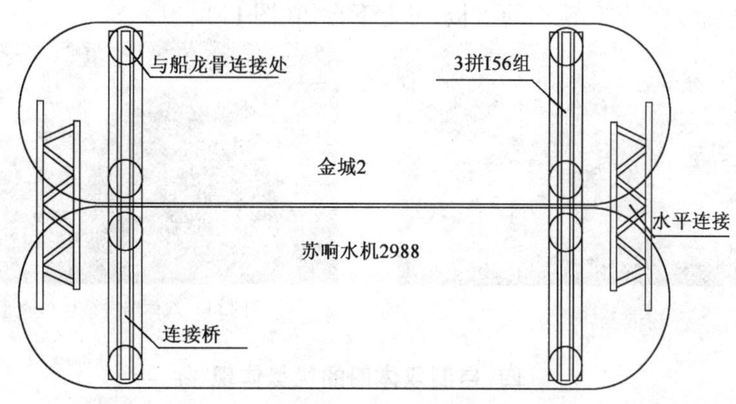

图7 双体船连接桥布置平面示意图

由于两船在性能上稍有差距,在连接桥工字钢组安装之前,利用吊机将船首较低的一艘船稍稍提起,两船水平基本一致后,将两船临时固结,然后安装工字钢组。

3)连接桥与过渡连接钢板

连接桥与过渡连接钢板的连接采用销轴连接。连接钢板与工钢组连接好后,钢板自然向下垂,伸向船舱内(见图8)。

4)过渡连接钢板与船体龙骨

过渡连接钢板插入船舱后,自然将龙骨左右夹持住,下端也是采用销轴连接,待所有连接钢板全部连接好后,检查工字钢连接桥的位置精确定位,使受力点部位受力均匀,再紧固该销轴。

双体船拼接后无论在江中行驶,或是停靠码头都会随波浪起伏而颠簸晃动,车辆上下船时也会使船体频繁振动。采用销轴连接的设计,不仅能在安装时方便快捷,还能有效克服振动所带来的不利因素。

销轴承受反复应力能力较焊缝更加持久(图9)。

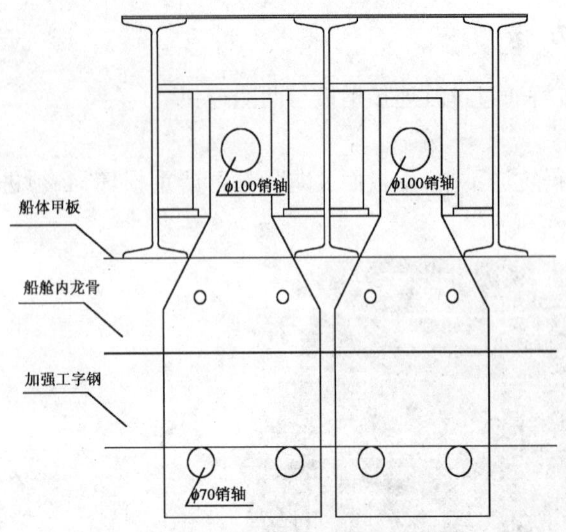

图8　连接桥与过渡连接钢板连接示意图

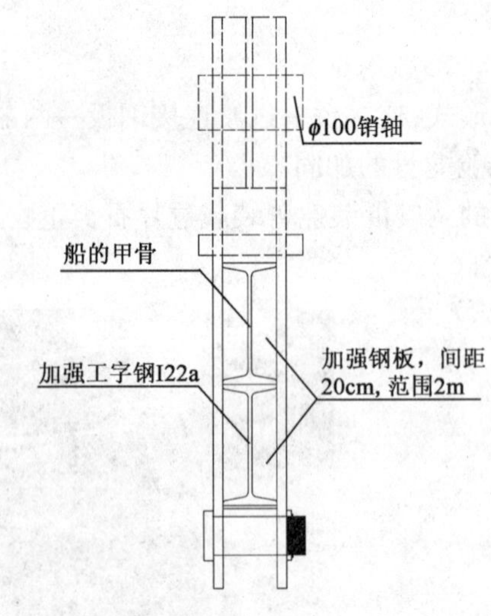

图9　过渡连接钢板与船体龙骨的连接

5)船体之间水平连接

在船头和船尾分别设两道工字钢组成的水平桁架将两船连接,因船体面板钢板太薄,焊缝做了加强处理,这样无论两船如何动作水平方向都不会发生错位(图10)。

6)甲板的设计

原驳船的龙骨及6mm厚甲板已经严重破坏(见图5),若直接在上面铺设面板加固,很快就会变形而坑洼不平,所以要对双体船的甲板重新布置。采用[22a和[16型钢连接成网状桁架,摆放在原船甲板面上,网架上铺10mm钢板作为新船甲板,使新船的装载甲板前后长度31m,宽度方向扩展到了20m,新甲板平整宽阔,载重车辆通过浮体码头上的搭板,可上下自如(图11)。

图10　水平桁架连接图

图11　双体船拼接后车辆通过搭板上下自如

四、自制双体船的优势体现

包括对船体的加固时间在一起,仅用了不到半月时间就完成了自制双体船的拼装工作。双体船试航时,业主和监理会同当地的海事部门一起上船,对自制双体船进行了严格的检查,最终通过验收准予运行。经过时间的检验,证实双体船运行稳定,运输效率极高,真正解决了大桥建设的运输难题(图12)。

图12　双体船正在执行运输任务

1)甲板面积大

双体船载重时船体的吃水线下降很少,甲板可以使用的空间大,各种车辆可经过浮体码头直接上下船,甚至车辆可直接在船面上掉头,甲板有效利用率极高。

2)整体稳定性好

双体船同时上10辆大型重载车运行都很平稳,这是因为双体船由两个分开的片体组成,水线面积的横向惯性矩大大增加,稳性储备比单体船增大了 2 ~ 4 倍,复原力矩也同时增强,稳定性能大大加强。

3)操作性好

双体船的两个片体具有良好的航向稳定性,即使单机航行,仍然在很小舵角下保持直线航行,因为两片体造成两个浆之间和两个舵之间的间距大,使双体船获得良好的操作性。当一车正一车倒时,还可以在原地回转,充分体现出双体船的特点。

4)抗漂能力强

双体船回转直径要比相同尺度和相同排水量的单体船要大,漂角增大,进程增大,抗漂能力也大大增强。

5)横摇周期短

双体船的横摇周期很短,当两片体同时处于强浪的波峰、波谷或者其他波浪斜率相同位置,双船体只会作升沉运动而不产生横摇。如果是单体船遇到这种强浪,还将会继续摇摆,再与第二个强浪来时进行叠加,情况就会更加危险,而双体船则能很快从横摇中恢复原状。

五、结　　语

两艘混装船拼接成双体船后,单次可以装载 10 辆重车,并可一次性运输 4 辆散装水泥罐车过江,真正实现了 1 + 1 > 2 的经济效益。自制双体船经过在鸭绿江半年多时间的实际航行和载重考验,证明了这一方法的可行性和可靠性。双体船整体性能好,稳定性能强,安全性能高,运输能力强,能够满足施工进度的需求,真正解决了中朝鸭绿江界河公路大桥在施工建设期间丹东岸向朝鲜岸运送所需材料设备的难题。

参考文献

[1] 宋国华. 双体船的总体性能设计. 船舶,1998 年第 1 期.

[2] 宋国华. 双体船的总体性能设计(续 1). 船舶,1998 年第 2 期.

[3] 宋国华. 双体船的总体性能设计(续 2). 船舶,1998 年第 3 期.

[4] 卢文芳. 双体船静水荷载的计算方法. 双体船强度理论研究(武汉水运工程学院),1988 年.

[5] 严爵华,樊德光,译. 内河双体运输船. 人民交通出版社,1980 年.

71. 特大桥梁施工质量安全系统控制探讨

张小葵[1]　田海龙[2]

(1. 湖南省高速公路管理局;2. 湖南路桥建设集团)

摘　要　本文系统论述了桥梁质量安全系统控制要点,并以湖南矮寨特大悬索桥为实例进行了分析与阐述。

关键词　桥梁　施工技术　质量安全　系统　管理　控制

一、在建桥梁质量安全现状

据不完全统计,自 2007 年算起,5 年来,全国共有 37 座桥梁垮塌,其中 13 座在建桥梁发生事故,共致使 182 人丧生,177 人受伤,平均每年有 7.4 座“夺命桥”。而世界桥梁质量安全形势同样值得关注。2013 年 6 月 6 日,在马来西亚,北部槟榔屿州槟城第二座跨海公路大桥(槟城二桥)一段引桥发生垮塌事故,大约 50m 的桥身垮塌,大量混凝土块和钢筋落下,当时经过桥下的车辆至少有一辆被砸中。这些事故很多与施工有关。

公路桥梁施工过程很特殊,质量安全特大事故的发生通常是一瞬间,不可逆转灾难性的,必须对公路桥梁施工质量安全进行系统控制,这既关系到国家经济建设的发展,也关系到人民生命财产的安全。

在建桥梁的施工质量安全系统控制是任重而道远的课题,它的关键之处在于分阶段控制。

二、施工准备阶段质量控制

在桥梁施工准备阶段,主要任务是科学、详细地了解和分析工程要求、进度及特殊性等等,熟悉施工的外部环境如地质地貌等客观条件,因地制宜地编制工程施工组织设计及技术方案,制定合理的工艺流程以及检验放行的标准,从人员、设备、材料、工艺及施工环境等方面加大力度,保证施工过程在连续、平稳中展开。

施工准备阶段,第一要素为人员保障。建设人员的素质与技术专业对工程建设的质量安全至关重要。尤其需要重视第一线的建设者,工程出自他们。合理调配人力资源,质量安全关键岗位,用专业的人员做专业的事情。各层次质量安全关键岗位人员,还必须有工作追溯制度,才能各负其责。

第二要素,设备的保障。现代化的施工中,将使用大量机械化作业,对关键设备如塔吊、危杆吊等与安全作业密切相关的设备,正式工作前必须进行试运行,并制定严格的作业章程。设备保障也包含实验仪器的配套。如果实验仪器(设备)失效或是量程错误,也将导致实验的系统偏差,造成低级的质量事故。

第三要素,材料与工艺的保障。没有合格的原材料,工程就如麻袋底子绣花,无法保证工程质量。而原材料的保障,首要工作是选择好合格厂家,也就是要做好合格供应商的评定。工艺保障同样是非常关键的一环。科学合理的工艺流程,是质量安全控制的关键因素。举世震惊的凤凰事故,原因之一就是采用了不合格的石材,并采用了不恰当的施工工艺。

三、施工过程中质量控制

1. 结构质量安全控制

桥梁质量安全,很大程度是结构安全。除事前进行严格的结构受力计算、稳定分析与技术管理,并按程序审批之外,还必须在施工过程中设置一系列完整的监控系统,随时调控大桥各重要结构的线形与应力。通过对结构的应力与变形情况观测,对各个阶段重要和关键的结构构件进行严格的结构计算与复核,保证大桥整体稳定性。如果结构失稳,将是群死群伤。

大桥监控中需严格控制桥梁结构每一个阶段的竖向挠度及横向偏移,如有偏差或者偏差较大时,就必须马上进行误差分析并确定调整的方法,为下一个阶段做好准备。

2. 实验控制

实验工作是工程质量的第一个环节。除事前进行实验策划制定好实验标准之外,施工过程中,也要加强实验过程控制,要特别关注各种混凝土配合比等实验设计及原材料检验,加强混凝土质量管理。

首先,严格按照国家建材标准采购材料,特别要关注水泥材料的质量稳定。对于大体积混凝土,要采用水化热低的水泥,按照强度等级、抗渗等级配比混凝土。对于特大体积混凝土,还必须在内部设置散热管。再次,在浇筑混凝土时一定要充分振捣,尤其是腹板内预应力管道比较集中的地方更要做到不欠振、不漏振,确保混凝土浇筑密实。

3. 预应力控制

预应力索张拉是桥梁施工中的关键工艺,对张拉应该实施双控,其实际预应力与设计应力差距应控制在+5%左右;延伸量误差控制在±6%,还要对管道的摩阻影响进行分析;斜拉桥等一些外置拉索张力,相差应该控制在±5%左右。

预应力筋张拉之后的灌浆必须饱满,压浆时间要严格按照规定的时间持荷。一些张拉方面的质量问题在于灌浆不饱满而引起预应力索与混凝土不紧密。

预应力筋张拉在桥梁施工过程中属于特殊工艺,因此在张拉过程中不仅承包方各级质检人员到位,而且需监理旁站。

4. 测量控制

测量工作也是桥梁施工非常关键的一环，各种结构的定位，如果超出误差范围，一旦实物形成，很难纠正，甚至造成大桥无法合龙等严重后果。因此放线定位测量工作要做到准确无误，不能出现丝毫偏差。

测量控制关注之处，是要特别注意按照行业标准进行预控，比如，大直径钻孔桩成孔，钢护筒定位允许偏差只有桩位允许偏差的50%。

在桥墩、桥台施工完成后，要将桥梁的平面位置完全确定下来；而在塔梁等部位的精确测量放样中，还需要注意环境温度，以免放样偏差。

四、精品化技术管理

一个大桥，要作成精品，除以上关键工序要特别注意之外，其他技术与管理也要精益求精。

桥梁在施工中，预制梁片的安装、伸缩缝的施工、桥梁盖梁的施工等，都属于施工中需要关注的地方。

精品化技术管理需要特别做好以下几点：

(1)重在执行——人员管理精细化。在施工过程中，要注重从上至下三级技术交底与培训，加强各部门负责人的执行意识以及专业技能，合理分配人力资源，并尊重专业技术人员，对具体操作人员也需要用不同的方式进行专业技能的教育，要求每一个员工从细节做起，细节决定成败，工程质量安全落于实处，保护企业的生命绿洲——质量安全管理精细化。

(2)赢在质量——要在全员中树立质量安全零缺陷即零成本的理念。不返工就是在创造价值。重大质量安全事故的损害是无法估量的。要严格把守质量安全，加强对施工生产各个环节的管理，使施工过程规范化、标准化，质量管理措施具体化、明确化，责任化。落实保障措施，开展各种质量管理攻关活动，攻克技术上的质量难关，争取保证质量安全的前提下，保证建设投资成本管理精细化。

五、工 程 实 例

1. 湖南矮寨特大悬索桥施工质量安全系统控制

该桥是长沙至重庆公路通道、湖南省吉首至茶洞高速公路跨越矮寨大峡谷的一座特大型桥梁，为吉茶高速公路的控制性工程，是目前世界上跨峡谷塔间跨度最大的钢桁梁悬索桥。

矮寨大峡谷，谷深坡陡，高差达400多米，地质情况复杂。桥型方案为钢桁加劲梁单跨悬索桥，全长约1073.65m，主缆孔跨布置为242m + 1176m + 116m。悬索桥塔间距为1176m(图1)。

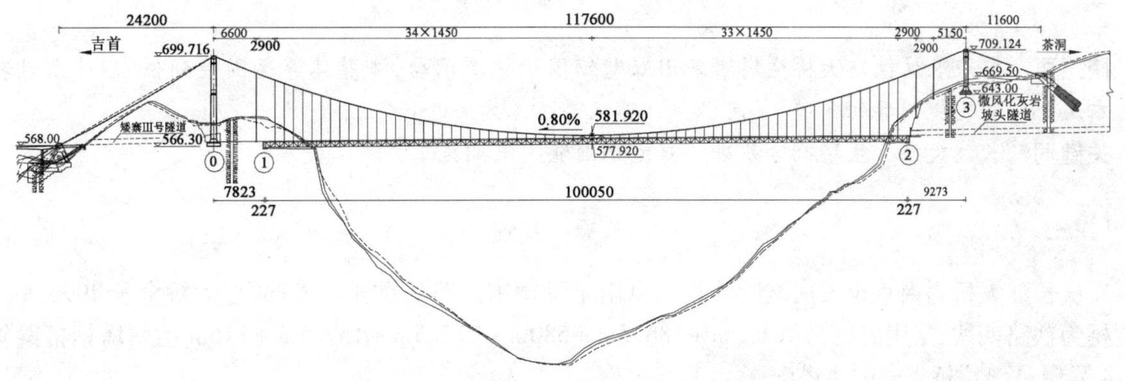

图1 矮寨特大悬索桥(尺寸单位：cm)

矮寨桥，上部构造施工难度业界罕见，42926根小钢丝组成的两根主揽拉起2.8万吨桥身重量，质量安全风险巨大。

在上部结构开始施工前，首先对大桥施工工艺流程做出了严格的规定，对大桥质量安全与评定标准进行了反复而谨慎的专项策划和制定，针对深山峡谷特大悬索桥的工艺特点，对交通部桥规进行了完善与细化。建设过程中，对结构安全的控制流程也非常严格。不仅有专业的监控系统，同时，业主方、监理方、设计方以及施工方，都必须对整体吊装系统的安全与稳定进行验算与层层检查。并且在工程计量款支付流程中，业主实行创新管理，严格落实质量一票否决。在每期业主对施工方的工程计量中，对完工工程进行质量评定，评定合格者，方可拨付计量款。

图2　建设中的湖南矮寨特大悬索桥(2011年12月贯通)

2. 矮寨大桥溶洞与危岩质量安全控制

矮寨大桥地质条件也是该座大桥建设的难点。大桥穿越崇山峻岭，不良地质现象非常普遍，局部岩溶较发育，形成很多地下溶洞，并现成危岩区。

矮寨大桥最初设计方案为隧道，但是在岩溶破碎带，隧道方案容易垮塌，发生安全事故，因此最后决策为现在的特大悬索桥(图2)。针对溶洞灌浆设计配合比和实际地质情况的不符，现场实验室经过上百次实验，根据溶洞容积以及所处地质条件与危岩稳定要求强度，选用水泥浆加卵石的方法，最终溶洞与危岩处理全部达到要求强度。

六、结　　语

湖南矮寨特大悬索桥的施工质量安全系统控制是湖南特大桥梁的初步探索，特大桥梁质量安全控制是个系统性工程，它的探讨与研究任重道远。

参考文献

[1] 范立础.桥梁工程(第二版)，北京：人民交通出版社，2012.

[2] 郑皆连，等.中国桥梁质量思考.中国公路学会桥梁于结构分会2011年理事会议发言.

72. 安庆长江铁路大桥主塔墩双壁钢围堰施工技术

曹士运[1]　黄太成[2]

(1. 中铁大桥局集团第二工程有限公司；2. 中朝鸭绿江公路大桥项目指挥部)

摘　要　安庆长江铁路大桥主塔墩采用双壁钢围堰施工承台，先整体浮运围堰到位，后建立钻孔平台。本文介绍双壁钢围堰的制造、下河、定位、下沉等施工方法。

关键词　长江大桥　主塔墩　基础　双壁钢围堰　汛期施工　施工技术

一、概　　述

安庆长江大桥是南京至安庆城际铁路和阜阳至景德镇铁路的重要组成部分，大桥全长2996.8m，其中主桥为铁路四线，采用跨度为101.5m+188.5m+580m+217.5m+159.5m+116m的两塔钢桁梁斜拉桥。4号墩是斜拉桥安庆侧主塔墩。

1. 工程概况

4号主塔基础采用ϕ3.4m/3.0m变径钻孔桩基础。承台采用圆形承台，直径51m，厚度为8m。承台顶高程为-6.0m。

基础施工采用双壁钢围堰法，围堰高41.4m，外直径为56m，内直径52m，共分四节段施工。围堰总重4097t，每节平面分块32片。第一节(底节部分)高10.3m；第二节高12.9m；第三节高14.2m；第四节高4m。

4 号墩围堰吸泥下沉施工计划安排在 7～10 月份，该月份内施工水位较高，为洪水的多发季节，水流急，流速快，吸泥下沉工程量大，总吸泥量达到 30000m^3，下沉幅度大，下沉深度达到 12.269m。

2. 地质概况

桥址区位于安庆盆地内，盆地基岩由上白垩统宣南组砂砾岩、泥质粉砂岩、砂岩组成。而本桥址区大部分覆盖第四系全新统冲积层，包括粉质黏土、淤泥质粉质黏土、粉细砂等，东岸垄岗区覆盖第四系更新统黏性土，基岩为白垩系宣南组泥质粉砂岩夹砾岩 、泥岩等。

4 号墩位于河床中，河床高程为 -8.751m，冲刷后实际河床 -15m，施工水位为 +11.78m，水深 20.531m，表部覆盖厚约 18m 粉细砂，上覆第四系地层呈松散～中密状，承载力低，不能作为大桥的基础持力层；下伏泥质粉砂岩等，岩面埋深适中，工程性能较好，微风化基岩是主桥较好的基础持力层（表 1）。

工程岩土设计参数值 表 1

岩 土 名 称	基本承载力[σ_0]（kPa）	井壁与土体的摩阻力 f_i（kN/m^2）	层底平均高程（m）
细砂（松散）		20	-19.73
细砂（中密）	210	40	-24.20
中砂（中密）	370	60	-27.14
弱风化泥质粉砂岩	300	100	-29.04
微风化泥质粉砂岩	400	160	

3. 水文情况

本桥设计洪水位为 +17.645m，常水位为 +9.545m，最高通航水位为 +16.505m，最低通航水位为 +1.845m。10 年一遇洪水位 15.88m。一般每年 5～10 月为汛期，11 月～次年 4 月为枯水期（表 2）。

历年实测最高水位：16.80m（1954.08.1，黄海，下同）

历年实测最低水位：1.62m（1929.01.20）

平均水位参照表（单位：m） 表 2

月份	7	8	9	10
水位	12.78	11.78	11.18	9.83

二、施 工 方 法

1. 围堰制造、下河

4 号墩双壁钢围堰平面为圆形，制造完成后采用浮吊法整吊下河。

1）围堰制造

钢围堰在钢结构工厂分块制造，在加工厂经试拼并验收合格后利用船舶运输至现场后进行组拼。钢围堰侧板单元件由内、外壁板、隔仓板及水平桁架及竖肋等部件组焊成型。为保证外轮廓尺寸的准确性及控制焊接质量和变形，借助于胎架组拼及施焊。胎架应具有足够刚度，以防止单元构件在组焊过程中变形；各胎架的精度应力求一致，以保证不同胎架组焊出来的产品其尺寸具有一致性。

分片焊接顺序：内外围壁正反面焊缝焊接→内结构焊接→内结构与外围壁焊接→翻身→内结构与内壁焊接。

2）钢围堰现场整体拼装

底节现场拼装位置选用在桥位 6 号墩下游侧 350m 处的浅水区，利用三艘 1500t 平板驳（船长 75m、宽 13m、型深 3.5m，两头有生活住房及抛锚房，中间甲板长 56.0m）搭建底节钢围堰拼装平台（见图 1），在平台上进行底节围堰拼装。拼装起吊设备为 250t 浮吊和 50t 浮吊各 1 台。

3）底节围堰下河

根据钢围堰底节重量，选用镇航工 818 号 1200t 浮吊起吊下水。吊点设计时以尽量减少对围堰结构的影响为基本思路，设计 8 个吊点，起吊时采用 4 根吊索对称悬挂在 2 只主钩上。

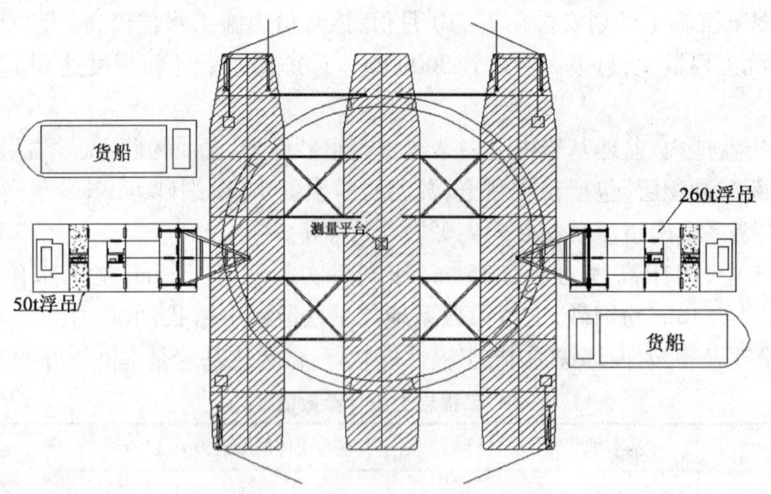

图1　底节钢围堰拼装布置图

施工作业流程为:浮吊抛锚定位→调整角度→落钩连接→起吊→下放→浮推就位→定位锚辅助挂缆→浮吊退场。

围堰起吊后,利用安装好的围堰平台临时锚固系统及1200t浮吊的绞锚系统,分别将围堰拼装平台和1200t浮吊向安庆侧及池州侧各平移30m,下放底节钢围堰至围堰底口接近水面,将围堰与驳船平台侧面的将军柱用缆绳连接,边下放围堰边收紧缆绳,直至围堰下放至水面呈自由漂浮状态,待围堰与拼装平台连接牢靠后,再松吊钩。

2. 围堰定位

4号墩钢围堰采用无导向船的前后定位船及自身的边锚锚碇系统定位。底节钢围堰浮运前,前后定位船应抛锚初步定位,待底节钢围堰浮运至墩位附近后,进行第二阶段抛锚定位,并将围堰调整至设计位置。

3. 围堰浮运

4号墩围堰底节在桥址下游350m处下河后,浮运至墩址处定位,其余三节在墩位接高安装。

浮运步骤:

(1)主拖及帮拖就位,解除导向船临时锚碇。

(2)在海事和河道部门的维护下,由拖轮拖曳底节钢围堰沿预定航线开始浮运。

(3)按照图示线路(图2)浮运至后定位船处,脱离池州侧拖轮,临时固定于后定位船将军柱上。

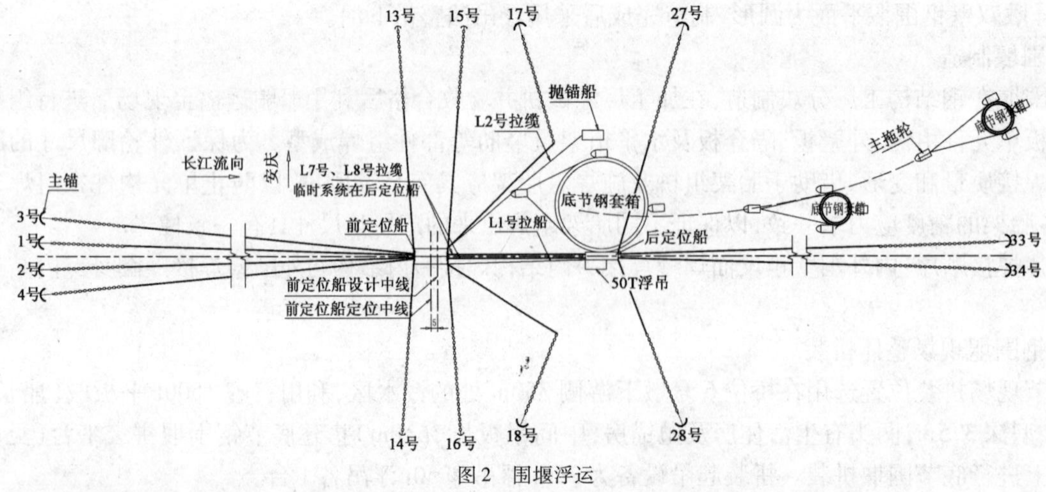

图2　围堰浮运

(4)利用停靠在池州侧的50t浮吊将拉缆1号过至围堰上,将18号、28号锚绳从后顶位船过渡到围堰上。

(5)脱离主拖及安庆侧拖轮,利用抛锚船辅助将拉缆2号、17号、27号锚绳过渡到围堰上。

(6)将后拉缆9号、10号后定位船上,抛锚船抛19号、20号、25号、26号边锚并经围堰马口过至前、后定位船。

(7)后定位船溜放至设计位置,初步收紧边锚、拉缆,调整围堰位置。

(8)抛围堰剩余锚碇(见图3)并将锚绳过至相应位置系结,全面调整各锚绳、拉缆,对锚碇系统逐级施加预拉力,精确定位钢围堰。

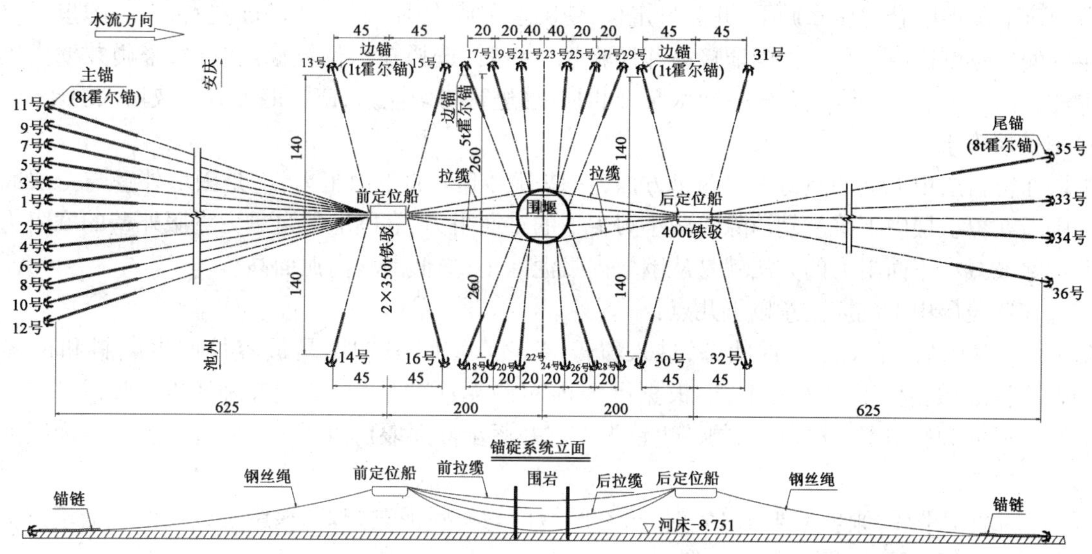

图3　锚碇系统布置图(尺寸单位:m)

4. 围堰下沉

4号墩双壁钢围堰下沉施工方案采用在围堰上布设6台吸泥机,围堰内对称布置吸泥管道,以避开其他机械设备为原则。围堰内采用两台每小时250m^{3}的吸砂船进行空气吸泥下沉,空气吸泥下沉到21m后,进行清基封底,完善基础施工工作。

1)下沉计算

下沉计算详见表3。

4号墩钢围堰下沉计算表　　表3

项目	围堰底口高程(m)	围堰入水高度(m)	排出水体积(m^3)	与土接触高度(m)	摩阻力(kN/m^2)	土阻力(kN)	浮力(kN)	需要灌水重(kg)	需要灌水高度(m)	内外水头差值(m)
刚着床	-16.74	22.14	7163	0	20	0	71627.23	4525572	16.681	7.56
入泥2m	-18.74	24.14	7841	2	20	7033.60	78409.63	5907172	21.774	4.47
入泥4m	-20.74	26.14	8519	4	20	14067.20	85192.03	7288772	26.866	1.37
入泥6m	-22.74	28.14	9197	6	20	21100.80	91974.43	8670372	31.959	-1.72
入泥8m	-24.74	30.14	9876	8	20	28134.40	98756.83	10051972	37.052	-4.81
入泥10m	-26.74	32.14	10554	10	20	35168.00	105539.23	11433572	42.144	-7.9

2)水中下沉

围堰在着床之前,处于悬浮状态,此阶段的围堰在水中下沉较容易。围堰接高,验收合格后,向井壁内灌水,克服水的浮力,并根据围堰位置情况调整好拉缆及围堰边锚的受力,围堰即可平衡下沉。围堰接高是按照对称拼装的原则,对应块段同时安装。在向围堰井壁内注水时,也应遵循对称加载的原则,对称的隔仓同时灌水,且流量一致,以防围堰倾斜。在向隔仓灌水时控制相邻隔仓的水头差不大于2m。

3)精确定位、着床

受到水流速度、围堰处河床的冲刷和淤积等不定因素的影响,围堰的精确定位和着床在围堰下沉过程中起到决定性的作用。在着床前应仔细测量围堰四周一定范围内及围堰内外的河床高程,并绘制出河床等高线图及上、下游剖面图。根据测量的河床最新资料,确定着床时对策。如上、下游高差过大,可利用吸泥机局部抽吸整平河床。

着河床前围堰隔仓内压水调平,并测量定位,使围堰刃脚在河床面上0.5m左右,中心的里程符合规范规定的偏差范围以内。顶节钢围堰接高并经验收合格后,选择在水位较稳定时段,采用井壁内迅速注水加重的方法下沉。每个隔仓布置一台水泵,同时开动进行均匀注水,使围堰刃脚尽快切入河床。

4)覆盖层中下沉

围堰在覆盖层中下沉的阻力来自两个方面,一是刃尖下土的正面阻力,二是围堰外壁与土层间的摩阻力。围堰在覆盖层中下沉就是消除或减小刃尖下的正面阻力,靠围堰的自重力克服外壁的摩阻力而下沉。而消除或减小正面阻力的方法就是从围堰内吸泥除土,降低围堰内泥面高程。

围堰在覆盖层中下沉应注意以下几点:

(1)围堰着床后,结束了悬浮状态,进入覆盖层下沉施工,其初期是最容易产生倾斜和位移的阶段,应以调平、纠偏、校正位置为主,要根据围堰内实测泥面的情况,决定在围堰内的吸泥部位。吸泥部位应视围堰的倾斜情况,使围堰高的一边首先下沉并逐步使围堰顶面调平,要一面测量,一面吸泥调平下沉。

(2)当围堰调平后,倾斜率小于1%时,可在围堰内均衡吸泥,这时围堰中心处泥面可低于刃尖2m,刃尖处泥面应与刃尖平齐,不宜低于刃尖。

(3)在下沉过程中,要不断调整围堰的倾斜和位移。在纠正倾斜和位移前,应先摸清情况,分析原因,然后采取相应的措施。

(4)纠正倾斜的方法一般都是采取在围堰倾斜的一侧单独进行吸泥,即在围堰高的一侧吸泥,使泥面降低,消除了正面的支承,使围堰高的一侧下沉量大于低的一侧。但这种纠正倾斜的方法,如果掌握不当,即成为“矫枉过正”,使围堰形成交替倾斜的状况,因此,纠正倾斜时,必须十分注意。

(5)为了避免围堰产生倾斜和位移,围堰外四周河床高差不宜过大。如发现高差过大情况后,应立即采取抛石防护及整平河床等措施,并应注意将吸泥机向河床较低处出泥弃土。

(6)钢围堰在下沉过程中和下沉完毕后,将引起水流流态的变化,导致主墩附近河床加快局部冲刷,故此在泥吸下沉中容易出现砂涌。大量翻砂将会引起严重的不良后果,一是可能造成围堰倾斜,二是由于流砂急骤涌入围堰内,围堰内部水头迅速上升,形成围堰内外水头高差悬殊,使围堰破坏。因此在围堰下沉过程,应尽量避免翻砂现象的发生。

(7)及时掌握围堰内的吸泥浓度及泥面高差,吸泥时每2小时测一次围堰内泥面高度,并根据围堰内中的泥面情况绘制等高线图及时分析,随时调整吸泥部位。

(8)保证对围堰内的补水,保持围堰内外水头平衡或围堰内水头略高于围堰外。值班人员应随时观察围堰内外水位高度,围堰内水头不得低于围堰外。

(9)为指导围堰下沉,必须做好记录工作,将围堰下沉的有关资料随时记录在专用的记录表中。为了及时掌握围堰下沉动态,在吸泥下沉时,对围堰的刃脚高程、倾斜率、位移,围堰内外水位、围堰外河床面高程等数据测量记录,并对数据进行综合分析。

安庆长江铁路大桥4号墩围堰在2009年10月2日制造安装完成,开始精确定位下沉,到2009年10月17日下沉到位。在下沉过程中由于围堰处河床面的冲刷和淤积,围堰刃脚处上下游河床高差达到6m。综合分析围堰处河床及地址情况后,在着床前采用一艘吸砂船在围堰下游位置对河床进行平整。采用吸砂船对河床进行平整效果较好,与采用吸泥机方案相比效率大大提高,在三天内完成了对河床的平整工作。此围堰由于平面尺寸特大,吸泥下沉工程量庞大,吸泥下沉时对方案不断进行比选优化,采用在围堰内布设6台直径273mm吸泥机和一艘吸砂船的综合施工方法。吸砂船在围堰内吸泥时机动灵活，在吸泥时不用起重设备配合工作，效率较高。采用此法施工日均完成围堰下沉深度达到0.82m，大大缩短了围堰吸泥下沉的施工工期，降低了施工成本。

三、结　　语

安庆长江铁路大桥4号墩双壁钢围堰为同类围堰之最，在汛期下河、浮运、定位、吸泥下沉、精确就位的成功实施，有力地保证了深水基础施工的顺利进行，为以后此类围堰的施工提供了参考，特别是在有汛期围堰施工要求的时候提供了宝贵的施工经验。特别注意的是，汛期在围堰精确定位和着床下沉过程中，围堰位置完全靠前后定位船和围堰边锚系统控制，因此在围堰锚碇设计和施工中必须充分考虑锚碇系统受力安全。围堰定位过程中要根据水位的涨落等情况及时调整锚缆的长度，使锚碇系统始终处于良好的受力状态。

73. 安庆长江大桥钢梁架设关键控制技术

曹士运　黄太成
（中铁大桥局集团第二工程有限公司）

摘　要　安庆长江大桥主桥采用(101.5+188.5+580+217.5+159.5+116.0)m双塔钢桁斜拉桥，全长1363m，主梁为三片主桁的钢桁架结构。全桥钢桁梁均采用散装法施工，无索区采用浮吊在满布膺架上安装，主桥采用架梁吊机对称施工。本文介绍该桥钢梁架设技术措施、钢梁线形控制、高栓施工控制、合龙技术。

关键词　斜拉桥　三片主桁钢梁　钢梁架设　合龙　施工技术

一、概　　述

安庆长江大桥主桥采用101.5m+188.5m+580m+217.5m+159.5m+116.0m双塔钢桁斜拉桥，全长1363m。主梁为三片主桁的钢桁架结构，主桁中心距2×14.0m，桁高15.0m。主塔为钢筋混凝土结构，塔顶高程+204.00m，塔底高程-6.00m。斜拉索为空间三索面，立面上每塔两侧共18对索，全桥216根斜拉索（图1）。

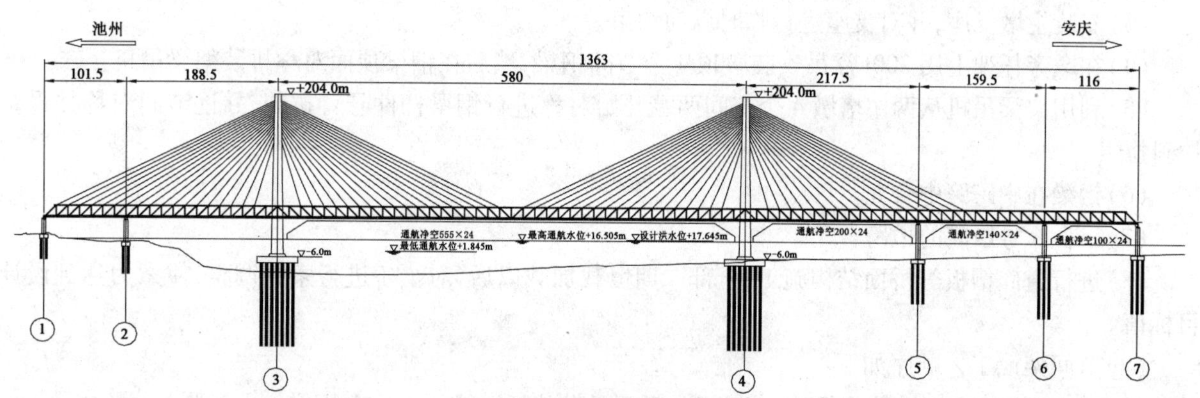

图1　主桥桥式立面布置图（尺寸单位：m）

主梁为"N"字形桁式，横向采用三片主桁结构，横向中心距各为14m，总宽28.0m，桁高15m，节间距14.503m（图2）。主桥位于1号~7号墩间，立面位于线路平坡上。

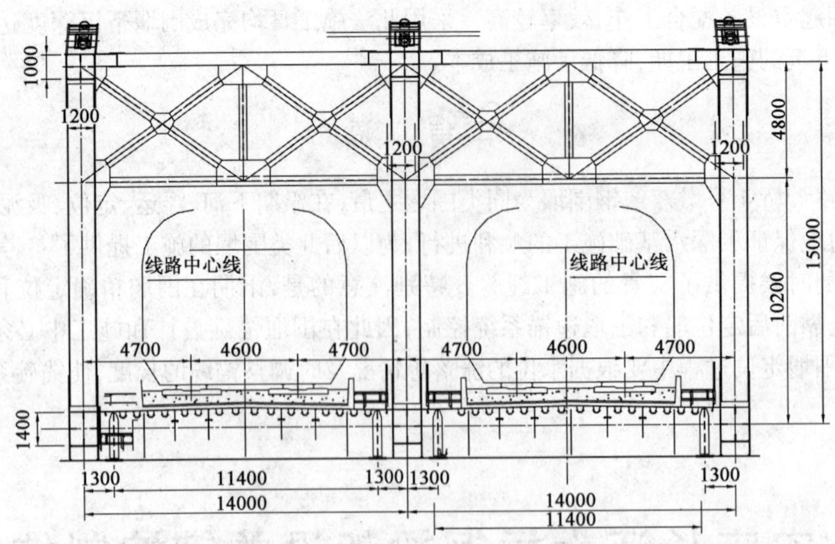

图2　主梁横断面图(尺寸单位:mm)

二、施 工 方 案

全桥钢桁梁均采用散装法架设方案。钢梁杆件在工厂加工,水路运至桥位栈桥处起重码头上岸后再运至钢梁存放场进行存放、预拼。

主塔墩支座处4个节间钢梁采用浮吊架设,有索区钢梁杆件分类预拼后经轨道台车运输至码头下河,船运至水上70t架梁吊机下方,起吊安装(或提升越过钢桁梁上弦从顶面进入下弦桥面,落放在运梁车上,纵向运输至待安装工作面起吊安装)。有索区采用梁顶架梁吊机对称悬臂架设。无索区钢梁采用200t浮吊架设,其中6号、7号墩间8个节间钢梁在满布膺架上安装,6号、5号墩间4个节间钢梁悬臂安装。无索区上游侧钢梁由存梁厂通过运梁车直接运至待架钢梁位置的栈桥上,浮吊起吊架设;下游侧钢梁则通过运梁车运至码头,利用120t码头桅杆吊机起吊至铁驳船,再运至钢梁待架位置,利用浮吊起吊架设。

钢梁架设施工顺序如下:

(1)200t浮吊拼装安庆侧6号墩、7号墩之间边跨无索区8个节间钢梁,压重。然后向5号墩方向悬臂拼装4个节间钢梁。

(2)利用200t吊船分节段安装4号墩墩旁托架及滑道。

(3)安装主墩支座,并对支座进行临时纵向约束。

(4)在墩旁托架上用200t浮吊安装墩顶4个节间钢梁,然后在钢梁顶面对称拼装架梁吊机。

(5)利用架梁吊机从两主塔墩4个节间两端开始对称进行钢梁杆件悬臂拼装,并逐节间对称挂设张拉斜拉索。

(6)钢梁在中跨跨中合龙。

(7)5号、6号墩间的边跨合龙。

(8)进行道砟槽板等桥面结构施工,全部二期恒载加载以后,对全桥进行索力调整,使索力达到设计目标值。

(9)节间架设工艺顺序如下:

有索区(E01~E81)架设:下弦杆→斜杆→竖杆→上弦杆→桥面板→上横梁→上平联;

无索区(E86~E94)架设:下弦杆→桥面板→竖杆→斜杆→上弦杆→上横梁→上平联;

无索区(E82~E86)架设:下弦杆→桥面板→斜杆→上弦杆→竖杆→上横梁→上平联;

合龙时先合龙下弦杆,再合龙斜杆、上弦杆,所有主桁杆件闭合后,安装桥面板、横联、平联。

三、钢梁杆件存放、预拼

1. 钢梁杆件的存放

(1)钢梁预拼场地必须平整、坚实、道路畅通、具有良好的排水系统。预拼场临时支垫及固定台座设置牢固,防止不均匀下沉导致杆件扭曲和倾倒。按规定设置紧固件库房、油漆及工具库、试验室等。

(2)杆件分类按先后架设的顺序排列堆码在固定台座上,杆件底面与地面应留有20cm以上的净空。同类杆件多层推放时,各层间垫块应在同一垂直面上。整体节点杆件只允许单层存放。斜杆叠放不超过3层,其他杆件最多不得超过5层。存放时对主桁弦杆、斜杆应将主桁面内的板竖立,纵、横梁应将腹板竖立,单片或多片排列时,应设支撑或用普通螺栓紧固,杆件相互间应留有适当空间,以利装吊作业和查对杆件号。喷铝拼接板叠放,两板间应留缝隙通风。

(3)装吊作业时,应防止碰撞钢梁杆件。未经许可严禁锤击杆件,防止损伤钢梁焊缝,不得油污杆件喷铝面。为防止整体节点杆件在装卸倒运、翻身过程中操作不当引起杆件的变形,设计专用吊具,制订详细操作细则,严格执行。

2. 钢梁杆件的预拼

(1)钢梁预拼的主要目的是在预拼场内将钢梁组件拼装成单元体,便于架设时在高空对接,减少高空吊装次数。上、下弦的拼接板或填板应在预拼场内预拼完成。

(2)钢梁预拼时按照单元组拼图、钉栓图来清查杆件编号和数量。在基本杆件上标出钉栓长度区域线、起吊重心位置和单元重量。

(3)钢梁预拼及安装冲钉:钢梁节点拼装栓孔为ϕ33mm时,拼装冲钉直径为$\phi32.70^{+0.00}_{-0.05}$,栓孔为$\phi$26mm时,拼装冲钉直径为$\phi25.70^{+0.00}_{-0.05}$,栓孔为$\phi$24mm时,拼装冲钉直径为$\phi23.70^{+0.00}_{-0.05}$。冲钉经过热处理后方能使用。

(4)预拼好的钢梁杆件发送时,应与架设相对应,按架设提供的顺号发送钢梁预拼组件。

(5)杆件预拼后达到下列要求:

①预拼单元重量不得超过吊机额定吊重。

②部件编号、数量和方向符合设计图或预拼图。

③板层密贴情况满足有关规范要求。磨光顶紧范围内接触面缝隙不大于0.2mm。

④栓孔重合率应达到工厂试拼质量要求。

⑤待安装的钢梁杆件和组合单元,在节点板和拼接板位置标出桥上安装的螺栓长度、数量、拼装方向、重量和重心位置,但标示线不得侵入高强螺栓垫圈范围。

四、架设工艺要点

1. 钢梁安装原则

(1)在无索区临时支墩上拼装钢梁时,除保证支架有足够的承载力和预留压缩下沉量外,应特别注意钢梁的拼装拱度曲线。在拼装主桁前一节间时,钢梁在自由状态下进行。即下弦杆前端拼至前一膺架的支点时,钢梁不得受力,与支架支点保持间隙。主桁杆件闭合,节点高强度螺栓100%终拧后,下弦杆前端节点底面与支架支点垫块之间才能用钢板抄死。该节间高强螺栓全部终拧后,再拼装下一节间。

(2)保证钢梁悬臂架设过程中的抗倾覆稳定系数(>1.3),以压重或钢梁自重力进行配重平衡,满足跨中合龙时最大悬臂安装需要。

(3)钢梁中跨边跨悬臂对称拼装。

2. 钢梁安装要点

(1)钢梁悬拼情况下各杆件的吊装顺序。钢梁杆件的吊装除应按施工设计文件办理外,其吊装的顺序应遵循先主桁后桥面联结系、先弦杆后斜杆、先下后上、先装杆件不妨碍后装杆件的拼装、尽快将桁架闭合等原则进行。拼装过程中,两侧悬臂尽量做到对称架设,以求钢梁在悬臂状态下的稳定。

(2)架梁吊机在钢梁上弦每14.5m即一个节间长度移动一次。

(3)钢梁杆件的吊装。为确保钢梁起吊安全和方便架设对位,需设计专用的吊具,如弦杆、斜杆、竖杆、横梁吊具,并且采取措施以方便对位和防止吊点打滑。

(4)杆件拼装时,为保证拼装拱度,需按孔眼总数的50%冲钉均匀分布打入和上足25%~30%的高强螺栓,并作一般拧紧后方能松钩。松钩后立即补足剩余孔眼的高强螺栓,并作一般拧紧。然后将这部分高强螺栓按施拧工艺逐一顺序初拧和终拧。终拧后的高强螺栓检查合格后,用相应油漆做标志。第二步将冲钉换成高强螺栓,并作一般拧紧。一次卸下的冲钉数量,最多不超过冲钉总数的20%。将全部冲钉换成高强螺栓后,按工艺进行初拧和终拧。终拧后的螺栓检查合格后,同样用相应油漆做标志。螺栓施拧应从栓群中心向四周进行,以利板束压平及减少螺栓之间的相互影响。

(5)悬臂架设过程中,为保证钢梁的拱度,要求主桁栓合进度不落后于拼装的两个节间,即正在栓合的节点与正在拼装的节点距离为两个节间。

(6)为增强钢梁总体刚性,减少晃动,断面联结系、上下平面联结系的高强螺栓终拧亦不能落后于拼装进度3个节间(43.5m)。当进入封锁阶段后不能落后于拼装进度两个节间(29m)。

(7)悬臂安装过程中需要对钢梁节点挠度及中线进行测量,要求每安装一个节间,各节点测一次高程、挠度并与计算值比较,同时测一次中线偏差,判断钢梁制造和安装质量,决定锚孔坡度,使钢梁到达前方边跨合龙口时合龙口位置符合设计要求,以便布置起顶设备。

(8)临时支座应设有良好的顶落及纵横移设备。纵横移设备应设置双向顶架,任一面均可施顶,一面顶移一面制动保险。

3. 桥面系安装

(1)本桥拟采用整体钢桥面板,把正交异性板的钢桥面板和主桁的下弦杆焊接连接在一起,桥面板参与弦杆板桁组合结构的受力。

(2)钢梁安装工地焊缝以桥面板的纵、横向焊缝为主,采用单面焊双面成型工艺保证焊缝熔透。钢梁的焊缝尤其是坡口熔透焊,应按规范的要求,经过严格的探伤检查。对于主桁节点板和桥面板焊连部位以及受拉上弦杆与平联节点板焊连的特殊结构细节,应辅以锤击工艺,提高结构的抗疲劳承载能力。

(3)钢梁构件悬臂安装时先拼装主桁杆件,待各片主桁形成闭合三角形后再拼装桥面板构件、平联、横联,焊接桥面板的横向焊缝,安装联结系构件,焊接桥面板的纵向焊缝。考虑到焊缝检测要求,桥面板安装后可适当滞后1~2个节间施焊。

4. 悬臂安装时临时支座设置

斜拉桥钢桁梁双悬臂拼装过程中,钢梁由主塔墩顶正式支座和斜拉索支承。横桥向水平抗风由墩顶永久支座支承。主塔支点处节点板上的临时起顶点作为临时支承点在调整钢梁位移和体系转换时使用。墩顶临时支座应考虑对钢梁的横向约束,以承受风力作用下的横向水平力。

5. 悬臂安装过程中钢梁位置调整

拼装过程中如发现中线偏移和纵向位置有误差,应用墩顶临时起顶处横移设施和调斜拉索予以调整。如发现支座高程有误差,未挂索前应调整到位,避免挂索后调整支座高程。

五、高强螺栓施工控制

高强螺栓施拧采用扭矩法施工,紧扣法检查。施工前进行工艺试验,测量扭矩系数、预拉力损失、温度与湿度对扭矩系数的影响,调整扭矩,确定施拧扭矩,紧扣检查扭矩,复验每批板间滑动摩擦系数等工作。

在施工中,一般拧紧采用臂长55cm的套筒扳手或开口扳手施拧;M24、M30高强螺栓初拧采用PID-1000J型扭矩扳手施工;终拧:M24高强螺栓采用PID-1500型扭矩扳手,M30高强螺栓采用PID-2500型扭矩扳手;不能使用电动扳手施拧的部分螺栓可用1000(N·m)、2000(N·m)的带响扳手施工。

高强度螺栓施拧及检查包括:

1)施拧方法

高强度螺栓施拧方法采用扭矩法施工,施工前做好施拧工艺性试验。其内容如下:

(1)高强度螺栓扭矩系数的测定。

(2)施拧扭矩及检查扭矩的测定。

(3)温度与湿度对扭矩系数的影响试验。

(4)复合应力作用下屈服轴力和破坏轴力试验。

(5)板面滑动摩擦系数试验及群栓试验。

高强螺拴发运工地时,制造厂方应按国标分批提供产品质量检验报告书(含扭矩系数),工地按批号进行抽样复验。扭矩系数试验通过扭矩、轴力仪进行,该设备能同时提供施拧扭矩、轴力值,从而计算出扭矩系数。

板面之间的摩擦系数是影响栓接强度的一个重要因素。架梁前在工地要对板面进行摩擦系数试验,满足$f \geq 0.45$才能架梁。试件随钢梁杆件发运到工地后,立即取一组进行复验,另一组在架梁前夕进行复验。摩擦系数试验通过万能试验机进行。

2)施拧检查方法

高强螺栓施拧检查验收方法采用紧扣法检查及验收。

3)高强螺栓拧紧

高强螺栓拧紧分两步进行,即初拧和终拧。初拧值取终拧值的50%,初拧后对每个螺栓用敲击法进行检查。终拧采用扭矩法,采用电动扳手(不能用电动扳手的部位可用带响扳手)将初拧后的螺栓拧紧到终拧值,考虑到螺栓预拉力的损失及误差,实际使用扭矩按设计预拉力提高10%确定。扭矩值按下式计算:

$$M = K \cdot N \cdot d$$

式中:M——扭矩值(N·m);

K——扭矩系数(按试验的数理统计值);

N——螺栓的施工预拉力(KN)(设计预拉力的1.1倍);

d——螺栓的公称直径(mm)。

上式扭矩系数值,随各种自然及人为因素的变化,跟踪取得试验资料作相应修改,取得各类螺栓在不同温度、湿度情况下的扭矩系数,施工过程中按工艺要求做好施工记录。

对电动扳手,为避免启动时电压波动影响电动扳手输出扭矩的准确性,在桥上铺设专用线路,使其与大型机具电源分开,并配置稳压器。稳压器输出电源线长度一般不应超过20m,防止太长的线路引起电动扳手电压的降低。

六、钢梁架设线形控制技术措施

主桁杆件采用左右对称拼装,并尽快拼成闭合的稳定体系,到达前方墩顶时,单桁三角形一个节间先行闭合,以作保险。悬臂架设过程中,主桁高强螺栓终拧进度不得落后拼装部位两个大节点,上平联、横向联结系不得落后三个大节点,这样可以保证钢梁的拱度和钢梁的中线及架设的横向稳定性。

每架设一个节间,进行一次中线和挠度测量,并对控制杆件的应力、吊索拉力的增量等进行全面的检测,并与计算资料对比。

1. 墩顶4个节间架设

(1)钢梁托架需经过检查验收,确认其质量符合设计和现行钢结构施工规范。

(2)落梁时一端先落在固定的滑座上,另一端接着落在另一滑座上,经测量中线基本符合即可松钩。

(3)下弦杆应落放在临时固定的滑座上,确保不滑动。竖杆、斜杆件吊装到位,应与弦杆牢固连接,并且侧向拉结缆风稳定后,才可松钩,开始其他作业。上弦杆件吊装到位,应与斜杆、竖杆牢固连接,整片桁架拉结缆风临时稳定。

(4)同一端起落时应采用类型和台数相同的千斤顶,施顶过程中主桁应力求在同一平面,最大高差不得大于20mm,否则应予调整。

(5)整体滑道要按照设计拼装线形布置,要满足一定的平整度、轴线、高程要求,拼接处要圆顺过渡。其质量要求如下:滑道与设计中线偏差:20mm;两侧滑道高低差:10mm。

2. 悬臂架设节间

为保证钢梁在架设中拱度良好,每架设一个节间,均应测绘拱度曲线。

为减少桥梁中线偏差,避免钢梁旁弯,每架设一个节间,均应测绘桥梁中线;注意施工荷载对称;两侧主桁高强螺栓施拧顺序先后倒换;挂索先后要间隔变动;索力误差要经常调整;注意气温和日照的影响;为了确保主跨合龙能够顺利进行,随时调整中线,调整方法视其偏差情况而定;双悬臂拼装钢梁,要求梁上荷载尽量做到均匀对称;拼装过程中如发现中线偏移和纵向位置有误差,可用墩顶临时起顶处横移设施或调斜拉索,予以调整。

索力调整根据监控指令在设计规定范围内进行。调整时要按设计要求顺序,逐步张拉到位。架梁吊机在回转操作时,应确保不碰撞已经安装好的斜拉索。斜拉桥架设过程中应对钢梁、桥面板、斜拉索以及主塔应力及变位进行全面监控,监控以应力为主,线形为辅,为此在架设过程中,应注意分析研究监控资料。

测试应力及变位,应在钢梁温度均衡时进行;钢梁拼装的测量和监控工作应及时准确,每安装一个节间钢梁,监控组就应测量一次钢梁中线、各节点挠度、斜拉索索力、钢梁主要杆件应力及主塔变位从而判断安装质量。

七、合龙措施

钢梁应在无应力状态下合龙。通过调整支点的高程和利用支点处纵横移设备,根据钢梁现场实际状态情况,在计算指导下合龙。

(1)初调:左右两侧梁段悬拼出一定空间,在反力不大的情况下,应通过桥墩顶面上的位移调整设施,按预计设计闭合点的高程和纵横向错位,对钢梁进行一次位移调整。

(2)精调:精调是装入合龙杆件前的精细调整工作。合龙时应先将一侧梁段调整到设计合龙位置,安放好固定支座。其后只允许悬臂端作高差上的调整,另一侧梁端仍可在墩顶上作纵、横、竖三向调整。

①纵调:当合龙口纵向距离相差较多时,可在支点处对钢梁进行纵移;当合龙口纵向距离偏差不大而又可以通过两跨温差变化进行调整时,就不需要动用纵移设施。

②竖调:主要通过调整支点高程来实现。

③横调:可在上平联或下平联平面上相应地加一对水平力进行调整。

八、结　语

宁安城际安庆铁路长江大桥主桥钢梁安装受大跨度悬臂架设三桁结构刚度差、架梁吊机各支点三桁反力差、安装杆件不对称、施工偏载、塔梁同步施工等影响,安装线形控制难以把握,高强螺栓施工质量控制要求高,经建设各方的共同努力,严格过程控制,发现偏差,研究对策,及时调整和控制,确保了钢梁安装质量,为钢梁的顺利架设和钢梁合龙创造了有利条件。主跨钢梁合龙打破了常规的合龙方法,采取调索与钢梁预先纵移调整为主要手段,利用顶拉装置、温差等进行微调,实现了大跨度钢桁梁无应力状态下高精度合龙,合龙点中线偏差小于8mm,质量优异;边跨钢梁采取索力调整、顶落梁、钢梁纵横移调整为主要手段,利用顶拉装置、温差等进行微调,在短时间内实现了三桁结构钢梁多点同步精确合龙(全部杆件合龙完成用时3天)。安庆铁路长江大桥主桥钢梁的架设为大跨度三桁梁钢结构桥梁的施工提供宝贵的施工经验,特别是大跨度钢梁架设线形控制、三桁架设高差控制、高强螺栓施工控制、钢梁多点同步合龙施工工艺。

74.崇启长江大桥主桥钢箱梁底板单元制造技术

王　娟
（中铁山桥集团有限公司）

摘　要　本文介绍了崇启大桥主桥钢箱梁底板单元半成品、成品的加工工艺以及关键工艺等内容。
关键词　崇启大桥　底板　板单元　加工工艺

一、工 程 简 介

崇启大桥主桥采用102m+4×185m+102m=944m六跨钢连续梁桥，是目前国内该种桥型的最大跨径。桥面纵坡为2.8%，全桥均处于$R=25000$m的圆弧竖曲线上，梁高采取二次抛物线，主跨、次边跨自跨中向两端逐步由4.8m变化为9.0m，边跨自次边跨由9.0m逐步又变为3.5m。主桥跨度布置图见图1，主桥效果图见图2。

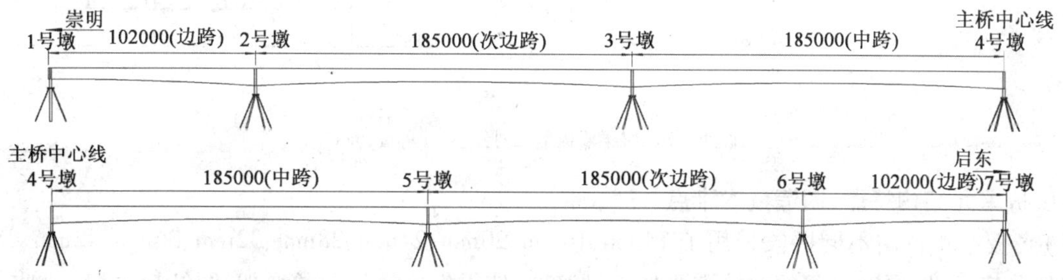

图1　主桥桥跨布置图(尺寸单位:mm)

主梁采用双幅变截面直腹板连续钢箱梁，全桥梁宽33.2m。横桥向分左右两幅。钢箱梁顶、底板为正交异性板结构，并设置U形肋、T形肋和板式加劲肋；横桥向设置两道腹板，腹板采用了板式加劲肋加劲；横隔板采用实腹板式和桁架式两种形式，桁架式隔板设置V形或X形横撑，横隔板间距5.6m，两道横隔板之间设置一道横肋，腹板外侧横隔板和横肋对应位置均设置挑臂，见图3。

图2　主桥效果图

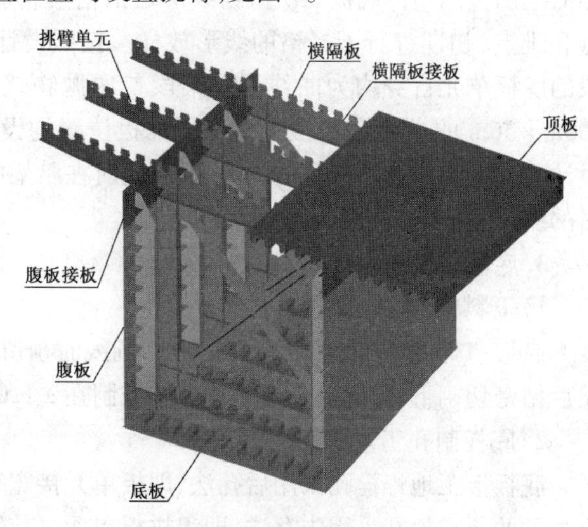

图3　崇启大桥主桥钢箱梁梁段直观图

二、底板单元制造工艺

1. 底板单元的划分

底板全宽7572~7656mm不等，横向划分为三个板单元，中间块板单元宽2500mm，两边块板单元2536~2578mm不等。这样划分板单元，满足技术规范和设计要求，综合考虑了供料、运输及批量生产等因素，尽可能将板单元做大，以减少其种类和数量及拼接工作量，见图4。

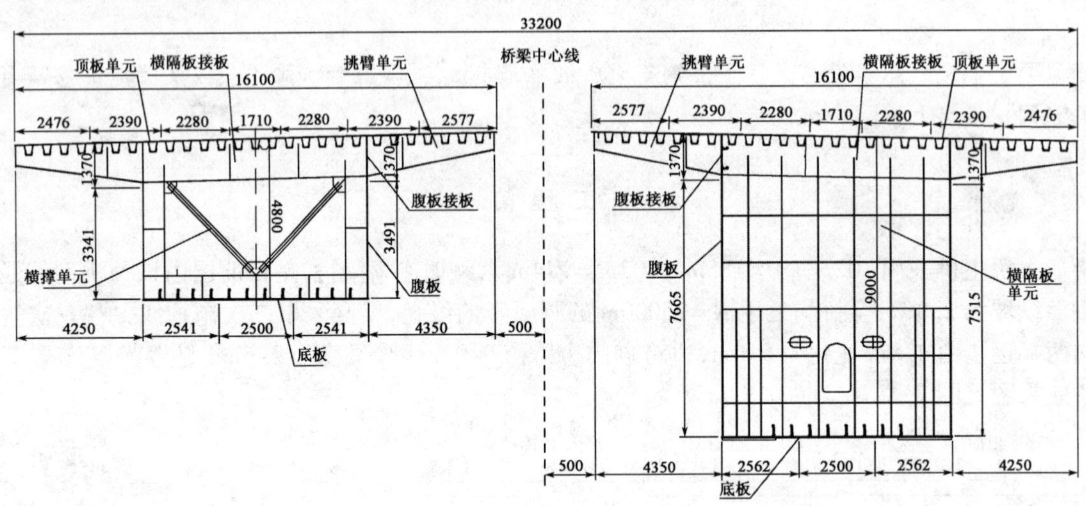

图4 钢箱梁梁段板单元划分(尺寸单位:mm)

2. 底板单元结构特点、制造技术难点

(1)底板在顺桥向不同区段采用了14mm、16mm、20mm、24mm、28mm、32mm、36mm、42mm、48mm九种不同的厚度，不同厚度之间的对接需要加工过渡坡，使得板单元的种类增加，图纸量也相应增加。

(2)梁段底板采用板肋加劲，基本间距600mm，加劲肋厚度根据其所支承底板厚度的不同，在14~32mm之间变化。不同厚度之间的板肋连接时，需要将厚板内侧加工成端头1:8的斜坡。为便于底板加劲肋加工，底板上缘保持平齐。

(3)由于该桥桥面纵坡为2.8%，全桥均处于$R=25000$m的圆弧竖曲线上，梁高需采取二次抛物线。如何准确控制箱体底板二次抛物线形是钢箱梁制造工艺的重点，也是难点所在。为解决这一工艺的重点和难点，初期进行了严格的线形放样。按照设计的梁段划分，除主墩墩顶节段底板为折弯外，每个梁段的底板单元自身均为曲线形。梁段二次抛物线形主要是通过总拼胎架进行控制的，为此开辟一条200m×36m的拼装胎架，在对应梁段隔板位置均设置有支撑横梁，横梁间由纵梁加固，在横纵梁上有与设计二次抛物线形相拟合的线形牙板，同时在胎架中考虑纵横向预拱度，通过牙板线形来控制梁段制造时的线形。

3. 底板单元的生产加工流程

1)下料精切

底板、T肋等构件均采用精确画线，画线时预留厂内焊接收缩量和火焰矫正收缩量以及二次配切量，然后精密切割下料，确保下料尺寸公差控制在±1.0mm。

2)底板制孔工艺

底板上工地螺栓孔采用后孔法，即板单元接宽纵缝施焊完成后，肋板朝下用大拼接板划线投钻孔；其上加劲肋板螺栓孔采用先孔法，即组拼板单元之前钻孔，组装时依据横基线组装，要求组装严格控制孔到基线的距离；底板及其加劲肋的拼接板制孔采用先孔法钻孔，另外留10%的拼接板钻一头孔，另一头孔根据现场情况画线卡样钻孔。

4. 底板单元的组装工艺

顶板单元组装示意见图5,成品见图6。

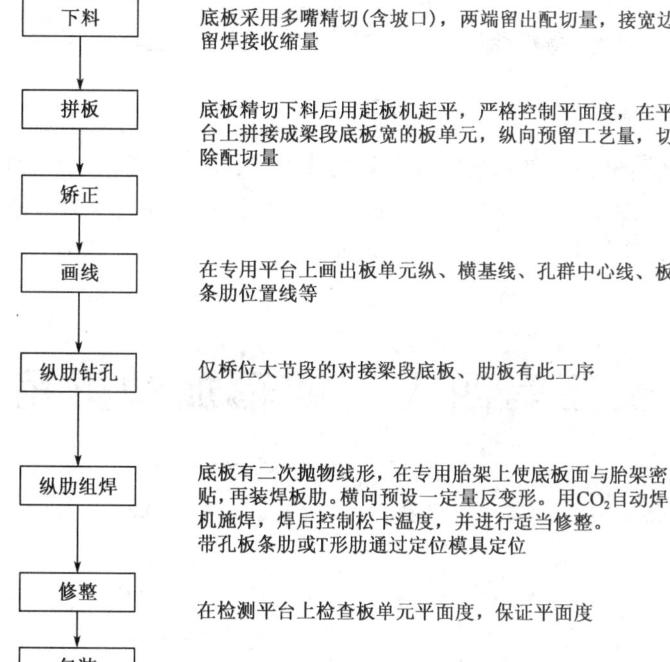

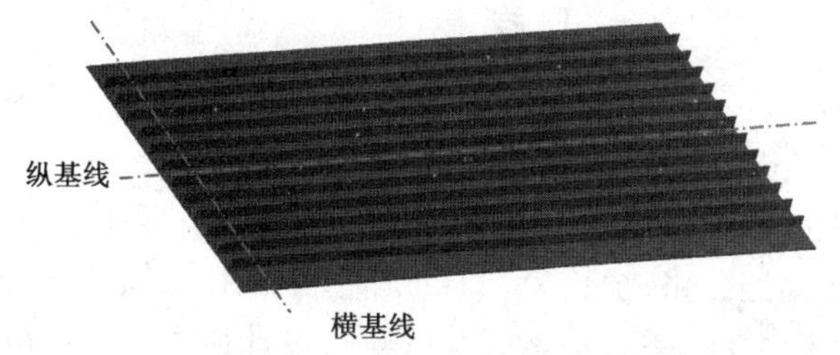

图5 底板单元加工流程

写号处 样冲点 留二次切头端
纵基线
样冲点 样冲点
横基线
基准头
样冲点 基准边 写号处
200不焊 +10 +5 f-拱度 200不焊

图6 底板单元组装示意

图7 底板单元成品示意

(1)组装前必须熟悉图纸和工艺,认真核对零件编号、外形尺寸和坡口,确认符合图纸和工艺要求后方可组装。

(2)组装前必须彻底清除待焊区的浮锈、底漆、油污和水分等有害物。

(3)用底板线形胎检测线形及修形。

(4)折弯处底板两端弯起不同,组装时注意板肋对号入座。

(5)板单元修整后,对油漆脱落的部位补涂车间底漆。

(6)组装后,用样冲在基准头与基准边相交一角处打上工单号、板单元号、生产序列号。

三、结 语

针对崇启大桥主桥钢箱梁底板单元结构特点和制造难点,并结合我厂几座大桥钢箱梁底板单元制造的成功经验,通过本桥试验梁段的制造和正式产品的批量生产,验证了此工艺流程的合理性、适用性及可操作性,为崇启大桥主桥钢箱梁底板单元优质、高效地大规模生产奠定了基础。

75. 南京长江第四大桥钢箱加劲梁吊装技术

雷 欢[1] 许 垒[2]

(1. 中铁武汉大桥工程咨询监理有限公司;2. 中交第二航务工程局第四工程有限公司)

摘 要 介绍了南京长江第四大桥钢箱加劲梁吊装技术。南京四桥共有144个制造梁段(吊装梁段142个),其中标准梁段125个,单个节段长15.6m,顶面宽度为38.8m(含风嘴),中心线处梁高3.51m,重约251.4t;特殊梁段19个,最大节段重约286.8t。中跨钢箱加劲梁采用液压提升式缆载吊机吊装,南、北边跨采用卷扬机提升式缆载吊机吊装。

关键词 悬索桥 钢箱梁 缆载吊机 静载试验 吊装 匹配 合龙

一、工 程 概 述

南京长江第四大桥位于南京长江二桥下游10km处的石埠桥附近,距长江入海口320km,是国务院批准的南京市城市总体规划中"五桥一隧"过江通道之一,是沪蓉国道主干线——南京绕越高速公路的过江通道的重要组成部分,由跨江大桥和两岸接线工程两部分构成,北接宁通和沿江高速公路,经石埠桥跨越长江,南接312国道和南京绕越高速公路,全长28.11km。主桥采用双塔三跨悬索桥方案,高速公路标准,双向6车道,大桥桥面宽度为33.00m(不含吊索区及风嘴),设计最高通航水位7.98m,设计最低通航水位0.44m。大桥主桥由五跨组成,由北往南依次为:北锚跨、北边跨、中跨、南边跨、南锚跨。成桥状态时,跨径组成为:20.726+576.2+1418+481.8+19.966=2516.692m。主缆在成桥状态下的中跨垂跨比为1/9.003,两根主缆中心距为34m。主桥桥型布置见图1。

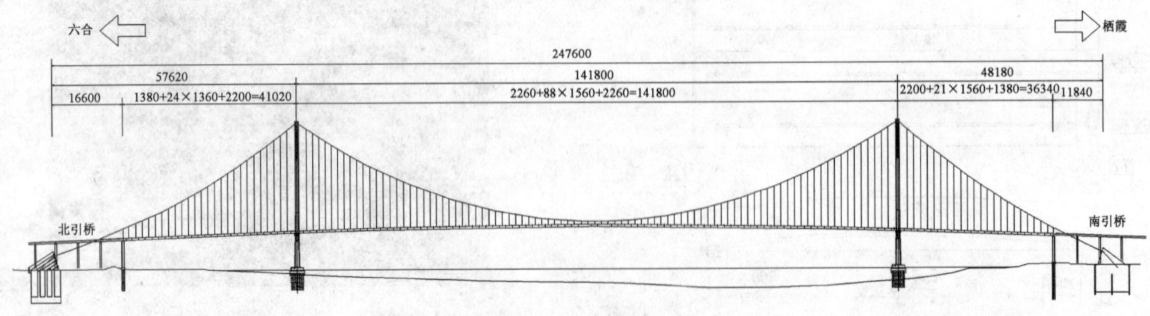

图1 钢箱梁横断面示意图(尺寸单位:cm)

钢箱加劲梁为全焊扁平流线型封闭结构,全长2189.6m,共划分为9种类型(A、B、C、D、E、F、G、H、I),144个制造梁段(吊装梁段142个),其中标准梁段125个,重约251.4t;特殊梁段19个,最大节段重约286.8t。钢箱梁节段间的连接采用全断面焊接方式。钢箱梁顶面宽度为38.8m(含风嘴),中心线处梁高

3.51m。标准梁段单个节段长15.6m,设置五道横隔板,间距3.12m,顶、底板设置U肋。钢箱梁设置两道通长腹板。索塔附近钢箱梁设置两道纵隔板,其中C、D梁段设桁架式纵隔板,E~G梁段设实腹式纵隔板。吊索通过销轴连接于腹板吊耳之上,吊索连接区域腹板局部加厚[1]。钢箱梁断面图见图2。

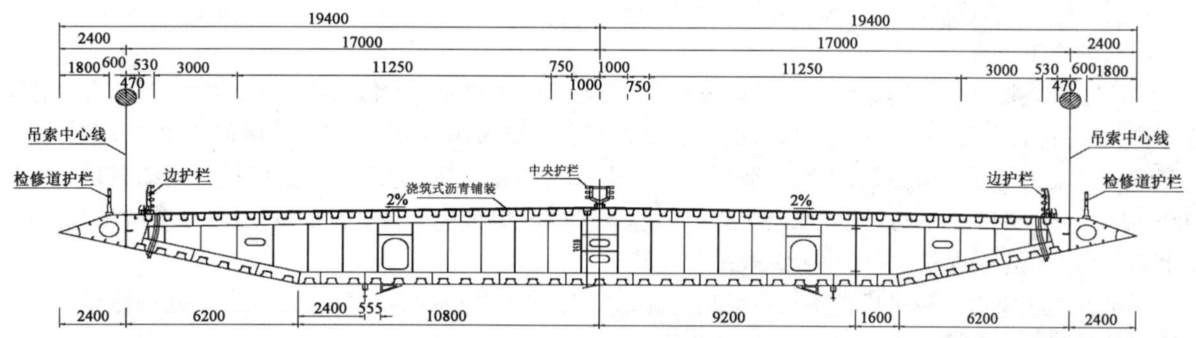

图2 钢箱梁横断面示意图(尺寸单位:mm)

二、钢箱梁吊装施工特点及难点

(1)主跨1418m双塔三跨连续结构钢箱梁悬索桥,为目前国内跨径最大的三跨悬索桥,在同类桥型中居世界第三。

(2)钢箱梁吊装使用卷扬机提升式缆载吊机(边跨)与液压提升式缆载吊机(中跨),这在悬索桥施工中应用尚属首次。

(3)桥位处水面宽,航道水上交通繁忙,钢箱梁吊装期间水域规划及管理要求较高。

(4)钢箱梁吊装时段在11月至次年1月,严寒、大雾天气尤为常见,施工组织和安全生产方面难度大。

(5)边跨处于浅(无)水区域,运梁驳船不能到达,无法采用传统的垂直起吊工艺,需搭设临时栈桥存梁并采用荡移法架设。

(6)边跨存梁需要缆载吊机在主缆上上、下多次行走,安全风险较大。

三、吊装设备

1.卷扬机提升式缆载吊机

卷扬机提升式缆载吊机利用两根装有索夹的主缆作运行轨道,以主缆索夹为承载支点,由两根箱形端梁、一根格构式主梁构成。起升卷扬机安装于主塔下,由导向滑轮引入钢丝绳与机上滑车组相连。行走采用置于塔顶10t卷扬机牵引。主要特点:

(1)采用“四点吊”安装钢箱梁,每台缆载吊机采用2台提升卷扬机,每个吊点由一台卷扬机控制升降,每台缆载吊机上两台卷扬机为二机合一的操纵台,二台卷扬机可同时动作,也可单台动作,电脑动态显示整个钢箱梁吊装过程及每个吊点的受力情况,保证了钢箱梁吊装平稳。

(2)单个缆载吊机重量轻,安装方便。

(3)采用卷扬机提升方式,起吊速度快,操作简单,一般操作人员作一定培训就可安全操作。

2.液压提升式缆载吊机

液压提升式缆载吊机主要构件是液压连续提升千斤顶[2],其构成部件有一个主横梁、两个承重梁、两个步履行走机构、吊具扁担梁、中央控制系统、发电设备、动力设备、2套吊机移动千斤顶。主要特点:

(1)采用双液压马达式收放线盘对钢绞线进行收放,采用可靠的液压提升千斤顶结构,避免钢绞线“窝缸”现象的发生。

(2)采用模块式及轻型结构,便于运输。

(3)系统完全由计算机控制,易于实现同步控制。

(4)吊装时,可以纵向偏转 20°,以便荡移法施工。

(5)实现视频监控和传感器控制相结合。

四、钢箱梁吊装

1. 总体施工方案

钢箱梁安装按梁段结构分为标准梁段安装、塔区无索梁段和邻近梁段安装、端部梁段安装、合龙段安装等;按施工位置分为深水区梁段安装、浅(无)水区梁段存梁及吊装、塔区和过渡墩位置梁段安装[3]。

钢箱梁采用缆载吊机吊装,中跨为液压千斤顶提升式缆载吊机,边跨为卷扬机提升式缆载吊机。除中跨 NJ43 +44、SJ43 +44 两梁段为双节段(两制造节段厂内焊接成一体)吊装,采用两台缆载吊机抬吊,其余梁段均为单节段吊装,采用单台缆载吊起安装。

深水区钢箱梁由缆载吊机直接从运梁船上起吊安装,浅(无)水区及索塔、过渡墩墩处钢箱梁由缆载吊机荡移安装。

2. 静载试验

为了保证钢箱梁在吊装过程中缆载吊机的正常工作,在缆载吊机安装前进行静载试验,以验证缆载吊机的性能。静载试验在船舶上进行,模拟吊机最不利工况下的工作状态,试验荷载为 1.1 倍的最大吊装重量(280t)。

静载试验内容:卷扬机系统运转、钢结构承载能力、连接件应力、控制系统运转等。

静载试验方法为:

(1)将缆载吊机固定于靠近主塔的主缆上,下放吊具,将配重荷载定位后与吊具连接。

(2)仔细检查缆载吊机各部件的连接情况,确认无误后,驱动缆载吊机,缓缓垂直提升配重块。

(3)根据提升机构的测力装置,推算缆载吊机吊点承受的荷载,单点荷载每增加 500kN 时,对缆载吊机各部件进行检查,并做好记录。

(4)待配重块全部由缆载吊机承担,再次检查,并做好记录。配重块离开船舶甲板高度控制在 10cm 内,并稳定 60min,经检查一切正常后放下配重块,缆载吊机静载试验结束。

3. 塔区无索梁段吊装

塔区无索梁段位于索塔下横梁上方,共三个梁段(E、F、G),梁段分别重 197.1t、214.5t、204.4t,长约 10.5m、9.16m、10.86m。无索梁段 E、F、G 分别位于南、北塔下横梁边跨侧、上方及中跨侧。先由中跨侧缆载吊机起吊中间梁段 F,再由中跨缆载吊机起吊 G 梁段,最后由边跨缆载吊机起吊 E 梁段。

由于 F、G 梁段由中跨侧起吊、向边跨侧荡移,E 梁段由边跨侧起吊、向中跨侧荡移。中、边跨钢箱梁荡移分别通过两台 100kN 卷扬机和滑轮组牵引缆载吊机吊具进行。中跨梁段荡移时,卷扬机布置于过渡墩附近引桥桥面(已预留卷扬机埋件),边跨梁段荡移时,卷扬机布置于塔顶门架[4],通过索夹处转向至 G 梁段临时吊点(G 梁段与塔区支架临时连接),连接于缆载吊机吊具,见图 3、图 4。

图 3　塔区无索梁段吊装

图 4　中跨梁段吊装

4. 边跨存梁施工

因为南、北边跨部分区域处于长江浅滩及陆地，该位置梁段运梁船无法直接运输到位，需采用栈桥、平台临时存储，缆载吊机由存梁支架上直接起吊。

1）栈桥及存梁区

为满足吊装时运输钢箱梁船舶吃水和存梁要求，结合南北桥位处地形、水文情况，北岸设置342m栈桥支架，栈桥前端距北塔约63m，南岸设置158m栈桥支架和58m地基基础，栈桥前端距南塔约141m。

栈桥支架顺桥向设计成两个纵列（上游侧和下游侧）。下游侧栈桥支架利用现有的南北岸临时码头栈桥进行部分改造和加固而成，上游侧栈桥以钢管桩作为基础，在钢管桩顶安装主横梁及分配梁等结构，结合现有栈桥支架结构形式，栈桥标准跨径为12.0m，栈桥宽度为3.5m。临时支架平台顶面高程为+8.35m。南岸陆地地基硬化，并与栈桥顶部基本平齐。

在栈桥横向分配梁上铺设P50钢轨，南岸陆地铺设枕木和P50钢轨，作为钢箱梁移动台车的行走轨道。

2）梁段存梁

根据南、北边跨地形及栈桥、平台布置，南、北边跨钢箱梁存梁梁段为端梁2个梁面（NB1、SB1）、南边跨14个梁段（SA9～SA22）、北边跨22个梁段（NA4～NA25），共38个梁段。

南、北边跨钢箱梁存梁，采用缆载吊机在栈桥前端荡移梁段至栈桥上，通过四台船台小车平移运输至钢箱梁相应位置存储。

3）梁段荡移

南、北边跨钢箱梁分别由缆载吊机在N3号、S8号索夹位置进行起吊、荡移至栈桥船台小车上。具体步骤如下：

（1）边跨缆载吊机移位N3号、S8号索夹位置。

（2）南、北过渡墩承台前两侧各布置两台100kN卷扬机、滑车组系统，作为钢箱梁荡移系统。

（3）运梁船运输梁段至南、北岸栈桥前端，定位。

（4）缆载吊机吊具与钢箱梁临时吊点连接，荡移系统与缆载吊机吊具相连。

（5）缆载吊机提升钢箱梁，至栈桥上船台小车高程上方1.5m左右处。

（6）荡移系统牵引钢箱梁至船台小车上方，将钢箱梁落至船台小车。

4）梁段移位、存储

钢箱梁移位采用四台1000kN自动船台小车进行，船台小车支承点位于钢箱梁横隔板处。

钢箱梁平移到位后，利用船台小车的千斤顶将梁顶起，将钢箱梁落至临时支撑点的钢支墩上，使荷载由支墩承担，然后移开船台小车，继续梁段的荡移和存梁。

5. 标准梁段安装

1）深水区梁段安装

深水区标准梁段主要包括NA3、NJ3～NJ42、NJ43+44、M01、SJ3～SJ42、SJ43+44、SA3～SA8共计90个节段。该区域梁段直接采用缆载吊机垂直吊装。

（1）缆载吊机定位

缆载吊机定位位置应保证钢箱梁起吊后与已安钢箱梁梁段间有30～50cm间隙，以便钢箱梁顺利垂直起吊到位。

（2）箱梁定位

将钢箱梁运输船定位在缆载吊机的吊点下方，定位误差不大于50cm，缆载吊机放下吊具，然后根据缆载吊机吊具位置，通过收放运梁船锚绳进行精确定位。

（3）垂直起吊

①缆载吊机提升钢箱梁，注意观测钢箱梁顶面水平状态，根据观测情况及时进行调整，使得缆载吊机吊点受力均匀。

②当钢箱梁起吊至预定高度，连接钢箱梁与吊索下端，并与相邻已安钢箱梁节段临时连接。

③放松吊具,使吊索受力,移动缆载吊机进行下一节段吊装(见图4)。

2)存梁区梁段吊装

南、北边跨存梁区梁段支承于栈桥支墩或轨道上,缆载吊机下放吊具与梁段临时吊点连接,起吊钢箱梁一定高度后,安装检查车轨道和导流板,缆载吊机提升钢箱梁,与相对应吊索连接。

端梁前H梁段(NA25、SA22)梁段与吊索连接后,在N24号、S21号索夹上与钢箱梁塔侧临时吊点间临时吊挂,保证H梁段平衡。待吊装NA24、SA21与H梁段临时连接后,解除临时吊挂(见图5)。

6. 塔区梁段体系转换

由于塔区E、F、G三个梁段为无吊索梁段,塔区设置竖向弹性支座,钢箱梁为半飘浮体系,塔区三个梁段需由临时支架受力转换为相邻永久吊索受力。塔区梁段体系转换,先将塔区三梁段调整线形、焊接,再吊装相邻D梁段(NA1、NJ1、SJ1、SA1),与塔区三个梁段连接、焊接,并解除塔区支架临时支撑。

1)无索梁段焊接

E、F、G梁段吊装后,支承于塔区支架的临时支座上,支撑点位于梁段横隔板附近。每梁段下设置4个临时支座,临时支座处设置1000kN三向调节千斤顶。根据施工监控提供线形,进行E、F、G梁段纵、横向位置及高程,连接临时匹配件。由钢箱梁制造单位,进行三个梁段间焊缝焊接。

2)D类梁段吊装

钢箱梁吊装至NA3、NJ3、SJ3和SA3及无索梁段焊接后,吊装D梁段(NA1、NJ1、SJ1和SA1)。具体步骤如下:

(1)分别在NA3(SA3)、NJ3(SJ3)梁段布置两台100kN卷扬机、滑车组,作D梁段荡移牵引。

(2)中、边跨缆载吊机移位分别至N2号(S2号)、2号(88号)索夹位置。

(3)运梁船分别运输NA1(SA1)和NJ1(SJ1)梁段、定位。

(4)缆载吊机起吊D梁段至吊索下端锚具高度处,将荡移牵引系统与缆载吊机吊具连接,荡移角度分别为5.6°、5.9°,荡移力为28.1t、29.6t。

(5)荡移牵引D梁段至其相应位置,将D梁段与N1号(S1号)、1号(89号)吊索连接。

(6)将D梁段与N01(S01)、N03(S03)相邻侧上端匹配件连接。

3)D类梁段焊接

根据施工监控指令,待温度合适时段,连接下端匹配件,钢箱梁制造单位迅速连接D梁段与无索梁段,并进行焊接。待梁段焊缝满足设计要求后,解除无索梁段塔区支架临时支座支承,使无索梁段悬吊于N1号(S1号)、1号(89号)吊索。

7. 合龙段吊装

本桥合龙段共有NA2、NJ2、SJ2、SA2四段,均采用牵引预偏的方式合龙,另外两端梁NB1、SB1采用顶推方式合龙。根据计算分析,梁段合龙顺序为:先合龙中跨NJ2、SJ2梁段,再合龙边跨NA2、SA2梁段,最后顶推两端梁NB1、SB1合龙(见图6)。

图5　边跨梁段吊装

图6　梁段合龙

8. 限位索张拉、端梁合龙

中、边跨梁段合龙后,进行端部梁段合龙。在端部梁段合龙前,由于限位索未张拉、安装,H梁段

(N25、S22)与端梁(NB1、SB1)间高差较大,需张拉限位索,将主缆下拉至设计、监控线形,满足端梁与H梁段连接要求。通过千斤顶张拉限位装置底座,完成限位索张拉,调整端梁线形,顶推端梁与H梁段匹配件临时连接,端梁合龙。

1)限位索张拉

钢箱梁吊装完毕后,端梁合龙前张拉限位索。限位索张拉通过限位装置底座的锚杆连接器和张拉千斤顶进行。

2)端梁合龙

端梁在安装时为便于边跨合龙,向岸侧预偏50cm。在中跨和边跨合龙后,张拉限位索,通过端梁支架临时支座处4台800kN千斤顶调整端梁线形。在端梁与引桥箱梁部设置两台1000kN横向千斤顶,将端梁向塔方向顶推与其相邻梁段合龙匹配并临时连接[5]。

五、结　　语

南京四桥从2011年11月2日开始首片钢箱梁(无索梁区)吊装,2012年1月10日钢箱梁合龙,历时70天,刷新了国内钢箱梁吊装施工纪录,还创造单日完成8节钢箱梁吊装施工的新纪录。桥梁总体线形满足设计及桥涵施工规范的要求。根据切身体会,有以下几点经验可供同类工程参考。

(1)施工前要根据工程特点、难点做好施工组织设计及技术、安全交底工作。定人、定岗、定责,工作时各级人员才能通力配合,提高工效。

(2)根据施工总体部署及最大吊装重量,选择工作性能稳定的吊装设备,施工期间设备厂家技术人员全过程参与钢箱梁吊装,以及时发现、解决设备使用中的问题。

(3)中跨梁段吊装施工正处于繁忙的长江航道之上,施工前已向海事部门报备了加劲梁吊装方案及计划,但实际施工时根据吊装工效,每天均向海事部门报告第二天的施工计划,以便海事部门及时调整航道,保障了足够的作业空间。

(4)加劲梁吊装常规方法均为垂直起吊,对于无索区梁段也常常采用垂直起吊,置于滑道上,通过千斤顶顶推来完成梁段安装。但在南京四桥加劲梁吊装施工中,部分梁段吊装均采用荡移法来完成。这种方法既不会对梁段的形状造成不利影响,也有利于提高施工效率。

参考文献

[1] 孟凡超,周山水,等.南京长江第四跨江大桥施工图设计(第二分册 主塔及过渡墩)[E].北京:中交公路规划设计院有限公司,2008.8.

[2] 钱冬生,陈仁福.大跨悬索桥的设计与施工[M].成都:西南交通大学出版社,1999,65.

[3] 中华人民共和国行业标准.JTG/T F50—2011 公路桥涵施工技术规范[S].北京:人民交通出版社,2011.

[4] 周孟波,刘自明,王邦楣.悬索桥手册[M].北京:人民交通出版社,2003,268.

[5] 卢伟,邓亨长,等.西堠门大桥钢箱梁安装[J].公路,2009,1:59~65.

76.港珠澳大桥钢结构防腐涂装关键技术与质量控制

杨振波　师　华　杨海山　胡立明

(中航百慕新材料技术工程股份有限公司)

摘　要　根据港珠澳大桥腐蚀环境特点、钢结构涂层体系设计和涂层性能要求,介绍了该项目在防腐涂装领域的国内首创点以及关键技术,同时系统地阐述了涂料产品质量控制、涂装施工过程控制和涂层质量检验控制。

关键词　桥梁　防腐　涂装

一、引　　言

港珠澳大桥是由广东省牵头粤港澳三地共同建设的特大型交通基础设施，连接香港、澳门、珠海三地，工程规模宏大，受到三地民众、媒体和社会高度关注（图1）。大桥全长49.968km，其中主体工程“海中桥隧”（含桥梁工程与岛隧工程）长35.6km，设计使用寿命120年。作为中国建设史上里程最长、投资最多、施工难度最大的跨海桥梁，项目除了在工程建设质量（Quailty）上精益求精，在健康（Health）、安全（Safety）和环境（Environment）管理体系（HSE）上，与国际标准接轨，提出了严格的要求，由此引发了包括桥梁防腐涂装领域在内的一系列关键技术的创新，这些都有别于国内以往桥梁工程，在中国桥梁史上具有里程碑式的意义。

二、工程腐蚀环境特点与钢结构涂层体系设计

港珠澳大桥位于广东省珠江口外的伶仃洋海域，属亚热带海洋性气候，根据《色漆和清漆钢结构的防腐蚀保护涂层体系第2部分：环境分类》（ISO12944—2），工程所处的大气腐蚀环境为高盐度的沿海和近海地区，属于最高腐蚀等级的C5－M类型。高温、高湿、高盐度以及汽车尾气中的硫、氮等化合物会对大桥的钢结构造成严重的腐蚀。

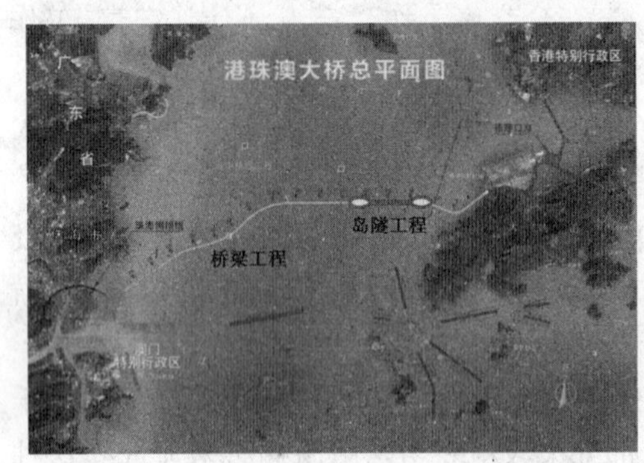

图1　港珠澳大桥总平面图

根据《公路桥梁钢结构防腐涂装技术条件》（JT/T 722—2008），对于C5－M状况下，25年防护寿命的长效防护体系，钢结构外表面一般采用“热喷锌铝＋封闭漆＋环氧中间漆＋氟碳面漆”的设计体系。国内的许多跨海大桥，如厦漳跨海大桥、青岛海湾跨海大桥等都采用了上述钢结构防护体系。

港珠澳大桥桥梁工程钢结构重点部位涂层体系的设计方案请见表1。该体系与以往跨海桥梁工程的最大不同点是采用了环氧富锌底漆来取代热喷锌铝涂层。就底漆的防护性能而言，热喷锌铝涂层（含封闭）是优于环氧富锌底漆的[2]。根据JT/T 722，表1的体系通常用于C4或C5－I这些较弱一些的腐蚀环境。

港珠澳大桥桥梁工程钢结构重点部位涂层体系设计　　表1

部　位	涂装体系及用料	最低干膜厚度	场　地
钢箱梁外表面	二次表面喷砂除锈	$Sa2_{1/2}$级，Rz30－70μm	工厂
	环氧富锌底漆2道	2×50μm	工厂
	环氧云铁中间漆2道	2×100μm	工厂
	氟碳面漆2道	2×40μm	工厂
钢箱梁内表面	二次表面喷砂除锈	$Sa2_{1/2}$级，Rz30－70μm	工厂
	环氧富锌底漆1道	80μm	工厂
	环氧厚浆漆1道	120μm	工厂

之所以采用这样的设计，是由于港珠澳大桥项目作为一个举世瞩目的国际工程，特别关注于HSE体系。由于热喷锌铝过程中，会产生大量的“锌”、“铝”、“氧化锌”、“氧化铝”蒸汽。“锌与氧化锌”蒸汽可能使工人得“锌热病”；而长期吸入金属铝粉或氧化铝粉尘更会引起肺部病变，使工人受到“铝肺”这种职业病的危害。所以在防护体系的底涂层选择中，港珠澳大桥采用了“环氧富锌底漆”来取代“热喷锌铝”涂层。

为了执行严格的HSE标准，在涂料的性能要求上，港珠澳大桥也在国内首次提出了针对性的要求。在桥梁涂装工业漆应用领域，溶剂型涂料的使用仍处于主流地位。该类型涂料以其涂层性能好，施工方

便,可冬季低温下施工等优点,在重防腐领域还很难被水性涂料、无溶剂涂料所取代。但是,溶剂型涂料的 VOC(挥发性有机化合物)造成环境的污染已成为全球关注的重点问题。而国内涂料行业领域,除了在建筑涂料、木器涂料等少数领域之外,对于工业漆的 VOC,特别是桥梁领域用溶剂型涂料的 VOC 指标,还没有相应的国家规范。

而港珠澳大桥国内首次对防腐涂料的 VOC、重金属等环保性指标进行了规定,见表 2。

港珠澳大桥桥梁工程用涂料的环保性指标要求 表 2

序号	涂料品种	项目	技术指标
1	环氧富锌、环氧云铁/厚浆、玻璃鳞片漆	VOC 含量	<350g/L
	氟碳面漆、聚氨酯面漆		<420g/L
2	环氧富锌、无机富锌防锈防滑、环氧云铁/厚浆、玻璃鳞片漆、环氧磷酸锌、氟碳面漆、聚氨酯面漆	铅含量	≤1000ppm
		汞含量	≤1000ppm
		镉含量	≤100ppm
		铬含量	≤1000ppm
		多溴联苯	≤1000ppm
		多溴二苯醚	≤1000ppm
3	氟碳面漆、聚氨酯面漆	游离 HDI/TDI	<0.4%

三、港珠澳大桥涂装工程的创新点

港珠澳大桥桥梁工程钢结构防腐涂装项目有别于国内众多桥梁工程,在确保工程质量的同时,必须兼顾 HSE 的高标准要求。因此,项目在建设过程中,提出了多个创新点:

(1)国内的杭州湾跨海大桥、青岛海湾大桥等大型桥梁的通航孔桥采用钢箱梁制作,而非通航孔桥为混凝土箱梁构造。港珠澳大桥桥梁工程全长 22.9km,通航孔及非通航孔桥将全部采用钢箱梁结构,总用钢梁将达到 42.5 万吨。由于混凝土箱梁可不涂装,但钢结构必须进行防腐保护,这也使港珠澳大桥的防腐施工工程量创下了中国乃至世界桥梁史之最。

(2)通常在进行桥梁钢结构防腐涂装时,底漆、中间漆及第一道面漆均在工厂进行涂装,最后一道面漆则是在钢梁吊装到桥址现场以后,对磕碰处及焊缝处进行补涂,然后进行一次全面涂覆,可确保最终的涂装质量与效果。

由于港珠澳大桥所处的地理位置正好位于中华白海豚保护区,为了防止最后一道面漆在涂覆过程中污染相关海域,从而影响白海豚生存环境,项目要求底、中、面三道涂层必须在工厂一次完成,钢梁吊装到桥址现场后,仅进行涂层损伤处与焊缝处的补涂,这样可最大限度地减少施工过程中涂料的污染。但由于没有最后一道面漆的通涂,会减少面涂层的整体性以及保护及涂装效果,这就要求对传统的涂装工艺进行变革,采用新的工艺。

(3)由于港珠澳大桥在 HSE 方面的高要求,严格规定在工程建设中必须采用降低能耗、改善环境、提高工效、保障施工人员健康的工艺,这样涂装厂房及涂装环境是制约其要求的关键环节。而以往国内桥梁防腐工程防腐分包队伍通常是借用相关方的厂房,但这些厂房的设计是根据相关方自身需求定制的,往往不能满足桥梁防腐在施工过程中高效率、高质量的要求,这也使以往桥梁防腐施工的涂装环境较差,严重影响工人的健康及造成环境污染。

港珠澳项目国内首次将涂装厂房设计及安装连同其报价,交由防腐分包队伍根据招标文件要求实施,从而确保各类除湿加温系统、通风除尘系统、漆雾过滤系统最终形成的环境条件与港珠澳大桥工程量匹配,达到国家标准要求。

(4)项目首次对防腐涂料的 VOC 指标进行了规定。严格意义的 VOC 指标,既包括涂料中的 VOC,也包括施工过程中添加的VOC，这就要求必须采用高固体含量的涂料；同时在施工过程中，必须少添加涂料稀释剂以及清洗用的稀释剂。涂料的VOC低，固含量高，必然导致涂料的黏度增加，施工难度加大，特别是氟碳面漆规定涂装工艺为2×40μm。以往工程中，为了确保1道涂装厚度为40μm左右，在采用高压无气喷涂设备施工时，稀料的添加量往往超过8%，而不考虑VOC的要求。但在港珠澳项目中，这样做已经违背了HSE的要求，必须采用新工艺来解决这个问题。

除上述几个创新点，港珠澳大桥管理局也希望防腐施工队伍主动采用一些新技术，来确保质量与HSE同步，让港珠澳项目成为防腐涂装领域的一座里程碑。

四、港珠澳大桥涂装工程关键技术

1. 涂装厂房与除尘除湿技术

涂装厂房的设计主要为分段式喷砂房、喷漆房（二次涂装房）的设计。根据喷砂与喷涂的对比时效，通常有一喷三涂（一间喷砂厂房、三间喷涂厂房）、一喷四涂、二喷六涂等形式。为了方便杆件在不同厂房的转运，涂装厂房的土建形式通常有车库式、串联式、对开车库式、对开复合式这四种形式。其设计既要体现桥梁钢结构涂装的发展水平，又要以实用为原则，以设计达标、投入较低、运行成本较低、最少的维修频率、最简易的操作方式为目标。涂装设备的配置必须是先进的，合理的。喷砂房的主要设备包括：喷砂系统、收砂系统、真空吸砂系统、局部除尘系统、通风除尘系统与除湿系统；喷漆房的主要设备包括：喷漆系统、漆雾过滤系统、废汽净化装置、通风与除湿系统（图2）。

a)除尘系统

b)除湿系统

c)漆雾过滤装置

d)双缸四枪喷砂机

图2　涂装厂房部分设备

2. 连续加砂喷砂技术

港珠澳大桥将在国内桥梁防腐涂装领域首次应用双缸双枪（四枪）连续加砂喷砂技术，该技术在船舶涂装领域也才刚开始推行。在多台双缸双枪（喷枪）设备上部安装有大型储砂箱，可一次储砂达300t。储砂量可保证砂枪连续数小时不间断施工。喷砂厂房地面有格栅地漏，可将喷出的钢砂通过传送带运送到储砂箱附近，再通过斗式提升机将钢砂灌入储砂箱，从而实现连续加砂喷砂。

3. 新型磨料技术

图3　轴承钢砂磨料形貌

喷砂表面前处理是涂装最重要的质量控制环节。石英砂、铜矿渣、铸砂、钢丝段、钢丸是目前国内防腐施工最为常见的磨料。由于石英砂粉化后会造成工人矽肺，港珠澳招标文件中明确规定不允许采用石英砂磨料。

其余几种磨料的耐磨性一般，喷砂循环次数较少就会粉化，既满足不了R_Z的要求，也造成了粉尘污染。中航新材项目部经过市场调研与试验，选定了一种锰铬合金轴承钢砂作为磨料（图3）。该钢砂为细匀回火马氏体组织，具有金相组织好、机械性能优越、韧性与抗疲劳性佳等特点，实验室理论循环次数最高可达1600次。采用该磨料可以节省30%的前处理费用，更重要的是其磨损小，产生的粉尘少，对工人的保护有利。

但是，由于该材料材质过好，若全部采用该钢砂，会造成砂管及砂枪的快速磨损。项目部经反复试验，确定由 G25∶G18∶S390 = 6∶3∶1（GB/T 2481 将钢砂（G）与钢丸（S）各分为十个等级）的配比复配的钢砂能满足 $Sa2_{1/2}$ 级、$Rz30-70\mu m$ 的要求，而 S390 主要起到一个润滑钢砂与砂管的作用，防止砂管磨耗过快。

4. 高压无气喷涂技术

高压无气喷涂是目前大面积涂料涂装最常使用的设备，关系到材料的损耗率、工程的造价、稀料的添加量、对环保的影响、施工的效率。由于防腐施工队伍普遍技术实力不足，他们经常在某项工程中出于设备保养管理方便的要求，仅购买 1 种压缩比的高压无气设备，这事实上是不合理的。

富锌底漆、厚浆中间漆与面漆三种材料的特点各不相同，富锌底漆的涂 4 杯黏度最小，且其金属填料往往会研磨无气设备的压缩缸；面漆的黏度适中；厚浆中间漆黏度最大。若用 45∶1 压缩比的设备喷涂厚浆中间漆，由于压力小，若少添加稀料，则黏度过高，涂料雾化性能不佳，一次成膜超厚。而若多添加稀料，这就造成 VOC 污染；若用 65∶1 压缩比的设备喷涂面漆，压力过大，漆雾碰触基材易反弹，造成漆雾大，涂料损耗大。因此，中航新材项目部经过工程实践，推荐的涂料品种与高压无气喷涂最佳适用设备如表 3，可最大限度地节省涂料并减少 VOC 的排放。

涂料品种与高压无气喷涂最佳适用设备 表 3

序　号	涂 料 品 种	最佳压缩比设备
1	富锌底漆	富锌专用设备；压缩比为 32∶1 或 33∶1
2	厚浆漆或高固体份漆	压缩比为 65∶1
3	面漆	压缩比为 45∶1

5. 双组份自动调配无气喷涂技术

由于港珠澳项目对 VOC 的要求，在施工过程中不宜加入过多的稀释剂，普通的高压无气喷涂技术很难控制氟碳面漆 1 道涂装厚度在 40μm 左右。因此，双组份自动调配无气喷涂技术是解决这一矛盾的方法。该技术具有以下特点：

（1）勿需人工称料，节时节人力，提高喷涂质量。一般普通高压喷涂设备，需要将 A、B 组份单独称取，然后混合成一个组份，最后用一个吸料管将混合好的涂料吸取到设备中，再进行喷涂。

而双组份自动调配比高压喷涂设备不需要人工配料，直取将两个吸料管分别插入涂料的 A、B 组份中，然后将 A 与 B 的配比输入电脑（该种小型设备为机械调配式），由电脑自动调漆配料，使涂料的双组份配比不再依靠人为计量作业，确保了配比准确、成分精确、色泽一致，保证了涂层质量，同时节省了调配人工，节约了时间，为又快又好地完成大桥钢箱梁涂装工程提供了保障。

（2）可加温调整涂料运动黏度，减少稀释剂的添加，降低 VOC。该设备包含加热系统及安全系统，输送软管外包加热等。设备配有两个单独的可加热的钢制水套容器，可以将涂料 A、B 组份分别注入，然后通电加热，氟碳面漆、厚浆中间漆甚至无溶剂涂料的黏度均会快速下降，当加热到一定温度，涂料黏度甚至会接近于水。

在确保安全的状况下，将涂料加热到合适的温度，这样，勿需或少量添加稀料，涂料就可以到达适当的施工黏度，此时，开动喷枪，涂料雾化良好，成膜质量良好，一次成膜厚度满足设计要求。

（3）此设备可以喷涂活性期短的涂料，如聚脲材料。由于 A、B 组分的料浆为独立管道加压，所以，只有到了紧连喷枪的一个高速旋转混匀子构造时，A、B 组份才会混合接触，同时在高压力下，推动混匀子高速旋转，确保料浆混合均匀，然后再经过喷枪喷出，整个混合过程仅需几秒钟（也可根据材料特性进行调节）。因此，该设备可以喷涂活性期超短的涂料，甚至聚脲材料也可以适用。

五、涂料产品质量控制

港珠澳大桥桥梁工程除了对表 2 中的环保性指标要求以外，对主要涂料品种还有如表 4 所列技术规定[3]。

港珠澳大桥主要涂料品种其他性能要求 表4

序号	品种	项目	技术参数	试验方法
1	环氧富锌底漆	容器中状态	均匀无异常	目测
		不挥发分含量(重量)	≥80%	GB/T 1725
		不挥发分中金属锌含量	≥80%	HG/T 3668
		表干时间	≤30min	GB/T 1728
		附着力(拉开法)	≥5MPa	GB/T 5210
		耐冲击性	50cm	GB/T 1732
2	环氧云铁中间/厚浆漆	容器中状态	均匀无异常	目测
		不挥发分含量(重量)	≥80%	GB/T 1725
		表干时间	≤4h	GB/T 1728
		附着力(拉开法)	≥5MPa	GB/T 5210
		耐冲击性	50	GB/T 1732
3	氟碳面漆	容器中状态	均匀无异常	目测
		溶剂可溶物氟含量	≥24%	HG/T 3792
		不挥发分含量(重量)	≥65%	GB/T 1725
		表干时间	≤1h	GB/T 1728
		附着力(拉开法)	≥5MPa	GB/T 5210
		耐冲击性	50cm	GB/T 1732
		人工加速老化	3000h	GB/T 1865

其他使用的涂料还包括无机富锌防锈防滑漆、环氧玻璃鳞片漆、环氧磷酸锌、聚氨酯面漆。

港珠澳大桥要求涂料供应方必须提供执行《公路桥梁钢结构防腐涂装技术条件》(JT/T 722—2008)以及上述招标文件规定的权威第三方检测报告。在施工过程中,涂料供应商除了提供产品合格证、出厂检验报告、产品说明书以外,还要求监理与施工方对到厂的每批涂料进行现场的三方见证取样送第三方进行复检,复检项目包含:富锌底漆的附着力、金属锌含量、干燥时间、不挥发分含量;环氧云铁中间漆、无机防滑、玻璃鳞片漆的附着力、干燥时间、不挥发分含量;氟碳面漆的氟含量、附着力、不挥发分含量、干燥时间、耐冲击性。这些规定有力地保障了港珠澳大桥涂料产品的质量。

六、涂装施工过程控制

俗话说“三分料、七分工”,涂装施工质量的过程控制是确保港珠澳大桥防腐涂装质量的重中之重。

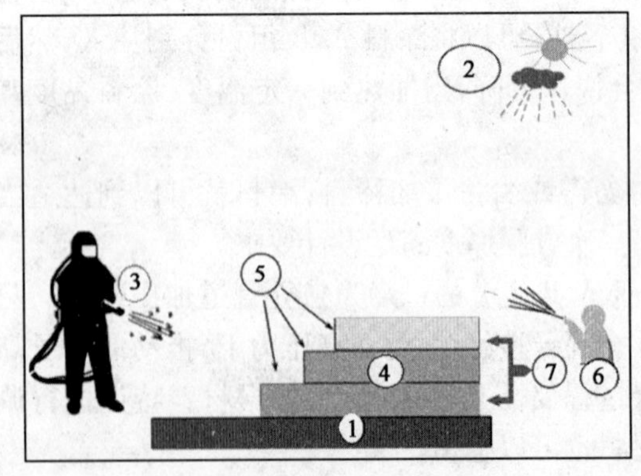

图4 涂装施工过程控制中的7要素

1-工作件状况;2-环境条件;3-表面处理;4-涂料质量;5-涂层体系;6-涂装施工质量;7-涂层总厚度

图4是人们在防腐施工工程实践中总结出的影响涂层质量及防腐寿命最关键的7项核心要素。

第1项工作件状况指的是被施工构件的基础条件,包括其物理材质、构件的形状、结构特点等;第2项环境条件指的是该构件所处的宏观环境及微观环境,包括该构件所处的大气或水文腐蚀环境、湿度、温度、大气中的污染物浓度、阳光紫外线的照射情况等;第3项表面处理包含对被施工构件的表面油污的处理、灰尘清洁度、粗糙度以及表面喷砂等级等;第4项涂料质量,主要考核的是涂料的基本性能指标,也包括供应商的商誉、生产能力与产品稳定性等；第5项涂层体系，主要考核的是不同底漆、中间漆、面漆的设计搭配匹配性，以及在该腐蚀环境下涂层设计厚度的经济与功效合理性；第6项涂装施工质量，考核的是涂料喷涂过程中的控制，包括涂装间隔、养护时间、施工方式的选择、喷涂设备及参数的选择等；第7项涂层总厚度，考核最终涂层施工实现后的涂层是否满足设计要求，涂层的均匀性、外观及拉拔强度等。

七、施工工艺与方法及过程质量检验控制

根据上述施工过程7要素，港珠澳项目防腐涂装施工工艺与方法及质量检验控制如下：

1）搭设施工平台

在喷砂厂房内搭建好喷砂施工平台，在喷漆房内搭建好喷漆施工平台。

2）表面净化处理

首先对钢构表面进行净化处理，打磨清除钢结构表面加工残留焊渣焊瘤，对遗漏的未打磨板边和不平整手工焊缝进行打磨，板边棱角打磨至半径2mm以上圆弧；用专用清洗剂或稀释剂清除表面油污；清除表面可溶性盐分，Cl≤7μg/cm^2。经自检符合工艺要求，报请监理工程师，待监理工程师检验合格后，形成书面记录，请相关人员签字认可后，进行下道施工工序。

3）表面喷砂除锈

（1）喷砂需在封闭的喷砂厂房内进行。空压机出口的压缩空气需经冷却和油水分离处理，保证压缩空气无油、无水、无杂物。

（2）喷砂作业要求钢板表面温度超过空气露点温度3℃或以上，喷砂房内空气的相对湿度低于80%。

（3）磨料选用轴承钢砂，砂粒必须保持干燥、清洁，不得使用被油脂、氧化皮、旧涂层等污染了的磨料。磨料不应含有超过总共50ppm的可溶性盐和过量的灰尘。喷砂气体不含油气且干燥，喷砂气体压力值可采用大于或等于0.5MPa。使用过程中须经常对磨料进行检查，并采取过筛、除灰、补充新料等手段。喷砂作业和钢砂回收作业昼夜交替进行，保证喷砂工作效率。

（4）喷砂除锈前，需采用手动或电动工具对不利于涂装的部位进行打磨清理，打磨清理后应清扫和吸尘，将所有尘、渣从钢结构表面清除。

（5）喷砂作业时先局部试喷，确定工艺参数，主要包括喷口压力、喷射角度和喷射距离，以保证达到要求的除锈等级和粗糙度。

（6）钢梁外表面施工要求：按照GB/T 8923—1988规定检验其清洁度和粗糙度，达到Sa2.5级，Rz30－70μm。经自检符合工艺要求，再报请监理工程师，待监理工程师检验合格后，形成书面记录，请相关人员签字认可后，可进行下道工序施工。

（7）喷砂作业时一个工作面只能一组作业，每完成一个工作面及时检查，不合格处应用记号笔标注，并及时重喷。现场检查时应照明充足或有手持照明设备，以保证准确目测。

4）表面清洁

（1）为增强底漆与钢箱梁的附着力，应对除锈后的钢材表面进行清洁处理。可采用清洁压缩空气及吸尘机对钢梁表面进行净化处理，使其达到无灰尘、无油、无水、无污物、无锈斑（及其他包括可溶性盐在内）、符合图纸要求的洁净表面。

（2）注意保护处理好的表面，防止二次污染。钢箱梁表面清理后应在4h内完成底漆的涂装。出现返锈的表面必须重新喷砂。

5）涂装环氧富锌底漆

（1）底漆涂装应在封闭的喷漆厂房内进行。待涂装钢结构表面温度应高于露点3℃或以上，环境相对湿度控制在80%以下。钢结构表面温度大于40℃、环境温度低于5℃（环氧类油漆涂装环境温度必须高于10℃）、自然光照明度低于500勒克斯或风速大于6.7米/秒，均不得进行油漆涂装。

（2）在打砂之后4小时内，应该进行喷涂环氧富锌底漆。

（3）用于喷涂的压缩空气系统配备空气净化装置，保证压缩空气无油、无水、无杂物。

(4)涂料开罐前要确认其牌号、品种、颜色、批号等是否符合要求,并作记录。如果标识模糊,应仔细核对。如果发现涂料过期,应该鉴别确认其质量可靠才能使用。

(5)涂料使用前均需搅拌均匀。双组份涂料在固化剂加入前,应使用电动搅拌工具首先将基料(A组份)搅拌均匀,然后加入固化剂(B组份),并使用电动搅拌工具将漆料搅拌均匀。

(6)涂料要按规定比例混合好后,按规定放置一定时间进行熟化(预反应),严禁使用超过混合使用期的油漆。

(7)根据不同的施工方式以及现场条件调节涂料黏度。调节黏度必须使用与涂料配套的稀释剂,通常稀释剂和油漆的体积比不超过5%。

(8)预涂装,对焊逢、边角、死角等不易涂装部位或难以保证厚度的部位采用刷涂进行预涂装,保证刷涂厚度。涂装应均匀,不得漏涂;梁端对接焊缝两侧各50mm范围内暂不涂装;非涂装部位应使用美纹纸进行保护处理。

(9)大面积采用高压无气喷涂方式施工,施工时应均匀涂覆,压盖1/3至1/2,压盖要均匀,先难后易,分片涂装。喷涂时喷枪速度要均匀,喷枪与工作面距离要适当,喷枪与待涂表面应保持90°。

(10)涂层外观质量检验要求:表面平整、无气泡、起皮、流挂、漏涂、龟裂等影响涂层寿命的缺陷。环氧富锌底漆喷涂2道,作业完成后,以湿膜厚度控制漆膜单层厚度,以干膜厚度控制漆膜总厚度。按照TB/T 1527—2004的规定检验外观;按照GB/T 4956—2003规定检验干膜厚度;按照GB/T 9286—1998规定检验附着力。所有项目经自检合格后,报请监理工程师,待监理工程师检验合格后,形成书面记录,请相关人员签字认可后,方可进行下道工序。

6)涂装环氧云铁中间漆

(1)中间漆涂装环境同前。

(2)底层检查:环氧富锌底漆应完全实干,漆膜平整光滑(如果有少量流挂,应打磨平整)。

(3)中间漆必须在底漆喷涂后的7天内喷涂施工,第1道中间漆施涂完毕72h内必须喷涂第2层中间漆,超过7天必须对底漆进行粗化处理。

(4)环氧云铁中间漆喷涂2道,作业完成后,以湿膜厚度控制漆膜单层厚度,以干膜厚度控制漆膜总厚度。按照TB/T 1527—2004的规定检验外观;按照GB/T 4956—2003规定检验干膜厚度;按照GB/T 9286—1998规定检验附着力。所有项目经自检合格后,报请监理工程师,待监理工程师检验合格后,形成书面记录,请相关人员签字认可后,方可进行下道工序。

7)涂装氟碳面漆

(1)面漆涂装环境同前。

(2)中间层检查:中间漆应完全实干,漆膜平整光滑(如果有少量流挂,应打磨平整。面层喷涂应在48h内进行,如果时间间隔超过48h,中间层表面用细砂纸打磨成微毛面)。

(3)氟碳漆喷涂2道,作业完成后,以湿膜厚度控制漆膜单层厚度,以干膜厚度控制漆膜总厚度。按照TB/T 1527—2004的规定检验外观;按照GB/T 4956—2003规定检验干膜厚度;按照GB/T 9286—1998规定检验附着力。所有项目经自检合格后,报请监理工程师,待监理工程师检验合格后,形成书面记录,请相关人员签字认可后,方可转入养护。

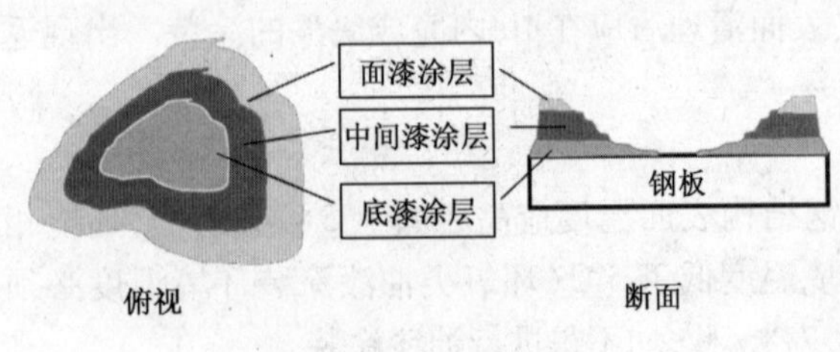

图5 涂层破损处修补工艺

8)涂层破损处修补工艺

图5为在吊装等过程中涂层破损处修补的工艺说明。首先清除破损部位及周边表面的污物,使用稀释剂清洗油污,待稀释剂挥发干燥后,使用砂纸轻微打磨破损部位外露的涂层和周边一定范围的涂层。砂纸打磨涂层要有层次,即从面漆涂层经中间漆涂层至底漆涂层应呈山谷形状,各层次涂层外露面宽应不少于50mm。打磨并清除粉尘后,使用毛刷蘸取稀释剂对打磨区域涂层进行表面活化,接着刷涂或辊涂所对应的底漆、

中间漆、面漆。

9)最终施工质量控制

(1)涂层最终总厚度测量,按照 GB/T 4956—2003 采用磁性测厚仪进行测厚,钢箱梁外表面(包括检修道上桥面及所有焊缝区)依据"双 90"原则(90% 的测量值不得低于规定干膜厚度,其余 10% 的测量值不能低于规定膜厚的 90%),钢箱梁内表面依据"双 85"原则(85% 的测量值不得低于规定干膜厚度,其余 15% 的测量值不能低于规定膜厚的 85%),涂层干膜累计总厚度需≥380μm,要求涂层均匀,不得漏喷,厚度不够的部位,进行补涂,直至达到设计厚度要求。

(2)按照 GB/T 5210,在钢箱梁上现场进行涂层体系附着力检测,检测标准要求涂层拉拔强度≥5.0MPa。

八、结　　语

港珠澳大桥桥梁工程防腐涂装与国际标准接轨,提出了严格的质量控制与 HSE 要求,由此引发了一系列关键技术的创新,这些都有别于国内以往桥梁工程,在中国桥梁史上具有里程碑式的意义。

参考文献

[1] 李运德,张亮,等.桥梁防腐标准及防腐涂层配套体系设计[J].涂料技术与文摘,2008,(11):25-31.

[2] 杨振波,师华.现代桥梁结构防腐涂装技术现状及发展趋势[J].上海涂料,2012,50(7):35-40.

[3] 港珠澳大桥主体工程桥梁工程防腐涂装专业分包招标文件.

77. 沉管法施工的海底隧道结构构造及钢结构构配件介绍

郑成浩　陈　键

(上海振华重工(集团)股份有限公司)

摘　要　港珠澳大桥是举世瞩目的大型工程项目,其中基于沉管法施工的海底隧道开创国内同类工程之先河。本文简要介绍了港珠澳大桥沉管法施工的海底隧道结构构造、钢结构构配件、沉管施工时的辅助钢结构构配件的设计施工情况,为以后同类型工程项目提供借鉴。

关键词　港珠澳大桥　沉管法　海底隧道　钢结构

一、港珠澳大桥及其海底隧道概况

港珠澳大桥跨越珠江口伶仃洋海域,是连接香港特别行政区、广东省珠海市、澳门特别行政区的大型跨海通道,是国家高速公路网规划中珠江三角洲地区环线的组成部分和跨越伶仃洋海域的关键性工程,是当今世界上规模最大、标准最高、技术最复杂的桥、岛、隧一体化的集群工程。工程建设包括三项内容,即海中桥隧主体工程,香港、珠海及澳门三地人工岛口岸工程,香港、珠海、澳门三地连接线及配套工程,其总平面布局图见图 1。

图 1　港珠澳大桥项目总平面布置

为实现桥隧转换,设东、西两人工岛,两岛之间采用海底隧道连接。

西人工岛起点桩号K12+548，终点桩号K13+173，岛东边距伶仃西航道2018m。西人工岛总体布置成椭圆形，采用“蚝贝”主题设计，总面积97962m^2，岛长625m，岛最宽处190m。西人工岛以管理功能为主，设置运营、养护、救援站。

东人工岛临近香港，岛起点桩号K6+339，终点桩号K6+964，岛西边距铜鼓航道1563m，总面积为101973m^2，岛长625m，最宽处约215m。除了养护救援功能外，附加服务功能。

二、沉管法施工的隧道概况

1. 隧道概况

沉管隧道总长度为5664m，是迄今为止规模最大的海上沉管岛隧工程，隧址穿越伶仃西航道和规划30万吨油轮航道，最大水下深度达46m。东西两岛之间隧道采用沉管法施工，首节管段与暗埋段相接处管底高程确定为-12.5m，暗埋段干施工时的水头差控制在15m以内；为尽量缩短人工岛长度，在岛隧结合部，岛头合理向岛身移动，部分管节露出海床，对此部分管节参考国际上厄勒海峡及韩国釜山隧道经验，采用特殊的大型块石及锁管石块进行覆盖锁定防护，沉管隧道两侧采取防撞措施，避免露出海床的沉管遭船撞风险。

2. 隧道平面布置

港珠澳大桥岛隧工程海底隧道沉管由33个管节组成，其中直线段管节28个，曲线段管节5个，曲率半径5000m，标准管节节长180m，由8×22.5m节段组成。管节编号及长度见表1，管节平面布置图见图2。

管节编号及长度表 表1

编号	管节名称	设计长度(m)	管节线性
1	E1、E2	112.5	直线
2	E3～E28	180	
3	E29-1	172	曲线
4	E30+E29-2	175+5	
5	E31	180	
6	E32、E33	112.5	

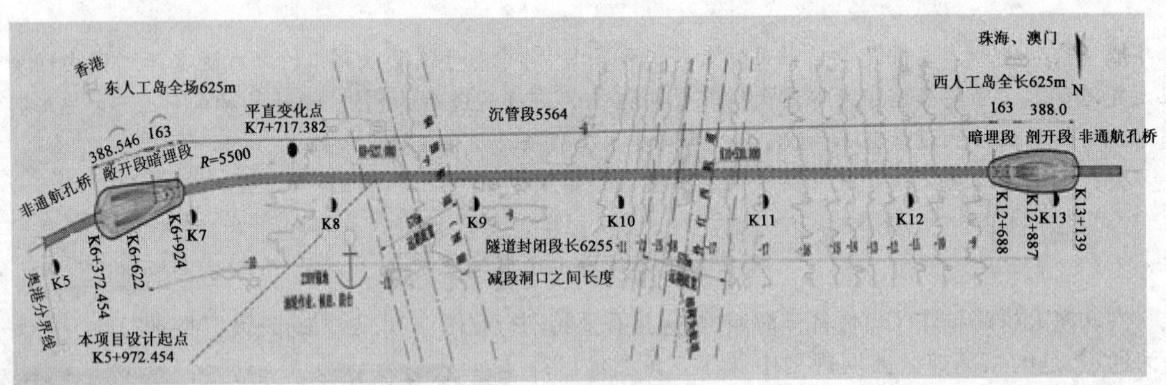

图2 管节平面布置图

3. 隧道纵断面

隧道纵面形式直接关系到隧道最大埋深、水下作业难度以及基槽开挖量的大小等。根据隧道区航道布置情况，本项目沉管隧道纵断面采用W形，两航道中间设高点，最低点设两处，分别位于靠近主航道的下方，便于运营期废水的排放。管节纵断面布置图见图3。

4. 隧道横截面

结合通风方式，拟推荐两孔一管廊横断面，两侧为行车道孔，中间为综合管廊，管廊内分为三层，上层为专用排烟通道，中层为横向安全通道，下层为电缆沟和海底泵房。管节宽3795cm，高1140cm，底板厚150cm，侧腹板及顶板厚150cm，中腹板厚80cm，混凝土强度等级为C45，采用全断面浇筑工艺施工。管节横断面见图4。

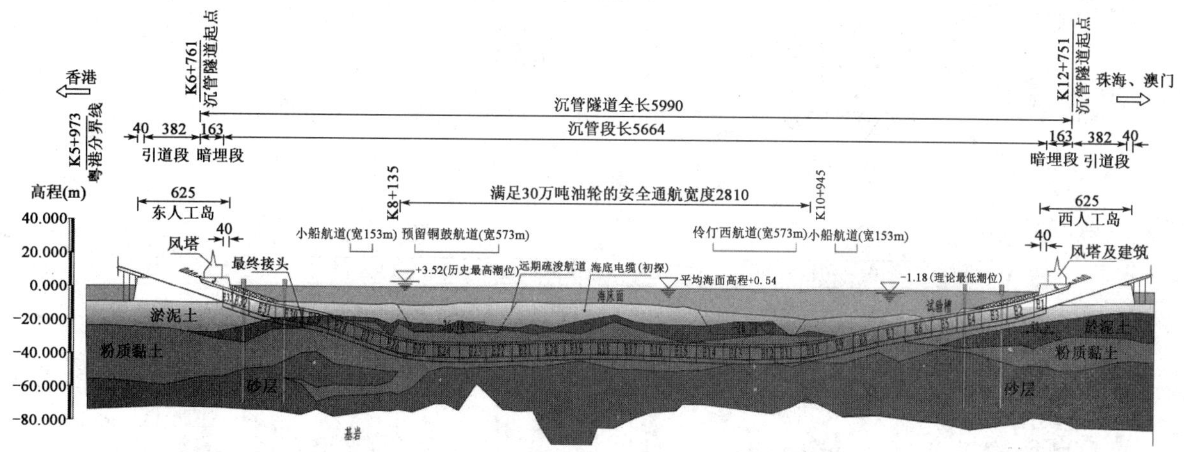

图3 管节纵断面布置图(尺寸单位:m)

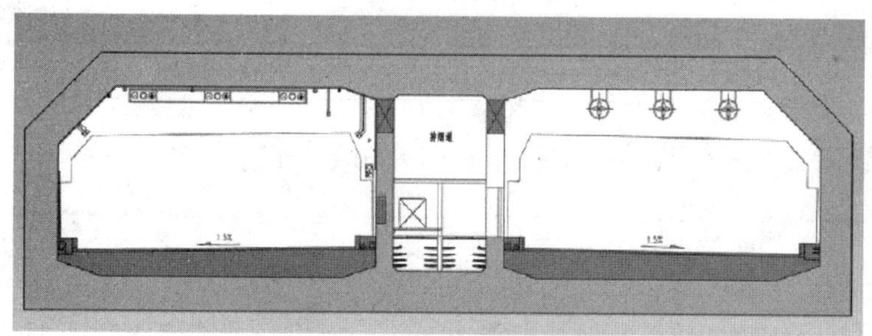

图4 两孔一管廊隧道断面

5. 管节结构、接头与防水

管节间接头采用传统的GINA + OMEGA + 剪切键，节段接头采用"可注浆式止水带 + OMEGA 密封条 + 剪力键"方案。按水密性混凝土浇筑管段混凝土结构，不考虑外包防水。浮运沉放管节长180m，宽37.95m，高11.5m，每节排水量近8万吨，沉管最大埋深45m。

6. 管节基础

对于在海中的管节长度大的节段式沉管隧道，采用整平碎石垫层，垫层厚1.0m，横向从隧道外墙向两侧各延伸至少2m范围。沉管隧道纵向不同管节的基础处理形式见表2。

管 节 基 础 形 式 表2

基础类型	支 撑 桩	沉降控制桩	换 填	天 然 地 基
描述	打入钢管桩(ϕ900mm)，桩端进入中砂层，桩间距为5m ×5m。钢管桩内填充钢筋混凝土	打入钢管桩，管节下方间距为3m×3m，隧道两侧回填下为2.5m×2.5m，桩端位于砂层顶面以上高程	挖除淤泥质更新世土层，用砂回填基础垫层至底面设计高程并振冲密实	直接采用更新世黏土和砂层作为基础

三、隧道构造及主体钢结构

1. 主体结构

沉管标准管节长180m，分8个节段，每节22.5m，节段图见图5管节分段平面图，钢筋混凝土管节横断面图见图6。1个管节钢筋混凝土用钢量约7200t，每节段用钢量约900t，钢筋级别为HRB400，最大钢筋型号为ϕ40，主要由底板、腹隔板及顶板钢筋组成钢筋笼骨架，其结构形式见图7，段现场实体图见图

8，主要管节材料表见表3。

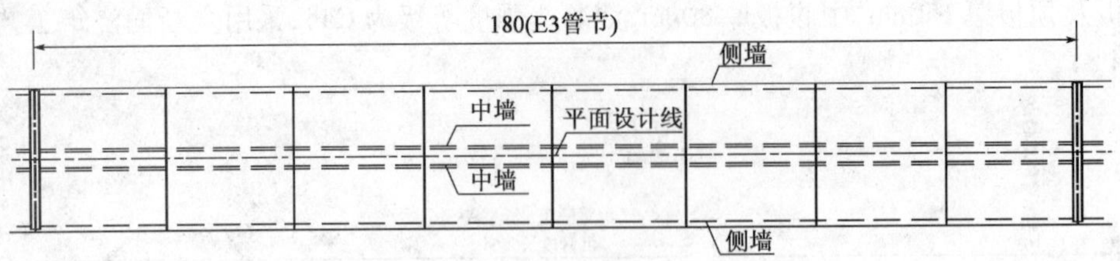

图5　管节分段平面布置图(尺寸单位:m)

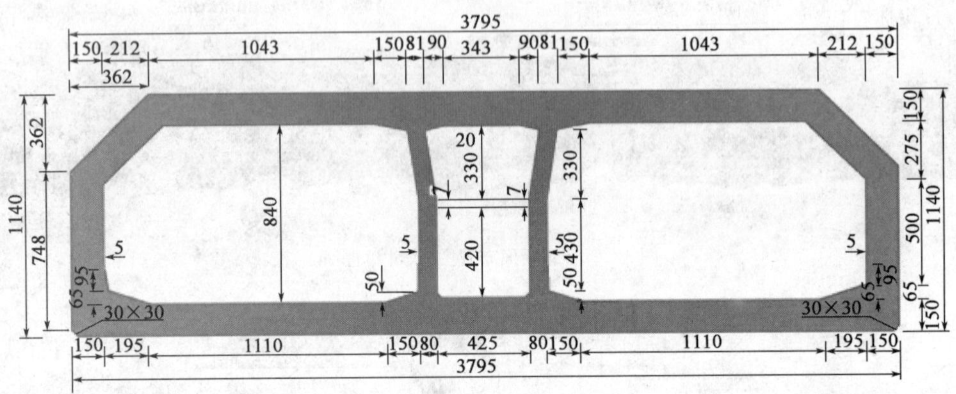

图6　钢筋混凝土管节横断面图(尺寸单位:cm)

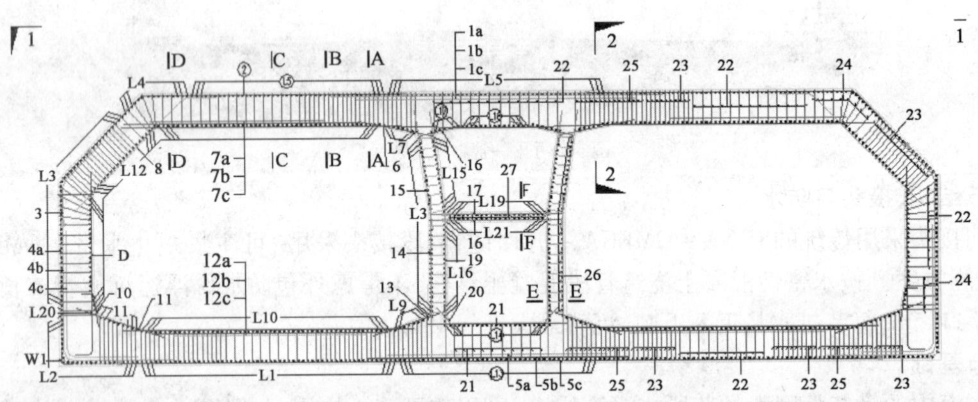

图7　钢筋骨架布置图

图8　节段现场实体图

钢筋混凝土主体结构材料表(180m 长管节)　表3

序　号	材　料	材 料 性 能	合计数量(t)
1	混凝土	C45(28d)	27356.3
2	钢筋	HRB 400ϕ12 ~ ϕ40	6245.6
3	钢筋	HRB 335ϕ12	37.2
4	钢筋	HRB 300ϕ8	16.6
5	预应力钢绞线	ϕ15.2(1860MPa)	124.6

2. 管节接头钢结构

为了180m长管节与管节之间的连接满足受力、防水、防火、耐久性等方面的要求，在各管节接头处专门进行了受力、防水、防火等处理，主要措施有设置竖向钢剪力键、竖向水平混凝土剪力键、Gina防水钢端壳(AB两种型号)、Omiga防水钢端壳等(图9、图10)。管节接头构件布置见图9，主要构件材料情况见表4。

图9　钢剪力键

图10　钢端壳

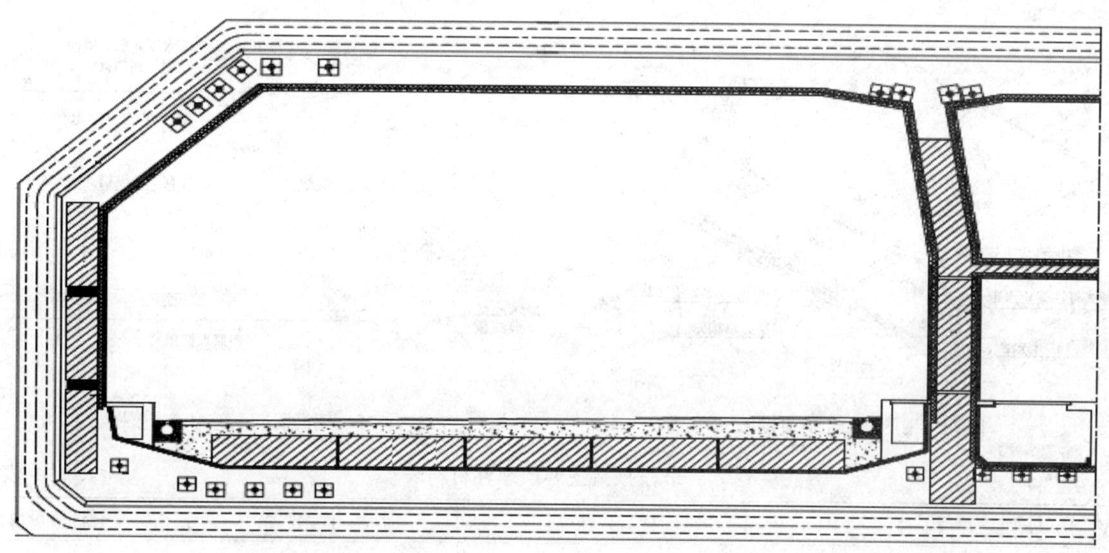

图11　管节接头构件布置图(尺寸单位:cm)

3. 节段接头钢结构

为了便于180m长的管节的大型化、工厂化、标准化的作业施工，将其分成8个节段依次浇筑成型，然后再将8个节段连接成整体。为了满足各节段之间的连接在受力、防水、防火、耐久性等方面的要求，在各节段接头处专门进行了受力、防水、防火等处理，主要措施有设置竖向水平混凝土剪力键、Omiga防水钢端壳、密封钢挡板等(图12、图13)。钢筋混凝土剪力键布置图见图14、图15。节段接头主要材料见表5。

管节接头主要材料表 表4

序号	构件名称	材料性能	构件数量	合计数量(t)
1	竖向钢剪力键 VSK1 预埋件	Q345B + M56	2套	3.7 + 2.7
2	竖向钢剪力键 VSK1 构造件	Q345B + M56	2套	11.8 + 1.2
3	竖向钢剪力键 VSK2 预埋件	Q345B + M56	4套	7.4 + 5.4
4	竖向钢剪力键 VSK2 构造件	Q345B + M56	4套	23.6 + 2.4
5	竖向混凝土剪力键 VSK3 预埋件	Q345B + HRB400	2套	1.7 + 19.6
6	竖向混凝土剪力键 VSK4 构造件	Q345B + HRB400	2套	1.7 + 19.6
7	竖向混凝土剪力键 VSK5 预埋件	Q345B + HRB400	2套	1.7 + 19.6
8	水平混凝土剪力键 HSK1 构造件	Q345B + HRB400	2套	3.4 + 49.2
9	水平混凝土剪力键 HSK2 构造件	Q345B + HRB400	2套	3.4 + 49.2
10	Gina 钢端壳	Q345B + M22	1套(AB型各1个)	33.9 + 1.2
11	Omiga 钢端壳	Q345B + M22 + HRB335	1套(2圈)	85.8 + 1.9 + 2.6

图12 Omiga 预埋钢结构

图13 钢筋混凝土剪力键

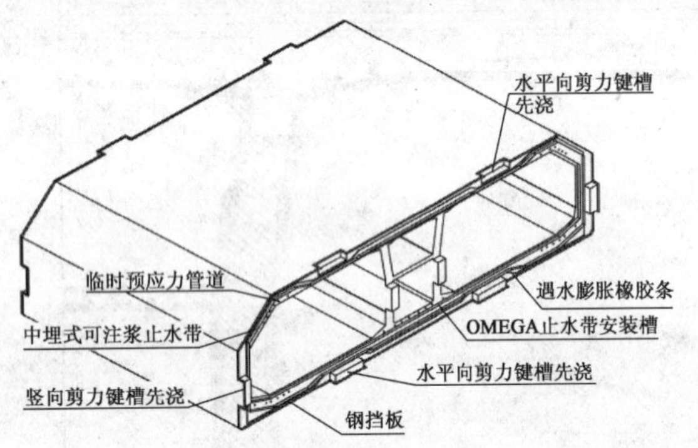

图14 钢筋混凝土剪力键

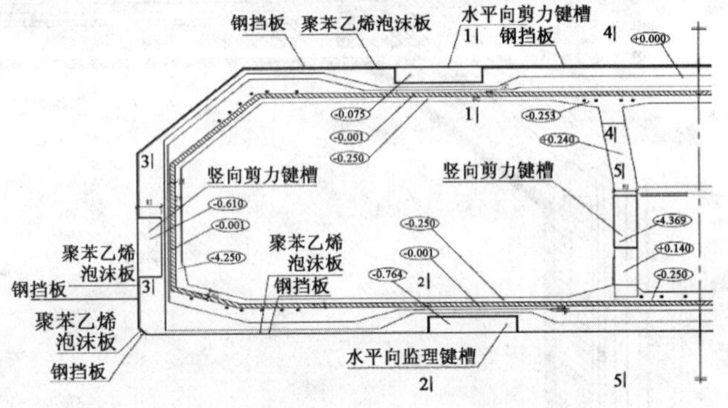

图15 钢筋混凝土剪力键布置图

节段接头主要预埋件材料表 表5

序号	构件名称	材料性能	构件数量	合计数量(t)
1	Omiga 预埋钢结构	Q345B + M16 + HRB335	7套,每套1圈	75.8 + 1.9 + 2.6
2	混凝土剪力键 A - G	Q345B + HRB400	—	14.9 + 68.2
3	钢挡板	Q345B + HRB335	7套,每套1圈	1.1 + 7.6

四、沉管法施工辅助钢结构

1. 管顶辅助钢结构

为了便于沉管在海底的施工,在管顶设置吊点、系缆柱、测量塔、人孔、导向架、绞缆盘等辅助施工设备。其平面图布置图见图16,现场实景图见图17,主要材料表见表6。

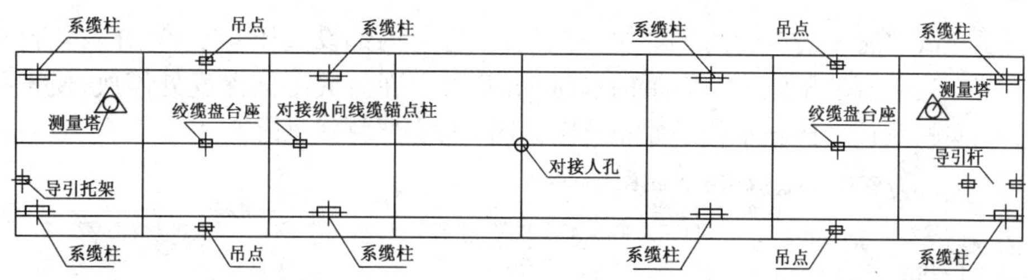

图16　顶板舾装件平面布置图

图17　管顶舾装见实景图

主要材料表　表6

序　号	构件名称	材料性能	构件数量	合计数量(t)
1	吊点预埋件及构件	Q345B + M56 + HRB335	4个	1.8 + 2.7
2	人孔预埋件及构件	Q345B + M56 + HRB335	1个	11.5 + 2.0
3	系缆柱预埋件及构件	Q345B + M56 + HRB335	4个120t　4个60t	7.6 + 12.4
4	导缆架预埋件及构件	Q345B + M56 + HRB335	1套	9.9 + 0.9
5	测量塔预埋件及构件	Q345B + M56 + HRB335	1套	9.2 + 1.7

2. 钢封门挡水结构

为了方便沉管的水下沉放施工,管节两端必须设置密闭钢封门。钢封门构造分别见图18、图19,钢封门主要材料表见表7。

图18　钢封门外侧实景图

图19　钢封门内侧实景图

钢封门主要材料表　表7

序　号	构件名称	材料性能	构件数量	合计数量(t)
1	门体	Q235 + Q345B	14部分	9.7 + 49.6
2	钢梁	Q345B	若干	150.2
3	钢梁牛腿	Q345B	若干	20.0
4	钢梁牛腿预埋件	Q345B + HRB335	若干	12.9 + 1.5
5	密封钢板	Q235B	若干	1.8
6	防水橡胶	丁苯橡胶	若干	1.6
7	紧固件	M20x210	180套	

3. 压舱水箱结构

为了便于沉管在沉放施工时沉管的沉降便于控制，在管节内部设置压仓水箱，并设置自动控制的压仓水箱进排水系统。当向管节里注入一定量的水时，沉管可以在海底不同深度处停放，便于控制沉管的沉入深度和管节之间的对接。压仓水箱平面布置图见图20，主要材料见表8。

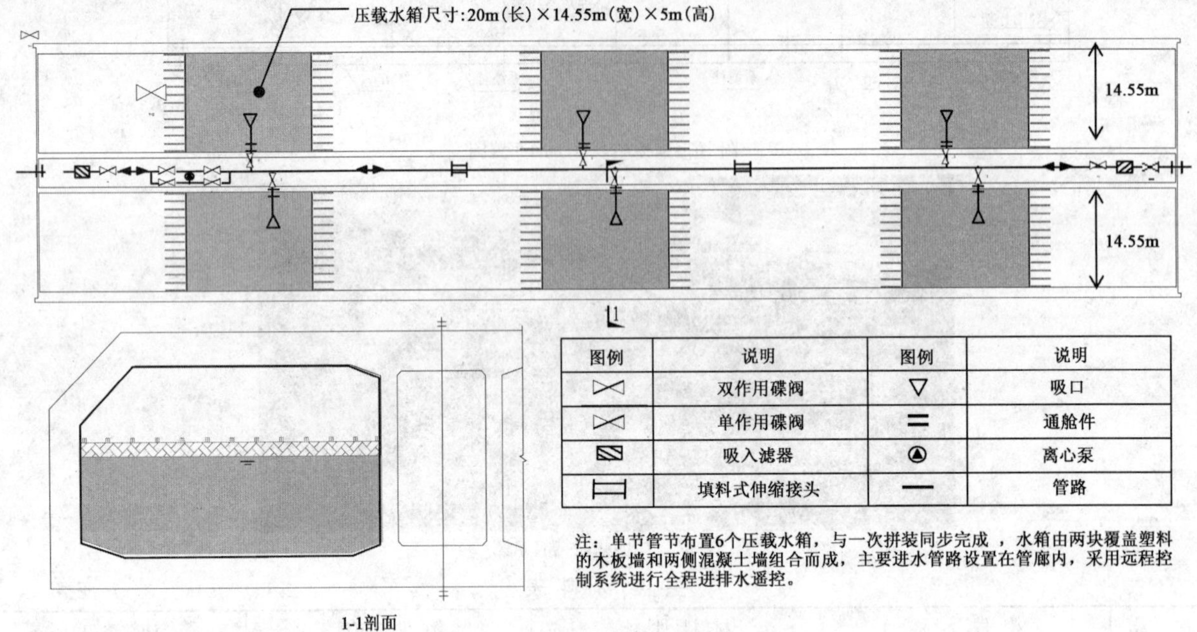

图20 压舱水箱系统平面布置图

压舱水箱(1个)主要材料表 表8

序 号	构 件 名 称	材 料 性 能	构 件 数 量	合计数量(t)
3	钢立柱	Q345B	26根	9.4
4	横梁	Q345B	4根	2.9
5	拉杆	Q345B	4根	2.8
6	预埋件	Q235B + HRB335	若干	6.4 +2.1
7	连接件	M10 + M20	104 +288套	

五、结　语

超大型海底隧道沉管法施工在国内尚属首次，在国际上也不多见。港珠澳大桥海底隧道沉管法施工开创了国内同类工程的先河，其沉管结构构造、施工辅助钢结构构造的设计施工经验总结，能很好地为后续国内跨海大型海底隧道工程项目提供很好的经验借鉴。

78. 强涌潮水域大直径钢围堰纠偏技术

张生军　殷力立

（中交二航局第四工程有限公司）

摘　要　嘉绍大桥为6塔9跨斜拉桥，是嘉绍跨江通道连接绍兴和嘉兴的控制性工程。大桥地处潮强流急、涌潮汹涌的钱塘江水域，本文介绍了围堰在遭遇大潮冲击导致偏位后的纠偏处理和实施——即采用“千斤顶单边提升、配载吸沙下沉、水下顶推”的方法，成功地将倾斜的围堰纠正过来，为今后类似的纠偏工程提供了参考。

关键词 钢围堰 大直径 纠偏 桥梁施工

一、工 程 概 况

嘉绍大桥是嘉兴至绍兴公路通道跨越天然屏障钱塘江入海口的一座特大型桥梁，全长10.137km，主桥采用70m + 200m + 5 × 428m + 200m + 70m 六塔九跨斜拉桥，桥型布置见图1。

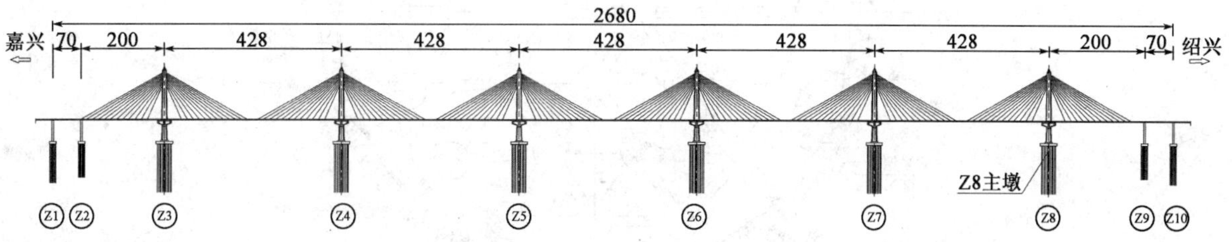

图1 主桥纵断面布置图(尺寸单位:m)

主桥桥址位于钱江潮起潮点，潮强流急，涌潮汹涌。根据桥址断面短期观测显示，最高潮位5.45m，平均高潮位4.02m；最低潮位 -3.15m，平均低潮位 -2.41m；最大潮差8.59m，平均潮差6.44m。桥区水域涌潮汹涌强烈，河床反复变化，易冲易淤，河床随上游来水、丰枯变化而变化剧烈[1]。2010年2月~7月Z8主墩附近河床高程曲线见图2。

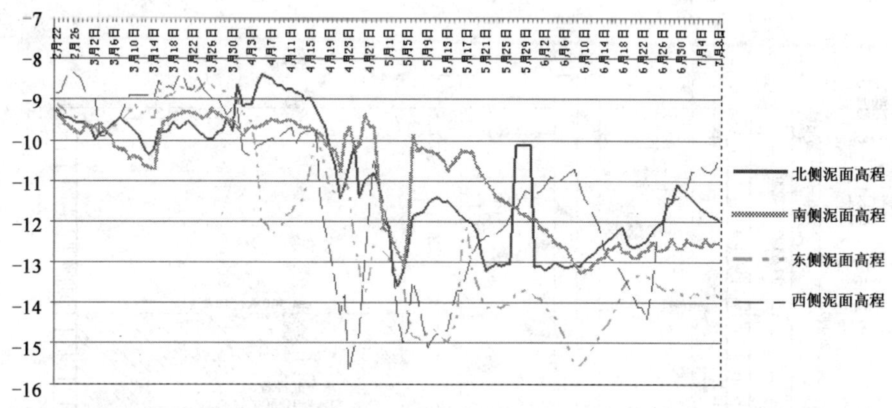

图2 2010年2 ~7月Z8主墩处河床高程曲线

Z8主墩承台直径39m，高6m，下设30根 ϕ2.5m的钻孔桩，桩顶高程 -10.5m。承台采用无底钢围堰干施工。围堰为双壁结构，外径42.05m，内径39.05m，壁宽1.5m，高24.5m。围堰自上而下分为2层，平面平分为16个独立隔仓。壁内填充C30混凝土，按钢板混凝土框架结构设计，混凝土参与受力。围堰总重约6358t，围堰底设计高程为 -18.0m。围堰四周与钢护筒之间用8根 ϕ600mm × 8mm长1500mm钢管作导向，导向与护筒之间用HN300 × 150型钢从上至下分三层焊接。钢围堰结构详见图3、图4。

二、钢围堰偏位情况概述

围堰在下沉过程中受钱塘江天文大潮及上游曹娥江泄洪的影响，加之连日来持续大风大雨，河床冲刷过大导致围堰向上游严重偏位，致使下游导向钢管完全变形，围堰倾斜，倾角达6°；上游堰顶高程 +10.2m，下游堰顶高程 +14.4m，围堰上下游高差4.2m；围堰顶偏西(上游)1644mm，刃脚偏东(下游)1217mm。若沿桥轴线将围堰划分，围堰上游埋深4.91m，围堰下游部分侧面及下游端部围堰埋深0.17m，围堰处于不稳定状态，需采取措施确纠正围堰偏位[2]。围堰倾斜及偏位情况见图5。

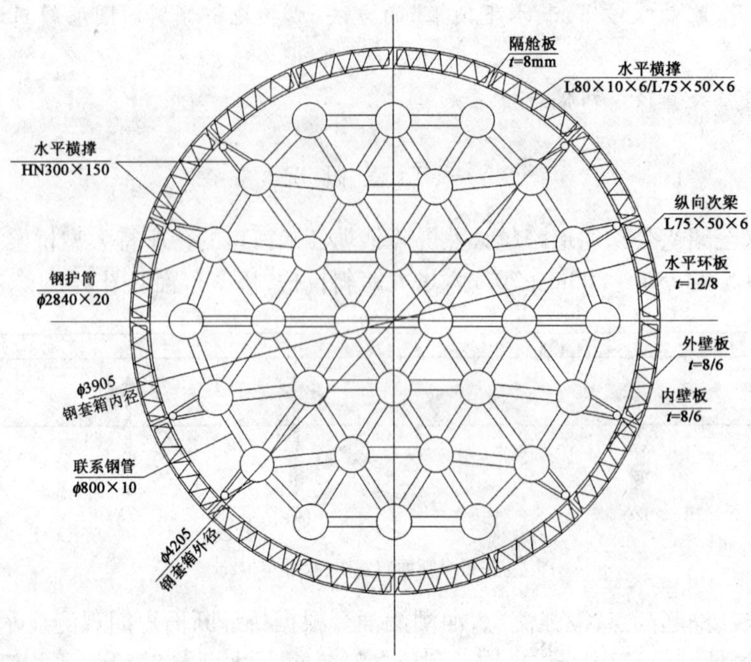

图3　钢围堰平面结构图(尺寸单位:mm)

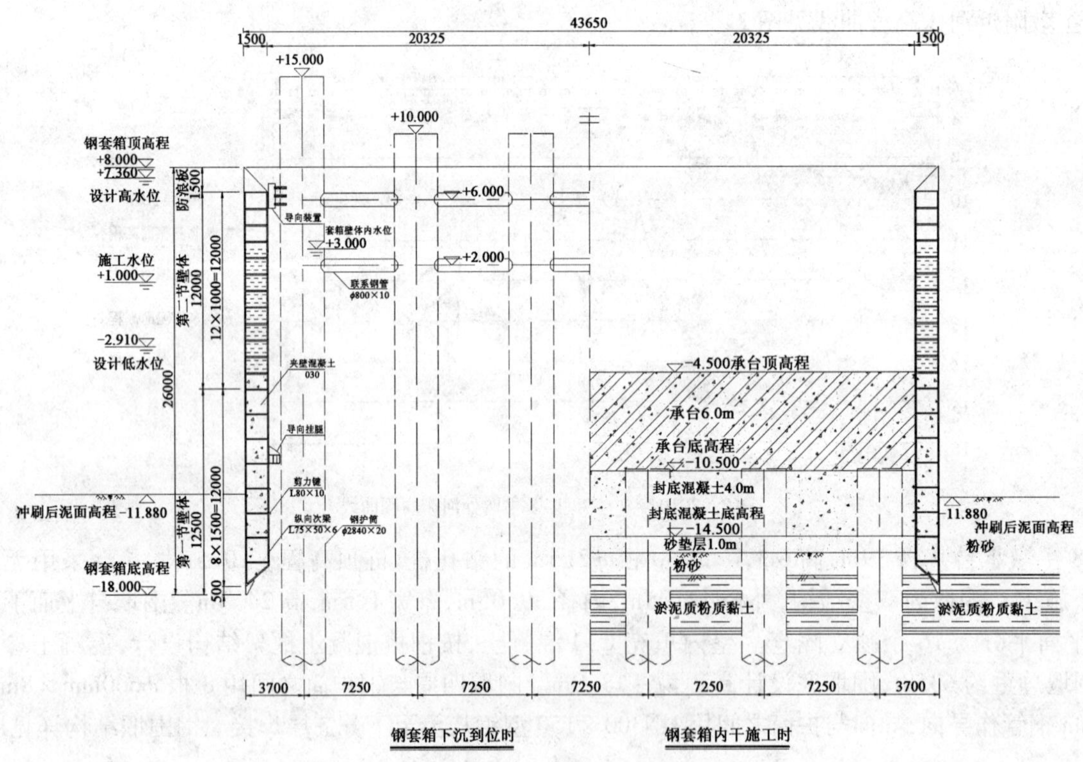

图4　钢围堰立面结构图(尺寸单位:mm)

三、纠 偏 方 案

1.方案设计[3]

根据冲刷后围堰四周河床高程、围堰所处河段潮汐情况、栈桥与围堰的相对位置及围堰的倾斜情况,综合考虑决定采用门架提升系统将上游侧围堰提起,使上游侧围堰不再继续下沉,从而不断缩小高差,达到调平目的;之后用空气吸泥机不均匀吸泥,并适时往隔仓注水配载使之不均匀下沉,在下沉过程中初步纠偏、调平；最后用6台液压千斤顶在上游侧围堰内部借助涌潮力向上游顶推，以达到最终的纠偏目的。

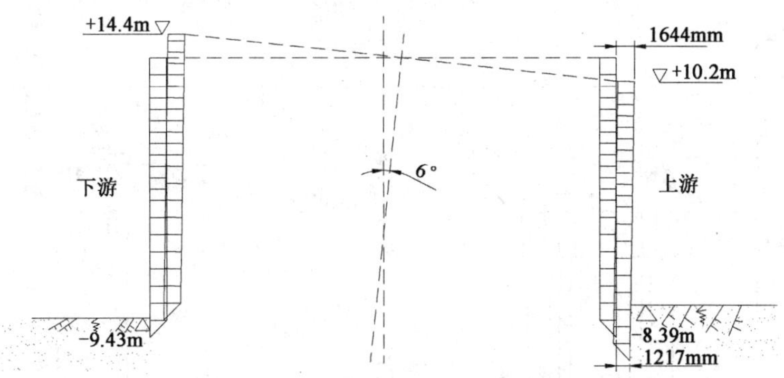

图5 钢围堰倾斜、偏位情况立面示意图

单个门架提升系统，主梁由贝雷片拼装而成，6片一组，每片之间的间距为22.5cm，跨度11.622m，其搁置方向与围堰倾斜方向一致。主梁由两组贝雷片组成，组间距为55cm，主梁一端支承在钢护筒上，另一端支承在钢管桩上；护筒端主梁支撑系统由NN900×300型钢组成，钢管桩端头支撑系统由桩帽承担，门架提升系统的提升力由设置在主梁上端的1台350t液压连续千斤顶提供，20根钢绞线穿过千斤顶与钢围堰上的吊点通过锚具锚固连接。整个围堰提升由4台千斤顶完成。门架系统布置及起吊示意见图6、图7。

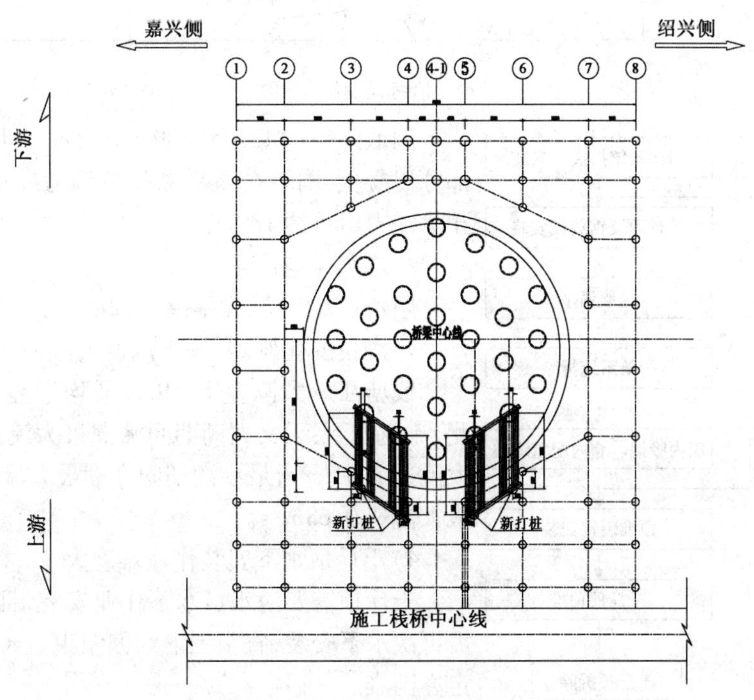

图6 门架系统平面布置图

围堰顶推系统由顶推托架和6台600t液压千斤顶组成，顶推托架由前承压点、后承压点、调整垫块组成。将顶推托架放置在-13.5m位置，后承压点压钢护筒、前承压点顶钢围堰，前后承压点之间为千斤顶。千斤顶顶推围堰的时段选在天文大潮期间，在涨潮时借助涌潮力顶推围堰，在千斤顶顶出一个行程后，待平潮时将千斤顶回油，然后由潜水员水下在千斤顶尾部加调整垫块进行下一轮顶推。

2. 方案实施难点

1）围堰外形尺寸大、自重较大

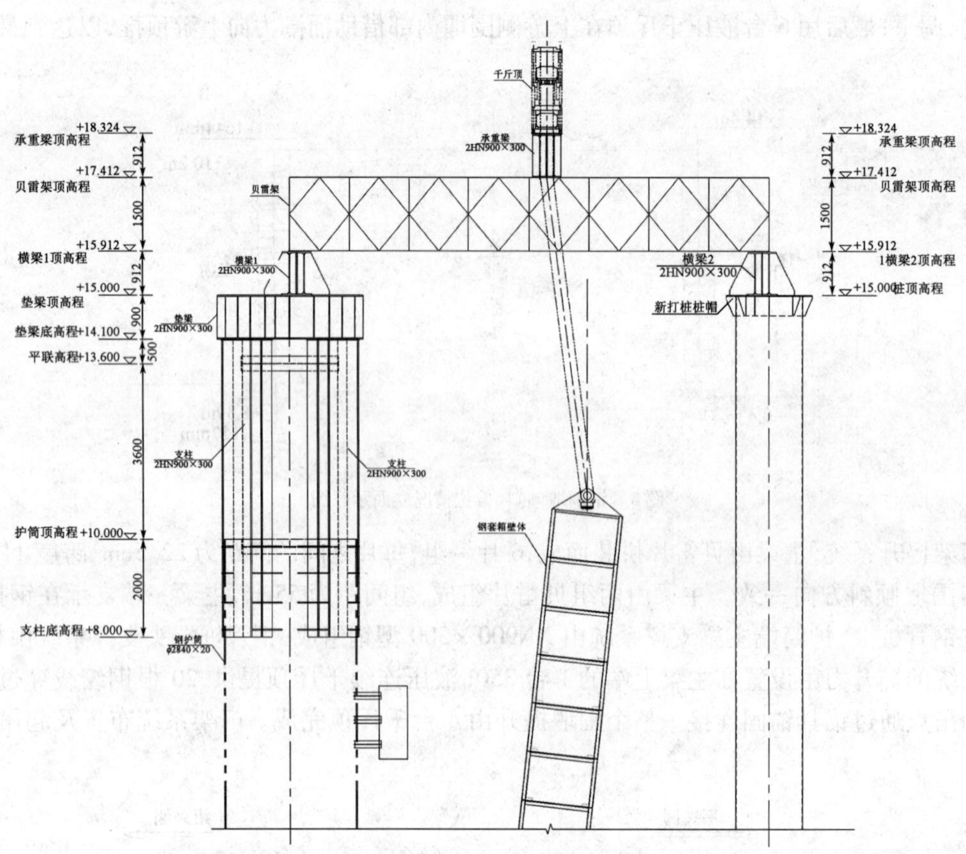

图7　门架系统起吊示意图

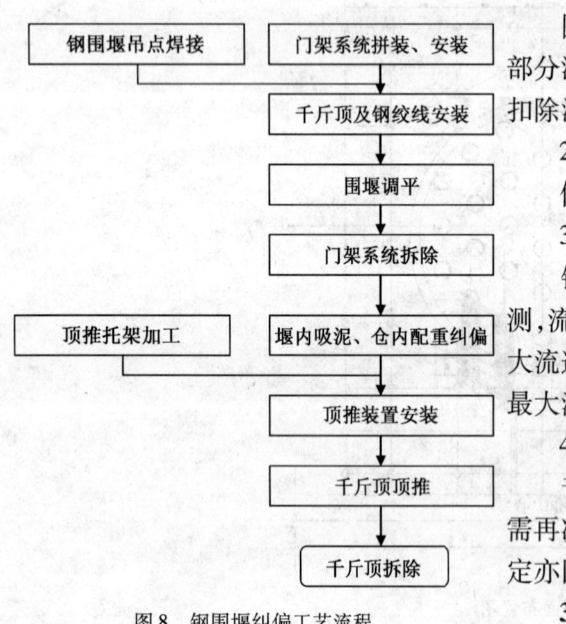

图8　钢围堰纠偏工艺流程

围堰外径达42.05m，壁厚1.5m。且之前夹壁内已灌注部分混凝土，围堰在高平潮扣除浮力后重约746t；在低平潮扣除浮力后重约1892t。

2）围堰倾斜严重

倾角达6°，上下游高差4.2m。

3）潮位变化剧烈，潮水流速大

钱塘江最大潮差8.59m，平均潮差6.44m。据现场观测，流速如下：天文大潮期间涨潮最大流速3.51m/s；退潮最大流速2.31m/s，最小潮期间涨潮最大流速0.75m/s；退潮时最大流速0.68m/s。

4）千斤顶水下安装作业难度大

千斤顶需要潜水员水下作业安装，且每顶出一个行程后需再次水下安装，直至围堰纠偏结束。千斤顶安装到位后固定亦困难。

3. 纠偏工艺流程

钢围堰纠偏工艺流程见图8。

四、纠偏方案实施

1. 吊耳制作

吊耳在工厂加工完成后，运至现场由200t履带吊安装到位，然后焊接。

2. 门架提升系统安装

门架外侧基础为四根新打入的ϕ1500mm×12mm钢管桩，内侧基础利用已有的ϕ2840mm×20mm的钢护筒。钢管桩用200t履带吊结合液压振动锤将其沉放到位,然后安装桩帽。钢护筒立柱及立柱上垫梁同样用200t履带吊安装、焊接,桩帽及垫梁高程控制在+15.0m。横梁由2HN900×300型钢组成,其高程控制在+15.912m。门架结构示意图如9。

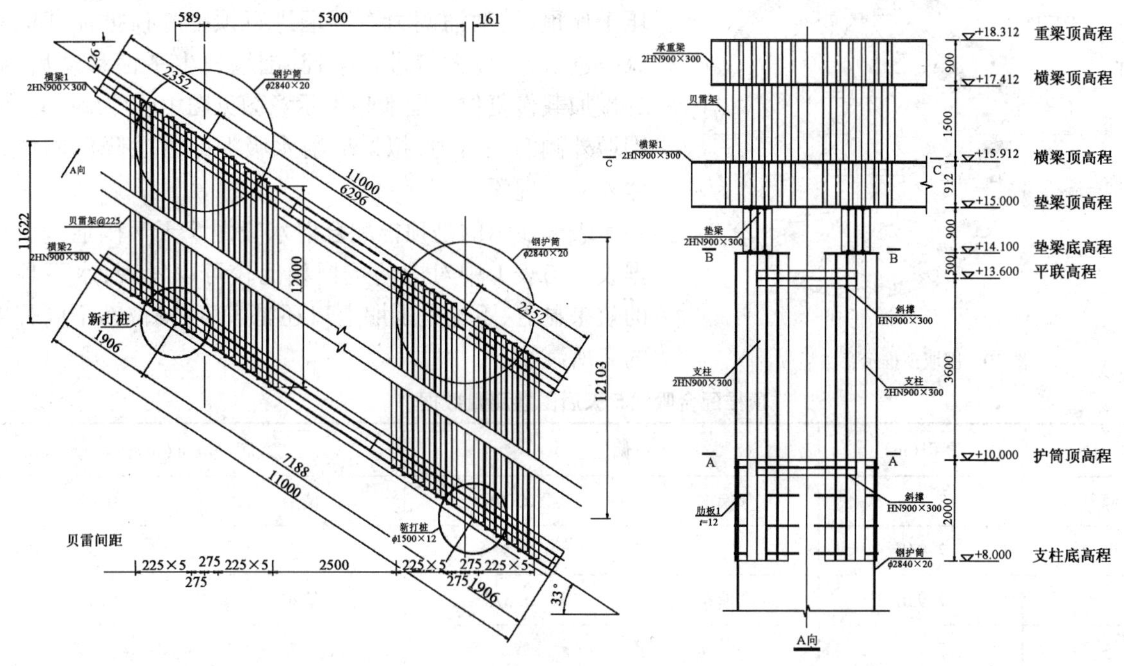

图9 门架结构示意图(尺寸单位:cm)

贝雷架、承重梁在后场提前拼装,平板车运至现场,用履带吊吊装到位,然后用卡板将贝雷架与垫梁连接;承重梁与贝雷架连接,同时在横梁上焊接限位防止贝雷架移动。

3. 吊束制作安装、预施应力

钢绞线束长15m,单束由20根ϕ15.24钢绞线(强度级别1860MPa)组成。制束时将钢绞线穿过连续千斤顶后由履带吊及工人配合将钢绞线自上而下依次穿过承重梁、贝雷架及吊耳,并将钢绞线的下端用下錨头将其锚固,同时将千斤顶固定在承重梁上。单束钢绞线最大张拉荷载为5180kN。用连续千斤顶施加提升力,分级加载。同时用四只20t手动葫芦向下游方向施加拉力。通过千斤顶、手拉葫芦的共同作用以及四台空气吸泥机在下游围堰内不停吸泥,一段时间后围堰调整到了一个较理想的状态:西侧高程10.834m;东侧高程11.454m。

4. 围堰下沉[4]

在围堰基本调平后,在隔舱内浇注混凝土及注水以增加围堰自重,之后用四台空气吸泥机在堰内不均匀吸泥使围堰"Z"字形下沉,在不均匀下沉过程中逐渐调整围堰偏位。表1显示的是通过吸泥、配重下沉一周后围堰偏位数据。

下沉一周后围堰测量数据 表1

方位	高程(m)	上口偏位(m)		底口偏位(m)	
西	8.334	偏南	0.140	偏南	0.073
南	8.212				
北	8.319	偏东	0.896	偏东	0.763
东	8.122				

5. 围堰水下顶推

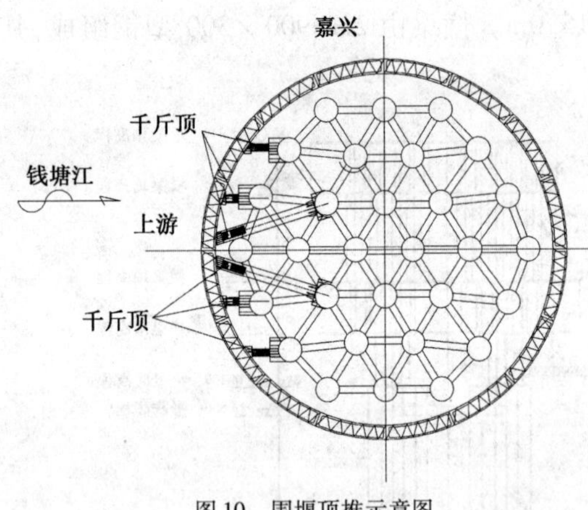

图10 围堰顶推示意图

围堰在下沉到一定高程后，抽出围堰隔仓内的水以减轻围堰重力，同时在护筒与围堰之间加设6台600t液压千斤顶，借助涌潮力对围堰进行顶推。顶推加载应当分级进行，按最大量进行掌控，围堰发生平面移动后，做到慢加载慢复位。围堰顶推示意图见图10。为减小上游围堰外侧的土压力，拟采取射水吸泥的方法降低围堰壁体外周的埋深。

表2显示的是顶推配合射水吸泥5天后围堰偏位数据表。与表1中对应的数据相比较可以发现，水下顶推的效果显著，不论是围堰上口还是底口，偏位都不同程度的有所减小。

顶推配合吸泥5天后围堰测量数据 表2

方 位	高程(m)	上口偏位(m)		底口偏位(m)	
西	8.103	偏南	0.026	偏南	0.028
南	7.940				
北	7.936	偏东	0.678	偏东	0.455
东	7.747				

6. 围堰继续下沉

围堰顶推后在隔仓内继续加水，先在围堰内下游侧吸泥，然后在围堰内上游侧吸泥，通过围堰的不均匀下沉使围堰下沉高程及偏位满足施工要求。

表3显示的是在正常吸泥半月之后围堰偏位数据。从表中可以明显地看到，围堰的偏位情况已经处于规范允许的状态，与表2中的数据相比可以看出，围堰状态已经有了极大改善。

正常吸泥半月后围堰测量数据 表3

方 位	高程(m)	上口偏位(m)		底口偏位(m)	
西	6.854	偏南	-0.083	偏南	-0.029
南	6.901				
北	6.816	偏东	0.058	偏东	0.095
东	6.913				

五、建议及结语

在钢围堰的沉放和纠偏过程中，通过不断探索实践，我们建议还可以采取以下措施，以便能更快捷高效地实现预期的效果。

(1)钢围堰在门架提升时宜向西偏5°，更有利于围堰前期纠偏。

(2)传统经验上的导向装置很薄弱，不适合用在强潮流急的水域。经反复实践发现，采取较大直径定位钢管桩并浇填芯混凝土，会取得较好的效果。后期在嘉绍大桥Z7、Z6主墩围堰沉放中，即采用直径1.2m的钢管桩作导向装置，完全满足了施工需求。

总之，Z8墩围堰的纠偏过程及最终结果表明，该套纠偏方案切实可行，为大型钢围堰及类似结构工程的纠偏提供了一定的借鉴经验。

参考文献

[1] 嘉绍跨江大桥工程建设指挥部.嘉绍大桥专用施工技术规范.北京:人民交通出版社,2009.

[2] 于长海,曹宗勇,张军军.大直径钢围堰纠偏技术研究.公路,2012年01期.

[3] 葛兰生.大型矩形钢围堰的纠偏.桥梁建设,2005年03期.

[4] 李坚,胡言生,顾强.奉浦大桥主桥桥墩设计与施工.预应力混凝土连续梁和钢构桥学术会议论文集.同济大学出版社,1995.

79.几种承台施工方法在嘉绍大桥跨南岸规划堤引桥的应用

彭琳琳 万金发

(中交二航务局第四工程公司)

摘 要 由于围垦工程提前施工,嘉绍大桥跨南岸规划堤引桥承台施工条件发生了极大变化,造成4个墩位水文、河床形态各不相同。本文介绍了钢吊箱、钢围堰、土围堰等施工方法在规划垮堤引桥的应用情况,比较了3种施工方法在钱塘江水域的适用条件。

关键词 嘉绍大桥 钢吊箱 钢围堰 土围堰

嘉绍大桥南岸跨规划大堤引桥基础采用分幅式承台结构,原设计为有底钢吊箱进行承台施工。但由于规划大堤的填筑施工和提前合龙,造成了大堤附近的泥面和水文条件发生了剧烈变化。承台施工根据泥面和水文变化条件,综合选用了多种承台施工方法。

一、工程概况

1.概述

嘉绍大桥跨南岸规划堤引桥采用连续刚构结构形式,跨径布置为70m+120m+70m,墩号为N7~N10。桥面采用分幅式单箱双室混凝土箱梁,其中N8号、N9号为主墩,N7号、N10号为过渡墩。桥型布置如图1。

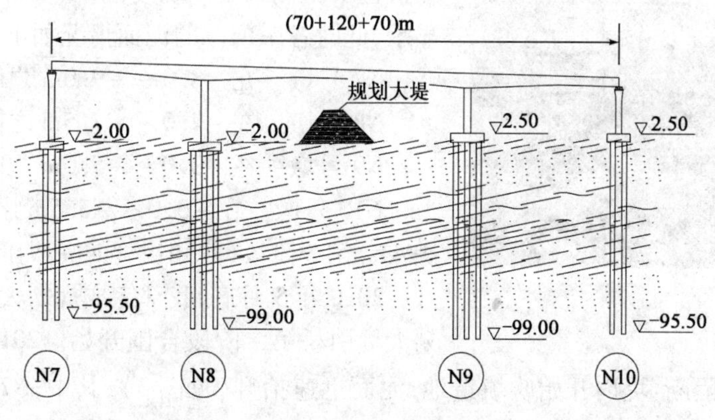

图1 总体桥型布置

桩基础采用群桩基础,承台采用对水流适应性较强的圆形分离式承台,各承台数据参数见表1。

N7～N10墩单个承台参数表　　表1

序　号	墩　位	承台直径(m)	承台顶高程(m)	承台底高程(m)	承台厚度(m)	承台混凝土量(m^3)
1	N7	11	-2	-5.5	3.5	332.6
2	N8	13.2	-2	-6	4	547.4
3	N9	13.2	2.5	-1.5	4	547.4
4	N10	11	2.5	-1	3.5	332.6

2. 水文地质条件

(1)桥位区的钱塘江河口尖山河段河床宽浅、潮强流急、涌潮汹涌。桥区水域涨落潮流路分歧,河床底质颗粒较细,起动流速低,易冲易淤,加上上游来水丰、枯变化,河床变化剧烈。

(2)尖山河段潮流为非正规半日浅海潮流,水流属往复流,但不对称性较明显,涨潮流大于落潮流。平均涨潮历时3h34min,平均落潮历时8h51min;测点最大涨潮流速为6.65m/s,测点最大落潮流速为4.40m/s。

(3)100年一遇设计涌潮高度为3.0m,5年一遇设计涌潮高度为2.5m。涌潮试验得到桥位附近涌潮流速可达9.0～10.0m/s。涌潮产生的水动力对桥墩建筑物的作用主要集中在低水位以上1倍涌潮高度范围内。

(4)由于跨规划大堤引桥的特殊性,使得N7、N8处于堤外,N9、N10处于堤内,前期预留龙口,N9、N10墩承台受冲刷作用,规划大堤合龙后,河床将不再冲刷。

(5)桥位线第四系覆盖层南侧较薄,水域厚度为130～100m。承台处泥面为亚砂土,松散～中密,桥位区普遍分布,厚度10.90～26.50m,水域厚度较小,向两岸厚度逐渐变大。

3. 地质条件变化过程

地质状况变化大致分为3个阶段,即原始阶段、大堤施工阶段和大堤合龙完成阶段。各阶段详细情况如下:

1)第1阶段(原始阶段)

2009年5月中旬,规划大堤开始沿桥位上下游两侧相向(向桥位方向)开始合围填筑。根据我部早期观测的数据显示,河床泥面开始由我部进场的-9.0～-11.0m小幅淤积抬升至-8.0m～-10.0m。

2)第2阶段(规划堤施工阶段)

2009年11月上旬,规划堤第一阶段合围基本完成,只在桥位下游侧预留一长度约300m的龙口(见图2)。观测显示,此时各墩河床的泥面情况如下:

N7号墩　在-8.0～-9.0m之间;

N8号墩　在-7.0～-7.5m之间;

N9号墩　在-3.0～-5.0m之间;

N10号墩　在-3.0～-3.5m之间。

图2　规划堤预留龙口

3)第3阶段(规划堤合龙完成阶段)

2010年3月底,我部完成规划大堤桥的钻孔桩施工,规划大堤引桥第二阶段合围开始。2010年4月中旬,最后的龙口合围完成,堤内外隔断,堤内开始吹填造地,泥面迅速抬升(见图3),其中,N7号墩离规划堤较远且处于水中,墩位处泥面变化不大,仍按原钢吊箱方案进行实施。N9号墩最低的泥面高程在+4.3m左右,N10泥面高程也在+4.3m左右,致使堤内的N9号和N10号墩墩位近似陆地,承台施工无法实施钢吊箱方案。N8号墩虽然在堤外,但离墩位较近的规划大堤上游来水侧设置了丁坝,丁坝的阻水和涨落潮的反复作用致使大堤上的宕渣和石块缓慢坍塌至墩位,再加上墩位处平台钢管桩的阻挡作用,致使规划堤和墩位之间的泥面南高北低呈阶梯状(见图3)。

根据图2可知,堤内的N9号和N10号墩按照干施工工艺实施。因该两墩靠近江边,地下水丰富,基坑开挖需辅以井点降水来确保坑壁的整体稳定性。基底顶面需低于承台底不少于50cm,以满足承台底层混凝土的浇筑厚度。垫层完成后,按陆地区干施工工艺进行承台钢筋、模板和混凝土工程施工。

二、几种承台施工方法的应用情况

南岸跨规划堤引桥原计划采用有底钢吊箱进行施工,但由于规划大堤施工提前,水文和地质条件发生了变化,原有施工工艺已不能适应新的现场条件。经比选,跨规划堤引桥4个墩位处承台采用了3种施工工艺。其中,N7号过渡墩采用有底钢吊箱施工工艺,N8号主墩采用无底钢围堰施工工艺,N9号、N10号墩采用土围堰施工工艺。

1. 钢吊箱的应用

根据规划堤施工阶段泥面变化观测数据,与表1数据对照可以看出,各墩泥面高程均低于承台设计底高程不少于2m,满足吊箱的安装空间需要;且墩位处因涨落潮有石块淤积(钢护筒沉放时可知石块淤积厚度约2m左右),无底钢围堰方案下沉困难。鉴于以上两点,N7号墩采用有底钢吊箱进行施工。

钢吊箱设计总重约为110t,桩基施工完成后,拆除护筒区与施工平台之间的联系,用80t履带吊拼装钢吊箱,并用4台千斤顶同步下放,辅以注水下沉,下放到设计位置后,迅速安装所有拉压杆,完成承台封底作业,再抽水进行承台钢筋、模板和混凝土施工(图4)。

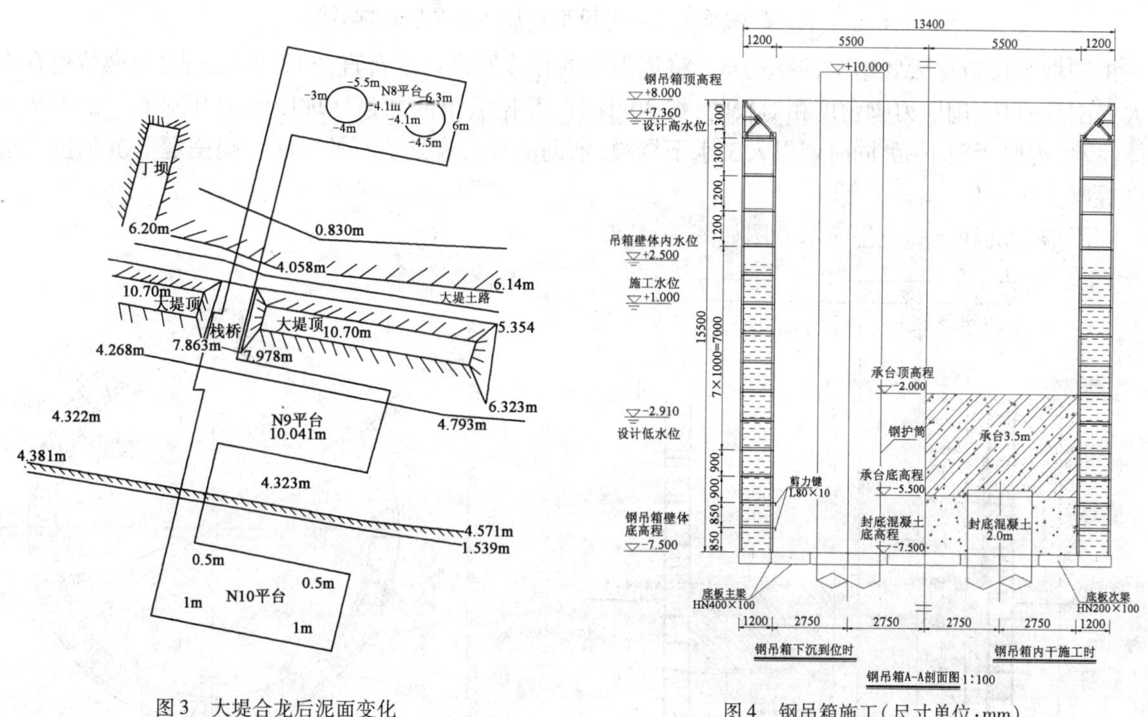

图3 大堤合龙后泥面变化

图4 钢吊箱施工(尺寸单位:mm)

综合考虑吊箱受力和钱塘江潮水情况,考虑吊箱下放时千斤顶始终受力,避免出现吊箱浮力大于吊箱自重力工况的出现,故采取高潮位时下放。

按照设计方案进行施工,整个下放过程在一个潮水内完成,历时约4个小时,下放速度快,施工功效较高。

2. 钢围堰的应用

龙口合龙后,N8号墩处于大堤外,但大堤围垦单位在离墩位较近的规划堤上游来水侧设置了丁坝,丁坝的阻水和涨落潮的反复作用致使大堤上的宕渣和石块缓慢坍塌至墩位,再加上墩位处平台钢管桩的阻挡作用,使得N8号墩处的泥面迅速抬升,且规划堤和墩位之间的泥面南高北低呈阶梯状(图5、图6)。

规划堤合龙完成阶段地质变化如图6中显示,N8号墩中心处泥面约-3m左右,且积石较多,有底钢吊箱无法实施。根据施工条件变化情况,将原有底钢吊箱施工方案变更为无底钢围堰施工。

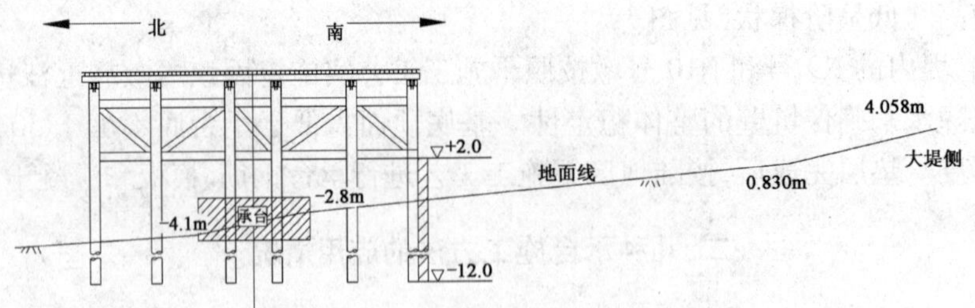

图5 规划堤桥N8号墩现阶段施工平台泥面观测纵断面图

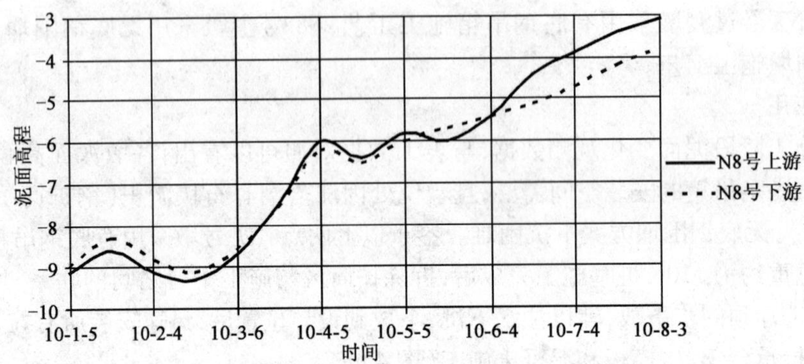

图6 规划堤桥N8号墩2010年1月至6月泥面变化曲线图

钢围堰采用双壁无底结构,壁厚1m。将钢围堰内径按照设计承台直径13.2m设置,因墩位处存在大量大堤围垦石块,围堰刃脚角度相对较陡,按30°设计,并做适当的加强处理以增大其刚度。钢围堰采取壁体注水、刃脚吸泥下沉,同时辅以人工水下探摸,辅助清理刃脚处块石的办法。钢围堰下沉到位后进行封底混凝土施工。

钢围堰下沉和混凝土浇筑示意图如图7、图8。

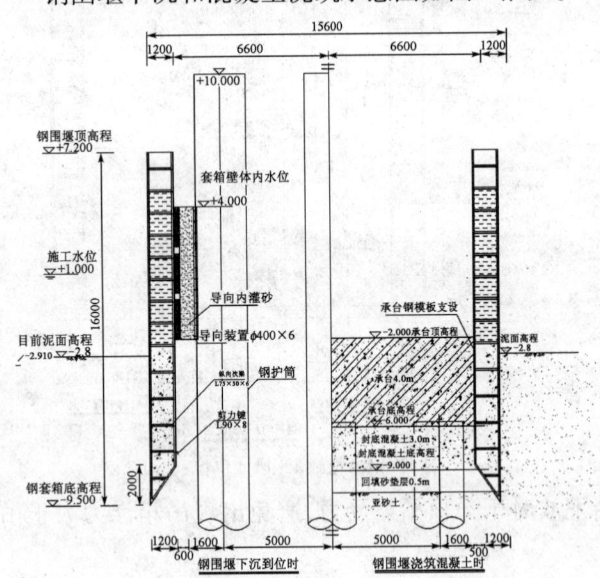

图7 钢围堰立面结构图(尺寸单位:mm)

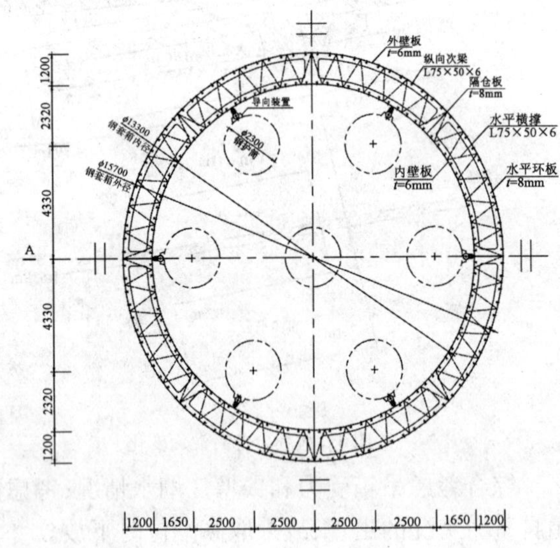

图8 无底钢围堰平面布置图(尺寸单位:mm)

由于钢吊箱外形尺寸较大,钢护筒数量较多,受到水流力和波浪的影响,为了确保钢吊箱在就位时下口不至于向下游倾斜,在外侧护筒上设置导向限位装置,利用限位装置控制钢套箱下沉时的垂直度和平面精度。由于钢围堰与钢护筒间隙为1m,导向采用ϕ800mm×10mm钢管制作。钢管与钢护筒之间设置加劲撑,确保钢管与钢护筒连接可靠。同时,在导向钢管内灌砂,以增加导向钢管的刚度。

钢围堰下放前,为确保钢围堰下放入泥后不发生倾斜,必须在围堰刃脚入泥处进行泥面找平处理。

由于泥面呈现阶梯状分布，南高北低，布置了4台空压机和3台搅吸式挖泥机在高潮位时在东、西、南侧进行了吸泥预处理，减小了泥面高差。

由于规划大堤填筑用石块受潮水冲刷部分散落于N8号承台墩位处，钢围堰下沉时，刃脚处块石严重阻碍了钢围堰下沉速度，施工过程采用潜水员水下探摸，刃脚处水枪辅助射水吸泥等加快刃脚下沉速度。单个钢围堰仅下沉耗时25天，下沉效率较低。

3. 土围堰的应用

规划堤合龙完成后，堤内外隔断，堤内开始吹填造地，泥面迅速抬升，N9号墩最低的泥面高程在+4.3m左右，N10泥面高程也在+4.3m左右，致使堤内的N9号和N10号墩墩位近似陆地，原设计钢吊箱方案施工承台已无法实施。

由于堤内基本不受钱塘江潮水的影响，堤内的N9号和N10号墩可按照干施工工艺实施。因该两墩靠近江边，地下水丰富，基坑开挖需辅以井点降水来确保坑壁的整体稳定性。基底顶面需低于承台底不少于50cm，以满足承台垫层混凝土的浇筑厚度。垫层完成后，按陆地区干施工工艺进行承台钢筋、模板和混凝土工程施工，如图9所示。

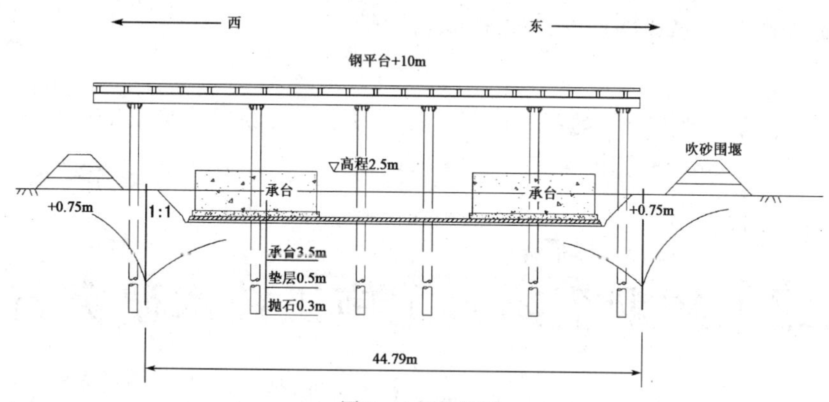

图9 土围堰施工

N9号、N10号墩位处系新围垦而成，表层土质为粉砂，土质疏松，基坑开挖直接采用吸砂泵完成，单个基坑吸砂和土围堰吹填(含左右幅)完成仅用时10天，施工效率较高。

三、几种承台施工方法的适用条件

几种承台施工工艺在钱塘江水域使用各有优缺点和适应性，综合几种承台施工方案的确定和实施过程，列表对比如表2。

几种承台使适用条件对比表　　表2

项　目	有底钢吊箱	无底钢围堰	土　围　堰
地质条件	泥面高程位于吊箱设计底高程以下，或相差不大且泥面疏松容易处理	泥面高程在封底混凝土底高程以上，且刃脚入泥有一定深度	适宜开挖或直接抽砂
水文条件	有一定水深或潮水影响大区域	同有底钢吊箱	无水流直接作用或静水且水深不大
机械设备条件	吊箱拼装需要大型起重设备，下放时需要几台千斤顶配合同步下放	同有底钢吊箱	容许挖掘机或抽砂设备直接开挖
施工质量	吊箱下放质量容易控制	围堰下放受水文和地质条件影响，容易出现偏位	施工质量容易保证
施工工期	钢吊箱加工时间较长，但下放时间可控，总体工期可控	钢围堰加工时间较长，下沉过程工期不易控制，总体工期较长	工期短
施工成本	吊箱采用钢结构，施工工程需大型起重设备配合，费用较高	同有底钢吊箱	无大型钢结构和起重设备，开挖费用较低
备注			一般需要辅以井点降水改善现场施工条件

四、结　　语

南岸跨堤引桥受客观条件限制，施工难度极大，施工历时较长，通过实际施工证明，上述方案是可行的。有以下情况值得注意和借鉴：

(1)尽快吊箱完成封堵。有底钢吊箱下放到位后，必须尽快进行钢护筒和钢吊箱间孔洞的封堵施工。本工程封堵采用潜水员平潮时水下推动钢吊箱底板预设的封堵板。由于单个钢吊箱内共 4 根钢护筒，封堵工程量不大，建议后续工程施工时，可适当增加潜水员数量，加快封堵效率，尽量在下放到位后一个平潮时段完成封堵施工，避免涨潮时泥沙进入钢吊箱内，造成封底施工时，混凝土夹砂而影响封底质量。

(2)掌握地质及变化情况。尤其进行钢围堰下沉时，应及时掌握泥面及地质情况。尤其注意刃脚处地质情况，避免大块孤石造成钢围堰下沉困难和偏位。

(3)加强泥面监测。N8 号墩处于靠近大堤的河道内，受钱塘江强涌潮影响，钢围堰下沉过程中，北侧刃脚处泥面急剧降低，钢围堰下沉到位后，入泥仅 1m。后采用砂袋抛填措施进行了加固，确保了钢围堰结构安全。后续施工中，应严格监测钢围堰埋深，及时防护。

参考文献

[1] 陈宁贤，吕贤良. 大型钢吊箱围堰的提升和下放施工技术[J]. 铁道建筑，2009.1.

[2] 嘉绍大桥Ⅱ合同段施工组织设计. 中交二航局，2009.6.

80. 嘉绍大桥钢箱梁合龙施工技术研究与应用

唐　衡　谢德宽　彭琳琳

(中交第二航务工程局有限公司)

摘　要　嘉绍大桥主航道桥为多塔斜拉桥，上部结构按照无应力状态法采用几何控制理念进行施工控制。本文通过合龙顺序的比选，确定了适合分幅式多塔斜拉桥的合龙施工方案，并对合龙过程中的顶推施工工艺、关键施工参数、主要控制手段及实施情况进行了介绍。

关键词　嘉绍大桥　主桥合龙　施工技术

一、引　　言

1. 多塔斜拉桥的发展

按照索塔的数量不同，斜拉桥可以划分为独塔、双塔和多塔斜拉桥。因为多塔斜拉桥的中间塔没有端锚索来有效限制其塔顶的纵向水平变位，柔性过大，刚度不足，其实际应用受到一定限制。因此相对于独塔和双塔斜拉桥而言，多塔斜拉桥起步较晚。但随着斜拉桥分析计算及建造技术的不断完善，近年来国内外修建的多塔斜拉桥层出不穷(表 1)。

国 内 外 多 塔　　　　表 1

桥　名	跨度布置(m)	桥　型	时间(年)
墨西哥 Mezcala Bridge	57 + 80 + 311.5 + 299.5 + 84 + 68 + 39.5 = 939.5	钢—混结合梁三塔斜拉桥	1993
法国米约高架桥	204 + 6 × 342 + 204 = 2460	单索面钢箱梁七塔斜拉桥	2004
法国里翁—安蒂里翁桥	268 + 3 × 560 + 268 = 2252	钢—混结合梁四塔斜拉桥	2004
香港汀九桥	127 + 448 + 475 + 127 = 1177	结合梁三塔斜拉桥	1998
湖南赤石大桥	165 + 3 × 380 + 165 = 1470	预应力混凝土双索面四塔斜拉桥	在建
浙江嘉绍大桥	70 + 200 + 5 × 428 + 200 + 70 = 2680	分幅式四索面六塔斜拉桥	2013

2. 斜拉桥合龙工艺

合龙工艺对于悬臂施工斜拉桥而言非常重要,合理的合龙工艺可以降低施工难度,增加施工安全性,并保证成桥内力合理,线形平顺,状态达到最优。目前针对斜拉桥合龙主要有以下两种施工工艺:

(1)采取顶推等措施调整合龙口的形状来适应合龙段的长度。此措施保证了合龙段的无应力长度,过滤掉了合龙过程中温度等环境因素变化的情况,符合几何控制法的基本原理。苏通大桥、鄂东大桥等均采用顶推合龙的方法,即合龙段按设计理论长度制造,合龙时根据实际温度,通过施加外力顶推来调整合龙口宽度以喂入合龙段。

(2)采取配切等措施调整合龙段的形状来适应合龙口的长度。此措施将合龙过程中的温度变化等环境因素带入到了成桥状态中,因此需等待合适的合龙温度,尽量降低其对成桥状态的影响。江津观音岩长江大桥、金塘大桥均采用了配切合龙的方法,即连续观测梁长、温度变化,确定主梁长度,切割主梁至预定长度,完成合龙。

二、工 程 背 景

嘉绍大桥主航道桥为主跨428m的六塔独柱四索面分幅钢箱梁斜拉桥(图1),其跨径布置为70m+200m+5×428m+200m+70m=2680m。单幅箱梁在辅助墩、过渡墩处各设置一个双向滑动支座;在索塔托架处采用纵向双排支座结构体系,即钢箱梁在索塔两侧布置两排竖向支座,单个索塔共有2×2=4个双向滑动支座。整幅钢箱梁在六个索塔及过渡墩、辅助墩处均设置横向抗风支座约束梁墩和梁塔之间的横向相对位移。全桥在两个次边塔(Z4、Z7索塔)设置塔梁顺桥向限位支座,在静动力荷载下约束塔梁顺桥向相对位移,其余索塔的塔梁顺桥向设置四套黏滞阻尼器,在静力荷载下不约束塔梁顺桥向相对变形,而在动力荷载下可对结构动力响应进行耗能。在全桥的跨中位置(Z5与Z6索塔之间的跨中位置)两幅钢箱梁各设置一道伸缩缝,伸缩缝处钢箱梁内部采用刚性绞构造,刚性绞释放两侧钢箱梁的纵向相对变形,但约束两侧钢箱梁之间的相对弯曲、扭转、剪切等变形。刚性绞小箱梁与滑动大箱梁之间设置阻尼器,对刚性绞伸缩缝两端主梁的相对动载响应进行耗能。

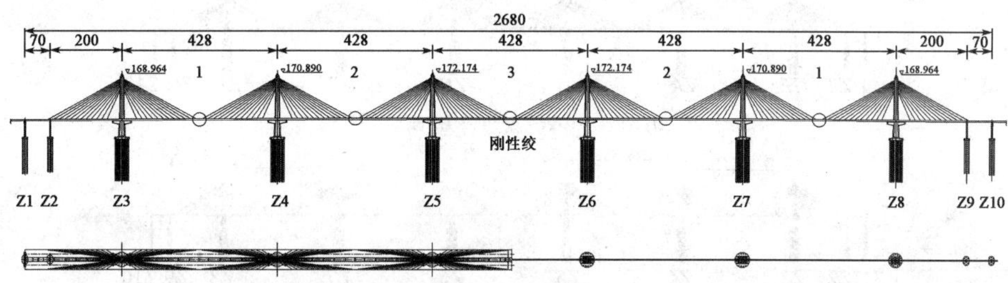

图1 嘉绍大桥主通航孔桥桥型布置图(1、2、3表示合龙口编号)(尺寸单位:m)

三、合龙方案比选

1. 合龙工艺选定

由于多塔斜拉桥塔梁相互影响显著,多跨主梁及索塔变形相互影响,对于跨中未设置边锚索约束位移的弱柱型多塔斜拉桥尤其明显。结合嘉绍大桥结构特点,为确保成桥内力状态和线形逼近设计理想状态,最大限度降低偏差对桥梁结构线形和内力状态的不良效应,降低施工风险,从而确保施工过程中结构的安全性,同时结合大桥施工进度,合龙施工在1月底、环境温度在10℃以下,嘉绍大桥最终用构件几何控制法进行施工控制,即在Z3、Z5、Z6、Z8索塔托架处设置顶推合龙顶推点,通过单项顶推完成全桥合龙。

2. 合龙顺序方案比选

和常规的两塔斜拉桥只有一个合龙口相比,多塔斜拉桥存在多个合龙口。嘉绍大桥的合龙口多达5

个,因此,合龙顺序的确定是合龙技术的关键问题。不同的合龙顺序、合龙施工工艺以及合龙保障设备,将得到不同的成桥内力与主梁线形。选取最优的合龙方案需要深入研究。

嘉绍大桥为六跨四索面斜拉桥,索塔为独柱形式,其主要的设计特点有三方面,一是索塔为弱柱结构,因此专门设置了索塔区的X形托架,以提高成桥体系的刚度。但在施工期,尤其是最大双悬臂阶段,索塔塔顶偏位对顺桥向不平衡荷载十分敏感,结构体系刚度较低和稳定性较低。二是设置有刚性绞,为了减少温度对长主梁的影响,在Z5、Z6号塔之间主梁跨中设置有刚性绞以及伸缩装置,刚性绞节段与普通合龙节段相比,重量大(刚性绞重达767t,普通合龙段重238t)。三是次边塔与主梁之间设置纵向约束,以优化刚性绞以及两端伸缩缝的受力。

备选的合龙顺序方案共5个,如表2所示。

备选合龙顺序方案 表2

	方 案 一	方 案 二	方 案 三	方 案 四	方 案 五
合龙顺序	3-1-2	3-2-1	1-2-3	2-1-3	2-3-1
说明	中跨-边跨-次边跨	中跨-次边跨-边跨	边跨-次边跨-中跨	次边跨-边跨-中跨	次边跨-中跨-边跨

1)顶推施工需求

每次合龙施工需满足顶推施工的条件,合龙口两侧主梁至少有一侧可以进行顶推施工,因此,根据依托工程的结构体系,3、5、6、8号塔处塔梁临时连接均可以进行顶推,而4、7号塔处为塔梁纵向约束位置,塔区梁段安装时就已精确定位塔梁纵向相对定位,并进行了纵向限位,因此无法进行顶推施工。

所有备选的5种合龙顺序如图2所示。

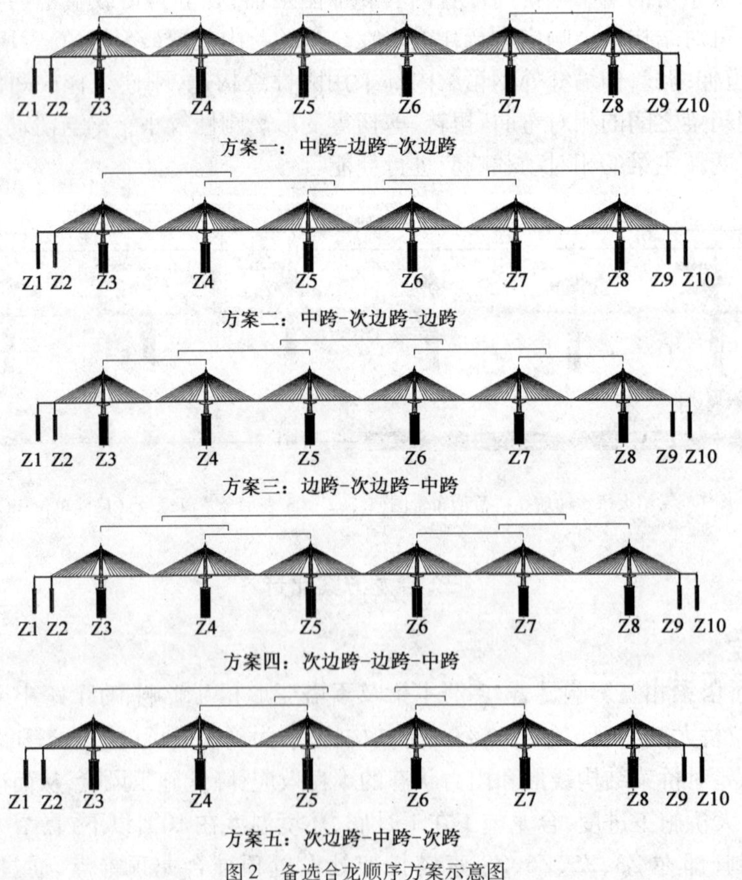

图2 备选合龙顺序方案示意图

由上可知,受顶推施工条件约束,只有方案一、方案二满足顶推作业条件;方案三、四、五中跨合龙无法实现顶推施工。

2)施工阶段受力比选

基于无应力状态法,对两种合龙顺序进行了施工阶段分析,有限元模型见图3。实际施工时,采取的合龙调整措施有:压重、调索、施加集中荷载(如弯矩)和顶推等。为便于定量比较不同合龙顺序的难易程度,选取压重和集中弯矩为比较参数。压重荷载可与实际施工时的压重对应,而集中弯矩则可视为其他各种效应(尤其是调索)的综合体现。最终比选的结果见表3所示。

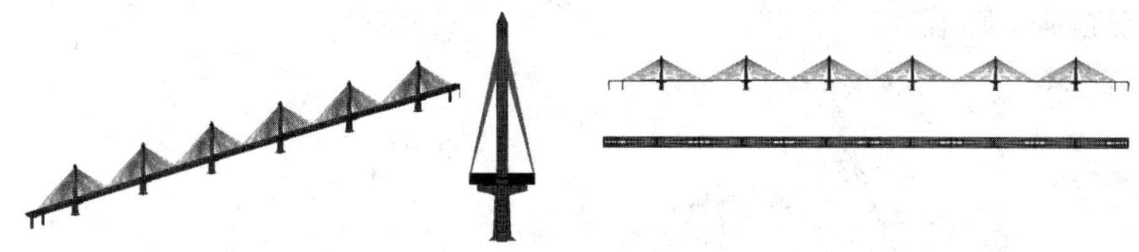

图3 TDV RM 2006有限元模型3D示意图

合龙顺序比选 表3

	方案一			方案二		
合龙顺序	3-1-2			3-2-1		
合龙口高差(cm)	5	28	5	5	6	37
压重荷载(1000kN)	0.5	1	0.9	0.5	0.8	1.2
集中弯矩(1000kN·m)	101	210	237	101	212	230
主梁最大竖向位移(mm)	532			493		
	-1314			-1314		
塔顶最大纵向偏位(mm)	+193			+181		
	-218			-205		
塔柱最大拉应力(MPa)	1.16			1.18		
塔柱最大压应力(MPa)	10.4			10.3		
主梁最大拉应力(MPa)	236			210		
主梁最大压应力(MPa)	-158			-140		
临时固结内力(kN)	16050			15070		

通过上述分析结果表明,两种合龙方式施工阶段结构的受力峰值比较接近。但塔顶位移分别达19cm和18cm。方案一为两两合龙(两阶段合龙),方案二为顺序合龙(三阶段合龙)。两两合龙有利于缩短悬臂等待时间,且可减小跨中压重区域(方案一只需在2号合龙口压重,方案二需要在1号和2号合龙口压重)。综上所述,采用方案一的合龙顺序。

3)顶推施工方案

根据以上对比,嘉绍大桥主桥按方案一进行合龙施工,具体合龙顺序依次为:

(1)Z8/Z3索塔完成第10号索对应梁段安装后,开始Z8-Z10/Z3-Z1边墩合龙(Z9/Z2墩顶推),体系转换。

(2)Z8-Z10/ Z3-Z1边墩合龙完成后,(Z7、Z8)/(Z4、Z3)两索塔完成第12对斜拉索对应梁段安装后,开始Z7-Z8/ Z3-Z4边跨合龙(Z3/Z8塔顶推),体系转换。

(3)Z5、Z6两索塔完成第12对斜拉索对应梁段安装后,开始Z5-Z6中跨刚性绞安装(无需顶推),体系转换。

(4)Z1-Z3边墩、Z3-Z4边跨、Z5-Z6中跨(含刚性绞安装)、Z7-Z8边跨、Z8-Z10边墩分别全部合龙后,同步完成Z4-Z5、Z6-Z7两次边跨合龙(Z5、Z6塔顶推),进行体系转换,全桥钢箱梁安装完成。

四、顶推合龙关键施工工艺

1. 合龙施工设备布置图

边墩合龙施工在辅助墩(Z2/Z9)墩顶竖向支座处设置顶推点,将边墩梁段 NBK1(SBK1)~Z3B11(Z8B11)向江侧顶推合龙(图4)。

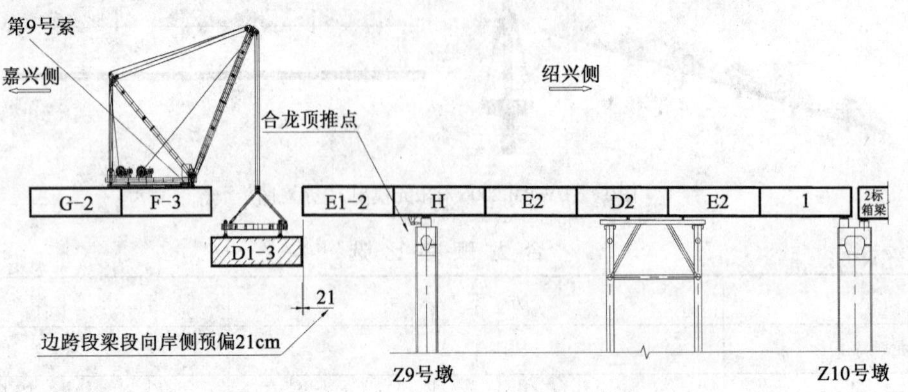

图4　边墩顶推合龙总体布置图

边跨顶推合龙在(Z7、Z8)/(Z4、Z3)两索塔完成第12对斜拉索对应梁段安装后,在Z8/Z3索塔托架主跨侧限位牛腿处设置顶推合龙的顶推点,单个墩共设置4个顶推点,向主跨侧顶推合龙,合龙段采用两台悬拼吊机抬吊喂入龙口(图5)。

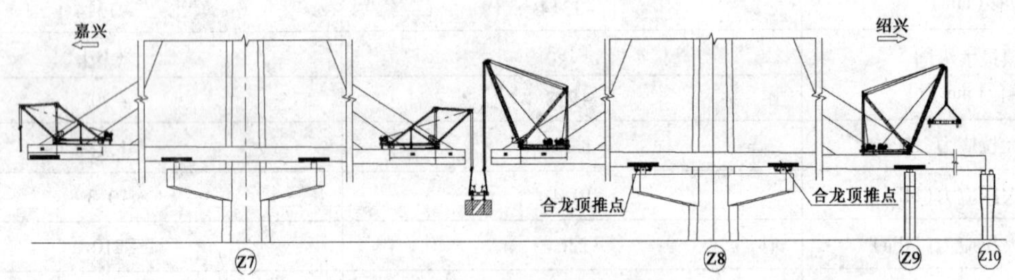

图5　边跨顶推合龙总体布置图

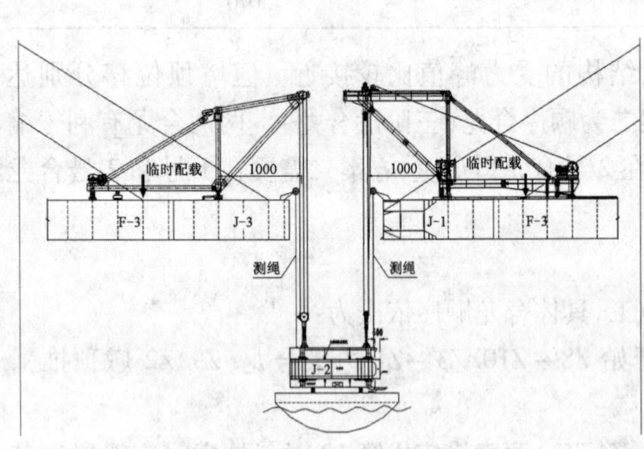

图6　刚性绞抬吊合龙总体布置图

中跨合龙段刚性绞通过Z5、Z6桥面吊机抬吊喂入合龙口,由于刚性绞内设1360mm的伸缩缝,故此处不需进行顶推即可完成合龙施工(图6)。

次边跨顶推合龙在Z5、Z6塔托架处布置顶推点,单个墩布置4各顶推点,将Z5、Z6塔梁段向边跨侧顶推完成最终合龙(图7)。

2. 顶推力及位移量计算

1)边墩

边墩梁块在梁段调位安装时已向岸侧实施210mm预偏量,同时考虑边跨整体梁段温度收缩变形的影响,计算得到在0~15℃的可能合龙温度区间,需要的顶推移动量如表4所示。

嘉绍大桥主航道桥边墩合龙顶推力主要是为了克服边墩梁段 NBK1(SBK1)~Z3B11(Z8B11)的自重力形成的支承处摩阻力,因此精确的顶推力计算需要精确的梁重和各支承点的摩擦系数。

边墩梁段总重 = 主梁自重2635.65t + 横梁自重80.22t = 2715.87t

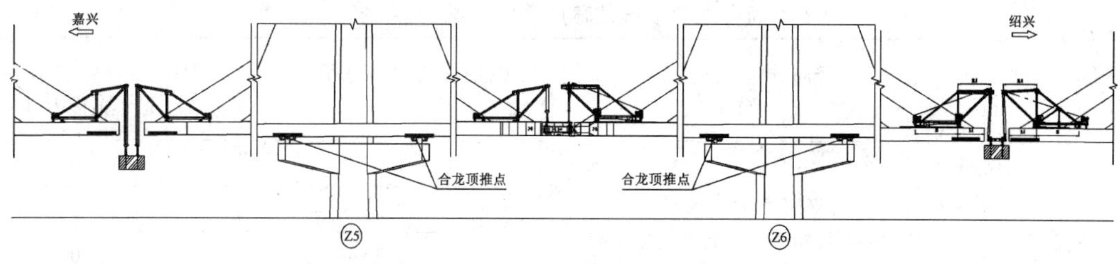

图7 次边跨顶推合龙总体布置图

边墩顶推位移量计算 表4

合龙温度(℃)	0	1	2	3	4	5
单侧顶推量(mm)	264	261	258	256	253	250
合龙温度(℃)	6	7	8	9	10	11
单侧顶推量(mm)	248	245	242	240	237	234
合龙温度(℃)	12	13	14	15	20	
单侧顶推量(mm)	232	229	226	223	210	

边跨支架保留两排钢管桩总共有8个支承点(横桥向每排有4个),支承点加垫四氟滑板以减小摩阻力,按照《公路桥梁板式橡胶支座规格系列》,取四氟滑板材料的摩擦系数为0.06;过渡墩和辅助墩处支座各有2个,理论摩擦系数取为0.04。各支承的摩阻力计算如表5所示。

边墩顶推力计算 表5

支 承 位 置	总竖向支反力(kN)	各支承反力(kN)	摩擦系数	摩擦力(kN)	总摩擦力(kN)
过渡墩支座	-6774	-3387	0.04	-271	-1210
过渡墩侧保留钢管桩	-2778	-659	0.06	-167	
辅助墩侧保留钢管桩	-3387	-847	0.06	-203	
辅助墩支座	-14220	-7110	0.04	-569	

2)边跨

边跨合龙时的顶推位移主要与跨内的主梁梁长误差、合龙温度有关,其中梁长误差需由悬臂施工中的几何测量值确定。表6所示为不同合龙温度时合龙口间所需的顶推位移量,由于仅是在Z8塔处单侧顶推,表6中的顶推位移值亦即Z8顶推点处的顶推位移。

不同合龙温度时所需的理论顶推位移 表6

合龙温度(℃)	20	15	10	5	0
Z7-Z8间顶推位移(cm)	0	2.5	5	7.5	10.1

主梁顶推力除需克服支座水平摩阻力外,还需平衡由于主梁产生顶推位移引起的斜拉索索力、索角度变化而导致的不平衡水平索力重分配,此外还有索塔处横向抗风支座对纵桥向顶推产生的侧向摩阻力。表7所示为合龙口间距的不同减小量所需的单幅顶推力。

3)次边跨

次边跨顶推力及位移量计算方法与边跨相似,计算结果见表8。

3. 顶推牛腿及撑脚设置

整个顶推装置主要由2个顶推牛腿、2台280t千斤顶、2把卡尺、2个千斤顶支撑底托、2块40cm×40cm×3cm垫石侧钢垫板、千斤顶牛腿侧2cm钢垫板组成,详见图8。

不同合龙口顶推位移所需的顶推力(单幅) 表7

合龙口顶推位移(cm)	Z8 顶推力(t)	竖向、横向支座摩擦力(kN)	顶推到位后拉索水平反力(kN)	则顶推到位后,千斤顶保持的最小顶推力(kN)
2	109.5	竖向支座产生的水平摩阻力为1028kN;加上横梁抗风支座摩阻力(按200kN计),则总摩阻力约为1230kN	-13.5	0
5	163.9		40.9	0
8	218.2		95.2	0
10	254.4		131.4	84
12	290.7		167.7	447

不同合龙口顶推位移所需的顶推力(单幅) 表8

合龙温度(℃)	顶推位移(mm)	Z6 单幅顶推力(kN)	
		摩阻系数3%	摩阻系数5%
20	0	635	925
15	2.5	887	1177
10	5	1143	1433
5	7.5	1398	1688
0	10.1	1664	1954

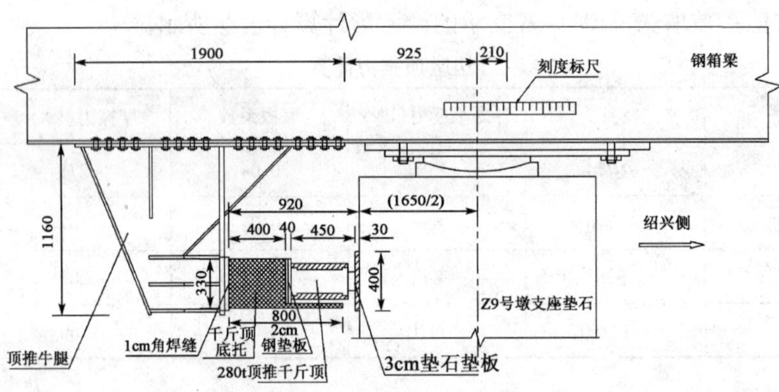

图8 边墩顶推装置结构图(尺寸单位:mm)

4. 顶推方案计算验证

由于合龙过程涉及的调索范围及长度极为有限,对施工阶段的结构内力基本上没有大的影响,只需要验算支座垫石和梁底反力牛腿在计算顶推力下的局部受力是否满足要求即可。根据各阶段合龙顶推力及位移的计算结果,取最不利工况即边跨合龙进行计算分析。

当单幅双点顶推位移为12cm时,每个顶推点的顶推力为1473 kN。分别对支座垫石和反力牛腿的有限元局部计算模型施加相关约束及单个顶推点最大顶推力1473kN,作用面积为50cm×50cm,荷载中心位置距离支座垫石底部111cm;支座垫石顶部受竖向压力作用为6263kN,作用面积为1.18m×1.18m。由Ansys计算模型模拟顶推过程所得到的支座垫石根部应力分布如图9所示,梁底反力牛腿应力分布如图10所示。

由Ansys计算分析可知,顶推过程中支座垫石混凝土最大主压应力6.78MPa;最大主拉应力为1.17MPa,顶推过程中梁底反力牛腿最大应力为219MPa,计算结果表明施力构件整体受力满足规范要求。

5. 顶推工艺流程

以边跨顶推合龙施工为例,顶推施工工艺流程如图11所示。

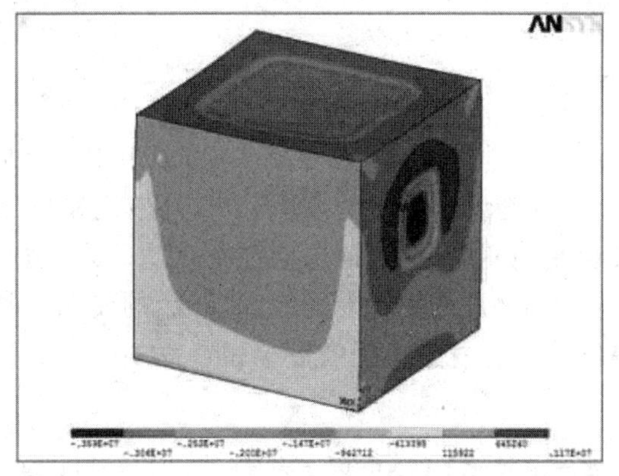

图9 支座垫石顶推过程中最大主拉应力(Pa)

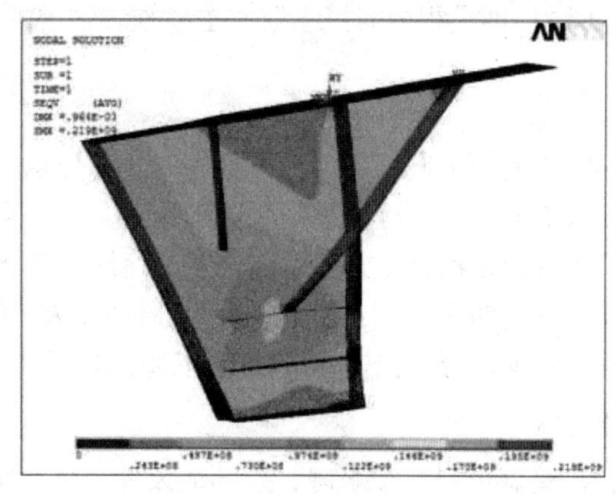

图10 反力牛腿顶推过程中 Von Mises 应力(Pa)

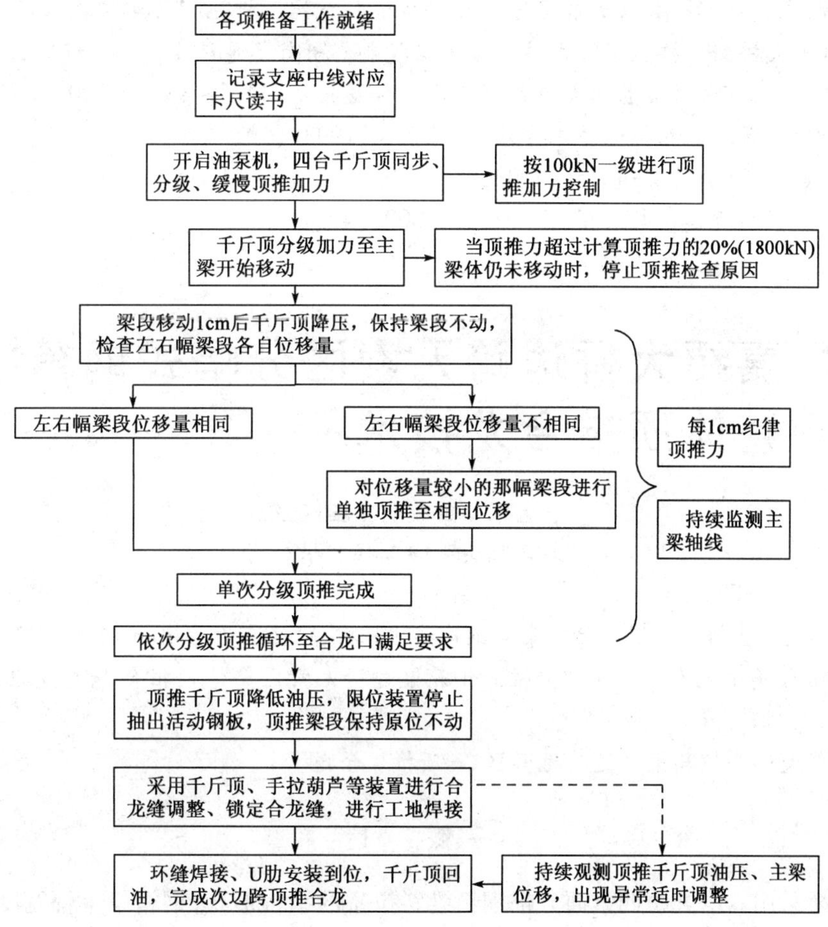

图11 边跨顶推工艺流程图

顶推过程关键控制要点：

(1)顶推施工前，记录左右幅卡尺读数，以便后续梁段同步顶推过程控制。

(2)在开始顶推后，为了防止主梁克服摩擦力后突然前冲，顶推过程必须缓慢、对称、同步施加顶推力。如果出现左右幅顶推位移一致但顶推力相差较多时，应立即停止顶推施力并检查原因。

(3)顶推过程中应严格按照2cm一级进行左右分幅同步顶推，且梁段每位移1cm记录顶推力大小，左右幅相差较大时分析原因。

(4)根据设计变更文件，单个支座垫石顶推力上限为2000kN，满足顶推施工要求，但千斤顶垫石侧需垫支40cm×40cm×3cm的垫板，防止支座垫石局部压裂。

(5)顶推过程中需持续监测主梁轴线情况。

五、结　语

嘉绍大桥主航道桥为六塔独柱四索面分幅钢箱梁斜拉桥,为世界上最宽最长的多塔斜拉桥,合龙施工技术难度极大,经过对合龙方案的比选、合龙顺序的优化以及施工过程中的模拟分析,高效高精度地完成了大桥的顶推合龙施工。各合龙工序周期为:边墩顶推合龙周期4天、边跨顶推合龙周期2天、刚性绞吊装合龙周期3天、次边跨顶推合龙周期2天。安装精度均优于《嘉绍大桥专用技术规范》的要求。嘉绍大桥主桥顶推合龙施工的成功实施,可为以后类似的多塔斜拉桥合龙施工提供借鉴和参考。

参考文献

[1] 陈鸣,罗承斌,张永涛,等.苏通大桥主桥中跨顶推辅助合龙技术[J].中国工程科学,2009,11(3).
[2] 秦顺全.斜拉桥安装无应力状态控制法[J].桥梁建设,2003(2).
[3] 吴运宏,岳青,朱利明,等.金塘大桥主通航孔斜拉桥合龙控制措施[J].施工技术,2011(3).
[4] 曾波.株洲建宁大桥斜拉桥主梁合龙施工技术与控制. 湖南交通科技,2006,32(4).
[5] 宋伟俊,董广文.南京大胜关长江大桥钢梁架设与合龙技术[J].桥梁建设,2009,(6).
[6] 丁晓吸,等,编译.多跨斜拉桥的施工方法.国外桥梁,1993,(2).
[7] 楼庄鸿.多孔斜拉桥.公路交通科技,2002,(4).
[8] 马坤全.大跨径斜拉桥建设与展望.国外桥梁,2000,(4).

81.嘉绍大桥边跨无索区分幅式钢箱梁整体顶推合龙技术

张生军　彭敦明　王跃龙
(中交二航局第四工程有限公司)

摘　要　嘉绍大桥主桥为六塔九跨四索面钢箱梁斜拉桥,跨径布置为70m+200m+5×428m+200m+70m,其中边跨70m段属于无索区。介绍分幅式钢箱梁边跨无索区整体顶推合龙关键施工参数及主要工艺实施控制情况。

关键词　嘉绍大桥　钢箱梁　边跨无索区　顶推　合龙

一、概　述

嘉绍大桥主桥采用六塔九跨四索面分幅钢箱梁斜拉桥的结构形式,钢箱梁单幅宽度24m(含风嘴及斜拉索检修道),两幅梁间横梁长9.8m,全幅总宽55.6m,箱梁中心线高4m(图1)。

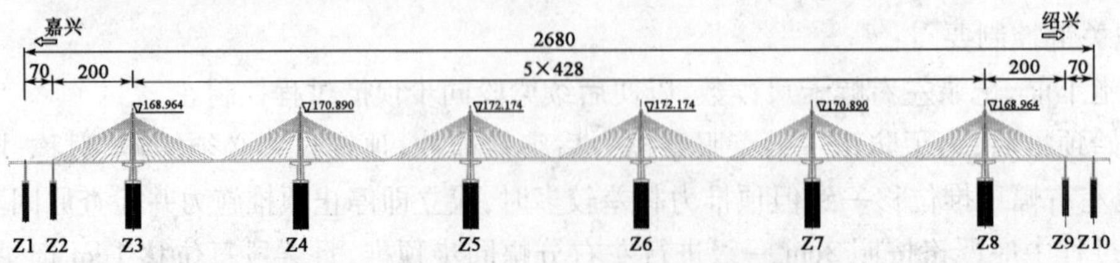

图1　嘉绍大桥主桥桥型布置图(尺寸单位:mm)

主桥上部结构施工过程采用构件几何控制法进行施工控制,要求不改变构件尺寸和无应力线形。因此,在合龙段施工时的要点是在不改变合龙段的尺寸和线形的条件下,保证主梁局部线形的平顺连接。

二、合龙施工技术思路

1. 边跨合龙概况

(1)根据设计图纸,边跨钢箱梁段属无索区钢箱梁,因此不能采用悬臂拼装法施工,只有采用支架法完成边跨钢箱梁及次边跨 B11 梁段的吊装施工。在吊装支架区钢箱梁时,钢箱梁整体向南侧预偏 21cm,以保证次边跨合龙段 B10 梁段的吊装。

(2)根据施工进度安排,嘉绍大桥边跨合龙在十二月或次年的一月,根据历年气象资料,此时桥位处环境温度小于 20℃。在不同温度下,加上梁顶底板的温差,由公式计算出的钢箱梁顶推量如表 1。

温度与顶推量关系 表 1

合龙温度(℃)	0	1	2	3	4	5
单侧顶推量(mm)	264	261	258	256	253	250
合龙温度(℃)	6	7	8	9	10	11
单侧顶推量(mm)	248	245	242	240	237	234
合龙温度(℃)	12	13	14	15	20	
单侧顶推量(mm)	232	229	226	223	210	

2. 合龙准备措施

(1)为保证钢箱梁的合龙线形并且减少在顶推时产生的摩阻力,在钢箱梁顶推前,先拆除边跨钢箱梁段部分支架,仅保留梁段中间部位的两排支架作为临时"墩",并在临时"墩"与钢箱梁间放置四氟滑块。为减小拆除支架时钢箱梁因自重产生的挠度,在拆除支架时由两端向跨中对称进行,最终保留 8 个支承点,即横桥向每排 4 个。支架拆除前后示意图如图 2、图 3 所示。

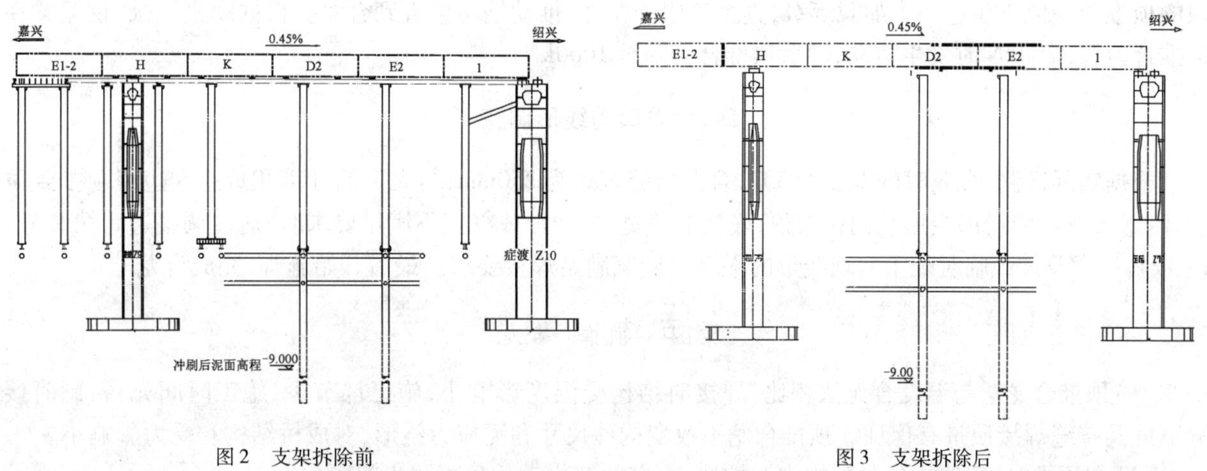

图 2 支架拆除前　　图 3 支架拆除后

(2)在顶推时,顶推力主要是克服边跨钢箱梁自重力在支承处的摩阻力。钢箱梁与横梁的实际重力为 27158.7kN,在计算时取四氟滑板的摩擦系数为 0.06,支座处的摩擦系数理论为 0.03,考虑到支座实际工作环境有所偏差,所以取 0.04。根据计算边跨 70m 梁段的支承摩阻力如表 2。

各部位摩阻力 表 2

支承位置	总竖向支反力(kN)	各支承反力(kN)	摩擦系数	摩擦力(kN)	总摩擦力(kN)
过渡墩支座	-6774	-3387	0.04	-271	-1210
过渡墩侧保留钢管桩	-2778	-659	0.06	-167	
辅助墩侧保留钢管桩	-3387	-847	0.06	-203	
辅助墩支座	-14220	-7110	0.04	-569	

3. 合龙方案选择

边跨顶推采用单点顶推的方式,在 Z9 辅助墩顶支座垫石与梁底反力牛腿之间安装液压千斤顶,横桥向两幅梁底各设一个顶推点,通过牛腿反力架系统进行顶推(图 4)。根据计算总动摩擦力为 1210kN。但实际操作中要考虑克服最大静摩擦力,所以选用额定推力 2800kN、最大行程 200mm 的千斤顶、高压油泵、控制开关。在顶推中,实行"一顶一泵一闸",即一台千斤顶由一台油泵控制,一台油泵由一个电源开关控制。

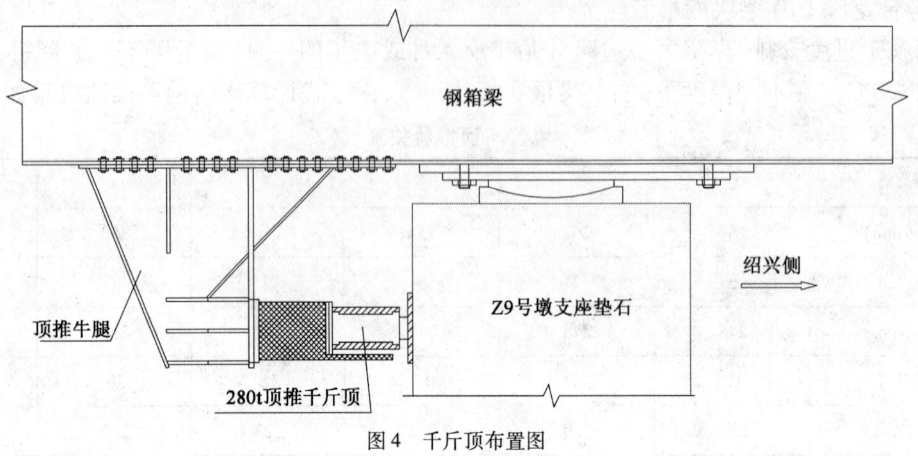

图 4　千斤顶布置图

三、顶推合龙的技术难点与控制

钢箱梁顶推过程中控制的关键点是两台顶推千斤顶伸长量的同步。由于每台千斤顶的参数不同,所以在实际施工中很难完全保持一致,两台千斤顶不同步就会造成钢箱梁轴线偏移。因此在此次合龙时,采用顶推力辅助控制的方法,在顶推时,两台千斤顶分级加载顶推力,每级加载 100kN,并控制两台千斤顶的顶推力差值不超过一个加载等级,直至克服静摩擦,推动钢箱梁直到合龙。根据观察记录,钢箱梁在顶推合力为 1200kN 时发生滑动,随后顶推合力降至 1000kN。

四、合龙口的线形调整

根据实际观测,合龙时的温度为 3℃,合龙口缝宽约为 250mm,与表 1 的计算相近。在边跨顶推到位后,测量合龙口的局部线形及钢箱梁顶、底板的缝宽,当线形或缝宽不满足要求时,通过调整边跨第 9 号、10 号斜拉索及加载临时配重实现线形的平顺及缝宽满足焊接要求。最后开始施焊,完成合龙。

五、结　　语

(1)顶推合龙法与温度合龙法相比,焊接时结构受温度影响小,施工环节少,施工时间充裕,同时接缝宽度及接缝焊接质量有保证。顶推合龙不改变构件尺寸和无应力线形,对成桥结构和受力影响小。

(2)在顶推时,用伸长量与顶推力双控法,可有效解决千斤顶不同步问题。

(3)在顶推中,用"一顶一泵一闸"的设备控制方式,控制线路简单明了,便于控制。

82. 嘉绍大桥钢结构防腐涂装工艺

王　涛　李承宇　耿　岩　刘国彬

(江苏中矿大正表面工程技术有限公司)

摘　要　文章以嘉绍大桥的防腐工程为例,分析了大桥的腐蚀环境,介绍了该大桥钢箱梁的配套涂装涂层及膜厚、涂装工艺、条件等以及施工中重要的技术条件和要求，并对涂层的防腐蚀寿命进行了分析。

关键词　钢结构　防腐蚀　涂装　耐腐蚀寿命

嘉绍跨江大桥是继杭州湾跨海大桥后又一座世界级桥梁。大桥连接浙江省嘉兴和绍兴两市，是沈阳至海口国家高速公路常熟至台州并行线的组成部分，全长10.137km，采用双向8车道高速公路标准，桥梁宽度为40.5m，计算行车速度100km/h，荷载标准为公路—I级。嘉绍大桥采用技术含量最高的6塔独柱斜拉桥方案，主桥长度达2 680 m，索塔数量、主桥长度、规模位居世界第一。建设单位从设计之初就提出要求，必须采用经济、有效的防护体系，确保钢结构的耐腐蚀寿命。

嘉绍大桥地处钱塘江尖山河段的江海交汇处，因潮强流急、潮位涨退频繁、含沙量大等原因，造成防腐环境复杂，施工条件极其特殊，对配套涂料也提出很高的要求。而且其所处的环境春季多雾容易结雾；夏季多雨、湿热、潮湿；秋季多风有雾；冬季风大、浪高、寒冷。由于大桥建在环境恶劣的海洋环境中，海洋大气盐雾对大桥钢箱梁会造成严重的腐蚀，防护涂层在此区域的老化、降解和失效较其他地区更加迅速，嘉绍大桥设计寿命为100年，这对大桥钢箱梁防腐涂装提出了更高的要求。

一、防腐蚀涂层方案设计

1. 防腐蚀涂装方法选择

钢结构的防腐蚀方法有很多种，如涂料涂装、电镀、热浸金属镀层及热喷涂金属涂层[1]。虽然涂料涂装、电镀、热浸镀等工艺方法有其固有的优点，但它们都很难满足大型钢结构的长效防腐蚀要求。电弧喷涂技术由于具有施工工艺简单，涂层防腐蚀寿命较长等优点，被广泛应用在钢结构桥梁防腐蚀领域[2]，它可以保护钢结构在大气、土壤或水中有至少20年不需任何维护和超过40年后的少量维护，是迄今为止对大型及重要钢结构做长效防腐蚀的最好方法。电弧喷涂防腐蚀复合涂层技术作为钢桥梁长效防腐的有效方法，得到了世界上多数国家的认可[3-5]。目前，桥梁钢结构防腐结构主要是喷涂锌、铝及其合金等，然后在金属涂层上面涂专用的防腐封闭涂料进行封闭处理，最终形成由金属喷涂层 + 封闭涂层 + 中间层 + 面漆组成的复合涂层防腐体系，从而达到理想的防腐效果。许多国家都制定标准将热喷涂防腐蚀技术作为大型桥梁钢结构首选的防护方法，我国钢梁采用金属喷涂防腐蚀应用的事例有许多，例如武汉军山长江大桥、广东深圳湾大桥等近30余座都采用了电弧喷涂防腐技术，而且都取得了理想的防腐效果[6]。

2. 电弧喷涂金属的选择

海洋环境中钢箱梁防腐喷铝或喷锌铝合金均能满足防腐要求，并在空气中易形成具有高度致密性和耐候性的 Al_2O_3 膜，即使遭受破坏也极易恢复，在有电解质的情况下，铝的阴极保护效果非常好。国内外大量长期的现场试验也证明了热喷涂锌铝及其合金涂层对于海洋环境下的钢铁构筑物具有优良的长效防护性能，锌具有优良的电化学保护性，铝具有比锌更好的化学稳定性，锌铝合金既保留了锌的电保护特点，又具有铝的化学稳定性能。特别是经过适当有机涂料封闭的喷铝、锌铝合金和锌铝复合涂层对于处于海洋大气和浪花飞溅区的钢铁设施是一种较好覆盖防腐方案[7]。

3. 喷涂面漆的选择

面漆层是整个防腐蚀涂料体系的第一道屏障，能够阻挡外界腐蚀介质渗透到涂层中。目前使用较多的面漆是氟碳面漆、丙烯酸聚氨酯面漆、氯化橡胶面漆及丙烯酸改性聚氨脂面漆等。氟碳面漆是以氟乙烯—乙烯基醚共聚物为主要基料的共聚物氟涂料体系，具有高耐候性、强附着力、抗弯曲性、高装饰性等优良性能。近年来，越来越多的大型桥梁都倾向于采用具有超长防腐年限的氟碳涂料（防腐年限可达20年以上），以延长桥梁防腐涂层的翻新重涂期限。据统计，2000年以后设计或改造的重点桥梁很大一部分桥梁都指定用氟碳涂料进行涂装保护。

本方案中面漆选用的是四氟氟碳涂料，它是在常规三氟技术的基础上研发的升级产品，可为基材提供长达20年的有效保护，大大降低维护成本，特别适用于大型跨海桥梁等防腐要求高、维护困难、使用期限长的大型钢结构基础设施。

二、嘉绍公路大桥钢箱梁防腐设计方案

嘉绍大桥钢箱梁防腐涂装体系的选择综合分析了桥梁所处环境并充分考虑了涂装体系的耐久性、施工可行性、经济性等因素，并参照国内外的腐蚀环境分类及设计标准，设计出防腐蚀的涂装方案如表1所示。

钢箱梁各部位防护涂装方案 表1

部位	涂装用料	设计值
钢箱梁（含腹板、风嘴、内侧拉索工作箱、横梁、桥面人孔、水密门）外表面（除桥面）、斜拉索锚箱、索塔锚箱内部、工地连接，外部检查车轨道系统、驱动机构的各外露非加工面、桥面路缘石、防撞护栏和灯柱底座等（非桥面铺装覆盖的外露桥面板）等	表面净化处理	无油、干燥
	二次表面处理	Sa3级，Rz60～100μm
	电弧喷锌铝合金	150μm
	环氧封闭底漆2道	渗入涂层孔隙中，不计厚度
	环氧云铁中间漆1道	100μm
	氟碳树脂面漆2道	2×35μm
钢箱梁（含箱形横梁）内部，梁内检查车轨道、轨道支架、车架、行走机构的外露非加工面等	二次表面喷砂处理	Sa2.5级，Rz40～80μm
	环氧富锌底漆1道	50μm
	环氧厚浆漆1道	125μm

三、涂装关键工艺处理

1. 喷砂除锈工艺

采用压力式喷砂机对钢结构外表面进行喷砂除锈，除去表面全部锈蚀产物和焊渣等溅射物，钢结构外表面清洁度达到Sa3级、粗糙度Rz60～100μm，喷砂工艺参数如表2所示。

喷砂工艺参数 表2

参数名称	空气压力	喷射角度	喷射距离	喷枪移动速度
指标要求	0.5MPa以上	60°～90°	300～350mm	一次性达到质量要求

喷砂除锈质量要求、质量标准和检验方法见表3所示。

钢结构外表面喷砂除锈质量要求、质量标准和检验方法 表3

检验项目	质量要求	质量标准	检验方法
清洁度	Sa3级	GB 8923—88《涂装前钢材表面锈蚀等级和除锈等级》	目视对比法
粗糙度	Rz60～100μm	GB 11373—89《热喷涂金属件表面预处理通则》	粗糙度仪检测

2. 电弧喷涂工艺

使用电弧喷涂设备对喷砂合格的表面进行电弧喷涂，对于面积大且平整的钢箱梁底面等部位，使用机械化工装和大功率二次雾化电弧喷涂设备进行电弧喷涂，对于其他部位采用手持二次雾化电弧喷涂设备进行电弧喷涂。喷涂开始时，喷枪应对着非喷涂面进行试喷，调整工艺参数。喷涂施工过程中应经常检测涂层厚度，厚度不够时需继续补喷直到合格为止。电弧喷涂工艺参数如表4所示。

电弧喷涂工艺参数 表4

参数名称	工艺参数
喷涂电压	24~34V
喷涂电流	大功率:300~500A;手持式:100~300A
喷涂气压	≥0.5MPa
喷涂距离	200~300mm
喷涂角度	60°~80°
喷涂速度	二次喷涂达到规定厚度,相邻喷涂区应有1/3宽度重叠

电弧喷涂质量要求、质量标准和检验方法见表5所示。

电弧喷涂质量要求、质量标准和检验方法 表5

检验项目	质量要求	检验标准	检验方法
外观	颗粒细密、厚薄均匀、不含杂质,无气泡及裂缝等表面缺陷	GB/T 9793—1997《金属和其他无机覆盖层热喷锌、铝及其合金》	目视法检验
厚度	除摩擦面外外表面各部位锌铝合金涂层:150μm		电子数字涂层测厚仪测量
结合力	划格法:无涂层从基体剥落 拉拔法:≥5MPa		切格法或拉拔法

四、复合涂层的寿命分析

1. 复合涂层防腐蚀机理

设计采用的复合涂层是由电弧喷锌铝涂层+封闭漆+中间漆+面漆组成的长效防腐蚀复合涂层体系。复合涂层的防腐蚀失效顺序为[8]:有机封闭涂层经过若干年老化失效后,铝涂层不断自腐蚀,厚度逐渐减薄至局部钢铁暴露时,开始对钢铁进行电化学阴极保护,钢铁基体开始发生腐蚀,此时电弧喷铝复合涂层彻底失效。所以要对有机封闭涂层在一定时间内进行修补,以获得更为长久的防腐蚀寿命。

2. 复合涂层防腐蚀寿命估算

荷兰热浸镀研究所进行了20多年的试验表明,喷涂锌或铝后封闭处理所组成的复合涂层,其耐蚀性比喷涂锌或铝涂层和封闭涂层两者单独耐腐蚀寿命值高出50%~130%,这种效应是国际上已得到公认的最佳协同作用(Synergy Effect)[9]。

1983年2月,英国Metallisation公司组织的一次防腐蚀讨论会提供的资料,热喷涂100μm的锌、铝涂层,用一般涂料封闭,在海水中的极限寿命可达20~25年;热喷涂175μm的锌、铝涂层,用长效防腐涂料进行封闭,对飞溅带可提供40~50年的有效保护。而本次电弧喷涂的锌铝合金涂层虽然只有150μm,但在海洋环境下锌铝涂层+封闭层的寿命也将在50年以上。

本方案中面漆选用的是四氟氟碳涂料,可为基材提供长达20年的有效保护,再加上厚达100μm的中间漆,防腐寿命将在25以上。

根据最佳协同效应,电弧喷涂锌铝合金复合涂层耐腐蚀寿命为:

$$L=(a+b)\times(1.5\sim2.3)>(50+25)\times(1.5\sim2.3)=112\sim172\text{年}$$

式中:a——电弧喷铝涂层耐蚀寿命;

b——封闭涂层耐蚀寿命。

因此,按最保守的预测计算,嘉绍大桥的电弧喷锌铝+环氧封闭底漆+环氧云铁中间漆+氟碳面漆复合涂层体系,其耐腐蚀寿命将大于100年,可满足设计之初的钢结构防腐蚀寿命要求。

五、结　语

嘉绍大桥所处的环境比较恶劣,因此大桥的防腐工作至关重要,尤其是作为主要承重结构的钢箱梁,其防腐涂装十分关键。大桥的防腐蚀方案确定后,防腐施工企业严格遵照相关工艺指标及质量要求,保质、保量、保工期完成了防腐蚀复合涂层施工。根据设计方案的理论寿命分析,嘉绍大桥钢结构的耐腐蚀寿命将大于100年,但是根据复合涂层的失效规律,建议每间隔10年左右对钢结构进行一次重新刷涂有机涂料的维护施工,从而确保大桥钢结构能够达到预期的耐腐蚀寿命,尽可能延长大桥的服役年限。在有机封闭涂层老化失效前,每隔一定时间及时对封闭涂层进行维修,使涂层一直处于完好状态,就可以获得相当长的耐腐蚀寿命。

参考文献

[1] 张忠礼. 钢结构热喷涂防腐蚀技术[M]. 北京:化学工业出版社,2004.

[2] Abel Banov. Weapons Directed Against Corrosion [J]. Journal of Protective Coatings and Linings,1997,(8):94.

[3] Yi Chunlong, An Yunqi, Shen Yatan, et al. Recent ten years applications of arc – spraying technology for corrosion protection of steel bridges in China[A]. Beijing: The 16th International Corrosion Conference [C]. 2005,67.

[4] Kuroda S, Takemoto M. Ten year interim report of thermal sprayed Zn, Al and Zn – Al coatings exposed to marine corrosion by Japan Association of Corrosion Control[A]. The International Thermal Spray Conference(ITSC 2000)[C]. Canada: Montreal,2000.

[5] Marantz David R, Marantz Daniel R. State of the arc spray technology[A]. Bernechi F F, Hernecki T F. Thermal Spray Research and Applications[C]. USA: ASM International,1991,113-118.

[6] 易春龙. 电弧喷涂技术[M]. 北京:化学工业出版社. 2006.

[7] 王兆星, 盖国晖, 万莹莹. 青岛海湾大桥航道桥钢箱梁防腐涂装[J]. 公路, 2009(9):19-20.

[8] 韩勇. 电弧喷涂金属层外加封闭涂料复合涂装技术[J]. 建井技术,1995(4): 44-46.

[9] 俞菊虎. 结合杭州复兴大桥谈钢结构的喷涂防腐[A]. 钢结构混凝土组合结构会议论文集[C],北京:人民交通出版社,2003,15-17.

83. 马鞍山长江公路大桥基准索股施工控制技术

尚　龙

(中交第二航务工程局第四工程有限公司)

摘　要　本文以马鞍山公路长江大桥左汊悬索桥为工程背景,阐述了主缆基准索股施工控制与测量调整方法,主要包括基准索股架设施工控制、关键参数收集、测量及现场调整等。结果表明此技术有效提高了基准索精度,稳定性观测误差也满足监控和设计要求,为其他悬索桥提供借鉴。

关键词　悬索桥　基准索股　架设　施工控制

一、工程概述

主缆架设是悬索桥上部结构安装的一个关键阶段,而基准索股架设是整个主缆架设施工的生命线,基准索线型控制是整个主缆线型控制的关键步骤,所有一般索股是根据基准索的高程,采用若即若离的原则调整其一般索股高程。

马鞍山长江公路大桥左汊主桥为三塔两跨悬索桥,结构成对称布置,两边塔为钢筋混凝土结构,中塔为钢混叠合塔结构,塔高均为178.3m,如图1所示。主桥跨径为:2×1080m,桥跨布置为(360+1080+1080+360)m,主桥净宽33m,设计车速100km/h。全桥共两根主缆,主缆采用预制平行钢丝索股

(ppws),每根主缆由154根索股组成,每根索股由91丝、直径为5.2mm的高强镀锌钢丝组成,单根索股无应力长约3045.53m,主缆间距35m,矢跨比1/9。

图1　马鞍山大桥总体布置图

二、基准索股架设施工控制

1. 基准索股牵引

基准索股采用门架拽拉器式牵引方式。索股牵引分三步:①引出索股锚头,并与拽拉器连接(图2)。索股锚头与拽拉器连接,检查拽拉器倾斜情况,必要时用平衡重调整。②索股牵引。先牵引2号索,作为对整个牵引系统的调试和检测,对发现问题及时分析原因并采取措施加以纠正,为后续1号基准索股牵引提供质量保证。③前端锚头卸下及锚头进入锚跨。最后利用吊机或卷扬机将锚头引入锚杆[1](图3)。

图2　索股锚头连接拽拉器

图3　索股锚头引入锚杆

2. 基准索股上提与横移

牵股牵引到位后,查看全线索股红色标志丝,检查索股扭转,然后人工或利用握索器消除索股扭转,确认索股完全无扭转。利用塔顶、锚碇门架卷扬机进行索股的上提(图4)。确认整个索股已离开猫道托架滚轮,同时在主散索鞍位置前后握索器范围内索股处于自由状态。各中跨拽拉与边跨拽拉要同时进行以保持平衡,避免索股标记在主散索鞍位置偏移过大。最后利用塔顶、锚碇门架上手拉葫芦,将主、散索鞍处索股提离托架滚轮,并进行横向移位至主、散索鞍正上方(图5)。

图4　索股上提

图5　索股横移

3. 基准索股整形与入鞍

整根索股提离猫道托滚,此时主、散索鞍前后两握索器之间的索股呈无应力状态,在此状态下进行整形。

入鞍前必须将该部分六边形索股断面整理成符合设计规定的矩形，再放入鞍槽内。整形方向为在主索鞍处从边跨向主跨方向、在散索鞍处由锚跨向边跨方向进行整形。索股整形前后断面示意如图6所示。

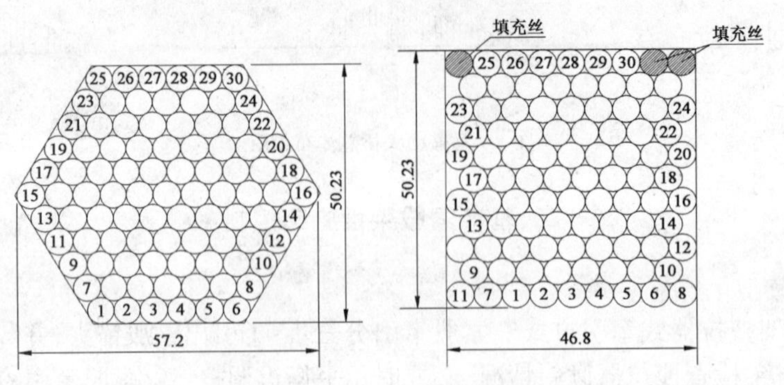

图6　索股整形前后断面示意图

整形时用钢片梳进行索股断面整理（图7），并增加三根填充丝，断面由六边形变成四边形，整形过程中人工用木锤敲打索股。

索股入鞍时，先主索鞍，后散索鞍。主索鞍处，从边跨端向主跨方向进行；散索鞍处，从锚跨端向边跨方向进行（图8）。整形入鞍后，索股置入各索鞍鞍槽内，调整索股锚固端锚固位置，使中跨预抬高15～20cm，以便于夜间进行矢度调整。

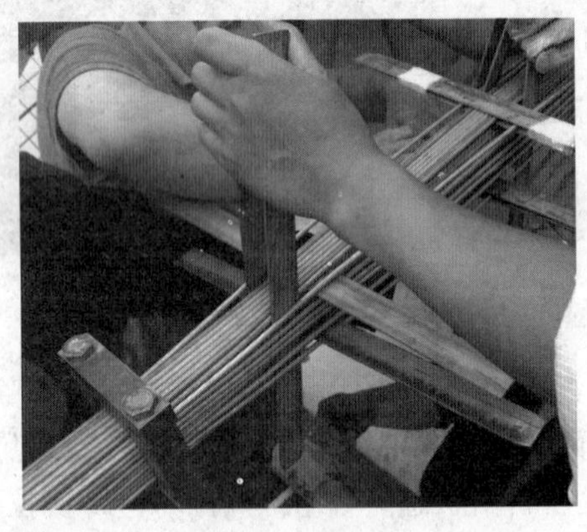
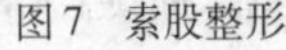

图7　索股整形

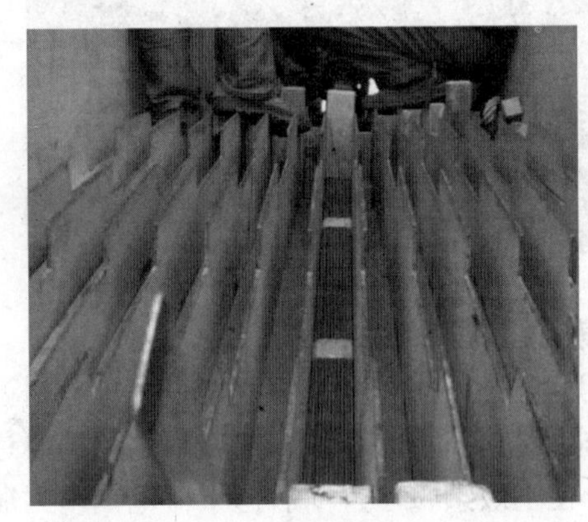

图8　索股入鞍

三、基准索股测量调整控制参数收集

基准索股垂度调整前，监控根据塔、锚实测数据（各跨跨长、塔顶高程、索鞍预偏量等）计算出基准索股跨中高程及温度修正、跨度修正表，跨中垂度调整值与索长调整量关系表，锚跨索股张力等。计算主缆线形时，应考虑塔顶高程预高值，根据塔自重、上部结构传递给塔的压力、塔长期徐变等因素，预估成桥后塔顶高程，以此计算调整量[2]。

1. 测量控制参数收集方法

测量控制参数主要包括跨径、塔顶高程、塔偏、沉降、温度及气压等。在主塔施工过程中，在主塔承台上已埋设沉降监测点。沉降观测采用LEICA DNA30数字精密水准仪电子测量法（配条码铟钢尺）或LEICA NA2＋GPM3精密水准仪几何测量法。温度气压在现场测量时，根据温度计和气压计实测，其他的均通过建立测量控制网（图9），通过全站仪测得。首级控制网为大桥工程测量二等网，高程基准采用1956年黄海高程系统，桥区中央子午线经度取值118°30′，投影正常高45m，其中跨径通过中塔下横梁测站测得，两边塔塔偏通过在中塔塔顶上横梁测得，两边塔塔高通过测站3、4测得。

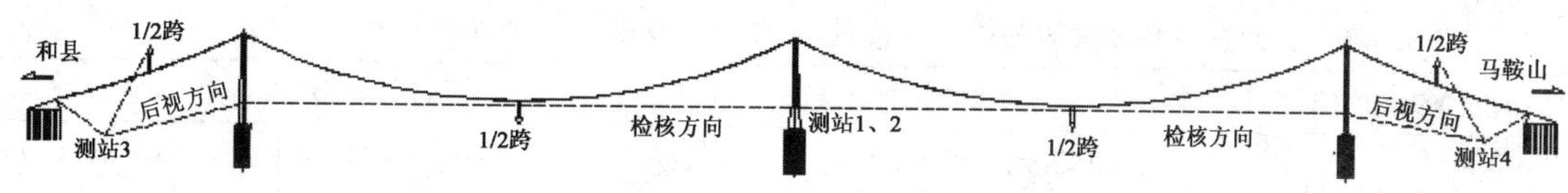

图9 测量控制网示意图

2. 基准索温度控制参数收集方法

基准索股线型对温度变化敏感,同时施工控制选择在结构各部分温度尽量接近的情况下进行。温度场监测的目的是为结构线形调整、监控计算提供参数。因此温度场测温元件需要较高的精度(一般要求分辨率小于0.1℃)稳定性。受地形条件和环境影响,在索股里程和高程方向,不同位置的温度分布不同。为了能准确得到索股的综合平均温度,需要在每跨分散布置多个温度测试断面。测控时,取各跨测点的平均值作为索股的平均温度[3]。

测点布置为主缆横向温度和纵向温度测试采用温度传感器,精度0.1℃,主缆每个测点2组智能型温度传感器。全桥共需约64个温度传感器、每个传感器设3个测温探头,32个采集模块(M9600 - SCADA采集器),2个485/232转换模块。

四、基准索股线型测量与调整控制

基准索股线型调整主要是调整索股在跨中的垂度。索股垂度又分绝对垂度和相对垂度。基准索股进行绝对垂度调整,一般索股索股以基准索为参照进行相对垂度调整。

1. 基准索股线型控制

根据桥塔、锚碇竣工测量资料及鞍座实设预偏量等资料,由于上下游施工误差不一样,所以上下游架设线形有差异。基准索股跨中位置线形见表1~表4,表中符号说明如下:

D:跨度变化量,跨度增加为正,跨度减小为负,单位为m;T:索股调整跨的平均温度,单位为℃;dH_n:北塔高程变化量,单位为m;dH_m:中塔高程变化量,单位为m;dH_s:南塔高程变化量,单位为m;dX:测点的位置,为测点倒桥塔塔顶鞍座预偏点位置X的坐标差,单位为m;使用时需用dX计算出测点位置的X,并换算到全桥统一的投影面;Y:丝股中心的高程,单位为m。

北边跨基准索股跨中位置线形($-0.06 \leq D < +0.06$,切线角22.6318°) 表1

位 置	温度范围(℃)	测点到北塔的坐标差(m)	丝股中心高程(m)
上游	$+20 \leq T < +25$	$dX = 177.71582 - 0.009643T + 2.43499D + 0.28451D^2 + 0.775\Delta H_n$	$Y = 93.05851 - 0.023496T + 4.67814D + 0.68788D^2 + 2.458\Delta H_n$
	$+25 \leq T < +30$	$dX = 177.71357 - 0.009571T + 2.42043D + 0.28079D^2 + 0.775\Delta H_n$	$Y = 93.05315 - 0.023323T + 4.64327D + 0.67894D^2 + 2.458\Delta H_n$
	$+20 \leq T < +25$	$dX = 177.71977 - 0.009819T + 2.43499D + 0.29294D^2 + 0.775\Delta H_n$	$Y = 93.06798 - 0.023917T + 4.67815D + 0.70823D^2 + 2.458\Delta H_n$
	$+25 \leq T < +30$	$dX = 177.71834 - 0.009744T + 2.42043D + 0.28943D^2 + 0.775\Delta H_n$	$Y = 93.06459 - 0.023739T + 4.64328D + 0.69981D^2 + 2.458\Delta H_n$
下游	$+20 \leq T < +25$	$dX = 177.71318 - 0.009636T + 2.43354D + 0.28414D^2 + 0.774\Delta H_n$	$Y = 93.04802 - 0.023478T + 4.67455D + 0.68697D^2 + 2.457\Delta H_n$
	$+25 \leq T < +30$	$dX = 177.71093 - 0.009564T + 2.41900D + 0.28041D^2 + 0.774\Delta H_n$	$Y = 93.04267 - 0.023306T + 4.63973D + 0.67802D^2 + 2.457\Delta H_n$
	$+20 \leq T < +25$	$dX = 177.71713 - 0.009812T + 2.43355D + 0.29259D^2 + 0.774\Delta H_n$	$Y = 93.05748 - 0.023899T + 4.67457D + 0.70738D^2 + 2.457\Delta H_n$
	$+25 \leq T < +30$	$dX = 177.71570 - 0.009737T + 2.41901D + 0.28907D^2 + 0.774\Delta H_n$	$Y = 93.05409 - 0.023721T + 4.63974D + 0.69894D^2 + 2.457\Delta H_n$

北主跨基准索股跨中位置线性($-0.10 \leqslant D < +0.10$,切线角0°) 表2

位置	温度变化范围(℃)	测点到北塔的坐标差(m)	丝股中心高程(m)
上游	$+20 \leqslant T < +30$	$dX = 538.93049 + 0.5D + 0.1(\Delta H_m - \Delta H_n)$	$Y = 67.84552 - 0.025246T + 1.84139D + 0.01541D^2 + 0.5(\Delta H_m + \Delta H_n)$
下游	$+20 \leqslant T < +30$	$dX = 538.91851 + 0.5D + 0.1(\Delta H_m - \Delta H_n)$	$Y = 67.85853 - 0.025250T + 1.84155D + 0.01542D^2 + 0.5(\Delta H_m + \Delta H_n)$

南主跨基准索股跨中位置线性($-0.10 \leqslant D < +0.10$,切线角0°) 表3

位置	温度变化范围(℃)	测点到北塔的坐标差(m)	丝股中心高程(m)
上游	$+20 \leqslant T < +30$	$dX = 538.90839 + 0.5D + 0.1(\Delta H_m - \Delta H_s)$	$Y = 67.86003 - 0.025248T + 1.84145D + 0.01541D^2 + 0.5(\Delta H_m + \Delta H_n)$
下游	$+20 \leqslant T < +30$	$dX = 538.91633 + 0.5D + 0.1(\Delta H_m - \Delta H_s)$	$Y = 67.86697 - 0.025250T + 1.84159D + 0.01542D^2 + 0.5(\Delta H_m + \Delta H_n)$

南边跨基准索股跨中位置线性($-0.06 \leqslant D < +0.06$,切线角$-22.6318°$) 表4

位 置	温度范围(℃)	测点到桥塔的距离(m)	丝股中心高程(m)
上游	$+20 \leqslant T < +25$	$dX = 177.71591 - 0.009646T + 2.43354D + 0.28462D^2 + 0.775\Delta H_s$	$Y = 93.06786 - 0.023500T + 4.67895D + 0.68808D^2 + 2.459\Delta H_s$
	$+25 \leqslant T < +30$	$dX = 177.71365 - 0.009573T + 2.42093D + 0.28090D^2 + 0.775\Delta H_s$	$Y = 93.06251 - 0.023328T + 4.64407D + 0.67951D^2 + 2.459\Delta H_s$
	$+20 \leqslant T < +25$	$dX = 177.71986 - 0.009822T + 2.43550D + 0.29304D^2 + 0.775\Delta H_s$	$Y = 93.07734 - 0.023921T + 4.67896D + 0.70841D^2 + 2.459\Delta H_s$
	$+25 \leqslant T < +30$	$dX = 177.71843 - 0.009747T + 2.42093D + 0.28954D^2 + 0.775\Delta H_s$	$Y = 93.07394 - 0.023743T + 4.64408D + 0.70001D^2 + 2.459\Delta H_s$
下游	$+20 \leqslant T < +25$	$dX = 177.70826 - 0.009633T + 2.43288D + 0.28396D^2 + 0.774\Delta H_s$	$Y = 93.04689 - 0.023469T + 4.67255D + 0.68648D^2 + 2.456\Delta H_s$
	$+25 \leqslant T < +30$	$dX = 177.70601 - 0.009560T + 2.41835D + 0.28023D^2 + 0.774\Delta H_s$	$Y = 93.04155 - 0.023296T + 4.63776D + 0.67752D^2 + 2.456\Delta H_s$
	$+20 \leqslant T < +25$	$dX = 177.71221 - 0.009809T + 2.43289D + 0.29242D^2 + 0.774\Delta H_s$	$Y = 93.05635 - 0.023889T + 4.67257D + 0.70692D^2 + 2.456\Delta H_s$
	$+25 \leqslant T < +30$	$dX = 177.71077 - 0.009734T + 2.41836D + 0.28890D^2 + 0.774\Delta H_s$	$Y = 93.05296 - 0.023711T + 4.63777D + 0.69846D^2 + 2.456\Delta H_s$

注:对于北边跨、北主跨,dX为索股测点位置到北塔鞍座预偏起点位置X的坐标差(m);对于南边跨,南主跨,dX为索股测点位置到南塔鞍座预偏起点位置X的坐标差(m)。

2. 跨中高程变化与索长变化量之间的关系

经过计算,索股跨中高程变化与索长变化量的关系如下:

主跨:$\Delta s = \Delta h/2$;边跨:$\Delta s = \Delta h/6$。

在高程偏离理论高程±20cm的范围内,上述关系均具有较高的精度。因此可用于索股高程的调整:

(1)从主跨调出索长1cm,则中跨的控制点高程增加约2cm,调入1cm索长到中跨,则中跨的控制点高程减少约2cm;如果中跨实测高程与理论高程之差Δh = 实测高程 − 理论高程,则调整量为$\Delta s = \Delta h/2$,Δh为正时调入,Δh为负时调出。

(2)从边跨调出索长1cm,则北边跨的控制点高程增加约6cm,调入1cm索长到北边跨,则北边跨的控制点高程减少约6cm;如果北边跨实测高程与理论高程之差为Δh = 实测高程 − 理论高程,则调整量

$\Delta s = \Delta h/6$，Δh 为正时调入，Δh 为负时调出。

3. 基准索股的测量与调整

1）基准索股的测量

基准索线型的测量，使用智能全站仪。仪器置于预先设置的好的观测控制点上，用特制反光棱镜工桩安装反光棱镜在索股上，对准跨中测点标志，测竖角与水平距离，观测中能显示各测点坐标和高程；在测量垂度时，除索股高程，还要对索塔的塔偏、跨距以及索股表面的温度（横桥向与顺桥向）作出测定；基准索股测温沿长度方向布置为各跨的1/4、1/2和3/4点，以及各塔塔顶两侧。

2）基准索股的垂度调整

为了使整形入鞍的索股达到设计线型，需要在夜间气温稳定，风速较小的时段对其进行垂度的观测和调整。气温稳定的条件为：索股顺桥向温差小于1℃；被调索股的平均温差应低于其相邻索股平均温差小于0.3℃。

调整索股垂度时，先将索股标记点与主索鞍中心标记吻合（固定中塔索股在主索鞍的位置），并用硬木楔楔紧固定，千斤顶反压，防止索股滑移，按先中跨后边跨再锚跨的顺序进行调整。在跨中位置支立反光棱镜测出基准索股跨中点水平距离、垂直距离，反算主缆跨中实际高程，并与理论修正高程（跨度与温度修正）进行比较，利用塔顶调索系统进行调整（图10），并与设计值进行比较，直至调整中跨垂度符合要求，将调整好的主索鞍处索股用木楔楔紧固定。

中跨垂度符合要求后，开始调整各边跨，其调整方法与中跨垂度调整方法相同，边跨调索通过索股锚头调整的2台80t千斤顶进行（图11）。

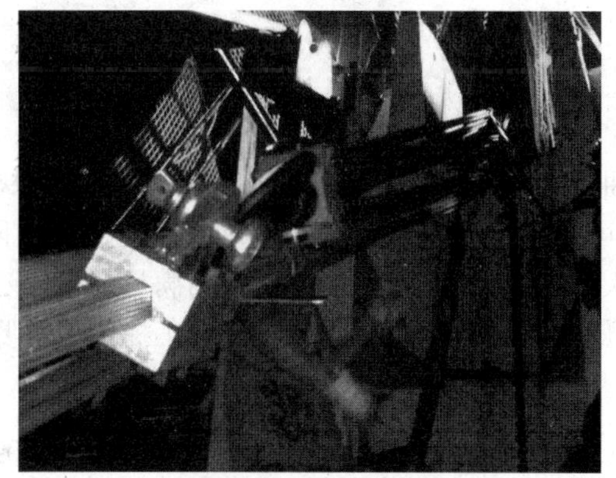

图10　塔顶索股调整

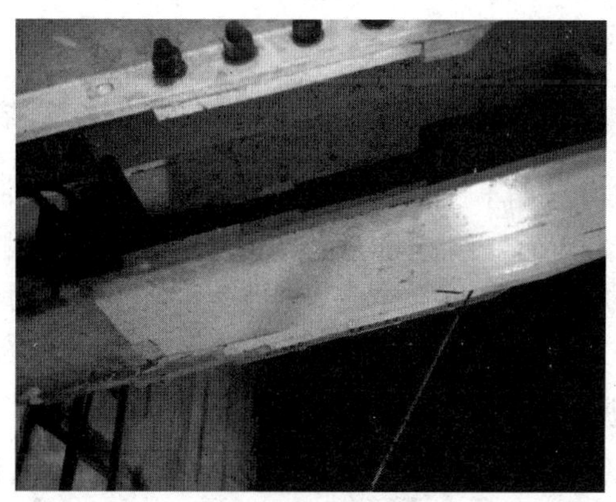

图11　锚碇索股调整

上下游两根基准索股相对高差采用连通管进行复测，保证在双控（全站仪测与连通管测）条件下，基本索股上下游高差不大于10mm。

完成基准索股的垂度调整后，需对基准索股进行连续三个晚上的稳定性观测，要确认基准索股的垂度与规范及监控要求的主跨+40mm、-20mm；边跨+50mm、-30mm[4]。根据三天连续观测（表5），基准索股线型满足要求。

主缆基准索股监测汇总表　　表5

位置	测量时间	温度（℃）	风力（m/s）	上游偏差平均值（mm）	均值（mm）	下游偏差平均值（mm）	均值（mm）	上下游连通管测量高差（mm）
北边跨跨中	2012.7.7	26.6	4	39.8	39.6	44.1	44.8	-5
	2012.7.8	26.9	6	46.0		49.1		-4
	2012.7.9	28.9	3	32.9		41.2		-3
北中跨跨中	2012.7.7	27.1	5	18.6	10.1	16.6	14.5	3
	2012.7.8	27.0	6	7.7		13.0		-2
	2012.7.9	29.3	4	4.1		14.0		-7

续上表

位置	测量时间	温度(℃)	风力(m/s)	上游偏差平均值(mm)	均值(mm)	下游偏差平均值(mm)	均值(mm)	上下游连通管测量高差(mm)
南中跨跨中	2012.7.7	27.1	5	15.8	9.2	21.8	15.2	-5
	2012.7.8	27.1	5	6.7		11.9		-3
	2012.7.9	29.2	4	5.2		11.8		-6
南边跨跨中	2012.7.7	26.5	4	14.1	12.8	24.1	20.8	-8
	2012.7.8	26.9	6	17.3		27.2		-7
	2012.7.9	28.8	3	6.9		11.1		-3

注:上下游连通管高差为正时,即上游高;为负时,即下游高。

4.基准索股锚跨张力调整

基准索股架设完成,垂度调整好后,进行锚跨索股张力调整。锚跨张力调整采用两台专用千斤顶(拉伸器)调整松紧拉杆螺母并增减锚垫板使锚跨索股张力达到设计要求。锚跨张力与设计值误差控制在±10kN范围内。

索股锚跨张力索股控制公式为 $T_i = T_{i0} - 4.43 \times t$。其中 T_i 表示锚跨张力,单位为kN;T_{i0} 为监控提供锚跨张力值;t 表示温度,单位为℃。锚跨张力控制误差应小于10kN。1~28号索股锚垫片调整近似公式:$\Delta H = \Delta T/14.7$,即实测张力比计算值小14.7kN时,应加垫片1mm;实测张力比计算值大14.7kN时,应取出垫片1mm。

为准确调整索股张力,监控单位以弦振法测试索力作为复核手段,最终验收以监控单位索股张力指令为最终验收标准。

五、结　　语

马鞍山公路车长江大桥基准索股架设、调整与观测期间,刚好处于温度最高的7月,在此期间索股在塔顶、跨中、锚碇位置温度差异非常大,使得索股调整与观测时间极为有限,最终通过优化施工,调整作业时间,选择最合适的时间和温度,整个基准索股架设及调整观测十天时间完成,基准索股稳定观测满足规范、设计及监控要求,为后续一般索股架设赢得经验和时间,也为其他多跨悬索桥主缆基准索股施工提供了借鉴。

参考文献

[1] 薛光雄,闫友联,沈良成,等.泰州长江公路大桥上部结构施工方案综述[J].桥梁建设,2009,(4):59-64.

[2] 唐茂林,王昌将,沈锐利.西堠门大桥基准索股架设监控与分析[J].重庆交通大学学报(自然科学版),2008,(4):532-536.

[3] 钟继卫,高建学,王戒躁.大跨度悬索桥基准索股施工控制[J].世界桥梁,2006,(2):41-43.

[4] 中华人民共和国行业标准.JTJ/T F50—2011　公路桥涵施工技术规范[S].北京:人民交通出版社,2011.

[5] 周昌栋,谭永高,宋官保.悬索桥上部结构施工[M].北京:人民交通出版社,2004.

84.马鞍山长江公路大桥左汉悬索桥主缆紧缆施工技术

张国浩
(中交二航局第四工程有限公司)

摘　要　马鞍山长江公路大桥左汊悬索桥主缆采用预制平行钢丝索股,每股由91根直径为5.2mm

镀锌高强钢丝组成,单根索股无应力长约3045.53m,重46.2t。每根主缆由154股索股组成。本文通过马鞍山长江公路大桥左汊悬索桥下游侧主缆紧缆施工,详细地介绍主缆紧缆施工工艺,同时对施工中遇到主缆钢丝排列错位、主缆不圆度不达标、主缆回弹率过大、主缆捆扎钢带断裂等问题,提出相应的预防及处理措施。

关键词 悬索桥 紧缆 紧缆机 施工工艺

一、工 程 概 况

马鞍山长江公路大桥位于安徽省东部,起自巢湖市和县姥桥镇省道206,接规划中的马鞍山至合肥高速公路,跨江后进入马鞍山市,止于马鞍山市当涂县牛路口(皖苏界),与规划中的马鞍山至溧水公路(江苏段)相接,路线全长约36.14km。左汊主桥为三塔两跨悬索桥,两主跨主缆跨度均为1080m,矢跨比为1:9,背缆跨度均为360m。主缆采用预制平行钢丝索股(PPWS),每股由91根直径为5.2mm镀锌高强钢丝组成,钢丝标准抗拉强度不小于1770MPa,单根索股无应力长约3045.53m,重46.2 t。全桥共两根主缆,每根主缆由154股索股组成。主缆直径索夹处为ϕ680mm,索夹间为ϕ688mm。

二、施工技术要求

(1)紧缆挤压点的间距为1m。

(2)靠近紧缆机压蹄两侧打上两道钢带,带扣设在主缆的侧下方,其间距100mm。

(3)主缆在索夹处空隙率为18%,在索夹间为20%。其允许误差为±3%。

(4)不圆度(即紧缆后主缆横径与竖径之差)不宜超过主缆设计直径的5%。

(5)主缆空隙率控制值指的是紧缆机移开至少5.0m后所测的结果,并按要求做好相应记录。

三、紧 缆 施 工

1. 紧缆施工顺序

主缆紧缆分为预紧缆和正式紧缆两阶段进行。预紧缆作业就是将架设好的主缆的六边形初步紧成近似圆形,孔隙率控制在26%~28%。正式紧缆作业就是利用紧缆机把主缆紧固成圆形,紧缆顺序先中跨后边跨,中跨从跨中向索塔方向进行,边跨从锚碇向索塔方向进行。

2. 预紧缆作业

预紧缆作业应在夜间温度相对稳定,主缆内外索股温度基本保持平衡,且索股排列整齐有序的时候进行。预紧缆作业采用先疏后密方法,利用二分法将主缆分成若干大段,南北主跨主缆各分为16段,每段长度约为67.5m;两个边跨各分为8段,每段长度约为45m,最终主跨与边跨以6m一道进行等分。根据划分紧缆位置,首先在主缆表面相应位置处铺设麻袋片,然后用5t手拉葫芦收紧主缆,并拆除主缆外层索股的缠包带。在收紧葫芦过程中用大木锤均匀敲打主缆四周,正确地校正索股和钢丝的排列,避免出现绞丝、串丝和鼓丝现象。同时每个预紧点的预紧缆作业完成后,马上测量该紧缆处附近主缆周长,反算其空隙率,空隙率达标后,在预紧点两侧用捆扎钢带固定主缆索股,使主缆截面接近为圆形。预紧缆示意图如图1所示。

图1 预紧缆示意图

3. 正式紧缆作业

1)紧缆机安装

在主缆索股架设完成后,拆除猫道门架,利用门架承重索、塔顶门架上的卷扬机及天顶小车组成缆索天车。预紧缆完成后,便安装紧缆机,紧缆机在靠近塔顶处猫道上拼装。先将紧固装置的连接螺栓打开使紧固装置对半分开,接着塔吊将其整体吊至近塔的主缆上方骑跨在主缆上,然后将连接螺栓装上使其成封闭环形,再将横向平横梁和行走台车架吊装并与紧固装置连接,然后安装液压系统、控制台和配重等。最后用手拉葫芦将平衡梁与天顶小车连接,完成紧缆机安装。利用塔顶卷扬机反牵,在主缆上下滑至中跨。紧缆机安装如图2所示。

2)主缆回弹率试验

正式紧缆前,在中跨跨中的主缆上进行主缆回弹率试验(亦是紧缆机正式紧缆试验)。通过此试验检验紧缆机的工作性能,通过验算紧缆紧固状态空隙率与打紧钢带紧缆机离开5m后的空隙率,比较两个空隙率差便得出主缆的回弹率;根据回弹率确定调整紧固力。

3)正式紧缆

主缆正式紧缆作业可在白天进行。正式紧缆如图3所示。

图2 紧缆机安装示意图

图3 正式紧缆示意图

(1)紧固操作

紧固操作在正式紧缆中是一个关键的工序。在初期加压阶段,以低压(5MPa)进行,使各紧固蹄轻轻地接触主缆表面,且相互重叠,然后升高压力,加载(同步)。紧固蹄行程达到设定位置时或压力达到规定值时持压。

(2)打捆扎带

打捆扎带的目的就是为了保证当液压千斤顶卸荷后,紧固后的主缆截面形状保持近似圆形,并保持要求的空隙率。当紧固蹄的移动停止(处于持压状态时)经测量空隙率符合要求后,镀锌钢带绕在主缆上捆扎,并用带扣固定,捆扎2道,钢带间的距离为10cm。

(3)紧缆机行走

当捆扎钢带捆紧后,液压千斤顶卸载,通过操作换向阀使紧固蹄回程,然后通过塔顶卷扬机牵引将紧缆机移向下一个紧固位置。紧缆机行走时要匀速、平稳,防止侧翻。

(4)主缆直径及周长的测定

为了确定紧缆后主缆的截面形状,紧固蹄挤压结束后由紧缆机自动测量主缆横、竖径,液压千斤顶卸载后,紧缆机每次操作中都要对距紧缆点5m处主缆采用专用量具测定主缆直径和周长。

四、施工中遇到的问题及处理方法

1. 主缆钢丝排列错位

主缆紧缆施工中,时常出现主缆钢丝错位现象,因此在技术上采取以下措施:在预紧缆过程中,首先在外层索股缠包袋割除钱,在夜间气温恒定的条件下用外包橡胶管的镀锌钢丝绳沿主缆每60m左右预收紧一道。把主缆各索股的相对位置固定后再开始预紧缆工作。其次,拆除V形保持器。再次采用“二分法”进行预紧缆作业时,把预紧点前后的缠包带进行割除。割除后把主缆钢丝按照位置进行排序好后,进行预紧缆作业。在正式紧缆过程中,每次紧固开始前从前一紧缆点到该紧缆点把主缆钢丝观察一遍,如发现局部的主缆钢丝有错位现象,马上进行重新梳理,梳理完毕后再进行该点的紧固作业。

2. 主缆不圆度不达标

在紧缆中会出现紧固完成且打完捆扎钢带后,周长达标但横径比竖径大,即不圆度过大的问题。由于主缆自身重力的作用,主缆的横径往往就大于其竖径,在技术上采取以下措施:在进行预紧缆作业时,用的钢丝绳在主缆上先缠绕一圈后再与手拉葫芦连接收紧,并在收紧过程中用硬木锤敲打两侧面的钢丝,让主缆形状尽可能接近圆形,从而把主缆的横径与竖径之差缩小。在进行正式紧缆作业时,操作千斤顶先让上下两个紧固蹄离贴合主缆表面还差1cm时暂停,再操作千斤顶控制阀门让左右侧面的四个紧固蹄贴近主缆表面,最后让6个千斤顶同时加压紧固主缆,并且在加压的过程中观察各千斤顶的标尺,及时进行调整以保证紧固蹄行程相对一致。

3. 主缆回弹率过大

在主缆正式紧缆过程中,可能会出现在紧缆时主缆的各项参数均符合要求,但当完成打捆扎钢带并松开紧固千斤顶后,主缆的直径及周长等参数回弹过大不符合要求。在正式紧缆过程中如出现上述情况,在技术上采取以下措施:在打捆扎钢带时,尽可能的收紧,以减少捆扎带与主缆间的虚位,从而减少回弹量。拆除该紧缆点原有捆扎钢带,然后重新紧固一次。在紧固千斤顶加压的过程中,用硬木锤敲打紧固点周围的主缆表面辅助主缆钢丝的挤紧,然后再重新打捆扎钢带。如果在单点进行重新紧固,回弹率仍然不达标时,可以先行施工一段把主缆的孔隙率进一步缩小,然后把紧缆机返回到原来的位置重新进行紧缆作业。

4. 主缆捆扎钢带断裂

在正式紧缆作业过程中,捆扎钢带在紧固千斤顶回油卸压后会出现断裂崩开的现象。出现此现象的原因有两个方面:一是捆扎钢带的截面过小,或者是钢带的抗拉强度不够;二是两次紧固的间距过大。为了避免出现上述情况,在技术上采取以下措施:选用截面尺寸足够、材质好、强度高的捆扎钢带。保证每次的紧固间距不大于1m,如果紧固间距在1m内仍出现捆扎钢带断裂可再缩小紧固间距,刚开始紧缆施工的部分,由于紧缆前后主缆的直径、周长变化很大需要在紧固点前后多打几圈捆扎钢带,以保证有足够的捆扎钢带约束主缆的形状变化。

五、结　　语

在马鞍山长江公路大桥左汊悬索桥紧缆施工中充分参考和学习了国内外悬索桥紧缆施工的经验和教训。通过各种试验和实验对紧缆的工艺和具体操作方法进行了改进,同时采用了国内先进水平的紧缆机,大大缩短了紧缆的施工时间,也保证了紧缆施工的质量。本文对紧缆施工中可能出现的问题的处理方法为其他同类桥梁施工提供借鉴。

参考文献

[1] 中华人民共和国行业规范. JTG/T F50—2011　公路桥涵施工技术规范[S]. 北京:人民交通出版社,2011.

[2] 闫友联,喻胜刚,张永福,等. 润扬大桥悬索桥主缆紧缆施工[J]. 桥梁建设,2004,(4):44-46.

[3] 周昌栋,谭永高,宋官保,等. 悬索桥上部结构施工[M]. 北京:人民交通出版社,2004.

85. 大跨径悬索桥主缆缠丝关键技术

李向阳　党彦锋
(中交第二航务工程局有限公司)

摘　要　主缆及附属结构有一系列的防护工程,其中主缆缠丝防护是重要的一环,其主要作用是保持主缆外形并与涂装材料共同组成主缆防护体系,尽可能延长主缆使用寿命。本文通过介绍马鞍山长江公路大桥缠丝机、缠丝所用钢丝、缠丝张力控制、缠丝施工工艺以及施工中经常遇到的问题,给同类型桥梁施工提供参考及借鉴。

关键词 缠丝机 钢丝 张力控制 缠丝施工工艺 常见问题和解决方法

一、工 程 概 况

马鞍山长江公路大桥左汊主桥为三塔两跨悬索桥，主梁跨径为:2×1080m，主缆分跨布置为(360+1080+1080+360)m=2880m，主桥净宽33m，设计车速100km/h。悬索桥主缆采用预制平行索股，主缆矢跨比为1:9。主缆通长索股有154根，每根索股由91根直径ϕ5.2mm镀锌高强钢丝组成，单根索股无应力长约3045.53m，三塔悬索桥总体布置如图1所示。

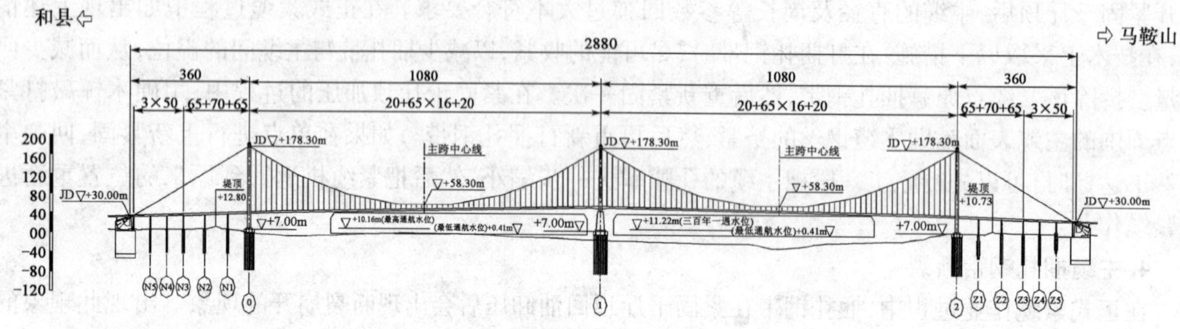

图1 三塔悬索桥总体布置(尺寸单位:m)

主缆作为悬索桥结构中不可更换的永久构件，它承担着将主梁的自重荷载和活载传递至主塔和锚碇的重任。其耐久性决定整个大桥的使用寿命，而可靠有效的主缆防护是确保主缆耐久性的关键。大桥主体结构完成后，主缆及附属结构有一系列的防护工程，其中主缆缠丝防护是重要的一环。主缆缠丝是用专用的缠丝设备以一定的张力使镀锌软钢丝(圆形或特制的S形软钢丝)密匝牢固地缠绕在主缆上的作业。主缆缠丝的主要作用是保持主缆外形并与涂装材料共同组成主缆防护体系，尽可能延长主缆使用寿命。

二、钢丝主要技术参数

目前主缆缠丝所用钢丝均为高强度镀锌钢丝，钢丝截面形状主要有圆形和S形两种。马鞍山长江大桥主缆缠绕钢丝采用3mm高S形低碳钢丝，具体步骤是沿紧缆处理过的主缆圆周方向连续缠绕一层环环相扣密封性好的S形钢丝，S形钢丝断面尺寸及缠丝示意如图2和图3所示，S形钢丝技术性能见表1。

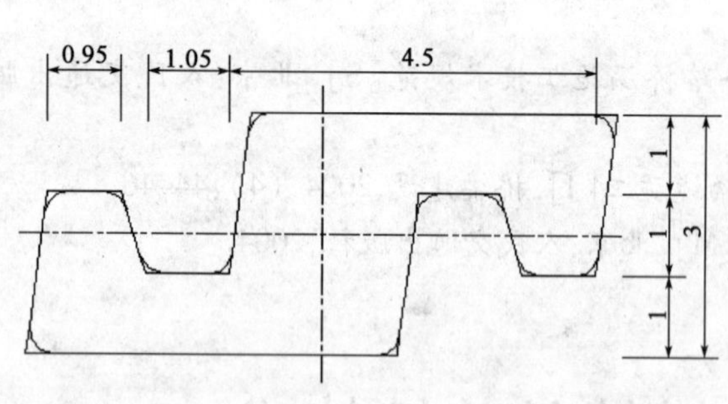

图2 S形钢丝断面尺寸(尺寸单位:mm)

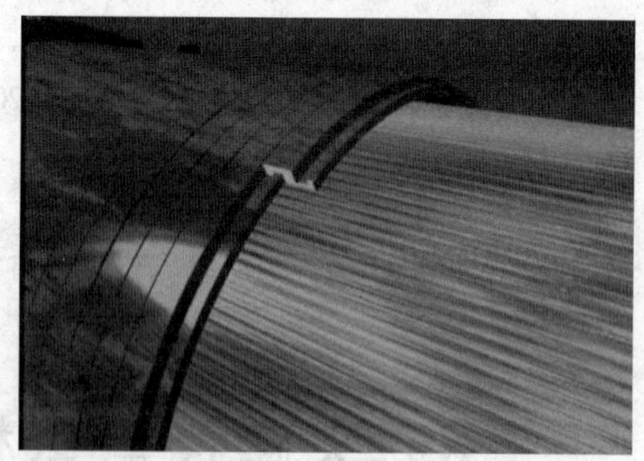

图3 缠丝示意

S形钢丝技术性能

表1

项　目	技 术 参 数	项　目	技 术 参 数
尺寸及公差(mm)	宽7.5±0.2,高3±0.08	锌附着性	试验后用手指轻擦不产生剥落、龟裂
抗拉强度(MPa)	550	公称断面积(mm^2)	13.32
延伸率(%)	1.5以上	公称断面周长(mm)	21.81
扭转次数(次)	6以上	单位重量(kg/m^3)	7830
锌附着量(g/m^2)	280		

三、缠丝张力确定

在国内外悬索桥建设中“先缠丝后铺装”早有先例，根据马鞍山长江大桥建设总体工期安排，缠丝施工需提前进行。根据缠丝施工经验，在悬索桥主缆张力达到二期恒载的80%时，可提前开始缠丝，实际施工定在钢箱梁架设完毕后进行。

对于提前缠丝，随着荷载加入主缆张力变化会引起主缆伸长、缆径变小，要求缠丝张力保证在任何情况下缠绕在主缆上的钢丝对主缆表面压力大于0，即主缆张力达到设计恒载时，缠绕钢丝残余张力大于0，因此提前缠丝张力确定至关重要。张力过小达不到缠丝紧密要求，特别是缠丝施工后如主缆索力、温度变化影响等，使主缆表面与缠丝层分离，影响防护效果。但张力并非越大越好，张力过大影响固焊与对接，容易引起断丝，不仅会给缠丝施工造成很大困难，也会影响到主缆缠丝的质量。在考虑缠丝后主缆荷载增加量、温度变化等因素后，通过模拟体系建模计算，确定缠丝张力为2.80kN。

四、缠丝机简介

1. 机构组成

主缆缠丝施工主要由日产LSJ900缠丝机完成，机器主要由机架、钢丝缠绕机构（转盘）、缠丝张力控制机构、索夹跨越机构、整机移动机构以及电气控制系统六大部分组成。缠丝机结构如图4所示。

图4 缠丝机结构示意

1）机架

机架由前、后端的两个门形框架及4根呈空间矩形分布的方管导轨组成，用来支持整机重量和布置安装其他各系统。4根导轨上固定有齿条，用于钢丝缠绕机构回转和进给同步控制。

2）钢丝缠绕机构

钢丝缠绕机构由回转部分和进给部分组成，通过两部分速度匹配，合成缠丝所需要的螺旋运动。回转部分主要由传动电机、过渡齿轮、回转齿圈及支承滚轮等组成；进给部分主要由传动电机减速机、链条链轮、涡轮减速机及传动齿轮等组成。

3）缠丝张力控制机构

缠丝张力控制机构由手动油缸、管路、显示仪表、液压制动钳制动轮等组成，用于缠丝所需张力的产生、调整、检测。

4）索夹跨越系统

索夹跨越系统由前、后端固定门架及可以在导轨上移动的移动门架组成，每个门架上都固定有两套水平夹持机构和1套垂直顶升机构，通过调整整机及移动门架的位置来通过不同长度的索夹。

5）整机移动机构

整机移动机构主要由减速电机、转向滚轮、钢丝绳等组成。用于在缠丝时防止缠丝机在主缆上的下滑及在坡度较小时缠丝机前行的牵引。

6）电气控制系统

电器控制系统由1台工控电脑、2台变频控制器、2台变频电机和8台异步电机构成的分布在缠丝机不同部位的8台电气控制箱组成。缠丝机的全部操作功能均通过配置于不同控制箱的控制开关完成。缠丝头回转与进给同步，主机架移动与回转机构移动反向同步，缠丝与移机两大作业内部互锁，确保主缆缠丝与整机移动操作高效、安全、可靠。

2. 机械性能

（1）缠丝机可在主缆上自行行走（前进、后退），遇到索夹和吊索，可自行跨越，连续行走。

(2)缠丝头齿圈绕主缆转动速度可与主机走行速度相匹配,并可根据缠绕钢丝直径的不同和直径公差进行微调,以保证钢丝密匝缠绕。

(3)缠丝与走行可同步进行,亦可各自单独动作。

(4)缠丝进行时钢丝带有左右的张力,张力大小可以在一定范围内调整。

(5)可完成缠绕靠索夹端部的部分。

3. 技术参数

表2为缠丝机主要技术参数。

缠丝机技术参数表　　表2

序号	项　目	性 能 参 数	序号	项　目	性 能 参 数
1	适用缠丝	ϕ4mm 圆形钢丝、S 形钢丝	7	最大缆径(mm)	900
2	缠丝方法	连续缠丝/面板	8	跨越缆夹长度(m)	最大3.2
3	缠丝方向	上坡或下坡	9	转速(r/min)	1.5~30
4	缠丝张力(kN)	2~3,可调	10	移动方法	齿轮齿条式
5	缠绕线轴数量	2个	11	倾角(°)	最大30
6	单根缠丝/线轴的质量(kg)	最大300	12	整机质量(t)	8t左右

4. 缠丝机关键技术

1)行走齿轮与缠丝转盘的同步性

为保证钢丝能够牢固紧密地缠绕在主缆上,钢丝在绕主缆回转过程中须同步进给,进给速度需与S形钢丝节距相匹配。电器控制系统的主要任务是完成回转与进给同步控制、整机行走与缠丝头逆行同步控制,同时实现对缠丝机整机的各项操作。

2)张力的调整和精确显示

如何有效并准确导入缠丝张力,同时在缠丝过程中对张力进行监控是确保缠丝质量的重要问题。缠丝机上,缠丝张力采用了一套闭式的液压系统,通过给系统内加压并传递到钳式制动器,将系统压力转换为钢丝与摩擦轮之间的摩擦力,从而将张力导入钢丝。系统的压力使用手动油缸调整,通过油压表显示。张力调整设备在使用前要进行标定,得到油压表的线形回归方程,这样张力的调整就非常方便。为使系统压力更加稳定,在液压系统内增设了一个气囊式蓄能器。张力的显示同样采用了一套液压系统,该系统通过油压表显示钢丝缠绕主缆前的张力。钢丝的张力大小通过液压缸反馈到油压表。整个系统中张力和油压表显示的数值之间的对应关系同样需要提前标定。

五、主缆缠丝施工

1. 缠丝顺序

马鞍山长江大桥单根主缆缠丝共投入3台缠丝机。其中两台缠丝机从边塔塔顶向锚碇进行边跨缠丝施工;然后缠丝机再从边塔向中塔方向进行中跨缠丝施工。第三台缠丝机由中塔向北中跨进行缠丝,至主跨跨中位置后再从中塔往南进行南主跨缠丝,最后与南主跨另一台缠丝机汇合缠丝全部完成。

2. 缠丝施工流程

缠丝施工的具体流程如图5所示。

3. 缠丝准备工作

1)储丝轮绕丝

S形钢丝按每个索夹间区间精确计算钢丝用量并以卷供应。单根主缆共计178个区间,每个区间缠丝共分两段,中间对接一次,每个区间4盘钢丝。根据马鞍山长江大桥索夹间不同长度,将每盘钢丝长度分为8种(A—H)类型,满足不同索夹区间的使用要求。马鞍山长江大桥单根主缆钢丝用量见表3。

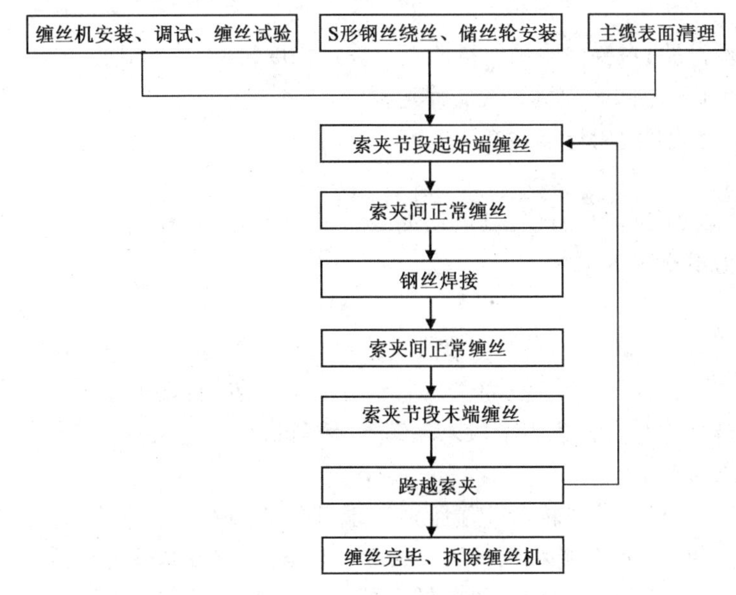

图5 缠丝施工流程图

马鞍山大桥单根主缆钢丝用量统计表 表3

序　号	丝盘类型	丝盘数量	单个丝盘重(kg)	序　号	丝盘类型	丝盘数量	单个丝盘重(kg)
1	A	12	240	5	E	256	200
2	B	96	225	6	F	8	175
3	C	64	220	7	G	8	155
4	D	264	205	8	H	8	135

缠丝前通过特制绕丝机以一定张力将S形钢丝卷转绕至工装储丝轮上(图6),以供相应主缆索夹区间缠丝使用。

2)主缆表面的清理

(1)先用发泡聚乙烯刷子或抹布擦去被涂表面油污、灰尘和杂物。

(2)油污处理:用抹布或棉纱蘸适量稀料擦洗,最后用干净棉纱擦净,使用在稀释剂中充分浸泡过的抹布擦拭钢丝表面的油分时,需要频繁的更换抹布。当抹布上的污渍变少,且无论怎样擦拭污浊部分都不再有变化时即可结束。同时采用蒸汽清理机、专用清理机对主缆进行表面处理。

(3)表面有损坏、锈蚀处:用金相砂纸等打磨损坏、锈蚀表面,清理完成后在原锈蚀处进行补涂,最后用干净的抹布再擦一次。损伤面经打磨清洁后、用环氧富锌进行补涂,涂层厚度和周边镀锌层厚度相近。表面清理的方向由高往低进行,当到达跨中附近时,用强制干燥机吹干可能存在的余水。

3)缠丝机安装及调试

用塔吊将缠丝机吊至主缆上方,缓慢下放缠丝机至前端接触主缆,然后放出卷扬机上的钢丝绳并固定在索夹(或索鞍)上,防止缠丝机在下放时向下滑移。继续下放缠丝机至后端接触主缆。通过垂直顶升机构调整缠丝机高度,使水平夹持机构能与主缆对中,紧固各夹持机构在缠丝机两侧各固定2个1t手拉葫芦,一端固定在前后端机架上;另一端固定在猫道扶手绳上,在调平缠丝机后收紧手动葫芦,解除吊装钢丝绳。

缠丝机安装完毕后,在各运动部件中加足润滑油,进行空机试运转,做好缠丝试验前的一切准备工作。调整缠丝机齿圈转动及前移电机变频器,使齿圈每转动1圈(即缠丝1圈)的同时沿机架行走9mm。

4)缠丝实验

缠丝前先进行缠丝试验,主要检验缠丝机性能及焊接强度,并确认达到以下标准:

(1)保证缠绕钢丝相互之间间隙满足检验评定标准。

(2) 无重叠缠绕、交叉缠绕(乱丝)。

(3)缠丝表面光滑。

(4)相邻两钢丝焊点焊接强度要确保其剪切强度大于缠绕钢丝的张力。

(5) 保证缠丝张力不小于2.8kN。

4. 缠丝施工

主缆的缠丝是使用可自行跨越索夹的全节段式缠丝机进行施工。缠丝以两个索夹区间节段进行,各节段重复相同的作业。因此,以一个节段为例 ,主要施工工艺包括:索夹节段前起始端段缠丝、钢丝焊接、索夹间正常机械缠丝(含行走)、索夹节段末端缠丝、缠丝机行走过索夹等操作。

1)索夹节段起始端缠丝

储丝轮安装到位后,主机行进至转盘前端距索夹端部约2cm处。人工从丝盘中绕出8圈左右的钢丝,钢丝分别通过拉力控制导向轮,并将钢丝的起始部分与索夹拉杆固定(图6和图7),调整缠丝机以最慢速度启动运转,观察缠丝情况,调整缠丝机的转盘位置使其缠丝紧密并不跳丝,8~10圈左右后停止,焊接后反转转盘半圈,使所缠好的钢丝可以移动。人工用木锤将所缠好的钢丝轻轻送入企口缝内,将转盘后移到可正常缠丝位置后进行后续缠丝作业。

图6 储丝轮绕丝

图7 钢丝起始部分固定

2)索夹间正常缠丝

(1)起始端部缠丝焊牢之后进入正常缠丝,即两索夹端部以外的中间部分缠丝。首先调整好缠丝与行走的匹配,然后点动缠丝,待进入正常缠丝后,由慢到快进行缠丝作业。保证缠丝过程中缠丝张力大于2.8 kN,注意张力指示数值的变化,若缠丝张力小于该值,则通过张紧装置上的调节螺母进行调节。

(2)主缆上的钢带采用边缠边剪的办法,随着缠丝的进展速度而推进,同时采用5t手动葫芦逐步收紧猫道,拆除阻碍缠丝进行的那根改吊用悬挂钢丝绳,待缠丝机过后再补上。

(3)在已缠好的主缆顶面,每隔1 m需用铝热焊将缠丝固定,每个固定地方共3个焊点,焊点位于主缆的上半圈内(避免铝热焊焊剂流淌),尽量在钢丝的对接处固定。

(4)储丝轮剩余钢丝6圈左右时并焊钢丝,剪断剩余钢丝,卸去空储丝轮,利用前行走架挂梁更换储丝轮,2盘钢丝间采用对接焊连接。

3)索夹节段末端缠丝

正常缠丝接近下一索夹前,将缠丝机出丝位置转换至缠丝转盘另一侧,缠绕钢丝逐丝推排缠至靠近索夹端面,待缠丝行走至索夹断面停止后,缠丝转盘往后退2cm,进行慢速点动缠丝,同时人工将钢丝敲人索夹端部环槽内,待环槽内缠满,环槽外多缠2~3圈后焊接钢丝。

4)缠绕钢丝焊接

缠绕钢丝的连接是将相邻的钢丝以铝热焊剂焊接的方式进行连接接头处理。将装有铝粉和氧化铜的坩埚放入专用石墨模具,一并置于主缆已缠钢丝待焊处,用点火枪点燃药粉,铝粉燃烧时的高热将氧化铜熔化并还原成铜,利用熔融铜的熔合使钢丝并固(图8)。铝热焊点截面呈小丘形,小丘的顶部用砂轮机磨除余高,保留1mm以上的焊高。

图8 缠绕钢丝焊接

焊点布置及数量如图9所示,1个索夹区间焊点分为4种:机械缠丝起始端并焊3圈、中间段间隔1m并焊2圈、钢丝项链部分对焊且相邻并焊、尾端缠丝每圈均并焊。

5)缠丝机行走和跨越索夹

索夹跨越系统由前、后端固定门架及可以在导轨上移动的移动门架组成,通过调整整机及移动门架的位置来通过不同长度的索夹。当夹紧前、后门架水平夹持机构时,主机可沿导向梁前、后移动;当松开前、后门架水平夹持机构时,整机可在牵引钢丝绳的牵引和手拉葫芦保护下沿主缆行走,完成1个工作循环。缠丝机主机的大齿圈设有活门,过索夹时可打开以满足空间需要。

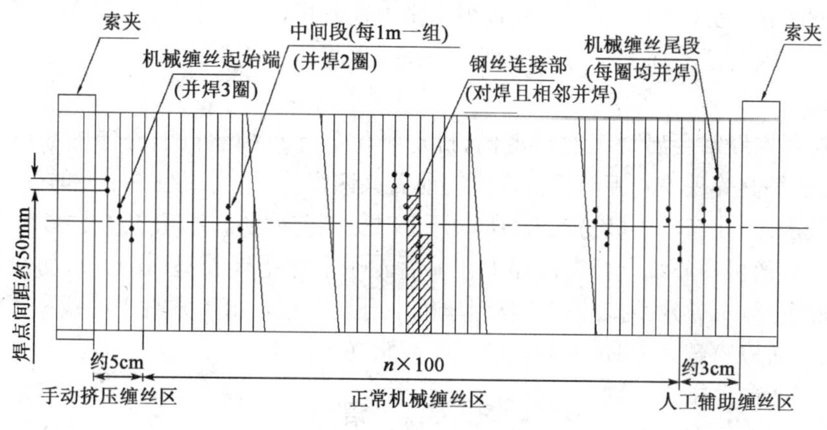

图9 焊接布置及数量图

六、缠丝中常遇到的问题及解决方法

1.缠丝方向

主缆缠丝时缠丝机能够至上而下缠丝的同时,也能自下而上缠丝,但两种缠丝方向缠丝效率是有较大区别的。同种工况下,至上而下缠丝能有效地减少跳丝、叠丝现象,效率高于自下而上缠丝。

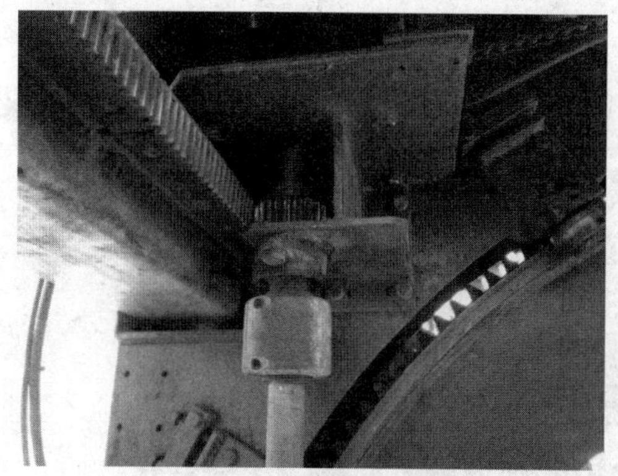

图10 齿轮咬合

为保证缠丝的平稳,缠丝机机架上4根导轨上都固定有齿条,四齿条同步传动更加可靠,保证了缠丝头与主缆轴线间的垂直。从上往下缠丝时,转盘受重力影响,在主缆轴线上会产生一个延轴线向下的分力,由于这个力的方向和钢丝缠绕方向相同,4齿条齿合准确(图10),转盘行走速度与钢丝进给更易吻合,实现回转进给同步控制,相反从下往上缠丝会导致啮合不准,出现跳齿,从而导致跳丝、叠丝现象。转速越快跳丝、叠丝现象越明显。使缠丝效率降低。因此马鞍山长江大桥在缠丝施工过程中采用从上往下缠丝,其速度快、缠丝质量好等优点得到充分体现。

2. 跳丝及叠丝

缠丝过程中经常会出现跳丝、叠丝现象，其根本原因是缠丝机和主缆中心不在同一轴线上。叠丝指的是两相邻钢丝重叠，跳丝指的是两相邻S形钢丝没有紧密连接在卡槽内。

索夹起始端缠丝中，待人工用木锤将钢丝敲入索夹端部后，遂开始正常缠丝，此时极易出现跳丝、叠丝现象。其主要原因是人工敲入钢丝各敲入点力大小不同，导致端头钢丝不在一个平面上。本着“宁叠勿跳”的原则通过调整转盘前后移动，慢慢进行缠丝。当叠丝和跳丝时注意观察，如果是钢丝断面上下方向一侧跳丝另一侧叠丝时，则通过调整缠丝机前后门架上垂直滚轮轮子高低使缠丝机转盘平行于主缆垂直断面；如果钢丝断面左右方向一侧跳丝另一侧叠丝时，这时通过调整缠丝机前后门架上水平夹持轮和抱箍将缠丝机顺桥向中心线与主缆轴线调成一致即可。

3. 断丝

断丝也是缠丝时经常遇到的问题，一方面是由于钢丝倒运过程中局部受到挤压使钢丝变形，而缠丝过程中张力较大，导致断丝；另一方面是当跳丝和叠丝后，机子重新调整启动时，钢丝从活动导向轮脱落导致断丝，所以倒运钢丝和重新启动缠丝机时需特别注意保护钢丝。断丝后必须用手拉葫芦将该根钢丝收紧，与相邻钢丝并焊，将断丝重新接起后缓慢缠丝直至正常缠丝。

4. 喇叭口

缠丝过程中有时会出现喇叭口现象，即两相邻钢丝相互挤压时已缠好钢丝被正在缠绕的钢丝挤压导致其不断起伏呈喇叭状。此时应立即停机检查缠丝张力控制机构，看手动油缸是否缺油，管路、显示仪表是否正常。待查出原因后适当加大压力，将喇叭口消除，再将压力调制正常。

5. 缠丝机走偏

缠丝机行走过程中经常会出现缠丝机走偏，行走到位后导致缠丝机顺桥向中心线与主缆轴线不一致，缠丝时出现跳丝叠丝等现象。缠丝机行走机构前后共四组轮子，当四组轮子同时受力行走时，很难保证他们在一条直线上，因此缠丝机极易走偏，所以行走时保证前后各一组轮子在主缆上行走即可，边走边通过手拉葫芦调整缠丝机中心线。行走过程中在前后轮子下加垫橡胶垫（图11），防止行走时缠丝机走偏后轮子陷入索股钢丝中，导致手拉葫芦调整缠丝机中心线困难。由于索夹中心线和主缆轴线受温度影响有时相差会很大，所以跨越索夹时，前后轮子不要在索夹上行走。

七、结　　语

主缆缠丝是悬索桥主缆防腐施工的关键工序，钢丝的选择和张力大小是质量控制目标。缠丝质量的好坏将直接影响悬索桥主缆使用寿命。马鞍山长江公路大桥缠丝施工中充分参考和学习了国内外悬索桥缠丝施工的经验和教训，通过各种试验，对缠丝的工艺和具体操作进行了改进，同时采用国内先进水平的缠丝机，大大缩短了缠丝的施工时间。缠绕钢丝排列整齐、咬合严密、缠丝张力取值范围合理，焊接牢固，完全达到设计要求（图12）。希望马鞍山长江大桥缠丝施工经验能为其他同类型桥梁施工提供参考和借鉴。

图11　加橡胶垫

图12　主缆缠丝后效果图

参考文献

[1] 万国朝.白鸟大桥主缆防护工程[J].国外公路,1999,(4):14-19.

[2] 马文田,石国彬,韩大建.悬索桥主缆缠绕钢丝的设计[J].华南理工大学学报(自然科学版),1999,27(11):88-91.

[3] 程建新,沈良成,金仓,等.润扬大桥悬索桥S形钢丝缠丝技术[J].桥梁建设,2004,(4):47-49.

[4] 庞凤起,王员根,巫书郁.ZLC350型主缆缠丝机设计研究[J].铁道标准设计,2006,(2):48-50.

[5] 张万,胡振旭.大跨径悬索桥主缆缠丝施工技术[J].世界桥梁,2013,(4):17-19.

[6] 卢伟,马青云,等.西堠门大桥主缆缠丝技术[J].桥梁建设,2010,(1):55-57.

[7] 傅战工,徐恭义.东莞东江大桥防腐涂装设计[J].桥梁建设,2011,(1):64-67.

[8] 李慧明,巫书郁.大跨度悬索桥主缆缠丝焊接[J].世界桥梁,2012,(3):45-47.

86.马鞍山长江公路大桥右汊斜拉桥拱塔施工控制研究

宁 舟 李传习 张玉平

(长沙理工大学土木与建筑学院)

摘 要 以马鞍山长江公路大桥右汊斜拉桥为工程背景,讨论了如何利用大型有限元软件Midas Civil快速建立拱塔形斜拉桥模型,同时分析了拱形主塔在施工过程的应力与变形的情况,并通过计算确定了拱形桥塔主动水平推力实施的具体方案,可为同类桥型的设计和施工控制提供重要的借鉴意义。

关键词 斜拉桥 拱形主塔 施工控制

一、引 言

斜拉桥是塔、梁、拉索三种基本构件组成的缆索承重体系,而桥塔作为其最主要的受力结构和景观表现点,一直受到设计者的重点关注和青睐。许多设计大师都已经设计出了造型美观、功能良好的斜拉桥主塔,如西安浐灞河2号大桥桥塔为拱门式钢结构主,高78m,倾角75°,造型特别优美;泉州晋江大桥为世界首座“开”字形斜拉桥,现已成为泉州的新地标。斜拉桥桥塔作为其的主要承重构件,其除承受自重及拉索传来的桥面荷载外,还要承受活载、地震荷载、风荷载等,这将使桥塔在受压的同时还要承受较大的纵向和横向弯曲。马鞍山长江公路大桥作为国内首座三个主塔同时为拱塔的预应力混凝土斜拉桥,需要对其应力及变形进行分析,以保证其在施工过程的安全及在成桥状态下受力的合理。黎世勇等采用桥梁博士和ANSYS建立了对广州猎德大桥曲线形索塔的平面和实体模型,得到了曲线形索塔在施工过程中的应力分布情况。马鞍山长江公路大桥右汊斜拉桥为了加快施工进度,提出了塔梁同步的施工方案,斜拉桥塔梁同步施工在国内也已经有很多学者进行过研究,也在多座斜拉桥中应用,刘志峰通过对马岭河特大桥塔梁同步施工方案分析,指出塔梁同步施工对主梁的应力基本没有影响,对主塔应力的影响主要集中在同步施工的前面几个施工阶段,越往后进行,影响越小,同时根据A型索塔塔梁同步施工过程中可能产生比非同步施工大的横桥向弯矩的特点,指出A型桥塔斜拉桥在塔梁同步施工过程中一定要注意合理的布置撑杆,并施加合理的撑力。但作为国内首座三拱形主塔斜拉桥,并采用塔梁同步的施工方案的斜拉桥,现阶段并没有太多相关的资料可供参考,这些因素都增加了施工控制的难度,为保证马鞍山长江公路大桥右汊三拱塔斜拉桥在施工和成阶段的安全性,利用Midas—Civil建立了拱形主塔及全桥斜拉桥模型,分析了拱形主塔在施工过程的应力与变形的情况,并通过计算确定了拱形桥塔主动水平推力实施的具体方案。

二、工 程 概 况

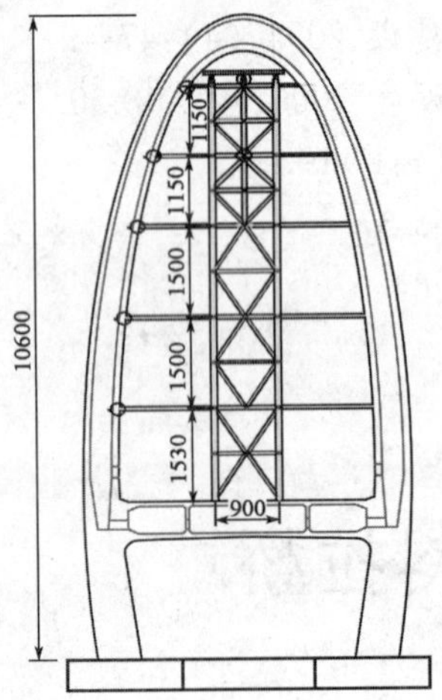

马鞍山长江公路大桥右汊斜拉桥的跨径布置为(38 +82 +2 ×260 +82 +38)m,全长760m,为三塔六跨的双索面半漂浮体系斜拉桥。斜拉索采用ϕ7平行钢丝束。主梁采用预应力混凝土双边箱梁,主梁混凝土强度等级为C55。主塔采用边、中塔(共2个边塔,1个中塔)不等高的椭圆拱形混凝土桥塔,主塔混凝土强度等级为C50,辅助墩及过渡墩采用花瓶型实体薄桥墩,主塔下部采用哑铃式圆形承台及群桩基础。中塔总高106m,下塔柱最大截面7.6m×8.1m,最小截面宽度为3.5m×6.5m。边塔总高88m,下塔柱最大截面7.4m×7.9m,最小截面宽度为3.5m×6.5m。索塔外侧面为椭圆线,索塔内侧面下塔柱为圆弧线、上塔柱为椭圆线和悬链线组成。桥塔设置一道横梁,横梁高度中塔为6.0m,边塔为5.5m,宽度均为6.5m,采用空心矩形断面,顶、底板厚度均为0.75m,横梁中设置两道横隔板,横隔板厚度为0.5m,横梁下缘与主塔相交处采用曲线顺接。中塔及其施工、支架布置见图1。

图1 中塔及支架图(单位:cm)

三、仿 真 计 算

1.模型建立

采用大型桥梁空间分析软件Midas-Civil对马鞍山公路长江大桥右汊主桥结构进行分析。全桥模型中主梁以梁单元模拟,横梁用等重的节点荷载模拟,索塔及塔上横梁都用梁单元模拟,斜拉索采用桁架单元进行模拟,具体模拟过程如下所示:

第一步:将边塔,中塔以及支架进行离散,在CAD中画出其节点离散图,以桥塔底部对称中心为原点,两相邻结点的高度在0.9~1m,塔顶部分加密,塔的特殊部位如每节施工节段的顶部,拉索对应锚固点,都进行了特殊编号,便于最终结果数据的读取。使用CAD小工具将刚离散的节点的坐标都输入到TXT中,将TXT中的数据复制到EXCEL中,再进行分列操作就形成了MIDAS能够识别的坐标。在MIDAS中以中点为对称中心线,以沿桥横向为X轴,以沿桥纵向为Y轴,沿桥塔高度方向为Z轴,原点取在中塔底部对称中心,并通过通过MIDAS自带的PSC形成的截面生成生成桥塔的关键断面,最后利用MIDAS中的变截面组功能将桥塔连接成所需要的形式,并形成横梁并将其生成相应预应力。

第二步:根据施工图建立主梁每一施工节段关键点和主梁上拉索锚固点,通过MIDAS自带的PSC形成的截面生成主梁,并将主梁拉索锚固点和主梁相应节点用刚臂单元进行连接。通过预应力荷载功能形成1/2主梁预应力,最后通过对称形成另一半的预应力。

第三步:将主塔拉索锚固点和主梁拉索锚固点用桁架单元进行连接,并施加各种荷载,按照施工单位提供的施工方案进行施工阶段划分。

全桥划分为2047个节点,2489个单元。全桥有限元模型计算简图见图2。

图2 全桥仿真模型计算简图

2. 施工阶段划分

马鞍山长江公路大桥右汊斜拉桥采用塔梁同步施工方案来优化主桥施工工序，施工方最终确定的边塔和中塔具体施工流程如下图3所示。

四、结 果 分 析

1. 应力分析

由于拱形桥塔的施工难度极大，为了保证桥塔在施工及成桥状态下的安全性，必须计算塔梁同步施工对拱形桥塔的影响。

从图4可以看出施工中塔合龙段塔外侧最大拉应力为1.09MPa，位置处于2段之间。通过对比分析塔梁同步施工方案和原施工方案，我们可以发现，施工同一阶段时塔外侧最大拉应力有所增长，增大的原因主要是其主塔的施工是一个悬臂施工过程，当塔梁同步施工时由于斜拉索的竖向和横桥向索力分量的影响使塔外侧拉应力增大。为了保证施工和成桥阶段下桥塔的安全性，我们在中塔和边塔的下游第4节和第7节的塔内侧和外侧各埋设了3个应变传感器，图5为边塔第4节段在桥塔施工过程中其外侧实测应力和理论应力的对比图。

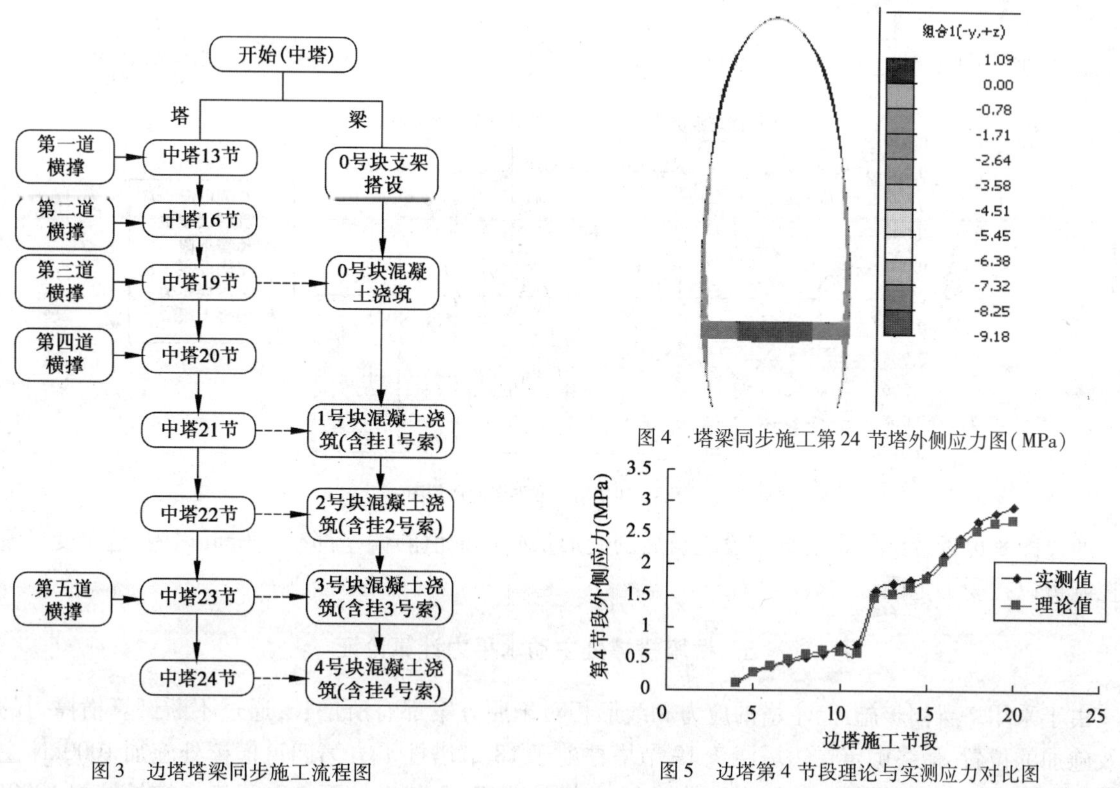

图3 边塔塔梁同步施工流程图

图4 塔梁同步施工第24节塔外侧应力图(MPa)

图5 边塔第4节段理论与实测应力对比图

通过图4的对比我们可以知道，边塔第4节段外侧在主塔施工过程中基本上为全截面受压，实测应力值比理论值整体偏大，但都在可以接受的范围内。偏大的原因是由于早期混凝土的水化反应所致。在施工主塔第12节段时第4节段应力突然增大是由于在施工完第11节混凝土时进行了主塔横梁预应力的张拉以及桥塔第一层支架的搭设。中塔的情况同边塔故不再列出。

塔梁同步施工方案较原施工方案在施工过程中的应力有所增加，需要考虑在成桥状态下塔的应力是否满足要求，图6为考虑车道荷载的短期荷载组合下中塔成桥状态主塔外侧的应力图。

由图5可以看出中塔在成桥状态短期荷载组合下中塔塔柱外侧最大应力为0.77MPa，发生在塔柱合龙段混凝土，其他范围基本上全截面受压。通过查看边塔的应力图可以发现，边塔在短期荷载组合下塔外侧最大应力为0.54MPa，塔外侧最大拉应力同样发生在边塔合龙段。

2. 变形分析

拱塔的变形是在施工控制中必须重点关注的因素，由于施工单位采用了塔梁同步施工，必须考虑其对桥塔变形的影响并最终修正立模高程以保证桥塔的顺利合龙。

由图7可以看出采用塔梁同步施工时中塔最大变形出现在12节段，通过修正立模值并实测混凝土变形量最终得到了图8所示的误差评价曲线。

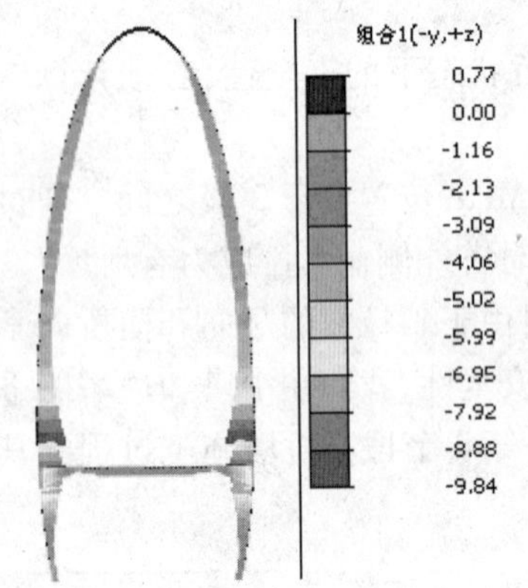

图6　短期荷载组合中塔外侧应力(MPa)

图7　成桥状态下中塔横桥向位移

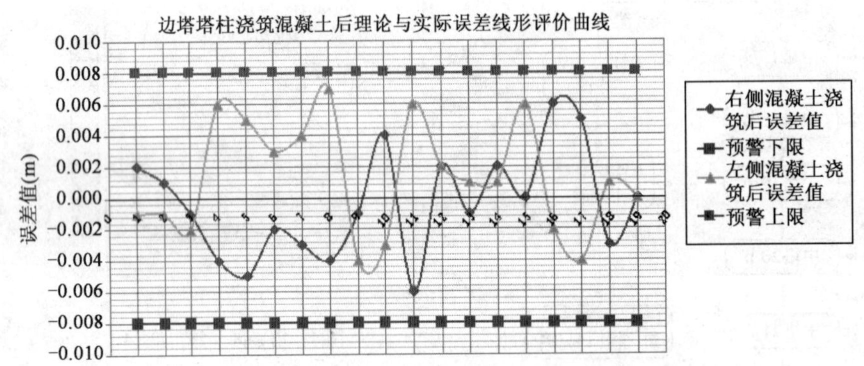

图8　边塔塔柱变形误差评价图

通过图8可以看出基本上每节段浇筑后的变形量同理论值的偏差都在±8mm以内，这个变形量在施工控制可以接受的范围以内。

五、桥塔横撑处主动水平力计算论证

由于采用塔梁同步施工，主塔的应力和线形相对于原方案都有所增长，通过不断试算横撑力的大小以及施加的位置，最终确定在边塔浇筑19节塔柱前于18节塔柱下方第四道横撑处施加1000kN主动水平力，同时释放第三道横撑。中塔在浇筑第23节塔柱前于22节塔柱下方第五道横撑处施加1000kN主动力，同时释放第四道横撑。将塔梁同步(不考虑1000kN主动水平力)和考虑1000kN主动水平力的塔横梁同步计算结果进行对比，结果见表1。

施加1000kN主动力与否的计算结果对比　　表1

	计算项目	施工节段	塔梁同步方案	1000kN主动力
边塔	施工阶段塔外侧最大拉应力(MPa)	19节	1.57	1.40
		20节	1.36	1.25
	成桥状态下横桥向最大拉应力(MPa)	短期效应组合	0.54	0.52
	成桥状态下横桥向最大位移(mm)	短期效应组合	11.16	11.06

续上表

	计算项目	施工节段	塔梁同步方案	1000kN 主动力
中塔	施工阶段塔外侧最大拉应力(MPa)	23 节	0.91	0.47
		24 节	1.09	0.75
	成桥状态下横桥向最大拉应力(MPa)	短期效应组合	0.77	0.72
	成桥状态下横桥向最大位移(mm)	短期效应组合	9.17	8.40

由表1可以知道,顶推后,中、边塔在施工过程和成桥状态时的应力都有一定的改善,1000kN 的顶推力对成桥状态下的最大横桥向位移改善有限,但对处于1000kN 水平顶推力的上下几个节段的变形有一定的改善作用。

六、结　　语

本文以国内首座三拱形主塔斜拉桥马鞍山长江公路大桥右汊斜拉桥为工程背景,讨论了如何利用 CAD 和大型有限元软件 Midas Civil 的结合快速有效地建立全桥模型,并通过计算分析讨论了拱形主塔在施工及成桥阶段下的应力和变形情况,主要得到了如下几个重要的结论:

(1)桥塔在施工过程中塔外侧出现拉应力的几率较少,当采用塔梁同步施工时,中塔在塔施工过程第24节段出现最大拉应力为1.09MPa,出现的位置在21节段,边塔在塔施工过程第19节段出现最大拉应力为1.57MPa,出现的位置在17节段。

(2)塔梁同步施工与非塔梁同步施工相比,施工过程中塔和边塔外侧最大拉应力有所增加,但拉应力增大的幅度都在可以接受的范围内。

(4)在成桥状态的短期荷载组合下,中塔最大应力为0.77MPa,边塔最大应力为0.54MPa,出现的位置都是在塔顶一段区域内。

(3)拱形塔在施工过程中,中塔和边塔的最大横向变形量都是出现在拱塔横梁预应力张拉完成后,这是由于横梁预应力张拉使横梁产生压缩,导致塔柱偏移,但整体变形趋势较为平缓,且塔梁同步施工方案相对于非塔梁同步施工方案塔横桥向位移有所增大,但增大的幅度并不大。

(4)塔梁同步施工过程中在边塔浇筑19节塔柱前于18节塔柱下方第四道横撑处施加1000kN 主动水平力,同时释放第三道横撑,中塔在浇筑第23节塔柱前于22节塔柱下方第五道横撑处施加1000kN 主动力对主塔外侧应力有一定的改善作用,边塔施工过程中最大应力由1.57MPa 减少为1.40MPa,中塔施工过程中最大应力由1.09MPa 减少为0.75MPa。但此顶推方案对塔横桥向的位移改善有限,但对处于顶推力上下几个节段的变形有一定的改善作用。这个顶推方案已经在实际施工中采用并取得了良好的效果。

参考文献

[1] 李传习,夏桂云.大跨度桥梁结构计算理论[M].北京:人民交通出版社,2002.

[2] 郑宗仕,张强.泉州晋江大桥主桥总体设计[J].桥梁建设,2006(04):24-26.

[3] 谢尚英,任清顺,郑爱华.广州猎德大桥曲面索塔设计[J].桥梁建设,2008(03):30-32.

[4] 黎世勇,莫穗玲,倪章军,等.异形索塔结构施工过程中的有限元分析[J].公路,2008(12):118-121.

[5] 刘志峰.斜拉桥塔梁同步施工仿真分析[D].华中科技大学硕士论文,2009.

[6] 邱顺冬.桥梁工程软件 Midas Civil 应用工程实例[M].北京:人民交通出版社,2011.

87. 鄂东长江大桥下横梁支架有限元数值分析方法研究

杨　红[1]　李　进[2]　叶　坤[2]

(1. 中国港湾工程有限责任公司;2. 中交第二公路工程局有限公司)

摘　要　鄂东长江公路大桥北索塔下横梁施工是整个北索塔施工关键。考虑其混凝土方量较大,加之浇筑过程中受力体系转换多,支架使用时间长等因素,本文采用大型有限元软件 Ansys 建立下横梁支架整体模型对其进行静力分析和动力分析。

关键词　下横梁支架　Ansys　静力分析　动力分析

一、概　　况

湖北鄂东长江公路大桥位于长江湖北黄石水道上游,是国家高速公路沪渝高速公路湖北省东段(武黄高速公路和黄黄高速公路)和国家高速公路大庆至广州高速公路湖北段的共用过江通道,是交通运输部重点工程,也是湖北省公路主骨架的重要组成部分。建设鄂东长江公路大桥,对于实现湖北省委、省政府提出的"中部崛起"的战略构思,完善区域交通运输网络,都具有十分重要的意义。

二、下横梁支架设计

鄂东长江大桥北索塔下横梁支架采用落地式钢管支架,钢管立柱采用 $\phi1428\times14$ 钢管;平联钢管采用 $\phi630\times10$ 钢管;附墙横撑采用 2HN600×200 型钢(上层)和 HW400×400 型钢(下层),平联与钢管立柱进行现场焊接。

横桥向布置4排钢管立柱(两侧为斜柱)底部间距为4.15m、7.00m、4.15m,顶部为8.5m、7.0m、8.5m;顺桥向布置3排钢管立柱,间距为4.5m,共12根钢管桩,桩顶高程为35.790m。高度方向布置两道平联,中心高程分别为26.000m、33.490m。

桩顶上布置4根3HN800×300型钢组合主梁作为刚性支撑;主梁上方布置贝雷梁,在下横梁腹板位置紧靠布置8排单层贝雷梁,底板位置间距为1.0m布置双排单层贝雷梁,贝雷片均安装上下弦杆;贝雷梁上方铺设间距0.75m的HW175×175型钢作为分配梁,横梁底模板面板采用钢模进行拼装。落架采用卸荷砂筒。下横梁支架结构布置如图1所示。

三、静 力 分 析

1. 荷载分析

下横梁荷载:1868.68m^3 混凝土;分两层浇筑,第一层浇筑6.08m,第二层浇筑1.92m;

横梁模板荷载:2.0kN/m^2;

系统自重荷载:由有限元计算软件ANSYS自动计入;

施工荷载:3kN/m^2;

风荷载:设计风速 $v=23.9m/s$(50年一遇)。

2. 计算工况

工况一:下横梁支架搭设完成,未浇筑时仅受支架自重及风荷载侧向作用。

工况二:下横梁第一次浇筑6.080m,荷载考虑:支架自重、混凝土荷载、施工荷载、风荷载侧向作用。

工况三:下横梁第二次浇筑1.92m,荷载考虑:首层混凝土荷载、第二层混凝土45%混凝土荷载、施工

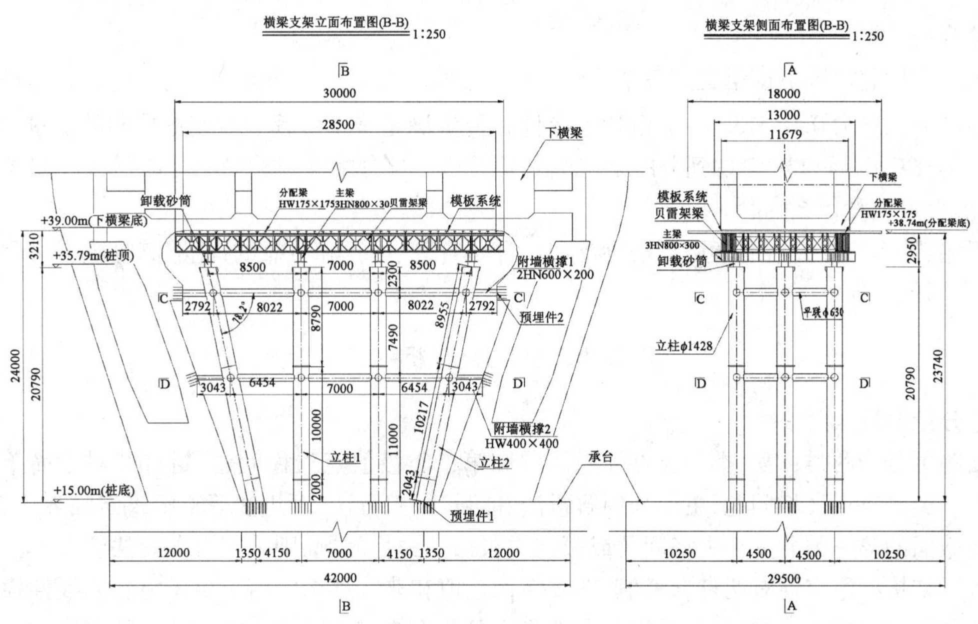

图1 下横梁支架结构布置图

荷载、模板荷载、风荷载侧向作用。

3. 建模计算

本次对鄂东长江大桥北索塔下横梁支架计算，采用了 ANSYS8.1 软件。首先，建立横梁支架 ANSYS 实体模型(图 2)；其次，参照下横梁施工顺序对 ANSYS 实体模型施加荷载，读取 ANSYS 实体模型分析结果(图 3，表 1)。最后，参照各类桥梁规范，对分析结果进行分析，判断鄂东长江大桥北索塔下横梁支架设计是否安全、可靠、可行，并做出结论。

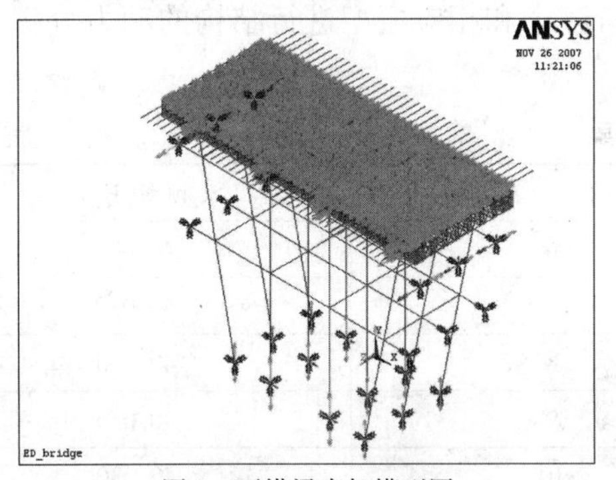

图 2 下横梁支架模型图

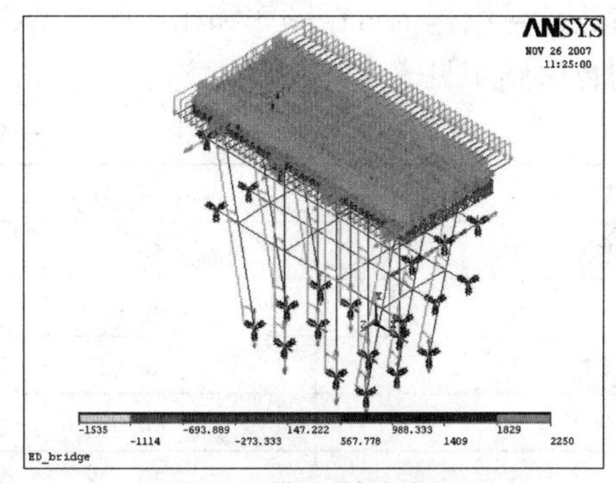

图 3 下横梁支架加载图

材料力学中的四大经典强度准则中，最大拉应力准则是公认的比较适合于脆性材料(如混凝土)的破坏准则；而 Tresca 准则和 Von - Mises 准则比较适合于金属材料；库伦—摩尔强度准则和 Druker 准则比较适合于岩土类材料。故而，在本次计算中对于支架的分析采用了 Tresca 准则和 Von - Mises 准则来判断支架各个构件是否满足其强度要求。Ansys 后处理中 Mises 等效应力，遵循材料力学第四强度理论(形状改变比能理论)。

主要杆件计算结果 表 1

项　目	Mises 等效应力(MPa)	最大位移(mm)
钢管桩 φ1428 × 14	69.8	7.109
平联及扶墙横撑 φ630 × 10	19.1	6.211
主梁 3HN800 × 300	31.1	9.737
贝雷加强弦杆	172.1	14.531
贝雷腹杆	229.3	15.135
分配梁 HW175 × 175	101.6	33.442

4. 结果分析

鄂东长江大桥北索塔下横梁支架各个构件Mises等效应力σ_{max}小于容许应力[σ]。北索塔下横梁支架各个构件最大位移为0.015135m(贝雷片上弦杆),能够满足施工过程中对变形控制的要求。另外分配梁末端最大位移0.033442m,考虑到分配梁末端是悬臂构件且分配梁末端只承受人员和少量施工器械荷载,所以变形大点也没什么问题。

综上所述,鄂东长江大桥北索塔下横梁支架设计是合理、可行和可靠的,能够满足施工过程中对支架构件应力、变形的需要。

四、动 力 分 析

1. 模态分析概况

稳定问题可分为两类:第一类分支点失稳问题和第二类极值点失稳问题。目前,对于简单荷载及规则结构的第一类分支点失稳问题,主要采用解析法、能量法、差分法、渐进法等求解稳定临界力;而对于复杂荷载及变截面的第一类分支点失稳问题或第二类极值点失稳问题,则采用有限元法。

判断桥梁结构的稳定性有两种参考值,即线性稳定值和非线性稳定值。由于材料非线性模式的不确定性和几何非线性分析方法的不同,结构非线性稳定分析存在诸多不确定性,以此稳定值作为结构稳定的判据受到研究和工程设计人员的怀疑,虽然线性分析方法得到稳定结果具有直观性和可参照性,但是却无法反映结构的真实的稳定性质。

2. 模态分析结果

模态参数是结构物自身的固有特性,每一个结构都有其固有的模态参数,模态参数是进行结构抗风、抵抗波浪冲击动力特性分析的基础。钢吊箱的组成构件多,自由度数多,要想获得全部各阶的频率和振型几乎是不可能的。一般说来,结构前几阶频率对结构动力响应的影响起决定作用,因此,笔者采用子空间迭代法计算结构的自振频率和相应的振型,并提取前10阶频率和相应振型进行结构的动力分析,得到的结构自振频率见表2。

支架的模态分析结果　　表2

阶　次	频率(Hz)	阶　次	频率(Hz)
1	40.027	6	40.028
2	40.027	7	40.030
3	40.027	8	40.030
4	40.027	9	40.030
5	40.028	10	40.030

3. 结果分析

由于支架的结构组成十分复杂,相应各阶频率的振型也比较复杂。从模态分析计算的结果得到的结构自振频率和相应的各阶振型分析可得到如下结论:

(1)支架的各阶振动频率较高,反映出结构整体刚度较大。

(2)从支架自振频率的分布来看,各阶频率分布比较密集。从第一阶频率到第十阶频率均分布于40.027~40.030Hz,频率的集中反映了该结构动力特性的复杂性。

(3)从前十阶振型图图4,我们不难看出前十阶失稳均发生于贝雷梁支点处和分配梁自由端,说明失稳处约束不足,存在失稳的危险。故而,失稳处需做加强,以防止整个支架发生失稳。

(4)由鄂东长江大桥北索塔下横梁支架模态分析来看,该支架能够满足施工过程中的稳定性要求。

五、结　　语

鄂东长江大桥北索塔下横梁已于2008年浇筑完成,下横梁支架也圆满完成历史赋予其使命。施工

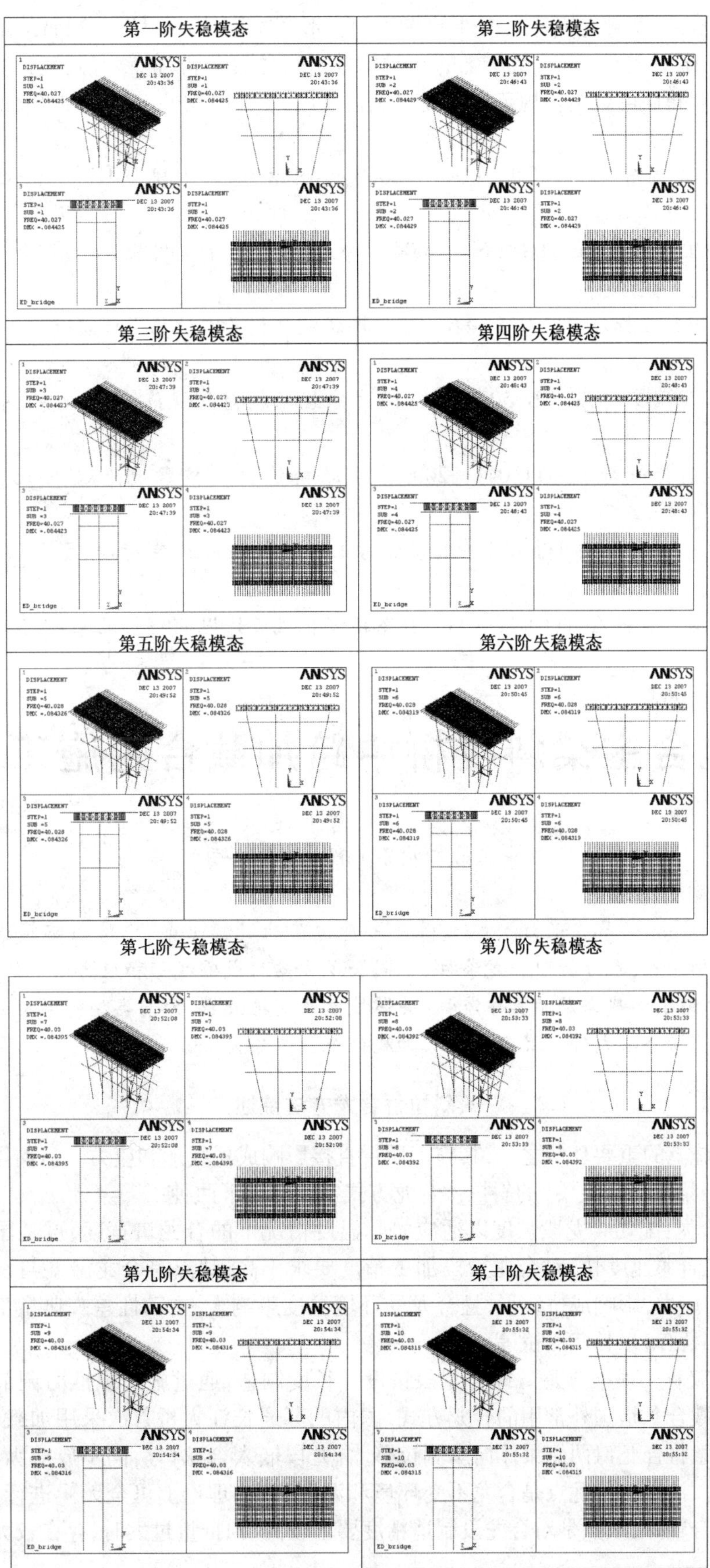

图4 前十阶阵型图

第一阶失稳模态
第二阶失稳模态
第三阶失稳模态
第四阶失稳模态
第五阶失稳模态
第六阶失稳模态
第七阶失稳模态
第八阶失稳模态
第九阶失稳模态
第十阶失稳模态

阶段的观测数据显示，下横梁支架各个构件的应力和变形基本同Ansys仿真分析结果相吻合。故而，采用通用有限元软件Ansys程序，对大型桥梁的临时构件进行仿真分析，能够有效地计算出临时构件的强度、刚度和稳定性等，并且可以结合规范要求提出优化建议，使临时构件设计更加经济合理、可行和可靠。

参考文献

[1] 中华人民共和国国家标准. GB 50017—2003　钢结构设计规范[S]. 北京：中国计划出版社，2003.

[2] 中华人民共和国行业标准. JTG D60—2004　公路桥涵设计通用规范[S]. 北京：人民交通出版社，2004.

[3] 中华人民共和国行业标准. JTJ 025—86　公路桥涵钢结构及木结构设计规范[S]. 北京：人民交通出版社，1987.

[4] 中华人民共和国国家标准. GB 50009—2012　建筑结构荷载规范[S]. 北京：中国建筑工业出版社，2012.

[5] 中华人民共和国行业标准. JTJ 041—2000　公路桥涵施工技术规范[S]. 北京：人民交通出版社，2011.

[6] 中华人民共和国行业标准. JTJ 071—98　公路工程质量检验评定标准[S]. 北京：人民交通出版社，1998.

[7] 中华人民共和国行业标准. JTJ 071—98　公路桥涵抗风设计规范[S]. 北京：人民交通出版社，1998.

88. 混合主梁斜拉桥中跨加载合龙施工技术

卢　勇

（中交第二航务工程局有限公司）

摘　要　主跨926m的鄂东长江公路大桥是一座边跨为混凝土梁、中跨为钢箱梁的混合主梁斜拉桥。根据该桥的结构特点，在分析了合龙条件、不同合龙方案对成桥线形和应力影响的基础上，最终确定采取加载合龙，并介绍了加载合龙的具体流程、关键技术及实施效果，为同类型桥梁提供了参考和指导。

关键词　鄂东长江公路大桥　混合主梁　加载合龙

一、斜拉桥合龙方法综述

合龙是斜拉桥施工的重要环节之一，其施工质量直接影响成桥线形和应力。目前国内外已建成的中跨为钢箱梁（全钢箱梁或混合主梁）的斜拉桥合龙方式主要有以下两种：

（1）温度配切合龙：配切合龙段长度以适应实际温度情况下的合龙口宽度，这是国内斜拉桥常用的合龙方式，其优点是合龙速度快，对合龙梁段加工精度要求不高；缺点是合龙温度与设计基准温度不符时，会在主梁内残留应力，影响成桥线形，且合龙受环境温度影响大，主动性差。典型工程有武汉军山长江大桥、南京长江二桥、南京长江三桥等。

（2）加载合龙：又称“顶推合龙”，即合龙段按设计长度制造，通过施加顶推力调节合龙口宽度以适应合龙段长度。加载合龙是国外常用的合龙方式，国内的苏通长江大桥首次采用加载合龙：利用塔梁临时约束的纵向固结索将合龙口两侧梁体向岸侧拉移，合龙段嵌入合龙口后同步放松纵向索，使梁体回移到位从而实现合龙。该方法的优点是合龙不受环境和温度影响，理论上可全天候进行合龙，成桥线形和应力与设计目标符合较好；缺点是对合龙段制造精度要求较高，顶推量过大时，存在较大施工风险。

二、工 程 概 况

鄂东长江公路大桥位于长江湖北黄石水道，主桥为跨径$(3\times67.5+72.5+926+72.5+3\times67.5)$m

的九跨连续双塔双索面半漂浮体系混合梁斜拉桥，主梁中跨采用PK断面钢箱梁，边跨采用与中跨同断面外形的混凝土箱梁，钢混结合面设在中跨侧距索塔中心线12.5m处。主桥结构详如图1所示。

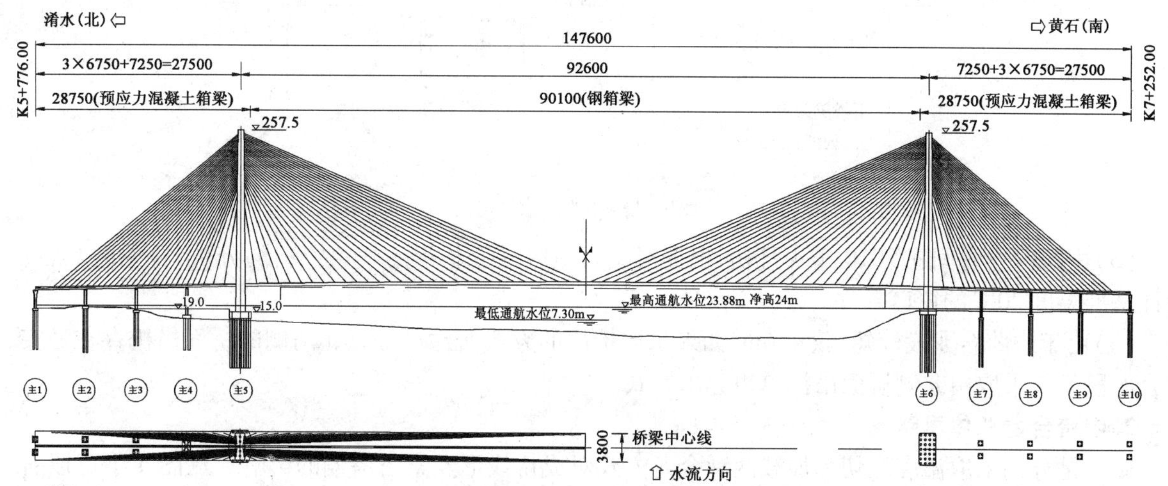

图1 鄂东大桥主桥总体布置图(尺寸单位:cm)

从边跨混凝土梁端部至跨中，钢梁部分依次划分为：钢混结合段M_0、特殊梁段F_1、标准梁段E_2～A_{30}、中跨合龙段G。斜拉索索面按不对称扇形布置，每一扇面均由江侧的J_1～J_{30}以及岸侧的A_1～A_{30}共30对拉索组成。

三、鄂东大桥中跨合龙方案研究

1. 与中跨合龙有关的特殊条件

(1)由于边跨为混凝土箱梁，为保证边跨挂索前主梁线形和结构安全，边跨现浇支架拆除后，仍有12排、每排6根共72根$\phi1200\times14$钢立柱直接支撑在箱梁底部(图2)。

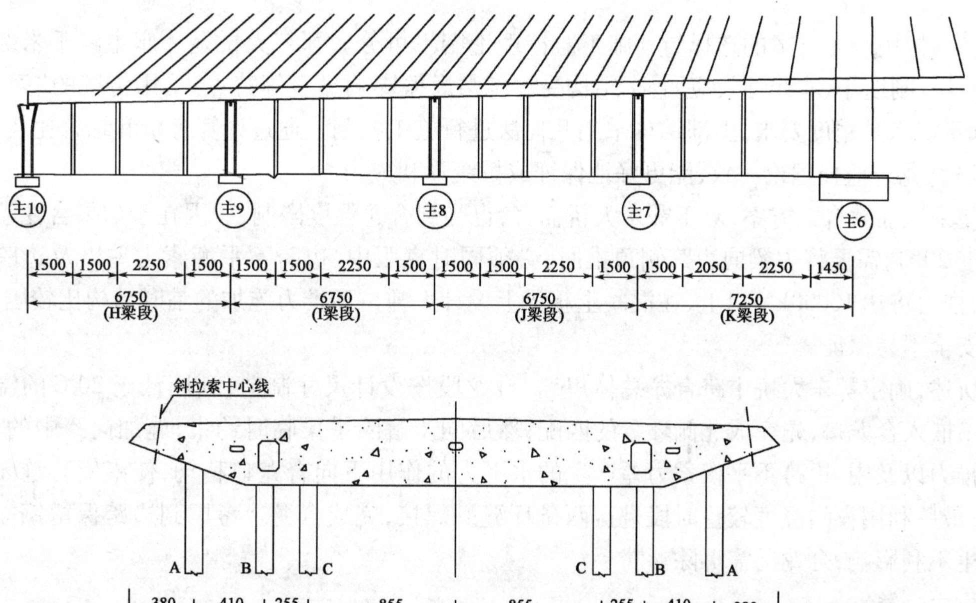

图2 边跨保留支架布置图(尺寸单位:cm)

(2)斜拉索扇面为不对称布置，主梁受到中、边跨索力差产生的向跨中的水平力。该水平力在合龙前由塔梁临时约束承受，临时约束由设置在索塔下横梁顶、边跨混凝土箱梁底的挡块以及挡块之间的HW400×400型钢撑杆构成，如图3所示。通过计算分析可知，主梁水平力在刚解除临时约束时为4765kN，随着向跨中位移量的增大(拉索角度变化)而减小。

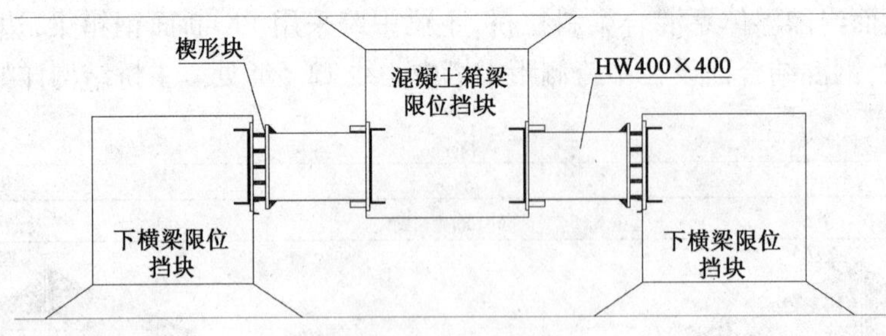

图3 塔梁临时约束结构

(3)中跨合龙时间在2010年4月初,根据对黄石地区最近9年的气象资料的分析,合龙时具备低于设计基准温度20℃的窗口条件。

(4)由于中跨合龙段较短,仅4.6m,如果采取抬吊的方式,合龙口南、北两侧的桥面吊机存在冲突,因此合龙段只能采取由北侧桥面吊机单边起吊方式。

2. 中跨合龙总体思路

图4是分别采取温度配切和加载两种合龙方式对成桥线形及索塔塔偏的影响。从图4中可以看出,采取加载合龙时的主梁线形及塔偏均优于温度配切合龙,这是因为加载合龙通过合龙口宽度的调整,部分抵消了合龙温度的影响,合龙后的结构状态与设计基准温度时接近。

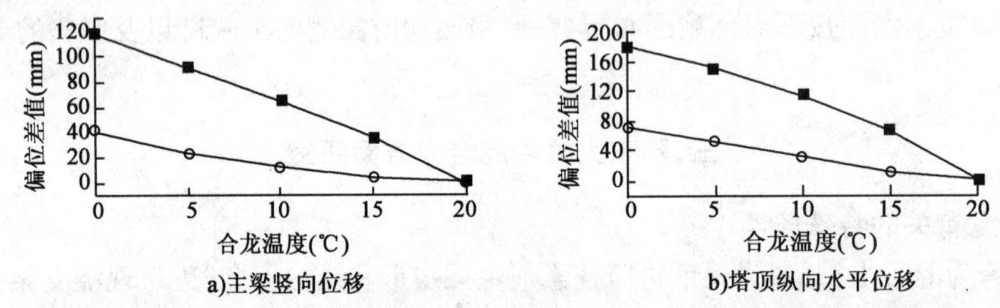

图4 两种合龙方式对成桥的影响(■为温度配切合龙,○为加载合龙)

大跨径斜拉桥合龙方案的选择与其施工监控理论密不可分。鄂东大桥是一座主跨千米级的混合主梁斜拉桥,具有刚度小、非线性效应明显、结构受温度与风振影响显著等特点,采用传统的"索力、高程控制法"已远不能满足精度要求,上部结构采用几何法进行施工控制。通过计算分析和综合比较,中跨采取加载(顶推)合龙与监控理论一致,能更好地保证成桥线形和应力。

但即使采取加载合龙方案,对于鄂东大桥而言,也受到合龙温度限制,原因在于如果合龙温度超过设计基准温度20℃,需要将主梁向边跨侧顶推时,必须同时克服中、边跨不平衡索力差以及边跨支座摩阻力,这样顶推力将达10000kN以上,在混凝土箱梁上设计大吨位顶推力施加的临时结构比较困难,结构安全和施工安全不易保证。

综上所述,确定鄂东大桥中跨合龙总体思路:合龙段按设计尺寸制造;利用低于20℃的温度窗口将合龙段起吊嵌入合龙口,先完成北侧环缝的匹配;然后同步解除塔梁临时约束,施加向跨中的顶推力,使主梁在顶推力以及中、边跨不平衡索力差产生的水平力的作用下向合龙口移动,使南侧环缝闭合并满足匹配条件;最后利用夜间温度较稳时段进行两条环缝的焊接,完成合龙。考虑到边跨保留钢立柱对顶推合龙会产生不利影响,合龙前需拆除。

3. 顶推力计算

(1)合龙温度

通过统计和分析黄石地区2007~2009年4月初每日温度资料,确定合龙温度为13.5℃。

(2)顶推位移量

表1为不考虑主梁施工误差及截面温差造成的缝宽差异时,各种温度条件下主梁单侧需向跨中顶推的位移量,合龙温度为13.5℃时,位移量为36mm。

顶推位移量计算 表1

合龙温度(℃)	10	11	12	13	14	15
单侧顶推量(mm)	56	50	44	39	33	28
合龙温度(℃)	16	17	18	19	20	
单侧顶推量(mm)	22	17	11	6	0	

(3)顶推力计算

根据前面所述的合龙思路,中边跨不平衡索力差产生的水平力对顶推合龙是有利的,边跨混凝土箱梁的支座摩阻力是阻止主梁向跨中移动的,故有:

顶推力 = 边跨支座摩阻力 - 中边跨不平衡索力差产生的水平力 (1)

式中,不平衡索力差产生的水平力是一个变化值,在解除塔梁临时约束时为4765kN,随着向跨中位移量的增大而减小,当单侧位移量达到36mm时,水平力减小至3072kN。

边跨球形钢支座的摩擦系数通过试验获得,见表2。根据摩擦系数和各墩支反力计算得边跨支座最大静摩阻力为6347kN。

边跨支座摩擦系数试验 表2

正 应 力	12MPa	18MPa	24MPa
初始静摩擦系数	0.055	0.049	0.043
动摩擦系数	0.035	0.061	0.029
稳定后静摩擦系数	0.032	0.029	0.025

由此计算得:顶推力 =(6347 - 4765)~(6347 - 3072)= 1582kN ~3275kN,即启动顶推力为1582kN,顶推到位时的最大顶推力为3275kN。

值得注意的是,边跨支座摩阻力是按“初始静摩擦系数”计算而得的最大静摩阻力,而摩擦系数有一定的离散性(表2)。如果“动摩擦系数”取数值较小,则边跨支座摩阻力小于中边跨不平衡索力,即解除塔梁临时约束后,不施加顶推力,主梁就会向跨中移动,因此在跨中侧挡块处采取适当限位措施,防止主梁突然前冲。

四、中跨合龙施工及关键技术

1.中跨合龙施工过程

步骤一:调整J_{27}~J_{29}拉索至合龙索长(调整合龙口线形所需的索长),J_{30}拉索在二张时直接张拉至合龙索长;卸除边跨混凝土箱梁保留钢管支撑;在南北两侧A_{30}梁端施加等代压重。

步骤二:南侧桥面吊机在吊装A_{30}钢箱梁的位置保持不动;北侧桥面吊机更换合龙段吊装吊具,前行至吊装合龙段位置(图5)。

步骤三:对合龙口进行48h连续观测;微调合龙口,完成合龙口横桥向和竖向的锁定(顺桥向放松)。

步骤四:合龙梁段根据观测结果换算成设计基准温度下的合龙口宽度进行精加工,运输至桥位;卸除北侧A_{30}梁端等代压重;起吊合龙段进入合龙口,与北侧A_{30}梁段匹配(图6)。

步骤五:解除塔梁临时约束,合龙口两侧主梁向跨中移位;合龙段与南侧A_{30}梁段匹配;锁定合龙口纵桥向。

步骤六:合龙段两条环缝同时施焊,桥面吊机松吊,焊接设备和检查小车回退至塔梁根部;移除南侧A_{30}梁端等代压重,恢复J_{27}~J_{30}拉索至设计二张索长。

中跨合龙段于2010年4月6日14:20开始起吊,16:05起吊到位,17:15解除塔梁临时约束,19:10完成合龙段匹配并开始纵向锁定,整个过程历时5h,十分顺利,并于2010年4月7日8:00完成合龙段环缝的焊接。

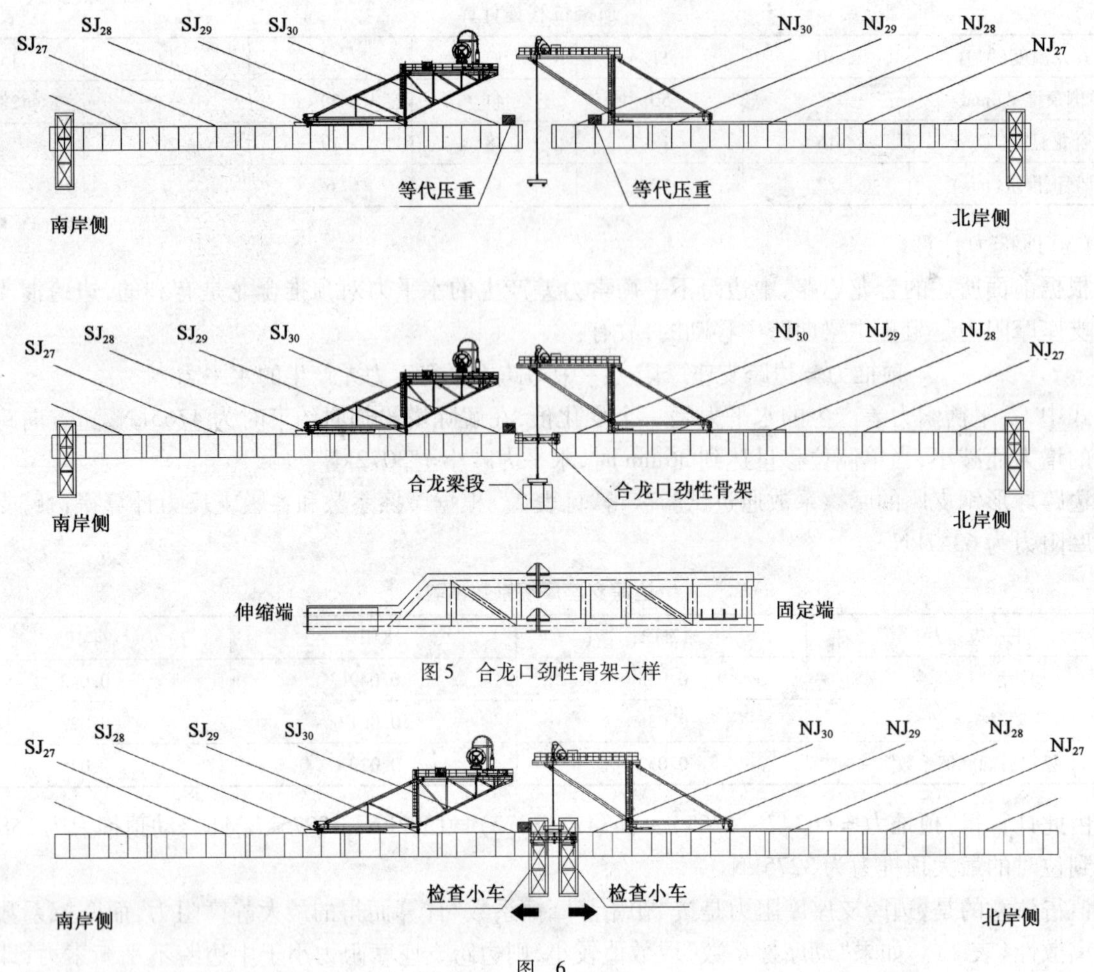

图5　合龙口劲性骨架大样

图　6

2. 中跨合龙关键技术

(1)合龙口形态调整及监测

合龙口形态(高差及顶底口宽度差)采用调整中跨最后4对拉索索力及局部施加配重实现,这是基于鄂东大桥施工监控采用无应力控制法,施工期的索力增量及临时荷载的变化,理论上对大桥成桥后无影响。在合龙完成后卸除局部配重并恢复拉索至设计二张索长。

合龙口监测目的:确定累积梁长及合龙口形态与温度变化的关系。

监测内容:合龙口宽度以及主梁悬臂前端7个梁段的相对高程,同时测量大气温度、钢箱梁内表温度和索温、塔温。

监测频率:每2h测量一次,在日出前后2h和日落前后2h每60min测量一次,连续观测48h。

根据监测数据,推算在设计基准温度20℃时的合龙口宽度,以此宽度确定合龙段的下料长度。

(2)合龙口锁定

合龙口的锁定装置为设在两侧A_{30}梁段上的劲性骨架,由4根2[40与HW150组成型钢桁架结构,具有良好的竖向及横向抗弯刚度,能够保证在顶推完毕后主梁的轴线偏位、合龙口形状基本保持初步调整后的状态。劲性骨架分为两段加工,其中固定段焊接在北侧A_{30}箱梁锚腹板上,伸缩段附着在南侧A_{30}箱梁锚腹板上,随A_{30}梁段一起运至现场、整体吊装。合龙口形态调整完后,锁定劲性骨架的横桥向、竖向自由度;顶推到位并完成合龙段匹配后,锁定劲性骨架的顺桥向自由度,以保证合龙段环缝焊接不受温差的影响。合龙口劲性骨架及锁定见图7。

(3)塔梁临时约束解除

塔梁临时约束解除是实现加载合龙的关键环节,南、北岸塔梁约束应同步解除。

a)横桥向、竖向锁定

b)顺桥向锁定

图7 合龙口劲性骨架及锁定

第一步:中、边跨的不平衡索力使得边跨侧的型钢撑杆已与挡块脱开,可先行拆除。

第二步:在跨中侧限位挡块之间安装4台200t千斤顶,每道挡块布置2台,同时在千斤顶两侧设置限位器,以防止千斤顶失效、主梁突然前冲,限位器一端与挡块之间放置4~5块20mm钢板。

第三步:同步顶撑千斤顶,拆除跨中侧的型钢撑杆,将不平衡索力转换由千斤顶承受。

第四步:同步缓慢回缩千斤顶,同时抽取限位器钢板,使限位器与挡块之间始终有5mm左右空隙。在合龙口监测主梁位移量,直至合龙缝闭合并满足匹配要求,最后锁定千斤顶。

塔梁临时约束解除见图8。

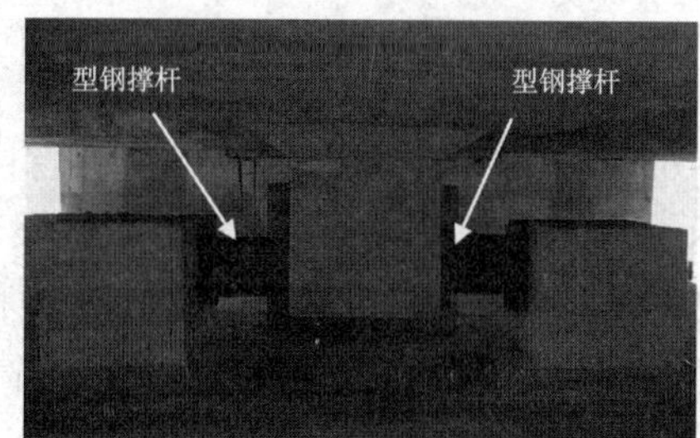

a)合龙前塔梁临时约束状态

b)合龙时用千斤顶替换跨中侧型钢撑杆

图8 塔梁临时约束解除

事实证明,解除塔梁临时约束后,千斤顶缩缸,主梁就开始向跨中移动,整个合龙过程没有再额外施加顶推力,这说明在顶推力计算时"边跨支座摩阻力"取值偏于保守,在跨中侧挡块之间设置限位措施防止主梁突然前冲是很有必要的。

五、结　　语

混合梁斜拉桥以其独特的构造和技术特点,满足了大跨度、建设条件及经济性的要求,在千米级乃至更大跨度斜拉桥方案中具有独特的竞争优势。因此,开展混合梁斜拉桥建造技术研究具有重要的现实意义。

斜拉桥合龙应综合考虑桥梁结构特点、力学特性、预计合龙时间以及工艺实施的风险等诸多因素,在理论分析的基础上制订切实可行的方案。鄂东大桥边跨混凝土梁存在支座摩阻力,且中、边跨索力不平衡在主梁上产生指向跨中的水平力,从而使合龙口两侧主梁向边跨侧顶推较难实施。鉴于此,制订了在低于设计基准温度时将合龙段嵌入合龙口、利用不平衡索力使合龙口闭合的合龙方案,避免了施加较大顶推力的施工风险,实现了几何合龙,满足无应力施工控制方法的要求,对同类型桥梁具有借鉴指导意义。

参考文献

[1] 刘明虎,谭皓,徐国平,等.大跨径混合梁斜拉桥合龙技术研究与实践[J].桥梁建设,2011(4).

[2] 陈鸣,罗承斌,张永涛,等.苏通大桥主桥中跨顶推辅助合龙技术[J].中外公路,2008,28(5).
[3] 李宗平.南京长江第三大桥钢箱梁安装技术[J].施工技术,2008(5).
[4] 卢勇,陈若强.鄂东长江大桥PK断面钢箱梁安装技术[J].公路交通科技,2010(10).

89.深水无覆盖层超倾斜岩面河床索塔基础施工技术

魏胜新[1] 江俊波[2]
(1.中交二公院武汉大通公路桥梁工程咨询监理公司;2.中交路桥建设华南公司)

摘 要 望东长江公路大桥南塔基础范围无覆盖层,河床岩面倾斜高差达10.22m,在综合考虑南塔处客观地址水文情况,采用异形超高低刃角钢围堰工厂卧式拼装→气囊滑移入水→船体式浮运→水中竖向转体→下沉着床就位→安装桩基钢护筒→钢围堰封底并锚固钢护筒→利用钢护筒搭设钻孔平台→桩基施工→钢围堰抽水后进行承台“干”施工的工艺方案,构思新颖,为国内首创。该方案已成功实施,为国内类似桥梁或其他工程深水基础施工起到很好的指导作用。

关键词 索塔基础 倾斜岩面河床 高低刃角钢围堰 竖向转体 封底 水上钻孔平台

一、工 程 概 况

安徽省望东长江公路大桥主桥采用78+228+638+228+78=1250m的组合梁斜拉桥,其跨度位居国内组合梁斜拉桥首位,桥型总体布置如图1所示。主梁采用PK型分离双箱组合梁形式,组合梁全宽35.2m,不设风嘴,梁高3.5m;南岸侧索塔为钻石形结构,索塔高216m;南岸索塔基础采用高桩承台结构形式,承台平面为切除四角的矩形,平面尺寸为47m×25m,高8m,顶高程+8.0m,底高程0.0m;索塔基础采用32根直径3.0m的钻孔灌注桩,桩长26m,桩顶高程0.0m,桩底高程-26.0m,呈梅花形布置,按嵌岩桩设计,索塔基础结构布置如图2所示。

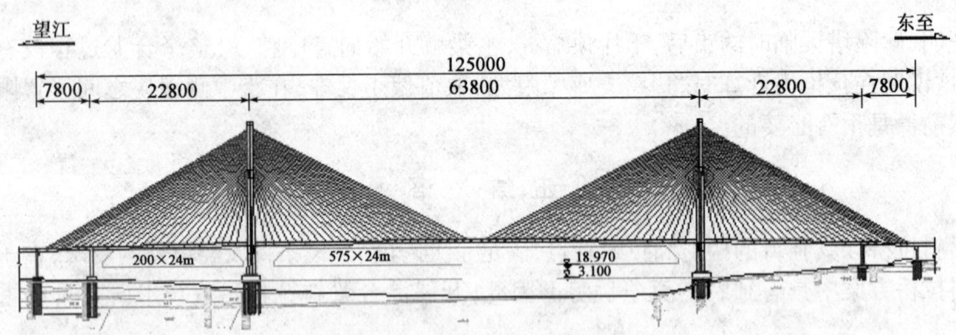

图1 望东长江公路大桥主桥桥型布置图(尺寸单位:cm)

二、南索塔基础施工特点和难点

(1)枯水季节时索塔基础位置平均水深10m以上,属典型深水基础施工。

(2)河床表面基本无覆盖层,为裸露中风化灰岩,单轴饱和抗压强度为56MPa,桩基钢护筒无法直接打入埋设,水上钻孔施工平台常规搭设非常困难。

(3)河床岩面起伏变化大,总体从岸侧向江心侧倾斜,最大坡度约26°,索塔承台范围内岩面高差最大近10.22m,对高低刃脚异形钢围堰的设计、加工、浮运、下放着床、定位及封底等带来较大难度。主墩位附近河床表面起伏雷达扫描三维图如图3所示。

(4)高低刃脚异形钢围堰封底混凝土施工过程中对围堰产生较大的不平衡侧压力,围堰整体存在向江侧滑移风险。

(5)索塔基础施工从当年10月中旬开工,工期紧张,如第二年高水位时未完成一定数量的桩基施工,将使钢围堰渡洪存在较大的安全风险。

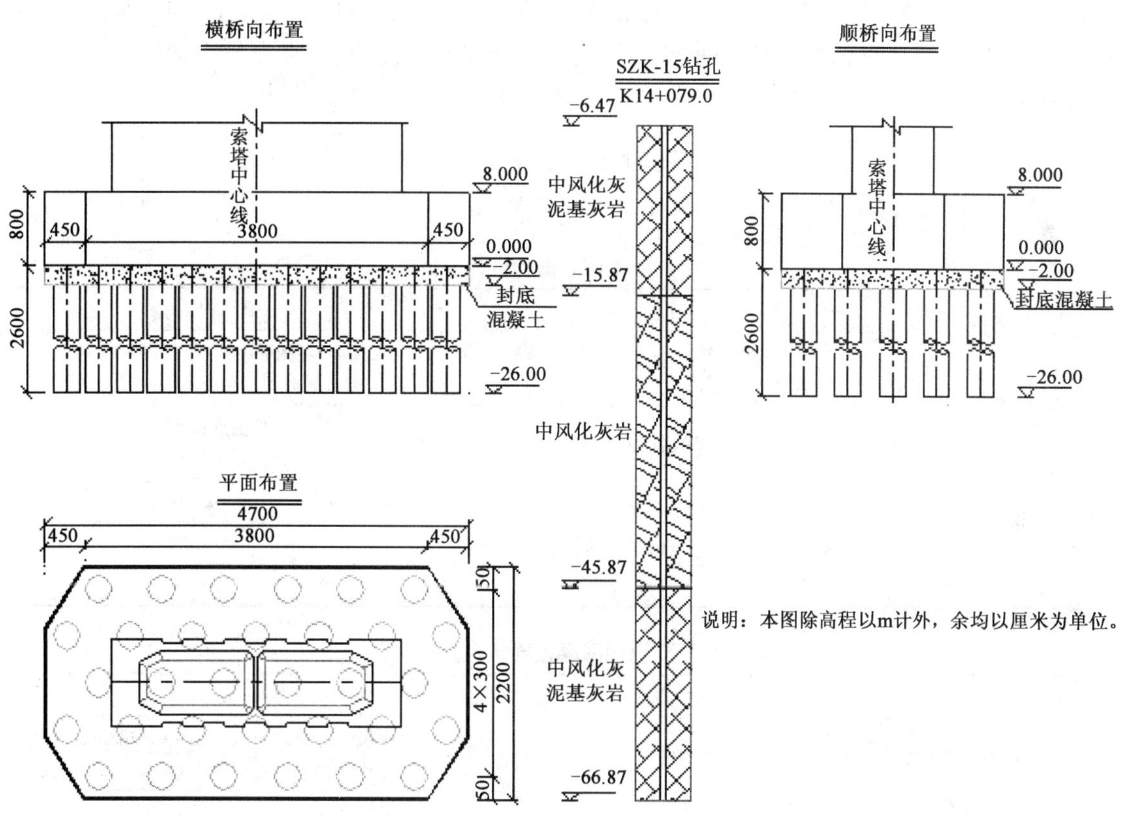

图2 南索塔基础结构布置图

三、基础总体施工方案的选择

根据南索塔基础的结构特点及所处的地质水文特点,经综合比较分析,采取设置钢围堰作为承台及索塔下塔柱施工期间的挡水结构,通过钢围堰水下混凝土封底来固定设置于河床面上的桩基钢护筒,以桩基钢护筒作为钻孔平台的承力结构,变"水上施工"为"陆域施工",即"先围堰、后平台(钻孔)"的施工方案。

根据河床地形条件,该方案可以先水下爆破将河床倾斜岩面整平、再进行围堰方案和倾斜岩面直接围堰施工方案的两种方式进行。经过对现场施工条件调查和咨询相关单位,在长江主航道进行水下爆破开挖其报批手续较为繁杂,仅报批手续需要至少2个月,且爆破开挖方量较大,施工周期需要约2个月以上,工期无法满足要求,且索塔承台底高程高于河床岩面,没必要爆破开挖,加上爆破开挖造价较高,因此可以确定该方

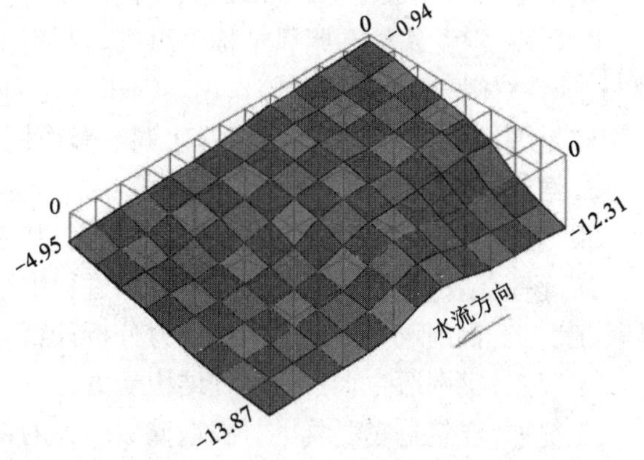

图3 主墩位附近河床表面起伏雷达扫描三维图
(测点间距2.5m×2.5m)

案不适合本项目基础施工,采用在倾斜河床岩面直接进行钢围堰的施工方案。该方案根据河床基岩面实际变化情况,钢围堰底口设置成高低刃脚,施工难度虽相对较高,但钢围堰可直接在基岩面上进行水下封底,能有效解决桩基钢护筒底口锚固的问题,通过已锚固的钢护筒承载受力最终形成水上钻孔平台。

异型钢围堰由于高、低刃角相差10.22m,如采用常规的工厂制造,竖向总体拼装、气囊下水、浮运至现场的方法就位,需在高刃角设置浮箱的方法进行气囊下水,且受浮面积较小,吃水深度达7m以上,枯水期时钢围堰制造地(江西湖口)至桥位(安徽东至)处70km长江航道吃水深度不足,加之高、低刃角相差太大,重心和浮心严重偏斜,即使采取临时调整重心和浮心的措施,也存在较大的浮运安全风险,经过以上比选研究,最终选定钢围堰工厂卧式拼装、气囊下水、水中竖转方案作为实施方案。

四、异型钢围堰设计概况

1.参数确定(表1、表2)

双壁钢围堰高程设计参数表 表1

序 号	项 目	高 程 (m)
1	钢围堰顶高程	主围堰结构顶高程:+14.0 防浪板顶高程:+17.93
2	异形高、低刃脚钢围堰底高程	最低处底高程 -12.7 最高处底高程 -2.48
3	承台顶高程	+8.0
4	承台底高程(封底混凝土顶高程)	0.0
5	最高设计水位	+17.0

双壁钢围堰主要结构参数表 表2

序 号	项 目	数 值
1	平面尺寸	外轮廓尺寸为50.2m(横桥向)×28.2m(顺桥向),围堰内壁尺寸比承台大10cm;
2	高度	主体结构高度:16.48~26.7m 包括防浪板高度:20.41~30.63 m
3	壁厚	1.5m
4	自重	约1400t(含5层内支撑,其高程由上至下为:+13.5m、+9m、+6m、+3m、-0.3m~-2.6m)

2.结构组成

钢围堰材料均采用Q235a级钢,由内围壁、外围壁、刃脚、水平环向加劲板、竖向钢箱、内外围壁加劲肋、吊耳、内支撑、锚桩和附属结构等组成。利用围堰钢箱位置,共设置12根锚桩,起到增强钢围堰封底混凝土时整体抗滑移及抗浮等作用。钢箱作为钢围堰的隔舱,共分为14个独立舱体,起到浇筑压仓混凝土调整钢围堰重心和浮心位置及注水调平等作用。钢围堰立面如图4所示。

3.结构计算工况

根据确定的钢围堰结构参数和施工方案,其主要计算工况如下:

工况一:钢围堰卧式拼装及下滑入水过程中结构强度计算。

工况二:钢围堰竖转过程结构受力分析计算。

工况三:钢围堰注水下沉过程结构受力计算。

工况四:浇筑封底混凝土对围堰壁板压力的计算。

工况五:围堰内抽水后加内支撑。

工况六:承台分层施工过程钢围堰受力验算。

工况七:封底混凝土计算抗裂及整体抗浮稳定性验算。

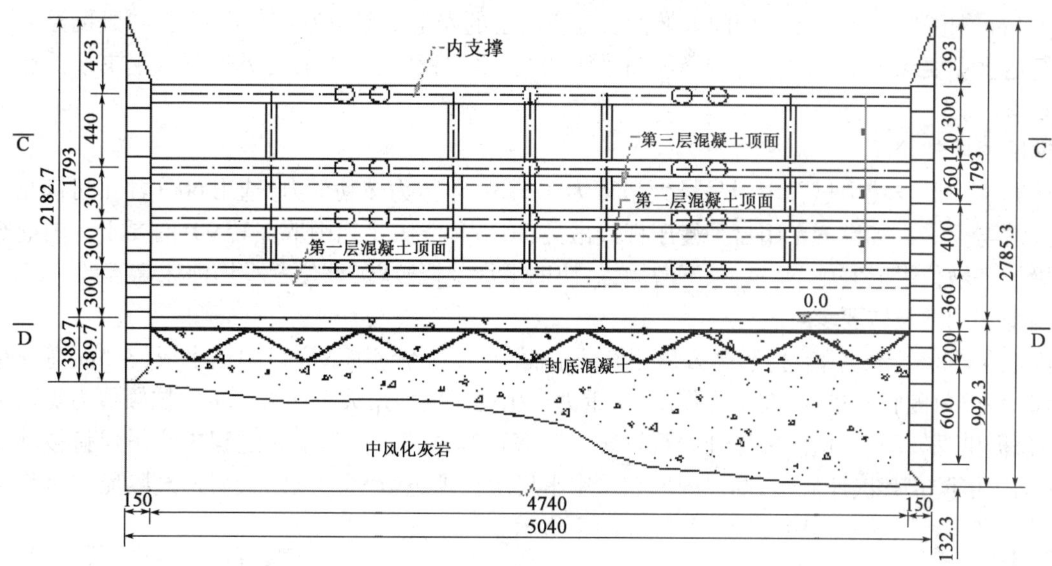

图4　钢围堰立面图

五、索塔基础钢围堰主要施工阶段概述

异型钢围堰基础施工采用工厂卧式拼装、气囊下水、水中竖转、下沉着床就位、锚桩施工及桩基钢护筒安装、围堰封底、搭设钻孔平台及桩基施工、围堰抽水后进行承台“干”施工等主要实施阶段，现分别概述如下。

1. 钢围堰加工拼装阶段

钢围堰底口根据河床地形雷达扫描变化情况，底节按实测地形加工成与河床吻合的高低刃脚曲线，竖向共分为2节，每节12块，钢围堰板单元委托专业船厂加工制作，在船坞内搭设钢围堰拼装胎架，采用“卧拼”成型方案，即将钢围堰沿长边轴线竖转90°，高刃脚侧与地面（水面）接触，面积约40m×26m，减小浮运过程中吃水深度，确保浮运安全。根据计算，钢围堰在卧拼下水前，在高刃脚侧浇筑2.5m高刃脚混凝土后，围堰重心与浮心的平面位置偏差不大，入水后可保证钢围堰稳定不倾斜。钢围堰浇筑刃脚混凝土调整重心与浮心偏差后，在不受外力作用下在水中可达到稳定平衡状态，但浮运过程中不可避免会有风浪等外力作用，钢围堰需有抗倾覆能力，下水前采取在钢围堰顶口和底口焊接临时挡水板的方法，使卧式钢围堰内形成密闭的排水空间，形成类似“船舶”的结构，当钢围堰倾斜时其浮心位置能迅速调整阻止围堰倾覆。经计算，挡水板高度按照1.5m考虑可满足浮运稳定性要求，钢围堰吃水深度1.84m。钢围堰下水前照片如图5所示。

图5　钢围堰下水前

2. 钢围堰气囊下水阶段

采用气囊滑移入水，拼装成型后在其下方设置橡胶气囊进行支垫，即气囊充气托起钢围堰，围堰在自重分力作用下沿船坞斜坡缓慢滑移入水，地锚牵引控制滑移速度，水中拖轮起辅助牵引调节方向的作用；围堰入水25.5m时前端上浮，直至围堰完全入水自浮在水中。根据计算，钢围堰前端入水深度最大达到3.78m，扣除钢围堰壁板厚1.5m后还剩2.28m，即钢围堰前端顶底口必须设置最低2.28m高的挡水板。考虑到钢围堰入水时的冲击等因素影响，钢围堰气囊下水工况前端挡水板高度设置3.5m高，后端设置1.5m高，其自浮吃水深度为1.84m。

3. 钢围堰浮运阶段

钢围堰下水后，钢围堰通过两侧分别设置的3.5m，1.5m高挡板在水中实现稳定自浮，然后采用两艘平板驳船侧面帮扶，两艘拖轮侧面绑拖的方式，浮运至桥位附近水域。钢围堰入水区域距望东长江大桥桥址约70km,钢围堰春节前浮运期间该航段长江主航道的安全水深约为4.5m,采用的"卧倒浮运"方法,可满足航道水深要求。钢围堰浮运选择风速小于四级、水流稳定、无雨的白天进行。钢围堰浮运到位照片如图6所示。

4. 钢围堰竖转阶段

经计算钢围堰竖转全过程中浮吊最大吊重为376.3t,浮吊为被动受力,选用600t浮吊可满足施工要求。钢围堰与浮吊连接设置专用自平衡压杆式吊具,该吊具能满足钢围堰竖转90°的要求。围堰竖转选择在南岸主塔墩位附近实施,浮吊上、下游抛锚,协助平衡围堰竖转,该位置平均河床高程约-20.0m,水深足够满足钢围堰竖转要求。

钢围堰与600t浮吊连接,提起高刃角侧离开水面,然后割除钢围堰底口的挡水板(3.5m高),吊钩下放钢围堰,高刃角侧底口进水,在重力作用下,重力产生的倾覆力矩大于浮力产生的抗倾覆力矩而失去抗倾覆能力,提供翻转动力,使围堰体开始整体缓慢向底口侧倾斜。倾斜翻转过程中浮吊保持被动受力状态,提住钢围堰防止其快速倾覆,确保围堰在水中平稳缓慢地进行90°竖转,最后通过隔舱注水将围堰调整至水平状态。钢围堰水上竖向转体照片如图7所示。

图6　钢围堰浮运到位

图7　钢围堰水上竖向转体

5. 钢围堰定位下沉阶段

钢围堰竖转调平后,通过拖轮绑拖至安装位置,将围堰与锚泊系统连接,浇筑刃脚压仓混凝土。围堰在工厂加工时,为了配重调整重心和浮心需要,已经浇筑了高刃脚侧面的压仓混凝土。为了加强刃脚刚度,防止刃脚在着床时发生变形,需要对其他3个侧面进行刃脚压仓混凝土浇筑,总计约106m^3,混凝土强度等级为C25。压仓混凝土浇筑完毕通过锚泊系统(横桥向偏位通过上、下游设置的定位船上的卷扬机进行调整,顺桥向偏位通过岸侧地锚、江侧边锚进行调整,垂直度控制结合隔舱注水)精确调整其平面位置,注水下沉着床。钢围堰着床并初步稳定后,潜水工沿钢围堰一周进行仔细探摸,以确定钢围堰是否稳定地支撑在基底坚硬的岩层上,对较大的空隙采用钢凳进行支垫,对较小的空隙采用由2cm钢板做成的楔形块进行填塞,以确保钢围堰的稳定。等钢支撑塞垫好后,继续在舱体内注水,使围堰舱体内水位和河水面一致。等舱体注水完成后,在其外围先对称抛填砂袋填塞刃脚和河床之间的空隙,砂袋抛填至刃脚顶面以上50cm。

6. 锚桩施工、桩基钢护筒安装、封底混凝土浇筑阶段

由于钢围堰高、低刃角高差达10.22m,封底混凝土施工过程中对围堰产生较大的不平衡侧压力,围堰整体存在向江侧滑移风险;为确保钢围堰的整体稳定性,在钢围堰钢箱内设置12根直径为1.0m混凝土锚桩,以抵抗封底混凝土对钢围堰的侧滑力,同时提供抗拔力防止围堰抽水后整体上浮等作用。锚桩至河床下孔深4m,锚桩长12m,锚桩施工工艺与普通钻孔灌注桩相同。具体布置如图8所示。

钢围堰封底前应先安装钢护筒,钢围堰12根锚桩施工8根后(每边2根)可同时进行钢护筒安装。32根钢护筒安装采用整体桁架式导向架定位,浮吊单根吊装就位后临时固定。沿桥顺向一个导向架安装5根钢护筒,全部下放到位且临时固定后,提升导向架至下一个位置继续完成后续钢护筒安装,直至钢护筒全部安装完成。导向架与钢护筒间每边预留5cm间隙,以便钢护筒能顺利穿过导向架。同时在导向架顶口设置可调式导向轮,以确保钢护筒垂直度满足要求。钢护筒根据实测河床高程在加工厂提前卷制，考虑到浮吊起吊高度等因素的影响，钢护筒分节加工。底节钢护筒顶口焊接4个反挂牛腿，浮吊吊装底节钢护筒搁置在导向架顶面，松钩后吊装顶节钢护筒与底节对接，焊接完成后整体起吊，旋转45°继续下放直至钢护筒支撑在河床岩面。钢护筒调整到位并验收合格后，将钢护筒与附近的结构物（如钢围堰、内支撑等）焊接固定，并按照设计要求焊接钢护筒之间的平联钢管，使之成为整体，确保钢围堰封底混凝土过程时钢护筒不发生移动。

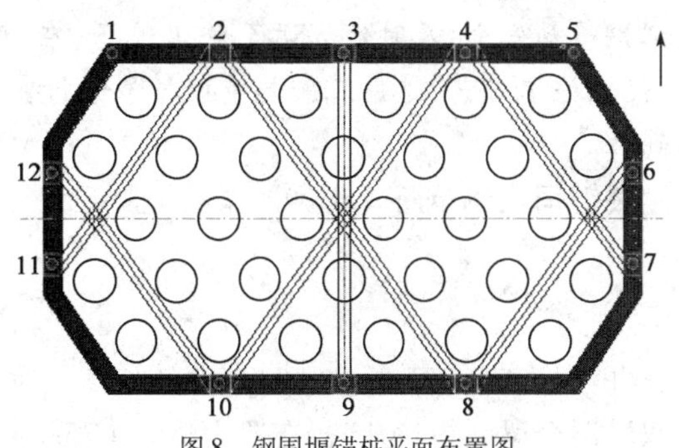

图8 钢围堰锚桩平面布置图

32根钢护筒安装完成后进行围堰封底，由于河床岩面倾斜度大，为保证封底混凝土施工过程中钢围堰不发生整体偏移，根据钢围堰结构计算并结合混凝土供给能力分3层进行水下封底混凝土浇筑，通过3层封底才能完全覆盖锚固32根钢护筒底口。封底混凝土浇筑与通常水下封底工艺相同，浇筑顺序遵循由低向高的原则进行。第一层封底混凝土顶控制高程为-7.0m，最厚处5.7m，混凝土方量约930m^3；第二层封底混凝土顶控制高程为-4.0m，混凝土方量约1650m^3；第三层封底混凝土控制高程为-0.2m，混凝土方量约3128m^3。

封底混凝土完成后，32根钢护筒底端锚固于封底混凝土中，然后利用32根钢护筒作为承力结构搭设钻孔平台，开始水上桩基施工。桩基施工完毕，钢围堰立即抽水进行承台"干"施工，从而实现了南塔超倾斜裸露岩面河床深水基础的施工。

六、结　语

望东长江公路大桥南塔基础由中交路桥建设华南公司施工，武汉大通公路桥梁工程咨询监理公司监理。南塔基础钢围堰于2012年11月1日开始设计制造，2013年1月26日气囊下水，1月30日利用8小时浮运到位，31日利用2小时安全顺利地实现竖转到位（不包括准备工作时间），2月4日完成钢围堰下沉、着床、就位和临时锚固，3月2日完成围堰12根锚桩施工，3月15日完成32根钢护筒安装，3月18日开始第一次封底，4月9日完成第三次封底，目前正在进行钻孔桩基施工，预计7月中旬可完成32根桩基施工。

望东长江公路大桥南塔桩基及承台施工难度大，技术含量高，针对深水无覆盖层超倾斜河床岩面地质及水文环境状况，采用"异形超高低刃角钢围堰工厂卧式拼装"→气囊滑移入水→船体式浮运（两端设置临时挡水板）→水中竖向转体（拆除刃角端挡水板）→下沉着床就位→安装桩基钢护筒→钢围堰封底并锚固钢护筒（起到"一箭双雕"作用）→利用钢护筒搭设钻孔平台→桩基施工→钢围堰抽水后进行承台"干"施工的工法，构思新颖，为国内首创。该方案已成功实施，可为国内类似桥梁或其他工程深水基础施工起到很好的指导作用。

90. 哑铃形超大钢吊箱浮运及吊装关键技术

徐　刚　张延河
（中交第二航务工程局有限公司）

摘　要　九江长江公路大桥主桥为双塔混合梁斜拉桥，22号墩哑铃形承台临时挡水结构采用双壁钢吊箱。钢吊箱在施工过程中存在的技术难题主要有：浮运距离约166km，浮运风险大；钢吊箱长84.9m，宽32.9m，高16m，吊装重量1761t，吊装难度大。通过分析钢吊箱浮运过程中因水流流速、风力等客观因素造成的各种不利工况，计算不同工况的浮运阻力，根据计算结果及现场实际情况，合理配置拖拉设备，保证钢吊箱安全、及时地浮运至施工现场；在钢吊箱的吊装施工中，根据国内大型起重船资源的实际情况，优化施工工艺，选用三艘起重船抬吊进行安装，通过控制三艘起重船操作的同步性，使钢吊箱顺序吊装到位。

关键词　钢吊箱　整体制作　气囊下水　浮运　三船抬吊

一、工 程 概 述

九江长江公路大桥位于已建九江长江大桥上游10 km处，北接湖北黄梅县，南接江西九江市。主桥为双塔混合梁斜拉桥，跨径布置为70m + 75m + 84m + 818m + 233.5m + 124.5m，九江长江公路大桥主桥桥型布置见图1。大桥北主墩(22号)位于长江主航道北侧深水区域，承台为哑铃形结构，横桥向长82m，宽30m，高8m，中间系梁宽14m。承台下设置43根直径2.5m钻孔灌注桩(呈梅花形布置)。

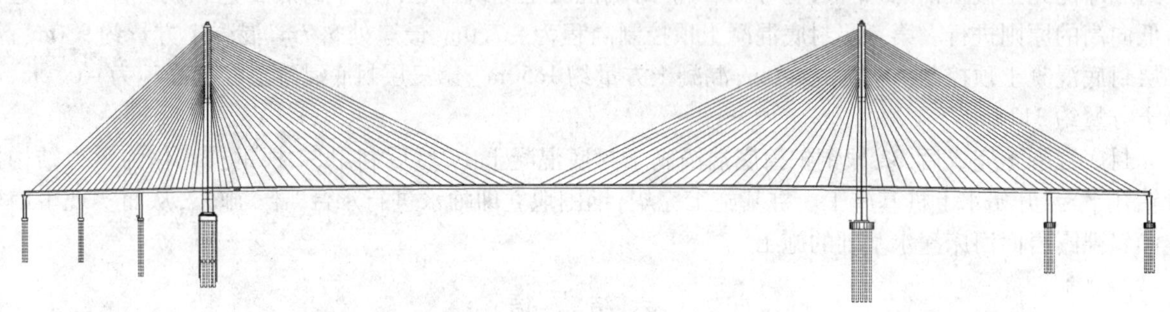

图1　九江长江公路大桥主桥桥型布置

22号主墩承台施工采用整体式双壁钢吊箱作为止水结构，同时钢吊箱兼作承台外模。钢吊箱由底板(按桩位开孔)、支撑、底板桁架、拉压杆体系、定位导向装置等组成，在钢吊箱底部设置了12mm厚的整块钢板作为底托板(保证下水时底板与气囊为面接触，在钢吊箱下水后解除并回收)。钢吊箱总长84.9m，宽32.9m，双壁结构高16m，壁体厚1.4m，起吊重量约1761t，下水总重量约1974t，钢吊箱结构示意见图2。

结合主桥施工现场条件、制造及下水条件、运输条件、国内吊装设备调查，钢吊箱的总体施工工艺为：

(1)制造：钢吊箱在鄂州船厂(长江边，有下水坡道下江)分片加工、整体拼装。

(2)运输：气囊法下水后长距离浮运。

(3)安装：采用三艘起重船抬吊安装，定位后分仓进行封底施工。

二、钢吊箱浮运施工技术

1. 浮运线路及特点

浮运里程大约166km，途经鄂黄、黄石、鄂东三座特大型桥梁。沿途部分区域江面较窄，水深流急，洪水期有和回流形成，水流情况复杂；航道较窄，最小仅100m；江面作业船舶、渡船、运输船舶等穿梭频繁。

2. 浮动阻力计算

钢吊箱浮运阻力主要包括水阻力和风阻力，并对浮运稳定性进行了校核。

1)浮运水阻力计算

采用fluent软件和 $R_1 = \xi \cdot \gamma \cdot S \cdot \frac{v^2}{2g}$ 经验公式两种计算方法进行对比计算。

最终水阻力取值及各工况参数见表1。

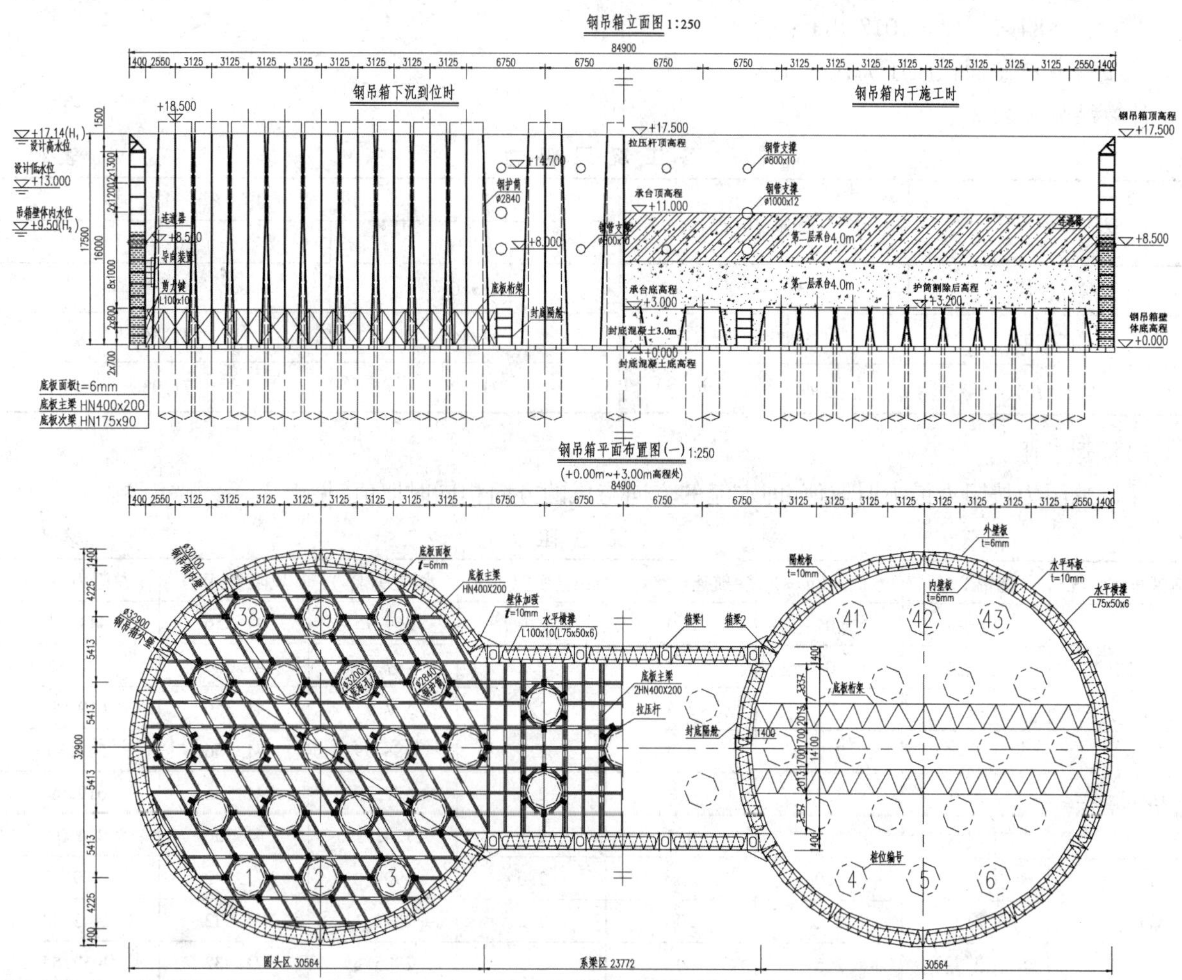

图2 钢吊箱结构示意(尺寸单位:mm)

各种工况水阻力汇总 表1

拖带总体工况	拖带工况	水流流速(m/s)	航速(m/s)	计算流速(m/s)	水阻力(kN)		水阻力最终取值(kN)
					Fluent 计算	经验公式 1	
顺江拖带	工况一	0	2.0	2.0	354.3	369.75	369.75
	工况二	0	2.2	2.2	425.6	447.40	447.40
	工况三	0	2.5	2.5	559.3	577.73	577.73
逆江拖带	工况四	2.0	0.3	2.3	471.7	488.99	488.99
	工况五	2.2	0.3	2.5	559.3	577.73	577.73
	工况六	2.5	0.3	2.8	712.3	724.71	724.71
横江转向	工况七	2.0	0	2.0	1907.8	855.80	1907.8
	工况八	2.2	0	2.2	2371.1	1035.52	2371.1
	工况九	2.5	0	2.5	2985.6	1337.19	2985.6

2)风阻力计算

计算公式:

$$R_2 = K \cdot \Omega \cdot P \tag{1}$$

式中:R_2——水上部分受风力,N;

K——阻力系数,取1.0;

Ω——钢吊箱挡风面积 m^2;纵向:$\Omega_1 = 32.9 \times 12 + (32.9 - 16.9) \times 12 = 586.8m^2$;横向:$\Omega_2 =$

$84.9\times12=1018.8\text{m}^2$；

P——单位面积风压力，kg/m^2。

计算结果见表2。

各工况风阻力 表2

拖带总体工况	拖带工况	风阻力 (N)	风阻力 (kN)
顺江拖带	工况一～工况三	41356	41.356
逆江拖带	工况四～工况六	41356	41.356
横江转向	工况七～工况九	71932	71.932

3）浮运总阻力

浮运总阻力按阻力最大时取值，即水流的方向与风的方向相同时取值，见表3。

各工况总阻力 表3

拖带总体工况	拖带工况	水流速(m/s)	航速(m/s)	计算流速(m/s)	水阻力(kN)	风阻力(kN)	总阻力(kN)
顺江拖带	工况一	0	2.0	2.0	369.75	41.356	411.11
	工况二	0	2.2	2.2	447.40	41.356	488.76
	工况三	0	2.5	2.5	577.73	41.356	619.09
逆江拖带	工况四	2.0	0.3	2.3	488.99	41.356	530.35
	工况五	2.2	0.3	2.5	577.73	41.356	619.09
	工况六	2.5	0.3	2.8	724.71	41.356	766.07
横江转向	工况七	2.0	0	2.0	1907.8	71.932	1979.73
	工况八	2.2	0	2.2	2371.1	71.932	2443.03
	工况九	2.5	0	2.5	2985.6	71.932	3057.53

3. 浮运稳定性校核

1）形状稳定性力臂计算

吊箱在4.6m吃水（不包括底部H型钢的高度）时，排水量为1383t。运用船舶静力学计算程序计算钢吊箱在排水量为1383t时，不同横倾角对应的形状稳性力臂 S_z，见表4。

不同横倾角下的形状稳性力臂 表4

横倾角(°)	0	5	10	15	20	25
形状稳性力臂 S_z(m)	0	2.35	4.74	7.19	9.23	10.73
横倾角(°)	30	35	40	45	50	55
形状稳性力臂 S_z(m)	11.94	12.82	13.49	13.97	14.07	13.94
横倾角(°)	60	65	70	75	80	
形状稳性力臂 S_z(m)	13.65	13.31	12.61	11.80	10.88	

2）横摇角计算

本钢吊箱形状为哑铃形，结构形式为内、外围壁组成的浮体，其中内围壁内部与外界连通。只有内、外壁之间的腔体提供浮力，可视为以纵向中剖面对称的双体形式。因此，采用《内河船舶法定检验技术规则》中双体船横摇角公式对本钢吊箱的横摇角进行计算，详见表5。

3）静、动稳性力臂计算

依据《船舶静力学》对静稳性力臂 L_j 和动稳性力臂 L_d 进行计算，详见表6。

钢吊箱重心高度 $Z_g=6.10\text{m}$。

横 摇 角 计 算 表5

项 目	符号及公式	取值/计算值
吃水(m)	T	4.64
船宽(m)	B	32.90
浮心(m)	Z_c	2.30
重心(m)	Z_g	6.10
惯性矩(m^4)	I_x	37487
排水体积(m^3)	V	1382.470
初稳心半径(m)	$r = I_x/V$	27.116
初稳性高(m)	$GM_0 = r + Z_c - Z_g$	23.316
横摇周期(s)	$T_\theta = \frac{1.05B}{\sqrt{GM_0}}$	7.154
系数	C_1	0.082
系数	$C_2 = (0.21 + 0.26\frac{Z_g}{d})\left[1 - 0.363\left(\frac{B}{T_0^2}\right)^2\right]$	0.472
系数	$C_3 = 0.024 f_3 f_4$	0.039
系数	f_3	2.420
系数	f_4	0.680
系数	$C_3 = 0.024 f_3 f_4$	2.020
系数	C_4	1.000
横摇角(°)	$\theta_1 = 11.75 C_1 C_4 \sqrt{\frac{C_2}{C_3}}$	3.33

静、动稳性力臂计算表 表6

倾角 θ(°)	θ(rad)	S_z	$\sin\theta$	$Z_g \cdot \sin\theta$	$L_j = S_z - Z_g \cdot \sin\theta$	积分$\int$	$L_d = \frac{1}{2} 10° \frac{\int}{57.3}$
0	0.000	0.000	0.000	0.000	0.000	0.000	0.000
10	0.175	4.74	0.174	1.059	3.678	3.678	0.321
20	0.349	9.23	0.342	2.086	7.145	14.501	1.265
30	0.524	11.94	0.500	3.050	8.895	30.541	2.665
40	0.698	13.49	0.643	3.921	9.570	49.005	4.276
50	0.873	14.07	0.766	4.673	9.394	67.969	5.931
60	1.047	13.65	0.866	5.283	8.371	85.735	7.481
70	1.222	12.61	0.940	5.732	6.874	100.980	8.811
80	1.396	10.88	0.985	6.007	4.873	112.726	9.836

4)进水角计算

各工况下钢吊箱吃水均为4.6m(不包括底部H型钢的高度),最大宽度为32.9m,最早进水点位于钢吊箱的最大宽度处,从图3可知,当钢吊箱以吃水面和中纵剖线交点为轴横倾转动时,当横倾角为38°时,外壁顶缘开始进水,故进水角为38°。

5)最小倾覆力臂计算

将表6的静稳性力臂和动稳性力臂绘于图4中,钢吊箱横摇角是3.33°、进水角38°。确定减去横摇对动稳性力臂影响的基线,在进水角处从该基线量取动稳性力臂值3.86m,该值为钢吊箱最小倾覆力臂。

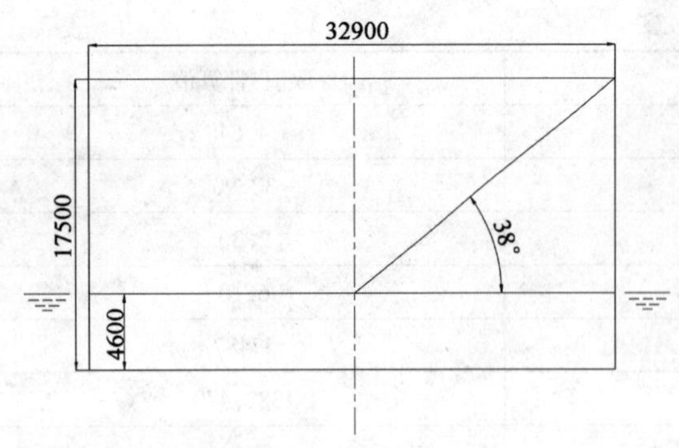

图3 吃水4.6m时进水角

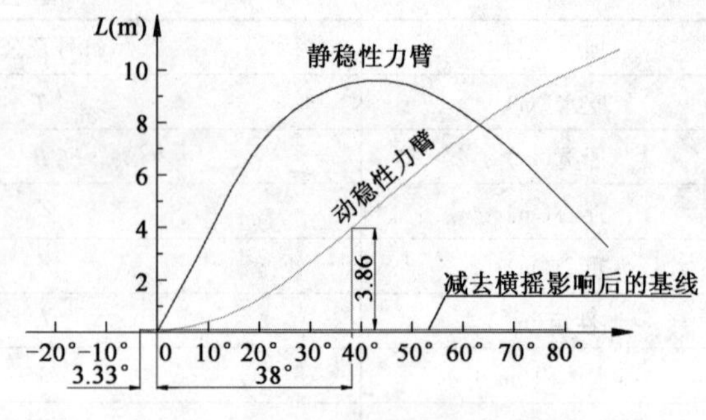

图4 最小倾覆力臂图

6)浮运稳性校核结果

(1)校核标准

当$K=\frac{l_q}{l_z}>1$时,稳性满足要求。

式中:l_q——最小倾覆力臂,m;

l_z——总倾覆力臂,m, $l_z=l_f+l_s$;

l_f——风压倾覆力臂,m;

l_s——水流倾覆力臂,m。

(2)无突风情况和突风情况校核结果(表7)

稳 性 校 核 结 果 表7

项 目	符 号	无突风情况		突 风 情 况	
		工况三/工况五	工况九	工况三/工况五	工况九
排水量(t)	D	1383	1383	1383	1383
吃水(m)	T	4.60	4.60	4.60	4.60
受风面积(m^2)	A_f	1018.8	1018.8	1018.8	1018.8
受风面积形心距水面(m)	Z_f	6.45	6.45	6.45	6.45
单位风压(Pa)	P	72	72	917.5	917.5
横摇角(°)	θ_1	3.329	3.329	3.329	3.329
入水角(°)	θ_j	38.09	38.09	38.09	38.09
风压倾覆力臂(m)	l_f	0.035	0.035	0.445	0.445
水流作用力(kN)	F	0.000	2985.6	0.000	2985.6
水流作用面积形心距水面(m)	Z_s	0.000	2.52	0.000	2.52
水流倾覆力臂(m)	l_s	0.000	0.555	0.000	0.555
总倾覆力臂(m)	l_z	0.035	0.590	0.445	1.000
最小倾覆力臂	l_q	3.86	3.86	3.86	3.86
稳性衡准数	$K=\frac{l_q}{l_z}$	110.645	6.540	8.683	3.860

$K>1$ 稳性满足要求

4. 浮运设备配置

拖轮发动机指示功率平均每74.57kW(100hp)产生9.8kN拖力,因此选择拖轮的功率公式如下:

$$P=\frac{F}{1.0}\times 74.57\text{kW} \tag{2}$$

式中:P——拖船总功率,kW;

F——总阻力,kN。

按阻力计算所需拖轮的总功率及配置见表8。根据计算结果钢吊箱浮运配备三艘主机功率均为1968.648kW(2640hp)的推轮以顶推及帮拖的编队形式进行拖带浮运,并备用一艘1968.648kW(2640hp)拖轮随航。

拖轮总功率计算 表8

工况	换算静水计算流速(m/s)	总阻力		安全系数	有安全系数总阻力(t)	需配置总功率(hp)	实际配置总功率(hp)
		(kN)	(t)				
顺江拖带 逆江拖带	2.5	619.09	61.91	1.25	77.39	7739	3×2640=7920

由于横江转向工况阻力较大,浮运拖轮配备不考虑此工况,但是在大桥桥址另外配备2艘1968.648kW(2640hp)拖轮备用,辅助转向。

5. 浮运队形布置

由于钢吊箱为哑铃型,吊箱外壁都为圆弧面,拖轮不能直接作用在吊箱外壁上,所以在拖轮拖带顶推及帮拖的位置需设置5个顶推架、5个ϕ250系船柱,浮运队形按图5布置。浮运过程中配备1艘起锚艇,配备2个4t海军锚。另外在现场备用2艘2640hp拖轮。

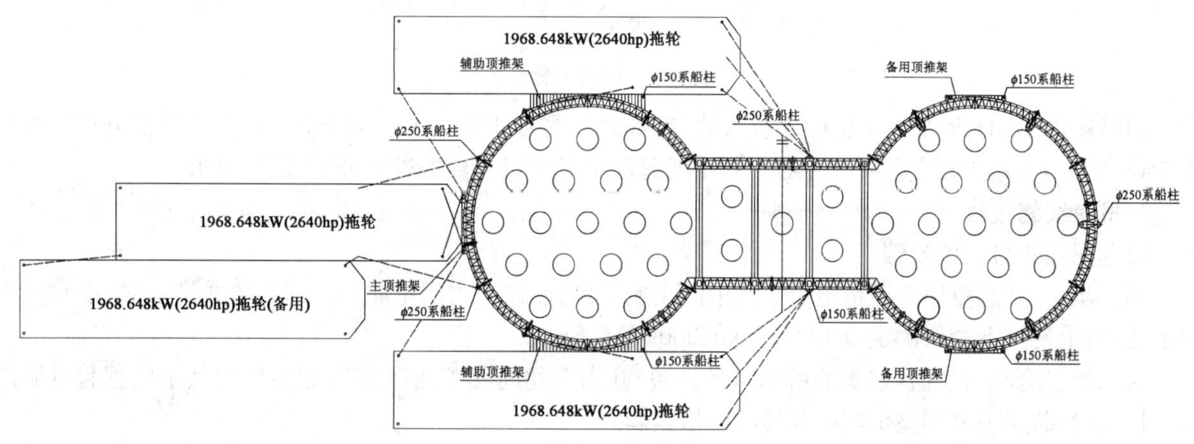

图5 浮运队形布置图

6. 浮运实施

钢吊箱于2010年10月3日在船厂坡道下的水域完成拖轮编队后逆江停放,在上游锚缆的作用下过夜备航,拖轮备车确保安全。

钢吊箱顺江而下浮运,钢吊箱于2010年10月4日凌晨5:00在完成调头后从船厂起航。

钢吊箱浮运过程中(图6),海事局全程护航,未发生任何碰撞、损伤,结构无任何变形。钢吊箱浮运过程中观察钢吊箱隔仓,看是否有漏水。

钢吊箱于下午17:00顺利抵达施工现场,浮运过程历时12小时,安全有效地完成了浮运任务。钢吊箱到达现场后,完成现场调头,靠泊在钻孔平台上,拖轮离开,圆满完成拖带任务。

图6 浮运过程

三、钢吊箱整体吊装施工技术

1. 钢吊箱吊装工艺

1)吊装设备选择

根据吊装重量及资源调查,选定采用三艘起重船(1200t、800t、500t)抬吊进行吊装施工。起重船的吊高、吊幅复核都满足要求。

2)吊点布置及吊高吊重复核

钢吊箱共设置20个吊点。钢吊箱吊点布置如图7所示。

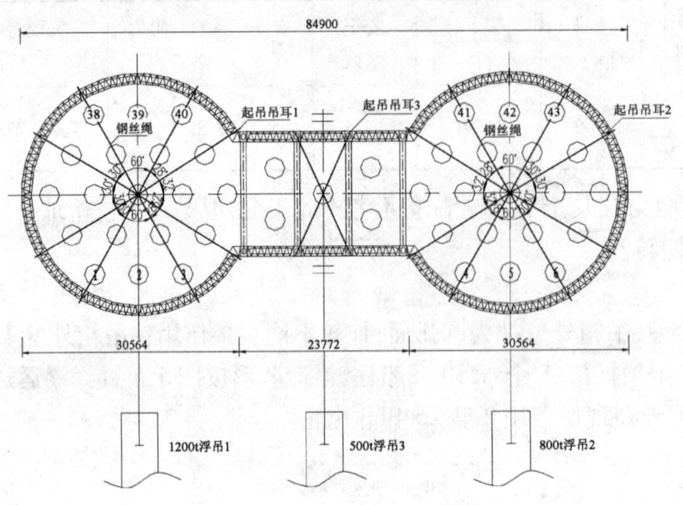

图7　钢吊箱吊点布置平面图

钢吊箱重1761t,附加1.1倍的动载系数,起重船吊重为:1761×1.1=1937t。两端圆形部分单侧重量为750t左右,中间连接梁重450t左右。起重船起吊重量按以上数据进行分配,满足要求。

2. 吊装实施过程

1)起吊(图8)实施步骤

第一步:三艘起重船均抛锚定位于跨中的主航道侧,船体未占用主航道。起重船并排停靠,横水流方向吊装,由上游至下游依次定位1200t、500t、800t起重船。

第二步:作业前检查各起重船所有机具设备,并用钢丝绳和缆绳将500t起重船和其余两艘起重船进行连接,待吊装受力时调整钢丝绳和缆绳的松紧。

第三步:起吊钢丝绳挂钩顺序为1200t、500t、800t起重船,在每个起重船挂钩时其他两艘起重船尽量给挂钩的起重船留足前后左右移动空间。

第四步:缓慢收紧钢丝绳,待钢丝绳受力20%左右调整每个起重船的船位、锚位并检查受力情况。

第五步:每个起重船都达到适吊状态时开始试吊,开始时吊力达到200t停一次,检查机具设备以及钢丝绳、吊耳受力情况,以此类推进行6次,后面每100t停一次。

第六步:参考起重船的称重装置显示的起重吨位控制钢丝绳上升的速度,起吊吨位达到60%(3艘起重船荷载1100t左右)时,调整1200t的主钩速度使上游的钢吊箱先出水面以减小水对底板的吸附力,同时控制钢吊箱的倾斜度。待上游钢吊箱部分出水后,调整500t和800t起重船的起钩速度,使下游钢吊箱也出水。调整钢吊箱的水平度以及每个起重船的速度,使钢吊箱水平缓慢上升。

图8　钢吊箱起吊

第七步:待钢吊箱起吊至既定高度时全部制动停十分钟检查制动系统,解除钢吊箱与平台间的所有连接,准备移位。

2)移位

当钢吊箱被吊起超过平台1.5m高后,观察各起吊钢丝绳的受力状况,通过绞锚、松锚操作同时缓慢前进。钢吊箱前移过程中,吊箱底板开孔与钢护筒对位,对位完成后停止前移。

3)下放

当钢吊箱的纵、横轴线与平台的纵、横轴线基本重合时,起重船同时落钩缓慢下放，使钢吊箱底板孔位缓慢套进钢护筒，直至钢吊箱缓慢入水自浮。

钢吊箱下放至自浮高度还有50cm时，测量钢吊箱的四角平面位置，并根据测量结果进行高差调整以后，每下降10cm测量一次，直至吊箱入水自浮。

4）起重船解钩

钢吊箱入水自浮后，为保证钢吊箱平稳下沉，起重船继续受力。待钢吊箱注水下沉到达设计高程完成初定位后再解钩，吊装完成。

5）三船吊装同步性保证措施

起重船配备称重装置，能显示吊钩的起吊重量。根据称重装置的显示数据，对起重船受力进行调整，尽量保证同步性。

根据起重船在满负荷下吃水深度粗略估计起重船承重，随时观测随时调整。

控制起重船绞锚速度，尽量保证三船吊的同步性。

3. 下沉终定位

下沉终定位采用全站仪对钢吊箱终沉位置进行精确测量。

钢吊箱平面位置精确控制主要通过在钢吊箱上设置的手拉葫芦及平台上、下游设置卷扬机、双壁内注水来实现。

为克服水流对钢吊箱下沉及就位的影响，在上游平台、下游平台各布置两个10t卷扬机，并设置14个20t手拉葫芦，作为卷扬机的补充，构成钢吊箱平面定位的调整系统，对钢吊箱下沉过程及下沉到位后的平面位置及倾斜度进行精确调整。

通过向隔舱内注水，使钢吊箱的顶面高程略低于设计高程位置5～7cm，然后在预先标好的位置进行反压梁施工，反压梁的底面高程正好与钢吊箱设计顶面高程一致，待反压梁安装完成后，从隔舱内抽水，使钢吊箱上浮，上口顶住反压梁的底部，再逐个调整隔舱内的水位，使钢吊箱顶口保持水平。

反压梁采用2HM588，一端固定在钢护筒上，另一端固定焊接在钻孔桩平台的钢管桩上，并与钢吊箱壁体焊接，整个钢吊箱共安装10根，其中圆弧区各3根，系梁区4根。

经过精心控制，钢吊箱终定位最大偏差为2.7cm。

4. 钢吊箱封底施工

1）钢吊箱底板开孔缝隙封堵

潜水员用条形麻袋装混凝土对钢吊箱底板开孔缝隙进行封堵。

2）钢吊箱封底施工

钢吊箱封底（图9）分三次进行，即上游圆弧区、下游圆弧区和系梁区。

封底采用导管法进行水下混凝土施工，封底混凝土采用中心集料斗统一布料，每个导管都采用小料斗进行一次首封，保证导管底口埋深。浇筑过程中及时对各个管口补料，有效保证导管内混凝土的流动性，并兼顾整个混凝土面的平整。

图9 钢吊箱封底照片

四、结　　语

九江长江公路大桥北主墩承台双壁整体式钢吊箱长距离浮运和整体吊装经过精心组织，施工进展顺利，为大桥塔柱及上部结构施工奠定了坚实的基础。九江长江公路大桥超大整体式哑铃形钢吊箱浮运、吊装及封底的成功实施，为同类型桥梁基础钢吊箱的设计、施工提供了宝贵的参考经验。

参考文献

[1] 何伟兵,刘玉擎,汪蕊蕊. 九江长江公路大桥混合梁结合段构造分析[J]. 桥梁建设,2012.
[2] 陈超华,徐斯林,穆青君. 大型钢吊箱拉靠墩系统精确定位施工技术[J]. 桥梁建设,2011,06.
[3] 费伦林,邓江维,江祥林. 九江长江公路大桥双壁整体式钢吊箱设计[J]. 公路与汽运,2011,04.
[4] 贺茂生,王业义,杨红,等. 苏通大桥特大型钢吊箱整体吊装的关键技术[J]. 公路,2006,08.
[5] 徐双喜,李晓彬,曹正林,等. 大型沉井浮运阻力研究[J]. 水运工程,2007,12.
[6] 徐双喜,郭佳,董威. 桥梁方沉井浮运阻力研究[J]. 水运工程,2009,2.
[7] 李发菖. 远距离沉箱拖运[J]. 港口工程,1991,1.
[8] 马宝成,陈朝阳,孟靖晨. 橡胶气囊辅助沉箱下水和拖运新工艺的研究与应用[J]. 中国港湾建设,2006,6.
[9] 南京长江第三大桥建设指挥部. 南京长江第三大桥主桥施工技术总结[J]. 北京:人民交通出版社,2005.

91. 重庆合江长江二桥主梁施工关键技术

裴宾嘉　周　密　顾剑波
(四川公路桥梁建设集团大桥分公司)

摘　要　合江长江二桥预应力混凝土主梁施工利用桁架式前支点挂篮抗弯能力强的特点,实现了斜拉桥主梁全挂篮无落地支架浇筑,并利用挂篮作为合龙段体外合龙劲性骨架实现了边跨主梁混凝土的长节段合龙。

关键词　预应力混凝土斜拉桥主梁　施工　关键技术

一、引　　言

国家高速公路网成渝地区环线合江至纳溪段公路LJ3标段合江长江二桥,是泸渝高速公路的控制性工程,主桥上部结构为210m+420m+210m预应力混凝土双塔斜拉桥(图1)。主梁为预应力混凝土双纵肋π形梁,塔梁固结,梁宽30m,梁高3m,标准梁段长度为6m,梁段划分为边跨32对,中跨34对悬浇块件和3个合龙段、2个边跨现浇段,共137个块件。斜拉索采用ϕ_s15.2环氧喷涂钢绞线,斜拉索的防腐材料选用黑色高密度聚乙烯材料(PE材料),外套HDPE管,索长范围为55.91~243.05m。

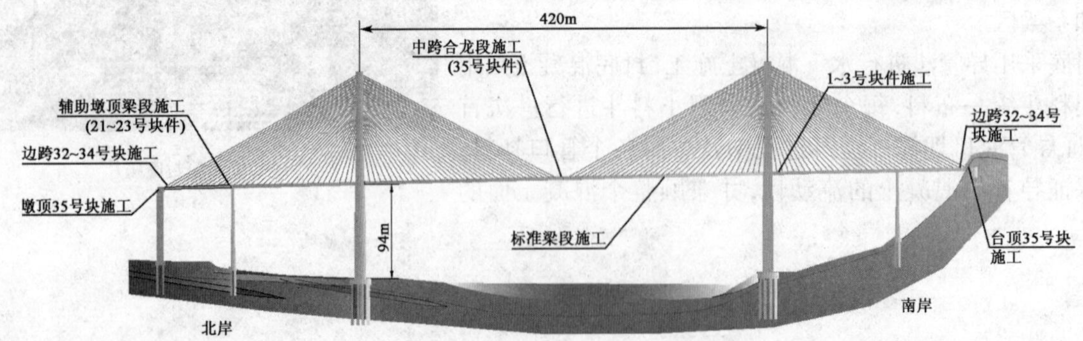

图1　合江长江二桥主桥立面布置图

主梁的1~5号块件长度均为6m,主纵肋宽度从3.5m变宽至标准宽度1.8m;标准块件的主纵肋宽度为1.8m;边跨21~23号块件位于辅助墩上,主纵肋宽度为1.8m→2.5m→1.8m渐变;边跨33~34号块件主纵肋宽度为1.8~3.95m渐变;位于边跨的平衡重35号块为L形实心混凝土构件,见表1。

主梁块件参数表 表1

序 号	透 视 图	尺寸(长×宽×高) 单位:(m×m×m)	体积(m^3)	重心位置(m)
1~5号块		6×30×3	857.9	14.27
边33+34合龙段		5.5×30×3	198	2.778
边35号块		9.5×30×3	1211	3.37
标准块件		6×30×3	144.1	2.73
21~23号块		6×30×3	454.3	8.82

主梁节段悬浇最大重量为550t,采用前支点挂篮进行所有主梁节段的悬臂浇筑施工,主梁距江面高度约为100m。为提高施工工效,根据施工仿真计算的结果,在主梁节段13号块件以前和索塔上塔柱施工采用了塔梁同步施工。

二、挂篮形式的选择

1. 挂篮总体方案的确定

挂篮采用带系杆拱的桁架式前支点挂篮主要基于以下四个因素的考虑:

(1)合江长江二桥主梁0号块和合龙段等梁段距地面高度近百米高,如果采用传统的落地支架进行主梁施工,现浇支架基础处理及支架高空安拆的工程数量大,因此必须考虑主梁全挂篮浇筑施工。

(2)由于最大浇筑块件重量达到550t,采用普通的承重结构为钢箱梁的前支点挂篮钢箱梁尺寸将较大,无法实现挂篮的轻型化,采用桁架式前支点挂篮能克服这个缺点。

(3)为便于后期斜拉索锚头检查,斜拉索主梁端锚头设计采用外露的方式,如主纵梁采用钢箱的形式,将会在钢箱梁上增设很多特殊构造,影响挂篮的性能,采用桁架式主纵梁能解决这个问题。

(4)桁架式前支点挂篮的桁架尺寸及各种操作平台等除满足结构受力和功能需要外,还适当考虑人体尺寸与作业空间的设计,从人因工程学角度,使"人、机、环境"的配合达到最佳状态,从而达到提高工效的目的。桁架式前支点挂篮与箱型前支点挂篮相比有更多更大的工作空间,可以更好地进行人因工程的设计。

2. 挂篮的主要设计

桁架式前支点挂篮(图2、图3)主要由以下几部分构成:承重系统、模板系统、牵引系统、锚固系统、止推系统、行走系统。合江长江二桥挂篮的承重系统采用桁架式的主纵梁,主纵梁的形式设计为总长17m的桁架,杆件由H型钢构成,桁架计算高度3.2m,宽度1.8m,两列主纵梁桁架之间设置前、后两道横梁桁架,根据计算挂篮尾部可以不设横向联系;前横梁除连接两主纵梁形成框架外,还兼有作横隔板支架的作用。挂篮前后横梁之间设置3道系杆三铰拱用于承受现浇桥面板混凝土荷载。系杆拱在挂篮浇筑主梁混凝土时,拱脚铰座位于桁架上弦节点;为保证挂篮行走时,系杆拱顺利通过主梁横隔板,挂篮行走前,系杆拱随桁架外侧相应轨道降至主纵梁下弦节点。

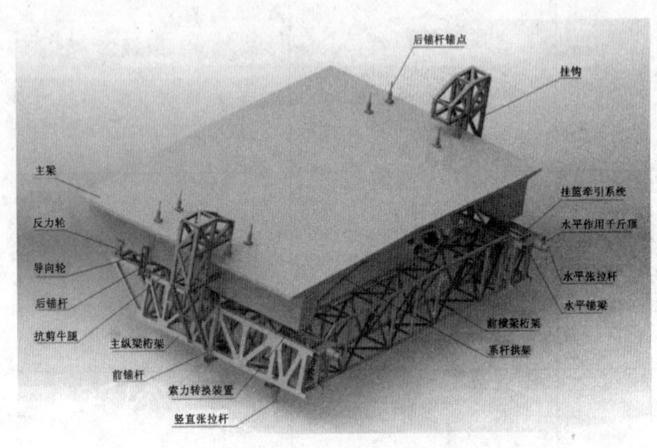

图2　桁架式前支点挂篮轴测图

图3　桁架式前支点挂篮仰视图

挂钩采用桁架形式有两个用途:

(1)挂钩桁架便于与主纵梁桁架采用节点连接,受力很明确;

(2)挂钩桁架中间的空间可以设置转梯,形成封闭的安全通道,便于操作人员上下。

挂篮的外模系统采用液压爬模的斜撑上爬架改制而成,拆模时直接利用导轨后退;牵引系统采用由水平和竖向两个方向构成的分力式牵引系统;锚固系统主要由40Cr锚杆等构成;止推系统由抗剪块及抗剪座等构成。

挂篮全长17m,为便于运输和浇筑安装,挂篮分为三段:第一段长度为8.9m,第二段长度为6.1m,第三段长度为2m,分别对应于第1~3号梁段的长度,保证安装1段挂篮就能浇筑1段主梁前支点挂篮进行主梁施工的性能参数见表2。

前支点挂篮进行主梁施工的性能参数表　　表2

浇筑节段挂篮最大重量(t)	550	杆件最大Von mises应力(MPa)	168
挂篮自重(t)	130	挂篮前端最大变形	2.5
模板系统自重(t)	30	安装模板时间(h)	4
挂篮行走方式	导向顶推	拆除模板时长(h)	3
挂篮效率(重量比)	0.291	行走时间(h)	1.5

三、主梁第1~3号块件施工

1. 主梁1~3段施工基本方法

合江长江二桥主梁和索塔采用塔梁固结的方式,主梁在索塔附近受力较大,故主梁1~5号块件范围内,主纵肋宽度从3.5m变为1.8m,桁架式前支点挂篮通过在系杆拱上设置可拆卸拱上立柱解决主纵肋变宽的问题。主梁第1~3号块长度均为6m(图4),单侧0号块为5m长度,其中悬臂长度1.5m。挂篮设计总长17m,第一节段长度8.9m,扣除牵引系统长度后,刚好能完成第一段混凝土浇筑。

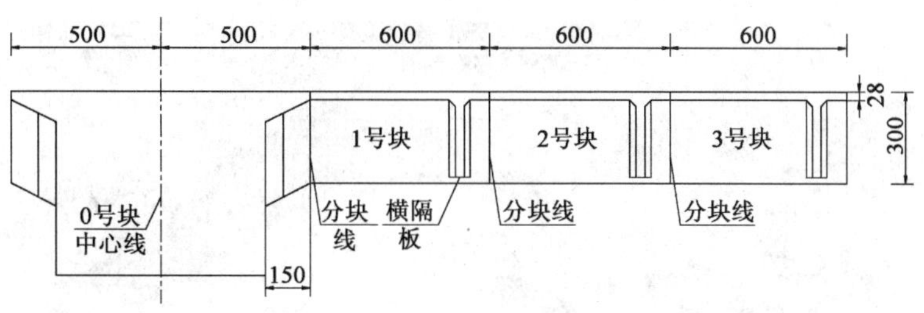

图4 主梁分段图(尺寸单位:cm)

在施工完1号块件后,挂篮利用已浇第一段主梁主纵肋底面下预埋的H型钢轨道走行后,拼接挂篮的第二段6m长节段,拼装后进行主梁第二节段浇筑;在走行后,完成等挂篮第三段的2.9m长度桁架拼装。所有拼接均利用本项目首创的"空中纵向拼接技术"。

2. 挂篮空中纵向走行拼接技术

浇筑1号块件时,直接采用0号块上的贝雷梁做提升支架直接将挂篮提升至1号块下,并将1号斜拉索安装于牵引系统上,实现1号块的悬臂浇筑(图5)。浇筑前,挂篮尾部必须与0号块上的预埋板固结,确保前支点挂篮在斜拉索牵引作用下结构体系的力矩平衡。

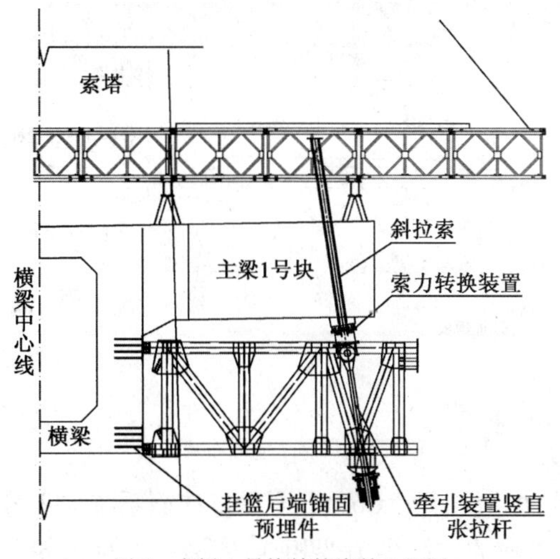

图5 主梁1号块挂篮浇筑立面图

前支点挂篮在1~3号段主梁施工时,由于受挂篮主纵梁长度的限制,未能完成所有机构的拼接,因此挂篮不能采用传统的挂钩和反力轮配合的方式行走。在主梁1~3段主梁行走采用贝雷梁可走行吊点牵引、后端走行反扣滚轮系统方式(图6)。

空中纵向走行拼接装置由两部分构成,一部分是利用塔梁同步施工时0号块上的塔梁同步用贝雷桁片作为挂篮安装的提升架和走行用前牵引装置;另一部分用主梁主纵肋底预埋的走行轨道和反吊点行走小车系统构成。

其中反扣滚轮系统行走于梁底锚固的H型钢上,H型钢采用直螺纹接头锚固于斜拉桥主梁主纵肋底,间距50cm。由于锚固点所受集中荷载较大,应力集中明显,采用弹性分析,局部应力已超过了Q345钢材的屈服强度,故采用了装配体弹塑性分析(图7),解决了轨道用H型钢的结构性能和重量的矛盾。

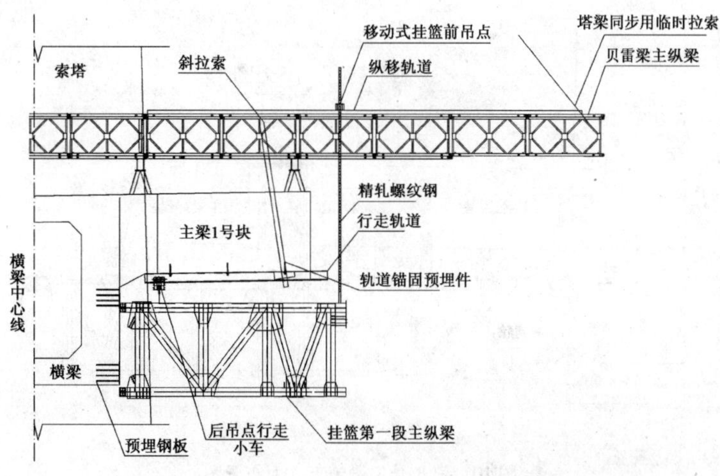

图6 1号块施工完成后挂篮行走图

施工2号块件时,将已经完成1号块施工任务的挂篮系统前移9m固定在贝雷梁桁片上,再利用已浇1号块的预埋孔起吊6m长的第二段主纵梁桁架,与8.9m长的主纵梁桁架相连(图8);用锚杆和2号斜

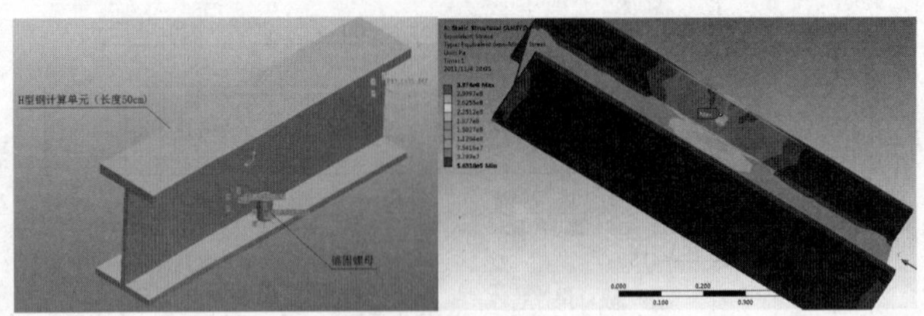

图7 装配体的弹塑性分析

拉索固定挂篮系统于1号块件上，浇筑2号块件混凝土(图9)。

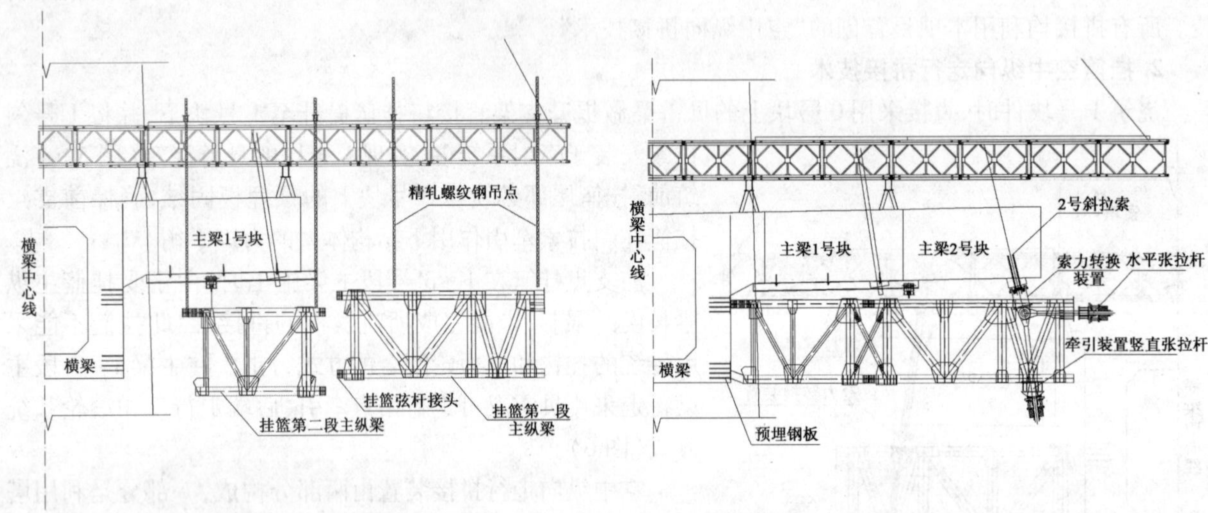

图8 两段挂篮拼接立面图

图9 第2号主梁施工立面布置图

完成2号块主梁混凝土浇筑后，依靠挂篮行走机构和前悬挂系统，用YC60千斤顶将挂篮系统向3号块方向移动3m，起吊第三段2m长的挂篮主纵梁桁架尾部，与以前的主纵梁桁架相连，安装挂篮反力轮和挂钩，彻底完成挂篮系统安装。移动挂篮到3号块件位置，用锚杆和抗剪装置固定挂篮系统于2号块件上，安装3号斜拉索，调整模板提升挂篮浇筑混凝土(图10)。4号块及其以后的块件施工，均可按前支点挂篮正常行走和浇筑。

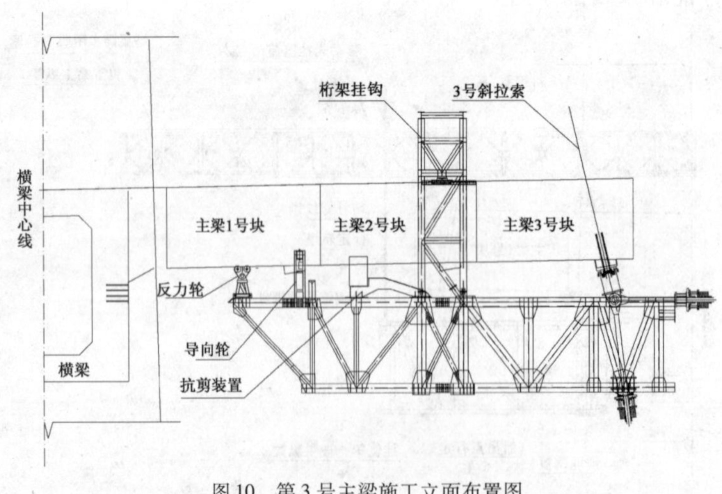

图10 第3号主梁施工立面布置图

四、主梁标准块件施工

第4号块及以后的块件，均可采用挂篮的标准步骤施工。相邻主梁块件截面为等截面尺寸时，前支

点桁架挂篮不需要做任何改动可以直接使用(图11)。桁架式前支点挂篮主要按以下施工步骤进行标准块件的施工:

(1)安装斜拉索并与牵索系统进行连接,同时安装内侧模板。

(2)绑扎钢筋,安装预应力管道,安装外侧模板。

(3)按设计值预拉斜拉索到一定值。控制挂篮高程到设计值,并注意索力值误差不超过±50kN,此时挂篮尾端因受拉而有离开梁底的趋势,需将后锚点锚紧,防止挂篮脱位。

(4)检查斜拉桥拉索锚环是否离开模板上的锚垫板,其间距应大于4cm,如有差异,应通过索塔上的千斤顶与牵索系统的千斤顶进行调节。

(5)检查挂篮连接情况及模板、钢筋安装情况,使其均满足设计要求。

图11 主梁悬臂浇筑施工实景图

(6)悬臂浇筑肋板混凝土,从挂篮前端分层向后浇,并预留下一段挂篮锚固孔,此时挂篮尾端受向上的压力,检查梁底与挂篮间的支垫,以保持挂篮的正确位置。

(7)第二次张拉斜拉索,观测挂篮前支点高程,检查是否符合设计要求。

(8)浇筑顶板及横隔梁混凝土。

(9)混凝土养生,待强度达到设计规定值后,拆除外侧模板,施加预应力。

(10)将斜拉索锚固端的锚环紧密地锚固在梁体锚垫板上,实现斜拉索从挂篮转换到主梁上。

(11)对水平张拉杆和竖直张拉杆进行同时张拉,松开牵索系统的锚固螺栓,千斤顶回油,解除牵索系统与斜拉索的连接,通过锚环将斜拉索由牵索系统转换至梁体结构上,从而实现体系转换。

(12)第三次张拉斜拉索至设计值,并进行拉索张拉端锚固。

(13)利用主纵梁上前锚杆下降挂篮,使梁体与挂篮脱离,做好挂篮前移准备。

(14)挂篮前移进行下一节段的施工。

五、边跨合龙段块件施工

1. 交界墩顶35号块件的施工

交界墩上的主梁35号块为异形块件,经过对交界墩作FEA细部分析,该块件可利用交界墩顶设置牛腿支架,完成混凝土浇筑。35号块对墩顶所产生的偏心作用,对交界墩根部所产生的不利拉应力仅0.7MPa,位移仅1cm,故35号块施工时,采用型钢牛腿附着于墩顶,直接进行混凝土浇筑。

35号块与型钢支架之间设置安装临时滚动装置,临时滚动装置采用ϕ20圆钢制作,单根长度60cm,根据圆钢滚动时的容许接触应力计算确定每处10根。滚动装置两侧用钢板限位,不让其自由滑动或滚动,待边跨劲性骨架焊接后再解除限位。35号块件下的拉压球形支座在使用前,根据支座安装温度与设计基准温度的温差对支座安装进行预偏。

2. 边跨合龙段施工

1)概况

根据设计边跨合龙段总长5.5m,为原设计的33号块和34号块合并为一段浇筑。合龙段浇筑前,按合龙段混凝土等量置换原则,采用200t重量配置水袋在边跨32号块件顶面,同时在中跨32号块相同位置配置平衡重水箱。

2)合龙原理

按照施工计划,合龙段施工时间在2012年10月~11月,此时康博大桥桥址气温,在14~19℃之间,按照气温升降8℃来考虑施工设计。根据计算:气温升降8℃时,中跨主梁纵向伸缩量约1.7cm,高程升降约0.6cm。温差引起的主梁高程变位,在施工过程中,采用水袋压重的方法来协调处理。温差引起的主梁长度变化，通过强大的劲性骨架来承担。但如果按传统的混凝土主纵肋内的设置强大的劲性骨架来承担，则主纵肋内混凝土密实度不易保证。本桥采用在主梁顶面设置上劲性骨架，主梁底面利用桁架式前支点挂篮作为下劲性骨架(图12)。

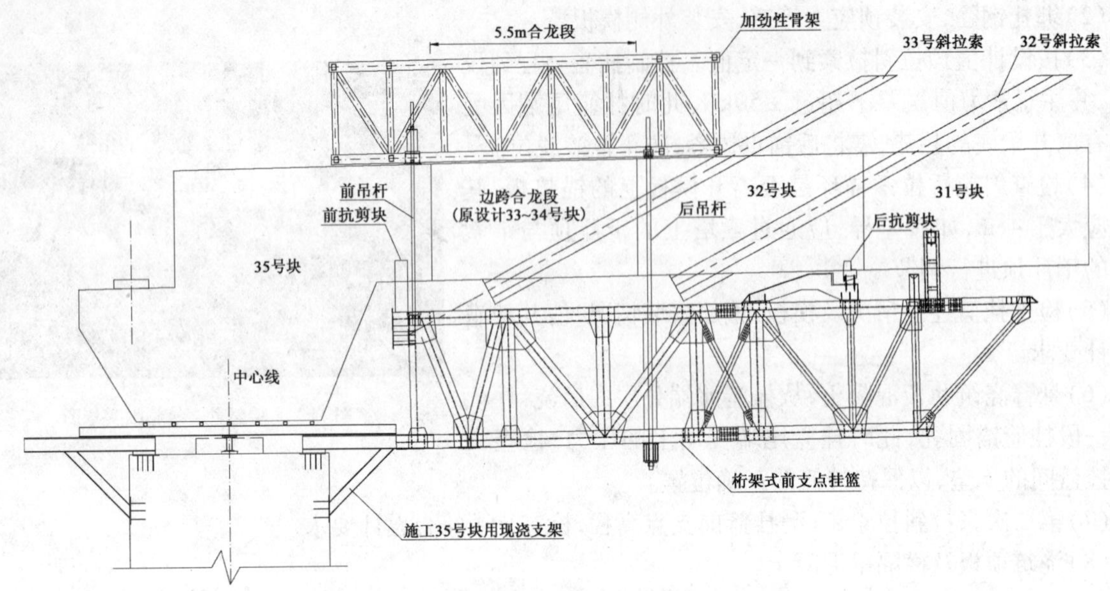

图12　边跨长节段主梁合龙外劲性骨架安装示意图

3）实施工艺（图13）

a)边跨合龙段配重水袋　　b)外劲性骨架桁架

图13　实施工艺

上劲性骨架的桁架上下弦杆采用2[25b槽钢钢箱、竖杆及斜杆采用2[16b槽钢钢箱，桁高2.4m、竖杆间距1.45m，桁架两段的下弦分别与32号块、35号块主梁顶面预埋钢板固结。下劲性骨架受力结构为挂篮主纵桁，在每侧挂篮主纵桁前端增设2个抗剪装置，后端利用挂篮止推机构将挂篮与32号、35号块件固结形成外骨架。这种体外劲性骨架的优点在于不侵占主梁截面，同时能提供长节段混凝土合龙段所需要的刚度。

合江长江二桥采用外劲性骨架在实施长节段边跨合龙时，进行了连续观测。在整个合龙混凝土达到设计强度过程中，边跨合龙段两侧的高差不到1mm，扣除观测误差后，基本没有变化，同时合龙段混凝土无任何裂纹出现。实践证明：利用桁架式挂篮等做外劲性骨架这种方法，实施长节段合龙是安全可靠的。

六、中跨合龙段施工

合江长江二桥的合龙段长度为2m，北岸挂篮先施工完成33号块后，挂篮退至32号块后进行合龙段34号块施工，中跨合龙段主要采用了以下措施：

(1)中跨合龙段施工前对全桥索塔和主梁的高程、位移、应力等进行了3天的连续观测,找出温度、风力等因素等变形的影响关系,为合龙段的准确决策提供了可靠的依据。

(2)根据中跨段合龙段待浇混凝土重量,采用水箱置换配重。

(3)合龙劲性骨架锁定前,采用了两台400t的千斤顶进行内力调整,调整后中跨合龙段两悬臂段的水平位移为25mm。

七、结 语

合江长江二桥在完成全桥合龙后,经过复测,整个主桥线型良好,合江长江二桥主梁施工采用带分力牵引装置的前支点桁架式挂篮施工,并通过挂篮纵向拼接技术,成功地解决了主梁1~3号块的挂篮悬臂浇筑问题,同时也解决了百米高空边跨长阶段悬臂浇筑的问题,节约了大量现浇支架及其基础处理,具有良好的经济性,可供同类桥梁参考。

参考文献

[1] 王伯惠.斜拉桥结构发展和中国经验[M].北京:人民交通出版社,2004.

[2] 裴宾嘉.合江长江二桥桁架式前支点挂篮设计构思[C].2011年全国桥梁学术论文集.北京:人民交通出版社,2011.

[3] 裴宾嘉.合江长江二桥塔梁同步施工可行性分析[C].2011年全国桥梁学术论文集.北京:人民交通出版社,2011.

92.泸州茜草长江大桥矮塔斜拉桥施工技术

董武斌[1] 吴洪朗[2] 李尚昆[2] 石锦光[1]

(1.四川路桥技术中心;2.四川路桥大桥分公司)

摘 要 泸州茜草大桥是跨越长江的第一座矮塔斜拉桥,其主跨跨径为目前同类型矮塔斜拉桥中居全国第二。两个主塔基础均位于长江水深流急的河床中,主梁宽度较宽,主塔基础和主梁施工工艺复杂;主塔因设计为矮塔,施工较为简单。本文主要介绍主塔基础和主梁挂篮施工关键技术。

关键词 矮塔 斜拉桥 施工 技术

一、引 言

矮塔斜拉桥是一种介入斜拉桥与连续刚构桥之间的新型桥梁,矮塔斜拉桥、斜拉桥、连续刚构桥的受力特点既有关系,又有区别,斜拉桥是以梁的受压和索的受拉承受竖向荷载,连续刚构桥是以梁的直接受弯和受剪承受竖向荷载,矮塔斜拉桥主梁受力则是斜拉桥和连续刚构桥受力的组合,因此三者的主要区别是梁的受力方式的不同。矮塔斜拉桥主要特点:梁高仅为连续梁的1/2,桥梁结构显得纤细、柔美;塔身较矮,施工简便;经济性较好,其造价与连续梁持平,低于斜拉桥。由于上述特点,矮塔斜拉桥在我国发展速度很快,自1981年世界第一座矮塔斜拉桥——瑞士甘特大桥和2001年我国第一座矮塔斜拉桥——福州战备桥建成通车以来,短短十多年时间我国已建成二十多座矮塔斜拉桥,泸州茜草长江大桥即是其中之一。

二、工 程 概 况

茜草长江大桥位于泸州市区,距离沱江汇入长江口上游约2.0km处,是泸州市城市总体规划中的城市东西向交通主干道中跨越长江的重要交通工程。主线桥梁总长1189m,其中跨越长江主桥桥跨布置为

图 1　主桥施工图

128m + 248m + 128m 双塔双索面矮塔斜拉桥，其主跨跨径为目前同类型矮塔斜拉桥中居中国第二；主桥行车道为双向六车道，桥塔处桥面宽度 37 m，一般部位宽度为 34 m，主梁梁体采用预应力混凝土单箱四室截面，三向预应力体系。斜拉索按扇形布置，斜拉索在塔上部集中通过索鞍转向并被固定而不滑动。桥塔为外张式曲杆门形结构，塔高 85m，其中桥面以上塔高 31m，塔与主梁采用固结设计。桥塔及交界墩基础均采用钻孔灌注桩基础。由于本桥主要施工难点在主墩基础和主梁挂篮悬浇施工技术，本文主要介绍主墩基础和主梁施工关键技术，主桥施工图见图 1。

三、主墩基础施工技术

1. 主墩基础基本情况

茜草大桥两个索塔承台基础均位于长江河床内，设计为方形承台加桩基基础。两个主墩（13 号、14 号）承台均为 24m × 21m，厚度为 6.5m；每个承台下布置 16 根直径为 ϕ2.5m 钻孔灌注桩，两个承台共计 32 根基桩，最短桩长 31.0m，最长桩长 48.0m；采取桩尖嵌入微风化砂岩内深度不小于 1.5m 与设计桩长双控设计，桩基采用 C30 水下混凝土。方形钢围堰由施工单位自行设计，钢围堰壁厚 1.2m，围堰坐落在河床基岩面上，封底混凝土厚度为 2.0m。13 号主墩位于长江西侧，枯水期施工时水深约 7m，河床上覆盖 8.0 ~ 14.30m 的卵石层，其结构松散，物理力学性质相对较差，其渗透性强，地下水丰富；下伏基岩以砂岩为主，其力学强度高。14 号主墩位于长江东侧，枯水期施工时水深约 11m，且在墩位处有一大型 V 形深槽，V 形槽高低起伏较大，最深处水深达 25m，宽约 20m。河床基岩出露，出露基岩为砂岩，其厚度大，力学强度高。

针对主墩处水深流急的特点，结合其所处实际地形、地质、水文条件，从承台与河床面的相对关系、覆盖层情况、对航道的影响等综合考虑，13 号墩、14 号墩均选用双壁钢围堰进行承台施工。但由于两个主墩所处桥位的地质情况及水深差异较大，所采取的具体施工方法有所不同，13 号主墩钢围堰采用传统的吸泥下沉方式进行施工，14 号主墩钢围堰则需先清除裸露基岩，才能解决因基岩倾斜且凹凸不平，而带来的钢围堰精确定位的难题。两个主墩基础施工难度都极大。

2. 主墩基础施工的难点

（1）13 号墩位河床覆盖层为 8.0 ~ 14.30m 厚卵石层，钢围堰下沉困难。

（2）14 号主墩基础位于裸露基岩之上，基岩呈倾斜面且凹凸不平，河床地形复杂，水深且水流湍急，距主航道较近，在墩位处有一大型 V 形深沟，钢围堰及钢护筒定位难度极大；且河床基岩裸露大部分高于封底混凝土底高程，需采用水下爆破的方式清除高出部分，需水下爆破的石方大约在 1200m^3 左右，面积约 675m^2。水下爆破施工难度极大。

（3）两主墩均处于深水中，承台施工时内外水位差达 12m 以上，需采用双壁围堰施工，钢围堰由施工单位自行设计，施工安全也显得尤为重要。

3. 14 号吨位处水下控制爆破炮眼成孔技术

14 号主墩位于长江上游的主航道附近，水深流急，设计图纸显示，墩位处水下地形极为复杂，基岩已侵入部分承台及封底混凝土内。但设计图纸中无指导施工的详细水下地形图，不能确定现场实际爆破清除基岩的范围，具体水下地形情况只能依靠施工单位自己加密精确测量。按常规施工方案，需先采用临时浮式平台对墩位处进行精确测量，然后再搭设水中钻孔平台进行炮眼的水下钻孔作业，采用水下爆破的方式对承台及封底混凝土范围内裸露岩石进行爆破清除，最后再将导向船精确定位，下放钢围堰，进行钢围堰施工。而在进场后对水下爆破方案从工期、成本、施工方案的可行性方面进行了详细的论证。由于不能满足一个枯水期完成承台施工要求，在施工中采取放弃搭设临时浮式平台及钻孔平台的方案，将需先期进行的水下爆破放在了安装完成双体导向船与钢围堰自浮后进行,利用主墩钢围堰施工时的导向船作为精确测量墩位处水下地形的操作平台(图2),利用自浮的钢围堰作为水下爆破水中炮眼的钻孔平台,巧妙地解决了常规水下爆破需搭设专用临时浮式平台及钻孔平台及平台在江中难以精确定位的难题,同时减少搭设临时浮式平台的措施费用及宝贵的枯水期施工时间。但此方案也有很大的施工难度及安全风险,没有任何工程经验可借鉴:第一,爆破点在水下15m左右的基岩内,这也是目前为止,长江上游所进行的最深的深水爆破;第二,由于是在钢围堰内进行爆破,整个爆破必须是精确的控制爆破,确保钢围堰、双体导向船的安全;第三,由于河床底部岩石极不规整,不能准确地判断岩石的位置,不能确保水下钻炮眼的顺利成孔。针对在此复杂条件下的深水水下爆破施工,在与专业爆破公司合作,对14号主墩承台范围内基岩成功地进行了水下控制爆破,爆破公司对水下爆破进行了认真仔细的设计,从药量的计算,到炮眼间距、钢围堰与导向船移动的距离都给出了详实的数据。

图2 主墩基础施工吊装平台

在水下爆破施工过程中,在如此湍急的江水中需要解决精确布孔、钻孔、成孔、固孔,以确保炸药、雷管等爆破器材能顺利入孔就位的技术难题,另外还必须解决钻孔导管的固定、已成孔洞的保护的技术难题,以利于能顺利装入炸药卷。这在施工时没有施工经验和方法可借鉴。在施工中创造性地提出采用内外双层导管配合潜孔钻成孔的方法成功地解决了这一难题。双层导管法就是在每一个钻孔的孔位下两根导管,外管为一根外径186mm钢管,此钢管起阻水和成135mm台阶孔时导向作用,内层导管采用外径127mm钢管,此钢管内置于台阶孔内,是精确定位爆眼孔的导向孔,在此钢管中利用潜孔钻钻直径108mm炮眼孔,目的是装直径90mm的炸药卷。

采用双层导管的目的有两个,一是为便于在装炸药时能顺利找到已成的炮眼孔;二是为了保护已成孔不被江中的河沙所填埋。因为如只采用单层导管,此导管只能固定在钢围堰上,而钢围堰为飘浮体系,在江水涨落及水流冲击作用下会导致已成孔丢失,而采用双层导管,利用外层导管做导向成50cm深导向孔,再在这50cm深的导向孔内插入内层导管,内层导管是置于导向孔内了,相当于在河床基岩中有50cm的约束,这样在内导管内成孔,在钢围堰下浮动时,内导管将会保持相对静止,所成孔位将不会发生变化,江中的河沙也不能进入已成孔中。因此双层导管法是在江中基岩钻孔进行水下爆破较好的成孔方法。在爆破完成后即进行清渣,由于采用了先下钢护筒后进行爆破,无法采用大型机械清渣,采取用冲锤将大块块石破碎,依靠湍急的水流将碎石冲走,完成清渣工序。双层导管法如图3所示。

4.14号锁口钢管桩在处置基岩V形槽中的运用

在14号墩基础施工中,由于14号主墩处于主航道范围,水深流急,地质情况异常复杂,整个基础置于裸露基岩之上,基岩倾斜,凹凸不平。河床基岩最深的V形槽达25m深(最枯水位水面以下),河床基岩最高处比承台底高程还高出近3m,意味着部分承台必须嵌入河床岩石达3m深,而部分承台又悬在河床基岩上15m左右高的V形槽上。整个钢围堰、钢护筒定位稳固、阻水等相当困难。14号墩水下地形如图4所示。

14号主墩基础若要成功修建,必须采用大型水下爆破解决钢围堰下沉问题和对大型V形槽进行处治,以解决钢围堰阻水及桩基成桩问题。钢围堰能否阻水成功,关键在于能否成功地对V形槽进行处治。在如此水深流急的主河床上,对V形槽处治还没有施工经验可以借鉴。在施工中,经过技术人员的大胆创新,将锁口钢管桩成功运用在钢围堰上,对V形槽进行处治。锁口钢管桩的运用,解决了以往对河床岩面高差大需采用大型异型刃脚双壁钢围堰的方式。此施工技术的创新,相当于传统异型刃脚双壁钢围堰的逆作法,传统异型刃脚双壁钢围堰的加工需待对河床基岩高程进行精确测量,现在的测量方式和方法还很难保证在深水流急的江中进行精确测量,同时还受钢围堰着床时位置的影响,刃脚不可能与岩面完全吻合。而采用锁口钢管桩技术,不需要制作刃脚,河床的高低起伏可依靠单根锁口钢管桩的长短来决

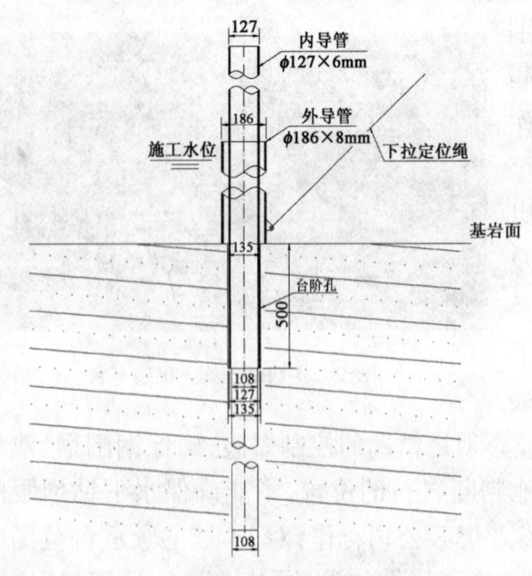

图 3　水中炮眼钻孔双层导管法图示

图 4　14 号主墩墩位河床 V 形槽地形图

定,不需要事先对河床基岩高程进行精确测量,为 V 形槽处治及封底混凝土浇筑节省大量工期。而且锁口钢管桩代替钢围堰异形刃脚,直接节约加工钢围堰底部异形刃脚的材料及加工费,节约成本 100 多万元。钢围堰底部异形刃脚不能回收,而锁口钢管桩最后还能回收重复利用。锁口钢管桩及分层浇筑水下混凝土的方式对大型的 V 形槽成功进行处治,成功地解决了 14 号主墩施工中难度最大的问题,不仅节约了大量的工期,而且节约了大量的施工成本。为深水基础的顺利完成打下了坚实的基础。

锁口钢管桩采用直径 720mm 的大直径钢管,壁厚 8mm,通过现场加工的锁口将单根钢管与钢管之间,钢管与钢围堰之间进行连接。锁口加工要注意精度,否则安装难度非常大,稍有偏差则会影响施工进度。

锁口钢管桩布置如图 5、图 6 所示。

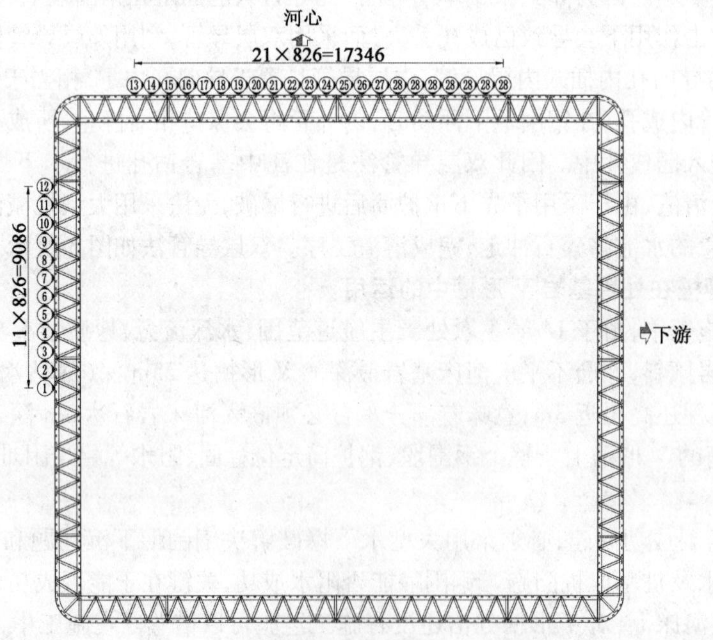

图 5　V 形槽处治锁扣钢管平面布置图

5. 主敦以下施工工序

在 14 号 V 形槽和钢护筒安装完毕,必须利用潜水工进行水下混凝土麻袋堵漏。至此 13 和 14 号主墩以下施工工序相同,即采用空压机吸泥,浇筑封底混凝土形成混凝土板筏以稳固护筒,再在钢围堰和护筒上采用三角架搭设钻孔平台进行桩基施工,最后采用钢围堰按常规方法施作承台混凝土。

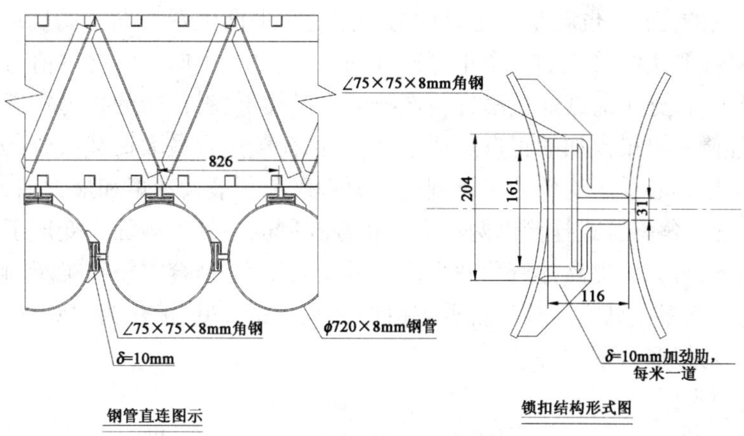

图6 锁口钢管桩锁口连接大样图

四、主梁挂篮悬臂浇筑技术

茜草大桥采用三角斜拉式挂篮对称悬臂浇筑施工。

1. 挂篮结构优化设计

茜草长江大桥主桥箱梁无论在重量，还是宽度、长度方面均位于国内同类型桥梁前列，同时设计上对挂篮重量又有明确限制，因此挂篮设计难度大，技术指标要求高，挂篮在设计过程中重点考虑挂篮的结构形式和承载力，同时又要考虑挂篮的总重量必须满足设计上对挂篮的重量要求。设计上要求挂篮自身重量不能超过200t，如何在根据本桥主梁断面形式，优化挂篮结构设计，尽可能地减少挂篮自重，提高挂篮承受荷载的能力，在本桥运用了预应力挂篮[5]概念，并对其进行研究实施。

在挂篮设计中，主承重系统为挂篮设计中最重要的部件，直接关系挂篮悬臂施工的成败。根据本桥的箱梁特点和工地上的实际情况，挂篮主承重系统采用了三角斜拉式。传统的三角斜拉式挂篮虽然设置了斜拉杆件，可以大大减少主纵梁的弯矩，但在主纵梁上还是存在很大弯矩，挂篮的主梁截面设计还是受最大弯矩和轴力两大力学指标控制，为此在本挂篮设计中考虑人为地对挂篮主纵梁施加一定的预应力，避免了主纵梁最大弯矩和最大轴力同时出现在最不利荷载工作状态下，使其在承受最不利荷载时挂篮主纵梁截面就变成了单纯轴力控制设计。

根据以上思路，在设计中考虑对主纵梁采用预拉的方式对主纵梁施加一个正弯矩，施加方式为采用液压千斤顶对挂篮立柱反顶，反顶结束后立即将立柱柱脚与挂篮主纵梁固接，使斜拉带的预拉力存在于结构中。在挂篮拼装时，采用液压千斤反顶立柱，立柱带动斜拉带使挂篮主纵梁在斜拉带前后销接处受到一个向上拉力，相当于对挂篮主纵梁支点处施加了一个正弯矩，使主纵梁两端向上产生挠度 ΔH。(图7)

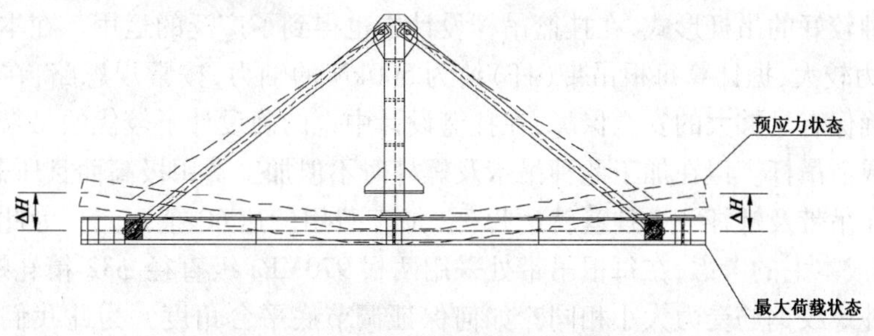

图7 三角斜拉主纵梁预顶示意图

现关键在于确定 ΔH 值大小，以确定斜拉带预拉力的大小，进而确定反顶立柱时反顶力的大小，以指导施工。在施工时，ΔH 值的确定可分两步进行。第一步可以根据在最不利荷载作用下计算出不施加预应力时常规三角斜拉式主纵梁前端挠度。本挂篮主纵梁系统为超静定结构，采用SAP2000计算出在最不利荷载作用下纵梁前端的向下挠度 ΔH，(在挂篮主纵梁容许的变形范围内)。第二步在安装挂篮时取与

ΔH 大小相等,方向相反的变位,也就是假定纵梁前端相对于平衡位置有向上的挠度 ΔH 值,来计算出斜拉杆件的预拉应力,对挂篮主纵梁施加一个正弯矩,同时观测主纵梁向上的挠度值 ΔH 为控制指标。

挂篮在浇筑混凝土时,施工荷载通过吊杆传至挂篮主纵梁上,斜拉带的拉力在逐步增大,此时主纵梁的负弯矩在增加,使挂篮主纵梁预加的正弯矩逐渐减小,当荷载达到最大荷载值时,纵梁内的弯矩总和接近为零,主纵梁变成了以轴心受压构件为主。利用该原理避免了最大弯矩和最大轴力同时出现在最不利荷载工况下。因而传统三角斜拉式挂篮以两项力学指标控制的主纵梁截面就变成了轴力控制设计,因而在相同主纵梁截断面下,可大大提高挂篮承载力。通过此项技术,结合主桥箱梁断面形式,将原先挂篮设计的四根主纵梁优化为三根主纵梁。挂篮自重也由原来设计的220t优化为190t左右,大幅度地减轻挂篮自重,满足了设计上对挂篮自重的要求。

挂篮总体布置如图8。

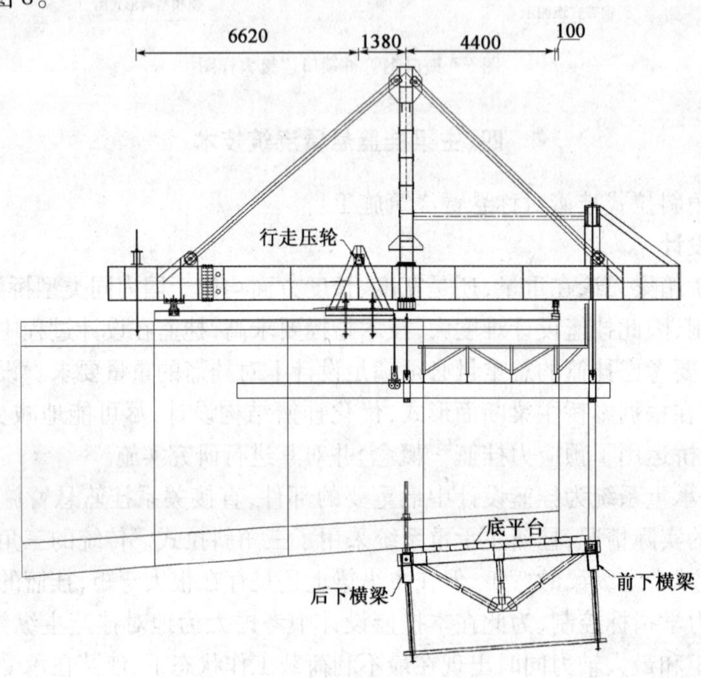

图8 三角斜拉式挂篮总体布置图

2. 前悬吊系统优化设计

传统挂篮前悬吊连接系统,一般采用吊带或者吊杆。吊带采用Q345或性能更好的钢板并布设销孔而成,一般约3m一节,分段间用销轴连接,以适应不同梁高变化的需要。当采用吊杆时钢材一般采用冷拉Ⅳ级精轧螺纹钢筋。由于精轧螺纹钢配合螺帽具有良好的可调性,在保证有足够安全系数的前提下是在挂篮施工中一种较好的吊杆形式,在挂篮吊杆设计中也得到了广泛的运用。在本桥挂篮设计中由于挂篮前吊带(杆)受力较大,据计算每根吊带(杆)约为500kN的轴力,按常规思路,在如此大的轴力下必须采用吊带方式以确保有足够大的安全保障,在挂篮设计中也的确设计了较优的吊带配合直径8cm长螺距吊杆的形式来形成前吊杆。但在加工此种吊带及螺杆时不但加工费用极高而且所需配套设施也较多,吊带及螺杆笨重。光吊带及螺杆一个挂篮就达8t重,加工费用就达60余万元。为此我部针对此吊带受力较大的特点,结合成本上的考虑,在每根吊带处采用两根970MPa级直径 $\phi32$ 精轧螺纹粗钢筋来代替。但如何保证两根精轧螺纹钢筋受力大小相同?如何保证调节底平台角度?为此我们创新设计了一种特制铰盒,以达到底平台角度调节及平衡两根精轧螺纹钢筋的受力。钢铰盒设计由两个不同方向的销铰组成,一个便于调节前下横梁的角度;一个便于调节平衡两精轧螺纹钢筋的受力。采用此设施,完全克服了采用两根精轧螺纹钢作为一组吊杆受力不均的难题,提高了精轧螺纹钢做吊杆的安全系数,同时可以方便调节底篮角度,以适应主梁高度上的变化,具有较大的推广价值。

钢铰盒设计如图9所示。

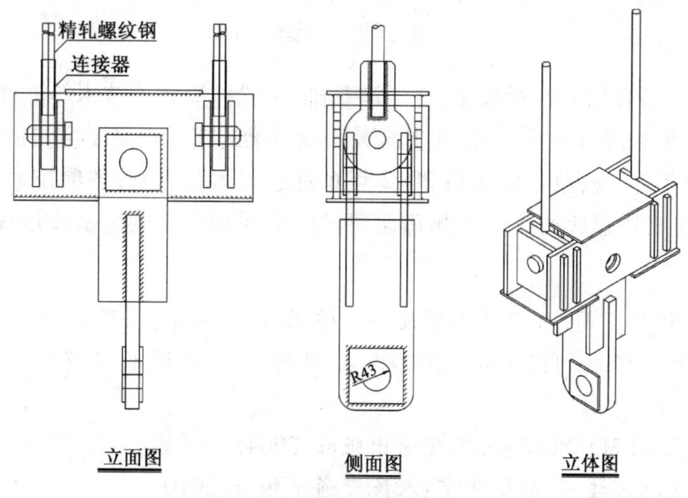

图 9 钢铰盒设计图

3. 挂篮行走系统优化设计

本桥箱梁施工挂篮自重较大,如何保证挂篮行走过程中的安全性,是本挂篮设计中的一个重点。按以前常规设计,挂篮行走均采用轨道配合反扣小车来平衡挂篮前端巨大的倾覆力矩,轨道需采用分配梁锚固在箱梁上。但采用这种常规的行走方式也有其不足之处。一是锚固轨道的横梁间距一般不能太大,挂篮在行走的过程需频繁更换锚固位置,行走极为耗时。二是由于本桥挂篮行走轨道为以前使用过的旧轨道,上翼缘存在磨损,在反扣小车作用下存在不安全的隐患。为此,重新设计行走时的锚固系统,采用两组滚轮的方式来解决挂篮行走的难题。一组托轮置于已浇梁段的轨道上,支承挂篮主纵梁底面,一组反压轮压住挂篮主纵梁顶面,并通过锚固系统锚固混凝土箱梁上,满足挂篮连续行走的需要。其行走工况如图 10 所示。

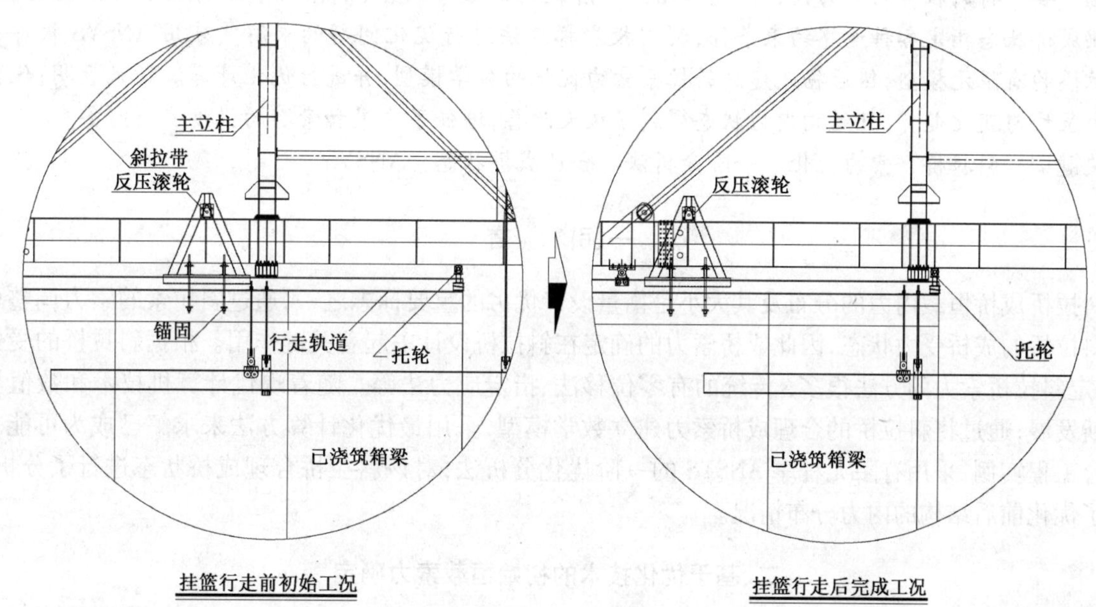

图 10 挂篮行走工况图

4. 主梁节段挂篮悬浇施工

上部结构主梁跨径达 248m,为单箱四室中间带横隔板结构,施工工艺要求较高。0 号和 1 号块长 14m,顺桥向划分为 31 个对称节段,悬浇梁段混凝土最大重量达 514.2t,箱梁无论在重量,还是宽度、长度方面均位于国内同类桥梁前列,同时设计上对挂篮重量又有明确限制,因此挂篮设计难度大,技术指标要求高,是主梁施工的重点、难点之一。

五、结　语

通过泸州茜草长江大桥矮塔斜拉桥施工,在主塔基础、主梁挂篮施工技术等方面,开展了针对性技术研究,取得了较好的技术成果和经济效益,为长江上游大跨径桥梁的施工提供了宝贵的经验,对类似桥梁工程的建设具有重要的参考意义。茜草长江大桥2012年6月通车运营以来,各项技术参数运行正常,没有出现任何质量问题,大桥的成功建成通车为泸州市改善城区交通和东岸的经济发展做出了重要的贡献。

参考文献

[1] 交通部第一公路工程总公司.公路施工手册——桥涵[M].北京:人民交通出版社,2000.
[2] 中华人民共和国行业标准.JTJ 041—2000　公路桥涵施工技术规范[S].北京:人民交通出版社,2000.
[3] 刘自明.桥梁深水基础[M].北京:人民交通出版社,2004.
[4] 王武勤.大跨度桥梁施工技术[M].北京:人民交通出版社,2010.

93. ANSYS优化模块在斜拉桥索力优化中的应用

陈丽军　胡　宁　刘　璐
(武汉市政工程设计研究院有限责任公司)

摘　要　将斜拉桥的索力优化问题归结为一阶优化的数学模型,以系统最小弯曲应变能为目标,根据合理成桥状态指定各种边界约束条件,利用投影梯度法进行优化问题的求解。采用ANSYS软件建立了斜拉桥的有限元模型,然后据此建立斜拉索索力优化的数学模型,并进行优化计算。结果表明:优化后的索力呈均匀变化趋势,且结构内力状态得到了极大改善,增强了主梁和索塔的强度安全储备。

关键词　斜拉桥　索力优化　一阶分析法　合理成桥状态　ANSYS

一、引　言

斜拉桥成桥恒载内力的分布及其大小是衡量设计优劣的重要标志之一,通过斜拉索的索力调整可以影响斜拉桥的成桥受力状态,因此成桥索力的确定在斜拉桥设计中起着关键作用。根据斜拉桥的受力形式,确定斜拉桥索力的方法很多,传统的有零位移法、指定应力法等。随着现代计算机技术和数值分析的不断发展,通过将斜拉桥的合理成桥索力建立数学模型,采用最优化计算方法来求解已成为可能。本文结合工程实例,采用有限元程序ANSYS的一阶优化分析法,对该斜拉桥合理成桥状态进行了分析,并对比了优化前后结构的内力分布情况。

二、基于优化技术的初始恒载索力确定

1. 优化目标的确定

通常情况下斜拉桥主梁和索塔截面均是由弯矩控制设计,此时可采用有约束的最小能量法对结构进行优化,选用结构的弯曲应变能U作为优化目标函数。

$$U = \int_s \frac{M^2(s)}{2EI} \mathrm{d}s \tag{1}$$

设主梁和索塔所积蓄的能量分别为:

$$U_g = \int_g \frac{M^2(s)}{2EI}ds; U_t = \int_t \frac{M^2(s)}{2EI}ds \tag{2}$$

建立目标函数如下：

$$U = U_g + \phi U_t \tag{3}$$

式中：ϕ 表示索塔与主梁的能量代价之比。然后以索力为设计变量，以主梁的应力为状态变量即可求解。其数学表述为：

最小值：$\min U(\{x\})$

约束条件：

索力上下限：$\{X\}_l \leqslant \{X_j\} \leqslant \{X\}_u \quad (j = 1,2,\cdots,n)$

截面允许应力：$\{S\}_l \leqslant \{S_j\} \leqslant \{S\}_u \quad (j = 1,2,\cdots,m)$

用惩罚函数法将其转化为无约束的单目标优化问题，则罚函数为：

$$P(X,q) = f(x) + \sum_{j=1}^{n} P_x(X_j) + q\sum_{j=1}^{m} P_s(X_j) \tag{4}$$

式中：P_x、P_s ——受约束的设计变量和状态变量的惩罚因子。

转化为无约束优化问题后，可利用梯度法、牛顿法、变尺度法等进行求解。以梯度法为例，其迭代公式为：

$$X^{(j+1)} = X^{(j)} + s_j d^{(j)} \tag{5}$$

式中：$X^{(j+1)}$、$X^{(j)}$ ——分别为设计变量第 $j+1$ 次和第 j 次迭代的结果；

s_j ——最优步长因子；

$d^{(j)}$ ——第 j 次搜索方向。迭代的收敛条件为：

$$|f^{(j)} - f^{(j-1)}| \leqslant \tau, |f^{(j)} - f^{(b)}| \leqslant \tau \tag{6}$$

式中：$f^{(j)}$、$f^{(j-1)}$ ——分别为目标函数第 j 次和第 $j-1$ 次迭代的结果；

$f^{(b)}$ ——最优目标函数；

τ ——目标函数的公差。

2. 索力优化的策略和过程

优化求解斜拉桥合理成桥索力时，可将结构的弯曲应变能作为目标函数，主梁的最大应力作为状态变量，而将索力作为设计变量来进行优化求解。利用 ANSYS 自带的 APDL 参数化设计语言可以读取 ANSYS 程序数据库中的数据进行数学运算，以及建立分析模型，控制 ANSYS 程序的运行过程等功能。计算本文优化目标函数式(1)的方法是首先利用 APDL 来提取计算结果中各单元节点处的弯矩，然后再利用数值积分公式来计算积分式(1)。本文采用复化辛普生公式，计算公式为：

$$\int_a^b f(x)\,dx = \frac{h}{3}\left[f(a) + f(b) + 2\sum_{k=1}^{m-1} f(x_{2k}) + 4\sum_{k=1}^{m} f(x_{2k-1})\right] \tag{7}$$

其中：$h = \dfrac{b-a}{n}$ 为计算时所取的步长。

三、应 用 示 例

1. 有限元模型

本文研究对象为全长 326m，跨径组为 180m + 104m + 42m 的双塔双索面预应力混凝土斜拉桥。优化计算有限元模型采用“鱼骨”模型，主梁、主塔、边墩和辅墩采用空间梁单元（Beam4）模拟，边跨预应力和斜拉索用只受拉杆单（Link10）模拟，斜拉索编号从左到右依次为 A27、A26…A3、A2、A1、B1、B2、B3…B26、B27，斜拉索和预应力钢筋的初拉力以单元的初应变的方式施加到单元上，有限元模型如图 1 所示。

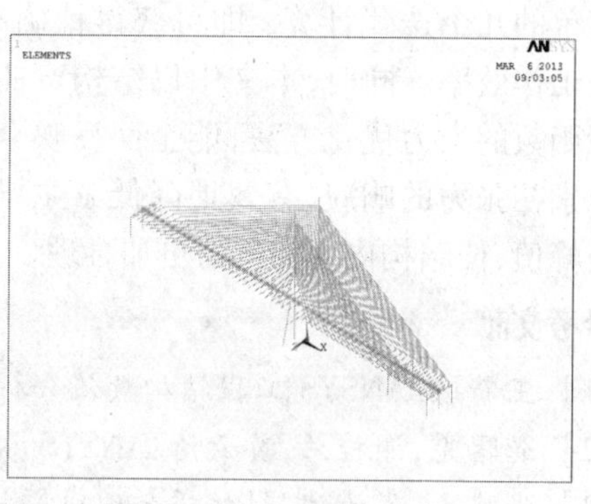

图 1　桥梁结构有限元模型

2. 优化分析结果

基于文中的优化方法,同时考虑了索力的均匀性,对原设计模型进行了一阶优化分析,计算结果显示,优化前主梁控制结点的总弯矩为629.917N·m,优化后主梁控制结点的总弯矩为26.199N·m,为优化前的4.2%;优化前索塔控制结点的总弯矩为0.192E+9N·m,优化后索塔控制结点的总弯矩为0.405E+8N·m,为优化前的21.1%。分析表明,经过优化后的主梁和索塔弯矩分布得到很大改善,有效地削减了弯矩峰值。同时,如图3所示,优化后的斜拉桥索力分布也更加均匀合理。

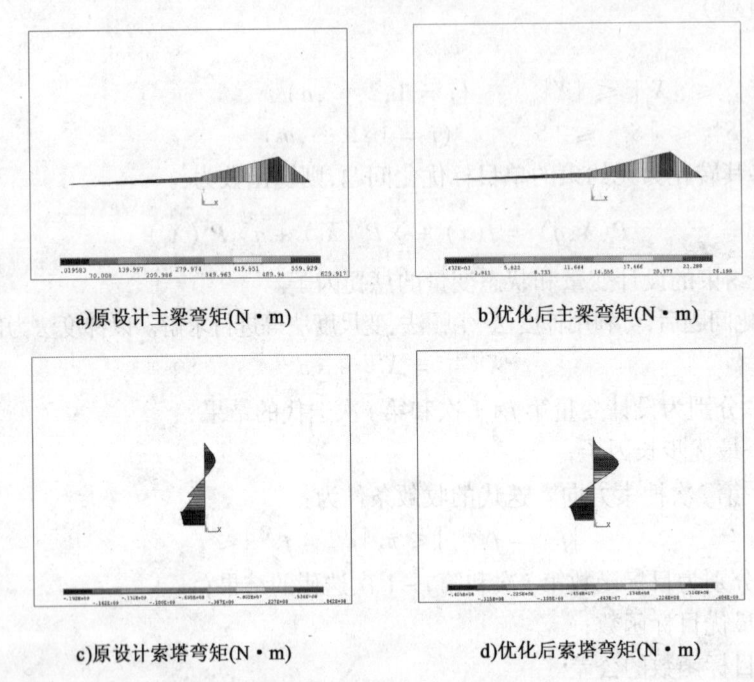

a)原设计主梁弯矩(N·m)　b)优化后主梁弯矩(N·m)

c)原设计索塔弯矩(N·m)　d)优化后索塔弯矩(N·m)

图2 优化前后斜拉桥结构的恒载内力状态比较

四、结　语

通过对该斜拉桥的合理成桥状态的分析,得到以下主要结论:利用ANSYS的APDL语言将一阶分析法最优化计算理论引入斜拉桥合理成桥状态的确定中是可行的,结果也是合理的,计算实践表明,此方法计算精度高,且收敛速度快,可以根据设计师对索力、应力、弯矩等不同性态的约束,只需要经过简单的几个迭代计算,即可获得精确的解,大大提高工作效率。同时,本文中以结构弯曲应变能为目标函数的索力优化方法,能全面反映全桥结构对斜拉索初张力的响应,有效地降低了主梁和索塔的弯矩峰值,使结构内力和索力更加合理。

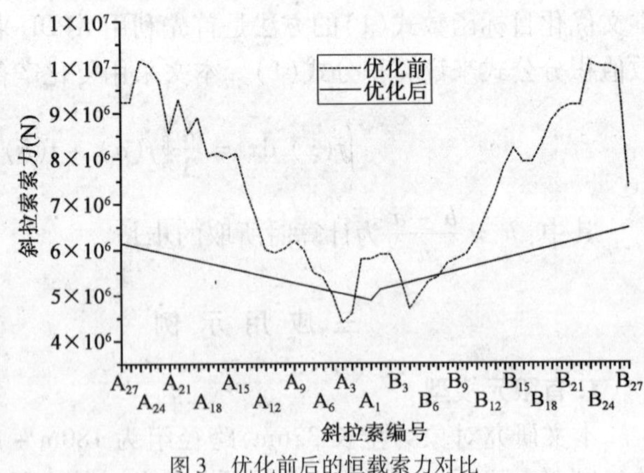

图3 优化前后的恒载索力对比

参考文献

[1] 王新敏. ANSYS工程结构数值分析. 北京:人民交通出版社,2007.

[2] 龚曙光,谢桂兰,黄云清. ANSYS参数化编程与命令手册[M]. 北京:机械工业出版社,2010.

[3] 张建民,肖汝诚. 斜拉桥合理成桥状态确定的一阶分析法[J]. 力学季刊,2004,25(02).

[4] 程进,肖汝诚,江见鲸. 斜拉桥成桥初始恒载索力概率确定[J]. 土木工程学报,2005,36(12).

[5] 叶梅新,韩衍群,张敏.基于ANSYS平台的斜拉桥调索方法研究[J].铁道学报,2006,28(4).
[6] 曹发辉,李乔,刘清华,等.基于ANSYS的斜拉桥恒载索力优化[J].中南公路工程,2006,31(2).
[7] 张杨永,孙斌,肖汝诚.超千米级斜拉桥的恒载索力优化[J].华南理工大学学报,2009,37(6).
[8] 黄侨,吴红林,杨大伟.确定斜拉桥成桥索力多约束条件下最小能量法[J].哈尔滨工业大学学报,2007,39(2).
[9] 汪劲丰,施笃铮,徐兴.确定斜拉桥最优恒载索力方法的探索[J].浙江大学学报:工学版,2002,36(2).
[10] 乔建东,陈政清.确定斜拉桥索力的有约束优化方法[J].上海力学,1999,20(1).
[11] 项海帆,姚玲森.高等桥梁结构理论[M].北京:人民交通出版社,2001.

94.韩国仁川二桥钢箱梁分段反装法

郑成浩 段媛媛
(上海振华重工(集团)股份有限公司)

摘 要 本文简要介绍了韩国仁川二桥钢箱梁在制造过程中,采用“反装法”,即梁段组焊时在胎架上先铺设顶板再组焊其他板单元的制造方法。该方法有效避免了仰焊缝,提高了梁段焊接质量,且节约了预拼场地。

关键词 钢结构 斜拉桥 反装法

一、工 程 概 况

韩国仁川二桥位于韩国仁川市,为钢结构索塔单索面斜拉桥,其跨径布置为80m+260m+800m+260m+80m,主梁为全焊扁平流线型封闭钢箱梁,梁高3m(中心线处),全宽36.1m,效果图见图1。顶板厚14mm(19mm),底板厚19mm(28mm、14mm),顶底板均采用U形肋加劲,风嘴采用扁钢加劲。标准钢箱梁制造节段长15m,设置了4~5块横隔板,其标准间距为3m,设置两道距箱梁中心线8.8m的纵隔板。锚腹板、纵隔板、横隔板与顶、底板间均要求双面角焊缝,模型图见图2。

图1 仁川二桥效果图

二、钢箱梁组焊方案

1.传统组装方案

传统组装方法采用“正装法”,至少5个梁段连续匹配组装、焊接和预拼装同时完成的方案,即按照“底板→横、纵隔板→锚腹板→顶板”的顺序组装。但在焊接过程中,隔板与顶板间不可避免地存在仰焊缝,导致焊接操作困难、焊缝成型差、熔深浅、焊接效率低等。同时,由于梁段匹配组装、焊接与预拼装同时完成,需设计制作约150m长的梁段拼装线,占用大量生产场地,并且天气恶劣时外场操作困难,难以保证工期。

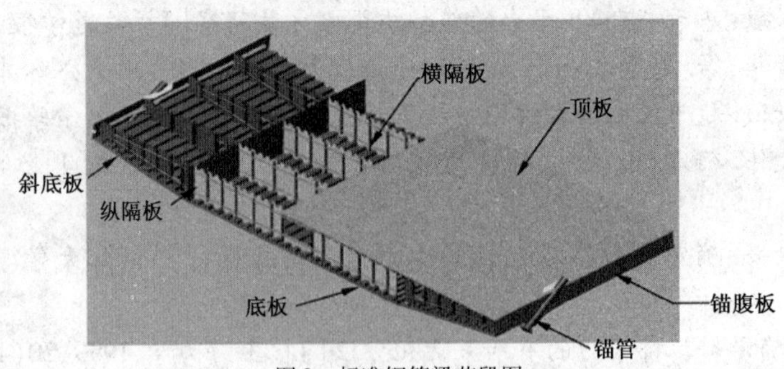

图2 标准钢箱梁节段图

2. 反装法

仁川二桥在制造过程中，根据场地和车间实际情况，将标准梁段分成左、中、右三个节段，见图3。在车间内三个节段同时采用“反装法”，即按照“顶板→横、纵隔板→锚腹板→底板”的顺序进行组装，隔板与底板间定位点焊，有效避免了隔板与顶板间的仰焊缝和箱梁的“二次翻身”。同时，为了保证梁段接口精确匹配，隔板与顶、底板间焊缝两端各预留余量不焊。梁段转运至外场，翻身，完成节段间对接焊，并进行预拼装。

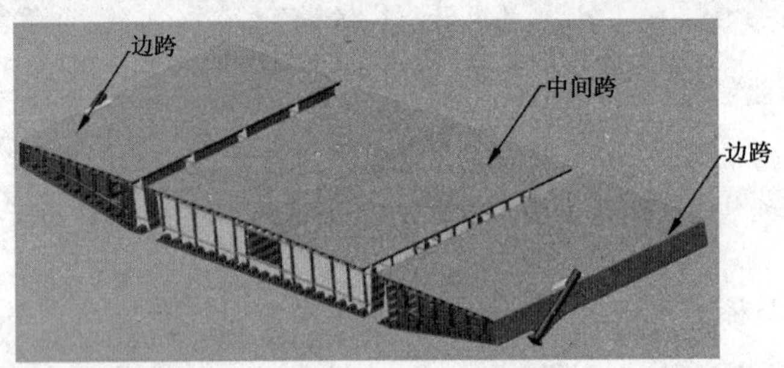

图3 标准钢箱梁分段图

三、钢箱梁“反装法”控制要点

1. 胎架制备及板单元两拼

(1)根据钢箱梁截面形状，设置箱梁制作胎架。胎架要有足够的刚度，避免在使用过程中变形。胎架基础必须有足够的承载力，确保在使用过程中不发生沉降。在胎架上精确划出桥梁纵向基准线，将基准线延长，在延长线上设立永久的纵向基准线控制标塔，所有的箱体成型均以标塔为基准控制桥中心，同时精确划出桥梁横向基准线。每批次梁段下胎后，需重新对胎架进行检测，做好检测记录，确认合格后方可进行下一批次的组拼。

(2)板单元两拼时，精确预留1.5~2mm焊接收缩余量(在取得经验后确定，不同板厚根据实际情况调整)，拼缝处板厚错边量小于0.5mm。同时做好反变形措施，以防焊接变形。两拼完成后，精确划出纵基准线，见图4。

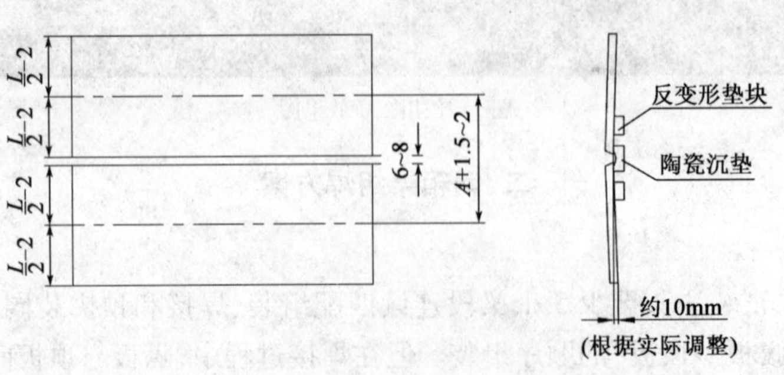

图4 反变形措施

2. 顶板组装

先将中心顶板吊至胎架上，精确定位板单元与胎架的横、纵基准线，保证偏差在±0.5mm以内。再吊装两侧顶板单元，精确定位其与桥梁的横、纵基准线，保证偏差在 ±0.5mm 以内。顶板单元间焊接采用陶质衬垫单面焊双面成型焊接工艺。为保证节段接口匹配精度，两侧顶板单元的余量暂不修割，待与边节段焊接时修割。

边节段顶板单元组装后，根据纵基准线划出锚腹板、纵隔板装配线，打洋冲眼。

3. 横隔板组装

根据装配线，点焊定位横隔板与顶板，定位偏差控制在 ±0.5mm 以内，用撑杆螺旋扣微调横隔板垂直度，偏差控制在 1/1000 以内。测量横隔板水平控制点的高程。焊接时，施焊中间横隔板与顶板之间的角焊缝，边节段横隔板与顶板之间点焊装配，待箱体成型后再进行焊接。撑杆螺旋扣在横隔板上对称设置，见图 5。

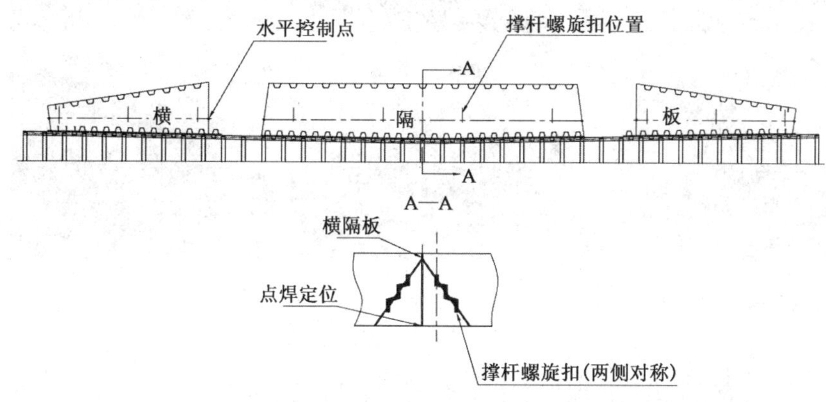

图 5 反变形措施

4. 纵隔板、锚腹板组装

根据装配线，点焊定位纵隔板、锚腹板与顶板，定位偏差控制在 ±0.5mm 以内，用撑杆螺旋扣微调纵隔板、锚腹板垂直度，偏差控制在 1/1000 以内。调整纵隔板、锚腹板的横基准线与顶板横基准线重合，纵向基准线与横隔板横向基准线在同一水平面上。点焊装配纵隔板、锚腹板，离端部 30mm 以上起焊，点焊层厚在 4mm 以上，间隔 250～300mm，点焊长度 80mm。装配时注意焊接变形，并作相应调整。待箱体四面成型后再正式焊接。

5. 底板组装

装配底板时，测量底板的控制点水平，保证顶底板之间的装配间距。中间节段底板余量暂不修割，待与边节段拼接时再调整修割。点焊底板与横隔板、锚腹板、纵隔板之间的焊缝。

6. 边节段焊接

边节段成型后，对各连接焊缝进行同向、对称焊接。先焊接横隔板与纵隔板、锚腹板之间的焊缝，再焊接横隔板与顶板之间的焊缝，然后焊接纵隔板、锚腹板与顶板之间的角焊缝，最后焊接锚腹板与底板之间的箱体外侧焊缝。为保证梁段接口匹配精度，在纵向接口两端各留余量不焊。不焊接箱体内侧的仰焊缝。如图 6 所示。

图 6 钢箱梁车间分段制作

7. 节段下胎、翻身

用液压平板车将节段运至外场进行翻身，检验顶底板的纵横基准线及箱体的扭曲。焊接横隔板与底板的角焊缝，锚腹板、纵隔板与底板之间箱体内侧焊缝在纵向拼接口两端预留余量不焊。局部火工校正节段变形。如图7所示。

图7 中节段钢箱梁外场翻身

8. 预拼装

（1）胎架为圆筒形支撑，焊接在预埋件上，布置于梁段结构支撑处，横向在同一断面上布置5个圆筒支撑，其中纵隔板处支撑设有千斤顶，用以调节梁段高程。支撑下部设置加筋混凝土基础，有足够的承载力。在胎架两端设有测量标志塔，其顶端设有标尺。标志塔分别设在中纵基线及两侧锚管处。同时在胎架纵向设有高程控制点，控制点高程呈闭合状态，每隔10m设置一档。这样可以对梁段的横、纵向顶板高程进行精确控制，如图8所示。

（2）预拼时，梁段余量进行两次修割。第一次，以梁段横基准线为基准，梁段一端预留余量，另一端余量修割到位。对梁段进行粗定位，同时各梁段间留间隙，便于进行余量二次修割，测量并记录相邻梁段横基准线间距。按给定的型值表，用千斤顶调整梁段顶板各高程。线形调整到位后，根据相邻梁段横基准线间距值，同时考虑到焊接收缩余量，进行余量二次划线修割。精确定位各梁段，使相邻梁段接口匹配，复测梁段线形。

（3）连接板上的孔采用"配钻法"，在预拼装时号划配钻连接板另一端的孔，确保连接精度。

图8 外场预拼的钢箱梁段

四、结　语

由于制造场地的限制及用户严格禁止出现仰焊缝，仁川二桥无法采用传统的钢箱梁组焊方法进行制作。经过实践证明，本文介绍的"反装法"，既广泛吸收国内外同行的先进制作技术，又突破了传统思路的束缚，大胆进行创新，优质高效地制造出质量一流的钢箱梁。

参考文献

[1] 吴胜东,欧庆保.润扬长江公路大桥建设——斜拉桥[M].北京:人民交通出版社,2005.

[2] 黎钟.钢结构设计手册(上册)[M].北京:中国建筑工业出版社,2004.

[3] 振华港机(ZPMC)钢构公司.韩国仁川二桥图纸及工艺[M].上海:上海振华重工出版社,2006.

95. 130m 八七桁架多功能造桥机

黄 鹏[1] 余荣杰[2] 刘 刚[3] 陈元喜[3] 上官兴[1]

(1.华东交通大学;2.江西交通设计院;3.中铁大桥局)

摘 要 “挂篮”、“移动模架”和“节段拼装架桥机”三种造桥设备,分别使用在PC连续梁桥的悬臂施工、逐孔浇筑和节段拼装等三个不同的工法中。将这三种造桥机具的结构和功能统一,就能大幅度降低成本和扩大使用范围,这是桥梁工程界热盼的夙愿,本文简介华东交通大学历时多年研制的“八七桁架多功能造桥机”新成果,并以江西鄱阳湖二桥通航孔(14×130m)为例,实现MSS造桥机的重大突破。

关键词 拴接八七桁架 多功能造桥机

一、P. C箱梁造桥机存在的问题

众所周知,预应力混凝土连续梁桥不同的施工方法所采用不同的机械设备,均可统称“造桥机”。例如双悬臂对称施工时使用的设备称“挂篮”;在逐孔浇筑施工中,使用的设备称“移动模架”;箱梁分块预制吊装设备称“节段拼装架桥机”。由于我国设计、施工和制造等单位,分属不同的系统,造成架桥设备的结构不统一和功能不能互换,产生极大的浪费。反思中国当前各种造桥机存在问题,创造具有中国特色的“多功能造桥机”是实现强国梦的求索。

1. 悬浇轻型挂篮(F. C. M)

1)刚度严重不足

中国挂篮悬臂施工的最大跨径梁桥系广东虎门大桥辅航道桥(270m),如图1a)。由于自制轻型挂篮

a)270m刚构桥轻型挂篮(广东虎门大桥)

b)MSS62.5m移动模架(广东黄埔大桥)

c)96mPC箱梁节段拼装架桥机(石长铁路湘江特大桥)

图1 中国典型造桥机工程照

的刚度不够,箱梁模板产生变形使底板、腹板和顶板的混凝土厚度均超标2~4cm,造成箱梁超重近1000t,这是导致7年后跨中发生持续下挠($f=26$cm)和下缘开裂的重要原因之一。回顾历史,20世纪80年代在株洲湘江大桥80m连续梁曾提出"挂篮和箱梁重量之比η愈小(η曾达到0.3的最低值),则表明施工技术愈先进"的观点是片面的;挂篮刚度不足引起模板的变形而造成严重后果的教训不能忘记。应当提出目前国内大多数现场制作轻型挂篮多用焊接件,周转用在第二座桥时又要重新改装,费用不菲,造成资源的浪费。

2)分块太短,总工期长

为了遏制我国P.C连续梁桥近20年大量出现的跨中持续下挠现象,目前不少设计文件坚持箱梁进行预应力张拉其混凝土龄期应不少于7天,以保证弹性模量E的增加来减少混凝土徐变的下挠。这与使用减水剂3天就能达到强度进行张拉相比较,每块工期增加4天。箱梁挂篮分段长度$a=3\sim5$m,悬浇重量$G\leqslant300$t。现以跨径$L=130$m为例,常规的分块数$m=15$时,每孔的工期增加($4\times15=60$天),对工程计划产生重要影响。在确保箱梁工程质量,解决问题唯一出路是研制新的"大节段、超重型挂篮";可通过分段即将浇筑长度a加大到8~20m,箱梁块重G增大到600~800t,这样目前盛行轻型的挂篮,因不能满足工期要求而将被淘汰出局。

3)非标准件多,不易周转使用

1985年湖南常德沅水大桥(4×120m跨、20m宽P.C连续梁桥),首创无平衡重万能杆件挂篮获得成功;全桥共八套挂篮,总用钢量1600t,(每套200t),其万能杆件使用后全部回收,再重复使用在其他项目后取得较好经济效益。万能杆件刚度大使模板变形小,所以浇筑箱梁混凝土质量甚好,常德大桥是湖南省唯一没有开裂的连续梁桥。但其后施工的长沙和杭州两座PC箱梁桥,当时为节省钢材所特制型钢挂篮(总用钢量2000t)完工后因焊接件不能拆卸而被割拆运回,几乎都成废铁。两种不同选择,终于证明施工挂篮虽是一种临时结构,但首先应该保证其刚度,而不是追求轻巧。为了确保经济性,应首选桁架装配式结构(例如贝雷、六四、八七等军用桁架),这样既确保了刚度控制了变形,又能大部分拆除周转为它用,取得总体范围内的经济合理。

2. 移动模架(M.S.S)

1)使用范围

由于"移模"施工状态和建成运营状态基本一致,受力合理在中小跨径使用经济性甚好。据不完全统计中国拥有近百台MSS造桥机,近年来已有16座特大桥梁的引桥(总长24km)使用MSS造桥机。目前以2009年建成的广州珠江黄埔大桥完成(28孔×62.5m=1750m)连续梁桥,为世界MSS最大跨径($L=62.5$)。黄埔大桥制造两台MSS造桥机(武汉通联和山东博瑞)均是国内自主设计(每台设备总重1400t,浇筑箱梁重2600t)如图1b)所示。这标志着我国MSS造桥机生产已进入国际行列。

2)CMSS分块浇筑移模

江西省交通设计院和华东交通大学合作多年,在湖南和广东省贝雷桁架移模基础上开启"军用桁架分块浇筑的移模"课题的研究[1],于2011年5月通过技术鉴定,并获得国家发明专利[2](ZL2010.10266702.6)。该成果的特点在分析PC连续箱梁具有正负弯矩自然交替的特征后,破除迷信地将国外MSS造桥机的一次浇筑改进为正负弯矩区的两次浇筑,使移模所承受荷重减少一半,由此可将移模使用跨径发展到80m。这种具有中国特色的造桥机简称(C.MSS)被专家鉴定:《成果具有重大创新,达到国际先进水平》。

3)江西鄱阳湖二桥

全长5.4km,除南北引桥3.47km外,通航孔长1.86km中,通过反复优化比较,设计提出14孔×130m=1820m波形钢腹板P.C连续箱梁方案。在总结国内MSS造桥机的经验教训基础上,为了加快发展速度,充分发挥移模效益,创新地提出:用挂篮的方法形成移模,用分块浇筑工艺将移模施工跨径加大一倍(达130m)。本文重点介绍CMSS130造桥机的设计构思和工艺步骤。可以说是,通过CMSS130实践,标志着移模造桥机由"中国制造"进入"中国创造"新阶段。

3. 节段拼装架桥机(B. C. F. C. M)

1)发展历程

我国 P. C 连续梁采用先进的预制吊装工程实例极少,其原因是技术复杂、要求高,但它的特点是安装速度快,适用特大规模长桥。1987 年在广东江门外海大桥(9×100m)率先实现浮吊安装 P. C 连续梁桥;1992 湖南路桥公司在湘潭湘江二桥(4×90m)将连续千斤顶设在贝雷挂篮上获得100 t 宽箱梁拼装成功后,继续用缆索起重机先后完成安乡(4×50m)、益阳(4×90m)和石龟山(4×80m)等三座连续梁桥的拼装。1995 年广东长大路桥公司用挂篮所完成的九江二桥(2×160m)连续刚构桥为目前 P. C 连续梁拼装最大跨径。1997 年中铁大桥局在石长铁路长沙湘江大桥(9×96m)研制节段拼装架桥机(图 1c)成功后,陆续推广到深圳湾、苏通大桥南北引桥(25 孔×75m)、上海长江大桥和南京四桥等工程中都相继取得良好的效益,其施工速度 v(3 天/段),比现浇快 3 倍以上,是中等跨径桥梁发展的方向。

2)存在问题

目前国产节段拼装吊机主梁常设计成特制的桁式结构,它和挂篮、移动模架结构又不同,因此相互不能通用,经济效益受到很大的影响。节段拼装架桥机,一般适应水中起吊,当在两岸堤及边滩水浅不能进船时施工很困难;架桥机安装架设时间很长(3~6 月)、拆卸也很麻烦,所以当桥梁孔数 m 不大于 10 孔时,选用预制拼装工艺是不经济的。如果将"移模现浇"和"节段拼装"两种工艺相互结合在一起,就能克服各自的缺陷,成为一种多功能的造桥机。

4. 小结

回顾中国三种造桥机的发展历程,可看到我国桥梁机械还处于"各自为主,分散发展"的初级阶段,对大型上部构造架桥机设备缺乏通盘统筹的考虑。在 21 世纪中桥梁界应总结这些经验教训,从发挥机械设备的效益出发,通过创新的设计来实现多机结构的一体化,争取做到一机多用。为此华东交通大学经多年研究提出的"130m 八七桁架多功能造桥机"[3-4]是新长征路上的一次有益的尝试,希望得到大家的支持和帮助。

二、装配式"八七"桁架

1. 基本结构的选择

众所周知,装配式桁架结构来源于交通应急保障设备。其特点是安装拆卸快速方便、构件通用可互换;由于能够反复使用,故经济性极好。为了充分利用总参多年科研成果,本设计研究:将"八七桁架"作为多功能造桥机的首选结构。

1)种类

我国桥梁工程建设 60 年发展历程中常用的抢修钢梁有:贝雷桁、万能杆件、六四桁和八七桁等几种,它们的基本技术特性见表 1。最普及的是二次世界大战后期中国远征军所用的"贝雷桁架",在各省均有数千吨的库存,由于多年和平时期,故大量利用在各种桥梁工地。然而贝雷桁架的承载力较低,用在挂篮、移模和架桥机的桥梁跨径均在 50m 以内。在改革开放 30 年中,我国桥梁工程建设事业突飞猛进地发展,当梁桥早已跨入百米跨径行列时,一般"贝雷桁""万能杆件"和"六四桁",都不能满足形势发展的需要,唯有"八七"铁路抢修梁,具有足够的潜力可供使用。

2)八七铁路抢险钢桁

这是我国自行研制的铁路战备制式器材,自列装以来在各大战备库均有一定数量储备,通过"租赁"方式,可以扩大使用范围和降低工程造价。八七梁使用钢材为 15MnVNg,所有节点都采用拼接板——高强螺栓连接,因此可以装拆通用,经济性能极好。桁架的弦杆选用 H35 型钢,面积 $A=274\text{cm}^2$,容许轴力 $N=5200\text{kN}$(是贝雷桁的 9.6 倍)。按需要选择不同的高度可获得不同的容许承载力$[M]$。例如:双层桁高 $h=4.34\text{m}$ 时,单片容许弯矩$[M]=22570(\text{kN}\cdot\text{m})$,是贝雷桁的 30 倍;四层桁高 $h=8.68\text{m}$ 时,$[M]=45140(\text{kN}\cdot\text{m})$,是贝雷桁的 60 倍。由于"八七桁"巨大的承载力将成为多功能造桥机的主梁基本结构。

装配式桁架抗弯能力比较表 表1

项目类型			①贝雷桁	②六四桁	③万能杆件	④八七桁	
						二层	四层
1	高×长×宽(cm×cm×cm)		150×300×22	316×400×52	400×200×200	434×400×38	868×400×38
2	弦杆	形式/面积(cm^2)	2[10/25,5	2[16/50.3	4L10×10/91.2	H35/274	H35/274
		容许轴力[N](kN)	540	1070	1220×2=2440	5200	5200
		(比例)	1	2	4.5	9.6	9.6
3	承载力	容许弯矩[M](kN·m)	54×1.4=750	107×3=3210	244×4=9760	520×4.34=22570	520×8.68=45140
		(比例)	1	4.28	13	30	60
	质量	g(t/m)	0.19	0.26	0.5	0.9	1.60
适用跨径 L(m)			30~50	40~60	50~60	60~80	80~100
图例			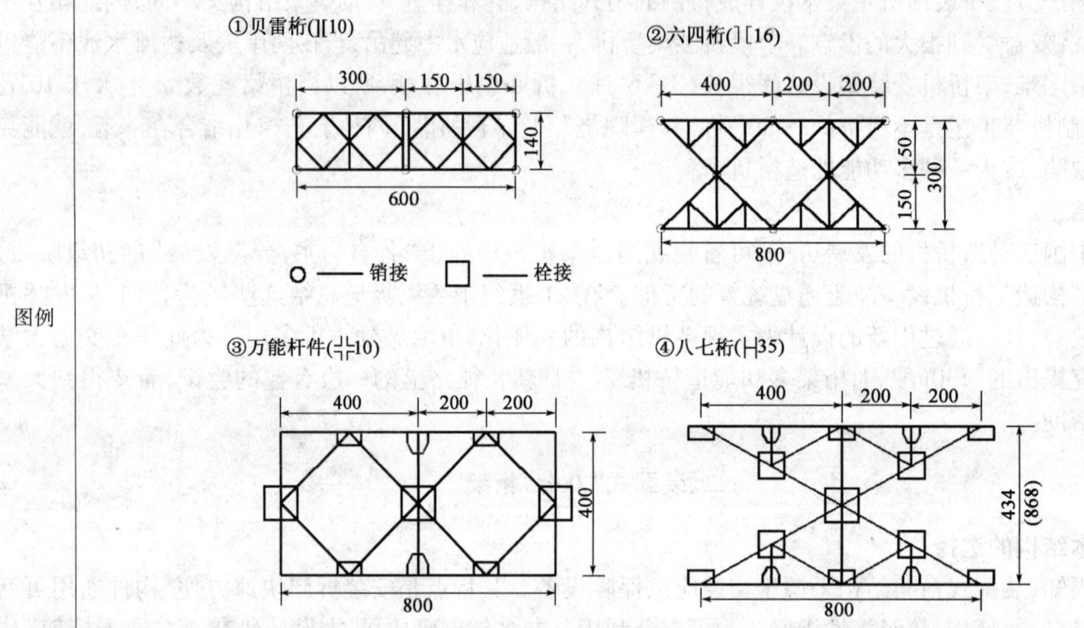				

3)结构

“八七桁”的构件可分为重弦杆、基本弦杆、轻弦杆和长斜杆、短斜杆、竖杆等几种,其中8m长弦杆 $X_1=1.72$t 最重。用不同类型的节点板,通过高强螺栓连接杆件,形成桁架梁如图2所示。单片八七桁架(长8m,宽0.38m,高4.69m)重7t,单位长度质量 $g=0.90$(t/m),容许弯矩[M]=22570(kN·m)。两组桁架之间用万能杆件做横向连接。一组桁架由三片桁片组成,它们之间用2m一道的顶横梁(I35)固定位置。纵桁的质量 $g=6\times0.9\times1.1=6$(t/m)。其容许承载力[M]$=6\times22570=135\times10^3$(kN·m),可堪比钢箱梁;相当180片贝雷桁、42片六四桁和14格万能杆件。

2. 鄱阳湖二桥 CMSS130

1)恒载零弯矩设计新理念

鄱阳湖二桥通航孔桥跨为14×130m=1820m波形钢腹板P.C连续箱梁桥。横剖面由两幅组成,全宽 $B=26$m,每幅箱梁宽12m。为了减轻自重和根治我国P.C梁桥腹板开裂和跨中持续下挠两大弊病,江西省交通设计院和华东交通大学经过五年研究,深化完善了“恒载零弯矩”设计新理论,并于2011年通过省交通运输厅的鉴定,见文献[5]。其具体做法是设计预应力弯矩 M_t 在悬臂施工时与恒载自重弯矩 M_g 相平衡($\sum M_i=M_t-M_g=0$),由此各截面弯矩和箱梁初始挠度 f_0 均为零,致使运营后徐变挠度 f_t 大幅度减少。其次,在箱梁中提出双肢波形钢腹板新构造,其作用一是将12m宽箱的顶板的横向受弯跨径大幅度降低至2~4m,从而取消了横向预应力;二是设计有意识地加大梁高($D=5\sim8$m)来增大截面惯性矩

J,从而将国内外波形钢腹板 P. C 箱梁桥通常所设置的体外预应力取消。由于横向和纵向体外索两项预应力的取消,简化了工艺,加快速度。双肢波形钢腹板横向间距 2m,其间可埋置水平拉杆来减少自由长度,用两块较薄腹板代替一块厚腹板使总的受剪面积不变,但双肢腹板相互依靠可使腹板高度得以突破 7m 的界限,为在更大跨径推广使用做好准备。

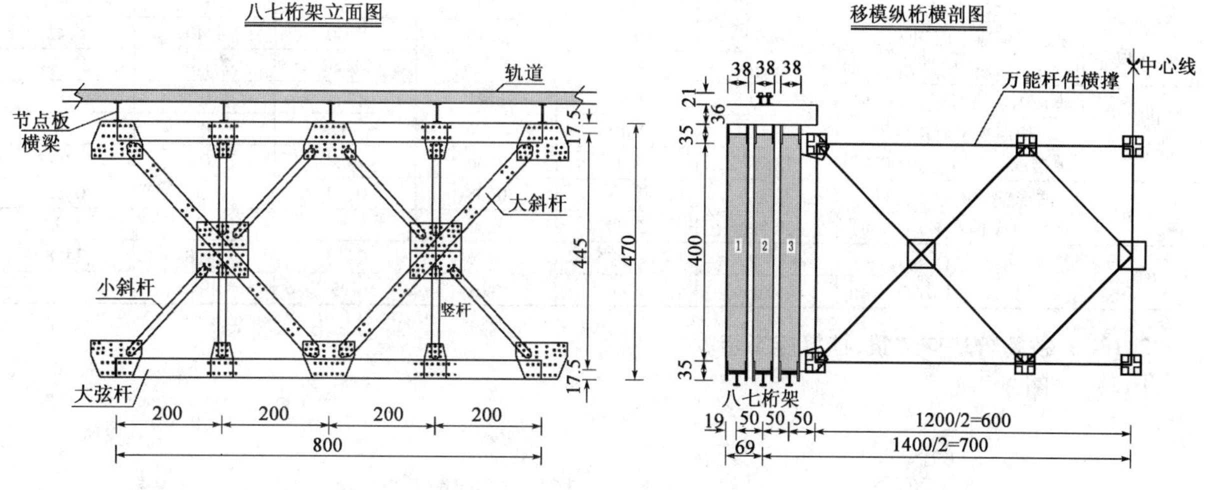

说明:1.图中尺寸以cm计,比例1:80。
2.六片桁架允许弯矩$[M]=6\times2257=13542(\text{t}\cdot\text{m})$,质量$g=6\times0.9=5.4(\text{t/m})$。
3.万能杆件做横撑,每片9t,相距8m设置一片万能杆件横联。

图2 八七桁架主桁结构图(尺寸单位:cm)

2)CMSS130 造桥机构造

由"八七"主桁,桥面吊机和挂篮三部分组成如图 4 所示。主桁三片形成一组布置在两幅箱梁中心(间距 $a=14\text{m}$),其间用万能杆件横桁在每个支点位置联成整体。再在八七纵桁上设置 Q50 全回旋桥面桥面吊机,其功能是安装波形钢腹板,吊装顶底板钢筋和拼装接长八七桁架等。全回旋 Q50 吊机是武桥重工的传统产品,具有结构可靠、价格低(200 万元/台)、性能好(起重 15t,工作半径 33m,力矩 $M=4950\text{kN}\cdot\text{m}$),最大吊重 50t,半径 9m。这台桥面吊机是 CMSS 造桥机的核心。从施工一开始充分发挥作用,完工后也可移作它用。特别应当指出,在波形钢腹板 P. C 箱梁桥中,采用完备的桥面吊机来安装波形钢工梁腹板,在中国属首次,节省大量人力,加快速度。

3)造桥机的安装

应当指出,130m 连续梁的 0 号块是利用桥墩旁的 20t 塔吊来完成的。其后再利用塔吊安装 24m 长,重 17t 的"八七"纵桁,最后将 Q50 吊机分块安装在八七桁架上。与一般挂篮和移动模架不同,它可反过来拆卸墩旁塔吊、直接吊装 0 号块两端的波形钢腹板、安装上挂篮、下工作平台和箱梁钢模板、钢筋……各种材料,小型机具。施工方便、快速、费用低,这是本设计的特色之一。

三、挂篮施工,形成移模

1. 130m 波形钢腹板连续梁

1)特点

波形钢腹板抗剪强度为混凝土 40 倍,同等强度的钢腹板自重力为其 1/8。波形钢腹板引入 130m P. C箱梁后,能使箱梁自重大幅度减轻,因此箱梁分段的长度 a 可以由 4m 增大到 20m,分段数由 15 块将为 5 块,这样为移模的快速施工创造了有利条件。

2)箱梁的构造特性(见表 2)

130m 桥跨连续梁支座处梁高 8m,跨中高 5m,中孔分七块,边孔分五块。箱梁自重分别 $G_0=980\text{t}$,$G_A=895\text{t}$,$G_B=693\text{t}$,$G_C=495\text{t}=G_D$。箱梁横向顶宽 $B_上=12\text{m}$,底宽 $B_下=9\text{m}$,顶板厚 $d=0.4\text{m}\sim0.8\text{m}$,

底板厚 d 由0.4~1.0。波形钢腹板采用1000型波长，厚度 $\delta=8\sim12$mm，波高 $d=160$mm。

130m 箱梁分块质量表　　　　表2

项目 \ 箱梁编号		O	A	B	C	D	E
外形	梁高 D	8.00	7.68	6.41	5.00	5.00	5.00
	节段长度（m）	14	18	20	20	—	—
顶底板	顶底板混凝土面积 F(m^2)	18.00	10.92	8.40	8.40	8.40	8.40
	顶底板混凝土质量 g_1(t/m)	46.8	27.3	21.84	21.84	21.84	21.84
双肢腹板混凝土	腹板内填槽混凝土高(m)	3.00	2.82	1.41	0	0	0
	填槽混凝土面积(m^2)	7.12	7.12	3.6	0	0	0
	填槽混凝土质量 g_2(t/m)	18.51	18.51	9.36	0	0	0
波形钢	波形钢模板面积(m^2)	0.51	0.43	0.38	0.32	0.32	0.32
	波形钢腹板质量 g_3(t/m)	4.59	3.90	3.45	2.93	2.93	2.93
单箱	质量 $\sum g$(t/m)	69.9	49.7	34.6	24.8	24.8	24.8
	分段质量 G(t)	980	895	693	495	495	—

2. 130m 桥跨分块交浇筑，挂篮施工步骤

1）挂篮（图3）

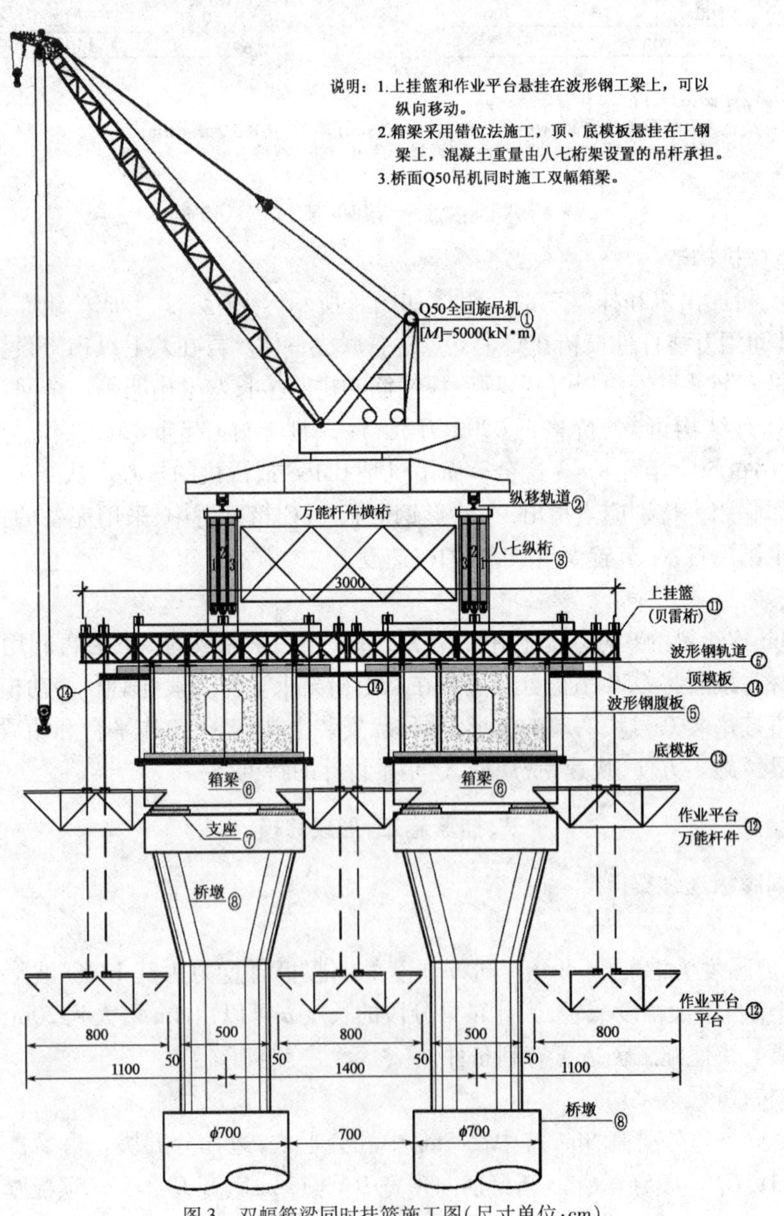

图3　双幅箱梁同时挂篮施工图（尺寸单位：cm）

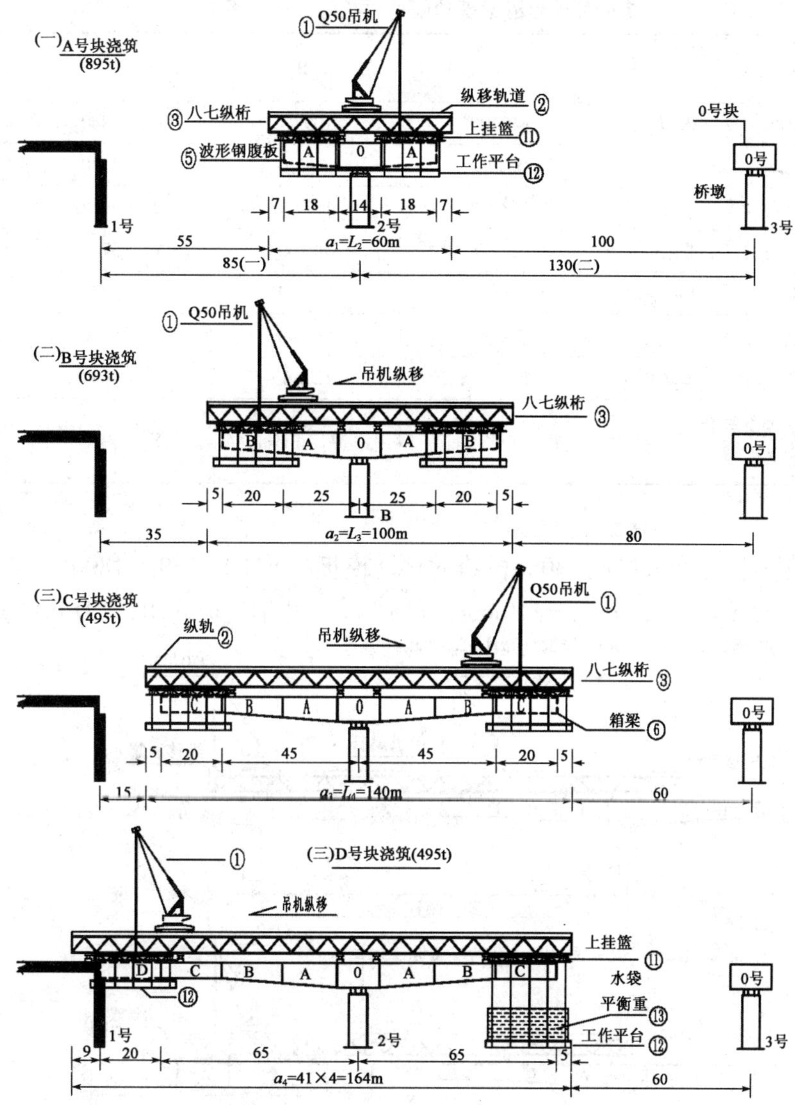

图4 挂篮悬浇形成“移模”(尺寸单位:m)

箱梁的腹板用 Q50 桥面吊机安装后,再在腹板工梁顶面安装贝雷桁架的(上挂篮)。然后用钢绞线,吊杆悬挂万能杆件工作平台(过桥墩时中部可以拆开)。再在平台上安装钢底模板和顶横板,绑扎钢筋后浇筑混凝土。

2)浇筑

现以 A 号块箱梁浇筑(最重)为例,箱梁自重 $G_3=895(\mathrm{t})$、八七桁架悬臂梁重 $G_4=24\mathrm{m}\times3.5(\mathrm{t/m})=84(\mathrm{t})$ 和挂篮重 $G_5=143(\mathrm{t})$,共 1047(t)产生倾覆弯矩 $\sum W=106380(\mathrm{kN\cdot m})$,小于波形钢(7.68m 高)的允许弯矩 $[M_1]=145400\mathrm{kN\cdot m}$。可见波形钢腹板的强劲。此时再考虑八七桁架尚有允许弯矩 67710kN·m。则允许弯矩 $\sum\overline{W}=106380\mathrm{kN\cdot m}$。因此,有超过允许弯矩的安全系数 $K=21311/10638=1.37$,见表 3。除 A 块处,B 号、C 号、D 号三块箱梁浇筑施工时,所产生的倾覆弯矩 W 均分别大于波形钢腹板允许弯矩 M_1 和八七桁架六片主桁的允许弯矩 M_2,但均小于两者之和 $\sum M=M_1+M_2$。这就是说,130m 桥跨采用八七桁架做“移模”必须考虑波形钢腹板的共同作用才经济合理。

130m八七桁架多功能造桥机悬浇安全系数表　　表3

项目 \ 箱梁节段编号		A	B	C	D
允许弯矩[M]（kN·m）	①波形钢腹板 $M_{波}$	145400	109710	68880	75850
	②八七桁架 $M_{波}$	67710	67710	67710	67710
	①+②=∑M	213110	177420	136590	143560
允许弯矩[W]（kN·m）	③箱梁自重 $W_{混凝土}$	82000	82100	65780	65780
	④悬臂八七桁 $W_{混凝土}$	10080	13720	13720	13720
	⑤挂篮模板 $W_{混凝土}$	14030	25740	25740	25740
	③+④+⑤=∑W	106380	121560	105240	105240
超允许弯矩的安全系数 K=[M]/W		$[M_{波}]/W=1.37$	$[\sum M]/W=1.46$	$[\sum M]/W=1.30$	$[\sum M]/W=1.30$

3)移模形成

如图4可见，用悬浇灌篮来形成130m桥跨的移动模板称CMSS(130m/1800t)。其特点是巧妙地将主桁逐步伸长($a_1=60m$, $a_2=100m$, $a_3=140m$, $a_4=164m$)来相继完成A、B、C(D边孔)箱梁的分块浇筑，

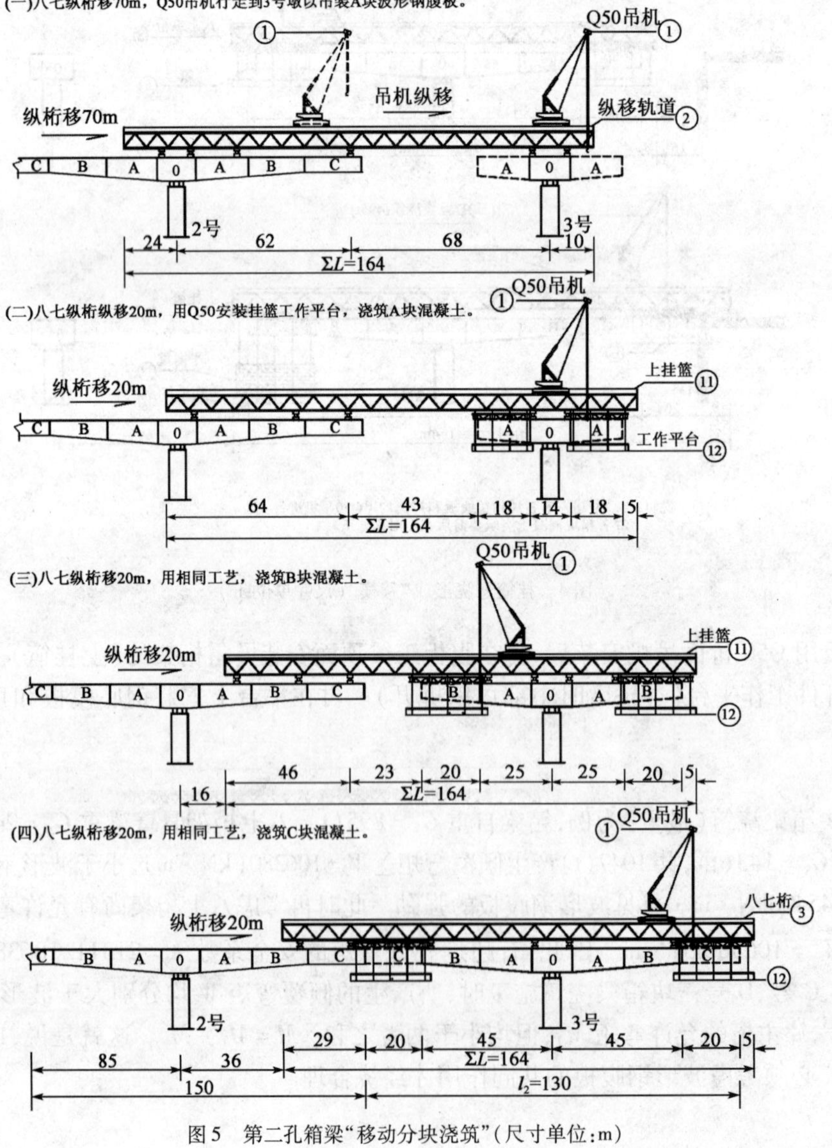

图5　第二孔箱梁“移动分块浇筑”(尺寸单位:m)

在这个浇筑边孔箱梁的有效工作过程中，自然地形成长164m的"移模"纵向桁架。此套设备全长 $a=164$（m），相当中孔跨径 $l=130$（m）的1.26倍，总重量约2000t：其中纵桁1182t、两端两幅灌篮 $2\times160=320$t、桥面Q50吊机重160t，其他设备340t，可同时浇筑双幅箱梁，最大混凝土重量 $900\times2=1800$t。挂篮工作面积 $A=150\times24=3600$（m^2），单位面积的用钢量 $g=2000/3600=0.56$t/m^2 甚为经济。

四、移模的多功能应用

1. 移模分块浇筑

（1）在图5中，在1号墩两侧通过四次施工，形成纵桁 $a_4=164$m 的主梁，即"移模"。其前端相距3号桥墩60m，现利用它按图5的施工步骤，可以完成第二孔 $l_2=130$m 箱梁波形钢腹板及顶、底混凝土的安装和现浇任务。

（2）应当指出，与常规MSS移动模架一次浇一孔箱梁不同在于，每浇一段（A、B、C后），八七纵桁都要纵向移动一次（$a=20$m），这样有利悬臂长度的减少。

（3）纵桁的水平移动，采用特制的水平液压千斤顶进行，在箱梁横隔板处，设置四氟支座滑板，按顶推的方法进行。

（4）混凝土浇筑采用泵送，从一岸开始，在箱梁顶面铺设，过孔时混凝土输送管道在"八七"桁架上通过。

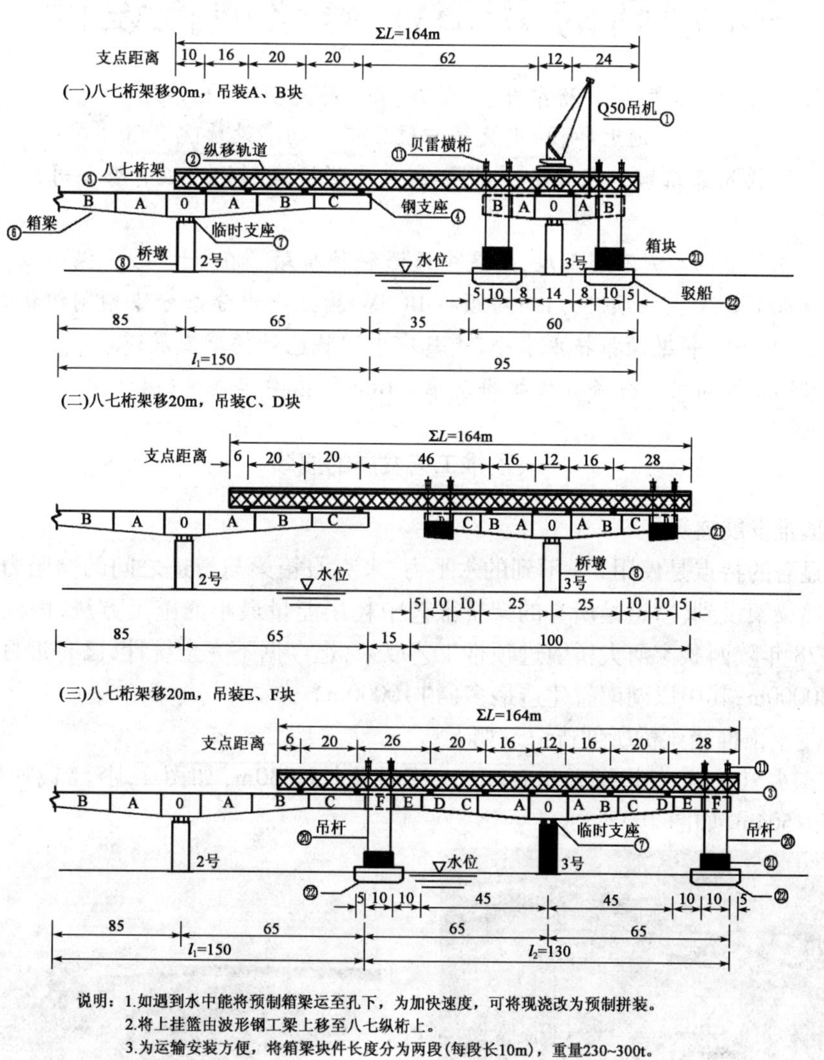

图6 水中箱梁架桥机分块拼装（尺寸单位：m）

2. 箱梁预制法

为加快施工进度,当待架桥下方水深能满足通过排水量1000t的驳船时,可使130m八七桁架多功能造桥机由现浇功能转变为节段拼装功能。当使用节段拼装功能时,造桥机机械结构上只需将贝雷挂篮从波形钢腹板工梁上移至八七主桁上,贝雷桁片双层加高,每根吊杆两侧各设置4片贝雷桁。箱梁结构上由原来的分块再细分两小块,1号a和1号b长度均为9m,2号a、2号b、3号a、3号b长度均为10m,每小块重量约400t,其是为了运输方便,使用中型驳船即可,节省租大驳船的费用。此时Q50全回转吊机只需吊运一些其他材料和工具即可。节段拼装工序如图6所示。

参考文献

[1] 科技成果鉴定书.连续梁移动模架分块逐孔施工新技术.江西省交通运输厅,2011.

[2] 一种采用军用桁架移模分块浇筑混凝土连续梁的方法.发明专利ZL2010.1.0266702.6.

[3] 林运唐.《连续梁移模分块浇筑法系列化》研究[D].华东交通大学硕士生学位论文,2009.

[4] 余荣杰.《八七桁架多功能造桥机》研究[D].华东交通大学硕士生学位论文,2012.

[5] 科技成果鉴定书.控制大跨径PC梁桥持续下挠关键技术研究.江西省交通运输厅,2011.

96. 创新的BCSW箱梁顶推设计

彭孝旺[1] 褚东升[2] 邓海毅[3] 孙天明[4] 上官兴[1]

(1.华东交通大学;2.中交第四航务工程勘察设计院有限公司;
3.柳州欧维姆工程有限公司;4.浙江中隧桥波形钢腹板有限公司)

摘 要 我国桥梁顶推实例不到百座,发展中遭遇种种瓶颈。在"十八大"强国梦精神指引下,我们引进波形钢腹板和ϕ21.8大直径预应力锚;对顶推BCSW箱梁提出分条分块预制组拼新工艺;用集成创新观念提升2×65m BCSW箱梁顶推技术水平,走具有中国特色的桥梁发展道路。

关键词 波形钢腹板箱梁 分条分块组拼顶推 BCSW箱梁 集成创新

一、顶推工艺发展的瓶颈

1. 中国桥梁顶推发展盛况

顶推法施工显著的特点是仅用5%不到的水平力,来克服箱梁与滑道之间的摩阻力,就可以将20倍水平推力重量的箱梁架设到位,这是所有的架桥工艺中耗用能量最小的施工方法,因此也是费用最低的方法。我国自1978年陕西狄家河大桥引进顶推工艺以来,迄今据不完全统计,已有近百座桥梁采用过顶推工艺,总长近30000m;其中以湖南省建造最多(约10000m)[1]。

1)预应力混凝土顶推箱梁桥所创造记录如下:

(1)长度:广东九江大桥南北岸顶推(50m),箱梁总长1030m,如图1;浙江钱塘江二桥引桥顶推(32m)箱梁,总长1504m,如图2。

图1 广东九江大桥(顶推总长$\sum L=1030$m)

图2 杭州钱塘江二桥引桥(顶推总长$\sum L=1054$m)

(2)连续梁桥顶推最大跨径:福建丘墩桥 76m,如图 3,内蒙古包头喇嘛湾两座黄河大桥 65m,如图 4。

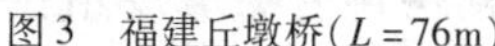

图 3 福建丘墩桥($L=76\text{m}$)

图 4 内蒙古包头黄河大桥

(3)系杆拱顶推最大跨径:广东韶关五里亭大桥达 120m 如图 5,湖南邵阳西湖大桥达 3×88m,如图 6。

(4)斜拉桥顶推最大跨径:衡山湘江大桥(2×90m),如图 7。

2)进入 21 世纪,大跨主梁逐渐采用钢结构。例如:

(1)南海紫洞大桥(69+140+69=278m),双向顶推钢管桁架斜拉桥,如图 8。

图 5 韶关五里亭大桥($L=120\text{m}$)

图 6 邵阳西湖大桥(3×88m)

图 7 衡山湘江大桥($L=2\times90\text{m}$)

图 8 广东南海紫洞大桥($L=140\text{m}$)

(2)济南黄河二桥(2×60+130+386=636m),独塔双索面斜拉桥钢箱顶推,如图 9。

(3)佛山平胜大桥(200+350=550m)自锚式悬索桥钢箱顶推,如图 10。

图 9 山东济南黄河三桥($L=386\text{m}$)

图 10 广东佛山平胜大桥($L=350\text{m}$)

(4)杭州九堡大桥(3×210=630m)为钢箱系杆拱整体顶推,如图 11。

总之,这些多姿多彩顶推工艺施工的桥梁,反映了我国改革开放 30 年以来桥梁工程科学技术的巨大进步。总结这些经验,反思存在问题,努力由“中国制造”进入“中国创造”,是我们强国梦的探索。

2. 反思当前存在的问题，寻找新出路

1)加快进度，改用分块预制组拼新结构。

PC箱梁顶推的一般跨径 $L \leqslant 50\text{m}$，施工方法绝大多数都是在支架上逐段现浇梁段后，再逐段顶推。每孔工期10~15d，平均建造速度为1.2~1.7m/d。另外，由于顶推平台设在两岸引桥上，要等到引桥基础和墩身工程快完成后，才能开始顶推平台准备工作，候时达半年以上，这是顶推进度受阻的一个重要原因。由于技术问题得不到根本性的改变，致使经济性好的长梁顶推方案往往因工期不够，而被迫放弃，而让预应力简支T梁方案长期占据中小跨径桥梁市场。如果改变思路，将现浇改为提前预制小箱梁，能与下部结构同时进行，其竞争力将大为增加。例如：南县哑吧渡大桥，采用分条分块组拼顶推工艺，施工进度达3~4(m/d)，提高一倍多。如图12。

图11 杭州九堡大桥($L=3\times200\text{m}$)

图12 南县哑吧渡桥($L=250\text{m}$)

2)引进波形钢腹板，增大使用跨径。

鉴于预应力混凝土箱梁腹板主拉应力和抗剪应力极低，以及顶推过程中箱梁要反复出现正、负弯矩，预应力只能使用直线配置的限制，致使混凝土箱梁顶推跨径很难超过50m。顶推与简支梁标准图在同一个范围内，缺乏竞争性。如顶推箱梁改为全钢结构，在中国劳动力丰富情况下，又不经济。由此折中方案是用钢混凝土组合结构，既保留顶底板混凝土，而将最薄弱的腹板改用高强度的波形钢(抗剪、主拉应力提高30倍)，则难题迎刃而解[2-3]。顶推箱梁采用BCSW(波形钢腹板)后，重量减轻，其适用跨径可以大幅度提高，在50~80m范畴中，顶推就有比T型简支梁和现浇箱梁更好的经济性。

3)联合攻关、集成创新。

由于PC箱梁顶推设计涉及很多复杂的工艺问题，导致至今尚没有部颁“顶推设计标准图”。在任务紧急情况下，一般设计单位无图可套，只能放弃改用简支梁或改用挂篮悬筑施工，这就是顶推连续梁推广数量不到简支梁万分之一的主要原因所在。

二、BCSW箱梁分条分块设计

1.“预制组拼顶推”试验桥

1)课题来由

1994年交通部“八五”行业联合科技攻关计划——“洞庭湖区桥梁修建新技术的开发研究”项目中，列有“PC箱梁预制组拼顶推工艺”课题(负责人：上官兴)。由湖南省公路设计公司与湖南省公路机械工程公司联合实施，选择南县哑吧渡大桥($10\times25=250\text{m}$)作为试验桥。经过两年努力，取得分条分块薄壁箱梁预制组拼竖曲线(半径 $R=10000\text{m}$)，顶推成功。如图13。该项研究工作系国内首次，其成果于2000年推广到韶关五里亭大桥的120m顶推系杆拱桥设计中。

2)哑吧渡桥科研成果如下：

(1)纵向桥型：按地形和航道情况，对25m等跨简支梁进行优化。在通航孔将跨径加大至2×30m，两侧则依次减少为25、20不等跨布置，通过全长一联的顶推连续梁，实现全长250m无伸缩缝，极大地改善了行车条件。

(2)12m桥宽：将原来6条简支T梁优化为三条薄壁小箱梁。其特点是腹板为厚10cm的预制三钢混凝土板(钢纤维F、钢丝网W、钢筋混凝土RC)。由此，横剖面上将五条横向接缝减少至2条，增大3主梁横向刚度和简化了施工工序。

a)龙门吊装箱块到位

b)三箱顶推到位

图 13 南县哑吧渡分条分块组拼顶推图

(3)预制箱梁尺寸:分块长度 3m、高 1.8m、顶宽 3.8m、底宽 3m、顶底板厚度 0.12m,每块箱重 8t,可在载重 10t 的汽车上进行场内运输。

(4)锚具:采用 HM21-1 锚具(7ϕ7),一端为平行钢丝夹片锚,一端为 7ϕ7 墩头锚,孔道直径 ϕ4cm,该锚具是专门为方便预应力索在顶推中方便接长而设计的。

(5)桥台后组拼平台长 20m:用龙门吊将预制箱块放在竖曲线(半斤 $R=10000$m)台座上,块间距 0.5m,调整高程后,焊接搭头钢筋、装模、浇筑接缝混凝土,穿纵向预应力钢筋,张拉后预制箱块就形成了预应力连续梁,可以实施顶推。

(6)分条组拼、分条顶推:一台 100t 连续千斤顶,在横向分别移动两次,可以完成三条 250m 长的纵箱梁顶推任务。在一个台座上,三条箱梁快件交替组装顶推,平均速度 5d 完成一段,进度是 $v=20/5=4$ (m/d),比现浇顶推提高 1~2 倍,$L=250$ 长箱梁,可在 3 个月之内完成顶推施工。

2. 井冈山经济技术开发区深圳大桥 2×65m BCSW 箱梁顶推

1)桥型方案

吉安市井冈山经济技术开发区深圳大桥是一座跨三条铁道的城市立交桥。其中井吉铁路基础下方是岩溶发育地区,经地质钻探和雷达波检查,原 L1 桥墩下方 80 余米深是一系列串珠式溶洞,没有厚度至少为 4m 的完整基岩可作桩支承。部分桩开钻后,出现溶洞漏水突然塌孔现象,危及铁路安全,被迫停工。经过半年多反复研讨处置方法,一致同意华东交通大学提出的 ϕ14m 波纹钢围堰挖孔空心桩方案。桥墩基础深 16m 在覆盖层厚度内,采用可不进入岩溶层,因此不会出现塌孔影响安全的问题。目前,右幅三个桥墩基础完成了挖孔空心桩,解决了施工的难题。但对于左幅桥,考虑两个 ϕ14 桩横向距离太近,不安全。只好将 L1 桥墩移动至右幅 R2 和 R3 之间。这样左幅由原来三跨(50+40+40=130m)被改变为两跨(65+65=130m),如图 14。

2)主梁优化

原设计 50m 桥型有 8 片宽 2.2m T 型简支梁。由于铁路运输每周只能安排一次两小时间隙供架桥机吊装 250t 的 T 梁,那么施工期要两个月之多。为减少 T 梁过铁路的时间,经研究,将 8 片 T 梁优化为 4 片 BCSW 小箱梁,如图 15。

3)顶推工艺的提出

原施工单位有 T 型简支梁(50~30t)的台座 20 多个。在将 T 梁预制完成后,可以用其台座来预制底宽 2.2m,顶宽 3.8m 的 BCSW 小箱梁。BCSW 小箱梁质量 $g'=10$(t/m),相当于两片 50m 简支梁($g_0=5$t/m),为了加快进度,减少跨铁路路高空作业时间,按双箱同时安装顶推计算($g''=20$t/m),一孔箱梁重 $G=65\times20=1300$t,是单片 50m 简支梁(250t)的 5 倍多,如用架桥机来吊装 1300(t)梁显然是不可能的。但如果改用顶推工艺,其所需的水平拉力 $Q=0.04\times1300=52$t,其经济型是显而易见的。现在按双箱顶推全长 $L=2\times65=130$m,总重 $\sum G=130\times20=2600$t 的 BCSW 小箱梁计算,单点顶推所需水平力 $Q=0.04\times2600=104$t。实际上采用一台 200t 级连续千斤顶,则可以将双箱 130m BCSW 箱梁顶推到位,足以说明这是简明可行的安装方案。顶推所需设备不足 200t,和自重千吨级架桥机相比,所节省的费用非常可观。

3. 箱梁分条分块组拼设计

1）纵向

如图14所示，吉安深圳大桥全长$\sum L = 2 \times 65 = 130$m。桥跨纵向共设有A、B、C、D、E、F、G、H、I，共10处横隔板（其中E点为二块）。例如：两块横隔板间距15.25m是满足顶推稳定的需要。全长共可分成三大段，而每段长度不等，保证分段预应力的连接器锚在横隔板上。例如：第一段L_{A-D}，长度$a_1 = 46.00$m；第二段L_{D-G}，长度$a_2 = 53.75$m；第三段L_{G-I}，长度$a_3 = 30.25$m。

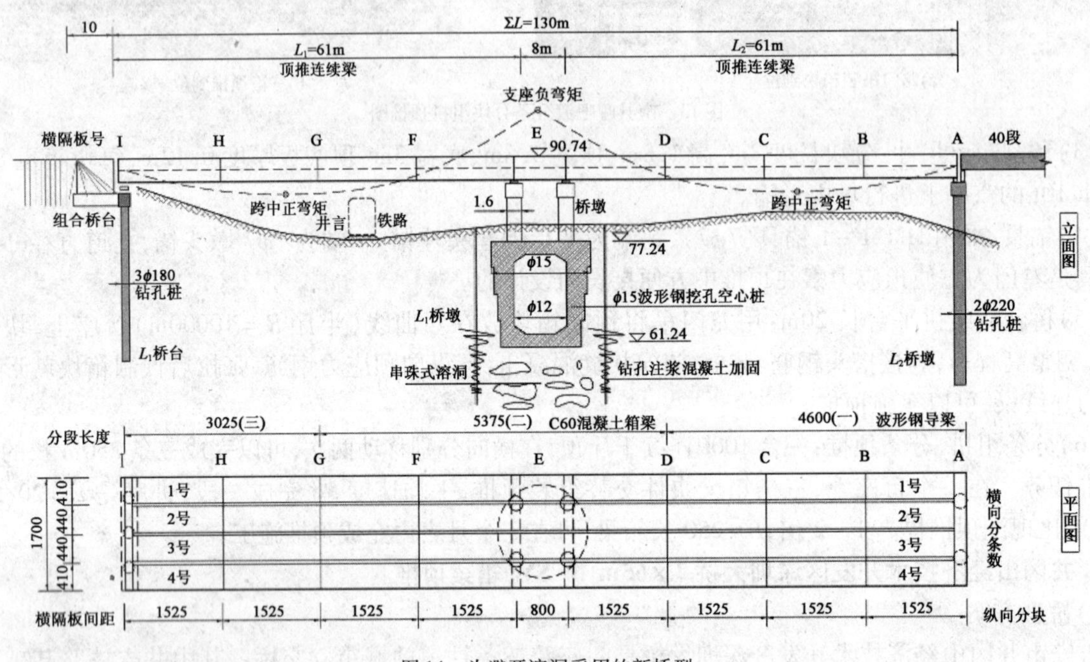

图14 为避开溶洞采用的新桥型

2）横向

桥宽17m，分为四条顶宽3.8m BCSW小箱梁。每两条组成一组，进行同步顶推，即1号和2号；3号和4号箱先后组拼顶推，如图15所示。

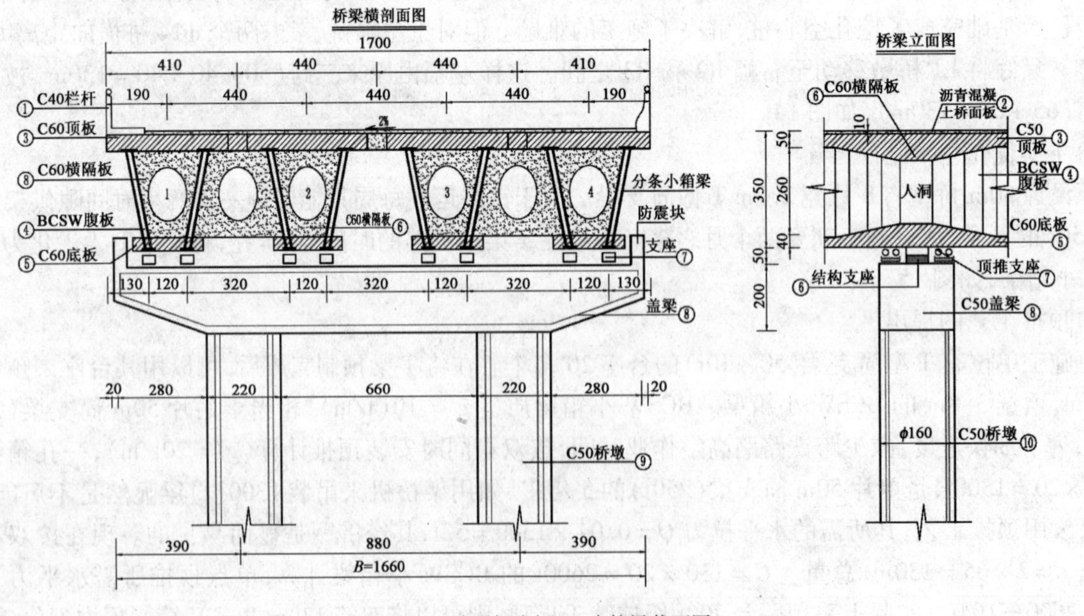

图15 波形钢腹板PC小箱梁截面图

3)BCSW 小箱梁

小箱梁顶面宽度应与一个车道宽度(3.75m)相近,这样可依据行车道数多少来确定分条的箱数。例如,井冈山经济技术开发区深圳大桥高架桥是双向 6 车道(4 × 3.75 = 15m),加上人行道、防撞栏杆(2m),则单幅桥宽为 15 + 2 = 17m 是合适的。

4)BCSW 小箱梁

构造如图 16 所示。

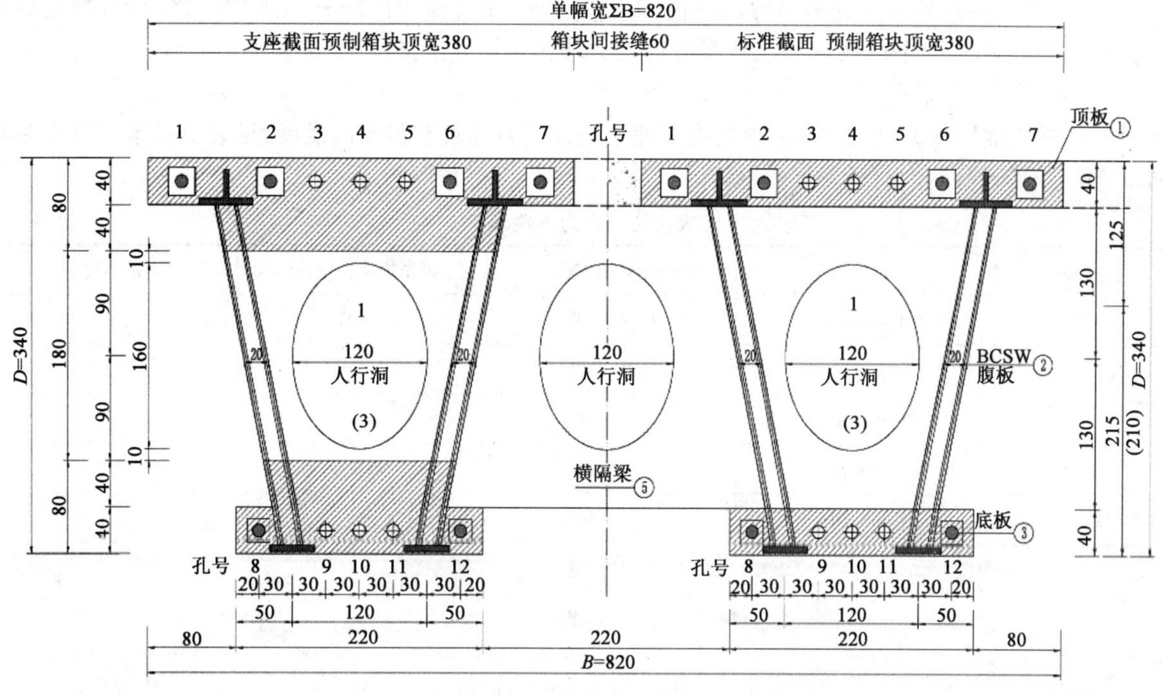

图 16 双箱顶推预应力孔道图(尺寸单位:mm)

(1)外形尺寸:顶底板混凝土厚度选择为 0.40m(在支座截面加厚至 0.80m)。箱顶宽 3.8m,底宽 2.2m。双肢波形钢 BCSW 腹板选用 1200 型,其厚度 $\delta = 10$mm(在支座处加厚至 12mm)。为了加强BCSW 箱梁的抗扭刚度,每隔 15.25mm 长度,则设置横隔板(宽度为 0.50m)。应当指出,单箱预制块的横隔板是在台座上组拼时,再安装模板时浇筑的,以确保两条 BCSW 小箱梁的整体性。

(2)预应力管道:管道尺寸为 ϕ12cm,采用钢管抽拔成型。在各小箱块组拼,接缝宽度(0.50m)中,管道采用略小的波纹管,且在接缝浇筑前,波纹管与抽拔管孔口要用树脂密封,以免漏浆。

(3)腹板工钢梁:为了充分发挥 BCSW 腹板的作用,在其上、下端加焊宽 0.40m 的顶底水平钢板(厚 δ20mm),形成工钢梁。其抗弯刚度(EJ)很大,可以直接用来做顶推施工中所必需的前端导梁。与普通预应力混凝土顶推连续梁相比较,BCSW 腹板代替导梁,节省了数百万钢材,而且免除了导梁的安装、拆卸工序,节省了大量劳力。应当指出,用 BCSW 钢梁做钢导梁,顶推到位后可作为劲性骨架,装模板后可直接浇筑顶底板混凝土。

5)箱块预制场选择,对加快全桥进度有重要意义。BCSW 小箱梁自重轻,本桥箱块质量 $g = 7 \sim 10$(t/m)。选择分块长度 $a = 3 \sim 5$m,箱块重量 $G = 20 \sim 50$t,用一般挂车都能方便运输。这样可争取工期,在下部构造施工时,选择场地同时浇筑小箱梁提供了条件。设计要求箱块预制后需存放 100 天,用以消除大部分混凝土的收缩徐变,提高了梁的质量。

三、ϕ21.8 大直径钢绞线锚

1. 顶推预应力锚具的发展

1)特点

箱梁顶推施工有两种不同的工况，因此对顶底板预应力索也有两种不同的设计方法，例如：

(1)前期索是直线型的"通索"，要求逐段张拉和接长而形成通索。钢绞线并不适合顶推，其主要原因是钢绞线齿轮式联结器尺寸较大，有时超过顶底板混凝土厚度要加大尺寸。为了解决这个难题，湖南省公路设计公司专门研制 $\phi 7$ 平行钢丝体系"HM21"锚。其特点是一端用镦头锚，一端用夹片锚，两者之间用钢管套做联结器。HM21 锚具 1995 年荣获湖南省科技进步奖，已在数十座大桥成功运用，顶推施工最大跨径为 120m 顶推系杆拱(广东韶关五里亭大桥)。

(2)后期索是顶推到位后为满足后期桥面和活载要求，在所需要区段补充施加的预应力，弯曲后再锚固。由于小箱梁内空间小，要求预应力索粗根数少，拟采用"分索张拉"方法锚固。

2)类型

我国桥梁顶推经过 30 年的发展，顶推中所使用的预应力锚具有很大的发展，见表 1 所示。其中常规的 $\phi 15$ 钢绞线最近有向大直径发展的趋势。

大直径预应力一览表　　表 1

直径(mm)	面积 $A(m^2)$	标准强度 $R(kN/m^2)$	破断力 $T_{max}(kN)$	破断力比值
$\phi 15$	1.4×10^{-4}	1.86×10^{6}	260	1
$\phi 17.8$	1.93×10^{-4}	1.86×10^{6}	353	1.36
$\phi 21$	2.69×10^{-4}	1.6×10^{6}	430	1.7
$\phi 21.8$	3.13×10^{-4}	1.86×10^{6}	573	2.2
$\phi 28.6$	5.33×10^{-4}	1.78×10^{6}	949	3.7
图例	(7根) $\phi 15(7\phi 5)$　(7根) $\phi 18(7\phi 6)$	$\phi 21(7\phi 7)$	(19根) $\phi 21.8$	$\phi 28.6$

3) $\phi 21.8$ 大直径钢绞线

原产日本，它根数多、直径大、强度高，一根的破断力为 $\phi 15$ 钢绞线的 2.2 倍。大直径钢绞线 $\phi 21.8$ 已在日本使用多年，但日本所用的锚具都是中国柳州 OVM 公司在生产的平行钢丝 $\phi 21(7\phi 7)$ 锚具基础上研发的。21 世纪以来，预应力高强材料发展很快，贵阳钢丝绳厂和新余钢厂均引进 $\phi 21.8$ 钢绞线全套生产设备，能供应大直径 $\phi 28.6$ 和 $\phi 21.8$ 的钢绞线；这样在中国推广使用 $\phi 21.8$ 大直径钢绞线锚具的条件已成熟。为了满足 60m 以上跨径 BCSW 小箱梁的顶推要求，在深圳大桥顶推设计中，经比较，我们选用了 $\phi 21.8$ 大直径预应力钢绞线。

2.2×65m 顶推施工中前期预应力设计

(1)8.20m 双箱预应力孔道，如图 17 所示。单根 $\phi 21.8$ 大直径钢绞线设计索力 T 计算如下：

①$\phi 21.8$ 钢绞线截面积　　$A = 3.08\times10^{-4}(m^2)$

标准强度　　$R = 1.86\times10^{5}(t/m^2)$

破断拉力　　$T_{max} = A\times R = 57(t) = 570(kN)$

初张拉力　　$T_o = 0.75T_{max} = 43(t) = 430(kN)$

由于前期索为直线配置，摩阻损失较小。

混凝土收缩徐变后永存设计索力　$T = 0.8T_o = 0.8\times43 = 34(t/根)$

②12 根 $\phi 21.8$ 大直径钢绞线设计索力 $T = 12\times34 = 408t$

(2)上缘配置 8 孔预应力轴向力 $N_上$,全长贯通在横隔板处锚固接长,如图 17 所示。

$$N_上 = 8 \times 408 = 3264\text{kN}$$

距中性轴力臂 $e = 1.25 - 0.20 = 1.05\text{m}$

上缘预应力产生的正弯矩 $M_上 = N_上 \times e = 3264 \times 1.05 = 34270\text{kN} \cdot \text{m}$

(3)下缘配置 4 孔预应力轴力 $N_下$,全长贯通在分段处锚固接长,如图 17 所示。

$$N_下 = 4 \times 408 = 16320\text{kN}$$

距中性轴力臂 $e = 2.15 - 0.20 = 1.95\text{m}$

预应力产生负弯矩 $W_下 = -1632 \times 1.95 = -31820\text{kN} \cdot \text{m}$

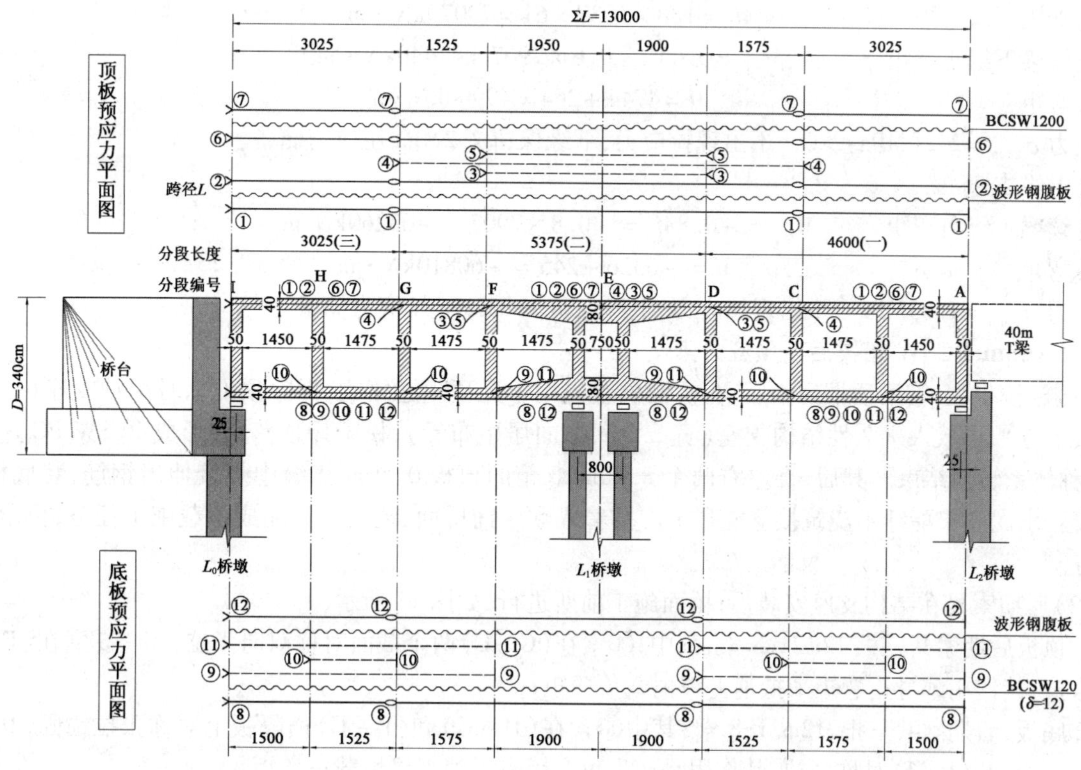

图 17 2×65m 顶推预应力设计图(尺寸单位:mm)

(4)全截面预应力的合力

①轴向力 $\sum N = N_上 + N_下 = 3264 + 1632 = 48960\text{kN}$

②弯矩 $\sum M = 3427 - 3182 = 2450\text{kN} \cdot \text{m}$

③偏心距 $e = \sum M / \sum N = 245/4896 = 0.05 \approx 0$ 忽略不计

④说明上、下缘预应力设计合理,巨大的轴向力作用在中性轴,全截面上产生正压应力,来抵抗各个不同阶段产生的拉、压应力。

(5)顶推中箱梁质量 g(单位长度的重量)

①图 16 中双箱连续梁截面几何性能如下:

a. 标准截面面积 $A_s = 5.04\text{m}^2$

质量 $g_s = 13\text{t/m}$

模量 $W_上 = 11.50\text{m}^3$ $W_下 = 6.70\text{m}^3$

b. 支座加厚截面 $A_k = 7.68\text{m}^2$ 质量 $g_k = 20\text{t/m}$

模量 $W_上 = 13.37\text{m}^3$ $W_下 = 8.28\text{m}^3$

②图 16 中 BCSW 腹板质量

支座截面 板厚 $\delta = 12\text{mm}$， $g = 4 \times 0.57 = 2.28\text{t/m}$

标准截面 板厚 $\delta = 10\text{mm}$， $g = 4 \times 0.52 = 2.08\text{t/m}$

③图16双箱混凝土横隔板，厚度0.5m，体积 $V = 7\text{m}^3$/道，每道横隔板重 $G = 18\text{t}$，间距 $a = 15.25\text{m}$，折算成纵向质量 $g = 18/15.25 = 1.2\text{t/m}$

④双箱梁恒载自重质量 $g_s = 13 + 2.08 + 1.20 = 17\text{t/m}$

支座加厚截面自重质量 $g_k = 20 + 2.28 + 1.20 = 24\text{t/m}$

(6)顶推箱梁自重弯矩(净跨径 $L_0 = 61\text{m}$)

①下缘跨中 主梁自重 $G = 61 \times 17 = 1037\text{t}$

简支梁下缘弯矩 $M_0 = 1/8 \times 1037 \times 61 = 79070\text{kN} \cdot \text{m}$

连续梁下缘正弯矩 $M_{e下} = 0.6M_0 = 0.6 \times 7907 = 47440\text{kN} \cdot \text{m}$

总弯矩 $\sum M = 4744 + 254 = 49900\text{kN} \cdot \text{m}$

应力 $\sigma_{smin} = 2.2(\text{MPa}) > 0$ 不出现拉应力，下缘保留2.2MPa压应力储备。

②上缘支座

连续梁上缘负弯矩 $M_{e上} = -0.8M_o = -0.8 \times 7907 = -63260\text{kN/m}$

总弯矩 $\sum M = -6326 + 245 = -60810\text{kN} \cdot \text{m}$

应力 $\sigma_{kmin} = 1.83\text{MPa}$ 不出现拉应力，上缘保留1.83MPa压应力储备。

3.2 ×65m BCSW 箱梁后期预应力索

(1)成桥步骤：箱梁顶推到位后，在桥墩位置先用千斤顶顶起箱梁，拆除顶推临时滚动支座(位于工字钢板下方)，再放入永久性结构支座(宽2.2m，横向居中布置)，松千斤顶落梁，形成BCSW PC连续梁体系，称体系转换结束。其后，将左右两个8.20m双箱的顶板0.60m接缝中焊接伸出钢筋，装底模板。用微膨胀水泥和聚酯纤维浇筑接缝混凝土。接着依顺序铺桥面、装栏杆。完成恒载施工任务，再承担运营任务。

(2)后期索是在结构支座安装后，桥面施工前所进行，如图17所示。

①顶板后期索共三根12ϕ21.8索，其中，④索在(G－C)两个截面对称双向张拉；③－⑤索在(F－D)对称张拉，其作用缠身正弯矩来抵消上缘恒载负弯矩；

②底板，后期索共三根，12ϕ21.8索，其中⑩索在(H－G)和(B－C)横隔板上对称张拉锚固，⑨和⑪索在(A－D)和(F－I)对称张拉，其作用是产生负弯矩来抵消下缘恒载正弯矩；

(3)结构电算表明：安装上、下缘后期索(共六组)后，在各种荷载组合中，均不出现拉应力，并保留不小于1MPa压应力储备，截面上下缘应力均满足桥规允许压应力20MPa要求。

四、结 语

吉安井冈山经济技术开发区深圳大桥跨三条客运铁路线，且在铁路交会处下方发现串珠式溶洞，施工地址条件十分复杂，影响上部结构的设计与施工。本课题为跨线交汇处设计研究，以单跨大跨径桥型中使用波形钢顶推施工工艺的集成创新为研究课题，为满足设计、成桥需要，使用ϕ21.8的大直径预应力索；深圳大桥上部结构的设计和研究对国内外相关跨径的桥梁也有一定的参考价值。

参考文献

[1] 上官兴. 中国桥梁顶推技术综述[C]. 杭州：杭州组合结构和顶推技术会议，2010.

[2] 陈宜言. 波形钢腹板预应力混凝土桥设计和施工[M]. 北京：人民交通出版社，2009.

[3] 李淑珍，万水. 波形钢腹板设计与制造[M]. 北京：人民交通出版社，2011.

[4] 孙天明. 波形钢腹板桥梁图集[M]. 浙江中隧桥波形钢腹板公司，2000.

[5] 官华. PC连续梁大跨径顶推新技术[D]. 上海：华东交通大学，2008.

97. 波形钢腹板组合梁桥的施工关键技术

彭安琪[1] 刘 朵[2] 张建东[2]
(1. 南京公路建设处;2. 江苏省交通科学研究院股份有限公司)

摘 要 以三跨波形钢腹板组合梁桥——玉春桥为工程背景,介绍了波形钢腹板组合梁桥的施工关键技术和质量控制要点,包括波形钢腹板的制作、运输、保存、吊装、安装和定位等各个环节,以及混凝土顶底板的施工要领与注意事项。同时,从结构的耐久性角度,介绍了节点的处理措施,为同类桥梁的施工建设提供技术积累和借鉴。

关键词 波形钢腹板 施工关键技术 安装与定位 耐久性

一、工 程 概 况

玉春桥位于长春至深圳国家高速公路南京绕越公路东北段,为三跨波形钢腹板预应力混凝土连续箱梁桥,跨径为(30+40+30)m,如图1所示。

主梁采用单箱单室截面,箱梁顶宽8.5m,厚28cm;箱梁底宽4.8m,厚22cm;端部梁高1.8m,为主跨跨径的1/22,中心梁高1.885m,以形成桥面双向2%的横坡;箱梁翼缘悬臂长1.85m,悬臂端厚度为20cm;波形钢腹板的厚度为16mm,波长160cm、波高22cm、水平折叠角为30.7°,弯折半径为15t(t为波形钢腹板厚度),箱梁标准断面如图2所示。

图1 玉春桥

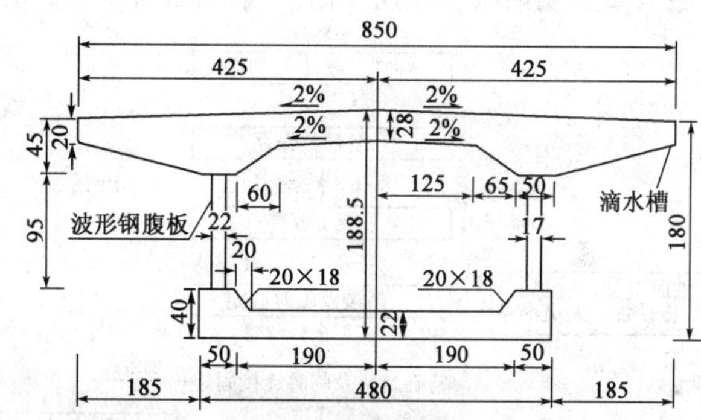

图2 箱梁标准截面图

波形钢腹板与混凝土顶板采用双开孔钢板连接,开孔钢板高16cm,钢板上均设置直径60mm的圆孔,圆孔纵向间距为15cm,并贯通横桥向钢筋。波形钢腹板与底板采用嵌入连接方式,嵌入深度20cm,底部设置直径28mm接合钢筋,波形钢板上设置直径60mm的圆孔,圆孔纵向间距均为15cm,如图3所示。在箱梁端部及靠近墩顶根部附近采用钢—混凝土组合腹板外(钢腹板内侧设置内衬混凝土),其余腹板均为波形钢腹板。每跨箱梁设置两道厚25cm的横隔板。

二、施工质量控制要点

本桥采用满堂支架的施工方法,根据设计要求和工程实际情况,确定了支架施工、钢筋制作、波形钢腹板安装、混凝土浇筑、体外索张拉、二期铺装等详细的施工工艺和流程。与普通预应力混凝土梁桥相比,根据波形钢腹板组合梁桥的结构特点,本桥的施工难点主要包括两个方面:

(1)波形钢腹板的施工精度要求高。波形钢腹板在整个施工过程中由工厂加工制作、运输至现场保存、吊装、安装、定位和焊接等多个环节,各环节的操作不当均会对波形钢腹板的最终质量产生影响。因此,确保波形钢腹板各施工节点的精度是本工程的重点,也是最大的施工难点。

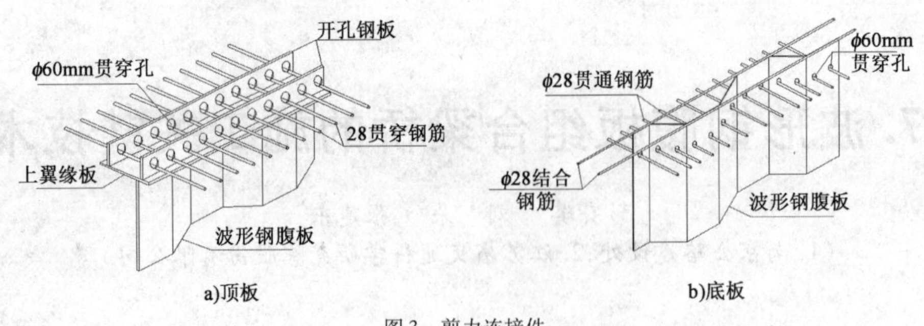

图3 剪力连接件

(2)混凝土的施工难度大。波形钢腹板分别通过双开孔钢板、嵌入式抗剪连接件与混凝土的顶底板相连,连接处的构造复杂,混凝土的振捣难度大,混凝土浇筑的密实度较难保证。另外,因体外索的转向器、锚具等需要精确定位,因此混凝土浇筑时既要使得转向块处及锚下混凝土密实,同时保证其位置不受扰动。

三、施工关键技术

1. 波形钢腹板的制作与安装

波形钢腹板的施工流程如图4所示。

1)制作和加工

玉春桥采用1600mm型波形钢板,钢板的加工是严格按照现行《钢结构工程施工及验收规范》及设计要求进行。钢板的板厚负偏差不大于0.4mm,其尺寸、外形、重量满足现行《热轧钢板和钢带尺寸、外形、重量及允许偏差》的规范要求。在钢结构工厂中采用模压法成型,一次压制一个波长。由于波形钢腹板在运输和施工安装过程中容易磕碰,同时会承受室外紫外线的辐射,因此,底层采用了长效重防腐功能的三层电弧热喷铝涂层,内层增加了聚氨酯面漆保护层。波形钢腹板工厂加工制作如图5所示。

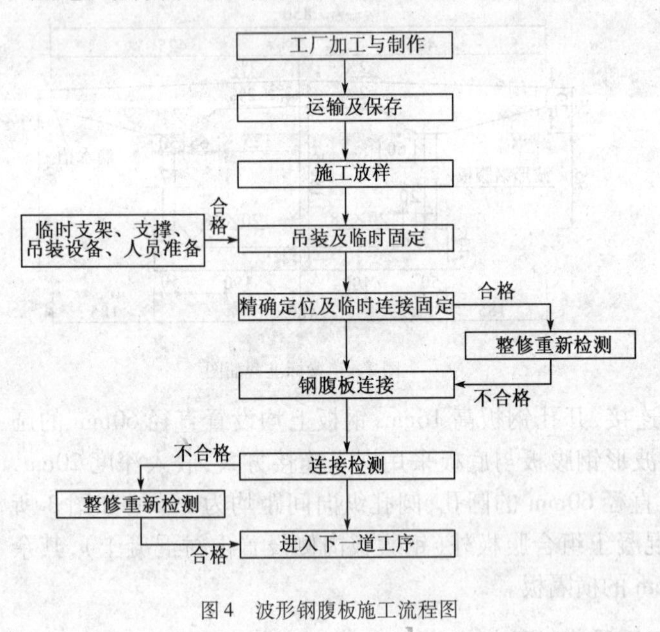

图4 波形钢腹板施工流程图

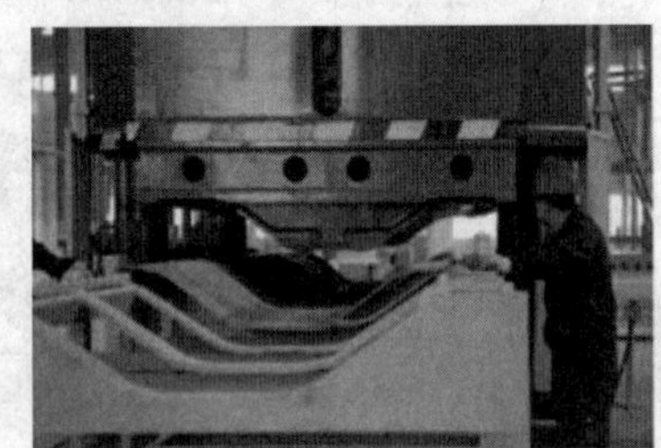

a)模压成型

b)工厂喷涂

图5 波形钢腹板加工与制作

2)运输和保存

钢腹板延波高方向的刚度小,为确保其形状,防止面外变形对板的结构尺寸产生不利影响,在工厂制作时,钢腹板压制成型后采用φ28螺纹钢筋双面满焊于板的上下缘将其波形固定,限制其纵向回弹伸长和横向扭曲变形。同时,在运输和保存过程中采用多层叠放的形式,底层钢板支撑在外形相同的混凝土存放垫上,最多层数为5层。为妥善保护防腐涂装层,在钢板表面涂装完全干透后进行搬运,且覆粘了一层保护膜。

钢腹板从加工厂运往工地后,集中按编号堆放,待现场需安装时,小型平板车运输,为减小起吊时变形,拟波腹板竖直安放于平车上,拉好揽风,防止倾倒,单趟运输数量为4片,运往安装位置下方。

3)现场安装和定位

现场先对钢腹板进行两节段拼装,然后采用汽车吊起吊,人工配合作业的方法吊装。起吊时利用钢腹板上缘预留的$\phi60$贯穿钢筋孔挂专用夹具吊装,因每块钢腹板的形状不尽相同,其重心位置有所变化,通过多次试吊确定其重心位置和变化规律,保持起吊后钢腹板上缘水平。

考虑桥梁纵坡,设计上将钢腹板的位置随纵坡进行一同调整,于是首块钢腹板安装时其上下嵌入混凝土内的深度会有所不同,同时,腹板两侧及翼缘板底部设置支撑,保证钢腹板的位置准确。

钢腹板定位分为平面定位和高程定位两大部分,首节钢腹板的结构尺寸和自重都较大,仅通过原有的模板和钢筋等无法将其精确和牢固定位,因此采用在钢腹板下设临时千斤顶调整高程,然后每隔5m在腹板顶端设置横拉钢筋及加强方木,把每一块钢腹板准确地调整到图纸设计的位置,固定钢腹板后撤去千斤顶。内外侧钢腹板通过用定位内支撑形成整体,以保持整体稳定性,同时增强抗倾覆能力,并保证竖直度。如图6所示。

a)现场节段拼装　b)现场吊装

c)定位与调整　d)定位支撑杆

图6　波形钢腹板安装与定位

4)注意事项

波形钢腹板顶底板贯穿钢筋的安装在钢腹板定位前完成,同时注意底板纵向钢筋的绑扎次序,以免妨碍贯通钢筋安装。

定位支架刚度要适合加大,否则在钢腹板加载后产生局部变形,混凝土浇筑时易导致钢腹板的上浮,影响高程控制效果。

2. 混凝土的浇筑与耐久性措施

波形钢腹板与模板安装完毕后进行混凝土施工。混凝土浇筑时横向要两侧对称浇筑,纵向从梁跨中向墩顶方向对称浇筑,防止浇筑过程中墩顶位置出现裂缝,全部浇筑在混凝土初凝前完成。

1)混凝土底板浇筑

与混凝土底板同时浇筑的还有横隔板底部混凝土和体外预应力转向块等。底板的布料顺序为底板→承托→连接部。混凝土的振捣采用插入式振捣器进行作业。振捣器与模板的间距控制在10~20cm,缓慢自然垂直插入混凝土中,插入振捣厚度为30cm,插入下一层混凝土5~10cm,插入点排列均匀,且插点距离小于振动作用半径的1.5倍,如图7所示,振捣到混凝土不再下沉,表面泛浆有光泽并不再有气泡逸出时,将振捣棒缓慢抽出,防止混凝土内留有空隙。

2)混凝土顶板浇筑

顶板厚度较小,钢筋、管道密集且纵横重叠,混凝土分两层入模、分层振捣,防止发生隔空假实

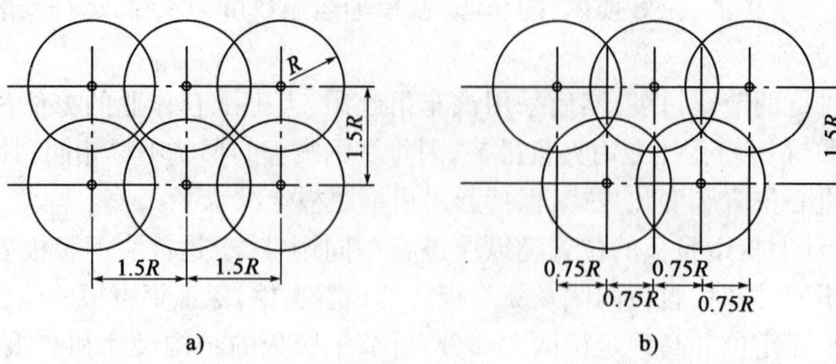

图7 混凝土振捣插点示意图

现象(管道下面混凝土空洞不实而表面混凝土假实现象)。混凝土浇筑时先将顶板与腹板相连部位的混凝土填满捣实,然后从两侧悬臂向中间对称浇筑混凝土。转向器、锚具周围振捣要距离其10cm左右,防止扰动其位置,要实行二次振捣,确保锚下混凝土密实。下翼缘板下混凝土,两边模板与钢板均间距10cm,保证下料和振动工作面,并设翻边模板使浇筑时混凝土面能高于下翼缘板,振捣时观察混凝土从翼缘板另一侧翻出,并采用二次振捣,以保证翼缘板下混凝土密实,振捣完成后铲除翼缘板两侧多余混凝土并压光混凝土面。当混凝土浇筑临近结束时,严格控制其顶面的高程。箱梁顶面应的混凝土应压实抹平,并在其初凝前进行拉毛处理。去除浮浆和油污,以提高与混凝土调平层的结合。

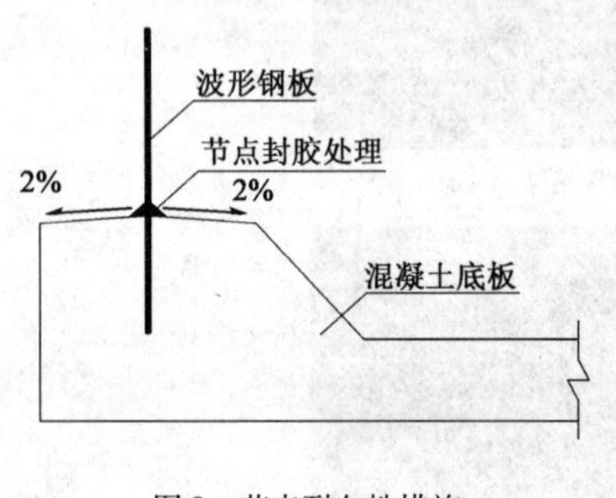

图8 节点耐久性措施

3)节点耐久性措施

为保证波形钢腹板与混凝土连接节点的耐久性,防止附着波形钢腹板上的水滴(结露)等流入或渗透进入波形钢腹板嵌入混凝土板的接合部位,在底部钢混交接处设硫化型橡胶密封剂,并在其上设置聚氨酯面漆的防水层。同时在接合部位尚应设置1.5%~2%的横坡,迅速排除波形钢腹板嵌入混凝土板的接合部位的雨水,防止雨水积留,如图8所示。

四、结　　语

本文结合南京绕越公路东北段玉春桥的施工过程,从施工便捷性角度出发,并考虑施工质量和结构耐久性,详细阐述了波形钢腹板组合梁桥的施工关键技术,为同类桥梁的建设积累了丰富的工程经验,同时为今后波形钢腹板组合梁桥的标准化施工提供技术参考和借鉴。

参考文献

[1] Jiandong Zhang, Yoshiaki Nishigaki, Akira Shiji. Hybrid Prestressed Concrete Bridges with Corrugated Steel Webs[C]. 11th East Asia-Pacific Conferenceon on Structural Engineering & Construction, 2008.

[2] 刘芳.波形钢腹板组合梁桥结构性能与施工方法研究[D].南京:南京航空航天大学,2012年.

[3] 刘芳,张建东,艾军,等.多工作面施工方案在某波形钢腹板箱梁桥中的应用[J].施工技术,2011年12月上第40卷第354期,46-49.

[4] 刘芳,张建东,艾军,等.波形钢腹板组合梁桥应用调查研究[C].2012年全国桥梁学术会议论文集,2012.

[5] 梁朝晖,袁少飞,扈成熙.鄄城黄河公路特大桥波形钢腹板PC结合梁施工技术[J].桥梁建设,2010年第6期:73-76.

[6] 胡旭辉,包飞,顾安邦.大堰河桥设计和施工[J].公路,2008年1月第1期:46-49.

98. 不同加载方式下混合配束节段预制桥梁受力性能试验研究

程磊科[1] 朱金玲[2] 王 君[2] 韩业冬[3]
(1. 安徽省交通投资集团有限责任公司;2. 合肥市公路桥梁工程有限责任公司;
3. 中铁上海工程局市政工程有限公司)

摘 要 混合配束节段预制箱梁桥集体外、体内单独配束节段梁桥的优点于一身,近年来在一些大中型桥梁中备受青睐。不同加载方式下的此类梁桥的受力行为和破坏机理各不相同。本文依据某实桥箱梁尺寸按1:10缩尺浇筑模型,考查三分点和单侧1/4跨加载方式下,试件破坏全过程的试验研究。研究表明,无论何种加载方式,节段预制箱梁由于节段接缝的张开导致了受力变形非线性变化的特征。三分点加载梁体发生的是纯弯段多(塑性)铰屈服弯曲破坏;单侧1/4跨加载梁体是加载区域单铰屈服弯剪破坏,且伴随着大变形、节段错动现象。梁体预应力钢筋有效控制预压应力增量分别可提高60%、45%左右。

关键词 节段预制梁桥 混合配束 加载方式 破坏机理

一、引 言

混合配束节段预制拼装梁桥具有预制梁体质量好,施工工期短,徐变小、耐久性好,环境影响下等优点。1962年首次在巴黎塞纳河上 Choisy - Le - Roi 桥采用[1],后来法国 Oleron 桥、国内洛阳黄河公路桥、苏通大桥引桥段、南京长江四桥引桥段均采用此结构形式修建。与普通整体式混凝土梁桥相比,混合配束节段预制拼装梁桥在构造上存在鲜明特点,如节段接缝处纵向受力钢筋断开、横向箍筋不连续、节段间的连接力依存关系等因素。相关研究也集中在节段接缝局部构造力学性能和成桥整体状态下的梁体受力行为等方面展开。

Guenter Axel[2]通过数值模拟考虑分析在短线法预制节段时新老节段匹配时由于温度应力产生的“拱效应”,认为此效应产生的预制箱梁顶板应力重分布会降低结构的耐久性和极限抗弯能力。J. Turmo[3-4]设计了几组7m长体外预应力干接缝工字型足尺模型试件,通过试验揭示构件在弯剪共同作用下接缝张开后的破坏机理,同时与有限元分析结果对比,认为竖向荷载作用下,结构呈现“拱”式抵抗机制,即支座间和转向块间分别形成的“拱”式抗弯剪破坏变形。李国平教授[5]通过设计13根整体式和14根节段式体外预应力混凝土简支模型梁,进行剪切性能试验研究,综合分析剪跨比、配箍率等因素对节段式混凝土桥剪切性能的影响,结果表明节段式和整体式剪切破坏存在较大差异,节段式梁体破坏变形、开裂更大。该试验采用工字形截面代替箱型截面,仅考虑两点对称加载方式,未涉及与其他加载方式间的对比分析。刘钊教授等人[6]结合南京长江第四大桥,开展了节段预制拼装箱梁足尺模型试验,研究了节段预制拼装箱梁在正常使用阶段和施工状态下的结构行为,研究结果表明在正常使用阶段,梁体受力行为基本符合平截面假定,整体性好;在梁上运梁工况下梁体下缘压应力仍有一定的安全储备。不过该试验未进行破坏性试验,且体内束未灌装,因此无法预测梁体开裂后的受力行为。

综上,在成桥整体受力行为方面研究大都停留在数值模拟分析层面,结合工程实例进行研究也仅限于正常使用状态下的结构行为,未见破坏后梁体受力行为。本文将依托某实桥尺寸,以1:10缩尺设计制作了两根混合配束箱型截面简支梁,突出研究不同加载方式下,混合配束胶接缝箱梁破坏性试验条件下的受力行为。

二、试验概况

1. 试件设计

试件通过长线法浇筑完成，试验梁体节段划分及转向块设置如图1，简支梁全长5.7m，支座中心间距5.5m；划分为A~E共5种类型、12个节段。顶板、底板和体外预应力束分别为2根、6根和2根。不同类型箱梁横截面尺寸如图2，节段间采用环氧树脂胶接缝剪力键形式连接（图3）。

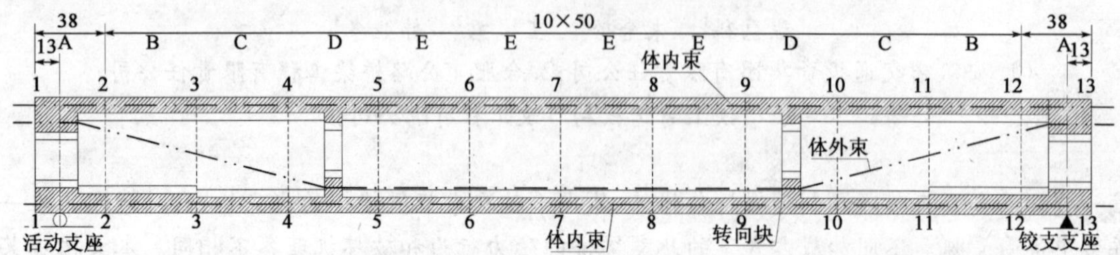

图1 梁体节段划分（尺寸单位：cm）

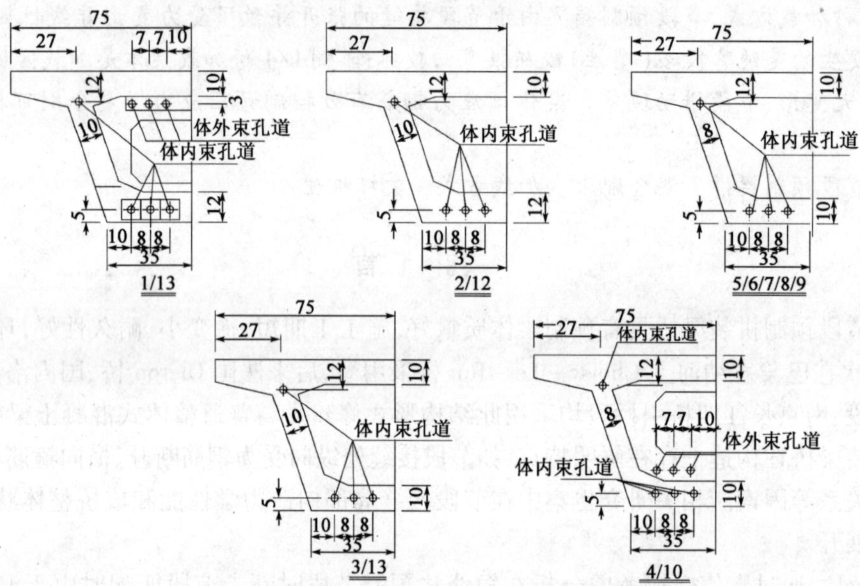

图2 节段横截面图（尺寸单位：cm）

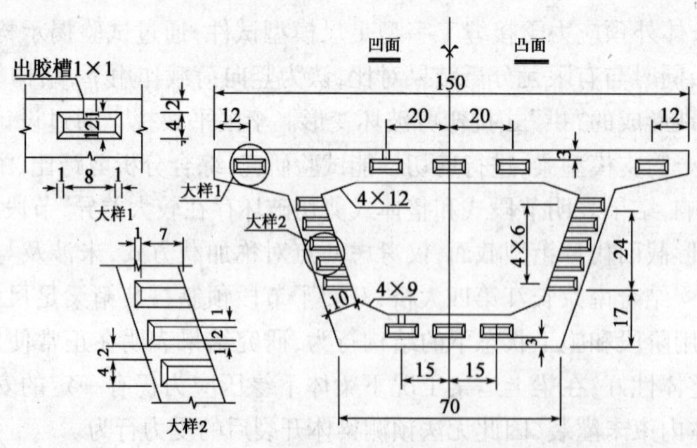

图3 剪力键类型图（尺寸单位：cm）

2. 材料属性

模型梁材料用混凝土采用C40商品混凝土，平均抗压强度32.2MPa，标准差3.1MPa；普通钢筋采用HPB235，屈服、极限强度分别为235、370MPa；预应力筋均采用1×7ϕs12.71，极限抗拉强度为1860MPa，弹性模量为 1.95GPa;环氧树脂胶结剂涂抹固化 7 天抗拉、抗压强度分别达到 12.5MPa、75MPa,涂层厚度 3mm。

3. 加载测试项目

依加载方式的不同将梁体编号:A 梁采用三分点加载,B 梁采用梁单侧 1/4 跨加载。试验采用 200t 压力传感器测量竖向荷载,50t、15t 压力传感器分别测量体内、体外束荷载;同时用精度为 192$\mu\varepsilon$/mm 电阻式位移计测定试件挠曲变形;混凝土应变及变形由电阻应变片和百分表测量,具体试验测试项目见图 4。试验采用单调加载方式,混凝土开裂前以 50kN 为一级加载,接近破坏荷载时以 25kN 为一级加载;加载速率保持匀速适中,每加一级荷载之后停顿 10min 左右,使变形充分发展;同时观测并记录数据;当达到梁体极限承载力时,转为采用位移控制,继续分级加载,直至试验构件破坏。

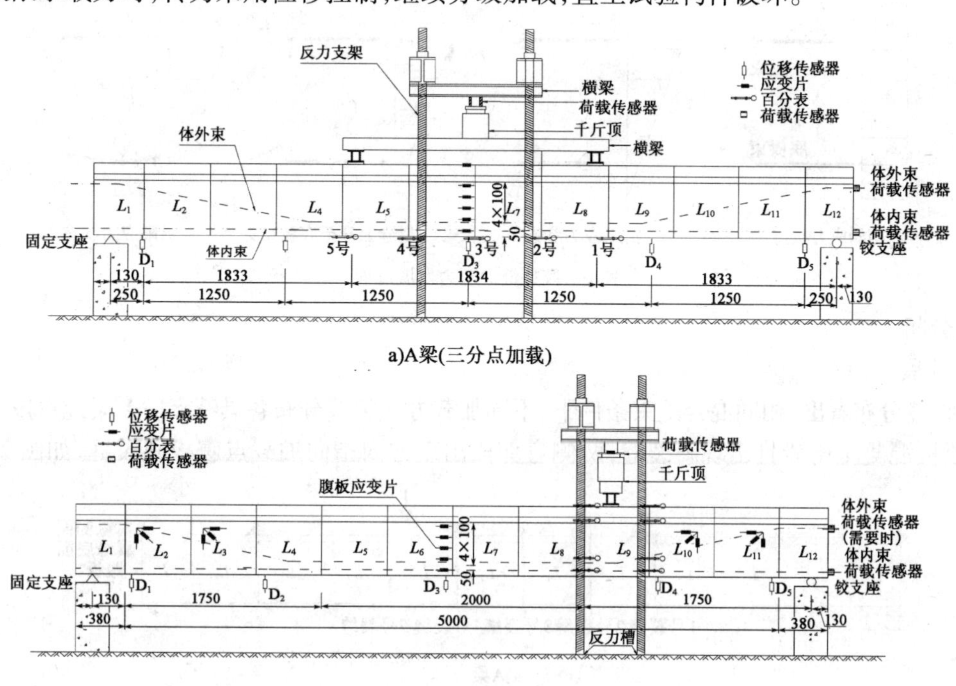

图 4 加载装置及测点布置图

三、试验结果分析

1. 梁体变形特征

由图 5a) 和 b) 的梁体变形曲线可见,加载初期,梁体整体变形;随着竖向荷载的增加,梁体下挠值也逐渐增加。当荷载达到开裂荷载时,A 梁变形集中发生在纯弯段,且沿跨中对称分布,在节段裂缝出现前后,变形量呈先小后大的特征;B 梁在集中力作用位置节段(L_9 节段)接缝张开,且发生最大位移。A、B 梁最终破坏时下挠值分别达到 106.77mm、141.51mm。

对于混合配束节段预制桥梁而言,在弯剪耦合作用下,胶接缝面应力发展则经历截面消压状态、受拉侧接缝旁边混凝土开裂、裂缝向上延伸乃至部分混凝土压溃或预应力筋屈服导致破坏等几个受力阶段,如图 6 所示。

图 5c) 给出了两根梁体的荷载—最大变形位移对比曲线($P-\delta_{max}$ 曲线),最初的荷载位移关系呈线性变化,但随后逐渐变的非线性,直到试件破坏。线性变形阶段,A、B 梁竖向荷载值分别达到 205kN 和 160kN,这一过程对应图 6 前两种状态。从梁体出现初始裂缝开始,即进入非线性变形阶段,对应图 6 后两种状态;A、B 梁最终破坏荷载值分别达到 835kN 和 540kN。不同的加载方式导致梁体变形特征差异较大。由于接缝的张开,导致了梁体整体刚度的降低。梁体受力变形呈现非线性的原因包括两个方面:一是钢筋混凝土材料本身的材料非线性;二是节段接缝的张开导致的几何非线性。

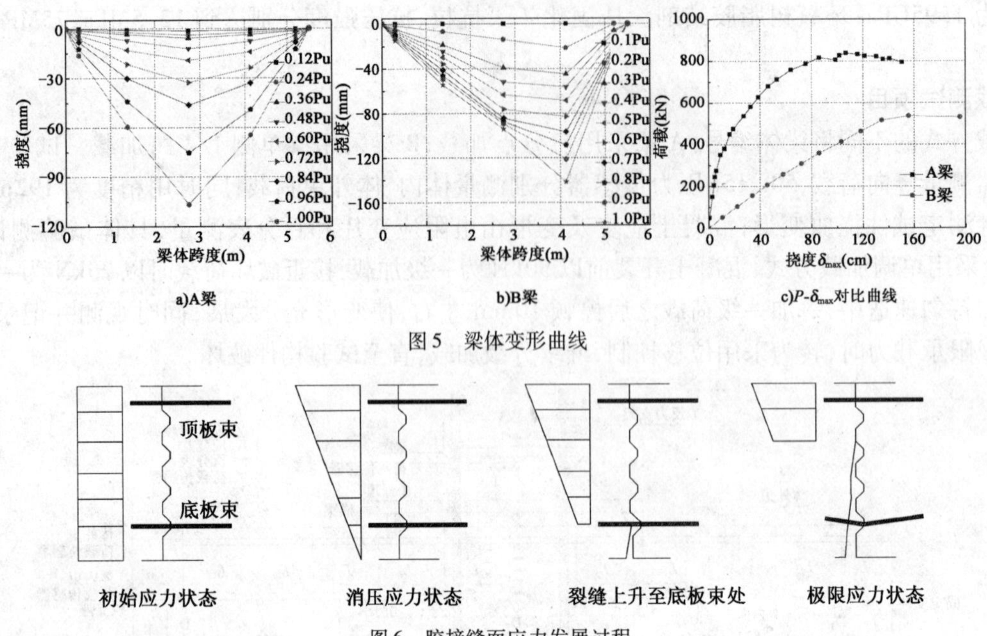

图5　梁体变形曲线

图6　胶接缝面应力发展过程

2. 裂缝分析

1）裂缝开展

从图7裂缝分布看出，相同混合配束条件下，不同加载方式裂缝分布各具特点。A梁纯弯段节段接缝均张开，局部顶板混凝土压溃且出现斜裂缝；两侧弯剪段出现方向指向加载点腹板斜裂缝，如图7a）所示。

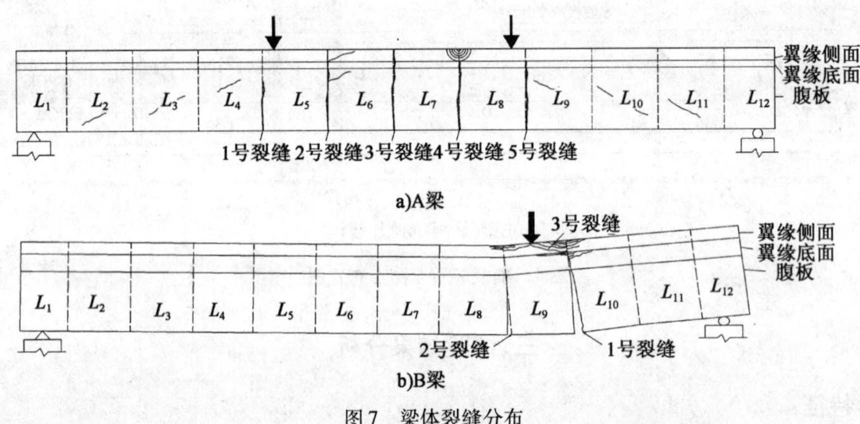

图7　梁体裂缝分布

B梁最大裂缝位置发生在图7b）节段9、10间接缝处，箱梁顶板混凝土压溃且出现局部斜裂缝，伴随有明显的节段错动现象，错动距离达到50mm（如图8b）所示）。由于体外预应力筋在第9节段（转向节段）处弯起，降低了9、10箱梁节段抗弯刚度，使得该处接缝成为受力最薄弱部位，导致了破坏。

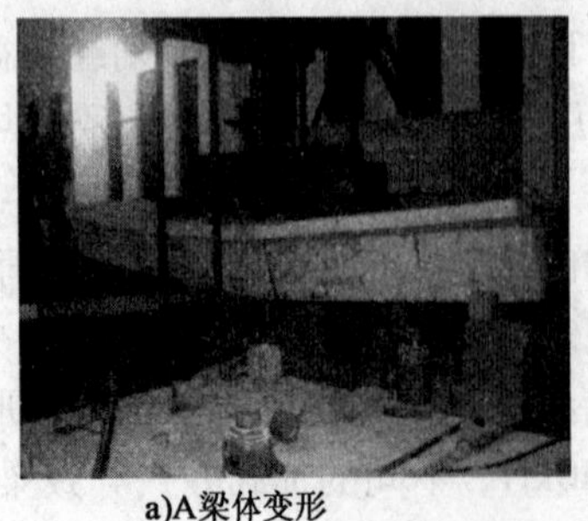

a)A梁体变形　　b)B梁局部错动

图8　梁体破坏现象

通过设置在B梁支座附近腹板的应变花(图4)测得数据,根据公式(1)计算得到该处最大主应力大小,再与《公路钢筋混凝土及预应力混凝土桥涵设计规范》(JTG D62—2004)[7]中结构容许应力值作比较。该规范[7]规定现场浇筑(包括预制拼装构件)应满足公式(2)要求:

$$\begin{cases}\sigma_1\\ \sigma_2\end{cases} = \frac{E}{2}\left[\frac{\varepsilon_{0^\circ}+\varepsilon_{90^\circ}}{1-\mu} \pm \frac{1}{1+\mu}\sqrt{(\varepsilon_{0^\circ}-\varepsilon_{90^\circ})^2+(2\varepsilon_{45^\circ}-\varepsilon_{0^\circ}-\varepsilon_{90^\circ})^2}\right] \tag{1}$$

$$\sigma_{tp} \leqslant 0.5f_{tk} \tag{2}$$

式中: E——混凝土弹性模量,$E=3.25\times10^4$MPa;

ε_{0°、ε_{45°、ε_{90°——直角应变花三个方向的应变值;

μ——混凝土泊松比,$\mu=0.2$;

f_{tk}——混凝土的抗拉强度标准值,C40:$f_{tk}=2.39$MPa;

σ_{tp}——作用(或荷载)短期效应组合和预应力产生的混凝土主拉应力。

经计算可知,在支座附近腹板的实测最大主拉应力值为0.52MPa,小于规范容许应力值1.2MPa,所以腹板没有出现斜裂缝。可见节段预制PC梁带裂缝工作弯剪破坏模式不同于整体式钢筋混凝土梁体在受剪切荷载出现的斜裂缝破坏模式。

2)裂缝宽度

通过如图4所示设置在节段接缝处的千分表,绘制梁体接缝荷载—裂宽变化曲线如图9所示。由图可见,加载初期,A、B梁接缝均闭合;开裂后,裂宽随荷载变化呈非线性变化;临近破坏时,裂缝宽度增长速率最剧烈。A梁最大裂宽为8.95mm,B梁却达到200mm之多,两者裂宽差异巨大;这是因为A梁开裂分布分散、破坏时纯弯段出现多个塑性铰,有效释放应变能;而B梁只在集中荷载附近节段接缝处开裂,形成单个塑性铰,从而通过局部剧烈的裂缝开展释放变形应变能,达到破坏阶段受力平衡的要求。

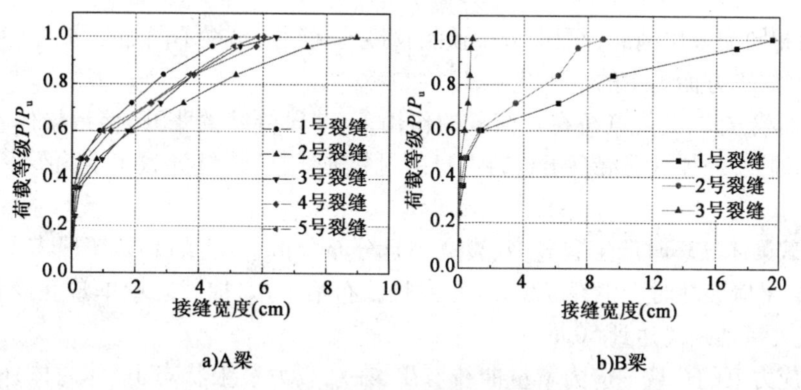

图9 梁体裂缝宽度开展曲线

3. 预应力变化分析

从图10梁体预应力束荷载—应力增量关系曲线可见,在接缝张开前,梁体整体承载,预应力束应力

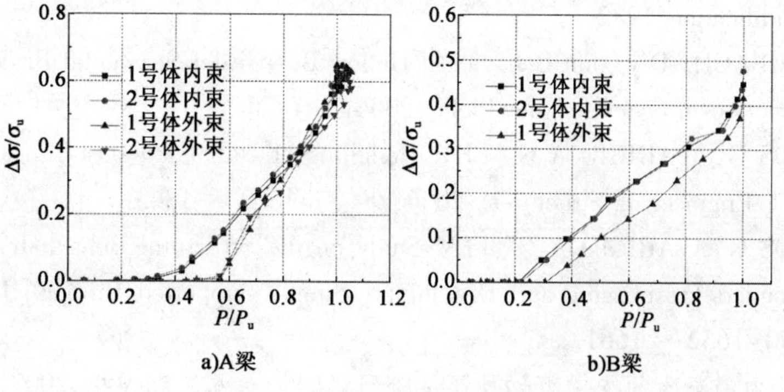

图10 梁体荷载—应力增量关系曲线

增量趋于0;随荷载增加,由于体内体外束的设置,使得前者抗弯偏心距大于后者,体内束应力增量大于体外束;在承载力极限状态下,体内体外束应力增量值趋于一致,A、B梁有效控制预压应力增量分别提高60%、45%左右。最终A梁体内束屈服、体外束未屈服;而B梁体内体外束均未屈服。

四、破坏机理

混合配束节段预制简支箱梁在相同预应力筋配束比例、不同加载方式下,破坏过程差异见表1。

试验结果汇总　　表1

梁体编号	最大下挠值(cm)	裂缝分布	最大裂宽(mm)	节段错动(mm)
A梁	10.68	多且分散	8.95	不明显
B梁	14.15	少且集中	195.4	50

三分点加载破坏的A梁,首条接缝张开前,梁体整体变形;接缝张开后,梁体受力呈非线性变化,弯剪段腹板出现斜裂缝,纯弯段接缝张开并逐步上移,使得中和轴上移、剪压区减小;破坏时纯弯段剪压区混凝土形成塑性铰,使得顶板混凝土压溃,体内预应力束屈服破坏。梁体发生的是纯弯段多塑性铰屈服弯曲破坏。

单侧1/4跨加载破坏的B梁,整体变形阶段时间较短,很快进入带裂缝受力状态;在弯剪耦合作用下,因体外束的向上弯起,降低了弯剪段局部节段抗弯刚度,使得该处接缝成为受力最薄弱部位,最终因梁体过大变形,使得在加载区域顶板混凝土压溃破坏的同时,也伴随有节段错动现象,可认为是加载区域单塑性铰屈服弯剪破坏。

五、结语

本文基于两根相同配束比例混合配束节段预制胶接缝混凝土箱梁不同加载方式下破坏试验研究,给出梁体变形、裂缝开展等方面规律的一些结论,以供参考:

(1)无论何种加载方式,此类梁桥在外荷载的作用下,节段接缝的张开,使得梁体整体刚度的降低。在几何非线性的基础上,外加钢筋混凝土材料本身的材料非线性,最终导致了受力变形等方面的非线性变化的特征。

(2)三分点加载梁体破坏时产生裂缝多、裂宽小且分布分散,发生的是纯弯段多塑性铰屈服弯曲破坏;单侧1/4跨加载梁体破坏时产生裂缝少、裂宽大且分布集中,是加载区域单塑性铰屈服弯剪破坏,混凝土压溃节段接缝处错动距离达到50mm。

(3)从梁体预应力束的荷载—应力增量曲线看出,在承载力极限状态下,体内体外束应力增量值趋于一致,A、B梁有效控制预压应力增量分别提高60%、45%左右。

参考文献

[1] Walter, P. J., Muller, J. M., Construction and Design of Prestressed Concrete Segmental Bridges[J]. Wiley-Interscience Publication. 1982.

[2] Guenter Axel ROMBACH. Dry Joint Behavior of Hollow Box Girder Segmental Bridges[J]. fib Symposium "segmental construction in concrete" new delhi, 2004(11):26-29.

[3] TURMO J, RAMOS G, APARICIO A C. FEM Modelling of Unbonded Post-Tensioned Segmental Beams with Dry Joints[J]. Engineering Structures. 2006, 28(2):1852 - 1863.

[4] TURMO J, RAMOS G, APARICIO A C. FEM Study on the Structural Behaviour of Segmental Concrete Bridges with Unbonded Prestressing and Dry Joints: Simply Supported Bridges[J]. Engineering Structures, 2005, 27(7):1652 - 1661.

[5] 李国平. 体外预应力混凝土简支梁剪切性能试验研究[J]. 土木工程学报, 2007, 40(2):58-63.

[6] 刘钊, 武焕陵, 等. 南京长江第四大桥节段预制拼装箱梁足尺模型试验[J]. 桥梁建设. 2011, 4(3):

9-16.
[7] 中华人民共和国行业标准. JTG D62—2004 公路钢筋混凝土及预应力混凝土桥涵设计规范[S]. 北京:人民交通出版社,2004.

99. 钢箱梁顶推施工简化计算与受力分析

范振华[1,2] 张谢东[1] 张 行[1] 许玉华[1]
(1. 武汉理工大学交通学院;2. 内蒙古交通设计研究院有限责任公司)

摘 要 以某顶推施工独塔斜拉桥大跨度钢箱梁架设为背景,基于导主梁模型的整体分析,确定顶推施工最不利工况,采用已有箱梁有效宽度计算公式,并结合对扁平钢箱梁的合理简化,得到主梁顶底板最大纵向应力的简化计算公式;利用有限元软件,采用混合单元法建立该桥的有限元模型。将简化计算公式、有限元计算结果与施工现场观测的数据进行比较。结果表明,有效宽度的计算方法能较准确地计算出钢箱梁顶底板最大纵向正应力,混合单元法能较好地模拟顶推施工过程主梁的受力,扁平钢箱梁剪力滞后效应比较显著。

关键词 顶推施工 有效宽度 混合单元法 导梁 剪力滞后

一、引 言

随着顶推能力的增加和顶推机具的发展,顶推施工方法在连续梁桥以外的桥型中正在广泛的应用,如拱桥、斜拉桥和悬索桥的施工,目前对顶推施工方法及相关问题的研究[1],主要以对混凝土连续梁桥的顶推施工为主,在混凝土梁的顶推施工方面,已经总结出了比较完善的施工体系和受力计算方法;而关于钢箱梁顶推施工的研究大部分专注于施工工艺方面,随着对顶推施工钢箱梁的尝试,钢箱梁在顶推过程中的受力必然成为施工控制的关键因素。

二、工 程 概 况

某独塔双索面扁平钢箱梁斜拉桥的跨径组合为(60+60+160+386)m,主梁最大纵坡为1.65%,位于$R=33133.05$m,切线长$T=386$m,外矢距$E=2.248$m的圆弧竖曲线上;钢箱梁中心线高度(外轮廓)全部为3.526m,如图1所示。这种竖曲线曲率恒定的特点非常适合采用顶推施工方法。顶推施工采用的设备轻型简便,不需大型吊运机具,同时钢箱梁拼装工作在岸上的固定场地集中进行,施工安全,且安装精度、焊接质量更易于保证。

导梁与钢箱梁同高,长38.5m,总重约85t,顶推跨径60m,顶推导梁的刚度为主梁的0.2倍。由于桥面宽度达到了43.6m,在力的作用下,其上、下翼缘板的应力分配很不均匀,存在明显的剪力滞后效应,本文通过有效分布宽度的简化计算来考虑钢箱梁的剪力滞后效应。

三、简化计算方法

1. 导主梁模型确定顶推最不利工况

将每一个顶推进程分为两个阶段:设不断前进的主梁前端到支承点B的距离为x,开始顶推时$x=0$,当导梁接触支承点A时,$x=l-l_n$,设$a=x/l$,则当$0\leqslant a<(l-l_n)/l$时,定义这一阶段为顶推第一阶段,当导梁到达支点A后,导梁前端的千斤顶将向下的弹性、非弹性变形顶起,使导梁与滑板高程一致,以便导梁在支座上滑行。将这个阶段导梁在A支点上滑行直到主梁的前端到达A支点时称为顶推的第二阶段。

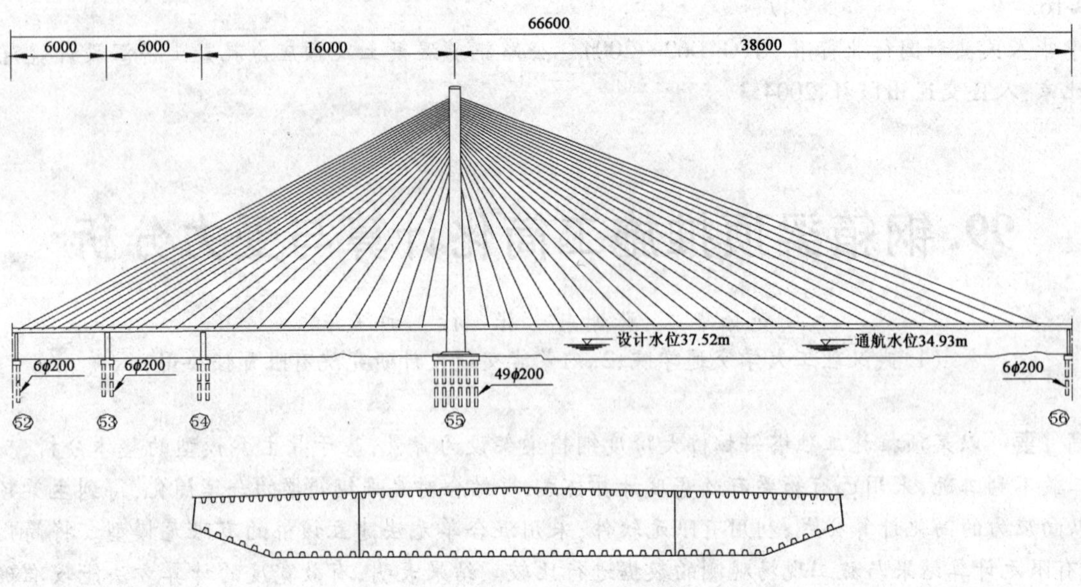

图1 某独塔斜拉桥立面图及钢箱梁标准断面图(尺寸单位:cm)

在实际的工程中,合理的导梁设计 $\alpha = l_n/l$ 在 0.63 ~ 0.71,$\beta = q_n/q$ 在 0.08 ~ 0.12,$\gamma = E_n I_n/EI = 0.2$ 时[3],主梁到达 A 支点时,B 处的负弯矩值最大,成为控制顶推施工的最不利工况,如图2所示。$\alpha = 0.642$,$\beta = 0.116$,$\gamma = 0.2$ 满足最优导梁设计,使得最大悬臂时 B 支点处的负弯矩与顶推末 B 支点处负弯矩相当,为顶推最不利工况。

2. 有效宽度确定最大纵向应力

当箱梁宽跨比较大时,其上下翼缘弯曲正应力在宽度方向分布很不均匀,存在较明显的剪力滞后效应,此时应力在纵隔板之间区域最小,纵隔板上方最大,呈曲线分布。对于简支箱梁,日本的近藤和夫、小松定夫等给出了简支箱梁考虑纵肋在内的有效翼缘宽度实用计算公式,并且提出了将连续梁换算成简支梁的方案[4],在反弯点处因为弯矩为零而剪力不为零,有效分布宽度不需要考虑。

将扁平钢箱梁简化为有悬臂的箱梁[4],截面简化如图3所示,箱梁上、下翼缘的有效宽度几乎不受下、上翼缘应力分布的影响,可近似的将上下翼缘分别计算[6]。在分析上翼缘时,等代截面纵隔板位置和扁平钢箱梁相同,顶板全部保留,底板只在计算箱梁整体截面特性时考虑;同样,分析下翼缘时,区别就在于斜底板不作为下翼缘考虑,只考虑水平部分的底板,仅在计算箱梁整体截面特性时考虑斜底板的参与作用。小松定夫于1962年用迦辽金法分析了钢桥面板梁桥的剪力滞后,提出了有效宽度实用计算公式,前支点的反力 P 等代为集中荷载,作用在 $c = \varphi l$ 处,取有效宽度为 b_m,等代的有悬臂的截面悬臂长度为 b(计算上下翼缘时分别取不同的值),同时考虑均布荷载作用,即可得到需要计算的截面不均匀系数[4]。

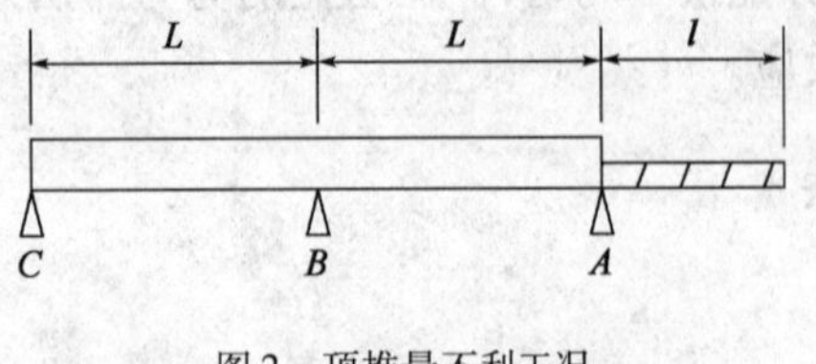

图2 顶推最不利工况

图3 简化的箱梁截面

$$\tau = \frac{b_m}{b} = 1 - \frac{k\lambda p + 2ql\dfrac{b}{l}\omega x}{\left\{3(1-\psi)\psi p + 1.5(1-\psi)\psi ql\dfrac{l}{b}\right\} + \kappa\left(k\lambda p + 2ql\dfrac{b}{l}\omega x\right)} \tag{1}$$

$$k=\sqrt{\frac{1.5\omega}{1.2-\beta}};\omega=\frac{1}{1-\nu}+\frac{R}{at}(1+\nu);\kappa=\frac{A}{F}+\frac{2Ah^2}{J};A=\frac{bt}{1-v^2}+\frac{bR}{a}$$

$$\lambda=1\left(\frac{l}{b}\geqslant 5\right);\lambda=\text{th}\left(\frac{\frac{l}{b}}{2\omega}k\right)\left(\frac{l}{b}<5\right)$$

$$x=1\left(\frac{l}{b}\geqslant 10\right);x=1-\text{sh}\left(\frac{\frac{l}{b}}{2\omega}k\right)\left(\frac{l}{b}<10\right)$$

式中：l——梁的等效简支跨径；

b——半翼缘宽度；

ν——泊松比；

a——纵肋的间距；

t——翼缘板厚；

h——按正交异性板考虑的翼缘中性轴与箱梁截面中性轴的距离；

R——一个纵肋面积；

F——全截面面积；

J——全截面惯性矩。

前支点处弯矩值很容易得到[6]，分别考虑不均匀系数的影响，即可得到近似的上下缘的实际最高应力解：

$$\sigma_{\max}=\frac{\sigma_0}{\tau} \tag{2}$$

式中：σ_0——根据平截面假定计算平均上下缘应力。

钢箱梁为Q345钢，泊松比$\nu=0.3$，梁的等效简支跨径为$l=38.5\text{m}$，半翼缘宽度在计算上、下翼缘时分别为10m、5.6m，上、下翼缘板厚分别为16mm、12mm，纵肋为U形加劲肋，间距600mm，厚8mm。根据简化公式计算结果见表1。

计算与实测结果对比表 表1

应力(MPa)	简化公式	有限元	实测
顶板纵向应力(拉)	48.61	42.4~50.6	46.62
底板纵向应力(压)	78.62	60.5~85.35	80.29

四、有限元分析

1. 混合单元法

由于简单的梁单元不能真实地反映钢箱梁在顶推过程中的受力情况，而利用壳单元又会使计算过于复杂，此时，这里采用混合单元法，梁单元与壳单元连接采用刚域耦合方法，准确模拟梁单元和壳单元间节点的刚度关系，保证计算结果可靠。

2. 模型建立

钢箱梁弹性模量$E=2.1\times10^5\text{MPa}$，容重$\gamma_s=78.5\text{kN/m}^3$，纵隔板间距20m，厚16mm，横隔板间距3.75m，厚10mm。支座约束简化为在纵隔板下240mm×240mm范围内节点设约束。

分别采用beam4和shell63单元建立顶推施工过程中钢箱梁的有限元模型，如图4所示，在壳梁连接的地方，采用刚域耦合，如图5所示，使梁单元节点与壳单元节点协同受力。整体坐标系以横桥向为x轴，竖向为y轴（向上为正），顺桥向为z轴。

仅考虑在自重作用的最不利工况下，关键截面处的顶底板的应力云图如图6、图7所示，从图中可以看出，纵向应力是沿横桥向变化的，纵隔板上方应力最高，向两边逐渐降低，剪力滞后效果明显。底板上，在中间支座处有很大的集中反力作用，此处桥面板的有效宽度比较小，剪力滞后明显。相对于顶板的低

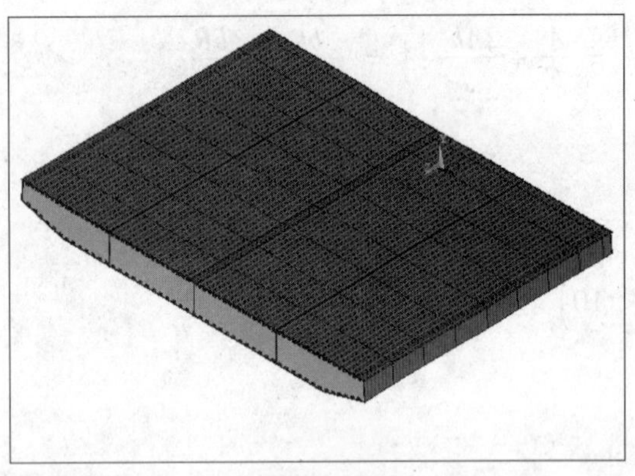

图4　壳单元模型

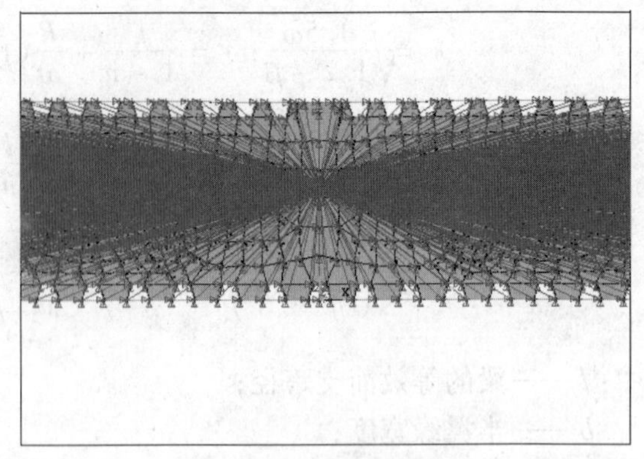

图5　刚域耦合

应力水平，底板应力水平较高而且受力复杂，在顶推过程中高应力大部分都集中在支承位置。

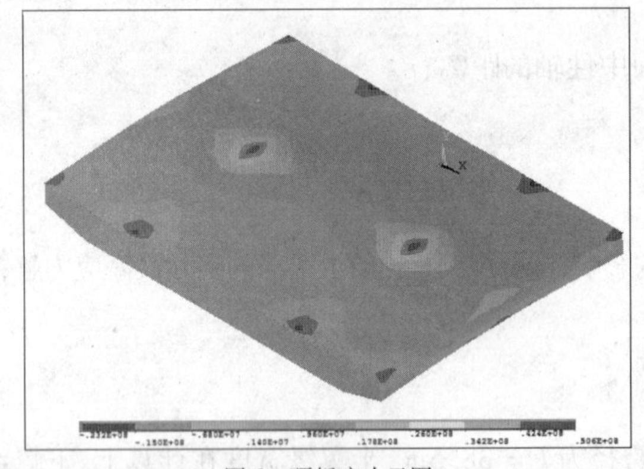

图6　顶板应力云图

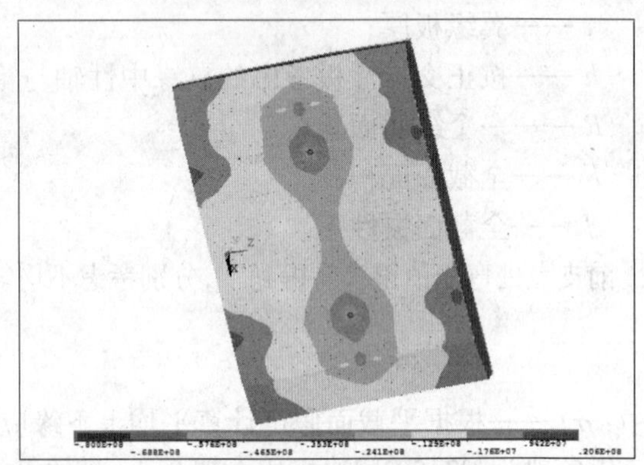

图7　底板应力云图

五、结 果 分 析

1. 最大纵向应力分析

在顶推施工过程中，为保证施工安全，需对关键截面进行施工监控，对钢箱梁的应变观测布点，针对最不利工况，在关键截面需对观测点进行加密，测得应变值，从而求得关键点的应力。

将简化计算公式、有限元及实测的结果进行对比，对比结果见表1。需要指出的是，因为有限元计算采用板壳单元，故给出的是纵隔板上方一个小范围区域的应力，是一个应力范围而不是一个具体的数值。

从表1中可知，考虑剪力滞系数的简化公式的计算结果与实测值误差在5%左右，两者与有限元的计算结果误差在10%以内，有限元的计算结果偏安全，这在工程中是允许的，而根据英国规范及日本规范的计算分别为42.56MPa、67.42MPa；57.542MPa、74.62MPa；可以认为，采用简化计算公式计算扁平钢箱梁的不均匀系数比较可靠；将扁平钢箱梁简化成有悬臂的箱梁的简化模式也能正确反映箱梁的受力特点。

2. 顶底板剪力滞后效应

顶板上的应力分布如图8所示，其上下翼缘弯曲正应力在宽度方向分布很不均匀，剪力滞后效应非常显著（达到了10%以上），此时仅用平截面假定判断纵向正应力是不合理的，必须考虑剪力滞后效应的影响。应力在纵隔板之间区域最小，纵隔板上方最大，呈曲线分布，纵隔板附近为正剪力滞区域，其余为负剪力滞区域。

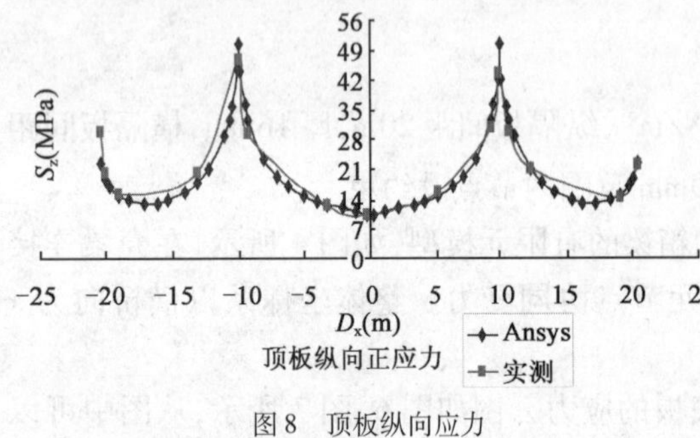

图8　顶板纵向应力

底板纵向应力如图9所示，可见底板相对顶板宽跨比较小，但在纵隔板处剪力滞后效应更为突出，通过有效宽度的计算，悬臂翼板宽度（特别是上翼内外板的宽度）的比值越大，梁的剪力滞后效应越显著，因此，在桥面宽度保持不变的情况下，应使悬臂翼板与内翼板的宽度值尽量接近，此时，对于将扁平钢箱梁的斜腹板的简化还不尽合理，需要进一步的研究。

实测应力与有限元的计算结果基本吻合，在底板支座处相差较大，原因是支座和箱梁底板通过240mm×240mm的聚四氟乙烯板相连，而在有限元模型中，是给钢箱梁底板上相同位置的节点施加约束，如想得到更精确的解，可以通过对支座和垫板的准确模拟来得到。

3. 最大位移

测得最不利工况、最大悬臂状态导主梁的位移如图10所示，位移不超过8cm，在规范规定的安全范围之内，钢箱梁在顶推过程中不致产生大的变位，导梁设计合理。在最不利工况下，支座反力为13129kN，满足顶推反力不超过14000kN的要求，顶推施工过程安全高效。

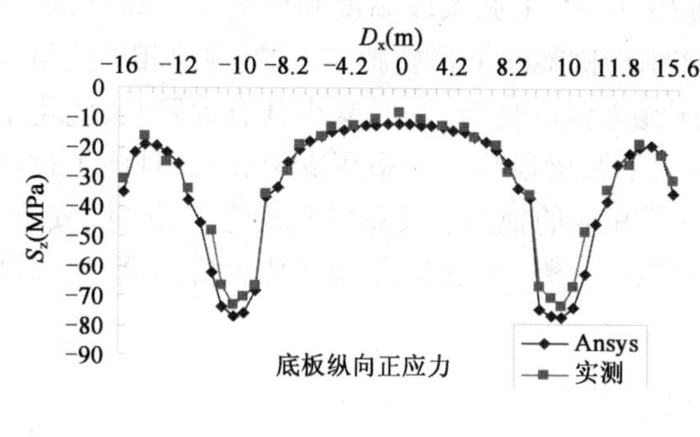

图9 底板纵向应力

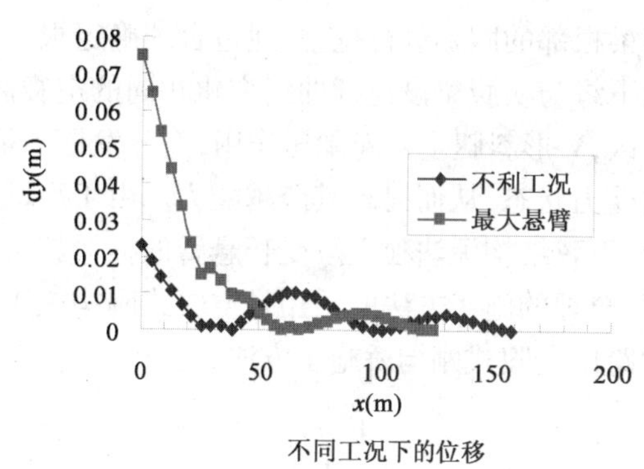

图10 最不利工况及最大悬臂状态主梁位移

六、结　　语

根据上述计算分析及与测试结果的对比，得出了以下结论：

(1)采用简化计算方法计算扁平钢箱梁的有效宽度，从而求得顶推施工过程中的最大纵向正应力是可靠的。

(2)混合单元法能有效地模拟钢箱梁的受力情况，加快了求解效率，同时，能准确模拟关键部位受力。

(3)宽跨比大的扁平钢箱梁剪力滞后效应显著，在设计时，应充分考虑剪力滞效应的影响；由于集中力的存在、结构出现应力集中的现象，对钢箱梁的局部受力应引起足够的重视。

参考文献

[1] 苏魁. 钢箱梁斜拉桥顶推施工关键问题研究[D]. 上海：同济大学，2006.
[2] 许振宇. 大跨度全断面预应力混凝土顶推连续梁桥理论分析及试验研究[D]. 长沙：湖南大学，2000.
[3] 王卫锋，林俊锋，马文田. 桥梁顶推施工导梁的优化分析[J]. 工程力学，2007，(6)：132-138.
[4] 小西一郎. 钢桥[M]. 北京：中国铁道出版社，1980.
[5] 苏庆田，吴冲，董冰. 斜拉桥扁平钢箱梁的有限混合单元分析[J]. 同济大学学报，2005，(6).

100. 高墩大跨度空腹式刚构桥空腹区施工方法研究

应　松[1]　黄　盛[2]　陶　路[3,4]　彭旭民[3,4]
(1. 贵州高速公路开发总公司；2. 贵州桥梁建设集团有限责任公司；
3. 中铁大桥局集团武汉桥梁科学研究院有限公司；4. 桥梁结构安全与健康湖北省重点实验室)

摘　要　为解决高墩大跨度空腹式刚构桥无法采用支架施工，且施工过程中上、下弦结构无法独立承受长悬臂的挂篮施工荷载施工难题，以主跨290m的北盘江特大桥为例进行研究，对比分析了4种方法（双扣挂法、下弦扣挂结合上弦支架节段现浇法、下弦扣挂结合上弦支架整体现浇法和下弦扣挂结合支架支撑的上弦挂篮悬浇法）施工该桥空腹区的适用性、经济性、安全性及工期。结果表明，下弦扣挂结合上弦支架节段现浇法适用性较强，经济性较好，所需工期较短，对结构受力较为有利。

关键词　刚构桥　大跨度桥　空腹区　施工方法　对比　分析

一、引　言

最近几年，由于多座大跨径连续刚构桥出现了跨中开裂、下挠问题，人们更倾向于将跨径限制在200～240m内[1~3]。空腹式连续刚构桥型为一种在常规连续刚构形式上的一种新的改型，其主要思路是对箱梁根部的腹板进行挖空，通过合理确定根部高度、空腹区长度、上弦梁段高度和下弦梁段高度，形成下弦下缘与实腹梁段连续曲线变化相同的空腹区。空腹式刚构桥梁的V形斜腿与主墩、主梁相连接组成三角区，V形斜腿主要起承压作用，充分发挥了混凝土承压能力强的优势，同时减小其有效跨径，优化了结构受力状态，从而提高其跨越能力。由于高墩空腹式桥梁下弦梁段将无法采用支架施工，且施工过程中上、下弦结构无法独立承受长悬臂的挂篮施工荷载，需采用相应的辅助手段完成浇筑施工，因此，安全、便捷、合理的施工方法的采用是空腹式刚构施工及后续推广的关键。本文以北盘江特大桥为例，研究高墩大跨度空腹式刚构桥施工方法。

二、工 程 概 况

北盘江特大桥主桥为82.5m＋220m＋290m＋220m＋82.5m预应力混凝土空腹式连续刚构桥[4,5]，北盘江特大桥主桥总体布置见图1。大桥分左右两幅，采用单箱单室的截面形式，桥面宽10.5m，箱梁底宽6.5m，顶板悬臂长2m，悬臂端部厚0.2m，根部厚0.65m，箱梁顶设有2%的横坡，两主墩高分别为123m、176m。该桥空腹区由部分主墩及上、下弦梁段组成，空腹区以下主墩最高达141m，空腹区部分主墩高为35m，箱梁悬臂长为44m，分为11个现浇梁段，每梁段长4m。根据受力特点，上弦采用预应力混凝土变截面箱梁，箱梁高5～6.418m；下弦采用单箱单室等截面钢筋混凝土箱梁，无翼缘板，正截面梁高7.5m，宽6.5m。该桥施工分为主悬浇梁段和次悬浇梁段，主悬浇梁段分为34个梁段，次悬浇梁分为17个梁段，主悬浇梁段划分为9m（0号块）＋11×4m（上弦区段）＋4×3m（汇合段）＋4×3.5m＋5×4m＋10×4.5m，北盘江特大桥空腹区主梁梁段划分见图2。施工顺序为主悬浇梁段先进行三角区及其汇合段施工，在主悬浇梁段施工至第18号梁段时，次悬浇梁段开始同步施工，直至中跨合龙。

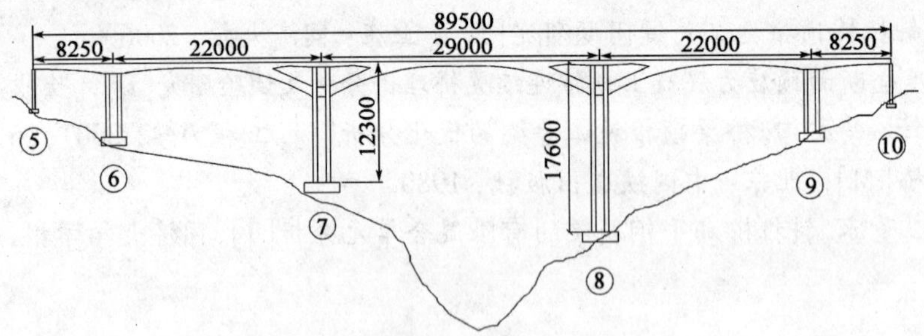

图1　北盘江特大桥主桥总体布置

三、空腹区施工方法

根据北盘江大桥空腹区的特点，目前可采用的施工方法主要有双扣挂法、下弦扣挂结合上弦支架节段现浇法、下弦扣挂结合上弦支架整体现浇法和下弦扣挂结合支架支撑的上弦挂篮悬浇法等四种，每种施工方法的实施内容均有一定的差别。

1. 双扣挂法(方法1)

斜拉扣挂法施工是目前拱桥等无支架施工中采用最多的方法,非常适合在山岭施工区域大跨度桥梁施工,多适用于扣挂吊装及悬臂浇筑施工,与混凝土斜拉桥施工相类似,但大跨度预应力混凝土桥中使用较少[6,7]。

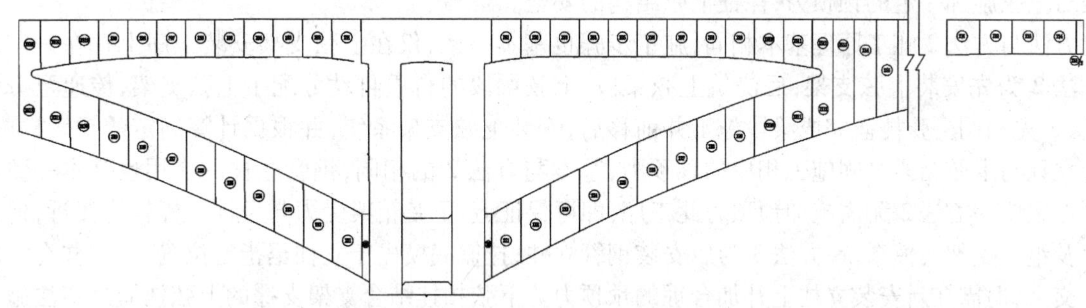

图2 北盘江特大桥空腹区主梁梁段划分(尺寸单位:mm)

双扣挂法施工上、下弦梁段均采用挂篮施工悬臂浇筑,并辅助相应的扣索扣挂已浇梁段,施工过程示意见图3。上弦箱梁施工采用索塔锚固于0号梁段,索塔作为扣索的支撑体系,承受扣索传递的竖向荷载及部分不平衡荷载产生的弯矩;扣索作为挂篮支撑构件,将上弦梁施工期间的梁段自重等施工荷载传递于索塔及桥墩,避免施工过程中抗弯刚度较小上弦梁段在自重及挂篮等施工荷载作用下顶板出现拉应力及梁段上、下缘出现较大的应力差;挂篮作为悬臂浇筑的主要设备,主要作用与一般刚构悬臂施工挂篮相同。下弦箱梁扣挂施工不用单独设置索塔,采用在空腹区部分主墩设置扣索孔道,将此部分主墩作为扣索的支撑体系,承受扣索传递的竖向荷载;扣索作为下弦结构的加载系统,通过扣索张拉将下弦梁段施工期间的梁段自重及挂篮等施工荷载传递于桥墩,避免施工过程中无预应力配置、自重较大的下弦梁段在自重及挂篮等施工荷载作用下出现较大的拉应力;下弦挂篮作为悬臂浇筑的主要设备,主要作用与一般刚构悬臂施工挂篮相同,但需设计可在箱梁斜向梁顶面行走并适应箱梁斜率变化的新型挂篮。

2. 下弦扣挂结合上弦支架节段现浇法(方法2)

支架现浇施工是目前拱桥、小跨径箱梁施工中采用最多的方法,多适地形条件较好的小跨径整体箱梁,但大跨度预应力混凝土桥中支架节段现浇较不常见[8,9]。

下弦扣挂结合上弦支架节段现浇法施工过程中,下弦梁段采用斜向挂篮悬臂浇筑,并辅助相应的扣索扣挂已浇梁段;上弦采用支撑于下弦顶面的支架分段现浇,施工过程示意见图4。上弦箱梁施工采用钢管支架支撑已浇筑的下弦箱梁段,随下弦施工进行分节段现浇施工,上弦支架系统承受上弦箱梁施工的竖向荷载,传递于下弦箱梁;上弦挂篮作为悬臂浇筑的启动设备,浇筑上弦1号梁段及下弦1号、2号梁段;上弦支架底模系统与钢管桩支架之间存在竖向及横向的交叉,底模需在横向进行合理划分,移动时先分解,至指定位置再组装,设计为横向3段分离式移动底模系统;下弦箱梁施工与双扣挂法相同。

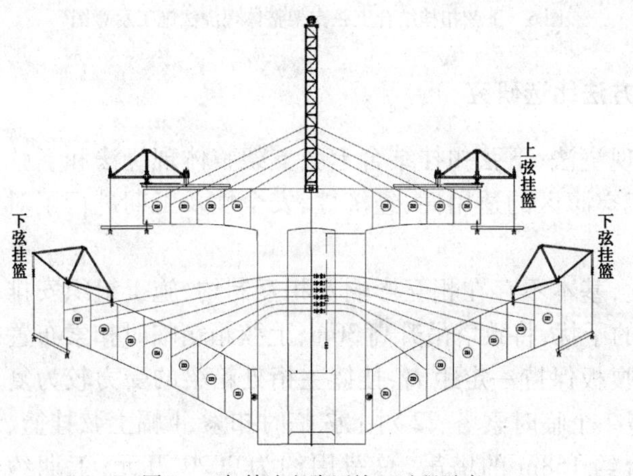

图3 双扣挂法空腹区施工过程示意

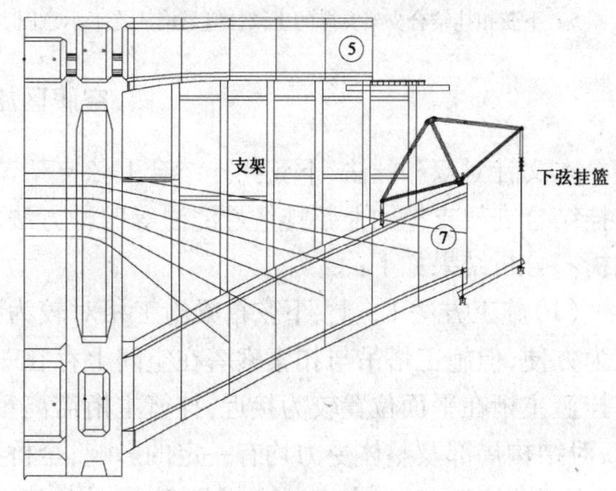

图4 扣挂结合支架节段现浇法施工示意图

3. 下弦扣挂结合支架支撑的上弦挂篮悬浇法(方法3)

下弦扣挂结合支架支撑的上弦挂篮悬浇法施工过程中,下弦梁段采用挂篮悬臂浇筑,并辅助相应的扣索扣挂已浇梁段;上弦采用挂篮浇筑,在梁段施工完成并前移挂篮后,在已浇梁段安装钢管支架,并利用支架对上弦施加一定的预顶力,保证上弦结构的安全。

此方法与方法2施工原理基本相同,施工步骤也基本一致,仅在上弦支架安装工序上存在一定的差别。方法2为先安装上弦支架,后浇筑上弦梁段,上弦梁段的自重自动分配于上弦支架,传递至下弦箱梁;方法3先利用上弦挂篮完成梁段施工并前移后,安装上弦支架系统,并根据计算确定的钢管柱内力,在钢管立柱与上弦箱梁之间施工相应的预顶力,基本与方法2的相同,钢管立柱的作用也基本一致。两者不同点主要为方法2无需施加预顶力此工序,即可保证上、下弦箱梁受力与设计目标较为接近,但需重复分解及组装支架底模系统;方法3为后安装钢管立柱,挂篮底模先于立柱至指定位置,与立柱在空间上不存在交叉,但需在新安装立柱上补加合理的预顶力。下弦扣挂结合支架支撑的上弦挂篮悬浇法施工过程示意见图5。

4. 下弦扣挂结合上弦支架整体现浇法(方法4)

下弦扣挂结合上弦支架整体现浇法施工过程中,下弦梁段采用挂篮悬臂浇筑,并辅助相应的扣索扣挂已浇梁段;上弦采用支撑于下弦顶面的支架整体现浇[10]。

上弦箱梁施工采用支撑于下弦箱梁段的钢管支架,进行整浇筑,上弦支架系统承受上弦箱梁施工的竖向荷载,传递于下弦箱梁;上弦挂篮仅作为悬臂浇筑的启动设备,浇筑上弦1号梁段及下弦1号、2号梁段,完成此工序后将此挂篮改进为斜向施工挂篮,作为下弦施工设备;空腹区汇合段后下弦挂篮转移至上弦,施工常规梁段。下弦箱梁扣挂施工同方法3,但需综合下弦箱梁施工荷载及上弦箱梁传递的荷载,增大相应的扣索索力,并进行调索作业。下弦扣挂结合上弦支架整体现浇法施工过程示意见图6。

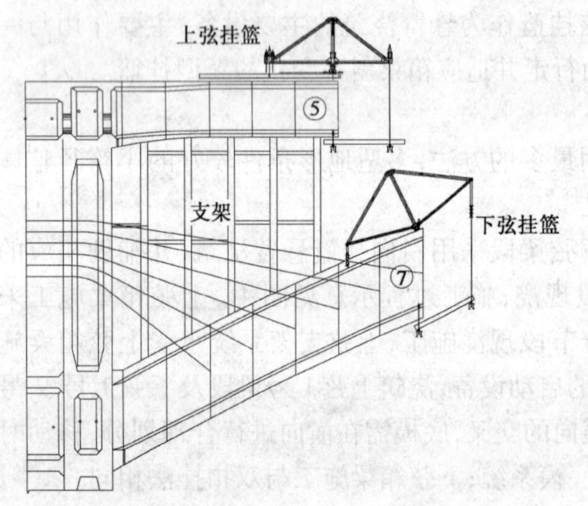

图5 下弦扣挂结合支架支撑的上弦挂篮悬浇法施工示意图

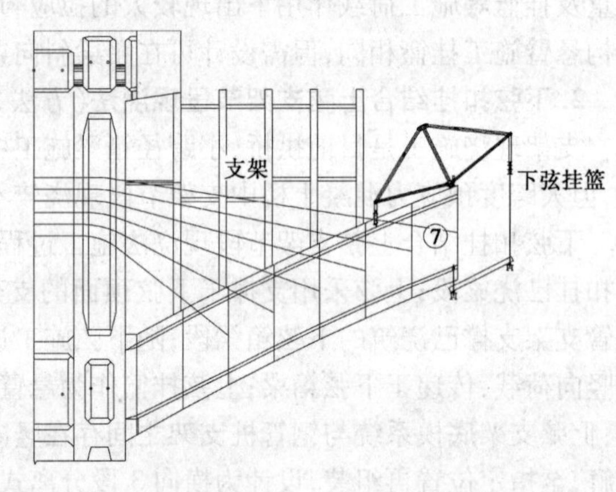

图6 下弦扣挂结合上弦支架整体现浇法施工示意图

四、空腹区施工方法比选研究

本文针对双扣挂法、下弦扣挂结合上弦支架节段现浇法、下弦扣挂结合上弦支架整体现浇法和下弦扣挂结合支架支撑的上弦挂篮悬浇法等四种方法施工空腹区的适用性、经济性、安全性及工期进行了对比析。分析结果如下:

(1)施工方法1。上、下弦箱梁施工相对较为独立,基本不存在相互影响及相互制约,施工组织安排较为方便,但施工塔吊与扣索索塔在空间上存在一定的干扰,将致塔吊升高30m;上弦箱箱临时扣索布置与挂篮主桁在平面位置较为接近,挂篮主桁需离箱梁腹板保持一定距离,挂篮主桁处箱梁的受力较为复杂,对结构局部及整体受力均有一定的影响;全桥共需2个临时索塔、22对上弦临时扣索、4幅上弦挂篮、4幅新型斜向大吨位挂篮、24对下弦临时扣索,2台约158m的塔吊,总费用约为2020万元;工期约为281d。

(2)施工方法2。上弦箱梁采用支架施工,支架作为上弦荷载传递至下弦结构的传力体系施工过程中不能与上弦结构脱离,挂篮底模横向分配梁需采用3段分离式设置,在脱模后,两侧底模及分配梁内收后借助纵梁整体前移至下一梁段位置,重新安装外侧底模,顶升后形成下一梁段的底模系统;下弦箱梁扣索索力设计为承受上、下弦箱梁自重,通过计算合理确定施工工序,对施工组织影响不大;上弦箱梁施工结构受力较为明确,结构局部及整体受力影响较小,支架系统满足结构自身受力即可;全桥共需4幅支架及底模系统、4幅新型斜向大吨位挂篮、24对下弦临时扣索、40对钢管支架及附属结构,2台约128m的塔吊,总费用约为1550万元;工期约为282d。

(3)施工方法3。先浇筑上弦梁段后安装上弦支架系统,为保证上弦荷载传递至下弦结构,上弦支架系统需具备顶升功能,且顶升力需逐步计算确定,较为繁琐,保证较高的实施精度,存在一定的困难;下弦箱梁扣索索力设计为承受上、下弦箱梁自重,为保证下弦箱梁结构的安全,需合理确定上、下弦梁段的浇筑顺序及扣索索力张拉顺序,施工过程中不可改变;全桥共需4幅上弦挂篮及支架底模系统、4幅新型斜向大吨位挂篮、24对下弦临时扣索、40对钢管支架及附属结构,2台约128m的塔吊,总费用约为1910万元;工期约为282d。

(4)施工方法4。上弦整体浇筑对上弦梁段节段预应力钢束布置有一定的影响,顶板束及腹板束均需设置相应的张拉锚固齿块,采用竖弯及平弯方式进行布置,空间受力较为复杂;下弦扣索需具备一定的调索功能,实施难度较大;上弦箱梁整体浇筑将对下弦结构产生较大的应力幅,施工过程中下弦结构上、下可能均将出现较大的拉应力;全桥共需4幅新型斜向大吨位挂篮、24对下弦临时扣索、下弦支架系统40对钢管支架、80m支架模板系统;2台约128m的塔吊总费用约为2200万元;工期约为324d。

因此,通过对比分析可知,施工方法2通过合理的上弦移动式底模系统设计、下弦新型斜向挂篮及上、下工序安排,可较好地保证施工操作的便捷性、结构的安全性、工期及施工的经济性,作为高墩空腹区的推荐施工方法。

五、结　　语

北盘江特大桥主桥为主跨290m的预应力混凝土空腹式连续刚构,作为230~350m的一种新型式桥梁,空腹式连续钢构桥将在今后建设中成为一种越来越有竞争力的新桥型。通过空腹区的施工方法比选,推荐采用下弦扣挂结合上弦支架节段现浇法,达到了施工便捷、结构受力合理、节约工期及造价经济的目的,目前该桥空腹区施工已顺利完成(图7),将为以后这种空腹式钢构桥的修建积累宝贵的经验。

图7　北盘江特大桥主桥空腹区施工

参考文献

[1] 冯鹏程.连续刚构桥设计关键技术问题的探讨[J].桥梁建设,2009,(6):46-49.

[2] 罗玉科,冯鹏程.龙潭河特大桥设计[J].桥梁建设,2005,(2):29-32.

[3] 彭元诚.连续刚构箱梁底板崩裂原因分析与对策[J].桥梁建设,2008,(3):67-70.

[4] 中交第二公路勘察设计研究院有限公司.贵州省六盘水至盘县高速公路北盘江大桥初步设计[Z].2009.

[5] 宗昕,彭元诚,吴游宇,等.北盘江特大桥结构设计[J].公路,2010,(8):22-25.

[6] 陈永涛,尹向红.菜园坝长江大桥上部结构施工监控[J].桥梁建设,2007,(3):83-86.

[7] 白宝鸿,张玉娥,牛润明,等.钢管混凝土拱桥扣挂法施工设计[J].桥梁建设,2005,(5):44-47.

[8] 单坤明.(48+80+48)mV型墩转体连续刚构支架施工技术[J].铁道建筑技术,2009(S1):65-70.

[9] 张瑞霞,魏发保.厦门演武路立交桥上部结构现浇支架设计[J].桥梁建设,2004,(3):31-33.

[10] 张立青.铁路桥梁现浇支架设计技术研究及应用[J].铁道标准设计,2010,(12):40-45.
[11] 韩洪举,黄坤全.290m空腹式刚构桥三角区施工技术[J].桥梁建设,2011,(3):81-84.
[12] 黄坤全,彭旭民.空腹式连续刚构桥施工过程受力特性分析[J].桥梁建设,2011,(3):40-43.

101.北盘江大桥合龙顶推方案研究

秦　林[1,2]　陈进芬[3]　胡海洋[4]　应　松[4]　陶　路[5]
(1.贵州六盘交通建设质量安全监督处;2.贵州水盘高速公路有限公司;
3.水城县公路管理所;4.贵州高速公路开发总公司;
5.中铁大桥局集团桥科院有限公司)

摘　要　北盘江大桥为(82.5+220+290+220+82.5)m双幅预应力混凝土空腹式连续刚构桥。该桥结构跨度较大,运营阶段受混凝土部分收缩徐变及合龙温度影响,主墩及次边墩墩顶水平位移较大,对桥墩结构受力较为不利,需在中跨及次边跨合龙前进行水平顶推施工,且2幅桥梁之间在主墩斜腿处存在平联连接,2幅桥梁合龙顶推施工相互影响,与常规2幅相互独立的桥梁顶推施工差异较大。为保证顶推施工中改善各墩的受力状态,以消除各墩墩顶水平位移为原则,分析成桥状态下墩顶位移,确定了合理的顶推量及顶推力。并对2幅独立合龙顶推、双幅同步合龙顶推方案中各主墩的扭转、合龙口高程及顶推量等参数进行对比分析,确定了双幅同步合龙顶推方案较为合理。

关键词　连续钢构桥　双幅桥墩　大跨度　平联连接　顶推方案

一、引　　言

高墩大跨度预应力混凝土连续刚构桥梁为多次超静定结构,其后期变形及内力状态受合龙温度和混凝土收缩徐变形影响较大[1~3]。合龙时桥址温度可能与设计温度存在差异,温差效应将致梁体产生一定的纵向位移,引起墩顶偏位,产生二次应力。混凝土后期的收缩徐变也将带动梁体发生竖向挠度、纵向位移及附加内力,引起墩顶纵向偏位,产生二次应力。两者一起将使各主墩在运营阶段处于偏心受压状态,受力较为不利,且会影响桥梁线形美观,并危及结构安全。为消除由合龙温差及收缩徐变对后期结构状态的影响,在连续刚构合龙时对梁体施加一个水平顶推力,使合龙前各主墩产生一定的反向预偏量,以些抵上述因素引起的结构位移和次内力。

常规连续刚构两幅桥梁之间基本为相互分离式,受施工挂篮操作空间影响,施工过程中两幅桥梁之间一般相互错开两个施工梁段,合龙时,施工进度较快的可先行合龙,两幅独立施工基本不存互不影响。北盘江大桥两幅桥梁之间在主墩斜腿处存在平联连接,两幅桥梁合龙顶推施工时,结构的扭转、竖向挠度、横桥向位移等均存在相互影响的现象。因此,为保证施工过程及运营阶段结构安全、线形平顺,需综合考虑大桥合龙的合龙温度及后续混凝土收缩徐变效应,确定合理的顶推量及顶推力,并根据各顶推方案对各主墩的扭转、合龙口高程及顶推量等影响,确定合理的合龙顶推方案。

二、工 程 概 况

北盘江特大桥主桥为(82.5+220+290+220+82.5)m的5跨预应力混凝土空腹式连续刚构桥[4,5](见图1)。大桥分左右两幅,采用单箱单室的截面形式,桥面宽10.5m,箱梁底宽6.5m,6号~9号墩高分别为78,123,176,68m,其中左、右幅桥梁在7号、8号两主墩与斜腿处存在平联连接,平联采用箱形设计,将两幅桥四肢主墩柱连成整体(见图2)。

大桥一般节段箱梁采用悬臂法对称浇筑,合龙段采用吊架施工,大桥合龙顺序为边跨→次边跨→中跨，合龙前采用合龙口顶推施工改善各主墩受力。

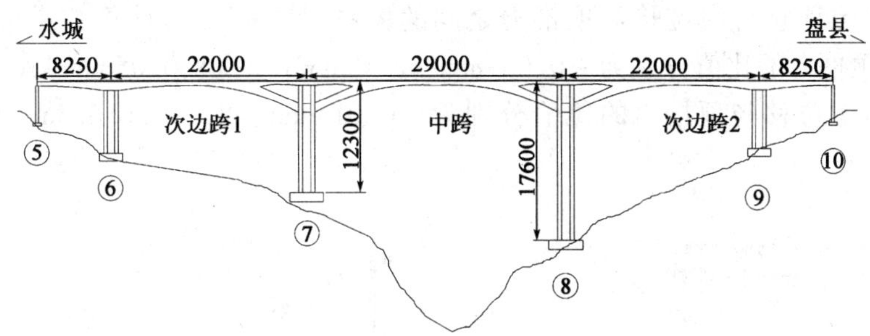

图1 北盘江特大桥总体布置示意(尺寸单位:cm)

三、顶推量与顶推力的计算

1.顶推量影响性分析

大跨度高墩连续刚构桥纵向顶推作业主要为消除合龙温差、混凝土部分收缩徐变引起的墩顶水平位移，改善桥墩受力。因此，顶推量主要根据合龙温差、混凝土收缩徐变引起的墩顶水平位移量确定。

(1)合龙温差引起的墩顶位移变化

合龙温度可能与设计温度存在差异，温差效应将致梁体产生一定的纵向位移，引起墩顶偏位。采用专业桥梁结构分析软件MIDAS，按照施工顺序建立有限元模型计算该桥不同合龙温差下各墩顶的水平位移(图3)。由图3可知：各墩顶水平位移变化量与合龙温差基本成线性关系，6号、9号墩水平位移受合龙温差影响较大，温度每升1℃，位移变化分别为3.66mm、3.49mm；7号、8号墩水平位移受合龙温差影响相对较小，温度每升1℃，位移变化分别为1.49mm、1.33mm。

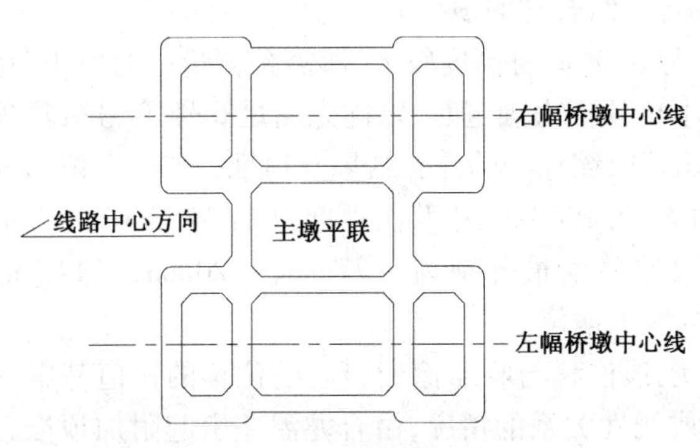

图2 主墩平联结构示意

图3 不同的合龙温差下各墩顶纵向位移的变化量(以向跨中向移动为正)

(2)混凝土收缩徐变的墩顶位移变化

为了确定各主墩在理想合龙条件下(假设合龙温度与设计合龙温度相同)由结构收缩、徐变引起的相对变位，按施工工序进行有限元模拟计算，计算出不同的运营阶段下各墩顶的水平位移，见图4。由计算结果可知，由于次边跨、中跨同时收缩、徐变致6号、9号两次边墩水平位移较大，运营10年时，分别为80mm、76mm；7号、8号两主墩水平位移较小，运营10年时，分别为32mm、28mm。

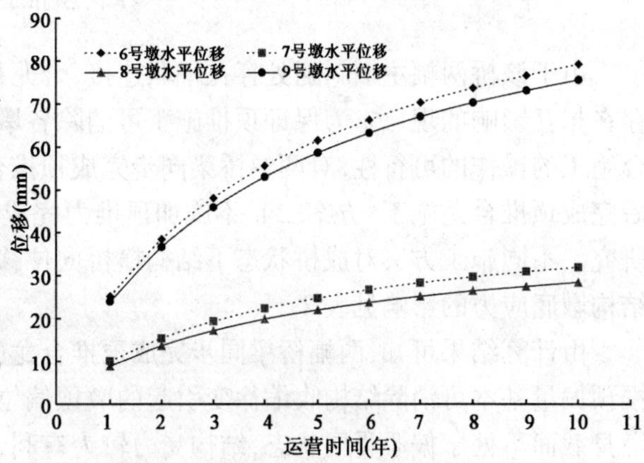

图4 运营阶段各墩顶纵向位移的变化量(以向跨中向移动为正)

2.顶推力计算

(1)顶推力对顶推量的影响性分析

为了确定各主墩在理想合龙条件下（假设合龙温度与设计合龙温度相同）所需的顶推力，计算了次边跨及中跨顶推时各墩顶顺桥向位移与顶推力之间的关系，见图5。由计算结果可知，次边跨顶推时6号～9号墩位移与顶推力的比值分别为－0.039mm/kN，0.032mm/kN，0.05mm/kN，－0.033mm/kN；中跨顶推时6号～9号墩位移与顶推力的比值分别为－0.015mm/kN，－0.016mm/kN，－0.017mm/kN，－0.016mm/kN。

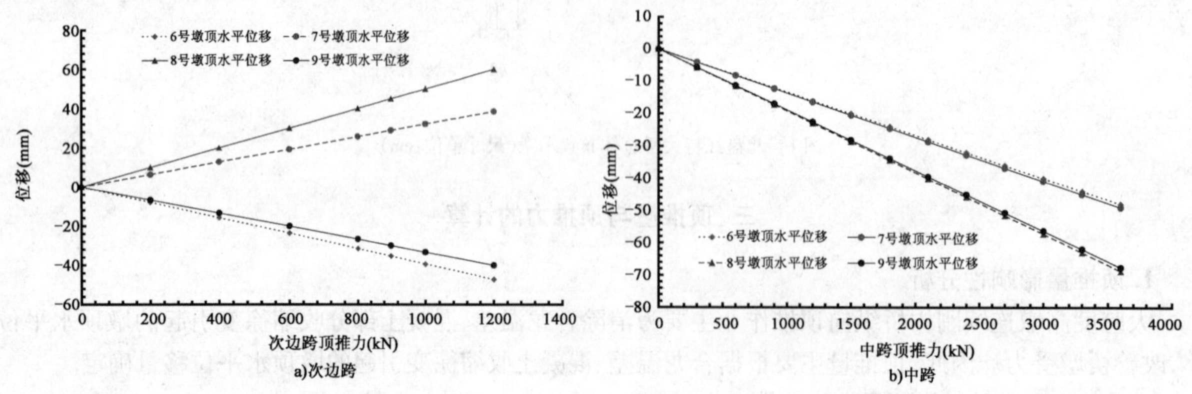

图5　顶推时各墩顶位移与顶推力的关系（以向跨中向移动为正）

（2）顶推力的确定

北盘江大桥为5跨预应力混凝土连续刚桥梁，共3个合龙口需要顶推施工，假设顶推力依次为F_1、F_2、F_3，由于大桥各墩高及抗推刚度均有差异，可根据6号、7号墩理想预偏量可确定一组F_1、F_2的顶推力，8号、9号墩理想预偏量确定一组F_2'、F_3'的顶推力，但$F_2 \neq F_2'$。因此，需综合考虑大桥合龙的合龙温度及后续混凝土收缩徐变效应，并结合各墩的墩身高度，确定一组合理的顶推力。

该桥6号、9号墩身高度相对较小，需预偏量较大，7号、8号墩身高度较大，所需预偏量相对较小，且墩顶偏位对墩身较矮的各墩受力相对较为不利。因此，本桥顶推力确定时，以优先满足6号、9号墩顶预偏量为主，兼顾7号、8号墩顶预偏量的原则，结合大桥运营收缩徐变的计算结果及顶推力与各墩位移的关系，经过试算，确定理想合龙条件下次边跨1的顶推力F_1为1000kN，中跨的顶推力F_2为3300kN，次边跨3的顶推力F_3为900kN，合龙完成后6号～9号墩的预偏量分别为－77mm，－20mm，－14mm，－74mm，基本可抵消大桥运营10年间由收缩徐变产生的墩顶偏位。

由合龙温差与各墩顶位移的关系可知，其引起的各墩顶位移与收缩徐变引起的位移的比值基本一致，为$0.046 \times \Delta_{温差}$。因此，基于顶推力与顶推位移基本成线性关系的情况，由合龙温差引起附加顶推力计算确定为$\Delta F_n = \Delta_{温差} \times 0.046 \times F_n (n = 1,2,3)$。

四、顶推施工方案研究

由于该桥两幅主墩斜腿处存在平联连接，合龙顶推施工时，结构的扭转、竖向挠度、横桥向位移等均存在相互影响的现象。为保证顶推施工可消除各墩顶水平位移，改善各墩受力状态达到设计目标，并结合施工的操作的可行性，对两幅桥梁同步完成顶推合龙施工（方案一）、先右幅后左幅的顺序两幅桥梁先后完成顶推合龙施工（方案二）、不施加顶推力完成合龙施工（方案三）的三种合龙施工方案进行了对比研究。不同施工方案对成桥状态下结构横桥向位移的影响见图6，结构墩顶位移的影响见表1，10年后的结构墩底应力的影响见表2。

由计算结果可知，两幅桥梁同步完成顶推合龙施工结构在合龙不存在横桥向扭转现象，各墩顶的顶推预偏量基本可消除结构收缩徐变引起的墩顶偏位，且运营10年结构各墩底两侧的应力差较小，保证了墩身截面不处于偏心受压状态，结构受力较为有利，推荐为实施方案。

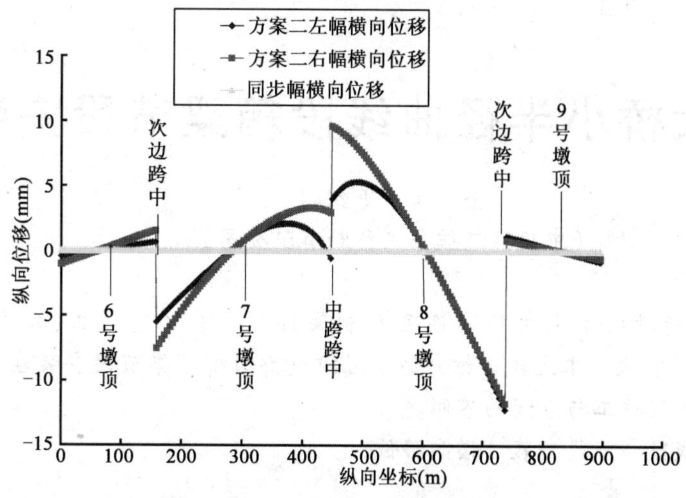

图6 方案一与方案二下结构横桥向位移对比结果

各方案下合龙完成后各墩顶顺桥向位移(mm) 表1

方案＼位置	右幅				左幅			
	6号墩	7号墩	8号墩	9号墩	6号墩	7号墩	8号墩	9号墩
方案一	-77	-20	-14	-74	-77	-20	-14	-74
方案二	-58	-16	-11	-47	-40	-15	-11	-22
方案三	12	0	-2	9	12	0	-2	9

各方案下结构运营10年后各墩底两侧的应力差(MPa) 表2

方案	项别	6号墩	7号墩	8号墩	9号墩
方案一	左、右幅	0.1	0.6	0.1	0.2
方案二	右幅	0.4	0.3	0.7	0.1
	左幅	2.8	1.1	2.1	3.5
方案三	左、右幅	6.8	1.1	0.3	7.3

五、结 语

高墩大跨度预应力混凝土连续刚构桥梁后期变形及内力状态受合龙温度和混凝土收缩徐变影响将引起墩顶偏位，产生二次应力，需综合考虑各种因素合理确定顶推量及顶推力。对于两幅桥梁主墩存在平联连接的结构体系，合龙顶推施工时宜两幅同步实施，方可保证顶推施工消除各墩顶水平位移，改善各墩受力状态达到设计目标。

参考文献

[1] 马显红，余毅. 高墩大跨连续刚构桥施工控制参数敏感性分析[J]. 桥梁建设,2012,41(3):57-62.

[2] 童武元，位东升. 虎跳门特大桥施工控制计算分析[J]. 世界桥梁,2011(1):38-41.

[3] 徐建富，余毅. 多跨刚构连续梁组合桥上部结构施工监控[J]. 世界桥梁,2011(4):33-35,41.

[4] 应松，彭旭民，黄盛. 高墩大跨度空腹式刚构桥空腹区施工方法研究[J]. 桥梁建设,2012,41(3):101-106.

[5] 韩洪举，黄坤全. 290m 空腹式刚构桥三角区施工技术[J]. 桥梁建设,2011(3):81-84.

102. 厦漳大桥小半径曲线段箱梁节段安装技术

余　涛　史绍明
（中交第二航务工程局有限公司）

摘　要　厦漳大桥Ⅱ标段引桥采用短线匹配预制架桥机安装工艺施工，其平曲线半径最小为1690m，在国内同类工程中属首次。本文较详细介绍了厦漳大桥引桥箱梁节段安装在小半径平曲线段中的施工技术并重点介绍了曲线施工与直线的不同。

关键词　小半径　曲线段　节段安装　横向移位

一、工 程 概 况

厦漳跨海大桥工程起于厦门海沧区马青路院前处，止于漳州开发区后宅处。北汊部分南引桥跨径组合为2联6×67.7m和4联5×70m的等截面预应力混凝土连续箱梁，单幅箱梁顶宽15.9m，底宽6.7m，悬臂长4.6m，翼缘端部0.2m，梁高3.8m，全长2212.4m，箱梁节段1332榀。桥梁标准宽度33m，为上、下行分离的两幅桥，两幅桥间净距2×52cm=1.04m。为减少海上作业时间、加快施工进度及与周围环境相协调，上部结构采用短线法预制安装施工工艺。厦漳大桥Ⅱ标段工程结构分布如图1所示。

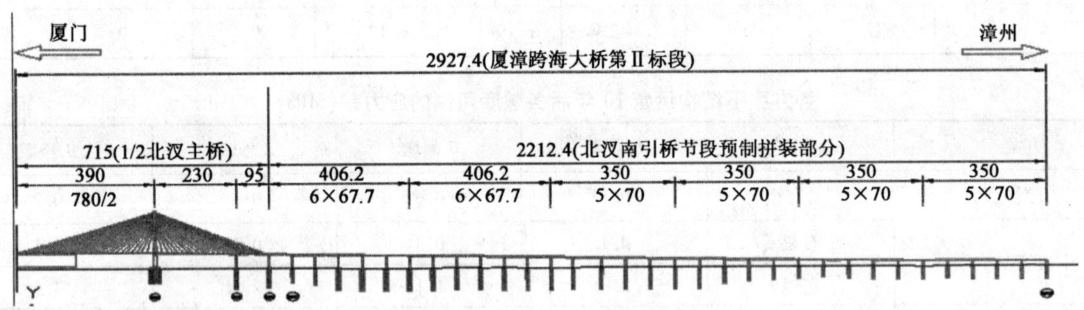

图1　厦漳大桥Ⅱ标段工程结构分布图（尺寸单位：m）

箱梁为分离式单箱单室等高度梁，箱梁顶宽15.9m，底宽6.7m，悬臂长4.6m，翼缘端部0.2m。跨中断面顶板厚27cm，底板厚25cm，腹板厚50cm；支点处断面顶板厚27cm，底板厚80cm，腹板厚90cm，为方便施工，横梁处设高1.7m、宽1.5m人洞，对称设置双支座，支座中心线的距离中墩处为4.0m，交接墩处为4.3m。梁段断面形式见图2。

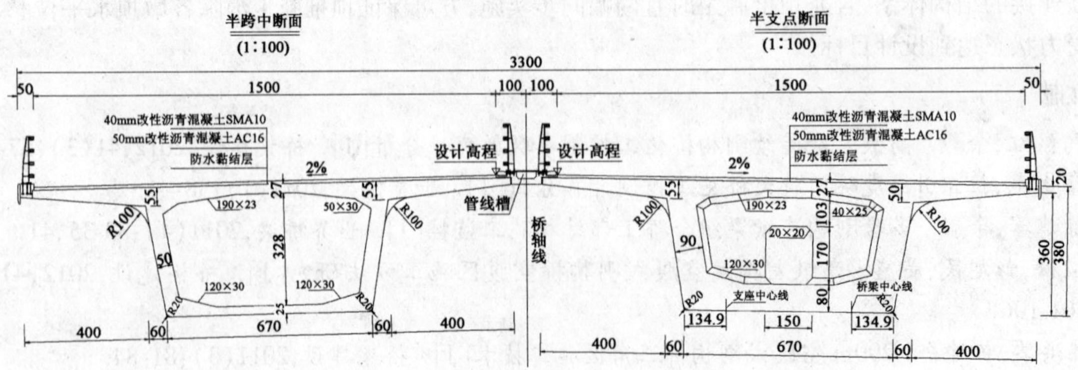

图2　箱梁梁段断面示意图（尺寸单位：mm）

二、工 程 难 点

从 BNP32 号墩至 BNP18 号墩为直线段，从 BNP18 号墩至 BZP6 号墩为曲线段，包括缓和曲线段 210m、圆曲线段 898.535m 和缓和曲线段 145.333m，圆曲线半径为 1690m，圆曲线半径小（半径为 1690m）成为本桥箱梁安装（曲线段）施工的一大难点（图 3）。

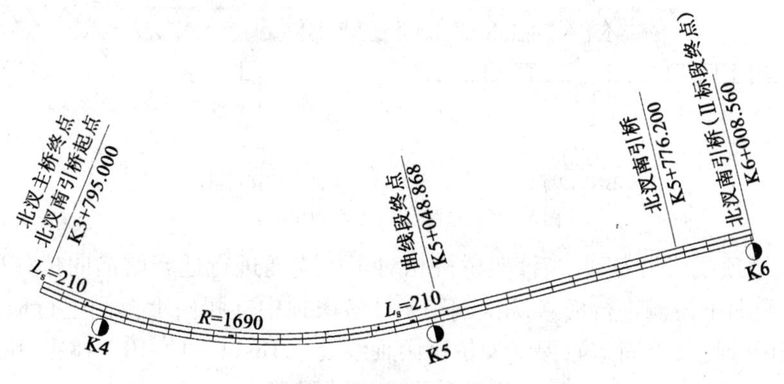

图 3 引桥箱梁平面示意图

三、难 点 分 析

1. 横坡变化大

与国内采用该项工艺已建成的类似桥梁相比，厦漳大桥自里程桩号 K3 + 799.708 ~ K3 + 940.333 和 K4 + 838.868 ~ K4 + 979.493 段，设有缓和曲线超高段，其横坡值从 −2% ~3%，最大变幅为 5%。桥面横坡的形成采用箱梁截面整体旋转而成，旋转点为设计高程线和箱梁顶面交点处。横坡的巨大变化，不仅给箱梁节段的预制带来极大困难，也直接增大了节段安装施工时的精度控制难度。

2. 平曲线半径小

厦漳大桥 K3 + 940.333 ~ K4 + 838.868 段为半径为 1690m 的圆曲线。1690m 对于一般的桥梁结构而言，其曲线半径足够大，而对于跨径达 70m 的节段安装式桥梁，则其属于小曲线半径，因为用于 70m 跨的节段的安装架桥机，其长度至少须大于 140m（二跨桥长），而二跨桥长的曲线中矢距达 1.44m（图 4）。

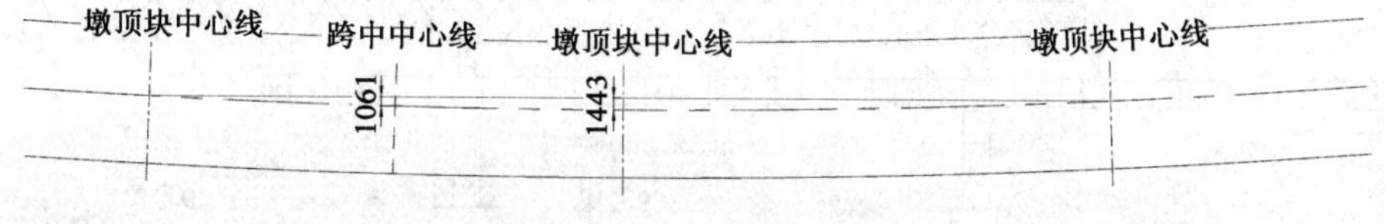

图 4 R = 1690m 时曲线中矢距示意图

在进行小半径曲线段箱梁节段安装时则存在如下几个问题：

（1）架桥机的设计适用曲线半径≥2500m（大于本桥设计平曲线半径 1690m），需要对架桥机进行安全验算和改造、加强。

（2）两跨桥曲线中矢距达 1.44m，T 构悬臂端梁段（10 号梁段）偏离 1.06m，在不调位情况下无法进行 T 构及边跨悬挂安装。

（3）边跨悬挂时，梁段均偏向一侧主桁架，导致架桥机单侧主桁架受力增大，虽经计算仍处在安全状态，但增大了架桥机安全风险。

（4）若保证 T 构安装，则前支腿相对于桥轴线的偏移量超过天车横移范围（±60cm），无法进行墩顶块吊装。

四、总体施工工艺流程

根据厦漳大桥Ⅱ标曲线段桩号坐标，曲线段从对应墩号为 BNP18、19 号之间开始进行曲线段箱梁安装，至与主桥交界处结束，因此曲线段箱梁节段安装的总体施工工艺流程基本如下：

(1)架桥机安装19号T构悬拼梁段完成后，桥机过跨，前支腿支撑在BNP17号墩墩旁的托架上，做好安装准备并安装完成BNP17号墩墩顶梁段(梁段编号为18-L(R)N-20和16-L(R)S-20，安装时先安装16-L(R)S-20后安装18-L(R)N-20)。(图5)

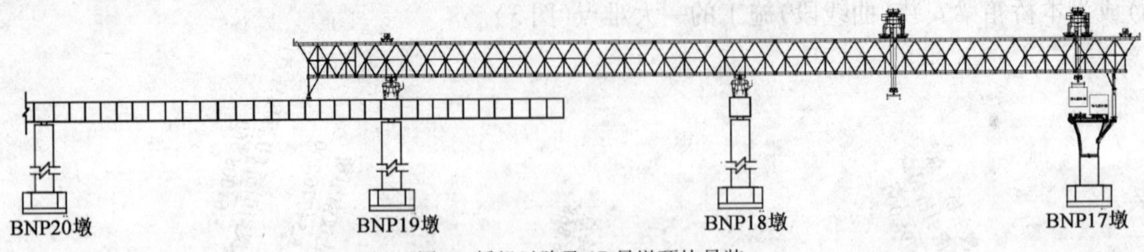

图5　桥机过跨及17号墩顶块吊装

(2)BNP17号墩墩顶梁段吊安到位后，架桥机相对于中支腿进行适当的横向位移(其中主桁架相对于18号墩墩顶中支腿向下游侧进行横移，相对于17号墩墩顶中支腿向上游侧进行横移，前支腿悬空横移后支撑在17号墩墩旁托架上固定)，保证架桥机中轴线处在18-L(R)N-10～18-L(R)S-10两梁段间曲线的矢高中点上。(为直观示意，仅为示意见图6，图中曲线取值为$R=200$)

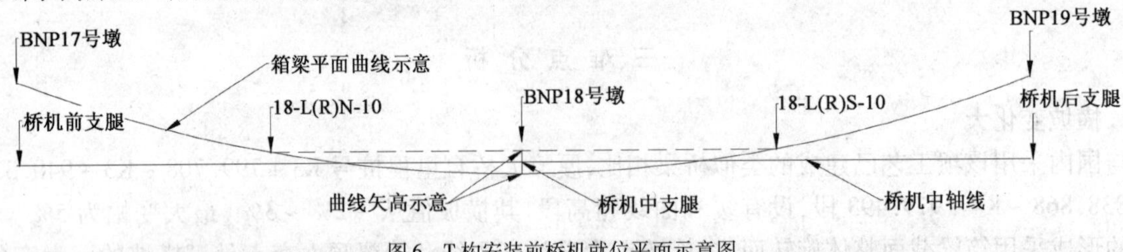

图6　T构安装前桥机就位平面示意图

(3)桥机各支腿支撑稳固锁定后即开始18号T构悬拼梁段的安装工作，安装工艺与直线段安装基本一致(图7)，其中，安装时由测量监控通过桥机大天车横移装置横移梁段至设计位置，进行预安装、涂胶、安装和临时张拉等工作。梁段安装的同时进行BNP20号墩墩顶临时锚固的解除工作，完成BNP20号墩的体系转换工作。

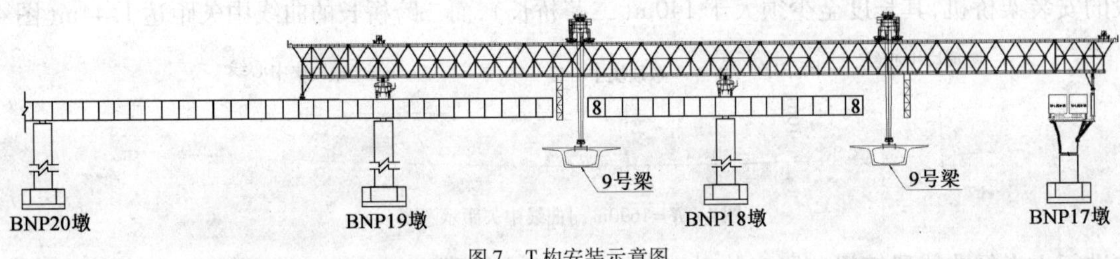

图7　T构安装示意图

(4)18号T构悬拼梁段安装完成后进行合龙的相关工作，解除桥机中支腿和前支腿锁定，吊运后部的中支腿到17号墩墩顶梁段上。(图8)

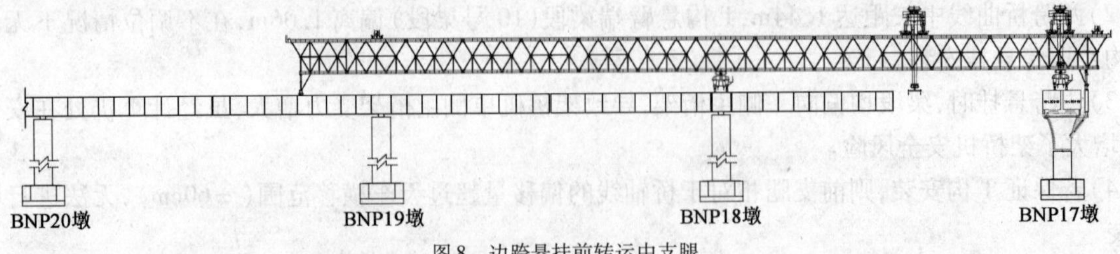

图8　边跨悬挂前转运中支腿

(5)中支腿吊安到位后，架桥机相对于中支腿进行适当的横向位移(其中，架桥机主桁架相对于17号墩顶中支腿向下游侧横移，主相对于18号墩墩顶中支腿向上游侧横移，后支腿支撑于桥面上向上游侧横移),保证架桥机中轴线处在18-L(R)N-11～18-L(R)N-20两梁段间曲线的矢高中点上。(为直观示意,图中曲线取值为 $R=200$,仅为示意见图9)桥机过跨完成后,进行BNP19号墩墩顶临时锚固的解除工作,完成受力体系的转换。

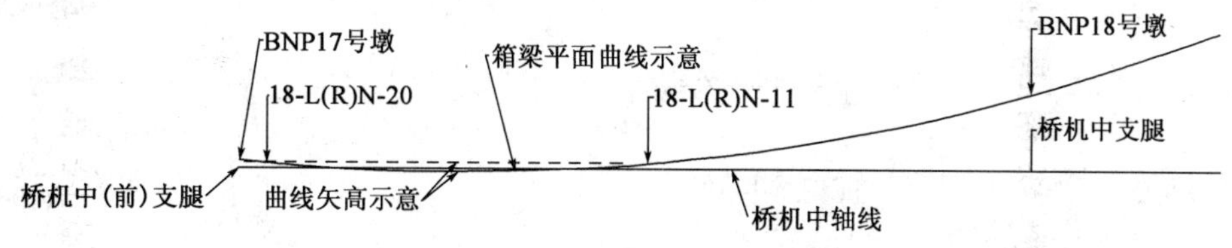

图9　边跨悬挂前桥机就位平面示意图

(6)桥机各支腿支撑稳固锁定后即开始17号～18号边跨悬挂梁段的安装工作,如图10所示,从19号块至11号块依次悬挂、安装箱梁节段完成边跨梁段施工。其中,悬挂时可直接按照如图10所示边跨悬挂梁段工艺进行悬挂,悬挂完成通过桥机大天车横移装置逐榀横移梁段至设计位置,经测量复核无误后进行涂胶、张拉等后续工作。

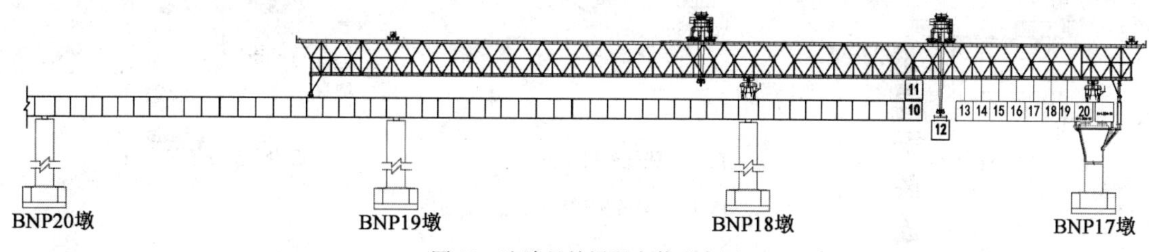

图10　边跨悬挂梁段安装示意图

五、小半径曲线段节段安装施工技术

小半径曲线段箱梁节段安装的工艺流程与直线段大致相同,其区别最大的是在架桥机过跨、吊装墩顶块、T构安装及边跨悬挂安装等各个工况实施前,需要对架桥机主桁架按照一定偏移量和偏转角度进行调整,只有通过相应调整才能使架桥机适应小半径曲线段的箱梁节段安装。因此,在施工工艺上,小半径曲线段节段安装与直线段施工区别不大,本节就小半径曲线段箱梁节段安装施工技术中的要点做简单介绍:

1. 架桥机横移就位

为保证架桥机和箱梁结构安全,中支腿在安装时保证其横纵向轴线均与墩顶块重合(即中支腿安装与直线段时一样),为此,在进行小半径曲线段施工时,保证以下几个原则:

(1)架桥机安装T构箱梁的偏移位置,不大于天车横移范围(-600～600mm)。

(2)架桥机吊装0号块偏移位置,尽量保证前支腿相对于桥轴线不偏移。

(3)架桥机安装边跨悬挂量偏移位置,不大于天车横移范围。

(4)架桥机吊运后中支腿时的偏移位置,不大于天车横移范围。

在保证上述几个原则的情况下,根据架桥机和箱梁平曲线图纸在CAD上一比一放样,并最终确定了以下几个重要施工工况下的架桥机就位和横移状态。

(1)架桥机过跨

由于在小半径曲线段上时,架桥机所在两跨箱梁中的三个墩顶块不在一条直线上,架桥机过跨时调位为使前支腿到达前方墩顶时处在居中位置,此时,前支腿不偏移,主桁架相对前中支腿向内弧偏移,相对于后中支腿向外弧偏移。

如图11所示为架桥机过跨到位时架桥机各支腿横移示意图(为直观示意,图中曲线取值为 $R=250$,下同),其中,前支腿相对于桥轴线不偏移,主桁架相对于前中支腿向内弧方向偏移1080mm,主桁架相对于后中支腿向外弧方向偏移920mm。

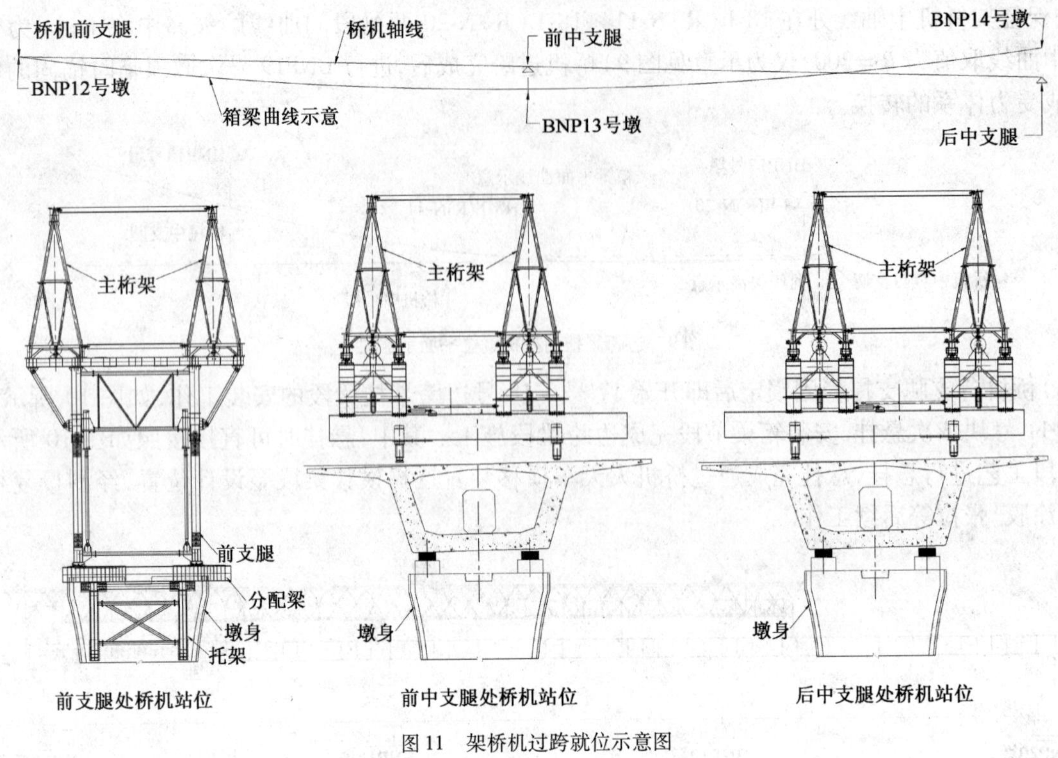

图11 架桥机过跨就位示意图

如图11所示架桥机就位后,即可进行墩顶梁段的安装。

(2)T构安装

在进行平衡T构10对梁段安装时,以两侧10号块为基准,架桥机中轴线处在前后10号块两个梁段间曲线的矢高中点上并垂直于矢高线,保证10对梁在安装时的横向移动范围小于600mm。

如图12所示为架桥机在进行平衡T构梁段安装前的就位示意图,其中,前支腿相对于桥轴线向外弧方向偏移1360mm,主桁架相对于前中支腿向内弧方向偏移240mm,主桁架相对于后中支腿向外弧方向偏移1200mm。

(3)边跨悬挂安装

在进行边跨悬挂梁段安装前,以边跨梁段中的11号和20号块为基准,架桥机中轴线处在11号和20号两个梁段间曲线的矢高中点上并垂直于矢高线,保证11号~19号梁段在安装时的横向移动范围小于600mm。同时,将悬挂梁段的偏载重量分配至架桥机两片主桁架上,降低梁段偏载对架桥机两侧主桁架的影响,从而保证架桥机自身安装并保证悬挂梁段的安装精度。

如图13所示为架桥机在进行边跨悬挂梁段安装前的就位示意图,其中,架桥机主桁架相对于前中支腿向外弧方向偏移350mm,主桁架相对于后中支腿向外弧方向偏移350mm,此时,架桥机前支腿收起,后支腿支撑在桥面上并相对于桥轴线向外弧方向偏移约2700mm。

2. 前支腿支撑改进

从上述架桥机横移就位状况可以得出,架桥机前支腿相对于桥轴线最大横移距离为1360mm,因此,架桥机前支腿与墩旁托架之间需要考虑一个分配梁来解决受力重心不重合的问题。

如图14所示,前支腿和托架之间用一根高为70cm,长为800cm的分配梁进行连接。左侧为进行墩顶块吊装时的前支腿就位示意,此时,架桥机前支腿相对于桥轴线不偏移,托架受力与直线段一样;右侧为进行T构安装时的前支腿就位示意,此时,前支腿相对于桥轴线偏移1360mm,经过验算,托架单侧受力较大,但在安全状态下,为保证安全,前支腿、分配梁及托架之间全部锚固锁定。

3. 后支腿支撑改进

从上述架桥机横移就位状况可以得出,架桥机后支腿相对于桥轴线最大横移距离为2700mm,为使后

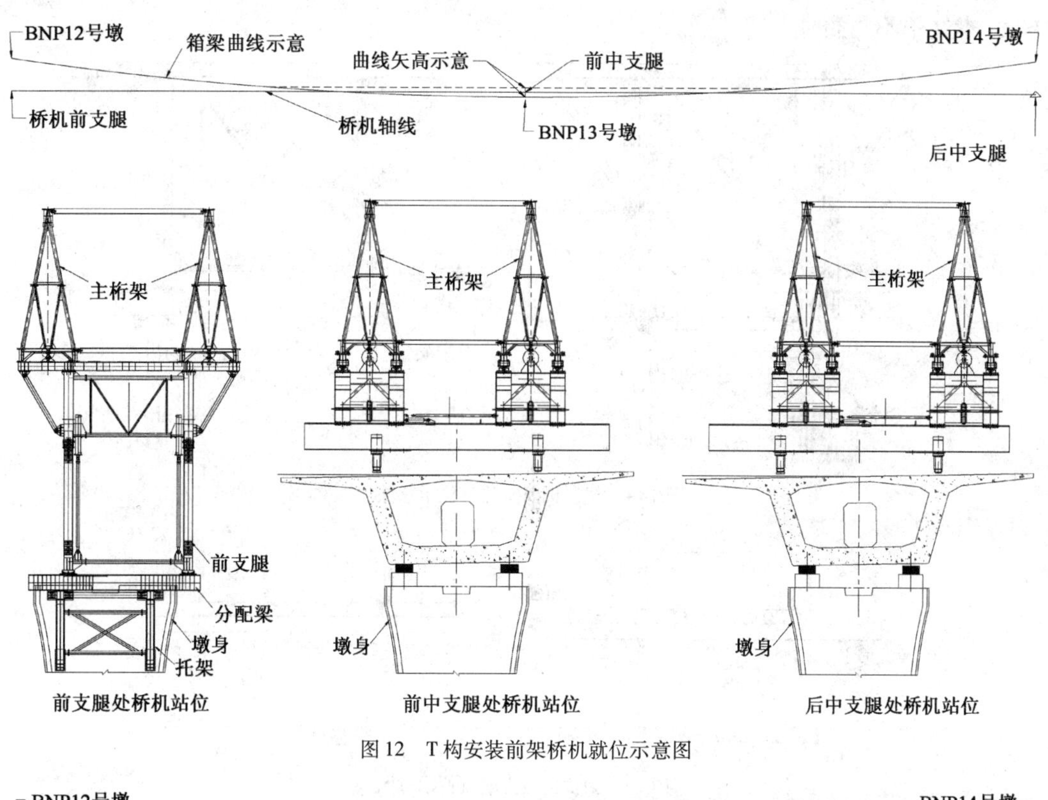

图12 T构安装前架桥机就位示意图

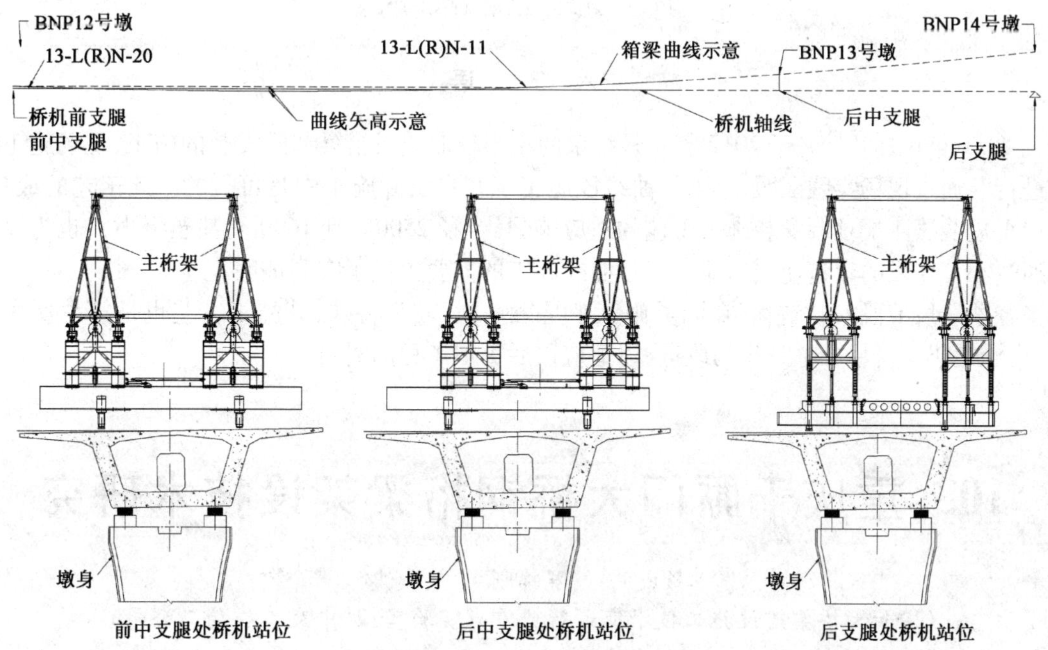

图13 边跨梁段悬挂前架桥机就位示意图

支腿支撑在桥面上的梁面受力不被破坏，考虑后支腿的支反力仍然处在腹板根部，因此，考虑在后支腿底部重新铆接一根加强梁来平衡后支腿偏移时的支反力。

如图15所示，左侧为后支腿不偏移时的示意，右侧为后支腿偏移2700mm的示意图。加强梁底部与支撑滑靴之间安装四氟滑板，使后支腿具备一定的横向滑移能力。

4. 其他

根据现场实际情况并进过反复验算，在实施过程中，还有很多地方需要进行加固加长等处理，如中支腿和吊具加长加强、主桁架部分杆件加强加固等，这些都需要根据实际工程中采用架桥机的不同而采用不同的方案，本文中不再赘述。

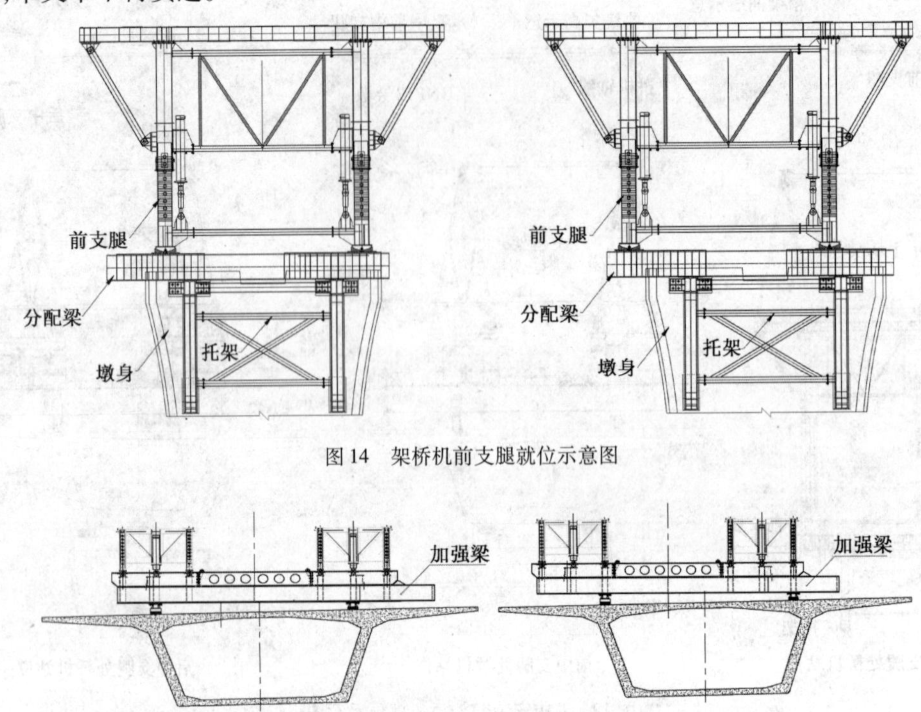

图14 架桥机前支腿就位示意图

图15 架桥机后支腿就位示意图

六、结　　语

经过2011年6月开始并于2012年4月结束的小半径曲线段箱梁节段安装的施工，现场施工按照既定目标进行。通过现场实践证明，小半径曲线段施工工艺在实际施工中是可行的。此工艺的成功实施，不仅拓展了短线法匹配预制安装施工工艺的适应范围（半径2500m到1690m，甚至更小），也为以往普通架桥机通过小工作量的改造使之适应小半径曲线施工的需要提供了有利证明。

小半径曲线段节段安装施工，在同类施工中是第一次，较为特殊，其施工工艺也是第一次采用。因此，在以后施工仍需要尽心进一步的改进，以适应以后类似工程的需要。

103. 重庆千厮门大桥钢桁梁架设技术研究

彭成明[1]　罗锦刚[2]　范　波[2]
（1. 长大桥梁建设施工技术交通行业重点实验室；2. 中交二航局二公司）

摘　要　结合千厮门嘉陵江大桥的总体布置及结构特点，对其钢桁梁的总体架设方案进行了对比分析，并对索塔区钢桁梁、边跨钢桁梁以及标准段钢桁梁的架设方案确定过程中所进行的详细方案比选进行介绍。

关键词　大跨　钢桁梁　部分斜拉桥　主梁　架设方案

一、工 程 概 况

重庆千厮门嘉陵江大桥位于渝中半岛千厮门处，南穿渝中区洪崖洞旁沧白路，跨嘉陵江，北接江北区江北城大街南路。

主桥为公铁两用钢桁梁部分斜拉桥，跨径布置为 88m + 312m + 240m + 80m，为单塔单索面四跨连续钢桁斜拉桥，钢梁全长 720m，桁宽 15m，标准桁高 11.74m，渝中侧边跨由于上层公路线形与下层轨道线形不平行，桁梁设置为变高度。

主桁采用三角形桁式，全桥采用等节段布置，节段长度 16m。主梁设双层桥面，下层宽 13m，为双线城市轨道交通，上层全宽 24 ~ 36.99m，为双向 4 车道及两侧人行道。主梁支承体系布置为桥塔位置 P2 墩处设置固定铰支座，其他墩台均设置纵向活动铰支座。主桥总体布置如图 1 所示。钢桁梁横断面布置如图 2 所示。

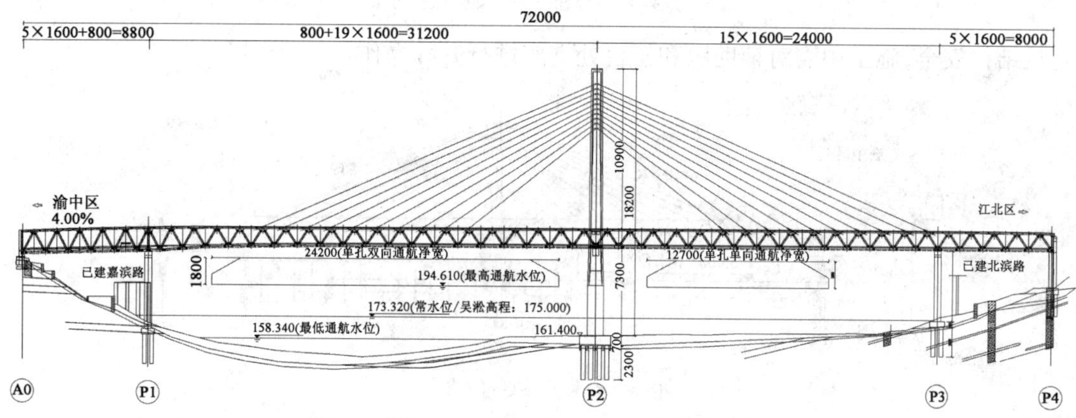

图 1 主桥总体布置立面图(尺寸单位：m)

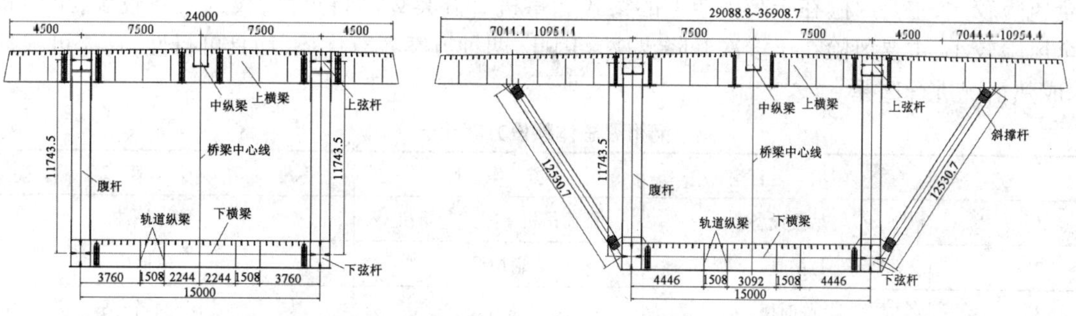

图 2 钢桁梁横断面布置(尺寸单位：mm，左为等宽段，右为变宽段)

主梁为板桁组合体系，上下层桥面板均采用正交异性钢桥面板，上层桥面板与上弦杆、中纵梁和上层横梁之间，以及下层桥面板与下弦杆、轨道梁和下层横梁之间均为焊接，杆件之间为高强螺栓连接。

主桁主要杆件均为焊接箱形截面，其中下弦杆截面宽 1200mm，高 1600mm，板厚 24 ~ 60mm；上弦杆截面宽 1200mm，高 1200mm，板厚 24 ~ 44mm；腹杆截面宽 1200mm，高 1200mm，板厚 20 ~ 44mm(过渡墩处竖杆厚 100mm)。除部分腹杆按插入式两面拼接设计外，其余杆件均按照四面拼接设计，单个构件最大长度 16.5m，最大安装吊重约 83t(位于 P1 墩位置)。主桁节点均采用整体节点。节点板最大厚度 70mm(塔支座处)，最大规格为 5570mm × 3200mm。

二、钢桁梁总体架设方案研究

根据结构和桥跨布置的特点，对中跨悬拼边跨支架散拼和全悬臂拼装的两种总体架设方案进行比选。

方案 1：中跨悬拼边跨支架散拼。该方案是指中跨采用桥面吊机悬臂拼装，边跨采用梁式起重机(龙门吊)散拼，在辅助墩处设置合龙口，最多可达四个作业面，如图 3 所示。

方案 2：全悬拼方案。全悬拼方案是指中跨和边跨均采用悬臂拼装方法施工。由于渝中侧主跨无索区较长(64m)，为使横梁顺利过渝中侧辅助墩 P1，需在辅助墩 P1 处搭设墩旁托架或临时墩，同时为减小辅助墩处桁梁应力，需在边跨设置临时墩，从索塔向两侧架设，只有两个作业面，没有合龙口，如图 4 所

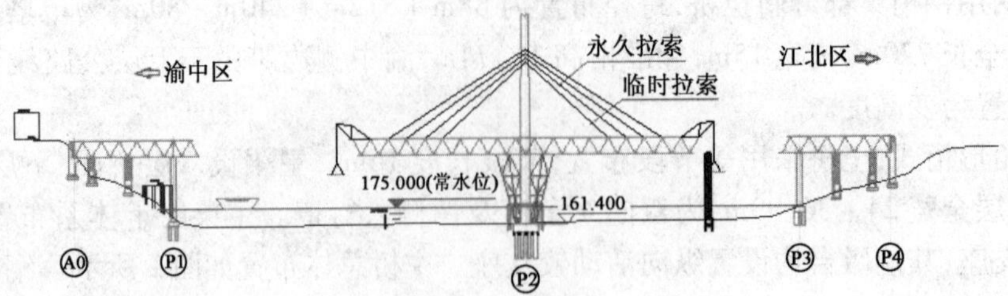

图3　方案1:中跨悬拼边跨支架散拼方案

示。为满足结构安全,施工中需对辅助墩和桥台处支座进行升降操作。

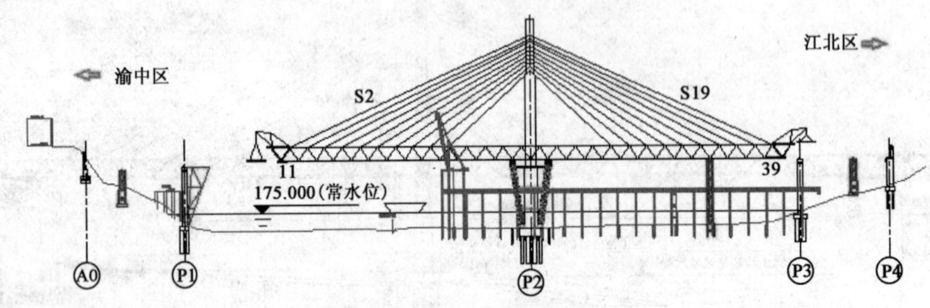

图4　方案2:全悬拼方案

两种钢桁梁总体架设方案的对比详见表1。方案1的特点是投入设备和临时设施较多,工期相对较短,安全风险较大,主要风险在于高支架上的梁式起重机。方案2的特点是,投入设备较少,工期相对较长,安全风险较小,主要风险在于多次升降支座。因此,两种方案各有优势,均具可行性,具体可根据资源和技术成熟情况进行选择。

钢桁梁总体架设方案比选　　表1

序　号	项　目	方　案　1	方　案　2
1	吊装设备	桥面吊机+梁式起重机	桥面吊机
2	吊具	扁担梁	扁担梁
3	临时墩	8个	4个
4	墩旁托架	1个	1个
5	其他临时设施	贝雷支架	无
6	占用航道时间	较少	少
7	施工工期	约335天	约365天
8	合龙工序	有	无
9	升降支座	无	有
10	施工风险	较大	一般

三、起始段桁梁架设方案

塔旁起始段桁梁相当于零号块,是悬臂架设的起始节段,也是架梁吊机的拼装平台。为满足两台桥面吊机安装,起始段至少需架设3个节段。对浮吊安装方案、大型塔吊安装方案和桅杆吊安装方案进行了比选。

方案1:浮吊安装方案。即利用浮吊在塔旁托架的外侧组拼钢桁梁节段单元,然后采用拖拉法架设。根据工期安排,塔旁起始段将在枯水期架设,这就要求浮吊水面以上吊高达61m,且在此高度吊装65t、长16m的上弦杆及8m×16m桥面板。能满足施工要求的浮吊应具有吊重大、扒杆长等特点。

方案2:大型塔吊安装方案。为覆盖索塔附近3个节段钢桁梁,选择一台2000t·m大型塔吊。大型塔吊起吊方便,覆盖范围宽,施工都是成熟技术。但是大型塔吊租用时间必须在6个月以上,并且使用费用较高(月租金在70万左右,进出场费用另算)。

方案3:桅杆吊安装方案。结合桁梁总体架设方案及自有设备资源情况,提出此方案。即利用高支架桅杆吊在临时支架上拼装1个节间,作为架梁吊机的站位支架,然后利用桥面吊机完成塔旁起始节间的安装。

对于跨长江的桥梁,多采用浮吊安装方案,而由于桥位水文条件限制,不宜采用该方案。方案2和方案3在技术上均可行,从经济性考虑推荐采用桅杆吊方案(月租金在7万~8万元)。最终所用桅杆吊为1400t·m,额定吊重为70t,工作幅度为10.3~45m,根据其在桥位的布置(图5)和构件吊装参数,下层一部分杆件不在其工作范围,需通过托架上设置滑移平台纵横移运输至安装位置,无索区桁梁安装流程如图6所示。

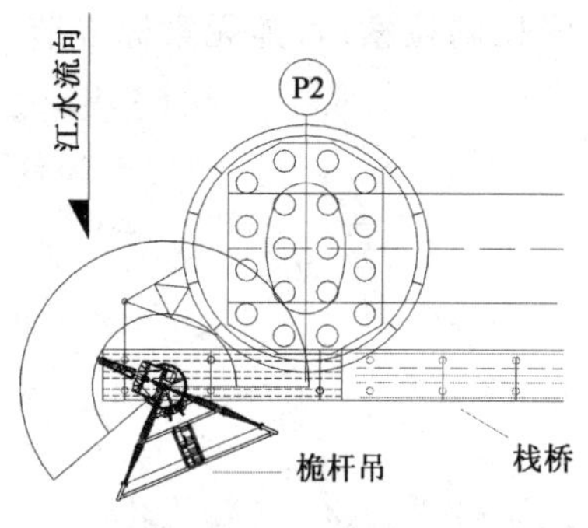

图5 栈桥及桅杆吊布置

a)安装下弦杆及下桥面

b)安装腹杆、上弦杆及上桥面

图6 塔旁无索区桁梁安装流程

四、边跨桁梁架设方案

边跨桁梁可采用的施工方法有顶推方案、支架梁式起重机架设方案和栈桥桥面吊机方案,下面以渝中侧边跨为例进行比选。

顶推方案即采用临时支架支撑,在P1墩靠江北侧设顶推平台,逐节段顶推钢桁梁至A0桥台的施工方案。此方案需在边跨设置2个临时墩,P1墩主航道侧设置2个临时墩,钢桁梁在P1墩旁由塔吊卸船安装,在主航道侧两个临时墩上的拼装平台上完成拼装后向桥台方向进行顶推。

支架梁式起重机架设方案即采用临时支架支撑,梁式起重机吊装钢桁梁安装的施工方案。此方案需在边跨设置2个临时墩和P1墩主航道侧设置1个临时墩,钢桁梁在P1墩旁由起重机卸船安装,安装顺序为N1至N6,最后以N7节段与主跨钢桁梁合龙。

栈桥桥面吊机方案即在主桁上游侧搭设临时栈桥,杆件在栈桥上运输和吊装的施工方案。此方案需在边跨主桥上游侧设置1个临时栈桥,栈桥从AO桥台延伸至P1墩。栈桥P1墩旁设置2500t·m塔吊用于杆件卸船,A0桥台端设置一台1500t·m塔吊用于安装钢桁梁起始段。钢桁梁在P1墩旁由2500t·m塔吊卸船,运梁小车运至桥面吊机旁,桥面吊机安装杆件。杆件安装顺序与支架梁式起重机架设方案相同。

考虑到顶推法需在临时墩上布置顶推装置,顶推过程中产生的水平力需由临时墩承担,设计难度较大,且顶推法涉及的施工工序较多,顶推过程的同步性要求较高,技术风险较大,同时各种设备投入也较大,钢桁梁需进行加固设计,该方案在技术和经济上的优势都不明显。支架梁式起重机架设方案和栈桥桥面吊机方案相比,技术上均可行且均不需变更设计,而后者增加了两线栈桥和4台塔吊的投入,经济性不如前者。综合比较,确定采用支架梁式起重机架设方案。

梁式起重机支架布置于主桁两侧。渝中侧布置三个临时墩,江北侧布置两个临时墩,除渝中侧辅助墩旁临时墩仅支撑梁式起重机主梁外,其余临时墩同时支撑梁式起重机主梁和待安装的钢桁梁。

渝中侧杆件由驳船运至梁式起重机支架前端,通过起重机起吊,按照从桥台向跨中的方向,依次安装下弦杆、腹杆、上弦杆、下层桥面板、中纵梁和上层桥面板等。江北侧杆件由驳船运至桥址处,通过桅杆吊卸船,平板拖车运至梁式起重机处,安装顺序与渝中侧相同。

五、标准节间架设方案

由于主桁为三角形桁架结构,可采取的架设方案有"倒三角形"安装方案和"正三角形"安装方案。

1."倒三角形"安装方案

"倒三角形"方案即按上弦杆—腹杆—下弦杆的顺序进行安装,具体流程如下:

(1)吊机前支腿站位于 A_n 节点后3.5m,依次吊装下弦杆 B_nB_{n+1}、腹杆 A_nB_{n+1}、B_n 节点侧下层桥面板和 A_n 节点侧上层桥面板,见图7。

(2)吊机前支腿站位 A_n 节点前方2.5m,依次安装 B_{n+1} 节点侧下桥面板、腹杆 $B_{n+1}A_{n+1}$、$B_{n+1}A_{n+1}$、上弦杆 A_nA_{n+1} 以及 A_nA_{n+1} 弦杆侧上桥面板。暂不安装节点侧上层桥面板,见图8。

(3)吊机行走至下一节间后3.5m处,若为有索区标准节间,则安装、张拉斜拉索;若为无索标准节间,则进行下一节间安装。

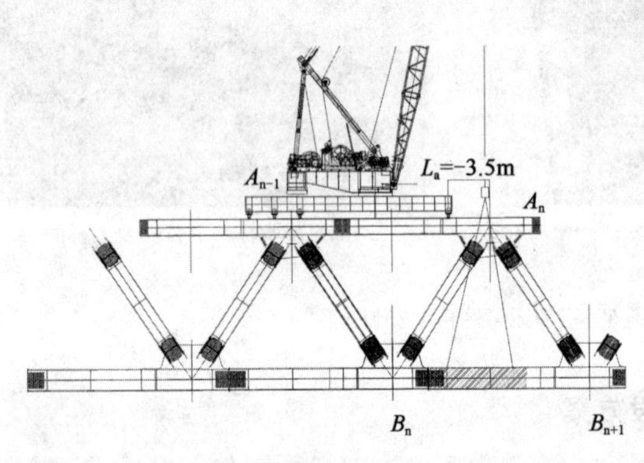

图7　吊机第一次站位布置

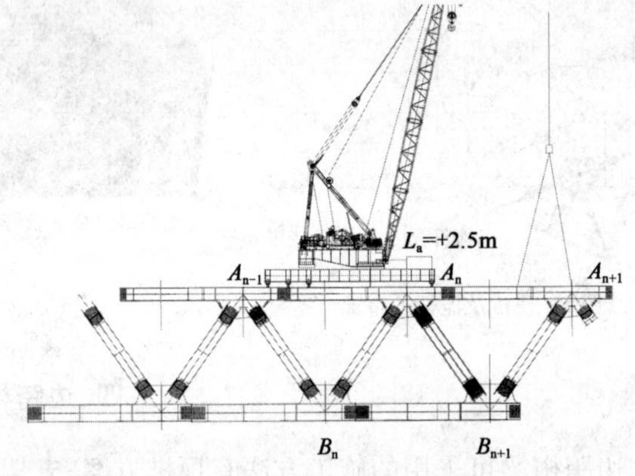

图8　吊机第二次站位布置

2."正三角形"安装

"倒三角形"方案即按下弦杆-腹杆-上弦杆的顺序进行安装,此时每个节段吊机只需行走1次,行走至上弦杆节点前方2m处。依次安装 B_n 处1块桥面板,安装2根下弦杆 B_{n+1},安装 B_{n+1} 处后方1块下桥面板,安装2根腹杆 B_nA_{n+1},安装2根腹杆 $B_{n+1}A_{n+1}$,安装2根上弦杆 A_nA_{n+1}(先连接上弦杆 A_nA_{n+1} 和腹杆 B_nA_{n+1},之后桥面吊机脱钩,利用桥面吊机提下弦杆 B_nB_{n+1},连接上弦杆 A_nA_{n+1} 和腹杆 $A_{n+1}B_{n+1}$ 后完成上弦杆安装),安装 A_nA_{n+1} 处中纵梁,安装 A_nA_{n+1} 间8块上桥面板。"正三角形"安装示意图如图9所示。

3.方案比选

(1)"倒三角形"安装的优点:主桁能够较快形成稳定三角形,吊机起重力矩较小,对吊机起重能力要求相对较低。

(2)"倒三角形"安装的缺点:吊机为了吊装下层桥面构件,一个节段需行走两次,下弦杆安装时,需制作专用吊具将吊索撑开,才能保证下弦杆吊装到位。

(3)"正三角形"安装的优点:吊机每个节段只需行走一次;吊装时安全风险较小,安装速度较快。

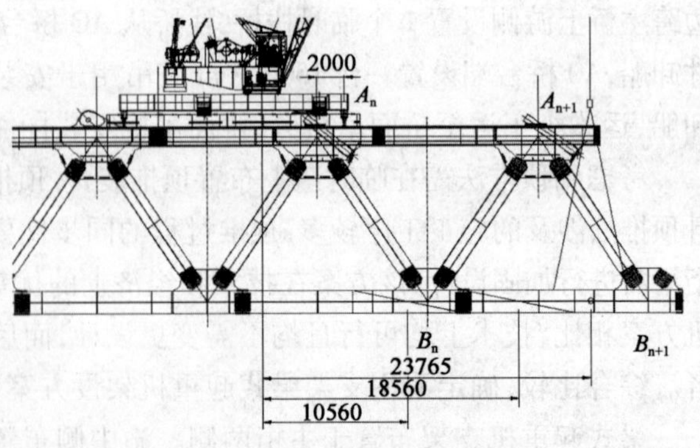

图9　"正三角形"安装示意图

(4)"正三角形"安装的缺点:原则上不能满足尽快形成稳定三角形的要求,在对位上弦杆与前段腹杆时需用吊机起吊下弦杆前端,对吊机存在较大安全风险;对吊机起重力矩要求相对较大。

(5)综上,“倒三角形”方案和“正三角形”方案各有优势,根据具体情况,可将两种方案结合起来使用,即在索塔根部,杆件重量大的节段采用“倒三角形”安装方式,在后续标准节段,杆件重量较小时,采用“正三角形”安装方式。

六、结　语

结合千厮门大桥大桥的结构特点,对其钢桁梁架设可行的两种方案进行了比选研究,对全悬拼方案和在过渡墩设置合龙段的两种方案的优缺点进行了深入分析。对塔区钢桁梁架设、边跨钢桁梁架设以及标准节段钢桁梁架设的工艺进行了多种方案比选,用于支撑现场决策,同时可供同类桥梁参考。

参考文献

[1] 姚发海. 武汉天兴洲公铁两用长江大桥主桥钢桁梁整体节段架设可行性分析[J]. 桥梁建设,2007,(6).

[2] 赵世运,等. 芜湖长江大桥正桥钢梁制造及架设技术[J]. 中国铁道科学,2001,(5).

[3] 邓永锋. 黄冈公铁两用长江大桥桥塔墩顶4个节间钢梁架设方案[J]. 桥梁建设, 2012,(2).

[4] 张立青,等. 客运专线大跨度、大吨位钢桁梁顶推架设技术及应用[J]. 铁道标准设计,2010,(6).

[5] 朱万彦. 支墩法架设钢桁梁工艺[J]. 石家庄铁道学院学报,2009,(2).

[6] 张剑啸. 宁安铁路安庆长江大桥三桁钢桁梁架设施工技术[J]. 铁道标准设计,2013,(5).

104. 福元路湘江大桥整体顶推施工技术研究

周仁忠[1,2,3]　杨炎华[1,2,3]　卢　勇[1]

(1. 中交第二航务工程局有限公司;2. 长大桥梁建设施工技术行业重点实验室;
3. 公路长大桥建设国家工程研究中心)

摘　要　多跨梁拱组合桥采用整体顶推法施工,由于顶推重量重,顶推跨径大,结构受力复杂,使得目前我国在中小跨度桥梁常用的拖拉式顶推法已不再适用,需采用新型的顶推工艺相应设备系统。依托福元路湘江大桥主桥(3×210)m连续组合梁—钢拱拱桥顶推施工,开展多跨梁拱组合桥整体顶推施工技术研究,包括拼装工艺、顶推工艺与设备、顶推中临时结构的研究。

关键词　福元路湘江大桥　步履式　顶推　拼装工艺　吊装设备

一、引　言

目前顶推施工方法已广泛应用于中小跨度桥梁施工中,且通常采用拖拉式顶推装置,一般来说具有顶推结构形式简单、顶推重量较轻,自动化程度不高等特点。对于大跨径复杂结构形式桥梁,采用顶推法施工,可以最大程度发挥顶推施工方法的优势,但由于顶推重量重,顶推墩反力大,顶推时主结构和临时结构受力复杂,常规顶推工艺、顶推设备将难以适用,需对顶推施工中的工艺、设备、技术进行深入研究。本文以福元路湘江大桥主桥工程施工为背景,对多跨梁拱组合桥整体顶推技术进行了深入研究。

二、工 程 概 述

长沙福元路湘江大桥主桥工程上部结构为钢拱—结合梁组合结构,跨径组合为188m+22m+188m+22m+188m。主拱肋结构为提篮式钢箱拱,主梁为等截面钢—混凝土结合梁结构,梁高4.5m,全宽38.5m。结合梁钢梁为主纵梁(闭口边箱)、中横梁、端横梁、小纵梁组成的双主梁梁格体系。梁拱间布设吊杆,8.5m间距,全桥共57对吊杆。主桥结构如图1所示。

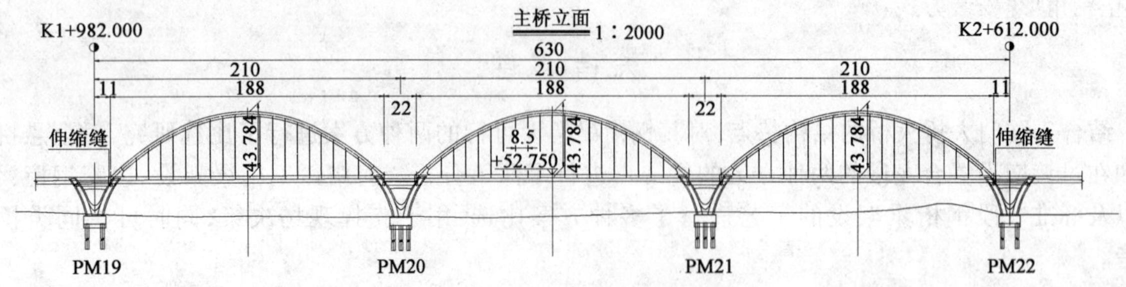

图1　福元路湘江大桥主桥结构简图

其主要的施工工艺为:下部结构桩基、承台、墩身施工完成后,在后场陆地上搭设拼装支架平台,钢拱梁先梁后拱分节段在拼装平台上拼装成形。第一跨钢拱梁拼装完成后,安装临时撑压杆,拆除拱肋支架,采用顶推工艺将该孔钢拱梁顶推出拼装平台,然后拼装下一孔钢拱梁,再将其顶推出拼装平台,最后拼装第三孔钢拱梁。三孔钢拱梁全部拼装完成后,整体顶推到位,落梁,安装吊杆并拆除撑压杆。图2为大桥顶推施工布置图。

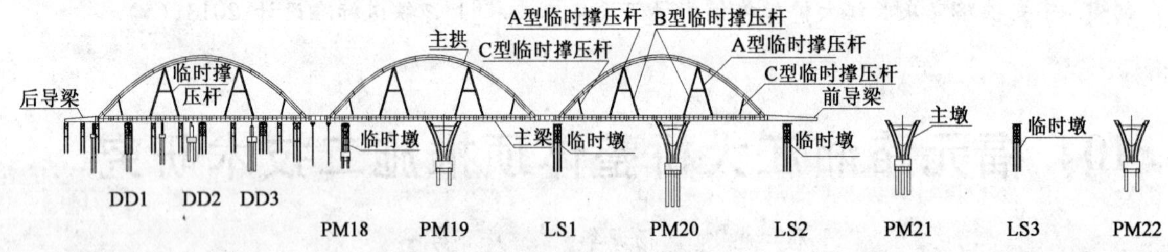

图2　福元路大桥顶推施工整体布置图

福元路大桥结构复杂,采用三跨梁拱组合结构整体顶推施工方法,工程面临着很大的技术挑战:

(1)拱梁结构起重构件大,吨位重,起重高度高,钢拱梁拱肋为空间曲线,现场拼装线形精度控制难度大。

(2)三孔钢拱梁带拱整体顶推,顶推距离近900m,且桥梁顶推曲线为11000m的圆曲线上,顶推工艺复杂,顶推施工难度大。

(3)顶推总重量达14000t,顶推时单个顶推墩反力达1500t,顶推时钢主梁只能腹板受力,要求顶推设备来满足结构受力要求,且顶推设备为自平衡系统,并具有实时纠偏功能,对顶推设备要求极高。

(4)顶推施工最大悬臂达94m,三跨带拱顶推重心高,主梁拱结构受力复杂,顶推时易发生失稳,顶推施工中安全控制难度大。

针对以上技术难点,为确保大桥顶推施工安全进行,以及成桥线形和内力满足设计要求,需对大桥拼装、顶推工艺技术和设备等开展深入研究。

三、拼装工艺研究

1.吊装设备比选研究

福元路主桥拱肋为空间曲线,现场拼装精度控制难度大,为确保拼装质量,关键在于施工装备的提升。主梁拱拼装时吊装重量最大约80t,最大提升高度为67m。根据拼装特点,吊装设备可选用移动式塔吊、龙门吊、桁车吊。针对福元路大桥主桥钢拱梁拼装特点,对吊装设备进行了综合比选,表1为三种吊装设备优缺点比较表。

吊装设备比选 表1

项 目	方案一移动式塔吊	方案二龙门吊	方案三桁车吊
起重量	80t	120t	120t
起重范围	距离塔吊25m内,超过递减	拼装区域全覆盖	拼装区域全覆盖
拼装工艺特点	平台上单元件散拼安装	节段整体吊装	节段整体吊装
操作方便性	全旋转、操作灵活	节段从端部起吊,灵活性较差	节段从端部起吊,灵活性较差
拼装进度	单元件散拼,影响进度,两台塔吊作业总体进度较快	大节段整体吊装,进度较快,一台设备总体进度略慢	大节段整体吊装,进度较快,一台设备总体进度略慢
拼装质量	单元件散拼,现场焊缝较多,质量控制困难	整体吊装,质量易于控制	整体吊装,质量易于控制
设备安全性	设备安装难度与风险较小	设备安装难度与风险较大	设备安装难度与风险较大
经济性	两台塔吊,成本较高	1台龙门吊成本相对较低	支架庞大成本较高
推荐程度	不推荐	推荐	不推荐

从表1中可看出,龙门吊吊装成本相对较小、工期略长,设备安装要求高、风险相对较大;塔吊安装工期最大,相对较为安全,但主梁吊装时无法整体吊装,工程质量控制困难,其成本最高;桁车吊成本较大,安全风险也较大,不实用。由于龙门吊方案在保障拱梁钢结构的工程质量及工程施工经济性等重要方面具有显著的优势而得以采纳。大型超高龙门吊在船厂等行业应用较多,但在国内建筑行业中极少使用。本工程针对大桥拼装特点,专门设计的龙门吊设备吊装高度80m、最大吊重120t、工作净宽60m,纵跨整个平台,采用大节段整体吊装,确保了主梁拱的拼装质量。图3为福元路大桥超高大型龙门吊设备图。

图3 福元路大桥主梁拱拼装图

2. 拼装线形精度控制

梁拱组合桥拼装时其线形精度控制至关重要,对成桥的受力状况有较大的影响,特别是拱肋为空间弯曲线形,其安装精度及线形控制难度极大,发生偏差易产生内应力。为保证其线形控制精度,采取如下方法:

(1)拱肋在工厂进行匹配加工并进行预安装,主拱半幅整体侧卧预拼。侧卧预拼与立式安装有一定的差别,经理论计算与实际测量,影响极小。匹配制造及预安装,有效地控制了整跨多节段拱肋的线形,减小了制造误差。

(2)拱肋节段安装调位前,测量前个节段的实际坐标,并根据当时的温度计算温差校正系数,根据前段实测数值及温差系数调整待安节段,并考虑焊缝收缩量,消除误差累积,保证安装线形的精确。

(3)前后跨钢拱梁衔接控制:通过建立仿真模型计算,前跨顶推出去到指定位置,受尾端跨度35m影响,在前跨后端部会产生一个竖向转角。通过采取用顶推设备对前后跨起顶一定量来消除竖向转角误差的方法,保证了前后跨线形平顺。

(4)拼接缝预拱度处理:主拱拼接缝预拱度设置采取调节制造节段端口接缝的方法,即各制造分段仍按无预拱线形制造,待预拼装时,按增加预拱度线形调整各节段端口及对接缝,并进行相应的余量切割。

(5)拱肋合龙段安装:相邻节段安装调位后临时固定暂不焊接,只采用临时匹配件连接,待合龙段安装调位完成后整体焊接,以消除安装误差引起的合龙段偏差。主拱合龙段采用温度配切合龙方案,即先调整合龙口两侧梁段,通过对现场合龙口的监测,确定合龙时机和合龙梁段的长度,对合龙梁段进行配切(改变梁段长度),用120t龙门吊起吊,3个50t手拉葫芦配合吊入合龙口,在比较稳定的温度时段内(无日照),合龙段与两端梁段间的接缝同步焊接,并解除拱梁结合段临时固结点。当梁段就位后需要进行初调和精调，精调则选择在顶、底板温差小于2℃时进行(阴天或者夜间)。对不影响匹配件连接的出现在局部板间的错台，可通过打码进行调平。调位和匹配完成，经验收合格后及时施焊，并且主要焊缝必须在天亮前完成。

(6)线形测试：为保证测量精度，测量选择在温度相对稳定的时间段(无日照，阴天或夜间)进行测量调位工作，以减小梁段受温度的影响，并且观测过程实行三固定：固定仪器，固定观测人员和固定测站。拼装完成，经验收合格后及时施焊，并且主要焊缝必须在温度相对稳定前完成。

四、顶推中临时结构

1. 导梁结构

大跨梁拱组合桥整体顶推施工过程中，结构体系不断转换，主梁各个截面在移动过程中要承受正负交替出现的弯矩，为减轻顶推施工过程中主结构的内力，加大顶推跨度，通常在主梁的前端设置临时性钢结构—导梁。导梁的作用，一方面是减小主梁的悬臂长度，从而大大降低主梁悬臂负弯矩峰值，加大顶推跨度；另一方面，引导主梁上墩，便于主梁纠偏，确保施工精度。

(1)导梁结构形式比选：常用的导梁构造分两种，一种是用杆件拼成的桁架导梁；另一种是用工字形变截面实腹板钢导梁。桁架导梁由上弦杆、下弦杆、立杆、斜腹杆和横向联系腹杆等组成，各节点用螺栓连接，其优点是重复利用率高，运输保存方便，其缺点是作为桁架受力的特点是节点受力，而导梁上桥墩后，整个下弦都要在滑道上作平面滑动，故两节点间的弦杆还要做加强处理，这样，导梁自重增大；自重挠度大。随着顶推箱梁跨径增大，宽度加宽，自重加重，桁架导梁就很难满足技术要求。工字形变截面实腹钢板导梁一般采用钢板焊成两根工字形变高度主梁及纵、横向联系杆组成。其优点是工字形纵梁在墩上滑动，下弦受力有利，不需作特别加强处理，且便于加工成变截面，减轻自重，拼装拆除工期短。工字形变截面实腹钢导梁与桁架导梁相比，在受力和方便施工方面均有很大的优势。近年来在多座特大型桥梁施工中应用广泛。经比选研究决定，福元路大桥导梁结构形式采用工字形变截面实腹钢板，在导梁主梁之间用钢管组成桁架式横联，增强导梁的整体性和刚度。图4为福元路桥导梁照片图。

图4 福元路大桥导梁图片

(2)导梁参数拟定：导梁的长度、刚度及重量在顶推施工阶段对主梁的内力影响都非常显著。导梁参数设置不合理将导致主结构内力很大，甚至造成主结构的破坏。通过适当地选择导梁的各个参数的数值，就能够减小主梁的施工内力，从而节约材料和降低施工成本。福元路大桥梁拱整体顶推跨度大(跨径为210m，中间只设一个临时墩)，因此要应综合考虑顶推跨径、主结构的刚度等因素，确定导梁合理的刚度和长度及重量。通过对主梁拱及导梁建立空间有限元模型，对其比重、刚度和长度进行优化、比选分析，最后拟定了合适的参数。本工程中导梁长度取45m，根部高度4.02m，宽度为26m，重量为210t；为减小自重，同时又要满足顶推要求，采用变刚度导梁，由根部向端部逐渐减小；考虑到施工的方便性及材料重量的限制，导梁与主梁连接位置采用大箱型结构，其他位置采用双H形结构，两幅导梁间及双H形结构间采用$\phi140\times4$的钢管做成的桁架作为支撑；导梁线型为底板保持水平，腹板竖直，顶板设置2%横坡，设置1:15的纵坡；导梁分为4段，各分段线间采用螺栓进行连接。

2. 临时撑压杆结构

由于福元路大桥顶推跨度过大，为控制主拱在顶推过程中受力，在顶推前，需布设临时撑压杆，目的是为了减小主拱的跨度，改善主梁拱结构的受力。待梁拱整体顶推到位后再拆除临时撑压杆，安装吊杆。经有限元优化分析，确定好撑压杆布置位置。撑压杆布置如图2所示。

(1)撑压杆内力分析：根据顶推控制分析结果，在每一拱跨中，均采用三种类型的临时撑压杆，分别为A类、B类与C类，其中A型撑压杆最大轴力为10060kN，B型撑压杆最大轴力为5480kN，C型撑压杆最大轴力为2460kN；

(2)临时撑压杆结构形式比选：由于撑压杆结构长，且轴力大，需对结构形式进行比选研究。其结构形式可采用小钢管桁架方案或大刚度钢管方案。其中小钢管桁架方案，虽结构侧向刚度大，但端部吊耳连接处理很复杂，加工安装复杂，工期长，费用高；而采用大刚度钢管方案，虽然轴压力大，风险较高，但端部吊耳连接处理简单，加工安装工期短，费用小，要经济。经过比选，采用大刚度钢管方案。为提高单根钢管的稳定性，可于撑压杆中间位置设置一道纵横向联系撑，减小单根钢管的计算长度。通过计算分析，采用大刚度钢管方案在受力上满足要求。

(3)根据计算结果，A类、B类与C类在顶推过程中受力存在差异，对撑压杆钢管的型号确定如下：边跨A杆采用$\phi1400\times20$的钢管，中跨A杆采用$\phi1400\times14$的钢管；边跨B杆采用$\phi1200\times14$的钢管，中跨B杆采用$\phi1200\times12$的钢管；边跨、中跨C杆均采用$\phi1000\times10$的钢管；A杆间B杆之间的联系撑采用$\phi800\times8$的钢管。撑压杆两端与主桥采用吊耳连接模式，钢管联系撑与撑压杆间一端采用吊耳连接，另一端采用焊接。撑压杆及端部连接材料均采用Q345B，联系撑材料采用Q235B，销轴采用45号钢。A杆、B杆顶部共用吊耳，与主拱采用顺桥向铰接，底部与主梁采用顺桥向铰接；C杆顶端与主拱采用顺桥向铰接，底端与主梁采用顺桥向铰接。A杆与B杆较长，且轴向力巨大，于中间设置横桥向及纵桥向联系撑，联系撑采用一端固接，一端单向铰接模式。各撑压杆与梁和拱连接横向均为固结。

五、顶推工艺设备研究

1. 顶推工艺设备比选

(1)拖拉式顶推工艺及设备：目前国内外针对中小跨度桥梁顶推施工，多采用拖拉式多点顶推工艺，相应采用的设备为拖拉式多点顶推装置，其结构构造包括：滑道、滑板/滑块、拉锚器、拉杆、锚定板、水平千斤顶等组成，如图5所示。通过千斤顶(或卷扬机)牵引钢绞线(或钢丝绳)，拖动梁体在支撑墩顶设置的滑道上滑移，牵引梁体安装就位的方法。其具有操作方便、设备简单、工艺成熟等优点而得以大力推广应用。但是，该工艺顶推中其支撑墩水平反力大、自动化不高、梁体局部受力大、容易产生蛙跳，同时为保证梁体顶推时的安全性，需对梁体进行临时加固等缺点。

(2)楔进式顶推工艺设备：其顶推装置主要由楔进顶推装置、顶推钢导梁装置和泵站及PLC控制系统组成。顶推装置见图6所示。其工艺基本原理是通过两块契形滑块相对运动实现梁体上升、前进、下降循环过程而实现梁的顶推。该方法解决了高支墩顶推反力大、偏载的难题，真正实现了自平衡顶推。无须对钢箱梁底面做任何预加工，因为摩擦全部是在顶推装置内部进行的。设备集成化，自动化程度高。该工艺和设备在法国米劳大桥施工中已得到成功使用，施工中桥面在河谷两端逐段拼装后向中间推移合龙，顶推总长2460m，总重36000吨，创建了楔进式综合液压系统顶推技术，完美完成如此庞大的桥面的架设就位。

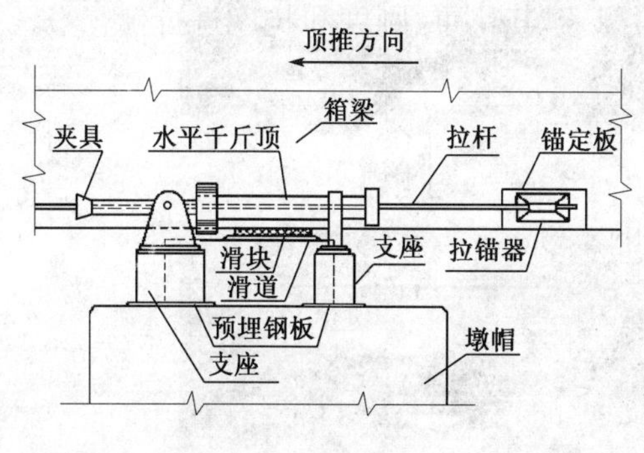

图5 拖拉式顶推装置

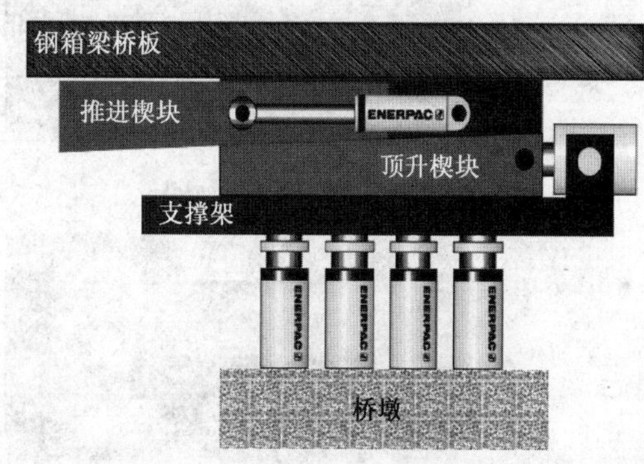

图6 楔进式顶推装置

(3)步履式自动化顶推工艺与设备系统：对于本桥顶推施工，由于顶推跨度大，顶推墩反力大，且梁拱整体顶推时结构受力复杂，对顶推工艺设备要求极高，拖拉式顶推设备及工艺无法满足本工程需要。

而楔进式顶推工艺设备，虽为自平衡顶推，且自动化程度也高，但该顶推系统设备过于庞大，其下降搁置时受力大，对梁体底板受力要求高，本工程底板不允许受力，受力上不能满足要求，并且采用楔进式顶推费用高，不经济。因此以上两种顶推工艺与设备系统均不适用于本工程。根据本工程顶推施工特点，需采用新型顶推工艺与设备系统—步履式自动化顶推工艺与相应设备系统。

2. 步履式自动化顶推工艺与设备系统

(1)步履式自动化顶推设备系统：步履式自动化顶推设备系统包括以下三大部分组成：顶推机械系统、顶推液压系统、顶推控制系统。其中顶推机械系统主要包括上下部滑移结构、顶升支撑油缸、顶推移动油缸、横向调整油缸，通过计算机控制和液压驱动来实现组合和顺序动作，以满足施工要求；顶推液压系统包括支撑顶升油压系统、顶推平移油压系统和横向调整油压系统，是提供顶推动力的装置。顶推控制系统包括泵站驱动模块和传感器采集模块，以及分控制器、主控制器组成反馈系统，通信网络和传感器组成，通过主控器发送指令，各顶推点信息反馈，实现对各个顶推操作的实时控制。图7为顶推系统总体框图。图8为步履式自动化顶推系统照片图。

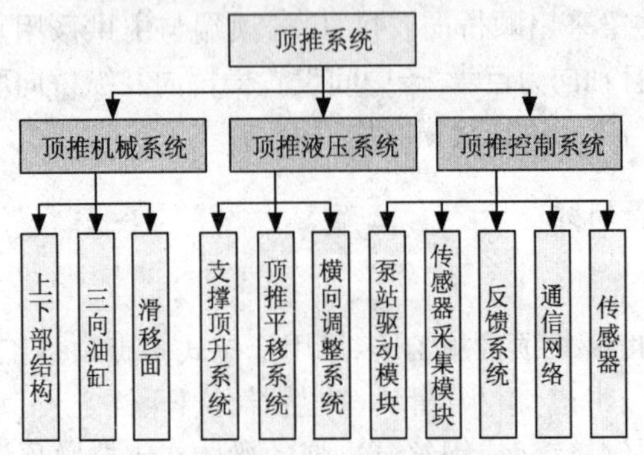

图7　步履式自动化顶推设备系统框图

图8　步履式自动化顶推系统照片图

(2)步履式自动化顶推工艺原理：利用竖向千斤顶将拱梁多点整体托起，水平千斤顶向前顶推实现拱梁移动，然后下放临时搁置，完成拱梁的一步移动。循环"顶"、"推"、"降"、"缩"几个步骤逐步完成结构的顶推。具体如下：①步骤1：顶——开启支撑顶升油缸，使钢拱梁被顶推装置整体托起，脱离垫梁；②步骤2：推——开启顶推油缸，使钢拱梁与顶推装置上部结构一起向前移动；③步骤3：降——支撑顶升油缸回油下降，钢拱梁整体下降搁置于临时垫梁上；④步骤4：缩——顶推油缸回缸，顶推装置回到初始顶推状态，完成一个顶推过程。如此循环，实现钢拱梁的整体顶推前移。图9为步履式自动化顶推原理示意图。

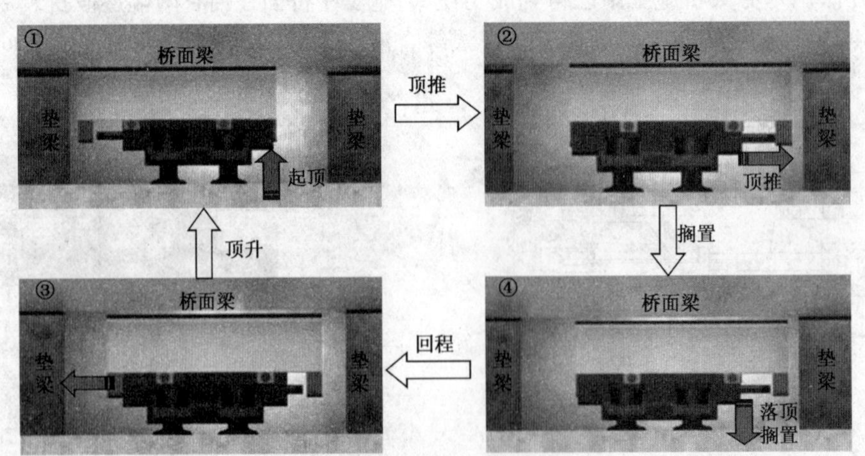

图9　步履式自动化顶推施工原理示意图

步履式自动化顶推设备系统其实质是将滑移面由箱梁底部改到顶推设备内部，从而大大减小了顶推前进时的摩擦力，避免了对主结构的可能损伤，满足了桥墩不受水平荷载以及永久结构设计受力要求，实现了真正的自平衡顶推;该系统集顶升、平移、横向调整于一体,实现钢拱梁的竖向、顺桥向的移动或调整,从而保证钢拱梁的坡度、全桥线形;系统采用计算机集中控制系统,设备集成化、自动化高,操控安全、方便、可靠。在福元路大桥主桥顶推施工中,采用步履式自动化顶推工艺与设备系统,顶推速度达 5m/h,在整个顶推施工过程中顶推设备系统运行状态稳定良好,确保了大桥顶推施工过程的安全性,至顶推完毕成桥状态下结构内力和线形均满足设计要求。

六、结　论

本文依托福元路湘江大桥主桥顶推施工工程,对多跨梁拱组合桥整体顶推施工关键技术进行了深入研究,得出如下结论:

(1)先进合适的吊装设备,是确保大跨梁拱组合桥施工中主梁拱拼装质量的关键。通过比选研究,采用超高大型龙门吊,并且拼装时采取各种措施控制拼装线形精度,保证了主梁拱的拼装线形精度满足设计要求。

(2)由于顶推跨度大,主结构受力复杂,需增设导梁和临时撑压杆结构。通过对导梁和临时撑压杆结构形式比选及参数的优化设计,确保了顶推过程中主梁拱结构受力满足要求。

(3)由于顶推重量重,顶推墩反力大,对顶推工艺和顶推设备要求高,常规顶推工艺和设备很难满足要求。经比选研究,采用了新型顶推工艺和设备系统—步履式自动化顶推工艺和设备系统,保证了大桥顶推施工的安全性。

参考文献

[1] 张鸿,张永涛,周光强. 大跨梁拱组合桥顶推法施工关键技术研究[D]. 2010 组合结构桥梁和顶推技术应用学术会议论文集. 北京:人民交通出版社,2010.

[2] 张鸿,张永涛,周仁忠. 步履式自动化顶推设备系统研究及应用[J]. 中外公路. 长沙:长沙理工大学,2012.

[3] 周光强,杨绍斌,申蒙,等. 杭州九堡大桥主桥顶推方案比选[D]. 2010 组合结构桥梁和顶推技术应用学术会议论文集. 北京:人民交通出版社,2010.

[4] Michel Virlogeux, Claude Servant, Jean-Marie, etal. Millau Viaduct, France[J]. Structural Engineering International ,2005(1).

[5] 上官兴,付书林,万艺,等. 中国桥梁顶推技术综述. 2010 组合结构桥梁和顶推技术应用学术会议论文集. 北京:人民交通出版社,2010.

105. 灰色 GM 模型在桥梁施工监控中的应用及分析

张　杰　周广腾　胡　成　王文洋
(合肥工业大学)

摘　要　为解决桥梁工程施工中主梁高程控制预测的问题,本文以某连续梁桥的施工监控数据为例,介绍了灰色 GM 模型预测的基本方法,采用 MATLAB 程序建立了 GM(1,1) 和 GM(2,1) 模型,分别对箱梁各施工阶段高程进行预测。将预测值与实测值对比分析可知:采用 GM(1,1) 模型和 GM(2,1) 模型得到的预测结果均能很好的拟合实测值,预测精度高,利用 GM 模型对桥梁施工过程中的高程进行预测是可行的;对两种模型建立过程中的生成系数进行了分析,发现生成系数的取值对 GM(1,1) 模型预测精度影响较大,在实际工程中若采用 GM(1,1) 模型,建议首先通过试算确定合理生成系数的取值。

关键词　灰色系统理论　施工监控　GM 模型　生成系数

一、引　　言

桥梁施工监控是确保桥梁在施工阶段按照预定的状态顺利推进的重要手段，其核心任务是对施工过程中的各种误差进行分析、识别、调整。由于对连续梁桥在梁段浇筑完成后出现的误差，除张拉预备预应力索外，基本没有调整的余地，因此只能针对已有误差在下一个未浇筑梁段的立模高程上做出必要的调整。所以，要想实现良好的监控效果，最根本的就是对立模高程做出尽可能准确的预测[1-3]。

目前可用于预测的计算方法目前有最小二乘法、卡尔曼滤波、最小方差预测，但这些方法计算量大，不利于基层工程单位推广应用。如果把施工过程中的各种影响因素看成一个系统，则该系统的内部信息和特征既有已知的也有未知的，故可把该复杂系统看成是一个受噪声干扰的具有物理原型的灰色技术系统，适用灰色系统理论，今年来已有人将该理论已被用于梁桥施工预拱度调控，取得了一些成效[4-5]。以往在桥梁施工监控中采用的灰色系统模型多为 GM(1,1)模型。本文以某连续梁桥的施工监控数据为例，采用 MATLAB 程序建立了 GM(1,1)和 GM(2,1)模型[6]，分别对箱梁节段高程进行预测，并对两种预测模型的生成系数取值进行分析。

二、工 程 背 景

某大桥主桥长 184.0m，分左右两幅，单幅桥宽 12.25m，主梁采用变截面悬浇预应力混凝土连续箱梁，设置施工监控系统，跨径布置为(52 + 80 + 52)m，主桥立面、横断面图见图 1。箱梁采用挂篮悬臂浇筑施工，各单"T"箱梁除 0 号块和边孔直线段采用支架现浇外，其余分为 9 对梁块，均采用对称平衡悬臂逐块浇筑施工。梁段的划分如图 2 所示。

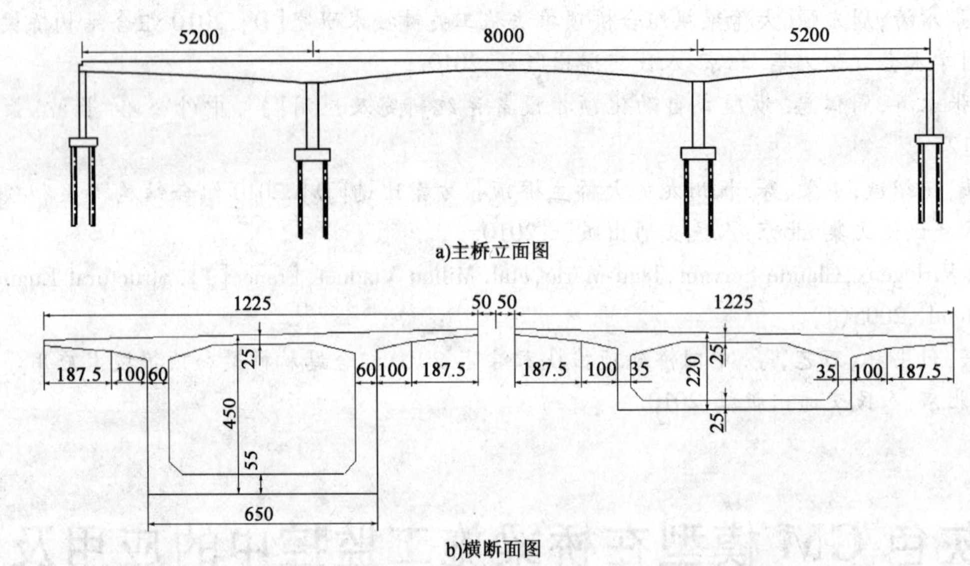

图 1　主桥立面、横断面图(单位：cm)

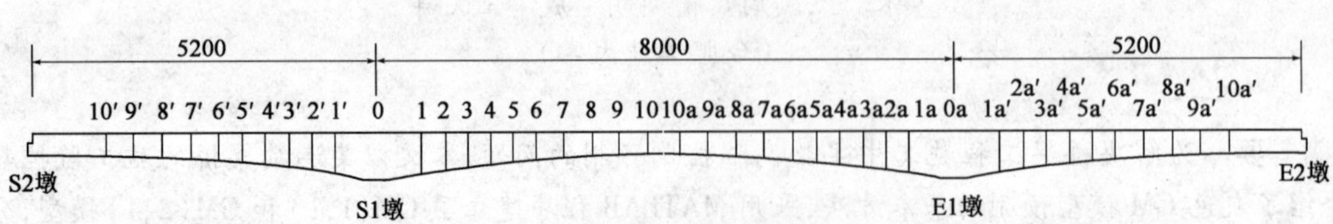

图 2　主梁梁段划分示意图(单位：cm)

三、GM 模型预测在桥梁施工监控中的应用

1. 灰色系统 GM 模型预测基本原理

采用 GM(1,1)模型进行预测的一般方法如下[7]：

设原始数据列为

$$X^{(0)} = (x^{(0)}(1), x^{(0)}(2), x^{(0)}(3), \cdots, x^{(0)}(n)) \tag{1}$$

做一次累加生成数列得到

$$\begin{aligned} X^{(1)} &= (x^{(1)}(1), x^{(1)}(2), x^{(1)}(3), \cdots, x^{(1)}(n)) \\ &= (x^{(1)}(1), x^{(1)}(1) + x^{(0)}(2), \cdots, x^{(1)}(n-1) + x^{(0)}(n)) \end{aligned} \tag{2}$$

其中 $x^{(1)}(k) = \sum_{i=1}^{k} x^{(0)}(i)\ (k=1,2,\cdots,n)$

定义均值生成数：

$$z^{(1)}(k) = \alpha x^{(0)}(k) + (1-\alpha) x^{(0)}(k-1) \tag{3}$$

其中，生成系数 $\alpha \in [0,1]$，一般取 $\alpha = 0.5$ 则均值生成数列为：

$$z^{(1)} = (z^{(1)}(2), z^{(1)}(3), \cdots, z^{(1)}(n)) \tag{4}$$

建立灰微分方程为

$$x^{(0)}(k) + az^{(1)}(k) = b, k = 2,3,\cdots,n \tag{5}$$

其白化微分方程为

$$\frac{\mathrm{d}x^{(1)}}{\mathrm{d}t} + ax^{(1)}(t) = b \tag{6}$$

式中 a 称为发展系数，b 称为灰作用量。

求解白化微分方程得

$$x^{(1)}(k+1) = \left(x^{(0)}(1) - \frac{b}{a}\right)e^{-ak} + \frac{b}{a}, k = 1,2,\cdots,n-1 \tag{7}$$

其中 a、b 的值由最小二乘法得到。

则预测值为

$$x^{(0)}(k+1) = x^{(1)}(k+1) - x^{(1)}(k) \tag{8}$$

GM(2,1)模型是比 GM(1,1)高阶的灰色预测模型，GM(2,1)模型与 GM(1,1)模型建立方法类似，不同之处在于其模型方程为

$$x^{(0)}(k) + a_1 x^{(0)}(k) + a_2 z^{(1)}(k) = b \tag{9}$$

其白化微分方程为

$$\frac{\mathrm{d}^2 x^{(1)}}{\mathrm{d}t^2} + a_1 \frac{\mathrm{d}x^{(1)}}{\mathrm{d}t} a_2 x^{(1)} = b \tag{10}$$

其中 a_1、a_2、b 的值由最小二乘法得到。

2. GM 模型在预测立模高程上的应用

对桥梁进行线形控制，需要在施工过程中设置合适的立模高程。由于该桥梁属于对称施工，故取一侧高程数据进行分析。每段梁施工完成后对梁底高程进行监测，左幅 S1 墩 2 号 ~7 号实测高程与设计高程见表 1。

左幅 S1 墩单"T"立模高程、梁底理论高程与实测高程(m)[8] 表 1

截 面	立 模 高 程	理论目标高程	实测梁底高程
2 号	15.290	15.2766	15.2765
3 号	15.594	15.581	15.583
4 号	15.872	15.858	15.854

续上表

截　面	立 模 高 程	理论目标高程	实测梁底高程
5号	16.122	16.109	16.105
6号	16.333	16.320	16.332
7号	16.537	16.526	16.521

以左幅S1墩悬臂施工7号块的立模高程预测为例,说明灰色系统理论在桥梁施工控制中的使用方法。

在施工过程中,2号~6号块的立模高程为:

$x = (15.29, 15.594, 15.872, 16.122, 16.333)$

节段施工后实际测量得到梁底高程为:

$y = (15.2765, 15.583, 15.854, 16.105, 16.332)$

以立模高程与实测高程的比值作为原始数列,研究立模高程与施工后实测高程之间的关系。则得到预测模型的原始数据序列:

$z = (1.000884, 1.000706, 1.001135, 1.001056, 1.000061)$

以此原始数据列作为模型输入值,根据2.1中步骤编制MATLAB程序,运算得到GM(1,1)和GM(2,1)模型预测结果。

由GM(1,1)得到7号块预测响应值1.0011,即当7号块的立模高程为16.537时GM(1,1)预测模型输出梁底高程预测值为 $h = 16.537/1.0011 = 16.51882929$

由GM(2,1)得到7号块预测响应值1.0008,即当7号块的立模高程为16.537时GM(2,1)预测模型输出梁底高程预测值为 $h = 16.537/1.0008 = 16.52378098$

3号~7号箱梁GM模型输出值与实测高程对比情况见表2。

模型预测高程与实测高程对比　表2

箱 梁 节 段	实 测 高 程	GM11		GM21	
		预测高程	误差(%)	预测高程	误差(%)
3	15.583	15.57998	0.019393	15.57998	0.019393
4	15.854	15.85773	0.023515	15.85931	0.033509
5	16.105	16.10589	0.005552	16.11072	0.035532
6	16.332	16.31505	0.103763	16.32157	0.063832
7	16.521	16.51883	0.013139	16.52378	0.016833

令残差为 ε,计算

$$\varepsilon = \frac{\text{预测值} - \text{实测值}}{\text{实测值}} \times 100\%$$

可知GM(1,1)、GM(2,1)误差均不超过1%。采用GM(1,1)模型和GM(2,1)得到的预测结果均能很好的拟合实测值,预测精度高,利用GM模型对桥梁施工控制高程进行预测是可行的。

四、生成系数对GM模型精度的影响

从GM模型建立的过程可以看出,生成系数 α 的取值对生成的均值数列乃至预测结果都存在影响,然而一般GM模型中对生成系数的合理取值并没有讨论。下面我们以上述连续梁桥施工监测数据为研究对象,在[0,1]的范围内改变生成系数的取值,分析生成系数 α 的取值对GM(1,1)模型和GM(2,1)模型预测精度的影响。生成系数 α 依次取0、0.1、0.2、0.3、0.4、0.5、0.6、0.7、0.8、0.9、1时,GM(1,1)模型和GM(2,1)模型预测误差变化情况如图3所示。

由图3可以看出,当生成系数 α 在区间[0,1]的范围内变化时,GM(2,1)预测模型的平均相对误差

变化不大；而 GM(1,1) 预测模型的平均相对误差存在一个幅度较大的变化过程。即在使用 GM(2,1) 模型进行预测时，存在一个生成系数 α'，当生成系数取值大于 α' 时，模型预测误差骤然增大。产生这种现象的本质原因在于，生成系数的取值直接反映了相邻两个原始数据在生成数中所占权值，GM(1,1) 是一阶预测模型，受数据处理方式的影响更加显著，若生成系数取值不当，会导致相当大的误差。在实际工程中若采用 GM(1,1) 模型，可首先进行试算。即选择一系列生成系数 α 对高程进行预测，将预测结果与已有的实测数据进行对比，选择预测结果与实测数据拟合最好的一个生成系数，用于后续滚动预测。

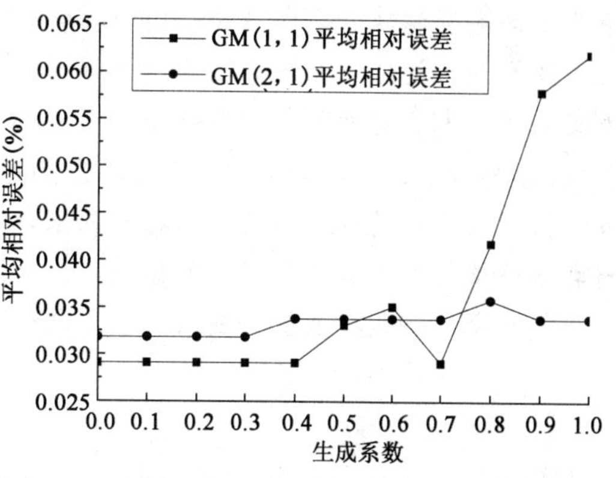

图 3　不同生成系数下 GM 预测模型平均相对误差

五、结　语

本文介绍了灰色 GM 模型预测的基本方法，并以某连续梁桥的施工监控数据为例，建立了灰色 GM(1,1) 和 GM(2,1) 预测模型分别对箱梁各施工阶段高程进行预测，将预测值与实测值对比分析可知：采用 GM(1,1) 模型和 GM(2,1) 得到的预测结果均能很好地拟合实测值，预测精度高，利用 GM(1,1) 模型和 GM(2,1) 模型对桥梁施工控制高程进行预测都是可行的。

对两种模型建立过程中的生成系数进行了分析，发现当生成系数 α 在区间[0,1]的范围内变化时，GM(2,1) 预测模型的平均相对误差变化不大；GM(1,1) 预测模型的平均相对误差存在较大差异。在实际工程中若采用 GM(1,1) 模型，建议首先利用前期已有观测结果试算检验，确定合理生成系数取值用于后面梁段高程的预测。

参考文献

[1] 向中富. 桥梁施工控制技术[M]. 北京：人民交通出版社，2003.

[2] 李凯，范良，彭国荣，等. 悬浇施工中主梁变形监控原理和程序化操作方法[J]. 中外公路，2012，32(04)：177-181.

[3] 郑明坊，苗连军，张月辉. 大跨度连续梁桥施工监控关键技术[J]. 铁道建筑，2011，(10)：8-10.

[4] 程霄翔，韩晓林，缪长青，等. 基于灰色理论悬臂施工中连续梁桥的应力预测与控制[J]. 世界桥梁，2009，(04)：46-49.

[5] 汪剑. 大跨预应力混凝土连续梁桥施工控制研究及温度效应分析[D]. 长沙：湖南大学，2003.

[6] 刘思峰，谢乃明. 灰色系统理论及其应用[M]. 北京：科学出版社，2008.

[7] 邓聚龙. 灰色系统基本方法[M]. 武汉：华中理工大学出版社，1987.

[8] 刘思峰，谢乃明. 灰色系统理论及其应用[M]. 北京：科学出版社，2008.

[9] 袁磊. 预应力混凝土连续梁桥施工监测与控制的研究[D]. 南京：南京航空航天大学，2006.

106. 重庆北碚朝阳复建桥钢箱提篮拱施工技术

李芳军
（中铁大桥局集团有限公司）

摘　要　重庆市北碚区朝阳复建桥是一座主跨 274m 的钢箱提篮拱桥，上下游拱肋沿着桥轴立面内水平线各分为 29 个节段，单肋最重节段为 94.5t，标准段在桥轴立面内水平线上的投影为 10m。桥址位于北碚区毛背沱观音峡峡口处，自南向北横跨嘉陵江，两侧分别与省道及国道相接，地形条件非常陡峭，几乎没有施工场地。在如此困难的条件下，必须采取一些特殊的技术措施和工艺来才能完成如此复杂的桥梁安装。本文对朝阳复建桥钢箱提篮拱的安装工艺做了详细的介绍：如缆扣塔一体化设计、钢箱拱各节段（起始段、标准段、合龙段）安装工艺要点、钢箱拱节段高空空间位置调整方法、节段扣挂细节处理、节段临时接头措施等。这些技术措施的采取给朝阳复建桥的提前通车和质量保证奠定了坚实的基础，给同类型桥梁的施工提供了很好的借鉴。

关键词 钢箱提篮拱 安装 技术措施 工艺

一、工 程 概 况

重庆市北碚区朝阳复建桥桥址位于北碚区毛背沱观音峡峡口处，自南向北横跨嘉陵江，两岸分别与省道及国道相接，地形条件非常陡峭。桥型布置为56.5m（钢叠合梁）+274m（钢箱拱）+45.5m（钢叠合梁），主拱圈单箱单室变截面悬链线钢箱拱，主拱结构为提篮式，主跨为274m，拱轴线在其所在平面内为悬链线，矢跨比为1/4.4，矢高为62.3m，拱轴系数为$m=1.3$，主拱桥水平夹角为81°，主拱肋内倾角为9°。拱肋为箱形截面，尺寸从拱顶到拱脚由(2.4×3.5)m渐变为(2.4×9.1)m。拱肋主材板厚为20mm、24mm、30mm、40mm。双拱肋通过6个钢箱横撑连为一整体。上下游拱肋沿着桥轴立面内水平线各分为29节段。其中包括起拱段、标准段、合龙段，单肋最重节段为94.5t。标准段在桥轴立面内水平线上的投影为10m，与吊索的水平位置对应。总体布置及效果图如图1和图2。

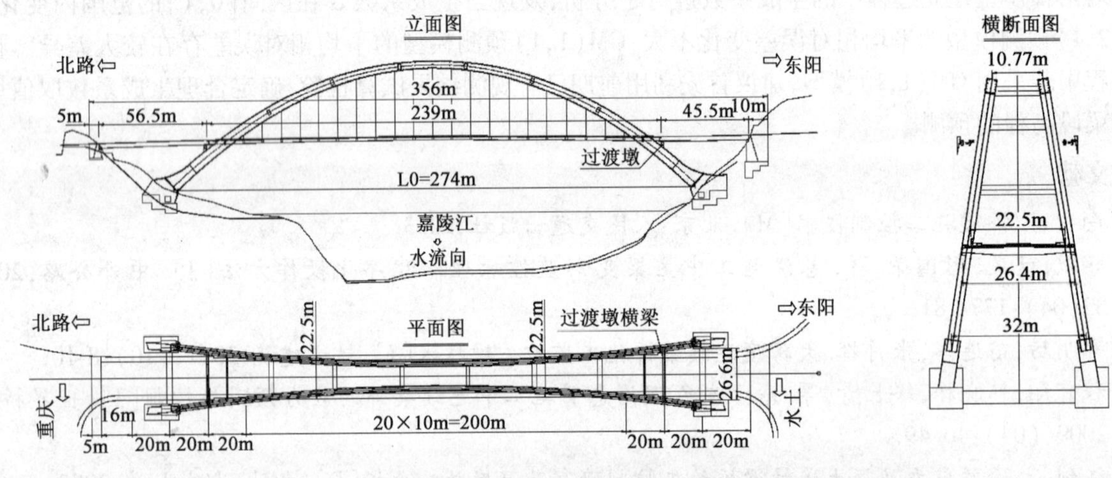

图1 北碚朝阳复建桥总体布置图

图2 北碚朝阳复建桥效果图

二、施 工 方 案

桥位下方为嘉陵江航道，船运繁忙，无法搭设支架，因此，钢箱拱安装采用了缆索吊装配合斜拉扣挂的施工方案。由于现场地形陡峭,施工条件有限,采用缆、扣塔架及锚碇一体化的施工布置。钢拱节段在工厂制造,通过船只运输至桥位后,由缆索吊系统将钢拱节段自船上起吊至高空设计位置进行安装。钢箱拱节段吊装到位后,安装前扣索、后锚索,将安装过程中钢拱的重量通过塔架传递到基础上。待钢拱节段吊装完成合龙后,再拆除扣锚索。

缆索吊机主跨298m,主索道设计为2组(上、下游分开),每组净起吊能力为1300kN(包括天车、吊具等),2组主索系统总吊重能力为2600kN。缆塔、扣塔合建,缆塔铰接于扣塔之上,塔架全高98m,采用H形钢及万能杆件拼装而成。由于现场地形条件限制,东阳岸边跨仅62m,边跨主索水平夹角达到了非常规的51°。锚碇也采用主索扣索锚碇合二为一形式,上下游各一个锚碇,锚碇采用群桩和承台组成。

扣锚索布置为空间形式,扣索锚固梁在塔顶分层布置,扣索固定端设在拱肋节段上,张拉锚固端锚固在塔顶上的锚箱内。在对应的扣索位置设置锚索,固定端平行布置在扣索地锚上,在设置在塔顶上的锚箱内张拉锚固,用于平衡扣索的水平力。每一个钢拱节段均设置一根扣索、一根锚索。

缆索吊装系统及扣挂系统布置如图3所示。

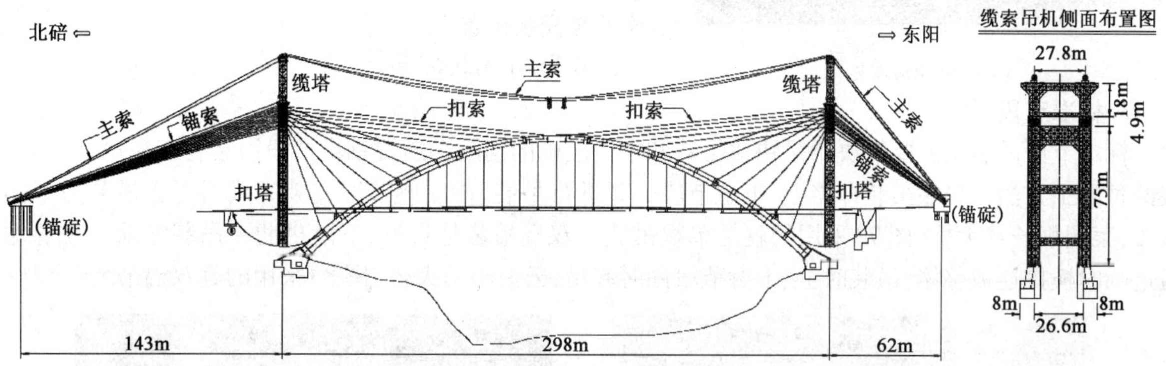

图3　缆索吊机及扣锚索体系立面布置图

三、施工工艺要点

1. 制造及运输

钢箱拱节段在工厂加工成型,并进行预拼装检验合格后,再用船由工厂运输至桥位。为保证接头匹配质量及线形,钢箱拱加工时每次拼装至少保证3个以上节段,上次拼装的最后一节钢箱拱留下一轮拼装。钢箱拱预拼采用平面预拼的方式,预拼节段数为6段,由于钢拱是空间布置的,采用平面预拼需要进行坐标换算。

为了减少运输成本,钢拱在船上采用了平面放置的方式,以增加单船节段装船数量,节段卸船后要先进行翻身后才能安装。节段制造和运输见图4和图5。

图4　节段制造

图5　节段运输

2. 根部节段吊装方法

钢拱根部节段共4个，即S0、S1、S2、S3节段。根部节段的施工难点在于：一是节段重量重，二是位于缆索吊的盲区，不能正位安装。

为了解决吊装重量大的问题，采用了以下两个措施来保证安全：

(1)安装根部节段时上下游分开安装，待一侧安装到位后再安装另一侧，以减轻缆索吊的荷载。

(2)由于根部节段与缆索吊吊点的横桥向水平距离不大，安装时吊点上不挂扁担梁，也是为了减轻吊装重量。节段在横桥向定位时利用倒链调整即可。

为了解决盲区吊装的问题，在拱座上放置了卷扬机及滑车组，当缆索吊吊装节段接近盲区时，天车不再向塔架移动，将拱座上卷扬机牵出的钢丝绳固定在节段上，利用卷扬机将节段拉至安装位置。

图6为S1节段安装。

图6　S1节段安装

3. 标准节段吊装

标准节段吊装最需要解决的是快速吊装和定位准确的问题。通常钢拱节段吊装有双榀吊装、单榀吊装两种施工方法。单榀吊装即将上、下游节段分开进行吊装，待一侧节段安装完成后再去吊装另一侧的节段，莱园坝长江大桥(图7)采用的就是单榀吊装。双榀吊装是将上、下游拱肋在吊装之前就在场地上通过临时横撑连成整体，吊装时上、下游节段同时起吊，云南小湾大桥(图8)采用的是双榀吊装。

图7　菜园坝长江大桥单榀吊装

图8　云南小湾大桥双榀吊装

对于本项目而言，如果采用单榀吊装，则施工周期加长，因为上下游不能同时作业。如果采用双榀吊装，拱座下方即为滔滔嘉陵江水，没有场地来进行整体拼装。经过研究，最终采用了“无临时横撑双榀吊装”这一方法解决了空间与时间的矛盾问题。

“无临时横撑双榀吊装”与常规的双榀吊装区别在于取消了临时横撑以及吊装前整体组拼工作，减少了工作量和临时结构的数量(临时横撑)，通过在吊具上采取一定的措施来解决钢拱节段的空间定位问题。图9为施工照片。

钢拱节段的空间定位三维坐标调整方法如下：

(1)顺桥向位置调整

顺桥向位置调整最为简单，可通过缆索吊的天车在顺桥向移动来定位。

(2)横桥向位置调整

将每个节段吊装的位置在扁担梁上做好标记，在吊装该节段以前先将挂点移到相应的标记处，以此来实现节段的横桥向定位。需要注意的是，由于节段为内倾提篮式，节段前后方挂点在扁担梁上的位置并不一致(节段前后方共2根扁担梁,可独立运动)。

图9　北碚朝阳桥"无临时横撑双榀吊装"照片

(3)节段倾角调整

由于拱肋内倾角为9°,节段吊装时的角度不一定正好,需要有微调措施,具体是在天车的下吊点与节段之间设置一个滑车(其承载力满足节段重量要求)。通过滑车上的倒链来微调节段的倾角,具体见图10和图11。

图10　横桥向位置调整扁担梁

图11　倾角调整装置

4.合龙段吊装

合龙段施工的难点在于切割长度的确定以及狭窄空间下的吊装困难。钢箱拱合龙段尺寸大,合龙施工时余量切割受温度不确定性的影响,难以准确定出合龙长度,而最大悬臂段存在的高差及扭转角度的误差给合龙增加了困难。如果控制不好,会造成合龙口焊缝出现裂纹、焊接失败。合龙施工要点如下:

(1)合龙前线形调整

在合龙前应对拱肋线形进行调整。线形调整选择在傍晚或清晨进行(温度变化幅度不大时),通过调索以调整钢箱拱肋高程,经过反复调整,使拱肋线形符合设计要求。本桥由于采用了强大的扣塔结构,坐标计算准确,在合龙前仅调整了最前方的扣索,实现了"一拉到位"的目标。

(2)合龙段现场余量切割

考虑到钢箱拱的制造、测量、安装误差,焊接收缩变形及温差等因素的影响,合龙段加工时增加30cm的富余长度,作为合龙时的调整余量。在合龙段施工前一周,选择与合龙气温差不多时,测量已安装的最前方S14节段前端四个角点坐标,准确计算合龙段长度,对合龙段预留的面板进行现场切割,保证合龙段精度。

(3)合龙

合龙段经过现场精确切割后,利用缆索吊将合龙段起吊至合龙口下方,由于合龙段为上大下小的尺寸特点,需通过天车斜吊拱肋(倾斜角约55°),才能越过合龙口,再下降合龙段合龙。

合龙段拱肋吊装到位后,安装高强螺栓,进行拱节段横向环焊缝的焊接。最后拆除扣索,完成拱肋吊装的全部工序施工。

施工过程如图12～图15所示。

图12　合龙口温度测量

图13　合龙段余量配切

图14　斜吊拱肋越过合龙口

图15　合龙段缓慢下放就位

5. 拱肋接头定位及扣挂施工细节处理

节段对位安装工艺(图16～图19)如下：

拱肋节段安装对位时先用两台3t的葫芦收紧，穿上ϕ40mm的长拉杆螺栓进行初定位，再在外法兰上打上冲钉，安装高强螺栓进行精定位。拧紧高栓后(或50%高栓，50%冲钉)，挂扣索，同步张拉扣索和锚索，张拉吨位根据监控计算确定。在节段的前端挂设横向临时缆风绳，后端锚于前一个节段的横撑根部。横向临时缆风绳采用一根直径28mm的钢丝绳，用15t导链收紧。缆索吊机徐徐松钩。

图16　接头定位措施(工厂内照片)

图17　扣点(工厂内照片)

钢绞线扣挂钢箱拱肋的高程调整由张拉和松放扣索来实现，在塔上张拉端布置张拉设备(塔上张拉端锚具采用防脱锚具)。按各组扣索的根数和索力计算出索长，分组下料编束，前端采用P锚结构套上锚板，安装于吊装段扣点上。扣索安装好后，检查扣索在塔顶的排列是否正确，前后是否对应，然后调整、初拉后，进入后锚体系。

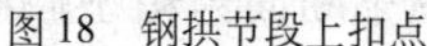
图18 钢拱节段上扣点

图19 塔上张拉端分配梁及防脱锚具

四、结 语

本桥施工方案及工艺比较成功，为全桥安全、优质、快速地施工提供了坚实的技术保障，反思一下，主要在以下方面值得总结：

(1)由于两岸地形限制，缆索吊布局极不对称，东阳岸锚锭距塔架仅为58m，水平夹角达到了53°，对结构受力非常不利，施工难度很大。我们通过科技创新，设置了强大的桩基承台锚碇结构、大刚度塔架系统等措施，取得了很好的效果，扣锚索安装一步到位，没有反复的进行高程调整，线形良好。缆索吊及斜拉扣挂系统对全桥的安全质量控制起到了关键的作用。

(2)针对钢拱节段特性，采用了有区别的吊装方案：对S0～S3盲区节段采用单榀吊装工艺，对S4～S14节段开发了上下游拱段间不设临时横撑的双榀吊装工艺，并研制了主拱姿态调整装置(由于钢拱内倾9°)，提高了安全度和工作效率，在后期架设过程中大大节约了施工工期。

(3)钢拱节段临时定位措施、扣挂方式等细节处理简单、好用，工人也反映比较好操作。

(4)在长江上游施工，特别是嘉陵江上，要充分考虑三峡蓄水这一特殊的水文现象，尽量利用蓄水水位，把握运输时机。本桥在钢拱节段安装时正好处于蓄水时，大型船只得以直接从武汉到达桥位。在桥面钢横梁安装时，已处于枯水位，需要在下游码头处转运一次，倒至嘉陵江上经常运输的小型船舶上才能到达桥位。

(5)关于节段的装船方向，在条件允许时，应尽量采用立式安装，可减少现场翻身的工作量，降低危险系数。

参考文献

[1] 曹正洲，冯玉涛. 重庆朝阳复建桥吊装缆塔、扣塔一体化研究[J]. 公路，2010，7，7.
[2] 宋晖，叶梅新. 重庆菜园坝长江大桥提篮钢箱拱施工工艺[J]. 桥梁建设，2005，06.
[3] 周泳涛，周军生，周洲，等. 云南小湾大桥关键施工工艺[J]. 桥梁建设，2002，06.

107. 大跨度飞燕式提篮钢管混凝土拱桥吊装技术

曹 瑞 耿德荣 左孔海 汪壁云 李 华 浦小松
(四川路桥建设股份有限公司)

摘 要 通过对一座大跨度钢管混凝土拱桥吊装技术的介绍，详细论述了缆索系统的设计、施工以及钢管拱肋的吊装过程。

关键词 大跨度 飞燕式 钢管混凝土拱桥 缆索吊装技术

一、工 程 概 况

资阳沱江三桥位于四川省资阳市郊,西起沱江新城商业街,东接沱江东区迎宾大道。桥位处沱江江面宽约240m。桥梁按照城市主干道、双向六车道设计,全桥长888米,其中:主桥设计为(60+180+60)m飞燕式提篮钢管混凝土拱桥,拱肋向内倾斜11.5°。主拱肋矢跨比为1/4,计算矢高$f=45$m,拱轴线采用悬链线抛物线。主拱拱肋采用桁架式钢管混凝土结构,每一拱肋为4×ϕ965mm钢管加腹杆形成桁架,断面尺寸为2.35m(宽)×3.9m(高)。拱脚横向间距为38.043m,拱顶横向间距为20.10m,桥面全宽36.5m。西岸引桥为(25+37+25)m变高度混凝土连续梁,东岸引桥为2×(4×25m)+(2×23+35+2×23m)+(4×25m)+(3×23m)预应力混凝土简支小箱梁结构。

边跨采用钢筋混凝土结构体系,受力构件由二片主纵梁组成,纵梁断面为箱型截面,截面宽3.8m,标准截面高4.2m,在拱脚处根据受力需要将截面加高至6.2m。边拱拱轴线为悬链线,其计算跨径$L=60.0$m,计算矢高$f=14.84808$m,矢跨比$f/L=1/8.082$,拱肋的内倾角为11.50°(图1)。

图 1

二、缆索吊装系统设计

资阳沱江三桥主拱肋为4×ϕ965mm钢管形成桁架,断面尺寸为2.35m(宽)×3.9m(高)。主拱肋纵向共分成9个节段,节段长度为20~25m,重量为50.5~70.7t。拱肋风撑共3道,长度为17~20m,重量为30~33t。

根据本桥的具体情况,采用无支架缆索吊装系统进行主拱肋吊装。

1. 缆索吊装系统总体布置的特点

飞燕式提篮钢管混凝土拱桥的缆索吊装系统的布置涉及的因素较多,不能按常规的方法进行设计,而是要结合以下几点进行综合考虑:

(1)边跨为型钢劲性骨架外包混凝土拱肋。缆索吊装系统必须要承担劲性骨架的吊装,索跨的布置必须要覆盖两边跨。

(2)本桥拱肋为提篮式,上下游两肋在拱脚处宽37.7m,在拱顶处宽20.1m吊装每段拱肋时,主索鞍的位置都要随拱肋的位置移动。索鞍与索塔的连接必须设置方便可靠的移动装置。

(3)吊塔和扣塔设为一体,尽量减少缆索吊装系统对引桥施工的影响。

(4)能进行横梁、行车道板的安装。横梁最重为80t,要用此重量来控制缆索系统的设计。

无支架缆索吊装系统由吊扣塔、主缆、起吊索、牵引索、扣索、吊扣锚、抗风索等组成。

西岸索塔设在2号墩与3号墩之间,使缆索吊装系统能顺利安装边拱;东岸索塔设在7号墩与8号墩之间,留出6号墩与7号墩的之间的位置,作为起吊拱肋的空间。索塔采用吊塔和扣塔合二为一,采用万能杆件拼装,塔底设为铰结。东岸索塔高82.45m,西岸索塔高74.45m,两岸锚索的水平夹角均为30°。

由此,缆索系统布置为:缆索跨分布由西岸至东岸依次为:139m+347m+145m(图2)。

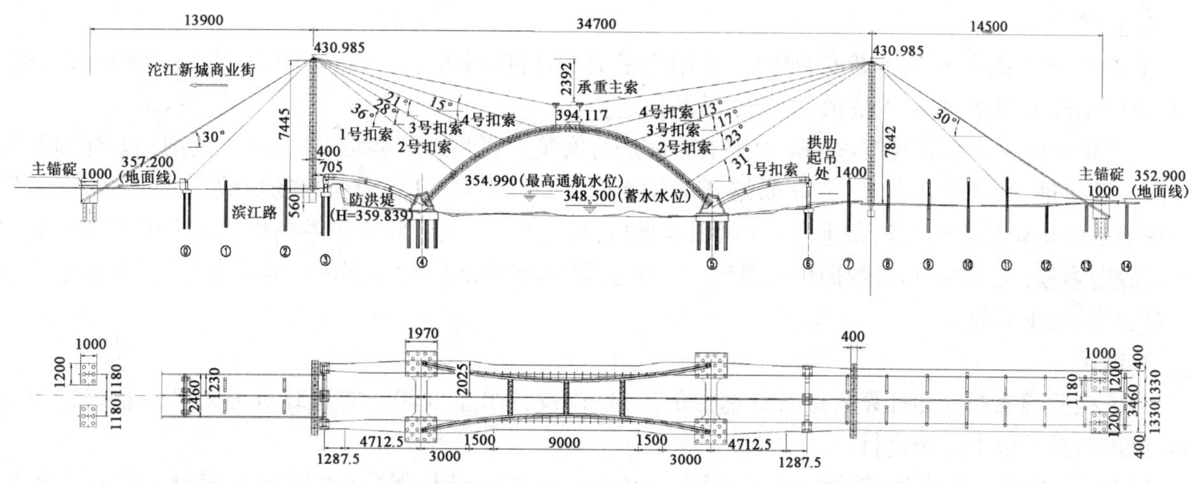

图 2

2. 缆索系统的设置

(1)主索:共设两组主索,每组为 8 根破断拉力为 8×2000kN 的 ϕ56(CFRC8×36SW)满充式钢丝绳;两组丰索中心初始间距为 35.05m,随着吊装进度通过索鞍向中间移动。每组主索上前后设 2 个跑车及 2 个吊点,每个吊点设计吊重 40t,以满足横梁的吊装。主索重载垂度 1/14,空载垂度 1/21.8,张力安全系数为 3.2。

(2)起吊索:采用 ϕ26(6×37S+FC)钢丝绳走 10 线。安全系数为 5.4。

(3)牵引索:采用 ϕ32.5(6×37S+FC)钢丝绳走 4 线。安全系数为 3.7。

(4)扣索:扣索由多束 ϕ15.24 低松弛高强度钢绞线组成,拱肋上设锚固点,扣索通过 P 型挤压锚与锚固点连接,然后经过索塔上的转向索鞍至锚碇,进行张拉端的张拉和索力调整。

(5)抗风索:横向抗风索采用 ϕ28mm 钢丝绳,在吊装索塔的上、下游两侧各布置两组,一端系于塔顶,一端与锚碇连接。

纵向抗风索采用压塔索形式,采用 ϕ47.5mm 钢丝绳,分别在上、下游两侧各布置 2 根压塔索,每根初张力为 230kN。压塔索分别锚于东西两岸的主锚碇上。

3. 索塔的构造

索塔采用 M 型万能杆件组拼而成。由于本桥较宽,主拱肋又为提篮式布置,缆索吊装的覆盖范围广,因此索塔塔顶为 42m 宽。索塔形式设为三柱门式索塔,边柱截面为 4m×4m,中柱截面为 2m×4m;高度方向上设两道横梁。塔顶分配梁采用 I56b 工字钢组拼。

吊塔和扣塔设为一体,使缆索吊装系统布置简洁明了,同时大大减少了设备用量。

4. 锚碇

由于桥较宽,主锚碇采用分离式,在两岸桥的上、下游各设一锚碇,全桥共设 4 个锚碇,吊索和扣索的锚合为一体。

锚碇位置的地质结构为地表杂土→卵石土→强风化泥岩,覆盖层较厚,因此地锚采用重力式锚,其尺寸为 12m×10m×10m。地锚底部放置在卵石层上。在每个锚碇下设 6 根 ϕ200cm 桩基,桩长 10m,以增强锚碇的安全性。

桩基采用 C30 混凝土,扣锚张拉区采用 C30 混凝土,其余部位采用 C20 混凝土,并按受力部位布置了钢筋。

三、缆索系统的安装和试吊

1. 安装

塔架基础完成后,在其下游安装塔吊,采用塔吊提升杆件,按要求完成索塔的安装。安装时,将塔脚临时由铰结改为固结,并设置抗风,保证索塔的稳定。

主缆钢丝绳采用小直径钢丝绳牵引来的方法进行安装。安装人员坐船先将 $\phi6.2$ 的细钢丝绳绳头放至对岸,西岸进15t牵引卷扬机,东岸联结 $\phi32$ 的牵引索;启用西岸15t牵引卷扬机收紧 $\phi6.2$ 的细钢丝绳,带动 $\phi32$ 的牵引索通过塔顶进入15t牵引卷扬机;最后利用两岸15t牵引卷扬机来回牵引其 $\phi56$ 的主索,完成缆索渡江。随后利用卷扬机及滑轮组收紧主索,调到安装设计垂度后扣紧主索,最后安装起吊小车、牵引索、起重索等。

2. 试吊

为了检验缆索系统的计算数据及各部位的质量,以设计吊重×20%的超载对缆索吊装系统进行试吊。试吊时按照以下方法进行:

(1)试吊荷载逐级增加,按照50%→75%→100%→120%进行加载(各级试吊重量不包括配重块和吊点重量),50%－75%－100%加载均来回从东岸到西岸行走一次,120%只行走至跨中,不来回牵引。

(2)试吊时随时观测塔架位移、主索垂度以及后锚变形情况,发现异常即时停止并分析原因进行处理后才能继续进行。

(3)根据取得的试吊各项数据,与缆索吊装的设计数据进行比较,并对所有运行机构进行检查,查看是否有异常或损坏的情况,对可能的不安全因素做出针对性整改,以确保正式吊装施工的安全。

通过试吊、检查、验收,本桥缆索吊装系统符合设计要求。

四、拱肋的吊装

飞燕式拱桥的特点是需利用边拱传递主拱的水平分力,因此主拱吊装前必须先吊装边拱。本桥边拱为劲性骨架外包钢筋混凝土结构,用缆索吊装系统将劲性骨架吊装后,在其上外挂模板,浇注外包混凝土,形成边拱,然后进行主拱肋的吊装。

本桥钢管拱肋节段在专业厂家加工。工厂制作成拱段并试拼装合格后出厂,经汽车运至大桥东岸6号~7号墩之间预留的场地,用吊装系统的吊点起吊、纵移、落位。每半跨拱肋分为4个节段,每一节段为一个扣段,共4个扣段,每节段扣索均采用塔扣。东、西岸分别同时自拱座1号拱肋节段开始,向河心逐段拼装至4号拱肋节段。待上下游段吊装就位后,通过扣索调整拱肋高程、侧向抗风调整拱肋轴线位置,然后安装风撑。

1.1号拱肋节段的吊装

采用上游主索上的吊点吊运上游1号段至拱座旁,上好扣索、侧抗风索,一边降吊点,一边张拉扣索,慢慢地将拱肋节段拱脚端置于拱座上,通过链子滑车借助拱座上预埋件逐步调整第一吊段拱脚端铰轴钢管位置,使其与预埋的拱脚铰座接触密贴。拱肋另一端,用侧抗风索调整好轴线位置,用扣索调整高程到设计高程。待力全部交于扣点,拱肋高程、轴线调整满足规范要求后,取下吊点。然后按同样方法完成其余1号段的吊装。将铰轴钢管及与拱脚铰轴连接的两斜腹杆灌注C50混凝土,待其强度达到设计强度的80%后进行第二吊段的安装。

扣索由 $\phi15.24$ 低松驰高强度钢绞线组成,在现场根据受力要求由多根钢绞线编成束,通过吊装系统与拱肋的锚点连接,然后用索塔上的扒杆配合手拉葫芦将扣索装入索鞍轮槽中。在锚碇处用卷扬机滑车组牵引扣索,穿过预埋在锚梁上的锚管,安装锚具进行张拉。扣索的张拉按分级,对称的原则进行,以高程控制为主,同时兼顾索力。索力用频谱分析仪测试,在调索过程中实施监控,确保施工安全。

侧向抗风索由 2 组 2ϕ28 的钢绳组成，设置在节段前部，用手动葫芦进行收放，以调整拱肋轴线位置。

2.2 号 ~4 号拱肋节段的吊装

2 号 ~4 号节段吊装方法与 1 号节段大致相同。重点要控制好扣索索力和拱肋高程。每一节段就位后，均须对已安装的扣索和侧向抗风索进行调索。按监控单位提供的索力、拱肋高程和拱肋倾角以及拱轴线位置认真进行，每一号扣索应同步作业，对称、分级张拉。同时用频谱分析仪对索力进行测试，以确保调索的准确性。

拱肋为提篮式，其特点是每一节段往内倾。因此吊装拱肋时应移动索鞍，将主索调整到相应的位置。加强测量，严格控制每一节段上端头和下端头的空间坐标。

3.5 号节段(合龙段)的吊装

合龙前再次对扣索、侧向抗风索，拱肋倾角、轴线线形、高程、合龙口长度等进行测量、调整，选择温度稳定时段实施合龙。用吊点起吊合龙段运至合龙口上方，徐徐下降，将钢管对正后进行合龙。合龙施工按统一协调指挥，确保了合龙顺利完成。合龙后对拱肋线形及位置实施精确测量，通过扣索、侧向抗风索和拱顶合龙装置进行精调，调整合格后固定合龙装置，进行各节段间连接的焊接工作。

4. 吊装过程的稳定安全措施

吊装过程中，缆索系统和拱肋的稳定性十分重要。必须按照桥涵施工技术规范，采取可靠措施，保证系统和结构的安全。

(1)缆索系统的稳定措施

索塔的稳定性通过布置纵向和侧向抗风来实现。虽然索塔较宽，仍在索塔上下游两侧各布置一组 2ϕ28mm 钢丝绳作抗风索，保证索塔的横向稳定性；另外在塔顶布置 2ϕ47.5mm 钢绳作压塔索，保证索塔的纵向稳定性。

(2)拱肋安装过程中的横向稳定

拱肋节段为单肋安装，对于尚未形成拱的单肋节段，宽跨比小，横向稳定性差，除布置侧向八字抗风索外，每一节段还设置了临时横撑，使上下游两肋形成具有相当宽度的空间桁架，大大增强了拱肋在悬臂状态下的横向稳定性(图 3)。

图　3

5. 松扣和卸扣

拱肋合龙后，对各节段接头和风撑焊接。然后浇筑拱座封铰混凝土，对拱肋临时铰封铰。由两铰拱转换成无铰拱后，逐级松扣，使扣索拉力逐渐减小，拱的轴向压力逐渐增大。

松扣程序为：从 4 号扣索开始，两岸对称分级(扣索拉力分 5 级，每级放 1/5)，依次(从 4 号→1 号)放松，各扣索松一级，暂停 15 ~20 分钟后，测试拱肋钢管应力、高程、轴线及平面位置，再进行第二级放松循环。最后一级保留 5% 左右的扣力暂不放松。

松扣后对拱肋进行全面测试，然后灌注钢管混凝土。最后彻底放松扣索，并将扣索拆除。

五、吊杆横梁及行车道梁吊装

钢管混凝土达到强度并检验合格后，安装系杆，进行第一次张拉，然后进行横梁吊装。

图 4

横梁在东岸设置的预制场预制，采用吊装系统上、下游两组主索抬吊。横梁共27根，为满足从跨中向两岸对称吊装的要求，在预制完成后，提前将西岸半跨的13根横梁吊移至西岸拱脚前存放，然后按设计要求从跨中开始吊装横梁就位，向两岸对称进行。

行车道梁也在东岸预制场制作，其安装方法从拱肋上方吊运安装。为加快进度，设置了分配梁，一次能同时吊运8块车道板（图4）。

六、结　语

采用缆索吊装系统吊装是大跨度钢管混凝土拱桥施工的必选方法。资阳沱江三桥大跨度飞燕式提篮钢管混凝土拱桥，通过对缆索吊装系统按飞燕式提篮拱桥的特点进行了优化设计，保证了大桥的安全、顺利地建成，为同类桥梁施工提供了有益的借鉴。

108. 转体桥梁特征构件受力分析

孙永存
（辽宁省交通规划设计院）

摘　要　转体施工因其独特的优越性，被广泛应用于斜拉桥平转施工之中，然而对斜拉桥平转阶段受力性能的研究很少。本文以绥芬河斜拉桥转体施工为例，针对转体桥梁的特征构件——转盘，采用解析法和有限元法对转盘进行受力分析，得出一些结论。

关键词　斜拉桥　平转　转盘　受力分析

一、引　言

桥梁转体施工，就是利用两岸地形采用支架顺着河岸边或铁路旁建造桥梁结构，然后采用摩擦系数很小的转铰连同滑道组成的转盘结构，通过牵引设备将桥梁整体旋转到位的施工方法。这项工艺能够节约施工材料，减少施工设备，缩短施工周期，不影响通航及不中断桥下通车，从诞生的那一天起在行业领域内就受到普遍关注[1]。

桥梁转体施工在国内外有接近60年的发展历史，从最初跨越峡谷的千吨级桥梁转体已发展到现在跨越铁路、公路及河流的万吨级桥梁转体，从最初单一的拱桥转体发展到现在的连续刚构桥、斜拉桥转体，限于施工周期及保通两个主要因素，转体施工桥梁的数量及吨位都在逐年增加，转体过程中桥梁结构的安全也越来越受到桥梁工程界的高度重视。

转盘作为转体桥梁的特征构件，在转体过程中发挥着至关重要的作用，本文以绥芬河独塔单索面斜拉桥的成功转体为背景，进行水平转体斜拉桥特征构件-转盘的受力研究。

二、工 程 概 况

绥芬河新华街立交桥是绥芬河新华街的西延伸线，高架桥总长 615m。跨越绥芬河火车站部分，即主跨为 100m + 100m 的独塔单索面预应力混凝土斜拉桥即绥芬河斜拉桥[2]。由于该桥横跨火车站，实现了对 12 条铁轨的跨越，铁路站场内客货运输均较为繁忙，为了能快速安全地施工，并且尽量减少对铁路运输的干扰，最终决定采用转体施工，即先沿铁路对桥梁结构进行施工，然后采用牵引设备将桥梁整体旋转到位。绥芬河斜拉桥平转重量为 14000t，转体重量、转体悬臂长度在国内外均位居前列。该结构简图如图 1 所示，转盘结构如图 2 所示。

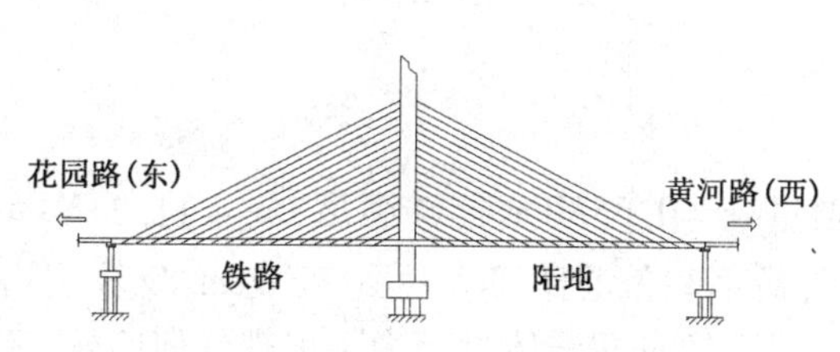

图 1　绥芬河斜拉桥结构简图

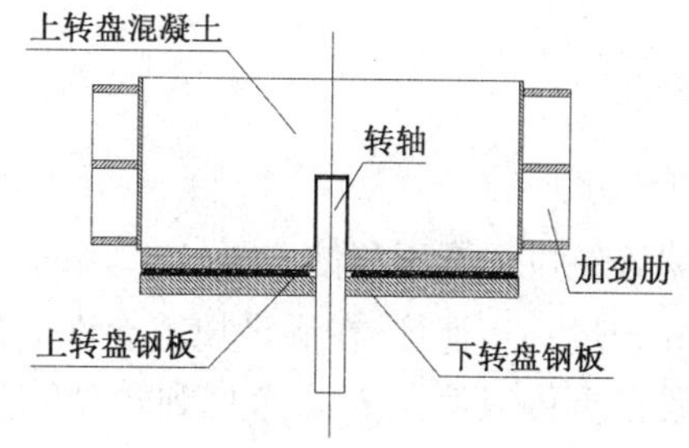

图 2　转盘结构示意图

三、转轴受力分析

转盘由转轴、上下转盘构成，转轴位于转盘中心，嵌于上转盘钢板与下转盘钢板之间，是桥梁转体的定位装置。该桥转轴由 A3 钢棒车削加工而成，直径为 300mm，长度为 600mm，如图 3 所示。

由于该桥重心与转轴中心在竖直方向存在偏离[3]，由刚体惯性运动理论可知，斜拉桥在匀速转动时，桥梁结构会对转轴作用一定的剪力，即所谓的非惯性运动影响力，与此同时，在水平风力及牵引力作用下，也会在转轴上间接产生一定的剪力，为确保转轴不被剪断，需要对转轴进行抗剪强度验算：

图 3　绥芬河斜拉桥转轴实体图

1. 非惯性运动影响力

该桥平转重量为 14000t，最不利偏心距为 2.9cm（考虑施工中可能出现的其他不利因素），假设平转角速度为 ω，可得非惯性运动影响力为 $F_{非惯性} = m\omega^2 R = 414.3\omega^2$kN。

2. 水平风力

依据《公路桥梁抗风设计规范》计算，主梁承受风荷载为 519.75kN，主墩承受风荷载为 50.94kN，主塔承受风荷载为 1196.25kN，总和为 $F_{风力} = 1766.94$kN。

3. 牵引力

考虑水平牵引力对转轴的最不利影响，为 $F_{牵引力} = 2N = 2962$kN，N 是桥梁转体启动牵引力。

各种因素作用下，桥梁结构对转轴的水平剪力为 $F = 4728.94\text{kN} + 414.3\omega^2\text{kN}$。由 A3 钢棒的容许剪应力为 85MPa，应满足 $\tau < 85 \times 10^6$，因此 $\omega < 1.76$ rad/s。

四、上下转盘受力分析

绥芬河斜拉桥上、下转盘如图 2 所示。

1. 解析计算

由图 2 可以看出，转盘由混凝土和钢两种材质组成，截面尺寸相同时，混凝土的抗压承载能力远小于钢板，在承受上部 14000t 的巨大重量时，需要对混凝土的抗压性能进行验算。本桥采用 4.0m 直径的转盘,因此转盘压应力为 $\sigma = P/(\pi D^2/4) = 11.2\text{MPa}$,又转盘所用材料C50混凝土的抗压设计强度为22.4MPa,故满足规范要求。

11.2MPa是理想的应力计算结果,没有考虑上部结构对转盘的偏压作用,斜拉桥顺桥向2%的纵坡、施工过程中主塔两侧主梁混凝土浇筑量的差异都会对转盘造成偏压作用,11.2MPa仅是均匀压力下的结果。偏压作用的原因是上部结构重心对转盘中心产生了偏离,设偏心距离为 d,由此产生的应力增量为 σ,从而应满足 $(\sigma + 11.2)\text{MPa} < 22.4\text{MPa}$。

压应力增量关于转盘中心积分取矩有:

$$2\int_0^2 2\sqrt{4 - x^2}\,\frac{\sigma x}{2}x\mathrm{d}x = Pd \tag{1}$$

简化后得:

$$\sigma = \frac{Pd}{2\pi} \tag{2}$$

根据该斜拉桥最不利偏心距 $d = 2.9\text{cm}$,计算压应力增量 $\sigma = 0.65\text{MPa}$,能够满足 $(\sigma + 11.2)\text{MPa} < 22.4\text{MPa}$。进一步计算,在满足规范允许的压应力条件下,最不利偏心距可以达到47.5cm,反算主塔一侧的主梁自重可以偏大7%,考虑到转盘的及其重要性,为保证转盘在转体过程中不出现任何问题,还是应该严格控制主塔两侧主梁的混凝土施工质量,力求偏心距尽可能的小。与此同时,本桥上转盘还采用设置钢套筒及加劲肋的方式确保转盘在转体过程中的绝对安全,如图4所示。

2. 有限元计算

解析计算只考虑了上部结构重力及偏心的影响,并且只给出了竖直方向的压应力,为了对转盘的应力情况进行较为全面的把握,本文在解析计算的同时进行了有限元计算。文中采用Solid65单元模拟转盘混凝土结构,采用Solid45单元模拟上转盘钢套筒及加劲肋,采用Beam188单元模拟主梁及塔、墩[3],转盘有限单元划分如图5所示。

图4　上转盘钢套筒及加劲肋

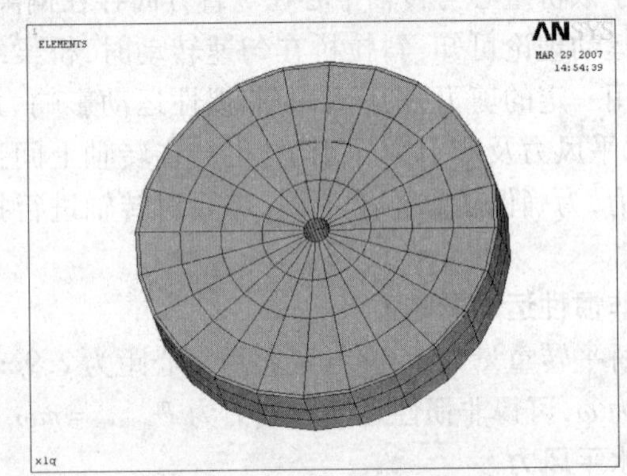

图5　转盘有限单元划分图

同时考虑上部结构重力及千斤顶牵引力作用下,转盘结构的水平及竖直应力计算结果如图6~图9所示。

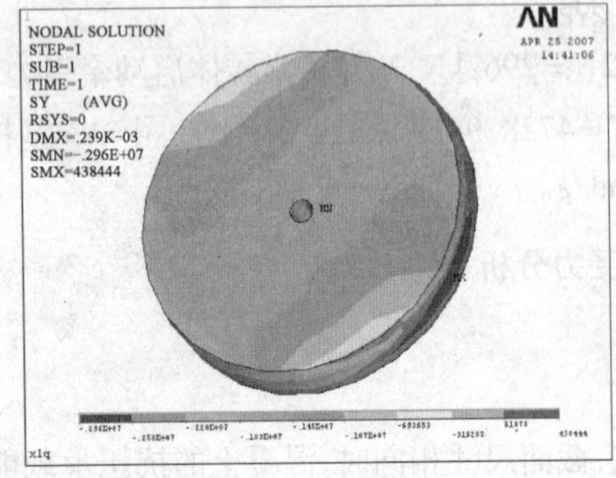

图6　转盘水平正应力云图(横桥向)

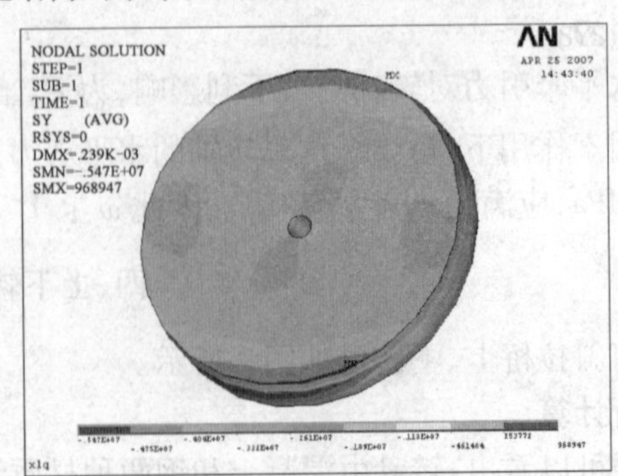

图7　转盘水平正应力云图(纵桥向)

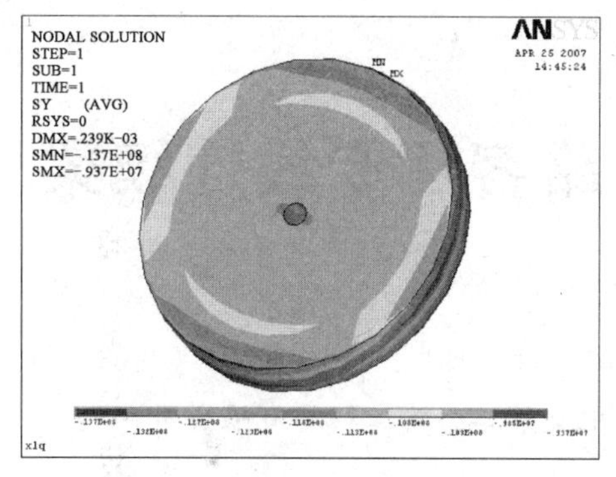

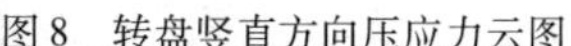

图8 转盘竖直方向压应力云图

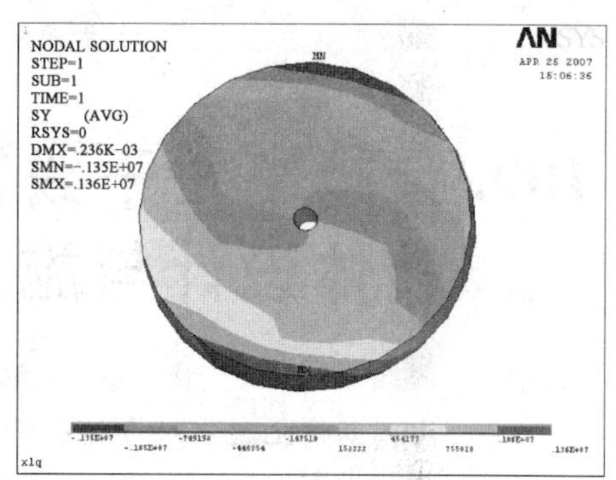

图9 转盘水平方向剪应力云图

由上述应力云图可以看出，钢套筒内的混凝土在水平方向承受的压应力不大，横、纵桥向最大值分别为2.96MPa和5.47MPa；而钢套筒自身在“环箍”混凝土的作用下，横、纵桥向分别出现了－0.44MPa和－0.97MPa的拉应力，两种材质在水平方向的应力均满足相关规范要求。

钢套筒内的混凝土在竖直方向的压应力较大，纵桥向在主梁悬臂的影响下，最大压应力为13.7MPa；由于文中采用模型没有考虑主塔两侧主梁混凝土浇筑量的差异对转盘的偏压作用，仅考虑纵坡影响，偏心距离较小，由图8难以看出转体结构对转盘的偏压作用，钢套筒内混凝土的压应力比较均匀，在11.3MPa上下，与前文计算结果11.2MPa十分接近。

桥梁平转时，在牵引力和转盘之间摩擦力作用下，钢套筒内的混凝土出现水平方向剪应力，最大值为1.36MPa，如图9所示，能够满足规范要求。

继续分析，转盘在水平方向及竖直方向变形如图10和图11所示。

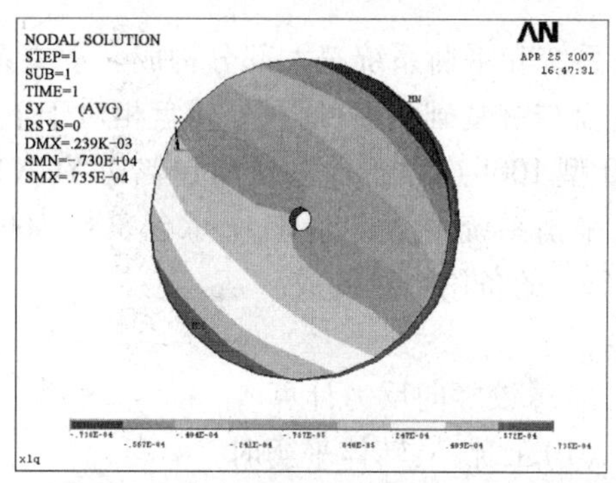

图10 转盘水平变形云图

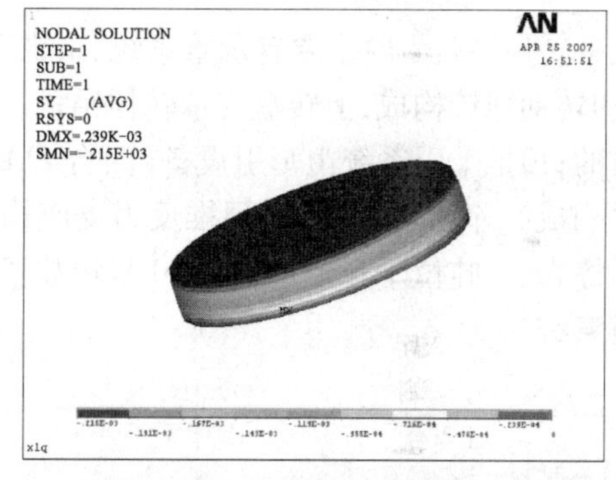

图11 转盘竖向变形云图

在反向水平牵引力作用下，转盘发生扭转，最大水平变位0.073mm；在上部结构重力作用下，转盘发生压缩变形，最大压缩量0.215mm。

五、结　　语

转盘作为转体桥梁的特征构件，在转体过程中具有及其重要的作用，本文采用解析计算及有限元计算两种方法对转盘加以分析，结论如下：

（1）根据转轴抗剪强度计算限定绥芬河斜拉桥平转角速度 $\omega < 1.76\text{rad/s}$。

（2）施工中应严格控制主塔两侧主梁混凝土浇筑量的差异，为确保转盘安全，可设置转盘钢套筒及加劲肋等保险设施。

参考文献

[1] 张联燕，谭邦明，等. 桥梁转体施工[M]. 北京：人民交通出版社，2003.
[2] 孙全胜，孙永存，等. 斜拉桥水平转体施工主梁脱架影响分析[J]. 公路，2007.
[3] 孙永存. 绥芬河斜拉桥水平转体阶段受力研究[D]. 东北林业大学，2007.

109. 跨越繁忙干线铁路客运专线连续梁转体设计与施工

杨 红[1] 李 进[2] 叶 坤[2]
(1. 中国港湾工程有限责任公司;2. 中交第二公路工程局有限公司)

摘 要 球铰是新建大吨位铁路桥跨既有线转体施工中最重要承重结构和转体核心,球铰应用于转体施工具有安全可靠、摩擦力小、降低工程造价等优点。

关键词 铁路特大桥 球铰 跨既有线转体施工

一、概 述

哈大客运专线刘房子铁路立交特大桥DK647+489.15~DK647+666.85段上部结构为(48+80+48)m现浇预应力混凝土连续梁,其中48号~49号孔上跨Ⅰ级双线电气化既有哈大铁路,对既有线的影响里程为K952+070~K952+180,斜交角度25°。为了减小对既有线影响和降低跨线施工风险,该桥采用平行既有线支架法大节段现浇后,平面转体合龙的成桥的工艺。

二、钢球铰平转体系

刚球铰平转体系(图1)主要有承重系统、顶推牵引系统和平衡系统三大部分构成。承重系统由上转盘、下转盘和转动球铰构成,上转盘支承转体结构,下转盘与桩基础相连,通过上转盘相对于下转盘转动,达到转体目的;顶推牵引系统由牵引设备(两台ZLD100型100t连续千斤顶及两台普通YCW100型100t助推千斤顶构成)、牵引反力支座、顶推反力支座构成;平衡系统由结构本身、上承台8双ϕ60cm的钢管混凝土圆形撑脚、大吨位千斤顶及梁顶10号块放置的6m^{3}的备用水箱构成。

1. 承重系统

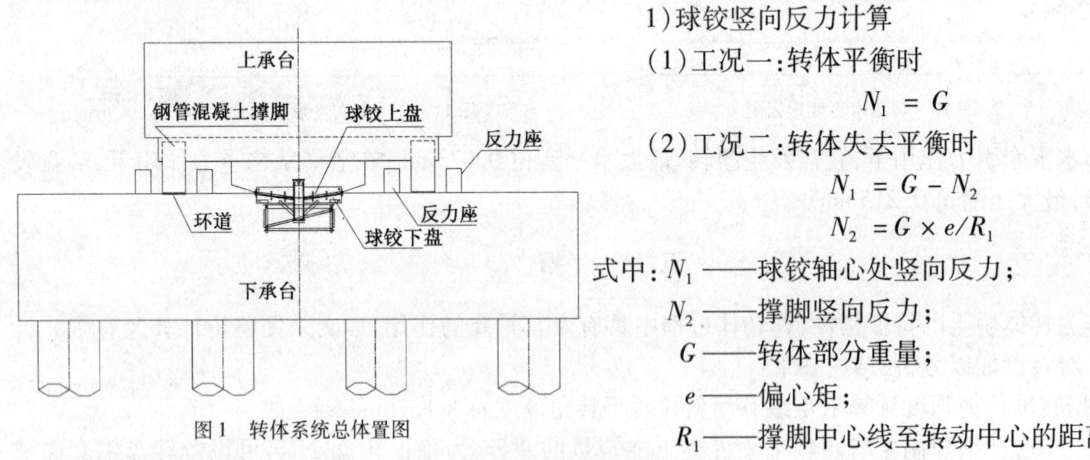

图1 转体系统总体置图

1)球铰竖向反力计算

(1)工况一:转体平衡时

$$N_1 = G$$

(2)工况二:转体失去平衡时

$$N_1 = G - N_2$$

$$N_2 = G \times e / R_1$$

式中:N_1——球铰轴心处竖向反力;

N_2——撑脚竖向反力;

G——转体部分重量;

e——偏心矩;

R_1——撑脚中心线至转动中心的距离。

取以上两种工况最不利者控制球铰的竖向承载能力。

2)球铰平面半径计算

$$D \geqslant 2[N_1/(\pi \times K \times [\sigma_a])]^{0.5}$$

式中:D——球铰平面直径;

N_2——撑脚竖向反力;

K——球铰接触面积折减系数,取0.65;

$[\sigma_a]$——球铰下混凝土的标准抗压强度。

3)球铰型号产品选用

48号墩转体结构净重 $G=40976.24$kN,49号墩转体结构净重 $G=40712.96$kN,考虑施工中风荷载及施工误差因素,导致转体结构失去平衡,需进行平衡配重,故应有一定的安全储备,球铰设计竖向承载能力采用48000kN,按 $G=48000$kN 计算球铰平面直径 $D=1.87$m。考虑结合构造及滑道的空间布置要求,球铰选用725所设计生产的48000kN转体球铰,球铰平面直径 $D=2.3$m,设计最大静摩擦系数0.1,最大动静摩擦系数0.06。

2. 平衡系统

1)撑脚

为了增强转体过程中结构的稳定性,防止结构发生较大倾斜,在上转盘底面沿距转动中心半径为$R=325$cm的圆周均匀设置了8个双ϕ60cm圆形钢管混凝土撑脚,当转体发生倾斜时,撑脚先支承于下转盘的滑道上,防止转体进一步侧倾。为减小撑脚底面与滑道的摩擦,撑脚底面钢板与滑道的接触面部分应由工厂加工定做,接触面应刨平,粗糙度不低于6.3级,镀铬后刨光处理。

2)滑道

为了减小撑脚与下转盘的接触摩擦,撑脚支承面置于同一水平面内,从而使转体发生倾斜时,平稳运行。在下转盘顶面设置外径3.65m,宽0.8m的环形可调式滑道,滑道由型钢支架、24mm厚的滑道钢板及5mm厚的不锈钢板贴面三部分组成。滑道钢板通过高强螺栓镶嵌与型钢支架上,四氟板通过环氧树胶加压粘贴于滑道钢板上。可调式滑道通过型钢支架的粗调及高强螺栓的微调,来实现四氟板表面高程误差0.5mm。滑道型钢支架控制高程差5mm。

3)备用大吨位千斤顶及水箱

为了防止突发荷载作用于转体上,引起转体失衡,调整失衡状况下转体的运行姿态,在桥墩对称轴线方向,滑道外侧设置4台大吨位备用千斤顶,及时调整转体过程中转体的运行姿态。同时在梁部10号块端部设置两个带刻度,容积为$10m^3$的备用水箱,做为调整转体失衡的备用措施。

3. 牵引系统

1)转体处于平衡状态,撑脚与滑道不接触时牵引力及助推力计算

转体处于平衡状态,当施加的外力偶矩大于球铰处静摩擦力产生的阻力力矩时转体发生转动,为使连续千斤顶加力均匀,转体发生转动时匀速转动,外力偶矩由牵引力偶距及助推力偶矩组成。

牵引力计算:

$$T_1 = M_1/D_1$$
$$M_1 = 2/3 \times (D/2) \times G \times f_1$$

助推力计算:

$$T_2 = (M_{J1} - M_1)/(2 \times R_1)$$

2)转体失去平衡,撑脚与滑道接触时牵引力与助推力计算

牵引力计算:

$$T_1 = (M_1 + M_2)/D_1$$
$$M_1 = 2/3 \times (D/2) \times G \times f_1$$
$$M_2 = N_2 \times R_1 \times f_2$$

助推力计算:

$$T_2 = [(M_{j_1} + M_{j_2}) - (M_1 - M_2)]/(2 \times R_1)$$
$$M_{j_1} = 2/3 \times (D/2) \times G \times f_{j_1}$$
$$M_{j_2} = N_2 \times R_1 \times f_{j_2}$$

式中：T_1 ——平转牵引力；

D_1 ——牵引力偶臂；

M_1 ——球铰处动摩擦力产生的阻力力矩；

M_2 ——撑脚处动摩擦力产生的阻力力矩；

f_1 ——球铰处动摩擦系数；

f_2 ——滑道处动摩擦系数；

T_2 ——平转助推顶力；

M_{j1} ——球铰处静摩擦力产生的阻力力矩；

M_{j2} ——撑脚处静摩擦力产生的阻力力矩；

f_{j1} ——球铰处静摩擦系数；

f_{j2} ——滑道处静摩擦系数；

R_1 ——撑脚中心线至铰中心的距离。

三、施 工 工 艺

1. 工艺流程

(1)转体球铰设于上下两层承台之间，球铰下转盘锚固与下承台顶面，上转盘锚固与上承台底面。球铰上下盘可以绕中心钢轴相对转动，并通过设置四氟滑片、加硅脂等措施降低转动摩阻力。

(2)转体施工通过两台以球铰为中心、对称布置的连续千斤顶产生的力偶克服球铰摩阻力产生的力偶，从而实现上承台、墩身和箱梁形成的整体相对于下承台、桩基匀速转动至设计位置。

(3)箱梁浇筑前在上下承台之间采用砌砖、砂桶等便于后期拆除的支撑体系临时固定，从而避免了箱梁浇筑过程中上下承台之间的相对变位。

(4)平行于既有线路，采用大节段现浇的方式，满堂支架分次对称浇注完成箱梁，每次浇筑长度25m左右。

(5)墩顶段箱梁施工过程中应采取临时支座、锚固钢筋的形式，进行墩梁临时固结，克服箱梁浇筑和转体过程中的不平衡弯矩、扭矩等。

(6)箱梁转体到设计位置后，在上下承台空隙内浇筑封铰混凝土，实现两者之间的固结；在浇筑合龙段，解除墩梁临时固结，实现桥梁贯通。

2. 操作要点

1)转体系统的安装及承台、墩身的浇筑

(1)球铰安装及铰下混凝土浇筑

首次承台浇筑前预埋球铰定位钢架，在定位钢架上调节定位球铰下钢盘。钢支架保证具有足够的强度和刚度，防止在焊接或灌注时变形使下球铰错位。下转盘安装并检测无误后，顶面覆盖土工布防护，开始浇注铰下微膨胀C50混凝土，坍落度控制在18~22cm之间。

混凝土终凝后，打开球铰下钢盘面覆盖物，将整个球面及各滑块安装槽内清理干净。在下钢盘凹球面上按照顺序由内到外安装聚四氟乙烯滑板。将聚四氟乙烯滑板安装完毕后，用黄油四氟粉填满聚四氟乙烯滑板之间的间隙，使黄油面与四氟滑板面相平。整个安装过程要保持球面清洁，不要将杂物带至球面上。

(2)环道及支撑脚、保险脚安装

下承台施工时同样预留环道定位螺栓及环道滑板安装预留槽。环道滑板设计为20mm厚钢板+5mm厚不锈钢板。利用定位螺栓精确定位钢板，调节顶面高程、平整度，确保平整度不超过1mm/2m，高程偏差不超过±1mm。

2)支架现浇箱梁

平行既有铁路，一次性搭设完成全部支架。搭设完成的支架应按设计箱梁荷载(含内模板荷载等施工荷载)的80%、100%、110%分级预压,并在110%荷载状态下持荷72h。箱梁浇筑按设计进行要求分段对称浇筑,每段浇筑长度在25m左右。梁体浇筑过程中需准确计算支架变形、张拉上抬梁,并结合预压支架的沉降情况设置好预拱度,做好高程的控制,尤其中跨合龙口梁段的高程控制,及时修正。在浇筑后一节段箱梁前应按设计要求卸落相应的支架。墩顶段箱梁和墩身之间设置锚固钢筋和临时支座进行临时固结,临时固结按箱梁浇筑和转体施工阶段纵向最大不平衡弯矩和平面上最大扭矩控制设计。箱梁浇筑完成后,按设计要求对称拆除支架。

3)转体施工准备

施工准备工作包括:

(1)现场清理。

(2)设备的布置与调试。

(3)安装牵引索。将钢绞线牵引索顺着牵引方向绕上转盘后穿过千斤顶,并用千斤顶的后锚具夹持住。先用1~5kN逐根对钢绞线预紧,再用牵引千斤顶在1MPa油压下对该束钢绞线整体预紧。拆除上、下转盘间的临时固定装置及支垫,并及时进行应力测试,全面检查转体结构受力情况。

(4)上下承台纵横轴线的测量和标识,下承台尤其环道上控制转体到位的标识线等等。

4)转体结构偏心的监控及调整

通过墩身内布置的应变计监测和撑脚下方间隙、箱梁悬臂端高程测量判断重心偏移情况。当不平衡弯矩超过球铰理论可承受的偏心弯矩后势必发生倾斜直至撑脚着地,增大转体摩阻力矩。为减小阻力,应采用砂袋配重等措施予以调整,尽可能减小不平衡弯矩。为尽可能保持尾跨略重于悬臂跨以降低风险,宜通过配重调整,使尾跨略重于悬臂跨。

5)转体施工

(1)试转

通过试转应确定合理的油泵控制参数,掌握停止牵引后惯性造成的余转距离,为正式转体提供参考。

(2)转体卡控时间的确定

根据试转速度,对转体封锁要点时间进行分析、计算。并应考虑以下工序占用的时间:

转体到位后轴线及高程测量纠偏时间不宜少于45min。

临时锁定时间不宜少于15min。

其他不可预见时间应在45min左右。

(3)转体施工过程

在现场指挥下达转体指令后,油泵手打开开关,慢速给油,控制千斤顶行程速度0.1m/min以内、梁体悬臂端转体线速度不超过1.2m/min,不小于0.8m/min,并保持匀速。转体过程中应安排专人观察结构物的异常情况,转体施工的障碍物情况。

转体过程中通过上承台纵轴线位置悬吊的5kg垂球和下承台上的油漆标识之间的距离判断转体到位情况,当垂球距离油漆标识3mm时,通知油泵司机关闭阀门,依靠惯性转体到位。转体即将到位前,在反力座之间插入限位型钢防止超转,同时辅助后续结构纠偏和定位操作。

6)结构纠偏与精度控制

转体施工精度的控制主要包括箱梁的纵轴线及高程、横坡,分三个施工阶段予以控制。

(1)箱梁支架现浇阶段

该阶段按设计高程并考虑支架沉降、设计提供的预拱度设置支架高程,并严格控制梁顶高程。纵横轴线则参照墩身轴线严格放样控制。

(2)箱梁转体精度初控

该阶段重点控制纵轴线,转体前在下承台上标识出上承台转体到位后的理论纵横轴线,转体前箱梁纵轴线即上承台纵轴线位置悬吊5kg垂球。转体过程中通过垂球和下承台上的油漆标识之间的距离初步控制转体精度,当垂球距离油漆标识3mm时,关闭牵引千斤顶油泵阀门。

(3)精确调整阶段

箱梁停止转动并稳定后,进行精确调整:先利用YCD100t螺旋式千斤顶手动打顶进行纵轴线调整;其次在上下承台之间横轴线上设YDC250t型千斤顶1台,采用低侧顶起的方法对横断面高程进行调整;同法再进行纵向高程调整;最后再次校核纵轴线。各精度指标满足规范要求后,迅速利用限位型钢固定平面位置,在滑道与撑脚之间加设小钢楔子保持调整后的高程。

7)封铰与固结

上下转盘临时锁定后,快速调直、焊接连接钢筋,立模浇筑封固混凝土(与承台较高标号微膨胀混凝土)、使上转盘与底盘连成一体。

8)滑移吊架法浇筑中跨合龙段

箱梁转体到位并封铰后,开始施工合龙段。为减小施工对既有线的影响,宜采用行走式合龙吊架浇筑中跨合龙段(图2)。

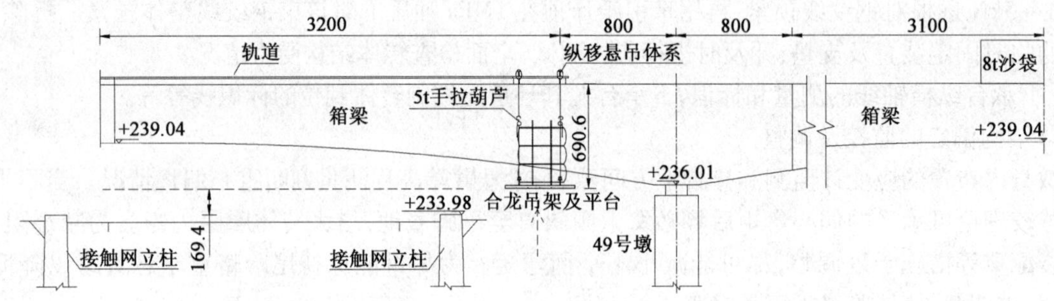

图2　移动式吊架拼装、提升、纵移示意图

(1)安装吊架滑移轨道,同时在其中一个主墩附近拼装合龙吊架及防护系统。

(2)将合龙吊架提升至设计位置,吊架底高出接触网立柱顶高程1.5m以上,准备纵移。吊架引起的不平衡弯矩由边跨悬臂端沙袋配重克服。

(3)纵向牵引合龙吊架至设计位置。整个纵移过程中,平台底面距离梁底最小高度50cm,距离接触网顶面最小高度160cm,并根据要求利用5t链条胡芦调整平台高程。

(4)提升吊架,转换悬吊体系,对吊杆固定后安装防护体系及模板体系。

(5)绑扎钢筋,并在悬臂端增加配重(1/2合龙段混凝土重量)。选择一天中最低温时锁定劲性骨架,张拉临时预应力束,浇筑合龙段混凝土(图3),同步在中跨悬臂端卸除等量的配重。

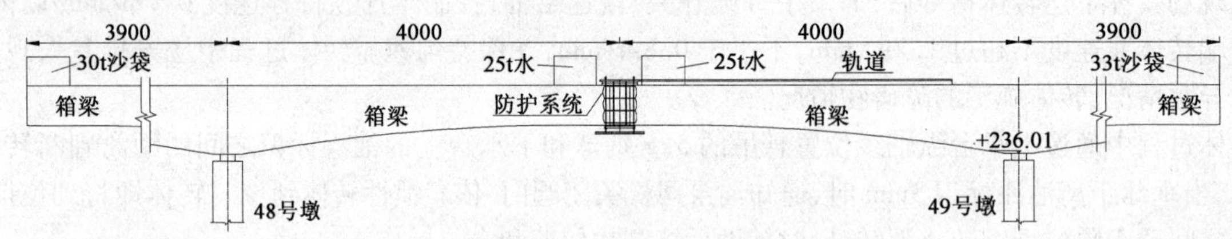

图3　合龙段配重及混凝土浇筑示意图

(6)合龙段混凝土养生及预应力施工完成后,拆除配重、吊架、模板、钢轨等合龙设施,完成中跨合龙段施工。

四、结　　语

刘房子哈大铁路立交特大桥已于2009年9月5日转体到位,2009年9月28日全桥合龙。施工中采用平行既有哈大铁路支架现浇、跨即有线球铰法转体施工工艺,不仅提前工期75d左右,同时对既有线营运基本未产生影响,创造了较好的社会经济效益,具有广阔的应用前景。

参考文献

[1] 刘房子特大桥跨既有哈大铁路施工专项方案.中交第二公路工程有限公司.

[2] 中华人民共和国行业标准.TB 10402—2007 铁路建设监理规范[S].北京:中国铁道出版社,2007.

[3] 中华人民共和国行业标准.TB 10203—2002 铁路桥梁施工规范[S].北京:中国铁道出版社,2002.

[4] 中华人民共和国国家标准.GB 50017—2003 钢结构设计规范[S].北京:中国建筑工业出版社,2003.

110. 装配式盖梁与墩身的连接构造形式探讨

陈家勇 刘 钊

(东南大学土木工程学院)

摘 要 预制装配桥墩技术目前在国内桥梁中的应用还很少,限制这一技术在国内应用的主要因素是连接部位的处理问题。对于装配式盖梁与预制墩身的连接方式,主要包括螺栓连接、灌浆口连接、灌浆管道连接和灌浆套筒连接,本文从可施工性、耐久性及结构力学性能等方面对上述连接方式的适用性进行探讨。

关键词 预制装配桥墩 螺栓连接 灌浆口连接 灌浆管道连接 灌浆套筒连接

一、引 言

桥梁的预制装配技术具有快速施工、环境友好且易于保证质量等优点,被广泛认为是混凝土桥梁的工业化发展方向。目前梁体的节段预制装配技术已有较多应用,但是,桥墩的预制装配在我国的应用还十分少。

在预应力混凝土箱梁的节段预制拼装中,节段之间连接构造多采用键齿状界面的环氧胶接缝,其应用研究已趋于成熟。然而,在桥墩的预制拼装中,盖梁与墩柱之间为水平界面的拼装连接,在为数不多的桥梁工程中,呈现多样性的构造形式。目前预制装配桥墩技术在美国的应用研究较多,表1给出了美国一些桥梁的装配式盖梁与墩柱之间的连接构造,可分为螺栓连接、灌浆口连接、预应力管道连接和灌浆套筒连接等4种方式。

美国一些桥梁的装配式盖梁与墩柱连接构造[1-3] 表1

桥 名	修建时间	连接构造方式	桥 址
Long Key 桥	1982	灌浆管道连接	佛罗里达
Linn Cove Viaduct 桥	1985	螺栓连接	北卡罗来纳
Edison 桥	1992	灌浆套筒连接	佛罗里达
Pierce Elevated 桥	1996	灌浆管道连接	德克萨斯
Lake Belton 桥	2002	灌浆管道连接	德克萨斯
St George Island 桥	2002	灌浆口连接	佛罗里达
Lake Ray Hubbard 桥	2003	灌浆管道连接	德克萨斯
BNSF 公路桥	2005	螺栓连接	怀俄明州
Red fish Bay 桥	2006	灌浆口连接	德克萨斯

迄今国内工程界关于预制装配桥墩连接构造的研究报道很少,本文在借鉴国外的工程经验和连接构造技术的基础上,从施工、耐久和结构力学性能等方面,分析螺栓连接、灌浆口连接、预应力管道连接和灌浆套筒连接四种典型连接构造特点,并进行适用性讨论。

二、几种盖梁与墩身的连接构造

在预制装配桥墩设计与施工中,连接构造的处理问题是保证结构耐久性和安全性的关键。预制装配桥墩中的连接方法主要有4种:(1)螺栓连接;(2)灌浆口连接;(3)灌浆管道连接;(4)灌浆套筒连接。这4种连接形式各有自己的特点及适用范围,下面将具体介绍这几种连接构造。

1. 螺栓连接

螺栓连接是通过竖向钢筋将盖梁与墩身连接在一起,并在盖梁顶面通过螺栓固定。在墩身和盖梁预制时埋入波纹管,待现场拼装时穿竖向钢筋,并盖梁顶部进行锚固,波纹管和墩顶垫层可通过图1所示的侧向灌浆管道进行压浆。

图1为倒T形预制盖梁与预制墩身的螺栓连接构造,盖梁安装时应在墩身顶部安装垫片,宜选用高分子聚合物垫片,不宜使用钢垫片[4]。在盖梁与墩身之间设置垫层,通过侧向管道灌浆连接。为防止垫层压缩导致垫片处应力集中,灌浆材料应采用专用水泥基高强无收缩灌浆料[5]。在竖向钢筋通过接缝面的周边,留出不灌浆区域,防止地震作用下接缝开裂后发生应力集中现象,保证竖向钢筋耗能作用的发挥。为提高盖梁与墩身的整体性和地震中的复位能力,也可适当施加部分预应力,成为"预应力锚固连接"。由于螺栓连接采用了竖向钢筋锚固系统,故应采取一定的防腐措施。

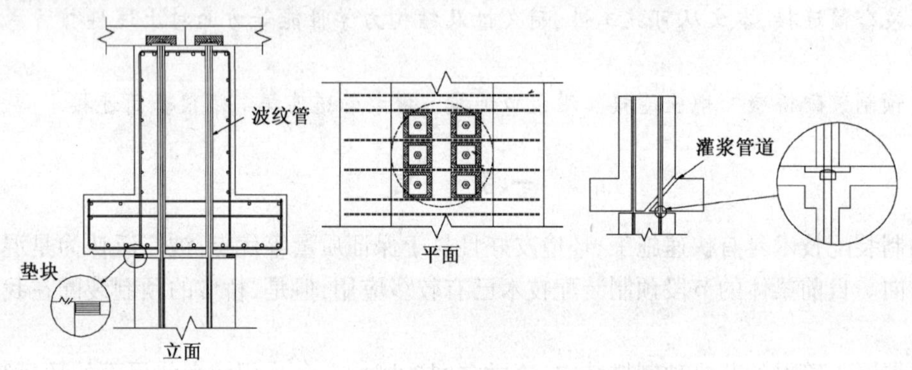

图1　螺栓连接

2. 灌浆口连接

灌浆口连接是指在预制盖梁中预留洞口先不进行浇筑,待预制墩身安装完成后,将预制盖梁支撑在墩身顶部垫片上,墩身中的竖向钢筋伸入洞口一定深度;最后可从灌浆口顶部浇筑混凝土施工,如图2所示。此时,为确保灌浆材料的密实性,也可通过压浆法从垫层往上进行灌浆口的施工,可根据盖梁的高度进行施工方法的选择。

灌浆口在盖梁中可按单排或双排布置,主要由灌浆口的横向布置数量确定,灌浆口可采用圆形截面或矩形截面,如图2和图3所示。为提高灌浆口的锚固性能,应确保墩身竖向钢筋的锚固深度以及连接

图2　灌浆口连接的构造与施工

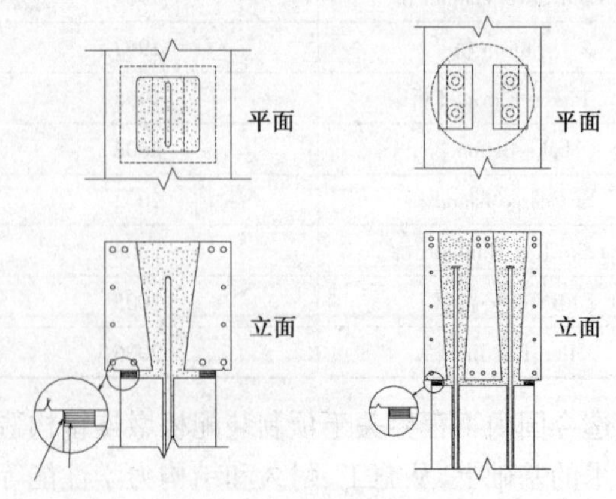

图3　单排和双排灌浆口连接

界面倾斜度的要求，并对后浇混凝土的连接截面应进行粗糙处理；灌浆口采用"倒金字塔"形布置，竖向钢筋宜进行墩头处理。双排布置可以提高墩身与盖梁之间的抗弯效果，宜在盖梁宽度较大时使用。

3. 灌浆管道连接

在灌浆管道连接方式中，通常在预制盖梁中预埋预应力波纹管，墩身竖向钢筋伸入波纹管中，拼接完成后浇筑高性能的无收缩混凝土材料。盖梁顶部与墩身之间宜设置5cm左右的灌浆层，以保证墩身与盖梁之间的黏结。常从盖梁底部侧向灌浆口或垫层位置进行压浆，在管道顶部侧向设置出气口，以保证灌浆料的密实性，如图4和图5所示。

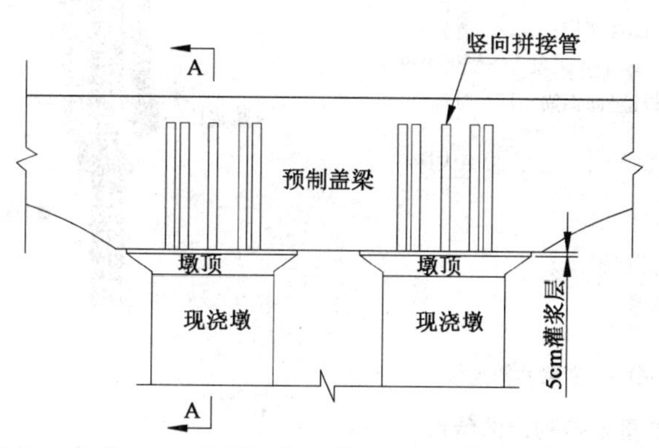

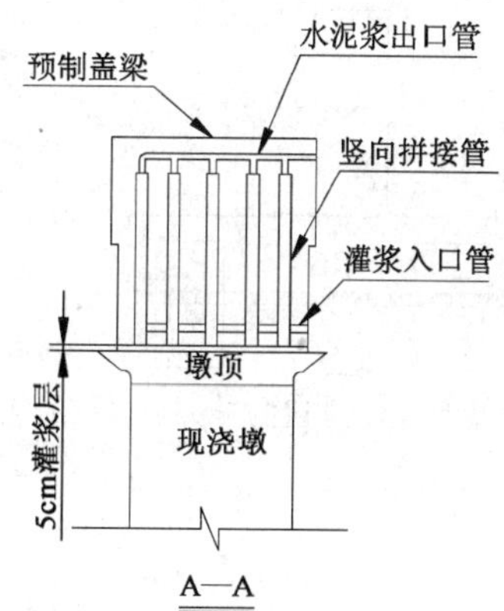

图4 灌浆管道连接

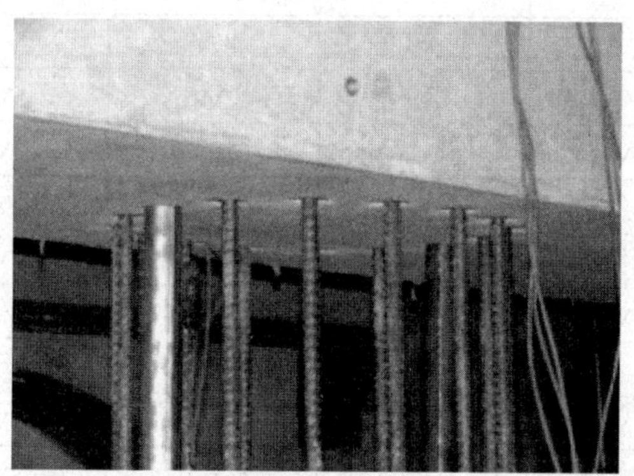

a)盖梁与墩身的安装

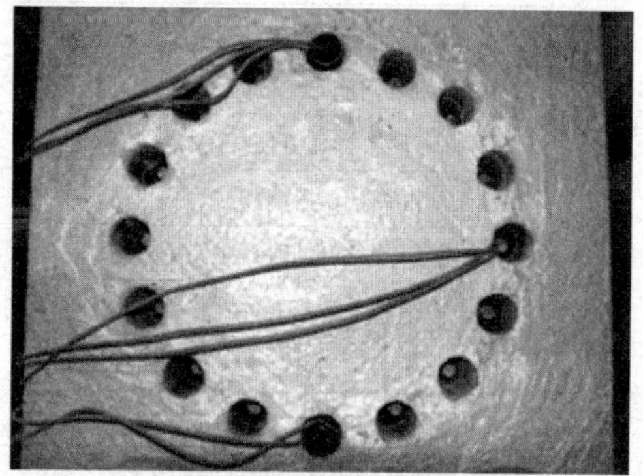

b)盖梁中的灌浆管道

图5 灌浆管道连接施工方法

伸入于盖梁中的通长竖向钢筋，一方面提供了连接部位的抗弯能力，同时也与灌浆料垫层一起耗散地震能量。

4. 灌浆套筒连接

灌浆套筒中的连接套筒应采用优质结构钢，一端为空腔，通过灌注专用水泥基高强无收缩灌浆料与螺纹钢筋连接，另一端加工配制内螺纹，与加工好外螺纹的钢筋连接，是灌浆和直螺纹连接的复合连接接头，如图6所示。

灌浆套筒的连接构造简明，套筒的下端与墩身竖向钢筋通过螺纹连接，在其上端，将盖梁中的精轧螺纹钢筋承插其中，通过套筒内灌浆，使盖梁与墩身连接成一个整体。灌浆套筒连接构造具有较好的延性破坏形态，但因套筒接头的施工容差小，对施工精度要求高。

三、连接构造的技术要求与形式比较

一般来说，对于装配式盖梁与墩柱之间的连接构造，应主要关注：可施工性、耐久性和结构性能（特别是抗震性能）3个方面，在此分析上述4种连接构造的优缺点，为预制装配连接构造设计的选择提供依据,具体内容见表2。

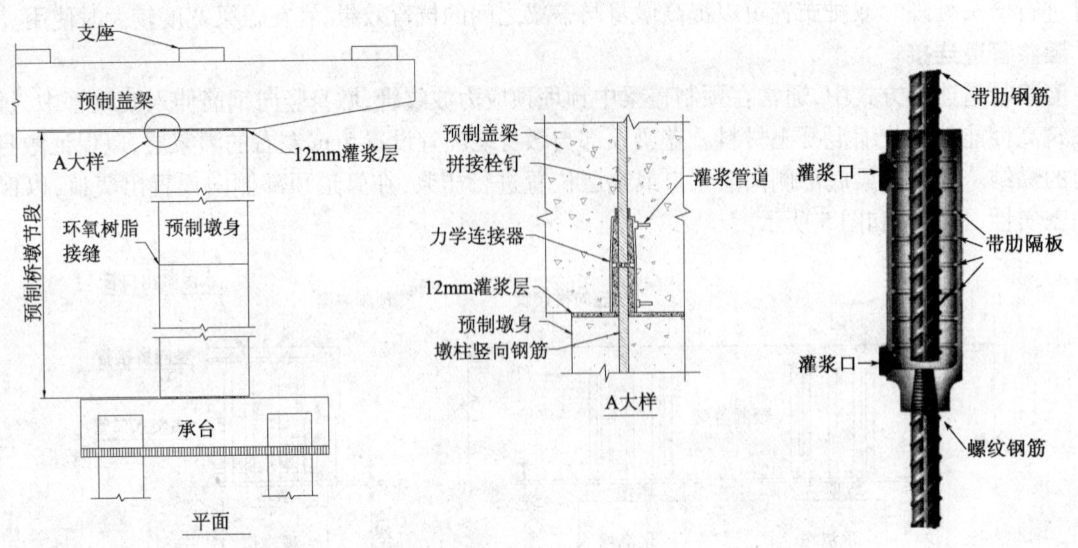

图6 灌浆套筒连接

典型连接构造的特点 表2

连接构造类型		螺栓连接	灌浆口连接	灌浆管道连接	灌浆套筒连接
可施工性	施工误差控制的方便程度	√√	√√√	√√	√
	对盖梁纵筋布置的难易程度	√√	√	√√	√√
	对约束钢筋布置的难易程度	√	√√	√	√
	灌浆操作方便程度	√√	√√√	√	√
	可否张拉后期预应力	√	×	×	×
	连接所需材料的取材难易程度	√	√√	√√√	√
耐久性	竖向钢筋受灌浆料的保护程度	√√	√√√	√√	√√
	盖梁灌浆口易开裂时的耐久性	√	√	√√	√√
	垫层截面易开裂时的耐久性	√√	√	√	√
	盖梁顶部锚固区密封处的耐久性	√	√√	√√√	√√√
结构性能	连接构造的抗弯承载能力	√√√	√√	√√	√√
	连接构造的延性性能	√√	√	√	√
	连接部位的耗能能力	√√√	√√	√√	√
	连接截面的锚固效率	√√	√	√√	√
	竖向钢筋与盖梁之间的锚固	√√√	√√	√√	√

注:√√√表示优,√√表示良,√表示中,×表示差或不可行。

四、结　　语

本文从可施工性、耐久性及结构力学性能三个方面对上述四种典型连接方式进行了探讨。通过研究可以得出以下结论:

(1)与现浇桥墩相比,预制装配桥墩的最大优点就是要方便快速施工,故应将其作为首要考虑因素。螺栓连接、灌浆口连接及灌浆管道连接易于施工;灌浆套筒连接的精度要求较高,适用于施工精度易于控制的小型工程。

(2)连接构造的耐久性是保证装配式桥墩在运营阶段的长期安全性能的关键。对于灌浆口连接,后浇混凝土界面与垫层在上部结构荷载作用下容易开裂,影响结构的耐久性。对于螺栓连接,由于其采用了锚固连接,应采取一定的防腐构造措施。灌浆管道连接与灌浆套筒连接应保证灌浆材料密实性。

(3)桥墩在地震作用下一般呈现墩顶、墩底的塑性铰破坏,故墩身与盖梁之间的连接构造是一个重点关注对象。上述四种连接构造因其转动刚度较现浇桥墩低,均具有较好的延性。对于施加预应力的螺栓连接可以提供一定的自复位能力,减少结构在地震作用下的残余变形。

参考文献

[1] Connection Details for Prefabricated Bridge Elements and Systems[R]. Published by the federal highway administration, 2009.3.

[2] Development of a Precast Bent Cap System[R]. Published by the federal highway administration, 2001.1.

[3] A Precast Substructure Design for Standard Bridge Systems[R]. Published by the federal highway administration, 1998.9.

[4] Sarah LongstrethBillington. Improving Standard Bridgesthrough Aesthetic Guidelinesand Attractive, Efficient, Concrete Substructures [D]. 1997.

[5] Billington, S. L., Barnes, R. W., Breen, J. E.. APrecast Segmental Substructure System for StandardBridges[J]. PCI journal. 1999:56-73.

111. 鳞片基长效钢结构氟碳重防腐涂层体系在桥梁钢结构上的应用

杨振波　师　华　杨忠林　王金龙　冯自强

(中航百慕新材料技术工程股份有限公司)

摘　要　介绍了由鳞片型锌粉底漆、环氧云铁中间漆、FEVE 氟碳面漆构成的鳞片基长效钢结构氟碳重防腐涂层体系,以及该防护体系在桥梁钢结构上的应用及其涂装施工工艺。

关键词　片状锌粉　鳞片型锌粉底漆　氟碳面漆　桥梁

一、引　言

桥梁的防护技术手段众多,如选择高性能的钢材与混凝土主材、表面处理技术、阴极保护技术等等,而防腐涂料涂装技术是目前桥梁防护应用最为广泛,也是较为简便的技术手段。从世界最早的跨海大桥美国金门大桥涂装"朱砂红"开始,近百年桥梁发展史,也是防护涂料的发展历史。为了满足不同用途,现代涂料已发展到上千种,并且针对不同腐蚀环境,开发与之相匹配的涂层配套体系,这对桥梁防护水平起到了进一步的提升。根据桥梁钢结构所处的腐蚀环境、涂装部位和预期使用寿命设计相应的涂装配套体系,是世界现代桥梁钢结构防腐涂层体系设计的基本原则。

二、桥梁钢结构防腐涂装设计

《色漆和清漆　钢结构防腐涂层保护体系》(ISO 12944)、《公路桥梁钢结构防腐涂装技术条件》(JT/T 722—2008)、《铁路钢桥保护涂装及涂料供货技术条件》(TB/T 1527—2011)这三个标准是我国进行钢结构桥梁防腐涂装设计的纲领性文件。

这三个标准对桥梁钢结构涂装部位和防腐年限进行界定,设计不同腐蚀环境下桥梁钢结构防腐寿命和漆膜厚度的关系,以及长效型防腐涂层配套的组成,并列表概述了高性能防腐涂料在现代桥梁钢结构中的应用状况。而底漆采用环氧富锌底漆、无机富锌底漆、热喷铝/锌涂层;中间漆采用环氧云铁中间漆;

耐候面漆采用丙烯酸聚氨酯面漆和 FEVE 氟碳面漆等已成为我国桥梁防护主流涂装体系(图 1),而该类配套体系的设计使用年限在 20 年以上。从我国 20 世纪 90 年代起,上述体系已经在我国武汉军山桥、苏通大桥、杭州湾跨海大桥、天兴洲大桥等上百项国内桥梁重点工程中成功应用。

但随着涂料技术发展的进步,以及人们对体系防腐寿命要求的提高。新材料及其配套体系也逐渐研制成功并进入桥梁市场。而由鳞片型锌粉底漆、环氧云铁中间漆、"4F"型 FEVE 氟碳面漆构成的"鳞片基长效钢结构氟碳重防腐涂层体系"正是其中有鲜明特点的代表性配套体系。该配套体系 2011 年已在新建的湖北省重点工程武汉光谷大桥八一湖段(图 2),以及宜昌长江大桥重新维修涂装中成功应用。

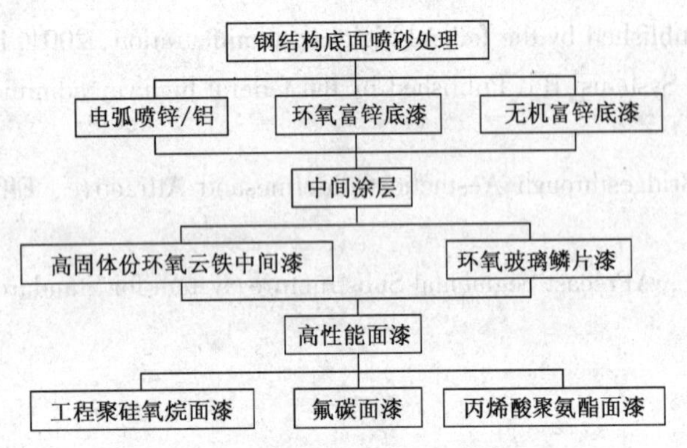

图 1 我国主流钢结构防腐涂装配套体系

图 2 武汉光谷大桥八一湖段新建钢构涂装

三、鳞片基长效钢结构氟碳重防腐涂层体系

表 1 为鳞片基长效钢结构氟碳重防腐涂层体系的设计方案,涂层设计厚度须依据桥梁所处的大气腐蚀环境,因此位于 C4(详见 ISO 12944-2)及 C4 以下大气腐蚀环境的桥梁钢结构可采用 220μm 涂层设计厚度,而位于 C5-I 与 C5-M 的桥梁可采用 300μm 涂层设计厚度。

涂层体系设计 表 1

涂 层	涂料品种	道数/最低干膜厚(μm)	涂 层	涂料品种	道数/最低干膜厚(μm)
金属基材	—	喷砂 $Sa2_{1/2}$	面涂层(第一道)	氟碳中涂漆	1/40
底涂层	鳞片型醇溶无机富锌底漆	1/50 ~ 80	面涂层(第二道)	氟碳面涂漆(4F 型)	1/30
中间涂层	环氧云铁漆	1 ~ 2/100 ~ 150	总干膜厚度	220 ~ 300	

1. 鳞片型锌粉底漆

富锌底漆是钢结构防腐最常使用的底漆,目前国内外工程中广泛应用的富锌底漆均属球锌基富锌底漆,即均以球状锌粉为主要防锈填料。而采用片状锌粉研制的富锌底漆相对于球锌基富锌底漆具有以下优势[1,2]:

(1)片锌基瓦状面与面搭接结构优于球锌基结构的点与点接触,使得电流导通性大大增强,从而获得优异的电化学保护性能与防腐性能(图 3、图 4)。

图 3 球锌基富锌涂层 SEM 形貌

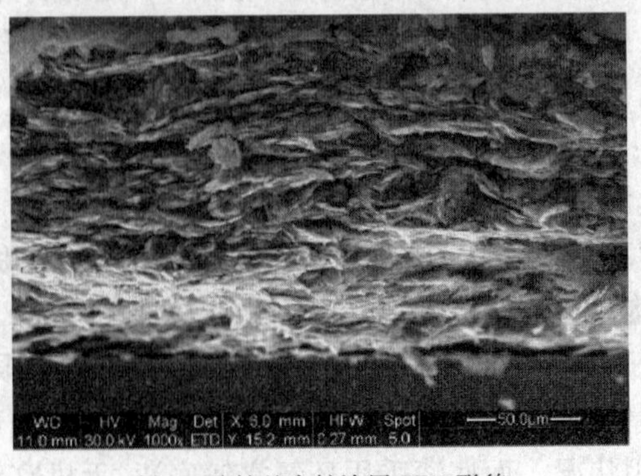

图 4 片锌基富锌涂层 SEM 形貌

(2)片状层叠结构使得腐蚀介质的渗透路径延长,大大减少了水、离子在涂膜中的渗透,提高了整个涂层结构的屏蔽性能。

(3)鳞片型锌粉底漆的高屏蔽性与电化学保护性能使锌的消耗速率远低于球锌基富锌底漆,从而大幅度提高片锌涂料的防腐蚀性能。从图5a)中可以观察到,2片球锌基富锌底漆表面产生大量锌白氧化物,且涂层叉线处产生红色锈蚀;而图5b)中2片片锌基富锌底漆表面锌白较少,且涂层表面无锈蚀。

a)球锌基富锌底漆

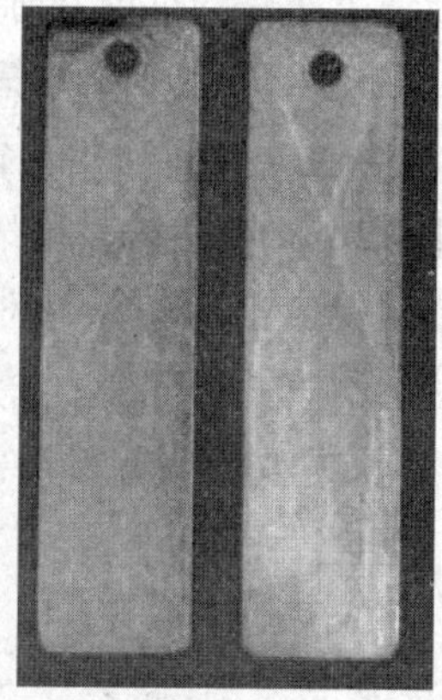

b)片锌基富锌底漆

图5 相同厚度片锌基与球锌基涂层800h盐雾寿命后外观

(4)片状锌粉的低松装密度以及低料浆密度,保证鳞片型锌粉底漆具有更好的抗沉降性,使涂层施工中锌含量的不均匀性大大减少,提高了涂料的施工性能。

紧随世界上片状锌粉涂层材料技术方兴未艾的发展趋势,我国相关部门也自上而下的行动起来,相关行业起草的国家标准《片状锌粉》(GB/T 26035—2010)刚刚颁布实施不久,由北京航材百慕新材料技术工程股份有限公司与常州涂料化工研究院牵头的化工行业标准《鳞片型锌粉底漆》(HG/T 4342—2012)已经颁布。这些标准的发布,将进一步推动鳞片型锌粉涂料的市场应用。

综上所述,新型鳞片型锌粉涂料在节约锌资源、提高涂层耐蚀性以及施工工艺性能方面明显优于采用球锌作填料的富锌涂料,该项技术为"鳞片基长效钢结构氟碳重防腐涂层体系"设计提供了性能更好的防腐底漆。

2. 环氧云铁中间漆

高固体份环氧云铁中间漆是最经常使用的中间涂层,该涂层起到一个呈上启下的过渡层作用。特别是由于采用了鳞片状云母氧化铁,所以其与片锌涂层形成了相似的片状层叠瓦式搭接结构,具有极佳的屏蔽性能。

腐蚀性介质在涂层中的扩散公式

$$C(X,t) = \frac{Q}{2\sqrt{\pi Dt}}e^{\frac{-(X)^2}{4Dt}} \tag{1}$$

式中:Q——单位面积上腐蚀性介质的总量;

X——腐蚀性介质在涂层中的渗透距离;

t——腐蚀性介质在涂层中的渗透时间;

D——该介质在涂层中的扩散系数,定值;

$C(X,t)$——某时间、某距离上腐蚀性介质的浓度。

若腐蚀性介质在金属基材上的浓度$C(L,t)$达到临界值C_0时,金属发生锈蚀,此时公式(1)只有扩散时间t与渗透距离X两个变量。达到渗透平衡临界值C_0所需的扩散时间t,近似正比于扩散距离的平方X^2,即增加渗透距离X可显著延长渗透所需的时间t。

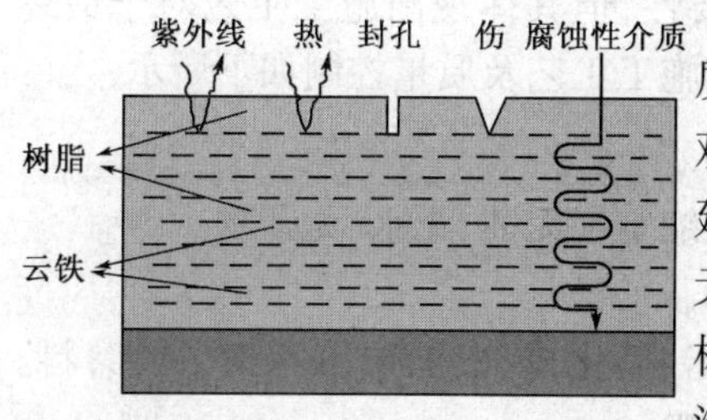

图6 环氧云铁漆片状结构屏蔽性机理图

由于片状填料(如片状锌粉或云母氧化铁)添入涂层,腐蚀性介质不能通过鳞片渗透,必须绕过鳞片、沿着鳞片径渗入(图6),所以客观上增加了渗透距离X,这样使腐蚀性介质到达金属基材的时间显著延长,这就增强了涂层的抗蚀寿命。而且片状结构在涂层中形成了无数的微小区域,将树脂中的微裂纹、微气泡切割分离开来,减少了树脂的固化收缩率、涂层与金属基体之间的热膨胀系数之差,降低了涂层硬化时的收缩率、树脂固化时的残余应力以及涂层内部的应力,从而抑制了涂层龟裂、剥落,提高了涂层的黏结力和抗冲击性,提高了树脂的抗冲击性和抗介质渗透能力，从而最终提高了涂层的防腐蚀性能。

综上所述，"鳞片基长效钢结构氟碳重防腐涂层体系"由于采用了片状结构的底漆与中间漆，有效地增强了涂层的抗蚀寿命。

3."4F"型 FEVE 氟碳面漆

FEVE 氟碳树脂是氟烯烃和烷基乙烯基醚（或基酯）交互排列的共聚物，其结构式[3]如图7所示。从化学和空间结构看，氟烯烃单元保护了不稳定的乙烯基醚结构单元，使其免受氧化侵蚀。侧链上的烷乙烯基醚（或酯）提供了树脂溶解性、透明度、光泽，羧基基团提供了颜料润湿性、附着性，羟基基团提供交联基团。

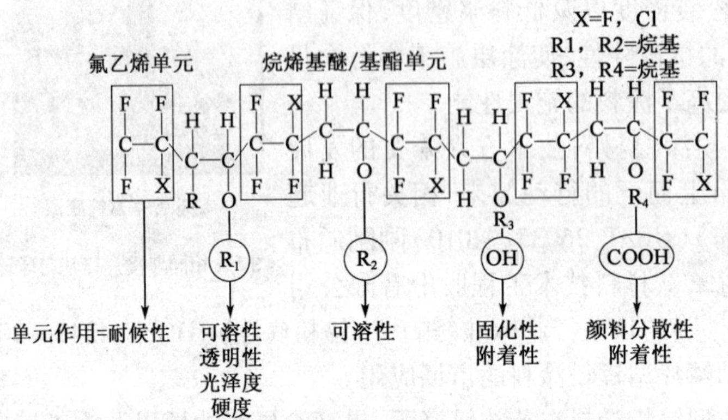

图7　FEVE 氟碳树脂结构式

由于氟原子与碳原子形成共价键时，键长短、键能大，加之氟原子在高聚物中所起到的屏蔽效应和空间位阻作用[4]，使其共聚物具有比普通非氟共聚物更高的化学惰性。因而采用含氟聚合物研制的 FEVE 氟碳涂料具有优异的性能，如光电学（低折射率、高绝缘性和低介电常数）、化学稳定性、特殊表面性能（耐水性、耐油性和耐沾污性）等。而氟含量对于 FEVE 氟碳涂料的性能具有很大的影响。TB/T 1527—2004《铁路钢桥保护涂装》规定氟碳面漆的≥15%，《交联型氟树脂涂料》（HG/T 3792—2005）规定氟碳面漆的溶剂可溶物氟含量≥18%，《公路桥梁钢结构防腐涂装技术条件》（JT/T 722—2008）规定优等品氟碳面漆的溶剂可溶物氟含量≥24%。受试验条件的影响，氟含量的测定方法多样，而 HG/T 3792 规定的离子选择性电极法测量氟含量也具有一定的负偏差。

因此，只有采用4F型 FEVE 氟树脂研制的 FEVE 氟碳面漆才能满足优等品氟碳面漆氟含量≥24%的要求。根据图6的结构式可以观察到：X 由 F 元素取代的以四氟乙烯单体为共聚物的"4F"型氟碳树脂既能形成一个完全交替排列的共聚物，同时其树脂氟含量高于 X 由 Cl 元素取代的以三氟氯乙烯为单体共聚物的氟碳树脂，因此，采用"4F"型氟碳树脂生产的氟碳面漆具有更加良好的性能。

由此，"鳞片基长效钢结构氟碳重防腐涂层体系"采用"4F"型 FEVE 氟碳涂料作为该体系的耐候面漆。

四、涂装施工工艺及质量控制

俗语曰："三分涂料七分工"，尽管这句话可能放大了施工的重要性，但其体现出施工工艺对于最终涂装质量的影响程度。"鳞片基长效钢结构氟碳重防腐涂层体系"的施工工艺及质量控制如下所示：

1.表面喷砂除锈

（1）用于喷砂除锈的压缩空气系统应配备空气净化装置，保证压缩空气无油、无水、无杂物。

（2）遇下雨、下雪、结露等气候时，严禁除锈作业（室内作业除外）。

（3）磨料选用铜矿渣，渣粒必须保持干燥、清洁，不得使用被油脂、氧化皮、旧涂层等污染了的磨料。喷砂气体不含油气且干燥，喷砂气体压力值，可采用大于或等于0.5MPa。

（4）喷砂作业时先局部试喷，确定工艺参数，主要包括喷口压力，喷射角度和喷射距离，以保证达到

要求的除锈等级和粗糙度

(5)钢梁外表面施工要求:按照 GB/T 8923 规定检验其清洁度和粗糙度,经自检符合工艺要求,再报请监理工程师,待监理工程师检验合格后,形成书面记录,请相关人员签字认可后,可进行下道工序施工。

(6)喷砂作业时一个工作面只能一组作业,每完成一个工作面及时检查,不合格处应用记号笔标注,并及时重喷。现场检查时应照明充足或有手持照明设备,以保证准确目测。

(7)处理后的表面应清理干净,可采用清洁压缩空气或采用真空吸尘方式清理。并注意保护处理好的表面,防止二次污染。钢梁表面清理后应在 4h 内完成底漆的涂装。出现返锈表面必须重新喷砂。

2. 涂装鳞片型醇溶无机富锌底漆

(1)温度:待涂装钢结构表面温度应高于露点 3℃。风力:一般≤3 级;雨、雾、雪和沙尘等恶劣天气条件下,不得进行露天施工。

(2)用于喷涂的压缩空气系统配备空气净化装置,保证压缩空气无油、无水、无杂物。

(3)涂料开罐前要确认其牌号、品种、颜色、批号等是否符合要求,并作记录。如果标识模糊,应仔细核对。如果发现涂料过期,应该鉴别确认其质量可靠才能使用。

(4)涂料使用前均需搅拌均匀。双组分涂料在固化剂加入前,应使用电动搅拌工具首先将基料(A 组分)搅拌均匀,然后加入固化剂(B 组分),并使用电动搅拌工具将漆料搅拌均匀。

(5)涂料要按规定比例混合好后,按规定放置一定时间进行熟化(预反应)。

(6)根据不同的施工方式以及现场条件调节涂料黏度。调节黏度必须使用与涂料配套的稀释剂。

(7)预涂装,对焊逢、边角、死角等不易涂装部位或难以保证厚度的部位采用刷涂进行预涂装。涂装应均匀,不得漏涂。

(8)大面积采用高压无气喷涂方式施工,施工时应均匀涂覆,压盖 1/3 至 1/2,压盖要均匀,先难后易,分片涂装。喷涂时行枪速度要均匀,喷枪与工作面距离要适当。

(9)涂层外观质量检验要求:表面平整、无气泡、起皮、流挂、漏涂、龟裂等影响涂层寿命的缺陷。

(10)涂层厚度,涂装间隔时间需满足产品技术要求。

3. 涂装环氧云铁中间漆

(1)涂装环氧云铁中间漆,其施工温度不低于 5℃,若低于该温度,需采用低温产品。其余环境要求同上述。

(2)用于喷涂的压缩空气系统配备空气净化装置,保证压缩空气无油、无水、无杂物。

(3)底层检查,底漆应完全实干,漆膜平整光滑(如果有少量流挂,应打磨平整。如果时间间隔超过 7 天,底漆表面用细砂纸打磨成微毛面。

(4)底漆涂装过 4 小时后即可涂装中间漆。

(5)预涂装,对焊逢、边角等不易涂装部位或难以保证厚度的部位采用刷涂进行预涂装。涂覆应均匀,不得漏涂。

(6)环氧云铁中间漆涂装作业完成后,按照 TB/T 1527 的规定检验外观;按照 GB/T 4956 规定检验干膜厚度;按照 GB/T 9286 规定检验附着力。

4. 加工厂涂装第一道氟碳中涂面漆

(1)环境要求同上述。

(2)中间漆涂装过 4 小时后即可涂刷第一道氟碳中涂面漆。

(3)预涂装,对焊逢、边角等不易涂装部位或难以保证厚度的部位采用刷涂进行预涂装。涂覆应均匀,不得漏涂。

(4)面漆涂装完成要求涂膜要求光滑,对漆膜存在漏涂、裂纹、气泡等影响防护质量的缺陷的部位,进行重涂作业。

(5)要求漆膜平整,厚薄均匀,不流挂。

5. 桥址涂装第二道氟碳面漆

(1)环境要求同上述。

(2)钢箱梁吊装至桥址时,通常时间间隔超过7天,应采用细砂纸打磨第一道氟碳中涂面漆,提高两道面漆之间的结合力。

(3)对吊装及运输过程中产生的局部破损及预留焊件吊装切割后的焊口等部位进行补涂,不得漏涂。

(4)整体通涂第二道氟碳面漆。

图8 现场拉拔法测试涂层体系拉拔强度为11.47MPa

(5)要求面漆涂膜光滑,对漆膜存在的漏涂、裂纹、气泡等影响防护质量的缺陷的部位,进行修补重涂作业。

(6)要求漆膜平整,厚薄均匀,不流挂。

6. 最终施工质量检测

(1)涂层厚度检测根据设计厚度,采用磁性测厚仪依据"双85"原则(85%的测量值不得低于规定干膜厚度,其余20%的测量值不能低于规定膜厚的85%)进行判定。

(2)按照GB/T 5210,在钢箱梁上现场进行涂层体系附着力检测,检测标准要求涂层拉拔强度≥5.0MPa,如图8所示。

五、结 语

(1)见表2,配套Ⅰ(对应C3~C5腐蚀环境,设计厚度220~300μm)为在国内外已有15~25年应用实例的成熟体系。

涂层体系主要性能对比 表2

配 套	涂料品种	主要性能指标
15~25年耐久性典型配套体系(Ⅰ)	底:球锌基环氧/无机富锌底漆	70μm涂层耐盐雾性600h/1000h(HG/T 3668—2009)
	中:环氧云铁中间漆	—
	面:3F型FEVE氟碳面漆	氟含量18%,人工气候老化2500h(HG/T 3792—2005)
鳞片基长效钢结构氟碳重防腐涂层体系(Ⅱ)	底:片锌基环氧/无机富锌底漆	50μm涂层耐盐雾性3000h/10000h
	中:环氧云铁中间漆	—
	面:4F型FEVE氟碳面漆	氟含量24%,人工气候老化5000h

(2)配套Ⅱ的片锌基底漆与4F型氟碳面漆相对于配套Ⅰ的底漆与面漆性能更加优异。

(3)配套Ⅱ的理论防腐设计寿命预计应超过30年。

总之,鳞片基长效钢结构氟碳重防腐涂层体系具有更高的防腐寿命,降低了周期维护成本,因此,其LCC全周期寿命成本更加合理,具有着广阔的市场前景。随着涂料发展"4E"原则对长效寿命涂层的需求,该体系将在钢结构重防腐领域得到更加广泛的应用。

参考文献

[1] 杨振波,杨忠林,等.鳞片型醇溶无机富锌涂料的研制及其耐蚀性能的研究[J].上海涂料,2010,48(1):1-4.

[2] VILCHE J R, BUCHARSKY E C, GIúDICE C A. Application of EIS and SEM to evaluate the influence of pigment shape and content in ZRP formulations on the corrosion prevention of naval steel [J]. Corrosion Science, 2002,44(6):1287-1309.

[3] 李运德,杨振波,等.常温固化FEVE氟碳涂料结构、性能及改性研究[J].涂料技术与文摘,2009,11:19-24.

[4] 刘洪珠.氟含量与氟碳涂料性能关系浅析[J].现代涂料与涂装,2005,3:4-6.

112. 4F型自清洁氟碳涂料的制备与应用

张 亮 商汉章 高 然 师 华
（中航百慕新材料技术工程股份有限公司）

摘 要 采用4F型氟碳树脂和HDI三聚体为成膜材料，辅以合适的颜填料及助剂制备的4F型自清洁氟碳涂料具有常规氟碳涂料优异的耐候性、防腐性能的同时，还具有亲水性的类陶瓷表面，具有了优异的自清洁功能，并且能够在-40℃的低温情况下保持良好附着力和柔韧性。作为耐候面漆的涂层体系经受200次以上的冻融冲击后仍表现良好。经跟踪部分使用自清洁氟碳涂料的工程实例，使用良好。

关键词 4F型氟碳涂料 自清洁 亲水性 低温柔韧性 冻融冲击

一、前 言

随着我国经济的快速持续发展以及大规模基础设施的建设，我国建设了一系列大型桥梁，如苏通长江公路大桥、舟山西堠门大桥、江苏润扬长江大桥、南京大胜关大桥、武汉天兴洲大桥、杭州湾跨海大桥、青岛海湾大桥、嘉绍通道，以及正在建设的港珠澳大桥等，这些大型桥梁的建设对防腐涂装技术提出了更高的要求，也为桥梁防腐涂装技术的发展提供了实践基础。

随着我国桥梁事业的发展，FEVE氟碳涂料作为高性能耐候面漆在我国桥梁防腐蚀领域得到的广泛应用，其应用效果良好，得到业内各方人士的高度认可。但是在特定条件下，对桥梁防腐涂料有一些特殊的要求，如美观、耐低温等，这就要求氟碳面漆具有更好的性能级功用。

本文以4F型氟碳树脂以及HDI三聚体为漆基辅以性能优异的颜填料和助剂制得具有自清洁功能的氟碳涂料，并对其耐候性、与水接触角、耐低温等性能进行了测试，制备的产品在部分桥梁的应用效果良好。

二、实 验 部 分

1. 原材料

4F型氟碳树脂（日本大金）；HDI三聚体固化剂（拜耳）；钛白粉R960（杜邦）；绢云母粉（国产）；分散剂BYK163（比克化学）；光稳定剂（巴斯夫）；消泡剂BYK-066N；催化剂（国产）；亲水性助剂（进口）；气相二氧化硅A380（德固赛）；混合溶剂（自配）。

2. 实验配方

4F型自清洁氟碳涂料的配方组成如表1所示。

4F型自清洁氟碳涂料的配方组成 表1

序 号	原 材 料	wt(%)	序 号	原 材 料	wt(%)
1	4F树脂	50～65	7	消泡剂BYK-066N	0.1～0.3
2	钛白粉R960	15～25	8	亲水性助剂	1～3
3	分散剂	0.3～1	9	混合溶剂	10～5
4	绢云母粉	2～5	10	催化剂	0.01～0.04
5	光稳定剂	0.5～1.5	11	HDI固化剂	10～20
6	气相二氧化硅A380	0.3～1			

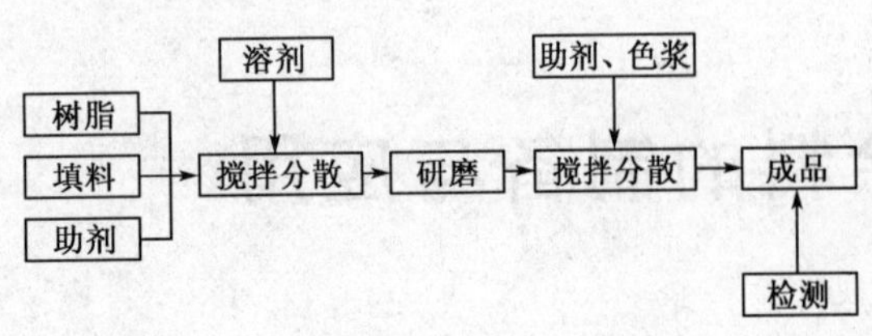

图1 4F型氟碳自清洁涂料的制备工艺

3. 制备工艺

按涂料配方称取相应的组分，加入助剂、填料进行研磨至细度≤30μm，再加入混合溶剂、调色、加入亲水性助剂分散均匀，即制得4F型氟碳涂料的主漆组分。制备工艺流程如图1所示。将色漆组分和固化剂按照合适的比例进行分包待用。

4. 性能检测

按照比例配制涂料，加入相应的稀释剂调节黏度至合适的喷涂黏度，涂层在常温下进行干燥和养护后进行性能测试，性能检测结果如表2所示。

性能检测结果 表2

检测项目	检测结果		检测依据
漆膜外观	平整光滑，色泽均匀		目测
表干时间，h	1		GB/T 1728
实干时间，h	18		GB/T 1728
附着力，MPa	常温，23℃	8.7	GB/T 5210
	低温，-40℃	8.6	
耐冲击，cm	50		GB/T 1732
低温柔韧性，-40℃	1级		GB/T 1731
耐人工加速老化，5000h	不起泡、不脱落、粉化0级、失光1级、变色1级		GB/T 1865
耐盐雾，3000h	漆膜无明显变化，附着力无明显变化		GB/T 1771
耐湿热，1000h	漆膜无明显变化，附着力无明显变化		GB/T 1740
水接触角，(°)	40.3		GB/T 24368
耐沾污性	3		GB/T 24368
冻融循环	200次，涂层无异常		JG/T 25

三、结果与讨论

1. 树脂的选择

太阳照射到地面的光能中约有5%的紫外线，近年来，由于臭氧层破坏的加剧，太阳辐射到地面的光能中紫外线含量有上升的趋势。紫外线波长为290~400nm，能量为314~419kJ/mol，大部分聚合物自动氧化反应的活化能为42~167kJ/mol，离解能为167~418kJ/mol，除F—C键具有485kJ/mol的高键能，能抵御紫外线进攻外，大部分聚合物的化学键都会被紫外线破坏。涂层体系的面漆处于阳光曝晒下，必须有较强的耐紫外线性能[1]。

自清洁氟碳面漆首先应具有良好的耐久性，只有在此基础上才能赋予涂层更多的性能，本实验选用的是4F型氟碳树脂树脂作为主要的树脂成分，4F型氟碳涂料优异的性能根源于其稳定的分子结构(图2)。C—F键比C—Cl更高的键能，使得四氟乙烯单体比三氟氯乙烯单体具有更优异的化学稳定性。

图2 四氟型氟碳面漆采用的FEVE氟树脂的结构式意图

同时乙烯基醚单体更高的交替共聚倾向使得氟单体对共聚单体具有更好的保护性，从而赋予4F型氟碳面漆更加优异的耐候性和防腐性能。

用这种树脂配制成的主漆成分和HDI三聚体(N3390)配制成的涂料具有良好的施工性能、很好满足桥梁防腐施工工艺要求。

2. 颜填料的选择

颜填料在涂料中除了着色和遮盖作用外，也起到防腐蚀作用[2]。为了提高涂料的的着色力、遮盖力、耐候性、防腐蚀性能应优先选择金红石型钛白粉，本实验选用的是杜邦的R960钛白粉，此钛白粉不但具有上述几种优点，且具有良好的分散性能。

作为高耐候面漆，填料应尽量少加。填料(体质填料)除了降低成本外，主要是用来改善涂料的物理性能和机械性能。本实验选用的绢云母粉不但提高了漆膜的的屏蔽性能，也改善涂料的贮存稳定性。

3. 助剂的选择

为了保证涂料的施工性能、耐老化性、储存性能等性能，需要在涂料中加入合适的助剂。涂料在施工过程中一般都是采用两道施工的施工方式，每道漆膜的厚度要达到实际湿膜厚度60μm以上，所以在涂料中需要加入适量的触变剂以加强涂料的抗流挂性能。本实验采用气相二氧化硅(A380)作为触变剂，A380触变剂不但能够给涂料带来良好的抗流挂型，还能够防止涂料中其他颜填料的沉降，提高了涂料的储存稳定性。

增加涂料触变性也带来了施工过程中的问题，其漆膜中的气泡不容易溢出。本实验经过大量的实验选用的是消泡能力适中的BYK-066N作为此涂料的消泡剂。这个消泡系统能够使施工过程中漆膜里面的气泡迅速溢出并且消除，同时不至于给漆膜带来缩孔等不良影响，大大提高了漆膜干燥后的各种性能。

为了保证涂料的干燥时间，提高涂料的施工效率，本实验中还添加了适量的催化剂，以保证涂料的适宜的表干，实干性能，保证涂料的适用期在5个小时以上。

4. 自清洁助剂的选择

4F型FEVE氟碳涂料以其优异的耐候性和良好的施工性能，广泛地应用于桥梁、机场、各类云顶场馆等耐候性要求高的场所[3,4]。但不论是FEVE氟碳涂料和一般有机涂层都容易产生污染，并特别容易产生雨痕现象[5,6]。这是因为虽然FEVE氟碳涂料含有氟单体，表面有所降低，但其涂层表面与水接触角也仅为80°~90°，反而更容易被污物污染。现有多种提高涂层耐粘污性的方法[6-8]，主要包括：

①降低漆膜表面能，提高漆膜与水、油的接触角，使得污物难以附着；

②通过添加亲水化助剂，使得漆膜表面产生亲水性基团，使得油性污物附着不牢，容易被雨水冲刷掉；

③通过添加光催化剂的方法，分解漆膜表面污染物。

从实际的应用效果来看，光催化作用漆膜具有最好的自清洁性，这是由于漆膜容易产生严重粉化导致的雨水容易冲刷干净；低表面张力的防涂鸦涂膜一般在短时间内的抗黏污性较好，但是1年后变差，并且自洁性不好；而亲水性漆膜自清洁性较好，特别是防止雨痕的能力大大提高。原因是氟化硅氧烷亲水化剂具有很强的表面迁移性，迁移后致表面水解生产硅羟基基团，使漆膜表面具有亲水性，但漆膜主体是亲油的，因此，对漆膜的耐湿热、耐盐雾性能影响不大。

综上情况，本实验最终选用的是具有氟烷结构的助剂对4F型氟碳涂膜进行改性，使其基本不影响耐候、防腐性能的同时，具有亲水化的陶瓷表面，赋予漆膜自清洁功能。

4F型自清洁氟碳涂料的自清洁机理是使漆膜具有亲水化的表面，在日常使用过程中漆膜表面会被污渍沾染，但当漆膜遇到水后，水能迅速在漆膜表面铺展，并浸渍漆膜表面的污渍，这样在水流的冲刷作用下沾染的污渍很容易脱离漆膜表面，并伴随着水流被冲洗掉，从而使漆膜具有自清洁功能。

由于实际使用环境以及实际施工环境的不同，一般认为与水接触角小于60°时，漆膜就具有自清洁功能。本文制备的漆膜与水接触角能达到45°以下(图4)，具有较好的自清洁性能。

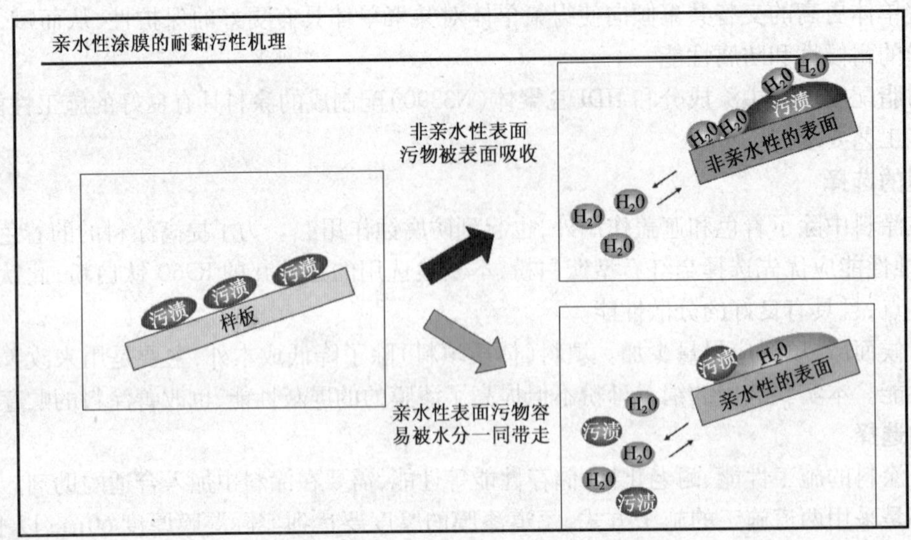

图3　4F型自清洁氟碳涂料自清洁机理

5.4F型自清洁氟碳涂料的低温性能

我国国土面积大，地理环境复杂，氟碳涂料已经在大部分地区得到广泛应用，但是随着东北地区经济的振兴，桥梁建设事业也随之蓬勃发展。东北地区桥梁所处腐蚀环境的显著特点即是冻融现象很多，每年还会遇到低温状况。考虑到上述情况的存在，本文对研制的4F型自清洁氟碳涂料进行了低温状态下性能测试，低温下附着力基本不受影响，低温柔韧性优异（图5），配套涂层体系经受200次冻融循环的冲击后完好无损。

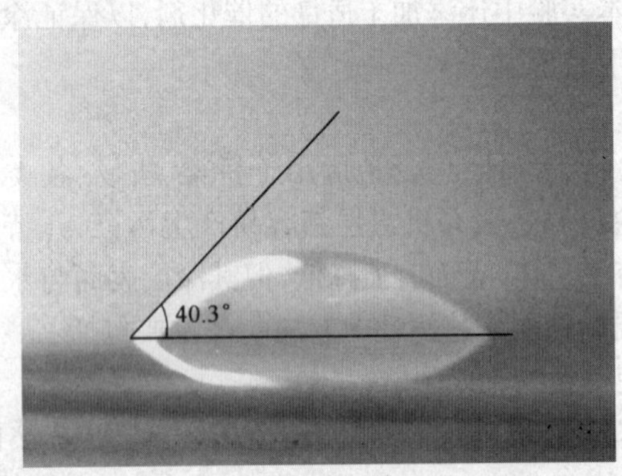

图4　4F型自洁型氟碳面漆的与水接触角

图5　-40℃低温性能

四、4F型自清洁氟碳涂料的应用

4F型自清洁氟碳涂料以其优异的性能正在逐渐被业主接受，并且逐渐应用到桥梁、大型露天钢结构等领域中，例如2011年完工的北京京新上地斜拉桥（图6），正在兴建的德大黄河桥（图7），2012年完工的武汉庙湖八一路桥（图8），以及2009年涂装的唐山地区某钢厂煤气储罐等都得到了良好应用。

图6　北京京新上地斜拉桥

五、结　　语

4F型自清洁氟碳涂料具有常规氟碳涂料优异的耐候性、防腐性能，同时具有亲水性的陶瓷表面，具有优异的自清洁功能,并且能够在－40℃的低温情况下保持良好附着力、柔韧性,其作为耐候面漆的涂层体系经受的住200次以上的冻融冲击。经过部分工程的实际应用,其自清洁效果明显,施工性能良好。经过防腐蚀工作者的不懈努力,在我国以后的防腐领域特别是兼顾美观的情况下能够更充分发挥其特点,并得到广泛的应用。

图7　德大黄河桥

图8　武汉庙湖八一路桥

参考文献

[1] 张亮,李运德,戴润达,等.四氟型FEVE氟碳面漆在武汉天兴洲大桥钢桁梁防腐工程中的应用[J].中国涂料,2009,7:49-52.

[2] 刘益军.聚氨酯原材料及助剂手册[M].北京:化学工业出版社,2008:589.

[3] 李运德,杨振波,黄玖梅.常温固化氟碳涂料在桥梁领域的应用[J].电镀与涂饰,2008,27(1):49-53.

[4] 李运德,张亮,冯雍.钢结构桥梁用常温固化FEVE氟碳涂层体系设计[J].上海涂料,2008,46(6):13-15.

[5] 周卫东,张光国,刘秀生.自清洁型桥梁长效防蚀耐候涂料的研究[J].材料保护,2004,37(10):43-44.

[6] 刘谦.自清洁氟碳涂料的研究.第六届氟树脂及氟涂料技术研讨会会议论文集[C],深圳:中国化工学会涂料涂装专业委员会,2005:86-90.

[7] 刘兰轩,刘秀生,李承樵.自洁型氟碳涂料研究[J].材料保护,2006,39(10):36-37.

[8] 王庆军,陈庆民.超疏水膜表面构造及构造控制研究[J].高分子通报,2005,2:63-69.

113. 智能压浆与传统压浆的比对试验研究及压浆注意事项

刘柳奇　刘德坤

(湖南联智桥隧技术有限公司)

摘　要　本文定义了循环智能压浆技术的概念,通过智能压浆技术与传统压浆技术的比对试验研究,发现智能压浆技术的压浆效果明显高于传统技术,智能压浆技术的应用完全满足《公路桥涵施工技术规范》对压浆质量控制的要求,总结了工程实体的压浆注意事项。比对试验结果表明智能压浆技术是保证预应力孔道压浆质量的必要技术。

关键词　预应力　智能压浆　传统压浆　比对试验　注意事项

一、引　　言

1985年2月1日，英国威尔士的Ynys-Gwas桥在正常使用阶段，没有受到任何外在冲击，在毫无征兆的情况下突然倒塌。该桥由9根I形纵梁和边箱梁组成，倒塌时9根梁全部破坏。事后英国运输与道路研究实验室对该桥的倒塌原因做了进一步的调查。在24根纵向预应力孔道中，有4根孔道存在较大的孔隙，使钢绞线暴露在空气中，另有两根孔道在一定长度内中空，钢绞线完全没有水泥浆的包裹，而且最大的孔隙通常出现在曲线孔道的锚固端。在检查的14根横向预应力孔道中，3根孔道存在钢绞线束暴露在空气中的大空隙，另外3根孔道几乎全部是空的。这才引起人们对灌浆质量的重视，必须重新审视预应力桥梁的孔道灌浆问题。英国政府曾下文要求：在后张预应力孔道压浆质量没有得到解决以前，英国不得采用后张法。足见后张预应力孔道压浆质量的重要性。

在国内，据统计2007—2011年5年内，全国共有37座桥梁垮塌，平均每年有7.4座桥梁垮塌。其中13座在建桥梁发生事故，致使182人丧生，177人受伤，在这37座桥梁中有60%的桥龄不足20年，特别是2011年7月，不到10天时间内连续垮塌了4座桥，有些桥梁寿命还不足12年，引起了全国震惊。据桥梁专家进行研究，这些桥梁的破坏时间正好与无黏结预应力体系换索的时间相差无几，其主要原因是孔道压浆不饱满所致。

鉴于2011年8月1日公布的《公路桥涵施工技术规范》将预应力孔道压浆质量提到了前所未有的高度，要求从材料、设备、工艺和施工组织管理上进行压浆质量的根治。湖南联智桥隧技术有限公司提出了循环智能压浆技术解决预应力孔道难题的技术手段。

本文进行循环智能压浆技术与传统压浆技术的工程实体对比研究，通过试验结果的对比，帮助桥梁工程师们进行压浆施工技术的选择。

二、循环智能压浆概念的提出

循环智能压浆技术是指采用浆液循环方式带出管道内空气和杂质，利用计算机技术对压浆过程中材料水胶比、灌浆压力和持压时间等进行控制的预应力孔道压浆技术。循环智能压浆技术从概念上颠覆了传统压浆理念，传统压浆技术采用“堵”，将孔道内的水和杂质堵在孔道内，而循环压浆技术采用“疏”，给空气和水逃逸的途径，保证管道内留存的全部是浆液。

智能压浆工艺主要解决的是设备、工艺和施工组织管理，而浆液材料本身并不能由智能压浆工艺进行解决。需要说明的是，本文所说的智能压浆工艺其附带的高速制浆机的叶片线速度高于10m/s，小于20m/s，同时压浆泵在压浆的过程中不会将空气混入到浆液中，此即设备功能；压浆时，需要将孔道内的空气和杂质排除，同时能够保证出浆口处的灌浆压力，此即工艺；压浆过程中，浆液材料的水胶比、灌浆压力、持压时间等关键压浆参数均由计算机控制，排除人为因素影响，此即施工组织管理。

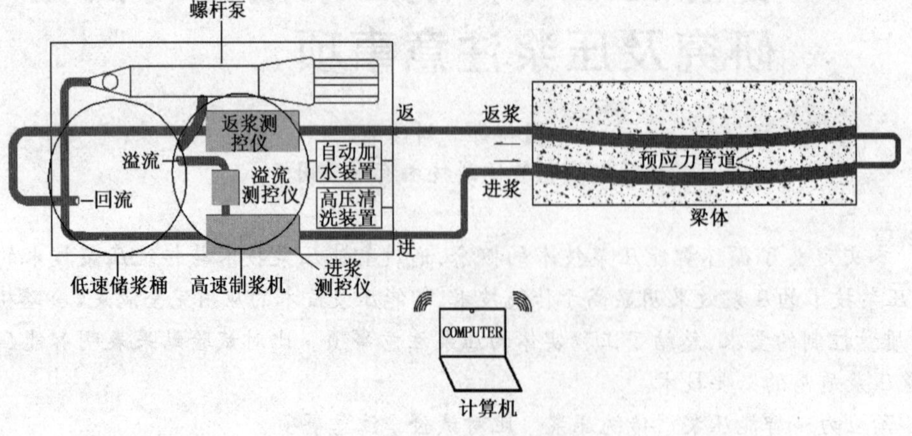

图1　循环智能压浆系统结构图

其施工时的基本流程为:设备调试→连接管理→高速制浆→浆液转入低速桶→开始压浆→浆液经螺杆泵进入进浆测控系统→进浆管进入预应力孔道→预应力孔道返回返浆测控系统→经过滤网回到储浆桶→继续循环直至完成整个压浆过程。

三、比对试验概况

在进行智能压浆系统研发阶段,进行了模拟试验与工程实体的试验,试验的结果是智能压浆的效果明显高于传统压浆,但传统压浆技术只要按规范和程序进行操作,压浆效果也能够应用于工程。在实际工程中,传统压浆的效果明显不达标,而智能压浆的孔道则饱满密实。目前,已经进行的实体工程有两片30mT梁,20m空心板一片30m小箱梁的破坏性试验,并进行了30片梁的无损检测试验。工程实体试验设计见表1。

工程实体试验设计 表1

序号	梁型	压浆方式	梁数/孔数	检测方式
1	T梁	智能压浆	1/3	断面切开
		传统压浆	1/3	断面切开
2	空心板	智能压浆	1/4	断面切开
		传统压浆	1/4	断面切开
3	小箱梁	智能压浆	0.5/4	断面切开
		传统压浆	0.5/4	断面切开
4	T梁/小箱梁	智能压浆	11/33 4/32	无损检测
	T梁/小箱梁	传统压浆	12/36 3/24	无损检测

四、试验过程及结果

1. 方案设计

在进行比对试验时,先选好梁片,事先不通知压浆的技术工人,以确保压浆试验的可取性,若通知后,必定会严格按照规范进行,那么传统压浆过程中的人为因素将会彻底消除,试验结果的可采性不足。压浆时采用的智能设备和传统压浆系统的主要技术指标如表2所示。

压浆时的主要技术参数 表2

序号	压浆方式	水胶比	灌浆压力(MPa)	持压时间(min)
1	智能压浆	0.27	0.7	3
2	传统压浆	0.27	0.7	3

注:传统压浆过程中,因为工人随意加水,实际水胶比大于0.34;灌浆压力和持压时间均较为随意,未实际按表格中的数据执行。

2. 试验过程

以30m小箱梁的对比试验来介绍对比试验过程,选取一个8孔的小箱梁进行了对比试验。试验分组为2孔传统工艺+旧配比,2孔传统工艺+新配比,2孔循环工艺+旧配比,2孔循环工艺+新配比(图2)。本次试验时,未通知操作人员说本次压浆需要检查压浆结果,只是告诉操作人员说该怎么配比,用什么设备压浆。压完浆7天后,采用专业的绳锯将梁切断,对压浆效果进行检测,同时采用铁丝对孔道的空洞进行了量测,发现传统施工工艺存在的空隙深度大约为3m左右,其检测结果如图2、图3所示。

无损检测的试验过程,在梁体进行压浆后,采用无损检测设备对预应力梁体进行检测,检测时让设备的探头沿着预应力孔道的走向进行检测,检测结构如表3、表4所示。

3. 试验结果

从试验结果来看,采用智能压浆工艺进行压浆的梁体,切开的梁体孔道充盈度均在90%以上,甚至是100%的饱满密实,均属于优良。进行无损检测的65孔中有60孔充盈度在90%以上,其中有4孔质量较差,有1孔的充盈度在70%以下。试验结果见表3。

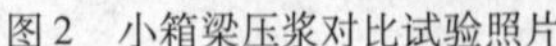
图2　小箱梁压浆对比试验照片

图3　采用绳锯进行切梁

智能压浆工程实体试验检测结果　　表3

序号	梁型/检测方式	梁数/孔数	优良(90%以上)	较差(70%~90%)	差(70%以下)
1	30mT梁/破坏	1/3	3	0	0
2	20m空心板/破坏	1/4	4	0	0
3	30m小箱梁/破坏	1/4	4	0	0
4	无损	15/65	60	4	1

采用传统压浆工艺进行压浆的梁体,切开的11孔中有1孔的充盈度达到了90%以上,属于优良,5孔充盈度在75%左右,属于较差,另外5孔充盈度均在70%以下,属于较差。进行无损检测的60孔中有6孔充盈度达到了90%以上,属于优良,17孔属于较差,另外37孔充盈度在70%以下,效果很差。试验结果见表4。

传统压浆工程实体试验检测结果　　表4

序号	梁型/检测方式	梁数/孔数	优良(90%以上)	较差(70%~90%)	差(70%以下)
1	30mT梁/传统	1/3	0	2	1
2	20m空心板/传统	1/4	1	1	2
3	30m小箱梁/传统	1/4	0	2	2
4	无损检测	15/60	6	17	37

4. 试验结果分析

智能压浆工艺总共检测了76孔,充盈度达到90%以上的有71孔,优良率在93%以上;有5孔充盈度在70%~90%之间,属于较差,比例为6%;有1孔充盈度在70%以下,属于很差,比例为1%。可见,智能压浆工艺的保证率在90%以上。同时对充盈度低于90%的5孔进行了原因分析:发现4孔属压浆材料的泌水率过大,泌水导致浆水化的过程中出现了很多细的孔隙,但浆液已经充满孔道;另外1孔属于工艺不正确,封锚时完全密闭,设置参数时依然按照正确封锚方式进行的设置。

传统压浆工艺共检测71孔,7孔属于优良,优良率10%;22孔属于较差,比例为30%;42孔属于很差,比例为60%。对检测的结果进行分析,发现传统的压浆工艺在浆液材料达标、按照规范操作的情况下也能够保证孔道的充盈度达到90%以上,但检测结果中优良率只有10%;其他情况下,压浆质量均得不到保证,充盈度在90%以下。我们对压浆不饱满的原因进行了相应的分析,在新规范要求的浆液材料水胶比情况下,传统的制浆设备无法将浆液搅拌均匀,压浆时浆液成小团状,压入孔道后水化时会有较大的泌水率;传统压浆工艺是一端进浆,一端出浓浆后,关闭阀门进行持压,实际施工中,只要另一端出现浆液立马关闭阀门停止压浆,致使孔道内压入的浆液较少,并存在大量的空气、杂质和水分;还有就是在压浆前封锚按真空辅助压浆的封法进行封锚,在采用传统工艺进行压浆的时候,孔道内的空气和水分无排除路径,导致孔道内浆液无法充盈。

五、压浆注意事项

通过智能压浆与传统压浆的比对试验研究,结合目前预应力孔道压浆施工中的一系列问题,对能够影响压浆质量的各类因素进行总结,得出如下压浆注意事项。

1. 正确封锚,保证排水排气路径畅通

循环智能压浆在使用时,钢绞线缝隙对于压浆过程中的排气和排水是很重要的。应将钢绞线与夹片、夹片与锚具之间的大的空隙用快硬水泥或者原子灰密封,而将钢绞线的端头露在封锚水泥的外面,让水和气体在压力作用下沿钢绞线缝隙逸出。若将钢绞线的缝隙也封闭了,会增加循环排气的难度,短时间、小流量、低压力下很难排除,难于保证排气排水效果。特别指出的是如果采用真空辅助压浆工艺需要完全密闭,以保证压浆时的真空度。

2. 根据工艺确定是否洗孔

若压浆梁为预制梁,先确认穿钢绞线的方式是先穿还是后穿,若是先穿,建议冲水,冲水(防止堵孔)后用空压机将水挤出(不用空压机,空气很难排除),后穿则可以直接压浆;若为现浇梁(连续梁或者钢构桥)则必须冲水,防止较长的孔道堵塞,然后用空压机将水挤出,后进行压浆。在没有空压机的情况下,钢构桥可以压水,其他梁型不宜压水。

3. 采用性能合格的外加剂(压浆材料)

外加剂的好坏直接关系到浆液材料的性能,若材料的性能达不到"低水胶比、高流动度、零泌水率"的要求,采用循环智能压浆系统进行的压浆质量不能保证充盈度难达到100%。其主要原因在于浆液的泌水太多,浆体收缩等。

4. 按规范要求的压力和持压时间进行灌浆

对于T梁和现浇梁的压浆压力,原则上不高于1MPa,若现场需要,可适当提高安全压力。返浆口浆液回流后,循环一段时间,时间长短依梁长不同而定。返浆口关闭后,保证0.5~0.7MPa的压力进行持压3~5min。

六、结　　语

本文只做了循环智能技术与传统压浆技术的工程实体试验,笔者还做过真空辅助压浆技术与传统压浆技术的比对试验研究。真空辅助压浆技术的整体质量明显高于传统压浆技术的压浆质量,但是真空辅助压浆技术实际施工中难于保证真空度,在管道倾斜较大时真空也不能克服"先流"现象,其压浆质量还不如传统压浆技术。通过压浆技术的工程实体对比试验,综合各种压浆技术的优缺点之后,采用循环智能压浆工艺既能提高工效、保证工程质量,又能减少内业整理的工作量,是工程压浆的最优技术方案。

参考文献

[1] 姚杏芬.比对试验在公路建设上的运用[J].道路工程,2008(4).

[2] 于新,黄晓明.旋转压实仪比对试验评价方法研究[J].公路交通科技,2007,24(4):47-50.

[3] 桥梁工程预应力施工工艺控制与验收标准编制[Z].重庆高速公路发展有限公司垫利分公司.2010.

[4] 贾宝军.先简支后连续预应力T梁施工控制关键[J].公路交通技术,2008,5(增刊):61-62.

[5] 中华人民共和国行业标准.JTG D62—2004　公路钢筋混凝土及预应力钢筋混凝土桥涵设计规范.北京:人民交通出版社,2004.

[6] Non-Destructive Testing in Civil Engineering International Symposium[C].2006,纽约.

[7] 甘军,杨超,季文洪.桥梁预应力管道压浆施工质量控制技术及应用[J].四川理工大学学报,2010(12).

[8] 梁晓东,刘德坤,徐有为.大循环智能压浆工艺在后张预应力管道压浆中的应用研究.城市道桥与防洪,2012,7.

114. 透水模板布使用注意事项

史　卫　周明生　魏春来
（中交二航局二公司）

摘　要　中朝鸭绿江界河公路大桥起讫里程为K9 +671.800 ~ K12 +704.000，全桥长3026.00m，横跨鸭绿江连接中朝两国，对于墩身外观质量要求较高，因此选择合适的脱模材料很重要，结合中朝鸭绿江界河公路大桥TJS G-2标墩身施工中透水模板布的应用，浅谈透水模板布在使用过程中的注意事项。

关键词　中朝鸭绿江界河公路大桥　透水模板布　使用注意事项

一、引　　言

中朝鸭绿江界河公路大桥TJS G-2标辅助墩、过渡墩及引桥墩身为左右幅分离式，墩身数量为40个，中朝鸭绿江界河公路大桥为跨国界桥梁，对墩身外观质量要求很高，本项目脱模材料选用透水模板布，保证了墩身混凝土外观质量。

二、脱模材料的选取

本项目在墩身正式施工之前，进行了墩身首件施工，目的之一便是考察不同脱模材料的使用效果，经过试验对比得出以下结论：

油性脱模剂（机油、液压油、色拉油）虽涂刷方便快捷，涂刷厚度可控，模板安装后脱模材料基本不受后续施工作业的不利影响，但容易产生气泡以及蜂窝、麻面等情况；而透水模板布的使用可以有效减少表面气泡、沙线、麻面等外观缺陷，混凝土外观颜色一致，能够满足墩身外观质量要求，经研究、讨论决定选择透水模板布。

图1是四种材料的脱膜效果对比图。

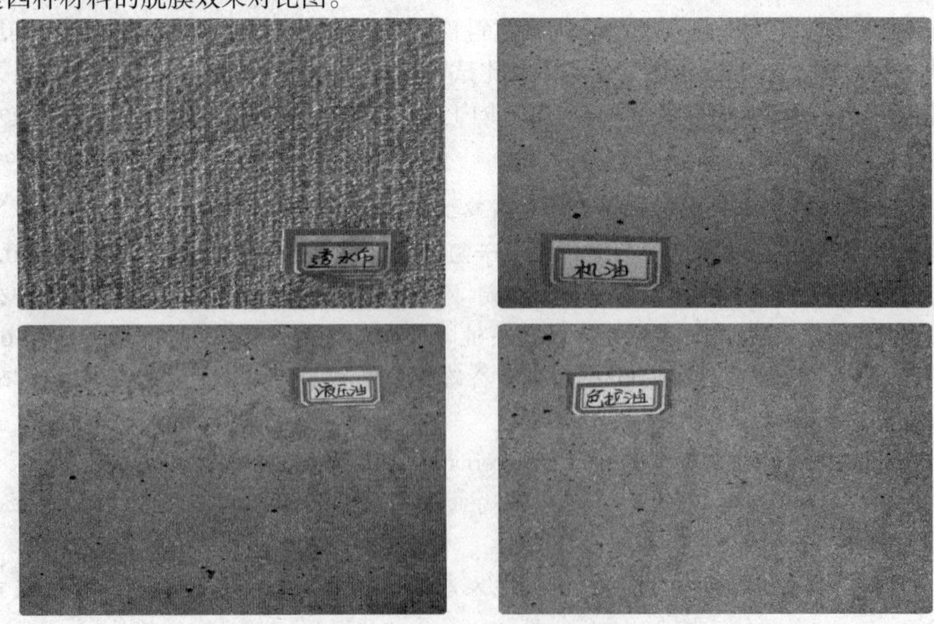

图1　四种材料的脱模效果对比图

三、透水模板布的工作原理

混凝土透水模板布的结构分为表层、中间层、黏附层。混凝土透水模板布的工作原理：浇注混凝土后，在混凝土内部压力、混凝土透水模板布的毛细作用及振捣棒等共同作用下，混凝土中的气泡以及部分游离的水分由混凝土内部向表面迁移，并可通过混凝土透水模板布中间层排出，并产生以下效果：

（1）可以有效减少构件表面混凝土的气泡，使混凝土更加致密；

（2）可以使混凝土中的部分水分排出而水泥颗粒留在混凝土到头面，导致数毫米深的混凝土表面水胶比显著降低；

（3）使构件表面形成一层富含水化硅酸钙的致密硬化层。大大提高混凝土表面硬度，耐磨性、抗裂强度、抗冻性，使混凝土的渗透性、碳化深度和氯化物扩散系数也显著降低；

（4）减少了混凝土内部与外办交换物质的可能，从而提高了构件的耐久性；

（5）混凝土透水模板布具有均匀分布的孔隙，水能通过渗透和毛细作用经透水模板均匀排出，不形成聚集，这样有效减少砂斑、砂线等混凝土表面缺陷的产生。

（6）混凝土透水模板布的保水作用，为混凝土养护提供了一个良好的条件，减少了细微裂缝的产生。

四、透水布模板布使用中注意事项

透水模板布敷贴主要有以下几个过程（图2～图7）：

图2　模板表面清洁

图3　涂刷胶水

图4　模板布敷贴

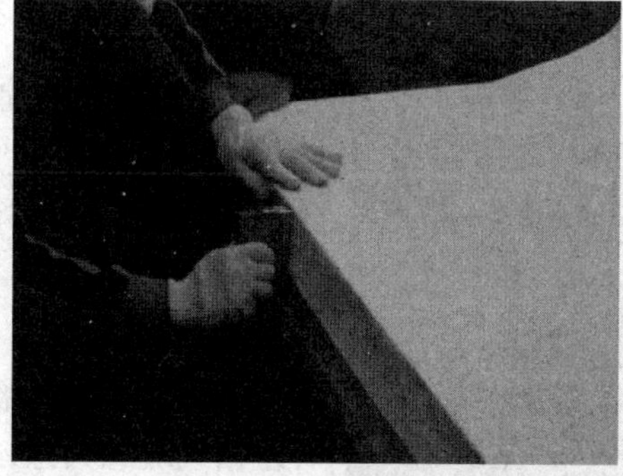

图5　模板布包边处理

1. 透水模板布的敷贴过程注意事项

（1）在施工前应将模板表面锈迹、杂物等清除干净，避免影响胶水的黏结力及模板布平整度；

（2）胶水涂刷应均匀、不得漏涂；

（3）胶水不宜涂得过厚，否则会堵塞排水孔影响混凝土外观效果，但应在模板倒角、孔洞周围多涂一些以保证模板布粘贴牢固；

（4）透水模板布应将羊毛状一侧粘贴在模板上，如敷贴过程中产生褶皱可即时揭起再敷；

图6　拼接缝处理

图7　挖孔

(5)透水模板布应在模板四周进行包边,包边长度不宜过短,宜在5cm左右;

(6)在拼接处两块模板布应重叠5cm左右,在重叠中间位置处切断,拼接处应多涂些胶水,可以保证两块模板布拼接缝严密、平顺;

(7)透水模板布的拼接缝方向应与混凝土浇筑方向一致,避免混凝土浇筑时冲击透水布拼接缝位置,使透水模板布起皱、与模板脱离,影响浇筑完成后混凝土外观质量;

(8)敷贴完成后应检查透水布表面是否有褶皱或气泡,如有褶皱应尽量展平,如有气泡应用针状物扎孔将孔内空气排出展平。

2. 透水模板布敷贴后的保护

(1)透水模板布敷贴后应避免太阳直晒和雨淋。

(2)模板安装时,模板应缓慢下放,操作工人从侧面进行手扶避免透水布擦刮钢筋骨架等,在安装模板过程中指定专人密切注视透水布是否有脱胶、刮擦现象等,如有应及时处理。

(3)模板安装后,应尽量不在透水模板布附近进行气割焊或电焊以免因局部高温产生褶皱或烧伤,如无法避免应用胶合板等进行适当遮挡,如被烧伤应进行修补后才可以进行混凝土浇筑。

(4)模板安装后混凝土浇筑前,应派专人进入钢筋骨架内部,对透水布的粘贴情况再次进行检查,如发现有脱胶等情况,应及时进行处理。

(5)混凝土浇注过程中,控制好混凝土的浇注方向,严禁混凝土直接喷向透水布;混凝土振捣时振捣棒尽量不要振到模板以免引起透水布褶皱变形等。

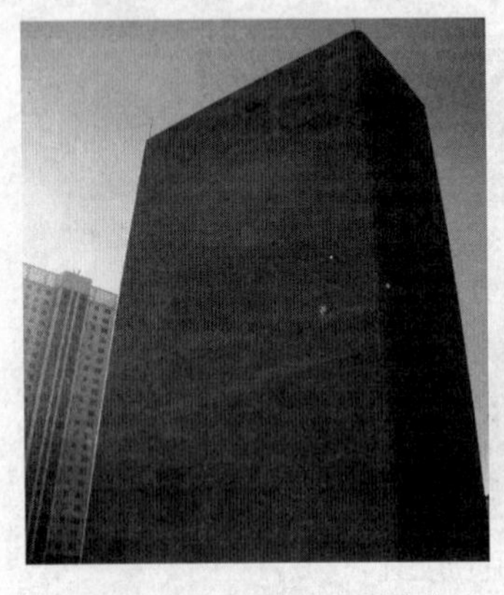
图8　使用透水模板布的墩身外观

五、透水布模板布的使用效果

透水模板布的使用,使墩身混凝土外观质量得到了有效保证且拆模后修饰少,混凝土外观质量得到了公司领导、业主和监理以及社会各界的一致好评,取得了良好的经济效益和社会效益。

六、结　　语

透水模板布的敷贴需要细心、认真和负责,后期的保护也很重要,如稍有差错或疏忽大意,混凝土外观质量将难以保证且修饰困难;通过透水模板布在中朝鸭绿江界河公路大桥TJS G-2标墩身施工中的运用,总结出一些经验和教训供参考借鉴。

参考文献

[1] 秦明强,雷宇芳,汪发红.透水模板布对海工混凝土性能影响研究[J].施工技术:2008,12.

[2] 田正宏,白凯国,朱静.透水模板布改善混凝土表层质量试验研究[J].东南大学学报(自然科学版):2008,01.

[3] 付香才.透水模板布在墩身施工中的应用[J].铁道标准设计:2006,04.

115. 长江上游地区桥梁钢围堰施工方案选择

李芳军
(中铁大桥局集团有限公司)

摘 要 钢围堰是桥梁水中基础施工不可或缺的工具,由于长江上游地区具有场地狭窄、地形陡峭、水位变化大等特点,围堰施工方案与长江中下游地区有着很大的不同。而围堰施工方案的正确与否不仅影响到成本的高低、工期的长短,甚至直接影响到全桥的成败与否,因此至关重要。本文通过作者的亲身经历,总结了长江上游地区的水文地形特点,以及进行钢围堰施工的若干种方法,并指出了其各自的适用条件,希望能为桥梁深水基础施工提供一些参考。

关键词 长江上游 钢围堰 施工方案 选择

一、长江上游地区水文地形特点

影响施工方案选择的最重要因素,当属桥位的水文地质条件。总结一下,在长江上游地区具有以下特点:

1. 水位落差变化大

由于在长江上游地区大多为山区河流,平时流量不大,而一旦遇上暴雨等天气,雨水在短时间内迅速汇集,导致河流水位暴涨。根据经验,嘉陵江(北碚至朝天门段)在洪水期 24 小时水位变化可达 10m,长江重庆段在 24 小时内水位变化可达 5m,如果连续几天暴雨,水位变化可达数十米。嘉陵江上洪水期、枯水期水位高差达 40 多米。

2. 流速大、漂浮物多

在洪水期,嘉陵江流速可达 5 ~6m/s,长江流速也可达 3 ~4m/s,对于局部河段,甚至更高。而且通常会伴随着很多漂浮物,以杂草数木居多,甚至还会有被洪水冲翻的船只顺水流下。如果水中的围堰等结构物碰到漂浮物并且缠绕在一起,会大大增加阻力。

3. 三峡蓄水影响

在长江上游地区进行施工,必须充分考虑到三峡蓄水这一特殊的水文现象。三峡水库蓄水期一般都是在每年的洪水期末进行蓄水,一般在 10 月份。原因是长江每年的 11 月至次年的 4 月份是枯水期,大坝蓄水到 175m,主要是为了改善宜昌至重庆的航道,使上游水位变深、江面加宽、水流变缓,航运能力加强,万吨级船队可直达重庆,同时增加发电。在洪水期来临之前时,三峡工程会加大泄水流量,腾出库容来迎接洪水,通常在 3、4 月份进行。

4. 地形陡峭、场地狭窄

长江上游地区通常为山区,河流两岸地形陡峭,现场施工场地非常狭窄。给施工场地布置、设备配置增加了很多困难。钻孔、围堰加工等场地非常有限,大型设备无法进入。

5. 缺少大型设备

由于三峡大坝以及长江航道的影响,大型浮吊无法进入长江上游地区。目前在长江上游最大的浮吊为 4000kN,通常停泊在重庆九龙坡重件码头。但由于其主要用于码头吊装,扒杆较短,不太适合于桥梁施工。

而由于场地狭窄,很多桥位即使桥墩靠近岸坡,岸上大型吊装设备也无法就位。

设备的限制给施工造成了很大的困难,也是方案选择的控制因素之一。

二、长江上游深水基础总体施工方案选择

在长江上游地区进行桥梁施工,基础施工方案选择至关重要,其正确与否不仅影响到成本的高低、工

期的长短,甚至直接影响到全桥的成败。在长江上游地区,围堰、栈桥、钻孔平台、水中塔吊等被冲垮的事件时有发生。

施工方案的选择与桥梁的主体结构设计、桥位的水文地质特点密切相关,甚至连施工队伍进场开始施工的时间都至关重要。而钢围堰是桥梁水中基础施工不可或缺的工具,围堰施工方案的选择因此至关重要。

1. 是先平台后围堰还是先围堰后平台的选择

先搭设钻孔平台,安装钻机进行钻孔桩施工,待桩基施工完成后再拆除平台,安装并下沉围堰,这种施工顺序通常称之为"先平台后围堰"。先安装、下沉围堰,就位后在围堰上面安装平台进行钻孔,这种顺序通常称之为"先围堰后平台"。这两种施工顺序并没有很严格的适用条件区分,在某些情况下,这两种施工顺序都是可行的。各施工单位的施工习惯不一样,选择的施工方法和施工顺序也不一样。但通常还是遵循以下规则:

(1)对于单壁围堰,由于无法承受钻孔平台的重量,通常是采用先平台后围堰的方案。

(2)对于吊箱围堰,由于有底板的限制,会造成钻孔的困难:如护筒定位、泥浆排放等,通常也采用先平台后围堰的方案。

(3)对于下放到河床的双壁钢围堰,通常采用先围堰后平台的施工方案。由于将围堰作为了平台的一部分,减小了平台的工程量。

目前,出现了一种"平台围堰一体化"的施工思路,即将双壁吊箱围堰与钻孔平台设计成整体并且在工厂加工好,整体浮运至墩位,插打钢护筒形成钻孔平台来进行钻孔桩施工,桩基施工完成浇筑水下封底混凝土,再抽水施工承台。这种方法最先在渝怀铁路长寿长江大桥实施,由于其一体化的工作思路将现场围堰、平台拼装的工作转移到了工厂内,而且用钢量比平台围堰分开设计有所减少,最关键的是工厂制作不受水文因素影响,速度及质量大大加快。该方法迅速在中铁大桥局内部推广,在后续的天兴洲、大胜关、二七、黄冈等长江大桥施工中都采用了该方案。最近在兰渝铁路井口嘉陵江大桥82号墩基础施工中,也采用了该方法,均获得了成功,在不到一个完整的枯水期施工周期内完成了规模较大的基础施工任务。

2. 采用单壁围堰还是双壁围堰的选择

单双壁围堰的选择主要是受设计水头的控制,通常来说,当设计水头超过9m时,如果仍采用单壁围堰,则用钢量就很不经济,而且也不安全。而当设计水头小于9m时,单壁围堰则具有明显的经济性。

3. 采用套箱围堰还是吊箱围堰的选择

这个选择主要是根据承台的设计高程来确定:如果是承台底面就位于河床上或者离河床距离较近,通常采用套箱围堰。如果承台底面离河床局里较远,则采用吊箱围堰。吊箱与套箱的区别就在于吊箱多了一个底板及其内支架,可以承受封底混凝土的重量。而套箱则没有底板,封底混凝土重量直接传递到河床上面。

三、钢围堰各种施工方法介绍

下面,结合作者自己的亲身经历,将长江上游地区进行钢围堰施工的若干种方法进行了一个归纳总结。总结时分析了各种方法的优点,并指出了其各自的适用条件,所附照片可以让读者有更加清晰的了解。

1. 就地拼装法

就地拼装法最为简单,将基坑清理到位后就地分块拼装围堰,或将围堰拼焊成整体后取土下沉。但其有一个先决条件是拼装场地必须位于干处(无水)。此法仅适用于岸上或浅水桥墩,浅水处可筑土围堰将水抽干实施就地拼装。

在枯水期，三峡蓄水以前，此法还是有很多地方可以实施。东水门长江大桥及千厮门嘉陵江大桥主墩围堰、双碑嘉陵江大桥边墩围堰施工均抓住有利的水位条件实施了就地拼装法（图1、图2）。

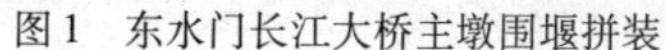

图1 东水门长江大桥主墩围堰拼装

图2 双碑嘉陵江大桥边墩围堰拼装

2. 围堰在工厂加工成整体，利用船台滑道及斜架车下水，再浮运至工地

在具备条件的地方，如果能够将围堰加工成整体下水、浮运，则大大减少了现场的拼焊工作量，对工期、安全、质量控制都更有好处。但是，围堰的整体下水需要有较大的场地和设备，围堰的整体浮运需要有较好的通航条件。这些条件限制了此方案的实施。但随着长江沿岸大规模的造船厂越来越多，设备越来越先进，三峡蓄水又使得航道更加通畅，给这个方案的实施创造了越来越好的条件。到目前为止，重庆东风船厂、川江船厂、东港船舶公司等造船厂都具有大型钢围堰下水的条件。

2001年10月，中铁大桥局在渝怀铁路长寿长江大桥基础施工时，首次在长江上游实施了围堰利用船台滑道及斜架车整体下水、再整体浮运至桥位（图3、图4）。围堰高15.5m，自重650t，平面尺寸为33.2m×20m，吃水深度6m，在下游的川江船厂制造，利用船台滑道及斜架车整体下水后，采用5000马力（3675kW）拖轮主拖，整体浮运至桥位，航行距离为36km。与传统的双壁钢围堰方案相比，节约工期3个月，并节约了封底混凝土数量和围堰钢材数量。

图3 川江船厂梳式船台滑道及斜架车

图4 围堰整体浮运

3. 围堰整体制造，利用气囊下水，再整体浮运至工地

气囊多用于船舶下水的辅助工具，在长江下游地区，也广泛用于围堰下水，中铁大桥局在长江中下游的多座长江大桥施工时，都是采用气囊下水方案。但由于在长江上游地区，场地狭窄，有没有合适的加工及下水场地，下水后能否自浮，水深能否满足整体浮运要求等，这些因素控制了该方案的实施。

中铁大桥局在进行兰渝铁路井口嘉陵江大桥82号墩基础施工时，采用了该方案（图5）。由于在嘉陵江上没有大型造船厂，长江上大型围堰又进入不了嘉陵江。于是在桥位下游5km处平整了一块场地，作为围堰的加工和下水场地。由于是四线铁路桥，围堰规模很大：平面尺寸为60.7m×25.4m，内外壁间距2.0m，围堰高17.3m，总重2500t。

2010年12月26日，在克服了场地有限、工期紧、下水地形复杂（坡度大、需要转动方向、入水点不规则）等困难后，借着三峡蓄水这一有利条件，双壁钢吊箱围堰首节段成功下水，标志着双壁钢吊箱围堰气囊法下水的施工工艺在长江上游地区得到首次实践。而从围堰设计、场地选址与平整、加工制造到首节成功下水耗时仅一个半月。2011年1月18日，围堰成功浮运至桥址，其浮运规模在嘉陵江上前所未有。

图5　兰渝铁路井口嘉陵江大桥围堰气囊下水

4. 围堰分块制造，底节在船上组拼，利用船上吊架起吊入水

这种方法在长江上游使用得较为普遍，因为它不需要很大型的吊装设备，而是在船舶上拼装简易吊架，配置卷扬机及滑车组来完成底节围堰的吊装，解决了长江上游大型水上吊装设备缺乏的难题。而且，由于围堰是分块装船运输，而不是整体浮运，对航道的要求也低。忠县、涪陵石板沟、江津观音岩等长江大桥以及双碑嘉陵江大桥均采用了此方案。

这种方案的缺点是现场的工作量较大、施工周期较长。底节围堰需要在拼装船上组拼焊接，底节下水后上面的围堰接高也要逐块拼焊。当工期非常紧张高水位即将来临时采用此方案存在一定的风险。

下图为双碑嘉陵江大桥钢围堰施工照片(图6、图7)，钢围堰直径为32.5m，高32m，重达1000t，底节高6m，重量为200t。

图6　双碑嘉陵江大桥26号墩围堰底节组拼

图7　底节起吊

5. 围堰由缆索吊起吊入水

在条件合适的情况下，也可以利用缆索吊将钢围堰起吊就位。采用此方法时围堰重量不能太重，否则缆索吊规模太大甚至设计不出来，更不用谈经济性。此外，在现场缆索吊正下方要平整出适当的场地来进行围堰的加工和组拼成整体，因为缆索吊不能侧向起吊。对于地形特别陡峭的山区，设备无法到达现场，围堰规模较小，特别是后期还要利用缆索吊来施工时，该施工方法具有较强的竞争性。图8为广安奎阁大桥利用缆索吊将钢围堰从拼装场起吊至墩位进行沉放的施工照片。

图8　广安奎阁大桥钢围堰由缆索吊起吊入水

四、围堰在钻孔平台上拼装、入水

此种方法即为上述的"先平台后围堰"方案：当钻孔施工完成后，拆除（或部分拆除）钻孔平台，在其上拼装钢围堰，再起吊入水。这种方法采用的也较为普遍。拼装钢围堰的施工平台通常是在水面以上的钢护筒上焊接牛腿或分配梁来作支撑，当围堰拼装完成后起吊入水前再割除牛腿或分配梁。围堰整体起吊下方通常利用千斤顶及吊带、倒链、卷扬机及滑车组等设备，具体选型根据施工单位的自有设备情况进行选择。

渝长高速龙溪河大桥1号墩吊箱围堰高7.8m，共重280t，吊箱围堰的拼装利用固定在浮箱上的汽车吊完成，起顶与下沉是利用8台100t千斤顶（上、下游4台分别串联）的反复起顶及回油和2台油泵来实现的，详细布置如图9所示：

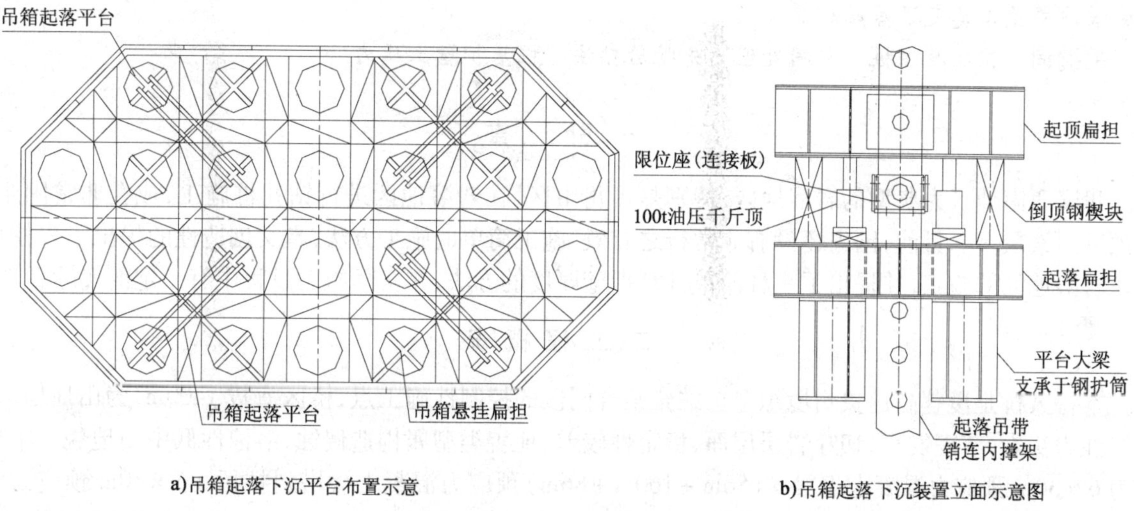

a)吊箱起落下沉平台布置示意 b)吊箱起落下沉装置立面示意图

图9 龙溪河大桥围堰起吊、下沉示意图

渝怀铁路井口嘉陵江大桥12号墩钢围堰拼装时，也是先在护筒上焊接托架，然后利用2个5t倒链逐块安装钢围堰，钢围堰分3层，每层18个块件。围堰拼装完成后，由起吊下放系统完成围堰的下放（图10）。起吊下放系统由吊挂大梁、围堰壁板牛腿以及滑车组组成，四个起吊滑车组同时同步起吊提起围堰，然后割除围堰拼焊托架，再同步均匀下放至设计位置。

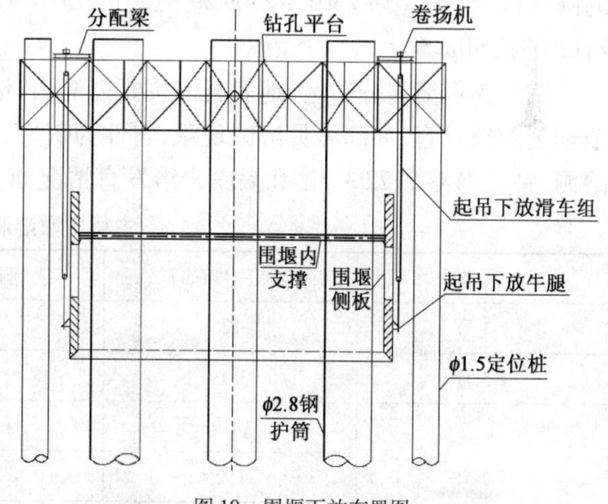

图10 围堰下放布置图

五、结 语

兵无常势，水无常形。每座桥梁的设计特点不同，所处的水文地质条件都不相同，相应的施工方案也没有固定的格式，需要工程技术人员去不断的探索和实践，随着工程装备的不断更新，施工工艺也会不断的发生变化。本文对在长江上游地区进行钢围堰施工的若干种方法进行了总结，并指出了其各自的适用条件，希望能为桥梁深水基础施工提供一些参考。但由于作者水平有限，总结的不够全面，希望能够相互交流，以期推进桥梁施工技术的共同进步。

参考文献

[1] 李德坤，李芳军，朱云翔. 深水基础双壁吊箱围堰施工技术[J]. 铁道标准设计. 2003：S1.

[2] 贾卫中，宋小三，李艳哲. 渝怀铁路嘉陵江特大桥12号墩单壁钢套箱围堰的设计与施工. 铁道标准设计. 2003：S1.

116. 先挖后钻法在岩溶地区桥梁桩基施工中的运用

范　磊　袁　英　詹　伟
（四川路桥建设股份有限公司大桥分公司）

摘　要　本文阐述了贵州某高速公路岩溶地区灌注桩桩基施工过程，总结了岩溶地区桩基施工经验，提出了先挖后钻法处理岩溶问题的方法，以及挖孔桩护壁土压力计算和护壁厚度计算的方法，为同类桥梁灌注桩施工奠定了基础。

关键词　钻孔灌注桩　溶洞处理　先挖后钻法　桩基护壁土压力

一、引　言

我国西南地区为典型的岩溶地区，特别是贵州山区，在岩溶地区进行钻孔桩施工，成孔非常困难，不可预见因素较多。目前，国内还没有非常行之有效、施工简单的施工方法，本文创造性的提出了先挖后钻法在岩溶地区的施工，并提出了一种简单计算护壁厚度的方法，在实际施工过程中有一定的实际意义。

二、工程概况

本特大桥是厦蓉高速贵州境织金至纳雍某合同段的控制性施工点，桥区海拔1400m，为山地地形，该区岩性为灰岩，节理发育，切穿岩层层面，稳定性较差，地貌类型属构造侵蚀、溶蚀性低中山地貌。本桥设计为6×30m预应力混凝土T梁＋（86m＋160m＋86m）预应力混凝土矮塔斜拉桥＋5×30m预应力混凝土T梁，全长662m。主桥7号、8号主墩采用群桩—承台基础，每个主墩按四行三列布置12根桩径2.2的圆柱桩。7号主墩ZJ01～ZJ09桩长25m，ZJ10～ZJ12桩长30m，8号主墩ZJ01～ZJ06桩长35m，ZJ07～ZJ12桩长40m。

桥区为可溶岩分布区，地表岩溶主要以溶沟、溶槽、落水洞、暗河形式出现。7号、8号主墩桩基岩层节理裂隙极发育，局部可见溶蚀现象，岩性为灰岩，根据钻孔资料，主墩共钻孔13个，其中10个钻孔揭露溶洞，钻孔遇溶率77%，钻孔揭露岩溶发育情况如表1所示。

主桥主墩溶洞发育情况统计表　　表1

桩基编号	顶板厚度(m)	洞高(m)	填充物	备注
7-3号	12	0.9	无	溶洞
7-5号	13	1.3	无	溶洞
7-7号	10.7	1.8	有	溶洞
	1.2	3.1	无	溶洞
	2.9	2.1	无	溶洞
7-11号	4.2	2.4	无	溶洞
8-5号	23.6	2	无	溶洞
8－6号	4.5	1.6	有	溶洞
	18.4	3.1	有	溶洞
8-7号	4.9	0.7	无	溶洞
8-8号	10.8	4.2	有	溶洞

续上表

桩基编号	顶板厚度(m)	洞高(m)	填充物	备注
8-9 号	13.4	1	无	溶洞
	14.2	7.7	有	溶洞
8-11 号	3.5	0.5	有	溶洞
	2.9	1.4	有	溶洞
	11.5	8	有	溶洞
	21.7	0.6	无	溶洞

注:其中,7-3 号表示 7 号主墩 ZJ03。

钻孔资料基本上体现了溶洞的发育情况,实际施工过程中,溶洞分布更加广泛,钻孔过程中多次出现漏浆、偏孔现象。

三、施 工 过 程

1.7 号主墩桩基溶洞处理

7 号主墩桩基施工前后共用了 105 天,其中 7-5 号桩基在 7.5m 近尺位置首先遇到溶洞,泥浆迅速流干,孔底可见鸡蛋大小孔洞,采用爆破方式揭开溶洞,经探洞观察,查明该溶洞为开放型溶洞,贯穿 3 号、5 号、7 号、8 号、9 号和 11 号孔。最小截面宽度 3m,高度 3m;最大截面宽 5m,高 12m,溶洞总长度约 40m,呈漏斗状。图 1 为 7 号墩桩基溶洞平面走向图。

针对已经揭露的开放性溶洞,施工单位采用抛填片石、黄泥、水泥的方法,利用钻头冲击将黄土和片石挤入溶洞和岩溶裂隙中,同时黄泥和水泥结合可以加强孔壁的自稳能力。施工中还遇到无明显孔洞的偏孔和漏浆,漏浆多为孔底和孔周岩层裂隙,施工单位采用直接回填黄泥调高泥浆浓度的方法,如在相同位置多次漏浆一般来说是裂隙较大或较多,采用分层回填水泥和黄泥后静置 10 小时的方法加强孔壁自稳能力;偏孔多为孔底封闭性溶洞,钻头遇孔底岩石凹凸不平后左右摆动,施工单位采用回填片石的方法可以避免钻头的摆动,同时可以使孔壁趋于圆滑。按照以上溶洞处理方法,顺利完成 7 号主墩的桩基施工。

2.8 号主墩桩基溶洞处理

8 号主墩桩基施工前后共用了 122 天,针对 8 号主墩桩基溶洞主要集中在孔深 15m 内,且开放性溶洞一般埋深不会过大,为快速到达各溶洞位置,处理好溶洞,施工单位采用先挖后钻的施工方法,每根桩基均先采用人工挖孔,挖孔深度在 25m 左右。挖孔过程中,在 11 号桩基和 6 号桩基挖孔过程中揭露出两处开放性溶洞,一是 11 号孔溶洞,斜向 7 号孔方向;二是 6 号孔溶洞与 3 号、5 号、9 号连通,形成“T”字形溶洞。

8 号墩桩基溶洞平面走向如图 2 所示。

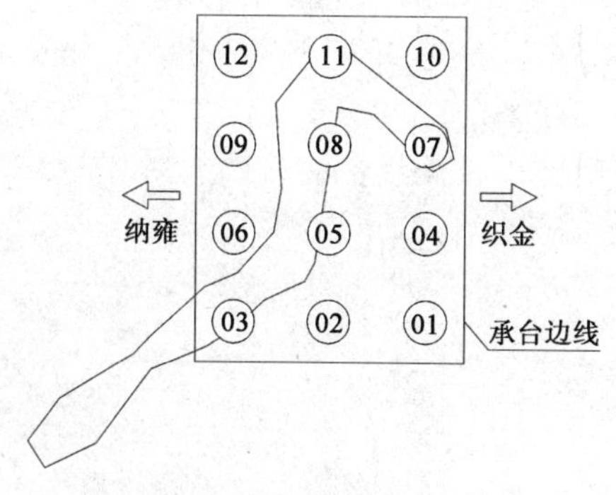

图 1　7 号墩桩基溶洞平面走向图

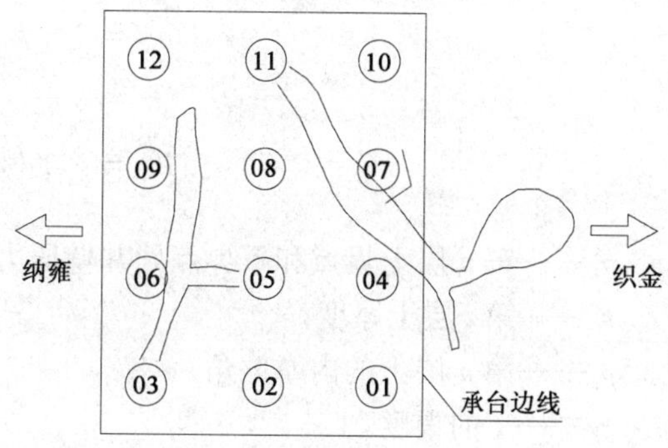

图 2　8 号墩桩基溶洞平面走向图

针对在挖孔过程中揭露的开放性溶洞，施工单位采用挖孔渣料回填溶洞，钢筋混凝土加强护壁的方法，且加强溶洞位置护壁钢筋的上下连接。各出现开放性溶洞的桩基采用此方法处理后，在后续钻孔施工中无不良现象。

在挖孔结束后转化为钻孔施工，钻孔施工中无开放性溶洞出现，多为裂隙漏浆和溶洞偏孔，处理方法同7号墩桩基溶洞处理。

四、先挖后钻法

施工单位综合考虑溶洞深度，现场施工队伍组成等实际情况后，决定8号主墩桩基采用挖钻结合的施工方法。并在溶洞位置护壁加强和施工人员安全上制定了周密的方案。

本桥7号主墩桩基采用全钻孔施工，8号主墩桩基采用先钻后挖的施工方式，其中7号主墩桩基总长315m，用时105天，8号主墩桩基总长450m，用时122天，按照全钻孔施工处理溶洞和钻孔计算，8号主墩施工工期应为450×105/315=150(天)，采用先钻后挖方式，缩短工期28天。

先挖后钻具有快速处理溶洞(图3、图4)，节省施工周期等优点，为满足后期钻孔施工，须保证挖孔护壁的强度和整体性，本文提出了用竖井模型对土的侧压力进行计算，用近似公式对护壁厚度进行计算。

图3　桩基前期挖孔施工

图4　桩基后期钻孔施工

1. 土侧压力计算

目前公路桥梁行业，对桩基的受力计算较多，针对孔桩护壁的计算还很少，故将桩基护壁类似为竖井，通过对竖井井壁的受力分析，来判断孔桩护壁的稳定，以及设计护壁的厚度等。

常见的竖井井壁土压力计算方法有：平面挡土墙计算法，空心圆柱体挡土墙计算法，悬浮体计算法。

(1)平面挡土墙计算法(图5)

土体产生剪切破坏，形成空心圆锥形滑移体。将井壁视为平面挡土墙，将土体或破碎岩体视为无黏结力的松散体，作用在井壁衬砌上的压力按主动土压力计算。由挡土墙土压力计算中的朗肯主动土压力公式，考虑实际土层中的分层情况，计算公式为：

$$p_{\mathrm{n}}^{s}=\sum_{i=1}^{n-1}\gamma_{\mathrm{i}}h_{\mathrm{i}}\tan^{2}\left(45^{\circ}-\frac{\varphi_{\mathrm{n}}}{2}\right)\tag{1}$$

$$p_{\mathrm{n}}^{x}=\sum_{i=1}^{n}\gamma_{\mathrm{i}}h_{\mathrm{i}}\tan^{2}\left(45^{\circ}-\frac{\varphi_{\mathrm{n}}}{2}\right)\tag{2}$$

式中：p_{n}^{s}，p_{n}^{x}——第n层上界点和下界点处井壁压力；

h_{i}——第i层土厚度；

φ_{n}——第n层土的内摩擦角；

γ——土的重度。

(2)空心圆柱体挡土墙计算法(图6)

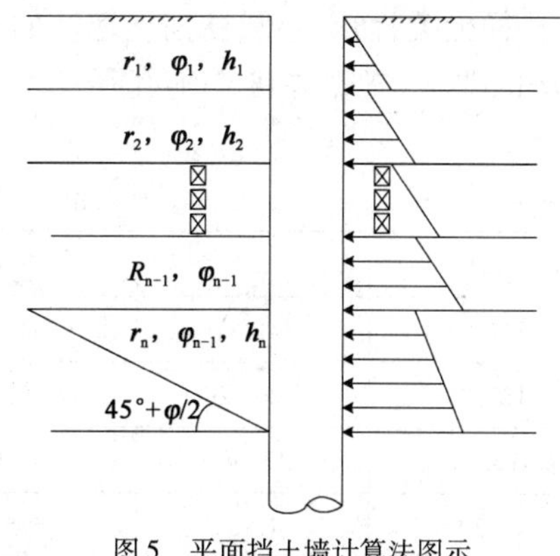

图5　平面挡土墙计算法图示

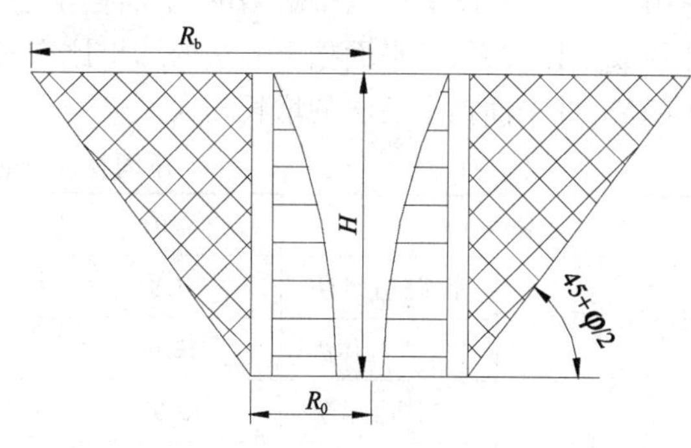

图6　空心圆柱体挡土墙计算图示

将井筒按空间结构物考虑，将下滑土体看成是空心圆锥体，采用空间轴对称极限平衡方程求解，这种计算法对土体滑移体和井筒衬砌没有进行简化，而是按空间轴对称问题，用松散介质极限平衡理论求解。别列赞采夫于1952年提出了筒形地坑壁上主动土压力空间问题的解析解：

$$p_n^s = q_n\left(\frac{R_0}{R_b}\right)\lambda_n\tan\left(45° - \frac{\varphi_n}{2}\right) \tag{3}$$

$$p_n^x = \frac{\gamma_n \cdot R_0}{\lambda_n - 1}\tan\left(45° - \frac{\varphi_n}{2}\right)\left[1 - \left(\frac{R_0}{R_b}\right)^{\lambda_n - 1}\right] + q_n\left(\frac{R_0}{R_b}\right)^{\lambda_n}\tan^2\left(45° - \frac{\varphi_n}{2}\right) \tag{4}$$

式中：q_n——计算土层以上的土层传来的均布压力，$q_n = \sum_{i=1}^{n-1}\gamma_i h_i$；

λ_n——计算土层在计算中所用的简化系数，$\lambda_n = 2\tan\varphi\tan\left(45° + \frac{\varphi}{2}\right)$；

R_b——计算深度土体滑面与土层上表面的交点至井筒中心的距离；

$R_b = R_0 + h\tan\left(45° - \frac{\varphi}{2}\right)$，其中 h 为计算土层上界点至计算点的高度，a 为竖井掘进半径。

2. 悬浮体计算法

将地下水位线以下的土体视为悬浮体，分别计算悬浮体和地下水对井筒衬砌的压力，从而对平面挡土墙和空心圆柱体挡土墙计算作了2点共同的修正。有两种计算方法，分别为用悬浮体重度代替土体天然重度，地下水对井壁的侧压力单独计算。由于本工程实际挖孔中几乎无地下水影响，这里不再阐明考虑水压力的修正公式。

3. 护壁厚度近似计算法

为防止塌方，保证操作安全，大直径人工挖孔桩大多采用分段挖土、分段护壁的方法施工。分段现浇混凝土护壁厚度，一般取受力最大处，即地下最深段护壁所承受的土压力及地下水的侧压力。由计算确定护壁厚度。

设混凝土护壁厚度为 t，则可按式(5)计算：

$$t \geqslant \frac{KpD}{2f_c} \tag{5}$$

式中：K——安全系数，取3.0；

p——土和地下水对护壁的最大总压力，即为竖井井壁的主动土压力；

D——挖孔桩的外直径；

f_c——混凝土的轴心抗压强度设计值。

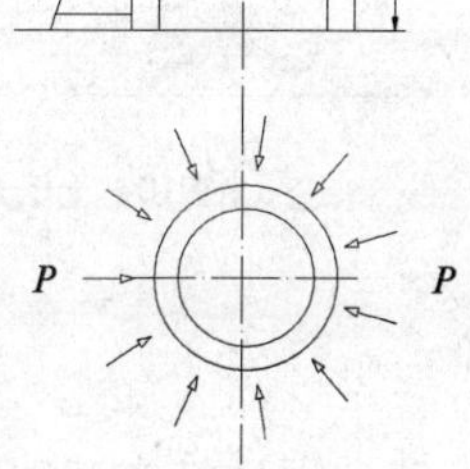

图7　护壁受力分析计算简图

实际位置土层 $\gamma = 26.5\text{kN/m}$，$\varphi = 12°$，孔壁所处深度 h 均设为30m，用两种不同的土压力计算方法，据式(5)计算不同孔径的土压力及混凝土护壁厚度。

由表2、图8、图9可以得出结论，平面挡土墙法的土压力与孔径无关，而空心圆柱挡土墙法的土压力与孔径成正比关系，且平面挡土墙法的结果比空心圆柱挡土墙法的要大，护壁厚度均随孔径的增大而有增大趋势，且平面挡土墙法的增长较大。

不同孔径下的土压力及护壁厚度　　表2

半径(m)		0.9	1.0	1.1	1.2	1.3
土压力(kPa)	平面挡土墙法	341.91	341.91	341.91	341.91	341.91
	空心圆柱体法	112.68	117.65	122.28	126.60	130.67
护壁厚度(cm)	平面挡土墙法	10.03	11.15	12.26	13.38	14.49
	空心圆柱体法	3.31	3.84	4.39	4.95	5.54

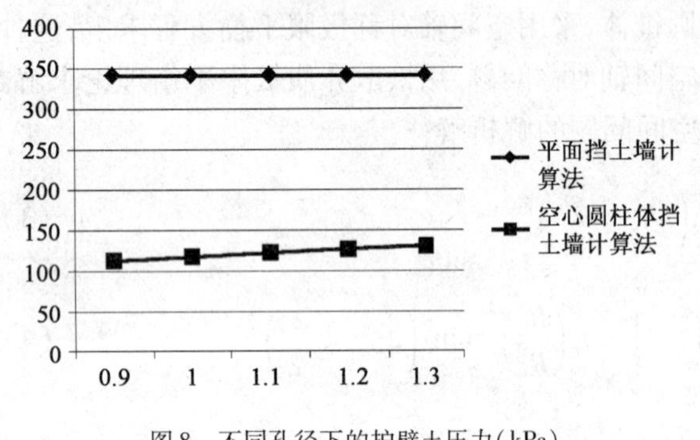

图8　不同孔径下的护壁土压力(kPa)

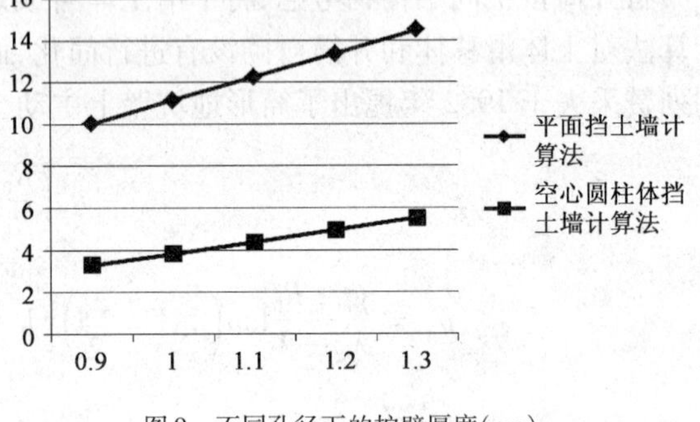

图9　不同孔径下的护壁厚度(cm)

空心圆柱体挡土墙法更符合实际，且计算结果更加精确，而平面挡土墙法的计算较为简单且偏于安全，在实际工程中仍广泛使用。

4. Midas模型验算

针对平面挡土墙法的计算结果，采用Midas civil2011有限元计算程序验算护壁受力情况。选取2.2m孔径，护壁5m长节段，建立板单元模型，共划分为240个板单元和260个节点，材料：C20，板厚度0.12m。

通过前面的计算得知，平面挡土墙模型的土压力与深度成一次函数关系，与Midas中的流体压力荷载类似，采用流体压力荷载模拟土压力(图10、图11)。

最大应力为2.3MPa，最大位移为0.1cm，按平面挡土墙法以及近似护壁厚度计算方法得出的护壁厚度满足要求。

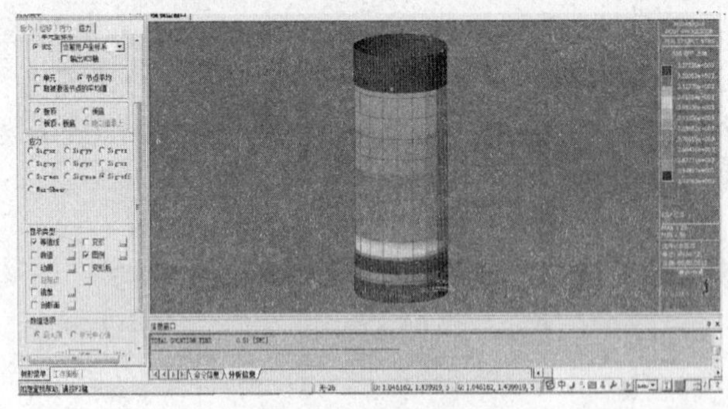

图10　土压力作用下的应力图

图11　土压力作用下的位移图

五、结　　语

钻孔灌注桩在基础工程中已得到广泛应用。在进行钻孔灌注桩施工中，会因当地地质情况复杂多变，且溶系发达，特别是贵州岩溶地区，给钻孔施工带来一大难题，为解决由于溶洞给施工带来不便，必须因地制宜的制定合适的溶洞处理方案,才能保证进度和成本双丰收。先挖后钻法充分利用溶洞埋藏较浅、岩溶对挖孔施工影响小等特点,在保证施工质量的前提下,节省了施工时间和施工成本。用竖井模型近似孔桩护壁,计算出孔侧土压力以及用近似法计算护壁厚度,对实际挖孔作业中的护壁浇筑提供了科学的计算依据,具有一定的实践意义。

参考文献

[1] 崔广心.深厚表土中竖井井壁的外载[J].岩土工程学报,2003,25(3):294-298.
[2] 高磊.矿石岩体力学[M].北京:冶金工业出版社,1979.
[3] 刘希亮.煤炭工业出版社[M].北京:煤炭工业出版社,2004.

117.浅埋隧道爆破对周边民房影响监测与分析

邢冀锴
(承德路桥建设总公司)

摘　要　浅埋隧道爆破施工时,爆源往往距离地表建筑物较近。产生的爆破振动容易引起墙体开裂,涂层松动等问题,过大的爆破振动甚至导致结构彻底破坏,严重威胁建筑物的安全。本文对承赤高速承德西环连接线烧锅隧道钻爆法开挖施工过程中产生的地表振动进行监测,通过记录爆破引起的地表振动波形,研究其时域分析和频谱分析,分析观测期间爆破振动对周围建构筑物的影响程度,为浅埋隧道爆破参数设计优化提供依据。

关键词　爆破振动　浅埋隧道　建筑物　监测

一、引　言

在隧道的掘进施工方法中,钻爆法是最主要的方法之一,因而很大部分的隧道都会采用爆破方法进行掘进。在临近居民区附近进行浅埋隧道爆破施工时,爆源往往距离建筑物较近,爆破振动容易对周边建筑物造成影响,严重者甚至可能危及建筑物的安全,危及人员和财产的安全。因此,对隧道施工过程中产生的爆破振动进行监测是十分必要的。为了确保隧道开挖过程中周边的建筑物的安全,工程中多采用振动监测来了解爆破时相关建筑所在区域的振动强度,分析隧道爆破对地表建筑物安全的影响。

本文通过对承德烧锅隧道爆破掌子面西南侧的山坡民房进行爆破振动监测,分析获得的振动波形,研究其所在区域地表振动的特性及其变化规律,进而确定爆破对于地表建筑物安全的影响。

二、工程概况及爆破参数

烧锅隧道位于承德市双滦区,进口段山体坡面向东北倾斜,坡度整体约为45%,地形较为陡峭;出口段,山体坡面向西倾斜,坡度整体约为25%,地形较为舒缓,在地貌上场地属于丘陵地带。洞区出口段地层岩性分布第四系覆盖层,下部为坡积土层,洞区整体地层岩性为砾岩,属侏罗纪中系统后城组,节理裂隙较发育,围岩等级为Ⅲ或Ⅳ级。

隧道采用钻爆法进行施工,每次钻孔进尺3m,采用二号岩石乳化炸药,电雷管起爆,单次爆破装药量约240kg。隧道断面爆孔布置及具体爆破参数如图1和表1所示。

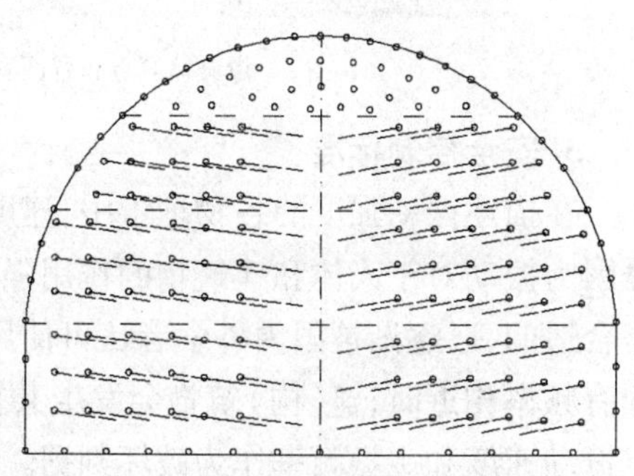

图1　隧道全断面掘进爆破孔布置图

隧道全断面掘进爆破参数 表1

爆破孔信息						
孔数	有效孔数	孔深	孔间距	排间距	孔径	倾角
180个	180个	3m	40mm	60m	40mm	0~45°

岩石类别	微风化砂岩	最小抵抗线	—
炸药种类	乳化炸药	雷管种类	毫秒管
炸药单耗	—	起爆方式	一次

装药信息				
装药长度	填塞长度	单孔药量	药卷直径	总装药量
2m	无	3~6条	38mm	240kg

是否耦合装药	否
是否间隔装药	拱顶为间隔装药

三、监 测 方 案

1. 监测设备

振动测量系统由波谱爆破检测仪和笔记本电脑组成。采用爆破检测仪记录振动信号，记录的爆破信号主要有四种：*XYZ* 三个方向的振动速度以及加速度。爆破检测仪直接与笔记本电脑相连接，将传感器输入的模拟电压量转换为数字信号，通过专用软件在笔记本电脑上进行波形显示、数据分析、结果储存和输出。

2. 测点布置

爆破监测测点布置于隧道掘进方向的缓坡上，测点周围均为第四系覆盖层。测点紧邻距离隧道爆破断面最近的砌体结构民居，测量数据可代表民居所在区域的爆破振动影响程度。测点布置和传感器布置图如图2和图3所示。

图2 爆破监测点布置图

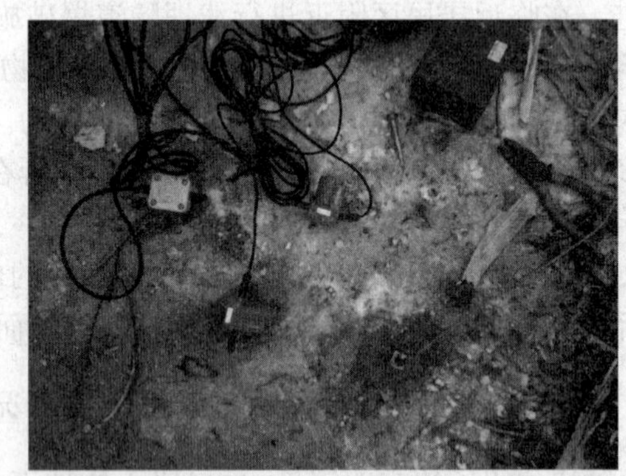

图3 传感器布置图

3. 安全控制标准

在描述振动强度的各物理量中，速度与建(构)筑物破坏相关性最好，经常被用来表示振动强度，这是因为振动对于人体和建筑物的作用强度是与振动能量相对应的，因此用质点振动速度来表示振动强度是合适的，已逐渐被国内外学者认可使用。建(构)筑物有自身的固有频率，当爆破振动频率和建构筑物固有频率相近时，建(构)筑物会发生共振，引起不同程度地破坏。在我国振动安全的新标准中，采用质点振动速度和主振频率作为破坏判据。地面建筑物的爆破振动判据，采用保护对象所在地基础质点峰值振动速度和主振频率。《爆破安全规程》(GB 6722—2011)安全允许标准，如表2所示。

爆破振动安全允许标准 表2

序　号	保护对象类别	安全允许质点振动速度 V(cm/s)		
		$f \leqslant 10$Hz	10Hz≤50Hz	$f > 50$Hz
1	土窑洞、土坯房、毛石房屋	0.15~0.45	0.45~0.9	0.9~1.5
2	一般民用建筑物	1.5~2.0	2.0~2.5	2.5~3.0
3	工业和商业建筑物	2.5~3.5	3.5~4.5	4.2~5.0

注:1. 表中质点振动速度为三分量中的最大值;振动频率为主振频率。

2. 频率范围根据现场实测波形确定。

3. 爆破振动监测应同时测定质点振动相互垂直的三个分量。

大多数一至二层结构的民用建筑物的固有振动频率在4~12Hz,高层建筑物的固有振动频率更低。国内对一些建筑物的固有振动频率实测资料如表3所示。

建筑物的固有振动频率实测资料 表3

建筑物结构形式	固有振动频率 f(Hz)	建筑物结构形式	固有振动频率 f(Hz)
2~6层砖石、砖木结构房屋	3~9	内框架外砖墙的房屋	2~7
7层或7层以上砖结构房屋	2~3.5	空旷砖结构房屋	3.5~10
11层以下的框架结构房屋	0.9~2.5	土墙(土坯或夯土)房屋	3.5~7.5
一般轻型单层工业产房	2.1~6.5		

四、爆破结果分析

通过对隧道断面爆破时产生的振动进行记录,得到山坡民居所在区域的振动速度和加速度数值。如图4和表4所示。

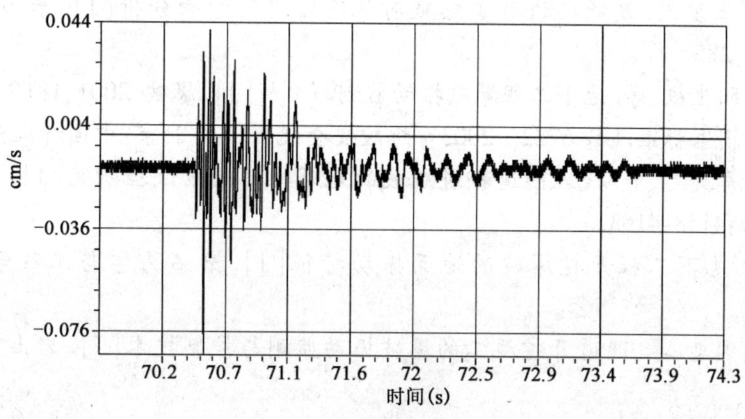

图4 震动监测波形图

三向(X、Y、Z)振动实测数据 表4

通 道 名	最大值(cm/s)	主振频率(Hz)	持续时间(ms)	量程(V)	灵敏度系数 v
X方向振动	0.040	27	1087	±10	28.7
Y方向振动	0.102	35	667	±10	29.1
Z方向振动	0.072	36	782	±10	28.9

通过对表4进行分析,可知:民居所在区域,Y方向振动速度最大,速度为0.102cm/s,主振频率为35Hz。按照规范,土窑洞、土坯房、毛石房屋,主频10Hz≤f≤50Hz,振动速度位于0.45~0.9m/s之间都是规范所允许的,所以烧锅隧道的爆破振动对于山坡民居的安全影响是在允许范围之内的。

由于影响爆破的因素很多,国际上一般用萨道夫斯基经验公式来评估爆破振动速度和距离、岩石质量等因素的关系。

$$V = K\left(\frac{\sqrt[3]{Q}}{R}\right)^{a} \tag{1}$$

式中：Q——装药量；

R——爆点至测点的距离；

K 和 a——与爆破条件相关联的系数。

由萨道夫斯基公式可知，测点的爆破振速与爆点至测点的距离成反比，即距离越大，振动速度越小。山坡民居为距离爆点最近的建筑物，所在区域的振动速度满足规范对于建筑物安全的要求。因此，其他远距离的建筑物的安全更不会受到爆破振动的影响。

五、结　语

本文通过对承德烧锅隧道爆破振动对于山坡民居的影响进行监测，并对获得的爆破振动数据进行分析，获得如下结论：

(1)测点振动速度受到各种因素的影响，不同类型的炮孔引起的振动效应差异较大，其中掏槽孔由于首先起爆并且装药量最大，是引起爆破振动最主要的因素。测点测得的振动速度并不是各个炮孔装药量简单的叠加关系。

(2)根据萨道夫斯基公式，距离和爆破振动速度成反比关系。故距离爆点较远的建筑安全不会受到隧道断面爆破的影响。

(3)爆破时采用短进尺，减少单孔装药量可以有效地减少爆破引起的振动速度，但会降低爆破的效率，造成工期的拖延。因此需要合理地调整爆破方式，在施工效益和环境影响之间取得平衡点。

参考文献

[1] 谭忠盛，杨小林，王梦恕. 复线隧道施工爆破对既有隧道的影响分析[J]. 岩石力学与工程学报，2003，22(2)：281-285.

[2] 张世雄，胡建华，阳生权，等. 地下工程爆破振动监测与分析[J]. 爆破，2001，18(2)：49-52.

[3] 中华人民共和国国家标准. GB 6722—2003　爆破安全规程[S]. 北京：中国标准出版社，2004.

[4] 张继春，曹孝君，郑爽英，等. 浅埋隧道掘进爆破的地表振动效应试验研究[J]. 岩石力学与工程学报，2005，24(22)：4158-4163.

[5] 李玉民，倪芝芳. 地下工程开挖爆破的地面振动特征[J]. 岩石力学与工程学报，1997，16(3)：274-278.

[6] 陈庆，王宏图，胡国忠，等. 隧道开挖施工的爆破振动监测与控制技术[J]. 岩土力学，2005，26(6)：964-967.

118. 后压浆技术在公路桥梁桩基础中的应用效益

王　侃

（河南省交通规划勘察设计院有限责任公司）

摘　要　钻孔灌注桩后压浆技术始为确保桩端承载力，继则成了提高桩基承载力关键技术手段，现已纳入规范，广泛应用。本文介绍了其工作机理，规范算法，并用大量工程实例说明了其效益。

关键词　钻孔桩　后压浆　规范依据　效益

后压浆施工是在桩端及桩侧注入高压力的水泥浆，其渗透作用可挤排孔隙水、摊开桩底沉渣并填充孔隙，形成更高强度的结石体代替灌注桩侧面附近的扰动土，增大桩侧土体对结石体的侧压力，增强结石体与土体之间的黏结力，大幅提高桩基承载力。对减小桩基顶面沉降，确保桩基承载力，避免桥梁桩基础质量事故，延长公路桥梁使用寿命具有重要意义。

一、概　　述

钻孔灌注桩后压浆技术是通过预设在桩身内的注浆导管及与之相连的桩端、桩侧注浆阀注入水泥浆，其作用一是加固桩底沉渣（虚土）和桩侧泥皮，二是对桩底和桩侧一定范围的土体通过渗入（粗粒土）、劈裂（细粒土）和压密（非饱和松散土）压浆起到加固作用，从而增强桩侧阻力和桩端阻力，提高单桩承载力，减小沉降。

后压浆技术分为桩端（底）压浆和桩侧压浆两种，亦可同时进行桩底、桩侧压浆谓之复合注浆。桩底压浆指灌注桩成桩后，通过预埋在桩身的注浆管，利用压力作用，将能同化的浆液经桩端的预留压力注浆装置均匀的注入桩端地层；桩侧压浆则根据桩侧的岩土工程性质及灌注桩参数，在侧面设置1～3层桩侧压浆管阀，并注浆加固桩侧土。其实桩底（桩端）压浆同时，浆液上翻亦可对下段桩同作局部压浆。

工艺要点：

桩端注浆工艺流程如下：

①成孔；②高压水洗孔；③注浆管埋设；④压水试验；⑤制浆；⑥注浆；⑦达到设计预定注浆量和终压；⑧封孔；⑨钻孔检验。

桩端压浆技术要求：

桩端后压浆应注重以下技术指标，从而保证后压浆对桩承载力的提高作用：①浆液水灰比；②桩端压浆终止压力；③浆流量；④压浆量；⑤压浆量。

具体内容详见以下规范：

（1）《公路桥涵地基与基础设计规范》（JTG D63—2007）中5.3.6条及规范附录N中的相关技术规定。

（2）《公路桥涵施工技术规范》（JTG/T F50—2011）中8.5条中的技术规定。

二、规 范 依 据

2008年建设部颁“建筑桩基技术规范”（JGJ 94—2008），根据后压浆技术工程应用情况，提出了压浆后桩基承载力计算方法，其桩侧、桩端承载力提高系数如表1所示：

桩端后压浆，侧阻力增强系数β_{si}、端阻力增强系数β_p　　表1

土层名称	黏性土、粉土	粉　砂	细　砂	中　砂	粗　砂	砾　沙
β_{si}	1.4～1.8	1.6～2.0	1.5～1.7	1.7～2.1	2.0～2.5	1.6～2.0
β_p	2.2～2.5	2.4～2.8	1.8～2.1	2.6～3.0	3.0～3.3	2.2～2.4

在公路工程中，与建筑工程同步，也应用了桩底后压浆技术，但一般均仅作为确保提高质量的辅助技术而应用，偏保守地不利用其所提高的承载力。

然根据工程实际应用情况，交通部颁“公路桥涵地基与基础设计规范”（JTG D63—2007）在国内首次将后压浆桩基承载力计算公式纳入了规范。

桩端后压浆灌注桩单桩轴向受压承载力容许值，应通过静载试验确定。在符合本规范附录N后压浆技术规定的条件下，后压浆单桩轴向受压承载力容许值可按下式计算：

$$[R_a] = \frac{1}{2}u\sum_{i=1}^{n}\beta_{si}q_{ik}l_i + \beta_p A_p q_r$$

式中：$[R_a]$——桩端后压浆灌注桩的单桩轴向受压承载力容许值(kN)，桩身自重与置换土重(当自重计入浮力时，置换土重也计入浮力)的差值作为荷载考虑；

β_{si}——第 i 层土的侧阻力增强系数，可按表5.3.6取值，当在饱和土层中压浆时，仅对桩端以上8.0~12.0m范围的桩侧阻力进行增强修正；当在非饱和土层中压浆时，仅对桩端以上4.0~5.0m的桩侧阻力进行增强修正；对于非增强影响范围，$\beta_{si}=1$；

β_p——端阻力增强系数，可按表2取值。

桩端后压浆，侧阻力增强系数 β_{si}、端阻力增强系数 β_p　　表2

土层名称	黏性土、粉土	粉砂	细砂	中砂	粗砂	砾沙
β_{si}	1.3~1.4	1.5~1.6	1.5~1.7	1.6~1.8	1.5~1.8	1.6~2.0
β_p	1.5~1.8	1.8~2.0	1.8~2.1	2.0~2.3	2.2~2.4	2.2~2.4

注：桩基后压浆技术一般认为适用于砂土、黏性土，然近年来在嵌岩桩亦获得了成功的应用。

三、典型工程实例

1. 苏通大桥

苏通大桥梁全长8146m其中主桥采用主跨1088m的钢箱梁斜拉桥，辅桥采用主跨268m的预应力混凝土连续刚构。

苏通大桥主桥、辅桥基础为超大规模的大直径深长桩，特别是主塔基础，由131根梅花形布置的桩基组成，群桩效应明显，角桩最大受力达25000kN。

2. 杭州湾跨海大桥

根据自然条件的不同，杭州湾跨海大桥进行了试桩(表3)。

杭州湾跨海大桥试桩情况一览表　　表3

试桩期	试桩编号	桩径(m)	桩长(m)	持力层	压浆量(10^3L)	最大压浆压力(MPa)	压浆前承载力(MN)	压浆后承载力(MN)	提高百分比(%)
一期	试桩A1	1.5	80	粉砂层	2.40	3.1	13.60	18.70	37.5
二期	SZ-2	1.5	90	黏土层	2.68	4.0	—	42.57	—
三期	144-3号	1.5	87	黏土层	3.20	4.0	15.55	31.04	99.7
	F15-3号	2.0	100	黏土层	7.00	3.6	—	39.5	—
四期	D13墩23号桩	2.8	120	黏土层	7.57	4.0	67.23	72.91	8.4
	D13墩25号桩	2.8	120	黏土层	6.05	4.5	—	80.72	—

3. 东海大桥

该工程大直径钻孔灌注桩单桩承载力较大，试桩采用自平衡试桩法进行(表4)，其中考虑要能测出主通航孔试桩PM336桩端压浆前后的承载力，埋设了2个荷载箱，分别加载进行测试，压浆前测试上、下荷载箱各一次，压浆后进行下荷载箱测试，副通航孔采用单荷载箱进行测试，压浆前后各测试1次(表5)。

东海大桥试桩情况一览表　　表4

桩号	压浆土层	压浆量(t)	最大压浆压力(MPa)	压浆前承载力(MN)	压浆后承载力(MN)	百分比(%)
PM336	粉细砂	8.0	4.0	41	>52	>26.8
PM241	含砾粉细砂	6.7	8.0	30	57	90

东海大桥压桩前后承载力比较

表5

编　　组	试 桩 位 置	预估极限承载力（MN）	荷载箱距桩端距离（m）	设计桩径（m）	设计桩长（m）	桩端持力层
F	主航通孔 PM336	2×24（上） 2×24（下）	46（上） 2（下）	2.5	110	11－1层粉细砂
E	副航通孔 PM241	2×30	38	2.5	110	9层灰色含砾粉细砂

注：（上）表示上荷载箱；（下）表示下荷载箱。

经过压浆前后承载力测试可以看出，2根试桩经桩端压浆，桩承载力得到大幅度的提高，压浆前2根试桩下段Q-S曲线在很小的荷载下出现陡降段，这与地质报告值有较大的偏差，主要原因是成孔距浇灌混凝土间隔时间太长，桩周泥皮、桩端沉渣厚，长期临空面应力松弛，既降低了侧摩阻力，也降低了桩端阻力，经桩端压浆后，试桩桩端承载力大幅提高。

4. 嵌岩桩的应用

为检验桩端后压浆技术在嵌岩桩中的应用效果，焦桐高速泌阳段在梅林河大桥和贾楼河I号大桥试桩中各选1根进行压浆前、后对比。试桩所处位置主要地层分布为：粉质黏土、砾砂、强风化-弱风化花岗岩。试桩（钻孔成桩）相关参数见表6。

试 桩 参 数

表6

桩　　号	桩长（m）	桩径（m）	持力层岩性	压浆量（t）	试验次数/次
Z1	31.5	1.5	强风化-弱风化花岗岩	1.5	2
Z2	24	1.5	弱风化花岗岩	1.5	2

由试桩知：Z1号桩压浆前、后极限承载力分别为10200kN、13700kN，Z2号桩压浆前、后极限承载力分别为8751kN、11155kN。当等效桩顶沉降为10mm时，Z1号桩压浆前后承载力分别为10000kN、13300kN，Z2号桩压浆前、后承载力分别为8200kN、11100kN，压浆后Z1、Z2号桩承载力分别提高了33%、35.3%。由此可见，压浆后嵌岩桩的承载力得到了明显提高，因此，桩端后压浆技术在嵌岩桩中应用是可行的，且经济效益非常显著。

桩端后压浆技术对嵌岩桩承载性能的影响主要表现在提高桩侧摩阻力，其作用原理主要为两方面：①桩端后压浆技术可消除嵌岩桩施工过程中产生的泥皮、沉渣工艺因素的影响，改善了桩－岩接触面的受力特性，从而提高桩侧摩阻力；②桩端后压浆技术可填充岩体天然裂缝并修复施工过程中桩侧岩体产生的损伤，从而可充分发挥岩体的强度，提高摩阻力。

压浆后Z1、Z2号桩最大桩端阻力变化不大。主要是由于桩侧摩阻力的提高使桩端阻力的作用相对下降。

四、效　　益

后压浆桩基的经济效益很显著。

1. 以某工程为例

高应变检测实验证明，本工程钻孔灌注桩采用后压浆施工技术效果是非常显著的（表7）。

由表7可以看出，桩端阻力提高200%～300%，整桩承载力提高约28%，钻孔灌注桩桩端后压浆可明显改善桩端持力层和桩周条件，提高桩端阻力和桩侧摩阻力，改善荷载的传递性能，大幅提高单桩承载力等。

简单地结合本项目部单价合同，从经济效益方面分析，若不采用后注浆工艺，ϕ800灌注桩桩长要达到78m，才能达到60m灌注桩采用后注浆工艺的承载力效果，就是说用$2m^3$（1600元）的注浆达到了18m（6570元）桩长的承载力效果，本工程171根钻孔灌注桩便节约造价84.987万元。

压桩前后阻力比较

表7

桩号	桩径(m)	传感器以下桩长(m)	压密注浆前(kN)			压密注浆后(kN)		
			桩侧土压力	桩端土压力	总阻力	桩侧土压力	桩端土压力	总阻力
K1-P2	800	61.3	—	—	—	5346.8	1615.9	6962.7
K5-P2	800	59.3	—	—	—	5170.4	1662.2	6832.6
K10-P2	800	59.3	4888.0	415.1	5303.1	5145.5	1652.5	6798.0
K14-P2	800	59.3	4968.6	448.9	5415.5	5280.2	1612.0	6892.2

2. 郑州三环快速路工程西环桩基工程

该工程全长6411m,本段主要有航海路立交、陇海路立交及高架桥组成,钻孔桩数量较多。经49根试桩对比试验,后压浆技术可减少桩长25% ~30%,因此决定全线采用,其经济效益如表8所示:

桩基后压浆优化费用对比表

表8

标　段	优化前造价(万元)	优化后造价(万元)	造价减少(万元)	减少幅度(%)
西三环一标	3552.87	2727.36	825.51	23
西三环五标	7017.60	5121.24	1896.35	27
北三环一标、二标	37682.10	30036.80	7645.30	20
中州大道二标	3238.86	2489.08	749.78	23
南三环二、三标	12809.10	10232.91	2576.19	20

3. 东明黄河桥125-11号桩作了桩基后压浆前后对比试验,其结果如下表:

桩号	沉降值(mm)	荷载(kN)	是否后压浆	承载力差(kN)	极限承载力提高百分比(%)
125-11	13.05	3000	否	9356	31.2
125-11	13.05	39356	是		

试验后决定,全桥2260根桩基均作后压浆处理,估计节省费用1亿元。

由此可见,后压浆技术效益之一斑。

五、结　　语

钻孔灌注桩为我国桥梁工程广为应用的基础形式。关于其承载力的计算,一直为工程界广为关注的课题,研究工作一直在深入发展。实践、理论表明钻孔灌注桩后压浆技术能有效提高其承载力,经过多年的研究与大量工程实践的佐证,这一技术已纳入了我国桩基技术规范,鉴于其可靠性、便利性与巨大的效益,应在工程中更广泛推广。

参考文献

[1] 张晓炜.钻孔灌注桩后压浆技术理论与应用[M].北京:中国地质大学出版社,2008.
[2] 黄生根.大直径超长桩后压浆承载性能的试验研究及有限元分析[J].岩土力学,2008,2.

119.广佛江快速通道江顺大桥主桥总体施工方案

周　文[1]　杨新林[2]　徐秋红[3]
(1.中铁港航局集团第二工程有限公司;2.中国中铁江门市江顺大桥工程总包项目经理部;
3.中铁大桥局集团第四工程有限公司)

摘　要　江顺大桥为广佛江快速通道上连接江门市蓬江区和佛山市顺德区的交通枢纽,主桥设计为(60+176+700+176+60)m双塔双索面钢混混合梁斜拉桥,介绍主桥施工特点和难点,着重阐述主墩基础施工及其塔柱快速施工、钢箱梁整节段架设、混凝土压重箱梁等施工,总结了新技术方案和工法。

关键词 钢混混合梁斜拉桥 钻孔灌注桩 高桩承台 双壁钢吊箱围堰 钢箱梁 混凝土箱梁 液压爬模 架梁吊机 施工方案

一、工程概况

江顺大桥为广佛江快速通道上连接江门市蓬江区和佛山市顺德区的交通枢纽,主线设计为双向6车道,一级公路,设计行车速度为80km/h。主桥为(60+176+700+176+60)m双塔双索面斜拉桥,全长1172m,为广东第一大跨斜拉桥,主梁为钢箱梁和混凝土箱梁混合梁。主桥起讫桥墩号为Z1号墩~Z6号墩,其中Z3号和Z4号墩为东、西主墩(分别在顺德、江门侧),Z2号和Z5号墩为辅助墩,Z1号和Z6号墩为过渡墩。江顺大桥主桥桥式布置见图1。

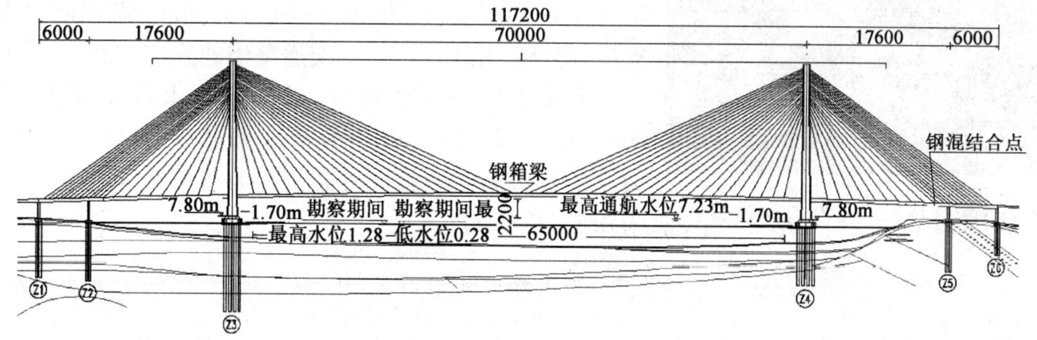

图1 江顺大桥主桥桥式布置(尺寸单位:cm)

主桥钢箱梁高3.5m,标准梁宽39m,节段长度分别为3.6、4.8、6.8、10.8、11.2、15m。钢箱梁节段由顶板、底板、斜底板、3片中腹板、2片边腹板、横隔板、钢锚箱和风嘴等组成。钢箱梁节段采用实腹式、桁架式两种中腹板。横隔板标准间距3.0m,部分间距2.2m和2.8m。钢箱梁主体结构采用Q345qD,斜拉索钢锚箱顶板、底板及承压板采用Q370qD。钢箱梁工厂连接均为焊接,现场连接除顶板加劲肋对接采用高强度螺栓拴接外,其余均为焊接。钢箱梁标准断面见图2。

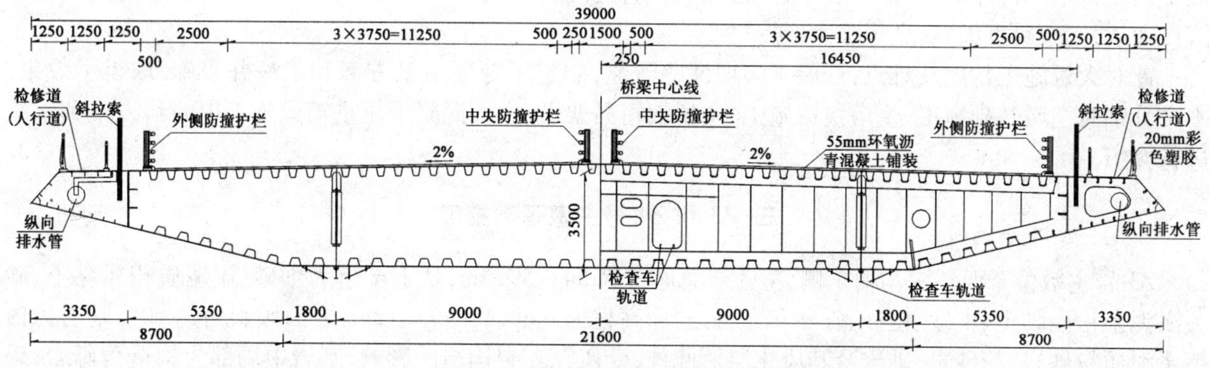

图2 钢箱梁标准断面(尺寸单位:mm)

主桥混凝土箱梁全长78m,为等高预应力混凝土结构,单箱五室截面,箱梁高3.467m,箱梁断面全宽39m。标准横隔板与斜拉索的锚固位置竖直对称设置,其纵桥向间距为6m。过渡墩、辅助墩墩顶及钢混结合段均有横隔板。混凝土箱梁标准断面见图3。

Z3号和Z4号主墩均采用28根$\phi3.0$m的钻孔灌注桩+圆端哑铃形承台基础,两墩桩长分别为

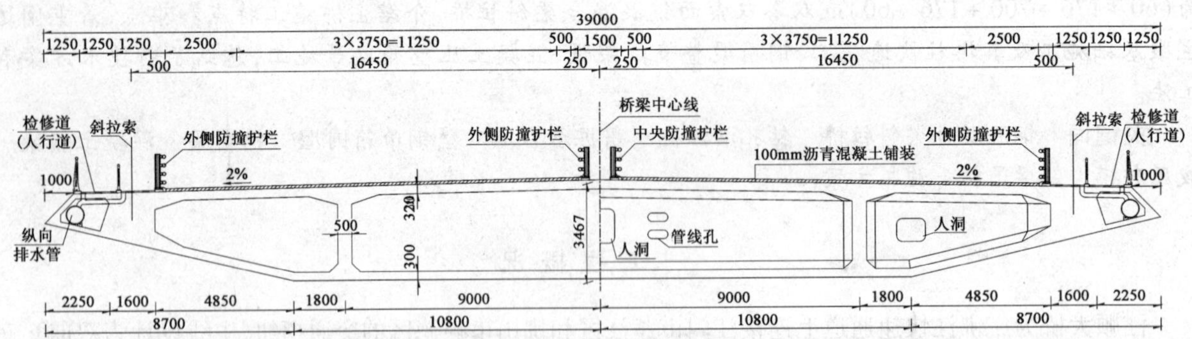

图3 混凝土压重箱梁标准断面(尺寸单位:mm)

图4 江顺大桥Z3号和Z4号墩基础

84.3～100.3m、47.3～69.3m,每墩左、右幅各14根桩,呈梅花形布置。Z3号和Z4号墩基础立体见图4。

桥位地形平坦,桥渡区两岸均有防洪大堤。顺德岸堤顶高程为+8.70m,江门岸堤顶高程为+9.75m。两岸防洪大堤顶设有堤顶公路,其中江门岸为交通繁忙的滨江大道。

大桥桥址处设计最高、最低通航水位分别为+7.23m、+0.33m。西江(桥位处)20年一遇最高洪水位为+7.23m,最大流速为2.34m/s,最大横流速度为0.37m/s,枯水期水流速度为0.8～1.2m/s。

二、施工特点和难点

(1)主墩处水深约20m,入岩面陡斜,约60°角,工程地质条件极为复杂,基础采用28根Φ3.0m、钻孔近110m的钻孔桩,钻孔难;

(2)主墩采用圆端哑铃形承台,尺寸73.052×24.5m×6.5m,且中间部位无永久桩基,围堰设计和施工难;

(3)主墩塔柱高186m,塔身截面为不规则的多边形,塔身外侧分别设置2个1m×1.8m的大倒角,且位于珠三角台风区域,爬架设计、施工难;

(4)主梁主跨700m,梁宽39m,采用钢箱梁和混凝土箱梁混合梁,钢梁节段重,架设工期紧,顺德岸混凝土箱梁位于西江滩地上,覆盖层厚且有渡洪要求,现浇支架施工困难,江门岸混凝土箱梁跨交通繁忙的滨江大道,支架跨度大,安全风险大。

针对大桥施工特点及难点,开展了多项课题研究,制定了专项施工方案和工法并实施,取得了效果。本文分别对主墩基础施工、主塔快速施工、主桥钢箱梁架设、主桥混凝土压重箱梁施工中的新方案和工法进行介绍。

三、Z3和Z4号主墩基础施工

Z3号主墩位于西江深沟槽东侧,覆盖层总厚度为54～59.3m,从上至下为细砂、淤泥质粉质黏土、砂夹淤泥杂粉质黏土、中砂、粗砂、砾砂和卵石,岩面高程为-68.16～74.12m,岩面倾斜角达60°,基岩为白垩系泥质粉砂岩、粉砂岩、砾岩及其风化层。此外,受西江断裂构造的影响,基岩中局部为构造角砾岩、碎裂岩及其风化层。

Z4号主墩位于西江沟槽西侧,覆盖层总厚度为12～20.3m,从上至下为淤泥、细砂、粉质黏土、细砂夹淤泥杂粉质黏土,岩面高程为-30.32～38.82m,基岩为粉砂岩及其风化层。此外,受西江断裂构造的影响,基岩中局部为构造角砾岩、碎裂岩及其风化层。

1. Z3和Z4号墩桩基础施工

Z3号和Z4号主墩钻孔桩施工前搭设栈桥和钻孔平台,两者的顶面高程均为+7.5m,两岸堤顶公路设下坡道与钢栈桥尾相连，钢栈桥分别长 165.4m、240.75m，宽 8m，河中端部和栈桥中部设加宽平台，在加宽平台处设置支栈桥方便基础施工。钻孔平台位于支栈桥旁边，尺寸为 108.4m×45m。

Z3 号和 Z4 号主塔桩基础直径为 3.0m，钻孔深度最大达到 110m，岩面倾斜角达 60°，钻孔施工非常困难。经过反复比较，选用了目前国内最先进、成孔速度最快、扭矩最大的 KTY－4000 型液压动力头旋转钻机作钻孔设备，气举反循环法排碴和泥浆护壁钻进成孔[1,2]。Z3 号和 Z4 号墩桩基施工见图 5。

在钻孔过程中，约 60°角倾斜岩面垂直钻进中非常容易出现斜孔，斜孔扫孔时间长，且容易坍孔，经过施工摸索，采取高转速低钻压撞击法及进二退一的方式和调整泥浆指标解决了这一难题。具体方法：进入岩层阶段，调大泥浆浓度，钻压在 7.5～8.5MPa 之间，转数每分钟增加到 6～7r/min，利用高速旋转的钻头刀齿对倾斜岩面突出部分进行撞击滚压，将斜面突出部分撞碎碾平，使该部分孔壁趋于顺直，每钻进 20cm 提起钻头复扫一次，复扫时要确保钻杆不晃动。循序钻进直到稳定器顺直进入岩层（即入岩 3m 之后），再适当加压增加进尺速度。

图 5 Z3 号和 Z4 号墩桩基施工

2. Z3 和 Z4 号墩承台施工

(1)围堰施工

Z3 号和 Z4 号墩承台为高桩承台，施工预定工期为 6 月份左右，此时西江水位基本上已涨至较高水位，围堰封底后的抽水高度达 10m 以上。作为挡水结构，单壁吊箱围堰方案存在整体刚度小需要加强内撑支护、没有双壁内腔无法自身调节浮力以及强内撑设置后围堰内施工作业空间狭小等不利条件，而双壁吊箱围堰具有上述优势，权衡利弊后采用双壁吊箱围堰作挡水结构。

Z3 号和 Z4 号墩承台底高程为 -1.7m，围堰设防水位按 20 年一遇洪水位 +7.23m 考虑，围堰顶高程取 +8.23m，围堰封底厚度拟定为 2.5m，围堰底高程为 -4.2m。吊箱围堰为两端圆弧的哑铃形结构，由侧壁板、底板、内支撑、吊挂系统、导向系统等组成，围堰侧板为浇筑承台混凝土的侧模[3]。围堰长度 75.852m，宽度 27.3m，壁厚 1.4m，底板厚 0.594m，侧壁板高度 12.43m，其中下部双壁高度为 10.63m，上部单壁高度为 1.8m，围堰设 2 层内支撑，总重约 2500t。双壁钢围堰示意见图 6 和图 7。

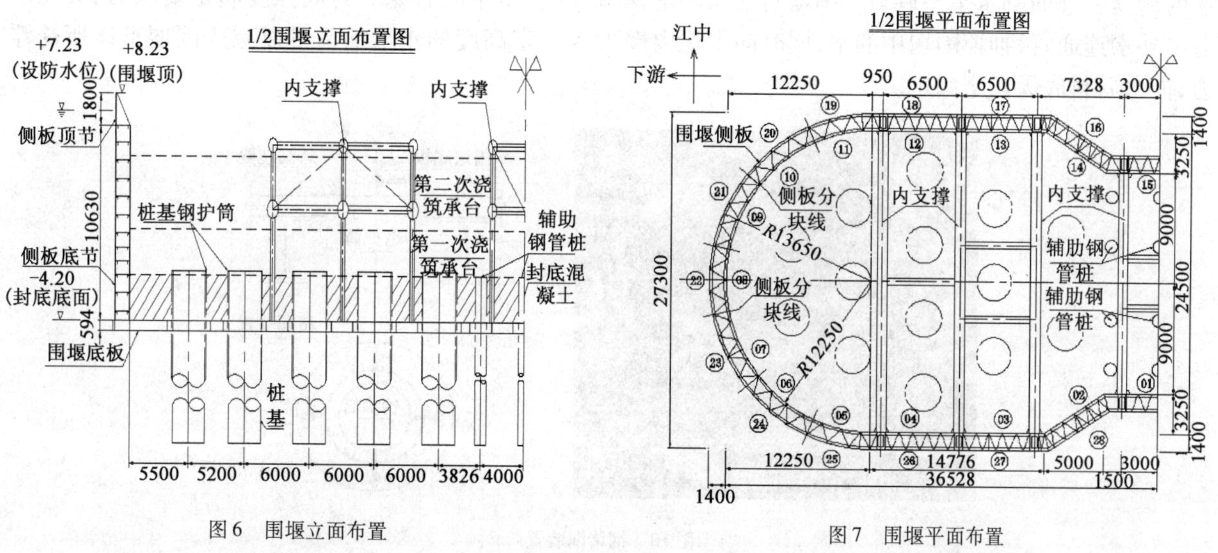

图 6 围堰立面布置

图 7 围堰平面布置

由于哑铃形承台中部没有设计永久桩基，封底素混凝土悬臂过大后无法抵抗承台中部位置抽水后受到向上的巨大浮力，围堰设计时在哑铃型承台中部插打了 12 根直径 ϕ1.22m 钢管桩，钢管桩里面充填水下混凝土增重，与封底混凝土共同抵抗浮力。

桩基完成后，将桩基钻孔平台改造成钢围堰拼装平台[3]。钢围堰分别在顺德岸和江门岸的钢结构场制造，分块陆运或水运至桥墩处，利用大型浮吊在墩位两侧对称拼装，在围堰底板上分4处分别环绕3、5、24、26号护筒对称安装围堰下放导向装置（图8）固定水平位置，焊缝检查和渗透试验后，采用4点同步下放技术下放围堰，即用计算机控制4台连续千斤顶连续同步下放，提升围堰0.5m，拆围堰拼装平台，4台连续千斤顶下放围堰至自浮，向围堰内壁中加水再次下放堰到位。围堰下放见图9。

图8　围堰下放导向装置

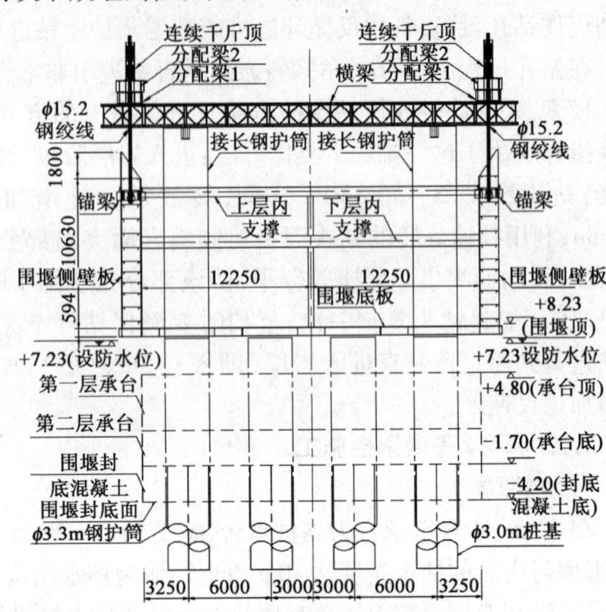

图9　围堰下放

在钻孔桩的钢护筒上设置分配梁，并在分配梁两端挂设混凝土灌注精轧螺纹钢筋吊点，将下放吊点上的重量转换到精轧螺纹钢筋吊点上，拆除下放连续千斤顶等下放装置，焊接临时杆件固定围堰。潜水员清理围堰侧板壁和钢护筒壁上附着物，利用水下机器人摄像头在电脑中的成像技术检查附着物清理情况，将底板与护筒或辅助桩之间的缝隙利用钢堵漏装置来堵漏（图10），搭设封底平台，布设封底导管，打开围堰内外水连通管，采用垂直导管法灌筑水下混凝土[4]，封底厚度控制2.3m左右，封底过程中注意围堰内壁里和外面的水头差调整。围堰封底从围堰两端开始，至中间合龙。封底强度满足要求后，关闭围堰内外水连通管，抽掉围堰中的水，同时向围堰内壁加入一定高度的水增加重量以减少围堰整体所受浮力，抽水后封底无丝毫漏水。

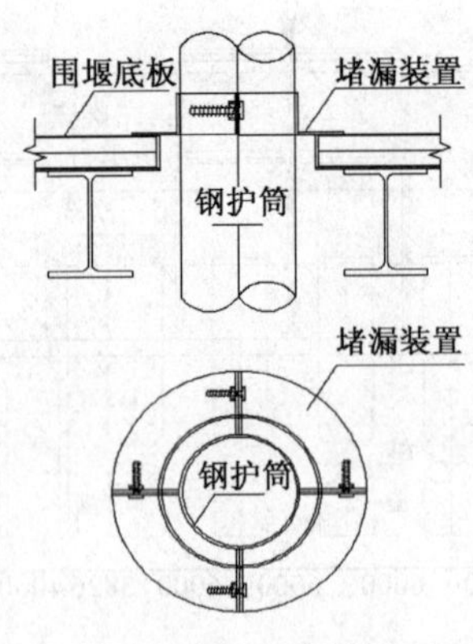

图10　钢堵漏装置

（2）承台施工

Z3号和Z4号墩承台混凝土为C40，共10205m^3，分2次浇筑（1.5m＋5.0m），单次混凝土的方量也达7850m^3，前后两次浇筑间隔不大于14天，要保证承台大体积混凝土内部最高温度不大于75°、内表温差不大于25°的要求非常困难[5]，承台施工温度控制非常重要。

经过模拟计算和提前用 Z2 号墩承台温度控制试验验证计算结果后，Z3 号和 Z4 号墩承台施工温度控制如下：①承台 C40 混凝土采用“双掺”技术，尽量降低胶凝材料的用量；选用优质聚羧酸类缓凝高性能减水剂（含优质引气剂）；选用级配良好、低热膨胀系数、低吸水率的粗细集料；采用低流动性混凝土（坍落度为设计为 16 ~ 18cm）。②加强混凝土施工过程的降温控制，提前组织水泥进场，水泥罐体上洒水以降低水泥温度；向拌和水中加冰，降低拌和水温度；集料遮阳；选在夜间浇筑避开高温时段；混凝土输送泵管和混凝土运输车罐体用土工布包裹洒水降温。③按照大体积混凝土温度控制的“内降外保”原则进行承台温度控制，即对混凝土内部设置冷却水管通循环水冷却，对混凝土外部采取蓄水保温的措施[5]，并根据承台内部温度和内外温差调整通水速度和进水温度。

四、Z3 号和 Z4 号主塔快速施工

斜拉桥主塔为 C50 混凝土，H 形结构，承台以上高度 186m，塔柱外侧设 1 × 1.8m 大倒角。塔座厚度为 3m，四周为斜面；下塔柱高 17.13m，分 4 个节段；中塔柱高 105.77m，分 18 个节段；上塔柱高 60.1m，分 10 个节段；塔柱共 32 节段，正常节段高 6m，最大节段高 6.2m。上、下横梁跨中断面分别为 6 × 5.5m、5 × 9m。

塔座利用中塔柱液压爬模内模作斜面模板施工。下塔柱第一节段塔柱采用爬模的模板体系 + 对穿式拉杆作内、外模板系统，用钢管作为脚手架辅助施工，满布塔柱横桥向和顺桥向两侧[6]；第二节段开始采用液压爬模施工，内模板支架采用钢管脚手架。中塔柱及上塔柱均采用液压爬模逐节段施工，中塔柱内模支架采用液压爬架，上塔柱采用可提升的脚手钢模板一体内模。

传统的爬模系统上平台空间通常比较小，施工不便，且上架体与模板体系一体，脱膜后移的上架体晃动厉害，安全风险大。针对以上缺点，主塔柱采用了改进型的爬模系统，爬模设计时采取了上架体与模板分离，上架体固定不动且加大刚度，并加宽上平台保证施工方便。爬模系统外模板采用芬兰进口的 wisa 木模板，1m 直径圆弧处采用钢模，实行钢木圆顺过渡。主墩由于塔身外侧有大倒角，爬模在每个大倒角处设置 2 榀爬架。桥址区位于强台风区域，爬模系统进行了专项防风设计，爬模爬升到位后按专项防风设计固定，并将爬架联成整体增强抗风性。为接住爬模在施工过程中的落人和落物，专门设计了能随爬模爬升的活动防护平台，同时在塔身上设置固定防护平台。液压爬模立面见图 11。

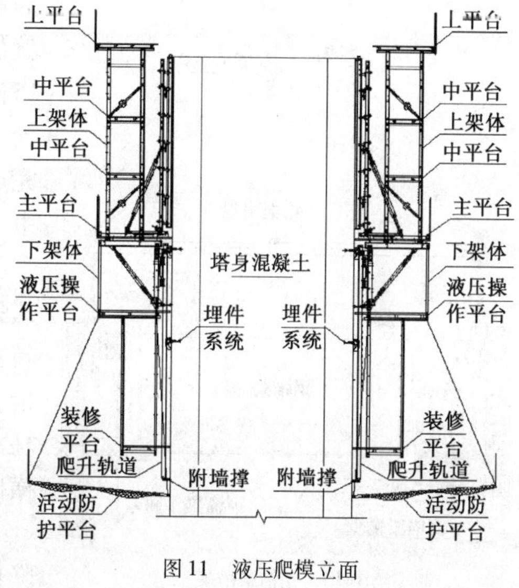

图 11 液压爬模立面

塔柱上、下横梁与横梁范围内的塔柱采用异步施工。下横梁支架采用支承于承台和塔座上的梁柱式支架现浇施工[7]，钢管柱作竖向承载结构，支架刚度大，受力明确[8]；上横梁采用钢斜腿现浇支架施工，斜腿极根部设 4 根水平连接钢管抵消水平力。上、下横梁混凝浇筑分 2 层进行[9]，浇筑分界线为横梁跨中断面高度一半，第 1 层浇筑后张拉部分横梁预应力束，第 2 层浇筑再张拉剩余横梁预应力束。

为平衡中塔柱因沿水平方向内倾所产生的应力及变形[8]，在中塔柱范围内设置 3 道临时钢管横撑，3 道横撑分别设置在下横梁顶 23m、54m 和 86.16m 位置，其中第 3 道横撑与上横梁支架共用节省材料，横撑水平向外预施一定的顶力，以改善施工阶段中塔柱的应力及变形。

在塔柱内均设置劲性骨架，利用劲性骨架作为钢筋、模板、预应力管道和索导管的支撑结构[10,11]。上塔柱索导管施工需要提前在分段的劲性骨架上安装定位架，在地面上将索导管装入定位架内并初定位，塔吊提升劲性骨架并焊接，再丝杆微调精确定位后焊接固定，绑扎塔柱节段钢筋，安装钢锚梁与索导管连接后安装可提升的脚手钢模板一体内模。索导管定位见图 12。

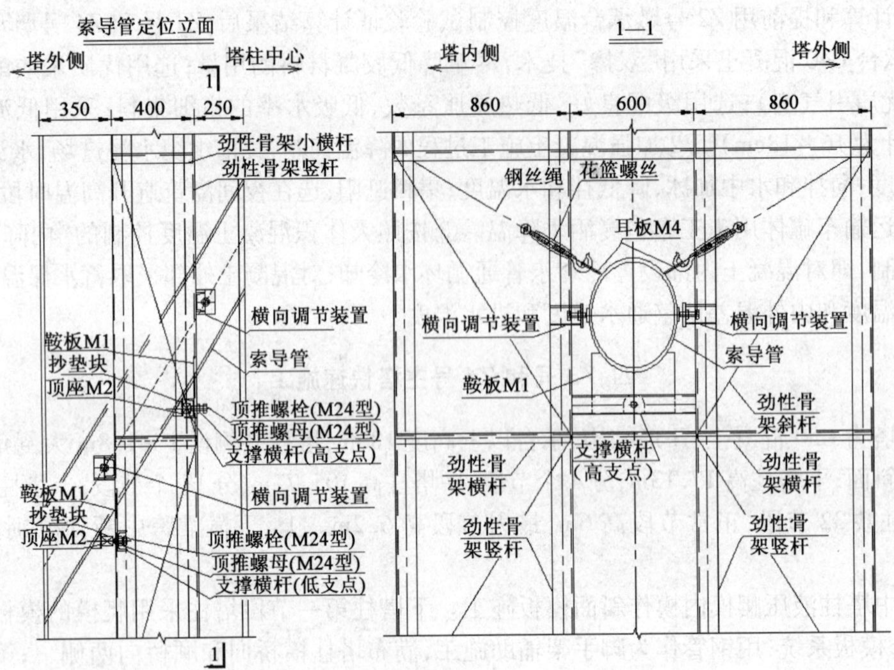

图12 索导管定位

钢锚梁结构工厂6~8节段预拼验收后，拆成单节段，紧固节段内高强螺栓，整节段运至现场吊装。为保证钢锚梁不变形，钢锚梁结构采用专用吊具吊装(图13)，就位后连接锚梁牛腿壁板与塔柱劲性骨架固定。锚梁所在节段塔柱混凝土终凝后，现场释放一侧的锚梁与牛腿之间的连接螺栓。拉索张拉时，拉索索力应对称逐级施加。待桥面铺装施工完成后，再松开另一侧的螺栓，保证锚梁与牛腿间顺桥向无约束。待达到力的平衡后，重新施加两侧的螺栓预紧力。

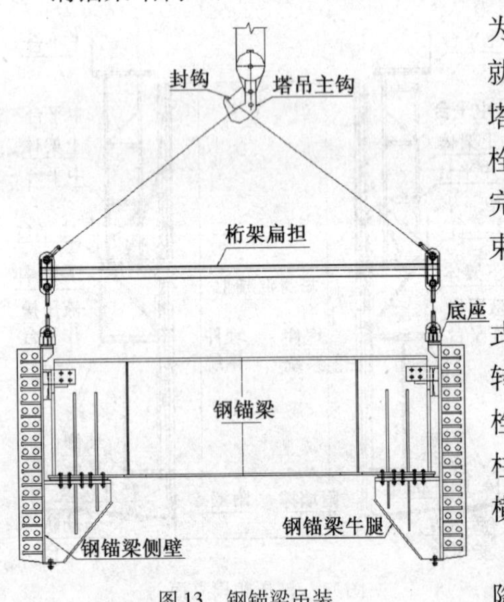

图13 钢锚梁吊装

上塔柱可提升的脚手钢模板一体内模为自带脚手架的桁架式钢模板，避免了高空脚手架施工。桁架底部带4层可横向旋转打开的支撑梁，钢模板安装时，将两侧底部支撑梁打开穿上螺栓，支撑在已被浇筑的混凝土嵌固的锚梁顶面上托起内模。塔柱混凝土模板拉杆拆除后，将两侧底部支撑梁螺栓拆除，支撑梁横向旋转打开，利用塔吊向上提升进行下轮施工。

主塔两塔柱上游或下游方向上均布置了2台塔吊和2台升降机方便施工。

五、主桥钢箱梁架设

江顺大桥共73节段钢箱梁，宽度为39m，节段最大质量347.5t。钢箱梁架设安排在2013年7月初进行，因桥位处在强台风区域内，要抢在2014年4月底台风季节来临前完成，工期非常紧张，质量保证措施复杂。经过综合比较，决定主墩墩顶的3个节段钢箱梁采用300t浮吊进行吊装，其余钢箱梁节段采用单头2x180t型步履式桥面吊机(动臂)整体吊装。

钢箱梁选定中铁宝桥的汕头宝桥钢结构工程有限公司基地组装成整节段，涂装后利用下河码头装船，运至现场，然后直接用2台180t架梁吊机垂直起吊安装。钢箱梁在汕头基地整体组装时采用多节梁段连续匹配组装、焊接和预拼装同时完成的方案。其优点是：桥梁线形好，工艺过程简单，缩短制造周期，提高梁段间的连接精度[12]。

1. 墩顶钢箱梁节段架设

主墩墩顶钢箱梁分 3 个节段，长度为 11.2m + 6.8m + 11.2m，最大质量为 270t。经比较，吊装方案为设置墩旁托架，采用 300t 浮吊整体吊装。Z3 号墩钢箱梁安装方法：先在江侧整节段吊装 E01 节段到墩旁托架上，辅以纵移措施纵移到位；再用浮吊吊装 E03 节段；再将浮吊停靠在岸侧整节段吊装 E02 节段。Z3 号主墩墩顶 3 个节段钢箱梁架设见图 14。Z4 号墩钢箱梁安装方法：W02 节段风嘴后装，在江侧吊装 W02 节段到墩旁托架上，纵移到位后安装风嘴；吊装 W01 节段到墩旁托架上，纵移到位；再吊装 W03 节段。钢箱梁的临时锚固安装及张拉。

江顺大桥工期紧张，主墩墩顶 3 个节段的安装与主塔上塔柱施工同步进行。为保证主墩顶钢箱梁施工安全，在中塔柱横撑上设置固定防护平台。

2. 钢箱梁整节段架设

主墩顶 3 个节段完成后，利用浮吊或塔吊拼装岸侧的 2 台 180t 型步履式桥面吊机，试吊，提升岸侧的 EA1 和 WA1 段，安装岸侧第一对斜拉索 A1 并张拉，2 台 180t 型步履式桥面吊机前移 15m，利用浮吊或塔吊拼装江侧的 2 台 180t 型步履式桥面吊机，试吊，提升江侧的 EJ1 和 WJ1 段，安装江侧第一对斜拉索 J1 并张拉，两侧的架梁吊机均前移至吊装下一节段钢箱梁位置锚固，停止施工，待主塔塔柱封底后开始后续节段架设，后续节段用该吊机直接从运输船上整节段垂直提升安装（Z4 号墩岸侧钢箱梁采取滑移支架先移梁再架设方案，相关内容见本文 5.3）。钢箱梁分别对称架设至 EA9 和 EJ9、WA9 和 WJ9 节段，分别进行边跨 EH1 和 WH1 节段合龙和 EJ10 和 WJ10 节段同步架设，再江侧分别单头向跨中方向架设 EJ11 ~ EJ21 和节段 WJ11 ~ WJ21，最后中跨合龙。斜拉索挂设与钢箱梁节段架设相匹配。钢箱梁整节段架设见图 15。

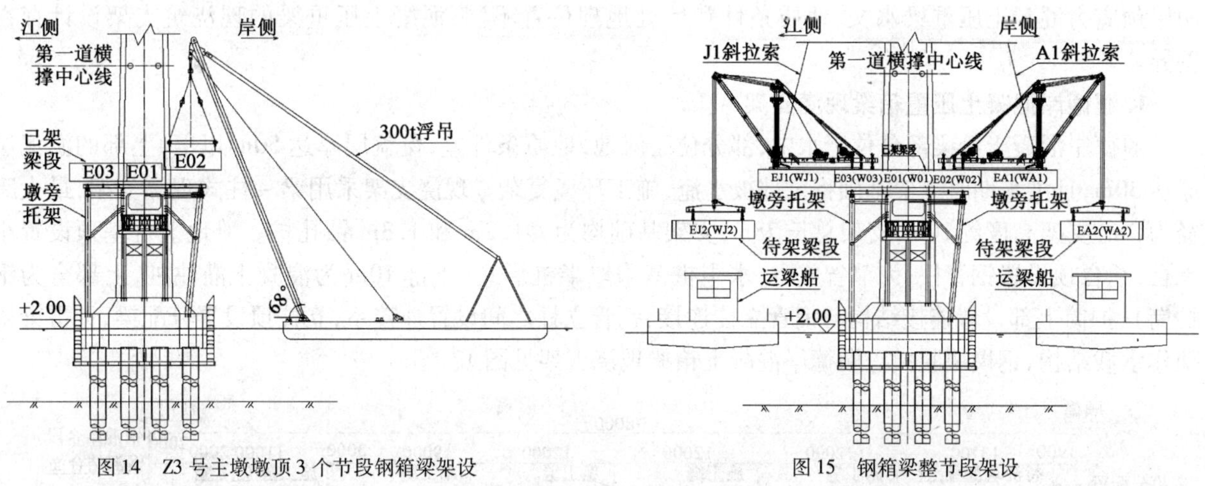

图 14 Z3 号主墩墩顶 3 个节段钢箱梁架设　　图 15 钢箱梁整节段架设

Z3 号墩岸侧（边跨合龙段 EH1 下方）的水深在不同月份变化大，Z3 号墩边跨合龙段施工安排在 12 月左右，正值西江枯水期，低水位时需要提前测量水深，当运梁船可能无法进入该区域时，采取清淤方法开出一条航道。经过水深实测和考虑，决定在架梁之前 40 天左右进行一次清淤，架梁过程中随时测量水深并进行日常维护。

3. 江门岸陆地上钢箱梁架设

Z4 号墩江门岸侧无水或浅水区的 WA5 ~ WA9、WH1、WB1 等 7 个节段钢梁无法水运到架设位置正下方，也无法陆运到架设位置，因此需要设置提梁区和滑移支架将钢箱梁提前上岸存放。滑移支架端头的第一孔设计可以横向打开。钢箱梁对称架设至 WA3 和 WJ3 时，利用架梁吊机作为提梁设备，将运梁船停泊进横向打开的滑移支架第一孔孔跨内，将钢箱梁节段提升至滑移支架上方 1m，将横向打开的第一孔支架恢复，钢箱梁节段落至滑移支架上滑移小车上，通过水平牵引使钢箱梁滑移至岸上或滑移支架上相应位置停放，通过竖向顶升取出滑移小车再次使用，支垫落梁。钢箱梁在滑移支架上按 WB1、WH1、WA9 – WA5 节段先后顺序滑移至相应位置，运梁船运输 WA4 节段钢梁至滑移支架第一孔内后，Z4 号墩两侧的架梁吊机对称直接吊装 WA4 和 WJ4 节段，再利用架梁吊机顺次吊装 WA5～WA9 和 WJ5～WJ9 节段，江侧 WJ5～WJ9 节段的利用船舶正常运梁至待架位置正下方，钢混结合段 WB1 节段提前用大型吊机吊装至混凝土压重梁前端的支架上进行钢混结合段施工，最后利用架梁吊机进行边跨 WH1 钢梁节段合龙。江门岸钢箱梁滑移支架法架设见图16。

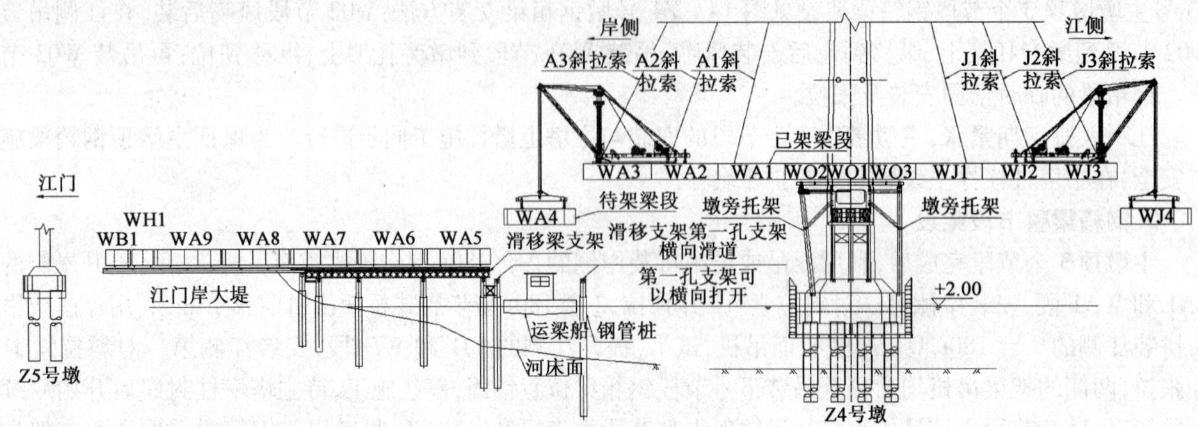

图16　江门岸钢箱梁滑移支架法架设

六、主桥混凝土压重箱梁施工

预应力混凝土箱梁全长 78m，纵桥向分 7 个施工节段逐段采用梁－柱式现浇支架法浇筑施工。由于两岸预应力混凝土压重梁水文、地质条件和所处地理位置不同，混凝土压重梁的现浇筑支架设计存在差异。

1. 顺德岸混凝土压重箱梁现浇支架

顺德岸混凝土箱梁部分位于水中，部分位于滩地，地质条件差，覆盖层厚达 50m 以上，上部的淤泥层厚达 30m，且洪水期时支架基础将全部被水淹，施工环境复杂。现浇支架采用梁－柱式现浇支架，最大跨径为 9m，支架高度约 20m，支架总长 78m，支架基础均为 Φ1.2m 和 1.3m 钻孔桩。滩地上桩基顶设置小承台，承台顶设置钢管柱；为节省成本，水中桩基采取半桩形式（下部 10m 为混凝土灌注桩，上部全为钢护筒），护筒上部设置连接结构与钢管立柱连接，钢管立柱之间设置连接系，立柱顶设置分配梁，贝雷梁桁架作承载结构，钢楔块脱模。顺德岸混凝土箱梁现浇支架见图17。

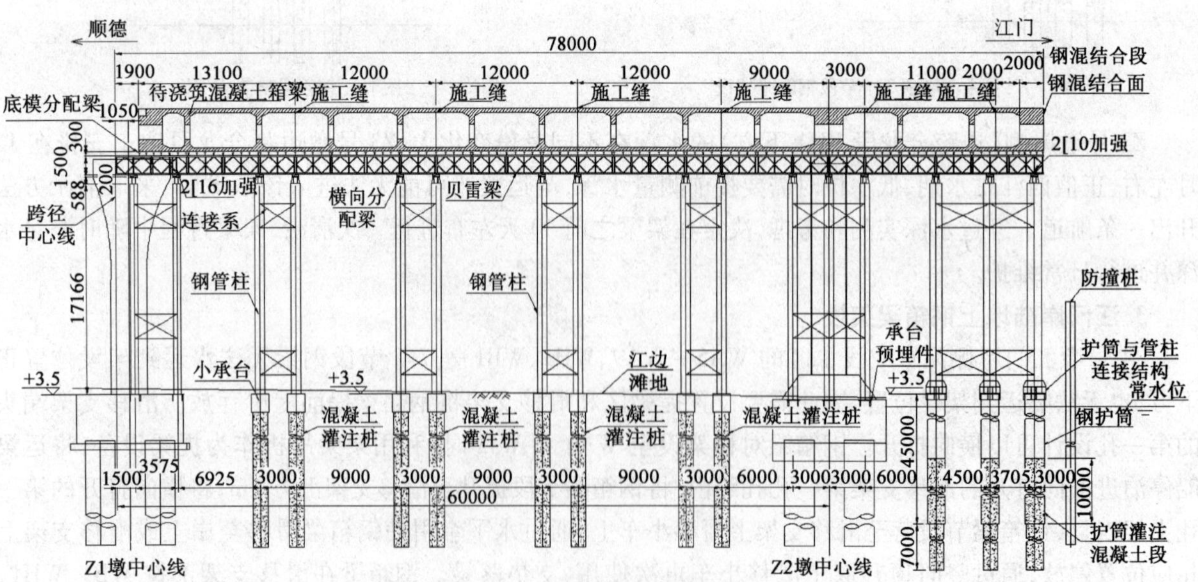

图17　顺德岸混凝土压重箱梁现浇支架（尺寸单位：mm）

2. 江门岸混凝土压重箱梁现浇支架

江门顺德岸混凝土箱梁全部位于陆地，上跨交通繁忙的滨江大道，支架设计和施工难度大。现浇支架采用梁－柱式现浇支架，最大跨径为15m，支架高度约15m，支架总长78m。支架基础均为$\Phi1.5$m钻孔灌注桩，在桩顶预埋钢板，在钢板上设置钢管立柱，立柱之间设置连接系，柱顶设砂箱及分配梁，贝雷梁桁架作承载结构。江门岸混凝土压重箱梁现浇支架见图18。

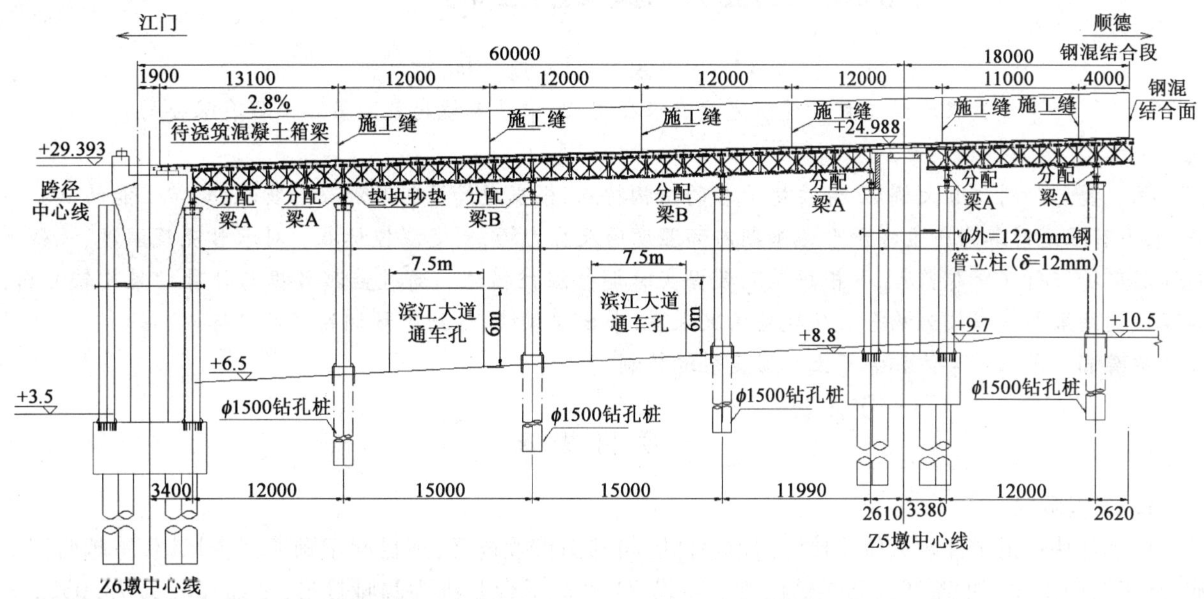

图18 江门岸混凝土压重箱梁现浇支架（尺寸单位：mm）

七、结 语

江顺大桥施工采用了多项新方案和工法：主墩基础采用KTY－4000型液压动力头旋转钻机实施高转速低钻压撞击法及进二退一的方式和调整泥浆指标等方法钻孔技术，实现了60°斜岩面的垂直入岩钻进，确保了Z3、Z4号墩56根3m直径钻孔深度近110m桩基的成孔质量，所有桩基检测均为I类桩，总结申报了《深水倾斜岩面大直径超长钻孔桩施工工法》；超大体积和重量的双壁钢围堰加桩辅助抗浮设计，围堰导向装置控制水平位置，水下机器人摄影成像查看钢护筒附着物清理情况，钢堵漏装置实现了封底“零”漏水，计算机控制4点同步下放围堰技术实现了下放到位后整体高差不大于10mm；10205m^3的超大方量的承台混凝土灌注温度控制技术，实现了承台内部最高温度不超过70℃和表面无裂纹；位于珠三角强台风区、设大倒角的具有不规则断面的186m高主塔柱采用了改进型的液压爬模系统（具有专项抗风设计、自带活动的防护平台）、索导管快速定位、钢锚梁整体吊装、上塔柱可提升的脚手钢模板一体内模施工、主塔横梁与塔柱异步施工等方法，加快了施工速度；钢箱梁整节段架设；混凝土箱梁施工等。这些新方案和工法的应用成功，既可确保安全质量，又可提前工期，可为其他桥梁工程提供借鉴。

参考文献

[1] 黄翔，岳磊．复杂地质条件下大直径钻孔灌注桩冲击成孔技术[J]．中外公路，2009，(4)：171-173.

[2] 杨齐海，高兴泽．$\phi3.8$m大直径钻孔桩钻填施工[J]．桥梁建设，2010，(3)：63-66.

[3] 贺新文．安庆长江大桥主桥2号墩深水承台钢套箱施工技术[J]．中外公路，2007，(3)：142-145.

120. 江顺大桥Z3号主塔承台大体积混凝土温度裂缝控制

邓　波[1]　周　文[2]　周　超[1]

（1. 中交武汉港湾工程设计研究院有限公司；2. 中铁港航局集团第二工程有限公司）

摘　要　针对江顺大桥Z3号主塔承台的结构特点，根据现场资料及混凝土物理、热学性能的试验结果，采用有限元计算分析主塔承台施工期内部温度场及应力场，制定温控标准。对承台浇筑温度、混凝土内部温度场进行了跟踪监控，并根据监测数据实时调整温控措施。通过监测数据与计算结果比较分析，温度监测结果与计算较为吻合。从现场情况来看，未出现裂缝，达到了预期的温控目标。

关键词　承台　大体积混凝土　温度裂缝控制

一、项 目 概 况

1. 工程概况

广佛江快速通道江顺大桥连接江门市蓬江区与佛山市顺德区，项目起于顺德区杏坛镇，跨越西江干流，终于江门市北部的蓬江区棠下镇附近。主塔Z3号墩承台基础为圆哑铃形，平面尺寸为73.052m×24.5m，厚6.5m。承台顶、底标高分别为+4.8m，-1.7m，厚6.5m。承台混凝土设计为C40号混凝土，单个承台混凝土设计方量为10205m^3，按大体积混凝土施工。原计划分两次浇筑（2.5m+4m），后因江水水位低原因调整了浇筑厚度，仍分两层浇筑（1.5m+5m），单次浇筑最大方量为7850m^3。

2. 项目重难点

该承台为大体积混凝土结构。由于水泥水化过程中产生的水化热，使浇筑后初期混凝土内部温度急剧上升，引起混凝土膨胀变形，而此时混凝土的弹性模量很小，因此，升温引起受基础约束的膨胀变形产生的压应力很小。随着温度逐渐降低混凝土产生收缩变形，但此时混凝土弹性模量较大，降温引起的变形受基础约束会产生相当大的拉应力，当拉应力超过混凝土的抗拉强度时，就会产生温度裂缝，对混凝土结构产生不同程度的危害。此外，在混凝土内部温度较高时，外部环境温度较低或气温骤降期间，内表温差过大在混凝土表面也会产生较大的拉应力而出现表面裂缝。在承台施工过程中温度裂缝的控制存在以下难点：

（1）浇筑时间在8月底至9月底，此时气温较高，浇筑温度的控制难度大。

（2）承台混凝土设计方量为10205m^3，单次浇筑最大方量为7850m^3，承台尺寸超大，温控防裂难度较大。

（3）该区域在该季节时盛吹偏南风，常有台风侵袭，并夹带暴雨，风力最大可达12级，暴雨过后常伴有降温，且早晚温差较大，内表温差控制难度大，在早龄期显得尤为突出。另外，混凝土浇筑方量大，浇筑时间长，浇筑期间出现大雨几率大，易对混凝土品质造成影响。

3. 项目研究思路

为研究大体积混凝土施工水化热变化规律，确保施工质量，避免产生温度裂缝，确保大桥的使用寿命和安全，项目部从以下两方面入手，展开大体积混凝凝土施工的关键技术研究：

（1）针对江顺大桥主塔承台的结构特点，根据现场资料及混凝土物理、热学性能的经验取值，仿真计算主塔承台施工期混凝土内部温度场及应力场，并根据计算结果制定了不出现有害温度裂缝的温控标准和相应的温控措施。

(2)对承台施工期浇筑温度、混凝土内部温度场进行了跟踪监控,并根据监控数据实时调整温控措施,严格执行温控标准,为承台大体积混凝土的温控施工质量提供有力保障。

二、承台大体积混凝土温度、应力场有限元分析

1. 基本计算资料

国内目前关于大体积混凝土内部温度、应力场的计算分析理论和应用软件都比较成熟,如 Madas、Ansis 等,计算结果与现场实际情况的吻合程度关键取决于参数的选取,国内相关规范对于混凝土弹性模量、劈裂抗拉强度等参数取值过于保守,工程实体构件中弹性模量、劈裂抗拉强度值往往远大于规范取值,因此本项目为尽可能符合工程实际,参数取值均参照实体构件试验结果取值,以下是计算基本资料及参数取值情况。

(1)施工资料

根据以下施工资料进行温度应力计算:承台混凝土设计强度等级为 C40,承台于 2012 年 8—9 月施工,浇筑温度取值30℃。施工时承台分两层浇筑,第一次浇筑高度为 1.5m,布置一层冷却水管,第二次浇筑高度为 5m,布置 5 层冷却水管,两层混凝土浇筑间歇期计算取 14 天。

(2)混凝土参数

混凝土配合比及劈裂强度试验值见表 1、表 2:

C40 混凝土配合比 表 1

强度等级	水泥	粉煤灰	砂	石	水	QL-PC2 外加剂
C40	298	128	692	1129	153	4.26

C40 混凝土劈裂强度参考值(MPa) 表 2

龄期(d)	3	7	28	60
C40 混凝土	1.8	2.8	3.9	4.2

混凝土绝热温升采用双层独立控温混凝土绝热温升测试仪 FH-ATRD 进行绝热温升试验,按 7 天试验结果取值,见表 3。

C40 混凝土物理热学参数 表 3

物理热学参数	最终弹模(MPa)	热胀系数(1/℃)	导热系数(kJ/m·d·℃)	比热(kJ/kg·℃)	绝热温升(℃)
C40	4.2×10^4	8.0×10^{-6}	264	0.96	43.3

2. 温度场、应力场有限元计算分析

(1)温度场的有限元法原理

混凝土浇筑完成后,混凝土在水泥水化作用下,可以看成有内部热源强度,具有瞬态温度场的连续均匀介质。其瞬态温度场的计算实质是三维非稳态导热方程在特定边界条件和初始条件的求解。导热方程为:

$$\frac{\partial T}{\partial \tau} = \alpha\left(\frac{\partial^2 T}{\partial x^2} + \frac{\partial^2 T}{\partial y^2} + \frac{\partial^2 T}{\partial z^2}\right) + \frac{Q}{c\rho} \tag{1}$$

式中:$\alpha = \lambda / c\rho$——混凝土的导温系数(m^2/h);

Q——在单位时间内单位体积中发出的热量;

c——混凝土的比热(kJ/kg·℃);

ρ——混凝土容重(kg/m^3);

T——瞬态温度。

由于水化热作用,在绝热条件下混凝土的温度上升速度为:

$$\frac{\partial \theta}{\partial \tau} = \frac{Q}{c\rho} = \frac{Wq}{c\rho} \tag{2}$$

式中：θ——混凝土的绝热温升；

W——水泥用量；

q——单位重量水泥在单位时间内放出的水化热；

τ——时间。

由式(2)，热传导方程可改写为：

$$\frac{\partial T}{\partial \tau} = \alpha\left(\frac{\partial^2 T}{\partial x} + \frac{\partial^2 T}{\partial y} + \frac{\partial^2 T}{\partial z}\right) + \frac{\partial \theta}{\partial \tau} \tag{3}$$

要求得热传导方程确定的解，必须知道方程的初始条件和边界条件。

(2)导热方程的初始条件

初始条件即混凝土结构的初始温度状态，或作为分析用的某一特定温度分布状态，一般可选择在混凝土结构整体温度分布较均匀的时刻，对自然环境条件变化引起的日照温度作用，根据施工经验表明，这一时刻约在日出前的1h左右。初始条件为在初始瞬时物体内部的温度分布规律，有如下有两种情况：

①$\tau=0$ 时，温度场是坐标的已知函数，$T=T_0(x,y,z)$　(4)

②$\tau=0$ 时，初始的温度分布是常数，$T=T_0=K$　(5)

边界条件为混凝土表面与周围介质(比如空气或水)之间温度相互作用的规律。通常有4类边界条件。

第1类边界条件：混凝土表面温度是时间的已知函数：

$$T(\tau) = f(\tau) \tag{6}$$

第2类边界条件：混凝土表面的热流量是时间的已知函数：

$$-n\frac{\partial T}{\partial n} = f(\tau) \tag{7}$$

其中，n 为表面外法线方向，若$\frac{\partial T}{\partial n}=0$ 表明表面是绝热的；

第3类边界条件：当混凝土与气体接触时，经过混凝土表面的热流量与混凝土表面温度 T 和气温 $T\alpha$ 之差成正比，即

$$-n\frac{\partial T}{\partial n} = \beta(T - T_\alpha) \tag{8}$$

其中β 为表面放热系数，当表面放热系数β 趋于无限大时，$T=T_a$，即转化为第1类边界条件；当表面放热系数$\beta=0$ 时，$\frac{\partial T}{\partial n}=0$，又转化为绝热条件。第3类边界条件表示固体与流体(如空气)接触时的传热条件；

第4类边界条件：当两种不同的固体接触时，如果接触良好，则在接触面上温度和热流量都是连续的，边界条件为：

$T_1=T_2$，$\lambda_1\frac{\partial T_1}{\partial n}=\lambda_2\frac{\partial T_2}{\partial n}$，如果两种不同的固体接触不良，则温度是不连续的；

$T_1 \neq T_2$，这时需要引入接触热阻的概念。

(3)模型的建立与边界条件

Z3号墩承台为圆端哑铃形，平面尺寸为73.052m×24.5m×6.5m，分(1.5m+5.0m)两次浇筑。根据结构对称性，取承台混凝土1/4进行温度应力计算，计算模型网格剖分图如图1所示，模型附带封底混凝土约束。

计算时考虑冷却水管降温效果，冷却水管采用Φ42.4mm×3m的铁管，承台布置6层，水管水平间距为1m。

计算时考虑徐变对混凝土应力的影响，混凝土的徐变取值按经验数值模型，如式(9)所示：

$$C(t,\tau) = C_1(1+9.2\tau^{-0.45})(1-e^{-0.3(t-\tau)}) + C_2(1+1.7\tau^{-0.45})(1-e^{-0.005(t-\tau)}) \tag{9}$$

式中：$C_1=0.23/E_2$；

$C_2=0.52/E_2$，E_2 为最终弹模。

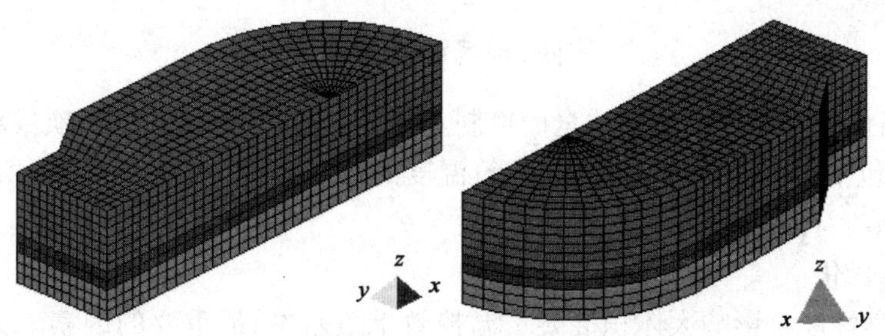

图1 承台1/4块有限元剖分图(附带封底混凝土约束)

温度及温度应力计算从混凝土浇筑开始，模拟之后半年的温度应力发展。

计算承台温度时，取下述两种边界条件：

承台底部受2.5m厚C30封底混凝土及28根ϕ3.0m钻孔桩约束，桩基混凝土为水下C35；侧面采用钢吊箱围堰施工，其等效保温系数取为1840kJ/(m^2·d·℃)。因此底部和侧面温度不随气温变化，按第一类边界条件处理：$T(\tau)=f(\tau)$；

承台与空气接触而按第3类边界处理，气温按当地实测平均温度，承台混凝土初始温度取入模温度。因混凝土浇筑完毕后即覆盖养生，按第3类边界条件处理$-n\dfrac{\partial T}{\partial n}=\beta(T-T_\alpha)$，但采用等效放热系数：

$$\beta_s=\frac{1}{(1/\beta)+\sum(h_i/\lambda_i)} \tag{10}$$

式中：β_s——等效放热系数；

β——放热系数；

h_i——保温层厚度；

λ_i——保温材料导热系数。

(4)温控计算结果

在以上设定条件下，承台第一层内部最高温度计算值为60.1℃，第二层内部最高温度计算值为69.8℃，温峰出现时间约为浇筑后第2～3天。承台内部最高温度包络图见图3；承台温度应力场分布见图2，应力计算结果见表4。

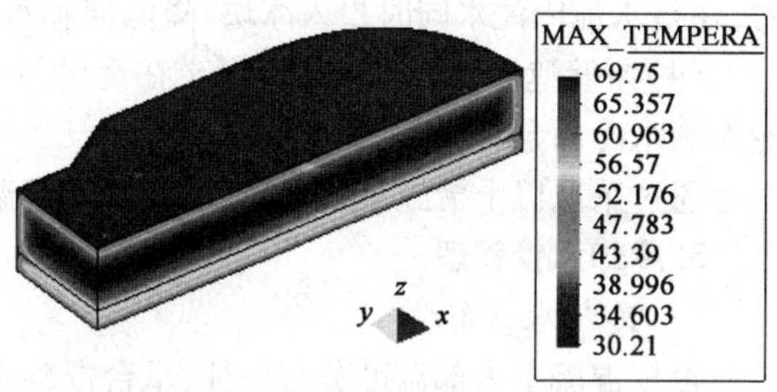

图2 承台温度应力场分布图(单位:0.01MPa)

承台混凝土温度应力场计算结果 表4

龄 期	3d	7d	28d	半 年
第一层应力(MPa)	1.04	1.85	2.86	2.71
第二层应力(MPa)	1.56	1.35	2.42	2.19
最小安全系数	1.15	1.51	1.36	1.55

三、温 控 标 准

根据温控仿真计算结果及规范要求，提出以下对主塔承台不出现有害温度裂缝的温控标准。见表5。

各层混凝土温控标准 表5

构 件		浇筑温度(℃)	内部温度(℃)	内表温差(℃)	冷却水进出水温差(℃)	降温速率(℃/d)
承台	第一层	≤30	≤70	≤25	≤15	≤2.5
	第二层					

四、现场温控措施

大体积混凝土温控是对混凝土质量的全面控制。为达到温控标准的要求，项目部采取了一系列温控措施进行有效监控，包括混凝土配合比优化，浇筑温度的控制，混凝土拌和、运输、浇筑、振捣到通水，养护，保温每一施工环节。具体温控措施如下：

1.混凝土配合比优化

混凝土物理、热学性能是影响大体积混凝土温控效果最基本、最重要的因素。大体积混凝土配合比设计应以抗裂为核心，并满足水化热低、可泵性好、体积稳定性好及耐久性优良等要求。

江顺大桥承台混凝土配比从多方面进行了优化，在原材料的选择上，项目部实验室对几家材料供应商进行了检测，严格把关，最后确定了稳定优质的材料来源。为了有效降低混凝土水化放热温升引起的体积形变以及混凝土内部温度梯度产生的应力，混凝土配比中从降低混凝土绝热温升出发，在保证早期强度的基础上，减少了水泥用量，最终确定配合比胶材用量为426kg/m^3，粉煤灰的掺加量为30%。

2.混凝土浇筑温度的控制

降低混凝土的浇筑温度对控制混凝土裂缝非常重要。根据混凝土温度、应力模型计算，承台混凝土最高浇筑温度宜控制在30℃以内，现场温控措施如下：

(1)水泥的优选。考虑该承台温控难度大，项目部在水泥的选择上就把水泥的出库温度、水化热作为优选水泥的重要参数，通过水泥的比选，选择了江门海螺P·O 42.5水泥，并控制水泥温度不超过60℃。

(2)降低集料温度。堆高集料，取料时，采用取底部骨料。

(3)拌和水加冰。开盘前，将冰块投入蓄水池中，使拌和水温控制在20℃以内。待蓄水池水快用完时，往蓄水池内注水同时投入冰块，降低拌和水的温度。

(4)泵管遮阳。为了减少混凝土在运输过程中的温度回升，混凝土输送泵管外用土工布遮阳，并派专人洒水冷却泵管。

通过采取以上措施，承台混凝土浇筑入模温度在28.6℃～30.0℃。

3.冷却水管管理

(1)冷却水管布设

根据混凝土内部温度分布特征，承台混凝土共布设6层冷却水管，其中第一层(1.5m厚)布设1层冷却水管，第二层(5m厚)布设5层冷却水管。冷却水管内径40mm，水管水平间距为1.0m，每根冷却水管最大长度150m，冷却水管进出水口集中布置，利于统一管理。

图3　拌和水加冰块

图4　集料遮阳

(2)冷却水管使用及其控制

冷却水管使用前按照项目组要求均进行压水试验，通水时间在1h左右，对于管道漏水、阻水的部位立即进行修复。

每套冷却水管设置一个分水器，这样便于对该层的每套水管的流量进行控制。同时，对每套水管编号，便于根据不同部位温度的不同可单独调节该水管的流量，并委派了专人对冷却水管进行管理。

整个温控阶段，冷却水进水采用江水，温度恒定在28℃左右，混凝土1～2天到达温峰，温峰前处于快速升温阶段，在此期间根据温度监控数据，加大通水流量并保证通水连续性，尽可能的带走混凝土内部热量，起到削峰降温的目的。一般来说，通水可削减4～6℃的峰值。温峰过后降温阶段调小通水流量控制降温速率，合理控制温度梯度，避免由于收缩过快产生较大的内表温差从而导致有害温度裂缝的产生。停水时间由温度数据决定。温控期间，往往上层混凝土的浇筑会使热量向下层传递致使下层出现温度回升，此时根据温度监测数据采取二次通水，抑制温度大幅回升。

4. 混凝土养护

Z3号墩承台首节于8月31日1:00浇筑完成，混凝土表面养护采取洒水养护，养护至2012年9月18日次节承台的浇筑。次节于9月22日5:30浇筑完成，混凝土裸露表面采取先洒水后覆盖土工布的方式保湿。承台与塔座结合部由于钢筋头较多，不方便土工布的覆盖，采取内部洒水保湿。

由于施工期间外界温度较高，且处于江面大风环境，一天中昼夜温差变化较大，混凝土表面温度散失较快，造成混凝土内外温差难以控制。但是，因承台外侧采用了双壁钢套箱，具有一定的保温效果，混凝土表面采取了覆盖土工布等措施，内表温差在预控范围内。

五、实测结果与理论计算结果分析

为了解承台混凝土内部温度分布规律，同时给现场温控措施提供可靠的数据，根据承台混凝土的结构特点，在承台混凝土内部共布设3层测点，共39个。

测点布置示意图见图5、图6。在检测混凝土温度变化的同时，还对气温、混凝土的入仓温度等均进行了监测，混凝土温度监测值见表6。

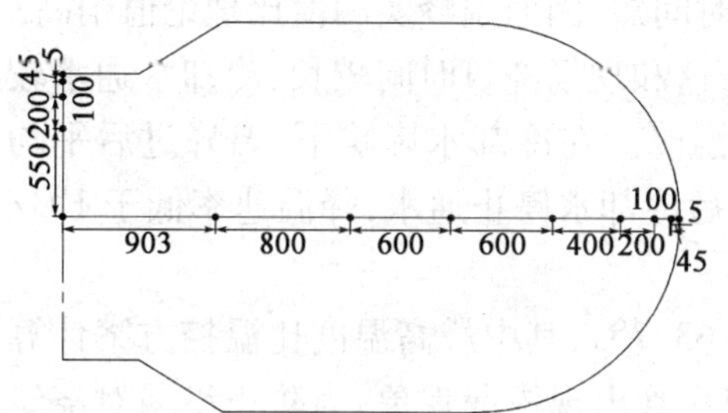

图5 承台测温点布置平面示意图(尺寸单位:cm)

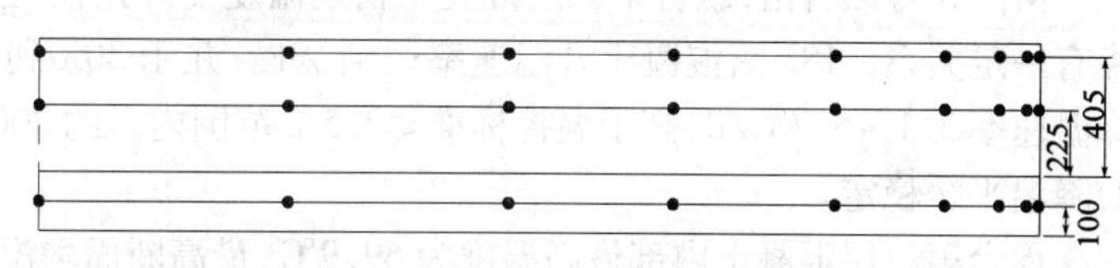

图6 承台测温点布置立面示意图(尺寸单位:cm)

混凝土温度监测值

表6

测点区域		区域最高温度(℃)		最高温度出现时间(h)	区域最高断面均温(℃)	区域最大内表温差(℃)		入仓温度(℃)
		理论控制	实测			理论控制	实测	
第一层混凝土		60.1	62.9	24	56.3	25	23.6	29.0～30
第二层混凝土	*a*层	69.8	69.9	30	63.7	25	23.7	28.6～30
	*b*层		68.9	34	61.2	25	19.5	

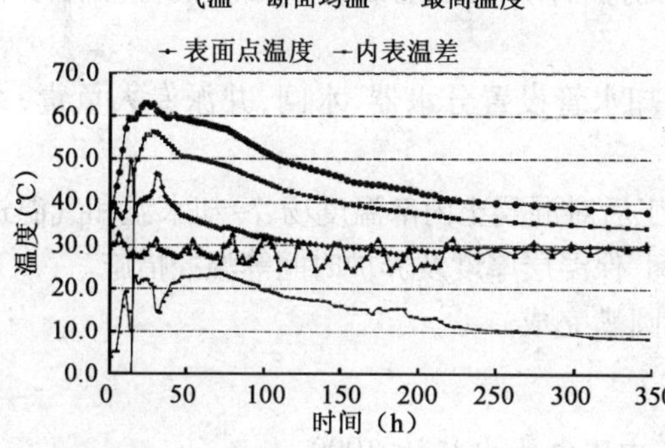

图7 承台第一层混凝土内部测温点温度特征值历时曲线图

监测结果显示，混凝土在浇筑后1～2天出现温峰，承台混凝土第一层最高温度62.9℃，混凝土表面温度在27.9℃～49.4℃之间，混凝土最大内表温差为23.6℃。承台混凝土第二层最高温度69.9℃，与温控方案计算值69.8℃相符，混凝土表面温度在26.9℃～52.2℃之间，混凝土最大内表温差为23.7℃。最高温度及最大内表温差监测结果均在温控标准范围内。

承台混凝土内部温度变化规律：

由图7可以看出，承台第一层混凝土断面平均温度、内部最高温度均呈先快速上升后缓慢下降的趋势。浇筑混凝土10h后内部温度上升迅速，这期间混凝土水化热产生的热量远大于冷却水带走热量。20～24h混凝土升温速率逐渐缓慢，并于24h达到温峰；在冷却水管的强制降温作用下，温峰过后各区域混凝土开始处于降温阶段。冷却水于122h停止，以减小后期降温速率，后期降温渐趋缓慢至1.0～2.0℃/d。

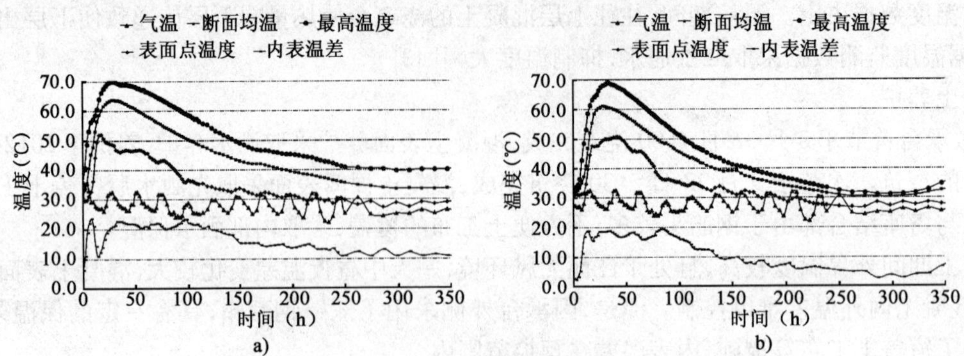

图8 承台第二层混凝土内部测温点温度特征值历时曲线图

承台第一层混凝土内部最高温度62.9℃，最高断面平均温度56.3℃。其中内部最高温度62.9℃高出温控方案计算值60.1℃。分析主要由以下两方面的原因造成：

冷却水管漏水，导致通水时间较晚，待混凝土浇筑完后混凝土内部温度已经上升，没有完全发挥好冷却管的降温作用。

夏季施工，现场混凝土缓凝时间大大缩短，大体积混凝土内部水化进程加剧，因此混凝土温峰时间提前。其次混凝土内部热量短时间内难以散发出去，冷却水管降温时间短，因而温峰实测值比理论值稍高。

由图8可以看出，承台第二层混凝土初期温度上升比较迅速，这和现场浇筑时间较长，冷却水通水较晚有一定关系。18h后混凝土升温速率逐渐缓慢，并于30h到达温峰。在冷却水影响下，温峰过后平均降温速率3.1～5.7℃/d，高于温控标准≤2.5℃范围内。约300h后冷却水停止通水，降温速率低于1℃/d，降温平缓稳定。

承台第二层混凝土内部最高温度为69.9℃，最高断面均温为63.7℃，其中最高温度比温控方案计算值69.8℃略高。主要由以下原因造成：混凝土浇筑初期通时冷却水管出现渗漏现象，为防止渗漏对浇筑的影响，开盘浇筑后24h后才开始通水，使得混凝土升温阶段没有及时带走热量，造成混凝土初期升温较快。过高的热量加快了混凝土水化热速率，短时间内累积较多热量。

六、温控效果评述

江顺大桥Z3号承台及其塔座大体积混凝土监控历时约2个月，在各方的共同努力下，按照温控方案的要求进行，温控措施实施情况较为理想。从监测结果来看，浇筑温度、内表温差和降温速率均在温控标准要求的范围内，内部最高温度稍高于仿真计算值。从现场情况来看，承台、塔座均未出现有害裂缝，达到了预期的温控目标。项目组将该承台、塔座温控经验总结如下。

（1）根据该工程承台、塔座大体积混凝土的结构特点，在仿真计算基础上制定了相应的温控标准和有效、可行的温控措施。

（2）拌和水中加冰，降低拌和水温度。及时通冷却水，冷却水管设置分水器、水闸，并派专人负责，大大提高了冷却水的效率，冷却水削峰效果良好。

（3）在混凝土浇筑过程中对浇筑温度进行监测，混凝土施工后对混凝土内部温度场、冷却水温和气温进行不间断监测，并根据监测结果及时调整冷却水流量、通水时间、保温层厚度及养护时间等温控措施。

（4）项目部施工管理严格，密切配合，保证了温控工作的圆满完成。

参考文献

[1] 朱伯芳.大体积混凝土温度应力与温度控制[M].北京：中国电力出版社，1999.

[2] 王铁梦.工程结构裂缝控制[M].北京：中国建筑工业出版社，2004.

III 结构分析与试验研究

121. 高流态耐海水侵蚀抗冻高性能混凝土施工技术

游朝晖[1] 金正川[1] 曾 炜[1] 刘 伟[2]
(1. 中交二航局二公司;2. 辽宁省公路管理局)

摘 要 结合中朝鸭绿江大桥主塔混凝土施工,探讨高流态耐海水侵蚀高性能混凝土的配比与施工。通过对混凝土配合比优化实现混凝土的高强度、高稳定性、抗冻、抗侵蚀以及高工作性等性能,并在施工中根据施工条件采取相应措施,保证了混凝土施工质量。

关键词 高流态 耐海水侵蚀 抗冻 高性能

一、概 况

1. 工程概况

中朝鸭绿江界河公路大桥及接线是我国连接朝鲜民主主义人民共和国的重要通道,是构建东京—汉城—平壤—北京—莫斯科—伦敦欧亚国际大通道的重要组成部分。项目起于丹东西互通立交,经集贤工业园区,在兴丹大街北侧跨鸭绿江到达朝鲜侧,全长12.71km,其中鸭绿江界河公路大桥长3026m。

中朝鸭绿江大桥主桥采用主跨636m、桥孔布置为(86 +229 +636 +229 +86)m的五跨双塔双索面钢箱梁斜拉桥方案,H形混凝土索塔,扁平流线型钢箱梁,钻孔桩基础。引桥采用60m跨和40m跨预应力混凝土连续箱梁桥方案,引桥长880m,桥孔布置为6×60m +6×40m +7×40m。

2. 气象、水文

1)气温

本项目所在的丹东地区位于亚欧大陆东岸中纬度地带,属温带亚温润季风型气候,受季风影响,季节变化明显,四季分明,是东北地区最温暖最湿润的地方。年平均气温8.5℃;年平均最高气温13.6℃;年平均最低气温4.3℃;一月平均最低温度 -11.5℃,八月平均最高温度27.8℃。桥位区标准冻深1.0m。

2)水文

鸭绿江口外浅海的潮汐属于规则半日潮,平均潮差是4m,为强潮河口。鸭绿江口内的潮汐为不规则半日潮,鸭绿江感潮河段原来的潮区界大致在距口门45km处,后受上游水库的节制,潮区界上移,最大潮区界至上游九连城的马市台附近(距江海分界线54km),潮流界达到沙河口。自鸭绿江浪头港至江海分界线段在汛期常受洪水影响,形成潮洪混杂的特定状态,而枯季则近乎纯潮。

3. 混凝土施工要求

(1)主塔结构复杂、钢筋密集、不易振捣,为保证施工质量,采用高流态混凝土。

(2)工程所在鸭绿江口为潮汐河流,桥梁结构混凝土需具有耐海水侵蚀性。

(3)鸭绿江大桥工期紧,主塔施工时间较长,需进行冬季施工,混凝土必须具备抗冻性能。

(4)本桥混凝土结构耐久性目标为100年,为增强混凝土结构的使用寿命采用高性能混凝土。

二、高流态耐海水侵蚀抗冻高性能混凝土配合比

1. 配合比设计原则

(1)采用聚羧酸高性能减水剂,实现低水胶比和高流态,水胶比是决定混凝土强度及抗渗性能的一个主要因素,降低水胶比可提高混凝土强度和抗渗性能。

(2)矿物掺料对混凝土抗氯离子渗透性能的改善,归因于粉煤灰的密实填充效应降低了混凝土硬化

浆体孔隙率及改善混凝土的空隙特征。粉煤灰的微细颗粒填充作用与二次水化产物使水泥浆体毛细空隙细化和结构密化。粉煤灰的掺入,显著降低了混凝土的大孔含量和总孔隙率,使混凝土抗氯离子渗透能力大幅提升。选用低含碱量的硅酸盐水泥,掺用大量粉煤灰和矿粉,限制混凝土中胶凝材料的最低和最高用量,并尽可能降低胶凝材料中的水泥用量,可大大提高硬化混凝土的抗渗性能。

(3)外加剂中复合优质引气剂保证混凝土含气量在4%~6%,气泡间隔系数小于250μm,引气剂是具有增水作用的表面活性物质,它可以明显的降低混凝土拌和水的表面张力和表面能,使混凝土内部产生大量的微小稳定的封闭气泡。这些气泡切断了部分毛细管通路能使混凝土结冰时产生的膨胀压力得到缓解,使混凝土免遭破坏,起到缓冲减压的作用。这些气泡可以阻断混凝土内部毛细管与外界的通路,使外界水分不易浸入,减少了混凝土的渗透性。同时大量的微气泡还能起到润滑作用,改善混凝土和易性。

因此,掺用引气剂,使混凝土内部具有适宜的含气量,改善了混凝土内部的孔结构,大大提高混凝土的抗冻耐久性。

(4)主塔高度194.6m,垂直泵送距离长,对混凝土工作性能要求高,设计相对密度控制在2400kg/m^{3}以内,可减小泵送压力。

2. 配合比设计

1)原材料选取

(1)水泥要求:采用Ⅱ型硅酸盐水泥(P·Ⅱ52.5R),水泥中的C_3A含量控制在6%~12%,氯离子含量低于0.03%。

(2)矿物掺和料:丹东华能Ⅰ级粉煤灰、辽宁本溪S95矿渣微粉其指标均满足表1和表2要求。

粉煤灰的质量指标 表1

物理性能			化学性能			混合砂浆性能		
比表面积	含水率	45μm筛余量	烧失量	SO_2含量	Cl^-含量	需水量比	7d活性指数	28d活性指数
m^2/kg	%	%	%	%	%	%	%	%
≥600	≤1.0	≤12	≤5	≤2	≤0.02	≤95	≥80	≥90

磨细高炉矿渣的质量指标 表2

物理性能		化学性能			混合砂浆性能		
比表面积	含水率	烧失量	SO_2含量	Cl^-含量	需水量比	7d活性指数	28d活性指数
m^2/kg	%	%	%	%	%	%	%
≥350	≤1.0	≤3	≤4	≤0.02	≤100	≥75	≥100

(3)集料:不得采用可能发生碱—集料反应的活性集料;水溶性氯化物折合氯离子含量不得超过集料重的0.02%;细集料含泥量小于1.0%,云母含量小于2%,细度模数2.9~2.6,不得采用海砂和人工砂;粗集料含泥量小于0.5%,压碎值小于18%,针片状颗粒含量小于7%。最大粒径不超过25mm。集料均不得含有泥块。

细集料为瑷河中砂,粗集料为南坑道5~25mm连续级配碎石,为保证粗集料的含泥量符合设计要求,施工中均采用水洗碎石。

(4)外加剂:外加剂的减水率至少达到25%;外加剂中氯离子含量不得大于混凝土胶凝材料总重的0.01%。外加剂采用LN-SP聚羧酸缓凝型高效减水剂,其中复合了引气剂。

(5)拌和用水及养护用水:不得采用海水、污水和pH值小于5的酸性水。水中的氯离子含量不得大于200mg/L,硫酸盐含量按SO_4^-计不大于500mg/L。拌和及养护均选用自来水,经检验符合规范和设计要求。

2)配合比设计

(1)选用0.31、0.32、0.33三种水胶比进行试配,根据各项数据比对,为保证更好的强度和耐久性要求，经试配最终确定水胶比为0.32。

(2)试配时共掺入16%的粉煤灰和15%的矿渣粉，增加混凝土致密性，提高结构物的抗渗性和耐久性，改善其施工性能和抗裂性能。

(3)选用高效减水剂，复合引气剂和缓凝剂。在制备高性能混凝土的技术措施中，关键在于合理使用高性能化学外加剂，尤其是具有高效减水、适当引气并能减少和防止坍落度经时损失的高性能减水剂。

3)配合比验证

按水胶比0.32试拌验证混凝土工作性，混凝土各项指标均符合规范及设计要求，满足施工对混凝土的各项性能要求，验证结果见表3和图1、图2所示。

配合比验证结果记录表

表3

试拌日期:2012-4-26　　拌和方法:机械拌和

设计坍落度:180~220mm　　实测坍落度:200mm

混凝土单位理论相对密度:2420kg/m³　　实测相对密度:2400kg/m³

试配号	水胶比	水泥 (kg/m³)	粉煤灰 (kg/m³)	矿粉 (kg/m³)	10~25mm碎石 (kg/m³)	5~10mm碎石 (kg/m³)	砂 (kg/m³)	水 (kg/m³)	外加剂 (kg/m³)
CB 201204001	0.32	330	76	74	738	316	732	154	6.72
		含气量(%)		冻融350次		56天氯离子扩散系数 ($10^{-12}m^2/s$)		28d抗压强度值(MPa)	
				相对动弹性模量	质量损失				
		3.7		75.88%	0.61%	0.273		64.0	

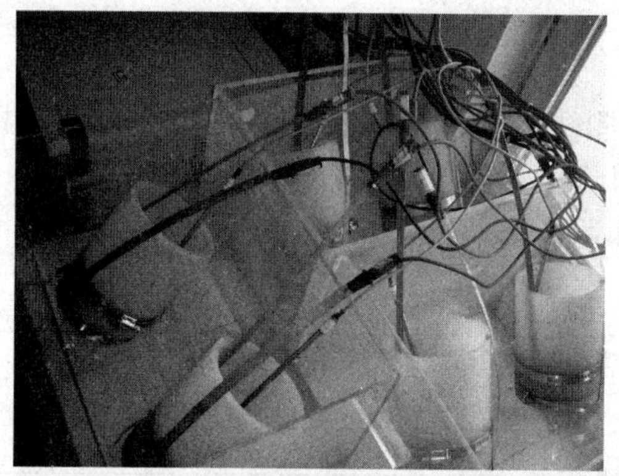

图1 混凝土抗氯离子渗透性实验

图2 混凝土冻融实验(冻融后试块)

三、高流态耐海水侵蚀抗冻高性能混凝土施工

1.混凝土拌制

搅拌时先投入细集料和掺和料，干拌均匀，再加水泥与部分拌和用水搅拌，最后加入粗集料、外加剂及余额拌和用水，搅拌至均匀为止。上述每一阶段搅拌时间均不应少于30s，施工中总搅拌时间为140s。

2.混凝土长距离泵送

由于主塔混凝土施工需长距离泵送，对混凝土工作性能要求高，经现场检验此配比的混凝土各项性能均能满足施工需求，如图3和图4所示。

3.混凝土浇筑

高性能混凝土的入模温度不宜高于28℃，夏季高温天气施工时，对粗集料采取洒水降温，拌和水中加入冰块用以降低混凝土入模温度；冬季施工时，由于砂石料容易结块，需搭设暖棚配置暖风炮，拌和前对砂石料进行加温处理，如有结块现象可用挖掘机将其拍散，根据外界气温及时调整拌和用水加热温度，并随时检查混凝土入模温度，以保证冬季混凝土施工质量。

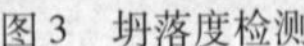

图3 坍落度检测

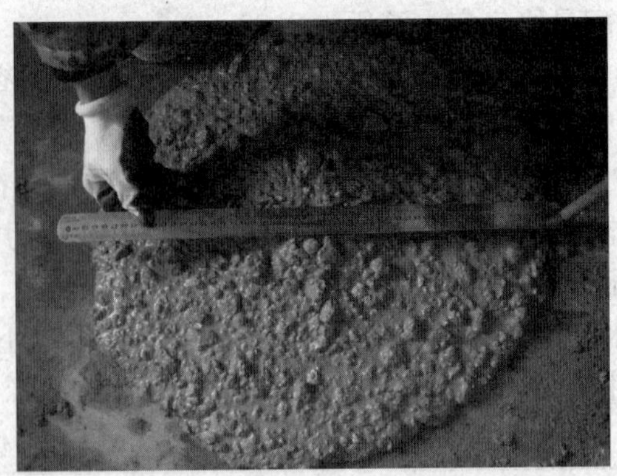

图4 坍落扩展度检测

4. 混凝土养护

养护条件和初始暴露时间主要影响到混凝土初始暴露时的成熟度，随着暴露时间的提前，氯离子的扩散系数不断增加，说明混凝土暴露时间提前过早，水泥以及一些矿物细掺料水化尚不充分，混凝土内部孔隙率较大，不利于抵抗外界侵蚀介质。本项目施工过程中，带模养护时间为3d，拆模后养护时间4d；冬季施工时采取保温措施带模养护时间7d。

温度对混凝土的耐久性有双重影响：一方面，温度升高使水份蒸发过快，造成表面空隙率增大，渗透性增加，同时温度升高可使内部混凝土水化速度加快，混凝土致密性增加，渗透性降低；另一方面，温度过低会使未达到足够强度的混凝土严重受损，因为与毛细孔相关的膨胀将使混凝土内部结构破坏，造成不可恢复的强度损失。本项目在温度较高的夏季采用洒水养护，气温较低但未低于5度时采用养护剂养护，冬季施工时则需采用保温措施养护。

5. 混凝土成品检验

主塔混凝土浇筑完成28d经现场用回弹仪进行检测，同时对标养立方体试块进行抗压强度检测，混凝土强度均满足设计及规范要求以及现场施工需要，见表4、图5和图6。

主塔混凝土强度检测（设计强度C50） 表4

项目 / 条件	混凝土强度（MPa）					
检测时间	3d（现场同条件养护试块）			28d		
现场回弹仪检测（修正后）	—	—	—	57.8	58.3	58.6
试块抗压强度检测	22.7	23.2	24.1	61.9	62.3	62.1

图5 现场回弹检测

图6 主塔混凝土外观

四、结 语

高性能混凝土的优越性不单是强度高，更为重要的是这种结构材料具有一系列相应的优异性能。它早期强度发展迅速，即使在冬季也只需较短的养护龄期，保证了工程进展速度；它具有长期的耐久性；抗化学腐蚀性强，可用于各种特殊工程中；它在高减水率、高强度基础上同时具备工作性能优异、易泵送、易密实等优良的施工性能。

本文是结合中朝鸭绿江大桥施工对高性能混凝土配比与施工进行的探讨，在东北高寒地区同时地处强海水侵蚀条件下通过优化配合比实现混凝土的高性能和高工作性，同时采取各种施工措施确保了混凝土的施工质量，为同类工程提供了一个借鉴。

参考文献

[1] 金伟良，赵羽习. 混凝土结构耐久性[M]. 北京：科学出版社，2002.

[2] 董作超，安新正. 水胶比对混凝土渗透性能的影响研究[J]. 河南城建学院学报，2009，6.

[3] 高广骥. 混凝土抗冻性研究[J]. 科技资讯，2009，25.

[4] 中华人民共和国行业规范. JTG/TF 50—2011 公路桥涵施工技术规范[S]. 北京：人民交通出版社，2011.

122. 水下不分散混凝土技术在中朝鸭绿江界河公路大桥上的应用

闫大伟[1] 孙新海[2] 高跃茹[1] 胡文柱[2]

（1. 辽宁省公路管理局；2. 海威公司鸭绿江界河特大桥项目）

摘 要 水下不分散混凝土施工技术20世纪80年代，开始在国内研究和应用，核心技术是拌和料中掺入絮凝剂。中朝鸭绿江界河公路大桥（以下简称大桥）承台封底混凝土采用的UWB-Ⅱ型絮凝剂为改进型，它比UWB-Ⅰ型在混合料的抗分散性、流动性、水陆强度比等性能指标有明显提高，比较传统混凝土封底技术，封底混凝土密实、平整、封底质量可靠，对河流水源污染小，同时工艺、设备简单，工期明显缩短。

关键词 大桥 钢围堰 封底混凝土 絮凝剂 水下不分散混凝土

一、引 言

水下不分散混凝土施工技术的研制，原于Sibo公司1974年提出，国外学者称之为“水下混凝土施工新纪元”，关键技术是混凝土中加入絮凝剂，以提高混合料黏稠性，水中下落时具有抗离析、抗分散和较强的自流平性能。我国在1986年研制成功首例絮凝剂后，也在应用领域取得了显著的进展。如徐州解台闸桥墩加固、苏州东方大道B标跨湖大桥封底等工程的成功应用。工程实践证明，UWB-Ⅱ型絮凝剂解决了水下不分散混凝土流动性与抗分散性、强度之间的矛盾，可满足各种施工要求。

大桥22号主塔桥墩钢围堰基础设计采用69.48m×23.40m×2.00mC25普通混凝土封底，配置30cm级配碎石垫层。由于大桥的特殊地理、地域环境要求，混凝土浇筑时与水尽可能地减小接触，以减少材料离析、水泥流失、环境污染等问题，确保工程质量。在封底混凝土施工中尝试了应用水下不分散混凝土施工新技术，30小时封底一次成功，封底层厚度减小35cm，省略了碎石垫层。比较传统混凝土封底技术，封底混凝土密实、平整、封底质量可靠，对河流水源污染小，取得良好的社会效益。

本文就UWB-Ⅱ型絮凝剂性状和水下不分散混凝土施工的有关施工工艺、配合比设计等方面进行简要介绍。

二、工 程 概 况

大桥22号主墩承台为六角圆端形，平面尺寸69.48m×23.40m，采用钢套箱围堰施工。鸭绿江潮汐为不规则半日潮，桥位处位于潮洪混杂的特定状态，日水位变化大；经研究论证，封底混凝土采用水下不分散混凝土，施工封底混凝土底高程由 -1.60m 提高到 -1.25m，顶高程 +0.4m，施工厚度由 2.0 减至 1.65m，混凝土强度等级 C25。施工时省略了 30cm 级配碎石找平垫层，施工封底方量 2601m^3，采用 2 台 120m^3/h 强制式拌和机供料。

三、絮凝剂型号的选择

1. 絮凝剂应用技术调研

UWB-Ⅰ型絮凝剂，我国早期研制和应用的 UWB-Ⅰ型絮凝剂为直链、均聚型水溶性（糖类）高分子化合物，它在应用中存在以下不足。

（1）水下施工时，混凝土混合料抗分散性不足。

（2）混凝土混合料流动性损失较严重。

（3）混凝土凝结时间调节困难。

（4）对不同产地的水泥和砂石料适应性差。

以上性能的不足，影响了它在工程中的应用效果。

UWB-Ⅱ型絮凝剂：是 UWB-Ⅰ型絮凝剂的改进型。它的分子结构式中增加了侧链，针对 UWB-Ⅰ型絮凝剂以上不足，性能有了明显改进。UWB-Ⅱ型絮凝剂的分子结构式如图 1 所示。

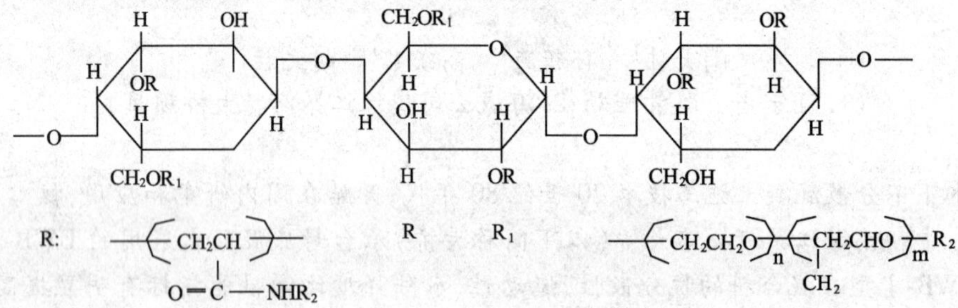

图1 UWB-Ⅱ型絮凝剂分子结构式

关于 UWB-Ⅱ型絮凝剂的性状，项目试验室做了一些性能和效果的检测和试验，中国石油集团工程技术研究所在该材料研制过程中，进行了系统的检测和分析。

2. 絮凝剂型号确定

项目对国内水下不分散混凝土施工技术和应用情况，包括絮凝剂材料的调研、分析后，确定采用国内工程领域应用不久，具有优良水中抗分离性能，化学成分为聚丙烯酰胺高分子糖类的 UWB-Ⅱ型絮凝剂，用以配置大桥 22 号主塔桥墩承台基础水下不分散混凝土。

四、水下不分散混凝土配合比设计

1. 配合比设计程序

按混凝土目标性能（表 1）试配：由原材料检验：水灰比 W/C、单位用水率 W、水泥用量 C、含气量、砂率 S_p、集料用量，加入絮凝剂和用量进行试拌，对配置的混凝土性能进行检测，满足下表性能指标要求，作为设计配合比，否则重新试配，直至满足性能指标要求。

掺絮凝剂水下不分散混凝土的性能指标　　表1

试验项目		性能指标
流动性	坍落度（mm）	230±30
	坍扩度（mm）	450±30
凝结时间（h）	初凝	≥5
	终凝	≤30

续上表

试 验 项 目		性 能 指 标
抗分散性	水泥流失量(%)	<1.5
	悬浊物含量(mg/L)	<150
	pH 值	<12
水陆试件的抗压强度比(%)	7d	>60
	28d	>70
水陆试件的抗折强度比(%)	7d	>50
	28d	>60
含气量(%)	<4.5	

注:《水下不分散混凝土施工技术规范》(Q/CNPC 92—2003)规定。

2. 配合比设计

1)原材料

水泥:本溪低碱普硅水泥“山水工源”P. O 42.5,28d 抗折强度 7.9MPa,抗压强度 45.9MPa。

细集料:暖河河砂(中级细度模数 2.76,ρ = 2.635g/cm^3,含泥量 0.25%)。

粗集料:5 ~ 31.5mm 东港德祥碎石,质地坚硬,级配良好,饱和干密度 2.678g/cm^3,含泥量 0.4%。

粉煤灰:丹东华能电厂(F 类Ⅰ级灰),细度 8.48%,失量 2.37%,三氧化硫含 0.51%。

絮凝剂:中国石油集团工程技术研究院 UWB-Ⅱ水下不分散混凝土絮凝剂。

水:饮用水。

2)絮凝剂掺量

(1)掺量确定思路:掺量不等的絮凝剂混凝土分别放入 50cm×50cm×50cm 的水池中,采用 WS200 型数显 pH 值计检测水中 pH 值,结果如图 2 所示。掺量越大,pH 值下降,随掺量增加,凝聚力增强,水中抗分散性提高,接近 3% 时,pH 值接近 7,水池中的水接近中性,凝聚力和抗分散性为最好。由于絮凝剂较昂贵,需进行配合比优化设计,使能满足设计及施工要求情况下,用量尽量减小,这就是最佳絮凝剂掺量选定原理。

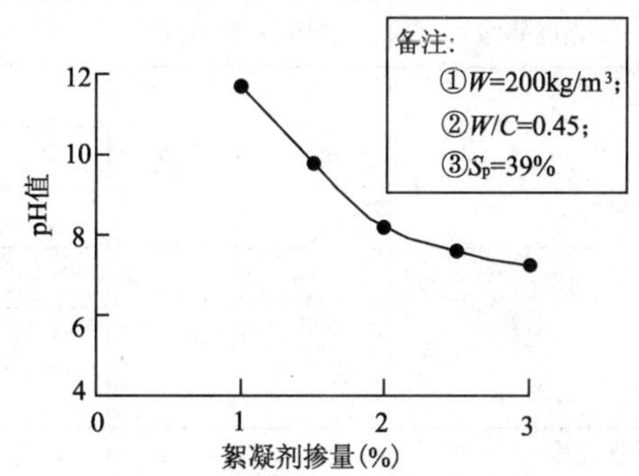

图 2 絮凝剂掺量对水下不分散混凝土影响

(2)UWB-Ⅱ型絮凝剂用量确定:以基准配合比为基数,分别按水泥用量的 2.0%、2.2%、2.5% 及 2.8% 加入 UWB-Ⅱ絮凝剂,在现场就流动半径及成型效果进行对比试验。试验在一个模拟现场施工环境的水塘内进行,拌制好的混凝土水中下落高度为 1.0m,抽水后对所浇注的混凝土进行外观检验、流动半径测量,利用水塘的给排水闸阀调节水流速度,作了各种配合比的耐冲刷试验,试验结果见表 2。对照表 1 所列技术指标,选定掺量为水泥用量的 2.2% C(C 为水泥用量)。

絮凝剂掺量试验结果 表 2

UWB-Ⅱ的掺量(%)	自由下落高度(m)	流动半径(m)	抽水后外观效果	模拟冲刷后外观效果
2.0	1.0	18	有石子裸露	有水泥砂浆析出
2.2		20.5	基本无石子裸露	基本无水泥砂浆析出
2.5		22	无石子裸露	无水泥砂浆析出
2.8		29.6	无石子裸露	无水泥砂浆析出

3)混凝土性能测试

为测试水下不分散混凝土的性能,采用基准配合比进行掺 UWB-Ⅱ及不掺 UWB-Ⅱ的对比试验。试验按《普通混凝土配合比设计规程》(JGJ 55—2000)及《水下不分散混凝土试验规程》(DL/T 5117—

2000)的要求进行。

(1)抗分散性试验:试验方法——在小推车(高0.6m,长1.2m,宽0.5m)底部放150mm×150mm×150mm的试模,小车内装满水。拌制不分散混凝土25kg,用坍落度桶做导管从水面自由落下分层倒入水中的模具内,静置5min,将容器从水中提起,排掉混凝土上面积留的水,称其重量。重复进行上述操作三次,取各次平均值,精确到0.1%。(试验结果见表3)

$$水泥流失量(\%)=(a-b)/(a-c)\times100$$

式中:a——浸水前混凝土和试模的总重;

b——浸水后混凝土和试模的重量;

c——试模的重量。

水泥抗分散试验结果　　表3

UWB-Ⅱ的掺量	水泥流失量(%)	结　论
0	5.2	>1.5%
2.2%	1.2	<1.5%,满足规范要求

(2)强度性能试验:水下不分散混凝土的强度符合一般水灰比与强度关系规律,其强度与水中抗分离剂的掺量密切相关,成型、养护方式对试件的强度影响很大,水中成型与陆上成型的强度比为65%~85%,满足规范要求(表4),分别水中间隔15分钟、30分钟、60分钟分层装料成型试件拆模实照,未见分层现象(图3~图5)。

水下不分散混凝土强度与水灰比关系　　表4

强度等级	成型、养护方式	水灰比	UWB-Ⅱ掺量	7天强度(MPa)	28天强度(MPa)
C25	水中成型、养护	0.42	0	16.1	22.0
		0.45		13.0	17.0
		0.50		10.9	14.1
C25	水中成型、养护	0.42	2.2%	26.8	37.0
		0.45		23.3	34.5
		0.50		18.9	28.4
C25	陆上成型、标准养生	0.42	2.2%	36.1	43.6
		0.45		30.9	39.6
		0.50		27.3	34.4

图3　间隔15分钟试件未见施工分层痕迹

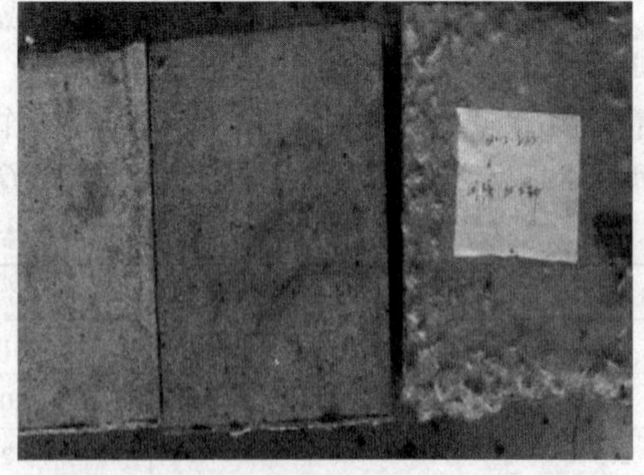

图4　间隔30分钟试件未见施工分层痕迹

3. 试验混凝土浇筑

1)试验目的

验证水下不分散混凝土配合比设计及施工工艺。

2）试验方法

在拌和站附近挖水塘 25.0m×15.0m×2.0m，注满水，双拼贝雷片 2 组横搭水池上做操作平台，$2m^3$ 料斗组装导管由汽车吊吊装到水池中央，首先设置导管底口距水池底 30cm“剪球法”浇筑不分散混凝土 $30m^3$，再将导管提起下口距水面 1m，移位距第一布料点 3m，直接浇筑不分散混凝土 $30m^3$，保水养生 7 天后抽水，试验混凝土浇筑现场实照见图 7。试验混凝土顶面平整，无松散粗骨料，量测扩展半径 20.5m，取心试样未见分层（试件见图 6）。

图 5　间隔 60 分钟试件未见施工分层痕迹

3）试验结果

试验结果（图 7）可知本项目水下不分散混凝土配合比满足技术和工艺要求。

图 6　模拟实际施工环境现场封底浇筑试验

图 7　试验混凝土钻心取样未见施工分层痕迹

4. 确定设计配合比

按配合比设计程序进行设计，并配合上述试验检测工作确定设计配合比（kg/m^3）如下。

水泥：粉煤灰：砂：碎石：水：絮凝剂＝355：89：715：1071：200：9.8

水胶比：0.45；　　　　　　坍落度：180～220mm；

初凝时间：18h；　　　　　　终凝时间：25h。

五、封底混凝土施工

1. 混凝土浇筑方案

封底混凝土共分为 A1、A2、B1、B2……E1、E210 块，从上游方向 A1、A2 开始顺序向下游推进浇注，直至 E1、E2 块，封底操作平台及布料点（图 8）。

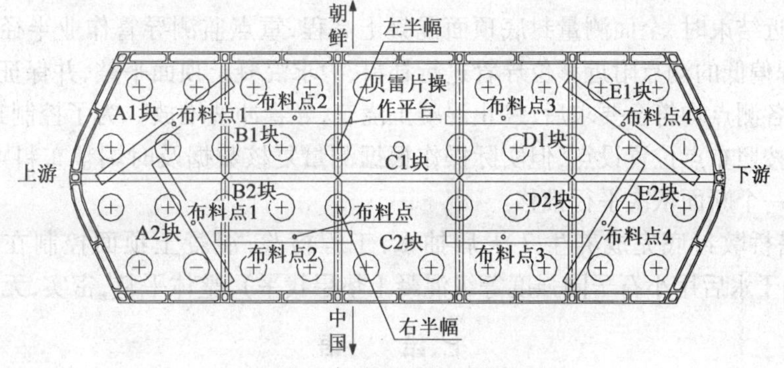

图 8　封底操作平台及布料点

2. 施工工艺流程

水下不分散混凝土封底施工工艺流程见图 9。

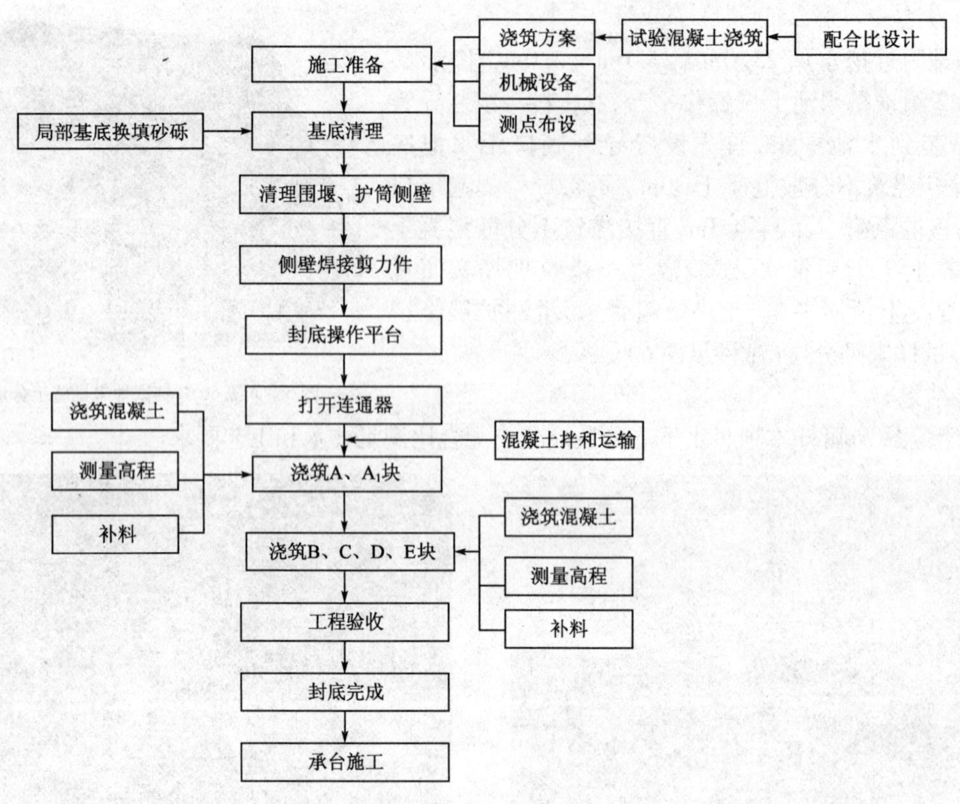

图9　水下不分散混凝土封底施工工艺流程

3. 施工过程控制

堰内基底清理，护筒外壁、钢围堰内壁清理，剪力件焊接，打开钢围堰连通器，搭设封底操作平台，封底混凝土浇筑。

六、质量控制与标准

《公路工程质量检验评定标准》(JTG F80/1—2004)规定，沉井或钢围堰封底混凝土实测项目(表5)。

沉井或钢围堰封底混凝土实测项目　　表5

相　次	检 查 项 目	规定值或允许偏差
1△	混凝土强度(MPa)	在合格标准内
2△	基底高程(mm)	+0，-200
3	顶面高程(mm)	±50

混凝土浇筑临近结束时，全面测量封底顶面混凝土高程，重点监测导管作业半径相交处、护筒、钢套箱内侧周边，对高程偏低的测点附近移位导管进行补料，力求混凝土顶面平整，并保证混凝土的高程符合设计及规范要求。各测点均符合要求后，终止混凝土浇筑，导管冲洗堆放。为了控制封底混凝土的高程，在施工过程原则上按照布点位置设点，但实际操作根据测量复核数据及时调整布料点以及跟进补料，力求横桥向封底高程一个断面依次平行推移。

大桥22号主塔桥墩封底完成养生7天后抽水，工程检验：混凝土顶面控制在承台底面高程0～10cm，(不平处待抽干水后用小石子同强度等级混凝土垫层找平)，整体平整，密实，无漏水现象。

七、结　　语

水下不分散混凝土施工技术在大桥22号主塔桥墩承台封底封底混凝土施工中成功应用取得良好效果，质量可靠，工作效率高，对河水污染小，综合工程造价、社会效益都比传统混凝土施工技术优越，这是在大桥建设中应用新型建筑材料的成功案例之一，也给业界同仁类似工程施工提供参考。

参考文献

[1] 水下不分散混凝土设计与施工指南[M]. 刘希和,于凤琴,译. 北京:水利电力出版社,1993.

[2] Q/CNPC 92—2003 水下不分散混凝土施工技术规范[S]. 中国石油天然气集团公司企业标准.

[3] 冯斌,陈妍. 南京长江第三大桥北主墩首节钢套箱施工技术[J]. 桥梁建设,2005(1):62-64.

[4] 梁志林,张长民,雷敬伟. 水下不分散混凝土在三峡工程中的应用[J]. 混凝土,2006 年第 12 期.

[5] 陈立明,冯微,钟少全,等. 水下不分散混凝土施工技术与应用[J]. 广东水利水电第 5 期.

[6] 许海彬,林鲜,周伟,等. UWB-Ⅱ型水下不分散混凝土絮凝剂的研究与应用[J]. 水利工程海洋工程新材料新技术.

123. 浅谈塔、梁阻尼参数的确定及阻尼器的关键技术

高跃茹[1] 闫大伟[1] 李 楷[2] 徐校春[3]

(1. 辽宁省公路管理局;2. 沈阳航空航天大学;3. 上海材料研究所)

摘 要 根据中朝鸭绿江界河公路大桥所处的自然环境、地理位置、地质条件等的特殊性,经过科学试验分析及研究,确定了大桥塔、梁连接所用阻尼器的阻尼参数及阻尼器设计制造的关键技术,并对阻尼器所用材料提出了相应的技术要求。

关键词 大桥 阻尼参数 阻尼器 关键技术

一、工 程 概 述

中朝鸭绿江界河公路大桥(以下简称大桥)为双塔双索面钢箱梁斜拉桥,跨径布置为(87 + 228 + 636 + 228 + 87) m = 1266m(图 1 桥跨布置)。桥塔为 H 形钢筋混凝土和预应力混凝土结构,塔总高 197.1m(塔座高 2.5m,下塔柱高 22.4m、中塔柱高 109.9m、上塔柱高 62.3m);塔柱截面为矩形,截面尺寸由塔顶 5m × 7m 分段渐变至塔底 7m × 10m。主桥主梁采用钢箱梁结构,梁高 3.5m,宽 35m(图 2 钢箱梁标准断面示意图、图 3 桥塔构造示意图)。

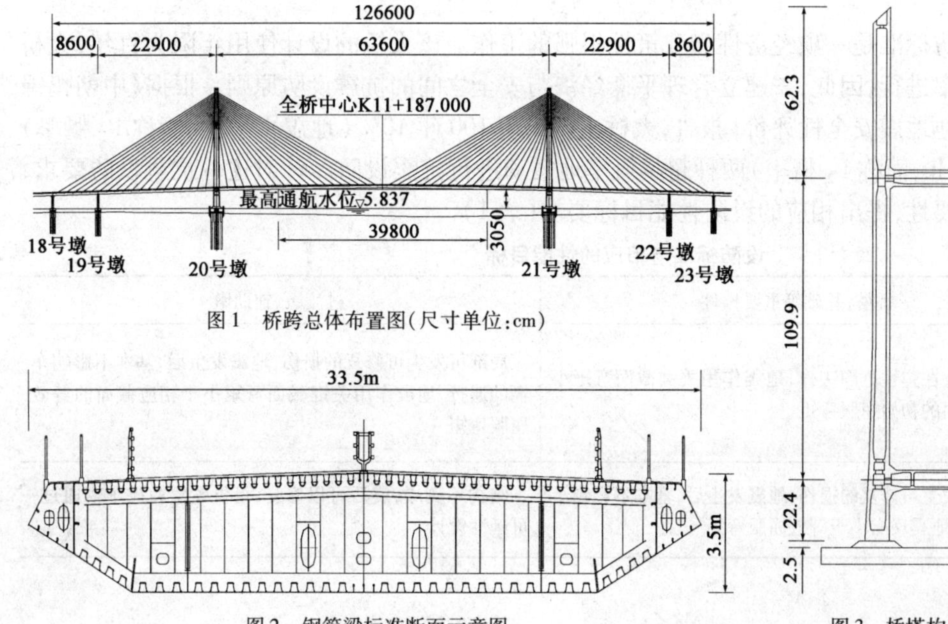

图 1 桥跨总体布置图(尺寸单位:cm)

图 2 钢箱梁标准断面示意图

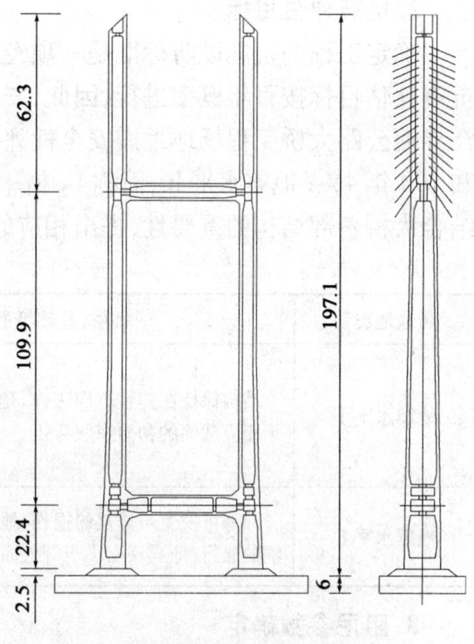

图 3 桥塔构造示意图(尺寸单位:m)

二、阻尼参数的确定

1. 自然条件

大桥位于辽宁省丹东市新城区，坐落在中朝两国鸭绿江的界河之上，距上游旧鸭绿江大桥10余公里，距下游江河入海口18km，属四季分明地区，地质、地层、地震等地况情况较为复杂。

1）气象水文

地处暖温带，冬冷、夏热，少严寒，无酷暑。年平均气温9.1℃，一月份零下14~8℃，八月份气温22~24℃，无霜期140~190天，年降水量800~1200mm，年均暴雨12.5次，年蒸发量1200mm。区内水系发育，大桥桥位处平均水深7.5m，受洪水和潮汐影响均较大，大桥设计洪水流量31700m^3/s，设计水位5.85m。

2）地形地貌

以浅切割剥蚀浑园状微丘台地和剥蚀平原地貌，坡度平缓，丘形浑园；桥位处鸭绿江河床较窄，两侧基本无滩涂，沿河发育多为一级阶地。

3）地层岩性

大地构造位置处于中朝准地台胶辽台隆营口—宽甸台拱中部，分布有下元古界辽河群高家峪组、大石桥组地层；中生界侏罗系大堡组、白垩系小岭组地层及新生界第四系。

4）地质构造及地震

（1）区域构造位置处于中朝准地台、胶辽台隆、营口—宽甸台拱东南端。

（2）地震区划属华北地震区，平壤—丹东—海城北西向地震带和鸭绿江北东向次级地震带交汇处。地震活动主要受鸭绿江断裂带活动影响，基本地震加速度为0.15g，东港地区划属Ⅷ度烈度区，丹东地区属Ⅶ度烈度区，而大桥所处的位置刚好处于Ⅶ度烈度区和Ⅷ度烈度区之间。

5）水文地质条件

除中方连接线为平原微丘区外，全部为较平坦的冲积和冲海积地貌。按岩土体赋水条件和含水介质的不同，可划分为松散岩类孔隙水、基岩裂隙水。

6）工程地质条件

按岩土类型可划分为两个工程地质层：上部为第四系松散坡洪积层，下部基底为辽河群高家峪组地层和白垩系小岭组，其岩性为变质岩和火山岩。

2. 抗震评估目标

确定工程的抗震设防标准是一项经济性和政策性很强的工作。该大桥的设计使用年限为百年，大桥抗震评估目标按百年概率进行，因此，需建立合理平衡经济与安全之间的抗震设防原则。根据《中朝鸭绿江界河公路大桥工程场地地震安全性评价》报告，大桥主桥采用100年10%（地震水平Ⅰ，简称P_1概率）和100年4%（地震水平Ⅱ，简称P_2概率）两种超越概率地震动进行抗震设防。针对这一抗震设防要求，结合大桥各部结构的重要性，提出相应的设防性能目标要求（表1）。

设防标准与相应的性能目标 表1

场地地震动	桥塔、基础等重要构件	过渡墩、辅助墩
地震水平Ⅰ	结构保持在弹性范围工作，地震作用关键截面弯矩小于相应截面的初始屈服弯矩	局部可发生可修复的损伤，地震发生后，基本不影响车辆的通行，地震作用关键截面弯矩小于相应截面的等效屈服弯矩
地震水平Ⅱ	局部可发生可修复的损伤，地震发生后，基本不影响车辆的通行，地震反应小于等效屈服弯矩	结构不倒塌，震后可以修复，可供紧急救援车辆通过，可延性设计

3. 阻尼参数确定

大跨斜拉桥的塔、梁之间的连接方式对斜拉桥的静力和动力性能有很大的影响。采用纵向飘浮体系,可以适应于主梁温度变形,地震作用下主塔受力也相对较小,但梁端位移较大。采用塔、梁固结体系虽然可以有效减小主梁梁端位移,但主梁温度变形也会受到较大约束,从而导致较大的温度应力。对于斜拉桥,塔、梁之间的合理连接方式应满足:

(1)温度作用下,梁、塔之间纵桥向的约束很弱,相当于飘浮体系,以减小主塔所受的温度应力。

(2)地震作用下,塔、梁之间的约束可以提供较大的阻尼,以减小主塔所受的动力荷载。

采用合理的阻尼器连接塔、梁可以满足以上要求。根据《大桥抗震性能研究报告》(以下简称《研究报告》),结合大桥钢箱梁方案的结构特点,以及抗震设防目标要求,大桥阻尼参数由大桥的抗震性能目标进行控制。为此,通过建立空间动力计算模型,研究结构动力特性,应用反应谱、线性时程和非线性时程分析方法,全面研究动大桥的地震反应,通过分析研究,随阻尼系数增加,梁端位移和塔底弯矩减小,但考虑到阻尼系数过大,阻尼器造价越高,从经济性、适用性考虑,建议大桥每个索塔处设置抗震纵向阻尼器4套,单个阻尼器的阻尼系数取2500kN·s/m,单个阻尼器阻尼指数$\alpha=0.3$;主梁在索塔、辅助墩、过渡墩均采用竖向双向支座,在索塔、过渡墩设置横桥向侧向限位支座。

三、阻尼器的关键技术及材料要求

1.阻尼器的技术要求

结合阻尼参数的确定,对大桥所采用的阻尼器提出了相应的技术要求(表2)。大桥阻尼器共设置八套,每套阻尼器包括阻尼器一件,双耳环座两件及其他如销轴、开口销、传感器、螺栓等配件,每个阻尼器重约8t,每个双耳环座重560kg。

中朝鸭绿江界河公路大桥阻尼器技术要求　表2

序号	项　目	参数大小	序号	项　目	参数大小
1	最大阻尼力F	2820kN	5	阻尼系数C'	2500kN/(m/s)
2	阻尼力最小安全系数n	1.5	6	满足阻尼方程	$F=C\cdot Sgn(v)\cdot \lvert v\rvert^{\alpha}$
3	最大冲程S	±1500mm	7	最大反应速度	1.49m/s
4	非线性指数(速度指数)α	0.3			

2.阻尼器的关键技术

由大桥阻尼器技术要求可见,大桥所用阻尼器性能要求高,具备了高速、大行程和大吨位特点,是目前世界上性能要求最高的黏滞阻尼器。保证该类阻尼器性能优良的关键技术在于:阻尼介质、比例节流技术、密封技术、阻尼器测试技术。

1)阻尼介质

阻尼器的稳定性是由阻尼介质的稳定性决定,阻尼器运动速度的快慢即活塞在阻尼介质中的切割速度会影响到阻尼介质的稳定性,阻尼器运动速度引起的阻尼介质稳定性变化需要对阻尼介质的分子结构进行有效地控制,保证阻尼介质分子的稳定,需要经过试验将阻尼器力学性能的稳定性控制在10%以内。

2)比例节流技术

大桥阻尼器的加载速度范围大,从0.1~1.49m/s,在这个大范围内保证阻尼力符合阻尼方程$F=CV^{\alpha}$的规律是非常困难的,除阻尼介质因素以外,阻尼器中的比例节流如间隙、小孔是本项目中的另一关键技术。

3)密封技术

阻尼器的密封技术是所有液压阻尼器长期使用性能保障的关键,它主要是靠阻尼器的密封结构来决定的。由于高速、大行程和大吨位黏滞阻尼器的密封件需承受高速重载的作用,因此对密封结构需要较强的耐磨、耐压、耐热性能,减小密封件的摩擦系数,达到良好的密封效果。

4)阻尼器测试技术

由于大桥所用阻尼器具有高速、大行程和大吨位的特点,是当前世界上性能要求最高的黏滞阻尼器,因此需要配备强大的阻尼器测试技术,以保证阻尼器良好的质量和运行效果。

3. 阻尼器主要零部件的材料要求

由于大桥确定的阻尼器具备了高速、大行程和大吨位特点,在制造过程中对其主要材料应严格控制,确保大桥阻尼器质量和安全。阻尼器缸体应用高强度合金钢,外露表面采用316L不锈钢包覆,其余材料满足大桥的使用要求,具体材料及防腐见表3。

阻尼器主要零件的材料及涂装一览表 表3

<table>
<tr><th>名　称</th><th>材　料</th><th>表面处理</th><th>特　点</th></tr>
<tr><td>阻尼器左连接件</td><td rowspan="3">合金钢</td><td rowspan="2">富锌漆+环氧云铁漆+可复涂面漆</td><td rowspan="3">合金结构钢+多重保护</td></tr>
<tr><td>堵</td></tr>
<tr><td>活塞</td><td>内部密封,无需保护</td></tr>
<tr><td>销轴</td><td rowspan="2">不锈钢</td><td>表面镀锌</td><td rowspan="2">不锈钢+油脂防护(强度、硬度高,耐蚀性好)</td></tr>
<tr><td>活塞杆</td><td>表面镀硬铬</td></tr>
<tr><td>阻尼器右连接件</td><td rowspan="3">优质碳素结构钢</td><td rowspan="3">富锌漆+环氧云铁漆+可复涂面漆</td><td rowspan="3">优质碳素结构钢+多重保护</td></tr>
<tr><td>接长套</td></tr>
<tr><td>锁紧螺母</td></tr>
<tr><td>缸体</td><td>合金钢</td><td>外包不锈钢316L</td><td>不锈钢(耐蚀性好)</td></tr>
<tr><td>缸体不锈钢护套</td><td>不锈钢</td><td>无需表面处理</td><td>不锈钢(耐蚀性好)</td></tr>
<tr><td>双耳环座</td><td>优质碳素钢</td><td>富锌漆+环氧云铁漆+可复涂面漆</td><td>优质碳素钢+多重保护</td></tr>
<tr><td>预埋件</td><td>优质碳素钢</td><td>富锌漆+环氧云铁漆+可复涂面漆</td><td>优质碳素钢+多重保护</td></tr>
<tr><td>关节轴承</td><td>不锈钢</td><td>无需表面处理、安装时涂油脂防护</td><td>不锈钢+油脂防护(耐蚀性好)</td></tr>
</table>

四、结　语

根据大桥所处于的自然环境、地理位置、地质条件等的特殊性,经过科学试验分析及研究,确定大桥塔、梁连接所用阻尼器的阻尼参数及阻尼器设计制造的关键技术要求,并对阻尼器所用材料提出了相应的技术要求,以保证大桥的安全稳定性。

参考资料

[1]《中朝鸭绿江界河公路大桥工程场地地震安全性评价》报告(2011年).

[2]《鸭绿江界河公路大桥主桥钢箱梁方案施工图设计阶段抗震性能研究》报告(2011年).

[3]《中朝鸭绿江界河公路大桥工程可行性研究》报告(2011年).

[4] 中朝鸭绿江界河公路大桥施工图设计文件.

[5] 中朝鸭绿江界河大桥阻尼器图纸.

124. 鸭绿江大桥锌铝合金镀层钢丝技术研究及质量控制

薛花娟[1]　赵　军[1]　王吉英[2]

(1. 江苏法尔胜缆索有限公司;2. 辽宁省交通规划设计院)

摘　要　锌铝合金镀层钢丝是在目前镀锌钢丝的基础上发展起来的一种耐久性更好的新型桥梁用缆索材料,使用该材料可提高斜拉桥斜拉索的寿命。中朝鸭绿江界河公路大桥为我国目前为止最大跨径的界河桥梁，也是国内首座全桥斜拉索使用锌铝合金镀层钢丝的大型桥梁。本文主要介绍了锌铝合金镀层钢丝的防腐机理和技术特点、本桥斜拉索锌铝合金镀层钢丝的技术要求、工艺流程及其技术难点、批量化生产及质量控制情况，供以后同类工程借鉴参考。

关键词　斜拉索　热镀　镀锌钢丝　锌铝合金镀层钢丝

一、引　言

中朝鸭绿江界河公路大桥是我国连接朝鲜民主主义人民共和国（以下简称朝鲜）的重要通道，是构建东京—汉城—平壤—北京—莫斯科—伦敦欧亚国际大通道的重要组成部分。大桥全长3026m，主桥采用主跨636m的双塔双索面钢箱梁斜拉桥。全桥斜拉索采用强度为1670MPa的平行钢丝斜拉索，全桥共4×19×2=152根斜拉索，最长斜拉索约347.614m。根据索力的不同共有PES7-253、PES7-223、PES7-199、PES7-151、PES7-121五种规格。斜拉索缺角正六角形紧密排列，索体经左旋轻度扭绞而成，热挤双层PE防护套，两端灌注冷铸锚锚具。为了提高本桥斜拉索的耐久性，该桥斜拉索采用了锌铝合金镀层钢丝，为国内首创。本文结合该工程介绍锌铝合金镀层钢丝的技术研究和质量控制，供以后同类工程借鉴参考。

二、桥梁缆索用钢丝的发展历史

将钢（铁）丝用于桥梁缆索已经有近200年的历史。世界上首座将铁丝用于缆索的桥梁是建于1816年的美国Schuylkill河上的Spider悬索桥，该桥是一个人行桥，跨径124m，梁宽只有0.45m。在此之后，经过半个世纪的发展，到1870年前后才将冷拉钢丝作为缆索材料应用于桥梁。冷拉钢丝是将钢方坯热轧成盘条，再冷拉成钢丝。经过拉拔加工，其强度可以提高50%左右。这是由于盘条在拉拔过程中，随着形变量的增加，金属形成“冷加工硬化”现象加剧，导致钢丝的抗拉强度升高，但延伸率等韧性指标不断下降。美国纽约的Williamsburg大桥就采用了此类光面钢丝。

为了防止桥梁缆索腐蚀，更多的桥梁缆索需要将光面钢丝行防腐处理如热镀锌或者热镀铝。热镀是将被保护金属制品浸在低熔点、耐蚀的活性金属熔液中，使其表面形成覆盖层。镀层材料一般是，如Al、Zn等。热镀法的基本特征是在基体金属与镀层金属之间会形成合金层，镀层与基体结合牢固、可靠。热镀锌是一种常用的热镀防护技术，其发展已经有200年的历史。其防腐原理如下：锌的电极电位为比铁的电位，不仅能在钢丝表面形成屏蔽层以保护钢基体，也可以靠牺牲阳极来保护钢基体。热镀锌钢丝是将光面钢丝浸入450℃左右的锌熔液中，生成一层锌镀层。热镀锌的温度已经达到钢丝的回火温度，经过热镀锌后，钢丝的强度将有所降低，一般降低6%左右。建设于1883年的布鲁克林大桥是第一座采用现代高强度镀锌钢丝作为缆索材料的桥梁工程，该桥钢丝采用直径为4.6mm的镀锌钢丝，而成品钢丝的强度也只有1200MPa。经过近100年的发展，随着高碳钢冶炼技术和盘条技术的不断进步和大跨径桥梁的建设需求的日益增长，桥梁缆索用钢丝的直径已经达到了7mm，而镀锌前的强度已经达到1960MPa左右，热镀锌后的强度也达到1860MPa以上。

随着环境的污染，大气中氯、硫等含量渐高，桥梁缆索面临的环境也日益复杂，传统的热镀锌层防护时间也不断缩短；另一方面，随着对桥梁建设规模的不断增大，建设标准的日益提高，热镀锌钢丝已经满足不了一些长寿命耐久型的桥梁缆索等的防护要求，需要寻求一种新的防腐镀层。1953年国外开发出了是以铝代替锌的热镀铝，通过镀铝层的物理防护和牺牲阳极来防止钢基腐蚀。由于铝的电极电位更低，是一种耐蚀性更好的防腐镀层，其耐久性是同厚度热镀锌层的5～7倍以上。但是，热镀铝需要将光面钢丝浸入670℃左右的锌铝合金熔液中，由于热镀温度较高，热镀后的钢丝强度损失也较大。经试验，强度为1570MPa的钢丝经镀铝后强度只有1050MPa，损失约达到33%左右。镀铝层的防腐性能虽然优于镀锌钢丝，但是由于其强度损失太大，在同等条件下，桥梁缆索采用此材料将会大大提高缆索及其相关构件的用量和重量，增加建设成本。

从以上分析可知，热镀锌钢丝虽然在热镀过程中强度损失较小，但其乃耐蚀性能有限；而热镀铝钢丝虽然抗腐蚀性能较好，但其在热度过程中强度损失太大。而到了本世纪初，随着大跨径桥梁的建设和环保节能理念在全球大型工程上的广泛采用，急需开发一种耐蚀性优于热镀锌钢丝，但强度又不低于热镀锌钢丝的新型耐久型高强度钢丝。而在以往纯锌的基础上增加了5%铝的Zn－5Al的镀层满足了以上要求。该镀层是一种共晶结构，其熔点只有382℃，热镀温度在420～450℃之间。高强度光面钢丝经过以上热镀后，其强度损失等同于热镀锌；另一方面，由于该镀层同时具有锌的牺牲阳极保护和铝的自钝化保护特性，故其耐大气腐蚀性能是常规热镀锌的2～3倍。因此，该锌铝合金镀层既有良好的耐久性，又具有较好的工艺性（热镀后可保持与镀锌钢丝同样的力学性能），适用于耐久性要求和强度要求均较高的大桥缆索。

从大桥缆索用钢丝的发展过程来看，锌铝合金镀层钢丝是在热镀锌钢丝技术的基础上发展起来的一种综合性能较好的缆索材料。下文中提到的锌铝合金镀层均指的是铝含量在5%左右的低铝锌铝合金镀层。

三、桥梁缆索用钢丝的锌铝合金镀层防腐机理分析及技术特点

试验表明，同厚度的锌铝合金镀层与纯镀锌层相比，其耐蚀性是纯镀锌层的2～3倍。为了进一步掌握其防腐机理，生产单位对同厚度的两种镀层显微组织进行了扫描电镜分析和能谱分析等比较。

从图1中可以看出镀锌钢丝的镀层很明显的分为两部分，表面层和过渡层。在过渡层区锌铁合金似乎是从钢丝基体中生长出来，呈现出柱状或束状，其靠近基体部分密集，而靠近表面处就比较松散。在过渡层以外是表面层，热镀纯锌表面层是由分散分布的锌组成。表面层的锌也是呈现出团状或束状，但它们的排列要比过渡层松散得多，锌与锌之间存在着相当大的空隙，并且，热镀纯锌表面是凹凸不平整的表面，因此对光反射能力较差，所以热镀纯锌钢丝的表面光亮度较差。过渡层是锌铁合金层，表面层是纯锌层，从图1中也可以看出钢丝基体与镀层之间，合金层与纯锌相之间都有明显的分界。

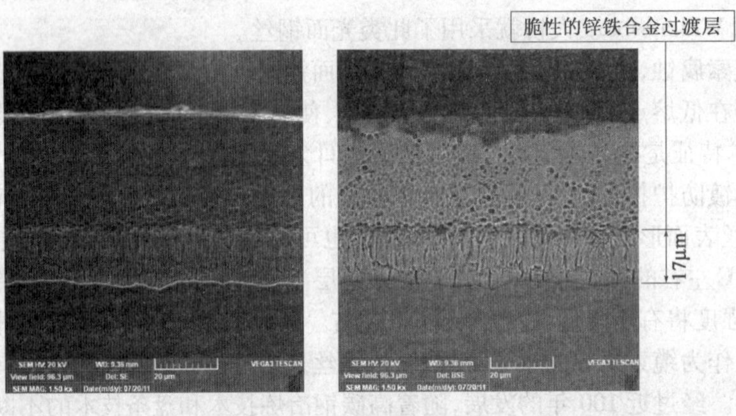

图1　热镀锌层的SEM图片

从图2可以看出，锌铝合金镀层的表面层和过渡层中都不存在柱状或束状的结构，而是一种比较致密的微观结构，是明显的共晶状态，尤其是在表面层中基本看不到有空隙存在。另外，可以看出过渡层只

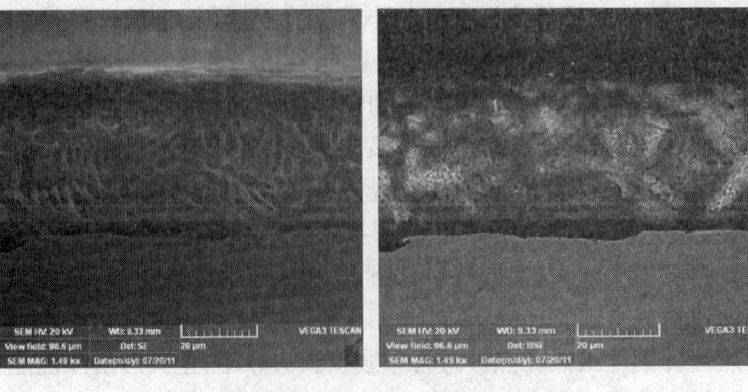

图2　热镀锌铝合金镀层的SEM图片

是一条线段，说明锌没有和铁基体反应生成柱状的锌铁化合物，这主要是由于铝的屏蔽作用。

从图3镀层的线扫描的图像可以看出，热镀锌钢丝的镀层中铁和锌的含量同时反向变化，锌元素在过渡层处急剧增多，然后稳定在一个水平上，可以知道存在铁锌金属间化合物过渡层，过渡层是锌铁合金层，表面层是纯锌层。

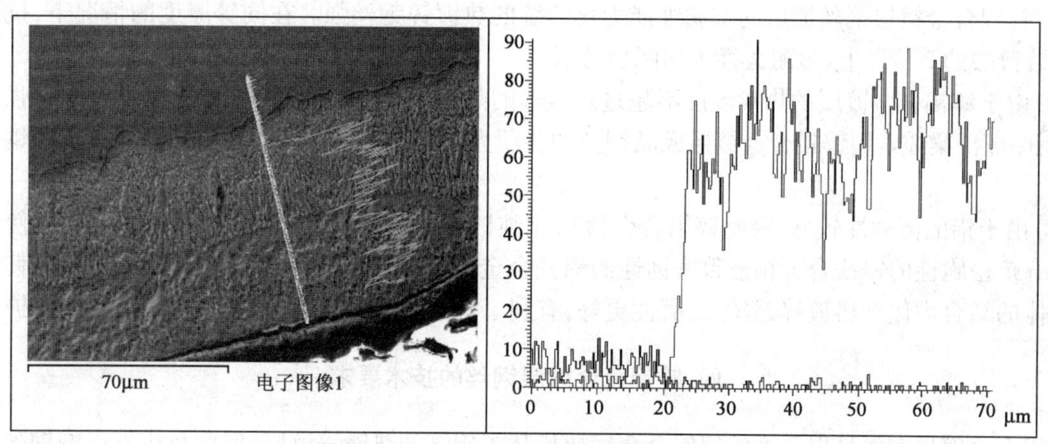

图3　纯热镀锌钢丝的镀层线扫描

从图4镀层线扫描的图片可以看出，过渡层很薄，在靠近基体处，集中分布着富铝的过渡层。从基体开始，沿着背离基体铁的方向，铝含量急剧上升到达峰值，然后急剧下降，稳定在一定的水平。铁元素的含量在过渡层急剧减少。这说明锌铝合金的过渡层对基体元素铁向镀液中的扩散具有很好阻碍作用。由于种阻碍作用，使得合金过镀层变薄，大大提高了镀层的韧性，减少了镀层的裂纹、剥落，为以后的生产打下了良好的基础。

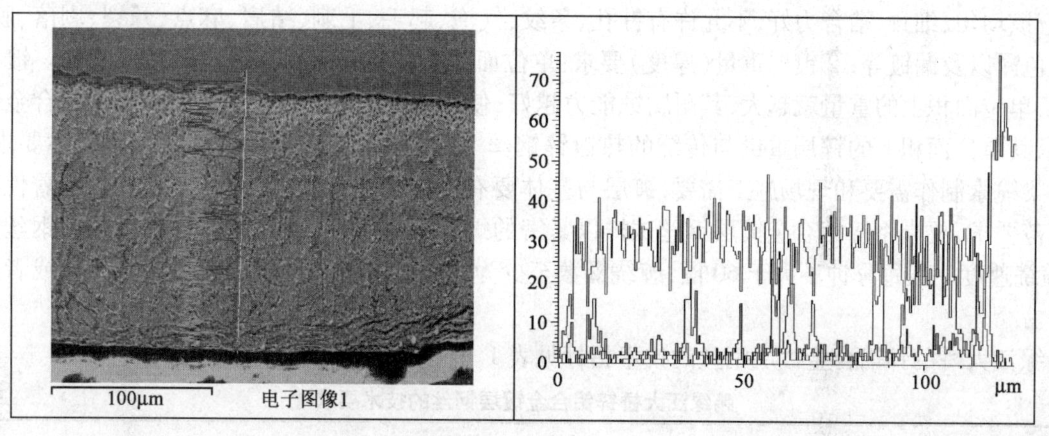

图4　锌铝合金镀层钢丝的镀层线扫描

从以上分析比较可知，锌铝合金镀层的防腐机理包括物理保护和化学保护。在物理保护方面，锌铝合金镀层具有以下保护特点：

①由于铝的化学性质十分活泼，锌铝合金镀层钢丝刚从镀液中引出时，表面就会生成一层热态的Al_2O_3，使其表面比普通热镀锌层富铝而形成灰氧化色，在腐蚀环境下更容易钝化；

②在腐蚀介质中，表层富锌相作为阳极先被腐蚀，其铝含量会不断升高而使得氧化铝含量不断增加，使得镀层表面比纯锌层更加致密、稳定，阻隔外界有害物质的能力更强；

③铝的加入也抑制了防腐性能较弱的组织疏松的锌铁合金过渡层的生成，有利于提高镀层整体的防腐能力；

④合金镀层厚度达到了40～50μm，并且在镀层表面层和过渡层中都不存在柱状或束状的结构，呈现一种致密的结构，有效阻止了有害物质侵入钢丝基体。在化学保护方面，主要是牺牲阳极的阴极保护，即

当镀层发生破坏并显出露铁点时,锌铝合金镀层作为铁锌铝电池的阳极被溶解,钢基体受到保护。锌铝合金的腐蚀电位略低于纯锌层,为 -0.87V 左右,其腐蚀电流仅是热镀纯锌的1/5,在牺牲阳极的保护中,同样数量的锌铝合金镀层的消耗时间是热镀锌层的5倍,能提供更长的防护时间。

综合而言,锌铝合金镀层钢丝具有以下三个特点:

(1)锌铝合金镀层钢丝镀层的抗腐蚀能力比传统的热镀锌钢丝强。在同等厚度的情况下,抗腐蚀寿命是热镀锌层的2倍以上,该耐久性为国际所公认。

(2)由于锌铝合金镀层的热镀温度不超过热镀锌的热镀温度,使光面钢丝在热镀过程中的强度损失低,因而保证桥梁缆索用锌铝合金镀层成品钢丝的各项力学性能不低于目前通用的热镀锌成品钢丝的力学性能。

(3)由于铝的流动性较好,因此锌铝合金镀层比纯镀锌层更加均匀致密。另外,铝的加入使得过镀层中部分疏松脆性的锌铁合金相被致密韧性的铝铁合金相取代,减薄了过渡层的厚度,镀层的韧性及与钢丝基体的结合力优于热镀锌钢丝,耐磨性更好,有利于桥梁缆索在加工、架设过程中镀层的保护。

四、锌铝合金镀层钢丝的技术要求

锌铝合金镀层钢丝是以新型的锌铝合金镀层代替了传统的热镀锌镀层,但此替代不影响钢丝的机械性能和基本尺寸,该产品与目前的斜拉索的相关设计规范、施工工法、检验验收方法等能实现无缝融合。另一方面,锌铝合金镀层作为桥梁缆索的基础防护措施,其镀层须满足以下要求:①镀层完整无孔,结构致密;②镀层与基体金属有良好的结合力,不易脱落;③具有较高的耐腐蚀性和耐磨性;④镀层在钢铁基体表面均匀分布。因此,对于桥梁缆索用锌铝合金镀层钢丝来说,除了要检验机械性能和外观尺寸外,一般还要检查表面质量、单位面积上的镀层重量、镀层的均匀性、镀层的附着性等,以下为上述指标的详细要求:①镀层表面质量要求:要求在自然光之下直接用肉眼观察,镀层除了具有其特有的颜色和光泽以外,还应该均匀、细致、结合力好,不允许有针孔、条纹、气泡、起毛、毛刺、结瘤、麻点、开裂、剥落、脱落、不正常的色泽以及漏镀等;②镀层重量(厚度)要求:单位面积上的镀锌层重量决定其使用寿命。镀层的厚度越厚,单位面积上的重量就越大,其耐腐蚀能力越好,使用寿命越长,对于桥梁缆索用锌铝合金镀层钢丝,要求其单位面积上的锌层重量与传统的热镀锌钢丝一样,不小于 $300g/m^2$;③镀层附着性要求:为了满足桥梁缆索制作需要和现场施工需要,镀层与基体要有良好的结合强度,即具有良好的附着性。按照行业规范要求,要求将锌铝合金镀层钢丝试样以紧密的螺旋圈缠绕在芯棒上,芯棒的直径为钢丝直径的5倍,缠绕速度一般每分钟不大于60圈,缠绕圈数至少为8圈,缠绕后肉眼判断,镀层不开裂或者脱落即为合格。

鸭绿江大桥的锌铝合金镀层钢丝的技术指标见表1。

鸭绿江大桥锌铝合金镀层钢丝的技术要求 表1

项目		技术性能要求	验收标准
直径		7mm	《桥梁缆索用热镀锌钢丝》(GB/T 17101—2008)
机械性能	标准强度 σ_b	≥1670MPa	
	屈服强度 σ_s	≥1410MPa	
	松弛率	≤2.5%	
	延伸率	≥4.0%	
	弹性模量	$(2.0 \pm 0.10) \times 10^5$MPa	
	反复弯曲数	≥5次	
	缠绕性能	$3D \times 8$圈	
	抗扭性能	≥8转	
	应力疲劳	$\geq 2.0 \times 10^6$次	

续上表

<table>
<tr><th colspan="2">项　　目</th><th>技术性能要求</th><th>验 收 标 准</th></tr>
<tr><td rowspan="6">镀层质量</td><td>镀层方式</td><td>锌铝合金</td><td>GB/T 20492</td></tr>
<tr><td>镀层附着量</td><td>≥300g/m^2</td><td>GB/T 17101—2008</td></tr>
<tr><td>铝含量</td><td>≥4.2%</td><td>GB/T 20492</td></tr>
<tr><td>镀层附着性能</td><td>5D×8 圈</td><td rowspan="5">《桥梁缆索用热镀锌钢丝》(GB/T 17101—2008)</td></tr>
<tr><td>表观质量</td><td>良好</td></tr>
<tr><td>直径增量</td><td>≤0.10mm</td></tr>
<tr><td rowspan="2">直线性</td><td>钢丝自由翘头高度</td><td>≤15cm(5m 长)</td></tr>
<tr><td>弦长矢高</td><td>≤30mm(弦长 1m)</td></tr>
</table>

五、鸭绿江大桥锌铝合金镀层钢丝生产工艺及其难点

钢丝热浸镀锌铝合金镀层时，其光面钢丝须具备以下条件：一是钢丝表面在热浸镀前不能有任何的锈和油脂；二是进入熔融合金液的钢丝表面能与熔融锌铝合金充分润湿并发生反应；三是钢丝进入熔融的锌铝合金液时，表面不能黏附有任何熔融金属液表面的氧化物。为了满足以上条件，须选择合适的热浸镀工艺。根据前处理不同，热浸镀工艺可分为保护气体还原法和溶剂法。保护气体还原法是把热处理及表面准备都放在高温气体炉内进行，通过氢气还原氧化层并使被活化的表面在气体保护下浸镀，无须表面酸洗和助镀，但该方法的设备较复杂，技术难度大，钢丝强度损失大，不适合桥梁缆索用锌铝合金镀层钢丝的生产。

而溶剂法热浸镀是利用溶剂来保证金属进入镀锌锅前的表面的清洁，是相对成熟的工艺方法，主要是采用以下过程实现热镀前钢丝的表面清洁。首先，利用一定组分的清洗介质（铅液、碱液或水）除去金属表面黏附的油脂污垢；其次，利用盐酸除去金属表面的氧化物；最后，采用助镀剂剥离溶解钢基上残留的氧化铁薄膜，提高表面活性，降低合金溶液的表面张力，提高合金液对钢基的浸润性，并防止经脱脂、除锈得到的洁净的钢基表面再次被氧化，鸭绿江大桥锌铝合金镀层钢丝采用溶剂法热浸镀工艺，并采用以下钢丝制作流程：盘条验收→拉拔→光面钢丝收线→光面钢丝放线→铅浴脱脂→水洗→酸洗→净水洗→助镀剂→热浸锌→热浸镀锌铝合金→抹拭→冷却→收线→稳定化出理。

锌铝合金镀层钢丝技术相对于传统的热镀锌钢丝技术，具有以下几个技术难点。

1）热镀锌铝合金镀层的厚度控制难度大

热镀层厚度的控制一半是采用垂直牵引法控制，即将经过热镀锅的钢丝以较快的速度钢丝垂直牵引出熔融炉，附着在钢丝表面的熔液在自重作用下流淌，经过抹试材料，形成均匀的镀层厚度，在一定的热镀温度下，其熔液粘度越大，走线速度越快，熔液在自重下越不容易流淌，镀层重量越大。因此，热镀钢丝的镀层厚度主要取决于熔液的黏度桥梁缆索用热镀锌铝合金钢丝的镀层重量要求在300g/m^2 以上，与热镀锌钢丝一样，但是由于铝的流动较好，黏度较小，很容易在自重作用下流淌，在与热镀锌一样的走线速度下，其镀层厚度只有热镀锌的一半。因此，对于锌铝合金镀层钢丝，需要将热镀的走线速度提高一倍，才能达到与热镀锌钢丝一样的厚度。因此，锌铝合金镀层钢丝走线速度过慢，或造成镀层厚度达不到要求；但走线速度过快时，易产生以下几个问题：①高速收线使得钢丝镀前清洗处理时间缩短了一半，容易造成镀前处理不干净，引起漏镀等质量问题；②在快速牵引下，钢丝容易发生抖动，影响表面质量；③快速牵引使得原先用于热镀锌钢丝的抹试材料——木炭等来不及抹试，造成锌铝合金钢丝表面粗糙。而对于桥梁缆索用钢丝，其直径达到7mm，相对于其他钢丝产品而言，直径较粗，以上几个问题更加突出。

2）镀层表面质量控制难度大

在锌铝合金镀层钢丝的热镀过程中，铝容易发生偏析，造成表层铝的含量多，生成与钢丝基体材料和合金镀液都不浸润的氧化铝。氧化铝熔点高，以薄膜的状态覆盖在熔融锌铝合金镀液的表面，当待镀件

进入锌锅时,低活性的氧化铝薄膜附着在清洁的基体材料的表面,阻止了镀液与基体材料的接触与反应,造成漏镀;或者生成的氧化铝进入镀液之中形成被镀层材料挟裹着的杂质,在镀层凝固之后易出现竹节和突起,造成表面质量的下降。

对于桥梁缆索用钢丝,其直径达到7mm,盘重需要达到1~2t,锌层厚度要达到300g/m^2,属于大盘重、大直径、厚镀层钢丝,相对于小直径、小盘重、薄镀层的电力用锌铝合金镀层钢丝,其生产工艺、生产设备及管理难度更大,需要投入更多的人力、物力和财力进行攻关。这也间接制约了该产品在国内桥梁缆索上的广泛应用。

鸭绿江大桥斜拉索生产单位针对以上技术难点进行研究,并采取了以下措施:

(1)采用新型的钢丝收放线机构,使其走线速度较高时,放线盘转速应能自动调整,防止线盘乱线;并能保持钢丝在运行中平直、张力稳定,防止钢丝相互绞线。

(2)钢丝表面清洗采用环保高效型综合清洗机组。新型的综合清洗机组在较高的走线速度下,不增加钢丝的运行阻力,保持钢丝平稳运行,且能快速有效去除钢丝表面油脂和铁锈。

(3)钢丝出液面时采用气体保护、气刀擦拭和新型冷却方式。钢丝刚出液面时合金镀液极易氧化,必须保持无氧环境,才能获得光亮的合金镀层;气刀可给钢丝上液态镀层有力的擦拭,以得到应有的镀层表面质量;传统冷却方式在较高的走线速度下,易造成镀层不均匀、表面粗糙。采取新型冷却方式,使液态镀层四周同时受水冷凝固,极大地改善了镀层的均匀性和表面光亮度。以上综合技术应用于鸭绿江大桥斜拉索用锌铝合金镀层钢丝的批量化生产,并保证了产品的质量。

六、批量化生产和试验检验情况

在以上技术研究的基础上,生产单位按照鸭绿江大桥斜拉索用钢丝的技术要求,组织了锌铝合金镀层钢丝的批量化生产,并对生产出的1000多吨锌铝合金镀层钢丝的抗拉强度、屈服强度、弹性模量、抗松弛性能、反复弯曲、缠绕性能、扭转次数、抗疲劳性能、自由翘高、镀层附着量、铝含量、镀层附着性能、表观质量、直径增量进行了试验检验,其试验检验结果见表2。

锌铝合金镀层钢丝实物指标检验情况　　表2

项目		技术性能要求	检验结果
直径	镀后钢丝直径	7.0±0.07mm	6.96~7.03mm
	不圆度	≤0.07mm	0.03~0.05mm
机械性能	标准强度σ_b	≥1670MPa	1710~1860MPa
	屈服强度σ_s	≥1580MPa	1600~1640MPa
	松弛率	≤2.5%	1.3%~1.9%
	延伸率	≥4.0%	6%~9%
	弹性模量	$(2.0\pm0.10)\times10^5$MPa	$1.95\sim2.10\times10^5$MPa
	反复弯曲数	≥5次	5次未断裂
	缠绕性能	3D×8圈	3D×8圈未断裂
	抗扭转性能	≥8转	18~25转
	应力疲劳	上限为$0.45\sigma_b$,应力幅值为360MPa,循环荷载为2.0×10^6次不断裂	上限为$0.45\sigma_b$,应力幅值为360MPa,循环荷载为2.0×10^6次不断裂
镀层质量	镀层方式	锌铝合金	锌铝合金
	镀层附着量	≥300g/m^2	310~360g/m^2
	铝含量	≥4.2%	4.6%~5.8%
	镀层附着性能	5D×8圈	5D×8圈,锌层未剥落
	表观质量	良好	良好
	直径增量	≤0.10mm	0.09~0.10mm

续上表

项　目		技术性能要求	检 验 结 果
直线性	钢丝自由翘头高度	≤15cm(5m 长)	2～5cm
	弦长矢高	≤30mm(弦长 1m)	6～15mm

从上述试验检验情况来看(图 5、图 6),锌铝合金镀层钢丝抗拉强度、屈服强度、弹性模量、抗松弛性能、反复弯曲、缠绕性能、扭转次数、抗疲劳性能、自由翘高、镀层附着量、镀层附着性能、表观质量、直径增量均满足国家标准 GB/T 17101 的技术要求,锌铝合金镀层质量满足 GB/T 20492 的要求。

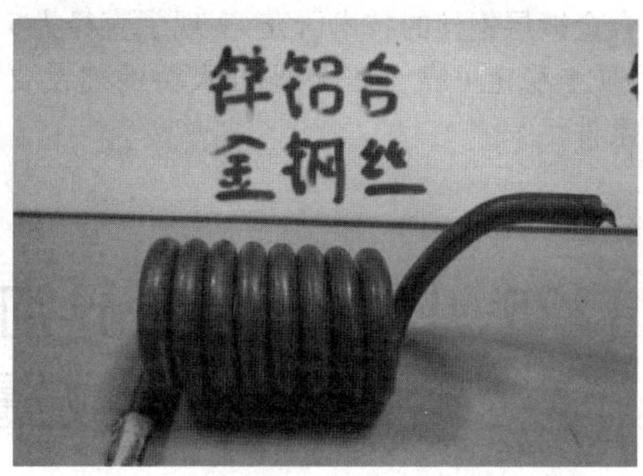

图 5　进行缠绕试验后的镀锌钢丝和锌铝合金镀层钢丝

图 6　经过弯曲和扭转试验后的锌铝合金镀层钢丝

为了验证批量生产锌铝合金镀层钢丝的质量,抽取 30 根试样进行了镀层的显微结构观察(图 7),结果表明相对于纯镀锌层,锌铝合金镀层过渡层较薄,保证了钢丝较好的耐腐蚀性能的抗磨性性能。

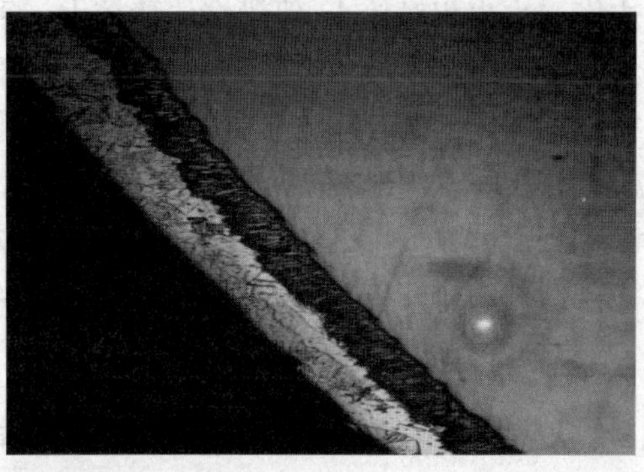

图 7　锌铝合金镀层与纯锌镀层的金相显微图

另外,为了验证锌铝合金镀层的抗腐蚀能力,按照国家相关标准,生产单位选取镀层厚度相同、直径相同、长度相同的镀锌钢丝和锌铝合金镀层钢丝进行了盐雾对比腐蚀试验,试验结果证明锌铝合金镀层钢丝的抗盐雾腐蚀能力是热镀锌钢丝的 2 倍以上。

为了掌握鸭绿江大桥锌铝合金镀层钢丝的批量化生产的质量稳定性和可靠性,质量工程师按照质量评价模式对过程能力进行了分析。通过118个样本，对锌铝合金镀层的单位重量进行过程能力分析，我们看到Xbar控制图存和R控制图均无异常，C_{pk}值为1.38，大于1.33，过程能力充分，说明锌铝合金镀层钢丝的工艺技术、设备和生产管理能力已经成熟，可以确保锌铝合金镀层钢丝批量化生产的质量。

七、结　语

锌铝合金镀层钢丝是在目前镀锌钢丝的基础上发展起来的一种耐久性更好的新型桥梁用缆索材料，使用该材料可提高斜拉桥斜拉索的寿命，降低斜拉索换索次数，在斜拉桥全寿命周期内具有较好的经济性，且环保节能，符合国家当前交通建设行业的发展趋势要求。通过中朝鸭绿江界河大桥斜拉索用锌铝合金镀层钢丝的技术研究，实现了直径为7mm的桥梁缆索用锌铝合金镀层钢丝的批量化生产，其产品质量稳定可靠，符合鸭绿江大桥的建设要求，同时为该材料在国内其他斜拉桥上的推广应用创造了条件。

125. 中朝鸭绿江界河公路大桥阻尼约束合理参数与减震效果分析

王吉英[1]　李建中[2]　苏　毅[3]

（1. 辽宁省交通规划设计院；2. 同济大学；3. 辽宁省公路管理局）

摘　要　本文在对黏滞阻尼器减震原理分析的基础上，以鸭绿江界河公路大桥为工程背景，对于塔、梁间采用黏滞阻尼器减小大跨度斜拉桥的地震反应进行了研究，在此基础上分析了黏滞阻尼器的合理参数和减震效果。

关键词　鸭绿江　界河公路大桥　斜拉桥　阻尼器　减震

一、引　言

近20年来，大跨度斜拉桥在我国得到了迅速发展，大量研究结果表明：大跨斜拉桥的塔、梁之间的连接方式对斜拉桥的静力和动力性能有很大的影响。如采用纵向飘浮体系，可以适应于主梁温度变形，地震作用下主塔受力也相对较小，但梁端位移较大。采用塔、梁固结体系虽然可以有效减小主梁梁端位移，但地震作用下桥塔所受地震力会急剧增加，主梁温度变形也会受到较大约束，从而导致较大的温度应力。对于斜拉桥，塔、梁之间的合理连接方式应满足以下要求：

（1）温度作用下，梁、塔之间纵桥向的约束很弱，相当于飘浮体系，以减小主塔所受的温度应力。

（2）地震作用下，塔、梁之间的约束可以提供较大的阻尼，以减小主塔所受的动力荷载。

从目前国内外的研究成果来看，采用合理设计的液压阻尼器（黏滞阻尼器）连接塔、梁可以满足以上两个条件，是一种合理的连接方式。

二、中朝鸭绿江界河公路大桥设计概况

中朝鸭绿江界河公路大桥及接线是我国连接朝鲜的重要通道，项目起于丹大高速公路丹东西互通立交，经集贤工业园区，跨G201及地方铁路，利用丹东市兴丹大街进入中方侧口岸，在兴丹大街北侧跨越鸭绿江，终点位于朝鲜三桥川北侧的长西，全长12.71km，其中界河公路大桥长3026m，主桥采用主跨636m的钢箱梁斜拉桥。

本方案采用桥孔布置（86+229+636+229+86）m的五跨双塔双索面钢箱梁斜拉桥，结构体系为五

跨连续半漂浮体系，桥梁支座均采用耐蚀型球型钢支座。主梁在索塔、辅助墩、过渡墩均采用竖向双向支座，在索塔、过渡墩设置横桥向侧向限位支座；每个索塔处设置抗震纵向阻尼器4套。

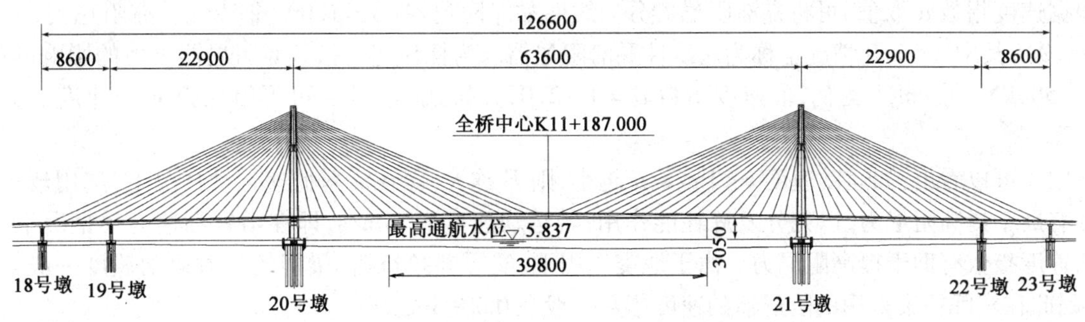

图1　主桥总体布置（尺寸单位：cm）

1. 主梁

主梁采用流线型扁平钢箱梁，正交异性钢桥面板，顶、底及下腹板采用U形肋加劲，中心线处梁高3.5m，梁全宽33.5m，梁的外侧设置三角形风嘴。主梁标准梁段16m，梁段间箱梁壁板采用焊接，顶板U肋采用高强螺栓连接，底板U肋或板肋采用焊接。箱梁每3.2m设一道横隔板，横向设置两道边腹板及两道纵隔板，为减轻自重，纵隔板除支点位置采用实腹式外其余位置采用桁架式。

考虑桥址处低温、焊接、疲劳性能等因素，主梁钢材采用Q345E结构钢。

2. 索塔及基础

索塔采用H形，C50混凝土现浇，索塔总高度194.6m，底部设置2.5m高的塔座。索塔采用箱形变截面，塔底截面尺寸为10.0m×7.0m，塔顶截面为7.0m×5.0m。根据受力需要，索塔设置两道横梁。

索塔承台为“哑铃”形，采用C40混凝土，承台采用钢套箱围堰围水施工。索塔基础采用40根直径2.5m的钻孔桩基础。

3. 斜拉索

斜拉索采用平行钢丝斜拉索，斜拉索锚具采用冷铸镦头锚，斜拉索总成全部在工厂制作成成品。

拉索采用扇形布置，斜拉索在主梁上的标准索距为16.0m，全桥共4×19对斜拉索，分别为PES7-121～PES7-253等5种类型。为了抑制斜拉索风雨振，考虑在斜拉索外表面设置气动措施（如缠绕螺旋线等），同时在斜拉索与主梁锚固端设置斜拉索阻尼器。

斜拉索在索塔锚固区采用钢锚梁形式，在主梁上采用钢锚箱形式。

4. 辅助墩、过渡墩及基础

辅助墩及过渡墩均采用箱型墩，承台平面均为六角圆端形，厚3.0m，采用C40混凝土浇筑。承台底面设置10根直径2.5m的钻孔桩。

本文以鸭绿江界河公路大桥为工程背景，对于大跨度斜拉桥塔、梁间采用非线性黏滞阻尼器约束的合理参数和减震效果进行了研究。

三、黏滞阻尼器减震原理

目前，在大跨度桥梁上应用得最广泛的黏滞阻尼器是液压阻尼器，液压阻尼器的基本构造由活塞、油缸及节流孔组成，如图2所示。所谓节流孔是指具有比油缸截面面积小的流通通路。这类装置是利用活塞前后压力差使油流通过节流孔时产生压力差从而产生阻尼力。

常用的液压阻尼器从力学特性上可划分为线性的和非线性的黏滞阻尼器，其滞回阻尼力可用下式表示：

$$F = Cv^{\alpha} \tag{1}$$

活塞杆　油　活塞　相对速度v　阻尼孔

图2　液压阻尼器的工作机理

式中：F——阻尼力；

C——阻尼常数；

α——速度指数。

根据速度指数 α 取值，可将黏滞阻尼器分为线性黏滞阻尼器（$\alpha = 1.0$）、非线性黏滞阻尼器（$\alpha < 1.0$ 或 $\alpha > 1.0$），其中 $\alpha > 1.0$ 情况也称为超线性黏滞阻尼器。为探讨速度指数对阻尼器出力的影响，以阻尼系数 $C = 500\mathrm{kN} \cdot (\mathrm{s/m})^{\alpha}$ 为例，取速度指数 $\alpha = 0 \sim 2.0$，并按式（1）计算可得阻尼力 F 与速度的关系如图3所示。

由图3可以看出：如运动速度 $v < 1\mathrm{m/s}$，α 越小，则 F 越大，即在活塞低速运动情况下，选用较小的速度指数有助于提高阻尼力，以充分发挥耗能作用；若运动速度 $v > 1\mathrm{m/s}$，即在活塞高速运动情况下，选用较大的速度指数有助于提高阻尼力。由于地震作用下，实际斜拉桥塔、梁间的相对运动速度一般都小于1m/s，因此在实际桥梁采用的阻尼器的速度指数一般在0.2～1之间。

图4为采用不同阻尼常数 C 和速度指数 α 情况下得到的黏滞阻尼器的阻尼力和位移滞回曲线。由图4可以看出，当速度指数 $\alpha = 1$ 时，阻尼器的滞回曲线形状近似椭圆；当速度指数较小时，如当 $\alpha = 0.4$，滞回曲线形状趋近于矩形。

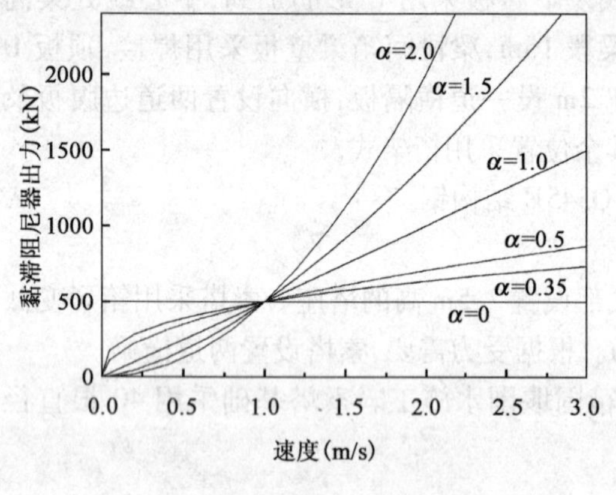

图3　速度指数对阻尼力的影响

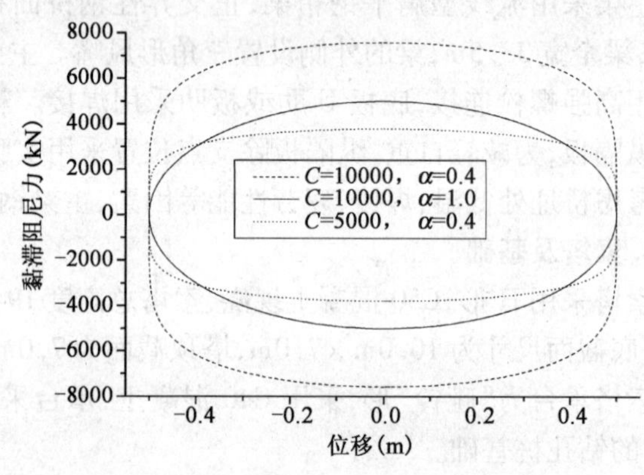

图4　黏滞阻尼器滞回曲线

液压阻尼器产生的阻尼力与速度和温度有关，因此在使用过程中应给予充分重视。此外，油压的调整、漏油、灰尘的侵入等也需采用相应的措施，并进行必要的维护。由于阻尼器具有方向性，在安装设置时需考虑阻尼器方向的影响。液压阻尼器同其他减振隔震装置相比，其特点有：

（1）黏滞阻尼器装置当阻尼器参数 $\xi = 1.0$ 时，其反力与速度成比例，因此在塔墩达到最大变形时，黏滞阻尼器的阻尼力反而最小，接近于零；在塔墩变形速度最大时，黏滞阻尼器的阻尼力达到最大，而此时桥墩变形最小，其内力也最小，因此，黏滞阻尼器并不显著增加桥墩的受力。

（2）在温度产生的变形作用下，弹塑性阻尼装置、摩擦阻尼装置要求必须在克服弹塑性阻尼装置的屈服力或摩擦力后才允许自由变形；而黏滞阻尼器在蠕变变形下，产生的抗力接近于零，这使得该装置的引入不会影响到桥梁结构的正常使用功能。

从阻尼器的计算公式可知，黏滞阻尼器参数选取的不同，阻尼器对结构响应也不相同。因此，需对结构阻尼器的情况进行结构响应分析，即对阻尼器参数 C、ξ 进行敏感性分析，研究参数变化对结构响应的变化规律，为阻尼器的参数设计提供依据。

四、计算模型与地震动输入

1. 计算模型

采用SAP 2000大型结构有限元程序，建立的鸭绿江界河公路大桥空间动力非线性有限元模型如图5所示。模型中，主梁、主塔和墩柱采用空间梁单元模拟，采用几何刚度考虑几何非线性。斜拉索采用空间桁架单元模拟，拉索采Ernst公式修正拉索弹性模量，从而考虑拉索的垂度效应。在计算模型中考虑了黏滞阻尼器的非线性，其恢复力按式(1)计算，采用 Maxwell 模型进行模拟。

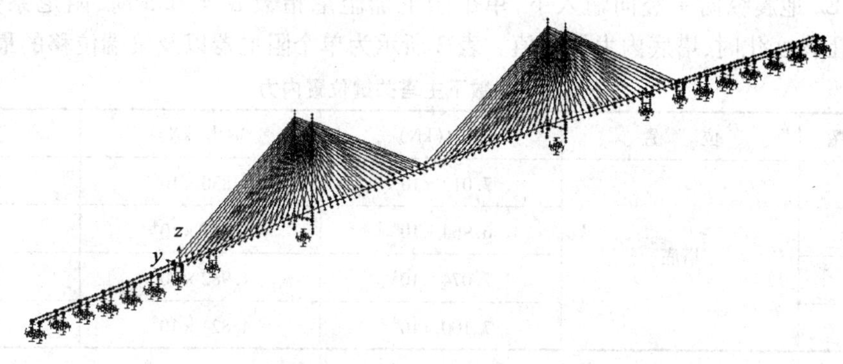

图5　鸭绿江界河公路大桥计算模型

2. 地震动输入

按照“安评报告”采用100年10%及100年4%两个超越概率水准下的水平和竖向加速度时程，每一超越概率取3条加速度时程，水平地震时程曲线及目标谱与拟合谱比较分别如图6~图9所示。地震输入方式为：①纵向+竖向；②横向+竖向两种方式。分析方法采用时程分析方法，地震加速度时程选用3条时程波，并取三条波的最大响应作为最终输出结果。

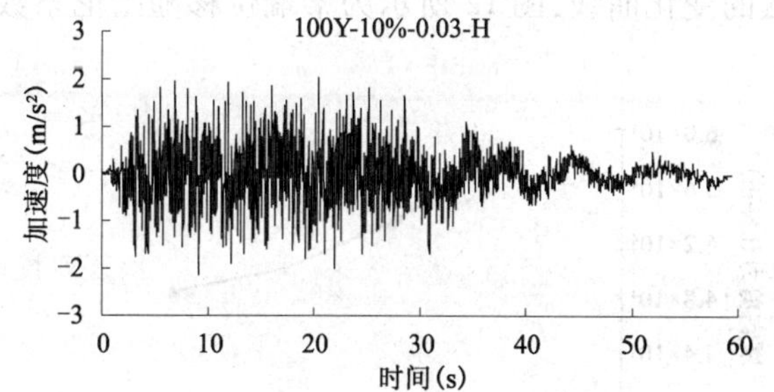

图6　水平加速度时程曲线(100年10%超越概率)

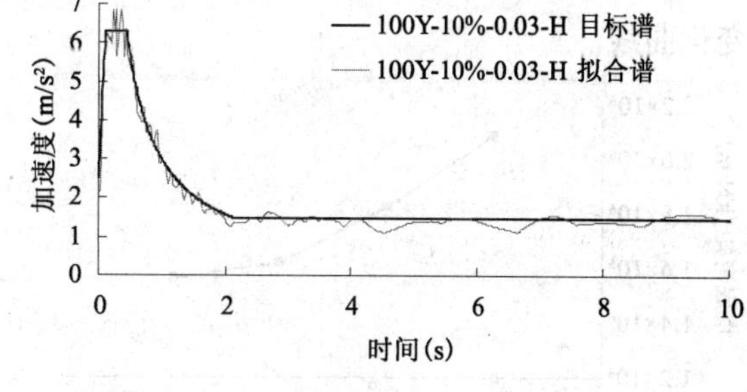

图7　目标谱拟合情况(100年10%超越概率)

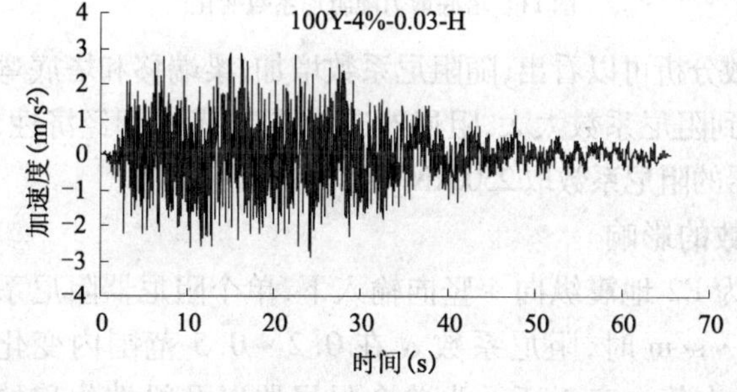

图8　水平加速度时程曲线(100年4%超越概率)

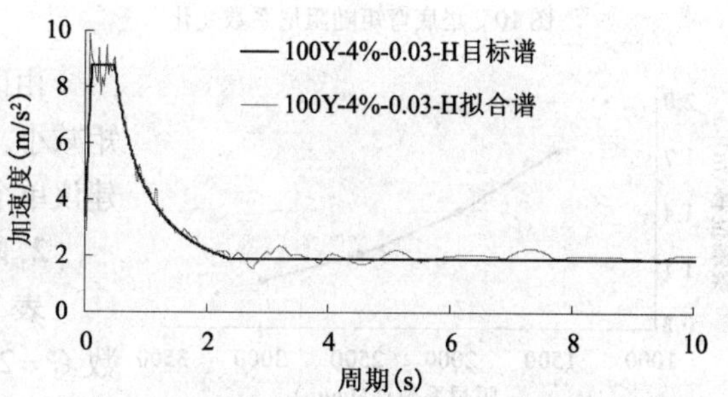

图9　目标谱拟合情况(100年4%超越概率)

五、合理阻尼参数分析与减震效果

设在每个桥塔处设置四个阻尼器，由上一节各截面配筋验算结果可知，在E2地震纵向+竖向作用下，主塔塔底截面配筋率相对较大，能力需求比相对较小，因此将塔底截面作为考察主塔内力变化的重点。阻尼参数分析为E2地震纵向+竖向输入下，1条地震波的地震反应最大值。对每个阻尼器参数 C、α 进行敏感性分析，研究参数变化对结构响应的变化规律，为阻尼器的参数设计提供依据。

1. 阻尼系数的影响

表1所示为E2地震纵向+竖向输入下，单个阻尼器阻尼指数 $\alpha=0.3$ 时，阻尼系数 C 在3000～6000kN·s/m范围内变化时，塔底内力最大值。表2所示为单个阻尼器以及梁端位移的最大地震反应。

不同阻尼系数下主塔关键位置内力　　表1

单个阻尼器阻尼系数	位　置	轴力(kN)	剪力(kN)	弯矩(kN·m)
1500	塔底	7.012×10^4	5.830×10^4	2.092×10^6
2000		6.964×10^4	5.347×10^4	1.823×10^6
2500		7.074×10^4	4.982×10^4	1.622×10^6
3000		7.100×10^4	4.824×10^4	1.563×10^6

不同阻尼系数下阻尼器及梁端纵向位移反应　　表2

单个阻尼器阻尼系数	最大阻尼力(kN)	阻尼器行程(m)	梁端位移(m)
1500	1.798×10^3	1.695	1.716
2000	2.308×10^3	1.382	1.399
2500	2.787×10^3	1.166	1.182
3000	3.235×10^3	0.996	1.011

图10～图11所示分别为塔底弯矩、剪力随阻尼系数的变化曲线，图12所示为梁端位移随阻尼系数的变化曲线。

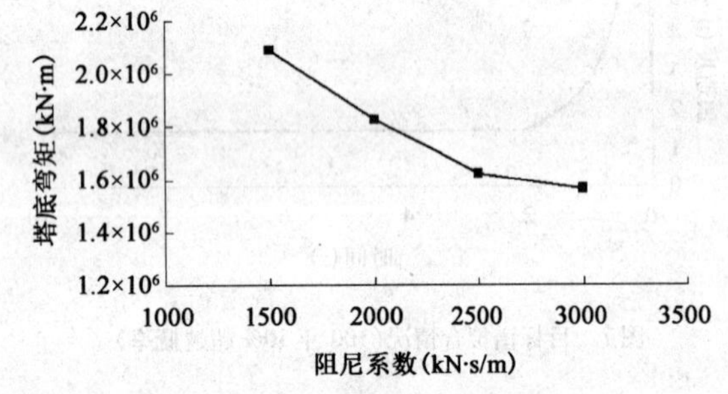

图10　塔底弯矩随阻尼系数变化

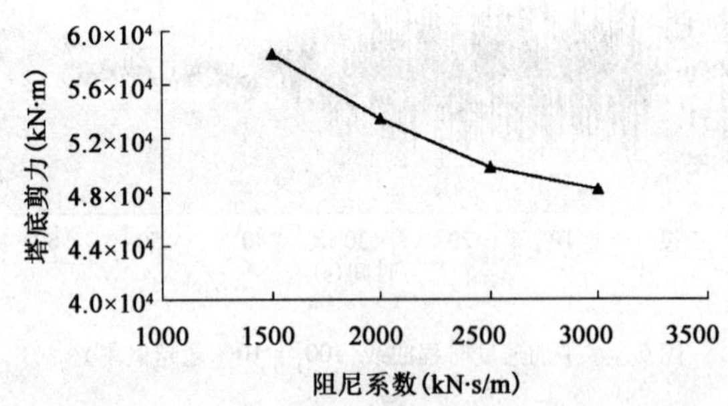

图11　塔底剪力随阻尼系数变化

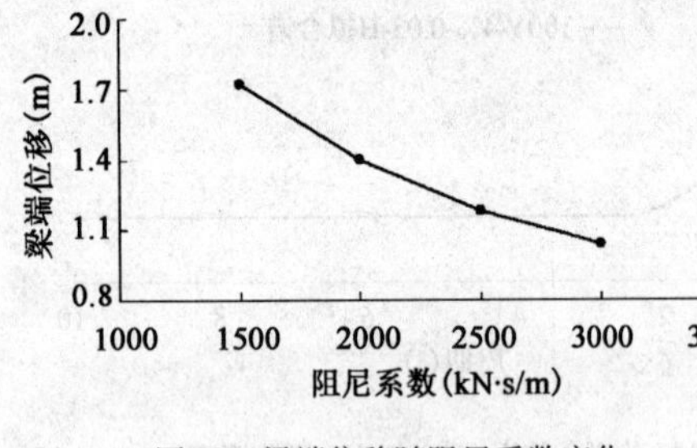

图12　梁端位移随阻尼系数变化

由以上参数分析可以看出，随阻尼系数增加，梁端移和塔底弯矩减小，但考虑到阻尼系数太大，阻尼器造价越高，考虑到经济性，建议单个阻尼器的阻尼系数取2500kN·s/m。

2. 阻尼指数的影响

表3所示为E2地震纵向+竖向输入下，单个阻尼器阻尼系数 $C=2500$kN·s/m时，阻尼系数 α 在0.2～0.5范围内变化时，塔底内力最大值。表4所示为单个阻尼器以及梁端位移的最大地震反应。

不同阻尼指数下主塔关键位置内力　　表3

单个阻尼器 $C=2500$	位置	轴力(kN)	剪力(kN)	弯矩(kN·m)
$\alpha=0.2$	塔底	7.102×10^4	4.840×10^4	1.568×10^6
$\alpha=0.3$		7.074×10^4	4.982×10^4	1.622×10^6
$\alpha=0.4$		7.043×10^4	5.090×10^4	1.686×10^6
$\alpha=0.5$		7.042×10^4	5.194×10^4	1.742×10^6

不同阻尼指数下阻尼器及梁端纵向位移反应　表4

单个阻尼器 $C=2500$	最大阻尼力(kN)	阻尼器行程(m)	梁端位移(m)
$\alpha=0.2$	2.676×10^3	1.107	1.122
$\alpha=0.3$	2.787×10^3	1.166	1.182
$\alpha=0.4$	2.915×10^3	1.224	1.241
$\alpha=0.5$	3.061×10^3	1.285	1.302

图13～图14所示分别为塔底弯矩、剪力随阻尼指数的变化曲线，图15所示为梁端位移随阻尼指数的变化曲线。

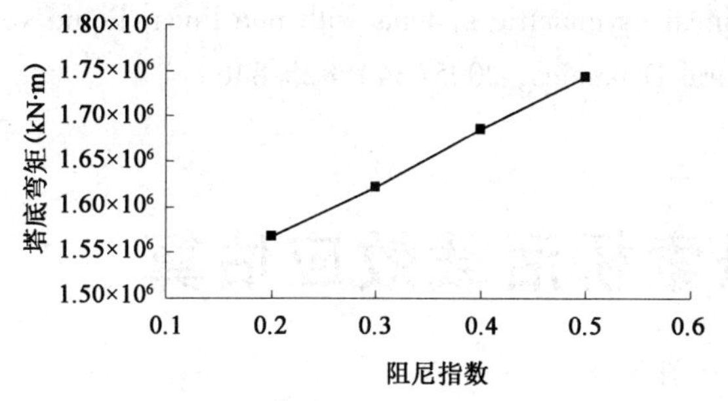

图13　塔底弯矩随阻尼指数变化

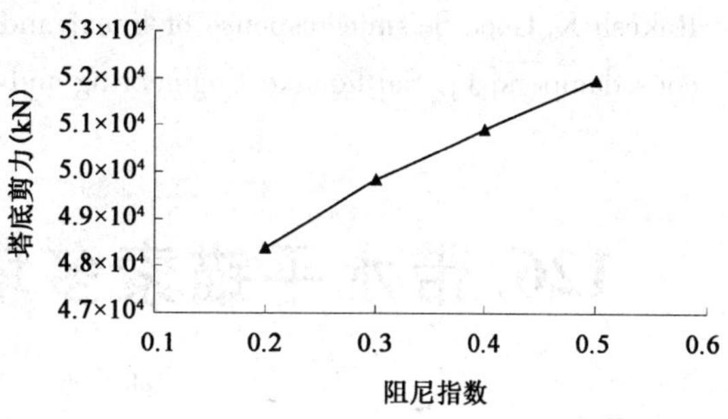

图14　塔底剪力随阻尼指数变化

由图13～图15可以看出，在给定阻尼系数的情况下，塔底弯矩、剪力和梁端位移随速度指数增加而增加。考虑到速度指数太小，会增加阻尼器制造度，因此推荐速度指数取为0.3。

3.减震效果

根据以上参数分析，在每个桥塔处采用四个阻尼器，单个阻尼器的阻尼系数取2500kN·s/m，阻尼指数$\alpha=0.3$。表5为采用阻尼器前和采用阻尼器后梁端位移的比较，表6为采用阻尼器前和采用阻尼器后塔底剪力和弯矩的比较。

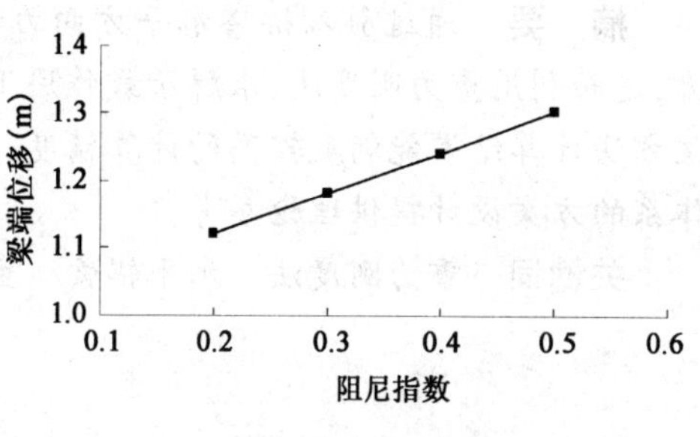

图15　梁端位移随阻尼指数变化

关键节点的位移比较　表5

位　置	位　移(m)	
	无 阻 尼 器	有 阻 尼 器
主梁梁端	5.703	1.182
主梁跨中	5.691	1.182
桥塔塔顶	6.412	1.406

主塔底截面剪力和弯矩比较　表6

无 阻 尼 器		有 阻 尼 器	
剪力(kN)	弯矩(kN·m)	剪力(kN)	弯矩(kN·m)
6.427×10^4	4.530×10^6	4.982×10^4	1.622×10^6

由以上计算结果可以看出，阻尼器有效减小了梁端位移和塔底弯矩，梁端位移由5.703m减小到1.182m。

六、结　语

本文在对黏滞阻尼器减震原理分析的基础上，以鸭绿江界河公路大桥为工程背景，建立了鸭绿江界河公路大桥空间动力非线性计算模型，采用非线性时程方法，对于大跨度斜拉桥塔、梁间采用阻尼器的进行了参数分析，研究了黏滞阻尼器的减震效果。结果表明，黏滞阻尼器可以有效减小梁端位位移和塔底弯矩。

参考文献

[1] 梁智垚，李建中．大跨度公铁两用斜拉桥阻尼器参数研究[J]．同济大学学报(自然科学版)，2006，35(6)：728-733.

[2] 王志强，胡世德，范立础．东海大桥黏滞阻尼器参数研究[J]．中国公路学报，2005，18(3)：37-42.

[3] Rakesh K. Goel. Seismic response of linear and non-linear asymmetric systems with non-linear liquid viscous dampers[J]. Earthquake Engineering and Structural Dynamics, 2005(34):825-846.

126. 带水平锚索多塔悬索桥活载效应估算

孙　龙　张力文　肖汝诚

（同济大学桥梁工程系）

摘　要　通过引入桥塔水平方向力和位移的平衡条件，将水平锚索对全桥的刚度贡献换算到主缆上，进而利用重力刚度法，求解活载作用下主梁最大挠度及塔顶水平位移。算例表明，在跨径超千米时，该方法计算结果能满足较高的计算精度，能够用于带水平锚索多塔悬索桥活载效应初步计算，为该新型体系的方案设计提供理论参考。

关键词　重力刚度法　水平锚索　主梁挠度

一、引　言

在世界桥梁史上，多塔连跨悬索体系并不是一个崭新的概念。早在20世纪初，欧洲便修建了多座小跨径的多塔连跨悬索桥，其中以位于法国的Chateauneuf桥和Chatillon桥最为典型；海峡工程的兴起催生了一批大跨径多塔连跨悬索体系设计方案，如1930年旧金山—奥克兰西海湾桥的三塔和四塔悬索桥方案，2001年的智利查考海峡主跨为1055m+1100m的三塔悬索桥方案等。虽然这些方案最终都没有付诸实施，但仍推动了多塔连跨悬索桥的发展。2012年建成通车的泰州长江公路大桥作为首座跨径超千米的多塔连跨悬索桥，在该桥型发展史上具有十分重要的意义[14]。

与传统悬索桥不同，多塔连跨悬索桥由于中塔两侧均为中跨，导致中塔纵向约束不足，当两侧主缆出现较大不平衡力时(如单跨满布活载)，中塔塔顶会产生很大水平位移，进而导致主梁挠度过大，同时在塔根产生很大弯矩。目前解决这一问题的途径一般归纳为三种：增大中塔纵向抗弯刚度、采用塔梁固结和改变缆索体系[5]。目前对大跨径刚性桥塔多塔连跨悬索体系的研究比较成熟，相对而言，针对缆索体系改进的研究报道并不多见。本文针对带水平锚索的多塔悬索体系，基于已有的多塔连跨悬索桥分析理论，提出计算活载效应的方法，归纳相应的计算流程。经过与有限元模型的对比，该方法的计算结果能满足较高的精度要求，可用于带水平锚索多塔悬索桥参数研究和设计优化。

二、基 本 假 定

相对于悬索桥主缆，水平锚索受力比较明确(竖向仅受自重作用)，约束条件比较简单(仅在塔顶锚固),适合单独进行分析;水平锚索通过限制索塔塔顶水平位移,分担了主缆承受的活载。因此,理论分析中可将水平锚索视为对体系的附加约束,计算水平锚索与悬索桥主缆活载水平力的关系,将水平锚索对结构刚度的贡献等效到悬索桥主缆上。这样,带水平锚索的多跨悬索体系就转化为常规多跨悬索体系。

大跨度悬索体系中,主缆是主要承重构件,主梁对整体刚度的贡献很小,结构非线性形态突出,适于使用挠度理论分析其竖向活载效应。在此基础上,1983 年 Alan Jennings[6] 系统阐述了悬索桥重力刚度法,推导了悬索桥活载效应近似计算公式,并将之推广应用到多塔悬索桥计算分析中;1991 年,陈仁福[7] 对该方法进行了修正和扩充,用于求解多跨大跨径悬索桥承受竖向活载时内力和位移的影响线及包络图。该方法基于对大跨度悬索体系刚度主要来自于主缆的认识,忽略了挠度理论基本微分方程中含主梁刚度的项,将结构转化为单纯的索结构,使分析得到简化。将带水平锚索的多塔悬索体系转化为常规多跨悬索体系之后,即可应用该方法分析其活载效应。

采用以上思路分析带水平锚索多塔悬索桥时,作如下假定:

①不考虑活载作用下吊杆的拉伸和倾斜,当作仅在竖向有抗力的薄膜;

②主缆和水平锚索仅受拉力,不计抗弯刚度;

③不计主梁抗弯刚度,且锚碇无变位;

④恒载沿桥跨均布,在无活载作用下,主缆索及水平锚索为抛物线型;

⑤分析时考虑结构的二次效应,将内力变化对结构刚度的影响计入。

三、方 程 建 立

带水平锚索的多塔悬索桥简化计算模型如图 1 所示。假设边跨无悬吊桥面,其均布荷载 q_1 、q_n 按主缆线荷载确定,而中间主跨悬吊加劲梁位置的均布荷载 q_j 为一、二期恒载之和。图中 u_1 、$u_2 \cdots u_{n+1}$ 表示主缆锚点及索塔顶部纵向位移;y_j 表示第 j 跨主缆的恒载线形,为抛物线分布,f 为主缆垂度,f^* 为水平锚索垂度;p_j 为第 j 跨活载;H_q 为恒载水平分力;H_{jp} 为第 j 跨主缆活载水平分力;h_j 为第 j 跨水平锚索活载水平分力;$v_j(x_j)$ 表示活载作用下第 j 跨加劲梁的竖向挠度;E 表示缆索材料弹性模量;A 表示主缆截面面积,A^* 表示水平锚索截面面积;k_j 为桥塔水平抗推刚度。

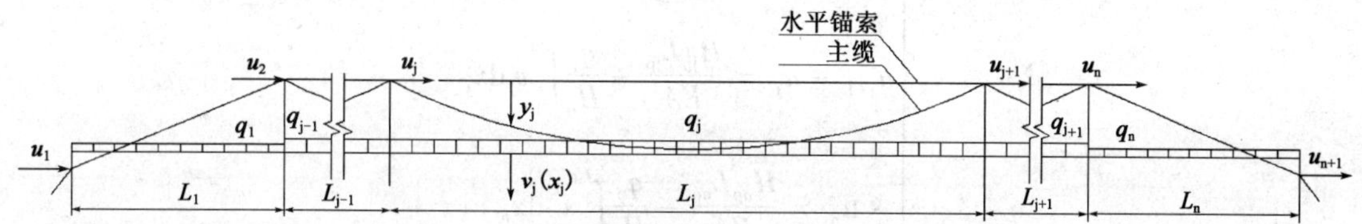

图 1 多塔悬索桥简化计算模型

第 j 跨水平锚索水平力与水平位移的关系表示为式(1):

$$h_j = k_j^* \Delta L_j = k_j^* (u_{j+1} - u_j) \quad (2 \leqslant j \leqslant n-1) \tag{1}$$

式中:k_j^* ——水平锚索的水平刚度,$k_j^* = E_{sec} A^* / l$,采用修正弹性模量的方法考虑水平锚索的非线性效应;

E_{sec} ——水平锚索材料的割线弹性模量,可由式(2)计算[8]:

$$E_{sec} = \frac{E}{1 + \frac{\gamma^2 L^2}{24}\left(\frac{\sigma_1 + \sigma_2}{\sigma_1^2 \sigma_2^2}\right) E} \tag{2}$$

式中:γ ——拉索的重度;

σ_1 ——初始恒载作用下水平锚索的拉应力，$\sigma_1 = \dfrac{\gamma L^2}{8f^*}$；

σ_2 ——活载作用后水平锚索拉应力。

由索塔塔顶力的平衡条件，有：

$$\begin{cases} H_{2p} - H_{1p} + h_2 = k_2 u_2 \\ H_{jp} - H_{(j-1)p} + h_j - h_{j-1} = k_j u_j \\ H_{np} - H_{(n-1)p} - h_{n-1} = k_n u_n \end{cases} \tag{3}$$

联立式(1)和式(3)，可将水平锚索活载水平力 h_j 表示为主缆活载水平力 H_{jp} 的函数。

采用重力刚度法计算悬索桥活载效应，其解的形式为：

$$v_j = \bar{v}_j - \bar{\bar{v}}_j \tag{4}$$

式中 v_j 为第 j 跨活载挠度；$\bar{v}_j$ 可按简支梁在活载 $p_j(x_j)$ 作用下的弯矩再除以 H_j 求得，$H_j = H_q + H_{jp}$；$\bar{\bar{v}}_j$ 则按下式计算：

$$\bar{\bar{v}}_j = \frac{a_j x_j L_j}{2}\left(1 - \frac{x_j}{L_j}\right) \qquad a_j = \frac{q_j H_{jp}}{H_q H_j} \tag{5}$$

对非加载跨，对应的 $\bar{v}_j$ 积分为零[9]，则有：

$$\int_0^{L_j} v_j \mathrm{d}x_j = \int_0^{L_j} (\bar{v}_j - \bar{\bar{v}}_j)\mathrm{d}x_j = -\int_0^{L_j} \bar{\bar{v}}_j \mathrm{d}x_j = -\frac{q_j^2 L_j^3 H_{jp}}{12 H_q^2 H_j} \tag{6}$$

由缆索系统变形的相容方程，对悬索桥主缆有：

$$\begin{cases} u_2 = \dfrac{H_{1p} L_{1p}}{EA} - \dfrac{q_1}{H_q}\displaystyle\int_0^{L_1} v_1 \mathrm{d}x_1 \\ u_{j+1} - u_j = \dfrac{H_{jp} L_{jp}}{EA} - \dfrac{q_j}{H_q}\displaystyle\int_0^{L_j} v_j \mathrm{d}x_j \\ -u_n = \dfrac{H_{np} L_{np}}{EA} - \dfrac{q_n}{H_q}\displaystyle\int_0^{L_n} v_n \mathrm{d}x_n \end{cases} \tag{7}$$

式中：$L_{jp} = \int_0^{L_j} \dfrac{1}{\cos^3 \varphi} \mathrm{d}x_j$；

φ ——主缆与水平线之间的夹角。

将式(1)、式(3)和式(6)代入式(7)，整理后可得：

$$\begin{cases} \left(\dfrac{1}{k_2} + \dfrac{L_{1p}}{EA} + \dfrac{q_1^2 L_1^3}{12 H_q^2 H_1}\right) H_{1p} - \dfrac{H_{2p}}{k_2} - \dfrac{h_2}{k_2} = 0 \\ \left(\dfrac{L_{jp}}{EA} + \dfrac{q_j^2 L_j^3}{12 H_q^2 H_j}\right) H_{jp} - \dfrac{h_j}{k_j^*} = \dfrac{q_i}{H_q}\displaystyle\int_0^{L_i} \bar{v}_j \mathrm{d}x_j \\ -\dfrac{H_{(n-1)p}}{k_n} + \left(\dfrac{1}{k_n} + \dfrac{L_{np}}{EA} + \dfrac{q_n^2 L_n^3}{12 H_q^2 H_n}\right) H_{np} - \dfrac{h_{n-1}}{k_n} = 0 \end{cases} \tag{8}$$

式(8)中除加载跨外,其余各跨等式右侧项均为零。前文中已经将 h_j 表示为 H_{jp} 函数的形式,因此式(8)中的未知量仅有主缆活载水平力 H_{jp}。只要求得各跨 H_{jp},就可利用式(5)计算出 a_j 和 $\bar{\bar{v}}_j$,进而计算出活载作用下主梁的挠度 v_j。

四、求 解 步 骤

由于式(2)中计算割线模量时需用到活载作用后水平锚索的应力 σ_2,且式(8)中分母上的 H_j 包含未知的 H_{jp} 项,因此式(8)的求解是一个迭代的过程,其步骤如下:

①假定式(2)中 $\sigma_{2j}^0=\sigma_{1j}$(右上角的数字代表迭代次数),计算初始等效弹性模量 E_{sec}^0,进而计算出水平锚索初始迭代刚度 k_j^{*0}。联立式(1)、式(3),即可将所有水平锚索活载水平力 h_2^0、$h_3^0\cdots h_{n-1}^0$ 表示为主缆活载水平力 H_{1p}^0、$H_{2p}^0\cdots H_{np}^0$ 的函数;

②基于大跨度悬索桥主缆水平力主要由恒载引起,假定 $H_j^0=H_q$,并将步骤①中求得的 h_2^0、h_3^0、$\cdots h_{n-1}^0$ 代入式(8),则方程组转化为以 H_{1p}^0、$H_{2p}^0\cdots H_{np}^0$ 为未知数的方程组。求得 H_{jp}^0 后利用式(4)、式(5)计算出活载作用下主梁挠度 ν_j^0(仍然假定 $H_j^0=H_q$),进而计算出主缆活载水平力初始值 H_{1p}^0、H_{2p}^0、$\cdots H_{np}^0$ 和水平锚索活载水平力迭代初始值 h_2^0、$h_3^0\cdots h_{n-1}^0$;

③令 $\sigma_{2j}^1=\sigma_{1j}^1+\dfrac{h_i^0}{A^*}$,利用式(2)重新计算水平锚索等效弹性模量 E_{sec}^1,并计算水平锚索水平刚度 k_j^{*1},利用式(1)、式(3),将 h_2^1、$h_3^1\cdots h_{n-1}^1$ 表示为 H_{1p}^1、$H_{2p}^1\cdots H_{np}^1$ 的函数,同步骤①;

④令 $H_j^1=H_q+H_{jp}^0$,代入式(8),重复步骤②,得到新的活载挠度 ν_i^1 及缆索水平力 H_{jp}^1 和 h_j^1;

⑤重复步骤③、④,得到一系列活载挠度 ν_j^1、$\nu_j^2\cdots v_j^m$,最终结果由迭代得到。求解流程见图2。

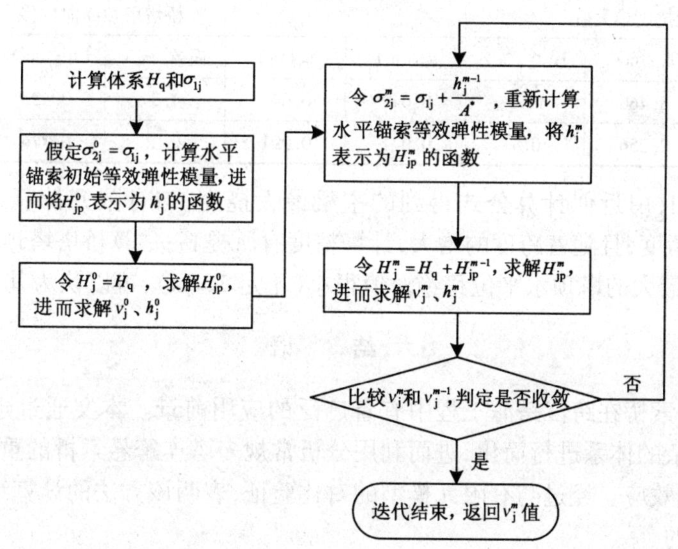

图2 迭代求解流程图

五、算 例 验 证

本研究以泰州长江大桥为参考,建立带水平锚索的三塔两跨悬索桥方案,验证前面提出的活载效应计算公式。跨径布置为(390+2×1080+390)m,主塔为钢筋混凝土门式桥塔,主梁为钢箱梁。比较已建成悬索桥主缆恒载应力水平,确定水平锚索恒载应力为500MPa,利用 $f^*=\dfrac{\gamma L^2}{8\sigma_1}$ 计算出其垂度为23m,矢跨比为1/47,结构体系主要参数见表1。

结构体系主要参数 表1

桥塔高度(m)	桥面以上桥塔高度(m)	主缆垂度(m)	矢跨比	主缆面积(m^2)	水平锚索面积(m^2)
178	130	120	1/9	0.888	0.248

计算分析采用空间有限元模型,如图3所示。桥面系采用单主梁,主缆、水平锚索和吊杆采用桁架单元模拟,桥塔采用梁单元模拟,吊杆与主梁之间采用刚性连接。主梁荷载和二期恒载按均布荷载考虑。活载按照《公路桥涵设计通用规范 JTG D60—2004》中关于车道荷载的规定,采用集中荷载加均布荷载的形式,集中荷载1540.1kN,均布荷载44.9kN/m。

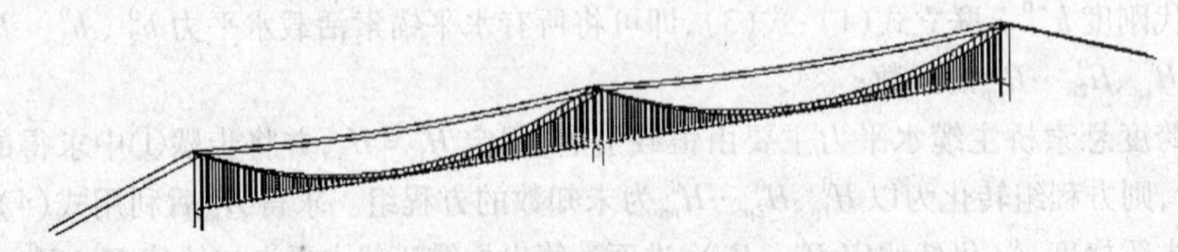

图3 带水平锚索的三塔两跨悬索桥有限元计算分析模型

计算两种工况下的活载效应,工况一为半跨加载,主梁挠度达到最大;工况二为全跨加载,塔顶水平位移达到最大。

表2为活载作用于单侧主跨时,主梁挠度及索塔塔顶位移的计算值。其中,v_0为有限元计算结果,v_1为公式估算值;u_{s0}、u_{c0}分别为加载跨边、中塔塔顶纵向位移有限元计算结果,u_s、u_c为公式计算出的加载跨边、中塔塔顶纵向位移值。

带水平锚索的三塔悬索桥活载变形估算 表2

活载工况	主梁挠度最大值			桥塔塔顶纵向位移					
	v_0(m)	v_1(m)	误差(%)	u_{s0}(m)	u_s(m)	误差(%)	u_{c0}(m)	u_c(m)	误差(%)
工况一	3.115	3.466	11.3	0.042	0.044	4.8	0.425	0.454	6.8
工况二	2.246	2.256	0.4	0.071	0.091	28.2	0.776	0.910	17.3

对比表中数据可知,由近似计算公式得到的主梁最大挠度,与有限元计算结果相比,误差最大为11.3%,能保证一定的精度,且随着跨度的增大,计算精度有所提高;估算桥塔塔顶纵向位移时,误差最大为28.2%,考虑到误差最大的塔顶水平位移绝对值很小(不足10cm),可以认为其计算精度可以接受。

六、结　　语

带水平锚索多塔悬索桥在跨江跨海工程中有着广泛的应用前景。本文通过建立水平锚索力和位移的平衡方程,将原本复杂的体系进行简化,进而利用分析常规多塔连跨悬索桥的重力刚度法,求解带水平锚索多塔悬索体系活载效应。经过与有限元模型的对比验证,表明该方法的计算结果能够满足一定的精度要求,是可行且有效的。

参考文献

[1] 周念先,周世忠.特大跨径桥梁走势[J].中国公路,2002:59-62.

[2] 项海帆.21世纪世界桥梁工程的展望[J].土木工程学报,2000,33(3):6.

[3] 周念先.我国21世纪公路大桥展望[J].江苏交通科技,1996:16-21.

[4] 肖汝诚,项海帆.斜拉-悬吊协作体系桥车学特性及其经济性能研究[J].中国公路学报.1999,12(3):43-48.

[5] 张劲泉,曲兆乐,宋健永,等.多塔连跨悬索桥综述[J].公路交通科技2011,28(9):30-52.

[6] Gravity Stiffness of Classical Suspension Bridges[J]. Alan-Jennings. Journal of Structural Engineering, 1983, 109(1): 16-36.

[7] 运用重力刚度法求大跨悬索桥内力和位移的影响线与包络图[C]. 陈仁福，张金平. 全国索结构学术交流会，中国江苏无锡：1991.

[8] Cable Supported Bridges Concept and Design Third Edition. NielsJ. Gimsing，Christos T. Georgakis. 2012，135-138.

[9] 多塔缆索承重桥设计理论研究[D]. 周云岗. 上海：同济大学. 2011：35-41.

127. 桁架加劲梁悬索桥悬臂架设过程中的稳定分析

门永斌　彭运动　王茂强　刘　波　曲春生

（中交公路规划设计院有限公司）

摘　要　采用桥面吊机进行悬索桥加劲梁的悬臂架设时，随着梁段的吊装，主缆的变形较大，加劲梁的内力变化也相当大，施工过程中桁梁可能存在整体失稳和杆件的局部失稳问题。本文以坝陵河大桥为例，介绍了采用桥面吊机悬臂安装加劲梁过程中结构稳定的模拟计算方法；建立了施工过程结构稳定分析的全桥模型；研究了采用桥面吊机悬臂架设加劲梁施工过程中结构的第一类及第二类稳定问题，同时对施工中梁端约束方式及设铰对结构稳定的影响进行了研究，揭示了桁架加劲梁悬索桥悬臂架设过程中的稳定规律。

关键词　悬索桥　钢桁架加劲梁安装　悬臂施工　结构稳定

一、概　　述

贵州坝陵河大桥是国内首座跨径超过千米的钢桁加劲梁悬索桥，主跨1088m，且是国内首次采用桥面吊机悬臂安装加劲梁的悬索桥。由于随着加劲梁桁片的吊装，主缆的变形比较大和复杂，加劲梁的内力变化也相当大[1]，施工过程中桁梁可能存在整体失稳和杆件的局部失稳问题，因此有必要对加劲梁的安装过程进行稳定性分析，研究影响悬臂架设过程中结构失稳的主要因素，提出必要的施工措施来保证施工的安全。本文以坝陵河特大桥为实例，采用有限元程序ANSYS建立了施工过程分析的全桥空间模型，并对第一类稳定即弹性稳定进行计算比较，研究加劲梁安装阶段梁端约束方式、设铰的作用以及设铰的数量对结构稳定的影响。最后根据弹性稳定计算比较结果从其中选取几组最不利工况考虑几何和材料双重非线性的第二类稳定研究，从而得出桁架加劲梁悬索桥悬臂架设过程中的稳定规律。

二、施工方案总体介绍

坝陵河特大桥采用桥面吊机进行加劲梁的悬臂架设，其加劲梁的施工过程是从主塔附近节段开始向跨中推进，一个施工循环吊装两个节间，架设流程为：首先安装主桁架两个节间的平面结构，安装后直接刚接上下弦杆；接着安装两个节间的吊索，吊索安装完毕后开始安装第一节间的主横桁架、上下平联和其他剩余杆件，铺设第一节间正交异性桥面板。第一节间完成后吊机前移，吊装第二节间的主横桁架、上弦平联和其他剩余杆件，最后铺设第二节间的正交异性桥面板。在钢桁梁（全桥共50个架设梁段，编号为B1～B50）架设过程中选择在单侧的B5、B6梁段之间以及B10、B11梁段之间设置临时铰（图1）。

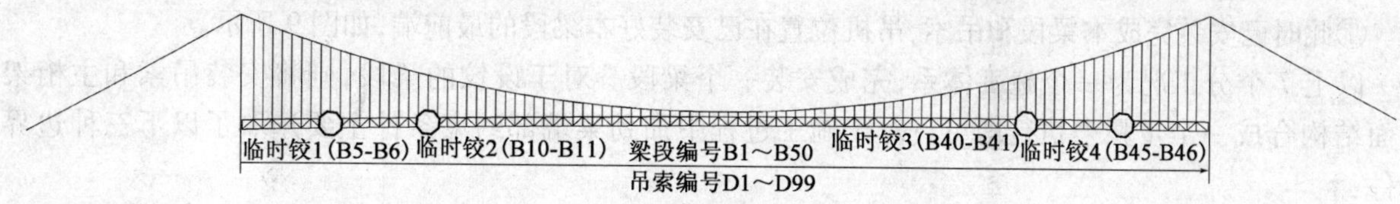

图1　临时铰设置位置图

三、施工过程模拟计算方法

对施工全过程的模拟计算主要包括对施工荷载的模拟、对结构构件的模拟、对施工过程中各种非线性因素的考虑以及对具体施工工序及工况的模拟计算[2]。对于悬索桥加劲梁利用桥面吊机悬臂安装每个梁段的过程,计算时细分为7个阶段,安装完成前一个梁段后,开始按以下7个分工况完成下一梁段的吊装。以下7个分工况为一个梁段施工计算体系,通过每个梁段的施工计算体系来完全模拟实际的桥面吊机悬臂安装悬索桥加劲梁施工全过程,具体如下:

①准备安装第一片主桁架平面结构,吊机在已安装完成梁段的最前端,如图2、图3所示;

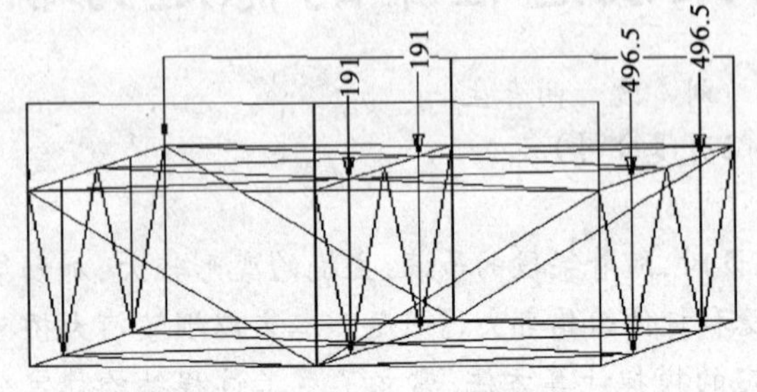

图2 吊装完成前一节段时的模型图

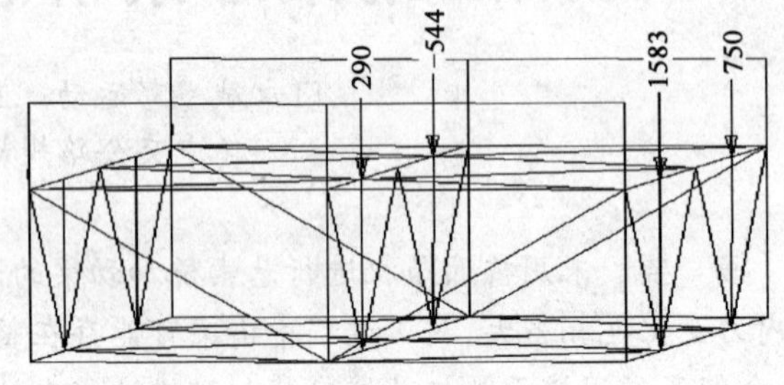

图3 吊第一片主桁计算分工况①

②准备安装第二片主桁架平面结构,吊机在已安装好吊索的梁段的最前端,如图4所示;

③准备安装第一片主横桁架平面结构,吊机在已安装好吊索的梁段的最前端,未装吊索,如图5所示;

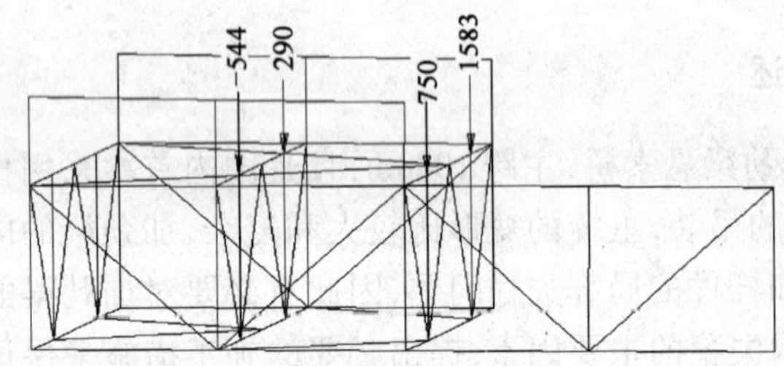

图4 吊第二片主桁计算分工况②

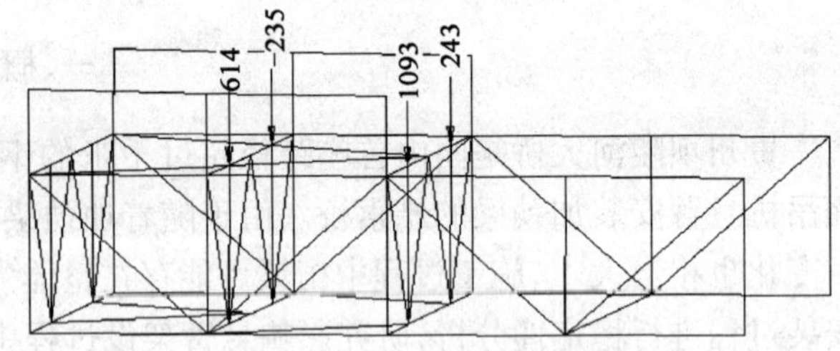

图5 吊第一片横桁计算分工况③

④第一片主横桁架平面结构安装完毕后,吊机位置不动,此时准备安装第一对吊索,如图6所示;

⑤吊机在已安装完毕的第一片主横桁架处,准备安装第二片主横桁架平面结构,如图7所示;

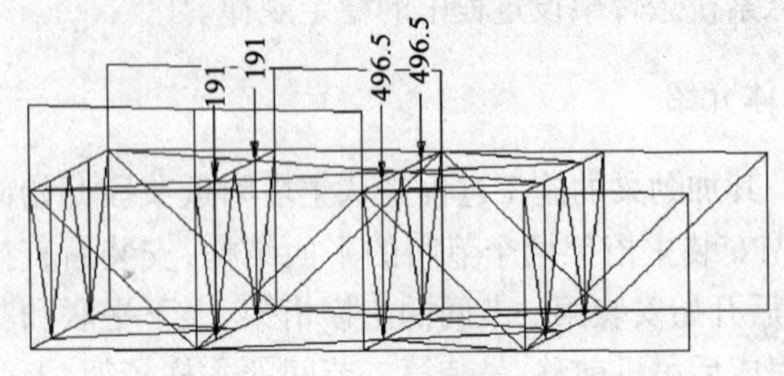

图6 安装第一对吊索前计算分工况④

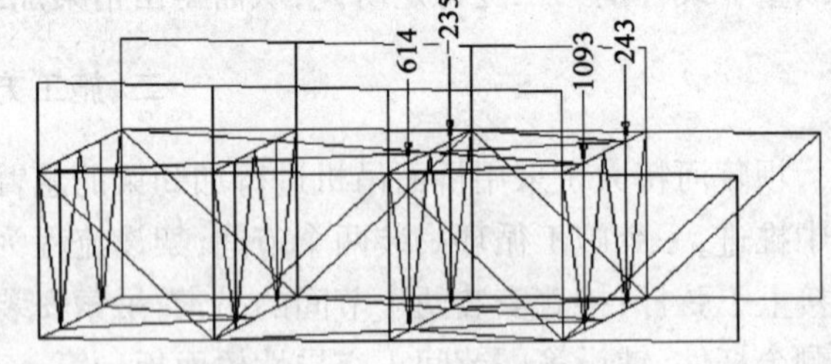

图7 吊第二片横桁计算分工况⑤

⑥第二片主横桁架平面结构安装完毕后,吊机位置不动,此时准备安装第二对吊索,如图8所示;

⑦此时已安装完成本梁段和吊索,吊机位置在已安装好本梁段的最前端,如图9所示。

以上7个分工况为一个施工体系,完成安装一个梁段。对于设铰的梁段,则将安装吊索和主桁架平面结构合成一个步骤来执行即可。对于施工过程中加劲梁端部约束条件主要选取了以下三种边界条件:

(1)约束一:加劲梁合龙前端部仅约束下端点横、竖向线位移;

(2)约束二:加劲梁合龙前端部仅约束下端点所有线位移;

(3)约束三:加劲梁合龙前端部下端点仅约束纵向线位移,上端点所有线位移均约束。

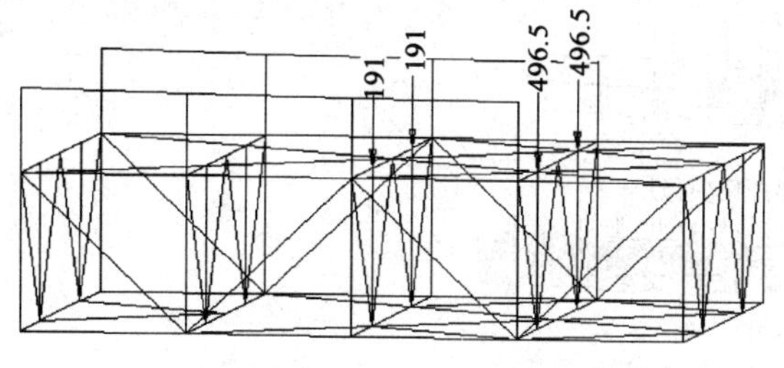

图8　安装第二对吊索前计算分工况⑥

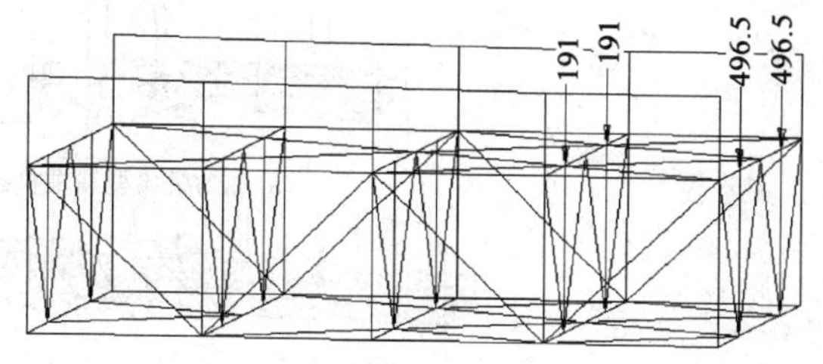

图9　完成安装本节段计算分工况⑦

四、梁段间全刚接施工方案分析

按以上介绍的计算过程对主桁梁节段间进行全刚接的施工过程弹性稳定分析,表1列出了按以上三种边界条件计算的加劲梁弹性稳定屈曲模态,图10和图11分别为弹性稳定系数变化图和屈曲模态图。

桁架加劲梁悬索桥悬臂架设过程中梁段间刚接时的弹性稳定系数及失稳模态　表1

施工阶段	加劲梁失稳模态			施工阶段	加劲梁失稳模态		
	约　束　一	约束二	约束三		约　束　一	约束二	约束三
1	杆件失稳	同一	端杆件失稳	146~151	整体横桥向弯曲失稳	同一	同一
2	整体横桥向弯曲失稳	同一	同一	152	杆件失稳	同一	同一
3~4	整体横桥向弯曲失稳	同一	端杆件失稳	153~158	整体横桥向弯曲失稳	同一	同一
5~131	杆件失稳	同一	端杆件失稳	159	杆件失稳	同一	同一
132~137	整体横桥向弯曲失稳	同一	同一	160~164	整体横桥向弯曲失稳	同一	同一
138	杆件失稳	同一	同一	165	杆件失稳	同一	同一
139~144	整体横桥向弯曲失稳	同一	同一	166~167	整体横桥向弯曲失稳	同一	同一
145	杆件失稳	同一	同一	168	整体横桥向弯曲失稳		

图10　梁段间全刚接施工过程中弹性稳定系数变化图

从图10、图11及表1计算结果可以看出,钢桁梁节段间在全部刚接情况下:

①对于约束方案一和方案二,施工过程中加劲桁梁的弹性稳定安全系数随吊装梁段的增多而增大;

②在吊装前几个梁段过程中,加劲梁端部杆件受边界约束条件的影响,主要发生了桥塔约束附近端部杆件的局部失稳即屈曲模态一;

③在吊装每个标准梁段过程中的最大悬臂状态即第一对吊索安装前结构的屈曲大部分均为屈曲模态三—架设前端梁段局部杆件的失稳;

④当吊装梁段较多时基本上发生屈曲的形式为整体横桥向弯曲失稳即屈曲模态四;

⑤在悬臂架设加劲桁梁的过程中大部分情况发生的失稳形式均为屈曲模态二即在1/4跨度左右处

的几个梁段的屈曲，这主要是受悬臂架设过程中在1/4跨度左右处梁段的内力过大所致，这个情况和施工过程内力分析结果相符，因此屈曲模态二是加劲桁梁发生失稳的典型形式；

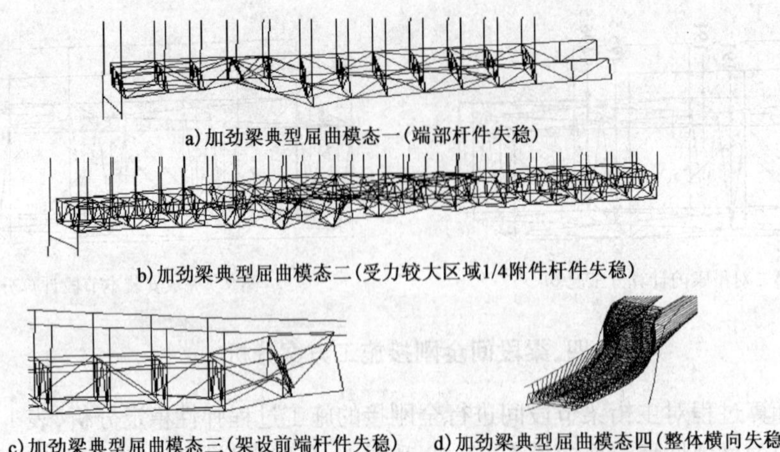

a)加劲梁典型屈曲模态一（端部杆件失稳）

b)加劲梁典型屈曲模态二（受力较大区域1/4附件杆件失稳）

c)加劲梁典型屈曲模态三（架设前端杆件失稳）　d)加劲梁典型屈曲模态四（整体横向失稳）

图11　梁段间全刚接施工过程中加劲梁四种典型的弹性稳定屈曲模态图

⑥对于约束方案三结构发生的失稳形式基本上是桥塔约束附近的端部局部杆件屈曲，屈曲模态和前两个约束方案中的屈曲模态一图11a)类似，结构屈曲安全系数相对偏低，各施工阶段的安全系数同样随吊装梁段的增多而增大，但增加较慢。

五、梁段间刚—铰混合连接施工方案分析

由于结构内力和稳定息息相关，因此为减小主梁刚接施工过程中的结构内力，提高结构稳定性，保证结构的安全，计算时在结构内力较大处即1/4跨度左右处设置铰亦即采取刚—铰混合连接的悬臂架设，释放部分主桁梁节段间转动自由度即释放恒载弯矩，同时让下弦及平联杆自由。通过对主梁刚接施工过程中结构内力的分析以及对不同设铰位置的试算，得出在单侧B5、B6梁段之间以及B10、B11梁段之间设置临时铰比较合理，临时铰设置方式为梁段上弦杆和斜腹杆仅放松竖向转角约束，下弦杆件自由，左右半跨各设两铰，全桥共对称设置四个临时铰。

通过对梁段间采取刚—铰混合连接悬臂架设过程中弹性稳定性进行了计算分析得出：架设过程中加劲梁弹性失稳形式和全刚接架设过程基本相同，只是稳定系数不同。图12为弹性稳定系数变化图。

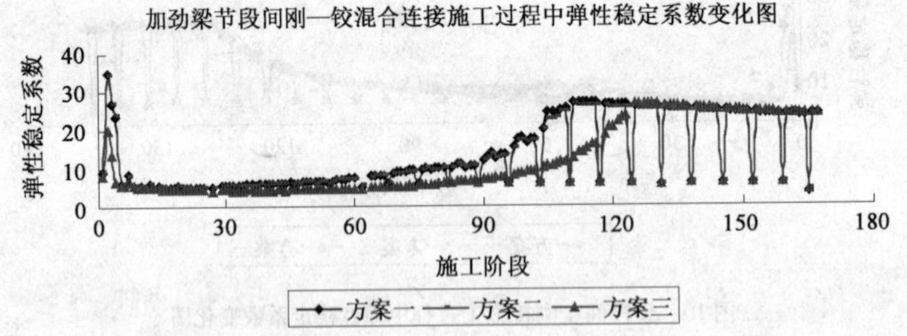

图12　梁段间刚—铰混合连接施工过程中弹性稳定系数变化图

对比图10和图12，可以发现刚—铰混合连接方案施工后期发生整体失稳的时间较全刚接的方案提前了几个梁段，这主要是设铰大幅度减小了1/4跨度左右处梁段的施工内力，结构在1/4跨度左右处发生屈曲模态三的失稳形式的可能性也相对减小了，由此可以看出设铰对结构的稳定性并没有降低。由于铰的设置，随着架设梁段的增多一定程度上改善了结构的失稳形式，提高了结构的稳定性。

对比图10和图12还可以发现施工的中期全刚接时三个约束方案的安全系数差别较小，而刚—铰混合连接时约束方案三较其余两个约束方案安全系数要小得多。

六、弹性稳定特性及极限承载力计算工况的选取

通过对悬索桥加劲梁的悬臂架设过程中弹性稳定性的分析研究,得出刚接的施工过程虽然结构稳定性较好,但由于施工内力过大,无法满足施工的要求。而在1/4跨左右处即在B5、B6梁段之间以及B10、B11梁段之间设置临时铰,采取刚—铰混合连接的悬臂架设过程施工内力较全刚接大幅下降,在满足施工要求的情况下结构的稳定性较全刚接方案并没有多大的变化,因此本次不利工况的选取主要在刚—铰混合连接的悬臂架设方案中选取。通过对刚—铰混合连接的悬臂架设方案施工阶段中弹性稳定系数及四种典型失稳模态的对比研究,得出以下几点结论:

(1)对于刚接施工过程其施工内力较大,杆件会发生强度破坏,并且对比全刚接和刚—铰混合连接弹性稳定计算结果可以看出,两种方案的典型屈曲形式相同,且弹性稳定安全系数相近,变化规律相近,因此极限承载力的分析应选取刚—铰混合连接方案中的最典型代表较适宜。

(2)对于施工前期加劲桁梁屈曲模态即模态一主要是端部杆件受边界条件的约束影响所致;

(3)对于施工中加劲桁梁前端局部杆件的失稳即屈曲模态三主要是前端局部杆件强度所致;

(4)施工后期由于梁段已安装较多,结构整体稳定的系数较高,因此发生整体失稳的可能性较小;

(5)施工过程中大部分桁梁的失稳表现为屈曲模态二,即在1/4跨度左右处的几个梁段的失稳,这主要是整个施工过程中1/4跨度左右处的结构内力过大造成的,这和施工过程内力计算结果一致,因此屈曲模态二是加劲桁梁的失稳形式的最典型代表。

通过以上的分析这里选取刚—铰混合连接方案中屈曲模态二进行极限承载力分析,对比屈曲模态二的弹性稳定分析结果可以得出第51施工阶段安全系数最小,因此本次选取刚—铰混合连接方案中的第51施工阶段即安装B10梁段第一片平面主桁进行极限承载力分析。

除此之外,为了全面考察加劲梁桥面荷载或吊装荷载增加对结构的极限承载力带来的影响,同时为了考察设置临时铰及其数量的影响,本次计算时还分别选取了安装完成B5、B6及B11梁段三个施工阶段(分别为设第一个铰前、设第一个铰后及设第二个铰后三个稳定系数最低的阶段)进行极限承载力分析,以综合考察结构的极限承载力规律。

七、加劲桁梁悬臂架设过程的极限承载力分析

由于实际施工中结构荷载的加载方式及加载大小可能存在多种情况,因此分析中也根据桥面吊机的架设位置以及不同结构荷载的变化进行了多种情况的分析。

对于钢桁梁的材料采用经典的双线性随动强化材料,屈服强度为345MPa,应力—应变关系采用双线性随动强化模型(BKIN)[3]。缆索钢在破坏时其延伸率比软钢小得多,没有明显的塑性平台,可以认为吊索的破坏为脆性破坏。因此吊索不考虑其材料非线性因素,其按理想弹性材料分析。吊索设计破断力为8800kN。吊索一旦达到其极限承载能力,则视为拉断,将从结构中拆除,不再作为受力构件。

1. 考虑施工中桥面吊机荷载的变化时极限承载力分析

(1)桥面吊机支腿支撑在横梁竖杆处极限承载力分析

桥面吊机荷载的变化是指施工过程中吊机位置处可变荷载的增加对结构极限承载力的影响,即在施工过程中当达到所选择的施工阶段时逐渐放大吊机支脚处的支反力。此时吊机的支脚布置在加劲梁横梁的竖杆顶部,桁梁的竖杆将直接承担吊机支反力,实桥设计时选择的是此种布置方式。

选取安装B10梁段第一片平面主桁的施工阶段,分析过程如下:随着吊机荷载的增加,吊索索力和加劲桁梁杆件截面内力逐渐增加,当荷载$N=0.76N_u$(N_u为极限荷载)时,吊索最大内力为7320kN,桁梁最前端B10梁段的横梁杆件截面最大应力达到了屈服应力345MPa。塑性区域出现在最前端B10梁段施加吊机荷载的横梁位置附近。

继续放大吊机荷载,则吊索索力和加劲桁梁杆件截面内力继续加大,B10梁段的横梁竖杆的塑性区逐渐扩大,塑性应变逐渐增大(图13),当荷载$N=N_u$时,吊索最大内力为8710kN(图14),B10梁段的横

梁竖杆达到了最大承载能力即结构达到了最大承载能力，结构的破坏为最前端 B10 梁段的横梁竖杆的压溃破坏，破坏形式为在局部杆件处形成塑性铰所致，如图 15 所示。

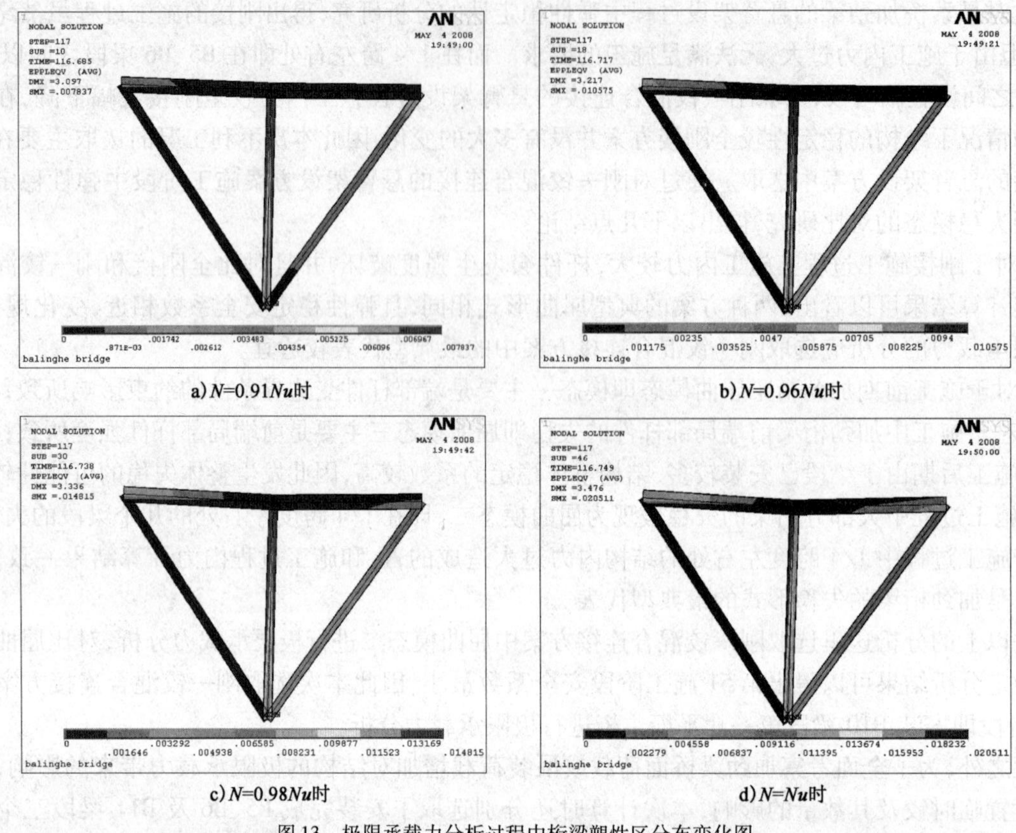

a) N=0.91Nu时　　b) N=0.96Nu时

c) N=0.98Nu时　　d) N=Nu时

图 13　极限承载力分析过程中桁梁塑性区分布变化图

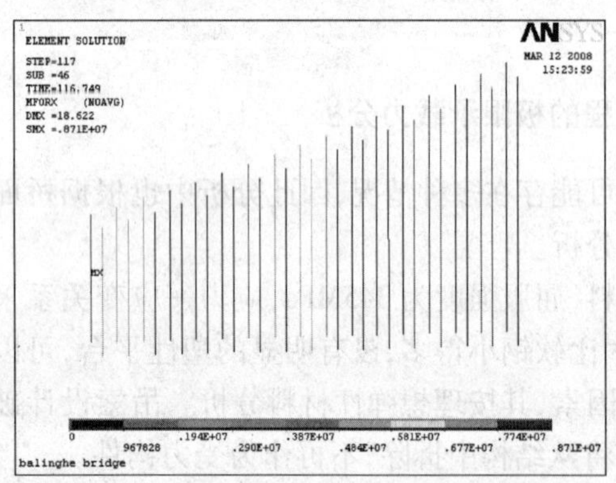

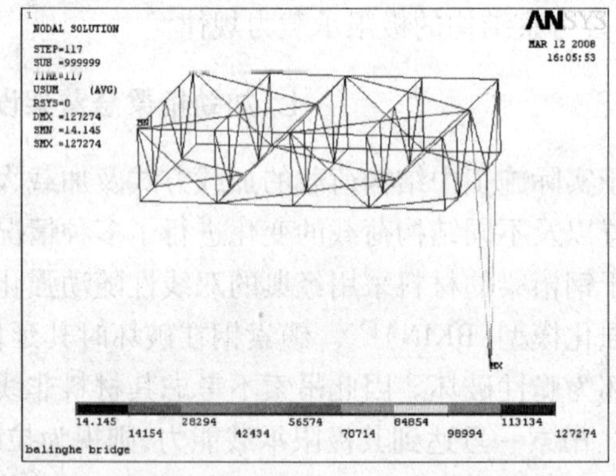

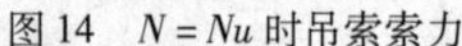

图 14　$N=Nu$ 时吊索索力　　图 15　加劲桁梁最后的破坏形式

选取加劲梁前端横梁破坏点、加劲梁 1/8 跨即铰处及其对应的主缆节点绘制的荷载—竖向位移曲线如下图 16 ~ 图 17 所示（荷载系数 = N/N_u（N_u 为极限荷载）），位移取重力方向为正。

由图 16、图 17 可知：加劲梁的位移随着荷载的加大逐渐增加，从荷载位移曲线图可以看出，从加载初期直到结构发生破坏，两者存在一定的非线性关系，但非线性并不强烈；主缆的荷载—位移曲线规律和加劲梁的相似，两者只是数值存在一定的差别。由此可以看出大跨悬索桥作为一个柔性结构其抵抗外荷载主要是主缆的变形来实现的，加劲梁则主要作为传力构件。

由以上的分析可以看出对于悬索桥悬臂架设加劲桁梁的施工过程若考虑施工时桥面吊机荷载的变化，且吊机荷载布置在加劲梁横梁竖杆上端，则结构最后的破坏形式为加劲桁梁局部杆件的破坏，这种破坏形式是由于结构荷载作用在桁梁局部杆件较大导致局部杆件被压溃所致的，这种破坏发生时会在局部杆件处形成塑性铰，进而使局部产生破坏机构最终导致结构局部破坏。

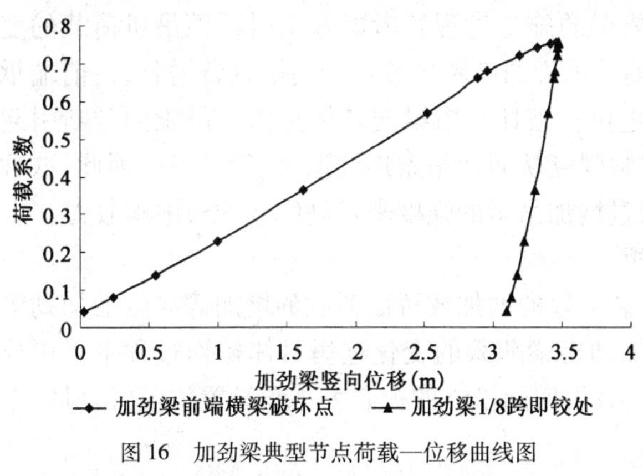

图16 加劲梁典型节点荷载—位移曲线图

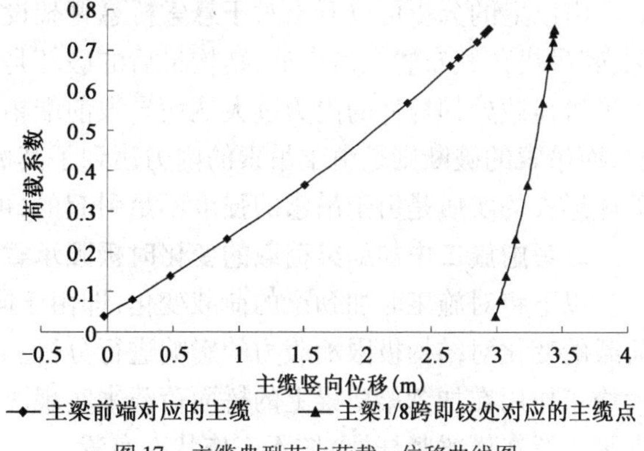

图17 主缆典型节点荷载—位移曲线图

(2)桥面吊机支腿支撑在桁梁吊点处极限承载力分析

此工况施工阶段同前,吊机支腿反力直接传递给吊点即吊索成为直接承担吊机支反力的构件。

极限承载力的全过程分析如下:随着吊机荷载的增加吊索索力和桁梁杆件截面内力逐渐增加,当荷载 $N = Nu$ 时,最前端受偏载作用较大的 D19 吊索达到了其最大承载能力 8800kN,此时加劲桁梁杆件最大截面应力为 238.0MPa。随着达到最大承载力的 D19 吊索退出工作,在不增加吊机荷载的情况下,临近的 D18 吊索的内力随即超过了其最大承载能力 8800kN(图18)。一旦 D18 吊索退出工作,在不增加吊机荷载的情况下,桁梁最前端 B10 梁段承受最大吊机荷载反力作用处的杆件此时由于没有吊索的支撑作用,且单侧面主桁悬臂较长,主桁杆件发生了前端的机构破坏(图19)。

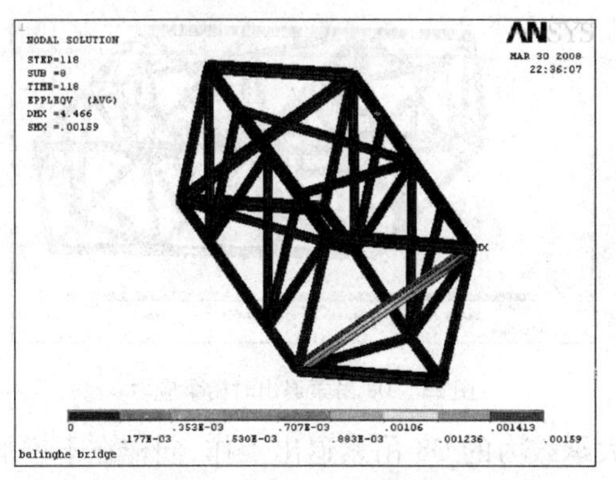

图18 D18 吊索退出时桁梁塑性区分布

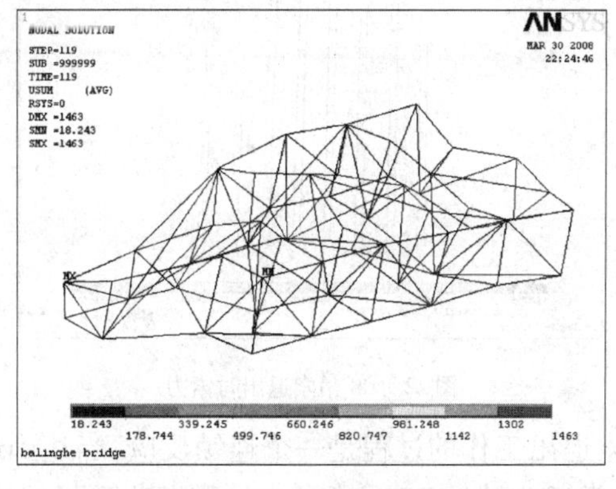

图19 加劲桁梁最后的破坏形式

由图20、图21 可知:加劲梁的位移同样随着荷载的加大逐渐增加,从荷载位移曲线图可以看出,从加载初期直到结构发生破坏,两者仍然存在一定的非线性关系;主缆的荷载—位移曲线规律和加劲梁的相似,两者只是数值存在一定的差别。这种规律和第一种计算情况相同。

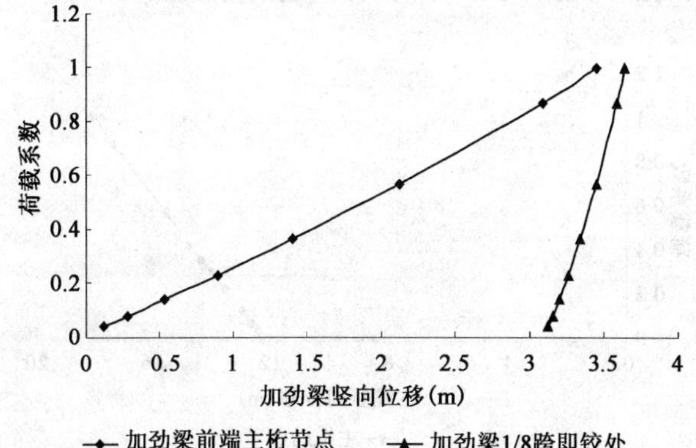

图20 加劲梁典型节点荷载—位移曲线图

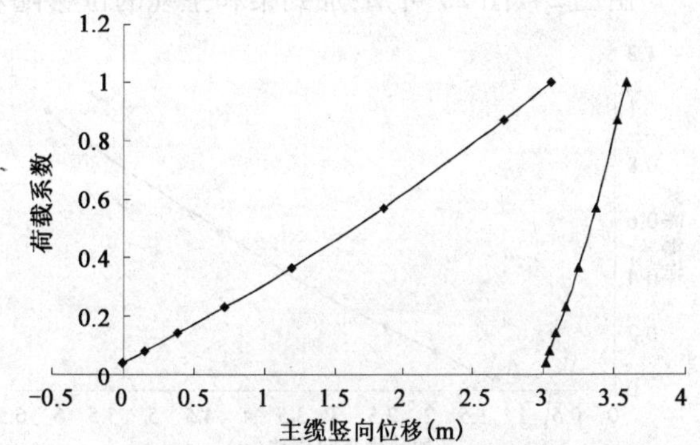

图21 主缆典型节点荷载—位移曲线图

由以上的分析可以看出对于悬索桥悬臂架设加劲桁梁的施工过程若考虑施工时桥面吊机荷载的变化,若吊机荷载布置在吊点处,结构最后的破坏是由于前端吊索的破断导致加劲桁梁悬臂增长,使前端承受吊机荷载处的杆件的内力过大从而导致前端桁梁产生机构破坏。桁梁的破坏是由于吊索的破断引起的,而吊索的破断则是由于吊索的内力达到了其极限材料强度从而使吊索连续退出工作所致,因此,这种破坏形式的实质是由于吊索的强度不足引起的,可以通过增加吊索的强度来提高结构的极限承载力。

2. 考虑施工中加劲梁荷载的变化时极限承载力分析

以下将对施工时加劲梁的荷载变化,即由于同时吊装梁段的增加或桥面荷载的增加等导致的加劲梁荷载的变化对结构极限承载力的影响进行分析。对于加劲桁梁荷载的变化这里具体操作过程中采用放大均布作用在加劲梁横梁上的桥面荷载来实现。吊机荷载按实际设计的荷载大小和设置位置(吊机四个支脚布置在横梁竖杆处)按不工作状态布置。

(1)梁段间设第一个临时铰前的情况

随着荷载的增加吊索索力和加劲桁梁杆件截面内力逐渐增加,当荷载 $N = N_u$ 时,最前端的一对吊索D9索力达到了其最大承载能力8800kN,此时加劲桁梁靠近支座的B3梁段的主桁弦杆有一小部分最大截面应力达到了屈服应力345MPa。塑性区域出现在加劲桁梁最前端B3梁段主桁弦杆位置。

随着达到最大承载力的D9吊索退出工作,在不增加荷载的情况下,靠近前端的D8吊索随即达到了其最大承载力(图22),此时桁梁最大应力为最前端B5梁段有吊索处的主桁竖杆为322MPa(图23)。

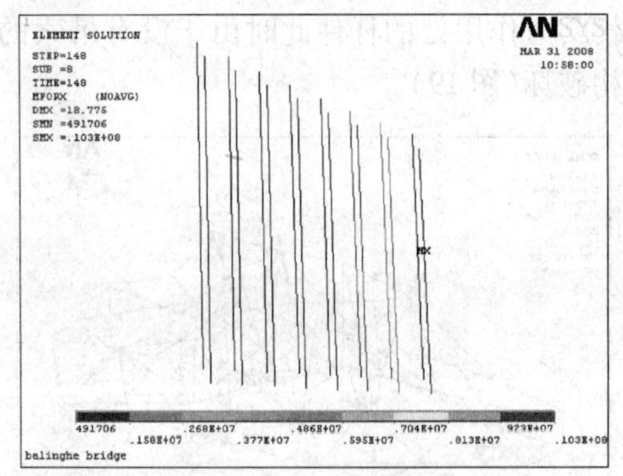

图22　D8吊索退出时索力

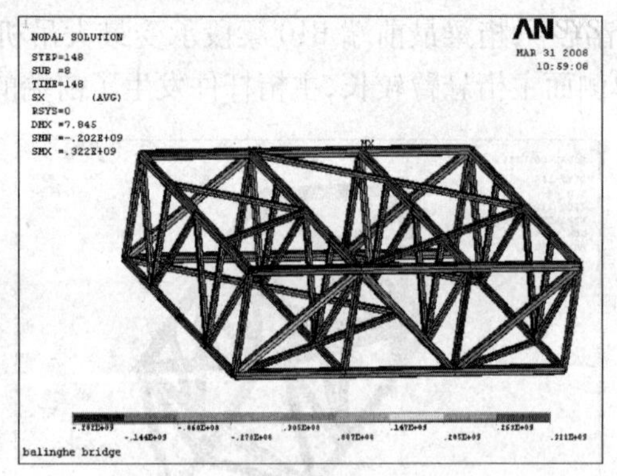

图23　D8吊索退出时桁梁应力

吊索退出工作的过程是一个连锁反应,当达到最大承载力的D8吊索退出工作,同样在不增加荷载的情况下,靠近前端的D7吊索的内力随即达到了其最大承载能力,此时加劲桁梁杆件的截面最大应力进一步减小,最大截面应力为206MPa。

同样随着D7吊索达到其最大承载能力而退出工作,紧邻的吊索接着会继续退出工作,这样结构就会发生吊索连续破断退出工作的连锁破坏过程。

由图24、图25可知:加劲梁和主缆的位移随着荷载的加大逐渐增加,两者有一定的非线性关系。

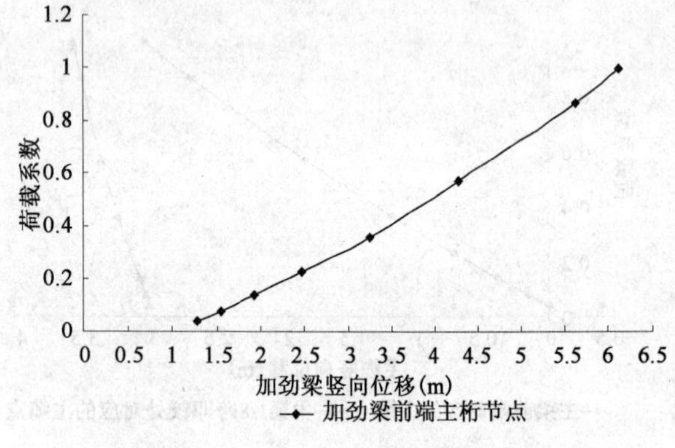

图24　加劲梁典型节点荷载—位移曲线图

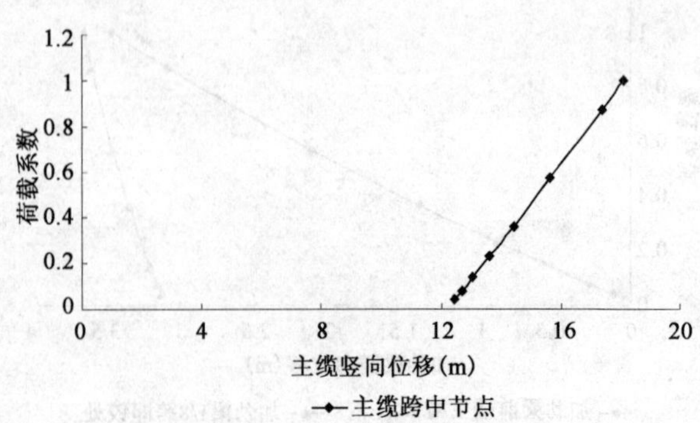

图25　主缆典型节点荷载—位移曲线图

由以上的分析可以看出对于悬索桥悬臂架设加劲桁梁的施工过程若考虑施工时加劲梁荷载的变化，若吊机荷载布置在横梁竖杆处，施工过程中未设置临时铰前结构最后的破坏形式和考虑吊机荷载的变化且吊机布置在吊点处时的情形相同，即破坏形式为吊索的连续破断，并且吊索的破断是一个连锁反应，即破坏是由于吊索的内力达到了其极限材料强度从而使吊索连续退出工作所致。这种情况同样可以通过增加吊索的强度来提高结构的极限承载力。

(2)梁段间设置第一个临时铰后的情况

极限承载力的分析过程同前，选取首先退出工作的吊索所在的加劲梁主桁节点即铰处的节点，同时选取以上选定的主梁节点对应的主缆节点绘制的荷载—竖向位移曲线如图25～图26所示。

由图26、图27可知：加劲梁和主缆的位移随着荷载的加大逐渐增加，从加载初期直到结构发生破坏，荷载—位移为非线性关系，相对前几种情况，本次非线性相对强烈一些。

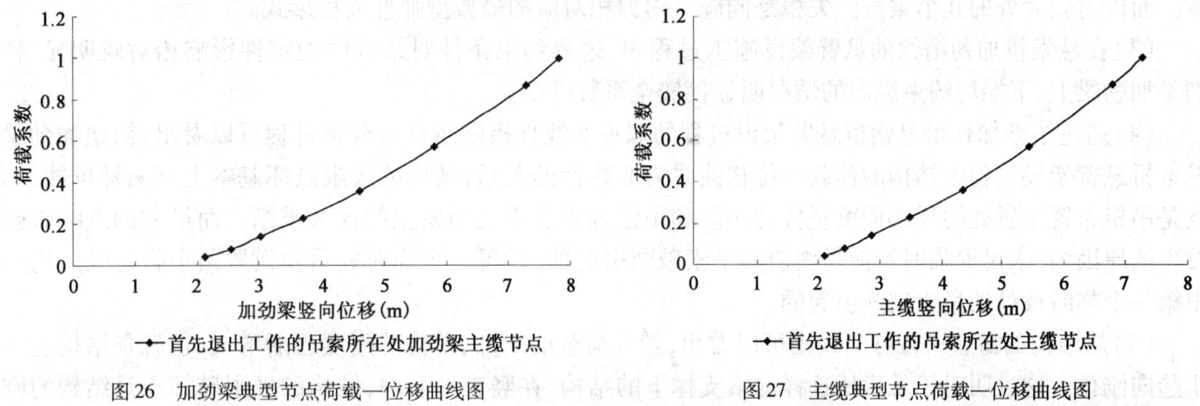

图26 加劲梁典型节点荷载—位移曲线图　　图27 主缆典型节点荷载—位移曲线图

由以上的分析同样可以看出对于悬索桥悬臂架设加劲桁梁的施工过程若考虑施工时加劲梁荷载的变化，若吊机荷载布置在横梁竖杆处，在设置第一临时铰后结构最后的破坏形式为吊索的连续破断，最终导致加劲桁梁产生破坏。破坏是由于吊索的内力达到了其极限材料强度从而使吊索连续退出工作所致。这种情况同样可以通过增加吊索的强度来提高结构的极限承载力。

(3)梁段间设置第二个临时铰后的情况

选取首先退出工作的吊索所在的加劲梁主桁节点即铰处的节点和加劲梁前端节点，同时选取以上选定的主梁节点对应的主缆节点绘制的荷载—竖向位移曲线如图28、图29所示。

由图28、图29可知：加劲梁和主缆的位移随着荷载的加大逐渐增加，从加载初期直到结构发生破坏，荷载—位移曲线为非线性发展。

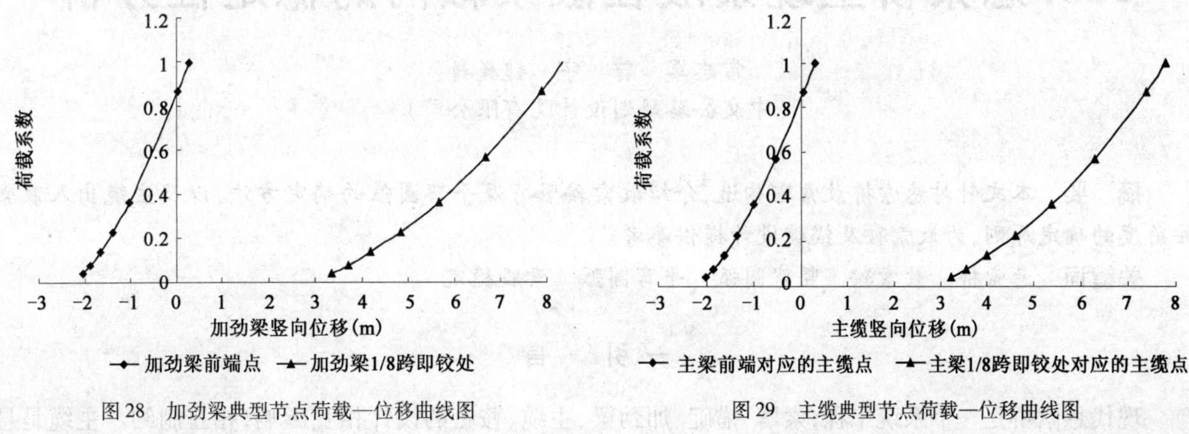

图28 加劲梁典型节点荷载—位移曲线图　　图29 主缆典型节点荷载—位移曲线图

由以上的分析可以看出对于悬索桥悬臂架设加劲桁梁的施工过程若考虑施工时加劲梁荷载的变化，若吊机荷载布置在横梁竖杆处，在设置第二个临时铰后结构最后的破坏形式同样为吊索的连续破断，并且吊索的破断是一个连锁反应，即破坏是由于吊索的内力达到了其极限材料强度从而使吊索连续退出工作所致。这种情况同样可以通过增加吊索的强度来提高结构的极限承载力。在整个极限承载力分析过程中,荷载位移—曲线关系为非线性关系。

八、结　语

通过对采用桥面吊机进行悬索桥加劲梁的悬臂架设过程的结构稳定性研究得出了以下结论:

(1)悬索桥加劲桁梁的悬臂架设施工过程中,在加劲桁梁内力较大位置处设置临时铰对结构的稳定性并没有带来本质的影响,并且由于铰的设置在后期随着架设梁段的增多一定程度上改善了结构的失稳形式,提高了结构的稳定性。

(2)悬索桥加劲桁梁的悬臂架设施工过程中,加劲桁梁的弹性屈曲形式一般存在四种典型失稳模态即端部局部杆件的屈曲、内力较大处的几个梁段的失稳、架设前端的局部杆件屈曲及整体横桥向弯曲失稳。而内力较大处的几个梁段的失稳是同施工内力相对应的最典型弹性失稳形式。

(3)在悬索桥加劲桁梁的悬臂架设施工过程中,边界约束条件对结构的稳定性影响相对较明显,特别是加劲梁上、下端均约束纵向的情况明显使安全系数降低。

(4)通过桁架加劲梁悬索桥悬臂架设过程的双重非线性极限承载力分析过程可以看出:桁架加劲梁悬索桥悬臂架设过程中结构的荷载—位移曲线为非线性的关系,结构的极限破坏基本上有两种可能,那就是吊机布置位置处的局部横梁竖杆的压溃和吊索因强度不足而发生的连续破断。而吊索的连续破断发生的原因为:未设置临时铰前是由前端吊索破断引起的;设置一个临时铰后及设置两个临时铰后均是由第一个临时铰处的吊索破断引起的。

(5)从结构的荷载—位移曲线图可以看出,随着荷载的增加,结构的刚度逐渐增大,也就是结构进一步趋向刚化。这说明对于悬索桥这样的索支撑下的结构,在竖直平面内,结构的极限破坏不是结构的刚度不能保持外加荷载作用下的平衡而导致的,其加劲桁架在施工过程中不存在竖直平面内的稳定问题,用弹性理论计算的稳定系数实际是没有意义的。

参考文献

[1] 郑宪政.大跨度悬索桥加劲梁架设过程结构行为及抗风稳定性研究[D].成都:西南交通大学,1996.

[2] 王忠彬,沈锐利,唐茂林.悬索桥钢桁架加劲梁施工方法分析.石家庄:石家庄铁道学院学报,2006.

[3] 王新敏.ANSYS工程结构数值模拟分析[M].北京:人民交通出版社,2007.

128.悬索桥主缆索股在散索鞍内的稳定性分析

常志军　曾　宇　魏巍巍

(中交公路规划设计院有限公司)

摘　要　本文针对悬索桥散索鞍构造,介绍散索鞍竖弯及平弯圆弧的确定方法,以及主缆出入散索鞍角度的确定原则,为散索鞍及锚碇设计提供参考。

关键词　悬索桥　散索鞍　竖弯圆弧　平弯圆弧　索股稳定

一、引　言

现代悬索桥是一个系统工程,索塔、锚碇、加劲梁、主缆、鞍座的设计相互影响,相互制约。主缆是悬索桥中的主要承力构件,鞍座是用于支撑主缆的永久性结构件。鞍座可分为主索鞍和散索鞍,部分悬索桥还设置转索鞍。散索鞍设置于锚碇前段的散索鞍支墩上,将主缆索股锚固面与主索鞍之间的主缆分为锚跨段和边跨段,并将主缆索股在竖直方向和水平方向散开,引入各个锚固点。

悬索桥设计时一般根据锚碇形式，结合地形条件及空间限制等因素，确定散索点的位置和散索点到前锚面的距离，部分锚碇设计对散索鞍设计提出较高要求。

本文探讨确定散索鞍平弯、竖弯半径的原则，满足散索鞍处主缆索股稳定条件，最大限度为锚碇的设计提供便利。

二、散索鞍的基本构造

散索鞍设置于边跨和锚跨之间，其主要功能是将边跨主缆索股在竖直方向和水平方向散开，通向锚面上的各锚固点位置。悬索桥成桥后，由于温度、活载而产生的主缆缆力的变化在中跨可通过索塔、主缆、吊索等结构的协调变形来适应，而边跨的缆力变化导致主缆线形的变化，需由散索鞍的移动副来解决，因此，散索鞍下设置的移动副是一个永久性结构。

1. 散索鞍的分类

根据使鞍头纵向运动所需运动副的构造形式分为滚轴式和摆轴式。滚轴式散索鞍一般由鞍体、滚轴组、底座、底板等构成，在上、下底座板之间设置有钢质削边滚轴。摆轴式散索鞍鞍体底部是一个长条形凹槽，内镶摆轴上承板，支撑在安装于底座的下承板的弧面钢轴上。

按照不同的制作方式可以分为全铸式、铸焊式。全铸式散索鞍更适合于滚轴式散索鞍的鞍体结构。

2. 散索鞍的结构形式

无论是滚轴式还是摆轴式散索鞍，鞍头的结构基本相同。散索鞍鞍头与主索鞍结构类似，但鞍槽槽路的几何形状比主索鞍要复杂得多。在主缆的进口处，鞍槽的槽路断面与主索鞍相同。索股入槽后，鞍槽槽路设计应既能使主缆索股竖直向下转一个角度，又能使其水平向外转一个角度，以适应各个索股在锚面上各锚固点的相应位置。鞍槽在竖向的圆弧曲线为几个半径逐渐减小的过渡圆曲线组成，水平圆弧可以是不同半径的同心圆。

滚轴式散索鞍的鞍身为支撑鞍头的骨架，主要由纵、横肋组成，并与鞍头上的纵、横肋相适应。鞍体下座板与上座板之间数根滚轴要互相联结，以便鞍体移动时各个滚轴同时滚动，同一索鞍所用滚轴经过严格选配，使其相互之间的尺寸和形状误差为最小。

摆轴式散索鞍的鞍身则有较大变化，虽然也有与鞍头相适应的纵肋贯通整个鞍座，但并无与鞍头相适应的横肋，纵肋两侧和前后各有一块厚钢板与纵肋共同受力，使鞍体呈封闭的倒棱台形结构。鞍体底部是一个长条形凹槽，内镶板式摆轴，鞍头顺桥向摆动时，鞍体在底座弧面摆轴上作相应的摆动。

三、散索鞍竖弯圆弧的确定

散索鞍竖弯圆弧的确定与主索鞍相同，首先是根据主缆直径确定散索鞍鞍槽底部最大曲率半径 R_v；然后根据 R_v 计算主缆钢丝通过散索鞍的弯曲应力，在考虑弯曲应力的情况下验算主缆的安全系数；根据 R_v 进行散索鞍鞍体的强度验算，并通过有限元分析验证；最后根据主缆的安全系数和散索鞍鞍体的强度计算对 R_v 进行修正。

1. 根据主缆直径确定散索鞍圆弧半径

散索鞍鞍槽底部圆弧半径大，主缆通过散索鞍的平顺性好，次应力小，但散索鞍尺寸规模大、重量增加。由于主缆通过散索鞍实现索股的散开，在散索鞍锚跨侧部分索股已经发散，对散索鞍槽不再有压力，为了使鞍槽所受的索股压力沿着长度方向均匀分布，散索鞍座弧槽底部曲率半径 R_v 设计为几段相切的变直径圆弧。我国《公路悬索桥设计规范（试行）》规定 $8 \leqslant R_v/D$（主缆直径）$\leqslant 12$。日本公路桥梁设计规范规定 $R_v/D \geqslant 8$（表 1）。

国内部分大跨径悬索桥 R_v/D 值　　表 1

名称	江阴桥	润扬桥	阳逻桥	西堠门桥	黄埔桥	坝陵河桥
主跨跨径	1385	1490	1280	1650	1108	1088
R_v/D	9.31	9.96	9.32	9.20	9.93	9.88

注：D 值为索夹外主缆直径，设计有背索的主缆按边、中跨最大值计算。

2. 计算主缆在散索鞍处的弯曲应力

鞍座弧槽底部最大曲率半径 R_v 的大小直接影响到主缆的弯曲应力 σ_1，其大小与曲率半径成反比，即：

$$\sigma_1 = E \cdot d/2R_v$$

式中：E——材料的弹性模量，MPa；

d——主缆钢丝的直径，mm；

R_v——散索鞍槽底立面圆弧半径，mm。

对于主缆的安全系数，我国《公路悬索桥设计规范》规定，在恒载＋汽车活载＋体系温度组合下，主缆应力验算安全系数不宜小于2.5，但是对于考虑二次应力的情况下，安全系数未做规定。

日本本州四国联络桥梁公团的上部结构设计标准中，对于强度等级为1600MPa的主缆的安全系数是按以下标准进行考虑的：对于抗拉强度，至少确保2.5的安全系数；对于屈服强度，确保大约2.0的安全系数；考虑二次应力时的最大应力，对于抗拉强度应具有大约2.0的安全系数。

欧洲规范中主缆安全系数规定为：1.35恒＋1.35活＋1.0（温度＋风力）≤破断强度/1.5。如果“温度＋风力”的分项系数也按1.35考虑，则在恒＋活＋温度＋风力工况下，安全系数≥2.025。

悬索桥随着跨径的增加，其恒载所占的比重越来越大，对于大跨径悬索桥的设计，很有可能出现安全系数低于2.5，这时就需要确定一个合理的安全系数取值。而二次应力（在索鞍处主要是主缆的弯曲应力）就是必须要考虑的因素，如果在考虑二次应力的情况下主缆安全系数仍然达不到2.0，就需要调整索鞍处的竖向曲率半径。

3. 散索鞍鞍体的强度计算

鞍槽部分承受主缆索股的下压力、中央列索股对鞍槽壁的侧压力以及由此产生的弯矩，鞍槽根部截面处及中央列索股截面处为受力不利部位。

（1）经典公式计算

计算公式采用《公路悬索桥设计规范》（报批稿）中规定的计算公式，鞍体结构强度计算时不考虑横肋的加劲作用。

①各列索股的向心压力 f_{sr}：

$$f_{sr} = \frac{F_c \cdot n}{n_s \cdot r_v} (\mathrm{N/mm})$$

式中：F_c——单根主缆的拉力，取边跨缆力和锚跨缆力中的较大值；

n——该列索股根数；

n_s——单根主缆中索股总股数。

②高度 H 范围内的总侧向力 f_H

$$f_H = \frac{f_v \cdot b \cdot H}{2\mu} - \frac{3f_v \cdot b^2 \cdot (1 - e^{-(2\mu H)/(3b)})}{4\mu^2} (\mathrm{N/mm^2})$$

索股平弯产生的水平向心力 f_{H1}

$$f_{H1} = \frac{F_c \cdot \left(1 - \dfrac{n_{sc}}{n_s}\right)}{2r_h} (\mathrm{N/mm^2})$$

③由侧压力产生的总弯矩 M_{fH}：

$$M_{fH} = \frac{f_v \cdot b \cdot H}{2\mu} \cdot \left(\frac{H}{2} - \frac{3b}{2\mu}\right) + \frac{9f_v \cdot b^3 \cdot (1 - e^{-(2\mu H)/(3b)})}{8\mu^3} (\mathrm{N \cdot mm/mm})$$

式中：μ——摩擦系数，一般取0.15；

f_v——中央列索股单位体积竖向力，$f_v = \dfrac{F_c \cdot n_{sc}}{r_v \cdot n_s \cdot b \cdot H}$($N/mm^3$)；

n_{sc}——中央列索股股数；

b——索股宽度，mm；

H——中央列索股总高度，mm。

(2)散索鞍鞍体的有限元分析

进行散索鞍鞍体的有限元分析一方面可以真实地模拟散索鞍的受力工况，对于有应力集中处可以采取相应的改善措施。同时也是对经典公式计算的一个校核。

有限元分析一般采取实体单元模型。对照有限元分析和常规公式计算的结果，一般有限元分析结果要小于经典计算值，主要原因是有限元分析时考虑了横肋的加劲作用。

四、散索鞍平弯圆弧的确定

主缆中的每列索股都是按照确定的位置排列的，无论是索塔顶的主索鞍，还是锚室内的散索鞍，以及主缆索股的锚固位置，每根索股都有它自己确定的位置。因此，对于整个主缆在散索鞍到主缆锚固处的形状而言有以下 3 种情况：

①在竖向平面内，在保证主缆的最外层索股经过散索鞍后，仍然有一个向下的转角，即 $\delta - \xi - \theta > 0°$，其中 δ 为主缆出散索鞍的切线角，ξ 为主缆进入散索鞍的切线角，θ 为散索角。而 δ、ξ 角度与主缆在散索鞍处的转角有关，θ 角度与散索鞍到前锚面的距离、索股在前锚面上的布置有关（图 1、图 2）。

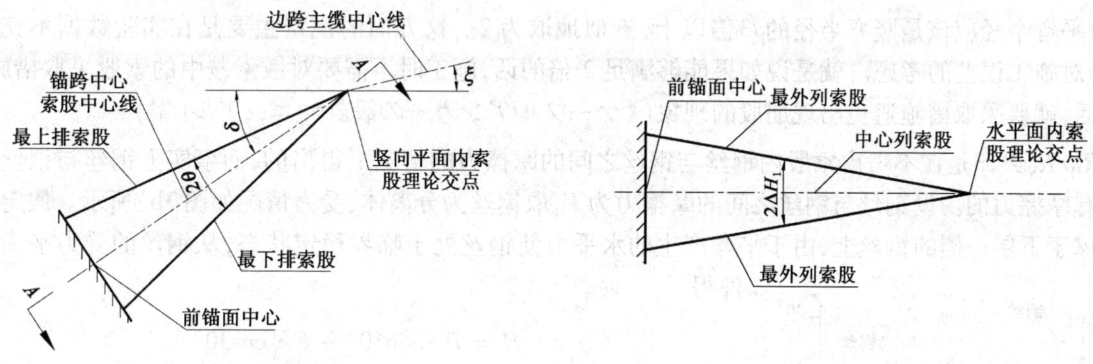

图 1　主缆索股散索立面布置　　　　图 2　主缆索股散索 A—A 断面布置

②在平面内，由于锚固的需要，索股必须在锚面上散开，散开 θ_1 角度与锚面的尺寸大小、散索的长度有关。

③主缆在散索鞍处，各个索股既有竖向弯曲，又有平面弯曲。各索股的平弯半径的大小与其竖弯半径的大小存在一定的关系。

以上三方面均与总体方案所确定的主索鞍、散索鞍、前锚面等位置参数以及主缆线型密切相关。这些位置参数的选择对散索鞍的设计产生影响和制约。

1. 主缆索股稳定的基本条件

欲使主缆索股按照一定的排列次序分散锚固于前锚面上，索股在散索鞍处必须有水平弯曲和竖向弯曲两种变形。索股在散索鞍中沿水平圆弧曲线散开的同时，必须在竖直方向保持一定的压力，使索股本身始终处于压在下层索股（或散索鞍鞍槽）上，否则索股就会产生堆积，导致索股无序排列、索股的实际长度与理论长度不符、钢丝受力不均匀等严重后果。从而影响到施工的正常进行。

①日本人小西一郎编著的《钢桥》一书中认为，各个钢丝在散索过程中，作用于钢丝上的竖直分力 V 及水平分力 H 的合力作用方向对竖直轴的角度在 30°以内（图 3a），索股内钢丝的配列就保持稳定（《钢桥》第 5 册 P177 ~ P178）。

$$V = \frac{2T\sin\left(\frac{\delta-\xi}{2}\right)}{2R_V \cdot \frac{\delta-\xi}{2}}$$

一般悬索桥设计时，主缆在散索鞍处的转角为18°~22°，即$\delta-\xi=0.314\sim0.384\text{rad}$，则$\frac{\sin\left(\frac{\delta-\xi}{2}\right)}{\frac{\delta-\xi}{2}}=0.996\sim0.994$，可以近似认为等于1。

$$V \approx T/R_V$$

$$H \approx T/R_H$$

$$V/H = R_H/R_V \geqslant \tan60° = \sqrt{3}$$

式中：R_H——索股平弯半径；

R_V——索股竖弯半径；

T——钢丝拉力。

钢丝的稳定条件为：$R_H/R_V \geqslant \sqrt{3} \approx 1.732$

②日本的设计规范对于散索鞍平弯半径和竖弯半径没有明确的规定，本四公团的观点与小西一郎相同，认为平弯半径应该是竖弯半径的$\sqrt{3}$倍以上，近似地取为2。这方面的规定主要是在实验数据不充分时，出于对施工误差的考虑。就是说如果能够满足2倍的话，施工时不需要对散索鞍中的索股采取措施，否则的话，就要采取措施避免出现崩股的现象(《ケーブルアンカーの設計マニュアル(案)》)。

③$R_H/R_V \geqslant \sqrt{3}$是在不考虑索股内钢丝与钢丝之间的摩擦力的情况下得出的，而事实上钢丝与钢丝之间是存有摩擦力的。设钢丝与钢丝之间的摩擦力为F，取钢丝为分离体，受力情况如图3b)所示。假定钢丝只支撑于下层一侧的钢丝上，由于平弯产生的水平力使钢丝处于临界稳定状态，从钢丝的受力平衡条件得：

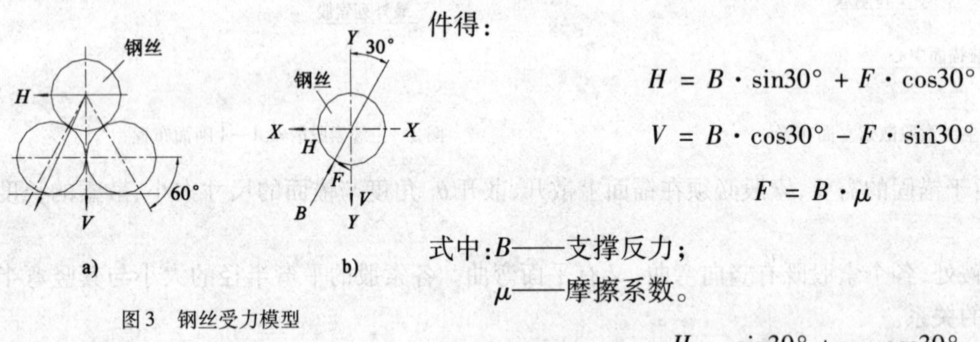

图3　钢丝受力模型

$$H = B\cdot\sin30° + F\cdot\cos30°$$

$$V = B\cdot\cos30° - F\cdot\sin30°$$

$$F = B\cdot\mu$$

式中：B——支撑反力；

μ——摩擦系数。

$$\frac{H}{V} = \frac{\sin30° + \mu\cdot\cos30°}{\cos30° - \mu\cdot\sin30°}$$

由$H \approx T/R_H$，$V \approx T/R_V$得：

$$\frac{R_H}{R_V} = \frac{\cos30° - \mu\cdot\sin30°}{\sin30° + \mu\cdot\cos30°} = \frac{\sqrt{3}-\mu}{1+\sqrt{3}\cdot\mu}$$

2. 摩擦系数的确定

摩擦系数μ的大小，与材料的特性、表面粗糙度以及荷载、温度等因素有关系，主要影响因素为材料的特性及表面粗糙度。

①我国工程通常采用静摩擦系数μ取0.15，动摩擦系数μ取0.10。(机械设计手册第二卷P16-6)

②武汉阳逻长江大桥设计中主缆索股与鞍槽摩擦系数实验结果见表1、表2。

主缆索股与鞍槽表面摩擦系数试验数据(1:1模型)　表1

压力级＼表面状况	金属内表面	喷锌内表面	环氧内表面	金属表面涂黄油	喷锌表面涂黄油
60kN	0.3237	0.2825	0.2367	0.1587	0.1169
40kN	0.3243	0.2833	0.2483	0.1936	0.1828
20kN	0.3365	0.2926	0.2565	0.2623	0.1259
平均	0.3282	0.2861	0.2472	0.2049	0.1419

主缆索股与鞍槽表面摩擦系数试验数据(1:10 模型)　表2

试　验　组	顶推模型鞍座	固定模型鞍座	试　验　组	顶推模型鞍座	固定模型鞍座
第一组数据	0.3210	0.3369	第三组数据	0.3237	0.3210
第二组数据	0.3183	0.3221	平均	0.3210	0.3267

与实桥表面状况相吻合的表面状况为喷锌内表面,摩擦系数可以取0.28。

③泰州长江大桥设计中主缆索股与鞍槽摩擦系数实验结果见表3、表4。

多索股试验摩擦系数μ计算　表3

试　验　组	T_1/T_2	A端索股张拉力T_2(kN)	B端索股张拉力T_1(kN)	鞍座圆弧角θ(弧度)	摩擦系数μ
1	1.546	3790	5860.00	0.8365	0.521
2	1.564	3880	6070.00	0.8365	0.535
3	1.565	4000	6260.00	0.8365	0.535

单索股试验摩擦系数μ计算　表4

试　验　组	T_1/T_2	A端索股张拉力T_2(kN)	B端索股张拉力T_1(kN)	鞍座圆弧角θ(弧度)	摩擦系数μ
4	1.287	341.0	439.0	0.8365	0.302
5	1.313	345.0	453.0	0.8365	0.326
6	1.387	349.0	484.0	0.8365	0.391

对比多索股试验和单索股试验结果,明显看出单股索的摩擦系数小于多股索的摩擦系数。造成这种现象的原因是:多索股试验时不仅索股的底面与鞍座之间存在摩擦力,侧面也因索股对鞍座的侧向挤压而产生摩擦力,而单股试验时其总的摩擦力中侧面摩擦力的贡献比多索股试验时小。而考虑钢丝与钢丝之间摩擦力的计算模型时处于临界稳定状态,未考虑侧面的摩擦阻力,因此认为单索股试验结果更接近于计算模型,摩擦系数可以取0.30。

④华盛顿桥(GeorgeWashington 桥)设计时μ取0.2,架设时根据现场观测确定了实际的摩擦系数。根据该项观测,对于施加油漆被膜的鞍座面主缆的不平衡力为竖直荷载的23%时,主缆就发生滑动;对于除去油漆面主缆的不平衡力为竖直荷载的30%时,才发生滑动(小西一郎《钢桥》第5册P132)。

从以上各试验结果可知,我国工程上常用的摩擦系数$\mu=0.15$并不能正确反映主缆钢丝之间的摩擦。在实际工程中,主缆钢丝之间的摩擦系数取0.2是有保证的。

3. 平弯半径与竖弯半径的比值

由$\dfrac{R_H}{R_V}=\dfrac{\cos30°-\mu\cdot\sin30°}{\sin30°+\mu\cdot\cos30°}=\dfrac{\sqrt{3}-\mu}{1+\sqrt{3}\cdot\mu}$可知,不同的摩擦系数对应于不同的平弯半径与竖弯半径的比值(表5)。

不同μ对应的R_H/R_V　　表5

μ	R_H/R_V	μ	R_H/R_V
0.15	1.256	0.218	1.1
0.18	1.183	0.25	1.034
0.20	1.138	0.268	1

根据上述大桥的试验结果，主缆索股钢丝之间的摩擦系数均大于0.2，因此，在设计时摩擦系数取0.2是可靠的，此时平弯半径和竖弯半径的比值为1.138，设计时可取1.15。

因此，无论是否考虑摩擦力的影响，下述规律总是存在的：

(1)主缆索股在散索过程中，其平弯半径始终大于竖弯半径，$R_H>R_V$，$R_H/R_V>1.15$。

(2)索股在平弯过程中，应始终保持垂直压力V及一定的摩擦力F，使每根钢丝处于稳定状态，因此索股的竖弯圆弧长度必须大于平弯圆弧长度，即$L_V>L_H$，且平弯圆弧长度须始终处于竖弯圆弧长度的范围之内。

(3)每根索股在散索过程中的平弯转角$\Delta_H(\Delta_H=L_H/R_H)$应始终小于其竖弯转角$\Delta_V(\Delta_V=L_V/R_V)$与$R_H/R_V$的乘积，才能使该索股始终处于稳定状态。

五、主缆出入散索鞍的角度对索股稳定的影响

对于采用PWS法进行主缆施工的悬索桥，假定主缆断面索股排列为正六边形，索股在经过散索鞍散开以后锚固到锚体上，具有以下规律：

①平弯圆弧长度最长的是最外列两侧索股；

②竖弯圆弧长度最短的是各列顶端的索股；

③中央列顶部索股竖弯圆弧长度最短，但因为$\delta-\xi-\theta>0$，则竖弯圆弧长度必然大于0，且该索股一般在水平面内为直线，平弯转角为0，故中央列索股总能满足$L_V>L_H$的条件。

④最外列顶端的索股A和次中列顶端的索股B是判断主缆各索股是否稳定的典型索股(图4)。

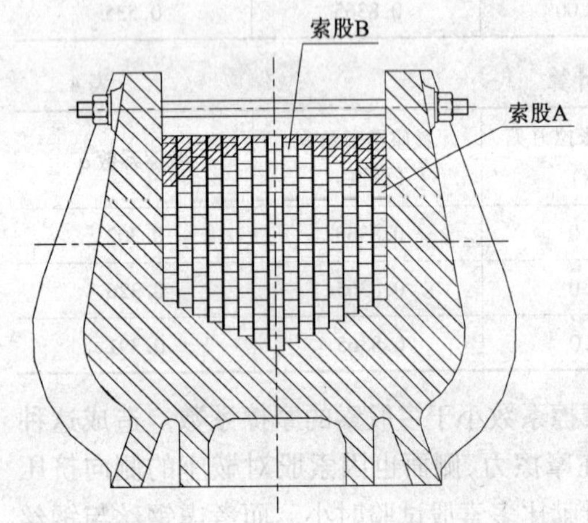

图4　典型索股位置示意(包括通长索股和背索索股)

各层索股随它们在散索鞍中所处的高度不同，在锚面上的锚固位置也不一样，较高的索股在锚面上的锚固位置也较高，但锚固位置之间的距离远大于索股的高度，因此其竖弯包角要小于其下层的索股，即上层索股的竖弯圆弧长度要小于下层索股。如图5所示，散索鞍中各层索股的竖弯圆弧长度为TP1到TPV之间的弧线距离。在各顶端索股中(中央列索股除外)，索股A位置最低，竖弯圆弧长度最长；索股B位置最高，竖弯圆弧长度最短。

同时，索股A也是各顶端索股中平弯圆弧长度最长的索股。从最外列向中央列，各顶部索股的平弯圆弧长度逐渐减短，至中央列为0；虽然其竖弯圆弧长度也逐渐减短，但不为0。可见，从最外列至中央列，各顶端索股的平弯半径和竖弯半径都逐渐减短，但平弯半径减短率要大于竖弯半径的减短率，因此，只要索股A能满足$L_V>L_H$的条件，其余索股更可能满足索股稳定的条件。当然，设计时应分别对各列顶端索股进行验算。

根据主缆索股稳定的条件，对最大水平散索角(最外列索股的平弯转角)与主缆在散索鞍处的转角$(\delta-\xi)$进行分析。

一般情况下，索股A的竖弯圆弧的终点在散索鞍鞍槽弧线所对应的第二段弧线($\phi2$角)的终点附近，其竖弯圆弧的长度为L_{VA}：

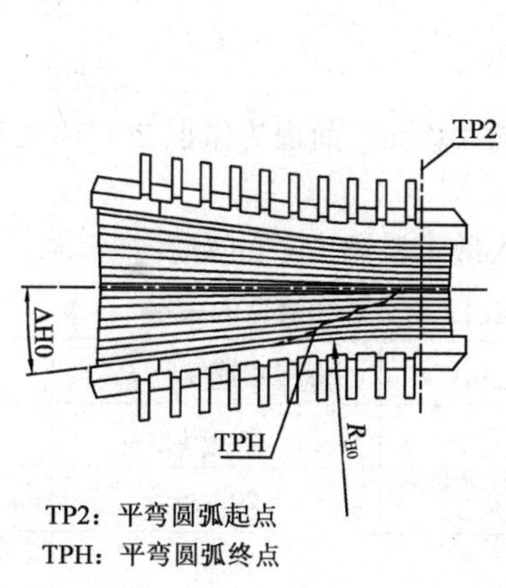

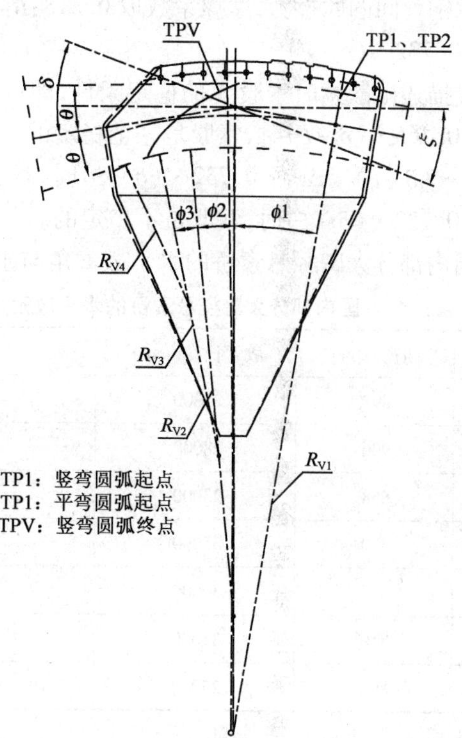

图5 索股平弯曲线及竖弯曲线示意

$$L_{VA}=[R_{V1}+(1/2+1/4)\cdot D]\cdot\phi1+[R_{V2}+(1/2+1/4)\cdot D]\cdot(\Delta_{VA}-\phi1)$$

式中：R_{V1}——散索鞍第一段圆弧所对应的半径；

R_{V2}——散索鞍第二段圆弧所对应的半径；

ϕ_1——散索鞍第一段圆弧所对应的包角；

ϕ_2——散索鞍第二段圆弧所对应包角；

D——主缆直径；

Δ_{VA}——索股A的实际竖向转角，且$\phi2\approx\Delta_{VA}-\phi_1$（索股A的竖弯圆弧的终点位于$\phi_2$的终点附近）。

在散索鞍设计时，通常遵循以下原则：

◇$R_{V1}=(8\sim12)\cdot D$；（按西堠门桥为9.2取值）

◇$R_{V2}=0.8\cdot R_{V1}$；

◇$\phi1\approx(\delta-\xi)/2$；

◇$\phi2\approx0.3\cdot(\delta-\xi)$。

将以上关系带入索股A的弧长计算公式：

◇$L_{VA}=0.805\cdot R_{V1}\cdot(\delta-\xi)$

索股A的水平圆弧长度：

$L_{HA}=R_{HA}\cdot\Delta_{HA}$

从前面的论述可知，欲使索股形状稳定，需满足：

$L_{HA}<L_{VA}$

可得：$R_{HA}\cdot\Delta_{HA}<0.805\cdot R_{V1}\cdot(\delta-\xi)$

$\Delta_{HA}<0.805\cdot(\delta-\xi)/(R_{HA}/R_{V1})$

⑤若按照日本规范或参考《钢桥》一书的结论：$R_H/R_V=1.732$

则$\Delta_{HA}<0.465\cdot(\delta-\xi)$

⑥若考虑钢丝间的摩擦力,摩擦系数取0.218:$R_H/R_V=1.1$

则$\Delta_{HA}<0.732\cdot(\delta-\xi)$

以上两式描述出散索时索股A的稳定条件,即:

当$\Delta_{HA}<0.465\cdot(\delta-\xi)$时,索股是完全稳定的:

当$0.465\cdot(\delta-\xi)<\Delta_{HA}<0.732\cdot(\delta-\xi)$时,索股是基本稳定的,前提为索股之间存在有摩擦力;

当$\Delta_{HA}>0.732\cdot(\delta-\xi)$时,索股是不稳定的。

表6为国内部分大跨径悬索桥的水平散索角与主缆出入散索鞍角度差的关系。

国内部分大跨径悬索桥的水平散索角与主缆出入散索鞍角度差的关系 表6

桥名	缆径(mm)	散索长度(mm)	最大水平散索角Δ_H(°)	主缆竖弯转角$\delta-\xi$(°)	$\Delta_H/(\delta-\xi)$
江阴桥	897	25800	10.0315	18.006	0.557
润扬桥	906	28000	7.958	20.235	0.393
阳逻桥	858	23000	9.540	18.677	0.511
西堠门桥	870	35000	7.950	18.451	0.431
黄埔桥	805	30000	7.361	18.882	0.390
坝陵河桥	810	35000	6.454	18.135	0.356
南京四桥	806	25000	8.572	19.460	0.440

使索股保持稳定的两个途径是:

①增加主缆进出散索鞍的角度差,有利于索股的稳定。

②因锚面上索股锚固位置之间横向要保持一定间距,以保证施工及维护的操作空间,横向距离一定时,增加散索长度有利于减小Δ_{HA},使索股保持稳定。

六、结　语

(1)散索鞍竖弯半径主要由主缆的直径确定,并应考虑主缆二次应力的影响;

(2)散索鞍的平弯半径应不小于竖弯半径的1.15倍以上;

(3)散索鞍平弯半径确定时要考虑到主缆钢丝之间摩擦系数的影响;

(4)当散索鞍的平弯转角小于0.732与主缆出入散索鞍的角度差的乘积时,索股可以保持稳定。

本文通过对散索鞍索股稳定的讨论,有助于在设计之初就能结合全局,确定散索点到锚面的距离及主缆通过散索鞍的转角、散索鞍的高程等构造性尺寸,少走弯路。

129. 悬索桥吊索新型轴套磨损对比试验研究

孙洪滨[1] 陈雄飞[1] 宁世伟[2] 徐文雷[2]

(1. 江苏扬子大桥股份有限公司;2. 江苏法尔胜缆索有限公司)

摘　要　针对悬索桥吊索旧型DU轴套磨损严重,失去润滑功能的情况,试验设计了以锡青铜、铝青铜和铝黄铜作为基体的三种新型铜基镶嵌固体自润滑剂轴套。模拟吊索受力和摆动情况,对三种新型轴套和旧型DU轴套进行了磨损对比试验。试验结果表明,销轴表面镀铬可以有效提高轴套的使用寿命;新型铜基镶嵌固体自润滑剂轴套的磨损性能明显优于旧型DU轴套,其中以锡青铜作为基体的使用寿命最长。

关键词　吊索　轴套　磨损　销轴　使用寿命

一、引 言

吊索是悬索桥的主要受力构件之一,在桥梁受力中起着荷载传递的作用。目前吊索与主梁的连接方式主要分为锚头承压式和销接式两种,如图1所示[1]。大跨径悬索桥在风、车辆和温度等荷载作用下,主梁容易产生较大的纵向位移,采用锚头承压式连接方式的吊索将不可避免的要发生纵向弯折,在主梁纵向的反复运动下,将直接导致吊索产生疲劳断裂和使用寿命的减少,在以往国外悬索桥的吊索检查中,发现许多吊索在锚具根部出现了钢丝弯曲疲劳断裂的情况。而采用销接式连接方式,吊索与主梁连接部位的相对转动可以适应主梁的纵向位移,避免了吊索的弯折,从而提高吊索的使用寿命,对于提高吊索的耐久性具有历史意义,由于销接式吊索的优越性,其应用越来越受到重视。在桥梁建设和运营期间,为避免采用销接式连接方式的吊索中,销轴和耳板孔之间由于相对滑动引起的磨损,导致销轴和耳板失效,一般在销轴外装有DU轴套,DU轴套起着耐磨和润滑的作用,保证销轴和耳板的自由转动,防止销轴和耳板产生直接接触碾压。

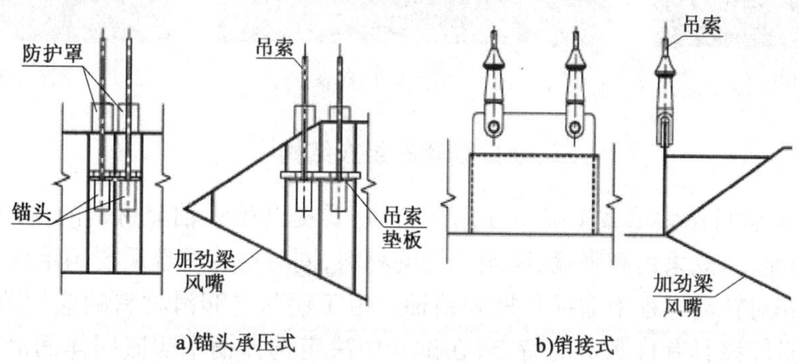

图1 吊索和主梁的连接方式

二、DU轴套的使用现状

DU轴套一般均采用SF-1无油自润滑轴承材料,以钢板为基体,中间烧结球形青铜粉,表面涂覆含铅的聚四氟乙烯(PTFE),经卷制而成的自润滑轴套,轴套及其组成结构如图2和图3所示[2-4]。钢板作为基体,保证材料具有较高的强度和较高的承载能力,铜粉烧结层起导热和容纳聚四氟乙烯-铅的作用,聚四氟乙烯形成的表面层是为了润滑。因此DU轴套具有摩擦系数小、耐磨、耐腐蚀性好和无油润滑的特点。

图2 DU轴套

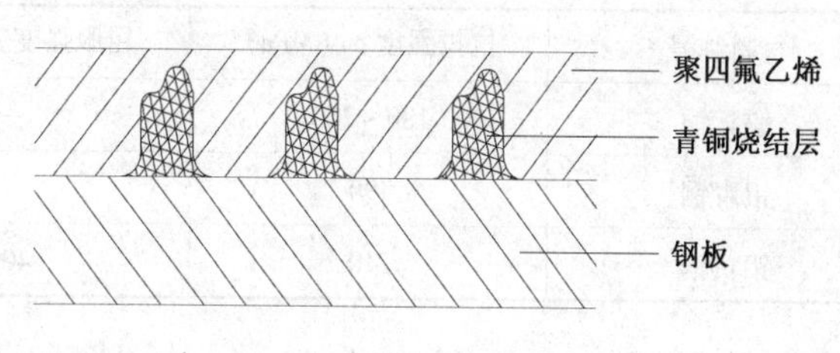

图3 DU材料组成结构示意图

在对某悬索桥吊索进行检查时发现,其最短吊索存在异常声响,为探明异常声响的原因,保证吊索的安全使用,对该吊索进行了更换并对吊索构件进行了检查。在更换过程中发现,由于长期受载,DU轴套受到碾压,钢板金属已流动至销轴与耳板间的空隙中,如图4所示,DU轴套磨损严重并发生穿孔、碎裂,销轴由于失去了轴套的保护,也发生了严重的磨损,如图5和图6所示。在此情况下,轴套已经失去了其作为耐磨和润滑的作用,销轴直接与耳板接触,发生碾压,在长期荷载作用下,导致销轴严重磨损,使销轴和耳板之间无法自如的发生相对滑动,由此引发吊索产生异常声响。从以上分析可知,DU材料并不适合悬索桥吊索的重载工况,一旦吊索轴套失效将严重影响吊索的受力状态,从而也影响到整个桥梁结构的安全性和耐久性。由于轴套属于吊索结构的组成部分,无法进行单独更换,轴套的失效必然导致整根吊索的失效,考虑到吊索更换的经济性和安全性,有必要选择合适的轴套材料,使其满足在役悬索桥吊索的实际受力状态。

图4 DU材料挤出

图5 轴套穿孔、碎裂

图6 销轴磨损严重

三、新型轴套的组成结构[5]

根据DU轴套在悬索桥吊索重载工况下使用的特点,要提高吊索轴套材料的使用寿命,关键是提高轴套基体材料的承载能力,既采用高强度、高耐磨性的材料,同时材料的选用要满足硬度小于耳板和销轴硬度的原则,以免在相对转动过程中磨损耳板和销轴。由于铜基自润滑材料的应用范围很广,抗磨损性好,综合考虑轴套自身应该具有自润滑的特点,在试验中决定选择铜基镶嵌固体润滑剂轴套和原DU轴套进行对比试验[6]。

铜基镶嵌固体润滑剂轴套是以高强度铜合金为基体,在其摩擦表面上按一定比例布置大小适当、排列有序的若干通孔,在孔内镶嵌具有独特自润滑性能的固体润滑剂,经精密加工而成的一种高性能的自润滑轴套,如图7所示。它突破了一般轴承依靠油膜润滑的局限性,固体润滑剂的镶嵌面积通常为摩擦表面积的20%~30%。

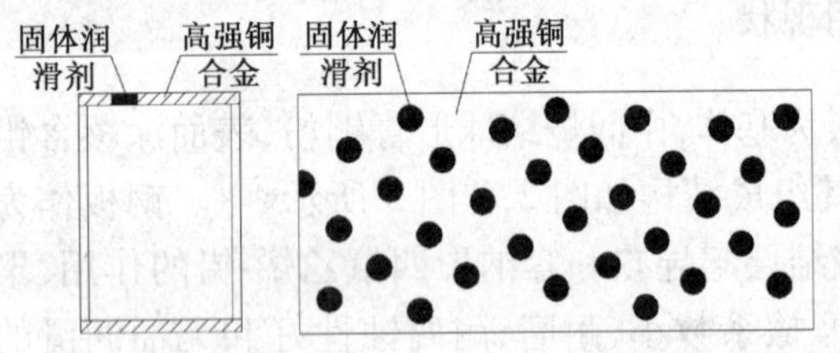

图7 铜基镶嵌自润滑轴套展开图

试验选用锡青铜、铝青铜及铝黄铜作为基体,制作了三种类型的铜基镶嵌固体润滑剂轴套和原DU轴套进行对比实验,三种基体的力学性能如表1所示。

不同轴套基体材料的力学性能 表1

材料牌号	抗拉强度σ_b(MPa)	屈服强度σ_s(MPa)	伸长率δ(%)	硬度HB
锡青铜	180~220	—	6	68
铝青铜	490	—	13	110
铝黄铜	740	400	7	200

四、试验装置和加载布置

磨损对比试验装置如图8和图9所示。图中固定梁模拟主缆,动梁模拟主梁,中间主动加载系统对固定梁施加P的顶推力,左右两根模拟吊索和固定梁及动梁构成一平行四边形,根据对称性,左右模拟吊索受到$P/2$的拉力作用,模拟吊索受力,模拟吊索两端分别装有DU轴套和试验对比用新型轴套,然后对动梁施加水平方向的往复位移,使动梁模拟主梁的摆动,靠液压控制系统控制摆动角度,使之符合实桥吊索的角位移。

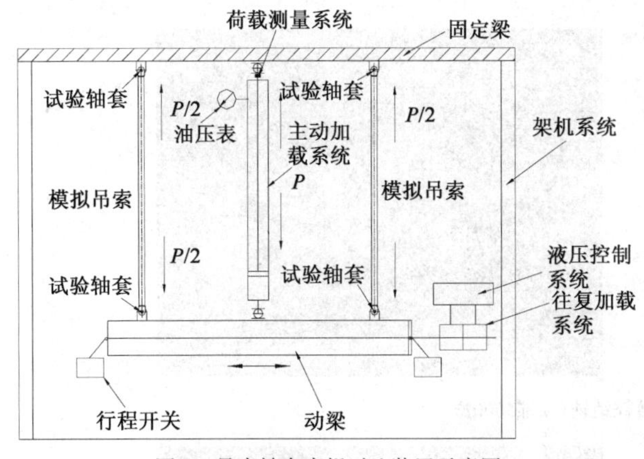

图8　吊索轴套磨损对比装置示意图

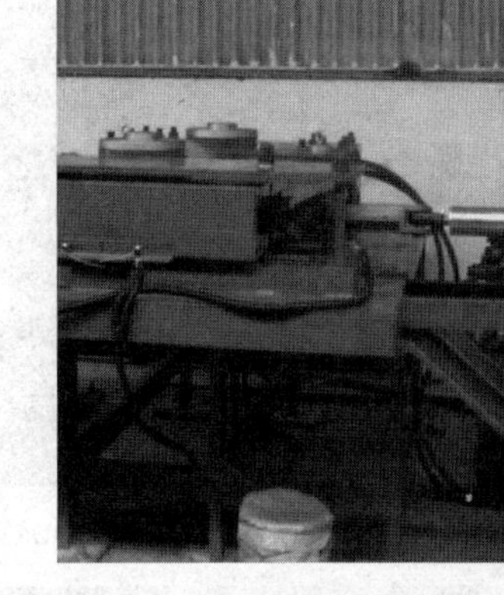

图9　吊索轴套磨损对比试验装置实物图

模拟吊索的规格按照某悬索桥吊索 121ϕ5mm 的规格进行设计，钢丝强度为 1670MPa，其叉耳内孔为 120mm，长度为 95mm，销轴直径为 110mm，加载按吊索安全系数为 3，在此基础上，考虑恒载和活载情况，乘以 0.85 的系数。则加载力 P 为：

$P = 2 \times (121 \times 1670 \times \pi \times 5 \times 5/4)/3 \times 0.85/1000 = 2240\text{kN}$

根据模拟吊索长度 1m 及实际吊索最大摆角为 ±7.5°，确定动梁摆幅为 ±13cm。轴套承载力 F 为：

$F = P/2/s = 1120\text{kN}/(95 \times 110) = 107\text{MPa}$

具体试验参数如表 2 所示：

试 验 参 数　　表2

顶推力（kN）	摆幅（cm）	轴套尺寸 内径/外径/宽度（mm）	轴套承载力（MPa）	摆　角	频　率
2240	±13cm	110/120/95	107	±7.5°	10 次/分钟

五、吊索轴套磨损对比

1. 不同销轴镀层对比

销轴镀层的不同对轴套和销轴的磨损会有显著影响，在进行轴套磨损试验前需首先确定销轴所用镀层的选择，销轴镀层对比试验选用的镀层及轴套类型如表 3 所示。

轴套对比试验　　表3

位　置	西　南	西　北	位　置	西　南	西　北
销轴镀层	镀锌	镀铬	轴套类型	DU	DU

根据前述试验装置和试验参数的设置，进行不同销轴镀层情况下销轴磨损对比试验。试验结果表明，西南位置的 DU 轴套在顶推 5000 次后，发现 DU 轴套磨痕较深，且销轴有咬轴现象发生。而同期西北角的 DU 轴套表面未见磨痕存在。以上试验结果表明，销轴表面镀铬可以有效提高 DU 轴套的使用寿命，轴套和销轴的磨损形貌如图 10 所示。

根据 DU 轴套设计手册要求，DU 轴套使用寿命 L_H 符合式(1)：

$$L_{\mathrm{H}} = \frac{615}{\overline{PU}} - a_{\mathrm{L}} \tag{1}$$

其中：$\overline{PU} = \dfrac{5.25 \times 10^{-5} F \cdot N}{a_{\mathrm{E}} \cdot B \cdot a_{\mathrm{T}} \cdot a_{\mathrm{M}} \cdot a_{\mathrm{B}}}$

其中：a_M 为匹配表面因子，a_L 为使用寿命修正常数

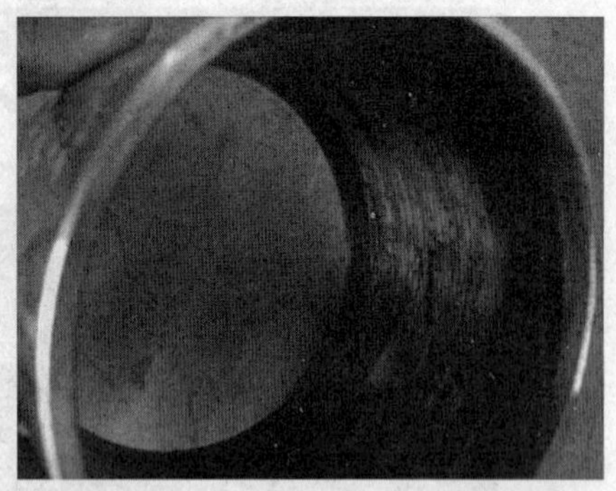

a)DU轴套和镀锌销轴(顶推5000次)

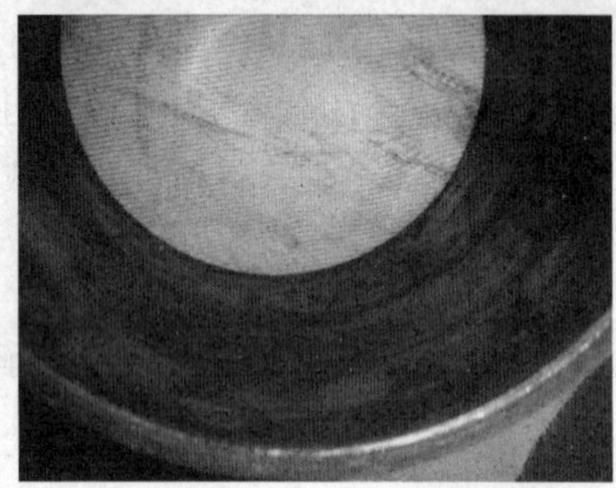

b)DU轴套和镀铬销轴(顶推5000次)

图10 不同镀层销轴和轴套的磨损形貌

镀铬:$a_{M}=2.0, a_{L}=600$

镀锌:$a_{M}=0.2, a_{L}=600$

公式(1)同样表明,采用镀铬方式可以延长DU轴套的使用寿命,这和试验结果相一致。

根据镀层磨损试验的结果,选用镀铬销轴进行不同类型轴套的磨损试验。相应的轴套位置如表4所示,在试验过程中定期检查轴套和销轴磨损情况,如遇轴套部位有异常响声出现,应立即停止试验并进行检查,如遇轴套开裂或磨损严重,有严重的咬轴现象,则记录下此时顶推次数并留样,重新更换新轴套和销轴进行试验。

不同类型轴套位置 表4

位置	西 南	西 北	东 南	东 北
轴套类型	DU	锡青铜	铝青铜	铝黄铜

2.不同类型轴套磨损对比

(1)DU轴套磨损情况

图11为不同顶推次数情况下DU轴套的磨损形貌。DU轴套在顶推3000次后就发生青铜层裸露,青铜表面有磨痕存在。更换DU轴套和销轴后继续试验,到一定次数后检查轴套和销轴磨损情况,并更换轴套和销轴。研究发现随顶推次数增加,青铜暴露层面积增加,表面凹凸不平,顶推8000次后,青铜暴露面积已占受力部位80%以上,聚四氟乙烯层已接近磨损完毕;顶推26500次后,DU轴套钢背已破碎,销轴受力表面(和轴套接触部位)出现咬轴现象,如图12所示。

(2)铝黄铜轴套

铝黄铜轴套在顶推45200次后,出现有异常响声的现象,将轴套及销轴拆卸下来,并对其表面用丙酮清洗,发现轴套内部磨损严重,有较深的犁沟状磨痕,部分自润滑剂已破碎及脱落,销轴表面除留有自润滑剂残留外,销轴表面有较深的磨痕,如图13所示。

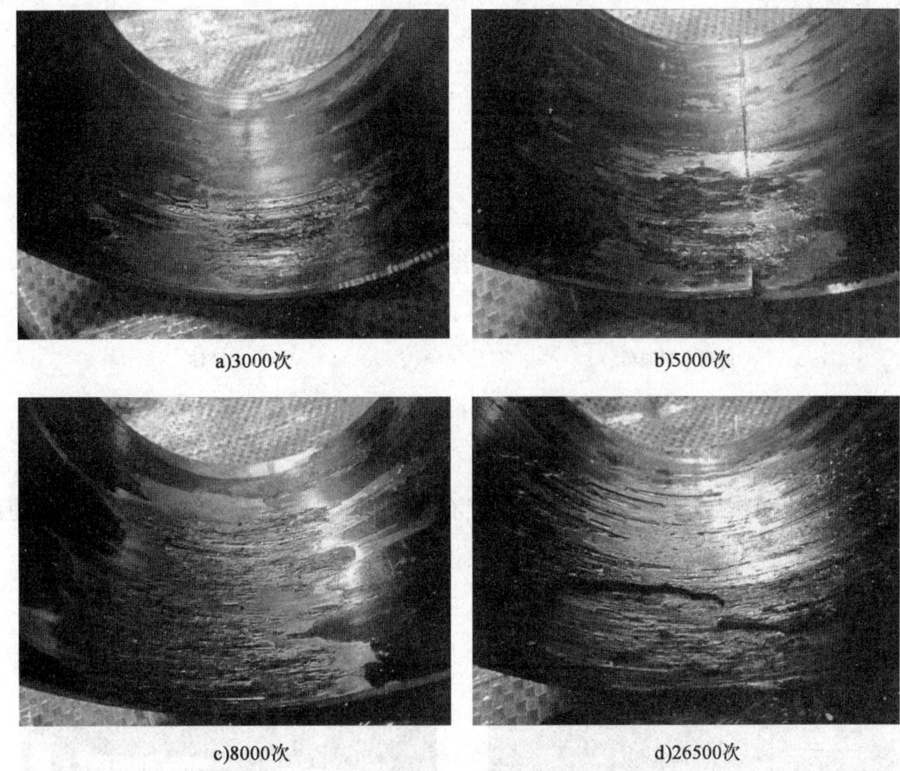

a)3000次　b)5000次

c)8000次　d)26500次

图 11　不同顶推次数后 DU 轴套磨损形貌

a)受力面（有咬痕）

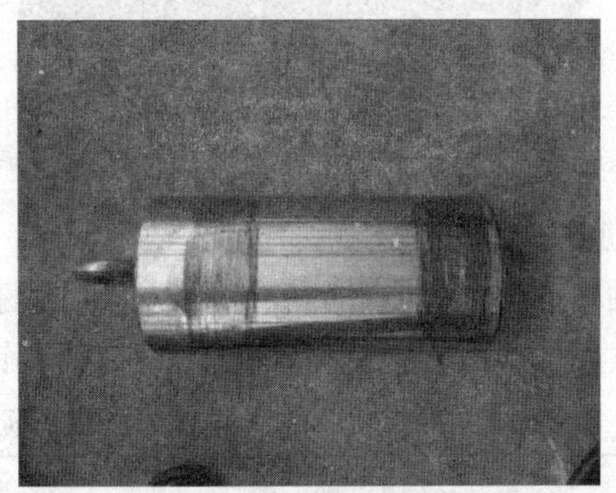

b)非受力面(表面光滑)

图 12　顶推 26500 次后销轴磨损形貌

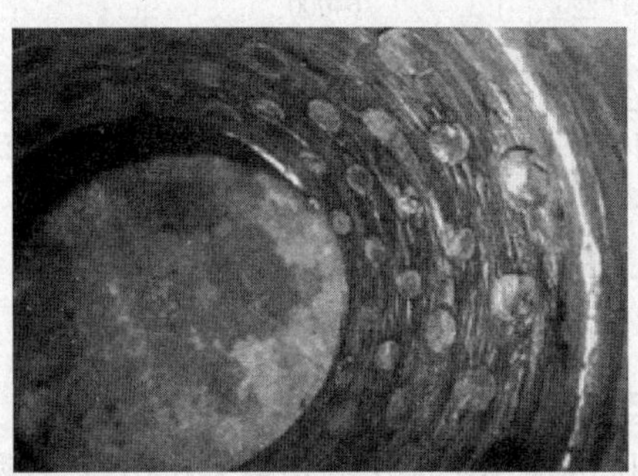

a)铝黄铜轴套

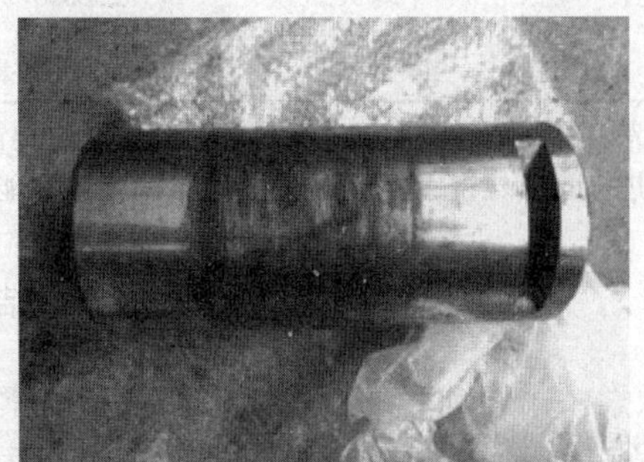

b)销轴

图 13　铝黄铜轴套及销轴磨损形貌

(3)铝青铜轴套

铝青铜轴套在顶推 56500 次后,也发现轴套内部磨损严重,自润滑剂脱落,销轴表面也有较深的磨痕,有咬轴现象,如图14所示。

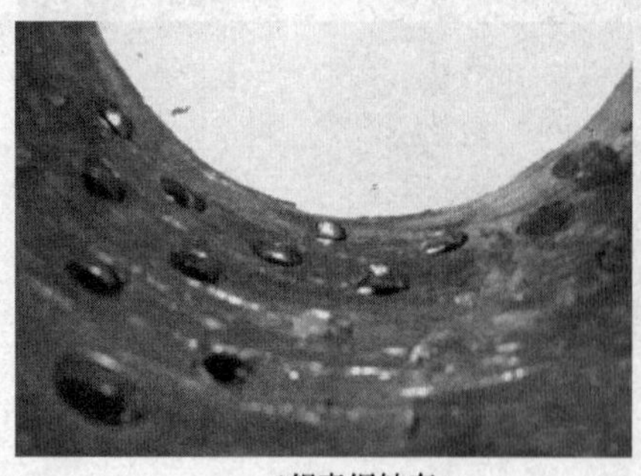

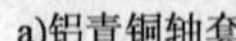

a)铝青铜轴套

b)销轴

图14　铝青铜轴套及销轴磨损形貌

(4)锡青铜轴套

锡青铜在顶推350000次后,销轴和轴套表面仅有轻微的磨痕,销轴和轴套仍能正常使用,无异常声响出现,如图15所示。

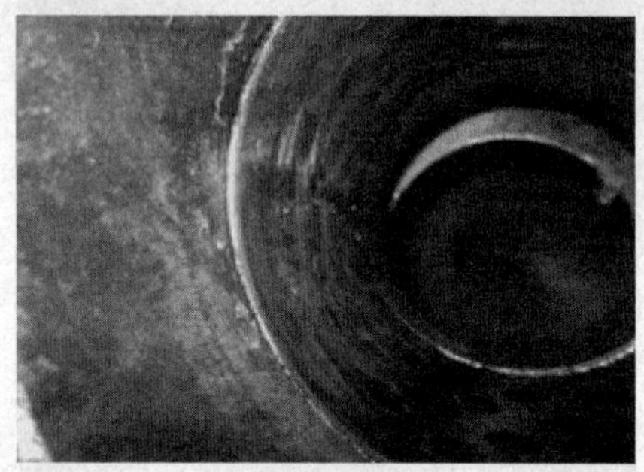

a)锡青铜轴套

b)销轴

图15　锡青铜轴套及销轴磨损

(5)轴套磨损对比试验汇总

试验中轴套磨损情况统计如表5所示。由表可知,铜基镶嵌固体自润滑剂轴套明显优于DU轴套,而在铜基镶嵌固体自润滑剂新型轴套中,又以锡青铜为最佳。

轴套损坏统计表　　表5

轴套类型	DU 轴 套	锡 青 铜	铝 青 铜	铝 黄 铜
破坏顶推次数	3900～26500	350000(未坏)	56500	12000～45200
	平均9655次	250000(未坏)(注)	64000	平均23500
	共磨坏29个	170000(未坏)(注)	18900	共磨坏7个

注:在试验中发现锡青铜轴套的使用寿命明显高于铝青铜和铝黄铜轴套,因此,试验后期将铝青铜轴套及铝黄铜轴套位置分别换成锡青铜轴套进行试验,比较试验的可重复性及锡青铜轴套性能的稳定性。

六、结　　语

根据某悬索桥吊索轴套的检查结果和新型吊索轴套的磨损对比试验分析可知:

(1)旧型的DU轴套由于强度和耐磨性不足,在实际的使用中无法满足悬索桥吊索重载工况,致使吊索发生异响,影响了吊索的安全使用。

(2)销轴镀铬可以有效提高DU轴套的使用寿命,优于镀锌销轴。

(3)铜基镶嵌固体自润滑剂新型轴套明显优于DU轴套。

(4)锡青铜在三种基材的新型轴套中使用效果最佳,适合在悬索桥吊索中使用。

参考文献

[1] 吴亮. 柔性悬索桥空间几何非线性分析[D]. 西南交通大学, 2010.

[2] 徐从勇, 徐定宇. DU 材料的加工、性能及其应用[J]. 塑料科技,1997(3), 8-13.

[3] 郑齐辉. SF 型复合轴承材料[J]. 设备管理和维修, 2007(11), 20-21.

[4] 管伟. 塑料—青铜—钢背三层复合自润滑材料的应用[J]. 粉末冶金技术,1989(4), 241-247.

[5] 江苏扬子大桥股份有限公司. 新型吊索轴套选型技术及吊索更换技术研究 2012[R]:[内部资料]. 南京:江苏扬子大桥股份有限公司, 2012.

[6] 刘义杰. 新型铜基自润滑材料的制备与研究[D]. 东北大学,2008.

130. 泰州大桥悬索桥南锚碇基础的变形及超载安全度分析

邵 帅[1] 潘 辉[2] 胡 丰[2]

(1. 西南交通大学力学与工程学院;2. 河海大学工程力学系)

摘 要 锚碇作为悬索桥的主要承力结构物,它的变形和稳定性是十分重要的。本文针对泰州大桥南锚碇基础,基于三维有限元仿真分析模型的计算成果,分析锚碇基础的变形变化规律。假定锚碇的超载为大缆拉力按比例增加,采用超载的方式研究锚碇基础的变形随大缆拉力超载系数的变化情况,结合锚碇基础的变形控制要求,从而确定锚碇基础的超载安全度。基于锚碇基础的变形分析和超载分析的数值计算成果,当锚碇大缆拉力超载达到设计值的 3.81 倍时,锚碇基础的最大水平位移达到极限值,得到泰州大桥南锚碇基础的超载安全度为 3.81 的结论。

关键词 悬索桥 锚碇基础 变形 超载方法 超载安全度

一、引 言

泰州公路大桥为我国第一座三塔两跨悬索桥,桥跨布置为 390m + 1080m + 1080m + 390m,位于江苏省境内,北接江苏省泰州市,南接扬中,桥位上游距润扬长江公路大桥 66km,下游距江阴长江公路大桥 57km。由于锚碇承受的水平力和上拔力均巨大而集中,并且受力过程复杂而多变,经过多阶段多方案的反复论证比较,最终确定采用矩形沉井基础方案[1]。锚碇作为悬索桥主要的承力结构物,主缆锚固系统采用预应力锚固系统,主缆索股经散索鞍散开后,由钢制锚杆连接到锚体内的预应力钢索上。锚碇体的受力机制体现为作用在悬索桥的主缆上巨大的拉力通过索股与锚碇架分散传到锚块上,再由锚块、基础通过摩阻力传递到地基上,以地基的反力来抵抗锚块、基础与索股拉压力在竖直方向的分量,而索股在水平方向的巨大拉力则主要由锚块基础与地基的摩阻力抵抗。鉴于锚碇系统在悬索桥中的重要性,沉井基础的变形和稳定问题也就显得十分重要。

在 20 世纪 60 年代以前,锚块和基础的稳定性分析无论是直接基础,还是沉井、沉箱等基础,其锚碇自身的滑移、锚块的下沉、锚块在主缆竖向分力作用下发生倾倒,都是绝对不允许的[2]。从 1964 年建成韦拉扎诺桥开始,悬索桥锚碇可以搁在软质地基上,允许下沉,严格限制滑动,尽量减少倾覆量。按照设计规范要求,锚碇基础的水平位移和垂直位移必须控制在允许的范围内[3-5]。近年来,郑颖人[6,7]、罗强[8]等基于超载法评价边坡的稳定性,Lee[9]、王汉鹏[10]等利用超载法对隧道的安全度进行研究,张国祥[11]等还利用超载法研究岩土体的变形及承载特性,邬爱清等[12]利用模型试验结合数值计算对隧道锚与围岩岩体变形机制、时效特征及超载安全性等方面开展系统研究,文献[13]研究了锚碇基础的基底接触面摩擦强度指标对抗滑稳定性的敏感性分析。本文针对泰州大桥南锚碇基础,基于有限元数值分析方法，确定锚碇基础的变形和土体的塑性区分布，采用超载的方式，假定锚碇的超载为大缆拉力按比例增加，研究锚碇基础的变形和塑性区的变化情况，使锚碇基础的变位达到相关规范规定的极限值，超载的倍数即为安全度，从而得到超载稳定安全度。

二、工程概况及计算模型

1. 工程概况

南锚碇沉井基础尺寸为67.5m×52m×41m，基底高程为-39.0m，位于厚度200m的深厚覆盖层上[14]，承受主缆拉力为430MN。南锚碇前沿距长江大堤堤脚的距离为142m，过渡墩到大堤堤脚的距离为15m。

根据场区地质水文条件，南锚碇基础设计为矩形沉井，南锚碇沉井分8节，第1节为钢壳混凝土沉井，高8m，第2至第8节均为钢筋混凝土沉井，除第7节为3m外，其余均为5m。沉井顶面高程为+2.0m，基底高程为-39m，基底置于密实的粉细砂层。沉井为普通钢筋混凝土结构，共分为20个井孔，沉井第三节及以上各节井壁厚2m，沉井第三节及以上各节隔墙厚1.4m。上锚体为大体积混凝土结构，分为4块，每块分层浇筑，各块之间设置2m宽的后浇混凝土，后浇段内用微膨胀混凝土浇筑。为了使锚碇基础基底应力在恒载作用下受力趋于均匀，故将锚碇偏心于基础中心，后锚体和沉井平齐。

沉井基础的立面布置图如图1所示，沉井基础的平面布置图如图2所示。

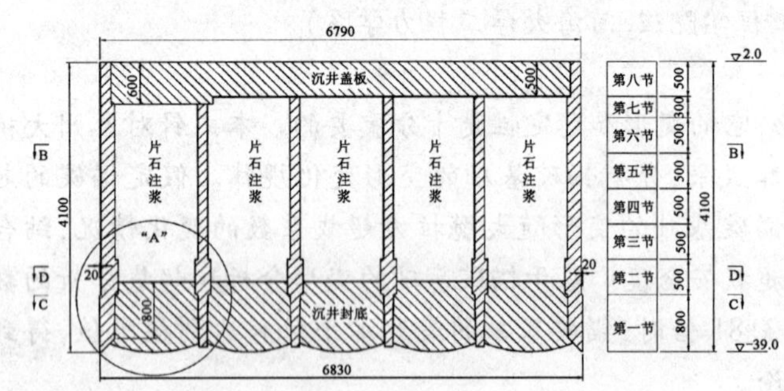

图1 南锚碇基础立面布置

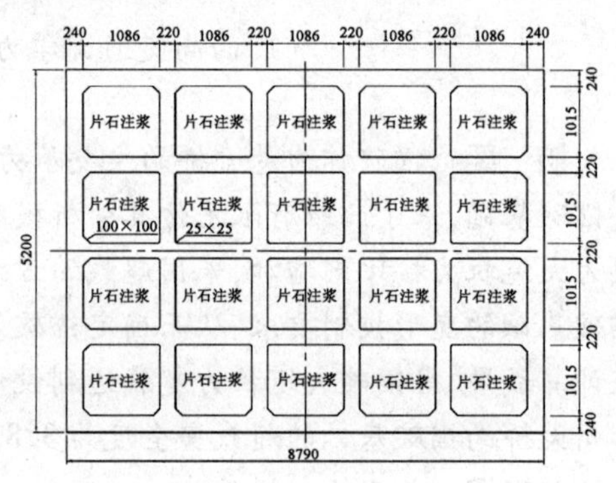

图2 南锚碇基础平面布置

混凝土及钢材料参数见表1。土层物理力学性质指标采用该工程的试验资料结果，见表2。

混凝土及钢材料参数 表1

材料	弹模(MPa)	泊松比	重度(g/cm³)
钢	2.06×10^5	0.3	7.8
混凝土	2.55×10^4	0.167	25.5

土层物理力学性质指标 表2

土层名称	天然含水率(%)	天然密度(g/cm³)	试验孔隙比	黏聚力(kPa)	内摩擦角(°)	压缩模量(MPa)
淤亚黏土	41.1	1.77	1.161	18.5	8.2	3.6
亚黏土	31.7	1.90	0.881	22.8	14.4	6.3
亚砂土	28.7	1.94	0.754	11.0	33.9	9.5
粉砂	29.8	1.88	0.823	3.6	31.0	13.0
粉砂	26.7	1.92	0.752	4.1	33.0	18.4
粉砂	28.9	1.91	0.780	5.2	34.3	18.0
中砂	17.7	2.12	0.404	4.0	38.0	28.0

续上表

土层名称	天然含水率（%）	天然密度（g/cm^3）	试验孔隙比	黏聚力（kPa）	内摩擦角（°）	压缩模量（MPa）
砾砂	13.0	2.10	0.385	5.0	41.2	30.0
粉砂	26.4	1.88	0.720	3.6	34.5	27.0
中砂	17.9	2.05	0.435	3.0	38.0	30.0
砾砂	16.0	2.02	0.494	4.5	40.0	35.0
粉砂	17.0	1.95	0.550	5.0	37.0	27.0

2. 计算模型与材料模型

计算域范围竖向坑底以下深度再向下取基坑深度的3倍，取至坑底下坚硬土层；坑外水平方向分别向基坑外伸再取对应基坑长边或短边长度的3倍。计算模型模拟了锚体—基础—土体的共同作用，沉井和土体采用三维六面体8结点等参元，挡墙与土骨架之间设接触面单元模拟二者之间的相互作用。整体计算模型经离散后，单元总数为48020，结点总数为55704，基本模拟了基坑结构特征、岩（土）体结构及接触面情况，同时模拟了沉井和锚体结构等。计算中采用的直角坐标系为：x轴平行于基坑长边指向泰州，y轴平行于基坑短边，z轴垂直向上。三维整体计算网格见图3示，沉井基础网格如图4所示。

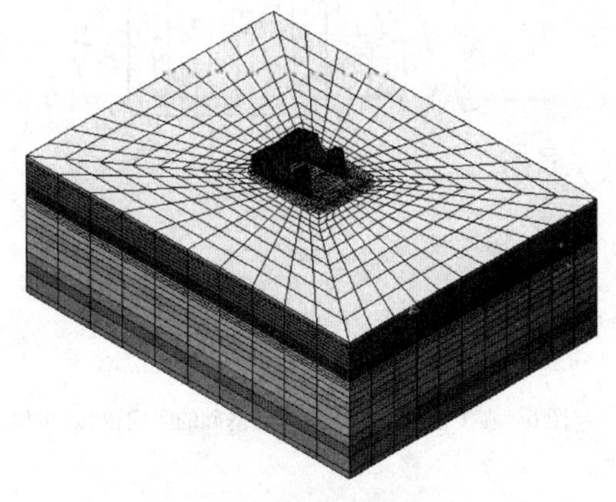

图3 三维整体计算网格

图4 沉井基础网格图

土体采用M-C弹塑性模型，塑性流动采用相关联的流动法则；沉井、锚碇体采用脆弹性材料模型。假定接触面无拉应力，剪切破坏服从Mohr-Coulomb屈服准则。

三、锚碇基础的变形和超载分析方法

采用国内外近年来通用的大型有限元软件 $Flac^{3D}$，经二次开发后，对该基坑体系建立了三维有限元“地层—结构模型”，南锚碇下部基础和顶板浇筑完工后，上锚体开始浇筑，同时考虑上锚体浇筑施工过程进行仿真计算。

1. 锚碇基础的变形计算

锚碇基础的变形计算时，数值计算主要针对锚碇大缆加载过程的模拟，加载期初始位移以锚碇基础完工为基础。大缆拉力设计值为430MN，与水平方向成20.175°夹角，大缆加载过程采用增量逐级加载。

2. 锚碇基础的超载分析方法

应用有限元数值分析方法，确定锚体的变形和锚碇基础土体的塑性区分布，采用超载的方式，使系统达到极限的平衡状态，超载的倍数即为安全度，从而得到超载稳定安全度，称为超载方法。这里称为安全度而不叫安全系数，因需要根据某种破坏判据人为判定系统是否进入极限平衡状态。系统达到极限平衡状态的判据称为失稳判据，它属于弹塑性极限平衡分析的范畴。文中采用超载方式确定其超载安全度。

按照设计规范要求，锚碇基础的变位必须满足先行规范的要求，即在主缆拉力作用下，锚碇的水平位移和垂直位移必须控制在允许的范围内。针对泰州大桥为三塔两跨悬索桥的中跨跨径为1080m，南锚碇基础变位按照规范要求：锚碇基础的水平位移极限值为18cm；锚碇基础的沉降极限值为20cm。本文根据锚碇基础的变形控制指标作为确定超载安全度的判据。

超载分析的计算模型和材料参数与正常荷载下相同，同时考虑岩土体的非线性。假定锚碇的超载为大缆拉力按比例增加，即采用大缆拉力超载法进行锚碇体的超载分析，在大缆拉力的设计荷载（此时大缆荷载超载系数 $\lambda=1.0$）作用后，超载时大缆拉力乘以 λ，而 λ 分别为1.0、2.0、3.0、3.5、4.0…并称 λ 为超载安全度。

四、锚碇基础变形和超载安全度计算的成果分析

1. 成桥满载情况下锚碇基础的变形计算

在成桥满载情况下，即由 Flac^{3D} 程序进行数值计算，得到在大缆大力为1.0倍作用时锚碇基础地表水平剖面的水平位移等值线图（图5）、锚碇基础垂直对称剖面的竖向位移等值线图（图6）。

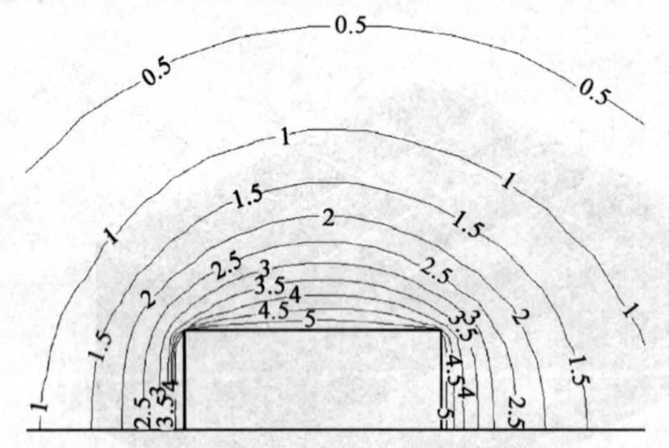

图5　在1倍大缆拉力下锚碇基础的水平位移（单位：cm）

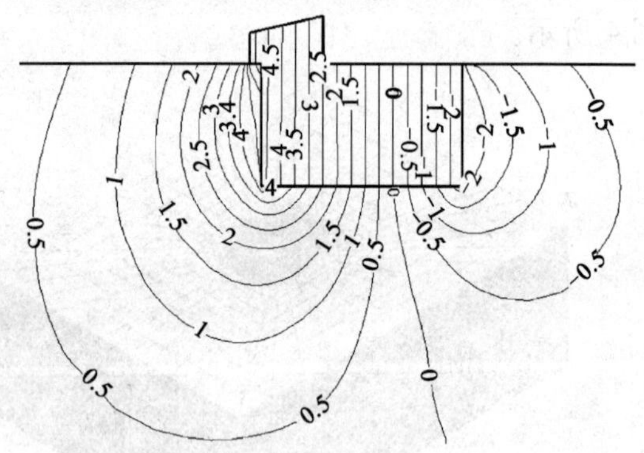

图6　在1倍大缆拉力下锚碇基础的竖向位移（单位：cm）

2. 锚碇基础超载计算的成果分析

（1）大缆拉力超载对南锚碇基础变形的影响

大缆拉力超载系数 λ 分别按1.0（原设计大缆拉力）、2.0、3.0、3.5、4.0进行计算。上部锚体浇筑完成后，在后锚块自重、锚固预应力及1.0倍大缆拉力作用下，锚体基础沿大缆方向最大水平变形4.30cm；最大沉降位移值为2.24cm。

表3给出南锚碇基础的最大水平位移和最大沉降位移随大缆拉力超载系数的变化情况。当大缆超载系数 $\lambda<3.5$ 倍时，南锚碇基础关键部位的变形随大缆超载系数的增大基本上呈单调增加的趋势。

超载情况下南锚碇基础的变形　　表3

超载系数	水平位移（cm）	沉降位移（cm）	超载系数	水平位移（cm）	沉降位移（cm）
$\lambda=1.0$	4.30	-2.24	$\lambda=4.0$	19.10	-12.00
$\lambda=2.0$	8.80	-4.63	$\lambda=4.5$	22.15	-16.30
$\lambda=3.0$	13.60	-7.76	$\lambda=5.0$	25.30	-22.45
$\lambda=3.5$	16.20	-9.38			

从表3中可得到，按泰州大桥南锚碇基础最大水平位移极限值达到18cm时，根据插值可得到对应的大缆超载系数 $\lambda=3.81$ 倍；按泰州大桥南锚碇基础最大沉降位移极限值达到20cm时，根据插值可得到对

应的大缆超载系数 $\lambda=4.80$ 倍。由此，按照锚碇基础的变形控制要求，当大缆拉力超载系数小于 3.81 倍时，可同时满足锚碇基础的水平位移和沉降位移的控制要求，即可得到泰州大桥南锚碇基础的大缆拉力最大超载系数为 3.81。

(2)大缆拉力超载对南锚碇基础塑性区的影响

上部锚体浇筑完成后，在后锚块自重、锚固预应力及 1.0 倍大缆拉力作用下，南锚碇基础垂直对称剖面的塑性区图(图 7)；当在大缆拉力加载到 3.81 倍设计值时；南锚碇基础垂直对称剖面的塑性区图(图 8)。

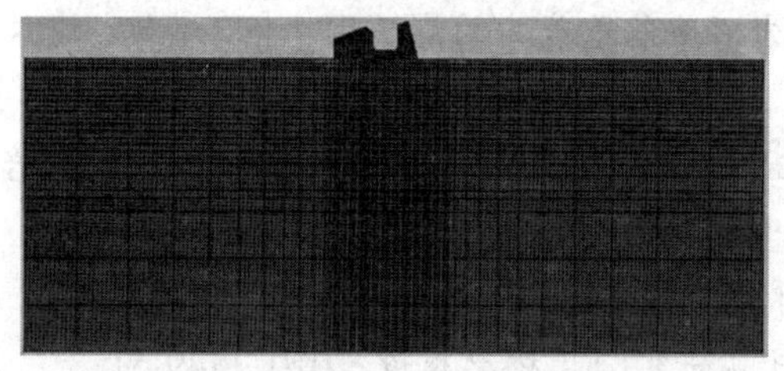

图 7 在 1 倍大缆拉力下锚碇基础的塑性区

图 8 在 3.81 倍大缆拉力下锚碇基础的塑性区

从锚碇基础土体的塑性区分布图 7 和图 8 可看出，在 1.0 倍大缆大力(即设计载荷)作用时，在基础前后墙靠地表附近局部区域土体进入塑性。而在大缆拉力加载到 3.81 倍设计值时，锚碇基础前墙土体的塑性区连成一片(图 8)，导致锚碇基础变位达到规范要求的变形控制值。从土体的塑性区变化结果来看，也可得出此时锚碇基础的承载能力也达到了极限值。

综合南锚碇大缆拉力的超载计算成果分析，根据南锚碇基础的变形和塑性区情况，由超载方法的定义，可以确定南锚碇的极限大缆拉力超载系数在 3.81 左右，即超载安全度为 3.81 左右。

五、结　语

基于有限元数值计算，针对泰州大桥为三塔两跨悬索桥的中跨跨径为 1080m，南锚碇基础变位按照规范要求：锚碇基础的水平位移极限值为 18cm 和沉降极限值为 20cm。泰州大桥南锚碇基础的变形以及土体的塑性区分布范围在设计允许范围。

基于超载分析方法，按照锚碇基础的变位控制要求，可以确定南锚碇基础的超载安全度为 3.81 左右。综合锚碇基础的变形分析和超载分析的结果，表明泰州大桥南锚碇基础是满足稳定性要求的。

参考文献

[1] 吉林，韩大章.泰州长江大桥设计[J]，现代交通技术，2008，5(3)：20-28.

[2] 张杰，钱冬生. 大跨悬索桥塔和锚碇的合理设计[J]. 桥梁建设，2000，4：20-22.

[3] Ho-Kyung Kim, Myeong-jae Lee, Sung-Pil Chang. Non-linear shape-finding analysis of a self-anchored suspension bridge[J]. Engineering Structures, 2002, 24(12): 1547-1559.

[4] Wang P-H, Lim H-T, Tang T-Y. Study on non-linear analysis of a highly redundant cable-stayed bridge. Comput Struct 2002, 80: 65-82.

[5] Chen DW, Au FTK, Tham LG, Lee PKK. Determination of initial cable forces in prestressed concrete cable-stayed bridges for given design deck profiles using the force equilibrium method. Comput Struct 2000, 74: 1-9.

[6] 郑颖人，赵尚毅. 边(滑)坡工程设计中安全系数的讨论[J]. 岩石力学与工程学报，2006，25(9)：1937-1940.

[7] Yingren Zheng, Xiaosong Tang, Shangyi Zhao, etc. Strength reduction and step-loading finite element approaches in geotechnical engineering[J]. Journal of Rock Mechanics and Geotechnical Engineering, 2009, 1(1): 21-30.

[8] 罗强,李亮,赵炼恒. 水力和超载条件下锚固岩石边坡动态稳定性拟静力分析[J]. 岩土力学, 2010, 31(11): 3585-3593.

[9] LEE C J, WU B R, CHEN H T, et al, Tunnel stability and arching effects during tunneling in soft clayey soil[J]. Tunnelling and Underground Space Technology incorporating Trenchless Technology Research, 2006, 21(2): 119-132.

[10] 王汉鹏,李术才,张强勇. 分岔隧道模型试验与数值模拟超载安全度研究[J]. 岩土力学, 2008, 29(9): 2521-2526.

[11] 张国祥,李丽民,张成平,等. 非线性破坏准则下岩石地基承载力的影响因素[J]. 土木建筑与环境工程, 2010, 32(5):16-22.

[12] 邬爱清,彭元诚,黄正加,等. 超大跨度悬索桥隧道锚承载特性的岩石力学综合研究[J]. 岩石力学与工程学报, 2010, 29(3): 433-441.

[13] 苏静波、邵国建. 悬索桥锚碇基础的稳定性分析[J]. 公路,2005,4:61-65.

[14] 冯兆祥,王建. 泰州长江公路大桥南锚基础沉降计算研究[J]. 桥梁建设,2010,1:49-51.

131. 自锚式悬索桥塔梁固结部位应力计算分析

包龙生 曹 鑫 于 玲 杨彦海

(沈阳建筑大学土木工程学院)

摘 要 为了研究自锚式悬索桥的钢-混凝土主塔与钢箱梁组成的塔梁固结区域应力分布规律,对一座自锚式悬索桥塔梁固结区进行有限元分析。运用大型有限元软件 MIDAS FEA 子模型法进行数值计算,得到了塔梁固结区在不同工况下的应力值以及应力集中位置,对该处构造合理性作出综合评价,为设计和工程提供响应参考。

关键词 自锚式悬索桥 塔梁固结 子模型法 钢材 混凝土 应力

一、引 言

在全球经济一体化的环境下,桥梁建设发展迅猛,各种新材料、新技术也接踵而至,而且有限元分析手段也进一步提高,近年来,自锚式悬索桥以其造型美观、经济、适应性强等优点,越来越受到工程界的青睐,因此可在跨度受限、地质条件一般、对桥型美观性有高要求时使用。通常情况下,主梁一般采用混凝土结构或钢结构,而索塔主要采用混凝土结构、钢管混凝土结构或钢结构。

自锚式悬索桥塔梁固结区的结构构造以及受力很复杂,而且杆系理论计算出在荷载作用下固结处的应力分布规律非常不精确,所以有必要采用有限元法对其进行局部应力分析,从而掌握固结处局部应力的分布规律和大小,以指导设计,使得固结区结点的设计合理可靠,因此对自锚式悬索桥塔梁固结处的应力分析有很重要的工程意义。

鉴于此,针对主梁和索塔外壳采用 Q345D 钢板,索塔塔身采用 C50 混凝土的自锚式钢箱悬索桥的塔梁固结处的局部应力进行研究。钢—混凝土复合结构是在钢结构和钢筋混凝土结构基础上发展而来的一种新型结构,它是由不同材料结合成整体结构而共同工作,并能获得比单一材料结构更佳的特性的结构。钢混结合自锚式悬索桥的塔梁固结区承受巨大的外力作用,这些外力均通过钢-混凝土连接来传递。钢-混凝土连接处是结构特性和材料特性突变处,是结构受力的重要部位。在处理钢与混凝土连接时特别要注意钢材与混凝土之间刚度过渡的匀顺以及应力传递的顺畅,避免在两种不同材料连接处产生过大的应力集中和折角,确保结构安全耐久和行车舒适性。由于本文研究对象的塔梁固结处属于钢-混凝土组合结构,因此对该处进行了空间有限元分析,得到了在三向受力状态下塔梁固结的应力分布规律,对结构构造的合理性做出了综合评价。

二、研究背景

浑河景观桥位于沈阳市浑河上,连接浑河北部的棋盘山地区与浑河南部的东陵区,主桥结构采用塔梁固结的独塔自锚式悬索桥方案,桥跨布置为 48 + 2 × 180 + 48 = 456m(图 1),两个主跨为悬吊结构,索塔两侧结构对称。桥面宽度为42.5m,双向六车道城市快速路 + 非机动车道,主梁采用整幅等高度钢箱梁,顶板为正交异性板结构,钢箱梁采用整体式带挑臂扁平箱形断面,标准梁高 4.0m,标准梁段长度为 9.0m。索塔顺桥向布置两肢塔柱,呈火苗状。索塔塔高(自承台顶往上,含塔座)90.969m。两肢塔柱自塔座处顺桥向外倾,至高程 88.250m 处内收,于主索鞍 IP 点下 8.528m 处汇合。塔梁固结区段索塔钢壳为 T3 节段。塔梁固结区考虑索塔保持相对的连续性,利于索塔结构传力,在与塔柱相交处主梁顶底开洞,塔柱混凝土在此处浇筑范围是:横向两个内侧腹板之间,纵向 HGB-D1 和 HGB-D3 两个横隔板之间。塔柱受力主筋在塔梁固结处连续不断开,塔梁之间的钢混连接通过腹板和横隔板上的剪力键传力。T3 节段分为 T3-1(位于主梁底板下)及 T3-2(位于主梁顶板上)两部分制造,分别与钢箱梁 D 梁段中间分块的顶板及底板焊接(图 2)为优化塔梁固结区域的局部受力,在钢箱梁顶板及底板与 T3 节段钢壳的连接处,分别设置异形加劲板。此外,塔梁固结区段采用 C50 微膨胀混凝土,并在纵向塔梁固结区段内 HGB-D1 及 HGB-D3 两道横隔板之间,除塔身竖向钢筋、箍筋及架立钢筋外,配置一定数量的构造钢筋;横向在两道内侧直腹板靠近顶板位置设置了若干束预应力粗钢筋。

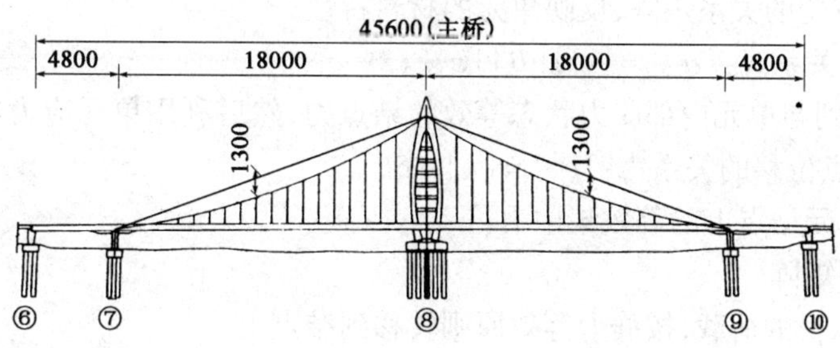

图 1 主桥结构布置图(尺寸单位:mm)

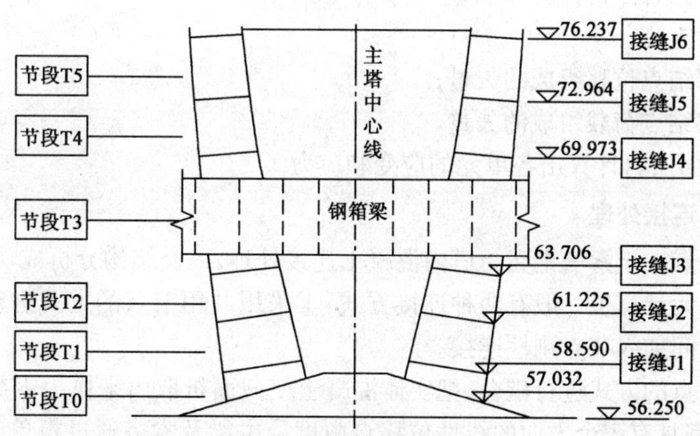

图 2 塔梁固结标准面(尺寸单位:mm)

三、计算方法及有限元模型

在实际结构中,全桥采用板、实体单元进行分析,要较为精确的得到塔梁固结区的应力情况,是很难实现的,而且以杆系理论为依据来建立全桥的模型,想要准确掌握局部应力的情况,同样十分困难,所以采用圣维南原理,分步来进行分析。首先采用杆系理论,运用MIDAS CIVIL的空间杆系模型,对全桥结构进行各工况的内力分析,提取出计算所得到的内力,并把这些内力作为外力,利用MIDAS FEA将外力施加在塔梁固结部位的局部模型上,最后进行局部应力的具体分析。由圣维南原理可知,塔梁固结区局部应力分布情况只受固结附近区域的应力状态影响,而基本不受远离固结区域的应力状态影响,因此可以忽略远离固结区的应力状态影响。因此取出主梁钢箱梁部分取桥塔左侧梁段M2横隔板HGB-C2至桥塔右侧梁段M2横隔板HGB-C2,索塔部分取索塔承台+节段T0至节段T5,塔取至19.225m高,作为局部空间应力的分析对象,这样选取了足够的长度远离固结部位,可以排除塔墩梁固结部位受力因圣维南效应而造成的影响,可满足设计要求。

1. 计算理论

(1)整体体思路就是求解以位移为未知量的有限元控制方程。首先将结构划分为有限个单元。之后确定位移函数,该函数必须满足相邻单元的位移连续性条件。然后定义单元位移矢量$\{u\}^e$,节点位移矢量$\{\delta\}^e$,确定位移函数为$\{\phi\}^e$,建立关系式:$\{u\}^e=\{\phi\}\{\delta\}^e$。

式中:e——单元级物理量。

(2)由位移函数,确定单元内任何一点的应变与结点位移之间的关系:$\{\varepsilon\}^e=[B]\{\delta\}^e$。

式中:[B]——位移与应变的变换矩阵;

$\{\varepsilon\}^e$——应变矢量。

(3)选择应力—应变关系。利用广义虎克定律,建立应力—应变关系:$\{\sigma\}^e=[D]\{\varepsilon\}^e$

式中,$\{\sigma\}^e$——单元内任一点的应力矢量;

$[D]$——应力—应变的关系矩阵,反映单元的材料特性。

得到单元内部应力$\{\sigma\}^e$关系式:$\{\sigma\}^e=[D][B]\{\varepsilon\}^e$。

(4)由虚功原理,找到与单元内部应力状态等效的结点力,然后利用单元应力与结点位移的关系式,建立起等效结点力与基点位移的关系为:$\{p\}^e=[k]^e\{\delta\}^e$。

式中,$\{p\}^e$——作用于单元结点上的等效集中力;

$[k]^e$——单元刚度矩阵。

(5)把每一个单元承受的荷载,按静力等效原则转移到结点上。

(6)计算出单元刚度矩阵$[k]^e$以后,从局部坐标转换到总体坐标上去,按照一定规则形成结构总体刚度矩阵$[k]$。根据平衡条件可得到:$[k]\{\delta\}=[p]$。

式中,$[k]$——总体刚度矩阵;

$\{\delta\}$——结构全部结点位移组成的矢量;

$[p]$——结构全部结点荷载组成的矢量。

(7)求出结点位移$\{\delta\}$,再计算出各单元的应变和应力。

2. 钢材与混凝土的连接处理

三维实体分析的难点在于索塔钢壳与塔内混凝土连接处理,此类结构分析成功的关键在于链接处模拟的准确与否。在有限元计算里一般有两种连接方式:①采用共用节点的方式进行耦合;②在分离的混凝土单元与钢壳单元之间加入节点刚性连接。

本模型采用共用节点的方式进行耦合,把实体混凝土变截面析取出来作为钢截面。模型单元采用4节点四面体,每个节点都具有3个方向的线性位移自由度。主梁及索塔通过板单元方式建立,采用实体单元模拟索塔混凝土结构和承台混凝土结构,运用大型通用有限元软件MIDAS FEA软件建立空间板壳单元和实体单元组合而成的模型。考虑结构对称性,塔梁固结区局部分析四分之一结构,在纵向不对称荷载作用下,需采用塔梁固结区局部分析二分之一结构模型,其中单元长度控制在0.2m范围内,最终模型共划分1103736个结点,367919个单元。进而对其划分网格,得到有限元模型。图3为未划分单元网格的实体模型和划分网格的有限元模型。

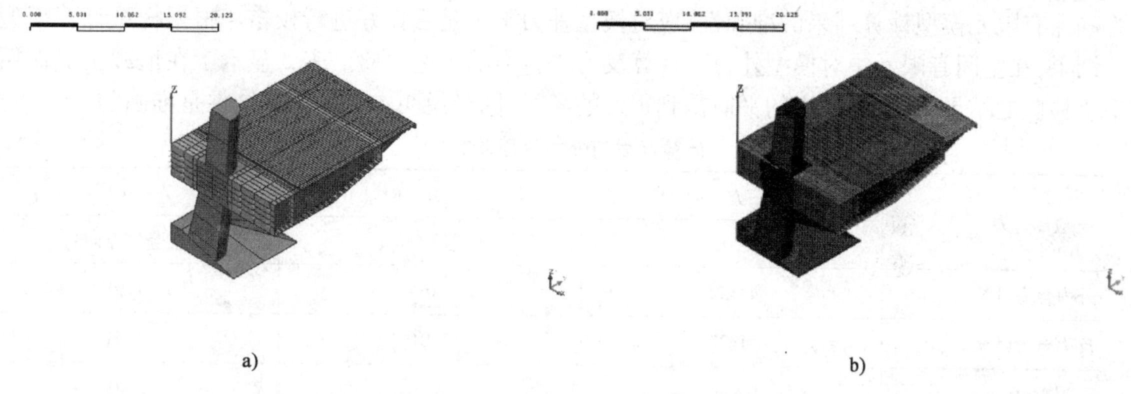

a) b)

图3 未划分单元网格的实体模型和划分网格的有限元模型

3. 边界条件

考虑对称性,塔梁固结区局部结构四分之一模型的约束情况为:承台底部为固结,索塔上端面为自由端面,钢箱梁左侧端面自由端面,钢箱梁右侧端面为对称面,钢箱梁和索塔在中央腹板位置的断面为对称面;塔梁固结区局部结构二分之一模型的约束情况为:承台底部为固结,索塔上端面为自由端面,钢箱梁左侧端面为自由端面,钢箱梁右侧端面为自由端面,钢箱梁和索塔在中央腹板位置的断面为对称面。

4. 计算假定及荷载处理

(1)将塔梁固结点结构定义为匀质的弹性体,结构的材料特性用弹性模量和泊松比来表示。

(2)在 Midas Civil 的全桥空间有限元模型分析结果中提取出各个工况下钢箱梁端部、索塔节段 T5 上端面的内力值,塔梁固结处局部模型上的外荷载以这些内力为依据进行加载。

在三维有限元程序 Midas Civil 的总体杆系计算模型中提取出钢箱梁与索塔节段内力,通过虚拟梁和刚性面加载到局部模型上,可以明确得知桥梁整体结构在荷载组合作用下的受力情况。进行空间有限元分析时选用了三种工况(即恒载、恒载+活载、恒载+半跨活载)作用下钢箱梁端部、索塔节段 T5 上端面的内力组合见表1。从表中不难发现,对比轴力与弯矩来看,剪力值较小,对整体结构基本不起控制作用,轴力作为压力且变化范围不大。

钢箱梁端部、索塔节段 T5 上端面节点内力组合 表1

端面节点	内力组合	工况		
		恒载	恒载+满跨活载	恒载+半跨活载
钢箱梁端部(右)	轴力(kN)	83067	87713	86201
	剪力(kN)	2382	6330	7560
	弯矩(kN·m)	43284	143438	180615
索塔阶段 T5 上端面(右)	轴力(kN)	82559	86093	88314
	剪力(kN)	2043	1349	927
	弯矩(kN·m)	5716	13144	6646
钢箱梁端部(左)	轴力(kN)			85269
	剪力(kN)			1781
	弯矩(kN·m)			23548
索塔阶段 T5 上端面(左)	轴力(kN)			80966
	剪力(kN)			834
	弯矩(kN·m)			13439

为确保有限元模型计算结果的准确性，应对模型外力平衡是否良好进行校核。根据杆系计算模型中提取的结果，在空间有限元中对模型外力与计算反力进行力的平衡检验。表2显示了在恒载工况作用下外力平衡检验的结果，结果表明力的平衡得到很好的满足，同样说明本文的计算结果是准确的。

计算反力与外力平衡验算　　表2

应　力	X 方 向	Y 方 向	Z 方 向
	（顺桥方向）	（横桥方向）	（竖直方向）
外力合力(kN)	41534	0	1191
反力合力(kN)	41372	0.01	1151
误差(%)	0.040		3.400

四、计算结果及分析

本文对三个最不利工况（恒载、恒载+满跨活载、恒载+半跨活载）进行分析，图4～图9分别为恒载、恒载+满跨活载、恒载+半跨活载工况下塔梁固结部位钢箱壳的应力云图和对应工况下混凝土索塔的应力分布的应力云图。

该桥主塔固结区的尺寸较大，横隔板和塔顶传来的力在体积比较大的混凝土实体中能够向四周扩散，总体说该处应力是比较小的。在图4～图9中清楚显示出了钢箱部分的最大应力出现在索塔与钢箱交界面处的索塔外侧区域，索塔钢壳最大应力出现在钢箱和钢壳的连接区域，并以索塔外侧的中央腹板位置处为最大。钢箱和钢壳的连接处由于塔顶轴力较大并且是索塔T3阶段分界面，故在连接处会出现比较大的压应力，同时在索塔外侧的中央腹板则出现较大的拉应力；固结区内的横隔板出现的应力集中现象主要是由于主塔上部混凝土的内力不能一次性传递到结点的横隔板上，需要逐步传递，所以在横隔板的上缘与下缘出现了较大应力，但是以上所有应力值都没有超出钢材与混凝土的抗压设计强度，因此是满足要求的。不过在索塔与钢箱固结连接界面的部分区域出现了拉应力，甚至小部分区域的拉应力已经超过混凝土的抗拉设计强度，尤其在混凝土实体的角点处。

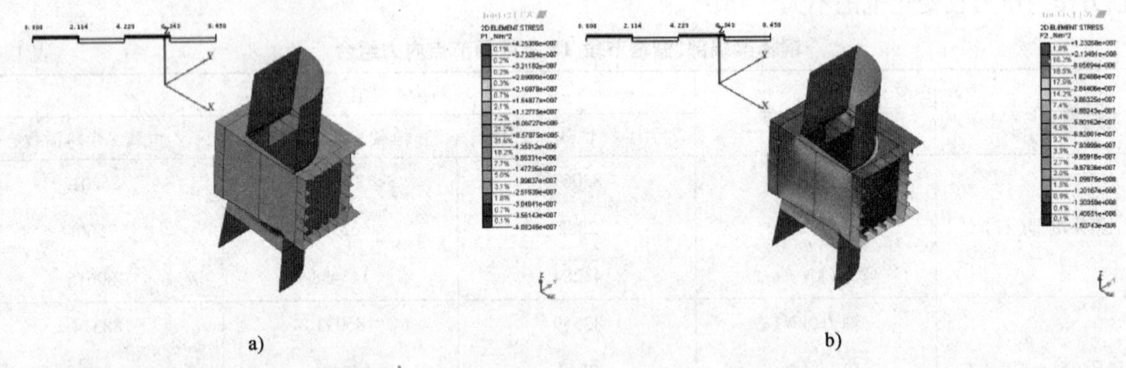

a)　　b)

图4　恒载作用下塔梁固结区钢箱（壳）的应力分布（单位：Pa）

在恒载作用下，塔梁固结区钢箱的应力分布总体均匀，顶板区域、底板区域、腹板和横隔板的最大应力分别为39.5MPa、45.9MPa、71.9MPa和42.5MPa，索塔钢壳的最大应力为150.7MPa。索塔混凝土的应力分布总体比较均匀，其主压应力大部分在1.3～18.4MPa之间；索塔与钢箱固结连接界面的部分区域的主拉应力2.8MPa。

在恒载+满跨活载作用下，塔梁固结区钢箱的应力分布总体均匀，顶板区域、底板区域、腹板和横隔板的最大应力分别为49.8MPa、67MPa、110.2MPa和75.7MPa，索塔钢壳的最大应力为185.0MPa。索塔混凝土的主压应力大部分在1.2～20.0MPa之间；索塔与钢箱固结连接界面的部分区域的主拉应力 3.5MP。

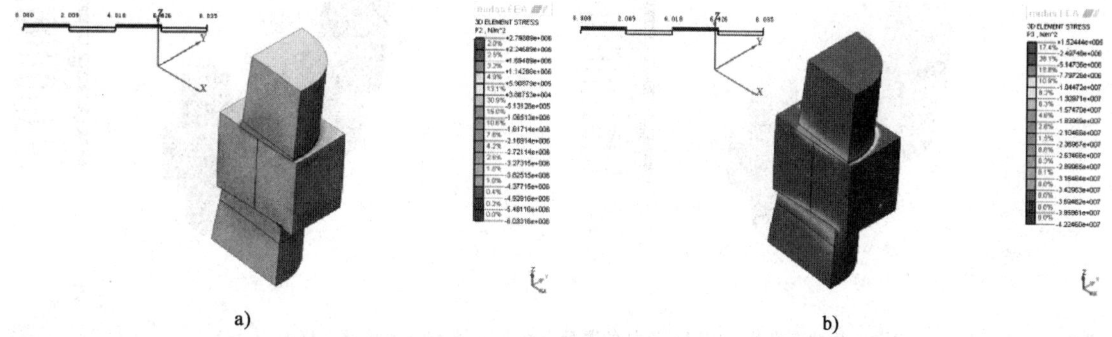
a) b)

图 5 恒载作用下塔柱的混凝土索塔应力分布(单位:Pa,拉+,压-)

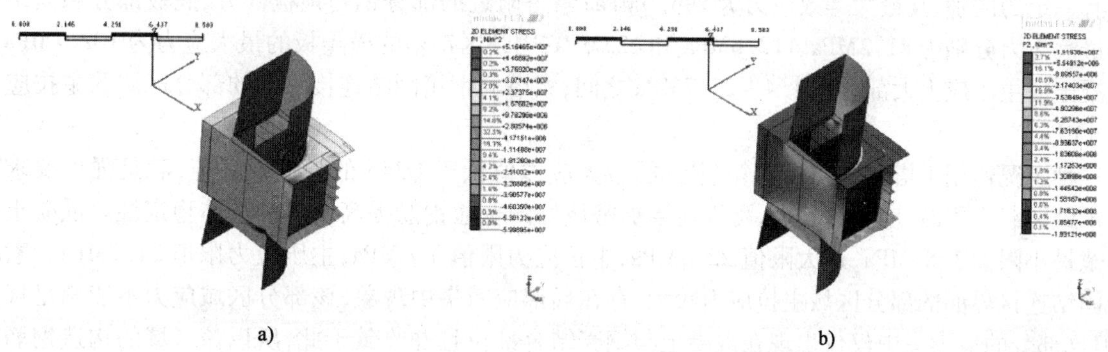
a) b)

图 6 恒载+满跨活载作用下塔梁固结区钢箱(壳)的应力分布(单位:Pa)

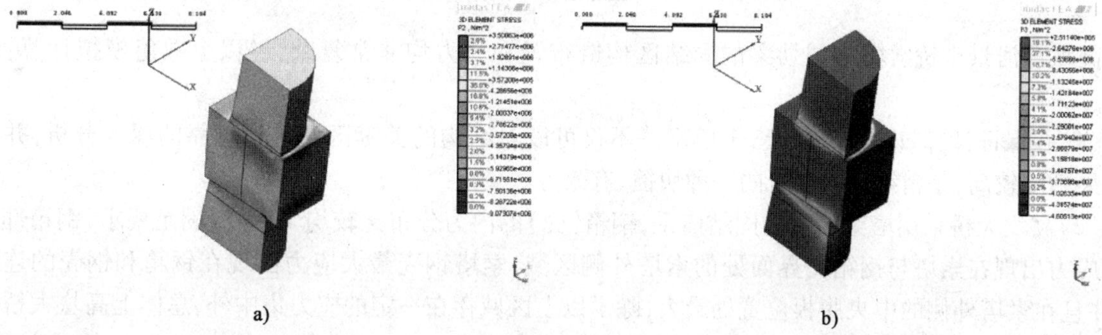
a) b)

图 7 恒载+半跨载作用下塔柱的混凝土索塔应力分布(单位:Pa,拉+,压-)

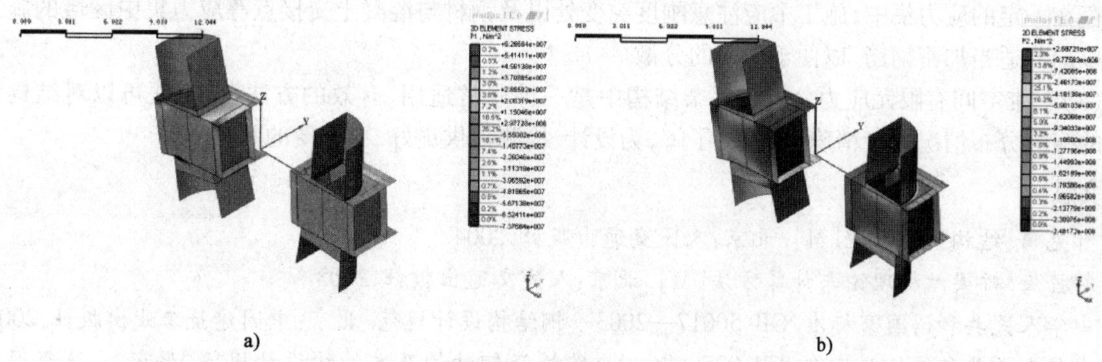
a) b)

图 8 恒载+半跨载作用下塔梁固结区钢箱(壳)的应力分布(单位:Pa)

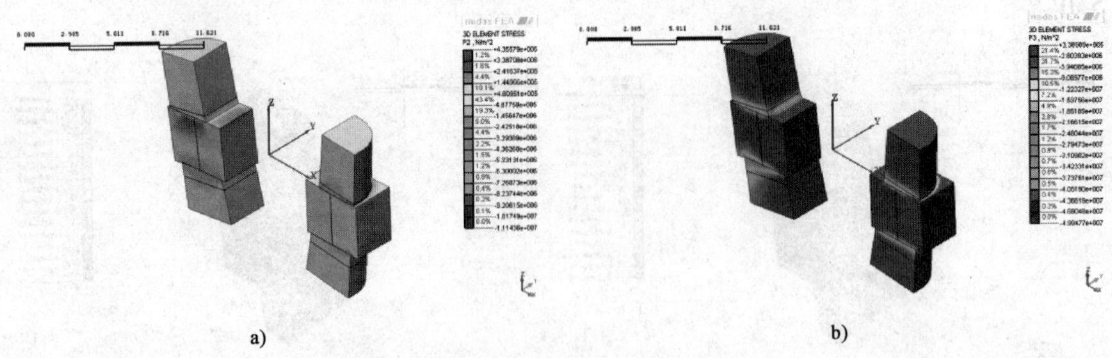

图9　恒载+半跨载作用下塔柱的混凝土索塔应力分布(单位:Pa,拉+,压-)

在恒载+半跨活载作用下,由于活载在纵桥向的不对称,塔梁固结区钢箱(壳)的应力状态在不同位置处有一定的区别,其最大等效应力为196.0MPa;索塔附近的部分钢箱顶板部分、底板部分和固结连接区的最大应力分别为81.2MPa、112.6MPa和123MPa;固结区钢箱的横隔板的最大应力为102.1MPa。索塔混凝土的主压应力大部分在1.4~21.7MPa之间;索塔与钢箱固结连接界面的部分区域的主拉应力约为4.4MPa。

三种工况作用下塔梁固结区钢箱(壳)的最大应力值低于Q345的强度设计值,满足强度要求。恒载+半跨活载作用时,应力值较大,可以适当加密该处的普通钢筋提高结构的整体稳定性。混凝土正应力规范最小限值1.83MPa,最大限值22.4MPa,主拉应力限值4.4MPa,主压应力限值21.7MPa。索塔与钢箱固结连接界面的部分区域主拉应力较大,存在局部应力集中现象,该部分区域应力不能满足规范要求,但这部分的应力集中仅仅出现在混凝土与钢壳结合部位且并收敛于此,所以该区域的构造钢筋和加劲板可改善其受力,提高混凝土的抗拉能力,属于局部现象可以忽略。

五、结　　语

高坎浑河景观桥索塔与加劲梁的固结区构造布置和受力均非常复杂,经以上数值模拟计算,结果表明:

(1)在保证计算效率的基础上,子模型法不仅可以对结构的关键区域进行可靠的深入分析,并且计算结果精度较高,是精细应力分析的一种快捷、有效方法。

(2)高坎大桥采用塔梁节点的固结体系,钢箱(壳)的内力分布比较均匀,强度满足要求,钢箱部分的最大应力出现在索塔与钢箱交界面处的索塔外侧区域,索塔钢壳最大应力出现在钢箱和钢壳的连接区域,并且在索塔外侧的中央腹板位置处最大,除了以上区域存在一定的应力集中外,总体上高坎大桥的设计方案是一种受力体系比较适宜的方案。

(3)高坎大桥塔梁固结区之索塔受力基本合理,强度满足要求,但索塔与钢箱固结连接界面的部分区域存在一定的应力集中,施工中应注意刚度突变处以及钢材与混凝土交接点等应力集中区域的施工质量可以局部适当加密钢筋,以便于应力的分散。

(4)三维空间有限元应力分析在复杂结构中是一种非常适用、有效的方法,该方法可以对结构详细部位的应力分布情况进行精确、深入的了解,为设计、检测提供更好、更方便的服务。

参考文献

[1]　叶见曙.结构设计原理[M].北京:人民交通出版社,2004.

[2]　贺拴海.桥梁结构理论与计算方法[M].北京:人民交通出版社,2003.

[3]　中华人民共和国国家标准.GB 50017—2003　钢结构设计规范.北京:中国建筑工业出版社,2003.

[4]　中华人民共和国行业标准.JTJ 025—86　公路桥涵钢结构及木结构设计规范.北京:人民交通出版社,1986.

[5] 中华人民共和国行业标准. JTG D62—2004 公路钢筋混凝土及预应力混凝土桥涵设计规范. 北京：人民交通出版社,2004.

[6] 中华人民共和国行业标准. JTG D60—2004 公路桥涵设计通用规范. 北京：人民交通出版社,2004.

[7] 王福春. 下承式系杆拱桥拱脚局部应力有限元分析[A]. 沈阳建筑大学学报(自然科学版), 2010.09.29.

[8] 黎耀. 大跨矮塔斜拉桥塔墩梁固结部位应力计算分析[B]. 广东公路交通, 2007.05.15.

[9] 郭泽华. 钢管混凝土系杆拱桥拱脚结点受力分析[A]. 南京林业大学硕士论文, 2008.06.01.

132. 荆岳长江公路大桥钢箱梁技术研究

张家元 丁望星 赵全霞

(湖北省交通规划设计院)

摘 要 作为薄壁结构的钢箱梁在特大跨度的桥梁中得到了广泛的应用。荆岳长江公路大桥主梁采用了混合梁形式,主桥主跨及北边跨采用了钢箱梁结构。本文对荆岳长江公路大桥钢箱梁的关键技术进行了研究,主要内容包括钢箱梁正交异性桥面板的受力分析和索梁锚固结构的受力分析,提出了整体式锚拉耳板的索梁锚固新型式;采用接触分析对索梁锚固的拴接方案进行了研究,表明拴接安全、可靠。

关键词 钢箱梁 正交异性板 有限元分析 索梁锚固

一、工 程 概 况

荆岳长江公路大桥是湖北省“六纵五横一环”骨架公路网中随州至岳阳高速公路跨越长江的控制性工程;桥址位于湖北、湖南两省交界处,北岸为湖北省荆州市监利县白螺镇,南岸为湖南省岳阳市云溪区道仁矶镇。

主桥采用主跨 816m 双塔不对称混合梁斜拉桥方案,平行双索面,跨度组合为(100 + 298)m + 816m + (80 + 2 × 75)m;其中北边跨总跨度为 398m,南边跨总跨度为 230m,主桥南、北段桥面纵坡分别采用 2.0% 和 0.356% 的较小纵坡。

主桥桥面为双向六车道,桥面有效宽度 33.5m(不含布索区和风嘴),横桥向斜拉索索距为 35m;主桥南边跨采用预应力混凝土箱梁,中跨和北边跨采用了钢箱梁,钢箱梁段顺桥向标准梁段索距为 15m,北边跨尾索区标准索距为 13m;拉索按扇形布置。

二、钢箱梁设计

1. 钢箱梁断面选择

考虑宽梁的受力特点、施工便利和经济性,北边跨和中跨主梁采用重量轻、抗风性能好、造型美观的扁平钢箱梁;主梁采用分离式双边箱断面,两边箱之间以横梁相连接,索塔支座位置及压重区段采用整体式单箱三室断面。主桥箱梁全宽 38.5m,至索塔区缩窄为 36.5m,梁高约 3.8m。梁段典型横剖面如图 1 所示:

2. 计算分析体系

主梁计算分析主要按如下三个受力体系进行:

(1)总体体系:钢箱梁作为斜拉桥构件中的一部分,计算分项荷载作用下的轴力、弯矩、剪力和转矩。

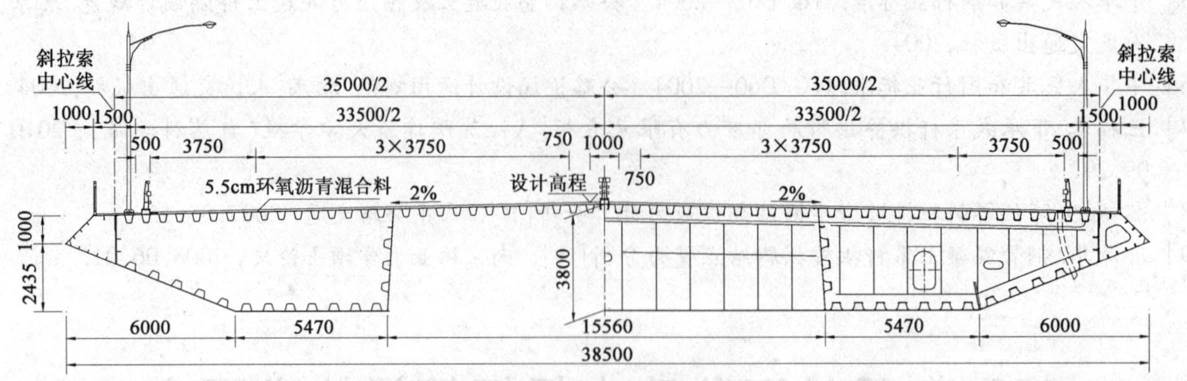

图1　钢箱梁标准断面图(尺寸单位:mm)

(2)桥面板体系:按正交异性板分析,应用Pelikan-Esslinger的方法,设定桥面板为支撑在弹性肋上的正交异性连续板。

(3)盖板体系:盖板体系是桥面板支撑于横梁与纵肋之上的,直接承受轮轴荷载作用,应用Pelikan-Esslinger的方法进行计算。

三、正交异性桥面板的受力分析

1.计算模型

正交异性板分析选取三个普通节段为对象,模型总长45m,宽36.56m(不含风嘴),共15道横梁,其中12道普通横隔板,3道拉索横隔板。模型尽量和实桥一致,对重点分析部分采用实际构造尺寸,对非重点分析部分作了合理简化。分析模型考虑了如下结构细节:

(1)顶板U肋通过横隔板的过焊孔;

(2)U肋内横隔板位置的小隔板对顶板的约束支撑作用。

分析加载按规范要求采用轮载,重车单车重55t,横向布置8辆重车。分析中考虑了拉索对箱梁的竖向约束作用。结构模型如图2所示:

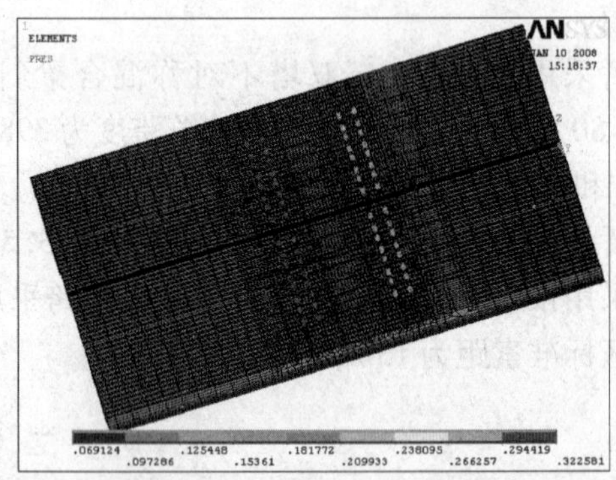

图2　钢箱梁模型及轮载加载示意图

2.分析结论

在自重及轮载作用下,作为正交异性桥面板的钢箱梁顶板和顶板U肋的受力和变形如图3、图4所示:

钢箱梁顶板最大等效应力48.5MPa,轮载位置的最大等效应力为41.6MPa。跨中顶板的最大竖向位移为12.9mm。研究表明,局部轮载位置的应力水平较高,顶板在局部轮载作用下应力扩散需要一定的区间。

局部轮载作用下顶板U肋最大等效应力为40.3MPa,最大竖向位移为12.87mm。

从既有正交异形钢桥面板的病害分析,顶板U肋和顶板、横隔板的焊缝最先出现疲劳裂纹,有限元分析结论也表明局部轮载作用顶板的应力幅值较大,局部轮载的作用是焊接结构出现疲劳裂纹的最重要的因素。

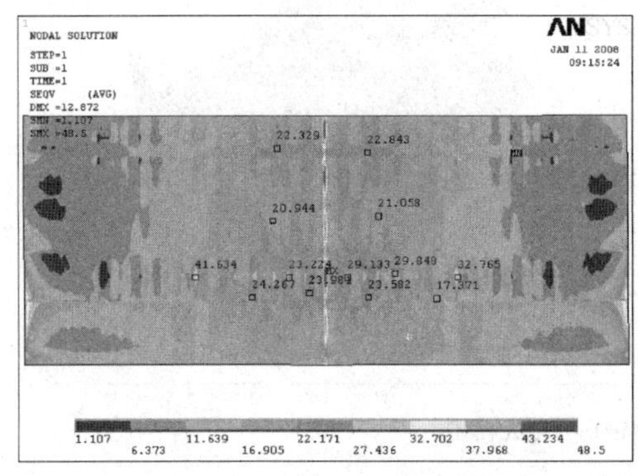
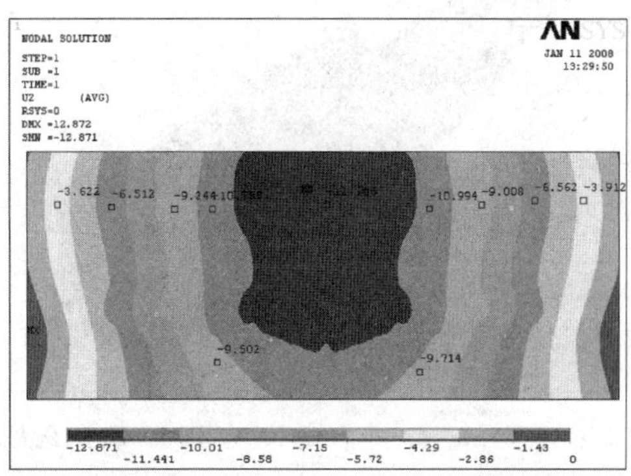

图3　顶板等效应力及竖向变形图

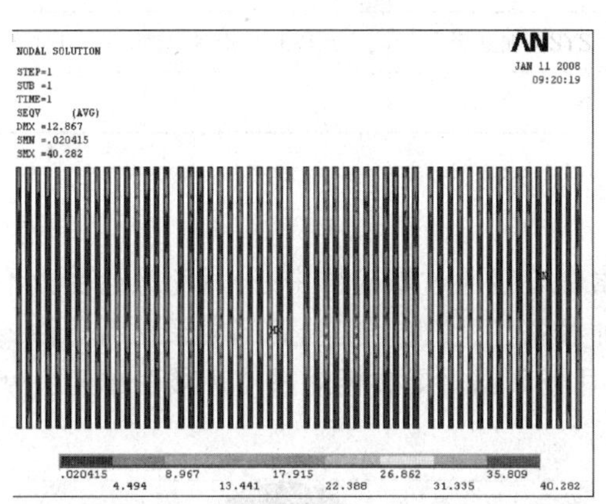
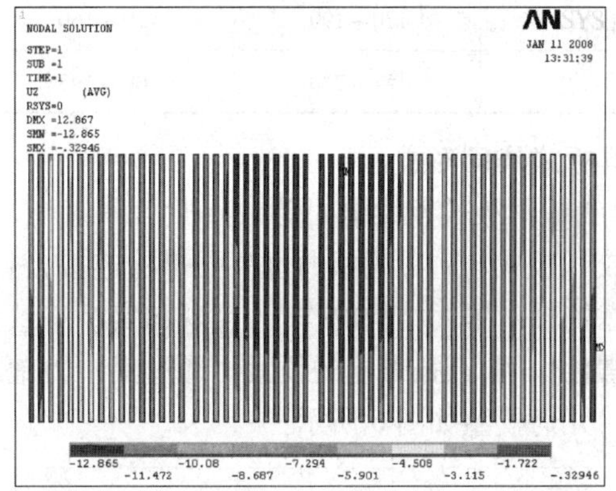

图4　顶板U肋等效应力及竖向变形图

四、索梁锚固方式的选取和结构分析

钢箱梁锚索区需要将拉索索力扩散到整个主梁截面,因此它具有受力大、应力集中、构造复杂等特点,在车辆荷载的重复作用下,疲劳问题突出。

目前国内、外已建大跨度密索体系钢主梁斜拉桥中,斜拉索与钢梁的锚固型式归纳起来,主要分为焊接锚箱式、销铰耳板式、焊接锚拉耳板式,且在国内均有成功应用的经验。

荆岳长江公路大桥索梁锚固的选取遵循了以下原则:

(1)尽量减少拉索锚固构造对主梁的削弱及主肋的切断;

(2)确保连接简洁可靠,力线传递流畅,避免出现过大的应集中;

(3)通过合理构造措施,尽量减小焊缝疲劳应力幅,降低锚固区对材料性能的要求;

(4)方便拉索及锚固区构件的施工、检查、维护和更换;使其具有更好的施工方便性、可检性、可修性、可换性和可控性,提高使用寿命,节省养护费用。

1. 锚箱式锚固型式

锚箱式(承压式)连接是设置锚固梁(块),将锚固梁(块)用焊接或高强螺栓与主梁连接,斜拉索锚固在锚固梁(块)上,也有将主梁外伸出牛腿作为锚固梁,由于锚固梁(块)在多个方向需要补强,设计中一般做成锚箱。

锚箱式锚固选取了最小、最大倾角对应的钢锚箱进行分析研究,分析模型如图5所示:

在索力作用下,最小、最大倾角钢锚箱主要板件的应力水平如表1所示:

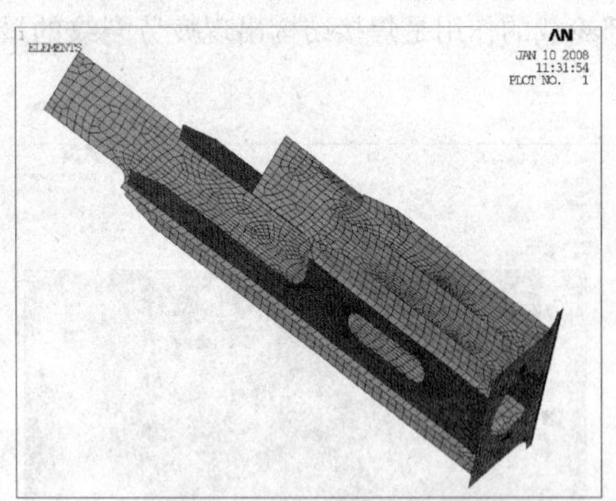

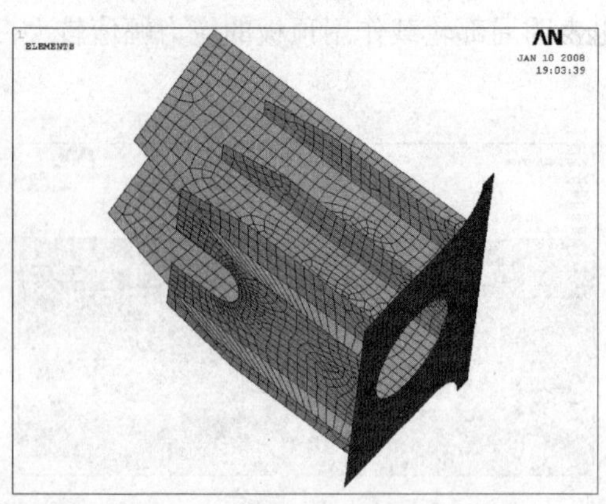

图5 最小、最大倾角钢锚箱有限元模型

锚箱主要构件应力水平表(单位:MPa) 表1

名　称	最小倾角锚箱	最大倾角锚箱	名　称	最小倾角锚箱	最大倾角锚箱
锚固板	170 ~ 190	120 ~ 160	内侧加劲板	110 ~ 130	181 ~ 230
外侧加劲板	154 ~ 230	160 ~ 195			

2. 耳板式锚固形式

(1)销铰耳板式索梁锚固受力分析

销铰耳板式与主梁腹板通过高强螺栓连接,斜拉索中心线通过螺栓群中心,避免螺栓受力不均。分析时考虑销轴对锚固结构的作用,实现和实桥一致的加载条件,模型中销轴局部考虑材料塑性。模型考虑高强螺栓作用,高强螺栓的预紧力通过集中力施加,耳板和钢箱梁腹板通过使用接触单元由摩擦力传递荷载。几何模型如图6所示:

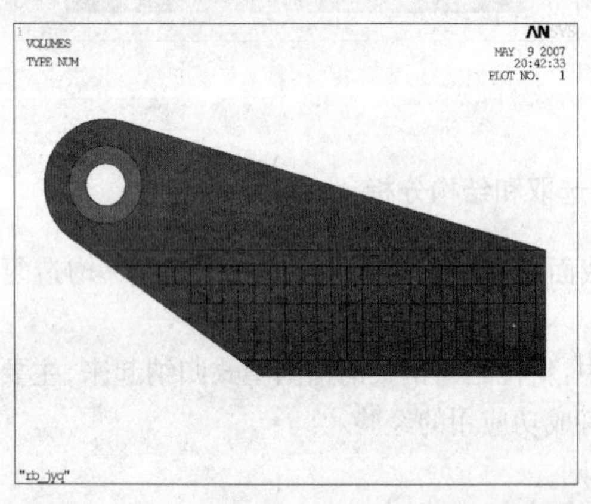

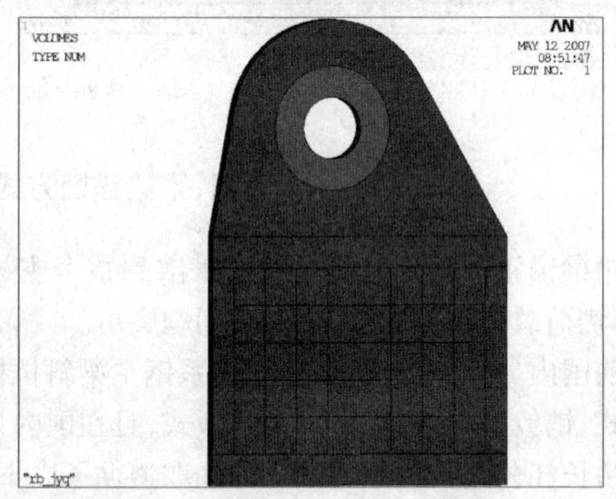

图6 最小、最大倾角销铰耳板式几何模型

最小、最大倾角销铰耳板式的主要受力部位的应力水平如表2所示:

销铰耳板式主要受力部位应力水平表(单位:MPa) 表2

名　称	最小倾角锚箱	最大倾角锚箱	名　称	最小倾角锚箱	最大倾角锚箱
耳板销孔	377 ~ 519	275 ~ 362	高强螺栓区域	28 ~ 73	17 ~ 61
销轴与孔壁	200	136			

(2)锚拉耳板式锚固受力分析

锚拉耳板中、上部开槽,锚管嵌于锚拉耳板上部槽口处,并预留斜拉索锚具安装空间,锚管两侧与锚拉板焊接,斜拉索穿过锚管并锚固于锚管底部。

传统的锚拉耳板与桥面板或腹板直接焊接,荆岳长江公路大桥锚拉耳板方案将锚拉耳板伸入主梁内作为主梁外腹板的一部分,连接焊缝由水平对接焊缝变为竖向对接焊缝,减轻了在索力作用下焊缝应力疲劳的问题,同时也避免桥面板需设置厚度较大、抗层状撕裂的钢板。最大、最小倾角锚拉耳板式几何模型如图7所示。

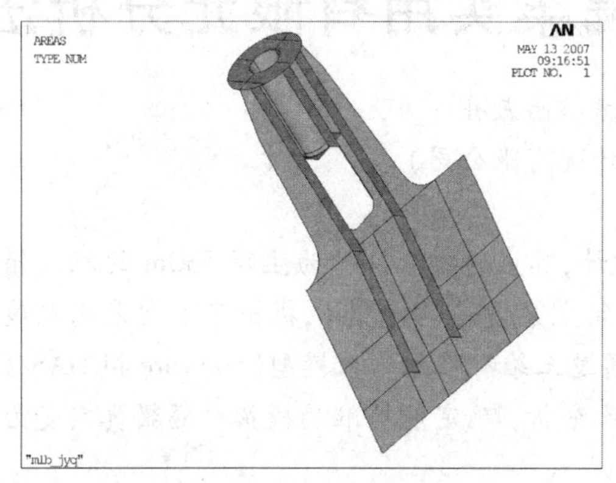

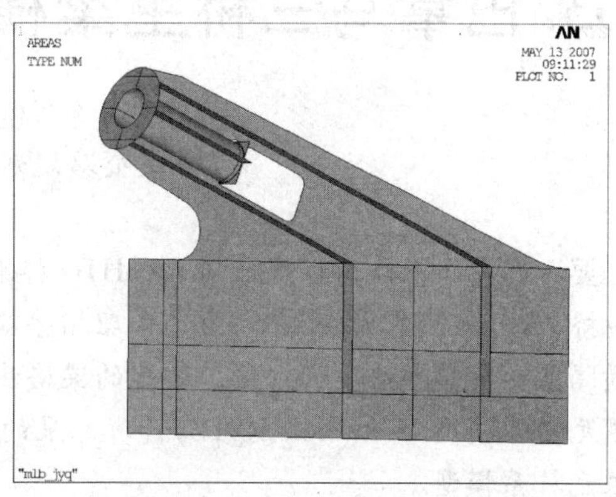

图7 最大、最小倾角锚拉耳板式几何模型

在索力作用下,最大、最小倾角锚拉耳板主要板件的应力水平如表3所示:

锚拉耳板主要板件应力水平表(单位:MPa) 表3

名　称	最大倾角锚拉板	最小倾角锚拉板	名　称	最大倾角锚拉板	最小倾角锚拉板
锚拉板	73~237	81~270	锚拉板内倒角	73~106	81~119
锚拉板外倒角	73~140	43~119	锚拉板—腹板	41~73	44~81

荆岳长江公路大桥索梁锚固通过对传统的锚箱、耳板式和锚拉板式的分析,提出了整体式锚拉耳板的新方案,该方案避免了传统锚拉耳板式锚固中对接焊缝直接传递动荷载和钢箱梁顶板需采用Z向钢的缺点,索力传递更加简洁、流畅;结构受力分析也表明,新方案除了锚管与锚拉板连接的区域应力水平较高,其他区域的应力水平均较低,结构的可靠度较传统方案高。

荆岳长江公路大桥对高强螺栓在索梁锚固中的使用进行了专项研究,通过采用高度非线性的接触分析,研究表明了高强螺栓连接的可靠性。高强度螺栓连接避免了焊接连接带来的焊接缺陷、局部应力集中和焊接残余应力,连接的可靠性好。

五、结　语

在对传统的结构型式进行分析比较的基础上,荆岳长江公路大桥在技术研究的过程中提出了一些新的结构形式,结构分析表明这些新的结构形式受力合理、安全可靠。

(1)在全面分析钢锚箱、锚拉板、耳板式索梁锚固的基础上,提出了整体式锚拉耳板的方案。结构分析表明该方案索力传递简洁、流畅,受力合理,较传统的锚拉耳板索梁锚固有明显优点。

(2)通过高度非线性的接触分析,研究表明索梁锚固构造中拴接的可靠、合理。拴接较焊接而言,不会带来焊接缺陷、焊接残余应力和局部应力集中,连接的抗疲劳性能更好。

(3)钢桥面正交异性板的有限元分析考虑了所有钢箱梁结构构造细节,分析表明,重车的局部轮载在正交异形板中产生较大的应力幅值,是导致U肋与顶板、横隔板焊缝出现疲劳裂纹的主要因素。

参考文献

[1] 颜海,范立础. 大跨度斜拉桥索梁锚固中的非线性接触问题[J]. 中国公路学报,2004,17(2):46-49.
[2] 卫星,强士中. 斜拉桥耳板式索梁锚固结构的空间分析[J]. 中国铁道科学,2004,25(5):67-71.
[3] 小西一郎. 钢桥:第一分册[M]. 北京:人民铁道出版社,1980.

133. 巴拿马三桥主梁横隔梁实用有限元分析法

陆从飞　侯　满　曲春升
（中交公路规划设计院有限公司）

摘　要　巴拿马三桥工程是采用AASHTO标准设计，其主通航孔桥位为主跨530m的双边箱主梁混凝土斜拉桥，设计采用悬臂法施工，为了合理指导双边箱主梁横隔梁的设计，提出了主梁采用双边箱断面斜拉桥横隔梁的计算方法—考虑施工过程的梁格法，通过三维有限元杆系模型（Software MIDAS/Civil）和三维有限元实体模型（Software ANSYS）计算结果的对比分析，确定能够准确模拟横隔梁真实受力状态的三维有限元杆系模型。

关键词　巴拿马三桥　混凝土斜拉桥　双边箱　横隔梁　空间梁格法　有限元杆系模型　三维实体模型

一、引　　言

双边箱混凝土主梁因其重量轻，构造简单，施工方便，因而在混凝土斜拉桥中得到了广泛的应用[1]。悬臂浇筑的双边箱主梁横隔梁分析计算有简支梁法[2]和空间实体有限元法[3]。前者是将受力模式简化，计算过程简单，易于操作，但是结果精度不高；后者能够准确模拟实桥结构和施工过程，计算精度高，但是建模复杂，模型数据较大。

为了能够准确快捷的得出横隔梁的受力状态，本文采用考虑施工过程的空间梁格法[4,5]，找出一种合理的杆系模型。本文以巴拿马三桥为工程背景，运用三维有限元杆系模型（Software MIDAS/Civil）对巴拿马三桥主桥的横隔梁进行计算研究。

二、工 程 概 况

巴拿马三桥为巴拿马运河上大西洋侧的第一座大桥，位于巴拿马科隆附近跨越巴拿马运河。主桥长1050m，桥跨布置为79m+181m+530m+181m+79m=1050m，半漂浮体系（见图1），边中跨比0.49。主梁采用预应力混凝土双边箱断面（图2），梁宽23.6m，梁高2.834m，边箱内顶板厚23cm，箱外顶板厚26cm。斜拉索采用扇形空间索面，在主梁上标准间距为8.0m，边跨背索段间距为7.0m，塔上竖向索距为2m。索塔、辅助墩和过渡墩处设置竖向支座，横向抗风支座仅在索塔上设置。全桥共设68道横隔梁，分为A，B，C，D共4类，A类为有索区横隔梁，箱内腹板厚28cm，箱外腹板厚22cm，B类为桥塔处横隔梁，箱内、外腹板厚为200cm，C类为桥塔附近无拉索横隔梁，箱内腹板厚28cm，箱外腹板厚22cm，D类为过渡墩处横隔梁，箱内、外腹板厚为250cm。

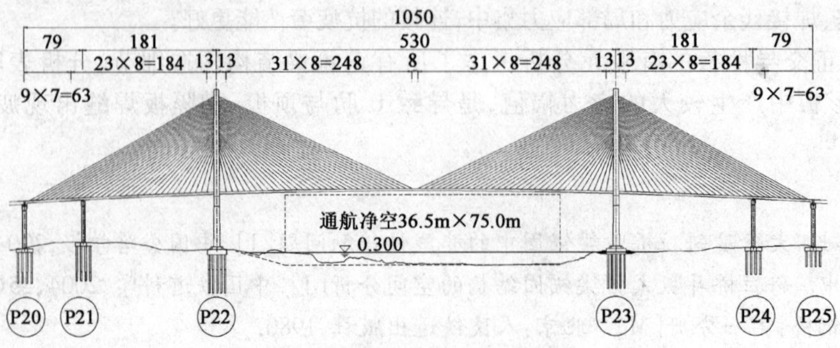

图1　主桥总体布置图（尺寸单位：m）

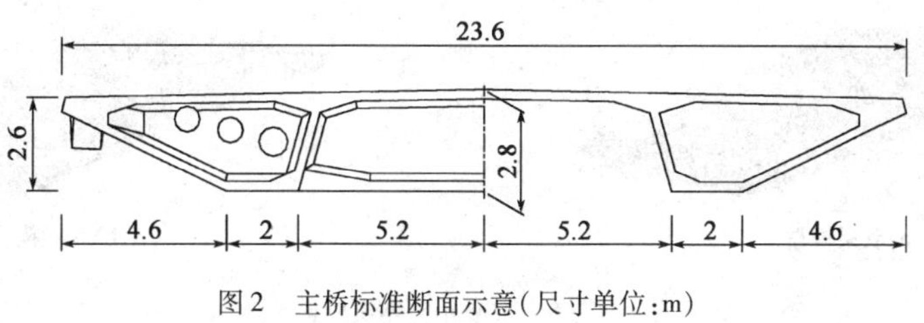

图2 主桥标准断面示意(尺寸单位:m)

三、横隔梁设计计算分析方法

对于双边箱主梁横隔梁而言,两端的斜拉索锚固点可视作竖向支撑,将横隔梁按照简支梁的模式进行计算,这样简化处理边界条件,得出的横隔梁的计算结果与实际受力状态是有偏差的,不够准确。实际上,横隔梁除横向被斜拉索简支支撑外,由于纵腹板剪切刚度和边箱扭转刚度的存在,使横隔板在竖向荷载作用下,一部分荷载直接横向传递给斜拉索,在横隔板竖向变形的同时,引起纵腹板的竖向变形和边箱的扭转变形,进而将另一部分荷载传递给相邻的其他横隔板,横隔板处于空间受力状态。

本文通过建立三维有限元杆系模型(MIDAS/Civil)和三维实体模型(ANSYS)对横隔梁的计算结果进行对比分析,寻求一种合理的简化梁格分析方法,从而指导该桥横隔板的设计。

本文选取了包含7道A类横隔梁的节段模型(见图3)对横隔梁产生竖向弯曲变形的两种典型工况(a和b)进行对比分析。研究不同模型计算下横隔板内力之间的差异。两种典型工况的具体描述如下。

典型工况a:施工阶段,张拉横隔梁HG7的预应力钢束。

典型工况b:运营阶段,横隔板HG4施加设计双轴荷载。

1. 实体模型的建立

采用有限元分析软件ANSYS,建立节段的实体模型(图4),模型的建立:混凝土、斜拉索、锚垫板采用solid45实体单元模拟,预应力筋采用link8杆单元模拟。

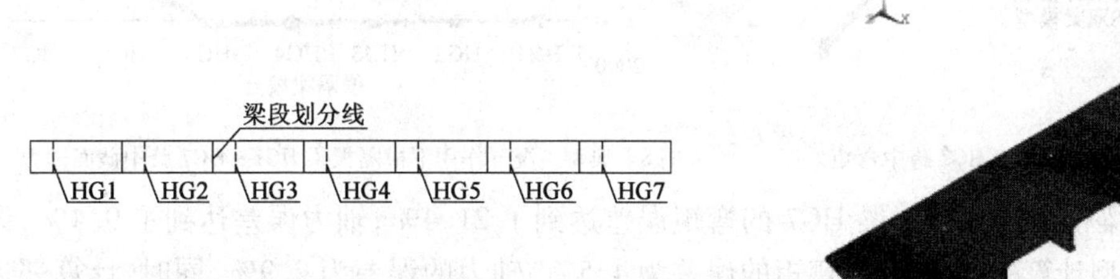

图3 横隔梁布置示意　　图4 有限元整体模型

2. 杆系模型的建立

采用有限元分析软件MIDAS建立节段的空间梁格杆系模型。为了准确模拟纵向主梁与横隔板之间的空间联系,采用两种方式模拟对比选取:

双梁模型:采用2根纵梁模拟纵向主梁与横隔板之间的空间联系,纵梁的截面如图5中截面1。本模型主要考虑纵向边箱的扭转刚度和竖向剪切刚度对横隔板竖向变形的影响.纵向边箱与横隔板的连接点位于纵向边箱的形心。

六梁模型:采用6根纵梁模拟纵向主梁与横隔板之间的空间联系,用2个闭口截面(见图5中截面1)的纵梁模拟纵向边箱对横隔板的扭转约束(边箱截面单元的竖向剪切刚度被弱化),4个开口截面(图5中截面2,3)的纵梁模拟纵向边箱对横隔板的竖向约束(两个开口截面单元的抗扭刚度被弱化)。

图5 纵向边梁的截面选取

双梁模型和六梁模型的有限元模型如图6所示。

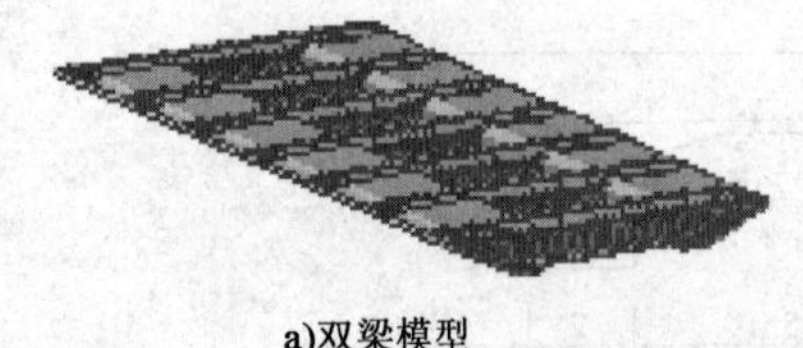
a)双梁模型

b)六梁模型

图6 有限元整体模型

3. 杆系模型与实体模型的对比分析结果

(1)典型工况 a 作用下计算结果对比

选取横隔板跨中截面作为对比的截面,实体模型、双梁模型和六梁模型在典型工况 a 作用下计算结果如下(表1,图7~图8):

典型工况 a 作用下横隔梁 HG1~HG7 跨中截面内力比较(单位:弯矩 M,kN.m;轴力 N,kN) 表1

横隔板编号	实体模型		双梁模型		六梁模型		双梁与实体模型对比		六梁与实体模型对比	
	M	N	M	N	M	N	M	N	M	N
HG1	29	-17	65	1	-77	-53	—	—	—	—
HG2	93	-12	111	-3	-21	-26	—	—	—	—
HG3	262	-27	240	-36	145	-77	—	—	—	—
HG4	681	-50	592	-141	641	-184	—	—	—	—
HG5	1657	-200	1527	-234	1667	-181	-7.85%	17.00%	0.60%	-9.50%
HG6	3716	1990	3915	1546	3809	1737	5.36%	-22.31%	2.50%	-12.71%
HG7	6968	6864	8462	7508	7284	7064	21.44%	9.38%	4.54%	2.91%

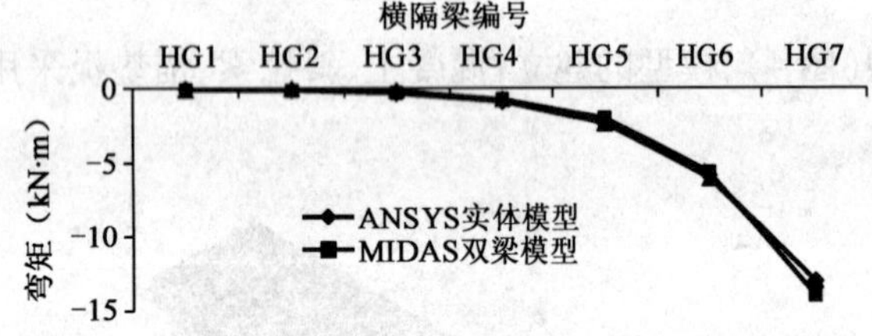

图7 典型工况 a 作用下横隔梁 HG1~HG7 跨中弯矩

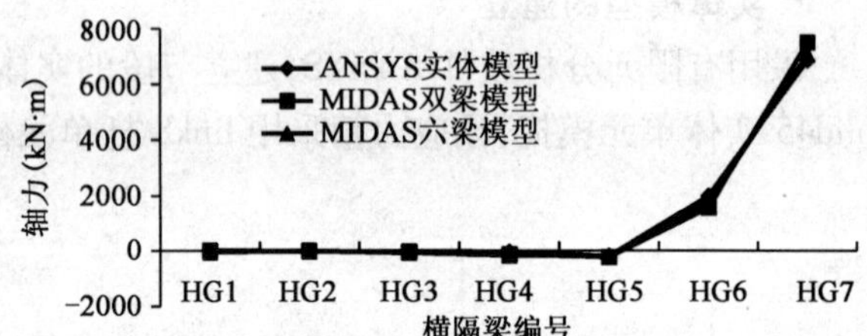

图8 典型工况 a 作用下横隔板梁 HG1~HG7 跨中截面轴力

由图表知,MIDAS 双梁模型计算横隔梁 HG7 的弯矩误差达到了21.4%,轴力误差达到了9.4%,误差较大,而 MIDAS 六梁模型计算横隔梁 HG7 弯矩的误差为4.5%,轴力的误差为2.9%,同时,计算邻近的横隔梁 HG5,HG6 时,MIDAS 六梁模型也更为接近接近 ANSYS 模型的计算结果。MIDAS 六梁空间三维模型的分析结果与实际结构误差较小,在工程可接受的范围,可以用于横隔板的受力计算分析。

(2)典型工况 b 作用下计算结果对比

选取横隔梁跨中截面作为对比的截面,实体模型、双梁模型和六梁模型在典型工况 b 作用下计算结果如下(表2,图9):

典型工况 b 作用下横隔梁 HG1~HG7 跨中截面内力比较(单位:弯矩 M,kN·m) 表2

横隔板编号	实体模型	双梁模型	六梁模型	双梁与实体模型	六梁与实体模型
	M	M	M	弯矩对比	弯矩对比
HG1	-100	-102	-101	2.00%	1.00%
HG2	-180	-191	-197	6.11%	9.44%
HG3	-335	-368	-364	9.85%	8.66%
HG4	-714	-962	-758	34.73%	6.16%
HG5	-334	-368	-364	10.18%	8.98%
HG6	-180	-190	-200	5.56%	11.11%
HG7	-96	-102	-101	6.25%	5.21%

由图表知，MIDAS 双梁模型计算横隔梁 HG7 的误差达到了 34.7%，误差较大，而 MIDAS 六梁模型计算横隔梁 HG7 的误差为 6.2%，误差较小，计算邻近的横隔梁 HG3，HG5 时，MIDAS 六梁模型也更为接近接近 ANSYS 模型的计算结果。MIDAS 六梁空间三维模型的分析结果与实际结构误差较小，在工程可接受的范围，可以用于横隔板的受力计算分析。

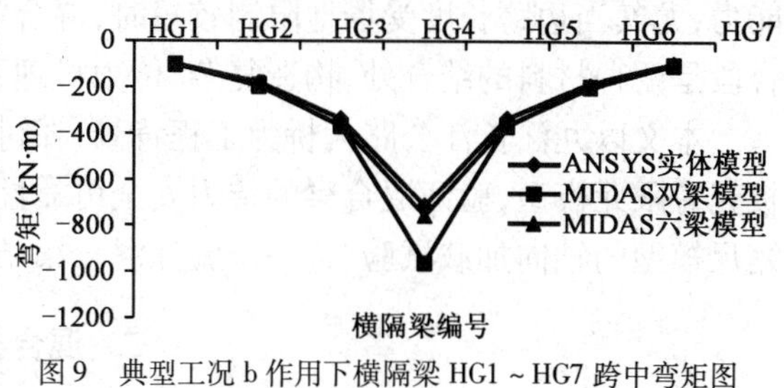

图 9　典型工况 b 作用下横隔梁 HG1～HG7 跨中弯矩图

四、结　　语

(1)对于双边箱主梁横隔梁的计算，杆系模型要考虑纵向边箱的扭转刚度和竖向剪切刚度对横隔板竖向变形的影响。

(2)MIDAS 双梁模型中，在模拟主梁竖向剪切刚度时，将纵腹板的位置由实际位置移到了边箱的形心，横隔板与纵向边箱的连接与实际情况出现了偏差，导致了双梁模型与 ANSYS 实体模型计算结果偏差较大。

(3)MIDAS 六梁模型中，在模拟边箱梁的扭转刚度时，将箱形截面的剪切刚度弱化，在模拟边箱腹板的竖向剪切刚度时，将开口截面的扭转刚度弱化，使得隔板和边箱的连接与实际相符，计算结果也表明了 MIDAS 六梁模型则更接近 ANSYS 的计算结果。

ANSYS 实体分析能准确计算结构的内力，计算的精度最高，但是建模比较复杂。本文提出的 MIDAS 六梁模型建模过程简单快捷，尤其在考虑多种载荷组合时，更为便捷，且能够较准确的计算出截面内力，精度较高，误差在工程可接受的范围内。因此在计算设计双边箱主梁横隔梁时，采用 MIDAS 六梁杆系模型是准确可行的。

参考文献

[1]　刘士林，王似舜. 斜拉桥设计[M]. 北京：人民交通出版社，2006.

[2]　詹建辉，荆州长江大桥主跨 PC 斜拉桥设计计算分析[J]. 桥梁建设，2000，(4)：23-25，34.

[3]　廖原，陈亮，郝财国. 斜拉桥双边箱主梁空间受力特性研究，交通科技，2009.

[4]　梁风楼. 基于梁格法在桥梁设计中的应用，工程建设与设计，2011.

[5]　王富万，杨文兵. 梁格法在桥梁上部结构分析中的应用，华中科技大学学报，2006.

134. 斜拉桥混合梁结合段受力性能研究

孙　璇[1]　刘玉擎[1]　江祥林[2]

(1. 同济大学桥梁工程系；2. 江西省交通科学研究院)

摘　要　为研究混合梁传力机理以及结合部格室的承载性能，以九江长江公路大桥为研究对象，建立主梁结合段三维实体-板壳有限元模型，对结合段进行受力分析，并选取结合部受力典型格室，进行1∶2缩尺模型轴向加载试验。研究结果表明：结合段钢与混凝土间传力平顺，刚度过渡平稳，连接件传力效果明显，有格室-后承压板结合部具有较高的承载力，钢与混凝土的结合性能好。

关键词　斜拉桥混合梁　结合部　有限元　模型试验

一、引　　言

混合梁斜拉桥能充分发挥边跨混凝土梁自重大刚度大的特点，能平衡中跨较轻钢主梁的自重并避免端支点出现负反力。边跨对主跨的压重和锚固作用整体上提高了斜拉桥的刚度，提升了主跨钢梁的跨越能力,尤其当边跨长度受场地限制较短时,混合梁斜拉桥具有很大的竞争力[1,2]。钢梁和混凝土梁间的结合段是两种材料的结合处,构造复杂,传力机理不明确,是混合梁斜拉桥设计的关键部位[3,4]。

本文以九江长江公路大桥为工程背景,探讨了混合梁不同部位的构造特点,建立了混合梁三维实体-板壳有限元模型,验证混合梁的传力安全可靠性,并选取混合梁中受力最复杂的结合部格室,进行了1∶2缩尺模型的轴向加载试验,进一步验证混合梁结合部的承载性能和受力机理,为混合梁的设计提供参考。

二、混合梁结合段构造特点

图1为九江长江公路大桥钢混结合段构造,结合段包括钢梁加劲过渡段、钢混结合部和混凝土梁加强过渡段三部分。在标准钢梁段和钢混结合部交接处,主梁材料和截面积均改变,为避免截面突变引起局部受力集中,实现应力和变形平滑过渡,设置了钢梁过渡加劲段。过渡段采用高度渐变的T肋加劲穿过U肋的内嵌型构造形式,此外还有在U肋表面外嵌变高度T肋或π肋等过渡段构造形式。

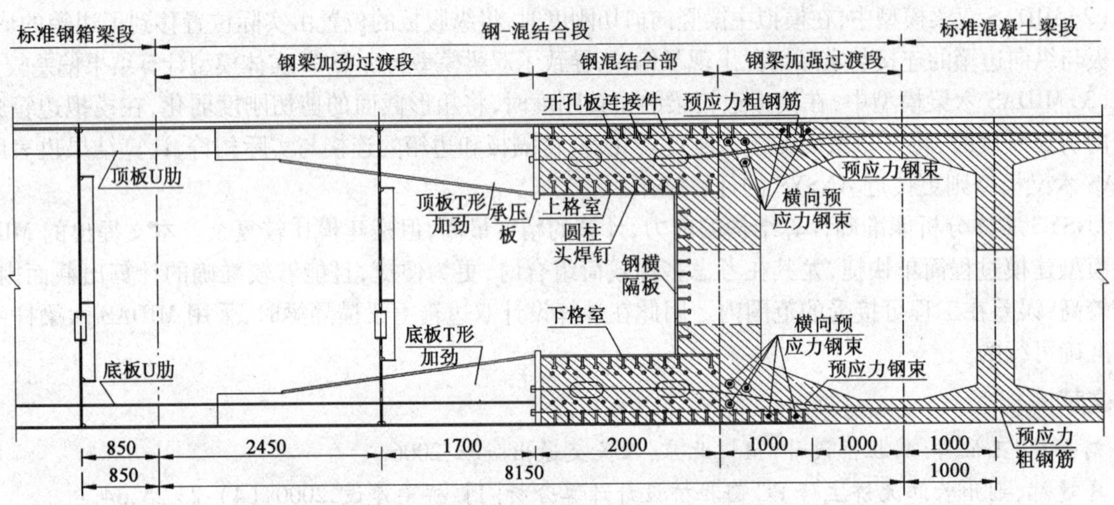

图1　钢混结合段构造(尺寸单位:mm)

结合部采用有格室-后承压板构造形式,承压板设置在钢梁加劲过渡段端部,承压板通过与混凝土间的接触承压传力,传力方式直接有效。结合部混凝土内插入钢腹板与上下钢板形成钢格室,格室腹板上开设圆孔并贯穿钢筋形成开孔板连接件,格室顶底板布置焊钉连接件。连接件加强了钢与混凝土之间的连接性能,并将钢梁的作用力通过连接件受剪的方式传递至混凝土,延长了结合部传力路径。

在混合梁结合部与普通混凝土梁连接处,主梁截面刚度变化较大,为使混合梁与普通混凝土梁间传力平顺并变形平缓,避免产生应力集中和折角,在结合部末端设置混凝土加强过渡段。混凝土梁加强过渡段与钢混结合部交接处设置较厚的横梁,并在过渡段顶板、底板和腹板处设置斜率较小的长倒角。加强过渡段和结合部采用抗拉性能更好的纤维混凝土并布置预应力筋来提高混凝土的抗裂性能。

三、混合梁结合段有限元计算分析

1. 结合段计算模型

图2　混合梁结合段有限元模型

混合梁结合段有限元计算模型如图2所示,根据结合段构造和受力的对称性,选取半幅主梁建立空间实体-板壳有限元模型。有限元模型中钢板、混凝土和预应力筋分别采用SHELL63、SOLID45和LINK8单元模型。焊钉和开孔板连接件采用三维弹簧单元COMBINE14模拟,其刚度通过连接件推出试验得到[5,6]。钢与混凝土间设置接触单元,模拟钢与混凝土间接触传压和相对剥离,并忽略接触面间的摩阻力。边界条件为固结混凝土梁端截面,对主梁中纵剖面节点施加横桥向对称约束。内力施加在钢梁端部截面形心的节点上,加载节点和钢梁端部截面节点建立满足平截面假定约束。节点力是根据空间杆系整体模型计算得到的内力,选取了混合梁受力最不利的最大正弯矩工况进行计算。

2. 结合段计算结果及分析

图3为结合段钢结构顶底板压应力纵向分布。由于正弯矩的作用,顶板受压,最大压应力约为110MPa,底板表现为受拉,最大拉应力约为25MPa。顶板从普通钢梁段到钢梁加劲过渡段,由于加劲面积逐渐增大,钢板应力逐渐减小,到结合部内力通过焊钉连接件从钢板传递至混凝土,到钢板末端应力逐渐减小到0。

图4为结合段混凝土顶板压应力纵桥向分布。结合部通过承压板端部承压和连接件受剪将内力逐渐传递格室内混凝土,混凝土压应力逐渐增大,内力从结合部传递过渡段混凝土,倒角设置使顶板面积逐渐减小,桥面板压应力继续增大,在距承压板约4m处,即过渡段箱梁空腔中部,桥面板压应力最大,最大约为16MPa。

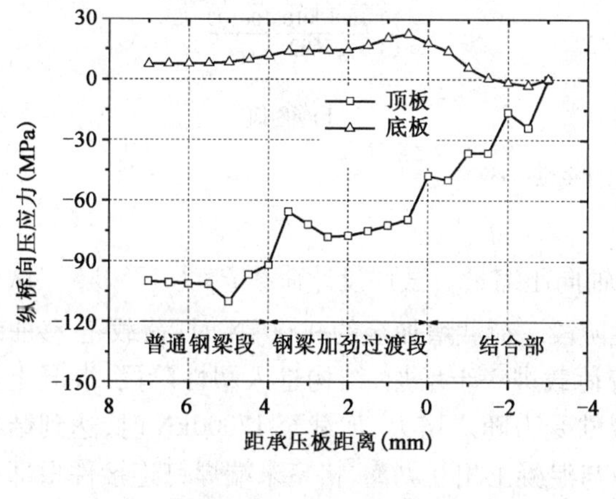

图3 钢结构应力纵向分布

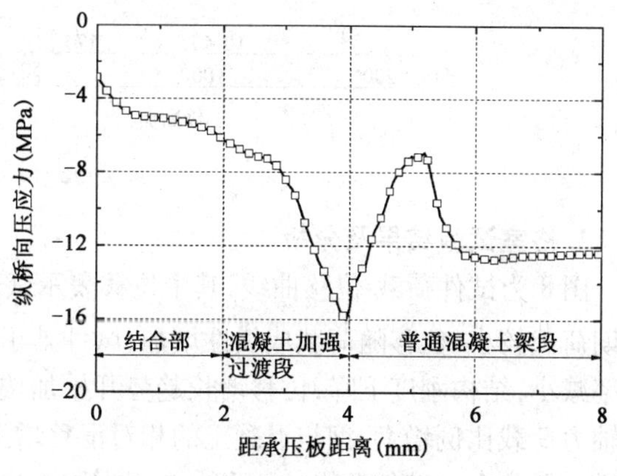

图4 混凝土应力纵向分布

图5为顶底板焊钉连接件顺桥向剪力纵向分布。在最不利正弯矩工况下,顶板焊钉连接件剪力均为正值,表明混凝土相对钢结构向承压板滑移,离承压板越远,钢与混凝土相对滑移越大,焊钉的剪力也越大,末端焊钉最大剪力值约为65kN。底板焊钉连接件剪力均为负值,表明下格室混凝土有脱离承压板的趋势,靠承压板最近位置最大剪力值约为23kN。

图6上格室开孔板连接件顺桥向剪力的纵向分布。上格室开孔板连接件剪力均为正值,且上列剪力值比下列同位置处略大,距承压板较近位置剪力较小,远离承压板剪力值逐渐增大,末端开孔板连接件剪力值最大,约为28kN。

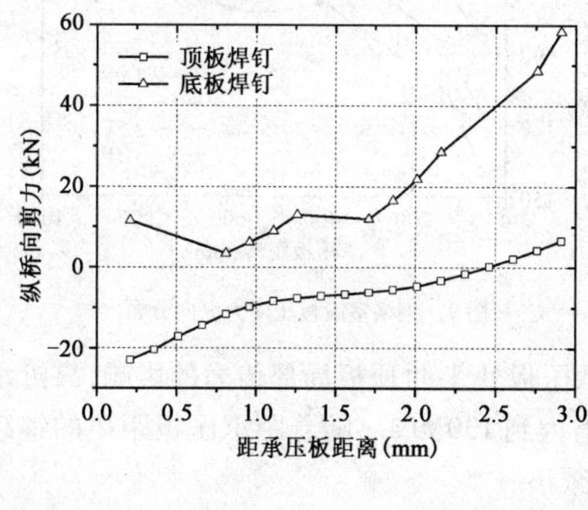

图5 焊钉剪力纵向分布

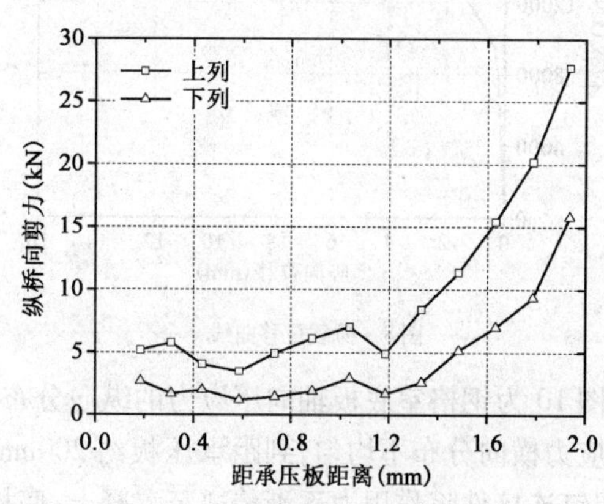

图6 开孔板剪力纵向分布

四、结合部格室模型试验及分析

1. 格室试验模型

模型试件构造如图7所示,选取主梁上部结合部中一个完整格室和左右两侧各半个格室,制作缩尺比为1:2模型试件。试件长1.43m,高0.8m,宽0.6m。格室钢腹板开上下两列圆孔,孔径为32.5mm,孔内贯穿直径为10mm钢筋。顶底板布置四列焊钉,焊钉直径13mm、长度80mm。钢板采用Q345钢材,混凝土强度等级为C55。在格室左侧选取一段钢梁加劲过渡段作为轴力加载端,另一端浇筑混凝土底座来固定试件。

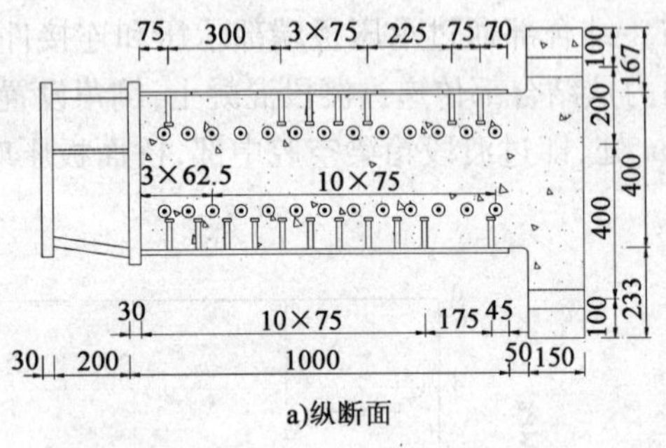

a)纵断面

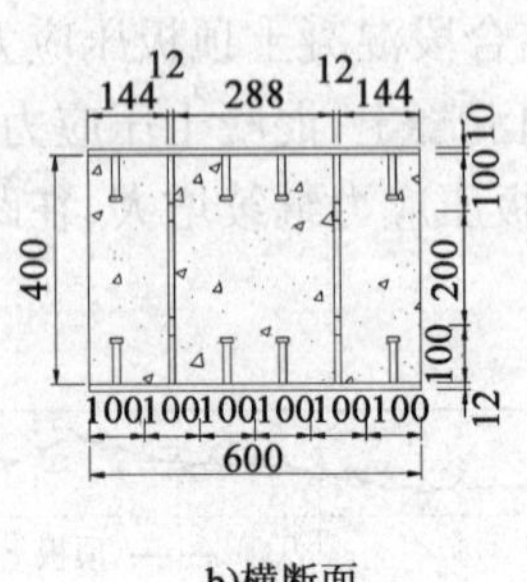

b)横断面

图7 模型试件构造(尺寸单位:mm)

2. 格室试验结果及分析

图8为试件荷载-位移曲线,其中位移表示试件整体轴向压缩量。试件设计荷载 P_d 为1050kN。试验前期荷载较小,位移随荷载成线性增加,试件处于为弹性阶段。荷载增加至约9000kN时,荷载-位移曲线斜率减小,结构刚度下降,位移增长趋势开始加快。随着荷载进一步增加,结构进入塑性阶段,混凝土承担轴力荷载比例增大,钢与混凝土的相对滑移增大,连接件受力随之增大,加载至17000kN时,达到结构的最大承载力。试件最终破坏形态表现为钢格室顶底板与混凝土相互剥离、格室末端焊钉连接件根部剪断、格室端部混凝土被压碎。

图9为钢格室腹板轴向压应力的纵向分布。腹板在各级荷载作用下均受压,压应力随荷载等级增大而增大。钢格室腹板受承压板处T肋腹板直接传力作用,在靠近承压板位置处压应力最大,在 $3.5P_d$ 荷载作用下最大压应力约为140MPa。随着距承压板距离的增大,腹板开孔板连接件逐渐将作用力传递至混凝土,腹板应力逐渐减小。腹板末端受混凝土支撑和约束,应力稍微增大。

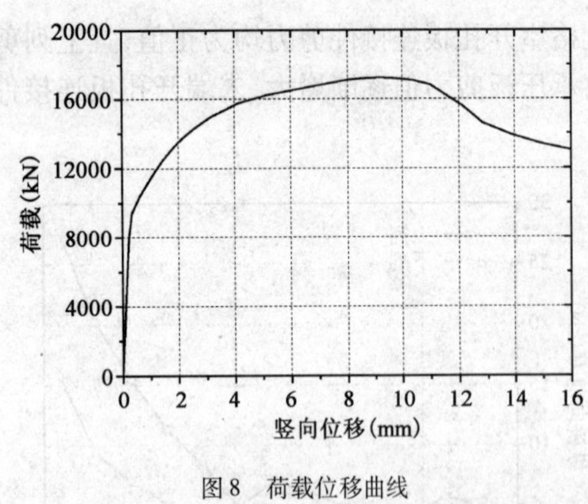

图8 荷载位移曲线

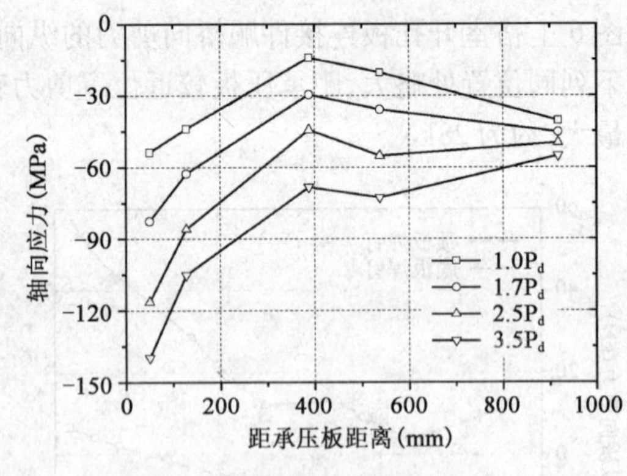

图9 钢格室腹板压应力纵向分布

图10为钢格室底板轴向压应力的纵向分布。顶板受承压板处T肋顶板局部传力的影响,靠近承压板处应力横向分布不均匀,到距承压板约200mm处,应力增大到130MPa。随着距承压板距离的继续增加,焊钉连接件将作用力逐渐传递至混凝土,底板应力逐渐减小。

图11为格室内混凝土轴向压应力纵向分布。承压板通过混凝土接触承压的方式,已将部分内力传

至格室混凝土，随着距承压板的距离增加，另一部分内力通过焊钉与开孔板连接件通过受剪的方式逐渐传递至混凝土，混凝土应力逐渐增大。随着荷载等级逐渐增大，连接件传力作用越明显，在在 $3.5P_d$ 荷载作用下，混凝土压应力由 22MPa 增加至 31MPa。

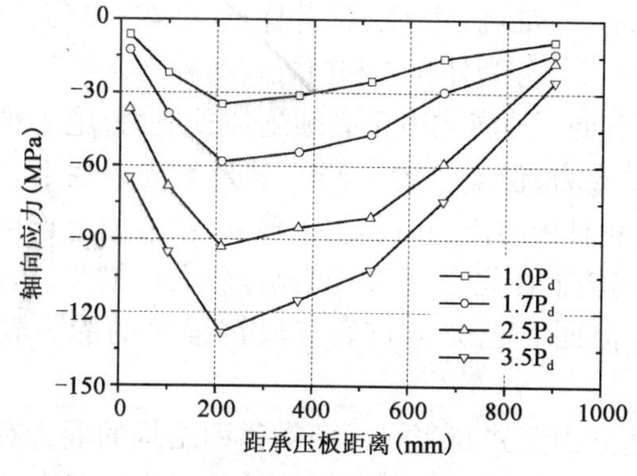

图 10 钢格室底板压应力纵向分布

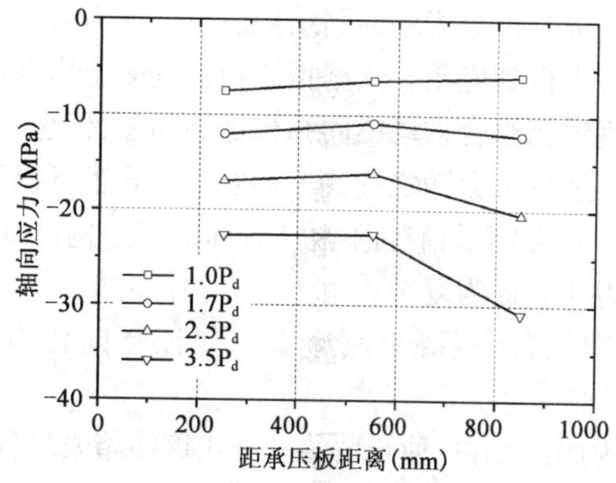

图 11 格室内混凝土压应力纵向分布

五、结 语

本文以九江长江公路大桥为研究对象，探讨了混合梁结合段的构造形式，对钢混结合段进行了有限元计算分析，并开展了结合部格室缩尺模型轴向加载试验，分析了混合梁的传力机理和结合部格室承载性能。研究结果表明：有格室-后承压板构造形式的结合部承载性能好，格室最终破坏形式表现为末端连接件破坏和端部混凝土的压碎。结合部格室在 3.5 倍设计荷载时，钢与混凝土仍处于弹性受力状态，各受力构件均具有较大的安全储备。

参考文献

[1] 刘玉擎. 混合梁接合部设计技术的发展[J]. 世界桥梁,2005(4):9-12.

[2] 陈开利,余天庆,习刚. 混合梁斜拉桥的发展与展望[J]. 桥梁建设,2005,(2):1-4.

[3] 刘荣,余俊林,刘玉擎,等. 鄂东长江大桥混合梁结合部受力分析[J]. 桥梁建设,2010,(3):33-35.

[4] 刘荣,刘玉擎,裴炳志. 斜拉桥混合梁结合段构造研究[J]. 中外公路,2009,(5):59-62.

[5] 王倩,刘玉擎. 焊钉连接件抗剪承载力试验研究[J]. 同济大学学报(自然科学版),2013,41(5):659-663.

[6] 赵晨,刘玉擎. 开孔板连接件抗剪承载力试验研究[J]. 工程力学,2012,29(12):349-354.

135. 复合式钢锚箱索塔锚固结构受力特性分析

刘玉擎 陈 聪 叶爱君 郑双杰

(同济大学,桥梁工程系)

摘 要 针对钢锚箱组合索塔锚固结构的构造特点，提出了一种新型的复合式钢锚箱索塔锚固结构，并通过有限元对其受力机理进行了比较分析。研究结果表明：复合式索塔锚固结构端塔壁外侧混凝土主拉应力有所改善，比内置式索塔锚固结构降低 1.5MPa 左右；钢锚箱承担的拉索水平力与内置式相同；钢锚箱-混凝土塔壁结合面的连接件以受竖向力为主；参与竖向力传递的构件较多，传力可靠度高。

关键词 斜拉桥 索塔锚固区 钢锚箱 受力机理 有限元分析

一、复合式钢锚箱索塔锚固区的构造

钢锚箱组合索塔锚固结构由于其受力方式明确、锚箱固定点准确、施工方便等优点,已在多座大跨度斜拉桥中得到应用。依据钢锚箱在混凝土塔壁中的位置,可将其分为外露式和内置式两种[1]。

钢锚箱组合索塔锚固结构优势明显,但也存在着一些不足。外露式由于必须施加预应力,施工难度和工程造价都会随之提高[2];内置式虽然可以不用施加预应力,但端塔壁外侧的混凝土抗裂性不易控制[3]。两类钢锚箱在钢-混结合面的传力构件都较为单一,各种内力需同时作用于该处,结合面上连接件的受力状态极为复杂。由于传力构件的单一性,底节段钢锚箱下往往会设置一道刚度较大的横梁或直接将钢锚箱置于混凝土底座上以保证竖向传力的可靠性,但同时也会导致底节段钢锚箱的受力较为不利[4]。

为此,提出一种新型的复合式钢锚箱索塔锚固结构,建立内置式与复合式两类锚固结构的混合有限元模型,比较分析了两种结构的受力特性,并着重就复合式索塔锚固结构进行了连接件受力和竖向传力机理分析。

二、复合式钢锚箱索塔锚固区的构造

如图1所示,在内置式钢锚箱的两端增设两个箱室,并与混凝土塔壁结合形成复合式钢锚箱索塔锚固结构。端箱室由端板、开孔侧板以及面板构成,其中端箱室的端板与钢锚箱共用,面板设于塔壁外与端板相对应的位置,端板和面板通过两块侧板连接。为保证混凝土塔壁的贯通性,侧板上设置开孔并贯穿钢筋。面板及端板上布置连接件以保证端箱室和混凝土塔壁之间的相互结合。

三、索塔锚固区有限元模型

如图2所示,基于某实桥钢锚箱索塔锚固区构造建立复合式钢锚箱索塔锚固区的有限元模型,同时建立了内置式索塔锚固区的有限元模型作为对照。模型取该桥索塔锚固区顶部6个节段,从下至上依次编号为29-34。模型中混凝土采用Solid65单元模拟;钢板采用Shell63单元模拟;锚垫板采用Solid45单元模拟;开孔钢板与混凝土的相互作用采用三维弹簧单元模拟;同时在钢-混结合面上建立接触单元,以考虑结合面的压力传递作用。

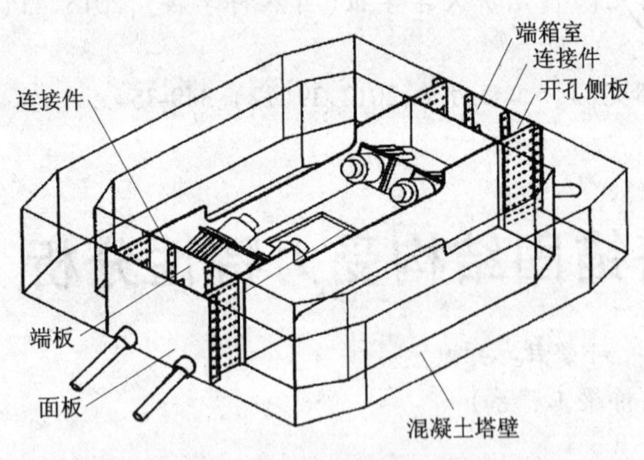

图1 单节段复合索塔锚固结构

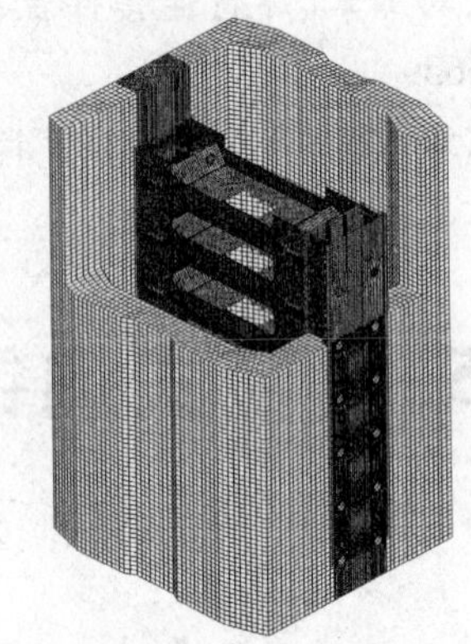

图2 复合式钢锚箱索塔锚固区有限元模型

混凝土弹性模量为34.5GPa;钢材弹性模量为210.0GPa。开孔板连接件及开孔侧板的开孔直径均为70mm,抗剪刚度为543kN/mm[5]。施加荷载为设计索力,单根最大索力为8528kN,以面荷载的形式施加在锚垫板表面。塔壁底部全截面施加竖向约束,并在纵横向对称轴上施加对称约束。

四、有限元计算结果及分析

锚固区底部29号节段受边界影响较大,在以下分析中仅取顶部5个节段作为分析对象。

1. 塔壁主拉应力分布

端塔壁外侧混凝土主拉应力分布如图3所示,在同等荷载作用下,复合式索塔锚固结构由于端箱室的作用,混凝土塔壁拉索出口处的主拉应力比内置式降低了1.5MPa,且混凝土处在端板、面板及侧板的约束中,塔壁其他部位的混凝土主拉应力变化不明显,这表明复合式改善了锚固区混凝土的抗裂性能。

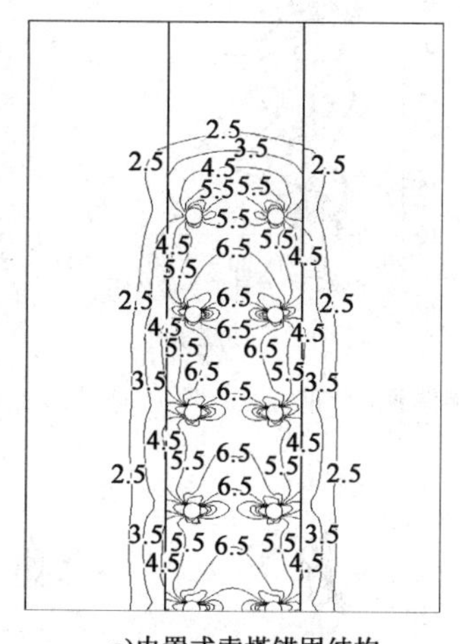

a)内置式索塔锚固结构

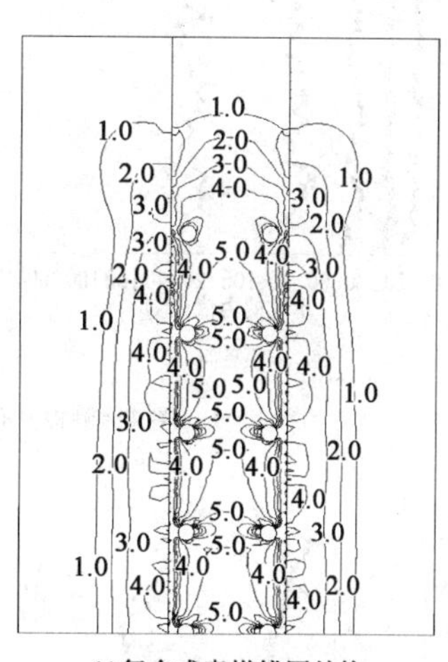

b)复合式索塔锚固结构

图3 端塔壁外侧混凝土主拉应力(MPa)

2. 复合式钢锚箱的利用率

在组合索塔锚固结构中,钢锚箱对拉索水平力的分担能力,是评价锚箱利用率的一个重要参数。表1给出了同等荷载下两类钢锚箱对拉索水平力的分担比值,其中索力水平分量为两根索合力。从表中可以看出两类钢锚箱的拉索水平力分担能力基本相同,每个节段的差值不超过1.2%。说明复合式钢锚箱的端箱室虽然对端塔壁起了局部加强作用,但对塔壁纵桥向整体刚度影响不大,从而使得复合式钢锚箱与内置式一样具有较高的利用率。

两类钢锚箱的拉索水平力分配情况 表1

节段编号	索力水平分量(kN)	内置式		复合式	
		侧板拉力(kN)	比值(%)	侧板拉力(kN)	比值(%)
30	13272	11229	84.6	11295	85.1
31	13272	11045	83.2	11006	82.9
32	13272	11099	83.6	11013	83.0
33	14678	10678	72.7	10499	71.5
34	14678	7048	48.0	7023	47.8

3. 端箱室中开孔板连接件的受剪分布

如图4所示,侧板开孔从塔壁内向塔壁外依次编号为C1-C5列,每列开孔共50个,从下至上依次编号为11~60,竖向剪力以向上为正,纵桥向剪力以向塔壁外为正。C1列开孔受到的竖向剪力最大,其余列按照编号顺序依次减小,开孔剪力沿塔高的分布稍有波动,大致在每个节段的中部达到极小值,两端达到极大值。C1到C5列所受纵桥向剪力出现逐步减小再反向增大的现象,开孔剪力沿塔高的分布不均匀问题比较突出,并且在靠近塔顶位置出现了明显增大。

图5中D1表示端板上布置的开孔板连接件;M1、M2表示面板上布置的开孔板连接件,分别位于端箱室的外侧和内侧。从三类开孔板连接件所受竖向剪力分布来看,其中D1列受力较大,M1次之,M2部

分出现负值；沿塔高方向，D1 列整体平稳但在每节段中部靠下位置有突减，M1 列无明显波动，M2 列从 0 开始负方向增大再过度到正值。三类开孔板连接件所受纵桥向剪力都较小。

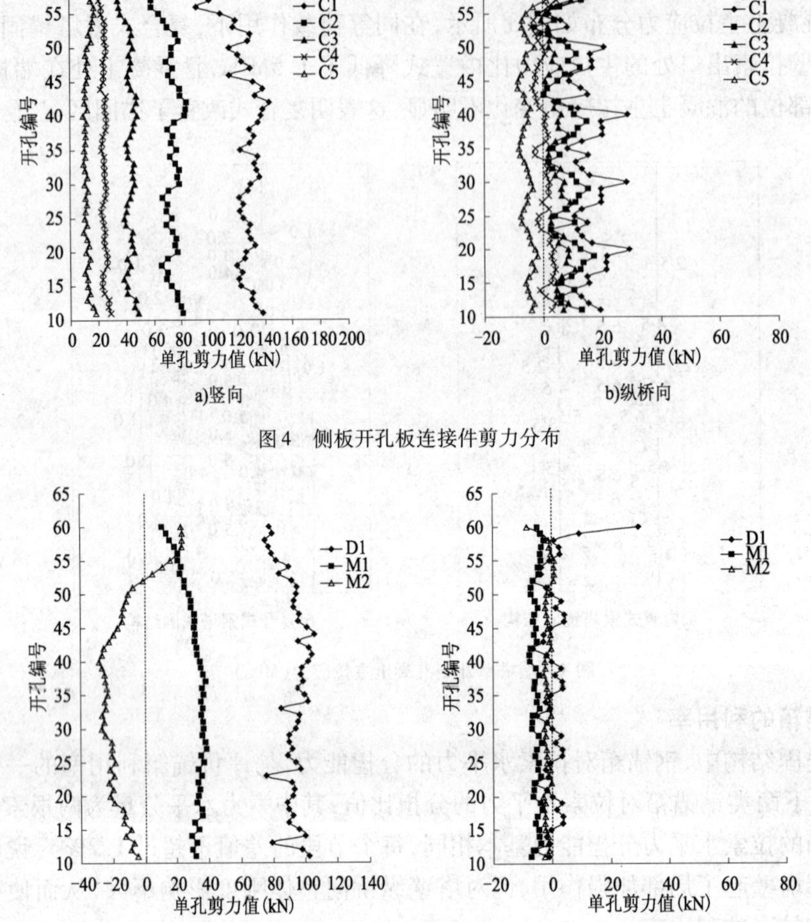

图4　侧板开孔板连接件剪力分布

图5　端板及面板开孔板连接件剪力分布

由图4、图5可知：侧板、端板和面板上连接件所受的竖桥向剪力均高于纵桥向剪力；除 M2 外，其余列开孔所受的竖向剪力都较为均匀；从塔壁内侧到外侧，连接件的竖向剪力逐渐减小。

4. 复合式钢锚箱式的传力特性

复合式钢锚箱的水平传力与内置式相同，即钢锚箱拉板承担大部分拉索水平力，剩余水平力由端板传递到混凝土塔壁。

表2所示为开孔侧板、端板开孔板以及面板开孔板所传递的竖向力占整个端箱室传递竖向力的比例。

复合式钢锚箱拉索竖向力分配比例(%)　　表2

节段号	侧板						端板	面板
	C1	C2	C3	C4	C5	总和	D1	M1 + M2
30	32.0	18.7	10.9	6.5	3.4	71.4	23.4	5.2
31	33.1	18.9	11.1	6.4	3.0	72.5	23.7	3.8
32	33.4	19.2	11.1	6.2	2.8	72.6	24.6	2.8
33	32.4	19.2	11.1	6.2	3.0	71.8	24.8	3.5
34	29.7	17.6	10.3	6.2	4.2	68.0	22.7	9.2

侧板的5列开孔在传递竖向力上起到了主要作用,除顶部节段以外,每个节段都占到了70%以上。侧板的5列开孔中,靠近塔壁内侧的C1列所占比值较大,靠近塔壁外的C5列所占比值较小。面板上开孔板连接件传递的竖向力较少。端板上连接件传递的竖向力占到整个端箱室连接件的20%左右。

这表明端箱室各构件均参与到竖向力的传递,其中侧板起主要作用,端板次之,面板作用较小。

五、结　语

(1)相比内置式,复合式端塔壁外侧的混凝土主拉应力降低约1.5MPa,改善了塔壁的抗裂性能,并且端箱室能够起到对混凝土的约束作用。

(2)复合式钢锚箱承担的拉索水平力比值超过80%,与内置式相当,钢锚箱的利用率高。

(3)钢-混结合面处布置的开孔板连接件以承受竖向剪力为主;剪力值从塔壁内侧向外侧递减。

(4)端箱室整体嵌固于混凝土塔壁中,参与竖向力传递的构件较多,传力较为可靠,在底节段钢锚箱下可不设置混凝土横梁或底座。

参考文献

[1] 张喜刚,刘玉擎.组合索塔锚固结构[M].北京:人民交通出版社,2010.75-76.
[2] 刘士林,王似舜.斜拉桥设计[M].北京:人民交通出版社,2006,230-233.
[3] 郑舟军,童智洋.内置式钢锚箱索塔锚固区受力与参数分析[J].桥梁建设,2009,(2):61-66.
[4] 周青,戴捷.钢锚箱竖向力分布及剪力钉受力分析[J].现代交通技术,2006,(2),37-39.
[5] 赵晨,刘玉擎.开孔板连接件抗剪承载力试验研究[J].工程力学,2012,(12),349-354.

136.钢锚梁不同约束形式的分析

郝海龙　贾立峰　魏巍巍
(中交公路规划设计院有限公司大桥一部)

摘　要　钢锚梁在越来越多的斜拉桥中得到了应用,各种形式的钢锚梁在构造上无太大区别,主要的区别在于钢锚梁与钢牛腿之间的约束形式上。本文对滑动式钢锚梁、固结式钢锚梁分别进行分析,得到两种约束方式下的钢锚梁锚固区受力规律。

关键词　钢锚梁　约束方式

一、前　言

斜拉桥塔端拉索锚固方式较常用的大致有三种:预应力齿块、钢锚箱、钢锚梁。自从钢锚梁出现之后,由于其受力明确、施工方便、用钢量少等优点在越来越多的桥梁中得到了应用。

从已经应用钢锚梁的桥梁实例来看,各种钢锚梁的构造不尽相同,每种钢锚梁的构造主要区别在锚头外露、锚头内嵌及加劲板设置、底板形式上,但从受力形式上是大同小异的(图1)。钢牛腿的构造也是大多采用钢壁板焊接剪力钉、钢牛腿托板、钢上承板的构造(图1)。主要的区别在于钢牛腿与钢锚梁之间的约束形式上,即:钢牛腿与钢锚梁直接固结、钢锚梁与钢牛腿滑动。

钢锚箱由于是预埋在索塔塔柱内,钢结构与混凝土塔柱共同分担斜拉索的索力,其中索塔塔壁承担了一定比例的水平分力,例如:上海长江大桥索塔塔壁承担的水平分力大概占到15%[1],因此采用钢锚箱的索塔,由于构造的不同,也存在塔壁有局部拉应力稍大的可能,进而有可能出现裂缝。钢锚梁的应用从受力上将索力的水平分力平衡在钢结构上,为达到这一目的,钢锚梁固结的做法通常是成桥索力(或1张索力)张拉完成后,将钢锚梁、钢牛腿焊死或拴死。相对的,钢锚梁滑动是指成桥后保持钢锚梁与钢牛腿之间的纵桥向滑动。

本文以较常应用的钢牛腿＋钢锚梁的组合方式为研究对象，对两种约束形式的钢锚梁分别建模分析，得到在不同约束形式下钢锚梁、钢牛腿、索塔塔壁的受力情况。试求应用不同约束形式的钢锚梁的规律。

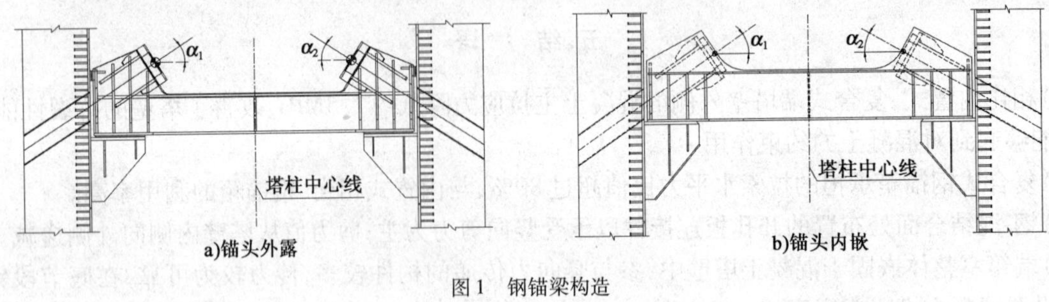

图1　钢锚梁构造

二、分析模型

为寻求不同约束形式钢锚梁的普遍规律，本文以某较常用的矩形截面塔柱、平行索面斜拉桥索塔钢锚梁为分析对象。

以某跨海大桥施工图为例，索塔截面尺寸为7m×6m，索塔壁厚为1m，侧壁厚为0.8m。塔壁预应力为双排ϕ32mm精轧螺纹粗钢筋，侧壁为单排ϕ32mm精轧螺纹粗钢筋，预应力粗钢筋层间距为0.2m，并考虑25%的预应力损失（图2）。

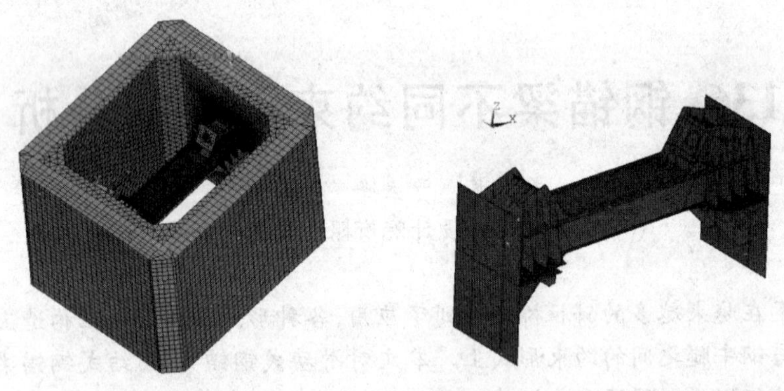

图2　分析模型

由钢锚梁的受力特性可知，锚固区塔壁存在出现应力过大的可能，而钢锚梁钢结构本身的应力在钢结构构造设计上是容易做到可控的，故制定以下四种工况对锚固区塔壁进行分析（表1）。

分析工况　　表1

节　点	拉索倾角（°）	索力（kN）			
		工况1 成桥索力	工况2 最大水平分力差	工况3 断索（冲击系数1）	工况3 断索（冲击系数2）
左边跨	28.845	4650	5600	5037	10074
中跨	27.526	4300	4900	0	0

三、钢锚梁滑动状态下受力分析

钢锚梁钢结构的受力容易在构造上解决，故不再阐述钢结构的受力情况。结合钢锚梁的受力原理，锚固区的塔壁受力情况得到了明显体现。

在成桥工况下，由于拉索的水平分力差很小，在克服掉钢锚梁与钢牛腿之间的摩擦力之后，索塔塔壁近乎不承受拉索水平力，塔壁外侧未出现拉应力。

在最大水平索力差工况下，水平索力差值为550kN，锚固区塔壁外侧出现0.2MPa竖向拉应力，横向未出现拉应力（图3）。

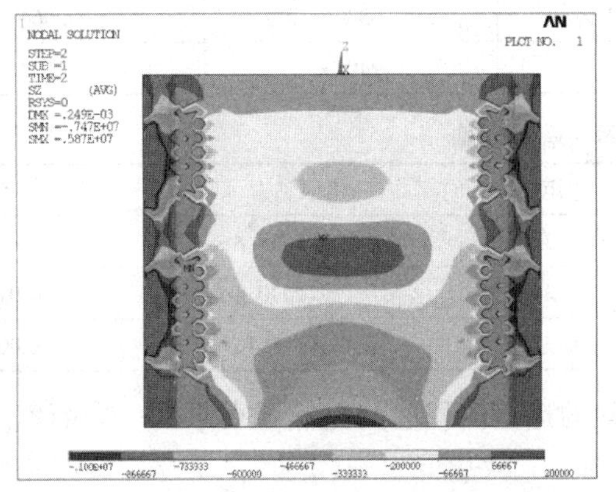

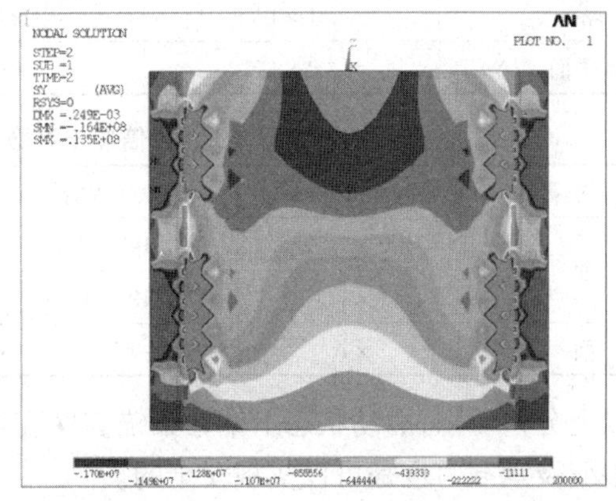

图3 最大水平索力差工况下锚固区塔壁应力

断索工况下索力的冲击系数取值在各种方法计算下有不同的结论，但大多在2之内。本文在1倍冲击系数与2倍冲击系数两种断索工况下分别进行分析。在1倍冲击系数下，拉索的水平分力差值为4412kN，完全作用在一侧被冲击塔壁，锚固区竖向拉应力达到2.5MPa，横向拉应力达到3.3MPa（图4）。

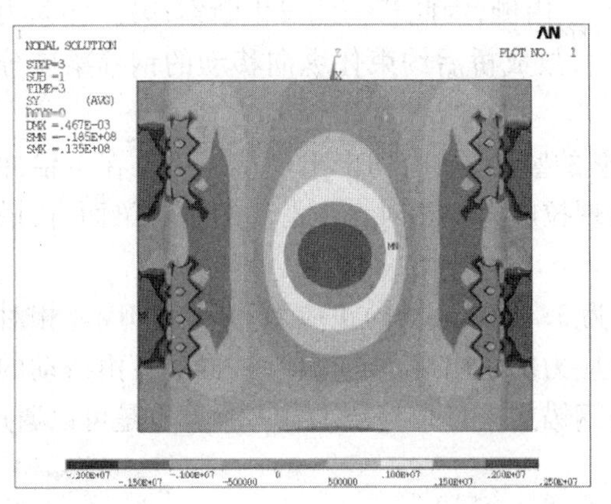

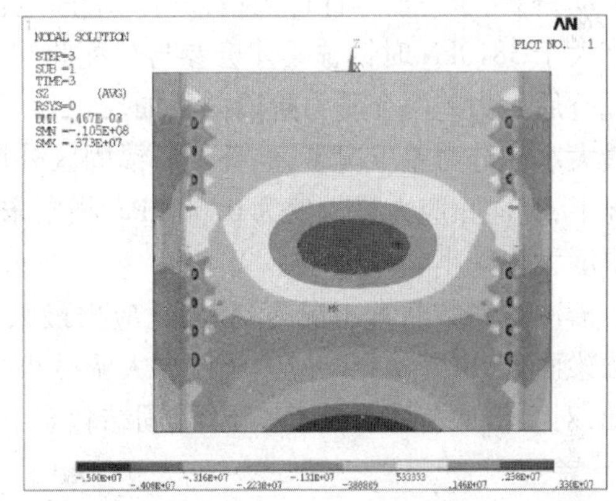

图4 1倍冲击系数断索工况下锚固区塔壁应力

在2倍冲击系数下，拉索的水平分力差值为8820kN，锚固区竖向拉应力达到6.73MPa，横向拉应力达到6.28MPa（图5）。

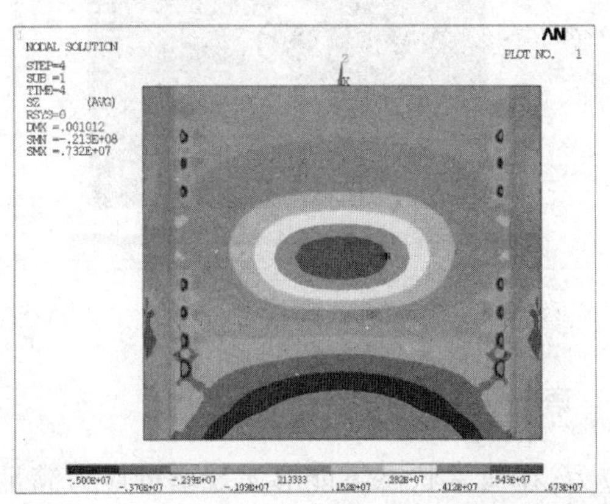

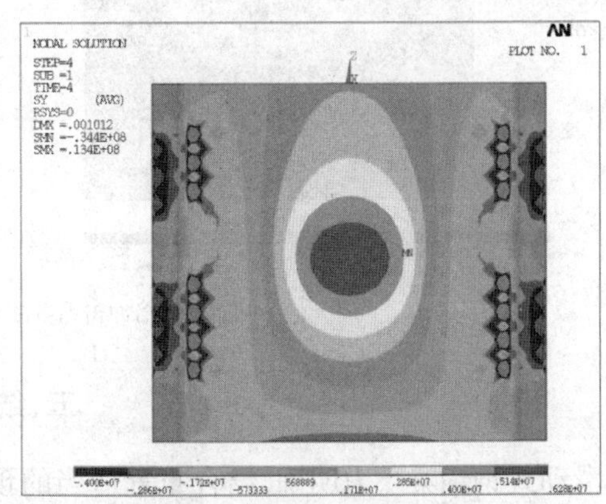

图5 2倍冲击系数断索工况下锚固区塔壁应力

断索工况下塔壁应力已超出容许值，故提取截面内力对工况1进行裂缝验算（表2），对工况2进行承载力验算（表3）。

1 倍冲击系数锚固区塔壁验算 表2

截面位置	积分截面尺寸(m^2)	内力(kN)	弯矩(kN·m)	裂缝宽度(mm)
竖直面	2×1	2205.8	949.1	0.033
	1×1	1311.7	633.6	0.064
水平面	2×1	-967.6	949.1	0.122

2 倍冲击系数锚固区塔壁验算 表3

截面位置	积分截面尺寸(m^2)	内力(kN)	弯矩(kN·m)	极限轴力(kN)	安全系数
竖直面	2×1	1498.4	1876.9	1638.8	1.09
	1×1	1032.8	1156.1	1040.4	1.01
水平面	1×1	-675.9	1026.4	-1351.9	2.00

由以上分析可知,滑动状态下钢锚梁锚固区在通常的运营阶段受力是满足要求的。在断索工况下,塔壁的裂缝及承载力也是可以实现安全的。

四、钢锚梁固结状态下受力分析

钢锚梁固结是指成桥索力张拉完成后,约束钢锚梁与钢牛腿之间的滑动。以本桥为例,成桥索力分别为4650kN及4300kN,由钢锚梁自身平衡掉的水平分力为3810kN,成桥索力张拉完成后约束住钢锚梁的纵向移动,相当于一根弹性杆被拉伸后两端固定在塔壁内侧,因此若一侧发生断索,另一侧索力的水平分力只有大于3810kN时钢锚梁才会参与分配此侧索力,故成桥后约束住纵向移动的钢锚梁应分为成桥状态与成桥后索力差两个受力阶段的叠加。

在最大水平分力差工况下,经叠加后锚固区外塔壁的竖向、横向均未出现拉应力。在1倍冲击系数断索工况下,竖向正应力最大值为0.08MPa,横向未出现拉应力。相对自由滑动的钢锚梁而言,塔壁外侧的应力幅度大幅减小。

在2倍冲击系数断索工况下,竖向正应力最大值为3.48MPa,横向正应力为1.67MPa。相对自由滑动的钢锚梁而言,塔壁外侧的应力幅度亦大幅减小,但应力值超出规范容许值,根据对自由滑动的钢锚梁分析可知,对2倍冲击系数断索工况下、固结状态下的钢锚梁进行裂缝及承载力验算也是可以通过的。

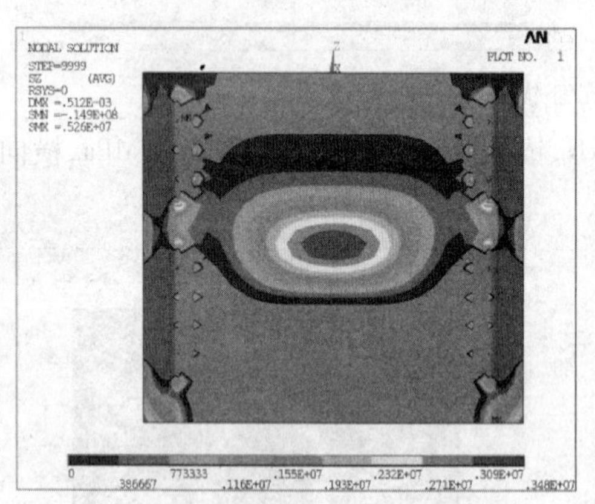

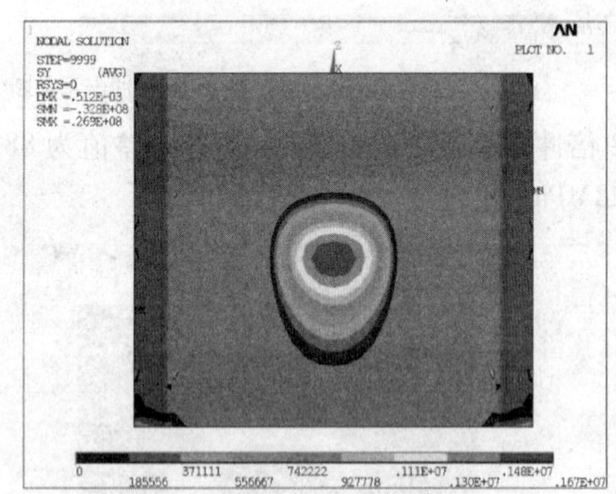

图6 2倍冲击系数断索工况下锚固区塔壁应力

五、结　　语

(1)滑动式钢锚梁受力明确,结合布置适当的预应力,在通常状态下能够实现塔壁应力满足规范要求。在断索工况下塔壁的承载力是足够的。

(2)固结式钢锚梁同样在通常状态下能够实现塔壁应力满足规范要求。由于成桥后钢锚梁与钢牛腿之间固结,成桥后增加的索力在索塔、钢锚梁框架之间实现分配,在断索工况下,塔壁应力相对于滑动式钢锚梁有大幅度减小，塔壁裂缝及承载力验算亦足够。

(3)滑动式钢锚梁在断索工况下存在塔壁开裂的可能。固结式钢锚梁由于传递水平拉力至对侧塔壁，故对牛腿的抗拔剪力件应着重设计；同时存在换索时需重新释放纵向约束，例如现场切割焊缝，解开螺栓等不便的可能。

采用何种约束方式的钢锚梁是一个复杂的课题。国内未出现采用滑动式钢锚梁出现事故的报道，亦未出现采用固结式钢锚梁出现事故的报道。在选择采用何种钢锚梁约束形式的时候，应结合具体的索塔形式、塔柱尺寸、桥梁有无特殊要求及设计者的设计思路详细确定。

参考文献

[1] 马旭涛. 上海长江大桥索塔锚固区模型试验与分析研究[D]. 同济大学硕士论文,2007.

137. 不同防护形式的斜拉索钢丝电化学腐蚀性能试验

吉伯海[1]　胡新宇[1]　谢发祥[1]　周建林[2]　岳红宇[2]　刘　发[2]
(1. 河海大学土木与交通学院;2. 江苏省交通工程建设局)

摘　要　通过测量不同镀层或涂层钢丝在某桥址处酸雨模拟溶液中的自然腐蚀电位、极化电阻和Tafel直线外推法的腐蚀电流，研究了裸钢丝、镀锌钢丝、镀锌铝钢丝、涂油裸钢丝、涂油镀锌铝钢丝和环氧钢丝6种钢丝的电化学腐蚀性能。为重腐蚀地区的斜拉索选型提供参考。

关键词　钢丝　腐蚀性能　自然腐蚀电位　极化电阻　Tafel直线外推法

一、引　言

斜拉桥跨越能力大，其结构美观、受力明确、结构形式简洁，是目前广泛采用的一种桥型[1]。斜拉索是斜拉桥的最主要的承重结构，它的耐久性将直接影响全桥结构安全和使用寿命。斜拉桥拉索通常由钢丝束或钢绞线束组成。拉索钢丝长期暴露于自然环境并且承受交变荷载作用，索内钢丝极易遭受环境腐蚀，影响全桥的结构安全和使用寿命，严重者甚至会导致重大安全事故[2-3]。目前用于斜拉桥拉索的钢丝主要有裸钢丝、镀锌钢丝、镀锌铝钢丝和环氧涂层钢丝以及外涂防腐油脂钢丝5种类型。

日本的Honshu-Shikoku桥梁管理部门[4]对其管理的10余座斜拉桥开展了调查和预防性维护的研究，并提出了防腐蚀涂层、拉索除湿、静态和动态监测等维护措施。Suzumura K和Nakamura S等[5]影响镀锌钢丝腐蚀行为的环境因素，指出湿度、温度和NaCl含量是三个因素；在无NaCl的环境中，当相对湿度小于60%时，镀锌钢丝不会发生腐蚀，而处于湿润或浸湿环境中的钢丝，其表面镀锌层寿命预测不足10年；但如环境中存在超过10g/㎡的大量NaCl或温度升高均会明显加速钢丝的腐蚀。而Barton S C等[6]则采用人工加速腐蚀的试验方法研究拉索耐腐蚀性能，探讨了拉索在不同荷载作用下的全面腐蚀、腐蚀破裂和氢脆现象。黎学明和周杰敏等[7]研究了张力对镀锌钢丝腐蚀行为的影响，指出在5% NaCl溶液(pH =7)中镀锌钢丝极化腐蚀电流随其作用张力之增加而呈增大趋势。徐俊等[8]通过实桥锈蚀钢丝的断口特征和试验研究得到了斜拉索和钢丝退化机理及力学模型。叶觉明等[9,10]结合工程实践分析探讨了缆索实用防腐蚀保护系统和长效缆索防腐蚀保护技术及其应用。但是目前对于实际重腐蚀地区，酸雨对斜拉索的腐蚀程度的研究尚有待进一步开展。

本文拟在前人研究的基础上，通过现场采样雨水，测定其腐蚀成分以模拟某斜拉桥桥址处的实际腐蚀环境，探讨在不同应力条件下几类不同镀层或涂层缆索钢丝腐蚀行为，进而评价不同镀层或涂层的耐蚀性。这对预测斜拉桥拉索使用寿命，延长使用期限和提高斜拉桥安全性具有重要参考意义。

二、试　　验

1. 试验仪器、材料和试剂

试验采用的仪器包括：离子色谱仪（ICS—2000）、电化学工作站（PARSTAT 2273）、酸度计、静态应变仪（YE2533，扬州联能）。

试验采用了裸钢丝、镀锌钢丝、镀锌铝钢丝、环氧涂层钢丝、涂油裸钢丝、涂油镀锌铝钢丝等具有不同防护形式的钢丝，各类型钢丝的成分和制作工艺均符合国家标准。裸钢丝直径7mm，抗拉强度≥1670MPa；屈服强度≥1490MPa。为锚固需要，钢丝两端作镦头处理。

2. 离子色谱分析试验

为模拟某桥址处的腐蚀溶液，本试验采用的化学试剂有：氯化钠、氯化镁、硝酸钾、硫酸铵、硫酸钠、硫酸镁和稀硫酸等。

从某桥址处取回酸雨试样，用pH测试仪测定其pH值，再采用离子色谱仪（ICS—2000）对雨样进行氯离子、硫酸根离子和硝酸根离子含量测定。

通过离子色谱仪分析得到的桥址处的各种腐蚀离子含量见表1所示。

雨样中各离子的含量　　表1

离子类型	氯　离　子	硫酸根离子	硝酸根离子
含量（mg/L）	7.9467	21.0225	1.4997

3. 模拟腐蚀溶液和防腐油脂

由离子色谱分析试验测得该桥址处酸雨试样的氯离子含量为7.9467mg/L，硫酸根离子含量为21.0225mg/L，硝酸根离子含量为1.4997mg/L。由pH测试仪测得试样的pH值为4.8。利用上述提供的化学试剂配制出与该试样腐蚀离子含量一致的模拟溶液，在后续的试验中使用。

防腐油脂采用无黏结预应力筋专用防腐油脂，其性能满足JG 3007—93的相关要求。

4. 电化学腐蚀试验

用特制夹具固定6根两端镦头不同镀层或涂层的钢丝，夹具结构如图1所示。试验采用裸钢丝、镀锌钢丝、镀锌铝钢丝、环氧涂层钢丝、裸钢丝涂油和镀锌铝钢丝涂油6种类型的钢丝各10根，分为5组进行张拉，分别施加0、100、200、320、440MPa的张力。然后在电化学工作站上进行自然腐蚀电位的测定，并应用线性极化法和Tafel直线外推法测定室温下不同张力作用时不同镀层或涂层钢丝的腐蚀电流。

电化学腐蚀试验采用三电极体系，工作电极为不同镀层或涂层钢丝（工作面积为6.597cm^2），采用铂环作为辅助电极，饱和的KCl溶液为参比电极，腐蚀溶液为通过试验配置的模拟桥址处实际情况的酸雨溶液。电化学腐蚀试验的体系如图2所示。

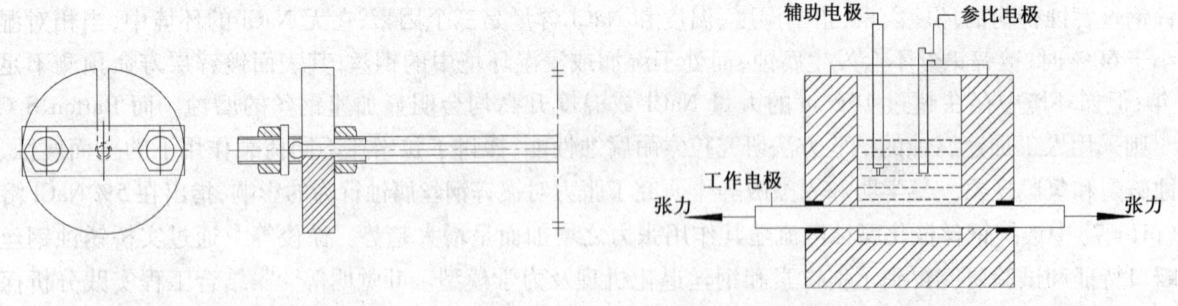

图1　张力加载夹具示意图　　图2　电化学腐蚀试验电解池示意图

相关试验参数设置如下：测定自然腐蚀电位时，扫描时间为3600s；线性极化法时，扫描电位范围为－0.02～0.02V，扫描速率为1mV/s，时间步长为0.1s；Tafel直线外推法时，扫描电位范围为－0.25～0.25V，扫描速率为1mV/s，时间步长为0.5s。线性极化法和Tafel直线外推法之前腐蚀试验体系已经在测定自然腐蚀电位试验中达到稳定。

三、结果与讨论

1. 自然腐蚀电位

自然腐蚀电位是热力学角度的一个物理量，表示的是在自然情况下材料的腐蚀倾向。相同条件下自然腐蚀电位越负的材料有越易腐蚀的倾向。图3为不同钢丝在配置的腐蚀溶液中的部分自然腐蚀电位测试结果。不同防护形式的钢丝的自然腐蚀电位如表2所示。

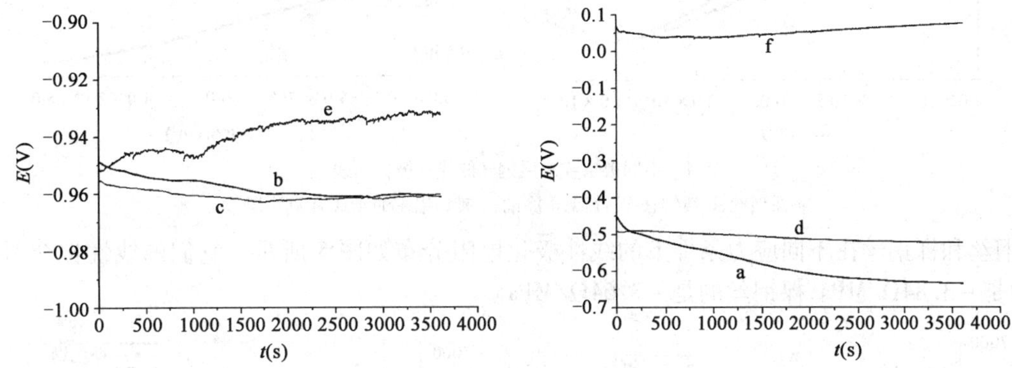

图3　不同镀层或涂层钢丝的自然腐蚀电位

a-裸钢丝；b-镀锌；c-镀锌铝；d-涂油；e-镀锌铝+油脂；f-环氧涂层

不同镀层或涂层钢丝的自然腐蚀电位　表2

钢丝类型	裸　钢　丝	镀　锌	镀　锌　铝	涂　油	镀锌铝+油脂	环　氧
自然腐蚀电位（V）	-0.630	-0.966	-0.964	-0.519	-0.936	0.076

自然腐蚀电位的测试结果表明，自然条件下，不同防护形式钢丝的腐蚀倾向从大到小依次是：镀锌铝钢丝、镀锌钢丝、镀锌铝+油脂钢丝、裸钢丝、涂油裸钢丝和环氧涂层钢丝。可见，在钢丝表面涂抹防腐油脂可以提高相同镀层钢丝的自然腐蚀电位，即更不易腐蚀。

自然腐蚀电位的大小，仅表示不同镀层或涂层钢丝腐蚀倾向，并不能说明它们的耐蚀性的高低。由于绝大部分的斜拉索腐蚀均是一个电化学过程，因此需要通过电化学试验进行测试。常用的电化学腐蚀测试方法有线性极化法和Tafel直线外推法两种。

2. 线性极化法测得的电阻

线性极化的测试方法是先将所要研究的金属电极从其自腐蚀电位开始进行阴极或阳极极化，极化电位变化值通常在40mV以内，同时测量流过该金属电极的极化电流密度i，极化曲线（$E \sim i$曲线）的斜率即为极化电阻。

图4为不同镀层或涂层钢丝的线性极化曲线。如图可见，曲线的斜率最小的是图4a）裸钢丝，最大的是图4f）环氧涂层钢丝。其他曲线斜率从小到大依次是镀锌钢丝、镀锌铝钢丝、涂油裸钢丝、涂油镀锌铝钢丝。

而线性极化曲线的斜率称为极化电阻，不同镀层或涂层钢丝的平均极化电阻值见表3。

不同镀层或涂层钢丝极化电阻R_p的平均值　表3

钢丝类型	裸　钢　丝	镀　锌	镀　锌　铝	涂　油	镀锌铝+油脂	环　氧
电阻（Ω）	2922	5825	7281	107808	1241480	2944120

从表3中不难看出，线性极化电阻从小到大排列依次是：裸钢丝<镀锌钢丝<镀锌铝钢丝<涂油钢丝<镀锌铝涂油钢丝。在其他条件一样的情况下，极化电阻与腐蚀电流成反比，而腐蚀速率由于腐蚀电流成正比，即可以得到的结论是：腐蚀速度最快的是裸钢丝，镀锌钢丝次之，再依次是油脂涂层钢丝、涂油裸钢丝、镀锌铝+油脂钢丝和环氧涂层钢丝。

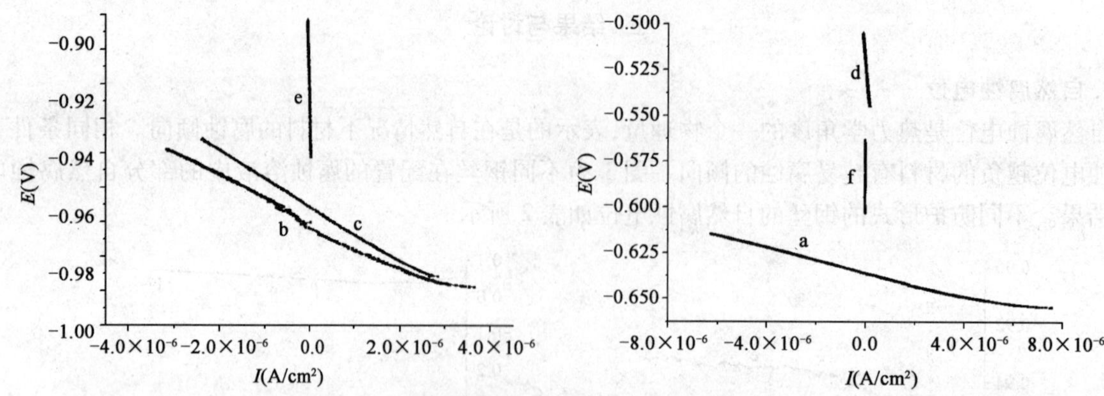

图4　不同镀层或涂层钢丝的线性极化曲线

a-裸钢丝；b-镀锌；c-镀锌铝；d-涂油；e-镀锌铝＋油脂；f-环氧涂层

镀锌钢丝和裸钢丝在不同应力条件下的线性极化电阻分布如图5所示。它们的线性拟合斜率分别为：镀锌的是－3.84Ω/MPa，裸钢丝的是－7.64Ω/MPa。

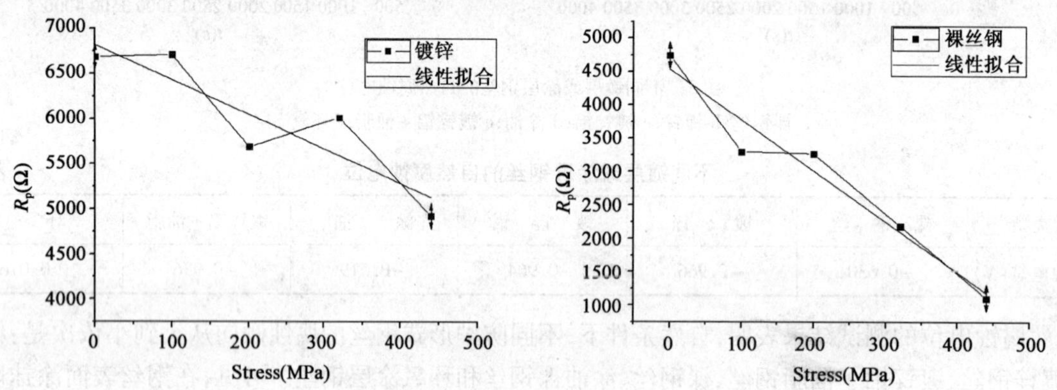

图5　镀锌钢丝和裸钢丝在不同应力条件下的极化电阻

各类钢丝在不同应力条件下的线性极化电阻及线性拟合斜率见表4，其中极化电阻的单位为Ω，线性拟合斜率的单位为Ω/MPa。

各类钢丝在不同应力条件下的线性极化电阻（Ω）和线性拟合斜率（Ω/MPa）　表4

应力 / 类型	0MPa	100MPa	200MPa	320MPa	440MPa	线性拟合斜率
裸钢丝	4748	3297	3268	2189	1107	－7.64
镀锌	6689	6711	5688	6013	4024	－3.84
镀锌铝	7643	7973	7253	6860	6674	－2.79
涂油	150900	142300	120000	78070	47770	－247.73
镀锌铝＋油脂	3391000	1580000	532100	405800	298500	－6516.76
环氧涂层	7528000	4739000	708200	1179000	566400	－15490.86

通过上述的各类钢丝在不同应力条件下的试验结果，表明各类钢丝的极化电阻随着应力的增大均有减小的趋势。在其他条件一样的情况下，极化电阻与腐蚀速率成反比。由此可见，各类钢丝的腐蚀速率随着应力的增大而增大，拉索中的拉应力对于电化学腐蚀有比较明显的加速效应。通过各种钢丝在不同应力下极化电阻的线性拟合斜率看出，应力对不同钢丝电化学腐蚀的加速效果并不相同。

3. Tafel 直线外推法测得的腐蚀电流

Tafel 直线外推法是基于给金属施加一外加电流从电极电位的变化推算出腐蚀速度。这时测得的腐蚀速度是瞬间腐蚀速度，它是利用金属腐蚀的阳极极化曲线和阴极极化曲线的直线部分外延相交于一点，所对应的电位即为腐蚀电位，电流即为腐蚀电流。根据腐蚀电流求得腐蚀电流密度，从而求得腐蚀速度。

图6显示出了不同镀层或涂层钢丝在此腐蚀溶液中电化学腐蚀的Tafel曲线。如图可见，裸钢丝、镀锌钢丝和镀锌铝钢丝的腐蚀电流密度基本接近。而且它们的腐蚀电流密度就远大于涂油裸钢丝和涂油镀锌铝钢丝的腐蚀电流密度，前者约为后者的30倍，具体数值见表5。由此可见涂抹防腐油脂可以起到比较明显的防腐蚀作用，这与线性极化法得到的结果吻合。

图7示出镀锌钢丝和裸钢丝在不同应力条件下的腐蚀电流密度。它们的线性拟合斜率分别为：镀锌的是0.1967μA/(cm² · MPa)，裸钢丝的是0.1599μA/(cm² · MPa)。

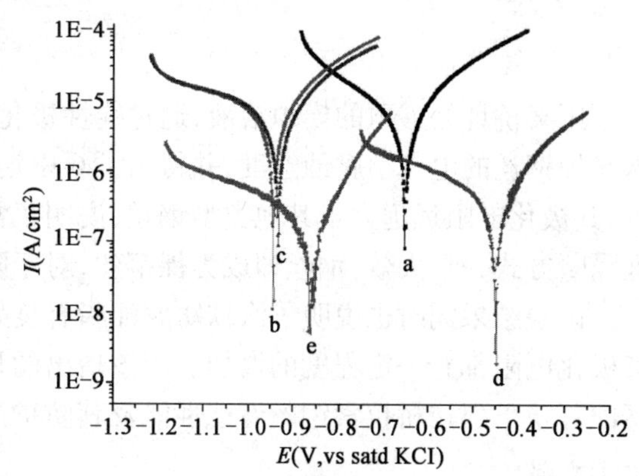

图6 不同镀层或涂层钢丝的Tafel曲线

a-裸钢丝；b-镀锌；c-镀锌铝；d-涂油；e-镀锌铝+油脂

不同镀层或涂层缆索钢丝的腐蚀电流密度平均值 表5

类型	裸钢丝	镀锌	镀锌铝	油脂	镀锌铝+油脂
I_{corr}(A/cm²)	1.033E-04	9.601E-05	1.041E-04	5.425E-06	2.129E-06

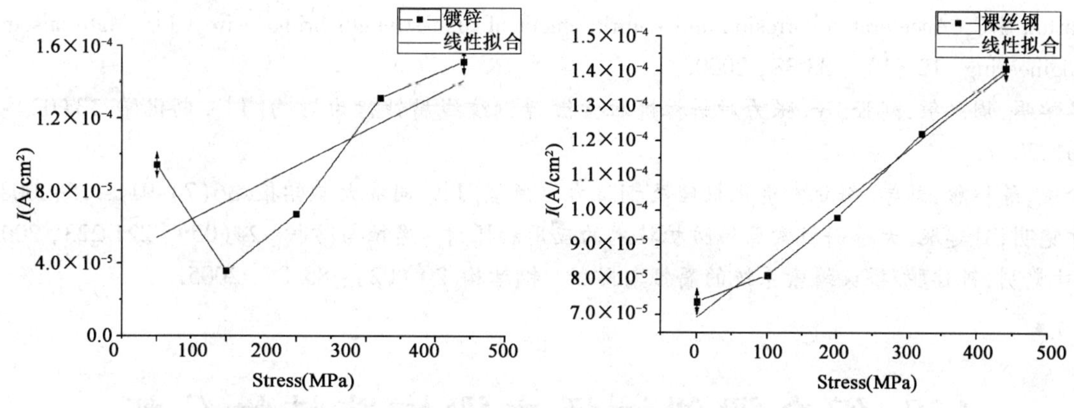

图7 镀锌钢丝和裸钢丝在不同应力条件下的腐蚀电流密度

试验表明环氧涂层钢丝由于电阻值过大，接近完全绝缘状态，无法形成光滑的Tafel曲线，故无法得到它的腐蚀电流密度。各类钢丝在不同应力条件下的腐蚀电流密度见表6所示。

各类钢丝在不同应力下的腐蚀电流密度(A/cm²)及其线性拟合斜率[μA/(cm² · MPa)] 表6

类型 \ 应力	0MPa	100MPa	200MPa	320MPa	440MPa	线性拟合斜率
裸钢丝	7.381E-05	8.134E-05	9.806E-05	1.221E-04	1.410E-04	0.1599
镀锌	9.439E-05	3.584E-05	6.724E-05	1.312E-04	1.514E-04	0.1967
镀锌铝	8.463E-05	8.969E-05	9.563E-05	1.126E-04	1.380E-04	0.1199
涂油	2.844E-06	2.522E-06	4.352E-06	5.428E-06	1.198E-05	0.01967
镀锌铝+涂油	4.215E-08	7.022E-07	1.508E-06	7.263E-06	1.132E-06	0.007718

通过上述的在不同应力条件下各类钢丝的腐蚀电流试验数据，表明各类钢丝的腐蚀电流密度随着应力的增大均呈增大的趋势。而腐蚀电流密度与腐蚀速率成正比，可以得到的结论是：各类钢丝的腐蚀速率随着应力的增大均有不同程度增大的趋势。

四、结　论

用某桥址处酸雨的模拟溶液，通过线性极化法得到了6种钢丝的极化电阻。这些极化电阻值反映了这6种钢丝的电化学腐蚀速度，并得出了6中钢丝的耐蚀性的排序。环氧涂层钢丝由于其物理阻断的特点，其极化电阻远远大于其他类型钢丝，说明正常情况下具有良好的耐蚀性能。然而由于环氧涂层的物理隔断方式一旦失效，钢丝即成为裸钢丝，对于防腐非不利。

试验结果同时也说明了涂抹防腐油脂有良好的抗腐蚀作用。镀锌钢丝和裸钢丝涂抹防腐油脂以后其极化电阻都有一定程度的增加。应该指出的是，钢丝腐蚀是一个复杂的过程，有必要进一步开展不同腐蚀环境下斜拉桥拉索钢丝腐蚀性能及其防护措施研究。

参考文献

[1] 马坤全.大跨径斜拉桥建设与展望[J].国外桥梁.2000,4:60-65.

[2] 叶觉明，钟建驰.桥梁缆索系统的腐蚀与防护[J].钢结构.20(02):85-89,2005.

[3] 唐清华，郑史雄.斜拉桥与悬索桥的防腐[J].四川建筑.25(01):126-128,2005.

[4] Yukikazu Yanaka, Makoto Kitagawa. Maintenance of steel bridges on honshu – shikoku cross[J]. Constructional Steel Re2 search. 58: 131-150, 2002.

[5] Suzumura K, Nakamura S, M. ASCE. Environmental factors affecting corrosion of galvanized steel wires [J]. Materials in Civil Engineering. 16 (1) : 1-7, 2004.

[6] Barton S C. Accelerated corrosion and embrittlement of high-strength bridge wire [J]. Materials in Civil Engineering. 12 (1) : 33-38, 2000.

[7] 黎学明，周杰敏，刘强，等.张力对斜拉桥拉索镀锌钢绞线腐蚀行为影响[J].电化学.13(03):297-301,2007.

[8] 徐俊，陈惟珍，刘学.斜拉索退化机理及钢丝力学模型[J].同济大学学报.36(7):911-915,2008.

[9] 叶觉明，钟建驰.大桥斜拉索腐蚀防护技术的应用和探讨.腐蚀与防护.24(05):221-223,2003.

[10] 叶觉明，钟建驰.桥梁缆索系统的腐蚀与防护.钢结构.20(02):85-89,2005.

138.组合梁斜拉桥主梁构造特性分析

王　佳[1]　刘玉擎[1]　蔺钊飞[1]　房　涛[2]

(1.同济大学桥梁工程系;2.安徽省高速公路控股集团有限公司)

摘　要　为了研究组合梁斜拉桥主梁承载性能的影响因素，建立了三维实体节段有限元模型，计入了几何非线性、材料非线性和初始几何缺陷的影响，通过数值模拟比较分析了加劲肋厚度、加劲肋形式、钢材强度和混凝土桥面板厚度对主梁抗压极限承载力的影响。计算结果表明:组合梁主梁的破坏形态为混凝土桥面板被压碎导致整体丧失承载能力，主梁的抗压极限承载力能随着混凝土桥面板厚度的增加而增大;而加劲肋厚度、钢材强度和加劲肋形式对组合梁主梁抗压极限承载力影响较小。

关键词　斜拉桥　组合梁　构造特性　有限元分析

一、引　言

组合梁斜拉桥是指主梁由钢梁和混凝土桥面板通过连接件结合而成的斜拉桥。这种结构兼有纯钢主梁斜拉桥和混凝土主梁斜拉桥的特点，相对于纯钢主梁斜拉桥，组合梁斜拉桥不存在桥面板疲劳问题，可以较好地解决钢箱梁桥面铺装易损坏的问题，且用钢量少，刚度大;相对于混凝土梁斜拉桥，自重轻，能有效解决腹板和底板开裂问题[1]。此外，组合梁斜拉桥施工性较好，钢梁焊接，混凝土桥面板预制，施工质量可以得到保证；主梁、横梁和预制板可采用小构件，易于安装和运输。自1986年加拿大修建了主跨为465m的Annacis桥[2]，组合梁斜拉桥在世界范围内逐渐得到较为广泛的研究和应用，我国相继建造了上海南浦大桥、杨浦大桥和香港汀九桥等。研究表明，组合梁斜拉桥在400～700m的跨径范围内具有良好适用性，国内外已建主跨超过400m的组合梁斜拉桥已经有几十座[3]。

然而国内尚无针对组合梁斜拉桥的设计标准，主梁钢结构部分的设计参数主要是参考钢结构规范和已建成的同类桥梁。对于纯钢主梁的斜拉桥，要考虑在轴向力作用下主梁的受压稳定问题，受力板件以及加劲肋的厚度均较大，加劲肋布置较密，而在组合梁斜拉桥中，混凝土桥面板代替了正交异性钢桥面板，混凝土承担了较大的轴向压力。研究表明[4]：组合梁斜拉桥在正常使用状态下，混凝土桥面板承受了全部轴向力的75%左右。钢主梁所受轴向压力大大减小。采用整节段吊装施工时，将钢结构与桥面板形成整体，有效避免钢结构先参与受力的情况。因此，组合梁斜拉桥主梁受力与纯钢主梁有较大不同，有必要对组合梁主梁进行针对性的研究。

本文结合某大跨度组合梁斜拉桥工程实例，建立了三维实体节段有限元模型，计入了几何非线性、材料非线性和初始几何缺陷三种不利影响，通过数值模拟对比分析了加劲肋厚度、形式、钢材强度和混凝土桥面板厚度对组合梁主梁抗压极限承载力的影响，为同类桥梁设计提供参考。

二、组合梁主梁构造特点

图1所示为某大跨径组合梁斜拉桥标准横断面，主梁采用开口式双槽型钢箱断面，中间由横隔板连接。组合梁横桥向全宽35.2m，梁高3.5m；顺桥向标准节段长度为10.8m，每节段设3道横隔板，间距为3.6m；混凝土桥面板厚度为28cm。槽型钢箱内纵向加劲肋厚度如图2所示，中腹板上翼缘和边腹板上翼缘分别采用$\phi22\times150$mm和$\phi22\times250$mm的焊钉，纵桥向间距分别为150mm和170mm。

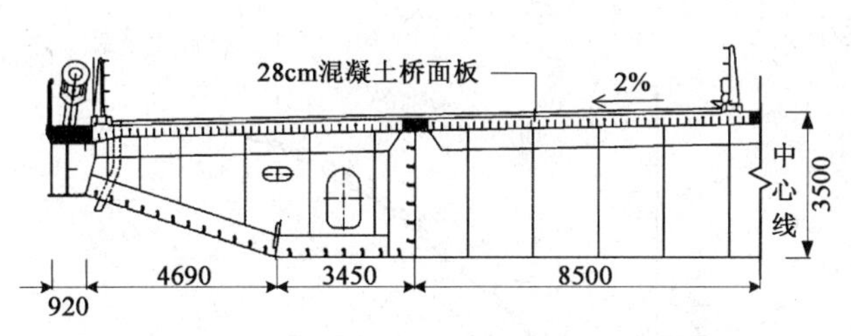

图1 组合梁主梁标准横断面（尺寸单位：mm）

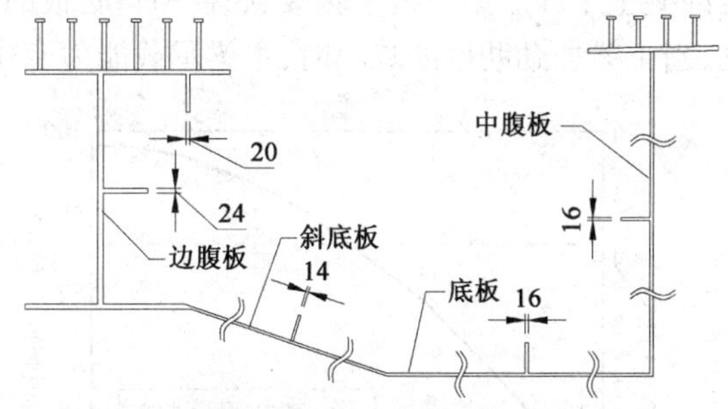

图2 纵向加劲肋厚度（尺寸单位：mm）

三、组合梁主梁有限元模型

图3所示为采用通用有限元软件ANSYS建立的主梁节段模型，选取2个主梁标准段，其中钢结构采用SHELL181单元，混凝土桥面板采用SOLID65单元模拟。混凝土桥面板内施加横向预应力，预应力筋采用LINK8单元模拟。钢与混凝土结合面采用焊钉连接，每个焊钉采用三向弹簧单元进行模拟并考虑接触作用。在主梁的一端通过约束三个方向的平动自由度建立边界条件，在主梁另一端横截面的形心位置施加作用力边界条件。分析计入材料非线性、几何非线性。初始几何缺陷在钢箱梁的制作和安装过程中是无法避免的，它会使受压板产生一个附加弯矩，这个附加弯矩随着变形的加大不断增大。初始几何缺陷的形状可按主梁的一阶弹性屈曲模式确定，计算中初始几何缺陷的最大值取$e_0=L/200$，L为构件两约束点间距离[5]。

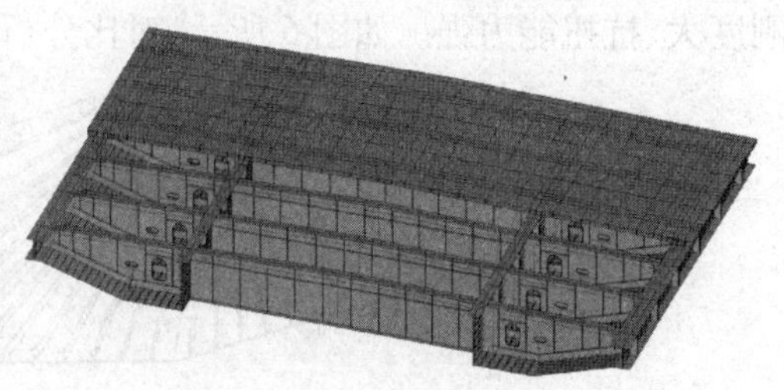

图3 组合梁主梁有限元模型

钢材的应力-应变曲线采用双折线形式；混凝土的应力-应变曲线采用《混凝土结构设计规范》[6]建议形式。

四、构造特性计算结果及分析

图 4 所示为实桥节段主梁的轴力-变形曲线，分析结果表明，主梁极限承载力为 5.67×10^5kN。通过对模型进行弹性屈曲计算分析，极限荷载作用下的一阶屈曲特征值 $\lambda=1.3$，即主梁发生强度破坏，混凝土被压碎导致结构整体丧失承载能力。混凝土桥面板在整个受力过程中承担了 71% 左右的轴向力。钢腹板上翼缘板也达到了钢材的屈服强度，而钢结构下部区域的应力尚未达到屈服。

1. 加劲厚度对承载能力影响

如表 1 所示设置 4 组不同厚度的板型加劲肋，比较分析加劲肋厚度对主梁的抗压极限承载力的影响，其中第四组为实桥采用的加劲肋厚度。

加劲肋板厚变化参数（单位：mm）　　表 1

位　置	第　一　组	第　二　组	第　三　组	第　四　组
中腹板	8	10	12	16
底板	8	10	12	16
斜底板	8	10	12	14
边腹板	16	18	20	24
边腹板上翼缘	16	18	20	20

计算结果如图 5 所示，当加劲肋厚度分别为第一、第二和第三组时对应的轴向荷载最大值为 5.49×10^5kN、5.53×10^5kN 和 5.57×10^5kN，较第四组降幅分别为 0.73%、0.72% 和 1.80%。通过对第一、二、三组模型进行弹性屈曲分析，在相应极限荷载作用下的一阶屈曲特征值 λ 均在 1.3 左右，破坏形态依然是混凝土压碎。第一组中腹板、底板和斜底板的纵向加劲肋厚度已经达到通常要求的最小构造厚度。可见，当主梁加劲肋厚度减小时，主梁承载能力变化较小。

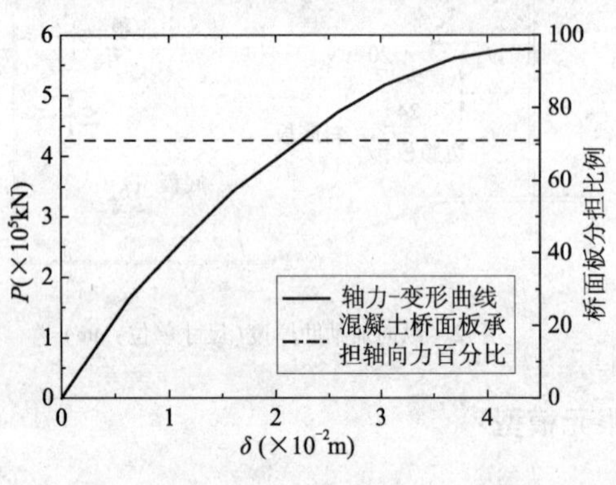

图 4　主梁轴力-变形曲线

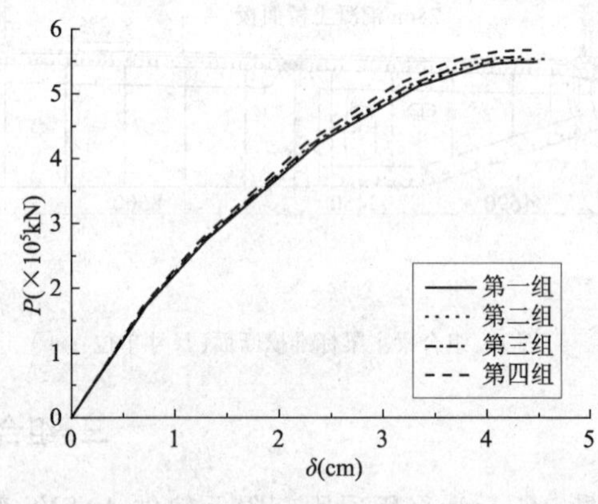

图 5　主梁轴力-变形曲线

2. 加劲形式对承载力的影响

加劲肋通常有开口截面加劲肋和闭口截面加劲肋两种形式，前者构造简单，便于工地连接，后者抗弯刚度大、抗扭能力强。如图 6 所示，对比分析板型加劲肋和 U 形加劲肋对主梁抗压极限承载力的影响。

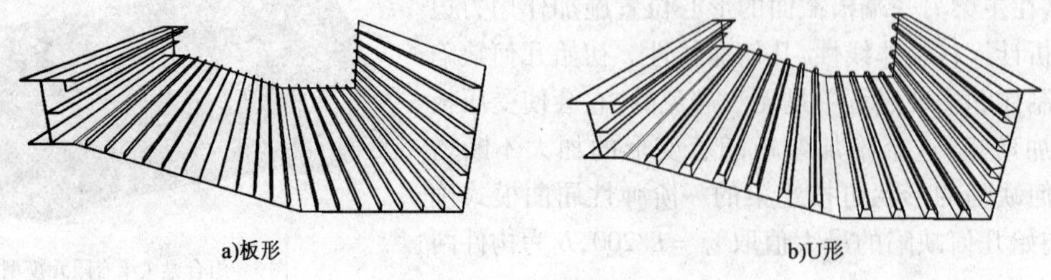

a)板形　　b)U形

图 6　加劲肋形式

模型采用加劲肋总截面面积相等的原则设置加劲肋,加劲肋的参数如表2所示:

加劲肋的参数变化 表2

位置	厚度(mm)		位置	厚度(mm)	
	板形加劲肋	U形加劲肋		板形加劲肋	U形加劲肋
中腹板	16	6	边腹板	24	24
底板	16	6	边腹板上翼缘	20	20
斜底板	14	6			

计算结果如图7所示,板型加劲肋和U形加劲肋形式的主梁轴向荷载最大值分别为5.67×10^5kN和5.63×10^5kN,通过对模型进行弹性屈曲计算分析,U形加劲肋形式的主梁在极限荷载作用下的一阶屈曲特征值$\lambda=1.3$,即主梁发生强度破坏,构件中混凝土刚度大于钢结构,导致混凝土承受较大的轴向力而加劲位置并未达到屈服应力,两种加劲形式的承载力基本上相同。

3. 钢材强度对承载能力影响

纵向加劲肋主要是对钢箱提供加劲作用,防止发生整体或局部屈曲失稳从而提高荷载强度,经过有限元计算发现纵向加劲肋的平均应力水平较低,考虑调整加劲肋以及钢箱主要受力构件的钢材强度,分析主梁的抗压极限承载力状况。如表3所示设置4组强度参数的钢结构模型进行有限元分析,其中第二组为实桥模型的材料强度。

钢材强度参数(MPa) 表3

构件	第一组	第二组	第三组	第四组
主梁	Q235	Q345	Q420	Q420
加劲肋	Q235	Q345	Q235	Q345

轴力-变形曲线如图8所示,计算得到四组的极限荷载分别为5.64×10^5kN、5.67×10^5kN、5.72×10^5kN和5.75×10^5kN。第一组与第二组在主梁强度为Q345,加劲肋强度由Q235增长到Q345情况下,抗压极限荷载增幅为0.53%;第三组与第四组在主梁强度为Q420,加劲肋强度由Q235增长到Q345情况下,极限抗压荷载增幅为0.53%;第一组与第三组在加劲肋强度为Q235,主梁强度由Q345增长到Q420情况下,抗压极限荷载增幅为1.42%;第二组与第四组在加劲肋强度为Q345,主梁强度由Q345增长到Q420情况下,抗压极限荷载增幅为1.41%。可见,组合梁主梁的承载能力对钢材的强度并不敏感。

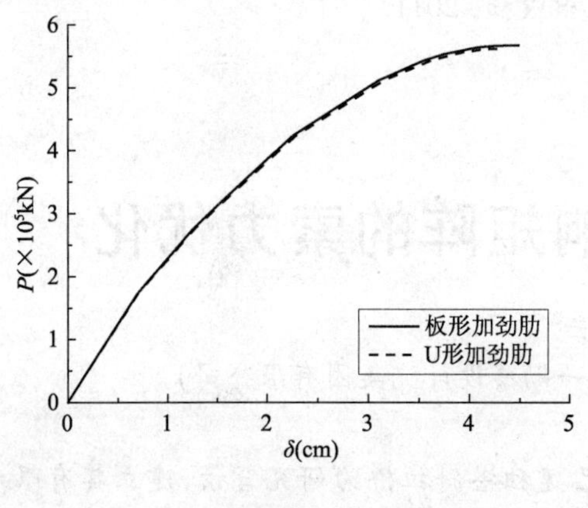

图7 主梁轴力-变形曲线

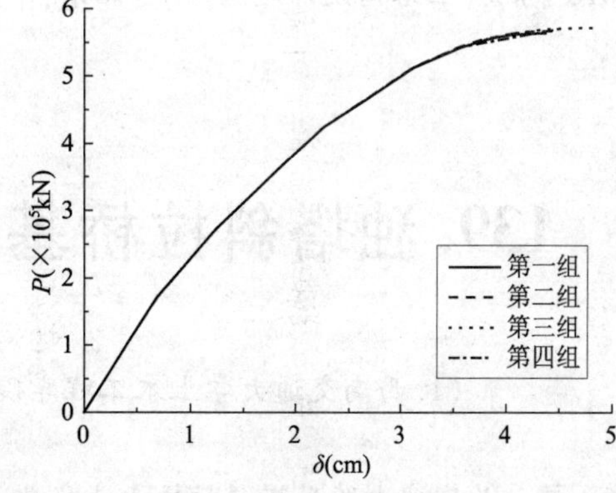

图8 主梁轴力-变形曲线

4. 桥面板厚度对极限承载力的影响

组合梁斜拉桥的混凝土桥面板厚度一般为26~28cm,桥面板过薄会导致桥面刚度较低,分担的轴向

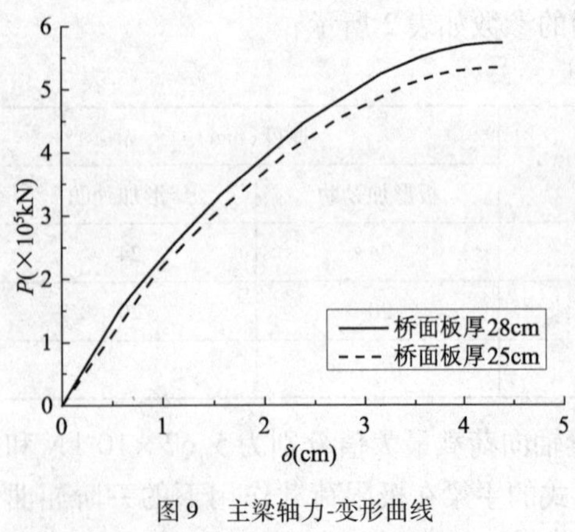

图9　主梁轴力-变形曲线

荷载较低，同时在车轮荷载的冲击作用下，容易产生破坏；过厚又会增加结构自重，不能有效利用材料，通常桥面板的厚度不小于25cm。将模型中的桥面板厚度由28cm改为25cm，对比分析主梁极限荷载的变化幅度。

计算的荷载-位移曲线如图9所示。在混凝土的截面面积降低2.1%情况下，桥面板厚25cm的轴向荷载最大值为5.37×10^5kN，相对于板厚28cm的轴向荷载最大值降低了6.78%，承担了68.5%的轴向荷载。通过对模型进行弹性屈曲计算分析，桥面板厚25cm的主梁在极限荷载作用下的一阶屈曲特征值$\lambda=1.2$，破坏形式为主梁的强度破坏，可见桥面板厚度的减小对极限荷载的影响较为明显。

五、结　　语

通过对组合梁斜拉桥主梁构造的变参数分析可得：

(1)在轴向荷载作用下，考虑材料、几何非线性以及初始几何缺陷，在组合梁主梁达到极限状态时，破坏形态为混凝土桥面板局部受压破坏。

(2)增加纵向加劲肋的厚度、强度和改变加劲肋形式对组合梁主梁的抗压极限承载力的提高并不明显；提高组合梁主梁主要受力构件的强度并不能明显提高抗压极限承载力。

(3)轴向荷载主要由混凝土桥面板承担，桥面板厚度对组合梁主梁的抗压极限承载力的影响较大。设计时应合理确定桥面板厚度。

参考文献

[1] 刘玉擎. 组合结构桥梁[M]. 北京：人民交通出版社，2005.

[2] Brown D J. Bridges：Three Thousand Years of Defying Nature[M]. Norwalk：MBI Publishing Company，2001：131-133.

[3] 罗杰，刘玉擎. 大跨径斜拉桥组合梁结构体系与构造[C]. //2010大跨径桥梁创新技术论坛论文集. 北京：人民交通出版社，2010.

[4] 林元培. 斜拉桥[M]. 北京：人民交通出版社，2004：95-96.

[5] BS5400 Steel，concrete and composite bridges，Part3. Steel bridges[S]，2000.

[6] 中华人民共和国住房和城乡建设部，中华人民共和国国家质量监督检验检疫总局. GB 50010—2010　混凝土结构设计规范[S]. 北京：中国建筑工业出版社，2011.

139. 独塔斜拉桥基于影响矩阵的索力优化

赵　虎[1]　刘红云[2]

(1. 西南交通大学土木工程学院；2. 中铁第一勘察设计院集团有限公司)

摘　要　为研究大跨独塔斜拉桥索力优化方法，以某已建独塔斜拉桥为研究背景，建立其有限元模型以进行相关计算分析。首先介绍了索力优化的一般方法以及基于影响矩阵的索力优化的相关定义。对结构输入索力初值后，并施加一定的约束条件，利用影响矩阵对索力进行调整计算。计算结果表明，利用此种方法可以在满足预设约束条件下方便地得到多组索力优化结果。优化结果亦能根据实际需要进行再优化。通过简单的延伸,此法还能应用在梁式预应力优化以及吊杆拱桥吊杆力优化等更为广泛的工程实践中。

关键词 独塔斜拉桥 影响矩阵 索力优化 约束条件

一、引 言

强大的跨越能力,主动可调的受力体系,较为合理的经济性及造型优美等特点,赋予了斜拉桥强大的生命力,使之保持着长期迅猛的发展态势。随着经济的发展及工程技术的日益成熟,斜拉桥自20世纪70年代起在世界桥梁工程界得到越来越广泛的应用和发展[1,2]。鉴于斜拉桥最大的特点在于结构受力可以通过索力在施工及运营阶段进行调整,不同的索力对应不同的桥塔及主梁内力状态,成桥索力的优化成为斜拉桥设计的关键问题。相比对称体系的双塔斜拉桥,独塔斜拉桥一般具有边中跨比更小,索塔自稳性要求更高的特点。合理分配边中跨索力,协调索塔及主梁的受力,是索力优化工作的预期目标。找到一种有效可行的索力优化方法,能为此类桥梁今后的调索实践及索力设计提供经验参考。

二、工 程 背 景

南充市区上中坝嘉陵江大桥位于滨江大道胜利路口,连接顺庆区和高坪区,主桥采用单塔不等跨斜拉桥,顺庆岸引桥采用连续梁、高坪岸引桥采用简支梁和连续梁。主桥桥跨组合为162m + 138m。斜拉桥主桥为单塔双索面、密索、扇形布置、双纵肋、塔梁固结体系。斜拉索位于主梁上的人行道外侧,两跨各布置26对拉索,在主梁上的标准索距为6m,在梁端密索区段索距为2m,最小夹角为25.53°。索塔全高100m,桥面以上高73.5m。南充市区上中坝嘉陵江大桥斜拉桥主桥实景图见图1。

三、有限元分析模型

利用有限元分析软件Midascivil建立全桥的有限元分析模型。全桥共建立751个节点,474个单元,其中包括370个梁单元,104个轴向受力单元;拉索,上部索塔,中下部索塔,主梁及墩台等五种材料。主梁以梁单元进行模拟,轴向以3m刻度划分单元,同时在拉索与主梁锚定位置设置节点并划分单元,以模拟锚固位置对主梁受力的局部影响;同时,在主梁与索塔交接处以刚性连接对塔梁固结进行模拟。斜拉索以轴向受力单元进行模拟,全桥共设置52对拉索单元,主、边跨各26对,拉索与主梁及索塔进行刚性连接。桥墩以梁单元进行模拟,竖向以4m刻度划分单元,墩塔进行固结。主、边跨两侧交界墩以及边跨辅助墩设置支座,主跨侧交界墩设置固定支座,边跨辅助墩与主梁固结,外侧交界墩设置活动支座。所有墩底进行全约束以模拟墩底固结。为叙述方便,将主桥桥墩从主跨向边跨进行编号,依次编号为P1,P2,P3。全桥有限元计算分析模型见图2所示:

图1 南充市区上中坝嘉陵江大桥主桥实景图

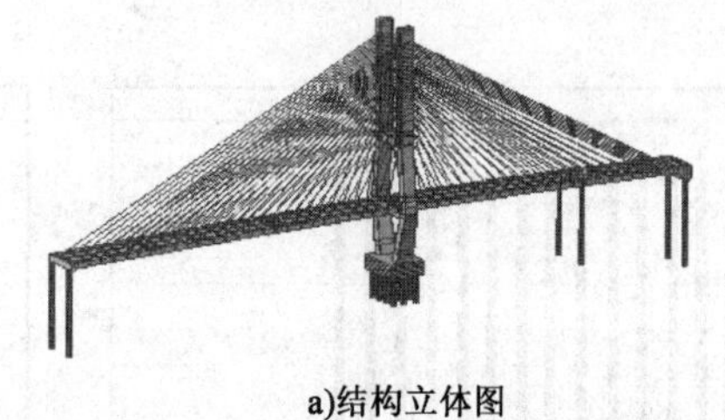

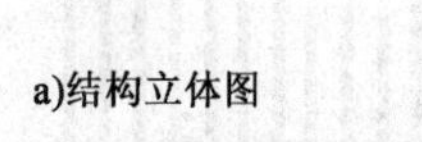

a)结构立体图

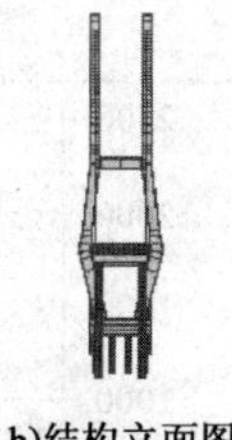

b)结构立面图

图2 斜拉桥有限元计算基准模型

四、基于影响矩阵的索力优化

斜拉桥索力优化方法总的来讲可归结为三类:指定受力状态的索力优化,无约束索力优化以及有约束索力优化。指定受力状态法核心是以结构关心截面的受力为优化目标,力学概念清晰,计算较为简单,但往往会由于过于强调局部受力而导致整体受力不佳。无约束索力优化的典型是弯曲能量最小法[3]，一般以结构弯曲应变能作为目标函数而不以某个具体截面或杆件单元的受力为目标。有约束索力优化的典型是用索量最小法[4]，该法以用索量为目标函数，以关心截面的受力及位移为约束条件。此法同样能达到既定的受力目标，但应合理确定约束条件，否则容易得到错误的优化结果。

事实上，斜拉桥受力性能的优劣要视具体结构具体情况而定，很难用某个单一的目标函数一概而论地进行优化[5-7]。在进行索力优化时，一般期望既能考虑多方面的因素（徐变、收缩及预应力等）的影响，又能同时得到不同目标函数下的优化结果。基于影响矩阵的优化方法则能满足这样的需求。

1. 影响矩阵法索力优化相关定义

施变向量：结构中可进行调整以改变受变量的 m 个独立元素组成的向量，记为 $\{X\}=(x_1,x_2,\cdots,x_m)^T$。

受变向量：结构中关心截面上 n 个独立元素（$n\geqslant m$）所组成的向量，记为 $\{Y\}=(y_1,y_2,\cdots,y_n)^T$。

影响向量：施变向量中第 j 个元素 x_j 发生单位变化所引起的受变向量 $\{Y\}$ 的变化向量，记为 $\{F_j\}=\{f_{1j},f_{2j},\cdots,f_{nj}\}^T$。

影响矩阵：m 个施变向量分别发生单位变化引起的 m 个影响向量进行列阵，记为：$[F]=[F_1\ F_2\cdots F_m]_{n\times m}$。

在斜拉桥索力优化中，一般将斜拉索的索力及支座位移作为施变向量，将关心截面的内力及位移作为受变向量进行混合调制优化计算。从上述定义中可以看到，当把拉索索力作为施变向量，结构关心截面内力及位移作为受变向量时，输入初始索力进行初步试算，然后通过不断调整索力即可对结构受力进行优化以达到预设目标。

2. 影响矩阵法索力优化结果及分析

全桥共设置 52 对索，按以下目标进行调索：

主梁线形高差控制在 10cm 以内，即在包括索力在内的恒载作用下主梁挠度变形不超过 ±10cm，同时索塔塔顶偏位不超过 ±10cm。通过一项矩阵进行调整计算，得到索力调整结果如图 3 所示；主梁在包括自重、二期恒载及索力恒载作用下线形如图 4 所示；索力调整后全桥内力分布图如图 4 所示。

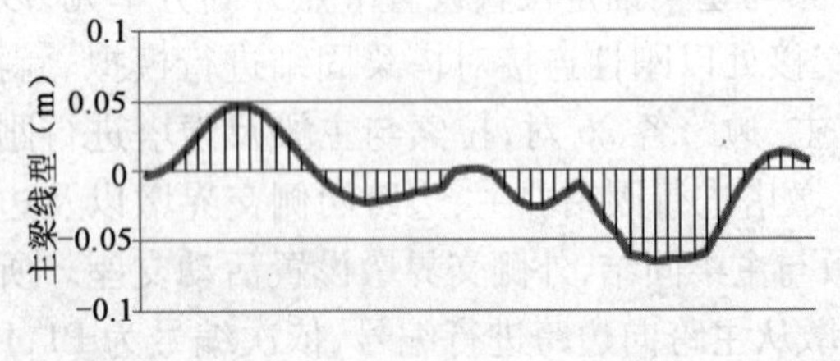

图 3 索力调整后主梁线形

图 4 全桥内力分布图

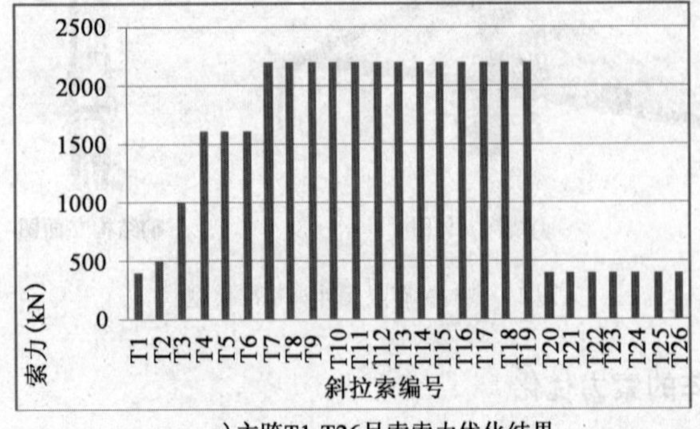

a) 主跨 T1-T26 号索索力优化结果

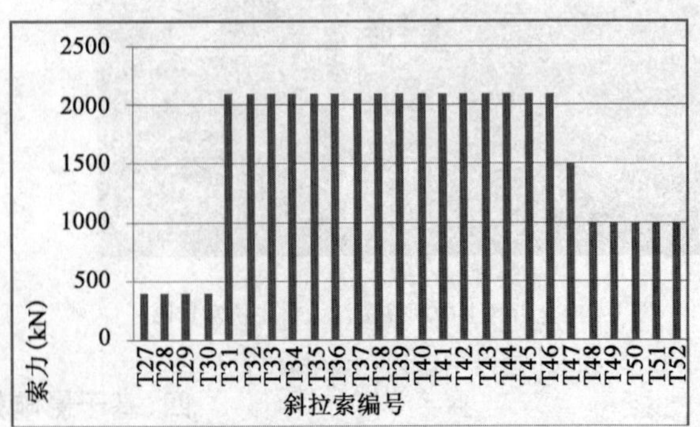

b) 边跨 T27-T52 号索索力优化结果

图 5 索力优化计算结果

根据优化计算结果(图5),在设定的优化目标下,索力基本呈现中部索索力较大,两端索力小的分布规律。同时,考虑施工操作的方便,可以在满足预设约束条件前提下将索力调整的更为均匀一些。优化计算过程表明,设置不同的目标函数,得到的优化结果也是不同的。同时还可发现,优化的结果并不是唯一的,可以根据具体情况及需求灵活地调整索力结果。从主梁索力调整后线形情况可以看到,主梁挠度变形均没有超过 ±10cm,很好地满足了预先设定的目标函数的要求。这说明通过影响矩阵法对索力进行优化,可以在预设约束条件下得到较为满意的优化结果。由于调整计算过程中自始至终并没有涉及索的刚度问题,这样避免了对全桥索力进行优化时拉索垂度引起的非线性效应的影响。文中将基于影响矩阵的优化方法应用于成桥一次落架索力的优化及确定,实际上,施工过程中索力的优化该法同样适用,只须根据施工过程中的具体条件适当选择约束条件即可。将这种方法进一步拓展思考,可以看到此法仍适用于梁式桥的预应力束的索力优化,以及吊杆拱桥的吊杆力优化,甚至桥梁施工过程中配重的确定以及支座位移量的确定也能进行应用。

值得注意的是,在调整计算的过程中,观察影响矩阵中的元素可以发现,某些列的元素在同一行上符号是相反的(表1中),也就是说,同一个施变向量可能对两个受变向量产生完全相反的贡献。这说明在索力优化时需要有所侧重,不能面面俱到。结构本身是一个统一的受力体系,如果过分强调某一局部,则必然会导致其他部分的不均衡。所以,在进行索力优化工作时,需要突出关注点,做好结构整体受力的均衡与协调。

影响矩阵中部分元素 表1

4.24894E-07	-8.3159E-06	9.10713E-07	-1.62644E-06
7.42983E-07	-6.98322E-06	7.98994E-07	-1.14576E-06
9.47155E-07	-5.77452E-06	6.79297E-07	-7.65517E-07
1.05768E-06	-4.6977E-06	5.58393E-07	-4.67198E-07
1.09255E-06	-3.73861E-06	4.41947E-07	-2.40095E-07
1.07005E-06	-2.91646E-06	3.34245E-07	-7.54784E-08
1.00484E-06	-2.21307E-06		

五、结　语

通过实桥索力优化计算可以得出下面一些结论:

(1)在以主梁线形为约束条件时,可得出一组分布规律两头小,中部大,总体较为均匀的索力结果,且很好地满足约束条件。

(2)索力优化结果并不是唯一结果,是一个动态优化的过程,可根据实际情况及具体需求灵活地进行再调整,这也正是斜拉桥这一结构体系的优势所在。

(3)由于结构是一个统一的受力体系,索力优化客观上不能面面俱到,需要突出关注点,协调整体,切忌顾此失彼,以偏概全。

(4)文中将基于影响矩阵的优化方法应用于成桥一次落架索力的优化及确定,实际上,对此法进行推广,还可以用于施工过程中索力的优化;也适用于预应力梁式桥的预应力索力优化,以及吊杆拱桥的吊杆力优化,施工过程中配重的确定以及支座位移量的确定等桥梁工程中常见的未知荷载的确定及优化。

参考文献

[1] 严国敏.现代斜拉桥[M].成都:西南交通大学出版社, 1995.

Yan Guomin. MODERN CABLE-STAYED BRIDGES[M]. Chengdu: Southwest Jiaotong University,1995.

[2] 林元培.斜拉桥[M].北京:人民交通出版社, 1994.

Lin Yuanpei. CABLE-STAYED BRIDGES[M]. Beijing: China Communication press,1994.

[3] 杜国华,姜林.斜拉桥的合理索力及其施工张拉力[J].桥梁建设,1989,(3):18-22.

[4] 陆楸,徐有光.斜拉桥最优化索力的探讨[J].中国公路学报,1990,(1):1-6.

[5] 陈明宪.斜拉桥建造技术[M].北京:人民交通出版社,2003.

[6] 王伯惠.斜拉桥结构发展和中国经验[M].北京:人民交通出版社,2003.

[7] 肖汝诚.确定大跨径桥梁结构合理设计状态的理论与方法研究[D].上海:同济大学,1996.

140.攀枝花新密地大桥主拱圈施工风险分析与对策措施

蒋建军[1] 朱良清[2] 刘应贵[2] 蒋劲松[1] 庄卫林[1]

(1.四川省交通运输厅公路规划勘察设计研究院;2.攀枝花市交通运输局)

摘 要 攀枝花新密地大桥为净跨182m上承式钢筋混凝土箱形拱桥。主拱圈采用挂篮悬臂浇筑法施工。设计中首先在结构上提出了防范主拱圈施工风险的控制措施;再从施工外在风险因素的角度,分析了温差效应、洪水、风荷载、挂篮滑落、扣锚索断裂对主拱圈施工安全性的影响,针对性地提出了对策措施。

关键词 新密地大桥 箱形拱桥 主拱圈 悬臂浇筑 风险分析 对策措施

一、工程概况

攀枝花市新密地大桥横跨金沙江,桥面全宽30m,分上、下游两幅桥,桥梁全长296m。该桥于2008年12月开工,上游幅桥于2011年9月建成通车,下游幅桥于2013年2月建成通车。

主拱圈为净跨径$L_0=182$m、净矢跨比$F_0/L_0=1/6$、拱轴系数$m=1.988$的等高截面(高3.5m)悬链线无铰拱,采用挂篮悬臂浇筑法施工。主拱圈分31个节段,其中两岸各设一个拱脚搭架现浇段(即1号节段),拱顶设一个吊架浇筑合龙段(即16号节段),其余28个均为挂篮悬臂浇筑段(即2号~15号节段)[1]。

该桥为目前国内最大跨径挂篮悬臂浇筑法施工的钢筋混凝土箱形拱桥(图1~图3)。主拱圈的施工风险分析和控制是保证大桥施工安全和工程质量的最关键问题之一。

图1 主拱圈悬臂浇筑施工

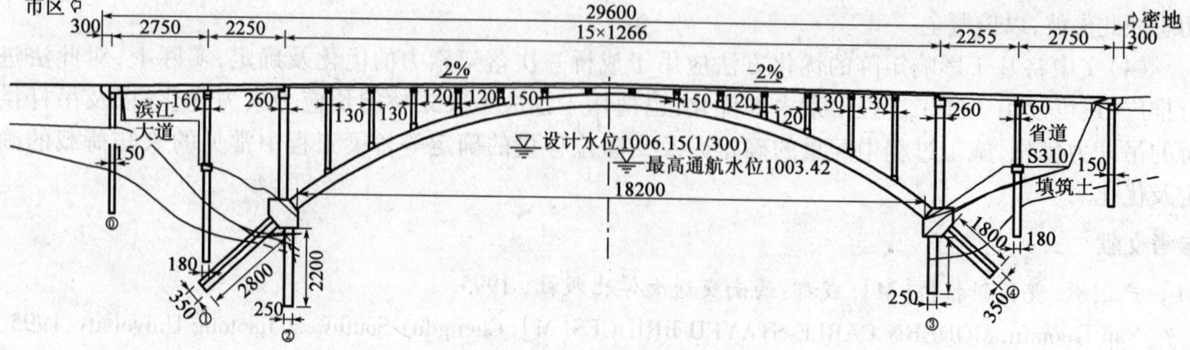

图2 新密地大桥立面图(尺寸单位:cm)

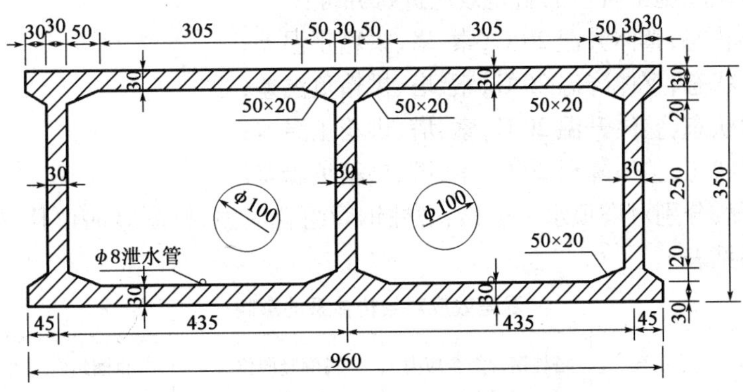

图3　主拱圈标准横断面图(尺寸单位:cm)

二、结构设计上对主拱圈施工风险的控制措施

从结构设计上,对主拱圈施工风险控制提出了以下几点应对措施:

(1)对于拱脚搭架现浇段,其风险因素主要是支架非弹性变形、日照产生的非均匀温差导致的支架弹性变形,因此要求对支架进行预压试验,消除其非弹性变形,并且在混凝土浇筑完成后,支架拆除前,除了采取正常养护措施外,还要在拱箱侧面挂透风遮光的帷幕,防止钢支架被阳光直接照射,以减小支架的温差变形量;

(2)要求悬臂浇筑阶段主拱圈截面边缘法向压应力不超过 $0.7f'_{ck}$,拉应力不超过 $0.7f'_{tk}$[2],主拱圈混凝土的强度等级为C50,因此施工期法向应力允许范围为1.855 ~ -22.68MPa,控制手段是调整扣锚索的索力;

(3)扣索、锚索均采用 $\phi^{S}15.2$ 钢绞线制作,要求其在整个施工阶段任何工况下的安全系数不小于2.5;扣索下端锚固在拱箱内横隔板与腹板、顶板交叉处,上端为张拉端,锚固在索塔上钢锚箱内;锚索下端锚固在引桥墩承台内或锚碇背面,上端为张拉端,锚固在索塔上钢锚箱内;

(4)主拱圈悬臂浇筑阶段,对拱圈上各监测点位移、索塔塔顶位移、索塔中扣锚索张拉部位的位移,以及锚碇位移提出了严格要求;其中,拱圈上各监测点位移±10mm,索塔塔顶纵向最大偏位应满足≤25mm;索塔扣索、锚索张拉处的偏位误差≤H/3000;锚碇最大水平位移不超过6mm;

(5)悬浇挂篮制作好后,试拼安装,拼好后根据最大施工荷载的1.2倍进行试压,以消除非弹性变形并测试其弹性性能,检查加工和安装质量。

此外,设计上还对拱圈节段重量误差、扣锚索索力误差、主拱圈轴线误差、拱圈节段断面尺寸误差、合龙段两端相对高程误差等给出了严格要求。

三、温差效应对主拱圈施工安全性的影响及风险控制措施

工程区位于攀枝花市东区,日照充足,太阳辐射强烈,年平均气温21℃,最热五月,平均气温为27.6℃,极端高温为40.7℃;最冷12月,平均气温为13℃,极端低温为-1.4℃。主拱圈从开始悬臂浇筑到合龙,要经过最热的5月和最冷的12月。

参照《公路斜拉桥设计细则》JTG/T D65-01—2007第5.2.5条,索、塔、拱圈之间的温差可取±10 ~ 15℃[3]。根据现场对扣锚索、索塔、拱圈温度的监测结果来看(一般在晴天或阴天进行):阴天扣锚索、索塔、拱圈的温差在5℃以内;晴天扣锚索的温度可达60℃,索塔的温度可达45℃,而拱圈的温度与监测位置是否受太阳照射有关,各部位的温度离散性较大,平均温度约35℃。为偏安全考虑,晴天时,扣锚索与索塔的温差按15℃计,扣锚索与拱圈的温差按25℃计;阴雨天时,扣锚索与索塔的温差按-10℃计,扣锚索与拱圈的温差按-15℃计。

选取典型工况，对拱圈施工阶段的温差效应进行分析：

工况①：悬浇一半状态，整体升温20℃，索、塔、拱箱正温差；

工况②：悬浇一半状态，整体降温20℃，索、塔、拱箱负温差；

工况③：最大悬臂状态，整体升温20℃，索、塔、拱箱正温差；

工况④：最大悬臂状态，整体降温20℃，索、塔、拱箱负温差。

针对上述4种工况，分别对塔顶水平位移、塔柱钢管组合应力、拱圈竖向位移、拱圈组合应力和扣锚索应力进行验算，结果见表1。

温差效应对结构体系的影响　　表1

计算工况	塔顶水平位移（mm）	塔柱钢管组合应力（MPa）	拱圈竖向位移（mm）	拱圈组合应力（MPa）	扣锚索应力（MPa）
①	49.6	2.68（-65.3）	-28.0	2.98（-5.16）	584.0
②	6.0	13.10（-86.5）	13.0	0.42（-2.29）	688.7
③	48.5	-119.20	-136.6	0.55（-5.17）	683.4
④	15.0	-126.50	12.0	0.59（-4.86）	696.3

注：表中拉应力为正，压应力为负，以下同。

从表1可以看出：工况①和工况③时，塔顶水平位移较大，同时拱圈竖向位移（向下为负，向上为正）也较大，主拱圈的应力幅较大（拉应力为正，压应力为负）且拉应力超限，塔柱钢管组合应力小于设计允许值140MPa，扣锚索的应力小于设计允许值744MPa；工况2和工况4时，塔顶水平位移和主拱圈竖向位移均较小，主拱圈的应力幅较小且在允许范围之内，塔柱钢管组合应力小于设计允许值140MPa，扣锚索的应力小于设计允许值744MPa。

根据上面的分析计算结果，在主拱圈悬臂浇筑阶段，当天气炎热时，结构体系整体升温较大，同时发生较大的索、塔、拱箱正温差，会造成索塔朝江心方向倾斜、拱圈悬臂端下挠，同时拱圈局部部位会出现一定的拉应力，可能会对主拱圈施工安全性造成较大的影响，需要采取合理有效的措施进行控制，具体有：

（1）加强主拱圈混凝土（包含箱内和箱外）的洒水养护和降温；

（2）扣锚索钢绞线应采用PE护套进行防护和隔热，不能直接裸露暴晒；

（3）钢结构索塔向阳侧应采取挂帷幕方式防止太阳直接照射。

通过采取上述措施，可以减小温差效应的影响，通过对现场监控结果表明，索塔纵向偏位、主拱圈应力和竖向位移、扣锚索应力均在设计容许范围内。

四、洪水对主拱圈施工安全性的影响及风险控制措施

洪水对主拱圈的作用分为浮力与流水压力两种[4]。该桥的设计洪水频率为20年一遇，对应水位为1005.2m，主拱圈施工期偏安全地以此水位进行分析计算。

洪水作用（浮力、流水压力）对扣锚索的应力影响、对主拱圈轴线偏差影响、对主拱圈的截面应力影响见表2和表3。

工况①：浮力、流水压力

工况②：自重、扣锚索力、浮力、流水压力

洪水作用对结构体系的影响（悬浇一半状态）　　表2

工况组合	扣锚索最大拉应力（MPa）	主拱圈横桥向偏差（mm）	主拱圈竖向挠度（mm）	主拱圈最大应力（MPa）
①	-30.5	5.8	17.3	5.2（-1.3）
②	619.5	5.8	13.4	2.4（-1.1）

洪水作用对结构体系的影响(最大悬臂状态)　表3

工况组合	扣锚索最大拉应力(MPa)	主拱圈横桥向偏差(mm)	主拱圈竖向挠度(mm)	主拱圈最大应力(MPa)
①	-21.8	9.6	8.5	4.7(-1.0)
②	682.8	9.6	-45.7	3.1(-4.7)

洪水作用(浮力、流水压力)对扣锚索的应力影响很小,只有21.8~30.5MPa,扣锚索的最大拉应力为682.8MPa,在安全范围内;对主拱圈横向偏差影响为5.8~9.6mm,满足设计要求不大于10mm的要求;对主拱圈竖向挠度影响为8.5~17.3mm,应注意调整立模高程;对主拱圈应力影响较大,拱脚附近由洪水作用产生的拉应力为4.7~5.2MPa。

从上面分析可知,洪水作用(浮力、流水压力)对结构体系的不利影响主要是在拱脚段下缘产生力较大的拉应力,超过了设计允许拉应力1.855MPa,可能会出现受力裂缝。

洪水发生时,浮力和流水压力会对结构体系产生不利影响,还可能腐蚀扣索钢绞线,对其对策措施有:

(1)汛期应加强水文和气象观测,做好防汛和度汛预案;

(2)对于可能受洪水淹没的1号~5号扣索,应做好防腐蚀工作,在丰水期间要防止漂浮物撞击,且应及时将洪水带来的缠绕杂物进行清除;

(3)注意及时清除拱箱内杂物(钢筋、模板、混凝土渣块等),并疏通拱箱的排水管,保持水流进出顺畅,减小浮力的影响;

(4)拱圈迎水面可设置导流板,减小流水压力的影响;

(5)拱圈拱脚段下缘应设置防裂钢筋网片,并在混凝土配制时添加聚内烯腈纤维。

五、风荷载对主拱圈施工安全性的影响及风险控制措施

攀枝花新密地大桥桥区设计基本风速 $V_{10}=26.0\text{m/s}$,根据《公路桥涵设计通用规范》JTG D60—2004,横桥向静风荷载假定水平地垂直作用于主拱圈各节段迎风面积和索塔立柱的形心上。取最大悬臂状态进行分析计算,在风荷载+自重(含挂篮和横隔板重)+扣锚索力组合作用下,扣锚索索力、主拱圈应力、索塔立柱应力、主拱圈横向偏位情况见表4。

风荷载对结构体系的影响　表4

分析工况	扣锚索应力(MPa)	主拱圈应力(MPa)	索塔立柱应力(MPa)	主拱圈横向偏位(mm)
风荷载	±29	1.3	12.0(-19.7)	23
自重+风+索力	693.1	0.3(-3.5)	-113.2	23

根据分析结果,风荷载对扣锚索索力、主拱圈应力、索塔立柱应力的影响均较小,对主拱圈横向偏位影响稍大。由于结构体系为弹性,在大风过后,主拱圈的横向偏位会消失,因此静风荷载不会对结构体系的安全造成影响。

主拱圈抗风稳定性验算(不设抗风缆的情况下)参照《公路桥梁抗风设计规范》JTG/T D60-01—2004第6.3条计算。颤振稳定性验算结果见表5。

施工期主拱圈颤振稳定性验算结果　表5

施工状态	V_d(m/s)	f_t(Hz)	I_f	$[V_{cr}]$(m/s)	V_{cr}(m/s)
半悬臂	36.24	3.761	1.795	64.8	158.0
最大悬臂	37.57	2.963	2.362	67.2	124.5

从上表可以看出：半悬臂状态时，其扭转基频f_t为3.761Hz，颤振稳定性指数I_f为1.795；颤振检验风速$[V_{cr}]$为64.8m/s，颤振临界风速V_{cr}为158.0m/s，$V_{cr}>[V_{cr}]$，所以颤振稳定性验算满足设计规范要求；最大悬臂状态时，其扭转基频f_t为2.963Hz，颤振稳定性指数I_f为2.362；颤振检验风速$[V_{cr}]$为67.2m/s，颤振临界风速V_{cr}为124.5m/s，$V_{cr}>[V_{cr}]$，所以颤振稳定性验算满足设计规范要求[5]。

新密地大桥的主拱圈宽度为9.6m，相对较宽，有必要验算其涡激共振的发生风速。根据《公路桥梁抗风设计规范》JTG/T D60-01—2004第7.2.3条，竖向涡激共振发生风速$V_{cvh}=2.0f_bB$，扭转涡激共振的发生风速$V_{cv\theta}=1.33f_tB$。涡激共振发生风速验算结果见表6。

施工期主拱圈涡激共振发生风速验算 表6

施工状态	f_b(m)	f_t(m)	V_{cvh}(m/s)	$V_{cv\theta}$(m/s)	V_d(m/s)
半悬臂	1.186	3.76	22.8	48.0	36.2
最大悬臂	0.662	2.96	12.7	37.8	37.6

从上表可以看出：半悬臂状态时，主拱圈竖向涡激共振发生风速为22.8m/s，小于设计风速V_d，扭转涡激共振发生风速为48.0m/s，大于设计风速V_d；最大悬臂状态时，主拱圈竖向涡激共振发生风速为12.7m/s，小于设计风速V_d，扭转涡激共振发生风速为37.8m/s，大于设计风速V_d。因此，扭转涡激共振发生的可能性较小，而竖向涡激共振发生风速低，出现的几率较大，可能对主拱圈施工安全性造成较大的影响，应采取合理有效的措施进行控制。

对其风险控制措施有：

(1)风季应加强风速观测，做好防风预案；

(2)由于悬臂浇筑阶段，结构竖向振动的频率较低，导致竖向涡激共振发生风速较低，因此提高其竖向振动频率可以减小竖向涡激共振发生的概率，主要措施是在大风季节，在拱脚段设置临时支架，减短悬臂长度，提高其刚度；

(3)加大索塔顶压重索规格，提高索塔稳定性。

六、挂篮滑落对主拱圈施工安全性的影响及风险控制措施

在悬臂浇筑阶段，挂篮的行走方式采用千斤顶逐渐顶推，如果操作不当，有可能发生挂篮滑落的风险。这里分别取悬浇一半状态和最大悬臂状态进行分析计算。加载方式为反向加载，冲击系数取1.4。

在自重(含横隔板重)+索力+挂篮滑落组合作用下，主拱圈应力、索塔立柱应力、扣锚索索力、主拱圈竖向挠度见表7和表8。

工况①：挂篮滑落

工况②：自重+挂篮滑落+索力

挂篮滑落对结构体系安全性的影响(半悬臂状态) 表7

分析工况	扣锚索应力(MPa)	主拱圈应力(MPa)	索塔立柱应力(MPa)	主拱圈竖向挠度(mm)
①	-144.1	4.5(-4.1)	26.2(-18.3)	84.7
②	606.1	5.2(-6.6)	21.9(-67.5)	107.7

挂篮滑落对结构体系安全性的影响(最大悬臂状态) 表8

分析工况	扣锚索应力(MPa)	主拱圈应力(MPa)	索塔立柱应力(MPa)	主拱圈竖向挠度(mm)
①	-144.8	4.8(-4.1)	43.6(-18.8)	222.6
②	592.3	4.0(-6.3)	-87.2	243.6

从分析结果可知：挂篮滑落时，扣锚索索力小于744MPa，在设计允许范围内；索塔立柱应力在允许范围内；主拱圈下缘产生了较大的拉应力，远远超过设计允许值1.855MPa；主拱圈竖向上挠变形严重，半悬臂状态时上挠107.7mm，最大悬臂状态时上挠243.6mm。

挂篮滑落对结构体系安全的影响很大，为了避免这种现象发生，其应对措施有：

(1)在挂篮行走时，必须安排技术员和安全员驻守现场，指导作业；

(2)在使用千斤顶对挂篮进行顶推时，应在滑槽两侧均设置千斤顶，一个送油顶推，另一个回油后退；

(3)在滑槽末端应设置钢棒进行限位，杜绝挂篮滑落。

七、扣锚索断裂对主拱圈施工安全性的影响及风险控制措施

在悬臂浇筑阶段，扣索和锚索均在塔顶进行张拉，下端分别锚固在拱箱内和锚碇后侧。为了节约造价，扣锚索钢绞线一般需要重复使用(上游幅桥使用后拆除保存，在下游幅桥施工时继续使用)，如果扣锚索钢绞线保存不善，发生严重锈蚀且继续使用，则有可能发生锚具失效，或钢绞线本身因为缺陷而断裂。

在最大悬臂状态时，模拟15号索(索力最大)发生断裂，对结构体系进行分析计算。主拱圈应力、索塔立柱应力、扣锚索索力、主拱圈竖向挠度的结果见表9。

工况①：自重+扣索断裂+索力

扣索断裂对结构体系的影响 表9

分析工况	扣锚索应力(MPa)	主拱圈应力(MPa)	索塔立柱应力(MPa)	主拱圈竖向挠度(mm)
①	910.9	3.0(-7.2)	-102.8	-231.3

从分析结果可知：当扣索断裂时，其他扣锚索的索力将增加，最大拉应力达到910.9MPa，不能满足设计要求；当扣索断裂时，主拱圈上缘出现较大的拉应力，达到3.0MPa，不满足设计要求；扣索断裂时，拱圈出现较大下挠变形，达到231.3mm。扣索断裂时，索塔立柱的最大压应力为102.8MPa，满足设计要求。

扣锚索断裂对结构体系的安全性影响很大，对策措施有：

(1)在扣锚索钢绞线挂索时应采用分索器，避免钢绞线之间发生缠绕；

(2)张拉时严格按照索力和伸长量进行控制，并且在施工过程中对索力进行跟踪监测；

(3)对于扣锚索锚头处的锚具、锚块、钢锚箱等每天进行检查，一旦发现夹片松动、锚块开裂等现象，及时进行补救；

(4)对于使用过的扣锚索钢绞线，应妥善保管，防止锈蚀；对于使用过程中就发生了严重锈蚀的钢绞线，则不得在下游幅桥中使用；

(5)施工作业过程中应对扣锚索的风雨振动或其他原因导致的振动进行观察，采取挂绳、支撑等措施进行适当约束，减小其振幅。

八、结　　语

在设计中全面考虑并分析了影响施工期结构安全的各种风险，并提出了相应的对策措施，确保了攀枝花市新密地大桥的主拱圈在施工阶段的安全，对同类桥梁建设具有一定的参考意义。

参考文献

[1] 中华人民共和国行业标准. JTG D62—2004 公路钢筋混凝土及预应力混凝土桥涵设计规范[S]. 北京：人民交通出版社，2004.

[2] 中华人民共和国行业标准. JTG/T D65-01—2007 公路斜拉桥设计细则[S]. 北京：人民交通出版社，2007.

[3] 中华人民共和国行业标准. JTG D60—2004 公路桥涵设计通用规范[S]. 北京：人民交通出版社，2004.

[4] 中华人民共和国行业标准. JTG/T D60-01—2004 公路桥梁抗风设计规范[S]. 北京：人民交通出版社，2004.

141. 拱桥结构稳定分析的研究现状与发展

许诗霞　颜全胜

（华南理工大学 土木与交通学院）

摘　要　从规范、分析理论和方法，以及近几年的新发展这三个方面，介绍了拱桥结构稳定分析的研究现状，并对今后的发展方向作了相应的展望。

关键词　拱桥　稳定分析　极限承载力分析　钢管混凝土

一、概　　述

近年来，随着经济和科技的发展，我国修建的拱桥跨径越来越大。新修建的大跨径拱桥中，桁架拱桥有主跨552m的朝天门大桥、主跨336m的南京大胜关长江大桥和主跨为177m＋428m＋177m的新光大桥等，箱型拱桥有主跨550m的上海卢浦大桥和主跨420m的菜园坝长江大桥等。随着拱桥跨径的不断增大，稳定性变得越来越突出，成为拱桥设计的重要控制因素之一。本文对拱桥稳定性分析这一问题的研究现状做了一些介绍和评述。

二、规范中的稳定计算

1. 我国公路桥涵设计规范[1]

此规范要求对各施工阶段和成桥后拱截面的强度级稳定进行计算。对于矢跨比在0.3以下，且长细比不大的拱肋，纵向稳定性验算表达为强度的校核形式。当拱肋的长细比大于规定值时，则纵向稳定性按压杆临界力进行验算，安全系数为4～5。此法主要适用于对小跨径的拱桥进行纵向稳定性计算。当板拱的宽度小于计算跨径的1/20时，应对拱圈的横向稳定进行验算。

2. 美国公路桥梁设计规范[2]

对于钢及钢筋混凝土拱在计算面内稳定时，此规范均采用弯矩放大系数法，且在建立力学模型时要计入受压构件的非弹性性能，在稳定分析时要包括变形效应和构件的轴线偏离直线的情况。可见，该规范对于拱考虑了第二类稳定问题，对于中小跨径拱，把拱看作一根压弯杆件，用弯矩放大系数法来考虑“梁柱效应”，用强度验算来代替拱的第二类稳定问题。

3. 德国规范

（1）钢结构规范（DN18800－11－1988）

此规范对拱的面内、面外稳定分析利用等效长细比把拱简化做受压直杆的稳定问题来计算，基本思想和我国规范相近。

（2）稳定规范（TGLO-4114）[3]

此规范规定将拱的稳定验算归结为一根假想的代替杆件的验算，分别验算面内屈曲和侧向屈曲。

验算面内屈曲时，规定拱的理想临界推力等于一个具有相应的抗弯刚度及屈曲长度的中心受压直杆的欧拉荷载。验算侧向屈曲时，把问题看成一个简单的压杆计算。

三、拱桥稳定分析的理论和方法

1. 分析理论

拱桥稳定分析的理论是拱桥稳定分析的基础，分为第一类稳定理论和第二类稳定理论。

第一类稳定理论对应第一类稳定问题，即平衡分支失稳。分析时，荷载对称地满布于桥上，如果拱轴线和压力线是吻合的,则在失稳前的平衡状态只有压缩而没有弯曲变形[6]。该理论主要指线弹性理论,假定结构失稳时处于弹性小变形范围,结构的内力与外荷载成线性关系,把结构的稳定分析转化为求解特征值问题,得出的最小特征值就是结构的稳定安全系数。

第二类稳定理论指挠度理论。由于实际中拱桥均存在初始弯曲等缺陷,且承受除了轴力外的弯矩和扭矩,所以变形一般呈非线性状态。因此,求解的平衡方程需考虑几何非线性问题,建立在变形后的位置上。第二类稳定理论对应第二类稳定问题,即极值点失稳。

极限承载力分析的理论依据是第二类稳定理论。仅考虑几何非线性或考虑双重非线性情况下结构极限承载力的计算,主要是通过逐渐增加荷载,不断计入非线性,最后使结构的刚度矩阵趋于奇异,得出极限承载力。

2. 分析方法

对应分析理论,拱桥稳定的分析方法主要分为线性方法和非线性有限元方法。

线性分析方法主要有线性屈曲法,该方法假定结构失稳时处于弹性小变形范围,结构的内力与外荷载成线性关系,采用求解特征值的方法进行结构临界荷载的计算。该方法与第一类稳定理论(线弹性理论)对应,理想地不考虑结构非线性和结构"初始缺陷"的影响,但由于计算简单,仍在拱桥稳定分析中被采用。

非性有限元方法对应于第二类稳定理论,在拱桥极限承载力分析中采用。非线性有限元方法又可分为几何非线性有限元方法、材料非线性有限元方法和双重非线性有限元方法。几何非线性有限元方法采用虚位移原理来建立几何非线性平衡方程,求解方法有 T. L 列式法和 U. L 列式法,切线刚度矩阵可用牛顿 - 拉夫森方法解得。材料非性有限元方法中要确定材料的屈服条件,即材料在单向抗压时,由弹性状态转变为到塑性状态时的应力值。目前有 Tresca 屈服条件和 Mises 屈服条件。利用双重非线性有限元法进行分析时,可先对结构建立 U. L 列式平衡方程,然后采用混合法,先将结构的外荷载平分,再将每一等分(每一荷载步)施加于结构上,采用弧长法进行迭代求解。

四、拱桥稳定分析的新发展

1. 空气静力方面的研究

拱桥随着跨度增大,结构就会变得轻柔,研究拱桥静风稳定的问题越来越重要。目前的研究方法主要有理论分析法、风洞实验法、现场观测法和数值模拟法四种。

理论分析法运用空气动力学原理,建立各类风荷载的数学模型,然后用结构动力学方法,求解各类风致振动和稳定问题,比较常用的有抖振准定常理论、桥梁断面颤振理论和理想平板颤振自激力理论解。采用风洞试验法时,对节段模型风洞试验和全桥模型风洞试验,都要求满足各种相似比的要求。现场实测法指在实桥上观察和测量桥梁风致振动的特征和参数,尤其在桥梁发生风致病害时,改观测的研究价值很大。数值模拟法应用计算流体力学方法模拟气流经过桥梁结构时结构周围的流场分布情况,目前有离散涡方法、有限体积法、有限元法和有限差分法等[10]。

2. 阶段施工中的结构稳定分析

为了保证拱桥结构在施工过程中的稳定性和安全性,如今很多大跨度拱桥在施工前都会进行施工阶段的稳定分析。

例如,研究钢管混凝土拱桥,一般对以下几个施工阶段进行稳定分析:空钢管、灌注管内混凝土、安装吊杆和桥面系以及成桥阶段。而对于中承式钢箱拱肋拱桥,主要对安装拱肋和横撑以及安装主梁和吊杆这两个阶段进行稳定性分析。

3. 对钢管混凝土拱桥的研究

近年来,由于钢管混凝土的优异受力性能,钢管混凝土拱桥在我国蓬勃发展。对钢管混凝土拱桥进行稳定分析时,需注意下面的问题。

首先是钢管混凝土拱肋的模拟方法。现阶段有双材料模型和单材料模型两种。双材料模型又可分为双单元模型和纤维单元模型。而单材料模型又可分为钢管混凝土单元模型、换算材料模型(钢单元或混凝土单元模型)和统一理论模型。采用纤维单元模型和统一理论模型能较合理地反映钢管混凝土结构的性能,但由于前者在通用有限元软件应用的局限性及对计算成本要求较高,对于大型钢管混凝土拱桥一般采用统一理论模型。统一理论模型采用钢材和核心混凝土准确的本构关系,分别计算出简单荷载及各复杂荷载状态下各构件的全过程工作曲线,确定了各构件的极限状态准则后,找出各荷载作用下承载力的相互关系,最后统一出一个同时表达各种荷载工况的设计公式。

其次,在确定了模拟模型后,接下来就要确定钢管和混凝土材料的本构关系,这也是在材料非线性有限元分析中的一个关键问题。钢管的本构关系有双直线模型、四折线模型和理想弹塑性模型,采用最多的是分弹性段、屈服段、强化段和二次塑流段的四折线模型。而核心混凝土的本构关系分两段,第一段是弹性阶段不考虑套箍作用的轴心受压本构关系,第二段是弹塑性阶段以后考虑套箍作用的轴心受压本构关系。引入径向应力梯度修正系数后,就可考虑偏心受压的作用[13]。目前也提出了钢管混凝土合成材料的本构关系,采用钢管混凝土轴压本构关系,分弹性、弹塑性和强化三个阶段。

五、结　语

(1)模拟钢管混凝土拱肋的模型理论还有待研究和发展。目前对于大型钢管混凝土拱桥模型大多都采用统一理论模型,但由于统一理论模型有赖于钢管混凝土的本构关系,而钢管混凝土本构关系还不尽完善,如怎样正确计入套箍效应和怎样合理考虑偏压作用,所以,模型统一理论模型存在缺点,钢管混凝土拱肋的模型理论还有待完善。

(2)近几年我国对于钢管混凝土拱桥稳定的分析比较多,但考虑钢管混凝土接触滑移和混凝土收缩徐变的钢管混凝土拱桥稳定研究相对还比较少,在这两个课题上的研究都有待提高。

(3)对于拱桥稳定在空气静力方面的研究,随着计算机技术的提升,采用 CFD 数值准确分析和模拟各种桥梁构件断面中结构表面漩涡的产生、分布、移动规律,用数值的方法解决工程实际的问题,很有可能得到实现。

参考文献

[1] 中华人民共和国行业标准. JTJ D62—2004 公路钢筋混凝土及预应力混凝土桥涵设计规范[S]. 北京:人民交通出版社,2004.

[2] AASHTO—1994 美国公路桥梁设计规范,荷载与抗力设计系数法[S]. 北京:人民交通出版社,1998.

[3] [德]G·比尔格麦斯特,等. 稳定理论(下卷)[M]. 北京:中国建筑工业出版社,1974.

[4] 道路桥示方书(Ⅰ共通编·Ⅱ钢桥编)·同解说[S]. 旧本道路协会. 丸善株式会社,1996.

[5] 钢构造物设计指针一 PART[S]:一般构造物(平成 9 年)土木学会.

[6] 严圣友. 钢管混凝土拱桥的受力性能分析及试验研究[D]. 浙江:浙江大学,2004,2.

[7] 蔡健. 大跨度钢桁架系杆拱桥的稳定与极限承载力研究[D]. 湖南:中南大学,2012.

[8] 程进,江见鲸,肖汝诚,等. 拱桥结构极限承载力的研究现状与发展[J]. 公路交通科技,2002,19(4).

[9] 牛凯. 大跨钢管混凝土拱桥的稳定性分析[D]. 湖南:长沙理工大学,2011.

[10] 张著名. 大跨度钢桁架拱桥局部杆件稳定问题研究[D]. 湖南:湖南大学,2007.

[11] 谢远超. 钢管混凝土拱桥静动力特性分析与稳定性研究[D]. 北京:北京交通大学,2012.

[12] 尚维波,陈可. 中承式钢箱拱肋系杆拱桥的整体稳定研究[J]. 公路交通科技,2012,07.

[13] 陈宝春,王来永,欧智菁,等. 钢管混凝土偏心受压应力—应变试验研究[J]. 工程力学. 2003,20(6):154-159.

[14] 朱慈祥. CFST 拱桥稳定计算及相关参数分析[D]. 重庆:重庆交通大学,2008.

142. 简支铁路系杆拱桥抗震验算及刚度参数影响讨论

李世军 惠 卓

(东南大学土木工程学院)

摘 要 下承式系杆拱桥相对于梁式桥具有刚度大、重心高等特点，在地震区应用必须考虑抗震问题。本文对兰渝铁路在建的两座不同跨度系杆拱桥进行抗震验算，并提出通过名义横向与竖向刚度比的概念，讨论其对系杆拱桥动力特性的影响，分析表明，改变名义横向与竖向刚度比可明显调整系杆拱的动力特性。

关键词 钢管混凝土系杆拱 动力特性 名义横向与竖向刚度比

一、引 言

系杆拱桥是一种特别的拱桥形式，将拱的受压与梁的受弯特性结合在一起，共同承受荷载。因为系杆拱结构重心较高，地震反应明显，其抗震性能备受关注。近十几年来，众多学者对系杆拱桥的抗震性能已进行了大量的研究，目前主要集中在拱肋刚度、横撑、矢跨比、支承条件、拱肋倾角、材料性质等方面[1-4]。在建兰渝铁路有两座下承式钢管混凝土系杆拱桥位于兰州地区，抗震烈度为7度。本文在对两座桥进行抗震验算的基础上，提出了名义横向与竖向刚度比概念，探讨了其对桥梁动力性能的影响。

两座系杆拱桥均为刚性系梁刚性，拱跨径分别为96m和56m，如图1、图2所示。两座桥的系梁均采用预应力混凝土简支箱梁，截面为单箱三室，系梁高均为2.6m。96m跨径系杆拱桥和56m跨径系杆拱桥的系梁顶宽分别为15.26m、14.4m，底宽分别为12.5m、11.7m，两座桥的系梁截面刚度基本相同。两座桥的拱轴线均为二次抛物线，矢跨比均为1/5。拱肋均采用钢管混凝土哑铃形截面，96m跨径和56m跨径系杆拱桥的拱肋截面高分别为3.2m、1.8m，96m跨径系杆拱桥的拱肋截面刚度大于56m跨径系杆拱桥的拱肋截面刚度。96m跨径系杆拱桥的拱肋间设置2道K撑和3道一字撑，56m跨径系杆拱桥的拱肋间设置3道一字撑。96m跨径系杆拱桥采用双吊杆，吊杆间距为6m，56m跨径系杆拱桥采用单吊杆，吊杆间距为5m。

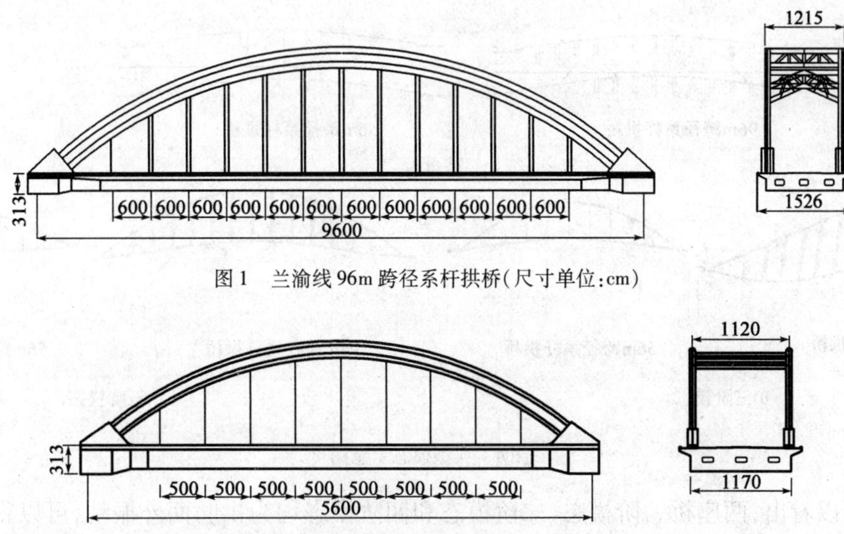

图1 兰渝线96m跨径系杆拱桥(尺寸单位:cm)

图2 兰渝线56m跨径系杆拱桥(尺寸单位:cm)

二、计 算 模 型

利用MIDAS软件建立两座桥的全桥模型[5]，如图3所示。吊杆采用桁架单元模拟，其他构件均采用梁单元模拟，梁单元考虑其剪切变形影响。对墩底进行固结，桥墩与系梁根据实际刚度约束其平动位移。本文运用反应谱法对两座桥进行抗震分析，两座桥均为B类桥梁设防，场地类别为第Ⅱ类，设计基本加速度为0.15g[6]。对两座桥梁分别进行纵向、横向和竖向的反应谱分析，将纵向地震、横向地震和竖向地震分别施加于纵轴、横轴和竖轴上，为充分考虑地震作用，对前300阶振型进行组合。

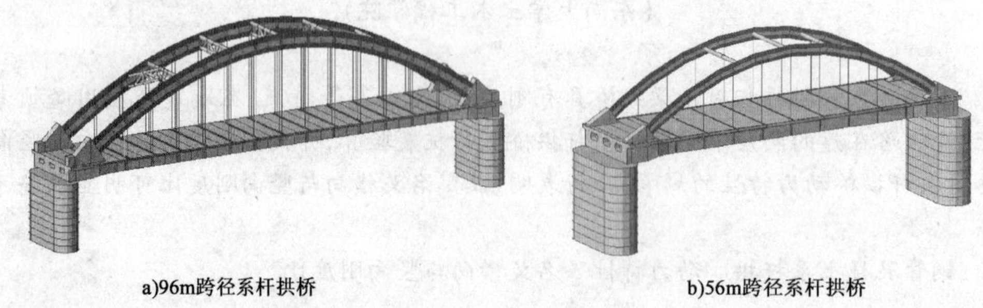

图3　结构计算模型

三、结 果 分 析

1.动力特性比较

对两座铁路系杆拱桥进行分析并比较其动力特性，表1列出前五阶自振频率，图4给出了两座桥的典型模态。

桥梁动力特性对比　　表1

跨径	动力特性	一阶模态	二阶模态	三阶模态	四阶模态	五阶模态
96m	自振频率(Hz)	0.684	1.299	1.950	2.408	2.419
	模态描述	拱肋一阶对称侧弯	拱肋一阶反对称侧弯	拱肋、系梁一阶反对称竖弯	拱肋二阶对称侧弯	系梁一阶对称竖弯
56m	自振频率(Hz)	0.847	2.461	3.544	4.716	5.875
	模态描述	拱肋一阶对称侧弯	拱肋一阶反对称侧弯	系梁一阶对称竖弯	拱肋二阶对称侧弯	拱肋、系梁一阶反对称竖弯

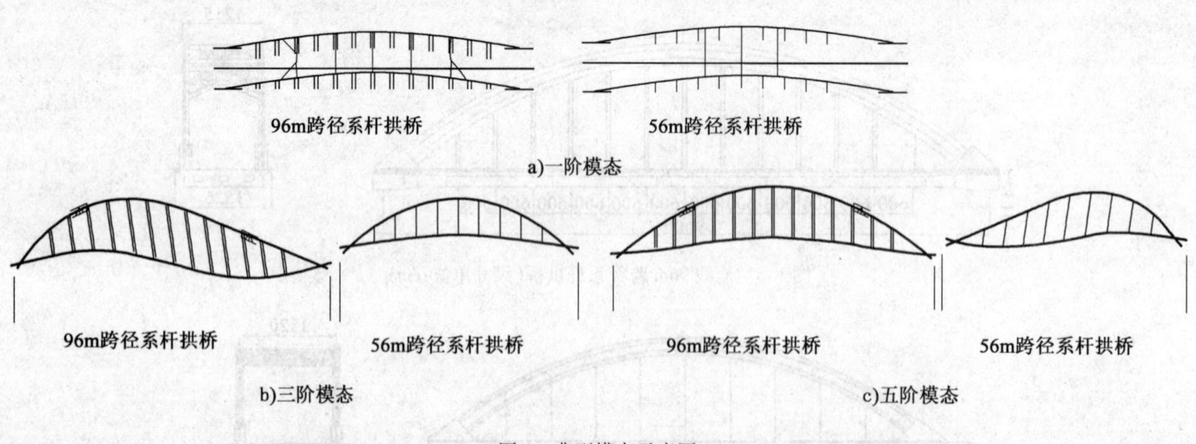

图4　典型模态示意图

从表1中可以看出，两座桥一阶模态、二阶模态和四阶模态均为拱肋面外振动，可以得到拱肋侧向刚度比拱肋竖向刚度小的结论。从表1和图4可以看出，96m跨径系杆拱桥三阶模态为拱肋、系梁一阶反对称竖弯,五阶模态则为系梁一阶对称竖弯,而56m跨径系杆拱桥则与之相反。这主要是由于56m跨径系杆拱桥的跨径较小,纵向整体性比96m跨径系杆拱桥好,所以拱肋、系梁一阶反对称竖弯晚于系梁一阶对称竖弯出现。

2. 反应谱分析结果

对两座桥进行反应谱分析计算,选取三个方向地震独立作用下拱肋、系梁与桥墩关键截面的内力峰值。将各方向地震力与恒载采取下列组合方式:

工况1:恒载+纵向+竖向

工况2:恒载+横向+竖向

选取最不利组合验算各构件抗震性能。表2给出了拱肋关键截面内力分析结果。

拱肋关键截面的地震内力响应 表2

跨径	荷载	拱肋跨中		1/4拱肋		拱脚	
		竖向弯矩(kN·m)	侧向弯矩(kN·m)	竖向弯矩(kN·m)	侧向弯矩(kN·m)	竖向弯矩(kN·m)	侧向弯矩(kN·m)
96m	恒载	2782.0	6.5	1670	77.0	7189.0	29.1
	纵向地震	291.2	7.3	785.9	18.6	1461.6	21.0
	横向地震	306.5	558.0	223.1	575	754.9	1658.6
	竖向地震	238.0	0.6	87.8	2.0	431.2	2.9
56m	恒载	255.0	167.0	430.8	58.8	1938.8	15.0
	纵向地震	37.3	0.0	350.2	0.0	433.0	0.0
	横向地震	112.1	238.5	57.6	276.1	117.7	560.9
	竖向地震	29.3	0.0	25.4	0.0	141.9	0.0

从表2可以看出,96m跨径系杆拱桥地震作用下其拱肋内力普遍大于56m跨径系杆拱桥拱肋相应内力,主要因为96m跨径系杆拱桥的拱肋质量、刚度及矢高都大于56m跨径系杆拱桥,故其地震响应更明显;在纵向与横向地震作用下,两座桥竖向弯矩和横向弯矩最大值均位于拱脚处。将各荷载按照工况1与工况2进行组合,96m跨径系杆拱桥与56m跨径系杆拱桥的拱肋钢管最大压应力均位于拱脚处,分别为-61.9MPa和-67.1MPa,均在弹性范围内。

表3给出了96m跨径和56m跨径系杆拱桥的系梁与桥墩在恒载与地震作用下的内力状态,可见在纵向地震下,两座桥系梁的最大竖向弯矩均位于1/4跨处;在竖向地震作用下,96m跨径系杆拱桥的系梁

系梁和桥墩的结构地震响应 表3

跨径	荷载	系梁跨中		1/4系梁		端横梁		墩底各方向剪力和(kN)
		竖向弯矩(kN·m)	应力(MPa)	竖向弯矩(kN·m)	应力(MPa)	竖向弯矩(kN·m)	应力(MPa)	
96m	恒载	25074.0	-10.5	10717.0	-6.9	49794.0	-3.5	26403.0
	纵向地震	1538.3	0.1	4513.6	0.5	1527.1	0.2	7433.8
	横向地震	4.8	1.7	3.2	1.1	12.3	0.6	4060.9
	竖向地震	1796.1	0.2	696.2	0.1	1237.1	0.1	348.3
56m	恒载	30292.0	-10.0	26997.2	-9	20236.0	-2.8	26777.6
	纵向地震	1567.3	0.0	4785.6	0.5	1548.7	0.1	4262.3
	横向地震	0.3	0.7	0.4	0.5	0.2	0.2	2630.1
	竖向地震	1308.4	0.2	953.9	0.1	367.9	0.0	120.8

跨中与端横梁处竖向弯矩均较大,1/4 跨处竖向弯矩相对较小,56m 跨径系杆拱桥的系梁跨中竖向弯矩最大,向两端逐渐递减。将各荷载作用下系梁应力按照工况1与工况2组合,系梁中均未出现拉应力,96m 跨径与 56m 跨径系杆拱桥的最大压应力位于跨中,分别为 -8.5MPa、-9.3MPa,最小压应力位于拱脚处,分别为 -2.8MPa、-2.6MPa。各向地震作用,两座桥最大剪力均位于墩底,最不利工况下,96m 跨径与 56m 跨径系杆拱桥的墩底最大压应力分别为 -8.5MPa 和 -7.2MPa,均在弹性范围内。

经过对两座桥主要构件的地震响应对比可见,抗震性能均能满足规范要求,竖向地震作用对系杆拱桥的影响不可忽略。

四、名义横向与竖向刚度比研究

从上文可知,两座桥前两阶模态均为面外振动,由于结构动力特性与结构的质量、刚度分布、边界条件等有关,传统方法是直接改变横撑、拱肋等单独构件的刚度来调整动力特性。这里提出名义横向与竖向刚度比(λ)这个新参数,借以整体调整系杆拱桥的动力性能,效果较为明显。

经计算,96m 跨径系杆拱桥 $\lambda=1/37$,56m 跨径系杆拱桥 $\lambda=1/100$。这里选取 56m 跨径系杆拱桥,分别按照改变横撑、拱肋刚度和综合调整 λ 来分析 56m 跨径系杆拱桥动力特性,如表4所示。

各调整方法下 56m 跨径系杆拱桥动力特性 表4

调整方法	动力特性	一阶模态	二阶模态	三阶模态
一字撑改为K撑	自振频率(Hz)	1.153	2.624	3.533
	模态描述	拱肋一阶对称侧弯	拱肋一阶反对称侧弯	系梁一阶对称竖弯
拱肋刚度提高10倍	自振频率(Hz)	2.171	4.237	5.854
	模态描述	拱肋一阶对称侧弯	系梁一阶对称竖弯	系梁、拱肋一阶反对称竖弯
$\lambda=1/10$	自振频率(Hz)	2.271	3.544	4.961
	模态描述	拱肋一阶对称侧弯	系梁一阶对称竖弯	拱肋一阶反对称侧弯
$\lambda=1/5$	自振频率(Hz)	3.544	3.562	5.105
	模态描述	系梁一阶对称竖弯	拱肋一阶对称侧弯	系梁、拱肋一阶反对称竖弯

从表4中看出,修改K撑对于改善拱肋侧向刚度有改善,但是其侧向刚度仍然较弱,而且当横撑增加一定程度对于改善动力特性效果不明显。拱肋刚度整体提高10倍对于调整动力特性效果明显,但大幅增加拱肋刚度必然造成本的增加,造成不必要的浪费。调整 λ 是通过传统方法综合考虑横撑、拱肋、系梁、质量分布和边界条件等各方面因素来改变 λ 值,从而实现提高系杆拱桥的抗震性能。如表4所示,调整 λ 能很好地改善系杆拱桥的动力特性:当 λ 达到 1/10 时,二阶振动模态已经是面内振动,动力特性有明显改变;当 λ 到达 1/5 时,前两阶模态已均为面内振动,此时侧向刚度已经有很大提高。

五、结　　语

本文进行了兰渝线两座不同跨度铁路系杆拱桥的抗震验算,并通过改变桥梁的总体名义横向刚度与名义竖向刚度比值,讨论了对桥梁动力特性的影响,得到以下结论:

(1)两座系杆拱桥的抗震性能满足规范要求,两座拱桥的侧向刚度均小于竖向刚度;竖向地震对系杆拱桥有明显地震响应,抗震设计时需考虑其影响。

(2)相对于调整横撑或拱肋刚度等单个构件实现改善抗震性能的传统做法,本文提出将名义横向与竖向刚度比值作为一个新的参变量,来考察系杆拱桥动力特性的改变。

参考文献

[1] 陈水盛,陈宝春.钢管混凝土拱桥动力特性分析[J].公路.2001(2):10-14.

[2] 韩艳,陈政清.茅草街大桥动力特性有限元模拟与分析[J].公路,2003(3):66-69.

[3] 张素梅,云迪.大跨中承式钢管混凝土拱桥的横撑布置[J].吉林大学学报,2009(1):108-112.

[4] 李延强,武兰河,安蕊梅.材料性质对钢管混凝土拱桥动力性质的影响[J],交通运输工程学报,2001(4):51-54.

[5] 邱顺冬.桥梁工程软件 Midas Civil 应用工程实例[M].北京:人民交通出版社.2011.5.

[6] 中华人民共和国国家标准.GB 50111—2006 铁路工程抗震设计规范[S].北京:中国计划出版社,2009.

143.港珠澳大桥桥梁钢管复合桩研究与设计

孟凡超[1] 吴伟胜[1] 刘明虎[1] 马建林[2] 邓 科[1]

(1.中交公路规划设计院有限公司;2.西南交通大学)

摘 要 介绍了港珠澳大桥桥梁钢管复合桩工程设计方案,详细分析了钢管与混凝土桩体的共同作用机理,提出了钢管复合桩竖向和水平承载能力计算方法,并通过模型试验验证了所提出的设计方法的正确性。针对桥址处特殊的腐蚀环境,采用了高性能环氧涂层和阴极保护联合防护的耐久性设计,确保钢管复合桩120年的设计使用寿命。

关键词 港珠澳大桥钢管复合桩 耐久性

一、项 目 概 况

港珠澳大桥跨越珠江口伶仃洋海域,是连接香港特别行政区、广东省珠海市、澳门特别行政区的超级跨海通道,是列入《国家高速公路网规划》的重要交通建设项目,是具有国家战略意义的世界级跨海通道。

港珠澳大桥包括三项内容:一是海中桥隧工程;二是香港、珠海和澳门三地口岸;三是香港、珠海、澳门三地连接线。

港珠澳大桥海中桥隧工程总长约35.6km,其中香港界内桥梁长约6.0km,粤港分界线至珠澳口岸之间的海中桥隧主体工程(简称"主体工程")长约29.6km。主体工程采用桥隧组合方案,其中桥梁长约22.9km,沉管隧道长约6km,为实现桥隧转换设置两个长度各为625m的隧道人工岛。主体工程由粤港澳三地共同建设。

港珠澳大桥主体工程桥梁工程包括青州航道桥(主跨458m双塔空间索面钢箱梁斜拉桥)、江海直达船航道桥(主跨2×258m三塔中央索面钢箱梁斜拉桥)、九州航道桥(主跨268m双塔中央索面组合梁斜拉桥)、深水区非通航孔桥(110m钢箱连续梁)及浅水区非通航孔桥(85m组合连续梁)。港珠澳大桥主体工程按6车道高速公路标准建设,设计行车速度100km/h。

二、桥梁基础设计方案

为将港珠澳大桥的阻水比控制在10%以内,基础需埋置在海床以下。由于全线地质条件复杂,大部分区域覆盖层较厚,预制沉箱或沉井方案对不同地质的适应性差,而且下沉较深、规模大、造价高,因此桥梁工程基础采用桩基础方案。

在广泛吸收国内外跨海桥梁基础建设的经验基础上,通过对打入桩、钻孔灌注桩和钢管复合桩综合比选,最终确定采用钢管复合桩。

基础采用变直径钢管复合桩,钢管与钢筋混凝土共同组成桩基础结构主体。整个桩身由两部分组成:有钢管段、无钢管段。有钢管段的长度根据地质条件、结构受力和刚度、沉桩能力、施工期承载等综合确定。通航孔桥复合桩钢管内径2450mm,桩尖约2m范围壁厚为36mm,其余壁厚为25mm;非通航孔桥复合桩钢管内径2150mm（高墩区）/1950mm（低墩区），桩尖2m范围壁厚32mm，其余部分壁厚25mm。钢管对接时外壁对齐，采用全熔透对接焊。在顶部一定区段钢管内壁设置10道剪力环。复合桩混凝土强度等级采用水下C35，桩身根据受力配置钢筋。

三、受力机理与设计方法研究

大直径钢管复合桩由于具有承载力高、延性好、可靠性好、便于施工，风险可控、费用相对经济等优点，特别是在承受荷载时，“钢管＋核心混凝土”桩以复合体形式表现出良好的共同工作性能，使得在深海桩基工程中具有极大的发展前景。

虽然钢管复合桩以其优越的力学性能越来越受到工程界的重视和青睐，已经广泛应用于高层和超高层建筑、大型深水港口码头和跨海大桥工程等结构中，但目前国内外对于钢管复合桩复合结构的受力机理、协同工作性能以及设计计算理论还不完善，缺乏系统理论研究。工程上常常只是把钢管作为钻孔桩的临时护壁，设计时未将钢管与核心混凝土作为复合体加以共同考虑。目前钢管复合桩计算理论和设计方法的研究大大落后于工程应用。一方面，实际工程中经常出现因桩基沉降过大等引起的工程事故，另一方面也暴露出桩基设计中存在着保守的趋势和现象。造成这种现状的原因是桩周介质（岩土）性状的复杂性，同时钢管和混凝土桩体之间的受力分析相对困难，导致现在对大直径钢管混凝土复合桩的荷载传递机理、变形规律等还未完全研究清楚。鉴于此，港珠澳大桥在钢管复合桩设计过程中，对钢管复合桩的沉降分析、承载力计算理论以及桩的合理结构形式等方面开展了系统的理论分析和试验研究，在充分了解其承载特性和荷载传递机理的基础上，获取了大直径钢管复合桩的各项设计参数及计算理论依据，并将研究成果应用于设计。

1. 模型试验

(1)试件及加载装置

根据模型试验的相似性原则，共制作14个试件。其中，12个试件钢管内壁带防腐涂层，2个不带防腐涂层，2个增大轴力试验，共进行16次模型试验，见表1。试件加载段长度1.2m，锚固段长度0.4m。钢管面积与核心混凝土面积之比（管混比）为4.1%；剪力环宽度$b=6$mm、厚度$d=3$mm的钢片，间距分别为$1D(=30\text{cm})$、$1.5D(=45\text{cm})$、$2D(=60\text{cm})$、$3D(=90\text{cm})$；泥皮厚度≈0.1mm（根据工程现场试桩试验确定）。采用原设计的配筋率进行试件配筋设计，纵向配筋为$8\phi8$。钢管和混凝土均采用原设计材料类型和强度等级。剪力环与钢管内壁之间采用焊接连接。

试件尺寸及相关参数　　表1

试验序号	试件编号	简要说明	钢管型号	直径 D(mm)	厚度 t(mm)	径厚比 $D(t)$	测试段长度 l(mm)	桩径比 l(D)	总桩长 L(mm)	试验类型	加载类型
1	W-ZY	钢筋混凝土桩		294			2500	8.5	4100	压-弯-剪	A
2	W-PY			294			2500	8.5	4100	压-弯-剪	D
3	G-PY	钢管无剪力环无泥皮	$\Phi300\times3$	300	3	100	2500	8.33	4100	压-弯-剪	D
4	G-ZTC		$\Phi300\times3$	300	3	100	2500	8.33	4100	推出	A
5	G-J-PY	钢管有剪力环无泥皮	$\Phi300\times3$	300	3	100	2500	8.33	4100	压-弯-剪	D
6	G-J-TC		$\Phi300\times3$	300	3	100	2500	8.33	4100	推出	C
7	G-N-PY	钢管无剪力环有泥皮	$\Phi300\times3$	300	3	100	2500	8.33	4100	压-弯-剪	B
8	G-N-PY2（无防腐层）		$\Phi300\times3$	300	3	100	2500	8.33	4100	压-弯-剪	B
9	G-N-TC		$\Phi300\times3$	300	3	100	2500	8.33	4100	推出	C
10	G-N-TC2（无防腐涂层）		$\Phi300\times3$	300	3	100	2500	8.33	4100	推出	C

续上表

试验序号	试件编号	简要说明	钢管型号	直径 D(mm)	厚度 t(mm)	径厚比 D(t)	测试段长度 l(mm)	桩径比 l(D)	总桩长 L(mm)	试验类型	加载类型
11	G-J-N-PY1	钢管有剪力环有泥皮	Φ300×3	300	3	100	2500	8.33	4100	压-弯-剪	B
12	G-J-N-PY1（增加轴力）		Φ300×3	300	3	100	2500	8.33	4100	压-弯-剪	B
13	G-J-N-PY2		Φ300×3	300	3	100	2500	8.33	4100	压-弯-剪	D
14	G-J-N-TC		Φ300×3	300	3	100	2500	8.33	4100	推出	C
15	G-J-N-PY3		Φ300×3	300	3	100	2500	8.33	4100	压-弯-剪	D
16	G-J-N-PY3（增加轴力）		Φ300×3	300	3	100	2500	8.33	4100	压-弯-剪	D

注：加载类型定义如表2所列。

试验施加荷载 *F*/实际加载值 表2

工　况	试验轴力(kN)	试验弯矩(kN·m)	试验剪力(kN)	荷载加载类型
N_{max}	862/1940*	30	25	A
N_{min}	13/132*	30	25	B
M_{max}	812	39	31	C
V_{max}	78/402*	39	31	D

*：加至1.7倍工作荷载后，试件未达到破坏而后继续增加至最终荷载（增大轴力试验）。

试验采用国际先进的电脑控制电液伺服压剪试验机（MTS）和电液伺服协调加载试验系统实现试件的竖向、水平向荷载的施加。加载装置及试件应变测试截面位置如图1所示。

（2）刚度试验结果

试验测得桩顶横向荷载—桩顶水平变形全过程曲线如图2所示。

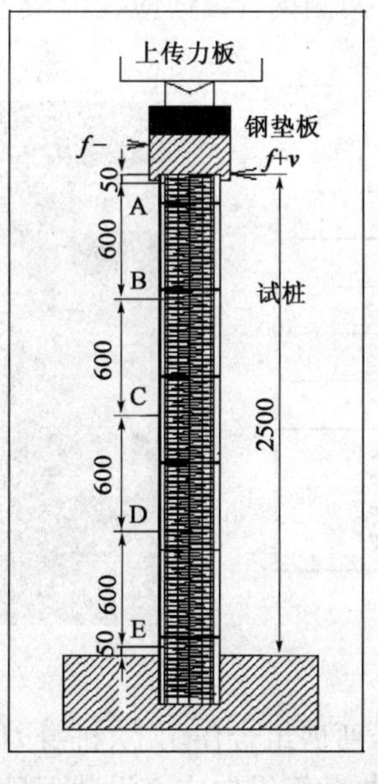

图1 试验加载装置及试件安装

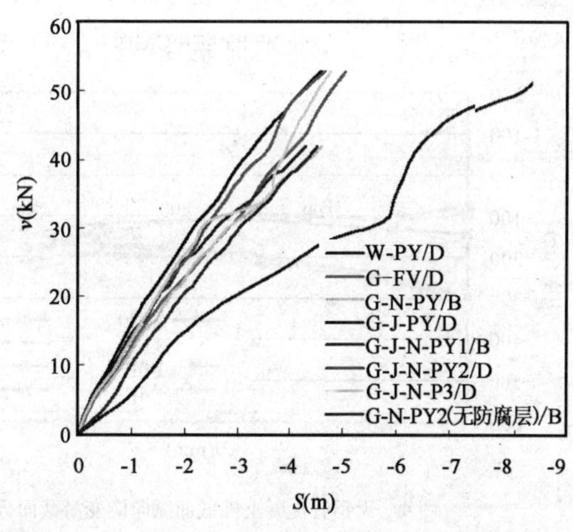

图2 试件荷载－位移关系曲线

W-PY（无钢管）试件在加载过程中，加载端被压坏，达到其极限状态，出现较大位移。其余钢管复合桩桩顶的受力及变形均处于弹塑性范围之内，结果表明：至0.8～1.0倍工作荷载时，测试桩顶截面处受力—变形处于线弹性工作范围;钢管与核心混凝土共同作用,变形协调,钢管复合桩截面变形基本符合平截面假定。在0.8~1.0倍工作荷载之后,部分钢管复合桩进入弹塑性阶段。

(3)应力应变试验结果

①无钢管混凝土桩

加至1.2倍工作荷载时,无钢管混凝土桩端部出现可见横向微裂纹,加至1.7倍工作荷载时,无钢管混凝土桩顶部也开始出现可见横向微裂纹,如图3所示。

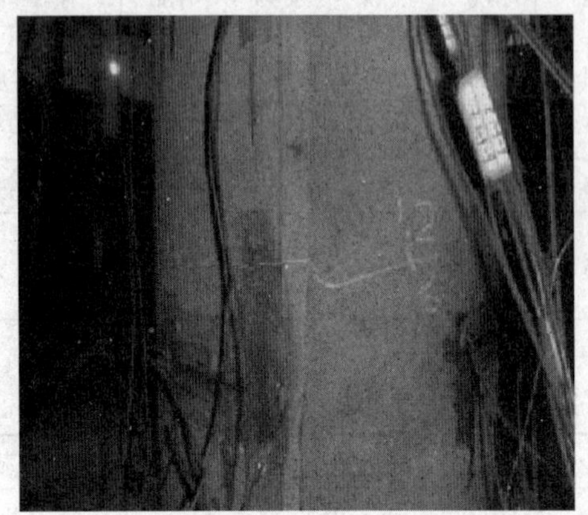

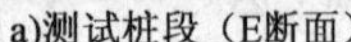

a)测试桩段(E断面)

b)测试桩段(A断面)

图3 无钢管混凝土试桩试验结果

无钢管混凝土桩在压弯剪组合作用下,桩身中部截面应变随轴压增大而增大,如图4所示。当轴向压力不变时,桩身表面应变实测值受施加弯矩和剪力的增大略有变化,但变化幅度较小。除1.6倍、1.7倍工作荷载级别外,桩中C截面变形总体上呈现平截面变形状态。

②钢管复合桩

钢管复合桩的试件如图5所示。设置剪力环且不存在泥皮的钢管复合桩在压弯剪组合作用下,桩身D截面处的应变如图6所示。钢管复合桩桩身由于剪力环、防腐涂层的存在使得纵向应变沿截面分布呈倒"V"形,截面中心处核心混凝土的应变值较小,两侧钢管纵向应变值最大。整个试验过程中,钢管复合桩钢管表面并无颈缩、压溃及鼓包等现象出现。

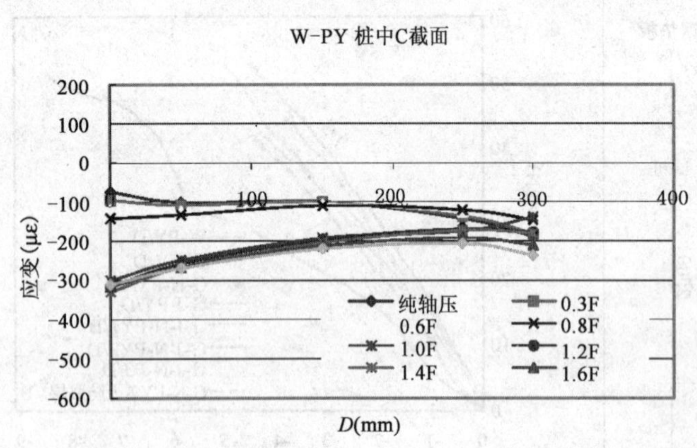

图4 无钢管混凝土桩截面纵向应变沿截面分布

图5 钢管复合桩

设置剪力环且不存在泥皮的钢管复合桩在压弯剪组合作用下,桩身D截面处的应变如图7所示。由于剪力环、泥皮、防腐涂层的存在,致使钢管复合桩截面纵向应变沿截面呈"m"形分布。

③推出试验

加至1.7倍工作荷载后,试件未达到破坏而后继续增加至最终荷载(增大轴力试验),5次推出试验均表明,压-弯-剪钢管复合桩推出试验最终破坏位置为试件与承台连接处,钢管屈曲破坏如图8所示。

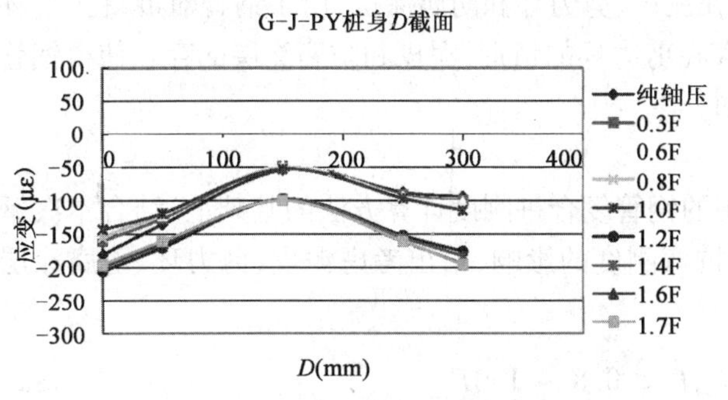

图6 钢管复合桩截面纵向应变分布

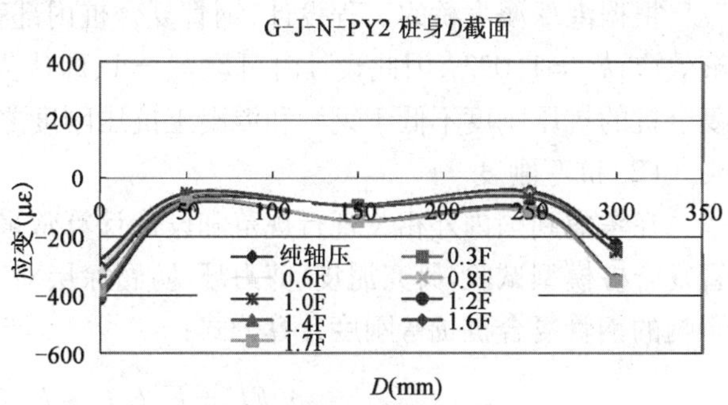

图7 钢管复合桩截面纵向应变分布

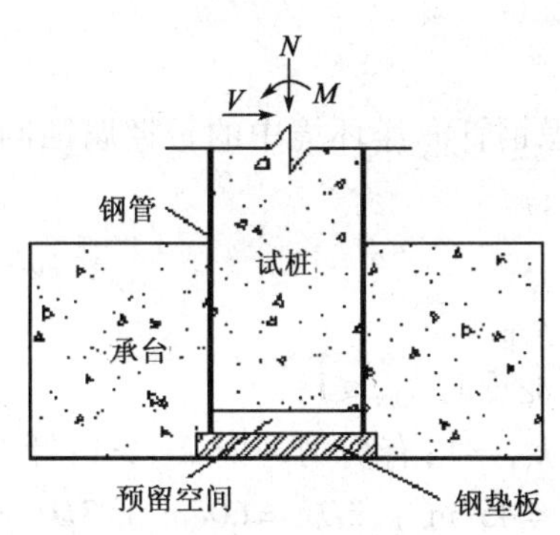

图8 推出试验示意图及试验破坏形式

通过对荷载-滑移曲线(图9)进行分析,确定各组推出试桩的初始滑移荷载及黏结破坏荷载,此五根钢管复合桩的初始滑移荷载范围在300～400kN。

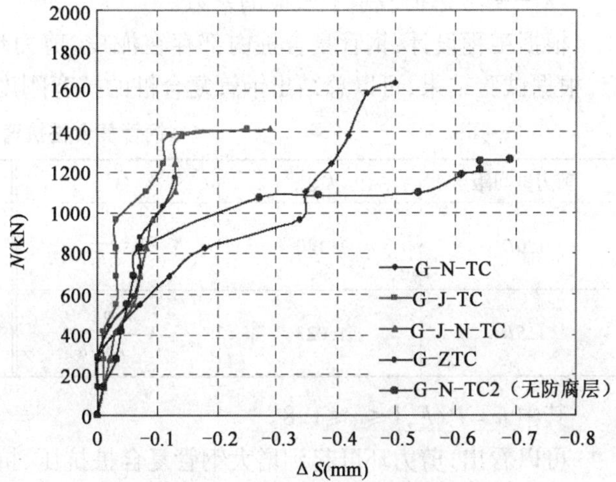

图9 荷载-滑移曲线对比

根据试验结果研究分析得出试件钢管与混凝土的极限黏结强度值为0.242～0.404MPa。

2. 钢管复合桩刚度计算方法

(1)抗压刚度

钢管复合桩轴压刚度计算公式:

$$EA = k_{ys}E_sA_s + k_{yc}E_cA_c \tag{1}$$

式中:k_{ys}——考虑钢管复合桩使用寿命期间的刚度折减系数,主要考虑钢管在海洋环境中的长期腐蚀问题,由腐蚀后剩余厚度与原设计厚度比值确定;

k_{yc}——考虑泥皮、防腐涂层、剪力环的综合影响系数;其中

$$k_{yc} = k_{yN} \cdot k_{yJ} \cdot k_{yF} \tag{2}$$

式中:k_{yN}——考虑泥皮效应的折减系数,无泥皮时$k_{yN}=1$;有泥皮时$k_{yN} \leqslant 1$;

k_{yJ}——考虑剪力环加固效应的修正系数,无剪力环时$k_{yJ}=1$;有剪力环时$k_{yJ} \geqslant 1$;针对本次模型,试验剪力环的间距取值为$1D(=30\text{cm})$、$1.5D(=45\text{cm})$、$2D(=60\text{cm})$、$3D(=90\text{cm})$四种情况;

k_{yF}——考虑防腐涂层的折减系数,无防腐涂层时$k_{yF}=1$;有防腐涂层时$k_{yF} \leqslant 1$(针对本次模型试验所采用的防腐涂层材料及涂装工艺)。

根据港珠澳大桥的工程设计，钢管复合桩内部存在泥皮、剪力环和防腐涂层，由于钢管对混凝土有环箍效应，$k_{yc}=1.023$，因此设计时可取 $k_{yc}=1$，即认为存在剪力环的情形，泥皮和防腐涂层的存在使得钢管复合桩的抗压刚度不低于钢管和混凝土抗压刚度之和。

(2)抗弯刚度

在考虑到国内外相关现行规范和设计计算常采用的钢管复合桩刚度计算方法的基础上，结合本次钢管复合桩模型试验，研究泥皮、剪力环、防腐涂层对其抗弯刚度的影响，给出考虑泥皮、剪力环、防腐涂层影响的钢管复合桩抗弯刚度计算公式：

$$EI = k_{ws}E_sI_s + k_{wc}E_cI_c, P \leqslant 0.8 \sim 1.0F \tag{3a}$$

$$EI = k_{ws}E_sI_s + k_{wc}\lambda E_cI_c, 0.8 \sim 1.0 < P \leqslant 1.7F; \tag{3b}$$

式中：P——试验施加荷载；

F——钢管复合桩工作荷载；

k_{ws}——考虑钢管复合桩使用寿命的折减系数，主要考虑钢管海洋环境中的长期腐蚀问题，由腐蚀后剩余壁度与原设计壁度钢管的惯性矩之比确定；

k_{wc}——考虑泥皮、防腐涂层、剪力环的影响系数；其中

$$k_{wc} = k_{wN} \cdot k_{wJ} \cdot k_{wF} \tag{4}$$

k_{wN}——考虑泥皮效应的折减系数，无泥皮时 $k_{wN}=1$；有泥皮时 $k_{wN}\leqslant 1$；

k_{wJ}——考虑剪力环加固效应的修正系数，无剪力环时 $k_{wJ}=1$；有剪力环时 $k_{wJ}\geqslant 1$；针对本次模型试验，剪力环的间距取值为 $1D(=30\text{cm})$、$1.5D(=45\text{cm})$、$2D(=60\text{cm})$、$3D(=90\text{cm})$ 四种情况；

k_{wF}——考虑防腐涂层的折减系数，无防腐涂层时 $k_{wF}=1$；有防腐涂层时 $k_{wF}\leqslant 1$；

λ——考虑荷载水平效应的系数。

根据工程设计，钢管复合桩内部存在泥皮、剪力环和防腐涂层的情形，由于钢管对混凝土有环箍效应，根据试验结果，可以总结出钢管复合桩的抗弯刚度计算参数如表 3 所示。

钢管复合桩抗弯刚度计算参数 表3

剪力键间距	k_{wc}	λ	剪力键间距	k_{wc}	λ
1.0D	1.140	$\lambda=\frac{1}{\sqrt{n}}$	2.0D	1.013	$\lambda=\frac{19}{20\sqrt{n}}$
1.5D	1.023	$\lambda=\frac{24}{25\sqrt{n}}$	3.0D	0.990	$\lambda=\frac{19}{20\sqrt{n}}$

其中 $n=P/F$，$1\leqslant n\leqslant 1.8$。

可以看出，剪力环可起到增大钢管复合桩抗压、抗弯刚度的作用。在存在泥皮和防腐涂层条件下时，当剪力环间距≤$2D$ 时，剪力环加固作用明显，钢管与核心混凝土联结牢固可靠，钢管复合桩组合刚度系数 $k_{wc}\geqslant 1$。此时，泥皮和防腐涂层对钢管复合桩刚度的弱化作用可不考虑。

3. 承载力计算方法

(1)竖向承载力计算方法

表4 给出了按照国内外规范计算值与模型试验所得结果的对比情况。由表可知，7 种规范计算结果与试验结果误差为 18.3% ~44.7% 及 -8.9%。其中 ACI(2005)规范计算结果最小，比试验结果小 -8.9%，偏于安全；AISC(2005)规范计算结果最大，比试验结果大 44.7%，偏于不安全。7 种规范计算值的平均值为2688kN，比试验结果大21%。其主要原因是上述各规范没有考虑带剪力环 - 泥皮 - 防腐涂层综合效应问题。因此在按内部强度控制标准进行设计计算时，建议采用 ACI (2005)进行带有泥皮 - 防腐涂层 - 剪力环的钢管复合桩承载力极限值计算；在考虑适当提高分项安全系数的条件下，也可

采用《钢管混凝土结构技术规程》DBJ 13－51－2003 、GJB 4142－2000 以及 BS 5400(2005) 给出的相关计算公式进行钢管复合桩承载力极限值的计算。

G-J-N-PY3 钢管复合桩承载力计算表 表4

规范	ACI (2005)	AIJ (1997)	AISC (2005)	BS5400 (2005)	DBJ 13-51—2003	EC4(2004)	GJB 4142—2000	试验结果
承载力(kN)	2022	2977	3215.3	2645.5	2626.7	2695	2639	2221
对比	-8.9%	34.04%	44.7%	19.1%	18.3%	21.3%	18.8%	
排序	①	⑥	⑦	④	②	⑤	③	

(2)外部强度破坏和沉降变形超限

按照外部强度破坏和沉降变形超限计算可按照德国规范 DIN 4014(DIN 1054,2005)、日本 JR2000 桩基规范和《公路桥涵地基与基础设计规范》JTG D63—2007 进行,此不赘述。

根据上述三种控制标准计算港珠澳大桥直径为 2200mm 的钢管复合桩极限承载力结果汇总如表 5 所示。按单桩内部强度控制标准确定的钢管复合桩极限承载力较其他两种控制标准的结果都大,其中 AIJ(1997)规范确定的承载力最大,较由单桩外部强度控制标准确定的单桩承载力大 105%～193%。单桩外部强度控制标准确定的钢管复合桩极限承载力最小。其中,《公路桥涵地基与基础设计规范》JTG D63—2007 给出的理论值最小,仅为 52.34MN。这主要是给定的、桩端中风化花岗岩承载力标准值偏低的缘故。德国规范 DIN 4014 和日本规范 RJ 2000 给出的计算值很接近。可见,由外强度控制标准计算得出的单桩极限承载力以及相应的单桩平均压应力,满足设计要求,应作为钢管复合桩单桩竖向承载力的设计依据。

单桩极限承载力结果 表5

方法规范 / 分类	外部强度控制标准			内部强度控制标准							沉降控制标准
	德国 DIN4014	日本 RJ2000	JTG D63—2007	ACI (2005)	AIJ (1997)	AISC (2005)	BS5400 (2005)	DBJ 1351—2003	EC4 (2004)	GJB 41 42—2000	
极限承载力(kN)	58093	64643	52340	85664	122526	90777	102691	117139	118094	114205	73839
平均压应力混凝土标准值(%)	51.66	57.48	46.54	76.17	108.95	80.72	91.31	104.16	105.01	101.55	65.66
汇总	最小					最大					

(3)水平承载力计算方法

与竖向承载力计算相似,钢管复合桩水平承载能力的丧失一般表现为两种形式:

①桩身材料的强度不够,桩身被压坏或者拉坏(内部强度破坏)。

②桩发生过大位移而不适于继续安全承载(水平变形控制)。

根据上述两种控制标准计算港珠澳大桥直径为 2200mm 的钢管复合桩极限承载力结果汇总如表 6 所示。由表可知,钢管复合桩水平承载力由桥梁结构横向位移,即由桩顶允许水平位移控制。由钢管复合桩内部强度控制标准所计算的桩顶极限水平荷载偏大,不宜作为其水平极限承载力。土体中钢管复合桩横向变形不仅取决于桩身刚度,也取决于桩周土体的水平抗力特性。

钢管复合桩水平承载力对比 表6

分　类	水平极限承载力 (kN)	桩身最大弯矩 (kN·m)	桩顶最大水平位移 (mm)	地面处水平位移 (mm)	备注
钢管复合桩(桩身强度控制)	6523.5	6.275×10^4	204	84.64	最大弯矩控制
钢管复合桩(横向位移控制)	1470.84	1.41×10^4	50	19.1	横向位移控制

(4)钢管复合桩承载力计算

通过上述钢管复合桩承载性能的研究可知,港珠澳大桥钢管复合桩单桩竖向极限承载力受桩身外部强度标准所控制,单桩横向极限承载力受桩顶允许位移标准所控制。钢管复合桩单桩极限承载力设计应按外部强度控制标准进行,并依据现行相关桩基规范进行承载力、沉降变形和桩身强度等相关方面的设计与验算。在进行钢管复合桩竖向/水平向承载力、竖向沉降/横向变形和桩身内部强度设计计算和验算时,可采用3.2的刚度修正公式,进行单桩承载力及沉降变形的设计计算。

四、耐久性设计

1. 腐蚀环境

从桥址海洋环境下气象、水文、潮汐、海生物、地质资料等方面的调查资料和数据分析来看,桥址附近区域为热带强海洋湿热腐蚀环境。

2. 总体防腐设计理念和涂层结构设计

(1)总体防腐蚀方案

采用在使用前对钢管进行工厂化内外壁涂敷高性能环氧粉末涂层和使用后实施牺牲阳极方式的阴极保护联合防护方法。采用前60年以高性能涂层为主、牺牲阳极式阴极保护为辅的联合防护进行腐蚀控制,后60年是以牺牲阳极保护为主、高性能涂层为辅的联合防护的方式,保证大桥120年设计使用寿命。

(2)高性能防腐蚀涂层结构设计

①泥下区

采用《埋地钢质管道双层熔结环氧粉末外涂层技术规范》Q/CNPC 38—2002标准高性能复合普通级双层熔融结合坏氧粉末涂层,底层厚度为≥300μm,面层厚度为≥350μm,总厚度≥650μm 。内层为耐腐蚀型涂层,面层为抗划伤耐磨涂层。

②水下区及泥下冲刷区

采用《埋地钢质管道双层熔结环氧粉末外涂层技术规范》Q/CNPC 38 - 2002 标准高性能复合加强级双层熔融结合环氧粉末涂层,底层厚度为≥300μm,面层厚度为≥700μm,总厚度为≥1000μm。

③浪溅和潮差区

采用《熔融结合环氧粉末涂料的防腐蚀涂装》GB/T 18593 - 2010 标准高性能复合特加强级三层熔融结合环氧粉末涂层。底层厚度为≥300μm,中层厚度为≥500μm,外层耐候性环氧改性涂层≥200μm,总涂层厚度≥1000μm 。

④钢管桩内壁

参照《钢制管道液体环氧涂料内防腐层技术标准》SY/T 0457 标准中的加强级设计,采用高性能无溶剂液体改性环氧涂层,厚度≥200μm 。为了提高内防腐涂层与钢管内部灌注混凝土的相对黏结强度,对内壁防腐涂层上再预制一层耐磨防滑涂层,涂层厚度≥50μm 。涂层具有耐蚀型、抗划伤耐磨特性。

(3)第二次60年钢管防护期满后的阴极保护实施

当大桥运行60年后,已接近达到首次涂层为主、阴极保护为辅的联合防护设计寿命,此时的阴极保护阳极材料将消耗殆尽。为了防止钢管桩在阳极材料消耗完毕后海水腐蚀以确保其耐久性,保证大桥的总体设计使用寿命,需要对阴极保护系统阳极材料全部进行更换。

按照第二次实施阴极保护为主、涂层为辅的联合防护设计寿命60年的要求进行设计与施工。在考虑第二次阴极保护设计阳极材料使用量时,可参考首次阴极保护设计阳极材料具体使用消耗量、涂层破损率、涂层厚度减薄情况等因素进行计算,不但可提高阴极保护设计的安全、适用和可靠性,同时可充分保证设计合适的阳极用量,降低实施成本。

144. 独柱墩箱梁桥倾覆稳定性验算方法研究

李会驰[1] 穆少华[2] 赵君黎[1] 冯 苠[1]

(1. 中交公路规划设计院有限公司;2. 内蒙古公路局)

摘 要 近几年,发生了几起独柱墩箱梁桥整体侧向倾覆事件,造成不良的社会影响和巨大的经济损失。本文针对这类倾覆问题,进行了结构分类,研究了各类结构破坏的本质特征;基于支座支承箱梁桥破坏过程的特征状态,提出了对支反力项和刚体受力平衡项的验算要求;选取典型桥型,分析了影响抗倾覆性能的结构参数;最终形成了对箱梁桥倾覆稳定性的验算要求,可供这类桥梁设计和维修加固参考。

关键词 独柱墩 箱梁桥 倾覆 验算方法

一、前 言

在立交桥、高架桥中大量采用整体现浇箱形截面梁桥,箱梁桥具有线条流畅、视觉通透、外形美观等优点;在占地条件受限的立交桥匝道中,常采用独柱墩作为下部结构,这类独柱墩箱梁桥还具有下部结构工程量小、节约占地等突出优势。

近几年,在内蒙古、天津、浙江、江苏和黑龙江,相继发生了几起独柱墩箱梁桥整体侧向倾覆事件,造成不良的社会影响和巨大的经济损失。一般情况下,箱梁桥侧向倾覆无明显预兆,猝然发生,危害极大。本文针对倾覆问题,开展研究,以期掌握倾覆问题的本质,理清影响因素,提出避免倾覆的技术措施。

二、独柱墩箱梁桥的结构分类及其破坏特征

1. 结构分类

箱梁桥采用独柱墩作为下部结构时,墩梁连接形式分为三类(图1):在墩帽处设置双支座或单支座或采用墩梁固结。按照墩梁连接形式,箱梁桥可分为刚构体系、刚构－连续组合体系和支座支承的箱梁桥三类;出于简化的目的,将刚构体系与刚构－连续组合体系归为一类,并称为联中固结的箱梁桥。

a) 设置双支座的独柱墩　b) 设置单支座的独柱墩　c) 设置墩梁固结的独柱墩

图1 独柱墩箱梁桥的桥墩一般构造

2. 各类结构的破坏特征

(1)联中固结的箱梁桥

联中固结的箱梁桥在偏心荷载作用下,主梁处于弯剪扭的复合受力状态,桥墩处于偏压或轴压受力状态。随偏心荷载的增大,结构的破坏模式如图2所示;联中固结的箱梁桥整体受力性能由主梁、桥墩等

构件的承载力或受压稳定性控制。

(2)支座支承的箱梁桥

在已发生的倾覆事件中,全部为单向受压支座支承的箱梁桥,上部结构采用联端横向双支座+联中横向单支座的支承体系。在这类结构的倾覆事件中,主梁和桥墩没有产生混凝土压溃或钢筋受拉屈服等强度破坏,结构的整体倾覆不同于图2的破坏模式。通过对一系列支座支承箱梁桥的分析,得到上部结构的倾覆过程是以施工完成时恒载作用下的成桥受力为初始状态,在偏心荷载作用下,单向受压支座脱离受压状态、支座依次退出工作的边界非线性过程。在倾覆过程中,存在三个特征状态:

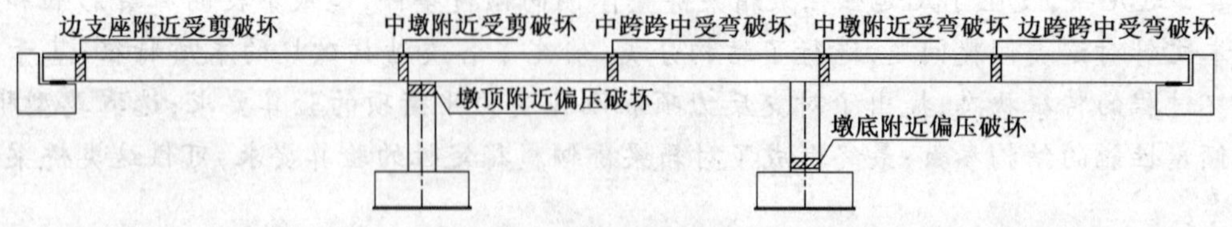

图2　联中固结箱梁桥的破坏模式示意图

①单向受压支座脱离受压状态:联端支座的支反力归零,单向受压支座脱离正常受压状态;

②抗扭支承全部失效:支座依次退出工作,抗扭支承全部失效,在计算箱梁的扭转角 $\theta = \int_l \frac{T}{GI_t} dl + \theta_0$ 时(式中:θ 为扭转角,T 为扭矩,G 为剪变模量,I_t 为截面的抗扭惯性矩,θ_0 为扭转角的边界条件),导致边界条件 θ_0 失效;

③刚体静力平衡临界状态:支座依次退出工作,导致支承体系失效——有效支座位于同一条直线时,上部结构的支承体系不再提供正常的有效约束,如图3所示。

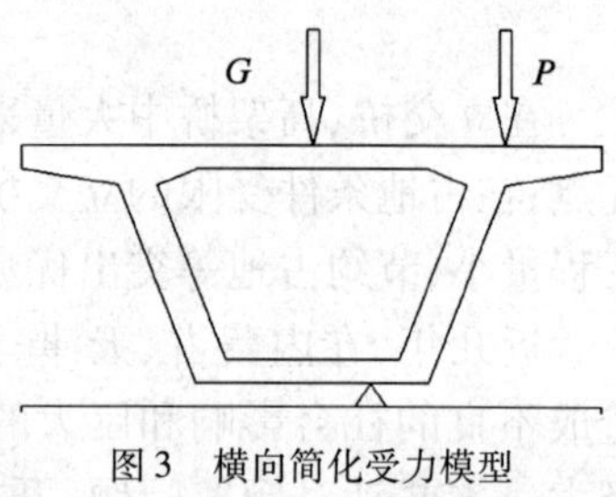

图3　横向简化受力模型

G-恒载;P-可变荷载

三、对独柱墩箱梁桥的验算要求

1.《工程结构可靠性设计统一标准》的规定

《工程结构可靠性设计统一标准》(GB 50153—2008)规定:结构或结构构件按承载能力极限状态设计时,应考虑下列状态:

(1)结构或结构构件的破坏或过度变形,此时结构的材料强度起控制作用。

(2)整个结构或其一部分作为刚体失去静力平衡,此时结构材料或地基强度不起控制作用。

(3)地基的破坏或过度变形,此时岩土的强度起控制作用。

(4)结构或结构构件的疲劳破坏,此时材料的疲劳强度起控制作用。

考虑倾覆事件中结构的破坏特征和两类箱梁桥倾覆破坏的本质特征,参照《统一标准》的规定,确定两类箱梁桥的倾覆破坏类型为:

①联中固结的箱梁桥倾覆破坏是由墩梁的材料性能控制的构件强度破坏;

②支座支承的箱梁桥倾覆破坏为:或与联中固结箱梁桥相同,由墩梁的材料性能控制的构件强度破坏;或由边界条件失效引起的受力不平衡,其破坏形式类似整个结构或其一部分作为刚体失去静力平衡。

《公路桥涵设计通用规范》(JTG D60—2004)和《公路钢筋混凝土及预应力混凝土桥涵设计规范》(JTG D62—2004)规定了桥梁承载能力极限状态的设计原则:"公路桥涵的持久状况设计应按承载能力极限状态的要求,对构件进行承载力及稳定计算,必要时尚应进行结构的倾覆和滑移的验算"。《通规》和《混凝土桥规》对由墩梁的材料性能控制的构件强度破坏规定了详细的验算要求,主梁、桥墩和支座的具体验算要求如表1所示;对于由边界条件失效引起结构静力失衡的极限状态,并没有具体的验算要求。本文基于仅支座支承的箱梁桥在倾覆过程中存在的三个特征状态,提出对该类箱梁桥在静力平衡极限状态的验算要求。

主梁、桥墩和支座的具体验算要求 表1

构件名称	破坏模式	验算要求	
		作用组合	验算内容
主梁	受弯破坏	基本组合	弯矩组合设计值≤抗弯承载力
	受剪破坏		剪力组合设计值≤抗剪承载力 剪力扭矩组合设计值≤剪扭承载力
桥墩	受压破坏	基本组合	轴力弯矩组合设计值≤偏压承载力
	受压失稳		稳定系数限值≤稳定系数计算值
支座	受压破坏	标准组合	支反力组合设计值≤支座抗压承载力

2. 对单向受压支座脱离受压状态的验算要求

以跨径布置为8×20m的箱梁桥为样本桥梁，主梁宽12m、采用单箱双室箱梁、截面尺寸如图4所示，过渡墩采用T形独柱墩，并设置双支座、双支座的横向中心距取4.4m，一般构造如图5所示，其余桥墩为设置单支座的独柱墩，一般构造如图6所示。

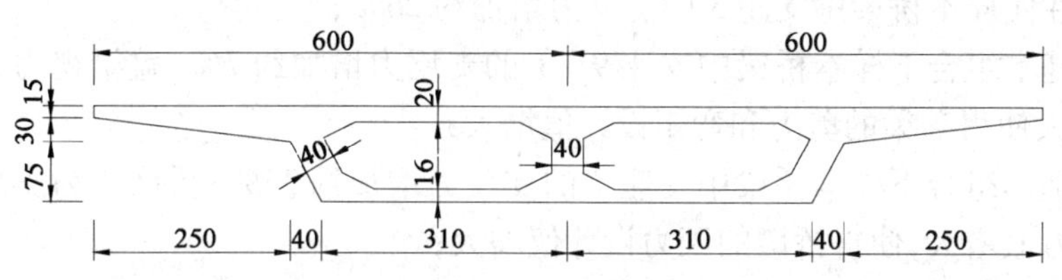

图4 截面尺寸(尺寸单位:cm)

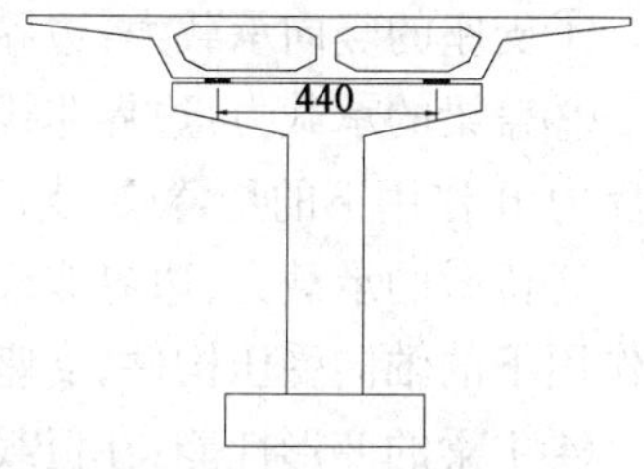

图5 过渡墩一般构造(尺寸单位:cm)

考虑结构自重、二期恒载和汽车荷载，计算参数如下：

①恒载：混凝土容重取26kN/m³；考虑桥面铺装和护栏重，合计40kN/m；

②汽车荷载：取公路-I级车道荷载，冲击系数取0.30。

采用6自由度梁单元，建立主梁的有限元模型，如图7所示。支座按可拉可压边界模拟，采用边界线性分析方法，得到在恒载和汽车荷载作用下各个支座的支反力，如表2所示；按支座1~2支反力影响线，确定其支反力最不利对应的等效汽车荷载，修改边界条件为支座按仅受压边界模拟，采用边界非线性分析方法，得到在恒载和等效汽车荷载作用下各个支座的支反力，如表3所示。

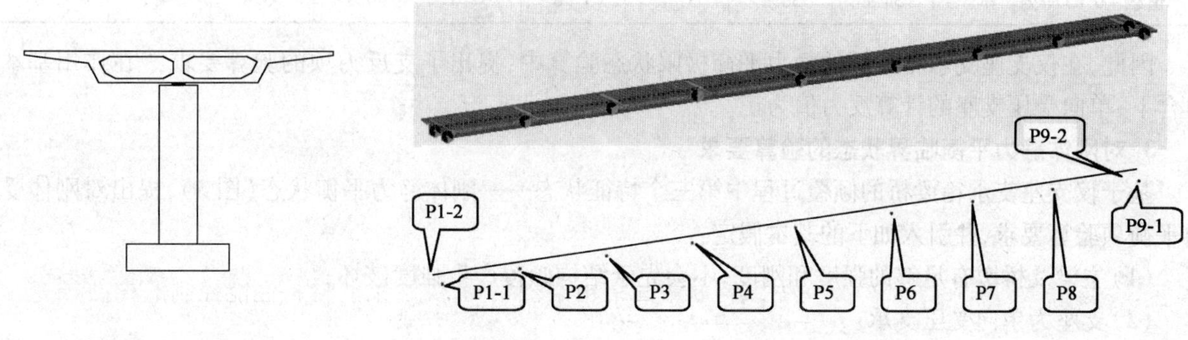

图6 其他桥墩一般构造

图7 有限元模型

边界线性条件下，支反力计算结果 表2

项 目		支反力(kN)										
		P1-1	P1-2	P2	P3	P4	P5	P6	P7	P8	P9-1	P9-2
1.0恒+1.0汽车	Max	2883	2883	5653	5038	5198	5149	5198	5038	5653	2883	2883
	Min	-868	-868	3841	3168	3347	3300	3347	3168	3841	-868	-868

续上表

项目		支反力(kN)										
		P1-1	P1-2	P2	P3	P4	P5	P6	P7	P8	P9-1	P9-2
1.2恒+1.4汽车	Max	3896	3896	7114	6369	6563	6504	6563	6369	7114	3896	3896
	Min	-1355	-1355	4578	3751	3972	3915	3972	3751	4578	-1355	-1355

边界非线性条件下,支反力计算结果 表3

项目	支反力(kN)										
	P1-1	P1-2	P2	P3	P4	P5	P6	P7	P8	P9-1	P9-2
1.0恒+1.0等效汽车	2880	0	2061	6329	3498	4348	3553	6090	1546	2982	0
1.2恒+1.4等效汽车	4037	0	1448	8622	4066	5438	4144	8288	725	4179	0

对比表2和表3的计算结果,单向受压支座脱离受压状态产生边界非线性、引起支反力重分布,这对支座的安全性、盖梁和桥墩的安全性、主梁的变形性能会产生不良影响:

①支座的竖向承载力:边界非线性使样本桥梁中支座3的支反力增加约26%;

②盖梁的承载力:边界非线性使基本组合下样本桥梁中支座9-1的支反力增加约7%;盖梁视为在支反力R作用下的悬臂梁,支反力增大使得盖梁的剪力和弯矩设计值增大;

③桥墩的承载力:边界非线性使基本组合下样本桥梁中支座3的支反力增加约35%;桥墩3为支反力作用下的轴向受压构件,支座的反力值增大,使得桥墩的压力设计值增大;

④主梁的变形性能:在恒载+0.65倍等效汽车荷载作用下,支座1-2和支座9-2脱离受压状态;这时主梁呈现整体刚性转动,整体扭转角超过0.03rad;盆式支座、球形支座的转角限值一般在0.02~0.05rad;主梁扭转带动支座转动,超过支座的转角限值后,支座的受力处于不确定状态,进而影响桥梁的整体受力。

边界非线性条件下,主梁的扭转角 *R*x 与荷载的对应关系 表4

项目	$Rx\ \times 10^{-3}$rad								
	P1	P2	P3	P4	P5	P6	P7	P8	P9
恒载+0.50等效汽车	1.6	3.3	4.1	4.4	4.3	3.8	2.9	1.7	0
恒载+0.65等效汽车	34.1	36.2	37.2	37.6	37.5	36.9	35.8	34.1	32.0

因此,在仅支座支承箱梁桥的静力平衡极限状态验算中,提出了支反力项的验算要求:“在作用基本组合下,单向受压支座的计算反力值为正”。

3.对刚体静力平衡临界状态的验算要求

基于仅支座支承箱梁桥的倾覆过程中第三个特征状态——刚体静力平衡状态(图3),提出对刚体受力平衡项验算要求,并引入如下的基本假定:

(1)主梁及桥墩有足够的强度和刚度,不会先于结构倾覆产生强度破坏;

(2)支座为单向受压支承;

(3)不考虑支座支承面积,假定支座为理想点支承。

在刚体受力平衡项验算中,关键要确定针对可变作用的安全系数。考虑到实际公路交通运输中重载车辆较多,拟采用由55t车辆构成的车队荷载(前后车的相应轴距取3.2m,如图8所示)用于倾覆验算。

对跨径20~40m、联长20~200m的箱梁桥,公路-I级车道荷载(标准值)产生的总重量与55t车辆组成的车队产生的总重量对比结果表明(图9):车队产生的总重量基本大于公路-I级车道荷载(标准值)产生的总重量,前者为后者的0.80~1.80倍。

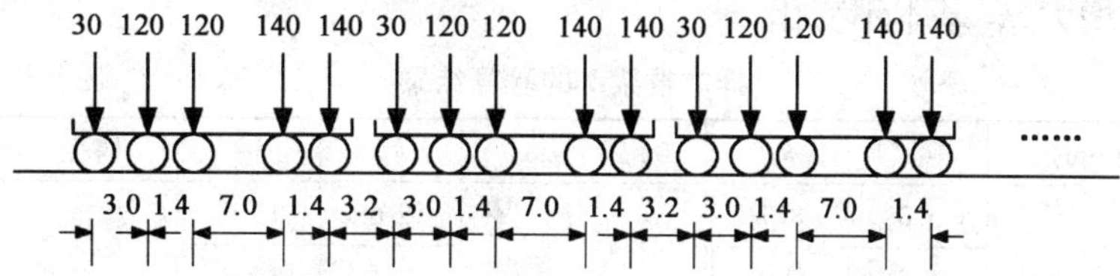

图8 55t 车辆组成的密集排列车队(尺寸单位:m,荷载单位:kN)

在地基规范和铁路桥规中,针对刚体静力平衡临界状态的安全系数取为1.3;在通规中,结构的重要性系数最大取为1.1;综合这三个系数,得到整体的安全系数为1.1×1.3×1.8≈2.5。

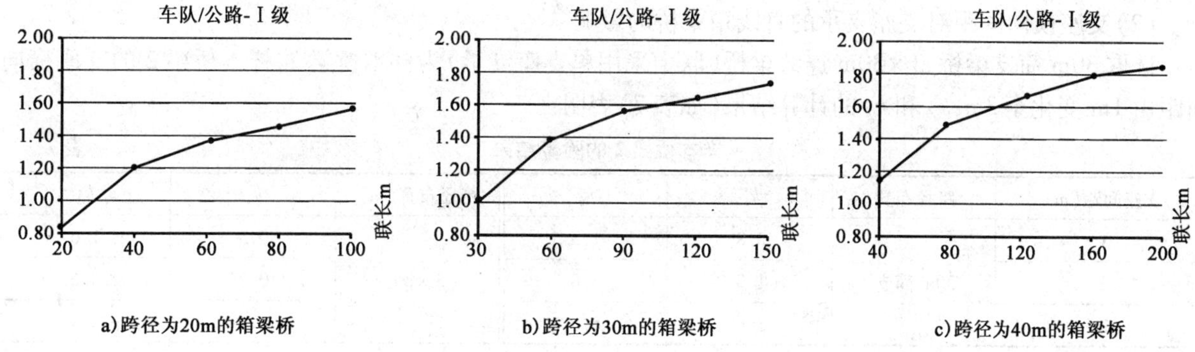

图9 公路-Ⅰ级车道荷载(标准值)产生的总重量和车队产生的总重量对比

因此,在仅支座支承箱梁桥的静力平衡极限状态验算中,提出了刚体静力平衡项的验算要求:梁桥整联仅采用单向受压支座支承时,上部结构的抗倾覆性能符合$\frac{\sum S_{\mathrm{bk},i}}{\sum S_{\mathrm{sk},i}} \geqslant k$。

式中:k——横向倾覆安全系数,取$k=2.5$;

$\sum S_{\mathrm{bk},i}$——使上部结构稳定的作用效应标准组合;

$\sum S_{\mathrm{sk},i}$——使上部结构失稳的作用效应标准组合。

四、支座支承箱梁桥抗倾覆性能的影响因素分析

对于支座支承的箱梁桥,在静力平衡极限状态的验算要求如表5;按表5的要求,分析影响支座支承箱梁桥抗倾覆性能的结构参数——抗扭跨径、支座横向间距和平曲线半径。

静力平衡极限状态验算要求 表5

序 号	验算项目	验算要求	备 注
1	支反力	$k_1=\frac{R_{\mathrm{Gk}}}{R_{\mathrm{Qk}}}\geqslant 1.4$	R_{Gk}为恒载产生的最不利支反力 R_{Qk}为汽车荷载产生的最不利支反力
2	刚体平衡	$k_2=\frac{\sum S_{\mathrm{bk},i}}{\sum S_{\mathrm{sk},i}}\geqslant 2.5$	$S_{\mathrm{bk},i}$、$S_{\mathrm{sk},i}$见3.2节

1. 支座支承直线箱梁桥的影响因素

(1)抗扭跨径对支座支承直线箱梁桥的影响

取标准跨径20m、30m和40m的简支、2跨、3跨、4跨和5跨箱梁桥(联中采用单支座支承)为样本桥梁1,样本桥梁1的k_1和k_2计算结果(表6)表明:

①随着抗扭跨径的增大,k_1减小;4跨和5跨连续梁的支反力项不满足要求,在实际道路中设置单个支座支承的独柱墩一般用于道路斜交的情况,因此建议:“在支座支承的直线箱梁桥中,不宜设置连续3个及3个以上的单支座支承”;

②随抗扭跨径的增大,k_2 基本不变化。

样本桥梁1的验算结果 表6

跨数	跨径(m)	k_1	k_2	跨径(m)	k_1	k_2	跨径(m)	k_1	k_2
简支	20	5.0	8.7	30	6.6	11.0	40	5.9	9.5
2跨		1.7	11.8		2.1	14.4		2.2	12.2
3跨		1.3	13.5		1.6	16.0		1.6	13.4
4跨		1.0	14.5		1.2	17.0		1.2	14.1
5跨		0.8	15.1		1.0	17.6		1.0	14.6

(2)支座横向间距对支座支承的直线箱梁桥的影响

选取30m简支梁桥、3×30m连续梁桥(联中采用单支座支承)为样本桥梁2,样本桥梁2的支座横向间距由1m变化至3m,k_1 和 k_2 的计算结果(如表7)表明:

样本桥梁2的验算结果 表7

支座间距(m)	跨径布置	k_1	k_2	跨径布置(m)	k_1	k_2
1	30m简支	0.8	1.3	3×30	0.3	1.6
2		1.9	3.0		0.7	3.6
3		3.6	5.5		1.1	6.4

①随着支座横向间距的增大,k_1、k_2 增大,表明较大的支座横向间距对支座支承箱梁桥的静力平衡极限状态有利,建议:"在满足支座边缘与箱梁底边缘最小距离的前提下,应尽可能增大支座间距,可减小支座脱离受压状态、箱梁接近受力平衡临界状态的可能性,提高箱梁桥的抗倾覆性能,使桥梁更加安全可靠";

②对于简支梁桥,可能出现 k_1 满足要求、而 k_2 不满足要求的情况。

2. 支座支承曲线箱梁桥的影响因素

(1)平曲线半径对支座支承的曲线箱梁桥的影响

选取跨径布置3×20m、5×20m箱梁桥为样本桥梁3,在平曲线半径为100m、200m、600m和直桥情况下,样本桥梁3的 k_1 和 k_2 计算结果(如表8)表明:

样本桥梁3的验算结果 表8

平曲线半径(m)	跨径布置(m)	k_1	k_2	跨径布置(m)	k_1	k_2
100	3×20	1.1	3.1	5×20	0.7	18.9
200		1.2	1.4		0.8	8.6
600		1.2	7.1		0.8	2.5
直桥		1.3	13.5		0.8	15.1

①随箱梁桥的平曲线半径由∞(直桥)变为100m,支反力项的验算要求不容易满足,这是由于随平曲线半径的减小,箱梁的弯扭耦合效应和初始扭转效应更为显著;在设计时对于平曲线半径较小的箱梁桥,可通过设置单支点偏心、或墩梁固结、或抗扭支承等措施,避免联端支座的计算反力值为负的情况;

②随箱梁桥的平曲线半径由∞(直桥)变为100m,刚体平衡项的验算要求 k_2 由大变小、在到达一个最小值后逐步变大、呈现一个"波谷"分布。这是随曲线半径由∞逐步减小,箱梁的倾覆轴线与箱梁的重心间的距离逐步在减小;在某一临界平曲线半径 R_0 时,倾覆轴线与箱梁重心间的距离达到最小值,甚至重合,这是曲线箱梁桥的最不利支承布置情况,在进行结构设计时应予以关注。

(2)抗扭跨径对支座支承的曲线箱梁桥的影响

选取平曲线半径为200m、600m、跨径25m的箱梁桥为样本桥梁4,当样本桥梁4的跨数为2跨、3跨、4跨和5跨(联中采用单支座支承)时,k_1 和 k_2 的计算结果(表9)表明:

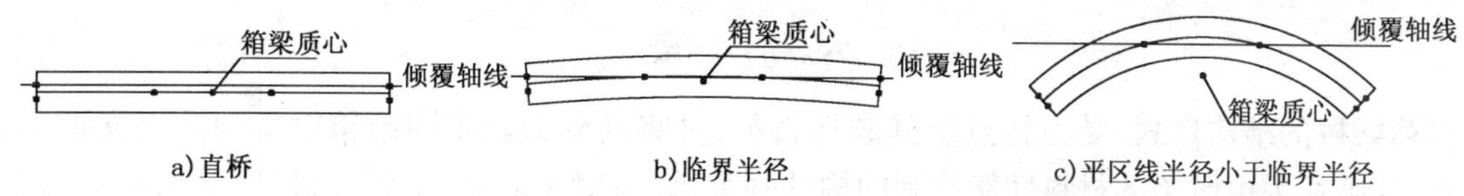

图10 箱梁质心与倾覆轴线随平曲线半径变化示意图

样本桥梁4的验算结果 表9

平曲线半径(m)	跨径布置(m)	k_1	k_2	平曲线半径(m)	跨径布置(m)	k_1	k_2
200	2×25	1.4	1.0	600	2×25	1.7	5.9
	3×25	1.0	2.9		3×25	1.1	3.0
	4×25	0.8	10.2		4×25	0.9	3.0
	5×25	0.7	17.7		5×25	0.8	4.7

①随着抗扭跨径的增大,k_1 减小,表明支反力项和抗扭支承项验算随抗扭跨径的增大而不容易满足;

②随抗扭跨径的增大,k_2 的验算结果受曲线半径、抗扭跨径和支座间距等综合影响。

五、避免结构倾覆破坏的综合措施

1.加强运营期通行车辆的管理和控制

目前我国不断加大治理超载、超限、超速车辆运行的力度,但“三超”现象在短期内是无法根除的。超载车辆导致很多桥梁处于超负荷工作状态,尤其是箱梁桥的横向静力平衡受到了很大的挑战。因此应清楚地认识到,加强运营期通行车辆的管理和控制,对于保证桥梁结构安全是十分必要的:坚持加强治理超载,加大对重载车辆列队上桥的控制和管理,这是解决桥梁垮塌的关键。

2.重视支座支承箱梁桥的静力平衡极限状态验算

对于仅支座支承箱梁桥,严格按照补充的静力平衡极限状态要求,进行结构验算;对于新建桥梁,重视支座横向间距取值、限制连续单支座的数量;对于已建桥梁,当不符合该要求时,可考虑下列两类加固措施:

(1)在联端设置箱梁和桥墩(台)间可靠传递拉力的装置,保证墩梁间的内力传递,可避免倾覆事故发生。这类传递拉力的装置主要有两类:设置抗拔粗钢筋,如图11所示;或设置抗拔附属装置,如图12所示。

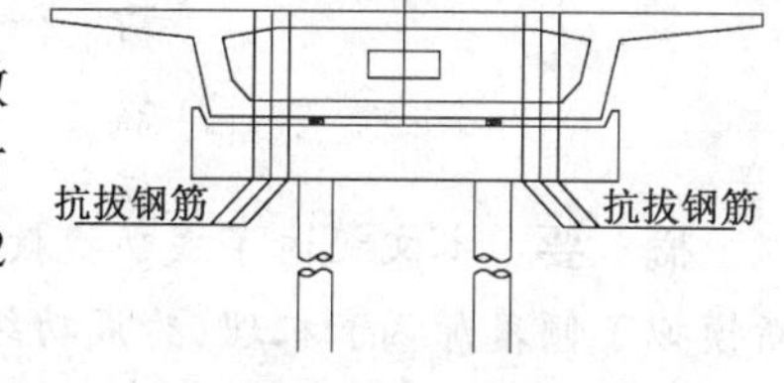

图11 联端设置抗拔粗钢筋

(2)联中点铰支承改造为抗扭支承:在承台上设置横向支撑构造(图13),或对原桥墩的墩帽进行改造并设置横向双支座。

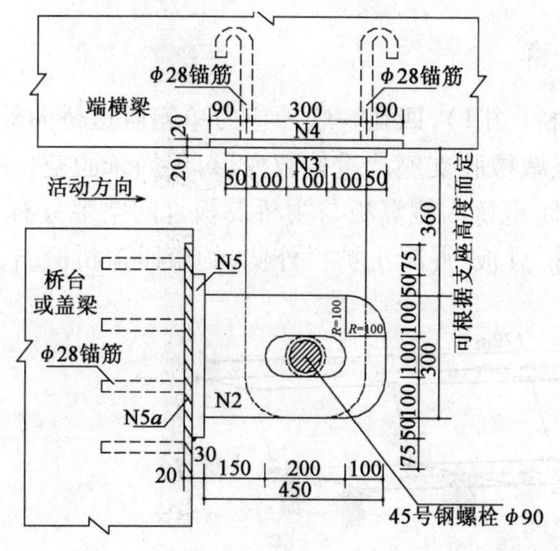

图12 联端抗拔附属装置

图13 横向支撑构造示意图

六、结　　语

根据箱梁桥的结构形式、受力特点及其破坏特征，可将其分为联中固结箱梁桥和支座支承箱梁桥。对于前者，其破坏为由墩梁的材料性能控制的构件强度破坏；对于后者，除强度破坏，还有由边界条件失效引起的受力不平衡。对于前一种破坏模式，现行规范规定了详细的验算要求；对于后一种破坏模式，拟增加两项验算要求：在作用基本组合下，单向受压支座的计算反力值为正；梁桥整联仅采用单向受压支座支承时，上部结构的抗倾覆性能符合$\frac{\sum S_{\mathrm{bk,i}}}{\sum S_{\mathrm{sk,i}}} \geqslant k = 2.5$。

桥梁的安全性是以正常设计、正常施工、正常使用为基本条件，按照补充的验算要求，对新建桥梁进行严谨的设计、对已建桥梁进行安全性评估及加固，同时应加强对通行车辆的管理——避免非法、极端重载车辆无序通行，加强对桥梁的日常监测、养护。通过严谨的结构设计、高质量的工程施工、严格的运营管理、有效的日常养护，保证桥梁工程的安全性、避免出现类似箱梁桥倾覆的安全事故。

参考文献

[1] 中华人民共和国国家标准. GB 50153—2008　工程结构可靠性设计统一标准[S].

[2] 何维利. 独柱支承的曲线梁桥设计[J]. 第14届全国桥梁学术会议论文集,2000.

[3] 李浩，李国平. 曲线连续箱梁桥侧倾和支座脱空原因分析[J]. 上海公路,2011.4.

[4] 李盼到. 独柱支承梁式桥倾覆稳定性验算方法研究[J]. 世界桥梁,2012.40(6).

145. 成功挽救独柱墩匝道桥临界倾覆的一个工程案例

刘效尧

（安徽省公路学会）

摘　要　本文记述了成功挽救某城市高架匝道桥临界倾覆的全过程。在处理过程中，采用了快速判断模拟了倾覆原因和机理，为成功纠偏建立了理论基础，避免了一次重大的倾覆事故。并采取正确措施在一天时间内使桥梁回复到正常位置。本文的快速分析方法和处理措施可供类似事故借鉴参考。

关键词　纠偏　倾覆　独柱墩桥

一、引　　言

2011年4月某日有人突然发现，施工中的某市高架桥（图1），四孔一联预应力单箱匝道桥向外侧倾斜，两端双支座桥墩的内侧支座脱空4cm，中间三个独柱墩橡胶支座严重偏载变形，但尚未脱空（图2）。桥面两侧护栏模板已架设，外侧护栏混凝土浇筑结束。匝道桥内侧翼板与主桥翼板之间空隙只有2cm，匝道桥内侧护栏模板插在两个翼板之间，紧贴在主车道桥翼板、混凝土护栏外侧，约束匝道桥倾斜，尚无法判断箱梁倾斜是否会继续发展。

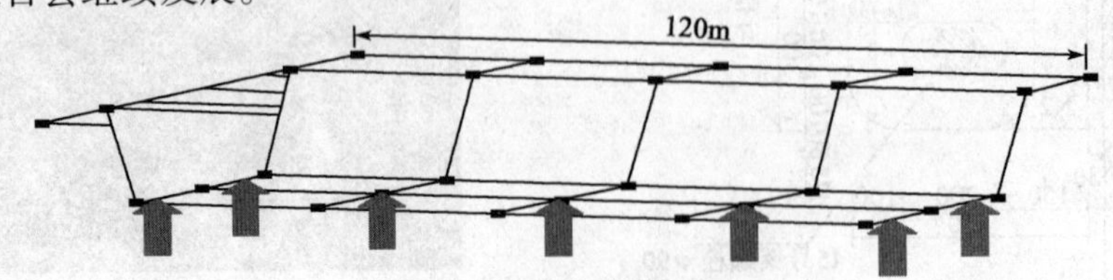

图1　匝道桥总体计算简图

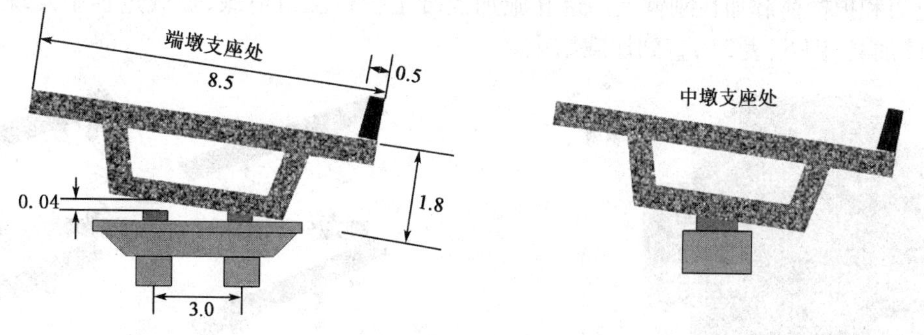

图 2 匝道倾斜状况图

二、快速判断倾斜原因

用结构力学方法判断所处状态，计算图示如图 3，计算结果如表 1。

支座反力计算表

表 1

序	支座编号	1	2	3	4	5	Σ
1	支座反力系数	0.393	1.143	0.928	1.143	0.393	4
2	自重反力 R_0	150.62	438.05	355.66	438.05	150.62	1533
3	护栏反力 R_1	17.685	51.435	41.76	51.435	17.685	180
4	中心力反力 Σ =3 +4	84.1525 84.1525	489.485	397.42	489.485	84.1525 84.1525	1713
5	扭矩反力	±127.5				±127.5	0
6	总反力 Σ =4 +5	+211.6525 -43.3475	489.485	397.42	489.485	+211.6525 -43.3475	1713

计算结果表明端部内侧支座出现负反力，结构已经入临界状态，确认箱梁匝道倾斜桥是由于护栏偏载造成的。

三、快速判断倾斜是否会继续发展

因为结构力学方法只能判断临界状态，不能判断倾斜位移是否中止，需要另行处理。立即临时编制了一个考虑橡胶支座弹性变形的有限单元法计算程序，把橡胶支座当作温克尔弹性地基，逐次施加护栏荷载，找出倾斜状态发展全过程。

因为这是外部平衡问题，箱梁采用弗拉索夫刚性横截面假定，只采用了四个梁单元。

考虑到中墩橡胶支座面积较大，分成两块计算；端墩橡胶支座较小，分隔较远，不再分割（图 4）。实际上应该把橡胶支座分成很多小块，更加精确（图 5）。因当时情况紧急，没有时间精细划分。

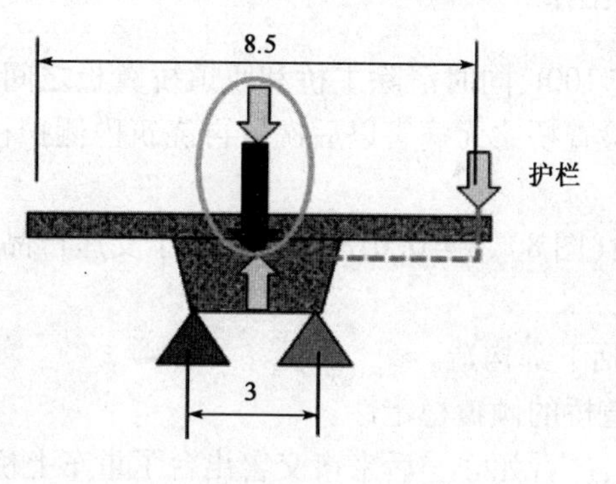

图 3 支座反力计算简图

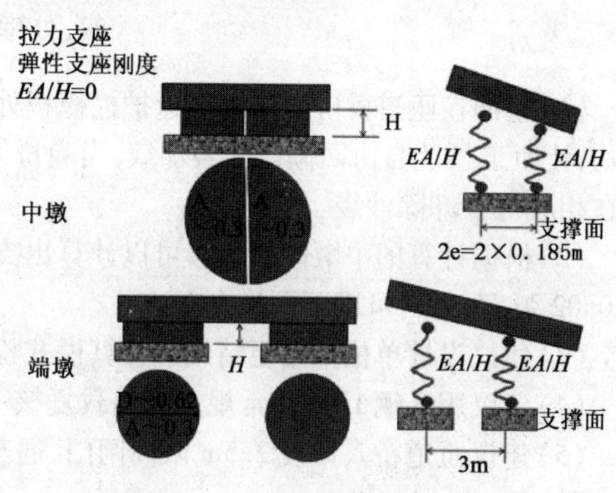

图 4 支座模型

纵向预应力和护栏荷载加在刚臂上。逐孔施加混凝土护栏浇筑荷载,加载过程中发现负反力,立即解除约束,继续加载(图6、表2),直到加载结束。

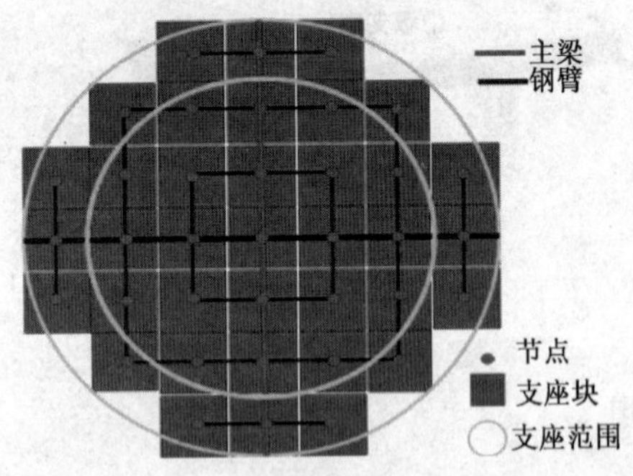

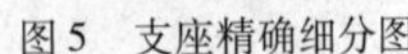

图5 支座精确细分图

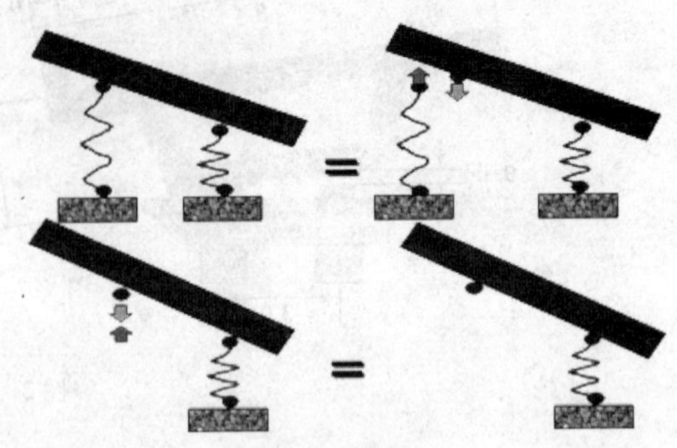

图6 支座解除步骤

逐孔浇注护栏迭代计算输出表(单位:t) 表2

墩号	支座号	箱梁自重反力	施加纵向预应力反力	逐孔浇注护栏后反力迭代计算					
				第1孔护栏浇注	第2孔护栏浇注	第3孔护栏浇注		第4孔护栏浇注	
Ⅰ	4	75.989	97.557	153.878	188.392	213.841	213.126	213.547	217.475
	6	75.989	97.557	60.907	24.238	−0.742	0(脱空)	0(脱空)	0(脱空)
Ⅱ	13	216.887	250.136	271.989	292.850	297.330	297.615	307.595	370.460
	15	216.887	250.136	257.060	260.714	253.003	252.657	242.316	169.639
Ⅲ	22	180.548	155.564	158.995	180.865	202.736	202.990	211.654	286.805
	24	180.548	155.564	147.935	151.467	154.999	154.787	142.782	79.948
Ⅵ	31	216.887	250.136	254.256	258.736	279.597	279.747	304.696	370.460
	33	216.887	250.136	246.903	239.192	242.846	242.686	246.318	169.639
Ⅴ	40	75.989	97.557	112.698	138.148	172.661	173.304	242.851	217.475
	42	75.989	97.557	82.282	57.301	20.632	19.991	−29.855	0(脱空)
合计		1532.6	1701.9	1746.9	1791.9	1836.9		1881.9	

注:(1)Ⅱ、Ⅲ、Ⅵ、Ⅴ号中墩的支座号是指分割成左右两块的编号;

(2)浇注第3、4孔护栏时反力出现负值后,作脱空处理。

计算过程中输出支座反力见表2,最终桥梁竖向位移见图7。端桥墩内侧支座脱空4.211cm,外侧支座下压0.7249cm;中墩截面内侧翼板端部内侧上翘7.309cm,外侧下压8.531cm。

结果与现场情况基本相符,说明桥梁处于稳定状态,内侧主桥摩阻力不足以阻止匝道桥旋转。

四、处理措施及后续工作

(1)立即在匝道桥桥面内侧靠近护栏模板处均布压沙袋100t,同时清除主桥和匝道桥翼板之间的填塞物,让匝道桥能自由回倾。随着加载,当晚桥梁就归位。检查桥梁无病害以后次日再浇筑内侧护栏,同时在相应位置卸除沙袋。

(2)根据计算的中墩倾斜位移可以计算出支座倾斜偏角(图8),$\alpha = 0.0187$ 弧度,小于支座产品容许的0.02弧度,暂时可以不更换支座。

(3)建议设计单位采用更精细的计算模式检验全桥,包括下部构造。

(4)建议用3辆150t超常规重车偏载复核一联四跨匝道桥的倾覆稳定性。

(5)建议匝道桥入口设2.5m限高闸门,通车初期派专人严看死守。后来市交警出台了重车上桥罚6分,同时罚500元的规定。

由于采用了快速分析计算,处理思路清晰,整个事件处理不到一天,工程按时交付使用至今。

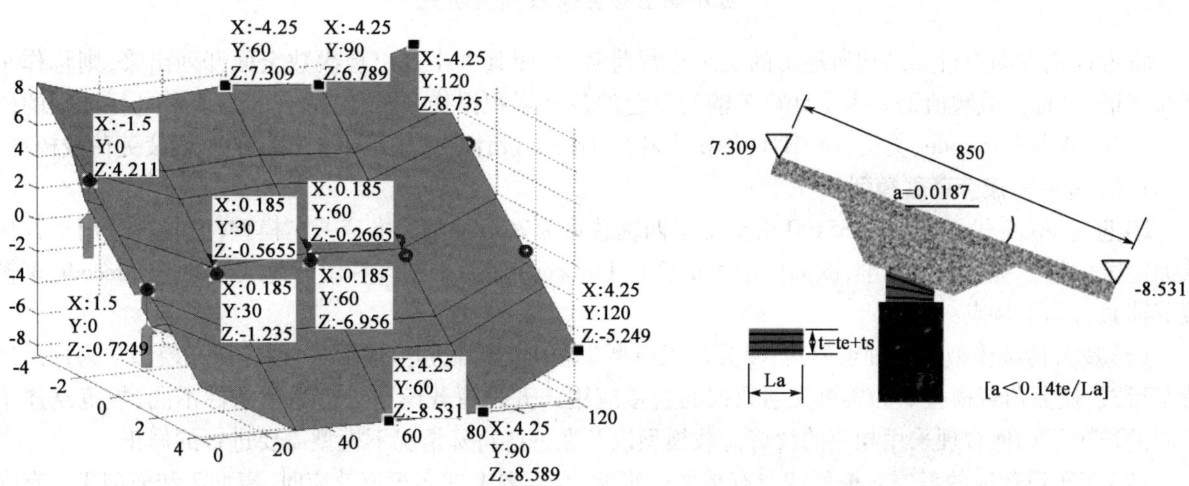

图7 计算输出位移图　　图8 支座变形角

146. 关于我国公路桥梁疲劳荷载模型建立的探讨

陈爱荣[1] 刘 钊[1] 陈 辉[2]
(1. 东南大学土木工程学院;2. 南京长江第二大桥管理局)

摘 要 随着公路桥梁疲劳问题日益突出,需要对疲劳荷载进行研究,建立完善的疲劳荷载模型,指导公路桥梁的疲劳设计,以确保桥梁的安全运营。本文讨论了欧美规范中的桥梁疲劳荷载特点,然后以南京长江第二大桥的30天的交通数据为蓝本,得出了南京长江第二大桥的疲劳荷载模型,通过与欧美规范的比较阐述南京长江第二大桥模型的特点,最后结合欧美规范,探讨建立我国公路桥梁车辆疲劳荷载模型的方法。

关键词 公路桥梁 疲劳荷载模型 南京长江第二大桥

一、引 言

我国桥梁结构设计验算主要包括正常使用和承载能力两个极限状态,而目前频发的桥梁工程安全事故并不总能恰当地归因于这两个极限状态的问题。在实际应用中,桥梁结构除了承受静荷载作用外,还要承受反复荷载作用。即使在使用应力水平下,荷载循环作用也会造成材料的损伤逐步积累,结构抗力随疲劳损伤的累积慢慢衰减,最终导致结构功能退化或失效。从损伤力学的角度,绝大多数桥梁结构的失效或倒塌,都是初始缺陷损伤演化的结果。发生疲劳破坏时,破坏应力通常低于材料的极限强度,甚至低于屈服强度。

由于现代桥梁逐渐向大跨、轻质方向发展,使得公路混凝土桥梁常常处于高应力工作状态,疲劳问题也日益突出。我国在公路桥梁通用设计规范中,仅仅规定车辆荷载分为公路Ⅰ级和公路Ⅱ级两个等级,并给出用于局部强度验算的标准车。还须结合我国实际情况,研究制订公路桥梁车辆疲劳荷载模型,对桥梁进行疲劳寿命评估。国内也有学者对一些路段的桥梁进行了交通量调查,并给出了相应的车辆疲劳荷载谱,如同济大学童乐为、沈祖炎等以上海市内环线中山路3号桥地面桥为调查研究对象,基于等效疲劳损伤原理得到由6种模型车辆组成的车辆疲劳荷载谱;华南理工大学王荣辉、池春等,以广州市内环线恒福路段高架桥自东向西单行线为调查研究对象,建立了相应的车辆疲劳荷载谱。

二、国外规范疲劳荷载模型研究

将设计基准期内桥梁结构所经历的实际运营荷载，按照其大小及出现次数全面开列出来，则称作车辆荷载谱，又称活载频值谱。为了计算车辆所引起的各种累积损伤，需要对活载的频值谱进行详细的研究。目前，欧洲Eurocode、美国AASHTO等都在相应的桥梁设计条款中给出了相应的车辆疲劳荷载模型。

1. Eurocode 疲劳荷载模型

20世纪80年代，英国在BS5400中确定了四轴总重为320kN的标准疲劳车模型，但其不适用于其他欧洲国家。为了统一设计标准，欧洲标准委员会在Eurocode中给出了五种疲劳荷载模型。Eurocode车辆疲劳荷载有如下特点：

(1)疲劳荷载模型1为轴重形式，疲劳荷载模型2和4为荷载频值谱形式，疲劳荷载模型3为标准疲劳车形式，疲劳荷载模型5为实测交通数据的直接应用。五种荷载模型各自适用条件不同，规范阐述了不同的情况下如何合理采用相应的疲劳荷载模型以及在一些特殊情况下模型需要进行的修正。

(2)多车道效应的考虑对模型选取有重要的影响，在需要考虑多车道效应时，模型2和模型4需有附加数据补充或附加条文说明才能使用。

(3)考虑了车辆横向影响。当评估整体作用效应时，规定疲劳荷载模型布置在车道的中心；当评估局部作用效应时，需按统计得到的汽车横向位置，布置疲劳荷载模型。

(4)给出了每年每条慢车道的交通量，并考虑了车道类型的区别。

(5)模型以荷载谱形式给出时需明确各模型车的轴重、轴距以及对应不同交通类型时各模型车出现的频率。

(6)对于一些特殊情况的说明。如：伸缩缝附近的动荷载放大系数取值；当需考虑纵向多车效应时各模型车的尺寸及荷载取值；特殊桥梁的疲劳模型选取说明等。

Eurocode车辆疲劳荷载方面考虑较全面，在考虑疲劳问题时可根据计算要求按规范推荐合理选择疲劳荷载模型。

2. AASHTO 疲劳荷载模型

AASHTO把疲劳问题和断裂问题独立于承载力极限状态之外，单独作为一种极限状态，需在计算时进行检验。其关心的是结构或构件在持续的正常工作状态下，随时间的累计损伤及剩余的工作时间。

在车辆疲劳荷载方面，AASHTO规范只定义了一种标准疲劳车辆荷载模型，该标准疲劳车辆荷载模型是一辆总重为325kN的三轴车，并需考虑动荷载放大。

规范给出单车道日平均汽车交通量(ADT)，单车道货车所占的比率P与货车车道数及公路等级有关。

规范中的疲劳荷载的频率，取单车道日平均货车交通量，考虑到桥梁上交通模式的不确定性，将此频率施加到桥梁的相关构件上。

AASHTO疲劳荷载模型形式较为单一，没有区分桥梁结构形式与部位，通用性虽强，但合理性欠佳。由于将单车道最大通行量施加在全部车道上，使频率取值偏大，一般可取得偏保守的疲劳验算结果。

三、实例研究：南京长江第二大桥疲劳荷载模型的建立

南京长江第二大桥全长21.337km，是南京环城交通干线上的一座重要桥梁。全线设有监控、通信、收费、照明、动静态称重等系统。这里该桥的车辆交通通行情况为蓝本，统计南京长江第二大桥的疲劳荷载模型。

1. 数据的获取

调查数据取自南京长江第二大桥收费站一个月的交通流量记录情况，收费站记录的车辆数据主要有以下几个方面：轴数、轴重、单轴轴重和单轴超载重量、车辆总重和车辆总超载重量。对于各车的单轴轴重和总重有准确的记录。而限于目前客观条件，收费站数据没有涉及车辆的轴距和轮距。本文车辆的轴

距参考其他文献确定。数据记录区间自2011年7月2日到2011年7月31日这一个月的交通流量，对于总重小于30kN的车辆，考虑到其对桥梁的疲劳损伤影响很小，可以忽略不计。

2. 南京长江第二大桥车辆疲劳荷载谱

根据等效疲劳损伤原理分别将各类别中的车辆等效成一种模型车辆，求出每种模型车辆中各个轴的等效轴重以及各轴间的等效轴距，从而用几种车辆模型来表示原来的统计车辆。这几种车辆模型便组成了便于研究计算的疲劳车辆荷载谱。等效轴重公式为：

$$w_{eq} = \left[\sum f_i (w_{ij})^3\right]^{\frac{1}{3}} \tag{1}$$

式中：f_i——归在同一类模型车辆中的第 i 车辆的相对频率；

w_{ij}——第 i 车辆的第 j 个轴的轴重；

w_{eq}——模型车辆第 j 轴的等效轴重。

按照等效损伤的原理，求出30天每种模型车辆中的各个轴的等效轴重，并忽略出现频率较小的模型车辆，鉴于南京长江第二大桥收费站记录数据中没有涉及车轮轴距这一指标，作者查阅相关车辆技术标准以及桥梁车辆谱的相关研究成果，采用如表3中的轴距代表南京长江第二大桥疲劳荷载谱，图中轴重单位为kN。为使模型车辆轴重简洁以方便应用，车辆的等效轴重都圆整到5kN的倍数，轴距都圆整到0.5m的倍数。最后得到南京长江第二大桥车辆疲劳荷载谱，见表1。

南京长江第二大桥车辆疲劳荷载谱　　表1

模型车辆类别	轴数	轴重(kN)	总重(kN)	轴距(m)	车流量(辆)	相对频率(%)	示意图 轴重(kN)，轴距(m)
M1	2	35 90	125	5.5	289895	42.2	轴重：35，90；轴距：5,5
M2	3	50 120 220	390	3 5	294359	42.9	轴重：50，120，220；轴距：3，5
M3	4	45 60 120 270	495	3 6.5 1.5	100855	14.7	轴重：45，60，120，270；轴距：3，6,5，1,5
M4	5	45 75 115 155 195	585	3.5 5 4 1.5	1113	0.2	轴重：45，75，115，155，195；轴距：3,5，5，4，1,5

3. 南京长江第二大桥标准疲劳车

疲劳车辆荷载谱中涉及的荷载类型多，可以此疲劳车辆荷载谱为蓝本，给出简化标准疲劳车。其思路为，选取两种极端情况：一种是影响线长度很短，各轴引起疲劳损伤独立；一种影响线长度较长，轴距可忽略不计，计算总重引起的疲劳损伤。将表1中各模型车对两种情况进行加载，找出损伤度突出的典型车辆，将其定义为疲劳荷载标准车的基本形式。

加载时将一辆单车或车辆荷载谱中的每一类型车辆分别沿每一车道独立行驶，并假设桥梁在整个过程中只有一辆车在某一车道上行驶，而不考虑一辆以上的车辆在某一车道或者不同车道上行驶。计算各模型车的疲劳损伤百分比。

细部常幅疲劳曲线方程：

$$m\lg\Delta\sigma + \lg N = \lg C \tag{2}$$

式中：m、C——材料常数；

N——用 $\Delta\sigma$ 进行常幅应力循环试验时的疲劳破坏次数，也称疲劳寿命；

$\Delta\sigma$——应力幅。

则变幅应力 $\Delta\sigma_i$、$n_i(i=1,2,3\cdots\cdots)$ 所对应的疲劳寿命为：

$$N_i = \frac{C}{(\Delta\sigma_i)^m} \tag{3}$$

根据 Miner 线性损伤累积原则，可得该构造细部在 $\Delta\sigma_i$、$n_i(i=1,2,3\cdots\cdots)$ 次重复荷载下的疲劳损伤度为：

$$D_i = \sum\frac{n_i}{N_i} = \frac{1}{C}\sum n_i(\Delta\sigma_i)^m \tag{4}$$

式中：D_i——常幅应力作用下的疲劳损伤度；

N_i——常幅应力作用下的疲劳寿命；

m——常取3。

(1)对于影响线长度很短的桥梁(或构件)，计算模型车各轴产生的疲劳损伤度 D_{ij} 时取模型车轴量 w_{ij} 与由其引起的应力幅值 $\Delta\sigma_{ij}$ 呈线性关系(按弹性工作考虑)，设 $\Delta\sigma_{ij}=\beta w_{ij}$，这时模型车各轴产生的疲劳损伤度 D_{ij}：

$$D_{ij} = \sum\frac{n_{ij}}{N_{ij}} = \frac{f_i}{C}(\beta w_{ij})^m \tag{5}$$

模型车 M_i 引起的疲劳损伤度 D_i 为：

$$D_i = \sum_{j=1}^{i+1}D_{ij} = \frac{f_i\beta^m}{C}\sum_{j=1}^{i+1}w_{ij}^m \tag{6}$$

则各模型车的疲劳损伤百分比为：

$$D'_i = \frac{D_i}{\sum\limits_{i=1}^{4}D_i} = \frac{f_i\sum\limits_{j=1}^{i+1}w_{ij}^m}{\sum\limits_{i=1}^{4}f_i\sum\limits_{j=1}^{i+1}w_{ij}^m} \tag{7}$$

(2)对于影响线较长的桥梁(或构件)，计算模型车总重产生的疲劳损伤度时，认为模型车总重 w_i 与其引起的应力幅值 $\Delta\sigma_i$ 呈线性关系(按弹性工作考虑)，设 $\Delta\sigma_i=\beta w_i$，有：

$$D_i = \sum\frac{n_i}{N_i} = \frac{f_i}{C}(\beta w_i)^m = \frac{f_i\beta^m}{C}w_i^m \tag{8}$$

则各模型车的疲劳损伤百分比为：

$$D'_i = \frac{D_i}{\sum\limits_{i=1}^{4}D_i} = \frac{f_iw_i^m}{\sum\limits_{i=1}^{4}f_iw_i^m} \tag{9}$$

计算得到的疲劳损伤百分比见表2。

南京长江第二大桥车辆荷载谱两种情况疲劳损伤百分比计算 表2

模型车辆	影响线长度较短时疲劳损伤百分比(%)	影响线长度较长时疲劳损伤百分比(%)
M1	3.7	1.9
M2	60.2	57.3
M3	35.9	40.1
M4	0.2	0.7

由表2知,对于较短跨桥梁与较长跨桥梁,模型车M2所造成的损伤分别占到总损伤的60.2%和57.3%。所以取模型车M2作为标准疲劳车的基本形式,见图1。

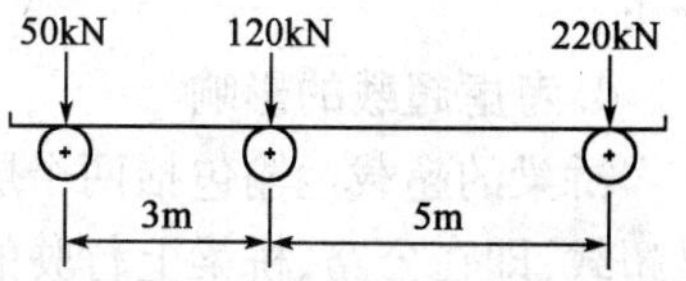

图1 南京长江第二大桥标准疲劳车

4. 南京长江第二大桥疲劳荷载模型与国外规范的比较

表1得到的南京长江第二大桥车辆疲劳荷载谱2、3、4、5轴车重分别为125kN,390kN,495kN,585kN,而Eurocode疲劳荷载模型4中2、3、4、5轴车重分别为200kN,310kN,390kN,450kN/490kN(有2辆5轴车)。对比发现南京长江第二大桥疲劳荷载谱的模型车辆总重均大于Eurocode疲劳荷载模型4中的模型车辆总重(2轴车例外是因为南京长江第二大桥统计车含有小汽车,而Eurocode统计车均为载货卡车)。图2所示南京长江第二大桥的标准疲劳车模型是一总重为390kN的三轴车,而美国AASHTO规范的标准疲劳车模型是一总重为325kN的三轴车,比较发现该桥的标准疲劳车亦偏重,说明南京长江第二大桥疲劳荷载值大于国外规范的疲劳荷载值。

南京长江第二大桥30天交通量为68.5万辆,年交通量超过800万辆;南京长江第二大桥单向有2条慢车道,每条慢车道德年交通量为400万辆。Eurocode桥规中对于交通类型定义分为四类,其中最高类别(对于单向有2个或2个以上高速货车道的公路和高速公路)每条慢车道的年交通量为200万辆,交通量只有南京长江第二大桥的一半。

在计算局部疲劳效应时,车辆的横向位置往往会影响计算结果,而国内普遍存在货车长时间占快车道行驶的现象,所以统计符合我国公路桥梁车辆行驶的横向分布很有必要。

四、我国公路桥梁车辆疲劳荷载模型的建立方法探讨

1. 数据的获取和分析

获取真实可靠的车辆荷载数据是建立疲劳荷载模型的重要环节。当今,利用动态称重设备(WIM)得到交通数据进而生成实桥荷载已经成为既有桥梁进行车辆荷载效应分析的主要方法,目前大多数国家研究车辆荷载的方法是通过对短期(通常为1~2周)WIM数据的分析,预测长期的桥梁车辆荷载效应。在我国,WIM设备在桥梁通行收费及治超执法管理中的使用已比较普及,但利用WIM数据进行桥梁车辆荷载研究却较少,设备通常也不能提供轴距数据。目前有两种获取车辆荷载WIM数据的方式:一是利用高速公路管理部门提供的数据。在高速公路收费口处,一般都在路面以下埋设固定式动态称重系统,该系统可以自动记录通行车辆的毛重、轴重。该类收费站WIM数据不能提供车辆的轴距参数,需另外辅以人工调查。二是利用便携式动态称重仪铺在选取的桥梁通行口处获得数据。后者可以有选择性地到全国有代表性的各类公路上进行现场实时实测,以使研究数据更丰富,更有说服力。

由WIM数据归纳出模型车辆及相应的概率分布规律,计算各个模型车辆的等效轴重、车辆总重及各种模型车辆在桥梁的总疲劳损伤累积中的贡献;然后,由现场采集的短期车辆荷载数据来推测得到设计基准期内荷载水平,建立车辆荷载频值谱,进一步可得到标准疲劳车;最后根据统计数据给出每条车道的日交通量或年交通量用以计算疲劳损伤。

2. 考虑不同交通类型的影响

不同的交通类型对应的车辆通行情况及交通量都是不同的,二者都是计算疲劳损伤的基本要素。考虑到车辆荷载模型的泛用性,建立我国车辆荷载模型时首先应定义交通类型,然后对应不同的交通类型

给出不同的疲劳荷载模型及相应的交通量,不同的疲劳荷载模型可以是不同的疲劳荷载谱或者是在疲劳荷载谱中给出不同交通类型中各模型车辆的频率分布。

3. 考虑车辆横向分布影响

车辆荷载横向分布是影响车辆荷载效应的一个重要因素。在桥梁的极限承载力结构设计中,车辆荷载横向分布是按照最不利原则计算的。而在涉及疲劳车辆荷载效应时,需调查车道的实际使用状况。国外研究表明,约70% ~90%的车辆使用慢车道,快车道为超车道,从横向来看,不同车道的疲劳损伤明显不同,这对于桥梁疲劳设计具有一定的指导意义。而我国货车长时间占快车道行驶的现象十分严重,因此有必要对车辆荷载横向分布进行以实测、统计和分析研究,提供切实的车辆横向分布。

4. 考虑超载的影响

桥梁的超载运输包括两个层次,一是汽车超载,即汽车装载货物时超过汽车的额定载质量;二是指桥梁超载,即在公路、桥梁上行驶的各种机动车的轴重超过管理规定(交通运输部于2000年4月1日起实施《超限运输车辆行驶公路管理规定》)限制的行为,即汽车荷载效应超过桥梁的设计标准。这两种均为超载运输,虽然目前没有关于公路桥梁的明确超载规定,但其对桥梁的疲劳损伤不言而喻,总而言之,超载运输指桥梁的设计标准与其实承受的汽车荷载不相适应,鉴于疲劳损伤基于荷载效应而言,下文超载均指第二种。

本文以南京长江第二大桥收费站一个月的交通流量记录数据为准,统计得到通行车辆中二轴、三轴、四轴和五轴的超载车辆占总车辆数分别达到8.8%、42.0%、62.6%和56.9%。六轴和六轴以上车辆出现较少,但是基本都是超载车辆。从统计数据不难发现南京长江第二大桥超载情况的严重性。

现我国桥梁结构设计验算主要包括正常使用和承载能力两个极限状态,在这两种极限状态下由于设计理论偏于安全,使用荷载导致的内力水平较低,因此一直没有考虑疲劳问题,但随着设计荷载标准的提高和经济发展的需要,桥梁往往需要承担超过其设计标准的汽车荷载,超载导致使用荷载下的应力水平有了明显提高,联系S-N曲线,应力的增大会急剧减少结构的疲劳寿命,这也揭示了国内桥梁病害如此严重的原因。

建立符合我国国情的疲劳荷载模型时需充分考虑超载的影响,鉴于统计数据量庞大,所以第一步数据获取工作就应该有针对性,首先需要研究超载运输的规律性,然后选取超载现象严重的日段进行数据的统计分析。

五、结　　论

(1)讨论了欧美规范中的桥梁疲劳荷载特点,欧洲Eurocode-1规范中的车辆疲劳荷载模型有5种,针对具体桥梁及交通状况,可以有推荐性选择;美国AASHTO桥梁设计规范中的疲劳荷载模型只有一种,且偏于保守。

(2)通过对南京长江第二大桥30天车辆通行数据的整理计算,得出了南京长江第二大桥疲劳荷载谱及标准疲劳车,将结果和欧美规范比较得出南京长江第二大桥疲劳车辆更重,频率更大,以此说明我国公路桥梁疲劳荷载模型有不一样的特征。

(3)随着WIM设备的日益普及,使得建立我国公路桥梁疲劳荷载模型成为可能。在建立我国公路桥梁疲劳荷载模型时,应着重考虑疲劳荷载及荷载作用方式对作用效应的影响,如交通类型、超载运营及车辆横向分布等方面。

参考文献

[1] Eurocode. Design of concrete structures (EN1991-2:2003)[S]. 2003.

[2] AASHTO LRFD Bridge Design Specifications (Third Edition 2004)[S]. Published by the American Association of State Highway and Transportation Officials.

[3] 童乐为,沈祖炎,陈忠延. 城市道路桥梁的疲劳荷载谱[J]. 土木工程学报,1997,30(5):20-27.

[4] 王荣辉,池春,陈庆中. 广州市高架桥疲劳荷载车辆模型研究[J]. 华南理工大学学报(自然科学版),2004,32(12):94-96.
[5] 任剑,赵人达. 公路桥梁疲劳荷载谱初探[J]. 四川建筑科学研究,2007,33(1):37-37.
[6] 周永涛,翟辉,鲍卫刚,等. 公路桥梁标准疲劳车辆荷载研究[J]. 公路,2009,12:21-25.

147. 一座主跨 290m 新型空腹式连续刚构桥设计及其长期性能研究

彭元诚[1] 宗 昕[1] 吴游宇[1] 汪金育[2] 应 松[2]
(1. 中交第二公路勘察设计研究院有限公司;2. 贵州高速公路开发总公司)

摘 要 空腹式连续刚构桥型为一种在常规连续刚构形式上的一种改型,具有与常规连续刚构桥相似的平衡悬臂施工特点,其适用跨径在 220 ~ 400m,可望填补常规连续刚构桥适用跨径和斜拉桥适用跨径之间的空白,实现一种具有中国特色的新桥型。本文以贵州六盘水北盘江大桥为例简要介绍该桥型的结构设计与关键技术。

关键词 空腹式连续刚构 桥型研究 设计

一、概 述

连续刚构桥采用悬臂法施工,对机具、场地及运输条件的要求低,对于山高坡陡、施工场地狭窄的山区,具有很强的适应性,因而在我国西部交通建设中获得大量应用。但受制于其固有的力学特点、混凝土材料水平、施工技术与质量等因素,连续刚构桥的跨越能力的发展非常缓慢,甚至因为某些大跨径桥梁出现跨中下挠、箱梁开裂等问题而被限制跨径。

预应力混凝土空腹式连续刚构桥,是由中交第二公路勘察设计研究院提出并获得发明专利的一种新桥型,是一种在常规连续刚构形式上的一种新的改型,其主要思路基于结构优化理论[1],对箱梁根部腹板进行挖空,减轻自重,形成梁—拱组合受力机制,从而提高其跨越能力。空腹式连续刚构桥采用平衡悬臂法施工,保持了常规连续刚构桥的施工特点,工艺成熟、可操作性好,根据研究估计,其适用跨径在 220 ~ 360m,可望填补常规连续刚构桥适用跨径和斜拉桥适用跨径之间的空白。

贵州六盘水至盘县高速公路北盘江特大桥为空腹式连续刚构新桥型的典型实例,桥跨布置为(82.5 +220 +290 +220 +82.5)m,五跨连续,其中主跨 290m 为空腹式连续刚构,次主跨 220 m 为常规连续刚构与空腹式连续刚构的组合,7 号主墩高 125m,8 号主墩高 178m。主桥桥型布置见图 1。

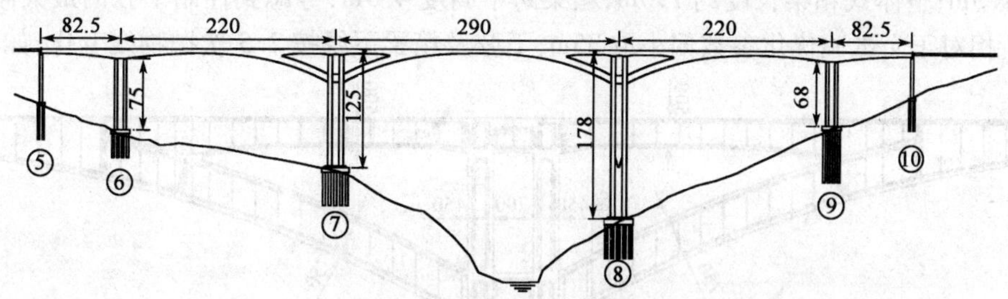

图 1 北盘江特大桥主桥布置(尺寸单位:m)

主要技术标准:

(1)四车道高速公路特大桥;

(2)计算行车速度:80km/h;

(3)路基宽度:21.5m;

(4)荷载标准:中国公路-Ⅰ级。

二、主桥上部结构

空腹式连续刚构桥的梁底曲线幂次β、下弦梁高h_1以及根部总高度H这三个因素对结构经济性的影响最大。以混凝土、普通钢筋及预应力钢筋的工程量乘以其单价所表示的总造价作为控制目标,采用正交试验进行分析,可以得到结构合理参数。三因素三水平的正交试验见表1及图2。

正交试验表　　表1

试验编号	根部总高度 H(m)		下弦梁高 h_1(m)		梁底曲线幂次 β
1	1($L/6$)	48.33	1($L/30$)	9.67	1(2)
2	1($L/6$)	48.33	2($L/40$)	7.25	2(2.75)
3	1($L/6$)	48.33	3($L/50$)	5.80	3(3.5)
4	2($L/8$)	36.25	2($L/40$)	7.25	1(2)
5	2($L/8$)	36.25	3($L/50$)	5.80	2(2.75)
6	2($L/8$)	36.25	1($L/30$)	9.67	3(3.5)
7	3($L/10$)	29.00	3($L/50$)	5.80	1(2)
8	3($L/10$)	29.00	1($L/30$)	9.67	2(2.75)
9	3($L/10$)	29.00	2($L/40$)	7.25	3(3.5)

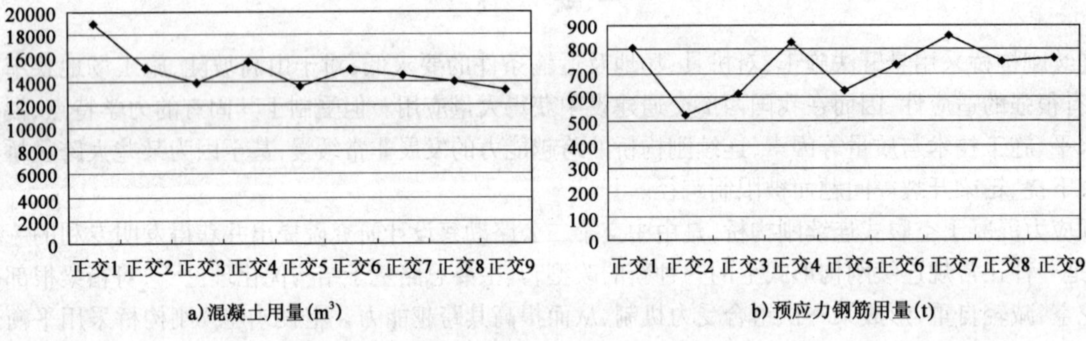

图2　空腹式连续刚构桥结构参数正交试验

根据计算分析,得到290m跨空腹式连续刚构桥的优化参数为梁底曲线幂次β取值2.5~2.75,根部总梁高H取值$L/7$~$L/8$,下弦梁高h_1取值$L/40$~$L/50$。

北盘江大桥7、8墩主悬浇T为跨径290mT构,空腹区域的上、下弦均采用箱梁,上弦高度6~5m,下弦高度h_1为7.5m;整体式箱梁长度约190m,箱梁跨中高度4.5m;考虑到控制下弦的最大倾角,上、下弦根部总高度H相对正交试验优化参数偏小取35m;下弦及箱梁下缘按2.5次抛物线变化,如图3。

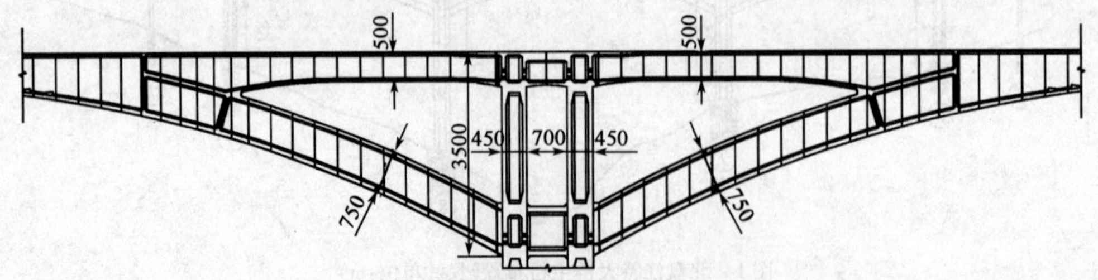

图3　上构空腹区域构造(尺寸单位:cm)

主悬浇T的0号块长度为18m,浇注节段依次为11×4m(上弦区段)+4×3m(汇合段)+4×3.5m+5×4m+10×4.5m,下弦浇注节段划分与上弦箱梁对应,为11×4m。

整体式箱梁顶板厚0.28m,底板厚度由跨中0.32m按2次抛物线变化至0.9m(汇合段);箱梁腹板厚0.8～0.45m,分两次过渡;下弦顶板厚0.7m,底板厚0.9m,腹板厚0.8m;上弦顶板厚0.28m,底板厚0.32m,腹板厚0.8m。

6、9号墩次悬浇T为跨径150m常规T构,箱梁根部高度10m,跨中高度4.5m;箱梁高度按2次抛物线变化。次悬浇T的0号块长度为14m,浇注节段依次为7×3.5m+5×4m+5×4.5m。

次悬浇T箱梁顶板厚0.28m,底板厚度由跨中0.32m按2次抛物线变化至根部0.9m;箱梁腹板厚度0.7～0.45m,分两次过渡。

全桥箱梁按左右分幅设计,采用C55混凝土。箱梁顶宽10.5m,底宽6.5m,顶板悬臂长2m,悬臂端部厚0.2m,根部厚0.65m,箱梁顶设有2%的横坡,如图4。

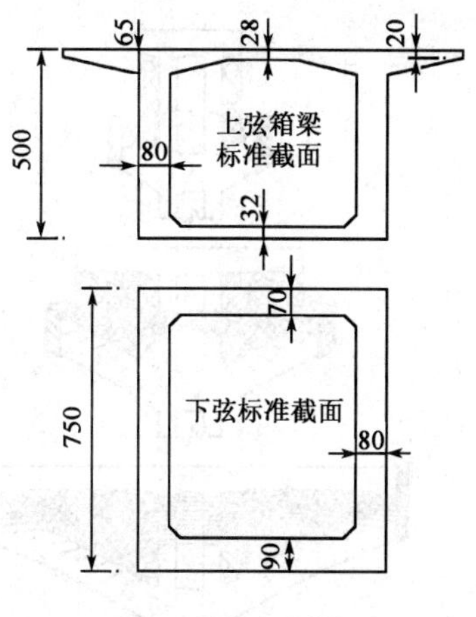

图4 上构主要截面

三、主桥下部结构

全桥主墩为6、7、8、9号桥墩,墩高分别为75m、125 m、178 m、68m,均采用双肢薄壁空心截面设计,C50混凝土。

7、8号主墩两肢间净距7m,与下弦交汇点以上采用等截面,余下部分横桥向按1:100放坡,单肢等截面部分为顺桥向4.5m,横桥向7.5m,四角设0.5m圆弧过渡。8号主墩高度大,为调整其纵向刚度,增强单肢稳定性,底部51m两肢桥墩间采用0.5m厚薄壁连为整体。主墩承台、桩基按整体设计;7号主墩承台厚5m,采用25根直径2.8m桩基础;8号主墩承台厚6m,采用25根直径3m桩基础;承台顶另设2m墩座。

6、9号主墩两肢间净距6m,单肢截面顺桥向3m,墩顶5m段横桥向7.5m,墩顶5m以下按1:100放坡。四角设0.5m圆弧过渡。6、9号主墩承台、桩基按整体设计,承台厚4m,采用16根直径2.4m桩基础。

5、10号过渡墩墩身为空心薄壁墩,等截面,顺桥向3m,横桥向6.6m,壁厚0.55m,承台厚2.5m,采用4根直径1.8m钻(挖)孔桩基础。

四、上、下弦施工方法

空腹式连续刚构桥施工,关键是空腹区域上、下弦的施工及合龙段施工,上、下弦汇合后的整体式箱梁施工、合龙段施工与常规连续刚构桥没有区别。本桥技术设计阶段根据结构特点,提出了三种平衡悬臂施工方案,如图5。

1. 倾斜挂篮及支架现浇注法

其基本思路是下弦倾斜行走挂篮悬浇下弦、支架法浇筑上弦:

(1)在浇筑完成主墩及其与下弦的根部连接段后,在下弦安装可倾斜行走式挂篮;

(2)对称浇筑下弦节段混凝土,养生,达到强度等级和养生龄期后,张拉下弦预应力,张拉下弦临时扣索;

(3)前移挂篮,在已完成的下弦,搭设支架,预压,安装上弦箱梁模板;

(4)左右平衡浇筑上弦箱梁混凝土,张拉预应力;

重复②～④,直至上、下弦会合部位;

(5)拆除下弦挂篮;

(6)在已完成的上弦箱梁梁端安装挂篮;

(7)对称浇筑上、下弦汇合段,完成空腹区域施工;

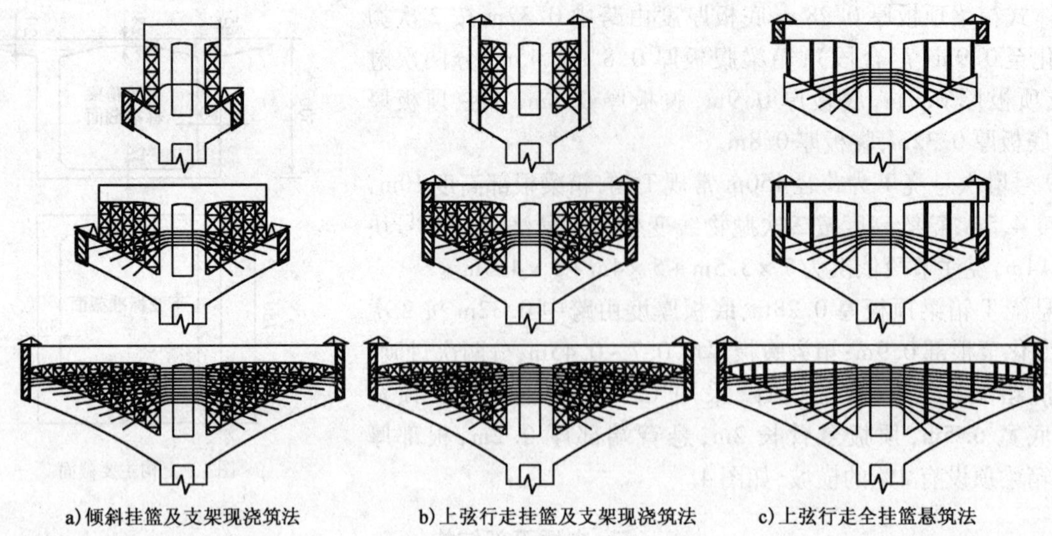

图5　空腹区域悬臂施工方法

2. 上弦行走挂篮及支架浇注法

其基本思路是上弦行走挂篮悬浇筑下弦、支架法浇筑上弦：

(1)浇筑墩柱及上弦箱梁0号块；

(2)在完成0号块顶安装挂篮；

(3)对称浇筑下弦节段混凝土，张拉预应力，张拉下弦临时扣索；

(4)在已浇下弦安装相对应的上弦箱梁节段模板支架，预压；

(5)对称浇筑上弦箱梁节段混凝土，张拉预应力；

(6)前移挂篮；

(7)重复③～⑥，直至完成上、下弦节段的施工；

(8)悬臂对称浇筑上、下弦汇合段完成空腹区域施工。

3. 上弦行走全挂篮悬浇法

其基本思路是上下弦均采用挂篮悬浇，挂篮行走于上弦，上弦逐段支架顶托：

(1)浇筑墩柱及上弦箱梁0号块；

(2)在完成0号块顶安装挂篮；

(3)对称浇筑上弦箱梁节段混凝土，张拉预应力；

(4)将底篮放低到下弦，对称浇筑下弦节段混凝土，张拉预应力，张拉下弦临时扣索；

(5)在已完成的上、下弦之间安装钢支架，采用千斤顶对上弦顶托；

(6)前移挂篮；

(7)重复③～⑥，直至完成上、下弦节段的施工；

(8)悬臂对称浇筑上、下弦汇合段完成空腹区域施工。

三种方案的共同点是对下弦都是采用挂篮浇筑，主要差别是挂篮行走的位置和上弦箱梁的浇筑方法，各有优缺点。方案a的优点是上下弦可异步施工，上下弦施工期间的受力明确，上弦的受力较理想。缺点是挂篮倾斜行走于下弦，要特殊设计，且挂篮与临时扣索、支架等存在一定干扰，在完成下弦部分浇筑后要重新安装位于箱梁端部的常规挂篮，存在工序转换。

方案b、c的优点是挂篮一直位于上弦，没有二次拆装问题。缺点是上弦及其支架均参与了后续节段的受力，上弦箱梁的受力不明确。

北盘江大桥实际采用方案a施工，其中，箱梁节段最大长度4.5m，最大浇筑重量350t/3m；下弦节段最大长度4.0m，最大倾角29.2°，最大浇筑重量240t。

五、长期性能研究

北盘江大桥采用贵州机制砂混凝土，为研究大桥的长期性能，制作了6根机制砂混凝土梁研究混凝土徐变的影响。

1. 修正的收缩预测模型

图6给出了4种收缩预测模型(ACI－209，CEB－FIP90，B3以及GL2000)与实测值的对比。由图6可知，ACI－209模型与实测值最为接近，ACI－209模型略低于实测值；其他各个预测模型都远远高估了收缩值，其中一个重要原因是各预测模型收缩值是素混凝土在标准环境下由试验统计得到的，而实测小梁是配筋混凝土在自然环境下测得的，另一个原因是各个预测模型收缩值是在混凝土养护3～7天开始测量的，而本次试验由于试验条件的限制，养护45天后才开始测量；但所有收缩预测曲线随龄期的发展曲线与实测曲线类似。

由于实测曲线与ACI－209模型最接近，因此选用ACI－209模型作为修正的基础模型。

修正的收缩模型为：$\varepsilon_{sh(t)}=A\varepsilon_{sh\infty}\left(\frac{t}{35+t}\right)^{B}$

其中：$\varepsilon_{sh\infty}$为ACI-209模型中的收缩应变终极值，带入本次试验的试验条件，得到$\varepsilon_{sh\infty}=144.5\times10^{-6}$，A为收缩应变终极值的修正参数，B为时间函数的修正系数。利用origin绘图软件，采用非线性最小平方拟合法，对本次试验测得的数据进行拟合，得到$A=1.78537$、$B=1.82193$，从而修正的收缩预测模型为：$\varepsilon_{sh(t)}=258\times10^{-6}\left(\frac{t}{35+t}\right)^{1.82}$

拟合曲线如图7所示。

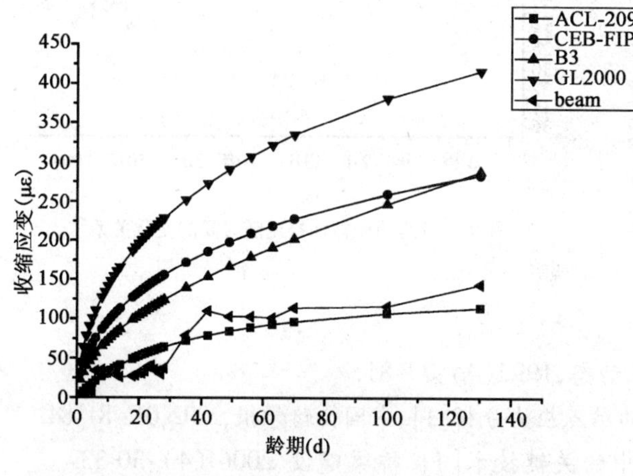

图6 各国规范收缩应变预测值与实测值比较图

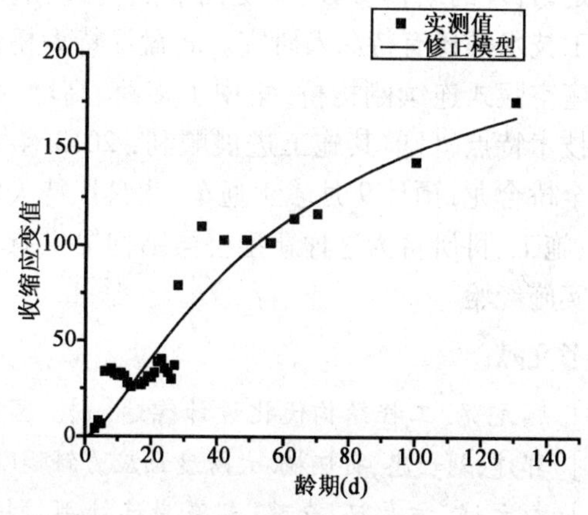

图7 梁收缩拟合曲线

2. 北盘江特大桥长期变形性能的研究

通过分析计算，获得了北盘江大桥主桥箱梁在10年和30年不考虑收缩徐变和考虑收缩徐变的挠度值，见图8、图9。

由上面两图可知，考虑混凝土的收缩徐变效应后主梁跨中部分梁段的挠度比不考虑混凝土收缩徐变效应时的挠度增大了20%以上，且随着时间的推移，桥梁的挠度还将不断增大，且两者的差距也在逐渐增大。因此，在对北盘江特大桥长期变形性能与预案措施研究的研究时，应该考虑混凝土实际收缩徐变的影响。

跨中挠度如图10所示。

由计算结果可知，本桥在50年后，其跨中截面的挠度均接近其容许挠度值。因此，为了保证该桥梁在50年后仍然能够正常使用，设计有体外预应力作为预案措施，体外预应力约为总预应力效应的20%。

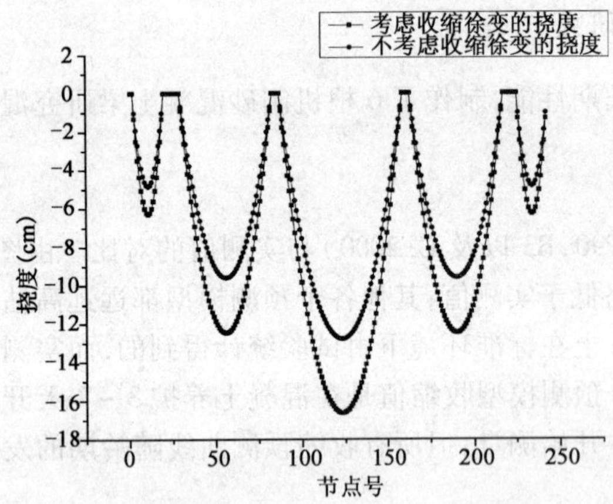

图8 成桥10年总挠度变化分析图

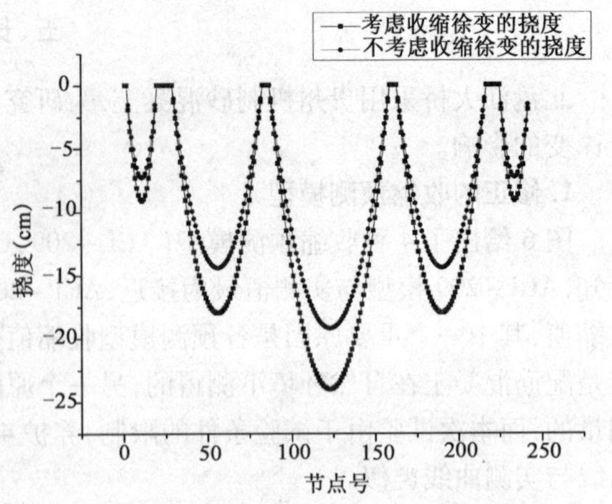

图9 成桥30年总挠度变化分析图

六、结 语

空腹式连续刚构桥的研究,为提高连续刚构桥的承载效率和跨越能力提出了一种新的途径,实现的是一种桥梁结构体系的创新,并填补了常规连续刚构桥适用跨径和斜拉桥适用跨径之间的空白。诚然,空腹式连续刚构桥的发展、成熟,还有很长的路要走,合理的结构参数、关键的节点构造、适应性的施工技术等还有待深入研究。北盘江特大桥作为第一座空腹式连续刚构桥,集中了多跨、高墩、大跨度等技术特点,目前其施工进展顺利,2013年6月实现全桥合龙,预计9月竣工通车,北盘江特大桥的设计、施工、科研将为这种新型桥梁结构提供有力支撑和实施经验。

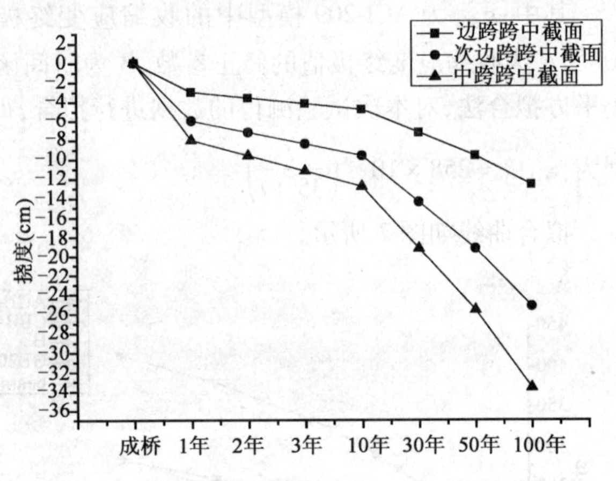

图10 各跨跨中截面挠度随时间的变化关系

参考文献

[1] 顾元宪.工程结构优化设计综述[J].国际学术动态,1992(4):77-81.

[2] 郭建,刘世忠,孙炳楠.大跨度预应力斜腿刚构桥的结点应力分析[J].中国公路学报,2002,01:81-84.

[3] 彭元诚,方秦汉,李黎.超高墩连续刚构桥设计中的关键技术[J].桥梁建设,2006(4):30-33.

148.腹板斜裂缝对混凝土桥梁剪切变形及承载力影响的试验研究

刘 钊 郑开启 赵 桉

(东南大学)

摘 要 腹板斜裂缝对混凝土桥梁下挠及安全性的影响,不仅是实际工程关切,也是混凝土结构中亟待解决的一个基本理论课题。面对大量的带有腹板斜裂缝工作的既有桥梁,有必要评价裂缝对结构刚度及剩余承载力的影响。为此,本文开展了一组混凝土梁小剪跨比加载试验。试验研究表明,在荷载—

位移曲线上,初始裂缝和箍筋屈服是两个刚度下降的特征转折点,在斜裂缝出现后,框格内剪切变形在总变形中的比例超过一半,同时配箍率对剪切变形和裂缝出现后的梁体剩余承载力也有显著影响,反弯点附近是腹板受剪破坏的薄弱环节。研究结论有助于推动混凝土梁斜裂缝对剪切刚度和下挠影响的定量化分析。

一、引　言

预应力混凝土桥梁在各类桥型中所占比例最大,然而,很多在役桥梁是带裂缝工作的,其中,腹板斜裂缝是混凝土桥梁中的一类常见裂缝。在基于性能的设计中,腹板斜裂缝不仅关系到桥梁的外观和耐久性,而且还降低桥梁结构的抗剪刚度和剩余承载力,加剧桥梁运营期的下挠。

调查表明,大跨径混凝土桥梁的开裂与下挠是各国桥梁界面临的共同问题见图1、图2,表1列出了国内外一些大跨径混凝土桥梁的裂缝与下挠情况统计。

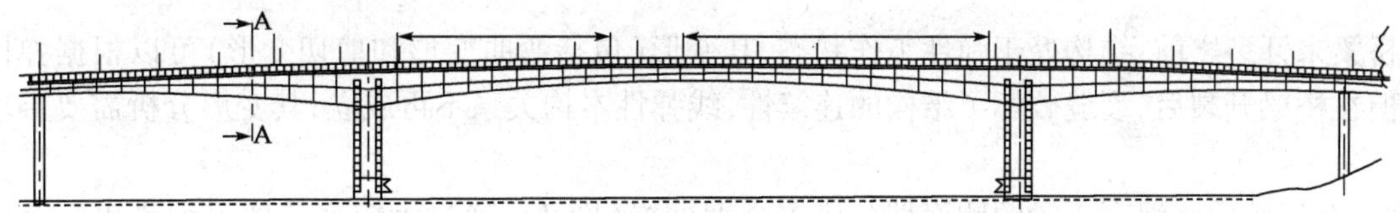

图1　瑞典 Alvik 桥的腹板斜裂缝分布情况

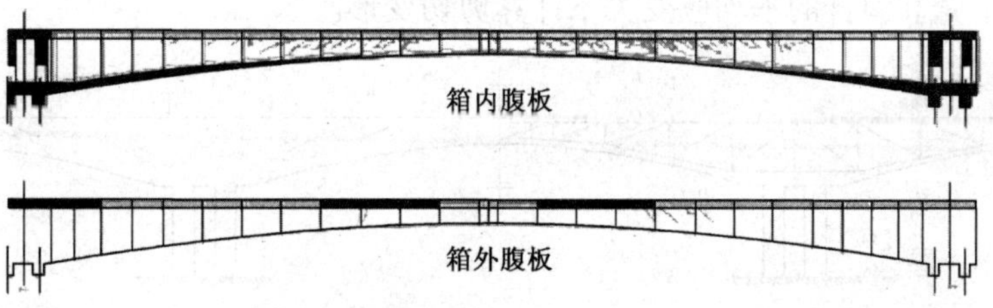

图2　黄石长江大桥主跨下游测腹板斜裂缝分布情况

一些腹板开裂引起混凝土梁下挠的实例　　表1

桥　　名	属　　国	主跨(m)	竣工年	挠度(cm)	观测时成桥年数
Kingston Bridge	英国	143.3	1970	300	28
Grand - mere Bridge	加拿大	181.4	1977	30	9
Parrotts Ferry Bridge	美国	195	1978	63.5	12
Koror - Babeldaob Bridge	帕劳	241	1978	139	18
Tsukiyono Bridge	日本	84.5	1982	150	26
Koshirazu Bridge	日本	59.5	1987	70	10
Stolma Bridge	挪威	301	1998	92	3
三门峡黄河公路大桥	中国	140	1992	22	10
Stovset Bridge	挪威	220	1993	200	8
黄石大桥	中国	345	1995	30.5	7
虎门大桥辅航道桥	中国	270	1997	26	7
Alvik Bridge	瑞典	140	2000	—	—
Gröndal Bridge	瑞典	120	2000	—	—

实际上,剪切裂缝对下挠及结构安全性的影响,不仅是一个工程问题,也是混凝土结构中亟待解决的一个基础理论课题。得到一些学者长久以来的关注,例如,德国学者 Leonhardt 在 1970 年曾指出,在不同

跨高比和配筋率下,混凝土梁开裂后,由剪切变形引起的挠度可为弯曲变形的0.2～3.0倍;美国学者Bažant开展了混凝土桥梁长期下挠的研究,认为目前长期下挠值预测不准确的原因是一些收缩徐变模式不合理。

然而限于问题的复杂性,国际工程界关于斜裂缝对桥梁结构性能影响的定量研究还较少,特别是对于剪切裂缝与下挠之间的关联性尚存在不同的看法,这关系到对于带裂缝工作桥梁的正常使用和承载能力的评价。为此,本课题力图通过试验研究和理论分析,着力探讨如下几个问题:

(1)在腹板出现斜裂缝之后,怎样测算梁体的弯曲应变和剪切应变?

(2)随着腹板斜裂缝的增加,剪切变形和剪切刚度有怎样的变化?

(3)腹板受剪破坏的薄弱位置和破坏形态?

(4)桥梁在带裂缝工作时,如何评价受剪承载力及安全性?

二、带斜裂缝梁的弯曲变形与剪切变形分析

在桥梁未开裂之前,结构处于弹性工作状态,其变形(包括弯曲变形和剪切变形)可以根据弹性理论计算。但在桥梁开裂后,裂缝破坏了结构的连续性,线弹性本构关系不再成立,其变形分析需要寻求新的方法。

为此,在试验中将混凝土梁的侧面划分成多个大框格(图3),通过大应变传感器测量出每个框格节点间的平均线应变,从而克服裂缝对局部应变测试的影响,通过分析框格上下弦杆应变差计算弯曲变形,通过分析框格上弦、下弦和斜杆的平均应变关系计算剪切变形。

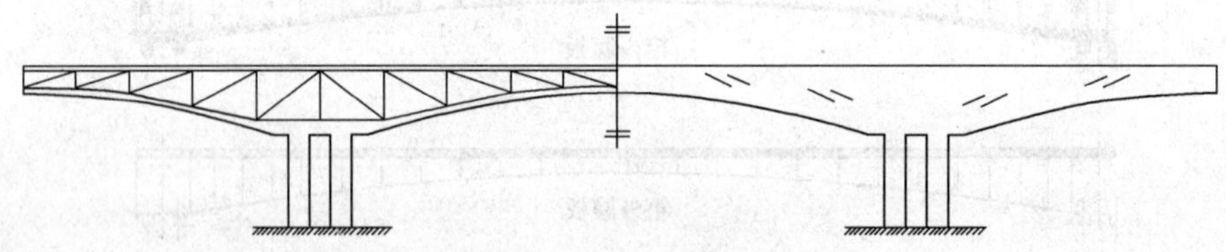

图3　通过框格节点间的应变,推算开裂后梁体的弯曲和剪切变形

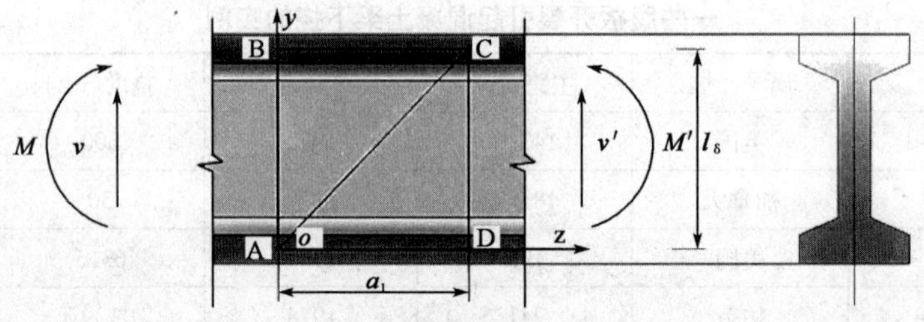

图4　第i梁段框格测试布置

取第i个矩形框格梁段(ABCD)进行分析,其长宽为$a_i \times h_i$,框格梁段受弯矩、剪力作用。以节点A为原点建立如图4所示的局部坐标系,z轴为梁体纵向,y轴指向上。

为从框格量测应变中求算区域变形,需做以下假设:

(1)梁体为各向均质同性;

(2)z向的应变ε_z取为上下弦杆AD、BC的平均应变;

(3)y向的应变ε_y取为左右竖杆AB、CD的平均应变;

(4)沿斜杆BD的线应变ε_θ为框格对角方向的平均应变。

实际上,矩形框格梁段的总变形可分为弯曲变形和剪切变形两部分,下面给出其算法。

1. 弯曲变形

通过测量图4框格梁段各杆件AB、BC、CD、AD和BD的长度变化,可以分别计算出各杆平均应变ε_L、ε_T、ε_R、ε_B和ε_θ。

通过梁段的上下弦杆应变差，推算梁段的平均曲率：

$$\rho_i = \frac{\varepsilon_B - \varepsilon_T}{h_i} = \frac{u_B - u_T}{a_i h_i} \tag{1}$$

式中：ε_B、ε_T 和 u_B、u_T——上下杆 AD、BC 的应变和伸长量。

将曲率沿梁段长度 a_i（z 方向）二次积分，得到弯曲变形：

$$f_{b,i} = \int_0^{a_i}\left(\int_0^z \rho_i \mathrm{d}z\right)\mathrm{d}z = \frac{1}{2}\rho_i a_i^2 \tag{2}$$

2. 剪切变形

在已知三个方向应变 ε_z、ε_y 和 ε_θ 后，根据材料力学平面应变分析，求得梁段的平均剪切角（剪应变）：

$$\gamma_{zyi} = \frac{\varepsilon_\theta - \varepsilon_z \cos^2\theta - \varepsilon_y \sin^2\theta}{\sin\theta\cos\theta} \tag{3}$$

其中，$\varepsilon_z = (\varepsilon_T + \varepsilon_B)/2 = (u_T + u_B)/(2a_i)$，$\varepsilon_y = (\varepsilon_L + \varepsilon_R)/2 = (u_L + u_R)/(2h_i)$

剪切变形等于平均剪应变与梁段长度的乘积：

$$f_{s,i} = \gamma_{zy,i} a_i \tag{4}$$

梁体总变形为各框格梁段的弯曲变形与剪切变形的和：

$$f = \sum_i (f_{b,i} + f_{s,i}) = \frac{1}{2}\sum_i \rho_i a_i^2 + \sum_i \gamma_{zyi} a_i \tag{5}$$

三、斜裂缝对梁体挠度影响试验

1. 试件设计

对试件设计有如下考虑：

（1）采用薄腹工字形截面，等高度和变高度两种试件。

（2）采用单悬臂简支梁，并在悬臂端与跨内两点同步加载，使得不同区段出现不同方向弯矩与剪力的交替组合。

（3）通过强弯弱剪的配筋以及小剪跨比加载设计，保证斜裂缝优先出现、充分开展直至最后受剪破坏。

表 2 给出了等截面梁试件的弯矩和剪力分布，以及各框格的广义剪跨比，反弯点位于框格 RT-3 和 RT-4 之间。

等截面梁试件的受力和框格布置　　表 2

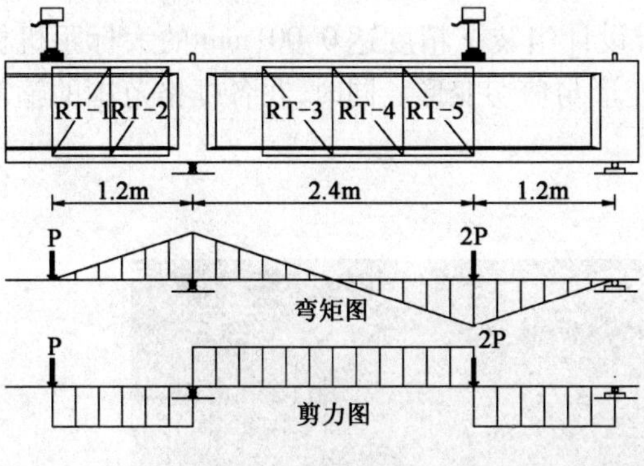

框格编号	悬臂端框格		跨内框格		
	RT-1	RT-2	RT-3	RT-4	RT-5
广义剪跨比（M/Vh）	0.25	0.75	0.3	0.3	0.9
弯矩符号（下缘受拉为正）	−	−	−	+	+
剪力符号（顺时针为正）	−	−	+	+	+

试件采用 6 根工字型截面钢筋混凝土梁，其中 2 根为等截面，4 根为变截面，梁长均为 5.4m。混凝土强度等级为 C50，纵筋为 HRB400 级钢筋，上、下翼缘各配置 $6\phi25 + 6\phi12$，箍筋采用 HPB235 级钢筋，采用两种形式的双肢箍，配箍率分别为 0.4% 和 0.5% 两种。试验梁设计见图 5。

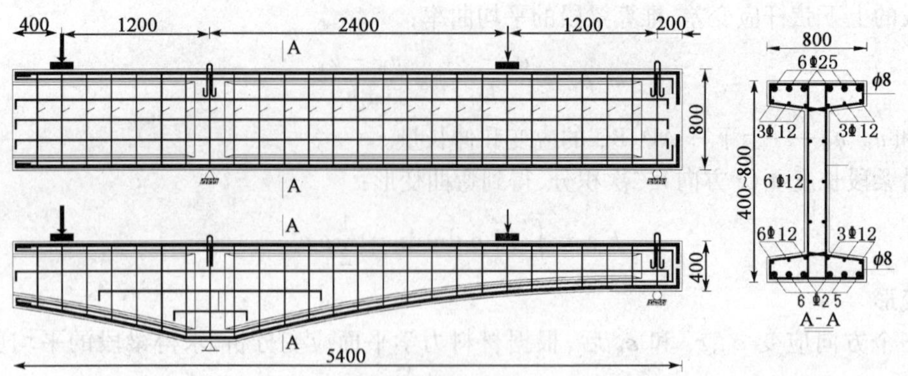

图5　试验梁设计(单位:mm)

试验梁设计参数　　表3

试件编号	等截面梁		变截面梁	
	CH-0.5	CH-0.4	VH-0.5	VH-0.4
箍筋规格及间距(mm)	ϕ8@200	ϕ8@250	ϕ8@200	ϕ8@250
试件数量	1	1	2	2

2. 加载装置与测试仪器布置

采用反力架进行2点同步加载,如图6所示。为保证加载的同步性和精确性,采用2套独立的油泵千斤顶系统对试件进行加载,并在每个千斤顶下设置压力传感器,以便对荷载进行实时精确监控校核。

在等截面梁的千斤顶加载中,悬臂端作用力 P_1 与跨内作用力 P_2 严格按照1:2的比例逐级同步施加。在变截面梁的千斤顶加载中,悬臂端作用力 P_1 与跨内作用力 P_2 严格按照1:1的比例逐级同步施加。

图6　试验梁加载装置

试验主要关注梁体的弯曲变形与剪切变形,为此自行设计组装了精度达0.001mm的大标距机械式应变计,并在梁体侧面和顶面进行布置,来测量梁体弯曲变形与剪切变形。同时,在各框格范围的箍筋上还布置了应变测点,观测箍筋的应力变化情况。

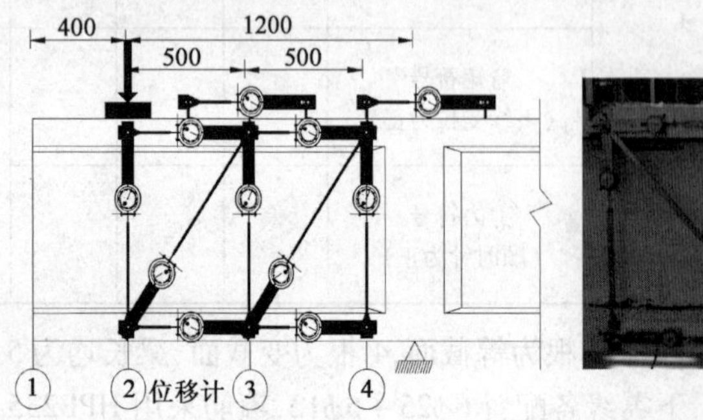

图7　特制大应变测试元件布置及实物图(尺寸单位:mm)

3. 试验加载

根据试验目的,主要观测试验梁在加载过程中的三个关键阶段及其特征荷载:

(1)初始裂缝,特征荷载为P_{cr};

(2)箍筋屈服,特征荷载为P_y;

(3)结构破坏,特征荷载为P_u。据此,确定加载量值及其各阶段荷载增量。

4. 试验现象

由于试验梁按照强弯弱剪的原则进行配筋设计,试验中剪切裂缝的出现先于弯曲裂缝,并且弯曲裂缝宽度始终很小。腹板斜裂缝一旦出现,宽度就较大,有时带有明显的破裂声,并且发展迅速,最终贯穿顶底板,梁体破坏。试验梁的最终破坏发生在广义剪跨比最小的部位(反弯点)。图8~图11给出了试验梁CH-0.5在几个关键阶段的裂缝发展情况,试验梁的最终破坏形态如图12、图13所示。

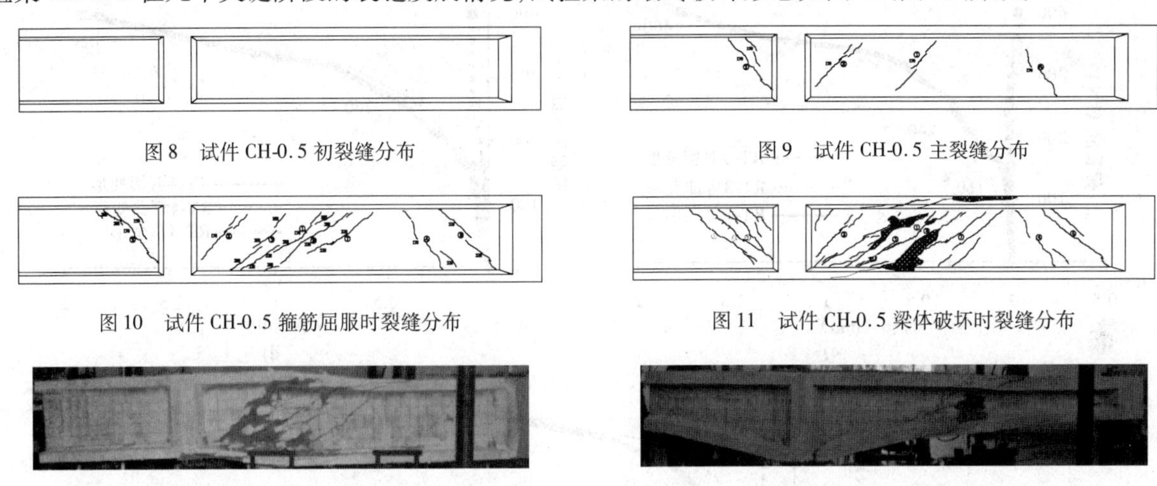

图8 试件CH-0.5初裂缝分布

图9 试件CH-0.5主裂缝分布

图10 试件CH-0.5箍筋屈服时裂缝分布

图11 试件CH-0.5梁体破坏时裂缝分布

图12 试件CH-0.4破坏形态

图13 试件VH-0.4破坏形态

四、斜裂缝对剪切变形的影响

应用前述剪切变形与弯曲变形的计算公式(2)和式(4),可求得试验梁各框格变形。

以下以等截面梁CH-0.5为例进行分析。将试验梁按照布置的大标距机械式位移计的框格化分成RT-1~RT-5五个区域,具体布置如图14所示。

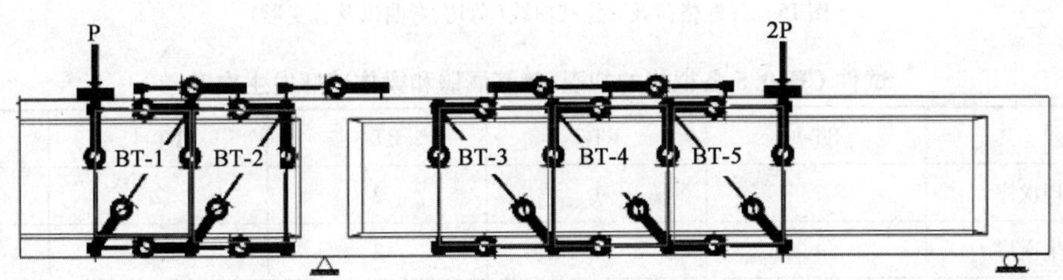

图14 试验梁框格划分

图15是其各个框格内荷载-位移的关系曲线。对于前述三个主要阶段,图中标注了各框格对应的特征荷载值(P_{cr}、P_y和P_u),其中在加载过程中框格RT-5内的箍筋并未屈服。由图可以看出,在斜裂缝开展和箍筋屈服后,剪切变形迅速增加。

表4给出了试验中观测到的试件CH-0.5各框格的初裂、箍筋屈服和梁体破坏发生次序,与各部位的弯矩和剪力大小及组合情况有关。

表5给出了各框格剪切变形与总变形的比值。可以看出,对于剪跨比小的区段,剪切变形所占的比例较大;在反弯点附近,剪切变形比例最大。并且随着荷载的增加,剪切变形与总变形的比值整体有逐渐增大的趋势。

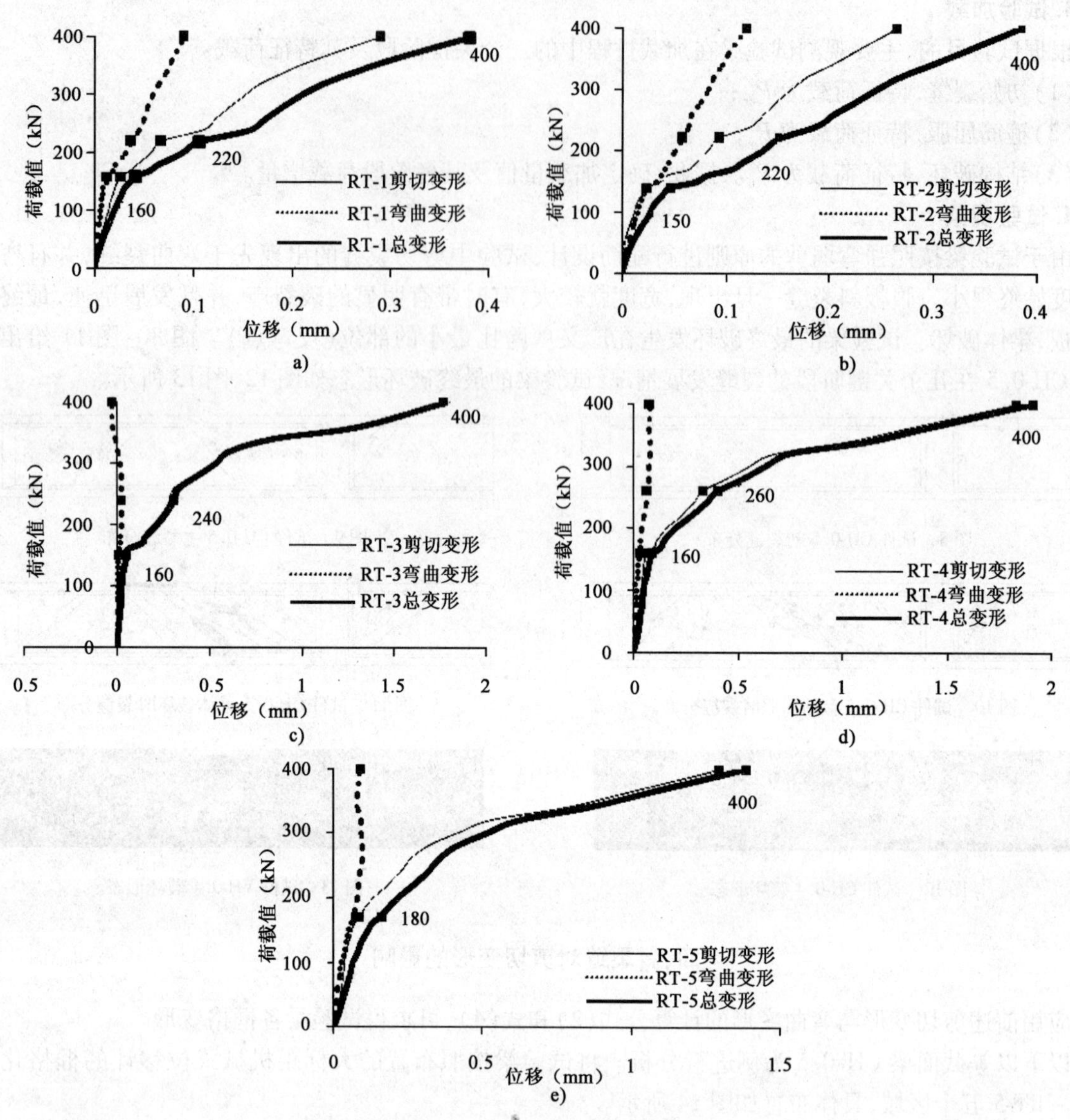

图15　各框格荷载－位移曲线（剪切、弯曲以及总变形）

试件 CH-0.5 各框格的初裂、箍筋屈服和梁体破坏发生次序　　表4

框格编号	RT-1	RT-2	RT-3	RT-4	RT-5
初始裂缝出现次序	2	1	2	2	3
箍筋屈服发生次序	1	1	2	3	—
梁体破坏发生次序	—	—	1	1	—

各框格在裂缝开展和箍筋屈服时的剪切变形与总变形的比值　　表5

框格编号		悬臂端框格		跨内框格		
		RT-1	RT-2	RT-3	RT-4	RT-5
广义剪跨比（M/Vh）		0.25	0.75	0.3	0.3	0.9
关键阶段	P_{cr}	0.66	0.53	0.88	0.69	0.57
	P_y	0.71	0.61	0.93	0.82	—

五、斜裂缝开展后的梁体刚度折减及剩余承载力

1. 试验梁的荷载位移曲线及其仿真计算

采用大型有限元软件 ABAQUS 建立模型对试验梁进行分析，以试件 CH-0.5 为例，混凝土非线性本构按照混凝土结构设计规范(GB50010－2010)选用，钢筋本构关系采用两折线模型。通过参数修正，得到主拉应力图及荷载位移曲线。从图 16～图 19 中可以看出，有限元结果很好地反映了试验梁的真实变形与破坏情况，可以较准确的预测结构的刚度与剩余抗剪承载能力。

图 16　试件 CH-0.4 主拉应力图

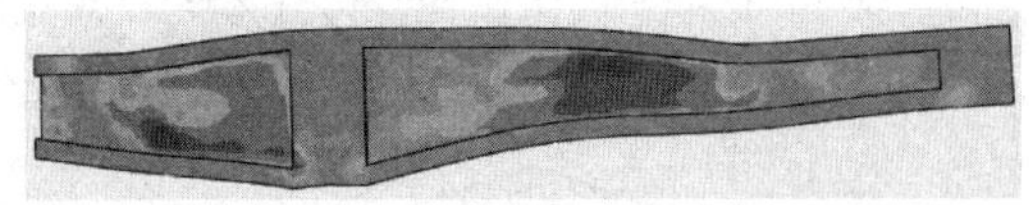

图 17　试件 VH-0.4 主拉应力图

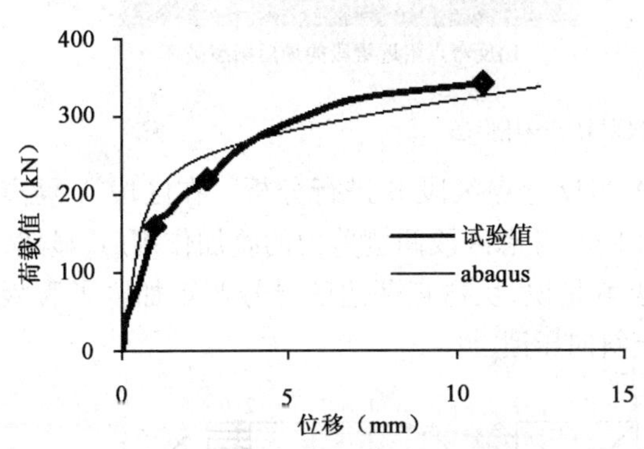

图 18　试件 CH-0.4 悬臂端荷载位移曲线

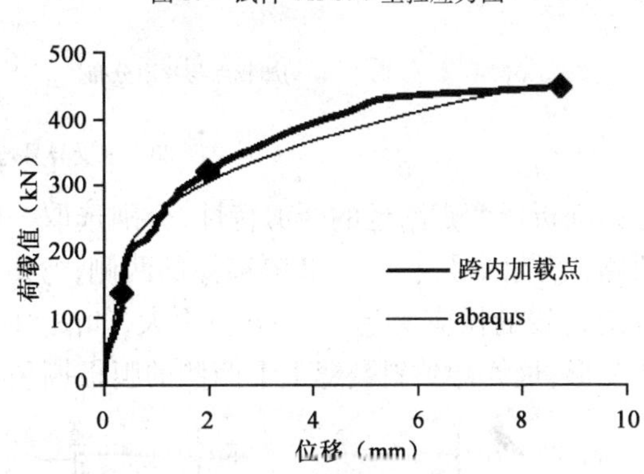

图 19　试件 VH-0.4 跨内加载点荷载位移曲线

2. 斜裂缝开展后梁体刚度的折减

这里以等截面梁试件 CH-0.5 为例，分析前述三个关键阶段的梁体刚度变化。根据试验观测，各框格在不同的 P_{cr} 下相继出现初始裂缝，框格 RT-5 内箍筋并未屈服，梁体破坏发生在框格 RT-3、RT-4 区域，其余框格并未破坏。以各阶段的特征荷载为界限，估算各阶段的刚度变化情况。表 6 给出了各个框格刚度的具体降低情况，表中 K_0 是裂缝未出现前框格内区域的抗剪刚度，K_1 是初裂后框格内区域的抗剪刚度，K_2 是箍筋屈服后框格内区域的抗剪刚度。

试件 CH-0.5 在初裂和箍筋屈服后的剪切刚度下降情况　　表 6

框格编号	RT-1	RT-2	RT-3	RT-4	RT-5
初裂后刚度下降$(K_0-K_1)/K_0$	80%	76.5%	91.1%	86.9%	—
箍筋屈服后刚度下降$(K_0-K_2)/K_0$	—	—	96.9%	94.8%	—

3. 斜裂缝开展与剩余承载力

如前所述，可以采用特征荷载划分斜裂缝的开展程度，而配箍率对斜裂缝的开展及剩余承载力也有显著影响。试验测得的 6 根试验梁的特征荷载值与承载力比值见表 7。

试验梁的特征荷载值与承载力比值　　表 7

截面形状	试件编号	配箍率(%)	P_{cr}/P_u(%)	P_y/P_u(%)
等截面	CH-0.5	0.5	37.5	55.0
	CH-0.4	0.4	45.7	62.9
变截面	VH-0.5－1	0.5	30.4	60.9
	VH-0.5－2	0.5	31.8	59.1
	VH-0.4－1	0.4	35	63.0
	VH-0.4－2	0.4	33.7	67.4

六、反弯点附近的剪切破坏

由于连续梁在支座处存在负弯矩，剪跨内存在反弯点，所以抗剪性能不同于简支梁，受力情况也比简支梁更为复杂。根据试验观测，6根试验梁的最终破坏都集中在反弯点附近，典型剪切破坏形态如图20所示。

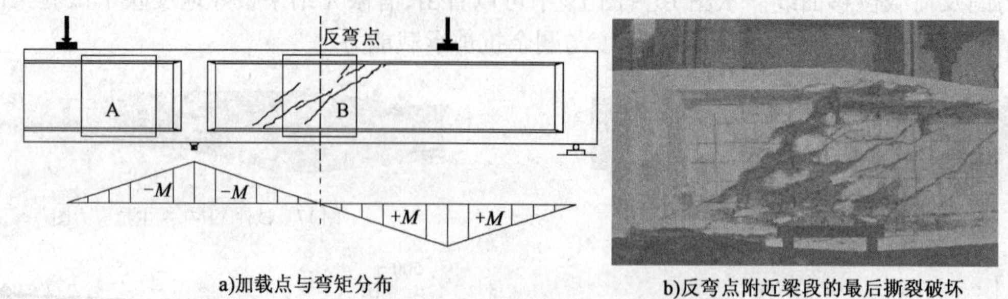

a)加载点与弯矩分布　　b)反弯点附近梁段的最后撕裂破坏

图20　承受异号弯矩的梁段典型剪切破坏形态

为剖析反弯点附近的受剪特性，分别选取一般区段A与反弯点区段B进行分析。在区段A隔离体的两侧，弯矩同号；在区段B隔离体的两侧，弯矩异号。在同时考虑区段两侧剪力的叠加作用后，显然，区段B对角线的拉应变差($\varepsilon_{13}-\varepsilon_{24}$)更大，如图21所示。也就是说，反弯点两边的异号弯矩加剧了腹板的剪切变形，最终导致斜裂缝上下两侧的腹板撕裂及混凝土斜向压溃。

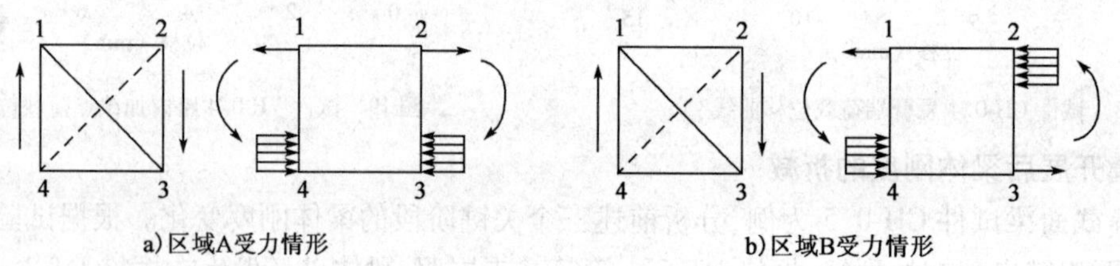

a)区域A受力情形　　b)区域B受力情形

图21　区域A、B受力情形分析

七、结　　论

(1)对于混凝土梁的小剪跨比区段，当腹板出现斜裂缝后，剪切变形比弯曲变形大；特别是在箍筋屈服后，剪切变形迅速增加，达到弯曲变形的若干倍。

(2)初始斜裂缝一般出现在剪力与弯矩均较大的部位。在斜裂缝出现和箍筋屈服时，荷载位移曲线均有明显的转折点，结构抗剪刚度大幅下降。

(3)试验梁破坏区域均在反弯点附近，分析表明，该区段弯矩和剪力作用方向组合，将加剧腹板剪切变形，导致斜裂缝上下两侧的腹板撕裂及混凝土斜向压溃。

(4)利用荷载位移曲线和非线性有限元分析，可以推断裂缝开展后的结构剩余承载力。

参考文献

[1] 腹板斜裂缝对大跨PC箱梁桥长期下挠的影响与对策研究[R]. 江苏交科院－东南大学，2012.

[2] 莱昂哈特 F. 钢筋混凝土结构裂缝与变形的验算[M]. 水利电力出版社，1983.

[3] ASCE-ACI Committee 445, Recent Approaches to Shear Design of Structural Concrete[J] Journal of Structural Engineering, ASCE, 1998,124(12).

[4] Richard Malm. Shear cracks in concrete structures subjected to in-plane stress[D]. Royal Institute of Technology, Sweden, 2006.

[5] Collins M P. Towards a rational theory for RC members in shear[J]. Journal of the Structural Division,

ASCE, 1978, 104(4): 649-666.

[6] Zdenekp Bažant, Joongokoo Kim. Improved prediction model for time dependent deformations of concrete: cyclic load and cyclic humidity [J]. Materials and Structures, 1992, 25 (147): 163-169.

[7] Debernardi P. G., Taliano M. Shear deformation in reinforced concrete beams with thin web [J]. Magazine of Concrete Research. 2006, 58(3): 157-171.

[8] 中华人民共和国国家标准. GB 50010—2010 混凝土结构设计规范[S]. 中国建筑工业出版社,2010.

149. 基于有限元数值分析 PC 箱梁底板合龙段崩裂破坏

李 进[1] 杨 红[2] 叶 坤[1]

(1. 中交公路养护工程技术有限公司;2. 中国港湾工程有限责任公司)

摘 要 某大跨 PC 箱梁张拉完底板合龙段钢束,合龙段底板局部崩裂破坏。为找出底板崩裂的原因和提出加固措施,以平面杆系理论为基础,建立 MIDAS 模型进行总体计算;局部进行 ANSYS 仿真分析;最后采用经典力学对以上计算的结果进行复核。结果表明,该桥底板合龙段钢束设置过多使得纵向预压应力过大,进而造成预应力径向力过大是导致底板合龙段崩裂的主要原因。

关键词 PC 箱梁 底板崩裂 径向力 齿块

一、概 述

某桥为(46 + 2 × 80 + 46) m 预应力混凝土箱梁,单箱单室,三向预应力混凝土连续刚构。箱梁顶、底板与路面横坡一致,箱梁顶板宽 12.5m,底板宽 6.25m,翼缘板长 3.125m。箱梁根部梁高 4.8m,合龙段梁高 2.3m,梁高按二次抛物线渐变,箱梁根部底板厚 70cm,合龙段底板厚 25cm,箱梁顶板厚 28cm。8 ~ 12 号块箱梁腹板厚 50cm,1 ~ 6 号厚 60cm,7 号块内线性渐变。箱梁采用 C50 混凝土,中跨合龙段底板共设置 20 束 $\phi^s 15.2 - 19$ 合龙钢束。

该桥张拉完底板合龙段钢束后,箱梁底板沿预应力管道方向产生大量 0.02 ~ 2mm 宽裂缝,齿板下方底板局部鼓包崩裂,局部崩裂地方人手可以伸入。直观判断,底板纵向预应力设计不合理是造成这些裂缝和崩裂的缘由。

图 1 底板跨中开裂

二、总 体 计 算

以平面杆系理论为基础,建立 MIDAS 模型进行总体计算。依据施工流程和设计荷载,进行应力、位移计算,验算结构在施工和运营阶段应力、位移是否符合规范要求。主梁和桥墩固结处采用固结约束[2],其余桥墩处采用竖向刚性支撑约束。

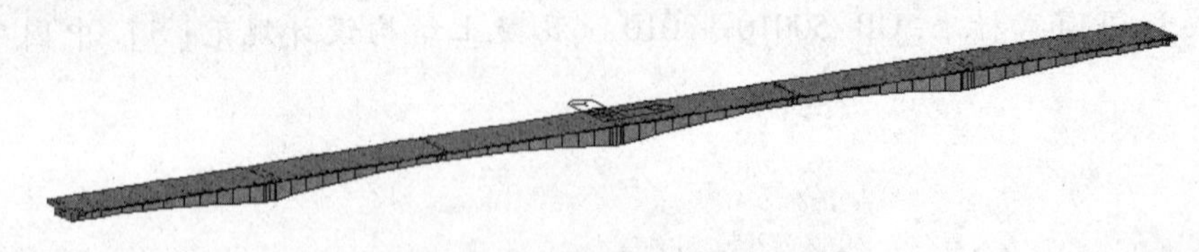

图2 整体模型

1. 施工阶段

主桥施工过程中,前12个施工阶段梁单元截面上下缘均受压,应力满足规范要求。在第13和14施工阶段,主梁49号和60号单元j端(6号块)下缘出现了1.673MPa的拉应力[1],不满足规范要求。

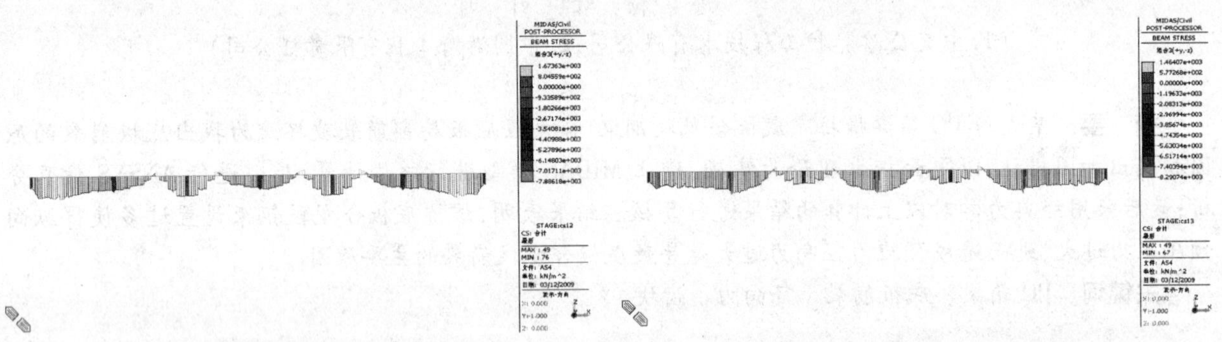

图3 第13施工阶段箱梁下缘应力(单位:kPa)　　图4 第14施工阶段箱梁下缘应力(单位:kPa)

2. 使用阶段

使用阶段,部分单元的应力不能满足规范要求规范[1]要求,建议对应力超标梁段做加固处理。

三、局 部 分 析

建立6号~9号节段及合龙段 ANSYS 局部模型,横桥向选取1/2截面,采用 Solid45 单元建立有限元模型,对结构进行静力分析[3]。隔离体未考虑自重作用,以下计算结果仅考虑了预应力的作用,所有预应力等效荷载均考虑相应的预应力损失。计算时,将合龙段预应力的径向力转化为面荷载,施加于预应力管道下半曲面上。

根据现场实际张拉钢绞线束数,选择最不利工况进行计算,计算结果如图6所示。

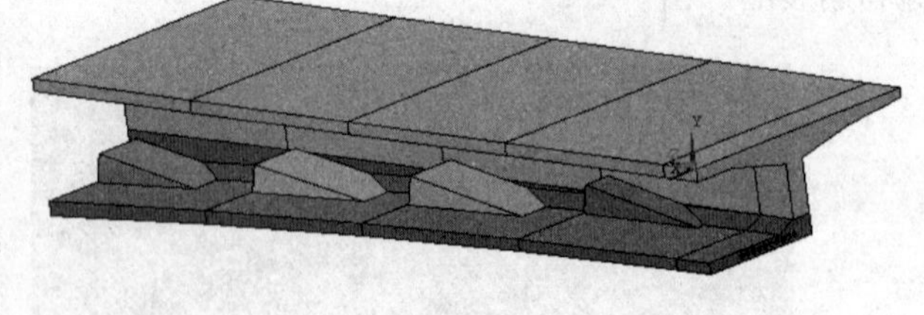

图5 局部模型

结果表明,无论是压应力还是拉应力的最大值都比较大。从应力云图上可知,这些最大值基本出现在加载部位和边界部位,这是由于在模拟预应力时所施加的荷载产生的局部应力集中所引起的,与实际情况有些偏差。根据圣维南原理,在剔除掉这些应力失真部位后,可以发现其余部位应力情况基本反映了箱梁底板实际受力。

底板预应力管道下方及齿块根部,在底板预应力荷载的径向力效应和齿板效应下,加上波纹管对这些截面削弱,应力在这些部位集中,第一主拉应力和纵向拉应力均较大。底板预应力管道下方应力过大同底板纵向裂缝相对应,齿块根部应力过大与齿板下方底板局部鼓包崩裂相对应。对照 ANSYA 和 MIDAS 计算结果,两者计算出现拉应力超标的位置基本吻合。

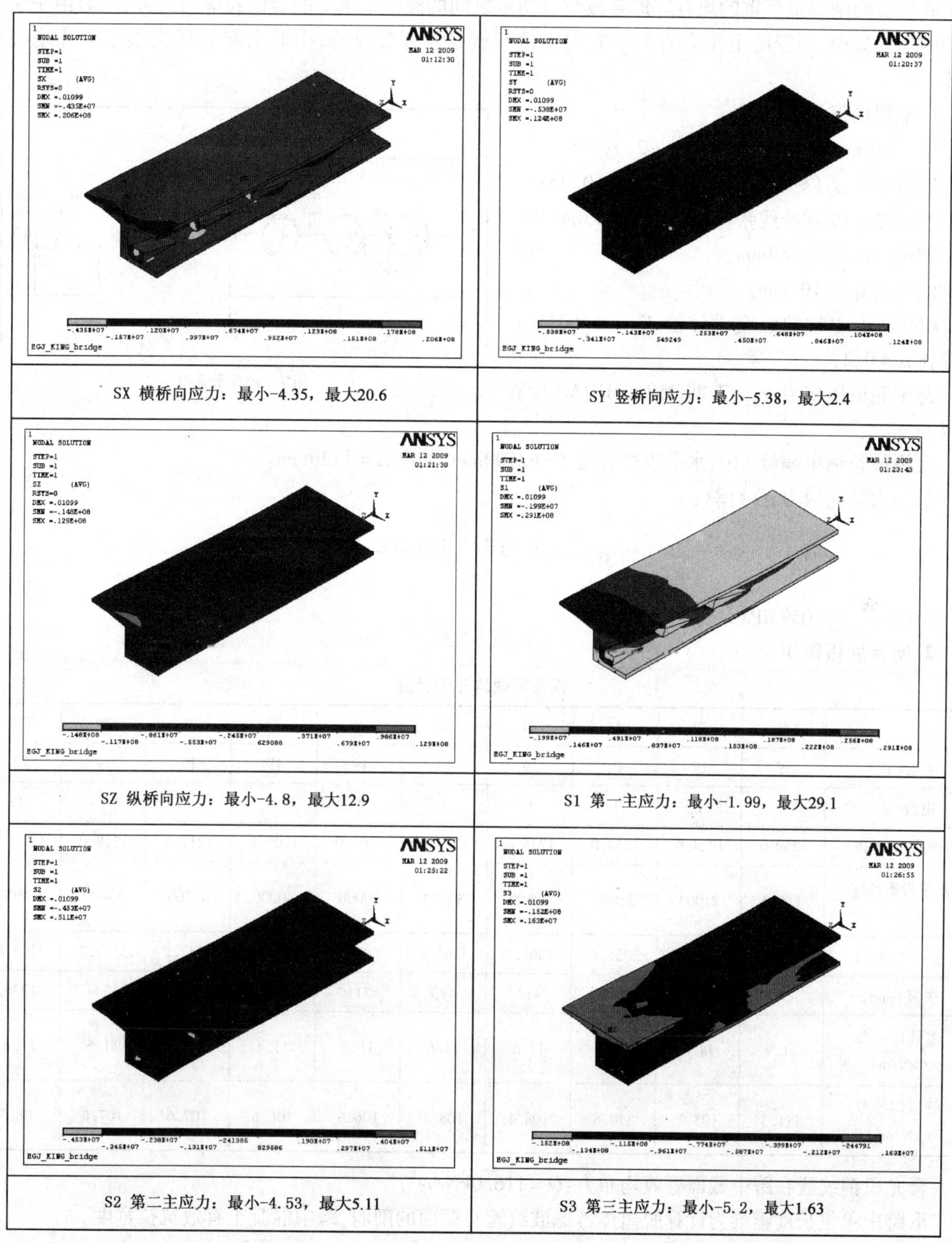

SX 横桥向应力：最小-4.35，最大20.6

SY 竖桥向应力：最小-5.38，最大2.4

SZ 纵桥向应力：最小-4.8，最大12.9

S1 第一主应力：最小-1.99，最大29.1

S2 第二主应力：最小-4.53，最大5.11

S3 第三主应力：最小-5.2，最大1.63

图6　计算结果(单位:MPa)

综上所述,该桥设计的纵向压应力过大,预应力径向力在底板波纹管之间产生的竖向拉应力使得底板沿波纹管方向产生裂缝;齿板在双向径向力作用下鼓包崩裂破坏。

四、经典力学分析

根据实体有限元分析结果,不考虑混凝土强度的离散性,可认为底板混凝土崩裂最先出现的位置应位于底板截面削弱最严重的地方。即各波纹管角点之间的混凝土承受的竖向拉应力最大,然后由于裂缝尖端的应力集中,裂缝沿主拉应力水平方向迅速开展自相邻波纹管,由此引起底板混凝土大片崩裂而破坏。

1. 单根钢束

梁高:$f(x)=0.0017777777x^2+2.3$;

底板厚度:$f_1(x)=0.0017777777x^2+0.25$;

$\phi^s 15.2-19$ 钢绞线张拉控制力 $F=6384\text{kN}$;

钢束中心间距 180mm;

波纹管外径 107mm;

C50 混凝土抗拉强度设计值 $F_{td}=1.83\text{MPa}$,泊松比 $\mu=0.2$;

跨中底板压应力 $\sigma_x=7.89$ MPa(MIDAS 计算结果);

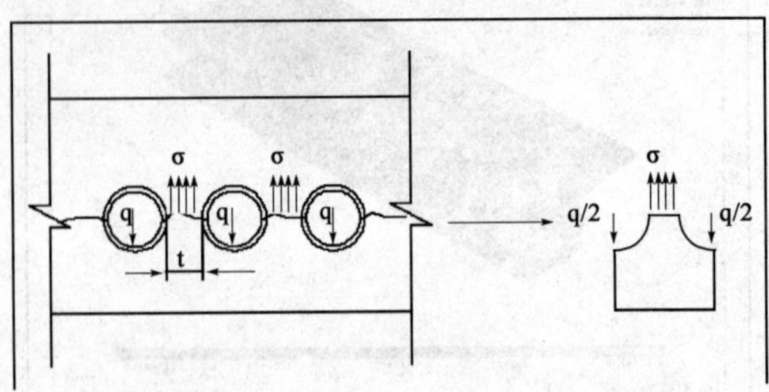

图7 计算示意图

底板最长钢束编号 Z10,水平投影长度 $l=62500\text{mm}$,矢高 $\Delta=1736\text{mm}$。

最不力竖向应力 σ_y 计算:

$$\sigma_y = 21.44\frac{F\cdot\Delta}{t\cdot l^2}+\sigma_x\cdot u$$

可得:$\sigma_y=2.059\text{MPa}>F_{td}=1.83\text{MPa}$。

2. 所有底板钢束

钢束等效均布力计算 表1

	Z1	Z2	Z3	Z4	Z5	Z6	Z7	Z8	Z9	Z10
根数(根)	19	19	19	19	19	19	19	19	19	19
束数(束)	1	1	1	1	1	1	1	1	1	1
有效应力(MPa)	1259.0	1224.0	1254.0	1226.0	1226.0	1206.0	1206.0	1217.0	1217.0	1227.0
水平投影长度(mm)	11500	21000	21000	30500	30500	40000	40000	47500	55000	62500
张拉力(kN)	3348.9	3255.8	3335.6	3261.2	3261.2	3208.0	3208.0	3237.2	3237.2	3263.8
矢高(mm)	59	196	196	413	413	711	711	1003	1344	1736
等效均布力(kN/m)	11.9	11.6	11.9	11.6	11.6	11.4	11.4	11.5	11.5	11.6
管道均布力(kN/m^2)	111.3	108.2	110.8	108.4	108.4	106.6	106.6	107.6	107.6	108.5

合龙段钢绞线在跨中截面等效均布力:$Q=116.0\text{kN/m}^2$;

取跨中单位长度箱梁为计算脱离体考虑波纹管对截面的削弱,跨中混凝土有效抗拉宽度。

工况一:考虑所有底板索的作用

按全截面破坏计算,即底板在横桥向贯通崩裂,

则其有效抗拉宽度:$W_1=205.5\text{cm}$;

可得,底板平均竖向拉应力:$\sigma_1=1.06\text{ MPa}<F_{td}=1.83\text{MPa}$。

工况二:齿块下方破裂

按假定破坏截面计算,则其有效抗拉宽度:$W_2=36.5\text{cm}$;

可得,底板平均竖向拉应力:$\sigma_2=2.08\text{MPa}>F_{td}=1.83\text{MPa}$。

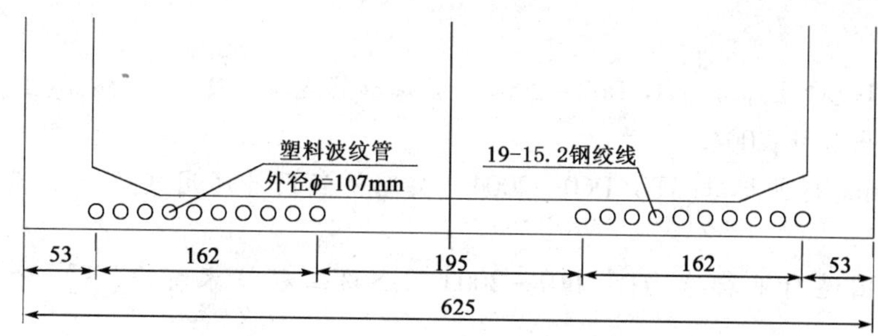

图8 简化计算示意图(尺寸单位:cm)

3. 小结

结果表明,该桥设计的纵向压应力过大,在预应力径向效应下,底板波纹管之间混凝土竖向拉应力超出混凝土抗拉强度设计值。考虑波纹管对箱梁底板的削弱和齿块效应,在预应力径向效应和齿块效应下,箱梁底板沿波纹管产生裂缝、齿板下方底板局部鼓包崩裂破坏。

五、结论及建议

1. 结论

(1)主桥施工过程中,在前12个施工阶段梁单元截面上下缘均受压,应力满足规范要求。在第13和14施工阶段,主梁49号和60号单元j端(6号块)下缘出现了1.673MPa的拉应力,不满足规范要求。根据分析,主要原因是中跨底板合龙束的张拉顺序不太合理。

(2)底板开裂的部位采用ANSYS和经典力学进行分析,发现在预应力径向效应和齿块效应下,箱梁底板在最薄弱(合龙段附近)处极易开裂,开裂位置位于箱梁底板最薄弱(厚度最薄)处和齿块影响范围之内。

(3)箱梁底板崩裂破坏过程为:预应力径向力在底板波纹管之间产生的竖向拉应力使得底板崩裂破坏。因此,预应力径向力是导致箱梁底板崩裂的主要因素,加之底板压应力、施工误差、曲率效应、泊松效应等因素致使局部应力增大,部分混凝土崩裂,底板压屈临界应力下降,最终导致底板在纵向压应力作用下失稳破坏。

(4)齿板处底板开裂过程为:底板的纵向预应力在齿板处的转折从而产生对底板向上的径向分力,底板本身向下的曲率从而产生对底板向下的径向分力,在向上和向下的径向力共同作用下在预应力管道附近形成45°的剪切破坏面,在横向向中轴线发展,在纵向向跨中发展,最终形成大面积水平裂缝以至上下分层。

2. 建议

(1)合理设计预应力。预压应力控制在较合适的范围内,跨中底板混凝土的预压应力宜控制在5~10MPa之间。

(2)合理设计箱梁截面。对于单箱单室截面应有一个合理的宽度界限,单箱单室合理桥宽为8~12m,桥宽大于12m时宜适当增加一定数量的肋,尽量把预应力筋布置在腹板内或靠近腹板;同时,在跨中增设横隔板,以增强箱梁顶、底板的整体刚度。

(3)合理设置底板箍筋及防崩钢筋。箍筋间距应从跨中向两侧逐渐增大,尽量用闭合箍筋来代替勾筋以增大底板整体刚度。

(4)合理设置齿板及其配筋。齿板宜设置靠近腹板,齿板及其对应底板配筋应进行改进,以克服径向力产生的劈裂作用。

(5)合理设计合龙段。合理设计箱梁底缘线形、增强合龙段底板上下层联系钢筋、加厚底板、加厚合龙段腹板厚度等,以减小钢束分布宽度等措施。

(6)底板合龙钢束的位置应靠近腹板布置,必要时布置成双层或多层;同时,控制波纹管之间净距,加强波纹管定位筋的设计。

参考文献

[1] 中华人民共和国造行业标准. JTG D62—2004　公路钢筋混凝土及预应力混凝土桥涵设计规范[S]. 北京:人民交通出版社,2004.

[2] 中华人民共和国造行业标准. JTG D60—2004　公路桥涵设计通用规范[S]. 北京:人民交通出版社,2004.

[3] 中华人民共和国造行业标准. JTG B01—2003　公路工程技术标准[S]. 北京:人民交通出版社,2003.

[4] 徐岳,等. 预应力混凝土连续梁桥设计[M]. 北京:人民交通出版社,2000.

[5] 严允中. 连续刚构桥箱梁底板崩裂原因及预防措施[J]. 公路交通技术,2006(6):101-104.

[6] 包立新,杨广来,杨文军. 对连续刚构桥底板开裂问题的探讨[J]. 公路,2004(8):39-41.

150. 收缩徐变对大跨径预应力混凝土连续梁桥的影响研究

李　航[1]　雷俊卿[1]　孙文波[2]

(1. 北京交通大学 土木建筑工程学院;2. 威海职业技术学院 建筑工程系)

摘　要　混凝土的收缩徐变是影响混凝土连续梁施工阶段线形和强度的重要因素之一,在大跨径连续梁施工过程中必须加以重视和控制。本文采用有限元软件模拟计算的方法,通过对大跨径连续梁施工各阶段进行模拟,计算分析不同湿度条件下混凝土连续梁悬臂施工阶段的线形和控制截面的强度,并从线形和强度的角度分析作为影响收缩徐变重要因素的相对湿度对大跨径连续梁桥施工的影响,为今后大跨径混凝土连续梁的研究工作作参考。

关键词　相对湿度　收缩　徐变　连续梁　悬臂施工　有限元

目前80%左右的大跨径预应力混凝土桥梁均采用悬臂浇筑法施工,采用悬臂法施工,在桥跨间不需要搭设支架,施工不影响桥下通航或行车,同时,多孔桥跨可以同时施工,加快进度。但是,对于悬臂施工的连续梁而言,在施工过程中,结构需要进行体系转换,先呈悬臂梁受力状态,待合龙之后形成连续梁体系。由于在施工过程中结构的几何特性、材料特性、受力特性以及支承条件等均在不断变化,特别是在施工时,每一节段的施工周期通常为3~7天,混凝土的龄期短,收缩徐变效应较为明显,同时,由于结构在施工过程中发生体系转换,前期结构继承下来的应力状态所产生的收缩徐变变形增量受到后期结构的约束,导致内力重分布,同时对施工时的线形和截面的应力将会产生很大的影响。因此收缩徐变对结构的内力和变形都有较大的影响。

一、混凝土的收缩徐变原因和计算理论

1. 混凝土收缩

混凝土收缩是指混凝土凝结初期或硬化过程中出现的体积缩小现象,可以分为:塑性收缩、化学收缩、干燥收缩和碳化收缩,较大的收缩会引起混凝土开裂。

混凝土在干燥条件下会引起体积缩小,然而在潮湿条件下则会引起体积膨胀。

影响混凝土收缩的因素有很多,如:用水量、水泥用量、集料、环境及养护条件。

2. 混凝土徐变

混凝土徐变是指混凝土在某一不变荷载的长期作用下(即应力维持不变时)产生的塑性变形。产生

徐变主要是因为混凝土受力后，水泥石中的胶凝体产生的黏性流动（即颗粒间的相对滑动）要延续一个很长的时间；其次是集料和水泥石结合面裂缝的持续发展。徐变对构件的受力性能有很多不利的影响，在长期荷载作用下，使梁体的挠度增加；其次，其会导致钢束的预应力损失等。

影响混凝土的徐变的因素除了和时间有关外，还有以下几个方面：

(1)应力条件。应力越大，应变越大。如结构长期处于不变的高应力状态，则对结构的安全不利。

(2)加载龄期。初始加载时，混凝土的龄期越早，徐变越大。

(3)周围环境。养护温度越高，湿度越大，水泥水化作用越充分，徐变就越小。

(4)水泥用量。水泥用量越多，徐变越大；水灰比越大，徐变越大。

(5)材料质量和级配好，弹性模量高，徐变小。

3. 收缩徐变计算理论

采用悬臂施工的桥梁，收缩、徐变效应明显。如果悬臂施工中各T构的进度不同，则施工过程中左右两跨产生的挠度和转角均将不同，此将会影响两合龙，对合龙产生不利影响。因此，计算分析时和施工中需对收缩徐变进行准确的计算，以降低其对合龙时的影响。在实际结构的分析计算中，收缩应变和和徐变应变一般是一起考虑的。在时刻 τ 承受单轴应力 $\sigma_c(\tau)$ 的混凝土构件，在时刻 t 的总应变 $\varepsilon(\tau)$ 可分解为：

$$\varepsilon_t = \varepsilon_i(\tau) + \varepsilon_s(\tau) + \varepsilon_c(\tau) + \varepsilon_t(\tau) \tag{1}$$

式中：$\varepsilon_i(\tau)$——变形时刻 τ 的初始应变或弹性应变，且 $\varepsilon_i(\tau)=\sigma_c(\tau)/E$；

$\varepsilon_s(\tau)$——时刻 $t>\tau$ 时的收缩应变，与 $\sigma_c(\tau)$ 无关；

$\varepsilon_c(\tau)$——时刻 $t>\tau$ 时的徐变应变，与 $\sigma_c(\tau)$ 有关；

$\varepsilon_t(\tau)$——温度应变，与 $\sigma_c(\tau)$ 无关，当不考虑温度影响时 $\varepsilon_t(t)\equiv 0$。

(1)混凝土收缩应变通常表达为收缩应变终值与时间函数的乘积：

$$\varepsilon_s(t,\tau) = \varepsilon_s(\infty,0)\varphi_s(t-\tau) \tag{2}$$

式中：$\varepsilon_s(\infty,0)$——收缩应变终值；

$\varphi_s(t-\tau)$——收缩应变发展的时间函数，且 $t=\tau$ 时，$\varphi_s(t-\tau)=0$；$t\to\infty$，$\varphi_s(t-\tau)=1$。

收缩应变的时间函数取：

$$\varphi_s(t-\tau) = 1 - e^{-\alpha(t-\tau)} \tag{3}$$

式中：α——收缩速率。

(2)徐变系数的表达式

混凝土的徐变通常采用徐变系数 $\varphi_c(t,\tau)$ 来描述。在时刻 τ 承受单轴应力 $\sigma(\tau)$ 至时刻 t 所产生的徐变应变为 $\varepsilon_c(t,\tau)$，则有：

$$\varepsilon_c(t,\tau) = \frac{\sigma(\tau)}{E(\tau)}\varphi_c(t,\tau) \tag{4}$$

式中：$E(\tau)$——加载时刻 τ 的混凝土弹性模量。

混凝土徐变系数一般可以表达为徐变系数终值 $\varphi_c(\infty,0)$ 与时间函数 $\varphi_c(t-\tau)$ 的乘积，如：

$$\varphi_c(t,\tau) = \varphi_c(\infty,0)\varphi_c(t-\tau) \tag{5}$$

式中：$\varphi_c(\infty,0)$——徐变系数终值；

$\varphi_c(t-\tau)$——徐变系数时间函数，且 $t=\tau$ 时，$\varphi_c(t-\tau)=0$；$t\to\infty$，$\varphi_c(t-\tau)=1$。

徐变系数时间函数取：

$$\varphi_c(t-\tau) = e^{-\beta\tau}[1 - e^{-\beta(t-\tau)}] \tag{6}$$

(3)混凝土的收缩和徐变应力表达式

对于混凝土收缩徐变产生的应力，目前多采用叠加原理进行计算。由于在施工时，混凝土初始变形为瞬时弹性变形,因而属于线形徐变,因此分批施加的应力产生的应变可以采用叠加原理。根据叠加原理,对于在时刻 τ_0 施加初应力 $\sigma(\tau_0)$,又在不同时刻 $\tau_i(i=1,2,\cdots\cdots,n)$ 分阶段施加应力增量 $\Delta\sigma(\tau_i)$ 的混凝土,其在以后任何时刻 t 包括收缩应变在内的总应变可以表达为:

$$\varepsilon(t,\tau_0)=\frac{\sigma(\tau_0)}{E(\tau_0)}[1+\varphi(t,\tau_0)]+\sum_{i=1}^{n}\frac{\Delta\sigma(\tau_i)}{E(\tau_i)}[1+\varphi(t,\tau_i)]+\varepsilon_s(t,\tau_0) \tag{7}$$

对后续应力为连续变化的情形,则可写出描述叠加原理的积分表达式:

$$\varepsilon(t,\tau_0)=\frac{\sigma(\tau_0)}{E(\tau_0)}[1+\varphi(t,\tau_0)]+\int_{\tau_0}^{t}\frac{1}{E(\tau)}\frac{\mathrm{d}\sigma(\tau)}{\mathrm{d}\tau}[1+\varphi(t,\tau_0)\mathrm{d}\tau+\varepsilon_s(t,\tau_0)] \tag{8}$$

二、依托工程背景

某大跨径(70+120+70)m连续梁,梁部采用“后张法预应力混凝土梁”,梁体采用C55耐久性混凝土,道碴槽及顶帽采用C30钢筋混凝土,台身采用C30号混凝土桥墩采用C45混凝土基础采用C30混凝土。纵向预应力钢筋采用抗拉强度标准值为1860MPa的高强度低松弛钢绞线,全部预应力钢束均采用两端同步张拉。该桥梁部横截面为箱梁,箱梁截面的顶板宽度为13.5m,底板宽6.8m。中支点处梁高9.5m,边支点及跨中梁高5.5m。箱梁顶板厚度均为45cm;腹板厚度自跨中向中支点方向由60~100cm变化;底板由跨中的40cm变化至中支点根部120cm。

该桥施工采用分节段的悬臂现浇施工方法,0号块采用支墩托架法,在墩顶现浇施工,箱梁悬臂段采用挂篮悬臂浇筑施工,悬浇段每一节段正常工期为7天。箱梁悬臂段采用挂篮悬臂浇筑施工,挂篮施工分悬臂浇筑和行走两种工况。工况一:悬臂浇筑时梁段荷载由底模架,通过前、后吊带,分别传至底模架后锚点和承重菱形主桁架,承重菱形主桁架的不平衡重由主纵梁后锚点抵抗。工况二:挂篮行走时,解除后锚点,底模架及模板重量,分别传至承重菱形主桁架和内外模板走行梁,承重主桁架的不平衡重由主纵梁反扣在锚固在梁体竖向预应力筋上的滑轨翼缘抵抗。

三、有限元模型计算分析

计算时,采用有限元软件Midas/Civil 2010进行模拟计算分析,模型如图1所示。其中桥梁模型共90个梁单元,101个节点。共39个施工阶段,先边跨合龙,后中跨合龙。

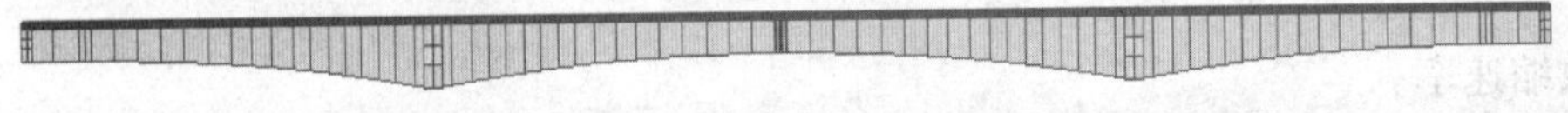

图1　有限元模型

四、混凝土收缩徐变的计算分析

由于混凝土的水化作用必须再有水分的条件下进行,因此,相对湿度是影响混凝土材料性能的主要环境因素。湿度愈大,吸附水的蒸发量愈小,水泥的水化程度愈高,水泥凝胶体的密度也愈高,收缩和徐变也愈小。相对湿度对加载早期的徐变影响更大,相对湿度的变化,会影响水泥的水化作用,从而影响混凝土的成熟度。在加载早期,较低的相对湿度对徐变的影响最大,相对湿度越低,徐变的速率就越快,从而影响到混凝土的线形和强度。

1.徐变对施工时线形的影响

在考虑收缩徐变对线形的影响时,在计算时考虑了两种不同的荷载组合,组合一未考虑收缩徐变的影响,组合二考虑了施工阶段收缩徐变对挠度的影响,如图2所示。

由图可以看出,随着施工的进行,悬臂端挠度先有一个逐渐增大的过程,待到了10号块施工时达到最大,在11号块时其挠度反而减小,其主要原因是在前10个节段施工中,箱梁悬臂在自重作用下,预应力荷载不足以抵抗施工荷载和箱梁自重的作用,因此悬臂挠度越来越大,待到节段11后,由于箱梁梁高减小，自重降低，但继续张拉预应力钢束，在预应力荷载的作用下，导致梁体自身挠度的减小。

经过计算得出，在施工过程中，由收缩徐变产生的悬臂端位移占结构悬臂端总位移的比例很大，最大时约为22.7%，最小时约为11.9%，因此，收缩徐变对施工时的线形影响很大，在计算和施工时必须加以认真考虑。

鉴于此，本文在模拟计算时在加载龄期相同（加载龄期为7天）的情况下，采取三种不同的相对湿度对施工时的线形和控制截面的应力进行计算分析：Ⅰ：相对湿度为40%；Ⅱ：相对湿度为70%；Ⅲ：相对湿度为90%，如图3所示。

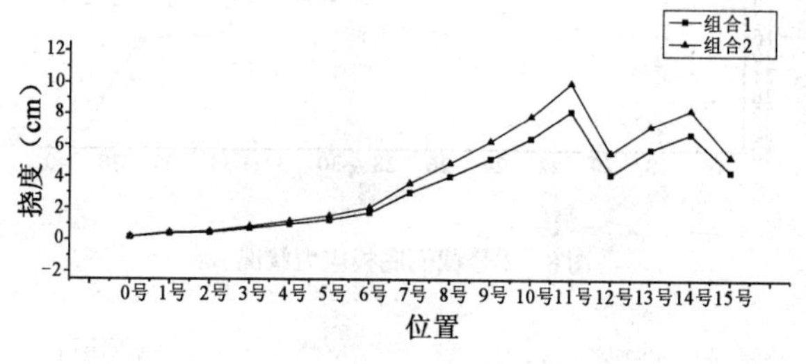

图2 不同荷载组合条件下悬臂端挠度

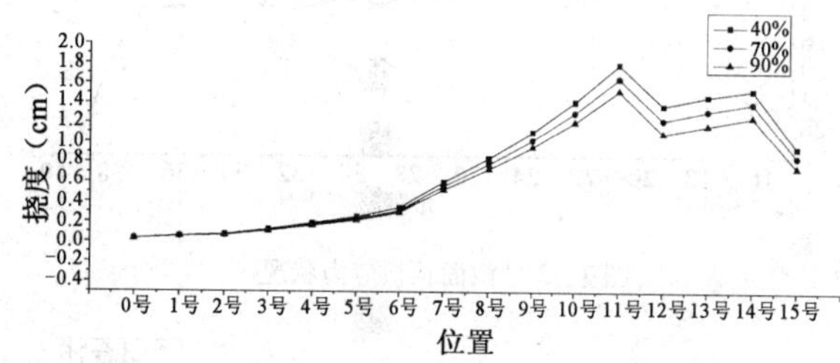

图3 不同相对湿度条件下由收缩徐变导致的悬臂端挠度

通过计算结果可以看出，随着施工的进行，悬臂端挠度逐渐增大，在施工过程中某一阶段时，挠度达到峰值，然后呈折线下降趋势，直至合龙；随着相对湿度的逐渐增加，曲线斜率减小，说明悬臂端挠度值变化较小，同时，由收缩徐变导致的悬臂端挠度逐渐减小。

2. 收缩徐变对截面强度的影响

考虑到连续梁的受力特性，在分析受力状况时，特选择12个控制截面进行截面应力状况分析，由于结构的对称性，故仅列出3个控制截面的计算结果加以分析，如图4所示。

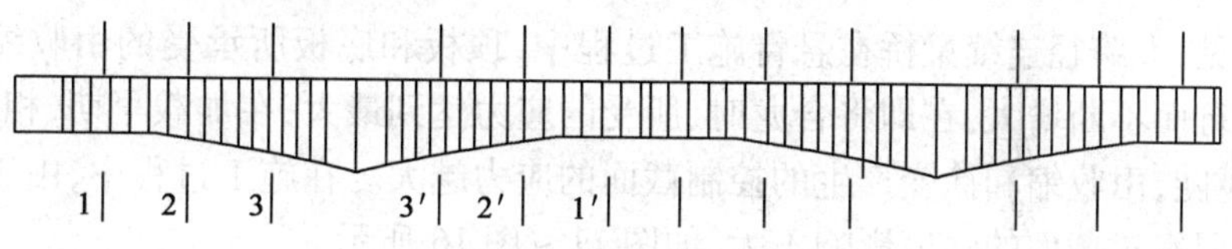

图4 控制洁面布置图

利用有限元软件，计算出三个控制截面在两种荷载组合作用下的截面强度情况，荷载组合一考虑了收缩徐变对截面强度的影响，荷载组合二未考虑收缩徐变的影响。

由图5～图7可以看出，在施工过程中是否考虑了收缩徐变因素，对结构所受应力影响很大，在考虑收缩徐变因素的应力大小明显比未考虑时大很多，二者最大时的差值约为26.2MPa，对截面的强度影响很大。观察这图表中的应力曲线，在施工过程中，控制截面的应力大小呈锯齿状增长，每一施工阶段张拉预应力钢束前后，截面应力都有不同程度的减小，导致这一现象发生的原因可能是由于收缩徐变、预应力钢束松弛等因素产生了预应力损失，致使截面的应力减小。在未考虑收缩徐变因素时，截面的应力大小发展趋势相对平缓，加入了收缩徐变之后，截面的应力曲线特别是早期时斜率比较大，然后逐渐减小，说明截面应力增大的比较快，后期增长缓慢。

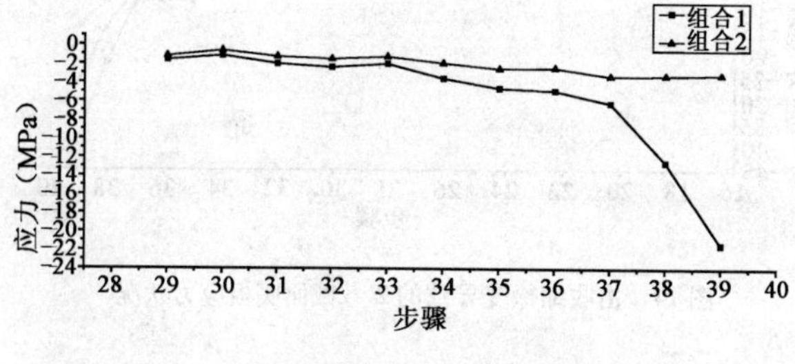

图5 1号截面顶板应力状况

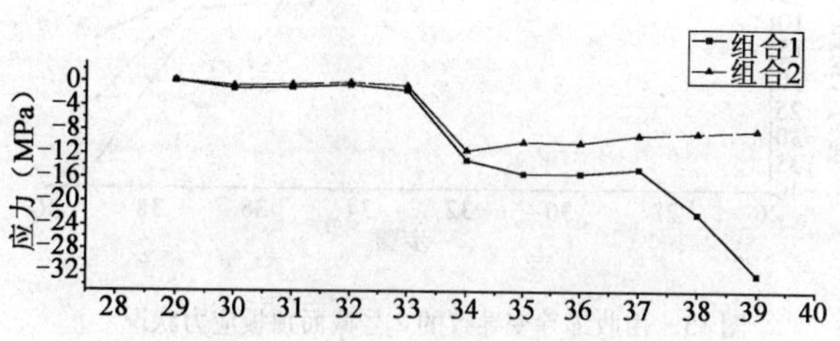

图6 1号截面底板应力状况

同时,我们还应注意到,在施工过程中,顶板始终承受压力,而每一节段施工早期,底板会略微承受拉应力,这必须引起足够的重视,在施工过程中要避免由于混凝土受拉而导致较大的裂缝产生。

在分析收缩徐变对控制截面影响状况时,在使用有限元模型计算分析时仅将收缩徐变因素对控制截面的强度影响因素,计算出在不同相对湿度影响条件下收缩徐变因素导致的控制截面强度值,并对3个控制截面的强度计算结果进行分析,如图8~图10所示。

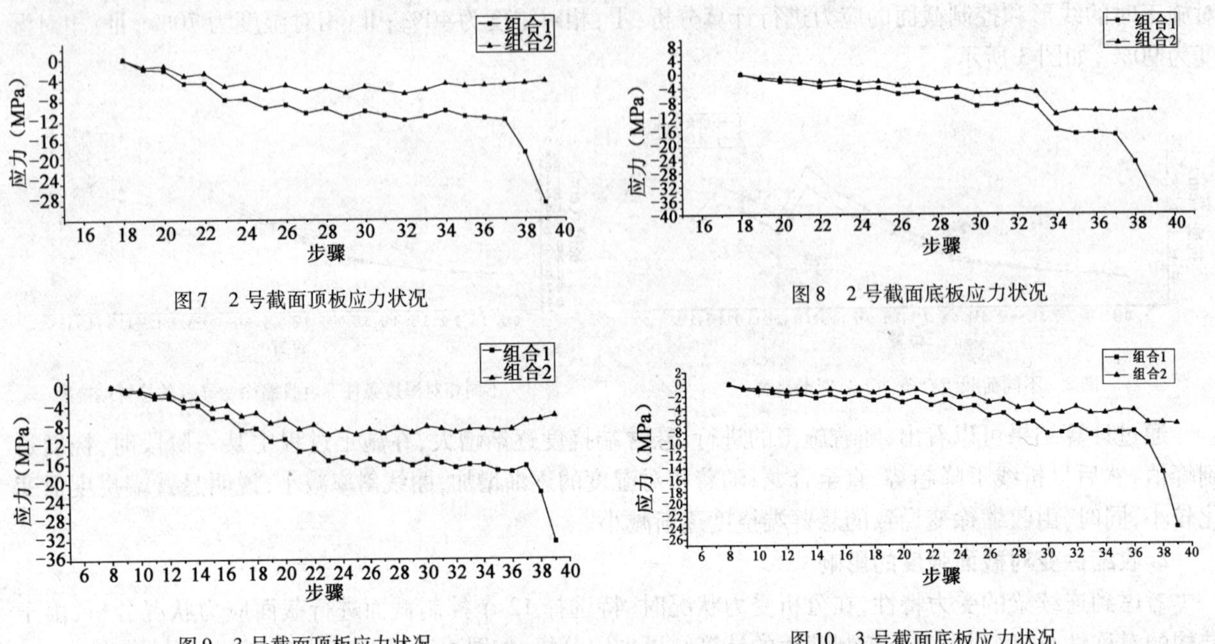

图7　2号截面顶板应力状况

图8　2号截面底板应力状况

图9　3号截面顶板应力状况

图10　3号截面底板应力状况

由计算分析可见,大跨径连续梁桥在悬臂施工过程中,顶板和底板所承受的由收缩和徐变产生应力的大小随施工的进行而不断增大,在即将合龙时,所受的应力达到最大;在加载早期,相对湿度越低,曲线的斜率越大,坡度越陡,由收缩和徐变产生的控制截面的应力越大。在施工过程中,由于相对湿度的差异导致的收缩和徐变因素对截面的强度影响不大,如图11~图16所示。

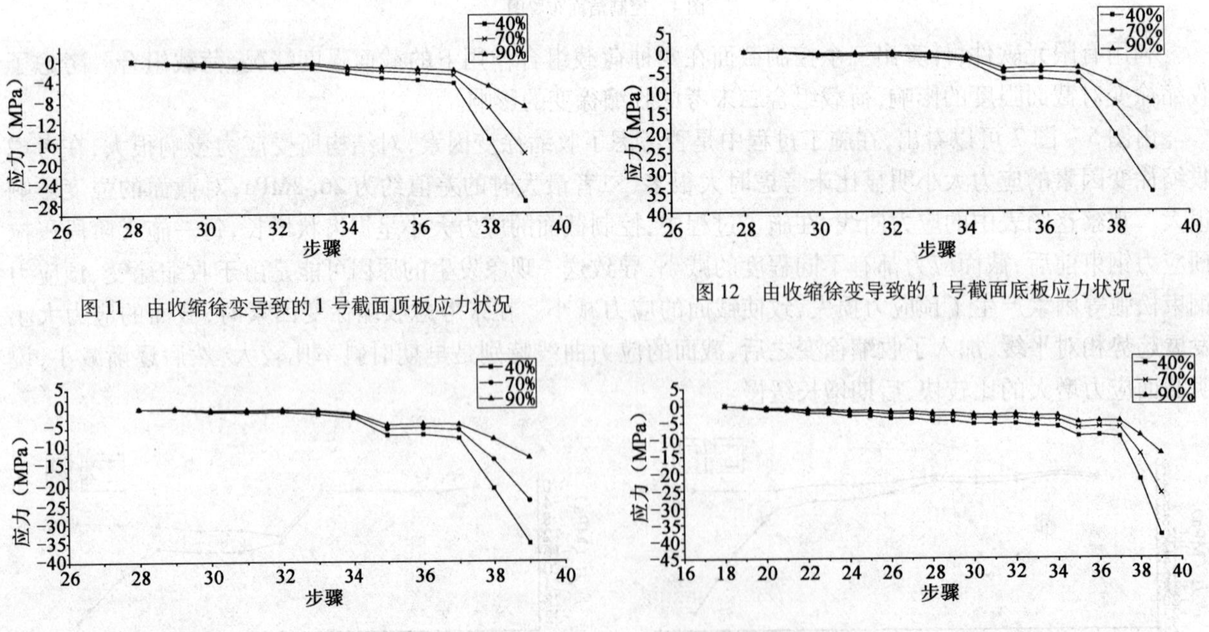

图11　由收缩徐变导致的1号截面顶板应力状况

图12　由收缩徐变导致的1号截面底板应力状况

图13　由收缩徐变导致的2号截面顶板应力状况

图14　由收缩徐变导致的2号截面底板应力状况

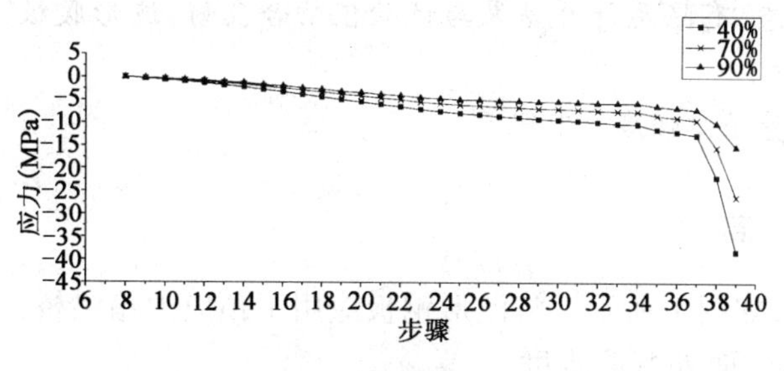

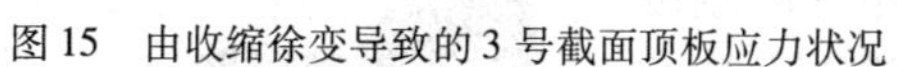
图15 由收缩徐变导致的3号截面顶板应力状况

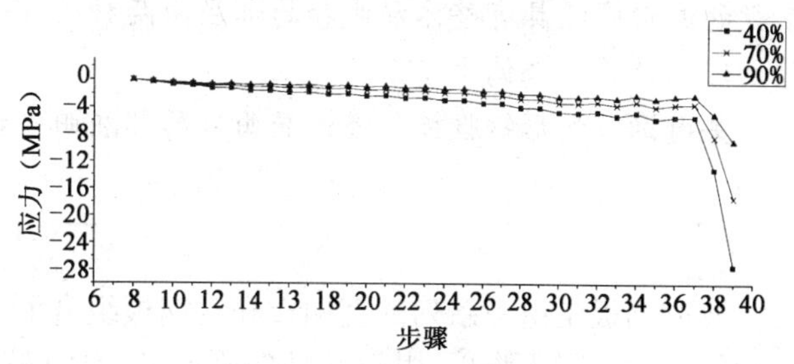

图16 由收缩徐变导致的3号截面底板应力状况

五、结　　论

(1)收缩徐变是影响大跨径混凝土连续梁桥挠度和强度的重要因素,湿度因素是影响收缩徐变的重要因素,因此,在施工控制中,为了准确进行线形控制和强度控制,需准确测出相对湿度,在施工时还需注意混凝土的养护。

(2)相对湿度对施工时的线形影响较大,相对湿度减小,会导致施工时挠度增加。因此,在施工时,为了控制线形,可以适当增大相对湿度的方法,以减小桥梁的挠度。

(3)收缩徐变对混凝土连续梁桥的内力和变形的影响很大,施工时必须严肃对待。

(4)施工过程中顶板一直受拉,而开始时底板会承受少许的拉应力,必须引起足够的重视,避免由于混凝土受拉而产生较大的裂缝。

参考文献

[1] 中华人民共和国行业标准. JTG D60—2004 公路桥涵设计通用规范[S]. 北京:人民交通出版社,2004.

[2] 中华人民共和国行业标准. JTG D62—2004 公路钢筋混凝土及预应力混凝土桥涵设计规范[S]. 北京:人民交通出版社,2004.

[3] 裘伯永. 桥梁工程[M]. 北京:中国铁道出版社,2001.

[4] 姚玲森. 桥梁工程[M]. 北京:人民交通出版社,2008.

[5] 刘世忠. 桥梁施工[M]. 北京:中国铁道出版社,2010.

[6] 雷俊卿. 桥梁悬臂施工与设计[M]. 北京:人民交通出版社,2000.

[7] 黄志堂,崔圣爱,肖盛燮. 相对湿度对混凝土长期强度的影响[J]. 公路交通技术,2005,2(1):40-43.

[8] 尹万云,薛金山. 收缩徐变对连续梁桥悬臂施工阶段受力的影响研究[J]. 工程与建设,2009(4):544-545.

[9] 卢伟荣. 预应力混凝土连续梁桥的收缩徐变分析[J]. 甘肃科技,2011(10):116-118.

151. 波形钢腹板剪切屈曲强度研究

陈永康　岳建彬
(广西建设职业技术学院)

摘　要　波形钢板具有独特的力学性能,近年来在桥梁工程中得到了较为广泛的应用,且前景广阔。为了解波形钢板作为桥梁结构腹板时的抗剪性能,本文对其剪切屈曲强度进行了分析研究。首先在理论上对波形腹板的抗剪稳定问题进行探讨,结合国外文献中的试验研究,建立波形钢腹板的剪切屈曲有限元分析模型,并对初始几何缺陷的影响进行了计算,最后将各计算结果进行了对比分析。结果表明:不同参数的波形腹板具有整体屈曲和局部屈曲两种破坏形态,有限元计算结果与试验值吻合良好,波形腹板剪切理论计算结果偏于安全。

关键词 波形钢腹板 整体屈曲 局部屈曲 抗剪屈曲强度 有限元

一、引 言

波形钢板是由一系列的直钢板和斜钢板组合而成,如图1所示。将波形钢板应用于预应力箱梁桥,取代传统的混凝土腹板,由于其轴向刚度低,具有较高的面外弯曲刚度和抗剪刚度,不仅实现了桥梁结构的轻型化,还有效提高了预应力加载效率,增加了桥梁的抗裂安全度。凭借这些特点,波形钢板在桥梁工程中得到了颇为广泛的应用,且前景广阔。

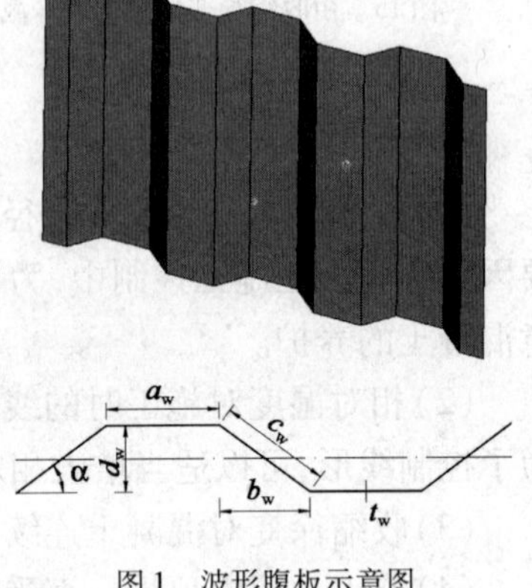

图1 波形腹板示意图

由于其褶皱效应,箱梁结构中波形钢腹板几乎不抵抗弯矩,而主要承担剪力。有研究表明,外荷载作用下,除与上下翼缘板邻近的区域,波形钢腹板上的法向应力几乎为0,处于纯剪状态。因此,设计中主要对波形钢腹板进行抗剪强度和剪切屈曲的验算。

为进一步了解该类结构的抗剪性能,本文对波形钢腹板的剪切屈曲强度进行研究,通过理论计算和有限元计算结果的对比分析,验证理论计算方法,为实际工程提供依据。

二、波形钢腹板的剪切屈曲

剪切荷载作用下,波形钢腹板的屈曲模式主要有两类:局部屈曲和整体屈曲。发生局部屈曲时,仅在直板或斜板上屈曲,相互之间并不贯穿。发生整体屈曲时,屈曲模态贯穿整个或几个波形。

1. 局部屈曲

计算波形钢腹板的局部剪切屈曲荷载时,可将直板或斜板作为独立的单元,其四边简支于相邻的板件,根据板壳理论,四边简支板的剪切屈曲荷载为:

$$q_{cr,L} = k\frac{\pi^2 D}{a_w^2} \tag{1}$$

则剪切屈曲应力为:

$$\tau_{cr,L} = q_{cr,L}/t_w = k\frac{\pi^2 D}{t_w a_w^2} = k\frac{\pi^2 E}{12(1-v^2)}\left(\frac{t_w}{a_w}\right)^2 \tag{2}$$

式中:E——弹性模量;

v——泊松比;

t_w——腹板厚;

a_w——波形钢腹板直板宽;

k——剪切屈曲系数。

对于四边简支板:

$$\left.\begin{aligned} k &= 5.34 + 4.0\left(\frac{a_w}{h}\right)^2 \quad h \geqslant a_w \text{时} \\ k &= 4.0 + 5.34\left(\frac{a_w}{h}\right)^2 \quad h < a_w \text{时} \end{aligned}\right\} \tag{3}$$

式中:h——波形钢腹板的高度。

2. 整体屈曲

当波形较密时,波形钢腹板将可能发生整体屈曲。计算整体屈曲荷载时,可将波形钢板比拟为正交

异性板,采用 Easley 提出的挠曲面函数,根据最小势能原理,整体剪切屈曲荷载为:

$$q_{cr,G} = 36\frac{D_x^{\frac{1}{4}}D_y^{\frac{3}{4}}}{h^2} \tag{4}$$

则剪切屈曲应力为:

$$\tau_{cr,G} = \frac{q_{cr,G}}{t_w} = 36\frac{D_x^{\frac{1}{4}}D_y^{\frac{3}{4}}}{t_w h^2} \tag{5}$$

$$D_x = \frac{qEt_w^3}{12s}, D_y = \frac{EI_y}{q}$$

式中:D_x、D_y——波形腹板单位长度上的各向刚度。

其余各参数按如下计算:

$$q = 2(a_w + b_w), s = 2(a_w + c_w), \sin\theta = \frac{d_w}{c_w}, I_y = 2a_w t_w\left(\frac{d_w}{2}\right)^2 + t_w d_w^3/\sin\theta/6$$

三、波形钢腹板剪切屈曲的有限元分析

1. 有限元模型

采用通用有限元程序 ANSYS 进行分析。建模时,波形钢腹板采用 shell181 单元模拟,映射网格分网,网格密度保证分析结果具有足够精度。波形腹板的翼缘和加劲肋均模拟为简支的边界条件,如图 2 所示,约束 AD、DC 和 BC 边的自由度 1 和 2,约束 AB 边的自由度 1、2 和 3。荷载施加在 CD 边的节点上。

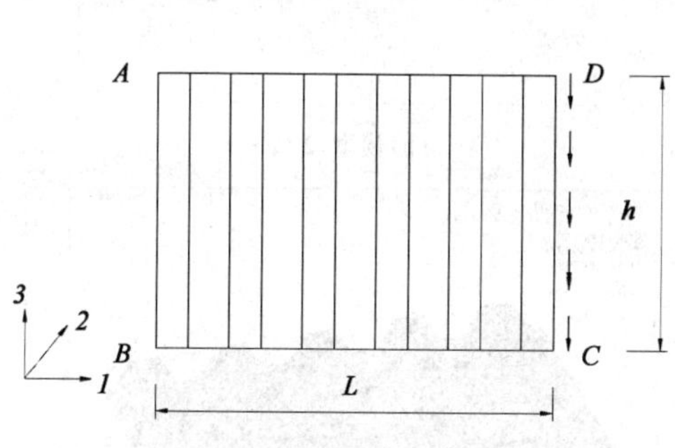

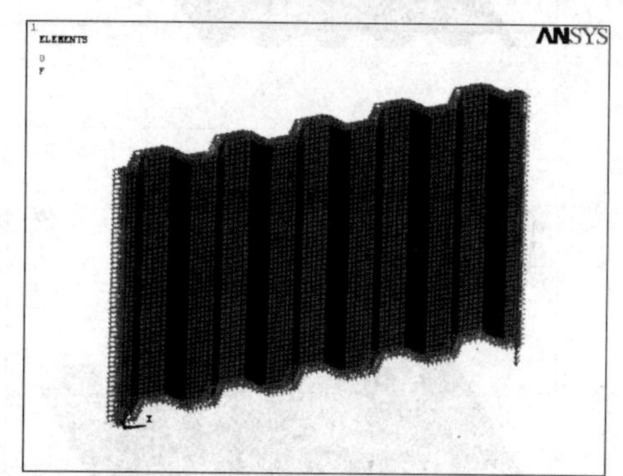

图 2　有限元模型的荷载及约束条件

根据上述边界和加载条件可知,波形腹板处于纯剪切状态,为验证模型正确性,先对平钢腹板进行剪切屈曲分析,其几何参数取为:高度 h = 457mm,厚度 t_w = 0.61mm,长度 L 变化范围为 229 ~ 868mm。并将结果与理论计算结果比较,如图 3 所示。

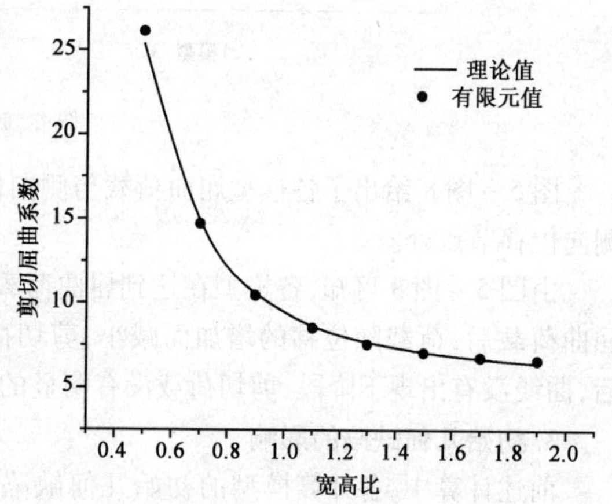

图 3　有限元模型的验证

由图 3 可知,有限元计算结果与理论值十分吻合,分析方法是可行的。

进行波形钢腹板剪切屈曲分析时,其波形参数均取自 Hamilton 的试验,具体参数如表 1 所示,波形腹板纵向均取为 5 个波形长。材料参数为:弹性模量 $E = 2.0 \times 10^{11}\mathrm{N/m^2}$,泊松比 $v = 0.3$。计算时,考虑材料和几何双重非线性,采用弧长法进行全过程分析,材料本构关系取为二折线模型,屈曲模态取为一阶,初始缺陷取为 $h/10000$,

即施加极微小的扰动。

波形腹板分析模型参数(mm) 表1

模 型	高 h	厚 t_w	波形参数		
			a_w	b_w	d_w
1	457.2	0.61	19.8	11.9	14.2
2	457.2	0.61	41.9	23.4	33.3
3	457.2	0.61	38.1	25.4	25.4
4	457.2	0.61	49.8	26.4	50.8

2. 有限元结果分析

图4给出了各模型的破坏形态。由图4可以看出,模型1板件的屈曲变形相互贯通,发生的是整体屈曲破坏;模型2~模型4板件的屈曲变形在各自板件中产生,相互之间互不贯通,发生的是局部屈曲破坏。

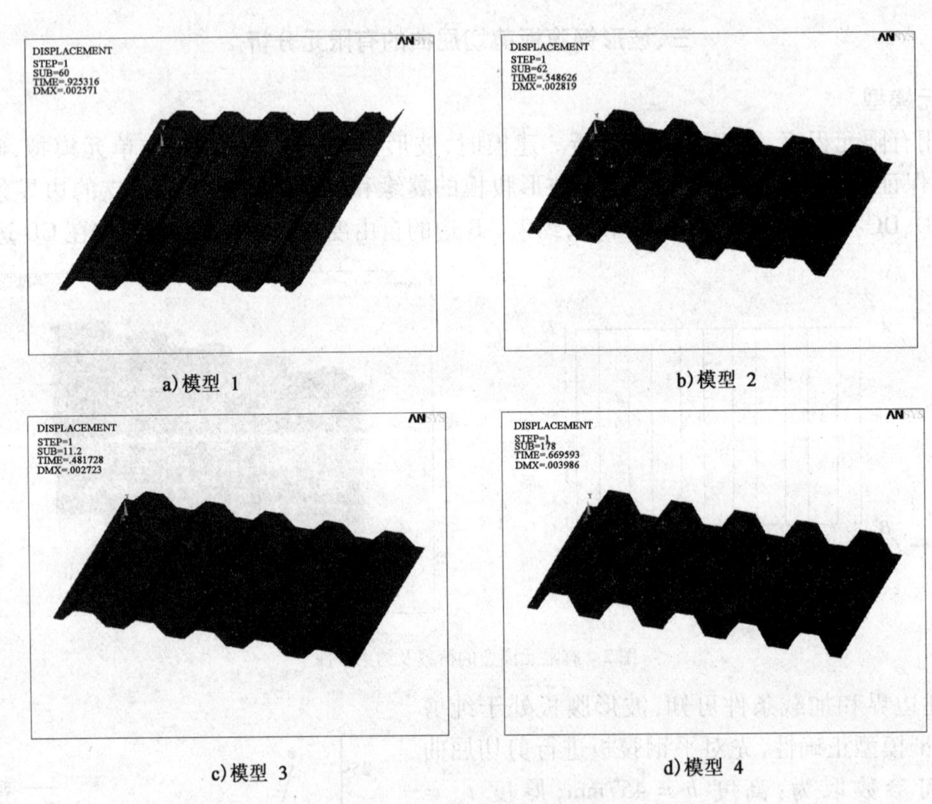

a)模型 1　b)模型 2

c)模型 3　d)模型 4

图4 波形钢腹板的破坏形态

图5~图8给出了各模型屈曲荷载与侧向位移的关系曲线,其中侧向位移取自屈曲荷载作用下最大侧向位移节点处。

由图5~图8可知,各模型在达到屈曲荷载前,荷载-侧向位移曲线都呈线性变化。模型1和3达到屈曲荷载后,荷载随位移的增加而减小,剪切荷载有不同程度的降低;模型2和模型4达到屈曲荷载值后,曲线没有出现下降段,剪切荷载没有明显的减小,说明二者发展了一定程度的屈曲后强度。

3. 初始几何缺陷的影响

前述计算中,各计算模型的初始几何缺陷均取为$h/10000$,可近似认为不计初始几何缺陷的影响。事实上,初始几何缺陷的大小和形状对构件的承载能力有较大的影响。因此,选取模型1和模型2,采用不同的初始几何缺陷幅值,分别为$h/100$、$h/400$和$h/1000$,计算其屈曲承载能力,屈曲模态仍取为一阶,采用二分法，同时考虑材料和几何双重非线性。计算结果如图 9 ~ 图 10 所示。

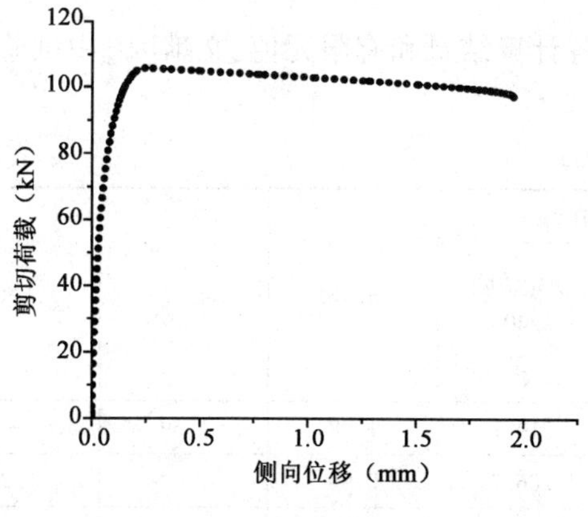

图 5　模型 1 荷载—侧向位移曲线

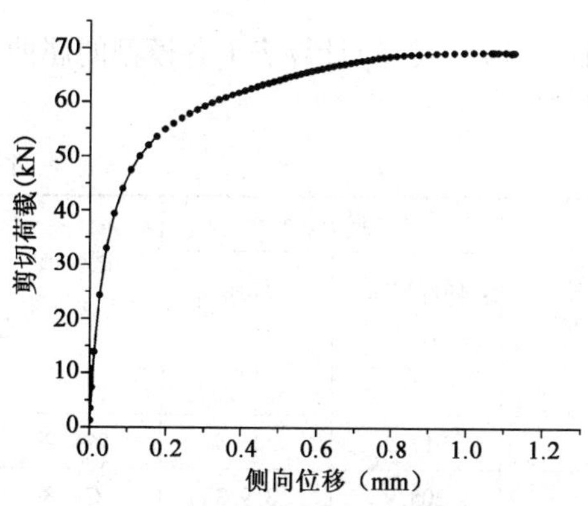

图 6　模型 2 荷载—侧向位移曲线

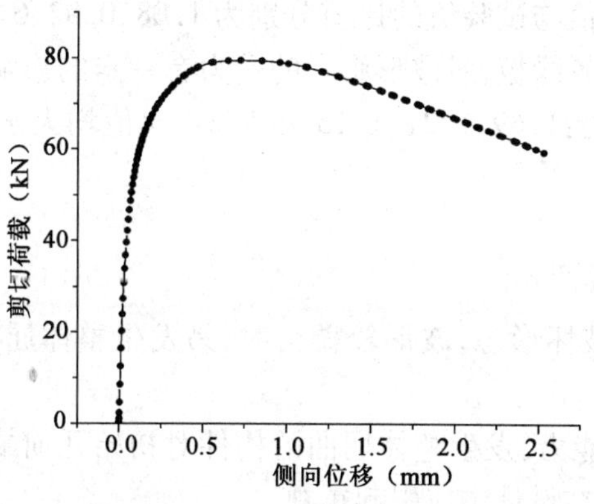

图 7　模型 3 荷载—侧向位移曲线

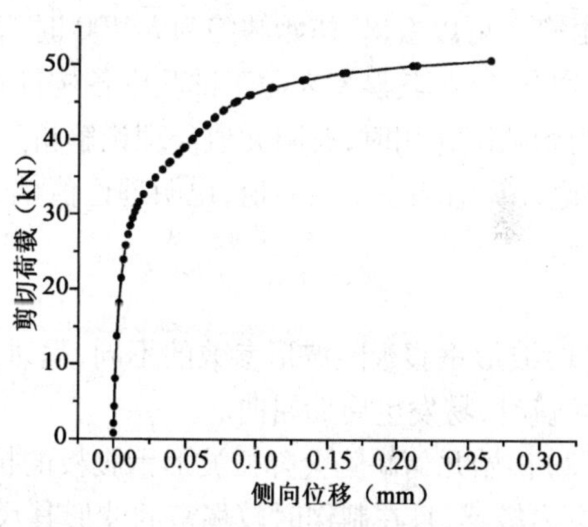

图 8　模型 4 荷载—侧向位移曲线

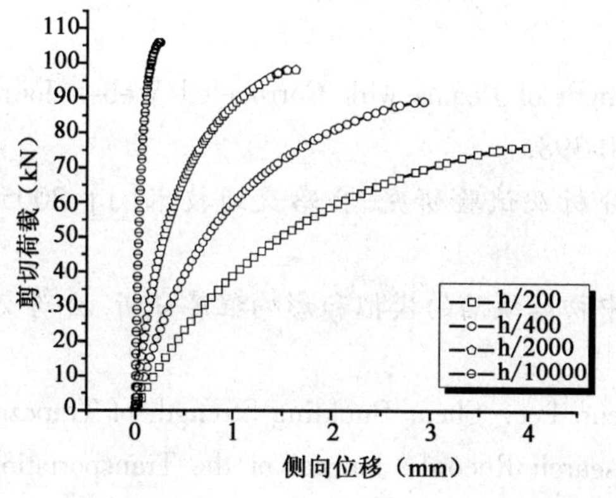

图 9　模型 1 不同初始缺陷时的荷载—侧向位移曲线

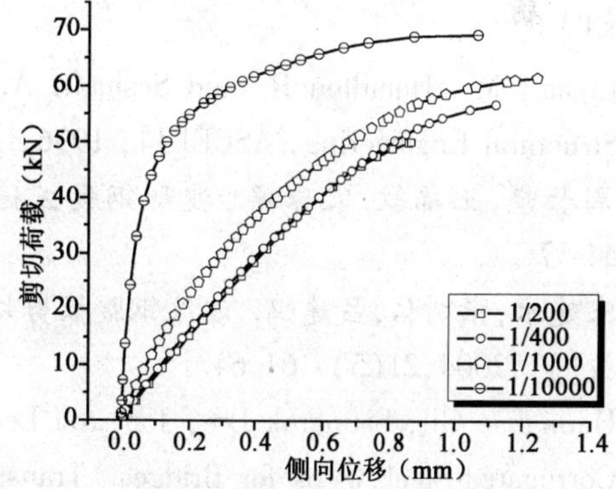

图 10　模型 2 不同初始缺陷时的荷载—侧向位移曲线

从图 9、图 10 可以看出，对于模型 1，初始缺陷为 $h/10000$ 时，屈曲荷载值为 105.8kN，为 $h/400$ 时，屈曲荷载值为 75.9kN，下降约 28%。而对于模型 2，初始缺陷为 $h/10000$ 时，屈曲荷载值为 69.3kN，为 $h/400$ 时，屈曲荷载值为 50.1kN，下降约 27.8%。可见，初始缺陷的影响会降低波形腹板构件的屈曲承载能力。从各曲线的发展形式看，模型 1 各曲线发展差异较大，而模型 2 当初始缺陷大于 $h/1000$ 时，曲线形式基本趋于一致，由此可见，发生整体屈曲的构件对初始缺陷更为敏感。

四、计算结果对比

用式(1)~式(5)计算表1各模型的屈曲荷载值,并将各计算结果和有限元值、文献[1]中试验值均列于表2。

计算结果对比(MPa) 表2

计算模型	波形腹板解析解		试验值 τ_E ③	有限元值 τ_F		⑤/③	④/②	④/①
	局部屈曲 $\tau_{cr,L}$ ①	整体屈曲 $\tau_{cr,G}$ ②		初始缺陷 $h/10000$ ④	初始缺陷 $h/400$ ⑤			
1	917.5	224.6	295.2	379.4	319.1	1.08	1.69	—
2	205.9	819.3	221.8	248.4	206.7	0.93	—	1.21
3	248.7	526.8	335.1	285.0	271.4	0.81	—	1.15
4	146.1	1575.6	189.9	181.8	179.6	0.95	—	1.24

由表2可以看出,初始缺陷为$h/400$时,各模型有限元值与试验值的比值分别为1.08、0.92、0.81和0.95,吻合较好,其误差来源于试验中各构件均设置了上下翼缘板,对波形腹板的受力有一定的影响。不考虑初始缺陷作用时,有限元值与理论解析解的比值分别为:1.69、1.21、1.15和1.24,比值均大于1;此外,理论计算值均小于试验值,说明理论值偏于安全。

五、结　　论

(1)波形钢腹板随波形参数的不同,呈现不同的屈曲破坏形态,波形较稠密时,易发生整体屈曲,波形较稀疏时,易发生局部屈曲。

(2)初始几何缺陷会降低波形钢腹板的抗剪屈曲荷载能力,发生整体屈曲的构件对初始几何缺陷的影响更为敏感,且在制作时较稠密的波形其尺寸控制更难,在设计中应引起重视。

(3)有限元计算表明,初始几何缺陷取为$h/400$时,波形钢腹板的抗剪屈曲承载力计算值与试验结果较为吻合;理论计算值均小于试验值和有限元计算值,其计算结果偏于安全。

参考文献

[1] Elgaaly M., Hamilton R. and Seshadri A. Shear Strength of Beams with Corrugated Webs. Journal of Structural Engineering, ASCE[J], 1996, 122(4): 390-398.

[2] 周长晓,王福敏,宋琼瑶. 波形钢腹板稳定的理论分析及试验研究. 公路交通技术[J],2005(1):54-57.

[3] 宋建永,张树仁,吕建鸣. 波纹钢腹板剪切屈曲分析中初始缺陷的模拟和影响程度分析. 公路交通科技[J],2004,21(5):61-64.

[4] Heungbae Gil, Seungrok Lee, Jongwon Lee, and Hakeun Lee. Shear Buckling Strength of Trapezoidally Corrugated Steel Webs for Bridges. Transportation Research Record: Journal of the Transportation Research Board, CD 11-S[J], 2005:473-480.

[5] 周绪红,孔祥福,侯健,等. 波纹钢腹板组合箱梁的抗剪受力性能. 中国公路学报[J],2007, 20(2):77-82.

[6] 徐君兰,顾安邦. 波形钢腹板组合箱梁的结构与受力分析. 重庆交通学院学报[J],2005, 24(2):1-4.

[7] M. E. A.-H. Eldib. Shear buckling strength and design of curved corrugated steel webs for bridges. Journal of Constructional Steel Research[J], 2009, 65: 2129-2139.

[8] 李时,郭彦林. 波折腹板梁抗剪性能研究. 建筑结构学报,2001,22(6):49-54.

152. 大跨径预应力混凝土梁桥长期下挠影响因素探讨

赵 桉 刘 钊

（东南大学土木工程学院）

摘 要 随着大跨径预应力混凝土梁桥的广泛应用，梁体下挠等病害日益突出，严重影响桥梁的使用性能。本文首先统计了国内外一些下挠严重的桥梁，并对影响桥梁下挠的因素进行分析，着重阐述了混凝土收缩徐变、预应力松弛损失以及斜裂缝等因素对桥梁长期受力性能的影响。

关键词 PC梁桥 下挠 收缩徐变 预应力损失 斜裂缝

一、概 述

调查表明，大跨径预应力混凝土梁桥的长期下挠问题比较普遍，成为困扰桥梁工程质量的一个技术难题。表1统计了国内外14座预应力混凝土箱梁桥的下挠情况，可见大跨径混凝土梁桥的长期下挠是一个世界性的质量通病。

国内外一些预应力混凝土箱梁桥下挠情况统计 表1

桥 名	桥 型	属国	主跨(m)	竣工年	测量时成桥年数	下挠量(mm)
Kingston 桥	跨中带铰的连续刚构	英国	143.3	1970	28	300
Urado 桥	连续刚构	日本	230	1972	36	430
GrandOmèr 桥	连续梁	加拿大	181.4	1977	9	300
Parrotts 桥	连续刚构	美国	195	1978	12	635
Koror - Babeldaob 桥	跨中带铰的连续刚构	帕劳	241	1978	12	1200
Tsukiyono 桥	连续刚构	日本	84.5	1982	26	150
Koshirazu 桥	连续刚构	日本	59.5	1987	10	70
Konaru 桥	连续刚构	日本	101.5	1987	21	230
三门峡黄河公路大桥	连续刚构	中国	140	1992	10	220
Stovset 桥	连续刚构	挪威	220	1993	8	200
南海金沙大桥	连续刚构	中国	120	1994	6	220
黄石大桥	连续刚构	中国	245	1995	7	305
虎门大桥辅航道桥	连续刚构	中国	270	1997	7	223
Stolma 桥	连续刚构	挪威	301	1998	3	92

统计分析表明，大跨径预应力混凝土梁桥持续下挠的特点为：随时间增长，往往呈现出加速持续下挠的趋势，并不趋于稳定；桥梁长期挠度远大于设计计算的预计值；采用悬臂灌筑施工的大跨径桥梁的下挠比采用节段预制施工的桥梁要严重。跨中下挠已成为当前制约大跨径预应力梁桥发展的一个亟待解决的问题。

二、大跨预应力混凝土梁桥下挠成因分析

影响桥梁长期下挠的因素多、机理复杂，国内外许多学者从设计、施工、管养等多种角度对其进行了研究。

(1)从设计角度看,影响桥梁长期变形的主要因素包括计算分析模型的选取、混凝土收缩徐变模式选取、预应力设计等。大跨径预应力混凝土箱梁桥的空间效应明显,应按空间结构分析其受力和变形,但是,目前规范规定的收缩徐变模式和应力检算均是一维的,与三维实体模型还存在着不对等性。

混凝土的收缩徐变有较大的不确定性,是影响大跨径预应力混凝土箱梁桥长期挠度预测准确性的一个因素。尽管目前收缩徐变的研究取得了很大进展,出现了大量的理论模型,比较著名的有 CBE - FIP (MC78)/(MC90)、ACI209R - 82、ACI209R - 92 模型和 Bažant 的 BP、BP - 2 和 B3 模型等,但其预测结果仍不能准确的与实际情况吻合。

合理的预应力设计是抑制桥梁长期下挠的一个重要手段,但是设计者在预应力设计时,往往只满足于根据规范进行的应力检算,而不去关注桥梁内力状态的合理性。文献[1]提出预应力混凝土桥梁的合理成桥状态设计方法,通过合理的预应力配置去平衡多种作用效应,使桥梁处于合理的成桥状态,以便控制下挠病害。

(2)从施工角度看,预应力施工质量和混凝土超方是影响桥梁下挠的两个主要因素。预应力的施工质量会严重影响钢束的有效预应力,减小预应力体系效应。在箱梁桥的施工中,混凝土实际浇筑量一般会大于设计值,这会对箱梁的自重产生影响,而且混凝土箱梁实际超方与施工控制水平有关,设计计算中无法准确考虑超方对结构挠度的影响。

(3)从管养角度看,在桥梁实际运营中,超载现象难以控制,在活载与温度的反复的作用下,梁体产生不可恢复的残余变形。

表2总结了影响大跨径混凝土桥梁下挠过大的多种原因,对于引起大跨径桥梁长期下挠的主要原因,目前存在着多种不同的认识,一些观点还大相径庭。本文以下着重探讨混凝土收缩徐变、预应力松弛损失和腹板斜裂缝三个主要因素。

影响大跨径混凝土桥梁下挠过大的原因及存在的问题与难点 表2

	影响因素	问题与难点
设计	混凝土收缩徐变	收缩徐变模式的选取、截面收缩差异
	预应力损失	应力松弛估计偏低、温度影响
	预应力设计布置不合理	不符合合理成桥状态
	箱梁空间效应	剪力滞效应
	剪切变形没有考虑	开裂后剪切刚度难以评估
	开裂与变形耦合	缺乏定量化方法
施工	预应力施工质量	张拉工艺、张拉应力未达到设计值
	桥梁较设计值超重	混凝土超方、桥面铺装层超厚
管养	超载	难以控制

三、混凝土收缩徐变对挠度的影响研究

在大跨径桥梁结构中,混凝土的收缩徐变往往是造成桥梁长期变形的一个主要因素。混凝土的收缩徐变主要受到混凝土材料性质、配合比以及施工工艺的影响,而现有收缩徐变的研究大多基于特定的材料与配合比,因此很难准确预测不同结构的收缩徐变特性。

1. 收缩徐变模式的选取

国内外规范中的收缩徐变模型均是在大量试验的基础上,通过统计回归分析得到。收缩徐变模式选取的不同,其计算结果有时差异也很大,因此选择合理的收缩徐变模型对桥梁结构挠度的预测有着重大的意义。

我国现行桥规中的收缩徐变模式主要借鉴了欧美国家的标准,采用了 CEB - FIP90 模式[2]。在该收缩徐变模式下,结构的变形在若干年后变化缓慢并逐渐趋于一个稳定值,这也是多数收缩徐变模式的共

同特点,但实际观测到的大部分桥梁的变形却没有收敛的趋势。

1995 年,Bažant 教授在混凝土固化理论和扩散理论的基础上,提出了混凝土收缩徐变的 B3 预测模型[3],B3 模型的收缩应变随时间变化曲线如图 1 所示,可以看出,该预测模型中混凝土收缩应变的发展并不收敛,这比较符合实桥挠度的发展规律。Bažant 教授等结合美国西北大学收缩徐变数据库的相关试验数据,对各国收缩徐变模型进行比较,证实了 B3 模型对于收缩徐变的预测精度较高[4]。

2. 截面收缩差的影响

在实际变截面箱梁桥中,断面各部位的板厚与环境条件差异较大,通常情况下箱梁底板厚度较大,而顶板较薄,且受到日照直射影响强烈。

V. Kfistek 和 Z. P. Bažant 等针对箱梁顶底板厚度的这种差异,开展了相关研究。发现在相同龄期下,混凝土板厚越小,则其收缩变形越大,因此对于悬臂施工的预应力混凝土箱梁桥,全截面不应采取相同的收缩、徐变模式[5]。在实桥中,顶板的收缩大部分完成时,底板才刚开始释放大部分的收缩变形,箱梁顶底板的这种收缩徐变差异,也是引起桥梁长期下挠的重要原因之一。

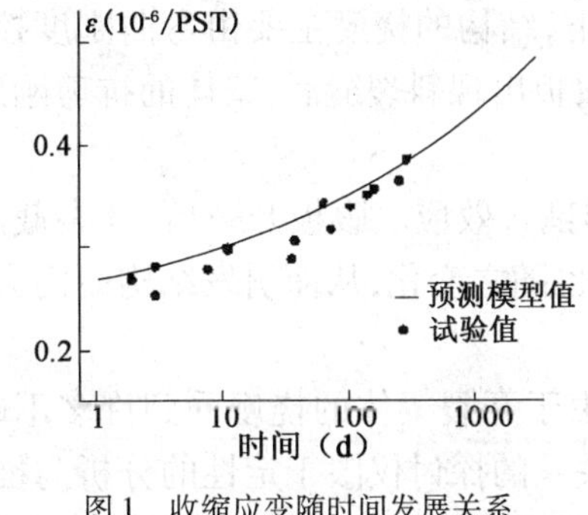

图 1 收缩应变随时间发展关系

图 2 典型箱梁截面图

四、预应力松弛损失对挠度的影响研究

预应力钢绞线常常因施工条件、材料性能及环境因素等影响而引起预应力损失,其中,钢绞线的松弛损失是一项重要的时变影响因素,低估这项损失会直接影响到对长期挠度值的准确预测。根据我国《预应力混凝土用钢绞线》GB/T 5224—2003 标准规定,钢绞线应力松弛性能以 1000h 后应力松弛率来评价,即认为此时钢绞线松弛趋于稳定。但 Erhard Schultchen 等人通过试验研究表明,钢绞线的应力始终保持稳定的下降速度,如图 4 所示[6]。可见,目前规范计算公式有可能低估预应力松弛损失,难以给出梁体下挠的正确预估。

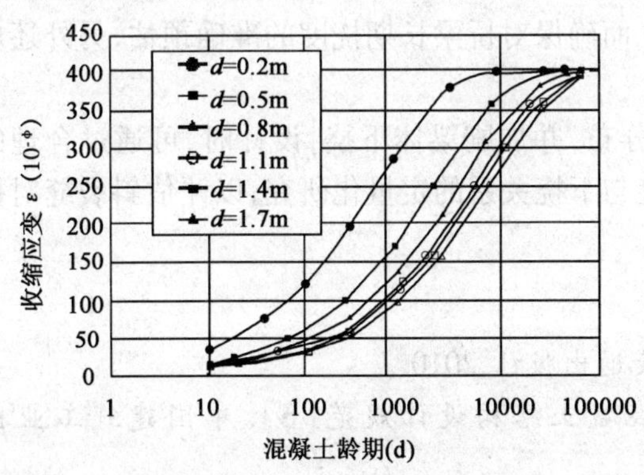

图 3 不同厚度混凝土板收缩应变随龄期发展关系

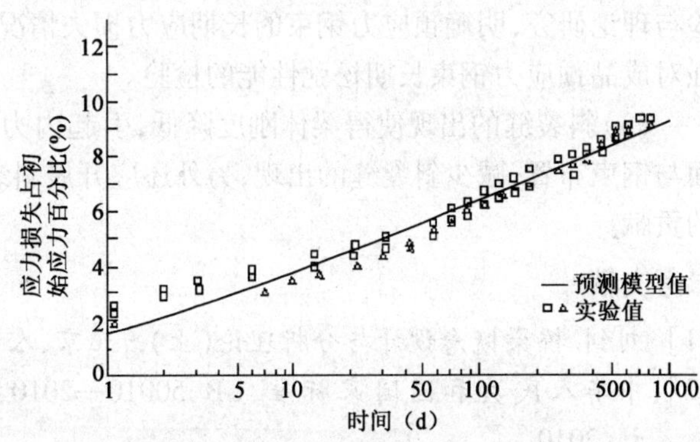

图 4 预应力损失与时间的关系

温度的变化也在很大程度上也影响到预应力筋的松弛损失,随着温度的升高,钢绞线的应力值大幅降低。对于悬臂施工的预应力混凝土箱梁桥,大量的顶板束靠近桥梁表面,在环境温度的交变作用下,钢

绞线会产生不可恢复的松弛与残余变形，这也是造成后期挠度过大的原因之一[1]。

五、斜裂缝对挠度的影响研究

在役的大跨径预应力混凝土连续箱梁桥，普遍存在各种不同性质的裂缝问题，其中箱梁腹板开裂是最常见的一种。典型的斜裂缝分布在边跨现浇段段、支座附近以及跨中腹板处，裂缝通常贯通整个腹板厚度，图5给出了斜裂缝的典型分布情况。

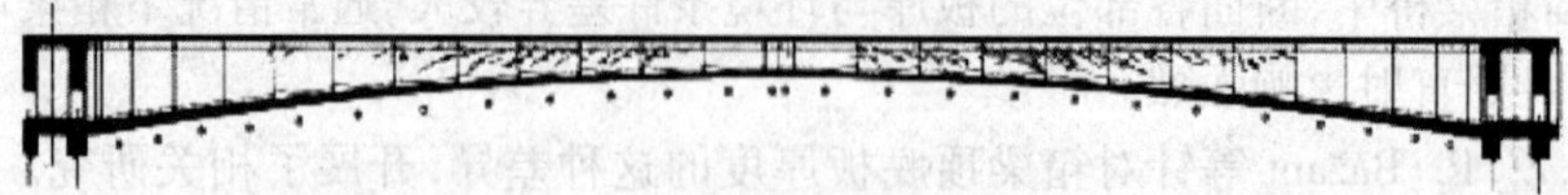

图5　典型腹板斜裂缝分布

产生腹板斜裂缝的直接原因是主拉应力超过混凝土极限抗拉强度，腹板一旦出现斜裂缝，梁体下挠机理就会变得复杂，开裂与下挠的耦合关系主要包含以下两方面：

(1)主梁的刚度主要包含弯曲刚度与剪切刚度，一般情况下，结构的挠度主要由弯曲刚度控制，但对于薄腹箱梁桥，剪切变形引起的挠度量值十分可观，尤其是在腹板出现斜裂缝后，梁体的抗剪刚度大幅度下降，导致桥梁挠度急剧增加。

(2)混凝土的开裂会引发预应力与混凝土收缩徐变的强烈耦合效应。腹板开裂后，开裂截面应力状态和形心位置都发生改变，梁体的收缩徐变规律和预应力效应也随之变化，从而引发结构的内力重分布，加剧梁体的下挠。

可见，箱梁桥斜裂缝的开展对梁体挠度有着显著影响，但由于开裂梁体的挠度受到许多不确定性因素的强烈耦合作用，研究难度极大，因此现阶段对裂缝与下挠关系的探讨仅限于定性的分析与推断，缺少定量化的研究。在施工设计时，应注意选取合理的截面高度与腹板厚度，并配置足量的预应力钢束与抗剪钢筋，从而减少斜裂缝的出现与发展，达到抑制桥梁过度下挠的目的。

六、结　　语

本文对影响桥梁长期下挠的因素进行统计分析，着重阐述了混凝土收缩徐变、预应力松弛损失以及斜裂缝等因素对桥梁长期挠度的影响，主要有以下结论：

(1)收缩徐变模式的选取对结构长期挠度预测的准确性有着重大影响，设计验算时，应考虑因箱梁顶底板厚度差引起的截面上收缩徐变差异。

(2)预应力钢束的应力松弛会加剧梁体长期挠度的发展，可通过开展预应力钢束长期松弛性能的试验与理论研究，明确预应力钢束的长期应力损失情况，从而确保对桥梁长期挠度的准确预估，另外还应加强对成品预应力钢束长期松弛性能的检验。

(3)斜裂缝的出现使得梁体刚度降低，引起内力重分布，并加剧梁体下挠，设计时，可通过合理的截面与钢束布置，减少斜裂缝的出现，另外还应开展斜裂缝与下挠关系的定量化研究，以评估斜裂缝对挠度的贡献。

参考文献

[1] 刘钊. 桥梁概念设计与分析理论(上). 北京，人民交通出版社，2010.

[2] 中华人民共和国国家标准. GB 50010—2010　混凝土结构设计规范[S]. 中国建筑工业出版社，2010.

[3] Z. P. Bažant, Bweja S. Creep and Shrinkage Prediction Model for Analysis and Design of Concrete Structures model B3[J]. Materials and Structures, 1995, 28 :357-365.

[4] Z. P. Bažant, Bweja S. Justification and Refinement of Model B3 for Concrete Creep and Shrinkage[J]. Materials and Structures, 1995, 28 :488-495.

[5] V. Kfistek, Z. P. Bažant, M. Zich. Box Girder Bridge Deflections-Why is the Initial Trend Deceptive [J]. Concrete International,2006,28(1):55-63.

[6] Erhard Schultchen,Hai-Tung Ying,Ti Huang. Relaxation Behavior of Prestressing Strands[R]. Fritz Engineering Laboratory Report No. 339.6.1972.

153. 单箱室简支箱梁跨中截面剪滞效应分析

齐延平 何玉宝 陆华臻
(天津市市政工程设计研究院)

摘 要 箱形截面因其独特的受力特点在桥梁工程中得到广泛的应用,在进行箱梁抗弯设计时剪滞效应分析不可避免。目前剪滞效应的分析方法很多,本文以一直腹板单箱室简支梁为例,采用不同计算方法,并对计算结果对比分析。

关键词 箱梁 剪力滞效应 抗弯设计

一、剪滞效应的概念

箱形截面具有自重轻,抗扭刚度大等独特的受力特点,因而被广泛的应用于桥梁工程中。箱梁在挠曲时,若肋板间距较小,则可认为其弯曲变形服从梁弯曲初等理论的变形平截面假定,弯曲应力沿横桥向是均匀分布的。若箱梁肋板间距较大,结构发生竖向挠曲时,由于翼板的剪切变形使翼缘远离肋板处的纵向位移滞后于肋板边缘处,因此弯曲应力沿横向分布不均匀,该现象称为“剪力滞后”。肋板间距越宽,“剪力滞后”现象越严重,当应力集中到一定程度时可导致箱梁破坏。

目前箱梁“剪力滞后”线弹性分析的方法有:卡曼理论、弹性理论解法、比拟杆法、能量变分解法及数值计算方法等。《公路钢筋混凝土及预应力混凝土桥涵设计规范》则是采用了有效宽度的简化计算方法。不同类型的桥梁、桥跨的不同位置处采用不同的有效宽度计算系数。

本文分别采用比拟杆法、能量变分解法、有效宽度法和数值模拟的方法对某单箱室简支梁桥跨中截面顶板的剪滞效应进行分析,并对各方法的计算结果进行对比。

为方便研究箱形梁剪滞效应的影响程度,工程上常采用剪力滞系数 λ 的概念,其表述为:$\lambda = \sigma_{sl}/\sigma_0$,其中 σ_{sl} 为考虑剪切变形所求得的法向应力;σ_0 为按照初等梁理论所求得的法向应力。

二、单箱室简支梁剪滞效应分析

某跨径为20m的混凝土简支箱梁如图1所示,顶板宽8.25m,底板宽度为4.25m,腹板厚度为0.4m,梁高1.6m,在对该箱梁剪滞效应分析时,仅考虑两种荷载:跨中集中荷载、全桥均布荷载。这两类荷载对结构受力分析具有代表性,通过分析结构在此两类荷载作用下截面正应力横向分布情况,研究其剪滞效应。

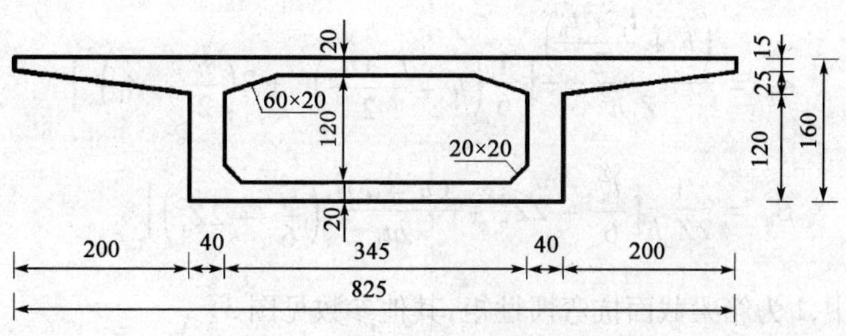

图1 箱梁断面图(尺寸单位:cm)

1. 比拟杆法计算箱梁翼缘的正应力

由英国学者H. R伊文斯(Evans)及A. R. 塔海伦(Taherian)提出的“比拟杆法”,该方法将薄壁箱梁视为多个理想化的加劲杆组成,各杆间的薄板将加劲杆连接在一起共同受力。其基本假定为:

(1)箱梁由若干理想化的加劲杆组成,各杆之间由薄板连接。

(2)理想的加劲杆仅承受轴力,等效的薄板仅承受剪力,不计泊松效应的影响。

(3)理想化的加劲杆截面面积等于实际加劲杆的面积加上相邻薄板所提供的面积。

当比拟杆的数量不同时求解的精度也是不一样的。实际工程中若箱梁的宽度在一定的范围内,常用的三杆比拟就可以满足工程精度的要求。在此采用比拟杆法求解此箱梁的剪滞效应,如图2所示。

相关文献建议,在集中荷载作用下加劲杆之间的距离为$0.4C_b$或$B/10$,在均布荷载作用下加劲杆之间的距离取为$0.5C_b$或$B/8$,其中C_b为翼缘板边缘到截面中心距离,B为全桥的宽度。

顶板等效面积:

顶板面积:

$$A_{eft} = \alpha_t t_w h + 2\beta_t (b + c) t_t \tag{1}$$

底板面积:

$$A_{efb} = \alpha_b t_w h + 2\beta_b b t_b \tag{2}$$

顶板厚度:

$$t_{eft} = \beta_t t_t \tag{3}$$

底板厚度:

$$t_{efb} = \beta_b t_b \tag{4}$$

式(1)~式(4)中各参数如图3所示。

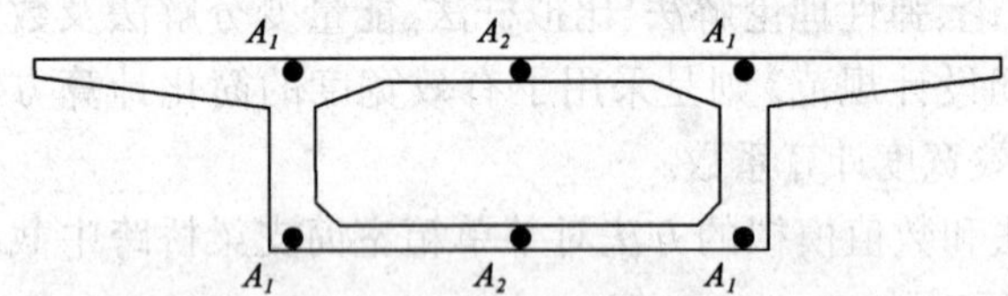

图2　比拟杆法计算剪滞效应示意图

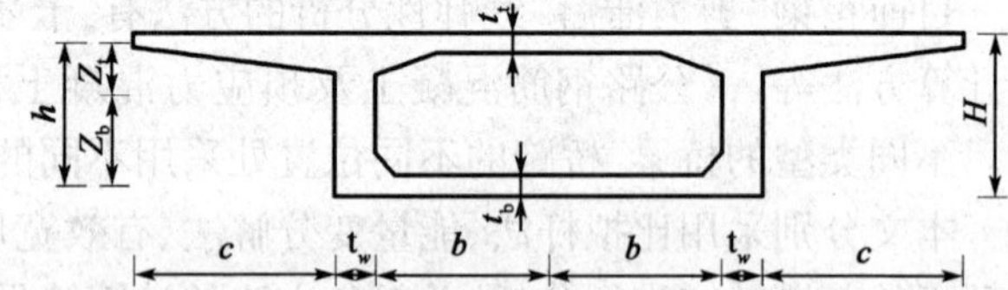

图3　箱梁几何特性示意图

$$\alpha_t = \frac{\left(h + \frac{t_t + t_b}{2}\right)}{Z_t h^2}\left[\frac{1}{6}\left(h + \frac{t_t + t_b}{2}\right)^2 + 2\left(\frac{h}{2} - Z_t\right)^2\right] \tag{5}$$

$$\beta_t = \frac{1}{2Z_t h}\left[\frac{t_t^2}{6} + 2Z_t^2 + \frac{b t_b}{(b + c) t_t}\left(\frac{t_b^2}{6} + 2Z_b^2\right)\right] \tag{6}$$

$$\alpha_b = \frac{\left(h + \frac{t_t + t_b}{2}\right)}{Z_b h^2}\left[\frac{1}{6}\left(h + \frac{t_t + t_b}{2}\right)^2 + 2\left(\frac{h}{2} - Z_b\right)^2\right] \tag{7}$$

$$\beta_b = \frac{1}{2Z_b h}\left[\frac{t_b^2}{6} + 2Z_b^2 + \frac{(b + c) t_t}{b t_b}\left(\frac{t_t^2}{6} + 2Z_t^2\right)\right] \tag{8}$$

在式(5)~式(8)中,I为箱梁截面抗弯惯性矩,其他参数见图3。

(1)当简支梁受均布荷载时,边杆轴力及应力为:

$$N_{\mathrm{E}} = \frac{q_0(2Lx - x^2)}{4H} - \frac{q_0 R\mathrm{ch}[k(L-x)]}{2HA_1k^4\mathrm{ch}(kL)} - \frac{Rq_0(2Lx - x^2)}{4HA_1k^2} + \frac{Rq_0}{2HA_1k^4} \tag{9}$$

$$\sigma_{\mathrm{E}} = \frac{q_0(2Lx - x^2)}{4HA_1^2k^2}(A_1k^2 - R) + \frac{Rq_0}{2HA_1^2k^4}\left\{1 - \frac{\mathrm{ch}[k(L-x)]}{\mathrm{ch}(kL)}\right\} \tag{10}$$

中杆轴力及应力为：

$$N_{\mathrm{C}} = \frac{q_0 R\mathrm{ch}[k(L-x)]}{HA_1k^4\mathrm{ch}(kL)} + \frac{Rq_0(2Lx - x^2)}{2HA_1k^2} - \frac{Rq_0}{HA_1k^4} \tag{11}$$

$$\sigma_{\mathrm{C}} = \frac{q_0 R\mathrm{ch}[k(L-x)]}{HA_1A_2k^4\mathrm{ch}(kL)} + \frac{Rq_0(2Lx - x^2)}{2HA_1A_2k^2} - \frac{Rq_0}{HA_1A_2k^4} \tag{12}$$

上式中 A_1、A_2 分别为顶板边杆、中杆的面积。

$$A_1 = \frac{\beta_t t_t(c+b)}{2} + \frac{\alpha_t t_w h}{2} \tag{13}$$

$$A_2 = \beta_t t_t(c+b) \tag{14}$$

$$k^2 = \frac{Gt_{\mathrm{ef}}}{EC_{\mathrm{b}}}\left[\frac{2}{A_2} + \frac{1}{A_1}\right] \tag{15}$$

$$R = \frac{Gt_{\mathrm{ef}}}{EC_{\mathrm{b}}} \tag{16}$$

（2）当简支梁受集中荷载时，边杆轴力及应力为：

$$N_{\mathrm{E}} = \frac{P(L-x)x}{2LH} - \frac{RP(L-x)}{2LHA_1k^2}\left(x - \frac{\mathrm{sh}kx}{k\mathrm{ch}kx}\right) \tag{17}$$

$$\sigma_{\mathrm{E}} = \frac{P(L-x)x}{2LHA_1} - \frac{RP(L-x)}{2LHA_1^2k^2}\left(x - \frac{\mathrm{sh}kx}{k\mathrm{ch}kx}\right) \tag{18}$$

中杆轴力及应力为：

$$N_{\mathrm{C}} = \frac{RP(L-x)}{LHA_1k^2}\left(x - \frac{\mathrm{sh}kx}{\mathrm{ch}kx}\right) \tag{19}$$

$$\sigma_{\mathrm{C}} = \frac{RP(L-x)}{LHA_1A_2k^2}\left(x - \frac{\mathrm{sh}kx}{\mathrm{ch}kx}\right) \tag{20}$$

将箱梁的几何特性代入上式，可以得到以下结果：在均布荷载作用下，跨中截面剪滞系数为 1.02；在集中荷载作用下，跨中截面剪滞系数为 1.16。

2. 能量变分解法计算箱梁翼缘的正应力

在《箱梁设计理论》一书中详细介绍用能量变分解法求解等截面矩形箱梁剪力滞效应的理论。该理论认为宽箱梁在受弯时，若肋板间距较大，上下翼缘由于剪切变形的影响已经不满足平截面假定，仅用梁的挠度来描述梁的弯曲变形已经不够。为考虑正应力横向分布采用两个广义位移来描述箱梁的弯曲变形，分别为竖向挠度和纵向位移。在研究剪滞效应时采用翼板纵向位移函数模式不同，分析得到的剪滞效应结果也是不同的。研究表明翼板纵向位移沿横向采用三次抛物线函数时计算结果比较符合实测结果。

根据最小势能原理，当结构处于平衡状态时，在外力作用下发生虚位移时，体系总位能的变分为零，即

$$\delta\prod = \delta(\overline{V} - \overline{W}) = 0 \tag{21}$$

式中：V——结构的应变能；

W——外力势能。

当跨中作用集中力荷载时，截面正应力为

$$\sigma_x = \mp \frac{h_i}{I}\left[M(x) - \frac{7nP}{12k}\left(1 - \overline{y^3} - \frac{3I_s}{4I}\right) \times \frac{\mathrm{sh}kx}{\mathrm{ch}\dfrac{kl}{2}}\right] \tag{22}$$

当全桥作用均布荷载时，截面正应力为

$$\sigma_x = \mp \frac{h_i}{I}\left[M(x) - \frac{7nq}{6k^2}\left(1 - \overline{y^3} - \frac{3I_s}{4I}\right) \times \left(1 - \mathrm{ch}kx + \frac{\mathrm{ch}kl - 1}{\mathrm{sh}kl}\mathrm{sh}kx\right)\right] \tag{23}$$

式中：h_i 为截面顶、底板距离截面形心的距离；I 为截面抗弯惯性矩；$M(x)$ 为截面弯矩值；P 为集中荷载值；l 为梁的计算长度；I_s、$\overline{y}$、n、k 具体值可参考《箱形梁设计理论》一书。

将 $x = l/2$ 代入上式可以得到在跨中位置处正应力沿横向分布如图4、图5所示：

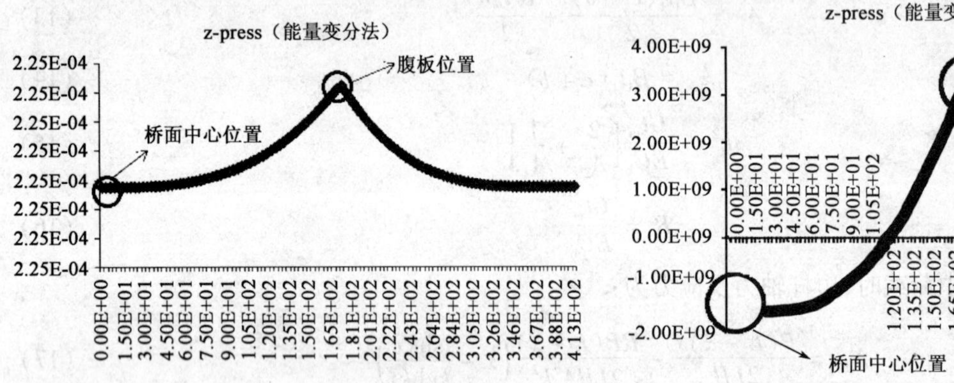

图4 跨中集中荷载作用　　图5 均布荷载作用

同时可以得到以下结论：在集中荷载作用下，跨中截面剪滞系数为1；在均布荷载作用下，跨中截面剪滞系数为1.20。

3. 数值方法计算箱梁翼缘的正应力

用有限元软件ansys建立实体单元模型，如图6所示。在均布荷载和跨中集中荷载作用下跨中和梁端顶板正应力横向分布如图7、图8所示。

可以得到以下结论：在集中荷载作用下，跨中截面剪滞系数为1.1；在均布荷载作用下，跨中截面剪滞系数为1.02。

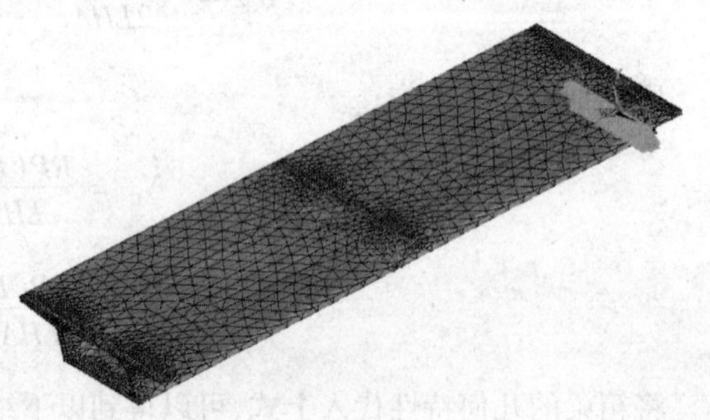

图6 ansys箱梁实体单元模型

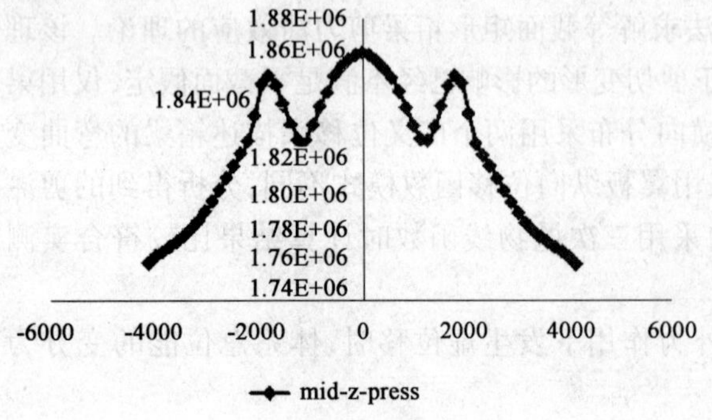

图7 均布荷载作用

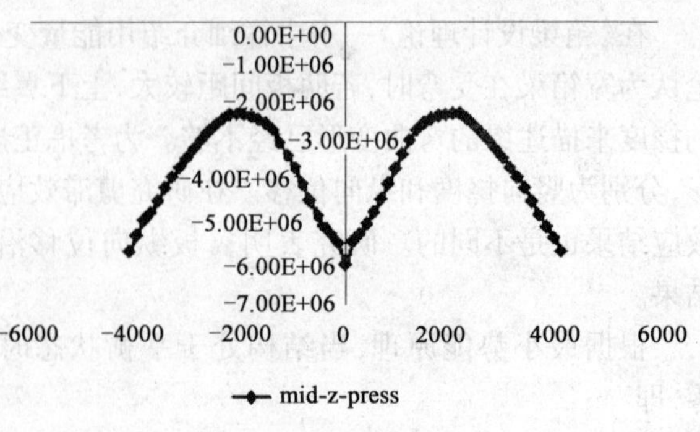

图8 跨中集中荷载作用

4.有效宽度法计算箱梁翼缘的正应力

《公路钢筋混凝土及预应力混凝土桥涵设计规范》采用的有效宽度法,该方法为了用平面应力求解作如下假定:

(1)梁腹板仍然满足平截面假定,可采用初等梁理论进行计算。

(2)若翼缘的厚度与腹板的高度比常小于1/5,翼缘的抗弯刚度远小于腹板的抗弯刚度,计算时可忽略腹板的抗弯刚度。

(3)忽略正应力沿腹板厚度方向的变化。

(4)不考虑上、下翼缘板受压屈曲现象(钢箱梁中尤甚)。

各国规范对简支梁荷载有效分布宽度的规定不同,具体差异可参考相关文献。根据《公路钢筋混凝土及预应力混凝土桥涵设计规范》4.2.3规定可知,顶板悬挑翼缘有效宽度计算系数ρ_f取值为0.7,顶、底板其他位置有效宽度计算系数ρ_f取值为0.72,折算后的截面(一半),如图9所示。

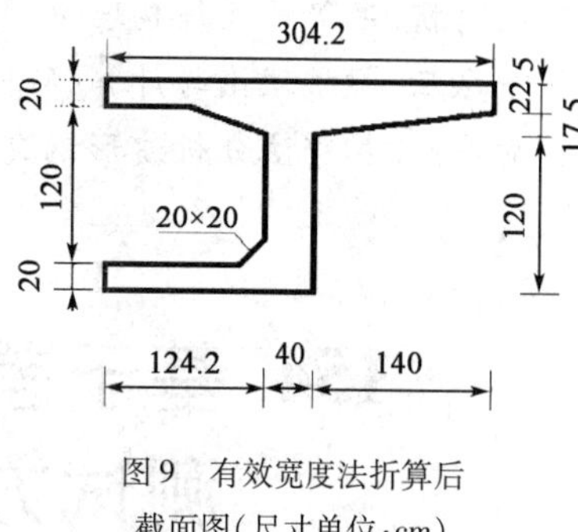

图9 有效宽度法折算后截面图(尺寸单位:cm)

有效宽度法折算后截面特性对比 表1

截面 \ 截面特性	抗弯惯性矩$I(x)$(m^4)	质心距顶板上缘距离y(cm)
原截面	1.33	58.27
折算后截面	1.07	56.75

采用有效宽度法计算剪滞效应时,《公路钢筋混凝土及预应力混凝土桥涵设计规范》将正应力沿横向均匀分布。根据表1可知,折算前后正应力比值为1.22。

三、计算结果对比

将上述各方法的计算结果汇总如表2所示。

各计算方法结果汇总 表2

计算方法	荷载类型		计算方法	荷载类型	
	均布荷载作用	跨中集中荷载作用		均布荷载作用	跨中集中荷载作用
比拟杆法	1.02	1.16	数值模拟	1.02	1.10
能量变分解法	1.20	1.00	有效宽度法	1.22	1.22

由表2可以看出,在均布荷载作用下,当采用能量变分解法、有效宽度法计算跨中截面的剪滞效应时,其结果相对偏大;比拟杆法和数值模拟的计算结果相对偏小。在跨中集中荷载作用下,有效宽度法计算跨中截面的剪滞效应时,其结果相对偏大;能量变分解法的计算结果相对偏小;比拟杆法和数值模拟的计算结果相差较小。

总体来说各个方法计算结果相差不大,在均布荷载作用下计算结果最大相差16.4%,在跨中集中荷载作用下计算结果最大相差18.0%。

剪滞效应的精确计算是一个非常复杂的问题,实际工程可用比拟杆法计算,该方法在一定范围内能够满足精度要求,计算方法简单易行;有效宽度法计算结果相对保守,计算结果偏安全,设计时直接将截面特性折减,按照经典梁理论计算即可。另外,目前本文对剪滞效应的研究限于线弹性阶段,其他非线性因素对剪滞效应的影响有待进一步研究。

参考文献

[1] 郭金琼.箱形梁设计理论(第二版)[M].北京:人民交通出版社,2008.

[2] 范立础.桥梁工程[M].北京:人民交通出版社,2008.

[3] 范立础. 高等桥梁设计理论[M]. 北京:人民交通出版社,2009.
[4] 刘钊. 桥梁概念设计与分析理论[M]. 北京:人民交通出版社,2008.
[5] 曹国辉,邓洁. 比拟杆法分析薄壁箱梁桥剪力滞效应[J]. 森林工程,2003,第19卷,第6期.
[6] 项海帆. 高等桥梁结构理论[M]. 北京:人民交通出版社,2002.
[7] 程翔云. 梁桥理论与计算[M]. 北京:人民交通出版社,1986.
[8] 向宇. 比拟杆法分析波形钢腹板箱梁剪力滞效应[D]. 长沙:硕士学位论文,2011.

154. 基于差分原理的桥梁转角位移简化测试方法及其几何证明

韩之江　郭文龙　陈栋栋　赵　雷　刘志华　毛　敏
(山西省交通科学研究院　黄土地区公路建设与养护技术交通行业重点实验室)

摘　要　本文基于有限差分原理,从小变形的平面弯曲理论和挠曲线近似方程出发,结合位移测试结果,导出截面转角的简化测试和计算方法,通过解析几何法予以证明,并对测点数量及间距对测试结果的影响进行了详细分析,计算结果表明在具有足够测点数量的前提下,该方法具有较好的测试精度,可为今后桥梁荷载试验和损伤评估中的主梁转角位移测试提供依据。

关键词　有限差分法　解析几何法　转角　静挠度　简化测试　损伤识别

一、引　言

在桥梁结构分析与试验过程中,转角位移并不是一个陌生的概念,但由于桥梁结构一般刚度较大,转角位移属于远小于1°小角度问题,现有的测量仪器很难分辨出足够的精度,因此就无法将该参数作为一种控制指标。由于应变一般与测试截面自身的刚度有很大关系,反映当前测试截面的损伤程度较为明显,但对于相邻截面的健康状态的反映程度有限,而挠度是与结构整个影响线(面)范围内结构每个截面的刚度均有密切关系,少数截面的损伤对结构关心截面挠度测试结果的影响并不显著,因此在桥梁现场试验中,特别是旧桥的试验过程中,经常出现部分测试截面应力校验系数不满足,而挠度校验系数满足规范要求的尴尬局面,因此如何结合桥梁结构的受力特点,对桥梁每个测试断面的损伤程度作出较合理的评估,同时通过试验结果反演结构关心截面的损伤特性,已经成为广大桥梁工程者研究的热点问题,而位移测试参数的关键则是结构的转角位移[1-7]。

目前的桥梁测试过程中,测试指标主要以应变和挠度(即竖向位移)为主,其中竖向位移因其受环境特别是温度、湿度的干扰小而具有较高的稳定性。本文拟采用差分原理,在不增加其他测试指标的前提下,结合挠度测试结果,导出截面转角的简化计算方法,然后通过解析几何法予以证明,并对测点数量及间距对测试结果的影响进行了详细分析。

二、转角测试的差分原理

主梁在对称弯曲的情况下,变形后梁的轴线将成为平面内的一条光滑的曲线,这条曲线就称为挠度曲线[8-13],假设主梁变形后的挠曲线方程为 $y=f(x)$,显然在 x 测点附近的挠度值为 $y=f(x+\Delta x)$,将该方程用 Talay 级数展开为:

$$y=f(x+\Delta x)=f(x)+\Delta x\frac{\mathrm{d}f}{x}+\frac{\Delta x^2}{2!}\frac{\mathrm{d}^2 f}{x^2}+\frac{\Delta x^3}{3!}\frac{\mathrm{d}^3 f}{x^3}+\cdots \tag{1}$$

$\therefore\ \theta=\dfrac{\mathrm{d}f}{x}=\dfrac{f(x+\Delta x)+f(x)}{\Delta x}+o(\Delta x)$，其中 $o(\Delta x)$ 为 θ 的高阶无穷小量或截断误差，当 $o(\Delta x)$ 足够小时，则截面的转角为：

$$\theta=\frac{\mathrm{d}f}{x}\approx\frac{f(x+\Delta x)-f(x)}{\Delta x}\qquad \text{一阶向前差分}$$

$$\theta=\frac{\mathrm{d}f}{x}\approx\frac{f(x)-f(x-\Delta x)}{\Delta x}\qquad \text{一阶向后差分}$$

$$\theta=\frac{\mathrm{d}f}{x}\approx\frac{f(x+\Delta x)-f(x-\Delta x)}{2\Delta x}\qquad \text{一阶中心差分}\tag{2}$$

截面的曲率为：

$$\frac{1}{\rho}=\frac{\mathrm{d}^2f}{x^2}\approx\frac{f(x+\Delta x)-2f(x)+f(x-\Delta x)}{\Delta x^2}\qquad \text{二阶差分}\tag{3}$$

式中：$f(x)$——分别为 x 测点处的主梁位移(mm)；

$f(x+\Delta x)$——分别为 x 前距离为 Δx 测点处的主梁位移(mm)；

$f(x-\Delta x)$——分别为 x 后距离为 Δx 测点处的主梁位移(mm)；

Δx——两相邻测点处的水平距离(mm)；

θ——截面转角(rad)。

三、转角测试的几何证明

解析几何法是解释自然现象的最为简单和科学的方法之一，为了不失一般性，本文假设测点位于任意曲线段，其中主梁受力前位于基准面 DEF 上，$AB=BC=L$，受力后为 ABC，该梁段设三个挠度测点 A、B、C，$DF//AG//NH//CK$，AI、BJ、CI 分别为圆弧中 A、B、C 点的切线，O 为弯曲中心。如下图所示：

显然 AD、BE、CF 为单元 ABC 三点的位移值，$\angle GAI$、$\angle HBJ$、$\angle KCI$ 分别为单元 A、B、C 三点处的转角位移，由于桥位处路线纵坡一般不大，且桥梁弯曲过程中的转角属于小角度问题，即：

$$\angle GAB\approx\frac{BE-AD}{L}=\frac{f_B-f_A}{L}\tag{4}$$

$$\angle HBC\approx\frac{CF-EB}{L}=\frac{f_C-f_B}{L}$$

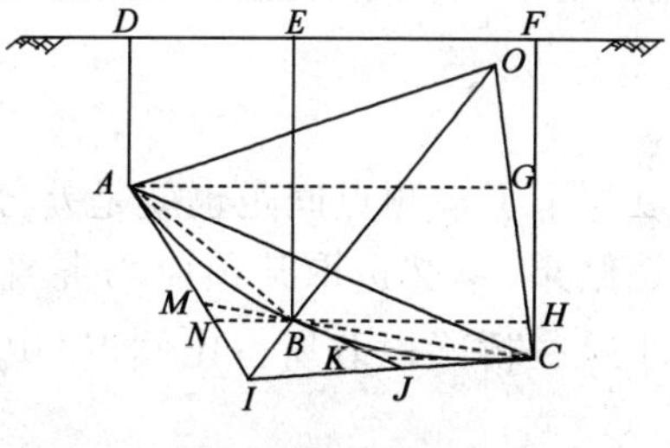

图1 挠度测点位置

$$\theta_A=\angle GAB+\angle BAI=\frac{f_B-f_A}{L}+\frac{\angle AOC}{4}\qquad \text{(弦切角等于其所夹弧所对应的圆心角的一半)}\tag{5}$$

$$\theta_B=\angle HBJ=\angle HBC+\angle CBJ=\angle HBC+\frac{\angle AOC}{4}=\frac{f_C-f_B}{L}+\frac{\angle AOC}{4}\qquad \text{(同式5)}\tag{6}$$

$\because\ \angle HBC=\angle MBN=\angle ABN-\angle ABM$ （对顶角相等）

又$\because\ AG//NH$

$\therefore\ \angle ABN=\angle GAB=\dfrac{f_B-f_A}{L}$

$\because\ \angle ABM=\angle BAC+\angle BCA$ （三角形某一外角等于其不相邻两个内角之和）

又$\because\ \angle BAC=\angle BCA=\dfrac{\angle AOC}{4}$ （同式5）

$$\therefore \angle ABM = 2 \times \frac{\angle AOC}{4} = \frac{\angle AOC}{2} \tag{7}$$

$$\therefore \angle HBC = \angle ABN - \angle ABM = \frac{f_B - f_A}{L} - \frac{\angle AOC}{2} \tag{8}$$

由式(6)、式(8)可知：

$$\theta_B = \angle HBC + \angle CBJ = \angle HBC + \frac{\angle AOC}{4} = \frac{f_B - f_A}{L} - \frac{\angle AOC}{4} \tag{9}$$

取式(6)、式(9)的平均值可得：

$$\theta_B = \frac{1}{2}\left(\frac{f_C - f_B}{L} + \frac{\angle AOC}{4} + \frac{f_B - f_A}{L} - \frac{\angle AOC}{4}\right) = \frac{f_C - f_A}{2L}$$

如果把测点距离看做是测点位置增加步长，即可得到解析几何方法的有限差分公式：

$$\theta_B = \frac{f_C - f_A}{2L} = \frac{f(x + \Delta L) - f(x - \Delta L)}{2\Delta L} \tag{10}$$

$$\text{同理：}\theta_C = \angle KCI = \angle BCI - \angle BCK = \frac{\angle AOC}{4} - \frac{f_C - f_B}{L} \tag{11}$$

如果要用几何法求解转角位移，可由式(3)得：

$$\theta = \frac{\Delta x}{\rho} = \frac{d^2 f}{x^2} \times \Delta x \approx \frac{f(x + \Delta x) - 2f(x) + f(x - \Delta x)}{\Delta x},$$

$$\text{则 } \angle AOC = \frac{2L}{\rho} = \frac{2[f(x + \Delta x) - 2f(x) + f(x - \Delta x)]}{\Delta x} \tag{12}$$

对于一般的主梁测点，在两端处可分别采用 θ_A 和 θ_C，中间测点处可采用 θ_B 计算公式，不过由于几何法一般只计大小，无法顾及到方向问题，在计算中稍加注意即可。

四、算　　例

为了了解测点间距也就是差分步长对于计算结果的影响程度，以及各种方法在首尾测点处的计算结果，本文选取某预应力混凝土空心板，$L = 16\text{m}$，C50 混凝土，$E_c = 3.45 \times 10^4\text{MPa}$，由于常规中小跨径桥梁恒载所占比例占 60% 以上[14]，所引起的转角位移一般大于活载效应，本文统一采用恒载作用下的结构位移值作为比较指标，单元划分按照桥梁荷载试验的习惯分别按 4、8、16 等分形式，其中主梁挠度采用精确解，分别计算不同等分数量情况下的转角位移计算精度的误差大小。详见图 2、图 3：

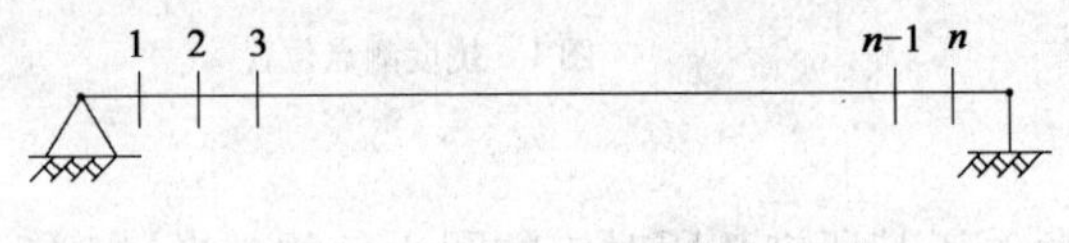

图 2　挠度点数量

由表 1 可见：

(1) 有限差分法在各点的计算结果的稳定性较好，而几何方法在第一测处误差较大；

(2) 采用同一种计算方法，主梁转角位移的计算精度随着测点数量的增量而提高；

(3) 以本文所例举示例为 8 等分为例，最大误差约为 19‰，按最大转角 0.00222rad 计算，约 0.87″的绝对误差，若采用 16 等分点时为 3‰，约合 0.14″的绝对误差，基本能够满足试验精度要求。

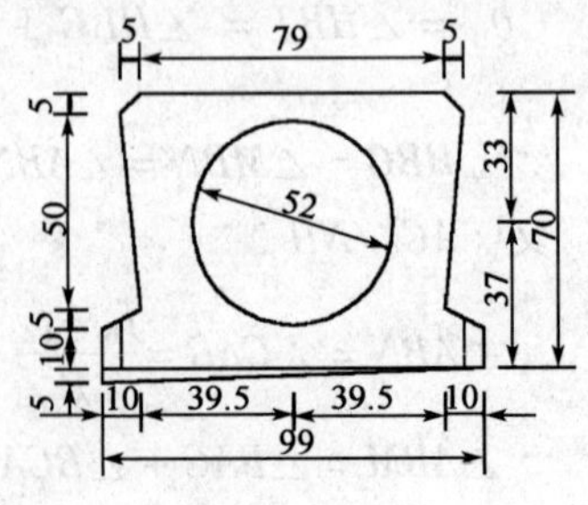

图 3　空心板截面（尺寸单位：cm）

不同方法的转角位移计算结果及其误差

表1

		支点	$L/16$	$L/8$	$3L/16$	$4L/16$	$4L/16$	$5L/16$	$7L/16$	$8L/16$	$9L/16$	$10L/16$	$11L/16$	$12L/16$	$13L/16$	$14L/16$	$15L/16$	支点
4等分	挠度(mm)	0.00				-7.99				-11.21				-7.99				0.00
	转角精确解($rad/10^3$)	2.222				1.528				0				-1.528				-2.222
	差分法结果($rad/10^3$)	1.998				1.402				0.000				-1.402				-1.998
	误差(%)	-10.07				-8.27				—				-8.27				-10.07
	几何法结果($rad/10^3$)	1.402				1.402				0.000				-1.402				-1.998
	误差(%)	36.9				-8.27				—				-8.27				-10.07
8等分	挠度(mm)	0.00		-4.36		-7.99		-10.38		-11.21		-10.38		-7.99		-4.36		0.00
	转角精确解($rad/10^3$)	2.222		2.031		1.528		0.816		0		-0.816		-1.528		-2.031		-2.222
	差分法结果($rad/10^3$)	2.180		1.998		1.506		0.805		0		-0.805		-1.506		-1.998		-2.180
	误差(‰)	-19		-16		-15		-13		—		-13		-15		-16		-19
	几何法结果($rad/10^3$)	1.998		1.998		1.506		0.805		0.000		-0.805		-1.506		-1.998		-2.180
	误差(‰)	100		-16		-15		-13		—		-13		-15		-16		-19
16等分	挠度(mm)	0	-2.23	-4.36	-6.30	-7.99	-9.37	-10.38	-11.00	-11.21	-11.00	-10.38	-9.37	-7.99	-6.30	-4.36	-2.23	0.00
	转角精确解($rad/10^3$)	2.222	2.172	2.031	1.812	1.528	1.191	0.816	0.414	0	-0.414	-0.816	-1.191	-1.528	-1.812	-2.031	-2.172	-2.222
	差分法结果($rad/10^3$)	2.229	2.1795	2.0375	1.817	1.532	1.1945	0.818	0.4155	0	-0.4155	-0.818	-1.1945	-1.532	-1.817	-2.0375	-2.1795	-2.229
	误差(‰)	3	3	3	3	3	3	2	4	—	4	2	3	3	3	3	3	3
	几何法结果($rad/10^3$)	2.279	2.180	2.038	1.817	1.532	1.195	0.818	0.416	0.000	-0.415	-0.818	-1.195	-1.532	-1.817	-2.038	-2.180	-2.229
	误差(‰)	25	3	3	3	3	3	2	4	—	4	2	3	3	3	3	3	3

五、结　语

(1)本文在深入研究有关截面转角测试和计算方法的基础上,结合目前常用的桥梁试验方法和测试仪器,基于有限差分原理,导出桥梁转角位移的简化计算和计算方法,然后采用解析法予以证明,并通过实例进行验证,计算结果表明有限差分法能够对桥梁转角位移进行有效近似计算,测试误差基本能够满足刚度较大的梁式桥梁荷载试验精度的要求。

(2)本文所提出的解析几何方法在计算主梁第一点的转角位移 θ_A 时,仍有一定误差,建议第一点转角位移计算不宜采用解析几何方法。

参考文献

[1] 周马生,李毅谦,向志海,等. A Modified Extended Bayesian Method for Parameter Estimation[J]. 清华大学学报,2007. 12(5):546-552.

[2] 崔军,贺拴海,宋一凡,等. 基于裂缝特征的钢筋混凝土板式结构评估研究[J]. 中国公路学报,2001,14(2):58-60.

[3] 崔飞,袁万城,家钧. 基于静态应变及位移测量的结构损伤识别法[J]. 同济大学学报,2000. 28(1):5-8.

[4] 张启伟. 范立础. 利用动静力测量数据的桥梁结构损伤识别[J]. 同济大学学报,1998. 26(5):526-531.

[5] Hajela p. Soeno F J. Recent developments in damage detection based on system identification methods [J]. 1990(2):1-10 .

[6] M. R. Banan, M. R Banan and K. D. Hjelmstad. Parameter estimation of structures from static response, I. Computational aspects [J]. Journal of Structural Engineering. 1994, V120(11):3243-3258.

[7] 刘效尧,刘晖. 桥梁的损伤识别[J]. 合肥工业大学学报,2001. 24(3):327-331.

[8] 徐攀. 基于梁体转角的一种桥梁挠度测量方法与试验研究[D]. 重庆交通大学,2010.

[9] 袁继雄,王湛,周斌,等. 钢框架梁柱节点转角测试技术现状研究[J]. 建筑结构学报,2009.

[10] 韩军. 景彩去. 吴玲玲,等. 基于 DSP 的图像处理在转角测试中的应用[J]. 国外电子测量技术,2013.

[11] 冯康. 数值计算方法[M]. 国防工业出版社,1978:465-606.

[12] 刘庆潭. 材料力学[M]. 机械工业出版社,2003:126-140.

[13] 杨菲. 大纵坡桥梁梁板产生位移的原因与分析[J]. 山西交通科技,2011,6(213):69-71.

[14] 邵旭东. 桥梁工程[M]. 人民交通出版社,2004.

155. 基于随机有限元法的在役预应力混凝土T梁桥可靠度影响因素分析

王　鹏[1,2]　张　力[1]　赖　明[1,2]

(1. 招商局重庆交通科研设计院有限公司;2. 重庆大学)

摘　要　研究基于随机有限元法的在役预应力混凝土梁桥结构可靠度仿真分析。预应力筋腐蚀导致的截面积退化及有效预应力是影响该类桥梁抗力的特殊因素。在已有试验研究的基础上,提出在役预应力混凝土梁桥的失效模式,进而提出该类梁桥结构体系失效的功能函数。基于随机有限元法,采用通用有限元程序 Ansys 对预应力混凝土简支 T 梁桥、连续 T 梁桥可靠性展开仿真分析研究。研究表明,影响在役预应力混凝土 T 梁桥抗弯可靠度的主要因素为预应力筋有效截面面积、结构自重、汽车荷载及有效预应力。影响在役预应力混凝土桥梁抗剪可靠度则主要是预应力筋有效截面面积、有效预应力。

关键词　预应力　T 梁桥　随机有限元法　可靠度

一、引　言

在役桥梁总会存在着不同程度的结构累积损伤,这不但影响桥梁的正常运营，而且会危及结构的使用安全。国内外多座桥梁的突然破坏与倒塌,见表 1。

桥梁失效实例　表 1

桥　名	所在国家	桥　型	事故发生时间	事故简况	失效原因
Yuysy Gwas 桥	英国	混凝土梁桥	1985	倒塌	预应力筋锈蚀
帕劳岛桥	帕劳共和国	预应力混凝土梁桥	1996	倒塌	预应力筋腐蚀
Sunshine Skyway 桥	美国	预应力混凝土梁桥	2000	几束预应力钢束锈蚀	侵蚀性海洋环境；预应力筋腐防腐设计缺陷；施工单位没有后张预应力施工经验
京广线石家庄百孔大桥	中国	预应力混凝土梁桥	2000	第 52 孔曲线内梁的腹板箍筋和一束预应力钢丝束锈断	预应力筋腐蚀
辽宁盘锦田庄台大桥	中国	预应力混凝土连续刚构桥	2004	第 9 孔悬臂端预应力结构瞬间脆性断裂，桥板坍塌	内部预应力筋严重受损、超载
钱塘江三桥引桥	中国	预应力混凝土空心板桥	2011	板与板之间的铰缝构造较弱，钢筋混凝土整体化层较薄弱	边部空心板翻转而塌陷

实际工程结构多是静不定的,这时不能用串联系统模型来计算可靠度,而采用系统可靠度理论求解存在困难。迄今,尚没有成熟的识别破坏模态的方法。

为避开上述难点,对复杂结构,可选择某个反应分量作为代表,当这分量超过某个限值时,结构即为“破坏”。对延性结构,这个方法必须充分考虑结构的弹塑性。

数值模拟技术是进行桥梁工程极限分析的重要手段,在桥梁工程领域借助高性能的仿真分析可以有效地弥补试验研究的不足,可为深入研究桥梁体系在各种灾害下的破坏模式和安全状况提供依据。本文基于随机有限元方法,采用大型通用有限元程序 Ansys 分析在役预应力混凝土梁可靠度影响因素。

二、ANSYS 的随机有限元分析方法

ANSYS 软件 PDS 模块提供了进行结构可靠性分析的开发平台,可以解决以下问题:根据模型中输入参数的不确定性计算待求结果变量的不确定性;确定由于输入参数的不确定性导致结构失效概率数值;判断对输出结果和失效概率影响最大的参数,计算输出结果相对于输入参数的灵敏度;确定输入变量输出变量之间的相关系数等。

ANSYS 中两种基本的概率设计方法为蒙特卡罗法(Monte Carlo)法和响应面法(Response Surface Method)。两者计算效率的比较如下,以某一矩形截面预应力混凝土梁为例,该梁梁体 solid45 划分实体单元 3040 个、预应力筋束 link8 划分单元 74 个。分别采用蒙特卡罗法和响应面法计算梁正常使用状态的可靠概率。蒙特卡罗法分析精度由抽样次数 N 决定,抽样次数越多,精度越高,因此,为了保证一定的精度,必须满足抽样此时 $N \geqslant 100/P_f$,响应面法中抽样循环的次数取决于随机变量的个数,回归拟合响应面方程后,可直接利用响应面方程代替有限元模型，能节省大量的计算时间。两种方法计算的结果列于

表 2,采用蒙特卡罗法抽样 5000 次能满足精度要求,失效概率为 6.4%,采用响应面法计算得到失效概率为 6.5%,两种方法的计算结果基本相符合,比较可见响应面法能满足一定的精度要求,而且能节省大量的计算时间。可见采用响应面法的计算效率更高,故以下分析主要采用响应面法。

矩形梁的失效概率 表 2

方法	抽样次数	均值	方差	失效概率	可靠度指标	计算时间(min)
蒙特卡罗法	50	-2.4257	1.5153	7.811%	1.6008	15
	500	-2.4253	1.5797	5.736%	1.5353	40
	1000	-2.4254	1.5744	6.919%	1.5405	120
	3000	-2.4254	1.5776	7.026%	1.5374	300
	5000	-2.4254	1.5550	6.390%	1.5597	500
响应面法	25	-2.4253	1.5670	6.516%	1.5477	10

在 ANSYS 中进行结构的可靠性分析时,通常由"生成分析文件、可靠性分析、阶段结果后处理三个步骤组成"。分析文件包括构建结构有限元模型、定义分析类型及加载等的求解模块以及结果提取,是可靠度分析的基础。可靠性分析主要包括指定可靠性分析文件、选择和定义输入变量以及输出变量之间的相关系数、确定各输入变量服从的分布类型和分布函数、选择分析工具和方法。

ANSYS 可靠度分析基本命令流(APDL)代码描述如下:

```
/INPUT,…   ! 读入分析文件
/PDS       ! 进入可靠度分析模块
PDANL,…    ! 指定分析文件
PDVAR,…    ! 指定输入变量,并确定分布类型及分布参数
PDVAR,…    ! 指定可靠度分析的输出结果变量
PDMETH,…   ! 设定分析方法,包括蒙特卡罗法和响应面法
PDEXE,…    ! 执行分析循环
```

结果后处理通常包括抽样过程显示! 灵敏度分析! 变量之间的相关性等,常用的命令流(APDL)代码描述如下:

```
PDSHIS,…   ! 绘制输入变量的抽样曲线
PDHIST,…   ! 显示输出变量的柱状图
PDSENS,…   ! 输入变量对输出变量的灵敏度显示
```

三、在役预应力混凝土梁桥抗力影响特殊因素

1. 预应力筋腐蚀

(1)预应力筋截面积退化

从已有的试验研究来看,钢绞线存在坑蚀现象,但随锈蚀率的增大,坑深分布渐趋相同;这说明腐蚀的发展伴随着新蚀坑的不断开发和老蚀坑的不断融合,故总体可按均匀腐蚀考虑预应力筋的腐蚀损失。此外,应力腐蚀敏感性长期试验研究的结果表明,氯盐环境下混凝土内钢绞线对应力腐蚀并不敏感[1]。

一根腐蚀的预应力丝在均匀腐蚀下,在时刻 t 的半径减少量采用彭健新(2010)[2]提出的模型为:

$$\Delta r(t) = 0.116 i_{corr}(t - t_s) \tag{1}$$

式中:t_i——腐蚀开始时间;

i_{corr}——腐蚀电流密度,$\mu A/cm^2$。

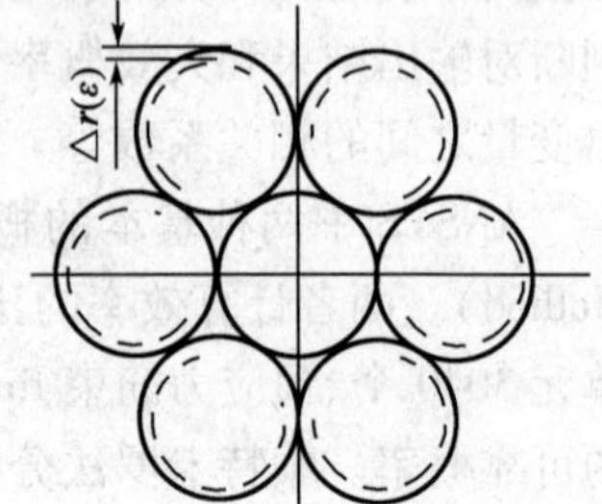

图 1 预应力筋的均匀损失模型

如图 1 所示,一根预应力筋由 7 根预应力丝组成。假设所有的预应力

丝的腐蚀电流密度是相同的,而且只有暴露在混凝土中的预应力丝才会腐蚀损失,则该预应力筋在腐蚀 t 年后的剩余面积为:

$$A_{st}(t) = \begin{cases} 7\pi r^2 & 0 \leqslant t < t_s \\ 3\pi r^2 + 4\pi[r - \Delta r(t)]^2 & t_s \leqslant t < 100 \end{cases} \tag{2}$$

在桥梁设计寿命期内,钢绞线被完全腐蚀的可能性较小,上式假设预应力筋束锈蚀量最大不超过钢束截面的4/7。

实例:设某桥中一根预应力筋截面面积为139mm^2,由7根5.0mm预应力丝组成,混凝土中预应力筋的平均腐蚀电流0.41μA/cm^2。可得因锈蚀预应力筋截面面积随时间变化如图2。

(2)腐蚀预应力筋力学性能

目前,预应力混凝土结构概率性能评估工作非常有限,主要是因为与钢筋混凝土结构相比,预应力混凝土结构使用历史相对较短,很多问题还没有暴露出来。郑亚明、安琳等(2005)[3]、罗小勇(2008)[4]、曾严红(2010)[5]采用钢绞线加速锈蚀试验,研究建立了锈蚀率与钢绞线名义极限强度、名义弹性模量和延伸率之间关系的数学表达式。

试验表明,随着锈蚀率的增大,腐蚀钢绞线的名义极限强度、名义弹性模量、名义延伸率总体均呈下降趋势。其中腐蚀钢绞线锈蚀率与延伸率的关系比较见图3。其中罗小勇模型更符合实际情况。

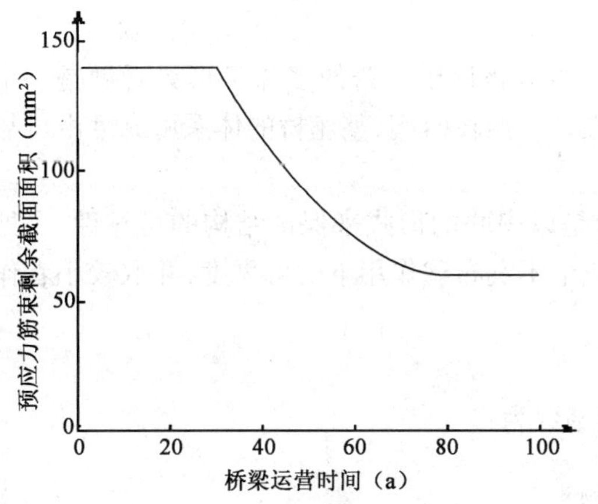

图2 预应力筋均匀锈蚀损失下剩余截面面积随时间变化

图3 名义延伸率与锈蚀率之间的关系曲线

随着锈蚀率的增大,应力—应变曲线中的线弹性段逐渐变短,强化段逐渐变短乃至消失。工程事故中腐蚀力筋的脆性断裂,更大程度上应是坑蚀效应引起的应力集中过载断裂。

2. 有效预应力

由于混凝土长期的收缩和徐变,引起的预应力损失将相当可观。王钧利(2004)[6]列举了休斯敦运河桥通车4000d时预应力损失率如表3所示。

休斯敦运河桥通车4000d时预应力损失率 表3

预应力部位		通车时(MN)	4000d时(MN)	预应力损失率(%)
最大悬臂预应力	边跨	243.35	228.23	6.2%
	中跨	241.93	219.20	9.4%
最大连续预应力	边跨	42.43	38.96	8.2%
	中跨	80.64	74.64	7.5%

闫磊、贺栓海(2010)[7]利用自主开发的预应力钢束张力测试仪采集了有效预应力的随机样本,对钢束有效预应力实际值与理论值相对关系的统计规律进行了研究。通过模型试验及连续刚构桥实桥预应力钢绞线有效预应力测试试验发现,有效预应力统计参数 K_{EP}(有效预应力实测值与有效预应力理论计算值的比值)经 x^2 检验服从正态分布,$K_{EP} \sim N(0.97, 0.09)$。

四、在役预应力混凝土梁桥结构体系失效功能函数

1. 受腐蚀预应力混凝土梁抗弯失效模式试验研究

各国学者对预应力筋腐蚀后预应力混凝土梁的破坏形态、承载能力以及变形性能进行了大量的研究。贾金青、毛伟(2011)[8]进行了腐蚀预应力混凝土梁静动力性能模型试验研究,分析受腐蚀预应力混凝土梁的破坏模式。夏叶飞、徐文平等(2006)[9]进行了在役预应力混凝土简支T梁破坏试验。徐善华(2004)[10]通过18根锈蚀钢筋混凝土简支梁和3根无锈蚀的普通钢筋混凝土对比梁斜截面抗剪性能试验及理论分析,研究在不同剪跨比下,箍筋锈蚀程度对钢筋混凝土简支梁斜截面抗剪性能的影响。

通过以上受腐蚀预应力混凝土梁试验研究结果可见,在役预应力混凝土梁桥抗弯失效模式与预应力筋的锈蚀率有关。预应力筋腐蚀程度不同,破坏模式也不同。预应力筋未腐蚀时,其破坏模式为,跨中普通钢筋屈服,受压区混凝土被压碎;预应力筋锈蚀率较小时,其破坏模式为预应力钢绞线断裂,受压区混凝土被压碎;预应力筋锈蚀率较大时,其破坏模式为预应力钢绞线断裂,压区混凝土未被压碎。

而抗剪试验表明,梁的抗剪破坏形态一般取决于剪跨比,箍筋锈蚀程度和混凝土强度只影响梁抗剪承载力的大小,基本不影响梁的抗剪破坏形态。也即随着箍筋锈蚀程度的增加,梁的抗剪破坏形态不变,仅仅导致抗剪承载力可靠度减低。

2. 简支体系预应力混凝土梁桥失效功能函数

以T梁为例,桥梁是由多片单梁组成的简支桥梁体系,可以将该桥一跨的多片T形梁看做是一个串联体系,任何一根T形梁的失效将导致整座桥不能使用,在任一服役时间,整座桥的体系可靠度由可靠指标最小(失效概率最大)的T梁决定。

对于简支单梁,支点附近斜截面抗剪和跨中截面抗弯是以串联的形式来保证结构的可靠性,一处失效则结构就失效;根据最不利布载,求解这两个截面在相应最不利布载作用下的可靠度,并取较小者作为简支单梁的可靠度。

(1)最不利主梁的跨中截面失效

由以上的分析,最不利主梁的跨中截面失效模式功能函数为:

$$Z_1 = \varepsilon_{cu} - \varepsilon_{max} \tag{3}$$

式中,ε_{cu}为混凝土压应变限值,取0.0033;ε_{max}为最不利荷载作用下跨中截面上缘的最大压应变。

根据试验研究结论,预应力筋锈蚀后,有效截面面积减小,当预应力筋锈蚀率>10%时,会出现预应力钢绞线断裂,压区混凝土未被压碎的破坏形态。此时,最不利主梁的跨中截面失效模式功能函数为:

$$Z_1 = \varepsilon_{y,u} - \varepsilon_{y,max} \tag{4}$$

式中,$\varepsilon_{y,u}$为预应力筋锈蚀后的极限延伸率,根据相关试验,一般可取0.025;$\varepsilon_{y,max}$为最不利荷载作用下跨中截面预应力筋的最大应变。

(2)最不利主梁的斜截面失效

在离支座$h/2$处的斜截面结构可靠度分析中,按照横向分布系数分配荷载施加在梁上,然后在纵向按最不利荷载位置布载,计算得到的失效概率即作为桥梁体系在该失效模式下的失效概率。

对于剪跨比较大的情况,在最不利主梁的离支座$h/2$处的斜截面失效模式中,确定功能函数为:

$$Z_2 = \varepsilon_{cu} - \varepsilon_3 \tag{5}$$

式中,ε_{cu}为混凝土压应变限值,取0.0033;ε_3为最不利荷载作用下离支座$h/2$处的斜截面上的最大主压应变。

3. 连续体系预应力混凝土梁桥失效功能函数

根据预应力混凝土连续梁桥在使用期的特点和要求,考虑到主梁不仅是受力构件,而且是桥面单元,任意截面的破坏,均会导致桥面不宜继续行车,此时即认为结构失效。因此,连续梁的破坏准则为:当连

续梁的某一跨出现由于塑性铰影响即认为整个连续梁破坏,其失效功能函数同简支体系预应力混凝土梁桥。

五、在役预应力混凝土梁桥结构体系可靠度仿真研究

1.基于随机有限元的在役预应力混凝土简支梁桥可靠度分析

(1)简支T梁桥概况

以40m预应力混凝土简支T梁为例,该桥设计荷载均为公路I级。桥面铺80 mm厚的混凝土现浇层、100 mm厚的沥青混凝土桥面铺装。混凝土采用C40混凝土,泊松比为0.2,混凝土标准抗压强度为28MPa,标准抗拉强度为2.6MPa;平均抗压强度为36.38MPa、抗拉强度为3.38MPa。

本构关系参考《混凝土结构设计规范》(GB 50010—2010)。可绘出应力应变曲线如图4所示。

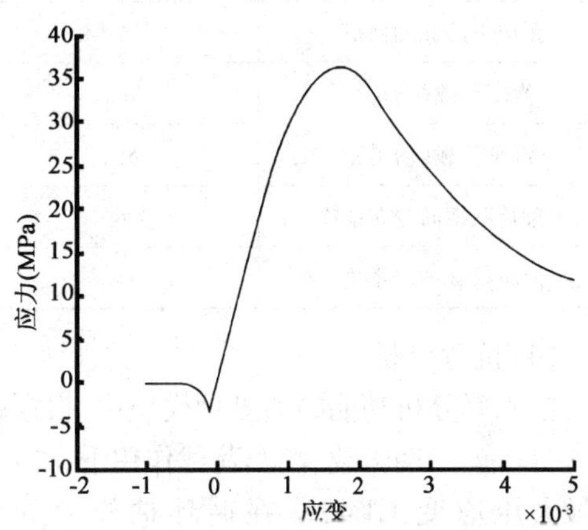

图4 C40混凝土单轴应力—应变曲线

每根梁设置5束$9\phi_j$15.20mm低松弛钢绞线,预应力束布置,其初始弹性模量Ep为1.95×10^5MPa,初始抗拉强度标准值f_{pk}为1860 MPa。采用双线性强化本构模型,并按前述分析考虑预应力筋锈蚀损失导致的截面面积变化。

(2)建模的关键技术

采用solid65单元建立预应力混凝土梁的有限元模型。普通钢筋采用整体式模型,根据配筋率弥散于混凝土单元中;预应力筋采用约束方程法模拟预应力筋与混凝土的黏结,并认为预应力筋和混凝土之间变形协调,不考虑两者之间的黏结滑移。

通过对预应力筋单元施加温度荷载来模拟预应力效应。考虑运营阶段各项预应力损失后,对预应力筋的有效预应力进行精确赋值。简支T梁划分单元后的有限元模型如图5所示。

图5 40mT梁有限元模型

为使计算容易收敛,关闭混凝土压碎选项;裂缝剪力传递系数βt和βc分别取为0.5和0.95;非线性迭代采用Newton - Raphson法,打开线性搜索和自适应下降功能以加速收敛,同时采用较多的荷载子步数。

(3)荷载工况

汽车荷载按照跨中截面弯矩、支点附近截面剪力影响线进行加载,根据本桥跨径取q_k = 10.5kN/ m,P_k = 334.88kN,单根T梁的荷载横向分布系数为0.729,考虑汽车荷载与交通量增长系数1.23。对主梁逐级线性施加活载。预应力混凝土简支T梁加载模式如图6所示。

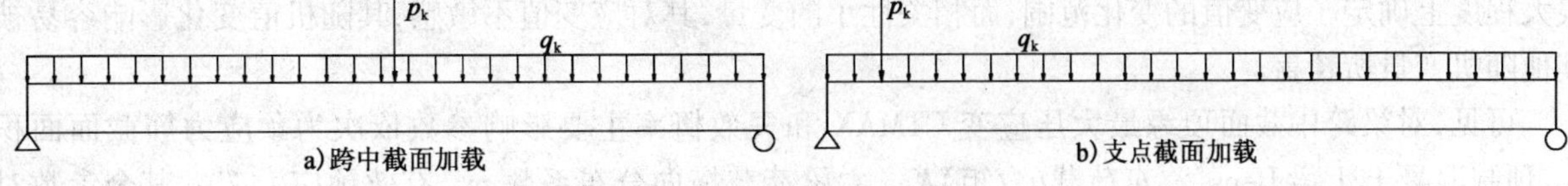

图6 预应力混凝土简支T梁加载

某T梁可靠度影响参数统计表　　表4

参　　数	变量符号	分布类型	平　均　值	变异系数
T梁混凝土强度	f_{cr}	正态分布	f_{cr}	0.14
混凝土弹性模量	E_c	正态分布	Ec	0.05
预制混凝土T梁	$Dens$	正态分布	$1.0212 * Dens$	0.0462
现浇混凝土铺装	D_1	正态分布	$0.9865 * D_2$	0.0980
沥青混凝土铺装	D_2	正态分布	$0.9891 * D_2$	0.1114
有效预应力	T_f	正态分布	$0.97 * T_f$	0.09
预应力筋截面面积	A_y	对数分布	$0.9 * A_y$	0.185
汽车荷载(弯矩)	K_{sq}	正态分布	$0.7882 * K_{sq}$	0.1082
汽车荷载(剪力)	K_{sql}	正态分布	$0.7096 * K_{sql}$	0.0964
主梁荷载横向分布系数	m_1	正态分布	$0.93 * m_1$	0.12
汽车荷载冲击系数	m_u	正态分布	$1.09 * m_u$	0.028

(4)抗弯分析

在概率分析功能的后处理模块中,根据模型中输入参数的不确定性计算得到待求结果变量的不确定性,在自重、二期恒载、汽车荷载作用下,计算得到结构的抗弯失效概率为0。图7是计算得到的梁跨中上缘最大压应变CTMAX在循环抽样后的概率分布柱状图,其中,平均值-0.0001930,最大值为-0.0000796,最小值为-0.000278,标准差为0.0000225。

可以进一步判断对最大应变CTMAX和失效概率影响最大的参数,计算输出结果相对于输入参数的灵敏度,如图8所示,分析包括T梁混凝土强度f_{cr}、混凝土弹性模量E_c、预制混凝土T梁Dens、现浇混凝土铺装荷载D_1、沥青混凝土铺装D_2、有效预应力T_f(实为预应力筋束应变值)、预应力筋截面面积A_y、汽车荷载(弯矩)K_{sq}、主梁荷载横向分布系数m_1、汽车荷载冲击系数m_u共计10个影响因素。

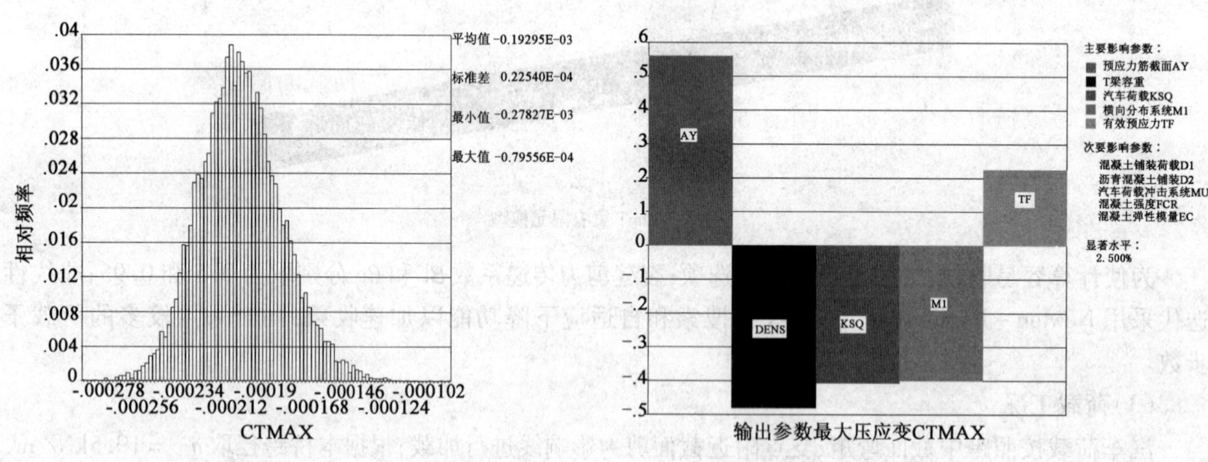

图7　跨中截面顶缘最大应变的概率分布　　　　图8　跨中截面顶缘最大应变的参数敏感性

从图中分析可得,与梁跨中截面顶缘应变值相关性大的随机变量,对应变值敏感,即随机值的变化在很大程度上确定了应变值的变化范围,而相关性小的变量,其对应变值不敏感,其随机值变化影响容易被其他随机变量所覆盖。

可见,对梁跨中截面顶缘最大压应变CTMAX和失效概率主要影响参数依次为预应力筋截面面积A_y、预制混凝土T梁Dens、汽车荷载(弯矩)K_{sq}、主梁荷载横向分布系数m_1、有效预应力T_f。其余参数对梁顶最大应变值得影响则很小。

(5)抗剪分析

在自重、二期恒载、汽车荷载作用下,计算得到结构的抗弯失效概率为0。如图9所示,在预制混凝土T梁Dens、有效预应力T_f、预应力筋截面面积A_y、汽车荷载(弯矩)K_{sq}、主梁荷载横向分布系数m_1共计5个影响因素中,对梁支点附近截面腹板应变影响最大的参数是预应力筋截面面积A_y,其次是有效预应力T_f,其余参数对支点附近腹板主压应变影响相对很小。

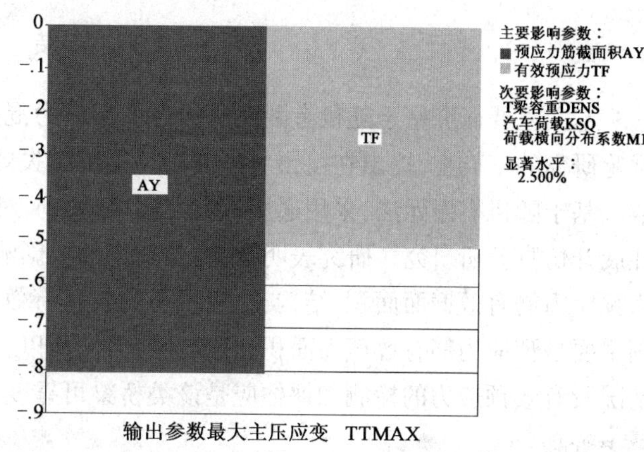

图9 支点附近截面腹板最大主压应变的参数敏感性

2. 基于随机有限元的连续体系预应力混凝土梁桥可靠度分析

(1)连续T梁桥概况

本部分分析以3×40m预应力混凝土连续T梁桥为原型。设计荷载均为公路I级,材料性质同本文五中1部分。按前述分析考虑混凝土材料非线性、预应力筋腐蚀影响。加载方式如图10:

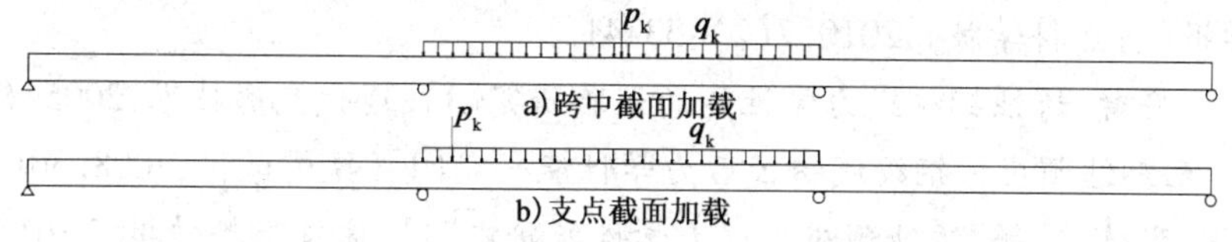

图10 预应力混凝土连续T梁加载示意图

(2)抗弯分析

在自重、二期恒载、汽车荷载作用下,计算得到结构的抗弯失效概率为0。对最大应变CMAX和失效概率影响最大的参数,计算输出结果相对于输入参数的灵敏度,如图11所示,对梁跨中顶面应变影响最大的参数是预应力筋截面面积A_y,其次是汽车荷载(弯矩)修正系数K_{sq}、有效预应力T_f、主梁荷载横向分布系数m_1、梁体重量$Dens$,参数敏感性排序与简支T梁略有不同。

(3)抗剪分析

采用响应面法计算梁的可靠概率,在自重、二期恒载、汽车荷载作用下,计算得到结构的抗弯失效概率为0。如图12所示,在预制混凝土T梁$Dens$、有效预应力T_f、预应力筋截面面积A_y、汽车荷载(弯矩)K_{sq}、主梁荷载横向分布系数m_1共计5个影响因素中,对梁支点附近截面腹板应变影响最大的参数是预应力筋截面面积A_y,其次是有效预应力T_f、梁体重量$Dens$,其余参数对支点附近腹板应变影响相对很小。

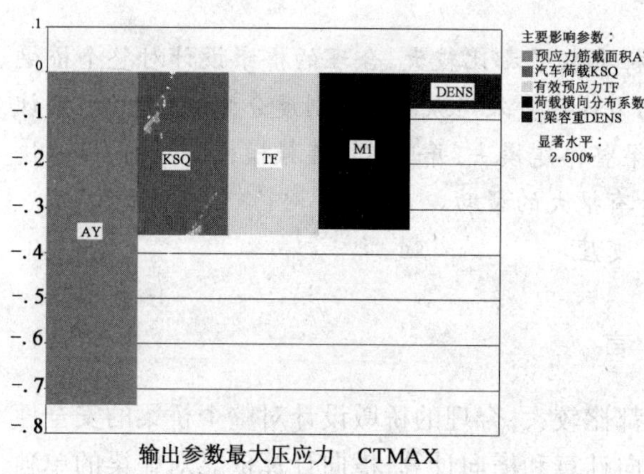

图11 跨中截面顶缘最大压应变的参数敏感性

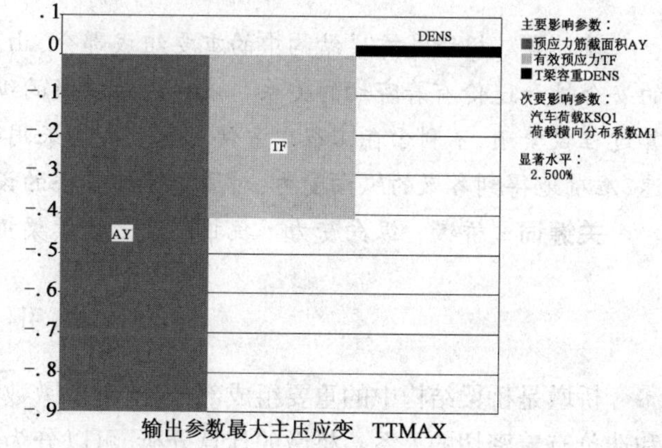

图12 支点附近截面腹板最大主压应变的参数敏感性

六、结　　论

本文主要研究基于随机有限元法的在役预应力混凝土梁桥结构体系可靠度仿真分析方法。在已有试验研究的基础上,提出在役预应力混凝土梁桥的失效模式,进而提出该类梁桥结构体系失效的功能函数。基于随机有限元法,采用通用有限元程序 Ansys 对在役预应力混凝土简支 T 梁桥、连续 T 梁桥可靠性展开仿真分析研究。研究表明,结构是安全的。影响在役预应力混凝土 T 梁桥抗弯可靠度的主要因素为预应力筋有效截面面积、结构自重、汽车荷载及有效预应力。影响在役预应力混凝土桥梁抗剪可靠度则主要是预应力筋有效截面面积、有效预应力。所以,对于在役预应力混凝土 T 梁桥,对于预应力筋锈蚀情况及有效预应力的检测和评估应是该类桥梁可靠度评定关注的重点。

参考文献

[1] 李富民,袁迎曙.氯盐环境下混凝土内钢绞线的锈蚀特性试验研究[J].铁道科学与工程学报,2006,3(4):23-28.

[2] 彭建新,邵旭东,张建仁.考虑气候变化的受碳化腐蚀先张预应力混凝土梁时变可靠性评估[J].长沙理工大学学报(自然科学版),2010.7(2):33-41.

[3] 郑亚明,欧阳平,安琳.锈蚀钢绞线力学性能的试验研究[J].现代交通技术,2005,(6):33-36.

[4] 罗小勇,李政. 无黏结预应力钢绞线锈蚀后力学性能研究[J].铁道学报,2008.30(2):109-112.

[5] 曾严红,顾祥林,张伟平,等.锈蚀预应力筋力学性能研究[J].建筑材料学报,2010.13(2):169-174.

[6] 王钧利.影响桥梁结构耐久性的主要因素及应对措施[J].中外公路,2004.24(6):61-64.

[7] 闫磊. 服役期混凝土桥梁加固前后的可靠度研究[D]. 西安: 长安大学, 2010.

[8] 毛伟,腐蚀预应力混凝土梁静动力性能研究[D].大连:大连理工大学,2011.

[9] 夏叶飞.预应力混凝土简支T梁桥的承载能力实桥试验分析研究[D]. 南京:东南大学,2006.

[10] 徐善华.锈蚀钢筋混凝土简支梁斜截面抗剪性能研究[J].建筑结构学报. 2004.25(5):98-104.

156.整体模型法计算连续梁桥纵向受力

刘国杰

(北京交科公路勘察设计研究院有限公司)

摘　要　桥墩是桥梁结构中的重要组成部分,由于桥墩数量都比较大,合理的桥墩设计对整个桥梁的安全性和造价有着密切的关系。以往的对桥墩的纵向力计算多采用纵向抗推刚度分配法,这种方法计算过程较繁琐,不利于在工程中方便应用。我们采用墩梁整体建模法,并用弹性连接模拟支座的,可以快速、准确地得到各墩的纵向受力,对简支连续梁桥的设计有很大的帮助。

关键词　桥墩　纵向受力　抗推刚度　连续梁桥　支座

一、引　　言

桥墩是桥梁结构中的重要组成部分,由于桥墩数量都比较大,合理的桥墩设计对整个桥梁的安全性和造价有着密切的关系。桥墩的计算分析,可以分为纵向计算和横向计算,横向计算依靠对盖梁的单独横向分析,纵向以往则依靠纵向力按照各墩的抗推刚度进行分配得到。本文主要对桥墩的纵向受力计算进行说明。

二、桥墩的纵向计算

1. 桥墩的竖向和纵向受力类型

桥墩在竖直方向，主要承受上部主梁的重力，桥面铺装和护栏等二期荷载产生的重力，汽车等活载产生的重力。桥墩纵向主要承受由主梁传递来的力，包括汽车制动力，主梁的升降温产生的温度力，主梁的收缩徐变产生的纵向力。上部的力通过支座传递给桥墩，支座又分为固定支座和滑动支座，对于滑动支座，如果外力大于其摩阻力，支座将发生滑动。

2. 结构分析

下面利用结构力学中的位移法，对制动力作用下，一联结构连续的梁桥进行分析。

1）结构模型

结构模型如图1所示。在1、2、3号墩顶施加刚臂，梁端时间水平连杆，得到结构的基本体系如图2所示。

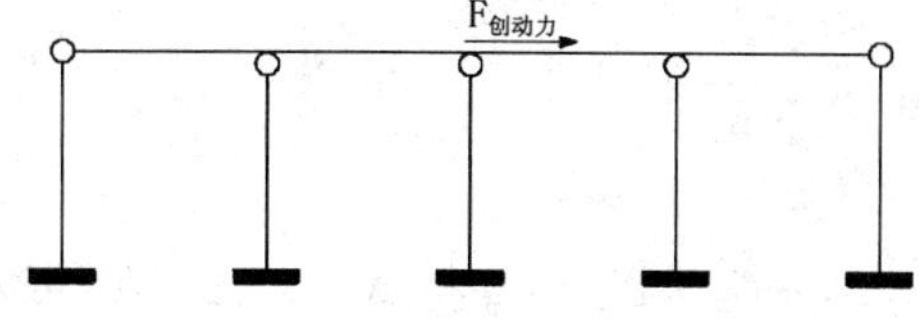

图1　结构连续梁桥计算简图

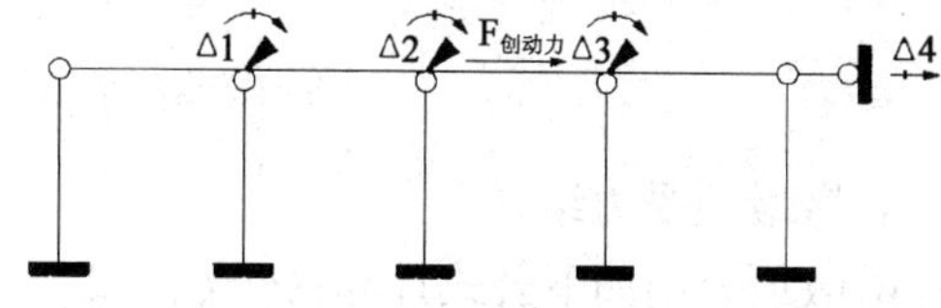

图2　基本体系图

2）位移法结构方程

根据位移法原理，可以得到如下的受力求解方程：

$$K_{11}\Delta_1 + K_{12}\Delta_2 + K_{13}\Delta_3 + K_{14}\Delta_4 + \Delta_{1p} = 0;$$

$$K_{21}\Delta_1 + K_{22}\Delta_2 + K_{23}\Delta_3 + K_{24}\Delta_4 + \Delta_{2p} = 0;$$

$$K_{31}\Delta_1 + K_{32}\Delta_2 + K_{33}\Delta_3 + K_{34}\Delta_4 + \Delta_{3p} = 0;$$

$$K_{41}\Delta_1 + K_{42}\Delta_2 + K_{43}\Delta_3 + K_{44}\Delta_4 + \Delta_{4p} = 0; \tag{1}$$

3）单位位移作用下的结构受力

下面根据位移法，可以分别得到单位转角作用下的弯矩图和单位水平位移作用下的剪力图。分别如图3～图6所示。再将主梁作为隔离体，可以得到主梁在单位水平位移作用下的受力图，如图7所示。

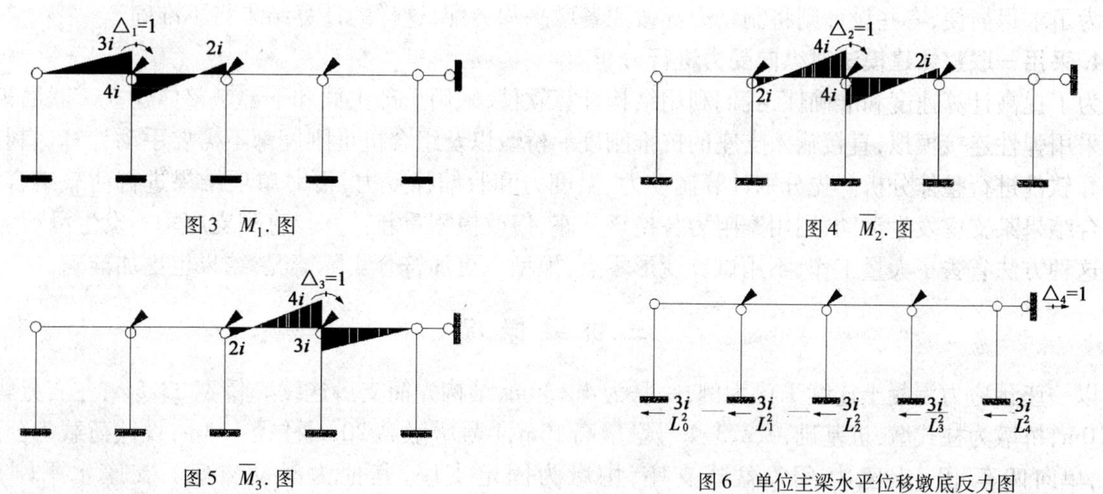

图3　$\overline{M}_1$.图　　图4　$\overline{M}_2$.图

图5　$\overline{M}_3$.图　　图6　单位主梁水平位移墩底反力图

4）方程求解

根据单位位移下的弯矩图和剪力图，可得 $k_{11}=7i$；$k_{12}=k_{21}=2i$；$k_{13}=k_{31}=0$；$k_{14}=k_{41}=0$；$k_{22}=8i$；

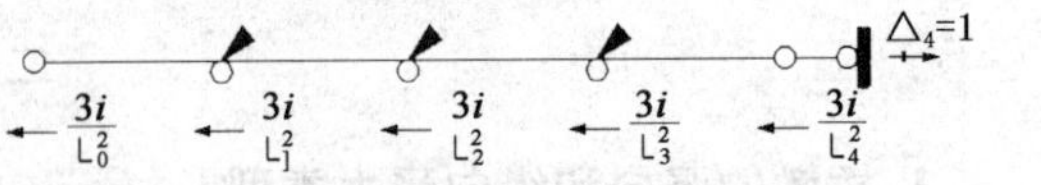

$k_{23}=k_{32}=2i$；$k_{24}=k_{42}=0$；$k_{33}=7i$；$k_{34}=0$；式中 $i=\frac{EI_{梁}}{L_{梁}}$。再对上部主梁进行分析，得到：

图7 单位主梁水平位移主梁隔离体受力图

$$K_{44}=\left(\frac{3i_0}{L0^2}+\frac{3i_1}{L1^2}+\frac{3i_2}{L2^2}+\frac{3i_3}{L3^2}+\frac{3i_4}{L4^2}\right)=\sum K_{各墩抗推刚度};$$

$\Delta_{1p}=\Delta_{2p}=\Delta_{3p}=0$；$\Delta_{4p}=-P$；

式中 $i_{1\sim4}=\frac{EI_{墩}}{L_{墩1\sim4}}$，$L0\sim L4$ 为各墩的墩高，$\sum K_{各墩抗推刚度}$ 为各墩的抗推刚度。

带入式(1)后得：

$$7i_1\Delta_1+2i_2\Delta_2+0\times\Delta_3+0\times\Delta_4+0=0;$$
$$2i_1\Delta_1+8i_2\Delta_2+2i_3\Delta_3+0\times\Delta_4+0=0;$$
$$0\times\Delta_1+2i_2\Delta_2+7i_3\Delta_3+0\times\Delta_4+0=0;$$
$$0\times\Delta_1+0\times\Delta_2+0\times\Delta_3+\sum K_{推}\times\Delta_4-P=0;$$

$$解得\ \Delta_1=\Delta_2=v_3=0;\ \Delta_4=\frac{P}{\sum K_{推}};$$

5)各墩墩顶受力结果

各墩墩顶力用如下公式计算：$Q=\bar{Q}_1\times\Delta_1+\bar{Q}_2\times\Delta_2+\bar{Q}_3\times\Delta_3+\bar{Q}_4\times\Delta_4+Q_p$ 将 Δ_1、Δ_2、Δ_3、Δ_4 带入后，可得：$Q_1=K_{1推}\times\frac{P}{\sum K_{推}}$；$Q_2=K_{2推}\times\frac{P}{\sum K_{推}}$；$Q_n=K_{n推}\times\frac{P}{\sum K_{推}}$；

主梁受温度和收缩徐变作用下，各墩受力计算方法与上述类似的，在此不再赘述。

3.以往对桥墩纵向受力的计算方法

由以上的分析结果可知，利用桥墩的抗推刚度，可以计算出各墩的墩顶力。以往计算是将上下部分开，先计算出桥墩和支座的组合抗推刚度，再计算出上部结构受力，然后手动按照各墩的组合抗推刚度进行分配，当某个墩顶得到的力大于支座摩阻力时，用摩阻力替换该支座，重新按照剩余的各墩刚度进行分配，直到各墩均不发生滑动为止。

对于温度力和收缩徐变力，还要先根据纵向受力平衡的原理，先计算出主梁的变形零点，再根据各墩距离变形零点的距离，得到各墩的受力。如果结果大于摩阻力，则该墩退出工作，用摩阻力替换该墩，重新计算新的温度零点和温度力。直到各墩均不发生滑动为止。

这种方法如用手动来进行计算，特别是温度和收缩徐变，要多次试算温度零点的位置，比较费事费力。为了求得简便，有些设计则将制动力等按照各墩平均分配，这样的计算结果将不准确。

4.采用一联整体建模法对纵向受力进行分析

为了提高计算速度和准确性，我们利用结构计算软件，采用上部主梁和下部墩整体建立一联的模型，支座采用弹性连接模拟，直接输入支座的抗推刚度。桥墩以及组合抗推刚度都不需要手动计算。利用桥梁计算软件进行整体分析。先分别计算制动力、温度力和收缩徐变力，再对单项结果进行荷载组合。如果组合结果某支座发生滑动，则用摩阻力替换该支座，修改模型重新计算。直到支座均不发生滑动为止。

这种方法省去了大量工作，不用试算变形零点，模型也更加符合实际情况，结果也更加准确。

三、桥 梁 概 况

以一座预应力混凝土连续T梁为例，一联为4×30m，结构先简支后连续。桥宽33.5m，左右分幅，梁高2.0m，桥墩为柱式墩，桩基础，0、2、3、4号墩墩高10m，1号墩墩高20m，柱径1.4m，设计荷载为公路－Ⅰ级，单向四车道。支座为GPZ盆式支座，中墩为固定支座，其他为滑动支座。支座水平刚度为13128kN/m，四车道制动力为442.2kN。

在纵向计算方面，由于温升影响力只与制动力组合，而温降影响力与制动力、混凝土收缩徐变影响力共同作用，所以降温组合为最不利组合，以下着重对制动力、降温和收缩徐变作用进行分析。

我们先按照以前的抗推刚度分配的方法进行计算,再用 midas 建立整体模型,进行纵向计算。然后将两种方法的结果进行比较,利用 midas 的荷载组合,进行组合结果的分析,得到最后的各墩顶的纵向受力。

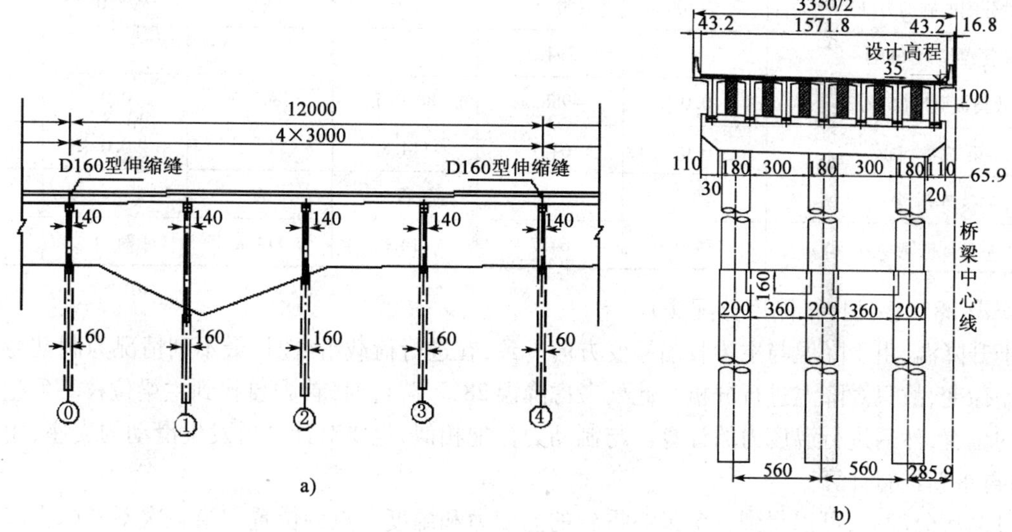

图 8 桥型布置图(尺寸单位:cm)

四、单项计算结果比较(抗推刚度分配法和整体建模法)

我们先用手动抗推刚度分配的方法,计算各个单项受力的结果。

1. 手动按抗推刚度分配法计算

1)各墩基本参数计算

首先计算各墩的抗推刚度和支座摩阻力。各墩的抗推刚度由墩自身的抗推刚度和支座的抗推刚度按照串联关系计算得到。$K_{组合}=\dfrac{K_{墩}\times K_{墩}}{(K_{墩}+K_{墩})}$。支座摩阻力计算时,对固定支座取一个较大值,此处 2 号墩顶为固定支座,故其摩擦力取 986.31,以不发生滑动为准。结果见表 1。

集成刚度和支座摩阻力 表 1

墩号	0	1	2	3	4
墩与支座的集成刚度(kN/m)	8849.5	4988.5	8849.5	8849.5	8849.5
支座摩阻力(kN)	73.97	147.95	986.31	147.95	73.97

2)制动力(手动抗推刚度分配法)

本联制动力为 442.2kN,按照各墩的组合抗推刚度进行分配,如果某个墩顶分配到的力大于支座摩擦力,则该支座发生滑动。此时,以摩擦力替换该支座,并对剩余的制动力在不发生滑动的桥墩处重新进行分配。直到各支座均不发生滑动为止。具体分配过程见表 2。

制动力计算(单位:kN) 表 2

墩台号	0	1	2	3	4	合 计
墩与支座的集成刚度(kN/m)	8849.5	4988.5	8849.5	8849.5	8849.5	
支座摩阻力	74.0	147.9	986.3	147.9	74.0	
制动力分配力(kN)		442.2				
墩与支座的集成刚度(kN/m)	8849.5	4988.5	8849.5	8849.5	8849.5	40386.4
第一次分配	96.9	54.6	96.9	96.9	96.9	
支座滑动	是	否	否	否	是	

续上表

墩台号	0	1	2	3	4	合　计
各墩分配的制动力(kN)	74.0	0.0	0.0	0.0	74.0	147.9
剩余制动力(kN)		294.3				
有效集成刚度(kN/m)	0.0	4988.5	8849.5	8849.5	0.0	22687.4
第二次分配	0.0	64.7	114.8	114.8	0.0	
支座滑动		否	否	否		
最终各墩分配的制动力(kN)	74.0	64.7	114.8	114.8	74.0	442.2

3)降温 28°(手动抗推刚度分配法)

对于升降温,由于降温与主梁收缩徐变方向一致,在进行荷载组合时,最不利情况为制动力 + 降温 + 主梁收缩徐变,故只对降温进行分析。此处考虑降温 28°。降温时,首先要找到主梁位移不发生变化的温度零点的位置,然后进行温度力的计算。与制动力分配相似,也要对计算后发生滑动的支座,用摩擦力替换,然后再重新进行计算。

经过两次分配后,可以得到各墩最终得到的温度力和温度零点的位置。第一次不考虑支座移动的情况,最终温度零点距离起点处梁端 62.87m。第二次考虑 0 号和 4 号支座发生支座移动支座移动的情况下,温度零点距离起点处梁端 65.11m。具体计算过程见表 3。

温度力计算(降温 28°)(单位:kN)　　表 3

墩台号	0	1	2	3	4	合　计
支座摩阻力(kN)	74.0	147.9	986.3	147.9	74.0	
墩与支座的集成刚度(kN/m)	8849.5	4988.5	8849.5	8849.5	8849.5	40386.4
墩顶距起点的距离	0.0	30.0	60.0	90.0	120.0	
初始温度 0 点距起点距离			62.9			
墩顶距温度零点距离(m)	62.9	32.9	2.9	-27.1	-57.1	
温度力第一次分配(kN)	155.8	45.9	7.1	-67.2	-141.6	
支座滑动	是	否	否	否	是	
有效的集成刚度(kN/m)	0.0	4988.5	8849.5	8849.5	0.0	22687.4
起效摩阻力(kN)	74.0	0.0	0.0	0.0	-74.0	
新的支座零点距起点的距离			65.1			
墩顶距温度零点距离(m)	65.1	35.1	5.1	-24.9	-54.9	
温度力第二次分配(kN)	0.0	49.0	12.7	-61.7	0.0	
支座滑动		否	否	否		
最终温度力(kN)	74.0	49.0	12.7	-61.7	-74.0	

4)收缩徐变(手动抗推刚度分配法)

按照建成后 5 年计算收缩徐变,构件截面积 6650000mm^2,与大气接触周边长度 58150mm。与计算温度方法相似,收缩徐变也要先计算变形零点。

(1)不考虑支座移动的情况,最终变形零点距离起点处梁端 62.87m。

(2)考虑支座移动的情况,0 号和 4 号支座发生支座移动,以摩擦力代替,最终变形零点距离起点处梁端 65.11m。具体计算过程见表 4。

收缩徐变力计算(单位:kN) 表4

墩台号	0	1	2	3	4	合 计
支座摩阻力(kN)	74.0	147.9	986.3	147.9	74.0	
墩与支座的集成刚度(kN/m)	8849.5	4988.5	8849.5	8849.5	8849.5	40386.4
初始变形0点距起点距离(m)			62.9			
墩顶距变形零点的距离(m)	62.9	32.9	2.9	-27.1	-57.1	
收缩徐变力第一次分配(kN)	115.7	34.1	5.3	-49.9	-105.2	
支座是否滑动	是	否	否	否	是	
有效的墩与支座的集成刚度(kN/m)	0.0	4988.5	8849.5	8849.5	0.0	22687.4
起效摩阻力(kN)	74.0	0.0	0.0	0.0	-74.0	
新的变形零点距起点的距离(m)			65.1			
墩顶距温变形点的距离(m)	65.1	35.1	5.1	-24.9	-54.9	
收缩徐变力第二次分配(kN)	0.0	36.4	9.4	-45.8	0.0	
支座是否滑动		否	否	否		
最终收缩徐变力(kN)	74.0	36.4	9.4	-45.8	-74.0	

2. midas 整体建模法计算

为了和手动的抗推刚度分配法进行比较,我们先利用 midas 对各个单项力进行计算。再将结果和前面的方法做比较。建模时,桥墩采用单墩,由于原桥横向两个桥墩,原桥墩直径 1.4m,按照抗弯惯矩等效原则,由 $\pi D^4/64 = \pi D_1{}^4/64$,得到等效桥墩直径 $D_1 = 1.665$m。

1)制动力(整体建模法)

桥面制动力为 442.2kN。在梁顶施加制动力后,按照支座不滑动和发生滑动的情况进行计算。

(1)全部桥墩参与计算,不考虑支座滑动情况计算后,墩底制动力为 96.69kN,54.56kN,96.83kN,96.97kN,97.16kN。计算模型见图 9。

(2)考虑支座滑动情况

全部桥墩参与计算时,0 号墩顶和 4 号墩顶的最大摩擦力均为 73.97kN,这两个支座将会发生滑动,故将 0 号墩顶和 4 号墩顶均用 73.97kN 的摩擦力代替,并去掉这两个桥墩,桥面制动力为 442.2kN。计算后,墩底制动力为 73.97kN,64.66kN,114.73kN,114.87kN,73.97kN。计算模型见图 10。

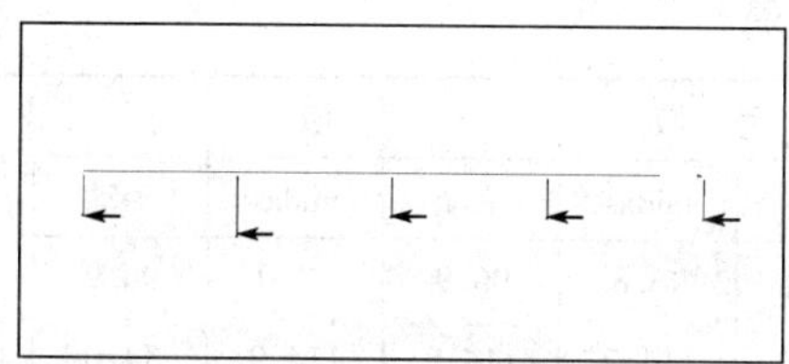

图 9 计算模型和结果(包括全部桥墩)

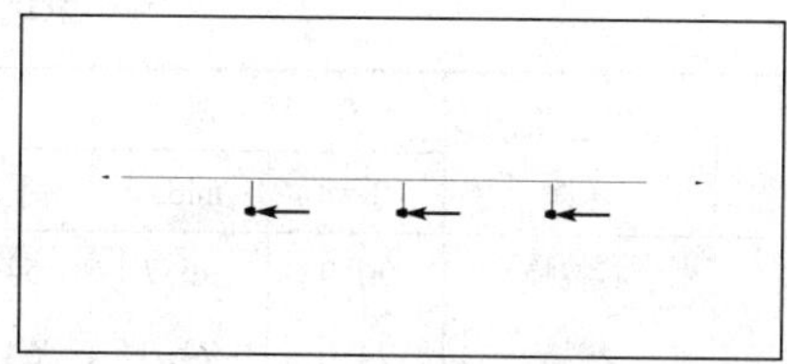

图 10 计算模型和结果(去掉边 0 号、4 号桥墩)

2)降温 28°(整体建模法)

对主梁施加降温 28°。与制动力相似,也分支座是否滑动两种情况,计算降温时,桥墩受到的反力。

(1)不考虑支座滑动的情况

桥面降温 28°时,见图 11,计算后,墩底反力为 155.00kN, 45.70kN, 7.06kN, -66.89kN, -140.88kN。最终温度零点距离起点处梁端 62.87m。

(2)考虑支座滑动的情况

在全部桥墩参与计算中,0 号和 4 号支座反力大于摩擦力 73.97kN,故其将发生支座滑动。用 73.97kN的摩擦力代替。最终温度零点距离起点处梁端 65.11m。见图 12。

桥面降温 28°计算后,墩底反力为 73.97kN, 48.86kN, 12.59kN, -61.45kN, -73.97kN。最终温度零点距离起点处梁端 65.10m。

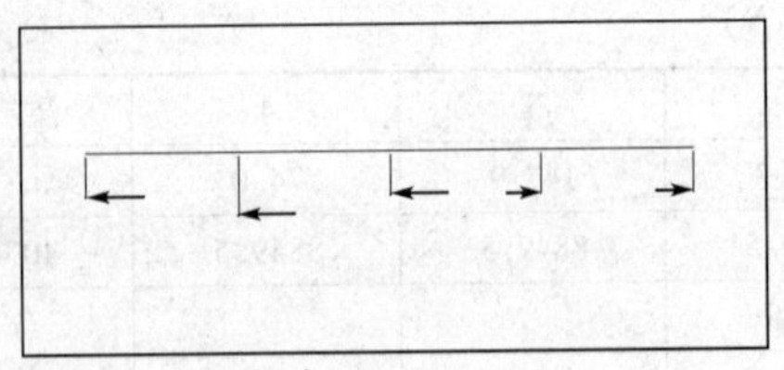

图11 计算模型和结果(包括全部桥墩)

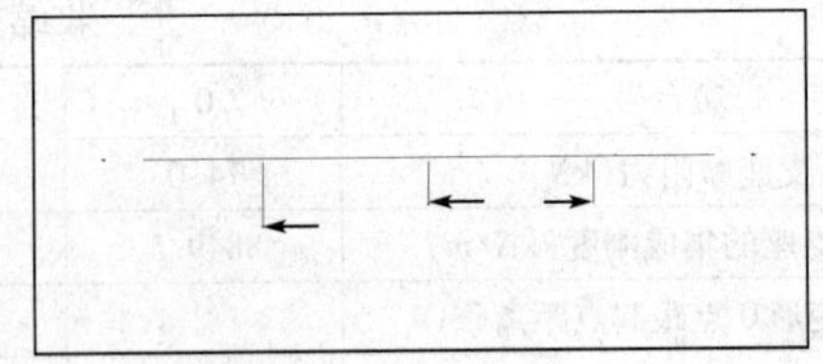

图12 计算模型和结果(去掉边0号、4号桥墩)

3)收缩徐变(整体建模法)

按照建成后5年计算,收缩系数为0.0001858,徐变系数为0.0003959,收缩徐变合计按照降温20.8°折算,也可按实际收缩徐变计算。

(1)全部桥墩参与计算

计算模型见图13,桥计算后,墩底反力为115.15kN,33.95kN,5.25kN,-49.69kN,-104.65kN。

(2)考虑支座滑动的情况

在全部桥墩参与计算中,0号和4号支座反力大于摩擦力73.97kN, 故其将发生支座滑动。用73.97kN的摩擦力代替。

计算模型见图14,桥计算后,墩底反力为73.97kN,36.30kN,9.35kN,-45.65kN,-73.97kN,各支座均满足要求。

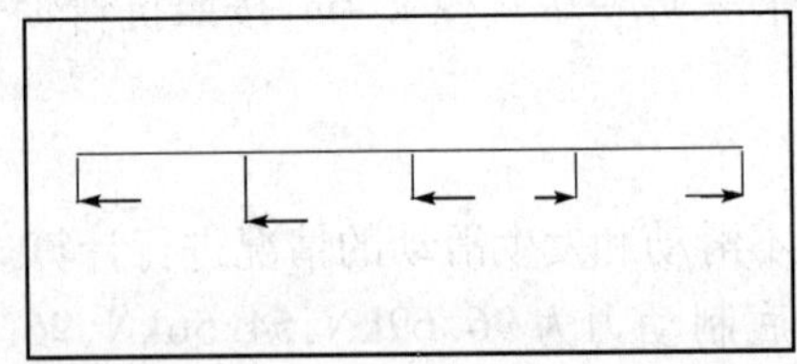

图13 计算模型和结果(包括全部桥墩)

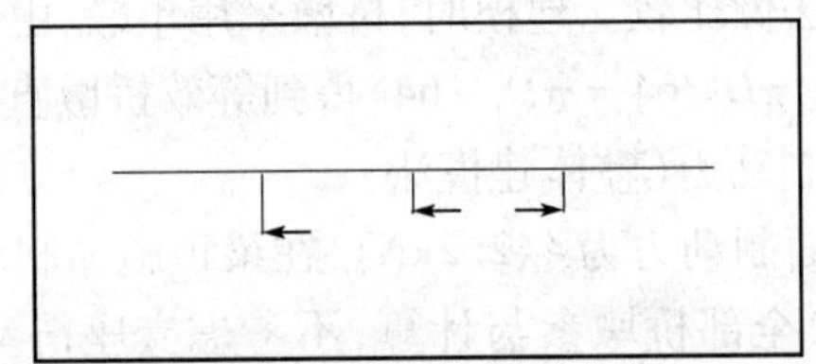

图14 计算模型和结果(去掉边0号、4号桥墩)

3.单项计算结果比较

以上分别用手动抗推刚度分配法和midas整体建模法,对各墩制动力、温度力和收缩徐变力进行了计算,以下对两种方法的结果进行比较,见表5。

单项力计算结果(单位:kN) 表5

外力类型	替换已滑动支座	0号墩		1号墩		2号墩		3号墩		4号墩	
		手动	midas	手动	midas	手动	midas	手动	midas	手动	midas
制动力	不替换	96.9	96.7	54.6	54.6	96.9	96.8	96.9	97.0	96.9	97.2
	替换	74.0	74.0	64.7	64.7	114.8	114.7	114.8	114.9	74.0	74.0
温度力	不替换	155.8	155.0	45.9	45.7	7.1	7.1	-67.2	-66.9	-141.6	-140.9
	替换	74.0	74.0	49.0	48.9	12.7	12.6	-61.7	-61.5	-74.0	-74.0
收缩徐变力	不替换	115.7	115.2	34.1	34.0	5.3	5.3	-49.9	-49.7	-105.2	-104.6
	替换	74.0	74.0	36.4	36.3	9.4	9.4	-45.8	-45.7	-74.0	-74.0

由表5可见,midas与手动纵向力分配基本一致,故以直接使用midas模型计算结果。

五、荷载组合

单项荷载的受力结果计算完后,还需要对单项结果进行荷载组合。这时应使用各单项中,按不考虑支座滑动的情况进行组合。组合后,如果支座发生滑动,再用摩擦力替换该支座,修改结构单元并重新进行计算。重复此步骤,直到全部支座都不会发生滑动,计算才算完成。

下面以纵向的短期组合为例,组合值为:纵向为1.0×混凝土收缩、徐变影响力+1.0×制动力+1.0×

温降影响力。对组合后,如果某墩支座发生滑动,则以摩擦力代替,重新计算,直到各墩受力均满足抗滑要求。

(1)全墩制动力+降温+收缩徐变

首先按全部桥墩参与计算,见图15,计算后,墩底反力为383.48kN,147.83kN,107.91kN,-29.76kN,-167.46kN。由全墩的计算结果可知,0号和4号墩顶支座将发生滑动。

(2)0号和4号墩顶支座将发生滑动时

对0号和4号墩顶用摩擦力替换,方向分别朝向向着起始端和终点端。见图16,计算后,墩底反力为73.97kN,182.34kN,194.35kN,65.51kN,-73.97kN。计算结果可知,1号墩顶支座也将发生滑动。

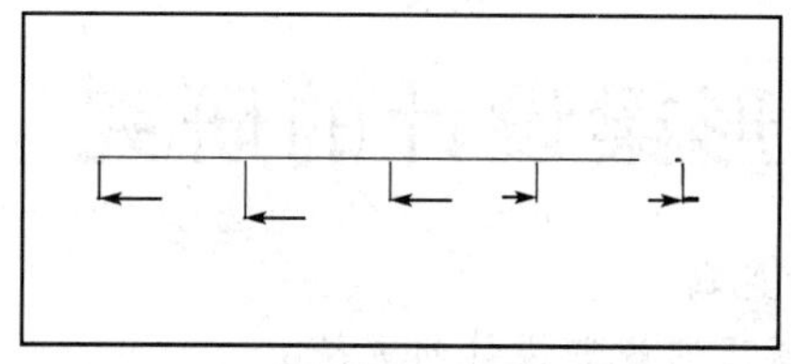

图15 计算模型和结果(包括全部桥墩)

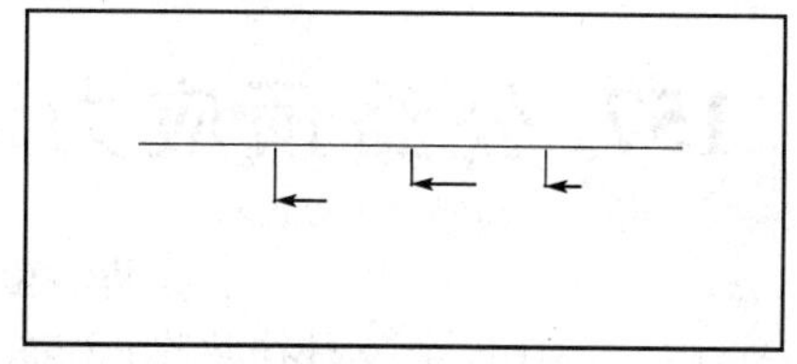

图16 计算模型和结果(0号和4号墩顶用摩擦力替换后)

(3)0号、1号和4号墩顶支座将发生滑动时

对0号和4号墩顶73.97kN摩擦力,方向分别朝向着起始端和终点端;1号墩顶施加147.95kN摩擦力,方向与0号墩顶一致,向着梁的起始端。见图17,计算后,墩底反力为73.97kN,147.95kN,211.45kN,82.60kN,-73.97 kN。此时剩余支座均不会发生滑动,各支座处反力满足要求。

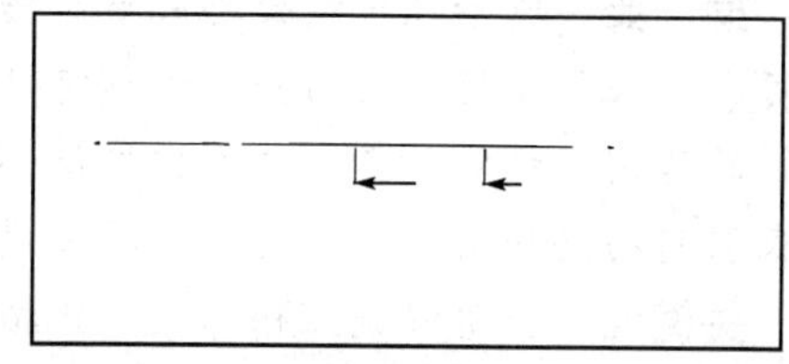

图17 计算模型和结果(0号、1号和4号墩顶用摩擦力替换后)

(4)短期组合下各墩受力

由上面的计算可知,最终各墩顶受力分别为73.97kN,147.95kN,211.45kN,82.60kN,-73.97kN。

六、结　论

(1)用midas整体建模型的方法,支座采用弹性连接进行模拟,来计算桥梁纵向的受力情况,这样可以避免使用抗推刚度手动计算的繁琐过程。

(2)实际用midas整体计算时,计算各单项力时不用考虑支座滑动情况,只需要在进行荷载组合后,再判断各支座是否发生滑动,并对发生滑动的支座用摩擦力代替。

(3)对于墩顶设置滑动支座的,实际设计桥墩时,还应当考虑支座受异物等影响,摩擦阻力增大的情况,确保结构安全。

参考文献

[1] 中华人民共和国行业标准.JTG D60—2004 公路桥涵设计通用规范[S].北京:人民交通出版社,2004.

[2] 中华人民共和国行业标准.JTG D62—2004 公路钢筋混凝土及预应力混凝土桥涵设计规范[S].北京:人民交通出版社,2004.

[3] 陈强.先简支后连续结构体系研究[D].杭州:浙江大学,2002.

[4] 洪锦如.桥梁结构计算力学[M].上海:同济大学出版社,1998.

[5] 顾安邦,范立础.桥梁工程(上)[M].北京:人民交通出版社,2000.

[6] 项海帆.高等桥梁结构理论[M].北京:人民交通出版社,2001.

[7] 侯勇.采用板式橡胶支座的连续梁水平力分配计算[J].桥梁建设,1997(1):52-54.

[8] 陈晓波,沈文进.连续梁桥墩纵向水平力计算分析[J].交通科技,2003(3):5-7.

[9] 易伟建,徐丽,郭国会.连续梁桥弹性支承识别研究[J].中国公路学报,2002.10[4] 28-31.

[10] 孙训方,方孝淑,等. 材料力学[M]. 北京:高等教育出版社,2002.8.
[11] 徐永利. 长联连续梁桥制动力分配的非线性有限元分析[J]. 兰州交通大学学报,2008.6(3)13-17.
[12] 王成斌. 春兰大桥汽车制动力分析计算[J]. 公路工程,2009.8(4)158-160.
[13] 杜红艳. 桥梁支座受力计算注意事项[J]. 交通世界,2011.11(21)238-239.
[14] 陈瑶. 连续梁桥收缩徐变试验研究[J]. 现代交通技术,2008.2[5]44-46.
[15] 李捷. 等截面连续梁桥收缩徐变计算方法研究[J]. 甘肃科技,2009.3[6] 111-112.

157. 公路预应力混凝土槽形梁设计的研究

马 莹[1,2] 梁长海[3] 叶见曙[2]
(1. 金陵科技学院; 2. 东南大学; 3. 安徽省交通规划设计研究院)

摘 要 以一座跨线公路混凝土槽形梁为背景,介绍了混凝土槽形梁分析的比拟板理论,该理论不但可揭示混凝土槽形梁的整体工作特性,也可作为截面设计中尺寸拟定的依据。对公路混凝土槽形梁端横梁的作用及设置计算方法提出建议,明确了端横梁承受荷载的分布模式。分析了槽形梁中纵向预应力钢束引起的梁端附近行车道板中较大横向拉应力的原因并提出相应的改善措施。

关键词 公路混凝土槽形梁 比拟板法 端横梁 纵向预应力

一、引 言

近20多年以来,我国公路桥梁的建设取得了较大进步,特别是高速公路桥梁的建设技术发展很快。在人口稠密的平原微丘地区,由于受到已建公路、铁路等界限限制,采用传统梁式桥上部结构,建筑高度较高,导致桥梁引道填土高和路堤高,占用了大量的土地资源,既影响环境,又增加建设投资,因此,研究低建筑高度公路桥梁结构已经迫在眉睫,成为工程热点之一[1]。

混凝土槽形梁是支承在支座上的一种梁板组合的下承式空间整体结构(图1),主要由混凝土桥面板和两侧主梁组成。

与上承式混凝土梁相比,混凝土槽形梁最大的优点是建筑高度低。对于中等跨径的混凝土箱梁桥来说,从箱梁底面至行车道板之间的高度约为1.25~2.5m,而对于混凝土槽形梁,这一高度约为0.22~0.8m,建筑高度降低的同时也降低了路基高度,增加了桥下净空,进而节省了工程造价[3,4]。

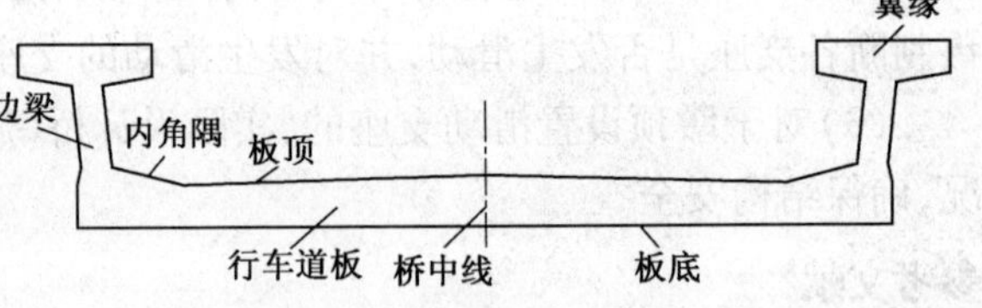

图1 槽形梁截面构造图[2]

另外的优点是能源消耗低。槽形梁结构能源消耗和二氧化碳排放量相对较低,SYSTRA公司对地铁项目采用槽形梁、预应力混凝土箱梁、钢—混组合梁三种结构的能源消耗进行了比较,研究结果表明,混凝土槽形梁施工的能源消耗约为钢—混组合梁结构的1/3,约为预应力混凝土箱梁的1/2[5]。

我国对混凝土槽形梁的研究则起步相对较晚,近年来一些学者展开了对槽形梁性能的理论与试验研究,并已在铁路及轨道交通桥梁中逐步开始工程应用,但在公路及城市桥梁中的应用实例还较少。

由于公路桥梁的荷载形式、设计方法和通行要求等与铁路桥梁存在很大的区别,因此已有的铁路混凝土槽形梁的计算方法和计算模式不宜直接应用到公路混凝土槽形梁中。需根据公路桥梁的特点和要求,进一步研究适用于公路混凝土槽形梁的设计计算方法。本文就以一座跨径为30m的公路预应力混凝土槽形梁桥为例,探讨公路混凝土槽形梁设计中需要解决的问题。

二、工程背景

某高速公路一座跨线槽形梁桥,上部结构为 2×30m 的两跨刚构预应力混凝土槽形梁,梁高 1.9m,净宽 7.0m,顶宽 0.75m,底宽 0.35m,行车道板边缘厚 0.25m,桥梁轴线中心处厚 0.32m;端横梁宽 1.0m,跨间桥面板每 4m 设置一道跨间横梁,宽 0.4m,见图 2。

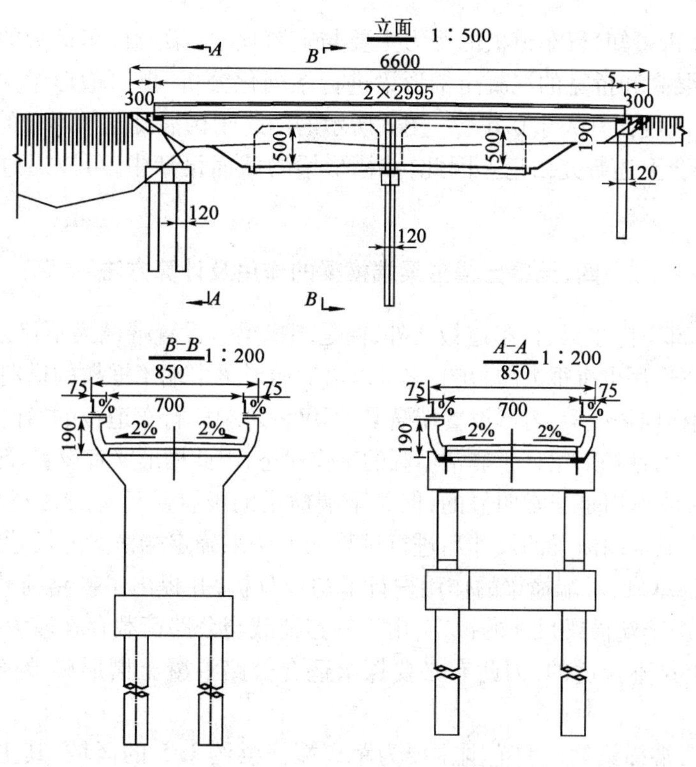

图 2 槽形梁桥型布置图(尺寸单位:cm)

梁体采用 C50 混凝土,桥墩采用 C30 混凝土;预应力采用低松弛高强度预应力 ϕ^s15.2 钢绞线;荷载等级:公路-Ⅱ级;采用满堂支架现浇混凝土施工。

三、公路混凝土槽形梁整体受力的分析方法

混凝土槽形梁是由行车道板和两侧主梁组成的整体受弯构件,铁路槽形梁的设计计算一般是将两侧主梁视为具有下翼缘的 L 形梁,其下翼缘为主梁有效宽度内的行车道板,主梁承受全部纵向弯矩;行车道板按跨径为两主梁中线之间距离的简支梁或固端梁计算,通过修正系数使计算结果符合槽形梁行车道板的受力状态,将这种设计计算理论称为梁理论。

基于梁理论的计算方法借助了已有的混凝土梁设计理论,计算过程简明方便,加之轨道交通及铁路铁轨在行车道板上的布置特点,主梁及与之相接的部分行车道板是主要受力构件,因此混凝土槽形梁的梁理论计算原则是将整体受力的混凝土槽形梁沿桥纵向划分成主梁部分与桥面板部分分别计算。

但是混凝土槽形梁的行车道板与主梁是受力的整体结构,共同承受恒载、车辆等荷载作用,梁理论可以对梁体进行结构计算,但无法解决槽形梁这种开口框架受力体系的整体受力问题,即在竖向荷载作用下,混凝土槽形梁整体截面尺寸以及槽形梁各部分构造尺寸对其受力的影响,这更吸引设计者的关注。

铁路桥梁荷载等级较高,铁路槽形梁的主梁高度通常在 2m 以上,有些甚至接近 5m,这种高主梁的混凝土槽形梁用在公路桥梁上显然是不合适的,公路混凝土槽形梁桥面净宽较大,且主梁不宜过高,否则会使车辆和行人感觉不舒适,同时,车辆荷载在桥上行车轨迹不固定,因此若想将槽形梁用在公路桥梁中,

必须从理论上寻找槽形梁的截面尺寸对内力的影响,而这正是目前的梁理论所无法解决的问题,需要找到合适的理论,才能更深入的研究槽形梁的受力机理,从而开发其更广阔的应用空间。

根据公路混凝土槽形梁的横断面布置特点,提出了针对公路混凝土槽形梁的计算理论—比拟板法[6],这种方法是将混凝土槽形梁比拟为带边梁的弹性矩形薄板,考虑边梁的扭转和挠曲,获得在竖向荷载作用下槽形梁的内力计算公式,分析公式中有关参数的变化对其内力的影响,从而揭示混凝土槽形梁的整体工作特性。

通过比拟板法的分析可知,行车道板的受力主要与宽跨比、主梁与行车道板的抗弯刚度比和抗扭刚度比有关,通过对不同梁高和桥宽的混凝土槽形梁进行系列化分析,提出槽形梁主梁与行车道板的抗弯刚度比宜大于10,抗扭刚度比宜大于0.6[6]。图2所示的两跨刚构混凝土槽形梁的抗弯刚度比为47.07,抗扭刚度比为3.36,符合上述研究结论。因此,在槽形梁的截面设计中,可以通过上述参数选择两侧主梁高度及宽度。

四、混凝土槽形梁端横梁的作用及计算方法

槽形梁的主要组成部分除主梁、行车道板之外,便是端横梁。设置端横梁不仅是为了满足施工维修的需要,对槽形梁空间整体作用也有很大的影响,它可以增加槽形梁末端半框架的横向刚度,减小行车道板横向弯矩以及支点截面的横向挠度等,若不设置端横梁,不仅桥跨中段行车道板的横向弯矩会加大,桥跨末端行车道板的横向弯矩更大,使槽形梁处于非常不利的工作状态,因此槽形梁宜设置较强的端横梁[2]。

端横梁对槽形梁整体作用是非常明显的,但关于端横梁的设置及计算方法还少有文献提及,工程人员也多是采用根据经验拟定端横梁的尺寸后进行试算的方法来确定端横梁的尺寸。我国学者在20世纪80年代以两座试验桥为基础,对端横梁的作用进行了初步分析,并提出了铁路荷载作用下端横梁横向弯矩的计算方法,但不能用于端横梁尺寸的拟定,由于铁路荷载与公路荷载存在较大差异,若直接将此计算方法用在公路槽形梁上是不合适的,因此有必要探求适合公路混凝土槽形梁端横梁的设置方法及计算方法。

由文献[1]的研究,端横梁的影响范围主要为距离端横梁约L/5的区域,其主要作用表现在影响行车道板的横向受力以及梁端附近梁体的变形,对行车道板的横向应力及弯矩影响较大,对主梁及行车道板的纵向应力和弯矩影响较小,对梁体的变形影响较大。

综合分析端横梁的作用及其应力的影响因素,从改善行车道板横向受力的角度考虑,端横梁的设置与计算建议采取以下方法:端横梁高度宜大于等于行车道板厚度,端横梁长度宜大于等于行车道板厚度与端横梁高度之和。同时考虑端横梁尺寸以及行车道板厚度对荷载分配的影响,对端横梁自重作用下荷载分布图示进行了修正,当行车道板厚度大于等于0.3m时,端横梁承担的荷载可按图3a)计算;行车道板厚度小于0.3m时,按图3b)计算。

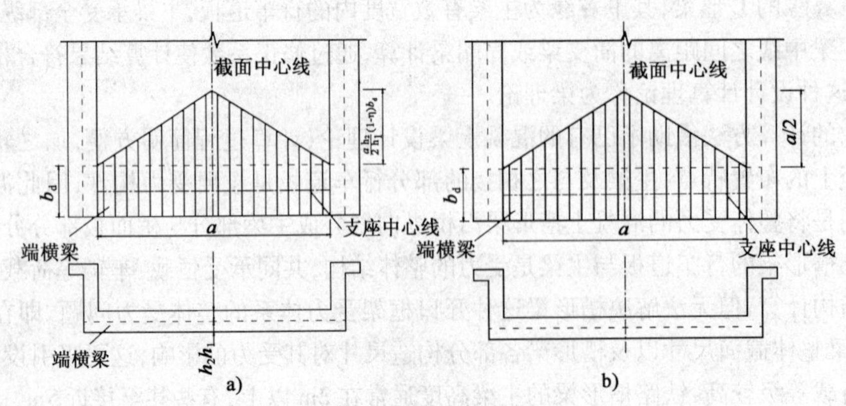

图3 端横梁恒载计算图

图3中 a 为行车道板净宽，计算单位 m；b_d 为端横梁纵桥向长度，计算单位 m，当端横梁长度小于或等于 1m 时，$b_d = 1$；当端横梁长度大于 1m 时，b_d 按实际值取；h_1 为行车道板厚度，计算单位 m；h_2 为端横梁高度，计算单位 m；η 为刚度比，$\eta = h_1^3/(h_1 + h_2)^3$。

采用端横梁部分的研究结论对工程背景中刚构槽形梁原设计方案进行了修改，增大了端横梁的厚度，修改为 0.65m，由于端横梁的刚度有了较大提高，对槽形梁整体受力更加有利。

五、纵向预应力对行车道板横向受力的影响

作用在槽形梁上的主要荷载除恒载和活载外，预应力也是重要部分之一，了解预应力作用下槽形梁的应力变形特征，对槽形梁结构十分重要。

铁路槽形梁多为简支梁，由于荷载较大，竖向荷载作用下梁的变形控制较严格，通常设计成三向预应力结构，纵向预应力钢束布置在主梁和行车道板中；公路桥梁则多为连续梁，荷载比铁路桥梁小得多，对竖向荷载作用的变形要求也没有铁路桥梁严格，因此一般只设置纵向预应力和横向预应力钢束，考虑到纵向预应力钢束的弯起，将其集中布置在主梁中。这种预应力钢束的布置虽然看起来没有不妥之处，但是却对槽形梁行车道板的横向受力埋下了隐患。

对工程背景的两跨预应力混凝土连续刚构槽形梁进行了计算分析，该槽形梁纵向预应力钢束集中布置在主梁中，进行施工阶段应力验算时发现，张拉完纵向预应力钢束后，在槽形梁两端横梁附近的行车道板中产生了较大的横向拉应力，数值大大超过了《公路钢筋混凝土及预应力混凝土桥涵设计规范》(JTG D62—2004)中对施工阶段混凝土法向应力的规定，又对几座纵向预应力钢束布置情况类似的简支、连续预应力混凝土槽形梁进行计算，也发现了同样的问题，可见，这种现象广泛的存在于这类纵向预应力钢束集中布置在主梁上的预应力混凝土槽形梁中，因此研究其产生原因、影响因素以及计算方法非常重要。

研究表明，主梁中的纵向预应力会在距离梁端 1 倍梁高范围内行车道板中产生较大的横向拉应力，若处理不当，极易在施工过程中造成行车道板的开裂。张拉横向预应力是目前较有效的措施之一，但横向预应力不是越大越好，其竖桥向的布置位置需得当，否则效果不佳。建议施工过程中先张拉横向预应力再张拉纵向预应力，这样可以防止张拉纵向预应力过程中梁端横向拉应力的超标。预应力钢束在主梁中的竖向位置对梁端行车道板的横向应力影响较大，预应力钢束越靠近行车道板截面下缘布置，在行车道板中产生的横向拉应力越大。

若要减小行车道板的横向拉应力，施加横向预应力钢筋是有必要的，另外增加曲线纵向预应力钢束在梁端水平线段的长度也可减小此横向拉应力(图4)，按图4进行纵向钢束布置调整后，在张拉纵向预应力钢束时，梁端行车道板的横向最大拉应力减小了 2.4MPa，可见，增加曲线纵向预应力钢束在梁端水平线段的长度可以有效减小梁端行车道板的横向拉应力，提高其抗裂性能。

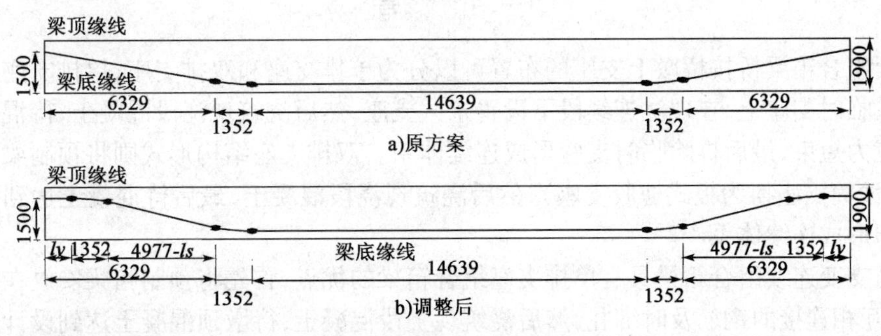

图4 预应力钢束布置图(尺寸单位:mm)

六、公路混凝土槽形梁设计中仍需解决的问题

公路混凝土槽形梁的研究虽然已取得了一定的成果，但仍有待完善：

(1)公路混凝土槽形梁动力性能的研究。主要是车辆冲击系数的确定，冲击系数是公路混凝土槽形

梁设计计算中重要的参数之一,因此应对公路混凝土槽形梁的动力性能展开研究。

(2)混凝土槽形梁温度作用的观测与分析研究。主要是混凝土槽形梁温度梯度分布模式的确定,是否与T梁及箱梁相同还有待研究,并且温度作用对混凝土连续槽形梁应力及变形的影响也是有待研究的方面。

(3)混凝土槽形梁受力全过程及承载力研究。目前关于槽形梁的研究成果多集中在弹性受力阶段,对于槽形梁从受力到破坏全过程的试验及有限元分析方面的研究成果还较少,而这部分对于全面掌握混凝土槽形梁的受力性能也是非常重要的,故今后可对公路混凝土槽形梁极限承载力及相关方面进行研究。

参考文献

[1] 马莹.公路混凝土槽形梁受力性能与设计计算方法研究[D]. 南京:东南大学博士学位论文, 2012.

[2] 胡匡璋, 江新元, 陆光闾.槽形梁[M]. 北京:中国铁道出版社. 1987.

[3] 汪金辉.道砟桥面槽型梁结构受力性能研究[D]. 长沙:中南大学硕士学位论文, 2009.

[4] 张鹏.轨道交通槽形梁性能分析及优化研究[D]. 上海:同济大学硕士学位论文, 2009.

[5] OPTIMIZED AND ENVIRONMENTALLY FRIENDLY STRUCTURES FOR MASS RAPID TRANSIT AND RAILWAYS[C]. Jean Charles VOLLERY, Serge MONTENS, Philippe MOINE. WUHAN INTERNATIONAL BRIDGE SCIENCE & TECHNOLOGY FORUM 2009. 2009. WUHAN, CHINA.

[6] 马莹, 席进, 叶见曙. 基于板理论的公路混凝土槽形梁内力计算方法[J]. 中国公路学报, 2012, 25(3): 107-111.

158. 简支转连续组合箱梁双排支座结构体系分析

赵现省　陈雄飞

(江苏扬子大桥股份有限公司)

摘　要　简支转连续组合箱梁的支承形式包括单排支承和双排支承,本文主要分析了双排支承结构形式组合箱梁在支座刚度、支座间距不同的情况下其内力及反力的变化规律,为双排支承结构的研究、设计以及施工提供了一定的参考作用。

关键词　简支转连续　组合箱梁　双排支承

一、引　言

简支转连续组合箱梁桥按桥墩上支座的布置可以分为单排支座和双排支座,单排支座结构形式首先将预制梁安装在临时支座上,在现浇连续段下设置永久支座,然后浇筑现浇段混凝土,待混凝土达到强度后张拉墩顶预应力短束,最后拆除临时支座形成连续体系。双排支座结构形式则将预制梁安装在永久支座上(即将临时沙筒支座换为板式橡胶支座),然后浇筑现浇段混凝土,最后待混凝土达到强度后张拉墩顶预应力短束即形成连续体系[3]。

双排支座简支变连续组合箱梁具有单排支座组合箱梁的优点,首先将预制箱梁安放在永久板式橡胶支座上,将两端互相连接的钢筋及时绑扎,然后浇筑现浇段混凝土,待墩顶混凝土达到设计强度后张拉墩顶预应力钢束,则结构即转化为连续体系。该结构体系不需要转换支座,即不会出现支座转换过程中应力重分配的问题,墩顶现浇段混凝土及两端横隔梁受力简单,不容易出现开裂现象。

二、简支转连续结构体系的特点

(1)主梁采用预制构件,可以在梁场进行批量生产。这有利于控制主梁的质量。另外,采用预制构

件可以加快施工工期,在施工下部结构的同时就可以预制主梁,加快桥梁的建设速度[5];

(2)在进行下部结构施工的同时就能够批量生产主梁,因为加快了施工的速度,节省了施工时间,提高了经济效益;

(3)在预制主梁的同时就可以在梁场进行跨中正弯矩预应力的张拉,负弯矩的张拉可以在梁上进行,减少了施工所需要的笨重设备,又可以在不中断交通的条件下进行施工,因此这种施工方法特别适用于城市中的立交桥[4];

(4)不需要使用大量的脚手架,节约了施工费用;

(5)简支转连续的施工方法同样具有连续梁所特有的优点:主梁刚度大、伸缩缝较少、变形小、行车舒适等优点[7];

(6)因为是在梁场预制,在张拉墩顶预应力钢束时主梁已经有了一段时间的龄期,因而减小了混凝土的收缩徐变对结构体系的影响;

该种桥梁结构具有以上优点,所以在桥梁建设中具有明显的优势,但是该结构体系仍存在一些待完善的问题和复杂的施工工序。其中作为先简支后连续结构体系重要的一环就是双排支座的力学效应,本文就双排支座结构体系的受力做了一些分析和研究。

三、双排支座结构体系受力分析

双排支座结构体系就是在浇筑墩顶现浇段以及张拉预应力短束后不再进行支座转换的结构形式,因此可以简化施工过程,省掉了支座转换这一道施工工序。双排支座结构体系中一个重要的问题就是双排支座的间距。支座间距拉大了,两侧主梁受力较均匀,有利于结构稳定,但是增大了下部结构尺寸,且外观不协调;反之,支座间距变小了,减小了下部结构尺寸,但是两侧主梁受力不稳定。另外,支座的刚度以及桥梁的跨径对主梁的受力和支反力也有一定的影响[6]。

简支转连续组合箱梁常用跨径为20~40m,为探明主梁内力及支座反力随支座间距和支座刚度的变化规律,本文选用四跨一联的连续组合箱梁模型,其跨径为4×30m=120m,桥面宽度为11.9m,箱梁梁高为1.6m,横桥向由四片箱梁组合而成。在跨中处箱梁顶板、底板、腹板的厚度均为18cm,支点处顶板为24cm,底板为25cm,腹板为28cm。箱梁材料采用C50混凝土,预应力钢筋采用单根直径为15.24mm低松弛钢绞线,桥面铺装为6cm厚C40水泥混凝土调平层和10cm厚沥青混凝土。分析双排支座结构体系在自重+活载+附加力作用下其内力和反力随着支座间距、支座刚度以及主梁跨径不同时的变化规律。其跨中典型截面如图1:

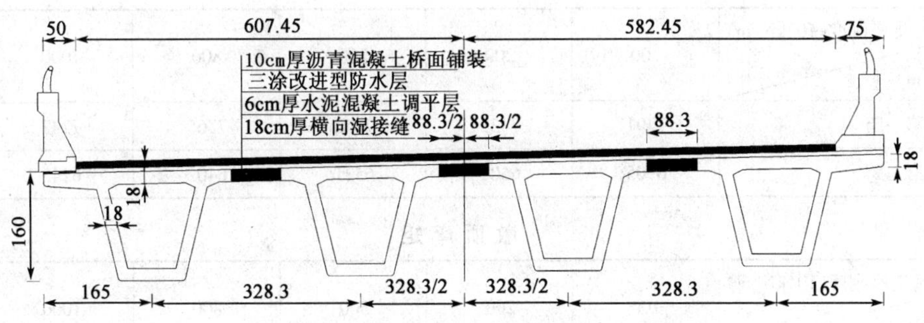

图1　跨中横断面(尺寸单位:cm)

采用有限元分析软件midas-civil建立双排支座空间梁格模型,对比分析结构内力及反力随着双排支座间距和支座刚度的变化而不同的变化规律。模型中纵梁采用梁单元,纵梁之间采用虚拟的横梁连接,横梁的自重系数设为零,纵梁之间的横梁采用铰接连接。由于支座间距的不同模型中单元与节点的数目会稍有不同,但是建模的方式都是相同的。图2为支座间距为80cm时的一个梁格模型,模型中梁单元数目为517个,节点数目为412个,其余支座间距的模型与此类似。

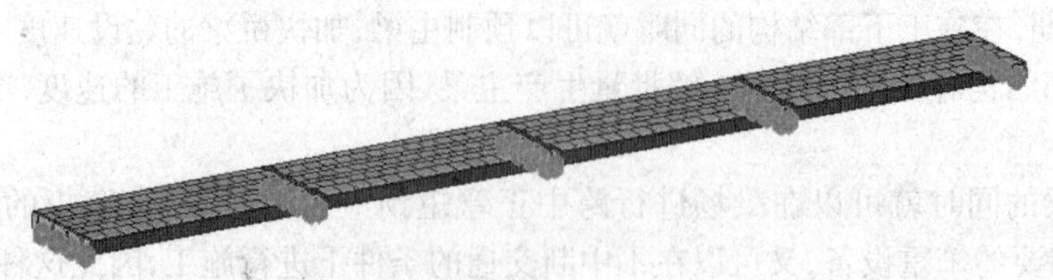

图2 双排支座典型模型

1. 支座刚度及间距不同引起结构内力变化规律

1）支座间距 $a=40\text{cm}$

由表1、表2可以看出，对于四跨一联简支转连续组合箱梁体系，当支座间距为40cm时，在自重、活载及附加力共同作用下，跨中弯矩随着支座刚度的增大而减小，其中中跨受支座刚度影响较大，跨中弯矩值最多减小9.3%，墩顶负弯矩随支座刚度的增大而增大，最多增大11.1%。

跨中弯矩 表1

支座刚度（10^3kN/m） 跨中弯矩（kN·m）	100	200	500	800	1000	2000
第一跨	7510	7492	7415	7386	7312	7296
第二跨	6935	6670	6536	6459	6382	6346

墩顶弯矩 表2

支座刚度（10^3kN/m） 墩顶负弯矩（kN·m）	100	200	500	800	1000	2000
一号墩顶	−4322	−4405	−4596	−4674	−4725	−4802
二号墩顶	−4210	−4396	−4532	−4625	−4676	−4689

2）支座间距 $a=80\text{cm}$

由表3、表4可以看出，对于四跨一联简支转连续组合箱梁体系，当支座间距为80cm时，在自重、活载及附加力共同作用下，跨中弯矩随着支座刚度的增大而减小，其中中跨受支座刚度影响较大，跨中弯矩值最多减小11.3%，墩顶负弯矩随支座刚度的增大而增大，最多增大10.9%。

跨中弯矩 表3

支座刚度（10^3kN/m） 跨中弯矩（kN·m）	100	200	500	800	1000	2000
第一跨	7491	7432	7402	7365	7242	7185
第二跨	6905	6601	6521	6402	6245	6204

墩顶弯矩 表4

支座刚度（10^3kN/m） 墩顶负弯矩（kN·m）	100	200	500	800	1000	2000
一号墩顶	−4285	−4365	−4475	−4532	−4623	−4752
二号墩顶	−4135	−4312	−4465	−4512	−4541	−4562

3）支座间距 $a=120\text{cm}$

由表5、表6可以看出，对于四跨一联简支转连续组合箱梁体系，当支座间距为120cm时，在自重、活载及附加力共同作用下，跨中弯矩随着支座刚度的增大而减小，其中中跨受支座刚度影响较大，跨中弯矩值最多减小11.6%，墩顶负弯矩随支座刚度的增大而增大，最多增大10.7%。

跨 中 弯 矩　表5

支座刚度(10^3kN/m) 跨中弯矩(kN·m)	100	200	500	800	1000	2000
第一跨	7426	7374	7287	7205	7163	7122
第二跨	6863	6521	6435	6354	6189	6152

墩 顶 弯 矩　表6

支座刚度(10^3kN/m) 墩顶负弯矩(kN·m)	100	200	500	800	1000	2000
一号墩顶	-4248	-4323	-4389	-4484	-4561	-4685
二号墩顶	-4096	-4265	-4352	-4467	-4501	-4535

4)支座间距 $a = 160$cm

由表7、表8可以看出,对于四跨一联简支转连续组合箱梁体系,当支座间距为160cm时,在自重、活载及附加力共同作用下,跨中弯矩随着支座刚度的增大而减小,其中中跨受支座刚度影响较大,跨中弯矩值最多减小11.5%,墩顶负弯矩随支座刚度的增大而增大,最多增大11.3%。

跨 中 弯 矩　表7

支座刚度(10^3kN/m) 跨中弯矩(kN·m)	100	200	500	800	1000	2000
第一跨	7387	7305	7234	7164	7102	7062
第二跨	6814	6498	6386	6268	6175	6113

墩 顶 弯 矩　表8

支座刚度(10^3kN/m) 墩顶负弯矩(kN·m)	100	200	500	800	1000	2000
一号墩顶	-4204	-4285	-4335	-4454	-4514	-4632
二号墩顶	-4065	-4234	-4312	-4425	-4496	-4523

由以上分析可以看出:支座刚度对结构内力的影响,结构的跨中弯矩随支座刚度的增大而减小,这对结构是有利的;墩顶负弯矩随支座刚度的增大而增大,这对结构是不利的。另外,对于四跨一联简支转连续组合箱梁来说,中跨比边跨的跨中正弯矩减小的要多,中墩比边墩的墩顶负弯矩增大的要多。

支座间距对结构内力的影响:结构的跨中弯矩随支座间距的增大而逐渐减小,墩顶负弯矩随支座间距的增大而逐渐减小,这对结构是有利的。

2. 支座刚度及间距不同引起结构反力变化规律

(1)当支座间距为80cm时,在自重、活载以及附加力作用下,各墩台上最大最小支反力随支座刚度的变化情况如表9所示:

最大支反力表(单位:kN)　表9

支座刚度(10^3kN/m)	1号台	1 号 墩		2 号 墩		3 号 墩		4号台
		左排	右排	左排	右排	左排	右排	
100	692	695	692	674	674	692	695	692
200	696	745	717	666	666	717	745	696
500	697	787	690	669	669	690	787	697
800	702	885	743	738	737	743	885	702
1000	701	1060	836	796	795	836	1060	701
2000	701	1200	915	843	843	915	1200	701

由表9、表10可以看出，对于四跨一联简支转连续组合箱梁体系，当支座间距为80cm时，在自重、活载及附加力共同作用下，桥台上支座的最大及最小支反力受支座刚度影响较小，但是桥墩上支反力受支座刚度影响较大；边墩及中墩的最大支反力都随支座刚度的增大而增大，最小支反力都随支座刚度的增大而减小；边墩左右排支反力随支座刚度的增大而逐渐变的不均匀，边墩外排支反力较大，内排支反力较小，内外排最大支反力最多相差23.75%，内外排最小支反力最多相差36.3%，但是两排支反力均没有出现负值，说明支座没有脱空。

最小支反力表（单位：kN）　　表10

支座刚度（10^3kN/m）	1号台	1号墩		2号墩		3号墩		4号台
		左排	右排	左排	右排	左排	右排	
100	465	561	562	563	563	562	561	465
200	459	573	565	527	527	565	573	459
500	456	582	551	520	520	551	582	456
800	449	480	416	530	530	416	480	449
1000	448	384	239	472	471	239	384	448
2000	448	303	193.1	423	423	193.1	303	448

（2）当支座间距为120cm时，在自重、活载以及附加力作用下，各墩台上最大最小支反力随支座刚度的变化情况如表11所示：

由表11、表12可以看出，对于四跨一联简支转连续组合箱梁体系，当支座间距为120cm时，在自重、活载及附加力共同作用下，桥台上支座的最大及最小支反力受支座刚度影响较小，但是桥墩上支反力受支座刚度影响较大；边墩及中墩的最大支反力都随支座刚度的增大而增大，最小支反力都随支座刚度的增大而减小；边墩左右排支反力随支座刚度的增大而逐渐变的不均匀，边墩外排支反力较大，内排支反力较小，内外排最大支反力最多相差24.5%，内外排最小支反力最多相差51.2%，但是两排支反力均没有出现负值，说明支座没有脱空。

最大支反力表（单位：kN）　　表11

支座刚度（10^3kN/m）	1号台	1号墩		2号墩		3号墩		4号台
		左排	右排	左排	右排	左排	右排	
100	690	698	691	674	674	691	698	690
200	693	753	710	666	666	710	753	693
500	694	813	680	670	670	680	813	694
800	700	953	781	759	759	780	953	700
1000	700	1140	884	819	818	883	1140	700
2000	700	1270	959	863	862	959	1270	700

最小支反力表（单位：kN）　　表12

支座刚度（10^3kN/m）	1号台	1号墩		2号墩		3号墩		4号台
		左排	右排	左排	右排	左排	右排	
100	462	563	562	563	563	562	563	462
200	457	577	564	527	527	564	577	457
500	454	591	532	521	521	532	591	454
800	456	443	346	510	510	346	443	456
1000	455	337	159	451	451	158	337	455
2000	455	261	127.4	408	408	127.1	261	455

（3）当支座间距为160cm时，在自重、活载以及附加力作用下，各墩台上最大最小支反力随支座刚度的变化情况如表13所示：

由表13、表14可以看出，对于四跨一联简支转连续组合箱梁体系，当支座间距为160cm时，在自重、活载及附加力共同作用下，桥台上支座的最大及最小支反力受支座刚度影响较小，但是桥墩上支反力受支座刚度影响较大；边墩及中墩的最大支反力都随支座刚度的增大而增大，最小支反力都随支座刚度的增大而减小；边墩左右排支反力随支座刚度的增大而逐渐变的不均匀，边墩外排支反力较大，内排支反力较小，内外排最大支反力最多相差23%，内外排最小支反力最多相差48.3%，但是两排支反力均没有出现负值，说明支座没有脱空。

最大支反力表(单位:kN) 表13

支座刚度(10^3kN/m)	1号台	1号墩		2号墩		3号墩		4号台
		左排	右排	左排	右排	左排	右排	
100	688	702	691	675	675	691	702	688
200	695	723	691	694	694	691	726	695
500	697	767	691	701	701	691	767	697
800	698	988	807	764	765	807	988	698
1000	698	1160	910	823	822	910	1160	698
2000	698	1270	978	861	861	978	1270	698

最小支反力表(单位:kN) 表14

支座刚度(10^3kN/m)	1号台	1号墩		2号墩		3号墩		4号台
		左排	右排	左排	右排	左排	右排	
100	459	565	562	563	563	562	565	459
200	454	554	556	559	559	556	554	454
500	453	544	528	556	556	528	544	453
800	452	419	312	506	506	312	419	452
1000	452	314	137	449	449	137	314	452
2000	451	246	127.2	412	412	127.2	246	451

由以上分析可以看出：支座刚度对支反力的影响，支座刚度的变化对桥台上支反力影响不大；边墩上最大支反力随支座刚度的增大而增大，但外排支座的支反力增大的幅度大于内排支座的支反力；边墩上最小支反力随支座刚度的增大而减小，但内排支座的支反力减小的幅度大于外排支座的支反力；中墩上两排支座最大支反力都随支座刚度的增大而增大，最小支反力都随支座刚度的减小而减小。

支座间距对支反力的影响：支座间距的变化对桥台上支反力影响不大；边墩及中墩最大支反力都随支座间距的增大而增大；边墩及中墩最小支反力都随支座间距的增大而减小。

四、结　论

(1)结构的跨中弯矩随支座刚度的增大而逐渐减小，墩顶负弯矩随支座刚度的增大而逐渐增大。

(2)结构的跨中弯矩随支座间距的增大而逐渐减小，墩顶负弯矩随支座间距的增大而逐渐减小。

(3)边墩上最大支反力随支座刚度的增大而增大，边墩上最小支反力随支座刚度的增大而减小，中墩上两排支座最大支反力都随支座刚度的增大而增大，最小支反力都随支座刚度的减小而减小。

(4)边墩及中墩最大支反力都随支座间距的增大而增大，边墩及中墩最小支反力都随支座间距的增大而减小。

双排支座结构形式在理论上是可行的，可以应用到实际桥梁中去，双排支座结构形式在施工上的优点是不用拆除临时支座，在受力方面的优点是内力值有一定程度的减小，避免了在拆除临时支座过程中产生的多余应力。

参考文献

[1] 中交公路规划设计院. JTG D60—2004 公路桥涵通用设计规范[S]. 北京：人民交通出社，2004.

[2] 中交公路规划设计院. JTG D62—2004 公路钢筋混凝土及预应力混凝土桥涵设计规范[S]. 北京：人民交通出版社,2004.

[3] 丁如珍,谈长庆. 恒载简支、活载连续、支点不转换的连续桥梁设想[D]. 华东公路,1996.

[4] 陈善勤,麻文燕. 简支转连续梁桥特点及单(双)支座受力分析[D]. 重庆交通大学学报(自然科学版),2007(S1).

[5] 麻文燕. 先简支后结构连续梁桥设计及施工技术研究[D]. 硕士学位论文,重庆交通大学,2007.

[6] 麻文燕,向中富,陈善勤. 先简支后结构连续梁桥施工顺序分析[J]. 重庆交通大学学报(自然科学版),2007,26(5):44-48.

[7] 陈强等. 先简支后连续结构体系临时支座的合理拆除顺序研究. 桥梁建设,武汉,2005.

[8] Jay Holombo, M. J. NigelPriestly, FriederSeible. continuity of preeast Prestressed spliced-girder bridge under seismic loads. PCI Journal,2000,5:40-63.

159. 地下连续墙基础计算方法与工程实例

龚维明　王　磊

(东南大学土木工程学院)

摘　要　地下连续墙基础是新颖的深基础形式,可代替传统的桩基础。本文根据地下连续墙基础的性状,按照弹性基础和刚性基础的分析方法,提出分别用4种弹簧和8种弹簧的计算模型来设计计算地下连续墙基础;并介绍了典型工程实例,以期为地下连续墙基础的发展提供参考与借鉴。

关键词　地下连续墙　弹性基础分析法　刚性基础分析法　工程实例

一、引　言

20世纪上半叶出现的地下连续墙技术是基础工程界的一项重大创新,它最初是用于防渗、挡土或承重作用。随着设计方法和施工技术的改进,地下连续墙开始兼作建筑物地下结构的外墙,然后发展成为建筑物或构筑物的基础[1]。地下连续墙基础承受上部结构的荷载并将荷载传给地基,大部分情况下同时承受竖向荷载和水平荷载。它既可以代替桩基础,也可以代替沉井基础。其断面形式比较灵活,可以是闭合的井筒式,也可以是非闭合的壁式[2]。

近年来,利用构造接头把地下连续墙的各单片墙段连结成一个外形为矩形、多边形或圆形,形成地下连续墙基础。并在其顶部设置封口顶板,与上部结构紧密连接,内部可留有土芯,也可将土清除,如图1所示。地下连续墙基础突破了传统的地下连续墙作为防渗墙或挡土墙的常规用法,是一种较为新颖的深基础形式。可用于大型桥梁、高耸建筑物、超高层楼房的深基础中[3]。

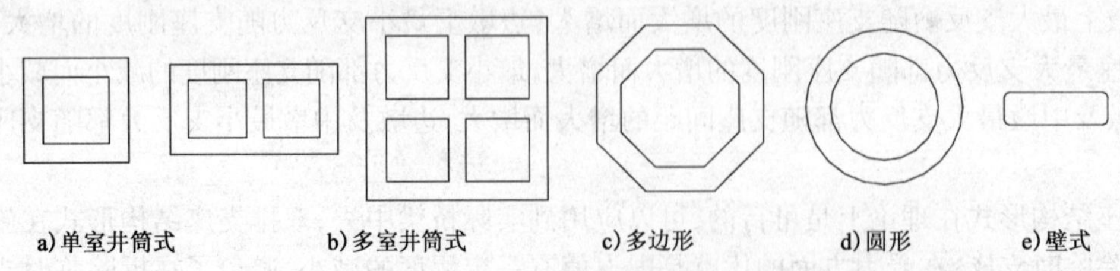

图1　地下连续墙基础的断面形式

目前,地下连续墙技术最发达的国家当属日本,在设计和施工方面均处于世界领先水平,已累计建成地下连续墙1500万m^2以上。意大利、法国、德国、加拿大、英国、墨西哥等国,也都位于地下连续墙技术发展的前列。地下连续墙厚度已达3.20m，深度达170m[4]。

地下连续墙基础在国外应用广泛，在我国开始引起重视，但应用实例不多，尚未进行系统的理论研究。《公路桥涵地基与基础设计规范》仅明确了桩基础，人工地基和沉井基础的设计和施工方面的要求[5]。对于地下连续墙作为大型桥梁基础，在相关设计中未列出具体的设计参考准则，现有的工程大多是参照桩基础或沉井基础进行设计计算的，在这方面与国外差距较为明显。本文根据地连墙基础的刚度情况，分别采用4种弹簧的弹性基础分析法和8种弹簧的刚性基础分析法，推导其水平受力特性和荷载传递规律，并介绍了近年来以地下连续墙作为桥梁基础的典型工程实例，以期为国内地下连续墙基础的发展提供参考与借鉴。

二、设计方法分析

1.设计流程

地下连续墙基础的设计可按图2所示的流程图进行，以满足以下基本要求：

(1)基础底面的竖向地基应力不能超过基础的容许竖向承载力及容许抗拔力；

(2)基础底面的剪切应力不能超过基础底面的容许抗剪强度；

(3)基础的变位量不能超过容许变位；

(4)基础各构件产生的应力不能超过构件的容许应力。

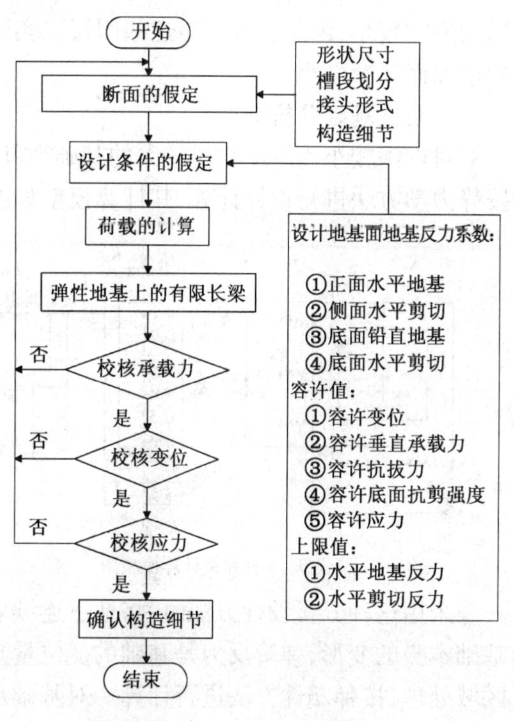

图2 地下连续墙基础设计流程图

2.计算模型

对于地下连续墙基础，进行稳定验算及变位、内力、地基反力计算时，可采用以下三种计算模型：

(1)参照沉井的计算方法，把基础视为弹性体，周边地基对基础的反力用4种地基反力弹簧表示，由此计算出内力和变位。

(2)把基础视为刚性体，周边地基对基础的反力用8种地基反力弹簧表示，按静力学方法进行计算。

(3)参照桩基础的计算方法，把基础视为弹性体，考虑基础正面的被动土抗力和侧面的摩阻力，进行内力和变位计算。

采用第三种模型时，计算方法与普通桩基础类似。相比较而言，前两种模型更接近地下连续墙基础的工作性状述。

3.弹性基础分析法

对于埋深较大而刚度相对较小的基础视其为弹性，以4种地基反力弹簧代替周边土体，实质是总体考虑整个基础的抗弯刚度，按弹性地基上的有限长梁进行计算，其计算模型如图3。计算模型中有基础正面水平弹簧K_H、基础侧面水平剪切弹簧K_F、基础底面竖向弹簧K_V、基础底面水平剪切弹簧K_S4种形式的地基反力弹簧，地基反力即为基础的变位量与地基反力系数(弹簧常数)的乘积。各种基础水平地基反力系数按照以下各公式求得。

$$K_H = K_{H0}\left(\frac{B}{30}\right)^{-0.75} \tag{1}$$

$$K_F = \alpha_F K_H \tag{2}$$

$$K_V = K_{V0}\left(\frac{B_V}{30}\right)^{-0.75} \tag{3}$$

$$K_S = \alpha_S K_V \tag{4}$$

$$K_{H0} = \frac{1}{30}\alpha E_0 \tag{5}$$

$$K_{V0} = \frac{1}{30}\alpha E_0 \tag{6}$$

$$B_V = \sqrt{A_V} \tag{7}$$

式中：K_{H0}——直径30cm刚性平板载荷试验得到的水平地基反力系数（N/cm^3）；

B——基础的正面宽度（cm）；

E_0——地基变形模量（N/cm^2）；

α——地基反力系数的修正系数，可查相关表格确定；

α_F——K_F 修正系数，当 $1/3 < \frac{D}{B} < 3$ 时，

$$\alpha_F = 0.6\left(\frac{D}{B}\right)^{-0.75} \tag{8}$$

D——基础的侧面宽度；

K_{V0}——直径30cm刚性平板载荷试验得到的竖向地基反力系数（N/cm^3）；

B_V——基础的换算宽度（cm）；

A_V——基础竖向本体面积（cm^2）；

α_S——反力系数比，一般取1/3~1/4。

采用这种分析设计方法时，还应考虑地下连续墙基础的竖向侧摩阻力，但由于其对基础侧向阻力结构的影响较小，因此也可忽略这些因素。实际上基础侧面摩擦产生的作用在基础上的轴向力，随着深度的增加而逐渐减小。

4. 刚性基础分析法

对埋深较小而刚度相对较大的基础视其为刚性，周边地基对基础的反力用8种弹簧地基反力表示，按静力学方法进行设计计算，其计算模型如图4所示。

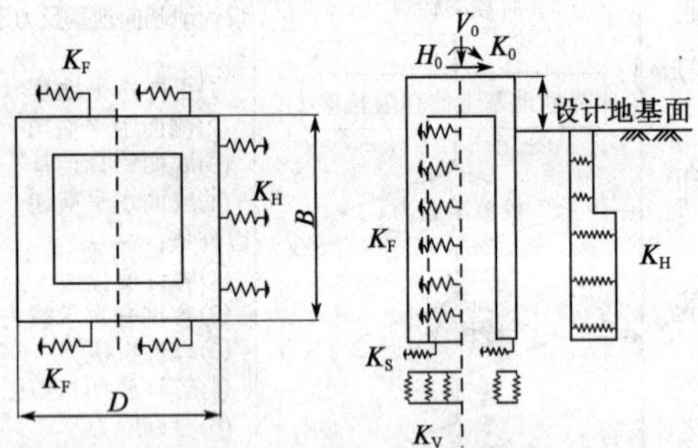

图3　4种弹簧计算模型图

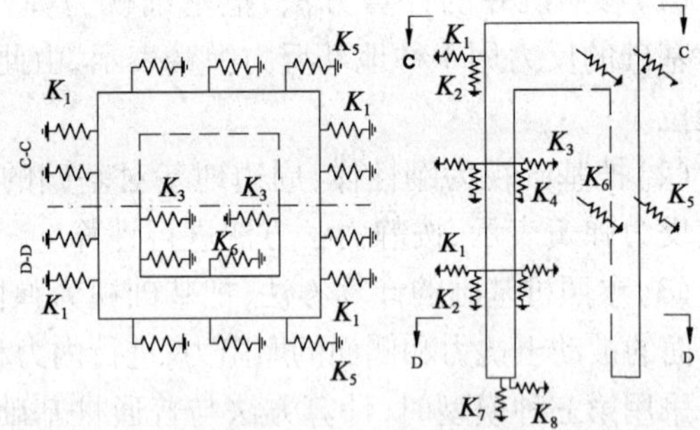

图4　8种弹簧计算模型图

采用这种分析设计方法时，将地下连续墙基础视为由周围8种地基反力弹簧支承的刚性体，不考虑基础本身的变形，弹簧反力是基础的变位量与地基反力系数的乘积，如其值超过弹性极限值，则作为塑性区域处理，按弹塑性方法进行计算。对基础承载力的计算以摩擦承载为主体。最初基础与地基之间是静土压力，后由于外力引起基础的变位，使地基反力增大，正面增至被动土压力，后面增至主动土压力。对于剪切地基反力也一样。

地基反力系数按以下各式计算。实际计算中，K_3、K_4、K_6 经常不考虑[6]。

$$K_1 = K_H = 0.4\alpha E_0 B_H^{-0.75} \tag{9}$$

$$K_2 = \left(0.15 + 0.35\frac{z_i}{D_f}\right)K_1 \tag{10}$$

$$K_3 = 0.2K_1 \tag{11}$$

$$K_4 = \left(\frac{0.8z_i}{D_f} - 0.4\right)K_2 \geqslant 0 \tag{12}$$

$$K_5 = 0.6K_1 \tag{13}$$

$$K_6 = \left(\frac{0.8z_i}{D_f} - 0.4\right)K_5 \geqslant 0 \tag{14}$$

$$K_7 = K_V = 0.4\alpha E_0 B_V^{-0.75} \tag{15}$$

$$K_8 = K_S = 0.5K_7 \tag{16}$$

式中：E_0——地基变形模量（N/cm^2）；

α——根据荷载种类和 E_0 确定的修正系数；

D_f——基础侧面宽度（m）；

B_H——基础正面换算宽度（m），其中 $D_f < B$ 时，$B_H = \sqrt{D_f B}$；$B \leq D_f < 3B$ 时，$B_H = B$；$3B \leq D_f$ 时，$B_H = \sqrt{\frac{D_f B}{3}}$，$B$ 为基础正面宽度（m）；

B_V——基础底面换算宽度（cm），$B_V = \sqrt{A_V}$，A_V 为基础底面连续墙面积（cm^2）。

三、工 程 实 例

在我国，地下连续墙作为深基础多用在大型桥梁的锚锭基础中，且常采用矩形式和井筒式。而将地下连续墙基础直接作为桥梁基础，国内应用还较少，有两例均是应用在拱桥建设中。

工程一：

山西省境内国道209线河津—临猗高速路上跨线桥梁，位于公路河津至临猗段K23+385m处。桥址区位于山西省运城市，地处黄土高原边缘，靠近晋陕边界，属关中黄土地区（Ⅲ区）。桥梁全长66m，上部为钢筋混凝土刚架拱，净跨50m，如图5所示。桥梁基础采用平面尺寸为7m×7m，深度为18m的单室地下连续墙基础代替原拟定的钻孔灌注桩，如图6所示。该工程利用黄土的直壁性辅以简单的支撑结构，采用人工挖孔的方式成槽，到设计高程后清除槽底浮土，下放钢筋笼就地灌注混凝土，然后进行上部承台和桥身的施工。

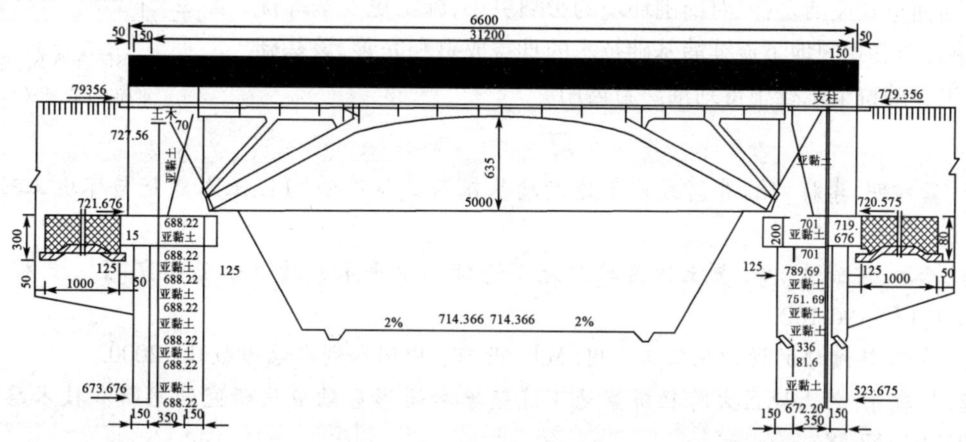

图5 跨线桥梁概况图（尺寸单位：cm）

工程二：

现有某桥始建于1958年，为3跨30m空腹式石拱桥，随着经济的高速发展，交通通行要求的提高，以及长期运营使用，桥体本身出现一定的问题，旧桥已经不能很好地满足通行及使用需求，为此当地政府决定对现有大桥进行加宽改建。新建桥梁采用与现状桥相同的桥型和跨径，即三孔连续上承式变截面空腹拱桥，净跨径30m，见图7所示。

对于桥台处基础，考虑到新旧桥台之间的间距较小，约为2m左右。新桥台施工时如采用与旧桥基础相同的重力式U型桥台需要开挖较深基坑，需要进行基坑支护，而且由于周围环境要求以及紧邻现有桥台基础，再考虑基坑深度较深，拟定采用地下连续墙支护。但是从经济性角度考虑，如地下连续墙仅用作施工过程中的临时支护用，则经济性较差。考虑到拱桥桥台承受较大水平推力和竖向力的共同作用，决定采用新型的闭合式地下连续墙基础作为桥台基础，东西侧桥台基础尺寸基本相同，图8为桥台基础平面布置图，其平面形状为两孔矩形闭合墙，竖向分为两部分：承台以上部分和承台以下部分，承台以上部分主要传递腹拱荷载，承台以下部分主要传递主拱荷载，其中承台厚2m，其余墙厚1m。该桥梁基础已经施工完成,施工过程中监测基础内力及变形情况良好,均达到设计要求。

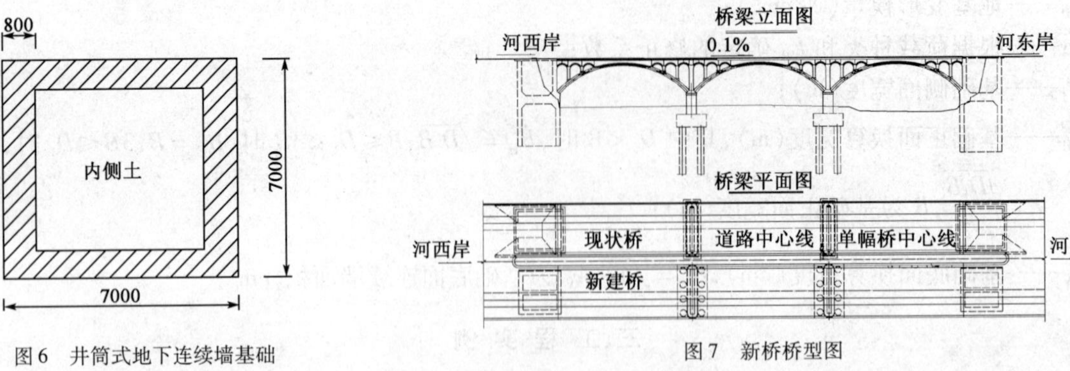

图6　井筒式地下连续墙基础示意图(尺寸单位:mm)

图7　新桥桥型图

四、结论和展望

传统的地下连续墙多用于防渗、挡土或承重作用。随着施工水平的提高将其作为深基础应用到桥梁建设中是较为有益的工程实践。本文根据地下连续墙基础的不同性状,推导了4种弹簧的弹性计算模型和8种弹簧的刚性计算模型。介绍了近年来国内地下连续墙基础的典型工程实例,以期为地下连续墙基础的发展提供参考与借鉴。

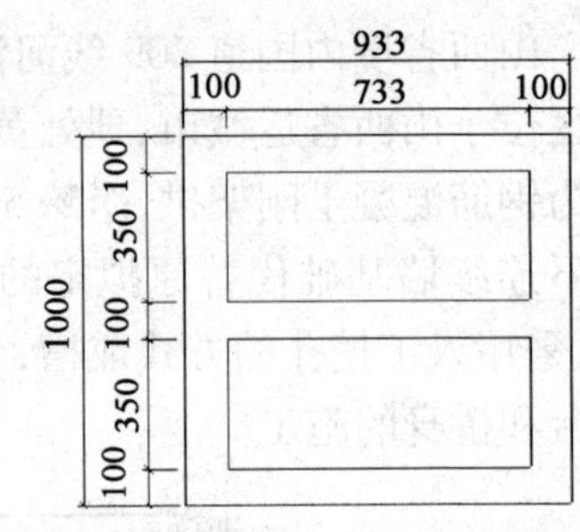

图8　矩形闭合地下连续墙基础平面图(尺寸单位:cm)

作为一种新型的桥梁基础,地下连续墙基础具有承载能力高、刚度大、造价低、断面形式灵活多样、对周围环境的影响更小,施工更安全等优点。可以预测,随着我国地下连续墙基础技术的日益成熟和完善,该基础形式将会在更多的桥梁工程中得到推广与运用。

参考文献

[1] 戴国亮,龚维明,李辉,等.井筒式地下连续墙基础荷载传递法[J].土木建筑与环境工程,2011,33(增刊1),96-99.

[2] 孟凡超,李涛,陈晓东,等.黄土地区单片地下连续墙水平承载特性试验研究[J].土木工程学报,2006,39(17):96-100.

[3] 丛蔼森.地下连续墙的设计施工与应用[M].北京:中国水利水电出版社,2000.

[4] 孟凡超,陈晓东.黄土地区大跨径桥梁地下连续墙和箱形基础应用研究的思路和技术路线[J].公路,2004(6):52-58.

[5] 中华人民共和国交通部.JTJ 024—85　公路桥涵地基与基础设计规范[S].北京:人民交通出版社,2002.

[6] 黄昌乾,李国强,潘启辉.基床系数取值方法相关问题分析[J].建筑结构,2010,40:298-302.

160.贵州仁怀茅台大桥主桥Y形墩梁固结部位详细应力计算分析

甄玉杰　宋松林　冯云成
(中交第一公路勘察设计研究院有限公司)

摘　要　以贵州仁怀市茅台大桥项目为背景,采用大型有限元软件MIDAS FEA建立茅台大桥主桥

Y型墩梁固结部位(含观景平台及其加劲肋)实体有限元模型,进行成桥状态最不利荷载工况下的受力计算,得出该固结部位的详细应力分布情况,以指导结构设计和钢筋配置,确保桥梁的安全性和耐久性。

关键词　刚构桥　观景平台　加劲肋　有限元模型　计算分析

一、工程概况

仁怀市茅台镇是国酒工业名镇,优质白酒的生产基地,是规划中的仁怀市政治、经济和文化中心,也是红军"四渡赤水"的所在地。仁怀市茅台大桥是仁怀市骨架公路网,即"2631"网中第三横茅台至石碑坳公路的重要桥梁[1]。桥梁位于仁怀市茅台镇的赤水河上,起于赤水河东岸(茅台岸),与环茅北路相接,终于赤水河西岸(古蔺岸),与长征路相接,本桥承担着过境车辆以及茅台镇城区内部车流、非机动车和居民的跨河要求。

根据桥址区域地形、地貌、水文、地质、气象等基本条件,同时从桥型和桥跨合理,施工快捷、养护方便等方面综合考虑,茅台大桥按两联设置。桥梁跨径组成为:(3×20)m(第一联)+(58+100+58)m(第二联)。如图1所示。

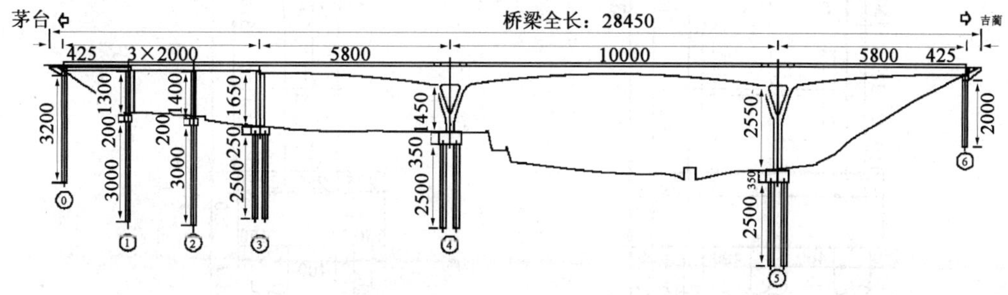

图1　茅台大桥桥型总体布置(尺寸单位:cm)

茅台大桥主桥上部结构采用(58+100+58)m三跨预应力混凝土变截面连续刚构体系。箱梁采用单箱单室截面,纵、横、竖三向预应力体系。桥宽16m,箱梁根部梁高5.8m,跨中梁高2.5m,箱梁高度按1.8次抛物线变化。箱梁顶板宽16m,底板宽7.5m,翼缘板悬臂长为4.25m。箱梁顶板设双向2%的横坡,底板横桥向为水平。

箱梁0号块长度为10m,顶、底板厚度分别为0.5m和1.3m,腹板厚度为1.0m;距墩中心5.0m处至跨中箱梁顶板均为0.32 m等厚度,底板厚度从距墩中心8.0m处按1.8次抛物线由0.9m变化至跨中0.32m,腹板厚度在9号块以前为0.8m,10号块以后为0.6m,9~10号块由0.8m按直线变化至0.6m。

茅台大桥位于风景秀丽的赤水河畔,当地旅游资源丰富,为发展茅台镇旅游事业,在茅台大桥4、5号主墩对应的桥面两侧设置了观景平台,将该位置的箱梁悬臂板向外延伸1.5m设置观景平台,平台长4m,两侧渐变段长2m,并设置5道加劲肋以加强悬臂板。如图2所示。

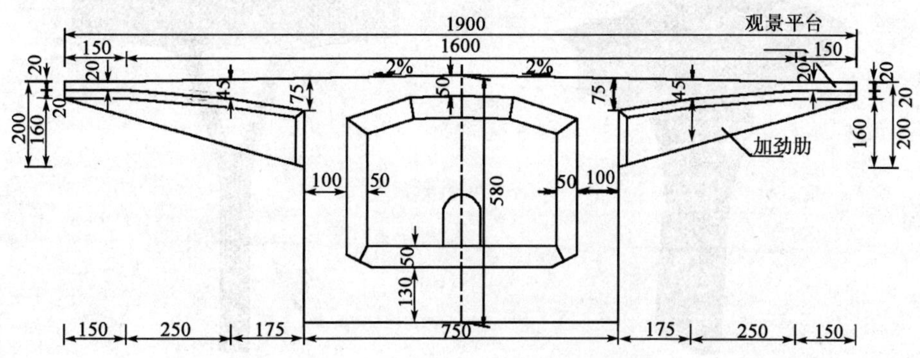

图2　茅台大桥观景平台布置(尺寸单位:cm)

为了全桥造型美观，并减小梁根部弯矩峰值[2][3]，茅台大桥4号、5号主墩采用Y形墩（如图3所示），上面V形部分的双肢采用7.5m（横向）×1.2m（纵向）矩形实心截面，墩身底部范围采用7.5m（横向）×2.5m（纵向）的矩形空心截面，主墩承台厚3.5m，平面尺寸为11m（横向）×7m（纵向），每墩6φ1.8m的钻孔灌注桩。3号过渡墩采用空心薄壁墩，截面尺寸为7.5m（横向）×2.5m（纵向），过渡墩承台厚2.5m，平面尺寸为8.9m（横向）×5.7m（纵向），每墩6φ1.5m的钻孔灌注桩。

4、5号主墩的高度分别为14.5m、25.5m，由于两墩高差较大，相对刚度亦有较大差别，导致两墩的受力状态不同，而且Y形墩的分叉处构造受力均较复杂，为确保其安全、耐久性，进行详细的有限元分析。

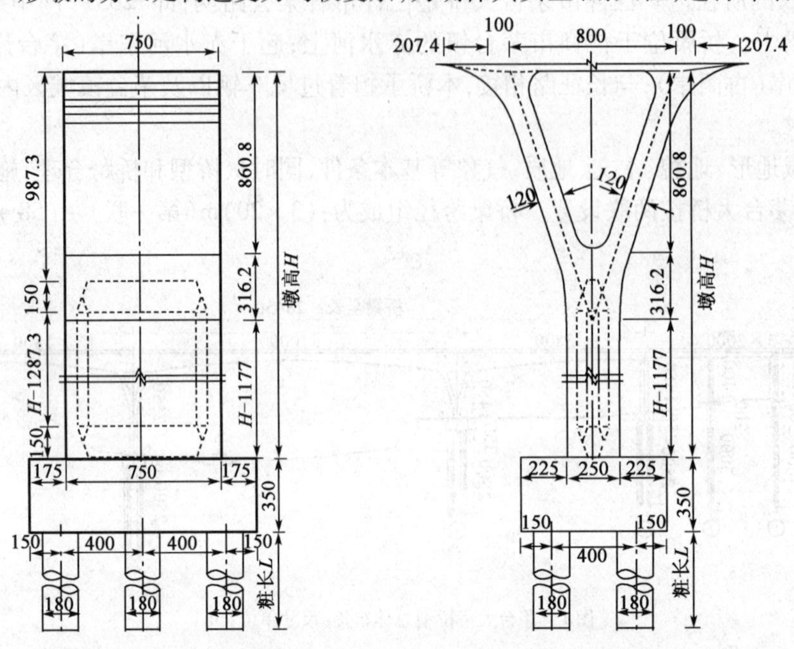

图3　茅台大桥主桥主墩一般构造（尺寸单位：cm）

二、有限元模型

1. 模型概述

结构受力分析计算结果的精度主要取决于计算模型的仿真度，在处理好结构边界条件和施加的外荷载前提下，采用实体单元模型是最精确的。由杆系模型结算结果得知，5号主墩受力更为不利，故以5号主墩为例进行建模。根据施工图设计参数，并考虑荷载加载位置及结构受力形式，采用大型有限元软件MIDAS FEA建立茅台大桥Y形墩梁固结部位实体有限元模型，利用圣维南原理通过整体模型的分析结果来设置适当的边界条件以反映结构真实的受力情况[4]，如图4所示。结构共划分87439个节点，417948

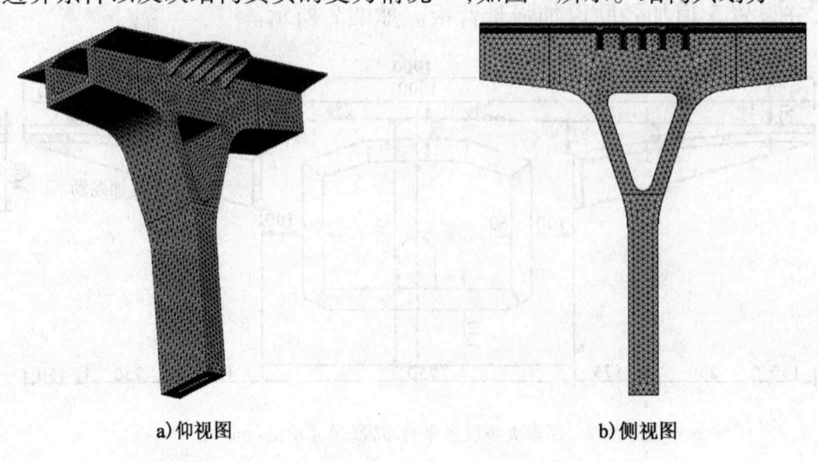

a）仰视图　　b）侧视图

图4　Y形墩梁固结部位实体有限元模型

个单元(417439 个实体单元,507 个钢筋单元,2 个刚性连接单元),混凝土结构均采用 3D 实体块单元进行模拟,主梁中的预应力钢束均采用 1D 钢筋单元模拟[5-6]。模拟构件包含主梁及其横隔板、观景平台及其加劲肋和 Y 形桥墩,考虑主梁内纵向、竖向、横向预应力荷载的作用,不考虑普通钢筋的作用。

2. 边界条件与荷载模拟

桥墩底部以固结形式处理,主梁悬臂端部截面建立主节点,该截面上其余节点为从节点,建立主节点与从节点之间的刚性连接[7-8],如图 5 所示。

计算分析过程中,选取工况为成桥后最不利荷载组合工况(荷载工况包含一期、二期恒载、活载、整体升降温、温度梯度、风荷载、基础沉降、制动力),提取相应内力以等效荷载的形式施加相应轴力、剪力及弯矩(荷载大小见表 1)于主梁悬臂端部[9],并计入节段模型自重及预应力荷载(如图 6 所示)。

成桥最不利荷载工况下主梁悬臂端部荷载表 表 1

等效荷载	轴力(kN)	剪力(kN)	弯矩(kN · m)
左端(中跨侧)悬臂	143000	13700	110000
右端(边跨侧)悬臂	150000	13700	75000

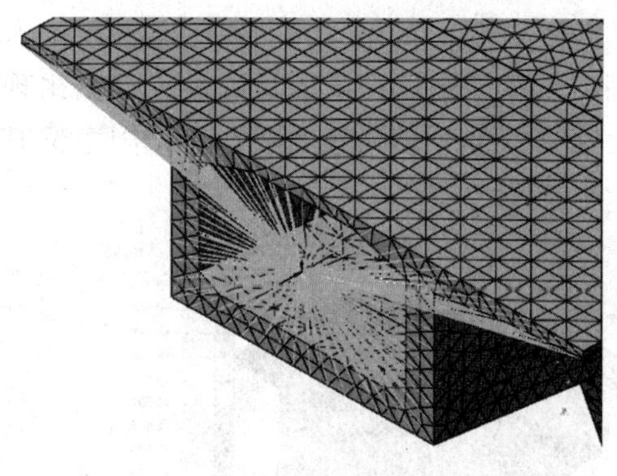

图 5 主梁悬臂端部边界条件及荷载施加示意

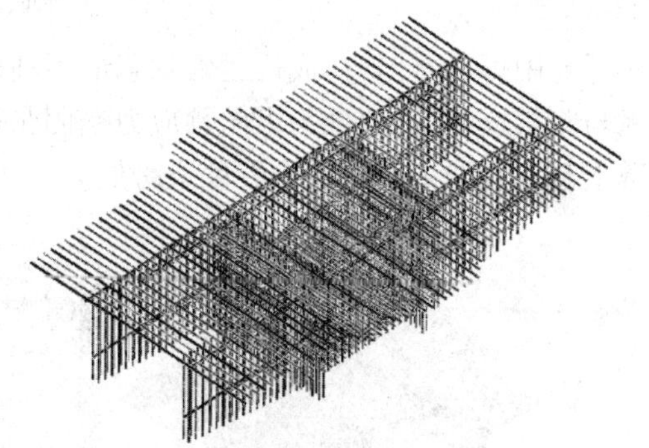

图 6 纵向、竖向与横向预应力钢筋模拟

三、结果计算分析

1. 结果计算

图 7 ~ 图 10 给出了成桥运营状态最不利荷载工况下 Y 形墩梁固结部位(以下简称 V 构)正应力及主应力的应力云图,图中应力均以 MPa 为单位,正值表示拉应力,负值表示压应力。主桥箱梁和主墩均采用 C50 混凝土[10],弹性模量为 3.45×10^4MPa,质量密度为 2549kg/m^3,泊松比为 0.2。

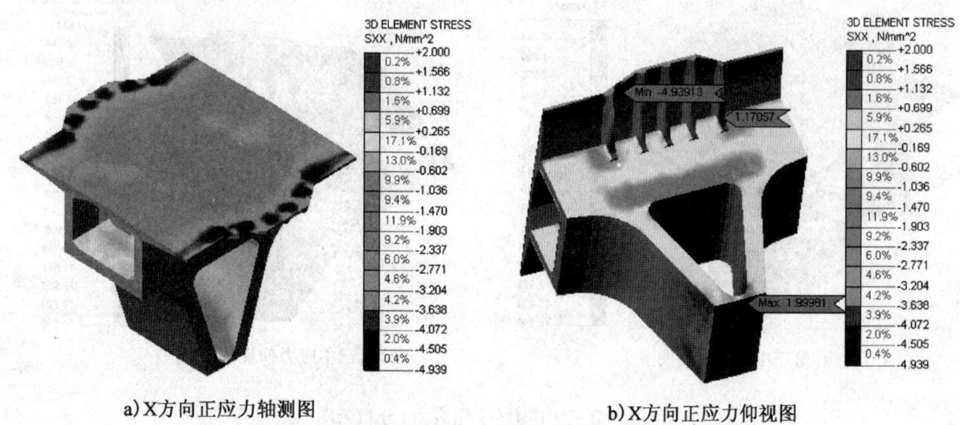

a) X方向正应力轴测图　　b) X方向正应力仰视图

图 7 X 方向(横桥向)正应力分布云图

从图中看以看出,在成桥运营状态最不利荷载工况下,横桥向最大压应力为4.939MPa,出现在观景平台悬臂外缘;最大拉应力为2.000MPa,出现在V构底部,即主墩上部双肢与下部单肢交界处,由于没有考虑普通钢筋的作用,且分布范围较小,故拉应力可以接受。观景平台加劲肋底部出现1.170MPa的拉应力,设计中要设置足够的钢筋,保证结构的抗裂性。

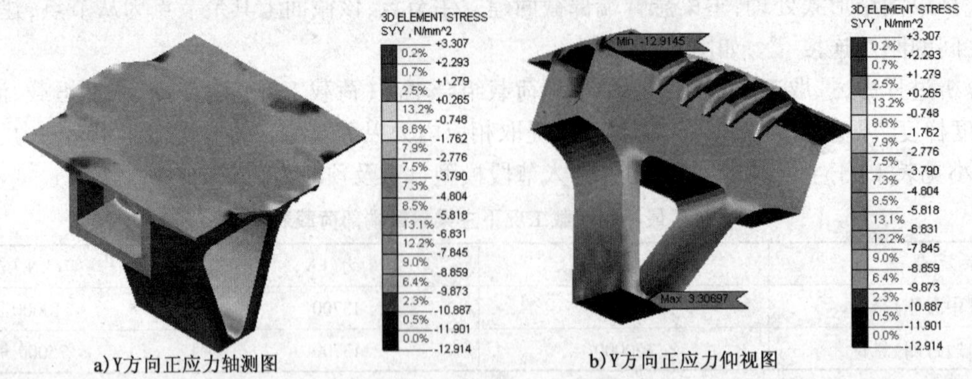

a)Y方向正应力轴测图　　b)Y方向正应力仰视图

图8 Y方向(顺桥向)正应力分布云图

从图8中可以看出,在成桥运营状态最不利荷载工况下,顺桥向最大压应力为12.914MPa,出现在箱梁顶板与腹板交界处,此处为纵向预应力锚固张拉处;最大拉应力为3.307MPa,出现在V构底部边跨侧,即主墩上部双肢与下部单肢交界偏边跨处。

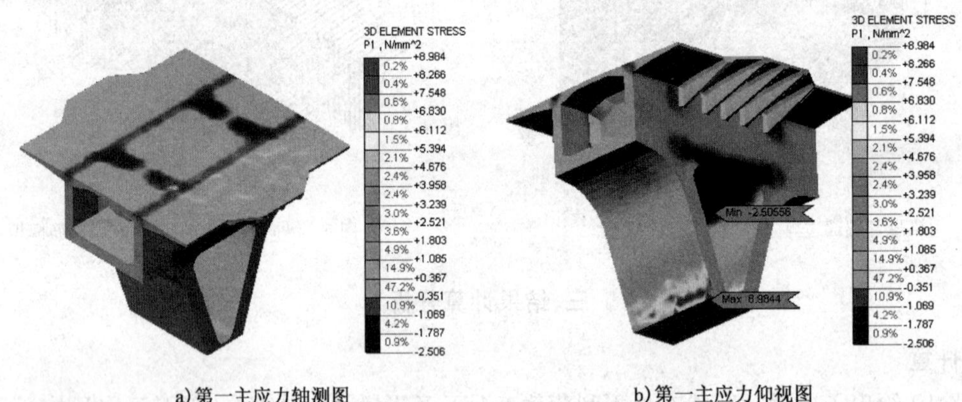

a)第一主应力轴测图　　b)第一主应力仰视图

图9 第一主应力(主拉应力)分布云图

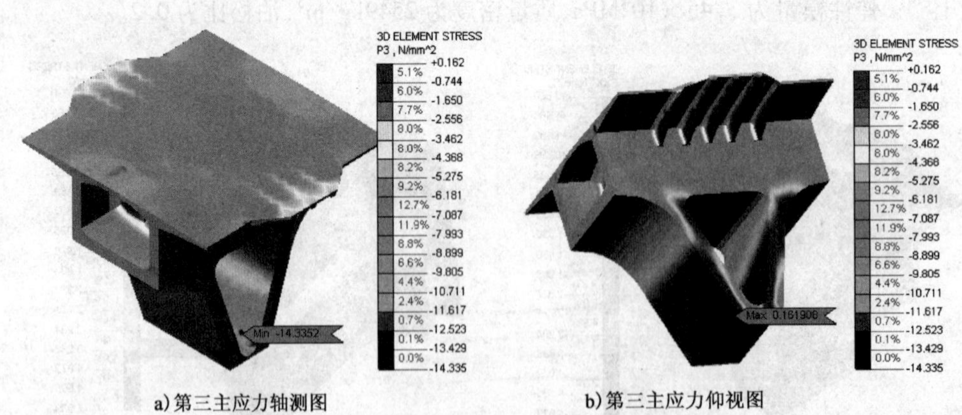

a)第三主应力轴测图　　b)第三主应力仰视图

图10 第三主应力(主压应力)分布云图

混凝土属于脆性材料,工程上关于脆性断裂强度理论应用最广泛的就是最大拉应力理论。最大拉应力理论也称为第一强度理论。这一理论假设:最大拉应力是引起材料脆性断裂的因素,也即认为不论处于什么样的应力状态下,只要构件内一点处的最大拉应力达到材料的极限应力,材料就发生脆性断裂[11]。故分析混凝土的主拉应力具有重要意义。从图9中可以看出,在成桥运营状态最不利荷载工况下,最大主拉应力为8.984MPa,出现在V构底部,即主墩上部双肢与下部单肢交界偏中跨侧。拉应力较大,其主要原因是主梁悬臂两侧不平衡弯矩较大,且V构与下部墩身刚度变化较大,局部应力集中较明显。在设计上要加强此处钢筋的配置,实际配置了三层钢筋网,以有效抵抗较大的主拉应力。

从图10中可以看出,在成桥运营状态最不利荷载工况下,最大主压应力为14.335MPa,出现在V构底部,即主墩上部双肢与下部单肢交界处,应力结果满足规范要求。

2. 结果分析

从图中可以看出,在成桥运营状态最不利荷载工况下,茅台大桥顺桥向最大压应力4.939MPa,最大拉应力2.000MPa;顺桥向最大压应力12.914MPa,最大拉应力3.307MPa;最大主拉应力8.984MPa;最大主压应力14.335MPa。从以上应力结果来看,最大主拉应力较大,出现在V构底部,即主墩上部双肢与下部单肢交界偏中跨侧。为了抵抗该主拉应力,一方面要加强钢筋的配置,另一方面,可以进一步优化减小两侧不平衡弯矩的影响,具体可以采取桥梁合龙前施加顶推力(本桥最后设计顶推力3500kN)的措施。另外,对于纵向预应力锚固张拉处会产生锚具局部应力集中现象,在实际施工中,加强此处锚下钢筋网的配置,以有效避免过大的应力集中,保证结构受力的合理性。

四、结　　论

通过FEA软件对茅台大桥主桥Y形墩梁固结部位进行详细实体有限元模型计算分析,可以得出如下结论:

(1)Y形墩刚构桥受力合理,结构轻盈美观,有很好的发展前景。通过设置观景平台,可以充分利用当地旅游资源,发展旅游事业,促进地区经济增长。

(2)设置观景平台时,要加强对其加劲肋钢筋的设置,提高混凝土的抗裂性能,以有效应对不利荷载下产生的拉应力。

(3)对于Y形墩刚构桥,其Y形墩上部的双肢与下部单肢交界处为应力集中区,在不平衡荷载的作用下,拉压应力均较大,要通过整体设计优化和配置足够的钢筋来保证结构受力安全。

(4)箱梁纵向预应力张拉时,会在局部产生较大的拉压应力,为防止和减轻该应力集中,设计时要充分考虑锚下钢筋网的设置,施工中有必要在此处建立质量控制关键点,确保施工安全。

参考文献

[1] 中交第一公路勘察设计研究院. 贵州省仁怀市茅台大桥工程施工图设计[Z]. 西安:中交第一公路勘察设计研究院,2012.

[2] 刘继尧,徐岳. 梁桥[M]. 北京:人民交通出版社,2011.

[3] 马保林. 高墩大跨连续刚构桥[M]. 北京:人民交通出版社,2001.

[4] 周昆. 高速公路下承式钢管混凝土系杆拱桥设计[J]. 铁道建筑技术,2012(2):22-24.

[5] 王海良,曹磊. 客运专线系杆拱桥拱脚力学性能分析[J]. 铁道建筑,2011(6):24-27.

[6] 耿波,程宇鹏,李军,等. 重庆东水门长江大桥索塔锚固区非线性接触受力分析[J]. 公路交通技术,2010(5):36-39.

[7] 王志刚,王志海. 三连拱主拱拱脚的局部受力分析[J]. 武汉工程大学学报,2011(10):28-30.

[8] 吴桂胜. 斜腹板宽箱梁桥全桥实体仿真分析[J]. 广东公路交通,2011(2):25-27.

[9] 高宝,马越峰,史方华,等. 之江大桥主桥空间有限元受力分析[J]. 公路,2011(8):80-82.

[10] 中交公路规划设计院. JTG D60—2004　公路钢筋混凝土及预应力钢筋混凝土桥涵设计规范[S]. 北京:人民交通出版社,2004.

[11] 孙训方,方孝淑,关来泰. 材料力学[M]. 北京:高等教育出版社,2009.

161. 龙河大桥墩梁固结处模型试验设计

周仁忠[1,2,3]　杨炎华[1,2,3]　陈富强[1,2,3]
(1. 中交第二航务工程局有限公司;2. 长大桥梁建设施工技术行业重点实验室;3. 公路长大桥建设国家工程研究中心)

摘　要　龙河特大桥为大跨超高空心薄壁柔性墩连续刚构桥,为深入探究大桥墩梁固结处力学行为特点,对墩梁固结处开展1:6缩尺模型试验。通过相似理论分析,确定模型各物理参量相似关系。针对结构及受力特点,对模型尺寸、预应力、配重、普通钢筋、加载和测试方案等进行设计。根据实桥有限元分析结果,确定试验工况。为确保能按试验工况加载,设计了一种新型特殊加载装置——"新型组合式加载装置"。试验表明,龙河大桥试验模型设计合理、试验加载方法可行,新型模型试验加载装置经济实用,各试验工况得到顺利完成,并且试验结果能较好反映实桥墩梁固结处受力特点规律。文中介绍的模型试验设计与试验加载方法对同类结构模型试验具有借鉴作用。

关键词　龙河大桥　连续刚构桥　墩梁固结　模型试验　模型设计

一、引　　言

桥梁模型试验是对桥梁设计中理论计算重要的补充和完善,现今试验测试手段和试验理论的发展与提升,使得模型试验可以有效地模拟实桥的力学行为,同时与理论仿真分析结合,可以很好地对实桥施工和运营中的最不利工况进行预演和安全评估,为设计施工提供相互验证、补充和修正作用。对于大型结构模型试验涉及设计、施工、理论计算分析等,是一项综合复杂工程,需要针对模型设计、模型制作和试验加载、试验测试方案各个环节深入细致的考虑,才能实现真实模拟预演实际结构的力学行为目的。

龙河特大桥主桥为(127+240+127)m三跨预应力混凝土连续刚构箱梁,箱梁根部梁高15.0m,跨中梁高4.5m,顶板横向宽11.75m,箱底宽6.5m。翼缘悬臂长2.625m。箱梁0号节段长19m(包括墩两侧各外伸1.0m),每个悬浇"T"纵向对称划分为29个节段,梁段数及梁段长从根部至跨中分别为8×3m、6×3.5m、7×4m、8×4.5m。节段悬浇总长109m。悬浇节段最大控制重量3019kN,挂篮设计自重1250kN。边、中跨合龙段长均为3m,边跨现浇段长5.5m。箱梁根部设四道厚0.8m的横隔板,中跨跨中设一道厚0.4m的横隔板,边跨梁端设一道厚1.50m的横隔板。主墩墩身采用双肢变截面矩形空心墩,墩柱双向放坡(按1:100放坡),单肢顶部截面尺寸8.5m×4m,壁厚0.8m。主墩承台为整体式,承台厚5m,基础采用桩径2.6m的钻孔灌注桩,每墩共25根桩。主桥结构形式布置图如图1所示。主桥墩身采用爬模施工方法,引桥墩墩身采用翻模法施工,混凝土罐车运输,输送泵灌筑混凝土;主桥上部采用挂篮悬臂现浇施工。

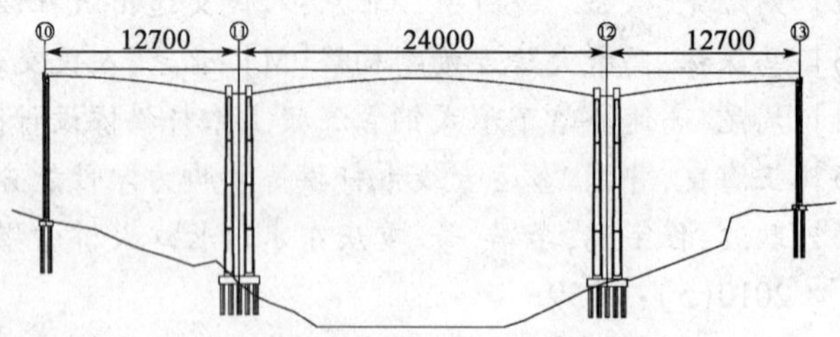

图1　主桥结构形式立面布置图(单位:cm)

龙河特大桥为大跨超高空心薄壁柔性墩连续刚构桥,其墩梁固结处是全桥的关键部位,构造和受力十分复杂。拟对墩梁固结处进行缩尺模型试验,研究其梁墩固结处在大桥施工和运营过程中不利工况下的受力状态和应力分布规律。

由于大桥跨度大,且拟采用1:6大比例缩尺,试验模型具有尺寸大、荷载大、模型制作工艺复杂等特点,同时常规反力架加载装置不再适用,还需设计新型加载装置来满足需要,因而需对试验模型及加载方案进行精心设计,确保试验结果能真实反映实桥墩梁固结处的受力特点规律。

二、模 型 设 计

1. 相似理论分析

根据龙河大桥结构受力特点，遵循三个原则进行模型设计，即模型和实桥几何尺寸相似；模型和实桥对应的截面刚度相似；模型和实桥在梁墩固结处截面相似。

本工程属于结构静力相似问题，数值不随时间而改变，且模型设计为弹性工作状态，模型问题应包括如下各物理量：结构和构件的线性尺寸（包括长、宽、高），结构或构件的截面积 A，体积 V，惯性距 I、挠度 δ、应力 σ、集中力 P、力矩 M、均布荷载 q，弹性模量 E，泊桑比 u、应变 ε、扭转角 ϕ 等、密度 ρ 等。采用量纲分析方法，得到模型各个参量相似关系如下：

$$C_\sigma = C_E,\ C_\delta = C_L,\ C_P = C_E C_L^2,\ C_q = C_E C_L,\ C_M = C_E C_L^3,\ C_A = C_L^2,\ C_\rho = C_E / C_L,\ C_I = C_L^4$$

根据龙河大桥实桥尺寸、梁墩固结处的受力状态、加载要求和长大桥梁交通行业重点实验室的情况，本模型拟按 1∶6 缩尺，即 $C_L = 1/6$；模型与实型采用相同的材料，即 $C_E = 1$；另外即 $C_u = 1$。模型长 14.17m，两边各增加 1m 长的加载段，共计 16.2m，高 5m，宽 1.96m。模型长度、面积、惯性矩、荷载、内力等各参量相似关系如下表 1。用下标 m 表示模型，p 表示实桥。图 2 为模型一般构造图。

为模型各物理量相似关系表 表 1

物 理 量	原 型	模 型	相似系数
长度	L_p	$L_m = L_p \cdot (1/n)$	1/6
截面积	A_p	$A_m = A_p \cdot (1/n^2)$	1/36
截面抗弯惯性矩	I_p	$I_m = I_p \cdot (1/n^4)$	1/ 1296
弹性模量	E_p	E_m	1
应力	σ_p	$\sigma_m = \sigma_p$	1
应变	ε_p	$\varepsilon_m = \varepsilon_p$	1
线位移	δ_p	$\delta_m = \delta_p \cdot (1/n)$	1/6
角位移	α_p	$\alpha_m = \alpha_p$	1
集中荷载	F_p	$F_m = F_p \cdot (1/n^2)$	1/36
剪力	Q_p	$Q_m = Q_p \cdot (1/n^2)$	1/36
反力	R_p	$R_m = R_p \cdot (1/n^2)$	1/36
弯矩	M_p	$M_m = M_p \cdot (1/n^3)$	1/ 216
线荷载集度	q_p	$q_m = q_p \cdot (1/n)$	1/6

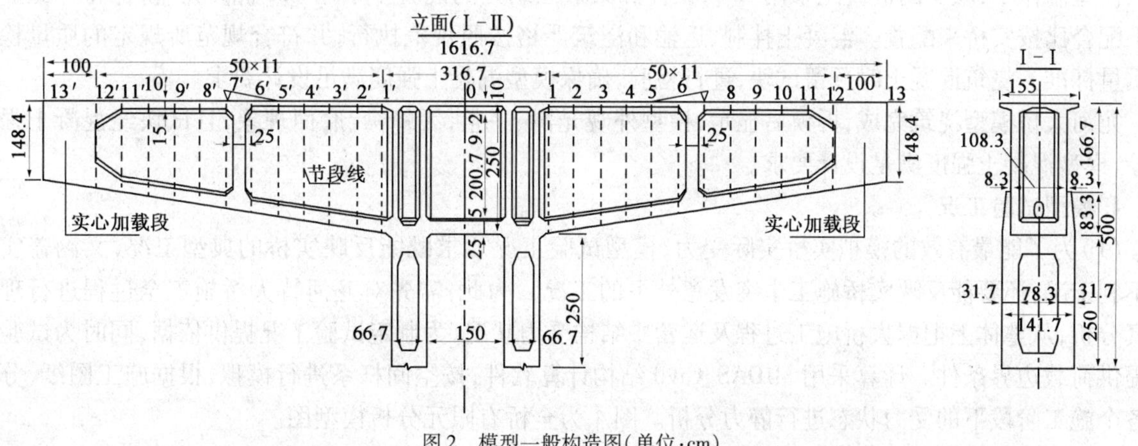

图 2 模型一般构造图（单位：cm）

2. 模型预应力设计与普通钢筋

为使模型轴力和实桥相似，设计模型的预应力。考虑到预应力损失很难计算准确，混凝土主梁有效预应力不易控制，因此模型的纵向预应力筋按在主墩两旁各五个截面的混凝土有效预应力来布置。纵向预应力筋分长短两类，短束在7号截面张拉，共张拉$2-5\phi^{s}15.2$钢绞线；长束在13号截面张拉，顶板张拉$6-5\phi^{s}15.2$钢绞线，腹板张拉$6-4\phi^{s}15.2$钢绞线，单根钢绞线张拉力为195kN。图3为模型预应力布置图。

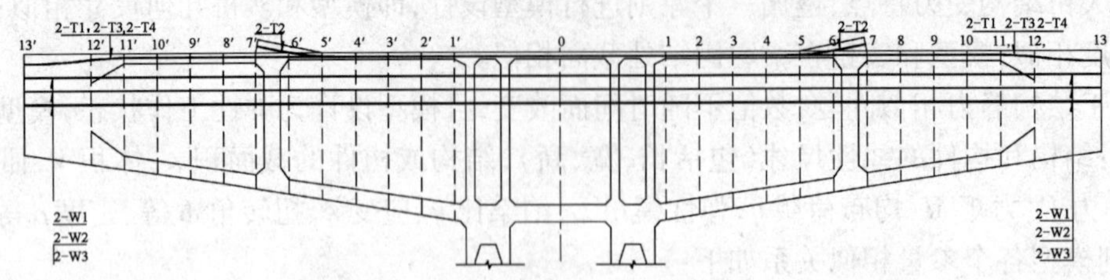

图3　模型预应力布置图(单位：cm)

模型梁墩固结处的横、竖向预应力筋，全部采用精轧螺纹钢模拟，为满足模型各截面的抗剪要求，顺着梁体方向，每个腹板每隔0.5m设置一根竖向预应力筋。横竖向预应力筋全部采用$\phi18$精扎螺纹钢筋。

模型墩身的普通钢筋按照与实桥的配筋率相等配置；梁体普通钢筋按照结构的构造要求配置，兼顾配筋率。

3. 模型制作

1)模型的制作过程

模型制作工序如下：钢筋制作、内模外模制作——安装墩底锚固钢板——安装墩身内模——安装墩身钢筋——安装墩身外模——搭脚手架——安装梁体底模——绑扎梁体底板钢筋——安装梁体内模——绑扎梁体腹板钢筋——安装横竖向预应力螺杆——安装纵向预应力钢绞线——安装梁体外模——浇筑墩身和梁体混凝土——绑扎顶板钢筋——安装顶板纵向预应力钢绞线——浇筑顶板的混凝土。

2)模型预应力筋的张拉

待模型的混凝土强度达到100%，且龄期不少于7天，可张拉梁体预应力筋。包括纵向顶板、腹板预应力筋、横向和竖向预应力筋。均采用油压千斤顶张拉。张拉预应力时要控制好张拉力，采用分级张拉的方法，并且在张拉时采用索力和索长双控，边观察千斤顶油压表的读数，边测试张拉的预应力筋的伸长量，确保预应力张拉达到模型设计的要求。

3)模型混凝土的配合比与力学性能

模型制作中，墩身的混凝土采用C40，梁体和梁墩固结处的混凝土采用C55，都与实桥保持一致。混凝土配合比按实桥来配置。混凝土拌制、运输和浇筑严格按照规范执行，并符合规范所规定的质量检验和质量标准。浇筑混凝土时预留试块，进行检验，确保模型混凝土强度满足设计要求。

龙河大桥模型浇筑完成，拆模后显示，模型外观光滑、平整，无蜂窝、麻面现象，且试块经混凝土强度检验，模型混凝土强度满足设计要求。

4. 模型试验工况

(1)为了能最有效的模拟实桥实际受力，模型试验工况要求既能反映实桥的典型工况，又涵盖实桥最不利工况，还要能反映实桥施工中突发意外下的工况。为此，需先对龙河特大桥施工全过程进行理论仿真分析，从整体上把握大桥施工过程及运营中结构受力状况，为制定试验工况提供依据，同时为试验加载提供荷载边界条件。计算采用MIDAS/Civil结构计算软件，按空间杆系进行模拟，根据施工图纸，分别对各个施工阶段下的受力状态进行静力分析。图4为全桥有限元分析模型图。

(2)模型试验工况

根据全桥施工过程及成桥有限元分析结果，最终确定实验工况如下：

工况一：DL + P，模拟一期恒载 + 预应力；

工况二：DL + P + DZ，模拟一期恒载 + 预应力 + 二期恒载；

工况三:DL + P + DZ + LL,模拟一期恒载 + 预应力 + 二期恒载 + 活载;

工况四:DL + P + DZ + 2LL,模拟超载,即模拟一期恒载 + 预应力 + 二期恒载 +2 倍活载;

工况五:DL + P + DZ + WL,模拟最大悬臂工况(平衡荷载);

工况六:DL + P + DZ + WZ,模拟最大悬臂工况(不平衡荷载);

其中工况一、二分别模拟二期铺装前后成桥状态;工况三、四模拟运营状态,其中工况四模拟超载;工况五、六模拟最大悬臂工况,其中工况五为模拟最大悬臂状态下的平衡悬臂浇筑工况,工况六为模拟最大悬臂浇筑发生意外时[一端(中跨)挂篮和一节段箱梁掉落时]产生的不平衡荷载作用下的工况。

(3)试验模型实体仿真分析

对墩梁固结处试验模型建立实体仿真分析模型,针对试验工况进行有限元分析,考察试验过程中试验模型段的结构应力情况。分析目的一是为制订加载测试方案提供依据,对模型试验段加载安全进行评估,确保试验操作过程中的安全性,二是将理论分析结果与试验测试结果对比分析,将分析结果反演到实桥中,从而把握实桥墩梁固结处的受力特点规律。采用大型软件 ANSYS 进行建模分析,混凝土用 solid65 模拟,预应力筋采用 link8 模拟,图 5 为试验模型实体有限元仿真分析图。

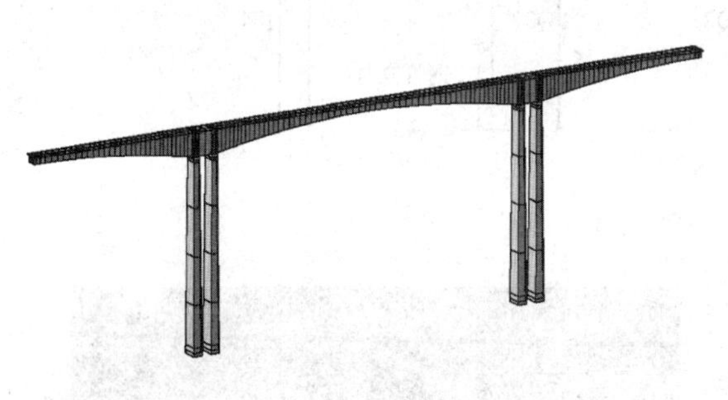

图4 全桥有限元仿真分析图

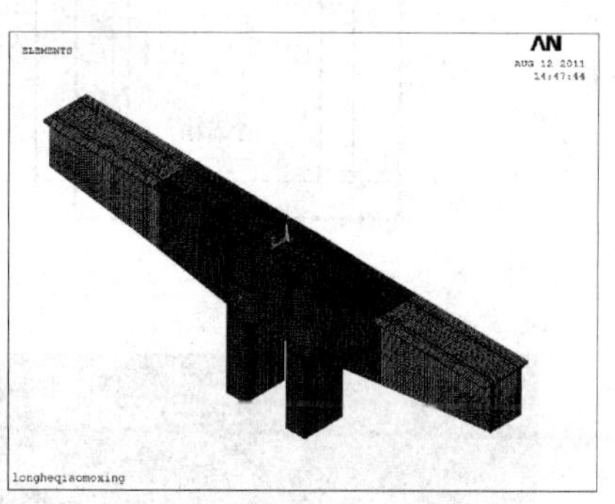

图5 模型实体有限元分析图

5. 模型试验加载方案设计

1)配重加载方法

根据相似理论分析可以得出模型的材料容重相似常数 $C_\rho = 6$,即要达到模型和原型的应力状态一致,模型材料的容重应为原型的 6 倍,这实际上是难以做到的,为此,试验时可采用加载配重的方法来加大模型的重量,配重加载量为$(C_\rho - 1)G_m$。即本桥中需加 5 倍的模型重量。加载方法采用精扎螺纹钢加载。如图 6 中 Q1、Q2 和 Q3。加载重量分别为 34t、56t 和 34t。

2)边界荷载加载方法

为模拟墩梁固结段的受力和实桥相似,在梁端部施加荷载,以达到墩梁固结处截面内力(轴力、弯矩、剪力)和实桥相似目的。根据全桥有限元数值分析结果,获得各工况下墩梁固结处模型边界荷载条件。荷载大小根据模型与设计的相似关系由荷载相似原则确定。边界条件荷载施加方法如下:

(1)为模拟墩梁固结处各截面轴力相似,在主梁纵向分长短两种预应力钢绞线加载(如上 2.2 节所述)。

(2)为模拟墩梁固结处各截面弯矩、剪力相似,在主梁端部施加竖向向下荷载,而在 6 号 ~7 号截面处,施加竖向向上荷载,通过这两个荷载组合,来实现墩梁固结处各个断面的弯矩、剪力相似。

(3)"新型组合式加载装置"的设计。

经计算,要实现各试验工况的加载,在端部需加 2750kN 力,同时在 6 号 ~7 号截面间施加向上的竖向荷载,最大加载力为 1880kN。且由于模型尺寸大,高达 5m,常规反力架加载装置加载空间、加载方式上无法满足要求,需设计新型加载装置。

通过针对模型结构、模型工况受力特点,以及实验室现场条件,设计了这种新型加载装置—"新型组合式加载装置"。该装置由顶升装置(顶升千斤顶、钢管支架、楔形垫块)、张拉装置(钢锚箱、张拉千斤顶、钢绞线)组成,如图6所示。梁端部做成实心段,每端各分4个点加载,每个点张拉1-4ϕ^s15.2钢绞线,钢绞线上端在梁端实心段顶板上,为张拉端,下部锚在钢锚箱上。钢锚箱通过螺杆锚固在地槽中。钢锚箱设计荷载为3000kN,通过9个点锚固在地槽中,每个点最大抗拔力为500kN。通过改变P_1和P_2,P_3和P_4力的大小和力臂组合,来实现满足各工况下试验模型各断面弯矩剪力需求。采用这种加载装置,克服了常规加载反力架加载空间和加载方式的局限性,并可灵活实现模型试验中各工况下所需要的弯矩、剪力。较之大型反力架加载装置,它具有经济性好、适用性强等特点。图7模型加载整体图。图8为加载钢锚箱图。

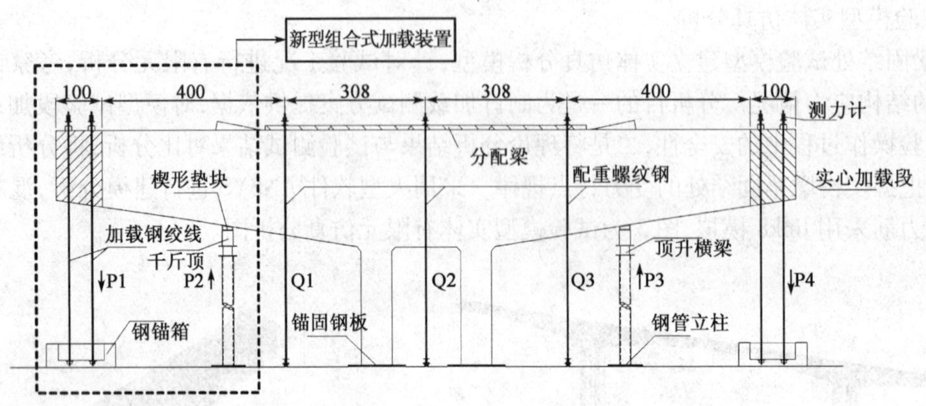

图6 模型加载立面图(单位:cm)

图7 模型加载装置整体图

图8 钢锚箱图

6.模型试验测试方案设计

根据墩梁固结处实体仿真分析结果,对试验段的受力不利位置、关键部位以及钢筋上布置应力测点,在受力复杂部位布置三向应变化。应力测试包括箱梁各断面应力测试、不利位置应力测试、箱梁剪力滞效应测试等。整个墩梁固结处应力测点共236个,位置分布在各断面顶板、底板、腹板、横隔板、墩身处。应力测试采用表贴式电阻应变片。测试仪器采用多通道数据采集仪。另外同时对梁底位移进行测试,测试仪器采用百分表。图9为混凝土应力测点图,图10为钢筋应力测点图,图11为位移测试图。

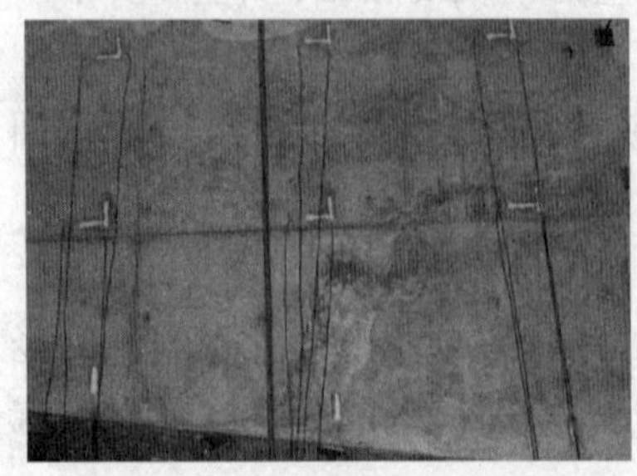
图9 混凝土应变计

图10 钢筋应变计

图11 位移测试

三、模型试验加载情况

在试验模型混凝土到28天龄期,强度达到要求后,测试仪器和加载装置布置完毕,开始试验加载。试验加载时包括模型的预应力加载、配重加载、端部竖向向下加载,6号~7号截面处竖向向上千斤顶顶升。试验加载按分级、同步原则。其中钢绞线索力加载,采用单根张拉的方式,用索力和索长双控;在千斤顶竖向向上加载时,密切观察油压表读数,确保试验加载荷载满足试验工况要求。图12为梁体预应力张拉图,图13为配重加载图,图14为梁端张拉竖向钢绞线图,图15为梁底竖向向上顶升千斤顶图。图16模型试验数据采集图。

图12 梁体预应力张拉

图13 配重张拉

图14 梁端张拉竖向钢绞线

图15 梁底竖向向上顶升千斤顶

图16 模型试验数据采集

通过前期的模型精心设计、制作和充分加载准备工作,试验中有条不紊的按照各个试验工况荷载进行加载,试验荷载控制到位,整个试验过程顺利进行并得到圆满完成。试验取得了良好的试验结果。

四、结 论

本文以龙河特大桥大跨超高空心薄壁柔性墩连续刚构桥为背景,针对其墩梁固结处开展1:6大比例缩尺模型试验研究。文中针对试验模型设计、试验加载方法进行详尽的阐述:根据相似理论确定各物理量相似关系,对模型的尺寸、预应力、普通钢筋、进行了优化设计;对全桥施工过程及成桥进行有限元分析来制定试验工况;针对试验荷载大,加载空间高,设计了一种新型加载装置——“新型组合式加载装置”来代替常规反力架加载;结合模型实体仿真理论分析,设计试验加载方案、试验测试方案等。试验结果表明,龙河大桥试验模型设计合理,试验加载方案切实可行,模型试验工况涵盖了实桥的关键和不利工况,试验结果能很好地反映实桥墩梁固结处受力特点规律。文中设计的“新型组合式加载装置”具有经济性好,适用性强等特点,成功解决了因试验荷载大,加载高度高而使常规反力架加载无法实现的难题。文中介绍的模型试验设计与试验加载方法对同类结构模型试验具有重要的参考价值。

参考文献

[1] 许惟国,何广汉.大跨径连续刚构桥墩梁结合部的试验研究.桥梁建设,2003年5月.

[2] 刘自明.桥梁结构模型试验研究.桥梁建设,1999年4月.

[3] 夏龙.高墩大跨T型刚构桥墩梁固结处试验研究.中南大学,2007年5月.

[4] 康厚军,赵跃宇,周海兵,等.湘潭湘江四大桥模型试验的加载方法研究,湖南大学学报(自然科学版),2007年10月.
[5] 陈星烨,马晓燕,宋建中.大型结构试验模型相似理论分析与推导,长沙交通学院学报,2004年3月.
[6] 张满平.高墩大跨连续刚构桥梁模型设计研究.长安大学,2005年5月.

162.孟加拉卡纳夫里三桥主桥墩身裂纹成因分析与控制

刘翠云　黄　辉
(中铁大桥局股份有限公司)

摘　要　混凝土桥梁结构出现裂纹属于常见现象。但是理论和大量实验表明结构的破坏往往从裂纹开始,因此对于形成的裂纹要通过分析找到其产生的原因,从而找到控制裂纹的有效措施。通过对孟加拉卡纳夫里三桥10号桥墩墩柱结构裂纹成因的分析知道,导致裂纹产生的主要原因是过大的温差产生的温度次内力。在分析裂纹成因的基础上,通过对受力钢筋的调整、优化墩柱的施工方案,使得后期施工的墩柱未出现裂纹。

关键词　格构式桥墩　裂纹分析　裂纹控制

一、概　述

在混凝土桥梁结构中,由于多种因素可能产生各种形式的裂纹。按其产生的原因可以将裂纹分为两大类:一类是由于使用荷载产生的裂纹;另一类是由于其他各种原因,如混凝土收缩、温度应力、养护拆模不当、钢筋锈蚀膨胀、构造不妥等因素引起的裂纹。混凝土桥梁结构出现裂纹属于常见现象。但是理论和大量实验表明结构的破坏往往从裂纹开始,因此可以把裂纹分为“有害裂纹”和“无害裂纹” 。“有害裂纹”主要指对桥梁结构的承载能力、变形、节点构造的牢固程度等有直接影响或严重影响的裂纹,“无害裂纹”主要指它对桥梁结构不致产生上述影响,但也不能认为是绝对无害的裂纹,若裂纹的宽度及深度发展很快,裂纹条数显著增加,就预示着可能会由此发生破坏。桥梁结构的裂纹状态一般可从裂纹宽度,裂纹发展情况以及变形等其他损害情况来综合考虑分析找出原因,做出符合实际的评价。主要对孟加拉卡纳夫里三桥(Third Karnaphuli Bridge)第10号桥墩裂纹的成因进行分析,同时阐述后期桥墩施工控制裂纹的方法。

二、情况说明

卡纳夫里三桥又名新沙哈·阿曼纳特大桥(Shah Amanat Bridge),系孟加拉吉大港巴托尔卡达(Patharghata,Chittagong,Bangladesh)东南跨越卡纳夫里河(Karnaphuli River)的公路大桥,该项目全桥长为950m,宽24.47m,主桥采用(115+3×200+115)m五跨连续部分预应力箱梁矮塔斜拉桥,主桥布置如图1所示。为了减小潮涌对桥墩结构的冲击及混凝土的用量,主桥桥墩结构设计采用4根直径2.25m圆柱支持的格构式墩柱,混凝土C30,如图2所示。

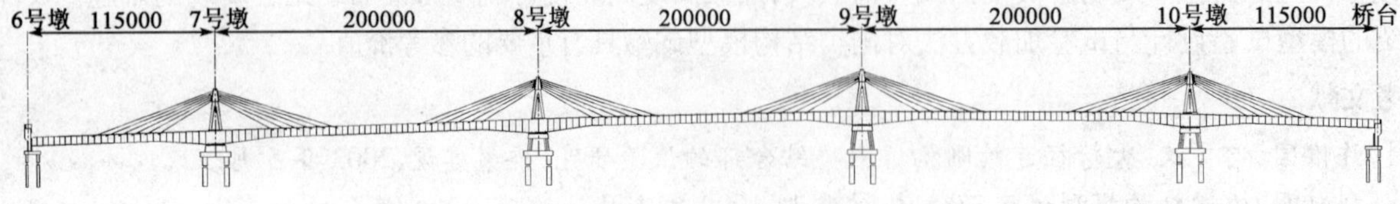

图1　卡纳夫里三桥总体布置(单位:mm)

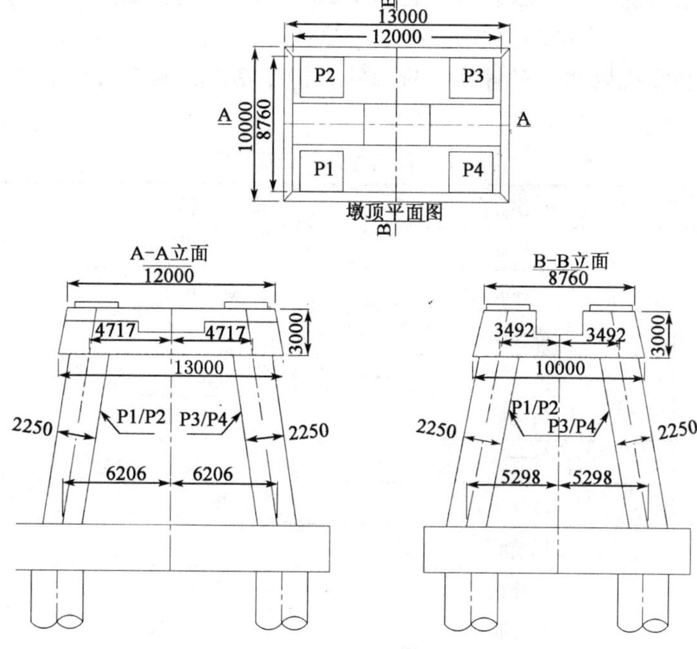

图2 卡纳夫里三桥主墩结构图(单位:mm)

该桥10号墩施工完成,混凝土达到设计强度后,在墩帽底模拆除过程中发现墩柱的内表面有裂纹产生,经过检查4根墩柱在墩帽底以下2.8m范围均有多条裂纹,裂纹宽度大多在0.1~0.2mm,且分布规律基本相同,各墩柱裂纹分布如图3所示。

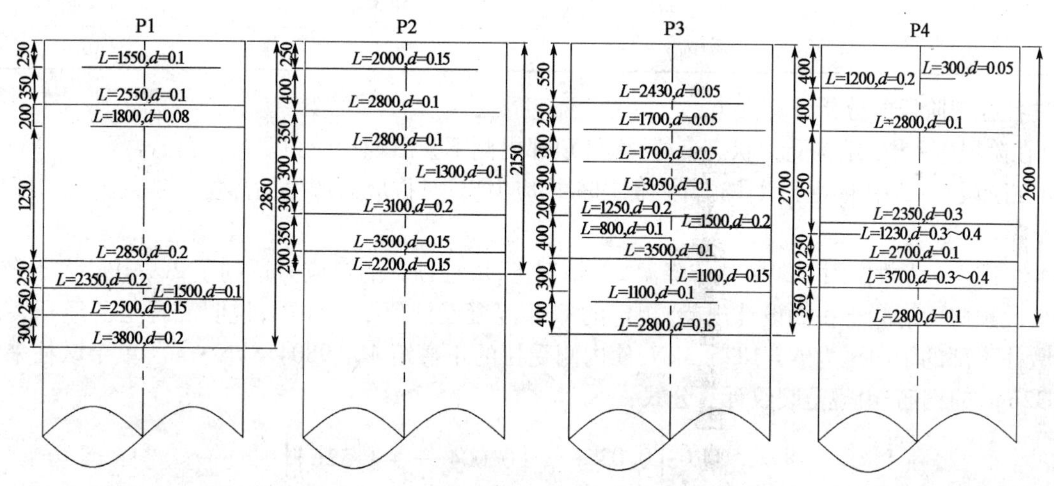

图3 10号墩各墩柱裂纹分布图(单位:mm)

三、裂纹成因分析

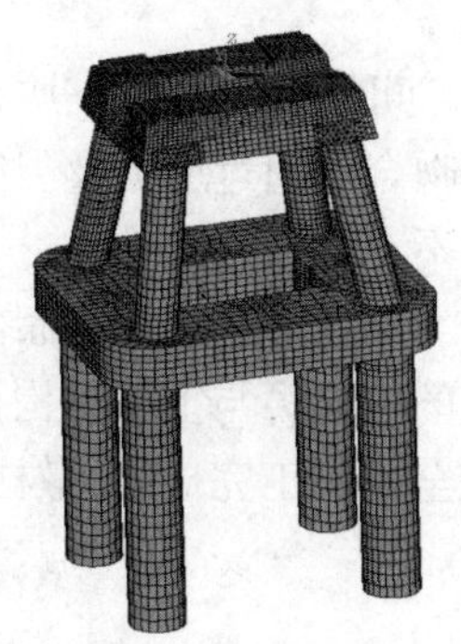

图4 计算模型

对于空间格构式墩柱,在主要传力部位发生裂纹,需要认真分析,找出产生裂纹的原因,为裂纹的修补以及后续墩柱的施工作指导,防止裂纹再次发生。因此需要对10号桥墩的整个施工过程在考虑温度效应及混凝土收缩徐变的影响下做施工过程计算分析,找出裂纹产生的阶段。计算采用实体单元进行计算,计算模型如图4所示,桥墩的整个施工过程共分为8个阶段,其描述如下:

阶段1:浇筑墩柱;阶段2:在每个墩柱靠近墩帽底部0.8m处施加320kN的水平力,模拟施工阶段的水平起顶;阶段3:在每个墩柱顶部施加600kN竖向力,模拟墩帽混凝土的浇筑;阶段4:墩帽计入自重及刚度,同时拆除墩柱顶部施加的600kN竖向力;阶段5:拆除墩柱在靠近墩帽底部0.8m处反向施加320kN的水平力,模拟水平顶卸载;阶段6:顶帽降温20°,模拟施工完成后,墩帽混凝土收缩;阶段7:墩柱整体降温20°,模拟昼夜温差变化情况;阶段8:上部结构安装完成后通过对各施工阶段的分析计算得到的应力结果如表1所示,应力结果中"—"代表拉应力。

各施工阶段墩柱部分计算结果　　　　表1

施工阶段编号	应力提取部位	外侧应力(MPa)	内侧应力(MPa)
阶段1	墩柱顶	0.0	0.0
	墩柱底	-0.6	1.0
阶段2	墩柱顶	0.0	0.0
	墩柱底	1.8	-1.3
阶段3	墩柱顶	0.2	0.2
	墩柱底	1.9	-1.1
阶段4	墩柱顶	2.3	0.7
	墩柱底	3.2	-0.8
阶段5	墩柱顶	2.2	0.7
	墩柱底	3.2	-0.7
阶段6	墩柱顶	1.9	-0.9
	墩柱底	4.3	1.0
阶段7	墩柱顶	3.9	-2.9
	墩柱底	-1.9	3.3
阶段8	墩柱顶	10.8	4.9
	墩柱底	5.4	10.8

通过各施工阶段的分析计算知道:

(1)在阶段1~5中结构受力状态良好,墩柱顶部内侧不会出现拉应力。

(2)在阶段6~7中混凝土墩住顶部内侧均有拉应力出现,拉应力产生的部位与裂纹出现的部位是相同的;

(3)在工况7荷载作用下即墩整体降温20°情况下,墩柱顶部的拉应力达到了2.9MPa,大于《公路钢筋混凝土及预应力混凝土桥涵设计规范》规定的C30混凝设计值1.39MPa,说明混凝土已经开裂;在阶段7中墩柱顶部的轴向压力$N=1825.3\text{kN}$,使内侧受拉的正弯矩$M=9804.8\text{kN}\cdot\text{m}$。单个墩柱采用200根直径32mm的钢筋,由规范裂纹计算公式:

$$W_{\text{fk}} = C_1 C_2\left[0.03 + \frac{\sigma_{\text{ss}}}{E_{\text{s}}}\left(0.004\frac{d}{\rho} + 1.52C\right)\right];$$

$$\sigma_{\text{ss}} = \left[59.42\frac{N}{\pi r^2 f_{\text{cu,k}}}\left(2.80\frac{\eta_{\text{s}}\cdot M}{N\cdot r} - 1.0\right) - 1.65\right]\cdot\rho^{-\frac{2}{3}}$$

可以计算得到在墩柱顶部的最大裂纹宽度为0.17mm,计算得到的裂纹宽度与实际测量的裂纹宽度相吻合。通过应力及裂纹宽度的计算知道,导致墩柱出现裂纹的主要原因是由于昼夜温差过大,加之养护不充分而产生的。

(4)随着后期上部结构的施工,墩柱承受的压力将随之逐渐增大,墩柱受温度影响产生的次弯矩引起的拉应力与上部结构荷载逐步增大的竖向荷载产生的压应力叠加后,墩柱内侧拉应力将逐步消失,直至全桥施工完成后,墩柱在结构自重、运营荷载和温度影响共同作用下为全截面受压构件。

四、裂 纹 控 制

根据墩柱自身的结构特点以及计算结果、施工过程对裂纹的形成以及裂纹的控制描述如下:

(1)该墩属于多次超静定结构,环境温度变化会引起结构构件出现复杂且幅度较大的应力变化。同时由于混凝土养护过程中降温措施不足,其水化热影响,导致混凝土胀裂。同时超静定结构受形成时刻锁定温度的影响,多次超静定结构形成时刻的环境温度直接决定了结构本身的锁定温度,而环境温度的变化范围与结构的锁定温度之间的温差幅度,直接影响结构承受温度次内力的大小。过大的温差产生的温度次内力对结构的抗裂性有较大影响。因此在后续施工中,要求混凝土的浇筑在夜间温度较低的情况下进行,同时在上部墩帽浇筑时增设水冷管,以减小水化热的影响。在墩帽混凝土浇筑完成后应对墩柱及墩帽采取有效的养护,减少临时结构对墩柱的约束,以减少温度变化对结构的影响。

(2)墩柱顶开裂截面混凝土受拉侧应力接近 2.9MPa 超过 C30 的抗拉强度,而钢筋应力偏低仅 54MPa,因此可判断在开裂截面处,当混凝土超过受拉极限退出工作后,受拉钢筋与黏结混凝土局部出现了相对滑移,从而导致截面开裂。通过与设计沟通对后续墩柱的施工在保证钢筋截面面积的情况下采用直径较小的钢筋增加钢筋的根数,以减小钢筋与混凝土之间的相对滑动,可以有效地控制裂纹的产生。

(3)在上部结构施工前对现阶段裂纹进行修补,防止裂纹继续展开导致内部钢筋的锈蚀。

五、结　　语

通过对卡纳夫里三桥 10 号墩墩柱结构裂纹成因的分析。找到了导致墩柱产生裂纹的主要原因是由于桥墩结构属于多次超静定结构,环境温度变化会引起结构构件出现复杂且幅度较大的应力变化,过大的温差产生的温度次内力使得墩柱结构出现开裂。但是随着后期上部结构的施工,墩柱承受的压力将随之逐渐增大,墩柱在结构自重、运营荷载和温度影响共同作用下为全截面受压构件。在知道了裂纹形成的原因后,在 8 号和 9 号墩施工前对墩柱的主要受力钢筋及施工方案做了调整。最后 8 号和 9 号墩施工完成后未出现裂纹,说明所采取的控制措施是有效的。

参考文献

[1] 黄棠,等. 结构设计原理[M]. 北京:中国铁道出版社,1985.
[2] F. 莱昂哈特. 钢筋混凝土结构裂纹与变形的验算[M]. 北京:中国水利水电出版社,1983.
[3] 陈锡民. 混凝土桥梁早期裂纹的成因与防治[J]. 桥梁建设,2000 年第 4 期.
[4] 符煌. 钢筋混凝土桥梁裂纹放热原因分析和修补方法[J]. 公路交通科技,2012 年第 1 期.
[5] 中华人民共和国行业标准. JTG D62—2004　公路钢筋混凝土及预应力混凝土桥涵设计规范[S]. 北京:人民交通出版社,2004.

163. 考虑墩顶弹性约束的桥墩计算长度求解方法

徐德志
(广东省公路勘察规划设计院股份有限公司)

摘　要　本文采用位移法推导出同时考虑支座抗侧移刚度和抗转动刚度的稳定方程,并且采用计算机编程求得方程第一阶临界力结果,并将稳定分析和计算长度联系起来,求解桥墩计算长度。所提出方法对墩顶为橡胶支座的简支梁桥桥墩计算长度求解有一定参考价值,避免以往仅靠经验确定计算长度所带来的计算结论的不确定性。

关键词　计算长度　位移法　抗侧移刚度　抗转动刚度

一、引　　言

在计算桥墩,尤其是高桥墩时,对其计算长度 l_0,《公路钢筋混凝土及预应力混凝土桥涵设计规范》

(JTG D62—2004)第 5.3.1 条注(2)规定:当构件两端固定时取 $0.5l$;当一端固定一端为不移动的铰时取 $0.7l$;当两端均为不移动的铰时取 l;当一端固定一端自由时取 $2l$。其中 l 为构件支点间长度。对于简支梁桥,桥墩顶设置橡胶支座支承箱梁,橡胶支座本身存在抗侧移和抗转动刚度,应该如何选取桥墩的计算长度,工程上一般根据经验确定,如果取值与实际相差太大,将造成桥墩设计的不安全或过于保守,影响计算结果的准确性。本文把一类稳定分析和计算长度联系起来,可以获得较为准确的结果。

二、力学模型的建立及求解

在轴心受压杆件的一类稳定分析中,根据欧拉公式,其临界力公式为:

$$P_{cr}=\frac{\pi^2 EI}{l_0^2}=\frac{\pi^2 EI}{(\mu l)^2}$$

从而:

$$l_0=\sqrt{\frac{\pi^2 EI}{P_{cr}}};\mu=\sqrt{\frac{\pi^2 EI}{P_{cr}l^2}}$$

式中:l_0 表示压杆屈曲时挠曲线上 2 个弯矩零点(即反弯点)之间的距离,即自由长度。这样,就可以很容易地把一类稳定分析和桥墩的计算长度联系起来。采用有限元法、位移法等多种方法计算出受压柱的第一阶失稳临界力 P_{cr},即可得到桥墩的计算长度 l_0 或计算长度系数 μ。

为了确定临界荷载,必须确定构件的边界约束条件。梁体对墩体的作用力是通过板式橡胶支座传递的,梁体的作用力使橡胶支座发生剪切变形和不均匀压缩变形,橡胶支座的恢复变形,对墩顶产生作用力,使墩顶产生横向位移和转角。因此,可以把桥墩顶部边界的约束条件假定为一个水平弹簧支座和一个转动弹簧支座,所得桥墩计算模型如图 1 所示。

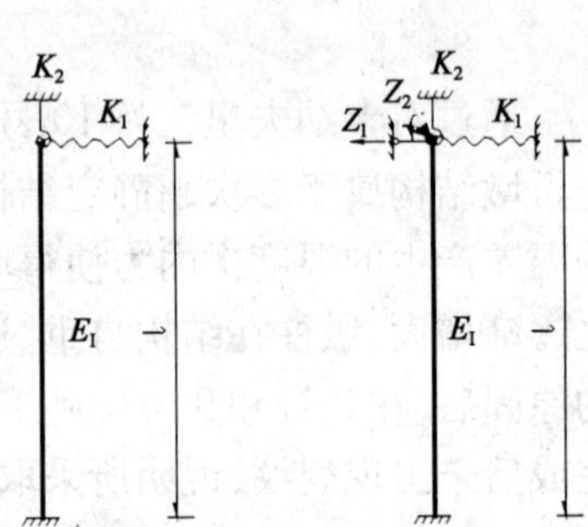

图 1　桥墩一般边界条件计算模型及位移法基本结构

本文采用位移法计算受压构件的临界力,其方法原理及推导过程详见文献[1],此处不再详述。由文献[1]可知,计及轴力影响、两端固定时杆件由单位位移引起的杆端弯矩和剪力见表 1:

由单位位移引起的杆端弯矩和剪力　　表 1

位移及 M 图	修正系数	位移及 M 图	修正系数
F_P, 1, l, E_I $M_{AB}=4i\xi_1(u)$ $M_{BA}=2i\xi_2(u)$ $F_{QAB}=F_{QBA}=\frac{6i}{l}\eta_1(u)$	$\xi_1(u)=\frac{1-\frac{u}{\tan u}}{4\left(\frac{\tan\frac{u}{2}}{\frac{u}{2}}-1\right)}$ $\xi_2(u)=\frac{\frac{u}{\sin u}-1}{2\left(\frac{\tan\frac{u}{2}}{\frac{u}{2}}-1\right)}$ $\eta_1(u)=\frac{\left(\frac{u}{2}\right)^2}{3\left(1-\frac{\frac{u}{2}}{\tan\frac{u}{2}}\right)}$	F_P, 1, l, E_I $M_{AB}=M_{BA}=\frac{6i}{l}\eta_1(u)$ $F_{QAB}=F_{QBA}=\frac{12i}{l^2}\eta_2(u)$	$\eta_2(u)=\frac{\left(\frac{u}{2}\right)^2}{3\left(\frac{\tan\frac{u}{2}}{\frac{u}{2}}-1\right)}$

其中:$u=\sqrt{\frac{F_p l}{i}},i=\frac{EI}{l}$

从而对于图 1 所示基本结构建立位移法典型方程如下:

$$\left.\begin{aligned} r_{11}Z_1 + r_{12}Z_2 &= 0 \\ r_{21}Z_1 + r_{22}Z_2 &= 0 \end{aligned}\right\}$$

参考表 1 可以求出

$$r_{11} = \frac{12i}{l^2}\eta_2(\mu) + K1, r_{12} = r_{21} = \frac{6i}{l}\eta_1(\mu), r_{22} = 4i\xi_1(\mu) + K_2$$

显然,$Z_1 = Z_2 = 0$ 是方程的一组解,它表示桥墩保持原始平衡状态而未发生屈曲变形。当受压桥墩丧失稳定性时,方程应有非零解,就要求它的系数行列式等于零,即

$$F(p) = \begin{vmatrix} r_{11} & r_{12} \\ r_{21} & r_{22} \end{vmatrix} = 0$$

则上式的最小正根即为桥墩的第一阶临界荷载 P_{cr}。在荷载未达到第一阶临界荷载前,结构刚度逐渐减小,即 $F(p)$ 为关于压力 p 的单调递减函数,从而方程 $F(p)=0$ 的最小正根可通过计算机,采用逐步搜索法编制程序完成。

三、墩顶弹性约束刚度求解

对于板式橡胶支座,其橡胶层抗转动刚度可通过对转动中心积分按下式求解,计算图示如 2 所示:

圆形:
$$K_2 = \int_{-\frac{d}{2}}^{\frac{d}{2}} \frac{2Ex^2\sqrt{\left(\frac{d}{2}\right)^2 - x^2}}{t}\mathrm{d}x = \frac{\pi d^4 E}{64t}$$

矩形:
$$K_2 = \int_{-\frac{a}{2}}^{\frac{a}{2}} \frac{Ex^2 b}{t}\mathrm{d}x = \frac{a^3 bE}{12t}$$

因转动角度 α 一般较小,刚度计算过程中取 $\frac{\tan\alpha}{\alpha} \approx 1$。

从而,支承在板式橡胶支座上的简支梁,其橡胶支座的刚度可按下式计算:

矩形: $K_1 = \frac{nGab}{t}; K_2 = \frac{a^3 bE}{12t}$

圆形: $K_1 = \frac{nG\pi d^2}{4t}; K_2 = \frac{\pi d^4 E}{64t}$

式中:K_1——橡胶支座抗侧移刚度;

K_2——橡胶支座抗转动刚度;

n——墩顶橡胶支座的个数;

G——橡胶抗剪弹性模量;

E——橡胶抗压弹性模量;

a、b、d——支座橡胶尺寸,参见图 2;

t——单个支座橡胶层总厚度。

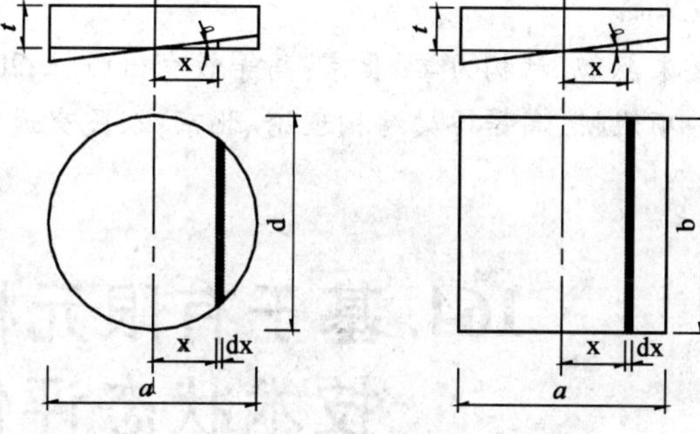

图 2 橡胶支座抗转动刚度计算图示

四、墩顶弹性约束的影响分析

某高速公路桥梁,桥跨组合为 4×30m 先简支后桥面连续小箱梁,设计车速 100km/h,桥宽 16.75m,上部结构采用 5 片预应力混凝土小箱梁,支座采用 GYZ D650×130。桥墩采用双柱式桥墩,混凝土采用 C30,墩高约 35m,柱径 1.6m,采用扩大基础。考虑墩顶不同边界条件下顺桥向计算长度如表 2 所示。

考虑墩顶不同边界条件下某桥墩计算长度结果 表2

墩顶边界条件	抗侧移刚度 K_1(kN/m)	抗转动刚度 K_2(kN*m)	计算长度 l_0(m)	计算长度系数 μ	稳定系数 φ
自由	0	0	70.00	2.00	0.19
仅计入支座抗转动刚度	0	1348062	41.62	1.19	0.52
仅计入支座抗侧移刚度	25525	0	24.79	0.71	0.81
计入支座抗侧移刚度和抗转动刚度	25525	1348062	18.92	0.58	0.95

由计算结果可见:

1.不考虑支座抗侧移、抗转动刚度将导致计算长度偏差较多,计算结果用于设计将过于保守,不可取。

2.在计入与不计入抗转动刚度的两种工况下,抗侧移刚度对计算长度系数影响分别为64.5%和51.3%,可见支座抗侧移刚度对计算长度影响很大,不可忽略。

3.在计入与不计入抗侧移刚度的两种工况下,抗转动刚度对计算长度系数影响分别为40.5%和18.3%,可见在考虑了抗侧移刚度后,抗转动刚度的影响较小。

以上分析可见,不考虑支座抗转动刚度时,位移法自由度减少为一个,计算更为简单方便,同时结果将稍微偏于保守,这也正是多数工程应用仅考虑支座抗侧移刚度而不考虑支座抗转动刚度的原因。

五、小　结

对于墩顶为橡胶支座的桥墩,其计算长度问题在规范中未有提及,工程应用中往往以经验为主,对结果影响较大。本文联系一类稳定的计算分析,通过求解第一阶临界力的方法求得桥墩的计算长度系数。同时采用位移法,建立了可以同时计入墩顶抗侧移刚度和抗转动刚度的柱构件稳定方程,并求得第一阶临界力。最后,通过对某桥梁计算结果的分析可知,仅计入支座抗侧移刚度可以较保守的计算出桥墩的计算长度系数,误差较小,且计算过程较为简单方便。若需使得设计更加经济合理,本文仍然建议采用计入支座抗转动刚度的计算模型求解。

参考文献

[1] 朱慈勉.结构力学.北京:高等教育出版社,2004.

[2] 项海帆.高等桥梁结构理论.北京:人民交通出版社,2001.

164.基于有限元模型修正的模型桥墩技术状态评估试验研究

安志刚　战家旺　卢　洋　王　辉

(北京交通大学土木建筑工程学院)

摘　要　快速可靠的明确墩台基础技术状态对铁路桥梁的运营管理有极大意义,能科学指导运营中墩台结构的状态评定以及加固维修。本文介绍了一种以动力试验和有限元模型修正理论相结合的桥墩结构技术状态评估方法,对桥墩结构的技术状态进行评估。通过实验室桥墩模型算例,利用有限元模型修正法对破损前后模型桥墩的技术状态进行评估,结果验证了该方法的可靠性,对解决实际工程结构的状态评估问题具有一定的指导意义。

关键词　模型桥墩　动力试验　有限元模型修正　状态评估

一、引　　言

自振特性是桥墩承受动力荷载时结构设计的重要参数,也是病害诊断和状态评估的有效依据。我国现行的《铁路桥梁检定规范》以墩身横向一阶频率以及墩顶横向振幅作为控制指标评估桥墩的健康状态[1]。近年来国内多位学者对技术状态的评估方法进行了大量研究:中南大学周海林利用有限元模拟的正常条件下桥墩模型结合现场试验推导了结构破损因子[2];刘保东等人进一步提出了基于一阶频率的桥墩安全度指标[3];北京交通大学战家旺对桥墩的模态试验方法以及桥墩结构状态理论分析做了系统研究[4-5]。李德建及王俊等学者基于瑞利能量法与 Southwell 频率合成法对桥墩基础约束刚度评估方法做了系统研究[6-7]。既有研究成果大多基于理论分析和数值模拟,对实际桥墩技术状态进行定量评估的现场试验和模型试验研究较少。

本文以试验室内的一悬臂模型桥墩为研究对象,进行了动力试验并用有限元模型修正理论定量评估了其技术状态。桥墩评估步骤如下:(1)通过现场动力试验采集实验数据,分析桥墩的自振特性;(2)建立桥墩的有限元模型,以实测得到的桥墩自振特性值为目标对有限元模型物理参数进行优化修正。当模型的计算值与实测目标值的残差最小时,可认为修正后的参数与实际结构参数最为接近,以此为依据判断桥墩结构的技术状态。模型桥墩初始状态和加载破坏后的识别结果表明用本文所提出的方法可以准确评估模型桥墩的技术状态。

二、桥墩模型介绍

1. 桥墩实验室模型

如图 1 和图 2 所示,在实验室内建立了比例为 1∶3 的扩大基础桥墩模型,桥墩采用 C40 混凝土,墩身截面呈 67cm ×77cm 矩形截面。为了模拟实际桥墩的基础约束,用螺栓将模型桥墩的底部固定在水泥地面上,并利用工字钢在基础四周进一步固定(图 2)。

图 1　桥墩模型墩身

图 2　桥墩模型基底约束状况

2. 桥墩有限元模型

本文使用大型通用有限元软件 ANSYS 建立了图 3 所示的桥墩有限元模型。墩身及承台模型采用二维 beam3 梁单元。考虑到墩底螺栓以及工字钢对桥墩的约束作用复杂难以用有限元单元建模模拟,实际处理时将墩底基础包括螺栓、工字钢等作为一个系统,将其对桥墩的约束用两个 combin14 弹簧单元进行模拟,其中包括一个刚度为 K_1 的扭转弹簧和一个刚度为 K_2 的横向约束弹簧。

三、基于优化理论的桥墩模型修正方法

依据结构设计图纸建立的有限元模型包含了较多的理想化假定和简化,结构参数选取与实际情况存在差异,因此用有限元模型计算的结构动力特性和动力响应往往和实际实验结果出现差异。通常的做法是对建立的有限元模型进行优化处理,使模型与实际更为相符。

桥墩的自振特性主要取决于桥墩的材料属性和基底对其的约束状况,因此本文尝试用基于动力学的

优化计算方法,以墩身弹性模量 E 以及墩底弹簧约束刚度作为修正指标,以动力试验测得的桥墩自振频率和振型为目标值,对桥墩结构模型进行修正计算,确定和实际相符合的桥墩墩身刚度参数和基底弹簧约束刚度。基于优化方法的修正计算过程如图4所示。

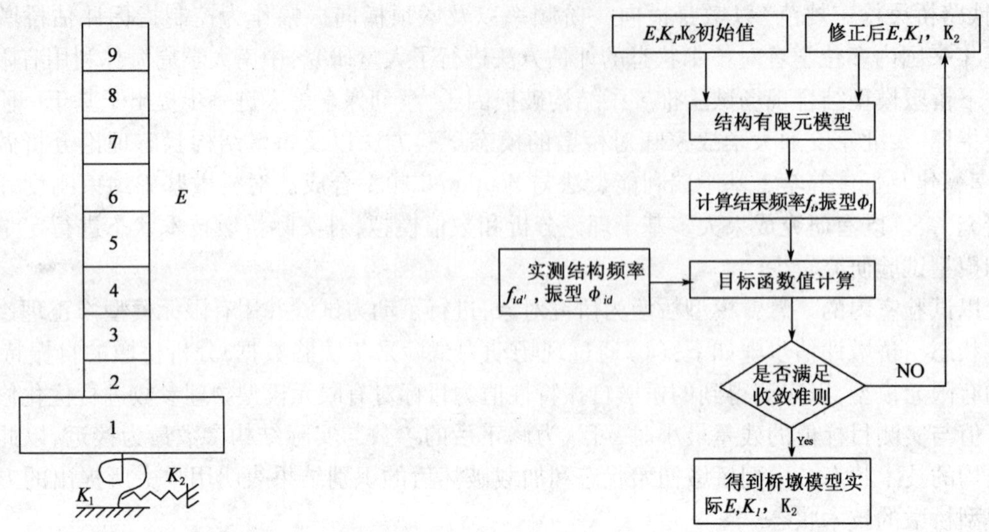

图3 桥墩有限元模型示意图　　　图4 修正计算流程图

采用的目标函数如下:

$$F = \sum_{i=1}^{n} w_{fi}[(f_i - f_{id})]^2 + \sum_{i=1}^{n} w_{mi}[(1 - MAC_i)]^2 \tag{1}$$

其中

$$MAC_i = \frac{(\{\varphi_i\}^T\{\varphi_{id}\})^2}{(\{\varphi_i\}^T\{\varphi_i\})(\{\varphi_{id}\}^T\{\varphi_{id}\})} \tag{2}$$

式中:f_i 和 f_{id} 分别为第 i 阶计算和实测频率;φ_i 和 φ_{id} 分别为第 i 阶计算和实测振型;w_{fi}、w_{mi} 分别为第 i 阶频率和振型的加权系数;n 为约束目标中用到的实测和计算模态阶数。

收敛准则如下:

$$F_j(E, K_1, K_2) \leqslant \xi; \tag{3}$$

$$|(F_{j+1} - F_j)|/F_j \leqslant \varepsilon; \tag{4}$$

式中:j 为迭代次数;ε 为容许误差;ξ 为容许残差。

利用以上方法对结构参数进行修正后,有限元模型计算值与实测值之间的残差最小,此时可以认为修正后模型为与实际较为相符的有限元模型,并利用识别出的结构参数对结构的技术状态进行评估。

四、初始状态桥墩模型分析

1. 桥墩模型的动力试验及模态分析

对桥墩模型的弱轴向进行冲击振动试验,激励装置为聚能力锤。如图5所示,墩身均匀布置8个测点。试验中利用聚能锤对桥墩进行连续冲击(图6),得到各个测点的加速度响应。

对实验得到的各测点加速度时程进行频谱分析,得到桥墩的前两阶模态频率以及模态振型。其中,一阶频率为13.25Hz,二阶频率为75.5Hz。一阶振型及二阶振型如图7所示。

2. 桥墩有限元模型修正

桥墩模型参数初始值选取如下:

(1)墩身及承台的弹性模量值用一个 E 值来代替,其初始值取C40混凝土弹性模量标准值 3.25×10^4 MPa。

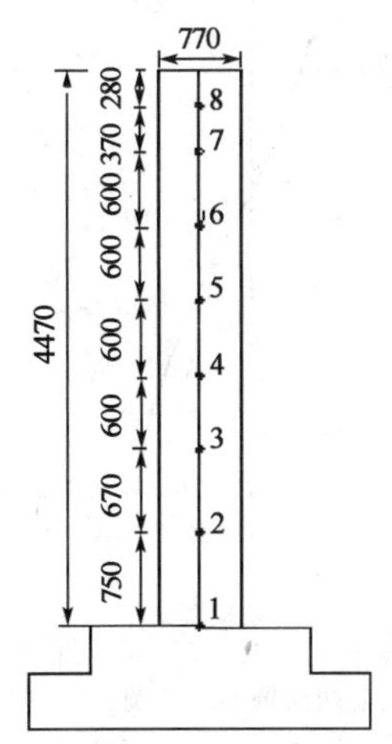

图5 测点布置示意图(尺寸单位:mm)

图6 对墩施加冲击

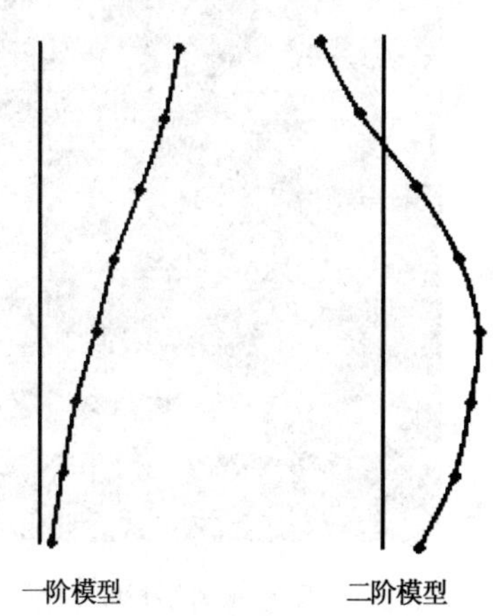

图7 实测前两阶振型示意图

(2)根据文献6中的瑞利能量法与Southwell频率合成法,假定墩身弹性模量不变,由实测得到的一阶频率计算得到基底约束的两个弹簧刚度初始值为 $K_1=1.1\times10^9$N/m,$K_2=1\times10^{10}$N/m。

根据各参数初始值建立有限元模型,以桥墩的一二阶模态频率和振型实测结果MAC为目标值,应用前文第2节中的模型修正方法对完整状态下桥墩有限元模型进行修正。

优化计算迭代14步后的桥墩参数识别结果如表1所示。可以看出,修正后的墩身整体弹性模量值 $E=3.23\times10^{10}$N/m,为初始值99.43%。基底弹簧刚度修正值分别为 $K_1=7.22\times10^8$N/m,$K_2=4.05\times10^9$N/m。

表1

	一阶频率	二阶频率	MAC1(一阶振型)	MAC2(二阶振型)
实测结果	13.25	75.5	1	1
修正前	14.49	83.721	0.9391	0.8752
修正前绝对误差(%)	9.35%	10.89%	6.09%	12.48%
修正结果	13.13	76.43	0.9987	0.9071
修正后绝对误差(%)	0.91%	1.23%	0.23%	9.30%

利用修正后的有限元模型计算得出的结构自振特性与实测结果非常接近:一阶频率误差为0.91%,二阶频率误差为1.23%,一阶振型MAC为0.9987。因此,可以认为修正后的有限元模型可较好地反映模型桥墩的实际技术状态。

五、加载破坏后桥墩模型分析

在墩顶施加沿弱轴方向的拟静力荷载,直至墩身底部发生明显破坏。如图8所示,墩身根部0~70cm范围内发生严重破坏,其往上部分亦出现了明显裂痕,裂痕破坏程度沿墩高呈减轻趋势,沿墩身高度160cm往上墩身裂痕不再明显。

1. 破损桥墩模型的动力试验及模态分析

动力试验测点布置方式以及实验过程与桥墩模型的动力试及模态分析相同。

对各测点的加速度时程数据进行分析,得到桥墩的前两阶模态频率以及模态振型:一阶频率为3.25Hz,二阶频率为14.38Hz,一阶振型及二阶振型如图9所示。和破坏前完整桥墩相比,其一阶频率从13.25Hz下降到3.25Hz;二阶频率从75.5Hz下降为14.38Hz;一阶振型和二阶振型在2号测点处发生明显转折,墩身2号点以上振型呈线性趋势,与破坏前振型曲线形式明显不同。

图8　破坏后桥墩照片

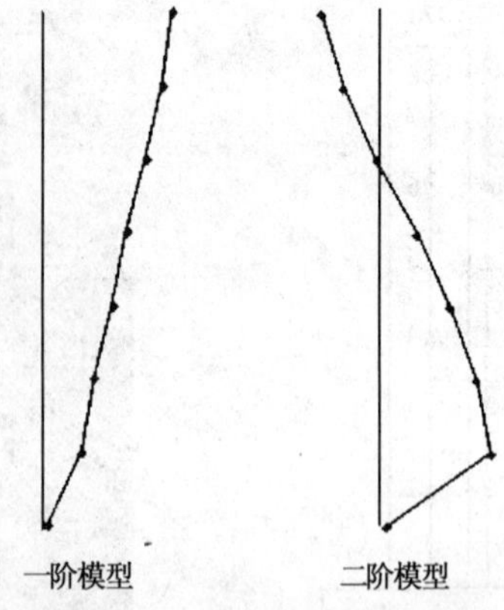

图9　破损桥墩实测前两阶振型示意图

2. 破损桥墩有限元模型修正

墩身破损后,其不同位置的单元破坏程度存在很大差别,为了准确判定桥墩的技术状态,对模型的各个单元的刚度当作未知量并进行修正。然而,墩身自振特性对不同位置单元的损伤敏感程度不同。如若对敏感性较低的单元修正,其修正结果往往会出现较大的虚假值。因此,本文针对各个单元的弹性刚度值进行了灵敏度分析,研究了墩身各个单元弹性刚度下降值从0~90%时对一阶频率、二阶频率以及一阶振型MAC的影响规律,分析结果见图10~图12。

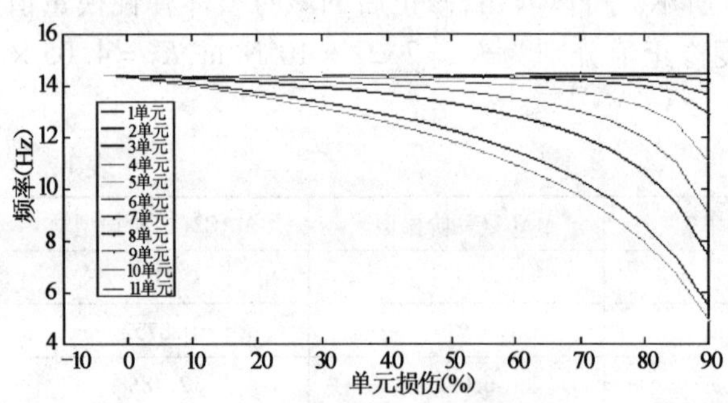

图10　一阶频率对各个单元灵敏度分析

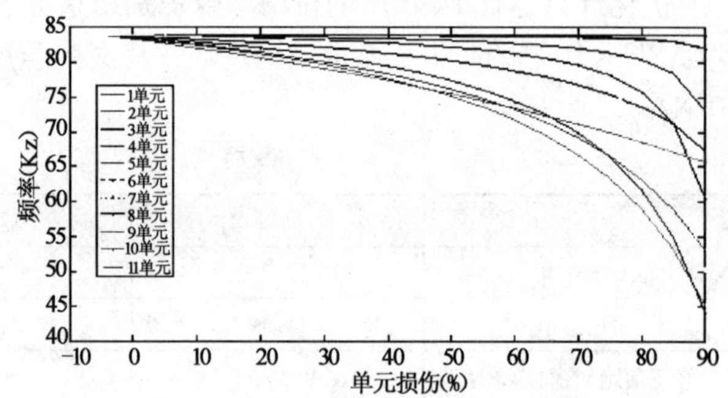

图11　二阶频率对各个单元灵敏度分析

从图10~图12可以得到如下结论:

(1)如图10~图11所示,承台对应的1单元弹性刚度的下降对一、二阶频率的影响不明显。并且在实际工程中,承台结构尺寸相对于墩身较大,承台发生明显损伤的机率也较小。

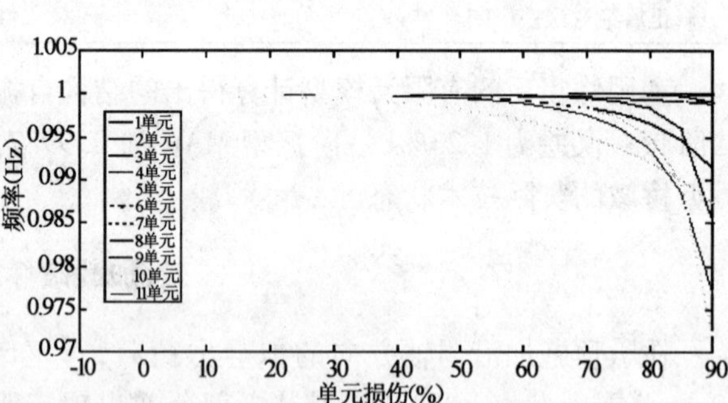

图12　一阶振型MAC对各个单元灵敏度分析

(2)一阶频率对墩身中下部2~6单元的刚度敏感度较大,越靠近底部单元的敏感性越强,其弹性刚度值的变化对墩的一阶自振频率影响越大。实际工程中,该部位即墩身与承台连接部位亦是质量问题检测的重点对象。而对于位置比较靠上的墩身7~9单元,可以看到,当单元发生80%的损伤时结构一阶频率变化不明显。

(3)二阶频率与一阶频率对应的敏感单元存在差异,其对墩身单元中墩身中下部3~5单元敏感性较大,越靠近墩身中部单元的敏感性越强,对墩身2单元和7~9单元的弹性刚度则敏感性较小。

基于以上分析结果,选取墩身2、3、4、5单元弹性模量和基底两个弹簧10、11单元的刚度值K_1、K_2等7个参数作为待识别变量。

根据桥墩有限元模型修正方法,得到的完整桥墩有限元模型为初始值,以实测得到的破损桥墩的自振特性为目标值,利用模型修正方法对破损桥墩有限元模型的7个参数变量进行修正。由于待修正变量较多,仅利用前两阶频率以及前两阶振型MAC值提供的约束条件不足,因此在目标函数增加了一阶振型位移分量比值作为约束条件。此时,目标函数为:

$$F = \sum_{i=1}^{n} w_{fi}[(f_i - f_{id})]^2 + \sum_{i=1}^{n} w_{mi}[(1 - MAC_i)]^2 + \sum_{i=1}^{k} w_{mshi}[(mshd_i - msh_i)]^2 \tag{5}$$

式中,其他变量值同前文中所述,$mshd_i$、$mshd_i$ 分别为实测振型和计算振型分量之间的比值。本文中分别取靠近底部三个测点的振型值与顶端段测点处振型值之比的平方。w_{mshi} 为对应变量的加权系数。

经过优化计算后的墩身各个参数修正结果如表2所示。修正前后桥墩自振特性值如表3所示。

表2

	2	3	4	5	6	10	11
修正前	3.23×10^{10}	3.23×10^{10}	3.23×10^{10}	3.23×10^{10}	3.23×10^{10}	7.22×10^{8}	4.05×10^{9}
修正后	2.53×10^{9}	6.138×10^{9}	2.467×10^{10}	3.00420×10^{10}	3.004×10^{10}	1.013×10^{8}	4.754×10^{7}

表3

	一阶频率	二阶频率	一阶振型MAC	二阶振型MAC
实测值	3.25	14.38	1	1
修正前	13.13	76.43	0.9147	0.7091
修正后	3.10	15.25	0.9872	0.8076

从表2可以看出,在墩身单元中,墩与承台连接处单元刚度下降幅度最大,约下降了70%;其次是紧邻靠上的单元,其刚度下降了40%;其他墩身单元刚度也有一定程度的下降,但下降幅度较小;基底两个弹簧10、11单元刚度 K_1、K_2 也产生较大幅度下降。现场观测表明:结构破坏发生于墩身中部以下位置,墩身与承台连接的位置即测点1与2之间的破损最严重,2号测点与3号测点之间存在明显裂缝,3号测点以上裂缝已很难用肉眼顺利观察到。可以看出,墩身单元修正结果与实际破坏趋势相符。加载过程为拟静力加载,循环加载直至破坏历时超过了5个小时,基底的固定螺栓发生了松动,这是修正后基底弹簧刚度的大幅下降的主要原因。

如表2所示,修正后结构的一阶频率与实测值得误差为4.61%误差,二阶频率误差为6.05%。

综合以上分析可以看出,有限元模型修正法可以对模型桥墩技术状态进行定位和定量评估,充分反映模型桥墩的实际技术状态;其评估结果和实际观测结果相符,验证了该方法的可靠性。

六、结　论

本文以桥墩实测自振频率及振型为目标进行模型修正,对桥墩结构状态进行评估。通过对模型桥墩破坏前后进行动力测试,提取其破坏前后的频率及振型,并利用有限元模型修正法对其进行损伤评估。结果表明,该方法的识别结果和实际相符,评估效果良好。该方法综合应用了频率和振型的约束,从而可以对墩身以及基地约束状态同时做出判断,和规范中常用的桥墩状态评估指标相比,评估结果更加可靠。该方法对解决实际工程结构的状态评估问题具有一定的指导意义。

参考文献

[1] 铁路桥梁检定规范(铁运函[2004]120号).

[2] 周海林,王星华. 桥墩病害动力测试分析. 北京:中国铁道科学,2001.

[3] 刘保东,刘汉夫. 既有桥墩动力特性分析及其状态评估. 北京:公路交通科技,2006.

[4] 战家旺. 既有铁路桥墩健全度评估及试验方法研究[博士学位论文]. 北京:北京交通大学,2006.

[5] 战家旺,夏禾,姚锦宝. 基于模态参数的桥墩结构损伤识别数值研究. 北京:中国安全科学学报,2007.

[6] 屈计划. 桥墩动力特性分析及基础约束刚度动力识别方法研究[硕士学位论文]. 长沙:中南大学,2009.

[7] 王俊,汪凤泉.桥墩复合基频近似算法.应用力学学报,2007.

[8] 李国强,李杰.工程结构检测理论与应用.北京:科学出版社,2002.

[9] 张德文,魏旋.模型修正与破损诊断[M].北京:科学出版社,1999.

[10] 戴航,袁爱民.基于灵敏度分析的结构模型修正.北京:科学出版社,2011.10.

[11] 范立础,袁万成,张启伟.悬索桥结构基于灵敏度分析的动力有限元模型修正.北京:土木工程学报,2000.

[12] 秦仙蓉.基于灵敏度分析的结构计算模型修正及相关问题研究.南京:南京航空航天大学,2001.

165.钢桥墩抗震设计理论和评估方法研究

张建东[1] 葛汉彬[2] 王春林[2]

(1.江苏省交通科学研究院股份有限公司;2.东南大学城市工程科学技术研究院)

摘　要　本文提出了基于纤维梁单元的钢结构桥墩简化抗震设计理论和评估方法。以薄壁加劲箱形悬臂钢桥墩为研究对象,首先通过建立基于壳单元的有限元模型并与试验进行对比,验证了双线性随动强化模型的有效性和壳单元有限元模型的精确性;其次,通过12个数值算例,评估了3种不同应力—应变关系对薄壁加劲箱形钢桥墩的纤维梁单元模型Pushover分析所得极值点的影响,并与壳单元有限元模型的结果对比,验证了考虑局部屈曲效应的简易应力—应变关系的可行性。研究结果表明:使用本文提出的纤维梁单元模型和对局部屈曲进行简化考虑了的修正双线性应力—应变关系,可以比较精确地评估薄壁加劲箱形钢桥墩的抗震性能。

关键词　钢桥墩　抗震评估方法　薄壁　加劲箱形截面　纤维梁单元

一、引　言

随着经济建设的不断发展,越来越多的工程结构使用大型钢结构,从节约材料的角度,倾向使用薄壁加劲钢构件。而对于钢桥墩、钢框架柱等结构进行抗震设计时,通常要求计算该结构的极限承载力。基于壳单元的有限元模型虽然能够精确地模拟薄壁加劲钢桥墩在往复荷载作用下的荷载—位移曲线[1],但是由于建模及网格划分对钢桥墩的局部屈曲及计算结果有较大影响[2],且建模工作量较大,所以不易被一般工程设计人员所掌握。

因此,提出简单、易懂、实用的有限元分析方法,是推广薄壁加劲钢桥墩抗震设计的关键。本文采用纤维梁单元来建立薄壁加劲箱形截面钢构件的分析模型。葛汉彬等曾提出了纤维梁单元模型Pushover分析法,采用的是通常的应力—应变关系,但极限位移则由截面的受压区最外缘的平均压应变是否达到对应的极限应变来求得[3]。换而言之,因为梁单元不能够考虑局部屈曲的影响,所以采用截面的壳单元有限元模型得来的极限应变来确定极值。但是这一方法只适用于翼缘宽厚比参数不太大的结构,在翼缘宽厚比参数较大的情况下得到的强度过大。针对这一问题,本文采用考虑局部屈曲效应的修正材料应力—应变关系作为纤维梁单元模型的输入,形成基于纤维梁单元模型的薄壁加劲钢桥墩的数值解析方法。

二、试验与壳单元模型的结果对比

为了得到往复荷载作用下的薄壁加劲箱形截面钢桥墩的力—位移关系曲线,本文选用双线性随动强化模型作为材料本构模型[1-2],如图1所示。

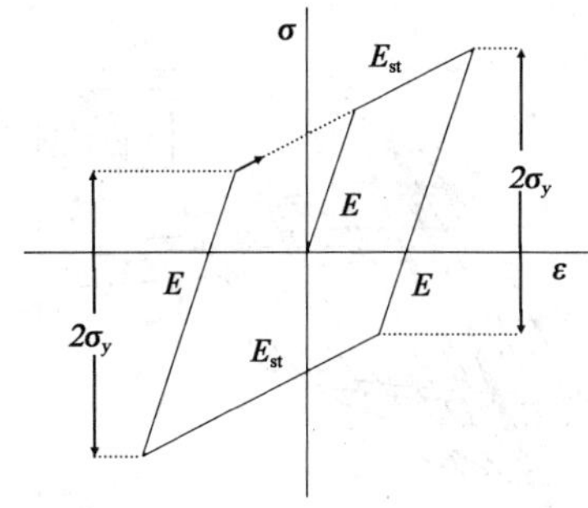

图 1　应力—应变随动强化模型

试件几何尺寸和参数　表 1

R_f	0.56	h(mm)	3403
$\bar{\lambda}$	0.26	b(mm)	891
γ/γ^*	0.89	t(mm)	9.1
α	1.0	b_s(mm)	80
$\bar{\lambda}_s$	0.63	t_s(mm)	6.2
P/P_y	0.122		

1. 试件和材料参数

根据文献[3]的薄壁加劲箱形悬臂钢桥墩试验，建立了基于壳单元的有限元模型，其几何尺寸和参数如表 1 所示。表 1 中，R_f 为箱形截面钢柱的翼缘宽厚比参数，定义如下：

$$R_f = \frac{b}{t}\sqrt{\frac{12(1-v^2)}{\pi^2 k}}\sqrt{\frac{\sigma_y}{E}} \tag{1}$$

式中，b 为翼缘板宽度（$=B-t$），$B=D$；t 为厚度；σ_y 为屈服应力；E 为弹性模量；ν 为泊松比；k 为翼缘板的稳定系数，$k=4n^2$（n 为翼缘板被纵向加劲肋分隔后的个数）。$\bar{\lambda}$为柱的长细比参数，定义如下：

$$\bar{\lambda} = \frac{Kh}{r}\frac{1}{\pi}\sqrt{\frac{\sigma_y}{E}} \tag{2}$$

式中，K 为稳定计算长度系数（本文所讨论的悬臂构件，$K=2$）；h 为柱长；r 为截面回转半径。

此外，γ 为单个纵向加劲肋的弯曲刚度；$\gamma*$ 为基于线性稳定理论求得的纵向加劲肋的最小弯曲刚度；α 为翼缘板的纵横比；P/P_y 是轴压比（P 为轴力，P_y 为全截面屈服压力）；$\bar{\lambda}_s$为纵向加劲肋的长细比参数，定义如下：

$$\bar{\lambda}_s = \frac{1}{\sqrt{Q}}\frac{L_d}{r_s}\frac{1}{\pi}\sqrt{\frac{\sigma_y}{E}} \tag{3}$$

$$Q = \frac{1}{2R_f}(\beta - \sqrt{\beta^2 - 4R_f}) \leqslant 1.0 \tag{4}$$

$$\beta = 1.33R_f + 0.868 \tag{5}$$

式中，r_s 为单个纵向加劲肋和其相邻翼缘板所组成的 T 型截面沿与翼缘板相平行主轴的截面回转半径；Q 为相邻纵向加劲肋所围成的平板局部稳定强度与该板全截面屈服强度比值。

2. 壳单元模型有效性验证

图 2 为箱形截面钢桥墩有限元分析模型。由于钢桥墩常在柱根部发生局部失稳，所以从柱根部到 3B 高度范围内使用了 4 节点等参单元，其余部分使用梁单元进行模拟。此外，考虑到结构形式和施加荷载的对称性，在分析中采用了 1/2 模型，且不考虑焊接残余应力和初始弯曲变形的影响。

在设定材料模型时，由于选用双线性应力—应变关系，所以初始弹性模量取 E，屈服后弹性模量取 $E/100$。试验的加载方式如图 2a）所示，在柱顶部竖向施加恒载 P，水平向施加往复渐增荷载 H，其加载模式才用往复循环加载，采用位移控制加载方式。

图 3 为试验和有限元模型分析所得到的墩顶水平荷载—位移曲线。由图 3 可知，本文所采用的基于壳单元有限元模型的分析结果与试验结果非常吻合，表明了此模型能够较好地重现薄壁加劲箱形截面钢桥桥墩的滞回特性。

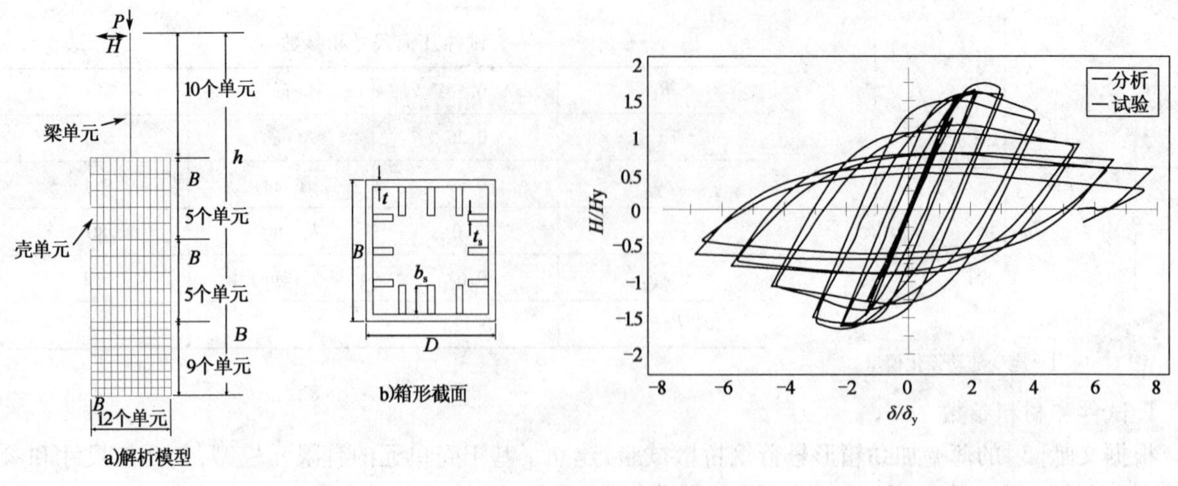

图2 箱形截面钢柱分析模型

图3 数值分析和试验的滞回曲线比较

三、基于壳单元模型的数值算例

为了提供和后面的简化方法进行对比的数据，针对不同参数的12个薄壁加劲箱形截面钢桥墩进行了基于壳单元的有限元分析。其薄壁翼缘板的宽厚比 R_f 的范围0.5~0.8，柱细长比$\bar{\lambda}$的范围0.3~0.5，竖向轴力保持恒定，并布置适当的加劲肋。钢材的屈服应力为 $\sigma_y = 314\text{MPa}$，弹性模量为 $E = 206\text{GPa}$，泊松比为 $\nu = 0.3$，屈服后弹性模量为 $E_{st} = E/100$。有限元单元建模和分析方法与前述算例完全相同，使用图1所示的双线性随动强化模型；在柱顶施加竖向荷载后，水平向施加往复渐增荷载。

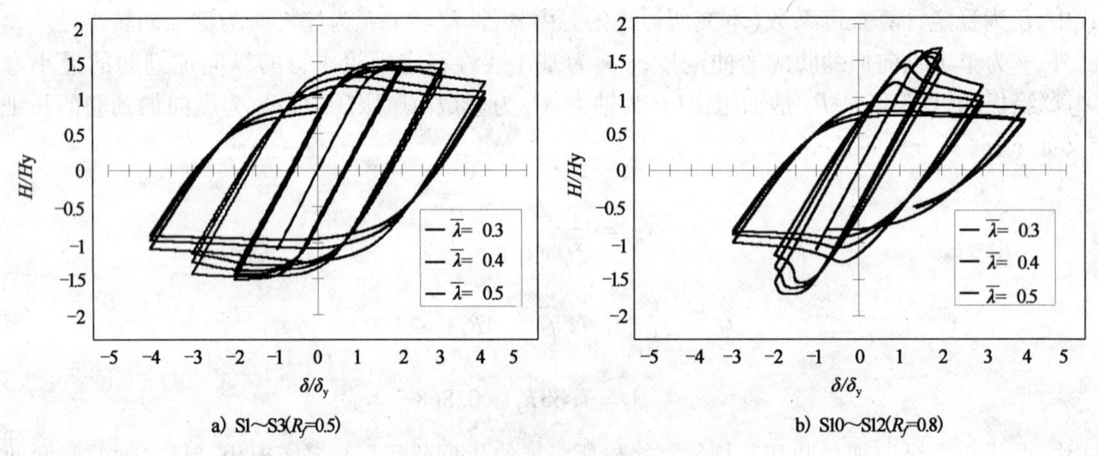

图4 荷载—位移滞回曲线比较

图4为部分算例的滞回曲线，水平位移通过除以屈服位移 δ_y，而水平荷载通过除以水平屈服荷载 H_y 进行了无量纲化。如图所示，随着细长比$\bar{\lambda}$增大，水平荷重略有减小；而随着宽厚比 R_f 增大，水平荷重显著降低。

四、基于纤维梁单元模型的抗震性能评估方法

1. 分析方法概要

本文所提出的抗震性能简化评估方法是一种基于纤维梁单元模型的 Pushover 分析方法，通过将薄壁构件的局部屈曲简化到材料应力—应变关系中进行分析和比较。有限元模型共有20个单元，其中，从根部到0.7B范围为构件局部屈曲的有效破坏区域，共分割为3个单元，而剩余的部分分割为17个单元。鉴于有限元模型采用的梁单元，无法考虑薄壁的局部屈曲，在可将局部屈曲造成的影响作为折减系数简

化到材料的应力—应变关系中,提出了包含软化段的应力—应变关系。该方法使用壳单元模型进行解析,求得包括局部屈曲影响的平均应力—应变关系,并拟合成翼缘板宽厚比参数 R_f 的显函数形式,提出所谓的等效应力—应变关系模型,再应用到纤维梁单元模型中。

通过和试验研究的结果对比可知,不使用壳单元模型也可以近似地进行包含局部屈曲的有限元解析。但是因为等效应力—应变关系中有软化段,分析结果受到模型单元网格划分的影响较大。而对这一问题的相关研究目前不够深入,难以适用于一般结构的分析,所以在工程实践中也很难应用。其后,也有研究人员提出以解析单元为基准,通过给出基于软化特性的屈曲部位的单元长度计算公式和与此相应的平均应力—应变关系,提出了适用于包含局部失稳的 Pushover 解析方法。在此基础上,本文在考虑薄板截面构件局部屈曲的情况下,通过适当设定材料特性和应用纤维梁单元的 Pushover 评估方法,提出适用于薄壁加劲箱形钢桥墩的抗震性能简化评估方法。

2. 考虑局部屈曲的简化应力—应变关系

图 5 给出了三种应力—应变关系,分别为 Case1, Case2 和 Case3。其中,基于壳单元有限元模型采用了 Case1;而文献[4]中选用了类似 Case2 的双直线关系,将屈服应力置换为局部屈服应力(局部屈曲强度)σ_m,屈服后弹性模量和 Case1 一样,为初始弹性模量的 1/100。但是采用局部屈曲强度显然不合理,所以本文使用屈曲应力 σ_{cr} 代替局部屈曲强度 σ_m,并将屈曲应力点和局部屈曲强度点连接作为屈服后弹性模量;另一方面,在薄壁构件中 2 次刚度通常很小,所以本文还假定 Case3,即在将屈服应力点置换为屈曲应力点的基础上,屈服后弹性模量设为 0。至于强化法则,仍使用图 1 所示的随动强化法则。图 5 中所示屈曲应力 σ_{cr},在加劲箱形截面中,可用下列公式表示:

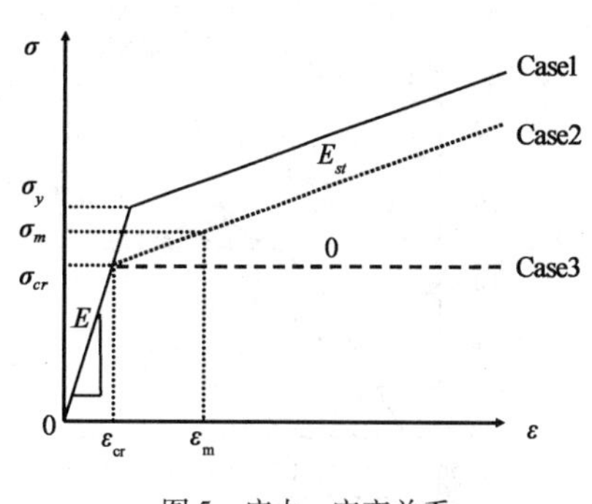

图 5 应力—应变关系

$$\frac{\sigma_{cr}}{\sigma_y} = 1.5 - R_f \leqslant 1.0 \tag{6}$$

五、分析结果对比

本文将极值点分别假定为最大荷载点和最大荷载点之后的 95% 最大荷载点(下文称为 95% 最大荷载点)。分别将 3 种应力—应变关系(Case1 ~ Case3)代入纤维梁单元模型进行 Pushover 分析。通过解析得出了图 6 所示的水平力—位移关系曲线。为了比较,图中还给出了采用壳单元有限元模型进行往复加载分析得到的包络图。如图所示,采用不同的应力—应变关系曲线,按照 Case1, Case2, Case3 的顺序,钢桥墩顶点的力—位移关系曲线逐渐降低。

为了进行极值点对比,作者曾经通过壳单元有限元解析提出了在压弯作用下的加劲箱形截面的极限压应变 ε_m(最大弯矩 M_{max} 时的应变)和 ε_u(95% M_{max} 的应变)的计算公式(7) ~ 式(8)。

$$\frac{\varepsilon_m}{\varepsilon_y} = \frac{1.41}{(R_f \overline{\lambda}_s^{0.18} - 0.21)^{0.462}} + 0.38 \leqslant 20.0 \tag{7}$$

$$\frac{\varepsilon_u}{\varepsilon_y} = \frac{0.7}{(R_f \overline{\lambda}_s^{0.18} - 0.18)^{1.3}\left(1 + \frac{P}{P_y}\right)^{2.2}} + \frac{3.2}{\left(1 + \frac{P}{P_y}\right)} \leqslant 20.0 \tag{8}$$

在有限元模型中有效破坏长度范围(根部开始 0.7B 范围)的 3 个单元,将截面最外缘中心的压缩应变进行平均后,取 ε_{avg},然后,将 ε_{avg} 除以 ε_m, ε_u,分别定义为极值点位移。在荷载—位移曲线中,将位移 δ_m 和 δ_u 对应的荷载分别定义为极值荷载 H_m 和 H_u。纤维梁单元模型算例中的极值点(δ_m, H_m)和(δ_u, H_u)如图 6 所示。

综上所述,将最大荷载 H_m 作为极值点时,Case2 输入下纤维梁单元模型结果最为理想;将荷载 H_u 作为极值点时，Case3 输入下模型预测结果最为理想。

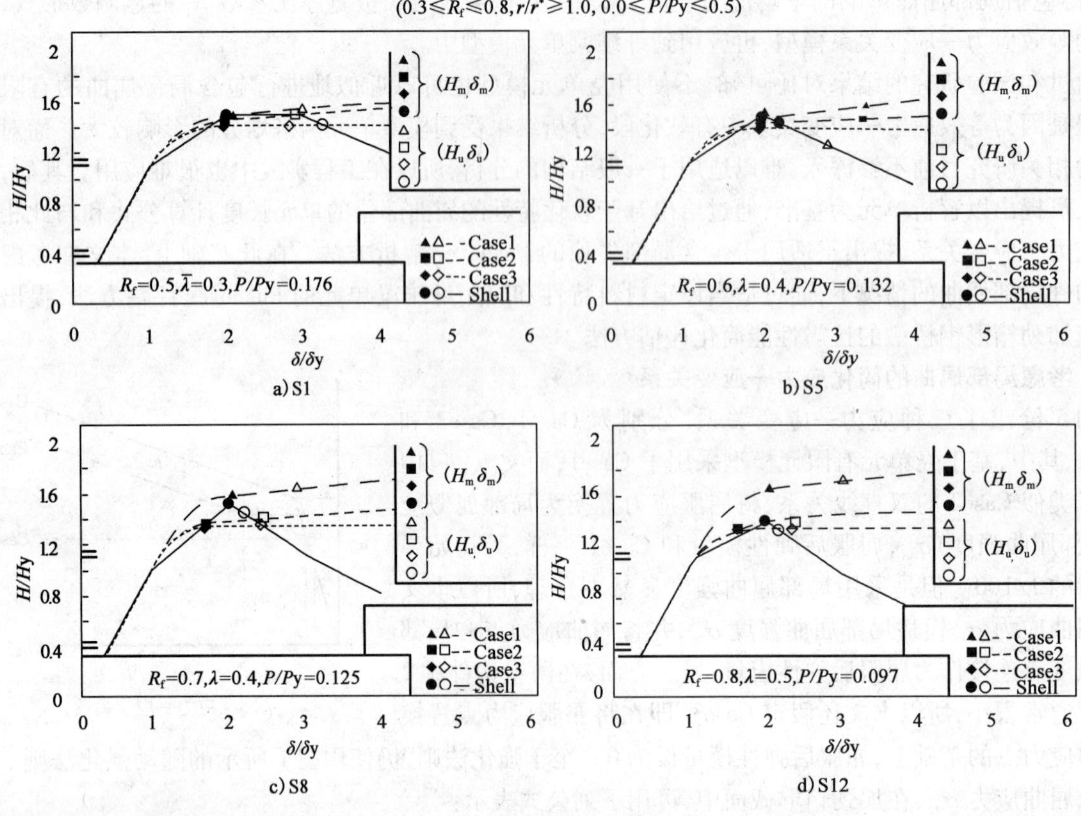

图6 极限荷载及相应位移的对比

六、结　　论

以薄壁加劲箱形悬臂钢桥墩为研究对象，通过12个算例，纤维梁单元和壳单元分析结果对比，验证了3种不同的考虑局部屈曲的材料应力—应变关系下，纤维梁单元模型 Pushover 分析所得极值点的精确性。在此基础上提出了基于纤维梁单元模型的薄壁加劲钢构件极值点计算方法。通过本研究可得到如下结论。

(1)通过和试验结果进行比较，基于本文所建立的薄壁加劲箱形钢桥墩的壳单元有限元模型，验证了选简单双线性随动强化模型作为模型的材料本构关系，能够很好地与试验结果吻合。

(2)使用本文提出的纤维梁单元模型，在最大荷载点作为极限点考虑时，建议使用将屈服点置换为屈曲应力的双线型应力—应变关系。

(3)使用本文提出的纤维梁单元模型，在最大荷载后的95%荷载点作为极限点考虑时，建议使用置换为屈曲应力的完全弹塑性应力—应变关系。

参考文献

[1] 宇佐美勉编著. 吉伯海，等译. 钢桥抗震与损伤控制设计指南—基础篇，日本钢结构协会[M]. 河海大学出版社，2008.

[2] ZHENG Yi, USAMI Tsutomu, GE, Han-Bin. Ductility Evaluation Procedure for Thin-walled Steel Structures [J]. Journal of Structural Engineering, ASCE. 2000, 126(11): 1312-1319.

[3] GAO Sheng-bin, GE Han-bin. Applicable Range of Steel Constitutive Models Under Cyclic Load [J]. China Journal of Highway and Transport. 2008, 21(6): 69-75.

[4] 高圣彬，葛汉彬. 交替荷载作用下钢材本构模型的适用范围[J]. 中国公路学报. 2008, 21(6): 69-75.

166. 不同桥台型式路桥结合部产生桥头跳车病害力学机理浅析

马 凌
（辽宁省交通厅公路管理局）

摘 要 本文通过不同桥台型式的路桥结合部位的力学特性，分析桥台结构形式与力学模型对产生桥头跳车病害的影响。

关键词 桥台型式 力学特性 桥头跳车 影响

桥头跳车病害的产生原因是多方面的，如区域地质条件、填筑材料、路桥结合部位的排水形式、超载、车辆冲击作用、上部结构形式、技术方案与施工组织设计等等问题，都是普通公路产生桥头跳车病害的主要影响因素。本文主要分析桥台结构形式与力学模型对桥头跳车的影响。

一、概 述

作为桥梁的端部支承，不同的桥台类型对路桥结合部位沉降差产生影响。目前辽宁省普通公路桥梁桥台的结构形式，主要为重力式桥台、轻型桥台、肋板式桥台和桩柱式桥台四大类。

桥台设计一般主要研究桥梁结构、桥台结构的安全性和变形情况，不会考虑荷载作用对填料体所形成的荷载传递作用和压缩作用。但是由于荷载作用效应的存在，对于不同结构形式的桥台而言，将会产生不同的差异沉降。

对于重力式桥台而言，台后填料的主动土压力是由自身重力来平衡的，台后填料受到前墙、侧墙的三面约束作用，计算假定其位移为零，土压力按照库伦静止土压力计算，但是忽略了填料自身的压缩。

桩柱式桥台、肋板式桥台的设计中，其桥台的台后填料部分传递的土压力主要由台梁、桩柱、前部锥坡承担，其中锥坡提供主动土压力抵抗台后水平土压力，且设计中一般认为台后、台前的锥坡填料经过碾压后已经稳定，并且按照刚体计算土压力。但是在桩柱或肋板间的填料土体存在自由面，填料的表面荷载和体积力作用导致了桩间土体有向河道方向的运动趋势。

轻型桥台力学模型不考虑翼墙以及边柱的影响，在这一设计中，桥台前墙根部的连系梁（或河底铺装）、桥台、上部结构形成一个空间结构，具有较强的纵向刚性。但翼墙部分，尤其是前墙、翼墙具有伸缩缝时，翼墙成为悬臂结构，在土压力作用下形成向外的位移，翼墙与前墙间伸缩缝变成上宽、下窄的V形，翼墙上部或根部出现水平位移。

二、路桥结合部位力学分析

对于路桥结合部位而言，受到桥面高程、路面纵坡连接的限制，在路桥结合部位一般在较短距离内存在较为明显的纵坡变化，形成一定的角度变化，台后填料体受力图示见图1所示。从图中可以看到，台后填料部位形成土侧向压力的荷载作用包括：填料重力（G），车辆自重（G_1），车辆制动力竖向分力（$f_{1,1}$），车辆通过已有结合部位高差的冲击力（F），同时尚应包括车辆制动力水平向分力（$f_{1,2}$），该作用通过土楔体逐渐向台身前墙传递。

当前，桥台设计中将台后填料体视为刚性体，仅作为外荷载和重力的传递介质，而不会考虑到填料体是散体这一特性。同时，在桥台设计中，将填料体传递的荷载或是施加于盖梁，或是施加于桥台支护体

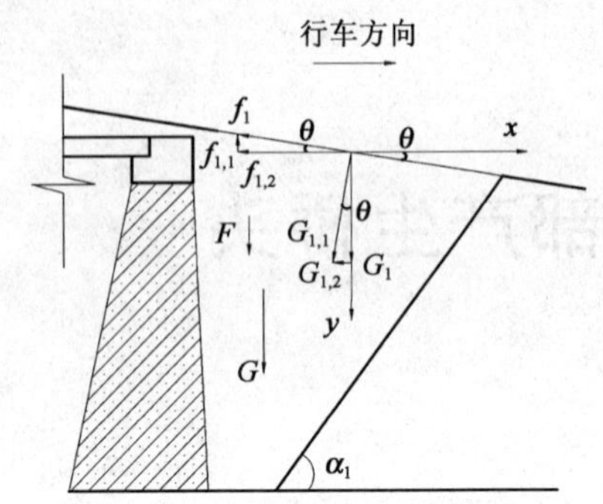

图1　台后填土区域力学分析简图

(前墙、翼墙),用于结构设计的验算。根据荷载布置形式的不同,这种传递的主动土压力分别为:

当无车辆荷载布置时,桥规的台后填料破坏土体的主动土压力计算公式如式(1):

$$E = \frac{1}{2}B\mu\gamma H^2 \tag{1}$$

$$\mu = \frac{\cos^2(\varphi-\alpha)}{\cos^2\alpha\cos(\alpha+\delta)\left[1+\sqrt{\frac{\sin(\varphi+\delta)\sin(\varphi-\beta)}{\cos(\alpha+\delta)\cos(\alpha-\beta)}}\right.}$$

当有车辆荷载布置且$\beta=\theta=0$时,忽略车辆制动力和冲击力的影响,桥规的台后填料破坏土体的主动土压力计算公式如式(2):

$$E = \frac{1}{2}B\mu\gamma H(H+2h) \tag{2}$$

式中:h——车辆荷载的等代土层厚度;

B——桥台计算宽度;

γ——土的重度;

H——计算土层厚度。

式(1)和式(2)两个主动土压力计算公式是没有考虑车辆制动力和冲击力影响的,公式(3)是一种验算台身结构的主动土压力计算方法,将车辆形成的冲击力和制动力转换成等效土层厚度假设水平制动力按倒三角形施加于桥台的台身,验算台身结构的安全。

$$E = \frac{1}{2}B\mu\gamma H[H+2(h_{G_1}+h_F+h_{f1,1})]+\frac{2}{3}f_{1,2} \tag{3}$$

三、重力式桥台的产生桥头跳车的力学机理分析

重力式桥台的力学特征是通过其自身重力来平衡台后填料的主动土压力,是一种整体式承载机构,台后填料受到前墙、侧墙的三面约束作用,桥台结构受到台后填料传递的竖向、水平向作用主要由永久作用(填料自重)和可变作用(车辆荷载等)组成。

作为重力式桥台,其整体刚度较大,计算假定其位移为零,土压力按照静止土压力计算,根据库伦土压力理论公式计算土压力值,并在JIG D60—2004桥规中规定进行前后墙的稳定性、台身承载力、地基承载力和桥台稳定性验算。

(1)在永久作用下,其台后土体的土压力计算一般作如下规定:

在计算桥台前墙前端的最大应力,桥台向桥孔方向的偏心距和稳定性验算时,台后填料按未压实情况计算,填料内摩擦角取小值;

在计算桥台前墙后端的最大应力,桥台向路堤方向的偏心距和稳定性验算时,台后填料按已压实情况计算,填料内摩擦角取大值;

(2)可变作用下,桥台设计中进行了如下荷载规定:

上部车辆荷载、人群荷载及雨雪活载、温度变化引起的超静定结构次生内力等情况;但在重力式桥台结构设计中将不考虑冲击作用对桥台结构引起的结构变形和土压力变化。

这里的已压实或未压实情况填料的内摩擦角并非是填筑材料的内摩擦角,而是破坏棱柱体对台身或路堤形成的最大推力角,所形成的最大土侧压力不仅包括了滑动土楔体重力、车辆荷载以及其他规定作用引起的土侧压力,也应该包括车辆冲击等荷载作用引起的土侧压力,而这一点对路桥结合部位尤其重要。

重力式桥台结构、台后填料的压实度等施工质量在可以保证条件下,重力式桥台结构通过桥台前墙、桥台侧墙,对台后填料形成较好的约束作用,路桥结合部位的差异沉降差产生原因如下:

第一种情况,台后填料经过路面超载的重型车辆作用,压密了局部欠密实台后填料,而产生桥头跳车。

第二种情况,超载重型车的自重、冲击荷载等以及其叠加效应,使台后填料产生较为明显的压缩作用,造成路桥结合部位产生沉降差。

对于重力式桥台而言:

(1)当桥台高度较小时,可变作用对台背主动土压力的影响较为显著;桥台台背主动土压力随着桥台高度的增加受可变作用影响作用减小。

(2)当桥台高度固定时,可变作用对台背的主动土压力随台后填料内摩擦角的增大(填料密实度增大)而增大。

因此,台后填料可形成向台墙较大的压缩能力。

压实度是对于相同体积而言的现场实测干密度与最大干密度之比,

$$d = \frac{\rho}{\rho_{max}} \tag{4}$$

上式转换后得,

$$\rho_{max} = \frac{\rho}{d} \tag{5}$$

孔隙比是土中孔隙体积与土粒体积之比,

$$e = \frac{v_w}{v_s} \tag{6}$$

转换后得

$$e = \frac{v_w}{v_s} = \frac{G(1+w)}{\gamma} - 1 \tag{7}$$

其中,G 为土粒比重;w 为含水率;γ 为土的重度。

$$\gamma = \rho g \tag{8}$$

对于指定的桥梁而言,如果台后填料的压实度全部达到设计要求,比如说是95%,填料体仍然具有一定的可压缩空间,当填料体压实度提高一个百分点后,填料的最大干密度是没有变化的,则可建立变化前后的密度关系

$$\frac{\rho_{0.95}}{d_{0.95}} = \frac{\rho_{0.96}}{d_{0.96}} \tag{9}$$

则变化后的干密度为,

$$\rho_{0.96} = \frac{d_{0.96}}{d_{0.95}}\rho_{0.95} = \frac{0.96}{0.95}\rho_{0.95} \tag{10}$$

从式(7)和(8)可知,对于同一桥台而言,假定台后填料的比重和含水率是没要变化的,则压实度变化前后的孔隙比变化量为式(13)

$$e_{0.95} = \frac{G(1+w_{0.95})}{\rho_{0.95}g} - 1 \tag{11}$$

$$e_{0.96} = \frac{G(1+w_{0.96})}{\rho_{0.96}g} - 1 \tag{12}$$

$$e_{0.95} - e_{0.96} = \frac{G}{g}\left(\frac{1+w_{0.95}}{\rho_{0.95}} - \frac{1+w_{0.96}}{\rho_{0.96}}\right) \tag{13}$$

将式(10)代入式(13)得,

$$e_{0.95} - e_{0.96} = \frac{G}{96\rho_{0.95}g}(1 + 96w_{0.95} - 95w_{0.96}) \tag{14}$$

分层总和法基本理论是建立地基材料压缩时不允许侧向变形的假定的,所采用的压缩指标是完全侧

限条件下试验值,这种情况比较符合理想条件下重力式桥台台后填料的变形计算特征,其变形值为

$$s = \frac{e_{0.95} - e_{0.96}}{1 + e_{0.95}}H \tag{15}$$

将式(11)和式(14)代入式(15),化简得式(16)

$$\begin{aligned} s &= \frac{e_{0.95} - e_{0.96}}{1 + e_{0.95}}H \\ &= \frac{1 + 96w_{0.95} - 95w_{0.96}}{96}H \end{aligned} \tag{16}$$

同理,可知理想条件下两个相邻压实度百分点之间的竖向变形量为:

$$\begin{aligned} s &= \frac{e_{n_1} - e_{n_2}}{1 + e_{n_1}}H \\ &= \frac{1 + 100n_2 w_{n_1} - 100n_1 w_{n_2}}{100n_2}H \end{aligned} \tag{17}$$

下面仅就填料的含水率 w 为7%、压实后含水率 w_1 为6%条件下,不同压实度变化引起的沉降量见表1。

不同压实度变化引起的沉降量　　表1

H(m)	压 实 度(%)					
	90→91	91→92	92→93	93→94	94→95	95→96
	沉降量(mm)					
0.2	4.0	4.0	4.0	4.0	4.0	3.9
0.5	10.1	10.1	10.0	9.9	9.9	9.8
1.5	30.3	30.3	30.0	29.8	29.7	29.5

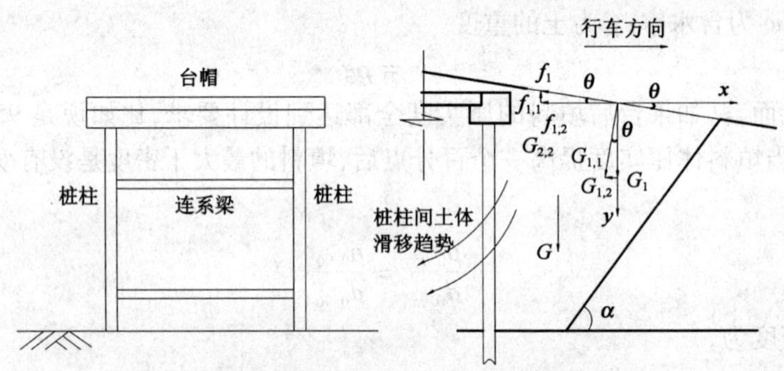

图2　台后填土区域力学分析简图

四、桩柱式、肋板式桥台产生桥头跳车的力学机理分析

桩柱、肋板式桥台的设计中,其台后填料部分传递的土压力主要由台梁、桩柱、前部锥坡承担,其中锥坡提供主动土压力抵抗台后水平土压力。

桩柱式和肋板式桥台在其桥梁纵向具有较好的刚度,台后填筑材料选用透水性较好的材料,如砂砾,锥坡表面选用浆砌片石,且设计中一般认为台后、台前锥坡填料经碾压后已经稳定,按照刚体计算土压力。但是在桩柱或肋板间的填料土体存在自由面,填料的表面荷载和体积力作用导致了桩间土体有向河道方向的运动趋势。

相关设计规定是根据桩式挡土墙进行设计的,主要是静荷载条件下桩间土形成土拱,使台背填料的自重力形成的水平土压力传递到桩柱上,有以下问题并未考虑:

(1)外荷载并非全部传递到台梁,而会通过填料体向下部传递,加速桩间土拱的破坏。

(2)台前锥坡的稳定性存在问题,由其提供的主动土压力并不可靠。

因此，通过桥头跳车病害调查发现这两种桥台结构出现的平均沉降差较大，台前锥坡出现整体沉降、外推、局部滑移等现象。

五、轻型桥台产生桥头跳车的力学机理分析

轻型桥台力学分析中一般不考虑翼墙以及边柱的影响，从设计手册荷载最不利情况分析应为“桥上无车辆荷载，台后有车辆荷载”情况，水平力主要是台后填料的侧压力和台后车辆荷载的等代土压力的侧压力，上部结构荷载对台身的偏心距较小，对截面验算影响很小，台身弯矩主要为台后填土的主动土压力引起的。在这一设计中，桥台前墙根部的连系梁（或河底铺装）、桥台、上部结构形成一个空间结构，具有较强的纵向刚性。但翼墙部分，尤其是前墙、翼墙具有伸缩缝时，翼墙成为悬臂结构，在土压力作用下形成向外的位移，翼墙与前墙间伸缩缝变成上宽、下窄的V形，翼墙上部或根部出现水平位移，力学图示见图3、图4。

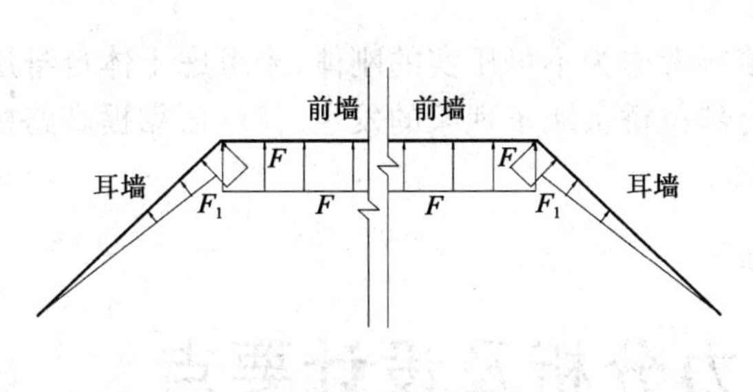

图3 带翼墙的轻型桥台土压力作用简图

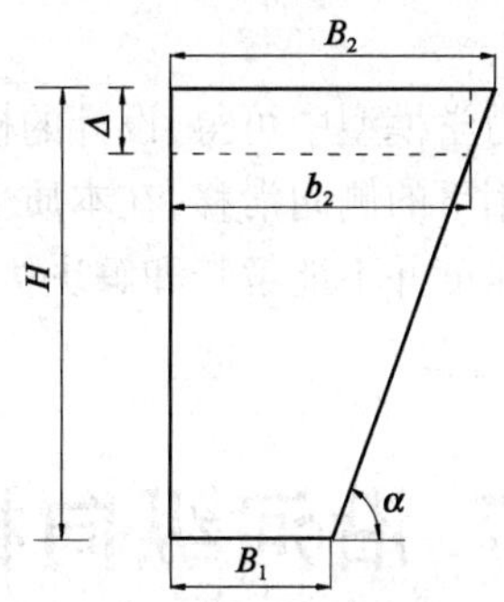

图4 桥台翼墙水平变形计算简图

受外加荷载作用，翼墙受主动土压力作用有向外运动趋势，设计中需要验算该部分墙体的强度和稳定性，但施加于台后填料体荷载最不利条件是荷载直接作用于填料体的情况，对于土材料而言，这种荷载传递往往是有限深度传递，传递深度往往小于1.5～2.0m。若从轻型桥台台后填料体积变化方面研究，假定轻型桥台台后填料符合弹塑性变形特点，即外加荷载时填料体积不变，仅发生竖向变形和水平向变形。

$$v_1 = v_2 \tag{18}$$

式中：v_1、v_2 分别是加载前后的体积。

设横断宽度为 L，填料影响区为梯形，变形前影响高度为 H，上表面长度 B_2，下表面长度 B_1，反射角为 α；发生 Δ 竖向位移后，横桥向长度为 L'，上表面长度 b_2。则根据体积相同原则，

$$v_1 = \frac{B_1 + B_2}{2}HL \tag{19}$$

$$\begin{aligned} v_2 &= \frac{B_1 + b_2}{2}(H - \Delta)L' \\ &= \frac{B_1 + B_2 - \Delta\cot\alpha}{2}(H - \Delta)L' \end{aligned} \tag{20}$$

推出水平推移为：

$$L' = \frac{HL}{(H - \Delta)}\frac{B_1 + B_2}{B_1 + B_2 - \Delta\cot\alpha} \tag{21}$$

受到翼墙与前墙的连接形式和施工材料不同的影响，填料体水平向变形受到翼墙约束，可使用相应系数进行折减，则考虑翼墙单侧水平推移为：

$$s_{水平} = \beta\frac{HL}{2(H - \Delta)}\frac{B_1 + B_2}{B_1 + B_2 - \Delta\cot\alpha} \tag{22}$$

对于圬工砌体翼墙，当翼墙与前墙有伸缩缝时，$\beta=1.0$；当翼墙与前墙无伸缩缝时，$\beta=0.5$。而混凝土无伸缩缝时，$\beta=0.2$。部分调查轻型桥台水平推移量计算见表2。

部分调查轻型桥台水平推移量　表2

桥梁名称	桥台结构类型	实测沉降量(mm)	水平推移(mm)	计算推移量(mm)	备　注
滨河2号桥	轻型	8	10	19.5	翼墙为圬工有伸缩缝
红庙子桥	轻型	27	70	66.4	翼墙为圬工有伸缩缝
黄柏峪桥	轻型	32	100	79	翼墙为圬工
冯家堡子	轻型	33	10	16.3	混凝土无伸缩缝
长山桥	轻型	40	50	49.6	砌石无伸缩缝

六、结　　论

从以上的力学模型中可得，设计的模型中都将压实填料考虑为不可压实的刚体，未考虑土体自身压缩及在力的作用下的侧向滑移，在本质上导致了路桥结合部位桥头跳车现象的发生，仅仅依靠提高路桥结合部位的压实度并不能解释和解决桥头跳车现象的发生。

167. 沿河纵向桥流水压力分析及设计要点

张忠效
(深圳市市政设计研究院有限公司西安分公司)

摘　要　沿河纵向桥区别于横向桥有其特殊之处，特别是流水压力的影响更为突出。本文在实桥分析的基础上，首先探讨了流水压力计算时设计流速的取值问题，总结并提出了“特征值拟合曲线取值法”，并将该方法稍作变化，成功移植到纵向桥上，简化了设计流速的取值过程；接着分析了现有流水压力计算方法的局限性，并在“分段法”的基础上，发展出“分块法”，使任意复杂结构流水压力的计算变得简便易行；最后，结合多模型对比分析，探讨了深水沿河纵向桥应对强大流水压力的设计思路和解决方案，可供同类桥梁设计参考。

关键词　沿河纵向桥　流水压力　设计要点　分块法

一、前　　言

由于常用的采用桩柱式桥墩的梁式桥，其纵桥向抗推刚度远较横桥向小，对于沿河纵向桥梁，流水压力对下部结构的影响变得至关重要。本文在实桥流水压力影响分析基础上，探讨较为经济、可行的应对方案。

二、桥梁概况

由于路线受地形、地质条件影响，白河汉江纵向特大桥（以下简称“本桥”）设计为沿河岸布置的183m×30m先简支后连续PC小箱梁桥（一般路段均按6跨一联），下部结构采用双柱式墩、钻孔灌注桩基础。

本文以涉河最远、桥墩最高（22.2～29.7m，平均墩高26m）的第5联桥（见图1）为例，该联桥所在河段1/100洪峰流量30200m^3/s，水面比降0.000467，水深22.1～30.5m，河槽断面平均流速4.49m/s，最大计算冲刷深3.36m。因墩高较高，每墩除桩顶系梁外，另设水中墩身系梁一道。除最上游边连续墩设置板式支座外，其余 4 个中墩均采用墩梁固结构造措施，以增强桥梁顺桥向抗推刚度。（上游侧边墩流水压力效应与降温效应同号，约束墩顶转动对该墩受力不利。）

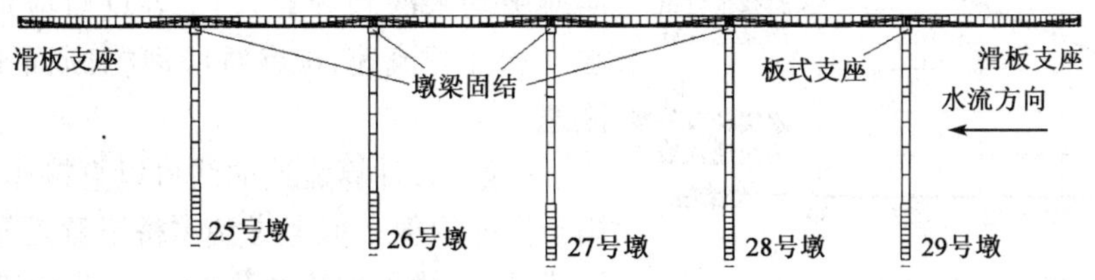

图 1 第 5 联桥立面计算模型

三、结构计算模型

采用桥梁专用有限元程序《桥梁博士 V3.0》按杆系结构、上下部整体建模。通过各墩桩基计算，结合弯矩零点位置和地质情况，偏安全地按桩基嵌固于桩顶以下 8.5m 处进行桩基受力模拟。29 号墩板式支座采用约束水平和竖向位移（仅释放转角位移）的主从约束模拟，墩梁固结（非铰接）采用刚性主从约束模拟。

根据本桥实际情况，不考虑流冰压力、地震力及浮力，流水压力按下文方法计算，其他各种作用均按桥规执行，不细述。

结构计算模型如图 1 所示。

四、流水压力计算

1. 纵向桥不同涉河深度时设计流速的确定

严格地，计算流水压力所采用的设计流速应为阻水结构物所在位置沿水深方向的平均流速，但要准确描述出河床断面上各点的平均流速非常困难。实际设计工作中，一般是简单地取河槽平均流速或全断面平均流速作为全桥统一的设计流速用于流水压力计算。对于横向跨河桥梁，为得到相对准确的流速，可在水文计算的基础上，简要绘制河床断面流速分布曲线，具体做法如图 2 所示。

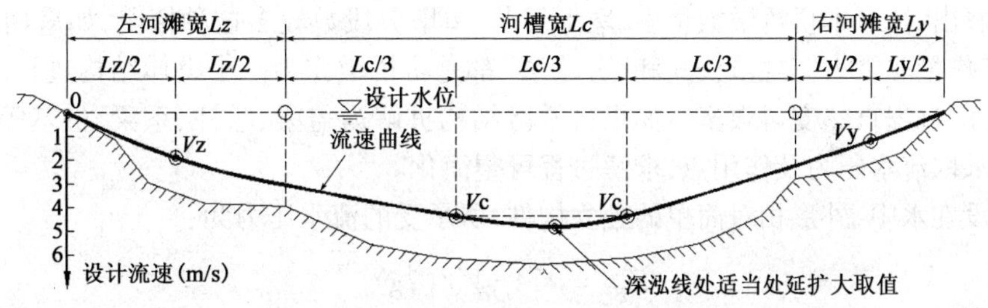

图 2 根据特征流速拟合流速曲线方法示意

图 2 中，V_z、V_y 为左、右河滩平均流速，V_c 为河槽平均流速，均为水文计算给出的特征流速。以特征流速为基点，经适当处理可近似拟合出流速分布曲线，该曲线对应各墩位处的流速即为各墩的设计流速。该方法可以形象地命名为“特征值拟合曲线取值法”。（图 2 中 V_z、V_c、V_y 在河床断面上的设置位置仅为建议，实际使用时可据各桥实际情况适当调整。）

该方法用于纵向桥尚有诸多不便。如本桥，河岸及河床地形复杂，各墩涉水深度（离岸边的远近）相差较大，逐墩绘制流速曲线再内插取值工作量过大，有必要寻找更为方便可行的方法用于确定不同墩位处的设计流速。

因各墩位处水深与桥墩涉河深度存在比较直观的对应关系，本桥据此偏安全地拟合出一条折线形水深—流速分布曲线（如图 3 所示）。各墩位处设计流速按设计水深编程内插取值，极大地简化了取值过程。

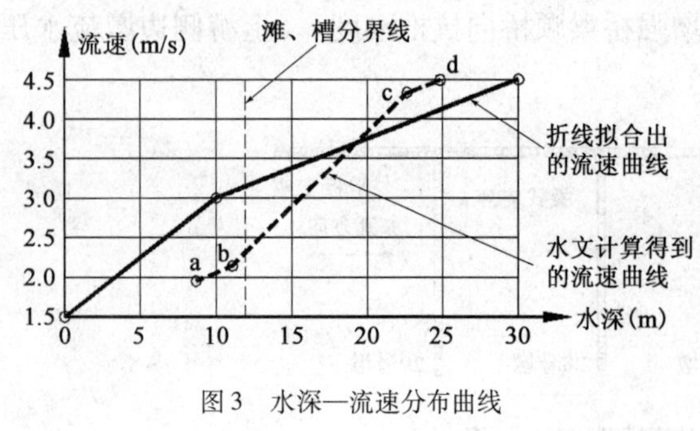

图3 水深—流速分布曲线

方法为：首先，根据水文计算成果展绘出计算流速曲线，即图3中的虚线，其上的a、b两点对应左、右河滩平均水深和计算流速；c点对应河床全断面平均水深和计算流速；d点对应河槽断面平均水深和计算流速。

一般的，计算流速曲线可以直接作为设计流速曲线用于内插取值。但考虑到本桥毕竟是靠岸布置，远离深泓线，以河槽平均流速作为最大设计流速是安全的，故对计算流速曲线稍作处理，拟合出设计流速曲线(图3中实线)，以方便内插取值。虽然c、d两点超出实线范围，设计流速曲线仍是偏安全的。

本桥采用的拟合线形仅供参考，其他桥具体拟合线形应根据实际情况研究后确定。

2. 对流水压力计算方法"分段法"的改进——"分块法"

桥规JTG D60—2004式4.3.8提供了流水压力的计算公式：$F_W = KA\gamma V^2/(2g)$。并将流水压力的合力作用点假定在设计水位线以下0.3倍水深处。但是，该公式用于实际计算时并不方便，有时还会碰到难以克服的困难。以本桥桥墩为例，迎水面包括盖梁、墩柱、墩身系梁、桩顶系梁和桩基5部分，各部分的形状系数K、迎水面积A并不完全相同，显然不能合并计算。如果将各部分分开计算，则流水压力的作用点又无法确定，比如水中系梁单独计算时，其流水压力的作用点显然不会是在设计水位线以下0.3倍水深处。

上述问题在参考文献[1]中早已指出，该文根据桥规确定的计算原则，将桥墩沿高度方向按外形不同分成n段，先求出各段的流水压强：$p_i = dF_{Wi}/dh_i = Kb_i\gamma V^2/(2g)$，其中，$h_i$、$b_i$分别为第$i$段的高度和宽度。

则
$$F_W = \Sigma(h_i p_i)$$

再利用等效原理推导出流水压力合力作用点高度为：

$$h_w = 0.7F_W[h_1^2(p_1 - p_2) + (h_1 + h_2)^2(p_2 - p_3) + \cdots + (h_1 + h_2 + \cdots + h_{n-1})^2(p_{n-1} - p_n) + H^2 p_n]$$

其中H为计算水深。

从上式可以看出，针对本桥桥墩数量多、墩形复杂、单墩分段数较多这种情况，如采用上述"分段法"计算流水压力，工作量非常大。规范公式和"分段法"都是将桥墩作为一个整体结构进行求解，当结构形状趋于复杂时，求解过程自然变得艰辛。如果将桥墩结构拆解为盖梁、墩柱、系梁、桩基等外形相对简单的单体结构分别求取流水压力及作用点，求解过程可望简化。

一个完全淹没在水中、外形相对简单的独立构件，所承受的流水压力为：

$$F_{Wi} = K_i A_i \gamma V^2/(2g)$$

以下试用等效原理求解作用在该独立构件上的流水压力作用点高度h_P。

如图4所示，完全淹没在水中的规则结构物，阻水高度为h_2，底部距一般冲刷线h_1，迎水面承受流水压强p，流水压力作用点距一般冲刷线h_P。等号左侧流水压力对于一般冲刷线处的作用效果与等号右边的作用效果相同，即等号左右侧等效。

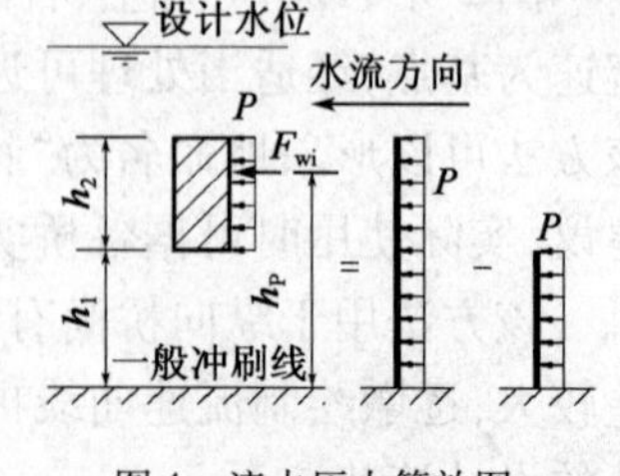

图4 流水压力等效图

根据弯矩平衡原则列等式如下：

$F_{Wi}h_P = 0.7p(h_1 + h_2)^2 - 0.7ph_1^2$，将$F_{Wi} = ph_2$代入可得：

$$h_P = [0.7p(h_1 + h_2)^2 - 0.7ph_1^2]/(ph_2) = 1.4h_1 + 0.7h_2$$

所以，将外形复杂的构造物拆解成外形相对规则的若干部分分别计算流水压力作用效应是完全可行的，该方法可形象地命名为"分块法"。

3."分块法"计算桥墩流水压力及其作用点高度

采用上述"分块法",计算不同桥墩形状及尺寸(具体详见后述模型说明)时,第5联桥各中墩所承受的流水压力(单柱)、作用点高度及合力效果,结果列于表1:

表1

项目	分块	模型B		模型C		模型D		模型E		模型F	
		F_{wi}(kN)	h_p(m)	F_{wi}(kN)	h_p(m)	F_{wi}(kN)	h_p(m)	F_{wi}(kN)	h_p(m)	F_{wi}(kN)	h_p(m)
25号墩 水深:25.69m 流速:4.18m/s	墩柱	205.2	20.12	236.7	20.12	284.1	20.12	347.2	20.12	136.0	19.33
	柱间系梁	30.2	21.00	31.4	20.93	31.4	20.86	34.5	20.65	36.9	20.93
	桩顶系梁	31.4	3.43	31.4	3.36	34.3	3.22	39.2	2.87	36.3	13.02
	桩基	31.4	2.10	37.6	2.10	41.8	2.10	52.3	2.10	37.6	2.10
	合力	298.2	16.55	337.1	16.62	391.6	16.78	473.2	16.74	246.8	16.02
26号墩 水深:28.56m 流速:4.39m/s	墩柱	240.8	23.16	277.8	23.16	333.4	23.16	407.5	23.16	159.0	22.35
	柱间系梁	33.4	24.12	34.7	24.05	34.8	23.98	38.2	23.77	40.8	24.05
	桩顶系梁	34.7	5.50	34.8	5.43	37.9	5.29	43.4	4.94	40.1	15.09
	桩基	34.7	2.10	41.6	2.10	46.2	2.10	57.8	2.10	41.6	2.10
	合力	343.6	19.34	388.9	19.40	452.3	19.57	546.9	19.53	281.5	18.57
27~29号墩 水深:30.53m 流速:4.54m/s	墩柱	277.5	24.60	320.2	24.60	384.2	24.60	469.6	24.60	182.3	23.76
	柱间系梁	35.7	25.63	37.1	25.56	37.1	25.49	40.8	25.28	43.5	25.56
	桩顶系梁	37.1	5.61	37.1	5.54	40.5	5.40	46.3	5.05	42.8	15.20
	桩基	37.1	2.10	44.5	2.10	49.4	2.10	61.8	2.10	44.5	2.10
	合力	387.4	20.72	438.9	20.79	511.2	20.97	618.5	20.93	313.1	19.76

注:1.模型F中的墩柱分成上、下墩柱分别计算,表列值为上、下墩柱的合力效果。
2.桩基承受的流水压力按桩顶露出一般冲刷线3m计。

五、结 构 验 算

为了更为直观地比较流水压力对桥墩的影响,对本桥第5联建立以下6个模型分别进行结构验算:

模型A:不考虑流水压力影响,拟定柱径1.3m,桩径1.5m,桩配筋率1.02%,柱配筋率1.32%。每墩设墩身系梁和桩顶系梁各一道,墩身系梁居中于墩高(略偏下)布置。

模型B:在模型A的基础上输入流水压力,其余条件不变。

模型C、D、E:逐步增大墩柱及桩基直径(系梁尺寸相应增大),流水压力相应变化,桩柱配筋率保持不变。

模型F:墩柱截面形状变为圆端矩形,上墩柱断面尺寸为0.8m(横桥向)×1.6m(顺桥向),经1m长的渐变段后加粗为1.0m×1.8m(长4m),下接直径1.8m的桩基,下墩柱与桩基间设3m长渐变段。上墩柱配筋率1.65%(包括侧面钢筋),下墩柱配筋率1.5%,桩配筋率1.02%。墩柱形状如图5所示。

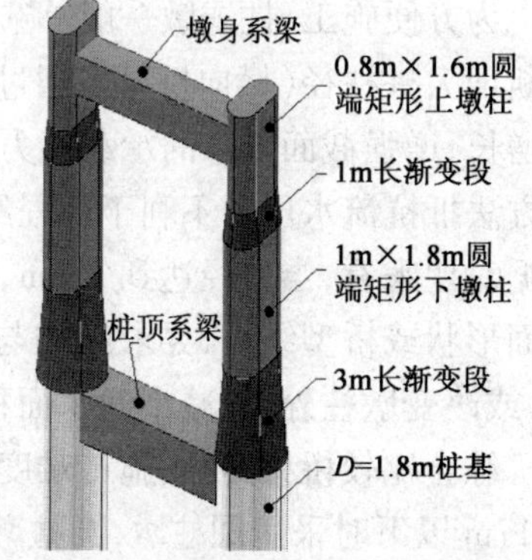

图5 圆端矩形墩柱三维立体示意图

模型分析结果显示,最大墩顶位移出现在29号墩墩顶。由于29号墩墩顶释放了转角约束,裂缝及强度控制截面转移到28号墩桩基嵌固点。本桥第5联所有计算模型墩顶位移及控制截面裂缝及强度验算结果列于表2。其中,墩顶位移所列为29号墩正常使用极限状态短期效应组合值,组合荷载主要为流水压力、降温和结构自重;桩底裂缝及截面强度所列为28号墩桩基嵌固处短期效应组合值。

表2

模型	柱径(cm)	桩径(cm)	流水压力	最大墩顶位移(mm)	水压单项墩顶位移(mm)	桩底最宽裂缝(mm)	桩底抗弯承载力(kN·m)	桩底最大弯矩(kN·m)	桩底截面强度安全系数	验算结果
A	130	150	不计	43.5	0	0	21900	6190	3.54	满足
B	130	150	计	202	159	0.456	3660	6160	0.59	强度不足、裂缝超标、墩顶位移过大
C	150	180	计	149	105	0.345	5390	6800	0.79	
D	180	200	计	121	76.4	0.315	6650	7700	0.86	
E	220	250	计	88.9	44.8	0.211	12400	9400	1.32	详见下文
F	圆端矩形	180	计	115	71	0.26	6820	6320	1.08	详见下文

六、结果对比分析

模型A:不考虑流水压力时,按常规拟定的桩柱尺寸是安全的。由于桥墩较高,25~28号中墩采用墩梁固结能够满足结构变形要求。

模型B:考虑流水压力之后,墩顶位移过大,桩底截面裂缝超标,强度严重不足,截面必须加强。

模型C~E:逐步加大截面尺寸,直至模型E截面强度才满足要求,但桩底裂缝及墩顶位移仍偏大。

模型F:改用前述圆端矩形墩后,流水压力显著减小,截面强度满足要求,但桩底裂缝及墩顶位移仍偏大。

考虑到最大洪水发生的概率较低,持续时间不长,特别是洪水发生时气温一般较高,不会与极限降温同时出现,故本桥设计时,在强度满足要求的前提下,适当放宽了裂缝宽度限值,以利工程经济。

洪水过后,裂缝将弹性闭合,但过大的墩顶位移应采取补偿措施,如:在联端主梁断面上粘贴弹性橡胶片,避免结构间刚性碰撞;适当加大邻近墩高较矮联下部结构尺寸,借助邻近联的水平刚度限制高墩联水平位移等。必要时,还应在设支座的墩台处加设限位装置,适当限制墩梁间相对位移,避免发生位移过大不能复位、支座剪断等事故。

七、几个关键问题的进一步探讨

1. 下部结构截面尺寸与工程经济的关系

为方便施工,柱式墩一般首选圆形截面。对于纵向桥,为增大顺桥向抗推刚度以抵抗流水压力,只能不断增大桩柱径(横向桥可以通过加大柱距达到增大横向抗推刚度的目的),但流水压力也随桩柱径线性增长,增强截面带来的承载能力的提高大部分被流水压力的增大效应所抵消。所以,通过增大桩柱径的方法抵抗流水压力不利于工程经济,且随着桩柱径的不断加大,其工程经济性越来越差。从本桥模型数据对比来看,当柱径达到1.6m、桩径1.8m时,不宜再继续增大截面尺寸,而应转变思路,通过优化墩柱截面形状或桥型结构,寻求结构与工程经济之间更为合理的结合点。例如,增大桥梁跨径、减少桥墩数量,或改变墩柱外形、减小迎水面积等都是行之有效的方法。

综合比较桥梁跨径、施工难度、主梁预制和运输条件等因素后,本桥最终将主梁跨径确定为30m。墩高17m以下时采用圆柱墩,圆柱墩样式有ϕ1.3m柱接ϕ1.5m桩和ϕ1.4m柱接ϕ1.6m桩两种;墩高20m以上时改用圆端矩形墩柱,截面尺寸有0.8m×1.6m和1.0m×1.8m两种,下接ϕ1.6m或ϕ1.8m桩基;墩高在17~20m之间、受力允许时,优先采用圆柱墩,否则采用圆端矩形墩,以方便施工。

2. 圆端矩形墩的优、缺点

圆端矩形墩横桥向尺寸比圆柱墩小,可以有效减少迎水面积,从而减弱流水压力的影响,达到节省材料、节约投资的目的。表3将两组不同尺寸的圆端矩形墩柱与圆形墩柱截面特性并列比较,从对应比值可以看出，在截面面积大致相等的情况下（也即材料用量大致相当），圆端矩形墩有着较大的顺桥向刚度和更小的阻水面积。

表3

项　目	比 较 组 1			比 较 组 2		
	0.8m×1.6m	ϕ1.3m 圆形墩	比值	1.0m×0.8m	ϕ1.4m 圆形墩	比值
截面面积（m^2）	1.143	1.327	0.861	1.585	1.539	1.030
顺桥向惯性矩（m^4）	0.203	0.140	1.450	0.351	0.189	1.857

但圆端矩形墩也有着构造复杂、模板需要特制、不方便施工等缺点。所以，尽管其受力特性优于圆柱墩，采用该断面形式的柱式墩实例鲜有。同时，圆端矩形墩柱横桥向刚度较圆柱墩小，设计和施工时均应注意加强横向联系，避免发生横桥向失稳。

3. 墩梁固结及联长控制

墩梁固结是在桥墩较高、桥面纵坡较大或平面弯曲梁桥上惯用的措施，可以有效增大桥墩刚度、减小墩顶位移、防止梁体下爬等。本桥墩顶位移偏大，墩梁固结尤为重要，应在结构受力和变形允许的前提下，尽可能多地设置。

另外，增加联长可以让更多的桥墩联合起来抗推，有助于增强纵桥向整体抗推刚度。但必须注意，当联长过长时，位于一联桥内上游侧的次边墩（如第 5 联桥 29 号墩），将同时承受流水压力、降温、结构自重、混凝土收缩、徐应、汽车制动等多重同向水平力作用，该墩成为抗推最不利墩，不得不释放墩梁固结以减小墩底的弯矩和裂缝，释放之后，该墩对全联联合抗推不再有贡献。

本桥实际分联跨数取为 2～6 跨，以 6 跨 1 联为主。所有分联至少在中墩设有一处墩梁固结，墩高较高时，除分联墩外，所有连续墩均设置墩梁固结，随着墩高降低，逐步释放上游侧边墩的墩梁固结（即优先固结高墩和下游侧边墩）。

4. 墩梁相对位移限制

以上述模型 F 为例，如将 29 号墩顶板式橡胶支座的模拟方式，由同时约束水平和竖向位移的主从约束变成仅约束竖向位移（同时释放水平位移和转角位移）的主从约束，则 29 号墩流水压力单项将产生 –207mm 的墩顶位移和对应梁位 –63.7mm 水平位移，即流水压力单项将产生 143.3mm 的墩梁相对位移。这么大的相对位移是板式橡胶支座不能承受的，势必会造成支座剪断或发生翻滚破坏，之后，该墩也将因强度不足而破坏。本桥设计时，对类似桥墩（包括设置滑板支座的分联墩）均采取了顺桥向限位挡块，在不影响正常结构变形的前提下，当发生过大墩梁相对位移时，该挡块将发生作用，强制墩梁同步变形。

5. 系梁阻水问题

系梁阻水问题的关键不在于其本身对水流的阻碍作用（系梁迎水面积远小于墩柱），而在于设置系梁后增加了桥墩缠挂漂流物的可能。由于墩身系梁的存在，缠挂的漂流物逐渐累积，如得不到及时清理（洪水时进行桥下漂流物清理作业相当困难和危险），最终形成墙状阻水面，将严重危及桥梁安全。

横系梁仅为加强柱式墩横向联系之用，与桥墩纵桥向受力无关。如横桥向受力分析显示不需要设置墩身系梁，则存在阻水问题的墩身系梁应尽量取消（设计水位附近的系梁可移至设计水位以上 0.5m 处）。圆端矩形墩因横桥向刚度较小，取消墩身系梁时应注意加强横桥向受力分析。

根据《公路桥梁抗震设计细则》（JTG/T B02-01—2008），横系梁是有力的抗震措施之一，8 度区及以上抗震设防桥梁，取消或减少横系梁应谨慎。

6. 圆端矩形墩形状系数

根据 JTG D60—2004 表 4.3.8，圆形截面桥墩形状系数 $K=0.8$，圆端形桥墩 $K=0.6$。但彼圆端形桥墩非此圆端矩形墩。与桥墩迎风形状系数相似，圆端形桥墩的形状系数与其宽厚比有关，只有当宽厚比大于某一值时其形状系数才稳定在 0.6 左右（矩形截面的迎风形状系数在宽厚比≥4 时趋于稳定，未见矩形截面宽厚比对流水压力形状系数的影响相关资料)。而本桥采用的圆端矩形墩宽厚比≤1.5,直线段长度过短,截面形状更接近于圆形,导流作用不明显,在没有进一步的实验数据支持的情况下,宜保守地取用圆形截面的形状系数0.8计算流水压力。

八、结　束　语

本桥作为深水沿河纵向桥,受流水压力影响之大,实属罕见,故将设计思路及构造尺寸详细列出,供类似桥梁设计参考。同时建议类似桥梁在前期设计阶段,应认真做好概念设计,制定出纵桥向抗推刚度较大的桥型结构和桥墩样式,为有效抵抗流水压力打好坚实的基础。

参考文献

[1] 周一勤.桥梁流水压力的计算.华东公路,1992年第5期.P24~25.

168.新型复合材料防船撞装置试验研究与工程应用

王福敏　耿　波

(招商局重庆交通科研设计院有限公司)

摘　要　本文在三峡库区水位常年变化和通航需求日益增长的背景下,简单介绍了现有的桥墩防船撞装置的三种形式,经过比较提出了一种更适合三峡库区跨江桥梁防船撞要求的新型复合材料防撞装置的结构形式,为检验该防撞装置的缓冲消能效果,对此进行了4种在不同工况下的碰撞试验,研究发现该防船撞装置的缓冲消能效果可达50%以上,并且其具有很好的柔性与耐久性,最后介绍了该装置在实际工程上的应用。

关键词　防船撞　复合材料　碰撞试验　工程应用

一、引　　言

随着我国陆路交通运输事业的飞速发展,跨越江河、湖泊、海峡的桥梁数量日益增多,同时随着航运事业的快速发展,通航船舶数量不断增加且船型不断增大,在此背景下船舶撞击桥梁的事故频有发生。为了保证桥梁的运营安全,国内外许多桥梁在施工阶段及建成营运后都设置了相应的防撞设施。从现有的桥墩防撞技术及其发展趋势看来,桥墩防撞装置需具备三大功能要求:

(1)防撞设施具有良好的缓冲吸能效果,能大幅度减小船舶撞击力;

(2)由于防撞设施长期处于水中,还须具备优良的耐久性能;

(3)加装防撞设施后还应该尽可能避免或降低对船舶的损伤,保证船舶安全。

国内的研究结果明确提出桥墩防撞装置不仅应占地少,不碍航且能适应水位变化的要求,而且安装、施工方便,成本低,便于桥梁方在建桥时同时建设,不因设置防撞装置而增加新的问题;防撞装置吸能能力要大,撞后应自行恢复,不需维修,但更重要的是将船的动能仍保留在船上,使船离开墩而不被镶住,即不咬住船头;防撞装置能被桥梁、船舶运输和港航管理三方面共同接受[1]。因此,对于新型防撞装置的研究有着时代的必要性和前沿性。

二、桥梁防撞装置类型与分类

从工程师的角度出发,为了更加直观易懂地区分各类防撞系统,建议将防撞系统归纳为以下三类:独立式防撞系统、附着式防撞系统、一体式防撞系统[2]。

1. 独立式防撞系统

独立式防撞系统，即该防撞装置独立于桥墩建造，并以墩桩或者沉井的形式来保护桥墩，如图1所示为独立式集群桩防撞系统。在国外，特别是美国内陆航道上的桥梁及海岸港湾河口结构物上都广泛应用了同样属于独立式防撞系统的浮体系泊索防撞系统以及防护板防撞系统[3,4]，如图2所示。

图1　Tromso桥集群桩防撞系统

图2　美国印地安洛克桥防护板防护系统

2. 附着式防撞系统

附着式防撞装置类型比较多，其中常见的有附着式消能组件和附着式套箱。其特点是该装置是用紧贴在桥墩周围的消能组件（如护舷）或者套箱建造而成，当船舶撞击桥墩时，可以通过该防撞装置的初步消能来降低船舶对桥墩的撞击力，如图3所示为附着式护舷防撞装置。

图3　附着式护舷防撞装置

3. 一体式防撞系统

一体式防撞系统是指防撞装置和桥梁基础结合在一起，且不能随水位发生上下位移，常有一体化钢套箱防撞结构和人工岛两种类型。

三、新型复合材料防撞装置结构形式

随着国内众多水利工程的大规模建设，许多大型水库陆续形成，比较典型的如三峡水库，成库后库区通航能力明显加大[5]，且库区河流水位落差大，汛期流速急，最大落差可达40m。上述三类被动防撞设施由于其自身构造和材料消能缺陷方面的影响，显然已经不能很好地满足库区跨江桥梁的防撞要求，所以有必要提出一种新型的能够适应库区桥梁防撞要求的防撞装置。这就要求防撞设施除具有传统的防撞要求外，还应该能够随着水位的变化而自动改变其防护高度，哪怕在局部受损后仍可随水位变化而浮动，从而继续起保护作用。

纤维增强树脂基复合材料具有比强度大、比刚度和比吸能高等优点和更为优越的缓冲吸能性能，在耐撞性结构设计（如汽车保险杠、高速列车车头前端、桥梁防撞箱等）中得到了越来越广泛地关注。招商局重庆交通科研设计院有限公司已经开发出桥墩防撞装置所需具备的两大关键功能要求的“桥墩浮动式复合材料防撞套箱”[6]，该套箱由外围壳体与内部吸能元件两部分组成，其中壳体为防撞装置中用作容集功能的构件，含有容槽和盖板两部分，均采用防水复合材料制作，容槽内容集吸能钢圈体，填充弹性胶粒、发泡性浮动柱体，盖板在容槽填装容集物后塑焊其上，起密封作用；壳体内沿套箱纵向设置由橡胶钢丝圈并列捆扎而成的筒状缓冲体，钢丝圈内径为35.6cm，通过定制的钢丝圈支架固定成钢丝圈柱体，再通过多个柱体的连接而成，弹性胶粒填充于壳体与钢丝圈柱体之间的间隙中；同时在钢丝圈柱体内放置发泡性浮动柱体，采用PS发泡颗粒包覆而成。该装置同时解决了浮动且碰撞后不下沉的随时保护问题及高缓冲吸能问题。不再单纯依赖防撞装置自身损坏实现吸能，防撞装置壳体及壳体内的各种填充物均应能够较彻底地缓冲撞击力并实现较好的能量吸收效果。防撞装置的内部构造见图4，套箱外围壳体见图5，内部钢圈及填充物见图6。

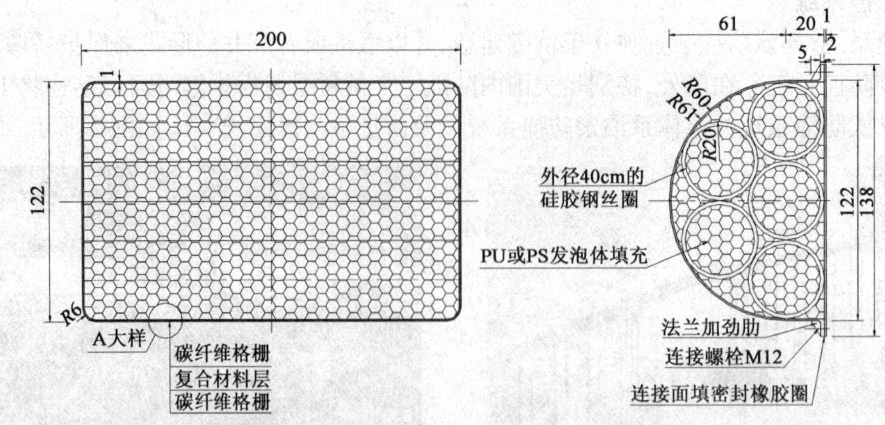

图4 浮箱内部构造图

图5 套箱外围壳体

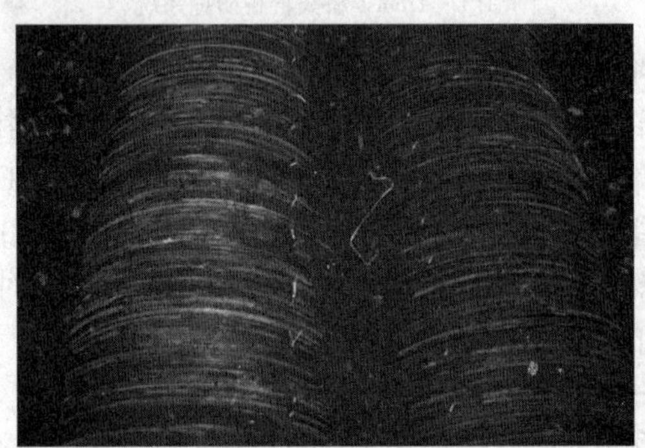

图6 钢丝圈柱体与填充性弹性胶粒

四、防撞装置冲击试验

试验目的：为了检验防撞装置的缓冲消能效果，通过试验分析较混凝土梁在有无防撞装置保护两种情况下各个控制点的重力加速度、动位移、动应变等参数的变化情况，从而得出该防撞装置的防撞消能能力。

试验方案：此次防撞装置冲击试验，以船舶正向撞击桥墩与船舶正向撞击防撞装置为背景，设计了4次试验。利用自由落体原理，将撞击模型抬升至设计高度，用来模拟相似于船舶撞击桥墩时的各个速度。在重力作用下落锤分别撞击混凝土试验梁和复合材料防撞装置，用来模拟有无防撞装置保护的情形。撞击过程中利用高速摄像机记录撞击时刻撞击模型的变形情况，同时在落锤，防撞装置和混凝土试验梁上安装有加速度传感器，位移传感器和应变片，这样可以记录撞击过程中落锤与试验梁各参数的时程变化，最后通过分析比较可以得出防撞装置的消能效果。

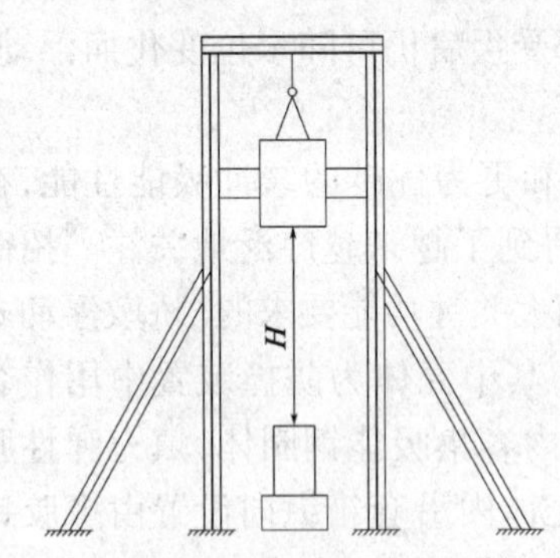

图7 提升高度示意图

试验工况：该次试验分两部分组成，即撞击试件撞击混凝土梁及撞击试件撞击复合材料防撞装置，每部分分别设置不同提升高度的两种的工况，撞击试验提升高度示意图见图7，其中H即为落锤提升高度，两部分冲击试验见图8、图9，撞击工况见表1。

试验结果：选取试验梁$L/2$截面作为其控制截面，得到在4种不同撞击工况下的梁底部截面动位移时程和落锤加速度时程图见图10～图13。

工 况 安 排 表 表1

工 况	被 撞 击 物	提升高度 H(m)	撞击速度(m/s)
工况1	方形混凝土梁	0.5	3.16
工况2	方形混凝土梁	1.2	4.90
工况3	防撞套箱	0.5	3.16
工况4	防撞套箱	1.2	4.90

图8 无防撞套箱冲击试验

图9 有防撞套箱冲击试验

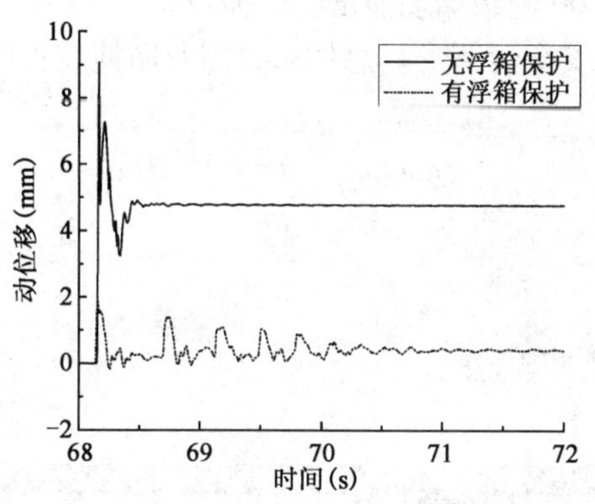

图10 提升高度0.5m时混凝土梁动位移比较图

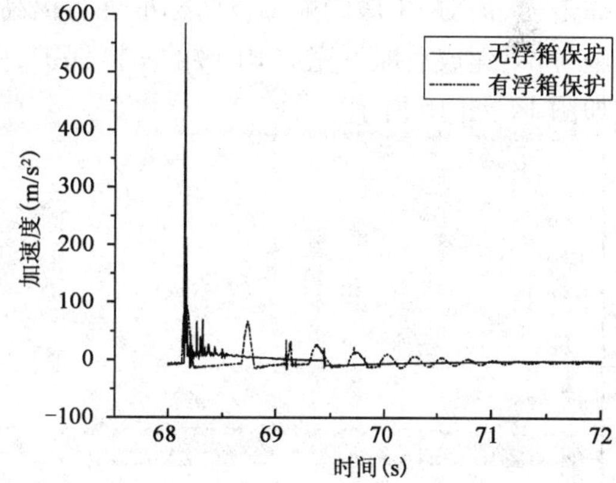

图11 提升高度0.5m时落锤加速度时程比较图

由图10、图11可以看出，当落锤提升至0.5m时，即撞击速度为3.16m/s时，梁底部l/2截面动位移峰值降低了80.57%，而落锤加速度峰值则降低了83.30%。

由图12、图13可以看出，当落锤提升至1.2m时，即撞击速度为4.90m/s时，梁底部l/2截面动位移峰值降低了86.64%，落锤加速度峰值则降低了90.40%。

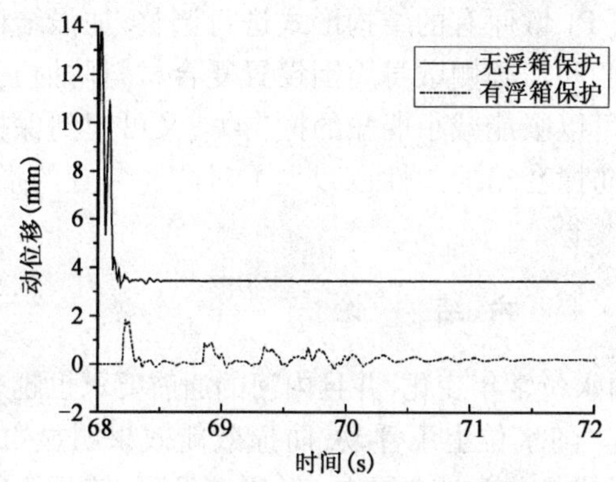

图12 提升高度1.2m时混凝土梁动位移比较图

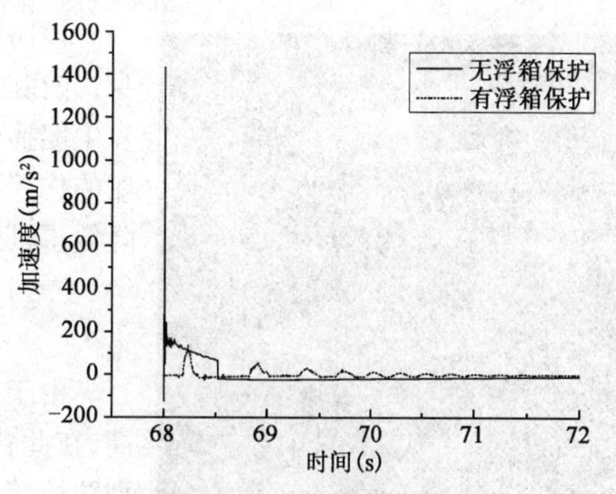

图13 提升高度1.2m时落锤加速度时程比较图

各参数峰值汇总见表2。

各参数峰值汇总表　　表2

工　况	被撞击物	动位移(mm)	落锤加速度(m/s^2)
工况1	方形混凝土梁	9.084	584.425
工况2	方形混凝土梁	13.742	1433.06
工况3	防撞套箱	1.905	97.57
工况4	防撞套箱	1.836	137.547

由表2可看出,在浮箱的保护下,试验梁底部的动位移峰值有了很明显的削弱,且在不同速度,但撞击物相同的情况下,由于浮箱的缓冲,梁底部的动位移峰值非常接近,很好地体现了该防撞浮箱的消能性能。且从图10~图13可以看出,无浮箱保护时,各参数在很短的时间内就达到了峰值且后续无其他峰值,而有浮箱保护时,在相同的时程内峰值有了明显的削弱,并且后续时程也相继出现了其他的更小的峰值,体现了该防撞装置的柔性。

五、工程应用

千厮门嘉陵江大桥位于渝中半岛的千厮门处,贯通连接解放碑CBD和江北城片区。千厮门嘉陵江大桥主桥跨径为(88+312+240)m,下塔柱高度为73m,上塔柱高度为109m,主梁为板桁结合式双向四车道公轨两用截面,由于其P1过渡墩水平抗船舶撞击能力约为15MN左右,不能满足5000吨级内河单船的撞击力,需对P1墩的船撞设防标准进行提高,以抵御5000吨级船舶撞击。防撞设施与P1墩施工同步实施,桥梁建成后即可完成P1墩的防撞保护,保障桥梁的安全运营[7]。总体布置图及防撞装置的布置形式如图14、图15所示。

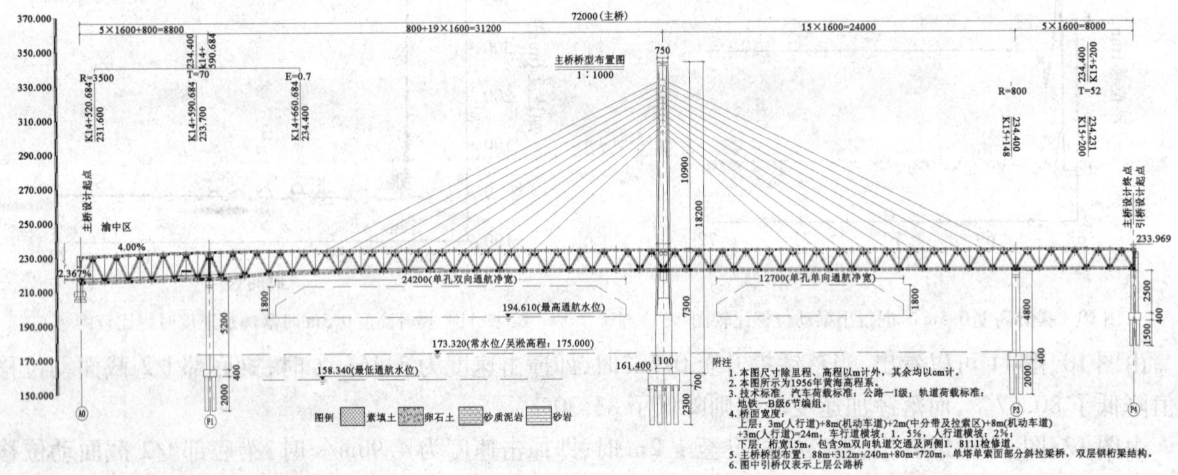

图14　千厮门嘉陵江大桥总体布置图[7]

该防撞设施是将P1墩原有的结构形式进行调整,加强结构本身,并在防撞墩上游侧和江心侧墩身周围设置复合材料防撞套箱,发生船撞作用时,既可以吸能减小船舶的撞击力,又可起到保护船舶的作用,同时由于防撞套箱的柔性也减少了对防撞装置的损害,降低了其维修成本[7]。

图15　防撞墩及防撞护舷正视图

六、结　　论

由于三峡库区内水位常年变化,并且内河的通航要求也越来越高,在此背景下,研究"随水位上下浮动,防撞效能效果明显"的新型防撞装置的结构形式是非常有必要的,经研究发现,该复合材料防撞装置具有以下几个特征:

(1)复合材料质量轻,防水性能极佳,用于防船撞装置时能达到随水位上下浮动,并具有较好的抵抗腐蚀的性能,用于桥墩防撞完全可行。

(2)该防撞套箱除了外部壳体消能之外,其内部填充物也充分发挥了它们的消能优势,且钢丝圈,橡胶粉等都属于再生材料,有效地利用了废旧物,符合国家规定的废物循环利用的政策。

(3)经试验证明,混凝土试验梁在防撞装置保护下,受到撞击后,梁底部的动态响应明显比未受防撞装置保护时的要小,并且落锤自身的加速度峰值也会由于防撞装置的保护而减小,说明该装置达到了在保护桥墩的同时,更能有效地保护船舶的作用。

参考文献

[1] 陈国虞. 防御船撞桥的桥墩防撞装置[J]. 航海技术,2001,1:23-24.

[2] 王君杰,耿波. 桥梁船撞概率风险评估与措施[M]. 北京:人民交通出版社,2010:244.

[3] 孙振. 桥梁防船撞设施的比较研究[D]. 同济大学硕士学位论文,2007.

[4] Svensson, Holger, Protection of Bridge Piers Against Ship Collision, Int[R]. Conference on Bridge Engineering-Challenges in the 21 st Century, 2005, HK.

[5] DBJ/T 50-106—2010 重庆市三峡库区跨江桥梁船撞设计指南[S]. 重庆:重庆市城乡建设委员会,2010.

[6] 刘洋,等. 重庆菜园坝及黄花园大桥柔性防撞套箱制造技术研究[C]//王君杰,等. 桥梁船撞研究与工程应用. 北京:人民交通出版社,2011:433-440.

[7] 王福敏. 千厮门嘉陵江大桥 P1 墩防撞设施施工图设计说明[R]. 重庆:招商局重庆交通科研设计院,2012.

169. 嘉陵江黄花园大桥船桥碰撞概率的 AASHTO 计算法解析

张少为[1] 毛瀚概[2]

(1. 长安大学公路学院;2. 长安大学建工学院)

摘 要 对于应用数理统计的船桥碰撞研究而言,目前主要通过建立数学碰撞模型。已有研究在用 AASHTO 概率模型计算船桥碰撞概率时使用软件为计算工具,直接给出计算结果,并未详细描述其计算过程。为此,本文以嘉陵江黄花园大桥为工程案例,详细解析该大桥船桥碰撞概率的 AASHTO 算法,意为 AASHTO 概率模型的完善和数据检验等提供数学依据。

关键词 AASHTO 概率模型 船桥碰撞 风险计算

一、引 言

对船桥碰撞概率的研究而言,目前主要建立数学碰撞模型。美国规范模型将船撞桥事件视为风险事件,根据可接受风险的水平指导桥梁的防撞设计,其思路清晰、方法完善、实用性强,是目前应用最为广泛的船桥碰撞概率模型(邓安妍等,2011)。但该模型在计算船撞桥概率时从事故统计结果出发,偏航概率、几何概率与船舶前进过程无关,当偏航概率中剔除非船撞桥事故后才是船撞桥事故概率,因此计算得出的船撞桥的概率值往往偏大(姜华等,2009)。我们在对国内外概率模型文献的梳理过程中发现国内文献在用 AASHTO 概率模型计算碰撞概率时都是使用软件,直接给出计算结果,并未详细描述其计算过程。为此,本文以嘉陵江黄花园大桥为工程案例,详细解析该大桥船桥碰撞概率的 AASHTO 算法,意为

AASHTO 概率模型的完善、数据检验和相关计算软件的进一步研发提供数学依据。

二、AASHTO 概率模型

《美国公路桥梁设计规范》(LRFD Bridge Design Code,下文简称美国规范)根据 AASHTO 指南,提出船舶对桥梁的碰撞风险用桥梁构件的年倒塌频率来描述。AASHTO 规范规定,对于一般桥梁,整桥的最大年倒塌概率应取为 0.001,对于重要桥梁,整桥的最大年倒塌概率应取为 0.0001(AASHTO,Article 3.14,2007),其数学模型描述为:

$$AF = (N)(PA)(PG)(PC) \tag{1}$$

式中:AF 代表桥梁构件年倒塌频率;N 代表按可能撞击桥梁构件的船只类型、大小和装载情况进行分类的年船舶流量;PA 代表船舶偏航概率,代表船舶由于船员操作失误、机械故障、环境等原因偏离到可能撞击桥梁的航线上的概率,根据统计的水流情况、船舶流密度、航道弯曲半径等因素确定其取值;PG 代表偏航船只撞桥的几何概率,根据实际船舶过桥航迹分布规律来估计船舶航行在撞击桥墩航线上的概率,一般采用正态分布进行拟合;PC 代表桥梁倒塌概率。算出每个桥墩及桥梁构件的年倒塌频率,其总和即为整座桥的倒塌年频率。

1. 船舶偏航概率

PA 按下式计算:

$$PA = BR \cdot R_B \cdot R_C \cdot R_{XC} \cdot R_D \tag{2}$$

上述公式中:BR 代表基准偏航率;R_B 代表桥位修正系数;R_C 代表与船只航线平行作用的水流修正系数;R_{XC}代表横流修正系数;R_D 代表通航密度修正系数。BR 基准偏航率一般船舶取 0.6×10^{-4},驳船取 1.2×10^{-4}。

R_B 的取值依据以下三种水域区与桥梁的相对位置:桥梁位于直线水域时取 $R_B=1.0$,桥梁位于过渡水域时取 $R_B=1+\theta/90°$,桥梁位于转向(弯道)水域时取 $R_B=1+\theta/45°$,θ 为转角或弯角(°)。

R_C 为平行船舶航行的水流修正系数,$RC=1+V_C/19$,其中 V_C 为平行船舶航行的水流速度(km/h)。

R_{XC}为垂直船舶航行的水流修正系数,$R_{XC}=1+0.54V_{XC}$,其中 V_{XC} 为垂直船舶航行的水流速度(km/h)。

R_D为船舶交通密度修正系数,低交通密度取 $R_D=1.0$,平均交通密度取 $R_D=1.3$,高交通密度取 $R_D=1.6$。

2. 几何概率

正态分布可以用来模拟桥梁附近偏航船舶的航行路线,几何概率 PG 为图1阴影部分面积,指与桥墩宽度和桥墩各边船舶宽度相关的正态分布面积。正态分布的标准差 σ 等于设计代表船只的总长 L_{OA}。分析时不包括位于距船只航线中心线大于 3σ 的桥梁构件,标准分布均值的位置以航道中心线为对称轴,几何概率 PG 根据每种船舶类型的宽度 B_m 确定。

PG 数值根据 AASHTO 规范给出的式(3)计算得出,公式中:

$$d_1 = d - Bp/2 - Bm/2$$

$$d_2 = d + \frac{Bp}{2} + \frac{Bm}{2} \quad x_1 = \frac{d_1}{LOA}, x_2 = \frac{d_2}{LOA}$$

$$PG(x_1,x_2) = \int_{x_1}^{x_2}\left(\frac{1}{2\pi}\right)\sqrt{e^{t^2}}\mathrm{d}t \tag{3}$$

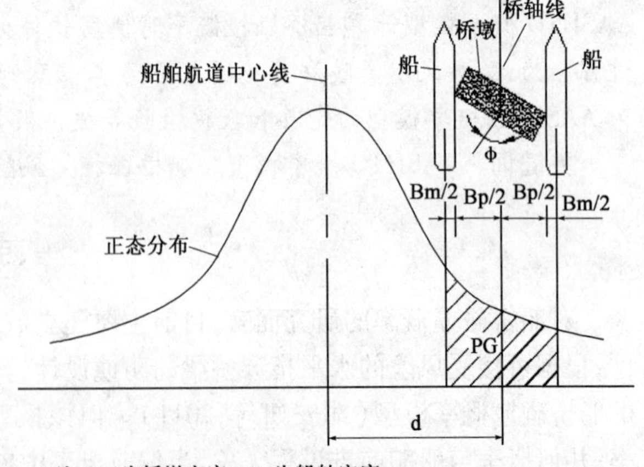

图1 桥墩受撞击的几何概率

3. 倒塌概率

AASHTO 规范提出了基于桥墩两侧的极限抗力 H_P 或桥梁跨度 H_S 与船舶碰撞力 P 之间的比值,PC 的计算公式如下:

$$若0.0 \leqslant H/P < 0.1, 则 PC = 0.1 + 9 \times (0.1 - H/P) \quad (4)$$

$$若0.1 \leqslant H/P < 1.0, 则 PC = 0.111 \times (1 - H/P) \quad (5)$$

$$若 H/P \geqslant 1.0, \quad 则 PC = 0.0 \quad (6)$$

式中，H 为桥梁构件对水平方向力量的抵抗力，桥墩抗力为 H_P 或上部结构抗力 H_S(N)。

4. 船舶撞击速度

AASHTO 规范对船舶撞击速度的选取，主要是依据船舶实际通过桥区的统计资料，船舶航速的变化从航道3倍 *LOA* 的距离内进行线性减小，具体规定是：主航道内船舶撞击速度按正常航行速度选取；主航道以外即偏离航道较远的船舶碰撞桥墩时，航行速度较主航道范围逐渐减小，最小按漂流速度计算(Whitney et al,1996)。因此，偏航于主航道边缘的船只航速接近于主航道的航速；偏航于3倍船长外的船舶撞击速度，按顺随水漂流速度计算。我国长江航运规定，船舶上行最低航速为4km/h，即1.11m/s，下行最低航速为8km/h，即2.22m/s。长江航道中船舶的通常航速的调查结果为：轮船上行航速通常为12km/h，即3.33m/s；轮船下行航速为15km/h，即4.16m/s。船队航行速度比轮船低，上行航速约为8km/h，即2.22m/s；下行航速约为12km/h，即3.33m/s(汪宏等，2005)。

5. 驳船的撞击力

AASHTO 规范(Article 3.14,2007: 120)规定了标准驳船与桥墩碰撞的撞击力计算标准，当驳船船头损坏长度 $\alpha_B < 100$mm 时，$P_B = 6.0 \times 10^4 \alpha_B$；当 $\alpha_B \geqslant 100$mm 时，$P_B = 6.0 \times 10^6 + 1600\alpha_B$。式中，$P_B$ 为等量静态撞击力(N)。

驳船船头损坏长度 α_B(mm)按下式计算，公式中 *KE* 为船舶碰撞能量(J)：

$$\alpha_B = 3100(\sqrt{1 + 1.3 \times 10^{-7} KE} - 1) \quad (7)$$

AASHTO 规范(Article 3.14,2007: 116)规定移动船舶在非中心位置与桥墩撞击过程中被吸收的能量 *KE* 的计算公式为：

$$KE = 500 C_H M V^2 \quad (8)$$

式中，M 为船舶排水量(Mg)；C_H 为水动力质量系数，根据航道水深取为1.05～1.25；V 为船舶撞击速度(m/s)。

三、工程实例应用

1. 工程概况

重庆嘉陵江黄花园大桥南起渝中区石板坡，经黄花园跨嘉陵江，北止五里店，全长4.4km。大桥全长1208m，其中主桥为137.16m + 3 × 250.00m + 137.16m 的五跨预应力混凝土连续刚构，其连续长度1024.32m；主桥下部四个主墩为断面7m×2.5m的实心或空心双薄壁墩，墩高43～57m，顺桥向12m，横桥向22m，见图2所示：

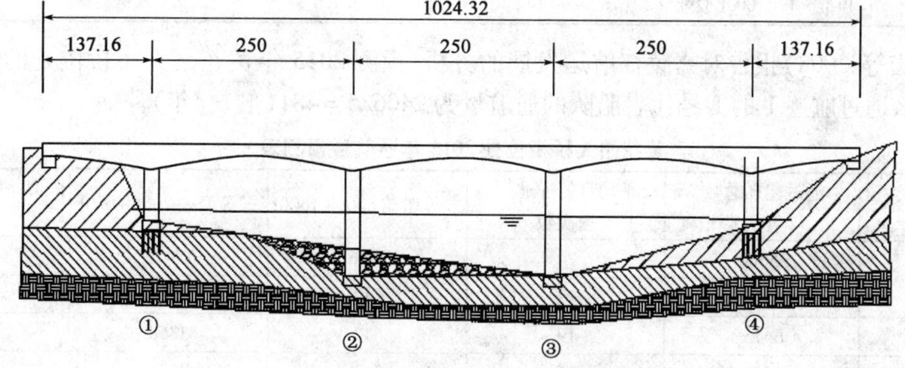

图2 黄花园大桥立面图(尺寸单位：m)

2. 参数选取

根据(汪宏等，2008)报告数据，嘉陵江径流主要来源于降水，降水主要集中于每年4～9月，枯水则在12月~3月,水位较为稳定。洪水主要发生在汛期的5~9月,洪水过程线多呈暴涨陡落形式,具有典型的山区河流特点。嘉陵江平均比降0.29‰,一般水流流速为2.0m/s,流向平均偏角为14.39°,由此确定平行于船舶航行的水流速度分量约为6.974km/h,垂直于船舶航行的水流速度分量约为1.789km/h。

嘉陵江黄花园大桥桥位处最高通航水位为黄海高程190m。在船撞风险分析时对洪水期(计算水位190.00m、185.00m及174.00m)、枯水期(计算水位166.00m及161.35m)船舶上、下水的航迹及船舶通航量百分比分别进行了考虑,其航船轨迹如图3所示(汪宏等,2008):

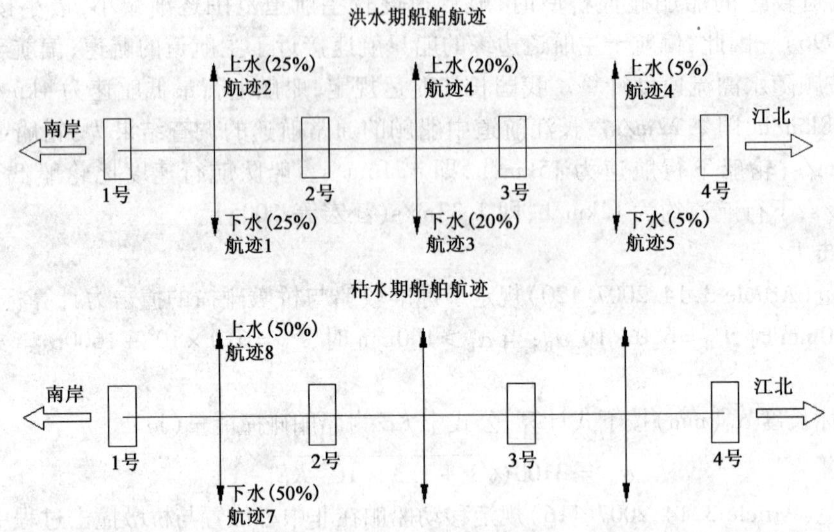

图3　黄花园大桥洪水期和枯水期的航船轨迹示意

3. 桥区河段主要船型及年通航量

随着三峡工程建设及水利枢纽工程的综合开发,嘉陵江航运也在迅速发展。嘉陵江河口到合川的航道等级已达Ⅲ级航道,根据(汪宏等,2008)报告数据,笔者对2015年嘉陵江航行的代表船队及船舶种类预测,其船舶和船队的尺度、船型也将有较大的变化。其代表船队及船舶如表1所示:

嘉陵江代表船队表　　表1

船型序号	代表船队	船队长(m)	船队宽	船队吃水深度(m)	设计航速(m/s)
1	拖船×1+100t驳船×5	188	7	1	2
2	顶推×1+500t驳船×2	65	22.5	1.6	2
3	顶推×1+1000t驳船×2	142	10.6	2.5	2

根据(汪宏等,2008)报告对嘉陵江航运发展的分析,预测2015年黄花园大桥桥位处的通航量N如表2所示,那么通过航迹1的1号代表船队的通航量为2406/5=481(艘次/年)。

黄花园大桥桥位处2015年通航量预测表　　表2

2015年	通过船舶总数(艘次)	平均日船舶通过艘次数	二等船舶600t~1600t	三等船舶200t~600t	四、五等船舶200t以下
全年	25660	74	2566	13472	9622
航迹1(25%)	6415	19	642	3368	2406
航迹2(25%)	6415	19	642	3368	2406
航迹3(20%)	5132	15	513	2694	1924
航迹4(20%)	5132	15	513	2694	1924
航迹5(5%)	1283	4	128	674	481
航迹6(5%)	1283	4	128	674	481

4. 黄花园大桥船撞概率的计算及结果分析

1)偏航概率 PA

BR 取轮船 1.2×10^{-4}

黄花园大桥桥位处水域视作直线水域,故 R_B 取 1.0,$\Theta=14.39°$;

R_D 取平均交通密度 1.3,平均水流速度为 2m/s。

由图 4 可知,平行船舶航行的水流速度(km/h)V_C 为 $V\cos\theta=6.974$km/h,

$$R_{C=}1+V_C/19=1.367$$

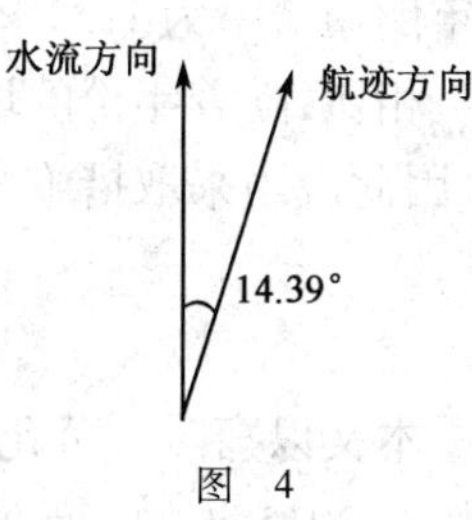

图 4

垂直船舶航行的水流速度(km/h)V_{XC} 为 $V\sin\theta=1.789$km/h,

$$R_{XC}=1+0.54V_{XC}=1.966$$

综上得出,$PA=BR\cdot R_B\cdot R_C\cdot R_{XC}\cdot R_D$

$$PA=(6.0\times10^{-5})\times(1.0)\times(1.367)\times(1.966)\times(1.3)=3.31\times10^{-4}$$

2)几何概率 PG

根据图 1 以及黄花园大桥的测量数据,以一号代表船队为例:

a = 顺桥向桥墩尺寸 = 12m;b = 横桥向桥墩尺寸 = 22m;X = 桥孔宽度之半 250m/2 = 125m;桥墩宽度 $B_P=a\cos\theta+b\sin\theta=17.091$m;船舶宽度 $B_W=7$m;L_{OA} 为船队长度,当 $x>3\times L_{OA}$ 时,根据 AASHTO 规范规定,PG 取 0

例如,计算船舶在航迹 1 航行时,1 号代表船队对于 1 号桥墩的 PG 计算值为

$$\begin{aligned}PG&=F(X+B_P/2+B_m/2)-F(X-B_P/2-B_m/2)\\&=\Phi[(X+B_P/2+B_m/2)L_{OA}]-\Phi[(X-B_P/2-B_m/2)/L_{OA}]\\&=\Phi[(125+B_P/2+B_m/2)/188]-\Phi[(125-B_P/2-B_m/2)/188]\\&=4.10\times10^{-2}\end{aligned}$$

综上,以 1 号船队行驶于 1 号航迹时,对于 1 号桥墩的年碰撞概率为

$$P=N\cdot PA\cdot PG=481\times3.3.1\times10^{-4}\times4.10\times10^{-2}=6.52\times10^{-3}$$

3)倒塌概率 PC

以 1 号船队行驶于 1 号航迹时,1 号桥墩的 PC 计算为例:

取 H 为 4MN = 4000000N,V 为 2m/s,C_H 取值 1.05,M 为 100t

得出 $KE=210000$J, $\alpha_B=42.03$mm

进而得出 $P_B=2521805$N; $H/P=1.59>1.0$

所以 $PC=0$

综上得出,年倒塌概率 $AF=P\cdot PC=0$

对于 1、2、3、4 号桥墩的计算结果因篇幅关系略去,如需即可提供。其中撞击速度取水流速度 2m/s,即取最小撞击速度;计算抗力为设计时各桥墩在不同水位下的抗力。考虑到不同水位出现的频率,将计算结果整合成表 3(篇幅有限,计算数据略,如需要即可提供):

黄花园大桥全桥 2015 年船撞风险 表 3

桥 墩	年碰撞概率	年倒塌概率
1 号桥墩	2.60E-02	8.94E-04
2 号桥墩	3.13E-02	1.29E-04
3 号桥墩	6.86E-03	4.61E-05
4 号桥墩	5.63E-04	4.31E-05
全桥	6.46E-02	1.11E-03

5. 计算结果分析

研究显示(汪宏等,2008),黄花园大桥在 2010 年的通航密度下,年碰撞率 2.12×10^{-2},年倒塌率

3.54×10^{-5},其船撞风险略小于 AASHTO 规范中重要桥梁的可接受风险 1×10^{-4}。由表3可知,2015年的通航密度下黄花园大桥全桥的年碰撞概率为 6.46×10^{-2}次/年,且碰撞主要来自1号和2号桥墩;全桥的年倒塌概率为 1.11×10^{-3},明显超过 AASHTO 规范中重要桥梁的可接受值 1×10^{-4}。与2010年船撞风险相比,随着年份的增加(通航密度不断增长),黄花园大桥在2015年通航密度下的船撞风险呈上升趋势,因此应当采取措施减小和规避船桥碰撞风险。

四、结 论

本文以嘉陵江黄花园大桥为工程案例,采用 AASHTO 模型计算和分析该大桥的船桥碰撞概率,发现该桥在2015年的通航密度下全桥的年倒塌概率为 1.11×10^{-3},明显超过 AASHTO 规范中重要桥梁的可接受值 1×10^{-4},且风险主要来自于1号和2号桥墩。风险评估与(汪宏等,2008)对大桥2010年通航密度下的研究结果显示一致,且船桥碰撞风险随着通航密度增大有所上升。但本文详细描述了黄花园大桥船桥碰撞概率的 AASHTO 计算过程,弥补了已有研究存在的缺憾,意为 AASHTO 概率模型完善、实验数据检验或相关计算软件编程提供数学上的依据。

参考文献

[1] AASHTO. *AASHTO LRFD Bridge Design Specification*[S](4th Ed.). American Association of State Highway and Transportation Officials, Washing D.C., 2007.

[2] Whitney, M.W., Harik, I.E., Griffin, J.J. & D.L.Allen. Barge Collision Design of Highway Bridges [J]. *Journal of Bridge Engineering*, 1996, (2):47-58.

[3] 邓安妍,高建东,杜跃亭.基于AASHTO模型算法的桥梁船撞风险分析[J].世界桥梁,2011,(1):55-58.

[4] 姜华,王君杰.基于风险思想确定桥梁船撞设防力[J].结构工程师,2009,(6):67-71.

[5] 汪宏,姚建军,王君杰.重庆忠县康家沱长江大桥抗船舶撞击安全性评价[J].公路交通技术(增刊),2005:51-56.

[6] 汪宏,耿波,尚军年,等.嘉陵江黄花园大桥船撞风险评估[R].重庆交通科研设计院,2008.

170. 桥墩柔性防撞的 FRP 防撞浮箱新结构

张锡祥 杨 忠 王智祥 向中富 杜柏松

(重庆交通大学)

摘 要 本文结合重庆黄花园嘉陵江大桥桥墩防撞工程的设计、研究实践,介绍笔者自主研发和首次投入工程应用的纤维增强复合材料(Fiber reinforced Polymer,FRP)防撞浮箱新结构的柔性防撞原理与工程应用效果。理论计算与撞击试验研究证明,FRP 防撞浮箱的全新结构形式、连接方式和消能模式,满足实现“桥墩柔性防撞”的材料性能和结构形式的充要条件,可获得降低桥墩船撞力50%以上、减少船舶撞损破坏30%以上且浮箱结构撞损破坏较少的柔性防撞效果。

关键词 桥墩 船撞 纤维增强复合材料 浮箱 结构 柔性防撞

桥墩柔性防撞,是通过桥墩周围设置的柔性防撞结构保护桥墩受船撞击时“既不伤墩、又少伤船、还少结构自伤”[1-4]。

纤维增强复合材料(Fiber Reinforced Polymer,FRP)防撞浮箱,是继复合钢丝绳圈柔性防撞装置之后又一用于实桥工程取代传统钢浮箱实现“桥墩柔性防撞”的新型浮箱结构[3,4]。

本文结合重庆黄花园嘉陵江大桥桥墩防撞工程设计、研究实践,对笔者自主研发和首次投入工程应用的 FRP 防撞浮箱新结构的"柔性防撞"原理及工程应用效果进行了初步研究。理论计算与撞击试验研究证明,FRP 防撞浮箱的全新结构形式、连接方式和消能模式,满足实现"桥墩柔性防撞"的材料性能和结构形式充要条件,可获得降低桥墩船撞力 50% 以上、减少船舶撞损破坏 30% 以上且浮箱结构撞损破坏较少的柔性防撞效果。

一、FRP 防撞浮箱的结构形式

FRP 桥墩防撞浮箱的结构形式,为环向围护在桥墩外围的 FRP 外围箱体结构与附着于外围箱体结构内壁板上的 FRP 八边形内衬柱壳构件组合而成的 FRP 组合结构(图 1)。其中,FRP 外围箱体结构,为浮箱保护桥墩防船撞击的主要抗撞、消能结构和浮力平衡结构;FRP 八边形内衬柱壳构件,为浮箱与桥墩直接接触的撞击缓冲与支承传力弱化构件。

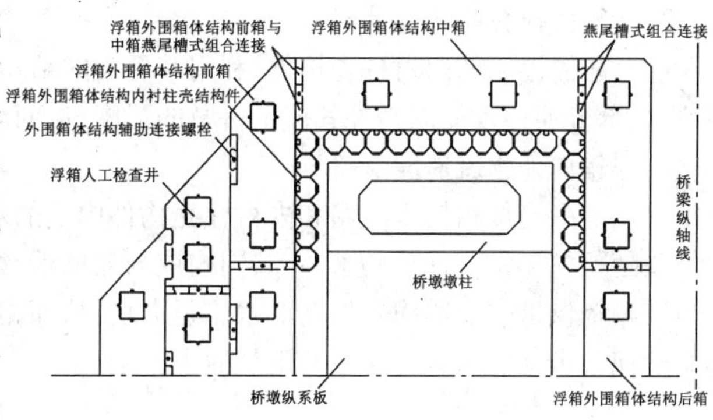

图 1 FRP 防撞浮箱的横桥向平面结构形式

FRP 外围箱体结构的结构形式,为由 FRP 箱壳构件内装 FRP 多边形柱壳构件构成的 1 个前箱、2 个中箱和 1 个后箱组合而成的组合式箱体结构(图 2)。FRP 八边形内衬柱壳构件的结构形式,为与外围箱体结构同高、上下端开口和迎墩面上设有圆弧面、迎箱面上设有卡槽的单个柱壳构件沿桥墩环向排列组成(图 3)。

二、FRP 防撞浮箱的连接方式

1. 浮箱内部连接方式

FRP 防撞浮箱的内部连接方式,一是浮箱外围箱体结构的前、中、后箱的各箱之间的大面燕尾槽式自锁连接和局部螺栓辅助连接的组合式连接;二是浮箱外围箱体结构前、中、后箱的箱壳构件与其内装的多边形柱壳构件之间及柱壳构件自身之间都为相互密贴的面—面接触式连接;三是浮箱外围箱体结构与内衬柱壳构件之间通过后者卡槽套装卡紧在前者卡榫上的附着式连接(图 1 ~ 图 3)。

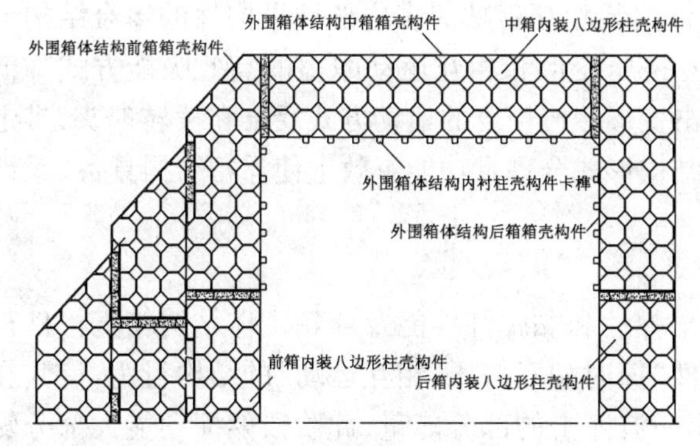

图 2 FRP 防撞浮箱外围箱体结构的平截面结构形式

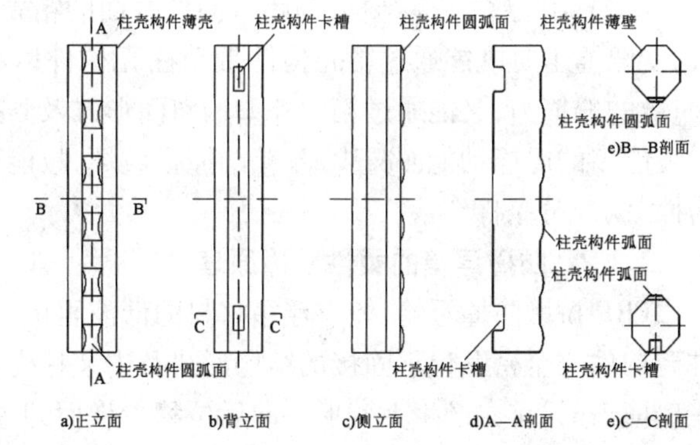

图 3 FRP 防撞浮箱单个内衬柱壳构件的结构形式

2. 浮箱外部连接方式

FRP 防撞浮箱与桥墩的外部连接方式,为浮箱通过其内衬八边形柱壳构件与桥墩立面"平时减少接触,撞时增大接触"的弱接触连接。浮箱平时通过内衬柱壳构件迎墩面上的圆弧面与桥墩立面的少量线接触,使其在浮力和重力作用下随水位升降上下浮动时不受桥墩凹凸不平的表面构成的位移约束。浮箱受船撞击时通过内衬柱壳构件迎墩面上的圆弧面变形和压溃后增加的与桥墩立面的更多平面接触,将浮箱消能后传给桥墩的"剩余船撞力"经支承面积扩散使其作用强度减弱,从而减少应力集中带给桥墩的局部伤害。

三、FRP防撞浮箱的消能模式

1.浮箱外围箱体结构消能

FRP防撞浮箱的外围箱体结构，利用箱内密贴接触的FRP多边形柱壳构件“撞时相互挤压、相互运动”的特殊结构行为，使其受船撞击时既能产生大变形和相互位移、运动摩擦及个别柱壳构件撞坏、溃散而大量吸收船舶的撞击动能(吸能效应)，又能借助浮箱结构的斜面和惯性、浮箱材料的完全弹性和黏弹性性能，通过缓慢释放变形能反推和拨转船头使船箱分离而将尽可能多的动能保留在船上由船带走(卸能效应)。浮箱外围箱体结构的“吸能”和“卸能”两种效应叠加，可消耗船撞动能70%以上。

2.浮箱内衬柱壳构件消能

FRP防撞浮箱的内衬柱壳构件，利用其更柔的结构构造在船撞作用下产生的更大变形和更多压溃破坏，吸收部分船撞动能以缓冲其撞击桥墩的强度，从而增加浮箱的“柔性防撞”效果。

3.浮箱内外水流消能

浮箱外围箱体结构水阻箱和内衬柱壳构件内装的水体、外围箱体结构内壁所围的水体及外围箱体结构外壁随船撞运动所推动的水体，共同构成与船撞运动方向相反的水流阻力功，能在受船撞击的第一时间为浮箱提供抵抗船舶撞击做功的水流阻力功，从而帮助浮箱消耗船撞动能和增加船撞做功时间，并减小船舶撞击带动的水流对桥墩的附加撞击作用。

四、FRP防撞浮箱的柔性防撞原理

1.FRP防撞浮箱的柔性防撞条件

桥墩柔性防撞的成立条件，一是桥墩防撞结构的材料性能具有低波阻抗特征的柔性和高耗能特征的黏性(必要条件)，二是防撞结构的结构形式有助于材料柔性和黏性性能的发挥，并具有拨开船头带走船撞动能的结构能力(充分条件)[1,5]。

FRP防撞浮箱，具备实现“桥墩柔性防撞”的材料性能必要条件及结构形式充分条件：

(1)FRP防撞浮箱材料，为高强度(拉伸、弯曲强度与Q345钢相当)、低波阻抗(比钢低10倍左右)、黏弹性(比钢对应变率更敏感，具有应变滞后效应和黏性耗能能力)复合材料，天生具备“抗撞击破坏强”、“初撞阶段变形大、反力小”及“撞击全程历时长、缓冲优”的能力，故能从材料性能保证上使浮箱结构具备“柔性防撞”的必要条件[4,6]。

(2)FRP浮箱主体结构，为闭口箱形截面的箱壳构件内装相互密贴的多边形柱壳构件的组合结构形式，受船撞击时既能通过箱壳构件带动柱壳构件以相互挤压变形和相互运动摩擦的高效吸能方式降低箱、墩的船撞力，又能通过箱壳外壁的斜面形式及其撞击变形缓慢恢复的运动方式反推和拨转船头，带走尽可能多的船撞动能而减少船、箱的撞损破坏，故能从结构形式合理且功能有效上使浮箱结构具备“柔性防撞”的充分条件[4]。

2.FRP防撞浮箱的柔性防撞原理

FRP桥墩防撞浮箱，依靠浮箱材料的低波阻抗、完全弹性和黏弹性性能及浮箱主体结构箱壳构件与柱壳构件完全密贴但不固接的结构形式及内装柱壳构件“撞时相互挤压、相互运动”的结构行为，使其在受船撞击时，首先产生大变形并向后位移少许而卸掉第一波撞击的部分能量，此阶段船撞动能大部分转换为浮箱的内能(变形能)，故不论是船作用于箱、墩的撞击力还是箱作用于船的反力都较小；浮箱的惯性作用使其变形能部分释放而反推和(或)拨转船头做功，这将继续消耗第一波冲击的部分剩余船撞动能，此阶段箱作用于墩的力逐步减小而作用于船的反力逐步增大；但因各柱壳构件的加载—卸载滞回产生的黏性耗能使应力波返回速度小于前进速度且历时增长，故使箱作用于船的反力小于箱作用于墩的撞击力。同时，船的惯性作用使其继续撞击直至箱通过内能转换吸收更多的动能和惯性反推船、箱分离而停止。后续撞击因撞速降低和柱壳构件应变滞后增加的正反能量冲撞抵消作用，不仅使船撞动能快速衰减，而且撞击历程增长，二者迭加使箱作用于墩的撞击力和箱作用于船的反力都大幅降低，从而使墩不受伤和船少受伤。

FRP 防撞浮箱的"柔性防撞"结构原理,加上浮箱材料的高强度性能,可保证浮箱结构的船撞损伤减少和破坏程度降低,从而达到"桥墩柔性防撞"的"既不伤墩、也少伤船、还少结构自伤"的理想效果。

五、FRP 防撞浮箱的柔性防撞效果检验

1. FRP 防撞浮箱柔性防撞效果计算检验

1)计算方法与计算模型

FRP 防撞浮箱柔性防撞效果计算检验,以黄花园大桥 2 号主墩及其 FRP 防撞浮箱作为结构计算原型,采用基于显示算法的 LS—DYNA 非线性冲击动力学计算分析软件进行数值模拟计算。2 号主墩及其浮箱计算依据的设计标准如表 1 所示。

黄花园大桥 2 号主墩船撞防护设计标准[7] 表 1

船舶吨位 (t)	船舶撞速 (m/s)	船舶偏航角度 (°)	桥墩设防船撞力 (MN)	桥墩自身抗力 (MN)	浮箱应为桥墩降低的船撞力 (MN)
1600	3.0	14 ~ 22	15.0 ~ 19.0	11.5 ~ 15.0	≥4.0

混凝土桥墩计算模型,采用两端固接边界条件和各向同性线弹性本构关系,划分六面体单元 84000 个;FRP 防撞浮箱计算模型,采用周边自由边界条件和正交异性线弹性本构关系,划分壳单元 160000 个;船舶采用内河航运常用的钢驳船模型,船艏部分采用弹塑性材料模型,其余部分简化为刚体模型,划分壳单元 20262 个。船、箱、墩系统的有限元计算模型如图 4 所示。

a) 船、箱、墩系统模型

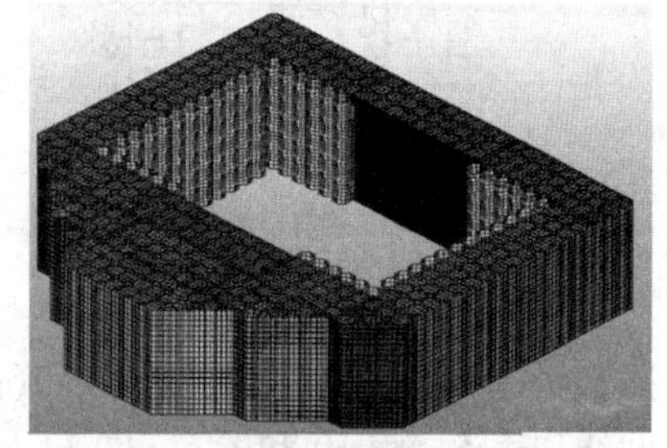

b)FRP浮箱放大模型

图 4 黄花园大桥 2 号主墩及其浮箱船撞数值模拟计算的有限元模型

船、箱、墩材料性能参数如表 2 ~ 表 4 所示。船与箱、箱与墩及船与墩之间采用面—面接触约束;浮箱内部各构件之间采用单面接触约束。计算略去水流阻力的消能贡献和水流对箱、墩的附加撞击作用。

混凝土桥墩材料性能参数 表 2

重度 (kN/m^3)	弹性模量 (GPa)	压缩强度 (MPa)	动摩擦系数		
			内部	与船	与箱
26.0	34.5	32.4	0.2	0.2	0.2

FRP 浮箱材料性能参数 表 3

重度 (kN/m^3)	弹性模量 (GPa)	泊松比	拉伸强度(MPa)				动摩擦系数		
			箱壳构件		柱壳构件		内部	与船	与墩
			纵向	横向	纵向	横向			
18.0	10.0	0.23	200	350	100	250	0.15	0.2	0.2

钢驳船船艏材料性能参数 表4

重度(kN/m^3)	弹性模量(GPa)	泊松比	屈服应力(MPa)	切线模量(GPa)	应变率参数C	应变率参数P	失效应变(%)	动摩擦系数		
								内部	与墩	与箱
78.5	210.0	0.3	235.0	1.2	40.4	5.0	34.0	0.2	0.2	0.2

2)计算内容与计算结果

黄花园大桥2号主墩及其FRP防撞浮箱的结构计算,包括桥墩有无FRP浮箱保护两种结构模式、高、中、低三种计算水位、正撞和斜撞四种船撞荷载工况(图5)的如下四项计算内容:

(1)浮箱传给桥墩的船撞力及其降低比例计算。

(2)浮箱增加的船撞做功时间及船、墩安全距离计算。

(3)浮箱对船撞动能的转换及消能比例计算。

(4)浮箱破损程度及船、墩撞损减少比例计算。

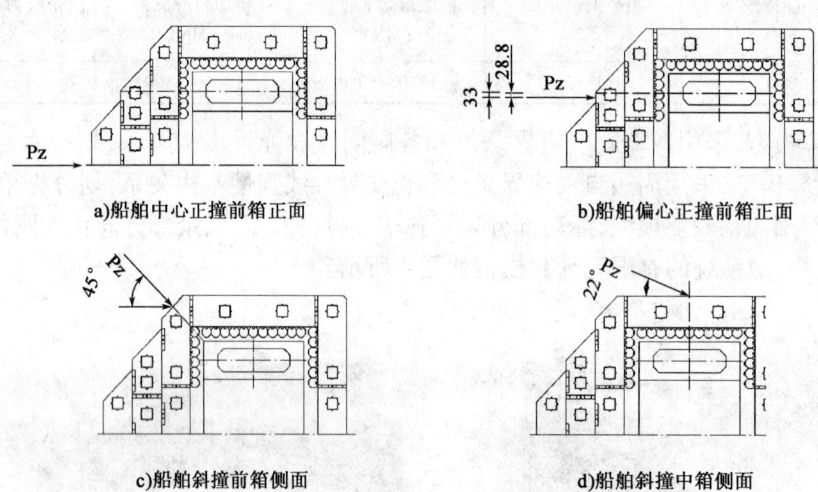

图5 黄花园大桥2号主墩及其FRP防撞浮箱的四种船撞工况示意图

选择船舶正撞和斜撞墩、箱的代表工况(b)和(d),进行分析,两种船撞工况高水位下的相关计算结果及其能量变化曲线如表5~表10和图6~图11所示。

FRP防撞浮箱减小的桥墩船撞力及增大的船墩安全距离计算结果 表5

船撞工况	桥墩承受的最大船撞力(MN)				桥墩与船的最小安全距离(m)			
	无箱护墩	有箱护墩	浮箱减小船撞力	减小比例	无箱护墩	有箱护墩	浮箱增大距离	增大比例(%)
(b)	18.8	8.3	10.5	55.9	-0.71	3.46	4.17	587.3
(d)	5.1	2.1	3.0	58.8	-0.64	2.41	3.05	476.6

FRP防撞浮箱增加的船撞做功时间计算结果 表6

船撞工况	桥墩最大船撞力对应的船撞做功时间(s)				桥墩船撞力减为零对应的做功时间(s)			
	无箱护墩	有箱护墩	浮箱增加做功时间	增加比例(%)	无箱护墩	有箱护墩	浮箱增加做功时间	增加比例(%)
(b)	0.02	1.6	1.58	7900.0	0.82	3.0	2.18	265.9
(d)	0.27	2.0	1.73	640.7	0.35	3.0	2.65	757.1

FRP防撞浮箱的船撞动能交换及消能比例计算结果 表7

船撞工况	船撞动能(MJ)	浮箱交换能量(MJ)			浮箱消能比例(%)		
		最大变形能	最大动能	浮箱总能量	变形消能	动能消能	总体消能
(b)	7.2	4.39	0.69	5.08	60.7	9.6	70.3
(d)	7.2	0.41	0.21	0.62	5.7	2.9	8.6

FRP 防撞浮箱带给船舶的船撞动能交换及消能比例计算结果　表 8

船撞工况	船撞动能(MJ)	船舶交换能量(MJ)						船舶消能比例(%)					
		最大变形能			最大滑移能			变形消能			滑移消能		
		无箱护墩	有箱护墩	减小比例(%)	无箱护墩	有箱护墩	减小比例(%)	无箱护墩	有箱护墩	减小比例	无箱护墩	有箱护墩	增大比例
(b)	7.2	6.7	0.2	97.0	0.25	3.3	93.9	93.1	2.8	97.0	3.7	45.8	1137.8
(d)	7.2	0.5	0	100.0	0.8	1.2	50.0	6.9	0	100.0	11.1	16.7	50.5

FRP 防撞浮箱带给桥墩的船撞动能交换及消能比例计算结果　表 9

船撞工况	船撞动能(MJ)	桥墩交换能量(MJ)						桥墩消能比例(%)					
		最大变形能			最大动能			变形消能			动能消能		
		无箱护墩	有箱护墩	减小比例(%)	无箱护墩	有箱护墩	减小比例(%)	无箱护墩	有箱护墩	减小比例	无箱护墩	有箱护墩	减小比例
(b)	7.2	0.087	0.015	82.8	0.032	0.002	93.8	1.21	0.21	82.6	0.44	0.03	93.2
(d)	7.2	0.075	0.005	93.3	0.008	0.001	87.5	1.04	0.07	93.3	0.11	0.01	90.9

FRP 防撞浮箱的撞损数量及船、墩撞损减小比例计算结果　表 10

船撞工况	浮箱撞损						桥墩撞深			船舶撞深		
	外围箱体结构		内装柱壳构件		内衬柱壳构件		无箱护墩(m)	有箱护墩(m)	撞深减小(%)	无箱护墩(m)	有箱护墩(m)	撞深减小(%)
	撞损面积(m^2)	撞损比例(%)	撞损数量(个)	撞损比例(%)	撞损数量(个)	撞损比例(%)						
(b)	34.1	2.7	52	15.3	12	26.1	0.004	0.001	75.0	0.711	0.138	80.6
(d)	1.6	0.1	16	4.7	14	30.4	0.004	0.002	50.0	0.052	0.036	30.8

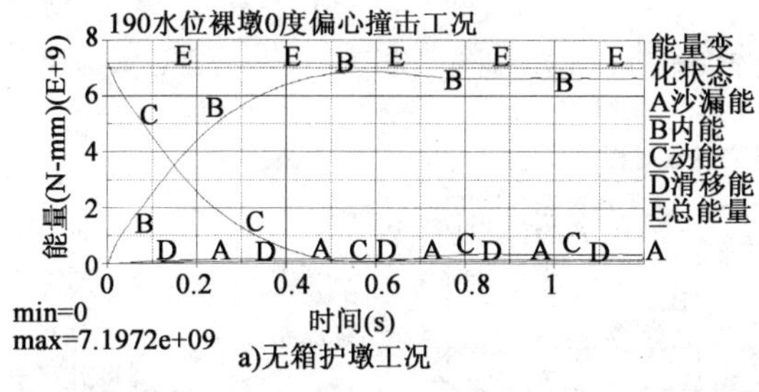

a)无箱护墩工况

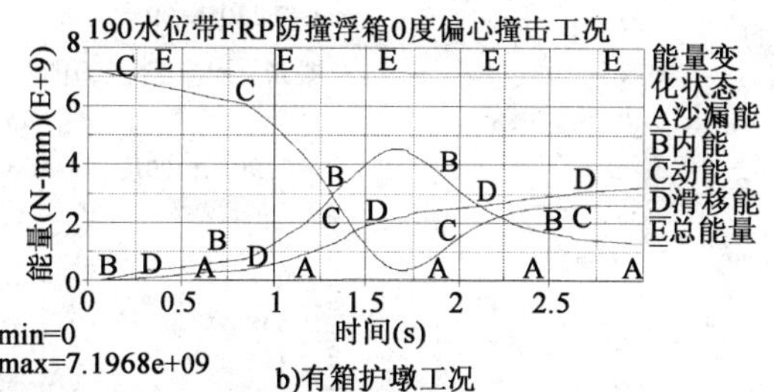

b)有箱护墩工况

图6　船撞工况(b)的船、箱、墩系统能量～时间关系曲线

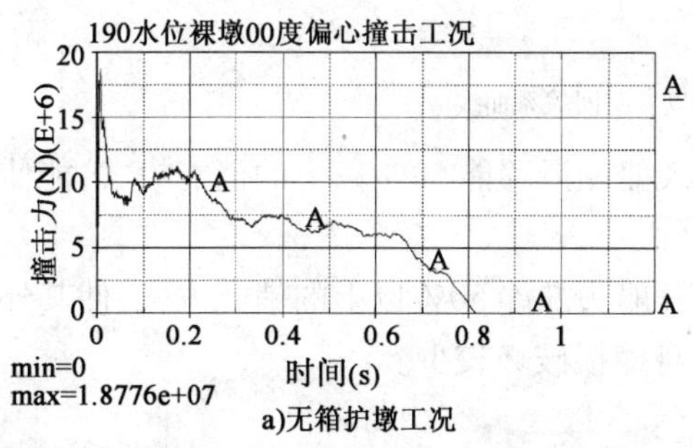

a)无箱护墩工况

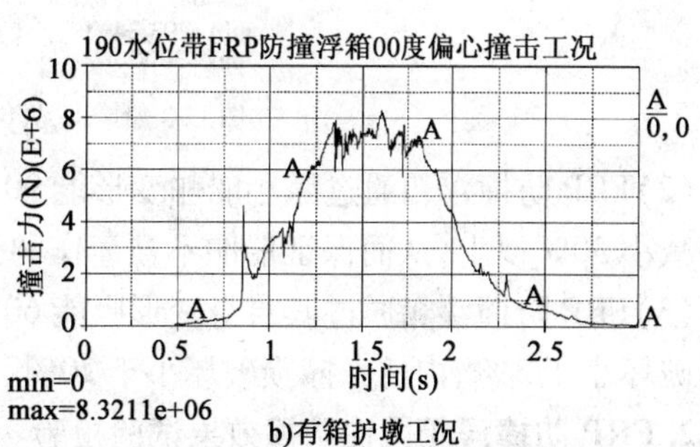

b)有箱护墩工况

图7　船撞工况(b)的桥墩船撞力～时间关系曲线

分析表、图计算结果,得到如下计算检验结论:

(1)FRP 防撞浮箱通过减小桥墩变形能 99% 以上、延迟船撞力峰值时间 600% 以上及增加船撞做功时间 260% 以上的消能方式,可使桥墩船撞力降低 50% 以上且小于桥墩抗力,从而保证桥墩结构安全。

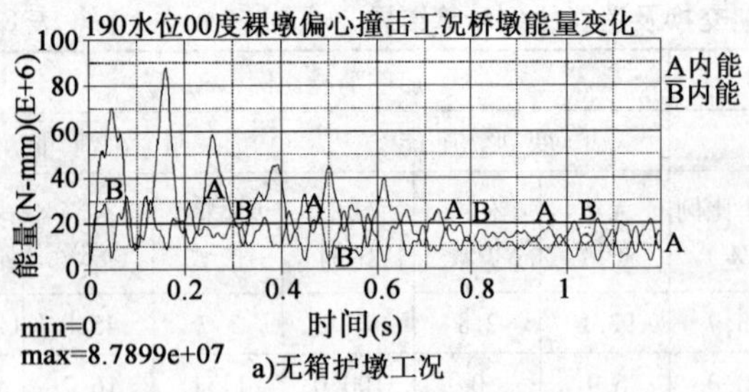

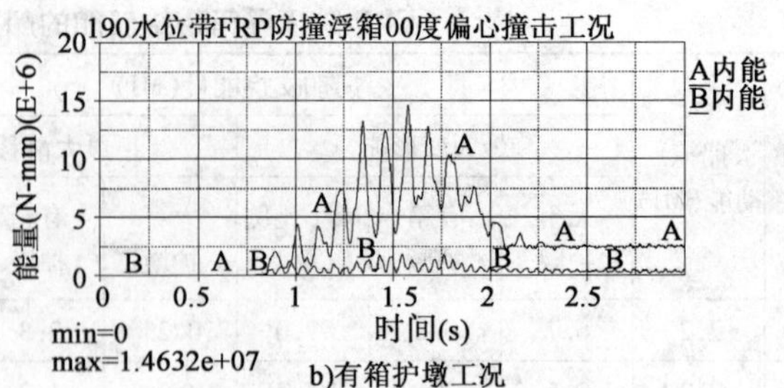

图8 船撞工况(b)的桥墩能量~时间关系曲线

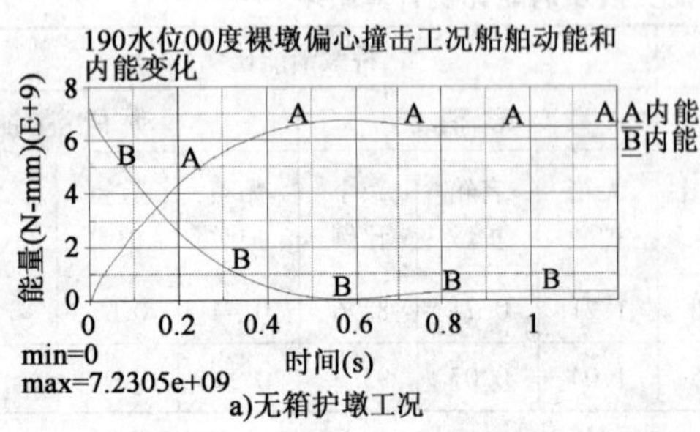

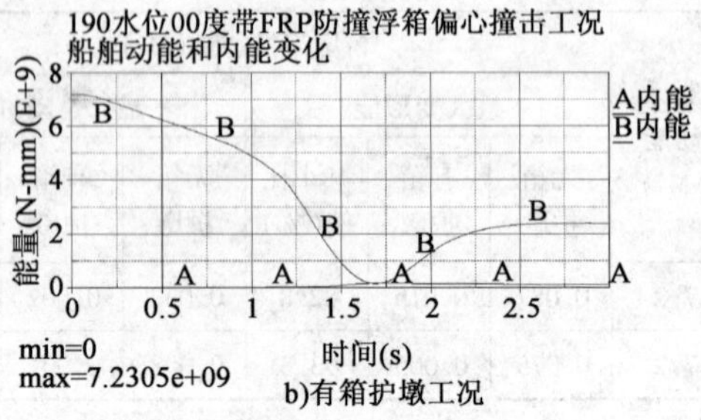

图9 船撞工况(b)的船舶能量~时间关系曲线

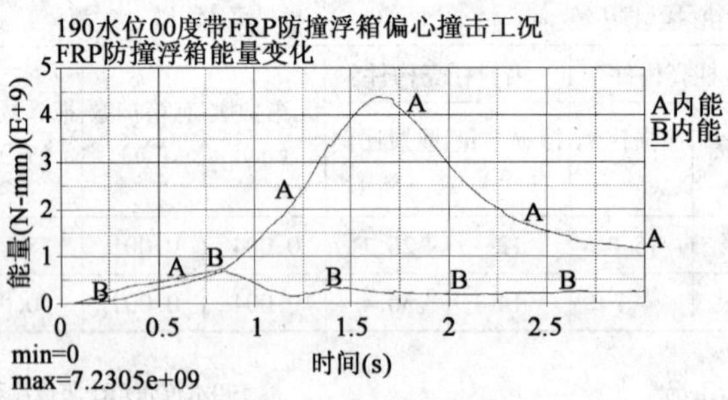

图10 船撞工况(b)的FRP防撞浮箱能量~时间关系曲线

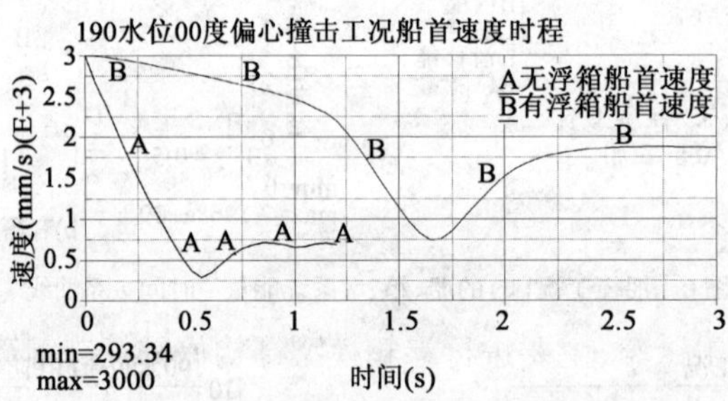

图11 船撞工况(b)的船舶撞击速度~时间关系曲线

(2)FRP防撞浮箱通过减小船舶变形能90%以上及增大船舶滑移能50%以上的消能模式,能使船舶撞深减小30%以上,从而保证船舶不被撞伤和少被撞伤。

(3)FRP防撞浮箱通过其自身变形吸能60%以上及拨开船头卸能50%以上的消能方式,使其外箱壳撞损破坏小于3%,内柱壳撞损破坏小于20%,从而保证自身撞损破坏较少。

2. FRP防撞浮箱柔性防撞效果试验检验

1)试验方法与试验模型

FRP防撞浮箱柔性防撞效果试验检验,仍以黄花园大桥2号主墩的FRP防撞浮箱作为结构试验原型。从该浮箱外围箱体结构的中箱中截取长度为2.67m的节段作为浮箱结构模型(图12),将其平置于长6.0m、宽2.0m、高1.0m的简支钢箱梁被保护结构模型顶面,连同施加自由落体冲击荷载的落锤共同构成浮箱模型结构保护简支钢箱梁模型结构的撞击试验系统(图13)。通过测试钢箱梁结构模型有无浮箱结构模型保护的动应变、动位移和加速度变化，检验 FRP 浮箱的外围箱体结构模型仅通过内能转换消能获得的柔性防撞效果。

按钢箱梁结构模型受撞击后仍在弹性阶段工作的受力条件，计算确定其跨中截面正应力不超过屈服极限的对应冲击能量为 36.0kJ。通过将重量为 20kN 的落锤提升至表 11 所列 5 种高度，进行分级加载撞击试验。第 5 级撞击能量，等于实桥 2 号主墩船撞工况(d)的船撞动能(7.2MJ)的顺桥向分量(1.01MJ)的 1/28。

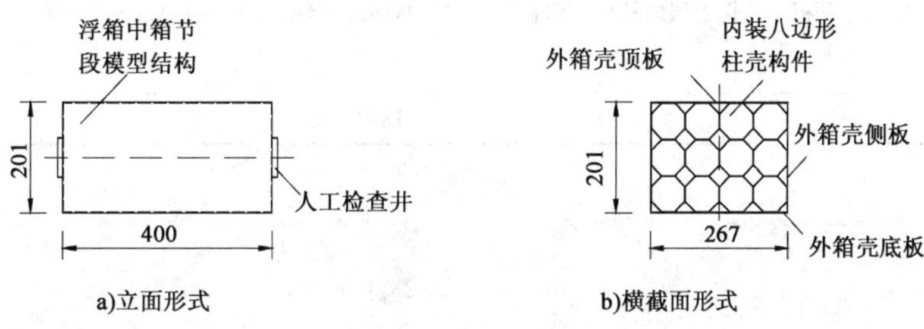

图 12　FRP 浮箱模型结构形式

a)无浮箱模型结构系统

b)有浮箱模型结构系统

图 13　FRP 防撞浮箱结构模型撞击试验系统视图

结构模型撞击试验的分级加载能量　表 11

能量级次	第 1 级	第 2 级	第 3 级	第 4 级	第 5 级
撞击能量(kJ)	12.0	18.0	24.0	30.0	36.0
落锤高度(m)	1.0	1.3	1.6	1.9	2.2

2)试验内容与试验结果

FRP 防撞浮箱结构模型撞击试验，主要进行浮箱模型结构保护简支钢箱梁模型结构受五级冲击能量作用的如下三项试验：

(1)浮箱模型结构减小钢箱梁模型结构动应变、动位移、加速度峰值及撞损破坏试验；

(2)浮箱模型结构延迟钢箱梁模型结构动应变峰值时间和增加撞击做功时间试验；

(3)浮箱模型结构带给钢箱梁模型结构的动应变、动位移随冲击能量变化关系试验。

钢箱梁模型结构底板及浮箱模型结构外箱壳顶板、内柱壳侧壁板跨中截面第 5 级冲击能量作用下的动应变、动位移和加速度峰值试验结果及其时程曲线，如表 12 ~ 表 14 和图 14 ~ 图 20 所示。

浮箱模型结构减小钢箱梁模型结构动应变、动位移和加速度峰值试验结果　表 12

撞击能量(kJ)	动应变峰值(εμ)			动位移峰值(mm)			加速度峰值(m/s^2)		
	无箱护梁	有箱护梁	减小比例(%)	无箱护梁	有箱护梁	减小比例(%)	无箱护梁	有箱护梁	减小比例(%)
36.0	376.0	61.0	83.8	25.14	6.52	74.1	30.65	20.61	32.8

浮箱模型结构延迟钢箱梁模型结构动应变峰值时间及增加撞击做功时间试验结果　　表 13

撞击能量(kJ)	钢箱梁模型结构底板动应变峰值延迟时间(s)				钢箱梁模型结构底板振动始终做功时间(s)			
	无箱护梁	有箱护梁	峰值延迟时间	延迟比例(%)	无箱护梁	有箱护梁	增加做功时间	增加比例(%)
36.0	0.034	0.048	0.014	41.2	1.161	3.526	2.365	203.7

FRP 浮箱模型结构跨中截面动应变峰值试验结果　　表 14

撞击能量(kJ)	外箱壳顶板(εμ)	上层内柱壳斜壁板(εμ)	上层内柱壳侧壁板(εμ)	中层内柱壳侧壁板(εμ)	下层内柱壳侧壁板(εμ)
36.0	2077	4793	1897	1416	967

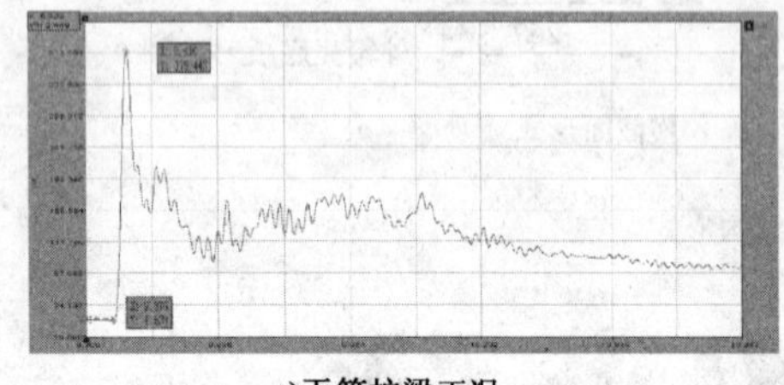

a)无箱护梁工况

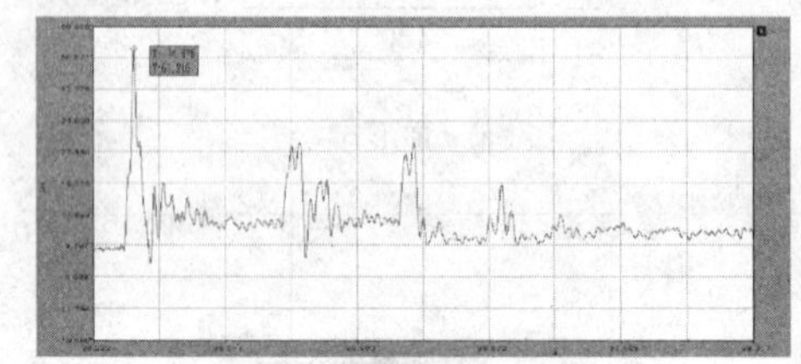

b)有箱护梁工况

图 14　钢箱梁模型结构底板动应变 ~ 时间关系曲线

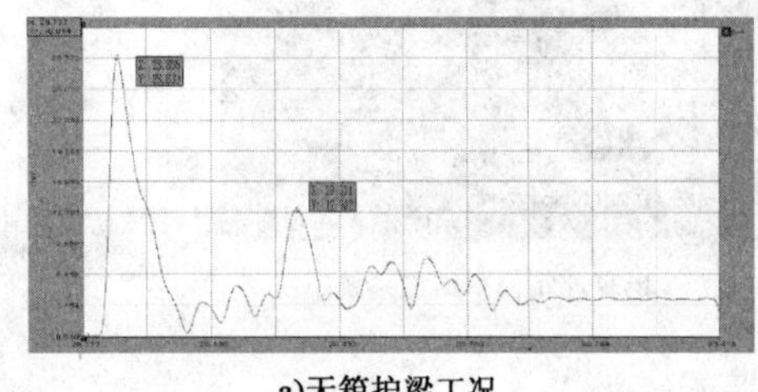

a)无箱护梁工况

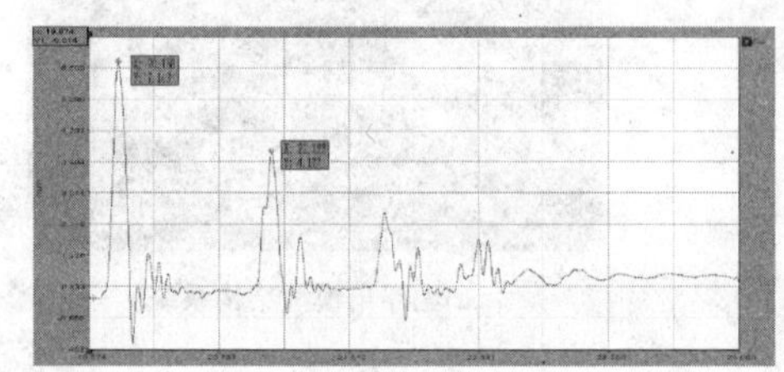

b)有箱护梁工况

图 15　钢箱梁模型结构底板动位移 ~ 时间关系曲线

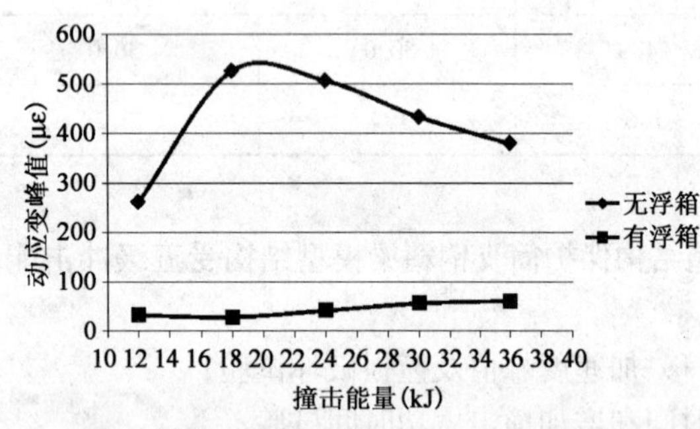

图 16　钢箱梁模型结构底板动应变 ~ 撞击能量关系曲线

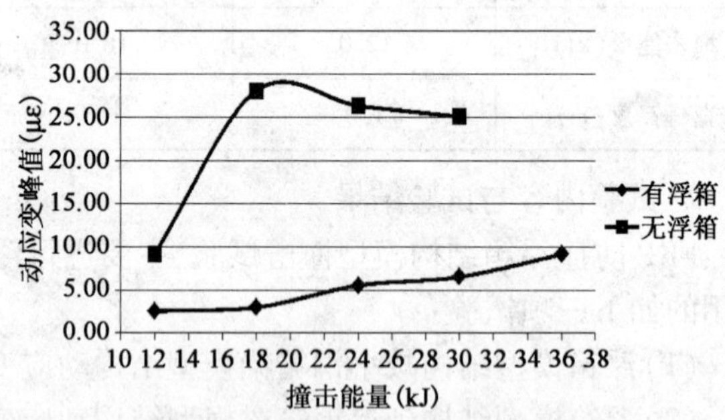

图 17　钢箱梁模型结构底板动位移 ~ 撞击能量关系曲线

分析表、图试验结果及模型结构表面撞损检查结果(图 20)，得到如下试验检验结论：

(1) FRP 防撞浮箱模型结构可减小被保护的钢箱梁模型结构动应变、动位移峰值 83.8% 和 74.1%，并使其动应变、动位移峰值随撞击能量成线性增长的关系成立，故可认为 FRP 防撞浮箱可降低被保护结构的撞击力 70% 以上。

(2) FRP 防撞浮箱模型结构可延迟被保护的钢箱梁模型结构动应变峰值时间 41.2%，增加撞击全程做功时间 203.7%，并使被保护结构受撞后的高振幅、窄频单峰振动变为与保护结构相似的低振幅、宽频多峰振动(图 14 ~ 图 19)，从而能大幅缓冲和衰减被保护结构的撞击效应。

(3) 相同撞击能量作用下，钢箱梁模型结构无浮箱模型结构保护时，顶面发现明显的凹陷撞损破坏；

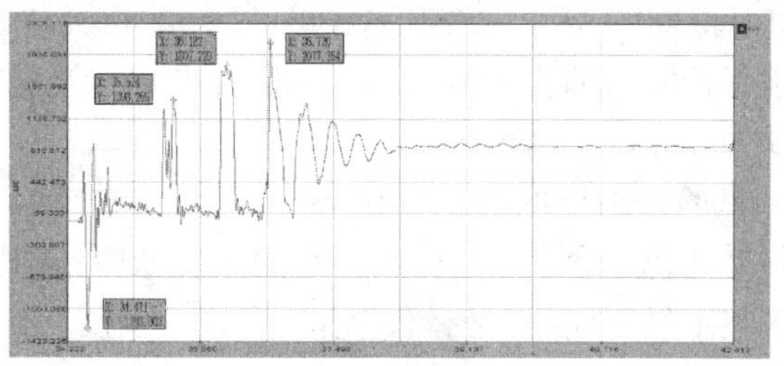

图 18 浮箱模型结构外箱壳顶板动应变～时间关系曲线

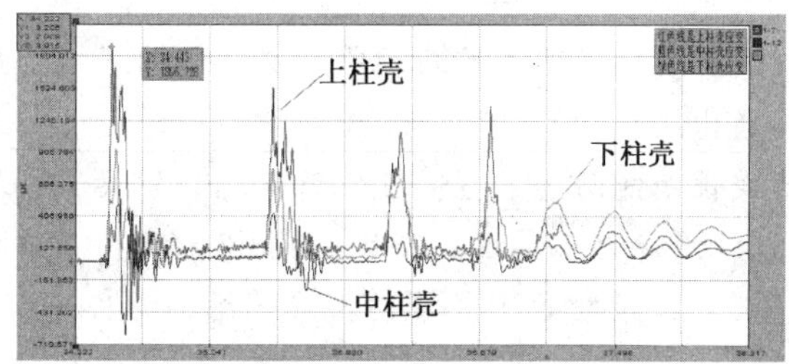

图 19 浮箱模型结构各层内衬柱壳侧壁板动应变～时间关系曲线

a)钢箱梁顶面有损伤

b)FRP浮箱顶面无损伤

图 20 FRP 浮箱和钢箱梁模型结构表面撞损视图

有浮箱模型结构保护时，不仅钢箱梁模型结构毫发未伤，而且浮箱模型结构顶面也无凹陷、断裂损伤，表明 FRP 浮箱能在自身不损伤的前提下使被保护结构也不撞损破坏。

(4)FRP 防撞浮箱模型结构降低撞击力的消能作用，主要依靠其内装八边形柱壳构件斜壁板的大变形($\varepsilon_{max}=4793\mu\varepsilon$)实现，与此对应的应力峰值为 47.93MPa，远小于强度极限 250MPa。外箱壳顶板动应力峰值为 20.77MPa，更远小于其强度极限 350MPa，表明浮箱结构不会发生撞击损坏，这与浮箱结构顶面撞损检查结果一致。

六、结　论

(1)FRP 防撞浮箱新结构高强度、低波阻抗、完全弹性和黏弹性的材料性能，使其具备实现“桥墩柔性防撞”的必要条件，浮箱全新的结构形式、连接方式和消能模式，使其具备实现“桥墩柔性防撞”的充分条件，二者结合，使新结构“柔性防撞”效果得以有效发挥。

(2)FRP 防撞浮箱柔性防撞效果计算检验证明，浮箱通过自身变形吸能 60% 以上、延迟撞击力峰值时间 600% 以上和增加撞击做功时间 260% 以上的消能方式和效果，使桥墩船撞力减小 50% 以上，桥墩变形消能占船撞动能比降至 1% 以下，船舶变形能减小 90% 以上，船舶滑移能增大 50% 以上，还使浮箱主体结构的外箱壳撞损小于 3%，内柱壳撞损小于 20%，达到了“既不伤墩，又少伤船，还少结构自伤”的柔性防撞理想目标。

(3)FRP 防撞浮箱柔性防撞效果试验检验证明，浮箱模型结构通过延迟被保护结构动应变峰值时间

40%以上,增加全程撞击做功时间200%以上及变其高振幅、窄频单峰振动为低振幅、宽频多峰振动的撞击缓冲、衰减方式和效果,使被保护结构撞击力降低70%以上,自身与被保护结构都未撞损破坏。也达到了"两不坏"的"柔性防撞"理想目标。

(4)FRP防撞浮箱除计算、试验结果证明的结构优势外,还具有自重轻、自带色彩成型、模块式装配施工、能耐酸碱盐介质腐蚀、材料老化寿命大于40年、无后期涂装养护、撞损后拆除受损模块单元和更换内衬柱壳构件修复快速简单等技术经济优势,是替代"结构形式较刚硬"、"依靠船、箱破坏性损伤消能"的钢浮箱的优秀桥墩防撞结构。

参考文献

[1] 陈国虞,张澄,倪步友,等.怎样实现桥墩柔性防撞[C].//中国土木工程学会.第16届全国桥梁学术会议论文集.北京:人民交通出版社,2004:75-81.

[2] 陈国虞,张澄,王礼立,等.柔性消能防撞装置的技术特点[J].桥梁,2007,(4):58-62.

[3] 曹映泓,左智飞,罗林阁.湛江海湾大桥柔性吸能防撞装置研究[J].中外公路,2006,26(5):72-75.

[4] 张锡祥,王智祥,巫祖烈,等.一种新型FRP桥墩防撞浮箱结构[J].重庆交通大学学报:自然科学版,2011,30(3):388-393.

[5] 王礼立,杨黎明,陈国虞,等.防御船撞桥墩的冲击动力学分析[C].//中国土木工程学会.第二十届全国桥梁学术会议论文集.北京:人民交通出版社,2012:921-935.

[6] 张锡祥,巫祖烈,杨忠,等.高耐久性FRP桥梁结构、构件的研究与实践[J].重庆交通大学学报:自然科学版,2011,30(增刊2):1224-1231.

[7] 汪宏,耿波.嘉陵江黄花园大桥船撞风险分析咨询报告[R].重庆:重庆交通科研设计院,2008.

IV 检测与加固

171.桥梁结构损伤识别及旧桥加固原则的探讨

李毅谦[1] 向志海[2]

(1.中交路桥技术有限公司;2.清华大学工程力学系)

摘 要 本文提出一种基于位移和应变传感器的优化布置准则,并设计相应的算法获得合适的传感器组合,采用蒙特卡洛模拟设计一套适用于实际工程的传感器布置和损伤识别方法。通过对一座大桥所作的计算分析,结果表明由于结构的开裂会导致梁体抗弯刚度大幅下降,因此,旧桥加固时不仅要考虑提高极限承载力,更要充分考虑恢复结构抗弯刚度的问题,否则将可能导致加固达不到预期目的甚至失败。

一、引 言

近年来随着旧桥数目的不断增加,桥梁的缺陷识别和安全状况评估技术日益得到了工程界的广泛关注,尤其是最近几年国内外许多桥梁的垮塌更是引起了工程界和学术界对如何评估实际结构的安全度等问题的深入研究,其中扮演着重要角色的损伤识别方法也得到了广泛的关注[1-5]。损伤识别方法一般都是属于反问题,解的适定性很差。这意味着若用于损伤识别的测量信息不合理,很小的测量噪声将导致非常大的损伤识别误差。改善损伤识别过程的适定性一般有两种方法:一是使用先决信息来调整识别过程[6,7],二是对传感器进行优化布置[8-14]。作者曾在多篇文章中对第二种方法作了探讨研究[15-18]。提出一种基于多传感器的优化布置准则,设计相应的启发式算法,另外引入蒙特卡洛模拟设计一套适用于实际工程的传感器布置和损伤识别方法,并作了大量的数值模拟计算,验证了理论和所编制的程序正确性。在此基础上,笔者对一座破损严重混凝土公路大桥作了计算分析,结果表明由于结构的开裂会导致梁体抗弯刚度大幅下降,这就为混凝土桥梁加固提出了一个要求,即旧桥加固时不能仅考虑提高极限承载力,更要充分考虑恢复结构抗弯刚度的问题,否则将可能导致加固达不到预期目的甚至失败。

二、损伤识别方法

由于一般把结构的损伤看作结构刚度的降低,损伤识别实际上就是一种利用结构测量信息进行结构刚度参数识别的方法。一般的,可以把材料的弹性模量作为待识别的结构刚度参数,然后通过结构的位移和应变建立目标函数来进行参数识别。

参考文献[15],本文把目标函数定义为:

$$\Gamma(\boldsymbol{p}) = (\boldsymbol{u}_s - S_u\hat{u})^T(u_s - S_u\hat{u}) + (\varepsilon_s - S_\varepsilon\hat{\varepsilon})^T(\varepsilon_s - S_\varepsilon\hat{\varepsilon}) \tag{1}$$

式中,u_s、ε_s 为实际测量得到的位移和应变,$\hat{u}$、$\hat{\varepsilon}$ 为计算位移和应变,S_u、S_ε 为选择矩阵。于是损伤识别问题归结为可以归结为求解如下非线性优化问题:

$\Gamma(p)$ 进行最小化。

约束条件:

$$K(p)u = F, p \in D_p \tag{2}$$

式中 K 为有限元刚度矩阵,p 为弹性模量参数,u 为节点位移,F 等效节点力向量。

采用高斯牛顿迭代法解(2)式,容易得到:

$$\boldsymbol{p}^{k+1} = g(p^k) = p^k - [(J_u^k)^T J_u^k + (J_\varepsilon^k)^T J_\varepsilon^k]^{-1}[(J_u^k)^T R_u^k + (J_\varepsilon^k)^T R_\varepsilon^k] \tag{3}$$

式中 g 为映射函数,k 为迭代步数,J 为雅可比矩阵,R 为残余向量,分别表示为:

$$J_u = -S_u\frac{\partial u}{\partial p}, J_\varepsilon = -S_\varepsilon\frac{\partial \varepsilon}{\partial p} = -S_\varepsilon B\frac{\partial u}{\partial p} \tag{4}$$

$$R_u = u_s - S_u u, R_\varepsilon = \varepsilon_s - S_\varepsilon \varepsilon = \varepsilon_s - S_\varepsilon B u \tag{5}$$

由(3)式和迭代收敛条件,即可得到待识别参数 p。

三、多传感器的优化布置方法

传感器的优化布置方法分为优化准则和相应的优化算法两部分。

1. 优化准则

为保证(3)式迭代过程的适定性,下面分析测量误差在迭代过程中的传播。假设迭代开始时参数的初始值 p^0 和真实值 p^* 相比有偏差 δp:

$$p^0 = p^* + \delta p \tag{6}$$

另外带有测量误差的实际测量位移 u_s^* 和应变 ε_s^* 可假设为:

$$u_s^* = S_u u^* + e_u, \varepsilon_s^* = S_\varepsilon \varepsilon^* + e_\varepsilon = S_\varepsilon B u^* + e_\varepsilon \tag{7}$$

其中 u^* 和 ε^* 是根据 p^* 计算得到的位移和应变,B 为应变矩阵,e_u 为位移测量误差,e_ε 为应变测量误差。

定义第 k 步迭代得到的 p^k 与真实值 p^* 的偏差为:

$$h^k = p^k - p^* \tag{8}$$

于是:

$$\begin{aligned} h^k - h^{k-1} &= p^k - p^{k-1} \\ &= g(p^{k-1}) - p^{k-1} \\ &= [\Omega(p^{\xi_{k-1}}, e^{\xi_{k-1}}) - I] h^{k-1} + A(p^{\xi_{k-1}}) e \end{aligned}$$

$$h^k = \Omega(p^{\xi_{k-1}}, e^{\xi_{k-1}}) h^{k-1} + A(p^{\xi_{k-1}}) e \tag{9}$$

其中 $p^{\xi_{k-1}} = p^* + \gamma(p^{k-1} - p^*), 0 < \gamma < 1, e^{\xi_{k-1}} \in (0, e)$,且有

$$e = [e_u, e_\varepsilon]^T \tag{10}$$

$$\begin{aligned} \Omega(p,e) \equiv \frac{\partial g(p,e)}{\partial p} &= (J_u^T J_u + J_\varepsilon^T J_\varepsilon)^{-1} \frac{\partial (J_u^T J_u + J_\varepsilon^T J_\varepsilon)}{\partial p} \\ & (J_u^T J_u + J_\varepsilon^T J_\varepsilon)^{-1} (J_u^T R_u + J_\varepsilon^T R_\varepsilon) - \\ & (J_u^T J_u + J_\varepsilon^T J_\varepsilon)^{-1} \left(\frac{\partial J_u^T}{\partial p} R_u + \frac{\partial J_\varepsilon^T}{\partial p} R_\varepsilon \right) \end{aligned} \tag{11}$$

$$A(p) \equiv -(J_u^T J_u + J_\varepsilon^T J_\varepsilon)^{-1} \left(J_u^T \frac{\partial e_u}{\partial e} + J_\varepsilon^T \frac{\partial e_\varepsilon}{\partial e} \right) \tag{12}$$

定义:

$$L_\Omega \equiv Max \| \Omega(p,e) \|_\infty \tag{13}$$

$$L_A \equiv \| A(p) e \|_\infty \tag{14}$$

由式(9),(13)和(14)得到:

$$\begin{aligned} \| h^k \|_\infty &\leqslant L_\Omega \| h^{k-1} \|_\infty + L_A \leqslant L_\Omega^2 \| h^{k-2} \|_\infty + (1 + L_\Omega) L_A \\ &\leqslant \cdots \leqslant L_\Omega^k \| \delta p \|_\infty + (1 + L_\Omega + \cdots L_\Omega^{k-1}) L_A \end{aligned} \tag{15}$$

若 $L_\Omega < 1$,则

$$\lim_{k\to\infty} \| h^k \|_\infty \leqslant \frac{1}{1 - L_\Omega} L_A \approx L_A (1 + L_\Omega) \tag{16}$$

因此式(3)迭代将收敛于带有偏差的解,该偏差为:

$$B \equiv L_A (1 + L_\Omega) \tag{17}$$

从以上过程可知,在满足 $L_\Omega < 1$ 的条件下,损伤识别的迭代公式(3)将收敛于带有偏差 B 的唯一解。

其中 L_Ω 和 L_A 包含选择矩阵 S_u 和 S_ε，所以合理布置传感器将可能使得 $L_\Omega<1$ 以及 B 尽可能地小，也就保证了损伤识别解的适定性，并且使得解尽可能地接近真解。

L_Ω 和 L_A 的计算需要做近似计算。对式(11)做泰勒展开有：

$$\Omega(p,e)\approx\Omega(p^*,0)+\frac{\partial\Omega(p^*,0)}{\partial p}(p-p^*)+\frac{\partial\Omega(p^*,0)}{\partial e}e \tag{18}$$

记：

$$B(p^*)\equiv\frac{\partial\Omega(p^*,0)}{\partial p}=(J_u^TJ_u+J_\varepsilon^TJ_\varepsilon)^{-1}\left(J_u^T\frac{\partial J_u}{\partial p}+J_\varepsilon^T\frac{\partial J_\varepsilon}{\partial p}\right) \tag{19}$$

$$\begin{aligned}C(p^*)\equiv\frac{\partial\Omega(p^*,0)}{\partial e}&=-(J_u^TJ_u+J_\varepsilon^TJ_\varepsilon)^{-1}\left\{\left(\frac{\partial J_u^T}{\partial p}\frac{\partial e_u^T}{\partial e}+\frac{\partial J_\varepsilon^T}{\partial p}\frac{\partial e_u^T}{\partial e}\right)\right.\\&\left.-\frac{\partial(J_u^TJ_u+J_\varepsilon^TJ_\varepsilon)}{\partial p}(J_u^TJ_u+J_\varepsilon^TJ_\varepsilon)^{-1}\left(J_u^T\frac{\partial e_u^T}{\partial e}+J_\varepsilon^T\frac{\partial e_u^T}{\partial e}\right)\right\}\end{aligned} \tag{20}$$

注意到 $\overline{\Omega}(p^*,0)=0$，所以有

$$||\Omega(p,e)||_\infty\leqslant||B(p^*)||_\infty||p-p^*||_\infty+||C(p^*)e||_\infty \tag{21}$$

于是

$$L_\Omega\approx||B(p^*)||_\infty||\delta p||_\infty+||C(p^*)e||_\infty \tag{22}$$

同样有

$$A(p)\approx A(p^*)+\frac{\partial A(p^*)}{\partial p}(p-p^*)=A(p^*)+C(p^*)(p-p^*) \tag{23}$$

$$||A(p)e||_\infty\leqslant||A(p^*)e||_\infty+||C(p^*)e||_\infty||\delta p||_\infty \tag{24}$$

$$L_A\approx||A(p^*)e||_\infty+||C(p^*)e||_\infty||\delta p||_\infty \tag{25}$$

2. 优化算法

传感器的优化布置是组合优化问题，当待优化对象的数量较大时各种优化算法的速度面临严峻的考验。组合优化问题一般地采用启发式算法，如简单的 EIM 方法，还有遗传算法等现代启发式算法。前者由于只是简单地增减传感器数目，过早陷入局部最优，优化效果欠佳；后者能获得较好的优化效果，但缺点是需要一些经验参数，并且这些参数需根据具体情况而调整，另外这种算法也缺少明确的优化终止准则。

作者曾设计一种包含多步局部搜索的启发式算法[15]，具体如下：

(1)把所有备选的传感器布置点(即测量点)放入集合 S_1 中，计算相应的偏差 $B(S_1)$ 和 L_Ω。若 $L_\Omega<1$，则把点集合 S_1 作为最好点组合赋予集合 S，否则 S 为空。

(2)尝试从集合 S_1 中移去一个点，若相应的偏差 $B(S_1)$ 减小，则把该点放入集合 S_2 中，否则该点放回集合 S_1 中；若 $L_\Omega<1$ 且相应的 $B(S_1)$ 比 $B(S)$ 小，则用 S_1 更新 S。该操作依顺序对 S_1 中每一个备选点进行一次。

(3)尝试从集合 S_1 中同时移去两个点，若相应的偏差 $B(S_1)$ 减小，则把该点放入集合 S_2 中，否则该点放回集合 S_1 中；若 $L_\Omega<1$ 且相应的 $B(S_1)$ 比 $B(S)$ 小，则用 S_1 更新 S。该操作依顺序对 S_1 中每对备选点组合进行一次。

(4)尝试交换 S_1 和 S_2 的一对备选点，若相应的偏差 $B(S_1)$ 减小，则该次交换完成，否则还原；若 $L_\Omega<1$ 且相应的 $B(S_1)$ 比 $B(S)$ 小，则用 S_1 更新 S。该操作依顺序对 S_1 和 S_2 的每对备选点组合进行一次。若 S 至少更新一次，则返回步骤(2)，否则搜索终止。

把优化得到的 S 作为“最优”的传感器布置点组合，该方法能获得不同传感器的数量和布置位置。

式(22)和式(25)包含带识别参数的偏差 $\boldsymbol{\delta p}$，而在实际情况中待识别参数的真实值 $\boldsymbol{p}^*$ 很难得知，

偏差也就无法准确获取，本文引入蒙特卡洛模拟方法。对于每一个蒙特卡洛模拟的样本，令 $\delta p=0$，p^0 随机产生且满足正态分布。用蒙特卡洛模拟将得到多个“最优”的传感器布置点组合，所有在“最优”组合里出现的点组成一个新的点集合，最终的传感器布置点组合由这个新的点组合中有一定出现概率（OP）的点组成（某个点的出现概率等于该点在多个“最优”组合中出现的次数除以“最优”组合的总个数）。

最终的传感器布置点组合是一个有冗余的点组合，它适用于结构在多种状态下的损伤识别，但对于结构在一个具体状态的损伤识别，这些传感器布置点组合未必是最合理的。为了能找到更合理的传感器布置点组合，从而改善损伤识别的结果，设计传感器优化布置和损伤识别交替进行的方法，具体如下：

（1）根据经验设定 p^0，令 $n=1$ 和点集合 S^{n-1} 为空；

（2）基于 p^{n-1}，用上述启发式算法找到最好点集合 S^n；

（3）若 $S^n=S^{n-1}$，停止退出，否则进入下一步；

（4）基于 S^n，识别得到参数 p^n；

（5）令 $n=n+1$，返回步骤（2）。

以蒙特卡洛模拟得到的最终传感器布置点为备选点，用传感器优化布置和损伤识别交替进行的方法，将得到更适合于结构具体状态的损伤识别结果。

四、新兴塘公路大桥损伤识别

本文所提出的损伤识别方法已在大量的数值分析中已得到验证，这里将用这种方法来分析一座实际桥梁——新兴塘大桥的损伤状况。这是一座位于原沪宁高速公路上的一座大桥，1995年建成，双向四两车道。主桥为三跨预应力混凝土连续梁桥，主跨50m，两边跨为32m，全长114m（图1）。该桥经过8年运营，于2003年9月对该桥进行外观和特殊检查，检查结果表明该桥主体结构存在比较严重的问题，主要表现为主桥箱梁局部露筋、锈蚀、混凝土破损以及腹板严重开裂，并已延伸至底板，部分裂缝已贯穿腹板（图2）。为了进一步的评估大桥的损伤状况，2003年9月又对大桥做了动静载试验。

图1　新兴塘大桥

a)钢筋锈蚀

b)锚头部位损坏

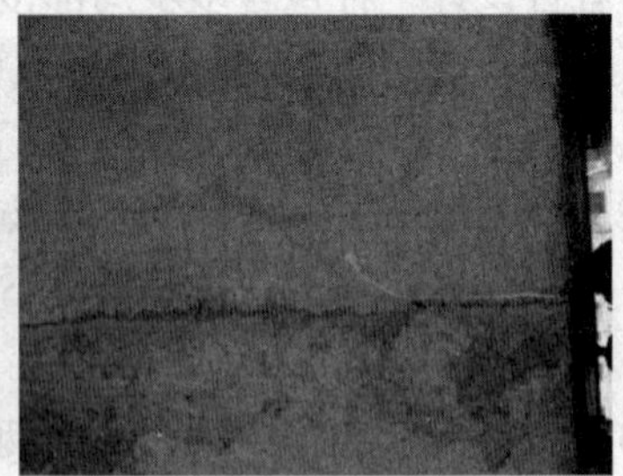

c)箱梁腹板裂缝

图2　典型破损照片

在动载试验中，加速度计安装在各跨的墩顶、1/4、1/2、3/4跨处，分别采用跳车、制动、地脉动激励等方法分析桥梁结构振动特性。除了中跨跨中点（图3中第5点）外，利用跳车和脉动法在其他各点加速度所测得的第一阶频率分别为2.40Hz和2.54Hz，这个微小的差别或许源于跳车试验增加了30t的车辆荷载。但是在跳车试验中，主跨跨中的加速度计所测得的一阶频率仅为0.29Hz。如果传感器工作正常，这个异常的频率或许意味着跨中顶板存在着严重的损伤。虽然由于结构的整体的低阶频率对损伤不敏感，不宜用来识别损伤参数，但局部的异常频率却可以很好的用来评估损伤，这一点在后面再探讨。

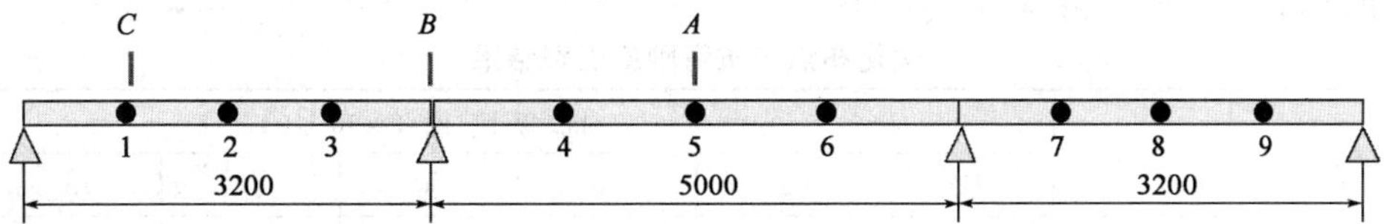

图3　主桥挠度与应变测量点示意（尺寸单位：cm）

在静载试验中，每跨均匀布置三个竖向位移测点（图3中黑点），为消除基础沉降的影响，计算采用相对位移，9个测点的相对位移均是针对边墩计算所得。另外在A、B、C三个断面（图3），沿箱梁高度设置了应变计。加载分为四级，从一级到四级，图4中所示的加载位置l分别为1130cm、680cm、480cm和340cm，采用六辆30吨的汽车。由于应变测量相当有限，因此只用9个相对位移可以用来作为识别损伤的指标。当外加载荷较小时，桥梁内的很多缺陷还处于闭合状态，对刚度产生的影响很小，只有当载荷较大时，缺陷所产生的影响才能得到充分体现。所以我们这里只使用第3和第4级加载情况下的挠度测量值进行损伤识别。

鉴于损伤识别只用到挠度，因此可以合理地用经典两节点梁单元来模拟主桥，共划分164个单元。由于这两座桥梁的主桥都是厚度比较均匀的箱梁结构（图5），所以其抗弯刚度沿主桥的分布也应该比较均匀。如果某处存在比较严重的缺陷，就说明该处这里的抗弯刚度就会改变，这给出了寻找判断损伤位置和程度的线索。但损伤参数是一组单元的抗弯刚度，因此如何划分单元组就会影响到识别的结果。为确保识别结果能真实反映实际损伤，共考虑了四种分组方案（图6）。方案5-1和方案5-2包含五个待识别的参数，方案7-1和方案7-2包含七个待识别的参数。

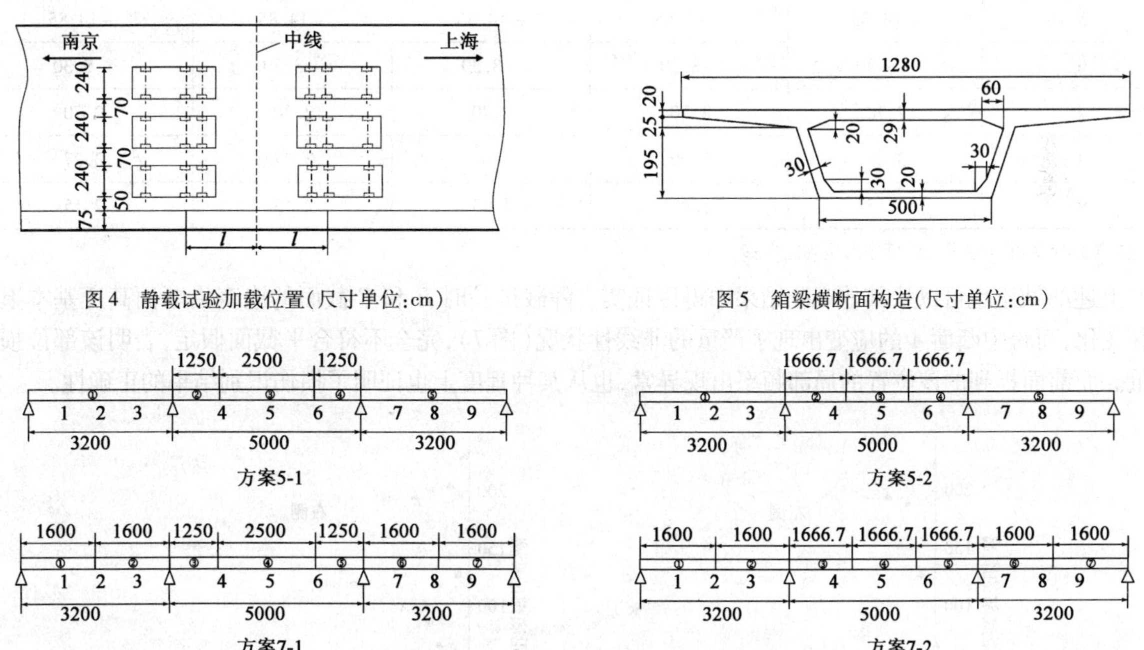

图4　静载试验加载位置（尺寸单位：cm）　　图5　箱梁横断面构造（尺寸单位：cm）

图6　单元分组方案（尺寸单位：cm）

由于损伤参数识别是在荷载试验完成之后进行的，因此计算分析只能从已有的9个备选测点位移中选取合理位移组合，然后利用这些组合的测点位移进行等效抗弯刚度的识别。优化布点与参数识别采用多次循环，抗弯刚度的识别结果列于表1中，第三级加载的计算位移和测量位移列于表2。根据测量位移和计算位移的比较，可以看到虽然在参数识别时仅用到部分测量位移值，但其他测量点上计算值与测量值也符合得很好,这说明识别到的等效抗弯刚度反映了在该种参数设置下结构的实际情况。从表1中还可以看出,主跨跨中的抗弯刚度明显比其他部位的小,并且第四级加载时的值比第三级要小,这说明这个部位存在严重损伤,损伤随着荷载增加而加剧。

优化布点与抗弯刚度识别结果 表1

循环	优化组合	荷载	抗弯刚度($\times10^{11}$Pa)						
			①	②	③	④	⑤	⑥	⑦
5-1	1,4,5,6,7	3	3.346	2.122	0.524	3.837	2.695		
		4	3.103	2.739	0.445	3.579	3.014		
5-2	1,4,5,6,7	3	3.160	1.956	0.575	3.598	2.579		
		4	3.156	2.939	0.355	4.059	3.326		
7-1	1, 3,4,5,6,7,9	3	3.395	3.336	2.152	0.530	3.456	2.892	1.992
		4	4.718	2.615	4.938	0.425	3.135	3.266	2.004
7-2	1,3,4,5,6,7,9	3	3.216	3.160	1.989	0.587	3.180	2.728	1.879
		4	5.439	3.014	5.917	0.289	3.414	3.448	2.116

相对位移的测量值与计算值 表2

测量点	测量位移(mm)	计算位移(mm)			
		5-1	5-2	7-1	7-2
1	1.48	1.47	1.47	1.48	1.48
2	2.23	2.36	2.36	2.37	2.37
3	2.08	2.06	2.06	2.08	2.08
4	-8.10	-8.10	-8.10	-8.10	-8.10
5	-14.85	-14.85	-14.85	-14.85	-14.85
6	-8.30	-8.30	-8.30	-8.30	-8.30
7	2.70	2.70	2.70	2.70	2.70
8	3.05	3.09	3.09	3.27	3.27
9	2.15	1.93	1.93	2.15	2.15

注:黑体字为在参数识别计算中所用到的位移。

上述的结论也可以从其他观测结果中得以证实。静载试验时 B 和 C 截面的应变沿断面高度基本上是线性变化,而跨中断面 A 的应变出现了严重的非线性状况(图7),完全不符合平截面假定,表明该部位损伤严重。而前面提到的该位置的局部频率出现异常,也从某种程度上也证明了损伤识别结果的正确性。

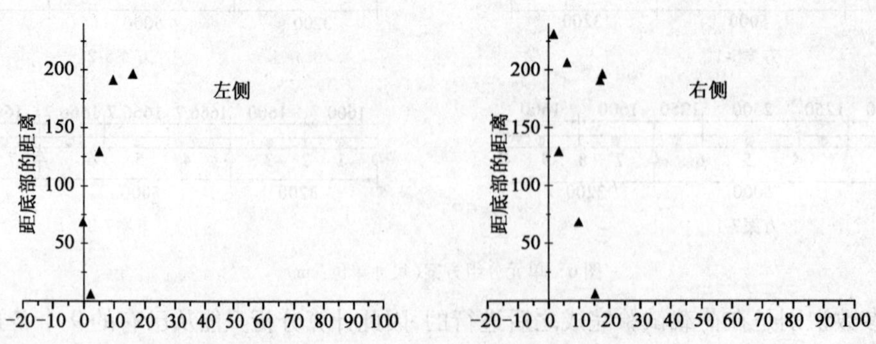

图7 第四级加载A断面沿截面高度的实测应变

由于损伤严重,2004年该桥被拆除重建。

五、对损伤桥梁加固原则的思考

新兴塘大桥的案例给了我们一个启示,这就是大部分损伤的桥梁都会出现大量的裂缝,而这些裂缝会严重地降低结构刚度。目前一些连续梁和连续钢构出现的病害所表现的两个基本特征一是梁体出现大量的裂缝,二是跨中挠度随着时间不断增大。表3列举了一些大桥下挠情况。

混凝土桥梁下挠值　　表3

桥　名	国　名	竣　工　年	使用时间(年)	主跨跨径(m)	下挠值(mm)
Stolma 大桥	挪威	1998 年	3	301	92
Stovset 大桥	挪威	1993 年	8	220	200
Koror-Babeldaob 桥	帕劳	1978 年	12	241	1200
Parrotts 大桥	美国	1973 年	12	195	635
广东省南海金沙大桥	中国	1994 年	6	120	220
三门峡黄河公路大桥	中国	1992 年	10	140	220
虎门大桥辅航道桥	中国	1997 年	5	270	220

徐变一直被认为是导致挠度不断增加的最主要原因,但理论分析和实测结果并不能很好的支持这个结论。对一些桥的理论分析表明,按理论计算的徐变值只有实测挠度的1/2或者更少。一些专家对此开展了大量的研究,探讨内容包括徐变模型、实际的环境下徐变终极值测试、徐变持续时间等,但分析结果依然不能说明实际情况。

对于混凝土桥长期下挠原因,笔者的看法是:

收缩徐变是引起桥梁下挠的一个主要因素,尤其是前3年的挠度发展,应该说徐变的贡献占了较大比例。有一些大桥,没有裂缝开展或环向裂缝不多的情况下依然持续下挠,多数是徐变引起的,但这种情况下桥的挠度不会太大。对于挠度较大(比如大于20cm或30cm)的大桥,笔者认为徐变的贡献只能占一半左右甚至更少,其余的应该主要是由于裂缝引起的刚度减小引起的。一些大桥的检测结果也表明,跨中下挠是伴随着主梁产生大量腹板斜裂缝和跨中底板横向裂缝出现的,而开裂又加大下挠,两者互相影响,形成恶性循环。

所以,桥梁加固必须同时关注两个目标,一是提高极限承载力,二是恢复和提高结构刚度,两者不可偏颇。曾经一些旧桥加固时只注重承载力这一项指标,导致加固效果差甚至失败。比如一些大跨径连续梁桥和连续刚构桥,主梁出现大量裂缝,梁体长期下挠,加固时只考虑提高承载力,因此采用体外预应力进行加固,从理论分析上来讲,主梁受力状态得到改善,结构承载能力得到提高。但该方法不能使既有裂缝完全闭合,旧桥的刚度并没有得到恢复,导致加固完成之后不久,桥梁依然继续开裂和下挠。另外,由于增设体外预应力需要布置集中受力的锚固和转向装置,导致原结构局部应力状况更为复杂。

对于这种情况,加固必须更加关注恢复和提高结构的刚度,而采用箱梁腹板加厚、把体外预应力变成体内预应力就是一种有效的方法,近年来的一些旧桥加固监测数据表明,采用这种加固方法不但大大提高了结构抗弯和抗剪能力,同时也增大了截面面积,提高了结构刚度,有效覆盖和抑制了原有腹板裂缝,加固后大桥基本不再出现开裂和下挠现象。

六、结　　论

本文研究了同时使用位移和应变的传感器布置方法和损伤识别问题,提出了一种启发式优化算法的多传感器布置方法,为适应设计阶段真值不可知的情况采用了蒙特卡洛模拟,在蒙特卡洛模拟统计得到的传感器布置点组合基础上,运用传感器优化布置和损伤识别交替进行的方法进行最终的损伤识别。

作者用本文的方法分析了一座混凝土连续梁桥,结果表明该桥主跨跨中由于开裂损伤严重,导致抗弯刚度大幅降低。这个案例给我们提出的警示是:在旧桥加固时不能仅仅只考虑提高极限承载力,同时更要关注恢复和提高结构刚度,这是旧桥加固的两个原则,不可偏废,否则很可能导致加固失败。

参考文献

[1] Sohn H, Farrar CR, Francois MH, Devin DS, Damiel WS, Brett RN. A review of structural health monitoring literature: 1996-2001. Los Alamos National Laboratory, New Mexico, 2003, Rep. LA-13976-MS. Sanayei M, Onipede O. Damage assessment of structures using static test data. AIAA Journal, 1991, 29: 1174-1179.

[2] Banan MR, Hjelmstad KD. Parameter estimation of structures from static response I: computational aspects. Journal of Structural Engineering, 1994, 120: 3243-3258.

[3] Banan MR, Hjelmstad KD. Parameter estimation of structures from static response II: numerical simulation studies. Journal of Structural Engineering, 1994, 120: 3259-3283.

[4] Liu PL, Chian CC. Parameter identification of truss structures using static strains. Journal of Structural Engineeing, 1997, 123: 927-933.

[5] Cui F, Yuan WC, Shi JJ. Damage detection of structures based on static response. Journal of Tongji University, 2000, 28: 5-8 (in Chinese).

[6] Yusuke H, Lie WT, Soumitra G. Inverse analysis of an embankment on soft clay by extended Bayesian method. International Journal for Numerical and Analytical Methods in Geomechanics, 1994, 18: 709-734.

[7] Zhou MS, Li YQ, Xiang ZH, Swoboda G, Cen ZZ. A modified extended Bayesian method for damage estimation. Tsinghua Science and Technology, 2007, 12: 546-553.

[8] Kammer DC. Sensor placement for on-orbit modal identification and correlation of large space structures. Journal of Guidance, Control and Dynamics, 1991, 14: 251-259.

[9] Heo G, Wang ML, Satpathi D. Optimal transducer placement for health monitoring of long span bridge. Soil Dynamics and Earthquake Engineering, 1997, 6: 495-502.

[10] Haftka RT, Scott EP, Cruz JR. Optimization and experiments: a survey. Applied Mechanics Reviews, 1998, 51: 435-448.

[11] Padula SL, Kincaid RK. Optimization strategies for sensor and actuator placement. Technical report TM-1999-209126, National Aeronautics and Space Administration, Virginia, 1999.

[12] Li G, Qin Q, Dong C. Optimal placement of sensors for monitoring systems on suspension bridges using genetic algorithms. Engineering Mechanics, 2000, 17: 25-34 (in Chinese).

[13] Worden K, Burrows AP. Optimal sensor placement for fault detection. Engineering Structures, 2001, 23: 885-901.

[14] Xiang ZH, Swoboda G, Cen ZZ. On the optimal layout of displacement measurements for parameter identification process in geomechanics. ASCE The International Journal of Geomechanics, 2003, 3: 205-216.

[15] Li YQ, Xiang ZH, Zhou MS, Cen ZZ. An integrated parameter identification method combined with sensor placement design. Communications in Numerical Methods in Engineering, 2008, 24(12), 1571-1585.

[16] Li Y Q, Zhou M S, Xiang Z H, Cen Z Z. Multi-type sensor placement design for damage detection. Interaction and Multiscale Mechanics, Vol. 1, No. 3 (2008)

[17] Li Yiqian, Zhou Masheng, Xiang Zhihai, Cen Zhangzhi. Damage Identification for Bridges Based on Multi-type Sensors. 8th Congress on Computational Mechanics (WCCM8), Venice, Italy, July 2008.

[18] 李毅谦,向志海,周马生,等.基于模态的损伤识别过程中的传感器优化布置[M].清华大学学报(自然科学版),2010,50(2):312-315.

172. 基于性能的混凝土桥梁全寿命养护策略方法研究

项贻强 吴强强 程 坤
(浙江大学土木工程系)

摘 要 混凝土桥梁广泛应用于公路及城市桥梁。本文着重就钢筋混凝土和预应力混凝土桥梁,分析了其规划设计、施工和运营养护中可能存在的问题,如桥墩不均匀沉降、水平位移、温度变化、裂缝超标、原桥设计荷载等级偏低、混凝土收缩徐变等引起的承载力不足、氯离子渗透、钢筋腐蚀、混凝土碳化及表层剥落、主梁下挠开裂、雨水锈蚀等引起的混凝土结构耐久性不足及性能退化,从全寿命安全、适用、耐久、经济和环保等性能的角度和结构的可持续性,研究探讨了基于性能的桥梁养护目标、性能水准、及相应的维护策略和方法,具有一定的理论意义和工程实用价值。

关键词 混凝土桥 基于性能 全寿命 维护 策略

一、引 言

混凝土桥梁广泛应用于公路和城市桥梁中,主要的桥型有梁式桥和拱式桥及斜拉桥。梁式桥结构主要受弯,有钢筋混凝土和预应力混凝土,钢筋混凝土梁桥的跨径在20m左右,预应力混凝土梁桥的跨径简支可达50m左右,连续梁可达300m左右。拱式桥的承重构件主要是主拱圈,以受压为主,可以充分用抗压性能较好的材料来修建,如早期的砖石及混凝土等圬工材料,随着桥梁跨越能力的要求逐渐提高及施工技术的不断进步,拱桥的建造形式呈多样化发展。按照修建拱桥的材料不同一般可分为混凝土拱桥、钢拱桥及钢管混凝土拱桥;按照结构的组合方式分有简单体系拱桥和梁拱组合体系拱桥,简单体系拱桥又可以进一步分成三铰拱桥,两铰拱桥,无铰拱桥三种。组合体系拱桥是将梁和拱两种基本结构组合起来,共同承受桥面荷载和水平推力,充分发挥梁受弯、拱受压的结构特性及其组合作用,达到节省材料的目的,其一般可划分为有推力的和无推力的两种类型。按照行车道的位置可分为上承式,中承式,下承式。这些拱桥中有相当一部分拱桥由钢筋混凝土材料所建,同时按照跨径、受力不同及经济性的要求,取不同的主拱圈截面形式,对小于30m的中小跨径,拱的偏离弯矩较小,以轴压为主,可采用混凝土或钢筋混凝土板拱桥;随着跨径的进一步增加、拱的偏离弯矩逐渐加大,导致主拱在偏压荷载下,受拉侧的混凝土容易开裂,因而一般将截面设计为若干肋拱式,其间用横向联系加强的主拱肋拱截面形式,一方面可以减轻结构自重,另一方面较高的拱肋高度及上下缘的配筋可以有效抵抗结构的偏心弯矩;当结构的跨径在80-300m时,为进一步提升结构抵抗偏离弯矩的能力、增加桥梁的抗扭及横向联系,有必要采用混凝土或钢管劲性骨架箱形截面。

混凝土斜拉桥有双塔、独塔及多塔,独塔混凝土斜拉桥的跨径一般在100~200m左右,双塔混凝土斜拉桥的跨径一般200~500m。

传统的桥梁建设理念较多地考虑结构的强度或安全,而较少考虑结构的耐久性,重视强度极限而不重视使用极限;传统的桥梁建设程序将桥梁建设的各个阶段分开考虑,只关注建设阶段,工作的重点也主要集中在建设施工阶段对施工成本、施工工期和短期性能的优化,而较少对桥梁从规划、设计、施工以及运营养护等方面统筹考虑,尤其是结构细部的应力分析估计不足、混凝土结构缺乏专门的抗裂、耐久性及防撞措施的设计,因而造成有些桥梁在施工及运营期间就出现各种病害及事故。

桥梁的设计和施工,以往主要考虑结构在正常的恒载及活载作用下的安全性及适用性,对混凝土及桥梁的施工只注重各个环节混凝土质量和品质控制,而不注重耐久性、环境和荷载的交互作用超载等,随时间推移出现混凝土开裂、剥落、钢筋锈蚀等病害,其性能将逐渐退化,抗力降低等,当结构的抗力低于实际荷载产生的效应时,就会出现桥梁结构倒塌等事故,危及交通的安全和畅通。我国的浙江、江苏、福建、广东等省份为我国经济发达的地区,地处沿海,气候温湿,公路桥梁的交通量大,以前修建的很多桥梁结构为混凝土桥梁,长年处于复杂荷载及水汽、氯离子等侵害的腐蚀性环境,混凝土桥梁的性能退化及病害十分突出。

因此,综合考虑安全、适用性、耐用、环保、桥梁的位置和重要性等因素,研究混凝土桥梁在不同的性能水平的要求、维护策略和方法,具有重要的意义和实用价值。

二、混凝土桥梁耐久性相关问题及在中国研究的进展

上文所涉及的问题主要是混凝土耐久性不足、桥梁超载及疲劳等问题综合引起的。据统计,腐蚀损失约占国民生产总值的2%~4%。美国于2002年发布的本国第7次腐蚀损失调查结果表明,1999至2001年间,美国每年的直接腐蚀损失是2760亿美元,约占其GDP的3.1%。我国2008年国内生产总值超过30万亿元,如按腐蚀约占GDP的3.1%计算,2008年我国因腐蚀所造成的经济损失超过9000亿元人民币。但如果腐蚀研究和防护工作做得好,其中25%~40%的腐蚀损失是完全可以避免的,可见大力开展结构材料的腐蚀与防护研究工作意义重大。

根据美国截至2011年底,对其桥梁的结构缺陷和功能老化按材料分类统计的结果[1-2],从材料形式,混凝土及预应力混凝土桥梁的结构缺陷占其总数为10.8%,功能老化占其总数为20.2%,即缺陷或功能老化数占其总数为31%左右,说明混凝土桥梁结构缺陷或功能老化的问题非常突出。

据有关统计,截至2010年,我国的桥梁数目为65.8万座,超过美国约62万座的数目,成为世界上拥有桥梁数目最多的国家。与此同时,我国约有10万座(占15%)的桥梁存在着不同程度的缺陷,危桥数目大于1万座,有些甚至出现了坍塌的危险。

对相关资料进行统计[3-5],可得我国近10年来桥梁倒塌数的数据如表1。

2002年—2011年底我国每年桥梁倒塌数 表1

年份	2002	2003	2004	2005	2006
桥梁倒塌数	4	1	9	5	11
年份	2007	2008	2009	2010	2011
桥梁倒塌数	12	15	14	20	26

我国20世纪80年代改革开放,开始进行大规模的经济建设,由于当时经济基础薄弱,标准低,加之有些技术上的认识不足,导致这些结构提前出现了耐久性及承载力不足,急需进行维修改造。

关于钢筋混凝土结构的耐久性,牛荻涛、惠云玲等在20世纪90年代在其注意到该问题对结构的影响,开始对钢筋混凝土中的钢筋锈蚀、锈蚀对构件的影响、锈蚀的耐久性评估、损伤、混凝土碳化等机理进行理论分析和试验研究,并对混凝土结构的寿命预测等展开了系统的研究,2003年,牛荻涛对混凝土结构耐久性与寿命预测作了总结[6],金伟良教授在耐久性方面展开了近10多年的研究[7],而对混凝土耐久性及桥梁结构的影响和剩余使用寿命预测的研究则是在最近7~8年才开始在中国桥梁界得到重视和开展。

目前,对于钢筋混凝土在环境作用下的碳化、钢筋锈蚀、氯离子渗透、碱集料反应等劣化规律和机理研究已相对成熟,并在结构耐久性设计方面得到了应用,但对于这些劣化规律对混凝土桥梁结构的极限承载力的影响研究则相对较少,而且很不成熟,尤其是环境和荷载的耦合作用机理更是复杂。为此,浙江大学在近几年展开了相关的研究,总结提出了混凝土桥梁剩余使用寿命的预测模型主要有基于混凝土耐久性失效的寿命预测模型,基于可靠度的寿命预测模型以及基于全寿命周期成本的寿命预测模型[8];对锈蚀钢筋混凝土构件开裂问题进行有限元模拟分析[9],并鉴于氯离子扩散控制方程与瞬态热传导控制方程的相似性,根据传统的Fick定律和已有的氯盐环境下钢筋非均匀锈胀模型以及热弹性力学理论,提出了钢筋混凝土锈胀开裂模拟的热力耦合方法。

2010,进一步综合考虑了氯离子扩散系数的时随效应、混凝土自身缺陷对扩散过程的影响,对氯离子在混凝土中扩散的多因素模型进行了修正和应用,给出了基于概率性能和基于时变可靠度的混凝土结构寿命预测方法[10]。

2012,以浙江沿海地区的在役混凝土桥梁为背景,分析了现有三个预测混凝土碳化深度模型的异同点,并对其进行分析预测及实测数据对比,给出了该地区典型桥梁构件的碳化寿命预估值,同时通过在模型三中引入水灰比影响系数,提出了修正模型三,结果表明在沿海地区,修正模型三在碳化寿命预测上更符合实际情况[11]。

2011,通过引入锈蚀产物质量相等的条件假定,研究推导了钢筋均匀锈胀和非均匀锈胀两种钢筋锈胀模型下钢筋径向锈胀位移—时间曲线,将锈胀位移作为强制位移作用于钢筋表面的混凝土节点,利用有限元软件 ANSYS,进一步模拟分析了混凝土开裂过程[12]。

作者等综合国内外氯离子扩散模型及钢筋锈蚀模型,通过比较分析,分别提出了考虑荷载和氯离子结合能力两种因素的混凝土氯离子扩散模型和钢筋锈蚀模型,并借助于国内外相关的试验数据及沿海地区的某钢筋混凝土桥梁为背景,对提出的模型进行了验证,与传统的仅考虑这些单一因素影响的模型相比,所提出的氯离子扩散修正模型及钢筋锈蚀模型更趋合理[13,14]。

作者等对箱梁桥施工中底板开裂机理及防护措施进行了研究。针对实际的箱梁桥施工步骤,采用非线性的分析方法模拟了随着预应力钢束的张拉箱梁底板裂缝的发展。通过数值与理论分析得到了开裂模式。分析得出底板裂缝产生的原因是预应力管道削弱了底板的抗剪强度。基于数值分析及现场调查,归纳得出了四种类型的箱梁底板裂缝,并提出了控制裂缝的简化设计方法[15]。

综上,钢筋混凝土结构在环境及荷载作用下,存在混凝土碳化、氯离子渗透、钢筋锈蚀,保护层锈胀裂缝、混凝土剥落等耐久性问题,并严重影响混凝土桥梁结构的剩余使用寿命。以往对桥梁的检查养护,主要靠现场工程师的直觉判断及简单的现场试验评估,缺乏对其材料劣化、基于各种性能的桥梁结构全寿命的剩余使用寿命的预测分析评估,更无法从全寿命的角度,分析提出基于性能的养护策略及方法。因此,如何对钢筋混凝土梁桥以及拱桥在全寿命的性能退化规律进行有效分析,预测其强度及剩余使用寿命,提出基于性能的技术维护策略,充分发挥在役桥梁的作用,提高混凝土桥梁工程的建养技术,是一个涉及经济环保及社会可持续发展,具有重大的学术价值及经济和社会效益的课题。

三、全寿命结构性能与性能水准要求

桥梁的全寿命指的是从规划、设计、施工、运营、管养、拆除或回收再利用的全过程,其目标是实现桥梁全寿命周期内总体性能(功能、成本、人文、环境等)最优的设计。它具有全局性、创新性、多目标性等特点。

全局性特点:即从全面的、联系的和发展的观点,不再是从某一阶段或某一个部门的角度出发,更多地关注桥梁全寿命周期内的各种影响因素,综合平衡桥梁各种性能需求,追求桥梁设计作品整体的最大效应。

创新性特点:体现了桥梁工程师从无到有、从定性到定量的创新过程。

多目标性特点:过程涵盖了总体概念、景观造型、生态环境、结构性能、养护管理、风险评估、全寿命成本等一系列设计活动。

1. 桥梁的性能

桥梁性能要求包括安全性、适用、耐久、经济和环保(可持续和可修复)。这四种性能要求分别对应四种极限状态,即承载能力极限状态、正常使用极限状态、耐久性极限状态和可修复极限状态。承载能力极限状态直接根据作用是否危及公路桥梁结构的安全来判断;正常使用极限状态根据使用功能如行车的影响来判断;耐久性极限状态根据结构材料的耐久性准则及对使用的影响来判断;可修复极限状态不但要考虑结构在偶然作用下的劣化和损坏程度,还要根据将降低的安全性和适用性恢复到要求的水平进行维修或修复的难易程度来判断,应分别针对不同的评价对象规定不同的容许状态[16]。

桥梁的安全性能是结构施工、运营承载、确保交通安全畅通的关键。它主要涉及桥梁结构在施工及运营期间各种预期荷载作用下的强度、刚度和稳定性。

适用性能主要分析解决桥梁在设计使用寿命周期内要有足够的桥面宽度满足未来的交通流量、在通过设计荷载时不出现过大的变形和过宽的裂缝、同时要利于桥下的泄洪、通航（跨河桥）或车辆等，条件许可方便各种管线（水、电、气、通讯等）的搭载，为此首先要进行桥梁的用途和功能需求分析，并给出相应的设计方法。

混凝土桥梁的突出问题就是开裂问题，开裂有混凝土浇筑时产生的收缩裂缝及使用过程中，因荷载、温度作用、结构基础不均匀沉降等引起的裂缝，这就要求工程师们研究桥梁实际所承受的车辆的密度、荷载轴重的分布、结构可能的不均匀沉降、温度等对结构的影响，同时要对有关的施工工艺、混凝土配合比等进行优化和控制。在分析设计方法上，应采用更为精确的符合桥梁施工工况及考虑相关因素影响的计算图示及空间分析方法，以准确预测其受力状况及可能存在的应力和挠度过大的问题。

桥梁结构的耐久性能可以从两个层次来表述：(1)在最普遍的意义上，结构的耐久性就是指其维持初始性能的能力；(2)从专业研究及便于量化的角度，结构的耐久性可更精确地定义为：结构在外界环境及其他因素（设计预期的正常荷载）共同作用下，在同样（或等效）的建设和运营维护总成本（生命周期总成本）下，保持设计预期的安全性、适用性的能力（表现为使用时间的长短）。

混凝土桥梁耐久性突出的问题是前些年设计施工的混凝土保护层厚度偏薄、抗渗透能力差、钢筋锈蚀、结构不均匀沉降、混凝土碳化，对沿海浪溅区的混凝土桥梁，这些问题更为严重。一般影响混凝土桥梁耐久性的影响因素有混凝土材料的自身特性、桥梁的设计、细部构造与施工质量、桥梁所处的环境条件、桥梁的使用条件和防护措施等。

桥梁的可持续性（或经济和环保）要求桥梁在完成预定功能和设计使用寿命周期内，其工程建设及养护维修费用最低，同时还应对环境影响小，利于环保及社会的可持续发展。

2. 桥梁的性能水准

与传统桥梁设计相比，桥梁全寿命性能设计在设计工作中将桥梁设计范围从建设期拓展到整个寿命周期，增加了传统桥梁设计中未考虑的设计内容，具体包括：耐久性设计、管养设计、拆除、回收再利用设计、风险评估和保险策略，以及全寿命周期成本分析。

综合上述桥梁的安全性、适用性、耐久性和环保（可修复性），以及桥梁不同环境和位置、重要性程度等，对应结构4种极限状态，表2给出了我国现有桥梁设计、3个水准下的性能要求和描述[16]。从桥梁维护的角度，也应根据桥梁的实际状况、重要性程度等，对照不同水准下的性能要求，提出基于性能的养护指标，进行桥梁结构的维护和加固。

桥梁结构性能水准　　表2

性能水准	安全性 承载能力极限状态	适用性 正常使用极限状态	耐久性 耐久性极限状态	环保（可修复性） 可修复性极限状态
性能Ⅰ	①结构构件或连接不出现破坏； ②结构保持整体稳定性； ③结构不转变为机动体系； ④结构不出现连续倒塌； ⑤地基不丧失承载力； ⑥结构不出现疲劳破坏	①结构不出现影响使用的变形； ②结构不出现影响正常使用的局部破坏（包括裂缝）； ③结构不出现影响正常使用的其他状况	①结构的正常使用寿命限制在钢筋脱钝阶段； ②主体结构无需修复即可达到设计预订的使用年限	不需要进行恢复结构功能的修复
性能Ⅱ	①结构没有明显损伤； ②结构保持原有刚度和强度； ③结构可正常运作但性能有所削减	①结构出现可控范围内的变形； ②结构局部损坏在允许范围内； ③结构损坏不对车辆和行人产生影响	①结构正常使用寿命限定在混凝土保护层开裂阶段； ②通过适当的措施，结构可达到设计预订的大修年限	通过简单修复即可恢复结构原有功能

续上表

性能水准	安 全 性	适 用 性	耐 久 性	环保(可修复性)
	承载能力极限状态	正常使用极限状态	耐久性极限状态	可修复性极限状态
性能Ⅲ	①结构出现明显损伤; ②结构刚度出现实质性削减,但能抵抗倒塌; ③结构需要大规模的维修才可正常工作	①结构出现影响使用的较大变形; ②结构局部损坏超过允许值; ③结构损坏对车辆和人员产生不适	①结构的正常使用寿命限制在混凝土保护层脱落阶段; ②通过适当的措施,结构可达到设计预订的大修年限	需进行较大规模的修复,才能保证结构恢复原有功能

四、混凝土桥梁性能问题的分析方法

目前,对混凝土桥梁结构性能问题,可以从材料层次、构件层次和结构层次进行分析。

(1)材料层次的研究主要是材料的退化,主要包括混凝土碳化[17,18]、氯离子侵蚀[19,20]及钢筋锈蚀[21,22]。许多学者对现有的混凝土碳化、氯离子侵蚀和钢筋锈蚀等混凝土材料退化进行研究并对相应的退化模型进行过归纳和总结,但研究的角度多以横向为主,即单独考虑每种退化形式对应有哪些数学模型,各模型之间的相关联系和区别等问题。材料劣化形式分类见图1[23]。

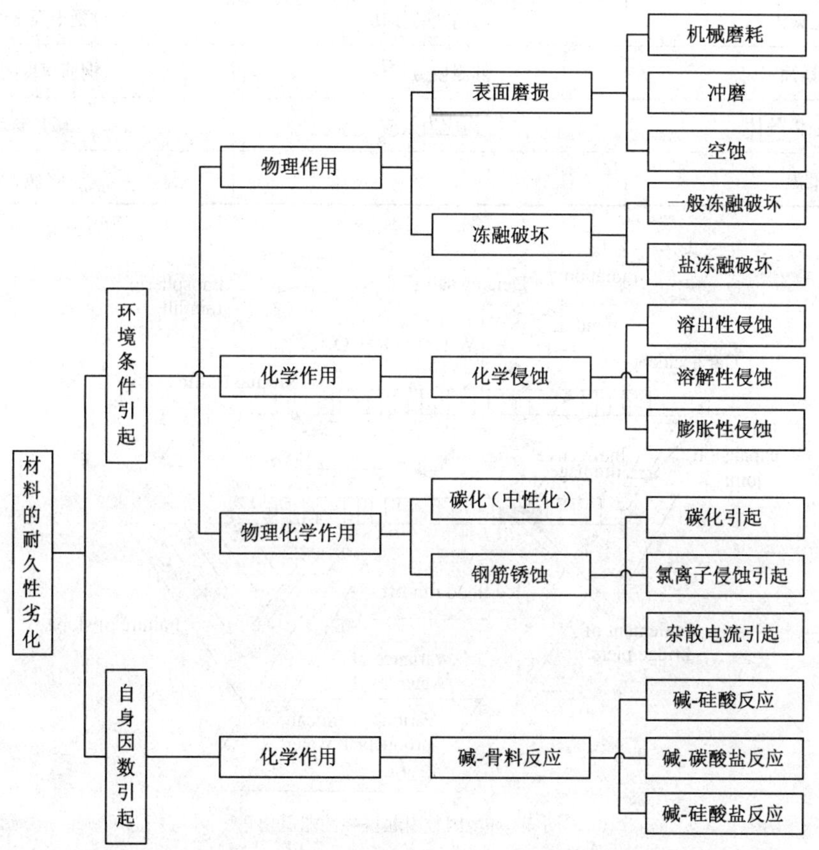

图1 混凝土结构材料劣化形式分类

(2)构件层次分析以往主要分析研究结构构件的抗力效应及设计方法,对其在环境荷载下的钢筋锈蚀等对钢筋混凝土构件(梁、板、柱、节点等)受力性能的变化(包括耐久性、抗力或剩余承载力)研究较少,随着桥梁垮塌失效事故的增多,目前已逐渐加强了构件时变性能的模拟试验研究,但受试验条件的限制,现行锈蚀构件主要通过外加电流加速锈蚀获得,且绝大多数的试验是在构件(试件)不受力的实验室加速锈蚀情况下进行的,不能正确反映桥梁运营期间的实际工作情况,尤其未考虑结构构件的使用环境与荷载的耦合作用效应，少数研究已经表明结构受力状态对构件的耐久性及抗力的退化影响是不可忽视的[24]。

(3)结构层次以往的研究主要是综合各种作用及时变效应(如预应力、收缩徐变效应)，分析研究给出结构各构件的作用效应及其组合，再借助构件层次分析设计，解决各构件的安全性能，同时确保结构的适用性能等。这种分析方法无法准确预知结构的安全性能，尤其是结构随时间的时变承载力及适用性能，因此，有必要从整个结构和全寿命的观点研究整个结构抗力与荷载的变化规律及其对结构安全性能及适用性能的影响(包括裂缝)，了解结构任意地使用状况及安全度，为结构性能的维护提出有关的建议。而混凝土桥梁结构抗力退化是一个非常复杂的过程，一方面受很多因素影响，如环境因素、荷载因素、原始设计、施工质量的自身因素[25]；另一方面，混凝土结构承载力的分析方法涉及材料的时变性、可靠性、非线性本构方程及破坏准则等基础理论问题等。关于这方面的环境模拟、计算方法、计算模型、经济性等有待深入研究。

表3列举了钢筋混凝土结构常见的影响因素[25]，图2详细列出了影响桥梁性能的环境因数。对结构的其余性能的退化等，可从结构的计算方法、计算模型、使用环境的变化和要求、经济性等方面进行分析。

钢筋混凝土结构抗力时变影响因数 表3

环境因数	荷载因数	自身因数
混凝土碳化	高周疲劳损伤	混凝土强度的时变性
钢筋锈蚀	低周疲劳损伤	钢筋强度的时变性
侵蚀性液体、气体	高应力效应	碱集料反应
高、低温		收缩、徐变

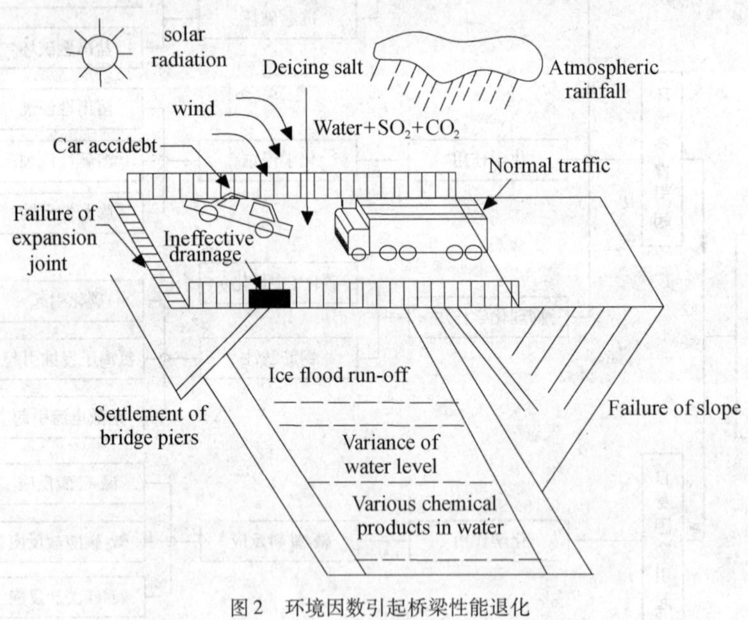

图2 环境因数引起桥梁性能退化

五、基于性能的混凝土桥梁养护指标

混凝土桥梁结构在自然环境、使用环境及材料内部因素的作用下，随着服役时间的增加，结构的性能会逐步退化，从而使得承载能力下降，影响结构的安全和正常使用性能，缩短结构的使用寿命。结构养护的目的就是针对桥梁结构存在的各类问题，基于性能(安全性、适用性、耐久性及可持续性)的要求和分析，提出相应的养护指标，确保混凝土桥结构及其构件能在规定期限内维持正常的工作状态。图3在参照了中国相应的桥梁养护规[26]和桥梁承载能力检测评定规程[27]的基础上，提出了基于性能的桥梁结构相应的养护指标，并要求通过养护，使桥梁结构的性能达到设计及养护规范的要求。

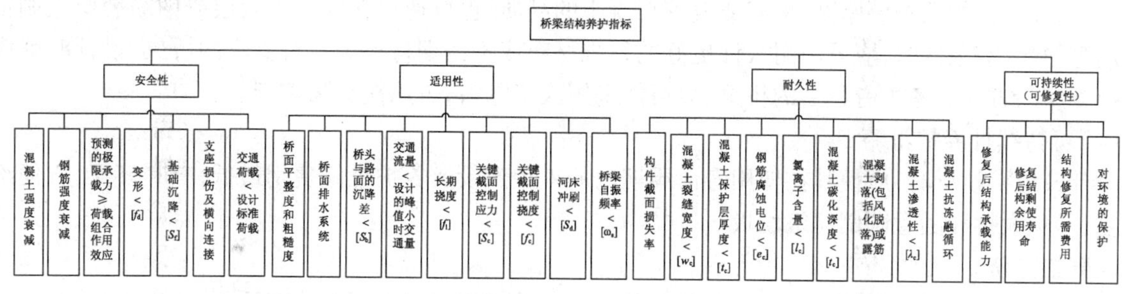

图3 基于性能的混凝土桥梁养护指标

六、养护的对策及方法

1. 养护的对策

针对桥梁的实际状况及前面提出的基于性能的桥梁结构养护指标，分别从安全性、适用性、耐久性及可持续性提出相应的养护策略。

(1)安全性养护策略

安全性就是要确保桥梁在运营期间各种预期荷载作用下的强度、刚度和稳定性，且具有一定的安全储备。为此，在日常运营管理中，应建立养护管理日志、严格限制超载车辆的通行，定期检查，加强养护，分析潜在的安全隐患，加强风险管控措施。在校核检查结构时变承载力时，尤其应根据实际的运营荷载，考虑各种因素相互影响和耦合作用，分析给出基于材料退化的桥梁结构承载力，应加强非线性分析理论和寿命预测方法的基础研究及应用，尽可能少用对交通影响比较大的桥梁现场荷载试验检测。

通常钢筋混凝土结构承载力的计算，是在大量试验研究的基础上采用半理论半经验的简化计算公式。对于常规的桥梁设计来说，这种方法可以满足工程需要。但对于处于复杂环境影响的特定混凝土桥梁，要客观而准确地预测和评定其承载力，不仅需要全面得考虑影响承载力的诸因素，如混凝土徐变、强度劣化、钢筋锈蚀、裂缝等，更需要选择合理的计算理论和方法，尤其要考虑桥梁结构在开裂后进入非线性的实际情况。目前结构极限承载力分析常采用的理论包括塑性极限分析理论和混凝土非线性有限元理论等。

①工程中应用较多的是塑性极限分析理论，它只考虑结构的塑性极限状态，通过对结构塑性极限状态分析求解结构的承载力。在结构极限分析中，通常假设结构的塑性变形集中在桥梁的特定部位而成为塑性铰，常用的塑性铰模型包括简单塑性铰模型、精细塑性铰模型及弹塑性铰模型等。塑性铰模型意义明确，计算相对方便，但存在不足，其对于复杂截面形式、桁架结构在复合受力如弯、剪、扭、轴向力等力素共同作用下，截面的应力分布及塑化条件难以确定；塑性铰形成位置、次序及转动能力难以确定判断。因此，对较复杂的混凝土桥及多跨斜拉桥等采用这种理论计算结果效果并不理想。

②混凝土非线性和极限承载力有限元分析的理论研究可追溯到20世纪60年代，Ngo和Scordelis(1967年)用二维矩形单元分析钢筋混凝土简支梁，经过40多年的发展，非线性有限元取得了长足的进展。在理论研究方面，主要集中于数学模型的建立和改进，尤其是考虑混凝土材料随时变化的本构关系研究，混凝土裂缝模型及开裂准则的研究，断裂力学的引入、钢筋与混凝土黏结滑移的影响及数值计算方法的研究等。除了进行理论的探索外，各国学者的注意力聚焦在各类模型的工程应用[28]。

(2)适用性养护策略

在设计时，应充分估计桥梁开通后在设计使用寿命周期内的桥梁总跨径、交通流量及通行荷载的标准，避免桥梁在投入使用时出现河道急剧涌水、河床冲刷加大和桥面交通拥堵，以及过大的变形和过宽的裂缝；加宽、加固桥梁时也应尽可能考虑一步到位，桥面系应避免积水和排水管堵塞，确保行车的畅通和安全。

(3)耐久性养护策略

对出现的一般耐久性问题,如混凝土开裂、渗漏、剥蚀等,应及时进行养护和封闭修补;对沿海混凝土桥梁,应增大结构的保护层厚度,提高或改善混凝土的品质,也可通过在混凝土表层或钢筋表层涂刷钢筋阻锈剂等材料,有条件时,应采用耐久性更好的纤维材料或不锈钢材料等。有支座的桥梁,设计时就应考虑更换支座的方便。冬季有积雪的桥梁,尽可能采用人工除雪,少用盐类除雪剂。

(4)可持续性养护策略

设计及维护桥梁时,应使其在使用寿命周期内的工程建设及养护维修费用最低,有利环保,方便维护和修复,避免大拆和随意倾倒建筑垃圾。

2. 养护方法

不同环境和位置及桥梁形式的工程问题,其相应的养护维修和加固方法有所不同。

(1)承载能力极限状态不足导致结构开裂

若裂缝的产生原因为墩台变位或温度应力,则一般可采取采用加固墩、台及基础。

若裂缝产生的原因为混凝土桥设计荷载等级过低或超载,则可采取加强薄弱构件、改变结构体系及限制超载的方法来解决。加强薄弱构件及增加构件的刚度,主要措施如下:①采用以新材料(喷射混凝土、现浇混凝土、环氧胶浆粘贴钢板、钢筋、玻璃钢及碳纤维布)增大主拱圈截面;②用高强度等级水泥砂浆或环氧树脂水泥砂浆封填裂缝;③增设体外预应力筋,或用化学黏结剂粘贴附加构件的方法进行加固构件。

正常使用极限状态不足时,除了上面所提到的加强薄弱构件及增加结构刚度法以外,还可以采用改变结构体系的方法,主要是利用梁的连续作用或梁、板组合作用及拱梁组合作用,使原来简支或单一的拱式体系转化为连续梁或梁拱体系。对拱桥还可采用减轻恒载法,即①实腹式拱桥改建为空腹式拱桥;②更换拱上填料,采用轻质的拱上填料;③改变拱上填料厚度来减轻拱上建筑自重;④改拱式为梁式拱上建筑,采用预制的钢筋混凝土T梁、微弯板或空心板等轻质桥面系代替笨重的腹拱体系。

当正常使用极限状态不足而使裂缝超限时,可采用加强薄弱构件法,即①用高强度等级水泥砂浆或环氧树脂水泥砂浆封填裂缝;②增设体外预应力筋,或用化学黏结剂粘贴附加构件的方法进行加固构件,如可粘贴碳纤维布等。对于纵向裂纹可采用增设横向预应力,使裂缝闭合,加强结构整体性。

(2)结构混凝土耐久性能不足

混凝土耐久性不足包括钢筋锈蚀、氯离子的侵蚀及混凝土碳化等。对结构混凝土因碳化、空蚀、冻融破坏、化学侵蚀及结构受力而引起的混凝土表层开裂、渗漏、剥蚀等大面积的破坏修补,可考虑采用表面修补法直接进行修补,修补的材料有水泥基修补材料,高分子有机修补材料,聚合物水泥砂浆等。而对钢筋锈蚀,应引起高度重视,因它是混凝土结构破坏的主要因素[29]。防止或延缓钢筋锈蚀所采用的方法有4类:

①在混凝土中添加钢筋阻锈剂,其作用是为推迟钢筋开始生锈的时间以及减缓了钢筋腐蚀发展的速度。早期研究的阻锈剂主要有苯甲酸钠(Sodium benzoate),各种亚硝酸盐(Sodium nitrite, potassium nitrite and barium nitrite)和铬酸盐(Chromates/ dichromate)等,也有人研究了氯化亚锡($SnCl_2$, stannous chloride)。目前,研究最多的是迁移性阻锈剂(MCl)的发展[30],这类阻锈剂具有在混凝土的孔隙中通过气相和液相扩散到钢筋表面形成吸附膜从而产生阻锈作用,如氨基羧酸盐[31](Amino - carboxylate based)等。

②在钢筋表面涂抹保护层,其作用是阻止氧气、水分及氯离子等腐蚀性介质与钢筋直接接触。目前,使用的最为广泛还是环氧树脂涂层,优点是其喷涂厚度均匀,易于工业化生产;其缺点是在运输、布筋过程中易于破损[32]。

③牺牲阳极防护法,在钢筋表面涂抹一层金属介质,以代替钢筋作为电化学腐蚀的阳极,起到保护钢筋的作用。附在钢筋表面的活动金属覆层可以是锌、镉和铝等,目前,用得最多的还是热浸镀锌钢筋(HDG)。

④采用纤维增强复合材料(FRP)来代替钢筋。主要有碳纤维增强复合材料(CFRP),玻璃纤维增强

复合材料(GFRP),芳纶纤维复合材料(AFRP)等。有研究表明解决钢筋锈蚀所引起的混凝土结构耐久性问题行之有效的方法是利用纤维增强塑料(Fiber Reinforced Plastics, FRP)来代替钢筋或预应力钢筋[33]。

桥梁结构在进行修复技术方案选择时,还需要综合考虑经济性因素、环境保护与社会效益。桥梁结构在寿命周期内要满足其性能要求,除需要对桥梁进行周期性的维护外,还应严格限制超载车辆的行驶。

七、结　论

通过本文的研究,可以得出如下结论:

(1)简述了混凝土桥梁安全性、耐久性等相关问题研究及在中国的进展,同时基于全寿命的特点及结构性能要求包括安全性、适用性、耐久性和可持续性,概略讨论了相对应的承载能力极限状态、正常使用极限状态、耐久性极限状态和可修复性极限状态及考虑的问题和解决的方法。针对结构在不同环境和位置、重要性程度等,提出应参照桥梁设计不同水准的性能要求,给出基于性能的养护指标,进行桥梁结构的维护和加固。

(2)针对混凝土桥梁结构存在的性能问题,从桥梁的材料层次、构件层次和结构层次的角度,讨论了现有的分析方法、存在的局限及要进一步研究解决的问题,提出有必要考虑各种因素相互影响和耦合作用,研究建立基于材料退化的桥梁结构承载力非线性的分析理论及寿命预测方法。

(3)考虑到实际的混凝土桥梁可能因承载能力极限状态、正常使用极限状态及耐久性极限状态不足导致性能无法满足要求,提出了相应的维护策略和方法。

参考文献

[1] Fhwa U S D O. Count of Bridges by Structure Type [DB/OL][Z]. http://www.fhwa.dot.gov/bridge/struct.cfm.

[2] Fhwa U S D O. Material Type of Structure by State [DB/OL][Z]. http://www.fhwa.dot.gov/bridge/material.cfm.

[3] Liu Xiaoyao. 二十一世纪桥梁倒塌与事故[EB/OL][Z].: 2011-02-11. http://liu-xiaoyao.blog.163.com/blog/static/1371523201111193444328/, 2011-02-11.

[4] Liu Xiaoyao. 2010 年桥梁倒塌和事故[EB/OL][Z]. http://liu-xiaoyao.blog.163.com/blog/static/13715232011102793359300/.

[5] Liu Xiaoyao. 2011 年桥梁倒塌和事故[EB/OL][Z]. http://liu-xiaoyao.blog.163.com/blog/static/137152320111112610632134/, 2011-12-26.

[6] 牛荻涛. 混凝土结构耐久性与寿命预测[M]. 北京:科学出版社, 2003.

[7] 金伟良,赵羽习. 混凝土结构耐久性[M]. 北京:科学出版社, 2002.

[8] Xiang Yiqiang, Guo Dongmei, Cheng Kun. The model for predicting the remaining service life of reinforced concrete bridges in-service and applicability[J]. Applied Mechanics and Materials, 2011, 90-93:1162-1167.

[9] 项贻强,程坤,郭冬梅,等. 基于热力耦合的钢筋混凝土锈胀开裂分析[J]. 浙江大学学报:工学版, 2012, 46(8): 1444-1449.

[10] 薛鹏飞,项贻强.修正的氯离子在混凝土中的扩散模型及其工程应用[J].浙江大学学报:工学版, 2010, 44(4):831-836.

[11] Xiang Yiqiang, Guo Dongmei, Wu Qiangqiang. Service Life Prediction of Concrete Bridges Based on Concrete Carbonation Depth Near Coastal Areas[C]// Queen's University, 3rd International Conference on the Durability of Concrete Structures. Belfast: Queen's University, 2012.

[12] Xiang Yiqiang, Cheng Kun, Guo Dongmei. Behavior of Rust Expansion Cracking of Concrete Deduced by Equivalent Corrosion Products of Steel Bar[C]//Proceeding of International Symposium on Innovation

& Sustainability of Structures in Civil Engineering. Xiamen, China: East south University Press,2011: 762-768.

[13] 郭冬梅,项贻强,程坤. 沿海混凝土桥的氯离子扩散修正模型及应用[J]. 中国公路学报, 2012, 25(5): 89-94

[14] 郭冬梅,项贻强,程坤. 沿海在役钢筋混凝土桥梁的钢筋锈蚀模型[J]. 哈尔滨工业大学学报,2012, 44(12):100-104

[15] Xiang Yiqiang, Tang Guobin, Liu Chenxi. Cracking mechanism and simplified design method for bottom flange in prestressed concrete box girder bridges[J]. Journal of Bridge Engineering,2011,16(2): 267 - 274.

[16] 赵君黎,李文杰,冯苠. 基于性能的公路桥梁结构设计规范研究[C]// 中国土木工程学会桥梁与结构工程分会:第二十届全国桥梁学术会议. 北京:人民交通出版社, 2012:25-31.

[17] Parrott L J. A study of carbonation - induced corrosion[J]. Magazine of Concrete Research, 1994, 46(166): 23-28.

[18] Papadakis V G, Vayenas C G, Fardis M N. Fundamental modeling and experimental investigation of concrete carbonation[J]. ACI Materials Journal, 1991, 88(4): 363-373.

[19] Kong J S, Ababneh A N, Frangopol D M, et al. Reliability analysis of chloride penetration in saturated concrete[J]. Probabilistic Engineering Mechanics,2002,17(3): 305-315.

[20] Liu Y P, Weyers R E. Modeling the time - to - corrosion cracking in chloride contaminated reinforced concrete structures[J]. ACI Materials Journal, 1998, 95(6): 675-681.

[21] Lee H S, Noguchi T, Tomosawa F. FEM analysis for structural performance of deteriorated RC structures due to rebar corrosion[C]. Tromso, Norway: Proceedings of the Second International Conference on Concrete under Severe Conditions, 1998.

[22] Maslehuddin M, Allam I M, Alsulaimani G J, et al. Effect of rusting of reinforcing steel in its mechanical - properties and bond with concrete[J]. ACI Materials Journal, 1990, 87(5): 496-502.

[23] 张誉. 混凝土结构耐久性概论[M].上海:上海科学技术出版社,2003.

[24] 涂永明,吕志涛. 应力状态下混凝土的碳化试验研究[J]. 东南大学学报:自然科学版,2003,33(5): 573-576.

[25] 叶文亚. 预应力混凝土桥梁寿命期结构整体性能退化分析[D]. 上海:同济大学,2007.

[26] JTG H11—2004. 公路桥涵养护规范[S]. 北京:人民交通出版社. 2004年.

[27] JTGT J21—2011. 公路桥梁承载能力检测评定规程[S]. 北京:人民交通出版社,2011.

[28] 唐国斌. 基于全寿命设计的混凝土箱梁桥若干理论问题研究[D]. 杭州:浙江大学,2011.

[29] Mehta,P. K. Durability of concrete - fifty years of progress? Durability of concrete: second international conference[C] // V. M. Malhotra, Montreal, Canada. Farmington Hills, Mich.: *ACI*, *SP* - 126. 1991(2): 1-31.

[30] Bjegovic D, Miksic B. Migrating corrosion inhibitor protection of concrete[J]. Materials Performance, 1999, 38(11): 52 - 56.

[31] Alex Eydelnant. Boris Miksic. Larry Gelner. 1993. Migrating corrosion inhibitors for reinforced concrete.
http://www.cortecmci.com/Files/CTP16MCI.pdf

[32] 张晏清. 钢筋表面防腐蚀涂层的性能[J]. 建筑材料学报,2005,8(5): 577 - 579.

[33] 胡永骁. 预应力 FRP 筋受弯构件非线性有限元分析[D]. 武汉:武汉理工大学,2007.

[34] JTG/T J22—2008. 公路桥梁加固设计规范. 北京:人民交通出版社,2008.

[35] JTG/T J23—2008. 公路桥梁加固施工技术规范. 北京:人民交通出版社,2008.

173. 基于决策人目标的桥梁改造项目后评价信息反馈方法

任美龙[1] 魏洪昌[2] 楼灿洪[3] 李林生[1] 刘云生[1] 熊 凯[1] 梁 鹏[3] 徐 岳[3]
(1. 广东省公路管理局;2. 北京特希达科技有限公司;3. 长安大学)

摘 要 后评价成果信息反馈是项目后评价体系中的重要环节。本文将桥梁改造建设项目相关单位和部门决策人分类为国家立场决策人和企业立场的决策人,从分析不同决策人特点及目标层次结构出发,通过分析不同决策人的价值判断依据和决策目标,提出基于决策人目标的后评价反馈方法,使后评价成果有针对性地进行反馈。本文反馈方法和反馈机制可提高后评价信息成果的使用效率,完善后评价成果使用机制。

关键词 桥梁改造 后评价 决策人目标层次结构 信息反馈

一、引 言

桥梁改造建设项目后评价工作广泛开展,对总结已建项目、指导在建项目发挥了重要作用,如何进一步增强后评价信息的反馈成为目前急需解决的问题。后评价的最终目标是将建设项目的评价结果通过有效的反馈机制以及合理的反馈方法反馈到投资决策和管理建设部门,从而提高投资决策水平,同时也可以为相关的项目建设单位提供经验教训,提高工程建设质量[1-2]。目前,我国学者已经初步建立了建设项目的后评价机制[3-8],但对后评价信息反馈方法仍然缺乏研究,后评价成果通常以报告的形式出现,工程项目相关的政府行政部门、业主以及具体事务的执行机构(企业)共用一份报告,针对性低,很大程度上降低了后评价成果的使用价值。本文结合桥梁工程项目的特点,针对不同建设和管理部门的决策人提出基于决策人目标的后评价信息反馈方法。

二、我国桥梁改造项目决策人特点分析

决策人是由个人或一些个人组成的群体,他们在不同职能的部门承担不同的职责,我国桥梁改造工程建设项目需要决策人从国家和企业两个不同的层次对决策内容进行考虑。由于不同的决策人出发点不同,代表的利益群体不同,决策人对桥梁改造建设项目所要实现的目标有所差别,因此,在桥梁改造后评价工作完成后需要根据不同决策人的特点,将通过桥梁改造后评价获取的成果进行合理地反馈。

在桥梁改造建设项目从战略规划到具体项目规划和具体项目的实施整个过程中,参与项目的决策人可以分为以下3类:①国家立场的桥梁改造建设项目决策人;②国家属性企事业单位立场的桥梁改造建设项目决策人;③参与桥梁改造建设项目的私营企业决策人。

(1)国家立场的桥梁改造建设项目决策人:主要为代表国家利益的政府公务员,其在桥梁改造领域作出的战略规划或是各种行政决策都属于公务决策,这种决策并不仅仅从个人或特定范围的利益集体出发考虑问题,而是要站在国家和整个社会的角度进行价值判断,这种决策应该强调客观化和理性化。

(2)国家属性企事业单位立场的桥梁改造建设项目决策人:在政府对桥梁改造建设项目作出战略规划和各种行政决策以后,一般由企事业单位负责管理,即所谓的“业主”。该类型的决策人主要由企业的负责人组成,其决策的重点不仅要以国家利益为中心,还应从企业和企业全体成员出发进行价值判断。因此在决策时,决策人应考虑建设项目在不违反国家利益的前提下,尽可能降低建设项目的风险并做好建设项目的财务决策工作。

(3)参与桥梁改造建设项目的私营企业决策人:目前,桥梁改造建设工程项目的实施由原来的国有

企业逐渐转向私营企业。私营企业的决策人在执行项目决策时并不需要从国民经济出发考虑问题，而只需要在满足相关法律和规范要求的前提下，从企业的财务和利益角度进行分析。此时，决策人作出的决策属于个体事务决策，必须对项目的相关事宜进行详细了解，并作出合理的分析和推理。

以下表格将我国桥梁改造建设工程项目的决策人类型以及决策人的立场、决策类型和决策依据进行归类汇总，如表1所示。

我国桥梁改造工程决策人属性　表1

桥梁改造工程参与组织类型	决策人描述	决策人立场	决 策 类 型	决 策 特 点
政府机关	国家公务员	国家立场	公务决策	受国家委托，从整个国家和社会的利益出发进行价值判断
国家属性的企事业单位（业主）	企业负责人	企业立场	公务决策	受集体委托，从本企业和企业全体成员出发进行价值判断
私营企业	该私营企业的负责人、股东大会或类似机构	企业立场	个体事务决策	主要依据个体和股东的价值观进行推理分析和判断

三、桥梁改造建设项目决策人目标及其层次结构

桥梁改造建设项目后评价有效地将桥梁改造完成项目的目的、执行过程、效益、产生的作用进行系统、客观的分析。但由于评价内容全面且复杂，因此缺乏可读性和针对性。目标是决策人决策行为的导向，为了能使桥梁改造后评价结果有效地转化为提高决策人决策、设计、施工和管理水平，和制定各种相关政策等的科学依据，必须将后评价成果根据决策人的目标、决策重点进行有效、合理地反馈。

1. 桥梁改造项目决策人基本目标

无论国家政府机关、国家属性的企事业单位还是私营企业，对桥梁改造项目都有最基本或是最低的要求。在我国，桥梁属于社会公共结构物，当对旧、危桥进行改造时，不管是哪类决策人都必须要求改造后的桥梁满足一系列基本性能要求。这些基本性能的要求主要通过由国家相关部门强制或推荐执行的技术规范和行业标准体现。例如:《公路桥涵养护规范》(JTG H11—2004)、《公路桥梁技术状况评定标准》(JTG/T H21—2011)、《公路桥梁承载能力检测评定规程》(JTG/T H21—2011)、《公路桥梁加固设计规范》(JTG/T J22—2008)、《公路桥梁加固施工技术规范》(JTG/T J23—2008)等。这种要求能在参与桥梁改造项目的私营企业尽可能多的情况下，保证工程质量，尽可能避免因部分私营企业主缺乏远见而造成损失。基本的要求至少包括以下几个方面：

(1)改造后的桥梁必须满足一定的安全等级。

(2)保证结构改造过程中以及改造完成以后对环境的影响可控并且有限。

(3)改造方案尽可能减少或避免桥梁中断交通。

(4)改造后桥梁必须有条件达到一定的安全使用年限。

(5)改造后桥梁须满足最低的美学标准。

对根据不同决策人将决策目标有层次地进行区分和研究，是桥梁改造后评价信息有效反馈的基础，本文利用层次分析法思想对影响决策人决策的目标进行逐层次分析和研究。

2. 桥梁改造项目决策人目标层次结构

对不同的桥梁改造项目决策人的决策目标，可运用层次分析法将决策目标层次化，并逐层分析不同层次的目标影响因素。层次分析法[9]最先由美国运筹学家 T. L. Satty 教授于20世纪70年代提出的一种分析方法。层次分析法的思想在决策人的目标中的应用最关键就是将决策目标条理化、层次化，构造出一个层次分析模型，最终获得不同重要程度的目标，从而通过有效的信息反馈方法将桥梁改造后评价信息根据不同程度的目标有重点地进行反馈，以便决策人高效地获取所需要的信息。

(1)桥梁改造工程国家公务员的决策目标和层次结构

桥梁改造工程项目国家立场的总体目标一般为改造旧、危桥，继续发挥原有桥梁对社会经济的贡献，不

断提高人民的生活水平[10]。具体来说可以分为:保证桥梁结构的安全性、降低工程项目的改造投资成本、不影响生活、生态环境质量、保证改造后结构一定年限的使用寿命等目标。具体的层次结构如图1所示。

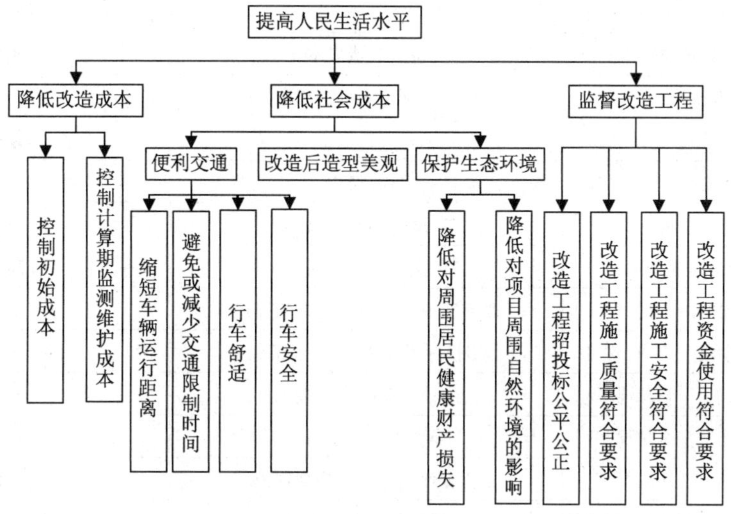

图1 桥梁改造工程项目国家立场决策人目标层次结构

国家立场的决策人关心的目标层次更加定性化,由于国家立场的决策人处于桥梁改造工程决策的最高端,主要针对的是常见的桥梁改造战略决策问题,在执行决策时需要对政治、技术、经济、社会、生态环境等各个方面进行全面的考虑。

从图1中可以看出,国家立场决策人最终的目标是通过改造旧、危桥来提高人民的生活水平,具体可以从降低桥梁改造成本和社会成本两处分析,此外,作为公务员的国家立场决策人还应对旧、危桥的改造过程进行监督,以确保改造项目的顺利进行。

(2)桥梁改造工程企业立场决策人的目标和层次结构

在国家相关机构对桥梁改造工程完成规划决策以后,由行业内相关的企业单位实行桥梁改造工程的招投标、设计、施工以及运营的工作,在满足桥梁改造项目决策人基本目标后,企业立场决策人将从获取的利益出发,进行价值判断,具体如图2所示。

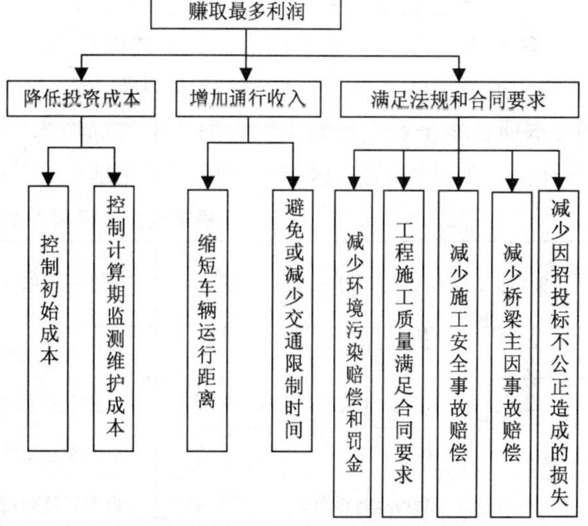

图2 桥梁改造工程企业立场的目标和层次结构

四、桥梁改造后评价结果反馈形式

在明确了解桥梁改造工程各类决策人的特点后,根据桥梁改造后评价的理论与方法,以各种决策人的决策目标为基础进行决策考虑因素的配置,最终通过表格的形式反映出某项桥梁改造工程的后评价结果。

1. 基于国家立场决策人目标的反馈结果形式

为了更好地制订针对国家立场决策人的桥梁改造后评价信息反馈结果,对该决策人的决策目标进行定性的度量。表2中将桥梁改造工程项目中国家立场决策人的决策目标作为反馈结果表的主要内容,用属性来进一步表明决策人目标主要参考指标。该反馈形式中采用成功度评价的等级将目标分为完全成功、成功、部分成功、不成功、失败五个等级[11],后评价工作人员还可根据项目的评价等级结合桥梁改造后评价报告进行备注原因的分析。

桥梁改造工程国家立场决策人信息反馈结果表 表2

编号	目 标	属 性	项目后评价成功度	决策考虑因素偏向性	备注（原因分析）
1	控制初始成本	桥梁改造成本		越低越好	
2	控制计算期内改造后维护成本	计算期监测维护成本		越低越好	
3	行车舒适	行车舒适度		越高越好	
4	行车安全	事故伤亡		越低越好	
5	缩短运行距离	缩短的里程数		越高越好	
6	避免或减少交通限制时间	交通限制时间		越低越好	
7	改造后桥梁的造型优美	改造完成后对桥梁造型的描述		造型美观	
8	改造工程招投标是否公平、公正	招投标工作透明性、公正性		公平公正	
9	改造工程施工质量情况	质量验收合格性		验收合格	
10	改造工程施工安全情况	是否出现安全事故		避免出现	
11	改造工程资金使用情况	资金使用是否有违规现象		越低越好	
12	对周围居民健康财产的损失	居民健康财产损失		越低越好	
13	改造桥梁对周围自然环境的影响	资源消耗程度、TSP排放量、CO_2、NO_2等		越低越好	

2.基于企业立场决策人目标的反馈结果形式

桥梁改造工程企业立场决策人主要以控制项目成本、降低各种赔偿金作为主要目标，对于收费桥梁则希望通过缩短车辆运行距离、减少因桥梁改造造成的交通限制，从而可以提高过桥费的收入。在表3中，本项目将企业立场的决策人的决策目标作为反馈结果表的主要内容，将因目标失败而造成的后果和代价反应为目标属性，这样可以更加量化地描述决策人希望考虑获得的反馈信息。

桥梁改造工程国家立场决策人信息反馈结果表 表3

编号	目 标	属 性	项目后评价成功度	决策考虑因素偏向性	备注（原因分析）
1	控制初始成本	桥梁改造成本		越低越好	
2	控制计算期内改造后维护成本	计算期监测维护成本		越低越好	
3	行车安全	事故伤亡赔偿		越低越好	
4	缩短运行距离	吸引客流而增加的过桥费		越高越好	
5	避免或减少交通限制时间	损失的过桥费		越低越好	
6	改造工程招投标是否公平、公正	招投标工作因不公正、不公正而造成的损失		公平公正	
7	改造桥梁性能满足合同要求	违约金		避免出现	
8	改造工程施工安全情况	施工安全事故赔偿金额		避免出现	
9	资金违规使用造成浪费情况	违规使用的资金金额		越低越好	
10	桥区居民健康财产损失	居民健康财产损失赔偿		越低越好	
11	减少环境污染赔偿	环境污染赔偿或罚金		越低越好	

五、桥梁改造后评价成果信息使用机制

桥梁改造后评价结果信息使用机制主要研究后评价成果如何在实际工作中发挥作用。一般情况下，后评价成果的使用机制可以根据项目从立项评估到投入运营的整个过程进行划分[12]。

(1)决策过程中使用

对于国家立场的决策者,后评价机构完成桥梁改造后评价以后,将通过基于决策人目标的反馈方法对后评价结果进行反馈,以便决策者能够根据其中的信息了解项目改造后在社会、经济、环境等方面影响,以便更好地规划桥梁改造建设项目,不断提高决策水平。而对于业主决策者,则可以通过了解项目的资金规范使用、财务状况以及产生的经济效益等方面为今后的桥梁改造决策增加经验。

(2)设计过程中使用

桥梁改造后评价对改造方案的设计也进行了详细的评价,后评价完成后承担桥梁改造设计工作的单位可以借此考察项目设计工作的成败得失,充分吸取经验教训。

(3)改造工程施工过程中的使用

对于桥梁改造施工单位的反馈包括两种,即改造项目实时反馈和项目改造后结果反馈。项目实时评价就是后评价机构在项目改造过程中收集评价资料时并可以对改造实施过程中出现的问题进行反馈,有利于项目的顺利进行。而项目改造后结果反馈则是对完成改造施工的效果进行反馈,使施工单位能够及时吸取经验教训。

(4)工程运营过程的使用

桥梁改造后评价成果还可以在工程项目运营阶段应用,如收费桥梁的运营后的效益、桥梁运营情况的分析和评价、改造后桥梁寿命周期内的性能等,对桥梁运营过程中出现的问题进行有效解决。

六、结　语

本文通过对桥梁改造建设项目相关部门决策人目标的分析,提出了基于不同目标决策人的后评价信息反馈方法和桥梁改造后评价成果信息使用机制,使得不同决策部门可以针对各自不同的职能和决策目标进行信息的获取,不仅提高了后评价信息成果的使用效率,完善了后评价成果使用机制,为其他工程领域后评价信息反馈的研究提供了一种思路。

参考文献

[1] 唐学文,刘思峰,方志耕.关于加强政府投资项目后评价工作的设想[A].管理科学与系统科学研究新进展——第8届全国青年管理科学与系统科学学术会议论文集[C],北京:中国矿业大学出版社,2005.681-687.

[2] Shao Y., Macari E. Information Feedback Analysis in deep excavations[J]. International Journal of Geome chanics, 2008. 8(1): 91-103.

[3] 桂滨,钟文香.公路建设项目后评价反馈机制及形式[J]. 公路,2005,(05): 98-102.

[4] 洪雁,秦廷奎,刘崇海. 构建电信项目后评价反馈机制[J]. 通信企业管理,2006,(003): 56-57.

[5] 姚莉,曲林,于磊,等. 完善油气田建设项目后评价反馈机制的思考[J]. 天然气技术,2009,3(6): 64-67.

[6] 王蕾,陈岩.系统动态控制论的水利项目后评价反馈机制[J]. 天津市经理学院学报,2006,8(6): 25-26.

[7] 金锡万,白琳.项目后评价的反馈机制[J].安徽工业大学学报:社会科学版,2002,(003):56-57.

[8] Chen Y., Xiang Z., Jian W., et al. The Effects of Advanced Information Feedback Strategies in FI Model [A]. IEEE, 2011. 4186-4189.

[9] 张永清,冯忠居. 用层次分析法评价桥梁的安全性[J]. 西安公路交通大学学报,2001,21(3): 52-56.

[10] 高海鸿.给定结构寿命下桥梁工程成本分析决策方法与过程[D]. 上海:同济大学,2010.

[11] 武同乐.桥梁加固后评价方法研究[D].西安:长安大学,2004.

[12] 孙慧,石烨.世界银行项目后评价反馈系统对我国项目后评价工作的启示[J].国际经济合作,2009,(001):76-80.

174. 在役桥梁桩基础钻孔雷达检测法

杨 宇 马 晔 张理轻
(交通运输部公路科学研究所)

摘 要 采取钻芯法对在役桥梁桩基础进行检测,不仅费用较高,对基础也会形成一定的伤害,并且不易掌握桩基础周围的地质状况。而采用地面工作的探地雷达进行检测,仍不能精确掌握桩基础周围的地质状况,不便于进行桩基础工作状况的分析。为了避免上述弊端,采用钻地雷达进行在役桥梁桩基础检测。其方法是在桩基础旁竖向钻孔,在孔内设置套管后,将探地雷达探头置入探孔内,雷达天线沿探孔匀速上升或下降扫描桩基础。通过对雷达扫描结果的分析,可以得到桩基础长度等信息,结合钻孔资料,可以分析桩体埋深、桩体嵌岩情况等。在某实际工程中,选取了4根桩基础分别进行取芯检测和钻地雷达检测,通过检测结果的对比分析表明,钻地雷达的检测结果可信度较高。

关键词 桥梁工程 在役桩基础 钻孔雷达 检测

在桥梁养护工作中,需要对在役桥梁桩基础的桩身长度、桩周岩土体情况进行检测。但如何对其进行有效的检测,一直是桥梁工程技术人员关心的问题。由于在役桥梁桩基础深埋于地下,同时由于其上存在承台、墩柱等构件,采用传统方法对其进行桩身长度等检测时,一直存在较大的困难。

传统确定桩长的最好办法是钻芯法,方法结果直观,但稍不慎就会钻到桩基主钢筋或钻偏,且施工周期长,也不便于掌握桩基础周围的地质状况。虽然探地雷达技术已经在基础检测工作中得到了一定的应用,但目前这些应用多是采用地面探地雷达进行[1,2],具有很多不便之处,如对基础周边的地质条件不能直观分析,对于埋深较大的基础如桩基础,由于雷达信号需穿透较厚的覆盖层,雷达信号往往受到抑制,导致探测效果较差。钻地雷达的技术特点能较好地解决上述方法存在问题,但由于缺乏工程实例验证,因此鲜见实际应用。

某公路桥梁全长近20km,因故需对桩基础长度进行重新检测。该桥梁桩基础设计桩长大,地质条件较复杂,为了提高检测工作效率,考虑到采用钻地雷达的技术特点,决定采用钻地雷达方法进行桩长检测。为了保证检测质量,随机选取4根桩基础分别进行取芯检测和钻地雷达检测,并进行检测结果的对比分析,本文主要介绍了其中1根桩基础的检测情况。

一、钻地雷达检测的工作机理

钻地雷达的工作方法是在待检物体旁竖向钻孔,将探地雷达探头置入探孔内,雷达天线沿探孔上升或下降进行工作。

钻地雷达工作时,在雷达主机控制下,由发射天线 T 在地下介质中发射一定主频的电磁脉冲波,电磁脉冲波在地层介质中传播时,遇到地下介质中的物性分界面(主要是指电阻率和介电常数差异的分界面)时,发生波的反射、透射和绕射;被反射的电磁波传回后,被接收天线 R 所接收并传输到接收机,信号经处理后,在每一观测点上均可以获得一个由入射波、反射波组成的时域波形序列,即波列图[3-7]。

由于不同的地质介质之间存在电磁性差异,这种电磁性差异不仅会引起电磁波的反射,而且还会使电磁波发生衰减和相位等特征的变化。根据所获得的地质雷达剖面的反射波同相轴特征、能量衰减、相位变化等信息,便可确定地下目标的形状、位置和大小。

在钻孔中确定桩位及桩长时,雷达波的发射和接收采用发射天线与接收天线一体化的孔中探头。如图1所示,雷达波从探头射出经过探管与桩间的土层到达桩表面,因桩、土两种介质不同而产生反射波,反射波反射回来被探头接收,在时域上形成一个入射波 T 与一个反射子波 R,得到一个波列图,当探头在井中由下而上以一定速度移动时,在主机的控制下,以相同时间间隔得到一系列的波列图,同相轴形成一

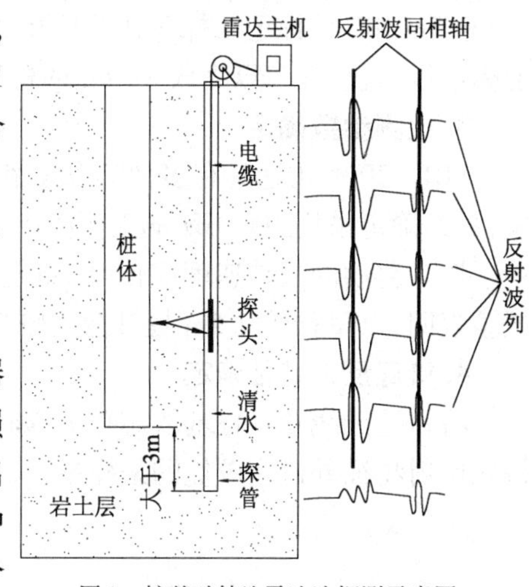

图1 桩基础钻地雷达法探测示意图

条能量加强轴线,这就是地质雷达剖面。当探头位于桩底以下时,由于没有柱身反射雷达波,在波列图中没有桩的反射子波(见图1中最下一个波列),根据这个原理,就可以清楚确定桩底位置,结合这时探头的深度,即可确定桩体埋深。

此外,结合钻孔资料,可以分析桩周岩土体、桩体嵌岩情况等。

二、钻地雷达检测设备

本次探测使用美国GSSI公司SIR-20型地质雷达,该仪器质量符合ISO9000标准。这种雷达是目前国际上较先进的无损检测设备,具有连续采样、自动生成图像的功能,可准确探测出不同介电常数介质的界面、空洞等,可按实际工程情况进行各种数据处理,并绘制以时间或深度为纵轴的彩色雷达图像,便于分析解释。

探地雷达对地下介质的分辨率主要取决于第一费涅尔带半径[2]。

$$r_f = \sqrt{h\lambda/2} \tag{1}$$

式中:h——目标体与信号发射点的距离;

γ——使用天线的中心频率波长。

根据室内试验结果,该型雷达分辨率对单个目的体的能力优于$r_f/5$。

三、钻地雷达检测

检测工作分以下步骤进行:布置测点→测试参数确定→提升速度确定→确定桩底反射特征→检测。

1.钻地雷达工作测点布置

在选定的桩基础附近竖向钻孔(图2),为了保证检测效果,钻孔离桩基外壁不大于1m。

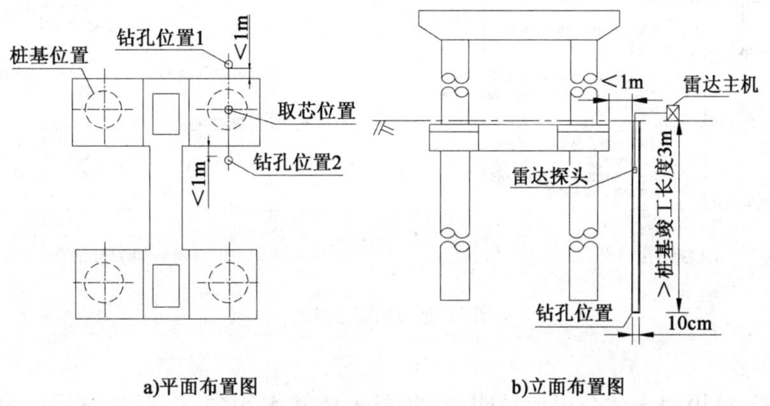

图2 桩基础钻地雷达法探测示意图

钻孔深度保证每根埋好的探管底端均超过可能的桩底位置(试验时要求钻孔深度超过原竣工资料桩长3m)。钻孔内取芯后,在孔内设置外径630mm的PVC塑料管,底端封死,中间接管用同规格直通管件,探管埋好后往管外侧与钻孔壁中充填细泥砂(使探管与土层紧密接触,防止出现空洞产生干扰反射波)。检测时探管中灌满清水以利雷达波耦合。

为了进行对比,在待检桩基础中心位置沿桩身竖向轴线进行全长取芯检测,且取芯孔超过桩底不小于3m。

2.检测方法

本次探测使用SIR-20型雷达以连续观测方式进行测量。测量时,先在探头上做好深度标记

(每0.5m 作1 个标记),探头放至探孔底,以恒速往上提升,每到一个深度标记,由电脑自动打上一条深度标记线,直至孔口以完成一个孔的检测。检测时,分别将雷达天线置入桩基两侧钻孔进行检测。

3. 检测参数确定

SIR－20 型雷达具有多种工作频率,根据中心频率的不同,探测精度和范围也不一样。根据多次试验,最终确定采用100MHz 的工作频率。

探头移动的最佳速度应使每1m 深度内有150～200 条波列,从而保证确定深度的分辨率在5～10,试验表明,以每秒约0.5m 提升探头较为合适。

4. 桩底反射特征确定

将雷达天线置入桩基取芯孔中,调整仪器的采样参数,对桩基进行扫描,根据桩基取芯资料对比识别桩底反射特征并确定较优的采样参数,并以此为依据判断其他孔检测。

四、检测数据处理与分析

1. 地质钻探及桩基础钻芯检测结果

地质钻探结果如图3,桩基础钻芯检测结果如图4。

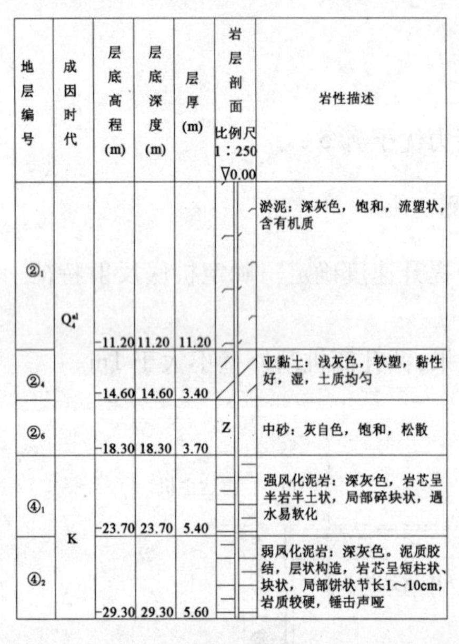

地层编号	成因时代	层底高程(m)	层底深度(m)	层厚(m)	岩层剖面 比例尺1∶250 ▽0.00	岩性描述
②$_1$	Q_4^{al}	-11.20	11.20	11.20		淤泥：深灰色，饱和，流塑状，含有机质
②$_4$		-14.60	14.60	3.40		亚黏土：浅灰色，软塑，黏性好，湿，土质均匀
②$_6$		-18.30	18.30	3.70	Z	中砂：灰自色，饱和，松散
④$_1$	K	-23.70	23.70	5.40		强风化泥岩：深灰色，岩芯呈半岩半土状，局部碎块状，遇水易软化
④$_2$		-29.30	29.30	5.60		弱风化泥岩：深灰色。泥质胶结，层状构造，岩芯呈短柱状、块状，局部饼状节长1～10cm，岩质较硬，锤击声哑

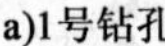

a)1号钻孔

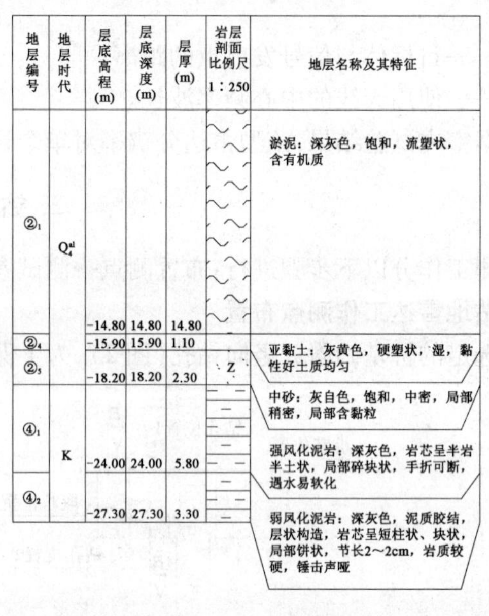

地层编号	地层时代	层底高程(m)	层底深度(m)	层厚(m)	岩层剖面比例尺1∶250	地层名称及其特征
②$_1$	Q_4^{al}	-14.80	14.80	14.80		淤泥：深灰色，饱和，流塑状，含有机质
②$_4$		-15.90	15.90	1.10		亚黏土：灰黄色，硬塑状，湿，黏性好土质均匀
②$_5$		-18.20	18.20	2.30	Z	中砂：灰自色，饱和，中密，局部稍密，局部含黏粒
④$_1$	K	-24.00	24.00	5.80		强风化泥岩：深灰色，岩芯呈半岩半土状，局部碎块状，手折可断，遇水易软化
④$_2$		-27.30	27.30	3.30		弱风化泥岩：深灰色，泥质胶结，层状构造，岩芯呈短柱状、块状，局部饼状，节长2～2cm，岩质较硬，锤击声哑

b)2号钻孔

图3　地质钻探结果图

2. 桩底识别

从钻孔芯样来看,桩周岩土体分层比较明显,各层土体基本均匀,岩石与土体区分也较明显,因此电磁波同相轴对比性较好,故土层在雷达图像上为多组彼此近似平行、规则的彩色条带;在桩体与岩石交接面以及岩石与土体交界面,因两者之间介电常数有差异,在其附近出现明显的电磁波绕射和能量加强的反射现象,在雷达图像上为近似平行的强能量同相轴,该同相轴在时间坐标上随着桩与探孔间距离的远近而变化;而在桩底界面,反射波会出现一定的能量增强、波组弯曲、移位、错断、绕射等变化,反映在雷达图像中是一个较明显的波组错移并伴有绕射的界面,随着远离桩底,逐渐过渡到正常土层状态。经反复测试,得到如图5、图6 的典型桩底反射雷达图像,为便于比较,雷达纵向坐标与其相应钻探柱状图一致。

根据桩底反射特征,确定桩底位置,找出桩底及其相近的两条深度时标线所对应波列号,用内插法求得桩底深度(桩长)。因两时标线间有150～200 条波列,其内插误差在0.05～0.1m,能满足工程精度需要。

钻芯孔号		设计混凝土强度	C25	桩顶高程	0.00m	开孔日期		
桩长	24.44m	设计桩径		钻孔深度	27.37m	终孔日期		
层底高程(m)	层底深度(m)	分层厚度(m)	分层序号	柱状图 1:300	采取率(%)	混凝土/岩芯描述	芯样编号 深度(m)	抗压强度代表值(MPa)
-24.44	24.44	24.44	1		100.0	0.00～24.40m为桩身部分，混凝土芯，连续，结构完整呈柱状，节长0.30～1.55m，胶结较好，上下断口吻合，粗细集料分布均匀，其中13.40～14.20m一侧见宽2～4cm离析，桩底与基岩接触差桩底见施工遗落铁块； 桩底沉渣厚度：4cm	ZKC9-3号-1-1样 0.50～0.80 ZKC9-3号-1-2样 2.76～3.06 ZKC9-3号-1-3样 14.94～15.24 ZKC9-3号-4样 22.60～22.90	33.5 32.1 36.9 36.4
-27.37	27.37	2.93	2		100.0	24.44～27.37m为弱风化泥岩：深灰色，岩芯呈饼状为主，节长1～10cm，局部碎块状	ZKC9-3号-1-5样岩 26.30～26.50	18.8

图4　桩基础钻芯检测结果图

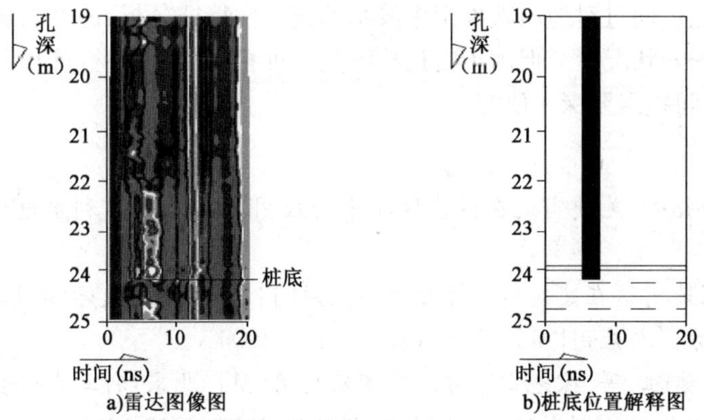

图5　桩基础钻地雷达检测图像(1号孔)

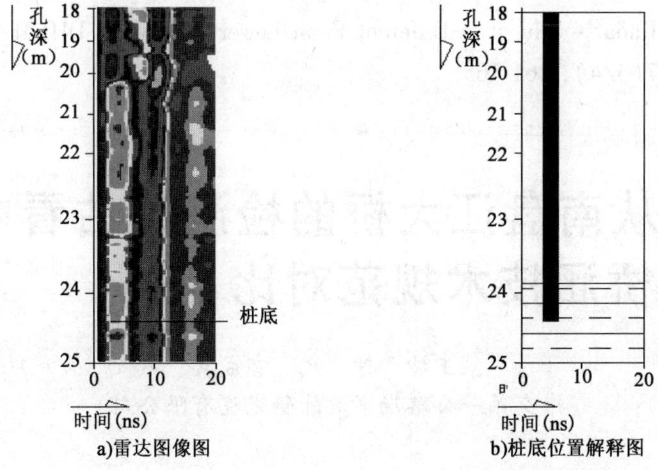

图6　桩基础钻地雷达检测图像(2号孔)

3. 检测结果评价

从上述雷达检测结果、钻芯检测结果可见，分别在同一桩基础两侧进行检测得到的雷达图像均能反映出桩底位置。从钻芯检测结果可见，桩底埋深在24.44m左右，而1号孔和2号孔雷达检测结果表明桩底埋深在24.20～24.50m，差距较小。此外，另行随机选取了3根桩基础分别进行了钻芯检测和桩底位置雷达检测，检测结果见表1。从表1可见，采用不同方法得到的各桩桩底位置结果差异较小，说明雷达检测结果是可信的，该方法可独立应用于桩基础检测。

各桩桩底位置检测结果　　表1

桩基编号	桩底埋深(m)	
	取芯检测	雷达检测
1(1号孔)	24.44	24.20
1(2号孔)		24.50
2	27.00	27.80
3	31.88	31.80
4	33.47	33.50

五、结　　语

对桩基础的钻芯检测和钻地雷达检测结果表明，本次检测试验取得较好的结果和较高的分辨率，说明用地质雷达的方法确定既有基桩的长度是有效和可行的。

根据雷达检测的特点，通过对地质映象图中波组的连续性特征分析，还可以确定桩身完整性情况，如严重夹泥、离析及桩底嵌岩状况等。但由于雷达检测是一种相对测量，进行桩身完整性等检测时，对雷达信号的解释存在更多的问题需要深入研究。

参考文献

[1] 石林珂，孙懿斐，孙铭心.地质雷达在桩基检测中的应用[J].华北水利水电学院学报，2000，21(4)：45-47.

[2] 王惠濂，李大心.探地雷达在建筑地基探测中的应用[J].中国地质大学学报，1993，18(3)：323-328.

[3] 李大心.探地雷达方法与应用[M].北京：地质出版社，1994.

[4] 曾昭发，刘四新，王者江，等.探地雷达方法原理及应用[M].北京：科学出版社，2006.

[5] 潘仕海.地质雷达在基桩检测中的应用[J]：工程设计，2007，4：10-12.

[6] Kim Jung-Ho, Park Sam-Gyu, Yi Myeong-Jong, et, al. Borehole radar investigations for locating ice ring formed by cryogenic condition in an underground cavern: Journal of Applied Geophysics, 62(2): 204-214.

[7] Tumer G. Borehole Radar - Why it is Different From Lower Frequeney DHEM Techniques. Exploration GeoPhysies. 1996, 27(3/4), 161-165.

175. 从南盘江大桥的检测评估看中美桥涵技术规范对比

慕玉坤　钟　元　宫成兵
(中交第一公路勘察设计研究院有限公司)

摘　要　本文首先对中美桥梁检测及评估体系进行了简单介绍，并在此基础上对中美相关规范在桥梁检测评估方面的区别进行了简要分析。为验证中美规范在桥梁结构评估方面的差异性，本文以南盘江大桥检测评估项目为例，分别依据中美检测评估方法分别对该桥进行了综合评估，评估结果表明，两者的综合评估结果差异性较小，均能客观反映桥梁结构的实际工作状态。最后，对中美桥梁检测和评估规范差异进行了总结，并就两国规范提出了修编完善建议。

关键词 桥梁检测 荷载试验 技术状况评定 车桥耦合振动

一、中美桥梁检测及评估规范发展概况

中国的桥梁检测和评估规范发展相对较晚，长期以来桥梁检测一直沿用交通运输部1996年出版的《公路养护技术规范》中关于桥梁检测方面的内容，后经修订于2004年出版了《公路桥涵养护规范》(JTG H11—2004)，并计划于近两年内出版养护规范新版本。关于桥梁的承载能力及技术状况评定方面，中国于1988年推出《公路旧桥承载能力鉴定方法》(试行版)，后经不断修正，于2011年推出了《公路桥梁承载能力检测评定规程》(JTG/T J21—2011)，与《公路桥梁技术状况评定标准》(JTG/T H21—2011)等，并迅速被各级公路管养部门及检测单位广泛使用。

美国的桥梁大规模建设时期较早，但20世纪60年代之前人们更多关注的是桥梁设计与施工方面。1967年西弗吉尼亚州Silver大桥的垮塌事件使得桥梁的检测与状况评估得到了高度关注，国会于1971年颁布了国家桥梁检测规范NBIS《National Bridge Inspection Standards》，对检测组织，检测人员的资格，检测周期，检测程序内容等均做了相关规定。经过几十年的发展，陆续出版并完善了相关桥梁检测及评估参考手册。目前广泛使用的有联邦交通运输局(FHWA)2011年版《桥梁检测人员参考手册》(Bridge Inspector's Reference Manual)，美国国家公路与运输协会(AASHTO) 2011年版《桥梁构件检测手册》(Guide Manual for Bridge Element Inspection)2005年版《公路桥梁技术状况评价与荷载与抗力系数评估手册》(Guide Manual For Condition Evaluation And Load And Resistance Factor Rating(LRFR) OF Highway Bridges)，2011年版《桥梁评估手册》(The Manual for Bridge Evaluation)等。

与我国的相关情况不同点在于：美国除了AASHTO和FHWA出版的手册外，部分州立交通运输局根据其地方性特点颁布了其相关参考手册，如明尼苏达州交通运输局2011年出版的桥梁检测手册《Bridge Inspection Field Manual》、印第安纳州交通运输局2010年出版的《Bridge Inspection Manual》等。相比较而言，我国的规范是带有一定强制性的技术法规，在实际应用中需严格遵循。而美国除NBIS外，其余的检测和评估手册大多为参考性手册，非强制性执行，因此更加方便技术人员根据实际情况与工程经验灵活应用。

二、中美桥梁检测及评估规范(手册)部分内容对比

1. 桥梁检测

中国目前的桥梁检测分为经常检测、定期检测与特殊检测。其检测项目及内容可参见《公路桥涵养护规范》(JTG H11—2004)及《公路桥梁技术状况评定标准》(JTG /T H21—2011)，因其均为技术法规和推荐性标准，并非参考性手册，因此多为概括性内容，关于检测的手段、检测程序等均无详细说明，尤其是对于特殊性检查，技术人员大多根据工程经验来完成检测工作。

美国桥梁检测分类较为细致，根据2011年版《桥梁评估手册》，其通常分为初期检测(Initial Inspection)、定期检测(Routine Inspection)、损伤检测(Damage Inspection)、深入检测(In - Depth Inspection)、针对钢构件的临界断裂检测(Fracture - Critical Inspection)、水下检测(Underwater Inspection)及特殊检测(Special Inspection)等。其主要参考手册为联邦交通运输局出版的《桥梁检测人员参考手册》(Bridge Inspector's Reference Manual)，其涵盖内容十分全面，除针对不同类型桥梁构件检测的具体技术手段、所需检测位置做了比较详细的说明外，其内容还包含了检测人员的职责，检测前的准备、检测程序、需要特殊考虑的因素、安全措施、交通管制、检测设备、甚至到达检测目标的办法等。值得一提的是，其检测内容中包含了中国规范中不具备的木结构桥梁和活动桥梁的检测项目、检测内容及检测方法等，值得中国规范借鉴。

另外,美国的桥梁检测通常与养护管理系统紧密结合,其检测评定结果可根据《国家桥梁结构档案与评估编码指南》进行标准化统一归档管理,可更好地为桥梁的养护提供资料与依据,而目前中国暂时缺乏对桥梁结构档案的全国性标准编码化管理,导致部分检测报告的数据可追溯性和适用性不强。

2. 技术状况评定体系

中国目前采用《公路桥梁技术状况评定标准》(JTG/T H21—2011)来评定桥梁的技术情况,即采用分层总和评定与第5类桥梁单项控制指标相结合方法,先对桥梁各构件进行评定,然后对桥梁各部件进行评定,再对桥面系、上部结构和下部结构分别进行评定,最后进行桥梁总体技术状况的评定。其中构件评定时根据桥梁结构形式的不同,可将桥梁构件分为16~20个类别,每个类别分配一定的权重值。评分结果用百分制来表示,根据评分结果桥梁总体与部件的技术状况等级均可分为5类,1类为最好,5类为最差。另外进行总体技术状况等级评定时,如果主要部件评分达到4类或5类且影响桥梁安全时,可按照桥梁主要部件最差的缺损状况来评定总体技术状况等级。

美国主要采用两套技术状况评级体系,体系一即参照AASHTO 2011年出版的《桥梁部件检测指导手册》,把桥梁部件分为NBES和BMES两大类,前者为桥面系、上部、下部结构中能够决定结构整体状况和安全性的主要部件、后者则为伸缩缝、涂层、保护层等次要部件,需要说明的是,主要部件和次要部件并不完全割裂开,比如说对于钢桁架而言,其外表面涂料保护层属于BMES,除掉外保护层的部分属于NBES。该手册针对各类桥型,对部件进行了统一编号,根据其实际检测的缺陷情况把各部件技术状况评为1~4类,1类状况为最佳,对于此类部件无需处理或仅养护即可,4类状况为最差,建议对此类部件实施进一步的结构检测以决定其强度和耐久性,如问题较严重则需修复或更换处理;体系二则根据美国桥梁档案数据库评级指南(NBI Rating Guidelines),以FHWA 2005年出版的《国家桥梁结构档案与评估编码指南》《Recording and Coding Guide for the structural Inventory and Appraisal of the Nation's Bridge》为指导,将桥梁构件分为桥面系、上部结构,下部结构、河道、涵洞五大类,其中将其桥面系、上部、下部结构按技术状况由差到好分为0~9十个等级,为养护方案的制定提供可靠依据。

比较而言,中国采用的方法在除了规定单个构件的评分标准外,还详细给出了各个构件在整桥中所占的权重,其结构状况评定结果较为直观;而美国的桥梁检测方法更侧重于对单个构件的评定,而对整桥状况的分类和评定未做出专门规定,对桥梁的整桥状况的判断需依赖于检测人员的工程经验。

另外,两国规范关于桥梁部件缺陷的评价指标也有一些差异,比如关于开裂构件的缺陷评定,中国规范通常把裂缝按宽度分为<0.15mm的窄裂缝和>0.15mm的宽裂缝,根据不同的构件属性(预应力混凝土、部分预应力混凝土、钢筋混凝土)设定不同的裂缝宽度限值。而美国规范则根据不同的构件属性,通常把裂缝按宽度分细微、中等、严重三类。另外按裂缝密集程度不同也分成三类。而中国规范中尚无关于裂缝密集程度的缺陷分类标准。

3. 荷载试验

目前中国采用的行业推荐性标准为《公路桥梁承载能力检测评定规程》(JTG/T J21—2011),即根据检测情况首先对桥梁综合技术状况、耐久性恶化状况、结构截面缺损状况和运营荷载状况做出评价以确定出结构的检算系数、耐久性恶化系数、截面折减系数和活载影响修正系数。然后计算结构作用效应及抗力效应,当作用效应与抗力效应比值在1.0~1.2时,表明通过检算分析,已预判结构承载能力存在不满足要求的可能性。从而再通过荷载试验来评定其实际承载能力。新版规范中规定的静力荷载试验效率宜介于0.95~1.05。

美国的荷载试验主要分两种,诊断性试验(Diagnostic Tests)和验证性试验(Proof Tests),诊断性静载试验目的为明确桥梁实际受力状态,以减少材料属性、边界条件,构件病害等因素引入的不确定性,通过实测数据来修正理论模型及评定系数。验证性荷载试验则是直接评估法。中国的荷载试验所需要的加载量接近设计荷载,美国的验证性荷载试验加载量则可超过其设计荷载,其可用于评价超载状态下的承载能力,帮助确定桥梁实际承载能力的上限。

相比较而言,中国的荷载试验布载偏保守,当今桥上通行超载车辆在中国已是普遍现象,按照设计荷载确定其最不利加载布置,通常只能做定性判断(构件现有承载能力是否满足设计要求),并无法确定出桥梁的实际极限承载能力。但从另一个角度来看,其荷载试验布载偏安全,尤其针对旧桥或病害比较严重的桥梁,接近于设计荷载的加载布置不易引发安全事故。

三、南盘江大桥检测及评估

本文以南盘江大桥的检测评估项目为例,对中美桥梁检测与评估规范及相关参考手册中部分内容进行对比。

1. 项目概况(图1)

贵州南盘江大桥位于盘白公路安龙至洪江段的南盘江上、是324国道上连接广西和贵州两省的重要通道,大桥全长447.23m。主跨为240m的钢桁架悬索桥结构,桥塔采用矩形截面的门式桥塔,主缆采用平行高强镀锌钢丝束,直径240mm,由19×97根A5的钢丝组成。吊索采用带PE护套的61ϕ7高强镀锌平行钢丝,吊索间距6m,全桥共39对。设计标准:汽-超20,挂-120,人群荷载3.0kPa。

该桥自1998年11月建成运营之后,车致振动问题一直比较突出,加上车辆严重超载,致使主跨破坏严重,2003年该桥被主管部门判为危桥,一直处于限载通行的运营状态。2012年8月中交一公院对该桥再次进行了外观检测、特殊专项检测及荷载试验工作。

图1 南盘江大桥全貌

2. 主要检测结果(图2~图6)

(1)线形测量

南侧主缆在$L/4$~$3L/4$区段较北侧主缆线形高,高差约为15.3cm。以跨中为中心轴贵州侧主缆较广西侧高,最大高差25.6cm;加劲梁纵桥向均呈S形变化,最大高差达32cm,如图2所示。

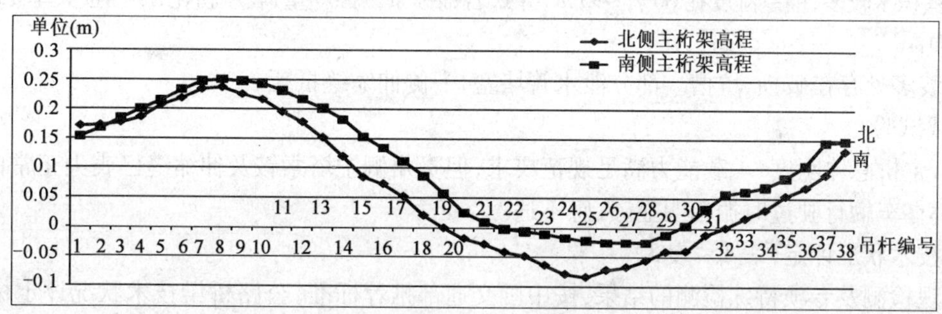

图2 南、北侧加劲梁测量高程曲线

图3 节点板锈蚀

图4 上弦杆锈蚀

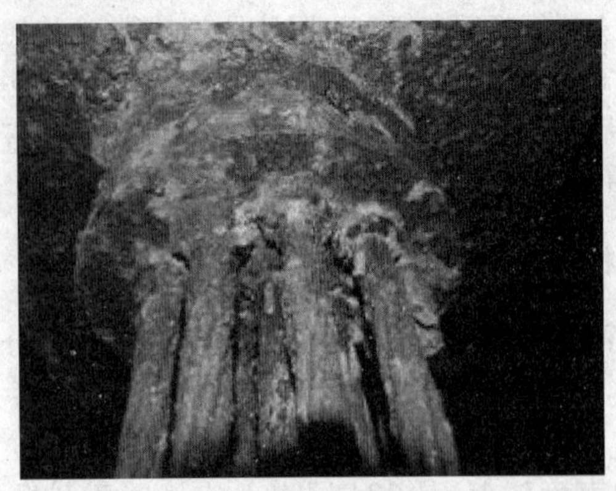

图5　岩锚锚头严重腐蚀

图6　节点板锈蚀

(2)主桁架、横梁

主桁节点板锈蚀严重,80%达到中度锈蚀,锈坑深度0.6～1.2mm。横梁上弦杆及节点板锈蚀严重,90%达到中度锈蚀,锈坑深度0.8～2.0mm,且现场施焊的焊缝质量较差。

(3)主塔及索鞍

主塔塔身有大量网状裂缝,下塔柱存在多条裂缝且渗水,塔身局部混凝土破损、露筋。贵州侧主索鞍与鞍座抵死,鞍座锚栓螺母部分松动及缺失。

(4)主缆

中跨段主缆钢丝表面镀锌层已经开始粉化,钢丝表面尚未出现明显锈蚀;贵州岸散索索股锈蚀严重,钢丝表面镀锌层大量粉化,且钢丝表面存在较多锈坑,钢丝的断面损失率达10%。

(5)吊杆

25%的吊杆PE护套老化且有多处损伤,部分索夹发生滑移,全部吊杆下锚点联结部位表面锈蚀。吊杆内部钢丝经开窗检查,未见明显锈蚀。吊杆索力具有明显的非对称性,且差异较大。

(6)锚室及锚碇

两岸锚室积水较多,锚室湿度在80%～95%,导致岩锚锚索锈蚀严重,表层粉化,断面损失率15%～20%。

(7)桥面系

桥面铺装多处存在破损、坑槽。部分泄水管堵塞,一侧伸缩缝抵死。

(8)荷载试验

经测试,主桥总体刚度、承载能力满足规范要求,但贵州侧主塔索鞍及伸缩缝已丧失正常的纵向变位功能,且大桥在车辆行驶过时振幅明显,人感不适。

3.桥梁技术状况评定(表1～表3)

根据外观检测及专项特殊检测的结果,按中国交通部推荐标准《公路桥梁技术状况评定标准》(JTG/T H21—2011)对主桥进行技术状况评定,评定结果如下表1、表2所示,南盘江大桥主桥的最终评定结果为五类(综合评分为48.8,属于四类,按主要构件最差状况控制评为五类)。

主桥部分关键构件技术评定表　　表1

部件	评定项目	状态描述	等级评定	标度	扣分值	U_i	评分
主缆	主缆防护	主缆表面面漆有部分损坏、裂纹,剥落面积达40%。少部位缠丝外露锈蚀,局部位置出现滴水	5	3	35	35.0	10.0
	主缆线形	主缆变形,但小于设计允许值		2	25	11.5	
	扶手绳及栏杆	无			0	0.0	
	主缆腐蚀或损坏	散索段索股严重锈蚀		4	60	18.0	
	涂膜劣化	构件表面严重脱落现象		3	40	7.0	

续上表

部件	评定项目	状态描述	等级评定	标度	扣分值	U_i	评分
索夹	错位、滑移	个别索夹滑移	3	3	40	40.0	42.3
	面漆起皮	少量面漆起皮		2	25	10.6	
	密封填料损坏	无			0	0.0	
	裂纹和锈蚀	局部有锈斑		2	25	7.1	
吊杆	渗水		4		0	0.0	36.8
	锈蚀	锚头表面普遍有点蚀、锈斑；油漆层部分剥落		3	40	40.0	
	锚头损坏				0	0.0	
	橡胶老化变质					0.0	
	掉漆起皮					0.0	
	防护套破坏	老化、破损		3	40	17.0	
	防护层破坏	吊杆 PE 护套老化，龟裂		2	25	6.2	
	钢丝断丝				0	0.0	
加劲梁	构件变形	构件轻微变形	5	3	40	40.0	12.1
	锈蚀	节点处大量锈蚀，锈蚀处大量点蚀现象。氧化皮或油漆层因锈蚀而部分剥离		2	25	10.6	
	跨中挠度	挠度大于限值		2	35	10.0	

主桥技术状况评定表　表2

部　位	类　别	评价部件	部件权重	部件评分	结构评分	结构组成权重	总体技术状况评分
上部	1	加劲梁	0.15	12.1	35.7	0.4	48.8
	2	索塔	0.2	52.8			
	3	支座	0.05	100			
	4	索鞍	0.04	49.4			
	5	主缆	0.25	10			
	6	索夹	0.04	42.3			
	7	吊索	0.17	36.8			
	8	锚杆	0.1	59.1			
下部	9	锚碇	0.4	29.6	62.8	0.4	
	10	索塔基础	0.3	90			
	11	散索鞍	0.15	60			
	12	河床	0.1	100			
	13	调制构造物	0.05	100			
桥面系	14	桥面铺装	0.4	30	47	0.2	
	15	伸缩缝装置	0.25	40			
	16	人行道	0.1	60			
	17	栏杆	0.1	80			
	18	排水系统	0.1	60			
	19	照明、标志	0.05	100			

若按 AASHTO 2011 版《桥梁部件检测指导手册》和 2005《国家桥梁结构档案与评估编码指南》对主桥进行技术状况评定,评定结果则如表 3 所示。

主桥关键构件技术状况评定表 表3

部位	测量部件	测量单位	测量总量	等级1	等级2	等级3	等级4
桥面系	桥面	m^2	2640	0%	60%	40%	0%
	伸缩缝	条	2	0%	50%	0%	50%
	铺装层	m^2	2880	55%	30%	15%	0%
	栏杆	m	480	80%	20%	0%	0%
上部结构	钢纵梁	m	1920	0%	78%	22%	0%
	钢构件保护层	m^2	1800	40%	36%	19%	5%
	钢横梁	m	984	0%	80%	20%	0%
	钢构件保护层	m^2	900	30%	58%	10%	2%
	钢桁架	m	2844	0%	90%	10%	0%
	钢构件保护层	m^2	1946	55%	40%	5%	0%
	索塔	座	2	0%	100%	0%	0%
	支座	个	4	75%	25%	0%	0%
	主缆	m	930	65%	20%	15%	0%
	外保护层	m^2	800	70%	28%	2%	0%
	吊杆	根	78	26%	60%	14%	0%
	PE 保护层	m^2	200	60%	23%	7%	0%
下部结构	索塔基础	座	2	0%	100%	0%	0%
环境因素	3类(桥梁跨越河流,气候炎热潮湿,桥上有超载车辆通行,环境因素易引起钢构件的腐蚀与疲劳)						

注:加粗字体为 BME 部件,普通字体为 NBE 部件。

根据以上各部件的评估状况,并按照《国家桥梁结构档案与评估编码指南》进行综合评定,评定结果为主桥上部结构评为1类("IMMINENT"FAILURE CONDITION),因其病害较严重,且在车载作用下振动较明显,对结构的稳定性也造成了一定影响,急需加固处治。下部结构仅有下部桥塔有少量病害,故评为5类(FAIR CONDITION)。桥面系除铺装层多处破损坑槽外,伸缩缝已不能正常工作,因此综合评定为3类(SERIOUS CONDITION)。

四、结论对比及建议

可以看出,中国规范在评估体系方面采用100分制的评估标准,各个构件在全桥中所占的权重一目了然,可以直接通过数值结果来判断整桥的状况,其结果较为直观,评估过程操作性强;AASHTO《桥梁部件检测指导手册》中则将桥梁部件的评定等级分为4个级别,检测结果中需要明确每一级别的检测部件数量占总检测数量的百分比。因其没有明确规定单个部件在整桥中所占的比重,在对单个部件进行评定后,对整桥状况的判断需依赖于技术人员的工程经验。不过该手册对各部件分类较细,而且在构件评定中引入环境因素的影响(如交通因素、材料腐蚀、极端气候等),是很值得中国规范借鉴学习的。另外,中美两国的检测评估体系中均存在着一定的主观性,部分情况需要借助技术人员的工程经验来做出判断。

从检测项目、内容、及方法手段上来看、美国联邦交通运输局的《桥梁检测人员手册》更为丰富,其中亦包含了中国规范中没有提及的水下检测、钢构件断裂检测和木制构件的检测等。另外其检测结果与美国国家养护管理体系很好的相结合,更利于数据管理及标准化。值得中国规范借鉴学习。

本案例中的南盘江大桥属于大跨径悬索桥,其检测项目与内容较常规梁式桥更多,尤其对于索力和动力特性的特殊检测更应该引起重视。本次索力检测采用工程界广泛采用的频率法进行检测,其检测周期短,成本小,但其平均误差约为11%。而据了解,误差较大一直是频率法检测索力的重要问题。因此建议在美、中两国规范或手册中增加相应指导性内容。另外,对于较大跨径桥梁的车—桥耦合或风—车—桥耦合振动过大问题,在两国的检测及评估体系内均未提及。而南盘江大桥自建成开始,车—桥耦合振动问题一直比较突出,桥面系振幅较大(40~50cm),行人常感不适。过大的车致振动是此类桥梁产生严重病害的主要成因,不仅导致桥面系的破坏,且加速钢构件产生疲劳破坏,因此建议在两国的检测评估体系中针对大跨度柔性桥梁增添车致振动或风—车—桥耦合振动的评估标准。

参考文献

[1] 中华人民共和国行业标准. JTG H11—2004 公路桥涵养护规范[S]. 北京:人民交通出版社,2004.

[2] 中华人民共和国行业标准. JTG/T J21—2011 公路桥梁承载能力检测评定规程[S]. 北京:人民交通出版社,2011.

[3] 中华人民共和国行业标准. JTG/T H21—2011 公路桥梁技术状况评定标准[S]. 北京:人民交通出版社,2011.

[4] 盘白公路南盘江大桥桥梁检测评估报告[R]. 中交第一公路勘察设计研究院有限公司. 2012年8月.

[5] 曹明旭,张宇峰,朱从明. 中美桥梁养护规范的对比研究[J]. 黑龙江交通科技,2009,10.

[6] 张宇峰. 中美公路桥梁承载能力评定方法对比研究[J]. 现代交通技术,2007,8.

[7] FHWA. Bridge Inspector's Reference Manual. Federal Highway Administration, 2011.

[8] AASHTO. Maintenance Manual for Roadways and Bridges, 4th Edition. (MM-2007), American Association of State Highway and Transportation Officials, 2007.

[9] AASHTO. AASHTO Guide Manual for Bridge Element Inspection. American Association of State Highway and Transportation Officials, 2011.

[10] AASHTO. The Manual for Bridge Evaluation. American Association of State Highway and Transportation Officials, 2011.

[11] FHWA. Recording and Coding Guide for the structural Inventory and Appraisal of the Nation's Bridge. American Association of State Highway and Transportation Officials, 2011.

176. 桥梁改造效果成功度综合评价方法

楼灿洪[1] 梁 鹏[1] 徐 岳[1] 任美龙[2] 魏洪昌[3]

(1. 长安大学 公路学院;2. 广东省公路管理局;
3. 北京特希达科技有限公司)

摘 要 在已有的桥梁改造建设项目后评价指标体系的基础上,以项目成功度为评价目标,利用层次分析法确定各项指标的权重,构造成功度评价方法模型对桥梁改造项目实施综合评价,将桥梁改造项目最终的成功度划归为非常成功、成功、部分成功、大部分不成功、不成功五个等级,提高和完善了桥梁改造项目的后评价方法体系。实例分析表明,该评价方法模型便于实际评价操作,较好地解决了部分指标的模糊性和不确定性,能客观系统地反映桥梁改造建设项目的总体效果。

关键词 桥梁工程 桥梁改造 成功度 层次分析法 综合评价

一、前 言

随着我国交通事业不断发展,各级公路的交通流量不断增大,已建桥梁在车辆荷载、设计、施工以及外在环境等各种因素的影响下功能日趋退化，桥梁改造项目日益增多，相关的管理部门需要对桥梁的改造效果进行合理、有效的综合评价，以确保桥梁改造项目取得最大综合效益，并为今后桥梁改造工作提供经验和教训。

自20世纪90年代以来，国内外学者对适用于工程建设领域的各类综合评价方法开展了研究，然而针对旧、危桥改造效果的综合评价方法研究的文献较少。一般常用的综合评价方法有：基于人工神经网络的综合评价法[1]、模糊综合评价法[2-5]和灰色关联度评价法[6]等。现有综合评价方法在工程建设领域应用时存在着指标权重与工程实际不符以及评估结果较为粗糙等缺点。基于层次分析法的成功度综合评价方法通过指标分层的形式确立各评价指标的权重，并结合专家经验通过有效分值的形式对相应指标实施定量判断，最终将桥梁改造效果划分为五个等级的成功度，方法简单易行，结论明确，能使决策者快速掌握项目的整体评价结论。

本文采用层次分析法[7]计算评价指标的权重，并运用成功度综合评价原理[8]对桥梁改造效果实施综合评价，最后通过后评价工程实例对桥梁改造效果评价指标体系及综合评价模型进行了验证。

二、桥梁改造效果综合评价

桥梁改造效果综合评价是针对改造完成后的桥梁工程进行的一个多角度、多层次的分析与评价，由于影响桥梁改造评价指标复杂且不易量化，必须建立一个科学的综合评价方法体系，以便对桥梁改造建设项目综合效益作出全面、客观的评价。综合评价根据评价对象和目的，通过一定的数学模型，将多个评价因素或指标转化为一个整体性的评信值。

本文运用成功度综合评价法原理，结合层次分析法构造适用于桥梁改造项目的成功度综合评价方法模型，避开了模糊数学的复杂计算，增强评价方法的可操作性，具体模型如图1所示。

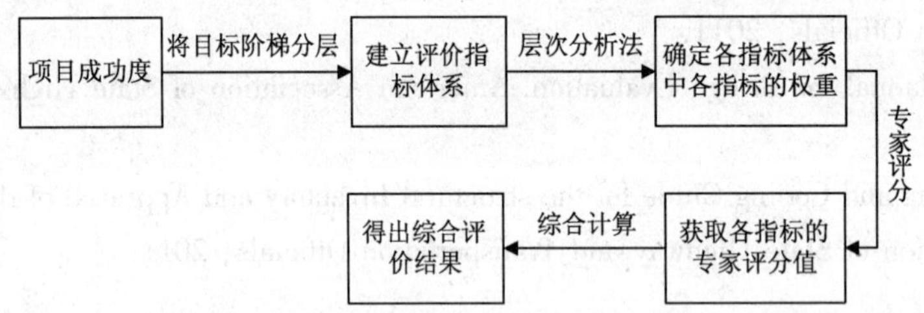

图1　成功度综合评价方法模型

具体步骤如下所示：

(1)确立以桥梁改造项目成功度为评价目标。

(2)将评价目标阶梯分层，形成桥梁改造成功度综合评价指标体系。

(3)运用层次分析法计算指标体系中各指标的权重。

(4)通过专家评分的方法[9]获得各指标的专家评分值，综合计算并得出评价结论。

桥梁改造效果的综合评价问题是一个定量与定性、主观与客观相结合的过程，评价模型应尽可能地将评价过程转化为定量计算的综合集成，并有效地框束主观判断，使综合评价方法具备科学、公平、客观的特点。

三、桥梁改造项目成功度指标体系

桥梁改造综合评价的评价指标[10]主要由目标评价、实施过程评价、技术性评价、效益性评价、影响性评价以及持续性评价六个方面组成，这六个要素构成了桥梁改造项目后评价的全部指标所需要涵盖的内容，具体的指标体系见图2。可以看出，项目成功度为桥梁改造成功度综合评价的所要获取的目标内容，右侧运用阶梯分成的方法将目标分解成不同层次的组成因素，构成桥梁改造项目成功度指标体系。

四、基于 AHP 的综合评价指标权重确定

桥梁改造建设项目综合评价采用层次分析法(Analytic Hierarchy Process,简称 AHP)确定各级指标的权重。AHP 由 20 世纪 70 年代美国学者 T. L. Satty 提出,引入我国后在综合评价领域得到广泛应用,该方法通常将复杂的评价对象作为一个总体目标,通过目标层次化将评价目标分解为目标层、准则层、指标层的一个多层次结构图,之后,通过对准则层中元素和每一准则对应的指标进行两两比较,获得以标度形式的重要性程度值,构造判断矩阵并通过计算得出评价指标的权重值。为专家在比较指标时保证其作出的定性判断在逻辑上符合传递性的要求,必须对构造好的判断矩阵进行一致性检验。

本采用层次分析法对桥梁改造综合评价进行权重值的确定,过程简述如下:

(1)构造判断矩阵。判断矩阵是专家对指标层次结构图(图 2)中每一层指标元素相互之间的相对重要性作出的判断,见表 1。所有判断矩阵中的元素 a_{ij} 都满足 $a_{ij}>0$,$a_{ji}=1/a_{ij}$($i,j=1,2,3,\cdots,n$),$a_{ij}=1$($i=j=1,2,3,\cdots,n$)。

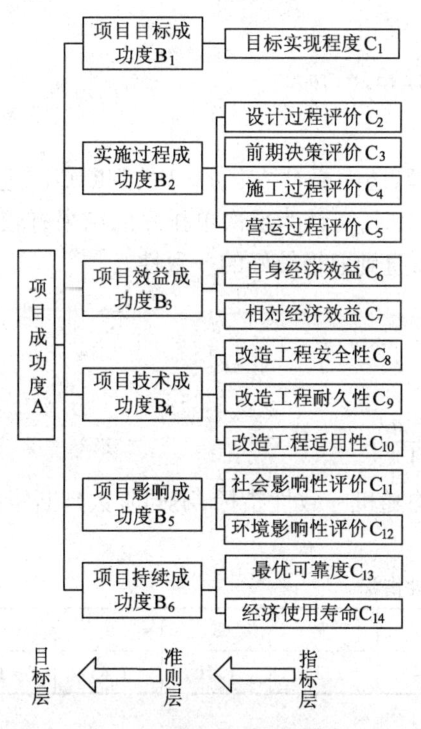

图 2 成功度综合评价指标体系

判断矩阵标度及其含义 表 1

标度	含 义
1	表示两个元素相比,两者具有同等重要性
3	表示两个元素相比,前者比后者稍显重要
5	表示两个元素相比,前者比后者明显重要
7	表示两个元素相比,前者比后者强烈重要
9	表示两个元素相比,前者比后者极端重要
2,4,6,8	表示上述两相邻判断的中间值
倒数	若元素 i 与元素 j 相比的重要性为 a_{ij},则元素 j 与元素 i 相比的重要性为 $a_{ji}=1/a_{ij}$

以 A-B 的判断矩阵为例,具体如表 2 所示:

判断矩阵 A-B 表 2

A	B_1	B_2	B_3	B_4	B_5	B_6
B_1	a_{11}	a_{12}	a_{13}	a_{14}	a_{15}	a_{16}
B_2	a_{21}	a_{22}	a_{23}	a_{24}	a_{25}	a_{26}
B_3	a_{31}	a_{32}	a_{33}	a_{34}	a_{35}	a_{36}
B_4	a_{41}	a_{42}	a_{43}	a_{44}	a_{45}	a_{46}
B_5	a_{51}	a_{52}	a_{53}	a_{54}	a_{55}	a_{56}
B_6	a_{61}	a_{62}	a_{63}	a_{64}	a_{65}	a_{66}

(2)计算权重值。根据判断矩阵,求出其最大特征根 λ_{max} 所对应的特征向量 ω。公式如下:

$$PW=\lambda_{max}W \tag{1}$$

特征向量 W 经归一化后即可求为各评价因素各自准则下的权重排序,最后将指标层特征向量中的

权重排序值与相应准则的权重排序值相乘即可获得指标层中评价指标的权重值。最大特征根 λ_{max} 可采用方根法进行计算,具体步骤如下所示:

a. 设判断矩阵为 $P=(a_{ij})_{n\times n}$,计算每一行元素的乘积,即

$$M_i = \prod_{j=1}^{n} a_{ij}, i = 1,2,3,\cdots,n \tag{2}$$

b. 计算 M_i 的 n 次方根,即

$$\overline{\omega}_i = \sqrt[n]{M_i}, i = 1,2,3,\cdots,n \tag{3}$$

c. 对 $\overline{\omega}_i$ 进行归一化处理,即

$$\omega_i = \frac{\overline{\omega}_i}{\sum_{i=1}^{n}\omega_i}, i = 1,2,3,\cdots,n \tag{4}$$

则 $W=(\omega_1,\omega_2,...,\omega_n)^T$ 即为所求特征向量。

d. 计算判断矩阵的最大特征根 λ_{max}

$$\lambda_{max} = \frac{1}{n}\sum_{i=1}^{n}\frac{(PW)_i}{W_i}, i = 1,2,3,\cdots,n \tag{5}$$

其中 $(PW)_i$ 为向量 (PW) 的第 i 个元素。

(3)一致性检验。为了检验以上得到的权重分配是否合理,还需要对结束 $n>2$ 的判断矩阵进行一致性检验。具体指标可以用一致性比率 CR 来衡量。当 $CR<0.1$ 时,可认为层次单排序的结果有较好的一致性;否则,则应重新调整代表评价指标的矩阵各元素的取值,直到取得较好的一致性。

一致性检验公式:

$$CR = \frac{CI}{RI} \tag{6}$$

$$CI = \frac{(\lambda_{max} - n)}{(n-1)} \tag{7}$$

其中 CR 为判断矩阵地一致性比率,RI 为判断矩阵地平均随机一致性指标,不同阶数判断矩阵的 RI 值参考表3。

判断矩阵的平均随机一致性指标 表3

阶数 n	1	2	3	4	5	6	7	8	9	10
RI	0	0	0.58	0.9	1.12	1.24	1.32	1.41	1.45	1.49

五、成功度综合评价法

1. 成功度综合评价法

成功度综合评价法是项目综合评价常用的方法之一。该方法通过专家打分的形式,综合测评项目各项指标的评价结果,对项目的成功程度做出一个定性的分析[11]。成功度综合评价法主要依靠专家经验建立合理的指标体系,对选取适当的方法对指标进行赋权,对专家判断进行数量形式的表达和处理,从而对项目进行系统、全面的评价。

2. 成功度等级标准

进行项目成功度分析时,一般把项目综合评价的成功度结论归为五个等级[12],分别是:

(1)非常成功(95分以上):桥梁改造建设项目各项目标都已实现或者超过原定目标,相对成本而言,项目取得巨大的效益。

(2)成功(94~80):桥梁改造建设项目大部分目标已实现,相对成本而言,项目取得较大的效益。

(3)部分成功(79~60):桥梁改造建设项目实现了原定的部分目标,相对于成本而言,项目只取得了一定的效益。

(4)大部分不成功(59～50):桥梁改造建设项目实现的目标非常有限,相对于成本而言,项目几乎没有取得真正的效益。

(5)不成功(49分以下):桥梁改造建设项目原定目标没有实现,和成本相比,项目未取得任何较大的效益。

3. 项目成功度综合评价计算表

项目成功度综合评价计算表设置了评价项目的所有指标,如表4所示。在获取专家对各项指标的评定分值以后乘以指标权重值,从而得到每个指标的得分值和相应的成功度等级。之后,将各评价指标的得分相加获得桥梁改造项目综合得分以及项目成功度等级。

桥梁改造项目成功度评价表 表4

桥梁改造项目综合评价指标	权　重	专家评定分值	成功度等级	评定分值
目标实现程度	0.1351	96	非常成功	12.9696
设计过程评价	0.0872	92	成功	8.0224
前期决策过程评价	0.0245	93	成功	2.2785
施工过程评价	0.0872	94	成功	8.1968
营运过程评价	0.0154	96	非常成功	1.4784
自身经济效益	0.2352	95	非常成功	22.3440
相对经济效益	0.1131	96	非常成功	10.8576
改造工程安全性	0.1444	92	成功	13.2848
改造工程耐久性	0.0483	91	成功	4.3953
改造工程适用性	0.0216	93	成功	2.0088
社会影响性评价	0.0298	91	成功	2.7118
环境影响性	0.0143	95	非常成功	1.3585
最优可靠度	0.0125	92	成功	1.1500
经济适用寿命	0.0316	93	成功	2.9388
综合得分			成功	93.9953

六、评价实例

1. 工程概况

某钢筋混凝土T型梁桥全长1022.6m,桥面净宽18.5m;全桥共分53孔,每孔11片(标准跨长为20m)钢筋混凝土T梁组成,混凝土强度等级为C30,桥梁原设计荷载为:汽车—13级,拖车—60级,由于该地区经济发展迅速,为满足经济发展的需要,相关单位对该桥进行了适当的改造和拓宽,桥梁的改造设计荷载等级为汽—20,挂车—100。改造后,桥梁运营良好。

2. 桥梁改造完成情况

为节省篇幅,本文只列出桥梁改造完成情况的关键内容,描述如下:

(1)桥梁改造如期完成,实现了预定进度目标。工程项目实施过程严格按照《公路桥梁加固施工技术标准》(JTG/T J23—2008)执行,施工过程并未出现安全事故,工程质量通过验收。

(2)桥梁结构承载能力和耐久性得到充分提高,使用性能增强,满足设计荷载等级的要求。

(3)改造完成后,桥梁所在路线运营能力得到提高,一定程度上缓解了路网的交通拥挤,促进了地区经济和社会的发展。

(4)项目实际完成投资低于预计投资,符合概预算控制要求。

(5)施工过程中充分考虑了改造项目对周围环境的影响并实施一系列保护环境的措施,取得了较好的效果。

根据桥梁改造综合评价指标(图2),并采用本文给出的层次分析法计算指标权重,通过对专家汇总和处理,得到各因素的两两判断矩阵如下所示:

判断矩阵 A-B　　表5

A	B_1	B_2	B_3	B_4	B_5	B_6
B_1	1	1/2	1/3	1/2	4	4
B_2	2	1	1/2	1	5	5
B_3	3	2	1	2	6	6
B_4	2	1	1/2	1	5	5
B_5	1/4	1/5	1/6	1/5	1	1
B_6	1/4	1/5	1/6	1/5	1	1

判断矩阵 B_1-C　　表6

B_1	C_1
C_1	1

判断矩阵 B_2 – C　　表7

B_2	C_2	C_3	C_4	C_5
C_2	1	4	1	5
C_3	1/4	1	1/4	2
C_4	1	4	1	5
C_5	1/5	1/2	1/5	1

判断矩阵 B_3 – C　　表8

B_3	C_6	C_7
C_6	1	3
C_7	1/3	1

判断矩阵 B_4 – C　　表9

B_4	C_8	C_9	C_{10}
C_8	1	4	5
C_9	1/4	1	3
C_{10}	1/5	1/3	1

判断矩阵 B_5 – C　　表10

B_5	C_{11}	C_{12}
C_{11}	1	3
C_{12}	1/3	1

判断矩阵 B_6 – C　　表11

B_6	C_{13}	C_{14}
C_{13}	1	1/4
C_{14}	4	1

计算结果为:

W_1 =(项目目标成功度,实施过程成功度,项目效益成功度,项目技术成功度,项目影响成功度,项目持续成功度)^T = $(0.1351,0.2143,0.3483,0.2143,0.0441,0.0441)^T$

$CR_1 = 0.0139 < 0.1$

W_2 =(设计过程评价,前期决策评价,施工过程评价,营运过程评价)^T = $(0.4067,0.1143,0.4067,0.0723)^T$

$CR_2 = 0.0103 < 0.1$

W_3 =(自身经济效益,相对经济效益)^T = $(0.6753,0.3247)^T$

W_4 =(改造工程安全性,改造工程安全性,改造工程适用性)^T = $(0.6738,0.2255,0.1007)^T$

$CR_4 = 0.0739 < 0.1$

W_5 =(社会影响性评价,环境影响性评价)^T = $(0.6753,0.3247)^T$

W_6 =(最优可靠度,经济使用寿命)^T = $(0.2841,0.7159)^T$

目标实现程度 C_1 的权重值和目标成功度 B_1 相同。

以上结论得出项目目标成功度,实施过程成功度,项目效益成功度,项目技术成功度,项目影响成功度,项目持续成功度的权重分别为0.1351,0.2143,0.3483,0.2143,0.0441,0.0441,指标层各因素权重最终计算结果和专家对各项指标打分结果如表2中所示,本项目最终综合得分为93.9953分,属于成功等级,即桥梁改造建设项目大部分目标已实现,相对成本而言,项目取得较大的效益。

七、结　　语

本文以层次分析法和成功度综合评价法为基础构造了成功度综合评价方法模型,将桥梁改造建设项目综合评价中一些不易量化的指标因素一定程度上转化为数量的表达,较好地解决了部分指标的模糊性和不确定性,并以简单易行的评价模型对桥梁改造建设项目实施了综合评价,客观、系统地反映了桥梁改造建设项目的总体效果。

参考文献

[1] Gupta J N D, Sexton R S. Comparing back propagation with a genetic algorithm for neural network training [J]. Omega, 1999, 27(6): 679-684.

[2] 徐家云,何晓鸣,张俊,等. 模糊理论在桥梁评估中的应用 [J]. 武汉理工大学学报,2003,25(7): 38-41.

[3] 毛建伟. 广义模糊综合安全评价模型及其在铁路桥梁评价中的应用 [J]. 河北科技大学学报,2008, 29(3): 246-249.

[4] 梁国华,马荣国. 公路建设项目社会效益模糊综合评价关键问题研究 [J]. 中外公路,2008,28(4): 269-273.

[5] LIANG M T, WU J H, LIANG C H, et al. Multiple Layer Fuzzy Evaluation for Existing Reinforced Concrete Bridge [J]. Journal of Infrastructure Systems, 2001, 7(4): 144-159.

[6] 兰海,史家钧. 灰色关联分析与变权综合法在桥梁评估中的应用 [J]. 同济大学学报(自然科学版),2001,29(1): 50-54.

[7] 张谢东,魏明华,胡志坚. 基于 AHP 多层模糊综合评价法的桥梁景观评价[J]. 武汉理工大学学报, 2010,32(12): 74-78.

[8] 张慧颖. 基于灰色变权聚类的公路建设项目成功度评价 [J]. 公路,2006,(8): 141-146.

[9] 李昌铸,王丽云,谢经纬,等. 特尔斐专家评估法在公路桥梁评价中的应用 [J]. 中国公路学报,1993 (2): 46-52.

[10] 武同乐,徐岳. 公路旧桥加固效果综合评价方法 [J]. 交通运输工程学报,2005,5(1): 28-32.

[11] 李京光,曹淦. 电力建设项目成功度模糊综合后评价方法 [J]. 电力勘测设计,2010(2): 1-4.

[12] 张飞涟. 铁路建设项目后评价理论与方法的研究 [D]. 长沙:中南大学,2004.

177. 无资料混凝土桥梁承载力鉴定

李功文[1] 白 捷[2]

(1. 招商局重庆交通科研设计院有限公司;2. 山东东泰工程咨询有限公司)

摘 要 通过对无设计资料装配式预应力混凝土桥梁进行外观检查,荷载试验及结构检算,对桥梁进行综合评定,为桥梁的安全运营提供了保障,解决了无资料预应力混凝土结构承载力鉴定问题,创造了良好的社会效益和经济效益。

关键词 无资料预应力混凝土桥梁 外观检查 荷载试验 结构检算 承载能力鉴定

一、概 述

青海省玉树结古路跨河桥位于结古镇城区次干道结古路上,横跨扎西科河。据调查,该桥建成于 2005 年,为 3×20m 的后张法预应力混凝土简支空心板斜桥,斜交角度 30°。桥面铺装为 9.5cm 混凝土铺装。主梁由高 0.9m 预制空心板和厚 0.1m 钢筋混凝土现浇桥面板组成。边板底面宽度 1.24m,悬臂长 0.26m;中板宽度 1.24m。桥梁下部结构采用柱式墩台,板式橡胶支座。上下游简支板桥头各设有两道伸缩缝。桥面横向布置为:1.69m(人行道)+9.0m(车行道)+1.69m(人行道)。

该桥经过地震后,需要评估其承载能力,虽通过多方调查,仍无法找到该桥设计资料,造成桥梁设计荷载及结构部分尺寸不详。为了明确桥梁的荷载等级,有必要对该桥进行了承载力鉴定。

二、专项检测内容

1. 桥梁现状检查内容

根据结构检算的要求,现状检查包含以下三部分项目:

(1)上下部结构尺寸测量,如梁高,跨径等;

(2)主梁钢筋分布情况扫描;

(3)主梁混凝土强度测试。

2. 静荷载试验内容

在结构调查基础上,根据实测桥梁上下部结构尺寸、跨径、混凝土强度、内部纵向和环向钢筋布置,并结合类似结构的细部构造和预应力钢绞线的配置情况,结合同时代桥梁上部构造通用图,初步判断该桥荷载等级后,通过荷载试验进一步明确现状下桥梁承载能力,荷载试验主要包含以下内容:

(1)测试桥梁控制截面在试验荷载作用下各测点的应变,通过实测值与理论计算值的对比,评价结构的整体强度;

(2)测试桥梁控制截面在试验荷载作用下各测点的挠度,通过实测值与理论计算值的对比,评价结构的整体刚度;

(3)测试受检桥跨控制截面的裂缝变化情况。

3. 结构检算内容

根据现状检查结果及静荷载试验内容,对空心板进行极限承载能力和使用阶段应力检算,判断桥梁在现状下的承载能力。

三、检 测 结 论

1. 桥梁现状检查结论

经过检查该桥存在以下主要病害:

(1)空心板共6条纵向断续裂缝,最大裂缝宽度为0.20mm;1处网状裂缝,宽度为0.16mm;

(2)由于地震影响,导致4处墩台挡块及盖梁和台帽相应部位被挤裂,分别为机场岸桥台挡块、机场岸1号墩上下游侧盖梁挡块和2号墩下游侧盖梁挡块;

(3)台帽、桥墩盖梁均存在10条竖向裂缝,最大缝宽0.5mm。

2. 梁体钢筋分布情况检查

为了明确梁体配筋情况,采用用日本的NJJ-95B手持式雷达系统进行钢筋分布检测,检查结论如下:

(1)沿空心板底板横向扫描

沿着扫描方向,可见每块空心板中间部分纵向钢筋较少,两侧钢筋区域集中,属于预应力管道的扫描影响,对比以往雷达扫描图,根据经验判断,该截面属于中间为矩形的后张法全预应力或A类预应力预制空心板。

(2)沿空心板底板纵向扫描

沿空心板腹板纵向扫描,可见在空心板端部范围内箍筋间距为10cm。箍筋直径通过敲击空心板边缘,待箍筋出露后用游标卡尺量测确定为$\phi10$。

3. 混凝土强度及碳化深度检测

根据《回弹法检测混凝土强度规程》。最终推定混凝土强度为50.8MPa。

混凝土强度测试结果　表1

构件名称	平均值(MPa)	标准差	碳化深度(mm)	强度推定值(MPa)
空心板底面	超出规程查表范围	—	1.0	50.8

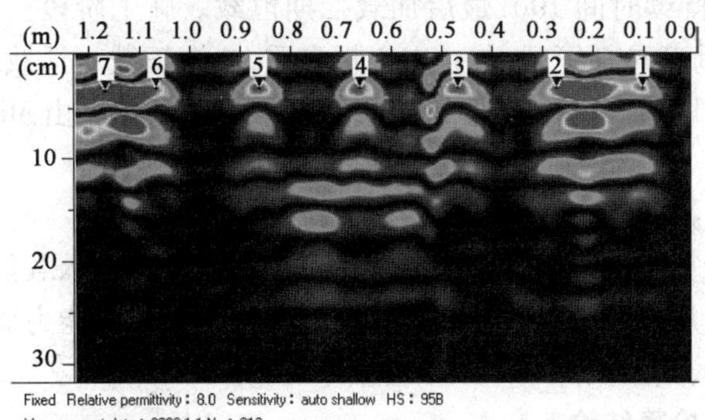

图1 空心板底板纵向钢筋扫描图

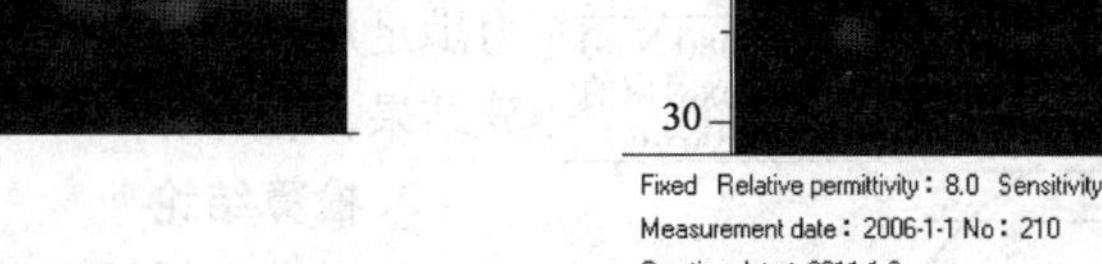

图2 空心板端部侧面环向钢筋钢筋扫描图

4. 结构尺寸推断

空心板底板厚度及边板外腹板厚度等可通过雷达扫描确定，但中间空心板内部尺寸如腹板厚度、顶板厚度以及边板的顶板等无法测量，因此，根据已有空心板结构尺寸和钢筋分布探测结果、下部结构尺寸以往部颁标准图推断出桥梁跨中断面图如图3所示，其中桥面系尺寸为实测数据。

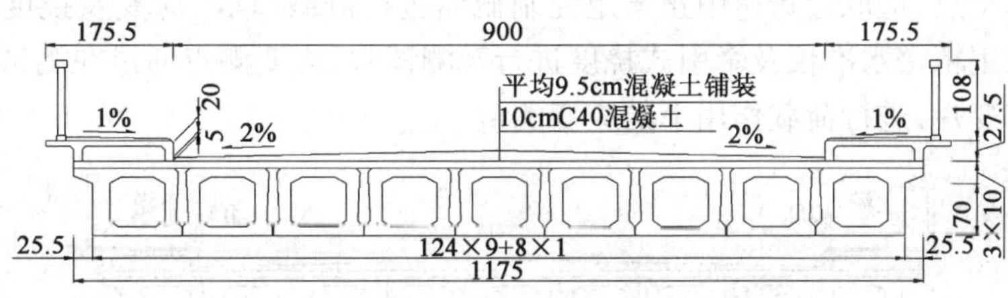

图3 空心板跨中断面图（尺寸单位：cm）

四、结 构 检 算

根据桥梁建成年限及梁高，墩柱尺寸以及桥宽等因素判断，该桥设计荷载应该为：汽车－20级，挂车－100或汽车超－20级，挂车－120。因本桥无设计及竣工资料，桥梁内部结构尺寸及预应力钢筋配置不详，但该桥在玉树灾后重建过程中作为交通要道，通行荷载较大，并考虑到安全和规范已经更新等因素，因此按照公路－Ⅱ级荷载进行结构检算。

空心板外部结构尺寸、跨径、普通钢筋数量按实测值取用。空心板混凝土强度等级按C50取用。空心板内部结构尺寸和预应力钢筋配置参照20.0m跨径的空心板标准图取用，考虑到本桥为通车已达6年的旧桥，且现状检查中未发现空心板出现横向裂缝，因此不做抗裂验算。

1. 结构模型

该桥为斜交30°的装配式后张法预应力空心板桥，采用Midas Civil有限元计算程序用梁格法进行计算。空心板截面高度1.0m（按计入桥面板厚度取值）。横梁间距0.7829m，横梁截面高度1.0m，采用二字形截面模拟，空心板间横梁为铰接。空心板钢束配置为：边板及中板配置共4根5ϕ15.2低松弛钢绞线；梁端部箍筋配置配置ϕ10@10，每截面箍筋肢数为4肢，每截面箍筋肢数为2肢。成桥阶段结构模型见图4。

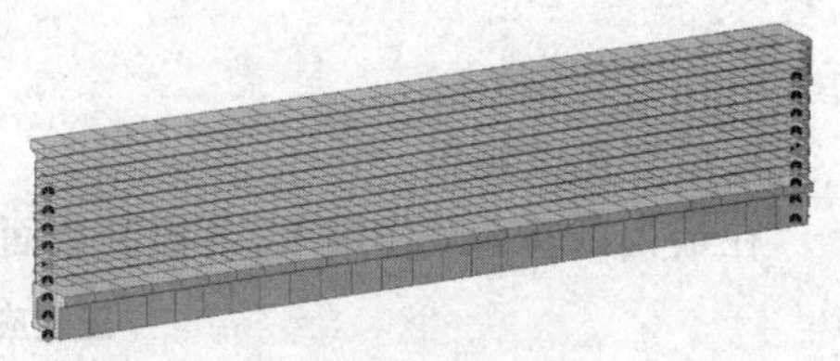

图4 成桥阶段模型

为了尽可能准确地模拟各板在车辆荷载最不利状态，本模型中定义四个车道两个偏人行道侧的车道（组成偏载工况1）；两个正载车道（组成正载工况）。

本模型分为三个施工阶段：施工阶段一：预制主梁，持续时间28d，该阶段最后张拉预应力筋；作用的荷载有自重。施工阶段二:架梁后施工铰缝及桥面系,持续时间10d,最后加载二期恒载。施工阶段三,持续时间3650天,用于计算混凝土的收缩徐变。结构荷载包括恒载:包括空心板自重,二期恒载。活载:公路-Ⅱ级,人群:3.5Pa。梯度温度:按10cm厚铺装层取值。结构设计安全等级:二级。荷载组合由Midas Civil软件自动生成。

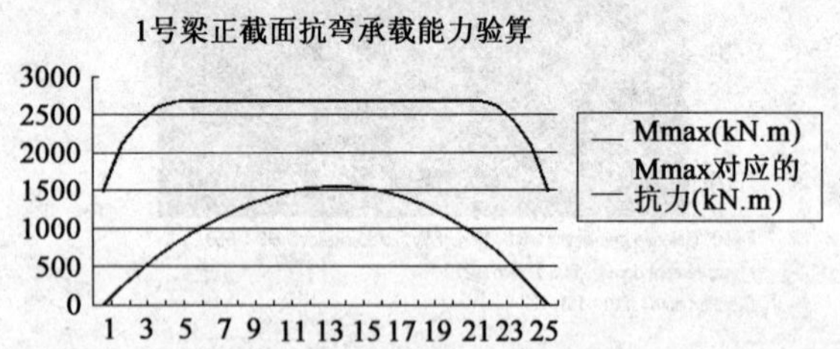

图5 1号梁抗弯承载能力极限状态检算结果(单位:kN·m)

2. 持久状态承载能力极限状态计算

计算结果表明,在现状下边板跨中截面极限承载能力满足规范要求,图5列出边梁正截面抗弯承载能力验算结果,其余梁片结果限于篇幅未列出。

3. 检算结论

简支空心板桥正截面抗弯承载能力及斜截面抗剪承载能力均能满足通行公路—Ⅱ级,人群:3.5kPa荷载的要求。

五、静 载 试 验

1. 试验截面及测点

根据本桥的结构特点,选取边跨跨中正弯矩控制截面进行静载试验,应变及挠度测点布置如图6所示。其中挠度测点采用精密水准仪及牵引式挠度进行观测读数;应变测点通过在测试截面各片空心板梁的下缘粘贴长标距应变片,进行荷载作用下的应变测量。

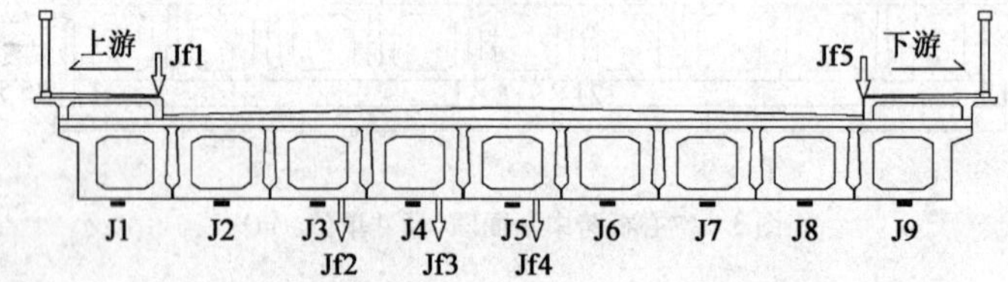

图6 跨中截面应变及挠度测点布置示意图

说明:"▬"标记为钢筋应变测点;"⇩"标记为挠度观测点。

2. 静载试验工况及加载效率

按《大跨径混凝土桥梁的试验方法》(试行)规定,试验荷载效率满足:$0.80 < \eta \leq 1.05$的要求,以此确定最大用车数和车辆加载的纵向位置。

考虑到本次试验为承载能力鉴定试验,因此加载效率取高限。经计算分析,完成全部试验工况,共需4辆330kN级载重汽车。

测试截面控制内力及加载效率 表2

测 试 截 面	用车数(台)	控制值(kN·m)	试验值(kN·m)	荷载效率
跨中截面	4	3482	3631	1.04

六、静载试验结果

1. 应变测试结果

在最大试验荷载作用下,各控制截面应变测试结果列于表3、表4中。

正载应变观测结果(应变单位为:μ ε) 表3

截 面	测 点 编 号	弹性应变 S_e	理论计算值 S_s	校验系数(S_e/S_s)
跨中正弯截面 k_1	J1	59	62	0.94
	J2	53	68	0.79
	J3	69	82	0.85

续上表

截　面	测 点 编 号	弹性应变 S_e	理论计算值 S_s	校验系数(S_e/S_s)
跨中正弯截面 k_1	J4	50	88	0.57
	J5	60	91	0.66
	J6	41	86	0.48
	J7	41	80	0.52
	J8	43	66	0.66
	J9	37	60	0.61

偏载应变观测结果(应变单位为:μ ε)　表4

截　面	测点编号	弹性应变 S_e	理论计算值 S_s	校验系数(S_e/S_s)
跨中正弯截面 k_1	J1	74	97	0.76
	J2	60	96	0.62
	J3	73	98	0.74
	J4	51	95	0.53
	J5	54	84	0.64
	J6	35	55	0.62
	J7	34	43	0.80
	J8	28	38	0.73
	J9	74	97	0.76

2. 挠度观测结果

在最大试验荷载作用下,各控制截面挠度观测结果列于表5中。

截面挠度观测结果　表5

工　况	测点位置	弹性变位 f_e(mm)	计算值 f_s(mm)	校验系数 $\eta(f_e/f_s)$
正载	Jf1	3.1	4.2	0.74
	Jf2	3.4	6.6	0.51
	Jf3	3.2	7.0	0.46
	Jf4	3.1	7.4	0.42
	Jf5	3.8	4.1	0.93
偏载	Jf1	4.0	6.7	0.60
	Jf2	3.5	7.8	0.45
	Jf3	3.4	7.7	0.44
	Jf4	3.3	6.7	0.49
	Jf5	2.8	2.9	0.96

3. 静载试验的结果评定

根据应变及挠度测试结果,测点实测应变值小于其对应的理论计算值,应变校验系数范围为0.48~0.94,卸载后相对残余应变均小于20%,测点实测挠度小于对应理论计算值,挠度校验系数范围为0.42~0.96,卸载后相对残余变形均小于20%,表明桥梁的强度满足要求且结构处于弹性工作状态,桥梁刚度满足要求。

截面裂缝试验加载过程中,梁体原有裂缝未见扩展。混凝土均未出现新裂缝。

七、综 合 评 估

综合上述各项检查结论,结古路跨河桥能够满足公路-Ⅱ级荷载作用下的正常使用要求,可继续使用。

八、结　　语

(1)结古路跨河桥经过评估后继续使用,在玉树灾后重建中发挥了重要作用。

(2)对无资料的桥梁做承载能力鉴定的一般程序为:先通过已知条件如建成年限、梁高、墩柱尺寸、桥宽等,再借助专项检查手段如雷达扫描钢筋数量、间距甚至结构尺寸,回弹法检测混凝土强度等,结合桥梁设计年限的相关规范及通用图初步确定桥梁的荷载等级,然后根据已知条件进行相应的结构验算,最后通过荷载试验最终进行验证。采用上述方法对无资料预应力桥梁进行承载能力鉴定,取得了较好的经济效益和社会效益,可供类似桥梁承载力鉴定时进行借鉴。

(3)在无资料的预应力桥梁承载能力鉴定中一些问题尚未解决,比如以目前的无损检测技术,雷达可以扫描到箍筋的间距,但同一横截面上的钢筋肢数无法确定;同样,钢筋直径尚无法测定,只有通过局部破损的方法两侧箍筋直径;另外,预应力束的根数等尚未见有效的方法量侧等。

(4)桥梁等结构物的建设资料管理在桥梁管养中占有非常重要的地位,若资料缺失,将给桥梁建成后的运营管养带来很大的困难。

178. 某高速黄河大桥健康监测系统方案研究与设计

赵淑兰　付金璐

(中交路桥(河北)工程检测有限公司)

摘　要　以黄河大桥为监测对象,设计了在运营期间对黄河大桥进行健康监测的硬软件系统。监测内容涉及大桥的环境、关键位置的应力(应变)、跨中挠度、梁端位移、大桥裂缝、振动测量等方面的实时监测。本健康监测系统总体方案是通过传感系统采集原始信号,信号传输与处理系统将信号传输至采集模块并进行预处理,然后通过计算机通讯技术传输至上位机进行数据实时显示和保存,同时将上位机上的数据通过Internet通讯技术结合GPRS网络传输到监控中心,监控中心实时显示桥梁各物理量的数据变化动态。

关键词　桥梁健康　健康监测　监测系统　安全评估

一、工程概况及监测目的

黄河大桥(一桥)位于某高速公路,它是从包头市白云鄂博到陕西等省通衢的重要组成部分。该桥于1983年建成通车,使用至今已近30年。黄河大桥(一桥)首跨简支箱梁,长20m;2~13跨分为3联,每联4跨连续箱梁。

黄河大桥横跨黄河,所处地理环境温差大、气候恶劣、风速高、冲淤变化大,加之车流量大、重型车辆较多。由于受气候、氧化、腐蚀和老化等因素影响,在长期静载和活载作用下,其强度和刚度会随着大桥龄期的增长而降低,存在安全隐患。因此有必要针对本桥特点,对大桥进行安全健康监测,利用现代化诊断测量手段,通过对大桥的环境温度、关键部位的空间位置变化、力学性能等方面进行长期喝定期监测、分析,长期记录存储数据,为评估大桥在运营期间结构的承载能力、运营状态、耐久力等安全指数提供依据[1-3]。黄河大桥立面图如图1所示。

针对黄河大桥实际状况和病害情况,该桥的健康监测采用实时监测、定期监测与人工检查相结合的模式。根据该桥的结构特点、运营状况,在对未来交通荷载的变化趋势及其预测的基础上,提出了该桥健

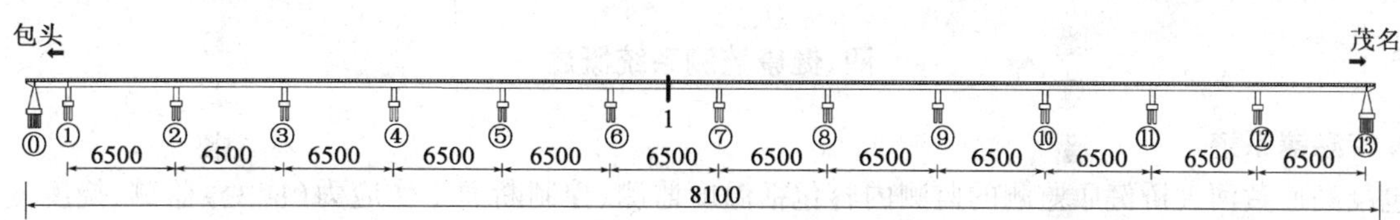

图1 黄河大桥立面图(尺寸单位:mm)

康监测系统的技术方案、软件开发以及监控中心硬件配置等一套完整的计算机网络系统。通过该系统获取桥梁结构健康状态和病害损伤的重要信息,从而实现对桥梁的多种状态参数(如应变、挠度、支座位移、裂缝、振动等)的实时监测,结合定期监测和人工检查的数据,实现多种特征信息的提取及融合,并在此基础上实现对大桥健康状况及病害损伤情况的监测和评估,从而达到对桥梁运营状况长期监测的目的,并依据监测结果对桥梁做出评估。

二、监测系统的设计构思

1. 监测系统的设计原则

健康监测系统基于以下原则:

①可在无人值守条件下连续运行;

②可根据需要进行选择性采集和人工干预采集;

③数据采集软件具有数据采集和缓存管理功能;

④系统具有定时采集功能;

⑤同步采集。

2. 监测内容及测点选择

桥梁的参数变化除了由动载等原因引起,还有一个重要因素就是环境因素。因此,在确定监测内容时首先考虑的是环境因素。其次考虑桥梁的结构性监测内容和结构静动态响应监测。综合以上因素确定的黄河大桥健康监测系统的监测内容为:①环境温度监测;②控制断面应力(应变)监测;③大桥挠度变形监测;④大桥梁端位移监测;⑤大桥裂缝监测;⑥大桥振动测试。

本系统共设置测点128个,其中挠度测点13个,振动测点27个,应变测点75个,温度测点1个,裂缝测点10个,梁端位移测点3个。

三、健康监测系统总体方案设计

该系统桥梁健康监测系统包括对桥梁结构整体性能监测、大桥结构控制断面应力监测,整体变形监测以及其他参数的监测,整个系统分为6个子系统[2],系统的总体方案设计框图如图2所示。

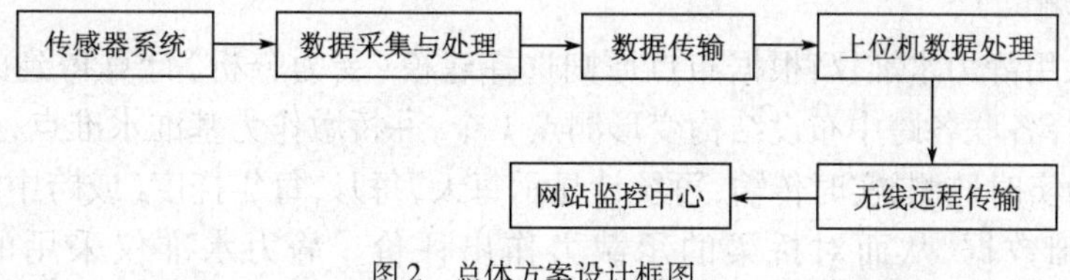

图2 总体方案设计框图

传感器系统将采集的各项待监测物理量信号传输到数据采集与处理系统;数据采集与处理系统采用的硬件是数据采集模块,在数据采集模块中将对各物理量进行相应的调制解调和滤波、模数转换等预处理,有必要的话还要经过中继器将衰减的信号进行放大;处理后的信号通过数据传输系统将数据通过计算机网关通讯技术将处理后的数字信号传输到上位机;上位机数据处理系统有相应的软件平台,在相应的软件平台上将接收到的数据进一步处理,软件平台可实现数据存储、数据显示、模块采集选择、采集时间设定等功能,并且可通过对软件平台进行编程扩展上位机功能;上位机采集完数据后,无线远程传输系统最终将数据实时显示在网站监控中心的网页上。

四、健康监测系统概述

1. 传感器系统

包茂高速黄河大桥健康监测的监测内容包括温度监测、控制断面工作应力(应变)监测、挠度变形监测、梁端位移监测、裂缝监测、振动模态分析。

(1)温度监测

通过对环境温度和桥梁结构关键部位温度分布状况进行监测,并与设计时的理论取值进行比较,从而可以对桥梁在实际温度作用下与设计情况相比,是偏于安全还是偏于不安全做出评价。温度分布状况测点分别监测箱梁内温度和箱梁外温度。

布置箱外环境温度1个,箱内温度测点采用各应变计的温度测试功能即可。温度传感器采用的硬件设备为YKT-96C型温度传感器。温度传感器的布置如图3所示,支座截面测点布置示意图见图4。

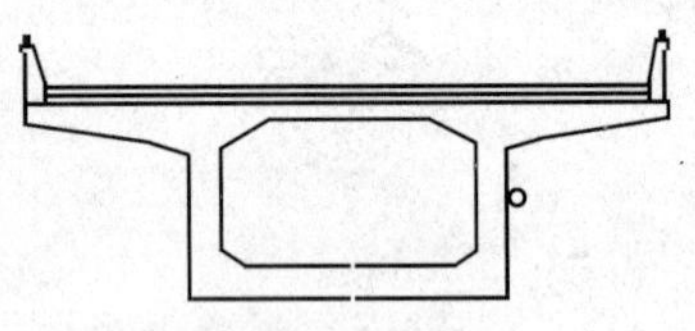

图3 温度传感器测点布置示意图

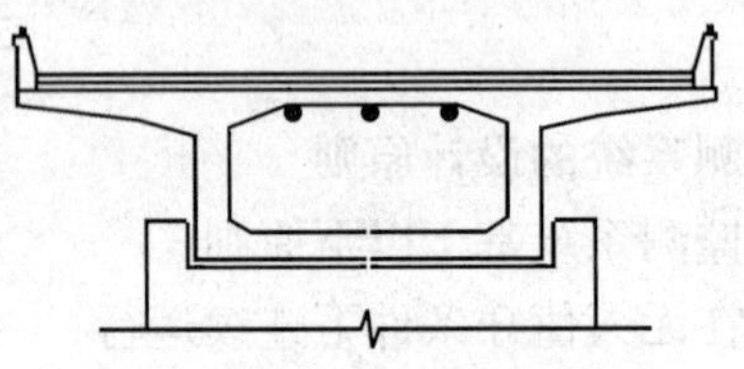

图4 支座截面测点布置示意图

(2)静应变(应力)监测

结构静应变监测采用振弦式传感器,主跨跨中正弯矩和支座负弯矩应变监测方案是选择建模(受力分析)计算得到的应变最大控制截面作为代表性截面,选择各跨跨中处布置正弯矩应变截面,每一截面横向布置3个点;选择2号,3号,4号,5号,6号,7号,8号,9号,10号,11号,12号墩箱梁顶截面布置负应变测点,每一截面横向布置3个点;同时根据受力要求,选择每跨1/3~1/4处腹板布置测点监测最大主应变,该桥共布置75个测点。其中,选择6个支座截面布置18个,7个夸张截面21个,其余36个布置最不利跨距支座0.4倍处。应变计采用的硬件设备为YKYB-1140X型振弦式应变计。应变传感器截面布置分为支座截面应变传感器布置和跨中截面应变传感器布置,图5和图6分别为两种情况的布点示意图。

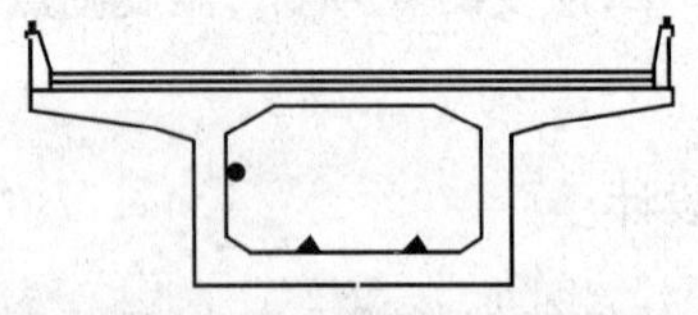

图5 跨中截面测点布置示意图

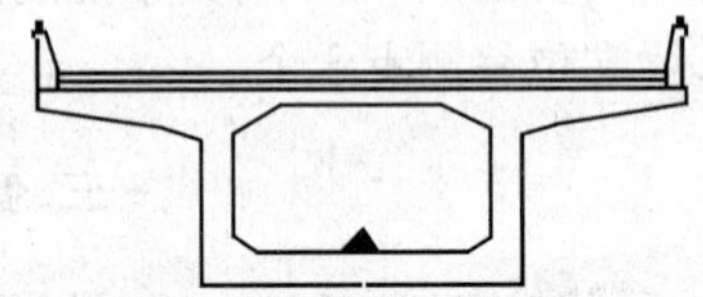

图6 挠度测点布置示意图

(3)挠度变形监测

大桥挠度监测采用静力水准仪,根据布点原则选择建模(受力分析)计算得到的挠度最大控制截面作为代表性截面,选择各联各跨中布设结构变形测点1个,一桥墩作为基准水准点,全桥共布设挠度监测点13个;监测模式为实时监测,实时传输,可统计显示每天,每月,每年挠度(或跨中沉降)最大值,为桥梁的刚度变化提供基础数据,从而对桥梁的承载力作出评价。静力水准仪采用的硬件设备为YKJL-72XXEB型智能静力水准仪。其测点布置位置示意图如图6所示。

(4)梁端位移监测

桥梁横向变位即梁端位移(伸缩缝位移),根据该桥伸缩缝的情况,各联梁端位移传感器布置在各梁端,共布设测点3个。梁端位移的测量硬件选型为XZCK-211型位移计。传感器布置图如图7所示。

(5)裂缝监测

全桥布设跨中横向裂缝测点4个,箱梁底板纵向裂缝测点2个,2号~10号墩顶腹板裂缝测点4个,共计10个裂缝测点。裂缝的测量硬件选型为XZCK-211型测缝计。支座和跨中传感器位置布设如图8和图9所示。

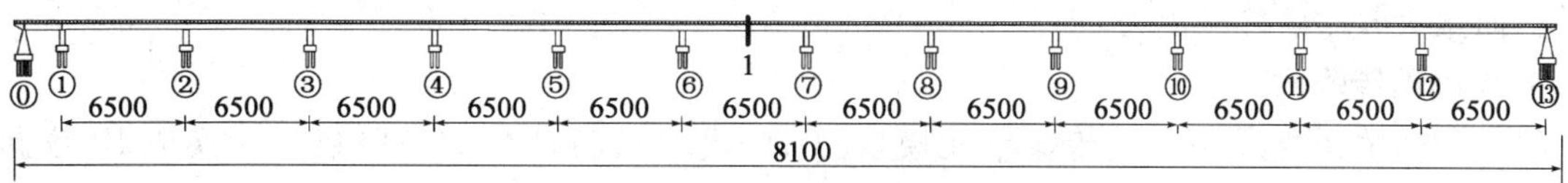

图7 梁端位移测点布置示意图(尺寸单位:mm)

(6)振动监测

桥梁的振动模态参数,包括振动频率、振型和阻尼系数,是反映桥梁自身动力特性和状况的重要参数。本系统共设置振动测试断面9个,每个测试断面布置3个振动加速度传感器,共布置测点27个。其中18个垂直向振动加速度传感器,9个水平向振动加速度传感器。测试断面如下:第6跨1/4L、1/2L、3/4L断面,第7跨1/4L、1/2L、3/4L断面、第8跨1/4L、1/2L断面、第9跨1/2L断面。传感器布设示意图如图10所示。

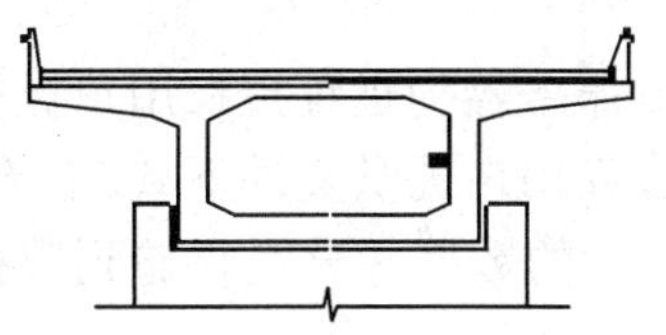

图8 支座截面裂缝测点布置示意图

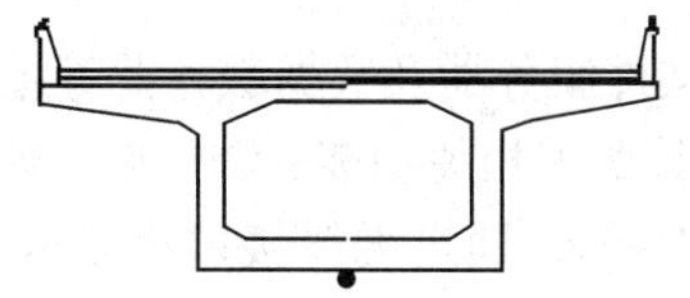

图9 跨中截面裂缝测点布置示意图

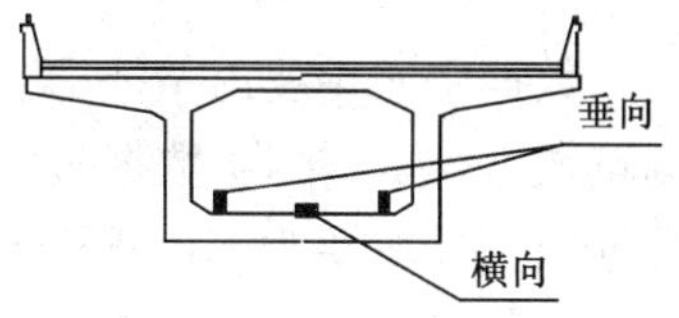

图10 振动测点布置示意图

2. 数据采集与处理系统

考虑到数据中心远离大桥,根据各黄河大桥的实际监测情况,数据采集系统方案设计为在桥梁现场设置四台数据采集模块和一台总线采集模块对现场各传感器信号的收集和传输。数据采集与处理系统框图如图11所示。

其中综合采集模块采集振弦传感器信号,总线采集模块采集静力水准仪信号,振动信号调理仪采集振动传感器信号。

3. 数据传输系统

各桥静态测点现场采用RS485总线布置,转换后输出RS232数字信号,完成现场静态信号的采集和数据传输。动态信号采用基于板卡式的数据采集系统。

4. 上位机数据处理系统

上位机数据处理系统是可升级且功能可扩展性系统。静态数据采集软件主要完成应变,挠度,裂缝,位移等相关数据的采集分析和存储,振动数据采集软件主要完成振动加速度传感器的采集,存储和传输功能及通过串口传输给DTU的功能。图12和图13所示为静态数据采集主界面和振动数据采集主界面。

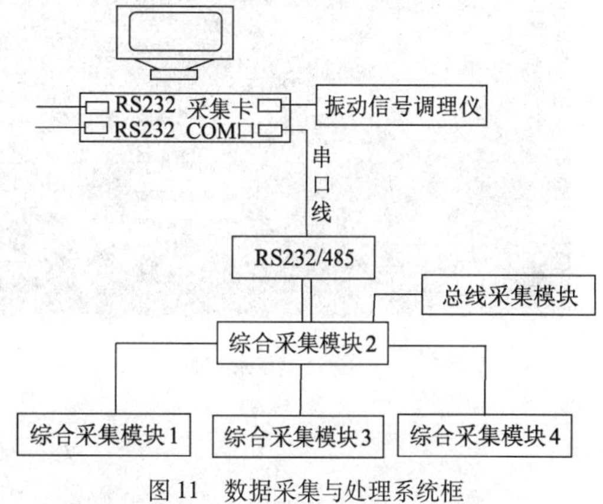

图11 数据采集与处理系统框

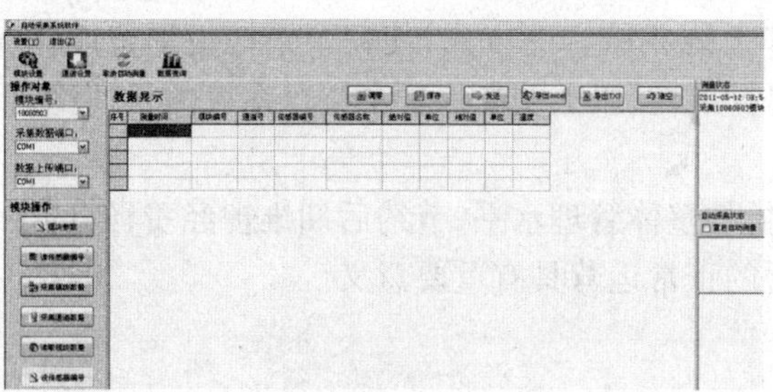

图12 静态数据采集软件主界面

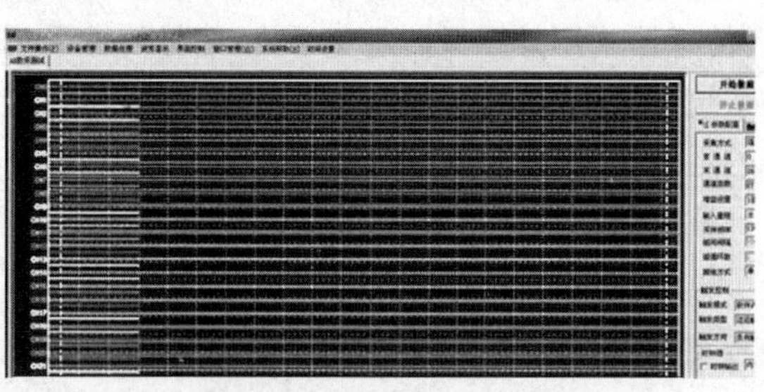

图13 振动数据采集软件主界面

工作模态分析软件主要完成模态频率分析并实时上传分析结果到数据中心数据库,正常情况下该软件处于等待状态,一旦振动数据采集软件完成采集,则自动启动进行相关测点的自谱计算并提取计算得到的前三阶最大频率值传输出去。

5. 无线远程传输系统

无线远程传输系统采用无线传输单元模块(DTU 模块),将计算机串口数据转换成 IP 数据,通过 GPRS 网络,结合 Internet 通讯技术最终将数据传送到网站监控中心。无线远程传输的拓扑图如图 14 所示。

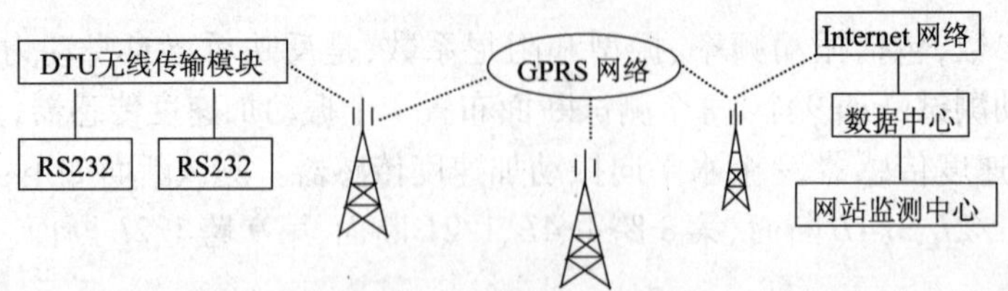

图 14　无线传输拓扑图

数据中心主要由 Web 服务器和文件服务器及数据服务器等组成。Web 服务器为远程授权用户提供浏览数据,下载报告,数据报表,维护数据等相关功能;文件服务器主要为远程用户提供文件下载,上传;数据服务器主要为 SQLSEVER 和 DTUsever,通过无线接口接收来自黄河大桥的数据并分类存储到数据库中。

6. 网站监控中心

远程用户采用 B/S(浏览器/服务器)结构,通过用户名和密码认证登录系统浏览数据,下载报告,维护数据库等操作。登录界面如图 15 所示,实时监测界面如图 16 所示。

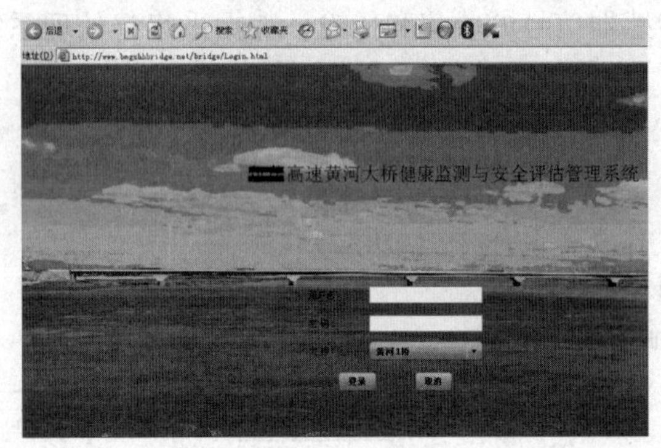

图 15　登录界面

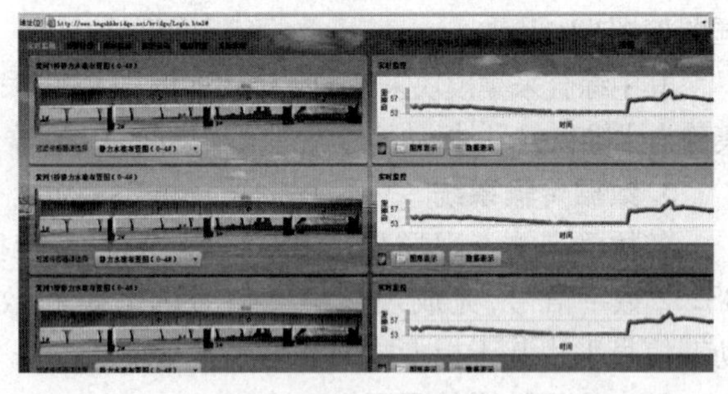

图 16　实时监测界面

五、结　　语

根据黄河大桥的结构特点结合养护管理要求,设计的桥梁健康监测系监测内容全面,系统硬件设备采取集成化模块化设计,设备可靠性强,技术成熟,采用了避雷和备用电源等多种防护措施保障系统的运行,传感器采用外罩保护避免干扰;信号传输采用有线和无线相结合的方式,使整个系统更加智能化;软件系统功能周全,系统故障排查方便,具有可升级性和可扩展性,以上功能保证了整个系统的长期稳定可靠的运行。

通过建立黄河大桥健康监测系统,较大地提高了大桥的整体管理水平,节约后期维护经费,经过半年多的试运行,系统能够达到预期的目标,对保证黄河大桥的正常运营具有重要意义。

参考文献

[1] 单德山,李乔,付春雨,等.智能桥梁健康监测与损伤评估[M].北京:人民交通出版社.

[2] 张敏,杨志芳,等.东海大桥桥梁结构健康监测系统研究与设计[J].桥梁建设,2006.2,67-70.

[3] Aktan A E,et al. Issues in infrastructure health monitoring for management [J]. Journal of ENGINEERING Mechanics,2000,126(7):711-724.

179. 梁式桥的健康监测和剩余寿命预测

徐凤月 傅菊根
(安徽理工大学)

摘 要 随着经济的蓬勃发展,对交通运输能力的要求也在不断提高,而不少现役桥梁已老化和功能退化,再加之不可测自然破坏力与超载,对桥梁结构的安全性造成了极大威胁。为减少现役桥梁结构破坏带来的危害,对其进行健康监测和剩余寿命预测显得尤为重要。本文提出了梁式桥的健康监测和剩余寿命预测方法和设计要点,为后续健康监测和寿命预测在梁式桥中的应用提供理论依据。

关键词 梁式桥 健康监测 剩余寿命预测

一、前 言

近年来,随着经济的快速发展,对交通运输能力的要求也在不断提高,而不少现役桥梁已老化和功能退化,再加之不可测自然破坏力(如地震、洪水等)与超载,常会使桥梁结构遭受严重破坏甚至突然垮塌,并造成严重的人员伤亡和经济损失。例如[1],1994 年 10 月韩国汉城横跨汉江的圣水大桥中央断塌 50m,死亡 32 人,事故原因是长期超负荷运营,下部钢桁架螺栓及杆件疲劳破坏所致;2002 年 6 月洪水冲垮了陇海铁路西安段的溺河特大桥,使得铁路停运数日,造成严重经济损失。因此,对现役重大桥梁结构进行实时的监测和分析,及时发现结构损伤或性能退化,评估其安全性,预测桥梁结构的剩余使用寿命并提出桥梁维护加固措施,现已是重中之重的举措。

现有重大桥梁大都建立了健康监测系统,如:美国的 Fred Hartman 桥、Golden Gate 桥,日本的明石海峡桥、多多罗桥,英国的 Forth 公路桥、Foyle 桥,丹麦的 Great Belt 桥,中国香港的青马桥、丁九桥、汲水门桥等,中国内地的江阴大桥、润扬桥、苏通大桥、东海大桥、钱塘江四桥等[2]。但其中大多为大跨径斜拉桥、悬索桥,梁桥中应用较少,所以,本文提出对梁式桥的健康监测和剩余寿命预测,为后续健康监测在梁桥中的应用提供理论依据。梁桥健康监测和剩余寿命预测流程如图 1 所示。

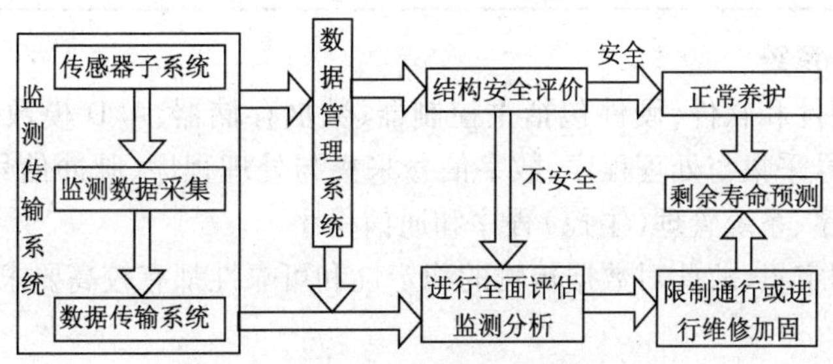

图 1 桥梁健康监测和剩余寿命预测流程

二、梁桥的健康监测

结构健康监测是利用现场的无损传感技术,实时监测结构运行状况,采集数据,经处理后再分析评估桥梁的结构特性及健康状况,并可预测结构剩余使用寿命,以保证桥梁正常运行。

1. 健康监测系统

桥梁健康监测系统一般分为传感器子系统、数据采集与传输子系统、结构综合状态评价子系统和数据库管理子系统四个子系统。

传感器子系统由各种不同类型的传感器构成,将被测的不同形式的物理量转变成便于记录及再处理的电压、电流或光等信号。数据采集与传输子系统负责信号采集、传输、处理和分析控制。结构安全评价子系统主要负责对桥梁危险状态进行预警、对桥梁状态参数和损伤状况进行识别、对桥梁综合性能进行评估,给出养护建议,其包括结构安全预警模块、结构状态与损伤识别模块、结构综合评估模块。数据库管理子系统是各子系统数据的支撑系统,完成数据的归档、查询、存储、维护和打印输出等工作。桥梁健康监测系统应根据桥梁的建设规模、重要性、投资、使用环境及其使用期限内性能退化情况,进行监测等级划分,确定系统监测的内容和功能模块。

2. 系统监测项目

监测项目和监测参数的选取应能反映桥梁结构的工作状态,应根据桥梁结构类型、结构特性、力学性能以及具体需求确定监测项目,桥梁监测内容一般分为作用监测和结构响应监测[3]。对于梁式桥,作用监测项目有车辆荷载、温度、湿度、地震作用(对于无抗震要求的梁式桥可不测地震作用),结构响应监测的项目有应力、挠度、桥梁振动、桥墩沉降、伸缩缝变位、桥梁几何线形、支座反力等。其中桥梁结构的应变和扰度是确定桥梁安全性的重要指标。

3. 传感器的选用与布置

根据桥梁健康监测系统的监测内容,应选用不同类型的传感器,并安装在适当的监测位置,以满足适用性、可靠性、耐久性、可维护性和经济性的原则[3]。对于梁式桥,所用主要传感器及其布置位置[3]如表1所示。

梁桥健康监测系统传感器选用与布置　　表1

监 测 项 目	传感器类型	传感器布置位置
风荷载	风速仪测试	安装在风荷载较大和受桥梁外形影响较小的位置
温度	温度传感器	主跨跨中、1/4 和 3/4 跨
湿度	湿度传感器	主跨跨中主梁或钢箱梁内
车辆荷载	动态地秤	与主桥相连的引桥桥头和上下行车道
地震作用	强震仪	桥墩承台
应力	光纤光栅应变传感器、振弦式应变传感器等	主跨跨中、1/4 和 3/4 跨、边跨跨中及支点(对于刚构桥为墩梁固结处)
挠度	全球定位系统、倾角仪监测	主跨跨中、主跨 1/4 和 3/4 跨,边跨跨中处
桥梁振动	速度传感器、加速度传感器	主跨跨中、四分点、边跨跨中及支点(对于刚构桥为墩梁固结处)
支座反力	应变传感器、支座反力传感器等	桥墩支座处

4. 数据采集与传输子系统

数据采集系统包括硬件和软件,硬件包括主控制器、数据存储器、A/D 模数转换部分和数据通信部分;软件一般分为模拟信号采集与处理程序、数字信号采集与处理程序、脉冲信号处理程序、开关信号处理程序、运行参数设置程序、系统管理(主控)程序和通信程序[2]。

监测系统所得的数据宝贵,故此对数据传输的稳定性和可靠性都有较高要求。可采用高效率和高稳定性的光纤网络。

5. 结构综合状态评价子系统

结构综合状态评价主要进行安全性、适用性(包括刚度、裂缝、振动性能)、耐久性(主要是材料性能、外观质量)三方面的评估。结构的安全性评价首选要进行结构的损伤识别,再进行安全评价。安全性评估包括结构承载力评估和结构稳定性评估两方面。

结构健康监测的损伤识别是一种实时、在线和连续的监测方法,分为动力指纹分析法、模型修正与系统识别法、神经网络法、遗传算法、小波变换法和 Hilbert-Huang 变换法[4]。安全性评定的评估方法所用的理论主要有可靠度理论、层次分析法、模糊理论、基于人工神经网络算法以及专家系统等[2]。

6. 数据库管理子系统

由于长期采集的数据容量较大,应对其进行数据压缩,并确保压缩后的监测数据必须能够保留原数据的关键特性,如最大(小)值、平均值、变异系数值及其他统计特征值等应能在压缩后的数据中得到有效反映。异常值剔除及数据压缩完毕后应通过图表对数据实现可视化。将数据在时域或频域图形化能有效地帮助理解采集数据所反映的现象本质[5]。此外,可以对监测数据建立动态数据库,并进行监测数据的定期更新、备份和恢复。

三、基于梁桥健康监测数据的剩余寿命预测

1. 剩余寿命预测

对桥梁结构进行定期或连续监测便可获得结构状态变化的趋势性规律,进而对结构的剩余寿命做出估计。

剩余寿命则是指桥梁在当前状况下,在不加维修或正常维护以及正常使用条件下,结构可能继续使用的年限[6],即桥梁使用寿命与已使用的年限的差值,其是对结构正常使用极限状态的研究。使用寿命预测的一般方法有基于经验的预测方法、基于类比的预测方法、基于加速试验的预测方法、基于数学理论模型的方法、基于力学理论模型的预测方法、基于灰色理论的预测方法、基于可靠性理论的预测方法等[7]。可根据桥梁结构实际使用和管理中所可能监测与分析得到的数据信息的不同,选择采用不同的预测模型。对于有进行定期或连续监测的健康监测数据的桥梁结构,可使用的剩余寿命预测模型主要有回归分析预测模型、灰色理论预测模型、神经网络预测模型和基于可靠性理论的预测方法等。本文主要介绍神经网络预测模型。

2. 神经网络预测模型及其算法

神经网络预测模型是利用BP神经网络的高度非线性去模拟桥梁损伤系数与桥梁使用年限之间的关系,采集已有的评估样本,通过对样本的反复学习对神经网络进行训练,寻找到最优权重,即得到预测模型中所需要的各种参数,从而实现对桥梁剩余使用寿命的估计[8]。

BP算法属于δ算法,是一种多级网络的非循环训练算法,由输入层、隐层、输出层组成,一般采用二级网[9]。其基本思想是:对于p个输入学习样本:$x^1,x^2,\cdots,x^p$,已知与其对应的输出样本为:$t^1,t^2,\cdots,t^p$,将实际的输出$y^1,y^2,\cdots,y^p$与$t^1,t^2,\cdots,t^p$的误差来修改连接权和阈值,使$y^l(l=1,2,\cdots,p)$与期望的t^l尽可能的接近,即使网络输出层的误差平方和达到最小[10]。

对于仅含有一个隐含层,输入层单元有n个,隐含层单元节点数有s个,激活函数为f_i,输出层单元m个,对应的激活函数为f_k,输出Y,目标矢量T,则隐含层第i个单元的输出为:

$$y_i = f_i\left(\sum_{j=1}^{n} w_{ij}x_j + b_i\right),\mathrm{i} = 1,2,\cdots,\mathrm{s} \tag{1}$$

其中,y_i为节点i的输出,w_{ij}是节点之间的连接权值,b_i为阈值。而输出层第k个单元的输出为:

$$y_k = f_k\left(\sum_{i=1}^{n} w_{ki}y_i + b_k\right),\mathrm{k} = 1,2,\cdots,\mathrm{m} \tag{2}$$

误差函数定义为:

$$E(W,B) = \frac{1}{2}\sum_{k=1}^{m}(t_k - y_k)^2 \tag{3}$$

则输出层权值变化为:

$$\Delta w_{ki} = -\eta\frac{\partial E}{\partial w_{ki}} = -\eta\frac{\partial E}{\partial y_k}\cdot\frac{\partial y_k}{\partial w_{ki}} = \eta(t_k - y_k)f'_k y_k = \eta\delta_{ki}y_i \tag{4}$$

其中,η是学习速率,$\delta_{ki} = (t_k - y_k)f_k = e_k f_k$,$e_k = t_k - y_k$,同理可得:

$$\Delta b_k = -\eta\frac{\partial E}{\partial b_k} = -\eta\frac{\partial E}{\partial y_k}\cdot\frac{\partial y_k}{\partial b_k} = \eta(t_k - y_k)f'_k = \eta\delta_{ki} \tag{5}$$

对于隐含层的权值变化,即从第j个输入到第i个输出的权值为:

$$\Delta w_{ij} = -\eta\frac{\partial E}{\partial w_{ij}} = -\frac{\partial E}{\partial y_k}\cdot\frac{\partial y_k}{y_j}\cdot\frac{\partial y_j}{\partial w_{ij}} = \eta\sum_{k=1}^{m}(t_k - y_k)f'_k w_{ki}f'_i x_j = \eta\delta_{ij}x_j \tag{6}$$

其中:$\delta_{ij} = e_i\cdot f'_i$,$e_i = \sum_{k=1}^{m}\delta_{ki}w_{ki}$,同理可得:

$$\Delta b_i = \eta\delta_{ij} \tag{7}$$

以上公式给出了一种通过误差反向传播的方式计算网络权值偏导数的递推算法,此即BP算法,其有信息的正向传递和误差的反向传播两部分[10]。正向传递时,输入信息从输入层经隐含层逐层计算传向输出层,且每一层单元的状态只影响下一层单元的状态;若在输出层没有得到期望的输出,则转为反向传播。误差的反向传播是通过计算输出层误差 e_k,然后将其与输出层激活函数的一阶导数 f_k' 相乘求得 δ_{ki}。因隐含层中没有直接给出目标矢量,故利用输出层的 δ_{ki} 进行误差的反向传递来求得隐含层权值的变化量 Δw_{ki},进而计算 e_i,然后通过将 e_i 与该层激活函数的一阶导数 f_k' 相乘求得 δ_{ij},从而求出前一层权值的变化量 Δw_{ij}。若前面还有隐含层,则用上述依次类推,一直将输出误差反推到首层止。重复以上两计算过程,直到达到期望目标。

BP算法参数主要有网络层数、输入和输出节点数、隐含层含节点数及功能函数,输入层单元代表影响桥梁寿命的因素,输出层单元为想要得到的参数,此处为桥梁的使用年限,其中参数的选取主要集中在网络隐含层层数和隐含层含节点数的选择上。

各不同的隐含层节点数一般都能使网络收敛,但当其数目小于某值时,网络工作性能会很差,然而增加隐含层层数和隐含层节点数不一定总能提高网络的精度和表达能力,故根据经验,隐含层节点数一般取5~10个,隐层层数一般不超2个,也可根据具体问题结合优化方法(如遗传算法)进行优化后确定[9];Mukherjee[11]等人认为,当隐含层节点数大于2倍的输入层数目时,应设置两个隐含层,此时一个隐含层收集信息,另一个隐含层对所收集的信息进行分类,但这种做法仅由经验得出并未有理论论证。

鉴于传统的和经典的BP网络在训练学习时易出现收敛速度较慢或陷入局部极小等问题,本文采用自适应调整学习率法和附加动量法两种方法,从而提高了训练收敛速度并增加了该算法的可靠性。其中动量法可降低网络对于误差曲面的局部细节的敏感性,有效地抑制网络陷入局部极小;学习率自适应调整有利于调整学习时间以提高收敛速度[11]。按以上方法,根据实测各参数值时桥梁已运行的年限,即可实现对其剩余寿命的预测。

四、算　例

山东省某混凝土桥梁已使用29年,经健康监测,试用神经网络模型预测其剩余寿命。

对于本算例,首先根据观测数据建立神经网路,神经网络的输入层有1个单元,即桥梁损伤系数,而输出层单元为桥梁的使用年限,中间仅设一个隐含层,其节点数通过网络训练得出。输入函数选用Sigmoid型,输出采用线性函数。本例采用附加动量法和自适应调整学习率相结合来训练网络。其中初始学习率取为1.05,动量系数选为0.9,最大训练次数为7000,误差精度为4e-5。经训练学习发现隐层含节点6个、训练次数为6332时,网络达到收敛。

现取使用终结的损伤系数为0.80,并输入训练好的神经网络模型,得使用寿命为53.38年,因此剩余使用寿命为53.38-29=24.38年

五、结　论

因在役桥梁逐步老化,而交通负荷却日益增加,不可抗力因素时有发生,因而对在役桥梁进行健康监测和剩余寿命的预测,进而对其进行加固改造或调整交通负荷显得日益重要。由于BP神经网络特点显著,BP算法预测桥梁剩余寿命在工程中得到广泛应用,但神经网络方法需建立在一套完整的维护检测与数据采集系统之上,其还处在初级阶段,仍存在有待于研究、改进和完善的不足之处,如:(1)如何确定合适的隐含层层数和隐含层含节点数以提高误差精度;(2)初始值的选取,随机选取初始值会导致其他参数不变时训练收敛性不同;(3)期望误差的选取,当期望误差选取的不合适时,常会出现振荡现象,而训练误差收敛不到期望误差。

参考文献

[1] 徐宏.大跨径悬索桥梁健康监侧研究[D].长安大学.2005.4.

[2] 李宏男,高东伟,伊廷华.土木工程结构健康监测系统的研究状况与进展.力学进展,2008,3(2):

151-166.

[3] 郑连生.天津市桥梁健康监测系统研究与实现[D].天津大学,2011.12.

[4] 孙鸿敏,李宏男.土木工程结构健康监测研究进展.防灾减灾工程学报,2003.9(3):92-98.

[5] 伍山雄,李芳.大跨斜拉桥结构健康监测系统数据处理方法研究[L].施工技术,2009.2(2):94-96.

[6] Galambos,C.F.,Bridge Design,Maintenance and Management,Public Roads,No.4,1987.

[7] 邹桃花.结构可靠性理论在桥梁状态评估和寿命预测中的应用[A].科协论坛.2008(1)下:21-22.

[8] 林兵,郑丹,周建庭,等.西南地区桥梁寿命预测分析[J].重庆交通大学学报(自然科学版),2008.6(2):374-378.

[9] 刘斌云,霍达.现有混凝土桥梁结构剩余寿命预测方法研究[A].市政·交通·水利工程设计.2008.

[10] 张宇辉.桥梁结构健康监测技术与方法研究[D].湖南大学.2005.9.

[11] Mukherjee,A,and Deshpande,J.M.,Modeling initial design process using artificial neural network ,Journal of Computing in Civil Engineering,ASCE,1995,9(3),194 -200.

180.在役大跨径预应力混凝土连续刚构桥承载力研究

王 伟

(广州诚安路桥检测有限公司;广州市公路管理局工程研究所)

摘 要 正确评估和预测在役桥梁的承载力对桥梁的健康安全运营至关重要。该文利用荷载试验测试出桥梁当前的受力状态,然后联合静力位移残差与模态振型相关性对初始模型进行了修正,并运用修正后的模型,通过数值加载对桥梁当前状态下的承载力进行了评估,以及通过模拟结构未来可能受到的损伤对桥梁的承载力进行了预测。研究结果表明,结构当前受力性能良好,具有一定的安全储备,当前结构的承载力满足原设计规范要求,模拟各种损伤作用下,结构承载力有较大变化,且不同损伤对承载力的影响程度不同。

关键词 连续刚构桥 荷载试验 模型修正 承载力 评估 预测

连续刚构桥因其跨越能力大、施工方便、行车平顺等优点,自从1988年我国第一座主跨180m的洛溪大桥建成通车以后,近几十年来得到快速发展。然而随着桥梁使用年限的久远,加之目前超载现象普遍,在役大跨径预应力混凝土连续刚构桥会受到不同程度的损伤,如混凝土碳化腐蚀、预应力松弛、箱梁裂缝等。这就给桥梁的正常使用带来了严重的安全隐患,必须对结构进行承载力评估,以确保结构在使用寿命内的健康与安全。荷载试验是一种最直接有效的方法,该方法是将试验得到的实测值与模型计算的理论值比较,看是否符合相关规范要求。只要现场操作正确恰当、仪器设备精确,实测值即被认为是准确可信的,关键是理论值的精确度,这就取决于有限元模型能否准确反映桥梁当前的使用状况。一般地,桥梁初始有限元模型是根据其设计或竣工图纸,选择规范规定的物理参数建立的,然而在施工和使用过程中,在役大跨径连续刚构桥已存在诸多病害,这就必然会造成初始理论模型与当前实际结构之间存在误差。为了使理论计算的结构响应能够真实地反映实际情况,必须利用现场测试数据对计算模型进行修正[1-5]。

文章以高速公路上主跨120m的五跨预应力混凝土连续刚构桥为研究对象,先进行静、动荷载试验,然后利用灵敏度分析[6]选择待修正的物理参数,并且构造以模型计算的理论值与实测值之差的平方和为目标函数来对初始理论模型进行修正,最后在此基础之上对结构当前状态下的承载力进行评估和在数值模拟结构可能的损伤状况下预测结构的承载力。

一、工程概况及模型建立

1. 工程概况

某大桥主桥上部结构为跨径组合(70 + 3 × 120 + 70)m的预应力混凝土连续刚构桥，单箱单室箱形截面，半幅桥宽17.5m，无人行道；下部结构为双薄壁墩，钻孔灌注桩基础；荷载等级为汽车—超20级，挂车—120；该桥于2004年6月建成通车。桥型布置图见图1。

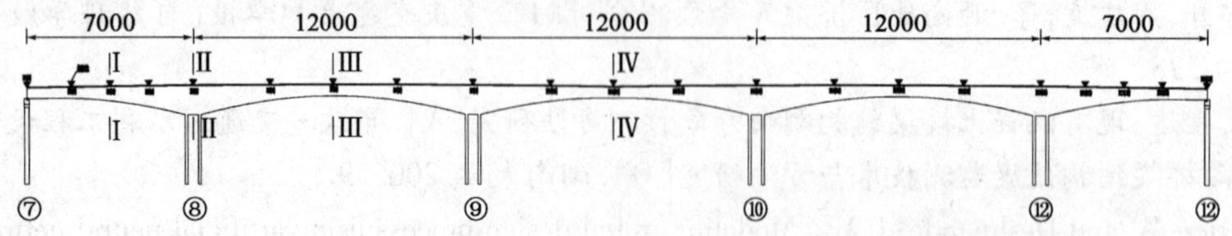

图1　桥型布置图(尺寸单位:cm)

2. 模型建立

本文采用桥梁专用有限元软件对结构进行三维有限元建模。严格按照结构实际尺寸，用三维梁单元模拟箱形截面，用三维杆单元模拟预应力筋，桥梁两端伸缩缝用弹簧单元模拟，主要考虑横向和纵向刚度；墩底做固结处理，即约束全部自由度。全桥三维实体有限元模型见图2。

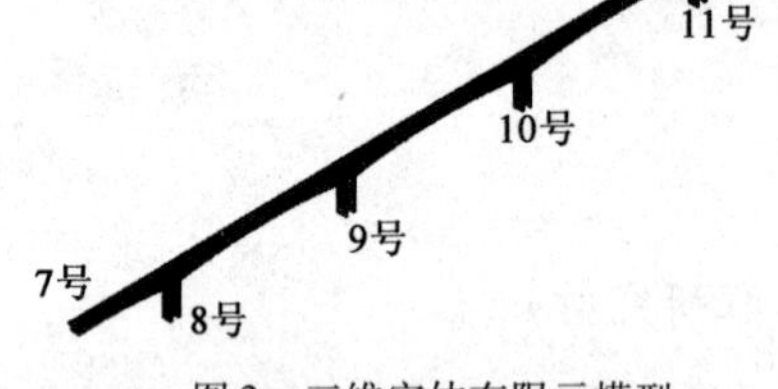

图2　三维实体有限元模型

二、模 型 修 正

模型误差主要来源于模型结构误差、模型参数误差、模型阶次误差三方面[7]。而一般模型大多是根据设计文件或竣工质料，选取规范规定的物理参数建立，被称为“初始有限元模型”。这就必然与实际结构存在误差，此时就需要对模型进行修正使其能够准确反映出结构当前的实际工作状态。

1. 待修正参数选择

一般的，可供选取的物理参数有主梁与桥墩的混凝土弹性模量及质量密度、预应力损失率、桥面铺装层厚度、附属设施(防撞墙等)质量、桥梁两端伸缩缝弹簧的纵、横向刚度等。在实际工程分析中，首先根据工程经验进行初次选参，然后再根据灵敏度分析的结果进行最终参数的确定。

有限元进行分析时，采用有限差分法进行灵敏度分析，而有限差分法又分为向前差分法和中心差分法。本文选取向前差分法进行分析，公式具体见式(1)。

$$\Delta f = \frac{\partial f}{\partial x_i} = \frac{f(x + \Delta x_i \cdot e_i) - f(x)}{\Delta x_i} \tag{1}$$

本文中，挠动量的形式为变量初始值的 $\Delta x\%$，取 $\Delta x = 5$ 进行灵敏度计算。

根据灵敏度分析的结果，最终选取了主梁与桥墩的混凝土弹性模量及质量密度、伸缩缝纵向弹簧刚度为待修正参数。

2. 目标函数构造

目前多数文献[8-9]均是以环境激励来修正动力模型，而修正后的动力模型又不能够准确地反映出结构的静力特性。本文依据残差的最小二乘原理，结合结构的静、动力荷载试验，利用静力荷载试验中量测比较精确的位移与理论值之间的差值以及动力荷载试验中结构的实测自振振型与理论值之间的相关性来构造目标函数，这样既克服了单纯运用静力位移实测数据量少，又克服了实测自振振型不精确的局限。联合静、动力荷载试验的目标函数具体见式(2)。

$$f(x) = \sum_{i=1}^{n} \sum_{j=1}^{m} \left[\lambda_i \left(\frac{U_i - U_{ei}}{U_{ei}} \right)^2 + \lambda_j \left(\frac{1 - \sqrt{MAC_{ej}}}{MAC_{ej}} \right)^2 \right] \tag{2}$$

式中，MAC 为模态保证准则[10-11]，用来表示实测与理论模态振型之间的相关性，$MAC_i=\frac{|\phi_{ai}^T\phi_{ei}|^2}{(\phi_{ei}^T\phi_{ei})(\phi_{ai}^T\phi_{ai})}$，介于 0～1，一般认为大于 0.80 就是一致振型；λ_i、λ_j 分别为位移量和振型的权重系数，介于 0～1，本文取 1，即权重一样。

3. 模型修正评价

模型修正的目的是为了使有限元模型能够准确真实地反映实际结构的受力状态，即修正后的数值要与实际响应趋于一致或接近。一个好的有限元模型不仅要能够准确地反映出各荷载工况下结构的静力响应，还要与实际的动力响应相吻合，文章通过比较模型修正后静力位移和模态振型的计算值与实测值之间的"吻合度"来对模型修正进行评价。

(1)模型修正前后静力位移评价

本次静力荷载试验按以下 4 种工况进行，具体见表 1。

静力荷载试验加载工况表　　表 1

试验工况	控制截面	控制内力	试验工况	控制截面	控制内力
一	7 号～8 号跨中截面Ⅰ－Ⅰ	正弯矩	三	8 号～9 号跨中截面Ⅲ－Ⅲ	正弯矩
二	8 号墩顶截面Ⅱ－Ⅱ	负弯矩	四	9 号～10 号跨中截面Ⅳ－Ⅳ	正弯矩

限于篇幅，文中只列出模型修正后部分工况下测点的位移曲线对比图，具体见图 3、图 4。

从图 3、图 4 中可得出，模型修正后各测点的理论值与实测值的误差在 3.46%～8.37%，修正后的模型与实际响应趋于一致，表明修正后的模型能够反映实际桥梁的静力特性。

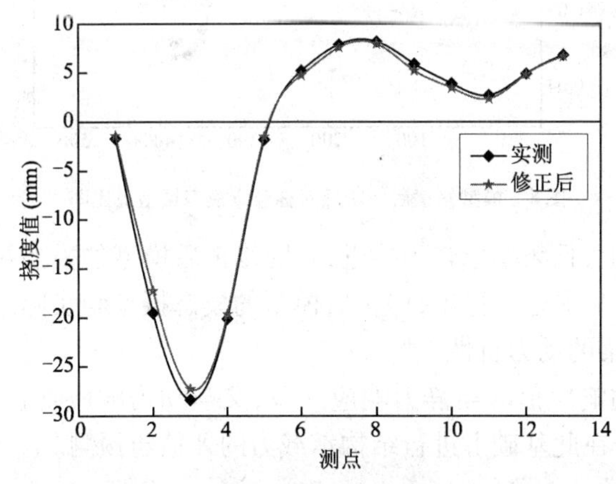

图 3　工况二下模型修正后位移曲线对比图

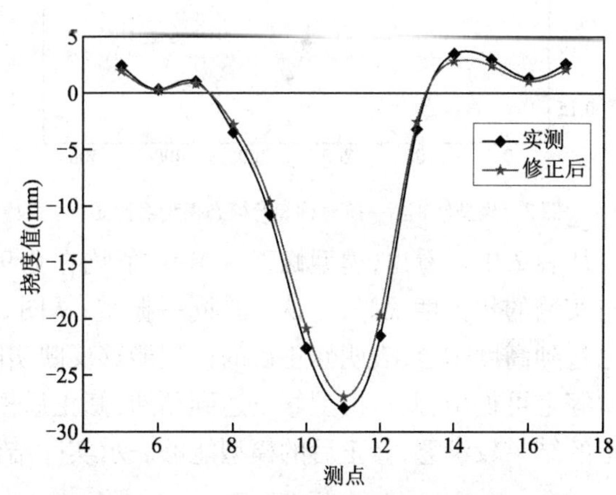

图 4　工况四下模型修正后位移曲线对比图

(2)模型修正前后模态振型评价

对结构进行环境激励下的动力荷载试验，综合运用峰值(PP)法和随机子空间系统识别(SSI)法进行模态识别，得到结构的动力特性[12,13]。模型修正后前 5 阶频率及模态保证准则(MAC)值见表 2，典型模态振型见图 5～图 8。

模型修正后前 5 阶频率及 MAC 值比较　　表 2

阶次	模态振型	频率(Hz)		MAC
		实测值	修正后	修正后
1	一阶对称横弯	0.620	0.613	0.973
2	一阶反对称横弯	0.790	0.768	0.956
3	二阶对称横弯	1.146	1.116	0.943
4	一阶对称竖弯	1.158	1.139	0.962
5	一阶反对称竖弯	1.428	1.407	0.947

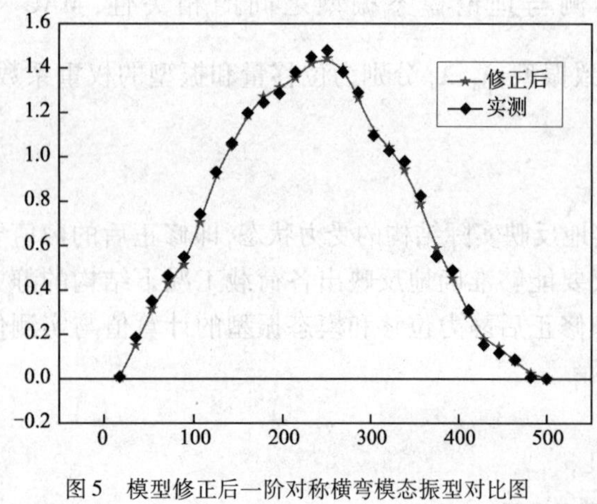

图5　模型修正后一阶对称横弯模态振型对比图

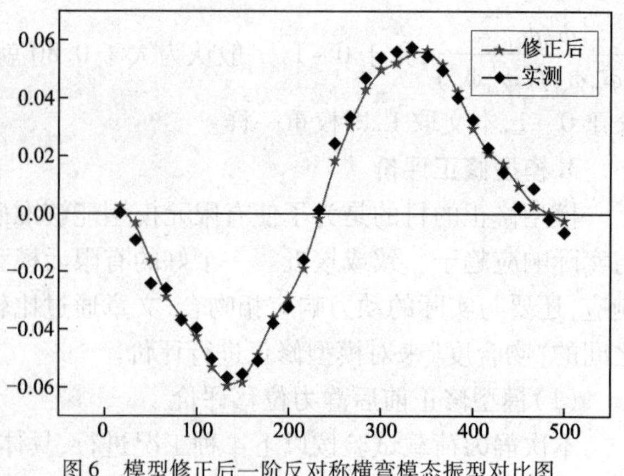

图6　模型修正后一阶反对称横弯模态振型对比图

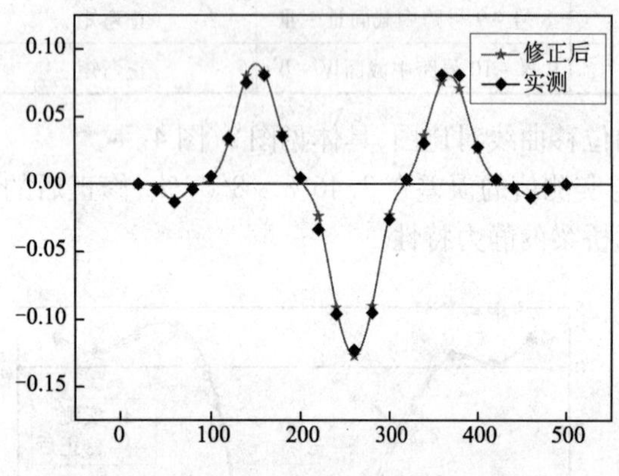

图7　模型修正后一阶对称竖弯模态振型对比图

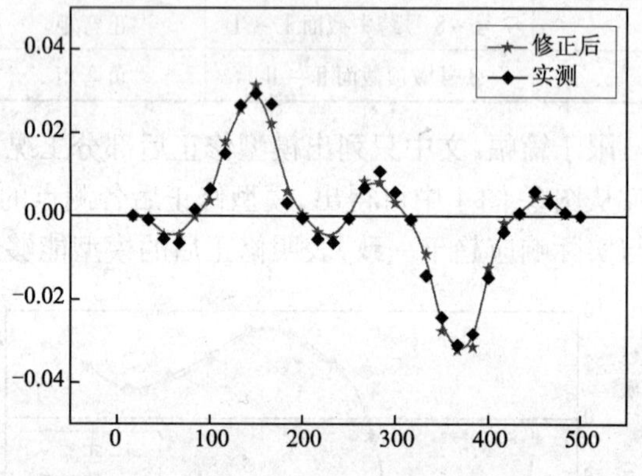

图8　模型修正后一阶反对称竖弯模态振型对比图

从表2中可看出，模型修正后MAC值均在0.94以上，且频率也较为接近，表明修正后模型的模态振型与实测的相关性很好，可认为是同一振型；从图5～图8中也可得出，修正后模型的模态振型与实际结构已达到高度吻合，表明修正后的模型能够反映实际桥梁的动力特性。

综上可得出，此次模型修正达到预期，修正后模型的响应值既与静力响应一致，又与动力响应吻合，修正的结果较满意，修正后的模型能够表示实际结构，可在此基础上进行结构承载力的评估与预测。

三、承载力评估及预测

1. 当前状态下结构承载力评估

由于抗力包络图可以更加直观地得出结构承载力的富余与欠缺程度，文章在修正后模型的基础上运用数值加载，并对荷载进行效应组合，利用抗力包络图对结构承载力进行评估。承载能力极限状态效应组合中最不利组合下结构的内力包络图与结构对应的抗力包络图见图9。

从图9中可看出，当前状态下结构的弯矩包络图在其抗力包络图内，表明结构当前受力性能良好，且具有一定的安全储备，结构当前的承载力满足要求，具备通行设计荷载的能力，当前结构安全可靠。

2. 数值模拟损伤状态下结构承载力预测

桥梁在后期的运营过程中不可避免会遭受到各种损伤，这些损伤会对结构的承载力造成一定影响。文章综合前述灵敏度分析的结果以及桥梁易受损伤的部件，选择了混凝土弹性模量、伸缩缝纵向刚度、超载三种影响因素，并利用承载力系数法[14,15]在结构受到上述损伤情况下对结构承载力进行预测。

各国规范对桥梁承载力系数的规定大同小异[16,17]。我国规范[18]主要是通过外检及试验的方法确定各系数，然后再用式(3)进行承载力评估，略显主观；而美国规范[19,20]主要是荷载效应与抗力的比值，即承载力系数(RF_C)法,形式简单,操作起来更加便捷。本文选用式(4)对结构承载力进行预测。

$$\gamma_0 S \leqslant R(f_d, \xi_c a_{dc}, \xi_s a_{ds}) Z_1 (1 - \xi_e) \tag{3}$$

$$RF_C = \frac{C - A_1 D}{A_2 L (1 + I)} \tag{4}$$

式中各参数含义具体详见文献[18-20]。

(1)混凝土弹性模量

影响混凝土弹性模量的因素较多,通常采用标准试件的弹性模量来评价实际结构的弹性模量,这与实际桥梁弹性模量存在着较大差别。且在一定时间范围内,混凝土弹性模量会随着时间的增加而增加,但同时,在这个过程中混凝土可能会受到不同程度、不同形式的损伤,如破损、剥落、碳化腐蚀等,这都将改变混凝土的弹性模量,从而直接改变结构的受力状态,影响结构的安全。文章通过考虑混凝土弹性模量 -30% ~ +30% 的变化域来模拟和等效上述各种损伤对结构的影响,混凝土弹性模量对控制截面承载力系数的影响见图 10。

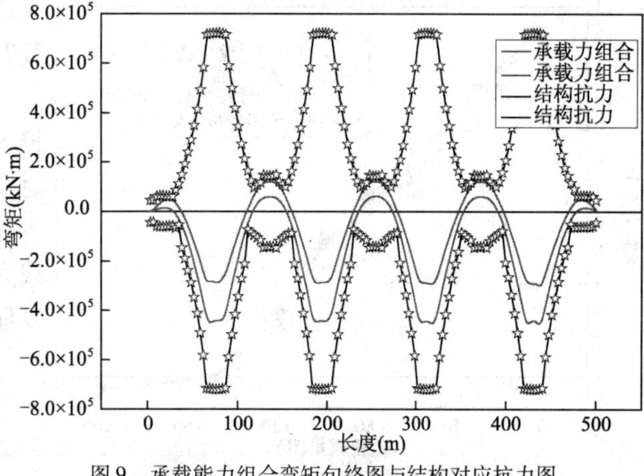

图 9 承载能力组合弯矩包络图与结构对应抗力图

从图 10 中可看出,桥梁建成初期,随着混凝土材龄的增加,弹性模量增加,各控制截面的承载力系数有所增加,但增加不大,而随着结构各部位有所损伤,导致混凝土弹性模量降低,面积减小等,截面的承载力系数也在不断降低,从最初的 13.67 降低到 9.27,表明混凝土弹性模量变化对结构的承载力及安全性有一定的影响。

(2)伸缩缝纵向刚度

在长期受到车辆的冲击力与反复碾压作用下,伸缩缝一般会出现橡胶条破损缺失,型钢断裂缺失等病害,从而降低了伸缩缝的刚度。文章主要考虑伸缩缝纵向刚度降低 -10% ~ -100% 的变化域来模拟和等效伸缩缝损伤对结构的影响,伸缩缝纵向刚度对控制截面承载力系数的影响见图 11。

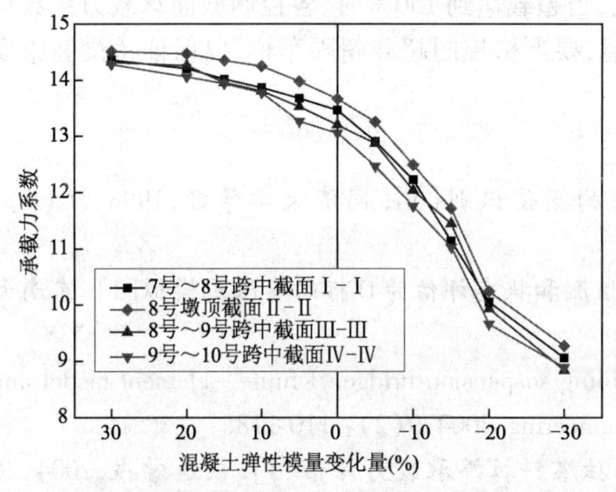

图 10 混凝土弹性模量变化时控制截面承载力系数

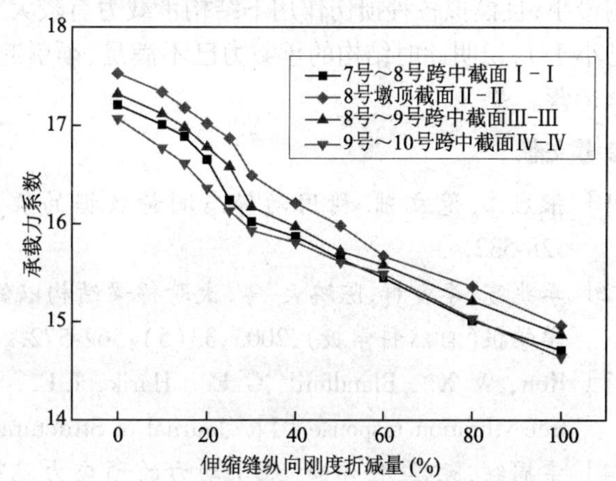

图 11 伸缩缝纵向刚度减弱时控制截面承载力系数

从图 11 中可看出,伸缩缝的损伤(主要考虑纵向刚度折减)对结构承载力系数影响相对较弱,其值在 17.5 ~ 14.5 之间变化,当伸缩缝完全失效,即纵向刚度折减为 100% 时,各控制截面的承载力系数均在 14.5 以上,这主要是因为伸缩缝一般在墩顶处设置,伸缩缝的损伤对结构的竖向挠度影响极小,同时表明结构在伸缩缝不同程度损伤下都有一定量的安全储备。

(3)超载

超载直接威胁着桥梁结构的安全性与耐久性,在我国,超载现象较为普遍与严重,多数桥梁安全事故均与超载有直接或间接的联系。另一方面,由于新旧规范汽车活载不一,现行车流量与重车数也远超于设计初期的预想,故桥梁时常是在超出设计活载作用下工作的。文章通过考虑汽车活载增加 +20% ~

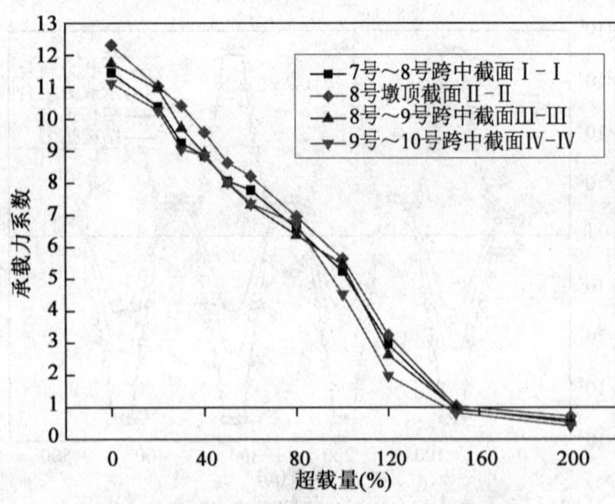

图12　不同超载量时控制截面承载力系数

+200%的变化域来模拟和等效超载对结构的影响，超载对控制截面承载力系数的影响见图12。

从图12中可看出，超载量对结构承载力系数影响较大，当超载达到120%时，承载力系数已经接近1，此时安全储备已很低，若继续超载，当超载达到150%时，各控制截面承载力系数均已小于1，表明此时结构的承载力已不满足，须引起注意，要严格控制超载超限车辆，以保证桥梁健康安全运营。

四、结　论

以高速公路上主跨120m的五跨预应力混凝土连续刚构桥为研究对象，先进行静、动力荷载试验，然后构造出联合静力荷载试验中的位移残差与动力荷载试验中的模态振型相关性为目标函数来对初始理论模型进行修正，使修正后的模型能够比较真实地反映出实桥的受力状态，最后在此基础上，利用内力包络图法对结构当前的承载力进行了评估以及模拟各种损伤下利用承载力系数法对结构的承载力进行了预测，得出以下主要结论：

(1)联合静动力荷载试验对模型进行修正，修正后模型的响应既与静力响应一致，又与动力响应吻合，修正结果较满意，模型修正达到预期，修正后的模型能够表示实际结构。

(2)利用内力包络图法对结构当前的承载力进行了评估，结构实际受力在抗力包络图内，结构当前受力性能良好，且具有一定的安全储备，结构当前的承载力满足要求，具备通行设计荷载的能力，当前结构安全可靠。

(3)利用承载力系数法在模拟各种损伤下对结构的承载力进行了预测，随着损伤加剧，结构承载力系数也随之降低，但不同损伤对承载力的影响程度不同，超载影响最大，混凝土弹性模量次之，伸缩缝影响最小，且模拟各种损伤作用下结构承载力有较大变化，当超载达到150%时，各控制截面承载力系数均已小于1，说明此时结构的承载力已不满足，须引起注意，要严格控制超载超限车辆，以保证桥梁健康安全运营。

参考文献

[1] 张启伟，范立础. 利用动静态测量数据的桥梁结构损伤识别[J]. 同济大学学报，1998，26(5)：528-532.

[2] 李兆霞，李爱群，陈鸿天，等. 大跨桥梁结构以健康监测和状态评估为目标的有限元模拟[J]. 东南大学学报(自然科学版)，2003，33(5)：562-572.

[3] Ren, W. X., Blandford, G. E., Harik, I. E.. Roebling suspension bridge. I finite - element model and free vibration response [J]. Journal of Structural Engineering. 2004, 9(2): 110-118.

[4] 宗周红，阮毅，任伟新. 基于动力的预应力混凝土独塔斜拉桥承载力评估[J]. 铁道学报，2004，26(6)：86-94.

[5] 姚昌荣，李亚东. 基于静动力测试数据的斜拉桥模型修正[J]. 铁道学报，2008，39(2)：65-70.

[6] Perera, R., Marin, R., Ruiz, A.. Static - dynamic multi - scale structural damage identification in a multi - objective framework [J]. Journal of Sound and Vibration, 2013, 332(6): 1484-1500.

[7] Mottershead, J. E., Friswell, M. I.. Model updating in structural dynamics: a survey [J]. Journal of Sound and Vibration, 1993, 167(2): 347-375.

[8] Brownjohn, J., Moyo, P., Omenzetter, P., Lu, Y.. Assessment of highway bridge upgrading by dynamic testing and finite - element model updating [J]. Journal of Structural Engineering. 2003, 8(3): 162-172.

[9] 朱宏平,黄民水.基于环境激励的桥梁结构动力有限元模型修正研究[J].华中科技大学学报(城市科学版),2009,26(1):1-11.

[10] Allemang, R. J., Brown, D. L.. Correlation coefficient for modal vector analysis [A]. Proceedings of the First International Modal Analysis Conference[C],1983, 110-116.

[11] 宗周红,夏樟华.联合模态柔度和静力位移的桥梁有限元模型修正方法[J].中国公路学报,2008,21(6):43-49.

[12] Rainieri, C., Fabbrocino, G.. Automated output – only dynamic identification of civil engineering structures [J]. Mechanical Systems and Signal Processing, 2010, 24(3): 678-695.

[13] Ubertini, F., Gentile, C., Materazzi, A. L.. Automated modal identification in operational conditions and its application to bridges [J]. Engineering Structures,2013,46:264-278.

[14] Sanayei, M., Phelps, J. E., Sipple, J. D., Bell, E. S.. Instrumentation, nondestructive testing, and finite – element model updating for bridge evaluation using strain measurements [J]. Journal of Structural Engineering. 2012, 17(1):130-138.

[15] 杜青,王迎松,李晓会.基于动力参数模型修正的桥梁承载能力评定[A].第21届全国结构工程学术会议论文集第Ⅱ册[C].2012,231-234.

[16] 宗周红,任伟新,郑振飞.既有桥梁承载能力评估方法[J].地震工程与工程振动,2005,25(5):147-152.

[17] 李全旺,李春前,孙健康.基于结构可靠性理论的既有桥梁承载能力评估[J].工程力学,2010,27(Z2):142-151.

[18] 交通部公路科学研究院.JTG/T J21—2011 公路桥梁承载能力检测评定规程[S].北京:人民交通出版社,2011.

[19] AASHTO. Manual for Condition Evaluation and Load Rating of Highway Bridges Using Load and Resistance Factor[S]. Washington DC, 2001.

[20] AASHTO. Manual for Bridge Evaluation (2nd Ed)[S]. Washington DC, 2011.

181. 考虑多因素影响的钢箱梁病害评定方法

吉伯海[1] 朱 伟[1] 傅中秋[1] 姜竹生[2] 史国刚[2] 陈雄飞[3]
(1.河海大学土木与交通学院;2.江苏省交通运输厅工程质量监督局;3.江苏扬子大桥股份有限公司)

摘 要 分析了现有规范指标对钢箱梁病害评定的适用性。运用模糊数学原理以及综合评分制方法,并结合钢箱梁病害多因素影响特点,提出了钢箱梁疲劳模糊综合评定法以及钢箱梁腐蚀综合评定法。提出了钢箱梁疲劳、腐蚀病害评定指标体系,并划分了病害等级。通过实例,给出了钢箱梁疲劳模糊综合评定法以及钢箱梁腐蚀综合评定法的工程应用步骤和方法。

关键词 钢箱梁 疲劳 腐蚀 模糊综合评价 综合评分制

一、引 言

国外早期的大跨度桥梁多采用桁架式钢加劲梁。1966年英国建成了第一座采用流线型钢箱梁为主梁的悬索桥——Seven桥。此后,钢箱梁逐渐在公路大跨度桥梁上取代了桁架式钢梁的地位。钢箱梁的优势在于:结构重量轻、抗风稳定性好、抗扭刚度高、施工和养护方便[1]。

随着使用年限的增加,钢箱梁结构疲劳以及易受环境腐蚀等问题日益突出。由于桥梁钢结构在运营期内要承受车辆、风等动荷载的循环应力作用，如果设计不当，这些循环应力产生的累积损伤就可能引发结构细节的疲劳开裂；而且大跨度桥梁大多处于大江大河之上，空气湿度常年偏高，环境大气中也大量含有腐蚀性成分，特别是含大量 SO_2、CO_2 等腐蚀性物质的地区，极易遭受环境腐蚀，一旦钢箱梁发生腐蚀，腐蚀损伤会引起钢结构的塑性降低、疲劳性能下降、加快裂纹的形成与扩展等，从而严重降低钢箱梁结构的承载力。因此，有必要对在役钢箱梁桥的疲劳、腐蚀进行评估。一方面可以查明在役构件的损伤程度，便于管养单位及时进行养护维修；另一方面也为同类型桥梁的设计维护提供参考资料[2]。

二、钢箱梁疲劳模糊综合评估法

钢箱梁的疲劳损伤并非简单地由某一因素控制，而是受多种因素的影响。现有规范的疲劳评定方法大部分是基于 S-N[3-5] 曲线或者断裂力学，但由于理论本身的局限性，根本无法综合考虑影响钢箱梁疲劳的所有因素。

在实际应用中，我们既不能简单地进行单一评判，也不能不分主次地将各因素同等对待。所以在进行疲劳评定过程中，有必要引入模糊数学的原理，将定量指标的清晰界限模糊化，将模糊性的评价进行量化。

本文依据模糊数学理论提出疲劳模糊综合评估法，模糊综合评定原理就是利用隶属度理论和模糊线性变换原理[6]，将与被评定对象相关的各个影响因素进行综合考虑，对其作出合理的综合评定，具体评定步骤如图1所示。

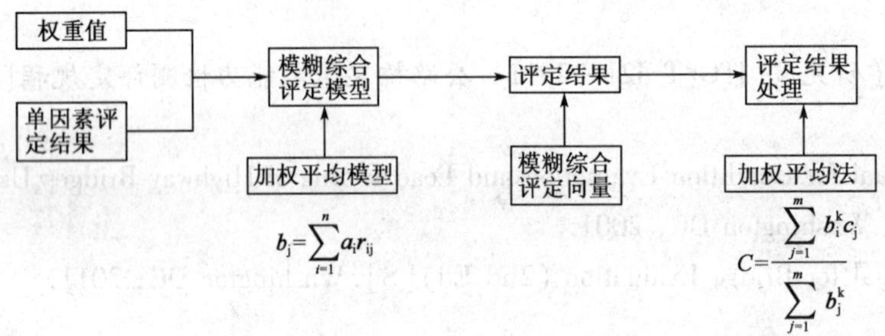

图1　钢箱梁疲劳模糊综合评定流程图

首先建立因素集 $U=\{u_1,u_2,\cdots,u_n\}$，因素是指对象的各种性能或者属性，本文主要考虑因素为裂纹的长度、裂纹发展速率、裂纹处腐蚀等级、裂纹处易疲劳等级以及桥梁在役时间。模糊综合评定的目的是，在综合考虑因素集中所有元素的基础上，在评价集中得到合理的评定结果，所以需要建立一个合理的评价集 $V=\{v_1,v_2,\cdots,v_m\}$。由于每种影响因素的影响程度不同，所以相应的权重系数也是必要的 $A=\{a_1,a_2,\cdots,a_m\}$，本文采用层次分析法并结合业内相关专家经验得到钢箱梁疲劳裂纹判断矩阵（表1），最后利用方根法求得判断矩阵的特征向量即为权重向量。

钢箱梁疲劳裂纹安全性等级评价的判断矩阵　　表1

	裂纹长度	裂纹发展速率	裂纹处腐蚀等级	裂纹处易疲劳等级	桥梁在役时间
裂纹长度	1	3	4	5	7
裂纹发展速率	1/3	1	3	4	5
裂纹处腐蚀等级	1/4	1/3	1	3	4
裂纹处易疲劳等级	1/5	1/4	1/3	1	3
桥梁在役时间	1/7	1/5	1/4	1/3	1

其次，隶属度是模糊数学的本质，本文通过对因素集中的每个元素 u_i 进行单因素评定，并利用模糊统计法、二元对比排序法以及专家经验法建立钢箱梁疲劳综合评定隶属函数 $R_i=(r_{i1},r_{i2},\cdots,r_{in})$。当确定了综合评定矩阵 R 和权重向量 A 后，将评定矩阵 R 进行模糊线性变换，将权重向量 A 变成评定集 V 上

的模糊子集,表示为:$B = A * R = \{b_1, b_2, \cdots, b_m\}$

最后,对于评价集 $V = \{v_1, v_2, \cdots, v_m\}$ 中的每一评价等级 v_j 事先规定一个数值 c_j,根据模糊等级向量中各隶属度 b_j 的幂为权,取加权平均的方法求常数 C:

$$C = \sum_{j=1}^{m} b_j^k c_j / \sum_{j=1}^{m} b_j^k$$

式中,指数 k 可根据具体问题确定,一般可取 $k=1$ 或 2。

取 $c_j(j=1,2,\cdots,\mathrm{m})$ 为 0、30、50、75、100,取 $k=2$。参考公路桥涵养护规范中桥梁技术综合评定方法,对取得的结果 C 根据评价集进行等级划分(表2)。

评分指标等级划分 表2

评定指标	单位	评定级别				
		1	2	3	4	5
裂纹长度	(mm)	0	10	50	150	500
裂纹发展速率	$l_1 \leq 50$mm 时,取 $l_2 - l_1$ $l_1 > 50$mm 时,取$(l_2 - l_1)$(%)	0	2.5	5	10	20
裂纹表面腐蚀程度	腐蚀面积(%)	0	0.3	3	10	50
疲劳裂纹产生部位	赋分	1	2	3	4	5
桥梁在役时间	年	0	25	50	75	100

(注:1~5级所对应的评价向量为(1,0,0,0,0),(0,1,0,0,0),(0,0,1,0,0,),(0,0,0,1,0),(0,0,0,0,1))

评价集的等级划分标准 表3

C	评价结果	C	评价结果
(0,15)	完好或良好	(65.01,85)	差的
(15.01,35)	较好	(85.01,100)	危险
(35.01,65)	较差		

三、钢箱梁腐蚀综合评定法

钢材腐蚀种类很多,按照腐蚀的外观情况,可以分为点蚀、均匀腐蚀、缝隙腐蚀[7]。为了选取适用于钢箱梁的腐蚀评定指标,归纳现有的腐蚀评定标准的评定指标见表4。其中密度、大小和深度用来评定点蚀,分别表示蚀点的密度、孔口平均面积和蚀坑平均深度[8,9];腐蚀面积百分比用来评定均匀腐蚀,表示锈蚀面积占钢板有效面积的比率[10]。

现有钢材以及其他金属评定指标 表4

评定方法	腐蚀外观	密度	大小	深度	腐蚀面积百分率	分布类型	腐蚀原因	腐蚀类别	剩余强度
ISO8501-1:2007	√								
ISO11463:1995		√	√	√					
ASTM D610-08	√				√	√			
GB18590-2001		√	√	√					
ISO8993:2010	√	√			√				
ASTM G43-01	√								
HB5455	√								
AC-121-65							√	√	√

通过分析现有评定指标,仅使用腐蚀深度评定存在一定的缺陷,相对腐蚀深度即腐蚀深度百分率对于腐蚀评定也是必需的。另外,钢箱梁中的不同钢板发生腐蚀,其对钢箱梁造成的腐蚀影响不同,如顶板腐蚀与腹板腐蚀,所以腐蚀部位对于钢箱梁腐蚀评定也是必要的。因此,本文在现有规范指标的基础上增加了两个评价指标。

(1)腐蚀深度百分率

腐蚀深度百分率体现了腐蚀的相对程度,可按如下表达式计算:

$$d_r = \frac{D}{t} \times 100\%$$

式中:D——腐蚀孔洞深度;

t——钢板厚度。

(2)腐蚀部位

钢板重要程度可按两面判定:主体受力结构与非主体受力结构;易检查与不易检查。结合腐蚀深度百分率建立腐蚀放大系数。

综合评分制就是对部分因素进行打分并相加,再考虑其他因素的作用,综合得出钢箱梁腐蚀程度的方法。现有评定标准虽然将腐蚀等级划分很细致,但是基本是按照单一指标进行腐蚀评定,没有综合考虑多种因素的影响,采用综合评分制可以完善这些不足之处,提高腐蚀评定的实用性。

本文通过现有规范的腐蚀指标,结合钢箱梁自身特点以及腐蚀类型,选出了每种腐蚀类型对应的腐蚀指标(表5),并给定了各指标界限值(表6),其中密度、大小和深度三者的等级划分均参考ISO 11463—1995标准的界限值,并将其转化为分值的形式,腐蚀面积百分率依据ASTM-D610-08标准。

腐蚀类型对应的评定指标　　表5

腐蚀类型	密　度	大　小	深　度	腐蚀面积百分率	腐蚀深度百分率	腐蚀部位	备　注
点蚀	√	√	√		√	√	
均匀腐蚀				√		√	

各指标取分值取值及其界限　　表6

密度($\times 10^3$)	大小(mm^2)	深度(mm)	腐蚀面积百分率(%)	分　值	等　级
0	0	0	0	0	0
0~2.5	0~0.5	0~0.4	≤1	1	1
2.5~10	0.5~2.0	0.4~0.8	1~10	2	2
10~50	2.0~8.0	0.8~1.6	10~25	3	3
50~100	8.0~12.5	1.6~3.2	25~50	4	4
100~500	12.5~24.5	3.2~6.4	>50	5	5

当确定了钢箱梁腐蚀评定所需的具体腐蚀指标,通过一定量测手段,确定各指标对应的指标值以及对应的指标分值。此外,由于钢箱梁不同的腐蚀部位、腐蚀深度百分比对整个结构的影响程度不同,所以本文考虑将不同腐蚀部位、腐蚀深度百分比情况下对钢箱梁的影响程度转化为腐蚀放大系数,见表7。

腐蚀深度百分比和部位各自对应的放大系数表　　表7

腐蚀深度百分率	腐蚀部位	放大系数	腐蚀深度百分率	腐蚀部位	放大系数
0	外侧的加劲肋	1.0	5%~20%	外腹板、底板	1.2
0~5%	内部的加劲肋	1.1	20%~40%	顶板、内腹板	1.3

最后,将各项指标分值相加并乘以相应的腐蚀放大系数,依据评分表(表8)即可判断结构某部位的腐蚀等级。针对不同的钢箱梁腐蚀病害等级,可为钢箱梁日常检测与维护提供理论支撑。

钢板各腐蚀等级对应的分值范围　表 8

腐 蚀 等 级	分值范围(点蚀)	分值范围(均匀腐蚀)
0	0	0
①—基本完好,不需进行腐蚀处理	>0 and ≤3	>0 and ≤2
②—轻微损伤,不需处理或稍加处理即可	>3 and ≤6	>2 and ≤4
③—中等损伤,需完善的腐蚀损伤处理	>6 and ≤9	>4
④—严重损伤,需大规模维护加固,恢复原有承载力	>9 and ≤12	—
⑤—危险,部分构件不能继续承载,需加固或更换构件	>12	—

四、评 定 示 例

1. 钢箱梁疲劳评定示例

假设某桥在一次桥梁检查中,在横隔板处顶板与纵肋连接处检测到一条长约 30mm(l_1)的裂纹,裂纹位置检测到钢材表面发生轻微腐蚀,腐蚀面积为 0.3%。桥梁在役时间为 20 年。

裂纹长度为 35mm,参考表 2,评定等级为 3,则裂纹长度评价向量 $R_1=(0\quad 0.5\quad 0.5\quad 0\quad 0)$;由于缺少第二次检测数据所以这里不考虑裂纹发展速率;腐蚀面积为 0.3%,评定等级为 2,$R_3=(0\quad 1\quad 0\quad 0\quad 0)$;横隔板处顶板与纵肋连接处部位的易疲劳等级为 3,对应的评价等级向量 $R_4=(0\quad 0\quad 1\quad 0\quad 0)$;桥梁在役时间为 20 年,$R_5=(0.2\quad 0.8\quad 0\quad 0\quad 0)$。

由此得到了模糊评价矩阵:

$$R-(R_1\quad R_2\quad R_3\quad R_4\quad R_5)^{T}。$$

根据因素权重的分析,得到权重向量 $W=[0.598\quad 0.229\quad 0.116\quad 0.057\quad]$。评价矩阵 R 和权重向量 W 的合成运算采用加权平均模型 $M(\bullet,+)$,$b_j=\sum_{i=1}^{n}a_i r_{ij}$。

$$B=(b_1\quad b_2\quad b_3\quad b_4)=WR=[0.0114\quad 0.5736\quad 0.415\quad 0]$$

对评价向量 B 进行处理,得:

$$C=\sum_{j=1}^{5}b_j^1c_j/\sum_{j=1}^{m}b_j^1=37.958$$

查表 5 得到评价结果为:较差。

2. 钢箱梁腐蚀评定示例

钢箱梁的顶板和外腹板发生腐蚀,经判定顶板以点蚀为主,钢板厚 14mm;外腹板为均匀腐蚀,板厚 12mm;测量各钢板评定指标的大小见表 9。

不同钢板腐蚀评定举例　表 9

腐蚀部位:顶板				腐蚀类型:点蚀		
评定指标	密度	大小	深度	面积百分率	深度百分率	腐蚀部位
指标实测值	6	0.6	0.9	0	6.4%	—
分值或系数	2	2	3	0	1.2	1.3
总分值(D)	D=1.3×(2+2+1.2×3+0)=9.88;顶板腐蚀等级为 4 级					
腐蚀部位: 外腹板				腐蚀类型:均匀腐蚀		
评定指标	密度	大小	深度	面积百分率	深度百分率	腐蚀部位
指标实测值	—	—	—	8%	—	—
分值或系数	0	0	0	2	—	1.2
总分值(D)	D=1.2×2=2.4;腐蚀等级为 2 级					

五、结　论

(1)本文提出了钢箱梁疲劳模糊综合评估法,即将模糊综合评价法应用在钢箱梁疲劳裂纹安全性等级评价上,确立了相应的因素集和评价集,建立了数学模型,确定各评价指标的权重,划分了相应的评价等级标准,为钢箱梁疲劳病害维护提供了理论基础。

(2)在分析现有评定方法适用性基础上,提出了钢箱梁腐蚀病害综合评分制评定方法,选取了适用于钢箱梁的腐蚀评定指标,并提出了两个钢箱梁腐蚀评定新指标:腐蚀深度百分率和腐蚀部位,划分了钢箱梁评定指标等级及对应的分值。根据本文提出的综合评分制评定方法,对钢箱梁不同的腐蚀类型进行了评定举例。

参考文献

[1] 张崇斌.在役公路钢箱梁桥的性能评估与养护维修对策研究[D].西南交通大学,2009.

[2] 师义军.既有公路钢桥剩余疲劳寿命评估及疲劳可靠性研究[D].西安建筑科技大学,2005.

[3] GB 50017—2003,钢结构设计规范[S].

[4] Eurocode 3:Design of structures-Part 2: Steel bridges[S].

[5] AASHTO LRFD: Bridge Design Specifications[S].

[6] 李静斌,张军锋,陈 淮.考虑变权的桥梁模糊综合评定方法研究[J].河南科学 ,2009,27(4):448-449.

[7] 曾荣昌.桥梁的腐蚀与防护[J].材料保护,2000,33(10):38-40.

[8] ISO 11463:1995.(1995).“Corrosion of metals and alloys—Evaluation of pitting corrosion.”

[9] GB 18590—2001.(2001).金属和合金的腐蚀——点蚀评定方法.

[10] ASTM-D610-08.(2008).涂漆钢表面锈蚀程度评价的试验标准试验方法.

182.北碚嘉陵江大桥腹板裂缝防治与研究

陈栋梁　陈　实　张　拓

(重庆交通大学)

摘　要　在役预应力混凝土连续箱梁桥腹板开裂对桥梁的耐久性和营运安全构成了极大的威胁,为了分析预应力箱梁腹板裂缝的变化规律及产生原因,对预应力混凝土箱梁桥的加固和设计配筋提出建议。通过总结北碚嘉陵江大桥在役10年来箱梁腹板的裂缝分布和状态,发现腹板裂缝集中分布位置和裂缝状态,在此基础上分析各种裂缝的产生的力学原因,优化了预应力混凝土箱梁桥设计配筋。

关键词　预应力混凝土连续箱梁桥　腹板　裂缝　分析　防治

我国已建和在建的相当大一部分桥梁为预应力混凝土连续箱梁桥,预应力混凝土连续箱梁桥以其结构刚度大、伸缩缝少、平顺舒适和养护简单等特点,备受业主和设计、施工单位的欢迎[1]。然而预应力混凝土箱梁桥腹板开裂问题一直是影响桥梁稳定性的重要因素,加之工程界普遍总施工轻维护,使得桥梁在运营以后短期内开裂现象普遍存在,这大大缩短了桥梁的使用寿命。本文希望通过一座典型的预应力混凝土箱梁桥腹板开裂的情况,总结在役桥梁开裂规律,从而在设计阶段加强容易开裂部位的配筋,同时在运营维护阶段为桥梁养护单位提供科学依据。

一、工 程 背 景

北碚嘉陵江大桥位于国道212线重庆至合川高速公路北碚段K30+369处。桥梁全长860.0m,桥面单幅宽 13.5m，采用 C60 混凝土。桥梁上部结构主桥部分布置为 135.0m + 220.0m + 135.0m 预应力混凝土连续箱梁。箱梁为三向预应力结构，采用单箱单室截面，箱梁顶板宽 12.1m，底板宽 7m，外翼板悬臂长 2.55m，箱梁顶板设置成 2% 单向横坡。箱梁跨中及边跨支架现浇段梁高 3.5m，墩与箱梁相接的根部断面和墩顶梁段高为 11.5m 箱梁根部至中跨跨中，箱高以半立方抛物线变化。箱梁腹板在墩顶范围内厚 120cm，从箱梁根部至跨中梁段腹板厚 70cm，边跨梁段腹板厚 60cm，腹板变厚处设 100cm 渐变段过渡。每号梁段的腹板上设有抗剪齿口。桥型布置如图 1 所示。

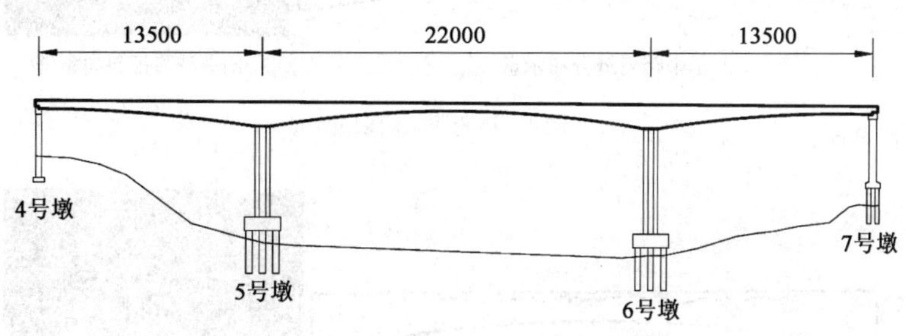

图 1 北碚嘉陵江大桥桥型布置(尺寸单位:mm)

二、箱梁腹板裂缝研究

1. 裂缝分布位置

从北碚嘉陵江大桥箱梁裂缝 10 年来观测数据来看，预应力混凝土箱梁裂缝发生的位置较集中。预应力混凝土箱梁腹板的裂缝主要的分布形态有 5 种[2]：

(1) 边跨腹板斜裂缝，主要产生于墩柱附近，斜裂缝与桥轴线夹角为 35° ~ 55°，裂缝走向如图 2 所示；

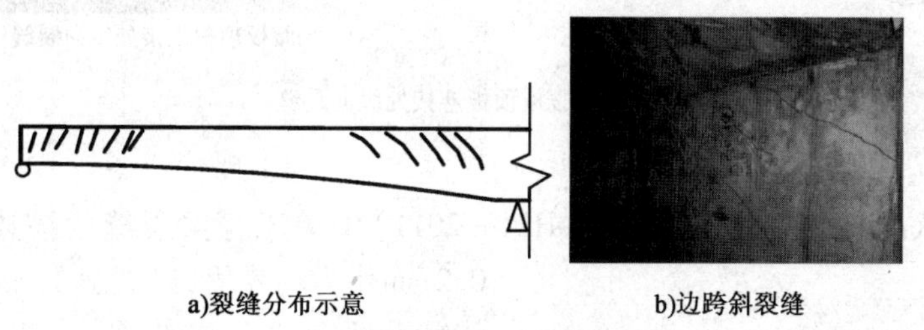

a)裂缝分布示意　　b)边跨斜裂缝

图 2 边跨腹板斜裂缝

(2) 边跨的腹板水平裂缝，大部分在边端墩柱边沿与腹板上不发生，同时发现腹板下部也存在少量的水平裂缝，如图 3 所示。

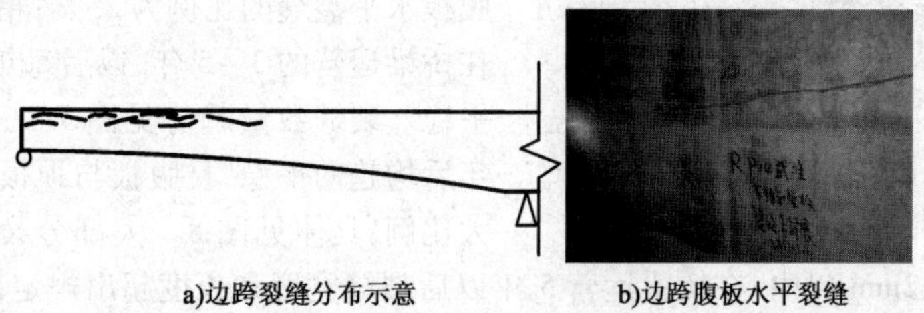

a)边跨裂缝分布示意　　b)边跨腹板水平裂缝

图 3 边跨腹板水平裂缝

(3) 中跨腹板斜裂缝，距支座 1/4 ~ 3/4 附近的部位相对集中，斜向裂缝与桥轴夹角为 35° ~ 55°，如图 4 所示。

(4) 中跨水平开裂一般发生在跨中中部，从跨中部向两侧延伸，水平裂缝靠近腹板上缘，有时腹板下部也可以发现少量水平向裂缝，如图 5 所示。

（5）腹板顶板连接处纵向裂缝，大部分产生在墩柱附近和 0 号块的顶板与腹板交界处，裂缝走向与桥梁中轴线平行，如图 6 所示。

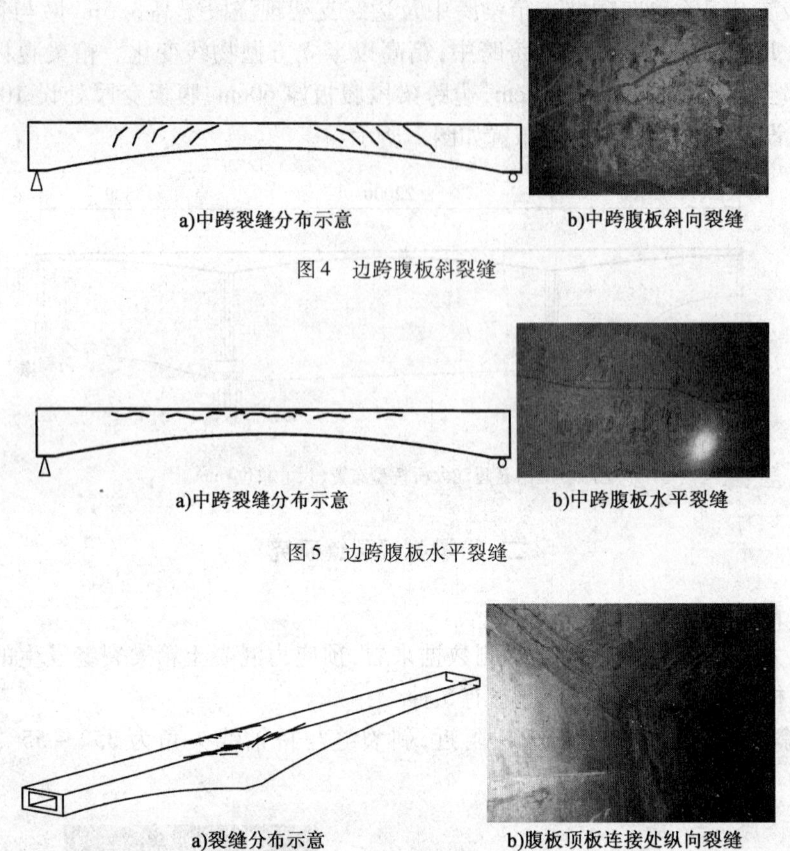

a)中跨裂缝分布示意　　b)中跨腹板斜向裂缝

图 4　边跨腹板斜裂缝

a)中跨裂缝分布示意　　b)中跨腹板水平裂缝

图 5　边跨腹板水平裂缝

a)裂缝分布示意　　b)腹板顶板连接处纵向裂缝

图 6　腹板顶板连接处纵向裂缝

2. 裂缝状态分析

根据《桥梁技术状况评定标准》（JTG/T H21—2011）中关于箱梁裂缝的描述，单条裂缝最宽处以 0.2mm作为临界值，以裂缝的条数和长度作为桥梁技术状况评定的重要依据[3]。本文对北碚嘉陵江大桥箱梁历年来裂缝的数量和状态进行总结。

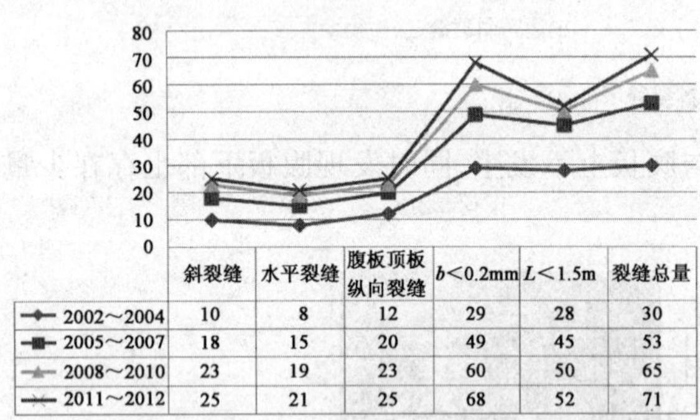

	斜裂缝	水平裂缝	腹板顶板纵向裂缝	b<0.2mm	L<1.5m	裂缝总量
2002～2004	10	8	12	29	28	30
2005～2007	18	15	20	49	45	53
2008～2010	23	19	23	60	50	65
2011～2012	25	21	25	68	52	71

图 7　2002～2012 年北碚嘉陵江大桥腹板裂缝走向

通过观测数据可发现：腹板斜裂缝和腹板顶板连接处纵向裂缝在裂缝总数中的比例接近，约为 36%，腹板水平裂缝的比例为 25%；箱梁腹板开裂主要发生在桥梁运营的 3～5 年，以后每年新增裂缝数逐年趋向平稳。裂缝数量趋势见图 7。三类裂缝在运营 6～8 年后均趋向平稳，且腹板与顶板交界处裂缝始终占较大比例，具体见图 8。大部分裂缝长度 L 在 1.5m 以内，裂缝最宽处 b 在 0.2mm 以内；在桥梁运营 5 年以后裂缝宽度和长度超出规定范围的数量逐年增加。从图 9 可以看出这一变化。

三、裂缝的成因分析

1. 弯曲裂缝

由观测可知弯曲裂缝一般发生在剪力较小的跨中和支座负弯矩处，比如中跨腹板水平裂缝、斜裂缝以及腹板顶板连接处纵向裂缝就属于弯曲裂缝，这类裂缝的产生主要弯曲正应力，并随着时间的推移不断向受压区发展，裂缝数不断增加，且开裂区逐渐向跨中两边扩展[4]。箱梁在对称挠曲时，仍然认为服从平截面假定原则，梁截面某点处的应力与到中性轴的距离成正比。箱梁腹板弯曲应力为：

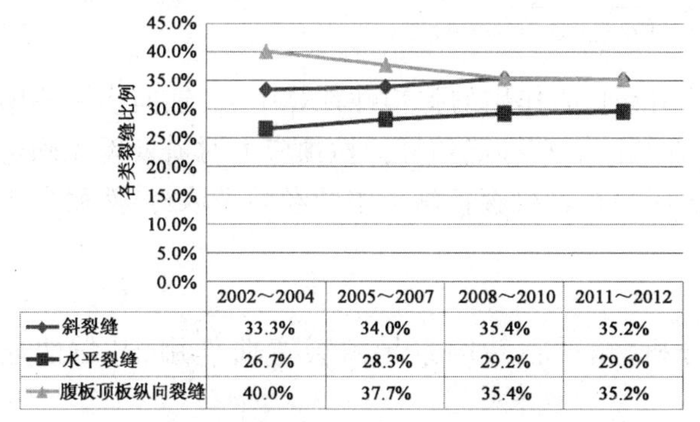

	2002～2004	2005～2007	2008～2010	2011～2012
斜裂缝	33.3%	34.0%	35.4%	35.2%
水平裂缝	26.7%	28.3%	29.2%	29.6%
腹板顶板纵向裂缝	40.0%	37.7%	35.4%	35.2%

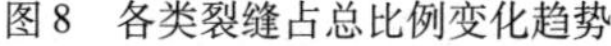
图8 各类裂缝占总比例变化趋势

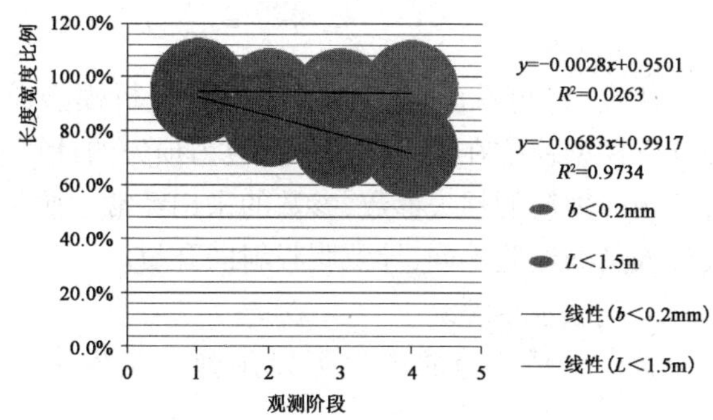

图9 超出规范裂缝状态发展

$$\sigma_{\mathrm{M}} = \frac{M_{\mathrm{y}}}{I_{\mathrm{y}}} \tag{1}$$

一般理论中弯曲应力公式为：

$$\tau_{\mathrm{M}} = \frac{Q_{\mathrm{y}}}{bI_{\mathrm{x}}}\int_0^b y\mathrm{d}A = \frac{Q_{\mathrm{y}}S_{\mathrm{x}}}{bI_{\mathrm{x}}} \tag{2}$$

式中 b 是计算剪应力处梁宽度，$S_{\mathrm{x}} = \int_0^b y\mathrm{d}A$ 是静矩，其范围是端部表面到所剪应力处。由于箱梁截面中无法预先确定剪应力 0 点，所以不能直接用在(2)式计算弯曲剪应力。单箱截面上弯曲剪应力分析见图 10。

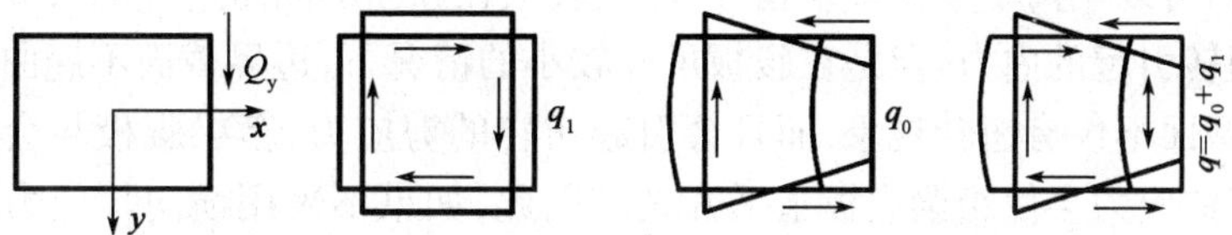

图10 单箱单室截面弯曲剪应力分析

如图 10 所示箱梁中，在截面的任一点切开，假设未知剪力流为 q_1，对已切开截面用计算箱梁截面上所有点的剪力流 q_0，由剪力流 q_1 和 q_0 的作用，在截面切开处相对剪切变形为 0，即：$\oint_s \gamma\mathrm{d}s = 0$ 此处的 d_{s} 沿截面周边量取的微分长度，$\oint_s$ 符号为积分一周，对应的剪应变为：

$$\gamma = \frac{\tau_{\mathrm{M}}}{G} = \frac{q}{tG} \tag{3}$$

剪力流 $q = q_1 + q_0$ 联立求解的：

$$\tau_{\mathrm{M}} = \frac{q}{t} = \frac{1}{t}(q_1 + q_0) = \frac{Q_{\mathrm{y}}}{tI_{\mathrm{t}}}S_{\mathrm{xb}} \tag{4}$$

式中 $S_{\mathrm{xb}} = S_{\mathrm{x0}} - \overline{q_1}$，$\overline{q_1}$ 为 $\frac{Q_{\mathrm{y}}}{I_{\mathrm{x}}} = 1$ 时的剪应力。

2. 腹板斜裂缝

箱梁腹板斜向开裂，预应力混凝土连续箱梁桥中较为常见，其中边跨和中跨腹板的斜向开裂均由主拉应力引起。剪应力太大会导致这类裂缝的产生，裂缝走向与梁轴线 25° ~ 50°，在受压区裂缝数会持续增加[5]。

单箱箱梁为受力复杂的空间结构，但二维应力模式在箱梁腹板受力中仍然适用，二维平面内的水平正应与剪切力，在二维作用力下，主拉应力可以用如下公式计算：

$$\sigma_{zl} = \frac{1}{2}(\sigma_y + \sigma_z) \pm \frac{1}{2}\sqrt{(\sigma_y - \sigma_z)^2 + 4\tau_{yz}^2} \tag{5}$$

从式(5)可看出，一维纵向收缩的分析模型通常运用到竖向作用的弹塑性计算中去，轴向作用弹塑性计算模型往往在轴向作用的预应力损失的计算中存在缺陷。在准确估算弹性预应力时需要首先确定塑性预应力筋的损失参数，参数的采用经常参照竖向预应力在箱梁腹板施工中的经验来取得，然而由于设计人员的经验不同，导致腹板斜向开裂。

3. 腹板水平裂缝

腹板水平裂缝的产生可以用弹性梁发来模拟分析，箱梁扭转因素导致会弯曲作用，其扭曲应力为：

$$\sigma_{dw} = \frac{B_{dw}w}{I_{dw}} \tag{6}$$

与翘曲应力对应的剪应力计算方式为：

$$\tau_{dw} = \frac{B_{dw}}{I_{dw}}S_{dw} \tag{7}$$

水平向扭曲作用力的计算公式是：

$$m_{SA} = \frac{EI_x\gamma}{2(1 + I\eta_m)} \tag{8}$$

$$m_{SB} = -\eta_m m_{SA} \tag{9}$$

$$\sigma_{dt} = \frac{m_{SA}(m_{SVB})}{W} \tag{10}$$

在箱梁壁较厚时，可以用简单梁模型来指导，假设腹板在翘曲的同时边界的尺寸不变，许多设计人员在设计中仍然考虑扭转引起的内力，但是在腹板尺寸较小的情况下，边界截面不翘曲的前提条件，在正负对立的前提下，相关截面不仅有扭转现象，而且会引起扭转的剪应力，箱梁腹板与会发生竖向扭曲作用。竖向扭曲和腹板扭转的应力会使箱梁腹板水平开裂。因此，如果不采用横向预应力钢筋，容易产生与桥轴平行的裂缝[6]。

四、结　　语

通过对北碚嘉陵江大桥箱梁腹板裂缝的观测，总结裂缝分布和发展的规律，归纳出预应力腹板裂缝的力学成因，找出预防该类裂缝的措施。在设计预应力混凝土箱梁桥时可以做如下改进：

(1)在进行预应力混凝土连续箱梁桥设计时，要考虑箱梁腹板开裂后新的内力情况，需要重新计算跨中、墩柱处的内力，通过内力的状况分配剪应力较小的负弯矩处纵向腹板预应力筋，防止腹板弯曲裂缝。

(2)对墩柱边的箱梁腹板上部，应预留50%的竖向预应力钢筋损失，加强腹板上缘斜裂缝集中处的预应力筋分布。同时增加腹板上部构造钢筋与中部竖向预应力筋在墩柱处的预留段共同抵抗腹板的主扭应力，减少桥梁运营中的腹板斜向开裂。

(3)由于箱梁腹板扭转和横向变形产生的额外内力，需要通过增加横隔板数量或者分布横向预应力筋才能抵抗腹板与板顶结合处纵向开裂。当垂直平面处具有一定的曲率时，通过布置横向预应力筋来抵抗纵向预应力钢筋的曲率产生的径向作用力，以避免顶腹板纵向开裂。

参考文献

[1] 钟新谷.预应力混凝土连续箱梁桥裂缝防治与分析[J].铁道科学与工程学报,2006,31(3):7-14.

[2] 刘宏宇.预应力混凝土连续箱梁裂缝分析及防治[J].交通科技与经济,2009,26(8):23-26.

[3] 税明洪.预应力混凝土箱梁裂缝成因分析[J].重庆交通大学学报,2006,24(4):13-18.

[4] 黄晶.大跨径预应力连续梁桥裂缝机理与对策研究[D].武汉理工大学,2009.

[5] 詹俊华.PC箱梁桥竖向预应力测试及腹板斜裂缝控制研究[D].西南交通大学,2008.

[6] 李华明.大跨度预应力混凝土连续刚构桥裂缝机理与对策研究[D].北京交通大学,2008.

183.体外预应力技术在加固钢筋混凝土箱梁桥中的应用

郑西璐[1] 于金良[2] 何海余[1]

(1.陕西省高速公路建设集团;2.陕西恒通工程工程有限公司)

摘 要 以铜黄高速公路王家河大桥加固工程为例,通过对全桥病害原因分析和结构计算分析,对体外预应力加固方法进行了分析验证,可供同类桥梁参考。

关键词 体外预应力 主动加固 有限元 受力性能

一、引 言

近年来,随着我国经济建设步伐的加快,基础设施建设得到了快速的发展,但随之而来的是大量在役桥梁的管养问题。据公路管理部门调查研究发现,现有公路桥梁存在两大方面的问题:一方面,相当一部分桥梁服务期限已有20 30年,结构老化严重,梁体已出现混凝土破损、剥落、钢筋锈蚀、裂缝等现象;另一方面,由于交通量增多,车辆载重增大,部分桥梁承载力明显不足。

因此旧桥加固将是桥梁工程界一个非常迫切的任务。目前国内采用较多的桥梁加固方法主要有增大截面加固法、粘贴片材加固法和体外预应力加固法。相较前两者体外预应力加固属于主动加固,其实质是以钢绞线或高强钢丝等钢材作为施力工具,对桥梁上部结构施加体外预应力,以预加力产生的反弯矩抵消部分外荷载产生的内力,从而达到改善旧桥使用性能并提高其极限承载能力的目的。用高强钢绞线索作为预应力索,用千斤顶进行张拉并将其锚固在箱梁的两端上,对箱梁的混凝土施加预应力,以提高箱梁的强度。

体外预应力的概念和方法产生于法国,由Eu-gene Freyssinet进行了首次应用。体外预应力技术的发展历经了几个阶段,在工程中的大量应用则是从20世纪70年代末开始的。早期体外预应力工程由于没有解决耐腐蚀防护性能和构造措施方面的问题,未能体现出工程应用上的优越性,这导致体外预应力技术在六七十年代基本处于停滞阶段。60年代末期,无黏结预应力和斜拉桥施工两项技术的产生和应用,解决了耐久性和构造设计的有关问题,为体外预应力的发展创造了条件。而70年代法国的大量桥梁加固工程则为体外预应力的发展提供了契机。在这些采用体外预应力加固桥梁的工程中积累了丰富的工程经验,为在建设新桥梁时重新考虑使用体外预应力技术提供了依据。1979年,E. C. Figg和J. Muller设计并建造了佛罗里达的Long Key桥,该桥充分证明了体外预应力在桥梁建筑中的优越性。80年代,在J. Muller,法国公路技术设计部(SETRA)及M. P. Virlogeux的影响下,美国与法国均大量采用体外预应力技术建桥。此外,世界上许多国家也开始在桥梁工程、加固工程、大跨度屋盖结构工程等领域广泛使用。

工程实践表明,体外预应力加固的主要优点有:

①能充分发挥加固材料—体外预应力筋的性能,较大幅度的提高桥梁的承载能力;

②在体外预应力作用下,原梁的裂缝将全部或部分闭合,能明显改善原梁的抗裂性能,提高结构刚度和耐久性;

③体外预应力加固可在不中断交通的条件下进行,对桥梁的运营影响小;

④所需设备简单、施工工期短、经济效益显著。

本文通过铜黄高速公路王家河大桥加固工程实例来阐明这种加固方法，并对其加固效果进行了分析验证。

二、工程概况

K87 +447 王家河大桥为铜黄高速公路上一座大桥，于2001年6月建成通车，已安全运营8年。桥梁全长405m，上部采用6×20 +5×20 +(23.5 +2×27 +23.5) +4×20，其中第三联为单箱单室钢筋混凝土连续箱梁，其余各联为20米预应力混凝土空心板，下部结构为单幅双柱式墩台。设计荷载为汽车-超20级；挂-120。桥面宽度为0.5m(护栏) +10.3m(行车道) +0.5m(护栏)。

1. 主梁病害状况

第三联现浇箱梁接近跨中区段底板出现横向裂缝(图1)，裂缝最大宽度超出规范要求，从裂缝的形态和走向分析，属于典型受力裂缝，对结构的承载能力和耐久性产生非常不利的影响。箱梁腹板在边跨支座附近和接近中跨部位存在大量斜裂缝(图2)，边跨支座附近斜裂缝主要分布于靠近梁端的部位，从裂缝的形态和走向分析，其原因应为支点附近抗剪能力降低，腹板承受过大的主拉应力引起的。

图1　主梁底板横向裂缝

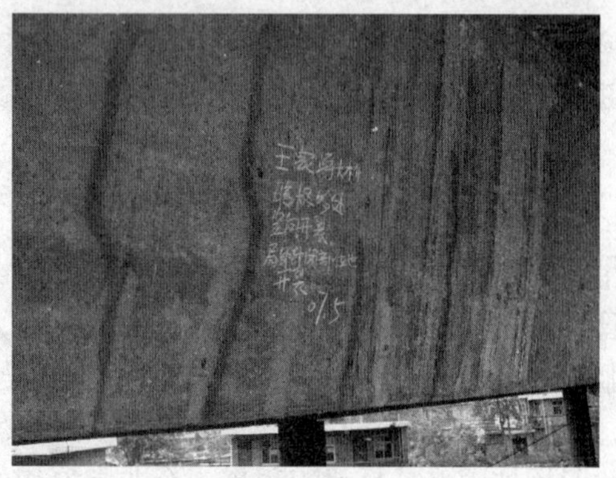

图2　主梁腹板竖向裂缝

2. 承载能力评定

委托有关单位对大桥进行了荷载试验和承载能力评定，发现主要测点应变、挠度校验系数均大于1，表明结构目前强度、刚度均不满足设计要求，存在安全隐患。

三、加固方案

加固设计原则：遵照原设计荷载及标准，在满足交通运输部有关规范及标准要求的前提下，降低造价。

主梁采用体外预应力加固，主梁每侧腹板附近布设一束12ϕs15.2钢绞线，采用包裹小PE套的内涂油脂OVM环氧涂层钢绞线，标准强度1860MPa，弹性模量195000MPa。齿板、转向块采用C50混凝土，锚具采用OVM15-12型。断面偏载工况挠度见图3、图4。

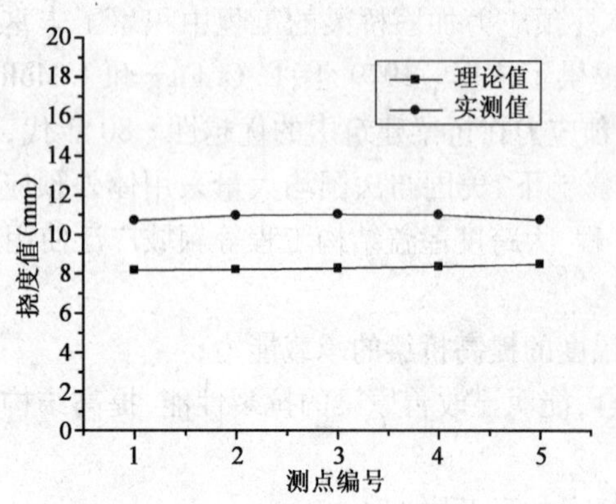

图3　边跨0.4L断面偏载工况挠度比较

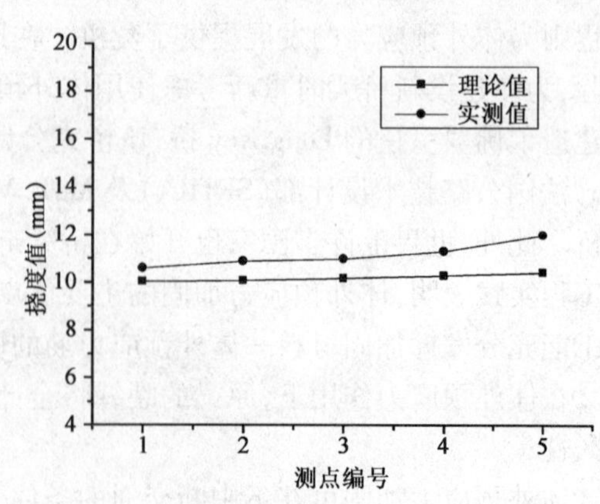

图4　中跨0.5L断面偏载工况挠度比较

四、计 算 分 析

1. 结构模拟

根据以上计算参数，采用大型有限元程序 MADIS 建立空间仿真模型，共计节点 41 个，单元 40 个，计算模型如图 5 所示。

2. 理论分析

(1)原结构评价

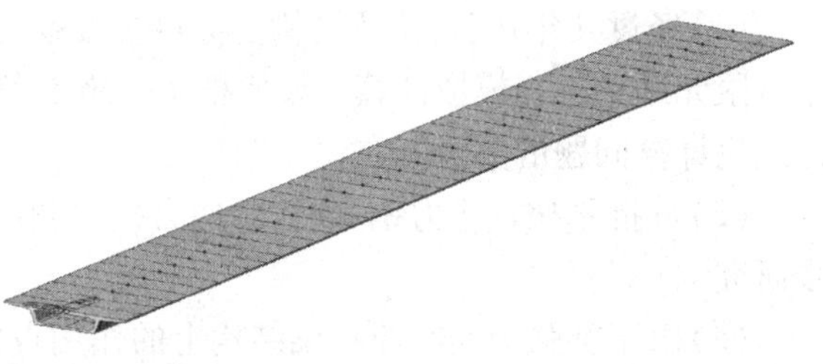

图5 计算模型

由于长期结构劣化及超载等因素的影响，原结构在持久状况下正常使用极限状态抗裂验算中中支点附近主梁腹板抗剪能力不足，理论下缘最大裂缝宽度达 0.323mm > 规范限值 0.25mm，不满足要求；承载能力极限状态基本组合正截面强度验算中边跨 0.4L 附近 5m 范围内结构抗力均不足，0.4L 处断面结构抗力 R = 11600kN · m < 荷载组合值 M_j = 14900kN · m，超载率 28.4%；中跨跨中附近 4m 范围内结构抗力也不足，跨中处断面结构抗力 R = 11800kN · m < 荷载组合值 M_j = 12400kN · m，超载率 5.1%。理论分析结果与桥梁病害现状一致，表明：原有结构靠近边中支点、中支点处截面抗裂性不满足要求；跨中、中支点附近、L/4 断面正截面承载能力不足。

(2)加固后结构评价

本桥的加固按照《公路桥梁加固设计规范》(JTG/T J22—2008)的原则，主要着力于"恢复使用功能、提高承载能力、增强安全性和耐久性"，按照钢筋混凝土预应力结构的定位原则，原有结构参照预应力结构 B 类结构，并考虑受拉区钢筋的作用后，施加体外预应力后进行计算。

对结构施加体外预应力后，结构变为偏心受压构件，承载能力极限状态基本组合正截面强度验算各断面均满足要求，其中边跨 0.4L 处断面结构抗力 R = 19800kN > 荷载组合值 N_j = 4160kN，安全系数为 4.76；中跨跨中断面处结构抗力 R = 27300kN > 荷载组合值 N_j = 4170kN · m，安全系数为 6.55，加固后结构承载能力明显提高(表 1)。

加固前后控制断面抗弯承载力比较 表 1

验 算 位 置	内 力 属 性	受 力 类 型		极限抗力(kN or kN · m)	
		原结构	加体外预应力	原有结构 R_y	加固后 R_j
边跨 0.4L	最大弯矩	下拉受弯	下拉偏压	11600	4010
	最小弯矩	下拉受弯	上拉偏压	11600	37700
	最大轴力	下拉受弯	下拉偏压	11600	19800
	最小轴力	下拉受弯	下拉偏压	11600	19800
中跨 0.5L	最大弯矩	下拉受弯	下拉偏压	11800	4820
	最小弯矩	上拉受弯	上拉偏压	-4590	30000
	最大轴力	下拉受弯	下拉偏压	11800	27300
	最小轴力	下拉受弯	下拉偏压	11800	27300

五、结 语

王家河大桥采用体外预应力加固法进行加固后，结构承载能力明显提高；结构刚度、强度、受力状态大为改善；由于采用了主动加固的思路，结构原有裂缝有所减小或闭合，结构耐久性也得到改善；而且本桥投资与拆除旧桥重建新桥相比,仅直接工程费降低约80%,具有显著经济效益。此外还节省钢材,减少人工用料,缩短工期,不建便道、便桥,不影响交通,不占用农田,减少车辆损耗等一系列的经济效益和社会效益。

可见,采用体外预应力加固旧桥是非常有效的措施,具有加固、卸载及改善结构内力的作用,值得更广泛地推广应用。但也有若干问题值得注意。

(1)经过几年运营,桥梁结构的某些主要受力构件发生了变形,原受力筋也被严重锈蚀,分析中常采用有限元理论进行模拟计算。如何把实际施工条件和理论计算设计条件较好拟合,寻求最佳控制数据,是理论计算问题的关键所在。

(2)分批张拉预应力钢束时,预应力损失和影响系数以及体外束的长期抗腐蚀保护措施也值得进一步研究。

(3)由于补强力筋在原桥梁结构上的作用点发生了变化,另外原力筋锈蚀造成力的大小变化等因素都会使桥梁结构的力学性能发生较大的改变,因此对修复施工的过程进行监控是极为重要的。一般通过对施工控制参数中的变位、应力变化的跟踪观测,将其与有限元理论计算值比较,检验桥梁结构的受力状态是否在控制范围之内,以确保加固修复工程的施工安全,如果施工中控制参数的出入较大,应及时分析并采取措施。

参考文献

[1] 孙宝俊,周国华.体外预应力结构技术及应用综述[J].东南大学学报,2001(1).

[2] 陈宝春,黄卿维,盛叶.体外索预应力混凝土桥梁的发展[J].中外公路,2004,24(2).

[3] 闻宝联.钢筋混凝土桥梁病害调查及维护研究[J].桥梁建设,2004(2).

[4] 黄侨.公路钢筋混凝土简支梁桥的体外预应力加固技术[M].北京:人民交通出版社,1998.

[5] 牛斌.体外预应力混凝土梁弯曲性能分析[J].土木工程学报,1999,(4).

[6] P. Srinivasa Qao and George Mathew Behavior of Externally Prestressed Concrete Beams with Multiple Deviators. ACI. Structural Journal. V. 93. No. 4.

184.成都市二环路北新立交引桥"断柱分级同步旋转顶升"关键施工技术

徐利军[1] 庄卫林[2] 田 波[2] 蒋建军[2] 王双其[1]

(1.中交第三公路工程局有限公司;2.四川省交通运输厅公路规划勘察设计研究院)

摘 要 成都市二环路北新立交引桥为了最大限度利用原桥,采用顶升调坡改造,与新建二环路高架连接。顶升调坡施工采用"断柱分级同步旋转顶升"方案,文章详细介绍了"断柱分级同步整体旋转顶升"关键施工技术,包括顶升支架基础、顶升支架、同步顶升系统、限位系统、分级同步旋转顶升、墩底钢支撑原位跟随保护技术、金刚石链锯切割技术、施工监控等。

关键词 断柱 同步 旋转顶升 关键技术

一、工 程 概 况

成都市二环路北新立交工程起于二环路北三段北站东一路以东,止于二环路北三段红花北路以西,桥梁全长557.3m,其中主桥为预应力混凝土连续梁,引桥为预应力混凝土简支空心板梁,西引桥孔跨布置为:4×25m+30m+2×25m;东引桥孔跨布置为:6×25m 桥梁宽度25m,下部结构为倒T形盖梁,墩柱为圆柱墩。

本次顶升主要是引桥部分，即西侧 7 跨和东侧 6 跨，通过顶升现有引桥，分别与两端新建高架相连接。西侧顶升后纵坡由 +4.56% 变为 -2.251%，最大顶升高度 6.7m；东侧顶升后纵坡由 -5% 变为 1.357%，最大顶升高度 5.398m。

本次顶升改造分两部分，一种是对于顶升高度较大的 0 号 ~4 号墩以及 19 号 ~22 号墩采用“断柱分级同步旋转顶升”，另一种是对于顶升高度较小（小于 50cm）的 5 号 ~7 号墩以及 16 号 ~18 号墩采用加高垫石的方法进行，即在盖梁上安装超薄千斤顶同步顶升到设计高度后加高垫石来实现，这里主要介绍“断柱分级同步旋转顶升”。

二、“断柱分级同步旋转顶升”的工作原理、系统组成及特点

1.“断柱分级同步旋转顶升”的工作原理

“断柱分级同步整体旋转顶升”的工作原理：将顶升着力点设在盖梁底面，先切断墩柱，通过顶升盖梁来抬高桥面，顶升完成后再接高墩身。而分级同步旋转顶升是先将顶升高度最小一跨绕旋转轴旋转顶升到位，其他跨同步顶升；然后以刚顶升到位跨的盖梁为旋转轴，下一跨旋转顶升到位，其他跨同步顶升；以此类推，直到最后一跨顶升到位。

2.“断柱分级同步旋转顶升”的系统组成

它主要包括支架系统（包括支架基础）、同步顶升系统（包括千斤顶）、限位系统（纵向限位和横向限位系统）、施工监控系统四大部分。

3.“断柱分级同步旋转顶升”方案的特点

（1）采用“蝶形钢抱箍作为顶升反力架和支架基础”，上钢抱箍设置于盖梁底面墩柱处，下钢抱箍设置于墩柱底部地面上，减少了庞大的扩大基础施工，克服了地基的不均匀沉降，该工艺在国内属首创。

（2）采用“带机械自锁的大吨位、大行程千斤顶”，减少千斤顶数量，设备操控性好、安全稳定性高。

（3）顶升盖梁不改变桥面系的受力状态，不造成对桥面结构的损伤和破坏。

（4）顶升支架钢管设计成三角形格构体系，稳定性高，安全可靠。

（5）顶升后接高墩柱简便易行，施工质量易于保证。

（6）顶升方案对桥侧辅道的交通基本不影响，施工工期短，桥上断道时间短。

三、“断柱分级同步旋转顶升”方案关键施工技术

“断柱分级同步整体旋转顶升”关键施工技术，包括顶升支架基础、顶升支架、同步顶升系统、限位系统、分级同步旋转顶升、墩底钢支撑原位跟随保护技术、金刚石链锯切割技术、施工监控等。

1. 顶升支架基础（图 1）

本桥采用了三种支架基础：

第一种为条形扩大基础，如两个桥台（0 号和 22 号）和 1 号、2 号和 21 号墩的左幅（无承台），扩大基础如地基承载力不足的要进行加固处理。

第二种为有承台的在原承台加宽作基础，如 1 号、2 号和 21 号墩的右幅，施工时要将承台表面凿毛，然后进行植筋、钢筋制安、混凝土浇筑施工。

第三种为采用蝶形钢抱箍作为顶升反力架基础，针对承台顶面以上墩柱高度较大（大于 3.5m）的圆柱墩，如 3 号、4 号、19 号、20 号墩，顶升支架钢管安装在钢抱箍之上，由钢抱箍的摩阻力来承担顶升重量。

2. 顶升支架系统

顶升支架系统分为两部分，一种是桥墩处支撑系统，一种是桥台处支撑系统。

（1）桥墩支架系统（图 2）

桥墩支架系统由墩柱蝶形钢抱箍、钢管支架、支架底座三部分组成。

①墩柱蝶形钢抱箍（图 3）

墩柱蝶形钢抱箍分上下两种，下钢抱箍相当于支架基础，上钢抱箍在盖梁底与墩柱结合处，作为千斤

顶的反力架支撑,上下钢抱箍结构大体类似,钢抱箍采用钢管与钢板焊接形成钢结构,抱箍两半环间采用高强螺栓连接,抱箍钢管外设置四个钢牛腿,钢牛腿通过焊接与抱箍钢管连接,牛腿底板通过螺栓与千斤顶底座连接。

图1　蝶形下钢抱箍图

图2　桥墩支架系统示意图

②钢管支架(图4)

钢管支架采用三角形格构钢管柱,以增加其稳定性,每个墩柱抱箍对应设置6根钢管,其中4根为主支撑钢管,2根为稳定钢管,上、下两节钢管接高均通过法兰连接,整个支撑钢管及稳定钢管通过型钢平联形成格构柱。另需设计25cm高的标准钢支垫作更换用。

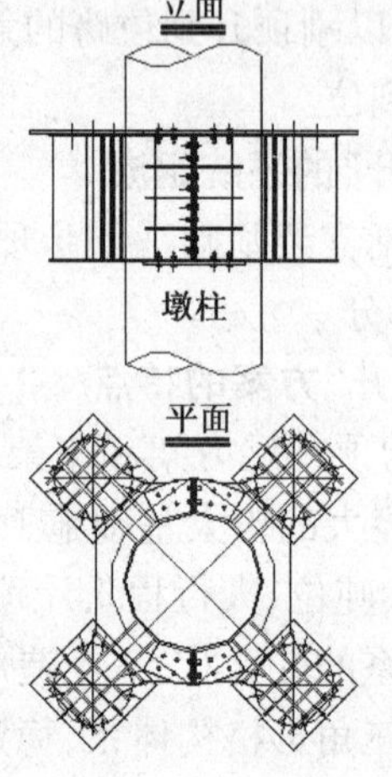

图3　墩柱蝶形钢抱箍图

③支架底座

1号、2号、21号桥墩由于净空高度不足,无法在桥墩上设置钢抱箍,将承台作为支架底座。其余桥墩采用在承台处墩柱底部设置钢抱箍作为支架底座。

(2)桥台支架系统(图5)

桥台支架系统由分配梁、钢管支架、支架底座三部分组成。

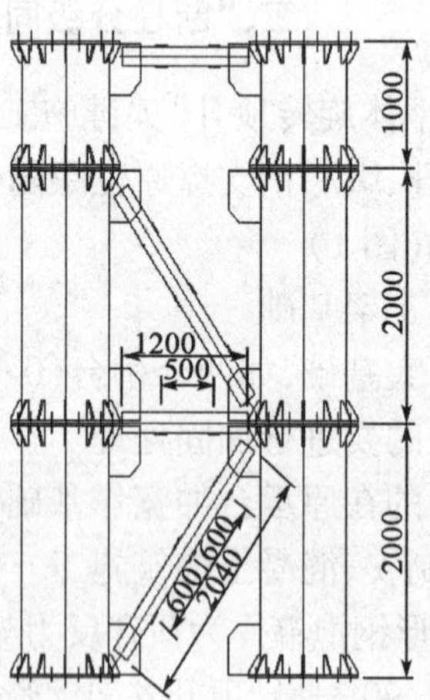

图4　钢管支架图(尺寸单位:mm)

分配梁采用钢板焊接形成钢箱结构,分配梁顶板与空心板间设置支座,分配梁底板通过螺栓与千斤顶底座连接。

钢管支架与桥墩相同,采用三角形格构钢管柱。

将原桥台承台旁新增扩大基础作为支架底座。

3. 同步顶升系统

(1)同步顶升系统的组成(图6)

多点同步顶升系统由控制箱(包括计算机、PLC)、液压泵站、位移传感器、压力传感器、高速电液阀、切换阀、千斤顶等组成。

图5 桥台顶升支架

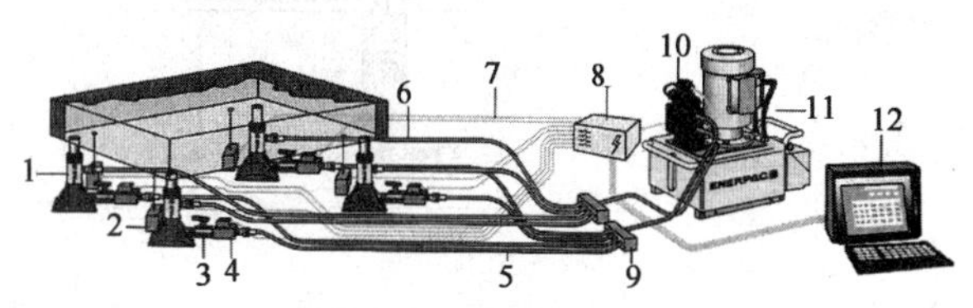

图6 PLC 系统组成示意图

1-液压缸;2-位移传感器;3-单向阀;4-控制阀;5-软管(进程);6-软管(回程);7-电缆盒;8-接线盒;9-油跌块;10-控制阀(高频);11-泵;12-控制单元(PLC)

控制箱(图7):控制箱采用美国恩派克同步顶升系统控制箱,由多台控制箱通过系统总线进行连接,即可达到多点同步顶升的要求。该控制箱具有人机交互界面,可进行参数设定、实时读取顶升高度值、顶升油压等数据,根据实测数据与设定数据进行比较,控制高速电磁阀的开闭状态,从而达到多点同步顶升的目的,该控制箱具有精度高、安全可靠、异常停电自锁保护、运行状态实时监测等优点。

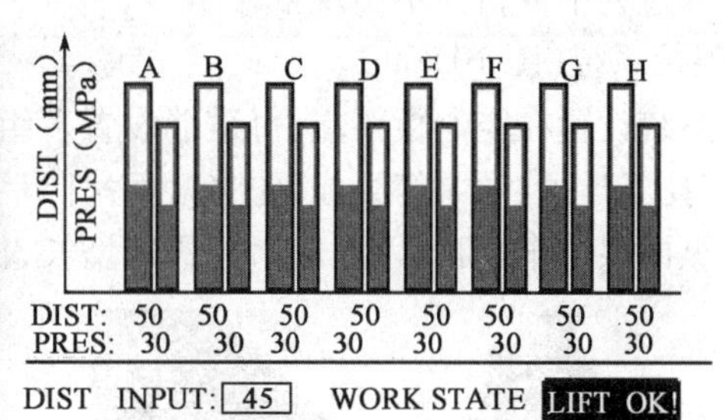

图7 控制箱

液压泵站:液压泵站采用超高压液压泵站。

位移传感器:位移传感器用于实时测量顶升高度,位移传感器采用进口拉线式传感器。

电磁换向阀:电磁换向阀用于顶升、回缸的切换,电磁换向阀集成安装于泵站上。

液压专用压力传感器:压力传感器用于测量输出到千斤顶的实时油压,通过油压可换算出总顶升力,主要起监测顶升的作用。

高速电磁阀:高速电磁阀是本系统控制的关键元件,其作用是通过控制电磁阀的开启和关闭时间比值来控制输出流量,从而控制各千斤顶的顶升速度和顶升位移。

溢流阀:溢流阀集成于泵站上,起调整泵站输出压力的作用,防止异常顶升力增大而对结构产生不利影响。

千斤顶(图8):采用6000kN大吨位、大行程、带机械自锁千斤顶,可以减少千斤顶的用量,顶升过程中机械自锁可以跟随锁紧保护,同时千斤顶设计成球形蘑菇头形状,自身可进行3°~5°调节,保证顶升过程中千斤顶垂直受力不倾覆,确保顶升安全,其中每墩布置4台千斤分两组交替顶升。

(2)同步顶升系统的实现

通过手动输入每个桥墩每次的上升高度。按照既定的顶升高度(每次最多25cm),通过千斤顶供油流量来适应顶升高度,不改变结构物线形。一个循环完成,系统重复指令工作。

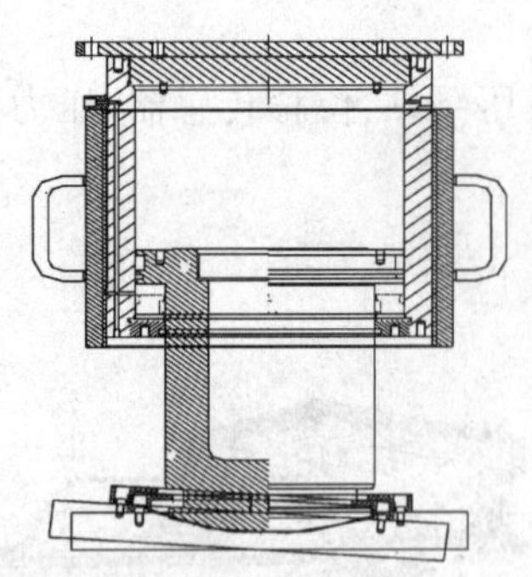
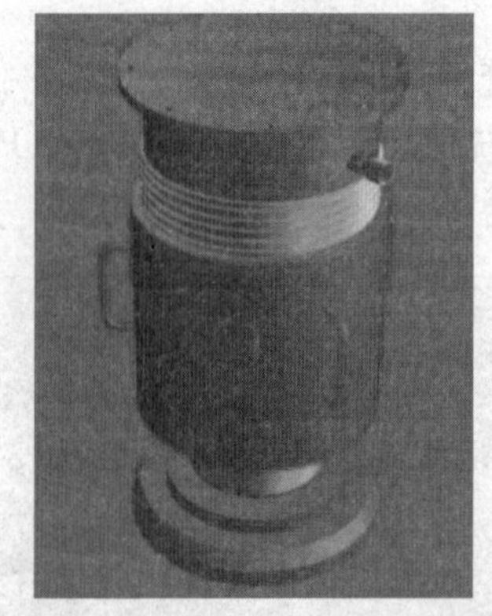

图8 千斤顶示意图

顶升过程中，通过位移传感器返回数据监控千斤顶的状态，当顶升高度偏离顶升位移时，系统通过油路的通断切换调整顶升值。同时千斤顶上重量传感器返回数据以校核位移传感器数据，以保证系统的可靠性。在该循环控制中，可以通过人机界面看到每个顶的当前行程及压力，方便施工人员实时了解每个顶的工作情况。

4. 限位系统

(1)横向限位系统(图9)

横向限位立柱由3根钢管立柱、型钢横联组成格构立柱。同一个盖梁两端的限位支架在顶部采用钢绞线对拉形成整体，顺桥向设置八字抗风。限位装置设置在盖梁端头，限位立柱安装嵌入限位槽内，确保上部构造在顶升过程中横桥向不出现偏移。

(2)纵向限位系统(图10)

纵向限位系统设置在空心板梁端，每道缝设置多组纵向限位系统，每道纵向限位系统由张拉座板、钢绞线、穿心式张拉千斤顶、油泵等组成，先将桥面凿除后将空心板梁端头截除一定间距空隙，并在顶升过程中同步张拉纵向限位千斤顶，以控制水平投影增长，保证墩柱不错头，确保顶升安全。

图9 横向限位系统

图10 纵向限位系统

5. 分级同步旋转顶升施工

分级同步旋转顶升(阶梯形分级)是指先对顶升高度最小一跨绕旋转轴旋转顶升，其他跨同步顶升，第一跨顶升到位后对下一跨进行旋转顶升，其他跨同步顶升，以此循环直到最后一跨顶升到位。

以0号~4号墩为例说明：

第一步：将4号墩顶升到位，4号墩顶升高度为90.2cm，划分为4个顶升循环，4号、3号、2号、1号、0号墩同步进行以上4个循环顶升，完成4号墩顶升，4号墩顶升系统退出顶升工作。

第二步：将3号墩顶升到位，3号墩顶升高度为201cm，已经顶升90.2cm后还应顶110.8cm，划分为5个顶升循环，3号、2号、1号、0号墩同步进行以上5个循环顶升，完成3号墩顶升，3号墩顶升系统退出顶升工作。

以此类推,第三步 2 号墩顶升到位,第四步 1 号墩顶升到位,第五步 0 号桥台顶升到位。

6. 墩底钢支撑原位跟随保护技术(图 11)

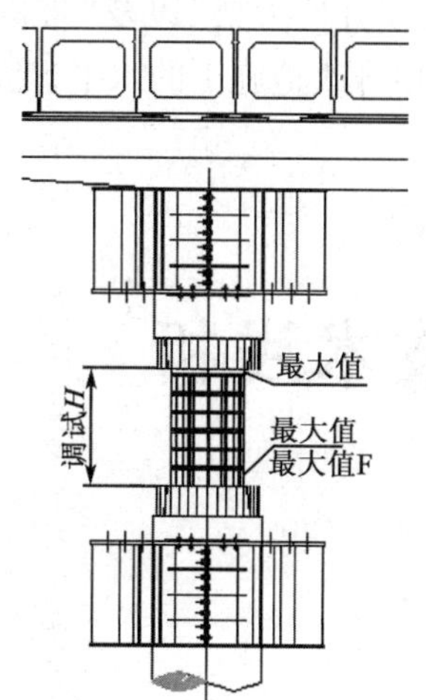

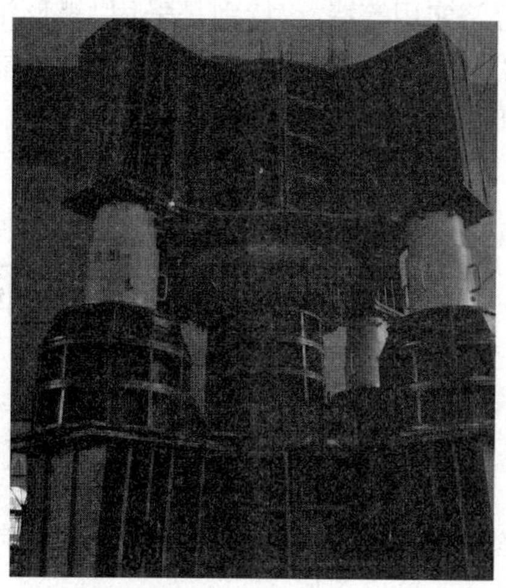

图 11　墩底钢支撑原位跟随保护

在顶升时,除了 PLC 控制系统采用了软件锁、油路锁以及千斤顶的机械锁三道保险外,还采取墩底钢支撑原位跟随保护技术,即在墩柱切断位置,随顶升高度增加,同步加垫钢支垫跟随保护,这样即使千斤顶或支架等其他系统出问题,也有在墩底的钢支垫在原位保护,确保整个上部结构不坍塌。

7. 金刚石链锯切割技术(图 12)

金刚石链锯切割是金刚石绳索在液压马达驱动下绕切割面高速运动研磨切割体,完成切割工作。这种技术操作安全方便,被切割物体能在几乎无扰动的情况下被分离,切割过程中高速运转的金刚石绳索靠水冷却,并将研磨碎屑带走,它的特点:

图 12　金刚石链锯切割

(1)不受被切割物体积大小和形状的限制,能切割和拆除大型的钢筋混凝土构筑物。

(2)可以实现任意方向的切割,如横向、竖向、对角线方向等。

(3)快速的切割可以缩短工期。

(4)解决了常规拆除施工过程中的振动、噪声和灰尘及其他环境污染问题。

(5)远距离操作控制危险作业区等一些特定环境下一般设备、技术难以完成的切割。

8. 施工监控

施工监控主要包括:

(1)桥面相对高程监测:主要采用静力水准仪观测。

(2)箱梁底面高程监测:主要采用全站仪和拉线式传感器观测。

(3)梁体纵横向位移监测:采用多重差分技术和极坐标法确定监测点的三维坐标,主要用用全站仪观测。

(4)梁体及支撑体系应力监测:采用布置应力传感器进行实时监控。

(5)气象监测:采用智能风速风向仪观测。

监控数据分为报警值(极限值)和预警值两个监控技术指标,顶升过程中应随时观察,梁体是否有变形,是否有纵横向位移,高程是否和设计计算高程一致,超过预警值即停止顶升并检查,以保证顶升满足设计要求。

四、结 束 语

采用“断柱分级同步旋转顶升”工艺进行成都市二环路北新立交引桥顶升调坡改造施工，具有安全可靠、操作简便，经济实用等特点，特别是采用“蝶形钢抱箍作为顶升反力架”以及“带机械自锁大吨位、大行程千斤顶”均属国内首创，极大地提升了我国在同类型桥梁顶升改造施工的水平，是一种值得推广和应用的全新施工工艺。

185. T梁桥加固新技术浅析

李 刚
（西安公路研究院）

摘 要 结合工程实例 分析比较T梁加固技术

关键词 T梁 加固 分析

一、前 言

修建于20世纪60～90年代的预应力或钢筋混凝土T梁桥，荷载标准一般较低，随着交通量的增加，载重的增大，桥梁部分构件出现破损、缺损、裂缝等现象，需要及时对旧桥进行加固处理。本文结合甘肃省酒泉市北大河旧桥加固工程实例，详细分析比较T梁的加固技术方案，以便对类似工程提供借鉴。

二、桥 梁 概 况

北大河桥上部结构为15～20m装配式钢筋混凝土简支T梁；下部结构采用柱式墩，肋板式台，扩大基础；桥梁设计荷载为汽车－20级，挂车－100；桥面宽度16.5m；旧桥预制T梁采用30号钢筋混凝土。经过16年通车运营，病害较严重，严重影响桥梁的结构安全性能。

三、梁体病害外观检测结果

1. T梁裂缝

(1)网状裂缝：T梁上呈现大量无规律裂缝，裂缝宽度约为0.03～0.05mm，用手触及有凸起感觉，多属表面龟裂。

(2)竖向裂缝：T梁上的主要裂缝，尤其是以边T梁上居多，裂缝宽度一般在0.11～0.4mm，裂缝沿腹板竖直向上发展，宽度表现为下宽上窄，多数裂缝上升高度已达到腹板与翼缘板的交界处，有少部分裂缝延伸到了翼缘板上。

(3)腹板上的斜裂缝：该裂缝也相对较多，主要分布在跨中两侧出现，裂缝距跨中越远其倾斜角越大，倾角约在15°～45°，第一道斜裂缝主要出现在距支座0.5～1.0m处。

(4)腹板上的水平裂缝：该裂缝相对较少，在部分T梁上出现，裂缝宽度不等，长度不一，没有规律。

(5)支座附近腹板上的斜裂缝：该裂缝较多，一般由T梁支座附近腹板下部开始，沿着与轴线成25°～50°左右的角度开裂，裂缝宽度达到0.26mm左右，裂缝延伸长度因T梁损伤程度不同而不同，较长裂缝有分岔现象出现，严重时裂缝一直延伸到跨中区域。

(6)T梁之间的纵向铰缝处的裂缝：裂缝沿T梁之间的铰缝纵向延伸，且有渗水渍。

2. T梁间横向联系

(1)横隔板：T梁间的横隔板接头是用钢板焊接而成，现场检测发现有部分焊接接头已受力拉开，填缝水泥砂浆掉落,重车过后,能明显看到搭接的钢板在互相错位移动。

(2)T 梁之间的纵向铰缝联结:T 梁之间的部分纵向铰缝开裂,混凝土掉落。

四、梁体荷载试验检测结果

(1)静载试验

①结构校验系数

该桥在跨中最大正弯矩工况和 $L/4$ 截面弯矩工况下各测点挠度平均校验系数值大于 1,最大值达到 1.929,即实测挠度值超出理论挠度值 92.9%;并且从实测挠度曲线分析,由于 T 梁间的横向联结作用减弱,各 T 梁挠度连接曲线与设计不符,即 T 梁间的横向联结减弱影响荷载在桥梁上的横向分布。说明该桥上部构造整体刚度已不满足设计要求,另外,由于横向联结作用的减弱,很容易形成单梁受力过大,易造成主梁出现竖向裂缝。

②结构相对残余变形

最大正弯矩工况控制截面各测点相对残余挠度均小于 0.20,同时挠度与荷载曲线相近,并且裂缝宽度在卸载后,恢复到加载前的数值,说明在试验荷载情况下,该桥钢筋还处于弹性工作状况。

③抗裂性

通过对 T 梁跨中裂缝监测,发现裂缝在加载过程中,1-1 号裂缝由宽度 0.20mm 变为 0.32mm,1-2 号裂缝由宽度 0.11mm 变为 0.2mm,说明该裂缝为受力裂缝,即该桥在静力试验荷载作用下,主梁抗裂性已不符合设计要求。并且由于裂缝宽度超过规范限值要求,它不但削减主梁受力截面,而且水流沿裂缝很容易渗进主梁,对钢筋造成锈蚀,影响桥梁使用的耐久性。

(2)动载试验

①冲击系数。利用动应变检测桥跨冲击系数的实测值 0.370,大于理论计算值 0.192。说明受测桥跨的动力性能不符合现行桥规的规定。

②动力性能。实测频率均为 4.69Hz,小于理论值 5.42Hz,说明本桥结构整体刚度不满足设计要求。

综上所述,该桥主梁普遍存在受力裂缝,部分横隔板焊接接头的拉裂和主梁之间的纵向铰缝开裂导致该桥横向联结作用减弱,很容易出现单梁受力过大现象,易发生单梁破坏。并且在加载过程中主梁腹板竖向裂缝宽度随着荷载的增大而不断变宽,宽度最大值达到 0.32mm,严重超过规范要求,结合所测主梁静载应变值异常,以及实测挠度值超过理论计算值,甚者有实测挠度值超出理论计算值 92.9%,参照动载试验数据,综合分析得出该桥已不符合设计使用要求。

五、原桥承载能力验算

(1)计算参数

①T 梁混凝土按 C30 混凝土计算。

②简支 T 梁高 1.3m,腹板厚度 0.18m;计算跨径 19.4m。

③设计荷载:原桥汽车 -20 级,挂车 -100;加固后公路-Ⅰ级。

(2)计算结果(表 1 ~ 表 2)

原 T 梁跨中截面荷载组合及承载能力 表 1

项目	弯矩(kN·m)		剪力(kN)	
	荷载效应	承载能力	荷载效应	承载能力
边梁	3016.4	2908.66	621.94	505.09
中梁	2259.55	2908.66	465.89	505.09

加固后T梁跨中承载能力 表2

项　目	加固方案	弯　矩(kN·m)	剪力(kN)
T梁	预应力碳纤维板	3045.79	720.66
	预张紧钢丝绳	3040.77	720.59
	体外预应力	3623.97	728.87

综上所述：

①原桥中梁承载能力满足要求，边梁承载能力不满足要求。

②加固后T梁承载能力满足要求。

六、桥梁病害原因分析

根据计算结果分析，造成以上病害的主要原因为：

(1)根据理论计算，中梁抗弯、抗剪满足要求，但由于部分横隔板焊接钢板开裂和T梁之间的纵向铰缝开裂导致T梁横向联结作用减弱，出现单梁受力过大现象，造成裂缝产生、发展。另外由于雨水侵蚀、污染，致使钢筋锈蚀，裂缝由小变宽。

(2)边梁抗弯、抗剪不满足使用要求，所以各跨边T梁裂缝较多，宽度超限，中间T梁裂缝较少，而且部分边梁腹板支座位置处有斜向裂缝。

(3)T梁铰缝掉块、露筋的原因：是由于T梁横向联系薄弱，互相错位移动；铰缝处保护层厚度控制不好，雨水下渗，易造成箍筋锈蚀，同时锈蚀钢筋胀破了保护层，加速了钢筋锈蚀、露筋。

七、桥梁加固方案设计原则及主要内容

旧桥加固设计原则：遵照公路-Ⅰ级设计荷载及标准，进行相关部位结构计算，在满足交通运输部部颁有关规范及标准要求前提下，降低工程造价。

由于原桥设计荷载为汽车－20级，挂车－100，且已运营16年，经验算边梁不满足设计荷载标准，中梁满足设计荷载标准，但不满足公路Ⅰ级荷载标准，因此，需要对边梁、中梁进行抗弯、抗剪能力加固，加固设计主要内容为：

①T梁底板加固，以提高T梁抗弯承载能力，减少T梁裂缝开裂，满足公路－Ⅰ级荷载标准；

②对T梁腹板进行加固，提高T梁抗剪承载能力；

③对横隔板进行刚性连接，提高桥梁整体性，降低活载横向分布；

④封闭T梁出现裂缝；

⑤对T梁混凝土破损进行修复。

八、方案设计与比选

1)方案设计

(1)推荐方案为T梁底采用预应力碳纤维板加固

①T梁腹板底面采用预应力碳纤维板加固，提高T梁抗弯承载能力；

②T梁腹板粘贴钢板加固，提高T梁抗剪承载能力；

③T梁横隔板刚性连接，增加桥梁整体性，减小活载横向分布。

(2)比较方案一为T梁底采用预张紧钢丝绳网片加固

①T梁腹板底面采用预张紧钢丝绳网片加固，提高T梁抗弯承载能力；

②T梁腹板粘贴钢板加固，提高T梁抗剪承载能力；

③T梁横隔板刚性连接，增加桥梁整体性，减小活载横向分布。

(3)比较方案二为体外预应力加固

①对T梁腹板下缘外包10cmC40钢筋混凝土(马蹄形),混凝土中设置1组BM15-5预应力束。

②T梁腹板粘贴钢板加固,提高T梁抗剪承载能力;

③T梁横隔板刚性连接,增加桥梁整体性,减小活载横向分布。

2)方案比较(表3)

方案比较表 表3

	推荐方案	比较方案一	比较方案二
加固方案	预应力碳纤维板加固	预张紧钢丝绳加固	体外预应力加固
加固效果	满足公路Ⅰ级	满足公路Ⅰ级	满足公路Ⅰ级
施工工艺	①属新的加固技术; ②施工简单,施工受气候条件影响小。	①属新的加固技术; ②施工较复杂,封闭用聚合物砂浆施工受低温影响。	①传统加固技术,但由于施工空间小,立模、浇筑混凝土难度较大; ②混凝土施工受低温影响大。
施工费用	较低	较高	高
经综合比较,推荐预应力碳纤维板加固方案。			

九、预应力碳纤维板加固工艺特点

①安全可靠②安装简便③可靠的专利锚具系统④配套的碳纤维板、胶粘剂、锚具保证了整个系统的匹配性⑤经济性好⑥适合于大跨度梁、板的抗弯加固⑦试验和实例均表明:辛普森碳纤维板的预应力加固对结构的强度的提升、结构的裂缝控制和挠度控制均有积极地影响。

十、结 语

本文介绍了某T梁桥的新型加固技术,实践证明,加固后该桥结构强度增强,工作性能良好,达到设计指标,施工方便,对原结构不产生新的损伤,可作为同类工程的参考。

186. 桥台耐久性构造设计研究

黄 麟 蒋劲松 牟廷敏 庄卫林

(四川省交通运输厅公路规划勘察设计研究院)

摘 要 桥台的环境较复杂,易受腐蚀。在运营期间,这里有多个构件寿命较短,需要经常性的检修。传统桥台存在支座和伸缩缝难于维护,伸缩缝周边构件易受渗水影响,台背排水系统往往没有出口,也没有相应的检查和疏通构造等问题。因此,根据桥台检修活动所需空间,讨论桥台检修设施的布置和检修方案,并根据对桥台的环境分析,改进伸缩缝周边和台背的水环境管理。该问题的研究可为桥台的耐久性设计提供参考。

关键词 桥台 构造设计 水环境管理 可检修 耐久性

一、概 述

桥台是桥梁的端部支承构造,路基和桥梁在这里过渡。桥台的环境较复杂,易受腐蚀。台帽会受到伸缩缝渗水的影响,台背会受到路面渗水和地下水的影响等。在运营期间,这里有多个寿命较短的构件,如伸缩缝和支座等,需要经常性的检修。因此,桥台是耐久性设计的重点。

我国桥台一般都能满足支承和过渡的要求,但对桥台的防腐和检修考虑不足。图1是我国桥梁台帽附近的常用构造,台背一般用透水性材料回填,填料上部有防渗材料防止地表水渗入。桥台构造主要存

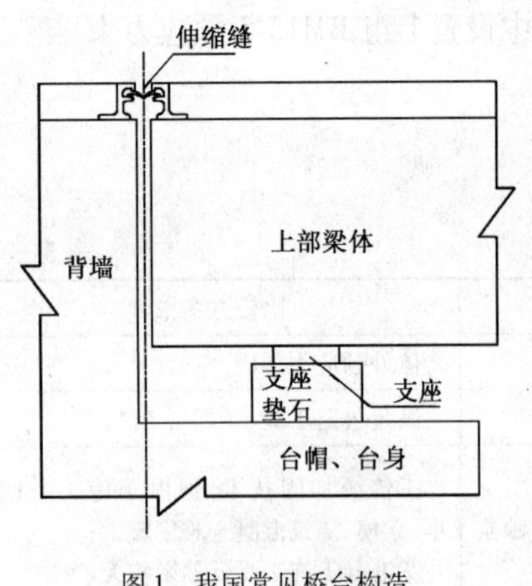

图1　我国常见桥台构造

在以下问题：①从桥台前侧能够检测到支座，从两侧检查支座有一定困难，背墙侧不能检查到支座情况；②伸缩缝只能从桥面检查和更换；③伸缩缝两侧的梁体端面和背墙前侧表面都会受到伸缩缝渗水影响；④台帽顶面往往没有排水构造；⑤台背填料内的水往往没有出口，也没有检查和疏通构造等问题等。在施工现场和运营期的情况看，还存在：①台背填料为不透水材料；②未清扫台帽顶面；③台帽顶面水四处漫流；桥台前墙布满水迹，有苔藓滋生；④锥坡坡度较陡，不易攀爬，检查支座处很难立足等问题。

针对以上问题，结合英国桥梁建设经验（文献[1]～[4]等），讨论桥台的检修设施和检修方案及其水环境管理。水环境管理是通过消除结构范围的积水，使结构范围内的水迅速排出，以及避免水到达脆弱部位的混凝土表面，来消除或削弱水和有害溶液对桥梁的不利影响，从而提高桥梁的耐久性。

二、检修设施及检修方案

桥台检修的重点是台帽以上部位，三个基本要求是：①能在支座四周对其检查和维护；②能够清扫台帽的排水沟和排水管；③减小易受腐蚀部位，如梁端、背墙前端面等，检查和维护的难度。

桥台固定的检修设施有桥台检修通道和台前的检修平台。

桥台检修通道布置如图2所示，通道是由桥台背墙和梁端顶部伸出的悬臂形成。悬臂应满足受力和伸缩缝安装需要，其端部的高度应尽量小，以减小伸缩缝渗水的影响。检修通道宽度一般为1m，高度为1.8m，宽度和高度的最小值不应小于0.8m和1.6m，小于此规定会给检修带来困难。垫石顶面到检修道底面的高度不应小于60cm，这样可以便于支座检修。梁高较高时，确定检修通道高度和支座垫石高度与将入口高度一起考虑。

桥台检修通道设计另一个重要问题是入口。入口可设置在桥台侧面或前侧，从这两个位置的进入检修道不会影响桥面交通。桥面设置入口的方式应该避免，因为桥面进入检修道不仅会影响交通，检修人员的安全也很难得到保护。图3是入口设置在桥台侧面的构造示意图。

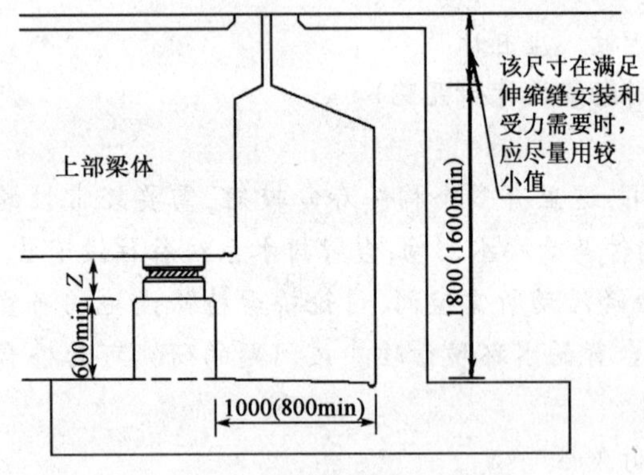

图2　桥台检修道布置图

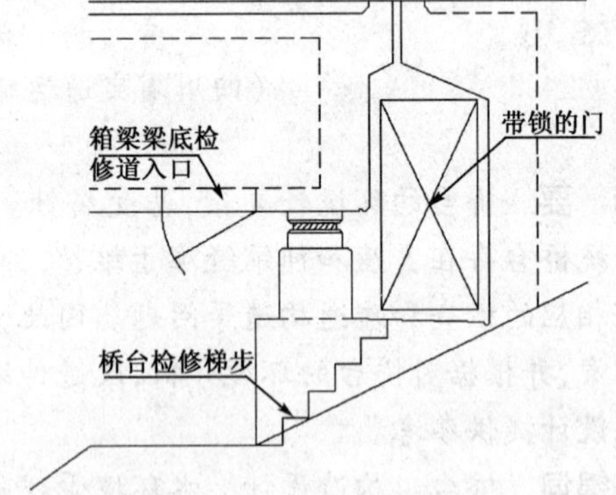

图3　检修道设于桥台侧面

桥台检修道在方便检修人员使用的同时应该避免无关人员的使用。如果无关人员使用检修设施，其自身安全不能得到保证，也会造成检修设施的损坏，还危及检修人员的安全。桥台检修通道入口处应有带锁的门，防止无关人员进入通道。如果上部构造为箱型结构，且需要检修时，也可将梁体的检修道设置在桥台附近。台前支座和梁体间还应设置栅栏。根据桥台检修道位置，也可设置梯步。

桥台检修通道为桥台附近的脆弱部位（如梁端、背墙前端面、支座、伸缩缝等）提供了检查空间，也方便了支座更换，因此文献[3]、[4]建议在所有设有伸缩缝和支座的桥台上应设置桥台检修通道。对于梁高较小(小于1m)的小桥,设置检修通道会大幅增加成本。在设计这种桥梁时,应对认真论证设置桥台检修通道的必要性。如果不设检修通道,应考虑相应的检修方案。

另一检修设施时台前检修平台,台前检修平台布置和空间要求如图4所示。台前检修平台利用台前锥坡形成,避免检修人员从平台上踏空跌落的最小宽度为1.5m。检修平台到梁底的高度应在1.5～1.8m,如果上部构造为T梁或小箱梁桥等,这个高度应该是到翼缘底面的距离。如果这个高度过高,则应该考虑采用其他方式进行检修。到达检修平台的方式较为灵活,如果采用从锥坡攀爬的方式,锥坡坡度不宜过大,必要时设置梯步。

梁底与台帽顶面间的构造尺寸对检修也很重要,其基本构造如图5所示。

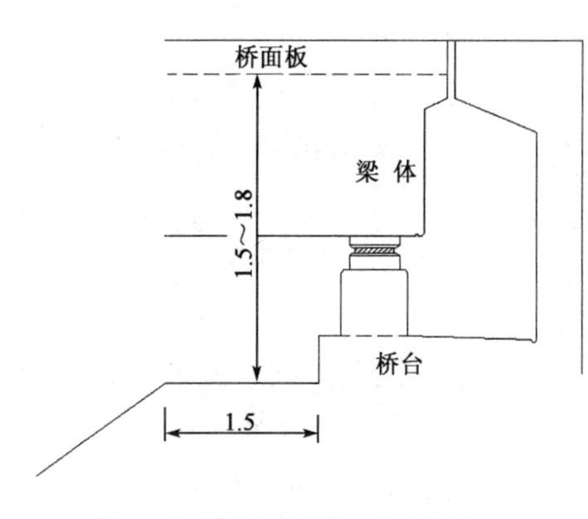

图4　检修平台布置图(尺寸单位:m)

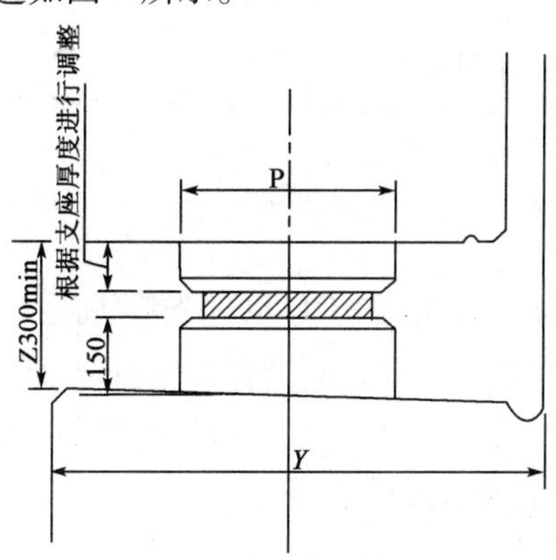

图5　支座垫石和梁底凸块构造

梁底到台帽顶面间的距离Z应该满足支座四周能检查支座的需要。如果没有桥台检修通道,且排水沟设置在台帽内侧,Z应增大以便检修人员到达支座后侧和对台帽排水沟进行维护。这时,Z的取值与台帽前端面至背墙的距离Y有关。当Y小于45cm时,伸手就能完成维护工作,这时Z的最小取值为30cm;当45cm≤Y≤75cm时,需要检修人员的头和肩深入到梁底和台帽间,Z的最小取值为45cm;当75cm≤Y时,需要检修人员整个身体进入到这个空间才能满足维护活动,Z的取值不应小于70cm。有桥台检修通道,Z值可以酌情减小,但还需要满足更换和移出支座所用千斤顶的安装和顶升空间的要求。

梁端支座底面处应设凸块,用于支座调平,它也能为支座检修提供方便。在没有凸块或凸块高度较小时,检查支座状况有一定困难,板桥矛盾特别突出。凸块厚度大于5cm时,检查较为方便。P为凸块和支座垫石的平面最小尺寸,P应比支座大10～20cm。

改进后的桥台有三种途径:①台前检修平台;②梁端和背墙间的桥台检修通道;③从地面搭梯子或液压升降机。①、②或②、③配合使用形成两种检查方案。检查方案的选择可根据结构自身特点,如台前是否能设置锥坡,水环境条件是否恶劣等,来确定。

三、水环境管理

在桥台处,受伸缩缝渗水影响的部位有梁体端部、前墙前端面、台帽顶面、支座和支座垫石等。一些桥台处,沥青下层水也会汇入到台帽顶面。在冬季使用化冰盐或有其他腐蚀性物质的地区,这些部位,这些部位腐蚀情况更为严重。尽管台背填料顶面有不透水材料密封,填料内渗水也难避免,这部分水需要排出。由此可知,桥台水环境管理应分为两个部分:伸缩缝周边和台背。

伸缩缝周边的水环境管理构造由防漏构造、排水构造和防水构造三部分组成,设有桥台检修通道桥台的构造如图6所示。伸缩缝的橡胶密封条是第一级防漏措施,伸缩缝下设置有集水槽为二级防漏措施。在台帽顶面顺桥向设置坡度,收集排水。检修道内侧混凝土表面应有防水涂层。牛腿下设置铝质或塑料挡水板,以减少防水层的压力。梁体桥台侧端部底面,应设置滴水槽,避免渗漏水影响支座和支座垫石。

台帽顺桥向排水坡度可以由前墙向前端升坡或降坡,如图7所示。在有检修通道的桥梁上,b方式更好,这样可以避免前墙受到水的影响。而无检修通道的桥梁上,a方式更易清扫排水沟。

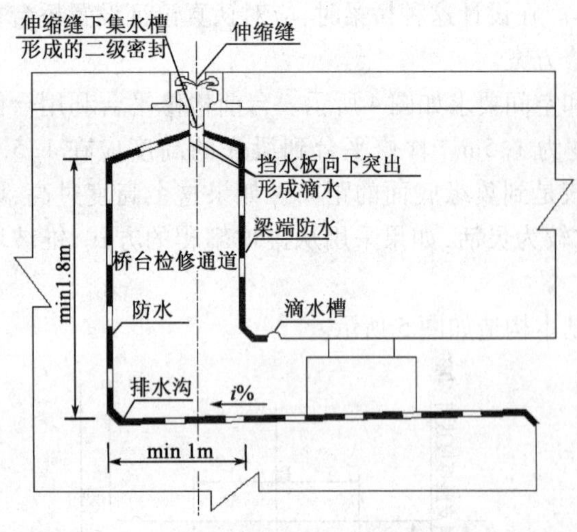

图6　桥台检修道内的防排水构造

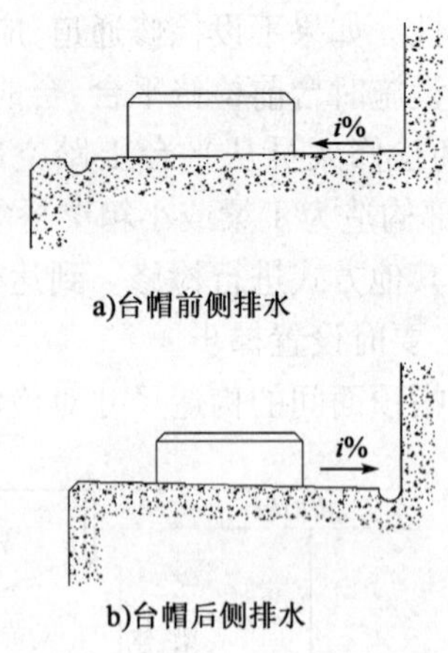

图7　台帽排水方式

台帽顶面横向也应设置坡度引导水流，坡度设置参见图8。

在桥梁主体结构施工完成后，清除台帽顶面的建筑垃圾，凿除多余的混凝土或水泥浆，消除可能积水的坑槽，在混凝土表面保证一定平整度，设置排水通道也是桥台施工必不可少的步骤。

较为完整的台背水环境管理应由排水构造、防水构造和检修构造三部分组成，如图9所示。台背排水构造有台背透水填料、台背竖向透水块、横向排水管等。台背水首先通过透水性填料渗透到台背，由渗透块收集后进入底部的横向排水管。横向排水管可用可渗混凝土管或开孔的塑料管，其外有无砂混凝土包裹。横向排水管在横桥向应设置坡度。横向排水管两端出露以便疏通。另一个检修构造是穿过桥台前墙的排水孔。在横向排水管附近设置排水孔穿过桥台前墙，排水孔内设10%的倒坡。在横向排水管堵塞后，排水孔会有水流出。它一方面帮助排水，另一方面提醒维修人员。台背混凝土的下部可采用地下混凝土的防水涂层，上部的桥面防水层向下延伸，两者需重叠。

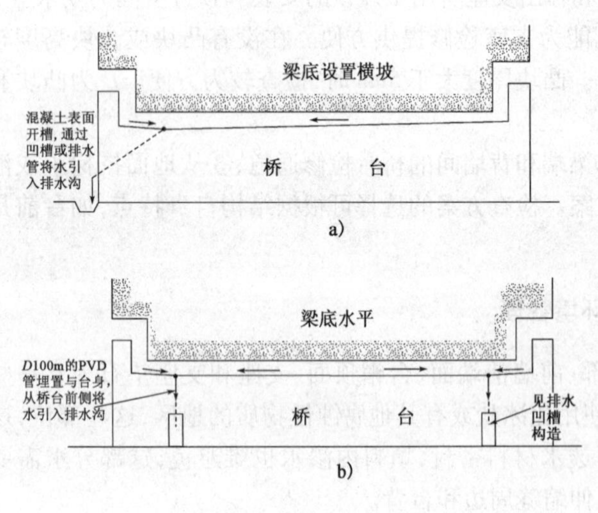

图8　台帽横向排水布置图

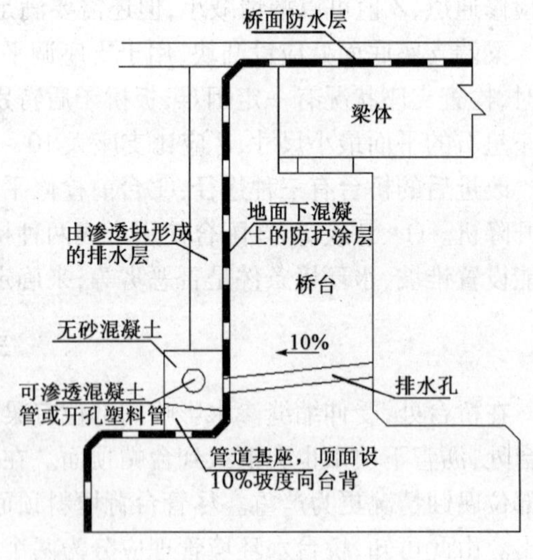

图9　台背排水构造

四、结　论

鉴于我国桥台存在的问题，建议通过构造设计和水环境管理，使桥台易检、可修，提高其耐腐蚀能力，从而使桥台及周边构件更耐久。

桥台检修的重点在支座和伸缩缝。桥台检修通道、台前检修平台以及台帽顶面的支承构造的合理布置为检修提供了方便。通过对伸缩缝周边以及台背的水环境管理使桥台更耐久。该问题的研究可为改进桥台构造设计提供参考。

参考文献

[1] S Pearson and J R Cuninghame (TRL Ltd), Water management for durable bridge, UK, Highways Agency [S].

[2] Michael Soubry, Bridge Detailing Guide, UK, 2001[M].

[3] BA 57/01(DMRB 1.3.8), Design for Durability[S].

[4] BD57/01(DMRB 1.3.8), Design for Durability[S].

[5] JTG/T D33—2012,公路排水设计规范[S].

187. 轴心受压圆截面加固短柱混凝土围套简化分析

王潮海[1] 郑继光[2] 王永光[2]

(1. 吉林省交通运输厅;2. 吉林省交通科学研究所)

摘 要 根据核心柱混凝土约束力与围套所受环向拉力相平衡的假定,推导出二次受力轴心受压圆截面加固短柱围套混凝土理论最小厚度及箍筋配筋率,并基于截面应变分析,建立了极限状态下围套混凝土及围套纵向钢筋的承载力简化计算方法,为轴心受压混凝土圆截面加固短柱的设计计算提供了理论分析基础。

关键词 二次受力 圆截面柱 轴心受压 承载力计算 围套加固

圆柱形受压构件是桥墩及钻孔灌注桩基础的基本形式,有关试验研究表明,采用混凝土围套加固后形成的二次受力叠合式圆柱,其承载力及截面刚度提高显著[1][2][3]。混凝土圆截面加固柱在轴向压力作用下,由于混凝土的横向变形,使核心柱混凝土处于约束受力状态,同时围套混凝土将承受环向拉力作用[1][4]。为充分发挥新旧混凝土的承载潜力,围套结构应具备一定的技术条件,另外,由于围套混凝土及钢筋应变黏滞后、核心柱混凝土及钢筋应变超前[1-2],加固圆柱围套部分的承载力计算还须考虑截面分阶段受力特点。

在已有研究中,对轴心受压及偏心受压加固柱的极限承载力进行了探讨,获得了一些有益的成果[5]-[8]。国家标准《混凝土结构加固设计规范》(GB 50367—2006)及行业标准《公路桥梁加固设计规范》(JTG/T J22—2008)对加固柱的承载力计算也做出了规定,但计算方法过于简化,对围套结构的技术要求未做规定。本文假定核心柱混凝土约束应力与围套所受环向拉力相互平衡,推导二次受力轴心受压加固圆柱围套混凝土应满足的主要设计参数,在极限状态分析基础上,研究围套混凝土极限承载力计算方法,为轴心受压加固圆柱的设计计算提供提供理论基础。

一、基 本 假 定

①新旧混凝土界面黏结性能良好,无滑移产生,在新增荷载作用下,组合截面沿高度方向的各纤维的应变增量符合线性分布。

②围套混凝土受压应力应变关系采用 Hognestad 模型[9](曲线 2),核心柱混凝土受压应力应变关系采用考虑采用预加荷载徐变的修正的 Hognestad 模型(曲线 1)[1-4],如图 1 所示。

f_{c1}、f_{c2}分别为核心柱及围套混凝土受压极限应力,式(1)为 Hognestad 模型的曲线方程。

$$\begin{cases} \sigma_c = \sigma_0\left[\dfrac{2\varepsilon_c}{\varepsilon_0} - \left(\dfrac{\varepsilon_c}{\varepsilon_0}\right)^2\right] \varepsilon_c \leqslant \varepsilon_0 \\ \sigma_c = \sigma_0\left[1 - 0.15\left(\dfrac{\varepsilon_c - \varepsilon_0}{\varepsilon_{cu} - \varepsilon_0}\right)\right] \varepsilon_0 < \varepsilon_c \leqslant \varepsilon_{cu} \end{cases} \tag{1}$$

③受拉受压钢筋采用相同的应力—应变关系曲线即理想的弹性—塑性曲线(图2)。

④由于约束受力,取核心柱混凝土极限应变[1-4] $\varepsilon_{cu}=0.0038$,围套混凝土极限应变 $\varepsilon_{cu}=0.0033$;

⑤受压混凝土割线泊松比[9](ε 为受压混凝土应变,ε_{pr} 为混凝土受压峰值应变,即最大应力时相应应变)$\nu_s=0.167$(当 $\dfrac{\varepsilon}{\varepsilon_{pr}}\leqslant 0.61$ 时),$\nu_s=0.45\left(\dfrac{\varepsilon}{\varepsilon_{pr}}\right)^2$(当 $0.61\leqslant\dfrac{\varepsilon}{\varepsilon_{pr}}\leqslant 3.0$ 时);

⑥混凝土抗拉强度 $f_t^*=0.1f_c^*$,在拉—压复合受力极限状态下,抗压强度 $f_3=-0.65f_c^*$,抗拉强度 $f_1=0.65f_t^*$。

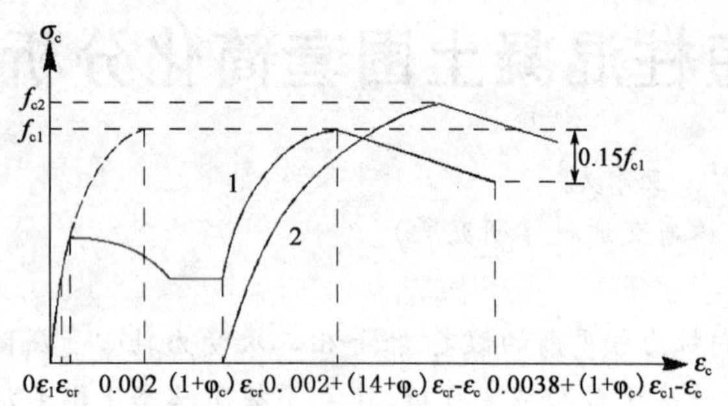

图1　叠合式柱混凝土受压 σ-ε 曲线

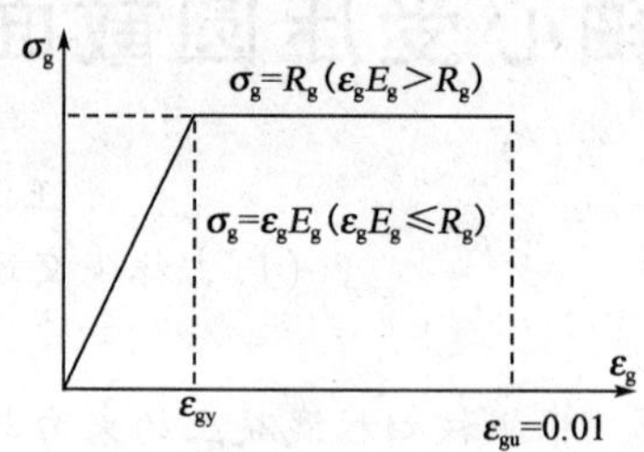

图2　钢筋的 σ-ε 曲线

二、围套设计参数简化分析

1. 简化分析方法

正常配置箍筋情况下,围套混凝土应具备一定厚度,一方面确保对核心混凝土的约束作用,另一方面使核心柱及围套混凝土各自的极限承载力得以充分发挥。在围套厚度一定条件下,为进一步发挥混凝土潜能,也可对围套加强配筋,使加密的箍筋在极限状态下发挥对围套及核心混凝土的套箍作用,从而提高叠合结构的承载能力。

本文研究的围套设计参数包括正常配筋下围套最小厚度及加强配筋时围套的最小配筋两个方面。为便于分析,对混凝土围套做出如下简化处理:

①正常配筋时,假定混凝土围套开裂前,围套内正常配置的箍筋不承担环向拉力,环向拉力全部由围套混凝土承担,因围套横向约束作用而产生的核心混凝土约束应力 σ_r 根据变形条件推算,根据本假定可确定围套最小厚度。

②加强配筋时,在轴心受压极限状态下,除围套箍筋以外的表层混凝土剥落外,围套及核心混凝土将同时受到约束作用处于三向受压状态,围套箍筋因混凝土横向变形将受到环向拉力作用,混凝土约束应力 σ_r 同样根据变形条件推算,根据本假定可推算围套箍筋最小配筋。

2. 混凝土围套厚度

根据混凝土材料的变形特性可以判断,正常配筋的二次受力叠合式轴心受压柱在加载初期,核心混凝土与围套混凝土的泊松比相同,内外混凝土之间不发生相互挤压。继续加载,随着内外混凝土泊松比数值发生变化,核心混凝土约束受力开始显现,极限状态下,约束混凝土强度提高值亦达到极限。

(1)核心混凝土约束应力 σ_r

如图3所示,设核心混凝土在 $\varepsilon_{c1}=\varepsilon_{pr}$ 时的泊桑比为 v,围套混凝土相应状态下的泊桑比及加固时核心混凝土的泊桑比均为 v',围套混凝土的纵向受压应变差为 $\Delta\varepsilon_{c1}=\varepsilon_{pr}-\varepsilon_{cr}$,则加固后围套混凝土和核心混凝土的横向应变差为[1]。

$$\begin{aligned}\Delta\varepsilon &= v\varepsilon_{pr} - v'\varepsilon_{cr} - v'\Delta\varepsilon_{c1} \\ &= v\varepsilon_{pr} - v'(\varepsilon_{cr} + \varepsilon_{pr} - \varepsilon_{cr}) \\ &= (v - v')\varepsilon_{pr}\end{aligned} \tag{2}$$

根据混凝土本构方程(1),偏保守的,横向约束应力可按下式计算:

$$\sigma_r = f_{c1}\left[2\left(\frac{\Delta\varepsilon}{\varepsilon_{pr}}\right) - \left(\frac{\Delta\varepsilon}{\varepsilon_{pr}}\right)^2\right] = f_{c1}[2(v - v') - (v - v')^2] \tag{3}$$

式中 f_{c1} 为核心混凝土极限压应力。

(2)围套厚度与约束应力 σ_r 关系

正常配筋下,当围套混凝土出现纵向裂缝,则标志着失去对核心混凝土的约束作用[1]。如图 4 所示,根据围套混凝土所受拉力全部由混凝土承担假定,由力的平衡方程可推得围套混凝土所能提供的最大横向约束力。

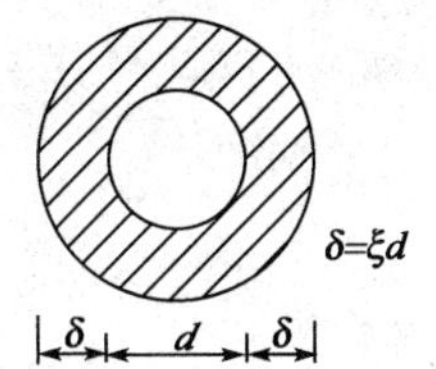

图 3 叠合式柱组合截面图

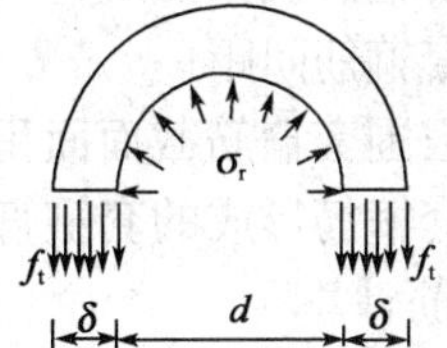

图 4 环形截面围套混凝土受力图

$$2\delta f_t = \int_{-\frac{\pi}{2}}^{\frac{\pi}{2}} \sigma_r \cdot \frac{d}{2} \cdot d\theta \cdot \cos\theta$$

积分可得

$$\sigma_r = \frac{2\delta}{d} \cdot f_t \tag{4}$$

式中:δ——围套混凝土厚度;

d——核心柱的直径;

f_t——围套混凝土抗拉强度。

(3)围套理论最小厚度

根据本文假定条件,正常配筋的围套混凝土理论最小厚度计算,可令式(3)与式(4)相等推出:

$$f_{c1}[2(v - v') - (v - v')^2] = \frac{2\delta}{d} \cdot f_t$$

近似取混凝土泊松比为定值[1],即令 $v = 0.3$,$v' = 0.15$,代入上式有:

$$\delta = 0.1338\frac{f_{c1}}{f_t}d \tag{5}$$

近似取 $f_t = 0.65f_t^*$,$f_t^* = \frac{1}{10}f_{c2}$,代入式(5)可得围套混凝土理论最小厚度:

$$\delta = 2.0585\frac{f_{c1}}{f_{c2}}d \tag{6}$$

3. 混凝土围套配筋

当围套配置足够数量的箍筋时(加强配筋或称超筋),在围套混凝土约束核心混凝土的同时,围套中的箍筋受拉力而对核心混凝土及箍筋内的围套混凝土产生环向压应力[10][11](类似于螺旋箍筋柱)。当围套箍筋因受拉屈服时,其对混凝土的约束作用丧失,此时叠合柱达到极限承载力。

(1)核心混凝土约束应力 σ_r

同上节,核心混凝土约束应力 σ_r 按(3)式计算。

(2)围套箍筋与约束应力 σ_r 关系

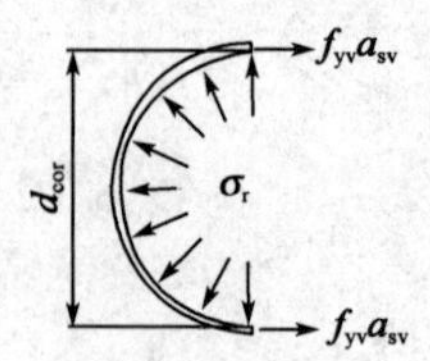

图5 螺旋箍筋受力平衡图

如图5所示,螺旋箍筋到达屈服时对核芯部分混凝土的约束压应力为 σ_r,根据环向拉力由围套箍筋承担假定,由力的平衡方程可推得围套螺旋箍筋到达屈服时对混凝土所能提供的最大横向约束压应力为 σ_r。

由沿直径截出的隔离体的静力平衡关系,可得:

$$2a_{sv}f_{yvt} = \int_{-\frac{\pi}{2}}^{\frac{\pi}{2}} s\sigma_r \cdot \frac{d_{cor}}{2} \cdot d\theta \cdot \cos\theta$$

对上式积分可得
$$\sigma_r s d_{cor} = 2f_{yv}a_{sv}$$

则

$$\sigma_r = \frac{2f_{yv}a_{sv}}{sd_{cor}} \tag{7}$$

式中:f_{yv}——围套箍筋抗拉强度;

s——围套箍筋间距;

a_{sv}——单根围套箍筋截面面积;

d_{cor}——围套箍筋形成的套箍直径。

(3)围套配筋计算

根据本文假定条件,加强配筋的围套混凝土最小箍筋配筋计算,可令式(3)与式(7)相等。

$$f_{c1}[2(v-v')-(v-v')^2] = \frac{2f_{yv}a_{sv}}{sd_{cor}}$$

由于围套箍筋环向变形有限,在这里近似取约束混凝土 $v=0.3$,环向套箍 $v'=0$,代入上式有。

$$a_{sv} = 0.255\frac{f_{c1}}{f_{yv}}sd_{cor} \tag{8}$$

根据核心混凝土 f_{c1}、围套箍筋 f_{yv} 和 s、叠合圆柱的 d_{cor},根据式(8)可计算加强配筋下叠合圆柱单根围套箍筋截面面积理论最小值。

三、围套承载力简化计算

1. 简化计算基础

(1)极限状态分析

轴心受压加固圆柱在二次荷载作用下,随着荷载的不断提高,核心混凝土塑性变形得到较大发展,由于新、旧两部分混凝土始终存在着应变差,围套混凝土的应变始终黏滞后于核心混凝土的应变,围套混凝土和核心混凝土不可能同时达到峰值应变。加固柱受压破坏前,核心混凝土将处于三向受压状态,表现出与钢筋混凝土轴心受压螺旋箍筋柱类似的特征,围套混凝土最显著的受力特征是受到拉—压复合应力作用[4]。

以加固柱达到最大承载能力为极限状态的判别标准,根据核心混凝土应变值达到受压峰值应变 $\varepsilon_{pr}=0.002$ 后围套混凝土的应变发展,本文将轴心受压加固圆柱定义为两种可能极限状态[4]:

极限状态1:该极限状态以核心混凝土应变达到受压峰值应变($\varepsilon_{pr}=0.002$)为破坏标志,此时围套混凝土受压应变低于峰值应变。此极限状态是加固柱最常遇的一种极限状态。

极限状态2:该极限状态以围套混凝土应变达到受压峰值应变($\varepsilon_{pr}=0.002$)为破坏标志,此时,核心混凝土受压应变已超过 ε_{pr},但未达到极限受压应变 $\varepsilon_u=0.0038$。

根据前述关于围套设计参数分析,正常配筋下,围套理论最小厚度约为核心柱直径2倍才可保证围套不先于核心柱破坏,在实际工程中围套厚度一般要小于核心柱直径,围套一般要先于核心柱破坏,即围套混凝土承载能力不能得到全部发挥,所以正常配筋加固柱破坏形式对应极限状态1。同理,在加强配筋情况下,围套混凝土极限应变及承载力将得到充分发挥,所以加强配筋加固柱破坏形式对应极限状态2。

(2)承载力叠加方法

作为受压极限承载能力的上限值,加固柱轴心受压的极限承载力值具有重要的理论意义,其计算方法通常采用叠加法。综合有关研究资料,加固柱轴心受压承载力除包括圆截面核心混凝土承载力和环形截面围套混凝土承载力之外,承载力组成中还应包括核心混凝土受围套约束后的提高值,除此之外,在公式中还应考虑以下各因素影响[4]:

a. 极限状态1时,环形截面围套混凝土及钢筋的强度值应乘以小于1的折减系数;

b. 极限状态2时,圆截面核心混凝土承载力强度值应乘以小于1的折减系数;

c. 围套混凝土因受拉—压复合应力作用而使抗压强度降低的不利影响。

2. 围套混凝土强度系数

(1)极限状态1

围套混凝土强度系数,指极限状态时围套混凝土应力—应变曲线可能还处于上升阶段,未达到设计强度时应考虑的折减系数[1][4]。此时混凝土压应变增量为 $\Delta\varepsilon_{c1}=\varepsilon_{pr}-\varepsilon_{cr}=\sqrt{1-\beta}\varepsilon_{pr}$,核心柱混凝土压应力为 $\sigma_{c1}=f_{c1}$,围套混凝土相应压应力为:

$$\sigma_{c2}=\gamma_c f_{c2}\left[2\left(\frac{\Delta\varepsilon_{c1}}{\varepsilon_{pr}}\right)-\left(\frac{\Delta\varepsilon_{c1}}{\varepsilon_{pr}}\right)^2\right]$$

设围套混凝土强度利用率为 $\alpha_c=\dfrac{\sigma_{c2}}{f_{c2}}$,则

$$\alpha_c=[\sqrt{1-\beta}(2-\sqrt{1-\beta})]\gamma_c=[2\sqrt{1-\beta}+\beta-1]\gamma_c$$

又由于 $\beta_\varepsilon=1-\sqrt{1-\beta}$,则

$$\alpha_c=(1-\beta_\varepsilon^2)\gamma_c \tag{9}$$

式中:β——核心混凝土初始应力水平指标,$\beta=\dfrac{\sigma_{c1}}{f_{c1}}$;

β_ε——核心混凝土的应变水平指标,$\beta_\varepsilon=\dfrac{\varepsilon_{c1}}{\varepsilon_{pr}}$;

α_c——围套混凝土强度系数(即强度利用率);

γ_c——混凝土拉—压复合受力抗压强度折减系数,$0.65\leqslant\gamma_c\leqslant1$。

(2)极限状态2

此时围套混凝土及核心混凝土均处于三向受压状态,根据 Considere 和 Richardt 等人的试验资料[1][12],围套混凝土此时的应力为 $\sigma_{c2}=f_{c2}+4\sigma_r$,则围套混凝土强度系数:

$$\alpha_c=\frac{\sigma_{c2}}{f_{c2}}=1+4\frac{\sigma_r}{f_{c2}} \tag{10}$$

此时侧向约束应力 σ_r 可按照式(7)计算,围套承载力计算时还应考虑箍筋外侧围套混凝土剥落后对围套截面削弱的影响。

3. 钢筋强度利用率

(1)极限状态1

此时围套钢筋强度利用率,指极限状态时围套混凝土中钢筋未达到屈服强度时应考虑的折减系数。

$$\begin{aligned}\sigma'_{s2}&=\Delta\varepsilon_{c1}E_{s2}=\left(1-\frac{\varepsilon_{cr}}{\varepsilon_{pr}}\right)\cdot\varepsilon_{pr}\cdot E_{s2}\\&=\sqrt{1-\beta}\cdot\varepsilon_{pr}\cdot E_{s2}=\sqrt{1-\beta}\cdot\frac{E_{s2}}{500}=\alpha_s f'_{y2}\end{aligned}$$

$$\alpha_s=\frac{E_{s2}}{500f'_{y2}}\cdot\sqrt{1-\beta} \tag{11}$$

式中:α_s——围套钢筋强度利用率,$\alpha_s>1$ 时,进入塑性区,取 $\alpha_s=1$。

(2)极限状态2

此时 $\sigma'_{s2}=\varepsilon_{pr}\cdot E_{s2}=\alpha_s f'_{y2}$,则

$$\alpha_s = \frac{\varepsilon_{pr} \cdot E_{s2}}{f'_{y2}} = 0.002\frac{E_{s2}}{f'_{y2}} \tag{12}$$

式中：E_{s2}、f'_{y2}——围套纵向钢筋弹性模量和抗压强度值。

四、结　论

(1)正常配筋时，围套混凝土应具备的确保对核心混凝土约束作用的理论最小厚度 $\delta = 2.0585\frac{f_{c1}}{f_{c2}}d$，加强配筋的围套混凝土单根箍筋截面面积理论最小值 $a_{sv} = 0.255\frac{f_{c1}}{f_{yv}}sd_{cor}$。

(2)轴心受压加固圆柱存在两种极限状态，一般情况下，正常配筋加固柱破坏形式对应极限状态1，加强配筋加固柱破坏形式对应极限状态2。

(3)围套极限承载力包括混凝土及其纵向配筋两部分，极限状态1时，其承载力乘以小于1的系数进行折减，极限状态2时承载力不予折减，并且还应考虑围套约束受力下混凝土强度提高的影响。

参考文献

[1] 程昌熟.外包钢筋混凝土加固柱正截面承载力理论分析[D].湖南大学,2003:32-37.

[2] 苏三庆,丰定国,王清敏.用外包钢筋混凝土方法加固RC轴心受压柱的承载力计算[J].西安建筑科技大学学报.第29卷第4期,1997.12.

[3] Sang-Hoon Kim, Masanobu Shinozuka. Development of fragility curves of bridges retrofitted by column jacketing[J]. Probabilistic Engineering Mechanics ,19 (2004) 105-112.

[4] 郑继光.钢筋混凝土叠合式圆截面柱轴心受压承载力理论分析[D].吉林大学,2006:53-67.

[5] 季强,苏三庆,张心斌.用外包钢筋混凝土法加固RC柱性能的试验研究[J].工业建筑.2005年第35卷增刊.

[6] Hong D. Kang, Kaspar Willam, Benson Shing, Enrico Spacone. Failure analysis of R/C columns using a triaxial concrete model[J]. Computers and Structures, 77 (2000) 423-440.

[7] Huei-Jeng Lin , Chin-I Liao. Compressive strength of reinforced concrete column confined by composite material[J]. Composite Structures,65 (2004) 239-250 .

[8] 江世永,龚崇斌,白绍良,等.大偏心受压围套加固钢筋混凝土柱正截面承载力的理论分析[J].重庆建筑大学学报,1999,21(5):27-30.

[9] 过镇海.混凝土的强度和变形(试验基础和本构关系)[M].清华大学出版社.1997.

[10] 李鹏.钢管高强混凝土核心柱受压性能试验与理论研究[D].浙江大学,2005.3.

[11] 陶忠,于清,韩林海,等.约束钢筋混凝土圆柱力学性能的试验研究[J].建筑结构学报.第25卷第6期,2004.12.

[12] 戴庆星,张征文.CFRP加固钢筋混凝土螺旋箍筋柱极限承载力分析[J].公路交通科技.Vol20 No4,2003.8.

188. 某跨江大桥V形墩体外预应力加固动力性能分析

席强伟
(江西交通职业技术学院)

摘　要　针对某跨江大桥V形墩体外预应力加固工程，通过建立有限元模型，分析了墩身和体外索的振动特性，探讨了避免索与加固结构产生共振的方法，可为同类桥梁体外预应力结构设计提供参考。

关键词 V形墩 体外预应力加固 有限元 振动性能 共振

随着大吨位预应力锚固体系的研制开发和无黏结预应力成套技术的开发，我国在预应力锚固体系，预应力筋制作设备、穿束设备、张拉设备和灌浆设备等方面取得了很大的进步。预应力技术的成熟使得预应力加固的广泛应用成为可能。目前，预应力加固技术在我国已经被运用于多种结构形式和大跨度桥梁结构，如预应力混凝土连续梁桥、预应力混凝土T形刚构、钢管混凝土系拱桥等。

体外预应力的存在，对结构的静力和动力特性都会产生影响。对于采用体外预应力加固的结构，由于体外索仅仅在转向块处和锚固处与梁体接触，而在接触点之间没有受到约束，因此相对于结构整体而言，体外索是一个相对独立的构件，在其自由长度范围内可以产生独立于梁体的变形和振动，若索的自振频率和梁的自振频率相等或接近，可能会产生共振[1]，将对结构的使用产生一定的影响。某跨江大桥位于江西省吉安市，由于其建成时间较长、交通量较大，为保证该桥的安全运营，在经过桥梁结构现状调查以及动、静载试验检测后，对该桥V形墩进行了体外预应力加固。本文对该桥V形墩体外预应力结构的振动问题进行了探讨，为体外预应力结构设计提供参考依据。

一、工 程 概 况

该桥全长1577.08m，全桥桥孔布置为34×16m预应力混凝土空心板+5×40m预应力混凝土T梁+(60m+4×100m+60m)预应力混凝土连续箱梁+2×40m预应力混凝土T梁+14×16m预应力混凝土空心板。桥面以连续梁中心为变坡点设双向纵坡（分别为1.23%和1.94%）。大桥主桥上部结构采用了双箱单室连续箱梁，下部构造主跨为钻孔灌注桩配预应力混凝土V形墩，副孔及引桥为钻孔灌注桩配柱式墩。大桥于1993年9月份开工，1995年12月18日建成通车。

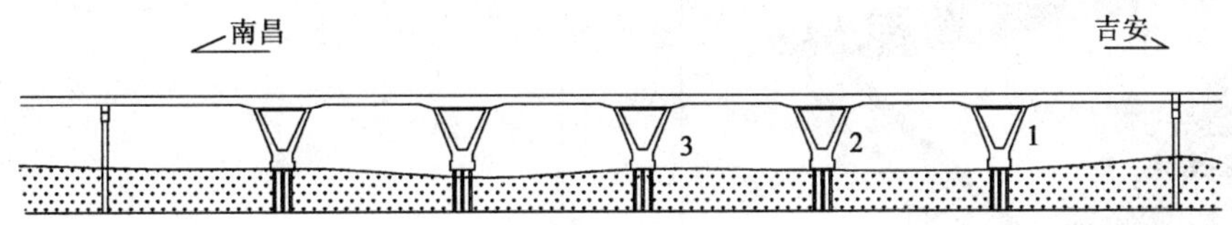

图1 某跨江大桥主跨布置图

V形墩是我国20世纪90年代桥梁建设中较为流行的一种下部结构，图2、图3分别为该桥V形墩立面图和平面图。

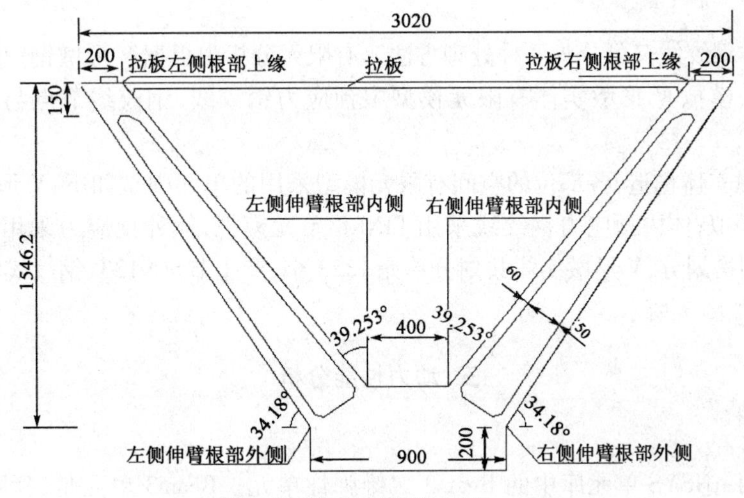

图2 V形墩立面图（尺寸单位：cm）

根据V形墩的构造特点，通过受力分析可以发现，拉板根部上缘、跨中截面、伸臂根部内外侧都是易开裂的部分，并且拉板对伸臂根部受力起着关键作用。采用有限元软件 ANSYS 建立 V 形墩有限元模型，分析其拉板根部、跨中及伸臂根部应力状况，根据分析结果，确定了采用体外预应力加固 V 形墩拉板的加固方案。

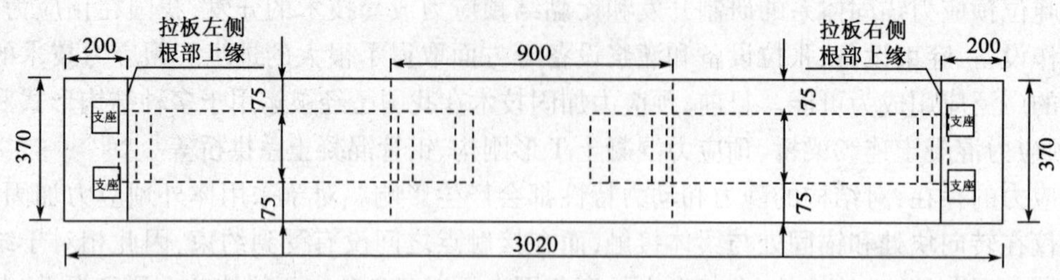

图3 V 形墩平面图(尺寸单位:cm)

二、有限元模型建立

利用有限元软件 ANSYS 进行结构分析，采用间接法建立墩实体、预应力钢绞线有限元模型。在实体建模中，首先生成最低级的图元关键点，再通过关键点生成高级图元(线、面、体)，V 形墩实体模型如图 4 所示。

结合 V 形墩实体的特点及分析内容，决定 V 形墩预应力施加采用整体式的降温方法来模拟，而体外预应力施加采用初应变法模拟。V 形墩实体的体内预应力钢绞线模型如图 5 所示。

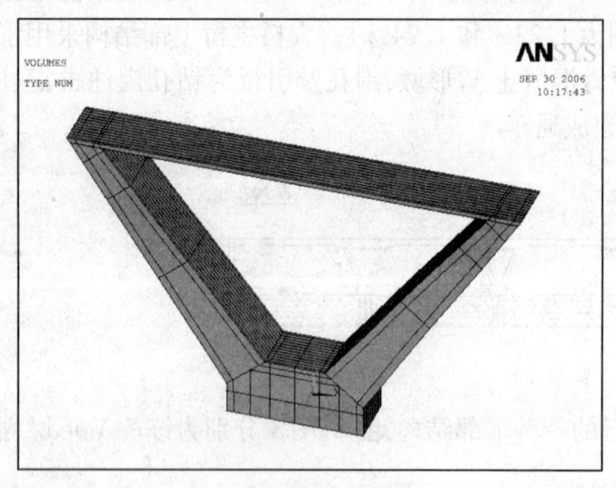

图4 V 形墩几何模型

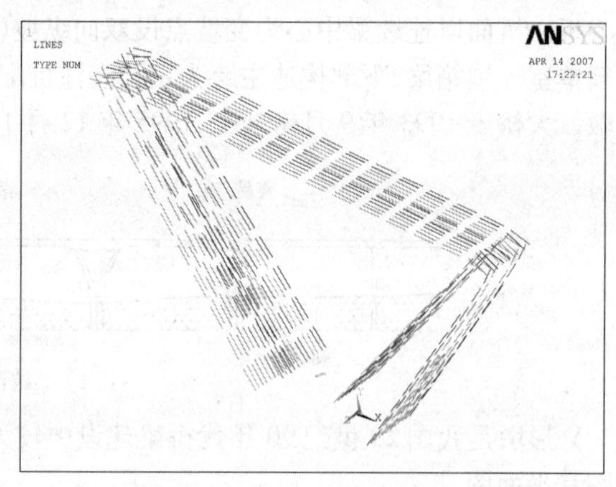

图5 V 形墩钢绞线几何模型

对于整体式实体钢绞线又可分为两种处理方法。有限元分析中根据 V 形墩钢绞线线形和布置情况，采用独立建模耦合法模拟 V 形墩实体有限元模型中预应力钢绞线，钢绞线节点与实体节点耦合如图 6 所示。

通过分析 V 形墩实体构造，各部位的空间有限元模型采用的单元类型如下：V 形墩实体采用 8 节点实体单元 SOLID95 模拟；体内预应力钢绞线采用 LINK8 单元模拟，体外预应力采用 LINK10 单元模拟。采用映射网格进行网格划分，V 形墩实体共划分单元 1523 个，产生节点 9133；钢绞线划分单元 698 个，产生节点 768 个，模型如图 7 所示。

三、动力性能分析

1. V 形墩自振

V 形墩模型采用 ANSYS 单元库中的 Beam3 二维弹性单元。Beam3 单元是一种可承受拉、压、弯作用的单轴单元。单元的每个节点有三个自由度，即沿 x, y 方向的线位移及绕 Z 轴的角位移。图 8 为 Beam3 单元几何图形，单元由两个节点、横截面面积、横截面惯性矩、截面高度及材料属性定义。初始应变通过Δ/L给定,Δ为单元长度L(由I,J节点坐标算得)与0应变单元长度之差,可以在本单元的表面施加面荷载,如图9中带圈数字所示,其中箭头指向为面荷载作用正向。横向均布压力的单位为力每单位长度,端点作用的压力应以集中力的形式输入。在轴对称分析时输入的面积和惯性矩应是全截面的,剪切变形量(SHERAR)是可选的,如给SHERAR赋值为0则表示忽略剪切变形,剪切模量(GXY)只有在考虑剪切变形时才起作用。单元还可在实常数ADDMAS中输入单位长度的附加质量[2],V墩模型如图9所示,图10、图11为加固后V墩的前两阶振型图。

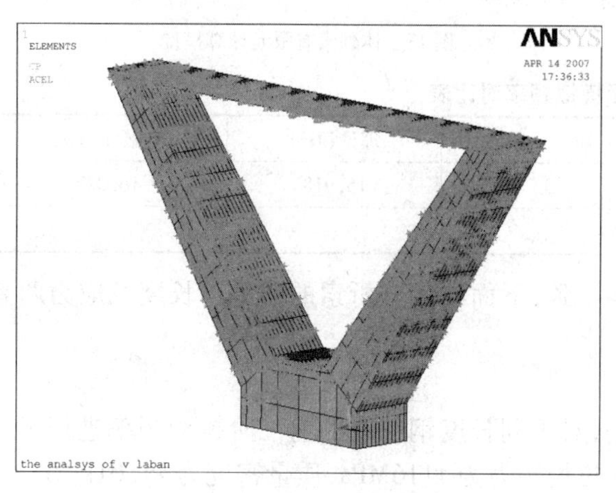

图6 节点耦合模型

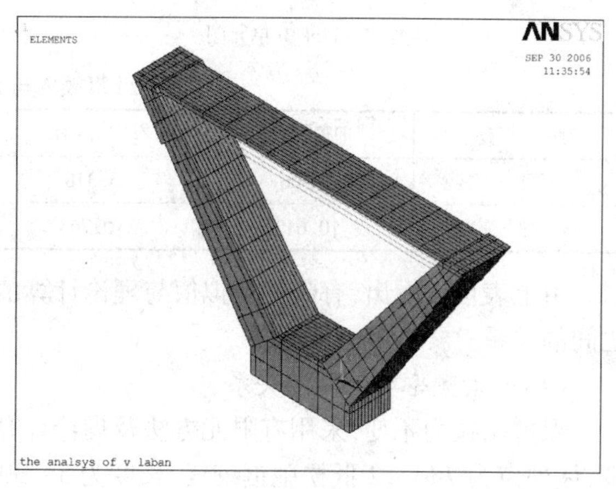

图7 V形墩有限元模型

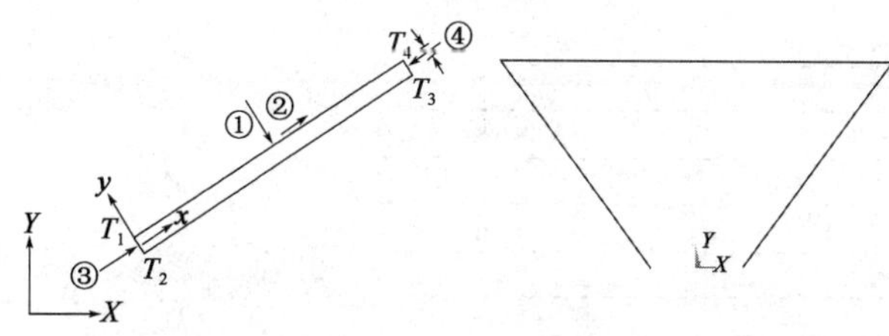

图8 beam3单元几何图形

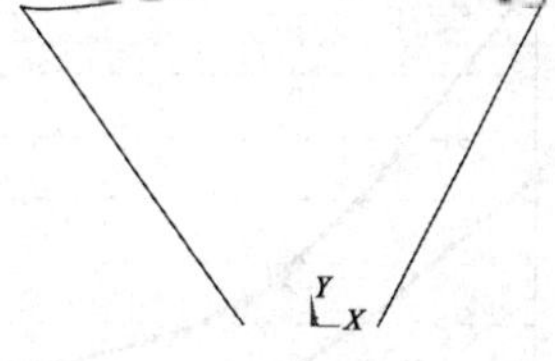

图9 V墩动力计算模型

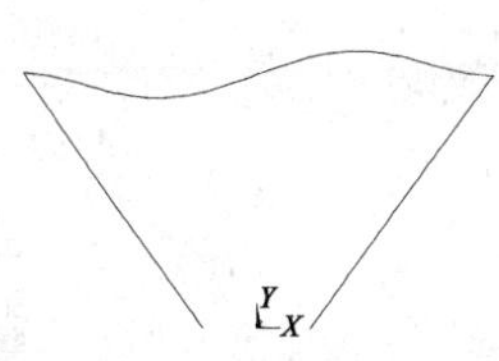

图10 加固后第一阶振型　图11 加固后第二阶振型

表1列出了两种情况下,V墩的前十阶频率。

V墩频率的有限元解 表1

阶 数	加固前频率(Hz)	加固后频率(Hz)	阶 数	加固前频率(Hz)	加固后频率(Hz)
1	1.4425	1.4401	6	6.9132	6.9043
2	3.9686	3.9543	7	7.8012	7.8005
3	5.5536	5.5409	8	12.981	12.973
4	6.0140	5.9835	9	13.797	13.745
5	6.7354	6.6942	10	14.158	14.136

由表1可以看出,施加体外预应力后对结构的振动频率基本没有什么影响,这是由于在采用体外应力加固V墩时,相对于V墩自身的刚度而言,体外应力很小,不足以对墩体的频率产生影响,因此加固前后V墩的自振频率变化不大。

2. 体外索的振动

体外预应力筋采用杆单元link10进行模拟,本单元具有应力刚化,大变形功能,可以通过在实常数中设置初应变模拟预应力。Link10单元如图12所示,体外索计算模型如图13所示。

该桥V形墩上体外索为直线筋形式,长度为30m,其理论频率可以采用公式$f_n=\frac{w_n}{2\pi}=\frac{n}{2l}\sqrt{\frac{S}{m}}$,张拉力S取1116MPa，质量密度为11.01kg/m，采用有限元模型的前3阶振动频率及理论频率对比如表2所示。

图12　Link10单元图　　　　图13　体外索有限元计算模型

理论计算频率与有限元模拟频率对比表　　　表2

阶　数	理论(Hz)	有限元(Hz)	阶　数	理论(Hz)	有限元(Hz)
1	5.306	5.318	3	15.918	16.027
2	10.612	10.763			

由上表可以看出，有限元模拟值与理论计算值基本一致，下面具体分析索的频率与长度及应力两者之间的关系。

(1)振动频率与长度的关系

保持张拉力不变，采用有限元方法及理论计算方法，对不同长度钢绞线的前三阶振动频率进行了计算，体外束为7ϕ15.2低松弛钢绞线，长度为5～30m，张拉控制力为1116MPa，质量密度为11.01kg/m，计算结果如图14所示。

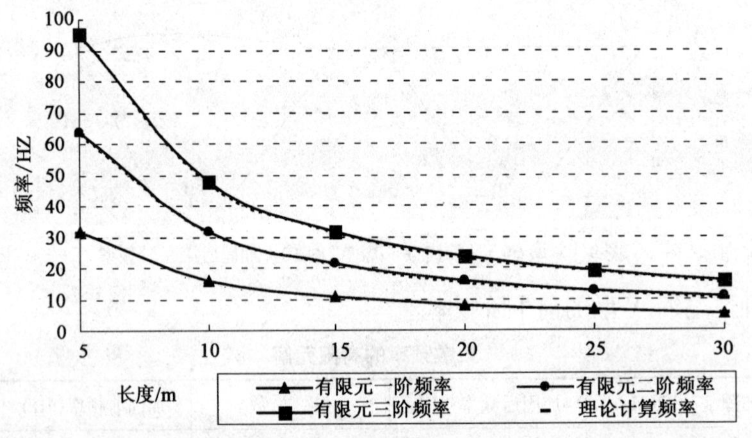

图14　体外索频率与长度关系曲线图

计算结果表明，理论计算结果与有限元模拟结果吻合较好，并且在质量及张拉力一定的情况下，钢绞线的各阶振动频率与其长度成反比，即钢绞线越长，振动频率越小，振动频率随长度的变化比较显著。

(2)振动频率与应力的关系

保持钢绞线长度不变，采用有限元及理论计算方法，对不同应力钢绞线的前三阶振动频率进行了计算，钢绞线的应力为张拉控制力的60%(669.6MPa)～110%(1227.6MPa)，钢绞线长度取30m，计算结果如图15所示。

由图15可知，在长度保持一定的时候，钢绞线的应力水平越大，振动频率越大，预应力钢绞线的振动频率与应力的1/2次方成正比，理论计算的各阶频率与有限元计算结果基本吻合[3]。

四、结　　论

为避免索与加固结构产生共振，有效的方法就是改变索的约束长度来改变固有频率，以使索的频率和被加固结构频率不致太接近。从图14及图15可以看出体外索的长度对振动频率的影响比应力的影

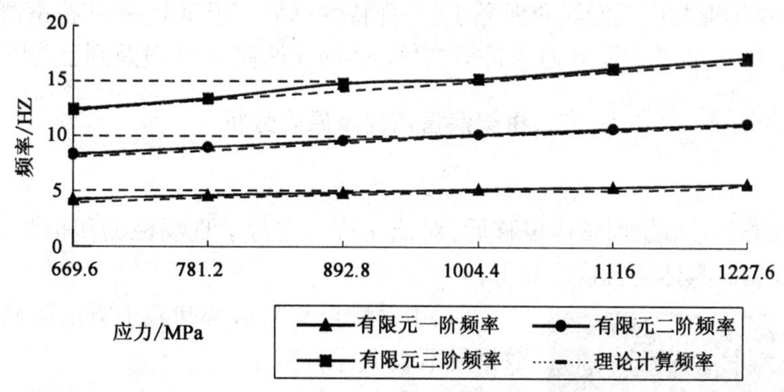

图15 体外索频率与应力关系曲线图

响要显著地多,因此通过改变体外索的约束长度来改变其固有频率,在效果、可行性方面都有较大的优势。从图中可以看到,当约束的长度为5m时,体外束的一阶固有频率从5.306Hz提高到31.012Hz,远远大于V墩的一阶固有频率1.4425Hz。对于本桥V型墩加固来说,不设置定位支架索与拉板的一阶频率也相差较大,但是从减少体外索的二次效应方面考虑,每隔一定距离设置定位支架可以加强混凝土与体外索之间的变形协调程度,减小外荷载作用下体外索的偏心距损失,提高结构的极限承载能力。因此,建议施工中在锚固端之间每隔一段距离设置一个定位支架。

参考文献

[1] 胡人礼.普通桥梁结构振动[M].北京:中国铁道出版社,1988.

[2] 张耀庭.体外预应力梁自振频率的理论与试验研究[J].铁道工程学报,2005,(2):34-37.

[3] 朱华民,孟庆标,秦顺全.宁波招山大桥主桥49.5米跨主梁加固设计[J].桥梁建设,2001,(3):22-26.

189.桥梁位移原因分析及纠偏方法

张明庆

(无锡路桥集团股份有限公司)

摘 要 随着交通的现代化,高架桥梁大量涌现,城市化进程也不断加快,然而处理建筑垃圾和弃土成为一大问题,有的甚至偷偷地堆放在空荒的桥梁旁,日积月累到一定程度时造成墩柱的倾斜和桥梁的偏位。本文重点分析了桥梁产生位移的原因和针对桥梁位移采用的纠偏方法,对类似桥梁病害处理具有参考价值,也可起到引以为戒的作用。

关键词 桥梁位移 原因 纠偏方法

一、工程概况

2006年建成通车的某省道特大高架桥工程,与之相连的R匝道桥全长660.5m,。其中R匝道桥4号墩至9号墩之间的第二联桥梁,位于半径$R=700$m圆曲线上,设置超高$i=3.0\%$,梁顶横坡2%;下部结构为花瓶式独柱墩,基础采用桩径120cm的钻孔灌注桩;上部结构为5×30m预应力混凝土先简支后连续的组合箱梁,在桥面连续处采用GYZϕ300×66板式橡胶支座,非连续处采用GYZF4ϕ300×65滑板式橡胶支座,桥面宽(0.5+10.5+0.5)m,桥面伸缩缝采用FM120仿毛勒伸缩缝。桥梁设计荷载:公路-I级;设计车速:80km/h。紧邻桥的北侧有一条河沟,河沟已被钻孔桩施工时产生的泥浆填满。桥位土质表层为素填土,上、下层为亚黏土或淤泥质亚黏土,工程特性一般。于2011年在桥南侧墩旁堆积着大量弃土,填土高度达到7m左右,由此诱发R匝道桥第二联梁体向北偏移,严重危及到公路桥梁的使用安全。

二、桥梁病害情况及原因分析

1. 原因分析

R匝道桥4号墩至9号墩桥面整体偏移后,对该联桥梁进行了现场检测和拍照,未发现桥面沥青混凝土和梁体混凝土开裂。具体病害情况如下:

图1 4号、9号桥面横向偏位图

(1)4号墩至9号墩旁卸载土方前后测得梁体位移(图1)数据见下表1。

(2)原墩身垂直度施工后无确切数据可查,可认为基本垂直,卸载土方后,8号墩身向北倾斜度约为0.60%,其他独柱墩身倾斜度为0.1%左右,基本垂直。

(3)8号、9号墩盖梁北侧挡块混凝土开裂(图2)。

(4)检查发现伸缩缝内有垃圾填塞、橡胶条被剪拉破损。

(5)4号至9号墩橡胶支座发生不同程度的剪切变形和位移,尤其是8号墩和9号墩最严重,平均达到7cm和10cm左右,部分支座由于剪切变形而开裂。

(6)经对偏位较大的8号墩钻孔灌注桩进行钻芯取样和孔内内窥镜360°摄像检查,发现原桩基存在施工缺陷和裂缝较多,确认桩基已经断裂。

实测桥梁横向位移情况(单位:mm) 表1

桥墩编号	4 号	5 号	6 号	7 号	8 号	9 号
桥面位移(卸载前)	-10	20	40	70	100	130
桥面位移(卸载后)	-10	16	30	60	85	100
备注	表中值是相对于盖梁的位移,负号向南偏移。					

a)

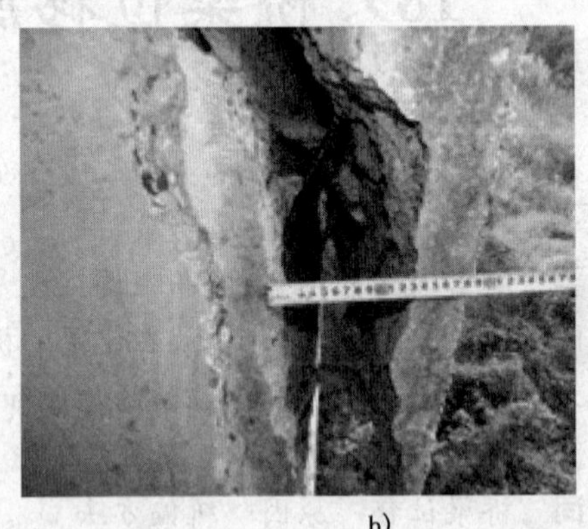
b)

图2 8号、9号墩北侧挡块开裂移位

2. 原因分析

造成R匝道桥第二联桥面整体位移,其主要原因是由于有大量渣土堆积在桥墩一侧,填土高度高,侧压力差值大,所属地基地质条件较差,且原8号墩桩基存在质量问题。正是由于这些原因的叠加作用诱发了桥梁的位移。

三、纠偏方法分析

由于桥梁存在上述病害,并分析了产生病害的原因,就可以找到解决问题的方法,对桥梁纠偏的目的，就是为了恢复桥梁的承载能力，以满足使用功能。纠偏可采用两种方法，经综合分析优化方案后，采用了方法二进行纠偏。

1. 方法一

即《高架桥 R 匝道桥加固设计 HJKJ0910 图》[1] 中采用的方法。在盖梁上每个支座垫石前设置超薄千斤顶共计 80 台，同步顶升连续梁，在橡胶支座和垫石之间按放滑板，使五跨梁体支承在滑板上。再在 4 号 ~9 号墩的每个盖梁顶的梁端箱梁底侧面放置水平顶推千斤顶及顶推反力后座，共计 40 个，用水平千斤顶进行横向机械复位。反力后座、水平千斤顶、垂直千斤顶设置见图 3。

由于连续梁通过钢筋混凝土桥面和湿接缝及端横梁的连接，所以在横向具有一定的刚度。但在一端顶移时，若当一端位移量过大时，也可能会造成梁端受压或受拉变形使桥面和端横梁开裂，为了控制变形，所以施顶前将水平位移千斤顶安装就位在每一片梁的侧面，并带上 2MPa 工作压力进行防护后，然后再顶升或位移，使位移、作用力、变形控制分散到每一片梁上，同时又防止梁体向相反方向位移。

2. 方法二

在方法一的基础上，我们提出了纠偏时利用在盖梁两端设置顶推反力架的方法。主要基于以下理由：

(1) 考虑到盖梁顶与箱梁翼板底之间的净空很低，机械难以操作，而且要设置 40 个顶推反力后座工作量较大，时间长；

(2) 按上述锚固方法所提供的顶推反力的安全度有疑问；

(3) 简化反力架后座，可提供足够的反力，增加安全可靠程度；

(4) 可提高工效，减少纠偏千斤顶的数量。

反力架设置在 4 号 ~9 号墩盖梁的南北两端，反力架箱体由[40a 槽钢和 I 50a 工字钢拼焊而成，搁置在钢管脚架平台上，紧贴盖梁端部，箱体之间由 10 根 JL－ф 32 连接组成，以使反力架夹紧盖梁，上部 8 根用来提供千斤顶纠偏顶推时所需的反力，下部 2 根为辅助固定，箱体与梁之间设置两个 100t 水平千斤顶，见桥面纠偏反力架图 4。

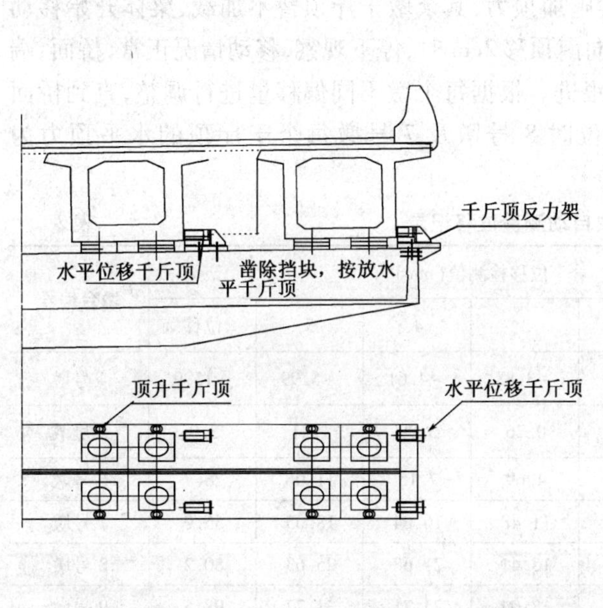

图 3 1/2 盖梁顶千斤顶布置图

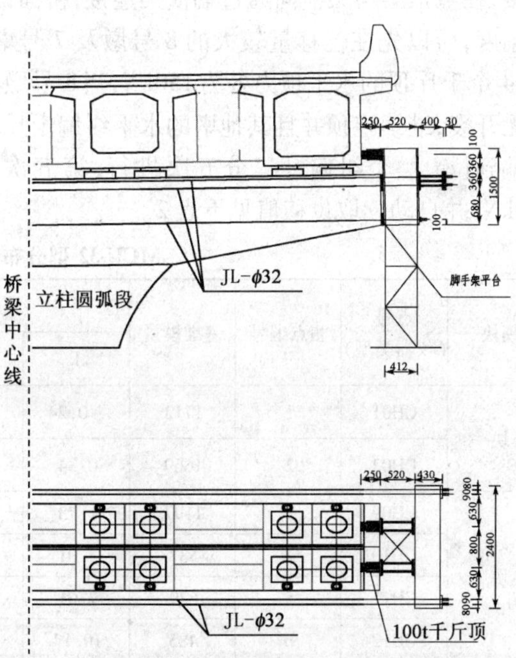

图 4 1/2 纠偏反力架图(尺寸单位：mm)

四、纠偏工艺及更换支座

1. 桥面恒载及顶推水平力

经计算每孔桥面所有恒载重量约为 7250kN，顶推时在每个支座上使用聚四氟乙烯滑板，其聚四氟乙烯板与不锈钢板间的摩擦系数根据以往经验取0.08,则顶推纠偏时每个墩顶所产生的摩擦力为580kN,总摩擦力为2900kN。可涂薄层黄油,减小摩阻力。

2. 纠偏反力架计算

根据方法二,图示反力架构造设置和水平顶推力作用点位置,由受力分析知道,允许顶推反力为1600kN,纠偏反力架系统有足够的安全度。

3. 纠偏工艺步骤

(1)在盖梁两端安装顶推反力支架,搁置在钢管脚架平台上,紧贴盖梁端部,箱体之间由10根JL-ф32拉紧,施以适当的预应力,以使反力架夹紧盖梁。

(2)由于墩身的倾斜,8号墩纠偏后支座垫石的位置不能满足要求,需进行加宽,为了保证加宽部分垫石与原垫石及盖梁的牢固结合,在原垫石侧面及盖梁顶进行植筋处理,并在垫石混凝土内放置钢筋网片,垫石用自流平混凝土浇灌。

(3)在盖梁顶面每个支座垫石前设置100t超薄千斤顶,千斤顶上下都采用200mm×200mm×20mm的两块钢板支垫,布置监控所需应力、挠度观测点。

(4)顶升工作可以每个墩单独进行,在项目负责人的统一指挥下,每墩16台千斤顶同时顶升,控制梁的顶升速度,每顶升2mm为一个程序,每个顶升程序完毕,由监控人员读数及检查,对起顶不均匀的进行局部顶压调整,直到全部顶升到位,顶升高度不超过1cm,在现有橡胶支座底下垫上2mm厚的不锈钢板和聚四氟乙烯板,然后放松千斤顶。在对6个墩的顶升滑板设置全部完成后,使该联桥梁支承在所有滑板上。

(5)进行横向纠偏,在各墩北侧各设置100t的水平纠偏千斤顶(共10台),千斤顶的底部顶紧在反力架箱体上,顶头对准端横梁的位置,垫上钢板保护。在各墩的南侧布置好水平电测位移自动观测点及限位措施。

由于桥梁位移主要是因8号墩旁高填土侧压力过大而引起,连续梁箱梁之间采用钢筋混凝土湿接缝连接,在墩顶梁与梁横向通过端横梁连接,桥面铺装层为整体钢筋混凝土,这样整联梁在横向就具有较好的刚度,所以先在位移量较大的8号墩及7号墩桥梁施加顶力,其余墩千斤顶暂不加载,梁体开始移动时,4个千斤顶的水平顶力各为150kN,当8号墩梁体向南顶移2cm时,停下观察,移动情况正常,桥面、端梁无开裂,继续施顶并且其他墩的水平纠偏千斤顶也跟进。根据每个墩不同偏移量进行调整,直到桥面纠偏到位。整个纠偏过程分五次进行,第五次将到位时8号墩及7号墩每个千斤顶的水平顶力为500kN,并自动读取位移值见下表2。

MCU-32型分布式模块自动测量位移记录 表2

模块	点号(仪器类型)	测点编号	基准模量	位移检测值(mm)						墩台编号
				1	2	3	4	5	位移	
模块一	CH01	1	1712	-0.24	-1.18	-3.88	-4.61	-5.99	-15.9	4号墩
	CH02	2	1669	0.34	0.51	0.76	0.99	1.31	3.9	5号墩
模块二	CH09	3	1197	1.73	2.07	4.69	7.15	11.06	26.7	6号墩
	CH10	4	537	3.01	6.42	11.48	16.04	18.05	55.0	7号墩
	CH11	5	679	7.01	10.49	15.41	21.68	25.63	80.2	8号墩
	CH12	6	485	10.14	13.84	18.04	24.71	31.77	98.5	9号墩

下图为纠偏距各墩的实测位移量成果图5。

4. 更换支座

按照4.3.4步骤顶升桥梁,取出旧支座后,认真清除原梁底不锈钢板上的污垢,涂上一层润滑油脂,然后检查支座下垫石表面是否平整,对垫石表面的油污及浮浆要打磨清除干净,换放新支座并保证其型号及位置准确。

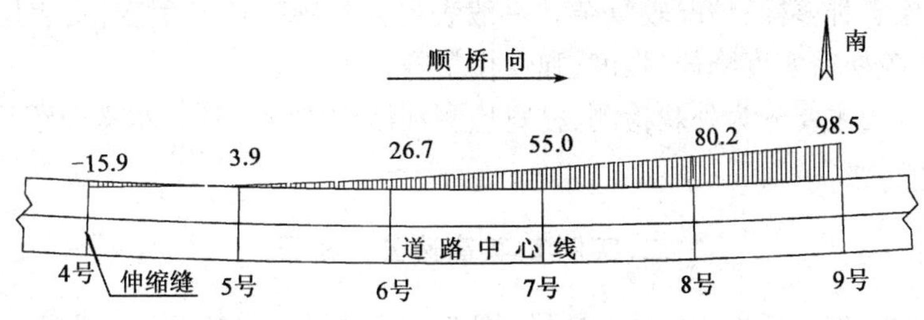

图5 纠偏实测位移成果图(尺寸单位:mm)

5. 施工要求及注意事项

(1)顶升顶推前应对桥梁、桥面系的技术状况逐一进行检查,对各梁柱偏位、垂直度进行测量,确定每个墩柱顶处位移恢复量。并对同步顶升顶系统进行检查、调校、试顶,确保同步施顶系统处于良好状态,才可以正式对桥梁实施施顶。

(2)顶升时应采用钢垫板扩大千斤顶与梁的接触面积,要求密贴、平稳,不损伤梁体。调整高度应采用厚度不同的钢板。同时操作员要密切注意使用机械上的仪器、仪表、指针是否超出安全范围,机体是否有异常振动及发出异响,出现问题及时停止,进行分析处理。

(3)顶升装置验收合格后进行试顶加载,控制速度,顶到主梁脱空2~3mm时,停止5-10min进行观察,无任何异常后方可开始整体顶升,并严格控制梁体的顶升高度,避免顶升高度过高造成桥面及桥梁的裂缝。横向纠偏因位量较大,也要分阶段顶推,每一个步骤应仔细检查。

(4)项目技术负责人应进行详细的技术交底工作,并在整个位移纠偏过程中检查落实相关的措施和质量要求,提前做好新支座的试验检测工作,对桥梁伸缩缝、盖梁顶及支座处的杂物进行清理。

(5)搭设4号~9号墩盖梁旁的操作平台高度为距梁底1.5m左右,以利于人工进行千斤顶和支座安装,并配备相应的安全设施。

五、结　语

本桥主要由于堆土对8号墩身产生过大的侧压力使墩身倾斜,造成桥面位移,而桥面和箱梁侧面无裂缝,说明整联连续梁在横向就具有较好的刚度,所以只需对8号墩顶上的梁施加横向顶推力就能使其复位,在实施纠偏过程中,事实上其他墩的水平纠偏千斤顶几乎没有发生顶力,而只起用了设置在8号墩及7号墩旁的千斤顶,梁体开始移动时,4个千斤顶的水平顶力各为150kN,纠偏将到位时每个千斤顶的水平顶力约为500kN,总顶推力为2000kN。从纠偏距各墩的位移量看与纠偏前检测到的数据基本一致,这样就印证了"对症下药"的道理。

190. 火灾后预应力混凝土桥梁病害分析

霍立飞　李雪影

(中交三公局(北京)工程试验检测有限公司)

摘　要　火灾后混凝土桥梁损伤多种多样,文章分析了两例火灾后桥梁检测的结果,对损伤产生的原因进行了初步探讨。

关键词　桥梁　火灾　检测

一、概　述

混凝土在持续高温的火灾中产生一系列的物理、化学变化,使混凝土由外向内逐渐受到伤害。灾后混凝土结构损伤的现象多种多样，情况较复杂。一般表现为外观颜色发生变化，表层混凝土爆裂、露筋，出现裂缝，表层混凝土疏松密实度降低，强度、弹性模量降低等。

受火桥梁的检测方法主要分为外观检测、材料检测和结构检测三种。本文介绍了两座火灾桥梁的外观检测和材料检测。

二、实例1：某高速公路桥梁

某预应力钢筋混凝土T梁桥发生火灾（图1～图5）。该桥分左右两副，火灾发生于右幅。主梁间距2.45m，梁高2.0m，中、边梁预制宽度均为2.0m，两片主梁之间为0.45m宽的现浇湿接缝。T梁肋厚0.18m，马蹄宽0.40m。连续桥面，WCF系列伸缩缝，盆式橡胶支座。50号混凝土主梁。

图1　火灾桥梁平面图

燃烧物为桥下易燃的干燥秸秆，持续燃烧时间约30min。梁体混凝土有灼伤和爆裂痕迹，桥下有爆裂后混凝土残留物，爆裂位置露筋；梁体出现裂缝；橡胶支座焦化。

1.外观检查结果

（1）破损

火灾后2号、3号梁共有13处爆裂破损，其中两处露筋。

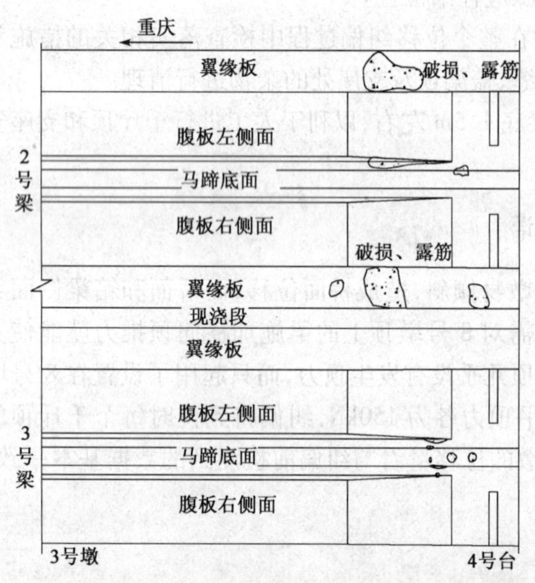

图2　火灾后破损、露筋图

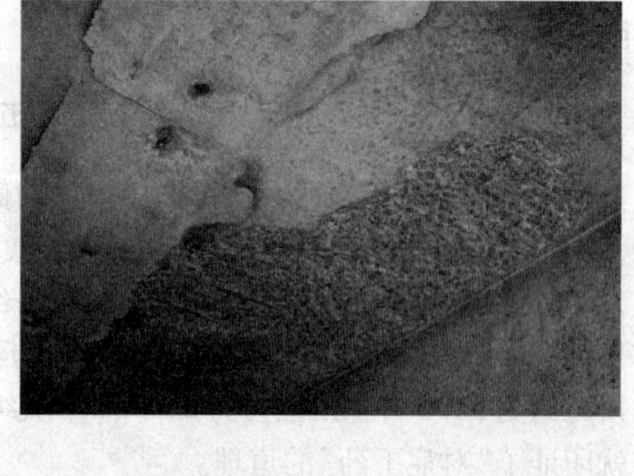

图3　2号梁左侧翼缘板破损

图4　2号梁右侧翼缘板破损

图5　2号梁马蹄处破损

(2)裂缝(图6～图11)

火灾后梁体出现较多裂缝,裂缝处有白色析出物。

图6　3号梁底混凝土破损

图7　3号梁腹板右侧面纵向裂缝

图8　3号梁腹板右侧面断续裂缝

图9　3号梁马蹄网裂

(3)支座橡胶碳化

图10　2号梁马蹄纵向裂缝

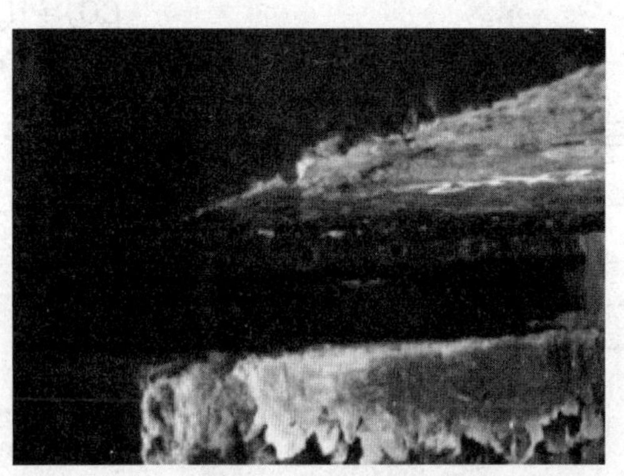

图11　支座橡胶烧毁

2. 特殊检测结果

(1)强度检测(表1)

强度测试结果　表1

梁　号	烧后天数	平均值(MPa)	标准差(MPa)	推定值(MPa)	设计值(MPa)
1号梁	39	44.6	1.63	41.9	48.0
2号梁	39	45.3	3.34	39.8	48.0
1号梁	135	46.0	1.36	43.8	48.0
2号梁	135	49.4	2.82	44.8	48.0
左3号梁	未烧	53.0	1.92	49.8	48.0
左4号梁	未烧	51.7	2.15	48.2	48.0

(2)碳化深度

现场检测,未烧梁与火灾梁碳化深度均为0。

(3)超声波测试

用超声法对损伤梁和未损伤梁腹板进行了对比测试结果如表2。

声速结果对比表　　表2

梁　号	烧后天数(d)	声速平均值(m/s)	标准差(m/s)	变异系数(%)
1号梁	39	4345	123	2.8
2号梁	39	4311	175	4.1
3号梁	未烧	4583	174	3.8
4号梁	未烧	4592	274	6.0

3. 结果分析

(1)破损

高强混凝土遭受快速升温时,致密的硬化水泥浆体在高温下阻止了水蒸气的逸出,致使混凝土内部孔洞产生相当大的蒸汽压力,当蒸汽压力超过混凝土抗拉强度时,混凝土瞬间裂成大小不一样的碎块而四处飞散。

(2)裂缝(图12)

腹板与翼缘板相接处纵向裂缝及腹板断续裂缝主要是由于表面受火处温度升高比内部快,内外产生温差,火烧一段时间后,冷水灭火,表面遇水急剧降温,内外产生应力差引起混凝土开裂。

C1裂缝近似平行于N2号预应力束,主要是由于过火后混凝土弹性模量下降导致沿孔道方向压应力增加,垂直孔道方向的拉应力同时增加,再加上混凝土强度下降导致开裂。

(3)碳化深度

混凝土碳化过程的实质是混凝土的中性化。碳化过程可以用化学式表示如下:

$$CO_2 + H_2O \rightarrow H_2CO_3$$

$$Ca(OH)_2 + H_2CO_3 \rightarrow CaCO_3 + 2H_2O \uparrow$$

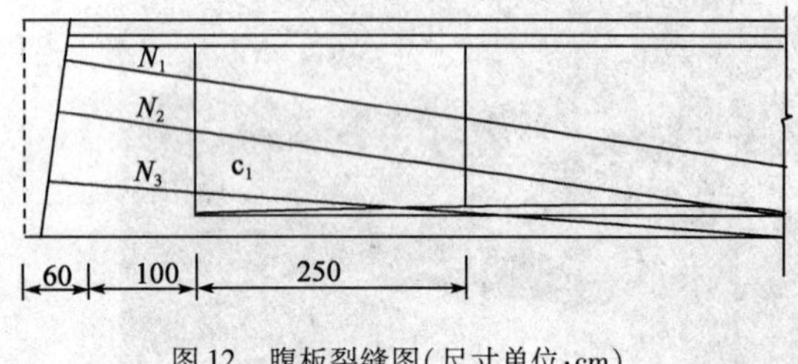

图12　腹板裂缝图(尺寸单位:cm)

碳酸钙在加热至897℃时就会分解为氧化钙和二氧化碳。由于梁体经秸秆燃烧,秸秆燃烧温度为700℃~800℃,因此碳酸钙有受热分解的可能。化学式如下:

$$CaCO_3 \xrightarrow{加热} CaO + CO_2 \uparrow$$

氧化钙再次与空气中的水反应生成氢氧化钙。

$$CaO + H_2O \rightarrow Ca(OH)_2$$

(4)强度

从检测结果看,火灾后39d的检测结果较损伤前降低约20%。火灾后135d的检测结果表明强度有部分恢复。

根据有关文献资料,当温度在300~600℃时,水泥石中的硅酸钙开始脱水,晶体轻微破坏,水泥石开始出现疏松,混凝土强度开始下降;当温度在600~800℃时,混凝土中的水泥石脱水并收缩成疏松体至团聚体状,水泥石中的游离氢氧化钙脱水分解,生成氧化钙,水泥石内部结构破坏,混凝土强度损失严重。

高温后混凝土的力学性能随着时间的推移得到部分恢复,强度、弹性模量一年内均有上升,主要是由于高温后一段时间内氧化钙将再度水化成氢氧化钙填实孔洞,密实水泥石结构,从而使混凝土的强度和弹模得到部分自然恢复。

(5)声速

声速结果表明,火灾后声速降低约5.7%。腹板厚度为18cm,火灾后腹板不密实深度推定在4mm~6mm。

三、实例2 某城市桥梁

2005年7月，某城市桥梁桥下临时建筑发生火灾，持续时间约2小时30分钟。火灾导致该桥各部位出现不同程度损伤，主要表现为I形预制梁体表层颜色出现较为明显的改变，部分部位被熏黑，出现多处混凝土松散、破损、露筋区域(图13)。

该桥跨径分布为8×25m+8×30m+20×25m。设计荷载为汽超-20，挂-120。受火灾影响较为严重的区域为该桥东西向主桥北幅桥第4~7跨。其中第4跨和第5跨分别为单箱三室预应力混凝土连续箱梁的边跨和次边跨，第6跨和第7跨为预应力混凝土简支I形梁。

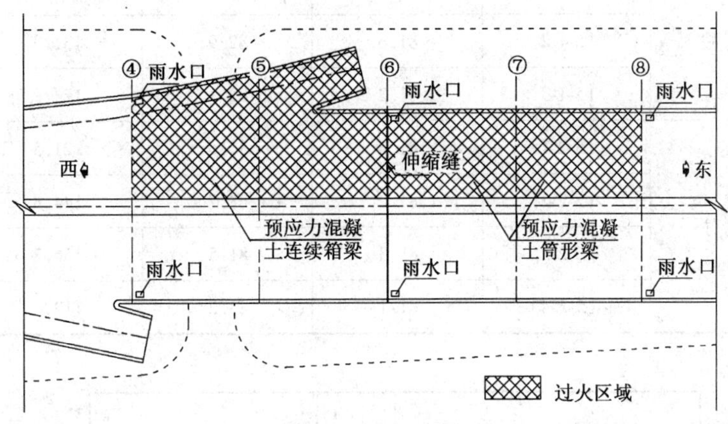

图13 火灾桥梁平面图

1. 外观检查结果

破损、裂缝(表3~表6，图14~图20)

箱梁部分病害表 表3

序号	位置	病害描述
1	第4、5跨底板	箍筋保护层较薄，火灾后，箍筋显露，表面有胀裂的横向微裂纹
2	第4跨	左侧5.0m范围内，被熏黑，右侧底板混凝土表层鼓包，并有蜂窝麻面现象
3	第5跨	左侧翼缘板12条横向裂缝，4条纵向裂缝，其中一条缝深58.1mm，1条斜向裂缝

I梁部分病害表 表4

序号	位置	病害描述
1	I梁部分	第6、7跨翼板均有较多竖向裂缝
2		腹板侧面有较多网裂
3		马蹄与底面交接处较多竖向裂缝

回弹法结果 表5

构件名称	平均值(MPa)	标准差(MPa)	最小值(MPa)	平均碳化深度(mm)	强度推定值(MPa)	强度设计值(MPa)
4-2号柱	30.2	4.0	25.2	5.5	23.5	28.0
5-1号柱	32.4	10.9	22.5	5.0	14.4	28.0
5-2号柱	27.1	7.6	16.6	5.5	14.6	28.0

钻芯法结果　　表6

组　号	位　置	试件编号	直径（mm）	高度（mm）	实测最大压力（kN）	强度换算值（MPa）
1	4-2 号柱	L4-2-1	80.9	82.5	171.3	33.3
		L4-2-2	81.2	82.8	171.9	33.2
		L4-2-3	81.8	82.0	203.9	38.8
2	5-1 号柱	L5-1-1	81.1	82.7	180.1	34.9
		L5-1-2	81.6	82.9	131.3	25.1
		L5-1-3	81.2	82.1	124.9	24.1
3	5-2 号柱	L5-2-1	81.4	81.6	121.5	23.4
		L5-2-2	81.2	82.2	144.8	28.0
		L5-2-3	81.3	81.5	156.2	30.1
		L5-2-4	81.1	83.2	112.0	21.7

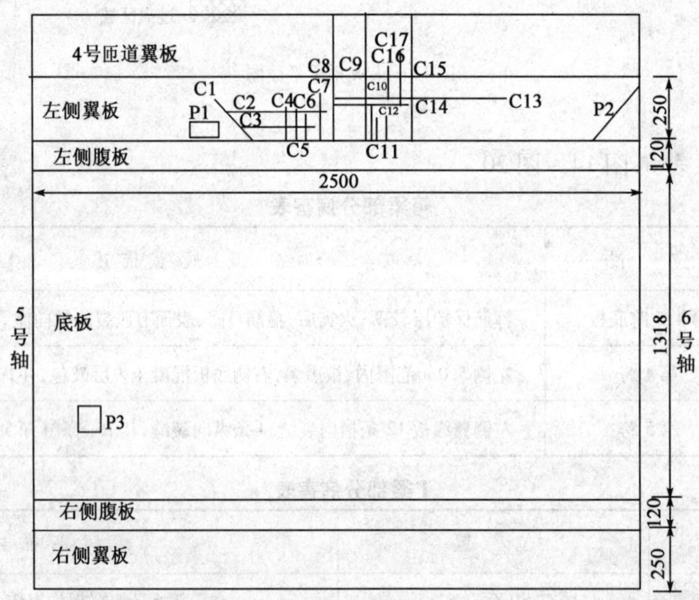

图14　火灾后破损、裂缝图

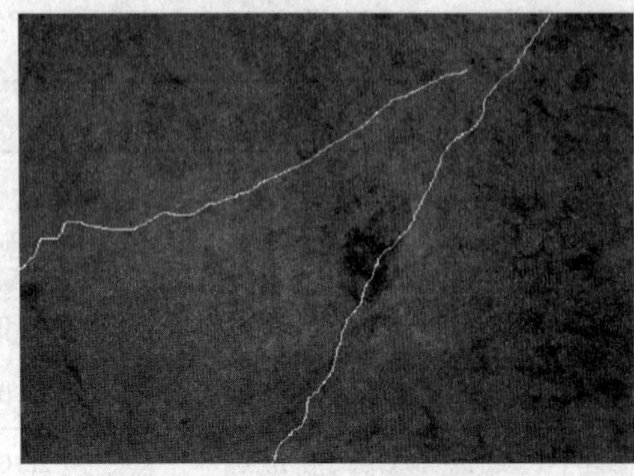

图15　翼板裂缝

图16　破损露筋

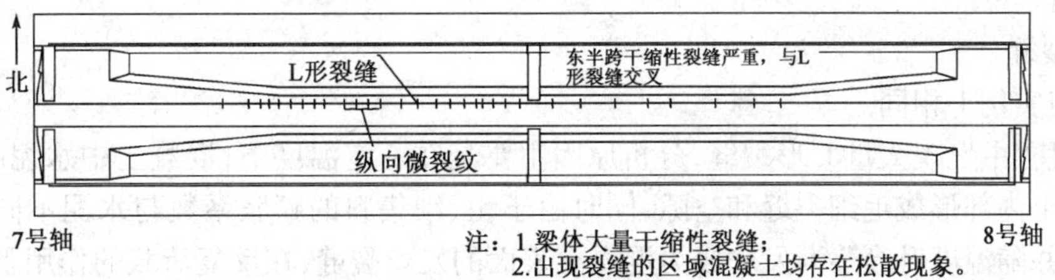

图 17 马蹄与底板交接处竖向裂缝

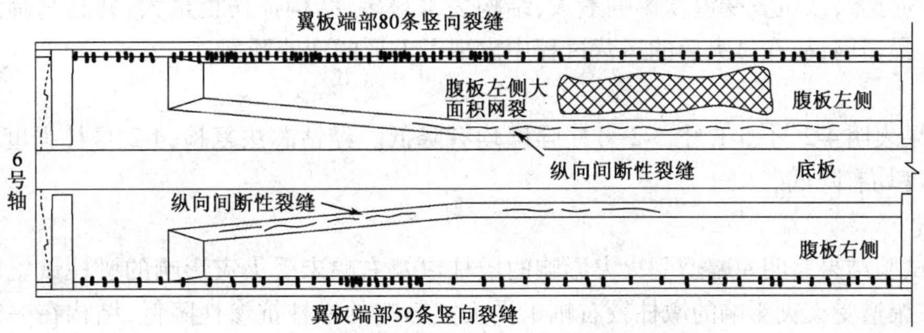

图 18 翼板裂缝

图 19 翼板竖裂、腹板网裂

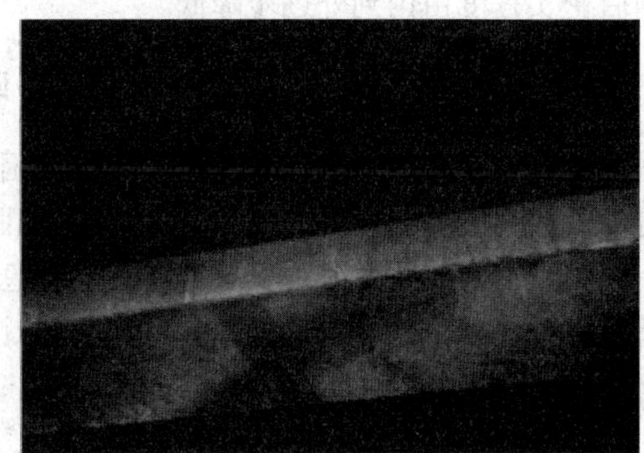

图 20 马蹄竖向裂缝

2. 特殊检查结果

(1)强度(表5,表6)

(2)混凝土抗渗试验

采用 NEL 法对混凝土中氯离子扩散系数进行测定,以期测定混凝土在火灾后其密实程度是否受到影响,以及影响深度范围。试验结果如表 7。

取芯法测定混凝土氯离子扩散系数 表 7

组号	取芯位置	试件编号	扩散系数 (cm^2/s)	平均扩散系数 (cm^2/s)	抗渗结论	备注
1	左幅 6-2 柱	L6-2-1a	4.46E-08	4.07E-08	中	外—内
		L6-2-1b	3.69E-08			
2	左幅 6-2 柱	L6-2-2a	5.20E-08	4.68E-08	中	外—内
		L6-2-2b	4.69E-08			
		L6-2-2c	4.57E-08			
		L6-2-2d	4.26E-08			
3	右幅 6-1 柱	R4-1-1a	2.75E-08	3.22E-08	中	外—内
		R4-1-1b	3.69E-08			

注:试件编号 a ~ d 为芯样由外到内切片标号。

3. 结果分析

(1)破损、裂缝

破损病因与实例1相同。

本桥检测过程中发现大量L形裂缝,分析原因主要是在一定温度下,混凝土中水泥凝胶体的水分蒸发,失水使混凝土内部形成毛细裂缝和空隙,同时由于粗、细集料的膨胀系数与水泥不同,沿集料表面也将形成微裂纹,并随温度升高逐渐发胀成为混凝土表面的发丝裂缝,在反复荷载的作用下,细微裂缝将进一步扩展,从而极大地降低了混凝土的疲劳性能。

根据温度场分布,该位置受温度影响最大,结构失水最多,结构损伤也最大,并且马蹄角隅位置处于双自由面,约束最薄弱,故在过火后的运营过程中出现了*L*形的疲劳开裂。

(2)强度

回弹法结果表明4-2号、5-1号、5-2号柱强度均有降低。经钻芯法复检,4-2号柱强度满足要求,5-1号、5-2号柱强度均有降低。

(3)密实度

芯样抗渗试验结果表明左幅遭受火灾影响的墩柱以及右幅未受火灾影响的墩柱试验所测扩散系数为同一级别;左幅遭受火灾影响的墩柱较右幅未受火灾影响的墩柱抗渗性降低,结构在一定程度上表现出不密实状态;左幅遭受火灾影响的墩柱试件由内至外抗渗性能逐渐降低,试验效果明显,混凝土受火灾影响后密实程度由内到外逐步降低。

四、结　　语

桥梁发生火灾时的实际状况溯源有较大困难,因此火灾后桥梁外观检测和材料性能检测非常重要,获得的资料,为结构的退化分析、荷载试验、加固设计、加固施工提供了必要的依据。

火灾后混凝土桥梁表观表现为混凝土颜色变化,出现爆裂、破损、裂缝;内部材料性能表现为强度、弹性模量、密实度降低。本文通过对上述内容的详细检测为后期维修工作的开展提供了完整的资料。

参考文献

[1] 刘其伟,王峰,等.火灾受损桥梁检测评估与加固处理[J].公路交通科技,2005,22(2):71-74.

[2] 刘宏奎.火灾后混凝土建筑物的损伤评估与修复理论研究[D].大连理工大学,2001.

[3] 孙大松,等.预应力混凝土板桥火灾后的试验与评价[D].市政技术,2007年5月.

[4] 中华人民共和国行业标准.CECS 21:2000　超声法检测混凝土缺陷技术规程[S].中建设标准化协会标准.北京:2000.

[5] 中华人民共和国行业标准.CECS 03:2007　钻芯法检测混凝土强度技术规程[S].中建设标准化协会标准.北京:2007.

[6] 杨芳国,等.火灾后的公路混凝土桥梁检测浅议[D].北方交通.2006年第4期。

191.三种工程岩体稳定性分级方法之间的联系和参数分析

邢冀锴

(承德路桥建设总公司)

摘　要　岩体稳定性分级法是评估岩体稳定性的常用方法之一,国标《工程岩体分级方法》、RMR方法以及Q值法是最常用的三种岩体稳定性分级方法。本文分析了三种分级方法所考虑的参数,研究三种方法之间的区别和联系，比较各自的特点以及适用范围。并且通过承德烧锅隧道项目的实际情况对国标《工程岩体分级方法》的实际使用情况进行了评估。

关键词 工程岩体稳定性分级方法 岩体 基本质量 RMR Q值

一、引 言

岩石是地球上最普通、最常见的一种地质材料，它不仅是矿、岩采掘作业的重要对象，还被广泛应用于国民经济建设的多种行业中，尤其是在各种岩体工程中应用更多。研究岩石在各种复杂载荷作用下的力学性质和脆断强度是采矿、水利水电、土木建筑、隧道和地下建筑中岩石工程设计与开挖的主要依据，也是岩石工程失效预警、防护和稳定性分析的重要参数。随着岩石地下工程的埋深越来越大，岩石所处的应力条件也和以往浅埋深的岩石工程有着显著的不同。目前，有的交通隧道的埋深达到数百米到一两千米，南非金矿巷道工程的埋深更是达到了3000m以上，国内锦屏二级水电站引水隧洞长16.1~18.7km，最大埋深达2500m以上。越来越多的大埋深，复杂地质条件下的地下岩石工程对于工程岩体的稳定性研究提出了更高的要求。对于稳定性差的岩体，需要进行与之相对应的支护措施，以此来保证施工期间和使用过程的耐久性和安全性，否则，轻者造成安全隐患，影响工程质量，严重的甚至会产生安全事故，造成生命财产的损失。但如果对于地下岩石工程设计过于保守，又会拖慢工期，造成工程投资的浪费。因此，在施工过程中及时准确地进行工程岩体的稳定性判断，对于保证工程质量和施工进度，做到节省投资与确保安全性有重要的意义。

二、评价岩体稳定性的方法

评价岩体稳定性的基本方法有3种，即分析计算法、模拟试验法和岩体分级法。分析计算法和模拟试验法，是在地质调查和详细岩石力学测试的基础上，通过一定的简化模型，包括荷载的简化、几何边界条件的简化、应力应变关系或材料的简化，运用数学手段或模拟理论，来分析岩体的稳定性，研究其安全支护措施。岩体分级法则是在地质调查和简易岩石力学测试基础上，借助于建立在大量工程实践和岩石力学测试基础上的工程岩体分级标准，来判断岩体的稳定性，研究其安全支护措施。分析计算法的优点是相对比较准确和全面，模拟试验法（指地质力学模型、离心机模型、现场试开挖等），具有直观的优点，通过肉眼、仪表或影像来观察变形破坏过程。分析计算法和模拟试验法不足之处是显而易见的，这就是对岩石力学测试资料有更严格的要求，必须要提供整个工程，各个代表性地段的各种物理力学特征参数。

岩体分级法实质上是对于纯粹的岩石力学理论分析与单纯依靠工程经验之间的一种妥协。这种方法可以给出一些相对简便的方法来评估理论上较难准确分析的岩石工程问题，并且给出相应的工程对应措施（如自稳能力与支护手段）。岩体分级法，不需要详尽的岩体力学测试资料（尤其是现场大型测试），可以节省大量的时间和投资，快速作出稳定性评价，因此它特别适用于大体积和长距离开挖掘进工程的设计和施工，操作起来比较灵活。岩体分级兼有两种功能，其一，是直接为工程岩体提供稳定性评价，其二，是提供岩体物理力学参数，在工程勘察、可行性研究报告阶段，可为选点（选线）、断面选择、开挖线和开挖方法选择、投资预算和上期预估提供基本依据。

三、工程岩体稳定性分级方法

目前的工程岩体稳定性分级方法很多，在国内应用比较广泛，实用性较强的主要有三种：国标的《工程岩体分级标准》、比尼奥斯基的RMR分类法、巴顿的Q分类法。这三种方法都是由分级因素、分级标准、工作指标三部分组成。分级因素是事先需要知道的有关工程岩体相关特性的指标，通常分为基本分级因素和修正因素。分级标准是确定岩体级别的具体操作方法。工作指标是岩体分级的输出部分，也就是量化的岩体稳定能力以及岩体所能承受的极限荷载、岩体加固支护措施和支护参数。这个特点也是成熟的岩体稳定性分级标准应该具备的。岩体分级方法中包含的因素还应该遵循3个基本原则：重要性、独立性和易测性。重要性要求分级方法中的因素需要是控制稳定性的最重要的基本指标。要保证包含因素数量的少而精。独立性要求分级因素要相互独立,互相之间不要有影响。易测性要求获得分级因素指标的测试方法简单易行,具有可操作性。

1. 国标《工程岩体分级方法》

《工程岩体分级方法》(GB 50218—94)于1995年7月颁布执行,是一项适用于各行业、各种类型岩石工程的基础性标准。《工程岩体分级方法》是由长江科学院作为主编单位,会同其他高校和研究院的专家,历时5年完成的。

《工程岩体分级方法》考虑两个方面的因素对工程岩体稳定性进行分级:岩体基本质量指标和修正指标。岩体基本质量主要考虑岩石的坚硬程度和岩体的完整性。岩石的坚硬程度的定性划分是在现场由锤击岩石的声音是否清脆,回弹和震手程度以及是否能够击碎来判断的,另外还需要根据岩石浸水后有无吸水反应来判断。根据上述指标,将岩石分为五种,从强到弱依次为:坚硬岩、较坚硬岩、较软岩、软岩和极软岩。岩石坚硬程度的定量指标由岩石的饱和单轴抗压强度 R_c 来确定,当现场条件有限,无法获得的实测值时,也可以采用实测的岩石点荷载强度指数 $I_{s(50)}$ 的换算值,按照下式换算:

$$R_c = 22.82 I_{s(50)}^{0.75} \tag{1}$$

岩石的坚硬程度的定性划分与岩石饱和单轴抗压强度的对应关系如表1所示:

R_c 与岩石坚硬程度定性划分对应表 表1

R_c(MPa)	>60	60~30	30~15	15~5	≤5
坚硬程度	硬质岩		软质岩		
	坚硬岩	较坚硬岩	较软岩	软岩	极软岩

岩体的完整性程度定性划分是根据结构面的发育程度和主要结构面的结合程度来判断的,定量指标应采用岩体完整性指数 K_v。

$$K_v = (V_{pm}/V_{pt})^2 \tag{2}$$

式中,V_{pm} 为岩体弹性纵波波速,KM/s;V_{pt} 为岩石弹性纵波波速,KM/s。

岩体的完整性定性划分与岩石完整性指数的对应关系如表2所示:

K_v 与岩体完整性定性划分对应表 表2

K_v	>0.75	0.75~0.55	0.75~0.55	0.35~0.15	≤0.15
完整度	完整	较完整	较破碎	破碎	极破碎

当无条件获得 K_v 时,可以使用岩体体积节理数 J_v 来确定对应的 K_v 值。

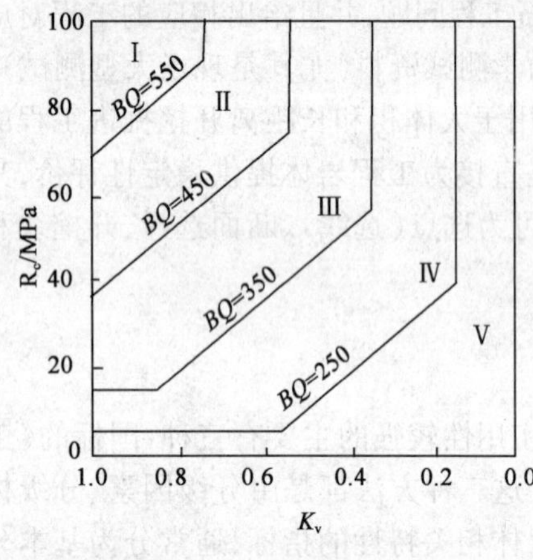

图1 岩体BQ值分级示意图

通过考虑上述的分级因素,可以获得岩体的基本质量指标BQ。《工程岩体分级方法》以5级分级挡数,以和差法为建立公式的主要形式,经逐步回归分析,建立了带2个限制条件的岩体基本质量指标BQ计算公式以及各级岩体的BQ范围。如式3和图1所示:

$$BQ = 90 + 3R_c + 250K_v \tag{3}$$

使用式3时,应遵守下列限制条件:

(1)当 $R_c > 90K_v + 30$ 时,应以 $R_c = 90K_v + 30$ 和 K_v 代入计算BQ值。

(2)当 $K_v > 0.04R_c + 0.4$ 时,应以 $K_c + 0.04R_c + 0.4$ 和 R_c 代入计算BQ值。

限制条件(1)说明当时岩石强度过大,但是岩体完整性较差时,对于这种岩体,其稳定性是比较差的,因此岩石强度和岩体完整性相比,其重要性已经处在相对较次要的位置,所以要对式3中采用的 R_c 的上限值进行限制,避免过大的 R_c 值使得岩体的BQ值过高。而限制条件(2)是针对岩石的强度很低,而相应的岩体完整性程度较高的情况下给定的。因为对于软弱的岩体,完整性虽好,但是其稳定性仍然是较差的。通过使用这一限制条件,可以获得较低的BQ值,从而对岩体的稳定性进行较为客观的评价。通过图1也可以看出,两个修正条件对于岩体的BQ值的影响。图中岩体稳定性分级分界线中与R_c轴平行的线段体现了限制条件(1)对于岩体BQ值的限制作用,当R_c值过大时,岩体的BQ值只由K_v值决定;岩体稳定性分级分界线中与K_v轴平行的线段体现了限制条件(2)对于岩体BQ值的限制作用,当岩体K_v值过大时,岩体的BQ值只由R_c值决定。

在获得岩体的基本质量指标BQ值后,《工程岩体分级方法》根据工程条件地质条件的不同和具体的工程特点,考虑地下水、初始应力、工程走向与软弱结构面的关系等修正因素,确定工程岩体基本质量指标修正值[BQ],对工程岩体进行详细的分级。《工程岩体分级方法》针对地下工程、边坡工程和岩石地基工程的工程岩体的[BQ]值计算方法进行了不同的规定,体现了其对于工程岩体分类的细化,使《工程岩体分级方法》更加适用于不同类型的岩石工程。

2. RMR 方法

RMR方法是Rock Mass Rating system的简称,这种方法是岩体稳定性分级方法的先驱比尼奥斯基首先创立的。RMR方法主要的分级因素是岩石的饱和单轴抗压强度R_c、岩石的RQD值、结构面情况、地下水以及主要结构面和工程之间的关系。和国标《工程岩体分级方法》类似,RMR方法同样分为两步来确定工程岩体的质量指标。首先通过R_c、RQD、结构情况以及地下水情况对岩体质量进行初步的评分,然后通过评估结构面产状与工程走向之间的关系对岩体稳定性评分进行修正,最终获得岩体的RMR评分值(如式4)。

$$\text{RMR} = \sum(\text{分级因素评分}) + \text{结构面产状修正} \quad (4)$$

通过岩体的稳定性分级,进而给出岩石工程的自稳能力以及所需的支护措施。表3给出了RMR分类法中岩体评分与岩体稳定性分级之间的对应关系以及相应的级别的岩体描述和岩体自稳能力。

RMR 岩体评分与岩体稳定性分级对应关系表 表3

岩体评分	100-81	80-61	60-41	40-21	<20
岩体分级	Ⅰ	Ⅱ	Ⅲ	Ⅳ	Ⅴ
岩体描述	优秀	良好	一般	较差	差
平均自稳能力	跨度15m20年	跨度10m1年	跨度5m1周	跨度2-5m10小时	跨度1m30分钟

3. Q 分类法

Q分类法又称为巴顿岩体质量分类法,首先由挪威岩土工程研究所的巴顿教授等于1974年提出的。Q分类法的分级因素与国标《工程岩体分级方法》和RMR方法是类似的,包括岩石RQD值、节理组数、最不利节理面粗糙程度、软弱结构面蚀变程度和填充程度、地下水和地应力情况。公式5给出了工程岩体Q值的计算方法:

$$Q = \frac{RQD}{J_n} \cdot \frac{J_r}{J_a} \cdot \frac{J_w}{SRF} \quad (5)$$

式中:RQD——岩石质量指标;

J_n——节理组数;

J_r——节理面粗糙系数;

J_a——节理蚀变系数;

J_w——节理水折减系数;

SRF——地应力折减系数。

从式5中可以看出,岩体的Q值由三个比值组成,$\frac{RQD}{J_n}$、$\frac{J_r}{J_a}$和$\frac{J_w}{SRF}$。$\frac{RQD}{J_n}$代表岩体的完整性程度,而且RQD值和J_n是相互削减的关系,节理组数越少,RQD值越高,从而导致整个比值升高。但由于RQD值具有很大的各向异性,而计算岩体稳定性分级时很少考虑RQD值的这个特性,因此RMR方法和Q值法都容易受到RQD值各向异性的影响。$\frac{J_r}{J_a}$代表岩体结构面(节理)的形态,充填物特征及其次生变化程度,Q值法中采用情况较差的节理面计算该比值。$\frac{J_w}{SRF}$代表水与其他应力存在时对岩体质量的影响。通过式5,根据求得的Q值,将岩体分为9类:异常差、极差、很差、差、一般、好、很好、极好、异常好。和国标《工程岩体分级方法》和RMR方法相比,Q值法更加具有量化性,对于岩体的分级较为详细,尤其是对于较差的岩体更为如此。所以Q值法适用于较破碎的岩体或者软弱岩体。

4.三种岩体稳定性分级方法的联系和区别

国标《工程岩体分级方法》、RMR方法以及Q值法都是现阶段进行工程岩体稳定性分级常用的方法。三种方法考虑的分级因素是类似的,都可以分为岩石特性和岩体完整性以及其他因素修正指标。国标《工程岩体分级方法》采用的分级因素里面,R_c需要通过进行岩石单轴抗压强度测试或者点荷载测试,K_v虽然可以通过查表获得,但是通过岩体与岩块弹性波测试可以获得更加准确的值,因此国标《工程岩体分级方法》相对比较客观,BQ值和工程技术人员的主观性关系联系较少,操作起来也最为简单。

RMR方法中有三个参数是通过测试获得的定量指标,其他的参数需要工程技术人员查表获得,但参数获得方法比较简单,所以整体操作性也较为简单。

Q值法所需的参数较多,而且除RQD值以外,所有的参数都需要在现场进行查表确定,而且分级也最为详细,所以操作起来最为复杂,需要有经验的工程技术人员才能准确地使用,主观性较大。

通过Mohr-Coulomb强度准则可以获得岩石强度和岩石内聚力C和内摩擦角ϕ值之间的关系,如公式6所示。

$$\sigma_1 - \sigma_3 = (\sigma_1 + \sigma_3)\sin\phi + 2C\cos\phi \tag{6}$$

根据相关的工程经验和公式的计算,国标《工程岩体分级方法》和RMR方法都给出了岩石C、ϕ值和岩体稳定性分级的对应关系,如表4所示。

《工程岩体分级方法》和RMR方法C、Φ值与岩体稳定性分级对应表 表4

国标岩体分级	内摩擦角 Φ(°)	黏聚力 C(MPa)	RMR方法分级	内摩擦角 Φ(o)	黏聚力 C(MPa)
Ⅰ	>60	>2.5	Ⅰ	>45	0.4
Ⅱ	60-54	2.5-1.5	Ⅱ	45-35	0.4-0.3
Ⅲ	54-45	1.5-1.0	Ⅲ	35-25	0.3-0.2
Ⅳ	45-31	1.0-0.3	Ⅳ	25-15	0.2-0.1
Ⅴ	<31	<0.3	Ⅴ	<15	<0.1

通过表4可以获得国标《工程岩体分级方法》和RMR方法的一定联系。可以看出,国标《工程岩体分级方法》比RMR方法在岩石强度上要求更为严格。但表4仅仅反映了岩块强度对于岩体稳定性分级的影响,没有涉及岩体完整性和其他因素的影响。

由于RMR方法和Q值法有很多相同的分级参数,所以岩体的RMR评分和Q值之间有固定的联系。如公式7所示:

$$RMR = 9\log_e Q + 44 \tag{7}$$

公式7反映了两种方法对于岩体稳定性评分之间的近似关系。

四、国标《工程岩体分级方法》在承德烧锅隧道项目的应用

承德烧锅隧道是大广高速冀蒙界至承德西环连接线的重要组成部分,位于承德市双滦区烧锅村和双滦区滦河电厂交界的山丘地段。洞区地面高程为370m~460m,进口段地形较陡峭,出口段地形较舒缓,在地貌上属于丘陵地带。进、出洞口地形均为山丘坡脚地形。根据《公路工程地质勘查规范》对烧锅隧

道周围的地质环境进行地质勘查以及钻探，获得烧锅隧道围岩稳定性分级所需的指标。本次勘察根据影响围岩稳定性的主要因素：如岩石的物理力学性质、岩层厚度、岩石节理裂隙、断层、软弱夹层等来进行隧道区的围岩分级，具体的烧锅隧道围岩分段分级如表5所示。

烧锅隧道围岩分段、分级表 表5

围 岩	分段里程	RQD	K_v	R_c(MPa)	BQ	[BQ]	围岩分级
坡积土层	ZK1+685m~ZK1+815m YK1+625m~ZK1+795m						V
砾岩中风化带	ZK0+725m~ZK0+745m ZK1+665m~ZK1+685m YK0+605m~YK0+625m YK1+585m~YK1+625m	54.80	0.55	33.6	328.30	298.30	Ⅳ
微风化砾岩	ZK0+745m~ZK1+665m YK0+625m~YK1+585m	88.15	0.65	75.5	479.5	449.5	Ⅲ

表5中岩石基本质量指标修正值[BQ]根据式8求得：

$$[BQ] = BQ - 100(K_1 + K_2 + K_3) \tag{8}$$

式中，K_1 为地下水修正系数，K_2 为软弱结构面产状影响修正系数，K_3 为初始应力状态影响修正系数。

根据获得的岩石稳定性分级，烧锅隧道对于不同等级的岩体采取不同的支护措施。对于V级围岩开挖段，由于基本为坡积土层，稳定性很差，易出现顶部整体坍塌。施工时应喷浆、加钢筋网并设系统锚杆，采用仰拱，必要时采取管棚等超前支护措施。对于Ⅳ围岩开挖段，岩体为侏罗系后城组砾岩，岩体裂隙节理稍发育，岩体呈碎石状压碎结构。围岩开挖顶部无支护时可产生较大坍塌，侧壁有时失去稳定。施工时应喷浆、加钢筋网并设系统锚杆，采用仰拱。Ⅲ级围岩主要为微风化侏罗系后城组砾岩，岩石裂隙不太发育，岩体成镶嵌结构。围岩开挖拱部无支护时可产生小坍塌，侧壁基本稳定。施工时应喷浆、加钢筋网并设系统锚杆。

五、结 论

通过本文的研究，得出以下的结论：

(1)工程岩体分级方法是完全依据岩石力学理论进行工程计算与完全根据工程经验之间的妥协，是进行工程岩体稳定性评估的简便方法，可以为工程围岩的支护提供准确可行的建议。

(2)国标《工程岩体分级方法》、RMR方法与 Q 值法是三种常用的工程岩体稳定性分级方法，国标《工程岩体分级方法》、RMR方法与 Q 值法相比较为简便，而且国标《工程岩体分级方法》主观性较低，对于工程技术人员要求最低，是目前比较合适的工程岩体分级方法。

(3)根据承德烧锅隧道项目的实际情况，对国标《工程岩体分级方法》的使用情况进行评估，认为国标《工程岩体分级方法》操作简便，支护措施可靠，比较适合目前的岩石地下工程。

参考文献

[1] 中华人民共和国国家标准. GB 50218—94 工程岩体分级标准[S]. 北京：中国计划出版社，1995.

[2] 柳赋铮. 岩体基本质量和工程岩体分级[J]. 长江科学院院报，1991，8(4)：55-63.

[3] J A Hudson and J P Harrison. Engineering Rock Mechanics[M]. London：Elsevier Science Ltd.

[4] 蔡斌，喻勇，吴晓铭.《工程岩体分级方法》与Q分类法、RMR分类法的关系及变形参数估算[J]. 岩石力学与工程学报，2001，20(增)1677-1679.

[5] 邬爱清，柳斌铮. 国标《工程岩体分级方法》的应用与进展[J]. 岩石力学与工程学报，2012，131(8)1513-1522.

192.超高压水射流技术在桥梁加固混凝土拉毛中的研究与应用

陶文科　朱慈祥　王　蔚　吴俊明
（武汉二航路桥特种工程有限责任公司）

摘　要　超高压水射流拉毛技术是使用高压泵将水以100MPa以上的压力从高压水枪枪嘴喷出，利用超高压水射流冲击剥离混凝土表面砂浆层，露出新鲜集料，以加强旧混凝土面与新增构件紧密结合的技术。该技术在混凝土结构的拉毛、领域有着非常大的应用前景，但目前相关理论和设备的研究还相对滞后。为此，通过调研、试验研究及工程验证，进行了超高压水射流混凝土拉毛的相关理论和设备的研究；介绍了超高压水射流特点及相关技术理论，提出一套用于混凝土拉毛的超高压试验设备，并进行了工程应用和工效分析，为类似工程积累经验。

关键词　超高压水射流　拉毛　混凝土　设备　试验研究　加固

一、前　　言

目前，桥梁上部结构常用的加固方法有：体外预应力加固法、增加构件加固法、粘贴钢板加固法、碳纤维加固法、桥面层补强加固法等[1]；以上加固法均需将桥梁原混凝土表面拉毛，将旧混凝土面碳化层剥离，露出粗集料，以增加新旧混凝土表面的结合力。

超高压水射流拉毛技术是近年来兴起的新技术，是使用高压泵将水以100MPa以上的压力从高压水枪枪嘴喷出，利用超高压水射流冲击剥离混凝土表面砂浆层，露出新鲜集料，以加强旧混凝土面与新增构件紧密结合的技术。

超高压水射流拉毛技术具有工作效率高、无损混凝土结构、物无污染、保护环境、施工操作安全有保障等特点。在桥梁加固过程中，该技术所需设备易运输，人力投入少，极大缩短施工工期，经济效益明显，具有很好的应用前景（表1）。

混凝土凿除工艺效果对比表（以下数据反映的相对值）　　表1

项　目		钢筋混凝土凿除方法		
		超高压水射流凿除	人工钢钎凿除	机械风镐凿除
各项参数对比	安全	安全	安全	一般危险
	环境保护	良好、噪声小	粉尘多，噪声大	粉尘多，噪声大
	凿除耗费工时（人·小时/m^2）	2人2小时	5人40小时	2人12小时
	凿除边缘效果	整齐无残渣	修边耗时且残渣多	边缘多为裂口
	凿除对附近混凝土影响	无影响	有影响	影响较大
	钢筋表面清渣及除锈	彻底干净	钢筋螺纹内等死角、清理不干净	需再次清理、耗时耗工
	预应力波纹管表面处理	彻底干净	清理不干净	波纹管被打破
	估算凿除混凝土成本（元/m^2）	1200	3000	2000

超高压水射流技术在公路、港口、码头混凝土的结合的拉毛、破碎领域有着非常大的应用前景，目前相关的理论和技术研究还相对滞后，表现在运用面相对狭隘，国内明显落后于国外，施工中仅局限在路面翻新和一般混凝土结构表面拉毛，对于广阔的土木行业应用前景很大，高压水射流技术将能很有作为，但还有许多相关的技术问题未能得到有效的解决，必须加快高压水射流理论和技术的研究，加快高压水射

流设备和工艺的研究。为此,本文进行了超高压水射流拉毛混凝土领域的水射流理论和设备相关的理论和试验研究,并进行了工程推广应用,为类似工程积累经验。

二、超高压水射流技术理论研究

(超)高压水射流理论基础是基于流体力学理论,相对非常比较复杂,多数的理论和公式都是基于试验和经验的总结。目前来说,研究人员已经建立了高压水清洗的理论基础,并总结出主要参数的计算公式,但多数是基于特殊平面的研究或特殊假设前提下的结论,这些理论并不普遍适用超高压水射流,必须在特殊情况下重新通过理论推导和试验论证,研究和总结一套相适用的科学理论,为超高压水射流设备研制打下基础。

1. 高压水射流结构

高压水射流是一种孔口或狭缝出流非淹没型连续射流,流动形式绝大多数情况下为喘流流动。其结构如图1。在喷嘴出口有一段很短的紧缩段,该段基本成水柱,射流轴向动压力、流速及密度保持不变。再往外有一个锥形等速流核心区,射流,轴向动压力、流速及密度基本保持不变,称为水射流的核心段。将紧密度和核心段定义为起使段。射流继续发展的部分称为破裂段(基本段),其轴心速度与轴心动压有规律的衰减,而在垂直于轴心的截面上,轴向速度与动压呈高斯曲线关系,该段内射流仍保持完整,具有紧密的内部结构。最后,非淹没射流与环境介质完全混合成水滴与空气的混合物或雾化段(水滴段或消失段)。根据水射流各段的特点,适用于清洗、拉毛及破碎处理的是破裂段。

表征射流基本结构的参数包括射流起始段长度和射流扩展直径。文献[2]根据大量试验数据总结出经验公式(1)。

$$l_f = (A - BRe)d \tag{1}$$

式中:l_f——射流起始段长度(mm);

A、B——经验系数;

d——喷嘴出口直径(mm);

R_e——射流起始段雷诺数。

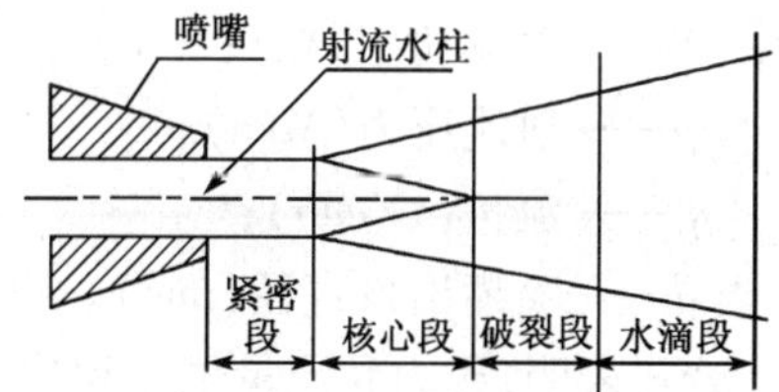

图1 非淹没射流结构图

当射流压力较高时,射流的长度和雷诺数无关,计算基本长度简化为式(2)。

$$l_f = (53 \sim 106)d \tag{2}$$

式(3)为射流扩展直径经验公式。

$$\bar{D} = k\sqrt{X} \tag{3}$$

式中:$\bar{D}$——量纲为1的射流扩展直径;

X——量纲为1的靶距;

k——喷嘴结构有关的试验系数,约为0.2~0.235。

2. 水射流拉毛、破碎的作用机理

(超)高压水射流拉毛、破碎的基本原理是:用高压清洗泵提升清洗液的压力,经高压管道输送到达喷嘴,特殊设计的喷嘴则把高压低流速的清洗液转化成低压高流速的射流,利用水射流的等速核如下四种作用原理:①水射流的穿透和渗入;类似水楔作用;②高压水流的冲击所产生的压缩力和打击力;③高压射流的剪切;④高压水流的切力和拉力产生的脆性破坏作用,对混凝土被冲击的表面及堵塞物进行强有力打击破碎,从而使混凝土表面产生冲蚀、渗透、剪切、压缩、剥离、破碎,引起裂纹扩散和水楔等,完成拉毛、破碎的作业任务[3]。四种作用原理不可能同时起作用,根据拉毛、破碎物的组织结构、力学性能、分布状况及射流工况,其中的一项或几项起主要作用[4]。对于混凝土材料,尤其是高强混凝土,其抗压强度远远大于抗拉强度,因此,在清洗中起主要作用的破坏形式是拉应力破坏。当射流压力足以克服混凝土表层颗粒之间的附着力时,混凝土表层产生裂纹,并在后续射流的作用下,迅速扩散、延伸、交汇,使表层混凝土成片从主体结构上壁剥离下来,达到拉毛、破碎的目的。

3. 水射流基本参数计算公式及合理取值

高压水射流的作用基本参数包括压力、流量、射流功率、流速、靶距、打击力、喷嘴扩展直径、入口角、扩散角、冲击角等,合理选择这些参数以及优化它们的组合是提高水射流利用效率、降低能耗的重要手段之一。

(1)水射流出口截面积流量公式

$$q_t = 2.1d^2\sqrt{p} \tag{4}$$

式中:q_t——流量(L/min);

d——喷嘴出口直径(mm)。

(2)水射流流速公式

$$v_t = 44.7\sqrt{p} \tag{5}$$

式中:v_t——射流流速(m/s);

p——射流压力(MPa)。

(3)水射流功率公式

由流体力学知识可知,提高射流的压力和流量都可以提高射流功率,当二者确定后,可以通过下列关系式计算射流功率。

$$N = 16.67pq_t \tag{6}$$

或

$$N = 35.1d^2p^{\frac{3}{2}} \tag{7}$$

式中:N——射流功率(W);

p——射流压力(MPa);

q_t——流量(L/min);

d——喷嘴出口直径(mm)。

公式表明:压力和流量虽然和功率都成正比关系,但是两者在作用过程中对打击物的打击效果有很大区别。压力的大小以能将打击物从基体。

(4)水射流最大打击力(反冲力)公式

$$F_N = 0.745q_t\sqrt{p} = 1.56d^2p \tag{8}$$

式中[6]:F_N——反冲力(N);

p——射流压力(MPa);

q_t——流量(L/min);

d——喷嘴出口直径(mm)。

(5)最佳射距和最大射流打击力公式

使射流打击力最大时枪嘴离作用界面之间的距离,和射流起始段长度、扩散角有关系。有式(9)和式(10)的经验公式。

$$L_{opt} = 99.7(p/100)^{-0.88}d^{0.9} \tag{9}$$

$$F_{max} = 120(p/100)^{1.15}d^{1.75} \tag{10}$$

式中:L_{opt}——最佳射距(mm);

F_{max}——最大打击力(N);

p——射流压力(MPa);

d——喷嘴直径(mm)。

在实际工况下,由于受到空气阻力影响,打击力大约相当于F_{max}的(0.6~0.85)倍。射流压力大,喷嘴直径小时,取较大值;反之,取较小值。

(6)最佳靶距时的喷嘴扩展直径计算公式

联合公式(3)和公式(9),确定最大最佳靶距时的喷嘴扩展直径计算如公式(11)。

$$D = 9.985k(p/100)^{-0.04}d^{0.95} \tag{11}$$

式中：D——射流扩展直径(mm)；

k——喷嘴结构有关的试验系数，约0.2~0.235；

p——射流压力(MPa)；

d——喷嘴直径(mm)。

(7)喷孔的长径比

喷嘴是水射流系统极为重要的终端部件，选用原则是最大的喷射力；较小的流阻力；不易堵塞；最小水耗。经验证明，高压情况下，圆形喷嘴比扇形喷嘴效果好。喷孔的长径比通常取 $L/D=2-4$。喷嘴的圆柱段长度不宜选择过大，L 取2-8mm打击效果较好。

(8)喷嘴的入口角

喷嘴的入口角和出口角 α 是决定喷嘴流阻的主要因素，入口角较大，流阻小些，工程实践中通常取 $\alpha=13.5°$[5][6]。

(9)喷嘴扩散角与射流形状

水射流的扩散角为射流轴线方向与喷嘴出口斜面之间的夹角。表征了高压水由喷嘴喷出后，在垂直于射流轴线方向上的扩散程度。扩散角过小，射流易产生附壁效应，扰动射流，影响冲击力；扩散角越大，射流越分散，作用范围越大，但同时射流由于致密性下降而引起打击力下降，射流利用效率减低。扩散角以取30°最为合适[7]。

水射流断面形状是影响清洗效果的另一个重要因素，不同的喷嘴出口形状，可形成不同的射流断面形状。如使用标准扇形喷嘴射流断面呈扁平形；使用标准锥形喷嘴时射流断面呈圆形；使用空心锥形喷嘴可以使射流断面呈环形等。

在混凝土拉毛、破碎的过程中，为提高效率，需要根据不同的要求，合理的选择射流断面形状。

(10)水射流的冲击角

水射流的冲击角指在清洗平面内，喷头的轴线与被清洗平面法线之间的夹角。

在其他条件相同时，不同的冲击角使水射流的作用效果不同。同时，水射流的冲击角还与射流的移动方向有关。当冲击角偏向射流前进方向时，由于清洗过后的水流将携带已被破碎的物体以一定的速度冲刷待清除物的表面，水流在冲刷面反弹后也会加快裂缝的生成和生长，从而增加清洗、拉毛的效果，提高效率。

(11)高压软管尺寸、流量、与压力损失

高压软管是高压泵与使用终端的唯一连接通道，连接管的直径、长度对压力、流量的损失均有直接影响，连接管的质量直接维系安全。

①高压软管技术指标。高压管都是用多层钢丝编织、缠绕在橡胶或树脂管上制成的。

35~70MPa高压管钢丝增强层一般为3~4层；100MPa以上高压管钢丝增强层一般为4~6层，有的还缠有钢带层。

a.爆炸压力应达到工作压力的2.5倍以上；b.试验压力应达到工作压力的1.5倍以上，并保持2min无损坏；c.脉动压力。

无压时，50000次脉冲无损坏；工作压力为100~280MPa时，每分钟15次无损坏；工作压力为280MPa以上时，每分钟11次无损坏。

②接头。高压软管接头一般采用59°锥面密封。

③高压软管的使用。高压软管的规定使用压力应与高压水系统的额定工作压力匹配，否则会大幅度降低软管的寿命。

当实际使用压力超过规定压力的1.25倍时，软管的工作寿命即下降50%。

高压水系统的软管工作长度通常都在20m-60m(一般工程估算时10m以内不计压力损失)，长距离输送，压力损失是很大的。

压力损失也可用公式：

$$\Delta P = 59.7 q_2 / D^2 \mathrm{Re}^{025} \tag{12}$$

式中：q——流量；

D——软管内径；

Re——雷诺数，对水取 $11165q/D$。

从式中可看出，通径越大，压力损失越小，但从实际使用效果看，通径小更有利。

三、用于混凝土拉毛的超高压水射流设备的研制

1. 设备参数

利用超高压水射流技术的混凝土水力破碎设备主机组成包括动力系统、高压柱塞泵系统、高压射流系统、安全控制系统，移动操作系统等几个组成部分。另外，针对不同的使用情况，还需配置纵横切割辅助系统，以组成一套完整的混凝土水力破碎设备（表2）。

泵参数　　表2

泵型	流量（L/min）	压力（bar）	功率（kW）	转速（rpm）	压力表（bar）	进水压（bar）
JLH70/70	70	700	120	1400	0～800	2～3

压力调节阀：0～800bar（手调），质量为：2760kg，尺寸：2500mm×1650mm；

设备型号：JLH70/70；供电数据：电压380V，频率50Hz，功率110kW；工作数据：工作压力0～700bar，最大压力700bar，最大水流量70l/min，最大工作压力时，反冲力400N；供水：最高进水温度30℃，最小进水量40L/min，最低进水压力2bar；体积：长2500mm，宽1600mm，高1650mm。

为确保施工效率，建议采用较高压力的射流泵，使用参数为：工作压力120～140MPa、流量为30～50L/min、主机功率为120kW，并配置旋转喷头及接头。

2. 水枪托架

预制横向轨道，采用50mm标准角钢焊接成“山”字形，在梁板顶部埋植螺栓，将轨道固定在螺栓上，购置电动卷扬机作为动力系统，将枪体托架安装在横向轨道之上（图3），形成横向及竖向的移动装置。横向轨道系统用50mm×50mm×5mm角钢拼成行走轨道（在梁板顶部埋植螺栓，将轨道固定在螺栓上），在竖向移动系统顶部安装四对轴承，嵌入角钢轨道，以期减少滑轨表面阻力。在轨道两端安装电动葫芦，远程控制拖拽枪体移动速度，移动竖向移动采用丝杆螺母拧动上下调整。

此种设计大大消减了纵向移动时，支架在轨道上的阻力，伸缩性能大大增强，安装方便。并且采用电动葫芦拖拽，移动速度较为均匀，约为10m/min（如图3所示，该装置已获得专利）。效果较明显，不会因为水枪的移动速度不匀，而造成水枪短暂停留，对混凝土表面局部拉毛过深、效果差的现象。

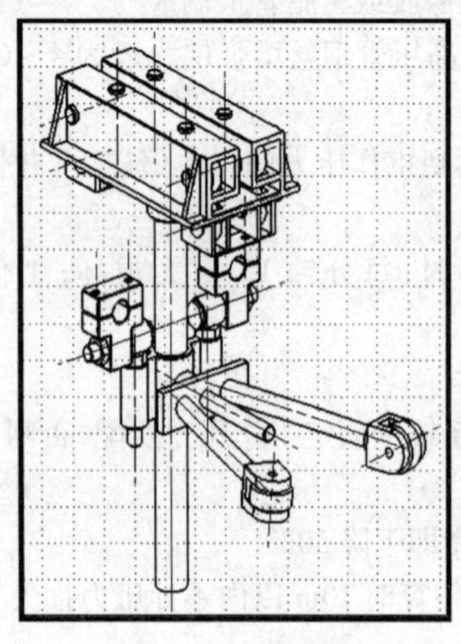

图2　高压水枪托架

图3　超高压水射流枪支架行走系统装置现场布置

3. 喷头

高压水射流是一种孔口或狭缝出流非淹没型连续射流，流动形式绝大多数情况下为喘流流动。早期试验中所用高压水射流喷头是从国外购买先进的旋转喷头。参数为水射流极限压力 80～100MPa、最大流量 50～70L/min。施工时将水泵最大压力控制在 100～135MPa，射距（从枪头至混凝土表面最短距离称之为射距）控制在 5－10cm。

试验中人为制造各种施工环境及不同的参数配置，得出一系列相关试验参数后，再进行设备的反向优化。经过不断改进验算，为确保施工效率，建议采用较高压力的射流泵，使用参数为：工作压力 120～140MPa、流量为 30～50L/min、主机功率为 120kW，并配置旋转喷头及接头。

四、工 程 实 例

笔者参与了国内某特大型桥梁加固施工实践，其中使用了本公司专利生产的超高压水射流设备，验证了这一技术所需的相关参数。此桥桥梁全长 9.634km，共 480 跨，64 联。大桥标准段全宽 24m，分左右两幅，大桥上部结构为带悬臂的先简支后桥面连续预应力混凝土空心板，一幅由 4 片空心板组成。结构形式易于安装该设备相关轨道，拉毛面积约为 90000m^2，因此，采用人工凿除与高压水射流设备同时施工。

此桥通车已 10 年以上，C40 混凝土强度，碳化层较厚，施工中针对这一特点，安排不同的施工工况。其中设定了不同参数的组合，即工作压力、流量、主机功率与不同的旋转喷头及接头联动。专人记录，试验所得最好施工效果下的相关参数为，工作压力控制在 130MPa 左右、流量为 50L/min、主机功率为 120kW，喷头采用国外进口工作流量为 70L/min 的旋转喷头。

图 4 拉毛效果图

可造成宽 8～10cm，深 1～3mm 拉毛带（图 4），并露出粗集料，符合我国混凝土工程规范要求，拉毛面积效果较为理想，成面状分布，受力均匀。

施工人员为 5 人，工作时间为 8h，待施工稳定后，专人记录施工耗时、测量施工面积及油耗。施工时间包含停止维护时间、人员休息时间等因素。现场统计结果如下表 3。

现场部分试验结果统计 表 3

累计施工时间(h)	人工数(工日)	耗时(h)	面积(m^2)	耗油量(L)
10	40	49	598	1130
20	40	78	1025	1860
30	40	69	1100	1750
40	40	67	980	1700
每 10 小时平均		65.75	925.7	1610

在使用中最高的拉毛功效为 16m^2/h，折合直接费用 21.5 元/m^2，拉毛效果好，清洁环保，施工快捷。通过缩短施工工期，仍然可有效节约资金。

五、结 束 语

本文提出的超高压水射流拉毛混凝土领域的水射流理论和设备相关的理论和试验研究进一步提升了高压水射流的应用技术水平，取得了较好的技术经济效益，具有很好的工程推广应用价值。但是，由于国产设备及配件性能不稳定，施工用水的杂质多，设备管理缺乏专业化等原因，使得当前国内的混凝土拉毛、破碎的超高压水射流设备还有待于提升设备的稳定性及产业化，以适应日益增长的工程需求。

参考文献

[1] 中华人民共和国行业标准. GB 50367　混凝土结构加固设计规范[S]. 北京:建筑工业出版社,2006.

[2] 王晓敏,译. 高压水射流技术译文集[M]. 北京:煤炭工业出版社,1982.

[3] 龚俊,宁会峰,曹文辉. 提高高压水射流清洗小直径管道效率的方法[J]. 管道技术与设备,2008.3. 57-59.

[4] 李少华,张卫会,李泓源,等. 高压水射流除垢机理的研究[J]. 水动力学研究与进展. 1995,10(1): 83-87.

[5] 沈忠厚. 水射流理论与技术. 东营:石油大学出版社,1998.

[6] 蒋澄,宁原林,胡寿根. 淹没水射流锥形喷嘴的计算分析与试验比较[J]. 上海理工大学学报,1999, 21(4):345.

[7] 马飞,张文明. 水射流扩孔喷嘴内部流场的数值模[J]. 北京科技大学学报,2006.6,576-580.

[8] 薛胜雄,等. 美国的高压水射流技术[S]. 机械部通用机械研究所,1990 超高压水射流设备.

193. 通过水环境管理提高混凝土桥梁的耐久性

黄　麟[1]　庄卫林[1]　蒋劲松[1]　牟廷敏[1]　陈　渤[2]

(1. 四川省交通运输厅公路规划勘察设计研究院;2. 广南高速公路有限责任公司)

摘　要　水是造成混凝土桥梁劣化的重要因素。水环境管理,利用防水、排水、附加防腐以及各种形式的密封措施等,通过易于施工且可靠的细节构造来消除或削弱水的不利影响。首先,简要介绍了水对混凝土桥梁的影响,然后从排水、桥面防水、易腐蚀部位混凝土的防护、结构缝的密封以及结构表面水流引导等方面讨论如何管理桥梁的水环境。水环境管理综合运用耐久性研究成果和相关规范于桥梁工程实践,可以为混凝土桥梁的耐久性设计提供参考。

关键词　水环境管理　混凝土桥梁　耐久性

一、概　　述

近年来,我国学者在混凝土结构耐久性领域做了大量研究(文献[1],[2],[3],[4]等),并已形成了行业标准[5],用于公路桥梁。文献[5]将环境划分为一般环境、一般冻融环境、除冰盐环境等7种环境类别。在这些环境类别中,除了大气污染环境外,其余均与水有关。在该文献中,又将7种环境类别细分为21种环境条件,根据作用的强弱分为6种环境作用等级。该文献也涉及了通过构造设计和防水、排水、混凝土表面涂层和表面憎水处理等措施,来提高桥梁耐久性。然而文献[5]运用于实际工程有一定困难。在对桥梁进行耐久性设计时,需要更细致地分析水对不同构件以及构件不同部位的影响,才能确定应对措施。另外,也需要大量且具体的构造来指导桥梁的设计、施工和维护。

英国学者和工程师对桥梁耐久性问题认识得较早,研究工作较为深入,成果更易于工程运用。在英国研究成果(文献[6],[7],[8]和[9]等)的基础上,结合我国桥梁建设实践,先简要介绍水对混凝土桥梁的影响,然后从排水、桥面防水、易腐蚀部位混凝土的防护、结构缝的密封以及结构表面水流引导等方面讨论了桥梁的水环境管理。

二、桥梁的水环境

水在混凝土劣化中扮演重要角色。

首先,水是混凝土劣化的物质基础。在一些劣化中,水直接导致混凝土构件的破坏,如冻融破坏、混凝土的碱集料反应等。在另一些劣化中,水是有害物质的载体。水与 Cl^-、SO_4^{2-}、CO_3^{2-} 等的有害物质形成有害溶液。有害溶液通过渗漏(如防水层渗漏、伸缩缝渗漏和排水系统的渗漏等)、飞溅(桥面水飞溅、下层道路水的飞溅和水体的飞溅等)、与水体的接触(如江河、湖、海等水体接触、桥梁范围内的积水和地下水等)等方式来到混凝土表面。溶液在毛细、渗透和抽吸等作用下由混凝土表面向内部移动;而在混凝土内部,有害物质在扩散或迁移等作用下移动。

在混凝土结构中,钢筋被混凝土形成的碱性环境所保护。混凝土钝化钢筋表面,保护钢筋氧化膜。水携带有害物质到达混凝土表面后,有害溶液和氧在混凝土内部移动并到达钢筋表面,破坏钢筋表面的氧化膜,使钢筋锈蚀。混凝土内钢筋的锈蚀过程可分为两个阶段。第一个阶段是水携带有害物质到达钢筋表面,并破坏钢筋氧化膜,第二个阶段是锈蚀发生。通常第一阶段需要较长时间,而第二阶段的时间很短。

另外,水还是混凝土结构劣化的催化剂。一方面,混凝土的相对湿度决定了混凝土内部钢筋锈蚀的难度。永久湿润的混凝土,由于含氧量低,内部钢筋锈蚀的速度很慢。在非常干燥环境里,因缺水,混凝土里的钢筋也不易锈蚀。在这两者之间的环境,尤其是相对湿度在60% ~90%的情况下,锈蚀容易发生。另一方面,湿度的变化也会加速钢筋的锈蚀。距表面50mm以上的混凝土,环境相对稳定,一般为永久性湿润环境,钢筋不易发生锈蚀。而表面50mm的范围内,一般都是干湿交替的环境。在这种环境中,有害物质容易积聚,锈蚀也容易发生,而混凝土结构的钢筋保护层和最外层钢筋正好位于这个范围内。因此,在混凝土耐久性研究中,混凝土保护层的研究也是一个重要内容。

水对其他材料构件(如桥面铺装、支座和伸缩缝等)劣化的影响往往也很大。

耐久性设计时,环境分析必不可少。以水为线索的水环境分析可以较为准确和细致地确定桥梁各构件及不同部位的环境类别和作用等级。

水环境分析主要包含两方面的内容:其一,脆弱构件和部位的分析。在分析中,可结合构件特点,利用水在桥梁范围内的运动规律(如水到达各构件表面的方式和在构件表面运动路径等)来判断。其二,作用等级的分析。需要分析桥梁范围内水的化学成分,及其到达各部位的难易程度以及作用的频率。

劣化机理的研究有利于提高桥梁耐久性,但由于劣化过程非常复杂,这方面研究还需较长时间。通过一些简单的工程措施,往往能够有效地延缓或消除混凝土的劣化。水环境管理就是措施之一,它是通过消除结构范围的积水,使结构范围内的水迅速排出,以及避免水到达易损部位的混凝土表面,来消除或削弱水和有害溶液对桥梁的影响,以保障桥梁的服务水平。

三、水环境管理

水环境管理采用防水、排水、混凝土表面涂层和表面憎水处理以及各种形式的密封止水等措施,通过易于施工且可靠的细节构造来实现。钢筋保护层密实且厚度足够可以使水和有害溶液不易到达钢筋表面,增加锈蚀第一阶段的时间,延缓锈蚀,因此也可以认为是水环境管理的措施。

1. 排水

桥梁排水是收集桥梁范围内的水并为之设定适当的路径,将其快速排到桥梁以外,避免水到达脆弱部位,减小其他系统的压力。排水系统的几个子系统及其功能如下:

①桥面排水:收集和排出车道范围内的水。

②沥青下层排水:收集和排出沥青层内的渗透水。

③桥台排水:收集和排出台背填料内的水。

④伸缩缝附近排水:收集和排出伸缩缝渗漏水。

排水系统设计时,不仅需要保证该系统能有效收集和排出所辖范围的水,还需要综合考虑防水、密封止水以及排水系统的清理、检查和维护。排水系统的失效常常是因为不能对其清扫和检修造成的。文献[8]中的调查显示,这样的系统注定要失效。因此,排水系统的每个部位都要能够被检查和疏通或是可以维护,并且该系统应该足够的结实,在清扫和检修时不会损坏。

正确安装和严格的监理对于获得满意的排水系统也至关重要。许多排水失效都与安装不当有关。排水系统的正常工作还需要定期清扫、检查和维护来保证。

(1)桥面排水

在横坡和纵坡的引导下,桥面水先来到横断面上较低一侧。在横断面较低侧通常有防撞护栏或路缘石等形成的拦水带,它与路面形成的一个过水断面。该过水断面就形成了最简单的桥面排水。过水断面内的水在桥面坡度引导下又流向较低端。有一定纵坡的较短桥梁,过水断面能够独立承担桥面排水。

桥梁的过水断面的影响范围有一定限制(公路桥梁的限制条件见文献[10]),超限时需要考虑采用其他方式,如将水引入排水管、路缘排水单元(图1)等,排出过水断面范围内的水。

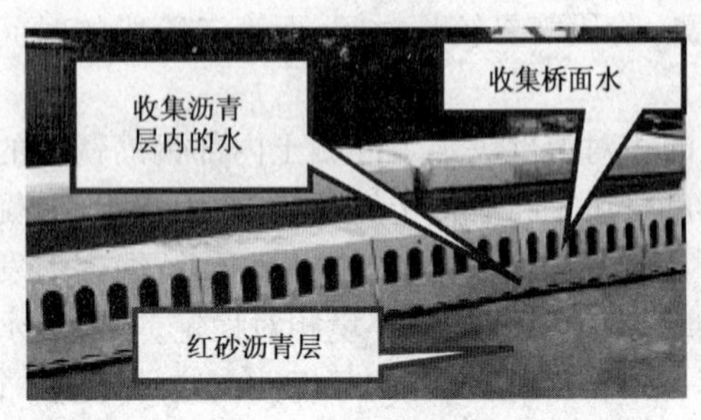

图1 施工中的路缘排水单元

桥面排水系统应尽量采用封闭的方式将水引到指定地点排出,开口的方式(如用泄水管将水直接排到桥下)应避免,原因如下:

①有风时,排出的水会形成水雾洒到结构上,造成结构的腐蚀。

②排出的水会污染桥下的水体。

③排出的水会污染桥下土壤和破坏墩台基础。

④水从开口的排水管直接排到下层道路及其人行道上,影响下层交通;这部分水结冰后,会带来安全隐患;另外开口泄水管管口的冰柱也会危及下层道路交通参与者的生命安全。

在排水管或排水单元的入口附近,水流流速变慢,碎屑和泥都容易堆积,植物易生长,使排水通道堵塞。这些部位是清扫和疏通的重点。应该留有足够的入口将桥面水引入排水管或排水单元,这样能有效地减少桥面水对交通的影响,但入口的数量也不宜过多,这会增加检修和清扫的工作。在难于到达的混凝土内部宜避免设置排水管道,如不能避免,需要能够疏通,且应避免将管道接头置于混凝土内部。

(2)沥青层排水

在有沥青层的桥面铺装里,沥青层以下一般都有防水层来防止桥面水对结构的腐蚀。水能够渗透到沥青层里,如果没有出口,防水层又工作正常,这些水会停留在沥青层里。车辆驶过时,车轮压力会使水压交替变化,破坏沥青铺装。沥青层中的水在冻融循环的作用下也会破坏沥青层。所以,需要收集和排出这部分水。

文献[8]认为:如果防水层完好,沥青层里的水也会在桥面坡度的引导下,沿防水层顶面流到较低一侧的伸缩缝附近。在伸缩缝较高侧设置穿过桥面的排水管道可以将水排出。

在英国,有用路缘排水单元帮助收集和排出这部分水的做法。路缘排水单元不但可以收集和排出桥面水,还可以在该单元下缘开孔来收集沥青层内的水。路缘排水单元的桥面排水孔和沥青层排水孔如图1所示。

我国也有用边缘渗沟和碎石排水盲沟等方法来排出沥青层内的水[11]。在文献[12]中也推荐了穿过桥面排水管的构造。

在设计和施工时,应注意边界上的防水密封措施,构造应简洁。经过沥青层过滤后的水不易堵塞管道,且管道受到沥青层的保护,不需要过多的检修,但是安装时要求较高。在后文还将进一步讨论沥青层排水边界细节构造。

(3)伸缩缝排水

伸缩缝的寿命通常小于桥梁的寿命,在桥梁的寿命周期内,伸缩缝渗漏不可避免。彻底消除渗漏水对结构影响可取消伸缩缝,采用整体式桥梁,在英、美等发达国家这种桥梁的使用广泛,效果较好。对于较长的桥梁,伸缩缝往往是不可少的。在设计、施工和运营期间都应努力防止伸缩缝渗漏,同时也需考虑伸缩缝发生渗漏对结构的影响。

设计时,一方面可考虑减少伸缩缝数量,另一方面在伸缩缝附近要做好防漏、排水和防腐措施。桥墩处可以参考图2所示构造来设计。伸缩缝一般都有橡胶密封条,它可以作为第一级防漏。在伸缩缝下增设集水槽,橡胶密封条失效后,收集和排出渗漏水,这是伸缩缝的二级防漏。在盖梁顶面顺桥向设置坡度,收集盖梁顶面的水。坡度宜外侧向盖梁中心的降低,以保证桥墩良好的外观。盖梁顶面横桥向也设置坡度,将水引至指定位置排出。防水构造由混凝土防水和梁端下缘滴水槽构成。梁端下缘滴水槽可以阻断水沿梁流动,污染梁体下缘和影响支座。

在没有检修通道的桥台上,构造可以参考桥墩;在有检修通道的桥台上,可以参考图3所示构造。桥台背墙和梁端伸出悬臂,在梁体和背墙间形成的空间可以作为检修通道。检修道内侧混凝土表面应有防水涂层。牛腿下设置挡水板,以减少防水层的压力,其余构造与桥墩处相同。

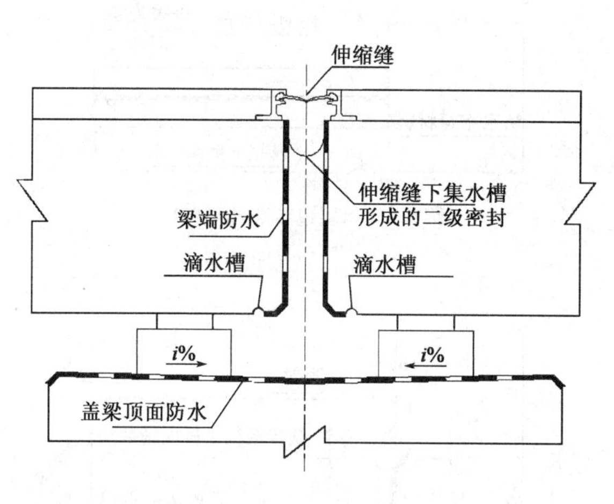

图2 设伸缩缝桥墩处的构造

伸缩缝下集水槽
形成的二级密封
伸缩缝
挡水板向下突出
形成滴水
梁端防水
min1.8m
桥台检修通道
防水
滴水槽
排水沟
i%
min 1m

图3 伸缩缝桥台处的构造

桥面排水系统也应该尽量减少流过伸缩缝的水,这样也可以减轻危害。

排水管道需跨过伸缩缝时,宜将伸缩缝布置于管道之下,管道应有相应的构造,以满足伸缩缝的变形,如在管道外应设置套管。在安装时,套管可以保护排水管,在使用时形成连续构造跨过伸缩缝。排水管道跨过伸缩缝时,也需考虑管道的渗漏。

(4)桥台排水

桥台排水可分为两个部分:一部分是桥台台帽顶面的排水;另一部分是台背排水。

台帽排水可参考伸缩缝排水进行设计,台帽水不应排到台背。如果台帽水汇入台背排水系统,携带有害物质的水也会到台后,腐蚀台背混凝土和钢筋,而台背混凝土和钢筋的腐蚀更难发现,所以这种不宜选用这种构造。

台背填料宜采用透水性材料,填料表面应采取措施防止地表水渗入,同时也要考虑将填料内的积水排出。由于台背排水系统埋置于路基以下,检查困难,设计可考虑疏通和检修构造。

文献[8]推荐的台背排水构造设计细致、精巧,它是由排水构造、防水构造和检修构造三部分组成,如图4所示。台背排水构造有台背透水填料、台背竖向透水块、横向排水管等。台背水首先通过透水性填料渗透到台背,由渗透块收集后进入底部的横向排水管。横向排水管可用可渗混凝土管或开孔的塑料管,其外有无砂混凝土包裹。横向排水管在横桥向应设置坡度。横向排水管两端出露以便疏通。另一个检修构造是穿过桥台前墙的排水孔。在横向排水管附近设置排水孔穿过桥台前墙,排水孔内设10%的倒坡。在横向排水管堵塞后,排水孔会有水流出。它一方面帮助排水,另一方面提醒维修人员。台背混凝土的下部可采用地下混凝土的防水涂层,上部的桥面防水层向下延伸,两者需重叠。

除了以上部位需要考虑排水外,还要注意箱内排水,如箱梁、空心薄壁墩、箱型拱圈等。另外清除结构范围内的建筑垃圾,凿除多余的混凝土或水泥浆,消除可能积水的坑槽,在混凝土表面保证一定平整度,设置排水通道也是施工必不可少的步骤。

2. 桥面防水

桥面防水层的功能是防止桥面水对结构的影响，我国的公路桥梁多数设置有防水层。防水层设计不仅需要认真选取材料，还需要做好防水层边界（如与防撞护栏、栏杆基座、排水孔和伸缩缝等）的细节构造。

文献[12]建议在防撞护栏等的防水层边界设置防水密封，构造如图5所示。这种构造施工简单，但密封效果比图6所示构造差。

图6是文献[9]建议采用的防水边界处理构造。这种构造由砂浆形成的50×50的倒角和密封凹槽两部分组成。砂浆形成的倒角避免了防水层转向上时角部形成空洞，在凹槽处密封防水层可以有效避免水进入到防水层和混凝土之间。这种构造虽然有效，但是施工较为复杂。

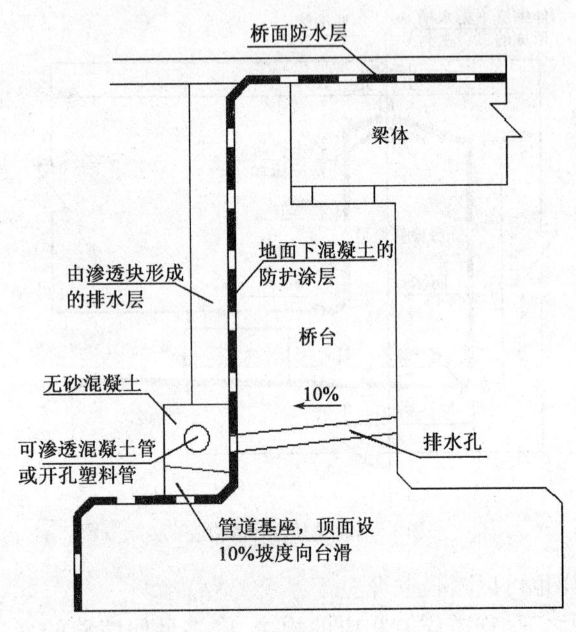

图4　台背排水构造

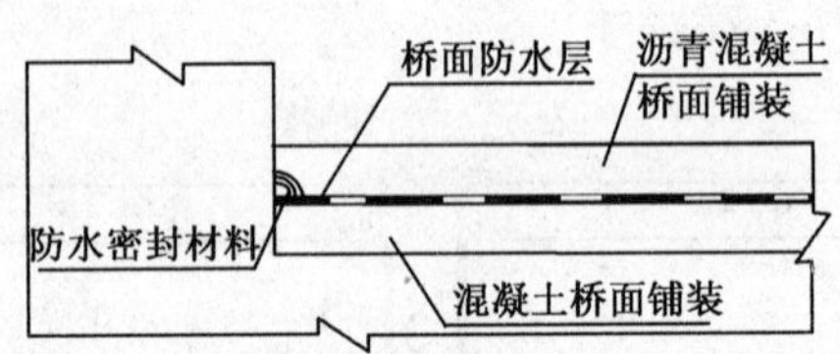

图5　防水层边界密封构造1

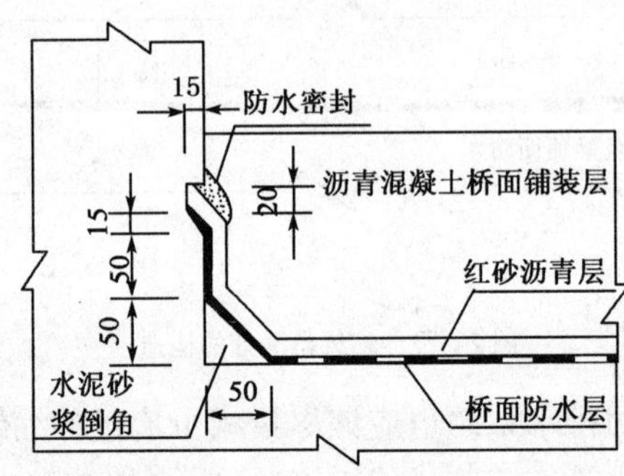

图6　防水层边界密封构造2（尺寸单位：cm）

与我国常用桥面防水构造不同，英国的桥面防水层和沥青层间设有一层20mm厚的红砂沥青层，见图7。在对沥青层压实过程中，该层结构可以保护防水层免受粗骨料的破坏。在更换沥青层时，红砂沥青还能指示除去沥青层的范围，使防水层免遭破坏。

另一个防水层边界问题是与穿过桥面排水管衔接。文献[9]建议防水层应覆盖排水漏斗口内一定范围，避免水从漏斗口下来到混凝土表面，穿过桥面的沥青下层排水管构造如图7所示。

防水层边界的细节构造往往尺寸较小，在施工时容易丧失细节构造的重要特性，因此在施工时需要更加精心。

3. 易腐蚀部位混凝土的防护

桥梁易受腐蚀部位主要有：

①受伸缩缝渗漏水影响的混凝土。

②受路面飞溅水影响的撞护栏、栏杆基座、路缘石、梁体翼缘端部等。

③受下层道路飞溅水影响的桥墩、桥台以及梁体等。

④浪溅区的桥墩、桥台以及梁体等。

在设计这些部位的构件时，根据所处的环境条件，确定环境作用等级，在考虑增厚保护层的同时，也可考虑采用附加防腐措施（如混凝土表面涂层、混凝土表面憎水处理、水泥基渗透结晶型防水处理以及采用环氧涂层钢筋或不锈钢钢筋等）等来提高构件耐久性。

4. 地面下混凝土的防护

受腐蚀性地下水影响的混凝土，如埋于地面下的承台、扩大基础、台背、桥台耳墙等，也需要增大钢筋保护层厚度，同时应考虑附加防腐措施。

在英国,由于考虑到地面下混凝土难于检查,即使地下水不具有腐蚀性,一些桥梁的地面下的混凝土也采用了防腐措施。由于地面下混凝土不可见,所以选择防腐涂层时,可用冷铺沥青涂料、轻质沥青、橡胶沥青乳液等。图8所示为英格兰北部一座桥梁的施工。桥台耳墙埋置于地面以下部分涂有防腐涂层。

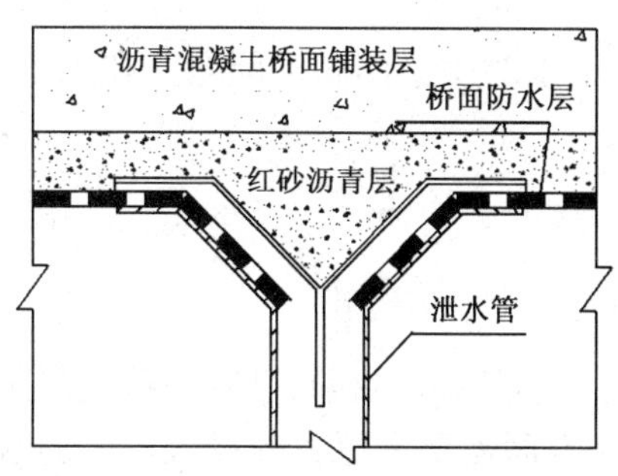

图7 在排水管处防水层密封构造

图8 桥台翼墙埋置于土体内的部分设有防腐涂层

5. 结构缝间密封

防水层的边界和排水构造等需要正确的密封止水构造。桥梁中设有断缝或假缝,如伸缩缝、防撞护栏所设的断缝和假缝、较宽桥台设的沉降缝等。在这些缝里也应设置密封止水材料或构造,以避免水从缝间流出影响结构外观和腐蚀结构。这些密封止水材料或构造不仅需要密封止水性能好,还需要其弹性模量小,能适应缝的变形。

6. 结构表面水流引导

新建的桥梁通常都有较好的外观。经过数年的风吹、日晒和雨淋后,结构表面刻画出岁月的痕迹,这是桥梁长期外观。相对新建时的外观,长期外观持续时间长,更为重要。

水也是影响桥梁长期外观的重要因素。水长期在桥梁一些部位流动,附着灰尘,滋生植物,形成不美观的外观。因此,合理引导桥梁表面的水流,使桥梁长期保持良好的外观也是改善桥梁水环境的内容。

在桥梁的梁体上,常常见到翼缘底面和外侧腹板有水迹线,如图9,图10所示。在翼缘端部下缘设置滴水槽可以避免这一现象发生。在梁端底面支座附近也需要设置滴水槽,用来阻止水流向支座。

图11是三种不同形式的滴水槽。图11c)类滴水槽向下突出形成,当突出部分宽度大于200mm时,其下缘还需设置图11a)或图11b)类滴水槽。

图9 空心板外侧布满水迹

图10 箱梁外侧布满水迹

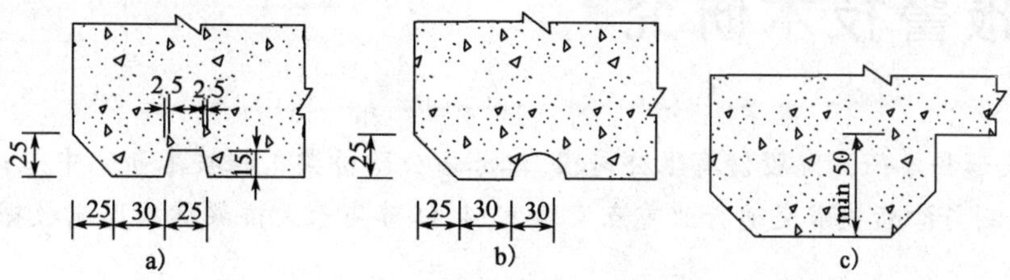

图11 滴水槽构造(尺寸单位:cm)

由于引导水流的构造对结构安全影响不大，且尺寸较小，施工中容易被忽略。要提高桥梁的品质和耐久性，施工这样的构造时，也应足够重视。

四、结　语

水环境管理抓住了桥梁劣化的主要矛盾——水，系统地讨论水对桥梁的腐蚀问题。在工程实践中，该方法针对性强，运用方便。

在水环境管理时，需注意以下问题：

①水环境管理的效果是由系统中最薄弱环节决定。

②水环境管理的薄弱环节往往是都在边界。

水环境管理需要科研、设计、施工和管养共同努力才能收到好的效果。目前，已有一些混凝土防腐措施的研究成果可以用于实际工程，但构造细节的研究非常少，这方面需要有更大的投入。好的水环境管理设计还需要认真细致的施工和严格的监理来实现，现在的施工状况有待提高。水环境管理的长期工作性能需要有科学的管养来保证。在检查和维护时，需要采用水环境分析方法追根溯源，找出问题的根源和所影响的各个环节，将问题逐一解决。

参考文献

[1] 陈肇元. 混凝土结构的耐久性设计方法[J]. 建筑技术，第34卷(2003)第6期.

[2] 陈肇元，廉惠珍，李克非. 混凝土结构耐久性设计与施工指南，CCES01—2004，2005年修订版，2005，北京.

[3] 刘秉京. 混凝土结构耐久性设计[M]. 北京：人民交通出版社，2007.

[4] 中华人民共和国行业标准. GB/T 50476—2008　混凝土结构耐久性设计规范[S]. 北京：中国建筑工业出版社，2008.

[5] 中华人民共和国行业标准. JTG/T B07—01—2006　公路工程混凝土结构防腐技术规范[S]. 北京：人民交通出版社，2006.

[6] 中华人民共和国行业标准. BA 57/01(DMRB 1.3.8)　Design for Durability[S].

[7] 中华人民共和国行业标准. BD57/01(DMRB 1.3.8)　Design for Durability[S].

[8] S Pearson and J R Cuninghame (TRL Ltd), Water management for durable bridge, UK, Highways Agency [S].

[9] Michael Soubry, Bridge Detailing Guide, UK, 2001.

[10] 中华人民共和国行业标准. JTG/T D33—2012　公路排水设计规范[S]. 北京：中国建筑工业出版社，2012.

[11] 李志勇，王江帅，等. 道路防排水技术[M]. 北京：人民交通出版社，2011.

[12] CJJ139—2010　城市桥梁桥面防水工程技术规程[S]. 北京：中国建筑工业出版社，2010.

194. 桥梁结构健康监测系统在异常事件下的报警技术研究

张宇峰[1,2,3,4]　傅　斌[1,2,3,4]　郑　岗[1,2,3,4]

(1. 江苏省交通科学研究院股份有限公司；2. 江苏省公路桥梁工程技术研究中心；3. 长大桥梁健康检测与诊断技术交通行业重点实验室；4. 江苏省长大桥梁健康监测数据中心)

摘　要　作为桥梁结构健康监测系统的基本功能之一：在异常事件下实时报警，对长大桥梁运营管理与养护工作具有极其重要的意义。针对实现报警功能中存在的诸多难点，本文初步探索和研究了在大风、雪灾、地震、船撞等异常事件下如何在桥梁健康系统中实现报警功能以及阈值设置。

关键词 健康监测 异常事件 报警 阈值

一、引 言

近年来，桥梁结构健康监测技术已被越来越多地应用于大型桥梁，并得到了迅速发展。其通过测量反映桥梁环境激励和结构响应状态的某些信息，实时监测桥梁的工作性能和评价桥梁的工作条件，以保证桥梁的安全运营，并为桥梁的养护维修提供科学依据[1][2]。

作为桥梁结构健康监测系统的基本功能之一：在异常事件下实时报警，对长大桥梁运营管理与养护工作具有极其重要的意义。设置了合理的阈值才能对结构进行成功报警，因此报警指标设置的核心在于阈值指标的设置；需要指出的是，此项工作是基于有限监测设备的测值来反映全桥的安全状态，存在测试数据包含结构状态信息量严重不足的问题。因而是一个非常复杂且工作量巨大的工作，需要基于海量监测数据进行统计计算并在监测数据分析的实践中进行优化，才能总结设置出合理的阈值指标。同时，根据结构实测数据，每年应对报警阈值进行校验和调整。针对报警功能实现中取何数据源进行报警、分几级进行报警、报警阈值如何设定、对应的管养手段与后续动作采用等诸多难点，本文初步探索和研究了在大风、雪灾、地震、船撞等异常事件下如何在桥梁结构健康系统中实现报警功能及设置阈值。

二、特殊事件下健康监测系统报警实现及阈值设置

1. 大风作用下报警阈值设置

大风作用下的报警设置因其报警数据源可直接取自环境监测数据，而无需依赖结构响应，受其他因素的影响较小，因此属于最为简单的一类报警，但其设置也绝非如想象中那么简单。仅从行车安全的影响来看，横风将车辆产生横向作用力，致使车辆跑偏、打滑甚至倾覆，从杭州湾大桥和舟山联岛工程的研究成果来看，在不同的路面条件（干、湿、雪、冰）下，不同车型在不同车速下的安全行车极限风速是不同的。如同济大学针对杭州湾大桥的研究指出：在100km/h时速下，微型客车的安全行车风速在干路面和湿路面条件下分别为19.5m/s和15.5m/s；当车速降为60km/h时，此值可分别提高为22.5m/s和19m/s；目前，世界很多大桥都对安全行车风速提出了相应要求，当风速高于此值时，则对允许通过的车型和车速进行限制，必要时甚至关闭交通。

对于大风作用下报警阈值设定，笔者建议采用三级报警方式，黄色报警主要为确保行车安全，其阈值根据不同桥面铺装形式下安全行车风速的研究给出；橙色报警主要反映对结构附属设施安全的可能影响；而红色报警则是反映对大桥主体结构安全的可能影响，其阈值根据设计取值给出[3]。以苏通长江公路大桥（斜拉桥，主跨1088m）为例，其桥梁健康监测系统风速报警阈值指标设定及后续养护管理要求如表1所示。

苏通大桥风速仪报警阈值设定及对应养护管理要求（初定）（针对跨中风速仪） 表1

报警等级	报警指标	养护管理要求
黄色报警	$V_{2横}=20\text{m/s}$	桥面行车车速开始限速至60km/h，并禁止在桥上变道，控制超高空载车辆过桥
橙色报警	$V_{2横}=25\text{m/s}$	应关闭交通，并在台风过后进行主梁、拉索部分附属设施检查，包括风速仪、GPS、路灯、塔柱射灯、美化照明灯、塔内照明设施、箱内照明设施等是否完好、有效等
红色报警	$V_{10横}=28.5\text{m/s}$、$V_S=49.4\text{m/s}$与$V_{10横}=f(\Delta_{横}=2.431)$中较小值	除对附属设施进行检查外，必须对台风过后的结构进行全面、细致的检查，包括：桥面系、伸缩缝、主桥箱梁各主要部位的焊缝、斜拉索系统等，并确认结构是否存在不可恢复的变形

对2011年苏通长江公路大桥实测风数据分析可以发现,黄色报警与橙色报警次数最大值均发生在8月份(图1、图2),这是由于当月苏通大桥受到台风“梅花”的极大影响,北索塔与南索塔塔顶,主跨跨中上下游传感器均监测到较高风速值,但测值明显小于南京信息工程大学与江苏省气象科学研究所提出的苏通大桥10年重现期的计算风速值,说明梅花台风对苏通大桥的影响远低于设计水平。另外,监测系统对6月份第5号热带风暴“米雷” 等的影响也发出了黄色警报,验证了苏通大桥结构监测系统的可靠性,监测数据也为相关研究提供了宝贵的资料[4]。

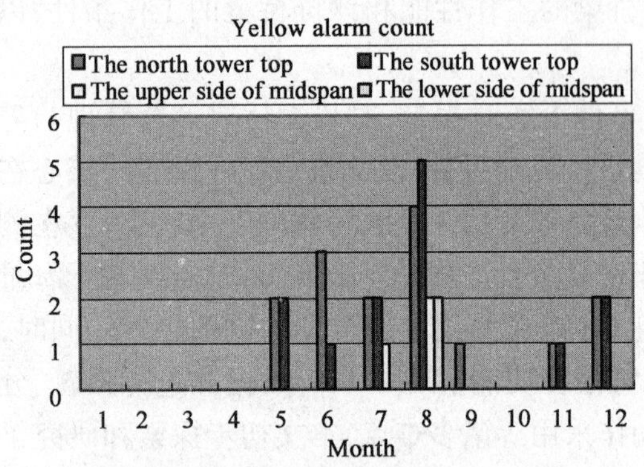

图1 2011年每月各风速监测部位黄色报警次数

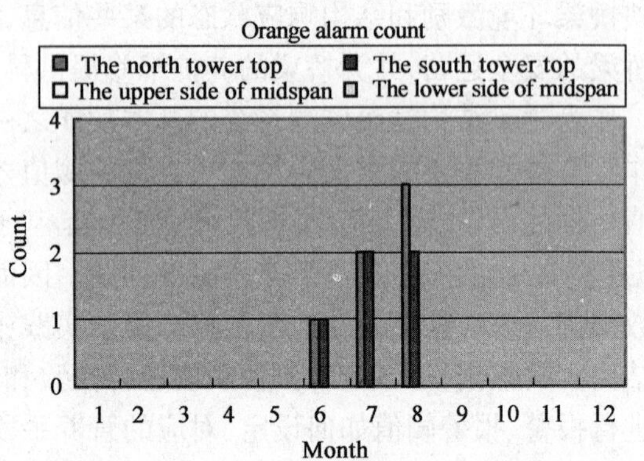

图2 2011年每月各风速监测部位橙色报警次数

2. 雪灾(或堵车)下结构挠度报警

在大部分情况下,积雪对于结构物受力的影响是短暂的,并不是结构物受力状态的控制因素;且积雪融化后,其作用随即消失。但在发生诸如持续低温、暴雪等罕见的恶劣气候及积雪厚度不断增加时,将会对结构物的安全存在较大影响。例如2008年初,中国江苏地区连续发生强降雪,在此期间,由于江苏省内其他跨江通道均实施了临时封闭交通处理,因此江阴长江公路大桥(悬索桥,主跨1385m)成了江苏地区雪灾期间沟通大江南北的唯一通道,大量的车辆涌入大桥,日交通流量平均达68571辆/日,最大达92329辆/日,是日常车流量的两倍多,再加上未能及时清除的雪荷载,造成大桥荷载量骤增,结构承载能力受到严峻挑战。

由江阴大桥实测数据分析发现,在修正时滞效应后,结构跨中竖向变形与桥址环境温度具有较强相关性[5]。主要表现如下:

环境温度上升,结构竖向变形增大,环境温度下降,结构竖向变形减小,如图3和图4所示。

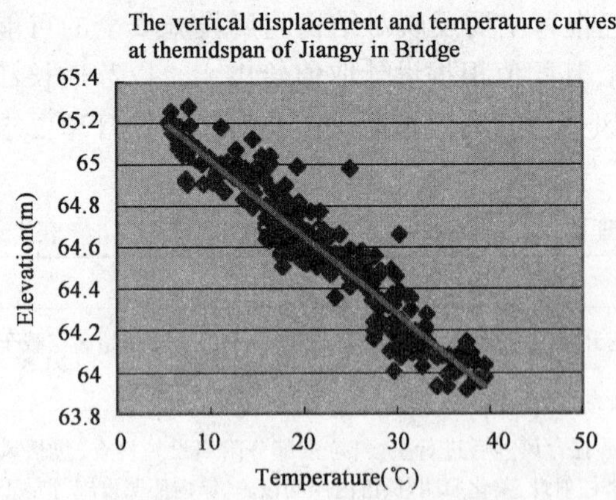

图3 江阴大桥跨中处竖向位移与温度变化曲线

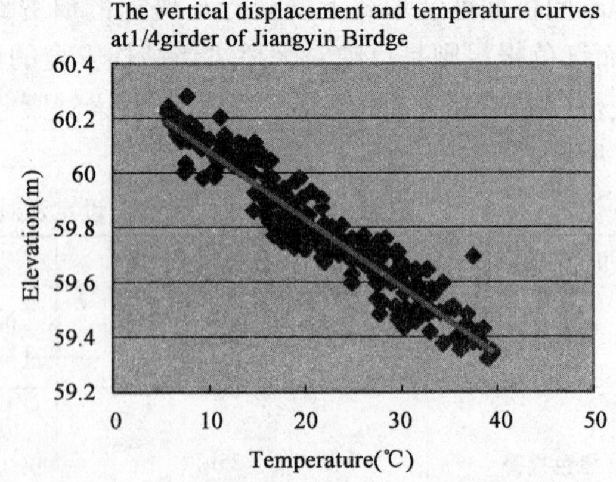

图4 江阴大桥1/4处竖向位移与温度变化曲线

进一步分析建立相关性模型为:

1/2处的直线拟合方程为:$y = -0.037x + 65.392$,离散系数为:0.9015;

1/4处的直线拟合方程为:$y = -0.0247x + 60.327$,离散系数为:0.9008。

由此,根据系统实测数据分析以及大桥成桥期间荷载试验,设定结构整体变形报警阀值:

(1)红色报警值 = 计算最不利荷载组合(已考虑温度、荷载等多种因素)下的结构高程值;

(2)橙色报警值 = 不同温度下的结构高程值,并考虑0.95的置信水平上限值 - 荷载试验结构最大下挠值;

(3)黄色报警值 = 不同温度下的结构高程值,并考虑0.95的置信水平下限值 - 荷载试验结构最大下挠值。

根据报警结果,建议采用以下运营管养措施:

(1)当桥梁竖向变形达到黄色报警值时,应引起注意,尽快输导交通,防止车辆在桥上积压;

(2)当桥梁竖向变形达到橙色报警值时,应限制重载车辆上桥或采用间歇放行方式,事后应对桥梁状态进行专项检测;

(3)当桥梁竖向变形达到红色报警值时,应立即中断交通,疏散桥上车辆,并立即组织对桥梁状况的紧急专项检测,查明原因。

通过对SHMS 2006年和2007年实测的结构变形数据抽样统计(统计结果参见图5、图7)可以看出,上述结构运营期间,结构竖向变形未出现超越阀值情况。而根据所设定的江阴长江公路大桥主梁竖向变形报警阈值,在2008年雪灾中起到了很好的报警作用,如图6、图8所示。

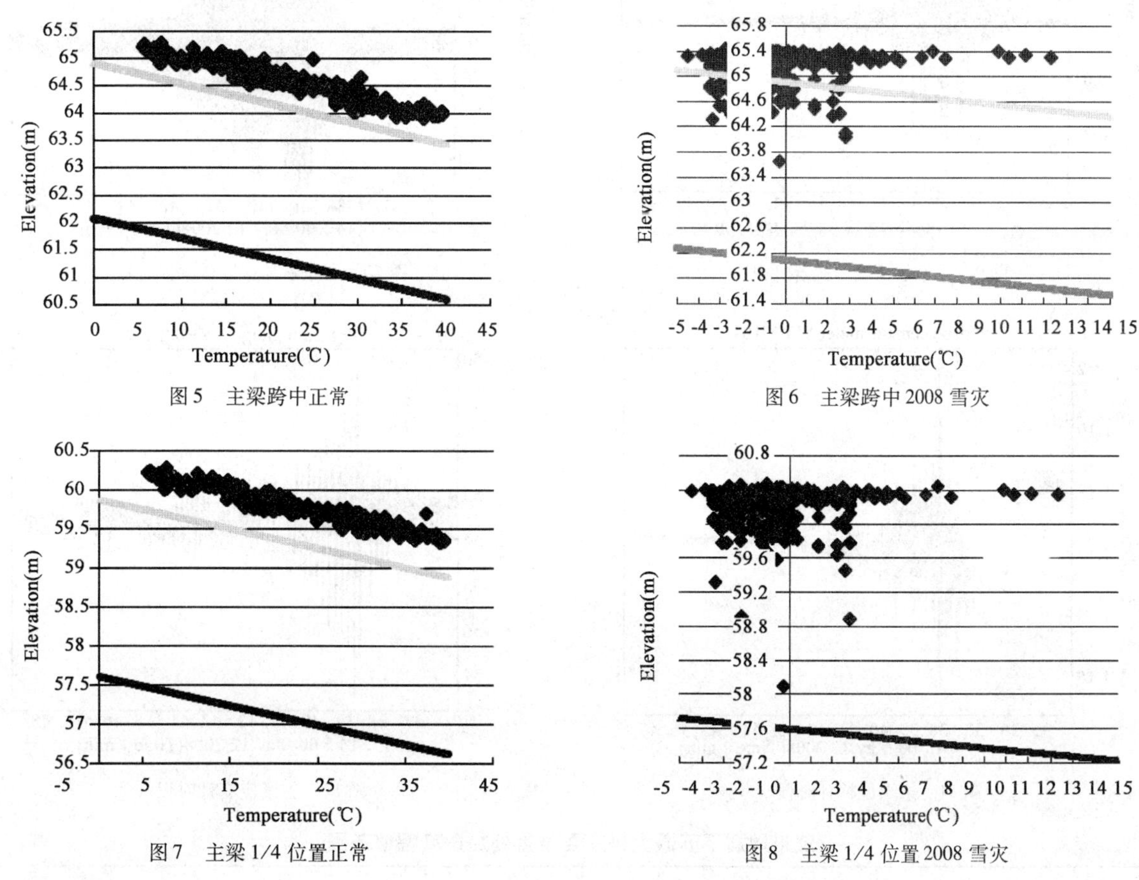

图5　主梁跨中正常

图6　主梁跨中2008雪灾

图7　主梁1/4位置正常

图8　主梁1/4位置2008雪灾

分析表明:

(1)雪灾期间江阴长江公路大桥跨中、1/4位置均出现超越黄色阀值现象,超越概率分别占样本总数的10.47%(跨中位置)和5.98%(1/4位置)。

(2)雪灾期间大桥竖向变形未出现超越橙色和红色阀值现象;

(3)大桥竖向变形的监测数据进一步表明,雪灾后结构变形得到了恢复,未造成结构的永久性变形,大桥恢复正常弹性工作状态,雪灾事件未对结构造成损伤。

3. 地震作用下报警

尽管到目前为止,大跨度桥梁因地震而毁坏的情况并不多见,但是鉴于它们在经济、交通等方面占据的特殊重要地位，以及20世纪国内外出现的几次惨重的地震灾害的教训，对这些重大工程进行抗震设防仍是十分必要的。汶川地震是一次里氏8级的强烈地震，地处千里之外的苏通长江公路大桥结构健康监测系统清晰记录到了此次地震响应，这也是首次记录到千米级斜拉桥在地震作用下的结构响应，其数据积累对于指导今后类似千米级斜拉桥的设计将具有重要意义[6]。

数据显示，汶川地震发生的时刻为2008年5月12日14时28分4秒，苏通大桥在汶川地震作用下结构动力响应初始时刻为14时36分13秒左右，持续时间约为6～11min。响应初始时刻延迟489s左右，苏通大桥与汶川地震震中映秀镇相距约1660km，可以计算出地震波传播速度大致为3.39km/s，苏通大桥对汶川地震的典型结构响应时程曲线如图9～图12所示，汶川地震下苏通大桥主要位置处加速度幅值范围如表2所示[4]。

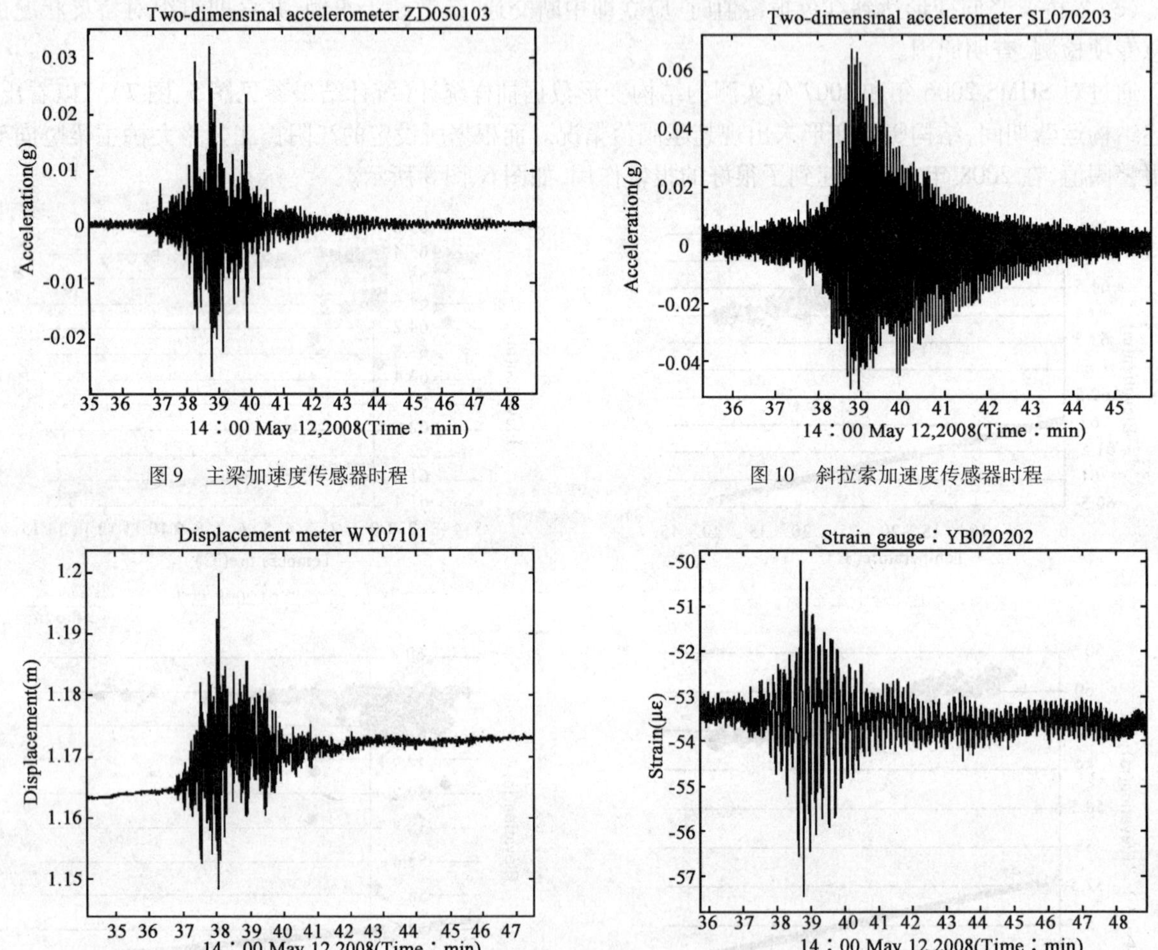

图9 主梁加速度传感器时程

图10 斜拉索加速度传感器时程

图11 梁端位移计时程

图12 主梁应变计时程

汶川地震下苏通大桥主要位置处加速度幅值范围 表2

位　置	加速度幅值	位　置	加速度幅值
塔顶	0.008～0.009g	拉索面内	0.017～0.036g
主梁竖向	0.015～0.027g	拉索面外	0.056～0.081g
主梁横向	0.025～0.048g		

对苏通长江公路大桥主梁、主塔加速度传感器和梁端位移计所采集信号做频谱分析，并与前期同济大学抗震研究报告[7]及在2008年1月7日～10日所进行的苏通大桥结构静动载试验所的得到的频率计算值进行比较，其结果如表3所示[6]。

苏通大桥主航道桥各阶频率实测与理论比对 表3

振型阶数	频率(Hz)				振型特征
	用汶川地震响应衰减段得到的实测值	模态试验值	理论值		
			模型1	模型2	
1	0.090	0.080	0.053	0.102	主梁一阶对称侧弯
2	0.180	0.185	0.180		主梁一阶对称竖弯+索塔纵弯
3	0.193	0.195	0.128	0.285	主梁一阶反对称侧弯
4	0.213	0.220	0.219		主梁一阶反对称侧弯+索塔纵弯
5	0.327	0.338	0.313		主梁二阶对称竖弯
6	0.350	0.355	0.232	0.531	主梁二阶对称侧弯
7	0.397	0.400	0.379		主梁二阶反对称竖弯+索塔纵弯
8	0.432	0.460	0.425		主梁三阶对称竖弯+弯塔纵弯
			0.380	0.671	主梁三阶对称竖弯
9	0.496	0.521	0.539	0.540	北塔侧弯
10	0.510				南塔侧弯
11	0.533	0.532	0.472		主梁三阶反对称竖弯
12	0.551	0.580	0.541		主梁一阶对称扭转
13	0.599	0.625	0.573		主梁四阶对称竖弯
14	0.646	0.675	0.634		主梁五阶对称竖弯
15	0.721	0.725	0.548	0.729	主梁对称侧弯
16	0.737	0.765	0.747		主梁四阶反对称竖弯
17	0.843	0.845	0.762		索塔侧弯+主梁一阶反对称扭转
18	0.873	0.915	0.829		主梁对称竖弯

原则上，对于纵飘振型，环境激励下该阶振型的振动量较小，通常情况下难以识别，在激励较大时，如地震作用下，应该可以识别出此模态，但由于苏通大桥健康监测系统一期工程中未设置主梁纵向加速度传感器，而梁端位移计信号中虽包含纵飘振型信息，但由于其同时也受主梁竖弯振型和侧弯振型影响，故从中亦难以分离纵飘振型。

经分析汶川地震作用下苏通大桥结构动力响应识别发现，汶川地震荷载作用与结构响应相比于设计理论最不利工况组合仍然要小得多，地震作用激发出结构动力响应与理论分析和动静载试验的结果基本一致，地震发生后索力与各主要位置的应力统计结果均无明显变化。

位移计反应出的主梁特征识别如图13~18所示：

(1)主梁南端地震后存在2mm位移差残余；

(2)地震后主梁重心向南的残余位移约为7mm；

(3)主梁轴向变形趋势在地震前后趋势并无明显改变；

(4)北端幅值差为23.3mm；南端幅值差为50.0mm[4]。

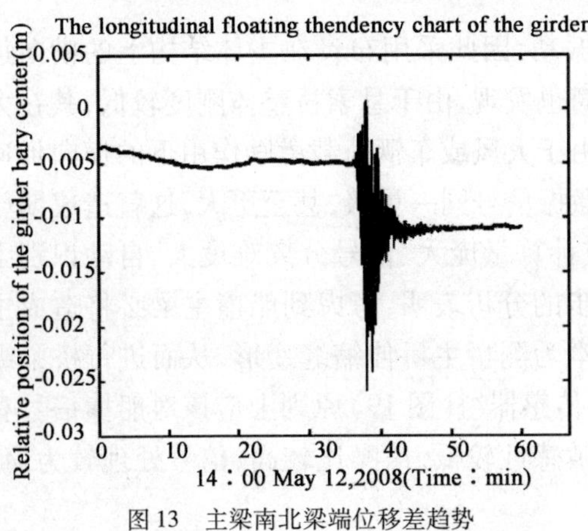

图13 主梁南北梁端位移差趋势

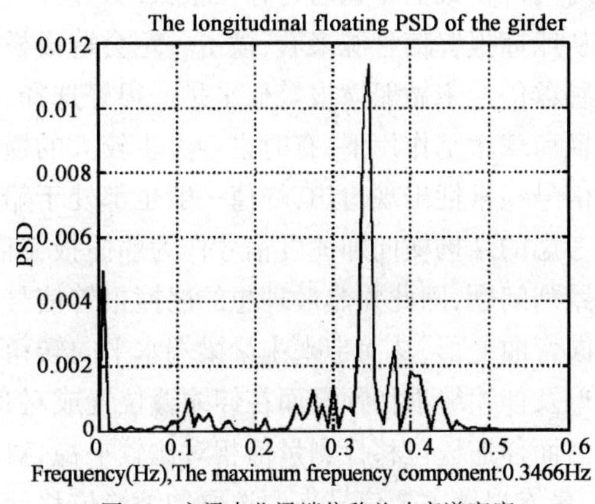

图14 主梁南北梁端位移差功率谱密度

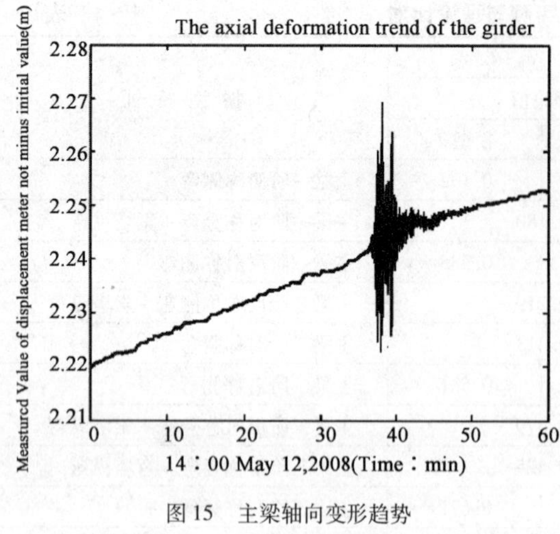

图15 主梁轴向变形趋势

The axial deformation PSD of the girder

Frequency(Hz),The maximum frepuency component:0.34Hz

图16 主航道桥轴向变形的功率谱密度

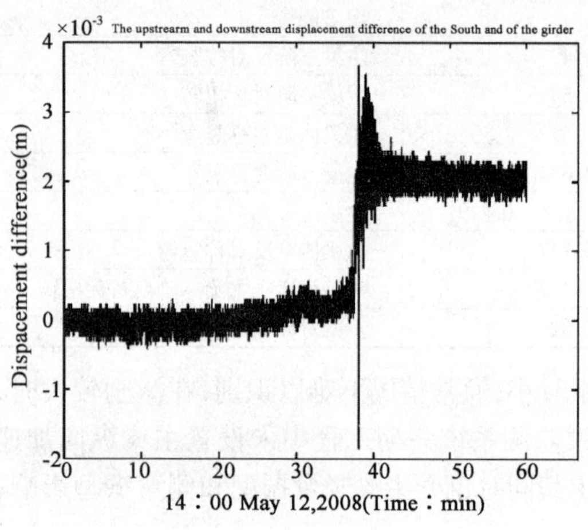

图17 主梁南端位移差值时程

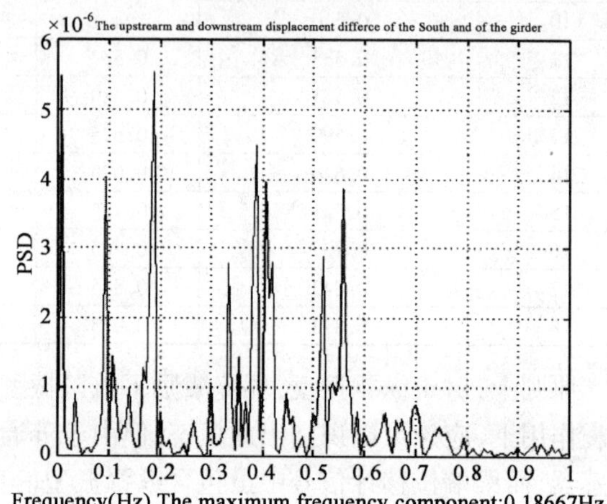

图18 主梁南端上下游位移差值PSD

4. 船撞作用下报警

国际桥协(IABSE)的调查研究表明:尽管科技的进步使船舶的装备水平、安全监督管理水平以及桥梁的建设与管理水平等都有了长足的进步,但船撞桥事故历年来仍不断发生,并且20世纪80年代以来事故次数甚至还呈增长态势[8]。当船撞事故发生后,有必要及时检测船撞造成的损伤、及时判定是否需要限制桥上交通、及时整修维护,及时追查肇事船只。但是,资料亦显示:有多起船撞事故是在撞击发生后数小时,甚至数天后才被发现,这不仅使得桥梁管理单位对于肇事船只的追偿工作变得困难,而且使得这段时间内桥梁上车辆通行存在很大的风险[9]。

从船撞报警信号源来看,撞击一定会造成桥梁横桥向振动,因此采用布设在主体结构上的横向加速度传感器信号来做船撞报警似乎是一很好选择,但分析同时也发现,由于悬索桥整体刚度较低,其在大风或车辆荷载激励作用下,有时也会产生较大的横向激振。由于大风或车辆荷载激励作用下的横向加速度激振信号经常性出现,且其峰值一般也都处于船撞引起的激振信号同一量级,甚至更大,这就造成期望以常规考虑的结构横向加速度信号作为船撞报警信号将造成计算量庞大、信号分离难度大、自动识别困难等一系列问题,因此并非最理想的船撞报警信号源。进一步的分析表明,考虑到船撞主梁必将造成主梁横桥向弯曲变形,从而带来主梁梁端水平向转角,因此,原本为测量主桥伸缩缝变形,从而进行桥梁纵桥向变形及伸缩缝损伤预警而在伸缩缝位置成对布设的位移传感器组(图19)原则上应该对船撞信号有所响应。而伸缩缝位移计测量值相对比较平稳,对车激振动敏感性较低,信噪比较高,信号处理较为简单。因此,最终报警主要信号来源选取伸缩缝位移计信号。

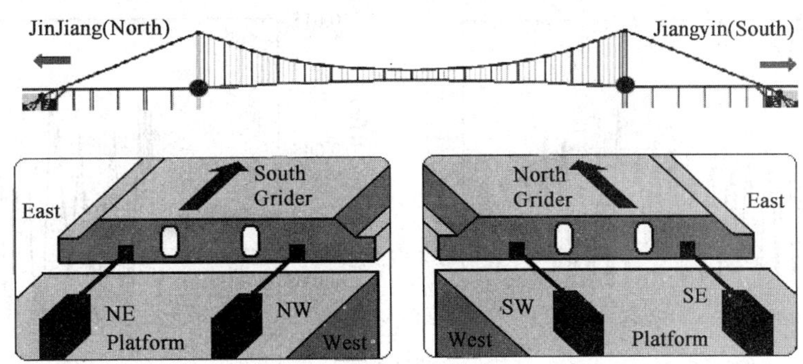

图 19 江阴大桥伸缩缝位移计布置示意图

但是,数据分析亦表明,虽然仅从 2005 年 6 月 2 日 20:00 ~ 21:00 这 1h 的数据来看,似乎简单设置一报警阈值(如要求数据消趋势处理前梁端转角超出 −0.05° ±0.03°)就可以非常方便地实现船撞报警,但仅仅将信号记录扩展到 24h(图 4)就可以发现,虽然相比于横桥向加速度信号,梁端水平转角信号对车激与风激振动影响的敏感性已经大幅度降低,但其仍不足以完全消除车激与风激振动影响,因此期望简单设置一允许转角幅值作为报警阈值的方法显然将带来大量虚报警,并不可行,必须寻找船撞引起梁端水平转角信号的更多特征指纹。

考虑到船撞作为突发性事件,能量的传递存在瞬时性,因此传感器对撞击信号的体现也存在短暂性,具体表现为在某一时刻突然出现信号突变,然后迅速衰减至正常状态。因此,可将以下 3 点作为船撞信号的特征指标:

(1)特征指标 A:梁端水平转角幅值

船撞能量大小可以其引起两个梁端水平转角幅值的大小来直观反映,因此选取梁端水平转角幅值船撞主梁特征指标 A。

(2)特征指标 B:启动报警后首个振动周期梁端水平转角峰谷值

船撞引起的大桥主梁横桥向是一个典型的冲击衰减过程,其特征表现为其水平转角值在船撞发生后将突然增大,而后在往复振动中逐渐衰减(当然,由于可能存在多次碰撞,故其也可能其第一对峰谷值并非在撞击事件全时段内的幅值最大或最小点,其可能存在在前几个周期振动中其水平转角峰谷值大小维持不变甚至略有增大,而后再逐渐衰减);而车激振动与风激振动一般都是在一定时段内的密集多次激励,故是梁端水平转角峰值往往在一次事件中逐渐增大,再逐渐减小,其启动报警后首个峰值往往较低。因此,可以选取启动报警后首个振动周期的梁端水平转角峰谷值大小作为船撞主梁特征指标 B。

(3)特征指标 C:对应横桥向 1 阶频率的梁端水平转角信号自功率谱密度幅值

从对于振动进行振型分解的角度来看,任何一个振动都可以分解为一系列基本振型的叠加,因此梁端水平转角自功率谱密度函数中各阶频率所对应的幅值大小原则上可反映在分析时段中,该频率所对应振型对所分析振动形态的参与度高低。根据江阴大桥实测数据的分析表明:在大风及船撞作用下,桥梁横桥向振动中一阶振型参与度较高,其对应横桥向 1 阶频率的梁端水平转角信号自功率谱密度幅值较高,而其他时刻这一特征则不明显,因此选取对应横桥向 1 阶频率的梁端水平转角信号自功率谱密度幅值为船撞主梁特征指标 C。

采用上述特征算法,对江阴大桥 2005 年 ~ 2009 年的数据分析表明:(1)特征指标 A:9240 次;(2)特征指标 A + B:298 次;(3)特征指标 A + B + C:锁定 2 次船撞,报警时延小于 1 分钟,如图 20 ~ 23 所示。

三、结 论

异常事件下的报警功能是对健康监测系统的基本要求,但其实现绝非想象中那么简单,存在以下难点:报警数据源选择、确定报警级数、阈值设定、对应管养手段等。本文针对以上难点,初步探索和研究了在大风、雪灾、地震、船撞等异常事件下如何在桥梁健康系统中实现报警功能以及阈值设置,实践证明效果良好。

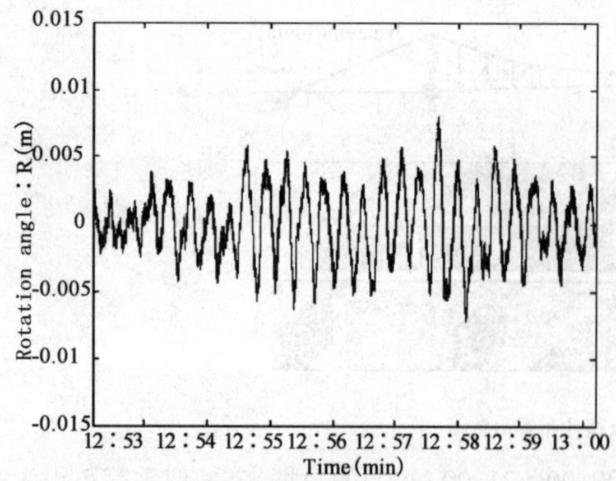

图20　2005年麦莎台风期间主梁梁端转角非船撞报警记录

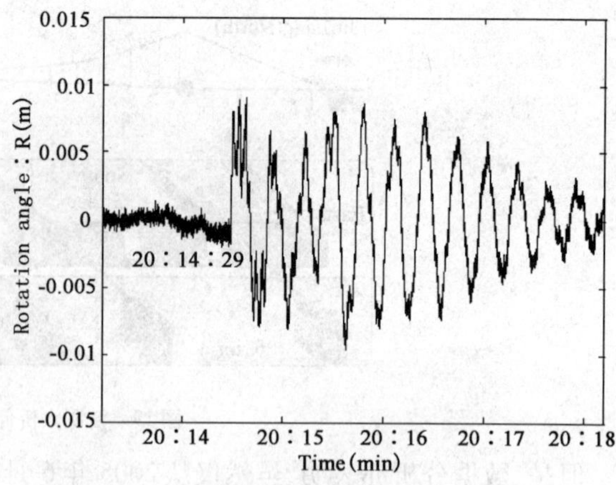

图21　2005年主梁梁端转角船撞报警信号

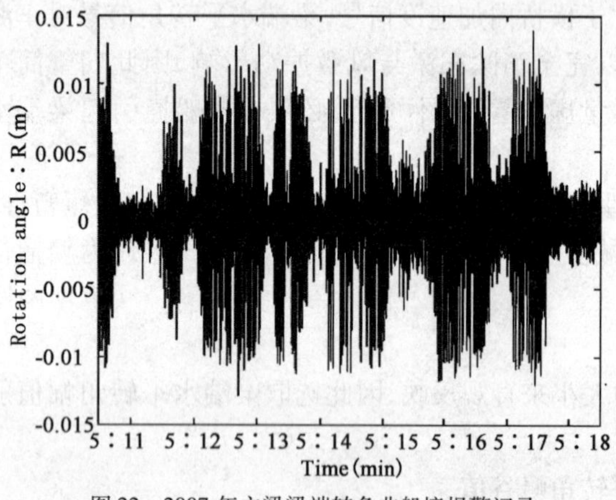

图22　2007年主梁梁端转角非船撞报警记录

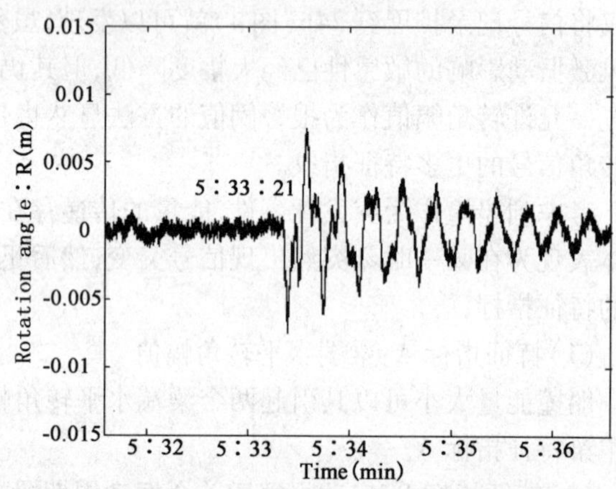

图23　2009年主梁梁端转角船撞报警信号

参考文献

[1] 李兆霞,李爱群,陈鸿天,等.大跨桥梁结构以健康监测和状态评估为目标的有限元模拟[J].东南大学学报(自然科学版).2003.33(5):562-572.

[2] 朱晓文,李爱群,赵启林,等.结构监测系统中传感器故障判别方法研究[J].东南大学学报.2007,37(2):315-319.

[3] 江苏省交通科学研究院股份有限公司.苏通大桥健康监测系统报警阈值设置研究报告[R].2011.2.

[4] 江苏省交通科学研究院股份有限公司.2011年苏通大桥结构健康评估年报[R].2012.2.

[5] 江苏省交通科学研究院股份有限公司.江阴大桥结构健康监测与安全评价系统研究总报告[R].2010.9.

[6] 张宇峰,朱仕村,姚蓓,等.苏通大桥在汶川地震作用下的结构动力响应分析[J].第三届大跨径桥梁结构损伤预警及状态评估技术研讨会.2010.10.

[7] 上海同济建设工程质量检测站.苏通大桥主桥斜拉桥动静载试验报告[R].2008.

[8] Sipke E. van Manen & Aksel G. Frandsen. Ship collision with bridges, review of accidents. Ship Collision Analysis, Gluver&Olsen. 1998,3-11.

[9] Y. F. Zhang, S. C. Zhu & L. T. Zhang. The real-time alarming technique of ship-collision to long-span bridges based on the displacement data of expansion joints[C]. In Biondini F & Frangopol DM (Eds.), Bridge Maintenance, Safety, Management, Resilience and Sustainability: Proceedings of the sixth International Conference On Bridge Maintenance, Safety And Management, Stresa, Lake Maggiore, Italy, July 8-12, 2012, CRC Press-Taylor & Francis Group, 733.

195. 舟山跨海大桥管养人才队伍建设的探索与思考

杨晓法
(浙江舟山跨海大桥有限公司)

摘　要　百年安全梦是国内外桥梁界的梦,也是交通人的梦,更是参与大桥管养人员的梦。本文首先以舟山跨海大桥管养工作现状为切入点,通过对大桥管养人才队伍建设工作所存在的问题进行了分析,进而提出了做好特大桥梁人才队伍建设的一些对策与措施。

关键词　舟山跨海大桥　管养人才　队伍建设

一、引　言

舟山跨海大桥建成通车与安全运营3年来,努力践行"一流大桥、一流管理、一流服务"的管养理念,为舟山群岛新区设立,浙江海洋经济建设作出了积极贡献,社会效益远远大于经济效益。作为世界级大桥工程,舟山跨海大桥五座大桥结构涵盖了除拱桥以外的所有桥型,最具代表性的是西堠门和金塘两座特大型跨海大桥,管养难度大、技术要求高。在全寿命周期预防性养护的要求下,当前仍存在一些世界性管养难题亟待解决,如大桥海洋环境腐蚀、结构健康监测、钢桥面铺装破损、桥梁桩基冲刷、西堠门大桥涡激振动等,既无现成规范可直接参考应用,也少有类似工程经验可借鉴,唯有通过吸纳和集聚各类专业技术人才,发挥各类人才整合优势,才能为世界级跨海大桥安全管养提供人才支撑和技术保证。

二、亟须解决的人才需求瓶颈矛盾

人才是科学技术和文化知识的载体,是文化创新、科技创新的源泉。自舟山跨海大桥通车以来,集团公司就十分重视支持大桥的管养人才队伍建设,如通过择优选拔配置总工程师,邀请国内知名专家组建成立技术专家组,注重内部大桥管养人才队伍建设,为大桥管养工作提供有力支持。当前,舟山跨海大桥拥有一线管养专业人员39人(包括养护公司),其中教授级高工职称3人、高级职称7人;博士和硕士5人、本科26人。2012年,为进一步促进大桥专业化、精细化、规范化管理,又通过招聘、竞聘、院校合作等形式,引入多名本科和硕士研究生,并在薪酬标准、工作条件等方面给予适当照顾和倾斜。可以说,在大桥管养人才队伍建设方面做了许多工作,也取得了一定成效,但仍还未适应世界级大桥的管养需求,人才需求瓶颈矛盾依然较为突出,主要存在以下几方面问题与原因。

1."重建轻养"影响招才

受传统"重建轻养"的影响,公路养护行业收入普遍不高,养护技术人才和复合型管理人才就职意愿多为设计、工程建设、院校等单位。舟山跨海大桥在几次招聘中均遇到上述现象,而且现有人才也存在流失现象。

2."国企体制"难招高才

我国高速公路建设迅猛,但管养工作发展却明显滞后,造成高层次、技能型和复合型管养技术人才,尤其是特大型桥梁管养人才缺乏。作为国有体制既有其多方面的优势又缺乏民营企业的灵活机制。比如在招聘中时常遇到高薪酬、高职位的要求,如满足其要求,会带来新老人才管理的矛盾。

3."管养模式"约束养才

当前,高速公路养护模式大都为"管"与"检""养"分离,路公司职责是通过安排养护计划和实施养护单位招标，并对养护结果进行验收，表现为"管而不养"；养护公司职责是承担常规检查检测和日常养护工作，表现为日常"检养包干"。公路养护的设计、专业检测、监理委托专业单位，这一模式在一般高速公路营运管理中具有节约成本、提高效率的优势，但对于特大桥梁管养人才的培养来说具有一定的局限性。又如机电系统的日常维护是一个庞大复杂的系统工程，需要维护人员扎实做好基础研究和不断积累维护经验，特别需要一批人员稳定、经验丰富的维护团队，但我们目前日常维护基本实行代理维护，而不是更能适合管养人才培养的"自维"模式。

4."海岛孤单"不适青才

大桥管养需要常年驻在海岛上，远离都市，生活工作环境枯燥，容易对青年员工造成孤独感。尽管对员工的住宿、交通、生活等方面做了很大的改善，但仍不能适应生活丰富、思想活跃的当代青年需求，影响人才队伍稳定。

5."一桥多管"缺乏综才

目前，舟山跨海大桥由大桥管理局、高速交警、高速路政、海事、消防、交通派出所、营运公司、养护、施救、航标等12家单位共同参与管理，各管理单位责权明晰，是特大桥梁管理的特有体制，对大桥安全管理起到了较好的效果。在运行中营运公司要协调沟通处理桥上交通、桥内结构、桥下海事三大事务，不仅需要构筑养护、机电、安全、海事等方面人才结构，还需要既会技术又懂管理、既会行政又懂党建、既会沟通协调又能安心做事的综合型管理人才。

6."科技兴安"欲求创才

舟山跨海大桥的建成是对国际桥梁建设发展的重大贡献，它涵盖了许多具有国际领先的科学技术。作为管养主体的营运公司亟须大批科技创新型人才，以解决当前面临的世界性管养技术难题。虽然通过之前的人才队伍建设，以及由此开展的一些科技创新取得了一定成果，但科技支撑管养的能力仍十分有限。

三、实行开明灵活的用人原则，夯实大桥管养人才支撑

1. 树立人才为核心竞争力的思维

一是要转变观念，树立人才是第一资源的观念。要实现大桥百年管养，实现企业永续发展，关键是要有一批高素质的人才队伍，因此必须要始终坚持好的作风，科学的方法，不断营造识才、用才、爱才、聚才的良好用人氛围。二是要不断完善和制定有利于人才成长规划，全面推进用人制度改革，坚决摒弃论资排辈观念。三要按照行业要求，汲取国内外跨江跨海特大桥梁营运管理的有益经验，建立涵盖营运、养护、机电、海上、安全、科研、管理、人才等方面构成的舟山跨海大桥中长期管养体系。

2. 系统提升人力资源的管理机制

人力资源管理既涉及对生产力的管理，又涉及对生产关系的管理，涉及机构岗位设置、人才选用培养、考核评价、激励约束等多个方面，需要系统设计、整体推进，形成人力资源管理的立体效应。近年来，集团公司在招聘、用人、薪酬等方面给予子公司很多的灵活性和思路创新，但在实行中还带有一些保守思想，容易造成员工对晋升空间，经济收人提高的疑虑。因此，应从以下三方面进行研究改善：

一是在管理干部提升的成熟制度上，再进一步完善专业技术职称晋升和"低职高聘"、"高职低聘"等薪酬、考核制度，开放员工的多种晋升通道。

二是舟山跨海大桥管养人才的需求包涵桥梁结构、内久性、桩基、桥面、土建、机电、安全、营运、海事、综合管理等方面，交通行业对普通高速公路提出配备桥梁工程师，对特大桥梁专业人才配置还没有明确规范要求，从大桥三年运营来看，我们认为对桥梁结构、内久性、桩基、海上安全等重点技术的专业短缺人才要增加配置。同时，要树立"不求引人、但求引智，不求所有、但求所用"的思想，不能包罗到所有人才或苛求员工都是全才，要加快虚拟桥梁管养组织的建设，在不断加强组织整体、沟通、共享、学习的观念培养中，依靠市场运行机制，以诚信及契约为纽带，集聚利用不同地域、不同单位、不同行业的桥梁管养人才资源，从不同渠道整合国内外关于桥梁管养界的各种意见、经验及技术，最终实现人才集成、知识共享、优

势互补。

三是在积极发挥大桥专家委员会“舵手”作用的基础上，建立企业博士后流动工作站、专家顾问办公室等，让高层次人才长期入驻企业，扮演执行者的角色，进一步落实专家委员会的各项建议，服务于大桥管养。这既能为企业培养发展所需高层次人才和加快科技成果转化提供一个良好的平台，也是高层次人才实现研究锻炼的有效载体，最终实现“双赢”。

四、创新养护机制，大力培养自主人才

1. 集团公司要重控创新，实现两个转变

首先，要从目前以应急性、粗放性和被动养护的理念逐步向树立以预防性、专业性和周期性养护为主要载体的成本效益理念转变，进一步学习借鉴国内外有关的成功经验，不断探索优化建立符合自身的管养模式。集团公司要按照各条高速公路以及特大桥梁的特点制定相对科学的养护标准、养护定额、养护计划、质量定性，把好管控关。其次，要从目前对养护公司的保护性机制逐步向半市场化或者市场化养护体制转变，因为市场化机制一般要比行政性手段更有效果，不管是成本控制、质量效益，还是人才培养、工作效率。我们既要符合国企体制要求，又要遵循经济学的一般规律。

2. 路公司要重质降本，实现模式转变

路公司要在养护工作逐步实现两个转变的基础上，不断强化养护质量保证、成本控制、安全管理，特别是目前国内跨江跨海的特大桥梁养护大都实行“管、检”与“养”分离模式，江苏润扬、苏通大桥的养护模式值得学习借鉴。其具体做法是，大桥公司养护部配备 5 ~ 7 名养护专业技术人员，负责计划、招标、验收、资金支付；养护部下设养护中心，配备专业技术人员 15 ~ 17 名，负责常规检测和现场监管，桥检车等常用检测设备由大桥公司自行配备，日常养护和专项养护外包。另外，像虎门大桥的管理体制是养护部设工程管理组和技术组两部分，技术组共配置技术人员 9 人，负责大桥的日常巡查和定期巡检中一些常规项目的实施。定期巡检中复杂项目的检测及特殊、专项检测工作的实施由路公司委托专业机构来完成，技术组负责跟踪监督及检测项目验收。对于大桥的养护，路公司每年通过招标方式来确定养护单位，由养护单位来负责日常保养及中、小维修项目的实施，大、中维修项目作为专项工程也由路公司通过招标方式来选择实施单位，养护部管理组负责验收、管理。

以上几座大桥这种“管”、“检”结合与“养”分离的管养模式具有一定的科学性。首先，这种模式界定了“检”与“养”两方的职责范围，避免了工作上的扯皮，从而形成了“检”与“养”双方协作与监督并举的工作机制。其次，路公司自营组织检测，通过检测在第一时间内掌握大桥的各项性能和病害情况，便于下一步维修工作的有效开展，提高了工作效率和管理效能。另外，更为重要的是通过实地检测和养护管理，能有效锻炼培养专业人才队伍。

五、以文化铸魂，厚爱聚人，激发人才活力

1. 通过文化辐射，内化于心、外化于行

以集团“同路同心”企业精神为指引，深入开展以“大桥文化”为主题的实践活动，舟山跨海大桥是一座名符其实的世界级大桥，最能体现中国人的文化内涵、意志精神、智慧力量和科技创新，大桥既铭刻了古老的文明印迹，又凝结着现实的文化创造。我们作为大桥的管养人要把“一流大桥、一流管理、一流服务”的总体目标成为全员的精神追求和行动指南，将企业核心价值观辐射到生产经营的各个角落，根植于每一位员工心中。要积极推进培育勤学致用观念的学习文化，培养敬业进取精神的创业文化，强化大桥科学管理的制度文化，提升浙东企业形象的品牌文化，搭建和谐关爱的家园文化，形成干净干事氛围的廉洁文化，突出以人为本理念的安全文化，和彰显国有企业特色的责任文化。通过企业文化的显性传播和隐性渗透，培养广大员工树立正确的世界观、人生观、价值观。

2. 通过关怀关爱，凝聚人心、团结奋斗

“十年树木，百年树人”。人才培养关键是要在不同的环境中，给予担子、任务，通过解决各种大桥管

养的矛盾与难题，实现强化锻炼。采取"请进来、送出去"的培训方式，加大对员工的培训力度，积极提供参与各类桥梁专业管理活动的机会，帮助员工开阔视野，提高实践能力，建立一支符合大桥管理需求的知识型、技能型、创新型员工队伍。大力弘扬"传帮带"精神，发挥骨干技术人员的辐射带动作用，使新员工在思想上有进步、技术上有提高，形成互帮互助、你追我赶的工作氛围。积极发挥党工团的作用，为广大员工办实事、做好事、解难事，在不断改善青年业余生活所需硬件设施的同时，组织上要通过提供交通方便、利用闲置土地建造城区公寓房、提高经济补贴等措施来解决生活方面的后顾之忧，努力提高员工的幸福指数。

实现大桥百年安全梦是国内外桥梁界的梦，也是交通人的梦，更是参与大桥管养人员的梦，我们要为实现共同的梦想而奋斗。